Handbuch der deutschsprachigen Emigration 1933–1945

Handbuch der deutschsprachigen Emigration 1933–1945

Hrsg. von Claus-Dieter Krohn, Patrik von zur Mühlen,
Gerhard Paul und Lutz Winckler
unter redaktioneller Mitarbeit von Elisabeth Kohlhaas

in Zusammenarbeit mit der Gesellschaft für Exilforschung

Gedruckt mit Unterstützung der Herbert und Elsbeth Weichmann Stiftung, Hamburg.

Die Deutsche Nationalbibliothek verzeichnet diese Publikation in
der Deutschen Nationalbibliografie; detaillierte bibliografische Daten
sind im Internet über http://dnb.d-nb.de abrufbar.

Das Werk ist in allen seinen Teilen urheberrechtlich geschützt.
Jede Verwertung ist ohne Zustimmung des Verlags unzulässig.
Das gilt insbesondere für Vervielfältigungen,
Übersetzungen, Mikroverfilmungen und die Einspeicherung in
und Verarbeitung durch elektronische Systeme.

Sonderausgabe 2008

2., unveränderte Auflage der Ausgabe 1998
© 1998 by WBG (Wissenschaftliche Buchgesellschaft), Darmstadt
Die Herausgabe des Werkes wurde durch
die Vereinsmitglieder der WBG ermöglicht.
Umschlaggestaltung: Peter Lohse, Büttelborn
Umschlagbild: Emigranten an Bord eines ablegenden Dampfers
des Norddeutschen Lloyd in Bremen, 1936/37. Foto: Bildarchiv Pisarek/akg-images
Gedruckt auf säurefreiem und alterungsbeständigem Papier
Printed in Germany

Besuchen Sie uns im Internet: www.wbg-darmstadt.de

ISBN 978-3-534-21999-5

Inhalt

Geleitwort von Rita Süssmuth IX

Vorwort XI

I. Anlässe, Rahmenbedingungen und lebensweltliche Aspekte

Einleitung 1

Die jüdische Emigration
Wolfgang Benz 5

Die politische Emigration
Werner Röder 16

Die intellektuelle, literarische
und künstlerische Emigration
Alexander Stephan 30

Nationalsozialismus und Emigration
Gerhard Paul 46

Fluchthilfe
Regine Erichsen 62

Kindheit und Jugend
Inge Hansen-Schaberg 81

Schulen
Hildegard Feidel-Mertz 94

Geschlechtsspezifische Aspekte
Hiltrud Häntzschel 101

Zum Begriff der Akkulturation
Christhard Hoffmann 117

II. Zufluchtsländer: Arbeits- und Lebensbedingungen im Exil

Einleitung 129

Afrika
Barbara Vormeier,
Patrik von zur Mühlen 135

Argentinien
Arnold Spitta 143

Australien
Konrad Kwiet 162

Belgien
Ursula Langkau-Alex 168

Bolivien
Irmtrud Wojak 174

Brasilien
Izabela Maria Furtado Kestler 183

Chile
Irmtrud Wojak 193

Dänemark
Einhart Lorenz 204

Ecuador
Maria-Luise Kreuter 208

Frankreich
Barbara Vormeier 213

Großbritannien
Waltraud Strickhausen 251

Indien
Johannes H. Voigt 270

Italien
Klaus Voigt 275

Jugoslawien
Katrin Boeckh 279

Kanada
Waltraud Strickhausen 284

Lateinamerika, übriges
Patrik von zur Mühlen 297

Luxemburg
Serge Hoffmann 307

Mexiko
Fritz Pohle 311

Neuseeland
Konrad Kwiet 317

Niederlande
Ursula Langkau-Alex, Hans Würzner 321

Norwegen
Einhart Lorenz 333

Ostasien
Patrik von zur Mühlen 336

Palästina/Israel
Ludger Heid 349

Polen
Pia Nordblom 358

Portugal
Patrik von zur Mühlen 362

Saargebiet 1933–1935
Ralph Schock 367

Schweden
Einhart Lorenz 371

Schweiz
Hermann Wichers 375

Sowjetunion
Hans Schafranek 384

Spanien
Patrik von zur Mühlen 396

Südafrika
Irmtrud Wojak 402

Tschechoslowakei
Peter Heumos 411

Türkei
Regine Erichsen 426

Ungarn
René Geoffroy 434

Uruguay
Irmtrud Wojak 437

Vereinigte Staaten von Amerika
Claus-Dieter Krohn 446

III. Politisches Exil und Widerstand aus dem Exil

Einleitung 469

Sozialdemokraten
Hartmut Mehringer 475

Kommunisten
Klaus-Michael Mallmann 493

Linke Kleingruppen
Jan Foitzik 506

Österreichische politische Exilorganisationen
Peter Schwarz 519

Gewerkschafter
Michael Schneider 543

Christen und Konservative
Heinz Hürten 551

Liberale
Gerlinde Runge 561

Pazifisten
Karl Holl 570

Die pädagogisch-politische Emigration
Hildegard Feidel-Mertz, Hermann Schnorbach . 584

Volksfront für Deutschland
Ursula Langkau-Alex 597

Deutschsprachige Emigranten
im Spanischen Bürgerkrieg
Klaus-Michael Mallmann 608

Deutschsprachige Emigranten
in der europäischen Résistance
und an der Seite der Alliierten
Dieter Marc Schneider 621

Deutsche Emigranten im Nationalkomitee
„Freies Deutschland"
Hartmut Mehringer 629

Deutschland nach Hitler:
Neuordnungspläne im deutschen Exil
Gerhard Paul 638

Österreich nach Hitler:
Neuordnungspläne im österreichischen Exil
Peter Schwarz 660

IV. Wissenschaftsemigration

Einleitung 681

Architektur
Bernd Nicolai 691

Biologie und Chemie
Ute Deichmann 704

Erziehungswissenschaft
Klaus-Peter Horn 721

Germanistik
Jost Hermand 736

Geschichtswissenschaften
Claus-Dieter Krohn 747

Kunstgeschichte
Karen Michels, Ulrike Wendland 761

Mathematik
Reinhard Siegmund-Schultze 769

Medizin
Hans-Peter Kröner 782

Philosophie
Nikolaus Erichsen 791

Die „Kritische Theorie"
Gunzelin Schmid Noerr 805

Der „Wiener Kreis"
Friedrich Stadler 813

Physik
Klaus Fischer 824

Politikwissenschaften
Alfons Söllner 836

Psychiatrie
Uwe Henrik Peters 846

Psychologie
Mitchell G. Ash 857

Rechtswissenschaften
Leonie Breunung 869

Romanistik
Frank-Rutger Hausmann 884

Soziologie
Christian Fleck 893

Wirtschaftswissenschaften
Claus-Dieter Krohn 904

V. Literarisches und künstlerisches Exil

Einleitung 925

Bildende Kunst
Jutta Held 931

Drama
Jürgen Schröder 941

Film
Helmut G. Asper 957

Fotografie
Irme Schaber 970

Kinder- und Jugendliteratur
Dirk Krüger 984

Kulturelle Organisationen
Dieter Schiller 994

Literaturkritik
Michaela Enderle-Ristori 1010

Lyrik
Silvia Schlenstedt 1019

Musik
Hanns-Werner Heister 1032

Österreichische Literatur
Johann Holzner 1050

Presse und Publizistik
Lothar Mertens 1062

Roman
Sigrid Thielking 1072

Rundfunk
Conrad Pütter 1087

Tanz
Laure Guilbert-Deguine 1103

Theater
Uwe Naumann 1112

Verlage
Dieter Schiller 1122

Wirkungsgeschichte
Lutz Winckler 1144

VI. Rückkehr aus dem Exil und seine Rezeptionsgeschichte

Einleitung 1157

**Westliche Besatzungszonen
und Bundesrepublik Deutschland**
Marita Krauss 1161

Saarland
Gerhard Paul 1171

Sowjetische Besatzungszone und DDR
Michael F. Scholz 1180

Österreich
Siegwald Ganglmair 1188

Geschichte der Exilforschung
Ursula Langkau-Alex 1195

Quellen zur Exilforschung
Heinz Boberach 1209

Auswahlbibliographie 1225

Abkürzungen 1241

Personenregister 1249

Institutionenregister 1305

Geographisches Register 1337

Verzeichnis der Autorinnen und Autoren 1353

Geleitwort
der Präsidentin des Deutschen Bundestages, Frau Prof. Dr. Rita Süssmuth

1945 war die Herrschaft der totalitären Diktatur des Nationalsozialismus zusammengebrochen. Ein halbes Jahrhundert später gibt es noch immer Bereiche, die einer nachhaltigen wissenschaftlichen Analyse und Aufklärung bedürfen. Dazu gehört auch das weite Feld deutschsprachiger Emigration, dem sich dieses Handbuch widmet. Zwar existieren eine Reihe von wissenschaftlichen Einzelstudien in bezug auf einzelne Berufsgruppen oder spezielle Länder als Zielorte des Exils. Es fehlt aber eine umfassende Darstellung, die auch bisher vernachlässigte Aspekte – wie beispielsweise die in bisherigen Darstellungen oft im Schatten der Männer bleibenden Schicksale von Emigrantinnen – mit einbezieht. In diesem Sinn füllt dieses Handbuch eine empfindliche Lücke in der bisherigen wissenschaftlichen Exilforschung.

Über das Gebiet wissenschaftlicher Erkenntnis hinaus besitzt dieses Handbuch aber auch eine wichtige Aufgabe hinsichtlich weiterer Aufklärung unserer bundesdeutschen Öffentlichkeit. Es gibt einige Bereiche in unserer Erinnerungskultur, die nach wie vor durch Tabuisierung oder schlichtes Vergessen geprägt sind. Dazu gehört auch die Wahrung des Andenkens an jene, die nach 1933 gezwungen waren, Deutschland zu verlassen. Sie bilden für uns entweder noch immer ein öffentliches Ärgernis oder sind – bis auf wenige bekannte Ausnahmen – dem kollektiven Gedächtnis der Deutschen verlorengegangen.

Der Verlust der vertrauten Umgebung, der Abschnitt von geistigen Traditionen, das Zurücklassenmüssen von Freunden und Bekannten, eine ungewisse Zukunft vor Augen – dieses alles gehört zum schweren Schicksal der Emigranten, die aus der deutschen Heimat in die Fremde fliehen mußten. Einige scheiterten im tragischen Selbsmord, manche kamen als Remigranten zurück, die meisten schlugen neue Wurzeln in den Aufnahmeländern. Die Motive für Flucht und Exilsuche lagen in der Repression und angedrohten Vernichtung durch die totalitäre Diktatur, waren jedoch im einzelnen unterschiedlich: Der Bogen reichte von politischer oder kirchlicher Opposition über intellektuelle, wissenschaftliche, literarische oder künstlerische Gegnerschaft bis hin zu von der rassenbiologischen Ideologie für „minderwertig" erklärten Menschengruppen. Besonders im nachhinein sieht man, was für einen großen politischen, geistigen und kulturellen Aderlaß dieses für Deutschland bedeutet hat. Die defizitären Folgen der Emigration sind bis heute deutlich zu spüren. Nach wir vor sind viele der Denker, der Wissenschaftler, der Literaten in unserem Bewußtsein verfemt und in ihren Werken unbekannt.

Zu Dank verpflichtet sind wir all den Ländern, die angesichts der nationalsozialistischen Barbarei in Deutschland den Fliehenden und Vertriebenen Aufnahme und Zuflucht geboten haben. Oft wird kritisiert, diese hätten zu früh ihre Grenzen geschlossen. Wer heute unser Verhalten in der Asyl- und Flüchtlingsfrage aufmerksam beobachtet, kann vielleicht besser ermessen, welche Leistung es – unter Berücksichtigung der jeweiligen politisch und wirtschaftlich angespannten Situationen – gerade für die Exilländer dargestellt hat, die Flüchtlinge aufzunehmen. Viele der Emigranten konnten, wenn auch mit großen Schwierigkeiten, in ihren Exilländern Fuß fassen und in politischer, wissenschaftlicher oder künstlerischer Weise die Entwicklung dort beeinflussen. Manches davon kommt auf dem Umweg der Rezeption wieder zu uns zurück – dafür können wir nur dankbar sein.

Wir schulden allen Emigranten die Rehabilitierung in Form eines erinnernden Gedenkens, zu dem die Wissenschaft in aufklärerischer Absicht ein wichtiges Stück mit beitragen kann. Vor allem aber schulden wir ihnen, uns aktiv für die Aufrechterhaltung einer Demokratie einzusetzen, die die freie Entfaltung von Meinungen und Sichtweisen, religiösen Auffassungen, unterschiedlichen Lebensweisen und kulturellen Entwicklungen ermöglicht und sichert.

Klaus Mann hat 1942 im Exil notiert: „Werden wir – werde ich jemals wieder in Deutschland leben? Wohl kaum ... Ich bin weit gegangen, zu weit, als daß an Rückkehr noch zu denken wäre ... Heimkehr oder Exil? Falsche Problemstellung! Überholte Alternative! Die einzig aktuelle, die einzig relevante Frage ist: Wird aus diesem Krieg eine Welt entstehen, in der Menschen meiner Art leben und wirken können?" Dafür umfassende Sorge zu tragen, das ist, über alle nationalen Grenzen hinweg, unsere beständige Aufgabe und Verpflichtung.

Vorwort

Das 20. Jahrhundert ist verschiedentlich als Zeitalter der politischen Extreme und des Totalitarismus bezeichnet worden. Ein Jahrhundert der Vertreibungen, der Fluchtbewegungen und der Ausbürgerungen war es gewiß. Die Verdrängung von ethnischen und religiösen Bevölkerungsgruppen ist längst zu einem Mittel nationalistischer Politik geworden. Die beiden Diktaturen in Deutschland ließen Flucht und Entwurzelung vor allem hier zu zentralen Erfahrungen in diesem Jahrhundert werden. Das Exil fungierte dabei als Hort der Freiheit, der Humanität und des Widerstands und begründete damit eine wesentliche, oftmals vergessene demokratische Traditionslinie der deutschen wie auch der österreichischen Geschichte.

Die sog. nationalsozialistische Machtergreifung im Januar 1933, der rasch einsetzende Terror des neuen Regimes und die Expansion des NS-Staates durch Annexion und Besetzung weiter Gebiete Europas lösten in Mitteleuropa eine einzigartige Fluchtwelle aus, deren Umfang allein aus dem deutschsprachigen Raum auf etwa eine halbe Million Personen geschätzt wird. Im Lichte heutiger Flüchtlingsströme nimmt sie sich vergleichsweise gering aus, die Folgen für die Herkunftsländer und die Wirkungen auf die Zufluchtsstätten waren jedoch beträchtlich. Denn nicht Namenlose wurden vertrieben, sondern eine ganze Kultur ist aus der neuen deutschen „Volksgemeinschaft" ausgegrenzt worden. Der unfreiwillige Exodus dieser Menschen und ihr Leben im Exil bilden den Gegenstand des vorliegenden Handbuchs.

Die überwiegende Mehrheit dieser Menschen wurde durch die antijüdische Politik des NS-Regimes zur Auswanderung gezwungen. Emigration und Exil bedeuteten für sie wie für jene, die ihre Heimat aus politischen bzw. kulturellen Gründen verlassen hatten, Zerstörung von menschlichen Beziehungen, die Entwertung erworbener Qualifikationen, materielle Verarmung und soziale Not, Trauer über den Verlust der Heimat und psychisches Elend. Unzählige Emigranten wurden mit Beginn des Krieges Opfer der sich über Europa ausbreitenden braunen Barbarei.

Sozial und kulturell bedeuteten die Zwangsemigration der jüdischen Bevölkerung und der totalitäre Hegemonieanspruch des NS-Regimes das Ende der jahrhundertealten jüdischen Kultur in den deutschsprachigen Ländern. Es ging einher mit einer in ihren qualitativen und quantitativen Ausmaßen kaum abzuschätzenden künstlerischen und wissenschaftlichen Ausblutung, von der sich Deutschland und Österreich, wenn überhaupt, erst spät und nur mühsam erholt haben. Erst die jüdischen Einwanderungsbewegungen der Gegenwart lassen Ansätze einer neuen jüdischen Kultur in Deutschland erwarten.

Es wäre indes verkürzt, Emigration und Exil nur als Zerstörung, Leid und nicht selten auch Tod zu sehen. Sie bedeuteten zugleich neue Erfahrungen und Lernprozesse in den anderen Lebenswelten der Zufluchtsländer, die die Wissenschaften, die Künste und die Literatur beeinflußten und zu neuen theoretischen Anschauungen, methodischen Verständnissen und eigenen künstlerischen wie literarischen Ausdrucksformen führten. Hierzulande ist die Kultur des Exils nach jahrzehntelangem Beschweigen und Verdrängen zwar zögerlich, inzwischen aber dennoch zum Bestandteil des öffentlichen Bewußtseins geworden. Von der politischen Emigration wurden traditionelle Politikmodelle überwunden und neue entwickelt, die – von den Rückkehrern vermittelt – dazu beitrugen, daß der Westteil Deutschlands den Anschluß an die politische Kultur des Westens fand. Eine nicht zu unterschätzende Rolle spielte auch die Studentenbewegung der 1960er Jahre, die wesentliche intellektuelle Anregungen und gesellschaftspolitische Ideen von Emigranten und ihren im Exil entstandenen Werken aufnahm und in den folgenden Jahren weitertrug. Schließlich hinterließen deutschsprachige Emigranten in ihren Zufluchtsländern so manche bis in die Gegenwart reichende Spur. Absicht dieses Handbuches ist es, diese Leistungen des deutschsprachigen Exils und ihre Wirkungen auf die Politik und Kultur der Zufluchtsländer jenseits verklärender Mythologisierung und feiertagsmäßiger Instrumentalisierung zu bilanzieren.

Betroffen von der nationalsozialistischen Verfolgung waren auch ungezählte Angehörige anderer Staaten, die, beginnend mit der Tschechoslowakei 1938, von der deutschen Wehrmacht besetzt wurden. Sie konnten aus methodischen Gründen und wegen großenteils noch ausstehender Forschungsergebnisse nicht berücksichtigt werden, ihre Einbeziehung hätte zudem den Rahmen dieses Handbuchs gesprengt. So wünschenswert die Erforschung der durch den Nationalsozialismus und den Zweiten Weltkrieg ausgelösten Fluchtbewegungen aus Polen, Frankreich, den Niederlanden, Jugoslawien und aus anderen Ländern ist, beschränken sich die nachfolgenden Artikel auf die deutschsprachige Emigration. Darunter werden solche Personengruppen verstanden, die wegen ihrer Verfolgung und Bedrohung seit 1933 das Deutsche Reich, seit Errichtung des austrofaschistischen Ständestaates in Österreich 1934 und vollends nach dessen „Anschluß" 1938 sowie nach der Annexion der Sudetengebiete und der Zerschlagung der Tschechoslowaki ihre jeweilige Heimat verlassen mußten. Berücksichtigt werden dabei auch Personen, die zwar nicht deutsche, österreichische oder tschechoslowakische Staatsbürger gewesen waren, aber ganz oder zum überwiegenden Teil dem deutschen Sprach- und Kulturraum zuzurechnen sind: vor allem Bevölkerungsgruppen, die durch Gebietsabtretungen Deutschlands nach dem Ersten Weltkrieg bzw. durch den Zerfall Österreich-Ungarns polnische, ungarische oder jugoslawische Bürger geworden waren, sich aber nach wie vor dem deutschsprachigen und mitteleuropäischen Kulturraum zugehörig fühlten.

In der Regel wird mit Emigration die (erzwungene) Auswanderung bezeichnet, wobei der damit in aller Regel verbundene Bruch mit dem Herkunftsland eine spätere Rückkehr ausschloß; diese Situation charakterisiert zweifellos den größten Teil der jüdischen Emigration. Als Exil dagegen bezeichnet man den erzwungenen und unfreiwilligen Aufenthalt eines Menschen im Ausland, der durch den Wunsch nach späterer Rückkehr bestimmt wird. Diese Situation trifft die Lage der meisten politischen Flüchtlinge und einen Teil der kulturellen Dissidenten. Die Wirklichkeit freilich sah vielfältiger aus und konterkarierte häufig die vorgegebenen Definitionen. Manche, die bei der Flucht endgültig mit ihrem Herkunftsland gebrochen zu haben glaubten, kehrten aufgrund unvorhergesehener Umstände wieder zurück; andere, die anfangs eine Rückkehr eingeplant hatten, schlugen Wurzeln und blieben im Aufnahmeland. Die Abgrenzung von Emigrant, Flüchtling und Exilant, von Emigration, Flucht, Exodus und Exil ist nur in vorläufiger und ungenauer Form möglich und bedarf im Einzelfall konkreter Bestimmungen. Selbst die Remigration sperrt sich einer klaren Definition. Es gab unter den Rückkehrern solche, die in den besetzten Exilländern von NS-Organen ergriffen und gegen ihren Willen nach Deutschland deportiert wurden und nach Kriegsende, sofern sie überlebten, hier blieben. Und es gab Fälle versuchter und mißglückter Remigration, die mit einer „zweiten Emigration" und endgültigen Niederlassung im Zufluchtsland endeten, sowie solche einer „halben" Rückkehr, ein unstetes Pendeln zwischen alter und neuer Heimat. Alle diese Unschärfen verhindern einstweilen auch hier unzweideutige quantitative und qualitative Aussagen.

Die Motive der Verfolgung bestimmten die Kategorien der Verfolgten. Wendet der Historiker sich ihnen zu, so wird er mit Begriffen aus der NS-Ideologie konfrontiert, die im Irrationalen wurzelten, jedoch Grundlage des realen Handelns waren. So beklemmend die Binnenlogik dieser Ideologie mit ihren Feindbildern bis zur letzten mörderischen Konsequenz ist, der Historiker kann sie nicht ausblenden. Der Gegenstand zwingt ihn, die nationalsozialistische Terminologie zur Kenntnis zu nehmen. Dies reicht von der antijüdischen „rassischen" Verfolgung über verschiedene denunziatorische Bezeichnungen für die politischen Gegner des Nationalsozialismus bis zu den Repräsentanten der „entarteten" Kunst oder der „Asphaltliteratur". Es muß nicht betont werden, daß solche Kategorisierungen hier nicht im terminologischen Sinne verwendet werden, sondern zur Kennzeichnung der wahnhaften Ausgrenzungskategorien des Nationalsozialismus.

Wenn auch eine systematische und wissenschaftliche Beschäftigung mit der deutschsprachigen Emigration erst relativ spät gegen Ende der 1960er Jahre eingesetzt hat und auffallenderweise ihre Anstöße von der Forschung in anderen Ländern bekommen hat, so zählt dieses Feld mittlerweile – wie die Zeit des Dritten Reiches insgesamt – zu einem der am meisten untersuchten und am besten beschriebenen Kapitel der deutschen Geschichte, zumal des 20. Jahrhunderts. Vermutlich hat keine andere Emigration je eine so große und breite wissenschaftliche Aufarbeitung gefunden wie die der deutschsprachigen Hitlerflüchtlinge nach 1933, immerhin ein Indiz für ihre politische, mehr aber noch für ihre kulturelle Bedeutung. Die Literatur ist mittlerweile unüberschaubar geworden; eine neuere Bibliographie zum Nationalsozialismus listet allein fast 1200 Titel zum Themenbereich „Emigration und Exil" auf. Berücksichtigt man die Spezialuntersuchungen, dürfte die tatsächliche Zahl erheblich größer sein, wie die Literaturhinweise in diesem Band deutlich machen. Angesichts dieses Befundes und der Tatsache, daß eine Gesamtdarstellung des Exils und der Emigration nach 1933 nicht absehbar und wegen seiner Vielschichtigkeit auf absehbare Zeit auch nicht zu leisten ist, verfolgt dieses Handbuch ein doppeltes Ziel: Es will den Forschungsstand in einer Art Zwischenbilanz darstellen, auf Desiderata aufmerksam machen und die wichtigste Literatur überblicksartig vorstellen. Zugleich sind die Themenbereiche so aufbereitet und durch ein umfangreiches Register erschlossen, daß es für den interessierten Leser leicht zu handhaben ist und ihm eine schnelle Information erlaubt.

Anspruch auf Vollständigkeit und Endgültigkeit kann das Handbuch nicht erheben; die fehlende Gesamtdarstellung ersetzt es nicht. Verschiedene Bereiche sind noch nicht bearbeitet worden, für andere steht ein gesichertes Urteil noch aus. Zahlreiche Quellen stehen erst seit kurzem für die Forschung bereit, andere werden, so etwa die Wiedergutmachungsakten, erst allmählich erschlossen. Sie werden das Wissen über weitere Aspekte von Emigration und Exil, die Sozialgeschichte des Exils, die Akkulturation und die Remigration nach 1945 erst in der Zukunft erweitern. Daher ist dieses Buch in erster Linie als eine Art Zwischenbilanz der Forschung in den letzten drei Jahrzehnten zu verstehen.

Das erste Kapitel gibt eine allgemeine Orientierung und Einführung in das Gesamtthema. Dazu gehören die Ursachen, der Umfang, die Abläufe, Phasen und Rahmenbedingungen sowie die lebensweltlichen Aspekte der Emigration. Im zweiten Kapitel werden die Lebens- und Arbeitsbedingungen in den zahlreichen Zufluchtsländern vorgestellt, von den großen Emigrationszentren bis hin zu den marginalen Zufluchtsstatten in Asien und Afrika. Das dritte Kapitel beschreibt die wichtigsten Gruppen des politischen Exils, ihren Widerstand gegen den Nationalsozialismus sowie ihre nachkriegspolitischen Vorstellungen für ein Deutschland bzw. Österreich nach Hitler. Mit der Emigration von Wissenschaftlern, Künstlern und Schriftstellern beschäftigen sich das vierte und fünfte Kapitel, wobei hier auch die zentralen Fragen nach der Akkulturation, dem Kulturtransfer und der intellektuellen Wirkung im Exil wie den Verlusten im Heimatland thematisiert werden. Das Abschlußkapitel schließlich geht der Rückkehr der Emigranten und ihrem Einfluß auf die Gesellschaft, Politik und Kultur in der Bundesrepublik Deutschland, Österreich, der DDR und dem Saargebiet (1947–1955) nach. Außerdem werden Aspekte der Rezeptionsgeschichte von Emigration und Exil behandelt. Eine Einführung in die Quellen und eine Auswahlbibliographie mit Grundlagenliteratur, Standardwerken und Überblicksdarstellungen runden die Absichten des Handbuches ab. Hinweise auf Spezialliteratur zu den einzelnen Themen können dem Literaturanhang am Ende der jeweiligen Beiträge entnommen werden.

Die Herausgeber danken allen, die mit Anregungen, Informationen und Kritik zum Gelingen des Projekts beigetragen haben, vor allem aber den über 80 Mitarbeitern aus zwölf verschiedenen Ländern, ohne deren Mitwirkung und Kompetenz das Handbuch nicht machbar gewesen wäre. Es muß dabei nicht betont werden, daß die Beiträge angesichts disparater Forschungsstände und verschiedener professioneller Herkunft der Autoren und Autorinnen mit ihren unterschiedlichen Forschungstemperamenten nicht einheitlich ausfallen konnten. Dank gilt weiterhin Brita Eckert, Leiterin der Exilabteilung in der Deutschen Bibliothek in Frankfurt a.M., die bei der Herstellung der Auswahlbibliographie behilflich gewesen ist, und Jacques Grandjonc in Aix-en-Provence für seine anregenden Hinweise. Die Herbert und Elsbeth Weichmann Stiftung unterstützte das Projekt durch einen großzügigen Druckkostenzuschuß. Ihr fühlen sich die Herausgeber in besonderem Maße zu Dank verpflichtet.

Die Herausgeber

Anlässe, Rahmenbedingungen und lebensweltliche Aspekte

Einleitung

Man hat für die etwa eine halbe Million Personen umfassende deutschsprachige Emigration eine dreifach gegliederte Typologie entwickelt, die sich im wesentlichen an den Fluchtzwängen orientiert, qualitativ und quantitativ aber sehr verschiedenartig war. Den größten Anteil stellten Emigranten jüdischer Herkunft, zu denen noch eine beträchtliche Zahl von nichtjüdischen Ehepartnern und Familienangehörigen aus sog. Mischehen hinzugerechnet werden müssen. Von etwa 30 000 Personen wird angenommen, daß sie ausschließlich oder primär aus Gründen politischer Verfolgung bzw. politischer Gegnerschaft gegen das NS-Regime ihre Heimat verließen. Und eine quantitativ schwer abzuschätzende und qualitativ nur vage zu bestimmende, jedoch erheblich geringere Anzahl von Personen aus den Bereichen Wissenschaft, Publizistik, Literatur und Kunst verließ gleichfalls den nationalsozialistischen Herrschaftsbereich.

Diese Übersicht erfordert den ergänzenden Hinweis, daß der Kreis der verfolgten Personen breiter war: Zigeuner (Sinti und Roma), Bibelforscher, Freimaurer, Homosexuelle u. a. Ob und in welchem Ausmaß es unter diesen Personenkreisen und Gruppen eine – vermutlich wohl eher gering anzusetzende – Fluchtbewegung gab, muß mangels vorliegender Forschungsergebnisse unbeantwortet bleiben. Wenn dieses Handbuch sich auf die größten und augenfälligsten Kategorien konzentriert: die jüdischen Flüchtlinge, die politischen Emigranten und die kulturellen Dissidenten, so liegen dem pragmatische Gesichtspunkte zugrunde, die sich an Umfang und Bedeutung der Betroffenen orientieren.

Kategorien verfolgen den Zweck, Unterscheidungsmerkmale festzuhalten und ihre Elemente von solchen anderer Kategorien abzugrenzen. Die hier verwendeten Kategorien der jüdischen, der politischen und der kulturellen Emigration erfüllen diesen Zweck insofern nicht, als sie sich überschneiden können und sich tatsächlich auch in weiten Teilen überschnitten haben. Man konnte gleichzeitig aus mehreren Gründen verfolgt und somit zur Emigration gezwungen sein: als Person jüdischer Herkunft, als politischer Gegner des NS-Regimes und als Vertreter einer verfemten wissenschaftlichen Disziplin oder einer als „entartet" geltenden Kunstrichtung. Diese Tatsache läßt alle auf Präzision angelegten Versuche einer Quantifizierung der einzelnen Kategorien fragwürdig erscheinen, zumal in jedem Einzelfalle die Fluchtgründe sich überlagerten und somit individuell unterschieden, wobei die subjektive Selbsteinschätzung der eigenen Lage nicht immer mit dem Grad der tatsächlichen Gefährdung übereinstimmte.

Die hier angedeuteten Ungenauigkeiten wiederholen sich innerhalb jeder der drei Kategorien, wie dies die ersten drei der nachstehenden Artikel deutlich machen. Dabei tauchen zusätzlich weitere Schwierigkeiten auf, die die hier gewählte Einteilung angreifbar machen. Die zum Exodus gedrängte jüdische Bevölkerung bildete keineswegs eine homogene Einheit, sondern bestand aus religiösen oder konfessionslosen, zionistisch orientierten oder deutsch bzw. österreichisch empfindenden, liberalen, orthodoxen, mehr oder minder stark assimilierten Gruppen, Familien oder Individuen, zusätzlich unterschieden nach sozialen und regionalen Merkmalen. Die einzige Gemeinsamkeit dieses hochkomplexen Bevölkerungsteiles lag in den von der NS-Ideologie behaupteten „Rassenmerkmalen", die auch solchen Personen zugeschrieben wurden, die keinerlei Beziehung zu Tradition, Kultur und Religion des Judentums mehr hatten und vor Einführung des obligatorischen „Ariernachweises" vielfach nichts von ihrer jüdischen Herkunft wußten.

Vergleichbare Ungenauigkeiten zeigen sich auch in den beiden anderen Kategorien. Nicht in allen Fällen war die Rangfolge von Fluchtmotiven eindeutig erkennbar. Es gab Wissenschaftler oder Künstler, deren Schaffen vermutlich nicht behindert oder verboten worden wäre, die aber wegen ihrer jüdischen Herkunft oder ihres politischen Standortes bedroht waren; und es gab solche, deren Wirkungsmöglichkeiten aus ideologischen Gründen unterdrückt worden waren, so daß ihnen die Existenzgrundlage entzogen wurde. Entfielen mehrere solcher Verfolgungs- und Unterdrückungskategorien auf eine Person, sind Gründe und Ausmaß der Gefährdung sowie die Motive der Emigration nicht immer eindeutig erkennbar. Daher sind in bezug auf Umfang, Anlässe und zeitliche Fluchtphasen nur tendenzielle Aussagen möglich: etwa die, daß die politischen (d. h. in der Regel parteipolitisch organisierten) Emigranten und größtenteils auch kulturelle Dissidenten wegen des für sie zunächst höheren Gefährdungsgrades bereits 1933 Deutschland verließen, während die (unpolitische) jüdische Emigration sich in unterschiedlicher Intensität bis in den Herbst 1941 hinzog, also bis zu einer Zeit, in der der Völkermord an den noch im deutschen Machtbereich befindlichen Juden bereits auf der Tagesordnung stand.

Die Flüchtlinge hatten den nationalsozialistischen Machtbereich verlassen, um im Aufnahmeland Schutz vor weiterer Verfolgung zu finden. Sie mußten jedoch erleben, daß der „lange Arm des Dritten Reiches" nicht an der deutschen Grenze endete. Nicht nur verfolgte das NS-Regime seine vertriebenen Bürger durch die Praxis der (Zwangs-)Ausbürgerung, die 1941 sogar pauschal auf die gesamte jüdische Bevölkerung ausgedehnt wurde, sondern auch durch konkrete Kampf- und Verfolgungsmaßnahmen. Politisch mißliebige Bürger im Exil – wie der Philosoph Theodor Lessing – konnten Opfer von Attentaten oder – wie der Publizist Berthold Jacob – entführt und nach Deutschland verschleppt werden. In Übersee wurden die dort größtenteils gleichgeschalteten auslandsdeutschen Organisationen gegen die ankommenden Flüchtlinge aufgehetzt (→ NATIONALSOZIALISMUS UND EMIGRATION). Andererseits erfuhren die Emigranten auch Unterstützung durch politische, jüdische, christliche, karitative oder andere Organisationen, durch Fluchthilfe, durch Fürsorge zugunsten der Flüchtlinge, durch Beschaffung von Reisedokumenten und Schiffspassagen und durch Hilfestellung bei den ersten Schritten zur wirtschaftlichen und sozialen Integration in den Aufnahmeländern (→ FLUCHTHILFE).

Die Eingliederung in die Gesellschaft der Aufnahmeländer verlangte den Emigranten eine Vielzahl von Anpassungsprozessen ab: klimatisch und gesundheitlich, sozial und beruflich, sprachlich und kulturell. Dieser Themenkomplex, dessen Untersuchung aus der Immigrationssoziologie hervorgegangen ist, bildet den Gegenstand eines eigenen Forschungsgebietes (→ AKKULTURATION). In besonderem Maße hatte der abrupte Wegfall bisheriger vertrauter Lebenswelten und die Konfrontation mit einer vollkommen neuen Umwelt Folgen für die Rolle der Frau und für die Prägung jüngerer Emigranten. Der Verlust des in Deutschland erreichten sozialen Status und der vielfach erforderliche Berufswechsel im Aufnahmeland führte nicht selten bei Männern zu Passivität und Resignation, während Frauen in zahlreichen Fällen die neue Situation schneller bewältigten und diese Chance zu einem emanzipatorischen Rollenwechsel nutzten (→ GESCHLECHTSSPEZIFISCHE ASPEKTE). Andererseits erlebten besonders Kinder und Jugendliche die Anpassungsschwierigkeiten, die mit der Zweisprachigkeit, neuen Leitbildern und anderen Fragestellungen verbunden waren (→ KINDHEIT UND JUGEND). Ein besonderes Kapitel stellten die → SCHULEN im Exil dar, die – vielfach in Verbindung mit einer im Dritten Reich unterdrückten Reformpädagogik – den Versuch unternahmen, Kindern und Jugendlichen bei der Bewältigung der ihnen zugemuteten Anpassungsprobleme zu helfen und gleichzeitig die Wurzeln zu ihrer Herkunft nicht vollständig verkümmern zu lassen.

Während die Exilforschung den Prozeß der jüdischen, politischen und kulturellen Emigration sowie die auch im Exil/Asyl fortgesetzte nationalsozialistische Verfolgung teilweise untersucht hat, liegen für die anderen hier genannten Themenbereiche meist nur Detailstudien vor. Es fehlt eine systematische Übersichtsdarstellung für die Fluchthilfeorganisationen. Fragen der Akkulturation, des Spracherwerbs und der Zweisprachigkeit wurden im Zusammenhang mit Länderstudien nur für einige wenige Länder erforscht, weisen jedoch noch zahlreiche Desiderata auf. Dies gilt auch für den Rollenwechsel von Frauen im Exil/Asyl und für Jugendprobleme, für die weitgehend erst empirisches Material gesichert werden muß, sowie für die exilierte Reformpädagogik. Hier bieten sich lohnende, noch zu bearbeitende Forschungsbereiche.

Betroffen von nationalsozialistischer Verfolgung waren auch ungezählte Angehörige anderer Staaten, insbesondere Bürger der während des Zweiten Weltkrieges besetzten Nachbarländer. Ihre Fluchtbewegungen konnten hier aus methodischen Gründen und wegen größtenteils noch ausstehender Forschungsergebnisse nicht berücksichtigt werden. Hier bieten sich komparatistische Studien an, überdies auch Vergleiche mit den durch politische Verfolgung und durch Bürgerkriege ausgelösten Migrationsprozessen der Gegenwart.

Die jüdische Emigration

Wolfgang Benz

Fast zehnmal mehr Menschen als die politische Emigration haben Deutschland verlassen, weil ihre physische Existenz von der „Rassenpolitik" des Nationalsozialismus bedroht war. Die Lebensumstände der politischen und der jüdischen Emigration unterschieden sich nicht. Die Flüchtlinge aus Hitlers Machtbereich waren überall nur geduldete Asylbewerber. Die Juden hatten aber mehrheitlich nicht einmal die Illusion der späteren Rückkehr; sie waren durch Diskriminierung und Ausgrenzung gedemütigt und verletzt. Der jüdische Bevölkerungsteil in Deutschland zählte 1933 ungefähr 530 000 Menschen. Er war durch Bekenntnis zum israelitischen Glauben bzw. durch die Mitgliedschaft in einer jüdischen Gemeinde definiert. Mit den Nürnberger Gesetzen (September 1935) wurden diesen „Glaubensjuden" ohne Rücksicht auf religiöses Bekenntnis, Identität und Selbstbewußtsein alle Personen zugerechnet und entsprechend behandelt, die nach den nationalsozialistischen Rassenkriterien jüdischer Abstammung waren. Der Begriff „jüdische Emigration" für eine in sich derart heterogene und komplexe Bevölkerungsgruppe, deren Angehörige außer der vom NS-Regime inkriminierten Abstammung vielfach untereinander keinerlei Berührungspunkte und Gemeinsamkeiten hatten, demonstriert Terminologie und Feindbild der NS-Ideologie.

Die Flucht aus Deutschland spiegelte in ihrer Intensität die nationalsozialistische Politik wider (→ Nationalsozialismus und Emigration). 1933 verließen als Reflex auf die terroristischen Begleiterscheinungen der „Machtergreifung" 37 000–38 000 Juden Deutschland. Ihnen folgten 1934, im Jahr, in dem die Konsolidierung der NS-Herrschaft abgeschlossen war, 22 000–23 000. 1935 wanderten 20 000–21 000 Menschen aus. Das einschneidende Ereignis dieses Jahres, die Nürnberger Gesetzgebung, die Juden zu Staatsangehörigen minderen Rechts herabstufte, wirkte sich erst in der Statistik des Jahres 1936 mit 24 000–25 000 Emigranten aus. Die scheinbare Beruhigung der Situation im Olympiajahr 1936, als nach dem Eindruck vieler Juden der antisemitische Aktionismus des Regimes zum Stillstand gekommen schien, zeigte sich in nur 23 000 Emigranten im folgenden Jahre 1937. Die Verschärfung der judenfeindlichen Politik, ihr Umschlagen von Diskriminierung und Verfolgung durch legislatorische Akte in brachiale Gewalt, demonstriert durch die Austreibung der polnischen Juden im Oktober 1938 und vor allem durch die Pogrome der „Reichskristallnacht" im November 1938, führte zur größten Auswanderungswelle mit 33 000–40 000 Menschen bis Ende 1938 und 75 000–80 000 im Jahre 1939. Es war die Zeit des stärksten Auswanderungsdrucks, der zunächst durch die Inhaftierung von etwa 30 000 jüdischen Männern in Konzentrationslagern und dann durch die „Arisierung" noch vorhandener jüdischer Unternehmen, durch den Abschluß der 1933 begonnenen Berufsverbote und durch die fortschreitende Entrechtung im öffentlichen und privaten Leben forciert wurde (Adam 1972).

Der Ausbruch des Zweiten Weltkriegs bedeutete das Ende der meisten Auswanderungsmöglichkeiten durch Schließung von diplomatischen Vertretungen und durch den Wegfall von Transportgelegenheiten. 1940 konnten nur noch 15 000 Juden Deutschland verlassen, 1941 waren es noch 8000. Trotz des Auswanderungsverbots, das am 23. Oktober 1941 erging – sechs Wochen nach der Polizeiverordnung, die den deutschen Juden das Tragen des Judensterns befahl –, entkamen in den Jahren 1942–45 noch etwa 8500 Juden aus Deutschland. Der Massenmord, der mit Deportationen in die Gettos und Vernichtungslager in Polen und im Baltikum begann, war seit dem deutschen Einmarsch in die Sowjetunion im Sommer 1941 längst im Gange. Nach den Arbeitsberichten des Zentralausschusses für Hilfe und Aufbau bzw. der Reichsvertretung der deutschen Juden hatten also 1933–41 zwischen 257 000 und 273 000 Juden Deutschland verlassen (Juden in Deutschland 1993, S. 738). Insgesamt wird die Zahl der jüdischen Emigranten aus Deutschland auf 278 500 geschätzt (Strauss 1980–1981).

Oft ist die Frage gestellt worden, warum sich die deutschen Juden der mit Hitler und der NS-Herrschaft drohenden Katastrophe nicht mehrheitlich durch rechtzeitige Flucht aus dem deutschen Machtbereich entzogen. Zu den Gründen gehörten die ökonomischen und administrativen Schwierigkeiten, die einer Ausreise im Wege standen, und ebenso die politischen Hindernisse, die den Juden aus Deutschland (und später aus ganz Europa) von potentiellen Aufnahmeländern in den Weg gelegt wurden. Der mit der Emigration fast immer zu erwartende Statusverlust und die für die Exilländer fehlende berufliche Qualifikation waren weitere Hindernisse. Das Selbstverständnis der hoch assimilierten deutschen Juden war ein gewichtiger, zunächst sogar der gewichtigste Grund, der gegen ihre Auswanderung sprach.

Die jüdische Emigration

Am 30. Januar 1933 hatte sich die antisemitische Propaganda der Nationalsozialisten als erfolgreich erwiesen. Sie war ja eine der tragenden Säulen der Ideologie, deren Anhänger jetzt an die Macht gekommen waren. Der Antisemitismus wurde – daran waren bald alle Zweifel vergeblich – zur Staatsdoktrin erklärt, und es erhob sich zunächst allenfalls die Frage, ob die Judenfeindschaft auch zum Machtanspruch gehörte oder ob sich der zum Erfolg gelangte Nationalsozialismus mit Drohgebärden begnügen würde. Darauf hofften natürlich viele, die in angstvollem Abwarten die Hitlerregierung beobachteten. Es schien unvorstellbar, daß alles Streben nach Assimilation, wie es in der kurzen Zeit der Weimarer Republik als der letzten kulturellen Blüte des deutschen Judentums erreicht schien, zerrinnen sollte, daß die im 19. Jahrhundert erreichte Emanzipation zurückgenommen würde, weil die NSDAP mit ihrer primitiven Rassenideologie zur Macht gekommen war. Bald vernahmen die deutschen Juden jedoch mit ungläubigem Staunen, daß ihr Einsatz fürs Vaterland im Ersten Weltkrieg, daß ihre Liebe zu Deutschland, daß ihre Wurzeln in deutscher Kultur und Geistigkeit negiert wurden. Trotzdem glaubten die wenigsten den Drohungen, daß die „Judenfrage" von der Hitlerregierung mit Gewalt gelöst werden würde. Viele weigerten sich gar, die angekündigten Maßnahmen als Realität zur Kenntnis zu nehmen, fühlten sie sich doch ebenso wie die anderen – nationalliberal oder demokratisch, deutschnational oder sozialdemokratisch orientierten – Deutschen mit manchen Zielen und Bestrebungen der von Hitler geführten Reichsregierung solidarisch: Für die Überwindung des Versailler Vertrages und den Wiedergewinn nationaler Größe begeisterte sich das jüdische Bürgertum zum großen Teil nicht weniger als das nichtjüdische. Trotz der Ausschreitungen, die zu beobachten waren, schien es in den ersten Wochen nach der Machtübernahme Hitlers den meisten deutschen Juden einfach nicht denkbar, daß ihre bürgerlichen Rechte beseitigt und die wirtschaftliche Existenz durch den Nationalsozialismus zerstört werden könnten, von Schlimmerem ganz zu schweigen.

Die öffentlichen Reaktionen der verschiedenen politischen oder ideologischen Richtungen im deutschen Judentum dürfen nicht darüber hinwegtäuschen, daß die Mehrheit zwar ängstlich-abwartend, aber vor allem indifferent die Ereignisse der „nationalen Erhebung" im Frühjahr 1933 hinnahm. Es waren die wenigsten, die auf die neue Regierung mit dem Gedanken an Auswanderung reagierten. Diejenigen, die sich politisch oder literarisch gegen die Hitlerbewegung exponiert hatten, wie der Schriftsteller Lion Feuchtwanger, der Pazifist Emil Julius Gumbel, die Publizisten Alfred Kerr und Theodor Wolff, die die Rache der Nationalsozialisten fürchten mußten, flohen natürlich ins Exil. Aber die Mehrzahl fühlte sich persönlich nicht bedroht und dachte nicht an Auswanderung.

Die Wendung zum Zionismus und der Anschluß an den Hechaluz, die Pionierorganisation der jungen Juden für Palästina, war als Antwort deutscher Juden auf den Nationalsozialismus die Ausnahme (Leshem 1973; Adler-Rudel 1974; Basler 1979). Die Erkenntnis, daß die Basis jüdischen Lebens in Deutschland verlorenging, war im Frühjahr 1933 unter den Juden noch wenig verbreitet. Der Schock der Boykottaktion am 1. April 1933 stärkte freilich die Autorität der Zionisten, die sich – je radikaler sich das NS-Regime gab und je bedrohlicher die Situation für die Juden in Deutschland wurde – darauf berufen konnten, mit ihrer Propaganda zur Stärkung des jüdischen Selbstbewußtseins und zur Gründung einer eigenen Nation auf dem Boden Palästinas auf dem richtigen Weg zu sein, und zwar schon seit langer Zeit.

Für die Einwanderung (Alija) in → PALÄSTINA/ISRAEL (Wetzel 1988, S. 446ff.) war ein Zertifikat notwendig, das die britische Mandatsregierung im Rahmen einer Quotenregelung ausstellte. Erforderlich dafür waren entweder Vermögen oder eine für die jüdische Siedlung interessante berufliche Qualifikation. A-Zertifikate konnten „Kapitalisten", Freiberufler, Handwerker, Rentner erhalten, B-Zertifikate waren für Angehörige religiöser Berufe und Schüler oder Studenten mit gesichertem Einkommen (Jugend-Alija) und C-Zertifikate für Arbeiter bestimmt. Voraussetzung für die Arbeiter-Zertifikate waren landwirtschaftliche oder für die Siedlung einschlägige handwerkliche Kenntnisse. Diese Fertigkeiten mußten durch Umschulung vor der Auswanderung erworben werden. Die Umschulung war Teil der Hachschara, der „Ertüchtigung" (zu der auch der Erwerb hebräischer Sprachkenntnisse gehörte). Sie erfolgte in anderthalb- bis zweijährigen Kursen, die in eigenen Ausbildungsbetrieben in Deutschland abgehalten wurden (Wetzel 1988, S. 454ff.; Philipsen 1996). Organisiert wurde die Alija durch das Palästinaamt in Berlin, das als Dienststelle der Jewish Agency for Palestine mit 22 Zweigstellen im Deutschen Reich für Beratung, Devisentransfer, Besorgung von Zertifikaten und Visa sorgte (Adler-Rudel 1974). Das Problem des Vermögenstransfers war im

Haavara-Abkommen geregelt, das von 1933–39 nach dem Grundsatz „Ware gegen Menschen" funktionierte. Kapital wurde auf Treuhandkonten in Deutschland eingezahlt, davon wurden deutsche Waren gekauft und nach Palästina verschifft, wo der Gegenwert jüdischen Einwanderern aus Deutschland in Form von Immobilienbesitz zur Verfügung gestellt wurde. Auf diese Weise wurden von 1933 bis 1942 ca. 140 Millionen Reichsmark transferiert, womit die Existenz von etwa einem Fünftel der Emigranten aus Deutschland gesichert war (Feilchenfeldt/Michaelis 1972; Barkai 1990).

Nach dem „Anschluß" wurde Österreich Experimentierfeld für die durch Behörden forcierte Auswanderung der jüdischen Minderheit. Nach der Volkszählung vom März 1934 lebten in Österreich 191 481 Personen israelitischer Konfession. Nach der Definition der „Nürnberger Gesetze" gab es einige tausend Juden mehr; ihre Gesamtzahl wurde auf 206 000 geschätzt. Die Volkszählung vom 17. Mai 1939 wies noch 94 601 Juden im Sinne der nationalsozialistischen Rassenideologie und 84 214 „Glaubensjuden" aus. Es waren also rund 130 000 österreichische Juden zwischen dem „Anschluß" und dem Beginn des Zweiten Weltkrieges emigriert. Das geschah teils als Flucht aus eigener Initiative, teils als Wirkung des Drucks, den die von Adolf Eichmann im Auftrag des Reichssicherheitshauptamts und des Reichskommissars für die Wiedervereinigung Österreichs mit dem Deutschen Reich, Josef Bürckel, gegründete Zentralstelle für jüdische Auswanderung in Wien seit August 1938 ausübte (Moser 1990; Anderl 1994). Die Zentralstelle gab gegen eine Abgabe von 5 % des Vermögens Reisepässe aus und organisierte unter weiterer Ausplünderung die Ausreise. Als reine Verdrängungsbehörde kümmerte sich die Zentralstelle nicht um Visa und Passagen u. a. der Einreise ins Exilland dienliche Details. Zugrunde lag die Idee, die Auswanderung mit jüdischem Geld zu finanzieren und durch Zwangsabgaben auch die Emigration armer Juden zu betreiben.

Die Wiener Zentralstelle, die ab 1941 die Deportationen in die Vernichtungslager organisierte und damit eine wesentliche Funktion beim Völkermord hatte, bildete das Modell der Berliner Reichszentrale für jüdische Auswanderung, die im Januar 1939 eingerichtet wurde und deren Geschäftsführer ab Oktober 1939 Adolf Eichmann war. Aus Österreich waren zu diesem Zeitpunkt mit dem Beginn der Zweiten Weltkriegs etwa zwei Drittel der jüdischen Bevölkerung emigriert (Rosenkranz 1978; Österreicher im Exil 1992). Nach einer Zählung der Wiener Zentralstelle für jüdische Auswanderung lebten am 15. September 1939 noch 66 260 Glaubensjuden in Österreich, dazu kamen 8 359 Juden nach der Definition der nationalsozialistischen Rassengesetze (Moser 1991, S. 68 f.).

Die Annexion Österreichs im März 1938 hatte der Vertreibungspolitik der Nationalsozialisten entgegengesetzte Reflexe zweier Nachbarländer zur Folge. Polen hoffte sich gegen den Zustrom eigener jüdischer Bürger, die seit langem in Deutschland lebten, zu schützen, indem die Geltungsdauer polnischer Pässe von komplizierten Kautelen abhängig gemacht wurde. Das führte zur Deportation von 17 000 polnischen Juden aus Deutschland Ende 1938, eine spektakuläre Aktion, die den Anlaß zu Herschel Grynszpans Attentat in Paris und damit zum Novemberpogrom gab (Milton 1984). Die andere Wirkung des Anschlusses war die schweizerische Anregung in Berlin, die Pässe der deutschen Juden mit einem „J" zu markieren, damit die eidgenössischen Grenzposten dem Flüchtlingsstrom aus Österreich durch Zurückweisung Einhalt gebieten konnten (Picard 1994, S. 145).

Die kleinste territoriale Gruppe der deutschsprachigen jüdischen Emigration stammte aus der Tschechoslowakei. Ihre Größenordnung ist unter Berücksichtigung der komplizierten historischen und regionalen Entwicklung nur annähernd anzugeben. 1930 hatten im späteren „Reichsgau Sudetenland", also den Randgebieten der böhmischen Länder mit ihrem hohen Anteil deutschsprachiger Bevölkerung, 27 000 Menschen jüdischen Glaubens gelebt. 1939, nach der Annexion durch das Deutsche Reich, wurden noch 2 363 gezählt (Bohmann 1975, S. 218); ein großer Teil war zu diesem Zeitpunkt bereits emigriert, aber mindestens 14 500 sudetendeutsche Juden lebten im März 1939 noch auf dem Territorium des gerade errichteten Protektorats Böhmen und Mähren.

Der Anteil der jüdischen Bevölkerung der Tschechoslowakei läßt sich nur schwer feststellen (auch wegen der aus Deutschland geflüchteten Juden, die ab 1933 in der Tschechoslowakei Asyl genossen), und noch schwerer ist es, die Zahl der deutschsprachigen Juden im Sudetengebiet sowie in Böhmen und Mähren zu ermitteln. Die Volkszählung von 1930 gibt für die ganze Tschechoslowakei 356 830 Personen jüdischer Religionszugehörigkeit an, höchstens ein Drittel von ihnen (117 551) lebte in den böhmischen Ländern (die Juden in der Slowakei und Karpathorußland gehörten sprachlich und kulturell zum ostjüdischen Kulturkreis und blieben hier außerhalb der Betrachtung). 13% von ihnen bekannten sich zur deutschen Nationalität. Es handelte sich also um etwa 46000 Menschen oder – wenn man die Personen dazurechnet, die nach NS-Definition Juden waren, obwohl sie keiner jüdischen Gemeinde angehörten – um rund 50000. Wie viele zweisprachige Juden angesichts des grassierenden Antisemitismus sich als zum tschechischen Kulturkreis gehörig bezeichneten, bleibt ebenso unbekannt wie die Zahl der sudetendeutschen Juden, die das Schicksal der Deportation und Vernichtung mit den „Protektoratsjuden" teilen mußten, weil ihnen die Flucht aus dem deutschen Machtbereich nicht mehr gelang. Nicht wenige Juden der Tschechoslowakei, auch deutschsprachige aus dem Großbürgertum, emigrierten bereits vor dem Münchner Abkommen im Herbst 1938 und der Zerschlagung der Rest-Tschechoslowakei im Frühjahr 1939. Die Gesamtzahl der jüdischen Emigration aus den böhmischen Ländern und der Slowakei liegt bei 33000 Menschen (Heumos 1989, S.276). Der deutschsprachige Anteil daran ist nicht zu ermitteln, dürfte jedoch bei mehr als 4000 gelegen haben, wenn man die Selbsteinschätzungsquote der Volkszählung von 1930 zugrunde legt. Wichtiges Ziel dieser Emigration war → GROSSBRITANNIEN (Schmidt-Hartmann 1989, S.297).

Bis 1939 forcierte und bremste der NS-Staat gleichermaßen die Auswanderung der deutschen Juden (Prinz 1958; Kampe 1989; Wildt 1995). Die Verdrängung aus der Wirtschaft förderte den Emigrationswillen, aber die Ausplünderung durch Vermögenskonfiskation und ruinöse Abgaben hemmte die Auswanderungsmöglichkeiten. Kein Immigrationsland ist an verarmten Einwanderern interessiert, und eine Heimtücke des Regimes bestand darin, daß es den Antisemitismus zu exportieren hoffte, wenn die aus Deutschland vertriebenen Juden zum sozialen Problem in den Aufnahmeländern würden (Wetzel 1988, S.479ff.).

Im Juli 1938 fand in Evian am französischen Ufer des Genfer Sees eine internationale Konferenz statt, die den Problemen der jüdischen Auswanderung aus Deutschland gewidmet war. Eingeladen hatte der amerikanische Präsident Roosevelt, gekommen waren Vertreter von 32 Staaten und vieler jüdischer Organisationen. Außer der Etablierung eines Intergovernmental Committee on Political Refugees (IGC) mit Sitz in London und der vagen Zusicherung einiger Staaten, die bestehenden Einwanderungsquoten könnten in Zukunft voll ausgeschöpft werden, geschah jedoch nichts, was die Emigrationsmöglichkeiten der Juden aus Hitlers Machtbereich verbessert hätte (Weingarten 1981; Walter 1984, S.81ff., 249ff.). Dem verstärkten Druck zur Emigration Anfang 1939 folgten massive Behinderungen, die bis zum Auswanderungsverbot im Herbst 1941 andauerten und selbst noch im Kriege weiterhin aufrechterhalten wurden (Wyman 1968, 1984).

Der Pogrom vom 9. November 1938 wurde für die deutschen Juden zur Apokalypse (Graml 1988; Kwiet 1988). Fast 30000 jüdische Männer wurden nach der „Reichskristallnacht" für Wochen oder Monate in die Konzentrationslager Dachau, Buchenwald und Sachsenhausen eingeliefert. Ihre Drangsalierung und Demütigung hatte den Zweck, den Auswanderungsdruck zu erhöhen. Wenn eine konkrete Emigrationsmöglichkeit nachgewiesen war, wurden die Männer freigelassen. Die Frauen machten deshalb angstvoll Jagd nach den notwendigen Papieren, kämpften mit gelangweilten Bürokraten, schacherten mit skrupellosen Geschäftemachern, die Visa und Passagen zweifelhafter Qualität als Rettungschancen feilboten. Der Handel mit dubiosen Tickets und wertlosen Einreisevisa in überseeische Länder florierte. Für viele Länder, z.B. Kuba, war bei der Landung ein „Vorzeigegeld" als Anfangskapital notwendig, das wegen der deutschen Devisenbestimmungen nur von ausländischen Verwandten oder Freunden gestellt werden konnte. Der Paß konnte bei der Polizei beantragt werden, wenn Unbedenklichkeitsbescheinigungen verschiedener Finanzämter beigebracht waren, aus denen hervorging, daß alle Steuern bezahlt waren und daß auch die „Reichsfluchtsteuer" entrichtet war und daß der Anteil an der „Sühneabgabe", der den deutschen Juden zynisch auferlegten Sondersteuer von einer Milliarde Reichsmark aus Anlaß des Novemberpogroms, bezahlt wurde. Das Geld war auch für diejenigen, die noch Vermögen hatten, nur mit Schwierigkeiten aufzutreiben, denn seit Ende April 1938 waren jüdische Vermögen sequestriert.

Der Kriegsbeginn fügte zu den vom NS-Regime verursachten Behinderungen und zu den von den Nachbarländern praktizierten Restriktionen noch weitere Hemmnisse der Emigration hinzu, indem der atlantische Seekrieg die Seewege nach Nord- und Südamerika stark beeinträchtigte. Nur noch spanische, portugiesische, argentinische und chilenische Reedereien hielten den zivilen Schiffsverkehr mit der Neuen Welt aufrecht. Nachdem Italien im Sommer 1940 in den Krieg eingetreten und somit auch das Mittelmeer Kriegsgebiet geworden war, entfiel auch die bisher noch mögliche Einschiffung in italienischen und griechischen Häfen, mit dem Überfall auf die Sowjetunion im Juni 1941 auch der Weg nach Ostasien mit der Transsibirischen Eisenbahn. Die pauschale Ausbürgerung aller Juden durch das Deutsche Reich mit Verordnung vom 21. November 1941 machte aus den Flüchtlingen Staatenlose, was die Aufnahmepraxis potentieller Asylländer zusätzlich behinderte.

Die Besetzung weiter Gebiete Europas durch das Deutsche Reich entzog zudem zahlreichen Flüchtlingen das bisher sicher geglaubte Refugium und zwang sie, sofern es noch möglich war, zur weiteren Emigration, was vor allem nach dem Zusammenbruch Frankreichs im Juni 1940 eine neue Fluchtwelle – größtenteils über die Pyrenäen nach Spanien, Portugal und nach Übersee, zum wesentlich geringeren Teil in neutrale Länder wie die Schweiz oder Schweden – auslöste. Nicht allen gelang diese Flucht und vergleichsweise wenige konnten im besetzten Europa mit gefälschten Papieren oder in Verstecken überleben. Aber für die Mehrzahl der jüdischen Emigranten, die in Westeuropa Schutz gesucht hatten, gab es keine Hilfe. Für 30000 wurde das Exil zur Falle, sie wurden nach der deutschen Besetzung ihrer Asylländer in die Vernichtungslager im Osten deportiert und dort ermordet (→ FRANKREICH). Ihre Emigration wurde Teil des Holocaust.

Literatur

Adam, Uwe (1972): Judenpolitik im Dritten Reich, Düsseldorf.

Adler-Rudel, **Salomon** (1974): Jüdische Selbsthilfe im Spiegel der Berichte der Reichsvertretung der Juden in Deutschland, Tübingen.

Anderl, Gabriele (1994): Die „Zentralstellen für jüdische Auswanderung" in Wien, Berlin und Prag – ein Vergleich, in: Tel Aviver Jahrbuch für Deutsche Geschichte 23, S. 275 ff.

Barkai, Avraham (1990): German Interests in the Haavara-Transfer Agreement 1933–1939, in: Leo Baeck Institute Yearbook 35, S. 245 ff.

Barlev, Jehuda (1979): Hechaluz – Deutscher Landesverband. Ein Bericht über seine Arbeit in den Jahren 1933 bis 1938, **Köln**, Ms.

Bauer, Yehuda (1974): My Brother's Keeper. A History of the American Jewish Joint Distribution Committee 1929–1939, Philadelphia.

Benz, Wolfgang, Hrsg. (1988): Das Tagebuch der Hertha Nathorff, Berlin–New York. Aufzeichnungen 1933 bis 1945, Frankfurt a. M.

Benz, Wolfgang, Hrsg. (1991a): Das Exil der kleinen Leute. Alltagserfahrung deutscher Juden in der Emigration, München.

Benz, Wolfgang, Hrsg. (1991b): Dimension des Völkermords. Die Zahl der jüdischen Opfer des Nationalsozialismus, München.

Benz, Wolfgang, Hrsg. (1993): Die Juden in Deutschland 1933–1945. Leben unter nationalsozialistischer Herrschaft, 3. Aufl., München.

Benz, Wolfgang, u. Marion Neiss, Hrsg. (1991): Deutsch-jüdisches Exil: das Ende der Assimilation? Identitätsprobleme deutscher Juden in der Emigration, Berlin.

Benz, Wolfgang, u. Marion Neiss, Hrsg. (1997): Die Erfahrung des Exils. Exemplarische Reflexionen, Berlin.

Boas, Jacob (1986): The Shrinking World of German Jewry 1933–1938, in: Leo Baeck Institute Yearbook 31, S. 241 ff.

Bohmann, Alfred (1975): Bevölkerung und Nationalitäten in der Tschechoslowakei, Köln.

Esh, Shaul (1968): The Establishment of the „Reichsvereinigung der Juden in Deutschland" and Its Main Activities, in: Yad Vashem Studies VII, S. 19 ff.

Feilchenfeldt, Werner, u. Dolf Michaelis (1972): Haavara-Transfer nach Palästina und Einwanderung deutscher Juden 1933–1939, Tübingen.

Graml, Hermann (1988): Reichskristallnacht. Antisemitismus und Judenverfolgung im Dritten Reich, München.

Heller, Alfred (1990): Dr. Seligmanns Auswanderung. Der schwierige Weg nach Israel, München.

Heumos, Peter (1989): Die Emigration aus der Tschechoslowakei nach Westeuropa und dem Nahen Osten 1938–1945, München.

Kampe, Norbert (1989): „Endlösung" durch Auswanderung? Zu den widersprüchlichen Zielvorstellungen antisemitischer Politik bis 1941, in: Michalka, Wolfgang, Hrsg.: Der Zweite Weltkrieg. Analysen, Grundzüge. Forschungsbilanz, München, S. 827 ff.

Kampe, Norbert, Ed. (1992): Jewish Emigration from Germany 1933–1942. A Documentary History, Bd. 4.1: Programs and Politics until 1937, München u. a.

Kwiet, Konrad (1988): Gehen oder bleiben? Die deutschen Juden am Wendepunkt, in: Pehle, Walter H., Hrsg.: Der Judenpogrom 1938. Von der „Reichskristallnacht" zum Völkermord, Frankfurt a. M., S. 132 ff.

Leshem, Perez (1973): Straße zur Rettung 1933–1939. Aus Deutschland vertrieben, bereitet sich die jüdische Jugend auf Palästina vor, Tel Aviv.

Milton, Sybil (1984): The Expulsion of the Polish Jews from Germany 1938, in: Leo Baeck Institute Yearbook 29, S. 169 ff.

Moser, Jonny (1990): Die Zentralstelle für jüdische Auswanderung, in: Schmidt, Kurt, u. Robert Streibel, Hrsg.: Der Pogrom 1938, Wien, S. 96 ff.

Moser, Jonny (1991): Österreich, in: Benz (1991 b) S. 67 ff.

Nicosia, Francis R. (1989): Ein nützlicher Feind. Zionismus im nationalsozialistischen Deutschland 1933–1939, in: Vierteljahrshefte für Zeitgeschichte 27, S. 367 ff.

Österreicher im Exil (1992). Großbritannien 1938–1945. Eine Dokumentation, hrsg. vom Dokumentationsarchiv des österreichischen Widerstands, Wien.

Philipsen, Bernd (1996): Brücke nach Palästina. Die Familie Wolff und das Gut Jägerslust, in: Verführt. Verfolgt. Verschleppt. Aspekte nationalsozialistischer Herrschaft in Flensburg, hrsg. vom Stadtarchiv Flensburg in Zusammenarbeit mit dem IZRG Schleswig und der BU Flensburg, S. 183 ff.

Picard, Jacques (1994): Die Schweiz und die Juden 1933–1945. Schweizerischer Antisemitismus, jüdische Abwehr und internationale Migrations- und Flüchtlingspolitik, Zürich.

Prinz, Arthur (1958): The Role of the Gestapo in Obstructing and Promoting Jewish Emigration, in: Yad Vashem Studies II, S. 205 ff.

Rosenkranz, Herbert (1978): Verfolgung und Selbstbehauptung. Die Juden in Österreich, 1938–1945, Wien.

Schmidt-Hartmann, Eva (1983): Die deutschsprachige jüdische Emigration aus der Tschechoslowakei nach Großbritannien. 1938–1945, in: Die Juden in den böhmischen Ländern (Vorträge der Tagung des Collegium Carolinum in Bad Wiessee 1981), München, S. 297 ff.

Schmidt-Hartmann, Eva (1991): Tschechoslowakei, in: Benz (1991 b), S. 353 ff.

Strauss, Herbert A. (1980–1981): Jewish Emigration from Germany. Nazi Policies and Jewish Responses, in: Leo Baeck Institute Yearbook 25, S. 313 ff. (Teil 1); 26, S. 343 ff. (Teil 2).

Vogel, Rolf (1977): Ein Stempel hat gefehlt. Dokumente zur Emigration deutscher Juden, München–Zürich.

Walter, Hans-Albert (1984): Deutsche Exilliteratur 1933–1950, Bd. 2: Europäisches Appeasement und überseeische Asylpraxis, Stuttgart.

Weingarten, Ralph (1981): Die Hilfeleistung der westlichen Welt bei der Endlösung der deutschen Judenfrage. Das „Intergovernmental Committee on Political Refugees" (IGC) 1938–1939, Berlin u. a.

Wetzel, Juliane (1993): Auswanderung aus Deutschland, in: Die Juden in Deutschland 1933–1945, S. 413 ff.

Wildt, Michael, Hrsg. (1995): Die Judenpolitik des SD 1935 bis 1938. Eine Dokumentation, München.

Wischnitzer, Mark (1953): Die jüdische Wanderung unter der Nazi-Herrschaft 1933–1939, in: Ganther, Heinz, Hrsg.: Die Juden in Deutschland 1951/52–5712. Ein Almanach, Frankfurt a. M.–München, S. 95 ff.; Neuaufl., Hamburg 1959.

Wyman, David S. (1968): Paper Walls. America and the Refugee Crisis 1938–1941, Amherst/Mass.

Wyman, David S. (1984): The Abandonment of The Jews. America and the Holocaust 1941–45, New York.

Die politische Emigration

Werner Röder

Anlaß für die erste Welle der politischen Emigration nach dem Machtantritt der Regierung Hitler war die akute physische Gefährdung jener, die sich in den 14 Jahren der Weimarer Republik als Politiker, Beamte, Publizisten oder Exponenten des kulturellen Lebens einen Ruf als Gegner des Nationalsozialismus erworben hatten. Hinzu kam die Bedrohung vieler kommunistischer, sozialdemokratischer und gewerkschaftlicher Funktionäre, die auf örtlicher Ebene als Antifaschisten bekannt waren und nun persönliche Racheakte befürchten mußten. Einige Tausend dieser Bedrohten flüchteten vermutlich nach dem Reichstagsbrand als Reisende getarnt oder illegal über die jeweils nächsten Grenzen ins Saargebiet, nach Frankreich, Holland und Belgien, nach Dänemark, in die Tschechoslowakei, nach Österreich oder in die Schweiz. Nicht wenige unter ihnen waren wegen ihrer jüdischen Herkunft auch potentiell Verfolgte des Rassenantisemitismus (→ Die jüdische Emigration). Bei zahlreichen Schriftstellern, Künstlern und Wissenschaftlern, die sich politisch als Hitler-Gegner profiliert hatten, kamen als weitere Gründe und Anlässe ihrer Emigration der Verlust von Ämtern und Schaffensmöglichkeiten oder die Ächtung von künstlerischen und wissenschaftlichen Richtungen hinzu (→ Literarisches und künstlerisches Exil). Den Ausschlag für die Flucht gab zu diesem Zeitpunkt jedoch zumeist die aktive politische Gegnerschaft zum Nationalsozialismus. Um unfruchtbaren Definitionsübungen aus dem Wege zu gehen,

Die politische Emigration

werden im folgenden solche Emigranten dem „politischen Exil" zugerechnet, die im Rahmen von Parteien, Gewerkschaften, politischen oder weltanschaulichen Organisationen, Gruppierungen und Zirkeln oder als meist renommierte Einzelpersönlichkeiten die aktive Auseinandersetzung mit dem Nationalsozialismus vom Ausland her fortgesetzt haben.

Die Reichstagsbrand-„Verordnung zum Schutze von Volk und Staat" vom 28. Februar 1933 bot zunächst die Grundlage für die pseudolegale Verfolgung der Kommunisten und ihrer tatsächlichen oder vermeintlichen Verbündeten. Noch in der Brandnacht und in den folgenden Tagen wurden in Berlin mehrere Hundert KPD-Funktionäre verhaftet, in ganz Deutschland waren es mehrere Tausend. Nach den Reichstagswahlen vom 5. März und der Machtübernahme in den Ländern kam der Verfolgungsapparat auch im übrigen Reichsgebiet und gegen weitere Gegnergruppen in Gang. Dabei wirkte es sich verschärfend aus, daß in den meisten deutschen Ländern – in Preußen schon ab Mitte Februar – SA und SS zur Hilfspolizei erklärt wurden. In den folgenden Wochen und Monaten wurden Tausende KPD-Mitglieder, aber auch Reichsbannerleute, Funktionäre von SPD und Gewerkschaften, Angehörige anderer „Systemparteien", Journalisten und Gegner aus dem nationalen Lager verhaftet. Zum Teil erfolgten die Festnahmen nach den von den politischen Abteilungen der Landespolizeien vor 1933 angelegten Karteien, zum Teil waren sie örtliche Racheakte von SA und SS oder das Ergebnis von Razzien in den städtischen Arbeitervierteln (Mehringer 1997).

Wie begründet die meist überstürzte und auch in den großen Parteien noch unorganisierte Flucht vor dieser Verfolgung gewesen ist, zeigen die Ereignisse in den SA-Kellern und „wilden" Konzentrationslagern. Andererseits illustrieren die zahlenmäßig überwiegenden Fälle vergleichsweise glimpflicher Mißhandlung, relativ kurzer Haft und lediglich beruflicher Zurücksetzung auch ehemals besonders aktiver Gegner des Nationalsozialismus, daß die Flucht ins Ausland zwar das eventuell tödliche Risiko in der „revolutionären" Phase des Regimes aufhob, für die nichtjüdischen Emigranten jedoch in der Regel nicht die einzige Überlebensalternative gewesen wäre. Nach der politischen „Ausschaltung" der Gegner, der Zerschlagung ihrer Organisationen und der Unterdrückung ihres weltanschaulichen Einflusses im öffentlichen und kulturellen Leben gab man sich zumeist mit einem Rückzug in die gesellschaftliche Unauffälligkeit zufrieden. Die Eingliederung vormals „marxistisch verhetzter Volksgenossen" in die nationale Gemeinschaft war ein vom Regime proklamiertes Ziel. Daher lag auch im Unterschied zur Verdrängung der Juden die Abwanderung politischer Gegner keineswegs in seinem Interesse (Tutas 1975). Im Gegenteil: Verschärfte Grenzkontrollen und die vorübergehende Einführung eines Sichtvermerks für Auslandsreisen sollten die Zugriffsmöglichkeiten für die Partei- und Staatsorgane sicherstellen. Denn man vermutete mit Recht, daß politische Flüchtlinge sich nicht lediglich den Verfolgungsmaßnahmen zu entziehen trachteten, sondern vom Ausland her die Tätigkeit gegen den Nationalsozialismus fortsetzen würden (→ NATIONALSOZIALISMUS UND EMIGRATION). So nahm denn auch nur ein kleinerer Teil dieser Emigranten die Gelegenheit zur Rückkehr wahr, welche seitens des Dritten Reichs denjenigen nichtjüdischen Flüchtlingen geboten wurde, die unter der Schockwirkung der Machtergreifung ins Ausland gegangen waren, sich anschließend aber politischer Aktivitäten enthalten hatten. Demgemäß unterschied sich die individuelle Flucht der ersten Monate im wesentlichen zwar durch Anlaß und Umstände, kaum jedoch durch ihre politische Zielsetzung von der gegen Jahresmitte 1933 einsetzenden und in höherem Maße organisierten zweiten Phase der Emigration.

Für die Parteiorganisationen selbst und ihre Parlamentsvertreter begann nach SA-Terror, Versammlungs- und Presseverboten und örtlichen Polizeimaßnahmen mit der „Notverordnung zum Schutze von Volk und Staat" eine Periode der Halblegalität; am 9. März wurden die Reichstagsmandate der KPD annulliert, am 2. Mai die Gewerkschaften aufgelöst, am 22. Juni erfolgte das Verbot der SPD und am 14. Juli 1933 die Besiegelung der nationalsozialistischen Alleinherrschaft durch das „Gesetz gegen die Neubildung von Parteien". Die bürgerlichen Parteien der Weimarer Republik verkündeten zwischen dem 27. Juni und dem 6. Juli 1933 ihre Selbstauflösung (Matthias/Morsey 1960; Morsey 1977).

SPD, KPD und die Splittergruppen der Linken hatten sich angesichts der wachsenden Behinderung ihrer Organisations- und Pressearbeit schon ab Frühjahr 1933 gezwungen gesehen, ihren Aktionsspielraum durch Vertretungen und Stützpunkte im benachbarten Ausland zu vergrößern (Edinger 1960; Matthias/Link 1968; Duhnke 1972; Foitzik 1986). Zunächst unter der Leitung von einigen wenigen Beauftragten stehend, erweiterten sie sich ab Sommer 1933 durch die Ausreise von zunehmend gefährdeten Spitzenfunktionären, bis sie nach den Parteiverboten den Charakter von Auslandsleitungen bzw. Parteivorständen im Exil annahmen. Sie beanspruchten zum einen die Anleitung, Unterstützung und publizistische Vertretung der illegalen Gruppen im Reich und zum anderen die Führung der Parteiorganisationen im Exil, die sich aus den Angehörigen der ersten Fluchtwelle gebildet hatten (→ POLITISCHES EXIL UND WIDERSTAND AUS DEM EXIL).

Im Rahmen einer dritten Abwanderungsphase, die bis in die Kriegsjahre hinein andauerte, erhielt das Exil Zuzug durch gefährdete Mitglieder von Widerstandsgruppen im Reich. Die Fortführung der alten Parteien und Gewerkschaften bzw. die Betätigung in ihrem Sinne war inzwischen Gegenstand polizeilicher Verfolgung und gerichtlicher Ahndung geworden. Der terroristische Charakter des Nationalsozialismus fand jetzt seinen Ausdruck in Praktiken der Geheimen Staatspolizei und z.T. auch der Sondergerichtsbarkeit. Überdies folgte nach der Verbüßung einer zeitlichen Justizstrafe in der Regel die unbegrenzte „Schutzhaft" in Konzentrationslagern. Insofern wurde nun für die von Entdeckung bedrohten Illegalen der Weg ins Exil zur bestmöglichen Chance des Überlebens. Ähnliches galt für die vergleichsweise massenhafte Flucht von Saarländern und Saar-Emigranten, die sich im Abstimmungskampf um das Referendum vom Januar 1935 für die im Reich verbotenen Parteien exponiert oder als „Separatisten" Verfolgung zu gewärtigen hatten.

Leitende Kraft des „Widerstandes von außen" war eine recht kleine Zahl von Berufspolitikern, ehemaligen Funktionären und politischen Intellektuellen. Zu ihnen gehörten auch 27 ehemalige Mitglieder von Reichs- und Länderregierungen und 267 Reichs- und Landtagsabgeordnete (Schumacher 1991). Im übrigen unterschied sich die Zusammensetzung der kommunistischen und sozialdemokratischen „Parteiemigration" wesentlich vom kleinbürgerlichen und mittelständischen Übergewicht der jüdischen Familienauswanderung und vom gesellschaftlichen Spektrum der Kulturemigration. Die Mehrheit bildeten junge, unverheiratete Parteiaktivisten, die – insbesondere in den Reihen der KPD – als meist ungelernte Arbeiter oft schon während der Krisenjahre in Deutschland durch Erwerbslosigkeit ausgegrenzt waren. Die Biographie dieser Gruppe bewegt sich in der Regel zwischen Einsätzen im Reich mit häufig unglücklichem Ausgang, dem Überleben als Unterstützungsempfänger in Flüchtlingsheimen, ab 1936 dem Kampf im Spanischen Bürgerkrieg, nach 1940 französischer Internierung, freiwilliger Rückkehr nach Deutschland oder Auslieferung an die Gestapo, dem mehr oder weniger aufgezwungenen Eintritt in die Fremdenlegion, dem Anschluß an französische Partisanengruppen und der Inhaftierung in deutschen Konzentrationslagern. Obwohl die „jüdische Massenemigration" (Walter) und die politischen Exilanten den gleichen rechtlichen und ökonomischen Asylbedingungen der europäischen Transit- und Niederlassungsländer unterworfen waren, weisen die durchschnittlichen Emigrationsgeschichten beider Gruppen nur mehr oder weniger enge und zeitlich begrenzte Überschneidungsfelder auf.

Die häufig von Zufälligkeiten bestimmte Fluchtentscheidung hat gerade jene Exilanten, die nicht den politischen Eliten der Weimarer Republik angehörten, einem oft „überdimensionierten Schicksal" (Walter 1992) ausgeliefert. Ihre „Sozialgeschichte" ist ebenso wie die Frage nach Selbstbehauptung oder Aufstieg von politischen Führern unter den Ausnahmebedingungen des Exils ein noch weitgehend offenes Forschungsfeld.

Neben den Parteien, Gruppen und Verbänden, die das Gesamtspektrum in der Weimarer Republik widerspiegelten, fanden sich auch Vertreter der bürgerlichen Politik – zuweilen um ehemals führende Politiker geschart – im Exil wieder (Moreau 1984; Pufendorf 1997). Zahlenmäßig von untergeordneter Bedeutung, versuchten Einzelpersönlichkeiten und kleine Gruppen aus dem politischen Liberalismus (→ LIBERALE), frühere Zentrumspolitiker, Angehörige der Bündischen Jugend, Nationalkonservative und Monarchisten, linke Nationalisten bis hin zu oppositionellen Nationalsozialisten und dissidenten NSDAP-Gruppierungen wie der Schwarzen Front in wechselnden Organisationsformen und Bündnissen ihren Kampf gegen Hitler fortzusetzen. Hinzu kamen – neben den aus „rassischen" Gründen fürsorglich ins Ausland versetzten Geistlichen und Ordensleuten – aktive Hitlergegner aus dem Klerus und den Laienorganisationen der christlichen Kirchen (Frühwald/Hürten 1987). In diesem Zusammenhang spielten auch die von den Nationalsozialisten inszenierten Kriminalisierungsversuche eine Rolle, so etwa die Devisenprozesse gegen mehr als 100 Ordensleute in den Jahren 1935/36 (→ CHRISTEN UND KONSERVATIVE). In Österreich war die politische Bedrohung, der sich geistliche Anhänger des Ständestaates 1938 nach dem „Anschluß" ausgesetzt sahen, neben der rassischen Verfolgung für viele Anlaß zur Flucht (→ ÖSTERREICHISCHE POLITISCHE EXILORGANISATIONEN).

Die Zahl der sozialdemokratisch und gewerkschaftlich organisierten Emigranten wurde Ende 1933 auf 3500 Personen geschätzt. Nach Angaben des Hochkommissars des Völkerbundes befanden sich 1935 neben etwa 65 000 „rassisch" verfolgten Emigranten aus Deutschland 5000–6000 Sozialdemokraten, 6000–8000 Kommunisten und fast 5000 Oppositionelle anderer Richtungen als Flüchtlinge im Ausland. Insgesamt dürfte 1935 das politische Exil zwischen 16 000 und 19 000 Menschen gezählt haben (Röder 1980). Dies legt nahe, daß neben den etwa 6000 politischen Flüchtlingen aus dem Saargebiet nach dem Referendum vom 13. Januar 1935 (Herrmann 1978; Mallmann/Paul 1991) vor allem der zunehmende Erfolg der Gestapo bei der Zerschlagung von Widerstandsgruppen einen wesentlichen Anstieg in den Jahren 1934/35 verursachte. Aus dem gleichen Grund wird man von einer relativen numerischen Stagnation der reichsdeutschen politischen Emigration in den folgenden Jahren ausgehen können.

Nach dem 12. Februar 1934 gesellten sich zu den politischen Emigranten aus Deutschland mehrere tausend Verfolgte des österreichischen Ständeregimes, also Aktivisten der verbotenen Linksparteien und der aufgelösten Freien Gewerkschaften Österreichs. Das autoritäre System wurde neben der Bekämpfung der linken Kräfte und der in Österreich ebenfalls verbotenen NSDAP zunehmend in scharfe weltanschauliche, außen- und wirtschaftspolitische Konflikte mit dem Dritten Reich verwickelt. Nach dem deutschen Einmarsch im März 1938 richtete sich deshalb der Haß der Nationalsozialisten – abgesehen von ihren brutalen Ausschreitungen gegen die jüdische Bevölkerung – mindestens ebenso gegen die Repräsentanten des Ständestaates wie die der ehemaligen Arbeiterparteien, mit deren Angehörigen man nach 1934 immerhin die Haft in „Anhaltelagern" und Gefängnissen geteilt hatte. Der erneuten Flucht von Österreich-Emigranten aus dem „Altreich" und von einheimischen sozialistischen und kommunistischen Aktivisten schloß sich deshalb auch eine kleinere Gruppe konservativer Gegner des Nationalsozialismus an. Christlich-Soziale, Legitimisten und die teilweise schon seit 1934 im Exil lebenden Vertreter der Linken erhoben jetzt gleichermaßen den Anspruch, die eigentlichen Exponenten des österreichischen Widerstandes gegen den Nationalsozialismus zu sein (Goldner 1972; Maimann 1975). Diese Konstellation trug zur besonderen Zersplitterung des österreichischen Exils bis 1945 bei. In den Asylländern, vor allem ab 1940/41 in Großbritannien, Kanada und den USA, später auch in Schweden und in Lateinamerika, kam es zu einer mehr oder minder ausgeprägten Teilung der österreichischen Exilorganisationen in drei Hauptlager: auf der einen Seite die kommunistische Emigration, die unter konspirativer Beibehaltung der Kaderstruktur Volksfrontpolitik in meist kulturellen Organisationen zu betreiben versuchte; auf der anderen Seite die bürgerlich-ständestaatlichen und legitimistischen Kreise, die der kommunistischen Bündnisstrategie in unterschiedlichem Maß entgegenkamen, und schließlich die sozialistische Emigration, die mit keiner der beiden anderen Richtungen zusammenzuarbeiten bereit war (→ ÖSTERREICHISCHE POLITISCHE EXILORGANISATIONEN).

Ab Herbst 1938 wurde das deutschsprachige Exil schließlich durch die politischen Flüchtlinge aus der Tschechoslowakei erweitert. Innerhalb der deutschen Minorität in der ČSR war die politische und gesellschaftliche Polarisierung zwischen der Arbeiterbewegung und dem antisozialistischen Lager durch Konflikte in der nationalen Frage verschärft worden. Seit Ende der 1920er Jahre hatte die sudetendeutsche Sozialdemokratie vergeblich die Zusammenarbeit mit den tschechoslowakischen Regierungsparteien zur Lösung der Minderheitenfrage angestrebt. Im Bewußtsein weiter Teile der deutschen Bevölkerung, die nach 1935 mehr und mehr der irredentistischen Sammlungsbewegung Konrad Henleins zulief, entfernten sich die Sozialdemokraten damit von den Interessen der eigenen Volksgruppe. Auch aufgrund der weitreichenden Unterstützung, die sie den reichsdeutschen Exilorganisationen in der ČSR gewährt hatte, war die sudetendeutsche Arbeiterbewegung besonderes Verfolgungsobjekt der Gestapo. So flüchteten bei der Abtretung der Sudetengebiete an das Reich im Herbst 1938 annähernd 30 000 politisch gefährdete Deutsche ins Landesinnere. 4000–5000 Sozialdemokraten, etwa 1500 Kommunisten und schätzungsweise 150 Mitgliedern der Deutsch-Demokratischen Freiheitspartei gelang anschließend – neben etwa 33 000 verfolgten Juden – die Emigration ins Ausland. Zahlenmäßig stellten damit die Sudetendeutschen das Hauptkontingent der politischen Emigration aus der Tschechoslowakei (Röder 1980). Tausende, die keine Auswanderungsmöglichkeit fanden, fielen nach der Errichtung des Protektorats Böhmen und Mähren der Gestapo in die Hände oder waren schon vorher von tschechischen Behörden in ihre Heimatorte abgeschoben und so de facto dem NS-Regime ausgeliefert worden. Mit der Gründung der tschechoslowakischen Exilregierung wurden Paris und später London Zentren der sudetendeutscher Exilpolitik, die im wesentlichen von Auseinandersetzungen um Vergangenheit und Zukunft des multiethnischen Staates und zuletzt vom Kampf gegen die Vertreibungspläne der Regierung Beneš bestimmt war. Starke sozialdemokratische Gruppen bildeten sich in Norwegen und – nach Kriegsbeginn – auch in Schweden; Kanada und Lateinamerika waren weitere Ziele. Die kommunistische Führung emigrierte in die UdSSR, wo sich zwischenzeitlich auch die Leitungsgremien der übrigen kommunistischen Exilparteien niedergelassen hatten (Heumos 1989; Becher/Heumos 1992). Im Unterschied zur reichsdeutschen und österreichischen Emigration nach 1933/34 verblieben den sudetendeutschen Gruppen kaum noch Zeit und politisch-geographische Möglichkeiten, mit der Opposition im Lande Verbindungen aufzunehmen. Ihre Flucht war vielmehr Teil einer Entwicklung, die zur Bedrohung des europäischen Exils insgesamt führte.

Bis kurz vor Beginn des Krieges dürften annähernd 30 000 Menschen das Deutsche Reich, Österreich und die deutschsprachigen Teile der Tschechoslowakei aus politischen Gründen verlassen haben. Ihre Mehrheit fühlte sich über kürzere oder längere Zeit dem Exil zugehörig, indem sie an seinem Kampf gegen den Nationalsozialismus in dieser oder jener Form Anteil nahm und die Rückkehr in die Heimat nach dem Sturz des NS-Regimes erstrebte. Schätzungen ergeben die folgenden quantitativen Schwerpunkte bei der Verteilung der politischen Emigration auf europäische Aufenthaltsländer (Tabelle).

Quantitative Verteilung der politischen Emigration auf europäische Aufenthaltsländer
(* = ohne Transit-Aufenthalte)

Frankreich	(1936)	9000
Bürgerkriegs-Spanien	(1937)	7000
Großbritannien	(1940)	5000
Sowjetunion	(1941)	3000
Tschechoslowakei	(1936)*	1500
Saargebiet	(1934)	1500
Schweden	(1943)	1500
Schweiz	(1937)*	300

Dem Anspruch, Repräsentanten des inneren Widerstands zu sein, wurden am ehesten die Exilvertretungen der alten Arbeiterbewegung gerecht. Über ein Netz von Grenzstellen belieferten sie die illegalen Gruppen mit Kampfschriften in Massenauflage. Kuriere und Instrukteure bemühten sich um Verbindungen zu Widerstandskreisen, den Aufbau neuer Organisationen und um Nachrichten über politische und wirtschaftliche Entwicklungen (Herlemann 1982; Löwenthal/von zur Mühlen 1991; Wichers 1994). Aufgrund der zunehmenden Erfolge der Gestapo war der Höhepunkt dieser Tätigkeit 1935 schon überschritten. Eine gewiß größere und fortdauernde Beeinträchtigung nationalsozialistischer Interessen bewirkte der publizistische Kampf gegen das Regime im Ausland. So können weit über 400 Zeitungen, Zeitschriften, Nachrichtendienste, Rundbriefe und Bulletins allein für die reichsdeutsche Emigration namhaft gemacht werden (→ Presse und Publizistik).

Die Expansion des Dritten Reiches setzte nach 1938 den alten Kampfformen ein Ende. Mit dem deutschen Angriff im Westen erreichte die Krisenphase der politischen Emigration ihren Höhepunkt: Die Flucht der Emigranten aus den westeuropäischen Hauptstädten, die Weiterwanderung nach Übersee, Zwangsverschickung oder Internierung als „feindliche Ausländer" und – wie in Frankreich – Dienstverpflichtung in Arbeitskompanien der Armee bewirkten die Auflösung organisatorischer Zusammenhänge. In den Jahren 1939 bis 1941 wurden 18 000–20 000 deutschsprachige Emigranten in über 100 französischen Internierungslagern festgesetzt. Familienangehörige, Entlassene und Entflohene versammelten sich im Süden Frankreichs in der Hoffnung auf Ausreisemöglichkeit (→ Frankreich, → Spanien, → Portugal). Die Auslandsvertretungen der Parteien und Gruppen konzentrierten sich in dieser Zeit auf Hilfsmaßnahmen für bedrohte Mitglieder durch Beschaffung von Einreisegenehmigungen vor allem nach Großbritannien und nach Übersee. 1940/41 konnten z. B. fast 1000 sozialdemokratische Flüchtlinge mit Unterstützung amerikanischer Gewerkschaftsorganisationen aus Frankreich gerettet werden; 1942 dürften sich noch etwa 500 deutsche und österreichische Sozialisten ohne Ausreisevisum dort aufgehalten haben. Manche der auf dem Kontinent zurückgebliebenen Emigranten fanden schließlich illegalen Unterschlupf in den besetzten Ländern, konnten ihre Identität dauerhaft tarnen oder schlossen sich später einheimischen Widerstandsbewegungen an. Einige versuchten, trotz gesperrter Grenzen und des Risikos einer Abschiebung die nahe → Schweiz zu erreichen; andere wählten – oft mit Sichtvermerken zweifelhaften Werts und mit Hilfe obskurer Schiffahrtsunternehmen – den Weg zu afrikanischen, asiatischen und lateinamerikanischen Zielhäfen. Unbekannt ist die Zahl derer, die in den Internierungslagern aufgrund mangelhafter Lebensbedingungen umgekommen, von der Gestapo – allerdings in erheblich geringerem Ausmaß als bisher angenommen – aufgegriffen (Röder 1993) oder von kollaborierenden einheimischen Behörden an die deutsche Besatzungsmacht übergeben worden sind. Erst mit dem deutschen Überfall auf die → SOWJETUNION und dem Eintritt der → VEREINIGTEN STAATEN VON AMERIKA in den Krieg begann eine neue Phase der Auseinandersetzung mit dem Nationalsozialismus.

Die europäischen Zentren der politischen Emigration hatten sich zwischenzeitlich aus Frankreich, der Tschechoslowakei und den Niederlanden nach → GROSSBRITANNIEN, → SCHWEDEN, in die → SCHWEIZ und bei den kommunistischen Parteien in die → SOWJETUNION verlagert (Weber/Staritz 1993; Tischler 1996). Daneben bestanden kleinere Gruppen, Kreise und Parteizirkel – oft um Zeitschriften oder um einzelne prominente Persönlichkeiten geschart – in fast allen überseeischen Ländern (→ ZUFLUCHTSLÄNDER, → POLITISCHES EXIL UND WIDERSTAND AUS DEM EXIL). Die geographische Verstreuung der Anhängerschaft stellte das organisierte Exil nicht nur vor das Problem, die alten Verbindungen über entfernte Grenzen und in Kriegszeiten aufrechtzuerhalten; die entmutigenden politischen Entwicklungen, die Mühsal einer permanenten Emigrantenexistenz und die Vorteile einer Integration in den überseeischen Einwanderungsländern trugen auch wesentlich zur zahlenmäßigen Schrumpfung des Exils bei. Viele politische Flüchtlinge gaben mit den Jahren das Selbstverständnis des nach der Heimat orientierten Exilanten zugunsten einer neuen Identität als Einwanderer auf, die ihnen eher die Energie zur Gründung einer erträglichen materiellen Existenz und die psychischen Voraussetzungen für ein Sichlösen von den politischen und moralischen Verstrickungen des Herkunftslandes geben konnte. Darüber hinaus war besonders außerhalb großstädtischer Emigrantenkolonien die Befürchtung weit verbreitet, durch politische Betätigung bei den Behörden des Gastlandes unangenehm aufzufallen bzw. als Fürsprecher eines „anderen Deutschland" vom steigenden Haß der Umwelt auf den nationalsozialistischen Kriegsgegner betroffen zu sein. Die Parteien und Gruppen des Exils reduzierten sich zwar nicht zu „Generälen ohne Armee" (Edinger); das erschwerte Festhalten an politischen Zielen und kulturellen Werten führte jedoch das organisierte Exil durch einen Ausleseprozeß, der hohe Anforderungen an das nationale Identitätsbewußtsein stellte.

Unter den politischen Flüchtlingen jüdischer Herkunft waren es in erster Linie die Anhänger sozialistischer und kommunistischer Parteien, die auch in dieser letzten Phase trotz zunehmender Kenntnis des Genozids an ihren alten Bindungen festzuhalten vermochten.

Die Auswirkungen des Weltkrieges mit geschlossenen Grenzen, kontrollierten Kommunikationswegen und politischer Überwachung in den wichtigsten Aufenthaltsländern schränkte den Handlungsspielraum der Exilgruppen, der ihnen bis 1938/39 gewisse Aktionsmöglichkeiten gegen das NS-Regime gewährt hatte, weiter ein. Eigenständiges Handeln war kaum noch möglich, und Aktivitäten nach Deutschland hinein konnten fast nur noch im Dienste der Alliierten stattfinden. So beschränkte sich die Tätigkeit der Auslandsleitungen, die in London, Stockholm, Zürich, New York und einigen südamerikanischen Hauptstädten untergekommen waren, im wesentlichen auf die Betreuung kleiner Flüchtlingskolonien und auf wirkungslose deutschlandpolitische Initiativen bei einheimischen Parteien und Regierungsstellen. Bei den Führungskadern der kommunistischen Exilparteien in der UdSSR vollzog sich in diesen Jahren die endgültige Unterwerfung unter die sowjetische Politik.

Andererseits begann zu diesem Zeitpunkt, d.h. nach der Zerstörung der von den Konflikten der Weimarer Republik geprägten Exilmilieus von Prag und Paris und in der täglichen Konfrontation mit ganz anders gearteten politischen Traditionen, ein Lern-, Denk- und Planungsprozeß, der dem Exil trotz des Scheiterns an seinen zeitgenössischen Zielsetzungen die historische Wirkungsrelevanz sichert. Im Verlauf jahrelanger Programmdiskussionen näherten sich Sozialdemokraten, Sozialisten und Vertreter bürgerlich-liberaler Richtungen gemeinsamen Standorten, die an der Politikerfahrung westlicher Demokratien ausgerichtet waren (Röder 1986; Voigt 1988; Langkau-Alex/Ruprecht 1995). Da gleichzeitig immer deutlicher wurde, daß sich die Moskauer KPD-Führung ganz den politischen Interessen der Sowjetunion unterordnete, sammelte sich spätestens seit 1943 das „andere Deutschland" endgültig in zwei getrennten Lagern. Beide haben – bei einer Rückkehrrate von annähernd 70% für das politische Exil – an den Entwicklungen in den deutschen Nachkriegsstaaten erheblichen Anteil genommen (Mehringer 1989; Löwenthal 1991).

Zunächst aber erwies sich, daß mit dem 8. Mai 1945 das Exil der Hitler-Gegner noch keineswegs zu Ende gegangen war. Je nach Land, politischem

Standort und eigenen Planungen wurden die Asylstaaten als Verbündete und künftige Befreier wie auch zunehmend als Kontrahenten in der Gestaltung der Nachkriegsverhältnisse empfunden. Dieses ambivalente Verhältnis vertiefte sich noch nach Kriegsende, als die Alliierten die vollständige Kontrolle über Deutschland übernahmen und die Westmächte dabei weder die Nachkriegsziele des Exils noch den Anspruch von Exilanten auf die politische Führung oder wenigstens auf Mitwirkung berücksichtigten, sondern sogar ihre Rückkehr zunächst verhinderten bzw. nur in Einzelfällen nach eigenem Gutdünken zuließen (→ RÜCKKEHR AUS DEM EXIL UND SEINE REZEPTIONSGESCHICHTE). Das Exil, das den politischen Emigranten Schutz vor Verfolgung geboten und vielen das Leben gerettet hatte, erschien nun auch als „dead end road", als lebensgeschichtliche Sackgasse; nicht wenige entschieden sich erst jetzt, nach diesem ernüchternden Ausgang des Kampfes, zur endgültigen Niederlassung im Emigrationsland. Es bedurfte eines längeren Zeitraums, bis ungehinderte Rückkehr nach Deutschland und Österreich Möglichkeiten bot, die im Exil neu entwickelten Ideen und politischen Praxiserfahrungen in die Nachkriegsgesellschaften der alten – und bei der sudetendeutschen Emigration: der neuen – Heimatländer durch persönlichen Einfluß und im Rahmen informeller Netzwerke einzubringen. Daneben haben zahlreiche im Ausland verbliebene ehemalige Exilanten durch z.T. hochrangige Einflußarbeit die Integration ihrer Herkunftsländer in die internationale Staatengemeinschaft befördert.

Literatur

Bahne, Siegfried (1976): Die KPD und das Ende von Weimar. Das Scheitern einer Politik 1932–1935, Frankfurt a.M.–New York.

Becher, Peter, u. Peter Heumos, Hrsg. (1992): Drehscheibe Prag. Zur deutschen Emigration in der Tschechoslowakei, München.

Bracher, Karl Dietrich (1969): Die deutsche Diktatur. Entstehung, Struktur, Folgen des Nationalsozialismus, Köln–Opladen.

Briegel, Manfred, u. Wolfgang Frühwald, Hrsg. (1988): Die Erfahrung der Fremde. Kolloquium des Schwerpunktprogramms „Exilforschung" der Deutschen Forschungsgemeinschaft, Weinheim u.a.

Die deutsche politische Emigration 1933–1945 (1972), hrsg. von der Friedrich-Ebert-Stiftung, Ausst.-Kat., Bonn.

Duhnke, Horst (1972): Die KPD von 1933 bis 1945, Köln.

Edinger, Lewis J. (1960): Sozialdemokratie und Nationalsozialismus. Der Parteivorstand der SPD im Exil 1933–1945, Hannover–Frankfurt a.M.

Foitzik, Jan (1986): Zwischen den Fronten. Zur Politik, Organisation und Funktion linker politischer Kleinorganisationen im Widerstand 1933 bis 1939/40, Bonn.

Frühwald, Wolfgang, u. Heinz Hürten, Hrsg. (1987): Christliches Exil und christlicher Widerstand, Regensburg.

Geis, Manfred, u.a. (1982): Widerstand und Exil der deutschen Arbeiterbewegung 1933–1945. Grundlagen und Materialien, Bonn.

Goldner, Frank (1972): Die österreichische Emigration 1938 bis 1945, Wien–München.

Grasmann, Peter (1976): Sozialdemokraten gegen Hitler 1933–1945, München–Wien.

Herlemann, Beatrix (1982): Emigration als Kampfposten. Die Anleitung des kommunistischen Widerstandes in Deutschland aus Frankreich, Belgien und den Niederlanden, Königstein i.Ts.

Herrmann, Hans-Walter (1978): Beiträge zur Geschichte der saarländischen Emigration 1935–1939, in: Jahrbuch für westdeutsche Landesgeschichte 4, S.354 ff.

Heumos, Peter (1989): Die Emigration aus der Tschechoslowakei nach Westeuropa und den Nahen Osten 1938–1945, München.

Langkau-Alex, Ursula, u. Thomas M. Ruprecht, Hrsg. (1995): Was soll aus Deutschland werden? Der Council for a Democratic Germany in New York 1944–1945. Aufsätze und Dokumente, Frankfurt a.M.–New York.

Lehmann, Hans Georg (1976): In Acht und Bann. Politische Emigration, NS-Ausbürgerung und Wiedergutmachung am Beispiel Willy Brandts, München.

Löwenthal, Richard (1991): Konflikte, Bündnisse und Resultate der deutschen politischen Emigration, in: Vierteljahrshefte für Zeitgeschichte 39, S.625 ff.

Löwenthal, Richard, u. Patrik von zur Mühlen, Hrsg. (1994): Widerstand und Verweigerung in Deutschland 1933–1945, Berlin–Bonn.

Maimann, Helene (1975): Politik im Wartesaal. Österreichische Exilpolitik in Großbritannien 1938–1945, Wien u.a.

Mallmann, Klaus-Michael, u. Gerhard Paul (1991): Herrschaft und Alltag. Ein Industrierevier im Dritten Reich, Bonn.

Matthias, Erich (1952): Sozialdemokratie und Nation.

Zur Ideengeschichte der sozialdemokratischen Emigration 1933–1938, Stuttgart.

Matthias, Erich, u. Werner Link, Bearb. (1968): Mit dem Gesicht nach Deutschland. Eine Dokumentation über die sozialdemokratische Emigration. Aus dem Nachlaß von Friedrich Stampfer, Düsseldorf.

Matthias, Erich, u. Rudolf Morsey, Hrsg. (1960): Das Ende der Parteien 1933, Düsseldorf.

Mehringer, Hartmut (1989): Waldemar von Knoeringen. Eine politische Biographie. Der Weg vom revolutionären Sozialismus zur sozialen Demokratie, München u. a.

Mehringer, Hartmut (1997): Widerstand und Emigration. Das NS-Regime und seine Gegner, München.

Moreau, Patrick (1984): Nationalsozialismus von links. Die „Kampfgemeinschaft Revolutionärer Nationalsozialisten" und die „Schwarze Front" Otto Strassers, München.

Morsey, Rudolf (1977): Der Untergang des politischen Katholizismus. Die Zentrumspartei zwischen christlichem Selbstverständnis und „Nationaler Erhebung" 1932/33, Stuttgart–Zürich.

Müssener, Helmut (1974): Exil in Schweden. Politische und kulturelle Emigration nach 1933, München.

Österreicher im Exil 1933–1945 (o. J.), hrsg. von der Kammer für Arbeiter und Angestellte für Oberösterreich, Linz.

Petersen, Hans-Uwe, Hrsg. (1991): Hitlerflüchtlinge im Norden. Asyl und politisches Exil 1933–1945, Kiel.

von Pufendorf, Astrid (1997): Otto Klepper (1888–1957). Deutscher Patriot und Weltbürger, München.

Röder, Werner, u. Herbert A. Strauss (1980): Einleitung, in: Biographisches Handbuch der deutschsprachigen Emigration nach 1933/International Biographical Dictionary of Central European Emigrés 1933–1945, hrsg. vom Institut für Zeitgeschichte, München, u. von der Research Foundation for Jewish Immigration, New York, Bd. 1, München u. a., S. XIII ff.

Röder, Werner (1986): Emigration nach 1933, in: Broszat, Martin, u. Horst Möller, Hrsg.: Das Dritte Reich. Herrschaftsstruktur und Geschichte, 2. Aufl., München, S. 231 ff.

Röder, Werner (1993): Habent sua fata ... Von Schriften des Exils und ihren Irrwegen, in: Herbert und Elsbeth Weichmann Stiftung, Hrsg.: Schicksale deutscher Emigranten. Auf der Suche nach den Quellen, München u. a., S. 24 ff.

Schumacher, Martin, Hrsg. (1991): M. d. R. Die Reichstagsabgeordneten der Weimarer Republik in der Zeit des Nationalsozialismus. Politische Verfolgung, Emigration und Ausbürgerung 1933–1945, Düsseldorf.

Seebacher-Brandt, Brigitte (1984): Ollenhauer, Biedermann und Patriot, Berlin.

Söllner, Alfons, Hrsg. (1986): Zur Archäologie der Demokratie in Deutschland. Analysen von politischen Emigranten im amerikanischen Geheimdienst, Bd. 1: 1943–1945, 2. Aufl., Frankfurt a. M.

Tischler, Carola (1996): Flucht in die Verfolgung. Deutsche Emigranten im sowjetischen Exil 1933 bis 1945, Münster.

Tutas, Herbert E. (1975): Nationalsozialismus und Exil. Die Politik des Dritten Reiches gegenüber der deutschen politischen Emigration 1933–1939, München.

Voigt, Klaus, Hrsg. (1988): Friedenssicherung und europäische Einigung. Ideen des deutschen Exils 1939–1945, Frankfurt a. M.

Walter, Hans-Albert (1978 ff.): Deutsche Exilliteratur, 6 Bde., Stuttgart.

Walter, Hans-Albert (1992): „... wo ich im Elend bin" oder „Gib dem Herrn die Hand, er ist ein Flüchtling", Frankfurt a. M.

Weber, Hermann, u. Dietrich Staritz, Hrsg. (1993): Kommunisten verfolgen Kommunisten. Stalinistischer Terror und „Säuberungen" in den kommunistischen Parteien Europas seit den dreißiger Jahren, Berlin.

Wichers, Hermann (1994): Im Kampf gegen Hitler. Deutsche Sozialisten im Schweizer Exil 1933–1945, Zürich.

Die intellektuelle, literarische und künstlerische Emigration

Alexander Stephan

„Die Emigration wird drauf bestehn, daß mit ihr die größten Deutschen waren und sind, und das heißt zugleich: das beste Deutschland" (Heinrich Mann, Aufgaben der Emigration, 1933). Thomas Mann faßte sich ein paar Jahre später knapper: „Wo ich bin, ist Deutschland." Und auch Alfred Kantorowicz, Exilant, Spanienkämpfer und Kommunist, war sich sicher, daß „die in der Welt geachtetsten und bekanntesten Namen der zeitgenössischen Literatur" dem Exil zuzuzählen sind: „Ihr Kampf und ihre Werke", schreibt er 1947 in einer der frühsten Arbeiten zum Exil, *verboten und verbrannt*, „trugen dazu bei, die Kulturbestände des alten Europas zu bewahren und in das neue Europa, das nun auf den Trümmern entstehen soll, hinüberzuretten." Die Brüder Mann sowie Kantorowicz hatten nicht übertrieben.

I Die intellektuelle, literarische und künstlerische Emigration

Die meisten führenden Vertreter der deutschsprachigen Literatur – unter ihnen Bertolt Brecht, Hermann Broch, Alfred Döblin, Lion Feuchtwanger, Else Lasker-Schüler, Thomas, Heinrich, Klaus und Erika Mann, Nelly Sachs, Anna Seghers, Franz Werfel, Carl Zuckmayer und Stefan Zweig – verließen Deutschland oder Österreich nach 1933 bzw. 1938. Das gleiche läßt sich für Bühnen- und Filmschaffende, Musiker, Maler und Bildhauer, Architekten, Philosophen sowie Natur- und Geisteswissenschaftler sagen. International renommierte Emigranten wie Arnold Schönberg, Kurt Weill, Hanns Eisler, Oskar Kokoschka, Walter Gropius, Ludwig Mies van der Rohe, Albert Einstein, Max Born, Lise Meitner, Ernst Cassirer, Theodor W. Adorno, Max Horkheimer, Erich Fromm und Sigmund Freud, unter ihnen mehrere Nobelpreisträger, zeugen von dem hohen Rang, den die Künste und Wissenschaften in Deutschland und Österreich vormals besessen hatten.

Versuche, den Exodus des Geistes exakt zu bestimmen, stoßen auf methodische Schwierigkeiten und erfordern präzise Definitionen, die aufgrund fließender Grenzen und zahlreicher Unschärfen nicht immer zufriedenstellend erbracht werden können. Um wenigstens eine ungefähre Übersicht über die Größenordnung des intellektuellen und kulturellen Aderlasses zu gewinnen, seien folgende Zahlen genannt: Aus dem Hochschulbereich sowie aus wissenschaftlichen Institutionen emigrierten etwa 2000 Personen. Die exilierten Vertreter aus Literatur, Publizistik, Presse werden auf 2500, die des Rundfunks auf 600 geschätzt. Hinzu kommen vertriebene Künstler aus den Bereichen Theater (4000), Film (2000), Fotografie (200) und Tanz (120), ferner zahlenmäßig nicht exakt bestimmbare Vertreter der bildenden Künste, Musik und anderer Bereiche. Bei grober Schätzung dürften somit weit über 10 000 Angehörige wissenschaftlicher, technischer, publizistisch-literarischer sowie künstlerischer Berufe den Machtbereich der NS-Diktatur wegen politischer und/oder „rassischer" Verfolgung sowie aus Gründen kultureller Dissidenz verlassen haben.

Die erste Welle der Hitlerflüchtlinge, der vor allem Schriftsteller und Journalisten angehörten, verließ Deutschland in den Wochen zwischen dem Reichstagsbrand vom 27. Februar und der Bücherverbrennung vom 10. Mai 1933, als die Nationalsozialisten ihr wahres Gesicht zu zeigen begannen mit willkürlichen Verhaftungsaktionen, der Einrichtung von wilden Konzentrationslagern und dem im Volksmund Ermächtigungsgesetz genannten „Gesetz zur Behebung der Not von Volk und Reich" vom 24. März 1933. Gemein war fast allen Exilanten der ersten Stunde, daß sie sich bereits vor der Übergabe der Staatsgewalt an Hitler in Wort und Schrift gegen die Nazis ausgesprochen hatten, politisch liberal waren oder Linksparteien wie der KPD und der SPD angehörten. Viele von ihnen standen seit geraumer Zeit als „Kulturbolschewisten" und „jüdische Asphaltliteraten" oder, wie es die „Feuersprüche bei der Verbrennung undeutscher Schriften" formulierten, wegen „Gesinnungslumperei" oder „seelenzersetzender Überschätzung des Trieblebens" (Haarmann u.a. 1983, S. 196) auf den schwarzen Listen der braunen Machthaber. Auch die künstlerische Produktion der ersten Exilanten paßte weder in ihrer Themenwahl – Pazifismus, Zerfall der bürgerlichen Gesellschaft, Kapitalismuskritik – noch in ihrer ästhetischen Position – Modernismus, Formzertrümmerung, operative Schreibweise – in das von völkisch-nationalen Idealen beherrschte Kulturbild der Nazis.

Kulturschaffende und Intellektuelle, die im Frühjahr 1933 aus Deutschland vertrieben wurden, verstanden sich im allgemeinen als Exilanten. Für sie war der Aufenthalt im Ausland nur, wie für Lion Feuchtwanger, ein „Wartesaal", aus dem man so bald wie möglich in seine Heimat zurückkehren wollte. Beständig den Blick nach Deutschland gerichtet, widmete die überwiegende Mehrzahl der Vertriebenen während der ersten Jahre des Exils ihre schriftstellerischen und publizistischen Aktivitäten dem Kampf gegen die Nazis und der Aufklärung des Auslands über das Dritte Reich. Als sich im Laufe der dreißiger Jahre herausstellte, daß bürgerliche und linke Politiker mit ihren Vorhersagen von einem raschen Kollaps des Hitler-Regimes falsch lagen, übernahmen die Exilanten die Aufgabe, den Nazis die Bewahrung der deutschen Kulturtradition streitig zu machen. Eine nicht unerhebliche Zahl von exilierten Schriftstellern und Exilanten aus dem Wissenschaftsbereich stellte sich in den Dienst von Organisationen der Alliierten wie der Bewegung „Freies Deutschland", der Propagandaabteilung der BBC und dem Office of Strategic Services. Und schließlich befaßten sich Schriftsteller wie Klaus Mann, Stefan Heym und Hans Habe sowie die kommunistischen Exilgruppen in Moskau und Mexiko in ihren Schriften oder als Angehörige der Besatzungsmächte mit dem Neuaufbau Deutschlands nach Ende des Zweiten Weltkriegs.

Anders gelagert waren die Dinge mit jenen Flüchtlingen – zumeist Wissenschaftler und eher unpolitische Künstler –, die Deutschland in den Jahren nach 1933/34 verließen. Für sie, auf die der Begriff

Die intellektuelle, literarische und künstlerische Emigration

Emigranten verwendet wird, war jene Kette von Maßnahmen und Verordnungen der Nazis entscheidend, die später in die Konzentrationslager von Auschwitz, Treblinka und Sobibor mündete: die im Frühjahr 1933 einsetzenden Judenboykotte; indirekte und direkte Berufsverbote nach der Einrichtung der Reichskulturkammer und dem Erlaß des „Gesetzes zur Wiederherstellung des Berufsbeamtentums"; Ausbürgerungsaktionen und die Nürnberger Gesetze von 1935; schließlich als Höhepunkt und wichtigster Anlaß für eine Massenemigration jenes im November 1938 von den Nazis inszenierte Pogrom, das man mit dem Begriff „Reichskristallnacht" verniedlichte. Zwang und die Bedrohung von Leib und Leben standen also auch am Anfang dieser zweiten Welle deutschsprachiger Emigranten, deren Mitglieder sich im Gegensatz zu den politisch aktiven Exilanten der ersten Stunde aufgrund ihrer Erfahrungen mit dem Dritten Reich im allgemeinen kaum Hoffnungen auf eine Rückkehr nach Deutschland machten. Ihre Fluchtwege führten meist direkt nach Übersee in die klassischen Einwanderungsländer von Nord- und Südamerika. Akkulturation war für sie eher ein Wunsch- als ein Schreckbild. Der Erwerb von Fremdsprachen, berufliche Umschulung und der Bruch mit ihrer deutschen Vergangenheit wurden von ihnen notgedrungen leichter akzeptiert als von den Schriftstellern und Künstlern der ersten Exilantengruppe.

Aber auch für jene schreibenden Hitlerflüchtlinge, die im Frühjahr 1933 aus Deutschland weggingen, waren die Wirkungsmöglichkeiten und die Wahl von Asylorten klein. Als Schriftsteller, Verleger und Theatermacher benötigten sie für ihre Arbeit und ihr wirtschaftliches Überleben ein deutschsprachiges Publikum. Als politisch Verfolgte und erklärte „Linke" suchten sie nach Ländern mit liberalen Regierungen, einer großzügigen Einwanderungspolitik und einer Arbeitsgesetzgebung, die sie nicht vom einheimischen Stellenmarkt ausgrenzte. Und schließlich mußte auch diese Gruppe von Hitleropfern nach Übersee ausweichen, als die Nazis zuerst das Saargebiet, Österreich und die Tschechoslowakei übernahmen, dann West- und Teile von Nordeuropa überrannten und schließlich bis an die Tore von Moskau vordrangen.

Die besten Arbeits- und Lebensbedingungen fand das literarische, künstlerische und intellektuelle Exil anfangs in der → TSCHECHOSLOWAKEI vor. Deutschsprachige Autoren, → VERLAGE und Zeitschriften (→ PRESSE UND PUBLIZISTIK) profitierten davon, daß das kulturelle Klima in Prag vor 1933 von Österreich und Deutschland beeinflußt worden war. Die tschechische Bürokratie legte Asyl- und Arbeitsgesetze großzügig aus, selbst wenn es sich um kommunistische Unternehmungen wie Willi Münzenbergs *Arbeiter-Illustrierte-Zeitung* oder Wieland Herzfeldes Malik-Verlag handelte. Die Ortschaft Proseč ging gar so weit, Heinrich Mann, der sich als Staatenloser in Frankreich aufhielt, einzubürgern und ihm zu jenem Paß zu verhelfen, der ihm Jahre später die Flucht aus Europa erleichterte.

Relativ unbehelligt vermochten die Exilanten zunächst auch in → FRANKREICH ihren Geschäften nachzugehen. Das Manko, daß in Paris so gut wie kein deutschsprachiges Publikum existierte, machten jene Vertriebenen, die wie Heinrich Mann und René Schickele über Französischkenntnisse verfügten, dadurch wett, daß sie in einheimischen Zeitschriften veröffentlichten und sich mit ihren französischen Kollegen austauschten. Die Volksfrontregierung unter Léon Blum war den antifaschistischen Aktivitäten der Exilanten wohlgesinnt. Paris bot den Vertriebenen ein reiches Kulturangebot. Im milden Klima des am Mittelmeer gelegenen Exilzentrums Sanary-sur-Mer ließ sich auch bei bescheidenen Einkünften ein akzeptables Leben führen. Unangenehm wurde die Situation in Frankreich erst – Feuchtwanger schreibt jetzt vom „unholden Frankreich" –, als französische Behörden mit Ausbruch des Krieges die Exilanten als feindliche Ausländer internierten, ihnen die Flucht nach Übersee erschwerten und sie beim Einmarsch der deutschen Truppen mit Auslieferung bedrohten.

Einen Sonderfall des Exils in Europa stellte die → SOWJETUNION dar, die zwar eine erhebliche Zahl von Kulturschaffenden aufnahm, ihnen attraktive Arbeits- und Lebensverhältnisse zusicherte und ihre Bücher in großen Auflagen herausbrachte, aber nur jenen Exilanten Asyl gewährte, die erklärte Kommunisten waren. Hinzu kam, daß auch Ausländer leicht in das Räderwerk der stalinistischen Säuberungen gerieten, der Hitler-Stalin-Pakt die antifaschistischen Aktivitäten der Exilanten über Nacht stillegte und der künstlerische Freiraum durch die präskriptive Theorie des staatsoffiziellen Sozialistischen Realismus erheblich eingeschränkt war.

Andere Länder in Europa spielten nur punktuell eine Rolle in der Geschichte des kulturellen Exils. Die → SCHWEIZ, in der sich u.a. Thomas Mann, der erst nach mehrjährigem Zögern öffentlich auf die Seite der Exilanten trat, Erika Mann, Else Lasker-Schüler und Hans Marchwitza für einige Zeit aufhielten, verfolgte eine schroff abweisende Asylpraxis, die von dem Schlagwort „Das Boot ist voll" geprägt war. Sie ließ andererseits aber auch mit *Mass und Wert* eine der führenden Exilzeitschriften zu, erlaubte Exilanten, ihre Bücher im Zürcher Oprecht-Verlag zu publizieren und stellte mit dem Zürcher Schauspielhaus dem → Theater im Exil bis zum Kriegsende eine bedeutende Bühne zur Verfügung, auf der Stücke wie Friedrich Wolfs *Professor Mamlock* Erfolge feierten und Bertolt Brechts *Mutter Courage* und *Leben des Galilei* uraufgeführt wurden. In den → Niederlanden, wo Klaus Manns Zeitschrift *Die Sammlung* erschien, setzten sich die → Verlage Querido und Allert de Lange für die Verbreitung der Bücher von Exilanten ein. → Grossbritannien, mit dessen Sprache und Kultur die meisten Flüchtlinge nicht vertraut waren, nahm mehrere hundert kulturschaffende Exilanten auf, darunter Elias Canetti, Alfred Kerr, Oskar Kokoschka und Sigmund Freud. Skandinavien ist hauptsächlich durch Bertolt Brecht, der sich zwischen 1933 und 1941 von → Dänemark über → Schweden bis nach Finnland vor der „Umarmung" durch seine deutschen Landsleute zurückzog, durch Nelly Sachs und den erst um 1960 in Deutschland hervortretenden Peter Weiss in die Geschichte des Exils geraten. Die → Türkei lud vorrangig Hochschullehrer ein, nach → Palästina gingen die Lyrikerin Else Lasker-Schüler, der Romancier Arnold Zweig und der Religionswissenschaftler Martin Buber. In → Spanien kämpften und schrieben die Arbeiterschriftsteller Willi Bredel und Hans Marchwitza, Ludwig Renn und die späteren Antikommunisten Gustav Regler und Arthur Koestler zwischen 1936 und 1938/39 gegen Franco.

Brecht hat in einem seiner *Svendborger Gedichte* davon gesprochen, daß die Exilanten „öfter als die Schuhe die Länder" wechseln mußten. Spätestens mit Ausbruch des Zweiten Weltkriegs galt es dann für das Gros der aus Deutschland Vertriebenen, nicht nur die Länder, sondern die Kontinente zu wechseln. Sieht man einmal ab von → Brasilien, wo Stefan Zweig von 1941 bis zu seinem Freitod lebte, von → Argentinien, wo August Siemsen die Zeitschrift *Das Andere Deutschland* herausbrachte und von → Chile, wo Udo Rukser und Albert Theile die *Deutschen Blätter* machten, so haben vor allem zwei Länder in Übersee die erneut in die Flucht Getriebenen ab 1939/40 aufgenommen: die → Vereinigten Staaten von Amerika zunächst eher selektiv und zögerlich, aber am Ende doch in relativ großen Zahlen, und → Mexiko, das einer kleinen, aber aktiven Gruppe von Kommunisten großzügig Zuflucht gewährte.

Wie in allen Exilländern waren auch in den USA Licht und Schatten für das künstlerische und intellektuelle Exil deutlich verteilt. Relativ rasch bildeten sich in New York und Los Angeles um führende Schriftsteller, Journalisten, Verleger, Komponisten und prominente Film- und Theaterleute wie Oskar Maria Graf, Klaus Mann, Manfred George, Wieland Herzfelde und Gottfried Bermann-Fischer bzw. Bertolt Brecht, Lion Feuchtwanger, Thomas Mann, Erich Maria Remarque, Arnold Schönberg, Theodor W. Adorno, Fritz Lang, Salka Viertel und Billy Wilder Exilzentren heraus, so daß man von Hollywood und Pacific Palisades als einem „Weimar am Pazifik" sprach. Das Einwanderungsland USA erlaubte den Exilanten, sich rasch in den einheimischen Kultur- und Wissenschaftsbetrieb einzufügen. Schriftstellern und Verlegern standen zwar die Anforderungen des Marktes im Weg, nicht aber eine Zensurbehörde oder eine staatsoffizielle Literaturtheorie. Regisseure wie Otto Preminger, Filmagenten wie Paul Kohner, Drehbuchschreiber wie Salka Viertel, der Architekt Walter Gropius und Komponisten wie Kurt Weill und Hanns Eisler sowie eine große Zahl von Sozial-, Geistes- und Naturwissenschaftlern (→ Wissenschaftsemigration), die gewillt waren, sich auf die spezifischen Anforderungen des amerikanischen Kulturbetriebs und das einheimische Universitätsleben einzulassen, verbuchten nicht nur z. T. erhebliche berufliche Erfolge, sie vermochten auch entscheidend auf ihr Gastland einzuwirken. Ohne den Einfluß von Walter Gropius und dem Bauhaus wären → Architektur und Design in den USA andere Wege gegangen. Exilierte Wissenschaftler der → Psychiatrie, → Wirtschaftswissenschaften und → Kunstgeschichte haben an amerikanischen Universitäten ganze Wissenschaftsgebiete neu definiert.

Schriftsteller, die sich wie Alfred Döblin und der alternde Heinrich Mann dem Anpassungsdruck entzogen oder sich – wie Bertolt Brecht – aus ideologischen und produktionsästhetischen Gründen nur bedingt auf das Akkulturationsangebot einließen, blieben dagegen oft marginalisiert. Kaum einer der Exilanten – erfolgreich oder nicht – ahnte, daß er als „enemy alien" und potentieller Mitläufer der Kommunisten über Jahre hinweg vom FBI, dem Office of Strategic Services, dem House Un-American Activities Committee (HUAC), der Einwanderungsbehörde und dem Amt für Postzensur mißtrauisch beobachtet wurde (Stephan 1995). Brecht und Hanns Eisler mußten 1947 dem HUAC Rede und Antwort stehen. Das politische Klima der McCarthy-Ära trug dazu bei, daß der in den USA angesehene und seit

Jahren eingebürgerte Thomas Mann 1952 aus Kalifornien nach Europa zurückkehrte.

Bescheidener verlief die Geschichte der Exilgruppe in → MEXIKO. Anna Seghers, Egon Erwin Kisch, Ludwig Renn und Bodo Uhse gründeten dort Anfang der vierziger Jahre einen Heinrich-Heine-Klub (→ KULTURELLE ORGANISATIONEN) und den Verlag El Libro libre, in dem u. a. Anna Seghers' Bestseller *Das siebte Kreuz* erschien (→ VERLAGE). Die Bewegung „Freies Deutschland" und ihre gleichnamige Zeitschrift setzten sich im Stil der → VOLKSFRONT der dreißiger Jahre das Ziel, eine breite Gruppe von Exilanten aus Nord-, Mittel- und Südamerika zu erreichen. Und schließlich zog die Exilgruppe in Mexiko die Aufmerksamkeit des amerikanischen Außenministeriums, des FBI, der Postzensur und der militärischen Geheimdienste der USA auf sich, als sie Pläne für die Zukunft Deutschlands nach Ende der Hitler-Barbarei entwarf.

Tagebücher, Briefe, Autobiographien und „oral history"-Interviews machen klar, daß fast alle Schriftsteller und Künstler ihre Vertreibung aus Deutschland als einen Bruch in ihrer Biographie verstanden, der irreparable Schäden in ihrem Schaffen und Leben hinterließ. Abgeschnitten von ihrem Publikum, von Verlagen und Zeitschriften, verfolgt von ihren Landsleuten, bedrängt von den Behörden der Gastländer und oft genug ohne gültige Ausweispapiere – Brecht schrieb in den *Flüchtlingsgesprächen* vom Paß als dem „edelsten Teil von einem Menschen" –, ging den meisten Exilautoren die Ruhe verloren, die sie für ihre Arbeit brauchten. Schriftsteller, die gewohnt waren, sich täglich mit der deutschen Sprache auseinanderzusetzen, vermochten nur schwer mit den linguistischen und kulturellen Anforderungen des Exils zurechtzukommen und klagten mit zunehmender Zeit immer stärker über die Trennung von der lebendigen Muttersprache und einen unweigerlichen Sprachverlust. Lyriker, die auch vor 1933 kaum von ihren Werken hatten leben können und denen angesichts der braunen Flut „ein Gespräch über Bäume fast ein Verbrechen ist" (Bertolt Brecht, An die Nachgeborenen), mußten froh sein, wenn sie das eine oder andere Gedicht in einer Zeitschrift unterbrachten. Dramatiker – nach Franz Carl Weiskopf neben den Dichtern die anderen „Sorgenkinder der literarischen Emigration" – waren in Ermangelung deutschsprachiger Bühnen gezwungen, für die Schublade zu schreiben. Isolation und Verzweiflung, Schaffens- und Existenzkrisen bis hin zum Selbstmord waren die Folge. Viele, die in Berlin oder München ein materiell gesichertes, bequemes Leben geführt hatten, mußten sich im Exil über Jahre hinweg mit schäbigen Hotelzimmern oder einer kleiner Wohnung begnügen, lebten, wie Heinrich Mann im kalifornischen Santa Monica, von den Almosen glücklicherer Kollegen und Verwandter, Zuschüssen von Hilfsorganisationen oder ein paar Francs oder Dollars, die sie und ihre Familienmitglieder als Tellerwäscher, Näherinnen, Maurer oder Farmer verdienten. Einer Handvoll Journalisten und einigen wenigen jüngeren Schriftstellern wie Stefan Heym, Klaus Mann und Peter Weiss gelang es, in der Fremdsprache Bücher zu schreiben. Ein wenig besser erging es Musikern und darstellenden Künstlern, obwohl auch deren „Sprache" in den fremden Kulturbereichen nicht ohne weiteres verstanden wurde. Schauspieler konnten in Hollywood oft nur dann Rollen ergattern, wenn sie gewillt waren, mit dem entsprechenden Akzent in der Uniform jener Nazis aufzutreten, von denen sie kurz zuvor vertrieben wurden. Und selbst Wissenschaftler, die relativ rasch Arbeit an einer Hochschule oder einem Forschungsinstitut fanden, vermochten sich nicht immer in den fremden Wissenschaftsbetrieb einzupassen.

Doch das Jahr 1933 ist nicht nur von Brüchen und Einschnitten, sondern auch durch Kontinuität gekennzeichnet. Fast alle Exilanten brachten Manuskripte und Entwürfe für neue Projekte mit aus Deutschland, die sie im Exil beendeten. Jene existentielle Obdachlosigkeit, die Anna Seghers meisterhaft in dem Fluchtroman *Transit* thematisiert, grassierte bereits vor dem Exil und war auch bei französischen und amerikanischen Schriftstellern der Zeit zu finden. Manche Autoren nahmen in ihren Rückblicken aus dem Exil die Bedeutung, die Deutschland und die Deutschen für ihre Werke gehabt hatten, zu wichtig oder überschätzten ihre eigene Rolle im Kulturbetrieb der Weimarer Republik. Und so richtig es ist, daß das Exil formalen Experimenten nicht zuträglich war, so sehr trifft zu, daß viele Experimente des Modernismus zumindest im Bereich der Literatur bereits vor dem Machtantritt der Nationalsozialisten zu Ende gingen. Naturlyrik und der historische Roman mögen hier als Beispiele für die bürgerliche Literatur dienen. Ähnlich nimmt im linken Lager die um 1930/31 im Umkreis des Bundes proletarisch-revolutionärer Schriftsteller abrollende Etabierung des Sozialistischen Realismus die ein halbes Jahrzehnt später im Exil stattfindenden Debatten um Expressionismus, Realismus und Modernismus zwischen Georg Lukács auf der einen und Anna Seghers, Bertolt Brecht, Hanns Eisler und Ernst Bloch auf der anderen Seite vorweg (→ LITERATURKRITIK).

Formale Neuerungen brachte das Exil der Literatur und den Künsten also wohl nicht. Ja, die Exilforschung ist sich bislang noch nicht einmal einig, ob es eine spezifische Ästhetik der Exilliteratur gibt oder ob man nicht einfach von im Exil entstandenen Werken sprechen sollte. Keine Zweifel gibt es dagegen – ungeachtet einer 1934 von dem Holländer Menno ter Braak ausgelösten Debatte über die Heterogenität der Exilliteratur und einem Mangel an Selbstkritik unter den Exilanten –, daß das Exil beachtliche künstlerische und verlegerische Leistungen vorzuweisen hat. Am Anfang und als einer der Höhepunkte müssen hier jene Werke genannt werden, die sich in den ersten Jahren nach der Vertreibung mit dem Nationalsozialismus und der Lage in Deutschland auseinandersetzten. Augenzeugenberichte von KZ-Flüchtlingen wie Wolfgang Langhoff, Hans Beimler und Gerhart Seger, Reportageromane wie Willi Bredels *Die Prüfung* und Heinz Liepmanns *... wird mit dem Tode bestraft* sowie das weitverbreitete *Braunbuch über Reichstagsbrand und Hitlerterror* zeigten den Exilanten und, in Übersetzungen, ausländischen Lesern das wahre Gesicht des Dritten Reiches. Viele der über 400 meist kurzlebigen Exilzeitschriften berichteten, so die von Anna Seghers, Oskar Maria Graf, Jan Petersen und Wieland Herzfelde redigierten *Neuen Deutschen Blätter*, das in Moskau erscheinende *Wort* und die kommunistische *Internationale Literatur*, regelmäßig über Ereignisse im Dritten Reich (→ PRESSE UND PUBLIZISTIK). Klaus Manns Monatsschrift *Die Sammlung* machte sich den Kampf gegen die Nazis zum Programm, so wie die Exilanten überhaupt einen deutlichen „Zwang zur Politik" (Thomas Mann) in ihren Arbeiten verspürten. Breit angelegte Anthologien und Essaysammlungen gaben dem – wie Heinrich Mann es formulierte – „Haß" gegen das Dritte Reich Ausdruck, obwohl es gerade linken Autoren und Publizisten nicht immer leichtfiel, ihre politische Position und ihre jüdische Herkunft auf einen Nenner zu bringen. Über mehrere Jahre hinweg arbeitete Brecht an einer *Furcht und Elend des Dritten Reiches* überschriebenen Szenenfolge, die 1938 in Paris unter dem Titel *99%* aufgeführt wurde. Mit dem Roman *Das siebte Kreuz* zog Anna Seghers 1942 am Beispiel von sieben KZ-Flüchtlingen einen Querschnitt durch die Gesellschaft der frühen Nazizeit. Andere Exilanten setzten sich in Büchern über die Saar, Österreich und den Spanischen Bürgerkrieg mit den Ereignissen in ihrer Heimat auseinander.

Deutschland geriet aber auch noch auf anderen Wegen ins Visier der Exilanten. Mit Tarnschriften wie *Deutsch für Deutsche* und Radiosendungen, von denen die berühmteste, Thomas Manns *Deutsche Hörer*, seit 1940 in 55 Folgen von der BBC ausgestrahlt wurde (→ RUNDFUNK), versuchten die Vertriebenen ihr ehemaliges Publikum zu erreichen. Umgekehrt verfolgten die Nazis mehr oder weniger offen die Exilanten bis 1939/40 um die halbe Welt, störten über ihre konsularischen Vertretungen Theateraufführungen und Publikationsvorhaben, ließen die Gestapo und den Sicherheitsdienst der SS Belege für undeutsche Aktionen der Geflohenen zusammentragen, um so die Ausbürgerungen zu legalisieren, und legten Tausende von Blätter umfassende Akten zu Themen an wie „Antinazipropaganda der Exilanten", „Emigranten-Presse" und „Antifaschistische Kongresse". In Los Angeles und New York machten sich u. a. Bertolt Brecht, Thomas Mann und der von dem Theologen Paul Tillich geleitete Council for a Democratic Germany Gedanken über die Zukunft Deutschlands (→ DEUTSCHLAND NACH HITLER), freilich ohne zu einer gemeinsamen Plattform zu finden oder gar die Politik der Alliierten zu beeinflussen. Johannes R. Becher, Erich Weinert und Friedrich Wolf ließen sich 1943/44 in Moskau im Rahmen des Nationalkomitees „Freies Deutschland" vor den Wagen der sowjetischen Deutschlandpolitik spannen. Aus ähnlichen Gründen, aber mit anderen Zielen, kooperierten Professoren und Intellektuelle in den USA mit der CIA-Vorläuferorganisation Office of Strategic Services, die u. a. die Exilantenkolonien in New York, Los Angeles, Mexiko und Südamerika beobachtete und Ende 1944 in einer Reihe von Interviews Thomas Mann, Lion Feuchtwanger, Emil Ludwig, Alfred Döblin u. a. zur Kollektivschuld der Deutschen und zum Neuaufbau ihres Landes befragte. Und schließlich zogen gegen Ende der zwölf Exiljahre Autoren wie Thomas Mann mit seinem *Doktor Faustus*-Roman und Anna Seghers mit *Die Toten bleiben jung* breit angelegte, aus der Geschichte schöpfende Epochenbilanzen, in denen u. a. mit Hilfe von mythischen, psychologischen, ästhetischen und politischen Kategorien über den Nationalsozialismus als einem einmaligen oder typisch deutschen Ereignis nachgedacht wurde.

Material aus der Geschichte liegt auch einer anderen Gruppe von Texten zugrunde, über die im Exil leidenschaftlich gestritten wurde: historischen Romanen wie Heinrich Manns *Henri Quatre*, Lion Feuchtwangers *Josephus*-Trilogie, Thomas Manns *Joseph*-Tetralogie und Brechts unvollendet gebliebenem Lehrbuch *Die Geschäfte des Herrn Julius Caesar* (→ ROMAN). Kritiker dieses Genres gingen davon aus, daß die Behandlung von historischen Themen eine Flucht vor der Gegenwart beinhaltet und, wie Kurt Hiller es formuliert, „dem Publikum Kleister" und „Nichtwissenswertes ... ins Hirn schmiert". Fürsprecher des historischen Romans hielten dem entgegen, daß sich in die Analyse der Vergangenheit sehr wohl mehr oder weniger deutliche Parallelen zur Zeitgeschichte einarbeiten lassen, die jene Leser über den Faschismus aufklären können, die vor operativer Literatur und offener Propaganda zurückschrecken. So oder so, fest steht, daß historische Romane in Übersetzung über die gesamte Exilzeit hinweg ein relativ breites Publikum erreichten und ihren Autoren nicht selten eine gewisse materielle Sicherheit oder, wie im Fall von Feuchtwanger, gar einen bescheidenen Wohlstand bescherten.

Und schließlich gibt es noch einen dritten Themenkomplex, der einer Reihe von Exilwerken gemein ist: die Exilerfahrung selber. Frühe Beispiele sind hier Klaus Manns Roman *Der Vulkan* und die *Wartesaal*-Trilogie von Lion Feuchtwanger mit dem Band *Exil* als Abschluß. Brecht hat in der Isolation seines skandinavischen Asyls in Gedichten wie „Über die Bezeichnung Emigranten" und dem *Flüchtlingsgespräche* überschriebenen Dialog zwischen zwei aus Deutschland Vertriebenen über die unterschiedliche Bedeutung der Begriffe „Exilant" und „Emigrant" und das Exil als „beste Schul für Dialektik" nachgedacht. Der Roman *Transit* von Anna Seghers zeichnet das Bild eines namenlosen Flüchtlings, der auf der Suche nach Aus- und Einreisegenehmigungen, Schiffspassagen und Transitvisa durch die Konsulate, Häfen und Büros der Hilfsorganisationen in Vichy-Frankreich irrt, um am Ende doch in Europa zu bleiben, weil er lieber mit der „Knarre" in der Hand „Gutes und Böses" (Seghers 1995, S. 279) mit seinen französischen Freunden teilt, als in die ungewisse Ferne irgendeines überseeischen Asyllandes weiterzufliehen. Arthur Kaufmann hat ein Triptychon gemalt, auf dem viele Größen des Exils erscheinen. Peter Weiss ist von der Malerei über autobiographische Schriften zu seiner monumentalen *Ästhetik des Widerstands* gelangt, in der es um die Verquickung von politischen und ästhetischen Fragen des Exils geht. Und auch Hollywood hat sich dem Thema Exil gewidmet mit Filmen wie *Hold Back the Dawn* und dem auf einem Roman von Erich Maria Remarque basierenden *Arch of Triumph*.

Zusammengehalten wurde das vielköpfige und vielstimmige Exil durch die Erfahrung der Flucht aus Deutschland und den Haß gegenüber den Nazis. Ansonsten waren die Hitlerflüchtlinge so bunt gemischt und oft auch so zerstritten, wie die politischen Lager links von der Mitte es in der Weimarer Republik gewesen waren, aus denen die Exilanten kamen. Dennoch gab es eine Reihe von wichtigen Versuchen, das Exil in mehr oder weniger große Gruppen zusammenzufassen (→ KULTURELLE ORGANISATIONEN). So benutzte Ernst Toller 1933 das Forum eines PEN-Kongresses, um sich und seine vertriebenen Kollegen von den in Deutschland Gebliebenen abzugrenzen. Der Schutzverband deutscher Schriftsteller setzte seine Arbeit in Frankreich und den USA mit Lesungen und Mitgliedertreffen fort. In Paris entstand die Deutsche Freiheits-Bibliothek und der sog. Lutetia-Kreis, in dem Kommunisten, Sozialdemokraten und liberale bürgerliche Autoren wie Heinrich Mann über die Möglichkeiten und Grenzen einer Volksfrontpolitik nachdachten (→ VOLKSFRONT FÜR DEUTSCHLAND). In England entwickelte sich um den Freien Deutschen Kulturbund, den Club 1943, die Wiener Library und das Warburg Institute ein reges Kulturleben. In den USA sammelten sich Exilanten um den Deutsch-Amerikanischen Kulturverband, die German-American Writers Association und den Council for a Democratic Germany. Die von August Siemsen geprägte Organisation Das Andere Deutschland konkurrierte in Lateinamerika mit dem kommunistischen Freien Deutschland in Mexiko, das wiederum – wie das Department of State und das FBI in Washington erst nach einiger Zeit feststellten – nichts mit der in Kanada angesiedelten, rechtslastigen Frei-Deutschland-Bewegung von Otto Strasser zu tun hatte. Eine Fülle von Hilfsorganisationen kümmerte sich wie das Emergency Committee in Aid of Displaced German/Foreign Scholars (EC) um exilierte Wissenschaftler oder wie das Comité National de Secours aux Réfugiés Allemands Victimes de l'Antisémitisme um jüdische Flüchtlinge (→ FLUCHTHILFE). Die American Guild for German Cultural Freedom von Hubertus Prinz zu Löwenstein, das der League of American Writers angeschlossene Exiled Writers Committee bzw. das Emergency Rescue Committee beschafften Arbeitsstipendien, Affidavits, Visa und Schiffspassagen in die Neue Welt u.a. für Lion Feuchtwanger, Anna Seghers, Friedrich Torberg und Franz Werfel. Zeitschriften wie die *Die neue Weltbühne*, *Das Neue Tage-Buch* und der in New York erscheinende deutsch-jüdische *Aufbau* scharten gleichgesinnte Mitarbeiter und Leser um sich (→ PRESSE UND PUBLIZISTIK). Auf Kongressen, wie sie 1935 in Paris, 1937 in Spanien und 1943 in Montevideo und Mexiko stattfanden, versuchten die Teilnehmer bei allen Abgrenzungsversuchen gemeinsame Plattformen für das, wie sie es sahen, „andere", bessere Deutschland beim Kampf gegen die Nazis zu entwickeln. Und schließlich übte seit Stalingrad und der Landung der Alliierten in Europa die Frage nach der Zukunft von Deutschland eine zugleich zentrifugale und zentripedale Wirkung auf das Exil aus.

Es ist relativ leicht, den Anfang des Exils mit der Übergabe der Macht an die Nazis im Januar 1933 zu verbinden. Schwerer hat sich die Exilforschung damit getan, ein Datum für das Ende der Exilzeit festzulegen bzw. Begriffe wie „gleitende Übergänge" oder „offener Schluß" zu akzeptieren. So kehrten Johannes R. Becher, Willi Bredel und Friedrich Wolf unmittelbar nach Kriegsende aus Moskau in das untergegangene Dritte Reich zurück. Klaus und Erika Mann, Hans Habe und eine Vielzahl von unpolitischen Hitlerflüchtlingen sahen wenig später die ihnen fremd gewordene „Heimat" als amerikanische Soldaten oder Kriegsberichterstatter wieder. Es folgten, anfangs oft gegen den Willen der Besatzungsmächte und ohne daß von der späteren Bundesrepublik oder von der österreichischen Regierung eine offizielle Einladung an sie ergangen wäre, in den kommenden Jahren u. a. die Schriftsteller Leonhard Frank, Friedrich Torberg und Carl Zuckmayer, Theaterleute wie Erwin Piscator, Mitglieder der Frankfurter Schule und eine nicht unerhebliche Zahl weiterer Wissenschaftler. In der DDR wurden Kommunisten, die aus Moskau und anderen Teilen der Welt zurückkamen, offiziell empfangen und als Antifaschisten mit hohen Ehren ausgezeichnet; bürgerliche Schriftsteller und Künstler dagegen waren in Ulbrichts Arbeiter-und-Bauern-Staat spätestens seit Ausbruch des Kalten Krieges im Jahre 1948 nicht mehr erwünscht. Andere Exilanten entschlossen sich erst nach langem Zögern, nach Deutschland zurückzufahren. Wieder andere wurden zu Pendlern zwischen der Alten und Neuen Welt oder kehrten wie Alfred Döblin ihrer ehemaligen Heimat, enttäuscht vom Unwillen der Deutschen, sich mit ihrer Vergangenheit auseinanderzusetzen, verbittert über die Erfolglosigkeit ihrer nicht mehr als zeitgemäß empfundenen Bücher und desillusioniert durch den Materialismus des Wirtschaftswunders nach kurzer Zeit erneut den Rücken. Bertolt Brecht versorgte sich, klug geworden durch die Exilerfahrung, mit dem Paß eines neutralen Landes, bevor er in die Sowjetische Besatzungszone ging; Thomas Mann, dem Daheimgebliebene wegen seiner „weichgepolsterten Existenz in Florida [!]" (Frank Thieß) Vorhaltungen gemacht hatten, siedelte sich knapp außerhalb der deutschen Grenze in der Schweiz an. Eine erhebliche Zahl von Exilanten war in der Fremde verstorben oder hatte, wie Heinrich Mann und Lion Feuchtwanger, ein Alter erreicht, in dem man keine übereilten Entschlüsse mehr faßt.

Verläßliche Angaben über die Zahl der Rückkehrer und die der draußen Gebliebenen liegen nicht vor. Fest steht jedoch, daß jene erste Gruppe von Exilanten, die nach 1933 ihren Blick nicht von Deutschland abgewendet hatte, eher gewillt war als die Mitglieder späterer Emigrationswellen, es noch einmal mit jenem Land zu versuchen, das sie verfolgt und ihre Schriften verbrannt und verboten hatte. Fest steht aber auch, daß für sie alle – Heimkehrer, Besucher, die im Ausland Gebliebenen und die Kinder und manche Kindeskinder der Vertriebenen – das Exil Zeit ihres Lebens nicht zu Ende gegangen ist. Denn so wenig es 1945 eine Stunde Null gegeben hat, in der Antifaschisten und Exilanten mit dem Neuaufbau der deutschen Kultur beginnen konnten, so genau treffen die folgenden Sätze von Carl Zuckmayer die Erfahrung der 1933 von den Nationalsozialisten aus Deutschland vertriebenen Schriftsteller, Künstler und Intellektuellen: „Die Fahrt ins Exil ist 'the journey of no return'. Wer sie antritt ... mag wiederkehren, aber er kehrt niemals heim."

Literatur

Biographisches Handbuch der deutschsprachigen Emigration nach 1933/International Biographical Dictionary of Central European Emigrés 1933–1945 (1980–1983), hrsg. vom Institut für Zeitgeschichte, München, u. der Research Foundation for Jewish Immigration, New York, unter der Gesamtleitung von Werner Röder u. Herbert A. Strauss, 3 Bde., München u.a.

Böhne, Edith, u. Wolfgang Motzkau-Valeton, Hrsg. (1993): Die Künste und die Wissenschaften im Exil 1933–1945, Gerlingen.

Dokumentationsarchiv des österreichischen Widerstands, Hrsg. (1995): Österreicher im Exil. Eine Dokumentation, Wien.

Durzak, Manfred, Hrsg. (1973): Die deutsche Exilliteratur 1933–1945, Stuttgart.

Exil 1933–1945 (1981 ff.). Forschung – Erkenntnisse – Ergebnisse, hrsg. von Editha Koch, Maintal.

Exilforschung. Ein internationales Jahrbuch (1983 ff.). Hrsg. im Auftrage der Gesellschaft für Exilforschung von Claus-Dieter Krohn u.a., München.

Exilstudien/Exile Studies. Eine interdisziplinäre Buchreihe (1994 ff.), New York.

Feilchenfeldt, Konrad (1986): Deutsche Exilliteratur 1933–1945. Kommentar zu einer Epoche, München.

FilmExil (1992 ff.). Eine Publikation der Stiftung Deutsche Kinemathek, Berlin.

Franke, Hans-Peter, u. Ulrich Staehle (1985): Literatur im Exil, in: Buck, Theo, u. a., Hrsg.: Von der Weimarer Republik bis 1945, Stuttgart, S. 117 ff.

Frühwald, Wolfgang, u. Wolfgang Schieder, Hrsg. (1981): Leben im Exil. Probleme der Integration deutscher Flüchtlinge im Ausland 1933–1945, Hamburg.

Haarmann, Hermann, u. a., Hrsg. (1983): „Das war ein Vorspiel nur …". Bücherverbrennung Deutschland 1933: Voraussetzungen und Folgen, Berlin.

Haftmann, Werner (1986): Verfemte Kunst. Bildende Künstler der inneren und äußeren Emigration in der Zeit des Nationalsozialismus, Köln.

Hans, Jan (1981): Literatur im Exil, in: Berg, Jan, u. a., Hrsg.: Sozialgeschichte der deutschen Literatur von 1918 bis zur Gegenwart, Frankfurt a. M., S. 417 ff.

Heister, Hanns-Werner, u. a., Hrsg. (1993): Musik im Exil. Folgen des Nazismus für die internationale Musikkultur, Frankfurt a. M.

Horak, Jan-Christopher (1985): Anti-Nazi-Filme der deutschsprachigen Emigration von Hollywood 1939–1945, Münster.

Jarmatz, Klaus (1966): Literatur im Exil, Berlin.

Kunst und Literatur im antifaschistischen Exil 1933–1945 (1978 ff., 1979 ff.), 7 Bde., Leipzig u. Frankfurt a. M.

Loewy, Ernst, Hrsg. (1979): Literarische und politische Texte aus dem deutschen Exil 1933–1945, Stuttgart.

Maas, Lieselotte (1976–1990): Handbuch der deutschen Exilpresse 1933–1945, hrsg. von Eberhard Lämmert, 4 Bde., München–Wien.

Mertz, Peter (1985): Und das wurde nicht ihr Staat. Erfahrungen emigrierter Schriftsteller mit Westdeutschland, München.

Möller, Horst (1984): Exodus der Kultur. Schriftsteller, Wissenschaftler und Künstler in der Emigration nach 1933, München.

Paucker, Henri R., Hrsg. (1974): Neue Sachlichkeit. Literatur im „Dritten Reich" und im Exil, Stuttgart.

Rötzer, Hans Gerd (1992): Geschichte der deutschen Literatur. Epochen. Autoren. Werke, Bamberg, S. 373 ff.

Rotermund, Erwin (1984): Deutsche Literatur im Exil 1933–1945, in: Žmegač, Viktor, Hrsg.: Geschichte der deutschen Literatur vom 18. Jahrhundert bis zur Gegenwart, Bd. 3.1: 1918–1945, Königstein i. Ts., S. 186 ff.

Seghers, Anna (1948): Transit, Konstanz; Nachdruck Berlin 1995.

Serke, Jürgen (1977): Die verbrannten Dichter, Weinheim.

Spalek, John M., u. Joseph Strelka, Hrsg. (1976 ff.): Deutsche Exilliteratur seit 1933, Bde. 1–2, 4, Bern.

Stephan, Alexander (1979): Die deutsche Exilliteratur 1933–1945, München.

Stephan, Alexander (1995): Im Visier des FBI. Deutsche Exilschriftsteller in den Akten amerikanischer Geheimdienste, Stuttgart.

Stephan, Inge (1979): Die deutsche Literatur des Exils, in: Beutin, Wolfgang, u. a., Hrsg.: Deutsche Literaturgeschichte von den Anfängen bis zur Gegenwart, Stuttgart, S. 318 ff.

Trapp, Frithjof (1983): Deutsche Literatur zwischen den Weltkriegen II. Literatur im Exil, Bern.

Wächter, Hans-Christof (1973): Theater im Exil. Sozialgeschichte des deutschen Exiltheaters 1933–1945, München.

Wall, Renate (1995): Lexikon deutschsprachiger Schriftstellerinnen im Exil 1933 bis 1945, Freiburg i. Br.

Walter, Hans-Albert (1972 ff.): Deutsche Exil-Literatur 1933–1950, 3 Bde., Darmstadt–Stuttgart.

Weber, Horst, Hrsg. (1994): Musik in der Emigration 1933–1945. Verfolgung–Vertreibung–Rückwirkung, Stuttgart.

Weiskopf, Franz Carl (1948): Unter fremden Himmeln. Ein Abriß der deutschen Literatur im Exil 1933–1947, Berlin; Nachdruck 1981.

Winkler, Michael, Hrsg. (1977): Deutsche Literatur im Exil 1933–1945. Texte und Dokumente, Stuttgart.

Nationalsozialismus und Emigration

Gerhard Paul

Die Haltung des NS-Regimes zu den Emigranten leitete sich ab aus dem hegemonialen Herrschaftsanspruch sowie der völkischen Grundauffassung des Nationalsozialismus. Emigranten galten als „a-völkische und antivölkische Elemente", die sich – wie die politischen Emigranten – mit dem Verlassen Deutschlands aus der „Volksgemeinschaft" begeben hatten oder ihr – wie die Juden – per definitionem nicht angehörten.

Die politische Emigration wurde von dem NS-Regime von Anfang an als Provokation und Bedrohung empfunden, da sie sich dem politisch-kulturellen

Hegemonialanspruch entzog und das Exil zugleich als Kampfplatz gegen das Dritte Reich nutzte. Diese Sichtweise spiegelte etwa das Ausbürgerungsgesetz vom 14. Juli 1933 wider, demzufolge jeder Staatsbürger eine besondere Treueverpflichtung gegenüber Volk und Reich sowie gegenüber Hitler und der NSDAP besaß. Umgekehrt wurde ein dieser Treuepflicht widersprechendes Verhalten, worunter insbesondere die Herabwürdigung des deutschen Ansehens und der Maßnahmen der „nationalen Regierung" subsumiert wurde, als Treuebruch gewertet, der den Ausschluß aus der „Volksgemeinschaft" und damit die Aberkennung der deutschen Staatsbürgerschaft begründete (Lehmann 1976). Nach diesem Verständnis galt insbesondere der sich im Ausland politisch gegen das Dritte Reich engagierende Emigrant als „Treuebrecher", „Reichsfeind" und „Landesverräter". Die Juden dagegen zählten eo ipso als nicht zur „Volksgemeinschaft" gehörig, weshalb ihre Auswanderung bis 1941 durchaus im Kalkül und im Interesse des Dritten Reiches lag. Diese Haltung entsprach dem NSDAP-Parteiprogramm von 1920, in dem es unter Punkt 4 geheißen hatte: „Staatsbürger kann nur sein, wer Volksgenosse ist. Volksgenosse kann nur sein, wer deutschen Blutes ist, ohne Rücksichtnahme auf Konfession. Kein Jude kann daher Volksgenosse sein."

Aus diesem Verständnis leiteten sich unterschiedliche staatliche Verfolgungsmuster ab. Während die politische Emigration mit allen dem NS-Regime zur Verfügung stehenden Mitteln, angefangen von der Propaganda über die Geheimdienste bis hin zu genuinen staatspolizeilichen Methoden, bekämpft wurde, genoß die jüdische Emigration zunächst durchaus staatliche Förderung. Der Krieg glich die konträren Strategien an, nachdem im Gefolge der Besetzung der wichtigsten Zufluchtsländer die Option der Zwangsemigration nicht mehr praktikabel war. Dadurch wurden die jüdischen Emigranten nun auch in die sich kumulativ radikalisierenden staatlichen Verfolgungsmaßnahmen einbezogen, die für sie in aller Regel im Holocaust mündeten.

Aber nicht die Emigration der deutschen Juden – die als politisch weitgehend „bedeutungslos" betrachtet wurden – beunruhigte zunächst das NS-Regime. Seine primäre Sorge galt den politischen Emigranten (Tutas 1973, S. 141). Vor allem die „Wahrheitsoffensive" von Presse und Literatur des Exils sowie die Verbreitung ihrer Erzeugnisse im In- und Ausland wurden als Provokation des NS-Herrschaftsanspruchs und als Infragestellung des NS-Informations- und Meinungsmonopols empfunden.

Die Maßnahmen des Regimes zielten daher vorrangig auf die Zerstörung der Infrastruktur der exilspezifischen Formen von Öffentlichkeit, auf die Diskreditierung der Emigration sowie auf die Festnahme führender Emigranten. Die Methode der propagandistischen Abwehr des Exils bestand vor allem darin, es durch hemmungslose Diffamierung als Informationsquelle unglaubwürdig zu machen. Mit großem propagandistischem Aufwand wurden die politischen Emigranten als „Landesverräter", als Agenten der angeblichen „jüdisch-marxistischen Weltverschwörung", als „Untermenschen", „kriminelle und minderwertige Subjekte", als „Abschaum der Menschheit", als „Unruhestifter" und „Friedensstörer" in der Weltpolitik, als Kriegsgefahr oder als „Faulenzer" und „undeutsch" dargestellt.

Entgegen der vor allem auf die Vorkriegsjahre beschränkten Untersuchung dieser propagandistischen Diffamierungsmuster sowie der administrativ-rechtlichen Maßnahmen des NS-Regimes gegenüber den deutschen Emigranten (Tutas 1973, 1975) ist das konkrete politisch-polizeiliche Methodenarsenal bei der Bekämpfung der politischen Emigration bislang nur selten thematisiert worden (Albrecht 1985). Eine Gesamtdarstellung der NS-Politik gegenüber den Emigranten steht aus.

Zentral zuständig in der Emigrantenverfolgung war seit 1933 die Gestapo. In der Logik ihrer präventiv-politischen Funktionsbestimmung lag es, daß sie schon bald europaweit agierte. Da sich die Gestapo – wie es in einem Erlaß hieß – nicht damit begnügen könne, „die Auswirkungen revolutionärer Umtriebe und sonstiger Einflüsse des Auslandes auf das Inland abzuwarten oder es dem Zufall zu überlassen, gewisse Vorgänge bereits an der Grenze erfassen zu können", wurde insbesondere deren Dienststellen entlang der Reichsgrenzen die Aufgabe zuteil, „hochverräterische, vor allem marxistische Bestrebungen gegen Deutschland, ihre Ursachen, ihre Auswirkungen, und die Wege zu ihrer Bekämpfung, z. B. Wirtschaftsboykott, Diskreditierung Deutschlands in der Welt durch Aufrüstungs- oder sonstige Hetzlügen, Greuelpropaganda, illegale Fortsetzung der Parteien, Herstellung und Einfuhr hochverräterischer Druckschriften, Emigrantenfrage, Judenfrage im Ausland …" zu überwachen und zu bekämpfen (Paul 1997b). Die Organisationspläne der staatspolizeilichen Zentralbehörden spiegeln wider, wie sich die Verfolgung der Emigranten sukzessive zu einem eigenständigen Aufgabenfeld der Gestapo entwickelte (Tutas 1975, S. 69 f.). Mit der Umstrukturierung des Berliner Gestapoamtes (Gestapa) zu einem faktisch mit Reichskompetenzen ausgestatteten Zentralbüro des Politischen Polizeikommandeurs der Länder im Mai 1934 wurden Emigranten- und Judenangelegenheiten den Dienststellen II 1 A und B innerhalb der Hauptabteilung Politische Polizei zugeordnet (Tuchel/Schattenfroh 1987, S. 84). Seit 1936 ressortierten Emigrantenangelegenheiten bei der Dienststelle II 1 B (konfessionelle Verbände, Juden, Freimaurer, Emigranten), während sich nach der Neuorganisation der Sicherheitspolizei in Gestalt des Reichssicherheitshauptamtes (RSHA) das Sachgebiet IV A 4 des Referates IV 4 (Weltanschauliche Gegner) der Gestapo mit Emigrantenfragen befaßte. Den Verhältnissen in Berlin entsprechend war die Überwachung und Verfolgung der Emigranten auch bei den regionalen Staatspolizeistellen geregelt (Paul 1996).

Das Repertoire der Emigrantenverfolgung der Vorkriegszeit war breit gefächert, wobei zwischen den Maßnahmen in Deutschland und im Ausland zu differenzieren ist. Die ersten Maßnahmen waren zunächst noch ganz auf Formen der Registrierung und Überwachung begrenzt (Tutas 1975, S. 82 ff.). Gegenstand einer gesonderten Erfassung wurden „bisher führende Kommunisten, Pazifisten und Sozialdemokraten" sowie die „Angehörigen der jüdischen Intelligenz". Erstmals unterschieden diese Listen im August 1933 zwischen jüdischen und nichtjüdischen Emigranten. Die Vielzahl der einlaufenden Daten wurde in einer zentral geführten Namenskartothek zusammengetragen. Auf diese Weise entstanden sowohl auf der Ebene der regionalen Staatspolizeistellen als auch auf Reichsebene umfassende Datenbanken, die später nach Ländergruppen aufgegliedert wurden. Hinzu kamen mit Kriegsbeginn Verzeichnisse der in den besetzten Gebieten erfaßten deutschen Emigranten.

Einen weiteren Schwerpunkt der frühen staatspolizeilichen Emigrantenverfolgung bildete die Überwachung im Ausland selbst. Bereits am 2. Mai 1933 hatte das Reichsministerium des Innern die deutschen Auslandsvertretungen angewiesen, das Treiben der Emigranten zu beobachten und regelmäßig hierüber zu berichten (Lehmann 1973, S. 58 ff.). Besondere Objekte waren dabei vor allem die Exil-Sozialdemokratie (SOPADE) und die KPD mit ihren zahlreichen Neben- und Untergliederungen. Überwacht wurden die Tagungen und Kongresse des Exils sowie die Redaktionen der Exilpresse. Besonderes Interesse galt den Grenzsekretariaten bzw. Abschnittsleitungen von SOPADE und KPD entlang der Reichsgrenze, da man diese als zentrale Transmissionsinstanzen zwischen den Zentren des Exils und den Gruppierungen des innerdeutschen Widerstandes verdächtigte (→ SOZIALDEMOKRATEN; → KOMMUNISTEN; → LINKE KLEINGRUPPEN).

Von Anbeginn an wurden die Registrierung und Überwachung durch repressive staatspolizeiliche Maßnahmen ergänzt. Hierzu zählten zunächst vor allem die Ausbürgerungen infolge des Gesetzes über den Widerruf von Einbürgerungen und die Aberkennung der deutschen Staatsbürgerschaft vom 14. Juli 1933 (Tutas 1975, S. 139 ff.; Lehmann 1976, 1985). Mit der Expatriation nach §2 beabsichtigte das NS-Regime, jene Staatsangehörige zu bestrafen, die sich durch ihr Verhalten einer vermeintlichen „Treuepflichtverletzung" gegenüber Volk und Reich schuldig gemacht hatten. Das Wissen hierüber basierte auf allgemeinen Verdächtigungen und Vermutungen, die sich entweder aus dem bisherigen politischen Verhalten ableiteten oder auf den Ergebnissen der Postüberwachung beruhten. Hatte das Aberkennungsverfahren zunächst bei den Landesbehörden sowie bei den deutschen Auslandsvertretungen gelegen, so usurpierte das Gestapa zunehmend diese Funktion, indem es die Expatriationen beim Reichs- und Preußischen Ministerium des Innern beantragte und begründete. Nach einem das Ausbürgerungsverfahren regelnden Geheimerlaß des Reichsführers-SS und Chefs der Deutschen Polizei vom 30. März 1937 war bei „deutschblütigen" Emigranten ein „staatsfeindliches Verhalten" wie bisher nachzuweisen, während bei „Spitzenfunktionären der ehem. KPD, SPD und der ihnen angeschlossenen Organisationen" allein der Verdacht einer „deutschfeindlichen Betätigung" und das Faktum der Emigration ausreichten. Insgesamt bürgerte das Reichsinnenministerium auf Antrag der Gestapo bis Kriegsende mindestens 38 766 Personen aus (Hepp 1985).

Ein besonderes Objekt des staatspolizeilichen Interesses bildeten die Rückwanderer unter den politischen Emigranten, die angesichts ihrer wirtschaftlichen und sozialen Lage im Exil, aber auch aufgrund von Isolation oder weil die Angehörigen eine Rückkehr wünschten, beabsichtigten, nach Deutschland zurückzukehren. Ihre Zahl ging in die Tausende. Da diese Gruppe aus der Sicht des NS-Regimes sowohl ein politisches als auch ein nachrichtendienstliches Risiko bedeutete, bestand kein grundsätzliches Interesse an ihrer Rückkehr nach Deutschland (Tutas 1973, S. 53 ff., 1975, S. 105 ff.). Beim Überschreiten der Grenze waren diese daher festzunehmen und den Gerichten zur Aburteilung zuzuführen. Vor allem die „marxistischen Zersetzer und

Verbrecher in führenden Stellungen" sollten niemals wieder deutschen Boden betreten. Hatte die Gestapo Rückwanderer 1934 zunächst noch den ordentlichen Gerichten überstellt, so wurde mit dem Wegfall außenpolitischer Rücksichtnahmen nach der Saarrückgliederung 1935 deren Schutzhaft zum Normalfall. Angesichts des kriegsbedingten Bedarfs an Arbeitskräften und Soldaten wurden etliche allerdings später nach gründlichen Verhören und nach Bewertung ihres Gefährdungspotentials gezielt wieder in Berufe eingesetzt oder sogar zur Wehrmacht eingezogen. Im Oktober 1940 ordnete RSHA-Chef Heydrich an, unbelastete Emigranten „nach eingehender Ermahnung zu entlassen (gegebenenfalls unter Auflage) und in Arbeit zu vermitteln", da sie „kaum noch eine wesentliche Gefahr" bilden würden.

Wo konventionelle polizeiliche und geheimdienstliche Mittel der Emigrantenbekämpfung nicht ausreichten, schreckte das NS-Regime auch vor gezielten Terrormaßnahmen nicht zurück. Durch die Festnahme von Angehörigen der beiden nach Dänemark bzw. der Tschechoslowakei emigrierten SPD-Reichstagsabgeordneten Philipp Scheidemann und Gerhart Seger beabsichtigte die Gestapo so etwa 1933/34, diese zum Widerruf bzw. zur Aufgabe ihrer publizistischen Angriffe gegen das Dritte Reich zu bewegen (Tutas 1975, S. 166 ff., 188 ff.). Die wohl spektakulärste Entführungsmaßnahme galt dem ehemaligen Militärfachmann der *Weltbühne* und Betreiber eines unabhängigen Zeitungsdienstes in Paris, dem Journalisten Berthold Jacob. Im März 1935 wurde er durch einen Gestapo-Agenten in eine Falle gelockt und von Basel aus nach Deutschland verschleppt, nach Schweizer Protesten jedoch wieder freigelassen. Im September 1941 entführte ihn die Gestapo ein zweites Mal, diesmal aus Lissabon. Nach einem Leidensweg durch verschiedene Konzentrationslager starb Jacob 1944 im Jüdischen Krankenhaus in Berlin (Willi 1972; Tutas 1975, S. 191 ff.). Exemplarisch wären schließlich auch zwei durch die Gestapo in Auftrag gegebene Attentatsversuche zu erwähnen, die allerdings beide ihr Ziel verfehlten. So ging im April 1936 der Züricher Sicherheitspolizei ein Gestapo-Beamter ins Netz, der sich bei den Vorbereitungen eines gegen den im Schweizer Exil lebenden ehemaligen Reichskanzler Heinrich Brüning gerichteten Attentats verdächtig gemacht hatte. In Paris verfehlte 1938 nur knapp ein Attentatsversuch sein Ziel, das einem der aktivsten Funktionäre im dortigen Exil, dem saarländischen SPD-Vorsitzenden Max Braun, galt (Paul 1987, S. 189 f.). Bereits am 30. August 1933 war in Marienbad der in die Tschechoslowakei emigrierte jüdische Philosoph Theodor Lessing Opfer eines Mordanschlages von sudetendeutschen NS-Anhängern geworden (Marwedel 1987). Ständig von Entführungen und Mordanschlägen bedroht war vor allem Otto Strasser.

Die Tätigkeit der Gestapo bei der Bekämpfung der Emigranten im europäischen Ausland unterschied sich qualitativ kaum von der des politischen Gegners im Inland. Während auch hier eine kleine Gruppe von V-Leuten den konspirativ organisierten Exilwiderstand unterminierte und sich denunzierende Bürger den deutschen Auslandsvertretungen als Informanten zur Verfügung stellten, leisteten offizielle deutsche und kollaborierende ausländische Dienststellen der Gestapo bei der Überwachung der Emigranten vielfältige Hilfe. Einige Dutzend V-Leute versorgten Gestapa und RSHA mit den wichtigsten Informationen aus der politischen Emigration (Tutas 1975, S. 88 ff.; Paul 1996, 1997a; Eiber 1998). Den spektakulärsten Fall eines V-Mannes aus dem kommunistischen Milieu stellte die Tätigkeit des ehemaligen RGO-Funktionärs Richard Krebs (Pseud. Jan Valtin) dar, der im November 1933 in Hamburg verhaftet und in Gestapo-Haft verpflichtet worden war, künftig für die Gestapo zu arbeiten, worauf man ihn seit 1937 unter einem Decknamen gegen die kommunistische Emigration in Kopenhagen, Paris und Antwerpen einsetzte (Nelles 1994).

Sowohl das kommunistische wie das sozialdemokratische Exil reagierten auf die zunehmende Unterminierung der Emigrantenmilieus mit einer Reihe von Gegenmaßnahmen. Die KPD ließ Listen mit den Namen vermeintlicher „Spitzel, Provokateure und Verräter" zirkulieren. Die SOPADE gab zwischen 1934 und 1937 eigene „Mitteilungen über das Spitzelwesen" heraus. Und auch der Internationale Gewerkschaftsbund stellte seit 1934 eigene Fahndungsblätter mit den Namen von Gestapo-Spitzeln zusammen (Paul 1997a). Dem Zweck der Agenten- und Spitzelabwehr dienten darüber hinaus die Herausgabe diverser Tarnschriften, die die Methoden der Spitzelwerbung und -tätigkeit beleuchteten, die Einrichtung von Überprüfungskommissionen bzw. der Ausbau eigener Nachrichtendienste wie des AM-Apparates der KPD (Kaufmann u. a. 1993). Nur in den seltensten Fällen gelang es diesen Organisationen allerdings auf diese Weise, im Ausland agierende V-Leute der Gestapo zu enttarnen. Im Gegenteil: auf kommunistischer Seite begünstigte die ständige Bedrohung durch Zersetzung und Untermininierung letztlich die sich radikalisierende Spirale aus hysterischer Verfolgungs- und Zersetzungsangst und stalinistischem Gegenterror.

Entgegen der vielfach kolportierten Auffassung, der Auswärtige Dienst habe sich gegenüber dem Nationalsozialismus als weitestgehend immun erwiesen, avancierten die diplomatischen Dienststellen schon frühzeitig zu Gehilfen der Gestapo bei der Überwachung der Emigranten im Ausland (Tutas 1975, S. 67 ff., 73 ff.). Zahlreiche Diplomaten des Dritten Reiches begannen ihre Karriere damit, „daß sie politische Emigranten im Ausland nachrichtendienstlich observierten und Hilfsdienste für die Gestapo leisteten" (Lehmann 1985, S. XIII). Seit 1933 überwachten Beamte der Auslandsvertretungen deutsche Emigranten, fertigten Dossiers über die soziale und politische Lage der deutschen Hitlerflüchtlinge in den Zufluchtsländern an und spielten dem Gestapa Listen mit den Namen von Emigranten zu, die sich etwa zum Militärdienst in Frankreich gemeldet hatten. Darüber hinaus kooperierten Gestapo und Auswärtiger Dienst, wenn es etwa darum ging, den Ausbürgerungsbegehren der Gestapo den außenpolitischen Segen zu erteilen. Schließlich bemühten sich die deutschen Auslandsvertretungen darum, die Regierungen jener Staaten, in denen deutsche Emigranten Zuflucht gefunden hatten, auf die Grundlinien der NS-Emigrantenpolitik einzuschwören.

Auch die Sicherheitsorgane sowie zahlreiche Bürger verschiedener Zufluchtsländer leisteten der Gestapo bei der Überwachung und Verfolgung von Emigranten bereitwillig Schützenhilfe (Lehmann 1976). Vor 1939/40 blieben diese Bestrebungen allerdings eher punktueller und sporadischer Natur und vielfach abhängig von politischen Konstellationen bzw. zufälligen persönlichen Verbindungen. Beispiele dieser Kollaboration sind etwa für Dänemark (Paul 1996), Portugal (Telo 1990), die Niederlande und Schweden (Böhme 1992; von Flecken/Scholz 1994; Scholz 1995) bekannt. Die Untersuchung der Kooperation von Gestapo und ausländischen Polizeibehörden bzw. Geheimdiensten bei der Emigrantenverfolgung stellt insgesamt jedoch noch einen weitgehend weißen Flecken auf der Landkarte der Exilforschung dar.

Für die jüdische Bevölkerung favorisierten Hitler und sein Regime zunächst die Auswanderung bzw. Vertreibung vornehmlich nach → PALÄSTINA/ISRAEL (Kampe 1989; Heim 1993; Wildt 1995). Frühzeitig hatte sich der SD, dem ab 1937 die Federführung in der Judenpolitik zufiel, während die Gestapo diese Politik zu exekutieren hatte (Prinz 1958; Wetzel 1988, S. 426 ff.), auf das „Hauptziel Auswanderung" als einzig mögliche „Lösung der Judenfrage" festgelegt. Zu diesem Zweck erfaßte dessen Judenreferat die Einwanderungsquoten des Auslandes, beobachtete die politischen Vorgaben der britischen Mandatsmacht für Palästina, begünstigte die zionistische Auswanderungspropaganda und Auswandererschulung, versuchte gar 1937, auf eigene Faust mit den zionistischen Organisationen in Palästina in Kontakt zu kommen, und entwickelte Modelle wie Eichmanns Zentralstelle für jüdische Auswanderung in Wien, die als Vorbild auch für Berlin und Prag diente (Moser 1990; Anderl 1994). Durch ein ganzes Bündel von gesellschaftlichen, rechtlichen und wirtschaftlichen Maßnahmen, die alle auf die Zerschlagung der jüdischen Existenzgrundlagen in Deutschland zielten (Walk 1996), erhoffte man, den Auswanderungsdruck auf die Juden in Deutschland zu forcieren, was sich allerdings nur begrenzt in den Auswanderungszahlen widerspiegelte (→ DIE JÜDISCHE EMIGRATION). Maßnahmen zur verstärkten jüdischen Ausbürgerung wie Verhaftungsaktionen und physischer Terror im Kontext der „Reichskristallnacht" sowie die Abschiebung von Juden 1938 und 1940 über die Reichsgrenzen nach Polen (Milton 1984; Maurer 1988) und Frankreich (Wiehn 1990) komplettierten daher ab 1937 das antijüdische Repertoire des NS-Regimes.

Einen grundlegenden Wandel der staatspolizeilichen Haltung gegenüber der politischen wie der jüdischen Emigration brachte die Besetzung der Hauptzufluchtsländer durch deutsche Truppen, da sich Zehntausende von Emigranten plötzlich wieder im Herrschaftsbereich des NS-Regimes befanden, die jüdische Auswanderung nahezu zum Erliegen kam und auch das Konzept einer „territorialen Endlösung" durch die Ansiedlung der Juden im Osten mit dem Festfahren der Ostfront keine Realisierungschance mehr besaß. Allgemein lassen sich folgende Muster der Emigrantenverfolgung während des Krieges unterscheiden: 1. die Rückführung jener Gruppen der politischen Emigration ins „Altreich" und deren Internierung, die als Sicherheitsrisiko und potentielle Verbündete des Widerstandes in den besetzten Ländern galten; 2. die physische Vernichtung von politisch aktiven Emigranten an der Seite der europäischen Résistance gegen die NS-Besatzung sowie 3. die Konzentrierung und Ermordung der jüdischen Hitlerflüchtlinge ab 1941 im Kontext der „Endlösung der Judenfrage".

Allerdings breitete sich die Gestapo auch jetzt nicht flächendeckend über Europa aus. Eine Vielzahl neuer staatspolizeilicher Aufgaben seit 1938 überforderte das vorhandene Personal gerade im besetzten Ausland und machte es strukturell abhängig von der Zuarbeit durch die einheimischen Polizeibehörden und Gesellschaften. Schlupflöcher für Emigranten blieben somit offen, die man in den Spitzen des RSHA mit der Forcierung des Terrors zu schließen hoffte (Paul 1997a). Die jetzt praktizierten Methoden der Emigrantenverfolgung bestanden einerseits in der Fahndung nach politischen Emigranten durch die neugebildeten Einsatzgruppen der Sicherheitspolizei und des SD sowie in weiteren polizeilichen Sonderkommandos (Krausnick/Wilhelm 1981, S. 19), andererseits in der intensivierten Kollaboration zwischen der deutschen Besatzung und den Polizeibehörden der jeweiligen Besatzungsländer. Die „Richtlinien für den auswärtigen Einsatz der Sicherheitspolizei und des SD" vom August 1939 für den Polenfeldzug bestimmten, daß neben polnischen Bürgern, die sich den deutschen Stellen widersetzten, und den in den Fahndungslisten verzeichneten Personen auch reichsdeutsche Emigranten festzunehmen seien. Während des „Westfeldzuges" gehörte die Jagd auf „reichsfeindliche Elemente" nach vorbereiteten „Sonderfahndungslisten" zur Aufgabe der „Einsatzgruppen". Allein die 5 256 Eintragungen umfassende „Sonderfahndungsliste UdSSR" verzeichnete knapp 2 800 Personen aus dem Umkreis der politischen Emigration sowie der Rußlandauswanderer vor 1933, von denen insgesamt 200 Personen der Gruppe der als besonderes Sicherheitsrisiko eingestuften „Reichsfeinde" zugerechnet wurden. Entgegen dem Perfektions- und Totalitätsanspruch der Gestapo beinhalteten diese, vielfach auf Gerüchten und Vermutungen basierenden Fahndungslisten zahlreiche Fehlinformationen und manche unpräzisen ideologisch-politischen Zuordnungen, weshalb sie ihren vorgesehenen Zweck nur unvollständig erfüllten (Röder 1976, 1990).

Am 30. Oktober 1940 wies Heydrich seine Beauftragten in den besetzten Ländern an, mit Hilfe der Militärverwaltungsbehörden und der einheimischen Polizei alle deutschsprachigen Emigranten und sonstigen Ausländer zu erfassen. Für die „deutschblütigen Emigranten" verfügte er, alle aus dem „Großdeutschen Reich" emigrierten Personen festzunehmen, in „Zwischenlagern" zu internieren und sie für den Fall ihrer Ausschreibung in den Fahndungsbüchern den Staatspolizeistellen ihres letzten Wohnortes zu überstellen. Auch die emigrierten Juden seien zu internieren und unter Bewachung zu stellen. Damit werde möglich, „daß diese Juden bei einer etwaigen Gesamtevakuierung aus Europa als erste greifbar sind und abtransportiert werden können". An einer Rückführung von Juden ins „Altreich" bestehe demgegenüber kein Interesse.

Bei der nun massiv einsetzenden Verfolgung der deutschsprachigen politischen Emigration zeigte sich, daß die Polizeibehörden der meisten Besatzungsländer in z.T. vorauseilendem Gehorsam bereit waren, ihr Asylrecht der Kollaboration zu opfern. Noch am ehesten ist derzeit die „Staatskollaboration" der dänischen Behörden ausgeleuchtet (Petersen 1991). Aber auch für → FRANKREICH ist eine intensive Zusammenarbeit zwischen Gestapo und den einheimischen Polizeidienststellen bei der Verfolgung von politischen Emigranten belegt, die sich ab 1941 auf die Juden ausdehnte. Mit dem deutschfranzösischen Waffenstillstandsabkommen verfügten die NS-Okkupanten über Mittel, um die Treibjagd auf nach Frankreich geflüchtete „Volksverräter und -feinde" zu eröffnen. Sowohl im besetzten wie im unbesetzten Frankreich verlief die Zusammenarbeit zwischen deutschen und französischen Polizeibehörden bei deren Verfolgung bis 1943/44 durchaus harmonisch, kooperativ und auf französischer Seite vielfach geradezu übereifrig (Klarsfeld 1989; Kasten 1993). In Vollzug des Waffenstillstandsabkommens wurde eine bislang noch immer unbekannte Anzahl deutscher politischer Emigranten – unter ihnen einige hundert Saaremigranten und Spanienkämpfer, aber auch prominente Emigranten wie Rudolf Breitscheid und Rudolf Hilferding – durch den Generalsekretär der Vichy-Regierung an die deutsche Sicherheitspolizei ausgeliefert (Eggers 1993; Vormeier 1993). Die Mehrzahl der Ausgelieferten und Zurückgeführten wurde von deutschen Gerichten wegen „Vorbereitung zum Hochverrat" bzw. wegen „landesverräterischer Waffenhilfe und Feindbegünstigung" zu langjährigen Freiheitsstrafen oder auch – wie der Journalist Helmuth Klotz (Lindner 1995) – zum Tod verurteilt. Mit jenen Emigranten, die sich in den besetzten Ländern aktiv an der Seite der europäischen Widerstandsbewegungen gegen die deutsche Besatzung beteiligten, machte das NS-Regime, wenn es ihrer habhaft wurde, in vielen Fällen „kurzen Prozeß" (Pech 1974, S. 189). Ein Höhepunkt der Kollaboration von Gestapo und ausländischen Polizeibehörden war die immer noch viel zu wenig ausgeleuchtete Zusammenarbeit zwischen deutschen und sowjetischen Behörden im Gefolge des HitlerStalin-Abkommens vom 23. August 1939. Auf Initiative deutscher Sicherheitsbehörden lieferte die Sowjetunion im Zeitraum zwischen Herbst 1939 und

Juni 1941 mehrere hundert inhaftierte politische Emigranten unmittelbar an das NS-Regime aus (Buber-Neumann 1949; Schafranek 1990; Trischler 1996).

Die letzte Phase der Emigrantenverfolgung bildete die Fahndung nach überwiegend kommunistischen Emigranten, die von der → SOWJETUNION als Instrukteure oder Agenten illegal nach Deutschland geschickt wurden, um hier den zum Erliegen gekommenen Widerstand zu reaktivieren (Herlemann 1986). Hierzu zählten die sog. Fallschirmagenten, die samt und sonders, sofern sie nicht bereit waren, für die Gestapo zu arbeiten, von der NS-Sonderjustiz wegen „Vorbereitung zum Hochverrat, Feindbegünstigung, Wehrkraftzersetzung, Schwächung der inneren Front" zum Tode verurteilt oder außerjustitiell in staatspolizeilicher KZ-Haft erschossen wurden (Duhnke 1972; Nollau/Zindel 1979; Jahnke 1986).

Hatte sich das NS-Regime an den jüdischen Emigranten bislang nicht sonderlich interessiert gezeigt, so markierten das Auswanderungsverbot vom 23. Oktober 1941 (Walk 1996, S. XI) und die pauschale Ausbürgerung von schätzungsweise 155000–170000 im Ausland befindlichen Juden vom 25. November 1941 (Lehmann 1976, S. 75 f.) den Übergang von der bisherigen Politik der Zwangsemigration hin zur physischen Vernichtung der Juden Europas, nachdem mit dem Festfahren der Ostfront auch das Konzept der „territorialen Endlösung" durch Ansiedlung in sog. „Judenreservaten" nicht mehr praktikabel war (Kampe 1989, S. 834 f.).

Bei der Beurteilung der Wirkungen der NS-Emigrantenpolitik sollte stärker als bisher nach Gruppen und Phasen differenziert werden; zugleich sollten die Repressionsmaßnahmen des NS-Regimes gegenüber den politischen Emigranten trotz ihres totalitären Anspruchs nicht überschätzt werden. Die Waffe der Ausbürgerung etwa blieb vielfach stumpf, da zunächst überhaupt nur ein Teil der Emigranten ausgebürgert wurde, andere oft erst Jahre später von ihrer Ausbürgerung erfuhren oder real von der Strafmaßnahme des NS-Staates gar nicht berührt wurden. Auch die Annahme einer flächendeckenden Erfassung und Überwachung bedarf der Relativierung. Noch weniger als in Deutschland selbst war die Gestapo im Ausland zu einer lückenlosen Erfassung und Überwachung der Emigranten in der Lage. Die Dateien und Fahndungslisten der Gestapo waren nie vollständig; Terrormaßnahmen wie Entführungs- und Attentatsversuche wurden eher punktuell eingesetzt. Ihre Wirkung entfalteten diese Repressalien oftmals erst durch ihre Popularisierung in der Exilpresse. Real blieben Schlupflöcher für Emigranten existent. Nicht wenigen von ihnen gelang es, sich dauerhaft dem staatspolizeilichen Zugriff zu entziehen. Zudem erwiesen sich auch die Emigrantenmilieus als durchaus lernfähig, indem sie als Reaktion auf die staatspolizeilichen Methoden immer wieder neue Formen der Konspiration und der Abschottung entwickelten. Strukturell abhängig waren die nationalsozialistischen Zugriffsmöglichkeiten auf die politische Emigration von Faktoren, zu denen einerseits die Kollaborationsbereitschaft der Polizeibehörden und Gesellschaften in den Zufluchtsländern, andererseits aber auch die Solidarität und Integrationsbereitschaft der Menschen in diesen Ländern gegenüber den deutschsprachigen Emigranten sowie schließlich die Fähigkeit der Exilmilieus zu klandestinem Verhalten zählten. Möglicherweise waren schließlich die mittelbaren Wirkungen der NS-Politik auf das politische Exil sehr viel folgenreicher als die unmittelbaren Formen der NS-Emigrantenverfolgung. Hierzu zählten etwa die Existenz eines durch außenpolitische Drohungen des Dritten Reiches provozierten asylfeindlichen Klimas in den Zufluchtsländern, die in den Emigrantenmilieus grassierenden vielfältigen Formen der Spitzelphobie und allgemeine Verdächtigungen, die die Solidarität unterminierten und eigene Kontroll- und Bespitzelungsmechanismen begründeten. Sie rissen zahlreiche Emigranten in die Verzweiflung oder in den todbringenden Strudel der Stalinschen „Säuberungen" (Paul 1997 b).

Literatur

Albrecht, Richard (1985): „Die 'braune Pest' kommt …". Aspekte der Verfolgung Frank Arnaus im Exil 1933/34, in: Exilforschung 3, S. 158 ff.

Anderl, Gabriele (1994): Die „Zentralstellen für jüdische Auswanderung" in Wien, Berlin und Prag – ein Vergleich, in: Tel Aviver Jahrbuch für Deutsche Geschichte 23, S. 275 ff.

Böhme, Klaus-Richard (1992): Svensk polis och Gestapo, in: Bo Hugemark, Hrsg.: I orkanens öga. 1941 – osäker neutralitet, Stockholm.

Buber-Neumann, Margarete (1949): Als Gefangene bei Hitler und Stalin, München.

Duhnke, Horst (1972): Die KPD von 1933 bis 1945, Köln.

Eggers, Christian (1993): Die Reise der Kundt-Kommission durch die französischen Lager, in: Grandjonc/Grundtner, S. 235 ff.

Eiber, Ludwig (1998): Richard Hansen, das Grenzsekretariat der Sopade in Kopenhagen und die Verbindungen nach Hamburg 1933–1939, in: Lorenz, Einhart, u. a.: Ein sehr trübes Kapitel? Hitlerflüchtlinge im nordeuropäischen Exil 1933–1950, Hamburg, S. 181 ff.

Feilchenfeldt, Werner, u. Dolf Michaelis (1972): Haavara-Transfer nach Palästina und Einwanderung deutscher Juden 1933–1939, Tübingen.

von Flocken, Jan, u. Michael F. Scholz (1994): Ernst Wollweber. Saboteur, Minister, Unperson, Berlin.

Grandjonc, Jacques, u. Theresia Grundtner, Hrsg. (1993): Zone der Ungewißheit. Exil und Internierung in Südfrankreich 1933–1944, Reinbek.

Heim, Susanne (1993): „Deutschland muß ihnen ein Land ohne Zukunft sein". Die Zwangsemigration der Juden 1933–1938, in: Beiträge zur nationalsozialistischen Gesundheits- und Sozialpolitik 11, S. 48 ff.

Hepp, Michael, Hrsg. (1985): Die Ausbürgerung deutscher Emigranten 1933–1945 nach den im Reichsanzeiger veröffentlichten Listen, 2 Bde., München u. a.

Herlemann, Beatrix (1986): Auf verlorenem Posten. Kommunistischer Widerstand im Zweiten Weltkrieg. Die Knöchel-Organisation, Bonn.

Jahnke, Karl Heinz (1986): In einer Front. Junge Deutsche an der Seite der Sowjetunion im Großen Vaterländischen Krieg, Berlin/DDR.

Kampe, Norbert (1989): „Endlösung" durch Auswanderung? Zu den widersprüchlichen Zielsetzungen antisemitischer Politik bis 1941, in: Michalka, Wolfgang, Hrsg.: Der Zweite Weltkrieg. Analysen, Grundzüge, Forschungsbilanz, München, S. 827 ff.

Kasten, Bernd (1993): „Gute Franzosen". Die französische Polizei und die deutsche Besatzungsmacht im besetzten Frankreich 1940–1944, Sigmaringen.

Kaufmann, Bernd, u. a. (1993): Der Nachrichtendienst der KPD 1919–1937, Berlin.

Klarsfeld, Serge (1989): Vichy – Auschwitz. Die Zusammenarbeit der deutschen und französischen Behörden bei der „Endlösung der Judenfrage" in Frankreich, Nördlingen.

Krausnick, Helmut, u. Hans-Heinrich Wilhelm (1981): Die Truppe des Weltanschauungskrieges. Die Einsatzgruppen der Sicherheitspolizei und des SD 1938–1942, Stuttgart.

Lehmann, Hans Georg (1976): In Acht und Bann. Politische Emigration, NS-Ausbürgerung und Wiedergutmachung am Beispiel Willy Brandts, München.

Lehmann, Hans Georg (1985): Acht und Ächtung politischer Gegner im Dritten Reich. Die Ausbürgerung deutscher Emigranten 1933–1945, in: Hepp, Bd. 1, S. IX ff.

Lindner, Herbert (1995): Von der NSDAP zur SPD: Der politische Lebensweg des Dr. Helmuth Klotz (1894–1943), Diss., Karlsruhe.

Mallmann, Klaus-Michael, u. Gerhard Paul (1991): Herrschaft und Alltag. Ein Industrierevier im Dritten Reich, Bonn.

Marwedel, Rainer (1987): Theodor Lessing 1872–1933. Eine Biographie, Frankfurt a. M.–Wien.

Maurer, Trude (1988): Abschiebung und Attentat. Die Ausweisung der polnischen Juden und der Vorwand für die „Kristallnacht", in: Pehle, Walter A., Hrsg.: Der Judenpogrom 1938. Von der „Reichskristallnacht" zum Völkermord, Frankfurt a. M., S. 52 ff.

Mehringer, Hartmut (1989): Waldemar von Knoeringen. Eine politische Biographie, München u. a.

Milton, Sybil (1984): The Expulsion of the Polish Jews from Germany 1939, in: Leo Baeck Institute Yearbook 29, S. 169 ff.

Moser, Jonny (1990): Die Zentralstelle für jüdische Auswanderung, in: Schmid, Kurt, u. Robert Streibel, Hrsg.: Der Pogrom 1938, Wien, S. 367 ff.

von zur Mühlen, Patrik (1979): „Schlagt Hitler an der Saar!". Abstimmungskampf, Emigration und Widerstand im Saargebiet 1933–1935, Bonn.

Nelles, Dieter (1994): Jan Valtins „Tagebuch der Hölle" – Legende und Wirklichkeit eines Schlüsselromans der Totalitarismustheorie, in: 1999 1, S. 11 ff.

Nollau, Günther, u. Ludwig Zindel (1979): Gestapo ruft Moskau. Sowjetische Fallschirmagenten im Zweiten Weltkrieg, München.

Paul, Gerhard (1987): Max Braun. Eine politische Biographie, St. Ingbert.

Paul, Gerhard (1996): Staatlicher Terror und gesellschaftliche Verrohung. Die Gestapo in Schleswig-Holstein, Hamburg.

Paul, Gerhard (1997 a): „Flensburg meldet …". Flensburg und das deutsch-dänische Grenzgebiet im Spiegel der Berichterstattung der Gestapo und des Sicherheitsdienstes (SD) des Reichsführers-SS (1933–1945), Flensburg.

Paul, Gerhard (1997 b): „… alle Repressalien unnachsichtlich ergriffen werden". Die Gestapo und das politische Exil, in: Exilforschung 15, S. 120 ff.

Paul, Gerhard, u. Klaus-Michael Mallmann (1995): Milieus und Widerstand. Eine Verhaltensgeschichte der Gesellschaft im Nationalsozialismus, Bonn.

Pech, Karlheinz (1974): An der Seite der Résistance. Zum Kampf der Bewegung „Freies Deutschland" für den Westen in Frankreich (1943–1945), Frankfurt a. M.

Prinz, Arthur (1958): The Role of the Gestapo in Obstructing and Promoting Jewish Emigration, in: Yad Vashem Studies II, S. 205 ff.

Röder, Werner, Hrsg. (1976): Sonderfahndungsliste UdSSR. Faksimile der „Sonderfahndungsliste UdSSR" des Chefs der Sicherheitspolizei und des SD, das Fahndungsbuch der deutschen Einsatzgruppen im Rußlandfeldzug 1941, Erlangen.

Röder, Werner (1990): Sonderfahndungsliste UdSSR. Über Quellenprobleme bei der Erforschung des deutschen Exils in der Sowjetunion, in: Exilforschung 8, S. 92 ff.

Schafranek, Hans (1990): Zwischen NKWD und Gestapo. Die Auslieferung deutscher und österreichischer Antifaschisten aus der Sowjetunion an Nazideutschland 1939–1941, Frankfurt a. M.

Scholz, Michael F. (1995): Herbert Wehner in Schweden 1941–1946, München.

Telo, António José (1990): Propaganda e Guerra Secreta em Portugal 1939–1945, Lissabon.

Trischler, Carola (1996): Flucht in die Verfolgung. Deutsche Emigranten im sowjetischen Exil, 1933 bis 1945, Münster.

Tuchel, Johannes, u. Reinold Schattenfroh (1987): Zentrale des Todes. Prinz-Albrecht-Straße 8: Hauptquartier der Gestapo, Berlin.

Tutas, Herbert E. (1973): NS-Propaganda und deutsches Exil 1933–1939, Meisenheim a. Gl.

Tutas, Herbert E. (1975): Nationalsozialismus und Exil. Die Politik des Dritten Reiches gegenüber der deutschen politischen Emigration 1933–1939, München–Wien.

Vormeier, Barbara (1992): Die Lage der deutschen Flüchtlinge in Frankreich. September 1939 bis Juli 1942, in: Grandjonc/Grundtner, S. 210 ff.

Walk, Joseph, Hrsg. (1996): Das Sonderrecht für die Juden im NS-Staat. Eine Sammlung der gesetzlichen Maßnahmen und Richtlinien – Inhalt und Bedeutung, Heidelberg.

Wetzel, Juliane (1988): Auswanderung aus Deutschland, in: Benz, Wolfgang, Hrsg.: Die Juden in Deutschland 1933–1945. Leben unter nationalsozialistischer Herrschaft, München, S. 413 ff.

Wiehn, Erhard R. (1990): Oktoberdeportation 1940. Die sogenannte „Abschiebung" der badischen und saarpfälzischen Juden in das französische Internierungslager Gurs und andere Vorstationen von Auschwitz, Konstanz.

Wildt, Michael, Hrsg. (1995): Die Judenpolitik des SD 1935 bis 1938. Eine Dokumentation, München.

Willi, Jost Nikolaus (1972): Der Fall Jacob-Wesemann (1935–1936). Ein Beitrag zur Geschichte der Schweiz in der Zwischenkriegszeit, Bern–Frankfurt a. M.

Fluchthilfe

Regine Erichsen

Einzelner und organisierter Widerstand gegen den nationalsozialistischen Terror haben die Verfolgung und Ermordung von Juden und Regime-Gegnern des Nationalsozialismus nicht verhindern können. Einem Teil wurde jedoch Hilfe zuteil. Die Umschulung auf noch zugängliche Berufe, ein Versteck für die Verfolgten, die Versorgung von Gettobewohnern, die Befreiung von Häftlingen aus Konzentrationslagern, ein Einsatz der Verfolgten als Arbeitskräfte, all diese Aktivitäten konnten schließlich sogar Leben retten. Zahlreiche Hilfsinitiativen widmeten sich auch der Fluchthilfe.

Die Geschichte der Fluchthilfe ist noch nicht erschöpfend erforscht. Aus der Fülle der Einzeldarstellungen läßt sich jedoch ein Umriß der Bedingungen, Ziele und Arbeitsweisen der Akteure dieser Art von Hilfestellung in einzelnen Abschnitten der Entwicklung der nationalsozialistischen Politik erkennen. Diesen Umriß illustrieren hier vor allem international organisierte Hilfen, wobei die Darstellung eine Auswahl aus den sehr zahlreichen Hilfsorganisationen trifft. Über die noch zahlreicheren regionalen und lokalen Fluchthilfen wird in den Länderartikeln berichtet.

Fluchthelfer beschafften Einreisepapiere, Aufenthaltsgenehmigungen und „affidavits" (Bürgschaften), eruierten Fluchtwege, charterten Schiffe und andere Transportmittel, vermittelten Arbeitsmöglichkeiten, stellten Unterkünfte und Verpflegung zur Verfügung, erteilten einschlägige Auskünfte, schufen Netzwerke politischer Beziehungen, übten politischen Druck auf die Länderregierungen zum Wohl ihrer Schützlinge aus, erhoben die nötigen Mittel für die Hilfe und sorgten für deren Verteilung und für die Verwaltung ihres verzweigten Tätigkeitsfeldes. Nicht immer selbst in die Hilfspraxis involviert, stellten finanzkräftige Geldgeber die Finanzierung der Hilfsprojekte sicher, wenn die Betroffenen nicht selbst die Fluchthilfe bezahlen konnten. Viele dieser Initiativen leisteten auch Flüchtlingshilfe, d. h., sie versorgten bereits Geflohene am Ort ihres Exils, wie dies in den Länderartikeln erwähnt wird.

Da sich die internationale Staatenwelt auf keinen von allen Seiten anerkannten rechtlichen Status der Flüchtlinge einigen konnte, fehlten auch die Voraussetzungen für eine funktionsfähige Dachorganisation zwischenstaatlicher und internationaler Hilfsinstitutionen. Das 1933 vom Völkerbund eingerichtete

Hochkommissariat für Flüchtlinge aus Deutschland in Lausanne, das zunächst von James G. McDonald, später von Sir Herbert Emerson geleitet wurde, leistete zwar in ca. 5000 Fällen soziale Hilfe, aber die Realisierung der entsprechenden Konventionen der Genfer Flüchtlingskonferenzen von 1936 und 1938 zu einer international gültigen Regelung des Flüchtlingsproblems scheiterten an der Immigrationspolitik der Mitgliedsländer des Völkerbundes. Die Konferenz im französischen Evian im Jahre 1938, zu der der amerikanische Präsident Franklin D. Roosevelt die Vertreter von 32 Ländern und 39 Hilfsorganisationen geladen hatte, setzte zwar ein sog. Intergovernmental Committee on Refugees (IGC) ein (Weingarten 1981, S. 59 ff.). Aber auch dieses Komitee konnte die potentiellen Asylländer nicht zur weiteren Öffnung der Grenzen für die vom NS-Regime Verfolgten bewegen.

Pläne der Länder, das Flüchtlingsproblem durch Umsiedlungsprojekte in Form der landwirtschaftlichen Erschließung leerer Landstriche in Angola, Äthiopien, Guayana oder auf Madagaskar zu lösen, stießen entweder auf den Widerstand der zuständigen Kolonialverwaltungen oder scheiterten an der mangelnden praktischen Qualifizierung der umzusiedelnden Bevölkerungsgruppen: Nur ein geringer Prozentsatz der Emigranten war früher in der Landwirtschaft tätig, und Juden waren in Handwerk oder Industrie unterrepräsentiert gewesen. Einziger Erfolg der in diesem Sinne vom Völkerbund initiierten Bemühungen blieb die Umsiedlung von ca. 150 Saarländern nach Paraguay (Feingold 1970, S. 22 ff.; Weingarten 1981; von zur Mühlen 1988, S. 102 ff.; → LATEINAMERIKA).

Im Versuch, eine restriktive Einwanderungpolitik durchzusetzen, aber bei der Entscheidung über eine Einreise von Flüchtlingen aus Deutschland auch humanitäre und wirtschaftliche Gesichtspunkte zu berücksichtigen, bildete sich in der politischen Diskussion der Aufnahmeländer über die Flüchtlingshilfe ein Muster von die Einwanderung befürwortenden und ablehnenden Argumenten heraus: „Überfremdung" im eigenen Land und die Gefahr einer Verstärkung des landesinternen Antisemitismus zum Schaden der eigenen jüdischen Gemeinden, Schaden der einheimischen Wirtschaft durch Konkurrenz der zuziehenden Arbeitskräfte, Überlastung der Einrichtungen der sozialen Fürsorge bei ungeeigneter Berufsausbildung und Mittellosigkeit der Einreisenden sowie Angst vor deutschen Agenten galten als wichtigste Ablehnungsgründe. Mitleid mit den Verfolgten, aber auch die Verwertbarkeit ihrer Fähigkeiten im Rahmen einer volkswirtschaftlichen Gesamtplanung oder der Entwicklung einzelner gesellschaftlicher und wissenschaftlicher Teilbereiche standen auf der Gegenseite politischer Argumentation. Aus der Abwägung zwischen diesen Positionen begründete sich schließlich die jeweilige konkrete Flüchtlingspolitik der Asylländer in ihrer öffentlichen politischen Darstellung.

Auch auf seiten der Emigrantenorganisationen selbst gab es Versuche, die Flucht- und Flüchtlingshilfe zentral zu organisieren. Eine Initiative der Fédération des Émigrés d'Allemagne en France, die 1936 in → FRANKREICH zur Gründung einer Zentralvereinigung der Deutschen Emigration (ZVE) führte, hatte aber keinen dauerhaften Erfolg. Auch von seiten der Emigranten selbst kam es nicht zu einer wirksamen Vertretung aller von der Verfolgung des NS-Regimes Betroffenen durch einen internationalen Dachverband, da neben Gründen größerer Effektivität kleinerer Verbände partikulare Interessen politischer Gruppierungen geltend gemacht wurden (Röder 1973, S. 125 f.). So verfolgte jede Flucht- und Flüchtlingsinitiative ihre besondere Strategie.

Die Haltung der Hilfsorganisationen gegenüber den Asylländern reichte von der Befürwortung staatlicher Flüchtlingspolitik oder wenigstens ihrer unvermeidlichen Anerkennung bis zur Ablehnung legaler Mittel der Fluchthilfe und der Arbeit in der Illegalität. So war die Arbeit des American Jewish Joint Distribution Committee (JDC, Joint) eng verknüpft mit der Entwicklung der US-amerikanischen Asylpolitik. Das JDC stand in Verbindung mit den Interessenvertretungen amerikanischer Juden wie dem American Jewish Committee und dem American Jewish Congress (AJC) – und damit auch in Kontakt mit dem World Jewish Congress (Cohen 1972; Penkower 1984). Jene Gruppen repräsentierten die liberal gesinnten, amerikanisierten, nichtorthodoxen Juden der USA (Bauer 1974, S. 271, 1982, S. 24 f.). Die Vorläufereinrichtungen des JDC hatten nach dem Ersten Weltkrieg notleidende jüdische Minderheiten in Mittel- und Osteuropa unterstützt. Nach 1933 konnte das JDC seinen Einfluß auf die amerikanische Regierung nicht im Sinne einer Liberalisierung der Einwanderungsbestimmungen in die USA geltend machen. Bis 1939 konzentrierte es deshalb seine Aktionen auf die Unterstützung der von Diskriminierung und Unterdrückung oder auch materieller Not Betroffenen in Deutschland und auf die Hilfe der bereits in andere Länder Vertriebenen und weniger auf die Organisation und Förderung der Flucht selbst (Handlin 1964). So verwandte das JDC etwa im Jahre 1939 3,43 Millionen US-Dollar für die Versorgung der notleidenden jüdischen Gemeinden in Mittel- und Osteuropa. Mit 3,5 Millionen US-Dollar leistete es Hilfe für die bereits in europäische Länder Geflohenen. 600 000 US-Dollar wurden demgegenüber für direkte Fluchthilfe, insbesondere für die Ansiedlung von Flüchtlingen in Lateinamerika, verwandt. Das JDC entwickelte sich zur führenden Organisation der amerikanischen Übersee-Hilfe (Bauer 1982, S. 24f.).

Anders als generell das JDC arbeitete z.B. das Mossad l'Aliyah Bet (Bricha, Institut für illegale Einwanderung). Das Mossad war eine Einrichtung der Jewish Agency for Palestine, der es z.T. gelang, die Einwanderungsbeschränkungen der britischen Mandatsregierung in → PALÄSTINA/ISRAEL zu umgehen. Es organisierte bis zu Beginn des Zweiten Weltkriegs etwa 50 illegale Schiffspassagen mit etwa 10 000 Insassen nach Palästina (Cohen 1991). Die Youth Aliyah, eine Gründung des World Jewish Congress (WJC) zur Organisation der Auswanderung von Kindern und Jugendlichen, siedelte ebenfalls in dieser Zeit 13 000 Kinder nach Großbritannien und andere europäische Länder um, eine weitere Gruppe von Kindern wurde illegal nach Palästina gebracht. Insgesamt herrschte unter den zionistischen Gruppen mit ihren auf den Aufbau Palästinas gerichteten Interessen nach 1933 zunächst Uneinigkeit über die Frage des Verbleibs der Glaubensgenossen in Deutschland gegenüber der Förderung der Auswanderung (Ofer 1990, S. 23 f.). Obwohl die Zionistische Vereinigung für Deutschland dem Auswärtigen Amt in Berlin bereits 1933 Pläne für eine geregelte Emigration der deutschen Juden unterbreitet hatte (Margaliot 1977), war die Politik der Zionisten aber bis zum Kriegsbeginn insgesamt ähnlich wie beim JDC auf die Erhaltung der jüdischen Gemeinden in Deutschland zentriert (Berlin 1971, S. 45).

Direkte Emigrationshilfe leistete unter den zionistisch ausgerichteten Organisationen die HICEM, eine ab 1933 von Paris und New York aus tätige Organisation. Der Name HICEM setzte sich aus den Organisationen zusammen, aus deren Zusammenschluß die HICEM sich 1927 gebildet hatte: HIAS (Hebrew Sheltering and Immigrant Aid Society, eine 1882 von russischen Emigranten in den USA für ihre Schicksalsgenossen gegründeten Hilfseinrichtung), ICA (Jewish Colonization Association, eine Einrichtung für landwirtschaftliche Kolonisationsprojekte) und Emigdirekt (Vereinigtes Komitee für jüdische Auswanderung, das osteuropäische Auswanderer betreute). Bis 1939 unterstützte die HICEM 6 145 in europäische Länder Vertriebene und finanzierte ihre Weiterwanderung nach Palästina mit mehr als 300 000 US-Dollar. 1937 gab es 57 Komitees der HICEM in 21 Ländern. Etliche lokale jüdische Hilfsorganisationen firmierten als Zweigstellen der HICEM (Wischnitzer 1956, S. 16 f., 242).

In der Anfangsphase nationalsozialistischer Diskriminierung und Verfolgung der jüdischen Bevölkerung wurde ihre Emigration – in dieser Zeit im allgemeinen noch keine ungeplante Flucht – z.T. von jüdischen Organisationen in Deutschland selbst organisiert und mitfinanziert. Dies entsprach der damaligen NS-Politik, die zwar Emigrationen aus finanziellen Gründen erschwerte, zunächst aber die Vertreibung der Juden im Sinne eines „judenreinen" Deutschland vorsah (Adam 1972). Beispiel für eine Kooperation der Reichsbehörden mit jüdischen Organisationen zu Beginn der nationalsozialistischen Herrschaft war das als Haavarah bezeichnete Clearing-Geschäft des Reichswirtschaftsministeriums mit der Zionistischen Vereinigung für Deutschland, später mit Vertretern der Jewish Agency for Palestine (JA) und einigen Banken (→ DIE JÜDISCHE EMIGRATION, → PALÄSTINA/ISRAEL). Emigrationshilfe leistete in diesen Jahren auch die Reichsvertretung der deutschen Juden (später: der Juden in Deutschland). Diese Organisation, gegründet 1933, koordinierte die auf Emigration (und Remigration) gerichtete Arbeit der Hauptstelle für jüdische Wanderfürsorge, des Hilfsvereins der deutschen Juden und des Palästina-Amts im Zentralausschuß für Hilfe und Aufbau, der 1936 in die Reichsvertretung überging. Die Reichsvertretung repräsentierte bis 1943 die jüdische Bevölkerung Deutschlands gegenüber den NS-Behörden und erhielt auch finanzielle Mittel von ausländischen Hilfsorganisationen. Von 1933 bis 1938 unterstützte die Reichsvertretung – neben ihren Aktivitäten zur Umschulung und anderen vorbereitenden Maßnahmen der Emigration – mit Billigung des NS-Regimes 19 000 Auswanderer in europäische Länder sowie 33 000 Auswanderer nach Übersee: eine Emigrationsförderung, die in diesem Umfang von keiner einzelnen anderen Institution geleistet wurde (Strauss 1981). Ähnliche Funktionen übernahm nach dem „Anschluß" auch die Israelitische Kultusgemeinde Wien (*Deutschland-Berichte* 1938, S. 732 ff.).

Nicht alle Hilfe von jüdischer Seite wurde auf der Grundlage landsmannschaftlicher oder glaubensgemeinschaftlicher Motive erteilt, und nicht alle Organisationen beschränkten ihre Hilfe auf eine bestimmte Gruppe von Vertriebenen. Das amerikanische Jewish Labor Committee (JLC) z.B., das 1934 aus der American Federation of Labor (AFL) hervorging, motivierte seine Hilfeleistungen aus seinem Grundsatz sowohl der Bekämpfung des Antisemitismus als auch des Faschismus (Kranzler 1984a, S.2). Ebenso gab es politische, christliche sowie auf die Unterstützung von bestimmten Berufs- und Personengruppen gerichtete Verbände.

Für die politischen Flüchtlinge sorgten Organisationen (partei)politischen Zuschnitts. Das politische Spektrum der deutschsprachigen Emigration bestand im wesentlichen aus Sozialdemokraten (SPD, SDAP, RSÖ), Kommunisten (KPD, KPÖ) sowie Gewerkschaftern und kleineren linken Parteien und Organisationen, dazu Einzelpersönlichkeiten und Gruppierungen aus dem christlichen und konservativen Umfeld, Liberalen, österreichischen Legitimisten u.a. (→ POLITISCHES EXIL UND WIDERSTAND AUS DEM EXIL). Zumindest die größeren Organisationen konnten – neben emigrationsinterner Solidarität – auf die Unterstützung befreundeter politischer Gruppen in den Asylländern zurückgreifen (*Deutschland-Berichte* 1934, S. 467ff.; Langkau-Alex 1981). In Prag rief der Exil-Parteivorstand der SPD (SOPADE) mit der sudetendeutschen Schwesterpartei DSAP die Sozialdemokratische Flüchtlingsfürsorge ins Leben (Seebacher-Brandt 1990; → TSCHECHOSLOWAKEI). Durch sie wurde in Verbindung mit anderen Hilfsorganisationen 1937 die Auswanderung von exilierten Sozialdemokraten nach Lateinamerika vorbereitet (von zur Mühlen 1988, S.38; Mertens 1997, S.108). Nach 1938 wurde die Fluchthilfe der Sozialdemokratischen Flüchtlingsfürsorge von London aus in Verbindung mit dem Czech Refugee Trust Fund sowie dem im wesentlichen von der Labour Party getragenen Solidarity Fund fortgeführt (→ GROSSBRITANNIEN). Der Finanzierung von überregionaler Fluchthilfe und Flüchtlingsfürsorge im sozialdemokratischen Bereich diente die Errichtung eines internationalen Hilfsfonds – des von der Sozialistischen Arbeiter-Internationale und dem Internationalen Gewerkschaftsbund (IGB) gemeinsam eingerichteten Matteotti-Fonds, dessen Geschichte und Bedeutung noch erforscht werden sollte. Als wichtiges Beispiel für das sozialdemokratische und linkssozialistische Umfeld sei hier auch die in Amsterdam ansässige Internationale Transportarbeiter-Föderation (ITF) genannt, die nicht nur den Widerstand im Dritten Reich unterstützte, sondern in vielen Fällen bedrohte Personen aus Deutschland in Sicherheit brachte (Eberhard 1980, S. 26). Auch gründete der Niederländische Gewerkschafts-Kongreß NNV mit der sozialdemokratischen Arbeiterpartei in den → NIEDERLANDEN das Comité voor Politieke Duitsche Vluchtelingen (Moore 1986). Für exilierte sozialdemokratische Lehrer wurden, um ein anderes Beispiel zu nennen, Mittel aus dem Paul Gareis-Fond verwendet (Feidl-Merz 1981).

KPD- und KPÖ-angehörige Flüchtlinge erhielten Unterstützung durch die nationalen Sektionen der Roten Hilfe, die wiederum in der Internationalen Roten Hilfe (IRH) zusammengefaßt waren. Die IRH war Anfang der 1920er Jahre mit Unterstützung der Kommunistischen Internationale und der Kommunistischen Partei Rußlands gegründet worden. Schon vor 1933 gehörte Emigrantenhilfe zu ihrem Programm. Die Organisation vermittelte politische Flüchtlinge in die Sowjetunion und betreute sie, bevor auch viele ihrer Mitglieder dort Opfer der stalinistischen „Säuberungen" wurden. 1940/41 verhalf die IRH etwa 3000 mitteleuropäischen, überwiegend KP-orientierten Emigranten zur Flucht nach → MEXIKO (Pohle 1986). Dagegen handelte es sich beim kommunistischen Welthilfskomitee für die Opfer des Hitlerfaschismus, dem auch Nicht-Kommunisten beitraten (Löwenthal 1991), im wesentlichen um eine Agitationsplattform ohne unmittelbare Bedeutung für Fluchthilfe und Flüchtlingsfürsorge.

Ohne direkten parteipolitischen Bezug betreute die Demokratische Flüchtlingsfürsorge in Prag im Verbund mit der Liga für Menschenrechte bis 1938 vor allem illegal in die Tschechoslowakei eingereiste Flüchtlinge. Ihre Hilfe erstreckte sich auf alle Emigranten ohne Rücksicht auf Parteizugehörigkeit oder Religion, vorzugsweise auf solche, die von anderer Seite keine Hilfe zu erwarten hatten (Grossmann 1969; Mertens 1997). Ihr Arbeitsschwerpunkt lag auf der Unterstützung von Flüchtlingen, sie leistete aber auch Hilfe zur Weiterwanderung aus der Tschechoslowakei in andere Länder (Demokratische Flüchtlingsfürsorge 1936).

Die Rolle der Kirchen sowie christlicher Vereinigungen und Gruppen bei der Fluchthilfe war jeweils stark von der politischen Position der kirchlichen Institutionen Deutschlands und anderer Länder gegenüber dem NS-Regime bestimmt und variierte dabei innerhalb der regionalen und überregionalen kirchlichen Verwaltungshierarchie. Voraussetzung für das Handeln des Vatikans als Retter und Fluchthelfer (Morley 1980) für die verfolgten Juden – auch der vom NS-Regime so definierten christlichen „Nicht-Arier" – war die Wahrung der offiziellen Neutralität gegenüber Deutschland. Er intervenierte vor diesem Hintergrund zugunsten der Verfolgten in verschiedenen Einzelfällen. So setzte sich er sich z.B. in der sog. „Brasilaktion" in Zusammenarbeit mit dem St. Raphaelsverein für die Erteilung von Visa nach Brasilien ein (Reutter 1971, S. 142 f.). Beispiele von Aktionen einzelner Kirchenvertreter lassen sich anfügen, so etwa die vom Erzbischof von Lyon geleistete Fluchthilfe während des Krieges im besetzten Frankreich (de Traversay 1990).

Fluchthilfe aus christlichen Motiven leisteten die katholische und evangelische Kirche ähnlich wie die Reichsvertretung deutscher Juden nach 1933 zunächst auch von Deutschland aus. Der Caritasverband rief 1933 zur Hilfe für katholische „Nicht-Arier" das Caritas-Notwerk ins Leben, dessen Funktion 1938 vom Hilfswerk beim Bischöflichen Ordinariat in Berlin übernommen wurde. Diese Institutionen organisierten die Auswanderung ihrer Schützlinge in dem 1871 für katholische Auswanderer gegründeten St. Raphaelsverein, dem für diese Aufgabe ein sog. Sonderhilfswerk angegliedert wurde. Der Verein kooperierte bis zu seiner Auflösung im Jahre 1941 mit dem Vatikan und zahlreichen katholischen Hilfswerken im Ausland, wie etwa dem Londoner International Christian Committee for German Refugees. Der Verein selbst verhalf von 1934 bis 1939 insgesamt 10 350 Personen zur Flucht. 1939 wurde die Auswanderungshilfe verschiedener jüdischer, katholischer und evangelischer Träger in einem sog. Passagebewilligungsausschuß koordiniert. Seine Betreuungstätigkeit umfaßte auch die Familienangehörigen aus „Mischehen" und Notfälle unabhängig von der Konfession (Lewy 1965; Reutter 1971; Knauft 1988). Anlaufstelle für evangelische „Nichtarier" war das Büro Pfarrer Grüber. Die Auswanderungsabteilung des Büros und das von Heinrich Grüber organisierte Netz von Vertrauensleuten verhalf 1938 bis 1939 schätzungsweise 1700 bis 2000 Personen zur Auswanderung. Konfessionslose Juden wurden von den Quäkern, einer dem englischen Puritanismus nahestehenden christlichen Gemeinde, betreut. Das Internationale Referat der Quäker in Berlin vermittelte von 1935 bis 1941 die Auswanderung von 1135 Personen, unter denen sich zahlreiche aus politischen Gründen Verfolgte befanden (Ludwig 1988; Rink 1996).

Für Wissenschaftler wurden besondere Hilfsorganisationen gegründet (Düwell 1987; → WISSENSCHAFTSEMIGRATION). 1933 war in New York das Emergency Committee in Aid of Displaced German/Foreign Scholars (EC) gegründet worden. Der Academic Assistance Council (AAC, ab 1936 Society for the Protection of Science and Learning, SPSL), eine 1933 in England zur Verteidigung der freien Wissenschaft ins Leben gerufene Hilfsorganisation, erhob nicht nur Mittel zur Unterstützung der in Deutschland ihrer Arbeitsplätze beraubten Akademiker. Er vermittelte diese Wissenschaftler auch auf neue Stellen in und außerhalb Englands und ermöglichte so die Emigration (Hirschfeld 1988; Erichsen 1996). Dabei konnten die Betroffenen, anders als viele ihrer späteren Leidensgenossen, eine in manchen Asylländern gefragte Qualifikation anbieten. Bis 1938 waren von ihm 287 Professoren in Dauerpositionen in drei verschiedenen Ländern untergebracht und 336 in zeitweiligen Stellungen (Bentwich 1953, S. 13). In Zürich wurde 1933 eine ähnliche Institution, die Notgemeinschaft deutscher Wissenschaftler im Ausland (NDW), von Emigranten selbst gegründet (Erichsen 1994). 1936 schloß sich diese Einrichtung der SPSL an. Im Rahmen der Wissenschaftlerhilfe sind u.a. weiter zu nennen: Die Selfhelp of Emigrés from Central Europe, die Rockefeller Foundation, das Carnegie Endowment, der Oberlaender Trust, der Rosenwald Fund (Duggan/Drury 1948; Krohn 1987). Nicht nur Wissenschaftler, auch andere Berufsgruppen wurden Gegenstand spezieller Hilfsmaßnahmen: Eine kleine Organisation wie die American Guild for German Cultural Freedom leistete mit Stipendien Überlebenshilfe für Schriftsteller, die so auch im Exil schriftstellerisch arbeiten konnten (Deutsche Intellektuelle im Exil 1993). Wie Arbeitsplätze für Flüchtlinge in ökonomischen Nischen geschaffen wurden, zeigt das Beispiel der Arbeit des 1939 gegründeten englischen Refugee Industries Committee, das jüdischen Unternehmern eine Ansiedlung in ökonomischen Krisengebieten Englands ermöglichte (Loebl 1988).

Die Verschärfung der diskriminierenden NS-Gesetzgebung, der „Anschluß" Österreichs an das Reich, die Annexion der sudetendeutschen Gebiete, die „Reichskristallnacht", die Zerschlagung des Rumpfstaates Tschechoslowakei und die Besetzung weiterer Länder nach Beginn des Zweiten Weltkrieges leiteten einen kontinuierlichen Massenexodus ein. Dies führte zu einem Umschwung in der Haltung auch der bisher gegen die Emigration plädierenden Hilfsorganisationen, schließlich endgültig bekräftigt durch das Bekanntwerden der Massendeportationen deutscher Juden ab 1941 und dem Beschluß zur „Endlösung" auf der Wannsee-Konferenz im Januar 1942.

Schon ab 1938 nahmen viele Organisationen ihre Arbeit verstärkt als Rettung der Verfolgten wahr und setzten dazu besondere Mittel ein. Die 1843 gegründete traditionsreiche jüdische Vereinigung B'nai B'rith verschaffte z.B. jüdischen Studenten aus Europa Studienplätze an amerikanischen Colleges und sicherte ihnen so die Immigration in die USA (Diner 1984, S. 6). Das Jewish Labor Committee erreichte bei der amerikanischen Regierung noch vor dem Eintritt der USA in den Krieg die Erteilung eines sog. Emergency Visitors Visa jenseits der Quotenregelung, welches nach dem Fall Frankreichs Hunderten von Flüchtlingen die Emigration in die → VEREINIGTEN STAATEN VON AMERIKA ermöglichte (Jacobs 1993, S. 8 ff.).

Angesichts der Eskalation des nationalsozialistischen Terrors und der zunehmenden Dringlichkeit der Hilfe wurden neue Organisationen und Institutionen geschaffen. Dazu gehörte das 1940 eingerichtete Emergency Rescue Committee (ERC). Es schloß sich 1942 mit der älteren International Relief Association zum International Rescue and Relief Committee zusammen und widmete sich bereits vor dem Abschluß des deutsch-französischen Waffenstillstands einem besonderen Personenkreis von Frankreichemigranten, demokratisch gesinnten prominenten Künstlern, Schriftstellern und Politikern. Viele wurden von der Gestapo gesucht und mußten, nötigenfalls mit falschen Pässen ausgestattet, über die Iberische Halbinsel fliehen. Über 600 Personen dieser Gruppe retteten sich durch Flucht, 3500 wurden vom ERC in Frankreich unterstützt (Elfe 1986, S. 117 f.). Über versteckte Routen entkamen die Flüchtlinge mit Hilfe der Gruppe Fittko und anderer Grenzführer über die Pyrenäen (Fry 1986; von zur Mühlen 1992, S. 48 ff.). Diese Art der Fluchthilfe entwickelte sich auch an anderen „grünen Grenzen" des NS-Machtbereichs (Arntz 1990; Schubert 1997).

Die Organisationen wurden nun angesichts des Flüchtlingselends in den besetzten Ländern gleichermaßen für die dorthin geflüchteten und die dort ansässigen Angriffsopfer des NS-Regimes tätig. Die Ortsvertretungen leisteten an die Bedingungen vor Ort angepaßte Hilfe, auch wenn diese nicht immer den offiziellen Richtlinien der Zentrale entsprach (Pinsky 1984, S. 4). Angesichts der politischen Entwicklungen wurde das organisatorische Netz auf die jeweils strategisch wichtigen Orte der Fluchthilfe erweitert. Der Agudath Israel mit seinem Refugee and Immigration Service von 1938 und der Va'ad ha Hatzala (gegründet 1939, namensgleich mit dem Rescue Committee of the Jewish Agency), zwei Organisationen der jüdischen Orthodoxie zur Rettung von Talmud-Gelehrten im russisch besetzten Lettland und später auch anderen flüchtenden Juden, hatten, um ein anderes Beispiel zu nennen, Vertretungen in der Schweiz, in Großbritannien, Schweden, Marokko, Palästina und der Türkei (Kranzler 1984b).

Die Organisationen arbeiteten vor Ort auch ohne offiziellen Dachverband Hand in Hand, wenn nicht politische Divergenzen sie hinderten. Als z.B. die ab 1940 in Lissabon tätigen jüdischen Hilfseinrichtungen den Eindruck gewannen, daß die US-Missionen in Europa die Visa-Erteilungen für Flüchtlinge systematisch hintertrieben (Breitmann/Kraut 1987, S. 46 ff.), traten die christlichen Quäker stellvertretend bei den amerikanischen Behörden als Vermittler auf (Wyman 1968, S. 163 f.). Wie das ERC, so operierten auch die britischen und amerikanischen Quäker mit ihren französischen Glaubensbrüdern, d.h. dem Service international d'aide aux réfugiés (SIAR), zunächst von → FRANKREICH aus. Schon vor der vollständigen Besetzung Frankreichs 1942 gründete das Quäker-Hilfswerk American Friends Service Committee (AFSC) einen neuen Stützpunkt in Lissabon (Wilson 1952; Pickett 1953). Christlicher Partner des AFSC waren die Unitarier, eine amerikanische christliche Sammlungsbewegung mit ihrem Unitarian Service Committee (USC). Quäker, Unitarier und JDC unterhielten eine gemeinsame Vertretung in Madrid. In der Betreuung der politisch Verfolgten kooperierten die Quäker mit der SOPADE und dem ERC (Ragg 1977). Die internationalen Organisationen vermittelten ihre Hilfsaktionen häufig über regionale Hilfsinitiativen. So kooperierte das JDC u.a. mit dem Œuvre de Secours aux Enfants (OSE) in Frankreich, dem Schweizerischen Israelitischen Gemeindebund (SIG) und dem Verband Schweizerischer Jüdischer Flüchtlingshilfen in der Schweiz, dem Comité de défense des juifs (CDF) in Belgien, der Delegazione de Assistenza pro Emigranti e Profughi Ebrei (DELASEM) in Italien, mit dem Committee for the Assistance of European Jewish Refugees (CFA) in Shanghai oder mit dem ZETOS (Jewish Coordination Committee), das den Aufstand im Warschauer Getto organisierte (Bauer 1982). Auch zionistische Organisationen verbanden ihre Arbeit mit Aktionen des liberalen JDC, obwohl zwischen deren Vertretern stärkste Spannungen bestanden (Feingold 1970, S. 300; Friedman 1984, S. 15 f.).

In vielen während des Krieges besetzten Ländern begann für Emigranten, die dort Zuflucht gefunden hatten, eine neue Flucht unter erschwerten Umständen. Neben Frankreich gilt dies vor allem für die → TSCHECHOSLOWAKEI. Den ČSR-Emigranten, die 1938 aus dem Sudetengebiet in die Rest-Tschechei geflüchtet waren, wurde vor allem Hilfe aus → GROSSBRITANNIEN als einem der Signatarstaaten des Münchner Abkommens zuteil. Dem British Committee for Refugees from Czechoslovakia in Prag standen aus Spenden über fünf Millionen US-Dollar zur Verfügung. Nach der Besetzung der Rest-Tschechei 1939 wurde ein erheblicher Teil der Summe für die Flucht der erneut Vertriebenen aus der Tschechoslowakei in andere Länder ausgegeben (Heumos 1984). Eine Wanderung in Etappen machten nicht nur mehrfach Vertriebene durch: Wenn Emigranten, wie häufig in Lateinamerika, nicht gleich in ihr Zielland einreisen konnten, wanderten sie zunächst in benachbarte Länder ein. Dort halfen ihnen die Organisationen, eine etwaig unerlaubte Grenzüberquerung im nachhinein zu legalisieren (von zur Mühlen 1988, S. 46f.).

Im Zuge des Kriegsverlaufs schlossen sich die Fluchtwege. War nach 1939 in Frankreich noch der Hafen von Marseille zugänglich, Triest und Genua noch über Ungarn und Jugoslawien zu erreichen und 1940 bis 1941 der transsibirische Weg nach Shanghai möglich (→ OSTASIEN), so gab es schließlich nur noch Schiffspassagen aus den neutralen Staaten Spanien, Portugal und der Türkei. Zugleich schlossen sich die Grenzen. Daß manche Flüchtlingsschiffe, wie die „St. Louis", die „Mefkure", die „Struma", der Kladovo-Transport und andere Schiffe im angelaufenen Hafen nicht landen durften und umkehren oder die Fahrt verfrüht abbrechen mußten, ist Gegenstand wissenschaftlicher und literarischer Darstellungen geworden (Rohwet 1964; Herlin 1977; Anderl/Manoschek 1993). Bedeutete schließlich fast nur noch die Passage nach Übersee Rettung, so war das Schiff trotz aller Widrigkeiten wichtigstes Transportmittel: HIAS/HICEM engagierte sich besonders in der Vermittlung von Schiffspassagen und finanzierte allein 1940 3200 Flüchtlingen, darunter 2700 Deutschen, die Schiffsreise nach Übersee.

Innerhalb der Organisationen, der Kirchenverbände oder auch der Staatsbehörden traten unzählige Helfer durch ihren Einsatz besonders hervor und prägten die Geschichte der Fluchthilfe (Grossmann 1984). Die Nennung der Personen bleibt einer umfassenden Darstellung vorbehalten, jedoch sollen einige bemerkenswerte Namen stellvertretend genannt werden: der portugiesische Konsul von Bordeaux, Aristides de Sousa Mendes, der im Frühjahr 1940 gegen die Weisung seiner Regierung durch widerrechtlich ausgestellte Dokumente Tausenden von Emigranten die Flucht ermöglichte (Bejski 1974, S. 646f.; Afonso 1995); der japanische Konsul von Kaunas (Kowno), Chiune Sempe Sugihara, der in ähnlicher Situation Flüchtlingen den Exodus nach Fernost ermöglichte, und der schweizerische Polizeioffizier Paul Grüninger, der 1939 entgegen seinen dienstlichen Anweisungen 2000 Flüchtlinge in die → SCHWEIZ einreisen ließ. Sie wurden von ihren Regierungen gemaßregelt, teilweise aus dem Dienst entlassen und schwer bestraft (Keller 1993).

Im Jahre 1943 fand in Bermuda angesichts der fortgesetzten Massenmorde durch das NS-Regime (die polnische Exilregierung hatte mit dem Bericht von der Ermordung von 70000 polnischen Juden die Weltöffentlichkeit aufgerüttelt) eine anglo-amerikanische Flüchtlingskonferenz statt, an der jedoch die Hilfsorganisationen nicht teilnahmen. Die Konferenz erbrachte keinerlei Änderung der Situation für die Flüchtlinge (Feingold 1970, S. 297). Im Jahre 1944 schließlich wurde auf die Initiative Roosevelts das amerikanische War Refugee Board (WRB) gegründet. Seine Aufgabenstellung bestand im wesentlichen in der Rettung der tödlich bedrohten Opfer der NS-Politik, und das hieß zum großen Teil Überlebenshilfe für Inhaftierte, Versteckte, Geflohene. Fluchthilfe war nun ein Teil der Rettungsaktionen. Das WRB widmete seine Bemühungen allen Verfolgten unabhängig von „rassischen" oder politischen Hintergründen der Verfolgung (Morse 1968, S. 348). Hatten schon vor 1944 einzelne Vertreter des Internationalen Roten Kreuzes (IRK) z. B. in der Schweiz und der Slowakei Rettungsaktionen durchgeführt (Dworzecki 1977; Häsler 1989), so gelang es dem WRB, das IRK nun generell zur Unterstützung der in Konzentrationslagern Inhaftierten zu aktivieren. Das IRK betätigte sich auch als Fluchthilfe-Agentur, z. B. in Zusammenarbeit mit dem Jewish Labor Committee beim Transport jüdischer Kinder von Frankreich in die Schweiz (Kranzler 1984a, S. 18). Das WRB operierte u. a. von Genf aus, dort vertreten durch ein ehemaliges Mitglied des Quäker-Hilfswerks AFSC. In Zusammenarbeit mit katholischen und protestantischen Kirchenvertretern und jüdischen Untergrund-Organisationen organisierte dieser WRB-Repräsentant in Frankreich die Unterstützung Geflüchteter, leistete aber auch Fluchthilfe für etwa 1000 Menschen, die nach Spanien entkamen. Andere wurden durch das Drucken falscher Papiere gerettet, wieder andere durch Einbrüche in Gefängnissen oder durch die Finanzierung von Partisanen, so in der Slowakei, wo sie Konzentrationslager überfielen und Häftlinge befreiten (Morse 1968, S. 323f.).

Vom Territorium der Türkei, die erst 1945 in den Krieg gegen Deutschland eintrat, bemühten sich das WRB, der Mossad, das JDC und die Jewish Agency for Palestine (JA) um die Passage nach Palästina für die Verfolgten der besetzten Gebiete auf dem Balkan. Auf Betreiben des WRB wurden 4000 Juden über Syrien nach Palästina gebracht (Morse 1968; Ofer 1990). Einige tausend ungarische Juden fanden durch Vermittlung des WRB von Istanbul aus in Rumänien Zuflucht, als die Regierung dort auf Druck der USA die Massaker in den transnistrischen Konzentrationslagern aussetzte. Bis zum Ende des Zweiten Weltkrieges verhalf das WRB einigen hunderttausend Menschen zur Flucht und leistete Überlebenshilfe für eine vergleichbare Anzahl. Die dafür aufgewendeten 20 Millionen US-Dollar waren zu drei Vierteln vom JDC aufgebracht worden, die nächstgrößte Summe von der Union of Orthodox Rabbis und dem World Jewish Congress (Morse 1968, S. 381f.).

Nach dem 8. Mai 1945 versuchten Hunderttausende von entwurzelten Migranten die Rückwanderung. Die Hilfsorganisationen unterstützten nun diese „displaced persons" bei der Rückkehr oder suchten ihnen eine neue Heimat (Hilberg 1982, S. 1218f.).

Literatur

Adam, Uwe (1972): Judenpolitik im Dritten Reich, Düsseldorf.
Afonso, Rui (1995): Um Homem Bom: Aristides de Sousa Mendes, o „Wallenberg Português", Lisboa.
Anderl, Gabriele, u. Walter Manoschek (1993): Gescheiterte Flucht: Der jüdische „Kladovo-Transport" auf dem Weg nach Palästina 1939–1942, Wien.
Arntz, Heinz-Dieter (1990): Judenverfolgung und Fluchthilfe im deutsch-belgischen Grenzgebiet: Kreisgebiet Schleiden, Euskirchen, Monschau, Aachen und Eupen/Malmedy, Euskirchen.
Bauer, Yehuda (1974): The Relations between the American Joint Jewish Distribution Committee and the Soviet Government, 1924–1938, in: Vago, Bela, and George L. Mosse, Eds.: Jews and Non-Jews in Eastern Europe, 1918–1945, New York u. a., S. 27ff.
Bauer, Yehuda (1982): American Jewry and the Holocaust. The American Jewish Joint Distribution Committee, 1939–1945, Detroit.
Bejski, Moshe (1977): The „Righteous Among the Nations" and Their Part In the Rescue of Jews,: in: Rescue Attempts During the Holocaust, S. 246ff.
Bentwich, Norman (1953): The Rescue and Achievement of Refugee Scholars. The Story of Displaced Scholars and Scientists 1933–1952, Den Haag.
Benz, Wolfgang, u. Juliane Wetzel, Hrsg. (1996): Solidarität und Hilfe für Juden während der NS-Zeit. Regionalstudien 1: Polen, Rumänien, Griechenland, Luxemburg, Norwegen, Schweiz, Berlin.
Berlin, George (1971): The Jewish Labor Committee and American Immigration Policy in the 1930's, in: Berlin, Charles, Ed.: Studies in Jewish Bibliography, History and Literature in Honor of I. Edward Kiev, New York, S. 45ff.
Breitman, Richard, and Alan M. Kraut (1987): American Refugee Policy and European Jewry, 1933–1945, Bloomington.
Cohen, Eugene J. (1991): Rescue. 2500000 Jews Were Liberated by Mossad from Europe, North Africa and Asia, 1932–1990. 300 Stories and Photographs, o. O.
Cohen, Naomi W. (1972): Not Free to Resist. The American Jewish Committtee 1906–1966, Philadelphia.
Darton, Lawrence (1954): An Account of the Work of the Friends Committee for Refugees and Aliens, first known as the Germany Emergency Committee of the Society of Friends, 1933–1950, typescript issued by the Friends Committee for Refugees and Aliens, London.
Deutsche Intellektuelle im Exil (1993). Ihre Akademie und die „American Guild for German Cultural Freedom". Eine Ausstellung des Deutschen Exilarchivs 1933–1945 der Deutschen Bibliothek Frankfurt am Main, bearb. von Werner Berthold, Brita Eckert u. Frank Wende, München.
Deutschland-Berichte der Sopade/der Sozialdemokratischen Partei Deutschlands (Sopade) (1980), neu hrsg. von Klaus Behnken, Nördlingen, 1 (1934), S. 467ff., 5 (1938), S. 732ff.
Demokratische Flüchtlingshilfe, Hrsg. (1936): Menschen auf der Flucht. Drei Jahre Fürsorgearbeit für die deutschen Flüchtlinge, Prag.
Diner, Hasia (1984): B'nai B'rith, in: Finger, S. 6ff.
Düwell, Kurt (1987): Hilfsorganisationen für deutsche Wissenschaftler im Ausland, in: Emigration. Deutsche Wissenschaftler nach 1933. Entlassung und Vertreibung. List of Displaced German Scholars 1936. Supplementary List of Displaced German Scholars 1937. The Emergency Committee in Aid of Displaced German Scholars, Report 1941, hrsg. von Herbert A. Strauss, Tillmann Buddensieg u. Kurt Düwell, Berlin, S. VIIIff.
Duggan, Stephen, and Betty Drury (1948): The Rescue of Science and Learning. The Story of the Emergen-

cy Committee In Aid of Displaced Foreign Scholars, New York.

Dworzecki, Meir (1977): The International Red Cross and Its Policy Vis-a-Vis the Jews in Ghettos and Concentration Camps in Nazi-Occupied Europe, in: Rescue Attempts During the Holocaust, S. 105 ff.

Eberhard, Fritz (1980): Arbeit gegen das Dritte Reich, Berlin.

Elfe, Wolfgang D. (1986): Nachwort: „Oh, there are ways, you know …", in: Fry, S. 290 ff.

Eppler, Elizabeth E. (1977): The Rescue Work of the World Jewish Congress During the Nazi Period, in: Rescue Attempts During the Holocaust, S. 47 ff.

Erichsen, Regine (1994): Emigrantenhilfe von Emigranten. Die Notgemeinschaft Deutscher Wissenschaftler im Ausland, in: Exil 2, H. 2, S. 51 ff.

Erichsen, Regine (1997): Vom Nationalsozialismus vertriebene Wissenschaftler auf dem Markt. Die Arbeitsvermittlung des englischen Academic Assistance Council (SPSL) am Beispiel von Türkeiemigranten, in: Berichte zur Wissenschaftsgeschichte 19, H. 4, S. 219 ff.

van Etten, Henry (1962): La Vie derrière soi. Journal d'un Quaker de notre Temps (1893–1962), Paris.

Feidl-Mertz, Hildegard (1981): Lehrer in der Emigration. Der Verband deutscher Lehreremigranten (1933–1939) im Traditionszusammenhang der demokratischen Lehrerbewegung, Weinheim.

Feingold, Henry (1970): The Politics of Rescue. The Roosevelt Administration and the Holocaust 1938–1949, New York.

Finger, Seymour Maxwell, Ed. (1984): American Jewry During the Holocaust, New York.

Friedman, Saul (1984): The Power and/or Powerlessness of American Jews, 1939–1945, in: Finger, S. 15 ff.

Frings, Paul (1951): Das Internationale Flüchtlingsproblem. 1919–1950, Frankfurt a. M.

Fry, Varian (1986): Auslieferung auf Verlangen. Die Rettung deutscher Emigranten in Marseille 1940/1941, München–Wien.

Graham, Robert A., S.J. (1989): Relations of Pius XII and the Catholic Community with Jewish Organizations, in: Herzer, Ivo, Ed.: The Italian Refuge. Rescue of Jews During the Holocaust, Washington, S. 231 ff.

Grossmann, Kurt R. (1969): Emigration. Geschichte der Hitler-Flüchtlinge 1933–1945, Frankfurt a. M.

Grossmann, Kurt R. (1984): Die unbesungenen Helden. Menschen in Deutschlands dunklen Tagen, Frankfurt a. M. u. a.

Häsler, Alfred A. (1989): Das Boot ist voll. Die Schweiz und die Flüchtlinge 1933–1945, Zürich.

Handlin, Oscar (1964): A Continuing Task. The American Jewish Joint Distribution Committee 1914–1964, New York.

Heim, Otto H. (1954): Jüdische soziale Arbeit und Flüchtlingshilfe in der Schweiz. Festschrift des Schweizerischen Israelitischen Gemeindebundes, o. O.

Herlin, Hans (1961): Die Irrfahrt der „St. Louis", Hamburg.

Heumos, Peter (1984): Flüchtlingslager, Hilfsorganisationen, Juden im Niemandsland. Zur Flüchtlingsproblematik in der Tschechoslowakei im Herbst 1938, in: Bohemia 25, S. 245 ff.

Hilberg, Raul (1982): Die Vernichtung der europäischen Juden, Bd. 3, Frankfurt a. M.

Hildebrandt, Jörg (1991): Bevollmächtigt zum Brückenbau. Heinrich Grüber – Judenfreund und Trümmerprobst. Erinnerungen, Predigten, Berichte, Briefe, Leipzig.

Hildesheimer, Esriel (1994): Jüdische Selbstverwaltung unter dem NS-Regime. Der Existenzkampf der Reichsvertretung und Reichsvereinigung der Juden, Tübingen.

Hirschfeld, Gerhard (1988): „The defence of learning and science …". Der Academic Assistance Council in Großbritannien und die wissenschaftliche Emigration aus Nazi-Deutschland, in: Exilforschung 6, S. 28 ff.

Jacobs, Jack (1993): Ein Freund in Not. Das jüdische Arbeiterkomitee in New York und die Flüchtlinge aus den deutschsprachigen Ländern, 1933–1945, Düsseldorf.

Joly, Jean-Baptiste (1984): L'assistance des quakers, in: Badia, Gilbert, u. a.: Les bannis de Hitler. Accueil et luttes des exilés allemands en France (1933–1939), Paris, S. 105 ff.

Keller, Stefan (1993): Grüningers Fall. Geschichten von Flucht und Hoffnung, Zürich.

Knauft, Wolfgang (1988): Unter Einsatz des Lebens. Das Hilfswerk beim Bischöflichen Ordinariat Berlin für katholische „Nichtarier" 1938–1945, Berlin.

Kranzler, David H. (1984a): The Role in Relief and Rescue During the Holocaust by the Jewish Labor Committee, in: Finger, S. 18 ff.

Kranzler, David H. (1984b): Orthodox Ends, Unorthodox Means. The Role of the Vaad Hatzalah and Agudath Israel during the Holocaust, in: Finger, S. 2 ff.

Krohn, Claus-Dieter (1987): Wissenschaft im Exil. Deutsche Sozial- und Wirtschaftswissenschaftler in den USA und die New School for Social Research, Frankfurt a. M.–New York.

Kulischer, Eugene M. (1943): The Displacement of Population in Europe, Montreal.

Langkau-Alex, Ursula (1981): Zu den Beziehungen zwischen Organisationen der politischen deutschen Emigranten in Frankreich und französischen Organisationen 1933–1940, in: Frühwald, Wolfgang, u. Wolfgang Schieder, Hrsg.: Leben im Exil. Probleme deutscher Flüchtlinge im Ausland 1933–1945, Hamburg, S. 188 ff.

Lewy, Guenter (1965): Die katholische Kirche und das Dritte Reich, München.

Loebl, Herbert (1988): Das Refugee Industries Committee. Eine wenig bekannte Hilfsorganisation, in: Exilforschung 6, S. 220 ff.

Löwenthal, Richard (1991): Konflikte, Bündnisse und Resultate der deutschen politischen Emigration, in: Vierteljahrshefte für Zeitgeschichte 39, S. 626 ff.

Ludwig, Hartmut (1988): „Die Opfer unterm Rad verbinden". Vor- und Enstehungsgeschichte, Arbeit und Mitarbeiter des „Büro Pfarrer Grüber", Habil.-Schrift HU Berlin.

Margaliot, Abraham (1977): The Problem of Rescue of the German Jewry During the Years 1933–1939. The Reasons for the Delay in their Emigration from the Third Reich, in: Rescue Attempts During the Holocaust, S. 247 ff.

Matthias, Erich (1952): Sozialdemokratie und Nation. Zur Ideengeschichte der sozialdemokratischen Emigration 1933–1938, Stuttgart.

Meyer, Winfried (1993): Unternehmen Sieben. Eine Rettungsaktion für vom Holocaust Bedrohte aus dem Amt Ausland/Abwehr im Oberkommando der Wehrmacht, Frankfurt a.M.

Moore, Bob (1984): Refugees from Nazi Germany in the Netherlands 1933–1940, Dordrecht.

Morley, John F. (1980): Vatican Diplomacy and the Jews during the Holocaust, New York.

Morse, Arthur D. (1968): While Six Million Died. A Chronicle of American Apathy, New York.

von zur Mühlen, Patrik (1988): Fluchtziel Lateinamerika. Die deutsche Emigration 1933–1945: politische Aktivitäten und soziokulturelle Integration, Bonn.

von zur Mühlen, Patrik (1992): Fluchtweg Spanien–Portugal. Die deutsche Emigration und der Exodus aus Europa 1933–1945, Bonn.

Ofer, Dalia (1990): Escaping the Holocaust. Illegal Immigration to the Land of Israel, 1939–1944, New York–Oxford.

Penkower, Noam M. (1984): The Efforts of the American Jewish Congress and the World Jewish Congress in the Years of the Holocaust, in: Finger.

Pickett, Clarence E. (1953): For more than bread. An autobiographical account of twenty-two years work with the American Friends Service Committee, Boston.

Pinsky, Edward (1984): The American Jewish Committee and the Joint Distribution Committee, in: Finger.

Pohle, Fritz (1986): Das mexikanische Exil. Ein Beitrag zur Geschichte der politisch-kulturellen Emigration aus Deutschland (1937–1946), Stuttgart.

Ragg, Albrecht (1977): The German Socialist Emigration in the United States 1933–1945, Diss. Loyola University of Chicago.

Rescue Attempts During the Holocaust (1977). Proceedings of the Second Yad Vashem International Historical Conference, Jerusalem, April 8–11, 1975, Jerusalem.

Reutter, Lutz-Egon (1971): Katholische Kirche als Fluchthelfer im Dritten Reich. Die Betreuung von Auswandernden durch den St. Raphaelsverein, Recklinghausen–Hamburg.

Rink, Sigurd (1996): Der Bevollmächtigte. Probst Grüber und die Regierung der DDR, Stuttgart.

Röder, Werner (1973): Die deutschen sozialistischen Exilgruppen in Großbritannien 1940–45, Hannover.

Röder, Werner (1980): Deutscher Widerstand im Ausland. Zur Geschichte des politischen Exils, in: Aus Politik und Zeitgeschichte B 31, S. 3 ff.

Rohwer, Jürgen (1965): Die Versenkung der jüdischen Flüchtlingstransporter Struma und Mefkure im Schwarzen Meer (Februar 1942, August 1944), Frankfurt a.M.

Schubert, Katharina (1995): Fluchtweg Eifel. Spurensuche an einer kaum beachteten Grenze, München.

Seebacher-Brandt, Brigitte (1990): Die deutsche politische Emigration in der Tschechoslowakei 1938, in: München 1933. Das Ende des alten Europa, hrsg. im Auftrage der Deutsch-Tschechoslowakischen Gesellschaft für die Bundesrepublik Deutschland e.V. (DTG) von Peter Glotz u.a., Essen, S. 229 ff.

Seligman, Avraham (1992): An Illegal Way of Life in Nazi Germany, in: Leo Baeck Institute Year Book 37, S. 327 ff.

Strauss, Herbert A. (1980–1981): Jewish Emigration from Germany. Nazi Politics and Jewish Responses. in: Leo Baeck Institute Year Book Part, S. 313 ff. (Teil 1); 26, S. 389 ff. (Teil 2).

de Traversay, Laetitia (1990): Initiatives catholiques de secours et de sauvetage à Marseille, in: Grandjonc, Jacques, u. Theresia Grundtner, Éds.: Zones d'ombres 1933–1944, Aix-en-Provence, S. 421 ff.

Troen, Selwyn I., and Benjamin Pinkus (1992): Organising Rescue. National Jewish Solidarity in the Modern Period, London.

Verein „Gegen Vergessen – Für Demokratie", Hrsg. (1997): Bekennender Christ unter zwei Diktaturen. In Memoriam Probst Heinrich Grüber 1891–1975. Beiträge des Heinrich Grüber-Kolloquiums in Berlin-Kaulsdorf, Bonn.

Voigt, Klaus (1984): Notizie statistiche sugli immigranti e profughi ebrei in Italia (1938–1945), in: Del Canuto, Francesco, Ed.: Israel. Un decennio 1974–1984, Roma, S. 407 ff.

Weber, Hermann (1988): Ursachen und Umfang der deutschen Emigration nach 1933 unter besonderer Berücksichtigung von SPD und KPD im Exil, in: IWK 1, S. 2 ff.

Weingarten, Ralph (1981): Die Hilfeleistung der westlichen Welt bei der Endlösung der deutschen Judenfrage. Das „Intergovernmental Committee on Political Refugees (IGC)" 1938–1939, Bern u. a.

Wilson, Roger C. (1952): Quaker Relief. An Account on the Relief Work of the Society of Friends 1940–1948, London.

Wischnitzer, Mark (1956): Visas to Freedom. The History of HIAS, Cleveland–New York.

Wyman, David S. (1968): Paper Walls. America and the Refugee Crisis 1938–1941, Amherst/Mass.

Wyman, David S. (1984): The Abandonment of the Jews. America and the Holocaust 1941–45, New York.

Kindheit und Jugend

INGE HANSEN-SCHABERG

Wie viele Millionen Kinder in Europa während der NS-Zeit durch Pogrome, Massaker, Flucht, Verfolgung, Internierung, Deportation, Vernichtungslager und Krieg und dessen Folgen gestorben sind, ist unbekannt, aber man schätzt, daß darunter über zwei Millionen jüdische Kinder waren. Mit welchen psychischen und körperlichen Schädigungen Kinder und Jugendliche in Deutschland, in den okkupierten Ländern und im Exil überlebten, läßt sich nur erahnen: „The hurt to the children's mental growth and nervous balance, to their faith in life and their natural feelings, cannot be estimated" (Macardle 1951, S. 108, 11). Jedoch muß das Exil für viele auch als Chance, zunächst die physische Existenz zu retten und später ein neues Leben aufbauen zu können, angesehen werden. Die von Anna Seghers als Fragen formulierten Vermutungen über die Situation und psychische Befindlichkeit von Kindern und Jugendlichen im Exil sind in Abhängigkeit von den jeweils vorherrschenden Sozialisationsbedingungen in den Zufluchtsländern zu sehen: „Sind diese Kinder schwächliche Pflanzen, die in der fremden Erde kaum Wurzel fassen, geschweige denn wachsen können? Oder gleichen sie eher jenen zarten, doch zähen gefiederten Samenkörnern, mit denen der Wind zunächst macht, was er will, die dann, einmal gelandet, aus ihrer winzigen Erdkrume machen, was sie wollen?" (Seghers 1986, S. 137 f.). Zukünftige Forschungen werden die Fragen Anna Seghers vielleicht umfassend beantworten können, bisher aber steht eine komplexe Darstellung über Kindheit und Jugend im Exil noch aus.

Ein Zugang zu dieser Thematik ist über Untersuchungen zur Sozialisation und Traumatisierung von Kindern in der Zeit des Nationalsozialismus (Benz 1992), von Kindern in Europa in und nach dem Zweiten Weltkrieg (Macardle 1951), von englischen Kindern, die kriegsbedingt von den Eltern getrennt wurden (Freud 1987; Fuchs 1992), von niederländischen Kindern, die im Versteck überlebten (Keilson 1979), und von Überlebenden aus den Konzentrationslagern (Bettelheim 1980) gegeben. Eine weitere wichtige Quelle sind erfahrungsbezogene Darstellungen und literarische Verarbeitungen der als Kind oder von Kindern erlebten Exilsituation, von denen, ohne den Anspruch auf Vollständigkeit zu erheben, genannt werden sollen: Keun 1938, Zoff 1943, Leonhard 1955, Kerr 1971, Friedländer 1979, Meckauer 1982, Walter 1983, Fried 1986, Roth 1989, Lewenstein 1991, Goldschmidt 1993, Greve 1994, Leichter 1995, Loring 1996 und Armbruster 1997. Der Aspekt der Kinder im Exil fand bisher selten in Monographien Berücksichtigung. Ausnahmen sind z. B. das Buch über das Schweizerische Hilfswerk für Emigrantenkinder (Sutro 1952), die länderspezifische Darstellung für Frankreich (Fabian/Coulmas 1978, S. 80 ff., 95 ff.), die Untersuchung über die jüdische Selbsthilfe (Adler-Rudel 1974, S. 97 ff.) und der Bericht über das Internierungslager Gurs (Schramm 1977, S. 115 f.). Über Rettungsaktionen für Kinder und Schulen im Exil gibt es einen Überblick und eine Dokumentation (Feidel-Mertz 1983, 1990) sowie eine Anzahl einzelner Studien, die sich mit organisierten Emigrations- und Auswanderungsmöglichkeiten, Sozialisationsbedingungen, pädagogisch-therapeutischen Ansätzen und Kinderhilfsorganisationen befassen und im folgenden dargestellt werden sollen.

Dorothy Macardle schätzte 1951, daß über 30 000 Kinder unter 16 Jahren zwischen 1933 und 1939 aus

Deutschland und Österreich flüchteten (Macardle 1951, S. 114). Der weitaus größte Teil gelangte ohne Familienverbund durch Einzelinitiativen und durch gezielte Rettungsaktionen ins Exil. Schon ab 1933 begann die Reichsvertretung der Juden in Deutschland die Ausreise und Aufnahme jüdischer Kinder in Pflegefamilien und -heime zu organisieren, und die Jugend-Alija nach Palästina umfaßte bis November 1938 schon ca. 4800 Kinder (Adler-Rudel 1974, S. 217). Unter dem Eindruck der Reichspogromnacht verstärkten sich die Bemühungen vor allem der ausländischen jüdischen Hilfsorganisationen und der Quäker, und Großbritannien bot Asyl für 10000, Holland für 1850, Belgien für 800, Frankreich für 700 Kinder und die Schweiz für 300 Waisenkinder an (Sutro 1952, S. 67 ff.), so daß bis Ende 1939 vermutlich über 18000 deutsche jüdische Mädchen und Jungen ausgewandert waren (Adler-Rudel 1974, S. 217). Zahlenmäßig bedeutsame Versuche, zumindestens für Kinder die legale und illegale Ausreise aus Deutschland und aus den okkupierten Ländern zu ermöglichen, waren die Kindertransporte nach Großbritannien (Gershon 1988; Leverton/Lowensohn 1990; Göpfert 1994; Turner 1994), die von der OSE (Œuvre de Secour aux Enfants) organisierten Rettungsaktionen nach und in Frankreich (Papanek 1980) und die Jugend-Alija nach Palästina (Szold 1939; Freier 1971; Adler-Rudel 1975, S. 97 ff., 118 f.; Röcher 1992, S. 192 ff.).

Die britische Regierung verweigerte Palästina die Aufnahme von 10000 Kindern, beschloß aber am 16. November 1938, eine unbestimmte Anzahl von verfolgten Kindern auf die Insel einreisen zu lassen, für die 50 englische Pfund pro Kind für das Visum gestellt werden mußten. Organisiert und unterstützt wurden die Kindertransporte u. a. vom Movement for the Care of Children from Germany (später in Refugee Children's Movement umbenannt), Save the Children Fund, vom Jewish Refugee Committee und von den Quäkern, wobei in der Literatur insbesondere das Engagement der Holländerin Gertrude Wijsmüller-Meijer, der Emigrantin Lola Hahn-Warburg, der Engländerin Elaine Blond und von Lord Baldwin erwähnt wird. Die in der Regel von der Reichsvertretung der Juden bzw. von der Kultusgemeinde in Wien ausgewählten etwa 10000 jüdischen Kinder und Jugendlichen aus Deutschland, Österreich, Polen und der Tschechoslowakei konnten zwischen Dezember 1938 und September 1939 über Holland nach Großbritannien emigrieren. In Harwich angekommen, wurden die Kinder zunächst in einem leerstehenden Ferienheim untergebracht und von dort aus entweder in Pflegefamilien oder in unterschiedliche Heime verteilt (Friedlaender 1987, S. 63 ff., 96 ff.; Friedlaender/Jarecki 1996). Der letzte Kindertransport erreichte während der Besetzung Hollands im Mai 1940 Liverpool. Für die Kinder und deren Eltern bedeutete diese Chance meist die Trennung für immer. Oft waren die Kinder unvorbereitet und im Ungewissen gelassen worden, was sich, wie eine Vielzahl der Erinnerungsberichte zeigt, traumatisierend auswirkte und zu Schuldgefühlen gegenüber den zurückgebliebenen Angehörigen und Freunden führte, von denen die meisten deportiert und ermordet wurden. Auch waren die Bedingungen, unter denen die Kinder in den Gastfamilien und Heimen lebten, nicht immer günstig für ihre individuelle Entwicklung und bargen die Gefahr des völligen Bruchs mit ihrer Herkunft und ihrem kulturellen Umfeld in sich. Nach Ausbruch des Krieges ereilte die meisten Jugendlichen ab 16 Jahren dasselbe Schicksal wie einen Großteil der erwachsenen Deutschen: Sie wurden als „feindliche Ausländer" auf der Isle of Man interniert (Chapell 1984).

Im großem Maßstab betrieb auch die OSE die Rettung von Kindern, nachdem sie den sozialistischen Pädagogen Ernst Papanek mit dem Ausbau und der Leitung von zu diesem Zweck eingerichteten Kinderheimen betraut hatte. Ab Februar 1939 wurden drei- bis 15jährige Kinder zunächst aus Deutschland geholt und in die vier Heime in Montmorency, ca. 16 km nördlich von Paris, gebracht. Schon im Frühling 1940 lebten 1600 Kinder unterschiedlicher Nationalität in elf über ganz Frankreich verteilten Heimen, bis sie mit dem Fall von Paris am 10. Juni 1940 wiederum zu Flüchtlingen wurden. Geplant war, die Kinder nach einem Jahr in öffentliche Schulen zu integrieren, nachdem sie in einer Atmosphäre der Gemeinschaft die Chance erhalten hatten, wieder Kind zu sein, Französisch zu lernen und sich auf ein neues Leben ohne Familientradition und -verbindungen vorzubereiten, und nach Prinzipien des Arbeitsunterrichts unterrichtet worden waren. Da die Kinder nicht mit ihrem früheren sozialen, kulturellen und familiären Hintergrund in Konflikt gebracht werden sollten, wurden z. B. die jüdisch Erzogenen in einem gesonderten Heim untergebracht, in dem die religiöse Erziehung fortgesetzt und die Speisevorschriften eingehalten wurden. Ernst Papanek stellte während seiner Arbeit fest, daß insbesondere die Kinder, die aus orthodox jüdischen und aus politisch engagierten, meist sozialistischen Elternhäusern zu Verfolgten des Nazi-Regimes wurden, weniger Schwierigkeiten hatten, die Exilsituation zu verarbeiten, ihre Identität zu bewahren bzw. ihr Selbstvertrauen wieder zu entwickeln, als Kinder aus assimilierten Elternhäusern, die ihre Stigmatisierung nicht nachvollziehen konnten. Nach der Flucht der Heimkinder nach Südwestfrankreich bemühte sich Ernst Papanek von den USA aus um Einrevisen für alle Kinder und Jugendlichen aus den OSE-Heimen. Die zögerliche Haltung der USA führte dazu, daß die schließlich bewilligten 5000 Visen zu spät kamen und ein großer Teil der Kinder zurückblieb, von denen etwa 100 im Zuge der ab August 1942 einsetzenden Deportation von jüdischen Kindern in Frankreich ermordet wurden (Papanek 1980, S. 85 f., 178, 201 f.). Die OSE konzentrierte sich jetzt darauf, Kinder aus den Lagern, insbesondere aus Rivesaltes, dem Sammellager für alle Flüchtlingskinder ohne Eltern, zu befreien, Kinder in Familien und Heimen unterzubringen, sie nach Einsetzen der Deportationen zu verstecken und durch Flucht in die Schweiz zu retten. In den USA gelang es Ernst Papanek nicht, sein Konzept des Kinderheims durchzusetzen. In falsch verstandener Fürsorge bestand das German-Jewish Children's Aid Committee auf Adoptionen in Familien und auf einem völligen Bruch mit der belastenden Vergangenheit, was Trennung, Isolierung und Unterdrückung der Kindheitserinnerungen bedeutete (Fabian/Coulmas 1978, S. 95 ff.; Papanek 1980, 173 ff.).

Palästina ist eigentlich nicht als Exil-, sondern als Einwanderungsland anzusehen, muß aber dennoch hier genannt werden, weil die ca. 12 000 Mädchen und Jungen aus Deutschland und den okkupierten Ländern während des Krieges nicht alle aus zionistischer Überzeugung, sondern aus Not dorthin gelangten (Macardle 1951, S. 115). Die Jugend-Alija, die auf eine Idee von Recha Freier zurückging und ursprünglich die berufliche Eingliederung von Jugendlichen aus Deutschland in Palästina durch landwirtschaftliche Vorbereitungslager (Hachschara) ab 1932 anstrebte, wurde von den jüdischen Jugendverbänden getragen, die die Alija in den Mittelpunkt ihrer jugendbewegten Zielsetzungen und Aufgaben stellten (Philipsen 1996). Sie war abhängig von den erteilten Zertifikaten der britischen Mandatsregierung und von dem von Henrietta Szold geleiteten Jugend-Alija-Büro in Jerusalem. Als Folge der Pogromnacht wurden z. B. Ende 1938 2500 Zertifikate für die Jugend-Alija in Deutschland, Österreich und der Tschechoslowakei bewilligt (Röcher 1992, S. 196). Recha Freier unterstützte als Vorsitzende der Jüdischen Jugendhilfe in Berlin aber auch illegale Einwanderungsaktionen, was 1939 zu ihrer Amtsenthebung führte, jedoch Hunderte rettete (Freier 1971). In Palästina wurden die Flüchtlinge im Kinderdorf Ben Shemen und im Kinderheim Ahawah (Scheer 1992) und in Kibbuzim aufgenommen und in zwei Jahren intensiven Arbeitens, Lernens und Lebens in der Gemeinschaft darin unterstützt, die Vergangenheit zu verarbeiten, eine jüdische Identität zu entwickeln, sich einzugliedern und auf das Arbeitsleben vorzubereiten (Liegle/Konrad 1989).

Die Entwurzelung der Kinder und ihre direkten Erfahrungen mit dem NS-Regime, z. B. die Verhaftung der Eltern, die Verfolgung, das Ausgegrenztsein, die Gewalt, waren zunächst prägend für die pädagogisch-therapeutische Arbeit im Exil. In → SCHULEN, die meist in der Tradition der Landerziehungsheimbewegung standen und ihren Unterricht selbst gestalteten, wurden aus der pädagogischen Praxis heraus Grundsätze für die Arbeit mit asylsuchenden, psychisch geschädigten Kindern entwickelt, die sich in der Achtung der kindlichen und jugendlichen Persönlichkeit und ihrer Bedürfnisse nach Orientierung, Gemeinschaft, Nähe und Distanz und in der Entwicklung des Selbstvertrauens der Mädchen und Jungen zeigten (Specht 1944; Papanek 1980; Essinger 1983; Nielsen 1985; Hansen-Schaberg 1992; Heckmann 1995). In Kinderheimen dagegen wurde die Betreuung übernommen, jedoch eine Integration in die ortsansässigen Schulen angestrebt. In Ergänzung des schulischen Lehrplans wurde abhängig vom Träger dieser Kinderheime und von der Herkunft der Kinder ein zusätzlicher Unterricht erteilt. In vielen Heimen in Großbritannien erfolgte z. B. eine Unterweisung in jüdischer Geschichte, Religion und Kultur; in den kommunistisch orientierten Heimen von emigrierten Deutschen in der Tschechoslowakei fand eine politische Erziehung und die Unterrichtung in deutscher Sprache, Literatur und Geschichte mit dem Ziel statt, die Kinder auf die Rückkehr und den Aufbau eines am sowjetischen Modell orientierten Deutschlands vorzubereiten (Ullmann 1978; Hansen-Schaberg/Lost 1995). Die für deutsche und österreichische Emigrantenkinder eingerichtete Karl-Liebknecht-Schule in Moskau verfolgte ebenfalls diese Zielsetzung (Uhlig 1996). Eine weitere Form, Kinder und Jugendliche politisch zu erziehen, waren die schon in der Weimarer Republik praktizierten Ferienlager, die sog. Kinderrepubliken, die entweder sozialdemokratisch, am österreichischen Vorbild, oder kommunistisch, am sowjetischen Vorbild orientiert, verschiedene Formen des Mitspracherechts der Kinder, des Lebens in der Gruppe und des Erlebens von Gemeinschaft, Solidarität und gemeinschaftliche Tätigkeiten pflegten. So veranstaltete der ehemalige sozialistische Stadtrat für Volksbildung in Berlin-Neukölln, Kurt Löwenstein, der im Pariser Exil im Rahmen der Sozialistischen Erziehungs-Internationale arbeitete, internationale Kinderrepubliken in Frankreich, Großbritannien und Belgien, an denen auch Emigrantenkinder teilnahmen (Löwenstein 1976). Auch für Kinder, die mit ihrer Familie oder einem Elternteil ins Exil gegangen waren, boten Exilschule, Kinderheim, Kibbuz und Ferienlager oftmals, zumindest vorübergehend neben der materiellen Sicherung ihres Lebens eine Chance für positive Gemeinschaftserlebnisse und für eine religiöse bzw. politische Orientierung. Unerforscht sind bislang geschlechtsspezifische Unterschiede in der psychosozialen Entwicklung während des Exils, jedoch ist für die Erziehung und Vermittlung von Kenntnissen im Exil kennzeichnend, daß Mädchen und Jungen in jeder Hinsicht gemeinsam – überwiegend von Frauen – erzogen und unterrichtet wurden und Aufgaben und Funktionen meist geschlechtsunspezifisch wahrnahmen.

Abgesehen von den bisher vorgestellten Einrichtungen gab es nur wenige Hilfsstellen, die auf eine Unterstützung für Kinder im Exil zielten. Das Schweizerische Hilfswerk für Emigrantenkinder ermöglichte mehrwöchige Ferienaufenthalte für 2574 deutsche Kinder aus Paris in der Schweiz und gab Geld z. B. an die Zentrale Hilfsstelle für deutsche Flüchtlingskinder in Prag. Diese 1935 auf Initiative der Emigrantin Ruth Oesterreich geschaffene Anlaufstelle verteilte Naturalien und Medikamente und versuchte, Lehrstellen zu vermitteln und Arbeitserlaubnisse zu erwirken (Sutro 1952). Auch die Assistance Médicale aux Enfants Réfugiés in Paris wurde unterstützt, die die emigrierte Fürsorgerin Hanna Grunwald-Eisfelder zu einer bedeutenden Einrichtung aufbaute (Otto 1992, S. 24 ff.). Nach Kriegsausbruch fanden insgesamt 4 868 Kinder unter 16 Jahren Aufnahme in der Schweiz und wurden vom Hilfswerk betreut (Sutro 1952, S. 232; Weber 1994).

Nach den Eroberungen Hitlers wurden viele Zufluchtsländer selbst Orte der Verfolgung. Die Lager-Internierung, das Überleben im Versteck, das „Untertauchen" (Anne Frank 1955; Delpard 1994), die eigene Deportation oder die von Angehörigen (Vegh 1981) gehörten ebenso zu den Exilerfahrungen von Kindern wie die Flucht durch oft mehrere Länder. Wie die Untersuchung Hans Keilsons (1979, 1985, 1992) über versteckte jüdische Kinder in den Niederlanden und über Kinder, die aus den Konzentrationslagern zurückkehrten, zeigt, ist das Ausmaß der Traumatisierung der Überlebenden kaum faßbar. Hans Keilson geht von drei Phasen der psychischen Belastung aus, die auch auf die Exilsituation übertragbar sind, bei der jedoch eine größere Chance für eine relativ normale psychische Entwicklung bestand: 1. Besetzung des Landes, Terror und panische Auflösung der vertrauten Gemeinschaft, 2. direkte Verfolgung mit KZ-Aufenthalt oder Leben im Versteck mit wechselnden Aufenthaltsorten und Bezugspersonen, 3. die Nachkriegszeit mit allen Schwierigkeiten der Wiedereingliederung. Keilson stellt einen Zusammenhang zwischen dem Alter, in dem die Traumatisierung erfolgte, der Intensität des Verfolgungsgeschehens sowie der Qualität der Hilfe in der dritten Sequenz und der Art der Persönlichkeitsstörung bei den untersuchten Erwachsenen fest. Wenn die Trennung von der Mutter im frühen Lebensalter erfolgt war, wurden Neurosen, tiefe Kontaktstörungen, persönliche und soziale Verunsicherung und psychopathische Verhaltensmuster diagnostiziert, während bei einer Trennung in der Adoleszenz eher chronisch-reaktive Depressionen auftraten (Keilson 1992, S. 54 ff.). Erschütternde Dokumente des Leidens und der psychosozialen Defizienz von aus Konzentrationslagern befreiten Kindern und von versteckten Kriegswaisen liegen zudem für in einem Kibbuz Betreute (Schonig 1995c), für OSE-Kinderheime in Frankreich (Bober 1995), für Heime in der Schweiz (Sutro 1952, S. 183) und in Großbritannien (Heckmann 1995, S. 63 ff.) vor. Die von Bruno Bettelheim genannten drei möglichen Reaktionen von Überlebenden auf ihre KZ-Vergangenheit treffen m. E. ebenso auf die Bewältigung des Exils, auch von Kindern, zu: Während eine Gruppe der Überlebenden von ihren Erlebnissen so zerstört wurde, daß eine Reintegration der eigenen Persönlichkeit nicht möglich ist, wird von einer anderen jegliche fortdauernde Wirkung der Vergangenheit abgesprochen und ein Leben wie zuvor versucht, das jedoch auf Abwehrmechanismen wie Verdrängung und Verleugnung beruht und im tiefsten Innern von Unsicherheit gekennzeichnet ist; eine dritte Gruppe dagegen ist in eine lebenslange Auseinandersetzung mit der Vergangenheit verwickelt, insbesondere mit der Frage nach dem Warum des eigenen Überlebens und dem Fertigwerden mit den daraus resultierenden Schuldgefühlen (Bettelheim 1980, S. 34 ff.; Hardtmann 1992).

Das Exil bedeutete meist das Ende der Kindheit, frühe Reife und Selbständigkeit und oft ein bleibendes Gefühl von Heimatlosigkeit und führte in Abhängigkeit vom Alter zu unterschiedlich schweren mentalen und nervösen Störungen: Kinder, die zu jung waren zu verstehen, was geschah, erlebten die plötzliche Trennung von den Eltern als Strafe, trugen oft tiefe Verletzungen davon, entwickelten Schuld- und Angstgefühle und zeigten sich deshalb sehr anpassungsfähig (Freud 1987; Fuchs 1992); Kinder, die vor Terror und Repression geflohen waren, reagierten apathisch oder entwickelten hysterische Symptome (Macardle 1951, S. 252 ff.); Jugendliche dagegen hatten aufgrund ihrer kognitiven und psychischen Entwicklung größere Chancen, das Exil relativ unbeschadet zu überstehen. Jedoch müssen bei einer Beurteilung der Auswirkungen des Exils die jeweiligen individuellen bzw. kollektiven Sozialisationsbedingungen beachtet werden: Wenn Kinder vereinzelt, isoliert, im völligen Bruch zu ihrer Herkunft, ihrem Heimatland, ihrem religiösen oder politischen Umfeld aufwachsen mußten, sind traumatische Folgen zu verzeichnen, die lebensgeschichtlich bestimmend wurden. Wenn allerdings versucht wurde, „das ganze in ein großes 'Abenteuer' zu verwandeln" (Sutro 1952, S. 183), wenn den asylsuchenden Kindern ein Leben mit der Vergangenheit in einem offenen Milieu, am besten in Gemeinschaft von Leidensgenossinnen und -genossen, ermöglicht wurde, waren die Chancen groß, die durch Ausgestoßensein, Verfolgung und Gewalterfahrungen hervorgerufenen Konflikte, Ängste und Schuldgefühle zu verarbeiten und ein neues Leben im Ausgleich zwischen Herkunft und Notwendigkeiten des Exils zu beginnen (Papanek 1956).

Literatur

Adler-Rudel, Salomon (1974): Jüdische Selbsthilfe unter dem Nazi-Regime. Im Spiegel der Berichte der Reichsvertretung der Juden in Deutschland, Tübingen.
Armbruster, Georg (1997): Kindheit in Shanghai, in: Leben im Wartesaal. Exil in Shanghai 1938–1947, hrsg. vom Jüdischen Museum im Stadtmuseum Berlin, Ausst.-Kat., Berlin, S. 42 ff.
Benz, Ute, u. Wolfgang Benz, Hrsg. (1992): Sozialisation und Traumatisierung. Kinder in der Zeit des Nationalsozialismus, Frankfurt a. M.
Bettelheim, Bruno (1980): Erziehung zum Überleben. Zur Psychologie der Extremsituation, Stuttgart.
Bober, Robert (1995): Was gibt's Neues vom Krieg?, München.
Chapell, Connery (1984): Island of Barbed Wire. Internment on the Isle of Man in World War Two, London.
Delpard, Raphael (1994): Überleben im Versteck. Jüdische Kinder 1940–1944, Bonn.
Essinger, Anna (1983): Die Bunce Court School (1933–1943), in: Feidel-Mertz, S. 71 ff.
Fabian, Ruth, u. Corinne Coulmas (1978): Die deutsche Emigration in Frankreich nach 1933, München.
Feidel-Mertz, Hildegard, Hrsg. (1983): Schulen im Exil. Die verdrängte Pädagogik nach 1933, Reinbek.
Feidel-Mertz, Hildegard (1990): Pädagogik im Exil nach 1933. Erziehung zum Überleben. Bilder und Texte einer Ausstellung, Frankfurt a. M.
Fölling, Werner (1992): Überleben, Flucht und Emigration, in: Insel der Geborgenheit. Die Private Waldschule Kaliski Berlin 1932 bis 1939, hrsg. von Hertha Luise Busemann, Michael Daxner u. Werner Fölling, Stuttgart–Weimar, S. 320 ff.
Freier, Recha (1971): Let the children come. The Early History of Youth Aliyah, London.
Fried, Erich (1986): Mitunter sogar lachen, Berlin.
Friedländer, Paul (1979): Wenn die Erinnerung kommt, Stuttgart.
Friedlaender, Sophie (1987): „Am meisten habe ich von meinen Schülern gelernt". Erinnerungen einer jüdischen Lehrerin, hrsg. von Monika Römer-Jacobs u. Bruno Schonig, Berlin.
Friedlaender, Sophie, u. Hilde Jarecki (1996): Sophie und Hilde. Ein gemeinsames Leben in Freundschaft und Beruf, Berlin.
Freud, Anna (1987): Schriften, Bd. 2: Kriegskinder. Berichte aus den Kriegskinderheimen „Hampstead Nurseries" 1941 und 1942, Frankfurt a. M.
Fuchs, Gudrun (1992): Kriegskinderheime in London 1940–1945. Anna Freuds Hampstead Nurseries, in: Benz/Benz, S. 58 ff.
Gershon, Karen (1988): Wir kamen als Kinder, Frankfurt a. M.
Göpfert, Rebekka, Hrsg. (1994): Ich kam allein. Die Rettung von zehntausend jüdischen Kindern nach England 1938/39, München.
Goldschmidt, Georges-Arthur (1993): Die Absonderung, Frankfurt a. M.
Greve, Ludwig (1994): Wo gehörte ich hin? Geschichte einer Jugend, Frankfurt a. M.
Hansen-Schaberg, Inge (1992a): Minna Specht – Eine Sozialistin in der Landerziehungsheimbewegung (1918 bis 1951). Untersuchung zur pädagogischen Biographie einer Reformpädagogin, Frankfurt a. M. u. a.

Kindheit und Jugend

Hansen-Schaberg, Inge (1992b): Minna Spechts Pädagogik im Exil (1933 bis 1945), in: Lehmann, Monika, u. Hermann Schnorbach, Hrsg.: Aufklärung als Lernprozeß. Festschrift für Hildegard Feidel-Mertz, Frankfurt a.M., S.120ff.

Hansen-Schaberg, Inge (1994): Pädagogik im Exil – ein Literatur-Überblick, in: Neuer Nachrichtenbrief der Gesellschaft für Exilforschung e.V. 3, S.16ff.

Hansen-Schaberg, Inge (1995a): Leben, Lernen und Arbeiten in der Gemeinschaft – Charlotte Heckmann und Minna Specht, in: Heckmann, S.157ff.

Hansen-Schaberg, Inge (1995b): Pädagogik im Exil – Exil von Pädagoginnen und Pädagogen. Ein kritischer Literaturbericht, in: Mitteilungen und Materialien 44, S.44ff.

Hansen-Schaberg, Inge, u. Christine Lost (1993): Minna Specht (1879–1961): Reformpädagogische Konzepte im internationalen Kontext, in: Neue Sammlung 33, S.141ff.

Hansen-Schaberg, Inge, u. Christine Lost (1995): Zwischenstation. Pädagogisch-politische Ideen und berufsständische Organisationen im deutschen Exil und Widerstand in der Tschechoslowakei 1933 bis 1938, in: Neue Sammlung 35, S.143ff.

Hardtmann, Gertrud, Hrsg. (1992): Spuren der Verfolgung. Seelische Auswirkungen des Holocaust auf die Opfer und die Kinder, Gerlingen.

Heckmann, Charlotte (1995): Begleiten und Vertrauen. Pädagogische Erfahrungen im Exil 1934–1946, hrsg. u. kommentiert von Inge Hansen-Schaberg u. Bruno Schonig, Frankfurt a.M. u.a.

Keilson, Hans (1979): Sequentielle Traumatisierung bei Kindern, Stuttgart.

Keilson, Hans (1992): Trennung und Traumatisierung. Jüdische Kinder im Untergrund in Holland während deutscher Besetzung 1940–1945, in: Benz/Benz, S.40ff.

Keilson, Hans (1995): „Sie werden von niemandem erwartet". Eine Untersuchung über verwaiste jüdische Kinder und deren sequentielle Traumatisierung, in: Exilforschung 3, S.374ff.

Kerr, Judith (1971): Bd.1: Als Hitler das rosa Kaninchen stahl; Bd.2: Warten bis der Frieden kommt, Ravensburg.

Keun, Irmgard (1938): Kind aller Länder, Amsterdam.

Leichter, Henry O. (1995): Eine Kindheit. Wien–Zürich–Paris–USA, Wien u.a.

Leonhard, Wolfgang (1955): Die Revolution entläßt ihre Kinder, Köln.

Leverton, Bertha, and Shmuel Lowensohn, Eds. (1990): I came alone. The Stories of the Kindertransports, Lewes/England.

Lewenstein (Johnston), Henry-Ralph (1991): Die Karl-Liebknecht-Schule in Moskau 1932–1937. Erinnerungen eines Schülers, Lüneburg.

Liegle, Ludwig, u. Franz-Michael Konrad, Hrsg. (1989): Reformpädagogik in Palästina, Frankfurt a.M.

Loring, Marianne (1996): Flucht aus Frankreich 1940. Die Vertreibung deutscher Sozialdemokraten aus dem Exil, Frankfurt a.M.

Lost, Christine (1993): Erlebnispädagogik und Emigration. Von J.A. Comenius bis Minna Specht, Lüneburg.

Löwenstein, Dyno (1976): Kurt Löwenstein. Eine biographische Skizze, in: Brandecker, Ferdinand, u. Hildegard Feidel-Mertz, Hrsg.: Kurt Löwenstein: Sozialismus und Erziehung. Eine Auswahl aus den Schriften 1919–1933, Berlin–Bonn, S.364ff.

Macardle, Dorothy (1951): Children of Europe, Boston.

Meckauer, Brigitte (1982): Die Zeit mit meinem Vater, Köln.

Nielsen, Birgit S. (1985): Erziehung zum Selbstvertrauen. Ein sozialistischer Schulversuch im dänischen Exil 1933–1938, Wuppertal.

Otto, Reinhard (1992): Wie haste det jemacht. Lebenslauf von Hanna Grunwald-Eisfelder, Soltau.

Papanek, Ernst (1956): Das Kinderheim, seine Theorie und Praxis im Lichte der Individualpsychologie, in: Acta Psychotherapeutica. Internationale Zeitschrift für Psychotherapie, Psychosomatik und Heilpädagogik 4, S.53ff.

Papanek, Ernst (1980): Die Kinder von Montmorency, Frankfurt a.M.

Philipsen, Bernd (1996): Brücke nach Palästina. Die Familie Wolff und das Gut Jägerslust, in: Verführt, verfolgt, verschleppt. Aspekte nationalsozialistischer Herrschaft in Flensburg, hrsg. vom Stadtarchiv Flensburg in Zusammenarbeit mit dem IZRG Schleswig und der BU Flensburg, Flensburg, S.183ff.

Röcher, Ruth (1992): Die jüdischen Schulen im nationalsozialistischen Deutschland 1933–1942, Frankfurt a.M.

Roth, Harald, Hrsg. (1989): Es tat weh, nicht mehr dazu zu gehören. Kindheit und Jugend im Exil, Ravensburg.

Scheer, Regina (1992): Ahawah, das vergessene Haus: Spurensuche in der Berliner Augustastraße, Berlin.

Schonig, Bruno (1994): Sozial-pädagogische Arbeit in der Emigration: Das Beispiel der jüdischen Lehrerin Sophie Friedländer, in: ders.: Krisenerfahrung und pädagogisches Engagement. Lebens- und berufsgeschichtliche Erfahrungen Berliner Lehrerinnen und Lehrer 1914–1961, Frankfurt a.M. u.a., S. 142 ff.

Schonig, Bruno (1995a): Begleiten und Vertrauen – zu den pädagogischen Texten von Charlotte Heckmann, in: Heckmann, S. 105 ff.

Schonig, Bruno (1995b): Von Berlin-Charlottenburg nach London. Ein Versuch, Leben und pädagogische Arbeit von Hilde Jarecki in der Emigration zu vergegenwärtigen, in: Mitteilungen und Materialien 43, S. 9 ff.

Schonig, Bruno (1995c): Zerstörte Kindheit. Berichte von Rena Yarchi und Malka Wassermann über die Verfolgung und Rettung jüdischer Kinder, in: Mitteilungen und Materialien 44, S. 28 ff.

Schramm, Hanna (1977): Menschen in Gurs. Erinnerungen an ein französisches Internierungslager, Worms.

Seghers, Anna (1986): Frauen und Kinder in der Emigration, in: dies., u. Wieland Herzfelde: Gewöhnliches und gefährliches Leben. Ein Briefwechsel aus der Zeit des Exils, Darmstadt, S. 128 ff.

Specht, Minna (1983): Erziehung zum Selbstvertrauen (1944), in: Feidel-Mertz, S. 92 ff.

Sutro, Nettie (1952): Jugend auf der Flucht 1933–1948. Fünfzehn Jahre im Spiegel des Schweizer Hilfswerks für Emigrantenkinder, Zürich.

Szold, Henrietta (1939): Five Years of Youth Immigration into Palestine 1934–1939, Jerusalem.

Das Tagebuch der Anne Frank (1955), Frankfurt a.M.

Turner, Barry (1994): Kinder-Transport. Eine beispiellose Rettungsaktion, Gerlingen.

Vegh, Claudine (1983): Ich habe ihnen nicht auf Wiedersehen gesagt. Gespräche mit Kindern von Deportierten, Köln.

Uhlig, Christa (1996): „Eine ungewöhnliche Schule mit einem tragischen Schicksal". Die Karl-Liebknecht Schule in Moskau, in: Pädagogik und Schulalltag 51, S. 263 ff.

Ullmann, Lex (1978): Zur Erziehungsarbeit mit Kindern deutscher Emigranten in Kindererziehungsheimen in der CSR (1934–1938), in: Jahrbuch für Erziehungs- und Schulgeschichte 18, S. 126 ff.

Walter, Nora (1983): Mit Kindern in Dänemark, in: Horster, Detlev, Hrsg.: Vernunft, Ethik, Politik. Gustav Heckmann zum 85. Geburtstag, Hannover, S. 99 ff.

Weber, Charlotte (1994): Gegen den Strom der Finsternis. Als Betreuerin in Schweizer Flüchtlingsheimen 1942–1945, Zürich.

Zoff, Otto (1943): They shall inherit the earth, New York.

Schulen

Hildegard Feidel-Mertz

Emigrierte Pädagogen und Pädagoginnen gründeten in verschiedenen Exilländern ca. 20 personell und ideell untereinander vernetzte Schulen. Es waren meist Heimschulen, die charakteristische Merkmale der deutschen Landerziehungsheime aufwiesen. Sie dienten zunächst primär, aber nicht ausschließlich, als Zuflucht für die physisch und psychisch gefährdeten Flüchtlingskinder, die in ihrer Identität gefestigt und mit einer vielseitigen Ausrüstung für das Über-Leben im Exil versehen wurden. Gleichzeitig boten diese Einrichtungen Arbeitsplätze nicht allein für pädagogisch vorgebildete Emigranten. Die Menschen, die mit den entwurzelten Kindern lebten und arbeiteten, wurden „gebraucht"; das ließ sie das Exil als positiv, als Aufwertung der eigenen Person und Leistung erfahren.

Die Heimschulen waren oft in luxuriös erscheinenden Räumlichkeiten untergebracht – einer Villa, einem größeren Bauernhof, einem Herrenhaus oder gar einem Schloß. Die Gebäude mußten jedoch meist erst instand gesetzt und mit Hilfe der Kinder selbst bewirtschaftet werden. Die in Haus und Garten zu leistende manuelle Arbeit war nun nicht länger, wie es eines der Kinder formulierte, nur eine „pädagogische Maßnahme", sondern existentielle „Notwendigkeit". Der zwangsläufig bescheidene Lebensstil verband sich mit einer intensiven Pflege musischer Aktivitäten, der auch therapeutische Funktion zukam. Im Unterricht wurde stark individualisierend verfahren. Die Erziehung zum Menschen und zur sozialen Verantwortlichkeit stand höher als systematische, abschlußorientierte Wissensvermittlung, die durch häufige Fluktuation der Kinder wie der Lehrkräfte ohnehin in Frage gestellt war. Gegenüber dem jeweiligen Gastland beanspruchten die Exilschulen, die „wahre" deutsche Kultur zu repräsentieren. Sie bemühten sich erfolgreich um interkulturelle Verständigung.

Bisher sind folgende Schulgründungen im Exil bekanntgeworden: in Buenos Aires die Pestalozzischule, die Ernesto F. Aleman, ein Publizist Schweizer Herkunft, als Gegengründung zu den nationalsozialistisch ausgerichteten deutschen Auslandsschulen für deutschsprachige Kinder ins Leben rief und ausdrücklich als Asyl für politisch verfolgte Lehrer wie August Siemsen, Heinrich Groenewald, Alfred Dang u. a. verstand; im dänischen Østrupgaard bzw. Møllevangen die „Erziehung zum Selbstvertrauen" betreibende Nachfolgeschule des von der sozialistischen Reformpädagogin Minna Specht geleiteten ehemaligen Landschulheims Walkemühle bei Melsungen; in Frankreich die von dem ehemaligen Leiter der Karl-Marx-Schule in Berlin-Neukölln begründete Ecole Nouvelle de Boulogne bei Paris und die Fondation Krüger, La Coûme, in den Pyrenäen, die zunächst als internationale Jugendherberge und Zuflucht für spanische Flüchtlingskinder diente und sich unter ihrem Begründer, dem sozialistischen Quäker Pitt Krüger, und seiner französischen Frau zu einer auf Einfachheit und Ausgewogenheit beruhenden Erziehungsgemeinschaft entwickelte; in Großbritannien neben Gordonstoun, wo Kurt Hahn Erziehung zur Selbstentfaltung und verantwortlichem sozialem Dienst erfolgreicher noch als in dem von ihm in Deutschland begründeten Landerziehungsheim Salem betrieb, und der kurzfristigen Fortsetzung der pädagogischen Arbeit von Minna Specht in Wales und Butcombe Court bei Bristol; Bunce Court School oder „New Herrlingen", das aus Deutschland fast vollständig transferierte Landerziehungsheim der jüdischen Reformpädagogin Anna Essinger, die erkannt hatte, daß sich unter dem NS-Regime Kinder nicht mehr in Ehrlichkeit und Freiheit erziehen ließen; die sozialpädagogisch orientierte Stoatley Rough School in Haslemere/Surrey, geleitet von Hilde Lion, Emmy Wolff und Louise Leven, unterstützt von der Sozialpädagogin Eleonore Astfalck und Hanna Nacken als Werklehrerin; die Beltane School in Wimbledon, die von den Anhängern der Montessori-Pädagogik Ernst Bulova und Ilse Bulova gemeinsam mit einem englischen „headmaster" geleitet wurde; die von dem Vizepräsidenten des Refugee Childrens Evacuation Fund Johann Fladung initiierte Theydon Bois School, die insbesondere rückkehrwilligen jungen Flüchtlingen helfen wollte; und die von dem österreichischen Arzt und Heilpädagogen Karl König bei Aberdeen/Schottland auf anthroposophischer Grundlage errichtete Camp Hill School, die eine gemeinsame Erziehung von Behinderten und Nicht-Behinderten praktizierte; in Italien das traditionell gymnasialpädagogisch konzipierte Landschulheim Florenz, das unter der Leitung von Werner Peiser, Moritz Goldstein und Robert M. W. Kempner stand; die von dem einstigen Frankfurter Privatdozenten Hans Weil initiierte „Schule am Mittelmeer" in Recco, die „soziale Humanität", Toleranz und flexible, selbstbewußte „Einfügung" in neue ungesicherte Verhältnisse lehrte, sowie das von zwei aus Deutschland vertriebenen Studienräten Marie Günther-Hendel und Hellmuth Schneider begründete Alpine Landschulheim Vigiljoch in Lana bei Meran/Südtirol, das musische neben sportlichen Aktivitäten besonders pflegte; und drei weitere, nur durch Anzeigen belegte Landschulheime am Gardasee (Voigt 1989, S. 198 ff.); in den Niederlanden die Internationale Quäkerschule Eerde bei Ommen insbesondere für halbjüdische Kinder und Lehrkräfte; in Schweden das zionistisch orientierte Internat Kristinehov, Västraby, das von dem Ehepaar Ludwig und Yael Posener begründet wurde; in der Schweiz die an verschiedenen Orten und zuletzt in Goldern/Hasliberg angesiedelte Ecole d'Humanité, geschaffen von dem ehemaligen Begründer der Odenwaldschule Paul Geheeb und seiner Frau Edith, sowie die erste im Exil gegründete Schule des früheren Leiters des Landerziehungsheims Marienau, Max Bondy, in Les Rayons, Gland/Vaud, die in Nordamerika als Windsor Mountain School in Manchester/Vermont bzw. Lennox/Massachusetts ihren endgültigen Standort fand; in den USA außerdem und vor allem die Stockbridge School, Stockbridge/Massachusetts, in der Hans Maeder gezielt die Menschenrechte in Zusammenarbeit mit der UNO pädagogisch umzusetzen versuchte; schließlich in der UdSSR die Karl-Liebknecht-Schule in Moskau, in der zumindest zeitweilig von deutschen und österreichischen emigrierten Lehrkräften auch reformpädagogische Grundsätze praktiziert werden konnten.

Die „Schulen im Exil" hatten viel gemeinsam; jede von ihnen verfügte aber auch über konzeptionelle Besonderheiten. Die jeweilige „Schulphilosophie" wurde wesentlich von den Persönlichkeiten bestimmt, die diese Schulen gründeten und leiteten. Einige von ihnen hatten bereits in Deutschland Landerziehungsheime begründet, deren Schüler- und Lehrerschaft ihnen teilweise oder fast ganz ins Exil folgten. Unter ihnen befand sich eine Reihe von Frauen, denen die Exilschulen die Chance boten, ihre spezifischen Fähigkeiten in leitenden und anderen Funktionen kooperativ zu entfalten.

Die Rahmenbedingungen für die Schulgründungen waren in den einzelnen Exilländern unterschiedlich. Daß in Großbritannien die meisten Exilschulen entstanden, erklärt sich zum einen aus dem großen Bedarf an solchen Einrichtungen für „unbegleitete Kinder" bereits vor und erst recht nach den „Kindertransporten" 1938/39 (→ KINDHEIT UND JUGEND);

zum anderen gab es in diesem Land ohnehin eine Tradition des Privatschulwesens mit teilweise progressiver Ausrichtung, in das sich die Neugründungen auch rechtlich relativ leicht einfügten. Die Schulen fingen hier den beträchtlichen Zustrom von Flüchtlingskindern auf, öffneten sich aber von Anfang an auch dem einheimischen Publikum und waren bestrebt, nicht nur im gemeinsamen Unterricht von Angehörigen verschiedener Nationalitäten, sondern auch durch Ferienkurse, Theateraufführungen und Konzerte „zwischen den Kulturen" zu vermitteln. Nach 1945 hatten sie, vor allem soweit und solange sie noch bestanden, auch eine wichtige Funktion bei der Betreuung von Kindern, die aus Konzentrationslagern kamen. In Frankreich, wo der Staat die vorwiegend kirchlichen Privatschulen bekämpfte und zudem eine starke Leistungsorientierung vorherrschte, die den Zielen und Möglichkeiten der Exilschulen widersprach, waren die Voraussetzungen dementsprechend weniger günstig. In der Schweiz wiederum existierte zwar eine, kritisch als „pädagogische Industrie" charakterisierte Vielzahl von Internaten, mit denen aber reformpädagogisch arbeitende Exilschulen eher eine Konkurrenz- als eine Kooperationsbeziehung verband. Das galt auch für die Neuengland-Staaten der USA, in denen etwa der seinerzeit erste und lange einzige Versuch einer integrativen Erziehung von Farbigen und Weißen durch Hans Maeder in der Stockbridge School in der konservativ geprägten Privatschul-Landschaft von Massachusetts auf erhebliche Widerstände stieß (Nabel 1985, 1986). Von den wechselnden politischen Verhältnissen im Lande waren die Schulen im faschistischen Italien, in Argentinien, in der Sowjetunion und unter der deutschen Besetzung in Frankreich und den Niederlanden besonders betroffen. Alle Exilschulen konnten sich – selbst bei sparsamster Wirtschaftsführung – nicht allein aus den Schulgeldern erhalten, die auch die ursprünglich häufig durchaus begüterten Eltern keineswegs regelmäßig zu zahlen vermochten. Sie waren auf die Unterstützung durch Hilfsorganisationen wie insbesondere die Quäker angewiesen, die nicht nur in den Niederlanden eine eigene, in ihrem Geist der Toleranz und praktischen Nächstenliebe wirkende Schule errichteten, sondern auch die Schulen in Großbritannien sowie die Erziehungsgemeinschaft Pitt Krügers in Südfrankreich finanziell mittrugen.

Zu den Schulen im Exil gehören auch die pädagogischen Einrichtungen, die spontan, buchstäblich aus dem Nichts und mit geringen materiellen Mitteln durch die Initiative emigrierter Pädagoginnen und Pädagogen, unterstützt von Laien in den französischen, britischen und italienischen Internierungslagern für Emigranten während des Zweiten Weltkriegs entstanden. Es scheint, daß die jeweiligen Bewacher am ehesten zu Zugeständnissen bereit waren, wenn es darum ging, einen Kindergarten oder eine Lagerschule zu organisieren. Je nach Mentalität der in ihnen tätigen Pädagoginnen und Pädagogen konnten sie von recht unterschiedlichem Charakter sein. Während in den Lagern Gurs und Saint-Cyprien in Südfrankreich und der Camp-School, die Minna Specht im Frauenlager auf der Isle of Man als Lagerälteste 1940/41 leitete, offenbar ein fröhlicher, ungezwungener Umgang mit den Kindern vorgeherrscht hat, scheint die überwiegend von Laien geleistete pädagogische Arbeit in dem Familienlager Ferramonti di Tarsia und im Lager Campobasso z. T. stärker reglementiert gewesen zu sein, wie eine „Schulordnung" und pedantisch geführte Versäumnislisten belegen. Dennoch haben auch sie dazu beigetragen, den Kindern Vertrauen in ihre Zukunft zu geben (Schramm 1977; Feidel-Mertz 1990, S. 113 ff.; Voigt 1993, S. 183 ff.). Berüchtigt war das Sammellager Rivesaltes in Südfrankreich für Flüchtlingskinder ohne Eltern. Das Schweizerische Hilfswerk vermittelte Hilfssendungen und Briefkontakte zwischen den großenteils selbst aus Deutschland vertriebenen Kindern der Pestalozzischule in Buenos Aires und den „Kindern hinter Gittern" (Siemsen 1941; Feidel-Mertz 1983, 1990).

Die meisten Schulen im Exil haben die Zeit, in der sie vorwiegend auf die Bedürfnisse der Emigranten und ihrer Kinder ausgerichtet waren, nicht überdauert. Eine Reihe von ihnen existiert jedoch noch heute, wenngleich mit partiell modifizierter Konzeption und Namengebung, so die Internationale Schule in Eerde, die keine Quäkerschule mehr ist; die Ecole d'Humanité, die unter schweizerischer Leitung weiterhin an zentralen Elementen der ursprünglichen Exilpädagogik festhält; die Pestalozzischule in Buenos Aires, die inzwischen als Tagesschule mit nach wie vor interkulturellem Anspruch in das argentinische Schulwesen integriert ist; die Erziehungsgemeinschaft La Coûme, aus der 1989/90 eine Jugendbegegnungsstätte wurde; die Stockbridge School in den USA, die immerhin seit 1948 25 Jahre ihr aus der Erfahrung von Verfolgung und Exil hervorgegangenes Programm verwirklichen konnte und sich nun mehr drogenabhängigen Jugendlichen widmet. Aus der in den Exilschulen praktizierten „Pädagogik der knappen Ressourcen", die entwurzelten Kindern behutsam die Aneignung einer zweiten, mitunter dritten Kultur ermöglichte und die Verständigung zwischen Menschen verschiedener Herkunft, Hautfarbe, Konfession und Nationalität als alltäglich zu leistende Aufgabe begriff, läßt sich für die Bewältigung vergleichbarer aktueller Probleme lernen.

Dazu bedarf es einer weiteren, intensiveren Aufarbeitung und Dokumentation der aus den Exilschulen überlieferten pädagogischen Praxis, in der die besten Traditionen der bürgerlichen Reformpädagogik und der sozialistischen Erziehungsbewegung bewahrt und in der Auseinandersetzung mit internationalen Strömungen fortentwickelt worden sind. Die hierfür erforderliche Materialbasis bildet einen Schwerpunkt der aus langjähriger Erforschung der Wirkungsgeschichte emigrierter Pädagoginnen und Pädagogen hervorgegangenen Sammlung Pädagogisch-Politische Emigration (PPE) – Schulen im Exil im Besitz von Hildegard Feidel-Mertz, Frankfurt a. M. Bisher liegen außer einigen Gesamtdarstellungen (Feidel-Mertz 1983, 1986, 1988, 1990) spezielle größere Einzeluntersuchungen vor zur Schule von Minna Specht in Dänemark (Nielsen 1985; Hansen-Schaberg 1992), zur Stockbridge School in den USA (Nabel 1985, 1986) sowie zur Pestalozzischule in Buenos Aires (Schnorbach 1995).

Literatur

Badia, Gilbert, u. a. (1982): Exilés en France (Le Catalan de Potsdam – Karl Pitt Krüger), Paris.

Brereton, Henry L. (1982): Gordonstoun, Aberdeen.

Budde, Peter (1992): Katharina Petersen und die Quäkerschule Eerde, in: Lehmann/Schnorbach, S. 171 ff.

Feidel-Mertz, Hildegard, Hrsg. (1983): Schulen im Exil. Die verdrängte Pädagogik nach 1933, Reinbek.

Feidel-Mertz, Hildegard (1986): Schule im Exil – Bewahrung und Bewährung der Reformpädagogik, in: Röhrs, Hermann, Hrsg.: Die Schulen der Reformpädagogik heute, Düsseldorf, S. 233 ff.

Feidel-Mertz, Hildegard (1988): Reformpädagogik auf dem Prüfstand. Zur Funktion der Schul- und Heimgründungen emigrierter Pädagogen, in: Briegel, Manfred, u. Wolfgang Frühwald, Hrsg.: Die Erfahrung der Fremde. Kolloquium des Schwerpunktprogramms „Exilforschung" der Deutschen Forschungsgemeinschaft, Weinheim u. a., S. 205 ff.

Feidel-Mertz, Hildegard (1990): Pädagogik im Exil nach 1933, Frankfurt a. M.

Hahn, Kurt (1986): Erziehung und die Krise der Demokratie, Stuttgart.

Hansen-Schaberg, Inge (1992): Minna Specht – Eine Sozialistin in der Landerziehungsheimbewegung (1918 bis 1951), Frankfurt a. M.

Hermans, Werner, u. M. R. Bonnermann, Bearb. (1961): Die Tagebücher des Klaus Seckel. Das letzte Stückchen Eerde, Assen.

Husemann, Godhard M. (1971): Der Heilpädagoge Karl König, o. O.

Karsen, Sonja (1966): Fritz Karsens pädagogische Tätigkeit in Europa und Amerika 1933–1951, in: Radde, Gerd: Festschrift für Fritz Karsen, Berlin, S. 46 ff.

Krause, Jürgen P. (1992): Verdrängte Reformpädagogik. Anna Essinger und ihr Landschulheim in Schwaben und Kent, in: Lehmann/Schnorbach, S. 171 ff.

Lehmann, Monika, u. Hermann Schnorbach (1992): Aufklärung als Lernprozeß. Festschrift für Hildegard Feidel-Mertz, Frankfurt a. M.

Lewenstein (Johnston), Henry-Ralph (1991): Die Karl-Liebknecht-Schule in Moskau 1932–1937. Erinnerungen eines Schülers, Lüneburg.

Nabel, Gunter (1985): Verwirklichung der Menschenrechte – Erziehungsziel und Lebensform. Hans Maeder und die Stockbridge School, Frankfurt a. M.

Nabel, Gunter (1986): A Fight for Human Rights. Hans Maeder's Politics of Optimism for World Understanding through Education. Documents of Stockbridge School, Frankfurt a. M.

Nielsen, Birgit M. (1985): Erziehung zum Selbstvertrauen. Ein sozialistischer Schulversuch im dänischen Exil 1933–1938, Wuppertal.

Radde, Gerd (1973): Fritz Karsen. Ein Berliner Schulreformer der Weimarer Zeit, Berlin, S. 308 ff.

Schnorbach, Hermann (1995): Für ein „anderes Deutschland". Die Pestalozzischule in Buenos Aires (1934–1958), Frankfurt a. M.

Schramm, Hanna (1977): Menschen in Gurs. Erinnerungen an ein französisches Internierungslager, Worms.

Shirley, Dennis (1992): The Politics of Progressive Education. The Odenwaldschule in Nazi Germany, Cambridge/Mass.–London.

Siemsen, August (1941): Kinder hinter Gittern, Buenos Aires.

Skidelsky, Robert (1969): Schulen von gestern für morgen. „Fortschrittliche Erziehung" in englischen Privatschulen. Gordonstoun, Summerhill, Abbotsholme, Reinbek.

Uhlig, Christa (1996): „Eine ungewöhnliche Schule mit

einem tragischen Schicksal". Die Karl-Liebknecht-Schule in Moskau, in: Pädagogik und Schulalltag 51, S. 263 ff.

Voigt, Klaus (1989/93): Zuflucht auf Widerruf. Exil in Italien, 2 Bde., Stuttgart.

Geschlechtsspezifische Aspekte

HILTRUD HÄNTZSCHEL

Welche geschlechtsspezifischen Unterschiede bestimmten das Leben der Emigrierten? Wie die Geistes- und Sozialwissenschaften überhaupt, so hat auch die interdisziplinäre Exilforschung bis in die jüngste Zeit hinein versäumt zu fragen, was es im Hinblick auf Sozialisation, auf die Bildungsvorgeschichte und auf die Rolle in der Öffentlichkeit bedeutet, ein Mann oder eine Frau zu sein. Wie steht es mit den Bewertungskriterien intellektueller Leistungen, bei der Kanonbildung für künstlerisches und literarisches Schaffen, die vor, während oder nach der Emigration bestimmend sind? Vielmehr spiegelt die Grundlagenforschung für das deutschsprachige Exil nach 1933 immer noch Vorbehalte gegenüber weiblichen Leistungen wider, gegen die Frauen schon in der Weimarer Republik zu kämpfen hatten. Es entstand eine Asymmetrie, die sich in der Veröffentlichungspraxis der Nachkriegszeit, in der Archivierung von Nachlässen, in der Berücksichtigung in Lexika und den großen Darstellungen, etwa über den Kultur- und Wissenschaftsexodus fortsetzt (Porst 1987).

Das *Biographische Handbuch der deutschsprachigen Emigration nach 1933* (*BHb*), das in drei Bänden nach wohlüberlegten Kriterien ca. 8 700 bedeutende Emigrantinnen und Emigranten biographisch erfaßt, berücksichtigt selbst bei gleichwertigen Leistungen Frauen deutlich seltener oder beläßt es bei einer Erwähnung im Eintrag des Ehemannes (Häntzschel 1996). Da alle weiteren geschlechts- oder fachspezifischen Erhebungen das Material des *BHb* zugrunde legten, wurde die Blickverengung bei den Auswahlkriterien in der Forschung fortgeschrieben. Je mehr sich die Exilforschung freilich den Emigrationsbedingungen der Durchschnittsexilierten oder gar der „kleinen Leute" (Mallmann/Paul 1989; Benz 1991) zuwendet, um so ausgewogener rücken Frauen und Männer in den Blick. Bei der Erforschung der Alltagserfahrungen im Exil kippt die Geschlechterasymmetrie um, denn Frauen sind – wie immer von Ausnahmen abgesehen – in ihren Autobiographien detaillierter auf das unspektakuläre tägliche Leben in der Emigration eingegangen.

Wie sich Frauen und Männer auf die geschätzte Gesamtzahl von etwa 500 000 Emigrierten verteilen, läßt sich bisher nur aus Indizien annäherungsweise erschließen. Der Anteil der Frauen an der jüdischen Bevölkerung in Deutschland stieg von 52,3% im Jahre 1933 auf 57,5% bis 1939 an (Richarz 1982, S. 49). Sibylle Quack gibt zu bedenken, daß in diesen Zahlen aber nicht nur eine größere Auswanderungsquote von Männern, sondern auch eine höhere Sterbequote durch Verfolgung und Vernichtung in Gefängnissen und Konzentrationslagern enthalten sein wird. Die Einwanderungsstatistik nach Palästina für die Jahre 1933 bis 1936 registrierte 52% Männer zu 48% Frauen, da Jungen (möglicherweise aus Furcht vor einem „Frauenüberschuß") leichter Einreisezertifikate erhielten (Quack 1995a, S. 65 ff.). Auch für Frankreich gibt es geschlechtsspezifische Statistiken aus der frühen Emigrationsphase, die für Männer höhere Zahlen errechnen (Thalmann 1995, S. 53). Zur Erteilung eines Visums nach Großbritannien (nach Einführung des Visumzwangs 1938) war u. a. ein „permit" notwendig, das an den Nachweis einer Arbeitsstelle gebunden war; meist waren es Beschäftigungen im Haushalt, für Frauen wesentlich leichter zu erhalten als für Männer, so daß der Anteil der Emigrantinnen 57% betrug (Kannonier 1989, S. 44, errechnet für Österreich). Die Statistiken für das Einwanderungsland USA zeigen einen mehr oder weniger starken Überhang von Frauen (Quack 1995a). Seit März und verstärkt seit November 1938 verschieben sich die Statistiken, da nun auch bislang zögernde und ältere Frauen aus dem (mittlerweile um Österreich vergrößerten) Machtbereich der Nationalsozialisten flohen. Schließlich sind fast zwei Drittel der aus Deutschland und Österreich in die Konzentrationslager Deportierten Frauen (Thalmann 1984, S. 229). Nach all diesen Indizien kann man davon ausgehen, daß etwas weniger als die Hälfte der Emigrierten, mindestens aber 200 000, Frauen waren.

Aus zahlreichen Autobiographien und Interviews lassen sich Motive und Umstände rekonstruieren, die geschlechtsspezifisch für oder gegen den Entschluß zur Auswanderung entscheidend wurden. Bei der Machtübernahme der Nationalsozialisten waren zunächst gemäß ihres größeren Gewichts in der Öffentlichkeit, in oppositionellen Gruppen und Parteien und dort in exponierten Positionen Männer in größerer Zahl unmittelbar gefährdet und hatten keine andere Wahl als die Flucht. Wichtige Faktoren bei der freiwilligen Entscheidung zur Emigration waren neben Alter und sozialem Status Auffassungen über gesellschaftliche und familiäre Rollen der Geschlechter in der Weimarer Republik, auch die Sozialstruktur der jüdischen Familie. Die immer brutaleren Praktiken von Diskriminierung und Schikanierung der „Nichtarier" trafen Frauen und Männer auf unterschiedliche Weise. Entsprechend den gängigen Geschlechterstereotypen wurden – generalisierend geurteilt – junge Frauen in ihrem Entschluß zur Emigration eher gebremst als ermuntert, und es scheint, daß sie zunächst in etwas geringerer Zahl, als es bei Männern der Fall war, selbst den Mut dazu fanden. Frauen wurden dringender gebraucht zur Aufrechterhaltung eines noch leidlich geordneten Familienlebens. Sie fanden trotz immer schärferer Einschränkungen in Nazideutschland noch eher Verdienstmöglichkeiten. Der enge Familienverband wies ihnen die Rolle der Verantwortlichen für die alten Eltern zu, und so haben nachweislich viele Frauen auf die eigene Rettung verzichtet und sind deportiert worden (z.B. die Dichterin Gertrud Kolmar).

Auf der anderen Seite gab es – gerade bei Familienfrauen – oft eine pragmatischere und illusionslosere Einschätzung der Diskriminierung. Schärfer konfrontiert mit der quälenden Ausgrenzung der Kinder in der Schule, im täglichen Leben, der Erschwerung der Haushaltsführung drängten sie eher zur Flucht, weil sie sich Erleichterung versprechen konnten. Wogegen die Väter, die sich vor allem über ihren beruflichen Status definierten, sich möglicherweise durch die Teilnahme als Soldat am Ersten Weltkrieg stärker in die Nation eingebunden fühlten, nur Verluste zu erwarten meinten, Verluste, die größer schienen als die Drangsale des Status quo. In diesem Zwiespalt gab häufiger die Position des Familienoberhaupts den Ausschlag. Nach dem Novemberpogrom 1938 änderte sich die Lage dramatisch. Rund 30000 Männer wurden in Konzentrationslager gesperrt und ihre Befreiung von gültigen und oft mit dem gesamten verbliebenen Vermögen erkauften Ausreisepapieren abhängig gemacht, die die Frauen nun auf entwürdigenden Behördengängen und in demütigenden Auseinandersetzungen mit den Geschäftspraktiken eifriger „Arisierer" ergattern mußten (Benz 1991, S.25).

Revidiert werden muß das Klischee von der Emigrantin in ihrer fast ausschließlichen Rolle als Ehefrau, Mutter, Familienstütze. Demgegenüber erscheint eine differenzierte Analyse notwendig. 1935 und 1936 übersteigt die Zahl der ledigen USA-Einwanderinnen die der verheirateten Frauen deutlich (1935: 51% zu 38,1%), erst ab 1939 dreht sich das Verhältnis um aufgrund der Umstände nach dem Pogrom. Mit dieser neuen großen Fluchtwelle verschiebt sich auch die Altersstruktur. Je älter die Betroffenen waren, um so länger hatten sie die Emigration hinausgeschoben; 1941 – zum letztmöglichen Zeitpunkt der Flucht aus dem nationalsozialistischen Herrschaftsbereich – sind über 54% der Einwanderinnen in die USA (und 57,5% der Männer) über 45 Jahre alt (Quack 1995a, S.221). Zwar wird die Emigration im Gegensatz zu früheren Auswanderungsschüben als Familienemigration bezeichnet, aber die Familien blieben häufig nicht zusammen, und jungen Frauen wuchs zwangsläufig eine Selbständigkeit zu, ganz anders als sie sich vermutlich in der Heimat hätte entwickeln können (Kannonier 1989).

Erfahrungen von Flucht und Exil, die intime weibliche – seelische wie körperliche – Bereiche berühren, sind bis jetzt noch viel zu wenig in den Blick gerückt. Zu fragen wäre: Hatte eine Scheinheirat für eine Frau außer dem Zweck der Auswanderung noch einen anderen, möglicherweise problematischen Stellenwert? Belastete eine rettende Scheintaufe eine fromme Jüdin vielleicht auf andere Weise als einen Mann? Wir wissen außer von seltenen Beispielen wenig über Sexualität und Flucht, über den Körper der verfemten Jüdin als schutzloses Objekt der Gewalt oder als „Fluchthilfekapital"? Frauen der feindlichen Nationalität – ob Verfolgte oder nicht – wurden als „unerwünschte Personen", etwa bei der Internierung in Frankreich, häufig in die Nähe der Prostitution gerückt (Gilzmer 1994). Was bedeuteten Schwangerschaft und Niederkunft auf der Flucht, im Internierungslager, Leibesvisitationen nach einer Geburt? Da der Anteil der geschiedenen und verwitweten Frauen größer als der entsprechende der Männer ist (Quack 1995a, S.221), lebten vermutlich mehr Frauen als Männer mit Kindern im Exil: Dies konnte eine zusätzliche Belastung oder aber eine Stärkung und Erleichterung in der Fremde bedeuten. Ohne Zweifel hat Verfolgung und Flucht für viele Frauen den Lebensplan, Kinder zu haben, zerstört, für das Selbstverständnis der Frauen möglicherweise folgenreicher als für die verhinderten Väter.

Bei aller gebotenen Vorsicht vor Generalisierungen läßt sich wohl konstatieren, daß Frauen die Ausnahmesituation Exil insgesamt weniger schwer bewältigt haben als Männer. Für Männer gab es in der

Regel in den Zufluchtsländern weniger Verdienstmöglichkeiten. Qualifizierte Arbeit war in den von der Weltwirtschaftskrise heimgesuchten Aufnahmeländern auch für Einheimische knapp. Typische „Frauenjobs", Dienstleistungen ohne Qualifikationsnachweis in Haushalten, in der Kinderbetreuung, in sozialen Diensten dagegen aber immer noch zu bekommen, freilich bei sehr niedriger Entlohnung. Wenngleich Emigrantinnen doppelt und dreifach belastet waren, scheint für die zuvor nichtberufstätigen Frauen unter ihnen der Verlust des über den beruflichen Status bezogenen Sozialprestiges weniger gravierend gewesen zu sein. Gefordert waren praktische Fähigkeiten, pragmatische Kompromisse und emotionale Intelligenz. Selbst Frauen, die einen großbürgerlichen Lebenszuschnitt gewohnt waren, scheinen diesen Anforderungen mehr oder weniger gewachsen gewesen zu sein. Soziale Kontakte mit der neuen Umgebung ergaben sich durch die Tätigkeiten in Haushalten und Kinderbetreuung, als Verkäuferinnen oder Krankenschwestern meist leichter. Die außerhäusliche Erwerbstätigkeit kam wiederum dem Erwerb der fremden Sprache, vor allem der Umgangssprache zugute. Von existentieller Bedeutung war die Entwurzelung aus dem eigenen Sprachraum für Autoren und Schriftstellerinnen, Journalistinnen und Theaterleute. Beispiele legen die Vermutung nahe, daß Frauen sich rascher das neue Idiom aneigneten. (Wobei zur Erklärung berücksichtigt werden sollte, daß im Lehrplan der höheren Mädchenschulen in der Weimarer Republik modernen Fremdsprachen mehr Raum gegeben war als in den von Mädchen noch sehr viel seltener besuchten Gymnasien.) Beispielsweise konnte Erika Mann in kürzerer Zeit in Englisch publizieren und Vorträge halten als ihr Bruder Klaus, und sie war es, die den Vater Thomas Mann vor seinen „lectures" präparierte. Schriftstellerinnen wie etwa Hertha Pauli oder Victoria Wolff stellten ihre Produktion rasch auf die neue Sprache und das neue Publikum um; Hannah Arendt publizierte bemerkenswert rasch nach der Weiterflucht aus dem französischen Exil nach USA in Englisch; Ilse Losa begann ihre Laufbahn als Schriftstellerin im portugiesischen Exil notgedrungen sofort in der neuen Sprache.

Ob es über den wohl abgesicherten Befund von der besseren Exilbewältigung der Frauen hinaus zutrifft, daß es unter ihnen weniger gänzlich Gescheiterte gab, d.h., daß die Selbstmordrate unter den Männern höher lag (Backhaus-Lautenschläger 1989, S. 290), ist nicht belegbar und wohl anzuzweifeln. Die Suizide einer großen Zahl von Prominenten, die in der Öffentlichkeit einen Schock auslösten (Kurt Tucholsky, Ernst Toller, Ernst Weiß, Walter Benjamin, Stefan Zweig zusammen mit seiner Frau Lotte Zweig), stehen in krassem Gegensatz zu den einsamen und namenlosen Verzweiflungshandlungen von Männern und von vielen Frauen, die kaum Spuren hinterlassen haben, in keine Handbücher eingegangen und nur noch selten rekonstruierbar sind. Am Schicksal eines insgesamt nichtprominenten Kollektivs – z.B. den „nichtarischen" Absolventinnen der Münchner Universität – (Häntzschel 1997) ist abzulesen, daß der Selbstmord durchaus keine seltene Reaktion auf die Katastrophe der Exilierung war.

Als Folge von Exil und Emigration stieg der Anteil der Erwerbstätigen unter den Frauen deutlich an. Viele waren zur außerhäuslichen Arbeit gezwungen, wobei die neue Erfahrung der Erwerbstätigkeit auch Chancen zum Ausbruch aus den alten Rollenerwartungen barg. Daß akademisch ausgebildeten alleinstehenden Frauen von den Arbeitsvermittlungsstellen automatisch sog. „Frauenjobs" als Kindermädchen oder Haushaltshilfe zugewiesen wurden, gleichqualifizierte Männer dagegen etwa bei der Vergabe von Stipendien für weiterqualifizierende Abschlüsse bevorzugt wurden, verärgerte viele. Sie wurden damit von Rollenzuordnungen wieder eingeholt, aus denen sie sich in Deutschland gerade zu befreien gesucht hatten. Das eigene Zurückstehen hinter den beruflichen Wiedereinstiegsmöglichkeiten des Partners wurde als das in der Not selbstverständlich gebrachte Opfer, aber ebenso als herbe Zurücksetzung erfahren. Für Akademikerinnen war der Arbeitsmarkt in den Exilländern noch enger als für Männer, weil die Geringschätzung als Frau hinzukam, besonders auffällig für die vielen Ärztinnen, von denen nur ca. ein Drittel in den Beruf zurückkehren konnte (Grossmann 1995). Dagegen errechnet Davie (1947, S. 136) bald nach Kriegsende für die USA eine Wiedereinstiegsquote der Ärztinnen von 56,9%. Der Anteil der Frauen an der gesamten Mediziner-Emigration betrug über 12% (Kröner 1988, S. 86). Auffällig erfolgreich – auch für den Wissenstransfer nach USA – waren oder wurden Frauen in psychotherapeutischen Berufen. Möglicherweise kam ihnen hier die noch geringe Institutionalisierung der Psychoanalye entgegen. Für die Vermutung, daß die wenigen Juristinnen (wenige aufgrund des besonders hürdenreichen Zugangs zu den juristischen Berufen für Frauen in Deutschland) insgesamt erfolgreicher waren als der Durchschnitt ihrer männlichen Kollegen (Mecklenburg 1995, S. 292), ist die Materialbasis zu schmal. Denn auch bei diesem

Befund muß immer mitberücksichtigt werden, daß wir über die weniger erfolgreichen, „namenlosen" Frauen und über die hinter dem Namen und Status ihres Mannes Verschwundenen viel zu wenig wissen. Zum Beispiel waren von den ersten acht Doktorandinnen der Rechtswissenschaft an der Universität Erlangen (1913–1924) sieben jüdischer Herkunft. Nur von dreien wissen wir etwas über ihr Leben im Exil (Häntzschel 1997b). Welch wichtigen Beitrag Frauen zu den Schulgründungen im Exil, als Lehrerinnen und Erzieherinnen und damit für die Bewahrung einer Kontinuität leisteten, ist mittlerweile gut dokumentiert (→ KINDHEIT UND JUGEND, → SCHULEN).

Nach dem Befund des *BHb* lehrten 4% der jüngeren Exilantinnen (die zum Zeitpunkt der Emigration in die USA nicht älter als 39 Jahre alt waren) vor der Emigration an Hochschulen, aber 24% während der Emigration. Bei den männlichen Wissenschaftlern stieg der entsprechende Anteil von neun auf 28%. Frauen haben ihren quantitativen Rückstand gegenüber ihren männlichen Kollegen also in der Emigration erheblich verkleinert, freilich um den Preis deutlich niedrigerer Bezahlung. Dieses Aufstiegs-Phänomen muß allerdings in engem Zusammenhang mit dem Status der Wissenschaftlerin vor der Emigration während der Weimarer Republik gesehen werden (Häntzschel 1996). Über Erfolg und Scheitern von Journalistinnen, Fotografinnen, Frauen in künstlerischen und tänzerischen Berufen lassen sich keine kollektiven geschlechtsspezifischen Aussagen machen, außer der einen, daß ihre Leistungen von der Forschung lange nicht wahrgenommen wurden und damit möglicherweise Werke, Spuren und Nachlässe weniger sorgfältig archiviert worden sind als die männlicher Kollegen.

Will man über die geschlechtsspezifische Wertschätzung innerhalb einer Berufsgruppe, z.B. unter den Schriftstellern, etwas erfahren, so mag die Mitgliedschaft im Deutschen PEN-Club im Exil (mit Sitz in London) ein einigermaßen verläßlicher Indikator sein. Dieser Vereinigung, die ihre Mitglieder nur durch Vorschlag und Zuwahl, keineswegs durch Selbstanmeldung gewinnt (Der deutsche PEN-Club im Exil 1980, S. 181 f.), gehörten nach der Mitgliederliste vom 22. Juni 1939 98 Autoren, davon acht Frauen – das sind 8,1% – an (Engelmann 1981, S. 182 f.). Gegen dieses Mißverhältnis steht ein außerordentlich reichhaltiges schriftstellerisches Œuvre von Frauen, zusammengetragen von Renate Wall im zweibändigen *Lexikon deutschsprachiger Schriftstellerinnen im Exil 1933–1945* (Wall 1996).

Die Tatsache, daß Frauen in den leitenden Gremien der Flüchtlings-Hilfsorganisationen selten auftauchen, gibt der Forschung Anlaß zu der Warnung, ihren großen Anteil bei der organisatorischen und praktischen Arbeit nicht zu geringzuschätzen (Strauss 1988, S. 134). Sowohl an der Hilfestellung für die Auswanderung in Deutschland wie dann bei Wohnungs-, Unterhalts- und Jobsuche durch die offiziellen Hilfsorganisationen, besonders aber bei der Selfhelp, haben Frauen einen höheren Anteil, als bislang zugestanden wird (Quack 1995a, S. 172 ff.; → FLUCHTHILFE). Prominentes Beispiel: Thomas Mann zeichnete als Chairman für die American Guild for German Cultural Freedom, die Hauptarbeit, Korrespondenz u. a., leistete die Tochter Erika (Lühe 1993, S. 147 f.). In diesen Zusammenhang gehört die spektakuläre, aber für sie selbst selbstverständliche Fluchthilfearbeit von Lisa Fittko: Im Dienste des Emergency Rescue Committee hat sie viele Flüchtlinge den lebensgefährlichen und lebensrettenden Weg über die Pyrenäen geführt (Fittko 1985).

Ähnliches gilt für das Vorurteil politischer Abstinenz von Frauen in der Emigration. Die großen politischen Organisationen und Parteien waren traditionsgemäß strukturell männlich zugeschnitten, so daß in ihre Führungsgremien Frauen selten Zugang fanden. Und es fällt auf, daß in der Literatur über die Versuche, vom Exil aus dem Nationalsozialismus Einhalt zu gebieten, Frauen – bis auf wenige Ausnahmen (Mallmann/Paul 1989; Paul/Mallmann 1995; Paul 1995) – kaum in Erscheinung treten. Die Übereinkunft darüber, was „politisch tätig sein" bedeutet, ist schon vom Geschlecht abhängig. Womöglich haben Frauen das Verbot politischer Betätigung für Emigranten eher respektiert, um ihre Familien nicht zu gefährden. Daß Frauen politisch nicht untätig waren, zeigt etwa die Arbeit der Pazifistinnen der Internationalen Frauenliga für Frieden und Freiheit, deren exilierte Mitglieder von Genf und New York aus gegen den Nationalsozialismus kämpften, die an der Friedensnobelpreis-Kampagne für Carl von Ossietzky (Carl von Ossietzky und das politische Exil 1988) oder an der Boykottaktion gegen deutsche Waren maßgeblich mitbeteiligt waren (Bussey/Tims 1980; → PAZIFISTEN). Von der beachtlichen Rolle der Frauen im kommunistischen Widerstand in den besetzten Ländern (Strobl 1989), speziell in der UdSSR wissen wir über Einzelschicksale (Stark 1991, 1995) und deren literarische Verarbeitung (Hilzinger 1993). Darüber hinaus waren emigrierte Frauen etwa als Kuriere in der sozialdemokratischen und kommunistischen Grenzarbeit (Wolf 1974; Dertinger/von Trott 1985), als Mitarbeiterinnen von politischen Exilzeitschriften, im sozial-karitativen und pflegerischen Bereich bei der Betreuung von Emigranten oder als Krankenschwestern auf der Seite der Republik im Spanischen Bürgerkrieg (Hempel 1986), vereinzelt auch innerhalb der Résistance und den Komitees „Freies Deutschland" (Schaul 1973) sowie schließlich als Instrukteurinnen und Fallschirmagentinnen im Zweiten Weltkrieg tätig (Jahnke 1986; insgesamt hierzu Paul 1995). Nur vereinzelt gelang es Frauen hierbei, in Führungsfunktionen aufzusteigen. So gehörte etwa Elli Schmidt seit 1935 dem 13köpfigen Zentralkomitee der KPD an, für die sie nicht nur Instrukteursfunktionen wahrnahm, sondern seit 1936 auch deren Prager Abschnittsleitung vorstand. Insgesamt scheinen in kommunistischen bzw. von Kommunisten majorisierten Exilorganisationen sowie innerhalb der sozialistischen Kleingruppen Frauen stärker in verantwortliche Positionen einbezogen worden zu sein als innerhalb der Exil-SPD (Paul 1995, S. 125f.; Miller 1995). Gar nicht genug betont werden kann die oft unterschätzte Leistung von Partnerinnen der prominent gewordenen politisch Aktiven.

Unsere Bilder von *der* Emigrantin und *dem* Mann im Exil sind durch Geschlechterstereotypen bestimmt. Ungeachtet des zeitgenössischen sozialpsychologischen Befundes, wonach Männer in der Emigration durch die Aufgabenumverteilung in der Familie einen Autoritäts- und Identitätsverlust erlitten haben (für USA Saenger 1941; Quack 1995a, S. 131ff.), läßt sich aus Biographien auch eine gewisse Genugtuung darüber heraushören, daß die beunruhigenden Emanzipationsturbulenzen zwischen den Geschlechtern in der Weimarer Republik mit der Emigration gestoppt wurden. Und – auf der anderen Seite – ungeachtet der gelegentlich verklärenden Selbstbilder der Emigrantinnen von den aufopfernden, emotionalen und pragmatischen Überlebensleistungen der Frauen für die Familie (wichtigstes literarisches Beispiel Anna Seghers: *Frauen und Kinder in der Emigration*, in: Seghers/Herzfelde 1986) – hat die Emigration für viele, vor allem für orthodox jüdische Frauen, den Zusammenbruch tradierter Rollen, für andere, für die jüngeren besonders, gerade die Chance zur Emanzipation aus diesen ihnen zugedachten Rollenerwartungen gebracht. Es ergaben sich nicht selten Chancen für berufliche Möglichkeiten und Lebensmuster, die es ohne die Katastrophe der Emigration nie gegeben hätte. Die auffällige Diskrepanz zwischen den Bildern, die sich Männer von der Frau im Exil gemacht haben, und den Lebensgeschichten, wie sie sich die Emigrantinnen selbst interpretierten, war Ausgangsfrage für eine Exilforschung unter der Kategorie der Geschlechterdifferenz (Kreis 1984; Klapdor-Kops 1985). Die Schwierigkeiten, die geschlechterstereotypen Imaginationen abzutragen und die realen Menschen in den Blick zu bekommen, haben ihre Ursache zuallererst in den geschlechtsspezifischen Unterschieden der Exil-Verarbeitung. Die gängige (und irrige) Vorstellung, daß Frauen im Exil so gut wie immer Partnerinnen, Ehefrauen, Mütter waren, rührt daher, daß Männer in ihren Autobiographien den Frauen an ihrer Seite für die Hilfe dankten, die ihr Werk ihnen schuldete. Diese Bilder setzten sich in der Forschung ungebrochen fort (Pfanner 1979). So könnten die verklärenden Hymnen auf die „Frauen, die durch das Exil uns trugen" (Viertel 1956, S. 58), auch als verdeckte Schuldbegleichung gelesen werden und die Selbststilisierungen der tapferen Flüchtlingsfrau als Kompensation fürs Zukurzgekommensein. Die Geschlechterbeziehungen, die Liebe in Zeiten existentieller Entwurzelung, wie sie Exil und Emigration darstellen, haben literarische Mythisierungen nach auffällig ausgeprägten, geschlechtstypischen Mustern erfahren, in „weiblichen" ebenso wie in „männlichen" Texten (Lühe 1996). Erika Mann operiert mit solchen Mustern in ihrem Vortrag *Business and professional women in Exile*, Irmgard Keun entmythisiert die Beziehungsklischees auf erfrischende Weise in ihrer autobiographischen Skizze *Bilder aus der Emigration* (Keun 1983, S. 138f.). Die Metapher von der Frau als der „Heimat im Exil" begegnet in Erfahrungsberichten von Männern immer wieder, Frauen dagegen sprechen seltener vom Mann als der mitgenommenen Heimat. Ein Emblem, das seit der Antike zur Darstellung des Verhältnisses der Geschlechter immer tauglich schien, verliert im Exil (möglicherweise in jeder existentiellen Notsituation) seine generelle Gültigkeit: Er ist die starke Ulme und sie ist der Efeu, der sich an ihm festhält und emporrankt. Wie Männer und Frauen die Emigration erfahren und wie sie sich gegenseitig in dieser Situation erleben, darüber gibt am deutlichsten die Literatur Auskunft. Deshalb ist die Berücksichtigung der Kategorie Geschlecht für die Analyse der Exilliteratur unerläßlich.

Autobiographien als wichtiger Fundus für unser Wissen über die Exilerfahrung sind wie kaum eine andere literarische Gattung geschlechtsspezifisch geprägt. Männliche Autoren der Emigration verstehen ihre individuelle Geschichte eher als repräsentativ

I Geschlechtsspezifische Aspekte

für ihre Zeit (Mittag 1993, S. 63), von ihnen sind die Erfolgsgeschichten überliefert, auch wo es sich um die Chroniken großer Familien handelt, etwa den Feuchtwangers oder Bernheimers (Krauss 1996). Erfolgreiche Autobiographien von Frauen stammten zunächst von Partnerinnen berühmter Männer und regulierten die Auswahl des Erzählenswerten an seinem, nicht an ihrem Leben und Werk. Autonome weibliche Erfahrungsberichte, die die Rolle der Frau im Exil mitreflektierten, stießen erst seit den 1980er Jahren auf das Interesse von Editoren und Publikum (Frankenthal 1981; Benz 1988b). Frauen messen ihrer persönlichen Geschichte offensichtlich weniger Bedeutung bei, auffällig häufig schreiben sie sie erst in einem späteren Lebensabschnitt, oft erst, wenn sie aus dem Schatten des Partners getreten sind, nach Tod oder Trennung und erst nach Aufforderung auf. Es geht den Autobiographinnen häufig eher um das Festhalten einer Familiengeschichte für die Kinder in der neuen Heimat, um das Tradieren einer für immer zu Ende gegangenen Kultur (Lixl-Purcell 1992, S. 11 ff.). Daß Geschlecht als historische Kategorie im Umgang mit „oral history" als wichtiger Quelle der Exilforschung, bei der Auswertung von Interviews, eine zentrale Kategorie darstellt, wird bislang fast nur in Forschungen von Frauen reflektiert.

Viel schwieriger als für die Einwanderung lassen sich Zahlen über die Rückkehr errechnen, da die Remigration sich in einem großen, gar nicht definierten Zeitraum abgespielt hat und von seiten der Behörden kaum geschlossen erfaßt ist. Schätzungsweise 4–5% der jüdischen Bevölkerung sind in die beiden deutschen Nachkriegsstaaten zurückgekehrt. Meinungen über die wenig erforschten geschlechtsspezifischen Trends schwanken (Kliner-Fruck 1994, S. 164 ff.). Einen wichtigen Faktor bei der Entscheidung für oder gegen eine Rückkehr und über den Zeitpunkt bedeutet die Familiensituation für Frauen, das Alter der Kinder und der Umstand, daß sie Witwen wurden. Backhaus-Lautenschläger konstatiert auf Grund von vielen Einzelfällen (die allerdings auf der einseitigen Selektion des *BHb* basieren) eine niedrigere Bereitschaft zur Rückkehr bei den Frauen, errechnet aber eine hohe Mobilität und Wanderungsbewegung (nicht gleichzusetzen mit Rückkehr ins Herkunftsland) unter den USA-Emigrantinnen (Backhaus-Lautenschläger 1991, S. 44, 174). Wenig verwunderlich ist, daß der Anteil unter den zurückgekehrten Schriftstellerinnen deutlich höher liegt, bei 20–25% (Wall 1996), sie kehrten ja in ihr eigentliches Medium, die Muttersprache zurück.

Bei der politischen Neugestaltung des westlichen Nachkriegsdeutschlands waren in bescheidenem Maße Emigranten beteiligt, Frauen finden sich kaum darunter. Eingeschränkt gilt dieser Befund auch für das bis 1955 autonome Saarland und die Sowjetische Besatzungszone bzw. die ehemalige DDR (→ Rückkehr aus dem Exil und seine Rezeptionsgeschichte). Es sieht so aus: Je höher qualifiziert Frauen beruflich waren, um so geringer war ihre Neigung zur Rückkehr. Die Remigration von vertriebenen Wissenschaftlerinnen war kein Thema. Frauen, die im Ausland in naturwissenschaftlichen Disziplinen arbeiteten, sahen keinen Anreiz darin, in ein Deutschland zurückzukehren, das in der Wertschätzung weiblicher wissenschaftlicher Arbeit nicht weiter war als 1932. Die Mehrzahl (nicht alle) der unter Hitler entlassenen und verjagten Geistes- und Sozialwissenschaftlerinnen war, sensibilisiert durch die Mühen und Diskriminierungen beim Zugang zu universitärem Wissen und Arbeiten, in der geistigen und politischen Einstellung weit progressiver, der Weimarer Republik und sozialgerechtem Denken gegenüber weit aufgeschlossener gewesen als die etablierten Universitätslehrer. Die Folge: Ihre wissenschaftlichen Arbeiten wurden seit 1933 und auch nach 1945 nicht mehr rezipiert und somit vergessen. Zurückgekehrt sind einzelne Frauen auf Abstellgleise ihrer einstigen Berufe, zur entwürdigenden Einforderung von Renten- oder Wiedergutmachungsansprüchen und für ihren Lebensabend. In den 1980er Jahren ist der Exodus der Kultur und Wissenschaft durch eine Revision der Bedeutung der Remigration optimistisch korrigiert worden. Für die Wissenschaftlerinnen gibt es für diese Einschätzung keinerlei Anhaltspunkte, weder in der Bundesrepublik noch in der DDR. Und unter den zahlreich aufgeführten Namen von Remigranten, die in den deutschen Nachkriegsstaaten wieder zu Stellung und Renommée gelangen konnten (Möller 1984, S. 102 ff.), ist denn auch keiner einer Wissenschaftlerin. Ausnahmen von Remigrantinnen, die ihre wissenschaftliche Karriere fortsetzen oder dann erst starten konnten, wie die Literaturwissenschaftlerin Käte Hamburger (in der BRD) oder die Ethnologin Eva Lips (in der DDR), ändern nichts an dem Befund.

Die Emigration der jüdischen, der oppositionellen Frauen hat (über alle Folgen des Exils für jede einzelne Betroffene hinaus) die Emanzipationsbewegung, die Rolle der Frau in der Öffentlichkeit und damit das Geschlechterverhältnis in Nachkriegsdeutschland vermutlich nachhaltiger beeinträchtigt als die – zumindest in den Anfangsjahren – frauenfeindliche Politik des Nationalsozialismus. Die Frauenbewegung im ersten Jahrhundertdrittel hatte entscheidende Impulse von jüdischen Frauen erhalten (Kaplan 1981), der Typus der „Neuen Frau", der in den zwanziger Jahren Profil gewann, hatte mit linksintellektuellen Frauen und vielen meist assimilierten Jüdinnen markante Vertreterinnen. Nach dem Aufbruch von Künstlerinnen und Literatinnen zu einem eigenständigen autonomen Schaffen in der Weimarer Republik (Hirschbach/Nowoselsky 1993) hinterließ ihr Verschwinden eine Leere in der Kunst- und Literaturszene der Nachkriegszeit, schaffte Raum für restaurative Frauenliteratur und -kunst, bis dieser Raum schließlich seit den 1960er Jahren allmählich zurückerobert werden konnte. Der Anteil der hochqualifizierten, zumeist habilitierten Frauen, die von den Hochschulen entlassen und verfolgt wurden, betrug etwa 50% aller Dozentinnen, ein Aderlaß, der noch immer nicht aufgeholt ist. Studentinnen der Nachkriegszeit in der Bundesrepublik fanden keine weiblichen Vorbilder für wissenschaftliche Karrieren vor. Insgesamt haben trotz formaler Verankerung der Gleichstellung der Frauen im Grundgesetz die emanzipatorischen Ansätze der Weimarer Republik durch die Emigration (und Ermordung) eines großen Teils ihrer Elite auf allen Gebieten einen schweren Rückschlag erlitten.

Literatur

Backhaus-Lautenschläger, Christine (1991): … Und standen ihre Frau. Das Schicksal deutschsprachiger Emigrantinnen in den USA nach 1933, Pfaffenweiler.
Benz, Wolfgang, Hrsg. (1988a): Die Juden in Deutschland 1933–1945. Leben unter nationalsozialistischer Herrschaft, München.
Benz, Wolfgang, Hrsg. (1988b): Das Tagebuch der Hertha Nathorff, Berlin–New York, Frankfurt a.M.
Benz, Wolfgang, Hrsg. (1991): Das Exil der kleinen Leute. Alltagserfahrungen deutscher Juden in der Emigration, München.
Biographisches Handbuch der deutschsprachigen Emigration nach 1933/International Biographical Dictionary of Central European Emigrés 1933–1945 (1980–1983), hrsg. vom Institut für Zeitgeschichte, München, u. von der Research Foundation for Jewish Immigration, New York, unter der Gesamtleitung von Werner Röder u. Herbert A. Strauss, 3 Bde., München u.a.
Bussey, Gertrude, and Margaret Tims (1989): Pioneers for Peace. Women's International League for Peace and Freedom. 1915–1965, London.
Carl von Ossietzky und das politische Exil (1988). Die Arbeit des „Freundeskreises Carl von Ossietzky" in den Jahren 1933–1936, hrsg. von Frithjof Trapp, Knut Bergmann u. Bettina Herre, Hamburg.
Davie, Maurice (1947): Refugees in America. Report of the Committee for the Study of Recent Immigration from Europe, New York–London.
Dertinger, Antje, u. Jan von Trott (1985): „… und leben immer in Eurer Erinnerung". Johanna Kirchner. Eine Frau im Widerstand, Bonn.
Engelmann, Bernt, Hrsg. (1981): Literatur des Exils. Eine Dokumentation über die P.E.N.-Jahrestagung in Bremen vom 18. bis 20. September 1980, München.
Fittko, Lisa (1985): Mein Weg über die Pyrenäen. Erinnerungen 1940/41, München.
Frankenthal, Käte (1981): Der dreifache Fluch: Jüdin, Intellektuelle, Sozialistin. Lebenserinnerungen einer Ärztin in Deutschland und im Exil, Frankfurt a.M.–New York.
Gilzmer, Mechtild (1994): Fraueninternierungslager in Südfrankreich. Rieucros und Brens 1939–1944, Berlin.
Grossmann, Atina (1995): New Women in Exile: German Women Doctors and the Emigration, in: Quack, S. 215 ff.
Häntzschel, Hiltrud (1996): Kritische Bemerkungen zur Erforschung der Wissenschaftsemigration unter geschlechterdifferenzierendem Blickwinkel, in: Exilforschung 14, S. 150 ff.
Häntzschel, Hiltrud (1997a): Frauen jüdischer Herkunft an bayerischen Universitäten. Zum Zusammenhang von Religion, Geschlecht und „Rasse", in: dies./Bußmann, S. 105 ff.
Häntzschel, Hiltrud (1997b): Justitia – eine Frau? Bayerische Positionen einer Geschlechterdebatte, in: dies./Bußmann, S. 194 ff.
Häntzschel, Hiltrud, u. Hadumod Bußmann, Hrsg. (1997): Bedrohlich gescheit. Ein Jahrhundert Frauen und Wissenschaft in Bayern, München.
Hempel, Käthe (1986): Als Krankenschwester in Tardienta, in: Brigade Internacional ist unser Ehrenname. Erlebnisse ehemaliger deutscher Spanienkämpfer, Bd. 1, Berlin/DDR, S. 77 ff.
Hilzinger, Sonja (1993): „Ich hatte nur zu schweigen". Strategien des Bewältigens und des Verdrängens der Erfahrung. Exil in der Sowjetunion am Beispiel autobiographischer Texte, in: Exilforschung 11, S. 31 ff.
Hirschbach, Denny, u. Sonia Nowoselsky, Hrsg. (1993):

Zwischen Aufbruch und Verfolgung. Künstlerinnen der zwanziger und dreißiger Jahre, Bremen.

Jahnke, Karl-Heinz (1986): In einer Front. Junge Deutsche an der Seite der Sowjetunion im Großen Vaterländischen Krieg, Berlin/DDR.

Kannonier, Waltraud (1989): Zwischen Flucht und Selbstbehauptung. Frauen-Leben im Exil, Linz.

Kaplan, Marion (1981): Die jüdische Frauenbewegung in Deutschland. Organisation und Ziele des Jüdischen Frauenbundes 1904–1938, Hamburg.

Kaplan, Marion (1991): The Making of the Jewish Middle Class: Women, Family, and Identity in Imperial Germany, New York–Oxford.

Keun, Irmgard (1983): Bilder aus der Emigration, in: dies.: Wenn wir alle gut wären, hrsg. u. mit e. Nachwort von Wilhelm Unger, Köln, S. 129 ff.

Klapdor-Kops, Heike (1985): Heldinnen. Die Gestaltung der Frauen im Drama deutscher Exilautoren (1933–1945), Weinheim–Basel.

Klapdor-Kops, Heike (1993): Überlebensstrategie statt Lebensentwurf. Frauen in der Emigration, in: Exilforschung 11, S. 12 ff.

Kliner-Fruck, Martina (1994): „Es ging ja ums Überleben". Jüdische Frauen zwischen Nazi-Deutschland, Emigration nach Palästina und ihrer Rückkehr, Frankfurt a. M.–New York.

Koepke, Wulf (1989): Die würdige Greisin. Marta Feuchtwanger als Beispiel, in: Exilforschung 7, S. 212 ff.

Krauss, Marita (1996): Jüdische Familienschicksale zwischen nationalsozialistischer Machtübernahme und Nachkriegszeit. Das Beispiel der Familien Bernheimer, Feuchtwanger und Rosenfeld, in: Exil 16, H. 1, S. 31 ff.

Kreis, Gabriele (1984): Frauen im Exil. Dichtung und Wirklichkeit, Düsseldorf.

Kröner, Hans Peter (1988): Die Emigration deutschsprachiger Mediziner 1933–1945. Versuch einer Befunderhebung, in: Exilforschung 6, S. 83 ff.

Lixl-Purcell, Alexander, Hrsg. (1992): Erinnerungen deutsch-jüdischer Frauen 1900–1990, Leipzig.

von der Lühe, Irmela (1993): Erika Mann. Eine Biographie, Frankfurt a. M.–New York.

von der Lühe, Irmela (1996): „Und der Mann war oft eine schwere, undankbare Last": Frauen im Exil – Frauen in der Exilforschung, in: Exilforschung 14, S. 44 ff.

Mallmann, Klaus-Michael, u. Gerhard Paul (1989): Das zersplitterte Nein. Saarländer gegen Hitler, Bonn.

Mecklenburg, Frank (1995): The Occupation of Women Emigrés: Women Lawyers in the United States, in: Quack, S. 289 ff.

Miller, Susanne (1995): „Ich wollte ein anständiger Mensch bleiben". Frauen des Internationalen Sozialistischen Kampfbundes (ISK), in: Wickert, S. 106 ff.

Mittag, Gabriele (1993): Erinnern, Schreiben, Überliefern. Über autobiographisches Schreiben deutscher und deutsch-jüdischer Frauen, in: Exilforschung 11, S. 53 ff.

Möller, Horst (1984): Exodus der Kultur. Schriftsteller, Wissenschaftler und Künstler in der Emigration nach 1933, München.

Paul, Gerhard (1994): Als Stenotypistin und Fallschirmagentin gegen Hitler. Zum Widerstand deutscher Frauen im Exil, in: Wickert, S. 118 ff.

Paul, Gerhard, u. Klaus-Michael Mallmann (1995): Milieus und Widerstand. Eine Verhaltensgeschichte der Gesellschaft im Nationalsozialismus, Bonn.

Der deutsche PEN-Club im Exil 1933–1948 (1980), hrsg. von der Deutschen Bibliothek Frankfurt am Main, Ausst.-Kat., Frankfurt a. M.

Pfanner, Helmut F. (1979): Die Rolle der Frau im Exil im Spiegel der deutschsprachigen Literatur in New York, in: Arnold, A., Hrsg.: Analecta Helvetica et Germanica. Eine Festschrift zu Ehren von Hermann Boeschenstein, Bonn, S. 342 ff.

Porst, Edith (1987): Emigration und Exil österreichischer Wissenschaftlerinnen, in: Stadler, Friedrich, Hrsg.: Vertriebene Vernunft I. Emigration und Exil österreichischer Wissenschaft 1930–1940, Wien, S. 444 ff.

Quack, Sibylle (1995a): Zuflucht Amerika. Zur Sozialgeschichte der Emigration deutsch-jüdischer Frauen in die USA 1933–1945, Bonn.

Quack, Sibylle, Ed. (1995b): Between Sorrow and Strength. Women Refugees of the Nazi Period, Washington D.C.–Cambridge.

Richarz, Monika, Hrsg. (1982): Jüdisches Leben in Deutschland. Selbstzeugnisse zur Sozialgeschichte 1918–1945, Stuttgart.

Saenger, Gerhard (1941): Today's Refugees, Tomorrow's Citizens: A Story of Americanization, New York.

Schaul, Dora (1973): Résistance. Erinnerungen deutscher Antifaschisten, Frankfurt a. M.

Seghers, Anna, u. Wieland Herzfelde (1986): Gewöhnliches und gefährliches Leben. Ein Briefwechsel aus der Zeit des Exils 1939–1946, Darmstadt–Neuwied.

Stark, Meinhard, Hrsg. (1991): „Wenn Du willst Deine Ruhe haben, schweige". Deutsche Frauenbiographien des Stalinismus, Düsseldorf.

Stark, Meinhard (1995): Deutsche Frauen des GULag, in: Exil 15, H. 1, S. 17 ff.

Strobl, Ingrid (1989): „Sag nie, du gehst den letzten

Weg". Frauen im bewaffneten Widerstand gegen Faschismus und deutsche Besatzung, Frankfurt a. M.
Strauss, Herbert A. (1988): Jüdische Emigrantenverbände in den USA. Perioden ihrer Akkulturation, in: Briegel, Manfred, u. Wolfgang Frühwald, Hrsg.: Die Erfahrung der Fremde. Kolloquium des Schwerpunktprogramms „Exilforschung" der Deutschen Forschungsgemeinschaft, Weinheim u. a., S. 121 ff.
Thalmann, Rita (1984): Frausein im Dritten Reich, München–Wien.
Thalmann, Rita (1995): Jewish Women Exiled in France After 1933, in: Quack (1995b), S. 51 ff.
Wall, Renate (1995): Lexikon deutschsprachiger Schriftstellerinnen im Exil 1933–1945, 2 Bde., Freiburg.
Wickert, Christl, Hrsg. (1994): Frauen gegen die Diktatur – Widerstand und Verfolgung im nationalsozialistischen Deutschland, Berlin.
Wolf, Lore (1974): Ein Leben ist viel zu wenig, Frankfurt a. M.

Zum Begriff der Akkulturation

Christhard Hoffmann

Der bereits Ende des 19. Jahrhunderts in der amerikanischen und deutschen Kulturanthropologie benutzte Terminus der Akkulturation hat seine entscheidende Prägung während der 1930er Jahre in den USA erhalten. Um die bis dahin vorherrschende uneinheitliche und oft widersprüchliche Verwendung des Begriffs zu lenken und die diversen ethnologischen Akkulturationsstudien zu koordinieren, beauftragte der amerikanische Social Science Research Council im Jahre 1935 drei führende Anthropologen mit der Ausarbeitung eines Forschungskonzepts. Sie definierten Akkulturation als jene Form kulturellen Wandels, die durch langfristige Kontakte von Individuen und Gruppen aus unterschiedlichen Kulturen entsteht: „Acculturation comprehends those phenomena which result when groups of individuals having different cultures come into continuous first-hand contact, with subsequent changes in the original cultural patterns of either or both groups" (A Memorandum for the Study of Acculturation 1936, S. 149). Diese Definition war bewußt wertneutral gehalten und vermied nähere Bestimmungen über das Verhältnis der involvierten Kulturen (dominant/unterlegen oder gleichberechtigt) und den Charakter der kulturellen Beeinflussung und Veränderung (einseitig oder wechselseitig; Herskovits 1938, S. 10 f.). Spätere Konzeptualisierungen des Akkulturationsbegriffs haben gerade den Fragen von Dominanz und Determination, von Einflußlinien und Machtstrukturen besondere Aufmerksamkeit gewidmet (Heckmann 1992, S. 168 ff.). In der zeitgenössischen anthropologischen Forschung wurden Akkulturationsphänomene vorwiegend an Kulturkontakten zwischen vormodernen Stammesgesellschaften und modernen Industriegesellschaften studiert. Die Akkulturation der amerikanischen Ureinwohner gehörte z. B. in den USA lange Zeit zu den wichtigsten Untersuchungsgebieten (Olmedo 1980, S. 27).

Die Anfang der 1960er Jahre einsetzende Karriere des Akkulturationsbegriffs in anderen Disziplinen, vor allem der Soziologie, der Psychologie, der Urbanisierungs- und Migrationsforschung sowie den entstehenden „Ethnic Studies", ging wesentlich auf die veränderte Wahrnehmung der amerikanischen Einwanderungssituation zurück. Waren die normativen Zielvorstellungen der „Anglo-conformity" und des „melting pot" von einer vollständigen Auflösung der Herkunftskulturen im Assimilierungsprozeß ausgegangen, so zeigten genauere Untersuchungen eingewanderter Gruppen, daß ethnische Identitäten auch nach mehreren Generationen noch erhalten blieben und sich z. T. sogar wieder verstärkten („ethnic revival"; Glazer/Moynihan 1963, 1975). Das Konzept des „cultural pluralism", das die Bewahrung der verschiedenen Einwandererkulturen und „Ethnizitäten" bei gleichzeitiger politischer und ökonomischer Integration befürwortete, war Ausdruck dieses neuen Selbstverständnisses (Gordon 1964, S. 85, 132 ff.; zur Entstehung dieses Konzepts siehe Strauss 1987, S. 253 f.; Mohl 1991; Wacker 1991). Es erlangte in den 1960er und 1970er Jahren in der amerikanischen Diskussion, vor allem in der Ethnic-Studies-Bewegung, zunehmende Bedeutung. Verbunden mit der Leitvorstellung des kulturellen Pluralismus war häufig eine prinzipielle Kritik am Assimilationsbegriff, der wegen seines normativen Gehalts und seines Determinismus als ungeeignet angesehen wurde, um die in Einwanderungssituationen ablaufenden Anpassungs- und Eingliederungsprozesse – und die Vielfalt daraus sich ergebender Lösungen – wertneutral zu beschreiben (zu den wechselnden Konjunkturen des Assimilationskonzepts in der amerikanischen wissenschaftlichen Diskussion siehe Kazal 1995). Als ideologisch unbelasteter Ersatz bot sich der Akkulturationsbegriff an. Anders als das traditionelle Konzept der Assimilation, das eindimensional von der Unterordnung, Anpassung und letztlich vollständigen Auflösung von Einwanderer- und

Minderheitenkulturen ausging, ließen sich mit dem Akkulturationsparadigma auch die Wechselseitigkeit der kulturellen Beeinflussung, die spezifischen Formen kultureller Adaptation (additiv und/oder substitutiv) und das weite Spektrum möglicher aus dem Kulturkontakt resultierender Identitäts- und Lebensformen (von der ethnisch-kulturellen Abschottung bis zur vollständigen Übernahme der Mehrheitskultur) differenziert erfassen (Strauss 1985, S. 9). Diese neue und wesentlich genauere Wahrnehmung der in Einwanderungssituationen ablaufenden kulturellen Wandlungsprozesse hat die wissenschaftliche Behandlung dieser Themen in den verschiedenen wissenschaftlichen Disziplinen seit den 1960er Jahren grundlegend beeinflußt und verändert. Gleichwohl hat dieser konzeptuelle Wandel sich nicht in einer Vereinheitlichung der wissenschaftlichen Beschreibungssprache niedergeschlagen. Nach wie vor sieht man sich in der Literatur mit einer frustrierenden Vielfalt unterschiedlicher Begriffe und Bedeutungsinhalte konfrontiert (Heckmann 1992, S. 167). Was die am häufigsten begegnenden Termini wie „Assimilation", „Integration", „Akkulturation", „Akkomodation", „Adaptation", „Amalgamation" jeweils konkret bedeuten, kann nur im Einzelfall entschieden und oft nur implizit vom Kontext her erschlossen werden. So verwenden z. B. einige Autoren „Akkulturation" als Oberbegriff und zentrales Konzept zur Beschreibung des Gesamtphänomens und verstehen „Assimilation" oder „Assimilierung" entsprechend als den Sonderfall von Akkulturation, der die tendenziell vollständige Auflösung von Gruppenidentitäten bezeichnet (Strauss 1985, 1987; Heckmann 1992, S. 169). Besonders in der amerikanischen Literatur hat sich im Anschluß an Gordon (1964) aber auch ein rein deskriptiver, von ideologischen Bedeutungsinhalten „gereinigter" Assimilationsbegriff als Oberbegriff erhalten, der wiederum „Akkulturation" (verstanden als „kulturelle Assimilation") als Teil umfaßt (Yinger 1994, S. 38 ff., 68 ff.; Morawska 1994). Die anhaltende Begriffsverwirrung auf diesem Gebiet macht es im Grunde für jeden Autoren unumgänglich, die jeweils eigenen Definitionen dieser Termini eindeutig festzulegen.

Geht man nicht von der Terminologie, sondern von den grundlegenden Konzepten der Akkulturationsforschung aus, so ergeben sich größere Gemeinsamkeiten. Gordons bahnbrechende Unterscheidung zwischen verschiedenen Dimensionen des Assimilierungsprozesses findet sich in z. T. leicht abgewandelter Form (und mit unterschiedlicher Begrifflichkeit) bei fast allen Autoren. Gordon hatte sieben Variablen bzw. Bedingungen dieses Prozesses unterschieden: 1. kulturelle oder verhaltensmäßige Assimilation (Akkulturation), 2. Eintritt in Vereine und Institutionen des Aufnahmesystems (strukturelle Assimilation), 3. inter-ethnische Heiraten (Amalgamation), 4. Entwicklung eines Zugehörigkeitsgefühls zur Aufnahmegesellschaft (identifikatorische Assimilation), 5. Verschwinden von Vorurteilen (Akzeptanz-Assimilation), 6. Verschwinden von Diskriminierungen (Gleichbehandlungs-Assimilation), 7. Verschwinden von Wert- und Machtkonflikten (zivile Assimilation; Gordon 1964, S. 71; deutsche Termini nach Heckmann 1992, S. 176 f.). Gordons Unterscheidung ist nicht in erster Linie als ein teleologisches Phasenmodell, sondern als heuristisches Hilfsmittel zur differenzierten Beschreibung der komplexen Eingliederungssituation zu verstehen. Er betont, daß bei konkreten Assimilierungsprozessen die einzelnen Dimensionen in ganz unterschiedlichem Maße verwirklicht sein können. Als entscheidenden Faktor für den Gesamtprozeß sieht Gordon nicht die Akkulturation, sondern die strukturelle Assimilation, d. h. die gelungene Integration der Einwanderer in die Institutionen der Aufnahmegesellschaft (Gordon 1964, S. 81). Gordons Modell ist von Yinger aufgegriffen und modifiziert worden. Yinger definiert Assimilation als „a process of boundary reduction that can occur when members of two or more societies or of smaller cultural groups meet". Er versteht Assimilation als einen komplexen, multidimensionalen Prozeß, der nicht notwendigerweise nur in eine Richtung verlaufe (insofern gehören in seiner Sicht Assimilations- und Dissimilationsstudien eng zusammen), und unterscheidet, basierend auf Gordon, vier miteinander zusammenhängende Elemente oder Subprozesse: 1. kulturelle Assimilation (Akkulturation), 2. strukturelle Assimilation (Integration), 3. psychologische Assimilation (Identifikation), 4. biologische Assimilation (Amalgamation; Yinger 1994, S. 39, 68 ff.).

Was Akkulturation in diesem Sinne konkret bedeutet, kann man mit Heckmann folgendermaßen zusammenfassen: „Akkulturation meint durch Kulturkontakte hervorgerufene Veränderungen von Werten, Normen und Einstellungen bei Personen, den Erwerb von Kenntnissen, Fähigkeiten und Qualifikationen (Sprache, arbeitsbezogene Qualifikationen, gesellschaftlich-kulturelles Wissen u. a.) sowie Veränderungen von Verhaltensweisen und 'Lebensstilen' (z. B. in bezug auf Arbeit, Wohnen, Konsum, Freizeitverhalten, Kommunikationsformen, Heiratsmuster); auch Veränderungen der Selbstidentität sind damit notwendigerweise verbunden." Man kann dabei zwischen einer individuellen (Personen-Akkulturation) und einer kollektiven (Gruppen-Akkulturation) Ebene unterscheiden (Heckmann 1992, S. 168; eine vertiefende Diskussion grundlegender Konzepte der Akkulturationsforschung S. 172 ff.).

In der deutschen Forschung zum Exil der nationalsozialistischen Zeit ist der Gesichtspunkt der Akkulturation lange Zeit vernachlässigt worden. Dies hatte verschiedene Ursachen: Die identifikatorische Wahrnehmung und Präsentation des Exils als das „andere Deutschland" akzentuierte gerade das (gegenüber Nazideutschland alternative) „Deutschsein" und die auf Deutschland bezogenen Aktivitäten der Emigranten. Daß sich die Flüchtlinge unter den kulturellen Bedingungen der Aufnahmeländer – in unterschiedlichem Ausmaß – auch selbst verändert hatten, daß sie eine neue, interkulturelle Identität erworben hatten, blieb dabei ausgeblendet. Hinzu kam, daß die frühe Exilforschung sich meist auf solche Gruppen (insbesondere regimekritische Politiker und Schriftsteller) konzentrierte, deren Deutschland- und Rückkehrorientierung aus verschiedenen Gründen besonders stark und deren Akkulturation entsprechend eher gering ausgeprägt waren. Schließlich fehlten in den die deutsche Exilforschung dominierenden Disziplinen (Literaturwissenschaft, Politische Wissenschaft, Zeitgeschichte) und in der deutschen akademischen Öffentlichkeit allgemein häufig einfach die grundlegenden Kenntnisse der Migrationsforschung und Akkulturationstheorie. Erst als in den 1980er Jahren die → WISSENSCHAFTSEMIGRATION zum Gegenstand der Forschung wurde, die nach den intellektuellen Transferleistungen durch die Emigranten und ihren Veränderungen in den Diskursen mit den Wissenschaftsgemeinschaften der Zufluchtsländer fragte, und sich auch ein neues Selbstverständnis der Bundesrepublik als Einwanderungsland zu formieren begann und kulturwissenschaftliche Fragestellungen in den Sozial- und Geisteswissenschaften an Einfluß gewannen, änderte sich das Bild und die deutsche Forschung fand Anschluß an die internationale Diskussion.

In der Exil- und Emigrationsforschung war diese Entwicklung durch die Zusammenarbeit des Instituts für Zeitgeschichte (München) und der 1972 gegründeten Research Foundation of Jewish Immigration (New York) am *Biographischen Handbuch der deutschsprachigen Emigration nach 1933 (BHb)* vorbereitet worden. Die amerikanische Forschung zur jüdischen Emigration nach 1933 hatte das Akkulturationsparadigma bereits früh rezipiert (Strauss 1965; siehe auch die auf praktische Integrationshilfe zielende Studie von Neubauer 1966) und brachte es in den 1970er Jahren in die deutsche Diskussion ein (Strauss 1981), wo es sich nach anfänglicher Skepsis (siehe die Diskussion in Frühwald/Schieder 1981, S. 271 f.) im Laufe der 1980er Jahre als konzeptuelle Innovation durchsetzen sollte (Loewy 1991, S. 212 f.). Dies hatte zur Folge, daß die bisher in Deutschland weithin vorherrschende nationalgeschichtliche Perspektive in der Exilforschung aufgebrochen und die künstliche Trennung zwischen „politisch-literarischem Exil" einerseits und „jüdischer Emigration" andererseits überwunden wurde. Die Wirkungen dieses konzeptuellen Wandels kann man mit Strauss folgendermaßen skizzieren: „Die nicht immer nur implizit formulierten Werturteile wie Sprachbewahrung, Nationaltreue, Heimatliebe, Parteidisziplin, ideologische Kontinuität etc. wurden transzendiert und aufgelöst in einem wertfreien Akkulturationsbegriff. Er erlaubte, die geschichtlichen Tatsachen vom ausschließlich deutschen Kontext zu lösen und zur Geschichte der Einwanderungsländer, zur jüdischen Geschichte und ihren kulturellen Spannungen, zur Bildung internationaler Netze und wissenschaftlicher Gemeinschaften, zum brain drain und der Wanderungsgeschichte im Großen in Beziehung zu setzen" (Strauss 1991, S. 18).

Die Anwendung des Akkulturationskonzepts auf die Geschichte des deutschsprachigen Exils nach 1933 hat bisher zu unterschiedlichen Schwerpunkten und Ergebnissen geführt. Am besten erforscht sind nach wie vor die Eingliederungsprozesse der jüdischen Emigranten und ihrer Nachkommen in einigen wichtigen Niederlassungsländern (zu den USA Strauss 1981, 1987; von Wahl 1992; Quack 1995; zu Großbritannien Berghahn 1983, 1988; zu Lateinamerika von zur Mühlen 1988; Wojak 1994; Kreuter 1995), während solche Studien für andere Länder (z. B. Palästina/Israel) noch fehlen. Diese Untersuchungen, die z. T. auch die zweite und dritte Generation einbeziehen, können sich konzeptuell und methodisch an den bekannten Migrationsgeschichten anderer Einwanderergruppen der jeweiligen Länder orientieren. Hingegen stellt die Anwendung des Akkulturationskonzepts auf die intellektuelle und künstlerische Emigration eine innovative Entwicklung dar. Sie ist bisher am ehesten auf dem Gebiet der Wissenschaftsemigration versucht worden und hat besonders dort, wo sie Wissenschaftswandel mit Akkulturationserfahrungen in Verbindung bringen konnte, zu neuen Erkenntnissen geführt. „Akkulturation" bei emigrierten Wissenschaftlern meint dabei nicht in erster Linie die persönliche Anpassung an die neuen Lebensumstände (so schwierig diese auch gewesen sein mag), sondern die Veränderung im akademisch-disziplinären Selbstverständnis, die aus dem unmittelbaren Kontakt zu anderen Wissenschaftskulturen entsteht. So haben z. B. Söllner (1991) den Einfluß emigrierter Politikwissenschaftler auf die Transformation der Disziplin vom Staatsrecht zur „political science" dargelegt und Krohn (1987, 1995) den Wandel des staatswirtschaftlich orientierten Modelldenkens emigrierter deutscher Ökonomen in den USA zu offeneren Formen von gesamtwirtschaftlicher Planung unter Marktbedingungen nachgewiesen. Und Weber (1991) konnte am Beispiel des remigrierten Germanisten Richard Alewyn die Spätwirkungen der – in den USA äußerlich gescheiterten – Akkulturation zeigen, die sich u. a. in einem neuen Verständnis des Faches und in der Einführung von amerikanischen Elementen im deutschen Lehrbetrieb manifestierten.

Insgesamt gesehen, ist der Prozeß der Akkulturation, gerade im Bereich des literarischen und künstlerischen Exils, aber noch weitgehend unerforscht (Winckler 1995, S. 79). Es ist jedoch zu erwarten, daß die vielfältigen heuristischen und methodischen Möglichkeiten, die die Akkulturationstheorie für das Verständnis der Exil- und Emigrationsgeschichte anbietet, in Zukunft stärker genutzt werden dürften und dies um so mehr, je wichtiger Fragen der Migration und der interkulturellen Identität für die eigene Gegenwart werden.

Literatur

Ash, Mitchell G., and Alfons Söllner, Eds. (1996): Forced Migration and Scientific Change. Emigré German Speaking Scientists and Scholars after 1933, Cambridge.

Berghahn, Marion (1983): Deutsche Juden in England. Zu einigen Aspekten des Assimilations- und Integrationsprozesses, in: Hirschfeld, Gerhard, Hrsg.: Exil in Großbritannien. Zur Emigration aus dem nationalsozialistischen Deutschland, Stuttgart, S. 268 ff.

Berghahn, Marion (1988): Continental Britons. German-Jewish Refugees from Nazi Germany, Oxford.

Biographisches Handbuch der deutschsprachigen Emigration nach 1933/International Biographical Dictionary of Central European Emigrés (1980–1983), hrsg. vom Institut für Zeitgeschichte, München, u. von der Research Foundation for Jewish Immigration, New York, unter der Gesamtleitung von Werner Röder u. Herbert A. Strauss, 3 Bde., München u. a.

Die Emigration der Wissenschaften nach 1933 (1991). Disziplingeschichtliche Studien, hrsg. von Herbert A. Strauss, Klaus Fischer, Christhard Hoffmann u. Alfons Söllner, München.

Frühwald, Wolfgang, u. Wolfgang Schieder, Hrsg. (1981): Leben im Exil. Probleme der Integration deutscher Flüchtlinge im Ausland 1933–1945, Hamburg.

Glazer, Nathan, and Daniel P. Moynihan (1963): Beyond the Melting Pot, Cambridge.

Glazer, Nathan, and Daniel P. Moynihan, Eds. (1975): Ethnicity. Theory and Experience, Cambridge.

Gordon, Milton M. (1964): Assimilation in American Life. The Role of Race, Religion, and National Origins, New York.

Heckmann, Friedrich (1992): Ethnische Minderheiten, Volk und Nation. Soziologie inter-ethnischer Beziehungen, Stuttgart.

Herskovits, Melville J. (1938): Acculturation. The Study of Culture Contact, New York.

Kazal, Russell A. (1995): Revisiting Assimilation. The Rise, Fall, and Reappraisal of a Concept, in: American Historical Review 100, S. 437 ff.

Kreuter, Maria-Louise (1995): Wo liegt Ecuador? Exil in einem unbekannten Land, 1938 bis zum Ende der fünfziger Jahre, Berlin.

Krohn, Claus-Dieter (1987): Wissenschaft im Exil. Deutsche Sozial- und Wirtschaftswissenschaftler in den USA und die New School for Social Research, Frankfurt a. M.–New York.

Krohn, Claus-Dieter, Hrsg. (1995): Emil Lederer. Der Massenstaat. Gefahren der klassenlosen Gesellschaft, Graz.

Loewy, Ernst (1991): Zum Paradigmenwechsel in der Exilliteraturforschung, in: Exilforschung 9, S. 208 ff.

A Memorandum for the Study of Acculturation (1936), ed. by Robert Redfield, Ralph Linton and Melville J. Herskovits, in: American Anthropologist 38, S. 149 ff.

Mohl, Raymond A. (1991): Cultural Assimilation versus Cultural Pluralism, in: Pozetta, S. 187 ff.

Morawska, Ewa (1994): In Defense of the Assimilation Model, in: Journal of American Ethnic History 13, H. 2, S. 76 ff.

von zur Mühlen, Patrik (1988): Fluchtziel Lateinamerika. Die deutsche Emigration 1933–1945: politische Aktivitäten und soziokulturelle Integration, Bonn.

Neubauer, Ruth (1966): Differential Adjustment of Adult Immigrants and their Children to American

Groups. The Americanization of a Selected Group of Jewish Immigrants of 1933–1942, Diss. Columbia University, New York.

Olmedo, Esteban L. (1980): Quantitative Models of Acculturation: An Overview, in: Padilla, S. 27 ff.

Padilla, Amado M., Ed. (1980): Acculturation. Theory, Models and Some New Findings, Boulder.

Pozetta, George E., Ed. (1991): Assimilation, Acculturation, and Social Mobility, New York–London.

Quack, Sibylle (1995): Zuflucht Amerika. Zur Sozialgeschichte der Emigration deutsch-jüdischer Frauen in die USA 1933–1945, Bonn.

Simpson, George Eaton (1968): Assimilation, in: International Encyclopedia of the Social Sciences 1, S. 438 ff.

Söllner, Alfons (1991): Vom Staatsrecht zur „political science" – die Emigration deutscher Wissenschaftler nach 1933, ihr Einfluß auf die Transformation einer Disziplin, in: Strauss/Fischer u. a., S. 137 ff.

Spicer, Edward H. (1968): Acculturation, in: International Encyclopedia of the Social Sciences 1, S. 21 ff.

Strauss, Herbert A., Ed. (1965): Conference on Acculturation, New York.

Strauss, Herbert A. (1981): Zur sozialen und organisatorischen Akkulturation deutsch-jüdischer Einwanderer der NS-Zeit in den USA, in: Frühwald/Schieder, S. 235 ff.

Strauss, Herbert A. (1985): Akkulturation als Schicksal. Einleitende Bemerkungen zum Verhältnis von Juden und Umwelt, in: ders. u. Christhard Hoffmann, Hrsg.: Juden und Judentum in der Literatur, München, S. 9 ff.

Strauss, Herbert A. (1987): Essays on the History, Persecution, and Emigration of German Jews, New York–München.

Strauss, Herbert A. (1991): Wissenschaftsemigration als Forschungsproblem, in: Die Emigration der Wissenschaften nach 1933, S. 7 ff.

Wacker, R. Fred (1991): Assimilation and Cultural Pluralism in American Social Thought, in: Pozetta, S. 311 ff.

von Wahl, Angelika (1992): Zwischen Heimat und Holocaust. Das Deutschlandbild der Nachkommen deutscher Juden in New York, Frankfurt a. M. u. a.

Weber, Regina (1991): Zur Remigration des Germanisten Richard Alewyn, in: Die Emigration der Wissenschaften nach 1933, S. 235 ff.

Winckler, Lutz (1995): Mythen der Exilforschung?, in: Exilforschung 13, S. 68 ff.

Wojak, Imtrud (1994): Exil in Chile. Die deutsch-jüdische und politische Emigration während des Nationalsozialismus 1933–1945, Berlin.

Yinger, J. Milton (1994): Ethnicity. Source of Strength? Source of Conflict?, New York.

II

Zufluchtsländer:
Arbeits- und Lebensbedingungen im Exil

Einleitung

Die Zufluchtsländer sollten für die Fluchtbewegung aus Deutschland bzw. dem deutschen Machtbereich von entscheidender Bedeutung sein. Ihre geographische Lage, ihre politischen und wirtschaftlichen Verhältnisse sowie Umfang und Zusammensetzung der Emigranten selbst bestimmten die Lebensbedingungen in den jeweiligen Aufnahmeländern. Dabei wurde – zumal ab 1938 – die Wahl des Asyl- und Exillandes selten aus freien Stücken getroffen. Je mehr sich der Einfluß des Dritten Reiches ausdehnte, je deutlicher der Krieg seine Schatten vorauswarf, je größer der Emigrationsdruck aufgrund der immer schärferen Verfolgungen in Deutschland wurde und je abweisender sich die bisherigen wichtigen Aufnahmeländer gegen einen weiteren Zustrom von Flüchtlingen verhielten, desto mehr bestimmten Zufälle und periphere Regionen die Ziele der Fluchtbewegung.

Die Zufluchtsländer hatten also ihre emigrationsgeschichtliche Geographie und Chronologie. In der ersten unmittelbaren Phase nach der nationalsozialistischen Machtübernahme richtete sich die Fluchtbewegung größtenteils auf die Nachbarländer Deutschlands, oft in der Hoffnung auf ein rasches Ende der Diktatur und eine baldige Rückkehr. → Frankreich, die → Niederlande, die → Tschechoslowakei, das bis 1935 unter Völkerbundsverwaltung stehende → Saargebiet waren die wichtigsten Aufnahmeländer, gefolgt von → Belgien, → Luxemburg, → Dänemark, → Schweden, → Norwegen, der → Schweiz und (vor Beginn des Bürgerkrieges 1936) → Spanien. → Grossbritannien gewann erst zum Ende der dreißiger Jahre an Bedeutung für die Massenemigration, während die → Sowjetunion zwar von Anfang an Flüchtlinge aufnahm, sich dabei aber fast ausschließlich auf Kommunisten beschränkte. Selbst rechtsautoritäre Regime mit unverkennbarer ideologischer Verwandtschaft zum Dritten Reich nahmen vorübergehend kleinere Kontingente von Emigranten auf: so → Italien, → Polen, → Ungarn, → Jugoslawien und → Portugal. Flüchtlingsgruppen ließen sich entweder auf dem Transitwege oder in geringer Zahl für eine meist eng befristete Zeit auch in den Balkanländern Albanien, Rumänien, Bulgarien und Griechenland sowie in den Ostseeanrainern Litauen, Lettland, Estland und Finnland nieder, so daß mit Ausnahme von Irland und Island fast alle europäische Staaten zumindest vorübergehend eine größere Anzahl von Flüchtlingen aus dem deutschen Machtbereich beherbergten.

Das Jahr 1938 markierte eine Wende der Fluchtbewegungen. Der „Anschluß" Österreichs und des Sudetengebietes und die Reichspogromnacht lösten weitere Flüchtlingsströme aus. Die Zerschlagung der Tschechoslowakei und die „Rassengesetze" in Italien entzogen vielen Emigranten das bis dahin relativ sichere Refugium. Und aus der spanischen Republik, deren Niederlage gegen Franco sich bereits abzeichnete, strömten Tausende von Bürgerkriegsteilnehmern nach Frankreich zurück. Andererseits hatte der ununterbrochene Flüchtlingsstrom, dem in der Regel eine nur geringe Abwanderung gegenüberstand, die Regierungen der Hauptaufnahmeländer zu einer immer restriktiveren Asylpolitik bewogen. Hinzu kam, daß staatliche Stellen ebenso wie politische, jüdische, christliche und karitative Hilfsorganisationen sich den Aufgaben nicht mehr gewachsen fühlten. Auf Initiative der amerikanischen Regierung fand daher im Juli 1938 im französischen Evian eine internationale Konferenz über die Flüchtlingsfrage statt, deren Erfolg jedoch gering war. Die beteiligten europäischen Länder sahen sich nicht in der Lage, weitere Verantwortung für die wachsenden Flüchtlingszahlen zu übernehmen, und da die Vereinigten Staaten ihrerseits ihre Einwanderungsbestimmungen nicht lockerten, erklärten sich auch die lateinamerikanischen Staaten außerstande, Emigranten aufzunehmen.

Dennoch setzte zu dieser Zeit eine Fluchtbewegung nach Übersee ein, so daß die → Vereinigten Staaten von Amerika trotz der restriktiven Politik ihrer Einwanderungsbehörden mit 130000 Emigranten etwa ein Viertel aller deutschsprachigen Flüchtlinge aufnahmen, wogegen → Kanada sich auf kleinere Kontingente beschränkte. Durch die Intervention von Hilfsorganisationen und mit beträchtlichen finanziellen Mitteln wurde nun die Emigration von etwa 75000–90000 Flüchtlingen nach → LATEINAMERIKA vorangetrieben. Bisher waren kleinere Emigrantengruppen vorwiegend nach → ARGENTINIEN, → BRASILIEN, → CHILE und → URUGUAY ausgewandert. Jetzt gerieten auch solche Länder ins Blickfeld der Fluchtbewegung, die aus klimatischen Gründen, wegen ihrer Armut und Unterentwicklung, ihrer wirtschaftlichen und politischen Instabilität für Europäer bislang wenig attraktiv gewesen waren: → BOLIVIEN, Kolumbien, → ECUADOR, Paraguay, Peru und Venezuela. Kuba und die Dominikanische Republik dienten während des Krieges weitgehend als „Wartesäle" für solche Emigranten, denen eine Einreise in die USA verwehrt wurde. Die lateinamerikanischen Staaten betrachteten die Flüchtlinge in erster Linie als Einwanderer und nicht als Flüchtlinge und machten die Zulassung von wirtschaftlichen, beruflichen und anderen Nützlichkeitserwägungen abhängig. Allein → MEXIKO gewährte nach 1940 einer größeren Zahl von mitteleuropäischen Flüchtlingen sowie Spaniern und Angehörigen anderer Staaten politisches Asyl.

Im Rahmen der sog. Alija waren schon vor 1933 Juden in größerer Zahl in das britische Mandatsgebiet von → PALÄSTINA ausgewandert. Dieses Ziel gewann vor dem Hintergrund verschärfter antijüdischer Maßnahmen in Deutschland eine besondere Bedeutung, die dadurch konterkariert wurde, daß die britischen Behörden diese Auswanderung stark behinderten. Eine begrenzte Zahl von Flüchtlingen emigrierte auch in die → TÜRKEI, nach → SÜDAFRIKA, → AUSTRALIEN und → NEUSEELAND, während die Protektorate, Kolonial- und Mandatsgebiete in → AFRIKA, Asien und in der Karibik für Emigranten weitgehend versperrt blieben. Nur im britischen → INDIEN konnte sich trotz der amtlichen Einreisebeschränkungen eine kleinere Zahl von Flüchtlingen niederlassen. Begrenzt war die Emigration nach → OSTASIEN; vereinzelt ließen sich Emigranten in China und Japan nieder und waren als Spezialisten in den Bereichen Verwaltung, Wissenschaft, Technik und Kultur gefragt. Einen Sonderfall bildete das Stadtgebiet von Shanghai, das wegen seines völkerrechtlichen Status der chinesischen Kontrolle entzogen war und während des Zweiten Weltkrieges Refugium für über 20000 meist deutschsprachige jüdische Flüchtlinge wurde. Nach dem Sommer 1940 waren die Seewege nach Ostasien durch den Kriegseintritt Italiens versperrt, nach dem deutschen Einmarsch in die Sowjetunion im Juni 1941 auch der Landweg über Sibirien. In allen übrigen unabhängigen Staaten Asiens (Iran, Afghanistan, Thailand, Nepal) lassen sich keine nennenswerten Flüchtlingszahlen nachweisen.

Mit der Besetzung weiter Teile Europas durch das Deutsche Reich und seine Verbündeten wurden politische und jüdische Flüchtlinge verstärkt zur Flucht aus ihren früheren Exil- und Asylländern genötigt, wodurch sich die Suche nach Aufnahmeländern noch zuspitzte. Schweden und die Schweiz als neutrale Länder waren vom deutschen Einflußgebiet umgeben und hatten teilweise ihre Grenzen für Flüchtlinge hermetisch geschlossen. Großbritannien, Irland und Island waren infolge des Seekrieges, die Türkei durch den Landkrieg weitgehend unerreichbar. Allein die neutralen Länder Spanien und Portugal boten während des Krieges ein Schlupfloch aus dem bedrohten Europa. Die in den besetzten Ländern aufgegriffenen Emigranten wurden in der Regel in Konzentrationslagern interniert und, sofern es sich um Juden handelte, größtenteils Opfer des Holocaust. Bis zum Herbst 1941 hatte das NS-Regime noch eine jüdische Emigration zugelassen, obwohl sie aufgrund der kriegsbedingten Schwierigkeiten nur noch ein stark reduziertes Ausmaß hatte. Am 23. Oktober 1941 untersagte das Reichssicherheitshauptamt im Vorgriff auf die zu dieser Zeit schon vorbereitete „Endlösung der Judenfrage" jede weitere Auswanderung von Juden aus dem deutschen Machtbereich; daß trotzdem noch etwa 8500 Personen im Zeitraum 1942–45 fliehen oder auswandern konnten, beruht auf Besonderheiten, die sich nicht verallgemeinern lassen.

Die Lebensbedingungen in den Aufnahmeländern variierten nicht nur aufgrund der örtlichen Verschiedenheiten, sondern auch infolge der starken Fluktuation, des Umfanges und anderer Faktoren der Emigration. Einige Länder bildeten das Endziel zahlreicher Flüchtlinge, andere waren nur Zwischenstationen einer weiteren Wanderungsbewegung, die meistens erst in den Vereinigten Staaten oder in Israel, teilweise in Großbritannien, Argentinien, Brasilien, Australien, in geringer Zahl auch in Form einer späteren Remigration in Deutschland und Österreich ihr Ende fand (→ RÜCKKEHR AUS DEM EXIL). Es gab Staaten, in denen sich politische und kulturelle Schwerpunkte der Emigration herausbildeten mit deutschsprachigen Exil-Zeitschriften, Vereinigungen, Synagogengemeinden, Clubs, Theater, Schulen und anderen Institutionen, deren Spuren noch heute erkennbar sind, wohingegen andere Länder aufgrund politischer Bedingungen oder wegen ihres

Charakters als bloße Transitstationen einen solchen Exil-„Mikrokosmos" nicht entwickelten. Während der Transfer von Technik, Wissenschaften und Künsten sowie wirtschaftlichen Unternehmen einige Aufnahmeländer nachhaltig prägte, sind in anderen ehemaligen Exilzentren kaum noch Spuren erkennbar, die an die frühere Anwesenheit mitunter größerer Flüchtlingszahlen erinnern. Hier verbieten sich Verallgemeinerungen. Auch die wirtschaftliche Integration, die sprachliche und mentale Akkulturation, der Wandel mitgebrachter sozialer und geschlechtsspezifischer Rollen variierten von Land zu Land, wobei die Unterschiede zu der – nachträglich oft glorifizierten – Heimat naturgemäß entscheidend waren für eine verzögerte aktive Integration.

Desiderata in der Erforschung und Darstellung der Exilländer sind für einige europäische Staaten unübersehbar (Belgien, Polen, baltische Republiken und Balkan-Länder), für Kanada, für einige lateinamerikanische Staaten (Kolumbien, Peru, Paraguay, Kuba, Dominikanische Republik, Venezuela) sowie für Südafrika, wobei die Quellenlage teilweise recht günstig ist. Bei einigen Ländern, so etwa China bzw. Shanghai oder Japan, liegen die Schwierigkeiten weniger an der Quellenlage als an Sprachbarrieren. Auch wurden Probleme der Akkulturation, der sozialen Integration, des Wandels der Geschlechterrollen und des Wissenstransfers erst für einige Länder untersucht. Hier bieten sich der Exilforschung – vor allem im Rahmen interdisziplinärer Fragestellungen – noch lohnende Aufgaben.

Afrika

BARBARA VORMEIER, PATRIK VON ZUR MÜHLEN

Der afrikanische Kontinent bildete in sehr unterschiedlicher Verteilung das Ziel für eine begrenzte Zahl von Emigranten, so daß sich hier eine Gesamtdarstellung für den gesamten Kontinent anbietet, ausgenommen → SÜDAFRIKA, für das ein eigener Artikel vorgesehen ist. Für die politischen Rahmenbedingungen der Emigration war entscheidend, daß der größte Teil des Kontinents aus britischen, französischen, portugiesischen, belgischen, italienischen und spanischen Kolonien, Protektoraten und Mandatsgebieten bestand und auch die vier formell unabhängigen Staaten (Ägypten, Südafrika, Liberia und Äthiopien) in starkem Maße von Großbritannien bzw. den Vereinigten Staaten abhängig waren und Äthiopien vorübergehend von Italien besetzt worden war. Die Entscheidung für die Einreisegenehmigung der deutschsprachigen Flüchtlinge trugen daher im größten Teil Afrikas fremde Mächte, die bereits in ihren Heimatländern teilweise mit dem Phänomen einer Massenemigration konfrontiert waren. Aufgrund der Restriktionen dieser Mächte blieben die meisten Länder Afrikas einer umfangreichen Emigration versperrt, so daß diese in der Regel nur kleinere Gruppen oder individuelle Fälle umfaßte.

Das zwischen 1922 und 1936 etappenweise die Unabhängigkeit von Großbritannien erlangende Königreich Ägypten nahm keine größeren Flüchtlingskontingente auf, wohl aber ließen sich nach 1933 einige Emigranten – teilweise mit ihren Familien – in Kairo oder Alexandria nieder; grobe Schätzungen bewegen sich bei wenigen Dutzend. Teilweise waren es Kaufleute oder Pressekorrespondenten, die bereits vor 1933 kommerzielle oder journalistische Beziehungen nach Ägypten unterhalten hatten. Das Land nahm aber auch Fachleute aus den Bereichen Wissenschaft, Schule, Kunst und Industrie auf. Der Hamburger Sozialwissenschaftler Siegfried Landshut übernahm 1933 einen befristeten Lehrauftrag in Kairo und hielt sich, unterbrochen von einem Palästina-Aufenthalt, bis 1950 im Lande auf. Die österreichische Kunsthistorikerin Hilde Zaloscer gelangte 1936 zunächst als Hausgehilfin bei einem Arzt nach Alexandria, war jedoch bald darauf in einer Bibliothek wissenschaftlich tätig. Ägypten blieb für sie – wie für die meisten Emigranten am Nil – jedoch nur Zwischenstation auf ihrem weiteren Emigrationsweg. Während des Krieges bildete Kairo eine wichtige Drehscheibe für Kriegswirtschaft, Nachrichtendienste und Militär, so daß manche Emigranten in britischen Diensten zeitweilig in Ägypten stationiert waren (z. B. George Tabori). Der österreichische Rechtswissenschaftler und Politiker Josef Dobretsberger, 1935/36 Sozialminister und zeitweiliger Rektor der Universität Graz, siedelte 1942 von Jerusalem nach Kairo über, um eine Professur an der Gizeh-Universität zu übernehmen und die österreichische Abteilung des britischen Political Intelligence Department in Kairo zu leiten. Schließlich unterhielten jüdische Hilfsorganisationen mit Emigranten besetzte Vertretungen in Kairo, um während des Krieges Rettungsaktionen für europäische Juden durchzuführen oder vorzubereiten, so daß Ägypten in begrenztem Maße auch Transitgebiet für die Emigration nach Palästina wurde. Nach 1945 setzte eine Abwanderung der Emigranten ein, meistens nach → PALÄSTINA/ISRAEL oder nach Großbritannien, da die wachsende antijüdische und antibritische Stimmung einen Verbleib problematisch gestaltete. Dobretsberger kehrte 1946 nach Österreich zurück. Emigranten in Hochschule und Kultur, z.B. mehrere Professoren oder der Pianist Hans R. H. Hickmann, die im Lande blieben, bildeten Ausnahmen.

Anders geartet war die Emigration in die Maghreb-Länder, die in den dreißiger Jahren nicht zu den Zufluchtsländern der Emigranten gehörten, in den Kriegsjahren jedoch zum Sammellager bzw. Straflager für Hitler-Flüchtlinge, republikanische Spanier, ehemalige Interbrigadisten und Vichy-Gegner (23 000–25 000) wurden (Moine 1972; Lévisse-Touzé 1996). Französisch-Nordafrika umfaßte die in Algerien gelegenen Überseedépartements Algier, Oran und Constantine, die von einem dem französischen Innenministerium unterstellten Generalgouverneur regiert wurden, und die beiden Protektorate Tunesien und Marokko, die zwar formell „eigenständige" Staaten waren, jedoch die von der französischen Metropole angeordneten Maßnahmen durchzuführen hatten; Frankreich wurde in Tunesien und Marokko jeweils durch einen vom französischen Außenminister ernannten Résident Général „repräsentiert", der de facto die legislative und administrative Gewalt ausübte.

Frankreich behielt gemäß deutsch-französischem Waffenstillstandsvertrag (Art. 1) die Hoheitsrechte in den französischen Besitzungen, Kolonien, Protektoratsgebieten und Mandaten und hatte somit im Kolonialreich für die Beendigung „des Kampfes gegen das Deutsche Reich" zu sorgen. Da General Noguès, Résident Général von Marokko, im Sommer 1940 ablehnte, sich General de Gaulles Plänen für die Schaffung eines Verteidigungsrates für das französische Kolonialreich (Comité de Défense de l'Empire) anzuschließen, unterstanden Algerien und die nordafrikanischen Protektorate bis zur Landung der Amerikaner in Algerien und Marokko am 8. November 1942 dem Vichy-Regime (Crémieux-Brichac 1996). Am 13. November 1942 verkündete Flottenadmiral François Darlan, Chef der Vichy-Streitkräfte, der sich seit Anfang November in Algerien befand, daß er mit Zustimmung der Amerikaner die Vertretung der französischen Interessen übernehme. Die Zivilverwaltung und das französische Militär sollten Pétain gegenüber weiterhin treu bleiben, indem sie Darlans Befehle ausführten. Somit bestand bis Juni 1943 ein „vichyistischer" Maghreb unter amerikanischer Schutzflagge (Kaspi 1997, S. 205 ff.). Nach Einstellung der Feindseligkeiten bildete Darlan aus den französischen Militärchefs von Algerien, Marokko und Tunesien einen Conseil Impérial, zu dem auch der im Frühjahr aus einem deutschen Kriegsgefangenenlager geflüchtete General Giraud gehörte. Nach Darlans Ermordung (24. Dezember 1942) ernannte der Conseil Impérial General Henri Giraud zum Hohen Kommissar in Afrika. Giraud war somit oberster Befehlshaber im militärischen und zivilen Bereich bis zum 3. Juni 1943, dem Tag der Gründung des Comité Français de la Libération Nationale (CFLN), das von de Gaulle und Giraud gemeinsam präsidiert wurde. Am 3. November 1943 wurde dann in Algier die provisorische Regierung für das unbesetzte Frankreich gebildet, und Charles de Gaulle blieb allein Präsident des CFLN (Bouche 1991, S. 367 ff.).

Analysiert man die Lage der deutschen und österreichischen Flüchtlinge, so ist die Zeit nach Kriegsausbruch bis zur Landung der Amerikaner in Nordafrika von der Periode nach dem 8. November 1942 bis zur Befreiung Frankreichs zu unterscheiden. Genaue Zahlen über Emigranten, die sich unter den administrativ registrierten Deutschen in Nordafrika vor Ausbruch des Krieges befanden, liegen nicht vor. Nach Angaben des schwedischen Konsulats in Algier wurden von den 337 Deutschen des Départements Oran nach Kriegsbeginn 78 Personen interniert bzw. verhaftet. Im Département Constantine registrierte man 42 Deutsche; 15 waren interniert bzw. verhaftet. Unter den in Algier Verhafteten befanden sich der aus Spanien geflüchtete Journalist Rolf Reventlow (Reventlow 1998) sowie Dittmar Danelius, der seit 1936 gemäß Parteiauftrag in der französisch-sowjetischen Gesellschaft (Association France-URSS) arbeitete. Im Winter 1939/40 wurden Tausende von Emigranten von Frankreich aus in die nordafrikanischen Lager verlegt, sei es – für die Dauer des Krieges – als Freiwillige der Fremdenlegion (rund 3500), sei es als „prestataires" (→ FRANKREICH).

Unter den Flüchtlingen, denen unmittelbar vor Inkrafttreten des deutsch-französischen Waffenstillstandes im Juni 1940 noch per Schiff die Flucht nach Casablanca geglückt war, befanden sich einige deutsche Emigranten, unter ihnen die Schriftsteller Kurt Kersten und Robert Breuer, denen nach wochenlangen Bemühungen die Weiterreise in das Übersee-Département Martinique gelang, wo Breuer verstarb und Kersten bis Ende des Krieges lebte. Nach dem Bericht der deutschen Waffenstillstandskommission für die Rückführung deutscher Zivilinternierter vom 16. Juli 1940 hatten sich 174 der im algerischen Lager Boghar internierten deutschen Staatsangehörigen für die „Rückkehr ins Reich" entschieden, während 119 Internierte die Rückführung ablehnten. Aus dem marokkanischen Lager wurden 31 Deutsche zurückgeführt, während zehn Zivilinternierte in Marokko verbleiben wollten (Schramm/Vormeier 1979, S. 292).

Nach Unterzeichnung des Waffenstillstandsvertrages hätten französische Sichtungskommissionen – unter Verantwortung des Innenministeriums – die Freilassung von Internierten und „prestataires" anordnen können, wenn es sich entweder um Personen handelte, die über ausreichende Geldmittel zum Leben verfügten, oder die keine Gefahr für die öffentliche Ruhe und Ordnung darstellten. In einem Rundschreiben vom 1. Mai 1941 verkündete Kriegsminister Huntzinger jedoch, daß prinzipiell kein deutscher Internierter aus Nordafrika freizulassen sei; nur in ganz besonderen Fällen könne der Résident Général von Marokko bzw. Tunesien beim französischen Außenministerium Ausnahmen beantragen. Diese Maßnahmen wurden damit begründet, auf jeden Fall zu vermeiden, daß die deutschen Internierten eine Anti-Vichy-Propaganda unter den Einheimischen betreiben konnten. Aus diesem Grunde hatte man bereits im November 1940 die ehemaligen „prestataires" in Gruppen ausländischer Arbeitskräfte (GTE, groupement de travailleurs étrangers) zusammengefaßt, um das „Treiben unerwünschter Ausländer unschädlich zu machen". Die Männer, die sich für die Dauer des Krieges in der Fremdenlegion engagiert hatten, wurden ebenfalls in Sondereinheiten (Lager Gerryville) zusammengefaßt (Porch 1994, S. 510 ff.).

Aus „Sicherheitsgründen" veranlaßte die Vichy-Regierung im Jahre 1941 den Transfer von über 900 französischen und ausländischen „unerwünschten Elementen" in die algerischen Straflager Djelfa (für Ausländer) und Bossuet (für Franzosen); unter ihnen befanden sich deutsche Spanienkämpfer und Kommunisten aus dem Straflager Le Vernet. Ein anderer Teil politisch Verdächtiger kam in das marokkanische Lager Missour. Die Internierten wurden in den nordafrikanischen Lagern den einheimischen Arbeitskräften gleich ausgebeutet und für den Bau der Sahara-Bahn (Colomb-Béchar), im Bergbau (Imfout, Djerada) oder zu Bauarbeiten (Immouzer) eingesetzt. Bou-Arfa war – neben Colomb-Béchar – mit 1 800 internierten Ausländern das größte marokkanische Arbeitslager. In den algerischen Lagern von Kenadza und Djelfa befand sich der Hauptteil der deutschen und österreichischen Internierten. Die Unterbringung in diesen Lagern – wo es oft keine Baracken, sondern nur Spitzzelte gab – war katastrophal und menschenunwürdig. Die Versorgung war aufgrund der geographisch isolierten Lage ebenfalls ungenügend. Die primitiven sanitären Einrichtungen sowie die harten klimatischen Bedingungen bewirkten zahlreiche Fälle von Typhus, Malaria, Ruhr und Sumpffieber (Rosenthal 1980). In einigen Lagern (Hadjerat M'Guil, Kenadza, Bou Arfa) kam es zu Folterungen, Morden und Mißhandlungen.

Im Mai 1941 wurden ebenfalls wochen- bzw. monatelang Hunderte von Schiffspassagieren aller Altersgruppen mit gültigen Reisepapieren interniert (Oued Zem, Sidi el Ayachi), nachdem sie aus unerfindlichen Gründen von den französischen Behörden in Casablanca zurückbehalten worden waren. Für einen Teil der Passagiere war die Geltungsdauer der Einreisevisa (Martinique, USA) oder der Transitvisa für Süd- und Mittelamerika durch das lange Warten abgelaufen. Erst im Herbst konnte der Großteil die Weiterreise antreten.

Nach offiziellen Angaben gab es im November 1942 in 15 marokkanischen Lagern 3 357 und in den fünf größten algerischen Lagern 2 185 Internierte. Die Zahl der Deutschen und Österreicher belief sich nach Schätzungen auf 400–500 Personen. Zehn Tage nach der erfolgreichen Landung der Amerikaner (Operation Torch) forderte Präsident Roosevelt die Freilassung aller Personen, die in Nordafrika interniert oder verhaftet waren, weil sie sich gegen den Nationalsozialismus aufgelehnt hatten, und die Abschaffung aller Gesetze und Verordnungen, die vom NS-Regime und seiner Ideologie „inspiriert" waren (Abitbol 1983).

Zur Befreiung der Internierten schufen die Amerikaner und Briten die Joint Commission for political Prisoners and Refugees in North Africa, die in Zusammenarbeit mit den Quäkern, dem JDC und dem Internationalen Roten Kreuz ab Januar 1943 sämtliche nordafrikanischen Lager zur Überprüfung jedes Einzelfalles besichtigte. Das Hauptanliegen bestand in der sofortigen Verbesserung der Lagerverhältnisse und Befreiung der Internierten. Das Ende 1942 geschaffene Office of Foreign Relief and Rehabilitation Operations (OFRO) organisierte die Arbeitsbeschaffung für die Internierten, die vor allem befristete Arbeit bei amerikanischen Dienststellen fanden. Die Briten rekrutierten im Frühjahr 1943 über 900 Internierte für das Pioneer Corps. Mehrere Dutzend von Deutschen wurden in das 338. Pioneer Corps aufgenommen, darunter jene 28 deutschen Spanienkämpfer und Kommunisten, denen im Dezember 1943 durch Intervention aus Moskau die Ausreise in die Sowjetunion gelang. Trotz der Entscheidung General Girauds vom 27. April 1943, „alle ausländischen und politischen Internierten [die nicht Staatsangehörige der Achsenmächte waren] aus den Lagern zu entlassen", ging die Freilassung nur schleppend voran. Die Internierten wurden nur dann entlassen, wenn sie sich entweder erneut „militärisch engagierten" (Fremdenlegion, englische Pioneer Corps, Freikorps unter Giraud), einen Arbeitsvertrag oder gültige Ausreisepapiere sowie Tickets für eine Schiffspassage vorweisen konnten, so daß unter den gegebenen militärischen, politischen und administrativen Umständen ein Großteil der Emigranten bis zur „Libération" in Nordafrika verblieb.

Das übrige Afrika beschäftigte als mögliches Siedlungsgebiet für Juden (Madagaskar, Kenia) bzw. als Auffanggebiet für Verfolgte allgemein sowohl das NS-Regime als auch die britische und amerikanische Politik. Dabei weigerte sich Großbritannien nach 1937, größere Flüchtlingskontingente in seine Territorien einreisen zu lassen, und verwehrte beispielsweise noch Anfang 1944 jüdischen Emigranten, die von Moçambique nach Palästina reisen wollten, die Durchreise durch britisches Gebiet (Sichel 1966, S. 99; von zur Mühlen 1992, S. 154). Teilweise waren einige kleinere Gruppen meist deutschsprachiger jüdischer Flüchtlinge schon vorher eingereist, teilweise hatten ihnen die britischen Kolonialverwaltungen trotz der restriktiven Einwanderungspolitik 1937/38 die Einreise dennoch gestattet, so daß sich zum Kriegsbeginn etwa folgendes Bild abzeichnete: Kenia 600–650, Nordrhodesien (Zambia) ca. 200, Swasiland 90, Betschuanaland (Botswana) 9 Flüchtlinge. Vereinzelt wanderten kleinere Personengruppen auch nach Südrhodesien (Zimbabwe). Unter anders gelagerten Umständen gelangten im Dezember 1940 etwa 1580 meist deutschsprachige jüdische Flüchtlinge aus Danzig, Wien und der Tschechoslowakei in die damalige britische Kronkolonie Mauritius: Sie waren als illegale Einwanderer in Palästina aufgriffen und auf die Insel deportiert und dort im Lager von Beau Bassin interniert worden. Trotz der widrigen Umstände im Lager, mangelhafter Versorgung mit Nahrung, Bekleidung und trotz strenger Lagerreglements gaben die Insassen eine eigene Lagerzeitung heraus und gründeten eine „Volksuniversität", eine Schule sowie Werkstätten. Die Flüchtlinge wurden von dem South African Jewish Board of Deputies und der Jewish Agency unterstützt. Die im Lager gegründete Zionistische Vereinigung von Mauritius bemühte sich mit Hilfe der Jewish Agency um die Rückkehr der Flüchtlinge nach Palästina, die im August 1945 von den britischen Behörden gestattet wurde (Zwergbaum 1960; Friedmann 1998).

Wegen der restriktiven Haltung der europäischen Kolonialmächte gelang es den Hilfsorganisationen (→ FLUCHTHILFE) nicht, bei der Einwanderung, der Niederlassung sowie der sozialen Integration in afrikanischen Ländern behilflich zu sein. Der 1939 in Johannesburg gegründete Council for Refugee Settlement in Africa Outside the Union und der gleichfalls in der Südafrikanischen Union gebildete Polish-Austrian Relief Fund konnten allerdings teilweise die Einwanderung der genannten Flüchtlinge in die genannten Länder sowie nach Moçambique oder die Weiterwanderung von Südafrika nach China/Shanghai (→ OSTASIEN) oder nach Hongkong finanziell unterstützen. Der Council richtete 1939 in Zusammenarbeit mit dem Kenya Jewish Refugee Committee und dem British Council for German Jewry auch eine Lehrfarm für mehrere hundert Flüchtlinge ein, auf der sie für die Landwirtschaft ausgebildet werden sollten (Sichel 1966, S. 108).

Im portugiesischen Kolonialreich fanden ebenfalls einige Emigranten aus Deutschland und Österreich Zuflucht. Großbritannien und die USA erörterten während des Krieges Pläne einer Unterbringung größerer Emigrantenkontingente in den portugiesischen Kolonien, Washington und London sondierten 1940 in Lissabon die Möglichkeit einer jüdischen Massenansiedlung in Angola, jedoch scheiterten diese Projekte am Einspruch der portugiesischen Regierung (Wasserstein 1979, S. 253, 46; Schäffer 1995). Die kleinen Gruppen, die sich in portugiesischen Gebieten nachweisen lassen, waren eher unfreiwillig dorthin verschlagen worden. Für 1940 sind 32 deutschsprachige Juden in Angola belegt und für 1944 24 in Moçambique (von zur Mühlen 1992, S. 155 f.). Es gibt Hinweise dafür, daß diese Gruppen rasch wieder abwanderten, sobald sich nach Kriegsende Möglichkeiten hierzu anboten.

Der rechtliche Status der Emigranten unterlag den jeweiligen Bedingungen des Aufnahmelandes und läßt sich nicht verallgemeinern. Vielfach erhielten die Flüchtlinge nur eine befristete Aufenthaltserlaubnis; auch wurde ihnen in einigen Ländern keine Arbeitserlaubnis oder eine solche nur für bestimmte Berufe erteilt. Emigranten als Siedler in der Landwirtschaft dürften, soweit die lückenhafte Übersicht eine solche Aussage zuläßt, eher Ausnahmen gebildet haben. Bei den wenigen Personen, über die Informationen vorliegen, fallen mittelständische Berufe auf: Kaufleute, Kleinunternehmer, Firmenvertreter, Lehrer, Ärzte, Techniker und andere Spezialisten.

Über die Anwesenheit von Flüchtlingsgruppen in anderen britischen Gebieten als den genannten sowie in französischen Territorien südlich der Sahara, spanischen, belgischen und italienischen Besitzungen liegen bis jetzt keine Forschungsergebnisse vor. Von Interesse wären die afrikanischen Länder als Transitstationen für weitere Emigrationswege, das Verhalten der Kolonialverwaltungen und die gelungene/mißlungene Integration in koloniale Gesellschaftsstrukturen.

Literatur

Abitbol, Michel (1983): Les juifs d'Afrique du Nord sous Vichy, Paris.

Ageron, Robert Ch. (1994): Histoire de l'Algérie contemporaine, 10. Aufl., Paris.

Bouche, Denise (1991): Histoire de la colonisation française. Flux et reflux 1815–1962, Bd. 2, Paris.

Cohen-Hadria, Elie (1976): Du Protectorat français à l'indépendance tunésienne. Souvenir d'un témoin socialiste, Nizza.

Danan, Yves-Maxime (1963): La vie politique à Alger de 1940 à 1944, Paris.

Dubb, Allie A. (1994): The Jewish Population of South Africa. The 1991 Sociodemographic Survey, Cape Town.

Friedmann, Ronald (1998): Exil in Mauritius. Jüdische Schicksale 1940–1945. Report einer Deportation durch Großbritannien, Berlin.

Kaspi, André (1997): Les juifs pendant l'occupation, Paris.

Moine, André (1972): La déportation et la Résistance en Afrique du Nord, 1939–1944, Paris.

von zur Mühlen, Patrik (1992): Fluchtweg Spanien–Portugal. Die deutsche Emigration und der Exodus aus Europa 1933–1945, Bonn.

Porch, Douglas (1994): La Légion étrangère 1831–1962, Paris.

Reinerova, Lenka (1997): Traumcafé einer Pragerin, Berlin.

Reventlow, Rolf (1998): Kaleidoskop des Lebens, München.

Rosenthal, Philip (1980): Einmal Legionär, Hamburg.

Schäffer, Ansgar (1995): Os projectos para uma colonização israelita de Angola, in: História 9, S. 32 ff.

Sichel, Frieda H. (1966): From Refugee to Citizen. A sociological Study of the Immigrants from Hitler-Europe who settled in Southern Africa, Capetown–Amsterdam.

Stora, Benjamin (1991): Histoire de l'Algérie coloniale 1830–1954, Paris.

Wasserstein, Bernard (1979): Britain and the Jews of Europa 1939–1945, London.

Zwergbaum, A. (1960): Exile in Mauritius, in: Yad Vashem Studies 4, S. 191 ff.

Argentinien

Arnold Spitta

Obwohl Argentinien für viele Emigranten zunächst ein Gastland „zweiter Wahl" oder gar Zufluchtsort aufgrund des Zufalls einer Visaerteilung war, ermöglichten die relativ günstigen Arbeits- und Lebensbedingungen eine im allgemeinen rasche Integration in das wirtschaftliche und soziale Leben des Landes. Zusätzliche Hilfen boten die sozialen Einrichtungen der alteingesessenen jüdischen Kolonie von Buenos Aires (überwiegend ostjüdischen, z. T. sephardischen Ursprungs), eine der größten weltweit. Mit rund 35 000 aufgenommenen deutschen Emigranten ist Argentinien nach den USA das mit Abstand wichtigste Asylland auf dem amerikanischen Kontinent, weist aber zugleich für die Jahre 1930 bis 1945 – verglichen mit den vorhergehenden Dekaden und der zweiten Hälfte der vierziger Jahre – einen Tiefstand der Einwanderung auf, der nicht allein auf die Weltwirtschaftskrise zurückzuführen ist, sondern auch politische Gründe hatte.

Argentinien galt seit seiner um 1880 erfolgten politischen und territorialen Konsolidierung als eines der klassischen Länder der europäischen Einwanderung, vor allem aus Italien und Spanien. Willkommen waren Siedler und Landarbeiter, Handwerker, Techniker und Unternehmer mit Investitionskapital. Die Förderung dieser Einwanderung gehörte explizit zu dem Modernisierungs-, Expansions- und Aufbauprojekt, das die herrschende liberalkonservative Elite in Gang setzte und das die Grundlage für den fast ein halbes Jahrhundert lang – bis zur Weltwirtschaftskrise von 1929 – andauernden, nur selten durch innere oder äußere Umstände unterbrochenen, atemberaubenden wirtschaftlichen Aufschwung des Landes bildete. In den dreißiger und vierziger Jahren gehörte der Lebensstandard Argentiniens zu den höchsten weltweit und lag deutlich über dem der Länder Südeuropas und mit Abstand über dem der näheren oder entfernteren lateinamerikanischen Nachbarländer (Escudé 1983, S. 15 ff.).

Anders als in den USA fand diese fast ein halbes Jahrhundert praktizierte weltoffene Wirtschaftspolitik des Laissez-faire keine Entsprechung im politischen Bereich, von dem die Mehrheit der Bevölkerung u. a. durch formale Restriktionen – zu denen nicht geheime Stimmabgabe, Stimmenkauf und Wahlbetrug gehörten – ausgeschlossen war. Sie konnte somit nur beschränkt an der politischen Willensbildung partizipieren. Erst 1916 gewann aufgrund eines geänderten Wahlgesetzes die oppositionelle Radikale Partei, die vor allem die aufstrebenden städtischen Mittelschichten vertrat, die Präsidentschaftswahlen und regierte das Land bis zum Putsch nationalistischer Kreise des Militärs im September 1930. Nach zwei Jahren Militärregierung, die offen mit ständestaatlich-autoritären Regimen sympathisierte, wurde durch Betrug der konservative General Agustín P. Justo zum Präsidenten gewählt. Elf Jahre, bis zum Militärputsch vom 4. Juni 1943, existierte in Argentinien zwar eine formaldemokratische Fassade, d. h., es gab ein Parlament mit Regierungspartei und Opposition, aber die Anhänger der Radikalen Partei – und das hieß: die Mehrheit der Bevölkerung – konnten infolge der Behinderungen ihrer Kandidaten und wegen der Wahlfälschungen der Konservativen am politischen Geschehen kaum teilnehmen. Die konservative Regierung versuchte, die negativen Folgen der Wirtschaftskrise u. a. durch Lohnsenkungen, Entlassungen und eine Währungsabwertung, kurz, durch eine allgemeine Senkung des Lebensstandards auf die lohnabhängige Bevölkerung abzuwälzen. Die wachsenden sozialen Spannungen wurden mit verstärkter polizeilicher Repression gegen Gewerkschaften und mißliebige Oppositionelle beantwortet (Spitta 1978, S. 15 ff.).

Angesichts dieser politischen und wirtschaftlichen

Verhältnisse bot Argentinien dem Flüchtling aus Europa ein je nach dem politischen Standpunkt des Betrachters unterschiedliches Bild: Für politische Flüchtlinge linker Provenienz gab es wenige Anreize, es als Asylland in Betracht zu ziehen. Hingegen war es für eher unpolitische Emigranten, die vorwiegend aus „rassischen" Gründen Deutschland hatten verlassen müssen, unbestritten das Land mit dem höchsten Lebensstandard in Lateinamerika. Zudem förderte die sich Mitte der dreißiger Jahre verbessernde Konjunktur die berufliche Integration.

Als Folge der Weltwirtschaftskrise von 1929 waren die traditionell einwanderungsfreundlichen Bestimmungen erheblich eingeschränkt worden. Trotz der wirtschaftlichen Erholung in der zweiten Hälfte der dreißiger Jahre blieben die Restriktionen bestehen und wurden mit Beginn des Spanischen Bürgerkriegs sogar noch verschärft. Dennoch war es bis Mitte 1938 relativ leicht, nach Argentinien zu gelangen. Für Passagiere mit einer Schiffspassage 1. Klasse stellte ein Touristenvisum in der Regel kein Problem dar. Einwanderer oder Emigranten, die bereits im Lande ansässig waren, konnten mit einer sog. Rufpassage („llamada familiar") ihre Verwandten nachkommen lassen. Jedoch erfolgte, als nach dem „Anschluß" Österreichs, der Zerschlagung der Tschechoslowakischen Republik ein halbes Jahr später und nach den Novemberpogromen 1938 der Flüchtlingsstrom aus Europa anschwoll, eine weitgehende Schließung der Grenzen für die Einwanderung, die während der gesamten Kriegszeit beibehalten wurde. Neben antisemitischen Sympathien bei führenden Beamten der Einwanderungsbehörde war es Konsens in der von Konservativen beherrschten Regierung, daß Argentinien nicht aufnehmen solle, was aus Europa ausgestoßen werde (Jackisch 1989 b; Senkman 1989, 1991, S. 105 ff.; Spitta 1989; Rock 1993).

Nach der nationalsozialistischen „Machtergreifung" flohen nur verhältnismäßig wenige Emigranten direkt nach Argentinien. Erst Mitte der dreißiger Jahre steigerte sich die Zahl der Flüchtlinge allmählich, erreichte 1937/38 ihren Höhepunkt und sank dann aufgrund der Einwanderungsbeschränkungen, um während des Krieges beinahe ganz zum Erliegen zu kommen, sieht man von der Binnenwanderung aus den ärmeren Nachbarländern – z.B. aus Bolivien – nach Argentinien ab. Im Widerspruch zu den erwähnten Restriktionen in der offiziellen Einwanderungspolitik steht die beachtliche Zahl von rund 35 000 Emigranten, die das Land aufnahm (von zur Mühlen 1988, S. 45 ff.; Jackisch 1989 a; Senkman 1991; Saint Sauveur-Henn 1995, S. 247 ff.). Bezogen auf seine Bevölkerung nahm Argentinien mehr Flüchtlinge auf als jedes andere Land der Welt mit Ausnahme von Palästina: 50% mehr als die Vereinigten Staaten, dem „klassischen" Aufnahmeland. Es nahm eine um ca. 30% größere Zahl an Flüchtlingen auf als Brasilien, das die dreifache Bevölkerungszahl hatte, und bot etwa 40% aller in Lateinamerika aufgenommenen Emigranten Schutz. Dies legt den Schluß nahe, daß es neben der beachtlichen Zahl legal ins Land gekommener Emigranten eine ebenfalls beträchtliche Anzahl von Flüchtlingen gab, denen es gelang, „halblegal" oder auch illegal ins Land einzureisen. War ein Flüchtling einmal im Lande, konnten die Hilfsorganisationen nach einiger Zeit anscheinend ohne größere Schwierigkeiten seinen Aufenthalt legalisieren.

Die deutsche Kolonie in Argentinien hatte sich bereits in den zwanziger Jahren in einen konservativen und einen demokratisch-republikanischen Flügel aufgespalten (Newton 1977; Spitta 1986; Saint Sauveur-Henn 1995, S. 533 ff.). Die nationalsozialistische Machtübernahme führte zum endgültigen Bruch. Der größte Teil der Schulen sowie der sozialen und kulturellen Einrichtungen stand in kürzester Zeit unter der mittelbaren oder unmittelbaren Kontrolle der Deutschen Botschaft. Die antinazistisch gesinnten Auslandsdeutschen sahen sich vor die Notwendigkeit gestellt, für die verlorenen sozialen und kulturellen Vereine Ersatz zu schaffen. Auf Initiative des Chefredakteurs und Mitherausgebers des demokratisch orientierten deutschsprachigen *Argentinischen Tageblatts*, Ernesto F. Aleman, wurde im April 1934 die Pestalozzi-Schule gegründet, die – entsprechend der schnell wachsenden Zahl von Flüchtlingen – eine stürmische Entwicklung nahm und sich binnen kurzem zu einer großen bilingualen Schule entwickelte, die der Tradition der Toleranz, der Demokratie und des Humanismus verpflichtet war. Ihr erster Direktor wurde der Pädagoge und Journalist Alfred Dang. Weitere Lehrer waren u.a. der ehemalige Reichstagsabgeordnete August Siemsen, der Graphiker Clément Moreau, Walter Damus und Heinrich Groenewald. Der Trägerverein, die Pestalozzi-Gesellschaft, entfaltete vielfältige kulturelle Aktivitäten und bildete bald ein kulturelles Zentrum der Emigration. Die Pestalozzi-Schule zählt heute zu den großen deutsch-argentinischen Begegnungsschulen in Buenos Aires (Schnorbach 1995).

Auch die deutsch-jüdischen Kreise in Argentinien, die bis dahin Teil der deutschen Kolonie gewesen waren, sahen sich aus ihr hinausgedrängt und gründeten Ende April 1933 den Hilfsverein deutschsprechender Juden (später Asociación Filantrópica Israelita), der sich zunächst die Aufgabe stellte, in Not geratene ortsansässige deutsche Juden zu unterstützen. Der bald beginnende Flüchtlingsstrom aus Europa ließ den Hilfsverein schnell expandieren. Etwa 1937/38, dem Höhepunkt der Einwanderung, stellte er provisorische Unterkünfte bereit, offerierte Spanischkurse, half bei der zumeist notwendigen beruflichen Neuorientierung und bemühte sich um Stellenvermittlung, bot Hilfestellung und juristische Beratung für halb- oder illegale Flüchtlinge, unterhielt ein Kinderheim und eine Kindertagesstätte für Kinder von Emigranten und eröffnete später ein Altersheim; auch betrieb er eine Kleiderkammer für Minderbemittelte. Mindestens ein Drittel aller Flüchtlinge wurden in irgendeiner Weise vom Hilfsverein unterstützt (Zehn Jahre Aufbauarbeit 1943, S. 20 ff.). Vom Hilfsverein gegründete Einrichtungen wie das Altersheim „Adolfo Hirsch" in San Miguel erfüllen bis heute eine wichtige soziale Aufgabe (Asociación Filantrópica Israelita 1983; Schwarcz 1991). Das *Mitteilungsblatt* des Hilfsvereins (später in *Filantropía* umbenannt) diente nicht nur als Vereinsblatt im engeren Sinne, sondern stellte ein Diskussionsforum für soziale, aber auch für allgemeine Belange der deutsch-jüdischen Emigration dar. Von den sozialen Einrichtungen der alteingesessenen jüdischen Kolonie sind u. a. zu nennen die Sociedad de Protección a los Inmigrantes Israelitas (Sopromitis), einer Zweigstelle der internationalen HICEM-Organisation, und die Jewish Colonization Association (ICA), auf die weiter unten näher eingegangen wird.

Die große Mehrheit der Flüchtlinge war in Deutschland nicht politisch aktiv gewesen und strebte in Argentinien vor allem danach, sich eine neue Existenz aufzubauen. Dazu gehörte auch die Gründung von kulturellen, religiösen, sozialen und geselligen Vereinigungen, die der Entwurzelung und der kulturellen und sozialen Isolation entgegenwirken und das Einleben in Argentinien erleichtern sollten. Im Oktober 1937 wurde die Jüdische Kulturgemeinschaft (JKG) ins Leben gerufen, die schon nach kurzer Zeit eine rege, breitgefächerte kulturelle Tätigkeit entwickelte, zu der z.B. auch Religionsunterricht für Kinder und Spanischunterricht für Neueinwanderer gehörten. Ein angeschlossenes Freizeitzentrum bot Sport- und Erholungsmöglichkeiten. 1943 hatte die JKG rund 1500 Mitglieder mit 5000 Familienangehörigen (Zehn Jahre Aufbauarbeit 1943, S. 128 ff.). Später in Asociación Cultural Israelita de Buenos Aires (ACIBA) umbenannt, ist sie nach wie vor ein wichtiges Zentrum für deutsch-jüdisches Kultur- und Gemeindeleben. Im Oktober 1939 wurde die Nueva Comunidad Israelita gegründet, über deren vielfältige Aktivitäten das Gemeindeblatt *porvenir* Auskunft gibt. Die Gemeinde verfügte bereits 1944 über mehrere Synagogen. Zionistische Kreise hatten bereits 1936 eine deutschsprechende Gruppe gegründet; 1944 schlossen sich die verschiedenen zionistischen Organisationen in der Theodor Herzl Gesellschaft zusammen, deren Vorsitzender von 1942 bis 1953 Hardi Swarsensky war (von zur Mühlen 1988, S. 67 ff.; Saint Sauveur-Henn 1995, S. 555 ff.).

Als Publikationsorgane der bewußt jüdischen Emigration gründeten Hardi Swarsensky und Günter Friedländer 1940 die *Jüdische Wochenschau* (später *Semanario Israelita*) und die erwähnte Zeitschrift *porvenir* (1942–45). Neben der Pflege des kulturellen Erbes dienten beide Blätter der Standortbestimmung des religiös und kulturell gebundenen Judentums. In teilweise polemischen Auseinandersetzungen mit politischen Exilzeitschriften wurde ein scharfer Schlußstrich unter die gemeinsame deutsche Vergangenheit gezogen und eine Beteiligung an den deutschlandbezogenen exilpolitischen Aktivitäten abgelehnt zugunsten einer raschen Integration in die neue Heimat Argentinien oder aber zugunsten dezidiert zionistischer Positionen (Maas 1978, S. 43 ff.; Saint Sauveur-Henn 1995, S. 558 ff.).

Die Angaben der Einwanderungsstatistiken zur sozialen und beruflichen Schichtung der Emigranten sind lückenhaft und nur begrenzt aussagekräftig (von zur Mühlen 1988, S. 74 ff.; Jackisch 1989a; Levin 1994). In einem Bericht der Asociación Filantrópica Israelita wird jedoch darauf hingewiesen, daß nur 3% der 12 000 Hilfsempfänger den von der Einwanderungsbehörde favorisierten landwirtschaftlichen Hintergrund besaßen, hingegen 30% kaufmännische Berufe ausgeübt hatten. Die Jewish Colonization Association gründete Mitte der dreißiger Jahre in der Provinz Entre Rios (rund 700 km von der Hauptstadt entfernt) die landwirtschaftliche Siedlung Avigdor. Einige Hundert deutsch-jüdische Flüchtlingsfamilien erhielten nach einer vorbereitenden Ausbildung landwirtschaftliche Parzellen zur Bewirtschaftung. Obwohl im Laufe der Jahre und Jahrzehnte die meisten Flüchtlingsfamilien wieder wegzogen, hat sich Avigdor bis heute erhalten. Insgesamt ist die Zahl der angesiedelten Flüchtlinge – zu der weitere Familien in anderen Kolonien der ICA hinzukamen – eher bescheiden gewesen. Es gab bereits zeitgenössische Beobachter, die die geringe Effizienz im Verhältnis zum Aufwand und den eingesetzten Mitteln kritisierten (Spitta 1978, S. 37). Ein weiteres Projekt war eine Obstanbau-Plantage in der südlichen Provinz Rio Negro, die vom Hilfsverein deutschsprechender Juden gegründet und unterhalten wurde und die der landwirtschaftlichen Schulung jüngerer Siedler diente (Zehn Jahre Aufbauarbeit 1943, S. 166ff.; Saint Sauveur-Henn 1994, 1995, S. 449ff.). Für ein dem eigenen Selbstverständnis nach agrarwirtschaftlich ausgerichtetes Land wie Argentinien blieben die Siedlungsbemühungen der deutschen Emigration insgesamt eine eher marginale Episode. Die für die Realisierung solcher Vorhaben ungünstige berufliche Ausrichtung der Emigranten erwies sich in den Folgejahren jedoch als ein gutes Sprungbrett für die Integration in einen Arbeitsmarkt, der aufgrund der kriegsbedingten Importsubstitution und der nach 1945 forcierten Industrialisierung unter der Regierung Perón rasch expandierte und gut ausgebildete Fachkräfte im Fertigungs-, Handels- und Dienstleistungsbereich benötigte. Verglichen mit anderen Einwanderungsbewegungen ist die Emigration aus Deutschland mit ihren zahllosen Firmengründungen in Industrie, Handel und Dienstleistungen überdurchschnittlich erfolgreich gewesen, wozu die günstigen konjunkturellen Umstände in Argentinien beigetragen haben (Fischbein 1991, S. 261ff.).

Detailuntersuchungen zu den nach Argentinien emigrierten Wissenschaftlern, Musikern, Schauspielern und bildenden Künstlern fehlen. Ihre Zahl ist beträchtlich gewesen, was u.a. aus ihrem ansehnlichen Beitrag zur Entwicklung des Kulturlebens deutlich wird. Besonders groß war die Zahl der nach Argentinien emigrierten Musiker und Schauspieler aus Deutschland und Österreich (Douer/Seeber 1995, S. 29ff.). Nur wenige kehrten nach Deutschland zurück, viele gelangten in Buenos Aires zu Ansehen. Große Dirigenten wie Fritz Busch und Erich Kleiber traten regelmäßig in Buenos Aires auf und waren an prominenter Stelle in das argentinische Musikleben integriert. Zu denen, die zurückkehrten, gehört Michael Gielen, in den siebziger und achtziger Jahren Dirigent und Intendant der Frankfurter Oper, der als Jugendlicher mit seinen Eltern nach Buenos Aires emigriert war.

Zum einen schufen die emigrierten Musiker neue Zentren musikalischen Lebens und gaben ihr Können an ihre argentinischen Schüler weiter, solchermaßen neue musikalische Traditionen schaffend. Zum anderen wurde dieser direkte Einfluß ergänzt durch die im Vergleich zu anderen Einwanderergruppen außergewöhnlich hohe Bildung der deutschen Flüchtlinge, die musische und kulturelle Interessen einschloß; der Komponist und Pädagoge Guillermo Graetzer gehörte zu den Mitbegründern des Collegium Musicum, und der Aufschwung von Fördereinrichtungen wie der Asociación Amigos de la Música, die bis heute einen großen Einfluß in der argentinischen Musikszene ausübt, wäre ohne dieses kunstinteressierte Publikum kaum vorstellbar.

In den dreißiger Jahren gab es sporadische Aufführungen von Stücken emigrierter Schriftsteller in argentinischen Theatern, z.B. *Die Rassen* von Ferdinand Bruckner, das zu einem von Nationalsozialisten inszenierten Tumult führte (Wächter 1973, S. 206ff.), oder *Nur ein Judenweib* von Paul Zech, das in jiddischer Sprache 1935 im Teatro Ombú uraufgeführt wurde (Spitta 1978, S. 65). 1938 gründete eine Gruppe zumeist junger, politisch engagierter Emigranten die „Truppe 38", deren Schwerpunkte politisches Varieté und Kabarett waren. Das Unternehmen war jedoch nur von kurzer Dauer (Rojer 1989). Mit tatkräftiger Unterstützung des *Argentinischen Tageblatts* und der Pestalozzi-Gesellschaft gründete der Schauspieler, Regisseur, Musikkritiker und Publizist Paul Walter Jacob im Jahre 1940 die Freie Deutsche Bühne, für mehr als ein Jahrzehnt das einzige deutschsprachige Exilensemble in der Neuen Welt (Jacob 1947; Wächter 1973, S. 196ff.; Naumann 1985); während der Spielzeit gab es eine Premiere pro Woche, dem Wunsche des Publikums entsprechend überwiegend unterhaltsame Komödien. Mit der FDB boten sich Arbeitsmöglichkeiten für ein kleines Ensemble von emigrierten Berufsschauspielern, denen sie die Existenz oder eine zweite Einnahmequelle, allen aber eine Rückkehr zur Bühne ermöglichte. Gegen die Kritik an ihrer Tendenz zur leichten Muse lag die Bedeutung der Freien Deutschen Bühne in ihrer Funktion als Kristallisationspunkt der kulturellen Identität der Emigranten. Einige Ensemble-Mitglieder (u.a. Jacques Arndt) spielten später auch an spanischsprachigen Bühnen Argentiniens, und Hedwig Schlichter (in Argentinien Hedy Crilla) übte in späteren Jahren auch durch ihren Schauspielunterricht einen beträchtlichen Einfluß auf das argentinische Theaterleben aus.

Als Fotografen machten sich einen Namen Horacio Coppola und Grete Stern, die, wie die ebenfalls nach Argentinien emigrierten Josef Tokayer, Georg Fulda und Walter Loos, früher zeitweilig am Bauhaus in Dessau studiert oder gearbeitet hatten (Weissstein 1970). Der Zeichner, Graphiker und Karikaturist Clément Moreau (bis 1935 Carl Meffert) emigrierte 1935 nach Argentinien, wirkte zeitweilig als Zeichenlehrer an der Pestalozzi-Schule und hinterließ ein vielseitiges künstlerisches Œuvre: antifaschistische Karikaturen im *Argentinischen Tageblatt* und in argentinischen Zeitungen des linken oder linksbürgerlichen Spektrums. In der Ära Perón aufgrund seines antifaschistischen Engagements Schikanen ausgesetzt, schuf er u. a. Wahlplakate für die oppositionelle Radikale Partei (Unión Cívica Radical). Hinzu kamen Themen aus den entlegenen Nordprovinzen mit ihren indianischen Bevölkerungsanteilen. Wegen der Absetzung des Präsidenten Frondizi durch die Militärs gab Moreau auf einer Europareise die Rückreisepläne auf und siedelte sich bis zu seinem Tode in der Schweiz an (Mittenzwei 1977; Meffert/Moreau 1978).

Bisher nicht näher untersucht ist die Bedeutung der emigrierten Psychoanalytiker und Psychotherapeuten in Argentinien, aber zweifellos ist es ihrem Einfluß zu verdanken, daß Buenos Aires – möglicherweise gleich hinter New York – heute als eine der Städte weltweit gelten darf, in der die Behandlung psychischer Probleme und Krankheiten durch psychoanalytische Methoden und der Gang zu einem Therapeuten eine Selbstverständlichkeit sind. Als ein Beispiel (von vielen) sei die 1987 verstorbene Wiener Psychoanalytikerin Marie Langer erwähnt, die zu den Mitbegründern der argentinischen Psychoanalytischen Gesellschaft (Asociación Psicoanalítica Argentina) gehörte und später an der Universität von Buenos Aires lehrte, bis sie 1974 aufgrund von Morddrohungen ins mexikanische und nicaraguanische Exil ging, wo sie weiterhin gesellschaftspolitisch engagiert war (Langer 1986; Douer/Seeber 1995, S. 49).

Die Zahl der nach Argentinien emigrierten Wissenschaftler scheint nicht sehr groß gewesen zu sein. Der Klimatologe, Geograph und Ethnologe Walter Knoche nahm 1937 einen Ruf am argentinischen Wetteramt an und hat bis zu seinem Tode 1945 eine Vielzahl wissenschaftlicher Arbeiten veröffentlicht. Der Geophysiker und Meteorologe Kurt Wölcken war am gleichen Institut tätig wie auch Otto Schneider, der in späteren Jahren den Lehrstuhl für Geophysik an der Universität von Buenos Aires innehatte. Von diesen Wissenschaftlern sind wichtige Impulse zur Entwicklung der Geowissenschaften in Argentinien ausgegangen. Weitere Naturwissenschaftler waren Hans Werner Kemski von Rakoszyn, der in den fünfziger Jahren zuerst nach Tucumán und dann auf den Lehrstuhl für Virologie und Epidemologie an der Bonaerenser Universität berufen wurde. Der Physiker Richard Ganz lehrte an der Universität La Plata (von zur Mühlen 1988, S. 88 ff.), ebenso der Astronom Alexander Friedrich Karl Wilkens. Werner Goldschmidt lehrte als Rechtswissenschaftler u. a. an der Universität Rosario; als Germanisten oder Vergleichende Literaturwissenschaftler waren in Buenos Aires tätig Ilse Brugger, Guillermo Thiele und Günther Ballin; Eilhard Schlesinger war Professor für Griechisch an den Universitäten Tucumán, La Plata und Buenos Aires.

Nur eine kleine, schätzungsweise zehnprozentige Minderheit der Emigranten war politisch aktiv. Sie suchten die politische Auseinandersetzung mit dem Dritten Reich, wofür sie sich in bestehenden Foren engagierten oder auch eigene Diskussionsplattformen schufen. Sie bemühten sich außerdem, in der argentinischen Gesellschaft Aufklärungsarbeit über die Gefahren des Nationalsozialismus zu leisten und dessen Propaganda entgegenzuwirken, insbesondere in der fast vollständig „gleichgeschalteten" deutschen Kolonie in Argentinien. Dem demokratischen Auslandsdeutschtum und den politischen Flüchtlingen gelang es jedoch nicht, ein gemeinsames, zentrales Hilfswerk zu gründen. Die geleistete Hilfstätigkeit blieb daher ein Teil der allgemeinen Arbeit der politischen Exilorganisationen. In den ersten Jahren entsprangen Unterstützungsaktionen für Exilanten zumeist der Einzelinitiative auslandsdeutscher Demokraten. So gaben beispielsweise Herausgeber und Mitarbeiter des *Argentinischen Tageblatts* in vielen Fällen Rat und Hilfe. Das gleiche gilt für den 1882 von deutschen Arbeitern gegründeten Verein Vorwärts (Bauer 1989). Der Verein hatte den ursprünglichen politischen Anspruch zugunsten geselliger und kultureller Veranstaltungen in den Hintergrund treten lassen, als mit der nationalsozialistischen Machtübernahme eine neue Situation eintrat. Ein Versuch der Nationalsozialisten, den Vorwärts zu unterwandern, scheiterte. Der Verein gewann mit den hinzukommenden Flüchtlingen erneut an Profil und entwickelte sich in den Folgejahren zu einem politischen und kulturellen Sammelpunkt der demokratischen Auslandsdeutschen und Emigranten, in dem Sozialisten aller Schattierungen, Kommunisten und – in geringerem Maße – auch Anhänger bürgerlicher Parteien einen Ort des kulturellen Dialogs, der politischen Diskussion und der Geselligkeit und Entspannung fanden. Selbst in der Zeit zwischen dem deutsch-sowjetischen Nichtangriffspakt und Hitlers Überfall auf die Sowjetunion, als die Kommunisten sich aus den meisten gemeinsamen Exilorganisationen, in denen sie die Minderheit bildeten, zurückzogen oder zum Austritt gezwungen wurden, blieb der Vorwärts ein von allen getragener

Verein. Im Vorstand saß neben Erich Bunke, dem langjährigen kommunistischen Vorsitzenden, eine Mehrheit nichtkommunistischer Mitglieder. Erst 1960, als auch in Argentinien Kommunistenverfolgungen einsetzten, führte die aktive Präsenz von Kommunisten im Vorstand zu polizeilichen Zwangsmaßnahmen.

Die Hilfsorganisation Das Andere Deutschland wurde im Juni 1937 u. a. von Ernesto F. Aleman, Clément Moreau, dem früheren ISK-Mitglied Hans Lehmann, dem KP-nahen Auslandsdeutschen Heinrich Bertzky, Curt Damerau und August Siemsen ins Leben gerufen. Im Anderen Deutschland war ein breites Spektrum der politischen Linken, von den Sozialdemokraten über Sympathisanten der Sozialistischen Arbeiterpartei und Mitgliedern des ISK bis zu den orthodoxen Kommunisten, vereint. Zunächst war der Schwerpunkt der Arbeit die Betreuung politischer Flüchtlinge; Arbeitsbeschaffung, Bereitstellung von provisorischen Unterkünften, juristische Beratung, Stellenvermittlung u. a. standen im Vordergrund. Auch Auslandsdeutschen, denen in deutschen Firmen aufgrund ihrer antifaschistischen Gesinnung gekündigt worden war, wurden unterstützt. Die Aktivitäten des Hilfskomitees erstreckten sich auch auf andere Länder, z. B. zugunsten der Saarflüchtlinge in Paraguay und der in Frankreich internierten Spanienkämpfer und Emigranten. Das Andere Deutschland war auch eine Vereinigung, die – wiewohl sie sich institutionell keine festen Strukturen gab – binnen kurzem zu einer Sammlungsbewegung für die politisch engagierte Linke der deutschen Emigration in Argentinien (später auch in den Nachbarländern) wurde (Seelisch 1968/69; von zur Mühlen 1988, S. 117 ff., 146 ff.; Saint Sauveur-Henn 1995, S. 604 ff.). Sprachrohr war die gleichnamige, von August Siemsen 1938–49 herausgegebene Zeitschrift. Bis zum Abschluß des deutsch-sowjetischen Nichtangriffspakts, der zum Ausscheiden der kommunistischen Minderheit führte, war das Andere Deutschland tatsächlich der Zusammenschluß der linken Gruppierungen in Argentinien gewesen. Danach kritisierte August Siemsen in der Zeitschrift, aber auch in einer Reihe von Leitartikeln im *Argentinischen Tageblatt*, sowohl die Politik Stalins als auch die lavierende Haltung der Westmächte zuvor, die zu dem Debakel geführt habe. Es gab keine andere nichtkommunistische Exilzeitschrift, die den Hitler-Stalin-Pakt so differenziert beurteilte (Maas 1978, S. 31 ff.).

Zu einer Annäherung zwischen den sozialistischen Gruppen und den Kommunisten kam es erst wieder nach dem deutschen Überfall auf die Sowjetunion, als letztere sich erneut um ein breites antifaschistisches Bündnis unter Einschluß der bürgerlichen Emigration, der früheren Volksfront ähnlich, bemühten. Nach mehrmonatigen Verhandlungen wurde am 1. Dezember 1942 die Gründung eines Arbeitsausschusses der Deutschen Demokraten Argentiniens (Comisión Coordinadora de los Alemanes Democráticos en la Argentina) bekanntgegeben, dem auch das Andere Deutschland angehörte. Präsident wurde der parteilose, jedoch der KP nahestehende Schriftsteller Balder Olden. Auf Initiative des Anderen Deutschland, das seit mehr als einem Jahr eine große Tagung antifaschistischer Gruppierungen plante, kam es Ende Januar 1943 zu einem Kongreß der antifaschistischen Deutschen, der wegen der innenpolitischen Lage in Argentinien nach Montevideo verlegt wurde (→ URUGUAY). Verschiedene Exilorganisationen entsandten Delegierte, darunter auch die kommunistische Gruppe um das *Volksblatt*. Die Absicht der Initiatoren um Siemsen war ein überparteilicher Zusammenschluß der in Lateinamerika politisch aktiven Emigrantengruppen nach dem Vorbild der Comisión Coordinadora in Argentinien. Die herausragenden Ergebnisse der Tagung waren die Verabschiedung eines Manifestes zur Niederringung der NS-Diktatur und zur künftigen Gestaltung Deutschlands. Ein von Vertretern verschiedener Exilorganisationen beschicktes dreiköpfiges Komitee Alemania Democrática/Comité sudamericano war als Vorläufer eines umfassenderen Zusammenschlusses aller Exilorganisationen in Lateinamerika gedacht. Doch bereits kurze Zeit nach dem Kongreß kam es zum Streit, da die kommunistischen Teilnehmer Siemsen und der Gruppe des Anderen Deutschland nicht ganz zu Unrecht Majorisierungs- und Manipulationsversuche vorwarfen (von zur Mühlen 1988, S. 120 ff.). Vor allem aber war in Mexiko unter Führung der dortigen Exilkommunisten das Lateinamerikanische Komitee der Freien Deutschen (LAKFD) gegründet worden, das ebenfalls einen gesamtlateinamerikanischen Führungsanspruch stellte und offen mit dem Anderen Deutschland konkurrierte. Der kommunistische Delegierte trat bald darauf aus dem in Montevideo eingesetzten Koordinationskomitee aus, auch die Comisión Coordinadora zerfiel wenige Monate später, da die kommunistischen Mitglieder sich dem LAK der Freien Deutschen anschlossen. Der Versuch des Anderen Deutschland, eine gemeinsame Vertretung aller Exilorganisationen zu schaffen, scheiterte damit ebenso wie der Versuch der kommunistischen Anhänger, den Führungsanspruch des Lateinamerikanischen Komitees mit Sitz in Mexiko auch im südlichen Lateinamerika durchzusetzen. Zwar konnte das LAKFD sich mit den Namen der in Mexiko exilierten Schriftsteller schmücken, zahlenmäßig dürfte aber das Andere Deutschland wichtiger gewesen sein, das nunmehr als eine lose Vereinigung von Sozialisten aller Schattierungen und einiger linksbürgerlicher Sympathisanten gelten konnte (von zur Mühlen 1988, S. 117 ff.; Saint Sauveur-Henn 1995, S. 647 f.). Unmittelbar nach Kriegsende gründeten Mitglieder des Anderen Deutschland das Deutschland-Hilfswerk, das sich um Unterstützung der notleidenden deutschen Bevölkerung, insbesondere der hungernden Antifaschisten, die das Dritte Reich überlebt hatten, bemühte. Das Andere Deutschland löste sich Ende der vierziger Jahre auf, als die Rückkehr von wichtigen Mitgliedern nach Deutschland begann.

Emigrierte deutsche Kommunisten konnten Unterstützung bei der argentinischen kommunistischen Partei und ihren Hilfsorganisationen finden, häufig integrierten sie sich auch in bestehende Vereine und Hilfsorganisationen wie dem Vorwärts und dem Anderen Deutschland. Schon 1936 hatten sie eine Zeitschrift, die *Volksfront,* gegründet, die aber bereits nach zehn Nummern ihr Erscheinen einstellte. 1940/41 folgte *Der Ruf*, dem seinerseits von 1941 bis zu seinem Verbot 1943 das *Volksblatt* folgte. Diese Zeitschrift bemühte sich ganz im Sinne eines breiten antifaschistischen Bündnisses aller Hitlergegner um Brückenschläge zu den unpolitischen Emigranten und schloß sich später, der Parteilinie folgend, dem Lateinamerikanischen Komitee der Freien Deutschen in Mexiko an. Das *Volksblatt* bewies Mut mit seiner freimütigen Kritik an konkreten sozialen Mißständen in Argentinien. Im Gefolge des Militärputsches von Juni 1943 wurde es verboten und sein Herausgeber, Erich Sieloff, der bereits in den zwanziger Jahren nach Argentinien eingewandert war und im Spanischen Bürgerkrieg gekämpft hatte, für einige Zeit inhaftiert. Auch das Nachfolgeblatt, *Der freie Deutsche* (1943), stellte bereits nach der ersten Nummer, wohl ebenfalls verboten, sein Erscheinen ein (von zur Mühlen 1988, S. 145 f., 150 ff.; Saint Sauveur-Henn 1995, S. 618 ff.).

Eine Randerscheinung der politischen Emigration – alle anderen Gruppierungen distanzierten sich von ihr – war die Schwarze Front-Bewegung des früheren „linken" Nationalsozialisten Otto Strasser, die in Argentinien von dem ehemaligen NSDAP-Mitglied Bruno Fricke geleitet wurde. Er gab 1935/36 die vermutlich erste deutsche Exilzeitschrift auf argentinischem Boden heraus: *Die Schwarze Front*. Wegen Geldmangels, der auf Unterschlagungen im Führungszirkel der Gruppe basierte (Newton 1994), mußte die Zeitschrift ihr Erscheinen einstellen. Ende der dreißiger Jahre waren die Aktivitäten der Schwarzen Front weitgehend zum Erliegen gekommen. Mit der von Otto Strasser Anfang der vierziger Jahre propagierten Frei-Deutschland-Bewegung (FDB) begann jedoch ein neuer Aufschwung. Fricke wurde ihr Vizepräsident für Lateinamerika, bis er 1943 – möglicherweise aufgrund gefälschter Unterlagen – wegen Drogenschmuggels verhaftet wurde. Es gelang ihm nach fast einem Jahr Haft, sich nach Paraguay abzusetzen. Nachdem auch die Westalliierten, die zeitweilig bestimmte Ziele mit der FDB verbunden hatten, auf den ideologischen Charakter der Organisation und die teilweise im Kriminellen angesiedelten Aktivitäten einiger ihrer Funktionäre aufmerksam geworden waren, verlor die Strasser-Bewegung während des Krieges rasch an Bedeutung (von zur Mühlen 1985; Newton 1992, 1994; Saint Sauveur-Henn 1995, S. 742 ff.).

Die Emigration aus Österreich, die massiv erst nach dem „Anschluß" im März 1938 einsetzte, stieß in den meisten Asylländern auf die bereits existierenden deutschen Exilgruppen, die sich für die Neuankömmlinge öffneten. So bestand zunächst kein dringender Bedarf, eigene Organisationen zu schaffen. In Argentinien integrierten sich österreichische Flüchtlinge sowohl in das Andere Deutschland, dessen Zeitschrift jahrelang eine österreichische Seite aus der Feder Ernst Lakenbachs veröffentlichte, wie in den Vorwärts und in die kommunistischen Organisationen und ihre Publikationsorgane (Adolf Walter Freund, Chefredakteur des *Volksblatts*, war Österreicher). Dennoch bildete sich im Oktober 1941 das Comité Austríaco-Austria Libre, dessen Vorsitz Ferdinand Erb übernahm. Vizepräsident wurde Guido Forsthuber. Es war von Anfang an bemüht, eine breite Front aller österreichischen Emigranten zu bilden, was ihm auch großteils – mit Ausnahme der Sozialisten, die im Anderen Deutschland engagiert waren – gelang. Bekannte Persönlichkeiten wie der Dirigent und Musikkritiker Kurt Pahlen und der Dirigent Erich Kleiber schlossen sich an, aber auch Kommunisten wie Adolf Walter Freund, denn die politische Linie des Comité Austríaco entsprach den kommunistischen Vorstellungen eines breiten Anti-Hitler-Bündnisses. Nachdem die Alliierten am 1. November 1943 die Wiederherstellung Österreichs als selbständigen Staat bekanntgegeben hatten, erhielten die österreichischen Organisationen zusätzlichen Auftrieb. Politisch stand das Comité Austríaco dem Free Austrian Movement in London nahe (Goldner 1972, S. 264 f.; von zur Mühlen 1988, S. 131 ff.; Douer/Seeber 1995, S. 21 ff.; Saint Sauveur-Henn 1995, S. 735 ff.).

Während die aufgeführten Exilzeitschriften, zu denen in diesem Zusammenhang auch *porvenir* und die *Jüdische Wochenschau* gehören, vornehmlich der Vergegenwärtigung der eigenen Positionen und der Abgrenzung von anderen Gruppierungen innerhalb der Emigration dienten, richtete sich der von dem emigrierten Wirtschaftsjournalisten Rodolfo Katz im April 1941 gegründete *Economic Survey* an die Wirtschaftselite Argentiniens und suchte zu deren Meinungsbildung und Entscheidungsfindung beizutragen; er erschien in einer spanischen und einer englischen Ausgabe und verstand sich von Anfang nicht als Exilzeitschrift. Es gelang dem *Economic Survey* in den ersten zehn Jahren seines Erscheinens (bis zu seinem Verbot durch die Regierung Perón im März 1951), zu einem „opinion leader" in Wirtschaftsfragen aufzusteigen. Nachdem der Sturz Peróns 1955 sein Wiedererscheinen ermöglicht hatte, gehörte der *Economic Survey* rund zwei Jahrzehnte lang zu den einflußreichsten Wirtschaftsfachblättern des Landes (Spitta 1994, 1995).

Obwohl es in Argentinien gute Voraussetzungen für Verlagsgründungen gab, sind die von deutschen Emigranten gegründeten Verlage eher durch Gebrauchsliteratur und Sachbücher als durch avantgardistische oder literarisch herausragende Veröffentlichungen bekannt geworden. Der von James Friedmann gegründete Verlag Cosmopolita verlegte zwar einige von Emigranten geschriebene Werke (z. B. August Siemsens *Die Tragödie Deutschlands und die Zukunft der Welt*; den in Buenos Aires spielenden Emigrantenroman *Puerto Nuevo* von Livia Neumann und Doris Daubers autobiographischen Bericht *Eine Nacht ein Leben*), es gelang ihm jedoch nicht, auch Werke von Paul Zech zu veröffentlichen (Friedmann 1963). Der von Hardi Swarsensky und Günter Friedländer gegründete Verlag Estrellas widmete sich in erster Linie jüdisch-religiösen Themen. Mit der Erstausgabe von Franz Werfels *Blaßblauer Frauenschrift* gelang es ihm allerdings, das Werk eines Schriftstellers von internationalem Ruf zu veröffentlichen. Der Verlag brachte auch Paul Zechs Roman *Ich suchte Schmied ... und fand Malva wieder* heraus.

Paul Zech, wohl der bedeutendste nach Argentinien emigrierte Schriftsteller, setzte sich in seinem umfangreichen Exilwerk in den ersten Jahren mit dem Nationalsozialismus und dem Exil-Schicksal auseinander; später wandte er sich verstärkt südamerikanischen Themen zu. Zu Lebzeiten wurde nur ein Bruchteil seines Œuvres in Exilzeitschriften oder in kleineren Publikationen veröffentlicht. Zech blieb in Buenos Aires ein Entwurzelter und näherte sich auch den Exilgruppen nur gelegentlich. Balder Olden konnte 1941 aus dem besetzten Europa nach Argentinien flüchten, siedelte aber bereits zwei Jahre später nach Uruguay über. Alfredo Bauer, Jahrgang 1924, emigrierte als Jugendlicher von Wien nach Buenos Aires. Arzt und gesellschaftspolitisch engagierter Schriftsteller, gehört Bauer zur jüngeren Emigrantengeneration, der die Akkulturation in Argentinien gelang. Der überwiegende Teil seines schriftstellerischen Œuvres ist in spanischer Sprache veröffentlicht, wie sein Flüchtlingsschicksale beschreibendes Werk *Nuevo Mundo. Relatos de perseguidos y refugiados*.

Viele der in den dreißiger und vierziger Jahren von Emigranten geschaffenen sozialen oder kulturellen Einrichtungen oder Betriebsgründungen sind noch heute prosperierende Institutionen und Unternehmen. Der Beitrag auf kulturellem, musischem und wissenschaftlichem Gebiet ist ebenfalls kaum zu überschätzen. Die deutschen Emigranten haben zur Entwicklung der urbanen und kosmopolitischen Kultur, die das Leben in der Metropole Buenos Aires trotz langer politischer Krisenjahre und widriger Konjunkturen so attraktiv macht, in erheblichem Maße beigetragen. Die von der argentinischen Rechten damals heftig kritisierte einseitige Berufsausrichtung auf den Handels- und Dienstleistungsbereich, die als Vorwand für die einwanderungsfeindlichen Bestimmungen der späten dreißiger Jahre diente, obwohl kaum verhüllte antisemitische Vorurteile im Hintergrund standen (Avni 1983; Rock 1993), erwies sich im nachhinein als ein besonders günstiger Umstand für den in den dreißiger und vierziger Jahren forcierten Industrialisierungsprozeß Argentiniens.

Eine Besonderheit Argentiniens war in der Nachkriegszeit die Flucht von teilweise schwer belasteten NSDAP-Funktionären und international gesuchten Kriegsverbrechern an den La Plata mit der Folge, daß sich dort Emigranten der NS-Zeit und ihre früheren Verfolger begegneten (Meding 1992). Politisch exponierten sich die Einwanderer nach 1945 nicht, es darf aber vermutet werden, daß die ideologischen Langzeitwirkungen – d. h. die Weitergabe ihres Gedankenguts an die in Argentinien geborenen Kinder (die damit argentinische Staatsbürger waren) und deren eventuelles, durch das antidemokratische Denken der Eltern beeinflußtes politisches Engagement – für die argentinische Demokratie von fragwürdigem Nutzen waren (Spitta 1986).

Biographische Materialien lassen erkennen, daß bereits während des Krieges, verstärkt aber nach 1945 Emigranten in die USA weiterwanderten. Daneben kehrte eine nicht unbeträchtliche Anzahl von Emigranten nach Deutschland oder Österreich zurück. Gleichzeitig gab es eine Binnenwanderung aus den ärmeren lateinamerikanischen Nachbarländern nach Argentinien. Die Eskalation der Konflikte im Argentinien der siebziger Jahre verursachte ein Ansteigen der Rückwanderung nach Deutschland oder eine Übersiedlung nach Israel. Dennoch sind trotz dieser Wanderungsbewegungen, die vor allem auf die jahrzehntelang instabile wirtschaftliche und politische Lage Argentiniens zurückzuführen sind, die deutschsprachigen Emigranten und ihre Nachkommen zu einem festen Bestandteil des gesellschaftlichen, kulturellen und politischen Leben des Landes geworden. Sie trugen zu seiner Modernisierung ebenso bei wie zur Entstehung und Entfaltung der urbanen und kosmopolitischen Kultur, die die Metropole Buenos Aires auszeichnet.

Literatur

Asociación Filantrópica Israelita (1983): Libro aniversario. Bodas de oro. 50 años 1933–1983, Buenos Aires.
Avni, Haim (1983): Argentina y la historia de la inmigración judía (1810–1950), Buenos Aires.
Bauer, Alfredo (1989): La Asociación Vorwärts y la lucha democrática en la Argentina, Buenos Aires.
Benz, Wolfgang, Hrsg. (1991): Das Exil der kleinen Leute. Alltagserfahrungen deutscher Juden in der Emigration, München.
Douer, Alisa, u. Ursula Seeber, Hrsg. (1995): Wie weit ist Wien? Lateinamerika als Exil für österreichische Schriftsteller und Künstler, Wien.
Escudé, Carlos (1983): Gran Bretaña – Estados Unidos y la declinación argentina 1942–1949, Buenos Aires.
Fischbein, Kurt (1991): Mein Exil in Argentinien, in: Benz, S. 261 ff.
Friedmann, James (1963): Muttersprache, Vaterland der Heimatlosen, Buenos Aires, Deutsche Bibliothek Frankfurt a. M., Deutsches Exilarchiv 1933–1945, Ms.
Goldner, Franz (1972): Die österreichische Emigration 1938 bis 1945, Wien.
Jackisch, Carlota (1989a): El Nazismo y los Refugiados Alemanes en la Argentina, Buenos Aires.
Jackisch, Carlota (1989b): Die Einwanderungspolitik Argentiniens gegenüber den Juden 1933–1945, in: Schrader/Rengstorf, S. 69 ff.
Jackisch, Carlota (1994): Einwanderungspolitik und öffentliche Meinung in Argentinien 1933–1945, in: Kohut/von zur Mühlen, S. 43 ff.
Jacob, Paul Walter, Hrsg. (1947): Sieben Jahre Freie Deutsche Bühne in Buenos Aires, Buenos Aires.
Kohut, Karl, u. Patrik von zur Mühlen, Hrsg. (1994): Alternative Lateinamerika. Das deutsche Exil in der Zeit des Nationalsozialismus, Frankfurt a. M.
Langer, Marie (1986): Von Wien bis Managua, Freiburg i. Br.
Levin, Elena (1991): Historias de una emigración (1933–1939). Alemanes judíos en la Argentina, Buenos Aires.
Levin, Elena (1994): Die deutsch-jüdische Emigration nach Argentinien (1933–1939), in: Kohut/von zur Mühlen, S. 105 ff.
Maas, Lieselotte (1978): Deutsche Exilpresse in Lateinamerika, Frankfurt a. M.
Meding, Holger M. (1992): Flucht vor Nürnberg? Deutsche und österreichische Einwanderung in Argentinien 1945–1955, Köln u. a.
Mittenzwei, Werner (1977): Carl Meffert/Clément Moreau. Ein Leben auf der Suche nach der Brüderlichkeit des Menschen, Berlin.
Moreau, Clément/Carl Meffert (1978). Grafik für den Mitmenschen. Deutschland, Schweiz, Argentinien, Ausst.-Kat., Berlin.
von zur Mühlen, Patrik (1985): Der „Gegenführer" im Exil. Die Otto-Strasser-Bewegung in Lateinamerika, in: Exilforschung 3, S. 143 ff.
von zur Mühlen, Patrik (1988): Fluchtziel Lateinamerika. Die deutsche Emigration 1933–1945: politische Aktivitäten und soziokulturelle Integration, Bonn.
Naumann, Uwe, Hrsg. (1985): Ein Theatermann im Exil: P. Walter Jacob, Hamburg.
Newton, Ronald C. (1977): German Buenos Aires 1900–1933. Social Change and Cultural Crisis, Austin–London.
Newton, Ronald C. (1984): The United States, the German-Argentines and the Myth of the Fourth Reich, 1943–1947, in: Hispanic American Historical Review 64, Nr. 1, S. 81 ff.
Newton, Ronald C. (1992): The „Nazi Menace" in Argentina, 1931–1947, Stanford.
Newton, Ronald C. (1994): „Graue Eminenzen und schiefe Existenzen": Die deutschsprachigen Berater

der Alliierten in Argentinien während des Zweiten Weltkrieges, in: Kohut/von zur Mühlen, S. 182 ff.

Rock, David (1993): La Argentina autoritaria. Los nacionalistas. Su historia y su influencia en la vida pública, Buenos Aires.

Rojer, Olga Elaine (1989): Exile in Argentina 1933–1945. A Historical und Literary Introduction, New York.

Saint Sauveur-Henn, Anne (1994): Landwirtschaftliche Kolonien deutsch-jüdischer Emigranten in Argentinien, in: Kohut/von zur Mühlen, S. 155 ff.

Saint Sauveur-Henn, Anne (1995): Un siècle d'émigration allemande vers l'Argentine 1853–1945, Köln–Wien.

Schnorbach, Hermann (1995): Für ein „anderes Deutschland". Die Pestalozzischule in Buenos Aires (1934–1958), Frankfurt a.M.

Schrader, Achim, u. Karl Heinrich Rengstorf, Hrsg. (1989): Europäische Juden in Lateinamerika, St. Ingbert.

Schwarcz, Alfredo José (1991): Y a pesar de todo ... Los judíos de habla alemana en la Argentina, Buenos Aires.

Seelisch, Winfried (1968/69): Das Andere Deutschland. Eine politische Vereinigung deutscher Emigranten in Südamerika, Dipl.-Arb. FU Berlin.

Senkman, Leonardo (1989): Argentinien und der Holocaust. Die Einwanderungspolitik und die Frage der Flüchtlinge 1933–1945, in: Schrader/Rengstorf, S. 49 ff.

Senkman, Leonardo (1991): Argentina, la Segunda Guerra Mundial y los refugiados indeseables, 1933–1945, Buenos Aires.

Senkman, Leonardo (1994): Parias und Privilegierte: Die jüdischen und spanischen Flüchtlinge in Mexiko und Argentinien 1939–1945. Eine vergleichende Studie, in: Kohut/von zur Mühlen, S. 54 ff.

Spitta, Arnold (1978): Paul Zech im südamerikanischen Exil 1933–1946. Ein Beitrag zur Geschichte der deutschen Emigration in Argentinien, Berlin.

Spitta, Arnold (1986): Los grupos inmigratorios alemanes en el siglo XX – su imagen de Alemania y de la Argentina, in: Benecke, D. W., u.a., Eds.: Desarrollo demográfico, migraciones y urbanización en América Latina, Regensburg, S. 225 ff.

Spitta, Arnold (1990): Beobachtungen aus der Distanz. Das Argentinische Tageblatt und der deutsche Faschismus, in: Exilforschung 8, S. 185 ff.

Spitta, Arnold (1994): Rodolfo Katz' Economic Survey: Eine Exil-Zeitschrift wird „opinion leader" für Wirtschaftsfragen in Argentinien, in: Kohut/von zur Mühlen, S. 237 ff.

Spitta, Arnold (1995): Die Industrialisierungspolitik in den vierziger Jahren aus der Sicht des „Economic Survey", in: Nolte, Detlef, u. Nikolaus Werz, Hrsg.: Argentinien, Wirtschaft, Kultur und Außenbeziehungen, Frankfurt a.M., S. 41 ff.

Wächter, Hans-Christof (1973): Theater im Exil. Sozialgeschichte des deutschen Exiltheaters 1933–1945, München.

Theater 1940–1950 (1950). Zehn Jahre Freie Deutsche Bühne in Buenos Aires, hrsg. von Paul Walter Jacob, Buenos Aires.

Weissstein, Kurt B.M. (1970): Deutsche Kulturarbeit in Argentinien, in: Zeitschrift für Kulturaustausch 20, S. 374 ff.

Zehn Jahre Aufbauarbeit in Südamerika (1943), 1933–1943, hrsg. anläßlich des zehnjährigen Bestehens der Asociación Filantrópica Israelita, Buenos Aires.

Australien

Konrad Kwiet

Für die Verfolgten des NS-Regimes wurde Australien erst in der unmittelbaren Vorkriegszeit zu einem Asylland, nicht nur aufgrund der Entfernung oder der Barrieren, die in Deutschland zu überwinden waren. Schon vor 1933 – mit dem Einsetzen der wirtschaftlichen Depression – war in Australien die Einwanderung praktisch zum Stillstand gekommen. Selbst britische Immigranten, denen stets die oberste Priorität eingeräumt worden war, wurden zurückgewiesen. Die Leitlinien der traditionellen „White Australia Policy" untersagten die Aufnahme von Gruppen oder Einzelpersonen, denen man aufgrund ihrer Hautfarbe oder Verhaltensweisen die Fähigkeit oder Bereitschaft zur Integration und Assimilation absprach. In die Kategorie dieser „untauglichen" und „unerwünschten" Immigranten fielen auch jüdische Bewerber. Ausländer wurden einem englischen Sprachtest unterzogen. Medizinische Atteste über einen makellosen Gesundheitszustand mußten vorgelegt werden. Erforderlich waren Institutionen, Familienangehörige oder Bekannte in Australien, die „sponsorship" und Bürgschaft übernahmen. Willkommen waren nach wie vor Emigranten, die Vermögenswerte mitbrachten und ein „landing money" besaßen, das 1933 500 australische Pfund betrug. Das entsprach einem Gegenwert von umgerechnet etwa 10 000 Reichsmark oder dem Lohn, den ein australischer Arbeiter in einem Zeitraum von fast drei Jahren erhielt.

Australien

Als 1933 die ersten Auswanderungsgesuche aus dem nationalsozialistischen Deutschland eintrafen, bekräftigte die Regierung ihren Entschluß, an der restriktiven Einwanderungspolitik festzuhalten und alles zu unternehmen, um den unerwünschten Zustrom von Flüchtlingen zu verhindern. Bis 1935 wurden weniger als 100 „landing permits" erteilt; 1936 waren es 150. Nach der Einführung von Einwanderungserleichterungen stieg die Zahl 1937 auf 500 an. Nach dem „Anschluß" Österreichs und dem Novemberpogrom 1938 schnellten die Zahlen in die Höhe. 1938 trafen 1556 Verfolgte ein; 1939 waren es 5080. Insgesamt gelang es mehr als 7000 – meist jüdischen – Flüchtlingen aus Mitteleuropa, sich bis zum Ausbruch des Zweiten Weltkrieges in Australien in Sicherheit zu bringen (Markus 1983, S. 23). Davon stammten etwas über 2000 Flüchtlinge aus Österreich, in Emigrantenkreisen die „38ers" genannt (Bittman 1988, S. XIV).

Vor dem Hintergrund der Verschärfung der nationalsozialistischen Judenverfolgung und der Zuspitzung der Flüchtlingskrise erklärte sich Australien Anfang Dezember 1938 bereit, 15000 Flüchtlinge in den nächsten drei Jahren aufzunehmen (Rutland 1985, S. 34). Die Jahresquote von 5000 wurde aufgeteilt, indem 4000 Plätze an Juden, 1000 an Nicht-Juden vergeben wurden. Die jüdischen Flüchtlinge wurden noch einmal nach finanziellen Gesichtspunkten unterteilt. 1500 Plätze wurden für Immigranten reserviert, die über ein „landing money" von mehr als 1000 Pfund verfügten; 900 Plätze gingen an Bewerber, die ein „landing money" zwischen 200 und 1000 Pfund aufbrachten; 750 Plätze waren für mittellose Flüchtlinge vorgesehen, die von der Australian Jewish Welfare Society (AJWS) unterstützt wurden. 600 Plätze wurden Immigranten angeboten, die andere Sponsoren und Bürgen vorwiesen. Die restlichen 250 Plätze gingen an Bewerber, die sich durch besondere berufliche Qualifikationen auszeichneten und als Arbeitskräfte dringend benötigt wurden. Tausende bemühten sich, in den Besitz der begehrten „landing permits" zu gelangen. 200000 Einwanderungsformulare wurden verteilt. Noch bevor die zeitraubenden Verfahren abgeschlossen und die Quoten gefüllt werden konnten, versperrten Ausbruch und Ausweitung des Krieges die Einwanderungswege.

Mit Kriegsbeginn wurden Emigranten – wie in anderen kriegführenden Ländern – zu „enemy aliens" (feindlichen Ausländern) deklariert und einer Reihe von Restriktionen unterworfen, die von der Beschlagnahme der Ferngläser über die Postzensur bis zu Einschränkungen der persönlichen Bewegungsfreiheit reichten. Einige fielen Denunziationen zum Opfer und wurden interniert – zusammen mit Nationalsozialisten und Antisemiten (Kwiet 1985, S. 66). Andere „enemy aliens" wurden auf britisches Betreiben nach Australien zur Internierung abgeschoben. Aus Palästina kamen Familien, die der Tempelgesellschaft angehörten; ihnen wurde nach Kriegsende erlaubt, ihre christliche Gemeinschaft in Australien zu etablieren. Familien wurden interniert, die in deutschen Missionsstationen in Neuguinea zu Hause gewesen waren. Hinzu kamen deutsch-jüdische Flüchtlinge, die in Singapur oder anderen Orten verhaftet worden waren. Die größte Gruppe wurde im Sommer 1940 von England nach Australien deportiert. Sie umfaßte mehr als 2500 „enemy aliens", unter ihnen rund 1750 ausschließlich männliche Juden, vorwiegend Flüchtlinge aus Deutschland und Österreich. Die Erlebnisse der katastrophalen Schiffsreise mit der Dunera und die Erfahrungen der Internierung in den entlegenen Lagern von Hay und Tatura schlossen die Dunera Boys zusammen (Bartrop/Eisen 1990). Noch heute werden die Verbindungen über Dunera Associations, *Dunera newsletters* und Dunera reunions aufrechterhalten. 1942 nahmen rund 1300 von ihnen das Angebot an, sich wieder nach England oder in andere „offene" Länder transportieren zu lassen. Einige zogen den „kriegswichtigen" Arbeitseinsatz in australischen Betrieben vor. 550 meldeten sich als „Freiwillige" zum Militärdienst, den sie in der 8th Australian Employment Company absolvierten – vorwiegend mit Ernteeinsätzen und dem Verladen von Nachschubgütern. Eine kleine Gruppe streng orthodoxer Juden mußte mit am längsten auf die Entlassung warten. Die beharrliche Weigerung, jüdische Speise- und Arbeitsgebote zu verletzen, bereitete den australischen Behörden beträchtliche Schwierigkeiten, annehmbare Verpflegungs- und Arbeitsbedingungen zu gewähren (Kwiet 1985, S. 70f.). Nach Kriegsende wurde den Internierten die Möglichkeit der Naturalisierung angeboten, die von knapp 300 Dunera Boys angenommen wurde. Fast alle deutschsprachigen Emigranten bewarben sich gleichfalls um die Einbürgerung und nahmen die Zertifikate mit Freude und Dankbarkeit an.

Anfangs fiel es den Flüchtlingen schwer, sich in dem fremden und großen Asylland zurechtzufinden und heimisch zu fühlen. Sie ließen sich vorwiegend in den Metropolen Sydney und Melbourne nieder (Foster 1986; Benz 1991; Pilgrim/Liffman 1992), meistens in kleinen Mietwohnungen in eher besseren bürgerlichen Stadtteilen. Nicht alle beherrschten die englische Sprache, geschweige denn die Besonderheiten der australischen Ausdrucksweise. Die Umstellung auf die klimatischen Bedingungen bereitete Schwierigkeiten wie auch die Wiederaufnahme erlernter Berufe. Besonders schwer taten sich die Älteren und Vertreter freier Berufe. Behörden und Standesvertretungen untersagten die Niederlassung. Es kam vor, daß Ärzte und Zahnärzte „schwarz" in kleinen Emigrantenkreisen praktizierten und Rechnungen auf Formularen ausstellten, die sie aus ihren deutschen und österreichischen Praxen mitgenommen hatten (Kwiet 1987, S. 234). Universitätsstudien und Prüfungen mußten wiederholt werden. Verspätet wurden akademische Karrieren begonnen oder erfolgreich fortgesetzt. Emigranten profilierten sich in den öffentlichen Kulturbereichen. Es waren vor allem Flüchtlinge aus Österreich, die dem australischen Musik- und Theaterleben neue Impulse verliehen. Sie bauten eine große „Musica viva"-Konzertgemeinde auf oder gründeten das populäre Kleine Wiener Theater. Mut, Flexibilität und Ausdauer brachten die Flüchtlinge auf, die „umsattelten" und „Marktlücken" entdeckten. Die Errichtung von Hühnerfarmen oder die Eröffnung von Delikatessengeschäften („Delis"), „take-away-shops" und Restaurants boten sich in der Lebensmittel-, Versorgungs- und Gaststättenbranche an. Betriebe wurden aufgebaut, die der chemisch-pharmazeutischen Industrie und der Spielzeugindustrie Auftrieb gaben. Neue Techniken und Produkte des modernen Arbeitsschutzes wurden eingeführt. Etliche Flüchtlinge etablierten sich in der Textilindustrie, und nicht wenigen gelang es, in dieser traditionellen Branche vom einfachen Arbeiter über den leitenden Angestellten zum Eigentümer oder vom Verkäufer über den Händler zum Fabrikanten aufzusteigen.

So wie in anderen Exilländern blieben die Emigranten auch in Australien lange isoliert. Die sozialen Kontakte beschränkten sich auf kleine, viel karikierte Gruppen und Grüppchen, die schnell den Charakter von Familienkreisen annahmen. Als die Vertriebenen ankamen, galten sie als Ausländer und Deutsche, Flüchtlinge und Juden, die im Volksmund „reffos", „bloddy reffos" oder „refujews" tituliert wurden und gelegentlich in das Schußfeld fremdenfeindlicher, deutschfeindlicher und judenfeindlicher Angriffe gerieten. Nicht sehr herzlich fiel die Begrüßung durch australische Juden aus, die sich am äußersten Rand der Diaspora (Rutland 1997) fest in die australische Gesellschaft integriert hatten. 1933 wurden 23 552 Juden gezählt – bei einer Gesamtbevölkerung von damals 6,6 Millionen ein Anteil von 0,36%. Australische Juden begrüßten die „new arrivals" nicht anders als einst deutsche Juden die „Ostjuden". Die ungebetenen Flüchtlinge aus Mitteleuropa wurden der Fürsorge der Australian Jewish Welfare Society überlassen und eindringlich ermahnt, sich schnellstens zu assimilieren – und das hieß, alle spezifischen Gruppenmerkmale abzulegen und auffallende Verhaltensweisen zu korrigieren, um sich als „one hundred per cent Australian" (Rutland 1985, S. 38) vorstellen zu können. Begrüßung und Bevormundung lösten Animositäten und Spannungen aus. Noch in den Kriegsjahren schlossen sich Flüchtlinge zu Associations zusammen, um in eigener Regie Integration und Einbürgerung voranzutreiben. 1945 nannte sich die Association of Refugees um in Association of New Citizens (Kwiet 1987, S. 237).

Nur wenige Emigranten kehrten nach Ende des Krieges in ihre Heimat zurück, aus der sie vertrieben und aus der die Zurückgebliebenen im Zuge der „Endlösung der Judenfrage" deportiert und ermordet worden waren. Als sich die Einwanderungstore in Australien wieder öffneten, trafen rund 17 500 Überlebende des Holocaust ein (Rutland 1991, S. 53). Mit dieser Quote nahm Australien – gemessen an der Einwohnerzahl – mehr Holocaust-Opfer auf als irgendein anderes Land mit Ausnahme von Palästina/Israel. Die Flüchtlingswellen veränderten die demographischen und religiösen Strukturen des australischen Judentums, dem heute knapp 100 000 Personen angehören. Integration und Akkulturation zogen sich über Jahre hin und wurden inzwischen erfolgreich abgeschlossen. Der Erfolg rief ein starkes Gefühl der Loyalität und der Identifizierung mit Australien hervor. Ausschlaggebend für diesen Erfolg waren nicht nur die Aufstiegsenergien der Flüchtlinge, sondern auch die Bedingungen, unter denen sie sich entfalten konnten. Es waren Offenheit und Bereitschaft der australischen Gesellschaft, die Integration und Akkulturation erlaubte und nach den massiven Einwanderungsschüben der Nachkriegszeit das Modell einer multikulturellen Gesellschaft entwarf. Fast alle ehemaligen deutsch-jüdischen Emigranten verstehen sich heute als Australier und Juden, für die es keinen Grund mehr gibt, sich mit den alten deutsch-jüdischen Identitätsproblemen auseinanderzusetzen. Nur in den Erinnerungen und gelegentlichen Besuchen, in den Akzenten und kulturellen Orientierungen sowie in den amtlichen Dokumenten wie z.B. Rentenbescheiden manifestieren sich noch Bindungen an Deutschland. Für die Angehörigen der nächsten Generationen gibt es diese Bindungen nicht mehr.

Seit Mitte der sechziger Jahre sind Emigration und Integration der deutschsprachigen Flüchtlinge ins Blickfeld der australischen Forschung gerückt. Das Interesse und die Aufarbeitung schlagen sich in einer Fülle – und ständig steigenden Zahl – von Publikationen und Projekten nieder. Einen besonderen Platz nehmen dabei die Sammlungen und Auswertungen von Erlebnisberichten und Befragungen von ehemaligen Emigranten ein. In jüngster Zeit sind Themenbereiche der Exilzeit auch von der deutschen und österreichischen Forschung aufgegriffen worden, jedoch liegt eine Gesamtdarstellung bis heute nicht vor.

Literatur

Bartrop, Paul R., and Gabrielle Eisen, Eds. (1990): The Dunera Afffair: A Documentary Resource Book, Melbourne.

Bartrop, Paul R. (1994): Australia and the Holocaust 1933–1945, Melbourne.

Bartrop, Paul R., Ed. (1995): False Havens. The British Empire and the Holocaust, Lanham u. a.

Benz, Wolfgang, Hrsg. (1991): Das Exil der kleinen Leute. Alltagserfahrungen deutscher Juden in der Emigration, München.

Bittman, Karl, Ed. (1988): Strauss to Matilda: Viennese in Australia 1938–1988, Maryborough.

Blakeney, Michael (1985): Australia and the Jewish Refugee, 1933–1948, Sydney.

Brusten, Manfred (1994): Opfer des „Staats-Terrors": ehemalige deutsche Juden in Australien, in: Kaiser, Günter, u. Jörg-Martin Jehle, Hrsg.: Kriminologische Opferforschung, Teilbd. 1, Heidelberg, S. 187 ff.

Foster, John, Ed. (1986): Communitiy of Fate. Memoirs of German Jews in Melbourne, Melbourne.

Kwiet, Konrad, and John Moses, Eds. (1985): On Being a German-Jewish Refugee in Australia, Special issue: The Australian Journal of Politics and History 31, H. 1.

Kwiet, Konrad (1985): „Be patient and reasonable!". The Internment of German-Jewish Refugees in Australia, in: The Australian Journal of Politics and History 31, H. 1, S. 61 ff.

Kwiet, Konrad (1986): Die Integration deutsch-jüdischer Emigranten in Australien, in: Büttner, Ursula, Hrsg.: Das Unrechtsregime, Festschrift für Werner Jochmann, Bd. 2, Hamburg, S. 309 ff.

Kwiet, Konrad (1987): Max Joseph – Lebensweg eines deutsch-jüdischen Emigranten, in: Erb, Rainer, u. Michael Schmidt, Hrsg.: Antisemitismus und jüdische Geschichte. Studien zu Ehren von Herbert A. Strauss, Berlin, S. 231 ff.

Markus, Andrew (1983): Jewish Migration to Australia 1938–1949, in: Journal of Australian Studies 13, S. 18 ff.

Pilgrim, Volker E., Doris Liffman u. Herbert Liffman, Hrsg. (1992): Fremde Freiheit. Jüdische Emigration nach Australien, Reinbek.

Rutland, Suzanne D. (1985): Australian Responses to Jewish Refugee Migration Before and After World War II, in: The Australian Journal of Politics and History 31, H. 1, S. 29 ff.

Rutland, Suzanne D. (1991): „Are You Jewish?". Postwar Jewish Immigration to Australia, 1945–1954, in: Australian Journal of Jewish Studies V, H. 2, S. 35 ff.

Rutland, Suzanne D. (1997): Edge of Diaspora. Two Centuries of Jewish Settlement in Australia, Sydney.

Belgien

URSULA LANGKAU-ALEX

Belgien als Exilland ist weitgehend ein Stiefkind der deutschsprachigen Forschung. Ein Übersichtswerk gibt es bislang nur über das Exil von Österreichern für die Jahre 1938 bis 1945 (Weinzierl 1987). Dieses verbindet „oral history", sog. Ego-Dokumente und literarische Verarbeitungen von Flüchtlingen – unter ihnen nimmt Jean Améry, damals noch Hans Mayer, einen herausragenden Platz ein – mit belgischer, französisch- und flämisch- bzw. niederländischsprachiger Literatur und Dokumentation. Im übrigen sind bislang nur einzelne Aspekte erhellt.

Waren in früheren Zeiten zehntausende Protestanten aus dem Territorium des 1830/31 einseitig, völkerrechtlich definitiv 1839 von den nördlichen Niederlanden gelösten Belgien in den Norden geflohen, so kannte das überwiegend katholische Land im vorigen Jahrhundert auch eine liberale Asylgesetzgebung; von ihr profitierten u. a. Karl Marx und Victor Hugo. Im Ersten Weltkrieg hatte das damals neutrale Belgien unter dem unerwarteten Überfall des deutschen Heeres und der anschließenden vierjährigen Besetzung schwer gelitten. In den ersten Kriegswochen waren rund eine Million Belgier in die südlichen Teile der Niederlande geflüchtet; unter der Zivilbevölkerung gab es zahlreiche Opfer tödlicher Vergeltungsjustiz. Die aus dieser Erfahrung gezogene Konsequenz nach dem Krieg – ein Militärbündnis mit Frankreich und die Einbettung in das System der kollektiven Sicherheit – wurde von der aus Katholiken, Liberalen und Sozialisten gebildeten Koalitionsregierung des Katholiken van Zeeland 1936 bzw. im Jahre 1938 von einem neuen Dreiparteien-Kabinett unter dem Sozialisten Paul-Henri Spaak rückgängig gemacht. In beiden Kabinetten fungierte Spaak, bei dem übrigens das SAP-Mitglied Rosi Wolfstein-Frölich bis zum Erhalt eines Visums für Frankreich im Frühsommer 1936 Unterschlupf gefunden hatte, (auch) als Außenminister. Er handelte in Übereinstimmung mit König Leopold III. und dem Sozialisten Henri (Hendrik) de Man (dieser sollte sich 1940 zum Nationalsozialismus bekennen), aber gegen den Willen der linken Fraktion seiner Parti Ouvrier Belge/Belgische Werkliedenpartij. Diese Fraktion wurde angeführt von dem amtierenden Präsidenten der seit 1935 in Brüssel angesiedelten Sozialistischen Arbeiter-Internationale, Louis de Brouckère, und dessen Amtsvorgänger und „Patron" von POB/BWP, Émile Vandervelde.

Belgien taumelte in der Zwischenkriegszeit von einer Regierungskrise in die andere. Das Land war kulturell, sprachlich, politisch zerrissen zwischen jeweils nationalistischen Flamen und Wallonen und innerhalb dieser Gruppen zwischen Katholiken und dekonfessionalisierten politisch-ideologischen Parteien und Strömungen; zwischen Deutschtümelei und Frankophilie; zwischen sozialistischen Idealen, die dem Marxismus verhaftet, deren Protagonisten aber wiederum in Verfechter von Freiheit sowie demokratischen Spielregeln und Anhänger des „demokratischen Zentralismus" gespalten waren, und auf der anderen Seite autoritär-nationalistisch-pazifistisch-korporatistischen Ideen und Praktiken, die mit Antisemitismus und Antikommunismus einhergingen. Im sozial und ökonomisch unterlegten Generationenkonflikt gewann 1936, auf dem Höhepunkt der Wirtschaftskrise, die flämisch-katholische Rex-Bewegung unter der Führung von Léon Degrelle beträchtlichen Anhang, spaltete sich jedoch nach dem Mai 1940 in Verteidiger der nationalen Identität Belgiens und Kollaborateure (Höjer 1969; van Doorslaer/Verhoeyen 1986; Conway 1993; Klefisch 1994).

Im Jahre 1936 zählte die Bevölkerung Belgiens rund 8 300 000 Personen, darunter 312 695 Ausländer (3,8%). Als Flüchtlinge hielten sich in Belgien laut Angaben der belgischen Regierung auf der Konferenz von Evian (Juli 1938) am 30. Juni 1938 auf: 8000 „Nansen"-Flüchtlinge (Russen und Armenier); 2000 Deutsche, jedoch waren bereits 4000 nach vorübergehender Aufenthaltserlaubnis in andere Länder weitergewandert; 800 Österreicher; 80 Staatenlose; 3000 spanische Kinder; 120 erwachsene Spanier; 250 Italiener. Im Herbst desselben Jahres, wohl nach der Reichspogromnacht im November, wurde die Zahl der unterstützungsbedürftigen deutschen und österreichischen Flüchtlinge offiziell mit 5000 angegeben. Die Zahlen von Hilfsorganisationen, die auch zwischen Juden und Nichtjuden sowie zwischen deutschen und ursprünglich polnischen Juden unterschieden, wichen etwas von den offiziellen ab, doch immer handelte es sich wegen der hohen Fluktuation und unterschiedlicher Zählweisen – z.B. permanenter und/oder vorübergehender Aufenthalt – um Annäherungswerte. Die Hilfsorganisationen waren teilweise dieselben wie in anderen Ländern (Matteotti-Komitee; American Jewish Joint Distribution Committee usw.), teilweise entsprangen sie vergleichbaren organisatorischen, institutionellen oder privaten Initiativen (→ FLUCHTHILFE). In ökonomischer und sozialer Hinsicht soll es den Flüchtlingen aus Deutschland durchweg etwas besser gegangen sein als denen in Frankreich oder in den Niederlanden, da sie nicht von vornherein aus dem Arbeits- oder Erwerbsleben ausgeschlossen wurden. Die Zahl der Intellektuellen und die der Industriearbeiter war relativ niedriger als in den beiden genannten Ländern, die zahlreicheren (Klein-)Gewerbetreibenden konnten meistens an frühere geschäftliche Beziehungen anknüpfen und so ihren Lebensunterhalt fristen. Die Aktivitäten jüdischer Flüchtlinge waren für die (Klein-)Industrie und den Handel in Belgien vielfach innovativ, wie übrigens in den Niederlanden auch. Im ganzen aber waren Juden, wie auch die Kommunisten, „unerwünschte Gäste" (Simpson 1939, S. 350ff.; Caestecker 1993; Langkau-Alex 1994, S. 94f.; van Doorslaer 1995).

In der offiziellen Asylpraxis unterschied sich Belgien kaum von den → NIEDERLANDEN, jedoch bestand von Anfang an Visumpflicht. Deutschen Grenzstellen kam indes auf höhere Weisung die Fluchtbewegung offensichtlich nicht ungelegen, sie halfen sogar – besonders ab 1938 – gelegentlich mit, wenn jüdische Emigranten über die „grüne Grenze" das Land betreten wollten. Zusammenarbeit von (Fremden-)Polizei und anderen staatlichen administrativen Instanzen mit deutschen Institutionen ist gleichfalls belegt. In der Abschiebepraxis, auch zurück nach NS-Deutschland, standen sich beide Länder kaum nach. Belgien war aber auch Abschiebeland für die in den Niederlanden mißliebigen politisch aktiven Flüchtlinge. Die allermeisten der aus den Niederlanden Abgeschobenen wanderten nach wenigen Monaten, oft im Parteiauftrag, weiter, so z.B. bereits im März 1934 das der SAP angehörende Ehepaar August und Irmgard Enderle von Brüssel über Antwerpen nach Stockholm, nachdem es im Dezember 1933 Amsterdam hatte verlassen müssen. Kommunisten wurden von einheimischen Genossen zu neuen Parteiaufgaben weitergereicht, 1937 weitgehend nach Spanien beordert (Duytschaever 1977; Herlemann 1982).

Ein königliches Dekret vom 14. August 1933, das die unerwartete Einreise von Flüchtlingen aus Deutschland regeln sollte, hatte die Flüchtlingsfrage angesichts auch der wachsenden Arbeitslosenzahlen – 1934 zählte Belgien 234 730 – und der damit korrelierenden Zunahme fremdenfeindlicher Stimmung nicht in den Griff bekommen. Aufeinanderfolgende spezielle Kommissionen verfügten stets strengere Maßnahmen, und die von dem belgischen Vertreter auf der Konferenz von Evian vorgelegte Regelung des Problems legitimierte quasi die Abschiebepraxis (Bekaert 1940; Weinzierl 1987, S. 18 ff.). Bis weit in die dreißiger Jahre hinein konnten Emigranten, die nicht ausgebürgert waren, von deutschen Konsulaten eine Verlängerung ihres Reisepasses erhalten; von belgischer Seite wurden ihre Anträge auf eine Carte d'identité, die der Schlüssel zum permanenten Verbleib oder sogar zur Einbürgerung gewesen wäre, jedoch abgelehnt. Zum Teil noch vor dem Überfall der deutschen Wehrmacht am 10. Mai 1940 wurden die meisten Exilanten von der belgischen Polizei aufgegriffen und als „unerwünschte Fremde" über die Grenze nach → FRANKREICH gebracht, wo sie in Lagern interniert wurden. So geschah es auch dem Maler Felix Nussbaum, der über Künstlerkreise hinaus bereits Anerkennung gefunden hatte. Ihm gelang allerdings die Flucht aus dem Internierungslager Saint-Cyprien und die Rückkehr nach Brüssel. Dort setzte er im Versteck seine Lagererfahrungen und die Angst und apokalyptischen Visionen des Schicksals der Juden in Bilder um. Bei einer Razzia ergriffen, wurde er mit dem letzten nach Auschwitz abgehenden Transport in den Tod deportiert (Junk/Zimmer 1982).

Das Verbot politischer Betätigung wurde in Belgien nicht immer streng gehandhabt. Vor allem in und um Antwerpen sorgte der Sozialist Camille Huysmans, seit 1933 Bürgermeister der Stadt und als solcher oberster Polizeichef, ab 1936 auch Präsident der Abgeordnetenkammer (bis 1939), für Schutz und Bewegungsfreiheit der Exilanten. Er lenkte damit freilich die verstärkte Aufmerksamkeit des Deutschen Generalkonsulats auf alle öffentlichen Aktivitäten der Emigration (Balthazar 1971). Dennoch konnten z.B. der SPD-Funktionär Ernst Schumacher als Grenzsekretär der SOPADE und der Gewerkschafter Hans Jahn nach ihrer Ausweisung aus den Niederlanden bis 1940 erfolgreich illegale Verbindungen im Reich knüpfen und ausbauen. Jahn, der auch durch seine journalistische Tätigkeit für Periodika wie *Fahrt Frei, Schiffahrt, Faschismus, Sozialistische Warte* aufklärend wirkte, arbeitete sowohl mit den Gruppierungen der Internationalen Transportarbeiter-Föderation (ITF) über die europäischen Schienen- und Binnenschiffahrtswege als auch mit der Antwerpener Gruppe der (ehemaligen) Mitarbeiter der kommunistischen Seeleute- und Hafenarbeiter-Gewerkschaft ISH zusammen (Esters/Pelger 1967; Nelles 1997; Weihe 1997).

Brüssel war das andere Zentrum politischer Aktivitäten von Exilanten aus Deutschland und Österreich; zumeist liierten sie sich mit den entsprechenden Parteien und Gruppierungen und Hilfsorganisationen Belgiens. Der Schwerpunkt lag jedoch auf humanitärer Hilfe und journalistischer, publizistischer Tätigkeit – hier ragt der Kreis um Max Sievers u.a. mit Arkadi Gurland und ab 1936 Heinz Kühn heraus (Kaiser 1980) –, doch setzte z.B. Gustav Ferl als Grenzsekretär der SOPADE auch seine organisatorischen Fähigkeiten nach Kräften zu Widerstandsarbeit im linksrheinischen Reichsgebiet ein. Während die österreichischen Sozialisten sich zu einer Gruppe in Belgien formierten, gelang dies den deutschen Sozialisten nicht. Zum prominentesten Exilanten wurde der Österreicher Friedrich Adler, der als Generalsekretär der SAI freilich seit langem seine Domizile außerhalb seines Heimatlandes aufgeschlagen hatte. Er war auch die treibende Kraft hinter der Festlegung der Exilvertreter der SDAP und der RSÖ anläßlich einer Konferenz in Brüssel 1938 auf eine gesamtdeutsche Revolution. Kurz vor dem deutschen Überfall wich er nach Frankreich aus, von wo aus er, kahlgeschoren nahezu unerkennbar, auf abenteuerlichen Wegen über Spanien und Lissabon nach New York gelangte.

Unter der Besetzung Belgiens durch die Wehrmacht entfalteten Exilanten aus Deutschland und Österreich – die Kommunisten erst nach dem Bruch des deutsch-sowjetischen Nichtangriffspakts –, die sich auf die eine oder andere Weise der Internierung und Abschiebung nach Frankreich hatten entziehen können und auch nicht hatten fliehen wollen oder, weil weniger bekannt, nicht fliehen mußten, in verschiedenen Orten rege illegale Tätigkeit. Diese reichte von der Abfassung und Verbreitung – selbst bis in hohe deutsche Offizierskreise hinein – von Schriften bis hin zur Bildung „nationaler" Widerstandsgruppen wie der Österreichischen Freiheitsfront (ÖFF) oder zum Anschluß an belgische Widerstands- und Partisanengruppen (Kühn 1944; Kühn 1980; Weinzierl 1987).

Auf kulturellem Gebiet ist bisher wenig wissenschaftlich aufgearbeitet worden: Theaterarbeit deutschsprachiger Exilanten in Antwerpen (Tindemans 1977) und in Brüssel sowie kulturelle Bemühungen des Jüdischen Komitees mit Unterstützung von Kommunisten (Weinzierl 1987). Den relativ kurzfristig möglichen Rundfunkbeiträgen von Ernst Busch und Hanns Eisler wird die „größte Breitenwirkung" von Exilanten in Belgien beigemessen (Duytschaever 1977). Die bedeutenderen Verlage hatten ihren Sitz in Amsterdam, Paris, Prag, ebenso die größeren kulturellen Organisationen.

Literatur

Balthazar, Herman (1971): Camille Huysmans en Duitsland (1936–1940), in: ders., u. a.: Bijdragen tot het Camille Huysmansonderzoek – Études de la personnalité de Camille Huysmans, Antwerpen, S. 171 ff.

Bekaert, Herman (1940): Le Statut des Étrangers en Belgique, Brüssel.

Biene, Thomas (1979): Exilpublizistik in den Niederlanden, Belgien und Luxemburg, in: Hardt, Hanno, Elke Hilscher u. Winfried B. Lerg, Hrsg.: Presse im Exil. Beiträge zur Kommunikationsgeschichte des deutschen Exils 1933–1945, München u. a., S. 181 ff.

Caestecker, Frank (1993): Ongewenste gasten. Joodse vluchtelingen en migranten in de dertiger jaren in België, Brüssel.

Conway, Martin (1993): Collaboration in Belgium. Léon Degrelle and the Rexist Movement, New Haven–London.

van Doorslaer, Rudi (1995): Kinderen van het getto. Joodse revolutionairen in België (1925–1940), Gent.

van Doorslaer, Rudi, u. Etienne Verhoeyen (1986): L'Allemagne nazie, la police belge et l'anticommunisme en Belgique (1936–1944). Un aspect des relations belgo-allemandes, in: Belgisch Tijdschrift voor Nieuwste Geschiedenis/Revue belge d'histoire contemporaire XVII, H. 1–2, S. 61 ff.

Duytschaever, Joris (1977): Zur Asylpraxis in Holland und Belgien. Der Fall Hans Bendgens-Henner (1892–1942), in: Würzner, S. 69 ff.

Esters, Helmut, u. Hans Pelger (1967): Gewerkschafter im Widerstand, Bonn.

Herlemann, Beatrix (1982): Die Emigration als Kampfposten. Die Anleitung des kommunistischen Widerstandes in Deutschland aus Frankreich, Belgien und den Niederlanden, Königstein i.Ts.

Höjer, Carl-Henrik (1969): Le régime parlementaire belge de 1918 à 1940, Uppsala–Stockholm.

Junk, Peter, u. Wendelin Zimmer (1982): Felix Nussbaum. Leben und Werk, Köln–Bramsche.

Kaiser, Jochen-Christoph (1980): Max Sievers in der Emigration 1933–1944, in: IWK 16, S. 33 ff.

Klefisch, Peter (1994): Die deutsch-belgischen Beziehungen 1930–1940, in: Kröhnke/Würzner, S. 53 ff.

Kröhnke, Karl, u. Hans Würzner, Hrsg. (1994): Deutsche Literatur im Exil in den Niederlanden 1933–1940, Amsterdam–Atlanta/Georgia.

Kühn, Heinz (1944): Hitler oder Deutschland. Freiheitsbriefe an die Deutsche Wehrmacht, Gent.

Kühn, Heinz (1980): Widerstand und Emigration. Die Jahre 1928–1945, Hamburg.

Langkau-Alex, Ursula (1994): Asyl- und Exilpraxis in den Niederlanden, in: Kröhnke/Würzner, S. 53 ff.

Nelles, Dieter (1997): ITF resistance against nazism and fascism in Germany and Spain, in: Reinalda, S. 174 ff.

Reinalda, Bob, Ed. (1997): The International Transportworkers Federation 1914–1945. The Edo Fimmen Era, Amsterdam.

Simpson, Sir John Hope (1939): The Refugee Problem. A Report of a Survey, London u. a.

Tindemans, Carlos (1977): Transit – Exiltheater und Rezeption in Antwerpen 1933–1940, in: Würzner, S. 165 ff.

Weihe, Ruth (1997): Biographies of seafarers who resisted the nazi regime, in: Reinalda, S. 209 ff.

Weinzierl, Ulrich (1987): Österreicher im Exil: Belgien 1938–1945. Eine Dokumentation, hrsg. vom Dokumentationsarchiv des Österreichischen Widerstandes, Wien–München.

Würzner, Hans, Hrsg. (1977): Zur deutschen Exilliteratur in den Niederlanden 1933–1940, Amsterdam.

Bolivien

Irmtrud Wojak

Bolivien war und ist eines der ärmsten Länder Lateinamerikas. Die Immigranten, die in der zweiten Hälfte der dreißiger Jahre auf der Flucht vor dem

Nationalsozialismus ins Land kamen, fürchteten die Höhenlage des Andenstaates, die Europäern zahlreiche gesundheitliche Probleme bereitet. In Bolivien machte 1932 die agrarische und mehrheitlich indigene Bevölkerung der Aymara und Quichua 54,5% der Gesellschaft aus, während 14,6% zur weißen Bevölkerung und 30,9% zu den Mestizen gerechnet wurden (Avni 1994, S. 328). In dem etwa anderthalb Millionen Einwohner zählenden Andenstaat lagen Wirtschaft und politisches Geschick in den Händen der kleinen, im Gegensatz zur Mehrheitsbevölkerung spanischsprachigen kreolischen Oberschicht, in erster Linie der drei großen Zinnbarone. Bolivien wurde nach zahlreichen verlorenen Kriegen zum einzigen Land Südamerikas ohne Zugang zur See. Es hatte am Ende des dreijährigen Chaco-Krieges gegen Paraguay nicht nur 250 000 km² Land verloren und Auslandsschulden enormen Ausmaßes angesammelt, sondern auch 50 000 Tote zu beklagen.

Das Militär übernahm 1935 die Macht; in den folgenden Jahren kam es viermal zum Präsidentenwechsel. Im Juli 1937 ernannte die Militärjunta Germán Busch, Sohn eines deutschen Arztes, zum Präsidenten. Er erklärte sich im April 1939 zum Diktator und regierte bis August 1939, als er unter ungeklärten Umständen starb. Busch zählte zu der linksnationalistischen Militärjunta, die sich 1937 an die Macht putschte und deren sozialrevolutionäre Ideologie „die Begeisterung für eine modernistische Erziehungsdiktatur auszeichnete" (von zur Mühlen 1988, S. 212 f.). In seine Amtszeit fielen die stärksten Einwanderungswellen der Flüchtlinge vor dem Nationalsozialismus, in die Amtszeit Enrique Peñarandas Valdiviesos seit April 1940 die wichtigsten Etappen der – auch im Vergleich mit anderen lateinamerikanischen Ländern – widerspruchsvollen Politik Boliviens bzw. einzelner bolivianischer Staatsorgane gegenüber den politischen Flüchtlingen. Anfang 1940 kamen nur noch 594 jüdische Flüchtlinge ins Land (Avni 1994, S. 354).

Die bolivianische Innenpolitik und die starke Präsenz und wirtschaftliche Bedeutung der deutschen Kolonie prägten das soziale und politische Umfeld der Immigration und insbesondere der Exilorganisationen. Mit 0,25% der Gesamtbevölkerung stellten die Deutschen die größte europäische Einwanderungsgruppe dar. Deutschland war vor dem Ersten Weltkrieg der wichtigste Handelspartner Boliviens gewesen. Etwa 1350 Reichsdeutsche und eine bisher nicht bekannte Zahl Volksdeutscher bolivianischer Staatsangehörigkeit zählten zur deutschen Kolonie. Deutsche gründeten 1925 die nationale Luftfahrtgesellschaft Lloyd Aéreo Boliviano und zahlreiche mittlere und größere Betriebe. Von besonderer Bedeutung waren die Kontakte auslandsdeutscher NS-Sympathisanten zur von deutschen Offizieren – darunter der spätere SA-Chef Ernst Röhm – ausgebildeten bolivianischen Armee. Die Auslandsorganisation der NSDAP (NSDAP-AO) verzeichnete im September 1932 nur 11 Parteimitglieder; ein Stützpunkt entstand zur selben Zeit in Oruro, womit man die Hoffnung verband, die Organisation weiter auszubauen. Laut Berichten der Deutschen Gesandtschaft in La Paz war die NSDAP jedoch auch Ende 1933 in Bolivien nur in „kläglicher Weise vertreten". Im Dezember 1933 ernannte der Landesgruppenleiter und Hauptmann der bolivianischen Armee von Kries einen Leiter des Stützpunktes: den mexikanischen Konsul in La Paz, Karl Albrecht. Der Deutsche Gesandte von 1932–36, Max König, versuchte die Deutschen unter der Flagge der neuen deutschen Regierung zu sammeln. Unter der Führung des Deutschen Gesandten und gleichzeitigen Landeskreisleiters der NSDAP Ernst Wendler verfügte die nunmehr etwa 170 Mitglieder zählende Parteiorganisation von 1938 bis Juli 1947 über einen einflußreichen Vertreter in bolivianischen Militär- und Wirtschaftskreisen (von zur Mühlen 1988, S. 214). Wenngleich die während der Amtszeit Wendlers bekannt gewordenen Pläne zur Einsetzung eines faschistischen Regimes sicher einer realen Grundlage entbehrten, führten sie doch zu seiner Absetzung. Wolfgang Höller übernahm die Geschäfte der Gesandtschaft bis zum Abbruch der diplomatischen Beziehungen am 28. Januar 1942 (Geschichte der Deutschen Vertretung in Bolivien o. J.).

Ende der 1960er Jahre lebten etwa 4000 Juden in Bolivien, die Mehrheit Aschkenasim, heute sind es noch etwa 650 jüdische Emigranten bzw. deren Nachkommen, von denen zwei Drittel (480) in La Paz leben, wo 1942 immerhin 2 600 Emigranten ein Domizil gefunden hatten, 120 in Cochabamba (1942: 1000), 40 in Santa Cruz (1942: 100) und weniger als 10 in Tarija (1942: 75; Kleiner 1985, S. 8; Aijke 1985, S. 9). Diese Ziffern entsprechen der Bedeutung dieser Orte für die jüdische Immigration der dreißiger Jahre. Insgesamt kamen etwa 10 000 Flüchtlinge, eine große Zahl über die benachbarten nordchilenischen Häfen Antofagasta und Arica ins Land, von denen sich die Mehrheit zunächst in La Paz niederließ: auf einer Höhe von 3700 m die höchstgelegene Stadt der Welt. Ein Drittel der Flüchtlinge war bereits 1943 weitergezogen, entweder in die USA oder in das benachbarte Chile, nach

Argentinien und von dort nach Uruguay, so daß 1945 nur noch etwa 4800 Emigranten in Bolivien lebten (Mangan 1952, S. 100; Kleiner 1985, S. 7). Zu ihnen zählte auch eine nicht geringe, aber bisher nicht genau bezifferbare Zahl österreichischer Flüchtlinge, die im kulturellen Leben der Emigranten in Bolivien eine beachtliche Rolle spielten (Blaschitz 1995, S. 73 ff.).

Im Vergleich mit anderen Exilländern war die Vergabe einer Einreiseerlaubnis an mindestens 12 000 Flüchtlinge einmalig: Im Verhältnis zur Einwohnerzahl hat kein Staat Amerikas so vielen jüdischen Emigranten das Leben gerettet. (Avni 1994, S. 353 f., 345 ff.) Dennoch ging die Einreise der jüdischen Flüchtlinge seit 1938 mit einer von rassistischen Argumenten geprägten Verschärfung der Einwanderungsgesetze einher. Die Immigrationsbehörde wurde dem Außenministerium unterstellt, das am 24. Juni 1938 ein „Circular Ministerial" an die Konsuln versandte, welches besagte, daß die Grenzen Boliviens allen Flüchtlingen offen stünden. Allerdings gelte dies weder für schwarze Einwanderer („inmigrantes negros") noch für Einwanderer, die eine Gefahr für die Bewahrung und Verbesserung der bolivianischen Rasse („raza boliviana") darstellten, womit zweifellos die Einwanderung jüdischer Flüchtlinge gemeint war. Der bolivianische Außenminister Eduardo Díez de Medina fiel einer, so der englische Geschäftsträger in La Paz Ende 1938, „sehr liberalen" – aber eben unkontrollierbaren und politisch instrumentalisierbaren – Einwanderungspolitik seines Ministeriums zum Opfer, als diese von seiten der Immigrationsbehörde kritisiert wurde. Germán Busch enthob Medina seines Amtes, da er Blanco-Visa erteilt habe.

Die Einwanderung wurde am 3. Mai 1939 für sechs Monate gestoppt, ohne daß die erteilten Visa annulliert wurden, und die Immigrationsbehörde im August wieder dem Landwirtschaftsministerium unterstellt. Laut Gesetz vom 16. August 1939 durften nur noch Landwirte oder „capitalistas" mit einem Kapital von mindestens 1250 US-Dollar einreisen. Während der Busch-Diktatur wurde eine verschärfte Devisenkontrolle eingeführt, über die die Behörden versuchten, die Emigranten zur Zahlung der in ihren Visa abgedruckten Kapitalbeträge zu zwingen. Diese mußten, wie manches Mal zuvor auf den bolivianischen Konsulaten in Deutschland, Frankreich und in der Schweiz, erneut zum Mittel der Bestechung greifen. Vor allem wer illegal ins Land gekommen war und seinen Aufenthalt legalisieren wollte, mußte sich mit dieser Methode anfreunden (Walter 1984, S. 309 f.). Das Geschäft mit den Visa blühte, und neue Gesetze konnten dies nicht verhindern. Daß diese immer zugleich Ausnahmebestimmungen vorsahen, charakterisiert allerdings die ambivalente und aus der Sicht der Flüchtlinge willkürlich erscheinende bolivianische Politik. Als ein Gesetz am 30. April 1940 die Einwanderung für unbegrenzte Zeit beendete, wurde denjenigen, die bereits im Besitz ihrer Visa waren, neuerlich ein Zeitraum von drei Monaten zur Einreise eingeräumt.

Zu Beginn der vierziger Jahren unternahmen die Sociedad Colonizadora Boliviana (SOCOBO), unterstützt von der Refugee Economic Corporation, der Jewish Joint Agricultural Corporation und von Mauricio Hochschild, einem Industriellen und Eigentümer einer der drei großen bolivianischen Zinnminen (Compañía Minera Unificada del Cerro de Potosí), den Versuch einer landwirtschaftlichen Ansiedlung von 35 Familien in der tropischen Zone der Yungas nahe von La Paz, die jedoch aufgrund der klimatischen Bedingungen und politischen Umstürze scheiterte (Kleiner 1985, S. 11; Aijke 1985, S. 10; von zur Mühlen 1991, S. 51). Welchen Einfluß Mauricio Hochschild bereits 1938 auf die Einwanderungspolitik der Regierung Busch besaß, läßt sich bisher nicht genau feststellen. Jedenfalls spielte er 1939 eine ausschlaggebende Rolle in dem vom Außenministerium eingesetzten Comité Asesor Pro-Inmigración Judía, das mit der Auswahl der Immigranten betraut war, sowie in der Sociedad de Protección a los Inmigrantes Israelitas (Avni 1994, S. 349). Hochschild befürwortete einerseits den Einwanderungsstopp vom Mai 1939 gegenüber Präsident Busch, um die Ansiedlungsmöglichkeiten Hunderter Flüchtlinge zu verbessern, andererseits hatte es keine negativen Folgen für die Immigrationspolitik, als er im Juni 1939 bei Busch in Ungnade fiel und sich nur knapp vor der Vollstreckung eines Todesurteils retten konnte (Avni 1994, S. 351 f.). Ökonomisches Interesse und das Ziel der Modernisierung des Landes veranlaßten Busch im April 1939, vor Hochschild und zwei Vertretern des American Jewish Joint Distribution Committee zu erklären, Bolivien sei bereit, 20 000 landwirtschaftliche jüdische Immigranten aufzunehmen, und ebenso veranlaßten ökonomische Gründe Hochschild und den Círculo Israelita im Mai 1939, das Ende der Einwanderung zu fordern: Das Land könne nicht mehr Emigranten aufnehmen (Avni 1994, S. 356). Als Busch 1939 starb, wurde nach einer Interimszeit unter General Carlos Quintanilla im April 1940 General Enrique Peñaranda zum Präsidenten gewählt, und der Kongreß stimmte neuerlich gegen die rassistische Formulierung eines Gesetzes zur Begrenzung der Einwanderung (Avni 1994, S. 353).

Sofern sich die Flüchtlinge aus Europa überhaupt Fluchtziele vorstellten, waren dies in Lateinamerika Argentinien und Chile, deren Metropolen an europäische Lebensverhältnisse erinnerten, am wenigsten aber zählte Bolivien zu ihren „Wunschzielen". Eine entsprechend traumatische Erinnerung ist unter Bolivien-Emigranten der Sacaba-Transport. Zu gleicher Zeit mit dem Emigrantenschiff „Oracio" gingen am 8. Juni 1939 im chilenischen Hafen Arica die „Orduña" und einige kleinere Schiffe, die aus Buenos Aires kamen, vor Anker, so daß weit über 500 Immigranten auf ihre Weiterreise warteten (Kleiner 1985, S. 18). Mit Hilfe des JDC wurde ein Sonderzug nach Cochabamba zusammengestellt. Dort erwarteten die Flüchtlinge bolivianische Soldaten, sie wurden auf Lastwagen geladen und in den kleinen Ort Sacaba transportiert, wo man ihnen mitteilte, daß Cochabamba, damals mit rund 60 000 Einwohnern die zweitgrößte Stadt Boliviens, so viele Einwanderer nicht verkraften könne. In einem alten Gebäude, umgeben von einem Zaun und ohne genügende sanitäre Anlagen, wurden die Flüchtlinge untergebracht und mußten dort bis zur Weiterwanderung ausharren. Die Mitglieder des Jüdischen Hilfsvereins sahen keine Möglichkeit, die Flüchtlinge in Cochabamba unterzubringen. Nach langer Suche fanden sie in einer alten Schule und einem kleinen Wohnhaus in Sacaba Unterkunft für 80 Emigranten, größtenteils für Familien mit kleinen Kindern und ältere Menschen (Kleiner 1985, S. 20f.).

Eine kleine Gruppe russischer und polnischer Juden, die zwischen 1935 und 1937 einwanderten, gründeten 1935 in Bolivien die erste jüdische Gemeinde, den Círculo Israelita. Die deutschsprachigen Emigranten schlossen sich 1939 zur Comunidad Israelita zusammen. Infolge der starken Abwanderung kam es 1980 zum Zusammenschluß beider Gemeinden in La Paz unter dem Namen des Círculo Israelita, eine Vereinigung, die in Cochabamba bereits 1960 unter dem Namen Asociación Israelita vollzogen worden war. Eine weitere jüdische Gemeinde, der Centro Israelita, existiert heute noch in Santa Cruz, während von der Gemeinde in Oruro, wo 1942 etwa 200 Emigranten lebten, inzwischen nur noch ein jüdischer Friedhof zeugt (Kleiner 1985, S. 8; Aijke 1985, S. 10ff.). Rabbiner Fritz Salomon Winter hatte maßgeblichen Anteil am Aufbau der deutsch-jüdischen Gemeinde in Cochabamba. Später übernahm er zeitweise auch in La Paz die rabbinische Betreuung und fuhr zum Gottesdienst nach Oruro und Sucre; 1950 trat er die Stelle des Landesrabbiners in Montevideo an.

Das kulturelle und religiöse Leben der jüdischen Gemeinden reduzierte sich mit der Abwanderung. In La Paz, wo zwei Synagogen erbaut wurden, findet seit dem Zusammenschluß der Gemeinden zu den hohen Feiertagen ein gemeinsamer Gottesdienst statt; auch die Asociación Israelita in Cochabamba verfügt über eine eigene Synagoge. Die 1940 gegründete Federación Sionista Unida, die Asociación de Judíos Polacos und die Liga de Damas sowie der Macabi Hatzair lösten sich inzwischen wieder auf. Zentrum jüdischen Lebens und Sitz aller Organisationen in La Paz ist heute der Círculo Israelita, wo kulturelle Veranstaltungen stattfinden, die Frauen der WIZO und die Mitglieder der Asociación Benefactora Israelita Boliviana, wie sich die Filiale der B'nai B'rith in Bolivien nennt, zusammenkommen. Der Club Deportivo Israelita Macabi (1939) und die jüdische Schule (1940) wurden auf Initiative der Comunidad Israelita ins Leben gerufen und zählen weiterhin zu den wichtigsten Einrichtungen der Gemeinde in La Paz, die außerdem über ein Altersheim verfügt, das von der Sociedad de Protección a los Inmigrantes Israelitas unterstützt wird, die sich zwischen 1940 und 1950 an erster Stelle darum bemühte, den Flüchtlingen zur Gründung einer neuen Existenz zu verhelfen.

Die Mehrheit der jüdischen Immigranten widmete sich dem Kleinhandel und dem Handwerk, sie betätigten sich als Kaufleute und gründeten Geschäfte, einige auch Kleinindustrien, sie zählten und zählen noch heute zur Mittelklasse des Landes, nur wenige üben freie Berufe aus. Obwohl Bolivien für viele nur ein Durchgangsland war, entstanden bedingt durch die politische Unsicherheit und geographische Isolierung nicht nur jüdische Einrichtungen, sondern zugleich entwickelte sich ein reges Kulturleben. Österreichische Emigranten gestalteten die erste Radiostunde (August 1939), aus der im Oktober 1939 die erste deutschsprachige Kleine Casino-Bühne in La Paz unter Leitung des früheren Wiener Theaterdirektors Georg Terramare hervorging, die bis 1948 bestand. In Cochabamba gründete das Wiener Schauspielerehepaar Lotte Hassel und Georg Baum die Neue Bühne Cochabamba, die bis 1947 bestand, als das Ehepaar nach Uruguay auswanderte. Neben kulturellen Einrichtungen entstanden politische Exilorganisationen, darunter die Federación de Austríacos Libres (FAL), die sich 1943 dem Free Austrian Movement anschloß (Blaschitz 1995, S. 75).

Zahlreiche politische Flüchtlinge kamen durch

Vermittlung der Sozialdemokratischen Flüchtlingsfürsorge in Prag nach Bolivien (von zur Mühlen 1988, S. 217 ff.). Insgesamt handelte es sich hier insofern um einen „Sonderfall", als die Gruppeneinwanderung spaltend wirkte und zahlreiche kleine Exilgruppen miteinander rivalisierten. Wie in anderen lateinamerikanischen Ländern bildeten der Hitler-Stalin-Pakt und die Deutschlandpolitik der Bewegung „Freies Deutschland" die Streitpunkte. Im Juni 1942 entstand auf Initiative kommunistischer Emigranten in La Paz die Vereinigung Freier Deutscher in Bolivien, der sich auch der 1938 begründete, vorwiegend sozialdemokratisch geprägte Verein Freundschaft (Club Amistad) anschloß. Ende 1942 zählte sie etwa 400 Mitglieder, zum größten Teil jüdische Flüchtlinge. Im November 1943 trat die Vereinigung nach dem Kongreß in Montevideo (Januar 1943) dem Lateinamerikanischen Komitee der Freien Deutschen bei. Die führenden KPD-Mitglieder waren Paul Baender und Enzo Arian, ein Arzt in Oruro; die Gruppe Freundschaft vertrat der frühere Chemnitzer SAJ-Vorsitzende Arthur Gross. Als die einzigen Vertreter der Bewegung Das Andere Deutschland (DAD; → ARGENTINIEN) in Tarija galten Erhart Löhnberg und Wolfgang Hirsch-Weber, während sich die meisten kleinen sozialdemokratischen Gruppen nicht mit dem linkssozialistischen DAD anfreunden konnten. Die größte Exilzeitschrift Boliviens, die *Rundschau vom Illimani*, wurde im Juli 1939 von dem Sozialdemokraten Ernst Schumacher gegründet (von zur Mühlen 1988, S. 221 ff.). Eine sozialdemokratische Landesgruppe konstituierte sich erst nach dem Kriege.

Insoweit der „Sonderfall" Bolivien durch die Einflußnahme pronazistischer und profaschistischer Gruppen im Militär und durch die zugleich widerspruchsvolle staatliche Einwanderungspolitik geprägt ist, verweist er zugleich auf keineswegs nur landesspezifische Desiderata der historischen und politischen Exilforschung. Nicht nur die Einflußnahme deutscher politischer und ökonomischer Interessenverbände in der Zeit des Dritten Reiches, sondern vor allem der deutschen Botschafter und Gesandten auf die Politik der Aufnahmeländer der Flüchtlinge vor dem Nationalsozialismus ist bisher nicht ausreichend untersucht worden. Dabei wäre die Einflußnahme auch der deutschen Kolonien zu thematisieren, denen zumindest in den bedeutenderen Zufluchtsländern, unter ihnen Bolivien, eine gewisse gesellschaftspolitische Bedeutung nicht abzusprechen ist; besonders aber wäre das Augenmerk auf die Nachkriegszeit zu richten, als Zehntausende Flüchtlinge vor dem Nationalsozialismus mit der – häufig staatlich geförderten – Einwanderung ihrer früheren Verfolger konfrontiert wurden.

Literatur

Ajke, Marek (1985): Colectividad y Vida Comunitaria Judía en Bolivia, in: Boletín Informativo OJI del Congreso Judío Latinoamericano, Enero, S. 9 ff.

Avni, Haim (1994): Perú y Bolivia – Dos Naciones Andinas – y los Refugiados Judíos durante la Era Nazi, in: El Genocidio ante la Historia y la Naturaleza Humana, ed. por Beatriz Gurevich y Carlos Escudé, Buenos Aires, S. 327 ff.

Blaschitz, Edith (1995): Bolivien, in: Wie weit ist Wien? Lateinamerika als Exil für österreichische Schriftsteller und Künstler, hrsg. von Alisa Douer u. Ursula Seeber, Wien, S. 73 ff.

Fröschle, Hartmut, u. Reinhard Wolff (1979): Die Deutschen in Bolivien, in: Fröschle, Hartmut, Hrsg.: Die Deutschen in Lateinamerika. Schicksal und Leistung, Tübingen–Basel, S. 146 ff.

Geschichte der Deutschen Vertretung in Bolivien (o.J.), von Karl Ferdinand Wolff, Kanzler I Kl. der Botschaft der BRD in La Paz, Bolivien, Politisches Archiv des Auswärtigen Amtes Bonn, Ms.

Kleiner, Alfredo (1985): Inmigración Judía a Bolivia. Informe Presentado en Argentina por la Sociedad de Socorro a los Judíos de habla Alemana en el año 1943 y redactado por la Sociedad de Protección a los Inmigrantes Israelitas de Bolivia, Instituto Hebreo de Ciencias, Buenos Aires.

Mangan, Sherry (1952): Storm Clouds over the Bolivian Refuge, in: Commentary Nr. 8, New York, August, S. 100.

von zur Mühlen, Patrik (1988): Fluchtziel Lateinamerika. Die deutsche Emigration 1933–1945: politische Aktivitäten und soziokulturelle Integration, Bonn.

von zur Mühlen, Patrik (1991): Siedler im Urwald Boliviens, in: Benz, Wolfgang, Hrsg.: Das Exil der kleinen Leute. Alltagserfahrung deutscher Juden in der Emigration, München, S. 47 ff.

Nes-El, Moshé (1996): Guía Biográfica del Judaísmo Latinoamericano, Jerusalem.

Seelisch, Winfried (1989): Jüdische Emigration nach Bolivien Ende der dreißiger Jahre, in: Europäische Juden in Lateinamerika, hrsg. von Achim Schrader u. Karl Heinz Rengstorf, St. Ingbert, S. 69 ff.

Walter Hans-Albert (1984): Deutsche Exilliteratur 1933–1950, Bd. 2: Europäisches Appeasement und überseeische Asylpraxis, Stuttgart.

Brasilien

Izabela Maria Furtado Kestler

Nach 1933 wurde Brasilien das zweitwichtigste Aufnahmeland für deutschsprachige Exilierte in Lateinamerika. Aus der zwischen 75 000 und 90 000 geschätzten Gesamtzahl der Emigranten in Lateinamerika, von denen etwa 80% bis 90% jüdischer Herkunft waren, gelangten jedoch nur etwa 16 000 nach Brasilien (von zur Mühlen 1988, S. 45 ff.; Furtado Kestler 1992), eine gemessen an der Größe des Landes verhältnismäßig geringe Zahl. Obwohl Brasilien ein Einwanderungsland par excellence war und noch ist, was u. a. durch das Staatsangehörigkeitsgesetz auf der Grundlage des sog. jus solis zum Ausdruck kommt, trieb das Land in den 1930er und 1940er Jahren aus innenpolitischen Gründen eine restriktive Einwanderungspolitik.

In der Zeit zwischen 1930 und 1945 stand Brasilien unter der Präsidentschaft von Getúlio Vargas. Nach einem militärischen Putsch im Oktober 1930 bildete er eine Übergangsregierung und lenkte 1934 den in politischer und wirtschaftlicher Hinsicht krisengeschüttelten Staat in verfassungsmäßige Bahnen. Nach einem Ende 1935 von oppositionellen Kräften unter der Führung der Kommunisten unternommenen, aber niedergeschlagenen Putsch verließ Vargas die konstitutionelle Politik und rief am 10. November 1937 den „Estado Novo" aus. Das Parlament wurde aufgelöst, die Grundrechte wurden aufgehoben, politische Parteien – auch kleine faschistische Gruppen, die im Mai 1938 vergeblich zu putschen versuchten – verboten. Das System basierte auf der systematischen Demobilisierung der Massen durch Repression und Kontrolle, jedoch sind Vergleiche mit faschistischen Staaten in Europa, vor allem Italien, nur sehr eingeschränkt möglich (Fausto 1977; Castelo Branco 1983; Brandi 1985; Faoro 1987; Schwartzman 1988). In diese Zeit fiel eine intensive polizeiliche Kooperation zwischen Brasilien und dem Dritten Reich, zumal drei Komintern-Mitglieder, die zur Vorbereitung und Durchführung des Aufstandes nach Brasilien gekommen waren, deutsche Staatsbürger waren. Nach einem langjährigen Kokettieren mit Deutschland und Italien zeichnete sich das Ende des Estado Novo erst mit der außenpolitischen Kehrtwendung ab: durch die Kriegserklärung an die Achsenmächte 1942 sowie durch die Entsendung von Truppen nach Italien im Jahre 1944, die auf der Seite der Alliierten kämpften (Seitenfus 1985).

Im Anschluß an das Verbot politischer Parteien wurde am 18. April 1938 ein Verbot der politischen Betätigung von Ausländern erlassen, wobei dieses Dekret sich im wesentlichen gegen die Arbeit der NSDAP unter den relativ zahlreichen deutschstämmigen Brasilianern richtete, aber auch die Aktivitäten von Emigranten traf. Das Dekret leitete auch eine Reihe von Nationalisierungsmaßnahmen gegenüber den isoliert lebenden ethnischen Minderheiten in Brasilien ein und führte im Jahre 1941 u. a. zum Verbot der deutschen Sprache in der Öffentlichkeit sowie der deutschen Zeitungen und Verlage (Harms-Baltzer 1970). Auch die gesamte deutschsprachige Emigration in Brasilien, obwohl nicht Zielscheibe dieser Maßnahmen, war davon stark betroffen.

Die restriktive Einwanderungspolitik Brasiliens speiste sich ideologisch aber aus diesen nationalistischen Quellen. Infolge der andauernden politischen und wirtschaftlichen Krisen der 1930er Jahre intensivierte sich die Debatte um das Wesen des „Brasilianers", d. h. um den sog. brasilianischen Volkscharakter bzw. um die Schaffung einer spezifisch brasilianischen „Rasse". Die ab 1930 herrschende nationalistische Strömung wurde ideologisch durch pseudowissenschaftliche Rassentheorien mit z. T. antisemitischer Prägung untermauert. Aus diesem Grund wurden die Nationalisierung der Minderheiten und die Einwanderungsfrage zum Hauptthema der nationalen Sicherheit (Tucci Carneiro 1988). Hinzuweisen ist auch darauf, daß die Flüchtlinge im allgemeinen nach dem Abbruch der diplomatischen Beziehungen Brasiliens zu Deutschland und Italien durch die Kriegserklärung nicht nur der Sicherheitsparanoia ausgeliefert waren, sondern auch finanziell herangezogen wurden, um die Verluste durch die Torpedierungen von brasilianischen Schiffen durch deutsche U-Boote zu ersetzen (Furtado Kestler 1992, S. 44).

Brasilien, wie fast alle anderen lateinamerikanischen Staaten mit Ausnahme von Mexiko, betrachtete die Asylsuchenden als Einwanderer, die nach bestimmten Regeln ausgesucht werden sollten. Bevorzugt wurden im allgemeinen diejenigen, die über technische Kenntnisse verfügten, die in der Landwirtschaft arbeiten und die Kapital ins Land transferieren wollten. Was die brasilianische Einwanderungspolitik ab 1937 auszeichnete, war vor allem deren antisemitische Prägung, die in den Rundschreiben bzw. Geheimzirkularen des Außenministeriums an die Konsularstellen in Europa zum Ausdruck kam (Levine 1968; Tucci Carneiro 1988; Furtado Kestler 1992, S. 34 ff.; Lesser 1995). Wichtig ist, daß ab 1938 die antisemitischen Regelungen stärker zur Anwendung kamen und daß die Einwanderung von Ausländern am 7. April 1941 grundsätzlich verboten wurde. Diese antisemitisch motivierte Haltung trat z. B. bei der sog. „Brasilaktion" deutlich zutage. Auf Drängen des Vatikans bewilligte Vargas 1939 die Vergabe von 3000 Visa an „nichtarische" Katholiken. Die Aktion scheiterte aber an der ablehnenden Haltung brasilianischer Diplomaten in Berlin und Hamburg. Es wird geschätzt, daß höchstens die Hälfte von den 3000 Visa vergeben wurden, mit denen schließlich eine kaum nennenswerte Zahl von Emigranten nach Brasilien gelangte (Reutter 1971). In ihrer Argumentation gegen die jüdische Einwanderung übernahmen die Entscheidungsträger der Einwanderungspolitik auch Thesen der Nationalsozialisten über die jüdische „Rasse" (Tucci Carneiro 1988). Es grenzt daher an ein Wunder, daß dennoch ca. 15 000–16 000 deutschsprachige Emigranten, überwiegend Juden, ins Land einwanderten, von denen die meisten mit einem temporären Touristen-Visum und praktisch ohne Starthilfe die ersten Jahre überleben mußten (Hirschberg 1945; Pinkuss 1974; Schrader/Rengstorf 1989).

Festzustellen ist, daß die überwiegende Mehrheit der Exilierten, die bekanntlich aus verstädterten Gegenden stammten, sich in den großen Städten niederließ, in Rio de Janeiro (damals die Hauptstadt Brasiliens), São Paulo und Porto Alegre. Die zwei letztgenannten Städte wurden noch dazu wegen der für Mitteleuropäer günstigeren Klimabedingungen bevorzugt, wobei São Paulo wegen der bereits einsetzenden Industrialisierung die meisten Flüchtlinge anzog. Was die wirtschaftliche Anpassung in São Paulo betraf, so gab es folgende Zahlen, die 1940 von der Congregação Israelita Paulista (CIP) ermittelt wurden: Ca. 6000–7000 Exilierte hatten bis 1940 187 kleine und mittelgroße Betriebe gegründet, die in den verschiedensten Branchen – Handel, Handwerk und Landwirtschaft – nicht nur die Familien der jeweiligen Eigentümer ernährten, sondern auch manchen anderen Beschäftigung anboten (Hirschberg 1945). Wer über kein Startkapital verfügte, eröffnete meistens eine Pension oder Gaststätte, deren Kundschaft wiederum aus anderen Exilierten bestand. Die allgemeine wirtschaftliche Lage verbesserte sich zusehends nach dem Eintritt der USA in den Krieg, der nicht nur eine Nachfrage nach brasilianischen Rohstoffen verursachte, sondern auch einen industriellen Aufschwung nach sich zog.

Die Lage sah aber problematisch für Ärzte, Rechtsanwälte bzw. Intellektuelle aus. Die ersten beiden Berufsgruppen erhielten meistens keine Zulassung für die Ausübung ihrer Berufe und mußten sich langwierigen Prüfungen unterziehen. Techniker, Ingenieure, Handwerker und die im Handel erfahrenen Emigranten hatten im allgemeinen weniger unter Anpassungsschwierigkeiten zu leiden (von zur Mühlen 1988, S. 81 ff.). Frauen fanden beruflich leichter Anstellungen – als Fremdsprachensekretärinnen, Stenotypistinnen, Erzieherinnen, Haushälterinnen usw., wobei es sich selten um gut bezahlte bzw. geistig anspruchsvolle Tätigkeiten handelte. Die zahlreichen Erlebnisberichte, Memoiren und romanhaften Autobiographien von exilierten Frauen in Brasilien bieten ein aufschlußreiches Bild nicht nur über die gelungene wirtschaftliche Eingliederung vieler Frauen ins Berufsleben, über ihre Schwierigkeiten mit den in Brasilien damals vorherrschenden starren patriarchalischen Strukturen, sondern auch über die meistens traumatischen Folgen der Rollenveränderung für die weniger anpassungsfähigen Ehemänner, die erstmalig den Haushalt besorgen mußten (Hirschberg 1945; Bach 1991; Morris 1994, S. 167 ff.). Ohne voreilig zu verallgemeinern, vieles deutet darauf hin, daß die meisten exilierten Frauen im Vergleich mit den Männern im allgemeinen eine größere Anpassungsbereitschaft aufbrachten.

In diesem Zusammenhang ist auf die Eingliederungsarbeit der deutsch-jüdischen Synagogengemeinden hinzuweisen, die in São Paulo, Rio de Janeiro und Porto Alegre in den 1930er und 1940er Jahren gegründet wurden (→ DIE JÜDISCHE EMIGRATION). Die wohl größte Gemeinde, die Congregação Israelita Paulista (CIP), wurde bereits 1936 von einigen in São Paulo ansässigen ostjüdischen Familien zusammen mit deutsch-jüdischen Flüchtlingen gegründet. Die CIP betreute mit Hilfe des Joint (→ FLUCHTHILFE) Emigranten auf vielfältige Weise, in der Berufssuche, Krankenpflege, Legalisierung der mit Touristenvisen ins Land gekommenen Flüchtlinge. Nach gleichem Muster und mit demselben Aufgabenkreis wurden die Sociedade Israelita Brasileira de Cultura e Beneficência (SIBRA) in Porto Alegre und die Associação Religiosa Israelita (ARI) in Rio de Janeiro gegründet. Auch die internationalen jüdischen Organisationen wie die HIAS und die ICA trugen dazu bei, Emigranten zu retten und sie z. T. in der Landwirtschaft unterzubringen (Hirschberg 1970; von zur Mühlen 1988, S. 67 ff.).

Während die allgemeine Emigration nach Brasilien, darunter auch die von Wissenschaftlern, bereits

1934 einsetzte, kamen die meisten exilierten Künstler und Schriftsteller erst ab 1938. Einige namhafte deutsche Wissenschaftler wie etwa Ernst Ludwig Bresslau und Gerta von Ubisch, die aufgrund der Rassengesetze in Deutschland nicht mehr arbeiten durften, trugen zur Bildung der Universität von São Paulo bei. Die Gründungskommission dieser Universität hatte nämlich in einer Art diplomatischer Mission die ersten Professoren für die einzelnen neuzuschaffenden Lehrstühle in verschiedenen europäischen Ländern engagiert (Bresslau Aust 1963/64, S. 197 ff.; Baader/Jansen 1990, S. 65 ff.). Die Psychoanalytikerin Lucy Adelheid Koch emigrierte 1936 auf Einladung einiger angehender Psychoanalytiker nach Brasilien, um deren Ausbildung zu übernehmen. In São Paulo gründete sie den ersten psychoanalytischen Kreis Lateinamerikas (Nosek u. a. 1994).

Brasilien trat in das Blickfeld von Schriftstellern und Publizisten erst, nachdem die Weiterwanderung aus Europa nach den USA aufgrund zahlreicher Hindernisse nicht mehr möglich war; das Land stellte somit kein erwünschtes Einwanderungsziel dar. So ist es den Schriftstellern auch nicht gelungen, einen eigenen deutschsprachigen Verlag zu gründen, geschweige denn ihre Werke auf deutsch in brasilianischen oder in Verlagen der zahlenmäßig großen deutschen Kolonie erscheinen zu lassen. Das einzige belletristische Exil-Werk, das in Brasilien auf deutsch erschienen ist, war die Verserzählung von Ulrich Becher *Das Märchen vom Räuber, der Schutzmann wurde* in der von dem ebenfalls exilierten Willy Keller gegründeten Notbücherei deutscher Antifaschisten. Exilverlage wie El Libro Libre in Mexiko oder Editorial Cosmopolita in Buenos Aires hat es in Brasilien nicht gegeben. Die deutschen Verlage mußten spätestens nach dem am 31. August 1941 verhängten Verbot der deutschen Zeitungen und Publikationen im Zuge der Nationalisierungskampagne schließen.

Die meisten nach Brasilien emigrierten Autoren waren im deutschsprachigen Raum wenig bekannt – Leopold Andrian-Werburg, Frank Arnau, Paula Ludwig, Richard Katz und Fritz Oliven – und blieben es auch in Brasilien. Stefan Zweig vermochte ebenfalls nicht, die Rolle einer Integrationsfigur im literarischen Bereich zu übernehmen. Keiner der Autoren (abgesehen von Stefan Zweig) konnte in Brasilien Spuren hinterlassen. Andererseits blieben die meisten von ihnen auch nach der Rückkehr ins Nachkriegseuropa isoliert und vergessen. Erwähnenswert sind neben Stefan Zweig nur Ulrich Becher (Bruhn/ Lange 1986; Töteberg/Naumann 1989) und Paula Ludwig (Wachinger/Peter 1986). Zu den weniger bekannten Autoren gehörten: Frank Arnau, der seinerzeit ein Autor von Kriminalromanen war (Arnau 1972); José Antonio Benton (d. i. Hans Elsas), der brasilianische Volkserzählungen und Indianermythen als Motive für seine Werke verwendet hat; Louise Bresslau-Hoff, die zusammen mit Carl Fried einen Gedichtband unter dem Titel *Gedichte 1954* in São Paulo veröffentlichte; Marthe Brill, deren unveröffentlichter autobiographischer Roman *Der Schmelztiegel* wertvolle Einblicke in den Überlebenskampf der deutsch-jüdischen Emigration in São Paulo gewährt; Paul Frischauer, der seine in England geschriebenen historischen Romane in Brasilien veröffentlichen konnte, weil er 1943 im Auftrag des berüchtigten Departamento de Imprensa e Propaganda (Abteilung für Presse und Propaganda) der Diktatur eine lobhudelnde Vargas-Biographie verfaßte; der Theaterregisseur Wolfgang Hoffmann-Harnisch, der ebenfalls eine Vargas-Biographie, auch ein Auftragswerk, veröffentlichte; Richard Katz, Autor von Reiseromanen, der Memoiren über seine Erlebnisse in Brasilien schrieb und später in der Schweiz veröffentlichte; Karl Lieblich, der sämtliche Erzählungen mit brasilianischen Motiven für die Schublade verfaßte; Fritz Oliven, der von der Jahrhundertwende an bis in die 1930er Jahre hinein unter dem Pseudonym Rideamus ein bekannter Librettist und Autor satirischer Dichtungen war; sowie Viktor Wittkowski, Verfasser von religiösen Gedichten, die dem marianischen Kult verpflichtet waren; als selbsternannter Sekretär von Stefan Zweig geriet er nach dessen Tod in Vergessenheit. Darüber hinaus schrieb der in der Weimarer Republik und im französischen Exil bekannte Hugo Simon eine ebenfalls unveröffentlichte romanhafte Autobiographie in Brasilien, die als Bestandsaufnahme der Fehler und Irrtümer der linksbürgerlichen Intelligenz in Deutschland vor und während der Weimarer Epoche gewertet werden kann (Furtado Kestler 1994a, S. 125 ff.). Die Tatsache, daß sehr wenige namhafte Schriftsteller sich in Brasilien aufhielten, erklärt die geringe Bedeutung Brasiliens als Entstehungsort deutschsprachiger Exilliteratur (Furtado Kestler 1992; Bach 1994, S. 203 ff.). Brasilianische Motive tauchen in den in Brasilien verfaßten und nach dem Krieg veröffentlichten Werken von Ulrich Becher auf (Furtado Kestler 1992, S. 180 ff.) sowie am stärksten in dem von Stefan Zweig verfaßten Werk *Brasilien, ein Land der Zukunft*, das bis heute fälschlicherweise (Furtado Kestler 1992, S. 175 ff.) als Auftragswerk für die brasilianischen Regierung verdächtigt wird (Lesser 1994, S. 97).

Spuren hingegen hinterließen in Brasilien die Publizisten Otto-Maria Carpeaux (früher Karpfen; Pfersmann 1988, S. 1012 ff., 1993, S. 137 ff., 1995, S. 47 ff.) und Anatol Rosenfeld, die beide jahrelang in der brasilianischen Presse arbeiteten und als Vermittler deutschsprachiger Literatur wirkten und Standardwerke zur Geschichte der deutschen Literatur veröffentlichten (Furtado Kestler 1994b, S. 219 ff.). Darüber hinaus muß man auf den Übersetzer Herbert Moritz Caro hinweisen, der ab den 1930er Jahren und bis zum Ende seines Lebens im Jahre 1991 viele deutschsprachige Autoren ins Portugiesische übersetzt hatte. Der österreichische Künstler Axel von Leskoschek beeinflußte einige Generationen von brasilianischen Holzschnittskünstlern, obwohl er nur zwischen 1942 und 1948 als Dozent der Kunstakademie in Rio de Janeiro tätig war (Pfersmann 1995, S. 56). In anderen Bereichen, wie etwa im Theater, sind nur wenige Spuren nachweisbar, trotz der im kleinen Umfang betriebenen deutschsprachigen Amateurbühnen (Furtado Kestler 1992, S. 163 ff.). Als Gründer des Deutsch-Brasilianischen Kulturinstituts in Rio de Janeiro vermochte lediglich der Theatermann Willy Keller einen wichtigen Beitrag für die Vermittlung der deutschen Sprache und Kultur in Brasilien zu leisten. Das Institut, 1957 gegründet, steht seit Jahren unter der Regie des Goethe-Instituts und ist die erste Anlaufstelle für diejenigen, die die deutsche Sprache in Rio de Janeiro erlernen wollen.

Das gemeinsame Merkmal aller exilpolitischen Gruppierungen in Brasilien war die weitgehende Bedeutungs- und Einflußlosigkeit ihrer antifaschistischen Aktivitäten. Die deutschen bzw. österreichischen politischen Gruppen waren der Mehrheit der Exilierten unbekannt. Sie waren eher eine Art Selbstzweck für deren Gründer. Das Movimento dos Alemães Livres, gegründet 1941 von Karl von Lustig-Prean in São Paulo, schloß sich 1942 der Bewegung „Freies Deutschland" von Mexiko an, wurde aber bereits 1943 nach inneren Zerwürfnissen aufgelöst. Die Notgemeinschaft der deutschen Antifaschisten wurde 1942 von Willy Keller in Rio de Janeiro ins Leben gerufen und verstand sich als Ableger des in Buenos Aires von August Siemsen und anderen gegründeten Komitees Das Andere Deutschland/La Otra Alemania (DAD). Ende 1943 fing die Notgemeinschaft an, ein Mitteilungsblatt, genannt *Briefe der Notgemeinschaft deutscher Antifaschisten*, zu vertreiben. Diese *Briefe* erschienen bis März 1947 in einer Auflage von ca. 500 Exemplaren. Die Tätigkeit der rechtsgerichteten Frei-Deutschland-Bewegung in Brasilien, die von Otto Strasser während seines Exils in Kanada Anfang 1941 gegründet wurde, ist vom Umfang her schwer abzuschätzen; ihre allzu deutliche ideologische Nähe zum Nationalsozialismus sowie der kaum verhüllte Antisemitismus in Strassers Schriften erhärten eher die Vermutung, daß diese Bewegung nur innerhalb der deutschen Kolonie Brasiliens Anklang fand. Die erst 1946 gegründete Vereinigung deutscher Sozialdemokraten in Brasilien verlegte ein Mitteilungsblatt, das von Anfang 1947 bis Anfang 1948 erschien. Diese Vereinigung, die überwiegend aus rechtsgerichteten Sozialdemokraten bestand, versuchte vergebens Anschluß an die Auslandsdeutschen in Brasilien zu knüpfen sowie an die sozialdemokratischen Kreise in Nachkriegsdeutschland (von zur Mühlen 1988, S. 209). Erfolgreicher waren unter den eigenen Landsleuten die österreichischen legitimistischen Kreise, die Ende 1943 das Comité de Proteção dos Interesses Austríacos no Brasil (Komitee zum Schutz der österreichischen Angelegenheiten in Brasilien) gründeten, das nach der Moskauer Deklaration 1943 über die Wiederherstellung der Unabhängigkeit Österreichs von der brasilianischen Regierung als Interessenvertretung der Österreicher anerkannt wurde. Es erhielt vom brasilianischen Außenministerium das Recht, Dokumente über die österreichische Staatsangehörigkeit auszustellen. Dieses Komitee war das einzige in Lateinamerika, das nicht dem am 30. Oktober 1943 in Montevideo gegründeten Comité Central Austríaco, einer Teilorganisation des Free Austrian World Movement in London, beitrat. Die Gruppierung in Brasilien schloß sich der überwiegend aus konservativen, christlichen und austrofaschistischen Kreisen in Toronto zusammengesetzten Frei-Österreicher-Bewegung an (→ ÖSTERREICHISCHE POLITISCHE EXILORGANISATIONEN).

Was die exilpolitischen Gruppierungen nicht schafften, nämlich Bezugspunkt für die gesamte Emigration zu sein, das erreichte z. T. die erfolgreiche landwirtschaftliche Emigrantenkolonie Rolândia im Norden des Bundesstaates Paraná. In den Briefen, Interviews, Memoiren, Autobiographien und Tagebüchern von ehemaligen Exilierten wird ausnahmslos Rolândia erwähnt (Furtado Kestler 1992). Die Geschichte dieser Kolonisationsunternehmung, die sich vor allem durch die Zusammensetzung der Pioniere gegenüber anderen Unternehmungen unterschied, wurde mehrfach und ausführlich rekonstruiert (von zur Mühlen 1988, S. 104 f.). Um den ehemaligen Reichsminister und Vizekanzler Erich Koch-Weser und den Zentrumsabgeordneten Johannes Schauff scharten sich viele Flüchtlingsfamilien, die entweder dem Nationalsozialismus kritisch gegenüberstanden oder, wie im Falle der ca. 50–60 deutsch-jüdischen Familien, die Deutschland aus „rassischen" Gründen hatten verlassen müssen. Rolândia zeichnete sich vor allem durch die Tatsache aus, daß die überwiegende Mehrheit der Siedler keine Erfahrung in der Landwirtschaft besaß. Die Unternehmung wurde deshalb ein Bezugspunkt für die deutschsprachige Emigration nach Brasilien, weil manche Emigranten wegen der restriktiven Einwanderungsgesetze zunächst dorthin zogen, so etwa der Publizist Otto-Maria Carpeaux (Furtado Kestler 1992, S. 72), und weil die meisten Emigranten, die sich woanders niederließen, von der dort betriebenen kulturellen Arbeit wußten. Rolândia wurde außerdem eine deutsche Kolonie, die keine Gemeinsamkeit mit den anderen nazibelasteten deutschen Kolonien im Südbrasilien hatte. Hinzu kam, daß die ganze Gegend im Norden Paranás bis heute vom wirtschaftlichen Aufschwung durch die Kolonie profitiert hat. Im Laufe der darauffolgenden Jahrzehnte wurden neue Städte in der Region gegründet, so etwa Maringá (Furtado Kestler 1992, S. 98), sowie soziale Einrichtungen geschaffen wie z. B. Krankenhäuser, Kirchen, eine Synagoge, Schulen und schließlich die kulturelle Einrichtung Pro-Arte Rolândia im Jahre 1953, die sich der Pflege der deutschen Sprache und Kultur widmete. Eine Kopie der Bremer Roland-Statue ziert seit einigen Jahren die Stadt Rolândia.

Die Rückwanderung in der Nachkriegszeit erfaßte praktisch nur die politisch Engagierten, die Schriftsteller und einige Publizisten. Es ist sehr schwer abzuschätzen, in welchem Umfang die deutsch-jüdischen Emigranten nach Palästina/Israel bzw. nach den USA weitergewandert sind. Oben wurden die Wege einiger Exilierten nachgezeichnet; die Spuren der gesamten Emigration sind andererseits schwer zu erfassen bzw. zu rekonstruieren. Man darf nicht die Sogwirkung der Assimilation in einem ausgeprägten Einwanderungsland wie Brasilien außer acht lassen.

Literatur

Arnau, Frank (1972): Gelebt, geliebt, gehaßt. Ein Leben im 20. Jahrhundert, München–Wien.
Baader, Meike, u. Christian Jansen (1990): Gerta von Ubisch – die erste habilitierte Frau in Baden, in: Heidelberger Gelehrte 2, S. 65 ff.
Brandi, Paulo (1985): Vargas. Da vida para a história, Rio de Janeiro.
Bresslau Aust, Caroline (1963/64): Der Beitrag deutscher Wissenschaftler zum Aufbau der philosophischen Fakultät der Universität von São Paulo, in: Staden Jahrbuch 11/12, S. 197 ff.
Bruhn, Reginald, u. Torsten Lange (o.J.): Heldentum und Mythos im Werk des Schriftstellers Ulrich Becher, Magisterarbeit, Universität Osnabrück.
Castelo Branco, Lúcio (1983): Staat, Raum und Macht in Brasilien. Anmerkungen zu Genese und Struktur der brasilianischen Staats- und Großmachtideologie, München.
Faoro, Raimundo (1987): Os donos do poder. Formação do patronato brasileiro, Rio de Janeiro.
Fausto, Boris, Ed. (1977): O Brasil republicano, São Paulo.
Furtado Kestler, Izabela Maria (1992): Die Exilliteratur und das Exil der deutschsprachigen Schriftsteller und Publizisten in Brasilien, Frankfurt a. M.–Bern.
Furtado Kestler, Izabela Maria (1994a): Der deutsche Jude Hugo Simon (1880–1950) – Bankier, Mäzen, Bildungsbürger. Seine Abrechnung mit Deutschland in dem bis heute unveröffentlichten Exilroman „Seidenraupen", in: Benz, Wolfgang, u. Marion Neiss, Hrsg.: Deutsch-jüdisches Exil: das Ende der Assimilation?, Berlin, S. 125 ff.
Furtado Kestler, Izabela Maria (1994b): Deutschsprachige Publizisten in Brasilien, in: Kohut/von zur Mühlen, S. 219 ff.
Harms-Baltzer, Käte (1970): Die Nationalisierung der deutschen Einwanderer und ihrer Nachkommen in Brasilien als Problem der deutsch-brasilianischen Beziehungen 1930–1938, Berlin.
Hirschberg, Alfred (1945): The Economic Adjustment of Jewish Refugees in São Paulo, in: Jewish Social Studies VII, S. 31 ff.
Kohut, Karl, u. Patrik von zur Mühlen, Hrsg. (1994): Alternative Lateinamerika. Das deutsche Exil in der Zeit des Nationalsozialismus, Frankfurt a. M.
Lesser, Jeff (1995): Welcoming the Undesirables. Brazil and the Jewish Question, Berkeley u. a.
Levine, Robert (1968): Brazil's Jews during the Vargas era and after, in: Luso-Brazilian Review 1, S. 45 ff.
Morris, Katherine (1994): Schwierigkeiten emigrierter Frauen in Brasilien: Eine autobiographische Studie, in: Kohut/von zur Mühlen, S. 166 ff.
von zur Mühlen, Patrik (1988): Fluchtziel Lateinamerika. Die deutsche Emigration 1933–1945: politische Aktivitäten und soziokulturelle Integration, Bonn.
Naumann, Uwe, u. Michael Töteberg, Hrsg. (1989):

Ulrich Becher & Georg Grosz. Flaschenpost. Geschichte einer Freundschaft, Basel.

Nosek, Leopold, u. a. (1994): Album de família: Imagens, Fontes e Idéias da Psicanálise em São Paulo, São Paulo.

Peter, Christiane, u. Kristian Wachinger, Hrsg. (1986): Paula Ludwig: Gedichte. Gesamtausgabe, München.

Pfersmann, Andreas (1988): Exilland Brasilien. Aperçu zur literarischen Emigration, in: Stadler, Friedrich, Hrsg.: Vertriebene Vernunft II. Emigration und Exil österreichischer Wissenschaft, Wien–München, S. 1012 ff.

Reutter, Lutz-Egon (1971): Katholische Kirche als Fluchthelfer im Dritten Reich. Die Betreuung von Auswanderern durch den St. Raphaelsverein, Recklinghausen.

Schwartzman, Simon (1988): Bases do autoritarismo brasileiro, Rio de Janeiro.

Seitenfus, Ricardo Antônio da Silva (1985): O Brasil de Getúlio Vargas e a formação dos blocos: 1930–1942, São Paulo–Brasilia.

Tucci Carneiro, Maria Luíza (1988): O anti-semitismo na era Vargas. Fantasmas de uma geração (1930–1945), São Paulo.

Chile

IRMTRUD WOJAK

Das Exil in Chile umfaßte etwa 13 000 deutschjüdische Flüchtlinge, rassisch Verfolgte des nationalsozialistischen Regimes, und 300 politische Emigranten, auch unter ihnen zahlreiche deutsche Juden, die ihr Fluchtziel größtenteils zwischen 1937 und 1939 erreichten. Im Nationalarchiv in Santiago befinden sich Visaanträge von etwa 10 000 Flüchtlingen, die Rückschlüsse auf Herkunft, Ausbildung, Beruf, Familienstand und finanzielle Situation der Emigration erlauben (Wojak 1994). Das Einwanderungsland Chile galt am Ende der 1930er Jahre als Vorbild, ähnlich wie in Uruguay war die Rede von einem Einwanderungsparadies. Zwei Phasen chilenischer Flüchtlingspolitik sind zwischen 1933 und 1941 auszumachen. Die erste kennzeichnete während der konservativen Regierung Präsident Arturo Allessandris bis zum Herbst 1938 eine mehrfache Verschärfung der Asylgesetzgebung. Diese Politik wurde als Reaktion auf die Weltwirtschaftskrise bezeichnet und mit dem Schutz des heimischen Arbeitsmarktes begründet. Restriktionen wie die Quotierung der jüdischen Immigration und berufliche Beschränkung auf Landwirte wiesen jedoch durchaus rassistische Tendenzen auf. Die zweite Phase (von 1938 bis 1941) während der Volksfrontregierung und Amtszeit des Präsidenten Pedro Aguirre Cerda charakterisierte demgegenüber eine liberale Handhabung der Asylgesetzgebung.

Die seit der Einwanderungswelle 1938/39 unübersehbare Diskrepanz zwischen restriktiver Gesetzgebung und liberaler Asylpraxis bot sich einer politischen Instrumentalisierung der Asylgesetzgebung durch das seit 1938 verstärkt auftretende Movimiento Nacionalsocialista de Chile (MNS) und seinen „Jefe" Jorge González von Marées geradezu an (Young 1974; Grugel 1985; Alliende González 1990). Mit Unterstützung einiger konservativer Politiker erzwang das MNS Anfang 1940 den Rücktritt des Außenministers der Volksfront. Antisemitische Vorurteile lebten auf, die vom MNS und konservativen Senatoren in den Parlamentsdebatten diskussionsfähig gemacht wurden und in der Presse Verbreitung fanden. Jorge González von Marées erhob eine Verfassungsklage gegen den Außenminister der Volksfront, da er die Ehre der Nation mißachtet und Bestechungsgelder für „jüdische Visa" angenommen habe. Die Ergebnisse der eingesetzten Untersuchungskommission reichten jedoch weder der Abgeordnetenkammer noch dem Senat aus, der Anklage des „Jefe" zuzustimmen. Außenminister Abraham Ortega wurde für nicht schuldig erklärt. Das MNS aber hatte durch den Rücktritt des Ministers seine politische Absicht erreicht.

Der Rechtfertigungszwang, den das MNS der Volksfrontregierung aufzwang, ging mit nationalistischen Argumenten („Chile den Chilenen") einher und mündete in die Drohung der „jüdisch-kommunistischen Weltverschwörung". Verstärkt durch die antisemitische Einstellung der chilenischen Konsuln zwang der Druck der Anti-Immigrationskampagne die Regierung, ein Zeichen zu setzen, daß die Gesetzgebung nicht willkürlich auszulegen war. Die Immigration wurde Anfang 1940 offiziell gestoppt. Die humanitär begründete Asylpraxis fiel damit letztlich einer lückenhaften Asylgesetzgebung zum Opfer, deren unkontrollierbare Anwendung andererseits vielen Flüchtlingen das Leben gerettet hat. Der Verlauf der Debatte zeigte, daß die Asylpolitik sich nicht nach den Bedürfnissen des Aufnahmelandes richten konnte, denn aus Flüchtlingen konnte man weder kapitalkräftige Industrielle noch Landwirte machen. Auch in Chile mußte der Nachweis eines „Transferkapitals" bzw. eines Vorzeigegeldes erbracht werden, Bestechungsgelder wechselten die Besitzer. Die Fluchtbewegung aus dem Dritten Reich hätte längst vor Kriegsausbruch einer flexibleren, internationalen politischen Antwort bedurft. Zumindest für einen kurzen Zeitraum ist die chilenische Volksfrontregierung diese Antwort nach der Flüchtlings-Konferenz von Evian im Sommer 1938, als ein solches Zeichen allgemein von den USA und England erwartet wurde, nicht schuldig geblieben.

Die Metropole Santiago bot den Flüchtlingen leichtere und zahlreichere Integrationschancen als der Urwald Boliviens oder die Hauptstadt La Paz, die viele verließen, um nach Chile oder Argentinien weiterzuwandern. Der Ankunft folgte an erster Stelle die Wohnungs- oder Pensionssuche. Die jüdischen Hilfsorganisationen vermittelten häufig eine entsprechende Adresse, sie leisteten finanzielle Hilfe und vermittelten manchen den ersten Job der „Emigrantenkarriere": eine Arbeit als Hausdiener (Klein 1988, S. 285 f.). Bei den Hauspersonalstellen handelte es sich um die „Einsteigerjobs", die Frauen und Mädchen im Exil zuerst annahmen, über deren Anstellungsmöglichkeiten in Chile sich die *Jüdische Rundschau* (Berlin) Mitte 1938 recht positiv äußerte: Voraussetzung sei die Beherrschung der spanischen und, noch besser, ebenso der englischen oder französischen Sprache.

In den Pensionen, die zur Existenzsicherung früher eingetroffener Flüchtlinge beitrugen, wurden Mittagstische angeboten, so daß man Restaurantessen vermeiden konnte. Als ein Umschlagplatz der Informationen entwickelten sie sich ebenso wie der Hilfsverein für jüdische Einwanderer (CHILEHICEM), der 1933 gegründet wurde, zum gesellschaftlichen Zentrum und zur Nachrichtenbörse der Emigration. Hier erfuhr man, „wie es zur Zeit den Juden in Breslau, Berlin oder Lyon geht, ob die Verfolgungen zugenommen haben oder ob es ruhiger geworden ist" (Klein 1988, S. 315). Den möblierten Zimmern folgte im Erfolgsfall der erste soziale Aufstieg. Man teilte sich mit anderen eine Wohnung, bis man eine eigene mieten konnte oder sich in einem besseren Stadtteil Santiagos ein Wohnhaus kaufte. Der Hilfsverein ging 1939 im Comité Israelita de Socorros (CISROCO) auf, das anfänglich Unterstützung vom Jewish Joint Distribution Committee (Joint) erhielt und später in eine Wohlfahrtseinrichtung, finanziert durch Mitgliedsbeiträge und Spenden, umgewandelt wurde (Hirschberg 1973).

Im „chilenischen Erfolgsfall" ging der Integrationsprozeß von einer ersten Phase der Neuorientierung und Arbeitssuche über in eine Phase größerer finanzieller Absicherung und mündete schließlich in die Gründung einer neuen Existenz, die etwa dem gesellschaftlichen Status vor der Flucht entsprach. Die erstaunliche Integrationsleistung der jüdischen Flüchtlinge in Chile resultierte aus günstigen wirtschaftlichen Bedingungen. Die Mehrheit konnte die Landwirtschaftsklausel ihrer sog. „Südvisa" umgehen, derzufolge sie sich südlich des Flusses Biobio in der Landwirtschaft hätten betätigen müssen. Der größte Teil der Einwanderer ließ sich in der Hauptstadt nieder. Vielen bot die herstellende und verarbeitende Textilindustrie den Neueinstieg ins Wirtschaftsleben, so daß sich ein ganzer, aus Deutschland bekannter, mittelständisch-kaufmännischer Industrie- und Gewerbezweig entwickelte (Guggenheim 1942). Im September 1943 wurde auf Veranlassung des Joint die Cooperativa de Créditos para la Industria, la Agricultura y el Comercio (COCIAC) ins Leben gerufen, die als Darlehenskasse vor allem zur Gründung von Kleinindustrien und kleinen Handwerksbetrieben genutzt wurde, allerdings kaum zur Existenzgründung in der Landwirtschaft.

Die positiven Bilanzen dürfen aber nicht vergessen lassen, daß die Flüchtlinge generationsspezifische Integrations- und Akkulturationsschwierigkeiten bewältigen mußten. Die Erinnerung an die Verfolgung und die Sorge um die Angehörigen, die plötzliche Umstellung der Lebens- und Arbeitsgewohnheiten und der Verlust des Sprachraums erschweren das Vertrautwerden mit der fremdem Kultur. Insofern fällt die Bilanz keineswegs nur positiv aus. Soweit es sich um akademische Berufe handelte, reproduzierte sich die Berufsstruktur der deutschjüdischen Bevölkerung in Chile nicht. Rechtsanwälte, Ärzte, Chemiker und Pharmazeuten mußten eine neue Prüfung ablegen oder „als Lageristen, Büroangestellte, Verkäufer von Erfrischungen und Schreibwaren" arbeiten. „Ärzte wurden Sanitäter, Krankenpfleger, Masseure, Begleiter von Fußballgruppen. Architekten wurden technische Zeichner und Innendekorateure; Apotheker arbeiteten in Drogerien und Laboratorien als gewöhnliche Angestellte", schrieb der Chile-Emigrant Manfred Klein (Klein 1993, Brief a. d. Verf.). Nur zehn Ärzten gelang es bis 1955, die entsprechenden Examina abzulegen und in ihrem ursprünglichen Beruf zu arbeiten.

Für manchen stellte die jüdische Gemeinde in Santiago eine Auffanginstitution dar, denn die Klienten der Rechtsanwälte und die Patienten der Ärzte gehörten in der Regel zu den Schicksalsgenossen. Auch der größte Teil der Gemeindeleitung bestand aus Rechtsanwälten, im Schieds- und Ehrengericht waren ca. 20 Juristen ehrenamtlich tätig. Im Jahr 1935 wurde in Santiago der Gemeindebund deutschsprechender Juden gegründet (Wojak 1994). Im Juni 1938 ergriff der deutsche Emigrant Siegmund Freudenthal die Initiative zur Gründung der Kultus- und Bestattungsgemeinschaft CHEWRA, deren Präsident er von 1938 bis 1945 war. Die Gemeinde, die ein *Mitteilungsblatt*, seit 1948 *Boletín Informativo*, herausgab, nannte sich seit 1940 Sociedad Cultural Israelita B'ne Jisroel. Ihre Mitgliederzahl wuchs stetig und betrug im Juli 1940: 359, April 1941: 550, April 1942: 1000, April 1943: 1268, im Januar 1944: 1398 und Ende 1944: 1539. Die zweitgrößte Gemeinde (Habonim) gründete der Emigrant Leo Weglein im Oktober 1939 in der Hafenstadt Valparaiso. Sie zählte 1942 bereits 123 Mitglieder. Weitere entstanden im Süden des Landes in Temuco, Valdivia und Puerto Montt.

Gemeindemitglieder riefen zahlreiche Institutionen ins Leben, darunter den Sportverein Macabi, eine Filiale der Frauenorganisation WIZO einschließlich einer Young-WIZO und die Liga de Damas CARIDAD; Theater- und Musikveranstaltungen prägten das kulturelle Leben. Die B'ne Jisroel schloß sich der Federación Sionista an, die 1940 vom Comité Representativo als Dachorganisation der Juden in Chile abgelöst wurde. Im Jahr 1939 entstand die deutschsprachige zionistische Jugendgruppe, aus der 1940 die Kidma hervorging, die das Erziehungssystem des Haschomer Hatzair übernahm und die Idee einer „Hachschara", die zur Vorbereitung auf das Leben in Israel diente, in die Tat umsetzte. Der größte Teil der ersten Chaluzim stammte 1947 aus dem deutschsprachigen Emigrantenkreis. Insgesamt zeichnete sich 1938 eine Wiederbelebung deutschjüdischen Gemeindelebens ab, das der jüdischen Tradition verpflichtet war und ein gesellschaftliches Leben im deutschsprachigen Milieu ermöglichte, manchesmal ausgeprägter, als dieses Leben in Deutschland gepflegt worden war.

Chile war kein „Wunschziel" der Fluchtenden. Eine Bilanz der Akkulturation, deren Probleme als generationsspezifisch zu charakterisieren sind, muß die Rückwärtsgewandtheit des Exils berücksichtigen. Der Berufseinstieg fing nur z. T. die soziale Deklassierung auf, doch das nicht seltene Eingeständnis, trotz neuen Wohlstands und Ansehens Fremde im Asylland geblieben zu sein, bezeugt eine Verwurzelung in Lebensformen und Gesellschaft des Herkunftlandes, die auch Ablehnung im Aufnahmeland hervorrufen konnte. Da die Europäer in den Ländern Lateinamerikas den Ruf höherer Bildung genossen, kam die Bevölkerung den Immigranten zwar mit Respekt entgegen, allerdings ebenso mit ironischer Distanzierung von deutschem Fleiß und deutscher Pedanterie, Pünktlichkeit und Arbeitsamkeit. Gerade die Deutschen zählten in Chile zur beliebtesten ausländischen Minderheit. „Von Xenophobie war damals in Chile nichts zu spüren. Ganz im Gegenteil! Man liebte die Ausländer", erinnerte sich ein Emigrant (Halbrich 1987, S. 207).

Dennoch dokumentieren die z. T. auf rassistische Argumente zurückgreifende Verschärfung der Immigrationsgesetzgebung und die häufig antisemitische Presse das Vorhandensein eines autochthonen Antisemitismus. Das Comité Contra el Antisemitismo (CCA) übernahm seit 1936 den Abwehrkampf gegen den Antisemitismus in Chile. Es sollte erzieherisch und aufklärerisch wirken und betonte die wirtschaftliche Bedeutung der jüdischen Immigration. Negativbeweis für das Vorhandensein antisemitischer Vorurteile war die zurückhaltende Öffentlichkeitsarbeit der jüdischen Gemeinde. Sie kritisierte weder die chilenische Asylgesetzgebung noch die antisemitische Presse oder die Aktivitäten der „Fünften Kolonne", sondern forderte die Immigranten auf, sich nicht laut in deutscher Sprache zu unterhalten und nicht in größeren Gruppen in der Öffentlichkeit zusammenzukommen.

Das Exil in Chile war von geringeren exilpolitischen Aktivitäten geprägt als → ARGENTINIEN oder → MEXIKO. Jüdische Emigranten machten 1943 rund 75% von 280 Mitgliedern der in Lateinamerika einmaligen, im März 1943 vollzogenen Vereinigung der Exilorganisationen Freies Deutschland (FD) und Das Andere Deutschland (DAD) aus. Die ersten Exilorganisationen Liga Democrática Pro Cultura Alemana und die Bewegung Das Andere Deutschland wurden 1938 gegründet; aus der Liga kam 1941 der Anstoß, in Anlehnung an Mexiko das Freie Deutschland zu gründen. Ein 1942 entstandener Heinrich Heine Club ging 1943 in der Vereinigung FD/DAD auf. Unterstützung erhielten die Exilorganisationen von chilenischen antifaschistischen Organisationen wie der Unión Democrática Antinazifascista de Chile, der Liga de Defensa und der Liga de Intelectuales sowie von einigen Zeitungen. Die rund zweijährige Vereinigungsphase von FD/DAD scheiterte an einem aus der Sicht vieler DAD-Mitglieder, die etwa ein Drittel der Vereinigung ausmachten, ungeklärten Verhältnis zum Moskauer Nationalkomitee „Freies Deutschland" und der Zustimmung des FD zur sowjetischen Deutschlandpolitik. Einige Mitglieder gründeten auf Initiative der sozialdemokratischen Emigrantin Anna Steuerwald-Landmann nach der Trennung im Mai 1945 einen Runden Tisch (von zur Mühlen 1988; Wojak 1994). Österreichische Immigranten schlossen sich 1940 in der Vereinigung Austria Libre zusammen (→ ÖSTERREICHISCHE POLITISCHE EXILORGANISATIONEN).

Zwischen 1938 und 1946 erschienen mindestens zehn Exilpublikationen, so daß Chile einen Ausnahmefall darstellte, der auf das innenpolitisch liberale Klima während der Volksfrontregierung zurückzuführen ist. Die im lateinamerikanischen Vergleich bedeutendste, überparteiliche und dem Europagedanken verpflichtete Exilzeitschrift *Deutsche Blätter* gaben Udo Rukser und Albert Theile heraus, beide politische Emigranten (Deutsche Blätter 1970; Vanderheide 1975). Der Freundeskreis der *Deutschen Blätter* sollte nach Bekanntwerden der Potsdamer Beschlüsse 1945 offene Kritik an den Alliierten und dem Lateinamerikanischen Komitee der Freien Deutschen/Mexiko üben. Zwischen September 1942 und März 1943 gab DAD einen Presseinformationsdienst heraus, der seit der Vereinigung von FD/DAD unter dem Titel *Informaciones de Alemania Libre* erschien. Seit 1944 wurden in Santiago und Valparaiso politische Hörspiele deutscher Emigranten gesendet und die Vereinigung Austria Libre erhielt einen Sendeplatz für „La Hora Austríaca". Auf diese Weise schufen die Emigranten ein Gegengewicht gegen antisemitische Äußerungen in der chilenischen Presse und seitens der Nationalsozialistischen Auslandsorganisation (NSDAP-AO), der hierfür ebenso der *Westküstenbeobachter* wie die deutsch-chilenische Presse, insbesondere die *Deutsche Zeitung* und der *Condor* zur Verfügung standen. Die Aktivitäten der „Fünften Kolonne" waren in Chile nicht erfolgreich. Dennoch schufen Gerüchte ein Klima der Besorgnis, und die Verhaftungen einiger Reichsdeutscher im Jahr 1941, die der Deutsche Botschafter von Schoen als „planmäßigen Hetzfeldzug" bezeichnete, liefern hierfür einen Beleg (Wojak 1994, S. 233).

Begründet waren die Besorgnisse der Emigranten und der chilenischen Regierung vor allem im Hinblick auf die Gleichschaltung der deutschen Kolonie und der Spionagetätigkeiten einiger Mitglieder der 1932 gegründeten NSDAP-AO, die bereits Mitte der 1930er Jahre 1005 Mitglieder unter den 9000 Reichsdeutschen zählte. Zwar wurde die Bedeutung der Auslandsdeutschen für die aggressive Außenpolitik Hitlers auch in Chile überschätzt, doch wirkten die Deutschtumspolitik der NSDAP-Landesgruppe und ihre Aufmärsche sowie die Gleichschaltung auslandsdeutscher Vereinigungen, Schulen und Institutionen durchaus beängstigend. Die Deutsche Botschaft und die Konsulate betrachteten die „Abwehr antinazistischer Propaganda" und die „Emigrantenobservation" als ihre Hauptaufgabe. Die Integration der Flüchtlinge wurde jedoch durch die Aktivitäten der Landesgruppe der NSDAP nicht behindert, gleichwohl aber behinderten sie den Neubeginn und belasten bis heute das Verhältnis zwischen der deutschen Kolonie und der jüdischen Gemeinde.

Von den Einheimischen als Deutsche betrachtet, repräsentierten die deutsch-jüdischen Emigranten die als „typisch deutsch" bezeichneten Tugenden jenes Landes, das sie mit eben solcher vielzitierten „deutschen Gründlichkeit" vertrieben hatte. Gegenüber der Kultur ihres Aufnahmelandes betrachteten die Emigranten diese Tugenden in einem fast paradox anmutenden Rückzug auf ihr Deutschtum als überlegene Werte. Die Abgrenzung von der Kultur und der Bevölkerung des Aufnahmelandes ließ sie für die chilenische Bevölkerung einen eigenen Namen erfinden: die Hiesigen. Viele fanden trotz jahrelanger Ansässigkeit im Lande zu ihren einheimischen Nachbarn kaum Kontakt. Die jüdischen Emigranten wurden Mitglieder der Synagogengemeinde, die die Funktion einer „Heimat in der Fremde" übernahm, Halt und soziale Sicherheit bot. Diese Teilnahme implizierte nur in gewissem Maße eine Hinwendung zum religiösen Leben, in jedem Fall aber zu einem bewußten Judentum und dessen nationaler Heimat Israel (Wojak 1988).

Doch der paradoxe Eindruck eines Rückzugs auf das Deutschtum sollte nicht vorwiegend als Abgrenzung von der Kultur des Aufnahmelandes oder als „Kolonistenmentalität" bewertet werden. Die Emigranten bewahrten sich ein „deutsches Kulturleben" und überbrückten auf diese Weise die Fremdheit in der neuen Umgebung. Als die Kongreßteilnehmer der CENTRA, des Dachverbandes jüdischer Gemeinden mitteleuropäischer Herkunft, 1958 beschließen wollten, den Verband für alle lateinamerikanischen Organisationen zu öffnen, kam der stärkste Widerstand von seiten des chilenischen Rabbiners Egon Löwenstein. Abgesehen davon, daß in seiner Stellungnahme gegen die Assimilation ein gewisser Dünkel der deutsch-jüdischen Gemeinden gegenüber osteuropäischen herausklang, wollte er sie als Absage an die „Assimilation an das leichtere Leben" der Einheimischen verstanden wissen. Unter den deutsch-jüdischen Immigranten der ersten beiden Generationen bildete sich vielfach eine „dreigeteilte Identität" heraus: Man bekannte sich zum Judentum, fühlte sich der deutschen Kultur verbunden und betrachtete das Aufnahmeland weit über das Gefühl der Dankbarkeit hinaus als seine Heimat. Die chilenische Gesellschaft hat diese Identität, wenngleich sie nach Auschwitz durchaus einer erneuten Selbstversicherung bedurfte, keinem Assimilationsdruck ausgesetzt. Weitaus die Mehrheit der deutsch-jüdischen Emigranten ist in Chile geblieben, eine Rückkehr nach Deutschland stand nicht zur Diskussion.

Als sie die chilenische Staatsbürgerschaft erwarben, drückten die Immigranten zumindest in den ersten Jahren weniger nationale Solidarität als ihre Distanz zum Herkunftsland aus. Sie wollten daher nach 1945 die allenfalls als Rehabilitation, aber nicht als Wiedergutmachung zu bezeichnende Wiedereinbürgerung in der Bundesrepublik nicht erwerben und sich vielfach dort auch keinem entwürdigenden Wiedergutmachungsverfahren aussetzen. Andererseits beantragten die zweite Generation der Verfolgten und ihre Kinder die chilenische Staatsbürgerschaft offenbar weder sehr früh noch in überwiegender Mehrheit. Gründe hierfür sind nur zu mutmaßen, sie können wie in Argentinien auf die unsicheren politischen Verhältnisse zurückzuführen sein, die Immigranten in Lateinamerika auch zur Wiederannahme der deutschen Staatsbürgerschaft veranlaßten. Im Jahr 1970 löste beispielsweise die Wahl Salvador Allendes zum Staatspräsidenten eine starke Fluchtwelle deutsch-jüdischer Immigranten aus, in weit stärkerem Maße als der Putsch des Militärs unter General Augusto Pinochet 1973. Über 2000 jüdische Emigranten verließen 1970 in kürzester Zeit Chile (Wojak 1994).

Gemeinsam ist den Ländern Argentinien, Uruguay, Bolivien und Chile die Konsolidierung von Militärregierungen in den 1960er (Bolivien 1964) und Anfang der 1970er Jahre (Uruguay und Chile 1973), denen wirtschaftliche Krisenphasen ebenso wie eine starke politische Polarisierung der Gesellschaft vorausgingen. Nicht zuletzt vor dem Hintergrund ihrer kollektiven Erinnerung traten die Auswirkungen der wirtschaftlichen und politischen Krise in den deutschsprachigen jüdischen Gemeinden in besonderer Weise hervor. Die Angst vor einem drohenden Existenzverlust wurde durch die Erinnerung an die bereits erlebte Verfolgung und Ausgrenzung aus der deutschen Gesellschaft potenziert. Die Emigration zahlreicher Mitglieder nach Israel, in die USA und in ihr Herkunftsland Deutschland, um die bedeutendsten Zielländer dieser Fluchtbewegung zu nennen, war die auffälligste Reaktion auf die Krisensituation.

Der israelische Historiker Mario Sznajder hat diese Situation der jüdischen Gemeinschaften am Beispiel Chiles während der Regierungszeit Salvador Allendes mit dem Begriff einer „comunidad en crisis" umschrieben, die verstärkt wurde durch die Ambivalenz eines nationalen Zugehörigkeitsgefühls und der „Identifikation mit einer Klasse" (Sznajder 1989). Inwieweit die ökonomische, aber auch die soziale und kulturelle Integrationsleistung der jüdischen Gemeinschaft infolge der wirtschaftlichen und politischen Krise und der damit einhergehenden Desintegration des Mittelstandes gefährdet waren, sollte eine der zentralen Fragen einer Studie über die jüdischen Gemeinden in Lateinamerika für die 1970er Jahre sein. Hier liegt vermutlich der Schnittpunkt, an dem der Erfolg des Akkulturationsprozesses der deutsch-jüdischen Minderheit zu ermessen wäre. Der vielfach konstatierten Offenheit der lateinamerikanischen Einwanderungsländer steht seitens der jüdischen Minderheit eine Exil- und Minderheitenerfahrung gegenüber, die bewußt auf Möglichkeiten der Akkulturation, z. B. politischer Partizipation, verzichtet hat. Zugleich ist nach dem Ende der Militärdiktaturen und dem Eintritt in die „Transición a la Democracia" nach der Repräsentativität politischer Neutralitätserklärungen zu fragen, zumal sie während der Diktaturen durchaus Einbrüche erlebten. Die Geschichte der deutschsprachigen jüdischen Gemeinde Chiles nach dem Ende des Zweiten Weltkrieges ist, wie dies für alle lateinamerikanischen Länder gilt, ein Forschungsdesiderat.

Literatur

Alliende González, Rodrigo (1990): El Jefe. La Vida de Gonzáles von Marées, Santiago.

Boletín Informativo, Edición Especial (1948): 1938–1948. 10 Años S.C.I. B'ne Jisroel, Santiago.

Converse, Christel Krause (1979): Die Deutschen in Chile, in: Die Deutschen in Lateinamerika. Schicksal und Leistung, hrsg. von Hartmut Fröschle, Tübingen–Basel, S. 301 ff.

Deutsche Blätter (1970), Reprint-Ausgabe, mit einem Vorwort von Albert Theile, 4 Bde., Nendeln/Liechtenstein.

Feldman, Miguel (1984): El Caso del Conte Grande y la Política Inmigratoria Uruguaya, in: Hoy es Historia 1, Nr. 6, S. 35 ff.

Grugel, Jean (1985): Nationalist Movements and Fascist Ideology in Chile, in: Bulletin of Latin American Research 4, Nr. 2, S. 109 ff.

Guggenheim, Carlos (1942): Refugiados – Inmigrados – Nuevos Chilenos, Santiago.

Halbrich, Otto (1987): Reise nach Jerusalem, München.

Hirschberg, Trude (1973): Geschichte des jüdischen Hilfsvereins in Santiago, Santiago.

Kießling, Wolfgang (1981): Exil in Lateinamerika, Frankfurt a. M.

Klein, Walter (1988): Junger Mann aus Wien. Ein Lebensbericht, Berlin.

Kossok, Manfred (1961): „Sonderauftrag Südamerika". Zur deutschen Politik gegenüber Lateinamerika, in: Lateinamerika zwischen Emanzipation und Imperialismus 1810–1960, Berlin, S. 234 ff.

von zur Mühlen, Patrik (1988): Fluchtziel Lateinamerika. Die deutsche Emigration 1933–1945: politische Aktivitäten und soziokulturelle Integration, Bonn.

Nes-El, Moshé (1982): La Inmigración Judía a Chile durante 1929–1939, in: Coloquio 7, S. 73 ff.

Nes-El, Moshé (1987): La Inmigración Judía a Chile en la Epoca del Holocausto, in: ders., Ed.: Estudios sobre el Judaísmo Latinoamericano, Buenos Aires–Jerusalem, S. 109 ff.

Pommerin, Reiner (1977): Das Dritte Reich und Lateinamerika. Die deutsche Politik gegenüber Süd- und Mittelamerika 1939–1942, Düsseldorf.

Sznajder, Mario (1989): El Movimiento Nacionalsocialista: Antisemitismo y Movilización Política en Chile en la Década del Treinta, in: Coloquio 21, S. 60 ff.

Schröder, Hans-Jürgen (1978): Das Dritte Reich, die USA und Lateinamerika 1933–1941, in: Hitler, Deutschland und die Mächte. Materialien zur Außenpolitik des Dritten Reiches, hrsg. von Manfred Funke, Düsseldorf, S. 339 ff.

Vanderheide, Ralph Peter (1975): Deutsche Blätter. Für ein europäisches Deutschland/Gegen ein deutsches Europa. A Cultural-Political Study, Diss., Albany.

Walter, Hans-Albert (1972 ff.): Deutsche Exilliteratur 1933–1950, 4 Bde., Stuttgart.

Wojak, Irmtrud (1994): Exil in Chile. Die deutsch-jüdische und politische Emigration während des Nationalsozialismus 1933–1945, Berlin.

Wojak, Irmtrud (1995): Chile, in: Wie weit ist Wien. Lateinamerika als Exil für österreichische Schriftsteller und Künstler, hrsg. von Alicia Douer u. Ursula Seeber, Wien, S. 120 ff.

Young, George F. W. (1974): Jorge González von Marées: Chief of Chilean Nacism, in: Jahrbuch Lateinamerika XI, S. 309 ff.

Zehn Jahre Aufbauarbeit in Südamerika/Diez Años de Obra Constructiva en América del Sur (1943), hrsg. anläßlich des zehnjährigen Bestehens der Asociación Filantrópica Israelita 1933–1943, Buenos Aires.

Dänemark

Einhart Lorenz

Dänemark, obwohl Anrainerstaat und deshalb nicht ohne Interesse für das deutsche politische Exil, wurde wegen seiner politischen Rücksichtnahmen gegenüber Deutschland und seiner restriktiven Fremdenpolitik kein bevorzugtes Asylland, sondern spielte für das deutschsprachige Exil eine bescheidene Rolle. Im April 1937 befanden sich nach offiziellen Angaben 1512 deutsche Emigranten im Lande (davon 825 Juden), zum Zeitpunkt des deutschen Überfalls am 9. April 1940 1550 Flüchtlinge, außerdem 380 jüdische Landwirtschaftsschüler und 265 Alija-Kinder. Wichtiger war Dänemarks Rolle als Transitland. Nach Schätzungen des Historikers Aage Friis, der in der Hilfsarbeit eine zentrale Rolle spielte, reisten 20 000 bis 30 000 Emigranten durch Dänemark in Drittländer. Die Einreise war zunächst wegen der „grünen" Grenze, aufgrund der Hilfe von Fischern oder durch „Groschenpässe" relativ leicht, doch wurde das Asylrecht als „teilbar" betrachtet. Die Fremdenpolitik war von Anbeginn von dem Bemühen geprägt, Juden und Kommunisten von Dänemark fernzuhalten. Durch administrative Maßnahmen waren bereits im November 1933 besondere „Kommunistenbedingungen" erlassen worden, die die Bewegungsmöglichkeiten kommunistischer Flüchtlinge und ihre politische Arbeit drastisch begrenzten. Die Fremdengesetzgebung wurde zwischen 1934 und 1939 dreimal revidiert und dabei jeweils verschärft, so daß die Polizei schließlich weitgehende Möglichkeiten zu Beschlagnahmen, Durchsuchungen und Verhaftungen erhielt. Anders als in → Norwegen und → Schweden wurden politische Vergehen nicht explizit vom Begriff der Kriminalität ausgenommen. Im Oktober 1938 wurden die Grenzstellen angewiesen, jüdische Flüchtlinge abzuweisen, und die dänischen Auslandsvertretungen wurden streng vertraulich angewiesen, jüdische Asylsuchende zurückzuweisen. Zugleich wurden mit Quotenordnungen und staatlichen Bewilligungen Regelungen getroffen, die eine kontrollierte Einreise nach vorheriger Visaerteilung ermöglichte. Aus Furcht, mit „falschen" Flüchtlingen, d.h. Juden und Kommunisten, sitzenzubleiben, wurden Einreisegenehmigungen deswegen vornehmlich Sozialdemokraten erteilt. Andererseits erhielten bis 1940 jährlich etwa 200 jüdische Jugendliche Gelegenheit, sich für ein künftiges Siedlerdasein in Palästina auszubilden (Hæstrup 1982).

Offene politische Arbeit wurde von den Behörden nicht toleriert, sondern mußte im Verborgenen ausgeführt werden. So war die Verteilung von Drucksachen, vornehmlich an deutsche Touristen, ab 1935 untersagt. Trotz der Anpassungspolitik an den omnipotenten Nachbarn im Süden zeigen die Unterstützung des SOPADE-Grenzsekretariats durch die dänische Sozialdemokratie und die publizistische Arbeit führender Sozialdemokraten, daß es gewisse Formen offiziöser Unterstützung gab. Bedeutung erhielt Dänemark vor allem für die sozialdemokratische und kommunistische Emigration aus Norddeutschland. Richard Hansen konnte bereits zwei Wochen nach seiner Ankunft in Kopenhagen im Juni 1933 mit Hilfe der dänischen Schwesterpartei ein Grenzsekretariat für die SOPADE aufbauen und ab 1936 eine dänische Ausgabe der *Deutschland-Berichte der Sopade* herausgeben, die bis 1939 erschien. „Höhepunkt" in der Arbeit des Grenzsekretariats war das Jahr 1934/35. 1938 kam der Materialtransport schließlich völlig zum Erliegen, nachdem es der Gestapo 1937 gelungen war, einen „V-Mann" in das Grenzsekretariat einzuschleusen, der der Arbeit der Sozialdemokraten schwere Schäden zugefügte. Hansens Arbeit war nicht unumstritten. Er war wiederholt Anlaß zu Diskussionen in der SOPADE-Führung und wurde von führenden SOPADE-Politikern beschuldigt, die Arbeit der Parteiführung zu sabotieren, an der Vergangenheit orientiert zu sein und für den gemeinsamen Kampf gegen Hitler kein Verständnis zu haben. Die große Mehrheit des sozialdemokratischen Exils wurde jedoch angehalten, sich von jeder politischen Arbeit „mit dem Gesicht nach Deutschland" fernzuhalten, während eine Integration in die dänische Schwesterpartei akzeptiert wurde. Eine Beteiligung am Kopenhagener Emigrantenheim, das den Behörden ein Dorn im Auge war, lehnte die SOPADE-Exilgruppe ab.

Für die KPD war Kopenhagen trotz aller Restriktionen zumindest bis 1938 das Zentrum der kommunistischen Exilarbeit in Skandinavien. Die Abschnittsleitung Nord der KPD (ALN) hatte die Verantwortung für die „Grenzarbeit" und für die Verbindungen zu Kontaktpersonen und illegalen Gruppen im gesamten norddeutschen Gebiet von Bremen bis nach Ostpreußen. Ernst Wollweber leitete von Kopenhagen aus eine international verzweigte und schlagkräftige kommunistische Sabotageorganisation. Auch für kleinere Gruppen war Dänemark nicht völlig ohne Bedeutung: So verlegte der ISK sein Landeserziehungsheim Walkemühle erst nach Møllevangen, später nach Østrupgaard und Hanneslund (bis 1938). Die Schwarze Front verlegte 1935 ihre Zentrale von Prag nach Kopenhagen.

Da Flüchtlinge dem Staat „nicht zur Last fallen" durften, mußten Hilfskomitees für ihre materielle Existenz sorgen. Die wichtigsten Hilfsorganisationen waren das von der Jüdischen Gemeinde gebildete Komitee vom 4. Mai 1933, das im Spätherbst 1939 420 Flüchtlinge unterstützte, und das sozialdemokratisch-gewerkschaftliche Matteotti-Komitee, das sozialdemokratische und ADGB-organisierte Flüchtlinge unterstützte und von Richard Hansen, der Sekretär des Komitees wurde, zur Disziplinierung der SPD-Emigration benutzt wurde. Im Spätherbst 1939 unterstützte dieses Komitee 285 Exilanten. Diese beiden Hilfsorganisationen koordinierten ab 1936 ihre Arbeit zusammen mit einem kleineren Komitee für Intellektuelle im Bund der dänischen Emigrantenhilfskomitees (De samvirkende danske Emigranthjælpekomitéer) und erhielten ab 1937 einen bescheidenen staatlichen Zuschuß. Von dieser Zusammenarbeit ausgeschlossen waren die Rote Hilfe und volksfrontähnliche andere Komitees. Kommunistische Flüchtlinge erhielten, soweit sie bei ihrer Emigrationsleitung willkommen waren (Emigranten, die man als weniger verläßlich einstufte, wurden u.a. nach Norwegen abgeschoben), Unterstützung durch die Rote Hilfe, doch erhielten Rote-Hilfe-Flüchtlinge keine Arbeitsgenehmigungen. Von Bedeutung war ferner die materielle und politische Unterstützung durch Gewerkschaften (z.B. 1933 die Rettung der Verbandskasse der deutschen Gewerkschaft durch den Vorsitzenden des dänischen Verbandes der Heizer und Maschinisten).

Erst 1936 kam es zu Erleichterungen bei der Erteilung von Arbeitsgenehmigungen, wobei Intellektuelle und Sozialdemokraten eher eine Erlaubnis erhielten als Kommunisten. Einzelne Intellektuelle, besonders Naturwissenschaftler, erhielten gute Arbeitsbedingungen (z.B. bei Niels Bohr), während freiberufliche Arbeit (z.B. von Ärzten) verboten war. Einige Physiker, aber auch Mathematiker und Geologen, erhielten Bedeutung für das wissenschaftliche Leben Dänemarks, und durch Theodor Geiger bzw. Julius Hirsch wurden Disziplinen wie Soziologie und Wirtschaftswissenschaften in Dänemark eingeführt (Dähnhardt/Nielsen 1993). Philipp Scheidemann lebte seit 1934 in Kopenhagen, Bert Brecht bereits seit 1933 (bis 1939) in Svendborg, Hans Henny Jahnn von 1934 bis Kriegsende auf Bornholm.

Die Besonderheit der deutschen Okkupationspolitik und die dänische Politik der Zusammenarbeit änderte nach dem 9. April 1940 die Lage der Flüchtlinge zunächst nicht dramatisch. Eine erste größere Verhaftungsaktion wurde Ende Mai/Anfang Juni auf deutsches Verlangen von der dänischen Polizei durchgeführt, wobei neben Flüchtlingen, die von der Gestapo gesucht wurden, auch solche verhaftet wurden, die die Dänen als mißliebig betrachteten. Die Auslieferungen nach Deutschland begannen im Juni 1940, die ersten Internierungen im Lager Hønserød Ende August 1940. Besonders wurde die KPD durch Verhaftungen getroffen, die aus der Verwirrung in der Partei nach dem deutsch-sowjetischen Pakt und dem deutschen Überfall resultierten und die Zusammenarbeit mit dem dänischen Widerstand lange komplizierten (Petersen 1991). Die Mehrheit der Flüchtlinge blieb jedoch zunächst unter dem Schirm der deutsch-dänischen Kollaboration weitgehend unbehelligt. Ab Mitte 1941 verschaffte sich jedoch die Besatzungsmacht systematisch Zugang und Einsicht in die Unterlagen über die Flüchtlinge. Ende März 1941 mußten die Hilfskomitees ihre Arbeit auf Verlangen der Besatzungsmacht einstellen. Spätestens ab Sommer 1941 konnte Dänemark nicht länger als Asylland betrachtet werden. Ab 1942 wurde ein Teil der politischen Flüchtlinge zur Wehrmacht eingezogen. Der Rücktritt der dänischen Regierung im August 1943 zwang die im Lande verbliebenen Emigranten in halb- bzw. illegale Verhältnisse und bedeutete einen tiefen Einschnitt in ihrem Exildasein. Im Oktober 1943 gelang es dem dänischen Widerstand, etwa drei Viertel der deutschsprachigen jüdischen Emigranten auf illegalen Fluchtrouten nach Schweden zu retten (Pundik 1994). Ein bedeutendes Zeugnis für die illegale Arbeit im besetzten Dänemark wurden die *Deutschen Nachrichten*, die ab 1943 erschienen und die nach der Befreiung als dänisch-deutsches Unternehmen mit kommunistisch-sozialdemokratischer Redaktion als Organ für deutsche Kriegsflüchtlinge, die ab 1944 Dänemark überschwemmten, bis 1948 weitergeführt wurden. Nach Kriegsende kehrte ein Großteil der nach Schweden geflüchteten und der nach Deutschland deportierten Emigranten, ungefähr 1500 Personen, nach Dänemark zurück.

Die Exilforschung in Dänemark, die dem Literaturwissenschaftler Steffen Steffensen entscheidende Impulse verdankt, hat sich stark auf das künstlerisch-intellektuelle Exil konzentriert (u.a. Bert Brecht, Hans Henny Jahnn), während eine Gesamtdarstellung zum Exil in Dänemark fehlt.

Literatur

Dähnhardt, Willy, u. Birgit S. Nielsen (1993): Exil in Dänemark. Deutschsprachige Wissenschaftler, Künstler und Schriftsteller im dänischen Exil nach 1933, Heide.

Deppe, Ralf (1984): Die sozialdemokratische Emigration in Dänemark. Ein Überblick, in: Schunck, Karl-Werner, u.a., Hrsg.: Vergessen und verdrängt, Eckernförde, S. 200 ff.

Deutschsprachiges Exil in Dänemark nach 1933 (1986). Zu Methoden und Einzelergebnissen, hrsg. von Ruth Dinesen, Birgit S. Nielsen, Hans Uwe Petersen u. Friedrich Schmöe, Kopenhagen–München.

Hæstrup, Jørgen (1982): Dengang i Danmark. Jødisk ungdom på træk 1933–1945, Odense.

Lorenz, Einhart, u. a. (1998): Ein sehr trübes Kapitel? Hitlerflüchtlinge im nordeuropäischen Exil 1933–1950, Hamburg.

Petersen, Hans Uwe, Hrsg. (1991): Hitlerflüchtlinge im Norden. Asyl und politisches Exil 1933–1945, Kiel.

Pundik, Herbert (1994): Det kan ikke ske i Danmark. Jødernes flugt til Sverige i 1943, Kopenhagen.

Ecuador

Maria-Luise Kreuter

Ecuador gehört zu den Ländern Lateinamerikas, in die eine vergleichsweise geringe Zahl von Verfolgten des NS-Regimes flüchtete. Siedlungsprojekte aus den mittdreißiger Jahren, darunter der Plan, langfristig 50000 jüdische Familien anzusiedeln (Golodetz 1936), fanden weder in der ecuadorianischen Öffentlichkeit noch auf jüdischer Seite Zustimmung und erwiesen sich letztlich als unseriös. Für die meisten der 3500–4000 Menschen, die bis 1942 Zuflucht fanden, war Ecuador ein Exilland zweiter Wahl, das sie in Kauf nahmen, weil sie keine Chance sahen, rechtzeitig in einem bevorzugten Land Asyl zu finden. Die Mehrzahl kam aus Deutschland und Österreich und hatte erst nach der Pogromnacht im November 1938 die letzte Hoffnung aufgegeben, doch noch in ihrer Heimat bleiben zu können. Ein Teil ließ sich in Guayaquil nieder, der größten Stadt des Landes im tropisch-heißen Klima am Pazifik. Die überwiegende Mehrzahl zog die in den Anden auf über 2800 m gelegene Hauptstadt Quito vor. Wenige siedelten sich in Kleinstädten der Andenkette oder in tropischer Urwaldregion an. Gemessen an mitteleuropäischen Verhältnissen war ihre Wohnsituation in den ersten Jahren primitiv und beengt. Ansteckende Krankheiten, gepaart mit mangelnder Infrastruktur und fehlender Hygiene, stellten ein erhöhtes Gesundheitsrisiko dar. Erschwerend kamen die klimatischen Bedingungen hinzu (Kreuter 1995, S. 21 ff., 50 ff.).

Aufgrund der relativ späten Auswanderung verfügten viele nur über geringe finanzielle Mittel. Allerdings gelang es einer ganzen Reihe, ihren Hausrat und andere Ausrüstungsgegenstände mitzubringen. Und da das Vorzeigegeld für den Familienvorstand von vorübergehend 1000, dann 400 Dollar in der Regel von den Behörden sofort ausbezahlt wurde, besaßen die meisten Immigranten ein Startkapital, um wirtschaftlich Fuß zu fassen. Im Gegensatz zu den Einwanderungsvorschriften, die eine industrielle oder landwirtschaftliche Betätigung vorschrieben, arbeitete nur eine Minderheit in der Landwirtschaft; ein erheblicher Teil der Immigranten betätigte sich im Handel, angefangen vom Hausieren über kleine Geschäfte bis zum Import- und Exporthandel. Während sich die Mehrheit der gegründeten Unternehmungen in den ersten Jahren bei harter Arbeit aller erwachsenen und jugendlichen Familienmitglieder am Rande des Existenzminimums bewegte, erreichten andererseits einzelne Betriebe bereits 1942 eine für ecuadorianische Verhältnisse beachtliche Größe. Erfolgreich waren vor allem diejenigen, die in eine Marktlücke vorstießen, indem sie bislang im Lande unbekannte Dienstleistungen und Waren anboten oder solche, die durch den Krieg nicht mehr aus dem Ausland auf den einheimischen Markt gelangten. Auf dem Gebiet der Lebensmittel- und Textilproduktion, der Metallverarbeitung, der chemisch-pharmazeutischen Produktion, im Dienstleistungssektor, im Gastgewerbe und im Handel konnten sie innovativ tätig werden (von zur Mühlen 1988, S. 75 ff.). Ein Teil der von Immigranten gegründeten Unternehmen zählt heute zu den bedeutenden des Landes (Kreuter 1995, S. 274 ff.).

Der Umstand, daß die zuständige Behörde die Einhaltung der gesetzlichen Forderung nach industrieller oder landwirtschaftlicher Betätigung in der Regel nicht überprüfte, erleichterte den Immigranten die wirtschaftliche Eingliederung, führte aber schon bald zu öffentlicher Kritik und Anfeindungen seitens der einheimischen Bevölkerung, die die Immigranten zunächst neugierig-freundlich aufgenommen hatte. Während die Präsidenten Carlos Arroyo del Río (1940–44) und José María Velasco Ibarra (1944–47) der Einwanderung von NS-Verfolgten positiv gegenüberstanden, schürten wirtschaftlich und politisch interessierte Kreise mit Hilfe einer von Deutschland unterstützten Presse Ressentiments gegenüber Juden, die an vorhandene antisemitische Vorurteile aus christlicher Wurzel anknüpften. Furcht vor wirtschaftlicher Konkurrenz, antisemitische und fremdenfeindliche Vorurteile hatten nicht zuletzt ihre Ursache in objektiven sozialen und kulturellen Schranken, die einer Annäherung von Einheimischen und Flüchtlingen im Wege standen. Wertesystem, Lebens-, Arbeitsauffassung und die Umgangsformen von Einheimischen und Immigranten differierten erheblich. Die wenigsten Immigranten besaßen Kenntnisse über Ecuador oder sprachen Spanisch (Schwarz 1992; Weiser 1992; Kreuter 1995, S. 91 ff.).

Die größte Gruppe unter den Flüchtlingen bildete die Jüdische Gemeinde in Quito. Ihre Keimzelle war ein 1938 gegründeter Hilfsverein, der von der Regierung als Verhandlungspartner anerkannt worden war. Im gleichen Jahr entstand die Asociación de Beneficencia Israelita, die 1945 mit über 540 Mitgliedern (Familienvorstände) ihren Höchststand erreichte. Anders als in den meisten Ländern des lateinamerikanischen Exils, in denen bereits jüdische Gemeinden existierten und Neuankömmlinge eigene, nach Herkunftsländern zusammengesetzte Gemeinden gründeten, entstanden erst durch die Ankunft der NS-Flüchtlinge jüdische Gemeinden in Ecuador (La Colonia Israelita 1948). Diese setzten sich nicht nach Herkunftsländern zusammen, sondern vereinigten in ihren Reihen Juden aus verschiedenen Ländern Europas, darunter Juden aus Osteuropa, die z. T. bereits Anfang der dreißiger Jahre nach Ecuador eingewandert waren. Mit Beginn ihres Bestehens entfaltete die Beneficencia Quito eine rege Tätigkeit, um für ihre Mitglieder ein Zentrum religiösen, geselligen und kulturellen Lebens zu schaffen. Nach dem Vorbild in den europäischen Heimatländern entstanden ein Frauenverein, eine Kreditkooperative, ein Sportverein, eine Jugendorganisation, eine Logenbruderschaft und zionistische Vereinigungen, die das gesellschaftliche und kulturelle Leben ab 1943 entscheidend prägten, aber auch für Konfliktstoff sorgten. Dies zeigte sich nicht zuletzt in der seit 1942 unter den Immigranten geführten Debatte über die Frage, ob es ein „anderes" Deutschland gebe, für das einzusetzen sich lohne (Kreuter 1995, S. 196 ff.).

Obwohl politisch Verfolgte kaum nach Ecuador emigriert waren, entstanden auch hier 1942 Organisationen, die sich als Teil einer antifaschistischen Bewegung verstanden und nach Herkunftsländern zusammengesetzt waren. In der mit rund 200 Personen (Januar 1945) mitgliederstärksten Vereinigung, dem Movimiento Alemán Pro Democracia y Libertad, schlossen sich vorwiegend die deutschen Flüchtlinge zusammen, die sich weder religiös noch kulturell dem Judentum verbunden fühlten. Dennoch spielten Persönlichkeiten wie Bobby Astor (früher Heinz Alfred Stern), die der Jüdischen Gemeinde Quito angehörten, hier eine herausragende Rolle. Wie in anderen Ländern fanden auch in Ecuador in Anlehnung an die beiden bedeutendsten Vereinigungen des lateinamerikanischen Exils, die Bewegung „Freies Deutschland" (Mexiko) und Das Andere Deutschland (Buenos Aires), Richtungskämpfe statt. Die Auseinandersetzungen um die Überparteilichkeit der Vereinigung führten 1944 dazu, daß die Befürworter des Anschlusses an die Mexiko-Richtung eine eigene Organisation, das Komitee „Freies Deutschland", gründeten (von zur Mühlen 1988, S. 117 ff.; Kreuter 1995, S. 223 ff.).

Neben ihrer politischen Zielsetzung hatten die Vereinigungen für die Mehrheit der Mitglieder auch eine kulturelle und gesellige Funktion. Wie für die jüdischen Immigranten der Zusammenschluß in den Gemeinden so waren die Vereinigungen für die nichtjüdischen Flüchtlinge Ersatz für die verlorene Lebenswelt. Nach bescheidenen Anfängen entstand ein vielfältiges und abwechslungsreiches Kulturprogramm. Eine besondere Rolle spielte hierbei das Theater. In Quito entwickelten sich die Kammerspiele unter der Leitung des Regisseurs Karl (Carl) Loewenberg über das Niveau eines Liebhabertheaters hinaus. Die Bühne wurde in den fünfziger Jahren als spanischsprachiges Theater fortgeführt und fand auch in der einheimischen Öffentlichkeit breite Beachtung (Kreuter, S. 251 ff.). Neben dem Theater gelang es Immigranten, auch in anderen Bereichen Anerkennung zu finden und zum kulturellen Leben des Landes beizutragen, so in der Musik, der Malerei, dem Kunsthandwerk, der Architektur, der Literatur, der Publizistik und dem Verlagswesens. Stellvertretend genannt seien hier die Malerin Olga Fisch-Anhalzer, die sich besonders um die Förderung der Volkskunst verdient machte (Fisch 1985), und die Journalistin Lilo Linke (d. i. Lise-Lotte Linke Mickley), die die Verbesserung der Lebensverhältnisse der indianischen Eingeborenen in das Zentrum ihres Schaffens rückte und ein umfangreiches publiziertes Werk hinterlassen hat (Linke 1960; Holl 1987), ebenso wie der österreichische Arzt und Schriftsteller Paul Engel (Pseud. Diego Viga).

Da viele Immigranten ihren Aufenthalt in Ecuador nur als Episode betrachtet hatten, war die Abwanderung nach Kriegsende erheblich. Allein die Jüdische Gemeinde in Quito verlor bis 1948 etwa die Hälfte ihrer Mitglieder durch Abwanderung vor allem in die USA. Andere verließen Ecuador erst nach langen Jahren des Abwartens. Schätzungsweise knapp die Hälfte blieb in Ecuador. Durch Abwanderung, Tod und durch beginnende Integration der nachfolgenden Generation verloren die Organisationen der Immigranten ihre zentrale Funktion als Orte der Wahrung sozialer und kultureller Identität. Die kleinen jüdischen Gemeinden in Ambato und Cuenca lösten sich auf, die Gemeinden in Quito und Guayaquil sind heute in erster Linie Religionsgemeinschaften, während die Nachfolgeorganisation des Movimiento Alemán Pro Democracia y Libertad seit 1955 die Rolle eines deutsch-ecuadorianischen Kulturzentrums übernommen hat (Kreuter 1995, S. 291 ff.).

Literatur

Fisch, Olga (1985): El folclor que yo viví, Quito.
Golodetz, Alec (1936): Report on the Possibilities of Jewish Settlement in Ecuador, London.
Holl, Karl (1987): Lilo Linke (1906–1963). Von der Weimarer Jungdemokratin zur Sozialreporterin in Lateinamerika. Materialien zu einer Biographie, in: Exilforschung 5, S. 68 ff.
Kreuter, Maria-Luise (1995): Wo liegt Ecuador? Exil in einem unbekannten Land 1938 bis zum Ende der fünfziger Jahre, Berlin.
La Colonia Israelita en el Ecuador (1948), ed. por las Organizaciones Israelitas en el Ecuador, Quito.
Linke, Lilo (1960): Ecuador. Country of Contrasts, London u. a.
von zur Mühlen, Patrik (1988): Fluchtziel Lateinamerika. Die deutsche Emigration 1933–1945: politische Aktivitäten und soziokulturelle Integration, Bonn.
Schwarz, Egon (1992): Keine Zeit für Eichendorff, Frankfurt a. M.
Weiser, Benno Varon (1992): Professions of a Lucky Jew, New York u. a.

Frankreich

BARBARA VORMEIER

Der größte Teil der während des Hitler-Regimes in Europa verbliebenen Flüchtlinge hielt sich in Frankreich auf, das aufgrund seiner liberalen Asylpraxis im 19. Jahrhundert als traditionelles Asylland galt. Die Lage der Emigranten wurde in den dreißiger Jahren durch eine Reihe von Gesetzen und Verordnungen geregelt, die in dieser Zeit die Existenzbedingungen von zeitweise über 2,2 Millionen (1936) in Frankreich lebenden Ausländern bestimmten. Diese Anordnungen bezogen sich zunächst auf die Aufenthalts- und Arbeitsgenehmigungen, ab 1938 auf den militärischen Einsatz von Ausländern im Kriegsfall und nach der deutschen Besetzung (1940) auch auf den Status der jüdischen Flüchtlinge. Abgesehen von der provisorischen Vereinbarung über die Flüchtlinge aus Deutschland, die am 4. Juli 1936 in Genf erzielt und u. a. von Frankreich unterzeichnet wurde, gab es in bezug auf die materielle und soziale Lage deutscher Emigranten – ausgenommen die Saar-Flüchtlinge (→ SAARGEBIET 1933–1935) – in den dreißiger Jahren in Frankreich keine Sonderregelungen. Das am 10. Februar 1938 auch von Frankreich unterzeichnete „Abkommen über die aus Deutschland stammenden Flüchtlinge" wurde 1938 nur von Belgien und Großbritannien ratifiziert.

Die von ständigen Krisen geprägte innenpolitische und ökonomische Lage Frankreichs sowie die rechtliche Unsicherheit der Flüchtlinge, die Zuspitzung der internationalen Konflikte und die zunehmende Aggressionspolitik Hitler-Deutschlands bewirkten, daß Frankreich für viele Regime-Gegner und Nazi-Verfolgte nur zur Durchgangsstation in der Emigration wurde. Von den 100 000, die zwischen 1933 und 1939 nach Frankreich kamen, lebten 18 000–23 000 (einschließlich der Illegalen) effektiv pro Jahr im Lande, was knapp 1 % der Gesamtzahl der in Frankreich registrierten Ausländer darstellte. Diese Schwankungen der Flüchtlingszahlen sind auf Weiterwanderung nach Übersee oder in andere europäische Zufluchtsländer, auf Rückkehr nach Deutschland, auf Ausweisungen, auf Abschiebung oder auf Verweigerung der Aufenthaltsgenehmigung zurückzuführen. Im Laufe der dreißiger Jahre entwickelte sich eine immer restriktivere Asylpolitik, die nach Kriegsbeginn zur Internierungspolitik für Tausende von Emigranten wurde.

Die Weltwirtschaftskrise berührte Frankreich erst Ende des Jahres 1930 (Sauvy 1984). Die wirtschaftliche Entwicklung führte zu einer bis zum Kriegsbeginn andauernden Wirtschafts- und Finanzkrise (Arbeitslosigkeit, Deflationspolitik, Massenstreiks). Die daraus resultierenden innenpolitischen Konflikte bedrohten die Grundstrukturen von Wirtschaft und Gesellschaft (Borne/Dubief 1989) und führten auch zu einer restriktiven Ausländerpolitik, die sich spürbar auf die Existenzbedingungen der Flüchtlinge auswirkte. Die innenpolitischen Verhältnisse waren durch eine ständige Instabilität gekennzeichnet. Bis 1936 verschärfte sich die Lage durch ein spürbares Anwachsen antiparlamentarischer, antiliberaler, antimoderner und antisemitischer Strömungen. Neben älteren rechtsradikalen, faschistisch gefärbten Ligen wie Croix de feu (1934: 150 000 Mitglieder), Action Française und Jeunesses Patriotes entstanden nach deren Verbot durch die Volksfrontregierung im Juni 1936 faschistische Parteien wie Parti Social Français (170 000 Mitglieder) und Mouvement Social Français (800 000 Mitglieder). Sie verfügten über eine eigene Presse und versuchten auch über den Rundfunk, die Öffentlichkeit aufzuhetzen. Die ablehnende Haltung eines Teils der französischen Bevölkerung und Presse gegenüber Ausländern war neben den (sicherheits)politischen auf vorwiegend ökonomische und auch kulturelle Gründe zurückzuführen (Schor 1985).

Bei der Einstellung gegenüber den Hitler-Flüchtlingen ist außerdem in Betracht zu ziehen, daß sich Frankreich von den materiellen und menschlichen Verlusten und Folgen des Ersten Weltkrieges noch nicht erholt hatte. Dem deutschen „Erbfeind" gegenüber hatte man ein starkes Gefühl von Haß bzw. Angst und Mißtrauen. Das Hitler-Regime rief, neben Furcht und starker Ablehnung in einigen Kreisen, zum Entsetzen der Emigranten unbegrenzte Bewunderung für jene nationalsozialistischen Thesen hervor, die das Prinzip der Ordnung und den Rassegedanken herausstrichen (CNRS 1976, S. 117 ff.).

Für die Mehrheit der Franzosen hatte die Erhaltung des Friedens außenpolitische Priorität, solange das Land nicht unmittelbar bedroht war. Frankreich bemühte sich, durch ein System der „kollektiven Sicherheit", d. h. durch Einzelverträge mit nichtfaschistischen Staaten, Deutschland zu isolieren und an einem Angriff zu hindern. Angesichts der deutschen Aggressionspolitik verstärkte Frankreich zum eigenen Schutz die Zusammenarbeit mit Großbritannien, was beim Spanischen Bürgerkrieg in der Nicht-Einmischung und bei der Sudetenkrise in der Appeasement-Politik gipfelte, die die innenpolitischen Konflikte und Debatten verschärfte – Léon Blum sprach von einem Gefühl der „feigen Erleichterung und der Scham" hinsichtlich des Münchner Abkommens –, und einzig die Furcht vor dem Krieg hielt einen Schein des Zusammenhalts der Nation aufrecht.

Der offene Terror gegen die politischen Gegner des Nationalsozialismus im Gefolge des Reichstagsbrands sowie die am 1. April durchgeführten antijüdischen Boykott- und Gewaltaktionen lösten eine Massenfluchtbewegung politisch und „rassisch" Verfolgter aus (4040 Visaanträge zwischen dem 5. März und 5. April 1933). Nach den Reichstagswahlen entwickelte sich besonders in linken und liberalen Kreisen Frankreichs, die die Ereignisse in Deutschland nach dem 30. Januar aufmerksam verfolgt hatten, eine große Solidaritätsbewegung (Kundgebungen, Pressekampagnen, Geldsammlungen usw.). Die konservativen und reaktionären Kreise sowie ihre Presseorgane (*L'Action française, Je suis partout, La France catholique, Gringoire, Candide, Le Matin, Le Temps, Le Journal* u. a.) reagierten auf die Ankunft der deutschen Flüchtlinge mit eindeutig fremdenfeindlicher und antisemitischer „Reserve". Darüber hinaus befürchtete der Großteil der Bevölkerung, daß diese Emigranten ein antifaschistisches „Foyer" bilden und Hitlers Haß auf Frankreich verstärken würden.

Die Parlamentsabgeordneten Jules Moch und Marius Moutet (Sozialistische Partei), Paul Malingre (linkes Zentrum) und Gabriel Péri (KPF) appellierten zugunsten der Opfer des Hitler-Regimes (Hauser 1989, S. 70 ff.). Obgleich sich die französische Regierung der „ökonomischen, sozialen und sicherheitspolitischen Probleme" bewußt war, die eine „unveränderte Fortsetzung der Asyltradtion und vorbehaltlose Gewährung von Einreisevisa" bewirke, gab Innenminister Camille Chautemps am 20. April 1933 großzügige Sonderanordnungen für die Aufnahme von Flüchtlingen heraus, die allerdings am 16. Oktober von der Regierung im Einvernehmen mit der interministeriellen Flüchtlingskommission angesichts der großen Zahl von Emigranten aus Deutschland wieder aufgehoben wurden. Die französischen Konsulate bearbeiteten nunmehr im „liberalen Sinne" die Visaanträge für folgende Personenkreise: a) Personen, die einen gültigen deutschen Paß besaßen, b) Staatenlose, die in Deutschland regulär lebten und einen Fremdenpaß hatten, c) Inhaber eines Nansen-Passes, die in Deutschland lebten. Bei Verlängerung des Frankreich-Aufenthaltes hatten sich die Flüchtlinge den üblichen gesetzlichen Aufenthaltsbestimmungen zu unterwerfen. Die Fälle von mittellosen Antragstellern seien genauestens zu überprüfen. Juden mit einer anderen als der deutschen Staatsangehörigkeit, die in Deutschland lebten, sei ein französisches Einreisevisum zu verweigern. Sollten die Flüchtlinge an der deutsch-französischen Grenze nicht in der Lage sein, einen gültigen deutschen Paß vorzuweisen – was vor allem politische Flüchtlinge betraf –, sei ihnen ein Passierschein (sauf-conduit) für eine Frist von 20 Tagen auszustellen, damit sie bei den zuständigen Polizeibehörden die für Ausländer erforderlichen Formalitäten für Aufenthaltsgenehmigung und Arbeitserlaubnis erledigen konnten.

Aus innenpolitischen Gründen wurde der Aufenthalt von Flüchtlingen aus Deutschland in den Départements Haut-Rhin, Bas-Rhin und Moselle (dem früheren Elsaß-Lothringen) auf 20 Tage (Mai 1933) und ab Juli 1933 (2000 Flüchtlinge) auf 48 Stunden beschränkt. Die Emigranten sollten sich in die übrigen Départements begeben. Saarländische Flüchtlinge durften sich ab August 1933 in Lothringen und im Elsaß als Gewerbetreibende nur mit Zustimmung der entsprechenden Handels- und Handwerkskammern niederlassen. 10 852 Personen (davon 10 432 mit deutschen Pässen, 108 mit Nansen-Pässen und 312 mit Fremdenpässen) beantragten in der Zeit vom 1. März bis 1. Juni 1933 französische Einreisevisa. Im Oktober 1933 belief sich die Zahl der Flüchtlinge auf 17 000–20 000, was die französische Regierung dazu bewog, Sonderanweisungen für Einreisevisa zurückzunehmen. Frankreich hatte nachweislich im Jahre 1933 der größten Zahl von Hitler-Flüchtlingen die Einreise gewährt. Die französische Regierung erwartete, daß zu den ersten Aufgaben des am 26. Oktober 1933 geschaffenen Hochkommissariats für „jüdische und andere aus Deutschland stammende Flüchtlinge" unter James G. McDonald eine geographische Neuverteilung der Emigranten in den Ländern erfolge.

Hinsichtlich der gesetzlichen Arbeits- und Aufenthaltsbestimmungen regelte das Anfang der dreißiger Jahre geltende Fremdenrecht „Normalfälle" von Touristen und von Ausländern, die sich um Arbeit oder Niederlassung in Frankreich bemühten; es war aber nicht für politisch oder „rassisch" Verfolgte gedacht. Dabei können drei Etappen unterschieden werden: die 1933 geltenden gesetzlichen Regelungen zum Schutz der „nationalen Arbeitskräfte"; die Verschärfung der allgemeinen Ausländerbestimmungen im Jahre 1935, eine Folge der in Frankreich spürbar gewordenen allgemeinen Wirtschaftskrise; die Verstärkung der Kontrollmaßnahmen gegenüber Ausländern (Mai-Dekrete), zu der sich die Daladier-Regierung angesichts der internationalen politischen Spannungen und Konflikte 1938 genötigt sah (Schramm/Vormeier 1977, S. 179 ff.).

Die Regulierung des Aufenthalts stand im Zeichen des nervenaufreibenden Kampfes um die Papiere. Bei einem Aufenthalt von mehr als zwei Monaten hatte der Ausländer innerhalb von acht Tagen nach Einreise bei den zuständigen Polizeibehörden einen jeweils zwei Jahre gültigen Ausweis (carte d'identité) zu beantragen. Jeder Antragsteller erhielt eine befristete Empfangsbestätigung (récépissé), die einer provisorischen Aufenthaltsgenehmigung gleichkam. Die Ausstellung der carte d'identité erfolgte erst nach Monaten, oft erst nach Jahren durch den zuständigen Präfekten. Sie konnte verweigert bzw. zurückgezogen werden, wenn der Ausländer sich in rechtlicher Hinsicht strafbar machte (fehlender oder nicht verlängerter Paß, illegale Arbeit, abgelaufenes Visum) oder sich politisch betätigt hatte. „Unerwünschte Ausländer" (indésirables) hatten damit zu rechnen, aus Frankreich ausgewiesen oder an die französische Landesgrenze abgeschoben zu werden. Abschiebungen (refoulements) bzw. Ausweisungen (expulsions) wurden in Tausenden von Fällen vorgenommen (1933 Abschiebung von 413 Deutschen im Pariser Raum; Retzlaw 1976; Jacoby 1982, S. 63 ff.).

Die Mai-Dekrete von 1938 entstanden unter dem Vorwand der Sicherheitspolitik. Es waren hohe Gefängnisstrafen und Ausweisungen für jene Ausländer vorgesehen, die illegal eingereist waren oder trotz refoulement oder expulsion sich illegal in Frankreich aufhielten. Sie enthielten aber auch erstmals den Begriff „politischer Flüchtling" sowie einen Passus, demzufolge diese nicht ausgewiesen werden durften, wenn sie kein anderes Zufluchtsland gefunden hatten; es konnte ihnen ein Zwangsaufenthalt zugewiesen werden; 1938/39 kam es allerdings zu zahlreichen Abschiebungen von deutschen Emigranten in Richtung Schweiz und Belgien.

Neben den restriktiven Aufenthaltsregelungen waren die Arbeitsmöglichkeiten für Ausländer sehr beschränkt. Nach den gesetzlichen Bestimmungen vom Oktober 1933 konnte ein Ausländer eine bezahlte Arbeitsstelle nur mit Genehmigung des Arbeits- bzw. Landwirtschaftsministeriums annehmen. Dem Antrag auf eine Arbeiterkennkarte (carte d'identité de travailleur) mußten ein vom künftigen Arbeitgeber ausgestellter, ministeriell genehmigter Arbeitsvertrag und ein Gesundheitszeugnis beiliegen. Diejenigen Ausländer, die in Frankreich bleiben wollten und noch nicht im Besitz eines Arbeitsvertrages oder eines Gesundheitszeugnisses waren, erhielten bei den Polizeibehörden erst dann das récépissé eines Antrages auf eine gewöhnliche carte d'identité für Ausländer, wenn diese Arbeitspapiere vorgelegt werden konnten; in vielen Fällen wurde die Aufenthaltsbewilligung willkürlich von einer Arbeitserlaubnis abhängig gemacht. Ein Teil der Emigranten befand sich damit in einer Situation von kaum zu überbietender Absurdität: Man konnte erst eine reguläre Arbeitszulassung bekommen, wenn man einen französischen Ausweis besaß; um den zu erhalten, brauchte man vorher eine Arbeitserlaubnis (Schramm/Vormeier 1977, S. 197; Hauser 1989, S. 70 ff.).

Man hielt sich an die gesetzlichen Vorkehrungen, die im August 1932 zur Absicherung des inländischen Arbeitsmarktes gegenüber Ausländern getroffen waren. Demnach galten für die verschiedenen Berufs- und Gewerbezweige bestimmte Quoten für ausländische Arbeitskräfte. Aufgrund zahlreicher Interventionen seitens der Berufs- und Wirtschaftsverbände wurden restriktive Sonderregelungen zur Eindämmung der ausländischen Konkurrenz für die Ausübung der medizinischen, juristischen, künstlerischen und handwerklichen Berufe (1936), die Tätigkeit als Gewerbetreibender (1938) und die Aufnahme von Eingebürgerten in den öffentlichen Dienst geschaffen. Lediglich in der Landwirtschaft bestand Arbeitskräftemangel, infolgedessen gab es dort günstigere Arbeitsaussichten (Schramm/Vormeier 1979, S. 193 ff.; Fabian/Coulmas 1978; Frankenthal 1981; Tichauer 1988, S. 33 f.; Kantorowicz 1996, S. 96).

Jüdische Organisationen wie ORT und Hechaluz richteten in Frankreich Zentren ein, wo einige Hunderte von jungen Emigranten vor der Weiterwanderung nach Palästina im Handwerk, Gartenbau und in der Landwirtschaft ausgebildet werden konnten (Leshem 1973). Eine normale berufliche Eingliederung der deutschen Flüchtlinge war unter den genannten Umständen schwer möglich. Es ist daher kaum verwunderlich, daß der Assimilationsprozeß der Erwachsenen nur äußerst zögernd, wenn überhaupt, vonstatten ging, während die Kinder durch den Schulbesuch weitaus größere Assimilierungschancen hatten (Emigrés français en Allemagne 1983, S. 128 ff.; Hessel 1998; Grosser 1996, S. 18 ff.; → KINDHEIT UND JUGEND, → SCHULEN).

Das im Juli 1933 vom Consistoire Israélite ins Leben gerufene Hilfskomitee für die aus Deutschland geflüchteten Opfer des Antisemitismus (kurz Comité National de Secours genannt) hatte die ersten Hilfsmaßnahmen zu koordinieren und vor allem die Weiterwanderung der Flüchtlinge zu beschleunigen, was das Hauptanliegen der jüdischen Organisationen in Frankreich war. Das Comité National mußte wie zahlreiche andere Hilfskomitees nach einem Jahr die materiellen Aktivitäten einstellen. Erst im Juli 1936 wurde auf Anregung der Volksfrontregierung Léon Blums ein neues „zentrales" Hilfskomitee gegründet (Comité d'assistance aux Réfugiés), das Raymond-Raoul Lambert bis zum Kriege als Generalsekretär leitete (Lambert 1985). Im Laufe der Zeit mußten die Emigranten ihre eigenen Hilfsverbände mit Privatspenden gründen. Hanna Grunwald-Eisfelder gelang es mit einer Gruppe ehemaliger Berliner Sozialarbeiter, mit der Assistance Médicale aux Enfants Réfugiés medizinische Hilfe für Kinder von Emigranten aus Deutschland jeder Konfession und jeder politischen Richtung aufzubauen (Jacoby 1982, S. 52 ff.). Fürsorgetätigkeit übten auch die Entr'aide européenne unter Leitung von Germaine Mellon sowie der Service international d'aide aux réfugiés (SIAR) der Quäker aus, der von der Berliner Sozialarbeiterin der Arbeiterwohlfahrt, Paula Kurgass, bis zu ihrem frühen Tode im Jahre 1937 geleitet wurde.

Die fremden- und asylrechtliche Lage der deutschen Emigranten kennzeichnete sich in den Zufluchtsländern bis zum Sommer 1936 dadurch, daß es für den Begriff „deutscher Flüchtling" weder eine völkerrechtlich anerkannte Definition noch eine internationale Regelung gab. Eine erste Abhilfe schuf die am 4. Juli 1936 in Genf erzielte „provisorische Abmachung", die von Belgien, Dänemark, Frankreich, Großbritannien, den Niederlanden und der Schweiz unterzeichnet wurde. Die Zentralvereinigung der deutschen Emigration, die zu dieser Zeit 22 Emigrantenvereinigungen aus Frankreich repräsentierte und ab Oktober 1938 vom Völkerbund offiziell als Vertretung der deutschen Flüchtlinge anerkannt wurde, war maßgeblich an dem Zustandekommen der provisorischen Abmachung beteiligt. Die Signatarmächte hatten beschlossen, den Flüchtlingen, die sich regulär in den Asylländern aufhielten, einen besonderen Ausweis und eine Art Reisepaß (certificat d'identité et de voyage pour les réfugiés provenant d'Allemagne) auszustellen. Zu den Flüchtlingen aus Deutschland rechnete man gemäß dem Dekret vom 17. September 1936 die von der Hitler-Regierung aufgrund des Ausbürgerungsgesetzes (14. Juli 1933) Expatriierten und diejenigen, die seinerzeit in Deutschland eingebürgert waren und bei denen aufgrund desselben Gesetzes die Einbürgerung widerrufen worden war, sofern dieselben keine andere Staatsangehörigkeit besaßen, sowie die „Staatenlosen". Darunter fielen diejenigen, die durch die Friedensverträge von 1919/20 ihre Staatsangehörigkeit verloren und die – weil sie schon immer in Deutschland gelebt hatten, auch ohne eingebürgert worden zu sein – für den Nachfolgestaat nicht optiert hatten und nunmehr aus Deutschland nach Frankreich aus den gleichen Gründen fliehen mußten wie die Reichsdeutschen. Personen, die *vor* dem 30. Januar 1933 und *nach* dem 5. August 1936 nach Frankreich geflüchtet waren, fielen grundsätzlich nicht unter die Regulierungsbestimmungen des Dekrets vom 17. September 1936. Sie waren aber berechtigt, ebenfalls einen Antrag auf Anerkennung als Flüchtling aus Deutschland zu stellen; ihre Fälle wurden besonders geprüft. Die in Frankreich illegal lebenden Flüchtlinge – ihre Zahl wurde auf einige Hundert geschätzt – konnten ebenfalls einen Antrag stellen. Sie hatten in diesem Fall mit keiner Strafverfolgung zu rechnen, da dieses Verfahren ihre Legalisierung herbeiführte. Die Anträge waren von jeder Person über 15 Jahre individuell bis zum 31. Dezember 1936 zu stellen. Nach Angaben des Innenministeriums hatten an die 8 000 Emigranten einen Antrag auf Anerkennung als Flüchtlinge gestellt, während rund 2000 Flüchtlinge davon Abstand nahmen. Der deutsche Paß war bei Aushändigung der Flüchtlingspapiere abzugeben (Schramm/Vormeier 1979, S. 228 ff.).

Das Comité Consultatif, das sich aus vier französischen Vertretern und vier deutschen Vertretern der Zentralvereinigung zusammensetzte, hatte die Anträge zu befürworten. Das französische Innenministerium gewährte 6522 Personen die Anerkennung des Status als Flüchtling aus Deutschland. Das Comité Consultatif stellte offiziell seine Tätigkeit am 31. Dezember 1937 ein. Nach dem „Memorandum über die deutsche Emigration", das Albert Grzesinski als Präsident des Comité Consultatif aufstellte, setzten sich die „anerkannten" Flüchtlinge in sozialer Hinsicht wie in der Tabelle (Sp. 221) zusammen.

Die Emigranten hatten durch den Flüchtlingsausweis, der den Inhabern zumindest in den Unterzeichnerstaaten des provisorischen Abkommens eine gewisse Freizügigkeit gewährte, einen bedeutenden Schritt auf dem Wege zur „Legalisierung" ihres Aufenthaltes in den Asylländern gesehen. Die Genfer Abmachung von 1936 löste aber weder die Frage der aus Deutschland geflüchteten Staatenlosen noch die Probleme der Ausweisungen und der Arbeitsmöglichkeiten und -genehmigungen, die erst im Rahmen

Soziale Zusammensetzung der 1936/37 in Frankreich anerkannten deutschen Emigranten			
Alter		15–20 Jahre	4,5%
		20–30 Jahre	24,6%
		30–50 Jahre	55,7%
		50–60 Jahre	10,7%
		über 60 Jahre	4,5%
Geschlecht u. Personenstand		männlich	62,4%
		weiblich	37,6%
		verheiratet	57,1%
		ledig	40,4%
		verw., gesch.	2,5%
Staatsangehörigkeit		Deutsche	83,0%
		Staatenlose	16,0%
		Polen u.a.	1,0%
Berufsstellung in Deutschland		selbst. Unternehmer	6,0%
		freie Berufe	12,7%
		kaufm. u. techn. Angestellte	31,1%
		gelernte u. ungelernte Arbeiter	16,1%
		Staats-, Gemeinde- u. kult. Berufe	2,0%
		Schüler höherer Lehranstalten	4,0%
		Pensionäre, ohne Beruf (Frauen)	27,6%
Ursachen der Flucht		politischer Grund	29,0%
		„Rasse"- u. Wirtschaftsflüchtlinge	65,3%
		verschiedene andere Gründe	5,7%

des Internationalen Abkommens über die aus Deutschland stammenden Flüchtlinge vom 10. Februar 1938 völkerrechtlich geregelt wurden. Frankreich gehörte zu den Genfer Signatarmächten, aber ratifizierte dieses Abkommen erst am 14. April 1945 (Schramm/Vormeier 1977, S. 203 ff.), während das Abkommen in Belgien und Großbritannien im Oktober 1938 in Kraft trat. Die Einbürgerung von Deutschen, die auch in den Jahren der Volksfront nur mit Verzögerung betrieben wurde – zwischen Juni 1936 und Ende 1937 befanden sich unter den 31 700 naturalisierten Personen nur 1515 Deutsche –, trug wenig zur Behebung der materiellen Existenzschwierigkeiten der Emigranten bei. Eine soziale Integration, und sei es auch nur für die Dauer des Exils, entsprach damals nicht der Politik des Landes.

Eine Sonderstellung nahmen unter den Flüchtlingen die Saar-Emigranten ein (Paul/Mallmann 1995). Nach Angaben des französischen Außenministeriums fanden bis Mitte März 1935 3932 mittellose und rund 500 vermögende Saarländern sowie 750 reichsdeutsche politische Flüchtlinge aus dem Saargebiet Aufnahme in Frankreich. Den saarländischen Flüchtlingen wurde der Nansen-Flüchtlingsstatus für Staatenlose gewährt (was Arbeitserlaubnis und soziale Unterstützung implizierte), wenn sie nachweislich Saar-Einwohner waren, das Saargebiet nach dem Volksentscheid verlassen hatten und keinen Paß welcher Art auch immer besaßen. Sie wurden bis Ende September 1935 in Aufnahmelagern kostenlos untergebracht und anschließend auf 64 Départements verteilt, um auf diese Weise die Kosten für Unterbringung und ggf. Sozialhilfe und die Probleme bei der Beschaffung von Arbeitsplätzen auf das Land zu verteilen. 165 Saarländer konnten sich mit finanzieller Unterstützung in Paraguay ansiedeln, 919 Saarländer gingen freiwillig in das Saargebiet zurück, so daß sich die Zahl der offiziell anerkannten Saarflüchtlinge im August 1935 auf 3399 belief. Aufgrund der ökonomischen Lage war die Beschaffung von Arbeitsplätzen – vor allem im Bergbau und in der Eisen- und Stahlindustrie – mit großen Schwierigkeiten verbunden. Die Zahl der arbeitslosen Saarländer belief sich Anfang 1936 auf rund 450 Personen. Das im November 1936 gegründete Office Sarrois hatte unter der Leitung von Max Braun als Hauptaufgabe, die Interessen der Saarländer in Frankreich offiziell zu vertreten.

Zwischen 1933 und 1939/40 war Paris neben Prag das Zentrum der deutschsprachigen politischen Emigration, wo sich Auslandsvertretungen und Exil-Parteileitungen niederließen. Die geopolitische Lage und die politische Infrastruktur begünstigten die Aktivitäten der politischen Emigranten, wie dies die Solidarität französischer Parteien, Gewerkschaften und seit 1936 der Volksfrontregierung unter Léon Blum bezeugen (Frühwald/Schieder 1981, S. 188 ff.; Grunewald/Trapp 1990). Es gibt heute weder verläßliche Angaben über den Gesamtumfang der deutschsprachigen politischen Emigration (zu spezifischen Zeitpunkten) noch über die Mitgliederzahl der einzelnen politischen Exilgruppen, ganz zu schweigen von der regionalen Verteilung. Die Schätzungen der SOPADE über die nach Frankreich emigrierten Sozialdemokraten belaufen sich auf 2000 Mitglieder. Nach parteiinternen Kader-Berichten der KPD lag die Zahl der kommunistischen Emigranten für November 1933 bei 609 Mitgliedern und für Mai 1943 bei 1420. Unter den 1500 deutschen kommunistischen Freiwilligen der Internationalen Brigaden befanden sich in Spanien 140–200 KPD-Migranten aus Frankreich. Geht man davon aus, daß Kommunisten nur mit Zustimmung der Partei emigrieren durften, können diese Zahlen der Realität entsprechen. Nach der Saarabstimmung gingen zudem etwa 500 Kommunisten sowie 400–500 Sozialdemokraten von der

Saar nach Frankreich (Mallmann/Paul 1987). Die Anhänger der linken Kleingruppen wurden bisher auf 300 Mitglieder geschätzt. 500 Flüchtlinge wurden in Frankreich zu den Pazifisten und Demokraten gezählt sowie rund 250–300 den katholischen Oppositionskreisen zugeordnet (Badia u.a. 1979, S. 21). Diese Zahlen bedürfen sorgfältigster Prüfung.

Im Mai 1933 hatten die → KOMMUNISTEN eine Auslandsleitung in Paris eingerichtet, wo sich seit Herbst 1933 die eigentliche Zentrale der Exil-KPD befand. Nachdem ihre Mitglieder 1935 nach Moskau abberufen worden waren, wurde daraus ein Auslandssekretariat (Herlemann 1982; Der Nachrichtenapparat der KPD 1993, S. 317 ff.; Weber/Staritz 1993, S. 275 ff.). Die Pariser Emigrantenleitung diente gleichermaßen der Erfassung sowie der politischen „Betreuung" der kommunistischen Flüchtlinge. Mit der aus Tarnungsgründen als „Berner" Konferenz bezeichneten Zusammenkunft, die eine erneute Zentralisierung der Partei begründete, fand Ende Januar 1939 in Draveil bei Paris eine der beiden wichtigsten Tagungen der Exil-KPD vor dem Zweiten Weltkrieg in Frankreich statt (Mammach 1974).

Für die Exil-Sozialdemokraten (→ SOZIALDEMOKRATEN) bildete Paris neben Prag das wichtigste Exilzentrum. Bereits im August 1933 hatte sich eine aus „alten" und „neuen" Linken zusammengesetzte Pariser Gruppe der SPD konstituiert (Ollenhauer, Vogel, Wels). Nach der Saarabstimmung geriet diese in den Schatten der aktiven sozialdemokratischen Emigration aus dem Saargebiet um den dortigen SPD-Vorsitzenden Max Braun (Paul 1987). Im Januar 1938 schlossen sich in Paris etwa 300 Sozialdemokraten – unter ihnen Spanienkämpfer sowie die Anhänger Brauns und des ehemaligen SPD-Reichstagsabgeordneten Emil Kirschmann – zur Landesgruppe deutscher Sozialdemokraten in Frankreich zusammen (Paul/Mallmann 1995, S. 287 ff.).

Frankreich war auch Zufluchtsland für politische Exilgruppen wie → PAZIFISTEN, die mit Unterstützung französischer Gesinnungsgenossen bereits im Frühjahr 1933 einen juristischen Beratungsdienst für Hitlerflüchtlinge aus Deutschland einrichteten und in Paris, Straßburg und Lyon Büros der in Deutschland verbotenen Liga für Menschenrechte bildeten. Es gab Gruppen von verfolgten → CHRISTEN UND KONSERVATIVEN sowie → LIBERALEN, von denen sich 1937 etliche in der bürgerlich-demokratischen Deutschen Freiheitspartei um Carl Spiecker sammelten. Es gab auch Berufsgruppen wie den Verband deutscher Lehreremigranten, der mit Unterstützung französischer Gewerkschafter bereits 1933 in Paris gegründet wurde (Jacoby 1982, S. 54; → DIE PÄDAGOGISCH-POLITISCHE EMIGRATION).

Mit der Verschärfung des nationalsozialistischen Druckes auf die → TSCHECHOSLOWAKEI verlagerten 1938 etliche deutsche und österreichische Exilorganisationen ihre Zentralen von Prag nach Paris. Der Parteivorstand der SOPADE geriet in Paris in Konkurrenz zu den bereits existierenden und sich dem Alleinvertretungsanspruch der SOPADE widersetzenden sozialdemokratischen Exilgruppen (Buchholz/Rother 1995). Mit der Bildung der Auslandsvertretung der österreichischen Sozialisten (AVÖS) und dem Umzug des ZK der KPÖ wurde Paris ab 1938 auch Zentrum der → ÖSTERREICHISCHEN POLITISCHEN EXILORGANISATIONEN sowie Drehscheibe monarchistischer Exilaktivitäten um Otto von Habsburg (Rovan 1979; Österreicher im Exil 1984; Schwager 1984). Zu Kriegsbeginn nahmen von Paris aus die Versuche zur Bildung einer gesamtösterreichischen Exilvertretung ihren Ausgang. In den dreißiger Jahren ließen sich auch die → LINKEN KLEINGRUPPEN in Frankreich nieder. Bereits 1933 hatte der Internationale Sozialistische Kampfbund (ISK) unter Willi Eichler seine Auslandsleitung in Paris etabliert. 1938 verlegten auch die SAP, die Gruppe Neu Beginnen, die Trotzkisten sowie die KPO ihre Auslandsleitungen und Büros nach Paris (Jacoby 1982, S. 37 ff.; Brandt u.a. 1983, S. 33 ff.; Foitzik 1986; Abosch 1997). Mit Kriegsausbruch bzw. mit der Besetzung Frankreichs waren die meisten dieser Exilorganisationen gezwungen, Frankreich zu verlassen (Loring 1996).

In mindestens vier Bereichen gingen von der deutschsprachigen politischen Emigration in Frankreich bedeutsame Initiativen des Widerstandes gegen das Dritte Reich aus: in der publizistisch-propagandistischen Aufklärung des Auslandes über die Verhältnisse in Deutschland, im Bereich der Unterstützung des innerdeutschen Widerstandes, im Versuch zur Bildung einer politischen Gesamtvertretung des deutschen und österreichischen Exils und schließlich in der aktiven Beteiligung deutschsprachiger Emigranten am französischen Widerstandskampf gegen die deutsche Besatzung. Durch mehrere Kongresse wie dem 1933 abgehaltenen Antifaschistischen Arbeiterkongreß Europas oder den großen Konferenzen des Lutetia-Kreises 1936–38, durch die Aktivitäten des von Willi Münzenberg angeregten Welthilfskomitees für die Opfer des Hitlerfaschismus, an denen sich auch namhafte französische Schriftsteller beteiligten, durch Initiativen zur Befreiung des KPD-Vorsitzenden Ernst Thälmann oder auch durch propagandistisch so erfolgreiche Kampagnen wie die gegen den Leipziger Reichstagsbrandprozeß bemühten sich die in Frankreich ansässigen politischen Exilorganisationen, die westlichen Demokratien über das wahre Gesicht des Dritten Reiches aufzuklären und Unterstützung für den innerdeutschen Widerstand zu bekommen (Langkau-Alex 1977, S. 50 ff.; Krohn 1997). Wie das Münchner Abkommen 1938 allerdings zeigte, waren diese Bemühungen ebenso erfolglos wie die Anstrengungen diverser politischer Exilzeitungen und -zeitschriften in Frankreich (Roussel/Winckler 1992; Lévisse-Touzé 1997, S. 87 ff.).

Über ein System von Grenzstellen und Abschnittsleitungen entlang der Grenze zum Deutschen Reich versuchten sozialdemokratische und kommunistische Exilorganisationen auch von Frankreich aus, die Verbindungen zum innerdeutschen Widerstand sicherzustellen bzw. diesen „anzuleiten". Eine Grenzstelle existierte nachweislich in Mülhausen unter der Leitung von Emil Kirschmann (Redmer 1987); in Straßburg hatte der Prager SOPADE-Vorstand bereits 1933 ein eigenes Grenzsekretariat eingerichtet. Im lothringischen Forbach hatten sowohl die oppositionellen saarländischen Sozialdemokraten unter Max Braun als auch die Exil-KPD eigene Grenzstellen bzw. Abschnittsleitungen betrieben, die vor allem Widerstandszellen in der benachbarten Saarpfalz logistisch und publizistisch unterstützen und anleiten sowie umgekehrt die Exilzentren mit Nachrichten „aus dem Lande" versorgen sollten (Herlemann 1982, S. 160 ff.; Paul 1990; Paul/Mallmann 1995, S. 264 ff., 386 ff.).

Die Dichte von Auslandsvertretungen und Exilleitungen in Paris sowie die Aufbruchsatmosphäre der französischen Volksfront begünstigten 1935/36 den einzigen größeren Versuch zur Bildung einer parteien- und lagerübergreifenden politischen Repräsentation des deutschen Exils: den Ausschuß zur Vorbereitung einer deutschen Volksfront, der nach dem Gründungsort „Hotel Lutetia" den Namen Lutetia-Kreis erhielt (Langkau-Alex 1977; → VOLKSFRONT FÜR DEUTSCHLAND). Die Phase der Volksfrontbegeisterung, die immer stärker von den Moskauer Prozessen und Spanienerfahrungen beeinträchtigt wurde, inspirierte 1936 noch zahlreiche Formen kommunistisch-sozialdemokratischer Zusammenarbeit etwa innerhalb der Grenzarbeit in Ostfrankreich (Dertinger/von Trott 1985, S. 125 ff.; Paul/Mallmann 1995), der Betreuung von Emigranten, der Freiwilligen-Werbung für die Internationalen Brigaden in Spanien, gemeinsame Publikationsprojekte wie die *Deutschen Informationen* (Langkau-Alex 1970; Paul 1987, S. 141 ff.) sowie politische und gewerkschaftliche Zusammenschlüsse wie die Arbeitsgemeinschaft freiheitlicher Jugendorganisationen/Freie Deutsche Jugend (rund 200 Mitglieder) in Paris, die Saar-Volksfront in Metz (Paul 1987, S. 161 ff.), den Arbeitsausschuß freigewerkschaftlicher Bergarbeiter Deutschlands (Peukert/Bajohr 1987, S. 107 ff.) oder den Koordinationsausschuß deutscher Gewerkschafter in Frankreich (Bednareck 1966, 1969; → GEWERKSCHAFTER).

Mit dem Ende der Volksfront orientierten sich 1938 die Tätigkeiten der nichtkommunistischen Exilorganisationen in Frankreich auf die Zusammenfassung des sozialistischen Exils, die allerdings aufgrund des Führungsanspruchs des SOPADE-Vorstandes nicht zustande kam (Paul 1994). Der Zusammenschluß der AVÖS und einiger linker Kleingruppen zur Arbeitsgemeinschaft für sozialistische Inlandsarbeit war nur von kurzer Dauer. Die Aktivitäten des nach dem Bruch mit der KPD im März 1939 aus der KPD ausgeschlossenen Willi Münzenberg und seiner Freunde der sozialistischen Einheit Deutschlands waren genauso wenig von Erfolg gekrönt. Am Vorabend des Zweiten Weltkrieges waren damit sowohl die publizistischen Offensiven als auch alle Einigungsversuche des politischen Exils gescheitert (Brandt u.a. 1983, S. 56 ff.).

Die politischen und kulturellen Aktivitäten im französischen Exil 1933–39 waren verbunden mit einem umfassenden Verlagswesen und einem breitgefächerten politischen Spektrum in Presse und Publizistik. Die wichtigsten Exilparteien wie SPD, KPD, SAP und politische Kleingruppen gründeten Verlage und/oder gaben Zeitschriften heraus, zu denen noch private Gründungen hinzugerechnet werden müssen, dazu solche, die in Zusammenarbeit mit französischen Parteien, Verbänden und Unternehmen getragen wurden. Einige von ihnen führten eine nur kurzlebige Existenz, andere hielten sich bis 1940. In keinem anderen Exilland bildete sich ein so reichhaltiges kulturelles Exilzentrum heraus wie in Frankreich (Exil in Frankreich 1981; Betz 1986). In Paris hatten die von Willi Münzenberg gegründeten Éditions du Carrefour sowie die Éditions du Mercure de l'Europe und die Éditions du Phénix ihren Sitz. In Paris erschienen auch Leopold Schwarzschilds *Das Neue Tage-Buch* (ab 1933), *Die neue Weltbühne* (ab 1938) und *Die Zukunft* (ab 1938). In Straßburg befand sich die elsässische deutschsprachige Presse, allen voran die *Strassburger Neueste Nachrichten*, die sich für die Mitarbeit der emigrierten Schriftsteller und Journalisten öffneten (Betz 1986, S. 82 ff.). Die *Dépêche de Toulouse* druckte ebenso Beiträge von Emigranten (Propos d'Exil 1983; Grandjonc u. a. 1993, S. 126 ff.). Namhafte Werke der politischen Exilpublizistik wie das *Braunbuch über Reichstagsbrand und Hitlerterror*, das *Weißbuch über die Erschießungen des 30. Juni 1934*, *Das braune Netz* und zahlreich andere aufsehenerregende Publikationen erschienen in Münzenbergs Éditions du Carrefour (Badia u. a. 1979, S. 357 ff.; Roussel 1990).

Eine zentrale Rolle als überparteiliches Sprachorgan spielte für die deutschsprachige Emigration das seit Dezember 1933 von Georg Bernhard als Chefredakteur geleitete *Pariser Tageblatt* (Dezember 1933–Juni 1936) bzw. die *Pariser Tageszeitung* (Juni 1936–Februar 1940). Sie richtete sich nicht nur an Emigranten, sondern an alle Deutschen außerhalb des Dritten Reiches und verstand sich überdies als Pariser Zeitung, die sich um die Vermittlung zwischen Deutschen und Franzosen bemühte (Peterson 1987; Roussel/Winckler 1989; Enderle-Ristori 1997). Politisch im linksliberalen Spektrum angesiedelt, enthielt das Blatt auch einen umfassenden Feuilletonteil (Winckler 1995), wogegen andere Publikationen sich entweder an einen begrenzten politischen Leserkreis wandten, wie z. B. *Der Gegen-Angriff*, *Die Aktion*, das kurzlebige *Blaue Heft*, *Unsere Zeit* und später die *Deutsche Volks-Zeitung* (KPD), oder bestimmte Interessen vertraten (→ Presse und Publizistik). Auffallend ist, daß es außer der in Frankreich gedruckten *Zeitschrift für Sozialforschung* sowie der *Zeitschrift für freie deutsche Forschung* (drei Nummern) nur wenige wissenschaftliche oder wissenschaftspolitische Periodika gab.

Fünf deutsche Emigranten-Buchhandlungen sorgten in Paris für den Vertrieb von Exilpublikationen: die Agence de Librairie française et étrangère war als Kommissionär fast aller wichtigen Exilverlage tätig. Die Bücherei Au pont de l'Europe war gleichzeitig ein deutsch-französisches Informationszentrum für Kunst und Literatur. Die Buchhandlung Librairie Franco-Allemande (LIFA) stellte für die Deutsche Volkshochschule einen Vortragsraum zur Verfügung und war gleichzeitig Begegnungsstätte für sozialdemokratische und kommunistische Emigranten. Zu der Librairie Internationale Biblion gehörte neben einem Antiquariat auch eine Leihbibliothek. Die Komintern-Buchhandlung Ca. Mayer & Cie vertrieb u. a. die Publikationen der Éditions Prométhée. Mit Publikationen und kulturellen Aktivitäten wollten die Emigranten – bei allen Unterschieden und Gegensätzen – beweisen, daß es ein anderes Deutschland gab, das die besten Traditionen des Landes verkörperte und dessen Vertreter die Emigranten waren. Bis Kriegsausbruch waren die französischen Behörden den Exilpublikationen gegenüber tolerant. Für die NS-Propaganda hingegen wurden Presse und Schrifttum der Emigranten eine wichtige Zielscheibe. Die Hitler-Flüchtlinge traten der vom Nazi-Regime behaupteten Identität von Nationalsozialismus und Deutschland entschieden entgegen, indem sie das Ausland über die interne Entwicklung des NS-Regimes informierten und davor warnten, welche Gefahr die Hitler-Politik für den Weltfrieden sowie die Demokratien darstelle. Die gegen die Emigranten gerichtete Propaganda wurde seitens der Nationalsozialisten als notwendige „Lügenabwehr" gegenüber den „Verleumdungen und Diffamierungen der jüdisch-marxistischen [Emigranten-]Clique" proklamiert (*Völkischer Beobachter*, 14. 10. 1938). Goebbels warnte das Ausland davor, daß „die literarische Giftmischerei eines entwurzelten Emigrantenklüngels sich zu einer europäischen Gefahr" entwickle.

Ungeachtet dieser Hetzkampagnen bildeten sich neben Verlagen und Presse auch kulturelle Organisationen und -institutionen im Exil heraus. Einflußreich war der im Sommer 1933 auf Initiative von Rudolf Leonhard gegründete Schutzverband deutscher Schriftsteller (SDS), dessen Pariser Sektion bis zum Verbot im Herbst 1939 von ihm geleitet wurde. Ihm gehörten zahlreiche deutschsprachige Schriftsteller in Frankreich an, darunter in starkem Maße Mitglieder des früheren Berliner SDS. Politisch im Umkreis der KPD angesiedelt, vereinigte er auch linksbürgerliche und konservative Autoren, für die er sich als gewerkschaftliche Vertretung verstand, zugleich aber auch durch seine regelmäßigen Vortrags- und Diskussionsabende, Kundgebungen und Dichterlesungen ein kulturelles Zentrum bildete. Bruno Frei, Alfred Kurella, Egon Erwin Kisch, später auch Heinrich Mann, Lion Feuchtwanger, Ludwig Marcuse, Johannes R. Becher, Anna Seghers und Alfred Kantorowicz übten führende Funktionen aus oder nahmen wichtige Aufgaben im Auftrag des Verbandes wahr, wie z. B. am ersten Jahrestag der Bücherverbrennung die Gründung der Deutschen Freiheits-Bibliothek (1934), die von Max Schroeder bis 1939 geleitet wurde (Betz 1986; Kantorowicz 1978, 1995; → Kulturelle Organisationen). Im Oktober 1938 schloß sich der SDS mit dem Freien Künstlerbund, dem Verband deutscher Journalisten in der

Emigration, der Vereinigung Deutscher Bühnenangehöriger, dem Deutschen Volkschor und anderen Organisationen und Verbänden zum Deutschen Kulturkartell zusammen, einem Zweckverband der in Frankreich bestehenden Kulturorganisationen der deutschen Emigration, der die kulturellen Aktivitäten zu zentralisieren versuchte und ein eigenes Blatt – *Freie Kunst und Literatur* (später *Mitteilungsblatt des Freien Künstlerbundes*) – herausgab.

Obwohl der seit 1925 bestehende Deutsche Club sich nicht als Exil- und Emigrantenorganisation verstand, sprach er durch ein breitgefächertes kulturelles Programm außer republikanisch und demokratisch denkenden Auslandsdeutschen vor allem auch Emigranten an. Andere Institutionen, Organisationen und Vereinigungen spielten eine eher untergeordnete Rolle. Die Ende 1935 gegründete Freie Deutsche Hochschule in Paris knüpfte an die frühere Berliner Marxistische Arbeiterschule (MASCH) an und setzte sich zum Ziel, durch Vortragszyklen mit bekannten exilierten Wissenschaftlern die in Deutschland unterdrückten Bildungsinhalte zu vermitteln. Ein ähnliches Ziel verfolgte die 1935 gegründete, mit der Freien Deutschen Hochschule eng verbundene Deutsche Volkshochschule (Exil in Frankreich 1981, S. 273 ff.; Badia u. a. 1984, S. 327 ff.).

Frankreich wurde in den Jahren 1933–39 zum wichtigsten Refugium deutschsprachiger Exilschriftsteller, die sich längere Zeit im Lande aufhielten: Johannes R. Becher, Walter Benjamin, Willi Bredel, Alfred Döblin, Ferdinand Hardekopf, Walter Hasenclever, Wilhelm Herzog, Franz Hessel, Alfred Kerr, Kurt Kersten, Egon Erwin Kisch, Arthur Koestler, Annette Kolb, Rudolf Leonhard, Heinrich Mann, Klaus Mann, Ludwig Marcuse, Walter Mehring, Julius Meier-Graefe, Balder Olden, Alfred Polgar, Gustav Regler, Joseph Roth, Hans Sahl, Maximilian Scheer, Anna Seghers, Ernst Weiß, Franz Werfel, Alfred Wolfenstein, Friedrich Wolf, Arnold und Stefan Zweig u. v. a. In Paris und an der Mittelmeerküste (Sanary-sur-Mer) bildeten sich literarische Zentren mit regem Austausch (Grandjonc 1993). Mit Feuchtwangers *Die Geschwister Oppermann* – zweiter Band des Romanzyklus *Der Wartesaal* – erschien 1933 einer der ersten und erfolgreichsten Exilromane, der das Grundmuster dieses Genre bildete, an dem sich alle später geschriebenen Deutschland-Romane orientierten. Das Alltagsleben und die Konflikte im französischen Exil, die Pariser Großstadtszenerie, das schwierige Emigrantendasein, später die Flucht aus Frankreich wurden in Klaus Manns *Vulkan* (1939), Lion Feuchtwangers *Exil* (1940), Anna Seghers' *Transit* (1943) und Hans Sahls *Die Wenigen und die Vielen* (1959) thematisiert (→ ROMAN). Die starke Präsenz politisch engagierter Schriftsteller fügte die literarischen Aktivitäten in einen politischen Kontext, wie dies die Präsenz deutscher Exilschriftsteller auf dem Internationalen Schriftstellerkongreß zur Verteidigung der Kultur im Juni 1935 zeigte. 20 deutschsprachige Schriftsteller ergriffen – neben Literaten aus aller Welt – hier das Wort. In der nach dem Pariser Kongreß gebildeten Internationalen Schriftstellervereinigung waren mit Thomas und Heinrich Mann auch Vertreter der deutschsprachigen Literatur vertreten (Paris 1935; Betz 1986, S. 104 ff.; Kantorowicz 1978).

Für die Bereiche Theater und Kabarett spielte das Exilland eine zentrale Rolle. Im Juli 1933 stellte sich die Berliner „Truppe 1931" in Paris erstmals der Pariser Öffentlichkeit vor und gastierte weiterhin unter dem Namen „Die Laterne" als Kabarett und Theater. Im November 1935 konstituierte sich die Vereinigung Deutscher Bühnenangehöriger in Paris, die in enger Verbindung mit dem SDS die Zusammenarbeit exilierter Bühnenkünstler förderte. Höhepunkte des Ensembles bildeten 1937 die Uraufführungen der Brecht-Stücke *Die Gewehre der Frau Carrar* und *99%*. Sieht man von Ferdinand Bruckners Theaterstück *Die Rassen* ab (1934 104 Aufführungen), so scheiterten die Versuche, ein ständiges deutschsprachiges Theater in Paris zu etablieren. Wohl aber gab es im Rahmen loser Gastspielverpflichtungen mehrere Theateraufführungen im Théâtre de l'Humour bis Dezember 1938 (Exil in Frankreich 1981, S. 281 ff.; Spira 1991; → THEATER). Auch im Bereich der bildenden Künste, der Fotografie, der Kunstkritik und Kunsttheorie wurden Frankreich und hier wiederum Paris wichtige Exilzentren. Maler und Graphiker wie Hans Bellmer, Leo Breuer, Max Ernst, Albert Flocon-Mentzel, Eugenie Fuchs, Max Lingner, Jean Leppien, Käthe Münzer, Hans Reichel, Eugen Spiro, Victor Tischler und Fred Uhlmann arbeiteten in Paris (Galerie d'Art, Espace 13 1997). John Heartfield stellte hier aus, die Kunsthistorikerin Hertha Wescher, der Kritiker Carl Einstein, die Fotografin Gisèle Freund, die Kunst- und Filmhistorikerin Lotte Eisner und der Kunstschriftsteller Paul Westheim hatten in Frankreich ein Wirkungsfeld. 1936 konstituierte sich das Kollektiv Deutscher Künstler (ab Mai 1938 Freier Künstlerbund), das mehrere Ausstellungen veranstaltete (→ BILDENDE KUNST).

Die kulturellen Aktivitäten der deutschsprachigen Emigration in Frankreich blieben nicht ohne Resonanz in der französischen Öffentlichkeit, was teilweise durch die Verbindungen der in diesem Bereich aktiven kommunistischen deutschen Intellektuellen zur KPF und ihr intellektuelles Umfeld gefördert wurde. Wurden Dichterlesungen und Bühnenwerke teilweise durch Sprachbarrieren behindert, so stießen Ausstellungen aus dem Bereich der bildenden Künste und vor allem politisch orientierte Veranstaltungen auf ein interessiertes französisches Publikum. Die Ausstellungen *Das Freie Deutsche Buch* im November 1936, *Das deutsche Buch in Paris 1837–1937* im Juni 1937 anläßlich der Pariser Weltausstellung und die *Deutsche Kulturwoche* in Paris im November 1938 stellten bemerkenswerte Höhepunkte der kulturellen Aktivitäten in der Öffentlichkeit eines Exillandes dar. Aber gerade die letztgenannte Veranstaltung stellte auch den Abschluß dieser Initiativen dar. Die politische Atmosphäre in Frankreich änderte sich seit Anfang 1939 spürbar, die Aufgeschlossenheit der Öffentlichkeit ließ nach. Einschränkungen und schließlich Verbote von Zeitschriften und Kultureinrichtungen wie die Freiheitsbibliothek, die Internierung deutscher und österreichischer Emigranten, schließlich der Zusammenbruch Frankreichs im Juni 1940, die Selbstmorde von Walter Hasenclever, Walter Benjamin, Carl Einstein und Ernst Weiß und die Flucht eines Großteils der exilierten deutschsprachigen Schriftsteller, Künstler, Wissenschaftler und Publizisten nach Großbritannien sowie nach Übersee beendeten nach mehr als sechs Jahren das enge Nebeneinander der französischen Kultur und „der wahren Vertreter der deutschen Kultur" (Sahl 1991; Döblin 1993).

Während die kulturellen Aktivitäten und politischen Debatten der deutschsprachigen Emigranten während der ersten fünf Jahre des Hitler-Regimes in fortschrittlichen Kreisen Frankreichs Verständnis und sogar Unterstützung fanden, nahmen in Frankreich 1938 nach dem „Anschluß" Österreichs und der Sudetenkrise, nach dem endgültigen Auseinanderbrechen der französischen Volksfront, also in einem Klima innenpolitischer und internationaler Spannungen Kritik gegenüber Ausländern und offene Fremdenfeindlichkeit wieder zu. Die Nazipropaganda hatte von Anbeginn alle möglichen Mittel benutzt, um der französischen Öffentlichkeit vorzumachen, daß die Emigranten die Wurzeln ihres Übels seien, daß sie die ihnen gewährte „Gastfreundschaft" ausnutzten und nur daran dächten, sich Deutschland gegenüber zu rächen, daß die Umtriebe der Flüchtlinge zu einem Bruderkrieg mit dem „neuen Deutschland" führen würde.

Der „Anschluß" hatte eine Massenfluchtbewegung von Österreichern und deutschen Emigranten aus Österreich ausgelöst (Schwager 1984), der in den europäischen Ländern und den USA wenig Aufnahmebereitschaft entgegengebracht wurde, wie der negative Ausgang der Konferenz von Evian 1938 zeigte (Wyman 1984; Bauer 1996). Die Daladier-Regierung verschärfte daher die Fremdengesetzgebung, um der illegalen Einwanderung einen Riegel vorzuschieben. Die Mai-Dekrete (1938) sahen schwere Strafen für alle diejenigen vor, die einem Ausländer Unterschlupf gewährten, der nicht im Besitz einer Aufenthaltsbewilligung war. Die Strafen für Übertretung des Aufenthaltsverbots, namentlich im Wiederholungsfalle, wurden ebenfalls erhöht (Schramm/Vormeier 1977, S. 183 ff.). Zum Aufflammen der Fremdenfeindlichkeit gesellte sich im Herbst 1938 die Furcht vor Spionen, das Gespenst der „Fünften Kolonne". Jeder deutschsprachige Flüchtling oder Tourist wurde besonders in konservativen und rechtsextremen Kreisen und Presseorganen als potentieller Pro-Nazi oder Gestapo-Agent betrachtet. Bei dieser xenophoben Pressekampagne wurde die Tatsache ausgeblendet, welche Gefahr die Verbündeten der Nazis unter der Bevölkerung des Landes selbst darstellten, was dann unter dem Vichy-Regime deutlich wurde (Baruch 1997).

Die Anprangerung der Innen- und besonders der Außenpolitik Hitlers seitens der Emigranten sah man immer mehr auch als Einmischung in die französischen Angelegenheiten an. Nach dem Besuch Außenministers von Ribbentrop im Dezember 1938 stand die französische Außenpolitik unter dem Zeichen der „friedlichen und gutnachbarlichen Beziehungen zwischen Deutschland und Frankreich" (CNRS 1976, S. 411 ff.; Duroselle 1979).

Während Daladier behauptete, mit dem Münchener Abkommen auf internationaler Ebene den Frieden gerettet zu haben, wurden die Sicherheitsvorkehrungen im Lande verstärkt. Am 12. November 1938 verabschiedete die Regierung weitere Gesetze, ordnete Sicherheitsmaßnahmen an und stellte zusätzliche finanzielle Mittel bereit, um die systematische Kontrolle und Überwachung von Ausländern, besonders der „Unerwünschten" zu verschärfen (Schramm/Vormeier 1977, S. 212 f.). Das Gesetz vom 12. November schuf die Möglichkeit der Internierung von „gewissen unerwünschten Ausländern". Die Errichtung des ersten „Sondersammellagers" von Rieucros wurde per Dekret am 21. Januar 1939 angeordnet. Nach dem Verbot aller Organisationen der III. Kommunistischen Internationale am 26.

September 1939 wurden die gesetzlichen Vorkehrungen für die Internierung von Ausländern mit dem Dekret vom 18. November 1939 über „Individuen, die für die nationale Verteidigung oder Sicherheit gefährlich" seien, vorerst abgeschlossen (Émigrés français en Allemagne 1983, S. 155 ff.). Die internationale und innenpolitische Entwicklung hatte somit dazu geführt, daß ab 1938 ein gesetzliches Arsenal geschaffen wurde, das erlaubte, von einer Asylpolitik zu einer Internierungspolitik überzugehen.

Nach der französischen Kriegserklärung vom 3. September 1939 meldeten sich ähnlich wie bei der Teilmobilisierung anläßlich der Sudetenkrise im Herbst 1938 zahlreiche Emigranten freiwillig zum Kriegsdienst, nachdem sie sich im Sommer 1939 bereits in der Vereinigung der Freunde der Republik zur Verteidigung des Landes eingetragen hatten, ohne zu wissen, in welcher Form dieser Einsatz stattfinden sollte. Die Daladier-Regierung weigerte sich jedoch, das Gesetz vom 12. April 1939, das den Ausländern die Einberufung in reguläre Einheiten der französischen Armee ermöglichte, auf die „wehrpflichtigen" deutschsprachigen Flüchtlinge anzuwenden. In der ersten Septemberwoche wurden statt dessen in ganz Frankreich die Männer deutscher Herkunft – unter denen sich auch Nazis befanden – im Alter zwischen 17 und 65 Jahren durch öffentliche Bekanntmachung oder Aufrufe in Zeitungen aufgefordert, sich in Sammellagern einzufinden (Regler 1956; Hasenclever 1963; Kantorowicz 1978; Jacoby 1982; Langbein 1982). Die übrigen deutschen Staatsangehörigen hatten sich unverzüglich bei ihren zuständigen Polizeibehörden zur Kontrolle zu melden. Die „unerwünschten bzw. verdächtigen" Emigranten, die z. T. bereits vor der Kriegserklärung verhaftet worden waren, kamen in das Männer-Straflager Le Vernet/Ariège oder in das Frauen-Straflager Rieucros/Lozère (Spira 1991), wo sie nach den Worten Arthur Koestlers auf menschenunwürdige Weise wie der „Abschaum der Erde" behandelt wurden (Koestler 1984). Die weniger verdächtigen Deutschen, deren Ausreise nichts im Wege stand, verteilte man auf die oftmals improvisiert eingerichteten Dutzenden von Internierungslagern der übrigen Départements (Badia u. a. 1979; Grandjonc 1993). Die Gesamtzahl der im September 1939 internierten Deutschen, Österreicher und Saarländer betrug nach Angaben des französischen Innenministeriums 22 000–23 000. Neben den primitiven Lagerverhältnissen, den unzureichenden sanitären Einrichtungen und der Unklarheit über die Rechtslage wurden die Männer dem Druck der Werber für die Fremdenlegion ausgesetzt: entweder ein Engagement in der Fremdenlegion (→ AFRIKA) für die Dauer des Krieges oder Internierung als feindlicher Ausländer in Arbeitslagern. 3000 Emigranten hatten sich in der Fremdenlegion engagiert und wurden 1939/40 größtenteils nach Nordafrika transferiert. Von den 10 000 Internierten, die sich Ende 1939 noch in den Lagern befanden, wurden 6500 im Alter von 20–48 Jahren ab Januar 1940 in „prestataires"-Gruppen eingegliedert, um einen halbmilitärischen Hilfsdienst zu leisten. Ab April 1940 wurden einige „prestataires"-Gruppen britischen Truppeneinheiten in der Normandie und an der Westküste zu Befestigungsarbeiten zugeordnet, die in diesen Gebieten sowie an der französisch-belgischen Grenze stationiert waren. Sonderregelungen bestanden für Saaremigranten (Paul 1987, S. 122).

Dem Großteil der „prestataires" gelang es, nach Rückzug der britischen Truppen im Juni 1940 vor dem Einmarsch der Hitler-Armee nach Südfrankreich zu flüchten, wo sie ab Juli 1940 gegen Auszahlung einer Prämie von 1 000 ffrs. demobilisiert wurden. Die Demobilisierung konnte nur dann erfolgen, wenn der „prestataire" in der unbesetzten Zone einen Wohnsitz, eine Arbeit oder ausreichende Mittel zum Leben besaß und entweder ein ehemaliger Legionär war, Kinder bzw. eine Frau französischer Staatsangehörigkeit oder Vater bzw. Sohn in der französischen Armee hatte. Sollten diese Bedingungen nicht erfüllt sein, waren die „prestataires" nach den gesetzlichen Bestimmungen über „die in der französischen Wirtschaft überzähligen Ausländer" vom 27. September 1940 in Arbeitsbataillone bzw. Groupements de travailleurs étrangers (Gruppen ausländischer Arbeitskräfte) einzuziehen.

Nach dem Einmarsch der deutschen Wehrmacht in Holland und Belgien erfolgten ab 12. Mai 1940 erneute Internierungen, die nicht nur die Männer betrafen, sondern auch ledige und kinderlos verheiratete Frauen im Alter zwischen 17 und 65 Jahren sowie jene Männer, die im Herbst von den Internierungen ausgenommen oder im Winter 1939/40 durch die Sichtungskommission aus den Lagern entlassen worden waren. In der letzten Maiwoche wurden die Internierten in südfranzösische Lager verlegt. Am 23. Mai 1940 traf in Gurs der erste Transport von 2364 Frauen ein. Die Männer wurden auf die größten Lager wie Saint-Cyprien/Pyrénées Orientales, Les Garrigues/Gard, Albi/Tarn, Les Milles/Bouches-du-Rhône und Le Cheylard/Ardèche verteilt. Zur gleichen Zeit kamen rund 800 am 10. Mai 1940 in Belgien verhaftete deutschsprachige

Emigranten in das Lager Saint-Cyprien, das wie die Lager von Argelès und Gurs im Februar bzw. April 1939 bereits 1000 deutsche und 600 österreichische Spanienkämpfer aufgenommen hatte.

Die zwischen März 1939 und Mai 1940 errichteten Lager hatten unterschiedliche administrative Benennungen erhalten, die mit Ausnahme der Straflager Rieucros und Le Vernet keineswegs den vorherrschenden Lebensbedingungen entsprachen: Aufnahmelager, Beherbergungszentrum, Sammellager oder auch Pflegelager. Diese Internierungslager unterstanden bis zum 30. Oktober 1940 der Armee, danach dem Innenministerium, d. h., daß bis zur „Libération" die Internierungslager der Südzone ausschließlich der französischen Polizei unterstanden (Schramm/Vormeier 1977; Badia u. a. 1979; Grandjonc 1993). Ohne den außergewöhnlichen Einsatz der Hilfsorganisationen (CIMADE, OSE, Secours Suisse, Quäker, JDC u. a. jüdische Organisationen) und die Selbsthilfe der Internierten wäre ein „Überleben" in den südfranzösischen Lagern und Flüchtlingsheimen (Chansaye, La Quiche, La Hille, Montintin, Aspet, Château de Grossey u. a.) nicht möglich gewesen (Gourfinkel 1955; CIMADE 1989; Alexis-Monet 1994; Samuel 1995).

Das deutsch-französische Waffenstillstandsabkommen vom 22. Juni 1940 teilte Frankreich in zwei Zonen: die besetzte Zone, welche die Gebiete nördlich der Loire und die gesamte Atlantikküste bis zur spanischen Grenze umfaßte und dem deutschen Militärbefehlshaber in Frankreich unterstand; die Départements Nord und Pas-de-Calais gehörten hingegen zum Amtsbereich des deutschen Befehlshabers in Brüssel, die östlichen Départements wurden dem Deutschen Reich eingegliedert. Ein Teil der südöstlichen Départements unterstand bis zur Niederlage Italiens im September 1943 den italienischen Besatzungstruppen. Die unbesetzte Zone umfaßte bis zur vollständigen Besetzung des Landes die übrigen Départements Südfrankreichs einschließlich der überseeischen Gebiete und Kolonien. Artikel 19 des Abkommens sah u. a. vor, daß alle in Frankreich sowie den französischen Kolonien befindlichen Deutschen, die von der Reichsregierung namhaft gemacht werden konnten, auf Verlangen auszuliefern waren. Nach Auffassung General Keitels waren die Emigranten Landesverräter, man würde sich aber nur auf die Auslieferung von großen „Kriegshetzern" beschränken, und an der Rückkehr von Juden bestünde grundsätzlich kein Interesse (Schramm/Vormeier 1977; Grandjonc 1993). Die im Rahmen der deutschen Waffenstillstandskommission (WAKO) geschaffene Unterkommission für Kriegsgefangene und Zivilinternierte hatte in Zusammenarbeit mit dem Auswärtigen Amt in Berlin unter Leitung von Legationsrat Kundt (Kundt-Kommission) vom 27. Juli bis 30. August 1940 die unbesetzte Zone bereist. Unter den Internierten der besichtigten Lager befanden sich Mitte August nach Angaben des französischen Außenministeriums 5889 Reichsdeutsche, die ihre Rückführung nach Deutschland beantragt hatten, und 10 937 Emigranten, die das Asylrecht beanspruchten und auf keinen Fall nach Deutschland zurückkehren wollten. 286 Internierte waren offiziell im Juli 1940 entlassen worden. Über die Zahl der Personen, die nach Unterzeichnung des Waffenstillstandsabkommens geflüchtet waren, bestehen keine Angaben. Die oft widersprüchlichen Anweisungen der in Le Vernet internierten KPD-Verantwortlichen in bezug auf Flucht aus den Lagern bzw. freiwillige Rückkehr nach Deutschland für „jene Genossen, die nicht Kopf und Kragen riskierten", sorgten für Verwirrung und heftige Debatten unter den politischen Emigranten in den südfranzösischen Lagern. Gemäß den Partei-„Empfehlungen" meldeten sich im April 1940 über 350 deutschsprachige Emigranten und Spanienkämpfer freiwillig nach Deutschland zurück; sie wurden in KZ oder Vernichtungslager gebracht und wegen Landes- bzw. Hochverrats langjährig inhaftiert oder zum Tode verurteilt (Kantorowicz 1971; Langbein 1982, S. 47ff.; Janka 1991; Kießling 1993; Weber/Staritz 1993, S. 275 ff.).

Bei der Rückführung von Fremdenlegionären, „prestataires" und Spanienkämpfern schaltete sich von Anbeginn die Gestapo in Berlin ein (→ NATIONALSOZIALISMUS UND EMIGRATION). Zunächst bemühte man sich in Vichy darum, den Auslieferungsanträgen nur mit der Zustimmung der deutschen WAKO-Delegation nachzukommen. Ab Herbst 1940 entwickelte sich hingegen zwischen der deutschen und der französischen Polizei in Vichy, Paris und Berlin eine eigenständige „Kollaboration", um die WAKO möglichst zu umgehen. Der Vorsitzende der SPD-Reichstagsfraktion Rudolf Breitscheid und der ehemalige Minister Rudolf Hilferding (SPD) gehörten zu den ersten Personen, die am 10. Februar 1941 von der französischen Polizei der Gestapo an der Demarkationslinie ausgeliefert wurden. Unter Bezugnahme auf den berüchtigten Artikel 19 wurden bis zur vollständigen Besetzung Frankreichs im November 1942 noch weitere 19 Emigranten von der Vichy-Regierung ausgeliefert, darunter die Sozialdemokratin Hanna Kirchner sowie die ehemaligen kommunistischen Reichstagsabgeordneten Franz Dahlem, Heinrich Rau und Siegfried Rädel im August 1942. 36 im Gefängnis Castres inhaftierten politischen Flüchtlingen gelang es, am 17. September 1942 vor geplanter Auslieferung auszubrechen. Nach dem 11. November 1942 nahm die Gestapo die Verhaftung und Auslieferung von namentlich gesuchten Emigranten selbst vor (Dertinger/von Trott 1985; Grandjonc 1993, S. 221 ff.).

Mit der Niederlage Frankreichs im Juni 1940 setzte neben der Fluchtbewegung aus dem Raum Paris nach Südfrankreich auch eine neue Migrationswelle über die neutralen Länder → SPANIEN und → PORTUGAL nach Übersee ein. In Anwendung des Gesetzes vom 22. Juli 1940 überprüften die Vichy-Behörden die nach 1927 erfolgten Einbürgerungen. Das hatte in vielen Fällen die Entziehung der französischen Staatsbürgerschaft zur Folge; die Emigranten wurden zu Staatenlosen (Tichauer 1988, S. 36). Während das französische Innenministerium andererseits zwischen Dezember 1940 und Herbst 1941 mit einer gewissen „Bereitwilligkeit" im Prinzip jedem deutschen Staatsangehörigen Ausreisevisa erteilte – wenn die erforderlichen Einreisevisa und Reisedokumente für die neuen Zufluchtsländer vorlagen –, kam es im November 1941 unter dem Druck der Gestapo zu einer drastischen Einschränkung der Vergabe von Ausreisevisa für deutsche Flüchtlinge. Mit der 11. Verordnung zum Reichsbürgergesetz vom 25. November 1941 war allen außerhalb Deutschlands lebenden deutschen Juden die deutsche Staatsangehörigkeit aberkannt worden. Die Nationalsozialisten hatten sie nunmehr zu Staatenlosen gemacht, was dazu führte, daß sich die Zahl der illegalen Grenzübertritte erhöhte. Trotz zeitweiliger Sperrung der Grenzen durch Franzosen und Spanier hielt diese Fluchtbewegung auch nach Besetzung der gesamten Pyrenäengrenze durch die deutsche Wehrmacht an und endete erst nach der Befreiung Südfrankreichs im Sommer 1944. Schätzungsweise 80 000–90 000 gefährdete Personen, unter ihnen etwa ein Drittel deutschsprachige Emigranten, retteten sich so vor dem Zugriff der Gestapo. Politische, jüdische, christliche und karitative Hilfsorganisationen, die größtenteils von Marseille aus operierten, halfen bei der Betreuung der Fluchtwilligen, besorgten erforderliche Papiere oder Gelder (→ FLUCHTHILFE). Das amerikanische Emergency Rescue Committee (ERC) richtete 1940 in Marseille das von Varian Fry geleitete Centre Américain de Secours ein, das zahlreichen namhaften Vertretern der deutschsprachigen Emigration die Flucht ermöglichte. Es vermittelte u. a. die Dienste von Grenzführern (passeurs), die zusammen mit Helfern des Fry-Komitees (Fritz Heine, Jean Gemähling, Albert Otto Hirschman u. v. a.) viele Emigranten über die Pyrenäengrenze leitete. Mit dem Ausbau der Kontrollen durch das Vichy-Regime und vollends nach der Besetzung Südfrankreichs durch die Deutschen wurde die Fluchtbewegung zwar eingeschränkt, lief aber mit Hilfe politischer Untergrundorganisationen sowie kommerzieller Schleppergruppen weiter (Eychenne 1980; Döblin 1983; Bénédite 1984; Fittko 1985; Fry 1986; Loring 1996).

Die deutschsprachigen Emigranten waren also ab Sommer 1940 der Doppelverfolgung ausgesetzt: Die politischen Flüchtlinge liefen Gefahr, an die Gestapo ausgeliefert zu werden; die jüdischen – unter ihnen auch politisch Verfolgte – waren nach Einführung des Judenstatus vom 3. Oktober 1940 und dem Dekret vom 4. Oktober 1940, das die Internierung ausländischer Juden anordnete, nicht nur der Verfolgung durch die Nazis, sondern auch der des Pétain-Regimes ausgesetzt. Eine für die besetzte Zone erlassene Verordnung vom 27. September 1940 sah die Ausschaltung der Juden aus der französischen Gesellschaft vor: Verbot „jüdischer Rückwanderung" über die Demarkationslinie in die besetzte Zone, Kenntlichmachung jüdischer Geschäfte im besetzten Frankreich, Meldepflicht der im besetzten Gebiet ansässigen Juden, Einsetzung von Treuhändern für jüdische Geschäfte und Betriebe. Ähnliche Verordnungen wurden auch für die unbesetzte Zone erlassen, so das Gesetz vom 2. Juni 1941 über die Zählung der Juden. Genaue Angaben über die dabei erfaßten deutschsprachigen Emigranten liegen nicht vor. Von den 9 905 im Februar 1941 in südfranzösischen Lagern registrierten Deutschen wurden 8988 als Juden angeführt (Poznanski 1994).

Nach Durchführung der 1941 in der besetzten Zone im Hinblick auf Deportierungen erfolgten Großrazzien, bei denen über 350 deutsche Emigranten aufgegriffen wurden, setzte mit dem ersten Transport nach Auschwitz am 27. März 1942 auch in Frankreich die „praktische Durchführung der Endlösung" ein (Klarsfeld 1978; Vormeier 1980; Marrus/Paxton 1981; Hilberg 1982). Sie wurde ab Sommer 1942 von den Vichy-Behörden durch eine „Politik der Freimachung" der unbesetzten Zone von ausländischen und (später) französischen Juden „unterstützt". Die mit der „Judenfrage" beauftragten Vertreter des Reichssicherheitshauptamtes (Dannecker) arbeiteten sowohl mit den Besatzungsbehörden zusammen als auch im Einvernehmen mit der

Deutschen Botschaft (Blank) in Paris (Steur 1997, S. 45 ff.). Die französische Polizei und Miliz leisteten die von Vichy gebilligte „Hilfestellung". Ab August 1942 wurden die Lager Rivesaltes, Le Vernet, Récébédou, Les Milles, Gurs, Noé und Nexon zu Durchgangsstationen auf dem Weg in die deutschen Vernichtungslager. Die Vichy-Polizei führte auch in der Südzone ab August 1942 ständig Razzien durch und lieferte nicht nur Erwachsene, sondern auch Jugendliche aus Heimen (des Schweizerischen Kinderhilfswerks, der OSE u. a.) in die Lager zur Weiterdeportierung. Es ist bisher nur ein Fall bekannt, bei dem es den Vertretern des Schweizerischen Kinderhilfswerks Maurice Dubois und Rösli Näf gelang, in Vichy die Freilassung von über 40 Jugendlichen aus dem Straflager Le Vernet im August 1942 zu erreichen.

Unter den 76 000 aus Frankreich während der Pétain-Herrschaft deportierten Juden befanden sich über 7000 Deutsche. Knapp ein Drittel davon waren jene Badener und Pfälzer, die im Rahmen der von den Gauleitern Wagner und Bürckel durchgeführten „Säuberungsaktion" am 22. Oktober 1940 nach Frankreich abgeschoben und in das Lager Gurs gebracht worden waren (Düwell 1968; Wiehn 1990). Die Zahl der deportierten österreichischen jüdischen Flüchtlinge beträgt über 2000. Einem Teil der jüdischen Emigranten gelang es, mit Hilfe von Hilfsorganisationen (CIMADE, OSE, Quäker u. a.), Privatpersonen, Gendarmen, Bürgermeistern und Geistlichen, den Deportierungen zu entgehen. In dem am 30. September 1942 an sämtliche französische Botschaften gesandten Telegramm zur Rechtfertigung der Deportierungsmaßnahmen erklärte Ministerpräsident Laval, daß es „seitens des Staates unverantwortlich (wäre), die Gefahr der Ausländer nicht wahrzunehmen. Dabei gibt es keine doktrinären Hintergedanken; es geht hier nur um das nationale Prophylaktikum, unser Land von der Anwesenheit der in den letzten Jahren so zahlreichen Eingedrungenen zu befreien. Die im Gang befindlichen Abschiebungen sind absolut keine Verfolgungen" (Tichauer 1988; CIMADE 1989; Rothschild 1993; Cohen/Malo 1994; Samuel 1995).

Nach dem Waffenstillstand war es den politischen Emigranten nicht mehr möglich, als eigenständige Gruppierungen in Erscheinung zu treten. Das nationalsozialistische Besatzungsregime ließ sich nur gemeinsam mit den Kräften des Landes und innerhalb des von ihnen gesetzten Rahmens bekämpfen. Das war zumindest die Auffassung des Parteivorstandes der Sozialdemokraten, der vor der Besetzung von Paris seinen Sitz – wie andere linke Gruppierungen – nach London verlegt hatte. Bereits am 26. April 1939 hatte die SOPADE in Paris über eventuelle Anweisungen für den Kriegsfall debattiert und beschlossen, „den Genossen zu sagen, sie sollen die Gesetze der Gastländer befolgen und im übrigen für Deutschland gegen Hitler kämpfen". Diese Stellungnahme erklärt, weshalb in Frankreich keine parteimäßig organisierte kollektive, sondern nur eine individuelle Teilnahme von deutschen Sozialdemokraten im französischen Widerstand anzutreffen ist, die auf einem freiwilligen persönlichen Engagement beruhte und nicht der Parteidisziplin bzw. Parteianweisung unterlag (Löwenthal/von zur Mühlen 1982). Die genaue Zahl der deutschen Sozialdemokraten in der Résistance ist bis heute noch nicht bekannt, aber zahlreiche Erinnerungsberichte bezeugen ihre Teilnahme am zivilen (d. h. politischen, ideologischen) und humanitären Widerstand (Hilfsaktionen für die Opfer der Repression und „rassischen" Verfolgung) sowie am militärischen Widerstand (Joutard u. a. 1994; Guillon u. a. 1995; Lévisse-Touzé 1997, S. 293 ff.).

Die kommunistischen deutschsprachigen Emigranten hingegen verfügten über große Erfahrungen von konspirativer und illegaler Parteitätigkeit, die vom ZK der KPD von Moskau aus seit 1933 für die Arbeit in Deutschland und den Emigrationsländern gesteuert wurde (Pech 1974; Österreicher im Exil 1984). Am 18. September 1939 wurden dem österreichischen (Ottomar Strobel) und deutschen KP-Verantwortlichen für Belgien (Otto Niebergall) von einem ZK-Mitglied der belgischen KP der Beschluß der Komintern übermittelt, daß „alle deutschen Freunde (Parteimitglieder) in Belgien, Frankreich und Holland bis auf weiteres den Bruderparteien unterstellt seien". Das bedeutete, daß die Widerstandsaktivitäten der deutschen und österreichischen Kommunisten in Frankreich in der Zeit von 1940 bis zur „Libération" von der illegalen KPF-Leitung gelenkt und kontrolliert wurden, die ihrerseits durch Kuriere – und nach Ende Juni 1941 über Funk – regelmäßig Anweisungen aus Moskau erhielt (Kriegel/Courtois 1997, S. 319 ff.). Formen, Strategien und Inhalt des kommunistischen Widerstandes in Frankreich änderten sich im Laufe des Krieges gemäß den Anweisungen der Kommunistischen Internationale bzw. den Richtlinien der sowjetischen Kriegs- und Außenpolitik. Die ersten Kontakte zwischen den Vertretern der KPD und der KPF wurden im Dezember 1940 gemäß dem Auftrag der im August 1940 neu gebildeten Toulouser KPD-Leitung von Walter Beling aufgenommen. Im April 1941 kam Otto Niebergall als ständiger Vertreter der KPD nach Paris. Abgesehen von einzelnen Widerstandsaktionen, an denen sich ab Herbst 1940 auch bereits einige deutsche Kommunisten beteiligten, kann von einem organisierten Widerstand der KPD erst ab Mitte 1941 (nach dem Überfall auf die Sowjetunion) gesprochen werden. Bereits im Winter 1940/41 hatte die KPD-Führung beschlossen, den Widerstand auch innerhalb der Wehrmacht zu organisieren, „antifaschistische Aufklärungsarbeit" unter den Soldaten und den Angehörigen der Wehrmacht zu leisten und den Widerstand gegen das Hitler-Regime und seine Helfershelfer zu propagieren. Vom ZK der KPF wurde im Rahmen der französischen Résistance ein besonderer Sektor für die deutsche Arbeit geschaffen, Travail (Anti-)Allemand (TA) genannt. Ziel der TA war es, in die deutsche Kriegsmaschine einzudringen, die Nazi-Ideologie durch schriftliche und mündliche Agitation zu bekämpfen, eine „breite nationale Friedensbewegung" innerhalb der deutschen Armee und der deutschen Dienst- und Verwaltungsstellen zu schaffen, Hitlers Kriegspläne auf jede Weise zu durchkreuzen und kriegswichtige Anlagen und Materialien zu zerstören und zu sabotieren. Als Kurierinnen, Druckerinnen, Dolmetscherinnen, Sanitäterinnen und Agitatorinnen nahmen deutschsprachige Emigrantinnen an der TA-Arbeit regen Anteil (Schaul 1973; Pech 1974, S. 34 ff.; Berger u. a. 1988, S. 377 ff.; Hauser 1989; Leo 1992). Eine große Hilfe erfuhr die TA durch die MOI (Main d'Œuvre Immigrée), eine vom ZK der KPF angeleitete Dachorganisation aller kommunistischen Emigrantengruppen in Frankreich. Sie stellte der TA eine große Anzahl deutschsprechender Parteigenossen zur Verfügung (Polen, Ungarn, Rumänen, Tschechen usw.), ebenso Hunderte nicht deutschsprechender Mitarbeiter (Bonte 1969; Bartosek u. a. 1989). Nach der Totalbesetzung Frankreichs im November 1942 wurde im Einvernehmen mit der KPF-Leitung und den Verantwortlichen der MOI auch für Südfrankreich eine TA-Leitung in Lyon eingesetzt, die der Pariser Leitung (Otto Niebergall, Arthur London, Franz Marek) unterstand. Die Verantwortlichen für Südfrankreich waren Walter Vesper, Wilhelm Knigge und Oskar Grossmann. Die TA-Mitarbeiter nahmen auch in Südfrankreich als „französische Arbeitskräfte aus der Zivilbevölkerung" die Tätigkeit in deutschen Dienststellen auf.

Die Arbeit des Sektors TA endete praktisch im Herbst 1943 mit der Gründung des am Vorbild des Nationalkomitees „Freies Deutschland" (NKFD) in der Sowjetunion orientierten Komitees Freies Deutschland für den Westen (Comité Allemagne libre pour l'Ouest, CALPO; Pech 1974, S. 61 ff.). Ab August 1943 konzentrierte sich die politische Widerstandsarbeit auch auf die Herstellung von Kontakten zu sozialdemokratischen und anderen politisch aktiven Emigranten und Mitgliedern der Wehrmacht sowie auf die Verbreitung des Manifestes vom Moskauer NKFD in den Kasernen, zu dem sich das CALPO offen bekannte. Im November 1943 erfolgte die Konstituierung des CALPO mit Vertretern der verschiedenen Anti-Hitler-Gruppierungen, Mitgliedern der Wehrmachtsgruppen, Soldatenkomitees. Das CALPO war nunmehr eine eigene deutsche Widerstandsorganisation in Frankreich, die auch von den anderen französischen Widerstandsorganisationen im Rahmen des Conseil National de la Résistance im April 1944 anerkannt wurde, was unerläßlich für die Teilnahme an der militärischen Résistance im Maquis Südfrankreichs war (Nogères 1967 ff.; Leo 1989; Crémieux-Brilhac 1996). Nach der Befreiung von Paris, an der über 100 deutsche Widerstandskämpfer mit der Waffe in der Hand im Rahmen der FFI (Forces Françaises de l'Intérieur) teilnahmen, begann ein neuer Abschnitt der CALPO-Aktivitäten, die sich zunehmend auf die nach dem absehbaren Ende des Krieges in Deutschland zu führende Politik konzentrierte (Buton 1993, S. 37 ff., 107 ff.). Es wurde ein Frontbüro gegründet, das in Verbindung mit den französischen und alliierten Dienststellen deutsche Frontdelegierte an die Westfront und den Atlantikkessel sandte. Eine Militärkommission hatte die Aufgabe, Militärkader zur Verstärkung des Partisanenkrieges in Deutschland auszubilden. Im Rahmen einer Kriegsgefangenenlagerkommission sollte eine Arbeit zur „Ausrottung" der Nazi-Ideologie erfolgen. Die Kriegsverbrecher-Abteilung erfaßte namentlich 1 366 Kriegsverbrecher bzw. durch ihre Stellung in führenden Positionen bei SD und Gestapo der Kriegsverbrechen verdächtige Personen. Aus innen- und außenpolitischen Gründen hatte der französische Geheimdienst seit Herbst 1944 begonnen, die politischen Aktivitäten des CALPO strengstens zu überwachen (Lévisse-Touzé 1997). Ende Januar 1945 wurde dem CALPO im Namen der provisorischen Regierung der Republik mitgeteilt, daß jede propagandistische Betätigung in der französischen Öffentlichkeit und in den Kriegsgefangenenlagern einzustellen sei. Im August 1945 fand die letzte Sitzung der CALPO-Leitung in Paris statt. Otto Niebergall war bereits im Mai 1945 mit einigen KPD-Kadern illegal nach Deutschland zurückgekehrt.

Die genaue Gesamtzahl der deutschen Emigranten in den verschiedenen Sektoren der Résistance ist unbekannt. Schätzungen gehen von etwa 1000 Personen aus; vermutlich ist aber auch diese Zahl nach unten zu korrigieren. Fest steht lediglich, daß die Saarländer mit 210 Widerstandskämpfern die bisher größte identifizierte Gruppe darstellen.

In den Jahren 1942–44 hatten in über 30 Départements deutschsprachige Emigranten in militärischen Widerstandsgruppen mitgekämpft, an der Befreiung von mehr als 30 Städten teilgenommen; über 100 deutsche Partisanen ließen im Widerstandskampf ihr Leben (Drews/Stoll 1977; Joutard u.a. 1994). Diese Tatsachen sowie die Begegnung französischer Widerstandskämpfer mit deutschen Hitler-Gegnern und -Opfern in deutschen Konzentrations- und Vernichtungslagern haben nach Joseph Rovan sicherlich einen der Grundsteine gebildet für die Verständigung und allmähliche Aussöhnung zwischen beiden Völkern (Sandoz 1990). Der Großteil der politischen Flüchtlinge kehrte nach Deutschland zurück. Die überwiegende Mehrheit der jüdischen Emigranten blieb in Frankreich bzw. wanderte nach Übersee weiter; die Emigration blieb für sie eine „Flucht ohne Heimkehr" (Fabian/Coulmas 1978; Améry 1980; Voelkner 1990; Abosch 1997).

Literatur

Abosch, Heinz (1997): Flucht ohne Heimkehr. Aus dem Leben eines Heimatlosen, Stuttgart.
Adler, Jacques (1985): Face à la persécution. Les organisations juives à Paris de 1940 à 1944, Paris.
Alexis-Monet, Laurette (1994): Les miradors de Vichy, Paris.
Améry, Jean (1980): Örtlichkeiten, Stuttgart.
Azéma, Jean-Pierre (1979): De Munich à la Libération 1938–1944, Paris.
Badia, Gilbert, u.a., Éds. (1979): Les barbelés de l'exil. Études sur l'émigration allemande et autrichienne en France 1938–1940, Grenoble.
Badia, Gilbert, u.a., Éds. (1984): Les bannis de Hitler. Accueil et lutte des exilés allemands en France (1933–1939), Paris.
Bartosek, Karel, René Gallissot u. Denis Peschanski, Éds. (1989): De l'exil à la Résistance. Réfugiés et immigrés d'Europe Centrale en France 1933–1945, Paris.
Baruch, Marc Olivier (1997): Servir l'Etat français. L'administration en France de 1940 à 1944, Paris.
Bauer, Yehuda (1996): Freikauf von Juden? Verhandlungen zwischen dem nationalsozialistischen Deutschland und jüdischen Repräsentanten 1933–1945, Frankfurt a. M.
Bednareck, Horst (1966): Der Koordinationsausschuß deutscher Gewerkschaften in Frankreich 1937. Der antifaschistische Kampf der Gewerkschafter und ihr Beitrag für die Aktionseinheit der Arbeiterklasse, in: Zeitschrift für Geschichtswissenschaft 5, S. 745 ff.
Bednareck, Horst (1969): Die Gewerkschaftspolitik der Kommunistischen Partei Deutschlands – fester Bestandteil ihres Kampfes um die antifaschistische Einheits- und Volksfront zum Sturze der Hitlerdiktatur und zur Verhinderung des Krieges (1935 bis August 1939), Berlin/DDR.
Bénédite, Daniel (1984): La filière marseillaise. Un chemin vers la liberté sous l'occupation, Paris.
Betz, Albrecht (1986): Exil und Engagement. Deutsche Schriftsteller im Frankreich der dreißiger Jahre, München.
Bonte, Florimond (1969): Les antifascistes allemands dans la résistance française, Paris.
Borne, Dominique, u. Henri Dubief (1989): La crise des années 30 (1929–1938), Paris.
Bouvier, Beatrix (1972): Die Deutsche Freiheitspartei (DFP). Ein Beitrag zur Geschichte der Opposition gegen den Nationalsozialismus, Diss., Frankfurt a. M.
Brandt, Peter, u.a. (1983): Karriere eines Außenseiters. Leo Bauer zwischen Kommunismus und Sozialdemokratie, 1912 bis 1972, Bonn.
Buchholz, Marlies, u. Bernd Rother (1995): Der Parteivorstand der SPD im Exil. Protokolle der Sopade 1933–1940, Berlin.
Buton, Philippe (1993): Les lendemains qui déchantent. Le parti communiste français à la libération, Paris.
Les camps en Provence (1984). Exil, internement, déportation 1933–1944, Aix-en-Provence.
Centre National de la Recherche Scientifique (CNRS), Éd. (1976): Les relations franco-allemandes 1933–1939, Paris.
CIMADE, Éd. (1989): Les clandestins de Dieu. La CIMADE 1939–1945, Genf.
Cohen, Monique-Lise, u. Eric Malo, Éds. (1994): Les camps du Sud-Ouest de la France. Exclusion, Internement et déportation (1939–1944), Toulouse.
Crémieux-Brilhac, Jean-Louis (1990): La guerre oui ou non?, Paris.
Crémieux-Brilhac, Jean-Louis (1996): La France libre. De l'appel du 18 juin à la Libération, Paris.
Dertinger, Antje, u. Jan von Trott (1985): „... und lebe immer in Eurer Erinnerung". Johanna Kirchner – Eine Frau im Widerstand, Berlin–Bonn.

Döblin, Alfred (1993): Schicksalsreise. Bericht und Bekenntnis, München.

Drews, Manfred, u. Max Stoll (1977): Gefechte in den Cevennen. Ereignisse – Tatsachen – Zusammenhänge, Berlin/DDR.

Duroselle, Jean-Baptiste (1979): Politique étrangère de la France. La Décadence (1932–1939), Paris.

Düwell, Kurt (1968): Die Rheingebiete in der Judenpolitik des Nationalsozialismus vor 1942. Beitrag zu einer vergleichenden zeitgeschichtlichen Landeskunde, Bonn.

Emigrés français en Allemagne – Emigrés allemands en France (1983). Une exposition réalisée par l'Institut Goethe et le Ministère des Relations Extérieures, Paris.

Enderle-Ristori, Michaela (1997): Markt und intellektuelles Kräftefeld. Literaturkritik im Feuilleton von Pariser Tageblatt und Pariser Tageszeitung (1933–1940), Tübingen.

Erhart, Helga (1985): Die politische Arbeit der konservativen österreichischen Emigration in Frankreich und den USA 1938–1945, Diss., Wien.

Exil in Frankreich (1981), hrsg. von Dieter Schiller, Karlheinz Pech, Regine Herrmann u. Manfred Hahn, Leipzig.

Eychenne, Emilienne (1980): Montagnes de la peur et de l'espérance. Le franchissement de la frontière espagnole pendant la Seconde Guerre mondiale dans le département des Hautes-Pyrénées, Toulouse.

Fabian, Ruth, u. Corinna Coulmas (1978): Die deutsche Emigration in Frankreich nach 1933, München u.a.

Feuchtwanger, Lion (1986): Der Teufel in Frankreich, Frankfurt a.M.

Foitzik, Jan (1986): Zwischen den Fronten. Zur Politik, Organisation und Funktion linker politischer Kleinorganisationen im Widerstand 1933 bis 1939/40, Bonn.

Frankenthal, Käte (1981): Der dreifache Fluch: Jüdin, Intellektuelle, Sozialistin. Lebenserinnerungen einer Ärztin in Deutschland und im Exil, Frankfurt a.M. u.a.

Friedländer, Saul (1998): Das Dritte Reich und die Juden. Die Jahre der Verfolgung, 1933–1939, München.

Frühwald, Wolfgang, u. Wolfgang Schieder, Hrsg. (1981): Leben im Exil. Probleme der Integration deutscher Flüchtlinge im Ausland 1933–1945, Hamburg.

Fry, Varian (1986): Auslieferung auf Verlangen. Die Rettung deutscher Emigranten in Marseille 1940/41, München.

Glaser, Georg K. (1956): Geheimnis und Gewalt, Berlin.

Gourfinkel, Nina (1955): Unter dem Himmel zweier Welten, München.

Grandjonc, Jacques, u. Werner Michael, Éds. (1987): Exils et migrations d'allemands 1789–1945. Textes et études, Aix-en-Provence.

Grandjonc, Jacques, u. Theresia Grundtner, Éds. (1990): Zone d'ombres, 1933–1944. Exil et internement d'allemands et d'autrichiens dans le Sud-Est de la France, Aix-en-Provence; deutsch: Zone der Ungewißheit. Exil und Internierung in Südfrankreich (1933–1944), Reinbek 1993.

Grebing, Helga, u. Christl Wickert, Hrsg. (1994): Das andere Deutschland im Widerstand gegen den Nationalsozialismus. Beiträge zur politischen Überwindung der nationalsozialistischen Diktatur im Exil und im Dritten Reich, Essen.

Grosser, Alfred (1997): Une vie de Français, Paris.

Grunewald, Michel, u. Jean-Marie Valentin, Éds. (1986): Les exilés allemands en France (1933–1945), Straßburg.

Grunewald, Michel, u. Frithjof Trapp, Hrsg. (1990): Autour du „Front Populaire Allemand". Einheitsfront-Volksfront, Bern u.a.

Guillon, Jean-Marie, u. Pierre Laborie, Éds. (1995): Mémoire et Histoire: La Résistance, Toulouse.

Hauser, Harald (1989): Gesichter im Rückspiegel, Berlin.

Herlemann, Beatrix (1982): Die Emigration als Kampfposten. Die Anleitung des kommunistischen Widerstandes in Deutschland aus Frankreich, Belgien und den Niederlanden, Königstein i.Ts.

Hessel, Stéphane (1998): Tanz mit dem Jahrhundert. Erinnerungen, Hamburg.

Hilberg, Raoul (1982): Die Vernichtung der europäischen Juden. Die Gesamtgeschichte des Holocaust, Berlin.

Der Himmel ist blau (1988). Kann sein. Frauen im Widerstand, Österreich 1938–1945, hrsg. von Karin Berger, Elisabeth Holzinger, Lotte Podgornik u. Lisbeth Tallori, Leipzig.

Jacoby, Henry (1982): Davon gekommen. 10 Jahre Exil 1936–1946, Frankfurt a.M.

Jäckel, Eberhard (1966): Frankreich in Hitlers Europa. Die deutsche Frankreichpolitik im zweiten Weltkrieg, Stuttgart.

Janka, Walter (1991): Spuren eines Lebens, Berlin.

Joutard, Philippe, u.a., Éds. (1994): Cévennes. Terre de Refuge (1940–1944), Montpellier.

Kantorowicz, Alfred (1978): Politik und Literatur im Exil. Deutschsprachige Schriftsteller im Kampf gegen den Nationalsozialismus, Hamburg.

Kantorowicz, Alfred (1986): Exil in Frankreich, Frankfurt a.M.

Kantorowicz, Alfred (1995): Nachtbücher. Aufzeichnungen im französischen Exil 1935–1939, hrsg. von Ursula Büttner u. Angelika Voß, Hamburg.

Im Kampf bewährt (1969). Erinnerungen deutscher Genossen an den antifaschistischen Widerstand von 1933 bis 1945, eingeleitet u. zusammengestellt von Heinz Voßke, Berlin.

Kießling, Wolfgang (1994): Partner im „Narrenparadies". Der Freundeskreis um Noel Field und Paul Merker, Berlin.

Klarsfeld, Serge (1978): Le mémorial de la déportation des juifs de France, Paris.

Koestler, Arthur (1984): Abschaum der Erde, in: Gesammelte autobiographische Schriften, Bd. 2, Wien.

Kriegel, Annie, u. Stéphane Courtois (1997): Le grand secret du PCF, Paris.

Krohn, Claus-Dieter (1997): Propaganda als Widerstand? Die Braunbuch-Kampagne zum Reichstagsbrand 1933, in: Exilforschung 15, S. 10 ff.

Lambert, Raymond-Raoul (1985): Carnet d'un témoin 1940–1943, éd. par Richard Cohnen, Paris.

Landau, Edwin M., u. Samuel Schmitt, Hrsg. (1991): Lager in Frankreich. Überlebende und ihre Freunde – Zeugnisse der Emigration, Internierung und Deportation, Mannheim.

Langbein, Hermann (1982): Die Stärkeren. Ein Bericht aus Auschwitz und anderen Konzentrationslagern, Köln.

Langkau-Alex, Ursula (1970): Deutsche Emigrationspresse. Auch eine Geschichte des „Ausschusses zur Vorbereitung einer deutschen Volksfront" in Paris, in: International Review of Social History 16, S. 167 ff.

Langkau-Alex, Ursula (1977): Volksfront für Deutschland?, Bd. 1: Vorbereitung und Gründung des „Ausschusses zur Vorbereitung einer deutschen Volksfront" 1933–1936, Frankfurt a.M.

Leo, Gerhard (1992): Frühzug nach Toulouse. Ein Deutscher in der französischen Résistance, Berlin.

Leshem, Perez (1973): Straße zur Rettung (1933–1939). Aus Deutschland vertrieben bereitet sich jüdische Jugend auf Palästina vor, Tel Aviv.

Lévisse-Touzé, Christine, u. Stefan Marten, Éds. (1997): Des Allemands contre le nazisme. Oppositions et Résistances, 1933–1939, Paris.

Löwenthal, Richard, u. Patrik von zur Mühlen, Hrsg. (1982): Widerstand und Verweigerung in Deutschland 1933–1945, Bonn.

Loring, Marianne (1996): Flucht aus Frankreich 1940. Die Vertreibung deutscher Sozialdemokraten aus dem Exil, Frankfurt a.M.

Mallmann, Klaus-Michael (1997): Frankreichs fremde Patrioten. Deutsche in der Résistance, in: Exilforschung 15, S. 33 ff.

Mallmann, Klaus-Michael, u. Gerhard Paul (1987): Das zersplitterte Nein. Saarländer gegen Hitler, Bonn.

Mammach, Klaus, Hrsg. (1974): Die Berner Konferenz der KPD (30. Januar–1. Februar 1939), Frankfurt a.M.

Marrus, Michael R., u. Robert O. Paxton (1981): Vichy et les juifs, Paris.

Marum-Lunau, Elisabeth (1997): „Boches ici, juifs làbas". Correspondance d'exilés du IIIe Reich (1939–1945), hrsg. von Jacques Grandjonc, Aix-en-Provence.

Morgenstern, Soma (1998): Joseph Roths Flucht und Ende. Erinnerungen, Berlin.

von zur Mühlen, Patrik (1992): Fluchtweg Spanien–Portugal. Die deutsche Emigration und der Exodus aus Europa 1933–1945, Bonn.

Der Nachrichtendienst der KPD 1919–1937 (1993), hrsg. von Bernd Kaufmann, Eckhard Reisener, Dieter Schwips u. Henri Walther, Berlin.

Nogères, Henri (1967 ff.): Histoire de la Résistance, 5 Bde., Paris.

Norek, Claude, u. Frédérique Doumic-Doublet (1989): Le droit d'asile en France, Paris.

Österreicher im Exil (1984): Frankreich 1938–1945. Eine Dokumentation, hrsg. vom Dokumentationsarchiv des österreichischen Widerstandes, Wien.

Papanek, Ernst (1980): Die Kinder von Montmorency, Wien.

Paris 1935 (1982). Erster Internationaler Schriftstellerkongreß zur Verteidigung der Kultur. Reden und Dokumente. Mit Materialien der Londoner Schriftstellerkonferenz 1936. Einleitung und Anhang von Wolfgang Klein, Berlin/DDR.

Paxton, Robert O. (1973): La France de Vichy, Paris.

Paul, Gerhard (1987): Max Braun. Eine politische Biographie, St. Ingbert.

Paul, Gerhard, u. Klaus-Michael Mallmann (1995): Milieus und Widerstand. Eine Verhaltensgeschichte der Gesellschaft im Nationalsozialismus, Bonn.

Pech, Karlheinz (1974): An der Seite der Résistance. Zum Kampf der Bewegung „Freies Deutschland" für den Westen (1943–1945), Frankfurt a.M.

Des peintres au camp des Milles (1997). Septembre 1939–été 1941. Hans Bellmer, Max Ernst, Robert Liebknecht, Leo Marschütz, Ferdinand Springer, Wols, Galerie d'Art, Espace 13, Aix-en-Provence.

Peterson, Walter F. (1987): The Berlin Liberal Press in Exile: A History of the Pariser Tageblatt – Pariser Tageszeitung, 1933–1940, Tübingen.

Peukert, Detlev J. K., u. Frank Bajohr (1987): Spuren des Widerstands. Die Bergarbeiterbewegung im Dritten Reich und im Exil, München.

Poznanski, Renée (1994): Être juif en France pendant la seconde Guerre mondiale, Paris.

Propos d'Exil (1983): Articles publiés dans „la Dépêche" (de Toulouse) par les émigrés du IIIe Reich, Toulouse.

Redmer, Axel (1987): „Wer draußen steht, sieht manches besser". Biographie des Reichstagsabgeordneten Emil Kirschmann, Birkenfeld.

Regler, Gustav (1956): Das Ohr des Malchus, Köln–Berlin.

Répression (1983). Camps d'internement en France pendant la seconde guerre mondiale. Aspects du phénomène concentrationnaire, Saint-Etienne.

Retzlaw, Karl (1976): Spartacus. Aufstieg und Niedergang. Erinnerungen eines Parteiarbeiters, Frankfurt a. M.

Rothschild, Recha (1993): Verschlungene Wege. Identitätssuche einer deutschen Jüdin, Frankfurt a.M.

Roussel, Hélène (1990): Deutschsprachige Bücher und Broschüren im französischen Exil 1933–1940, bearb. von Maria Kühn-Ludewig, in: Archiv für Geschichte des Buchwesens 34, S. 267 ff.

Roussel, Hélène, u. Lutz Winckler, Hrsg. (1989): Pariser Tageblatt/Pariser Tageszeitung. Conceptions et pratiques du quotidien des émigrés allemands en France/Konzepte und Praxis der Tageszeitung der deutschen Emigranten in Frankreich, Bremen.

Roussel, Hélène, u. Lutz Winckler, Hrsg. (1992): Deutsche Exilpresse und Frankreich 1933–1940, Bern u. a.

Rovan, Joseph (1979): L'émigration monarchiste autrichienne en France (1938–1940), in: Badia u.a., S. 137 ff.

Samuel, Vivette (1995): Sauver les enfants, Paris.

Sandoz, Gérard (1990): Ein Leben für die Verständigung. Politischer Journalismus zwischen Berlin und Paris, hrsg. von Manfred Flügge, Marburg.

Sauvy, Alfred, u. Anita Hirsch (1984): Histoire économique de la France entre les deux guerres, 3 Bde., Paris.

Schaul, Dora, Hrsg. (1973): Résistance. Erinnerungen deutscher Antifaschisten, Frankfurt a.M.

Schor, Ralph (1985): L'opinion française et les étrangers, Paris.

Schramm, Hanna (1977): Menschen in Gurs. Erinnerungen an ein französisches Internierungslager (1940–1941) mit einem dokumentarischen Beitrag zur französischen Emigrantenpolitik von Barbara Vormeier, Worms; franz.: Vivre à Gurs, Paris 1979.

Schwager, Ernst (1984): Die österreichische Emigration in Frankreich 1938–1945, Wien u.a.

Spira, Steffie (1991): Trab der Schaukelpferde, Freiburg i. Br.

Steur, Claudia (1997): Theodor Dannecker. Ein Funktionär der „Endlösung", Essen

Thalmann, Rita (1981): L'émigration allemande et l'opinion française de 1935 à 1939, in: Deutschland und Frankreich 1936–1939, hrsg. von Klaus Hildebrand u. a., Beihefte der Francia 10, Zürich.

Tichauer, Eva (1988): J'étais le numéro 20832 à Auschwitz, Paris.

Voelkner, Hans (1990): Salto mortale. Vom Rampenlicht zur unsichtbaren Front, Berlin.

Vogelsinger, Willy (1988): Nicht verloren gegangen, Mannheim.

Vormeier, Barbara (1980): Die Deportierungen der deutschen und österreichischen Juden aus Frankreich (1942–1944), Paris.

Walter, Hans-Albert (1984): Deutsche Exilliteratur 1933–1950, Bd. 2: Europäisches Appeasement und überseeische Asylpraxis, Stuttgart.

Weber, Hermann, u. Dietrich Staritz, Hrsg. (1993): Kommunisten verfolgen Kommunisten. Stalinistischer Terror und „Säuberung" in den kommunistischen Parteien Europas seit den dreißiger Jahren, Berlin.

Wiehn, Erhard R., Hrsg. (1990): Oktoberdeportation 1940. Die sogenannte „Abschiebung" der badischen und saarpfälzischen Juden in das französische Internierungslager Gurs und andere Vorstationen von Auschwitz, Konstanz.

Winckler, Lutz, Hrsg. (1995): Unter der Coupole. Die Paris-Feuilletons Hermann Wendels (1933–1936), Tübingen.

Wyman, David S. (1987): L'abandon des juifs. Les américains et la solution finale, Paris.

Zimmermann, Moshe (1997): Die deutschen Juden 1914–1945, München.

Zorn, Edith (1963): Zeugnisse der illegalen Wehrmachtspropaganda deutscher Antifaschisten und der Bewegung „Freies Deutschland" für den Westen aus den Jahren 1943 und 1944 in Frankreich, in: Beiträge zur Geschichte der Arbeiterbewegung 5, S. 970 ff.

Großbritannien

WALTRAUD STRICKHAUSEN

Die Widersprüche der britischen Asylpolitik sind auf die Koexistenz von zwei Traditionssträngen zurückzuführen: die liberale Einwanderungs- und Asylpolitik der viktorianischen Ära und die innenpolitischen Entwicklungen, in deren Folge diese Tradition in den Jahren 1905–1919, vor allem während des Ersten Weltkrieges, eingeschränkt wurde. Nach dem Ersten Weltkrieg blieben die restriktiven Gesetze bestehen und wurden durch den „Aliens Restriction Act" („Gesetz zur Beschränkung der Ausländer") von 1919 und den „Aliens Order" („Fremdenerlaß") von 1920 erweitert. Die Einwanderungsbeamten konnten Einreisewillige ohne Berufungsmöglichkeit abweisen. Hiervon wurde in den Jahren 1933/34 bei 484 Deutschen und Österreichern, 1935 in 365 und 1937 in 438 Fällen Gebrauch gemacht (Sherman 1973, S. 270).

Außer dieser Abwehr größerer Einwanderungsströme war die abwartende offizielle Haltung Großbritanniens und seine bis Anfang 1939 verfolgte sog. Appeasement-Politik gegenüber dem Dritten Reich für die restriktive Asylpraxis mitverantwortlich. Nach den Erfahrungen des Ersten Weltkrieges herrschte eine weitverbreitete Friedenssehnsucht, ein „teilweise religiös beseelte(r) Pazifismus weiter Bevölkerungskreise, der mit einem wachsenden Desinteresse an der kontinentalen Entwicklung Hand in Hand ging" (Röder 1973, S. 20). Die britische Politik der 1930er Jahre war dementsprechend bestimmt durch den Zusammenhang der drei Faktoren „British interests", Friedenssicherung und Isolationismus („limited liability"). Gegenüber Deutschland und Japan verfolgte man eine Doppelstrategie von Abschreckung und Appeasement, wobei die militärischen Hauptanstrengungen auf die Abschreckung durch die Royal Air Force konzentriert wurden. Von Frankreich erhoffte man, daß es als Bollwerk einen deutschen Blitzangriff abwehren würde. Mit Blick auf die mögliche, 1940 dann tatsächlich eintretende Kriegführung gegen Deutschland versuchte man, durch die Appeasement-Politik das Konfliktpotential durch Konzessionen niedrig zu halten, so z. B. die im Münchener Abkommen vom 29. September 1938 akzeptierte Annexion der Sudetengebiete (Schmidt 1981, S. 430 ff., 604 ff.). Erst die Besetzung der Resttschechoslowakei im März 1939 veranlaßte Großbritannien, die Unabhängigkeit Polens, Griechenlands und Rumäniens zu garantieren und Beistandserklärungen mit der Türkei und Polen abzuschließen. Von vielen Exilierten seit langem vergeblich erwartet (Kerr 1984, S. 153), wurde im Mai 1939 die allgemeine Wehrpflicht in Großbritannien eingeführt. Nach der Kriegserklärung an Deutschland am 3. September 1939 wurde Großbritannien von den Staaten des Commonwealth unterstützt, wobei allerdings deren Bereitschaft zur Aufnahme von Flüchtlingen gering war (→ AFRIKA, → SÜDAFRIKA, → AUSTRALIEN, → KANADA, → NEUSEELAND).

Für die britische Flüchtlingspolitik vor 1938/39 waren auch der in den 1930er Jahren herrschende Wirtschaftsnationalismus und die Politik des „knappen Geldes" von Bedeutung, mit der ein Absinken des Lebensstandards und steigende Arbeitslosigkeit (1933: 2,2 Millionen) einhergingen (Hirschfeld 1988, S. 28). Ängste vor einem Verlust der Arbeitsplätze durch Fremde wurden von einem Teil der britischen Presse, von rechten Gruppierungen in Großbritannien sowie durch deutsche Stellen in London geschürt (Pearl 1983, S. 1; Kerr 1984, S. 183; Brinson 1997, S. 35 ff.). Aus allen diesen Gründen kam das Land in den ersten Jahren der NS-Herrschaft als Ziel einer massenhaften Emigrationsbewegung nicht in Frage. Prinzipiell wurden nur vier Kategorien von Flüchtlingen akzeptiert: Transitemigranten mit der Verpflichtung zur Weiterwanderung innerhalb von zwei Jahren, Kinder und Jugendliche bis 18 Jahre zur Vorbereitung auf die Weiterreise, Personen zwischen 16 und 35 Jahren zur Ausbildung für überseeische Aufnahmeländer sowie Personen über 60 Jahre. Sie alle mußten entweder über Geldmittel oder die Garantie eines privaten Förderers verfügen und sich regelmäßig bei den Polizeibehörden melden (Wächter 1973, S. 66; Röder 1973, S. 21). Die Emigrantenkolonie in England blieb über Jahre relativ klein und setzte sich zudem aus verhältnismäßig vielen wohlhabenden oder berühmten Persönlichkeiten, wie z. B. Stefan Zweig, sowie aus Akademikern zusammen, die um so mehr willkommen geheißen wurden, je größer ihre fachliche Reputation war. Ärzte mußten allerdings eine erneute Prüfung ablegen und stießen auf Widerstand ihrer britischen Kollegen.

Die meisten Berufe waren den Emigranten verschlossen, da sie Briten keine Stellen wegnehmen sollten. Nach einer begrenzten Quote wurden jedoch Menschen ins Land gelassen, die in Mangelberufen vornehmlich als Hausangestellte, Krankenpflegerinnen oder Landarbeiter tätig sein wollten. Voraussetzung war, daß der künftige Arbeitgeber einen Antrag stellte und daß auf Empfehlung des Arbeitsministeriums eine individuelle Arbeits- und Einreisegenehmigung erteilt wurde (Röder 1973, S. 21). Daraus erklärt sich ein überdurchschnittlich großer Anteil an Frauen unter den Exilanten in Großbritannien. Wie in anderen Exilländern fiel den Ehefrauen sehr oft die Aufgabe zu, durch untergeordnete Tätigkeiten oder durch illegale Beschäftigung den Familienunterhalt zu sichern und die Familie zusammenzuhalten. Von den Bestimmungen ausgenommen waren neben bekannten Wissenschaftlern und Künstlern von Anfang an auch Fabrikanten und Geschäftsleute mit Privatvermögen, von denen man sich die Schaffung neuer Arbeitsplätze erhoffte. Schätzungen zufolge dürften unter den volljährigen männlichen Emigranten etwa 4000–6000 Fabrikanten gewesen sein, davon 1040 aus der Textilindustrie, 836 aus der Kleiderindustrie, 225 aus der chemischen und 502 aus der Lederindustrie. In den wirtschaftlichen Krisengebieten Nordenglands gab es nach offiziellen britischen Quellen im Februar 1939 200 Flüchtlingsbetriebe, insgesamt 300, deren Zahl sich bis 1947 auf ca. 1000 Unternehmen mit damals ca. 250000 Beschäftigten erhöhte (Loebl 1990).

Infolge der Zunahme der Flüchtlingszahlen 1938 führte die britische Regierung ein Visa-System ein, das sich wiederum mehr an den Bedürfnissen des Aufnahmelandes als an der Notlage der Flüchtlinge orientierte. Gleichzeitig versicherte London auf der internationalen Flüchtlingskonferenz von Evian im Sommer 1938, daß man künftig bereit sei, „on the ground of humanity to adopt an even more (!) liberal policy in the matter of admission and employment". Erst nach der „Reichskristallnacht", nach der mit britischer Duldung erfolgten Ausdehnung der NS-Herrschaft auf Österreich und die Sudetengebiete und mit Blick auf die dadurch ausgelösten Fluchtbewegungen erleichterte Großbritannien de facto die Einreise und wurde schließlich zum Refugium für eine große Zahl von Emigranten, von denen 70% zwischen November 1938 und September 1939 einreisten. Die Angaben der Literatur über die Gesamtzahl der von Großbritannien aufgenommenen Exilanten divergieren stark und sind aufgrund unterschiedlich definierter Gruppenprofile schwer vergleichbar. Bis 1939 standen keine amtlichen Daten zur Verfügung, da das Home Office zwischen Flüchtlingen und anderen Einreisenden keinen Unterschied machte. Schätzungen zufolge hielten sich bis 1935 nie mehr als 2500 deutsche Flüchtlinge in Großbritannien auf, während bis 1936 etwa 24000 Emigranten britische Häfen passiert hatten; bis Sommer 1937 erhöhte sich die Zahl auf etwa 8000 Emigranten bzw. 11000 im November 1938 (Röder 1973, S. 21 f.). Bis Kriegsausbruch waren nach Angaben des Council for German Jewry etwa 40000 jüdische Flüchtlinge aus Deutschland, Österreich und der Tschechoslowakei in Großbritannien eingetroffen. Die Angaben für die gesamte Immigration nach Großbritannien schwanken zwischen ca. 50000 und 80000 (Berghahn 1988, S. 75). Angaben zur österreichischen Emigration bewegen sich zwischen 15000 und 16000 (Muchitsch 1992, S. 8). Auch die offiziellen britischen Verlautbarungen weisen erhebliche Differenzen auf: Während der Innenminister im Oktober 1939 die Gesamtzahl der Flüchtlinge mit 55000 bezifferte (49500 aus Deutschland und Österreich, darunter 9000 Kinder, 6000 aus der Tschechoslowakei), gab das Innenministerium 1943 bekannt, bei Kriegsausbruch hätten sich 78000 in Großbritannien befunden: 55000 Deutsche und Österreicher, 10000 Tschechen, 13000 unbegleitete Kinder sowie eine ungenannte Zahl weiterer Kinder in der Obhut ihrer Eltern (London 1991, S. 512 f.). Insgesamt waren nach Schätzungen 90% der in Großbritannien aufgenommenen Flüchtlinge jüdischer Herkunft. Nach Kriegsende wurden noch etwa 7000–8000 Waisen, die den Holocaust überlebt hatten, nach Großbritannien gebracht.

Die Mehrzahl der Neuankömmlinge war auf Hilfsorganisationen (Refugee Committees) angewiesen (Bentwich 1956). Die Aufnahme von Exilierten in Großbritannien basierte grundsätzlich auf einer von Repräsentanten der britisch-jüdischen Gemeinde 1933 gegebenen Garantie gegenüber der Regierung, daß die Flüchtlinge den öffentlichen Haushalten nicht zur Last fallen würden. Ab 1933 wurden von jüdischen und christlichen Kreisen sowie von Organisationen der Arbeiterbewegung entsprechend „der britischen Tradition der zivilen Selbsthilfe" zahlreiche Hilfsorganisationen gegründet (Röder 1973, S. 22; Kölmel 1979). Die Hauptlast trugen die jüdischen Organisationen. Der 1933 gegründete Central British Fund for German Jewry finanzierte aus Spendengeldern u.a. das von Otto M. Schiff, dem Präsidenten des Jew's Temporary Shelter, und einem Kreis zuverlässiger Freunde ins Leben gerufene Jewish Refugee Committee (1938–40 umbenannt in German Jewish Aid Committee), das in seiner 23jährigen Geschichte viel zur Rettung von Flüchtlingen beitrug. Seit 1934 war ihm das Jewish Professional Committee angegliedert, das sich mit der Unterstützung von Exilierten aus den sog. „professional classes" (d.h. den höheren Berufsgruppen) befaßte. Zu ihrem ursprünglichen Sitz, dem Woburn

House, kam gegen Ende der 1930er Jahre das Bloomsbury House hinzu, in dem sowohl jüdische als auch christliche Hilfsorganisationen unter einem Dach zusammengefaßt waren. Von 1936 bis 1939 bildeten westeuropäische und amerikanische jüdische Gemeinden einen gemeinsamen Council for German Jewry zur Koordinierung ihrer Hilfsmaßnahmen.

Zu den christlichen Organisationen gehörten das International Christian Committee for German Refugees, das im November 1937 gegründete Church of England Committee for „Non-Aryan" Christians und das Catholic Committee for German Refugees. Besonders hervorzuheben ist die Flüchtlingsarbeit des von der Society of Friends (Quäker) bereits am 7. April 1933 eingerichteten German Emergency Committee, ab Dezember 1942 Friend's Committee for Refugees and Aliens (FCRA). Die Quäker unterstützten bis Kriegsbeginn auch außerhalb Großbritanniens Flüchtlinge auf vielfache Weise. Während des Krieges kümmerten sie sich um etwa 5000–6000 Flüchtlinge und setzten sich in der Zeit der Internierungen intensiv für sie ein. Im November 1938 schlossen die christlichen Hilfsorganisationen sich zum Christian Council for Refugees from Germany and Central Europe zusammen. Die christlichen und jüdischen Flüchtlingsorganisationen versammelten sich auf eine Initiative des Home Office hin im April 1938 unter dem Dach des Central Co-ordinating Committee on Refugees (später Joint Consultative Committee on Refugees genannt) mit Sitz im Bloomsbury House.

Daneben gab es einige überparteiliche und halboffizielle Hilfsorganisationen, unter ihnen den Czech Refugee Trust Fund und das Parliamentary Committee on Refugees. Neben einem von der *News Chronicle* aus Protest gegen das Münchner Abkommen gegründeten Hilfsfond wurde im September 1938 von der Regierung das British Committee for Refugees from Czechoslovakia ins Leben gerufen, das ab März 1939 außer den Interessen der reichsdeutschen, sudetendeutschen und österreichischen Flüchtlinge aus der CSR auch die Belange der Tschechen und Slowaken vertrat. Das Komitee, das im Juli 1940 in den Czech Refugee Trust Fund (CRTF) überführt wurde, übernahm die Funktion eines Kollektivbürgen. Dem CRTF standen Mittel aus Spendensammlungen des Lord Mayor von London sowie ein Teil der Finanzhilfe zur Verfügung, die die britische Regierung im Januar 1939 der Tschechoslowakei gewährt hatte. Mit seiner Unterstützung fanden etwa 8000 Flüchtlinge in Großbritannien Zuflucht, darunter 3500 Tschechen und Slowaken, 2000 Sudetendeutsche, 850 Reichsdeutsche und 475 Österreicher. Fast die Hälfte von ihnen gehörte politischen Parteien und Organisationen an. Aufgrund der regierungsamtlichen Garantie genoß diese Gruppe quasi politisches Asyl. Der CRTF übernahm in den ersten Jahren ihres Exils die Unterbringung, Ausstattung und den Unterhalt der hauptsächlich in Lagern und „Hostels" lebenden Mitglieder (Röder 1973, S. 23f.).

Zu den Hilfsorganisationen für spezielle Personenkreise zählte das im Juli 1939 für Unternehmer aus der Tschechoslowakei gegründete Refugee Industries Committee, das seinen Wirkungskreis bald auf alle Flüchtlingsunternehmer ausdehnte. Um die Belange exilierter Akademiker kümmerte sich außer der 1933 gegründeten und 1936 nach Großbritannien verlegten Zentrale der Notgemeinschaft deutscher Wissenschaftler im Ausland auch der 1933 eingerichtete Academic Assistance Council (AAC). Neben beruflicher Vermittlung gewährte der AAC stellungslosen exilierten Wissenschaftlern bescheidene und zeitlich befristete Unterhaltsbeihilfen – sog. „maintenance grants". Darüber hinaus wurden von den Hochschulen eigens eingerichtete Sonderprogramme mit Mitteln des AAC finanziert. Bis Juli 1935 konnte für 57 emigrierte deutsche Wissenschaftler in Großbritannien eine feste Anstellung gefunden werden, 155 weitere – überwiegend Naturwissenschaftler und Mediziner – erhielten zeitlich befristete Lehr- und Forschungsaufträge. Für Geisteswissenschaftler stellte sich die Situation schwieriger dar, weshalb viele in andere Länder, vornehmlich die USA, weiterwanderten, wofür der AAC, der sich selbst als eine Art Clearing-Stelle verstand, wiederum Reisemittel gewährte (Hirschfeld 1996, S. 66). Seit 1937 in Society for the Protection of Science and Learning umbenannt, wurde die Hilfstätigkeit der Gesellschaft von vornherein nicht auf den deutschen Fall beschränkt, womit der Grundstein für ihre bis heute fortwirkende Arbeit gelegt wurde. Erwähnenswert ist noch die 1939 unter der Schirmherrschaft der Erzbischöfe von Canterbury und York gegründete, allerdings kurzlebige Arden Society zur Unterstützung exilierter Literaten und Künstler. Auf Betreiben der KPD-Gruppe in Großbritannien wurde im Juli 1942 das formell überparteiliche Emergency Bureau for the Rescue of German Anti-Nazi Refugees zur Rettung bedrohter Flüchtlinge in Südfrankreich gegründet.

Einen Sonderfall der britischen Exilgeschichte bildeten Bemühungen um ca. 10 000 meist jüdische

Kindern, die vorwiegend in der Zeit vom Dezember 1938 bis September 1939 aus NS-Deutschland gerettet wurden. Sie kamen allein und sahen in den meisten Fällen ihre Eltern und Angehörigen nie wieder. In Großbritannien kümmerte sich das Movement for the Care of Children from Germany (später Refugee Children's Movement) um die Kinder, unterstützt durch großzügige Spenden aus der Bevölkerung. Viele Kinder konnten in Pflegefamilien untergebracht werden, die übrigen lebten in Wohnheimen, einige wenige in Internaten über ganz Großbritannien verstreut. Der größte Teil dieser Kinder blieb nach dem Krieg im Lande (Leverton/Lowensohn 1990; Turner 1994).

Aus Furcht vor der Einschleusung feindlicher Spione ordneten die britischen Behörden schon im Frühjahr 1939 erste Maßnahmen für die Internierung der feindlichen Ausländer („enemy aliens") an. Es wurden besondere Instanzen („tribunals") eingerichtet, die den Exilierten drei Kategorien zuwiesen: Von insgesamt etwa 73 000 überprüften Deutschen und Österreichern (einschließlich Alteingesessener) wurden etwa 1% als Sicherheitsrisiko (Kategorie A) eingestuft und sofort interniert. 64 200 Personen wurden als zuverlässig und loyal eingestuft (Kategorie C) und waren zunächst keinen Restriktionen unterworfen. Etwa 55 000 von ihnen wurden darüber hinaus als „Refugee from Nazi Oppression" klassifiziert. Wer in die Kategorie B (zweifelhaft) eingestuft worden war, wurde zwar nicht interniert, unterlag aber einer verschärften Meldepflicht und anderen Restriktionen. Der Überprüfungsprozeß war im Januar 1940 weitgehend abgeschlossen.

Nach dem Zusammenbruch des belgischen, niederländischen und französischen Widerstandes gegen die deutsche Invasion im Mai 1940 spitzte sich die Lage zu. In einem Klima fremdenfeindlicher Hysterie wurden zahlreiche männliche Emigranten sowie 4000 Emigrantinnen der Kategorie B und mit ihnen mehrere Hundert Kinder interniert. Ausgenommen waren 4000–5000 Angehörige des Auxiliary Military Pioneer Corps und wissenschaftlich-technische Spezialisten für den Kriegseinsatz und für Propagandaaufgaben. Die Mehrzahl der Internierten brachte man schließlich in verschiedene Lager in England und auf der Isle of Man. Die Camps bestanden meistens aus abgeteilten, von Stacheldraht umgebenen Häuserreihen, wo die Internierten in Hotels und Gästehäusern untergebracht wurden, deren Besitzer evakuiert worden waren. Zwar versuchte man, internierte Nationalsozialisten getrennt unterzubringen (allerdings nicht bei den Frauen), und es entwickelte sich in den Lagern eine Selbstverwaltung wie auch ein reges Kulturleben. Dennoch war der Alltag der Internierten wegen der ungewissen Haftdauer und der drohenden Deportation nach Übersee bedrückend. Für zahlreiche der erst vor kurzem gegründeten Flüchtlingsunternehmen bedeutete die Inhaftierung des Firmengründers die vorläufige oder auch endgültige Einstellung des Betriebs (Loebl 1990, S. 228 ff.), obwohl vielfach die Frauen versuchten, die schwierige Situation zu überbrücken. Ende Mai 1940 beschloß die Regierung, alle Internierten aus dem Lande zu schaffen. Vier Schiffe fuhren nach → KANADA ab, eines – die wegen der extremen Bedingungen an Bord berüchtigte „Dunera" – landete in → AUSTRALIEN. Unter den Deportierten befanden sich neben Italienern, deutschen Kriegsgefangenen und Seeleuten ca. 7 000 Internierte, davon etwa 4600 Flüchtlinge der Kategorien B und C (Chappell 1984).

Die Torpedierung des Transportschiffes „Arandora Star", das Internierte nach Neufundland und Kanada bringen sollte, und der damit verbundene Tod von 600–700 Gefangenen – darunter zahlreichen Hitler-Gegnern – verstärkte die öffentliche Kritik an den Internierungen und Deportationen. Bereits Ende Juli 1940 erließ das Home Office das erste Weißbuch mit 18 Entlassungskategorien, dem revidierte und erweiterte Fassungen folgten. Bis August 1941 waren von den ursprünglich ca. 30 000 Internierten 17 745 wieder frei, und vielen wurde gestattet, in die britische Armee einzutreten oder auf andere Weise ihren Beitrag zu den britischen Kriegsanstrengungen zu leisten (Chappell 1984, S. 28 f.). Die Internierungen wurden bald als Überreaktionen angesehen, zumal es in Großbritannien keine nennenswerte „Fünfte Kolonne" gab. Trotz der Härte der Behandlung hatten die Internierten teilweise auch Verständnis für die Briten, da sie zu diesem Zeitpunkt im Frühjahr 1940 „völlig allein auf der Welt gegen das faschistische Europa" (Hilde Spiel) standen. Auch gestatteten die britischen Behörden die Entfaltung einer „Lagerkultur", zu der wissenschaftliche Vorträge ebenso gehörten wie eigene Zeitungen, Theateraufführungen oder Konzerte.

Obwohl die Mehrheit der Hitlerflüchtlinge in Großbritannien sich nicht als politische Exilanten verstand, entwickelte sich London zu einem aktiven Exilzentrum (Glees 1982). Deutsche und österreichische Emigranten entfalteten zahlreiche Aktivitäten zur Rettung weiterer und zur Unterstützung bereits eingetroffener Flüchtlinge, versuchten aber darüber hinaus, auch politische Aufgaben zu erfüllen, wie z. B.

Großbritannien

die Einigung der Emigration und die Repräsentation des „anderen" Deutschlands bzw. des „freien" Österreichs gegenüber dem Aufnahmeland. Unter den deutschen politischen Exilanten waren Vertreter der meisten in Deutschland verbotenen Parteien der Weimarer Zeit zu finden, überwiegend Angehörige der politischen Linken. 1941–45 befand sich hier die Zentrale der Exil-SPD (SOPADE), nachdem Hans Vogel und Erich Ollenhauer um die Jahreswende 1939/40 sowie Kurt Geyer und Fritz Heine im Juni 1941 in England angelangt waren. Es gelang der Partei, ihre in Prag begonnene Tätigkeit nach kurzer Zwischenstation in Paris in London fortzusetzen. Das Ziel einer Anerkennung durch die britische Regierung blieb ihr infolge fehlender Unterstützung durch das Foreign Office und die britische Labour Party versagt (Glees 1982). Außer den reichsdeutschen hatten in London auch sudetendeutsche und österreichische Sozialdemokraten Zuflucht gefunden, ebenso führende Vertreter der Gruppen Neu Beginnen (Waldemar von Knoeringen), ISK (Willi Eichler) und RSÖ (Karl Czernetz). Neu Beginnen, SAP, ISK und RSÖ schlossen sich in Großbritannien zur Sozialistischen Arbeitsgemeinschaft, die SOPADE, die sudetendeutschen und tschechoslowakischen Sozialdemokraten zur kurzlebigen Sozialdemokratischen Union zusammen. Auf Drängen der Labour Party und bedingt durch die Kriegslage bildeten die SOPADE, Neu Beginnen, ISK und SAP im März 1941 die Union deutscher sozialistischer Organisationen in Großbritannien (Union) unter dem Vorsitz des SOPADE-Vorsitzenden Hans Vogel. Die Landesgruppe deutscher Gewerkschafter in Großbritannien war durch Hans Gottfurcht in Vorstand und Arbeitsgruppe der Union vertreten und erhielt ein Mitspracherecht. 1943 schlossen sich die Jugendorganisationen der angeschlossenen Gruppen zur Sozialistischen Jugend zusammen (→ SOZIALDEMOKRATEN, → LINKE KLEINGRUPPEN, → ÖSTERREICHISCHE POLITISCHE EXILORGANISATIONEN). Vor allem wegen der Kontroversen um „vansittartistische" Positionen innerhalb der Labour Party, die auch zu Konflikten innerhalb der SOPADE führten, blieb die deutsche Exil-Sozialdemokratie von einer Mitwirkung an Kriegspropaganda und Nachkriegsplanungen weitgehend ausgeschlossen, erlangte aber langfristige Bedeutung dadurch, daß die Union die Konzeption der modernisierten Nachkriegs-SPD vorwegnahm und damit das Vorbild für ähnliche Entwicklungen in anderen Exilländern lieferte (Röder 1973).

Mit Unterstützung des 1933 emigrierten Pazifisten Ludwig Quidde, der in Genf ein Comité de secours aux pacifistes exilés gegründet hatte, gelang auch namhaften → PAZIFISTEN wie Kurt Hiller, Eugen Max und Katja Brehm, Elsbeth Bruck und Wilhelm Sternfeld 1938/39 die Flucht von Prag nach London. Zum Kreis des pazifistischen Exils gehörten (zeitweilig) u.a. Ernst Toller, der frühere Generalsekretär der Deutschen Liga für Menschenrechte Otto Lehmann-Russbueldt oder die Pädagogin Minna Specht, die ihre Schule Ende 1938 von Dänemark nach Südwales verlegen konnte (→ SCHULEN).

Wenzel Jaksch, Vorsitzender der Deutschen Sozialdemokratischen Arbeiterpartei in der Tschechoslowakei (DSAP), führte mit dem ehemaligen tschechoslowakischen Präsidenten Beneš und der tschechischen Exilregierung in London Verhandlungen über eine Gleichstellung der Tschechen, Slowaken und Deutschen in der ČSR nach dem Kriege. Im Oktober 1940 kam es zu einer Spaltung der sudetendeutschen Sozialdemokraten in einen Pro-Jaksch- und einen protschechischen Flügel, die sog. Zinner-Gruppe, die für eine bedingungslose Zusammenarbeit mit der tschechischen Exilregierung war. Sie unterstützte selbst deren Pläne zur Vertreibung der meisten Deutschen aus der ČSR in der Hoffnung, die Reste der Partei in die neue tschechoslowakische Arbeiterbewegung einbringen und die Parteiführung übernehmen zu können. Am 16. Oktober 1940 teilte Beneš bei einem auf britischen Druck anberaumten Treffen Jaksch mit, daß nach Kriegsende eine Million Deutsche aus den böhmischen Ländern ausgesiedelt und die unverbesserlichen Nazis nach Deutschland geschickt werden sollten. Der zur Vertreibung vorgesehene Personenkreis wurde im Laufe des Krieges immer weiter ausgedehnt, so daß nach Beneš' 1944 veröffentlichtem „Zehn-Punkte-Plan" fast alle Deutschen in der ČSR davon erfaßt waren. Jakschs politische Aktivitäten im Londoner Exil richteten sich größtenteils auf die Verhinderung dieser Pläne (Martin 1996, S. 4ff., 35ff.).

Der tiefste ideologische Graben innerhalb des politischen Exils verlief zwischen den zahlenmäßig überlegenen Kommunisten und den Sozialdemokraten, die sich den jeweils von Kommunisten initiierten Einheitsbestrebungen des Free Austrian Movement und der Freien Deutschen Bewegung fernhielten. Im Gegensatz zur Exil-SPD erfreuten sich die Kommunisten wohlwollender Unterstützung nicht nur durch die sowjetischen, sondern auch durch die britischen Behörden, wobei ihre vor 1941 konspirative Arbeit sich auch später meistens hinter der Fassade eines scheinbar überparteilichen Antifaschismus und Volksfrontgedankens verbarg. Sobald in den letzten Kriegsjahren ihre Abhängigkeit von der KPD- oder KPÖ-Zentrale in Moskau bzw. von sowjetischen Stellen erkennbar wurde, fanden ihre Aktivitäten und Organisationen rasch ihr Ende.

Ein bekanntes Beispiel ist der auf kommunistische Initiative im Dezember 1938 im Londoner Stadtteil Hampstead gegründete Freie Deutsche Kulturbund (FDKB) mit Alfred Kerr und Oskar Kokoschka als Präsidenten und den in die USA emigrierten Brüdern Thomas und Heinrich Mann sowie zeitweilig Stefan Zweig und Berthold Viertel als Präsidiumsmitgliedern. Es gab Sektionen für Literatur, Theater, Musik, Malerei und Wissenschaft. Seit Dezember 1939 und in größerem Umfang ab 1942 wurden von der Anglikanischen Kirche in Hampstead Räumlichkeiten als Clubhaus mit Bibliothek, Kaffeestube, Restaurant, der Kleinen Bühne und Ausstellungsräumen zur Verfügung gestellt. 1942 folgte die Eröffnung der Freien Deutschen Hochschule in Großbritannien mit dem Ziel, die Tradition einer freien deutschen Forschung zu erhalten und aus der Analyse des NS-Staates Erkenntnisse für die Gestaltung Nachkriegsdeutschlands zu gewinnen, einen Kontakt zu britischen und ausländischen Wissenschaftlern herzustellen und Jugendlichen im Exil eine Möglichkeit zu bieten, ihre verpaßte oder abgebrochene Ausbildung nachzuholen. Wegen einer Kontroverse im Kulturbund bezüglich der Unterstützung der sowjetischen Kriegsanstrengungen kam es im Januar 1943 zur Abspaltung des Club 1943, dem Persönlichkeiten wie Hans Flesch-Brunningen, Grete Fischer, Monty Jacobs, Hans José Rehfisch, Adele Schreiber, Gabriele Tergit und Alfred Unger angehörten. Nach den Vorbildern von Vorläuferorganisationen in Frankreich und der ČSR organisierten sich exilierte Jugendliche im Juni 1939 in London erneut als Freie Deutsche Jugend (FDJ) und bildeten Ortsgruppen in zahlreichen Städten mit ca. 650 Mitgliedern. Offiziell überparteilich, orientierte sich die de facto kommunistisch geführte Organisation an allen politischen Kurskorrekturen der KPD-Führung bzw. der Sowjetunion. Sommerlager, kulturelle Aktivitäten und Propagandaarbeit bestimmten im wesentlichen die Arbeit der FDJ, die sich nach der Remigration der meisten Mitglieder im Sommer 1946 auflöste (Fleischhacker 1996).

Auch unter den Österreichern bestanden schwere Differenzen, jedoch ohne die Verhärtungen wie bei den Deutschen. Da Legitimisten und Christlich-Soziale in London schwach vertreten waren und die Sozialdemokraten bis Anfang 1940 untätig blieben, wurde auch die österreichische Exilpolitik in Großbritannien entscheidend von KPÖ-Mitgliedern geprägt, die aber als solche offiziell kaum in Erscheinung traten. Die Konflikte beruhten darauf, daß die Sozialisten eine politische Arbeit innerhalb der Massenemigration ablehnten und im Gegensatz zu den Kommunisten und den mit diesen zusammenarbeitenden konservativen Gruppen die Wiederherstellung eines unabhängigen Österreichs als „historisch reaktionär" ansahen (Österreicher im Exil 1992, S. 158). Im September 1938 gründeten Konservative und Kommunisten zunächst den Council of Austrians als überparteiliche Interessenvertretung. Ein kulturelles und soziales Zentrum fand die österreichische Emigration in dem im Februar 1939 gegründeten Austrian Centre im Nordwesten Londons, dessen Ehrenpräsident zuerst Sigmund Freud, nach dessen Tode der ehemalige österreichische Botschafter Sir George Franckenstein, schließlich Walter Schiff waren. Ein wichtiger Bereich der Exilarbeit war die Betreuung der Jugend, die im Young Austria (Junges Österreich) organisiert war. Im Sommer 1941 schlossen sich schließlich, außer dem London Bureau of the Austrian Socialists, alle kommunistischen Organisationen und Verbände, die im Austrian Office versammelte bürgerlich-legitimistische Emigration und zwei sozialdemokratische Dissidentengruppen zum Free Austrian Movement zusammen (Österreicher im Exil 1992; → Österreichische politische Exilorganisationen).

Erwähnenswert ist der politische Einsatz von Emigranten in britischen Institutionen, um nach Kriegsausbruch einen Beitrag zu den „war efforts" zu leisten: so im Pioneer Corps, einer nichtkämpfenden Truppe zur Beseitigung von Bombenschäden, später auch in Kampfverbänden, für Frauen in den women's auxiliary services der britischen Armee (Muchitsch 1992), für tschechoslowakische Staatsbürger auch in den ČSR-Auslandsstreitkräften. Es wird geschätzt, daß sich mehr als 9000 junge Männer und Frauen freiwillig zum Dienst in der britischen Armee meldeten, etwa 800 in technischen Formationen, 650 bei der kämpfenden Truppe, 450 im Intelligence Corps und ähnlichen Einheiten, 300 in den Commandos und bei den Luftlandetruppen, etwa 100 in der Marine und der Luftwaffe. Daneben bestand für einige der exilierten Intellektuellen die Möglichkeit, im Rahmen der Nachrichtendienste sowie der BBC den Nationalsozialismus zu bekämpfen und dabei selbst ein Auskommen zu finden. Emigranten wurden während der Kriegsjahre und danach – meist nach Erwerb der britischen Staatsangehörigkeit – außer im Foreign Office Research Department und dessen Unterabteilung, dem Political Intelligence Department, bzw. der Political Warfare Executive in zahlreichen weiteren Abteilungen und Organen der mit Deutschland befaßten Institutionen eingesetzt (Reusch S. 341, 366 ff.). Exilanten wurden auch an den britischen „re-education"-Maßnahmen beteiligt, beispielsweise in dem für Kriegsgefangene eingerichteten Umschulungslager Wilton Park (Kettenacker 1996).

Großbritannien wurde zeitweiliges oder dauerhaftes Zufluchtsland für eine Reihe namhafter exilierter Schriftsteller und Künstler, u. a. H. G. Adler, Alfred Einstein, Sebastian Haffner, Alfred Kerr, Jella Lepmann, Peter de Mendelssohn, Rudolf Olden, Walter Trier, Paul E. Marcus, Fritz Beer und Friedrich Burschell, Stefan Zweig, Theodor Kramer, Elias Canetti, Max Hermann-Neiße und Hilde Spiel. Es war Exilschriftstellern erlaubt, Bücher an britische Verlage zu verkaufen, jedoch waren Möglichkeiten, in deutscher Sprache zu publizieren, begrenzt. Um so bemerkenswerter ist die Liste deutschsprachiger Exilpublikationen in Großbritannien. Von den Exilorganisationen wurden Zeitungen, Zeitschriften und Informationsblätter herausgebracht (Greiser 1979): so der *Zeitspiegel* des Free Austrian Movement (Österreicher im Exil, S. 358 f.), die von den Briten subventionierte *Zeitung* und ab 1942 die sudetendeutsche *Einheit*. Deutschsprachige Bücher wurden von den → VERLAGEN der Exilorganisationen wie z. B. Free Austrian Books und den nach Großbritannien verlegten oder dort von Exilanten gegründeten Verlagen wie z. B. Lincolns-Prager veröffentlicht, mitunter auch von britischen Verlegern, u. a. Allen & Unwin, Hamish Hamilton, Barnard & Westwood und allen voran Victor Gollancz, der im Rahmen seines Left Book Club zahlreiche, in der Hauptsache politische Schriften von Exilautoren herausgab (Between Two Languages, 1995; Zwischenwelt 4, 1995)).

Einige Autorinnen und Autoren vollzogen den literarischen Sprachwechsel: so Arthur Koestler, Robert Neumann, Hans Flesch-Brunningen und Peter de Mendelssohn sowie der Lyriker Michael Hamburger (Strickhausen 1992). Der von Exil-Autoren gegründete Deutsche PEN-Club im Exil wurde 1934 vom Internationalen PEN offiziell anerkannt. Er unterstützte gefährdete Schriftsteller, wobei er von den führenden Mitgliedern des englischen PEN-Clubs, insbesondere Henrietta Leslie, Storm Jameson und Hermon Ould, tatkräftig unterstützt wurde. Unter den Autoren im britischen Exil ist eine bedeutende Anzahl von Frauen zu nennen (Ritchie 1994), die vor der Emigration vielversprechende Karrieren begonnen hatten, durch das Exil aber für Jahrzehnte in Vergessenheit gerieten, z. B. Friedl Benedikt (Pseud. Anna Sebastian), Ruth Feiner, Anna Gmeyner, Mela Hartwig, Edith Simon, Hilde Spiel, Martina Wied, Hermynia Zur Mühlen, und die Lyrikerinnen Henriette Hardenberg, Hedwig Katscher und Stella Rotenberg (Mosse u. a. 1991; Quack 1995).

Besonders für Dramatiker und Schauspieler war es schwierig, das Publikum des Gastlandes zu erreichen. Eine fremde Aussprache stellte für die englische Bühne ein unüberwindliches Hindernis dar (Ritchie 1991, S. 72). Dennoch ergaben sich Arbeitsmöglichkeiten, u. a. in der Filmindustrie (Elsaesser 1993). In der Emigration selbst gab es mehrere kleine Bühnen, darunter drei österreichische: das „Laterndl", den „Blue Danube Club" und die kurzlebige „Österreichische Bühne". Im Bereich des Tanztheaters gewannen Rudolf von Laban und Kurt Jooss Einfluß auf das britische Theaterleben. Der Musiker Fritz Busch und der Theaterintendant Carl Ebert begründeten 1934 die Opernfestivals in Glyndebourne. Auch bildende Künstler wie Georg und Bettina Ehrlich, Joseph Otto Flatter, Hilde Goldschmidt, John Heartfield, Oskar Kokoschka, Ludwig Meidner, Kurt Schwitters, Fred Uhlmann u. a. hatten anfangs kulturelle Barrieren zu überwinden. Die Ausstellung *Twentieth Century German Art*, in den Londoner Burlington Galleries im Sommer 1938 als Gegenausstellung zu Hitlers *Entarteter Kunst* präsentiert, fand beim englischen Publikum keine ungeteilte Zustimmung. Diese wie auch zwei weitere große programmatische antifaschistische Ausstellungen, *Allies Inside Germany* (1942) und *For Liberty* (1943), konnten nur mit Unterstützung bekannter britischer Persönlichkeiten organisiert werden, da den Exilanten politische Aktivitäten offiziell verboten waren. Trotz anfänglicher Ablehnung gegenüber dem „Internationalen Stil" wurden Architekten wie Arthur Korn und die später in die USA weiterwandernden Walter Gropius und Erich Mendelsohn in Großbritannien zur Kenntnis genommen.

„Die überwiegende Mehrheit der politischen Flüchtlinge war zur Rückkehr in das vom Krieg zerstörte und unter Besatzungsrecht stehende Deutschland bereit. Im Jahre 1944/45 bekundeten von den insgesamt 716 Mitgliedern der Landesgruppe deutscher Gewerkschafter 453 schriftlich ihre Bereitschaft zur baldigen Heimkehr." Zunächst verweigerten die Behörden aber den Emigranten die Ausreise, so daß sie nur in Hilfsdiensten der britischen oder amerikanischen Armee nach Deutschland gelangen konnten. Die Mehrheit der politischen Exilanten konnte erst 1946/47 zurückkehren. Die Gesamtzahl der Remigranten blieb jedoch, meist aus persönlichen Gründen, gering. Bis 1949 wurden fast 14 000 deutsche Flüchtlinge in Großbritannien naturalisiert. Die Zahl der dauerhaft in Großbritannien Bleibenden wird auf etwa 50 000 geschätzt, von denen die Mehrheit bis 1951 britische Staatsbürger geworden sein dürften (Röder 1973, S. 245 f.).

Die ihrer sozialen Basis und kulturellen Identität beraubten jüdischen Emigranten aus Mitteleuropa integrierten sich weitgehend in die britische Gesellschaft. Gefühle gegenüber Deutschland und Österreich sind in der älteren Generation ambivalent, in der zweiten Generation sehr negativ. Dagegen nehmen die Angehörigen der dritten, nach dem Krieg in Großbritannien geborenen Generation eine zwar distanzierte, aber entspanntere Haltung ein. Die Wahrnehmung des deutschen Hintergrundes spielt nur eine marginale Rolle. Dennoch besteht bei vielen Vertretern der dritten Generation das Bedürfnis, sich kulturell und bewußtseinsmäßig von ihrer britischen Umgebung zu unterscheiden (Berghahn 1988, S. 249). Da der Versuch einer Integration in die englisch-jüdischen Institutionen sich als schwierig erwies, gründeten die „continentals" ihre eigenen religiösen, sozialen und kulturellen Institutionen, die nach wie vor ihren Charakter bewahren, z.B. die Leo Baeck Loge, die (liberale) Belsize Gemeinde, die (streng orthodoxe) Munk'sche Gemeinde, die 1941 gegründete Association of Jewish Refugees from Germany and Austria (AJR) mit ca. 4000 Mitgliedern und neuerdings die von Nachkommen der ehemaligen deutsch-jüdischen Flüchtlinge gegründete Association of the Children of Jewish Refugees.

Die britische Gesellschaft profitierte nicht nur von dem Unternehmergeist der vertriebenen jüdischen Fabrikanten, sie gewann auch einige bedeutende Wissenschaftler aus den verschiedenen Disziplinen. Bis Anfang der 1960er Jahre wurden 20 Akademiker, in der Mehrzahl Naturwissenschaftler, zu Mitgliedern der Royal Society ernannt: so die Physiker Max Born und Erwin Schrödinger sowie die Biochemiker Ernst Boris Chain und Hans Krebs (alle vier Nobelpreisträger). Weitere elf wurden zu Mitgliedern bzw. korrespondierenden Mitgliedern der British Academy ernannt. Als berühmteste Vertreter aus den Fachgebieten Philosophie, Soziologie, Kunstgeschichte und Psychoanalyse sind zu nennen: Karl R. Popper, Ludwig Wittgenstein, Karl Mannheim, Nikolaus Pevsner, Ernst Gombrich, Sigmund Freud und seine Tochter Anna Freud.

Einige aus der deutschsprachigen Emigration hervorgegangene Institutionen führen das Erbe der exilierten Wissenschaftler, Künstler und Einrichtungen fort: das PEN-Zentrum deutschsprachiger Autoren im Ausland, der noch heute bestehende Club 1943, das Leo Baeck Institute London, das Laban Centre, das Warburg Institute und das 1933 in Holland gegründete Central Office of Information about Nazi Germany, das 1939 rechtzeitig nach London verlegt wurde und unter dem Namen Wiener Library (benannt nach dem ursprünglichen Leiter Alfred Wiener) eine umfassende Sammlung von Büchern, Zeitschriften und Dokumenten zur nationalsozialistischen Judenverfolgung und zur Geschichte der Juden in Deutschland aufbewahrt (Bentwich 1956). Zur Erinnerung an den Exilpädagogen Kurt Hahn, der seine Schule von Schloß Salem 1934 nach Gordonstoun verlegte, wurde 1986 an der Universität Cambridge der Kurt Hahn Trust für die Vergabe von Stipendien an deutsche Studenten geschaffen. Erwähnenswert ist auch das Centre for German-Jewish Studies in Brighton.

In den siebziger Jahren setzte eine intensive Erforschung des Exils in Großbritannien ein. Beiträge lieferten vor allem die Mitglieder der seit 1990 aktiven britischen Exilforschungsgruppe in dem 1995 gegründeten Research Centre for German and Austrian Exile Studies in London. Zum Themenbereich „Frauen im Exil" besteht z.T. noch ein Nachholbedarf. Dies gilt allgemein für einen Teil der Exilliteratur sowie für die (Nicht-)Rezeption englisch schreibender Exilautoren im Aufnahmeland und die Wechselwirkungen zwischen Exilliteratur und britischer Literatur. In den jüngsten Publikationen wird ein Perspektivenwechsel angemahnt, der die Migrationsprozesse als umfassendes Phänomen begreift. Die Erforschung der Akkulturation der Flüchtlinge in Großbritannien hat gerade erst begonnen.

Literatur

Bentwich, Norman (1956): They Found Refuge. An Account of British Jewry's Work for Victims of Nazi Oppression, London.

Berghahn, Marion (1988): Continental Britons. German-Jewish Refugees from Nazi Germany, Oxford u.a.

Between Two Languages (1995): German-speaking

Großbritannien

Exiles in Great Britain 1933–1945, ed. by William Abbey, Charmian Brinson, Richard Dove, Marian Malet and Jennifer Taylor, Stuttgart.

Brinson, Charmian (1997): The Strange Case of Dora Fabian and Mathilde Wurm. A Study of German Political Exiles in London during the 1930's, Bern.

Chappell, Connery (1984): Island of Barbed Wire. Internment on the Isle of Man in World War Two, foreword by Sir Charles Kerruish, London.

Darton, Lawrence (1954): An Account of the Work of the Friends Committee for Refugees and Aliens, First Known as the Germany Emergency Committee & the Society of Friends 1933–1950, London.

Elsaesser, Thomas (1993): Heavy Traffic. Perspektive Hollywood: Emigranten oder Vagabunden?, in: Schöning, Jörg, Red.: London Calling. Deutsche im britischen Film der dreißiger Jahre, München, S. 21 ff.

„England? Aber wo liegt es?" (1996). Deutsche und österreichische Emigranten in Großbritannien 1933–1945, hrsg. von Charmian Brinson, Richard Dove, Marian Malet u. Jennifer Taylor, München.

Fleischhacker, Alfred, Hrsg. (1996): Das war unser Leben. Erinnerungen und Dokumente zur Geschichte der Freien Deutschen Jugend in Großbritannien 1939–1946, Berlin.

Frowein, Cordula (1985): Bildende Künstler im Exil in Großbritannien 1938–1945, Diss., Frankfurt a. M., 2 Mikrofiches.

Gillman, Peter, and Leni Gillman (1980): „Collar the Lot!". How Britain Interned and Expelled its Wartime Refugees, London.

Glees, Anthony (1982): Exile Politics during the Second World War. The German Social-Democrats in Great Britain, Oxford.

Greiser, Gerd (1979): Exilpublizistik in Großbritannien, in: Hardt, Hanno, Elke Hilscher u. Winfried B. Lerg, Hrsg.: Presse im Exil. Beiträge zur Kommunikationsgeschichte des deutschen Exils 1933–1945, München u. a., S. 223 ff.

Hirschfeld, Gerhard, Hrsg. (1983): Exil in Großbritannien. Zur Emigration aus dem nationalsozialistischen Deutschland, Stuttgart.

Hirschfeld, Gerhard (1988): „The defence of learning and science …". Der Academic Assistance Council in Großbritannien und die wissenschaftliche Emigration aus Nazi-Deutschland, in: Exilforschung 6, S. 28 ff.

Hirschfeld, Gerhard (1996): Durchgangsland Großbritannien? Die britische „Academic Community" und die wissenschaftliche Emigration aus Deutschland, in: „England? Aber wo liegt es?", S. 59 ff.

Jackman, Jarrell C., and Carla M. Borden, Eds. (1983): The Muses Flee Hitler. Cultural Transfer and Adaptation 1930–1945, Washington D.C.

Kettenacker, Lothar (1996): The Germans after 1945, in: Panayi, Panikos, Ed.: Germans in Britain since 1500, London–Rio Grande, S. 187 ff.

Kerr, Alfred (1984): Ich kam nach England. Ein Tagebuch aus dem Nachlaß, hrsg. von Walter Huder u. Thomas Koebner, 2., verbess. Ausg., Bonn.

Kunst im Exil in Großbritannien 1933–1945 (1986), Ausst.-Kat., Berlin.

Lafitte, François (1940): The Internment of Aliens, London; Nachdruck 1988.

Leverton, Bertha, and Shmuel Lowensohn, Eds. (1990): I came alone. The Stories of the Kindertransports, Lewes; deutsch: Ich kam allein: die Rettung von zehntausend jüdischen Kindern nach England 1938/39, aus dem Englischen von Susanne Röckel, hrsg. von Rebekka Göpfert, München 1994.

Loebl, Herbert (1990): Das Refugee Industries Committee. Eine wenig bekannte britische Hilfsorganisation, in: Exilforschung 8, S. 220 ff.

Maimann, Helene (1975): Politik im Wartesaal. Österreichische Exilpolitik in Großbritannien 1938–1945, Wien u. a.

Martin, Hans-Werner (1996): „… nicht spurlos aus der Geschichte verschwinden". Wenzel Jaksch und die Integration der sudetendeutschen Sozialdemokraten in die SPD nach dem II. Weltkrieg (1945–1949), Frankfurt a. M.

Mosse, Werner E., and Julius Carlebach, Eds. (1991): Second Chance. Two Centuries of German-speaking Jews in the United Kingdom, Tübingen.

Muchitsch, Wolfgang (1992): Mit Spaten, Waffen und Worten. Die Einbindung österreichischer Flüchtlinge in die britischen Kriegsanstrengungen 1939–1945, Wien–Zürich.

Österreicher im Exil (1992). Großbritannien 1938–1945. Eine Dokumentation, hrsg. vom Dokumentationsarchiv des österreichischen Widerstandes, Wien.

Pearl, Cyril (1983): The Dunera Scandal, London.

Protokoll des Internationalen Symposiums zur Erforschung des österreichischen Exils von 1934 bis 1945 (1977), abgehalten vom 3. bis 6. Juni 1975 in Wien, hrsg. vom Dokumentationsarchiv des Österreichischen Widerstandes u. der Dokumentationsstelle für Neuere Österreichische Literatur, Wien.

Quack, Sibylle, Ed. (1995): Between Sorrow and Strength. Women Refugees of the Nazi Period, Washington D.C. u. a.

Reusch, Ulrich (1980): Die Londoner Institutionen der britischen Deutschlandpolitik 1943–1948. Eine behördengeschichtliche Untersuchung, in: Historisches Jahrbuch 100, S. 318 ff.

Ritchie, James McPherson (1991): Deutschsprachige Exilierte und das englische Theatersystem, in: Koch, Edita, u. Frithjof Trapp, Hrsg.: Exiltheater und Exildramatik 1933–1945. Tagung der Hamburger Arbeitsstelle für deutsche Exilliteratur 1990, unter Mitarbeit von Anne-Margarete Brenker, Maintal, S. 63 ff.

Ritchie, James McPherson (1994): Women in Exile in Great Britain, in: German Life and Letters XLVII, H. 1, S. 51 ff.

Röder, Werner (1973): Die deutschen sozialistischen Exilgruppen in Großbritannien 1940–1945. Ein Beitrag zur Geschichte des Widerstandes gegen den Nationalsozialismus, Bonn-Bad-Godesberg.

Schmidt, Gustav (1981): England in der Krise. Grundzüge und Grundlagen der britischen Appeasement-Politik (1930–1937), Opladen.

Sherman, A. Joshua (1973): Island Refuge. Britain and Refugees from the Third Reich 1933–39, London.

Stent, Ronald (1980): A Bespattered Page: The Internment of „His Majesty's Most Loyal Enemy Aliens", London.

Strickhausen, Waltraud (1992): Schreiben in der Sprache des Anderen. Eine Vorstudie zu den Publikationsmöglichkeiten und der Wirkung englischsprachiger Exilwerke in Großbritannien, in: Sevin, Dieter, Hrsg.: Die Resonanz des Exils. Gelungene und mißlungene Rezeption deutschsprachiger Exilautoren, Amsterdam–Atlanta/Ga., S. 369 ff.

Timms, Edward, and Ritchie Robertson, Eds. (1995): Austrian Exodus. The Creative Achievements of Refugees from National Socialism, Edinburgh.

Turner, Barry (1994): Kindertransport: eine beispiellose Rettungsaktion, mit einer Einleitung von Lucie Kaye, aus dem Englischen von Anna Kaiser, Gerlingen.

Wächter, Hans Christof (1973): England – „Refugee Work" und Internierung, in: ders.: Theater im Exil. Sozialgeschichte des deutschen Exiltheaters 1933–1945, München, S. 66 ff.

Wallace, Ian, Ed. (1994): Aliens – Uneingebürgerte. German and Austrian Writers in Exile, Amsterdam–Atlanta.

Wasserstein, Bernard (1988): Britain and the Jews of Europe 1939–1945, Oxford.

Westphal, Uwe, u. Fritz Beer, Hrsg. (1994): Exil ohne Ende. Das PEN-Zentrum deutschsprachiger Autoren im Ausland. Essays, Biographien, Materialien, Gerlingen.

Zwischenwelt 4. Literatur und Kunst des Exils in Großbritannien (1995), hrsg. im Auftrag der Theodor-Kramer-Gesellschaft von Sieglinde Bolbecher, Konstantin Kaiser, Donald McLaughlin u. James McPherson Ritchie, Wien.

Indien

JOHANNES H. VOIGT

Britisch-Indien, d. h. der indische Subkontinent, bestehend aus den heutigen Staaten der Indischen Union, Pakistan und Bangladesh, war seit langem wegen seines starken Bevölkerungswachstums kein Einwanderungs-, sondern Auswanderungsland. Seine durch kulturelle und ethnische Vielfalt entwickelte Toleranz Fremden gegenüber hatte jedoch im Laufe seiner Geschichte immer wieder zur Aufnahme und Integration fremder ethnischer Gruppen geführt. Dazu gehörten auch die Cochin-Juden, die vor fast zweitausend Jahren an der indischen Westküste zu siedeln begannen, und die sog. Baghdadis, im 18. und 19. Jahrhundert aus dem Mittleren Osten eingewanderte Juden, die im westlichen Indien, vor allem in Bombay und Poona, aber auch in den großen Metropolen Kalkutta und Madras, eine neue Heimat fanden. Als der Exodus von Juden aus Deutschland und den von ihm annektierten Ländern einsetzte, wurden Emigranten anfangs nach den üblichen Visa-Bestimmungen von Britisch-Indien aufgenommen. Erst als 1938 die Zahl der Antragsteller sprunghaft anstieg, gab die britisch-indische Regierung ihre bis dahin relativ liberale Haltung auf und erschwerte die Einreise.

Die britische Herrschaft auf dem Subkontinent, die manchem als Garantie für europäische Lebensmöglichkeiten erscheinen mochte, förderte die Einwanderung von Juden und politischen Emigranten aus Mitteleuropa keineswegs. Die britisch-indische Regierung mußte sich in der Zwischenkriegszeit verstärkt mit der indischen Unabhängigkeitsbewegung auseinandersetzen und wollte daher kein zusätzliches, außerhalb Indiens geschaffenes Feld der Auseinandersetzung mit dem nationalen Indien schaffen. Das ständige und wachsende Mißtrauen der Regierung, daß mit den Verfolgten aus Mitteleuropa Agenten eingeschleust werden könnten, stand außerdem einer positiven Asylpolitik entgegen.

Die in der Unabhängigkeitsbewegung führende

Kongreßpartei war in der Frage der Aufnahme von Emigranten gespalten, erkennbar an den unterschiedlichen Haltungen Nehrus und Gandhis. Während Jawaharlal Nehru, der spätere erste Premierminister des unabhängigen Indien, sich für eine begrenzte Aufnahme von Juden, insbesondere von Wissenschaftlern und Technikern, einsetzte, war Mahatma Gandhi, dem ein anderes, dörfliches Indien als Ideal vorschwebte, nur mit großen Bedenken bereit, den Verfolgten einen Aufenthalt auf dem Subkontinent anzubieten. Er hatte Zweifel, daß die Aufgenommenen der Freiheitsbewegung nützlich sein und sich mit der indischen Gesellschaft identifizieren würden. Die Judenverfolgungen in Deutschland waren in seinen Augen die gleiche Rassenpolitik, die er in Südafrika erlebt hatte, so daß er auch den Verfolgten in Deutschland gegen Hitler den von ihm erprobten passiven Widerstand empfahl. Eine weitere Problematik entstand durch britische Pläne, jüdische Verfolgte auf Europäern vorbehaltenem Land in Kenia anzusiedeln, von dem Inder aus rassistischen Gründen ausgeschlossen waren. Und schließlich hatte die Kongreßpartei bereits Mitte der dreißiger Jahre ihre Solidarität mit den Arabern in ihrem Widerstand gegen die jüdische Einwanderung nach Palästina bekundet. Kurz, in ihrem Kampf gegen europäische Herrschaft und Bevormundung fanden die als Europäer angesehenen Juden keinen Platz. Daher war auch die britisch-indische Regierung wenig geneigt, den NS-Verfolgten Entgegenkommen oder gar Sympathie zu zeigen. Das wird überdeutlich an ihrer Weigerung, die durch den wachsenden Flüchtlingsstrom aufgeworfenen Fragen auf einem Treffen der Vertreter des Empire/Commonwealth im Sommer 1938 in Whitehall zu diskutieren. An der vom amerikanischen Präsidenten angeregten Konferenz in Evian nahm Britisch-Indien nicht teil. Seine Regierung fürchtete, für jedes Entgegenkommen von nationaler indischer Seite zur Rechenschaft gezogen zu werden, zumal nach Einführung der Autonomie die Provinzen seit 1937 überwiegend von der nationalen Kongreßpartei regiert wurden.

Es bedurfte erst eines massiven Drucks von jüdischer Seite auf London, die mit dem wachsenden Emigrantenstrom seit dem „Anschluß" Österreichs an das Reich und der Zerschlagung der Tschechoslowakei erschwerte Visumvergabe wieder zu erleichtern. In zähen Verhandlungen Ende 1938/Anfang 1939 zwischen dem Council for German Jewry in London unter Norman Bentwich und dem India Office, dem britischen Ministerium für Indien-Angelegenheiten, sowie der Indian High Commission, der „diplomatischen" Vertretung der britisch-indischen Regierung in England, wurden am Ende Absprachen getroffen, die die Vergabe von Visen regelten. Dabei legte die britisch-indische Seite Wert auf Sicherheit in zwei Bereichen: Erstens durfte von den Emigranten kein politisches Sicherheitsrisiko ausgehen, und zweitens sollten die Emigranten der öffentlichen Hand nicht zur Last fallen. Aus dem ersten Punkt sprach die Angst vor politischer Unterwanderung, aus dem zweiten die Furcht vor national-indischen Beschwerden über eine mögliche Geldverschwendung. Die politische Sicherheit war eine Angelegenheit der britisch-indischen Behörden, die finanzielle eine der jüdischen Hilfsorganisationen in Indien und London. Die Garantie, daß ein Exilant niemals dem Staat zur Last fallen dürfe, sollte nicht mehr nur von privater Seite in Indien gegeben werden können, sondern auch von den jüdischen Organisationen dort und in England, und auf die sollte es de facto künftig ankommen. Ähnlich der in Bombay gegründeten Jewish Relief Association, die unter der Schirmherrschaft des Großunternehmers Sir Victor Sassoon stand, wurden auch in den beiden anderen traditionellen Metropolen des Subkontinents, Kalkutta und Madras, Hilfsorganisationen ins Leben gerufen. Die tatsächliche Arbeit lag in der Hand von Alfred Rosenfeld, Gerhard Gabriel und Hanns Günther Reissner sowie anderen Personen, die meist schon vor 1933 fest im indischen Wirtschaftsleben integriert waren: Ernst Loeffler, Abraham Leser und die Brüder Frederick und Francis Klein. Das Hilfskomitee half einwandernden Emigranten mit Rat und Tat, wies Wege, knüpfte Verbindungen, verhandelte mit Behörden, suchte Wohn- und Arbeitsmöglichkeiten und half materiell über die erste schwere Zeit hinweg. Es betreute auch die jüdischen Passagiere der in Bombay anlegenden Schiffe auf ihrem Wege nach Niederländisch-Indien und Shanghai. Mit Hilfe der Kontakte des Komitees wurde es möglich, manchem Ausreisenden das begehrte Visum noch während des Aufenthaltes in Bombay zu verschaffen.

Es dürften in Indien an die 1000 Exilanten Aufnahme gefunden haben. Angesichts der laufenden Verschiebungen durch Zu- und Abwanderungen der Asylsuchenden ist es nicht möglich, eine genaue Zahl anzugeben. Daher ist auch eine Aufschlüsselung der Migranten nach Herkunft und Berufen unmöglich, und die Verteilung bzw. Migration auf dem Subkontinent angesichts der Zersplitterung in Provinzen und Fürstenstaaten nur mit sehr aufwendigen Verfahren zu erschließen. Auch die Einschränkung der Mobilität nach Kriegsausbruch ließ keinen Zustand der Ruhe eintreten. Nicht nur die Bewegungen auf dem Subkontinent, sondern auch Weiterwanderungen nach anderen Ländern erschweren eine Bestandsaufnahme. So verließen vom Ausbruch des Krieges in Europa bis zum Beginn des pazifischen Krieges britischen Akten zufolge 212 „enemy aliens", zumeist Emigranten, Indien, überwiegend in Richtung USA. Andererseits flohen sowohl mit der Bedrohung des Mittleren Ostens durch die deutschen Operationen in Nordafrika und in der Sowjetunion als auch mit dem japanischen Vormarsch in Ost- und Südostasien außerhalb des Subkontinents lebende Emigranten nach Indien, während andere, bereits internierte, nach dem Subkontinent verlegt wurden: aus dem Irak, Ceylon, Burma, Niederländisch-Indien usw. Eine weitere, weniger große Veränderung der Zahlen brachte die seit 1933 gelegentlich erfolgte Einbürgerung von Emigranten mit sich, wie die des Journalisten Ernst Schäffer (danach Ernest Shaffer), aber auch die Einwanderung von Personen, die nicht die deutsche Staatsbürgerschaft, sondern bis 1939 die tschechoslowakische besessen hatten, wie der Komponist Walter Kaufmann oder der Schriftsteller Willy Haas.

Beruflich fällt in den großen Städten die Zahl der Akademiker und Intellektuellen auf. Neben Ärzten und Zahnärzten fanden einige Hochschullehrer eine ihrer Ausbildung entsprechende Arbeit: so der bekannte Frankfurter Dermatologe Oscar Gans in Bombay, der Mathematiker Friedrich Wilhelm Levi an der Universität Kalkutta, der Literaturwissenschaftler Alex Aronson an Tagores Universität in Shantiniketan. Dem Musikwissenschaftler, Komponisten und Dirigenten Walter Kaufmann boten sich im europäischen Musikleben sowie im dortigen All India Radio in Bombay vielseitige Beschäftigungsmöglichkeiten. Willy Haas, bis 1933 Herausgeber der *Literarischen Welt* und einer der ersten und führenden Filmkritiker Deutschlands, arbeitete in einem Filmstudio in Bombay, der Physiker und spätere Nobelpreisträger Max Born erhielt eine Gastprofessur im Indian Institute of Science in Bangalore. Manche konnten eine ihrer Ausbildung entsprechende Anstellung in einem Fürstenstaat finden. Ein bemerkenswertes Beispiel ist der Internist R. J. Weingarten, der 1938 zum Leiter des Gesundheitswesens in Bikaner wurde.

Mit dem Kriegsausbruch veränderte sich die Lage der Emigranten dramatisch, die noch einen deutschen Paß besaßen, und das waren die meisten. Alle Inhaber eines deutschen Passes wurden interniert, zunächst in lokalen oder regionalen Lagern, dann im zentralen Lager von Ahmednagar, später auch in Dehra Dun im Himalaya. Zu Beginn des Jahres betrug die Zahl der Internierten, die auch Nicht-Emigranten wie Missionare und Kaufleute einschloß, 668 Personen (*The Statesman Weekly*, 15. 2. 1940). Das britisch-indische Vorgehen, alle Personen mit einem deutschen Paß unterschiedslos im gleichen Lager in gleichen Unterkünften zusammenzufassen, schuf größte Probleme. Auf Proteste der jüdischen Internierten hin wurde dann ein getrennter Lagerbereich eingerichtet.

Die vom India Office in London angeregte und mit einer intensiven Verhöraktion vor einem Tribunal unter Sir Malcolm Darling durchgeführte Entlassung einer großen Anzahl der Internierten mit Beginn des Jahres 1940 wurde von der britisch-indischen Regierung nur widerwillig und mit Bedenken befolgt. Immerhin wurden bis April 1940 etwa 580 Internierte – überwiegend jüdische Emigranten – freigelassen. Die Besetzung Frankreichs, Belgiens und der Niederlande durch deutsche Truppen im Frühjahr/Sommer 1940 und die Bedrohung der Britischen Inseln durch eine Invasion veränderten jedoch indirekt auch die Lage in Indien, zumal der Vizekönig eine von London weitgehend unabhängige Machtausübung anstrebte. Es erfolgte eine zweite Internierungswelle, die allerdings dadurch abgeschwächt wurde, daß die als weniger gefährlich eingestuften Personen und Familien in sog. Parole Settlements mit lokaler Bewegungsfreiheit zusammengefaßt wurden. Im September 1940 gab es sieben solcher Parole Settlements in den verschiedenen Regionen des Subkontinents. Nachdem die britisch-indische Regierung sich lange gegen eine berufliche Einstellung und Verwendung von Emigranten gesträubt hatte, nicht zuletzt, um sich nicht einer national-indischen Kritik auszusetzen, veränderte der wachsende Bedarf an technisch und wissenschaftlich qualifiziertem Personal für den Kriegseinsatz die Lage. Spät geweckte Hoffnungen, aus dem großen Reservoir von Emigranten in Shanghai schöpfen zu können, zerschlugen sich mit dem japanischen Überfall auf Pearl Harbor. Die Scheu, Emigranten mit kriegswichtigen Arbeiten zu beauftragen, verflüchtigte sich im Laufe des Krieges, so daß in Einzelfällen Exilanten sogar in der britisch-indischen Armee dienen konnten.

Bei Kriegsende zählte man in Indien 2096 internierte Personen mit deutschem Paß; frei bewegen durften sich weitere 600, überwiegend jüdische Emigranten. Von Mitte 1945 bis zur indischen Unabhängigkeit 1947 wurde zwischen London und New-

Delhi über die Frage der Rückführung der Emigranten in ihre Herkunftsländer diskutiert. Nach Eingaben des High Commissioner for Refugees des Völkerbundes, Sir Herbert Emerson, und des britischen Parlamentsabgeordneten S. S. Silverman einigte man sich auf eine Regelung, nach der kein Emigrant gegen seinen Willen nach Deutschland zurückkehren mußte, sondern sein Ausreiseziel selbst bestimmen durfte. Nur wenige kehrten nach Deutschland zurück und nur wenige verblieben im unabhängigen und geteilten Indien.

Literatur

Bhatti, Anil, and Johannes H. Voigt, Eds. (1998): Jewish Exile in India 1933–1945, New Delhi.

Gandhi, Mahatma (1977): The Collected Works of Mahatma Gandhi, Bd. 68, Ahmedabad.

Kronenberger, Paul H. (1975): Begegnungen und Wandlungen, in: Leifer, Walter, Ed.: Bombay and the Germans, Bombay, S. 214 ff.

Roland, Joan G. (1989): Jews in British India: Identity in a Colonial Era, Hanover/N.H.

Voigt, Johannes H. (1978): Indien im Zweiten Weltkrieg, Stuttgart.

Voigt, Johannes H. (1991): Die Emigration von Juden aus Mitteleuropa nach Indien während der Verfolgung durch das NS-Regime, in: Wechselwirkungen. Jahrbuch 1991. Aus Lehre und Forschung der Universität Stuttgart, S. 83 ff.

Italien

Klaus Voigt

Italien bot trotz der faschistischen Diktatur lange Zeit eine Anzahl günstiger Voraussetzungen für die Durchreise und die Niederlassung von Emigranten aus dem nationalsozialistischen Herrschaftsbereich. Von den Häfen in Genua, Neapel und Triest aus waren mit italienischen Schiffslinien Palästina, Nord-, Mittel- und Südamerika sowie Shanghai erreichbar. Am 13. April 1933 erklärte sich das italienische Außenministerium zur Aufnahme bereit, „sofern es sich natürlich nicht um Personen handelt, die in gegen den Faschismus gerichteten politischen Parteien tätig waren" (Voigt 1989, S. 35). Die Einreise war sonst keinen Einschränkungen unterworfen und (außer bei Staatenlosen) ohne Visum gestattet. Die erste gegen Emigranten gerichtete Einreisesperre wurde unmittelbar nach dem „Anschluß" Österreichs erlassen und betraf ausschließlich österreichische Juden (Voigt 1989, S. 268).

Die Aufenthaltsgenehmigung wurde gewährt, wenn der Nachweis ausreichender Mittel zum Unterhalt erbracht war. Die selbständige Tätigkeit mit eingeführtem Kapital in Industrie, Handel und Dienstleistungsgewerbe war frei. Zur Ausübung unselbständiger Tätigkeit in der privaten Wirtschaft bedurfte es hingegen der Zustimmung einer interministeriellen Kommission. Abschiebungen wegen illegaler Arbeit waren äußerst selten. Die italienische Bevölkerung begegnete den Emigranten mit Wohlwollen. Das Verhältnis war kaum mit nationalistischen Ressentiments, Fremdenfeindlichkeit und Antisemitismus belastet, die in der italienischen Gesellschaft nur geringe Verbreitung hatten (Voigt 1989, S. 54 ff., 189 ff.).

Solchen Vorteilen standen die Freiheitsbeschränkungen des faschistischen Herrschaftssystems gegenüber. Es versteht sich, daß unter den Bedingungen der Diktatur politische Aktivitäten oder Zusammenschlüsse von Emigranten unmöglich waren. Mit der Entstehung der „Achse Rom-Berlin" verschärften sich die Beschränkungen. Den ersten Einschnitt stellte das im April 1936 geschlossene geheime deutsch-italienische Polizeiabkommen dar, das u. a. die gegenseitige Auslieferung politischer Gegner vorsah. Die Polizeizusammenarbeit erreichte ihren Höhepunkt beim Staatsbesuch Hitlers in Italien im Mai 1938, als aufgrund eines Listenaustauschs einige hundert Emigranten vorübergehend in Haft genommen, unter Hausarrest oder Polizeiüberwachung gestellt wurden.

Die Gesamtzahl der Emigranten betrug bis zu diesem Zeitpunkt ungefähr 4000 (Voigt 1989, S. 111 ff.). Unter ihnen befanden sich auch namhafte Künstler, Schriftsteller und Wissenschaftler, die in Italien berufliche Entfaltungsmöglichkeiten vorfanden. Zu nennen sind vor allem der Maler Rudolf Levy, der im Dezember 1943 in Florenz verhaftet und nach Auschwitz deportiert wurde, der Pianist Artur Schnabel in Tremezzo am Comer See, der Architekt Konrad Wachsmann in Rom, die Schriftsteller Walter Hasenclever in Lastra a Signa bei Florenz, Alfred Neumann in Florenz, Armin T. Wegner in Positano und Karl Wolfskehl in Recco, der Psychologe Rudolf Arnheim als Redakteur der Zeitschrift *Cinema* in Rom, der Humanismusforscher Paul Oskar Kristeller als Lektor an der Scuola Normale Superiore in Pisa und der Philosoph Karl Löwith in Rom (Rifugio precario 1995).

Solange die rechtliche Gleichstellung der italienischen Juden fortbestand, wurden jüdische Emigranten gegenüber anderen Ausländern nicht benachteiligt. Das Bild änderte sich grundlegend nach Einführung der italienischen Rassengesetze im Herbst 1938 (De Felice 1988; Sarfatti 1994). Das Dekret vom 7. September 1938 ordnete die Ausweisung aller seit 1919 nach Italien eingewanderten Juden – ungefähr 9000 Personen – an, falls sie nicht binnen sechs Monaten das Land verließen. Als dies fast der Hälfte nicht gelungen war, wurde die Ausweisung ausgesetzt. Statt dessen fanden in großem Umfang Einzelabschiebungen statt, anfangs an der französischen, schweizerischen und jugoslawischen Grenze, später vereinzelt auch an der deutschen. Aufgrund des Dekrets wurde jüdischen Einwanderern und Flüchtlingen keine Arbeitserlaubnis mehr erteilt, so daß die meisten auf Unterstützung durch Hilfskomitees angewiesen waren (→ FLUCHTHILFE). Trotz der Ausweisungsandrohung konnten Juden bis August 1939 noch mit einem Touristenvisum einreisen, das zu einem Aufenthalt von bis zu sechs Monaten berechtigte und mindestens 4000 Menschen zur Flucht verhalf. Im Mai 1940 wurde auch die Transitemigration unterbrochen, womit die Möglichkeit der Einschiffung in einem italienischen Hafen fortfiel (Voigt 1989, S. 292ff.).

Bei der nach dem Kriegseintritt Italiens am 10. Juni 1940 einsetzenden Internierung wurden die jüdischen Einwanderer und Flüchtlinge den „Angehörigen von Feindstaaten" gleichgestellt. Insgesamt entstanden fast 40 „Konzentrationslager" für Ausländer, überwiegend in Mittel- und Süditalien. Zur Unterbringung dienten leerstehende Gebäude: Stadt- und Landhäuser, Hotels, Schulen und Klöster, die zwischen 50 und 300 Personen aufnehmen konnten. Die Lagerdirektoren waren vom Innenministerium ernannte höhere Polizeibeamte, denen das Verwaltungs- und Wachpersonal unterstand (Voigt 1993, S. 15ff.) Das einzige zu Beginn der Internierung errichtete Barackenlager befand sich in Ferramonti di Tarsia in Kalabrien. Es zählte zuletzt über 2000 Insassen und war im Gegensatz zu den anderen Lagern mit Stacheldraht umgeben (Capogreco 1987). Von der Internierung in Lagern wurde die „freie Internierung" in Ortschaften außerhalb militärischer Sicherheitszonen unterschieden. Die Internierten wohnten in von der Gemeindeverwaltung gemieteten Zimmern. Sie durften nur bei Tageslicht innerhalb eines bestimmten Umkreises ausgehen und mußten sich täglich beim Polizei- oder Carabinieriposten melden. Der persönliche Umgang mit den Einheimischen war untersagt, wurde jedoch häufig von den örtlichen Behörden stillschweigend geduldet (Voigt 1993, S. 78ff.).

Die Lebensverhältnisse in der Internierung waren hart und entbehrungsreich. Oft herrschte Hunger. An Internierte, die sich nicht selbst unterhalten konnten, wurde ein knapp bemessenes Tagegeld ausgezahlt. Die ärztliche Betreuung unterlag den Amtsärzten, so daß bei schwerer Erkrankung die Einweisung in ein Krankenhaus gewährleistet war. Die Sterblichkeit überstieg daher nicht die der ortsansässigen Bevölkerung. Mißhandlungen sind nur vereinzelt bezeugt und wurden durch das Internierungsdekret vom 4. September weitgehend ausgeschlossen, wo es in Anlehnung an die Genfer Konvention zur Behandlung der Kriegsgefangenen hieß: „Die Internierten sind menschlich zu behandeln und vor Beleidigung und Gewalt geschützt." Im Mai 1943 betrug die Zahl der internierten ausländischen Juden annähernd 6400 (Voigt 1993, S. 87, 106ff.).

Die Auslieferung der jüdischen Einwanderer und Flüchtlinge wurde von der deutschen Diplomatie und der Gestapo nur in den italienischen Besatzungszonen in Jugoslawien und Frankreich verlangt (Steinberg 1992; Carpi 1994). In Jugoslawien wurde sie vom italienischen Heer und vom Außenministerium verhindert, obwohl sich Mussolini im August 1942 dazu bereit erklärt hatte. In Frankreich kam, wie jüngste Forschungen gezeigt haben, der Sturz Mussolinis am 25. Juli 1943 der wenige Tage zuvor zugesagten Auslieferung der aus Deutschland und Österreich stammenden Juden zuvor (Sarfatti 1996).

Während der deutschen Besatzungsherrschaft nach September 1943 erstreckte sich die Deportation der Juden auch auf Italien. Nachdem die Regierung der „Sozialen Italienischen Republik" am 30. November 1943 die Einschließung aller in Italien lebenden Juden in Konzentrationslager angeordnet hatte, war für die Verhaftungen nicht mehr nur die Gestapo, sondern auch die italienische Polizei verantwortlich. Die durchgehend von der Gestapo allein vorgenommenen Deportationen führten von einzelnen Gefängnissen in den Städten, vom Lager in Fossoli bei Carpi, das anfangs unter italienischer Leitung stand und im Juli 1944 nach Bozen-Gries verlegt wurde, und von der Risiera di San Sabba in Triest überwiegend nach Auschwitz (Picciotto Fargion 1991). Von den rund 10000 jüdischen Einwanderern und Flüchtlingen, unter ihnen 1300–1500 aus der früheren italienischen Besatzungszone Frankreichs, wurden etwa 2200 bis Ende September 1943 im Süden von den Alliierten befreit. 1200–1500 gelang die Flucht in die Schweiz und vereinzelt zu den Alliierten, etwa 2300 wurden deportiert und 4000–4300 überlebten im Versteck unter dem Schutz von Angehörigen des Klerus und des Widerstandes sowie häufig auch von einfachen Bauern (Voigt 1993, S. 326, 375, 392, 435).

Literatur

Capogreco, Carlo Spartaco (1987): Ferramonti. La vita e gli uomini del più grande campo d'internamento fascista (1940–1945), Florenz.

Carpi, Daniel (1994): Between Mussolini and Hitler. The Jews and the Italian Authorities in France and Tunisia, Hanover/N.H.

De Felice, Renzo (1988): Storia degli ebrei italiani sotto il fascismo, Turin.

Picciotto Fargion, Liliana (1991): Il libro della memoria. Gli Ebrei deportati dall'Italia (1943–1945), Mailand.

Sarfatti, Michele (1994): Mussolini contro gli ebrei. Cronica dell'elaborazione delle leggi del 1938, Turin.

Sarfatti, Michele (1996): „Consegnate gli ebrei", in: Unità 27. 4. 1996, S. 3.

Rifugio precario – Zuflucht auf Widerruf (1995). Artisti e intellettuali tedeschi in Italia 1933–1945. Deutsche Künstler und Wissenschaftler in Italien, Ausst.-Kat., Berlin.

Steinberg, Jonathan (1992): Deutsche, Italiener und Juden. Der italienische Widerstand gegen den Holocaust, Göttingen.

Voigt, Klaus (1989/93): Zuflucht auf Widerruf. Exil in Italien 1933–1945, 2 Bde., Stuttgart.

Jugoslawien

KATRIN BOECKH

Jugoslawien spielte als Zufluchtsland keine so wichtige Rolle wie Frankreich, die Tschechoslowakei, die Schweiz, Großbritannien und die USA. Angesichts seiner wirtschaftlichen Schwäche bot der Staat kaum ein lohnendes Ziel für eine Ansiedlung, weswegen die deutschsprachige Emigration in dieses Land von der Forschung bisher kaum berücksichtigt wurde. 1918 proklamiert als „Königreich der Serben, Kroaten und Slowenen", das schon angesichts seiner vielen Nationalitäten großen Spannungen ausgesetzt war, wurde es vom serbischen König Aleksandar ab 1929 autoritär regiert. Jugoslawien besaß jedoch vor dem Zweiten Weltkrieg eine größere Bedeutung als Durchgangsland, weil es bis 1941 nicht in die Kriegshandlungen einbezogen war, über Meereshäfen die Möglichkeit zur Weiterfahrt nach Übersee bot und die jugoslawische Regierung vorerst keine Zuzugsbeschränkungen für Flüchtlinge erlassen hatte. Jugoslawische Angaben gehen für die Zeit zwischen 1933 und 1940 von rund 55 000 jüdischen Auswanderern, Flüchtlingen und Übersiedlern aus, die insbesondere aus Deutschland den Weg nach Jugoslawien nahmen. Für die einzelnen Jahre bis zum Kriegsausbruch liegen folgende Zahlen vor: 1933: 4400, 1934: 4200, 1935: 2400, 1936: 2200, 1937: 2800, 1938: 11 700, 1939: 15 400, 1940: 9300, 1941: 3100, insgesamt: 55 500 (Lipa 1987, S. 10).

Zu den Einreiseformalitäten für Jugoslawien gehörten bei Grenzübertritt ein ordnungsgemäßer Paß und ein gültiges Einreisevisum, das auch ein Touristenvisum sein konnte. In Jugoslawien mußte man sich innerhalb von 24 Stunden polizeilich melden. Als Tourist durfte man mit einer sog. „gelben Karte" 24 Stunden im Land bleiben. Eine weitere Möglichkeit – und diese wurde von den meisten Auswanderern wahrgenommen – bestand darin, daß man ein Aufenthaltsgesuch stellte, über das die Personalbehörde der jeweiligen Stadt, später das Innenministerium in Belgrad, entschied. Diese Aufenthaltserlaubnis mußte jedes Jahr erneuert werden, was aber für Juden ab 1940 bei den einsetzenden antijüdischen Maßnahmen immer schwieriger wurde. Ohne gültige Aufenthaltserlaubnis hatten Ausländer Gefängnis oder Abschiebung zu gewärtigen. Zu den nach Jugoslawien immigrierten Deutschen und Österreichern gehörten der Historiker Oto Bihalji-Merin, die Schauspielerin Tilla Durieux, der Anwalt Gerhard Wilk sowie weitere Personen des öffentlichen Lebens (Martin Lampel, Arthur Liebert, Peter Maros, Gerhart Mostar, Stephan Walter Pollak, Herbert Schlüter).

Die erste Reaktion der jugoslawischen Regierung auf den Zustrom war auf vorsichtiges Abwarten ausgerichtet. Auf die Bitten jüdischer Organisationen hin erließ das Innenministerium 1933 eine Anordnung an die Grenzbehörden, mit den Übersiedlern „human und tolerant" umzugehen und ihnen „keine besonderen Hindernisse" in den Weg zu legen, wie die serbische Zeitung *Vreme* am 1. Dezember 1933 schrieb. Die jugoslawische Regierung war anfangs interessiert daran, jüdische Emigranten mit Eigenkapital im Land anzusiedeln. Man hoffte, sie würden in die jugoslawische Industrie investieren und damit die fehlenden staatlichen Mittel ersetzen. So sicherte

Belgrad 1933 zu, insgesamt 1000 jüdischen Familien mit deutscher Staatsbürgerschaft die Ansiedlung zu ermöglichen, besonders dann, wenn sie genügend Kapital mit sich führten, was jedoch – auch angesichts der Hindernisse im Geldtransfer aus Deutschland – nur für einen sehr geringen Teil zutraf. Tatsächlich ließen sich einige Unternehmer nieder; die meisten wurden jedoch 1938 des Landes verwiesen, ohne daß sie ihr Vermögen mitnehmen durften.

Nach zahlreichen Konferenzen der Vorstände des jüdischen Landesverbandes Savez Jevrejskih Veroispovednih Opština/Bund der jüdischen Glaubensgemeinschaften (SJVO), der Zentralregierung und der Regierung der seit 1939 bestehenden Banschaft Kroatien wurde 1940 vereinbart, den jüdischen Flüchtlingen das Recht auf Asyl zunächst nur auf dem kroatischen Territorium zuzuerkennen. Hier wurden Sammelunterkünfte eingerichtet, wo ihnen volle Bewegungsfreiheit gestattet war. Die jüdische Gemeinde von Zagreb kam für ihren Unterhalt auf. Als wenig später eine Anordnung des Innenministeriums erlassen wurde, durch die der Status der jüdischen Emigranten auch in den anderen jugoslawischen Banschaften legalisiert wurde, errichteten die Behörden im übrigen Land ähnliche Unterkünfte. 1940 waren es insgesamt 15 Provinzstädte, in denen insgesamt 3210 ausländische Juden einquartiert waren (Lipa 1987, S. 15).

Die überwiegende Mehrheit der nach Jugoslawien geflohenen Juden reiste über Zagreb. Die Gründe dafür waren, daß die Stadt gut über die Eisenbahn erreichbar war, möglicherweise auch, daß die Bevölkerung teilweise deutsch sprach und daß viele hier Verwandte besaßen. Zagreb leistete daher landesweit den größten Anteil an der Flüchtlingsarbeit (Rosenberg 1994, S. 216). Dennoch behielt sich der SJVO zuerst vor, den Zentralausschuß für Flüchtlingsfragen selbst zu organisieren. Dieser wurde zur gleichen Zeit in Belgrad ins Leben gerufen wie der Mjesni odbor za pomoć izbjeglicama (Örtlicher Ausschuß für die Hilfe von Flüchtlingen) in Zagreb, der am 21. Mai 1933 gegründet und der Leitung von Makso Pscherhof, dem Vizepräsidenten der jüdischen Gemeinde von Zagreb, unterstellt wurde. Auch andere international arbeitende Flüchtlingsorganisationen eröffneten Niederlassungen in Zagreb: das Palästina-Amt für Jugoslawien, das Zertifikate für die Übersiedlung nach Palästina beschaffte, sowie die Auswanderungsorganisation HICEM, die finanzielle Leistungen für Übersiedler nach Palästina und Übersee vermittelte (→ FLUCHTHILFE). Offenbar erst, nachdem die HICEM wiederholt auf der Forderung bestanden hatte, die mit der jüdischen Emigration in Jugoslawien zusammenhängende Arbeit zu konzentrieren, übergab der SJVO im September 1936 dem Zagreber Ausschuß formal die Repräsentationsvollmacht für alle jugoslawischen Flüchtlingsausschüsse gegenüber ausländischen Organisationen (Klein 1937).

Der Ausschuß arbeitete mit den HICEM-Büros in Paris und Zagreb zusammen, desgleichen mit dem American Jewish Joint Distribution Committee (Joint), das die Unterbringung von Juden in Jugoslawien finanziell unterstützte (Bauer 1974, S. 277 ff.). Enge Kontakte bestanden auch zum Hilfsverein der Juden in Deutschland mit Sitz in Berlin, der ausreisewilligen Juden Informationen über Lebens- und Arbeitsverhältnisse in Jugoslawien weitergab. In vielen Fällen wandte sich die 1933 errichtete Zentralstelle für jüdische Wirtschaftshilfe in Berlin an den Zagreber Ausschuß. Freundschaftliche Beziehungen unterhielt dieser auch zum Bund der Zionisten Jugoslawiens (Savez Cijonista Jugoslavije) mit Sitz in Zagreb sowie zu dessen Hachschara-Kommission zur Weiterleitung deutscher Hachschardisten.

Die Finanzierung der Hilfsorganisationen beruhte auf Spenden der jüdischen Gemeinde von Zagreb und von außerhalb. Die 1935 gebildete Frauenverbindung für die Unterstützung der Flüchtlinge (Udruženje žena za pomoć izbjeglicama) führte Wohltätigkeitsveranstaltungen und Sammlungen von Kleidung, Büchern und Spielzeug durch und leistete Näh- und Krankenhaus-Dienste. 1938 wurde angesichts der steigenden Zahl der Flüchtlinge in allen jüdischen Gemeinden Jugoslawiens eine zusätzliche „Sozialsteuer" in Höhe der jeweiligen Gemeindesteuer erhoben. Die darüber hinaus vom Joint zur Unterstützung der Jugoslawien passierenden Auswanderer und Flüchtlinge aufgewandten Gelder beliefen sich bis April 1941 auf 21 650 000 Dinar von seiten des Joint und auf 41 575 000 Dinar von seiten jugoslawischer Organisationen, wobei 56 Dinar einem US-Dollar entsprachen (Lipa 1987, S. 13).

Der Aufenthalt in Jugoslawien war gut organisiert: Familien mit kleinen Kindern verblieben in Zagreb, wo sie Schulen besuchen konnten. Außerdem wurden Sprachunterricht und Kurse zum Erlernen eines Handwerks angeboten. Die ärztliche Behandlung war für Flüchtlinge in Zagreb gratis. Ernährung, Unterbringung, Reisekostenzuschüsse und ein geringes Taschengeld wurden ebenfalls bezahlt, wenn jemand über keine eigenen Mittel verfügte. Auch illegal eingereisten Juden, die sich nicht offiziell melden durften, verhalf man zu einer Unterkunft bei zuverlässigen Zagrebern (Völkl 1993b, S. 143 ff.). Der Ausschuß, der auf einen guten Kontakt zu den staatlichen Behörden angewiesen war, half den fliehenden Juden insbesondere bei der Weiterreise. Ihre Ziele lagen in Großbritannien, den USA, auch in den Nachbarländern Bulgarien, Griechenland, Italien, Türkei. Ab 1939 begann vermehrt der Transit von Flüchtlingen über die Donau zum Schwarzen Meer. Rund 6800 Emigranten wurden auf diese Weise durch Jugoslawien weitergeleitet; im September 1939 durfte jedoch eine Gruppe von 1000 Personen in Kladovo, dem Grenzhafen zu Rumänien, nicht weiterfahren und mußte im Lande bleiben. Nur wenige aus dieser Gruppe, vor allem Kinder, konnten später auf dem Landweg über Griechenland, die Türkei und Beirut nach Palästina geschleust werden (Anderl/Manoschek 1993). Nach dem „Anschluß" Österreichs und der deutschen Besetzung der Tschechoslowakei stieg die Fluchtwelle nach Jugoslawien, dessen relativ tolerante Haltung bekanntgeworden war, rasch an. Nun jedoch reagierte Belgrad mit Restriktionen gegenüber den Zuwanderern: Oftmals wurden ihre Aufenthaltsgenehmigungen nicht mehr verlängert, und selbst vermögende Unternehmer wurden kurzfristig ausgewiesen.

1939 wurde ein Gesetzesantrag des Innenministers angenommen, der vorsah, daß alle Juden, die das jugoslawische Staatsgebiet nach 1935 betreten hatten, es innerhalb von drei Monaten wieder verlassen mußten. Juden ohne jugoslawischen Paß hatten binnen sechs Monaten auszureisen. Einige Tausend Juden waren davon betroffen; die Ausweisungen wurden individuell durchgeführt. Weitere Gesetze, die den Juden auf dem Gebiet des Handels und der Bildung ihre verfassungsmäßig garantierten Rechte entzogen, traten 1940 im ganzen Land in Kraft, noch im Jahr vor der deutschen Okkupation (Völkl 1993a, S. 72 f.). Jüdische Flüchtlinge konnten nach Februar 1940 nur noch illegal einreisen und versorgt werden. Kurz nach der Zerschlagung Jugoslawiens im April 1941 durch die deutschen Truppen und ihre Verbündeten wurden die Nürnberger Rassengesetze eingeführt; die Deportationen der Juden begannen. Eine Chance, der Ermordung zu entgehen, bestand in der Flucht in die von Italien annektierten und okkupierten Gebiete an der dalmatinischen Küste. 300–400 Flüchtlinge aus der Tschechoslowakei, aus Deutschland und Österreich gelangten direkt hierher. Eine kleine Kolonie von Emigranten, darunter die Schriftsteller Franz Theodor Csokor, Alexander von Sacher-Masoch und Dinah Nelken, entstand auf der Insel Korčula (Voigt 1993, S. 219). Einige Juden schlossen sich auch der Partisanenbewegung Titos an und überlebten so den Holocaust. Die Zahl der ermordeten jugoslawischen Juden wird auf 50000–60000 geschätzt.

Literatur

Anderl, Gabriele, u. Walter Manoschek (1993): Gescheiterte Flucht. Der jüdische „Kladovo-Transport" auf dem Weg nach Palästina 1939–1942, Wien.

Bauer, Yehuda (1974): My Brother's Keeper. A History of the American Jewish Joint Distribution Committee 1929–1939, Philadelphia.

Klein, Aleksandar (1937): Sadašnje stanje njemačke emigracije i uloga pomoćnih odbora s osobitim obzirom na rad Odbora u Zagrebu, in: Židov 21, Nr. 13, S. 9 f.

Lipa, Ruth (1987): Pomoć Jevreja Jugoslavije jevrejskim izbjeglicama, 1933–1941, in: Bilten 35, Nr. 1, S. 7 ff.

Rosenberg, Dragutin (1994): Bericht über die Lage der Juden in Jugoslawien 1941–1943, in: Levental, Zdenko: Auf glühendem Boden. Ein jüdisches Überlebensschicksal in Jugoslawien 1941–1947, hrsg. von Erhard Roy Wiehn u. Jacques Picard, Konstanz, S. 215 ff.

Völkl, Katrin (1993a): Die jüdische Gemeinde von Zagreb – Sozialarbeit und gesellschaftliche Einrichtungen in der Zwischenkriegszeit, in: Münchner Zeitschrift für Balkankunde 9, S. 105 ff.

Völkl, Katrin (1993b): Zur Judenfeindlichkeit in Kroatien: Wieweit gab es Antisemitismus bis 1941?, in: Südosteuropa 42, H. 1, S. 59 ff.

Voigt, Klaus (1993): Zuflucht auf Widerruf. Exil in Italien 1933–1945, Bd. 2, Stuttgart.

Kanada

Waltraud Strickhausen

Wie die USA ist Kanada ein traditionelles Einwanderungsland mit multiethnischer Bevölkerung, jedoch zwei offiziellen Amtssprachen. Vor diesem Hintergrund würde man erwarten, hier eine großzügige Asylpolitik gegenüber den rassisch Verfolgten und Nazi-Gegnern der 1930er Jahre vorzufinden – das Gegenteil war der Fall. Etwa 1000 sudetendeutsche Sozialdemokraten und einige Tausend Exilierter aus

Deutschland, die man von kanadischer Seite eigentlich nicht haben wollte, haben diese abweisende Haltung später durch ihren bedeutenden Beitrag auf kulturellem wie auf naturwissenschaftlichem Gebiet Lügen gestraft (Abella/Troper 1982).

Die Immigrationsstatistiken für den Zeitraum von 1852 bis 1974 zeigen Kanadas Türen im allgemeinen weit offen – allein für den Zeitraum von 1900 bis 1930 sind fast viereinhalb Millionen Einwanderer verzeichnet. Diese regelmäßige Zuwanderung erfuhr jedoch in den 1930er und 1940er Jahren einen massiven Einbruch; in den 15 Jahren von 1931 bis 1945 wurden gerade noch 219 702 Menschen ins Land gelassen, davon schätzungsweise 28 000 – nach strengeren Kriterien noch weniger – „Refugees". Nach dem Zweiten Weltkrieg stiegen die Zahlen dagegen schnell wieder an und lagen bis 1974 durchschnittlich bei mehr als 135 000 Immigranten jährlich (Dirks 1977, S. 98, 259 f.). Das gegenüber Flüchtlingen feindselige politische Klima in den 1930er Jahren ist auf mindestens drei allgemeine Faktoren zurückzuführen: die persönliche ökonomische Unsicherheit besonders unter der Landbevölkerung, Gleichgültigkeit gegenüber Vorgängen außerhalb der eigenen Staatsgrenzen und „nativism", d.h. eine Mischung aus Fremdenfeindlichkeit und Chauvinismus, die meist antisemitische Tendenzen annahm (Dirks 1977, S. 50 ff.). Aufgrund der ökonomischen Depression befürworteten große Teile der Bevölkerung, darunter die Gewerkschaften, die Abschottung gegen weitere Zuwanderer, wobei der lebensbedrohlichen Lage der Hitlerflüchtlinge keine Beachtung geschenkt wurde.

Die Immigrationspolitik war nach übereinstimmendem Urteil der Forschung stets primär an innenpolitischen Bedürfnissen orientiert, denen eine klare, nach Nationalitäten und Berufen abgestufte Rangfolge erwünschter Zuwanderer zugrunde lag. Bevorzugt waren Einwanderer aus Großbritannien, um den britischen Charakter Kanadas zu erhalten. Bei der Anwerbung von Immigranten in Europa spielten die Immigrationsabteilungen der beiden nationalen Eisenbahngesellschaften, Canadian Pacific und Canadian National Railways, eine entscheidende Rolle. Deren Agenten suchten unter den auswanderungswilligen Europäern diejenigen aus, die die gewünschte Erfahrung in der landwirtschaftlichen Produktion mitbrachten. Außerdem bemühten sich die Gesellschaften, das ihnen gehörende Land im kanadischen Westen für die sofortige Ansiedlung von neuen Farmern vorzubereiten.

Aufgrund eines sog. „order-in-council, P.C. (Privy Council – Geheimer Rat) 1957" von 1930 wurden nur noch Immigranten akzeptiert, die das notwendige Kapital besaßen, um sich als Farmer niederzulassen; schließlich wurden durch den P.C. 659 von 1931 alle Nicht-Landwirte mit Ausnahme britischer und amerikanischer Staatsangehöriger ausgeschlossen. Allerdings war es der Regierung vorbehalten, ungeachtet der geltenden Bestimmungen durch einen „order-in-council" die Aufnahme eines bestimmten Bewerbers zu verfügen. Ab 1938, als die Flut der Einwanderungsgesuche immer größer wurde, geschah dies vorzugsweise in solchen Fällen, in denen die Ansiedlung attraktiver Industriezweige in von der kanadischen Regierung bestimmten Gebieten in Aussicht stand (Dirks 1977, S. 55 ff.). Die kanadische Asylpraxis ab 1939 war davon gekennzeichnet, daß nur bestimmte Gruppen von Flüchtlingen aufgenommen wurden, wobei zuvor stets sichergestellt wurde, daß sie die öffentlichen Kassen nicht belasten würden.

In der französischsprachigen, überwiegend katholischen Provinz Quebec war der Antisemitismus besonders stark ausgeprägt. Seine Wurzeln reichten zurück bis an die Jahrhundertwende, als europäische Juden in größerer Zahl nach Montréal einwanderten und sich durch ihre Assimilation an den britisch geprägten Teil der kanadischen Gesellschaft die Abneigung der Frankokanadier zuzogen (Dirks 1977, S. 54). In den Jahren der Depression wurden Juden von nationalistischen und konservativen Kreisen der katholischen Kirche und der frankokanadischen Gesellschaft als Kommunisten diffamiert. Deren Wortführer Adrien Arcand entfachte in den 1930er Jahren eine vehemente antijüdische Kampagne (Rome 1977 ff.). In der Provinz Quebec hatte die regierende liberale Partei ihre Hauptanhängerschaft, deren Repräsentanten im Kabinett des kanadischen Premierministers William Mackenzie King mit dem Argument der bedrohten Einheit des Staates Druck ausüben konnten (Abella/Troper 1979, S. 188, 1983, S. 265).

In den meisten Universitäten, Berufen und Industriezweigen existierten auch in den englischsprachigen kanadischen Provinzen Quoten gegen jüdische Bewerber. In vielen Gegenden waren Juden gesetzlich vom Kauf von Land und Häusern oder von der Zugehörigkeit zu diversen Organisationen ausgeschlossen. Da die Regierung sich dieser antisemitischen Tendenz in der Bevölkerung und der zu erwartenden Abwehr gegen eine großzügige Asylpolitik bewußt war, machte sie von ihrem Recht, Flüchtlinge durch einen „order-in-council" ins Land zu lassen, kaum Gebrauch und überließ die Entscheidung über die zahlreichen Gesuche der für Immigrationsfragen zuständigen Abteilung des Department of Mines and Resources.

Ähnlich wie in den Vereinigten Staaten saß hier an entscheidender Stelle in den entscheidenden Jahren 1936 bis 1943 ein vehementer Antisemit und unbeugsamer Bürokrat, Frederick Charles Blair, der es als seine Aufgabe ansah, Flüchtlinge im allgemeinen und jüdische im besonderen von Kanada fernzuhalten. Gleichwohl reflektierte Blairs Handhabung der bestehenden Anweisungen und Gesetze nur die politische Haltung des Premierministers und seines Kabinetts (Abella/Troper 1983, S. 266). Nur widerwillig und um einen internationalen Gesichtsverlust zu vermeiden, war man 1938 bereit, zu der internationalen Konferenz über Flüchtlingsfragen im französischen Evian überhaupt einen Vertreter zu entsenden. In Anbetracht dieser Situation konnten die jüdischen Gemeinden in Kanada, deren Mitglieder insgesamt 1% der Bevölkerung ausmachten, wenig für ihre verfolgten Glaubensgenossen tun. Bis Ende 1938, als sich der wohlhabende Industrielle Samuel Bronfman hier zu engagieren begann, blieb der Canadian Jewish Congress eine schwache, finanziell schlecht ausgestattete und gespaltene Organisation. Bis dahin waren die Interessen der jüdischen Gemeinde in Fragen der Immigration von der 1920 gegründeten Jewish Immigrant Aid Society vertreten worden. Von Anfang an setzten die führenden Vertreter der jüdischen Gemeinde auf eine Taktik der stillen Diplomatie anstelle von öffentlichen Protesten, erreichten damit jedoch nicht mehr als hin und wieder gewährte einzelne Sondergenehmigungen (Abella/Troper 1983, S. 266 f.).

Im Oktober 1938 beschloß der Canadian Jewish Congress schließlich die Gründung einer nichtkonfessionellen Organisation, die mit rein humanitären Appellen an die Regierung herantreten sollte. Zufälligerweise bot sich zu diesem Vorhaben die eben wieder zu neuer Aktivität erwachende Canadian League of Nations Society an. Es gelang den kanadischen Juden, nach der „Reichskristallnacht" in verschiedenen Städten des Landes größere Protestkundgebungen mit überwiegend christlichen Rednern zu organisieren. Doch weder die Proteste noch gelegentliche Gewissensbisse des Premierministers brachten eine Änderung der politischen Situation, da das Kabinett unverrückbar an seiner ablehnenden Haltung festhielt und für King der mögliche Verlust von Wählerstimmen vorrangig war (Abella/Troper 1979, S. 198 ff.). Die jüdischen Organisationen schlossen sich im Dezember 1938 in einer einzigen Organisation, dem Canadian Committee for Jewish Refugees (CCJR), zusammen. Aber trotz ihrer Aufklärungsarbeit und der Unterstützung durch führende Vertreter der christlichen Kirchen blieb die Regierung hart. Von dem im allgemeinen düsteren Bild weicht allerdings eine Gruppe von einigen Dutzend meist jüdischen Bauernfamilien aus Westböhmen ab, die sich als Farmer in der Nähe von Hamilton/Ontario ansiedeln durften und sich im Laufe der Zeit erfolgreich integrierten (Hahn 1992, S. 159; Iggers 1995).

Während es jüdischen Flüchtlingen beinahe unmöglich gemacht wurde, Aufnahme zu finden, zeigte sich das kanadische Kabinett im Herbst 1938 bereit, auf Drängen der britischen Regierung einen Teil der 10 000–20 000 aus ihrer Heimat geflüchteten sudetendeutschen Sozialdemokraten im Land anzusiedeln. Es wurden Beamte der Immigration Branch sowie Experten der Eisenbahngesellschaften eingeschaltet, wobei letzteren die gesamte Verantwortung übertragen wurde, um der Aktion gegenüber der kanadischen Öffentlichkeit einen inoffiziellen Charakter zu verleihen. Die Canadian National Railways entsandte daraufhin im November 1938 ihre Londoner Vertreter in die Flüchtlingslager bei Prag, um die Zahl der in Frage kommenden Bauernfamilien und Arbeiter aus der Glasindustrie festzustellen (Dirks 1977, S. 74 f.).

Die Vertreter der Eisenbahngesellschaften trafen in Prag auf zwei ad hoc gegründete Flüchtlingsorganisationen, die Settlement Group for Canada of the German Refugee Bureau und die Colonization Group for Canada of the German Democratic Small Farmers and Cottagers in Czechoslovakia (Dirks 1977, S. 76, 261 ff.). Obwohl die Eisenbahnagenten zur sofortigen Evakuierung der in Frage kommenden Flüchtlinge rieten, folgten längere Verhandlungen mit Großbritannien über die Höhe der von britischer Seite zu tragenden Unkosten – aus Mitteln des halboffiziellen Czech Refugee Trust Fund – sowie über Vorbereitungen für die Ansiedlung, die nach dem Willen der kanadischen Regierung überdies möglichst im geheimen vor sich gehen sollten. Befürchtungen der Regierung hinsichtlich Protesten aus der Bevölkerung erwiesen sich später als übertrieben. Am 13. Januar 1939 stimmte Kanada zu, bis zu 1200 sudetendeutsche Flüchtlingsfamilien aufzunehmen – das bis dahin größte Kontigent von NS-Verfolgten in Kanada. Im Gegensatz zur sonst üblichen Praxis sollten sie unabhängig davon aufgenommen werden, ob sie Erfahrungen in landwirtschaftlicher Arbeit mitbrachten, was bei der Mehrzahl der sudetendeutschen Sozialdemokraten nicht der Fall war. Da sich aber die Verhandlungen und Vorbereitungen so lange hinzogen, daß die meisten sudetendeutschen Flüchtlinge infolge des deutschen Einmarsches im März 1939 nicht mehr aus der Tschechoslowakei entkommen konnten, trafen schließlich im Frühjahr und Sommer 1939 nur etwas über 300 Familien und 72 alleinstehende Männer, insgesamt 1 024 Personen, in Kanada ein (Amstätter 1995, S. 65).

Aufgrund diverser Widerstände von seiten der kanadischen Provinzregierungen konzentrierten die Eisenbahngesellschaften ihr Ansiedlungsprogramm auf ihnen gehörendes, spärlich besiedeltes Land im Nordosten der Provinz Saskatchewan und im Peace River District von British Columbia. Ein erheblicher Teil der zur Verfügung stehenden Finanzmittel mußte aufgewendet werden, um die Flüchtlinge in den Methoden der kanadischen Landwirtschaft zu unterweisen wie auch um für den ersten Winter Kleidung und Heizmaterial zu beschaffen. Aus der Perspektive der Eisenbahnverwaltungen stellte sich die Situation so dar: „While the refugees were reported to be all of good type, and apparently were willing to work hard, very few had even knowledge of gardening, and had to be taught all the basic rudiments of farming" (Dirks 1977, S. 85). Die persönliche Sicht eines Betroffenen sah aber anders aus: So wie die Immigrationsabteilungen der kanadischen Eisenbahnen von den landwirtschaftlichen Fähigkeiten der neuen Siedler enttäuscht waren, so kamen die sudetendeutschen Sozialdemokraten – darunter hauptsächlich Industriearbeiter, Händler und „white-collar-workers", d. h. Journalisten, Lehrer, Ärzte, Partei- und Gewerkschaftssekretäre – ihrerseits mit gemischten Gefühlen an. Sie fanden z. T. noch unfertige primitive Blockhütten vor, mußten das Land roden und wurden von der Siedlungsgesellschaft nur mit dem Allernötigsten ausgerüstet. Das harte Klima, mangelnde Erfahrung und schlechtes Management der Siedlungsleitung führten zu vielen Frustrationen. Da das angekaufte Land sich z. T. als unfruchtbar erwies, erhielten 95 Familien und zwölf alleinstehende Männer die Möglichkeit, aus der Siedlung wegzuziehen und anderweitig Arbeit zu finden. Die übrigen bauten sich ihre eigenen Farmen auf und konnten sich nach einigen Jahren selbständig erhalten. Zeitweilig mußten sich die Männer bei anderen Farmern oder beim Straßenbau als Arbeitskräfte verdingen, um ihre Schulden bei der Siedlungsgesellschaft abzubezahlen oder notwendige Anschaffungen zu finanzieren. In dieser Zeit trugen die Frauen eine große Belastung, da sie neben der Versorgung der Kinder und der Führung eines Haushalts unter schwierigsten Bedingungen die volle Verantwortung für die Farmarbeit übernehmen mußten. Auch litten sie am meisten unter fehlenden Kontakten zur englischsprechenden Umgebung und an mangelnden Sprachkenntnissen (Amstätter 1995, S. 129 ff.).

Die Frage, warum gerade diese Gruppe in Kanada Aufnahme fand, während andere Flüchtlinge weiterhin abgelehnt wurden, wird auf drei Faktoren zurückgeführt: erstens ihre politische und finanzielle Unterstützung durch die britische Regierung, zweitens die Zugehörigkeit der meisten Sudetendeutschen zur römisch-katholischen Kirche und schließlich die Tatsache, daß es sich hierbei, im Gegensatz zu dem ständigen Strom von Flüchtlingen aus Deutschland und Österreich, für Kanada um ein „short-term commitment" mit einer begrenzten Zahl von Asylsuchenden handelte. Hinzu kamen Überlegungen, daß ihre Aufnahme vor der Weltöffentlichkeit einen guten Eindruck machen und die gleichzeitige Abschottung gegenüber jüdischen Immigranten kaschieren würde (Abella/Troper 1979, S. 203 f.). Es entbehrt nicht einer gewissen Ironie, daß man sich von kanadischer Seite nach dem Ende des Zweiten Weltkriegs – im Gegensatz zu den anderen westlichen Staaten – besonders für die heimatvertriebenen volksdeutschen „Displaced Persons" verantwortlich fühlte (Sauer 1993).

Daß Kanada wider Willen zum Aufnahmeland für weitere Hitlerflüchtlinge wurde, verdankte es seiner Rolle als Mitglied des britischen Commonwealth. Am 24. Mai 1940 sprach sich Premierminister Winston Churchill für die Deportation aller Internierten aus (→ GROSSBRITANNIEN). Auf britisches Drängen entschloß sich das kanadische Kabinett zur Aufnahme von 4000 internierten „enemy aliens" und 3000 Kriegsgefangenen, die nach britischer Argumentation im Falle einer deutschen Landung in Großbritannien ein großes Sicherheitsrisiko darstellen würden. Tatsächlich trafen bis Juli 1940 6 675 Internierte und Kriegsgefangene in Kanada ein, worunter sich 2290 Internierte der Kategorien B und C und 405 Italiener befanden (Koch 1980, S. 262), darunter viele, die als „refugees from Nazi oppression" klassifiziert worden waren. Ihr Umfang wird mit 2700 Internierten der Kategorien B und C angegeben (Gillman 1980, S. 204 ff.). Am 1. Juli 1940 lief ein zweiter Transport ohne Begleitschutz aus Liverpool aus. Das Schiff wurde von einem deutschen U-Boot versenkt, wobei

530 Passagiere gerettet werden konnten, von denen 400 wenig später erneut auf die Reise geschickt wurden (Chappell 1984, S. 28). Die Öffentlichkeit wurde vor allem dadurch in Unruhe versetzt, daß man über die Identität der Passagiere und damit auch der 500 italienischen und 175 deutschen Opfer keine genauen Aufschlüsse hatte, da viele den Listenplatz eines anderen eingenommen hatten, um England zu verlassen oder um nicht von Freunden und Verwandten getrennt zu werden (Koch 1980, S. 36 ff.).

Der britischen Ankündigung entsprechend hatten sich die zuständigen kanadischen Behörden auf die Verwahrung gefährlicher Spione und Saboteure eingerichtet. Die hierfür zur Verfügung stehenden Camps waren von Stacheldraht umgeben und wurden von bewaffneten Armeeveteranen bewacht; die Unterbringung war anfangs z. T. primitiv, die geforderte Disziplin äußerst streng. Kanada war überdies infolge der Hast, mit der die Briten die Internierten über den Atlantik verschifften, unvorbereitet. Der zuständige Director of Internment Operations, General Edouard Panet, bemühte sich allerdings um annehmbare Lebensbedingungen und verhinderte auch die Internierung der Ankömmlinge in den unwirtlichen nordwestlichen Regionen des Landes. Die Lagerinsassen wurden nach einiger Zeit auf die acht Lager A-Farnham, I-Île aux Noix, L-Quebec City, N-Sherbrooke und T-Trois Rivières in der Provinz Quebec, Q-Monteith und R-Red Rock in Ontario sowie B-Little River in New Brunswick so verteilt, daß Kriegsgefangene, Seeleute und Zivilinternierte getrennt untergebracht werden konnten. Auf das Problem der gemeinsamen Unterbringung von Flüchtlingen und Nazi-Sympathisanten waren das Canadian National Committee on Refugees (CNCR) und der Canadian Jewish Congress erst Anfang 1941 aufmerksam geworden (Gillman 1980, S. 238 f.; Koch 1980, S. 78; Dirks 1997, S. 89).

Wie in den britischen Internierungslagern entwickelte sich auch hier bald ein aktives kulturelles Leben. Es wurden Wandzeitungen und vervielfältige Periodika mit Titeln wie Camp „L"-Chronicle, Die andere Seite oder Der Stacheldraht hergestellt. Die Wandzeitung Der Stacheldraht umfaßte oft 50 Seiten mit zehn bis 16 langen Artikeln (Seyfert 1984, S. 61; Schwarz 1986, S. 285). Es wurden Lagerschulen eingerichtet, die insbesondere Jugendlichen die Gelegenheit geben sollten, ihre unterbrochene Schulbildung zu vervollständigen und sich gegebenenfalls für die Eintrittsprüfung zur Universität zu qualifizieren: „the camps offered an opportunity to learn from some of the best minds in Europe" (Draper 1983, S. 276). Es gab Bildungs- und Ausbildungsmöglichkeiten auf akademischem, technischem wie auch auf religiösem Gebiet.

Da in der kanadischen und britischen Öffentlichkeit starke Proteste gegen die Deportation und Internierung der „refugees" laut geworden waren, entsandte die britische Regierung im November 1940 Alexander Paterson nach Kanada, um Rückkehrmöglichkeiten nach Großbritannien zu überprüfen. Patersons Aufgabe bestand darin festzustellen, inwiefern die Rückkehrwilligen in Großbritannien ein Sicherheitsrisiko darstellen könnten und welche der vom britischen Innenministerium aufgestellten Freilassungsklauseln im Einzelfall zutrafen. Paterson bemühte sich vergebens, mit den amerikanischen Stellen Einreisebedingungen auszuhandeln, obwohl unter den Internierten nicht wenige in den USA Verwandte ersten Grades besaßen. Das amerikanische State Department hatte seine liberale Haltung gegenüber den Internierten aufgegeben, sobald bekannt wurde, daß diese auf den amerikanischen Kontinent gebracht werden sollten, und verlangte Zusicherungen von Kanada, daß die Gefangenen sicher bewacht und nach Kriegsende zurückgeschickt würden. Unter den 3 100 Zivilinternierten befanden sich nach britischen Schätzungen etwa 1000, die schon einmal einen Einreiseantrag für die USA gestellt hatten.

Zwischen Ende Dezember 1940 und Juni 1941 konnten 891 Männer nach Großbritannien zurückkehren. Da ihnen die USA versperrt waren, blieb denjenigen, die nicht nach Europa zurückgehen wollten, nur die Hoffnung auf eine Freilassung in Kanada, wogegen sich dessen Regierung jedoch von Anfang an mit größtem Nachdruck verwahrte, so daß die Chancen zunächst schlecht standen. Bevor er Kanada im Juli 1941 verließ, gelang es Paterson noch, die kanadische Regierung zur Einrichtung von eigenen Camps für internierte Zivilisten zu überreden. Dies war ein wesentlicher Fortschritt, da die spätere Lagerverwaltung den Flüchtlingen nur Abneigung, Verachtung und Mißtrauen entgegenbrachte (Gillman, S. 267 ff.). Während Patersons geduldige Verhandlungen mit den USA ergebnislos verliefen, gelang es der amerikanischen Künstlerin Ruth Draper als Gegenleistung für eine Gratis-Aufführung zugunsten des Kanadischen Roten Kreuzes von Premierminister William Mackenzie King die Freilassung eines italienischen Jugendlichen zu erwirken. Diese Ausnahme von der Regel trug auf längere Sicht zu einer Aufweichung der harten kanadischen Haltung bei. Das zuständige Ministerium beschloß,

„friendly aliens" aus der Internierung zu entlassen, „if their skills could be applied to Canadian needs, or if they were found to be acceptable for additional education in schools and universities in this country" (Dirks 1977, S. 89). Voraussetzung war außerdem ein kanadischer Sponsor. Mit dem Wintersemester 1941 wurde es 100 der internierten Studenten und Schüler erlaubt, ihre Ausbildung an kanadischen Schulen und Hochschulen fortzusetzen. Ihnen folgten technische Zeichner und Werkzeugmacher, und schließlich kam es zu einer allgemeinen Welle von Freilassungen, so daß im September 1943 das letzte Flüchtlingslager geschlossen werden konnte. Zu diesem Zeitpunkt waren von den Deportierten 1537 nach Großbritannien zurückgekehrt, die übrigen waren in Kanada geblieben oder in andere Staaten abgewandert, darunter auch in Einzelfällen in die USA. Kanada gab seinen ehemaligen Gefangenen 1945 einen neuen Status, indem man sie nun als „Interned Refugees (Friendly Aliens) from the UK" einstufte und ihnen gleichzeitig die kanadische Staatsbürgerschaft anbot, wovon 972 Personen Gebrauch machten (Gillman, S. 276).

Unter den 243 im *Biographischen Handbuch der deutschsprachigen Emigration nach 1933* (*BHb*) verzeichneten Kanada-Emigranten, darunter 14 Frauen, findet man viele Professoren. Dies scheint der Tatsache zu widersprechen, daß die kanadischen Universitäten exilierten Wissenschaftlern in der Regel verschlossen blieben (Stokes 1976). Bei näherer Betrachtung zeigt sich jedoch, daß man auch hier zwischen der kanadischen Politik vor und nach 1947 unterscheiden muß, nachdem die Einwanderungsgesetze geändert worden waren. Von den aus Deutschland und Österreich vertriebenen Wissenschaftlern konnten bis 1935 nur fünf oder sechs, überwiegend befristet, an kanadischen Forschungseinrichtungen unterkommen. Selbst gegenüber Forschern, die durch ein Stipendium der Carnegie Foundation finanziert wurden, blieb man reserviert. 1935 gab es hiervon sechs Fälle, darunter den Kunsthistoriker Peter Brieger, den Metereologen Bernhard Haurwitz, den Pathologie-Professor Martin Silberberg sowie Kanadas späteren Nobelpreisträger für Chemie Gerhard Herzberg. Nach den damaligen Einwanderungsbestimmungen war die Immigration von Intellektuellen nicht vorgesehen, es bestand also nur die Möglichkeit einer Aufnahme auf Regierungsbeschluß, was wesentlich von der Fürsprache abhing, die der Betroffene von seiten kanadischer Parlamentarier oder bekannter Persönlichkeiten erhielt. Eine jener Glücklichen scheint die aus Hessen stammende Germanistik-Professorin Herta Hartmannshenn gewesen zu sein, die 1936 mit einem Besuchervisum einreiste und zunächst an der Universität von Toronto, später an der University of Manitoba als Dozentin tätig war. Bei der großen Zahl von Professoren an kanadischen Universitäten – darunter Vertreter der verschiedensten geistes- und sozialwissenschaftlichen Disziplinen, Juristen, Theologen, Volkswirte und Mediziner sowie zahlreiche Naturwissenschaftler – handelt es sich in vielen Fällen um Angehörige der um 1920 und später geborenen Generation, die erst in Kanada ihr Studium absolvierten. Außerdem darf nicht übersehen werden, daß etliche der hier genannten Personen erst nach Kriegsende aus Großbritannien und anderen Ländern nach Kanada einwanderten.

Nur wenige Künstler fanden in Kanada Zuflucht, darunter eine Reihe von Musikern wie der spätere Orchesterleiter Walter Homburger, der Violinist und Komponist Otto Joachim oder der Bibliograph und Musikhistoriker Helmut Max Kallmann. Von 1939 bis 1943 lebte hier die Prager Bildhauerin Hana Geber, von 1947 bis zu seinem Tode 1951 der Karikaturist, Buchillustrator und Maler Walter Trier. Kein berühmter deutscher oder österreichischer Schriftsteller emigrierte in dieses Land, aber mit den Deportierten kamen eine Reihe von meist jüngeren Leuten, die hier zu Schriftstellern in zwei Sprachen wurden. Zu den bekanntesten dieser deutsch-kanadischen Autoren zählen Felix Paul Greve (Pseud. Frederick Philip Grove), Walter Bauer, Henry Kreisel, Carl Weiselberger und Charles Wassermann, der Sohn Jakob Wassermanns (Kreisel 1982; Riedel 1984).

Unbedeutend blieb aufgrund der Verhältnisse der Bereich der politischen Emigration. Aktiv wurden 1940/41 in Kanada Exilpolitiker aus Österreich: der frühere Minister ohne Portefeuille im Kabinett Schuschnigg Hans Rott sammelte in Toronto einen Kreis konservativer Emigranten um sich und gründete im Oktober 1940 die Frei-Österreicher-Bewegung. Versuche, von Kanada aus über den von ihr im September 1941 geschaffenen Free Austrian National Council (ab 1942 Austrian National Committee) Einfluß auf die in der Welt verstreute österreichische Emigration auszuüben, scheiterten an mangelnder amerikanischer und britischer Unterstützung. Als Vertretung österreichischer Interessen setzte sich stärker das aus linken Gruppen gebildete Free Austrian Movement in London durch (→ Österreichische politische Exilorganisationen). Von deutschen Exilpolitikern versuchte allein Otto

Strasser, der Führer der Schwarzen Front, von Kanada aus zu wirken. Nach seiner Ankunft in Montréal im April 1941 bildete er die rechtslastige Frei-Deutschland-Bewegung (FDB, Free German Movement) mit Ablegern in Lateinamerika und Südafrika. Kritik von seiten der demokratischen deutschen Emigration in den USA an Strassers NS-Vergangenheit führte zu heftigen Presseattacken in den USA und Kanada. Im Dezember 1942 verhängte die Regierung in Ottawa über Strasser ein Rede-, Auftritts- und Schreibverbot und verfügte von Mai 1943 bis 1946 einen Zwangsaufenthalt in Clarence/Nova Scotia; die FDB und die Schwarze Front lösten sich 1945 auf. Strassers angestrebte Rückkehr nach Deutschland wurde jahrelang durch die Verweigerung eines kanadischen Ausreisevisums verzögert (Strasser 1958).

Unter den in Kanada verbliebenen oder nach dem Krieg dorthin gelangten Exilierten haben viele einflußreiche Positionen in den kanadischen Medien (Eric Koch, Carl Weiselberger), an Hochschulen und in anderen akademischen Berufen einnehmen können. Einzelne Aspekte der Geschichte deutschsprachiger NS-Emigranten in Kanada sind recht gut aufgearbeitet: so die kanadische Immigrations- und Asylpolitik, der Einfluß des Antisemitismus sowie die Wirkung deutschkanadischer (Exil-)Schriftsteller (Riedel 1984, 1986). Eine Gesamtübersicht über die verschiedenen Immigrantengruppen (Farmer, sudetendeutsche Sozialdemokraten, Deportierte) und die mehr oder weniger zufällig akzeptierten Einzelpersonen und -familien, über Rück- und Weiterwanderung sowie die Integration der Verbliebenen in die kanadische Gesellschaft steht noch aus.

Literatur

Abella, Irving, and Harold Troper (1979): The Line Must Be Drawn Somewhere: Canada and Jewish Refugees 1933–39, in: Canadian Historical Review 60, Nr. 2, S. 178 ff.

Abella, Irving, and Harold Troper (1982): None Is Too Many: Canada and the Jews of Europe, 1933–1948, New York–Toronto.

Abella, Irving, and Harold Troper (1983): Canada and the Refugee Intellectual, 1933–1939, in: Jackman/Borden, S. 257 ff.

Amstätter, Andreas (1978): Tomslake. Die Geschichte der sudetendeutschen Sozialdemokraten in Kanada, Euskirchen; Nachdruck 1995.

Dirks, Gerald (1977): Canada's Refugee Policy: Indifference or Opportunism?, Montreal.

Draper, Paula Jean (1978): The Accidental Immigrants. Canada and the Interned Refugees, in: Canadian Jewish Historical Society Journal, H. 1, S. 1 ff., H. 2, S. 80 ff.

Draper, Paula Jean (1983): Muses Behind Barbed Wire: Canada and the Interned Refugees, in: Jackman/Borden, S. 271 ff.

Gillman, Peter, and Leni Gillman (1980): Collar the Lot! How Britain Interned and Expelled its Wartime Refugees, London.

Hahn, Fred (1992): Gegner und Opfer des Nationalsozialismus als Emigranten aus den böhmischen Ländern nach Amerika, in: Becher, Peter, u. Peter Heumos, Hrsg.: Drehscheibe Prag. Zur deutschen Emigration in der Tschechoslowakei 1933–1939, München, S. 151 ff.

Iggers, Wilma A. (1995): Refugee Women from Czechoslovakia in Canada: An Eyewitness Report, in: Quack, Sibylle, Ed.: Between Sorrow and Strength. Women Refugees of the Nazi Period, Cambridge/Mass., S. 121 ff.

Jackman, Jarrell C., and Carla M. Borden, Eds. (1983): The Muses Flee Hitler: Cultural Transfer and Adaptation 1930–1941, Washington.

Koch, Eric (1980): Deemed Suspect: A Wartime Blunder, Toronto u. a.

Kreisel, Henry (1982): The Ethnic Writer in Canada, in: Balan, Jars, Ed.: Identifications: Ethnicity and the Writer in Canada, Edmonton, S. 1 ff.

Riedel, Walter (1984): The Old World and the New: Literary Perspectives of German-speaking Canadians, Toronto.

Riedel, Walter (1986): Exil in Kanada: Sprache und Identität, in: Pfanner, Helmut F., Hrsg.: Kulturelle Wechselbeziehungen im Exil – Exile across Cultures, Bonn, S. 49 ff.

Rome, David (1977 ff.): Clouds in the Thirties: On Anti-Semitism in Canada, 12 Teile, Montreal.

Sauer, Angelika E. (1993): A Matter of Domestic Policy? Canadian Immigration Policy and the Admission of Germans, 1945–50, in: Canadian Historical Review 74, Nr. 1, S. 226 ff.

Schwarz, Freimut (1986): Kulturarbeit in den englischen Internierungscamps, in: Kunst im Exil in Großbritannien 1933–1945, Ausst.-Kat., Berlin, S. 283 ff.

Seyfert, Michael (1984): Im Niemandsland. Deutsche Exilliteratur in britischer Internierung. Ein unbekanntes Kapitel der Kulturgeschichte des Zweiten Weltkriegs, Berlin.

Stokes, Lawrence D. (1976): Canada and an Academic Refugee from Nazi Germany: The Case of Gerhard

Herzberg, in: Canadian Historical Review 57, Nr. 2, S. 150 ff.
Strasser, Otto (1958): Exil, München.

Lateinamerika, übriges

Patrik von zur Mühlen

Im folgenden werden die Länder Lateinamerikas als Gesamtheit behandelt, wobei besonders auf die Staaten eingegangen werden soll, denen kein eigener Artikel gewidmet ist, sowie auf solche Problembereiche, die sich besser in Form einer länderübergreifenden Übersicht darstellen lassen. Mittelamerika, die Karibik und der südamerikanische Subkontinent gerieten erst spät ins Blickfeld der deutschsprachigen Emigration, nachdem die Aufnahmebereitschaft europäischer Länder und der USA stark nachgelassen hatte. Erst 1936 stiegen die bisher knappen Emigrantenzahlen an, wobei sich das Gros der Flüchtlinge vorwiegend in die aus politischen, wirtschaftlichen und klimatischen Gründen bevorzugten Staaten des „cono Sur" (südliches) → Brasilien, → Uruguay, → Argentinien und → Chile bewegte. Nachdem diese Staaten immer schärfere Restriktionen gegen eine weitere Einwanderung eingeführt hatten, traten andere Staaten – hier vor allem → Bolivien, Kolumbien und → Ecuador – als Ersatz- und Ausweichziele in den Vordergrund. Andere Staaten, so die beiden karibischen Inseln Kuba und Dominikanische Republik, bildeten nicht viel mehr als „Wartesäle" für solche Emigranten, denen eine beabsichtigte Einreise in die USA verwehrt worden war. Je mehr sich die politische Situation in Europa zuspitzte und vollends nach Kriegsbeginn 1939 eine geregelte Auswanderung erschwerte, desto beliebiger wurde die Auswahl eines Aufnahmelandes, wobei Zufallsfaktoren wie die Erteilung der Einreisevisa und der erforderlichen Transitvisa für Drittländer sowie der Schiffspassagen im wesentlichen die Emigrationsströme steuerten. Viele lateinamerikanische Staaten bildeten daher nur Fluchtziele „zweiter Wahl".

In der Regel mußten für die Einreise in lateinamerikanische Staaten bestimmte Voraussetzungen erfüllt werden: der Nachweis von Eigenkapital, die Verpflichtung zur landwirtschaftlichen Kolonisation oder zur Ausübung bestimmter Berufe. Teilweise verdienten Einwanderungsbehörden erheblich an den zu zahlenden Schmiergeldern. Die lateinamerikanischen Aufnahmeländer betrachteten die Flüchtlinge durchweg als Wirtschaftsmigranten und nicht als Flüchtlinge; nur → Mexiko verstand die Aufnahme einer größeren Emigrantenzahl 1940/41 als politisch-humanitären Akt. In zahlreichen Fällen mußten Emigranten Hindernisse durch illegale Methoden (Scheintaufen, gefälschte Dokumente, Schmiergelder) überwinden. Als ungewöhnliches Motiv für die Aufnahme von Flüchtlingen ist die Absicht des dominikanischen Diktators Rafael Trujillo zu nennen, mit der Ansiedlung von Europäern nicht nur das Land zu entwickeln, sondern auch seine eigene stark mulattische Bevölkerung „aufzuhellen" (Walter 1978, S. 291 ff.). Eine wichtige Rolle bei der Steuerung und administrativen, finanziellen und technischen Vorbereitung des Emigrationsprozesses spielten die Hilfsorganisationen (→ Fluchthilfe), unter ihnen staatliche, politische und kirchliche Verbände, vor allem aber die jüdischen Organisationen HIAS/HICEM und American Jewish Joint Distribution Committee (JDC, Joint).

Eine Quantifizierung der Lateinamerika-Emigration stößt auf Schwierigkeiten infolge ungenauer Quellen: Es gab Formen illegaler Einwanderung, die niemals registriert wurden, und es gab eine lateinamerikanische Binnenwanderung von ärmeren in reichere Länder sowie eine Weiterwanderung nach 1945, die Doppelzählungen zur Folge hatte. Überdies werfen Zahlenangaben mit Blick auf die vielen Fälle von Ab-, Rück- und Weiterwanderung Methoden- und Definitionsfragen auf, z.B. ab welcher Verweildauer in Lateinamerika und für welches Land jemand als Exilant/Asylant/Emigrant gelten soll und welches Stichdatum man wegen der später starken Abwanderung nach Nordamerika und Palästina/Israel ansetzt. Während des Zweiten Weltkrieges ergeben sich für die Staaten Lateinamerikas folgende grobe Schätzungen: Argentinien 35 000, Brasilien 17 000, Chile 13 000, Uruguay 7000, Bolivien 5000–7000, Kolumbien 2700–3000, Ecuador 3500–4000, Kuba 8000, Dominikanische Republik 2000, Mexiko 3000. Peru, Venezuela und Paraguay nahmen nur wenige hundert, Haiti und die mittelamerikanischen Republiken nur wenige Dutzend Flüchtlinge auf. In den britischen, französischen und niederländischen Territorien in der Karibik gab es, soweit bekannt, keine nennenswerten Flüchtlingsgruppen. Die Gesamtzahl der deutschsprachigen Emigranten in Lateinamerika dürfte während des Krieges zwischen 75 000 und 90 000 gelegen haben (von zur Mühlen 1988, S. 45 ff).

Eingliederungs- und Starthilfen von staatlicher

Seite oder von seiten der Hilfsorganisationen gab es nur in einigen Fällen und dies in geringer und zeitlich befristeter Form. Überdies waren die aus Europa mitgebrachten Eigenmittel in der Regel gering, so daß die Emigranten zum Überleben meistens auf alle sich bietenden Möglichkeiten des Einkommens angewiesen waren. Nur in etwa einem Drittel aller nachweisbaren Fälle konnten sie ihren in der Heimat erlernten und ausgeübten Beruf im Aufnahmeland fortsetzen; entweder verhinderten dies einheimische Rechtsvorschriften (z.B. bei Ärzten) oder die Erfordernisse vollkommen unterschiedlicher Wirtschaftsstrukturen. Nur technische und handwerkliche Berufe boten in der Regel keinerlei Schwierigkeiten. Verbreitet waren unter Emigranten „entry jobs" im Kleinhandel und im Dienstleistungsbereich (Neumann 1941; Hirschberg 1945). Im Laufe von Jahrzehnten entwickelten sich aus etlichen Kleinbetrieben mittelständische Betriebe. Die Möglichkeiten einer wissenschaftlichen Laufbahn an lateinamerikanischen Universitäten waren begrenzt, jedoch lassen sich in fast allen Hochschulen Spuren der Emigration nachweisen. Dort wo der Sprachwechsel zum Spanischen oder Portugiesischen gelang, gab es auch erfolgreiche Emigrantenkarrieren in der Presse (Furtado Kestler 1992; Spitta 1994).

Als weitgehend gescheitert gelten müssen die meisten landwirtschaftlichen Kolonisationsversuche von Emigranten in Ländern wie Kolumbien, Ecuador, Bolivien, Paraguay und Chile. In der Nähe des kolumbianischen Ortes Popayán siedelte eine Gruppe reichsdeutscher und sudetendeutscher Sozialdemokraten; in Paraguay entstanden mit Hilfe des Völkerbundes bei Villarrica 1937 mehrere Urwald-Kolonien für meist sozialdemokratische Saarländer. In Ecuador wurden bei Ambato und bei Baños kleine Farmen gegründet, ebenso in Brasilien, Argentinien und Chile. Mangelnde Vorbereitung auf den ungewohnten landwirtschaftlichen Beruf, extreme klimatische Verhältnisse, eine mangelhafte Infrastruktur der Verkehrsverhältnisse und der Absatzmärkte sowie eine unzureichende finanzielle Grundlage bildeten die häufigsten Gründe für eine Aufgabe der Projekte nach nur wenigen Jahren. So verließen die meisten saarländischen Emigranten bereits nach einem Jahr ihre Urwaldsiedlungen. Gelegentlich kamen auch politische Schwierigkeiten hinzu, so in Bolivien, wo nach einem Staatsstreich 1943 die politischen und finanziellen Grundlagen des Projekts zerstört wurden. In Kolumbien dürfte der Bürgerkrieg in der zweiten Hälfte der vierziger Jahre der Kolonie ein Ende gehabt haben. In Chile sowie in den meisten Siedlungen Argentiniens wanderten die Siedler spätestens in der zweiten Generation in die Städte ab. Nur im brasilianischen Rolândia (Schauff 1959; Nixdorf 1979; Breunig 1983; Kosminsky 1985), in einigen jüdischen Agrarkolonien in Argentinien (Saint Sauveur-Henn 1995, S. 449ff.) sowie in Sosua an der Nordküste der Dominikanischen Republik (Kätsch/Kätsch 1970) konnten sich die von Emigranten neugeschaffenen Siedlungen bis heute halten.

Mehr als 90% der deutschsprachigen Emigranten waren Juden und ein weiterer beträchtlicher Prozentsatz nichtjüdische Ehepartner aus sog. „Mischehen", so daß die Rolle des jüdischen Vereins- und Gemeindelebens als soziale und mentale Auffangstation und als Integrationsfaktor nicht zu unterschätzen ist (Pinkuss 1974, Elkin 1980; Schrader/Rengstorf 1989). In Argentinien, Brasilien und Chile bildeten sich bereits 1933 Hilfsvereine, weitere folgten 1936 in Kolumbien und Paraguay sowie 1939 in Bolivien und Uruguay. Diese Vereinigungen wurden größtenteils von den Spenden der nordamerikanischen jüdischen Organisationen HIAS/HICEM und JDC getragen. Ihnen oblagen Aufgaben der Wohlfahrt wie die Betreuung von Sozialfällen, der Unterhalt von Krankenhäusern, Altenheimen, Kindergärten und Bildungsstätten. Gelegentlich nahmen sie auch politische Sprecherfunktionen gegenüber den Regierungen der Aufnahmeländer wahr. Später entstanden Synagogengemeinden: in Argentinien, Brasilien und Uruguay zwischen 1934 und 1937, in den meisten anderen Ländern erst gegen Ende der dreißiger Jahre oder bereits nach Kriegsbeginn. Sie entstanden aus dem Bedürfnis der Emigranten, ihre aus Mitteleuropa mitgebrachten religiösen Traditionen zu erhalten und sich gegen die alteingesessenen jüdischen Gemeinden sephardischer oder osteuropäischer Herkunft abzugrenzen. Um Synagogengemeinden sowie Hilfsvereine scharten sich überdies jüdische Jugend-, Frauen-, Sport- und Kulturvereine (Zehn Jahre Aufbauarbeit 1943; von zur Mühlen 1987, 1988, S.67ff; Levin 1991).

Lateinamerikanische Staaten boten auch deutschsprachigen Autoren Asyl, vor allem → MEXIKO, → BRASILIEN, → ARGENTINIEN und → URUGUAY, aber auch die Dominikanische Republik (Hilde Domin) und Kolumbien (Erich Arendt). In Buenos Aires, Rio de Janeiro, Mexiko-Stadt und anderen Metropolen Lateinamerikas entstanden → VERLAGE, die wichtige autobiographische und literarische Zeugnisse der Emigration publizierten. Vielfältig waren die kulturellen Aktivitäten der Emigration, deren Spuren in den Metropolen Lateinamerikas auch heute noch nachweisbar sind. Hierzu gehörten einige von Emigranten gegründete und teilweise noch heute bestehende Reformschulen (Feidel-Mertz 1983; Schnorbach 1995), mit denen man einerseits die mitgebrachte Kultur erhalten und sich andererseits gegen die weitgehend gleichgeschalteten deutschen Auslandsschulen abgrenzen wollte (→ SCHULEN). Von meist kurzer Dauer waren die von Emigranten gegründeten deutschsprachigen Rundfunksender bzw. Sendestunden, so die von Havana ausgestrahlten Sendungen, die auch in Deutschland empfangen wurden (Caden 1963); nur die von Hermann P. Gebhardt geleitete „Stimme des Tages/La Voz del Día" in Montevideo bestand noch bis 1990 (Wojak 1995). Politische Gruppierungen sowie jüdische Organisationen gaben mehr als 50 Zeitungen und Zeitschriften in deutscher Sprache heraus, die meisten nur von lokaler Verbreitung und auf einen bestimmten Personenkreis abgestimmt. Dagegen wurden die in Santiago de Chile herausgegebenen politisch-literarischen *Deutschen Blätter* weit über Lateinamerika hinaus vertrieben und gelesen (Vanderheide 1975; Maas 1978; Noeske 1980; Wojak 1994; → PRESSE UND PUBLIZISTIK). In Buenos Aires, Montevideo, São Paulo, Rio de Janeiro, La Paz, Quito, Mexiko und in anderen Städten gab es von Emigranten gegründete und geführte deutschsprachige Bühnen und Liebhabertheater, teilweise auch Kabaretts und Orchester, deren Einfluß auf das einheimische Kulturleben, vor allem auf → MUSIK und → THEATER nachhaltig war (Naumann 1985; von zur Mühlen 1988, S. 97 ff.; Pohle 1989).

In den wichtigsten Zentren Lateinamerikas bildeten sich auch politische Exilorganisationen, jedoch mobilisierten sie meist nur einen Bruchteil der überwiegend unpolitischen Flüchtlinge. Soweit Emigranten sich eine Bindung an ihre frühere Heimat bewahrt hatten, bestand das Ziel politischer Aktivitäten einmal in der Solidarität mit den Alliierten, im Engagement für ein demokratisches Nachkriegsdeutschland sowie in einem Stellvertreterkampf gegen nationalsozialistische Umtriebe unter alteingesessenen volks- und auslandsdeutschen Kolonien. Überregionale Bedeutung erlangte das 1937 in Buenos Aires von August Siemsen und anderen gegründete Komitee Das Andere Deutschland/La Otra Alemania (DAD), in dem sich vor allem linke Sozialdemokraten, anfangs auch Kommunisten sammelten. Ursprünglich als Hilfskomitee konzipiert, gab es bald mit Hilfe des *Argentinischen Tageblattes* eine eigene gleichnamige Zeitschrift heraus und bildete

Filialen in Chile, Bolivien, Uruguay. Die scharfe Reaktion auf den Hitler-Stalin-Pakt 1939 führte zum Bruch mit den Kommunisten. Auch später, nachdem der deutsche Überfall auf die Sowjetunion wieder zu einer Annäherung geführt hatte, blieben wesentliche Differenzen in der Frage des (vom DAD abgelehnten) Bündnisses mit bürgerlichen und christlich-konservativen Gruppen erhalten. Das DAD forderte eine sozialistische Gesellschaftsform für Nachkriegsdeutschland, lehnte aber Gebietsabtretungen und neue Grenzen strikt ab. Wegen innenpolitischer Schwierigkeiten in Argentinien verlagerte das DAD seine Aktivitäten vorübergehend nach Montevideo und hielt im Januar 1943 in Montevideo seinen auch von Vertretern aus Argentinien, Uruguay, Chile, Bolivien und Brasilien besuchten Kongreß ab. Das Ziel, einen Zusammenschluß politischer Emigrantengruppen in allen Ländern Lateinamerikas herzustellen, scheiterte im wesentlichen an der Rivalität mit dem Lateinamerikanischen Komitee der Freien Deutschen (LAKFD). Das Komitee löste sich Anfang der fünfziger Jahre auf (von zur Mühlen 1988, S. 117 ff.).

Die Rivalin des DAD war das LAKFD, das im Zusammenhang mit der Bewegung „Freies Deutschland" in der → SOWJETUNION, in → FRANKREICH, → GROSSBRITANNIEN und in der → SCHWEIZ zu sehen ist. Es ging 1942 hervor aus einem kommunistisch dominierten Kreis um die 1941 in Mexiko gegründete politisch-literarische Zeitschrift *Freies Deutschland*, an dem namhafte, durchweg der KPD nahestehende Schriftsteller und Publizisten mitwirkten: Anna Seghers, Ludwig Renn, Bodo Uhse, Egon Erwin Kisch u. a. (Noeske 1980). Formell betonte die Bewegung ihre Überparteilichkeit und besetzte dekorative, aber einflußlose Vorstandsposten gern mit konservativen bürgerlichen Honoratioren. Die eigentlichen Schaltstellen wurden durchweg mit kommunistischen Funktionären besetzt. Auch in der Programmatik verbarg die Bewegung „Freies Deutschland" die kommunistische Dominanz bis zur Unkenntlichkeit, indem sie sich nur für ein „demokratisches Nachkriegsdeutschland" einsetzte und auf Fragen der Gesellschaftsform nicht einging. Die Zentrale in Mexiko nahm Kontakte auf zu politisch ähnlich konzipierten Exilorganisationen in Argentinien, Brasilien, Chile, Uruguay, Bolivien, Ecuador, Kuba, Honduras und anderen Ländern (Caden 1963; Israel/Kießling 1976). Im Januar 1943, parallel zum DAD-Kongreß in Montevideo, konstituierte sich in Mexiko das LAKFD, dem sich gleichgesinnte Gruppen in anderen Staaten anschlossen. Ehrenpräsident wurde Heinrich Mann, Präsident Ludwig Renn und Generalsekretär Paul Merker (Kießling 1974). In Argentinien (Saint Sauveur-Henn 1995), Uruguay, Brasilien, Chile und Bolivien (von zur Mühlen 1988) kam es zu teilweise heftigen Kontroversen zwischen Anhängern des DAD und der Bewegung „Freies Deutschland". In Chile schlossen sich beide Gruppen zusammen, verlagerten aber die Differenzen in die gemeinsame Organisation (Wojak 1994). In Argentinien und Brasilien beendeten amtliche Verbote die politische Betätigung und unterbrachen damit die Streitigkeiten. Mit der Rückkehr seiner wichtigsten Vertreter von Mexiko nach Deutschland lösten sich LAKFD und die Bewegung „Freies Deutschland" 1946 auf.

Von den Ländern, denen hier kein eigener Artikel gewidmet ist, sind – meist unbedeutende – exilpolitische Organisationen nur aus Kuba, Kolumbien, Honduras und Paraguay bekannt, wobei es sich in der Regel um Ableger der Bewegung „Freies Deutschland" handelte. Auf lokaler Ebene organisierten sich auch jüdische Interessenvertretungen. Außerhalb dieses Spektrums spielte zeitweilig die als Schwarze Front firmierende Strasser-Bewegung, überwiegend aus dissidenten und abtrünnigen NSDAP-Anhängern eine marginale Rolle. Anfang 1941 reorganisierte sie sich als Frei-Deutschland-Bewegung und schuf kurzlebige Ableger in Argentinien, Bolivien, Brasilien, Chile, Honduras, Kolumbien, Paraguay, Panama, Peru, El Salvador, Uruguay und Venezuela (von zur Mühlen 1985).

In Lateinamerika bildeten sich nach dem „Anschluß" ihrer Heimat im März 1938 auch → ÖSTERREICHISCHE POLITISCHE EXILORGANISATIONEN. Teilweise gruppierten sich konservative, christliche und austrofaschistische Kreise um frühere österreichische diplomatische Vertreter, wogegen sich manche Österreicher zunächst deutschen Exil-Komitees in Lateinamerika anschlossen. 1940/41 konstituierten sich in Chile, Bolivien, Argentinien und Mexiko und 1942 in Uruguay, Kuba, Paraguay und Brasilien Komitees, die sich meistens Austria Libre oder Comité Austríaco nannten. Nach dem Vorbild der beiden Dachverbände von DAD und der Bewegung „Freies Deutschland" entstand im Oktober 1943 in Montevideo das Comité Central Austríaco de América Latina, dessen Teilorganisationen sich wiederum größtenteils dem in London ansässigen, von der KPÖ geführten Free Austrian Movement anschlossen. Die überwiegend aus konservativen, christlichen und austrofaschistischen Kreisen in Toronto gebildete Frei-Österreicher-Bewegung büßte nach ersten Erfolgen in Lateinamerika ihren Einfluß ein (Goldner 1977, S. 228 ff.; von zur Mühlen 1988, S. 131 ff.).

Nach dem Kriege setzte unter deutschsprachigen Emigranten in Lateinamerika eine weitere Wanderungsbewegung ein. So zogen viele von den ärmeren Ländern Bolivien, Paraguay und Chile in die Wirtschaftsmetropolen São Paulo und Buenos Aires ab. Aus den „Wartesälen" Kuba und Dominikanische Republik sowie auch aus anderen lateinamerikanischen Staaten bewegte sich ein Emigrationsstrom in die → VEREINIGTEN STAATEN VON AMERIKA. Eine weitere Wanderungsbewegung führte von Lateinamerika nach → PALÄSTINA/ISRAEL und eine kleinere Zahl, darunter fast vollständig die politische Emigration, zurück nach Deutschland und Österreich. Wirtschaftlich und politisch instabile Verhältnisse, Bürgerkriege (Kolumbien), Putsche und Revolutionen (Chile, Kuba) sorgten dafür, daß die Remigration bis in die Gegenwart anhält und sich teilweise auch auf die nachgeborenen Generationen erstreckt (→ RÜCKKEHR AUS DEM EXIL).

Nennenswerte Spuren der Emigration sind nur noch in Brasilien, Uruguay, Argentinien und Chile zu erkennen, während sie in Mittelamerika, in der Karibik, in Kolumbien, Ecuador und Bolivien entweder nur noch in Restbeständen erkennbar oder ganz verschwunden sind (von zur Mühlen 1988, S. 280 ff.). Die Synagogengemeinden, die jüdischen Kultur- und Hilfsvereine, ihre sozialen Einrichtungen und die meisten ihrer Zeitschriften wechselten spätestens in den sechziger Jahren ins Spanische/Portugiesische über, obwohl der Gebrauch der deutschen Sprache in den Altersheimen der Gemeinden vorherrscht und im Privatleben teilweise noch in der dritten Generation anzutreffen ist. Die 1940 in Buenos Aires gegründete *Jüdische Wochenschau/Semanario Israelita* erscheint heute noch zweisprachig. Die deutschsprachigen jüdischen Gemeinden in Chile, Argentinien, Brasilien, Uruguay, Paraguay und Bolivien hatten sich nach ihrer Gründung nicht nur nicht mit den bereits bestehenden älteren ostjüdischen oder sephardischen Gemeinden vereinigt, sondern auch strikt ihre mitteleuropäischen Riten und Traditionen bewahrt und sowohl eine Assimilierung an das Gastland als auch an das dort bereits bestehende Judentum abgelehnt, um ihre Eigenart zu erhalten. Mitte der fünfziger Jahre gründeten sie als Dachverband die CENTRA, die es sich zur Aufgabe gemacht hatte, weiterhin den landsmannschaftlichen Charakter der Gemeinden zu erhalten. Um 1970 stellte die CENTRA ihre Aktivitäten bis auf die alljährlichen Jugendlager weitgehend ein, obwohl sie sich bis heute noch nicht aufgelöst hat.

Auch haben diese Gemeinden seit den fünfziger Jahren durch Kontakte zu den Goethe-Instituten sowie zu den österreichischen Kulturinstituten die Verbindungen mit den Kulturen der Herkunftsländer wiederhergestellt (Elkin 1980; Avni 1983; von zur Mühlen 1987, 1988; Veghazi 1989).

Die Erforschung des Exils in Lateinamerika begann zunächst in den frühen siebziger Jahren mit der Untersuchung der Bewegung „Freies Deutschland" (Kießling 1974). Ihr folgten umfangreiche, sowohl die jüdische als auch die politische Emigration umfassende Länderstudien über Mexiko (Pohle 1986) als auch Gesamtdarstellungen Lateinamerikas (Kießling 1980; von zur Mühlen 1988). Daneben erschienen Studien über Einzelpersönlichkeiten in Lateinamerika sowie spezielle Fragen. Inzwischen sind wichtige Länderstudien über Brasilien (Furtado Kestler 1991; Lesser 1995), Argentinien (Levin 1991; Jackisch 1994; Saint Sauveur-Henn 1995), Chile (Wojak 1994), Ecuador (Kreuter 1995), Uruguay und Bolivien (Wojak 1994, 1995) sowie Kuba (Levine 1993) erschienen. Es fehlen Untersuchungen über Länder wie Kolumbien, Venezuela, Peru, Paraguay, die Dominikanische Republik, über spezifisch jüdische Emigrationsfragen, über Fragen der → AKKULTURATION sowie der → RÜCKKEHR AUS DEM EXIL.

Literatur

Avni, Haim (1983): Argentina y la historia de la inmigración judía (1810–1950), Buenos Aires.
Breunig, Bernhard (1983): Die deutsche Rolandwanderung (1932–1980), München.
Caden, Gert (1963): Das Komitee deutscher Antifaschisten in Havana (1942–1947), in: Beiträge zur Geschichte der deutschen Arbeiterbewegung 5, S. 933 ff.
Elkin, Judith Laikin (1980): Jews of the Latin American Republics, Chapel Hill.
Feidel-Mertz, Hildegard, Hrsg. (1983): Schulen im Exil. Die verdrängte Pädagogik nach 1933. Unter Mitarbeit von Peter Budde, Jürgen P. Krause, Günter Nabel u. Hermann Schnorbach, Reinbek.
Furtado Kestler, Izabela Maria (1991): Die Exilliteratur und das Exil der deutschsprachigen Schriftsteller und Publizisten in Brasilien, Frankfurt a. M.
Goldner, Franz (1977): Die österreichische Emigration 1938 bis 1945, Wien–München.
Hirschberg, Alfred (1945): The Economic Adjustment of Jewish Refugees in São Paulo, in: Jewish Social Studies VII, S. 31 ff.
Israel, Guillermo, u. Wolfgang Kießling (1976): Deutsche Antifaschisten in Uruguay (1933–1943), in: Beiträge zur Geschichte der deutschen Arbeiterbewegung 18, S. 666 ff.
Jackisch, Carlota (1994): El nazismo y los refugiados alemanes en la Argentina 1933–1945, Buenos Aires.
Kätsch, Siegfried, u. Elke-Maria Kätsch, unter Mitarbeit von Henry P. David (1970): Sosua – verheißenes Land? Eine Dokumentation zu Adaptationsproblemen deutsch-jüdischer Siedler in der Dominikanischen Republik, Dortmund.
Kießling, Wolfgang (1974): Alemania Libre in Mexiko, 2 Bde., Berlin.
Kießling, Wolfgang (1980): Exil in Lateinamerika, Leipzig.
Kohut, Karl, u. Patrik von zur Mühlen, Hrsg. (1994): Alternative Lateinamerika. Das deutsche Exil in der Zeit des Nationalsozialismus, Frankfurt a. M.
Kosminsky, Ethel Volfzon (1985): Rolândia, a terra prometida. Judeus Refugiados do Nazismo no Norte do Paraná, São Paulo.
Kreuter, Maria-Luise (1995): Wo liegt Ecuador? Exil in einem unbekannten Land 1938 bis zum Ende der fünfziger Jahre, Berlin.
Lesser, Jeffrey (1995): Welcoming the Undesirables. Brazil and the Jewish Question, Berkeley u. a.
Levin, Elena (1991): Historia de una emigración (1933–1939). Alemanes judíos a la Argentina, Buenos Aires.
Levine, Robert M. (1993): Tropical Diaspora. The Jewish Experience in Cuba, Gainesville/Fl.
Maas, Lieselotte (1978): Deutsche Exilpresse in Lateinamerika, Frankfurt a. M.
von zur Mühlen, Patrik (1985): Der „Gegenführer" im Exil. Die Otto-Strasser-Bewegung in Lateinamerika, in: Exilforschung 3, S. 143 ff.
von zur Mühlen, Patrik (1987): Jüdische und deutsche Identität von Lateinamerika-Emigranten, in: Exilforschung 5, S. 55 ff.
von zur Mühlen, Patrik (1988): Fluchtziel Lateinamerika. Die deutsche Emigration 1933–1945: politische Aktivitäten und soziokulturelle Integration, Bonn.
Naumann, Uwe (1985): Ein Theatermann im Exil – Paul Walter Jacob, hrsg. von Uwe Naumann unter Mitarbeit von Frank H. Ernsting, Jan Hans u. Vivian Wolfgang, Hamburg.
Neumann, Gerhardt (1941): German Jews in Colombia. A Study in Immigrant Adjustment, in: Jewish Social Studies III, S. 387 ff.
Nixdorf, Oswald (1979): Pionier im brasilianischen Urwald. Die abenteuerreiche Geschichte der deutschen Siedlung Rolândia, Berlin.

Pohle, Fritz (1986): Das mexikanische Exil. Ein Beitrag zur Geschichte der politisch-kulturellen Emigration aus Deutschland (1937–1946), Stuttgart.

Pohle, Fritz (1989): Emigrationstheater in Südamerika abseits der „Freien Deutschen Bühne", Buenos Aires, mit Beiträgen von Hermann P. Gebhardt u. Willy Keller, hrsg. von der Hamburger Arbeitsstelle für Exilliteratur, Hamburg.

Saint Sauveur-Henn, Anne (1995): Un siècle d'émigration allemande vers l'Argentine 1853–1945, Köln–Wien.

Schnorbach, Hermann (1995): Für ein „anderes Deutschland". Die Pestalozzischule in Buenos Aires (1934–1958), Frankfurt a. M.

Schrader, Achim, u. Karl Heinrich Rengstorf, Hrsg. (1989): Europäische Juden in Lateinamerika, St. Ingbert.

Walter, Hans-Albert (1984): Deutsche Exilliteratur 1933–1950, Bd. 2: Europäisches Appeasement und überseeische Asylpraxis, Stuttgart.

Veghazi, Stefan (1989): Die ersten Jahre der CENTRA, in: Schrader/Rengstorf, S. 378 ff.

Wojak, Irmtrud (1994): Exil in Chile. Die deutsch-jüdische und politische Emigration während des Nationalsozialismus 1933–1945, Berlin.

Wojak, Irmtrud (1995): Deutsch-jüdisches Exil in Uruguay. Einwanderungspolitik, öffentliche Meinung und Antisemitismuserfahrung deutsch-jüdischer Flüchtlinge 1933–1945, in: Zeitschrift für Geschichtswissenschaft 43, S. 1009 ff.

Luxemburg

Serge Hoffmann

Zu den Ländern, in die bereits wenige Wochen nach der Machtergreifung Hitlers zahlreiche Flüchtlinge auswanderten, gehörte auch Luxemburg. Die Regierung – ebenso wie die Regierungen der Nachbarländer – stand gegenüber diesem Flüchtlingsproblem vor einem Dilemma. Einerseits war sie mit der Wirtschaftskrise konfrontiert und mußte deshalb vorrangig auf die einheimischen Arbeitnehmer Rücksicht nehmen, andererseits sah sie sich jedoch aus humanitären Gründen veranlaßt, die Flüchtlinge wenigstens für eine begrenzte Zeit im Lande aufzunehmen.

Die ersten nach Luxemburg einwandernden deutschen Juden wohnten entweder bei Familienangehörigen oder wurden von der jüdischen Hilfsgemeinschaft (ESRA) aufgenommen, in der Hoffnung, vielleicht eines Tages in ihre alte Heimat zurückkehren zu können. Als die Situation sich jedoch in Deutschland dramatisch verschlechterte, versuchten die meisten Flüchtlinge so schnell wie möglich ins Ausland, besonders in die USA, weiterzuwandern. Nach der Wiederangliederung des → Saargebietes an das Deutsche Reich (Januar/März 1935) und der Einführung der Nürnberger Rassengesetze (September 1935) nahm der Flüchtlingsstrom nach Luxemburg wieder deutlich zu (Mallmann/Paul 1989). Von den 2 597 nach der Saarabstimmung nach Luxemburg ausgewanderten Reichsdeutschen, unter ihnen besonders zahlreiche Politiker, Schriftsteller, Künstler und Gewerkschaftler, befanden sich 651 Juden, von denen jedoch nur 304 eine Aufenthaltsgenehmigung erhielten (Krier 1978, S. 161). Während in den Jahren 1936 und 1937 der Flüchtlingsstrom abnahm, führte das Jahr 1938 wieder zu einem spektakulären Anstieg der Flüchtlinge. Diesmal waren der „Anschluß" Österreichs (März 1938) sowie die Judenpogrome der „Reichskristallnacht" (November 1938) ausschlaggebend für diese Massenauswanderung.

In den Jahren 1938/39 meldeten sich 1 135 jüdische Flüchtlinge in Luxemburg an (Archives Nationales Lux., J 74/11), derweil der Justizminister laut Vereinbarung mit dem jüdischen Konsistorium über 1 000 Flüchtlingen den Aufenthalt in Luxemburg zusicherte (Wehenkel 1985, S. 24). Trotzdem nahm die Zahl der illegal eingewanderten Flüchtlinge ständig zu. Um der Lage Herr zu werden, ergriff die Regierung daraufhin drastische Maßnahmen: Im März 1938 wurden 50 illegal eingewanderte österreichische Juden zurück nach Deutschland gebracht; im August desselben Jahres mußten weitere 306 Emigranten das Großherzogtum verlassen. Ein Sturm der Entrüstung brach daraufhin in verschiedenen Presseorganen aus (so z. B. in der *Neuen Zeit* und der *Zeitung*), die gegen diese unmenschliche Vorgehensweise aufs schärfste protestierten.

Die Angst um Arbeitsplätze sowie der ständig zunehmende Flüchtlingsstrom führten in Luxemburg zu einer Welle von Ausländerfeindlichkeit und Antisemitismus, die besonders von verschiedenen nationalistischen und rechtsextremistischen Gruppierungen und Presseorganen angeheizt wurden. Neben dem stark nationalistisch und populistisch orientierten *Volksblatt*, dessen Herausgeber Léon Müller ein Anhänger des belgischen „Rexismus" war, gab es das stark antisemitisch orientierte *National-Echo*, das von der Luxemburger National-Partei herausgegeben wurde (Hoffmann 1992, S. 206). Diese Zeitung, die erstmals am 14. November 1936 erschien, wurde zeitweilig gratis in Kaffeehäusern verteilt. Sie mußte jedoch 1937 ihr Erscheinen aus finanziellen Gründen einstellen. Zwei Jahre später jedoch konnte die Luxemburger National-Partei ihre antisemitische Hetzkampagne dank der von Emmanuel Cariers neu gegründeten Zeitung *Luxemburger Freiheit* weiterführen. Gewiß spielten auch deutsche Naziorganisationen, die seit 1933 in Luxemburg tätig waren, eine führende Rolle bei diesen antisemitischen Machenschaften. Doch auch alle größeren Luxemburger Zeitungen gingen von der Gefahr einer möglichen „Überfremdung" aus und forderten Maßnahmen zum Schutze der inländischen Arbeitskraft (Hoffmann 1986, S. 528).

Die meisten Exilanten ließen sich in Luxemburg-Stadt nieder, wo sie sich an verschiedenen Orten regelmäßig trafen. Einer dieser Treffpunkte für Emigranten, ob nun Juden, Sozialdemokraten, Kommunisten oder Gewerkschaftler, war die Buchhandlung von Lily Marx, in der auch die Flugblätter der Roten Hilfe hergestellt wurden (Wehenkel 1986). Mehrere führende deutsche Politiker ließen sich in Luxemburg nieder und fanden dort zeitweilig eine neue Heimat: die Sozialdemokraten Georg Reinbold und Wilhelm Sollmann, die Kommunisten Hugo Eicker, Willy Gräfe und Tony Reis, die beiden Zentrumspolitiker Heinrich Imbusch und Johannes Hoffmann sowie die Gewerkschaftler Fritz Dobisch, Max Bock, Willi Eichler, Wilhelm Solzbacher und Fritz Kuhnen. Die meisten von ihnen waren nach der Saarabstimmung nach Luxemburg geflüchtet. Einige leiteten von hier aus den Widerstand gegen die NS-Diktatur und wurden dabei tatkräftig von Luxemburger Politikern und Gewerkschaftler unterstützt (Nyassi-Fäuster 1994).

Da die Flüchtlinge in der Regel kaum über ausreichende finanzielle Mittel verfügten, weil sie unvorbereitet ihre Heimat hatten verlassen müssen, und da ihnen im Großherzogtum Luxemburg wegen der anhaltenden Wirtschaftskrise keine Arbeitserlaubnis erteilt wurde, wandten sich viele dem Journalistenberuf zu, für den es keiner Arbeitserlaubnis bedurfte, und verdienten sich ihren Unterhalt durch Beiträge in luxemburgischen und ausländischen Zeitungen: Neben einigen der genannten Vertreter aus Politik und Gewerkschaften seien noch Karl Schnog, Walther Victor, Maria Gleit, Paul Walter Jacob, Paul Scholl, Max Reinheimer, Rudolf Bamberger, Bruno Granichstädten u. a. genannt.

Einige Schriftsteller weilten nur für kurze Zeit in Luxemburg, wo sie Vorträge hielten, so z. B. Alfred Kerr, Alexander Roda Roda, Alfred Stern oder Klaus Mann. Im Gegensatz zu den von der Gesellschaft für deutsche Literatur (Gedelit) abgehaltenen Veranstaltungen verzeichneten die Vorträge der Exil-Schriftsteller einen regen Publikumserfolg. Einigen von ihnen widmete sich Aline Mayrisch, die Witwe des früheren ARBED-Direktors. In ihrem Schloß in Colpach hieß sie sie nicht nur willkommen, sondern gewährte ihnen ebenfalls im Notfall finanzielle Unterstützung (Meder 1992, S. 220). So weilte Annette Kolb einige Zeit bei ihrer Freundin Aline Mayrisch, bevor sie Luxemburg in Richtung Frankreich verließ (Sowa 1988; Meder 1992, S. 218).

1934 gründeten etwa zehn deutsche Künstler und Journalisten, über die in Deutschland Berufsverbot verhängt worden war, unter Leitung von Walter Eberhard die Theatergruppe „Die Komödie". Ihren ersten Auftritt hatte die Schauspielergesellschaft am 7. Oktober 1934 in Wasserbillig und erntete großen Beifall; bald trat die „Komödie" in fast allen größeren und kleineren Gemeinden des Großherzogtums auf. Ebenso gastierte mit großem Erfolg das 1933 von Erika und Klaus Mann in Zürich gegründete literarisch-antifaschistische Kabarett „Die Pfeffermühle" 1935 und 1936 in Luxemburg. Für das Großherzogtum waren die Auftritte der „Pfeffermühle" kulturpolitisch wichtig „... als herausragendes Gegenstück zu den mehrfachen Veranstaltungen der Gedelit ..., als prinzipielle Warnung vor dem Faschismus, ... als Abende der nationalen und internationalen antifaschistischen Solidarität" (Klein 1985, S. 571).

Zusammenfassend kann festgestellt werden, daß Luxemburg für die meisten deutschen und staatenlosen Exilanten nur ein Durchreiseland war. Die Nähe Deutschlands, die schwierige Wirtschaftssituation während der dreißiger Jahre, die auflodernde Fremdenfeindlichkeit sowie die von der Luxemburger Regierung ergriffenen Maßnahmen zur Kontrolle der Einwanderung führten dazu, daß die meisten Emigranten sich dort nicht definitiv niederließen, sondern so schnell wie möglich weiterzogen (Hoffmann 1992, S. 213). Zahlreiche Flüchtlinge konnten jedoch nicht rechtzeitig ein Visum für ein endgültiges Aufnahmeland erhalten und flüchteten beim Einmarsch der deutschen Truppen im Mai 1940 über die französische Grenze. Einzelne wurden vom Einmarsch überrascht und bald darauf von der Gestapo verhaftet. Kulturell gesehen war der Aufenthalt zahlreicher deutscher Künstler und Schriftsteller in den dreißiger Jahren für das Land etwas Einmaliges: Noch nie erreichte das breit gefächerte Kulturangebot in Luxemburg ein so hohes Niveau. Auch legte der antifaschistische Widerstand deutscher Emigranten in Luxemburg den Grundstein für gute nachbarschaftliche Beziehungen zwischen Luxemburg und Deutschland nach dem Kriege.

Literatur

Blau, Lucien (1990): La pensée de l'extrême-droite au Luxembourg pendant les années trente, Luxemburg.

Hoffmann, Serge (1986): Les problèmes de l'immigration et la montée de la xénophobie et du racisme au Grand-Duché à la veille de la IIe guerre mondiale, in: Galerie. Revue culturelle et pédagogique 4, H. 4, S. 521 ff.

Hoffmann, Serge (1992): Luxemburg in den 30er und 40er Jahren: Exil in einem sehr kleinen Land, in: Galerie. Revue culturelle et pédagogique 10, H. 2, S. 204 ff.

Klein, Mars (1885): Literarisches Engagement wider die totalitäre Dummheit, in: Galerie. Revue culturelle et pédagogique 3, H. 4, S. 543 ff.

Krier, Emile (1978): Deutsche Kultur- und Volkstumspolitik von 1933–1940 in Luxemburg, Bonn.

Mallmann, Klaus Michael, u. Gerhard Paul (1989): Das zersplitterte Nein. Saarländer gegen Hitler, Bonn.

Meder, Cornel (1992): Die Luxemburgerin Aline Mayrisch und das Exil, in: Galerie. Revue culturelle et pédagogique 10, H. 2, S. 216 ff.

Nyassi-Fäuster, Ulrike (1994): „Hier sind mir viele Freundlichkeiten erwiesen worden". Der sozialdemokratische Politiker Wilhelm Sollmann im Exil in Luxemburg, in: Galerie. Revue culturelle et pédagogique 12, H. 12, S. 69 ff.

Sowa, Carlo (1988): Literarisches Exil in Luxemburg, Esch/Alzette.

Wehenkel, Henri (1986): Der antifaschistische Widerstand in Luxemburg 1933–1944, Luxemburg.

Mexiko

Fritz Pohle

Gegenüber der ab 1938 anschwellenden Massenfluchtbewegung aus Europa war die mexikanische Haltung, begründet mit demographischen und wirtschaftspolitischen Erwägungen, nicht weniger restriktiv als die anderer lateinamerikanischer Länder. Während politisch exponierte Exilanten dort aber nur eine kleine Minderheit unter den zumeist jüdischen Flüchtlingen waren, stellten sie in Mexiko mit einigen hundert Köpfen einen beträchtlichen Anteil der deutschsprachigen Emigration. Die dezidiert politische Asylgewährung war das wesentliche Kennzeichen der mexikanischen Aufnahmepraxis, und kein Staat Lateinamerikas bot politischen Emigranten vergleichbar günstige Arbeits- und Lebensbedingungen (Walter 1984).

In erster Linie kam Mexikos politisch liberale Asylpraxis nicht den Emigranten aus dem deutschsprachigen Raum, sondern der spanisch-republikanischen Emigration zugute. Nach dem Siege Francos im Frühjahr 1939 machte Präsident Lázaro Cárdenas (1934–40) den nach Frankreich geflüchteten Republikanern ein generelles Asylangebot, das nach der französischen Kapitulation vom Juni 1940 durch Übereinkünfte mit den Behörden in Vichy bilateral abgesichert wurde und dem bis Ende 1942 etwa 15 000 Spanier folgen sollten. Von diesem mexikanischen Engagement profitierten auch die deutschsprachigen Emigranten, von denen ja nicht wenige die Republik als Spanienkämpfer unmittelbar unterstützt hatten und die sich nun in den französischen Internierungslagern befanden. Die mexikanischen Konsularbehörden in Frankreich ermöglichten ihnen in Zusammenarbeit mit den Hilfsorganisationen vor Ort, in Mexiko und den USA (→ FLUCHTHILFE) die Ausreise nach Übersee. Offiziell öffnete Mexiko seine Tore nur den Flüchtlingen spanischer Nationalität. Als naturalisierte Spanier oder unter Einhaltung politisch unverfänglicher Sprachregelungen kamen mit ihnen aber auch die meisten nichtspanischen Exilanten ins Land. Bis Mitte 1942 hatte sich mit den Schriftstellern Anna Seghers, Egon Erwin Kisch, Ludwig Renn, Bodo Uhse u. a., mit Paul Merker, Otto Katz, Alexander Abusch, Walter Janka und zahlreichen weiteren Parteifunktionären das wichtigste Zentrum der KPD-Emigration im westlichen Exil der Kriegsjahre gebildet. Mexiko gewährte aber auch Exkommunisten wie dem Schriftsteller Gustav Regler, Anarchosyndikalisten wie Augustin Souchy und Linkssozialisten wie dem Sekretär der SAP Max Diamant Asyl. Das Land wurde nach Kriegsbeginn zum Zufluchtsort der „linken" Exilanten aller Schattierungen, denen aufgrund der restriktiven nordamerikanischen Asylpraxis der Weg in die Vereinigten Staaten versperrt geblieben war. Die Gesamtzahl der politischen, jüdischen und kulturellen Emigranten aus dem deutschsprachigen

Raum wird auf maximal 3 000 geschätzt (Kießling 1984; Pohle 1986).

Vereinzelt kamen politische Emigranten schon in den dreißiger Jahren ins Land. Otto Rühle, rätekommunistischer Theoretiker und pädagogischer Schriftsteller, traf Ende 1935 auf Einladung der Regierung ein, um eine Stelle als wissenschaftlicher Berater des Erziehungsministeriums anzutreten (Pohle 1994). Zu den frühen Mexiko-Exilanten gehörte auch der Berliner Journalist Heinrich Gutmann, der als Verbandsfunktionär der Liga de Escritores y Artistas Revolucionarios politische Verbindungen aufbaute, die bis zum Büro des Präsidenten reichten. Im Frühjahr 1938 gründete er zusammen mit wenigen Gleichgesinnten die Liga Pro Cultura Alemana en México. Die Bedeutung, die diese erste deutsche Exilorganisation in Mexiko erlangte, beruht vor allem auf der umfassenden mexikanischen Unterstützung, die ihr zuteil wurde. 1938/39 organisierte Gutmann ausgedehnte politische und kulturpolitische Vortragszyklen, bei denen mexikanische Intellektuelle, Politiker und Ministerialbeamte vor den Mikrophonen des Regierungssenders zu Wort kamen. Tatsächlich diente die Liga in einer komplizierten politischen Situation maßgeblichen Kräften der mexikanischen Politik als offiziöse Tribüne der Anti-Hitler-Propaganda: Die nach der Ölverstaatlichung vom März 1938 infolge angloamerikanischer Boykottmaßnahmen ausgeweiteten deutsch-mexikanischen Handelsbeziehungen waren von intensivierten Bemühungen nationalsozialistischer Einflußnahme begleitet; ihnen konnte innenpolitisch kaum wirksamer begegnet werden als durch die politische Aufklärungsarbeit einer deutschen Exilorganisation (Pohle 1986).

In den ersten Kriegsjahren wurde die Liga zum Forum zunehmend scharfer Konflikte, die zwischen Kommunisten und Nichtkommunisten unter den nun zahlreicher eintreffenden Exilanten nach dem Hitler-Stalin-Pakt ausbrachen und die Öffentlichkeitsarbeit der Organisation weitgehend zum Erliegen brachten. Die mit Hitlers Angriff gegen die Sowjetunion eingeleitete weltpolitische Wende führte zu einer allgemeinen Intensivierung der exilpolitischen Aktivitäten. Im November 1941 meldete sich die durch Egon Erwin Kisch, Anna Seghers, den österreichischen Journalisten Bruno Frei und zahlreiche andere Neuankömmlinge verstärkte kommunistische Exilgruppe mit der ersten Ausgabe der Zeitschrift *Freies Deutschland* zu Wort. Die zunächst von Frei, dann von Alexander Abusch brillant redigierte politisch-kulturelle Monatszeitschrift erschien bei internationaler Verbreitung in einer Auflage von bis zu 4 000 Exemplaren kontinuierlich bis Mitte 1946, zuletzt unter dem Namen *Neues Deutschland*. Abgesehen von Santiago de Chile, wo ab 1943 die *Deutschen Blätter* erschienen, konnte sich sonst nirgends in der westlichen Hemisphäre ein Exilperiodikum vergleichbaren journalistischen Profils etablieren. Zu den Mitarbeitern gehörten neben der Herausgebergruppe und einzelnen namhaften Exilanten vor Ort vor allem Vertreter der Exilprominenz in den USA, darunter Heinrich Mann, Lion Feuchtwanger, Oskar Maria Graf, Ferdinand Bruckner und Ernst Bloch (Heintz 1975; Walter 1978; Noeske 1980; Rivera Ochoa 1987).

Der Herausgabe der Zeitschrift folgte Anfang 1942 die Gründung der Bewegung „Freies Deutschland", ein Jahr später mit der Bildung des Lateinamerikanischen Komitees der Freien Deutschen auch der Versuch einer Ausdehnung zumindest im lateinamerikanischen Maßstab. Der Bildung des Moskauer Nationalkomitees gleichen Namens vom Sommer 1943 sind diese Gründungen deutlich vorausgeeilt, aber nicht nur dies markiert den Unterschied zu den Aktivitäten des KPD-Exils in der Sowjetunion. Im entlegenen Mexiko konnten unter den Bedingungen der westlichen Öffentlichkeit Zielgruppen angesprochen werden, die von Moskau aus kaum erreichbar waren: die nichtkommunistische literarische und politische Emigration und die jüdische Massenemigration. Realistisch waren somit Emigrationsbündnisse als Grundlage eines exilpolitischen Repräsentanzanspruchs für Deutschland (Kießling 1974, 1980; Pohle 1986, von zur Mühlen 1988).

Während der überparteiliche Vertretungsanspruch der Bewegung „Freies Deutschland" hinsichtlich der nichtkommunistischen politischen Emigration kaum eingelöst werden konnte, eröffneten die bündnispolitischen Avancen der kommunistischen Gruppe gegenüber den jüdischen Emigranten Perspektiven eines ernsthaften deutsch-jüdischen Dialogs. Im Herbst 1942, lange bevor irgendein deutscher Exilpolitiker Vergleichbares in Betracht ziehen sollte, stellte Paul Merker, einziges Politbüromitglied der KPD im westlichen Kriegsexil, Reparationsleistungen an das jüdische Volk durch eine künftige deutsche Regierung in Aussicht und erklärte die zionistischen Bestrebungen für eine jüdische Nationalstaatslösung in Palästina für legitim (*Freies Deutschland*, Oktober 1942).

Eine wichtige Basis der kommunistischen Bündnispolitik waren die kulturellen Aktivitäten der Gruppe. Dem im November 1941 gegründeten Heinrich-Heine-Klub, präsidiert von Anna Seghers, hatten andere Kulturorganisationen der Emigration, seien es österreichische Vereine, die aus dem Vorkrieg datierende Liga Pro Cultura Alemana oder die deutsch-jüdische Vereinigung Menorah nichts Vergleichbares entgegenzusetzen. Der Heine-Klub wurde zum kulturellen Zentrum einer kleinen, personell überschaubaren Gemeinde von Exilierten und Emigranten, in dem Angehörigen künstlerischer und akademischer Berufe auch ein Betätigungsfeld geboten wurde (Pohle 1986; Hanffstengel u. a. 1995). Zu den besonderen Leistungen der kommunistischen Exilanten in Mexiko gehört schließlich auch der Exilverlag El Libro Libre, neben dem erst 1945 in New York gegründeten Aurora-Verlag die bedeutendste Neugründung der Kriegsjahre. Bei El Libro Libre erschienen 24 überwiegend deutschsprachige Titel in Auflagen um 2 000 Exemplare, darunter 1943 auch die erste Ausgabe von Anna Seghers' berühmtem Roman *Das siebte Kreuz* (Kießling 1980).

Wichtigste Organisation der österreichischen Exilanten war die Ende 1941 gegründete Acción Republicana Austríaca de México (ARAM), in der Parteilose mit SPÖ-Mitgliedern und Kommunisten zusammenwirkten (→ ÖSTERREICHISCHE POLITISCHE EXILORGANISATIONEN). Andere österreichische Exilanten, die zu einer Kooperation mit den in der ARAM dominierenden Kommunisten nicht bereit waren, sammelten sich seit 1944 in der Union Deutscher und Österreichischer Sozialisten, die 1945 auch mit einem Periodikum, der *Sozialistischen Tribüne*, an die Öffentlichkeit trat (Pohle 1986).

Als allgemeine Interessenvertretung der deutschsprachigen Juden in Mexiko konstituierte sich 1938 – infolge der ersten Immigrationswelle – die Menorah, die sich dem Dachverband Comité Central Israelita unterstellte und dadurch auch den überwiegend sephardisch bzw. osteuropäisch geprägten Vereinigungen der mexikanischen Juden verbunden war. Gegenüber Politisierungsversuchen mancher deutscher und österreichischer Exilanten verhielt sich die Menorah in späteren Jahren resistent. Das galt auch im Hinblick auf die deutschsprachigen Zionisten, die sich 1943 in der Hatikwah zusammenschlossen. Erst in der Nachkriegszeit, im Zuge der Staatsgründung Israels, kam es mit der Bildung der Hatikwah–Menorah zu einer Fusion der beiden Vereinigungen (Pohle 1986).

Nach dem Ende des Krieges führte die Rückwanderung der meisten politischen Flüchtlinge zu einer raschen Auflösung des Exilzentrums Mexiko (→ RÜCKKEHR AUS DEM EXIL). Für nicht wenige, die ursprünglich keineswegs als Immigranten nach Mexiko gekommen waren, wurde das Land aber zu einer dauerhaften Bleibe. Franz Feuchtwanger, einst Funktionär des illegalen Militärapparates der KPD, befaßte sich mit präkolonialer Archäologie. Gertrude Düby, Mitbegründerin der SAP und engagierte KPD-Funktionärin der dreißiger Jahre, wurde Leiterin eines ethnographischen Forschungszentrums im südmexikanischen San Cristóbal de las Casas. Der bedeutendste Name ist in diesem Zusammenhang der des Kunstkritikers Paul Westheim, zugleich ein herausragendes Beispiel eines gelungenen Kulturtransfers durch die Emigration. Der langjährige Herausgeber des Berliner *Kunstblattes* und Förderer des Expressionismus in Deutschland wurde in Mexiko zum Begründer einer Ästhetik der präcortesianischen Sakralkunst, seine 1950 publizierte Studie *Arte Antiguo de México* zum Klassiker (Kießling 1989; Hanffstengel u. a. 1995).

In Deutschland setzte aus jeweils unterschiedlichen Gründen in Ost und West eine Rezeption des deutschsprachigen Mexiko-Exils erst mit großer Verspätung ein. Im Westen verfiel es politischen Verdikten der ersten Nachkriegsjahrzehnte – um so mehr, als es vornehmlich kommunistische und andere „linke" Exilanten gewesen waren, denen Mexiko Asyl gewährt hatte. In der DDR haben das Erbe des Stalinismus im allgemeinen und parteigeschichtliche Hintergründe im besonderen Verzögerungen bewirkt. Nachdem im Prager Slansky-Prozeß von 1952 mit dem deutsch-tschechischen Journalisten Otto Katz ein enger Mitarbeiter Merkers aus den mexikanischen Jahren als „zionistischer Agent" verurteilt und hingerichtet worden war, erfolgte auch in Berlin die politische Ausschaltung führender Funktionäre der mexikanischen Emigrationsgruppe. Die Folge war eine weitreichende Tabuisierung des mexikanischen KPD-Exils, deren kontrollierte und begrenzte Aufhebung durch die Parteihistoriographie erst nach dem Ende der Ära Ulbricht einsetzte.

Literatur

von Hanffstengel, Renata, Cecilia Tercero Vasconcelos u. Silke Wehner Franco (1995): Mexiko, das wohltemperierte Exil, México D.F.

Heintz, Georg (1975): Index des „Freien/Neuen Deutschland" (Mexiko) 1941–1946, Worms.

Kießling, Wolfgang (1974): Alemania Libre in Mexiko, 2 Bde., Berlin.

Kießling, Wolfgang (1980): Exil in Lateinamerika, Leipzig.

von zur Mühlen, Patrik (1988): Fluchtziel Lateinamerika. Die deutsche Emigration 1933–1945: politische Aktivitäten und soziokulturelle Integration, Bonn.

Noeske, Jürgen (1980): „Freies Deutschland. Alemania Libre". Zur Inszenierung von Wirklichkeit in einer Exilzeitschrift, Diss., Leiden.

Pohle, Fritz (1986): Das mexikanische Exil. Ein Beitrag zur Geschichte der politisch-kulturellen Emigration aus Deutschland (1937–1946), Stuttgart.

Pohle, Fritz (1994): Otto Rühle in Mexiko, in: Kohut, Karl, u. Patrik von zur Mühlen, Hrsg.: Alternative Lateinamerika. Das deutsche Exil in der Zeit des Nationalsozialismus, Frankfurt a. M., S. 117 ff.

Rivera Ochoa, María Clotilde (1987): Estudio de la Revista Freies Deutschland, Órgano de difusión del Movimiento „Alemania Libre" en México, México D.F.

Walter, Hans-Albert (1978, 1984): Deutsche Exilliteratur 1933–1950, Bd. 4: Exilpresse, Bd. 2: Europäisches Appeasement und überseeische Asylpraxis, Stuttgart.

Neuseeland

Konrad Kwiet

Anders als in Australien bedurfte es in Neuseeland keiner Festlegung von Quoten, um die Zahl der Flüchtlinge in engen Grenzen zu halten. Bis 1936 wurde nicht mehr als 38 Juden aus Deutschland die Einreise gestattet. Ein „Immigration Restriction Amendment Act", nach dem Ersten Weltkrieg (1920) erlassen und in der Depressionszeit (1931) verschärft, sanktionierte die restriktive Einwanderungspolitik. 1936 lag die Bevölkerungszahl bei 1,5 Millionen: Nur 2,5 % wiesen sich durch einen Geburtsort aus, der außerhalb des Britischen Commonwealth lag (Beaglehole 1995, S. 187 ff.). Das nationale Interesse schrieb die Assimilation aller Einwanderer vor. Als „unerwünscht" oder „untauglich" galten Immigranten, denen Fähigkeit und Bereitschaft zur Assimilation abgesprochen wurden. Oberste Priorität wurde der britischen Einwanderung gegeben. Skandinavier konnten mit positiven Bescheiden rechnen. Kein Interesse bestand an Bewerbern, die aus anderen Ländern kamen oder die durch Hautfarbe und andere unerwünschte „Rassemerkmale" auffielen. Willkommen waren Immigranten, die als Arbeitskräfte dringend benötigt wurden oder die beträchtliche finanzielle Ressourcen mitbrachten und damit ihren Beitrag zum wirtschaftlichen Aufstieg des Landes leisten konnten. Erforderlich waren schließlich Neuseeländer, die sich für die Einwanderer einsetzen und verbürgen mußten. Erst nach dem „Anschluß" Österreichs erklärte sich Neuseeland bereit, ein größeres Kontingent von Flüchtlingen aufzunehmen. Etwa 1 100 überwiegend jüdischen Flüchtlingen wurde bis zum Beginn des Krieges in Neuseeland Asyl gewährt.

Die Emigranten ließen sich vorwiegend in Auckland und Wellington sowie in Christchurch und Dunedin nieder. In diesen Städten hatte sich die kleine jüdische Gemeinde etabliert, die 1936 etwa 2500 Mitglieder umfaßte. Als loyale Staatsbürger fühlten sich ihre Repräsentanten nicht verpflichtet, an Regierung und Öffentlichkeit zu appellieren, jüdische Flüchtlinge bevorzugt aufzunehmen. Die Solidarität beschränkte sich darauf, zu Spenden aufzurufen und die New Zealand Jewish Welfare Society zu bitten, sich um die „new arrivals" zu kümmern und ihnen dabei zu helfen, das Gebot der schnellen Assimilation zu erfüllen. In der Öffentlichkeit spielte die Flüchtlingsfrage keine Rolle. Weder Regierung noch Parteien sahen sich veranlaßt, sie auf die Tagesordnung parlamentarischer Grundsatzdebatten zu setzen. Nur in den Fragestunden wurde sie gelegentlich angeschnitten. Den Einwanderungsbehörden blieb die Entscheidung über die Vergabe der „landing permits" überlassen. Zufall und Glück, Geld und Beziehungen bestimmten in der Regel die Verteilung der lebensrettenden Dokumente (Beaglehole 1995, S. 194, 187 f.).

Wie in allen Einwanderungsländern gelang es den Emigranten in der Regel nur über die sozial und finanziell wenig attraktiven „entry jobs", sich in der Gesellschaft des Aufnahmelandes beruflich zu integrieren. Der Philosoph Karl R. Popper nahm 1937 eine Dozentenstelle an der Canterbury University in Christchurch an. Der deutsch-jüdische Literat Karl Wolfskehl brachte Geld mit: Er verfügte über das „landing money" von 400 neuseeländischen Pfund, ein Betrag, der das durchschnittliche neuseeländische Jahreseinkommen um das Zweifache überstieg, und erhielt zudem noch eine monatliche Pension von 20 Pfund von dem renommierten Verleger und zionistischen Wirtschaftsführer Salman Schocken (Sydenham 1983, S. 241), was die Kosten für die Existenz des exilierten Literaten sicherte. Vielfach waren Emigranten auf Glücksfälle angewiesen. Der Österreicher Franz Barta hatte sich bei verschiedenen Alpinistenvereinen als Bergsteiger und erfahrener

Bergführer angeboten. Ein Neuseeländer bot ihm eine Stellung als Bergführer für Touristen in einem Gletschergebiet an der Südwestküste der Südinsel an. Er nahm das Angebot an und half seinem Arbeitgeber beim Aufbau eines Hotelbetriebes in einem neuen Touristengebiet (Barta 1991, S. 283).

Ausbruch und Ausweitung des Zweiten Weltkrieges gaben Neuseeland die Handhabe, die Tore zur Einwanderung hermetisch abzuriegeln und den Status der Flüchtlinge zu verändern. Die deutschsprachigen Emigranten wurden wie in anderen kriegführenden Ländern als „enemy aliens" (feindliche Ausländer) klassifiziert. „Aliens authorities" (Ausländerbehörden) übernahmen die Registrierung, Kategorisierung und Überwachung. Die Kategorien reichen von A bis E. Die Zuweisung in die Kategorie A zog Verhaftung und Internierung nach sich. Der Buchstabe E versprach die Befreiung von allen Restriktionen. Fast alle Emigranten wurden als B-, C- und D-Fälle eingestuft und einer Reihe von Restriktionen unterworfen. Der Katalog reichte von der Beschlagnahme von Ferngläsern, Fotoapparaten und Brieftauben bis zur Postzensur, der polizeilichen Meldepflicht und Einschränkungen beruflicher und persönlicher Bewegungsfreiheit. Als 1942 die Hitler-Flüchtlinge als „friendly aliens" (freundliche Ausländer) klassifiziert wurden, beeilten sich viele, Dankbarkeit und Loyalität unter Beweis zu stellen, wofür sich der freiwillige Kriegsdienst anbot. Franz Barta bewarb sich als Ausbilder bei den Gebirgsjägern und wurde wie die meisten zur Home Guard abkommandiert, die die Küste gegen die befürchtete japanische Invasion verteidigen sollte (Barta 1991, S. 283).

In der Vorkriegszeit wie in den Kriegsjahren flammten fremden- und judenfeindliche Ressentiments wiederholt auf. Sie manifestierten sich in Anschuldigungen und Verdächtigungen einer Zugehörigkeit zur „Fünften Kolonne" und Warnungen vor einer „Infiltration" der Gesellschaft. Mit dem Hinweis auf die von den Fremden ausgehende Bedrohung und ihr angeblich exzessives Erwerbsstreben verbanden sich Forderungen nach schärferer Kontrolle und sozialer Ausgrenzung. Die Returned Servicemen Association, die British Medical Association sowie die NZ Manufacturers Federation und die Federation of Labour zeichneten sich in diesen Kampagnen besonders aus. Im Juli 1945 forderte der Verband der Kriegsveteranen, die Flüchtlinge wieder in ihre Herkunftsländer zurückzuschicken. Die Resolution löste beträchtliches Aufsehen aus, stieß jedoch bei der breiten Bevölkerungsmehrheit auf wenig Resonanz. Den Exilanten wurde nach Kriegsende das Privileg gewährt, sich um die neuseeländische Staatsbürgerschaft zu bewerben. Fast alle stellten den Antrag auf Naturalisierung, durch die der Prozeß ihrer Integration und Akkulturation beschleunigt wurde.

Nicht alle Flüchtlinge wurden in Neuseeland heimisch. Karl R. Popper nahm einen Ruf an die London School of Economics an und verließ das Land 1946. Karl Wolfskehl hatte von seinem ersten Refugium – Italien – aus 1938 Neuseeland als Asyl ausgesucht (weil es am „äußersten Weltrand" lag), wobei er von dem Inselland nur wußte, daß es „das Land seltsamer Vögel, des Kiwis und des Kea, und der Wohnort einer Urbevölkerung mit einer freilich vergangenen Kultur voll seltsamster eigenwilliger Schönheit, schönen Buchten, immergrünen Wäldern und angenehmem gleichmäßigem Klima" sei. Isolierung und Einsamkeit markierten die Verbannung, in der er die Verbindung zu den weltweit verstreuten Freunden durch Briefwechsel und Exil-Literatur aufrechterhielt. „Erst seit ich im Pazifischen vertraure und versaure, weiß ich, was Exil ist", umschrieb er 1945 seine Erfahrungen in Neuseeland (Wolfskehl 1959, S. 279, 224). Bis zu seinem Tode im Jahre 1948 blieb Wolfskehl in Auckland, der größten Stadt, die er nach seiner Ankunft nicht mehr als pazifische Idylle, sondern nur als das „Ultima Thule der Antarktis" empfand (Sydenham 1983, S. 238).

In den Nachkriegsjahren setzte Neuseeland die restriktive Einwanderungspolitik fort. Nach wie vor dominierte das Bestreben, die Einwanderung von Juden auf ein Minimum zu beschränken. Das zeigte sich in der Weigerung, Überlebende der Shoa bevorzugt aufzunehmen. In den Jahren 1945–47 wurden 588 Anträge gestellt, überlebenden Angehörigen von Opfern die Einreise zu gestatten. 120 wurden genehmigt (Beaglehole 1995, S. 198). 1948 erklärte sich Neuseeland bereit, aus dem großen Flüchtlingsreservoir in Europa eine begrenzte Zahl von geeigneten Arbeitskräften aufzunehmen. Nur wenige Juden befanden sich unter den rund 4500 „displaced persons", die bis 1952 nach Neuseeland kamen.

Über viele Jahre hinweg beschränkten sich das Interesse an und die Kenntnisse über das Asyl in Neuseeland nur auf die Erfahrung und literarischen Zeugnisse Karl Wolfskehls. Die entscheidenden Impulse zur historischen Aufarbeitung der Exilzeit gehen von Ann Beaglehole aus. Ihre Beschreibungen und Interpretationen beruhen auf der Auswertung der archivalisch-dokumentarischen Überlieferung sowie auf den Befragungen von Zeitzeugen. In ihrem letzten Beitrag setzt sie sich mit den Problemen der Assimilation und Akkulturation der zweiten/dritten Generation auseinander. Das Bild einer jüdischen Gemeinschaft wird entworfen, deren Existenz durch zunehmende „Mischehen" und Abwanderung – nach Israel und Australien – bedroht ist.

Literatur

Barta, Antony (1991): Eine neuseeländische Identität, in: Benz, Wolfgang, Hrsg.: Das Exil der kleinen Leute. Alltagserfahrungen deutscher Juden in der Emigration, München, S. 279 ff.
Beaglehole, Ann (1988): A Small Price to Pay: Refugees from Hitler in New Zealand, Wellington.
Beaglehole, Ann (1995): Jewish Refugee Immigration to New Zealand, 1933–1952, in: Bartrop, Paul R., Ed.: False Havens. The British Empire and the Holocaust, Lanham u. a., S. 187 ff.
Beaglehole, Ann, and Hal Levine (1995): Far from the Promised Land. Being Jewish in New Zealand, Wellington.
Gluckman, Ann (1990): Identity and Involvement. Auckland Jewry, Past and Present, Palmerston North.
Gluckman, Ann, and Laurie Gluckman, Eds. (1993): Identity and Involvement II. Auckland Jewry, Past and Present, Palmerston North.
Levine, Stephen, Ed. (1995): A Standard for the People. The 150th Anniversary of the Wellington Hebrew Congregation 1843–1993, Christchurch.
Sydenham, Jane (1983): Stopover in Exile. Karl Wolfskehl and Australia, in: Voigt, Johannes H., Ed.: New Beginnings. The Germans in New South Wales and Queensland. A Commemorative Volume, Stuttgart, S. 233 ff.
Wolfskehl, Karl (1959): Zehn Jahre Exil. Briefe aus Neuseeland, 1938–1948, hrsg. von Margot Ruben, Heidelberg–Darmstadt.

Niederlande

Ursula Langkau-Alex, Hans Würzner

Die Niederlande waren 1933 dank der visumfreien Einreisemöglichkeit ein schnell und bequem zu erreichendes nachbarliches Zufluchtsland, notfalls über die „grüne Grenze". Sprachverwandtschaft und Familienbeziehungen, kulturelle Ausrichtung, sofern nicht auf Frankreich orientiert, von West nach Ost und Urlaubsgenüsse von Ost nach West standen allerdings moralisch gewerteten politischen Erfahrungen aus dem Ersten Weltkrieg entgegen. 1914 hatte das kaiserliche Heer das neutrale Belgien überrannt; die ebenfalls neutralen Niederlande fürchteten das gleiche Schicksal, und sie hatten die Flüchtlingsflut aus Belgien von anfangs einer Million aufzufangen. Das gesellschaftliche und kulturelle Leben des 1933 über acht Millionen Einwohner zählenden Landes wurde weitgehend von den sog. „Säulen" bestimmt: Die protestantische, die katholische und die sozialistische bzw. sozialdemokratische Säule hatten ihre eigenen Rundfunksender, Sport-, Gesangs- usw. Vereine, die konfessionellen hatten auch ihre eigenen Schulen. Von der jüdischen Bevölkerung tendierten die Arbeiter und der kleine Mittelstand zu den Sozialisten, der gehobene Mittelstand zu den Liberalen.

Von Mai 1933 bis Juni 1937 wurden die Kabinette der Niederlande aus der Rooms-Katholieke Staatspartij (RKSP), der reformierten Anti-Revolutionaire (AR) und den beiden liberalen Parteien gebildet; nach 1937 koalierten ein Parteiloser und die drei großen konfessionellen Parteien RKSP, AR und Christelijk-Historische Unie (CHU); Ministerpräsident war immer der Geschäftsmann Hendrik Colijn aus der AR. Der innenpolitische Kurs war nicht nur antisozialistisch, sondern auch antisozial; außenpolitisch wurde ein Kurs strikter Neutralität verfolgt, besonders Deutschland gegenüber, mit dem man umfangreiche Wirtschaftsbeziehungen unterhielt und das wegen seiner Politik der „Ruhe und Ordnung", des „Antibolschewismus" und „Antianarchismus" geschätzt, seiner Rassenpolitik wegen nur hinter verschlossenen Türen mißbilligt wurde. Erst im August 1939 wurde ein Kabinett mit einem RKSP-Mitglied an der Spitze gebildet, dem erstmals auch Sozialdemokraten als Minister angehörten.

Ausgehend von der Asylpolitik der niederländischen Regierung werden die Jahre 1933–40 in der Literatur durchweg in drei Hauptperioden eingeteilt; diese decken sich allerdings nicht ganz mit den Anstößen zur Emigration aus (Groß-)Deutschland: 1. Zwischen Frühjahr 1933 und Frühjahr 1934 herrschte eine Periode zunehmend wachsamen Abwartens; 2. Die Periode zwischen Frühjahr 1934 und Frühjahr 1938, beginnend nach dem niedergeschlagenen Februaraufstand gegen das Dollfuß-Regime und endend mit dem „Anschluß" Österreichs, ist gekennzeichnet von der stetigen negativen Anpassung des Asylrechts an die außen- und innenpolitischen und an die katastrophalen wirtschaftlichen Verhältnisse. Von Sommer 1933 bis Sommer 1936 war die Arbeitslosigkeit massiv angestiegen, mit einer Spitze von 456800 im ersten Quartal 1936, während die Produktionsziffern bis Mitte 1936 stark gesunken waren; die Zahlen veränderten sich nur langsam in jeweils positiver Richtung; 3. Die Periode zwischen Frühjahr 1938 und Mai 1940 wird charakterisiert als die der „geschlossenen Grenze" vor Flüchtlingen aus Österreich nach dem „Anschluß" und aus der → TSCHECHOSLOWAKEI nach dem Münchener Abkommen sowie nach der Zerstörung der sog. „Rest-Tschechei" im Frühjahr 1939. In den Monaten nach der Reichspogromnacht im November 1938 bis etwa März 1939 wurde die „geschlossene Tür" jedoch notgedrungen geöffnet, ebenso in den ersten Tagen des Krieges, bevor Mitte September die Visumpflicht für Deutsche (und Engländer) wieder eingeführt wurde.

Zwischen März und September 1933 sollen rund 15000 Flüchtlinge aus Deutschland die niederländische Grenze überschritten, sich jedoch größtenteils als Touristen, als Verwandtenbesuch oder als Durchreisende ausgegeben und sich entweder als solche oder überhaupt nicht bei der Fremdenpolizei gemeldet haben. Überwiegend waren es Leute jüdischer Herkunft, von denen nach dem Abflauen der ersten Terrorwelle viele wieder nach Hause zurückkehrten. Unter den politisch Verfolgten nahmen Sozialdemokraten den ersten Platz ein, doch bis Ende 1933 war ihre Zahl aufgrund der Nichtanerkennung ihrer Gefährdung oder eigenen Rückkehrwillens offiziell auf 500 zurückgegangen. Um die Zeit betrug die Gesamtzahl der Flüchtlinge aus Deutschland in den Niederlanden rund 4000, davon 2500 deutscher Nationalität. Sie fielen unter das „Fremdengesetz" von 1849, das übrigens noch bis in die 1960er Jahre galt. Obgleich die Zahl der Flüchtlinge absolut und im Vergleich zu den aus wirtschaftlichen oder beruflichen Gründen Immigrierten stark abnahm – Anfang 1936 lebten noch rund 30000 in den Niederlanden –, erteilte ihnen z.B. die Amsterdamer Fremdenpolizei schon ab 1935 nur noch vorläufige Aufenthaltsgenehmigungen. Die Zahl der Ausweisungen wegen unerwünschter politischer Aktivitäten, wegen Mittellosigkeit oder wegen illegalen Aufenthalts stieg ständig, und nur durch Intervention einiger – meistens sozialdemokratischer – Politiker konnte eine Abschiebung nach Deutschland in eine nach Belgien oder nach Dänemark umgewandelt werden. Das gelang wegen des schnellen Vorgehens der Verantwortlichen nicht im Falle der internationalen Jugendkonferenz in Laren im Februar 1934, auf der deutsche Jungsozialisten inhaftiert und vier von ihnen der Gestapo an der Grenze übergeben wurden; Willy Brandt entkam dank der Hilfe seiner norwegischen Genossen (Brandt 1982, S. 122 ff.). Der Vorfall entfachte – nicht nur in der linken Öffentlichkeit – einen Sturm der Entrüstung und förderte Solidaritätsaktionen und offizielle Bemühungen um eine internationale Asylrechtskonvention.

Nach dem „Anschluß" Österreichs im März 1938 nahmen die Niederlande schätzungsweise nur knapp 800 Flüchtlinge auf, meist aus humanitären Gründen. Die praktische Schließung der Grenze wurde juristisch damit begründet, daß das Recht auf Asyl lediglich einem Flüchtling aus einem Nachbarland zustehe. Besonders schwer hatten es Juden, sofern sie nicht über Geld verfügten. Von einem echten Flüchtlingsproblem kann – entgegen der seit 1934 von der Regierung eingenommenen Haltung – erst in der Folge der Reichspogromnacht im November 1938 gesprochen werden: Bis zum März 1939 wuchs die Zahl der ins Land gekommenen Emigranten auf 10000 an; überdies kehrten etliche Besucher nicht wieder nach (Groß-)Deutschland zurück. Die „jüdischen" Flüchtlinge wurden teilweise schon in Lagern aufgefangen. Kaum 50 km von der deutschen Grenze entfernt lag das 1939 errichtete Westerbork, das Anfang Juli 1942 aus der niederländischen Verwaltung in die der SS überging (Berghuis 1990). Da nach Kriegsausbruch Überseeländer ihre Visen widerriefen und Schiffe nicht mehr ausliefen, blieben vor allem Juden, die zuletzt noch mit gültigen deutschen Ausreisepapieren und Hab und Gut gekommen waren, in den Niederlanden hängen.

Beim Überfall der Wehrmacht im Mai 1940 saßen noch ungefähr 20000 Flüchtlinge in der niederländischen Falle, darunter rund 5000 politisch motivierte, von denen eine Reihe später verhaftet, vors „Volksgericht" gestellt und nicht selten zum Tode verurteilt wurde. Im Jahre 1941 waren noch 15174 Juden aus (Groß-)Deutschland in den Niederlanden registriert, mehr als 10% der gesamtjüdischen Bevölkerung. Weitere 5% der Juden in den Niederlanden waren aus anderen europäischen Ländern gekommen. Rund 117000 Juden wurden aus den Niederlanden deportiert, ca. 20%, darunter dreiviertel der Flüchtlinge, als Opfer von Verrat. Nicht wenige der wegen verbotener politischer oder gewerkschaftlicher Arbeit Geflohenen waren ebenfalls jüdischer Abstammung. Während der deutschen Besatzungszeit waren sie doppelt gefährdet (Langkau-Alex 1994, S. 80ff.; Wojak/Hepner 1995).

Legale Arbeit war selten und dann nur in besonders qualifizierten Berufen erlaubt, wurde aber schlechter als die der Einheimischen bezahlt. Frauen – und die meisten Emigranten dürften weiblichen Geschlechts gewesen sein – erhielten nochmals knapp die Hälfte von dem, was ein Mann verdienen konnte. Andererseits standen Frauen auf dem Schwarzarbeitsmarkt mehr Möglichkeiten offen, um sich – meistens weit unter ihrem Ausbildungsniveau – in Haushalten, Wäschereien, Nähereien, Küchen usw. zu verdingen (Langkau-Alex 1995). Schon 1934 wurden Emigranten von technischen Studiengängen ausgeschlossen, ab 1937 wurden Betriebe von Emigranten an strenge Regeln gebunden oder ganz verboten. Die Gewerkschaften traten auch in künstlerischen Berufsbranchen, so auf dem Gebiet der Filmproduktion, national schützend auf (Dittrich 1987).

In sozialökonomischer Hinsicht wurden die arbeitslosen Flüchtlinge den einheimischen Arbeitslosen gleichgestellt, doch nicht der Staat gewährte Beihilfen. Solidarität und Hilfe galten offiziell als „Privatsache" und wurden Gemeinschaften und religiösen Gemeinden überlassen. Die zahlreichen Hilfsorganisationen (→ FLUCHTHILFE) prägten denn auch das Bild der viel gerühmten Hilfsbereitschaft. Toleranz war allerdings weitgehend „Säulen"-gebunden; so wurde die seit Anfang 1937 in den wichtigsten Städten angesiedelte, insgesamt einige hundert Emigranten umfassende überparteiliche Selbsthilfeorganisation Zentralvereinigung deutscher Emigranten wegen der Mitgliedschaft von Kommunisten von der niederländischen Sozialdemokratie nicht anerkannt, im November des gleichen Jahres nach einem negativen Urteil auch der jüdischen Hilfsorganisation offiziell verboten (Langkau-Alex 1982, S. 101). Die persönlichen Opfer, die z.B. Arbeiter- und Arbeitslosenfamilien im sozialistischen und kommunistischen Milieu erbrachten, sind in der Literatur bisher nur summarisch erwähnt worden. Die Hilfsbereitschaft einerseits, die Probleme andererseits, die mit dem Verbergen von Kindern, Jugendlichen und Erwachsenen während der Besetzung und nachher verbunden waren, sind national teilweise aufgearbeitet, aber noch kaum von der Emigrationsforschung wahrgenommen worden.

Die offizielle Politik den Flüchtlingen gegenüber war von Beginn an von widersprüchlichen Elementen geprägt. Die konservative Mehrheit betrachtete die politisch motivierten Flüchtlinge als potentielle Unruhestifter; die jüdischen Flüchtlinge wurden selbst von den jüdischen Gemeinschaften als eventuelle Auslöser von Antisemitismus gesehen (Michman 1982). Die Furcht vor dem östlichen Nachbarn wuchs mit der Zunahme der niederländischen Nationaal-Socialistische Beweging (NSB), die bei den Provinzialwahlen 1935 fast 8% der abgegebenen Stimmen erhielt und 1937 mit vier Abgeordneten ins Parlament einzog. Bereits 1933 untersagten die Behörden den Emigranten, insbesondere denen der Linken, jegliche politische Tätigkeit. Darunter fielen nicht nur Partei- und Gewerkschaftsorganisationen, sondern auch schon Presse-Aktivitäten im Hinblick auf das Asylrecht, was einer der Hintergründe für die Einstellung des mit einer Auflage von 14000–17000 Exemplaren gestarteten, sozialdemokratisch geführten Wochenblattes *Freie Presse* Ende Januar 1934 war. Eine Ausnahme für frei verkäufliche Presseorgane bildete die von dem Jesuitenpater Friedrich Muckermann, der allerdings nach kurzem Aufenthalt aus Sicherheitsgründen in den Vatikan übersiedelte, und dem Journalisten Joseph Steinhage in Oldenzaal in einer Auflage von 2000–3000 Exemplaren herausgegebene, gleichermaßen gegen Nationalsozialismus und Kommunismus gerichtete Wochenschrift *Der Deutsche Weg*, die auch ins Reich geschmuggelt wurde (→ CHRISTEN UND KONSERVATIVE); sie stand offensichtlich unter dem besonderen Schutz der jeweils katholischen Justizminister. Das Verbot öffentlicher Aktionen galt allerdings auch den nationalsozialistisch gesinnten Reichsdeutschen im Lande, von denen 1933 ca. 2000 der Auslandsorganisation der NSDAP angehört haben sollen.

Dennoch waren die Niederlande ein Zentrum illegaler Zusammenarbeit zwischen politischem Exil und innerdeutschem Widerstand, von den Kommunisten, Sozialisten aller Schattierungen bis zur Bündischen Jugend, die mit ihrer Zeitschrift *Kameradschaft* die antinationalsozialistische Einstellung von Katholiken förderte. Mit Hilfe geistesverwandter niederländischer Organisationen, darunter auch Gewerkschaften, und Einzelpersonen arbeiteten verschiedene Gruppierungen teilweise bis weit in den Krieg hinein; deutsche und österreichische Exilanten schlossen sich auch dem niederländischen Widerstand an. Während des Spanischen Bürgerkrieges schleusten die niederländischen Kommunisten viele Freiwillige auf den Weg zu den Republikanern, 1943 halfen sie, die Vereinigung Deutscher und Staatenloser Antifaschisten aufzurichten. Von den acht, durch Fusion dann sieben dem Internationalen Gewerkschaftsbund (IGB) angeschlossenen Internationalen Berufssekretariaten mit Sitz in Amsterdam ist die Internationale Transportarbeiter-Föderation (ITF) hervorzuheben. Unter ihrem niederländischen Generalsekretär Edo Fimmen organisierte sie Kurierdienste und den Schmuggel von illegalen Druckschriften, darunter *Fahrt frei!* und *Die Schiffahrt*; auf See- und Rheinschiffen, in Personen- und Güterzügen leistete sie internationale Aufklärungsarbeit u.a. mit Hilfe des in sechs Sprachen herausgegebenen, von dem Exilanten Walter Auerbach redigierten Periodikums *Faschismus* (1936–40) und unterstüze finanziell Exilorganisationen (Dittrich/Würzner 1982; Langkau-Alex 1982; Esters/Pelger 1983; Herlemann 1986; Moore 1986).

Dem öffentlichen Bewußtsein hat sich eingeprägt, daß die Bedeutung der Niederlande für das deutschsprachige Exil vorwiegend im kulturellen Bereich lag. Exilierte Musiker wie die Dirigenten Bruno Walter, Erich Kleiber, Fritz und Adolf Busch, der Violinist Carl Flesch, der Sänger Hermann Schey u.a. wirkten und lebten zeitweilig – manche auch über den Krieg hinweg – in den Niederlanden, wo sie alsbald die Musikszene wieder musizierend oder lehrend bereicherten. Von den bekannten bildenden Künstlern, die bereits 1933 in die Niederlande emigrierten, zogen die meisten jedoch nach eher kürzerem als längerem Aufenthalt um besserer Chancen willen weiter; der von der Gruppe „Der Blaue Reiter" herkommende Monumental- und Glasmaler Heinrich Campendonk indessen wurde 1935 trotz heftiger öffentlicher Proteste an die Rijksakademie voor Beeldende Kunsten in Amsterdam berufen, sein *Passionsfenster* zierte den niederländischen Pavillon auf der Pariser Weltausstellung 1937 und erhielt den Grand Prix; die expressionistischen Gemälde Max Beckmanns, der vor der Münchener Ausstellung „Entartete Kunst" 1937 nach Amsterdam emigrierte, wurden wiederum als typisch „deutsch" betrachtet. Während Theaterschauspieler wie Tilla Durieux und berühmte Regisseure wie Leopold Jessner und Max Reinhardt mit ihren Ensembles nur vorübergehend Erfolge verbuchen konnten, wurden Revuetruppen wie die von Rudolf Nelson und Willi Rosens „Theater der Prominenten", dessen Mitglieder teilweise selbst noch im Lager Westerbork bis zum Abtransport 1944 spielten, ebenso gern gesehen wie die Kabarett-Ensembles „Ping-Pong" und Erika Manns „Pfeffermühle"; die Gastspiele der letzteren fielen allerdings Anfang 1936 dem Verbot jeglichen politischen Kabaretts zum Opfer (Fetting/Hermsdorf 1981; Dittrich u.a. 1982; Dittrich/Würzner 1982).

Unter den geflüchteten Wissenschaftlern waren es nur wenige, jedoch wegweisende, die eine, meist subventionierte und schlecht dotierte, Anstellung an einer niederländischen Universität fanden, so der Arbeitsrechtler Hugo Sinzheimer und der Pressehistoriker Kurt Baschwitz in Amsterdam, der Philosoph und Soziologe Helmuth Plessner in Groningen, der Altorientalische Rechtshistoriker und Papyrologe Martin David in Leiden, der Soziologe Carl Mennicke an der Internationaal School voor Wijsbegeerte in Amersfoort. Alle kehrten nach dem Kriege aus dem Konzentrationslager Theresienstadt bzw. aus dem Untergrund wieder in die Niederlande zurück und wurden, bis auf Sinzheimer, der im September 1945 an den Haftfolgen starb, wieder an ihre Vorkriegs-Wirkungsstätten zurückgerufen. Unter den wenigen österreichischen Emigranten, die nach 1934 in die Niederlande kamen, war Otto Neurath. Dem „Wiener Kreis" um Moritz Schlick nahestehend, machte er die niederländische Wissenschaftswelt auf den logischen Positivismus aufmerksam, der seine internationale Bedeutung nach 1945 entfaltete; von 1934 bis zu seiner Flucht nach England leitete er das von ihm gegründete Instituut Mundaneum in Den Haag, an dem er seine Bildstatistik (Isotypen) weiterentwickelte. Ein frühes und bleibendes Geschenk des Gastlandes an das „andere Deutschland" ist das Internationaal Instituut voor Sociale Geschiedenis (IISG), das Ende November 1935 auf Privatinitiative des sozialdemokratischen Hochschullehrers und Direktors der Economisch-Historische Bibliotheek (EHB) in Amsterdam, Nicolaas W. Posthumus, und des sozialliberal eingestellten Direktors der Centrale Arbeiders-, Verzekerings- en Depositobank in Den Haag, Nehemia de Lieme, offiziell gegründet wurde und heute der Koninklijke Nederlandse Akademie van Wetenschapen angeschlossen ist. Zusammen mit Emigranten hatte die EHB schon 1933 mit Rettungsaktionen von Archiv- und Bibliotheksbeständen auf dem Gebiet der Arbeiterbewegung aus Deutschland begonnen; die Aufgabenstellung erstreckte das IISG dann auch auf Österreich und die Tschechoslowakei; Exilanten-„Korrespondenten" sammelten aktuelle Materialien der politischen Emigration (Hunink 1986; Langkau-Alex 1988, 1991).

Nachhaltige Bedeutung gewannen die Niederlande durch zwei Verlage, die sich der ins Exil vertriebenen deutschsprachigen Literatur annahmen, Querido und Allert de Lange; vor 1933 waren kaum Bücher in deutscher Sprache in den Niederlanden verlegt worden. Durch die Vermittlung von Nico Rost, damals Korrespondent für niederländische Presseorgane in Berlin, kam der Kontakt zwischen Emanuel Querido und Fritz H. Landshoff, dem Leiter des mit einem progressiven und gesellschaftskritischen Programm hervorstechenden Kiepenheuer-

Verlages in Berlin, zustande (Landshoff 1991; Walter 1997). Bei Allert de Lange war es das Ehepaar van Praag, das auf Anregung von Georg Hermann den Verlagschef Gerard de Lange auf die Situation der deutschen Literatur hinwies. Im Laufe des Jahres 1933 nahmen Hermann Kesten und Walter Landauer, ebenfalls vom Kiepenheuer-Verlag kommend, ihre Arbeit auf (Schoor 1992). In der kurzen Zeit zwischen 1933 und 1940 brachten die beiden Verlage über 200 deutschsprachige Bücher heraus, vor allem Romane und Biographien, beispielsweise beinahe das gesamte Exilwerk von Vicki Baum, Alfred Döblin, Lion Feuchtwanger, Leonhard Frank, Hermann Kesten, Irmgard Keun, Klaus Mann, Joseph Roth und Arnold Zweig. Der Rest der Ausgaben kann, da Drama und Lyrik so gut wie nicht verlegt wurden, der Essayistik zugeschrieben werden; in ihr jedoch kommt der gegen den Nationalsozialismus gerichtete Charakter der Verlagsprogramme zum Ausdruck: so durch die Übersetzungen von John Gunther, G. Antonio Borgese und Winston Churchill. Für Querido, der sich schon 1933 mit Heinrich Manns *Der Haß*, Ernst Tollers Autobiographie *Eine Jugend in Deutschland*, Lion Feuchtwangers Antinaziroman *Die Geschwister Oppenheim* und Alfred Döblins *Jüdische Erneuerung* ein deutliches Gepräge gab, sind die Bücher von Emil Ludwig, Leopold Schwarzschild, Rudolf Olden, Konrad Heiden und Erika Mann zu nennen. In diesem Verlag kam auch, von Klaus Mann herausgegeben, ab September 1933 die erste literarische Exilzeitschrift *Die Sammlung* heraus; aus finanziellen Gründen mußte ihr Erscheinen nach zwei Jahrgängen eingestellt werden. In kleineren Verlagen erschienen noch Werke von Joseph Roth, Gerth Schreiner, Salomon Dembitzer, Georg Hermann u. a. Abgesehen von politischen und wissenschaftlichen Veröffentlichungen in deutscher Sprache brachten die anderen Verleger, darunter Heinz Kohn (Manasse 1998), nur Übersetzungen. Insgesamt wurden in den Niederlanden bis 1940 rund 650 exilierte Autoren gedruckt.

Bei dieser Zahl ist es erstaunlich, daß nur wenige Autoren hier lebten, leben durften. Von den bekannteren Schriftstellern waren das Georg Hermann und, nur mit längeren Aufenthalten, Klaus Mann und Joseph Roth. Zu den durchweg jüngeren und weniger prominenten Autoren, die in den Niederlanden Asyl, jedoch, wie das Beispiel Erich Kuttner zeigt, nicht alle einen Verleger fanden oder teilweise unter Pseudonym veröffentlichten, gehörten Konrad Merz, Hans Keilson, Elisabeth Augustin, Fritz Heymann, Eberhard Rebling, Henk Wielek, Uriel Birnbaum, Wolfgang Cordan. Letzterer gab mit Wolfgang Frommel die *Kentaur*-Drucke heraus (ab 1941 als Widerstandsliteratur), aus denen später die Zeitschrift *Castrum Peregrini* hervorging. Eine Zensur oder Bücherverbote gab es in Holland im allgemeinen nicht, obwohl die Deutsche Botschaft in Den Haag das oft verlangte. Allerdings übte z. B. Querido im Falle von Heinrich Manns zweitem Essayband *Es kommt der Tag* Selbstzensur, um dem Druck der niederländischen Regierung nach deutschen Demarchen, wie nach dem Erscheinen von *Der Haß* geschehen, vorzubeugen. 1934 kam es jedoch zu einem Prozeß gegen den Schriftsteller Heinz Liepmann, der wegen „Beleidigung eines befreundeten Staatsoberhauptes" in seinem Roman *Das Vaterland* – in diesem Falle Hindenburg – zu vier Wochen Gefängnis verurteilt wurde.

Der deutsche Überfall im Mai 1940 beendete die deutschsprachige Exilliteratur in den Niederlanden. Hermann Kesten und Fritz Landshoff konnten nach Amerika entkommen. Menno ter Braak, der viel für die Exilliteratur getan hatte, beging Selbstmord, Emanuel Querido und Walter Landauer kamen in einem Konzentrationslager um. Nach der deutschen Niederlage kehrte Landshoff 1946 nach Amsterdam zurück und übernahm wieder die Leitung der deutschen Abteilung im Querido-Verlag, in dem er bis 1951 24 deutsche Bücher von Emigranten herausgab. Die Literatur der „untergetauchten" Autoren, die Romane, Erzählungen über das Leben im Untergrund sind noch weitgehend ein Desiderat der Forschung, trotz oder gerade wegen des Tagebuchs der Anne Frank, der berühmtesten Emigrantin. Das gleiche muß zu Fragen nach der Anzahl derjenigen gesagt werden, die den Krieg in den Niederlanden überlebten oder unmittelbar dorthin zurückkehrten; in bezug auf ihr weiteres Schicksal kann man bisher nur von bekannten Einzelbiographien verallgemeinernde Rückschlüsse ziehen. Bis jetzt geht man davon aus, daß zu den wenigen, die mehr oder weniger legal durchkamen, nur rund 3 000 Flüchtlinge, Frauen zumeist, aus ihrem Unterschlupf oder aus den Konzentrations- und Vernichtungslagern zurückkehrten; aus Westerbork waren es genau 209 Personen (groß)deutscher Herkunft. Sie begegneten in dem befreiten, von der NS-Besatzung gebeutelten Land vielfach Mißtrauen, Haß und Antisemitismus (Hondius 1990). Trotzdem blieben nicht wenige hier, da es ihnen unmöglich erschien, nach Deutschland oder Österreich zurückzukehren, und sie hier wenigstens eine kleine Leidensgemeinschaft hatten. Von Emigrantenkolonien wird man aber kaum sprechen können, wenngleich z.B. die Beethovenstraat und Umgebung in Amsterdam-Zuid ein – jetzt aussterbendes – spezifisches Fluidum ausstrahlte, einen gepflegten jüdisch-bürgerlichen look und typischen Akzent aufwies, der überall in der Stadt zu erkennen war. Die Einbürgerungsprozesse dauerten bis in die fünfziger Jahre. In die USA wanderten meist jüngere Menschen, häufig Paare ab, um ihren weitgehend blockierten beruflichen Werdegang dort fortzusetzen. Einige jüdische Jugendliche waren bereits vor Kriegsausbruch in Lagern (Wieringermeer, Loosdrechtse Plassen) auf künftige Pionierarbeiten in Palästina vorbereitet worden, wohin sie nach 1945 auf z.T. abenteuerlichen Wegen gelangten. Verheiratete Exilantinnen fügten sich in Deutschland zu ihren Männern, die bei Razzien für den Kriegs- oder SS-Dienst verpflichtet worden waren und überlebt hatten. Von den politisch motivierten Exilanten kehrten die meisten nach Deutschland zurück, um beim demokratischen Wiederaufbau zu helfen. Die Sozialdemokraten Henk Wielek und Alfred Mozer aber brachten es in den Niederlanden zum Senator der Partij van de Arbeid in der Zweiten Kammer und bemühten sich unermüdlich um die Verständigung mit Nachkriegsdeutschland. Das Interesse für die deutsche Sprache, für Exil und Exilliteratur verlief dennoch in umgekehrter Richtung. Im ganzen gesehen waren die Niederlande ein Durchgangsland; von den rund 30 000, die aus (Groß-)Deutschland hierhin geflüchtet waren, kamen ca. 26 000 als Transit-Emigranten; fast die Hälfte von ihnen endete durch einen gewaltsamen Tod.

Literatur

Berghuis, Corrie K. (1990): Joodsche vluchtelingen in Nederland 1938–1940. Documenten betreffende toelating, uitleiding en kampopname, Kampen.
Brandt, Willy (1982): Links und frei. Mein Weg 1930–1950, Hamburg.
Deutsche Literatur im Exil in den Niederlanden (1993). Eine Ausstellung des Deutschen Exilarchivs 1933–1945, Die Deutsche Bibliothek, Frankfurt a.M.
Dittrich, Kathinka (1987): Achter het doek. Duitse emigranten in de Nederlandse speelfilm in de jaren dertig, München–Amsterdam.
Dittrich, Kathinka, Paul Blom u. Filip Bool, Hrsg. (1982): Berlijn – Amsterdam 1920–1940, wisselwerkingen, Amsterdam.
Dittrich, Kathinka, u. Hans Würzner, Hrsg. (1982): Die Niederlande und das deutsche Exil 1933–1940, Königstein i.Ts.
Esters, Helmut, u. Hans Pelger (1983): Gewerkschaften im Widerstand. Mit einem forschungsgeschichtlichen Überblick von Alexandra Schlingensiepen, Bonn.
Fetting, Hugo, u. Klaus Hermsdorf (1981): Exil in den Niederlanden, in: dies. u. Silvia Schlenstedt: Exil in den Niederlanden und in Spanien, Leipzig, S. 17 ff.
Freistätte Amsterdam (1995). Eine Ausstellung im Rahmen des Schwerpunktes 1995/1996 des Kultursekretariats NRW Gütersloh „Nachbarland – Kunst und Kultur der Niederlande", Gütersloh.
Herlemann, Beatrix (1986): Auf verlorenem Posten. Kommunistischer Widerstand im Zweiten Weltkrieg. Die Knöchel-Organisation, Bonn.
Hondius, Dienke (1990): Terugkeer. Antisemitisme in Nederland rond de bevrijding, 's-Gravenhage.
Hunink, Maria (1986): De papieren van de revolutie. Het Internationaal Instituut voor Sociale Geschiedenenis 1935–1947, Amsterdam.
Kröhnke, Karl, u. Hans Würzner, Hrsg. (1994): Deutsche Literatur im Exil in den Niederlanden 1933–1940, Amsterdam–Atlanta/Georgia.
Landshoff, Fritz H. (1991): Querido Verlag, Amsterdam, Keizersgracht 333. Erinnerungen eines Verlegers, Berlin–Weimar.
Langkau-Alex, Ursula (1982): Die deutsche sozialdemokratische Emigration in den Niederlanden nach 1933. Ein Überblick am Beispiel der Stadt Amsterdam, in: Dittrich/Würzner, S. 91 ff.
Langkau-Alex, Ursula (1988): Quellen zur deutschsprachigen Emigration nach 1933 im Internationaal Instituut voor Sociale Geschiedis in Amsterdam, in: Gesellschaft für Exilforschung. Nachrichtenbrief Nr. 9–10, Frankfurt a.M. u.a. 1995, S. 28 ff.
Langkau-Alex, Ursula (1994): Asyl- und Exilpraxis in den Niederlanden, in: Kröhnke/Würzner, S. 69 ff.
Langkau-Alex, Ursula (1995): „Naturally, many things were strange but I could adapt": Women Emigrés in the Netherlands, in: Quack, Sibylle, Ed.: Between Sorrow and Strength. Women Refugees of the Nazi Period, Cambridge/Mass., S. 97 ff.
Manasse, Peter (1998): Boekenvrienden Solidariteit. Turbulente jaren van een exil-uitgeverij, Den Haag.
Michman, Dan (1982): Die jüdische Emigration und die niederländische Reaktion, in: Dittrich/Würzner, S. 73 ff.
Moore, Bob (1986): Refugees from Nazi Germany in the Netherlands, Dordrecht.
Moore, Bob (1996): Victims and Survivors. The Nazi Persecution of the Jews in the Netherlands 1940–1945, London u.a.

Rijksinstituut voor Oorlogsdocumentatie (1986): De Dagboeken van Anne Frank. Ingeleid door Harry Pape, Gerrold van der Stroom en David Barnouw, met de samenvatting van het rapport van het Gerechtelijk Laboratorium, opgesteld door Ir. H. J. J. Hardy. Tekstverzorging door David Barnouw en Gerrold van der Stroom, Den Haag–Amsterdam; deutsch: Das Tagebuch der Anne Frank: 12. Juni 1942–1. August 1944, 44. Aufl., Frankfurt a. M. 1995.

Schoor, Kerstin (1992): Verlagsarbeit im Exil. Untersuchungen zur Geschichte der deutschen Abteilung des Amsterdamer Allert de Lange Verlages 1933–1940, Amsterdam.

Wojak, Irmtrud, u. Lore Hepner, Hrsg. (1995): „Geliebte Kinder …". Briefe aus dem Amsterdamer Exil in die Neue Welt 1939–1943, Essen.

Würzner, Hans, Hrsg. (1986): Österreichische Exilliteratur in den Niederlanden 1934–1940, Amsterdam.

Norwegen

Einhart Lorenz

Norwegen spielte als Land an der europäischen Peripherie eine unbedeutende Rolle für die deutschsprachige Emigration. Die jüdische Gemeinde war klein (ca. 1600–1800 Mitglieder; Mendelsohn 1969), die dominierende Arbeiterpartei (Det norske Arbeiderparti, DNA) und der Gewerkschaftsbund standen außerhalb ihrer großen internationalen Organisationen, die KP war unbedeutend, so daß das Land auch für Flüchtlinge aus der Arbeiterbewegung wenig attraktiv war. Aufgrund der hohen Arbeitslosigkeit und aus Rücksichtnahme auf eine verbreitete Fremdenskepsis waren sowohl die bürgerlichen Regierungen als auch die der DNA (ab 1935) äußerst zurückhaltend bei der Erteilung von Aufenthaltsgenehmigungen. Jüdische Flüchtlinge wurden nicht als politisch Verfolgte, sondern zumeist als Wirtschaftsflüchtlinge betrachtet (Arbeiderhistorie 1987). Die Furcht vor „Judeninvasion" und „ethnischer Disharmonie" verstärkte sich besonders, als die Annexion Österreichs im März 1938, die antisemitischen Pogrome der „Reichskristallnacht" im November 1938 und die Einverleibung der sudetendeutschen Randgebiete der ČSR die Zahl der Asylsuchenden in die Höhe schnellen ließen und eine Krise in der Flüchtlingsfrage auslösten (Lorenz 1992).

Flüchtlingspolitik und Asylpraxis waren in den Jahren 1933 bis 1940 einem Wandel unterworfen, doch blieb die grundlegende Zielsetzung, den Zustrom von Flüchtlingen auf ein Minimum zu reduzieren, immer erhalten. In der ersten Phase der Flüchtlingspolitik (1933–35) wurde versucht, den Aufenthalt der Flüchtlinge durch Unterstützungsbegrenzungen sowie Arbeitsverbot zu minimieren und sie so zur Weiterreise zu zwingen. Erst ab 1935 änderte sich die Haltung, als sich die Möglichkeiten für Arbeitsgenehmigungen besserten. In der dritten Phase kam die Flüchtlingspolitik in geordnete Formen, die vor allem sudetendeutschen und anderen ČSR-Flüchtlingen zugute kamen, behielt aber ihren restriktiven Charakter. Die Gesamtzahl der deutschsprachigen Flüchtlinge, einschließlich der Transitemigranten und Illegalen, läßt sich nicht feststellen. Sie dürfte bis 1940 bei maximal 2000 gelegen haben, von denen sich zum Zeitpunkt des deutschen Überfalls am 9. April 1940 etwa 1000 im Lande befanden. Die Mehrheit der Flüchtlinge bestand in den Jahren 1933–40 aus politischen Flüchtlingen (Lorenz 1992).

Unter ihnen dominierten bis 1938 Mitglieder der SAP und der KPD. Die herausragende Figur des politischen Exils wurde Willy Brandt, der im April 1933 als Emissär der SAP zur Arbeiterpartei kam, die auf internationaler Ebene die Schwesterpartei der SAP war. Brandt fand schnell Eingang in die Partei und ihre Jugendbewegung, erhielt deren Unterstützung und konnte bereits im Sommer 1933 eine erste Broschüre publizieren (Brandt 1982; Lorenz 1989). Seine fraktionelle Arbeit in der DNA prägte für mehrere Jahre das Bild vom deutschen politischen Emigranten, verhinderte aber nicht, daß die DNA seine Arbeit (Proteste gegen den SAP-Prozeß und besonders die Ossietzky-Arbeit) unterstützte und er gegen Ende der dreißiger Jahre voll integriert wurde und die prinzipelle Kritik der DNA an der Komintern und der sowjetischen Außenpolitik mitformulierte. Zugleich wurden Oslo durch Willy Brandt eine wichtige Basis der Exil-SAP, so daß deren Auslandszentrale wiederholt eine Übersiedlung nach Oslo erwog.

Ab 1938 veränderte sich die Zusammensetzung des Exils besonders durch die Aufnahme sudetendeutscher Flüchtlinge, aber auch von österreichischen Sozialisten und Kommunisten sowie deutschen Sozialdemokraten. Ab 1938 kam es zu einer (von der DNA geförderten) Annäherung der sozialistischen und sozialdemokratischen Gruppen. Nach dem 9. April 1940 floh die Mehrheit der politischen Flüchtlinge nach → Schweden, während die jüdischen Flüchtlinge mehrheitlich in Norwegen blieben. Etwa die Hälfte von ihnen wurde im Zuge der „Judenaktion" im Herbst 1942 verhaftet und deportiert. Nach 1945 kehrten nur wenige Exilanten aus Schweden oder England nach Norwegen zurück.

Trotz Schikanen, vereinzelter Ausweisungen und zahlreicher Restriktionen seitens der Fremdenpolizei und des Justizministeriums hatten die politischen Flüchtlinge verhältnismäßig gute Wirkungsmöglichkeiten. Norwegen war das skandinavische Land, in dem eine relativ umfassende antifaschistische Tätigkeit toleriert wurde. Hier war erlaubt, was in vielen anderen Ländern zur Ausweisung geführt hätte. Die Aktivitäten deutscher oder österreichischer Flüchtlinge wurden nicht geahndet, sondern in vielen Fällen offen oder verdeckt unterstützt. Exilanten hatten gute Kontakte zu einzelnen Ministern und Parlamentariern, und die DNA finanzierte die Herausgabe illegalen Materials (wenn auch nicht im erhofften Umfang) und öffnete die Spalten ihrer Presse. Führende Politiker stellten ihre Namen als Herausgeber von Zeitschriften zur Verfügung (u.a. *Det skjulte Tyskland*) oder verhinderten (vor 1935) durch persönliches Eingreifen Ausweisungen. Vor allem Martin Tranmæl als Redakteur des Regierungs- und Zentralorgans der Arbeiterpartei ließ das politische Exil zu Wort kommen. Bücher und Broschüren von Willy Brandt und Max Strobl konnten im Parteiverlag der Arbeiterpartei erscheinen. Selbst deutsche diplomatische Proteste hatten keine negativen Folgen. Sah Norwegen allerdings seine Interessen berührt – wie im Fall von Wilhelm Reich –, war Freizügigkeit nicht länger gegeben. Nach Ausbruch des Weltkrieges wurden jedoch keine Exilanten interniert.

Wichtigste Hilfsorganisation war der Justizfonds der Arbeiterbewegung, der politische Flüchtlinge jeglicher Provenienz unterstützte und Verständnis für gewisse Formen illegaler Arbeit hatte (im Spätherbst 1939 Unterstützung für 325 Exilanten). Erst 1938 trat mit der Nansenhilfe eine handlungsfähige Organisation in Kraft, die neben politischen Flüchtlingen in Kooperation mit der Jüdischen Gemeinde auch jüdische Flüchtlinge besonders aus Österreich und der ČSR unterstützte (→ FLUCHTHILFE). Kleinere Hilfsorganisationen für Intellektuelle und die Rote Hilfe Norwegens, die 1937 ihre Arbeit ganz einstellte, waren von untergeordneter Bedeutung.

Die künstlerisch-intellektuelle Emigration nach Norwegen war nicht umfangreich. Die ersten Naturwissenschaftler kamen vorübergehend in den Jahren 1935/36, andere auf Dauer gegen Ende der dreißiger Jahre. Eine wichtigere Rolle spielten Psychologen und Psychoanalytiker, von denen besonders letztere Spuren hinterließen. Otto Fenichel wurde Sekretär der Psychoanalytischen Gesellschaft, und Wilhelm Reich beeinflußte nachhaltig sowohl Fachkollegen (Raknes, Havrevold) als auch Schriftsteller in Norwegen (Hoel). Künstler wie Kurt Schwitters, Rolf Nesch und Bruno Krauskopf lebten dagegen isoliert. Der Schriftsteller Max Tau erhielt vor allem in der Nachkriegszeit Bedeutung als Kulturvermittler und Brückenbauer.

Literatur

Arbeiderhistorie (1987). Årbok for Arbeiderbevegelsens Arkiv og Bibliotek, Oslo.

Johansen, Per Ole (1984): Oss selv nærmest. Norge og jødene 1914–1943, Oslo.

Lorenz, Einhart (1989): Willy Brandt in Norwegen. Die Jahre des Exils 1933 bis 1940, Kiel.

Lorenz, Einhart (1990): Möglichkeiten und Grenzen des politischen Exils in Norwegen am Beispiel von Willy Brandt, in: Exilforschung 8, S. 174 ff.

Lorenz, Einhart (1992): Exil in Norwegen. Lebensbedingungen und Arbeit deutschsprachiger Flüchtlinge 1933–1943. Mit einem Vorwort von Willy Brandt, Baden-Baden.

Lorenz, Einhart, u. a. (1998): Ein sehr trübes Kapitel? Hitlerflüchtlinge im nordeuropäischen Exil 1933–1950, Hamburg.

Mendelsohn, Oskar (1969): Jødenes historie i Norge gjennom 200 år, Oslo.

Ostasien

PATRIK VON ZUR MÜHLEN

Ostasien umfaßte in dem hier behandelten Zeitraum die Republik (seit 1911) China, die 1931 von Japan besetzte und 1932 in den Satellitenstaat Mandschukuo umgewandelte Mandschurei, die britische Kronkolonie Hongkong, die durch einen Sonderstatus der Oberhoheit Chinas entzogene Stadt Shanghai (s. u.), das seit 1905 von Japan besetzte Korea sowie das japanische Kaiserreich (s. u.) selbst. Diese Weltregion wurde in den dreißiger Jahren durch zwei Konfliktlinien geprägt: durch die japanische Expansion auf Kosten Chinas und seiner Randgebiete einerseits und durch den seit 1927 schwelenden chinesischen Bürgerkrieg zwischen der regierenden Kuomintang-Partei unter Marschall Chiang Kai-shek und den Kommunisten unter Mao Tse-dong andererseits. China wurde daher ununterbrochen von Krieg und Bürgerkrieg heimgesucht und bot vor allem aus diesen Gründen – neben seiner fernen geographischen Lage, seiner wirtschaftlichen Instabilität sowie aus sprachlichen und kulturellen Gründen – für Flüchtlinge aus dem Dritten Reich kein bevorzugtes Fluchtziel. Der Bürgerkrieg, der erst nach Einmarsch der Japaner 1937 vorübergehend ausgesetzt wurde, sowie der anschließende blutige Befreiungskrieg gegen die japanische Besatzung boten keine günstigen Voraussetzungen für die Aufnahme größerer Flüchtlingszahlen. Und in Japan selbst ließen sich zwar einzelne Gruppen deutschsprachiger Emigranten nieder, jedoch lassen sich bis jetzt nur kleinere Personengruppen nachweisen. Dennoch zog es einige tausend Emigranten nach Fernost. Offensichtlich keine Aufnahme fanden deutschsprachige Flüchtlinge in Hongkong sowie in den von Japan besetzten bzw. annektierten Gebieten Korea und Taiwan. Wohl aber fanden einige Familien Zuflucht in der Mandschurei, wo sich nach Revolution und Bürgerkrieg in Rußland zahlreiche weißgardistische Russen sowie jüdische Flüchtlinge aus dem ehemaligen Zarenreich niedergelassen hatten (Stern 1990).

In die von der Kuomintang-Regierung in Nanking kontrollierten Gebiete zog es nur einzelne Familien und Personen, obwohl die Einreise vor dem Einmarsch der Japaner 1937 unproblematisch gewesen zu sein scheint: Nach – allerdings schwer überprüfbaren – Angaben des *Philo-Atlas* war ein China-Visum gegen Nachweis eines Eigenkapitals von 5000 RM erhältlich. Die ungefähre Gesamtzahl deutschsprachiger Emigranten wurde bisher noch nicht ermittelt. Nachweisbar anhand der Berichte diplomatischer und konsularischer Missionen sind kleinere Gruppen in Tientsin, Kanton, Swatow und anderen Städten, unter ihnen einige Ärzte, die in Missionsstationen oder in öffentlichen chinesischen Krankenhäusern angestellt wurden. Einen Sonderfall bildete die Deutsche Anna Wang, die durch ihre Ehe mit einem chinesischen Kommunisten in die nähere Umgebung Mao Tse-dongs gelangte und mit seinen Truppen am „Langen Marsch" teilnahm (Wang 1964). Einige deutschsprachige Ärzte, die am Spanischen Bürgerkrieg teilgenommen hatten und nach 1939 im französischen Gurs interniert worden waren, gingen 1940 nach China.

Auf Initiative des chinesischen Finanzministers Sung, eines Schwagers von Chiang Kai-shek, und durch Vermittlung der Völkerbundsverwaltung berief die Regierung in Nanking 1933 einige hochrangige politische Emigranten nach China, um sie in den Bereichen Verwaltung, Kommunalpolitik, Landwirtschaft, Genossenschaftswesen und Hochschule als Berater einzusetzen. Von ursprünglich 20 vorgesehenen Persönlichkeiten gingen im Herbst 1933 nur fünf – teilweise mit ihren Familien – nach Fernost: der frühere Altonaer Oberbürgermeister Max Brauer, der frühere preußische Finanzminister Otto Klepper, der ehemalige Magdeburger Polizeipräsident Horst W. Baerensprung, der Wirtschaftsfachmann Kurt Bloch und der Rechtsanwalt Rudolf Katz, später Vizepräsident des Bundesverfassungsgerichts. Während Baerensprung eine Professur an der Shanghai Law School annahm und die chinesische Feldpolizei ausbildete und organisierte, arbeitete Bloch als Berater im Finanzministerium in Nanking und gingen Brauer, Klepper und Katz auf Inspektionsreisen, um Denkschriften über die Reform der Verwaltung, der Landwirtschaft und des Genossenschaftswesens auszuarbeiten. Von der deutschen Gesandtschaft argwöhnisch beobachtet, hielten sie Distanz zur offiziellen reichsdeutschen Kolonie und ihren Organisationen. Nachdem ihr Gönner und Förderer, Finanzminister Sung, Ende 1933 zurückgetreten war und die deutsche Gesandtschaft wiederholt ihre Beschäftigung kritisiert hatte, wurden die Beraterverträge im Herbst 1934 nicht weiter verlängert. Brauer, Katz und Klepper reisten 1934 bzw. 1935 nach Nordamerika, Bloch blieb als Finanzberater noch bis 1937 in China, Baerensprung bis 1939; beide emigrierten anschließend ebenfalls in die USA (Brauer 1994, S. 36 ff., 119 ff.; von Pufendorf 1997, S. 163 ff.). Damit fand der Versuch, qualifizierte Emigranten in China in der „Entwicklungshilfe" einzusetzen, wie es die Türkei so erfolgreich tat, ein Ende.

Der einzige Ort in Ostasien, der aufgrund der zahlreichen Flüchtlinge und der von ihnen geschaffenen Infrastrukturen in Form von Schulen, Clubs, Kaffeehäusern, Zeitungen und Zeitschriften, religiösen, sozialen und kulturellen Einrichtungen Bedeutung erlangte, war Shanghai. Diese Stadt war dreigeteilt und gliederte sich in die von China kontrollierten Stadtteile sowie in zwei exterritoriale Zonen, die der Oberhoheit der Chinesischen Republik entzogen waren. Bei diesen handelte es sich einerseits um die von Frankreich verwaltete, acht qkm umfassende Concession française und die von einer multinational zusammengesetzten Verwaltungsbehörde (Shanghai Municipal Council) regierte, 24 qkm umfassende Internationale Niederlassung (International Settlement). Mit der Besetzung der Küstenzonen 1937 gerieten die chinesischen Stadtteile Shanghais unter japanische Kontrolle. Japan respektierte zwar den Bestand der beiden exterritorialen Zonen, trennte aber von der Internationalen Niederlassung den Stadtteil Hongkew ab. Die Internationale Niederlassung wurde erst Ende 1941 besetzt, nicht jedoch die Concession française, deren Verwaltungschef sich 1940 zum Vichy-Regime bekannt hatte. Im Januar 1943 verzichteten die West-Alliierten auf alle Sonderrechte in Shanghai, im August 1943 hoben auch die Japaner den Sonderstatus der Stadt auf. Im August 1945 gelangte die Stadt endgültig und ungeteilt wieder unter die Oberhoheit Chinas.

Da eine Einreise in den französischen und in den internationalen Teil Shanghais bis Dezember 1941 ohne Visum möglich war, wurde die Stadt infolge der weltweit für Flüchtlinge verschlossenen Grenzen Fluchtziel der deutschsprachigen Emigration. Vor 1938 hatte es nur einige Dutzend Ärzte mit ihren Familien nach Shanghai verschlagen. Infolge des Anstiegs der Fluchtbewegung nach der Reichspogromnacht im November 1938 nahm diese Zahl rapide zu. Shanghai wurde zunächst meistens auf dem Seeweg von einem der italienischen Häfen (Triest, Genua, Neapel) mit einem Schiff des Lloyd Triestino erreicht. Nachdem das Mittelmeer im Sommer 1940 durch den Kriegseintritt Italiens Seekriegsgebiet geworden war, verlagerte sich die Emigrationsroute zu einem geringeren Teil um das Kap der Guten Hoffnung, zu einem größeren Teil über die Transsibirische Eisenbahn durch die Sowjetunion. Mit dem deutschen Überfall auf die Sowjetunion im Juni 1941 wurde auch der Landweg nach Ostasien versperrt, so daß die Emigration nach Shanghai weiter erschwert wurde und eine Einwanderung fast nur noch über Zwischenstationen in Afrika oder Asien erfolgte. Neben diesen politischen und verkehrstechnischen Schwierigkeiten hatten aber bereits die Verwaltungsbehörden von Shanghai die weitere Zuwanderung erstmals im August 1939 eingeschränkt und im Sommer 1940 durch Einführung des Permits, das in seiner Auswirkung einem Visum ähnlich war, bzw. des Vorzeigegeldes in Höhe von 400 US-Dollar noch weiter erschwert. Während des Zweiten Weltkrieges dürften sich etwa 18000–20000 Emigranten, in der Mehrheit deutschsprachige Emigranten jüdischer Herkunft, in Shanghai aufgehalten haben (Kreissler 1993).

Die Integration der Emigranten wurde mit Mitteln der jüdischen Hilfsorganisationen unterstützt. Bereits 1934 hatten ortsansässige jüdische Gemeinden einen Hilfsfond für deutsche Juden eingerichtet. Im August 1938 wurde zu diesem Zweck das International Committee for Granting Relief to European Refugees (IC) gegründet, im Oktober darauf das Committee for the Assistance of European Jewish Refugees in Shanghai (CFA). Diese lokalen Hilfsorganisationen waren nicht in der Lage, aus eigener Kraft die erforderlichen Mittel aufzubringen und waren ihrerseits stark von auswärtiger Hilfe abhängig. Bis zum Ausbruch des pazifischen Krieges im Dezember 1941 unterstützte das American Jewish Joint Distribution Committee (JDC) die jüdischen Hilfsorganisationen unmittelbar, danach indirekt über Organisationen und Institutionen in neutralen Ländern (→ FLUCHTHILFE). Trotz dieser Hilfe bedeutete die Zuflucht in Shanghai für die allermeisten Emigranten einen schweren sozialen Abstieg. Die meisten von ihnen kamen mittellos nach Fernost und wurden von den Hilfsorganisationen in primitiv ausgestatteten Massenquartieren, sog. „Heimen", untergebracht und teilweise durch Massenspeisung ernährt; auch in den Fällen, in denen sich Emigranten aus eigenen Mitteln einen Haushalt einrichten konnten, waren die Lebensumstände durch mangelhafte Ernährung, Wohnqualität und Hygiene gekennzeichnet. Hinzu kam, daß die meisten Flüchtlinge sich in dem Stadtteil Hongkew niedergelassen hatten, der bei der Einnahme der Stadt durch die Japaner stark beschädigt worden war und unter mühsamen Bedingungen wieder aufgebaut werden mußte (Gruenberger 1950, S. 329 ff.; Dreyfuß 1980, S. 462 f.).

Die soziale Lage der Emigranten zeichnete sich durch besondere Schwierigkeiten auf dem Arbeitsmarkt aus, da die Wirtschaft durch den chinesisch-japanischen Krieg und später durch den pazifischen Krieg stark zurückging und überdies ein Überangebot an billigen chinesischen Arbeitskräften bestand. Dennoch erlebte die Emigrantenkolonie vor dem Beginn des pazifischen Krieges eine Phase relativer Prosperität. Es etablierten sich kleinere Geschäfte, Restaurants, Kaffeehäuser, Hotels, Arztpraxen, Apotheken, Werkstätten und Produktionsbetriebe. 1939 waren bei den Behörden 500 solcher Betriebe registriert. Deutschsprachige Ladenschilder und Werbung führten dazu, daß man die Straßen von Hongkew bald als „Neu-Kurfürstendamm" oder ganze Viertel als „Klein-Wien" bezeichnete (Gruenberger 1950, S. 331; Dreyfuß 1979, S. 459 f.; Englert 1985, S. 115 ff.). Mit Beginn des pazifischen Krieges Ende 1941 endete diese wirtschaftliche Prosperität; ihr folgte eine Zeit, die durch Arbeitslosigkeit und Hunger bestimmt wurde.

Wichtiger Teil des wirtschaftlichen und gesellschaftlichen Lebens bildeten die 1939 und in den folgenden Jahren gegründeten, von Emigranten in deutscher, teilweise auch in englischer Sprache herausgegebenen Zeitschriften, deren Aufzählung auch das publizistische Spektrum charakterisiert: *Gelbe Post, Acht-Uhr-Abendblatt, Shanghai Jewish Chronicle, Shanghai-Woche, Shanghaier Morgenpost, Tribüne, Jüdisches Nachrichtenblatt, The Jewish Voice, The Jewish Voice of the Far East, Shanghai Herald, Der Kreis* u. a. Einige Blätter hatten aus wirtschaftlichen oder – in der Zeit der japanischen Besatzung – aus politischen Gründen eine nur kurzlebige Existenz, spielten aber eine wichtige Rolle als Informationsquelle und Meinungsforum (Kranzler 1976, S. 407 ff.; Dreyfuß 1980, S. 501 ff.; Seywald 1987). Neben der Rolle der Presse ist die der Bildungseinrichtungen hervorzuheben. Es gab kleinere Bibliotheken, literarische Zirkel und Lesekreise, Musikgruppen. Umfassend war das Unterrichtswesen für Kinder, Jugendliche und Erwachsene. Unter den Emigranten befanden sich ca. 1 000 Kinder unter 15 Jahren. Mit Unterstützung des alteingesessenen jüdischen Millionärs Horace Kadoorie wurde 1939 in einem von ihm zur Verfügung gestellten Werksgelände mit leerstehenden Räumlichkeiten eine allgemeinbildende Schule mit etwa 600 Schülern sowie ein Kindergarten mit 60 Kleinkindern eingerichtet. Neben weiteren Schulen gründete das jüdische Berufsbildungswerk ORT in Shanghai eine Zweigstelle mit Aus- und Fortbildungskursen in verschiedenen Berufsbranchen. Im September 1943 eröffnete der aus Berlin stammende Orientalist Willy Y. Tonn eine Volkshochschule, in der Sprachkurse sowie allgemeinbildende Lehrgänge angeboten.

Verhältnismäßig stark vertreten waren – zumeist aus Wien stammende – Künstler aus Film, Theater und Oper: schätzungsweise 80 Schauspieler und 33 Sänger, überdies Bühnenbildner, Orchestermusiker, Tänzer, Kabarettisten usw. Die Bühnenkünstler schlossen sich 1940 zur European Jewish Artist Society (EJAS) zusammen, die wichtige Impulse für das Theaterleben in Shanghai gab. Bildende Künstler und Musiker schlossen sich gleichfalls in eigenen Organisationen zusammen – in der Association of Jewish Artists and Lovers of Fine Art und der Shanghai Musicians Associations of Stateless Refugees. Da geeignete Räumlichkeiten fehlten, wurden die deutsch- oder englischsprachigen Theaterstücke in Kinos mit schmaler Bühne aufgeführt; Kabaretts traten in der Regel in Gaststätten auf. Mit den – teilweise allerdings kurzlebigen – Theatern wie Broadway Theatre, Eastern Theatre, Lyceum Theatre und Allcock Theatre sowie dem von dem Wiener Filmregisseur Arthur Gottlein gegründeten Marionettentheater, zu denen noch musikalische Darbietungen und Orchester hinzugerechnet werden müssen, verfügte Shanghai über das dichteste Netz kultureller Institutionen im Exil (Dreyfuß 1980; Philipp 1996).

Auch im gesellschaftlichen Leben bot Shanghai vorübergehend ein vielfältiges Bild. Neben den genannten Institutionen und Organisationen kulturellen Charakters und den Hilfskomitees und karitativen Organisationen gab es Synagogengemeinden und religiöse Vereinigungen. Eine Statistik aus dem Jahre 1946 nennt unter den Emigranten 688 Protestanten und 367 Katholiken (Kranzler 1976, S. 605 f.), bei denen es sich vermutlich um Christen jüdischer Herkunft handelte, was auch die Gründung einer Vereinigung mitteleuropäischer Protestanten erklärt. Dagegen gab es politische Aktivitäten unter den Emigranten nur in Ansätzen oder in versteckter Form, zumal während der japanischen Besatzungszeit 1941–45; die meisten Flüchtlinge waren aus Gründen „rassischer" Verfolgung nach Shanghai emigriert und nur in Ausnahmefällen aus politischen Gründen. Bekannt sind Aktivitäten von Zionisten, deren militanteste Vertreter sich um die *Shanghai Jewish Chronicle* scharten. Überliefert wird auch die Existenz von zwei KPD-Zellen mit jeweils etwa 25 Mitgliedern, von deren Wirken über autobiographische Selbstzeugnisse hinaus nichts bekannt ist; einige KPD-Mitglieder arbeiteten für die sowjetische Nachrichtenagentur TASS (Nobel/Nobel 1979, S. 887 ff.; Dreyfuß 1980, S. 470 ff.; Scherner 1986, S. 422 ff.). Sozialdemokratische Aktivitäten in Shanghai – allerdings erst nach 1945 erkennbar – bedürfen noch eingehender Untersuchungen. Zu überprüfen ist auch, in welchem Umfang sich von Shanghai aus ehemalige deutschsprachige Spanienkämpfer den chinesischen Kommunisten im Landesinnern anzuschließen versuchten (Leben im Wartesaal 1997, S. 18).

Die japanische Besetzung der Internationalen Niederlassung Ende 1941 bedeutete eine schwerwiegende Zäsur in der Geschichte des fernöstlichen Emigrantenzentrums. Mit der Verhaftung von amerikanischen, britischen und niederländischen „Feindbürgern" kam das Wirtschaftsleben weitgehend zum Erliegen, wurden Firmen, Presseagenturen und Institutionen geschlossen. Bis auf zwei wurden die deutschsprachigen Emigrantenzeitungen verboten, ebenso der größte Teil kultureller und karitativer Organisationen und Institutionen. Die wirtschaftliche Notlage verschärfte sich auch dadurch, daß die amerikanischen Hilfsorganisationen JDC und HIAS/HICEM ihre Arbeit einstellen mußten. Finanzielle Unterstützungsgelder flossen nur noch spärlich über neutrale Länder (Dreyfuß 1980, S. 491; Englert 1985, S. 116; Kranzler 1976, S. 458 ff.). Eine zunehmend rigide Verwaltungspraxis der japanischen Besatzungsmacht, die mit drakonischen Disziplinierungsmaßnahmen durchgesetzt wurde, schränkte zunehmend den Lebensbereich der Shanghai-Emigranten ein. Am 18. Februar 1943 führten die Japaner Wohn- und Beschäftigungsbeschränkungen für die staatenlosen Flüchtlinge ein und schufen in einem Territorium, das weitgehend dem Stadtteil Hongkew entsprach, ein Getto. Obwohl dieser Begriff offiziell nicht verwendet, vielmehr durch „district" bzw. „designated area" umschrieben wurde, und in den Verlautbarungen niemals von Juden die Rede war, galten diese Beschränkungen de facto für die nach 1937 eingewanderten Flüchtlinge aus Deutschland, Österreich und der Tschechoslowakei (sowie Polen, Litauen, Lettland und Estland). Bis auf wenige privilegierte Ausnahmen mußten die meisten Emigranten, auch die in den übrigen Stadtteilen wohnhaften, innerhalb von drei Monaten ihren Wohnsitz in Hongkew nehmen (Kreissler 1988). Dieser Bezirk, in dem allerdings Chinesen nach wie vor die Mehrheit stellten, durfte nur mit Passierscheinen verlassen werden, die oft verweigert oder nur unter schikanösen Umständen ausgestellt wurden (Kranzler 1976, S. 493 ff.; Dreyfuß 1980, S. 480; Kneucker 1984, 256 f.).

Zur Unterstützung der Besatzungsmacht bildeten die Japaner eine überwiegend aus Chinesen, teilweise aber auch aus Emigranten zusammengesetzte Hilfspolizei („Pao Chia"), in der der Österreicher Felix Kardegg und der aus Deutschland stammende Ossi Lewin eine maßgebliche Rolle spielten (Kranzler 1976, S. 493 f.; Dreyfuß 1980, S. 481 f.; Kneucker 1984, S. 261; Seywald 1987, S. 297 ff.). Eine andere von den Japanern ins Leben gerufene Institution war die Shanghai Ashkenazi Collaborating Relief Association (SACRA), die mit gewissen Vollmachten und Verwaltungsfunktionen im Bereich der Wohnungsvermittlung, Besteuerung und Sozialleistungen ausgestattet und mit Emigranten besetzt wurde (Kranzler 1976, S. 521 ff.).

Das Dritte Reich war im Fernen Osten auch durch SD und Gestapo präsent, vor allem durch SS-Standartenführer Josef Meisinger, der der Botschaft in Tokio zugeteilt war und in Shanghai eine Nebenstelle unter Franz Huber unterhielt. Aufgabe dieser Dienststellen war es, sowohl feindliche Aktivitäten in Fernost zu beobachten als auch die Emigranten zu observieren. In der Wahrnehmung der Emigranten und auch in den überlieferten Erinnerungen kam diesen Stellen eine vermutlich stark übertriebene Bedeutung zu. Ungeklärt ist, ob und wie weit NS-Stellen in Japan und in Shanghai selbst die Japaner zur Bildung des Gettos genötigt hatten. Ebenso ist noch nicht abschließend geklärt, ob die japanischen Stellen tatsächlich von deutscher Seite gedrängt wurden, die Vernichtung der jüdischen Emigrantenkolonie durchzuführen, wie dies 1944 von jüdischen Gemeindevertretern befürchtet wurde (Burkhard o.J., S. 169 f.; Kranzler 1976, S. 568 f.; Kauffmann 1986; Tokayer/Swartz 1988).

Nach der japanischen Kapitulation im August 1945 und der amerikanischen Besetzung der Stadt besserte sich die Lage der Flüchtlinge. Die Grenzen des Gettos von Hongkew wurden aufgehoben, die Hilfsorganisationen konnten ihre Arbeit wieder aufnehmen, und viele Emigranten fanden Anstellung bei den amerikanischen Dienststellen. Jetzt wurde die reichsdeutsche Kolonie in dem mit Stacheldraht umzäunten Stadtteil Kiangwan interniert. Im Herbst 1945 formierte sich eine Gemeinschaft demokratischer Deutscher in Shanghai; österreichische Flüchtlinge bildeten eine eigene Organisation. Auch das Kulturleben regte sich wieder. Zugleich setzte bereits eine – durch fehlenden Schiffsraum allerdings stockende – Abwanderung von Emigranten ein. Es kam zu Konflikten mit Chinesen, die in ihre während des Krieges verlassenen Häuser zurückkehren wollten, und zu fremdenfeindlichen Ausschreitungen. Ende 1945 forderte die Republik China alle Flüchtlinge zum Verlassen des Landes auf (Kreissler 1995). Nur etwa 500 Emigranten kehrten im Sommer 1947 nach Deutschland und 144 nach Österreich zurück. Größere Flüchtlingskontingente reisten in die Vereinigten Staaten ab, nach Australien, Kanada, Palästina/Israel und in lateinamerikanische Länder. Einer von ihnen, Michael W. Blumenthal, wurde in der Ära Nixon amerikanischer Finanzminister. Nur wenige blieben in Shanghai, von denen die meisten nach der kommunistischen Besetzung der Stadt im Mai 1949 Shanghai verlassen haben dürften (Nobel/Nobel 1979, S. 893 f.; Dreyfuß 1980, S. 486), so daß heute nur noch wenig in der stark veränderten Stadt an die Geschichte dieses ehemaligen deutschsprachigen Exilzentrums erinnert (Ahlers 1987).

Auch Japan selbst war Ziel einer deutschsprachigen Emigrationsbewegung. Umfang und Ausmaß sind noch nicht erforscht, jedoch lassen bisher verfügbare Informationen eine geringe Zahl vermuten, unter denen sich jedoch einige als Wissenschaftler, Techniker, Künstler oder andere Spezialisten bekannte Persönlichkeiten befanden. Nicht in allen Fällen sind die Grenzen zwischen verfolgungsbedingter Emigration und regulärem Auslandsdienst klar zu erkennen. Eine systematische Exil- und Asylpolitik in Japan scheint es nicht gegeben zu haben, vielmehr beruhte die Vermittlung von Arbeit und Wohnung für Emigranten in den bisher bekannten Fällen auf Einzelinitiativen, bei der möglicherweise die Tatsache eine Rolle spielte, daß die NS-Rassenideologie auch Japaner bzw. Abkömmlinge aus deutsch-japanischen Mischehen diskriminierte (Furuya 1995, S. 17 ff.). So löste die im April 1933 verfügte Entlassung des Biologen Otto Urhan aus dem Staatsdienst aufgrund seiner japanischen Abstammung mütterlicherseits in Japan Empörung aus. Urhan, der kein Japanisch sprach, erhielt Arbeitsangebote in Japan und emigrierte, ohne jedoch seine deutsche Staatsbürgerschaft zu verlieren. Durch Vermittlung japanischer Kollegen im Internationalen Architektenbund wurde der Architekt Bruno Taut mit seiner Lebensgefährtin Erica Wittich 1933 eingeladen und mit einer Beraterstelle in der Verwaltung betraut; seine Studie über das japanische Haus wurde in Japan herausgebracht (Speidel 1994). Er wanderte 1936 weiter in die Türkei. Auf Initiative des Philosophen Kuki Shuzoi erhielt der Philosoph Karl Löwith an der Kaiserlichen Universität in Sendai eine Gastprofessur (Löwith 1989; Schwentker 1994, S. 415 ff.). Einen Grenzfall bildet Thomas Manns Schwager, der Dirigent und Komponist Klaus Pringsheim; seit 1931 in Japan tätig, zählt er nicht zu den unter Verfolgungsdruck emigrierten Personen, andererseits war ihm die Rückkehr nach Deutschland wegen seiner jüdischen Herkunft verwehrt. Pringsheims befristeter Vertrag wurde in Japan verlängert. Er blieb – nach zweijähriger Unterbrechung in Bangkok – endgültig in Japan und starb dort 1972.

Durch ähnliche Initiativen gelangten namhafte Wissenschaftler nach Japan: neben Karl Löwith der Hamburger Wirtschaftswissenschaftler und Kulturphilosoph Kurt Singer, der Nationalökonom Franz Oppenheimer und der Psychologe Kurt Salzinger. Auffallend stark vertreten waren exilierte Musiker, von denen einige durch Vermittlung Pringsheims nach Japan gelangten: die Dirigenten Manfred Gurlitt und Joseph Rosenstock, die Harfenistin Eta Harich-Schneider (Harich-Schneider 1978), der Pianist Leonid Kreutzer, dazu Leo Sirota, Margarete Netke-Löwe, Rudolf Fetsch, August Junker und Hermann Wucherpfennig. Sie nahmen eine wichtige Stellung im japanischen Musikleben ein (Schauwecker 1994). Der geringe Umfang dieser Emigration führte dazu, daß sich in Japan keine charakteristischen Exil-Strukturen mit Vereinen, Institutionen, Zeitschriften und Clubs bildeten. Nach Beginn des pazifischen Krieges und der Spionageaffäre Richard Sorge waren Emigranten wie alle europäischen Ausländer zunehmenden behördlichen Einschränkungen und Repressionen ausgesetzt, die in den letzten Kriegsmonaten in Hausarrest oder Inhaftierung gipfeln konnten.

Ab 1938 sperrten sich japanische Behörden zunehmend gegen eine „willkürliche" Einwanderung von Emigranten, die nicht ausdrücklich erwünscht waren. Wie umfangreich der Anteil deutschsprachiger Emigranten an der nach dem Ersten Weltkrieg gegründeten jüdischen Kolonie in Kobe war, bedarf noch genauerer Forschungen (Shatzkes 1991, S. 257 ff.). Die restriktive Politik Japans führte dazu, daß das Land vielfach nur eine Transit-Station einer nach Nord- und Lateinamerika führenden Emigrationsbewegung war. Der Publizist Albert Theile wanderte nach Chile weiter, andere in die USA, wieder andere wurden von den Japanern nach Shanghai „umgeleitet". Einen Sonderfall bildete die Rolle Japans als Transitland durch die Initiative des japanischen Konsuls in Kaunas/Kovno, der – gegen die amtlichen Anweisungen des Außenministeriums – 1940/41 Visa für mehrere tausend jüdische Emigranten aus Deutschland und Polen ausstellte, so daß 4608 nach Japan ausreisen konnten. In Kobe wurden sie von der dortigen jüdischen Gemeinde unterstützt, bis sie in ihre endgültigen Zufluchtsländer weiterreisen konnten (Levine 1996).

Japan stellt ein Desiderat der Exilforschung dar. Umfang, Lebensbedingungen und Wirkung der deutschsprachigen Emigration sind zusammenfassend noch nicht erforscht worden, wobei der Zugang zu den insgesamt zahlreichen Quellen vor allem durch Sprachbarrieren behindert wird.

Literatur

Ahlers, Mulan (1987): „Die Emigranten kämpfen mit Shanghai wie Jacob mit dem Engel", in: Exilforschung 5, S. 111 ff.

Almanac-Shanghai 1946/47 (1947), Shanghai.

Berg-Pan, Ranata (1983): Shanghai Chronicle: Nazi Refugees in China, in: Jackman, Jarrell C., and Carla

M. Borden, Eds.: The Muses Flee Hitler. Cultural Transfer and Adaption 1930–1945, Washington D.C., S. 283 ff.

Burkhard, Hugo (o.J.): Tanz mal Jude: Von Dachau bis Shanghai, Nürnberg.

Dreyfuß, Alfred (1980): Schanghai – Eine Emigration am Rande, in: Middell, Eike, u. a., Hrsg.: Exil in den USA, Frankfurt a. M., S. 447 ff.

Englert, Siegfried (1985): „Sechs dürfen unter einem Schal beten". Zur Geschichte der Juden in Shanghai 1937–1945, in: ders., u. Folker Reichert, Hrsg.: Shanghai. Stadt über dem Meer, Heidelberg, S. 115 ff.

Furuya, Harumi Shidehara (1995): Nazi Racism Toward the Japanese, in: Nachrichten der Gesellschaft für Natur- und Völkerkunde Ostasiens 65, Nr. 1–2, S. 17 ff.

Ganther, Heinz, Hrsg. (1942): Drei Jahre Immigration in Shanghai. Ihr Beginn 1939. Ihre Leistungen 1940. Ihr Erfolg 1941, Shanghai.

Gruenberger, Felix (1950): The Jewish Refugees in Shanghai, in: Jewish Social Studies XII, H. 4, S. 329 ff.

Harich-Schneider, Eta (1978): Charaktere und Katastrophen, Berlin.

Hoss, Christine (1997): Kein sorgenfreies Leben. Erfahrungen mit dem neuen Deutschland, in: Leben im Wartesaal, S. 100 ff.

Kauffmann, Fritz (1986): Die Juden in Shanghai im 2. Weltkrieg. Erinnerungen eines Vorstandsmitglieds der jüdischen Gemeinde, in: Leo Baeck Institute Yearbook Bulletin 73, S. 13 ff.

Kneucker, Alfred W. (1984): Zuflucht in Shanghai. Aus den Erlebnissen eines österreichischen Arztes in der Emigration 1938–1945, bearb. und hrsg. von Felix Gamillschegg, Wien.

Kranzler, David (1976): Japanese, Nazis and Jews. The Jewish Refugee Community of Shanghai 1938–1945, New York.

Kranzler, David (1977): Japanese Policy Toward the Jews, 1938–1941, in: Japan Interpreter 11, H. 4, S. 493 ff.

Krebs, Gerhard, u. Bernd Martin, Hrsg. (1994): Formierung und Fall der Achse Berlin–Tokyo, München.

Kreissler, Françoise (1988): Die Emigration nach Shanghai. Ein Ghettoisierungsprozeß?, in: Stadler, Friedrich, Hrsg.: Vertriebene Vernunft II. Emigration und Exil österreichischer Wissenschaft, Wien, S. 1028 ff.

Kreissler, Françoise (1993): Chine, in: Dictionnaire Encyclopédique du Judaïsme, Paris, S. 1443 ff.

Kreissler, Françoise (1994): Japans Judenpolitik (1931–1945), in: Krebs/Martin, S. 187 ff.

Kreissler, Françoise (1995): Entlassung in die Ungewißheit: Die jüdischen Emigranten und die Befreiung Shanghais 1945, in: Newsletter Frauen und China 9, S. 13 ff.

Leben im Wartesaal (1997). Exil in Shanghai 1938–1947, hrsg. vom Jüdischen Museum im Stadtmuseum Berlin, Berlin.

Levine, Hillel (1996): In Search of Sugihara, New York.

Lincoln, Anna (1982): Escape to China (1939–1948), New York.

Löber, Petra (1997): Leben im Wartesaal. Exil in Shanghai 1938–1947, in: Leben im Wartesaal, S. 10 ff.

Löwith, Karl (1989): Mein Leben in Deutschland vor und nach 1933 – Ein Bericht, hrsg. von Reinhard Koselleck, Frankfurt a. M.

Margolis, Laura L. (1944): Race against Time in Shanghai, in: Survey Geographic XXXIII/3, S. 168 ff.

Nobel, Günter, u. Genia Nobel (1979): Als politische Emigranten in Shanghai, in: Beiträge zur Geschichte der deutschen Arbeiterbewegung 21, S. 882 ff.

Philipp, Michael (1996): Und nicht einmal einen Thespiskarren. Exiltheater in Shanghai 1939–1945, Hamburg.

von Pufendorf, Astrid (1997): Otto Klepper (1888–1957). Deutscher Patriot und Weltbürger, München.

Ross, James R. (1994): Escape to Shanghai. A Jewish Community in China, New York.

Schauwecker, Detlev (1994): Musik und Politik – Tokyo 1934–1944, in: Krebs/Martin, S. 211 ff.

Scherner, Helga (1986): Deutsche Antifaschisten während des zweiten Weltkrieges in Shanghai, in: Asien, Afrika, Lateinamerika. Zeitschrift des Zentralen Rates für Asien-, Afrika- und Lateinamerikawissenschaften der DDR 14, S. 422 ff.

Schwentker, Wolfgang (1994): Karl Löwith und Japan, in: Archiv für Kulturgeschichte 76, S. 415 ff.

Seywald, Wilfried (1987): Journalisten im Shanghaier Exil 1939–1949, Salzburg.

Shatzkes, Pamela (1991): Kobe – A Japanese Haven for Jewish Refugees, 1940–41, in: Japan Forum 3, H. 2, S. 257 ff.

Singer, Kurt (1991): Spiegel, Schwert und Edelstein – Stukturen japanischen Lebens, Frankfurt a. M.

Speidel, Manfred (1994): Bruno Taut. Natur und Phantasie, 1880–1938, Berlin.

Stern, Hellmut (1990): Saitensprünge, Berlin.

Taussig, Franziska (1987): Shanghai Passage. Flucht und Exil einer Wienerin, Wien.

Tokayer, Marvin, and Mary Swartz (1988): The Fugu Plan. The Untold Story of the Japanese and the Jews During World War II, New York.

Wang, Anna (1964): Ich kämpfte für Mao. Eine deut-

sche Frau erlebt die chinesische Revolution, Hamburg.
(Wichtige Informationen zu Japan stützen sich auf Recherchen von Annette Hack, Berlin.)

Palästina/Israel

Ludger Heid

Infolge der nach der nationalsozialistischen Machtübernahme einsetzenden antijüdischen Ausgrenzungspolitik und Verfolgungsmaßnahmen verließen von den ca. 560000 im Deutschen Reich lebenden Juden etwa 280000 das Land. Insgesamt umfaßte die gesamte erzwungene Emigration aus den deutschsprachigen Ländern nach 1933 etwa 500000 Menschen, die sich als „deutsche Staatsbürger jüdischen Glaubens" verstanden. Erklärtes Ziel nationalsozialistischer „Judenpolitik" war die „Entjudung" Deutschlands durch Förderung der Auswanderung. Durch das Ausbürgerungsgesetz vom 14. Juli 1933 waren die „rechtlichen" Grundlagen dafür geschaffen worden, daß das Reichsfinanzministerium sich die Vermögen der Emigrationswilligen aneignen konnte. Das Emigrationsverbot (Erlaß vom 23. Oktober 1941) leitete die Wende nationalsozialistischer „Judenpolitik" ein: Deportation und physische Vernichtung lösten Emigration und Vertreibung ab.

Die zentralen Leitstellen für die deutsch-jüdischen Emigranten waren der Hilfsverein der Juden in Deutschland, das Palästina-Amt der Jewish Agency und die Jüdische Wanderfürsorge. Als Emigrationsland war Palästina naturgemäß bedeutsam, wenngleich die Einwanderung durch ein von der britischen Mandatsregierung verfügtes System halbjährlich festgelegter Einwanderungsquoten beschränkt war. Von 1933 bis 1941 betrug der Anteil der deutschen Juden mit mehr als 60000 Personen etwa 26% der gesamten Einwandererzahl. Nimmt man die illegalen Immigranten hinzu, so erhöht sich die Zahl auf 75000 Personen, d.h. auf etwa ein Drittel (Strauss 1981, S. 343). Palästina war das einzige Zufluchtsland, in dem man nicht von Emigration, sondern nur von Immigration sprach und diese mit dem Wort „Aufstieg" – Alija – bezeichnete.

Die britische Quotenregelung bewirkte, daß zionistischerseits Einreise-Zertifikate für Palästina nur den „Chaluzim" vorbehalten waren, zionistischen Pionieren, die eine (zumeist landwirtschaftliche) Ausbildung in einer Hachschara-Gruppe hinter sich hatten. Damit sollte eine zentrale Stellenvermittlung, die gezielte Berufswahl und die Spezialisierung im Beruf durch regelmäßige Informationen aus Palästina sowie das Erlernen des Hebräischen gewährleistet werden. Die Zahl der Bewerber für diese Zertifikate überstieg bereits vor 1933 die festgesetzten Quoten. Bis zum Frühjahr 1939 waren über Zionisten-Zertifikate 3525 deutsche Einwanderer in 88 Siedlergemeinschaften untergekommen.

Eine andere Möglichkeit, nach Palästina zu gelangen, erfolgte über das sog. „Kapitalisten-Zertifikat", das für 1000 britische Pfund zu erwerben, aber für die meisten unerschwinglich war. Das Haavara-Abkommen, ein Transferabkommen, 1933 abgeschlossen zwischen der Jewish Agency und dem Reichswirtschaftsministerium, trug dabei wesentlich zur Förderung der Mittelstandseinwanderung bei. Das Abkommen regelte den Transfer von Auswanderervermögen durch Verrechnung deutscher Warenexporte nach Palästina und ermöglichte den Inhabern von Kapitalisten-Zertifikaten, den Wert von max. 50000 Reichsmark zu einem günstigeren Wechselkurs zu transferieren als beim Verkauf von Auswanderersperrmark. Das Haavara-Abkommen, durch das etwa 140 Millionen Reichsmark in Waren nach Palästina transferiert wurden, blieb bis 1939 in Kraft. Mit diesem Kapital wurden bedeutende Industriebetriebe gegründet wie z.B. das staatliche Wasserwerk Mekorot und die wichtige Land- und Immobilien-Entwicklungsgesellschaft Rassco. Die Haavara-Mittel trugen wesentlich dazu bei, in den Jahren 1933–39 die Einwanderung der deutschen Juden nach Palästina zu ermöglichen und zusammen mit dem Geld, das die Einwanderer selbst investierten, einen Anreiz für die Ausbreitung landwirtschaftlicher Ansiedlungen und die allgemeine wirtschaftliche Entwicklung zu geben.

Der großen Zuwanderung aus Deutschland ging zwischen 1932 und 1935 eine Jugend-Alija von etwa 7000 Personen voraus, die in einer späteren Phase bis 1939 weitere 5000 Jugendliche zwischen 15 und 17 Jahren ins Land brachte. Von diesen stammten 70% aus Deutschland, 20% aus Österreich und der Rest aus der Tschechoslowakei (und Italien). Die erste Gruppe von zwölf Kindern traf in Begleitung von Recha Freier in Palästina ein. Die Kinder und Jugendlichen wurden zumeist in Kibbuzim unterrichtet und ausgebildet (Reinharz 1991, S. 164). Für die weitgehend assimilierten, akkulturierten und überwiegend antizionistischen deutschen Juden war Palästina zwar nicht unbedingt das gewünschte und wichtigste Emigrationsziel, rückte aber unter den obwaltenden Umständen als Zufluchtsort immer mehr in den Blick emigrationswilliger Juden. Dazu kam die Verschärfung der äußeren politischen Probleme in der Zeit der fünften Alija (d.h. die Einwanderung nach Palästina von 1932–1948, die insgesamt etwa 265000 Personen umfaßte). Diese führte zu einem allmählichen Zusammenbruch der Beziehungen zwischen Juden, Arabern und englischer Mandatsmacht. Innerhalb Palästinas spiegelte sich die politische Verschlechterung der politischen Großwetterlage – der italienisch-abessinische Krieg, die Zeit vor dem Münchner Abkommen 1938 und das Anwachsen des aggressiven arabischen Nationalismus – wider und schlug sich in Konflikten zwischen Juden und Arabern nieder, wobei die Briten eine ambivalente Mandatspolitik zwischen den gegenseitigen nationalen Interessen praktizierten. Die britische Palästinapolitik war gekennzeichnet durch eine Reihe von Notbehelfsvorschlägen, die alle auf die Einschränkung der jüdischen Einwanderung und Siedlungen gerichtet waren und die von den Briten als illegale Immigration betrachtete Aliya Bet förderten. Erst mit Beginn des Zweiten Weltkrieges und der jüdischen Bereitschaft, auf britischer Seite Kriegseinsatz zu leisten (130000 jüdische Freiwillige aus Palästina, von denen 24000 in einer jüdischen Brigade kämpften), nahmen die Spannungen zwischen Juden und Mandatsmacht ab, die allerdings bei Kriegsende, als das ganze Ausmaß des europäischen Judenmords bekannt wurde, infolge der restriktiven Einwanderungspolitik wieder aufbrachen.

Auch wenn viele deutsche Juden Palästina nicht aus zionistischem Antrieb als Zufluchtsland ansteuerten, arrangierten sich die meisten mit den neuen Verhältnissen und machten deutlich, daß sie es nicht als Wartestellung für eine spätere Rückkehr hielten. Dabei wurde es den deutsch-jüdischen Einwanderern nicht gerade leichtgemacht, in Palästina Fuß zu fassen. Auch Palästina empfing seine deutschen Juden nicht immer mit offenen Armen. Sie sahen sich Ressentiments von seiten der vor 1933 Zugewanderten ausgesetzt. „Kommen Sie aus Überzeugung oder aus Deutschland?", so lautete eine vielgestellte Frage zur Begrüßung, die mehr ernst als ironisch gemeint war. Die deutsch-jüdischen Immigranten spürten gleich zu Beginn die doppelte Bürde: vertrieben sein, ohne aufgenommen zu werden. Das galt besonders für jene, die auf das geschriebene und gesprochene Wort angewiesen waren. Wer nicht in der Lage oder willens war, Hebräisch zu lernen, sah sich Vorurteilen und Vorbehalten ausgesetzt, die sich mitunter militant ausdrücken konnten. Das von den „Jeckes", wie die aus Deutschland stammenden Juden genannt wurden, hartnäckig gepflegte Deutsch galt als die Sprache Hitlers und war in Palästina tabu, zumindest verpönt. Es ist bekannt, wie der Schriftsteller Arnold Zweig in Jerusalem am 30. Mai 1942 bei einer deutsch gehaltenen Rede von radikalen revisionistischen Zionisten vom Rednerpult geprügelt und verletzt ins Krankenhaus gebracht werden mußte. Viele deutsche Einwanderer, die zumeist einen hohen Bildungsgrad aufwiesen, waren so lange zum Schweigen gebracht, wie sie die hebräische Sprache nicht beherrschten. Dabei handelte es sich vielfach um Gelehrte, Wissenschaftler, Professoren, Juristen, Schriftsteller, die gehofft hatten, mit ihrem Wissen dem Lande Nutzen zu bringen.

Die Distanz der Bevölkerungsmehrheit zur mitteleuropäischen Herkunft der „Jeckes" hatte auch politische Konsequenzen. Die führenden Persönlichkeiten der zionistischen Bewegung waren Ostjuden, die meist in der nationaljüdischen religiösen Tradition des Schtetl aufgewachsen waren. Sie hatten vor 1933 die assimilierten deutschen Juden teils mit Neid, teils mit Bewunderung betrachtet, weil diese in der Gesellschaft, besonders in der Wissenschaft und Kunst erfolgreich und anerkannt waren. Nach Hitlers Machtübernahme wandelte sich diese Hochachtung bei vielen ostjüdischen Zionisten in Distanz, weil die Rücknahme der Judenemanzipation in Deutschland und die gescheiterte Assimilation dahingehend ausgelegt wurde, daß eine erfolgreiche Integration von Juden in nichtjüdischen Gesellschaften unmöglich war. Ignoranz schlug aber auch deutsch-zionistischen Persönlichkeiten entgegen, die vom zionistischen Establishment des Jischuw mit Distanz in Palästina empfangen wurden. Gleichwohl konnten zwei deutschsprachige Tageszeitungen das Bedürfnis nach Informationen in der Heimatsprache befriedigen, von denen die *Jedioth Chadashoth* unter dem Namen *Israel Nachrichten* heute noch besteht. Auch diese Zeitung mußte leidvolle Erfahrung mit Sprachchauvinisten machen: 1942 warfen Extremisten eine Bombe in ihre Druckerei. Gründer dieses Blattes war Siegfried Blumenthal (*Blumenthals Neueste Nachrichten*), der im Berliner Verlagshaus Mosse gelernt und 1935 begonnen hatte, Kurznachrichten für solche „Jeckes" zu publizieren, die sich mit der hebräischen Sprache schwertaten.

Für die meisten Juden aus Deutschland kam die Auswanderung nach Palästina einem sozialen und psychologischen Sturz gleich. Von allen Einwanderungen, die in den vier vorangehenden und den folgenden Aliot in Palästina Zuflucht vor Diskriminierung und Verfolgung suchten, war die fünfte Alija die einzige, die für die Flüchtlinge keinen „Aufstieg" bedeutete. In Deutschland hatten sie meist dem Mittelstand angehört und pflegten einen wirtschaftlich gesicherten Lebensstandard. Sie verkörperten das Bildungsbürgertum, das sich die Ideale der klassischen Dichtung, Philosophie und Musik zu eigen gemacht hatte, und waren im liberalen Geist und in der Verehrung europäischer Kulturwerte aufgewachsen. Mit der Übersiedlung in das Pionierland Palästina, das z.T. noch kultiviert werden mußte und in seinen arabischen Teilen noch in feudalen Strukturen verhaftet war, mußten sie zugleich den Übergang von einem bequemen europäischen zu einem primitiven orientalischen Leben in Kauf nehmen. Ein sozialer Abstieg war es für viele auch insofern, als der von ihnen ausgeübte Broterwerb keineswegs ihrer Ausbildung entsprach. Die Einwanderungsschwierigkeiten der deutschen Juden erreichten in der Wirtschaftskrise während der arabischen Unruhen (1936–39) und in den ersten Kriegsjahren ein kritisches Stadium. Die Erfolge der deutschen Panzerarmeen in Nordafrika verstärkten die antideutschen Affekte im Jischuw.

Im Jahre 1937 waren mehr als 12 000 der bis dahin eingewanderten etwa 36 500 deutschen Juden als Arbeiter tätig. Vorausgegangen war ein oft schmerzlicher Anpassungsprozeß an einen neuen wirtschaftlichen und sozialen Status. Die Entscheidung für einen völlig neuen Berufsanfang fiel Einwanderern aus Deutschland ungleich schwerer als Zuwanderern aus anderen Ländern. Bei vielen, auch unter Nicht-Zionisten, hatten die in Deutschland erfahrenen Verfolgungen, Diskriminierungen und Ausgrenzungen die berufliche Schaffenskraft derartig beeinträchtigt, daß sie ihrem Leben eine ganz neue Richtung geben wollten. So erklären sich mit großer Wahrscheinlichkeit der hohe Anteil der deutschen Juden in agrarischen Berufen und die Motive für ihren Wechsel in Berufe außerhalb der Landwirtschaft (Getter 1979).

Die wirtschaftliche Struktur des Einwanderungslandes und die Erfordernisse einer raschen wirtschaftlichen Integration förderten unter Zuwanderern aus Mitteleuropa den Trend zur Landwirtschaft, in der zunächst mehr als ein Viertel der Flüchtlinge unterkam. Charakteristisch waren hierfür die genossenschaftlichen Siedlungsformen, die Kibbuzim und Moshavim, von denen einige wie z.B. in Givat Brenner, Hasorea, Ein Gev und Dorot von deutschen Juden gegründet wurden (Kedar 1980). Andere Einwanderer fühlten sich jedoch der Aufgabe als Landarbeiter in den Gemeinschaftssiedlungen mit ihren harten Lebensbedingungen nicht gewachsen. Sie investierten ihr Kapital in Mischkulturen, die bereits erfolgreich entwickelt worden waren. Die „jeckische" – in Palästina bis dahin unbekannte – Hühnerzucht wurde eine der rentabelsten Branchen der hochqualifizierten Landwirtschaft in Palästina/Israel. Im Jahre 1937 kamen 46% aller Eier, 25% des Gemüses und etwas weniger als 7% der Milch aus deutschjüdischen Siedlungen (Reinharz 1991, S. 169), so daß bald der Name „Eierjeckes" die Runde machte. Die von den Einwanderern aus Deutschland entwickelten neuen Methoden landwirtschaftlicher Besiedlung zeigten sich auch beim Aufbau durchorganisierter ländlicher Siedlung und bei der systematischen Planung neuer Formen jüdischer Landerschließung.

In Palästina wurden die Einwanderer aus Deutschland bei ihrer Eingliederung von verschiedenen Organisationen unterstützt. Die Jewish Agency richtete ein Zentralbüro für deutsche Juden ein, das zusammen mit der Histadrut, dem Allgemeinen Gewerkschaftsbund, sowie der Organisation deutscher Juden in Palästina, der Hitachdut Olej Germania (gegründet 1932) berufsbildende Kurse und Hebräischkurse einrichtete und Darlehen zur Verfügung stellte. Für Frauen boten der Frauenausschuß der Histadrut und die WIZO (Women's International Zionist Organization) Berufsbildungskurse an. Neben der Landwirtschaft wurden Lehrgänge für Kinderpflege, Zentralküchen und Wäschereien eingerichtet. Für viele Frauen, die unter den primitivsten Bedingungen den Haushalt bewältigten, war es eine doppelte Bürde, wenn der Mann arbeitslos wurde.

Die Kurve der wirtschaftlichen Entwicklung in Palästina läßt sich in den dreißiger Jahren an der Anzahl der verheirateten Frauen ablesen, die Arbeit suchten. Im Jahre 1935, als Stellenangebote seltener und mitgebrachte Ersparnisse aufgebraucht waren, die innenpolitische Situation sich krisenhaft zuspitzte und einen Teil der bürgerlichen Einwanderer in soziale Notlagen brachte, wurden an Frauen besondere Anforderungen gestellt. Viele wurden Ernährerinnen ihrer Familie. Berufe, die in Deutschland selbstverständlich waren, wie die der Sekretärin und der Büroangestellten, waren ihnen in Palästina verschlossen, weil nur wenige Immigrantinnen genügend Englisch oder Hebräisch beherrschten. Der Beruf der Hausgehilfin stellte sich bei vielen Frauen als letzte Möglichkeit des Broterwerbs dar (Luft 1977, S. 98). Mit Zimmervermietung verdienten sich weibliche Einwanderer aus Deutschland ihr tägliches Brot. Die Wohnungen in Palästina waren so teuer, daß man die Miete nur aufbringen konnte, wenn man von drei Zimmern mindestens eines untervermietete. Vom Untervermieten war es dann nur ein Schritt zu Mittagstischen und Pensionen. Einige der heute noch bestehenden Hotel(ketten) – z. B. Dan-Hotel, Accadia – haben darin ihren Ursprung.

Juden aus Mitteleuropa trugen wesentlich dazu bei, in der Architektur, in Geschäftsmethoden, Infrastruktur und Administration in Palästina Fundamente und Strukturen eines modernen Stadtlebens zu schaffen. Als Beispiel dafür sei das Stadtviertel Hadar Hacarmel in Haifa genannt. Im Jahre 1937 lebten dort etwa 25 000 Einwohner, mindestens die Hälfte davon stammte aus Deutschland. Das Viertel hatte seinen eigenen Rat und zeichnete sich durch gut ausgebaute Straßen, große Häuser mit Geschäften, gute Wasserversorgung, einen großen öffentlichen Park sowie durch viele Kulturzentren aus. Die deutschen Bezirke wurden in dem aus Europa mitgebrachten modernen, funktionalistischen Stil erbaut. Unter den deutschen Einwanderern befanden sich zahlreiche Architekten in der Tradition des Bauhauses, die den in Palästina vorherrschenden Stil des Eklektizismus verdrängten. Architekten wie Erich Mendelsohn und Alfred Epstein besaßen einen internationalen Ruf. Deutsch-jüdische Geschäftsmethoden einschließlich der Groß-Kaufhäuser machten in Palästina Schule. Deutsche Juden führten moderne, attraktive Kaffeehäuser und Pensionen, Schönheitssalons, Parfümerien und Werkstätten ein, dazu kamen Buchhandlungen, Antiquariate und Leihbüchereien (Getter 1979).

Trotz der Schwierigkeiten hinterließen mitteleuropäische Emigranten nachhaltige Spuren im Geistes- und Kulturleben des Landes. In kurzer Zeit ließen sich namhafte Philosophen, Wissenschaftler und Ärzte, Juristen und Literaten im Lande nieder. Erkennbar ist ihr Einfluß auf Medizin (Niederland 1982) und Rechtswissenschaft. Mehr als 700 Juristen mitteleuropäischer Herkunft prägten nachhaltig Israels Justizwesen bis in die Gegenwart. Ein Symphonieorchester, Konservatorien, Kliniken und ein Wirtschaftsforschungsinstitut innerhalb der Jewish Agency verdanken ihre Entstehung und den größten Teil ihres Personals den deutsch-jüdischen Einwanderern. Dasselbe gilt für das Technion in Haifa und andere akademische Einrichtungen. Deutlich sind ihre Verdienste um die Hebräische Universität in Jerusalem spürbar; ein großer Teil des Lehrkörpers setzte sich aus deutsch-jüdischen Akademikern zusammen. Auch das hochqualifizierte Personal im Bereich der Sozialarbeit und der Wohnraumbeschaffung geht zu einem wesentlichen Teil auf deutsch-jüdische Immigranten zurück. Deutsche und österreichische Juden leisteten in erheblichem Umfang einen Beitrag zum Aufbau der Industrie ab 1933. Man schätzt, daß 1935–39 ca. ein Viertel der Neuinvestitionen in der Industrie von eingewanderten mitteleuropäischen Geschäftsleuten getätigt wurde. Viele neuentwickelte Produkte und Dienstleistungen gehen zurück auf Fähigkeiten und Fertigkeiten, die sie aus ihren Herkunftsländern mitgebracht hatten (Reinharz 1991, S. 169 ff.).

Da es während des Krieges nicht ratsam war, in Palästina allzu offen eine persönliche Bindung an Deutschland zu bekunden, entwickelten die wenigen Emigranten, die langfristig an eine spätere Rückkehr dachten, keine erkennbaren exilpolitischen Aktivitäten. Dagegen gründeten Emigranten aus Österreich 1942 eine Zweigorganisation des in London ansässigen Free Austrian Movement, die eng mit der britischen Mandatsmacht zusammenarbeitete. Bis 1945 und nach Rückkehr der meisten Mitglieder wirkte der Verleger Willy Verkauf als Landessekretär der Organisation, der bis zu seiner Weiterwanderung nach Ägypten auch der frühere Sozialminister Josef Dobretsberger angehörte (→ Österreichische politische Exilorganisationen).

Die Außenseiterrolle der „Jeckes" im späteren Israel führte auch dazu, daß sie im politischen Leben unterrepräsentiert blieben, obwohl es Versuche gab, ihre Interessen durch eigene Parteien und Organisationen durchzusetzen. Teile der Einwanderer organisierten sich 1938 in dem Verband Hitachdut Olej Germania we-Austria (HOGOA). 1942 spaltete sich der Verband in die unpolitische Wohlfahrtsorganisation Irgun Olej Merkas Europa (IOME) und in eine politische Immigrantenpartei Alija Chadascha (Neue Einwanderung). Letztere ging 1944 bei den Wahlen zum Assefat Hanivaarim, einer Art Vorparlament des Jischuw, als zweitstärkste Partei hervor. Sie verlor jedoch nach Gründung des Staates Israel 1948 rasch an Bedeutung und verschwand durch Fusion mit anderen politischen Gruppen in der Progressiven Partei (Liberale) von der politischen Bühne (Horowitz/Lisak 1977; Getter 1979; Rolef 1987). Dennoch konnten deutschsprachige Einwanderer durch ihre Kompetenz und Qualifikation in bestimmten Bereichen des staatlichen und politischen Lebens Einfluß gewinnen, wie dies das Beispiel der beiden aus Deutschland stammenden Justizminister Chaim Cohn und Pinchas Rosen sowie mehrerer hoher Richter belegt.

Zahlen über Rück- und Weiterwanderungen nach 1945 liegen nicht vor, jedoch ist erkennbar, daß sich die Remigration nach Deutschland oder Österreich auf wenige Persönlichkeiten, für die Arnold Zweig als Beispiel genannt sei, beschränkte. Andererseits gab es – und gibt es noch – eine Wanderungsbewegung deutschsprachiger Emigranten von anderen, meist lateinamerikanischen Exilländern in den Staat Israel. Eine kleine Gruppe unter den „Jeckes" widersetzte sich lange allen Integrationsbemühungen und lebte abgesondert in eigenen Vierteln. Ihre Angehörigen verglichen ihre alltäglichen Sorgen mit der verlassenen deutschen Kulturwelt. Nach 1945 hielt sich noch über etliche Jahre eine deutschsprachige intellektuelle und literarische Welt (Loewy 1995, S. 87 ff.). Die „Jeckes" unterhalten bis in die Gegenwart landsmannschaftliche Traditionsvereine der „Ehemaligen" aus Leipzig, Breslau, Frankfurt, Köln und dem Rheinland und sind größtenteils organisiert im Dachverband Centra. Die Mitglieder veranstalten Diskussionsabende, Lesungen und Vorträge – selbstverständlich in deutscher Sprache. Selbst literarische Salons existieren noch. Sie haben keine Zukunft, weil die zweite Generation Deutsch zwar versteht, jedoch nicht spricht (Getter 1979; Erel 1983).

Literatur

Belling, Eva (1967): Die gesellschaftliche Entwicklung der deutschen Einwanderer in Israel, Frankfurt a. M.

Böhne, Edith, u. Wolfgang Motzkau-Valeton, Hrsg. (1992): Die Künste und die Wissenschaften im Exil 1933–1945, Gerlingen.

Erel, Shlomo (1983): Neue Wurzeln. 50 Jahre Immigration deutschsprachiger Juden in Israel, Gerlingen.

Erel, Shlomo (1985): Die Jecken. 50 Jahre Immigration, Jerusalem.

Gelber, Yoav, Hrsg. (1990): Massada. Israels Verteidigung im Zweiten Weltkrieg, Tel Aviv.

Getter, Miriam (1979): Emigration aus Deutschland in den Jahren 1933–1939: sozioökonomische gegenüber soziokultureller Absorbierung, in: Kathedra 12, S. 125 ff.

Hoffmann, Ludwig, u. Rudolf Hirsch u. a., Hrsg. (1980): Exil in der Tschechoslowakei, in Großbritannien, Skandinavien und in Palästina, Leipzig.

Horowitz, Dan, u. Moshe Lisak (1977): Vom Jischuw zum Staat. Die Juden Palästinas als politische Gemeinde während der britischen Mandatszeit, Tel Aviv.

Jäckel, Eberhard, Peter Longerich u. Julius H. Schoeps, Hrsg. (1993): Enzyklopädie des Holocaust. Die Verfolgung und Ermordung der europäischen Juden, Bd. 2, Berlin.

Jütte, Robert (1991): Die Emigration der deutschsprachigen „Wissenschaft des Judentums". Die Auswanderung jüdischer Historiker nach Palästina 1933–1945, Stuttgart.

Kedar, Aharon (1980): Die deutsche Emigration als apolitische Opposition in der Kibbuzbewegung während der fünften Alija, in: Kathedra 16, S. 137 ff.

Loewy, Ernst (1995): Zwischen den Stühlen. Essays und Autobiographisches aus 50 Jahren, Hamburg.

Luft, Gerda (1977): Heimkehr ins Unbekannte. Eine Darstellung der Einwanderung von Juden aus Deutschland nach Palästina vom Aufstieg Hitlers zur Macht bis zum Ausbruch des Zweiten Weltkrieges 1933–1939, Wuppertal.

Niederland, Doron (1982): Der Einfluß der aus Deutschland eingewanderten Ärzte auf die Entwicklung der Medizin in Israel 1933–1948, Diss., Jerusalem.

Reinharz, Jehuda (1991): Die Ansiedlung deutscher Juden im Palästina der 1930er Jahre, in: Menora. Jahrbuch für deutsch-jüdische Geschichte, S. 163 ff.

Rolef, Susan Hattis (1987): Political Dictionary of the State of Israel, London–New York.

Strauss, Herbert A. (1980–1981): Jewish Emigration from Germany. Nazi Policies and Jewish Responses, Part I and II, in: Leo Baeck Institute Yearbook 25, S. 313 ff. (Teil 1); 26, S. 343 ff. (Teil 2).

Zadek, Walter, Hrsg. (1981): Sie flohen vor dem Hakenkreuz. Selbstzeugnisse der Emigranten. Ein Lesebuch für Deutsche, Reinbek.

Polen

Pia Nordblom

Nur wenige deutsche Emigranten wählten vor 1939 Polen als dauerndes Zufluchtsland, denn die politische und ökonomische Situation dieses Staates war für die Zuwanderer nicht sehr erfolgversprechend: Die Zweite Republik hatte sich unter Józef Piłsudski und seinen Nachfolgern zum halbautoritären Regime entwickelt, das seinen eigenen Staatsbürgern gegenüber eine insgesamt eher repressive Minderheitenpolitik mit antisemitischer Tendenz betrieb und die wirtschaftlichen Aktivitäten dieser gesellschaftlichen Gruppen erschwerte. Außerdem war Polen seit dem Abschluß eines Nichtangriffspaktes mit Deutschland am 26. Januar 1934 bestrebt, größere politische Konflikte mit seinem Nachbarstaat, wie sie liberale Zuzugsregelungen für deutsche Emigranten nach sich gezogen hätten, zu vermeiden.

Grundsätzlich hatte Polen kein Interesse an der bald nach der nationalsozialistischen Machtübernahme einsetzenden Einwanderung von Juden aus Deutschland. Von einigen tausend Juden, die nach 1933 von Deutschland nach Polen übersiedelten, waren nur wenige deutsche Staatsbürger, sondern die meisten polnische Remigranten. Anfang August 1933 bezifferte die Deutsche Botschaft in Warschau die Zahl der jüdischen Rückwanderer auf etwa 4000 Personen. Im September 1935 konstatierte das polnische Innenministerium einen verstärkten Zustrom von niederlassungswilligen Juden aus Deutschland, doch seien diese „politisch und wirtschaftlich unerwünscht", so daß ihnen ohne Rücksicht auf ihre Staatsbürgerschaft in der Regel kein Visum erteilt werden sollte. Besonders problematisch wurde die Situation im Oktober 1938, als Polen sich weigerte, 17000 Juden aufzunehmen, die das Reich ausgewiesen hatte, weil es befürchtete, Polen werde die Pässe seiner Staatsbürger nicht mehr erneuern, so daß sie zum Verbleib in Deutschland gezwungen sein könnten (Herbert 1996, S. 214 ff.).

Die wenigen deutschen Juden, die nach Polen emigrierten, hatten zumeist familiäre Kontakte im Land, so beispielsweise zu deutschen Juden in den bis zum Ersten Weltkrieg deutschen Gebieten. Wer sich als deutscher Jude in wirtschaftlich exponierter Position zu betätigen versuchte, mußte unter Umständen die öffentliche Diffamierung in Kauf nehmen, wie es einem aus Berlin kommenden Bankier erging, dessen Bemühen, in Posen eine Bank zu gründen, in der Tagespresse massiv angeprangert wurde. Den jüdischen Einwanderern wurde gelegentlich bescheidene finanzielle Hilfe zuteil, wie die Existenz eines Hilfskomitees in Schlesien belegt, das unabhängig von der Nationalität seiner Klienten arbeitete.

Ebenso wie die jüdische blieb auch die politische Emigration aus Deutschland in Polen zahlenmäßig gering. Mit der zunehmenden Durchdringung der Freien Stadt Danzig mit Nationalsozialisten gewann Polen für die dortigen Gegner des Nationalsozialismus an Bedeutung (Andrzejewski 1994, S. 208f.); seine geographische Lage bot sich gleichfalls für politische Emigranten aus Ostpreußen an. Der prominenteste unter den ansonsten eher wenig bekannten politischen Emigranten war der vormalige Danziger Senatspräsident Hermann Rauschning, der nach seiner Abkehr vom Nationalsozialismus zeitweilig bei seiner Familie in Thorn lebte. In Warschau fanden die Danziger Sozialdemokraten Erich Brost und Ernst Hirschberg vorübergehend ihr Tätigkeitsfeld, in Lodz der Sozialdemokrat Hermann Meyer (Jaeger o. J., S. 251). Nur in Einzelfällen wurde den deutschen Behörden bekannt, wer sich zeitweilig in Polen aufhielt bzw. wer das Land als Transitär passierte. So notierte die deutsche Vertretung beispielsweise den Aufenthalt des kommunistischen Journalisten Peter Maslowski, doch entging ihr offensichtlich, daß sein Genosse Herbert Wehner 1935 aus der Tschechoslowakei über Warschau nach Moskau reiste (Soell 1991, S. 346), wie auch der frühere sozialdemokratische Reichstagsabgeordnete Gerhart Seger oder der Magdeburger Polizeipräsident und Mitbegründer des Reichsbanners, Horst W. Baerensprung, vorläufig in Warschau Unterkunft fanden (Birnbaum 1974, S. 134).

So strikt die polnischen Sicherheitskräfte den Zuzug von Juden aus Deutschland zu unterbinden versuchten, so diskret-großzügig verfuhren sie in besonders gelagerten Einzelfällen mit nichtkommunistischen politischen Emigranten, wie die unauffällige Gewährung von Personenschutz für den schon genannten Hermann Rauschning zeigt oder die Verleihung der polnischen Staatsbürgerschaft an Johannes Maier-Hultschin, einen christlich-konservativen Gegner des Nationalsozialismus aus den Reihen der deutschen Minderheit in Polen, der wegen seiner journalistischen Tätigkeit die deutsche Staatsbürgerschaft 1938 verloren hatte.

Von einer künstlerisch-intellektuellen Emigration nach Polen ist bisher nichts bekannt, wenn man vom langen Aufenthalt der Polen verehrenden Schriftstellerin Elga Kern absieht, deren Arbeiten freilich von zweifelhaftem Niveau waren. Vertreter anderer Berufsgruppen wie Ärzte, Professoren oder Künstler, die in Deutschland entlassen worden waren, konnten im allgemeinen nicht mit einem Ruf an eine polnische Universität rechnen.

Ob österreichische Emigranten nach dem „Anschluß" im März 1938 Polen als Ziel wählten, ist bisher ebensowenig bekannt wie die Emigrationsverläufe aus dem Sudetengebiet nach Polen im Oktober 1938. Als im März 1939 das Reich mit der Errichtung des „Protektorats Böhmen und Mähren" die Resttschechoslowakei okkupierte, vergrößerte sich die Zahl der deutschen Emigranten, die in Prag einen wichtigen Stützpunkt gehabt hatten. Viele flohen über das seit November 1938 zu Polen gehörende Olsagebiet, über das Gebiet um Mährisch-Ostrau und über die Karpaten nach Polen, das bald seinerseits durch ultimative Forderungen Deutschlands bedrängt wurde. Die Städte im Südwesten des Landes, vor allem Kattowitz und Krakau, aber auch Lemberg im Südosten waren für viele Flüchtlinge aus der Resttschechoslowakei Anlaufstellen ihres zumeist illegalen Grenzübertritts. Hier konnten sie Hilfe von Flüchtlingskomitees erhoffen, bevor sie versuchten, über den nahe bei Danzig gelegenen polnischen Hafen Gdingen oder über die baltischen Staaten nach Westen oder nach Skandinavien weiterzureisen. Warschau selbst wurde von dieser Emigrationswelle offenbar nur wenig berührt. Während die polnischen Behörden zunächst Flüchtlinge ohne Visum zurückwiesen, erlaubten sie ihnen die Einreise, als die britische Flüchtlingshilfe zusicherte, für den Weitertransport der Emigranten zu sorgen. In diesen Frühjahrswochen 1939 wurde Polen für eine Reihe von Emigranten zum wichtigen Transitland und zum Tor in die Freiheit, so z. B. für Wenzel Jaksch und Hans Jaeger (Jaeger o. J., S. 227). Von den etwas mehr als 10 000 Flüchtlingen, die zwischen dem 15. März und dem 1. September 1939 aus der Tschechoslowakei nach Polen flüchteten, waren etwa 2 000 reichsdeutsche Emigranten und 700 Familienangehörige von Mitgliedern der DSAP (Heumos 1989, S. 72 f., 86).

Mit dem deutschen Angriff auf Polen am 1. September 1939 und dem raschen Vorrücken der deutschen Armee war Polens insgesamt bescheidene Rolle als Gastland für deutsche Emigranten endgültig beendet. Diejenigen von ihnen, die sich noch dort aufhielten, versuchten zumeist über die Ostsee, nach Osten oder Südosten in die Freiheit zu entkommen. Bei der bisher bekannten vergleichsweise geringen Zahl von Emigranten und dem strikten Bemühen der polnischen Behörden, den Zuzug von Juden zu verhindern, stellte sich das Problem der Internierung deutscher Flüchtlinge nicht. Nicht bekannt ist, daß Polen Emigranten an Deutschland ausgeliefert hat.

Bislang fehlen noch grundlegende Basisdaten sowie eine umfassende Untersuchung der deutschsprachigen Emigration in Polen zwischen 1933 und 1939. Hierbei wäre wegen der Heterogenität der Flüchtlinge nicht nur nach einzelnen Emigrantengruppen (Juden, kulturelle Dissidenten, politische Flüchtlinge) zu differenzieren, sondern auch nach ihren ursprünglichen Herkunftsgebieten Deutschland, Österreich, Tschechoslowakei (Heumos 1989, S. 61 ff.) und ihren Fluchtzielen (Polen als Ziel- oder Transitland). Gleichfalls bedeutsam wäre die Analyse der offiziellen Haltung Polens gegenüber den Einreisewilligen und die praktische Handhabung der polnischen Asylpolitik.

Literatur

Andrzejewski, Marek (1994): Opposition und Widerstand in Danzig 1933 bis 1939, Bonn.

Birnbaum, Immanuel (1974): Achtzig Jahre dabeigewesen. Erinnerungen eines Journalisten, München.

Herbert, Ulrich (1996): Best: biographische Studien über Radikalismus, Weltanschauung und Vernunft, 1903–1989, Bonn.

Heumos, Peter (1989): Die Emigration aus der Tschechoslowakei nach Westeuropa und dem Nahen Osten 1938–1945. Politisch-soziale Struktur, Organisation und Asylbedingungen der tschechischen, jüdischen, deutschen und slowakischen Flüchtlinge während des Nationalsozialismus. Darstellung und Dokumentation, München.

Jaeger, Hans (o. J.): Memoiren eines Emigranten, IfZ ED 210, Bd. 1., Ms.

Soell, Hartmut (1991): Der junge Wehner. Zwischen revolutionärem Mythos und praktischer Vernunft, Stuttgart.

Portugal

PATRIK VON ZUR MÜHLEN

Portugal geriet infolge seiner Randlage erst spät ins Blickfeld der deutschen Emigration, wobei auch die Armut des Landes und seine diktatorische Regierung unter António de Oliveira Salazar keine Anreize boten. Dennoch ließen sich bereits 1933 einige Dutzend meist jüdische Emigranten in Lissabon nieder. Politische Flüchtlinge lassen sich vor dem Zweiten Weltkrieg in Portugal nicht nachweisen. Die Zahl deutschsprachiger Emigranten dürfte um 1935 bei 600 gelegen haben, die sich größtenteils auf Lissabon konzentrierten. Kleinere Gruppen und Einzelpersonen ließen sich in Porto, Coimbra und auf Madeira nieder. Zu dieser Zeit lassen sich mehrere von Emigranten gegründete und betriebene Arztpraxen, mittelständische Betriebe und ausländische Firmenvertretungen in Lissabon nachweisen. Nach Beginn des Spanischen Bürgerkrieges war die Landverbindung zum übrigen Europa unterbrochen, so daß die Einwanderung nur noch auf dem Seewege stattfinden konnte. Bei zunächst freizügigen Einreise- und Niederlassungsmöglichkeiten bestanden in Portugal Beschäftigungsverbote und andere arbeitsrechtliche Beschränkungen für Ausländer, solange dadurch Arbeitsplätze für Einheimische bedroht waren, jedoch wurde die Gründung von mittelständischen Firmen geduldet und sogar gefördert (von zur Mühlen 1992, S. 121 ff.).

Parallel zu dieser Emigrationsbewegung setzte eine von jüdischen Kreisen in London aus geförderte Einwanderung von meist Juden portugiesisch-sephardischer Abstammung aus Deutschland, Österreich, Polen und Rußland nach Portugal ein, wo der portugiesische Hauptmann Artur de Barros Basto in Porto versuchte, durch Rejudaisierung marranischer (jüdischstämmiger, aber christlicher) Familien sowie Ansiedlung jüdischer Familien sephardischer Herkunft neues jüdisches Leben zu begründen. Diese Entwicklung wurde, nachdem es innerhalb der jüdischen Gemeinde zu Konflikten gekommen und Barros Bastos Opfer eines Justizverbrechens geworden war, durch amtliche Eingriffe 1937 unterbrochen (Studemund-Halévy 1995).

Größere Schwierigkeiten von Emigranten mit Behörden oder mit der Bevölkerung sind vor 1938 nicht bekannt, ebensowenig soziale Notfälle größeren Umfanges. Bereits 1933 gründete die Jüdische Gemeinde Lissabon ein von dem Arzt Augusto d'Esaguy geleitetes Hilfskomitee, die Commissão Portuguesa de Assistência aos Judeus Refugiados (Commassis), das mit Billigung der Regierung mittellose Flüchtlinge unterstützte. Nachdem es zu Beginn des Zweiten Weltkrieges seine Aktivitäten vorübergehend eingestellt hatte, erlangte es während der umfangreichen Transitemigration der Jahre 1940–43 große Bedeutung als karitative Institution.

1938 häuften sich restriktive Maßnahmen portugiesischer Behörden gegen eine weitere Einwanderung von Emigranten, deren Zahl infolge der internationalen Entwicklung und der Asylpolitik anderer europäischer Länder stark angeschwollen war. Exponenten einer emigrantenfeindlichen Politik waren Kreise der teilweise am Nationalsozialismus orientierten Geheimpolizei Policia de Vigilancia e da Defensa do Estado (PVDE). Einreise- und Transitvisa wurden seltener erteilt und nach 1940 nur noch bei Vorlage des Einreisevisums eines Ziellandes ausgestellt. Gleichzeitig verschärfte Portugal auch seine Asylpraxis, z.B. durch Verweigerung der Einreise für eine Gruppe von luxemburgischen Juden, die nach Frankreich zurückgeschickt wurden und später teilweise im Holocaust umkamen. Als nach dem französischen Zusammenbruch im Juni 1940 sich Flüchtlingsströme in Richtung Spanien/Portugal bewegten, widersetzte sich aber der portugiesische Konsul von Bordeaux, Aristides de Sousa Mendes, den Weisungen seines Außenministeriums und stellte Tausende von Dokumenten aus, die den Flüchtlingen das Leben retteten. Er wurde dafür gemaßregelt und aus dem Staatsdienst entlassen (Afonso 1995).

Mitte 1940 dürften mehr als 15000 Flüchtlinge im Transit über → SPANIEN nach Portugal gelangt sein, deren Zahl bis Ende 1941 auf 40000 anstieg. Mit der Besetzung Südfrankreichs im November 1942 folgten erneute Flüchtlingswellen, die durch die strikte Sperrung der spanischen Grenzen im März 1943 zwar nachließen, aber niemals vollkommen aufhörten. Bis zur Befreiung Frankreichs im Sommer 1944 haben schätzungsweise zwischen 80000–100000 großenteils deutschsprachige Emigranten, aber auch Flüchtlinge anderer Länder, darunter abgeschossene alliierte Flieger, französische Résistance-Kämpfer etc., Portugal betreten (Tartakower/Grossmann 1944, S. 312; Wischnitzer 1956, S. 172; von zur Mühlen 1992, S. 151).

Portugal wurde Transit-Land für namhafte Schriftsteller (Alfred Döblin, Hans Habe, Heinrich und Golo Mann, Balder Olden, Franz Werfel u.a.) und Persönlichkeiten aus Politik und öffentlichem Leben (Richard Coudenhove-Kalergi, Max Diamant, Friedrich Wilhelm Foerster, Otto von Habsburg, Fritz Heine, Otto John, Erich Ollenhauer, Ernst Rüdiger von Starhemberg, Otto Strasser u.a.), die in der Regel ohne Schwierigkeiten nach kurzer Zwischenstation in Lissabon weiterreisten. Auch die zahlreichen namenlosen Flüchtlinge mußten und wollten möglichst rasch über den Atlantik, so daß die Verweildauer oft nur wenige Tage oder Wochen betrug. Wegen der begrenzten Schiffskapazitäten entstand jedoch ein „Stau", so daß sich zeitweilig Tausende meist mittelloser Flüchtlinge im Lande aufhielten. In dieser Situation gewannen neben der bereits genannten Commassis die Organisationen der internationalen → FLUCHTHILFE American Jewish Joint Distribution Committee (Joint, JDC), HIAS/HICEM, Unitarian Service Committee (USC), Quäker und Emergency Rescue Committee (ERC) sowie der Jewish Agency an Bedeutung, die vielfach Reisedokumente und Passagetickets besorgten und die notleidenden Flüchtlinge im Lande unterstützten (Leshem 1969; von zur Mühlen 1992, S. 185 ff.).

Die Regierung, die Portugal stets nur als Transit- und nicht als Aufnahmeland definiert hatte, ging wegen der erschöpften Unterbringungsmöglichkeiten in Lissabon dazu über, die Einrichtung der „residência fixa" (Zwangsaufenthalt) einzuführen. Hierbei handelte es sich nicht um eine Internierung, sondern um eine Zwangsunterbringung in Ortschaften des Landes (z.B. Figueira da Foz, Ericeira, Caldas da Rainha), die nur mit besonderer Genehmigung verlassen werden durften. Die Emigranten konnten sich im Ort frei bewegen und wurden von Hilfsorganisationen verpflegt, durften jedoch nicht arbeiten. Da die wichtigen diplomatischen und konsularischen Missionen anderer Länder sowie die Vertretungen von Hilfsorganisationen, Schiffsagenturen usw. sich fast durchweg in Lissabon befanden, nutzten korrupte Beamte die Notlage der zwangsweise untergebrachten Emigranten aus und erteilten Reisepapiere in die Hauptstadt gegen Schmiergelder oder Liebesdienste von Frauen (Torberg 1989). Vorschläge von britischer Seite bzw. von Emigranten selbst, die portugiesischen Kolonien in → AFRIKA als Refugium zu öffnen, wurden von der Regierung abgelehnt (Schäfer 1995).

Trotz der diktatorischen Verhältnisse im Lande und der Sympathie von Teilen des Regimes für Hitler-Deutschland gab es keine politische Verfolgung von Emigranten – mit Ausnahme eines politisch aktiven Kommunisten, der in Tarafal interniert wurde; ebenso sind nur zwei Auslieferungen von Emigranten an Deutschland wegen ungültiger Papiere bekannt (von zur Mühlen 1992, S. 147). Wohl aber gab es von seiten der deutschen Gesandtschaft sowie unter dem Einfluß des deutschen SD und der Gestapo von der PVDE Schikanen gegen Emigranten (Monteiro 1979; Telo 1990). Die vom SD im August 1941 mit einheimischer Hilfe durchgeführte Entführung des Journalisten Berthold Jacob nach Berlin blieb eine Ausnahme. Andere Bemühungen deutscher Stellen, namhafter Exil-Politiker habhaft zu werden oder sie unter Druck zur Rückkehr zu bewegen, scheiterten.

Nach dem Ende des Zweiten Weltkrieges wanderte der größte Teil der in Portugal verbliebenen Emigranten in Richtung Nord- und Südamerika oder Palästina ab. Zurück blieben meistens Familien, die bereits vor dem Kriege eingewandert und inzwischen im Lande verwurzelt waren. Wegen des Charakters Portugals als Transit-Land und wegen der nach 1945 rasch sinkenden Zahl der Emigranten entwickelte sich keine durch sie geschaffene Infrastruktur von Schulen, Clubs, Zeitschriften etc. Aus dem gleichen Grunde bildeten sich – anders als in Lateinamerika – keine eigenen jüdischen Gemeinden mitteleuropäischer Prägung, vielmehr schlossen sich die religiösen jüdischen Emigranten der bereits bestehenden portugiesischen Gemeinde an (→ DIE JÜDISCHE EMIGRATION). Dennoch hinterließen die Emigranten nachwirkende Spuren in Portugal. Die Tatsache, daß Frauen aus Mitteleuropa allein reisten, ohne Begleitung in Restaurants gingen und sich nach eigenem Geschmack kleideten, fand Nachahmerinnen in Portugal (Losa 1990) und trug maßgeblich zu einer Auflockerung archaischer Familien- und Gesellschaftsstrukturen bei. Im kulturellen Bereich sind die Spuren der deutschsprachigen Emigration unübersehbar. Die aus Niedersachsen stammende Schriftstellerin Ilse Losa geb. Lieblich verfaßte Romane in portugiesischer Sprache, die die Exilthematik behandeln. Der Schriftsteller Albert Vigoleis Thelen überlebte in Portugal; die Maler bzw. Bildhauer Max Braumann und Hein Semke beeinflußten maßgeblich die einheimische Kunstszene („Max Braumann" 1971; Semke 1983; Losa 1990). Mehrere exilierte Wissenschaftler wurden an portugiesische Universitäten berufen. Emigranten gründeten Arztpraxen oder mittelständische Betriebe, die teilweise noch heute bestehen (von zur Mühlen 1992).

Die erst 1992 einsetzende Erforschung des Exil- und Transit-Landes Portugal hat noch nicht alle Lücken geschlossen, wohl aber einige wichtige Publikationen über die soziale Integration und Akkulturation der Emigration und die der zweiten/dritten Generation sowie über das Alltagsleben im portugiesischen Exil hervorgebracht und in diesem Zusammenhang durch Befragen von Zeitzeugen und Sammeln von Materialien auch Quellen sichergestellt (Martins 1994; Pimentel 1995).

Literatur

Afonso, Rui A. R. (1995): Um Homem Bom: Aristides de Sousa Mendes, o „Wallenberg Português", Lissabon.

„Braumann, Max" (1971). Catálogo, ed. Secretaria de Estado da Informaçao e Turismo, Lissabon.

Leshem, Perez (Fritz Lichtenstein, 1969): Rescue Efforts in the Iberian Peninsula, in: Leo Baeck Institute Yearbook 24, S. 231 ff.

Losa, Ilse (1990): Sob céus estranhos, 2. edição refundida Porto; deutsch: Unter fremden Himmeln. Roman, Freiburg i. Br. 1991.

Louçã, António (1995): O caso da família Weiss-Chorin e seu exílio em Portugal, in: História 8, S. 16 ff.

Martins, Maria João (1994): O Paraíso Triste. O Quotidiano em Lisboa durante a II Grande Guerra, Lissabon.

Monteiro, Nuno Gonçalo (1979): O Anti-Semitismo e os antisemitas portugueses, in: História 7, S. 2 ff.

von zur Mühlen, Patrik (1992): Fluchtweg Spanien–Portugal. Die deutsche Emigration und der Exodus aus Europa 1933–1945, Bonn.

Pimentel, Irene Flunser (1995): Refugiados entre portugueses (1933–1945), in: Vértice, II Série, S. 102 ff.

Pinto Correia, Maria Assunção (1994): Abschied von Europa. Portugal als Exil und Transitland, in: Kohut, Karl, u. Patrik von zur Mühlen, Hrsg.: Alternative Lateinamerika. Das deutsche Exil in der Zeit des Nationalsozialismus, Frankfurt a. M., S. 27 ff.

Schäfer, Ansgar (1995): Os projectos para uma colonização israelita de Angola, in: História 9, S. 32 ff.

Semke, Hein (1989): A coragem de ser rosto. Preâmbulo e coordinação de Teresa Balté, Lissabon.

Studemund-Halévy, Michael (1995): „Apostel der Marranen" oder „portugiesischer Dreyfus"? O capitão Artur de Barro Bastos, in: tranvía 37, S. 76 ff.

Tartakower, Arieh, and Kurt R. Grossmann (1944): The Jewish Refugee, New York.

Telo, António José (1990): Propaganda e Guerra Secreta em Portugal – 1939/1945, Lissabon.

Torberg, Friedrich (1989): Eine tolle, tolle Zeit. Briefe und Dokumente aus den Jahren der Flucht 1938–1941, hrsg. von David Axmann u. Marietta Torberg, München–Wien.

Wischnitzer, Mark (1956): Visas to Freedom: The History of the HIAS, Cleveland–New York.

Saargebiet 1933–1935

Ralph Schock

Der Versailler Vertrag übertrug als Ersatz für die Zerstörung der nordfranzösischen Bergwerke und als Wiedergutmachung für die vom Deutschen Reich verursachten Kriegsschäden alle Eigentumsrechte an den Gruben im sog. „Saarbeckengebiet" für 15 Jahre an Frankreich. Als Folge dieser ab dem 10. Januar 1920 geltenden Bestimmung wurden Teile der früheren preußischen Rheinprovinz und der ehemals bayrischen Rheinpfalz erstmals zu einem eigenständigen politischen Gebilde zusammengefaßt und der Verwaltung des Völkerbundes unterstellt. Nach Ablauf der festgelegten Frist sollten die gut 700 000 Einwohner des etwa 1900 Quadratkilometer großen Gebiets darüber abstimmen, ob sie die bestehende Rechtsordnung beibehalten wollten („Status quo") oder ob sie die Vereinigung mit Frankreich bzw. mit Deutschland vorzogen.

Mit Ausnahme einiger frankophiler Splittergruppen (Lempert 1985) waren sich alle politischen Kräfte an der Saar 13 Jahre lang in ihrem Willen einig, nach Ablauf der vom Völkerbund vorgegebenen Frist für die Rückkehr nach Deutschland zu stimmen. Die Machtübernahme Hitlers veränderte die Situation aber dramatisch: Zwei weltanschauliche Lager mit konträren politischen Interessen begannen sich herauszubilden. Die angliederungswilligen Kräfte (Zentrum, DNVP, DSVP und Wirtschaftspartei) schlossen sich unter der Führung der saarländischen NSDAP zur sog. Deutschen Front zusammen. Die Verständigung auf der anderen Seite des politischen Spektrums verlief erheblich mühsamer. Denn KPD und SPD standen sich aufgrund ihrer historischen Erfahrungen in der Weimarer Republik äußerst mißtrauisch gegenüber. Die Kommunisten propagierten darüber hinaus bis zum Mai 1934 die Parole einer „roten Saar im roten Rätedeutschland", eine Losung, die als Abstimmungsvariante gar nicht vorgesehen war. Erst als die KPD im Juni 1934 auf die Status-quo-Position der SPD unter ihrem Vorsitzenden Max Braun einschwenkte, war der Weg frei für ein gemeinsames Aktionsbündnis der beiden Arbeiterparteien (Bies 1978). Für ein Verbleiben unter der Völkerbundsverwaltung traten im November 1934 auch oppositionelle Splittergruppen aus der katholischen Kirche ein; im Dezember schlossen sich dieser sog. Freiheitsfront der Bergarbeiterverband und der saarländische ADGB an (Mallmann/Paul 1995).

Wie die Emigration generell, so erfolgte auch die an die Saar aus politischen und religiösen bzw. weltanschaulichen Gründen sowie aufgrund zunehmender rassischer Diskriminierung. Die Flucht an die Saar verlief in mehreren Wellen. Auslöser waren jeweils Ereignisse bzw. gesetzgeberische Maßnahmen in Deutschland: der Reichstagsbrand (27. Februar 1933), das Ermächtigungsgesetz (23. März 1933), das SPD-Verbot (22. Juni 1933) sowie die Errichtung des Einparteiensystems (14. Juli 1933).

Die Emigration an die Saar mit konkreten Zahlen zu beziffern, ist schwierig. Denn die meisten Geflohenen scheuten eine amtliche Registrierung. Die Gestapo schätzte im März 1934 die Zahl derjenigen, die über das Saargebiet – meist nach Frankreich – emigrierten, auf 37 000; davon hätten sich 5000 bis 6000 vorübergehend an der Saar niedergelassen. Einzelangaben machen solche Zahlen glaubwürdig. So ermittelte die SOPADE am 30. November 1933 869 sozialdemokratisch organisierte Emigranten an der Saar. Es wird geschätzt, daß allein die Zahl der Kommunisten die der Sozialdemokraten um ein Beträchtliches übertroffen haben dürfte. Bereits im März 1933 hatte der Saarbrücker Landrat nur in seinem Landkreis insgesamt 828 Reichsemigranten festgestellt (Mallmann/Paul 1992, S. 435). Ein Agentenbericht ans preußische Innenministerium sprach schließlich im Mai 1933 von etwa 600 Geflohenen jüdischen Glaubens, die teilweise ins Ausland weitergereist seien (von zur Mühlen 1979, S. 169f.).

Die Emigranten waren überwiegend in fünf von Parteiorganisationen, öffentlichen Stellen oder privaten Trägern unterhaltenen Wohnheimen u.ä. untergebracht. Finanzielle Unterstützung gewährten der Matteotti-Fonds, befreundete ausländische Gewerkschaften, Parteien und andere Hilfsorganisationen. Trotz aller Fürsorgemaßnahmen war die materielle Lage der meisten Emigranten außerordentlich hart. Hilfskomitees suchten die Not ein wenig zu lindern. Die Liga für Menschenrechte z. B. mit ihren etwa 60 Mitgliedern unterhielt ab Frühjahr 1933 in der Nähe von Saarbrücken ein Emigrantenwohnheim und verteilte dreimal täglich kostenlose Mahlzeiten.

An der Saar traten vor allem sozialdemokratische Politiker in Erscheinung, kommunistische Funktionäre wie Alexander Abusch, Herbert Wehner oder Heinz Willmann lebten meist unter falschem Namen bzw. getarnt. Zu den prominenten SPD-Politikern gehörten etwa Emil Kirschmann, ein ehemaliger Ministerialrat im preußischen Innenministerium, Georg Reinbold, der frühere Landesvorsitzende seiner Partei in Baden und der ehemalige Reichsinnenminister Wilhelm Sollmann.

Erwähnenswert ist die große Zahl von emigrierten Autoren, die sich mit dem Saargebiet als Exilland und dem Abstimmungskampf literarisch beschäftigten: Bertolt Brecht, Alfred Kerr, Golo, Heinrich, Klaus und Thomas Mann, Walter Mehring, Manès Sperber, Kurt Tucholsky u.a. Diejenigen von ihnen, die im Saargebiet Zuflucht gesucht hatten, verfaßten Gedichte, Reportagen, Erzählungen und Romane, in denen sie ihre Eindrücke und politischen Hoffnungen schilderten, so Theodor Balk, Georg K. Glaser, Arthur Koestler, Gustav Regler, Erich Weinert und der Komponist Hanns Eisler (Balk 1934; Schock 1984). Sie alle versuchten, durch ihre Artikel in der (an der Saar zugänglichen) antifaschistischen Presse, mit Broschüren und Büchern die Saarländer über den Charakter des Hitler-Regimes aufzuklären und zu einer Stimmabgabe für den Status quo zu bewegen. Vielfältige Formen von Meinungsterror und andere einschüchternde Maßnahmen, die die Deutsche Front mit massiver Unterstützung aus dem Deutschen Reich inszenierte, aber auch die nationale Orientierung der weitaus meisten Saarländer vereitelten diese Bemühungen. Man wollte nicht sehen, daß mit Hitler eine vollkommen veränderte politische Situation entstanden war; viele wünschten jedoch auch gerade wegen des neuen starken Mannes in Berlin eine möglichst schnelle Rückkehr in ihr deutsches Vaterland.

Der Völkerbundsrat hatte am 4. Juni 1934 den Termin für das Referendum auf den 13. Januar 1935 festgesetzt. Das zwei Tage nach der Abstimmung bekanntgegebene Ergebnis war für die Emigranten und die saarländischen Hitlergegner verheerend: Bei einer Wahlbeteiligung von 97,8% hatten sich von den 528005 Abstimmenden 477119 (90,85%) für den Anschluß an Deutschland, 2124 (0,4%) für den Anschluß an Frankreich und 46513 (8,8%) für den Status quo ausgesprochen. Das Saargebiet wurde zum 1. März 1935 an das Deutsche Reich zurückgegeben, das sich allerdings verpflichtete, ein Jahr lang – bis zum 29. Februar 1936 – gewisse Schutzbestimmungen einzuhalten. Ein vom Völkerbundsrat eingesetzter Oberster Abstimmungsgerichtshof wachte über dieses „Römische Abkommen", das die Verfolgung von Saarländern wegen ihrer Haltung in der Abstimmungsfrage sowie aus „rassischen", politischen oder religiösen Gründen untersagte. Gleichwohl zogen es die gefährdeten Saarländer wie die von Verfolgungsmaßnahmen weit stärker bedrohten Reichsemigranten vor, das Land möglichst schnell zu verlassen. Am 10. März 1935 nannten die im französischen Forbach erscheinenden *Nachrichten von der Saar* eine Zahl von rund 6000 Personen (Reichs- und Saaremigranten), die die Grenzen des Saargebiets bereits überquert hätten, meist in Richtung → FRANKREICH. Ins benachbarte → LUXEMBURG flohen nach der Abstimmung 2597 Reichsdeutsche, darunter 651 Personen jüdischen Glaubens (Hoffmann 1992). Das Saargebiet war für sie alle zu einer Zwischenstation auf ihrer Flucht vor dem Nationalsozialismus geworden.

Literatur

Balk, Theodor (1934): Hier spricht die Saar. Ein Land wird interviewt, Zürich.
Bies, Luitwin (1978): Klassenkampf an der Saar 1919–1935. Die KPD im Saargebiet im Ringen um die so-

ziale und nationale Befreiung des Volkes, Frankfurt a. M.
Hoffmann, Serge (1992): Luxemburg in den 30er und 40er Jahren: Exil in einem sehr kleinen Land, in: Galerie. Revue culturelle et pédagogique 10, H. 2, S. 204 ff.
Lempert, Peter (1985): „Das Saarland den Saarländern!". Die frankophilen Bestrebungen im Saargebiet 1918–1935, Köln.
Mallmann, Klaus Michael, u. Gerhard Paul (1991): Herrschaft und Alltag. Ein Industrierevier im Dritten Reich, Bonn.
Mallmann, Klaus Michael, u. Gerhard Paul (1995): Das zersplitterte Nein. Saarländer gegen Hitler, Bonn.
von zur Mühlen, Patrik (1979): „Schlagt Hitler an der Saar!". Abstimmungskampf, Emigration und Widerstand im Saargebiet 1933–1935, Bonn–Berlin.
Schock, Ralph, Hrsg. (1984): „Haltet die Saar, Genossen!". Antifaschistische Schriftsteller im Abstimmungskampf 1935, Berlin–Bonn.

Schweden

Einhart Lorenz

Schweden war wegen seiner abgelegenen Lage und wegen der kleinen jüdischen Gemeinde zunächst von geringem Interesse für die deutschsprachige Emigration. Erst 1938/39 kam es zu einem stärkeren Andrang von Flüchtlingen aus der ČSR und Österreich und einem stärker geregelten und organisierten Zuzug von ausgewählten Exilanten, vor allem sudetendeutschen Sozialdemokraten. Zu einem bedeutungsvollen Exilland wurde Schweden erst mit dem Kriegsausbruch in Skandinavien (9. April 1940), wobei der Begriff Hitlerflüchtling durch das norwegische und dänische Exil in Schweden eine neue Dimension erhielt. Die Zahl der deutschsprachigen Flüchtlinge nahm vor allem aufgrund der Flucht von Exilanten aus dem überfallenen → Norwegen, in geringerem Grad auch aus → Dänemark zu. Ein weiterer Schub erfolgte im November 1942 durch die Flucht deutschsprachiger und einheimischer Juden aus Norwegen und schließlich 1943 durch die Rettung der in Dänemark befindlichen Juden. In den Jahren 1933 bis 1943 fanden ca. 5000 deutschsprachige Flüchtlinge in Schweden Aufnahme, von denen etwa zwei Drittel Opfer der Nürnberger Rassengesetze waren. Die schwedische Flüchtlingspolitik, die im Vergleich zu anderen Ländern als „fortschrittlich", zugleich aber auch als „ein trauriges Kapitel in der schwedischen Geschichte" beschrieben worden ist, folgte der Devise „Schweden den Schweden", wobei nicht nur der Arbeitsmarkt vor ausländischer Konkurrenz geschützt werden sollte, sondern auch die „schwedische Rasse" vor „Überfremdung". Während es für politische Flüchtlinge ein Recht auf Asyl gab und sie – soweit sie sozialdemokratisch oder gewerkschaftlich organisiert waren – auch mit der Unterstützung der großen Arbeiterhilfsorganisation (Arbetarrörelsens flyktingshjälp) rechnen konnten, wurden Juden als „Wirtschaftsflüchtlinge" betrachtet und ihnen deshalb die Einreise erschwert oder gar verwehrt. Die Furcht vor Arbeitslosigkeit und Konkurrenzangst (besonders bei Akademikern) schuf zusammen mit Reserviertheit gegenüber Fremden, nationalsozialistischer Propaganda und antisemitischen Einstellungen ein weitverbreitetes negatives Klima. Es kam in bürokratischen Hindernissen ebenso zum Ausdruck wie in der bis in den Krieg fortwährenden Zusammenarbeit mit der deutschen Polizei. Das „beschämendste Beispiel" (Müssener 1974) bildet die schwedisch-schweizerisch-deutsche Gemeinsamkeit bei der Einführung der „J"-Pässe, die eine Aussortierung der jüdischen Flüchtlinge ermöglichte. In den subjektiven Erfahrungen der Flüchtlinge kommt die Ambivalenz der Flüchtlingspolitik deutlich zum Ausdruck.

Neben der gewerkschaftlich-sozialdemokratischen Flüchtlingshilfe als wichtigster Hilfsorganisation (im Spätherbst 1939 Unterstützung von 636 Exilanten) gab es eine Reihe anderer Organisationen wie die Rote Hilfe, die 1939 130 Flüchtlinge betreute. Jüdische Flüchtlinge mosaischen Glaubens wurden vom Hilfskomitee der jüdischen Gemeinde betreut, während sich die Schwedische Israelmission der konvertierten Juden annahm. Für intellektuelle Flüchtlinge, bei denen es sich hauptsächlich um Opfer der NS-Rassenpolitik handelte, arbeitete die Sammlung für landesflüchtige Intellektuelle.

Die politische Arbeit war stark eingeschränkt und die Verbindungen mit Parteien und Organisationen schwächer als im benachbarten Norwegen. Politische Erfolge blieben aus, doch gab es in Zusammenarbeit mit einzelnen Gewerkschaften (z. B. der Gewerkschaft der Seeleute) gewisse Formen antinazistischer Arbeit, wobei einzelne Kontakte nach Deutschland während des Krieges erhalten blieben. Mit Hilfe schwedischer Seeleute wurde illegales Material nach Deutschland transportiert. Für die KPD erhielt Schweden ab 1938 Bedeutung, nachdem die Abschnittsleitung Mitte (ALM) aus Prag zuerst nach

Malmö und danach nach Göteborg verlegt wurde. Nach Kriegsausbruch versuchten Mitglieder der ALM und andere Illegale, u. a. Karl Mewis, Richard Stahlmann und ab Anfang 1941 Herbert Wehner, von Schweden aus eine operative Leitung der KPD in Deutschland aufzubauen (Scholz 1995).

Ab 1940 kam die politische Arbeit fast völlig zum Erliegen. Zahlreiche Kommunisten und Linkssozialisten wurden in Lagern interniert, die bereits im Februar 1940 vorbereitet worden waren. Flüchtlinge, die aus Norwegen oder Dänemark kamen, wurden teils abgewiesen oder sogar an deutsche Behörden ausgeliefert. Erst nach der Kriegswende bei Stalingrad herrschten wieder Rede- und Pressefreiheit. Es entstand eine relativ umfassende Exilpresse, die die Vielfalt und Zersplitterung des politischen Exils widerspiegelte. In den Jahren 1943–46 zeigte sich noch einmal die Zerrissenheit des deutschen, österreichischen und tschechoslowakischen Exils. Besonders in der SOPADE-Gruppe, die bereits vor dem Kriege von internen Auseinandersetzungen geprägt war, setzte sich der Streit fort, der von politischen Gegensätzen und persönlichen Aversionen geprägt war. Die aktiven Reste der ehemaligen SAP-Gruppe, die in der Schrift *Zur Nachkriegspolitik der deutschen Sozialisten* die Debatten in der Stockholmer Emigration weitgehend beeinflußten, traten im Oktober 1944 der Stockholmer SOPADE-Gruppe bei und riefen damit weitere Turbulenzen hervor. Dieser Gruppe gehörte auch Willy Brandt an.

Im scharfen Kontrast zu dem „verheerenden Eindruck (der) Zerrissenheit" im SOPADE-Lager stand die breite Zusammenarbeit sozialistischer Flüchtlinge aus Deutschland, Österreich, aus den von Deutschland besetzten Ländern, Vertretern alliierter Staaten und des neutralen Schweden in der Internationalen Gruppe Demokratischer Sozialisten, der sog. Kleinen Internationale (Misgeld 1976). In den Überlegungen zur europäischen Nachkriegspolitik, die von Wilhelm Böhm, Willy Brandt, Bruno Kreisky, Alva und Gunnar Myrdal, Ernst Paul, Martin Tranmæl u. a. diskutiert wurden, versuchte die Gruppe, Wege für einen dauerhaften Frieden zu zeigen. In der Landesgruppe deutscher Gewerkschafter, in der etwa die Hälfte aller politischen Flüchtlinge organisiert war, wurde ebenfalls über Parteigrenzen hinaus diskutiert (Günther 1982). Der Freie Deutsche Kulturbund, der im Januar 1944 gegründet wurde, 500 Mitglieder hatte und bis 1946 bestand, ist als die „eindrucksvollste Manifestation" des „anderen Deutschland" in Schweden bezeichnet worden (Müssener 1974). Die Freie Bühne war eine der wenigen deutschsprachigen Exilbühnen, blieb aber ohne Breitenwirkung in der schwedischen Gesellschaft.

Nach 1945 lösten sich viele Gemeinsamkeiten auf. Während die aktiven Kommunisten nach Anfangsschwierigkeiten in die SBZ remigrierten und dort gezielt eingesetzt wurden, zog es die Sozialdemokraten und Sozialisten in die Westzonen. Viele Hoffnungen und Erwartungen erfüllten sich nicht, so daß wahrscheinlich nicht mehr als ca. 30% nach Deutschland zurückkehrten. Politiker wie Willy Brandt, Bruno Kreisky, Ernst Paul und Herbert Wehner haben wiederholt darauf hingewiesen, daß sie von ihren skandinavischen Erfahrungen geprägt worden sind. Emigranten, die nach Kriegsende in Schweden blieben, engagierten sich vielfältig für den geistigen und materiellen Wiederaufbau in Deutschland. Der sudetendeutschen Treuegemeinschaft gelang es nach 1945, eine umfassende sudetendeutsche Einwanderung nach Schweden zu organisieren. Die schwedische Gesellschaft erhielt ihrerseits Impulse von deutschsprachigen Emigranten (u. a. in den Gesellschafts- und Rechtswissenschaften z. B. durch Rudolf Meidner, Fritz Croner, in der Architektur durch Fred Forbat, in der Physik durch Lise Meitner oder durch Philosophen wie Ernst Cassirer).

Wenn das Exilland Schweden früh in den Blick der Öffentlichkeit geriet, so ist dies einmal durch die Forschungsleistungen von Walter A. Berendsohn und Helmut Müssener geschehen, die der schwedischen Exilforschung früh internationale Reputation brachten (→ GESCHICHTE DER EXILFORSCHUNG), zum anderen durch das wissenschaftliche und politische Interesse an einzelnen Repräsentanten der künstlerisch-intellektuellen und politischen Eliten wie Nelly Sachs und Peter Weiss, Willy Brandt, Bruno Kreisky und Herbert Wehner, und drittens aufgrund des Vorbildcharakters, den deutsche und österreichische Remigranten Teilen des „schwedischen Modells", aber auch Einzelphänomenen wie der gewerkschaftlichen Bildungsarbeit, der „solidarischen Lohnpolitik" und dem Wehrbeauftragten zuschrieben. Forschungsdesiderata auf Grund einer inzwischen wesentlich breiteren Quellenbasis lassen sich jedoch nicht übersehen. Sie betreffen u. a. die Arbeit der Hilfsorganisationen, Fragen der Zusammensetzung des Exils, Analysen der politischen Arbeit, den Komplex des Nachexils und der Remigration und die Frage, ob das schwedische Exil tatsächlich paradigmatische Wirkungen hatte.

Literatur

Günther, Dieter (1982): Gewerkschafter im Exil. Die Landesgruppe deutscher Gewerkschafter in Schweden von 1938–1945, Marburg a. d. L.

Lorenz, Einhart (1997): Mehr als Willy Brandt. Die Sozialistische Arbeiterpartei Deutschlands (SAP) im skandinavischen Exil, Frankfurt a. M. u. a.

Lorenz, Einhart, u. a. (1998): Ein sehr trübes Kapitel? Hitlerflüchtlinge im nordeuropäischen Exil 1933–1950, Hamburg.

Misgeld, Klaus (1976): Die „Internationale Gruppe demokratischer Sozialisten" in Stockholm 1942–1945, Uppsala–Bonn.

Müssener, Helmut (1974): Exil in Schweden. Politische und kulturelle Emigration nach 1933, München.

Müssener, Helmut (1981): „Meine Heimstatt fand ich hoch im Norden" – „Schweden ist gut – für die Schweden". Aspekte geglückter und mißglückter Integration in Schweden nach 1933, in: Frühwald, Wolfgang, u. Wolfgang Schieder, Hrsg.: Leben im Exil. Probleme deutscher Flüchtlinge im Ausland 1933–1945, Hamburg, S. 39 ff.

Peters, Jan (1984): Exilland Schweden. Deutsche und schwedische Antifaschisten 1933–1945, Berlin/DDR.

Scholz, Michael (1995): Herbert Wehner in Schweden 1941–1946, München.

Schweiz

Hermann Wichers

Die Schweiz zählte im Frühjahr 1933 zu den ersten Fluchtzielen „rassisch" und politisch Verfolgter aus Deutschland. Als klassisches Asylland des 19. Jahrhunderts schien sie vielen als sicherer Hort. Um so größer war die Enttäuschung über die abweisende Haltung der Schweizer Behörden. Mehrere Verordnungen vom März/April 1933 regelten die Behandlung von Flüchtlingen. Das Asylrecht blieb politischen Flüchtlingen vorbehalten, über deren Anerkennung die Bundesanwaltschaft entschied. Dabei fanden vor allem Sozialdemokraten, bürgerliche Demokraten, Pazifisten und parteilose Intellektuelle Aufnahme, während Kommunisten als nicht „asylwürdig" galten. Allen war jegliche politische Betätigung streng verboten. „Rassische Verfolgung" wurde als Asylgrund ausgeschlossen, womit den jüdischen Emigranten (in der Terminologie der Behörden nicht selten „wesensfremde Elemente") die Anerkennung als politische Flüchtlinge und die Möglichkeit eines längeren Aufenthaltes in der Regel versagt blieb. Restriktive Aufenthaltsbestimmungen und ein striktes Arbeitsverbot dienten dazu, die Zahl der im Land befindlichen Flüchtlinge gering zu halten. Bestimmend war die Doktrin vom „Transitland" Schweiz. Verfolgten sollte nur ein kurzer Verbleib zur Regelung der Weiterreise ermöglicht werden, ein dauernder Aufenthalt kam nicht in Frage. Diese Politik war Ausdruck der seit der Jahrhundertwende virulenten Überfremdungsdebatte, die während des Ersten Weltkrieges und in den 1920er Jahren zu einer stetigen Verschärfung der Ausländergesetzgebung geführt hatte. Hinzu kam ein latenter Antisemitismus, der sich mit der allgemeinen Fremdenfeindlichkeit verband. Verhängnisvoll waren die Folgen der Weltwirtschaftskrise, die dem Schutz des einheimischen Arbeitsmarktes höchste Priorität zukommen ließen (Wacker 1992, S. 24 ff.; Picard 1994, S. 27 ff., 279 ff.; Wichers 1994, S. 46 ff.; Lasserre 1995, S. 13 ff.)

Nach einer ersten Fluchtwelle im Frühjahr 1933 ging die Zahl der Flüchtlinge bald wieder zurück. Viele reisten wegen der mangelnden Lebensperspektiven bereits nach wenigen Wochen weiter. Bis Ende 1933 suchten nur rund 600 jüdische Emigranten um eine längere Aufenthaltsbewilligung nach. Ähnlich bescheiden war die Zahl der politischen Flüchtlinge. Insgesamt stellten von 1933 bis 1939 lediglich 1072 Flüchtlinge einen Asylantrag. Nur 392 Antragsteller hatten Erfolg. 473 Gesuche wurden abgelehnt, 207 Personen verließen die Schweiz vor Abschluß des Verfahrens. Da anerkannte Flüchtlinge ebenfalls dem Weiterwanderungsdruck unterlagen, lebten im selben Zeitraum durchschnittlich nur jeweils rund 120 politische Flüchtlinge in der Schweiz (u. a. Anita Augspurg, Otto Braun, Wilhelm Hoegner, Georg Ledebour, Erwin Schoettle, Joseph Wirth). Die meisten von ihnen waren Männer zwischen 20 und 40 Jahren, nur in wenigen Fällen folgten Ehefrau und Kinder ins Exil (so z. B. die Familien von Hoegner und Schoettle). Alleinstehende Frauen waren die Ausnahme. Die Gesamtzahl der im Land befindlichen Flüchtlinge dürfte bis 1938 nie mehr als 5000 Personen betragen haben, die meisten davon Juden. Auch hier überwogen Männer und jüngere Leute bis 45 Jahre. Erst der „Anschluß" Österreichs brachte eine Verdopplung auf etwa 10 000–12 000 Flüchtlinge. Wie 1933 reisten viele aber bald wieder aus. Wegen dieser dauernden Weiterwanderung haben insgesamt vermutlich weitaus mehr Menschen in der Schweiz eine erste Zuflucht gefunden. Exakte Zahlen sind nicht zu ermitteln, da entsprechende Statistiken fehlen (Ludwig 1966, S. 65 ff.; Wichers 1994, S. 32 ff.; Lasserre 1995, S. 27 ff.).

Armut und Not prägten den Lebensalltag der meist mittellosen Flüchtlinge. Freitische, Schlafstellen, Sachhilfen und kleine illegale Beschäftigungen halfen zum Überleben. Finanzielle Zuwendungen reichten gerade zum Lebensnotwendigsten. Die bedrückenden Lebensumstände führten zu Lebenskrisen. Manche Freundschaft oder Ehe hielt den Belastungen des Exilalltags nicht stand und zerbrach. Die Versorgung der Flüchtlinge oblag den finanziell überforderten privaten Hilfswerken, die unter dem Druck der Behörden auch die Weiterwanderung ihrer Schützlinge organisieren mußten. Bund und Kantone leisteten bis zum Kriegsbeginn keine nennenswerten finanziellen Beiträge, bescheidene Zuwendungen flossen lediglich zur Finanzierung von Ausreisen. Die Arbeit der Hilfswerke war Ausdruck der von weiten Teilen der Bevölkerung empfundenen humanitären Tradition der Schweiz. Alle lebten vom großen persönlichen Engagement der namenlosen Flüchtlingshelfer und vor allem Flüchtlingshelferinnen, deren selbstloser Einsatz nur selten eine angemessene Würdigung erfahren hat. Zu den wenigen prominenten Ausnahmen zählen z. B. Regina Kägi-Fuchsmann, Gertrud Kurz, Charlotte Weber, Paul Vogt oder Emil und Emmie Oprecht.

Die wichtigste Hilfsorganisation war der Verband Schweizerischer Israelitischer Armenpflegen, ab 1943 Jüdischer Fürsorgen (VSIA/VSJF), der von 1933 bis 1952 rund 66 Millionen Franken für die Betreuung der jüdischen Emigranten aufbrachte. Etwa 15 Millionen stammten aus Sammlungen und Abgaben der kleinen jüdischen Gemeinden in der Schweiz, zwei Drittel kamen von ausländischen Hilfswerken wie dem American Jewish Joint Distribution Committee (Joint, JDC), die damit das „Rettungsboot" Schweiz in erheblichem Maße finanzierten (→ FLUCHTHILFE). Weitere Hilfswerke entstammten politischen (Schweizerisches Arbeiterhilfswerk, Rote Hilfe Schweiz) oder kirchlich-religiösen Kreisen (Schweizerischer Caritas-Verband, Schweizerisches Hilfskomitee für evangelische Flüchtlinge). Zu erwähnen sind ferner das Schweizerische Hilfswerk für Emigrantenkinder, das von 1933 bis 1947 insgesamt knapp 10 000 Kinder im In- und Ausland unterstützte, die Genfer Aide aux Emigrés, die Internationale Frauenliga für Frieden und Freiheit sowie die Flüchtlingshilfe der Kreuzritter. Hinzu kamen eine Reihe kleinerer, teils lokaler Hilfswerke. Im Juni 1936 schlossen sich zunächst 13 Hilfswerke in der Schweizerischen Zentralstelle für Flüchtlingshilfe zusammen, die als Dachverband eine wichtige Funktion im Kontakt mit den Behörden übernahm (Ludwig 1966, S. 157 ff.; Picard 1994, S. 235 ff., 368 ff.; Wichers 1994, S. 105 ff.).

Im Kulturleben der Schweiz spielten Exilanten trotz aller Restriktionen eine bedeutsame Rolle. An erster Stelle steht die Arbeit deutscher Theaterschaffender an Schweizer Bühnen, vor allem dem Zürcher Schauspielhaus, dessen Ensemble von 1933 bis 1945 maßgebend von Emigrantinnen und Emigranten (Therese Giehse, Wolfgang Heinz, Kurt Hirschfeld, Wolfgang Langhoff, Leopold Lindtberg, Teo Otto, Karl Paryla, Leonard Steckel u. a.) geprägt wurde. Weit über die Schweiz hinaus war das Schauspielhaus die Bühne, die dem Publikum Werke der deutschen Exilliteratur präsentierte und klassische Stücke mit unübersehbarem Gegenwartsbezug zur Aufführung brachte. Als das Schauspielhaus 1938 in Schwierigkeiten geriet, gründeten engagierte Schweizer unter Mitwirkung der Stadt Zürich die Neue Schauspiel AG, um den Fortbestand des Theaters und seines Ensembles zu sichern. Zu nennen sind aber auch das Basler Stadttheater (Gustav Hartung) sowie das von Erika Mann geleitete Kabarett „Die Pfeffermühle" (1933–35), dessen Auftritte ebenso wie die Arbeit des Schauspielhauses auf massive Anfeindungen rechtsbürgerlicher/frontistischer Kreise („Jüdisches Emigrantenkabarett", „Wühlerei der Emigranten") stießen (Mittenzwei 1979; Lühe 1993, S. 72 ff.).

Eine Reihe von Schriftstellern und Publizisten lebte ganz oder teilweise im Schweizer Exil (Thomas Mann, Robert Musil, Else Lasker-Schüler, Georg Kaiser, Wilhelm Herzog, Anna Siemsen, Ernst Glaeser, Bernard von Brentano, Robert Jungk, Hans Mayer u. a.). Arbeitsverbote und Publikationsschwierigkeiten prägten ihre Erfahrungen. Dennoch arbeiteten viele unter Pseudonymen für schweizerische Zeitungen und nahmen so nicht nur Einfluß auf das Kulturleben. Auch in anderen Ländern lebende Emigranten nutzten die deutschsprachige Schweizer Presse. Großen Anklang fanden die Kinder- und Jugendbuchautoren Lisa Tetzner und Kurt Kläber (Pseud. Kurt Held). Grafiken von Clément Moreau dienten Linksparteien und Gewerkschaften in ihrer Agitation. Der von Emil Oprecht geleitete Europa-Verlag in Zürich entwickelte sich zu einem der führenden, politisch faszinierend offenen Verlag der antinazistischen Emigrantenliteratur. Oprecht verlegte so unterschiedliche Autoren wie Konrad Heiden, Otto Braun, Friedrich Wolf oder Hermann Rauschning, mit dessen Buch *Revolution des Nihilis-*

mus der Verlag seinen größten Erfolg erzielte. Ein weiteres Forum war die von Bruno Dressler geleitete Schweizerische Büchergilde Gutenberg, eine Fortführung der in Deutschland gleichgeschalteten Büchergilde. Den größten Einfluß hatte wohl Wolfgang Langhoffs Erlebnisbericht *Die Moorsoldaten*. Das Buch erreichte allein im Erscheinungsjahr 1935 neun Auflagen. Langhoffs Beispiel zeigt allerdings auch die Grenzen des Möglichen, denn eine geplante Vortragsreise wurde 1935 verboten.

Bis 1938 blieben die rechtlichen Grundlagen der Flüchtlingspolitik weitgehend unverändert. Immerhin erhielten einige anerkannte politische Flüchtlinge (Wilhelm Hoegner, Otto Krille, Bruno Schönlank, Julius Zerfass) eine Arbeitsbewilligung zur Ausübung journalistischer bzw. schriftstellerischer Tätigkeit, die aber nur erteilt wurde, wenn der Schweizerische Schriftsteller-Verband keine Einwände erhob (Wichers 1994, S. 99). Zu beachten ist allerdings auch die unterschiedliche Haltung der Kantone. Angesichts der föderalen Struktur der Schweiz verfügten diese über einen beachtlichen Spielraum bei der Umsetzung der Vorgaben des Bundes. Eher liberalen Kantonen wie Basel-Stadt, St. Gallen oder Schaffhausen standen Kantone wie Aargau oder Thurgau gegenüber, die sich selbst noch im Krieg weigerten, Flüchtlinge in größerer Zahl zu dulden. Die Einreise österreichischer Juden nach dem „Anschluß" im März 1938 führte dann rasch zu verschärften Maßnahmen. Im Sommer verhängte der Bundesrat eine Einreisesperre, zudem regte die Schweiz die Kennzeichnung der Pässe deutscher und österreichischer Juden mit dem „J"-Stempel an. Ziel war die Aussonderung der Juden, um so – mit Blick auf den Tourismus – die Einführung des allgemeinen Visumzwanges für alle Reichsdeutschen zu vermeiden. Juden verfügten nun praktisch kaum noch über legale Einreisemöglichkeiten, es kam zu zahlreichen Rückweisungen. Ein Schlupfloch bot der Kanton St. Gallen, dessen Polizeikommandant Paul Grüninger entgegen den Berner Weisungen mehr als 2000 jüdische Flüchtlinge einreisen ließ, wofür er 1939 ohne Pensionsanspruch entlassen wurde (Keller 1993; Lasserre 1995, S. 52 ff.).

Nach Kriegsausbruch 1939 verschärfte der Bund die Flüchtlingsbestimmungen erneut, obwohl sich nur noch 7000–8000 Flüchtlinge im Land aufhielten, davon rund 5000 Juden. Einreisende Ausländer unterlagen einer allgemeinen Visumspflicht und strikten Meldekontrollen. Alle nach dem 6. September 1939 illegal Eingereisten sollten umstandslos zurückgewiesen werden, was in großem Umfang auch geschah. Prominenten Flüchtlingen wie den 1941 von Vichy-Frankreich an Deutschland ausgelieferten Sozialdemokraten Rudolf Breitscheid und Rudolf Hilferding wurde die Einreise verweigert. 1940 beschloß der Bundesrat die Errichtung von Arbeitslagern. In allen Landesteilen entstanden Lager für Zivil- und Militärflüchtlinge (letztere zumeist aus Deutschland entwichene polnische und russische Kriegsgefangene sowie deutsche Deserteure). Harte Arbeit (Landwirtschaft, Straßenbau, Meliorationen) und strenge Verordnungen prägten den Alltag in den Arbeitslagern, allerdings gab es auch Ausnahmen. Vermeintliche Linksextremisten – Kommunisten oder Sozialdemokraten – kamen ab 1941 in Sonderinternierungslager (Malvaglia, Gordola, Bassecourt), nachdem man sie anfänglich in Strafanstalten eingewiesen hatte. Männer und Frauen lebten zumeist getrennt. Nicht arbeitsfähige Flüchtlinge sowie Frauen, manchmal auch Familien mit Kindern, wurden in Heimen interniert oder privat untergebracht. Allerdings ließ sich die Internierung aus organisatorischen Gründen nur etappenweise umsetzen. Im März 1943 beschloß der Bundesrat die strikte Trennung von arbeitstauglichen und -untauglichen Flüchtlingen. In der Folge wurden zahlreiche Kinder von ihren Eltern getrennt und in zumeist christlichen Pflegefamilien untergebracht, was man später zu Recht als „Kinderkreuzzug" kritisierte. Anerkannte politische Flüchtlinge blieben eine verschwindend kleine Minderheit. Ihre Zahl betrug während des Krieges nie mehr als 200. Von 1940 bis 1945 wurden insgesamt 252 Personen anerkannt.

Bis 1942 blieb die Gesamtzahl der Flüchtlinge etwa konstant. Mit dem Beginn der Deportationen in den westeuropäischen Ländern stieg sie wieder an. Für viele belgische, niederländische, französische und deutsche Juden war die Schweiz zur letzten Fluchtmöglichkeit geworden, jedoch blieb als einziger Weg die illegale Einreise. Als Folge schloß das Eidgenössische Justiz- und Polizeidepartement am 13. August 1942 die Grenzen. Viele Flüchtlinge wurden zurückgewiesen, obwohl Umfang und Grauen der Verfolgungen bekannt waren. Nach neuesten Erhebungen wurden von Januar 1940 bis Mai 1945 insgesamt 24 398 Personen an der Grenze abgewiesen, die tatsächliche Zahl dürfte noch höher gelegen haben. Aufnahme oder Rückweisung unterlagen oft reiner Willkür. Wer im Landesinneren aufgegriffen wurde, konnte bleiben, wer an der Grenze gestellt wurde, mußte zurück. So stieg die Zahl der Flüchtlinge weiter an und entlarvte die Parole vom „vollen Rettungsboot" als ideologische Phrase. Erst am

12. Juli 1944 hob der Bundesrat die Sonderbestimmungen für jüdische Flüchtlinge auf. Zum Kriegsende lebten in der Schweiz rund 115 000 Flüchtlinge, davon etwa 25 000 Juden. Insgesamt beherbergte das Land während des Krieges knapp 300 000 schutzsuchende Ausländer, ohne das es zu ernsthaften Versorgungsproblemen gekommen wäre. Die im Zuge der „Geistigen Landesverteidigung" aus der Angst vor dem nationalsozialistischen Deutschland gespeiste Abwehr der „Überfremdung" hatte sich in der Realität gerade gegen die Opfer des Nationalsozialismus gerichtet (Lasserre 1995, S. 113 ff.; Wacker 1992, S. 149 ff.; Die Schweiz und die Flüchtlinge 1996, S. 91 ff.).

Das strikte Verbot politischer Betätigung in der Schweiz behinderte sowohl vor dem Kriege als auch in den Jahren 1939 bis 1945 die Bildung von Komitees und politischen Gruppen. Dennoch entstanden bereits 1933 Exilgruppen von KPD, SPD, SAP, Neu Beginnen und ISK. Zahlenmäßig klein und vielfach zerstritten, bemühten sie sich um Verbindungen zum Widerstand in Süddeutschland und engagierten sich für den Kampf gegen den Nationalsozialismus in der Schweiz. Besonders aktiv waren eine Neu Beginnen-Gruppe in St. Gallen (um Erwin Schoettle), eine SAP-Gruppe in Basel (um Fritz Sternberg, Felix Ippen und Max Steinmüller) und der KPD-Grenzstützpunkt/Abschnittsleitung Süd in Zürich (mit den Leitern Willi Bohn, Wilhelm Firl, Paul Bertz, Siegfried Rädel, Konrad Blenkle und Paul Elias). Trotz intensiver Bemühungen seitens der KPD (im Zuge der Einheitsfrontpolitik) kam es zu keiner engeren Zusammenarbeit zwischen Kommunisten und Sozialdemokraten, das gegenseitige Mißtrauen blieb bestimmend. Nach 1936 gingen die Aktivitäten der einzelnen Gruppen stark zurück, um bei Kriegsbeginn unter dem Einfluß der Ereignisse beinahe vollständig zum Erliegen zu kommen. Die wenigen noch in der Schweiz verbliebenen legalen und illegalen politischen Flüchtlinge waren vollauf mit ihrem persönlichen „Überleben" beschäftigt. Erst die Internierungen erlaubten wiederum einen engeren Zusammenschluß, vor allem der kommunistisch orientierten Flüchtlinge (Wichers 1994).

Mitte 1943 organisierte sich das politische Exil neu. Die Gründung des → NATIONALKOMITEES „FREIES DEUTSCHLAND" (NKFD) in Moskau führte wenige Wochen später in Zürich zur Gründung eines inoffiziellen Zirkels um Wolfgang Langhoff, der sich dem NKFD anschloß. Im Juli 1944 bildete sich unter halblegalen Bedingungen ein aus Mitgliedern der KPD (Karl Hans Bergmann, Paul Meuter,

Rudi Singer, Hans Teubner), der SPD (Walter Gyssling), einer Vertreterin der bekennenden Kirche (Charlotte von Kirschbaum), einem Katholiken (Erich Bogen) sowie dem ehemaligen preußischen Staatssekretär Wilhelm Abegg und anderen Emigranten ein provisorischer Landesausschuß der Bewegung „Freies Deutschland". Durch Fürsprache schweizerischer Sympathisanten, unter ihnen der Basler Theologe Karl Barth, lockerte der Bund gegen Kriegsende seine restriktive Haltung. Am 27./28. Januar 1945 konnte dann in Zürich eine reguläre, stark von der sich wieder reorganisierenden KPD beeinflußte Landesleitung gewählt werden. Im Dezember 1945 löste sich die Gruppe auf, nachdem die KPD jedes Interesse an einer weiteren Mitarbeit verloren hatte. Bereits Ende 1944 hatte die KPD begonnen, Mitglieder nach Deutschland einzuschleusen. Kurz nach Kriegsende kehrten zahlreiche Kommunisten dorthin zurück, um sich aktiv am Parteiaufbau zu beteiligen. Neben der Bewegung „Freies Deutschland" bildete sich um Repräsentanten der Weimarer Republik (Otto Braun, Joseph Wirth, Wilhelm Hoegner, Heinrich Georg Ritzel) die Vereinigung Demokratisches Deutschland, die ihre Hoffnungen auf die Westalliierten setzte und wegen der KPD-Lastigkeit der Bewegung „Freies Deutschland" zu keiner Zusammenarbeit bereit war. Sie zerfiel ebenfalls rasch; Wilhelm Hoegner kehrte auf Wunsch der Amerikaner bereits im Sommer 1945 nach Bayern zurück (Bergmann 1974; Mittenzwei 1981, S. 328 ff.). Kurz nach der Gründung der Bewegung „Freies Deutschland" bildete sich um Wolfgang Heinz und Karl Paryla, die vorher dieser nahegestanden hatten, die freiösterreichische Bewegung (→ ÖSTERREICHISCHE POLITISCHE EXILORGANISATIONEN).

Nach dem Kriegsende war die Schweiz bestrebt, die Zahl der Flüchtlinge rasch zu senken; ein allgemeines Dauerasyl kam nicht in Frage. Bereits Ende 1944 begann die organisierte Heimschaffung von Flüchtlingen aus Frankreich, Belgien und den Niederlanden. Der größere Teil der aus Deutschland, Österreich oder den osteuropäischen Staaten stammenden jüdischen Flüchtlinge wanderte bis 1950 nach Palästina, Übersee oder in westeuropäische Länder weiter. Nur wenige, zumeist politische Flüchtlinge, kehrten nach Deutschland oder Österreich zurück. Trotz des Weiterwanderungsdrucks blieb ein Teil der Flüchtlinge in der Schweiz. Im März 1945 lebten noch etwa 18 000 Flüchtlinge im Lande, Ende 1950 schätzungsweise noch 7000–8000. Im März 1947 schuf der Bundesrat die Möglichkeit des Dauerasyls; Flüchtlingen ohne Ausweispapiere blieb die unbefristete Niederlassung aber noch verwehrt. Erst 1954 trat die Schweiz einem internationalen Abkommen über die Rechtsstellung der Flüchtlinge aus dem Jahre 1951 bei. Alle erhielten nun eine Niederlassungsbewilligung, die sie endlich den übrigen Ausländern gleichstellte. Viele der Betroffenen lebten zu dieser Zeit bereits bis zu 15 und mehr Jahren in der Schweiz. Fast alle ließen sich später einbürgern. Die weniger Begüterten mußten sich dabei aber oft nochmals zehn bis 15 Jahre gedulden (Ludwig 1966, S. 322 ff.; Picard 1994, S. 356 ff.).

Literatur

Bergmann, Karl Hans (1974): Die Bewegung „Freies Deutschland" in der Schweiz 1933–1945, München.

Die Schweiz und die Flüchtlinge/La Suisse et les réfugiés 1933–1945 (1996). Studien und Quellen, Bern.

Häsler, Alfred A. (1967): Das Boot ist voll. Die Schweiz und die Flüchtlinge 1933–1945, Zürich.

Keller, Stefan (1993): Grüningers Fall. Geschichten von Flucht und Hoffnung, Zürich.

Lasserre, André (1995): Frontières et camps. Le refuge en Suisse de 1933 à 1945, Lausanne.

Ludwig, Carl (1966): Die Flüchtlingspolitik der Schweiz seit 1933 bis zur Gegenwart, Bern.

von der Lühe, Irmela (1993): Erika Mann. Eine Biographie, Frankfurt a. M.

Messerschmidt, Beate (1989): „... von Deutschland herübergekommen"? Die „Büchergilde Gutenberg" im Schweizer Exil, München.

Mittenzwei, Werner (1979): Das Zürcher Schauspielhaus 1933–1945, Berlin.

Mittenzwei, Werner (1981): Exil in der Schweiz, 2. Aufl., Leipzig.

Picard, Jacques (1994): Die Schweiz und die Juden 1933–1945, Zürich.

Stahlberger, Peter (1970): Der Zürcher Verleger Emil Oprecht und die deutsche politische Emigration 1933–1945, Zürich.

Wacker, Jean-Claude (1992): Humaner als Bern! Schweizer und Basler Asylpraxis gegenüber den jüdischen Flüchtlingen von 1933 bis 1943 im Vergleich, Basel.

Wichers, Hermann (1994): Im Kampf gegen Hitler. Deutsche Sozialisten im Schweizer Exil 1933–1940, Zürich.

Sowjetunion

Hans Schafranek

Die 1918 angenommene Verfassung der Russischen Sozialistischen Föderativen Sowjetrepublik (RSFSR) enthielt mehrere Artikel, die Richtlinien für die Aufnahme ausländischer Flüchtlinge formulierten. Artikel 21 lautete: „Die Russische Sozialistische Föderative Sowjetrepublik gewährt allen Ausländern, die wegen politischer oder religiöser Vergehen verfolgt werden, das Asylrecht." Auch in Artikel 129 der Verfassung von 1936 war das Asylrecht verbürgt: „Die UdSSR gewährt Bürgern ausländischer Staaten, die wegen Verfechtung der Interessen der Werktätigen oder wegen wissenschaftlicher Betätigung oder wegen ihrer Teilnahme am nationalen Befreiungskampf verfolgt werden, das Asylrecht."

Entgegen dieser Rechtsnorm praktizierte die Sowjetunion jedoch die Asylgewährung nach dem Machtantritt des Nationalsozialismus in einer sehr restriktiven Weise. Die deutsche Vertretung beim Exekutivkomitee der Kommunistischen Internationale (EKKI) schätzte die Anzahl der deutschen, fast ausschließlich kommunistischen Polit-Emigranten Anfang 1936 auf 4600 Personen. Staatenlose „Berufsrevolutionäre", die lediglich über einen Nansenpaß verfügten, waren mitunter genötigt, sich eine falsche Identität (und entsprechende Personalpapiere) zuzulegen, um das begehrte Visum zu erhalten. Der „rassischen", nicht durch kommunistische Apparate geregelten Emigration blieb die UdSSR nach 1933 fast vollständig verschlossen; lediglich etwa 60 jüdische Ärzte gelangten durch Vermittlung der Hilfsorganisation Agrojoint in den beiden folgenden Jahren nach Sowjetrußland (Tischler 1996). Um den formellen Polit-Emigrantenstatus zu erlangen, mußte jeder neu ankommende Flüchtling sich einer rigorosen Überprüfung durch die – bis 1936 existierende – Zentrale Legitimationskommission der Internationalen Roten Hilfe (IRH) unterziehen. Als weitere Kontroll- und Disziplinierungsinstrumente fungierten die Parteivertretung beim EKKI und die sog. Kaderabteilung der Komintern, welche alle verfügbaren Daten über Polit-Emigranten sammelte und während der stalinistischen „Säuberungen" als wichtigstes institutionelles Bindeglied zwischen innerparteilicher Ausgrenzung und dem staatlichen Terror des NKWD agierte. Die bürokratische Apparat-Mentalität der (illegalen) KPD-Führung und der sowjetischen Instanzen ergänzten einander; bereits im Sommer 1933 vertrat jene die Auffassung, jeder ohne zentrale Legitimation aus Deutschland geflüchtete Kommunist sei „desertiert".

Die in der bisherigen Forschung vorherrschende Konzentration auf die in Moskau tätigen Emigranten beruht überwiegend darauf, daß hier fast alle Vertreter des kommunistischen literarischen Exils (z. B. Johannes R. Becher, Willi Bredel, Hans Günther, Alfred Kurella, Ernst Ottwalt, Karl Schmückle, Erich Weinert, Friedrich Wolf u. a.) wirkten, zum anderen eine größere Anzahl deutscher Kommunisten, die in der Komintern bzw. ihren zahlreichen Neben- und Unterorganisationen und nachgeordneten Institutionen (Verlage, Schulen usw.) beschäftigt waren. Der weitaus größere, politisch jedoch als weniger bedeutsam angesehene Anteil von deutschen Emigranten mußte mit Aufenthaltsorten außerhalb Moskaus vorliebnehmen, zu einem erheblichen Teil in den neuen Industriezentren Westsibiriens (Tischler 1996).

Hinsichtlich der Einreisemodalitäten und Integration in das Berufsleben verfuhren die sowjetischen Behörden anfänglich etwas großzügiger mit der österreichischen Schutzbund-Emigration, die – mittels Sammelvisen – in mehreren größeren Transporten zwischen April 1934 und Herbst 1935 von der Tschechoslowakei aus in die UdSSR gelangte. Zu den etwa 800 Schutzbündlern, die an den Kämpfen im Februar 1934 teilgenommen hatten, stieß ferner ein größeres Kontingent von Familienangehörigen. Ein aus 120 Kindern bestehender Transport erreichte im August 1934 die sowjetische Hauptstadt, wo sie gemeinsam mit einer kleineren Anzahl von Kindern deutscher Kommunisten im Kinderheim Nr. 6 untergebracht und in den ersten Jahren privilegiert behandelt wurden. Das Gros der Heimzöglinge und viele Kinder deutscher Polit-Emigranten besuchten die 1924 gegründete zehnklassige Karl-Liebknecht-Schule, an der hauptsächlich deutsche Politemigranten als Lehrer wirkten. Die emigrierten Schutzbündler, von denen etwa die Hälfte – teils in der Tschechoslowakei, teils in der UdSSR – der KPÖ beitrat, wurden 1934/35 gegenüber ihren sowjetischen Arbeitskollegen bevorzugt (Garantielohn, „Dotacija" usw.). Schutzbund-Kollektive bestanden in Moskau, Charkow, Leningrad, Gorki und Rostow am Don. Im Rahmen dieser Enklaven variierten die Lebensverhältnisse allerdings z. T. recht stark, am besten waren sie in Moskau, am schlechtesten in Charkow (McLoughlin u. a. 1997).

Nach 1936 wurden Exilsuchende aus Deutschland oder Österreich nur mehr vereinzelt aufgenommen. Eine Ausnahme bildeten verwundete oder als besonders zuverlässig, d. h. „linientreu" angesehene Teilnehmer des Spanischen Bürgerkrieges, die in zwei Etappen in die UdSSR gelangten: ein Teil direkt aus Spanien (1938), ein anderer – im Frühjahr 1939 – aus Frankreich. Dieses zweite Kontingent, das via Le Havre auf dem Seewege in die UdSSR kam, bestand hauptsächlich aus Insassen französischer Internierungslager, zum kleineren Teil aus Parteifunktionären, die infolge des sog. „Kaderschutzes" der Internierung entgangen waren. 1941 emigrierte noch eine kleine Gruppe über Marseille in die UdSSR.

Jede nationale Komintern-Sektion unterhielt einen „offiziellen" Vertreter beim EKKI. In dieser Funktion waren für die KPD Fritz Heckert (1932–1935), Heinrich Wiatrek (1935–36), Philipp Dengel (1937) sowie Walter Ulbricht (1938–43) tätig. Die KPÖ vertrat bis Ende 1935 Oskar Grossmann, anschließend Ernst Fischer (1936–38) und zuletzt Friedl Fürnberg (1938–43). Die Auslandsleitung der KPÖ wurde erst im Oktober 1939 von Paris nach Moskau verlegt, jedoch übten die schon zuvor in der UdSSR tätigen Polbüro-Mitglieder (Friedl Fürnberg, Ernst Fischer und – zeitweilig – Johann Koplenig) einen dominierenden Einfluß aus. Eine sehr ähnliche Konstellation ist für die KPD-Führung festzustellen. Seit 1935 bestimmte die Moskauer Führungsgruppe maßgeblich den Kurs der Partei, während die nominelle, zuerst in Prag, später in Paris ansässige Auslandsleitung eine eher zweitrangige Rolle einnahm, unbeschadet einer zeitweiligen partiellen Personalunion.

Als wichtigstes publizistisches Forum für deutschsprachige Autoren diente die Verlagsgenossenschaft ausländischer Arbeiter in der UdSSR (VEGAAR), deren Mitarbeiterstab 1937 über 300 Personen umfaßte. Die VEGAAR wurde im März 1931 gegründet, um „Broschüren, Hand- und Nachschlagebücher über die Sowjetunion, politische und wissenschaftliche Literatur sowie Romane, Novellen und Reiseberichte (herauszugeben), die geeignet sind, den Ausländer näher mit der Sowjetunion bekannt zu machen". Nach 1933 nahm die deutsche antifaschistische Literatur im Verlagsprogramm einen großen Stellenwert ein, es erschienen Bücher von Johannes R. Becher, Bertolt Brecht, Willi Bredel, Fritz Erpenbeck, Lion Feuchtwanger, Oskar Maria Graf, Egon Erwin Kisch, Alfred Kurella, Wolfgang Langhoff, Hans Marchwitza, Theodor Plievier, Ludwig Renn, Adam Scharrer, Anna Seghers, Bodo Uhse, Erich Weinert, Franz Carl Weiskopf, Friedrich Wolf und Hedda Zinner. Bisher sind 735 deutschsprachige Buch- und Broschürentitel erfaßt (mit einer Gesamtauflage von etwa acht Millionen Exemplaren).

Außerdem veröffentlichte die VEGAAR vier Zeitschriften in deutscher Sprache. Etliche literarische Zeugnisse von Johannes R. Becher, Adam Scharrer, Friedrich Wolf und anderen UdSSR-Exilanten wurden in Moskau erstmals veröffentlicht. Im Juni 1938 wurde die Verlagsgenossenschaft aufgelöst; bereits einige Monate zuvor war das Gros der Mitarbeiter dem stalinistischen Terror zum Opfer gefallen (Pike 1981; Schick 1992; Tischler 1996, S. 32 ff.).

Teilweise konnten exilierte kommunistische Künstler, Schriftsteller und Intellektuelle für ihre Aktivitäten die in der Sowjetunion bereits vorhandenen deutschsprachigen „kulturellen Infrastrukturen" nutzen, die schon in den zwanziger Jahren für die volksdeutschen Minderheiten in der UdSSR geschaffen worden waren und in denen dann ab 1933 Emigranten aus Deutschland und später aus Österreich maßgeblich mitwirkten. Dies gilt für die 1926 gegründete *Deutsche Zentral-Zeitung*, an der zeitweilig Hugo Huppert und Hedda Zinner als Redaktionsmitglieder arbeiteten, sowie für die *Internationale Literatur*, als deren Chefredakteur Johannes R. Becher fungierte. Jedoch nur das 1936 in Moskau gegründete Blatt *Das Wort* kann als eine ausschließlich von Emigranten gestaltete Exil-Zeitschrift bezeichnet werden. Fast alle der im sowjetischen Exil lebenden Schriftsteller, aber auch solche, die in anderen Ländern Zuflucht gefunden hatten, veröffentlichten in diesen Blättern Erzählungen, Artikel, Literaturkritiken und Rezensionen.

Ähnliches kann auch für das in der Sowjetunion sich entfaltende deutschsprachige Theaterleben festgestellt werden: Es griff weitgehend auf bereits vorhandene deutschsprachige Theater zurück – so das Deutsche Gebietstheater Dnepropetrowsk, das Deutsche Kollektivistentheater Odessa und das Deutsche Staatstheater Engels. Sie boten exilierten Regisseuren, von denen als bedeutendster Erwin Piscator genannt sei, Schauspielern und anderen Künstlern Arbeitsmöglichkeiten und gaben Schriftstellern die Gelegenheit, ihre Stücke zu inszenieren (Haarmann 1981; Tischler 1996, S. 32 ff.). Auch das Deutsche Theater „Kolonne Links" darf nicht als Emigrantengründung betrachtet werden; es ging auf Vorläufer in der Weimarer Republik zurück und entstand 1933 aus der Fusion des seit 1931 in Moskau ansässigen Kernensembles „Kolonne Links" und Mitgliedern der „Truppe 1931", einer Gruppe revolutionärer Berufsschauspieler. Es wurde unter dem Namen Deutsches Theater „Kolonne Links" von Gustav von Wangenheim und Arthur Pieck geleitet. Gegenüber Emigranten aus der Welt der Publizistik und Literatur spielten dagegen bildende Künstler im sowjetischen Exil eine zahlenmäßig untergeordnete Rolle. Heinrich Vogeler, der bekannteste Vertreter, war bereits vor 1933 in die Sowjetunion ausgereist und als überzeugter Kommunist wegen der politischen Veränderungen nicht mehr nach Deutschland zurückgekehrt. Erwähnenswert ist auch die Mitarbeit von deutschsprachigen Emigranten in der sowjetischen Filmindustrie, in den Bereichen Architektur und Städtebau sowie in der Wissenschaft, beispielsweise im Marx-Engels-Lenin-Institut bei der Herausgabe der Marx-Engels-Gesamtausgabe (Jarmatz u. a. 1979).

Eine nicht zu unterschätzende Bedeutung wurde der Erziehung deutscher und österreichischer Kommunisten zu politischen Kadern beigemessen, die dazu ausersehen waren, ihre in der UdSSR absolvierte Ausbildung nach der Rückkehr in die Heimatländer im politischen Untergrund entsprechend zu nutzen. Als „Kaderschmieden" dieser Art spielten vor allem drei Institutionen eine bedeutsame Rolle: die (allerdings bereits 1935 aufgelöste) M-Schule, an der militärische Spezialisten herangebildet wurden, die bis 1936 existierende Kommunistische Universität der nationalen Minderheiten des Westens (KUNMZ; Herlemann 1982), vor allem aber die zwischen 1926 und 1938 bestehende Internationale Lenin-Schule, die im Zeitraum 1933–38 von etwa 300 deutschen und österreichischen Kommunisten absolviert wurde. Bis 1935 waren die Österreicher in den deutschen Sektor integriert, später erhielten sie einen eigenen Status. Diese Verselbständigung widerspiegelte die seit Februar 1934 erheblich gewachsene politische Bedeutung der KPÖ; sie war nicht Ausdruck einer Anerkennung der österreichischen Nation, die erst 1937 durch den Parteitheoretiker Alfred Klahr programmatisch fixiert wurde. Bei der „Kommandierung" an die Lenin-Schule handelte es sich bis 1933/34 um einen Kadertransfer von „Parteiarbeitern", die lediglich zum Besuch der ein- bis dreijährigen Lehrgänge nach Moskau entsandt wurden. In der Folge stießen auch Politemigranten dazu (McLoughlin u. a. 1997).

Infolge sozialer und ökonomischer Verschlechterungen (Abschaffung der INSNAB-Läden, Aufhebung der Garantielöhne, generelles Sinken des Lebensstandards, Angleichung an die Arbeits- und Lebensbedingungen der russischen Arbeiter) begann 1935/36 eine Rückkehrbewegung in der Schutzbund-Emigration, die in den folgenden Jahren durch den stalinistischen Terror zusätzlichen Auftrieb erhielt und bis 1941 etwa 230 „Februarkämpfer" erfaßte. Während die sowjetischen Instanzen diese Tendenz in der ersten Phase weitgehend tolerierten (nicht so 1937/38, als solche Bestrebungen des öfteren zu Verhaftungen führten), waren vermeintliche oder wirkliche Heimkehrwillige einem massiven Druck (Delogierungen, Prügel, Denunziationen) ihrer eigenen Kollektive ausgesetzt. Paradoxerweise fanden diese Auseinandersetzungen zu einem Zeitpunkt statt, als die KPÖ selbst eine partielle Auflösung der Emigration, d. h. die legale Rückkehr der „Mindergefährdeten" vorbereitete.

Auch die KPD-Führung in Moskau verfocht dieselbe Politik; im August 1936 sprach sich Wilhelm Pieck für die Rückkehr von zwei Dritteln (!) der Emigranten aus (In den Fängen des NKWD, 1991). Eine „parteioffiziell" abgesegnete Remigrationsbewegung größeren Ausmaßes kam letztlich nicht zustande, doch trugen andere Faktoren dazu bei, die in der UdSSR lebenden deutschen und österreichischen Asylanten sowie die bis dahin noch im Lande verbliebenen Facharbeiter, Ingenieure und sonstigen „Spezialisten" (deren Gros zwischen 1933 und 1935 nach Deutschland bzw. Österreich zurückgekehrt war) erheblich zu dezimieren. Die in der industriellen Aufbauphase, d. h. während des ersten und z. T. auch noch des zweiten Fünfjahresplanes dringend benötigten ausländischen Fachkräfte wurden in der auf Autarkie abzielenden Wirtschaftspolitik späterer Jahre zunehmend durch junge russische „Wirtschaftskader" ersetzt, ein Prozeß, der zeitlich parallel mit einer von oben geschürten Xenophobie verlief. Infolgedessen erhielten Hunderte von qualifizierten „Spezialisten" keine Verlängerung ihrer Aufenthaltsbewilligung, was de facto die Ausweisung bedeutete. Der verbliebene Rest von Facharbeitern bestand zu einem in der bisherigen Forschung noch nicht exakt quantifizierten, aber wahrscheinlich recht großen Teil aus kommunistischen Wirtschaftsemigranten, deren Schicksal seit Beginn der massenhaften „Säuberungen" häufig mit jenem der Politemigranten verschmolz. Eine gruppenspezifische Trennlinie ist hier aus mehreren Gründen relativ schwer zu ziehen. Eine beträchtliche Zahl dieser kommunistischen Facharbeiter hatte sich in der Endphase der Weimarer Republik nicht ausschließlich aus ökonomischen Motiven auf Arbeitssuche in die UdSSR begeben. Neben der politisch-ideologischen Affinität zum vermeintlichen „Vaterland der Werktätigen" ist hier auch in Rechnung zu stellen, daß manche dieser KPD-Mitglieder in Deutschland vor 1933 aus politischen Gründen ihre Arbeitsplätze verloren hatten oder auch politisch verfolgt worden waren. Um so weniger waren sie gewillt, nach dem Machtantritt des Nationalsozialismus ihrer Wahlheimat den Rücken zu kehren.

Nach neuesten Schätzungen (Tischler 1996, S. 87 ff.) verschlang der NKWD-Terror in der Periode 1936–39 nicht weniger als 3000 Politemigranten (d. h. 70 %), darunter einen erheblichen Teil des Führungskorps der Weimarer KPD, z. B. sechs ehemalige Politbüro-Mitglieder und 16 frühere Angehörige des ZK (Weber 1990). Neuere Untersuchungen lassen erkennen, daß im Mechanismus dieser Terrormaschinerie leitende Gremien sowohl der KPD als auch der KPÖ bei weitem nicht bloß als Akklamationsinstanzen fungierten, sondern auf vielfache Weise aktiv verstrickt waren. Der Verhaftung durch das NKWD ging in manchen Fällen ein monatelanges innerparteiliches Inquisitionsverfahren voraus, bei dem fingierte oder tatsächliche, bis in die zwanziger Jahre zurückreichende „Abweichungen" von der „Parteilinie" gebrandmarkt und die Opfer moralisch „hingerichtet" wurden. In geradezu gespenstischer Weise entpuppten sich etliche NKWD-Strafakten als bloße Verlängerungen der jeweiligen „Kaderakte", die über jeden Emigranten in der UdSSR angelegt wurde (Müller 1993; McLoughlin u. a. 1997). Allerdings sollte dieser, vor allem bei der Verfolgung (ehemaliger) mittlerer und höherer Parteifunktionäre relevante Aspekt auch nicht verabsolutiert werden, so drastisch er die Vernetzung parteiinterner Verfolgungspraxis mit dem geheimpolizeilichen Terror des NKWD dokumentiert. Bespitzelung, Denunziationen, das quälende Ritual von „Kritik" und „Selbstkritik", innerparteiliche Disziplinierungsmechanismen gehörten zum „Alltag" der hysterischen Manifestationen „bolschewistischer Wachsamkeit"; die Verhaftung war häufig, aber nicht immer das „logische" Resultat dieser inquisitorischen Elemente. Vielmehr dürfte das Gros (nicht nur) der deutschen und österreichischen Emigranten einer vom Politbüro der KPdSU sanktionierten Quotenregelung des Massenmordes zum Opfer gefallen sein, ebenso wie Hunderttausende Sowjetbürger in den Jahren 1937/38. Bei dieser Quotenregelung wurden im voraus – für jede Republik, jedes autonome Gebiet, jeden Rayon – bestimmte Kontingente von „Volksfeinden" festgelegt, die verhaftet und nach verschiedenen Kategorien (Tod durch Erschießen, acht- bis zehnjährige Lagerhaft) verurteilt werden sollten. Den regionalen bzw. lokalen NKWD-Untersuchungsrichtern blieb es vorbehalten, die Auswahl der „Volksfeinde" zu treffen. In manchen Republiken organisierten die NKWD-Funktionäre regelrechte „sozialistische Wettbewerbe" (sic!) bei der Verhaftung und Aburteilung ihrer Opfer. Bei den Deutschen, Österreichern, Polen, Letten usw. genügte in der Regel die nationale Herkunft, um als „Spion" abgestempelt zu werden.

Von den etwa 400 Schutzbündlern, die nach Abzug der Heimkehrer und etwa 160 aus der UdSSR kommender Spanien-Freiwilliger übrigblieben, gerieten bis 1941 mindestens 220 (d. h. 55%) in die Fänge des NKWD. Insgesamt dürfte die Anzahl der österreichischen Stalin-Opfer während dieser Jahre etwa 800 betragen haben, darunter auch viele Facharbeiter und „Altkommunisten", d. h. Personen, die bereits vor der politischen Zäsur des Februar 1934 der KPÖ angehört hatten. Der Vergleich mit der KPD im Moskauer Exil zeigt verblüffende Parallelen: Auch die (seit 1934 amtierende) Exilparteiführung der KPÖ blieb, unbeschadet einiger hochnotpeinlicher, jedoch folgenloser „Untersuchungen", vom Terror weitgehend verschont, während viele Kommunisten der „ersten Stunde" verhaftet und z. T. erschossen wurden, darunter 16 ehemalige ZK-Mitglieder der KPÖ bzw. des KJV (McLoughlin u. a. 1997).

Nur in scheinbarem Widerspruch zu der seit 1936 forcierten Tendenz, „lästige" Ausländer auszuweisen, stand ab dem gleichen Zeitraum ein auf viele Deutsche und Österreicher ausgeübter Druck, die sowjetische Staatsbürgerschaft anzunehmen – Zwangsassimilation und Ausweisung bildeten zwei Seiten einer Medaille, in beiden Varianten entledigte man sich sukzessive der Emigration, die als politischer Faktor während des Hitler-Stalin-Paktes vollends „überflüssig" schien, jedoch schon Jahre vorher selbst in propagandistischer Hinsicht enorm an Bedeutung eingebüßt hatte. Dieser „Russifizierungs"-Prozeß schlug sich auch in der Auflösung zahlreicher Institutionen nieder, in denen deutsche und andere Emigranten zuvor tätig gewesen waren: Im Dezember 1935 stellte die Internationale Vereinigung Revolutionärer Schriftsteller (IVRS) ihre Aktivitäten ein, im Mai 1936 schloß die KUNMZ ihre Pforten, 1937 der Deutsche Club, Anfang 1938 die Karl-Liebknecht-Schule und die Internationale Lenin-Schule. Auch die deutschsprachigen Periodika blieben von dieser Entwicklung nicht verschont. 1939 stellte die *Deutsche Zentral-Zeitung* ihr Erscheinen ein, ebenso die Exilzeitschrift *Das Wort* (Pike 1981). Mit dem Abschluß des deutsch-sowjetischen Paktes und des geheimen Zusatzabkommens kam die antifaschistische Propaganda – und damit ein Gutteil der politischen raison d'être der deutschen Emigration – vollständig zum Erliegen (Sator 1990). Die Exilzeitschrift *Internationale Literatur* blieb zwar bestehen, widmete sich aber weitgehend unpolitischen Themen.

Die Abschiebung deutscher und österreichischer Häftlinge (via Polen und in geringerem Ausmaß Finnland) hatte sich bereits seit Ende 1936 zu einer gängigen Praxis der sowjetischen Behörden entwickelt; etwa 620 solcher Fälle konnten für die Jahre 1937/38 ermittelt werden. Ab Herbst 1939 nahmen diese Abschiebungen von Gefängnis- bzw. GULag-Insassen infolge der gemeinsamen Grenze, d. h. der deutsch-sowjetischen Demarkationslinie, und der Übergabemodalitäten die Form einer direkten Auslieferung an Nazideutschland an. Bis Juni 1941 wurden mindestens 350 Häftlinge, der Großteil davon deutsche und österreichische Kommunisten, vom NKWD der Gestapo bzw. dem SD übergeben (Schafranek 1990). Für eine kleine Anzahl von Emigranten, die vor 1939 Zuflucht in Polen und den baltischen Republiken gefunden hatten, wurde die Sowjetunion indessen Transitland in Richtung Fernost, wo sie nach längerer Fahrt mit der Transsibirischen Eisenbahn von Wladiwostok aus entweder nach Shanghai oder über Japan weiter nach Nord- oder Lateinamerika weiterwanderten.

Der deutsche Überfall im Juni 1941 verstreute die stark geschrumpfte Emigration über alle Regionen der UdSSR. Bereits im Sommer 1941 evakuierte man die Angehörigen der Komintern-Mitarbeiter; im Oktober, als Moskau akut bedroht war und eine panikartige Massenflucht von Hunderttausenden Bewohnern der Hauptstadt einsetzte, wurde der Komintern-Apparat nach Ufa verlegt. Nachdem die ärgste Bedrohung abgewendet war, kehrten die Komintern-Kader im Laufe des Jahres 1942 nach Moskau zurück; die Familien folgten 1943. Deutsche und österreichische Schriftsteller bzw. deren Angehörige waren hauptsächlich in Tschistopol an der Kama und in Taschkent konzentriert. Gerade angesichts einer allgemeinen extremen Notsituation stach eine bewußte, durchweg utilitaristischen Kriterien entspringende soziale Differenzierung besonders in Auge. So genossen etwa die in Tschistopol lebenden Schriftsteller besondere materielle Privilegien, während ringsherum Tausende Evakuierte verhungerten oder erfroren (Quittner 1971). Eine kleine Gruppe von Schutzbündler-Frauen und Invaliden strandete in Tomsk, die meisten Transporte von deutschen und österreichischen Emigranten endeten jedoch in Kasachstan und Usbekistan, z. T. unter deportationsähnlichen Bedingungen. Im südlichen Teil Mittelasiens rafften Hunger, Typhus und Malaria einige dahin, das Gros fristete bis 1945/46 ein kümmerliches Dasein in Kolchosen, Zuckerfabriken usw.

Noch schlimmer erging es jenen, die an ihren Evakuierungsorten ab 1942 – ebenso wie Hunderttausende Wolgadeutsche – zur sog. Arbeitsarmee (Trud Armija) eingezogen wurden. Vom Kriegskommissariat mobilisiert, unterstanden sie in administrativer Hinsicht dem NKWD und wurden zu den schwersten manuellen Arbeiten herangezogen, etwa in Kohlenbergwerken oder beim Eisenbahnbau im Ural und anderen unwirtlichen Regionen. Das Los dieser „Arbeitsmobilisierten" unterschied sich kaum von jenem der GULag-Häftlinge; vereinzelt wird von Überlebenden berichtet, es sei vielleicht noch schlimmer gewesen, weil sich die Angehörigen der Arbeitsarmee z. T. selbst um ihre Verpflegung kümmern mußten. Nach der Entlassung aus der Trud Armija (1946/47) folgte manchmal die „Sondersiedlung" (d.h. Verbannung), welche z.B. dem namhaften Bildhauer Willi Lammert und dessen Familie einen bis 1951 andauernden Zwangsaufenthalt in Kasan bescherte (Tischler 1996, S. 176 ff.).

Bei Kriegsende hatten sich viele Emigranten in Moskau freiwillig zum Militärdienst in der Roten Armee gemeldet, von denen jedoch – auch wenn es sich um sowjetische Staatsbürger handelte – nur ein Bruchteil genommen wurde. Auch den Mobilisierten schlug z. T. großes Mißtrauen entgegen, so daß man etliche nur in der „Etappe" einsetzte. Andere hingegen erlebten Fronteinsätze, etwa im Rahmen weißrussischer Partisanenverbände. Größere Bedeutung hingegen wurde der militärpolitischen Ausbildung zuverlässiger „Parteiarbeiter" beigemessen, wobei vor allem die im Herbst 1941 nach Kuschnarenkowo (bei Ufa) evakuierte Komintern-Schule eine Rolle spielte. An jener Schule, die bis 1943 existierte, waren die „Kursanten" auf zahlreiche Ländersektionen aufgeteilt; die stärksten Kontingente stellten der spanische, deutsche und österreichische Sektor. Bekannteste Persönlichkeit, die aus dieser Schule hervorging, ist Wolfgang Leonhard. Aus den deutschen und österreichischen Lehrgangsteilnehmern gingen einige spätere Instruktoren und Lehrer an den Antifa-Schulen in diversen Kriegsgefangenenlagern hervor (Leonhard 1955). Als Teil der sowjetischen Deutschland-Politik und nicht als exilpolitische Aktivität ist die Bildung des → NATIONALKOMITEES „FREIES DEUTSCHLAND" (NKFD) aus exilierten KPD-Funktionären und kriegsgefangenen Wehrmachtsoffizieren und -mannschaften anzusehen.

Außerdem befanden sich in der Umgebung von Ufa einige streng abgeschirmte Ausbildungsstätten für zukünftige, aus Deutschland und Österreich stammende Fallschirmagenten, die in der Funk- und in illegalen Kampftechniken Unterricht erhielten. Die Ausbildung dieser Fallschirmagenten oblag drei verschiedenen, miteinander konkurrierenden Institutionen: der Komintern, dem NKWD und dem Aufklärungsapparat der Roten Armee (GRU). Etwa 70 dieser Kundschafter wurden zwischen 1942 und 1944 mit nachrichtendienstlichen, militärischen oder politischen Aufträgen über dem Deutschen Reich abgesetzt. Mit einer oder zwei Ausnahmen gingen alle nach relativ kurzer Zeit ins Netz der Gestapo; die meisten starben in Konzentrationslagern. Einige preßte die Gestapo dazu, sog. „Funkspiele" durchzuführen, d.h. die ursprünglichen Auftraggeber durch funktechnische Desinformation irrezuführen. Mindestens zehn dieser Fallschirmkundschafter, die die Gestapo-Haft überlebt hatten, traten 1945 den bitteren Weg in den GULag an. Sofern nicht besondere, meist unfreiwillige Faktoren die Ausreise aus der UdSSR verhinderten, kehrten die meisten Emigranten 1945/46 in die Sowjetische Besatzungszone Deutschlands bzw. nach Österreich zurück, um dort im Rahmen der SED bzw. der KPÖ im Bereich von Verwaltung, Politik und Kultur die Interessen ihres früheren Asyllandes zu vertreten.

Die Erforschung des deutschsprachigen Exils in der UdSSR wurde zunächst vor allem in der DDR betrieben und spezialisierte sich vornehmlich auf den intellektuellen, literarischen und künstlerischen Bereich. Die politischen Aspekte beschränkten sich weitgehend auf die Beteiligung von Emigranten am „antifaschistischen Kampf" und bei der Unterstützung der Sowjetunion im „Großen Vaterländischen Krieg". Erst seit den achtziger Jahren geriet die in der Memoirenliteratur (Leonhard 1956) bereits angesprochene Opferrolle von Emigranten innerhalb des stalinistischen Terrorsystems ins Blickfeld der Forschung. Neuere Quellenfunde und der erleichterte Zugang zu Archivalien der DDR bzw. der Sowjetunion seit 1989/91 (Röder 1990) bieten Chancen, bislang vernachlässigte Themen und ungeklärte Fragen der Geschichte zu beantworten, wie dies für die deutsche und österreichische Emigration in jüngster Zeit geschehen ist (Tischler 1996; McLoughlin u. a. 1997). Als Forschungsdesiderata zur Geschichte der UdSSR-Emigration wären vor allem anzuführen: Untersuchungen über die Facharbeiter und „Spezialisten"; eine Verknüpfung von sozial- und politikgeschichtlichen Fragestellungen (z.B. Industrialisierung und stalinistischer Terror; berufliche und soziale Integrationsprobleme; russische Arbeiterklasse und deutsche Emigration); eine stärkere Berücksichtigung der Arbeits- und Lebensverhältnisse von Emigranten außerhalb Moskaus.

Literatur

Bibliographie deutschsprachiger Veröffentlichungen der „Verlagsgenossenschaft ausländischer Arbeiter in der UdSSR" Moskau, Leningrad (1992), bearb. von Günter Schick, Berlin.

Diezel, Peter (1978): Exiltheater in der Sowjetunion. Veröffentlichungen der Akademie der Künste, Berlin.

Eisfeld, Alfred, u. Victor Herdt, Hrsg. (1996): Deportation, Sondersiedlung, Arbeitsarmee. Deutsche in der Sowjetunion 1941 bis 1956, Köln.

Haarmann, Hermann (1981): Erwin Piscator in der Sowjetunion (1934–1936). Ein Versuch, künstlerisch zu überleben, in: Frühwald, Wolfgang, u. Wolfgang Schieder, Hrsg.: Leben im Exil. Probleme der Integration deutscher Flüchtlinge im Ausland 1933–1945, Hamburg, S. 131 ff.

Herlemann, Beatrix (1982): Der deutschsprachige Bereich an den Kaderschulen der Kommunistischen Internationale, in: IWK 2, S. 205 ff.

Hilzinger, Sonja (1993): „Ich hatte nur zu schweigen". Strategien des Bewältigens und des Verdrängens der Erfahrung des Exils in der Sowjetunion am Beispiel autobiographischer Texte, in: Exilforschung 11, S. 31 ff.

Institut für die Geschichte der Arbeiterbewegung, Hrsg. (1991): In den Fängen des NKWD. Deutsche Opfer des stalinistischen Terrors in der UdSSR, Berlin.

Jarmatz, Klaus, Simone Barck u. Peter Diezel (1981): Exil in der UdSSR, Leipzig.

Leonhard, Susanne (1956): Gestohlenes Leben. Als Sozialistin in Stalins Gulag, Frankfurt a. M.

Leonhard, Wolfgang (1955): Die Revolution entläßt ihre Kinder, Köln.

McLoughlin, Barry, u. Hans Schafranek (1993): Die Kaderpolitik der KPÖ-Führung in Moskau 1934 bis 1940, in: Weber, Hermann, u. Wolfgang Staritz, Hrsg.: Kommunisten verfolgen Kommunisten. Stalinistischer Terror und „Säuberungen" in den kommunistischen Parteien Europas seit den dreißiger Jahren, Berlin, S. 125 ff.

McLoughlin, Barry, Hans Schafranek u. Walter Szevera (1997): Aufbruch – Hoffnung – Endstation. Österreicherinnen und Österreicher in der Sowjetunion 1925–1945, Wien.

Müller, Reinhard, Hrsg. (1991): Die Säuberung. Moskau 1936: Stenogramm einer geschlossenen Parteiversammlung, Reinbek.

Müller, Reinhard (1993): Die Akte Wehner. Moskau 1937 bis 1941, Berlin.

Pike, David (1981): Deutsche Schriftsteller im sowjetischen Exil, Frankfurt a. M.

Quittner, Genia (1981): Weiter Weg nach Krasnogorsk. Schicksalsbericht einer Frau, Wien u. a.

Röder, Werner (1990): Sonderfahndungsliste UdSSR. Über Quellenprobleme bei der Erforschung des deutschen Exils in der Sowjetunion, in: Exilforschung 8, S. 92 ff.

Sator, Klaus (1990): Das kommunistische Exil und der deutsch-sowjetische Nichtangriffspakt, in: Exilforschung 8, S. 29 ff.

Schafranek, Hans (1990): Zwischen NKWD und Gestapo. Die Auslieferung deutscher und österreichischer Antifaschisten aus der Sowjetunion an Nazideutschland 1937–1941, Frankfurt a. M.

Schafranek, Hans (1991): Die Betrogenen. Österreicher als Opfer stalinistischen Terrors in der Sowjetunion, Wien.

Tischler, Carola (1996): Die UdSSR und die Politemigration. Das deutsche Exil in der Sowjetunion zwischen KPD, Komintern und sowjetischer Staatsmacht 1933 bis 1945, Münster.

Weber, Hermann (1990): „Weiße Flecken" in der Geschichte. Die KPD-Opfer der Stalinschen Säuberungen und ihre Rehabilitierung, Berlin.

Spanien

PATRIK VON ZUR MÜHLEN

Zwischen der nationalsozialistischen Machtergreifung 1933 und dem Ausbruch des Spanischen Bürgerkrieges im Juli 1936 bildete Spanien das Refugium für eine einige hundert Personen umfassende intellektuelle und politische Emigration aus Deutschland. Nach Ausrufung der Republik 1931 waren die Einreise- und Niederlassungsmöglichkeiten unbürokratisch; eine Arbeitserlaubnis war nicht erforderlich. Deutschsprachige Exilzentren lagen in Barcelona, in geringerem Maße in Madrid, sowie auf Mallorca. Dort etablierte sich in Fischerdörfern eine Szene von Schriftstellern und Journalisten (Albert Vigoleis Thelen, Erich Arendt, Franz Blei, Karl Otten, Heinz Kraschutzki, Franz von Puttkamer, Harry Graf Kessler), Malern (Arthur Segal) und Fotographen (Hans Namuth, Georg Reisner). Walter Benjamin und der Maler Wols (Alfred Otto Wolfgang Schulze) pendelten zeitweilig zwischen Ibiza und Barcelona. Dort hielt sich vorübergehend auch Frank Arnau auf.

Stärker politisch orientierte Emigranten bevorzugten die katalanische Hauptstadt, wo die spanische Linke ihre Hochburgen hatte. Anarchosyndikalisten wie Augustin Souchy und Helmut Rüdiger, Rudolf Michaelis sowie zeitweilig Max Nettlau arbeiteten für die anarchistische Gewerkschaft CNT oder lebten im Umfeld anarchistischer Kreise. Für ganz Spanien werden 1934 ca. 100 deutsche KPD-Mitglieder überliefert, davon allein für Barcelona 40–60, die 1935 ein Thälmann-Befreiungskomitee gründeten und in Barcelona und Madrid Demonstrationen veranstalteten. Am 1. Juni 1933 erschien in Barcelona erstmals die von Ludwig Stautz herausgegebene überparteiliche Halbmonatsschrift *Der Antifaschist*, die nach zehn Nummern vermutlich unter Zwang ihr Erscheinen einstellte (von zur Mühlen 1992, S. 56 ff.). Im Sommer 1936 setzte auch aus Deutschland ein Zustrom vorwiegend kommunistischer Emigranten nach Barcelona ein, um an der als Gegenveranstaltung zur Berliner Olympiade propagierten Arbeiter-Olympiade teilzunehmen; der Putsch Francos kam diesem Ereignis zuvor. Aus den in Barcelona sich aufhaltenden linken deutschen Emigranten bildeten sich im Juli 1936 die ersten deutschen Einheiten von Spanienkämpfern (von zur Mühlen 1983, S. 205 ff.).

Bereits vor Hitlers Machtergreifung hatte eine jüdische Einwanderung vor allem aus den Balkan-Ländern und aus Osteuropa nach Spanien eingesetzt, die von der Hilfsorganisation HIAS/HICEM gefördert wurde. In Madrid, Toledo sowie in ländlichen Gebieten bildeten sich kleine Kolonien. Ab 1933 schlossen sich dieser Bewegung auch (unpolitische) jüdische Emigranten aus Deutschland an (Lisbona 1993). Nach Beginn des Bürgerkrieges verließen diese Kolonien, deren Angehörige für Spanien auf etwa 4000 geschätzt werden, fluchtartig das Land, in der Regel nach Frankreich (Ysart 1973, S. 28 f.). Nur wenige Dutzend dürften im Lande geblieben sein. Auch die meisten intellektuellen und künstlerischen Emigranten, sofern sie sich nicht der Republik, den Internationalen Brigaden oder den antifaschistischen Parteien und Organisationen zur Verfügung stellten, verließen ihr spanisches Exil, spätestens gegen Ende des Bürgerkrieges Anfang 1939.

Nach dem Ende des Bürgerkrieges schloß Spanien für mehrere Monate die Pyrenäengrenze und lockerte erst zum Winter 1939/40 die Einreisebedingungen. Bedeutung erlangte die iberische Fluchtroute nach dem französischen Zusammenbruch im Juni 1940, bei dem Tausende von Emigranten und anderen bedrohten Personen aus Paris, Nord- und Ostfrankreich ins nicht besetzte Südfrankreich flohen und nun versuchten, über Spanien und Portugal nach Übersee zu gelangen. Allein 1940 sollen etwa 30 000 meist jüdische Flüchtlinge aus Mitteleuropa die Pyrenäen überschritten haben (Gilbert 1969, S. 87; Ysart 1973, S. 43), unter ihnen auch zahlreiche zuvor internierte, aber infolge des Zusammenbruchs entlassene oder durch Flucht in die Freiheit gelangte Personen. Zu den bekanntesten Namen gehörten Heinrich und Golo Mann, Franz Werfel und Alma Mahler-Werfel, Hans Habe, Lion Feuchtwanger und Alfred Döblin, Erich Ollenhauer, Richard Coudenhove-Kalergi u.a. Auch nach Konsolidierung des Vichy-Regimes (→ FRANKREICH) hielt die Emigrationsbewegung – vorwiegend aus dem Raum Marseille – an. Neben einer immer geringer werdenden legalen Ausreise über die Pyrenäen gewann die wachsende illegale Emigrationsbewegung aus Frankreich über Spanien an Bedeutung. Eine erneute Massenflucht setzte nach der Besetzung Südfrankreichs durch deutsche Truppen im November 1942 ein. Trotz der hermetischen Abriegelung der Pyrenäengrenze durch deutsche Truppen hielt eine gewisse Fluchtbewegung bis zur Befreiung Frankreichs im August 1944 an. Aufgrund portugiesischer Vergleichszahlen dürften 1940–44 etwa 80 000–100 000 Flüchtlinge Spanien betreten haben, unter ihnen etwa 20 000–30 000 deutschsprachige Emigranten und in zunehmendem Maße auch französische Maquisards sowie entlaufene alliierte Kriegsgefangene (von zur Mühlen 1992, S. 85 ff.).

Transitvisa erteilten die spanischen Konsulate nur, wenn ein portugiesisches Visum vorlag, das wiederum nur bei Vorlage des Einreisevisums eines endgültigen Aufnahmelandes und der entsprechenden Passagetickets erteilt wurde. Diese Bestimmungen förderten Einreiseversuche mit Hilfe gefälschter Papiere, die nicht selten mit Hilfe von Bestechungsgeldern erfolgreich waren. Auch der heimliche Grenzübertritt mit Hilfe von Schleppern war vor allem dann, wenn Spanien vorübergehend die Grenzen schloß, die Regel. Grenzübertreter wurden, sofern sie auf frischer Tat ertappt wurden, in der Regel nach Frankreich zurückgeschickt, jedoch sind Fälle von Auslieferung nicht bekannt. Die wenigen tatsächlich erfolgten Auslieferungen bezogen sich auf Kriegsgefangene aus dem Spanischen Bürgerkrieg. Die Walter Benjamin unterstellte Angst vor Auslieferung als Motiv für seinen Suizid wäre als panikartige Fehlreaktion zu werten. Als nach der Besetzung Südfrankreichs die Zahl illegaler Einwanderer sprunghaft anstieg und Spanien verkündete, daß es ab März 1943 alle illegal im Lande sich aufhaltenden Person den Deutschen ausliefern wolle, löste dies diplomatische Proteste durch die USA, Großbritannien, Portugal, Argentinien sowie den Vatikan aus, worauf Spanien diese Maßnahme zurückzog und dafür die Internierung dieser Personen beschloß.

Schon vorher wurden Ausländer, deren gefälschte Papiere oder deren illegale Einreise oder unrichtige Devisenangaben bei Kontrollen entdeckt worden waren, in der Regel verhaftet und anschließend für mehrere Wochen in ein Gefängnis eingeliefert. Es folgte bei weiblichen Personen ein Zwangsaufenthalt in einer zugewiesenen Ortschaft, bei männlichen die Einweisung in das „campo de concentración" Miranda de Ebro. Kleinere Lager für besondere Personengruppen befanden sich noch in Nanclares de la Oca und Uberagua de Ubilla. Hierbei handelte es sich um Internierungslager, die nicht mit deutschen Konzentrationslagern vergleichbar waren, aber dennoch durch Überbelegung, mangelhafte Ernährung, hygienische Verhältnisse und vor allem durch Rechtsunsicherheit und Ungewißheit die Häftlinge belasteten. In dem für 1 500 Häftlinge eingerichteten Lager Miranda hielten sich vorübergehend 4000 Personen auf. Besuche waren im Lager möglich, auch konnten Hilfsorganisationen oder Privatpersonen durch finanzielle Zuwendungen die Lage der Häftlinge verbessern. Auch intervenierten die Botschaften der USA und Großbritanniens sowie Hilfsorganisationen im Januar 1943 bei der spanischen Regierung und erreichten eine Verbesserung der Verhältnisse (Bachner 1985, S. 204 f.; von zur Mühlen 1992, S. 95 ff.).

Die Haftzeit, die mehr als zwei Jahre dauern konnte, endete in der Regel dadurch, daß Hilfsorganisationen den Häftlingen die für eine Weiterreise erforderlichen Dokumente besorgten. Nach und nach wurden die meisten Häftlinge noch vor Kriegsende entlassen, so daß Miranda bis zu seiner Auflösung 1948 überwiegend als Lager für deutsche Deserteure diente. Wer keine Möglichkeit zur Weiterwanderung fand, dem wurde – wie schon vorher Frauen und Kindern – eine „residencia forzada" (Zwangsaufenthalt) mit polizeilicher Meldepflicht zugewiesen, wobei in der Regel die Hilfsorganisationen die Kosten für Unterkunft und Verpflegung trugen. Nach Kriegsende öffneten die meisten Zielländer ihre Grenzen und setzte wieder der zivile Schiffsverkehr ein, so daß die in Spanien sich aufhaltenden Flüchtlinge rasch nach Nord- und Südamerika oder nach Palästina abwanderten. Im Frühjahr 1944 erklärte sich Spanien auf Drängen der Westalliierten, der Apostolischen Nuntiatur sowie jüdischer Organisationen bereit, eine Gruppe von 365 spanischsprachigen Sepharden (Spaniolen) aus Saloniki aufzunehmen; sie wurde nach ihrer Ankunft nach Marokko weitergeleitet (Ysart 1973, S. 99 ff.). Auf eigene Initiative setzte sich der spanische Diplomat Ángel Sáenz Briz in dem von den Deutschen besetzten Budapest für dort festgehaltene Juden ein, unter ihnen zahlreiche deutschsprachige Flüchtlinge, und besorgte ihnen spanische Einreisepapiere, die ihnen das Leben retteten.

Trotz einer starken Präsenz deutscher Stellen in Spanien (Gestapo, SD, Abwehr) war die Situation der Flüchtlinge dort keine bedrohliche. Gegen befürchtete Auslieferungen wandten sich westalliierte Botschaften. Auch politisch gefährdete Persönlichkeiten wie Otto Strasser oder Otto John konnten ungehindert durch Spanien fliehen. Die Entführung des Journalisten Berthold Jacob aus Portugal über Spanien und Frankreich nach Deutschland, die nur mit Hilfe portugiesischer und spanischer Geheimdienststellen erfolgt sein konnte, bildete eine Ausnahme. Im Verlauf des Krieges beachtete Spanien immer stärker die Äquidistanz zu den kriegführenden Blöcken, die der Rechtssicherheit im Lande zugute kam. Dies gilt auch für die Hilfsorganisationen (→ FLUCHTHILFE), denen es vor 1943 nicht erlaubt war, in Spanien Niederlassungen zu unterhalten. Hilfsaktionen beschränkten sich auf Initiativen der britischen und amerikanischen Botschaft in Madrid sowie auf private karitative Aktivitäten amerikanischer Diplomaten. Kirchliche Stellen, das Spanische Rote Kreuz sowie das Falange-Sozialwerk Auxilio Social leisteten Hilfe. In Barcelona gingen private Hilfsaktivitäten von dort ansässig gewordenen Emigranten aus. Eine gewisse informelle Hilfe hatte bereits ab September 1941 ein Vertreter der Jüdischen Gemeinde in Lissabon und zugleich des Portugiesischen Roten Kreuzes von Barcelona aus geleistet; eine ähnliche Rolle übernahm ein Emigrant in Madrid. Auf Drängen der amerikanischen Botschaft durften das JDC und die Quäker im März 1943 eine gemeinsame Vertretung, die Repräsentation in Spain of American Relief Organizations, einrichten, der sich kurz darauf auch die Unitarier anschlossen. Die jüdische Hilfsorganisation HICEM richtete ihre eigenen Büros ein, jedoch erfolgte zwischen diesen

Organisationen eine gewisse Koordination ihrer Aktivitäten. Mit der Abwanderung der meisten noch verbliebenen Flüchtlinge löste sich die Repräsentation Anfang 1946 auf (Hayes 1946, S. 103 f., 115; Bauer 1981, S. 207 ff.; von zur Mühlen 1992, S. 192 ff.).

Dadurch, daß Spanien während des Zweiten Weltkrieges nur Transit-Land war, bildeten sich unter den Emigranten nicht die für Aufnahmeländer charakteristischen Infrastrukturen von Zeitschriften, Clubs, Synagogengemeinden, Kultur- und Hilfsvereinen. Bis auf eine kleine, nur wenige Dutzend Personen umfassende Emigrantenkolonie in Barcelona und übers Land verstreute Einzelpersonen hat die (Transit-)Emigration in Spanien keine weiteren Spuren hinterlassen. Forschungsdefizite bestehen in der Untersuchung dieses kleinen Personenkreises sowie des Lagers Miranda.

Literatur

Avni, Haim (1970): La salvación de judíos por España durante la segunda guerra mundial. Actas del Primer Simposio de Estudios Sefardíes, Madrid.

Bachner, Rudolph (1985): Flucht ohne Ziel. Ein Leben in der Emigration, Hamburg.

Bauer, Yehuda (1981): American Jewry and the Holocaust. The American Jewish Joint Distribution Committee, 1939–1945, Detroit.

Gilbert, Martin (1969): Jewish History Atlas, London.

Hayes, Carlton J.H. (1946): Wartime Mission in Spain 1942–1945, New York.

Hoare, Sir Samuel (1946): Ambassador on Special Mission, London.

Leshem, Perez (Fritz Lichtenstein, 1969): Rescue Efforts in the Iberian Peninsula, in: Leo Baeck Institute Yearbook 24, S. 231 ff.

Lisbona, José Antonio (1993): Retorno a Sefarad. La política de España hacia sus judíos en el siglo XX, Barcelona.

von zur Mühlen, Patrik (1983): Spanien war ihre Hoffnung. Die deutsche Linke im Spanischen Bürgerkrieg 1936–1939, Bonn.

von zur Mühlen, Patrik (1992): Fluchtweg Spanien–Portugal. Die deutsche Emigration und der Exodus aus Europa 1933–1945, Bonn.

Robinson, Nehemiah (1953): Spain of Franco and Its Policies Towards the Jews, New York.

Ysart, Federico (1973): España y los judíos en la segunda guerra mundial, Barcelona.

Südafrika

IRMTRUD WOJAK

Das einzige afrikanische Land, das in nennenswertem Umfang zum Fluchtziel deutschsprachiger Emigranten wurde, war die Südafrikanische Union. Über die jüdische Emigration nach Südafrika liegen allerdings bisher kaum Ergebnisse historischer oder soziologischer Forschungsarbeit vor. Mitte der 1930er Jahre machte die jüdische Bevölkerung 4,5% (90 645) des weißen Bevölkerungsanteils (2 003 857) aus, ein Anteil, der auch mit der Einwanderung der Flüchtlinge vor dem Nationalsozialismus bis 1946 nicht zunahm. 1946 lebten 104 156 Juden in Südafrika, das entsprach 4,4% der weißen Bevölkerung (Dubb 1994, S. 7). Zwischen 1933 und 1945 kamen etwa 5500 deutschsprachige jüdische Flüchtlinge nach Südafrika (Sichel 1966). Die Mehrheit der jüdischen Bevölkerung (78,7%) lebte bereits in den 1930er Jahren in den urbanen Zentren Johannesburg und Kapstadt, wobei nicht allein ökonomische Gründe ausschlaggebend waren: Die jüdischen Siedler schickten ihre Kinder in die Städte zur Ausbildung und zum Studium und sorgten sich darum, daß sie innerhalb der jüdischen Gemeinschaft heirateten (Dubb 1994, S. 29 f.). Heute leben über 95% der jüdischen Bevölkerung in den beiden Metropolen. In den 1930er Jahren mußten die deutsch-jüdischen Immigranten feststellen, daß die ansässigen Juden die Neuankömmlinge nicht mit offenen Armen empfingen. Sie erinnerten sich an die Antipathie, die deutsche Juden ihnen früher entgegengebracht hatten, denn die Mehrheit der südafrikanischen Juden war vor den Pogromen im zaristischen Rußland geflohen und in Deutschland auch unter den eigenen Glaubensgenossen auf Ablehnung gestoßen. Sie sprachen jiddisch, und ihre religiösen Bräuche waren orthodox im Gegensatz zu denen der assimilierten deutschen Juden, die reformierten religiösen Gemeinschaften angehörten. In Südafrika brach dieser Gegensatz erneut auf.

Im Mai 1930 führte die südafrikanische Regierung Quoten ein, die die Einwanderung der Juden aus Osteuropa begrenzen sollten (Hagemann 1989, S. 123 f.). Das neue Einwanderungsgesetz war eine Reaktion auf den wachsenden Antisemitismus unter der Wahlklientel der Regierung unter Premierminister James Barry Munnik Hertzog, doch auch die oppositionelle South African Party unter Jan Christiaan Smuts, Förderer der Palästina-Auswanderung und Mitverfasser der Balfour-Declaration (Shimoni

1977), stimmte dem neuen Gesetz zu. Die Verschärfung der Einwanderungsbestimmungen und die Einführung von Vorzeigegeldern im November 1936 galt den deutsch-jüdischen Flüchtlingen. Mit der Aliens Bill erreichte die Anti-Immigrationskampagne 1937 ihren Höhepunkt. Sie führte zu einem Rückgang der jüdischen Immigration, die bis 1937 rund 10–30% der weißen Einwanderung ausmachte und dann zwischen 1940 und 1948 auf 1–3% zurückging (South African Jewish Board of Deputies 1936; Dubb 1994, S. 10).

Die verstärkte Einwanderung deutsch-jüdischer Flüchtlinge fiel zeitlich mit der Koalition und – im März 1933 – mit der Vereinigung der beiden Hauptparteien der weißen Bevölkerung, der South African Party unter Smuts und der National Party unter Hertzog, zusammen. Von der United South African National Party spaltete sich 1934 auf dem rechten Flügel die Nationale Partei der Kapprovinz mit dem neuen Namen Purified Nationalist Party unter Führung des Predigers Daniel François Malan ab, der die Vereinigung als Verbeugung vor dem britischen Imperialismus kritisierte. Die Propaganda der „gereinigten" Nationalen Partei wurde zunehmend antisemitisch, um sich der Konkurrenz der außerparlamentarischen nationalsozialistischen Gruppierung der Greyshirts unter Louis Weichardt zu erwehren, die seit Oktober 1933 in Erscheinung trat (Hagemann 1989, S. 31f., 124f.). Diese etwa 2000 Mitglieder starke Organisation beschwor ständig die durch eine starke Einwanderung jüdischer Flüchtlinge angeblich wachsende „jüdisch-bolschewistische Gefahr". In ihrer Propaganda verknüpften die Greyshirts das Problem der „Poor-Whites" mit einer „südafrikanischen Judenfrage", indem sie die jüdische Bevölkerung für die Verarmung Tausender von Afrikanern in den industriellen Ballungszentren insbesondere in Johannesburg verantwortlich machte.

Der Anschauung des NSDAP-Landesvertrauensmanns der Union Süd-Afrika, der seine Klientel unter diesen rund 300 000 Weißen wußte, lag diese Argumentation nicht fern. Den Akten der Auslandsorganisation der NSDAP (BAB, 62 Au 1/59) ist zu entnehmen, daß die Partei einschließlich Betschuanaland, Rhodesien und Swasiland unter der Leitung von Ernst Wilhelm Bohle (Universität Kapstadt) im September 1932 über 46 Parteimitglieder verfügte, die in einer Ortsgruppe (Kapstadt) und einem Stützpunkt (Johannesburg) organisiert waren. Zwar rechnete man mit der Gründung weiterer Stützpunkte, schätzte aber die Entwicklung eher skeptisch ein. Die meisten Deutschen, so hieß es 1932 in einem Bericht, seien naturalisierte Bürger Englands oder der Union und kämen daher nur für den Bund der Freunde der Hitlerbewegung in Frage. Die Reichsdeutschen könnten aus ökonomischen Gründen die Parteizugehörigkeit nicht erwerben, denn sie seien „vollkommen von Juden abhängig". Trotz der ideologischen Nähe gerade hinsichtlich des südafrikanischen Antisemitismus und Antikommunismus läßt sich eine Zusammenarbeit zwischen der NSDAP-Landesgruppe oder auch der Deutschen Gesandtschaft und den Greyshirts nicht nachweisen. Im Kontext der innenpolitischen Situation spielten sie insgesamt eine untergeordnete, allenfalls durch ihre Einflußnahme auf die Purified Nationalists mittelbare Rolle, die 1937 vorübergehend für die Nationalsozialisten von Interesse war (Hagemann 1989, S. 131).

Über politische Exilorganisationen in Südafrika gibt es bisher keine Informationen. Besonders hervorzuheben sind daher die Aktivitäten des Jewish Workers' Club, der 1929 von einer kleinen Gruppe jüdischer Arbeiter in Johannesburg gegründet wurde und über zehn Jahre das politische Leben in Doornfontein und Umgebung prägte (Adler 1979). Der Club zählte zeitweise 300 Immigranten zu seinen Mitgliedern. Sie standen in den Traditionen des „Bund", waren sozialistisch – und größtenteils antizionistisch – orientiert und pflegten die jiddischen Kulturtraditionen, die sie aus Osteuropa mitbrachten. Das Cluborgan *Proletarishe Shtime* erschien in jiddischer Sprache. Seit 1933 nahm der Club an antinazistischen Kundgebungen teil, schickte 1933 Delegierte zur „United Front Anti-War Conference of Trade Unions and Fraternal Organizations" und 1935 zur „National Conference against Fascism" und unterstützte das Relief Committee for the Victims of German Fascism. Die Auffassung, die Aktivitäten der Greyshirts nur mit Gewalt beantworten zu können, brachte dem Club scharfe Kritik seitens des South African (S.A.) Jewish Board of Deputies ein, was seitens des Clubs mit Hinweis auf den bürgerlichen Hintergrund der Mitglieder des Board zurückgewiesen wurde. Der Workers' Club löste sich 1948 auf, als die weitgehend von der kulturellen und sozialen Herkunft der Mitglieder getragenen politischen Ziele in der südafrikanischen Linken nicht länger zu verankern waren.

Zweifelsohne beförderte die Kampagne der Purified Nationalists die Verschärfung der Einwanderungsgesetzgebung. Dies ist insofern bemerkenswert, als das deutsche Auswärtige Amt gerade in dieser Phase die Auswanderung der deutschen Juden keinesfalls durch verschärfte Einwanderungsbestimmungen blockiert sehen wollte. Eine nationalsozialistische „Amtshilfe" für den Versuch des Staatssekretärs im Justizministerium der Regierung Smuts, J. F. J. (Hans) von Rendsburg, ihm über die NSDAP-Landesgruppe Material für eine gesetzliche Verschärfung der jüdischen Einwanderung zukommen zu lassen, lehnte das Auswärtige Amt in Berlin ab. Weder das Argument des Landesgruppenleiters der NSDAP-Auslandsorganisation, Bruno Stiller, eine Zunahme der jüdischen Bevölkerung würde den Boykott deutscher Waren verstärken, noch das Argument des deutschen Gesandten Emil Wiehl, auf diese Weise den „Einfluß der Judenschaft in Südafrika einzudämmen", wirkten überzeugend (Hagemann 1989, S. 125 f.).

Die vom Council for German Jewry (London) und vom Hilfsverein mit Unterstützung amerikanischer Organisationen gecharterte „Stuttgart", auf der sich 537 Flüchtlinge einschifften, erlangte 1936 im Zusammenhang mit der Anti-Immigrationskampagne traurige Berühmtheit (Sichel 1966, S. 21 ff.; Shimoni 1980, S. 117 ff.; Hagemann 1989, S. 127). Das Schiff hatte bereits die Biscaya passiert, als der Kapitän den Flüchtlingen mitteilte, mangels Landeerlaubnis aus Kapstadt und Protesten der Greyshirts nach Hamburg zurückkehren zu müssen. Die Flüchtlinge widersetzten sich dieser Ankündigung erfolgreich, indem sie drohten, von Bord zu springen. Bei der Ankunft in Kapstadt führte ein heftiger Regenguß dazu, daß die Flüchtlinge von einer angekündigten Demonstration der Greyshirts verschont blieben. Sie fand unter Teilnahme von etwa 1500 Personen im benachbarten Stellenbosch statt.

Der südafrikanische Innenminister Richard Stuttaford (United Party) nahm die Ankunft der „Stuttgart" zum Anlaß für einen neuen Gesetzentwurf und kam damit einem parlamentarischen Vorstoß der Purified Nationalists zuvor. Mit den Gesetzesberatungen erhielten antisemitische Argumente Einzug in die Parlamentsdebatten. Das Gesetz trat im Februar 1937 in Kraft und führte einen Einwanderungsausschuß (Immigrants Selection Board) ein, der auf der Basis gesetzlich festgelegter Auswahlkriterien über die Vergabe von Einwanderungsvisa entscheiden sollte. Diese besagten, Immigranten dürften dem Staat nicht zur Last fallen, sie sollten keine Berufe ausüben, die bereits von der ansässigen Bevölkerung „überbelegt" waren, und sie müßten sich rasch an das Leben der weißen Bevölkerung assimilieren können. Neuerlich erwähnte das Gesetz nicht ausdrücklich die Einwanderung von Juden, doch das Kriterium der „Assimilierbarkeit" richtete sich gegen die deutsch-jüdischen Flüchtlinge, die von der 1930er Gesetzgebung noch nicht erfaßt waren (Hagemann 1989, S. 127). Die United Party forderte seit 1937 in ihrem Parteiprogramm das Verbot der Einwanderung von Juden und eine Quotenregelung im Hinblick auf eine künftige Eingliederung in das Wirtschaftsleben. Aus humanitären Gründen wurden die Restriktionen nach dem Novemberpogrom 1938 etwas erleichtert, was sich in einem kurzfristigen Anstieg der Immigrationsziffer des Jahres 1939 niederschlug (Sichel 1966, S. 16 f.): 1933: 204, 1934: 452, 1935: 410, 1936: 2549, 1937: 481, 1938: 238, 1939: 825, 1940: 123, 1941: 34, 1942: 12, 1943: 10, 1944: 21, 1945: 49.

Unterstützt wurde die Emigration vom Hilfsverein der Juden in Deutschland in Kooperation mit dem South African (S.A.) Fund for German Jewry, der Ende 1933 gegründet wurde (Sichel 1966, S. 72 ff.). Im Mai 1933 beschloß der 14. Zionistische Kongreß in Johannesburg die Gründung dieses Fund, dessen Leitung sich aus Mitgliedern zionistischer Vereinigungen, des S.A. Jewish Board of Deputies und anderen jüdischen Organisationen sowie einigen bekannten deutsch-jüdischen Einwanderern zusammensetzte. Er arbeitete in lokalen Gruppen, die halfen, Bürgschaften für Visa zu stellen und Arbeitsplätze zu suchen. In Kapstadt und anderen Orten wurde die Vereinigung 1937 mit dem Rückgang der Immigration aufgelöst, in Johannesburg blieb sie bis 1948 bestehen.

Einige deutsche jüdische Immigranten gründeten 1936 die Jüdische Selbsthilfe (Jewish Self-Help). Sie half bei der Suche und Möblierung der Wohnungen und leistete individuelle Hilfe für Neuankömmlinge. Mitglieder der Jüdischen Selbsthilfe trugen 1940 dazu bei, die Anfangsschwierigkeiten bei der Errichtung eines Altenheims, „Our Parents Home", zu überwinden. Nach dem „Aliens Act" von 1937 löste sich auch diese Gruppe auf. Die Mehrheit der Mitglieder trat im April 1938 in die Immigrants' Help in Johannesburg ein, die mehrere hundert Mitglieder zählte. „Our Parents Home" wurde im Oktober 1940 in Doornfontein eröffnet, einem Stadtteil Johannesburgs, wo viele Immigranten lebten; 1947 konnten die Bewohner bereits in ein eigenes, neues Gebäude umziehen. Im Oktober 1939 eröffnete die Immigrants' Help eine Beratungsstelle, bei der Stellenangebote und -gesuche abgefragt und Unterstützungsanträge eingereicht werden konnten. Gemeinsam wurden Kurse für berufliche Umschulungen für stellungslose Immigranten eingerichtet. Zugleich wurde ein Spendenfond für den South African (S.A.) Mayors' National Fund eingerichtet, um Lebensmittel nach England zu schicken. Auch ein Österreichischer Klub wurde im Oktober 1939 nach einer Versammlung, an der 100 Österreicher teilgenommen hatten, reaktiviert und traf sich fortan einmal im Monat.

Die Immigrantenhilfe unterstützte 1938/39 vor allem die Bemühungen des S.A. Fund for German Jewry um Visa für die in Deutschland verbliebenen Angehörigen der Flüchtlinge. Sie half die hierfür nötigen finanziellen Ressourcen (100 Pfund pro Einwanderer) bereitzustellen. Nach dem Novemberpogrom gründeten die Gemeinde „Etz Chayim", die Immigrants' Help, die B'nai-B'rith-Loge und die Unabhängige Kultur-Vereinigung (s. u.) eine Dachorganisation, um ihre Bemühungen um Einreisevisa besser koordinieren zu können. Dieses South African Central Committee for German Refugees, dessen erster Präsident Erich Kehr wurde, existierte bis zum Ende des Krieges.

Die Immigranten wurden vor allem in der Wohlfahrtspflege aktiv, die sie bewußt „auf die farbige und schwarze Bevölkerung ausdehnten" (Sichel 1966; Lachauer 1993, S. 20). Auf die Einrichtung einer jüdischen Schule folgte Mitte 1936 auf Initiative zweier Immigranten (George Lubrainschik und Felix M. Rosenthal) die Gründung der deutsch-jüdischen Synagogengemeinde „Etz Chayim", deren Gottesdienste zunächst in einer Mietwohnung in der 53 Upper Page Street, Doornfontein, und seit 1937 in der Old Coronation Hall stattfanden. Die Gemeinde trat dem S.A. Jewish Board of Deputies (der 1912 gegründeten Dachorganisation) und der Federation of Synagogues bei und zählte in den ersten Jahren rund 500 Familien (2000 Personen) zu ihren Mitgliedern. Einige orthodoxe deutsch-jüdische Immigranten gründeten 1938 eine eigene Gemeinde, die „Adath Jeschurun" (Sichel 1966, S. 81 ff.). Am 8. Mai 1938 gründeten deutschsprachige Flüchtlinge eine Filiale der B'nai-B'rith-Loge, deren Mitglieder (1944: 118; 1966: 400) wöchentlich zusammenkamen. Die Loge wurde zu einem wichtigen Zentrum intellektuellen Austausches der Gemeindemitglieder in Johannesburg, wenngleich die mitteleuropäische Herkunft, die den kulturellen Hintergrund der Loge prägte, auch ein retardierendes Moment darstellte (Sichel 1966, S. 89).

Die Unabhängige Kulturvereinigung (UKV), die 1936 ins Leben gerufen wurde, war eine der wichtigsten Vereinigungen deutsch-jüdischer Flüchtlinge. Zu ihren Gründungsmitgliedern zählten Hans Oskar Simon, F. L. Petzall, Rudolf Jordan, Alfred Futran und Hans Weiss (Sichel 1966, S. 92). Der in Bonn geborene Journalist Hans Oskar Simon war bis 1959 Vorsitzender der UKV und bis 1961 Redakteur des Verbandsorgans. Gemeinsam mit der Jewish Immigrants' Help gab die UKV seit Oktober 1939 das monatliche Mitteilungsblatt *Union. Blätter der Emigration* heraus. Zuvor erschien seit 1. Januar 1937 bereits *U.K.V. Mitteilungen der Unabhängigen Kultur-Vereinigung in Johannesburg* (Maas 1978, S. 560). Der Wuppertaler Emigrant Franz Auerbach führte die Zeitung bis zu ihrer Auflösung weiter. Ein Rückblick auf zehn Jahre Tätigkeit, den die Vereinigung 1946 veröffentlichte, dokumentiert eine beachtliche Zahl literarischer und historisch-politischer Vorträge, Veranstaltungen über juristische Probleme und Einwanderungsfragen, aber auch über Reiseeindrücke aus den USA, Australien und Palästina. Die Vereinigung organisierte Konzerte, Theaterabende, Museumsbesuche, Filmvorführungen und Ausstellungen.

Die Teilnahme der Flüchtlinge „an der Verteidigung der Union und des Empire" war ein zentrales Thema der *Mitteilungen*. In Südafrika stand dem Eintritt in die Streitkräfte zunächst das Verbot des Wehrgesetzes entgegen, Ausländer einzuberufen. Allerdings beschloß → GROSSBRITANNIEN, ähnlich wie → FRANKREICH, die Einberufung kriegsfreiwilliger Emigranten mit den entsprechenden wehrpflichtigen Jahrgängen. Die *Mitteilungen* wiesen Ende November 1939 entsprechend auf eine Proklamation des Generalgouverneurs hin und forderten dazu auf, freiwillig in die Coast Garrison Force (Küstenverteidigung) oder die Active Citizen Force (Miliz) einzutreten und nicht erst auf eine Einziehung im Mobilmachungsfall zu warten.

Während einer Parlamentssitzung am 6. September 1939 gewann General Smuts mit 80 gegen 67 Stimmen die Zustimmung zum Abbruch der Beziehungen zu Deutschland. Südafrika erklärte Deutschland den Krieg. Die meisten deutschen jüdischen Flüchtlinge, denen es die Gesetzgebung gestattete, meldeten sich zu den Streitkräften. Auf Fürsprache des Central Committee for German Refugees wurden jüdische Immigranten aus den Internierungslagern entlassen, in denen einige hundert deutsche Anhänger der Nationalsozialisten interniert wurden (Sichel 1966, S. 45 f.). Hilfe für jüdische Kriegsopfer und südafrikanisch-jüdische Soldaten leistete vor allem der Jewish War Appeal. Während des Krieges kamen 357 jüdische Soldaten ums Leben, 327 wurden verwundet und 94 erhielten Auszeichnungen (Enzyklopädie des Holocaust, Bd. 3, S. 1383). Schon während oder aber nach dem Krieg wurden sie südafrikanische Staatsbürger und zählen seither zur weißen Minderheit Südafrikas; die Kriegsteilnahme trug zu ihrer Integration in das Aufnahmeland bei (Sichel 1966, S. 49).

Gemeinsam gründeten Überlebende des Holocaust aus Johannesburg und Kapstadt 1952 die She'erith Hapletah, die Vereinigung der Überlebenden des Holocaust (1939–1945) mit Sitz in Kapstadt, deren Arbeit sich zunächst auf soziale Aktivitäten beschränkte (Schrire, S. 192 ff.). Einen größeren Aufschwung erlebte die Vereinigung in den 1980er Jahren. Mitglieder der South African (S.A.) Union of Jewish Studies (SAUJUS) an der Universität Kapstadt begannen ein „Student Holocaust Interviewing Projekt" (SHIP, 1981). Die Mitglieder von She'erith Hapleth unterstützen die Einrichtung eines Cape Town Holocaust Memorial Council, und ihren Bemühungen ist es zu verdanken, daß 1990 in Kapstadt ein Holocaust-Denkmal eingeweiht wurde. Bereits 1955 wurde das Jewish Museum Johannesburg unter der Leitung eines seiner Mitbegründer, Harry Abt, eingerichtet, der mit seiner Familie 1939 über Großbritannien nach Südafrika emigriert war.

Südafrika war kein „erwünschtes" Fluchtziel jüdischer Emigration. Die ökonomische Integration war abhängig vom Alter und der Fähigkeit, sich an die kulturellen und politischen Lebensbedingungen im Aufnahmeland anzupassen. Abgesehen davon, daß jüdische Emigranten im Bereich der Textilindustrie und kleiner Geschäftsgründungen neue Handelsformen einführten, importierten sie das „Windows-Dressing" in das geschäftliche Alltagsleben (Lachauer 1993, S. 19). Häufig waren es Frauen, die zuerst zum Lebensunterhalt beitrugen, indem sie Pensionen bewirtschafteten, als Köchinnen in Restaurants arbeiteten und andere Beschäftigungen als Haushälterinnen, Krankenschwestern oder Sekretärinnen annahmen (Sichel 1966, S. 27 ff.). Immigranten, die sich als Liftboys, Pförtner oder Nachtwächter bewarben, mußten allerdings feststellen, daß diese Stellen „für Schwarze reserviert waren" (Lachauer 1993, S. 15).

Die Exilforschung über Südafrika müßte sich, wie es der Journalist Winfried Lachauer (1993, S. 21) formulierte, den Zumutungen stellen, die das Exilland an Neuankömmlinge stellte: „Sich zu schicken in ein System der Apartheid und darin verstrickt zu sein." Lebensweg und -werk von Franz Auerbach, der 1936 nach Südafrika flüchtete, sind hierfür exemplarisch (Lachauer 1995, S. 8 ff.) Er wurde Mitglied des Vorstands der Gemeinde Etz Chayim und nach dem Krieg viele Jahre der Gedenkstätte Yad Vashem Memorial Hall, die diese Gemeinde beherbergt und die ein eigenes Mitteilungsblatt, die *Etz Chayim News*, herausgibt. Hier veröffentlichte er 1960 den Appell an die Emigranten, sich mit „Übereinstimmung und Ähnlichkeiten zwischen dem gegenwärtigen Südafrika und Hitlerdeutschland" auseinanderzusetzen. Über 20 Jahre lang übte er eine Lehrtätigkeit als High-School-Lehrer für schwarze Erwachsene aus und viele Jahre die Leitung sämtlicher Abendschulen in Johannesburg. In Soweto baute er in den 1980er Jahren ein Fortbildungszentrum für schwarze Lehrer auf. Die Ergebnisse einer Analyse über das südafrikanische Bildungssystem anhand von Geschichtsbüchern veröffentlichte er in seiner Dissertation über *The Power of Prejudice in South African Education*. In Johannesburg gründete Franz Auerbach die Organisation Jews for Social Justice und gehörte als Vertreter dieser Organisation zur ersten Delegation, die mit dem noch verbotenen ANC das Gespräch aufnahm. 1983 wurde er Präsident des South African Institute for Race Relations. Die Abwanderung einiger tausend Juden im Gefolge der Unruhen in den schwarzen Townships und der wachsenden Gewalttätigkeit als Konsequenz des Apartheidsystems nach 1976 führte zunächst zu keinem Rückgang der jüdischen Bevölkerungsziffer. Seit Mitte der 1980er Jahre allerdings machte sie sich bemerkbar: Fast 26 000 Juden verließen Südafrika aus Angst vor der Eskalation der Gewalt und wanderten größtenteils nach Israel, in die USA, nach Australien und nach England aus (Dubb 1994, S. 12 ff.). Diese Abwanderung betraf in nicht geringem Maße auch die deutsch-jüdischen Gemeinden.

Mit Blick auf Südafrika verbleiben der Exilforschung noch einige Desiderata, die sich wegen der insgesamt günstigen Quellenlage unschwer aufarbeiten ließen. Kulturelle und politische Aktivitäten, Fragen der Akkulturation und der Weiterwanderung/Remigration stehen hier ebenso im Zentrum des Interesses wie die Reaktionen „rassisch" Verfolgter auf Verhältnisse in einem Lande, in dem selbst eine aktive Rassenpolitik betrieben wurde.

Literatur

Adler, T. (1979): Lithuania's Diaspora: the Johannesburg Jewish Workers Club 1928–1948, in: Journal of Southern African Studies, 6, S. 70 ff.

Dubb, Allie A. (1994): The Jewish Population of South Africa. The 1991 Sociodemographic Survey, Cape Town.

Hagemann, Albrecht (1989): Südafrika und das „Dritte Reich". Rassenpolitische Affinität und machtpolitische Rivalität, Frankfurt a. M.

Independent Cultural Association/Unabhängige Kulturvereinigung (1946): Ten Years in Review 1936–1946, Johannesburg.

Lachauer, Winfried (1993): Fluchtpunkt Südafrika – Ein Exil der „kleinen Leute", Deutschlandfunk, Sendung vom 21. 12. 1993, unkorrigiertes Ms.

Lachauer, Winfried (1995): Auf der Schattenseite des Jahrhunderts (IV), Nation & Rasse. Franz Auerbach: Apartheids-Erfahrungen eines vertriebenen Juden, Deutschlandradio Köln/Deutschlandfunk, Politisches Feature, Sendung vom 22. 8. 1995, unkorr. Ms.

Maas, Lieselotte (1978): Handbuch der Deutschen Exilpresse 1933–1945, hrsg. von Eberhard Lämmert, Bd. 2: Bibliographie L–Z, München–Wien.

Saron, Gustav (1965): The Making of South African Jewry, in: Feldberg, Leon, Hrsg.: South African Jewry 1965, Johannesburg, S. 9 ff.

Saron, Gustav, and Louis Hotz (1955): The Jews in South Africa, Johannesburg.

Schrire, Gwynne, Ed. (1995): In Sacred Memory. Recollections of the Holocaust by Survivors living in Cape Town, Cape Town.

Shimoni, G. (1977): Jan Christiaan Smuts and Zionism, in: Jewish Social Studies 39, S. 269 ff.

Sichel, Frieda H., Ed. (1966): From Refugee to Citizen. A Sociological Study of the Immigrants from Hitler-Europe who settled in Southern Africa, Cape Town–Amsterdam.

South African Jewish Board of Deputies, Hrsg. (1936): The Anti-Jewish Movements in South Africa. The Need of Action, Johannesburg.

Weiss, Ruth W. (1995): Wege im harten Gras. Erinnerungen an Deutschland, Südafrika und England, 2. Aufl., Wuppertal.

Tschechoslowakei

Peter Heumos

Für die ersten Emigrationsschübe aus Deutschland in den Jahren 1933/34 gehörte die Tschechoslowakei zu den bevorzugten Zufluchtsländern. Ausschlaggebend dafür waren die kurzen Fluchtwege aus dem ost-, mittel- und süddeutschen Raum, die liberalen Einreisebestimmungen, eine 1500 km lange, unübersichtliche und auch leicht illegal zu passierende Grenze aus Bayern, Sachsen und Schlesien, die demokratischen Verhältnisse des Nachbarlandes, das weitgehende Fehlen von Sprachbarrieren und die Gewißheit, vor allem in Prag ein teilweise deutsch geprägtes kulturelles Milieu vorzufinden. Die ČSR hatte zudem mit der Aufnahme Tausender von russischen Emigranten und vieler polnischer politischer Flüchtlinge, die in Opposition zum autoritären Regime ihres Landes standen, Toleranz gegenüber Emigranten bereits bewiesen. Die jüdische Bevölkerung der tschechoslowakischen Republik – als eigene Nationalität anerkannt – war sozial, wirtschaftlich und kulturell in die Gesellschaft integriert und orientierte sich – von überwiegend mittelständischem Charakter – am Liberalismus und der Sozialdemokratie. Antisemitische Strömungen nahmen keinen dauerhaften Einfluß auf Politik und öffentliche Meinung der ČSR. Den „rassisch" Verfolgten aus Deutschland eröffnete sich so eine vergleichsweise positive Perspektive, und die Arbeiteremigration konnte sich sicher sein, nicht nur in der deutschen Arbeiterbewegung vor allem Nordböhmens, sondern auch in Prag auf solidarische Organisationen zu stoßen (Röder 1992, S. 16). Den weit links stehenden Intellektuellen unter den Emigranten bot das trotz der 1929 vollzogenen Bolschewisierung der Kommunistischen Partei der Tschechoslowakei (KPČ) noch immer lebendige Prager Milieu der kommunistisch orientierten Schriftsteller, Künstler und Publizisten günstige Voraussetzungen für die Fortsetzungen der eigenen Arbeit (Schneider 1981, S. 77 ff.; Beck/Veselý 1981). Viele linke jüdische Intellektuelle kamen als Remigranten in ihre alte Heimat zurück, so Ernst Weiß, Max Zweig, Hans Natonek, Egon Erwin Kisch, Willy Haas, Erich von Kahler, Franz Carl Weiskopf und Bruno Adler.

Zwischen September 1932 und September 1938 lösten sich in der Tschechoslowakei sechs Regierungen ab, große Koalitionen mit Beteiligung der „aktivistischen" deutschen Agrarier und Sozialdemokraten unter den konservativen Ministerpräsidenten Jan Malypetr und Milan Hodža. Innenpolitisch standen sie vor der zentralen Aufgabe, die sich seit 1935 ausweitende irredentistische sudetendeutsche Bewegung Konrad Henleins einzudämmen. Die Außenpolitik unter Edvard Beneš (seit 1935 Staatspräsident) setzte auf kollektive Sicherheit und das 1935 geschlossene Bündnis mit Frankreich und der Sowjetunion als Garanten gegen die nationalsozialistische Aggression und Hitlers Strategie in der zweiten Hälfte der dreißiger Jahre, die Henlein-Bewegung als Hebel zur Zerschlagung der Tschechoslowakei zu nutzen (Smelser 1980). Die Weltwirtschaftskrise erreichte 1933 in der ČSR ihren Höhepunkt mit einem Rückgang der industriellen Produktion um 40% gegenüber 1929 und 738 000 Arbeitslosen. Noch 1937 lag die Produktion unter dem Vorkrisenniveau und war die Arbeitslosenzahl mit über 400 000 weiterhin alarmierend hoch (Teichova 1988, S. 18f.).

Die Schätzungen darüber, wie viele Emigranten in der Tschechoslowakei 1933–38 mit kürzerer oder längerer Verweildauer eine vorläufige Bleibe fanden, schwanken zwischen 10 000 und 20 000. Bis Mitte Juli 1937 hatte das Land 9000 Flüchtlinge aufgenommen, 7000 davon waren weiteremigriert (Hyršlová 1992, S. 36). Die Anzahl der polizeilich registrierten Flüchtlinge bewegte sich 1933–38 im monatlichen Durchschnitt zwischen 1200 und 1500 mit dem höchsten Stand von 2014 am 1. November 1934. Nach dem Februar 1934 flüchteten rund 2000 österreichische Sozialdemokraten, Kommunisten und Schutzbündler nach Brünn; sie reisten nach kurzem Aufenthalt größtenteils in die Schweiz, nach Frankreich, Skandinavien und in die Sowjetunion weiter (Blodig 1990, S. 253, 267 ff.). Als die Wehrmacht am 15. März 1939 den tschechischen „Rumpfstaat" besetzte, befanden sich noch 2000–3000 Emigranten aus Deutschland auf dem Territorium der ČSR, die in der Mehrzahl im letzten Augenblick über Mährisch-Ostrau nach Polen entkamen (Heumos 1989, S. 86, 304). Diese wenigen Zahlen deuten immerhin an, daß die Tschechoslowakei – auch wenn sie in der Perspektive des sozialdemokratischen und gewerkschaftlichen Exils als dauerhafter „Kampfposten" dienen sollte – in den Wanderungsbewegungen der Emigration eine Zwischenstation bildete.

Die rechtliche Lage der Emigranten wurde seit 1935 durch ein besonderes Ausländergesetz geregelt; es bestätigte das im Oktober 1934 ausgesprochene Verbot der Ausweisung politischer und „rassischer" Flüchtlinge. Eher als „Gewohnheitsrecht" gehandhabt, konnte das Asylrecht aufgehoben werden, wenn der Emigrant gegen geltendes tschechoslowakisches Recht verstieß oder sich in die „inneren Angelegenheiten" der ČSR einmischte. Nach Deutschland durfte nicht ausgewiesen werden. Die Dauer des Aufenthalts in der ČSR hing von der Gültigkeit des Reisepasses ab, da gegenüber Deutschland Visumfreiheit bestand. Ohne Paß, illegal und im kleinen Grenzverkehr Einreisende mußten einen Antrag auf (vorläufige) Aufenthaltsgenehmigung bzw. einen Interimspaß stellen, über den nach Anerkennung des Flüchtlings durch die jeweilige Hilfsorganisation entschieden wurde (Walter 1972, S. 142 f.). Die Behörden folgten diesen liberalen Bestimmungen nicht immer. Aus ihrer Sicht provozierte der politische Kampf der Emigranten über die Grenzen hinweg Belastungen der inneren Sicherheit. Der aufsehenerregende Mord an dem emigrierten Philosophen Theodor Lessing in Marienbad im August 1933, der Mord an Rudolf Formis, der bei Prag den Sender der Schwarzen Front betrieb, und die Entführung des Volkssozialisten Josef Lampersberger vom Grenzbahnhof Eisenstein im Februar 1935 weckten den Übereifer untergeordneter Dienststellen, die – bei gelegentlich tragikomischer Fehleinschätzung der Situation – mit Ausweisungsverfügungen schnell bei der Hand waren (Černý 1967 b, S. 67 ff.). Diese konnten zunächst unter dem Druck der öffentlichen Meinung häufig rückgängig gemacht werden, später wurden sie oft kommentarlos hingenommen (Azyl v Československu 1983, S. 115; Röder 1992, S. 17).

Grundsätzlich galt das Verbot abhängiger Erwerbsarbeit. Künstler, Schriftsteller und Journalisten durften aber ihren Beruf ausüben. Mancher Emigrant hielt sich so in seinem erlernten Beruf über Wasser, auch wenn Oskar Maria Graf die Honorare tschechischer Zeitungen als „grauenhaft niedrig" empfand (Kraft 1992, S. 124). Ganz seltene Ausnahmen waren andererseits „Karrieren" wie die des Musikpädagogen Leo Kestenberg, der im März 1933 nach Prag kam und im Juni 1934 im tschechoslowakischen Außenministerium eine festbesoldete Stelle antrat (von der Lühe 1995, S. 207 f.). Aufgrund hoher Arbeitslosigkeit und der anhaltenden wirtschaftlichen Misere war es ebenso selten, daß eine Arbeitserlaubnis für andere Berufe gewährt wurde oder ein Emigrant illegal ein kleines Gewerbe betrieb (Černý 1967 b, S. 178; Grossmann 1969, S. 47; Walter 1972, S. 142). Universitäten, Akademien und technische Hochschulen standen den Flüchtlingen offen, ihre Kinder besuchten – zumal in Prag und Nordböhmen – deutsche Schulen.

Etwa ein Drittel der deutschen Emigranten konnte seinen Lebensunterhalt aus eigenen Mitteln bestreiten. Hilfe und Solidarität für die übrigen kam von den überwiegend im linken politischen Spektrum angesiedelten, von den überparteilichen oder nur für die jüdischen Emigranten zuständigen Hilfsorganisationen. Ihre Tätigkeit wurde inoffiziell auch von staatlichen Stellen unterstützt. Die Staatspräsidenten Tomáš G. Masaryk und Beneš stellten regelmäßig „größere" Beiträge zur Verfügung. Das Außenministerium unterstützte sowohl die parteipolitisch nicht gebundene, von Kurt R. Grossmann geleitete Demokratische Flüchtlingsfürsorge als auch das eng mit der KPČ verbundene Šalda-Komitee (Černý 1967a; Grossmann 1969, S. 45; Blodig 1990, S. 259; Mertens 1997, S. 99 ff.), nachdem der tschechoslowakisch-sowjetische Pakt von 1935 und die „patriotische Wende" der KPČ angesichts der nationalsozialistischen Bedrohung die politische Akzeptanz der Kommunisten etwas verbessert hatten. Daneben waren es vor allem Industriebetriebe (Bat'a), Banken, Handelsunternehmen, die Freimaurerlogen, christliche Organisationen (YMCA), die tschechoslowakische sozialdemokratische Gewerkschaft der Privatangestellten, die KPČ und die Deutsche Sozialdemokratische Arbeiterpartei in der Tschechoslowakei (DSAP), die bedeutende Mittel zur Existenzsicherung der Emigranten bereitstellten. Die DSAP wandte 1933–38 mehr als zwei Millionen Kronen (nach dem Wechselkurs von Ende 1934 ca. 210000 RM) für die Genossen aus Deutschland auf, eine Summe, die 75% ihrer Einnahmen aus Mitgliedsbeiträgen in diesem Zeitraum ausmachte. Mehr als 3000 DSAP-Mitglieder spendeten regelmäßig einen monatlichen Betrag (bis zu 600 Kronen) zum Unterhalt sozialdemokratischer Emigranten (Bachstein 1992, S. 42 ff.). Sog. Patronate übernahmen auch die kommunistischen Arbeiter in Brünn, die KPD-Flüchtlinge mit 1% ihres Monatslohns unterstützten (Blodig 1990, S. 268).

Insgesamt brachten die Hilfsorganisationen in der Tschechoslowakei 1933–39 schätzungsweise 15 Millionen Kronen, annähernd 2 Millionen RM, für die Emigranten auf (Sternfeld 1965, S. 200). Es schmälert diese außergewöhnliche Bilanz materieller Hilfsbereitschaft keineswegs, daß die solidarischen Leistungen in hohem Maße parteipolitisch definiert waren und staatliche Fürsorge auch mit außenpolitischem Kalkül einherging, wie u. a. die Wiederzulassung der Roten Hilfe (Rudá pomoc) nach dem Bündnis mit Moskau zeigt. Fortbestehende Spannungen zwischen kommunistischen und einigen nichtkommunistischen Hilfsorganisationen reflektierten die Distanz zwischen den beiden Arbeiterparteien der ČSR, die sich nicht auf eine gemeinsame Asylpolitik zu einigen vermochten und so das beziehungslose Nebeneinander von SPD- und KPD-Emigration noch einmal auf der tschechoslowakischen Seite abbildeten. Die Fronten waren hier scharf genug: Im Frühjahr 1934 wurden österreichische Flüchtlinge aus Lagern in und um Brünn „verbannt", nachdem sie die kommunistische Kritik am Verhalten der österreichischen Sozialdemokratie während des Februarputsches 1934 zurückgewiesen hatten (Blodig 1990, S. 268).

Die Unterstützungssätze der Hilfsorganisationen konnten in der Regel nicht auf dem anfänglichen Niveau gehalten werden (Černý 1967a, S. 282). Klagen darüber, die Unterstützung sei „zum Leben zu wenig und zum Sterben zuviel" (Bachstein 1992, S. 43), waren allgemein (Jacoby 1982, S. 12). Der durchschnittliche wöchentliche Unterhaltssatz von 35–40 Kronen in den Jahren 1933/34 machte rund ein Sechstel des durchschnittlichen Wochenlohns eines tschechischen Metallarbeiters aus und lag unter dem Existenzminimum (Chyba 1961, S. 105; Jíša/Vaněk 1962, S. 357).

Es gab keine verbindliche asylpolitische Konzeption der tschechoslowakischen Regierungen, in denen das liberale Außenministerium wegen der Flüchtlinge einen Dauerkonflikt mit dem konservativen Innenministerium austrug (César/Černý 1966). Als Resultate widersprüchlicher Tendenzen setzte sich jedoch – mit Abstrichen im Hinblick auf kommunistische Emigranten – eine bemerkenswerte Toleranz durch. Auf der Genfer Flüchtlingskonferenz im Juli 1936 konnte die Tschechoslowakei die Unterzeichnung der „Provisional Arrangements" mit dem Hinweis darauf ablehnen, daß ihre Asylpraxis besser sei (Seger 1936, S. 12). Solange die innen- und außenpolitische Situation der ČSR es erlaubte, durften die Aktivitäten der Emigranten des offiziellen Wohlwollens der demokratischen Kräfte in der Tschechoslowakei sicher sein. Die diplomatischen Proteste Berlins beantwortete Prag mit dem Hinweis auf die demokratischen Freiheiten des Landes; von illegalen Aktivitäten der Emigranten wisse man nichts (Röder 1992, S. 17). Erst Ende 1937, als die aggressive Expansionspolitik des Dritten Reiches immer unverhüllter, aber auch der Druck des britischen Appeasement stärker wurde, nahmen Befürchtungen zu, die generöse Emigrantenpolitik könne zur Waffe gegen das Land selbst werden. Die Übersiedlung des SPD-Parteivorstandes aus Prag nach Paris im Mai 1938, über die zwischen Dezember 1937 und März 1938 entschieden wurde (Buchholz/Rother 1995, S. XXXIII), war das deutlichste Signal der veränderten Situation. Ohne Beneš' Strategie, dem Innenministerium Informationen über den Konflikt mit Berlin in der Frage der deutschen Emigration vorzuenthalten, wäre dieser Kurswechsel vermutlich schon eher vorgenommen worden. Innenminister Josef Černý erfuhr – wie er selbst erklärte – erst aus den Zeitungen, daß der deutsche Gesandte schon Monate vor der Ermordung Formis' im tschechoslowakischen Außenministerium wegen des Senders der Schwarzen Front vorstellig geworden war (Deutsche

Gesandtschaftsberichte 1991, S. 205 f.). Daneben bildete der demokratische Teil der Öffentlichkeit einen Prellbock gegen Versuche konservativer tschechoslowakischer Parteien und mitunter auch antisemitisch eingefärbter Pressekampagnen, Ressentiments gegen die Emigranten zu schüren (Azyl v Československu 1983, S. 76 ff.). An seinem Widerstand scheiterte noch im Herbst 1937 die von den Agrariern geforderte und vom Innenministerium eingeleitete Abschiebung der Emigranten aus den Städten und dem nordböhmischen Grenzgebiet in die entlegene böhmisch-mährisch Hochebene (Hyršlová 1992, S. 35 ff.).

Die Tschechoslowakei gilt als das „proletarischste" aller Zufluchtsländer der deutschen Emigration und bis zur Mitte der dreißiger Jahre nach Frankreich als wichtigster Stützpunkt des deutschen politischen Exils. Bereits im Mai 1933 hatte sich ein Teil des SPD-Vorstandes nach Prag geflüchtet, wo er sich unter dem Namen SOPADE als Exil-Vorstand konstituierte und in Prag-Karlin, Palackého tř. 24, seine Zentralkanzlei einrichtete. Als seine Aufgaben definierte er: 1. Aufklärung des Auslandes über das Hitler-System, 2. Verbreitung „illegaler Literatur" im Reich, 3. Aufrechterhaltung „illegaler Organisationen" in Deutschland und 4. Unterstützung der Opfer des antifaschistischen Kampfes. Im Juni erschien die erste Nummer des *Neuen Vorwärts*, später veröffentlichte die SOPADE überdies die *Sozialistische Aktion*, die *Zeitschrift für Sozialismus*, seit Frühjahr die sog. *Grünen Berichte* über die Verhältnisse in Deutschland. Viele dieser Publikationen wurden durch Kuriere ins Dritte Reich geschmuggelt und dort verbreitet (Černý 1967 c). Zur Organisation der illegalen Arbeit richtete die SOPADE Grenzsekretariate ein (→ SOZIALDEMOKRATEN), von denen sich vier – Karlsbad, Trautenau, Bodenbach und Neuern – auf tschechoslowakischem Boden befanden. Neben der Sozialdemokratie verlegten auch die deutschen Gewerkschaften ihr Auslandsbüro in die Tschechoslowakei nach Komotau. Nach Februar 1934 konstituierte sich in Brünn das Auslandsbüro der österreichischen Sozialdemokraten (ALÖS; Steiner 1971; → ÖSTERREICHISCHE POLITISCHE EXILORGANISATIONEN). Sowohl die reichsdeutschen als auch die österreichischen Sozialdemokraten im Exil erhielten tatkräftige Unterstützung durch ihre sudetendeutschen Parteifreunde von der DSAP.

Auch die Kommunistischen Parteien Deutschlands und Österreichs (→ KOMMUNISTEN, → ÖSTERREICHISCHE POLITISCHE EXILORGANISATIONEN) hatten wichtige Stützpunkte im tschechoslowakischen Exil. KPD-Zellen in Sachsen, Thüringen und Bayern hatten bereits 1933 in grenznahen Orten der Tschechoslowakei von Asch bis Mährisch-Ostrau Stützpunkte für ihre Arbeit eingerichtet. Im Frühjahr 1935 übersiedelten Mitglieder des KPD-Politbüros, unter ihnen Walter Ulbricht, Franz Dahlem und ab Herbst 1935 Wilhelm Koenen, nach Prag und leiteten von dort aus die Widerstandsarbeit im Reich (Schneider 1981, S. 39 ff.). Überdies konzentrierten auch andere politische Exilgruppen ihre Arbeit auf Prag und die grenznahen Orte. Im Februar 1934 gründete der Führer der Schwarzen Front, Otto Strasser, in Prag die Zeitschrift *Die Deutsche Revolution*, die in Kleinausgaben nach Deutschland geschmuggelt wurde, und im November den Deutschen Freiheitssender bzw. Schwarzen Sender in Záhoří bei Prag, der im Februar 1935 durch deutsche Agenten zerstört wurde (Černý 1966). Das Spektrum der politischen Emigration vervollständigten die Volkssozialistische Bewegung (Černý 1969), der Ring bündischer Jugend, der Christliche Reichsbund für deutsche Freiheit, der Ring deutscher Jungkatholiken und die Revolutionäre Landvolk-Bewegung.

Über das Ausmaß der Hilfeleistung, die dem politischen Exil bei der Zusammenarbeit mit den Gesinnungsgenossen in Deutschland von tschechischer Seite zuteil wurde, wissen wir wenig. Die österreichischen Kommunisten und Sozialdemokraten in Brünn unterhielten unter Mithilfe tschechischer Zöllner, Eisenbahner, Postbeamter und LKW-Fahrer intensive Kurierdienste nach Wien (Čerešňák 1971, S. 172; Steiner 1971, S. 177). Die Grenzsekretariate der SOPADE konnten sich beim Transport von Untergrundzeitungen, Tarnschriften und Flugblättern über die Grenze auf tschechische Bahnbeamte, Zugschaffner und pendelnde Arbeiter verlassen (Edinger 1960). Über ihre Hilfskomitees wickelte die KPČ auch den Schmuggel von KPD-Informationsmaterial nach Deutschland ab (Albrechtová 1964, S. 213). Zwei Mitglieder der Tschechoslowakischen Sozialdemokratischen Arbeiterpartei gehörten zu den Mitarbeitern des Prager SOPADE-Büros, einer von ihnen übernahm Ende 1938 die Leitung der Sozialdemokratischen Flüchtlingshilfe in Prag (Buchholz/Rother 1995, S. XXXI).

Der Anteil politisch motivierter Flüchtlinge an der Emigration in die ČSR wird auf 80% geschätzt (Röder 1992, S. 22). Die Zahl der jüdischen Flüchtlinge betrug mindestens 5000, von denen 4000 zwischen 1933 und April 1938 nach Palästina weiterwanderten (Černý 1967 a, S. 285; Heumos 1989, S. 304). Nach den bruchstückhaften Angaben zur sozialen Zusammensetzung waren in der Emigration Facharbeiter und handwerkliche Berufe, Angestellte und Freiberufler am stärksten vertreten (Menschen auf der Flucht 1936, S. 11; Černý 1967 a, S. 279 ff.).

Bei allem Gewicht des politischen Exils wurde das Asyl in der Tschechoslowakei wesentlich durch die kulturelle Emigration geprägt, deren Frontstellung gegen das Dritte Reich sich in einer Vielzahl öffentlicher, gemeinsam mit tschechischen Literaten und Künstlern durchgeführten kulturpolitischen Initiativen niederschlug. Ohne den festen literarisch-künstlerischen Resonanzboden Prags hätte sich die kulturelle Emigration angesichts ihrer fluktuierenden Entwicklung weit weniger Publizität verschaffen können. Zu den Schriftstellern und Publizisten, die – neben den eingangs Genannten – über die ČSR emigrierten und sich dort für eine gewisse Zeit aufhielten, gehörten Willi Bredel, Ernst Bloch, Emil Faktor, Bruno Frei, Oskar Maria Graf, Wieland Herzfelde, Stefan Heym, Kurt Hiller, Kurt Kesten, Jan Koplowitz, Paul Kornfeld, Theodor Lessing, Frederic W. Nielsen, Balder Olden, Adam Scharrer, Albin Stübs und Max Zimmering. Heinrich und Thomas Mann, denen die tschechoslowakische Staatsbürgerschaft verliehen wurde, erschienen nur zu Vorträgen oder kurzen Besuchen in Prag; dies gilt auch für Bertolt Brecht, Johannes R. Becher, Lion Feuchtwanger, Bruno Frank, Friedrich Torberg, Jakob Wassermann und Arnold Zweig. Die Künstler waren durch John Heartfield, Thomas Theodor Heine, Oskar Kokoschka, Karl Nolde, den Remigranten Hugo Steiner-Prag, Günther Wagner, Peter Weiss (der erst später als Schriftsteller bekannt wurde), Johannes Wüsten und Ludwig Wronkow sowie durch den unter dem Pseudonym E. Bert publizierenden Karikaturisten Albert Kaufmann vertreten. Das Theater repräsentierten die Schauspieler, Regisseure und Dramaturgen Fritz Erpenbeck, Erich Freund, Erwin Geschonneck, Charlotte Küter, Paul Lewitt, Hedda Zinner u. a. Kürzere Engagements führten auch Albert Bassermann, Ernst Deutsch, Erwin Piscator und Max Reinhardt nach Prag (Walter 1972; Schneider 1981; Beck/Veselý 1981; Hyršlová 1992a).

Erste Anstöße zur Einbeziehung der intellektuellen Emigration in das kulturelle Leben des Gastlandes gingen von den Hilfsorganisationen aus, deren Ausschüsse tschechische Intellektuelle wie den Schriftsteller Jaroslav Kvapil und den Philosophen Emanuel Rádl zu ihren Mitgliedern zählten. Einen Beitrag zur Integration leisteten ferner die Remigranten aus Deutschland, vor allem Weiskopf, der zu den Initiatoren des Bert-Brecht-Klubs gehörte und viel für die Gründung von Exilzeitschriften tat (Václavek 1965), ebenso die deutsch-jüdischen Literaten Prags wie Max Brod, der als Feuilletonredakteur im *Prager Tagblatt* nicht nur emigrierte Journalisten in den Redaktionen deutschsprachiger Zeitungen unterbrachte, sondern auch häufig bei den Behörden zugunsten von Emigranten intervenierte. In dieser Hinsicht erwarb sich außerdem der tschechische Publizist Hubert Ripka Verdienste (Walter 1972, S. 147), während Karel Čapek offenbar einiges Geschick bewies, Geld für die Emigranten aufzutreiben (Černý 1967 a, S. 287). Öffentliche Einrichtungen und die organisatorische Infrastruktur von tschechischen (und in geringerem Maße auch deutschen) Verbänden, Vereinen und Parteien boten den Emigranten ein Forum für ihre kulturellen Aktivitäten; erwähnt seien hier nur der Prager Volksbildungsverein Urania, das Gewerkschaftshaus in der Landeshauptstadt, die Produktenbörse, die Städtische Bibliothek, der Rundfunkpalast und die kommunistischen Volksheime, z. B. im Prager Arbeiterviertel Žižkov. Erste Anlaufstelle für die emigrierten Künstler war in Prag der Künstlerverein Mánes, in dessen Ausstellungsräumen im April 1934 die legendäre 1. Internationale Karikaturen- und Humorausstellung eröffnet wurde. Die dort u. a. gezeigten Fotocollagen Heartfields entfachten einen diplomatischen Proteststurm Berlins, der dazu führte, daß die Ausstellung damals mehrmals verlängert werden mußte und rund 60 000 Besucher anlockte (Tomeš 1992). Geringeren Publikumszuspruch fanden die vom tschechischen Regisseur Emil František Burian u. a. über einen tschechisch-deutschen Bühnenbund unternommenen Versuche, die exilierten Bühnenschaffenden in das tschechische Theater einzubinden. Die im linken Emigrantenmilieu entstandenen avantgardistischen Spiel-, Tanz- und Agitprop-Ensembles neigten – sieht man vom Studio 1934 ab – zur Abkapselung, litten allerdings auch unter restriktiven behördlichen Auflagen. Während tschechische Bühnen (in Prag das Städtische Theater in den Weinbergen) Stücke von im Dritten Reich verbotenen Autoren (Brecht, Ferdinand Bruckner, Frank Wedekind) in ihr Programm aufnahmen, verhielten sich viele deutsche Theater in der ČSR angesichts der wachsenden Bedrohung durch die Henlein-Bewegung reserviert. Das Neue Deutsche Theater in Prag folgte erst nach heftigen inneren Auseinandersetzungen dem tschechischen Beispiel (Schneider 1981, S. 70 ff., 84 f.).

Die Aktivitäten der kulturellen wie der politischen Emigration profitierten in mancher Hinsicht von der tschechoslowakischen Gesetzgebung. Das kulante Vereinsrecht (und wohl auch die Findigkeit tschechischer Rechtsberater der Emigration) ermöglichten es, daß eine offenkundig politische Vereinigung wie der Bert-Brecht-Klub zunächst als unpolitischer Verein amtlich zugelassen und später in eine literarische Sektion der tschechoslowakischen Liga für Menschenrechte umgewandelt wurde (Albrechtová 1964, S. 195; Schneider 1981, S. 132). Vor allem aber legten die liberalen Pressegesetze der publizistischen Tätigkeit der Emigration keinerlei Hindernisse in den Weg. Für eine Zeitschrift reichten beliebige Strohmänner als Herausgeber und Redakteur, sie mußten nur Bürger der ČSR sein (Maas 1990, S. 16). Zu den 173 deutschsprachigen Zeitungen und Zeitschriften, die 1933 vor dem Eintreffen der Emigranten in der Tschechoslowakei erschienen (Azyl v Československu 1983, S. 65), kamen 1933–38 mehr als 60 – z. T. allerdings kurzlebige – Zeitungen der Emigration hinzu, die vom antifaschistischen Kampfblatt (*Der Gegen-Angriff*) über die unpolitische kulturell-literarische Wochenzeitschrift (*Die Welt im Wort*) und das sozialistische Debattenblatt (*Zeitschrift für Sozialismus*) bis zum offiziellen Parteiorgan (*Neuer Vorwärts*) wichtige Gattungen der Exilpublizistik umfaßten (Maas 1981, S. 957 f.). Darüber hinaus publizierten die Emigranten in tschechischen Zeitungen und Wochenblättern, vor allem in der *Přítomnost*, der *Tvorba*, in *Čin*, *U-Blok* und *Index* (Hyršlová 1992b, S. 115).

Neben den Exilverlagen Graphia, den der Parteivorstand der SPD 1933 bei der Karlsbader Graphia-Druckerei gründete, und Herzfeldes Malik-Verlag, der aus Berlin nach Prag übergesiedelt war, nahmen sich eine Reihe einheimischer Verlage der Emigrantenliteratur an. Im Prager Verlag Michael Kácha erschien 1935 der von Frederic W. Nielsen zusammengestellte *Almanach für das freie deutsche Buch* als erste Bestandsaufnahme der seit 1933 im Exil in deutscher Sprache veröffentlichten Bücher, Broschüren, Zeitungen und Zeitschriften. Außerdem brachte der Verlag Werner Türks *Kleiner Mann in Uniform* und weitere Werke Nielsens heraus. Der Verlag F. J. Müller, Prag, gab nach den Bücherverbrennungen in Deutschland in tschechischer Sprache Nielsens Anthologie *Kniha v plamenech* (*Das Buch in Flammen*) heraus. In Mährisch-Ostrau vertrieb der Verlag Julius Kittl's Nachfolger Keller & Co. die Werke der in Prag lebenden Emigranten Thomas Theodor Heine, Ernst Weiß und Alfred Wolfenstein. Theodor Lessings Werke verlegten Neumann & Co. und Heinrich Mercy Sohn, beide in Prag, wo sich auch der dem Außenministerium nahestehende Orbis Verlag für die Exilliteratur engagierte. Der Laichter Verlag in Prag veröffentlichte eine tschechische Übersetzung der *Moorsoldaten* von Wolfgang Langhoff, die die tschechische Schriftstellerin Helena Malířová besorgt hatte. Neben ihr übertrugen die Schriftsteller Ivan Olbracht, Pavel Eisner, Jiří Taufer, Bedřich Václavek und Otokar Fischer, der Dramaturg des tschechischen Nationaltheaters, Werke von Lion Feuchtwanger (*Der Jüdische Krieg*), Heinrich Mann (*Die Jugend des Königs Henri Quatre*) und Thomas Mann (*Joseph und seine Brüder*) ins Tschechische (Albrechtová 1964, S. 209 f.; Schneider 1981, S. 82; Hyršlová 1992b, S. 111 ff.).

Einschränkungen der künstlerischen und literarisch-publizistischen Tätigkeit der Emigranten durch Pressezensur und Polizei blieben alles in allem eine Randerscheinung, auch wenn spektakuläre Fälle vorkamen (Vortragsverbot für Feuchtwanger im Februar 1937) und die Prager Polizeidirektion hin und wieder mit hartnäckiger Pedanterie auf kleineren „Korrekturen" vor allem an Dramentexten bestand (Hyršlová 1992b, S. 110). Im Bemühen, den durch die kulturellen Aktivitäten der Emigranten verschärften Konflikt mit dem Dritten Reich zu dämpfen, ohne dabei die Meinungsfreiheit grundsätzlich einzuschränken, entwickelte Prag eine doppelbödige Strategie, die u. a. bei der Jubiläumsausstellung des Verlages Mánes im Herbst 1937 deutlich wurde. Wie bei der *Internationalen Karikaturenausstellung* 1934 mußten zwar unter dem Druck Berlins einige Fotomontagen Heartfields aus der Ausstellung entfernt werden, gleichzeitig wurden sie aber in zahlreichen Tageszeitungen veröffentlicht (Tomeš 1992, S. 73).

Die Tschechoslowakei gehörte keinesfalls zu den Schwerpunktländern der wissenschaftlichen Emigration, d. h. von Angehörigen reichsdeutscher Hochschulen. Unter Geistes- und Sozialwissenschaftlern sind die Philosophen Heinrich Blücher, Walter Dubislav und Ludwig Landgrebe anzuführen, außerdem die Philologen Willibald Kühler und Karl Heinrich Menges sowie der Musikpädagoge Leo Kestenberg. Die Psychologen waren mit Wladimir Eliasberg, William Niederland und Max Wertheimer, dem Begründer der Gestaltpsychologie, vertreten. Die Gruppe der emigrierten Naturwissenschaftler umfaßte die Mathematiker Hans Schwerdtfeger und Wolfgang Sternberg, den Physiker Paul Hertz, den Chemiker Walter Fuchs, den Mediziner Ferdinand Blumenthal und den Physiologen Ernst Simonson. Blücher, Blumenthal, Fuchs, Niederland und Wertheimer reisten bald nach ihrer Ankunft wieder ab.

Hertz und Schwerdtfeger fanden eine Anstellung an der Deutschen Universität in Prag. Eliasberg erhielt für ein Jahr eine Gastprofessur an der Prager Akademie der Politischen Wissenschaften, Simonson arbeitete zwei Jahre am Zentralen Psychotechnologischen Institut in Prag. Das politische Klima an der Deutschen Universität in Prag konnte den Emigranten allerdings nicht das Gefühl eines neuen Anfangs geben. Als Hans Kelsen im Herbst 1936 als Gastprofessor an der Juristischen Fakultät seine Antrittsvorlesung halten wollte, mußte er sie im antisemitischen Gejohle der Sudetendeutschen Hochschülerschaft abbrechen (Václavek 1990, S. 142).

Im ganzen war die Tschechoslowakei für die Emigranten aus Deutschland eine Durchgangsstation vor allem auf den Fluchtrouten nach Palästina, in die Vereinigten Staaten, nach Großbritannien und Frankreich. Ein vermutlich nur sehr kleiner Teil der 2000–3000 reichsdeutschen Emigranten, die im März 1939 die böhmischen Länder noch nicht verlassen hatten, fiel mit der Errichtung des Protektorats Böhmen und Mähren den Nationalsozialisten in die Hände. Zu diesen gehörte der aus Mähren stammende Theaterdirektor Carl Meinhard, der bis 1933 in Berlin gewirkt hatte, dann nach Prag emigrierte und kurz vor dem „Anschluß" Österreichs aus Wien nach Prag zurückkehrte. Meinhard überlebte zwar Theresienstadt, starb aber 1949 in Argentinien an den Folgen der Gettohaft. Andere, die nicht mehr hatten entkommen können, schlossen sich dem tschechischen Widerstand an, wie der Maler und Fotograf Hannes Beckmann, der am Bauhaus studiert hatte, im Herbst 1944 von der Gestapo im Untergrund aufgespürt wurde und im Mai 1945 im slowakischen KZ Banská Bystrica die Befreiung erlebte. Drei Jahre später emigrierte er nach New York. Unmittelbar nach dem Münchner Abkommen hatte auch der Exodus tschechoslowakischer Staatsbürger eingesetzt (Heumos 1989). Etwa 5000 sudetendeutsche Sozialdemokraten flohen nach → GROSSBRITANNIEN, → KANADA und → SCHWEDEN. Nur einigen deutschsprachigen KPČ-Mitgliedern, unter ihnen Franz Carl Weiskopf und Louis Fürnberg, die mit dem tschechoslowakischen politischen Exil das Land verließen, stand 1945 der Weg zurück offen. Aus Furcht vor der großen ethnischen „Flurbereinigung", die die tschechoslowakische Exilregierung für die Nachkriegszeit ankündigte, kehrten von den 33 000 Juden aus den böhmischen Ländern und der Slowakei, die nach 1938 emigrierten, weniger als 1000 nach dem Ende des Zweiten Weltkriegs in die Tschechoslowakei zurück.

Literatur

Albrechtová, Gertruda (1964): Zur Frage der deutschen antifaschistischen Emigrationsliteratur im tschechoslowakischen Asyl, in: Historica 8, S. 177 ff.

Azyl v Československu 1933–1938 (1983), Prag.

Bachstein, Martin K. (1992): Die Beziehungen zwischen sudetendeutschen Sozialdemokraten und dem deutschen Exil: Dialektische Freundschaft, in: Becher/Heumos, S. 41 ff.

Becher, Peter, u. Peter Heumos, Hrsg. (1992): Drehscheibe Prag. Zur deutschen Emigration in der Tschechoslowakei 1933–1939, München.

Beck, Miroslav, u. Jiří Veselý, Hrsg. (1981): Exil und Asyl. Antifaschistische deutsche Literatur in der Tschechoslowakei 1933–1938, Berlin.

Blodig, Vojtěch (1990): Die tschechoslowakischen politischen Parteien und die Unterstützung der deutschen und österreichischen Emigration in den 30er Jahren, in: Glotz/Pollok, S. 251 ff.

Buchholz, Marlis, u. Bernd Rother, Hrsg. (1995): Der Parteivorstand der SPD im Exil. Protokolle der Sopade 1933–1940, Bonn.

Čerešňák, Bedřich (1971): Internacionální pomoc jižní Moravy rakouskému proletariátu v roce 1934, in: Jižní Morava. 1871–1921–1971, Mikulov, S. 164 ff.

Černý, Bohumil (1966): Schwarze Front v Československu, in: Československý časopis historický 14, S. 328 ff.

Černý, Bohumil (1967 a): Komitéty pro pomoc německé emigrace c ČSR 1933–1938, in: Československý časopis historický 15, S. 277 ff.

Černý, Bohumil (1967 b): Most k novému životu. Německá emigrace v ČSR v letech 1933–1939, Prag.

Černý, Bohumil (1967 c): Der Parteivorstand der SPD im tschechoslowakischen Asyl (1933–1938), in: Historica 14, S. 175 ff.

Černý, Bohumil (1969): Hnutí „lidového socialismu" německé emigrace v ČSR, in: Československý časopis historický 17, S. 421 ff.

César, Jaroslav, u. Bohumil Černý (1966): Die deutsche antifaschistische Emigration in der Tschechoslowakei 1933–1934, in: Historica 12, S. 147 ff.

Deutsche Gesandtschaftsberichte aus Prag (1991). Innenpolitik und Minderheitenprobleme in der Ersten Tschechoslowakischen Republik, Teil 4: Vom Vorabend der Machtergreifung in Deutschland bis zum Rücktritt von Präsident Masaryk 1933–1935. Berichte des Gesandten Koch, der Konsuln von Bethusy-Huc, von Druffel, von Pfeil und des Gesandtschaftsrates von Stein, ausgew., eingel. u. komm. von Heidrun u. Stephan Dolezel, München.

Edinger, Lewis J. (1960): Sozialdemokratie und Nationalsozialismus. Der Parteivorstand der SPD im Exil von 1933–1945, Hannover–Frankfurt a. M.
Glotz, Peter, u. Karl-Heinz Pollok u. a., Hrsg. (1990): München 1938. Das Ende des alten Europa, Essen.
Grossmann, Kurt R. (1969): Emigration. Geschichte der Hitler-Flüchtlinge 1933–1945, Frankfurt a. M.
Havránek, Jan (1990): Die Rolle der Intellektuellen in der tschechoslowakischen Gesellschaft zwischen den Weltkriegen, in: Glotz/Pollok, S. 135 ff.
Heumos, Peter (1989): Die Emigration aus der Tschechoslowakei nach Westeuropa und dem Nahen Osten 1938–1945. Politisch-soziale Struktur, Organisation und Asylbedingungen der tschechischen, jüdischen, deutschen und slowakischen Flüchtlinge während des Nationalsozialismus. Darstellung und Dokumentation, München.
Hyršlová, Květa (1992 a): Die ČSR als Asylland. Historisch-politische Voraussetzungen, in: Becher/Heumos, S. 31 ff.
Hyršlová, Květa (1992 b): Zur Zusammenarbeit tschechischer und deutscher Schriftsteller in Prag in den dreißiger Jahren, in: Becher/Heumos, S. 109 ff.
Jacoby, Henry (1982): Davongekommen. 10 Jahre Exil 1936–1946, Prag–Paris–Montauban, New York–Washington D.C.
Jíša, Václav, u. Alois Vaněk (1962): Škodovy závody 1918–1938. Příspěvek k dějinám zádovu V. I. Lenina v Plzni, Prag.
Kraft, Thomas (1992): „Wie geht es Euch? Was macht Ihr?". Oskar Maria Graf in Prag und Brünn 1934–1938, in: Becher/Heumos, S. 121 ff.
von der Lühe, Barbara (1995): Der Musikpädagoge Leo Kestenberg. Von Berlin, Prag nach Tel Aviv, in: Exilforschung 13, S. 204 ff.
Maas, Lieselotte (1976–1990): Handbuch der deutschen Exilpresse 1933–1945, hrsg. von Eberhard Lämmert, 4 Bde., München–Wien.
Menschen auf der Flucht (1936). Drei Jahre Fürsorgearbeit für die deutschen Flüchtlinge, Prag-Karlin.
Mertens, Lothar (1997): Unermüdlicher Kämpfer für Frieden und Menschenrechte. Leben und Wirken von Kurt R. Grossmann, Berlin.
Röder, Werner (1992): Drehscheibe–Kampfposten–Fluchtstation. Deutsche Emigranten in der Tschechoslowakei, in: Becher/Heumos, S. 15 ff.
Schneider, Hansjörg (1981): Exil in der Tschechoslowakei, in: Exil in der Tschechoslowakei, in Großbritannien, Skandinavien und in Palästina, hrsg. von Hansjörg Schneider, Birgid von Leske u. a., Frankfurt a. M., S. 17 ff.
Seger, Gerhart (1936): Reisetagebuch eines deutschen Emigranten, Zürich.
Smelser, Ronald M. (1980): Das Sudetenproblem und das Dritte Reich 1933–1938. Von der Volkstumspolitik zur nationalsozialistischen Außenpolitik, München–Wien.
Steiner, Herbert (1971): Die österreichische Emigration in der ČSR 1934–1938, in: Jižní Morava. 1871–1921–1971, Mikulov, S. 175 ff.
Sternfeld, Willy (1965): Zuflucht in Prag, in: Begegnung mit der Tschechoslowakei. Aus dem Programm der Tschechoslowakischen Woche, Bremen, S. 200 ff.
Teichova, Alice (1988): The Czechoslovak Economy 1918–1980, London–New York.
Tomeš, Jan M. (1992): John Heartfield und der Künstlerverein Mánes, in: Becher/Heumos, S. 65 ff.
Tucholsky, Kurt (1969): Politische Briefe, zusammengestellt von Fritz J. Raddatz, Reinbek.
Václavek, Ludvík (1965): F. C. Weiskopf und die Tschechoslowakei, Prag.
Walter, Hans-Albert (1972): Asylpraxis und Lebensbedingungen in Europa. Deutsche Exilliteratur 1933–1950, Darmstadt–Neuwied.

Türkei

Regine Erichsen

Die Emigration in die Türkei zentriert sich um eine Emigration von Wissenschaftlern, Technikern und Künstlern, denn die türkische Immigrationspolitik beschränkte den Zuzug der vom NS-Regime Verfolgten auf in türkische Dienste berufene Fachkräfte und ihre Familien. Kemal Atatürk und die Republikanische Volkspartei führten nach der Gründung der Türkischen Republik im Jahre 1923 ein Programm der politischen und wirtschaftlichen Umstrukturierung des Landes zu einer demokratisch verfaßten Industriegesellschaft durch (Steinhaus 1968). Zum Aufbau der Modelleinrichtungen des neuen Staates nach europäischem Muster zog die Regierung ausländische Berater heran und legte die Reorganisation von Forschung und Lehre und die Planung und Leitung der Modelleinrichtungen von 1933 bis nach dem Zweiten Weltkrieg weitgehend in die Hände von Ausländern. Dies waren zum großen Teil Emigranten aus Deutschland. Die Türkei ist insofern ein Sonderfall der deutschsprachigen Emigration, als sich in keinem anderen Lande von vergleichbarer Größe eine so große Zahl von emigrierten Wissenschaftlern und Fachleuten an staatlichen Einrichtungen zusammenfand und dort eine leitende oder beratende Stellung innehatte; ein Sonderfall auch, weil nur in der Türkei Emigranten die Konstitution eines Staates mitgeprägt haben.

Die Türkei war aber, von Einzelfällen abgesehen, kein Einwanderungsland. Leitidee des türkischen Staates bei der Zusammenarbeit mit Ausländern war es, mit der Einleitung eines Innovationsschubs die türkischen Modelleinrichtungen und Folgegründungen grundsätzlich von einem ausländischen Wissenschafts- und Technologietransfer unabhängig zu machen. Der Schwerpunkt der Aufgabenstellung der Emigranten lag deshalb in der Etablierung moderner Lehre in den jeweiligen Fachgebieten und der Ausbildung türkischer Nachwuchswissenschaftler zu weiteren Multiplikatoren der Reformen. Die jeweils drei- oder fünfjährigen Musterverträge für Ausländer (neben den österreichischen und deutschen Emigranten auch einige Engländer, Franzosen und Schweizer) waren auf die Erfüllung dieser Aufgabe abgestellt. Bis auf einige Ausnahmen war es etwa jüngeren Emigranten mit Assistentenstatus zugunsten des türkischen Nachwuchses nicht gestattet, sich an der Universität zu habilitieren. Für jüngere habilitierte Lehrstuhlanwärter enthielt das türkische Angebot allerdings einen Anreiz: Viele wurden als Ordinarien in die Türkei berufen (Erichsen 1991).

Insgesamt emigrierten etwa 300 Akademiker in die Türkei. Die Berufungen der Wissenschaftler waren mit der Anstellung von Technikern und Hilfskräften vom Ingenieur bis zu den Krankenschwestern, Buchbindern, Bibliothekaren, Gärtnern, Glasbläsern oder Musiklehrern verbunden. So emigrierten mindestens 50 Techniker und andere Hilfskräfte zur praktischen Betreuung einzelner Fachbereiche in die Türkei. Der Gesamtzahl der Emigranten sind weiter die Familienangehörigen der Arbeitsplatzinhaber zuzurechnen. Angesichts der sich verschärfenden NS-Rassenpolitik gestattete die Türkei ab Mitte der dreißiger Jahre in Einzelfällen auch die Einwanderung von entfernteren Verwandten von Stelleninhabern (Erichsen 1998).

Neben den Emigranten befanden sich in der deutschen Kolonie Angehörige unterschiedlicher Berufszweige vom Wissenschaftler mit offiziellem Reichsauftrag bis zum Facharbeiter in türkischen Unternehmen. Im Rahmen der deutsch-türkischen Wirtschaftsbeziehungen waren bis 1939, in geringerer Zahl noch bis zum Abbruch der deutsch-türkischen Beziehungen im Jahre 1944, von Deutschland entsandte Fachkräfte – etwa 200 im Jahre 1935 – in der Türkei tätig. Einige Angehörige dieser Gruppe gehörten nach Hitlers Machtübernahme zum verfolgten Personenkreis (Grothusen 1986). Die Türkei wurde auch für sie zum Zufluchtsort. Die Gesamtzahl der Türkei-Emigranten kann vor diesem Hintergrund auf mindestens 1000 Personen geschätzt werden (Erichsen 1997). Während der Vernichtungsmaßnahmen im Rahmen der „Endlösung" war in den vierziger Jahren für Hunderte von Flüchtlingen aus Bulgarien und Rumänien die Passage durch die Türkei nach Palästina lebensrettend, zumal Ankara den Transit durch Sondergesetz ab 1941 erlaubte und förderte (Shaw 1993).

Die Türkei wurde in den letzten Jahren des Zweiten Weltkrieges zum Standort von Organisationen der → FLUCHTHILFE. Aus der Türkei operierte auch die deutsche und österreichische Widerstandsbewegung, zu der etwa die österreichische Architektin Margarete Schütte-Lihotzky gehörte (Schütte-Lihotzky 1985). Ansätze zu organisierter Aktivität politischer Türkei-Emigranten, wie etwa die von dem Sozialwissenschaftler Gerhard Kessler unter dem Stichwort der Neugestaltung Deutschlands im Jahre 1944 einberufenen Treffen, blieben ohne Bedeutung.

Als mit dem „Gesetz zur Wiederherstellung des Berufsbeamtentums" im Jahre 1933 eine erste Welle der Auswanderung von Wissenschaftlern ausgelöst wurde, fanden auf Betreiben der Züricher Notgemeinschaft Deutscher Wissenschaftler im Ausland – einer Flüchtlingshilfe-Organisation von Emigranten – zunächst 33 Arbeitssuchende an der 1933 gegründeten Istanbuler Universität (Istanbul-Üniversitesi) ein neues Wirkungsfeld, unter ihnen der Gründer der Notgemeinschaft, der Frankfurter Pathologe Philipp Schwartz. Als Vertreter der Notgemeinschaft organisierte Schwartz in Zusammenarbeit mit den türkischen Verantwortlichen die weiteren Emigrantenberufungen, so insbesondere im Jahre 1935 (nach der Aufhebung des sog. Frontkämpfer-Paragraphen des Berufsbeamtengesetzes) und 1938/39 nach der Besetzung Österreich und der Tschechoslowakei (Erichsen 1994 b, 1996).

Den Emigrationsanlässen in Deutschland stand in der Türkei jeweils neuer Bedarf an ausländischen Experten gegenüber, der entweder mit der Eröffnung neuer Modelleinrichtungen oder dem Freiwerden von Stellen durch Weiterwanderung früherer Inhaber entstand. Der Errichtung der Universität Istanbul folgte ab 1935 das Hygiene-Institut in Ankara sowie das Musterkrankenhaus, das Konservatorium, die Oper und das Institut für Bodenforschung in Ankara, 1944 die Technische Universität in Istanbul, schließlich die Fakultät für Sprache, Geschichte und Geographie und andere Vorläufereinrichtungen der 1946 eröffneten Universität Ankara. An diesen Einrichtungen, auch an der Landwirtschaftlichen Hochschule in Ankara (Widmann 1973), in wenigen Fällen an Sekundarschulen und in der Industrie oder in freien Berufen, waren Emigranten tätig.

Als 1941 durch eine Verordnung zum Reichsbürgergesetz alle Juden und ihnen gleichgestellte Personen die deutsche Staatsbürgerschaft verloren (→ DIE JÜDISCHE EMIGRATION), nahmen einige der Emigranten die türkische Staatsbürgerschaft an. Sie wurden damit wie ihre türkischen Kollegen vergütet, und dies bedeutete die Einbuße eines hohen Spezialistengehalts insbesondere der Lehrstuhlinhaber unter den Ausländern, das diese zu einem Teil an Verwandte ins Ausland transferieren konnten. Die Sicherung eines türkischen Pensionsanspruchs wog diese Einbuße und andere Hinderungsgründe für eine dauerhafte Niederlassung in der Türkei nicht auf. Hinzu kam z. B. die Sorge um eine international anerkannte Ausbildung der Kinder oder der Wunsch nach einer rein wissenschaftlichen Arbeit statt der in der Türkei geforderten Pioniertätigkeit. Einzelne Phasen der Weiterwanderung oder der → RÜCKKEHR AUS DEM EXIL sind so zu verstehen. Einige Emigranten verließen das Land bereits in den dreißiger Jahren, unter ihnen vor allem jüngere Wissenschaftler mit der Hoffnung auf eine akademische Karriere. Hauptziel der Weiterwanderung jüngerer Akademiker und eines Teils der Lehrstuhlinhaber waren die USA. Nach dem Zweiten Weltkrieg versuchten die meisten Emigranten eine Rückkehr und konnten im Rahmen von Wiedergutmachungsverfahren in Deutschland ihre akademische Tätigkeit fortsetzen. Verschiedene Emigranten traten nach ihrer Rückkehr noch einmal in eine erfolgreiche Schaffensperiode ein, wie etwa der Finanzwissenschaftler Fritz Neumark in Frankfurt a. M. oder der Historiker und Bismarck-Biograph Ernst Engelberg in Ost-Berlin. Anfang der siebziger Jahre hatte über die Hälfte der Emigranten das Land verlassen, einige sind in der Türkei verstorben (Widmann 1973). Zwei lebten noch Mitte der neunziger Jahre in Istanbul. Nach dem Kriege haben einige in der Bundesrepublik Deutschland durch ihre Nähe zum Nationalsozialismus unter Druck geratene Wissenschaftler, wie z. B. der Histologe Max Clara, in der Türkei eine neue Anstellung auf den ehemaligen Lehrstühlen der Emigranten gefunden.

Als Ursache einer nachhaltigen Wirkung der Emigration deutschsprachiger Wissenschaftler in die Türkei ist vor allem die Einführung einer praxisbezogenen Lehre in Verbindung mit wissenschaftlicher Forschung zu sehen. Jeder Lehrstuhlinhaber war vertraglich verpflichtet, ein Lehrbuch zu schreiben und die türkischen Assistenten an wissenschaftlichen Forschungsvorhaben zu beteiligen. So lebten jeweils ehemals in Deutschland etablierte wissenschaftliche Schulen in der Türkei wieder auf, wie etwa die Breslauer Medizinische Schule durch den Internisten Erich Frank (Terzioğlu 1981). Internationale Forschungserfolge erzielten Emigranten von der Peripherie des Entwicklungslandes aus insbesondere mit landesbezogenen Arbeiten in den Naturwissenschaften und der Medizin. Das zeigen die zoogeographischen Arbeiten von Curt Kosswig, Friedrich Reimanns Entdeckung der anatolischen Eisenmangelkrankheit oder die Beiträge zur Ätiologie der Hautkrankheiten in warmen Ländern von Alfred Marchionini (Erichsen 1997). Mit von den Emigranten und türkischen Kollegen gegründeten deutsch-türkischen Fachzeitschriften, wissenschaftlichen Vereinen und der Darstellung von Forschungsergebnissen auf Fachkongressen wurde die Türkei durch die Emigranten und ihre türkischen Schüler in einen internationalen wissenschaftlichen Dialog eingebunden.

Der Einfluß der Emigranten reichte aber durch die Beteiligung an den großen Reformvorhaben der Republik über Lehre und Forschung auch bis in die Struktur der Anwendungsgebiete der Wissenschaften hinein. Mit der Errichtung einer flächendeckenden Gesundheitsversorgung gelang dem Pädiater Albert Eckstein eine Senkung der Kindersterblichkeit von über 20% auf 12%. Grundlegend wirkte die Arbeit anderer Emigranten bei der Errichtung von Institutionen wie der Arzneimittelkontrolle: Paul Pulewka, der neuen europäischen Rechtsprechung: Ernst E. Hirsch (Hirsch 1982) oder bei der Schaffung einer modernen türkischen Musik- und Theaterkultur: Carl Ebert, Eduard Zuckmayer (Neumark 1980).

Die Geschichte der Wirkung des Wissenschaftstransfers durch Emigranten ist weiter durch drei Faktoren gezeichnet: dem wissenschaftlichen Alter des durch Emigranten vertretenen Gebiets, der Bedeutung der jeweiligen türkischen Modelleinrichtung im System der kemalistischen Reformen und schließlich der Kooperation der Emigranten im nahezu kompletten Transfer eines modernen Fächerkanons. So förderte die türkische Administration vorzugsweise „klassische" Fächer. „Junge" Fachgebiete wie die Experimentelle Psychologie (Wilhelm Peters) oder die Biophysik (Friedrich Dessauer) etablierten sich nur langsam oder erst nach Weggang ihrer Vertreter, weil eine entsprechende institutionelle Infrastruktur fehlte oder weil sich wegen fehlender Berufsfelder zu wenige Studenten für sie interessierten. Der Wissenschaftsphilosoph und Mitbegründer des Logischen Positivismus Hans Reichenbach verließ das Land, ohne größeren Einfluß zu hinterlassen. Erst sein Nachfolger, Ernst von Aster, prägte die türkische Philosophie mit seinem historischen Lehransatz (Erichsen 1991).

Institutionell hat die Universität Istanbul die größte innovative Ausstrahlung des Wissenschaftstransfers von Emigranten gehabt. Sie war nicht nur Nachfolgerin einer 1933 geschlossenen älteren Einrichtung, sondern blieb bis 1944 die einzige Universität des Landes (Bilsel 1943; Öklem 1973). Die Lehrkräfte der weiteren türkischen Universitätsgründungen nach dem Kriege waren zum großen Teil Schüler von Emigranten. Über den Akademikernachwuchs hinaus wurden an dieser ersten modernen Universität Tausende von Lehrern, Ärzten, Apothekern, Ingenieuren und Verwaltungsbeamten von Emigranten ausgebildet. Viele von ihnen gestalteten die Geschicke des Landes auch als Politiker.

Anders als in anderen Exilländern war in der Türkei fast der gesamte Kanon der Wissenschaften durch deutschsprachige Akademiker vertreten (Ausnahmen: Geschichtswissenschaften, Psychiatrie). Künstlerischen Einfluß übten vor allem Musiker und Architekten aus. Nicht nur eine Einzelleistung der Emigranten, sondern ihre Zusammenarbeit untereinander und ihre Verbindung zu den vom Deutschen Reich entsandten Kollegen machte die nachhaltige Wirkung des Transferunternehmens aus: Lektoren wie Christel und Heinrich Kristinus legten an der Fakultät für Sprache, Geschichte und Geographie in Ankara die Grundlagen für die Verbreitung der deutschen Sprache in der Türkei, die bis nach dem Kriege neben Französisch die Sprache der türkischen Wissenschaftsbeziehungen und der türkischen Rezeption von ausländischen Fachpublikationen in den von Emigranten gegründeten Bibliotheken waren. Agrarwissenschaftliche Voraussetzungen für die landwirtschaftliche Entwicklung der Türkei lieferten Geologen wie Ernst Salomon-Calvi vom Institut für Bodenkunde und der Landwirtschaftlichen Hochschule und Biologen wie Kurt Heilbronn von der Istanbuler Universität. Fachleute wie Hans Wilbrandt, Fritz Baade und Max von Porten berieten die Regierung bei der aktuellen Gestaltung der Reformen, während der spätere Regierende Bürgermeister von Berlin, Ernst Reuter, an der Fakultät für Politische Wissenschaften in Ankara zukünftige Politiker und Beamte nach Prinzipien moderner Kommunalverwaltung ausbildete, in Istanbul ergänzt durch Gerhard Kessler und Fritz Neumark, die dort Konzepte der wirtschaftlichen und gesellschaftlichen Neuordnung des Landes entwarfen. Mediziner des Musterkrankenhauses in Ankara erprobten mit Hilfe der serologischen Untersuchungen Stefan Baechers aus Wien neue Wege in der Gesundheitsversorgung der türkischen Bevölkerung. Der Architekt Clemens Holzmeister gestaltete Bühnenbilder der von Ernst Praetorius dirigierten Opern an der neuen Staatsoper. Funktionsbauten der Republik wie die Naturwissenschaftliche Fakultät in Istanbul oder die Schule (und spätere Fakultät) für Sprache, Geschichte und Geographie gingen auf Pläne von emigrierten Bauhaus-Architekten wie Franz Hillinger und Bruno Taut zurück (→ ARCHITEKTUR).

Ab 1933 in die Türkei zurückkehrende junge türkische Akademiker, die mit einem Staatsstipendium ihr Studium in Deutschland absolviert hatten, halfen als Assistenten der Emigranten über Sprachprobleme hinweg und wirkten durch ihre Übersetzungen der Vorlesungen und Lehrbücher als Begründer einer modernen türkischen Fachterminologie. Erst in heutiger Zeit werden die letzten Mitarbeiter und Schüler der Emigranten von neuen Generationen von Wissenschaftlern mit anderem Bildungshintergrund abgelöst (Erichsen 1991). Nachdem bereits nach dem Zweiten Weltkrieg eine Orientierung der türkischen Wissenschaft an der US-amerikanischen Forschung eingesetzt hatte, kommt damit die Nachwirkung der Emigration deutschsprachiger Wissenschaftler und Künstler in die Türkei zum Abschluß.

Literatur

Bilsel, Cemil (1943): Istanbul Üniversitesi tarihi [Die Geschichte der Universität Istanbul], Istanbul.

Die Emigration der Wissenschaften nach 1933 (1991). Disziplingeschichtliche Studien, hrsg. von Herbert A. Strauss, Klaus Fischer, Christhard Hoffmann u. Alfons Söllner, München u.a.

Erichsen, Regine (1991): Die Emigration deutschsprachiger Naturwissenschaftler von 1933–1945 in ihrem sozial- und wissenschaftshistorischen Wirkungszusammenhang, in: Die Emigration der Wissenschaften nach 1933, S. 73 ff.

Erichsen, Regine (1994a): Sığınmacı Alman bilim adamlarının etkisi ve dönemin Türk-Alman ilişkleri [Das Wirken der Emigranten im Exil und die deutsch-türkischen Beziehungen der Zeit], in: Mimarlar Odası Ankara, Hrsg.: Bir başkentin oluşumu 1923–1950 [Die Entstehung einer Hauptstadt 1923–1950], Ankara, S. 26 ff.

Erichsen, Regine (1994b): Emigrantenhilfe von Emigranten. Die Notgemeinschaft Deutscher Wissenschaftler im Ausland, in: Exil 2, S. 51 ff.

Erichsen, Regine (1996): Vom Nationalsozialismus vertriebene Wissenschaftler auf dem Markt. Die Arbeitsvermittlung des englischen Academic Assistance Council (SPSL) am Beispiel von Türkeiemigranten, in: Berichte zur Wissenschaftsgeschichte 19, H. 4, S. 219 ff.

Erichsen, Regine (1998): Die Emigration deutschsprachiger Mediziner in die Türkei im Rahmen türkischer Traditionen des Wissenschaftstransfers aus dem Westen, Münster.

Grothusen, Klaus-Detlev, Hrsg. (1986): Der Scurla-Bericht. Die Tätigkeit deutscher Hochschullehrer an türkischen wissenschaftlichen Hochschulen, Bonn.

Herr, Thomas (1991): Ein deutscher Sozialdemokrat an der Peripherie. Ernst Reuter im türkischen Exil 1935–1946, in: Die Emigration der Wissenschaften nach 1933, S. 193 ff.

Hirsch, Ernst E. (1982): Aus des Kaisers Zeiten durch die Weimarer Republik in das Land Atatürks. Eine unzeitgemäße Autobiographie, München.

Neumark, Fritz (1980): Zuflucht am Bosporus. Deutsche Gelehrte, Politiker und Künstler in der Emigration 1933–1953, Frankfurt a. M.

Nissen, Rudolf (1969): Helle Blätter – Dunkle Blätter. Erinnerungen eines Chirurgen, Stuttgart.

Öklem, Necdet (1973): Atatürk döneminde darülfünun reformu [Die Reform der alten Istanbuler Universität von 1933 zur Zeit Atatürks], Izmir–Bornova.

Schütte-Lihotzky, Margarete (1985): Erinnerungen aus dem Widerstand 1938–1945, hrsg. von Chup Friemert, Hamburg.

Shaw, Stanford J. (1993): Turkey and the Holocaust. Turkey's Role in Rescueing Turkish and European Jewery from Nazi Persecution, 1933–1945, New York.

Steinhaus, Kurt (1968): Politische und soziale Grundlagen der türkischen Revolution. Zum Problem der Entfaltung der bürgerlichen Gesellschaft in sozioökonomisch schwach entwickelten Ländern, Marburg a. d. L.

Terzioğlu, Arslan, u. Erwin Lucius (1993): Verwestlichung der türkischen Medizin. Berichte des Symposions anläßlich des 90. Gründungsjahres der Militärmedizinischen Akademie Gülhane vom 11.–15. März 1988 in Ankara und Istanbul, Istanbul.

Widmann, Horst (1973): Exil und Bildungshilfe. Die deutschsprachige akademische Emigration in die Türkei nach 1933, Frankfurt a. M.

Ungarn

René Geoffroy

Horthys Ungarn war alles andere als ein demokratischer Staat. Es waren jedoch nicht nur apolitische oder konservativ bis faschistoid eingestellte Personen, die gerade hier Schutz vor Hitler finden zu können glaubten – sehr zum Mißfallen maßgeblicher Kreise und entgegen allen regierungsamtlichen Bekundungen und restriktiven ministeriellen Empfehlungen. Auch sie gab es, wie schon die Erinnerungen von Franz Jung belegen (Jung 1981, S. 340 f.), doch sind sie keineswegs repräsentativ. Viel zu komplex waren im einzelnen die Entscheidungsgründe und zu zwingend die historischen Situationen, die eine Flucht gerade in ein Land wie Ungarn bedingten. Trotz seiner Kollaboration mit dem Dritten Reich, trotz seiner „Judengesetze" und seiner berüchtigten Fremdenpolizei (KEOKH) blieb Ungarn bis zur Machtergreifung der Pfeilkreuzler im Jahre 1944 – zumindest aus den Nachbarstaaten heraus betrachtet – für viele Naziverfolgte eine verhältnismäßig ruhige Insel in Europa. Man flüchtete hierhin, nicht etwa weil Ungarn so anziehend gewesen wäre, sondern weil seine Nachbarstaaten durch die Nazis noch abstoßender geworden waren.

Bis zur Annexion Österreichs galt für Ungarn der Ausspruch eines magyarischen Parlamentsabgeordneten, der 1935 während einer Interpellation im Unterhaus behauptet hatte, daß in sein Heimatland „nur der nicht hereinkomme, der es nicht wolle". Einerseits, weil die ungenügend bewachten Grenzen einen illegalen Übertritt leicht ermöglichten, und andererseits, weil die ungarische Fremdengesetzgebung seit 1930 ganz darauf ausgerichtet war, möglichst viele Touristen ins Land zu holen und deshalb in puncto Einreisebestimmungen als recht freizügig bezeichnet werden darf. Wer über gültige (deutsche oder österreichische) Ausweispapiere

(Heimatpässe) verfügte, konnte ohne Sichtvermerk nach Ungarn einreisen und sich hier nach polizeilicher Anmeldung drei Monate lang aufhalten. Versicherte er, daß er sich zu Besuch, zur Erholung oder zu Studienzwecken in Ungarn befände, waren die Behörden ermächtigt, einen längeren Aufenthalt von bis zu sechs Monaten „ausnahmsweise zur Kenntnis" zu nehmen. Durch eine Ausreise (z. B. nach Wien) und eine erneute Einreise gelang es finanziell bessergestellten Emigranten, sich über mehrere Jahre hinweg ganz legal in Ungarn aufzuhalten: so z. B. dem Schriftsteller Otto Zarek, der sich in Ungarn so heimisch fühlte („Hier ist ein herrliches Land!"), daß er in einem Beitrag für den deutschsprachigen *Pester Lloyd* seine Schicksalsgenossen aufrief, es doch einmal mit Ungarn zu versuchen (Geoffroy 1994).

Ein generelles Arbeitsverbot für Emigranten existierte nicht. Die Arbeitserlaubnis war von der Erteilung der Wohnbewilligung abhängig und mußte – sofern keine selbständige Erwerbstätigkeit angestrebt wurde – vom Arbeitgeber eingeholt werden. Dieser hatte den sog. Nachweis der Unentbehrlichkeit zu bringen, d. h. glaubhaft zu machen, daß für die in Frage kommende Tätigkeit kein ungarischer Arbeitnehmer zur Verfügung stand.

Nach einer Schätzung der Reichsstelle für das Auswanderungswesen in Berlin waren bis Ende 1935 800 Juden aus Deutschland nach Ungarn „ausgewandert". Eine Statistik der Reichsvereinigung der Juden in Deutschland und der Israelitischen Kultusgemeinde Wien bezifferte die Zahl der zwischen 1933 und 1941 aus Deutschland, Österreich und dem „Protektorat Böhmen und Mähren" nach Ungarn emigrierten Juden auf 6310. Laut Kastner-Bericht sollen sich zwischen 3500 und 5000 von ihnen noch Ende 1943 in Ungarn aufgehalten haben (Kastner 1961, S. 45). In den Jahren 1939 bis 1944 gelang darüber hinaus noch über 10 000 Juden aus der Slowakei (Rothkirchen 1968; Lipscher 1980, S. 120) und 100 000–140 000 Polen (zumeist Militärflüchtlinge) der Grenzübertritt nach Ungarn (Antall 1946, S. 5, 27). 6000–8000 der aus der Slowakei geflüchteten Juden – nicht wenige unter ihnen waren dem deutschen Kulturkreis verbunden (Neumann 1956, S. 11) – und 15 000 Polen, darunter 2500–3000 Juden, weilten noch Ende 1943 in Ungarn.

Eigenen Berechnungen zufolge war die Fluchtbewegung nach Ungarn durch einen verhältnismäßig hohen Anteil nichtjüdischer Emigranten (18% ohne die Militärflüchtlinge aus Polen) sowie einen sehr hohen Prozentsatz von Repatrianten bzw. Flüchtlingen gekennzeichnet, die nahe oder entfernte ungarische Familienbande nachweisen konnten. Annähernd 70% der Flüchtlinge ließen sich in Budapest nieder bzw. tauchten hier unter.

Massive Zurückweisung von jüdischen Flüchtlingen durch die ungarischen Grenzorgane und zahlreiche Abschiebungen von Flüchtlingen, die in die Razzien der Fremdenpolizei gerieten, gehören auch zur ungarischen Wirklichkeit jener Jahre. Abgeschoben wurde in der Regel jedoch nicht nach Deutschland, sondern in Drittländer. Eine Ausnahme war der 1939 nach Budapest geflüchtete österreichische Chemiker Kurt von Flammerdinghe-Behagel, der auf Betreiben der dortigen Deutschen Gesandtschaft 1941 ausgeliefert wurde.

Exilorganisationen, Exilverlage oder Exilperiodika deutschsprachiger Emigranten wird man in Ungarn – bedingt durch die politischen Verhältnisse – vergeblich suchen. Die Spuren, die die deutschsprachige Emigration in Ungarn hinterließ, sind jedoch nicht zu übersehen. Erwähnt seien hier nur die 180 Titel deutschsprachiger Exilautoren, die bis 1944 in ungarischen Verlagen erschienen (Geoffroy 1995), und jene 2020 Beiträge von oder über deutschsprachige Emigranten, die sich in den linken, liberalen und jüdischen Presseorganen jener Jahre nachweisen lassen.

Die Erforschung Ungarns als Zufluchtsort für Hitlerflüchtlinge steht noch in ihren Anfängen. Sprachliche Hürden mögen hier eine Rolle spielen, aber auch der Umstand, daß sich in der Exilforschung über Jahrzehnte hinweg so etwas wie ein unverrückbares Bild des typischen Hitlerflüchtlings und des typischen Exillandes verfestigt hatte. Sie wird auch durch den Umstand erschwert, daß die Unterlagen der Ungarischen Fremdenpolizei (KEOKH) seit 1989 mit einer Sperrfrist von 90 Jahren belegt sind.

Literatur

[Antall, József] (1946): Lengyel menekültek Magyarországon a háború alatt [Polnische Flüchtlinge in Ungarn während des Krieges], Budapest.

Geoffroy, René (1994): „Hier ist ein herrliches Land" – Otto Zareks Exil in Ungarn, in: Exil 9, H. 1, S. 7 ff.

Geoffroy, René (1995): Veröffentlichungen deutschsprachiger Emigranten in ungarischen Verlagen (1933–1944), in: Exilforschung 13, S. 237 ff.

Kastner, Rudolf (1961): Der Kastner-Bericht über Eichmanns Menschenhandel in Ungarn, München.

Lipscher, Ladislav (1980): Die Juden im slowakischen Staat, München–Wien.

Neumann, Jirmejahu Oskar (1956): Im Schatten des Todes. Ein Tatsachenbericht von Schicksalskampf des slowakischen Judentums, Tel-Aviv.

Rothkirchen, Livia (1968): Hungary – an Asylum for the Refugees of Europe, in: Yad Vashem Studies 7, S. 127 ff.

Uruguay

Irmtrud Wojak

Uruguay galt seit der Präsidentschaft José Batlle y Ordóñez als der Staat Lateinamerikas mit der längsten demokratischen Tradition. Doch der Anschein sozialen Fortschritts und innerer Stabilität des Landes, der sich im Klischee von der „südamerikanischen Schweiz" niederschlug, war trügerisch (Kerbusch 1971, S. 2 ff.; Sukup 1988, S. 183). Nach Batlles Tod versuchte der 1930 gewählte Präsident Gabriel Terra den Auswirkungen der Weltwirtschaftskrise durch eine Reform des Regierungssystems zu begegnen. Als er scheiterte, setzte er die Verfassung außer Kraft und löste das Parlament und den Consejo Nacional auf. Der Staatsstreich setzte der demokratischen Tradition ein Ende und mündete in die Präsidialverfassung von 1934 und das „Machtverteilungskartell" der beiden traditionellen Parteien des Landes: des Partido Colorado und des Partido Blanco (Trochon/Vidal 1993, S. 50 ff.).

In Uruguay lebten etwa drei Millionen Menschen, zu 90% Nachkommen von Europäern verschiedener Einwanderungswellen, meist aus Spanien und Italien, sowie Mulatten und Schwarze, die Nachfahren der afrikanischen Sklaven (Fortuna u. a. 1988, S. 29 f.; Kroch 1991, S. 14 ff.; Fröschle 1997, S. 742 f.). Am Ende des 19. Jahrhunderts konzentrierten sich rund 100 000 Einwanderer neben 114 000 Alteingesessenen auf die Hauptstadt Montevideo. Die Flüchtlinge trafen dort auf Gemeinden jüdischer Einwanderer aus Spanien, Rußland und Polen. Mehr als die Hälfte der jüdischen Bevölkerung war in einer Gemeinde organisiert. Anfang der 1980er Jahre lebten etwa 30 000 Juden in Uruguay, das damit im Verhältnis zur Gesamtbevölkerung den höchsten Anteil jüdischer Bevölkerung in Lateinamerika aufwies (Judíos en el Uruguay 1957, S. 83; DellaPergola 1987, S. 91). Uruguay zählte zu den bedeutenden lateinamerikanischen Asylländern der Flüchtlinge vor dem Nationalsozialismus.

Die Zahl der während der 1930er Jahre im Hafen von Montevideo ankommenden Flüchtlinge läßt sich nicht genau feststellen. Eine Auswertung der Schiffslisten der Migrationsbehörde hat ergeben, daß zwischen 1936 und 1940/41 etwa 6800 Emigranten ins Land kamen, überwiegend aus Deutschland, Österreich und der Tschechoslowakei. Von Juli 1940 bis Dezember 1944 kamen weitere 43 Schiffe aus Europa an, so daß insgesamt von einer Zahl von 7000 bis 7500 eingewanderten Flüchtlingen auszugehen ist (Wegner 1995). Dem *Boletín Informativo* (Juni 1946) der im Juni 1936 von 14 Einwanderern gegründeten deutsch-jüdischen Synagogengemeinde Nueva Congregación Israelita (NCI) ist die Mitgliederentwicklung seit 1936 zu entnehmen: 1937: 167, 1938: 313, 1939: 767, 1940: 1241, 1941: 1371, 1944: 1380, 1946/Juni: 1456. Schon in der zweiten Generation wurden die Einwanderer „wie in einem großen Schmelztiegel" alle zu Uruguayern (Kroch 1991, S. 18).

Der Redewendung vom „Einwanderungsparadies Uruguay" steht allerdings eine in den 1930er Jahren restriktive offizielle Immigrationsgesetzgebung gegenüber, die nicht nur als Reflex auf die nationalsozialistische Vertreibungspolitik zu bewerten ist. Der La-Plata-Staat zählte neben Argentinien, Brasilien und Chile zu den traditionellen Einwanderungsländern, auf die der Völkerbund 1935 die größten Hoffnungen gesetzt hatte (Weingarten 1981, 27 ff.). Der Hohe Kommissar James G. McDonald fand die Gesetzgebung „zufriedenstellend". Das Land stand jedem offen, der einen Arbeitsvertrag oder 400 US-Dollar vorweisen konnte (Avni 1987, S. 49, 51, 66). Hintergrund der Verschärfung der Einwanderungsgesetzgebung in Uruguay war die wachsende politische Einflußnahme der konservativen Kräfte innerhalb der traditionellen Parteien Uruguays seit Ende der 1920er Jahre. Die konservative Presse entwickelte sich zum Sprachrohr eines fremdenfeindlichen und später antisemitischen Ressentiments, das 1938/39 seinen Höhepunkt erreichte. Dabei begünstigte der autoritäre außen- und innenpolitische Kurs der Diktatur die antisemitische Kampagne, die von einer Rechtfertigung politischer Verfolgung und der Einrichtung von Konzentrationslagern in Deutschland bis zum Hinweis auf die Gefahren einer jüdisch-kommunistischen Einwanderung reichte (Camou 1988, S. 30 ff.). Da es bis 1935 keine bedeutende Einwanderung jüdischer Flüchtlinge gab, war die Verschärfung der Gesetzgebung eher eine fremdenfeindliche Reaktion auf die wirtschaftliche Krise seit Ende der 1920er Jahre (Bergstein 1993, S. 39). Mit weiteren Restriktionen versuchte die Regierung im Oktober 1936, politischen Flüchtlingen die Einreise unmöglich zu machen. Von Einwanderern wurden die Vorlage eines politischen Führungszeugnisses der Geheimen Staatspolizei verlangt sowie Referenzen über die politische Einstellung und Ehrenhaftigkeit (Trochon/Vidal 1993, S. 144 f.). Die deutsch-jüdische Gemeinde begann, in ihrem Gemeindeblatt *Boletín Informativo* Verhaltensregeln für Einwanderer zu veröffentlichen. Gustav Rosemann, Rabbiner der NCI von 1938 bis 1950, mahnte dort zur „Zurückhaltung", da jeder Jude und jede Jüdin „im Brennpunkt des öffentlichen Interesses" stehe. Die Juden in Uruguay müßten sich den Sitten des Gastlandes anpassen: Man gehe nicht in großen Gruppen zusammen spazieren, Frauen rauchten nicht in der Öffentlichkeit und man spreche in der Öffentlichkeit nur die Landessprache.

Der Mehrheit der Flüchtlinge gelang es, als selbständige Unternehmer, meistens im Einzelhandel, Fuß zu fassen. Es entstanden Reinigungen, Schuh- und Bekleidungs- sowie Elektro-, Eisen- und Spielwarengeschäfte, Metzgereien, Friseursalons und Kolonialwarengeschäfte, Apotheken und Massagepraxen. Orthopäden und ein Gynäkologe, zwei Ärzte mit chirurgischer Praxis, zwei Zahnärzte und ein Tierarzt nahmen Ende der 1930er Jahre ihre Tätigkeit auf. Vor allem Handwerker hatten gute Einstiegschancen, während sich für Akademiker und die Vertreter einiger freier Berufe der Neuanfang schwerer gestaltete. Der Banco Israelita richtete einen Einwanderungsfonds für Landwirte ein, zu einer erfolgreichen landwirtschaftlichen Ansiedlung jüdischer Immigranten kam es jedoch nicht.

Mit der Präsidentschaft General Alfredo Baldomirs wird in der Regel eine Redemokratisierung des Landes verbunden (Freya u. a. 1987). Das Gegenteil sollte eintreten. Im April 1938, vor dem Einsetzen der stärksten Fluchtwelle, erschien im *Boletín Informativo* eine Erklärung des neugewählten Präsidenten über die jüdische Einwanderung. Er glaube nicht, daß es in Uruguay eine wirklich antisemitische Strömung gäbe, so der Präsident, „wenn es auch ein gewisses Unbehagen unter den Kleinhändlern der Hauptstadt gibt, die ihre Geschäfte zurückgehen sehen". Er glaube jedoch, „daß Uruguay im Detailhandel ein wenig rückständig geblieben ist", der aber wohl in der Lage sei, „diese Rückständigkeit einzuholen, so daß es nicht wahrscheinlich ist, daß aus diesen Gründen eine bedeutende oder dauernde antisemitische Denkweise entsteht". Im Falle einer plötzlichen Vermehrung der Einwanderung „könnte es allerdings notwendig werden, spezielle Gesetze zu machen".

Als die „plötzliche Vermehrung der Einwanderung" Ende 1938 eintrat, reagierte die konservative, nationalistische Presse mit dem Hinweis auf nicht vorhandene Kapazitäten des Arbeitsmarktes im Handels- und Geschäftswesen (Camou 1986, S. 35; Wegner 1995). Die antisemitische Kampagne gipfelte in Boykottlisten gegen jüdische Kaufleute und Übergriffen auf Geschäfte (Camou 1988, S. 33). Weder Zahl noch Hintergrund der Abschiebung der Emigranten einiger Schiffe, die in dieser Periode in Montevideo vor Anker gingen, ist genau zu klären. Mit einem 104 Paragraphen umfassenden Gesetzentwurf vom Mai 1939, angenommen 1941, beantwortete das Innenministerium der Regierung Baldomir die antisemitische Kampagne. Ausgeschlossen von der Einwanderung waren nun Personen, die an geistigen oder nervösen Krankheiten litten, Epileptiker, Herzkranke, Bettler, Landstreicher und Personen, die vorbestraft waren, ausgenommen politische Strafen. Der Kapitalnachweis wurde erhöht. Entscheidend war die Einführung eines (jährlichen) Quotensystems nach Nationalitäten, wobei Landwirte bevorzugt werden sollten. Das Gesetz unterschied nicht mehr zwischen Auswanderern und Flüchtlingen und wirkte wie eine völlige Einwanderersperre.

Während der Diktatur Gabriel Terras, aber in noch stärkerem Maße während der Regierung Alfredo Baldomirs, läßt sich die restriktive Gesetzgebung nur schwer mit der Toleranz der Behörden gegenüber illegalen Einwanderern vereinbaren, die mit (gekauften) Touristen- oder Transitvisa ins Land kamen. Die Gesetzgebung der Regierung Baldomir unterschied sich nicht von anderen lateinamerikanischen Ländern, die auf der Flüchtlingskonferenz von Evian im Juli 1938 über Absichtserklärungen nicht hinaus kamen. Allein die stille Duldung des „Touristen-Schleichweges" entsprach einer freizügigen Auslegung der uruguayischen Gesetzgebung. Im Gegensatz zu Bolivien und Chile fand kein „rassischer" Standpunkt Eingang in die uruguayische Gesetzgebung (Senkmann 1985; Wojak 1994, S. 80 ff.). Fragwürdig war allerdings die während der Terra-Diktatur 1936 – nach US-amerikanischem Vorbild übernommene (→ VEREINIGTE STAATEN VON AMERIKA) – Ausgrenzung Kranker und Behinderter sowie derjenigen, die der staatlichen Fürsorge zur Last fallen würden.

Die uruguayischen Regierungen bekannten sich zu keinem Zeitpunkt offen zu einer Aufnahme politischer Flüchtlinge, vertraten aber in der Öffentlichkeit eine abgeschwächte Darstellung. Präsident Baldomirs Rede vom April 1938 deutete die Existenz antisemitischer Vorurteile an, doch der Gesetzentwurf vom Mai 1939 wurde erst 1941 angenommen und besaß damit nach Kriegsbeginn nur noch geringe Bedeutung für die Flüchtlinge. Schließlich wurde die nationalsozialistische Judenverfolgung spätestens seit dem Novemberpogrom zu einem Faktor öffentlicher Kritik (Frugoni 1938). Die Abwehrmaßnahmen der jüdischen Gemeinde sind der Beweis für das Vorhandensein einer antisemitischen Öffentlichkeit. Die NCI reagierte vor allem auf das ökonomische Argument der nationalistischen konservativen Presse, dem sie die Betonung der wirtschaftlichen Produktivität der Einwanderer entgegenhielt. Während die Diskriminierung jüdischer Kaufleute in der Gründung einer Nationalen Bewegung antijüdischer Kaufleute zum Ausdruck kam, fand die NCI mit der Gründung des Comité pro Defensa Israelita eine Vertretung ihrer Interessen in der Öffentlichkeit (Camou 1986, S. 37).

Ein direkter Einfluß der Aktivitäten der NSDAP-AO auf die jüdische Einwanderung ist schwer auszumachen. Zur deutschen Kolonie Uruguays zählten Anfang der 1930er Jahre etwa 2500 Reichsdeutsche und 4000 Personen deutscher Herkunft (Pommerin 1977, S. 189). Den – allerdings unvollständigen – Angaben der Nazi Party Membership Records (National Archives, Washington 1946) zufolge hatte die NSDAP in Uruguay 176 Mitglieder. Seit 1933 erschien das Parteiorgan *Deutsche Wacht*, ein antisemitisches Nachrichtenblatt, das 1940 eingestellt werden mußte (Camou 1986, S. 33). In allen Vorständen bedeutender deutscher Einrichtungen waren seit Mitte der 1930er Jahre Mitglieder der NSDAP-AO vertreten, die wiederum zugleich Angestellte in einigen der größten deutschen Firmen des Landes waren und in der Deutschen Handelskammer saßen (Wojak 1995, S. 1023). Jüdische Immigranten erwähnen häufig die Gleichschaltung der deutschen Einrichtungen, insbesondere der Deutschen Schule und der Botschaft. Die Bemühungen, die Öffentlichkeit über Aktivitäten der nationalsozialistischen Auslandsorganisation zu informieren, beruhten bis Ende 1939 meist auf privater Initiative, erhielten aber die Unterstützung öffentlicher Einrichtungen. So gab das Institut gegen Faschismus, Rassismus und Antisemitismus verschiedene Publikationen heraus und rief nach dem Pogrom vom 9. November 1938 zu einer Protestkundgebung auf. Der Kongreß der amerikanischen Demokratien, der im März 1939 in Montevideo tagte, warnte vor der „Naziinfiltration" in Lateinamerika.

Nach Bekanntwerden des „Fuhrmann"-Plans im Juni 1940, der Uruguay als Ausgangspunkt der nationalsozialistischen Eroberungspläne in Lateinamerika darstellte, kam es zur Festnahme 13 führender Mitglieder der NSDAP-AO, die sich anschließend selbst auflöste. Der Beginn des Zweiten Weltkrieges führte rasch zu Einschränkungen und dann zum Ende der deutsch-uruguayischen Handels- wie der diplomatischen Beziehungen am 12. Dezember 1941 bzw. am 25. Januar 1942 (Pommerin 1977, S. 125, 133, 166, 191; Camou 1986, S. 24 f.).

Unabhängig vom Gemeindeleben der NCI, die sich gemäß ihren Statuten von politischen deutschen Gruppierungen distanzierte, entwickelten sich Exilorganisationen und die von ihnen getragenen Presseorgane. Der Kulturclub deutscher Arbeiter, der 1932 auf Anregung der uruguayischen KP als Gegengewicht gegen die NSDAP-Zelle gegründet worden war, gab die Zeitschrift *Arbeiter Welt* (*Mundo Obrero*) heraus, mußte diese aber während der Terra-Diktatur 1936 einstellen. Die Pestalozzi-Schule, die der Club nach der Gleichschaltung der Deutschen Schule gründete, mußte 1940 aufgrund finanzieller Schwierigkeiten schließen. In den 1930er Jahren entstanden weitere Exilorganisationen: Seit 1934 gab Erich Schoenemann, der sich 1940 der Frei-Deutschland-Bewegung Otto Strassers anschloß, *Die Zeit* heraus (von zur Mühlen 1985). Im März 1939 wurde der Freie Deutsche Klub (FDK) gegründet, der für seine ca. 200 Mitglieder das Mitteilungblatt *Deutsche Einheit gegen den Faschismus* publizierte und ganz auf der Volksfrontlinie lag. Nach Abschluß des Hitler-Stalin-Paktes im August 1939 wurde das Blatt eingestellt. Nachdem die kommunistischen Mitglieder den Club verlassen hatten, lehnten sich die verbliebenen Mitglieder bei eingeschränkten Aktivitäten stark an das Komitee Das Andere Deutschland in Argentinien an. Zwischen dem Jahresende 1942 und März 1943 verlegte dieses sogar seinen Sitz von Buenos Aires nach Montevideo, als die politischen Verhältnisse in Argentinien seine Arbeit zunehmend gefährdet hatten. Vom 29.–31. Januar 1943, zum zehnten Jahrestag von Hitlers Machtergreifung, fand in Montevideo der große DAD-Kongreß mit Delegationen aus Argentinien, Brasilien, Bolivien und Uruguay statt (von zur Mühlen 1988, S. 120). Nach dem deutschen Einmarsch in die Sowjetunion 1941, in dessen Folge die Spannungen zwischen den einzelnen Exilorganisationen nachließen, nahm auch der FDK seine Aktivitäten wieder auf und gab als neue Zeitschrift *Das Freie Wort* heraus (Kießling 1980, S. 216; von zur Mühlen 1988, S. 254 ff.).

Im Rahmen des von linken uruguayischen Organisationen nach dem deutschen Überfall auf die UdSSR gebildeten Frente Nacional Democrático formierte sich ein Deutsches Antifaschistisches Komitee (DAK), das zugleich die deutsche Sektion der überparteilichen Acción Antinazi bildete. Unter Führung von Hermann P. Gebhardt bildete sich im Herbst 1942 ein Freundeskreis des Freien Deutschland, dessen Mitglieder weitgehend der Führung des DAK entsprachen und überwiegend KPD-Mitglieder und Volksfrontanhänger umfaßten. Auch in Uruguay bestanden also zwei miteinander konkurrierende Exilorganisationen. Eine Annäherung zwischen DAK und FDK führte seit Mai 1943 zur Entfremdung zwischen FDK und DAD, worauf dieses im Mai 1943 eine eigene Landesgruppe gründete. Der FDK löste sich im Dezember 1943 auf, seine Mitglieder traten dem DAK bei, der wichtigsten Exilorganisation in Uruguay, die durch Balder Olden bedeutende intellektuelle Unterstützung erhielt. Das DAK trat dem Lateinamerikanischen Komitee der Freien Deutschen (Mexiko) bei und brach 1945, wie andere Organisationen des Freien Deutschland, infolge der Diskussionen über die Zukunft Deutschlands auseinander.

Die deutsche Exilpresse in Uruguay wurde durchweg von politischen Organisationen getragen. Einen Sonderfall bildete daher die im August 1938 von Hermann P. Gebhardt gegründete „deutsche demokratische Rundfunkstunde" *La Voz del Día*, die die Rolle einer Exilzeitschrift mit dezidiert antinazistischem Standpunkt übernahm. Er leitete den einzigen deutschsprachigen Rundfunksender an der Atlantikküste, der keiner der politischen Exilorganisationen verpflichtet war, über das Ende des Krieges hinaus. Gebhardt war zwar auch Mitbegründer des Freundeskreises Freies Deutschland, dessen Mitglieder weitgehend dem 1941 gegründeten Deutschen Antifaschistischen Komitee zur Unterstützung der Sowjetunion (DAK) und der Bewegung „Freies Deutschland" in Mexiko nahestanden, aber er bemühte sich mit Erfolg, seinen Sender aus den exilpolitischen Konflikten herauszuhalten (von zur Mühlen 1988, S. 255; Naumann 1995, S. 260). Während die Exilorganisationen durchweg nach 1945 aufgelöst wurden, weil ihre Mitglieder teilweise nach Deutschland zurück- oder in andere Länder abwanderten und die verbleibenden Organisationen infolge politischer Kontroversen über die Zukunft Deutschlands auseinanderbrachen, blieb der Sender neben der NCI jahrzehntelang das einzige Relikt des deutschsprachigen Exils in Uruguay. Er stellte erst 1990 seine Sendungen ein.

Aus der Perspektive der Emigranten ist die Offenheit der uruguayischen Gesellschaft gegenüber der jüdischen Einwanderung kein Mythos. Sie hat vor dem Hintergrund der Erfahrung der Vertreibung und der, wenngleich relativen, erfolgreichen wirtschaftlichen Integration in die Gesellschaft des Aufnahmelandes zur neuen Identität beigetragen (Janssen 1991). Nach dem Kriege setzte eine partielle Abwanderung von Emigranten ein. Vor allem politische Flüchtlinge kehrten nach Deutschland zurück, andere wanderten in die wirtschaftlich attraktiveren Nachbarländer Argentinien und Brasilien ab, wieder andere nach → PALÄSTINA/ISRAEL oder in die USA. Diese sekundären Emigrationsprozesse stellen ebenso ein Desiderat der Forschung dar wie die Probleme von Integration und Akkulturation und die Geschichte der jüdischen Gemeinde nach 1945.

Literatur

Actividades Nazis en el Uruguay? (1941), escrito del Dr. Carlos Frick Davie Solicitando la Libertad de los Procesados en el Juicio Llamado de las „Actividades Nazis en el Uruguay", Montevideo.

Avni, Haim (1987): Latin America and the Jewish Refugees: Two Encounters, 1935 and 1938, in: The Jewish Presence in Latin America, S. 45 ff.

Bergstein, Nahum (1993): Judío – Una Experiencia Uruguaya, Montevideo.

Camou, María M. (1986): Los Años del „Vuelco". Las Relaciones Políticas, Económicas y Comerciales entre Alemania y Uruguay y los Sectores de Influencia Nacional-Socialista en el Uruguay 1938–1942, in: Cuadernos del CLAEH 38, S. 21 ff.

Camou, María M. (1988): Resonancia del Nacional-Socialismo en el Uruguay, Montevideo.

DellaPergola, Sergio (1987): Demographic Trends of Latin American Jewry, in: The Jewish Presence in Latin America, S. 85 ff.

Feldman, Miguel (1984): El Caso del Conte Grande y la Política Inmigratoria Uruguaya, in: Hoy es Historia 1, H. 6, S. 35 ff.

Fernández Artucio, Hugo (1940): Nazis en el Uruguay, Montevideo.

Fortuna, Juan Carlos, Nelly Niedworok u. Adela Pellegrino (1988): Uruguay y la Emigración de los 70, Montevideo.

Freya, Ana, Mónica Maronna u. Yvette Trochon (1987): Baldomir y la Restauración democrática 1938–1946, Montevideo.

Fröschle, Hartmut, u. Hans Hoyer (1979): Die Deutschen in Uruguay, in: Die Deutschen in Lateiname-

rika. Schicksal und Leistung, hrsg. von Hartmut Fröschle, Tübingen–Basel, S. 742 ff.
Frugoni, Emilio (1938): El Nazi-Fascismo en la Enseñanza, Montevideo.
Historias de Vida (1986). Inmigrantes Judíos al Uruguay, Estudio Introductorio y Recupilación por Teresa Porzecanski, Montevideo.
Janssen, Juliette (1991): Einst hatten wir ein Vaterland. A Study about the Changing Ethnic Identity of German Jews in Uruguay, Diss., Utrecht.
Judíos en el Uruguay (1957). 25 Años al Servicio del Pueblo Judío del Congreso Judío Mundial 1932–1957, hrsg. vom Instituto Stephan Wise, Congreso Judío Mundial, Montevideo.
Kerbusch, Ernst-J. (1971): Das uruguayische Regierungssystem. Der Zweite Colegiado 1952–1967, Köln u.a.
Kießling, Wolfgang (1980): Exil in Lateinamerika, Leipzig.
Kroch, Ernesto (1991): Uruguay zwischen Demokratie und Diktatur, Frankfurt a.M.
Memorias del Uruguay (1986). Holocausto y Lucha por la Fundación del Estado de Israel, ed. por Haim Avni y Rosa Perla Raicher, Jerusalem.
von zur Mühlen, Patrik (1985): Der „Gegenführer" im Exil. Die Otto-Strasser-Bewegung in Lateinamerika, in: Exilforschung 3, S. 143 ff.
von zur Mühlen, Patrik (1988): Fluchtziel Lateinamerika. Die deutsche Emigration 1933–1945: politische Aktivitäten und soziokulturelle Integration, Bonn.
Naumann, Uwe (1995): Uruguay, in: Wie weit ist Wien. Lateinamerika als Exil für österreichische Schriftsteller und Künstler, hrsg. von Alisa Douer u. Ursula Seeber, Wien, S. 258 ff.
Nemirovsky, Israel (1987): Albores del Judaismo en el Uruguay, Montevideo.
Pommerin, Reiner (1977): Das Dritte Reich und Lateinamerika. Die deutsche Politik gegenüber Süd- und Mittelamerika 1939–1942, Düsseldorf.
Raicher, Rosa Perla (1988): Asilo en el Uruguay de Refugiados Judíos Perseguidos por el Nazismo, in: Judaica Latinoamericana. Estudios Históricos-Sociales, ed. por AMILAT (Asociación Israelí de Investigadores del Judaismo Latinoamericano), Jerusalem, S. 68 ff.
Senkmann, Leonardo (1985): La Política Migratoria Argentina durante la Década del Treinta. La Selección Étnica, in: Primeras Jornadas Nacionales de Estudios sobre Inmigración en Argentina, ed. por el Ministerio de Educación y Justicia, Secretaria de Cultura, Buenos Aires, S. 599 ff.
Sukup, Victor (1988): Uruguay – Von der „südamerikanischen Schweiz" zum Land ohne Hoffnung?, in: Zeitbombe Südamerika. Ein Kontinent zwischen Diktatur und Demokratie, hrsg. von Victor Sukup, Köln, S. 182 ff.
The Jewish Presence in Latin America (1987), ed. by Judith Laikin Elkin and Gilbert W. Merkx, Boston u.a.
Trochon, Yvette, u. Beatriz Vidal (1993): El Régimen Terrista (1933–1938). Aspectos Políticos, Económicos y Sociales, Montevideo, S. 50 ff.
Vida y Muerte en Comunidad (1990). Ensayos sobre el Judaismo en el Uruguay, ed. por la Comunidad Israelita en el Uruguay, Montevideo.
Wegner, Sonja (1995): Deutschsprachiges Exil in Uruguay 1933–1945, Essen.
Weingarten, Ralph (1981): Die Hilfeleistung der westlichen Welt bei der deutschen Endlösung der Judenfrage. Das „Intergovernmental Committee on Political Refugees" 1938–1939, Bern u.a.
Wojak, Irmtrud (1994): Exil in Chile. Die deutsch-jüdische und politische Emigration während des Nationalsozialismus 1933–1945, Berlin.
Wojak, Irmtrud (1995): Deutsch-jüdisches Exil in Uruguay. Einwanderungspolitik, öffentliche Meinung und Antisemitismuserfahrung deutsch-jüdischer Flüchtlinge in Uruguay 1933–1945, in: ZfG 11, S. 1009 ff.

Vereinigte Staaten von Amerika

Claus-Dieter Krohn

Die Vereinigten Staaten von Amerika waren und sind das klassische Einwanderungsland. Auch von den rund 500 000 Vertriebenen aus dem nationalsozialistischen Herrschaftsbereich fand dort mehr als ein Viertel, etwa 130 000 Personen, eine Zuflucht. Erklärlicherweise gehört die Immigration als wichtige Konstitutionsbedingung der modernen amerikanischen Gesellschaft daher zum traditionellen Forschungsfeld und Dauerthema der amerikanischen Soziologie und Historiographie. Auffallend ist jedoch, daß die besonderen Aspekte der Einwanderung aus Deutschland nach 1933 und dann aus anderen, 1940 von der deutschen Wehrmacht besetzten europäischen Staaten von der Forschung lange übersehen wurden. Zunächst waren es vor allem Emigranten selbst, neben vereinzelten problemsensitiven Amerikanern, die schon während der dreißiger und frühen vierziger Jahre auf die neue Qualität jener Zuwanderung, die unfreiwillige Immigration von „Refugees", hingewiesen haben (Fields 1938; Thompson 1938; Gumpert 1941; Saenger 1941; Neilson 1941; Tartakower/Grossmann 1944). Nach dem Zweiten Weltkrieg begann zwar die systematische Analyse dieses neuen Phänomens, doch wurde sie noch lange von den Fragen der klassischen Immigrationsforschung wie der Integrationsfähigkeit und Assimilation von Zuwanderern in den amerikanischen „Melting Pot" bestimmt (Davie 1947; Kent 1953).

Erst in den 1960er Jahren gewahrte man, welchen Beitrag die von den Nationalsozialisten Vertriebenen zur Kultur und Wissenschaft der USA geleistet hatten. Nach den hergebrachten Standards konnten die ehemaligen Flüchtlinge mit ihrem einzigartigen intellektuellen Profil und ihrem sozialen, bürgerlichen Hintergrund kaum hinreichend beurteilt und gewürdigt werden. Diese Defizite suchte der neue, aus der Ethno-Soziologie übernommene Ansatz der Akkulturationsforschung zu überwinden, der nicht mehr nur nach der einseitigen Assimilation der Zuwanderer fragt, sondern deren Wirkungen und dem darauf basierenden Wandel der amerikanischen Kultur und Gesellschaft in einem interaktiven Prozeß des Gebens und Nehmens nachgeht (→ AKKULTURATION). An die Stelle der alten „Melting Pot"-Vorstellungen trat das Bild der „Salad Bowl" für die amerikanische Gesellschaft, das zwar auch schon älter war, mit seinem Plädoyer für den kulturellen Pluralismus gegen den traditionellen Hegemonieanspruch der White Anglo-Saxon Protestants (WASPs) aber erst jetzt wirksam wurde (Gordon 1964; Kallen 1914/1970).

Jedoch wird bis heute darüber in den USA eine lebhafte Kontroverse geführt. Auf der einen Seite stellten und stellen ehemalige Emigranten selbst oder ihre Schüler an den Universitäten die kulturellen Impulse jenes Flüchtlingsmilieus aus den dreißiger Jahren heraus; die davon inspirierte amerikanische Exilforschung – die wiederum die Anstöße für entsprechende Forschungen in Deutschland gab – hat dazu inzwischen eine unübersehbare Zahl thematischer, gruppenbiographischer oder regionaler Studien vorgelegt (Fermi 1968; Fleming/Bailyn 1969; Hughes 1975; Spalek 1976, 1989; Heilbut 1983; Pfanner 1983; Coser 1984; Lowenstein 1989). Auf der anderen Seite erheben sich periodisch Stimmen amerikanischer Nativisten, die die Bedeutung der Flüchtlinge aus dem NS-Herrschaftsbereich für die USA in Frage stellen oder gar nur negative Einflüsse der europäischen Intellektuellen ausmachen wollen (McClay 1986; Bloom 1987). Sie meinen, daß die Vereinigten Staaten mit ihren ökonomischen Ressourcen auch ohne diese Potentiale den heute international führenden Platz in den Wissenschaften, der Kunst etc. eingenommen hätten.

Die seit den sechziger Jahren gewonnenen schärferen Konturen der Flüchtlinge/Immigranten machten zugleich die Defizite der amerikanischen Einwanderungspolitik in den dreißiger und vierziger Jahren deutlich. Ein großer Nachteil für die Exilforschung ist beispielsweise, daß die amerikanischen Statistiken nicht zwischen den politisch bzw. „rassisch" Verfolgten und den normalen Einwanderern unterschieden; absolut genaue Zahlen werden sich daher kaum ermitteln lassen. Diese Pauschalierungen sind programmatisch zu sehen, denn zu keiner Zeit haben die USA in den Jahren 1933 bis 1945 ihre Einwanderungspolitik geändert. In der ersten Phase bestand dazu allerdings auch kein Anlaß, da die Vertriebenen vor allem in die europäischen Nachbarländer geflohen waren. Noch glaubten die meisten von ihnen, daß ihr Exil nur vorübergehend sein würde, und sahen das ferne Amerika als „point of no return" an. Erst nach dem „Anschluß" Österreichs, dem Münchner Abkommen und der Reichspogromnacht 1938 sollte sich das ändern, als eine neue Welle von Verfolgten nach Zufluchtsmöglichkeiten suchte, die meisten europäischen Länder ihre Grenzen aber immer undurchlässiger gemacht hatten.

Wohl engagierten sich der neue amerikanische Präsident Franklin D. Roosevelt und insbesondere seine Frau Eleonor für die Flüchtlinge. Der Druck des konservativen Flügels seiner demokratischen Partei aus den Südstaaten sowie die öffentliche Meinung ließen ihm jedoch kaum nennenswerten Spielraum. Traditioneller Isolationismus bestimmte die amerikanische Außenpolitik bis zum erzwungenen Eintritt in den Zweiten Weltkrieg nach dem japanischen Überfall auf die amerikanische Marinebasis Pearl Harbor auf Hawaii im Dezember 1941. Und er bestimmte auch die amerikanische Einwanderungs- und Flüchtlingspolitik nach 1933. Deren Merkmale und negative Folgen für die Vertriebenen aus Europa sind seit den sechziger Jahren parallel zu den Studien der neuen Exilforschung von einer jüngeren Historikergeneration untersucht worden. Wie bereits die Titel ihrer Arbeiten andeuten, dokumentieren sie den amerikanischen Anteil an der europäischen Flüchtlingstragödie (Morse 1968; Wyman 1968; Feingold 1970; Friedman 1973; Krohn 1985).

Die Einwanderung unterlag seit dem Ersten Weltkrieg der sog. Quotierung. Zuvor hatte es lediglich vereinzelte Beschränkungen der im 19. Jahrhundert einmal freien Immigration gegeben, so u. a. seit 1891 den Ausschluß von allen Personen „likely to become a public charge". Aufgrund dieser LPC-Klausel benötigten Einwanderer künftig die Bürgschaft eines Amerikaners, das obligatorische Affidavit. Erst der Isolationismus der USA nach 1918 führte jedoch zu umfassenderen Restriktionen, um einerseits die „Nordic Supremacy" der WASPs gegenüber der süd- und osteuropäischen Masseneinwanderung der vorangegangenen Jahrzehnte zu gewährleisten, andererseits Amerika vor den revolutionären Strömungen Europas zu schützen.

Das Immigrationsstatut von 1921 legte die Quotierung fest, für die das National Origins Law von 1924 die konkreten Zahlen lieferte. Danach wurde die Gesamteinwanderung auf jährlich 164 667 Personen begrenzt, die sich nach dem letzten Zensus von 1890, also vor der großen Einwanderung aus Ost- und Süd-Europa, auf die einzelnen Länder verteilten. Für deutsche Einwanderer ergab sich so eine Quote von 51 227 Personen. Insgesamt umfaßte das Kontingent für die west- und zentraleuropäischen Länder 75%, obwohl der amerikanische Bevölkerungsanteil aus diesen Herkunftsländern Anfang der zwanziger Jahre nur noch 14% ausmachte. Auffallend ist, daß die Länderquoten nach Ausbruch der Weltwirtschaftskrise 1929 noch einmal verändert wurden. Während die Gesamtzulassung nur leicht auf 153 879 herabgesetzt wurde, reduzierte sich der deutsche Anteil – ebenso wie der für die skandinavischen Länder – um die Hälfte auf 25 957, wohingegen der für Großbritannien von 34 007 auf 65 721 heraufgesetzt wurde (Department of Justice, Immigration and Naturalization Service, Monthly Review IV, 1947, No. 7, S. 89 f.). Diese Zahlen lieferten den aktuellen Rahmen der Einwanderungspolitik nach 1933.

Wie erwähnt, spielten die USA in den ersten Jahren der NS-Herrschaft noch keine Rolle als Zufluchtsland. Bis zum Ende des Fiskaljahres am 30. Juni 1938 wurde die Quote nicht annähernd ausgeschöpft, ja die Ausnutzung überstieg in keinem Jahr die 50%-Grenze. Insgesamt wanderten bis zu diesem Zeitpunkt nur 45 000 Personen ein, obwohl die Zulassung von mehr als 150 000 möglich gewesen wäre. Zur gleichen Zeit kehrten darüber hinaus mehr als 22 000 Deutschstämmige aus den USA zurück, so daß die Nettoeinwanderung tatsächlich nur knapp 20 000 Menschen umfaßte (Refugee Facts 1939, S. 8 ff.). Diese Zahlen standen den Hilfsorganisationen vor Augen, als sie sich dafür einsetzten, der 1938 beginnenden Massennachfrage nach amerikanischen Visen großzügig entgegenzukommen. Bereits nach dem „Anschluß" Österreichs war die deutschsprachige Einwanderung in der zweiten Jahreshälfte 1938 auf etwa 20 000 hochgeschnellt, 1939 überstieg sie mit 32 000 Personen zwar die Quote, darin enthalten waren jedoch mehr als 5000 Fälle aus dem Vorjahr, so daß diese tatsächlich nur zu 85% ausgefüllt war. Nach Beginn des Zweiten Weltkrieges sank die Quotennutzung – durch die Ausreise- und Transitprobleme in Europa – sogleich wieder auf 47% (1941) und 18% (1942) ab. Seit Herbst dieses Jahres reduzierte sie sich dann mit weniger als 5% auf unscheinbare Größen, da die Nationalsozialisten im Vorfeld des geplanten Völkermordes zu dieser Zeit ein totales Ausreiseverbot erlassen hatten. In keinem Jahr zwischen 1933 und 1945 ist somit die zulässige Einwanderung erreicht worden; insgesamt betrug sie während des gesamten Zeitraums lediglich 36%. In der prekären Situation nach 1938 wies das State Department trotz der zuvor nur gering genutzten Quoten nicht nur alle Vorschläge vermehrter Zuteilungen zurück, sondern verschärfte sogar noch die prozessualen Bestimmungen. Die dramatischen Bilder endloser Warteschlangen vor den amerikanischen Konsulaten in Europa stammen aus diesen Jahren, die nicht von ungefähr von der jüngeren Historiographie als Phase der amerikanischen „refugee crisis" bezeichnet worden sind (Wyman 1968).

Zunächst hatte es nach dem Amtsantritt Roosevelts, wenige Tage vor der Ernennung Hitlers zum Reichskanzler, so ausgesehen, als ob die neue Administration in der Aufbruchstimmung des New Deal zur Überwindung der Wirtschaftskrise nicht ohne Sensibilität die Vorgänge in Deutschland beobachtet hatte. Sie war geneigt, die 1929 erfolgten Quotenreduktionen zurückzunehmen. Nach dem ersten organisierten Judenboykott in Deutschland am 1. April 1933 und den wenige Tage später beginnenden Berufsverboten und Entlassungen der jüdischen und politisch mißliebigen Angehörigen des öffentlichen Dienstes trat die neue Arbeitsministerin Frances Perkins für eine zügige und unkonventionelle Visa-Gewährung durch die Konsulate in Deutschland ein. Doch angesichts der hohen Arbeitslosigkeit machte der amerikanische Gewerkschaftsbund AFL sogleich gegen jede Erleichterung mobil. Außerdem kamen von den Konsulaten abwiegelnde Berichte, daß die Verfolgungen in Deutschland als vorübergehende Erscheinungen zu betrachten seien und in der amerikanischen Presse maßlos übertrieben dargestellt würden. Aufgrund der – aus heutiger Sicht – auffallend gleichlautenden konsularischen Informationen erklärte Außenminister Cordell Hull bereits nach wenigen Wochen, daß Gewalt und Verfolgungen in Deutschland als beendet anzusehen seien. Das Motiv für die kalmierende Haltung hatte der US-Konsul in Hamburg geliefert, als er nach Washington berichtete, „the Nazi-Nationalist Government have rendered invaluable services to the world at large in crushing Communism in Germany, which may have a salutary effect in other countries inasfar as the erradiction of the Communist plague is concerned" (Morse 1967, S. 115).

Die Gemengelage aus Kommunistenfurcht und Ängsten, daß andere Regierungen dem nationalsozialistischen Beispiel folgen und die ihnen mißliebigen jüdischen Bevölkerungsanteile und politischen Gegner ebenfalls vertreiben könnten, sowie schließlich die Arbeitsmarktprobleme gaben dem vorhandenen isolationistischen und fremdenfeindlichen Meinungsklima noch weitere Schubkraft und führten zu der restriktiven Flüchtlingspolitik in den Jahren nach 1938. Von engagierten New Dealern aus dem Freundeskreis Roosevelts, so etwa dem Harvard-Juristen und späteren obersten Bundesrichter Felix Frankfurter, wurde die Haltung der Visa-Behörden immer wieder kritisiert, doch es änderte sich nichts. Die Folgen waren um so gravierender, als den Vereinigten Staaten von der Weltöffentlichkeit allein wegen ihrer ökonomischen Reserven eine Vorbildfunktion für die anderen Länder und eine Schlüsselrolle bei den spärlichen internationalen Hilfsmaßnahmen zugemessen wurden.

Von seiner Regierung und den anderen Staaten kaum unterstützt, trat deshalb der im Herbst 1933 zum Flüchtlingskommissar des Völkerbundes ernannte Amerikaner James G. McDonald, Präsident der angesehenen American Foreign Policy Association, bereits nach zwei Jahren resigniert zurück. Für eine Völkerbundskonferenz über Flüchtlingsfragen, die 1936 einen weiteren Anlauf zu international koordinierten Schritten machen wollte, war als amerikanischer Delegierter zunächst der Präsident des World Jewish Congress, Stephen S. Wise, vorgesehen, der schon an der Pariser Friedenskonferenz 1919 als Vertreter zionistischer Interessen teilgenommen hatte. Auf Druck des State Department wurde dann jedoch ein untergeordneter Beamter geschickt. Die Konferenz verlief genauso ergebnislos wie die von Evian zwei Jahre später nach dem „Anschluß" Österreichs, als von dort Tausende eine Zuflucht suchten. Unter Hinweis auf die unbewegliche restriktive Politik der USA lehnten die kleineren Staaten, insbesondere Lateinamerikas, eine Öffnung ihrer Grenzen ab. Während der gesamten dreißiger Jahre war die organisierte internationale Flüchtlingspolitik daher überwiegend Sache der privaten jüdischen und anderer, häufig spontan entstandener Hilfsorganisationen.

Ein Schlaglicht auf die amerikanische Haltung wirft etwa der spektakuläre Fall des Hapag-Schiffes „St. Louis", dessen Passagiere, mehr als 900 jüdische Flüchtlinge, in Hamburg kubanische Visen gekauft hatten, die aber bei Ankunft in Havanna im Juni 1939 für ungültig erklärt worden waren. Vergeblich blieben die Appelle des Jewish Joint Distribution Committee an die amerikanische Regierung zur Aufnahme dieser Personen. Bei der Rückfahrt nach Europa sorgte die alarmierte US-Küstenwache dafür, daß der Kapitän nicht auf die Idee kam, einen amerikanischen Hafen anzulaufen oder gar das Schiff in amerikanischen Hoheitsgewässern auf Grund zu setzen. Ein ähnlicher Fall ereignete sich ein Jahr später. Um eine Wiederholung jenes peinlichen Vorgangs zu vermeiden, der auf weltweites Unverständnis gestoßen war, gestattete das State Department dieses Mal auf Intervention des Justizministeriums eine Landung. Dabei handelte es sich allerdings nur um 80 Passagiere eines portugiesischen Schiffes, denen ebenfalls auf betrügerische Weise Visen lateinamerikanischer Staaten verkauft worden waren. Exemplarisch sei ferner eine Initiative des deutschstämmigen katholischen Senators Robert W. Wagner genannt, der nach der Reichspogromnacht ein Gesetz zur Rettung von 20 000 jüdischen Kindern aus Deutschland außerhalb der bereits erschöpften Quoten eingebracht hatte. Von konservativen Frauenvereinen wie auch von der katholischen Wohlfahrts-Konferenz wurde es mit dem Hinweis abgelehnt, daß besondere Notlagen nicht zu erkennen seien. Der Entwurf erreichte nicht einmal die Beratungsstufe im Kongreß; das einzige Ergebnis des Vorstosses war die Einreise von 240 Kindern auf der regulären Quote (Wyman 1968, S. 75 ff.).

Anfang 1939 wurde lediglich gestattet, daß Flüchtlinge, die zuvor mit einem Besucher-Visum in die USA eingereist waren, ihren Aufenthalt jeweils um sechs Monate verlängern lassen konnten. Das blieb die einzige flüchtlingsfreundliche Maßnahme, die in den Zuständigkeitsbereich des etwas liberaleren Justizministeriums fiel. Zu dieser Zeit stand die Administration erneut unter massivem innenpolitischen Druck. Die Erfolge des New Deal-Wirtschaftsprogramms hatten sich in Grenzen gehalten, und auch wegen seiner gesellschaftspolitischen Modernisierungen, z. B. der Einführung einer Sozialversicherung, wurde er in der Öffentlichkeit vielfach als „Jew Deal" denunziert, zumal zu Roosevelts Beratern in seinem legendären „brain trust" zahlreiche jüngere jüdische Intellektuelle gehörten. In solchem antisemitischen Klima, das sogar zu gewalttätigen Ausschreitungen gegen jüdische Einrichtungen und Einzelpersonen führte, waren die zumeist jüdischen Flüchtlinge gleich doppelt, wegen ihrer Herkunft und ihres sozialen Status, stigmatisiert. Zahlreiche Agitationsvereine wie der Veteranenverband American Legion oder die zu Beginn des Zweiten Weltkrieges gegründete America First-Bewegung, sodann die Haßkampagnen religiöser Fundamentalisten wie die des katholischen Radio-Predigers Charles E. Coughlin sorgten dafür, daß zu jener Zeit konstant 80% der Bevölkerung gegen eine großzügigere Flüchtlingspolitik eingestellt waren.

Das dokumentiert auch das 1938 unter dem Vorsitz des texanischen Abgeordneten der demokratischen Partei Martin Dies eingerichtete House Un-American Activities Committee (HUAC), das nach 1945 durch den Senator Joseph McCarthy berüchtigt werden sollte. Ursprünglich hatte es den Auftrag erhalten, mögliche Gefahren einer faschistischen oder kommunistischen Unterwanderung der amerikanischen Gesellschaft durch eingeschleuste Agenten im Schutz der Flüchtlingsströme zu untersuchen. Diese Aufgabe war überflüssig, denn das FBI ließ bereits jeden der neuen Einwanderer beobachten, und die Emigranten selbst wiesen darauf hin, daß in ihren Milieus mit hoher gegenseitiger Bekanntheit politische Provokateure kaum die nötige Tarnung fänden (Stephan 1995). Tatsächlich entwickelte sich das HUAC im mehrheitlich flüchtlingsfeindlichen Kongreß zu einem auf dem rechten Auge blinden Sammelbecken und Sprachrohr der fremdenfeindlichen Anti-New Dealer, Restriktionisten und Isolationisten nach dem Credo seines Vorsitzenden: „We must ignore the tears of sobbing sentimentalists and internationalists, and we must permanently close, lock and bar the gates of our country to new immigration waves and then throw the keys away" (Morse 1968, S. 145).

Die Janusgestalt der amerikanischen Flüchtlingspolitik wird noch deutlicher nach der Niederlage → FRANKREICHS im Juni 1940, als erneut Tausende von Hilfesuchenden in den unbesetzten südlichen Teilen auf die lebensrettende Hilfe von jenseits des Atlantiks hofften. Auf Druck Roosevelts wurde jetzt zwar ein sog. Emergency Visitor's Visa Program geschaffen und einem nach der Evian-Konferenz gebildeten, bisher aber untätigen präsidialen Beratungskomitee für politische Flüchtlinge unterstellt. Es erklärte sich auch bereit, besonders gefährdeten Personen die Einreise außerhalb der Quoten zu gestatten, doch von der Liste der mehr als 3000 von den Hilfsorganisationen genannten Namen erhielt gerade ein Drittel die nötigen Visen. Die Durchführungsformalitäten unterlagen nämlich den gleichen Verfahren wie bei allen anderen Antragstellern. Und sowohl das State Department als auch einzelne Konsulate in Europa hielten ihre Abneigung gegen die Einmischung des präsidialen Komitees nicht zurück und hintertrieben dessen Arbeit entsprechend.

Hinzu kam, daß Anfang 1940 der Südstaatler Breckinridge Long zum Unterstaatssekretär und Leiter einer neuen Special War Problems Division im Außenministerium ernannt worden war, der auch die Visa-Abteilung unterstellt wurde. Long war in den dreißiger Jahren Botschafter in Italien gewesen und machte aus seiner Sympathie für autoritär-faschistische Ordnungsmodelle keinen Hehl. Nicht erst in der Literatur, sondern schon von den Zeitgenossen ist er als „war criminal" bezeichnet worden, weil er alles daransetzte, die Einreise von Flüchtlingen, die von ihm nur als Kommunisten, Radikale oder jüdische Agitatoren bezeichnet wurden, zu behindern oder gar ganz unmöglich zu machen. Überzeugt davon, daß kein Fremder ein Recht habe, in die USA einzureisen, wies er die Konsulate an „to put every obstacle in the way and resort to various administrative advices which would postpone and postpone the granting of the visas" (Feingold 1970, S. 132ff.; Krohn 1985, S. 132ff.). Die Prüfung der Papiere durfte fortan auch nicht mehr von den Konsulaten durchgeführt werden, sondern sie mußten die Unterlagen der Antragsteller nach Washington schicken, wo sie in mehrwöchigen Verfahren mit schikanösen Rückfragen etc. bearbeitet wurden. Daß dabei die an sich legitimen Sicherheitsinteressen der USA nach Beginn des Krieges nur eine untergeordnete Rolle spielten, blieb nicht verborgen, worüber es alsbald zu schweren Differenzen mit dem Justizministerium kam, in dessen Händen die eigentliche Sicherheitsüberprüfung lag.

Die Long-Taktik hatte offenbar Erfolg, wie nicht nur die knapp 1000 Bewilligungen aus der Liste der 3000 Prominenten zeigten. Von ihnen konnten im übrigen bis zum Frühjahr 1941 gerade 400 tatsächlich in die USA einreisen, darunter die Schriftsteller Lion Feuchtwanger, Heinrich Mann und Franz Werfel. Eine andere Referenzgruppe belegt die gleiche Tendenz. Von etwa 1200 im Sommer 1940 zur Prüfung eingereichten Visa-Anträgen waren bis zum Jahresende gerade 238 entschieden worden. Zu sehen sind solche Zahlen vor dem Hintergrund der zu jener Zeit rund 600 000 Personen, darunter 300 000 Deutsche, die auf den Wartelisten der Konsulate in Europa standen.

Zu weiteren Schikanen der Administration zählten die Einführung einer Verwandten-Klausel, nach der Antragsteller mit Angehörigen in Deutschland und der Sowjetunion besonders scharfen Kontrollen unterlagen, oder die gleichmäßige, nicht übertragbare Aufteilung der Quoten auf die verschiedenen Konsulate, wobei klar war, daß etwa die Visa-Nachfrage in Zürich oder Rom in keinem Verhältnis zu der in Marseille stand. Auch die Forderung nach einem zweiten Affidavit erschwerte die Lage. Die Affidavit-Geber selbst wurden zur Abschreckung einer kleinlichen Kontrolle ihrer Vermögensverhältnisse unterworfen. Charakteristisch mag schließlich sein, daß das State Department Vorschläge der Hilfskomitees zurückwies, die Schiffe, welche im Rahmen des 1940 mit Großbritannien geschlossenen Lend-Lease-Abkommens Ausrüstungsgüter nach Europa brachten, auf den Leerfahrten zurück für den Transport von Flüchtlingen zu nutzen; zu der Zeit mußten diese etwa ein halbes Jahr auf reguläre Passagen warten. Das Außenministerium lehnte das ab, weil mit „gefühlsmäßigen Reaktionen" in der Öffentlichkeit gegen die dann zu erwartende Landung größerer Flüchtlingsgruppen zu rechnen sei.

Dem Unterstaatssekretär Long ging es nicht um Menschenleben, sondern um die obsessive, bürokratische Abwehr unerwünschter Personen. Die amerikanische Visa-Politik war unter seiner Leitung zu einem „Instrument zur Verhinderung von Visaerteilungen" geworden (Wyman 1986, S. 183). Obwohl sie permanent gegen Geist und Buchstaben der Einwanderungsbestimmungen verstieß, hielten sich die Hilfsorganisationen mit öffentlicher Kritik zurück, weil sie befürchteten, daß sich die Haltung des Ministeriums dann noch weiter verhärten könnte. Zufriedenstellend schien das Problem für Long und die Visa-Abteilung erst gelöst zu sein, als nach dem Kriegseintritt der USA im Dezember 1941 die meisten europäischen Konsulate schlossen und das Ausreiseverbot der Nationalsozialisten die Zahl der Zufluchtsuchenden auf ein Minimum reduzierte. Trotz wiederholter Hinweise in der liberalen Presse auf den „nationalen Skandal" der Longschen Politik blieb er noch bis 1943 im Amt. So konnte er auch zur Wirkungslosigkeit der in diesem Jahr stattfindenden, nach Evian zweiten internationalen Flüchtlingskonferenz auf den Bermudas beitragen. Zuerst verzögerte die Visa-Abteilung monatelang die von Großbritannien nach Bekanntwerden des systematischen Genozids an den Juden geforderte Zusammenkunft, dann schloß sie das präsidiale Flüchtlingskomitee und die privaten Hilfsorganisationen von den Vorbereitungen aus. Das State Department schickte schließlich nur eine zweitrangige Delegation, die dafür sorgte, daß die Konferenz zu einem unverbindlichen Forum folgenloser Erklärungen, zu einer „façade for inaction" wurde, wie der britische Vertreter später festhielt (Morse 1968, S. 65).

Erst Anfang 1944 wurde die Visa-Politik auf Druck von Finanzminister Morgenthau dem State Department entzogen und dem neu gegründeten, Roosevelt direkt unterstellten War Refugee Board übertragen. Jedoch war das nicht mehr als administrativer Scheinaktivismus, für eine Änderung der Flüchtlingspolitik war es längst zu spät, und angesichts der Vernichtungslager in Europa wären zudem Maßnahmen in ganz anderer Dimension nötig gewesen. So erscheint das Urteil nicht übertrieben: „By liquidating (the) Jews, Berlin was not only solving its 'Jewish question', it was solving the State Department's refugee question as well" (Feingold 1970, S. 166).

Isolationismus, Fremdenfeindlichkeit, latenter Antisemitismus und die darauf beruhende Einwanderungspolitik charakterisieren jedoch nur die eine Seite der Vereinigten Staaten als Zufluchtsland. Andererseits findet man eine Welle der Hilfsbereitschaft und ein Ausmaß spontanen Engagements, die für Europäer unvorstellbar sind. Anders wäre nicht zu erklären, daß die USA trotz aller administrativen Behinderungen im Vergleich zu anderen Ländern die meisten Flüchtlinge aufnahmen. In keinem Land hatte es nach 1933 so viele private Initiativen zur Rettung der Flüchtlinge gegeben wie dort, aus keinem Land sind auch so viele begeisterte Zeugnisse von immigrierten Flüchtlingen überliefert, insbesondere von denjenigen, die zuvor Erfahrungen mit anderen Exilländern gemacht hatten.

Beeindruckend ist die Fülle der Hilfsorganisationen (→ FLUCHTHILFE), die sich um die Rettung der Flüchtlinge kümmerten, materielle Hilfe leisteten sowie für die berufliche und soziale Integration sorgten. Da gab es zum einen die älteren religiös gebundenen, vor allem jüdischen Organisationen wie das bereits genannte American Jewish Joint Distribution Committee (JDC, Joint), sodann die Hebrew Sheltering and Immigrant Aid Society (HIAS) oder die HICEM, eine Verbindung von HIAS und Jewish Colonization Association. Diese Agenturen waren z. T. schon Anfang des Jahrhunderts gegründet worden, um den verfolgten osteuropäischen Juden bei der Ansiedlung in Palästina oder in den USA zu helfen. Ebenso zählte das American Friends Service Committee (AFSC) der Quäker neben anderen christlichen Einrichtungen zu den traditionellen Hilfsorganisationen. Daneben hatten amerikanische Gewerkschaften wie das Jewish Labor Committee (Jacobs 1993) oder einzelne amerikanische Liberale nach 1933 eigens für die Flüchtlinge aus dem NS-Staat neue Komitees gebildet, für die hier stellvertretend das Emergency Rescue Committee (ERC) genannt sei. Unter den Emigranten bekam es seinen legendären Ruf vor allem durch Varian Fry, der 1940/41 als ERC-Repräsentant in Marseille zahlreichen Flüchtlingen im unbesetzten Frankreich bei der Einreise in die USA half (Fry 1945). Ferner gründeten Emigranten in den dreißiger Jahren selbst einige Hilfseinrichtungen. Dafür stehen etwa die von Hubertus Prinz zu Löwenstein initiierte American Guild for German Cultural Freedom zur finanziellen Unterstützung von Literaten und Künstlern oder die Selfhelp of Emigrés from Central Europe, die insbesondere älteren Flüchtlingen, Familien und Kindern half. Schließlich ist auf die großen philanthropischen Stiftungen hinzuweisen, so etwa die Rockefeller Foundation, das Carnegie Endowment, der Oberlaender Trust oder der Rosenwald Fund, welche vor allem die Rettung und Plazierung von Wissenschaftlern und Akademikern durch Stipendien sowie durch Mittel für die verschiedenen für diesen Personenkreis neu eingerichteten Hilfsagenturen ermöglichten.

Sicher spielte das soziale Herkunftsmilieu der Vertriebenen eine entscheidende Rolle bei dieser Hilfsbereitschaft und der vergleichsweise zügigen Integration der Neuankömmlinge. Die in Deutschland Bedrohten und Ausgegrenzten gehörten häufig zu jener Elite, die das Bild der heute legendären Kultur der zwanziger Jahre geprägt haben. Es war daher nicht allein Philanthropie und erklärter Protest gegen die NS-Barbarei, daß sich weiterblickende Amerikaner für deren Rettung einsetzten. Ebenso entscheidend war das nationale Interesse, jene intellektuellen Potentiale für den Fortschritt der eigenen Gesellschaft zu retten. Beispielsweise galten die Quotenbestimmungen daher auch nicht für den Bereich der Wissenschaften. Hinzu kam die traditionell große Wertschätzung in den USA für das deutsche Bildungssystem; viele amerikanische Universitäten waren im 19. Jahrhundert nach deutschem Vorbild gegründet worden. Deshalb ist es nicht erstaunlich, daß unmittelbar nach Erlaß des nationalsozialistischen Gesetzes zur Wiederherstellung des Berufsbeamtentums vom 7. April 1933, nach dem etwa ein Viertel der deutschen Hochschullehrer ihre Stellung verlor, Einzelpersonen und Organisationen in den USA initiativ wurden, um einen Teil von ihnen zu gewinnen. Allein bis Mai 1933 konnten auf diese Weise mehr als 300 der sog. Non-Quota-Visen an solche Wissenschaftler ausgegeben werden.

Neben der einzigartigen Gründung einer ganzen Exil-Universität unter dem Dach der New School for Social Research in New York, die bereits im Herbst 1933 mit 14 deutschen Professoren den Lehrbetrieb aufnahm und bis 1945 mehr als 170 aus Europa geflohenen Gelehrten den Einstieg in die amerikanische Wissenschaft ermöglichte, hatte die Rockefeller Foundation, die seit den zwanziger Jahren weltweit die Universitätsforschung in allen Disziplinen förderte, ein spezielles Hilfsprogramm aufgelegt, das mehr als 300 Wissenschaftlern die Fortsetzung ihrer akademischen Karriere erlaubte, vorzugsweise in den USA, aber auch in anderen Ländern. Daneben gründete eine Gruppe von amerikanischen Hochschullehrern das Emergency Committee In Aid of Displaced German/Foreign Scholars. Im Unterschied zu dem mit gleicher Absicht in London geschaffenen Academic Assistance Council, der die Mittel zur Unterbringung vertriebener Wissenschaftler in England durch eine solidarische Selbstbesteuerung der „community of science" aufbrachte, erhielt das amerikanische Komitee größere Finanzmittel durch philantropische Förderorganisationen, die ihm erlaubten, in ganz anderem Maßstab weitere 335 deutsche und später auch europäische Wissenschaftler an amerikanische Hochschulen zu vermitteln (Duggan/Drury 1948, S. 193 ff.; Krohn 1987, S. 32 ff.). Das Prinzip war einfach und genial: Den Universitäten, die bereit waren, einen Wissenschaftler aufzunehmen, wurden die Gehälter für einige Jahre erstattet, sofern Aussicht auf eine spätere Festanstellung der Betreffenden bestand. Die externe Finanzierung wollte vermeiden, daß bei den während der Weltwirtschaftskrise entlassenen amerikanischen Hochschullehrern, mehr als 2000 Personen, berechtigte Konkurrenzängste und Ressentiments entstanden.

Durch diese spontanen und unbürokratischen Engagements nahmen die USA mehr als zwei Drittel der etwa 2000 geflohenen Wissenschaftler auf, die – wie man heute weiß – nicht nur wichtige Impulse für die amerikanische Forschung in ihren jeweiligen Fachgebieten gaben, sondern z. T. ganz neue Paradigmen oder gar Disziplinen einführten. Man denke beispielsweise an das internationale Recht oder an die Kunstgeschichte. Einzelne Namen prominenter Gelehrter wie Albert Einstein zu nennen, wäre eine Mißachtung der zahllosen einflußreichen Wissenschaftler in fast allen Disziplinen. Viele von ihnen zählten in späteren Jahren zu den meistzitierten Autoren ihrer Fächer, wie die Beispiele Hannah Arendt und Herbert Marcuse in den Sozialwissenschaften zeigen. Für viele kleinere Universitäten und Colleges bedeutete die Aufnahme eines „refugee scholar" sehr häufig einen erheblichen Zuwachs des eigenen Profils und Ansehens (→ WISSENSCHAFTSEMIGRATION). Bald machte daher der Slogan eines Universitätspräsidenten die Runde „Hitler is my best friend. He shakes the tree and I collect the apples" (Fermi 1968, S. 78).

Nicht ganz so geräuschlos verlief dagegen die Integration in anderen akademischen Professionen. Mediziner und Rechtswissenschaftler beispielsweise mußten vor einer Berufsausübung amerikanische Examina ablegen. Im Falle der Juristen war das wegen des anderen angelsächsischen Rechtssystems berechtigt, bei den Ärzten hingegen standen restriktive Standesinteressen im Vordergrund. Andere Tätigkeitsfelder wie die Filmindustrie in Hollywood oder die moderne Architektur, die ohne Walter Gropius oder Ludwig Mies van der Rohe kaum zu denken ist, seien hier nur am Rande erwähnt (→ LITERARISCHES UND KÜNSTLERISCHES EXIL).

Die in allen Ländern befürchteten Belastungen der heimischen Arbeitsmärkte durch die Flüchtlinge, die zu rigiden Arbeitsverboten führten, werden von den amerikanischen Verhältnissen eindrucksvoll widerlegt. Dort gab es solche Verbote nicht, so daß sie ein annähernd repräsentatives Bild über die ökonomische Bedeutung der Einwanderung nach 1933 vermitteln. Es zeigte sich, daß überhaupt nur eine Minderheit der Flüchtlinge eine abhängige Beschäftigung suchte und damit als Konkurrenz auf dem einheimischen Arbeitsmarkt erschien. Vor allem im Bereich des Pelz-, Textil- und Juwelenhandels, den klassischen Wirtschaftsbereichen mitteleuropäischer Juden, wurden von ihnen zahlreiche Firmen gegründet. In verschiedenen Branchen, zum Beispiel der Kunststoffindustrie, konnten die Emigranten mitunter ganz neue Produkte oder Herstellungsverfahren einführen. Zwar war ihnen bei der Ausreise aus dem NS-Staat die Mitnahme von Bargeld strengstens untersagt, in den ersten Jahren konnten aber diejenigen, die Kapital besaßen, darüber nach Zahlung der 25prozentigen Kapitalfluchtsteuer frei verfügen. In der Regel war das nicht viel, denn die Wechselkurse wurden dafür so festgesetzt, daß die Kapitaltransfers 1938 nur 10% des tatsächlichen Werts ausmachten und darüber hinaus auf 8000 RM beschränkt waren. Um den Auswanderungsdruck der jüdischen Bevölkerung zu erhöhen, war ihnen bis zu dieser Zeit aber erlaubt, Waren in Deutschland zu kaufen und zu exportieren, die vor allem den Grundstock für eine neue Existenz bildeten.

Signifikant ist, daß Emigranten in den USA Beschäftigungseffekte für Einheimische schufen, die die Zahl der eingewanderten Flüchtlinge erheblich überstiegen. Schon eine Umfrage von 1939 wies etwa nach, daß Flüchtlinge mehr als 300 Unternehmen gegründet hatten und darin z. T. zwischen 50 und 100 Arbeitnehmer beschäftigten, von denen mehr als zwei Drittel Einheimische waren (Davie/König 1945, S. 19ff.). Im Unterschied zu den umfassend untersuchten kulturellen Wirkungen der Immigranten nach 1933 in den USA liegen über diese wirtschaftlichen Aspekte bisher nur vage summarische Erkenntnisse vor.

Wie empirische Erhebungen gegen Ende des Zweiten Weltkrieges zeigen, beurteilten die meisten der Flüchtlinge ihre Lebensbedingungen in den USA genauso gut oder gar besser als zuvor in Deutschland. Allerdings war die Fortsetzung oder der Neuaufbau der Karrieren in Amerika vielfach mit einem Verlust des aus Europa gewohnten sozialen Prestiges verbunden. Frauen haben diese Statuseinbußen, wie überhaupt die Akkulturation, in der Regel leichter bewältigt (→ GESCHLECHTSSPEZIFISCHE ASPEKTE). Sie waren es auch, die häufig mit minderen Tätigkeiten, etwa als Haushaltshilfen, den Lebensunterhalt der Familien verdienten, während die Ehemänner ihre Karrieren neu planten (Quack 1995, S. 115ff.).

Die beispielhafte Integration der meisten Flüchtlinge in den Vereinigten Staaten führte dazu, daß sie sich recht bald nicht mehr als Exilanten, sondern als Einwanderer verstanden. Die Immigranten-Metropole New York, in der sich etwa zwei Drittel der Amerika-Flüchtlinge niederließen, wurde von ihnen zuweilen zwar als „riesiger Wartesaal" bezeichnet, doch war das eher in den Anfangsjahren (Wechsberg 1939, S. 67; Gumpert 1941, S. 38). Nach der Niederlassung in eigenen Wohngebieten, etwa in Washington Heights, betrachtete man die neue Heimat bald selbstbewußt-ironisch als das „Fourth Reich on the Hudson". Daneben war der Großraum Los Angeles ein zweites bedeutendes Emigrantenzentrum (Spalek 1976). Die Filmindustrie bot zahlreichen Schriftstellern, Regisseuren und anderen Berufen aus → FILM und → THEATER Beschäftigungsmöglichkeiten, exemplarisch genannt seien Fritz Lang, Billy Wilder und Fritz Kortner. Dort ließen sich im vornehmen Badeort Pacific Palisades auch die durch Übersetzungen ihrer Werke wohlhabenderen Literaten wie Thomas Mann, Lion Feuchtwanger oder Bertolt Brecht nieder.

Die zumeist aus assimilierten Milieus in Deutschland und Österreich stammenden jüdischen Emigranten fanden in den USA ein lebhaftes Gemeindeleben vor, das vorangegangene Einwanderergenerationen aufgebaut hatten. Sie waren daher nicht gezwungen, eigene an mitteleuropäischen Riten und Traditionen orientierte Synagogenvereine zu gründen, wie dies in → LATEINAMERIKA zu beobachten ist. Eine besondere Bedeutung hatte der New World Club, der 1924 in New York von deutsch-jüdischen Immigranten gegründet worden war. Seine Zeitschrift *Aufbau* sollte zum wichtigsten Verständigungsorgan der Neuankömmlinge werden. Deren Auflage, die 1934 bei 500 Exemplaren gelegen hatte, stieg in wenigen Jahren auf mehr als 30 000. Der bis heute existierende *Aufbau* trug wesentlich zur emotionalen Ablösung seiner Leser von der alten Heimat, zu ihrer kulturellen Integration in der neuen sozialen Welt und zum Zusammengehörigkeitsgefühl der deutsch-jüdischen Emigration nach 1933 bei, nicht allein in den USA, sondern auch in zahlreichen anderen Zufluchtsländern. Unter der Chefredaktion Manfred Georges schrieben dort mit Hannah Arendt, Oskar Maria Graf, Kurt R. Grossmann, Albert Einstein, Walter Mehring, um nur wenige Namen zu nennen, Exilanten aus unterschiedlichen Professionen und weltanschaulichen Richtungen.

Ein Indiz für die offene Gesellschaft der USA mag der schnelle Aufstieg zahlreicher Emigranten in die Spitzen der Washingtoner Administration sein, sofern sie nach der fünfjährigen Wartezeit die amerikanische Staatsbürgerschaft erworben hatten. Vor dem Hintergrund des Isolationismus seit 1918 zeigten sich spätestens bei Kriegseintritt der USA 1941 die Kenntnislücken der Verwaltung in den internationalen Belangen, so daß Emigranten zu gesuchten Experten wurden. Der Aufbau des Geheimdienstes Office of Strategic Services (OSS, dem Vorläufer der CIA) etwa ist ohne die Mitarbeit von Sozialwissenschaftlern wie Franz L. Neumann, Otto Kirchheimer oder Hans Herz kaum vorstellbar (Söllner 1982). Viele dieser Fachleute wurden nach dem Zweiten Weltkrieg vom State Department oder anderen Government Agencies übernommen. Ähnliches läßt sich bei den Besatzungsbehörden in Deutschland feststellen. Exemplarisch sei nur Robert M. W. Kempner genannt, vor 1933 Justitiar in der Polizeiabteilung des preußischen Innenministeriums, der nach 1945 als stellvertretender Hauptankläger beim Internationalen Militärtribunal in Nürnberg wirkte. Ebenso hatte bereits das Wirtschaftsprogramm des New Deal zahlreichen, mit staatswirtschaftlichen Problemen vertrauten deutschen Ökonomen eine zügige berufliche Integration in den Behörden oder bei speziellen Forschungseinrichtungen ermöglicht. Der Finanzwissenschaftler Gerhard Colm z. B. machte von der Exil-Universität an der New School for Social Research eine Blitzkarriere über das Budget-Büro bis in den von Roosevelt geschaffenen Stab der Präsidentenberater. Ein solches Amt hatten Henry C. Wallich während der Präsidentschaft Dwight D. Eisenhowers und Otto Eckstein zur Zeit Lyndon B. Johnsons inne. Eckstein gehört bereits zu den Vertretern der zweiten Generation, die als Jugendliche mit ihren Eltern geflohen waren. Aus diesem Kreis kamen u. a. auch Henry A. Kissinger, langjähriger Berater verschiedener Regierungen seit den fünfziger Jahren und dann Sicherheitsberater und Außenminister unter Präsident Richard M. Nixon, oder W. Michael Blumenthal, Finanzminister zur Zeit der Carter-Administration.

Unter den politischen Exilanten gab es einzelne, die „mit dem Gesicht nach Deutschland" gerichtet auf die Rückkehr warteten. Sie waren allerdings eine Minderheit, die während des Krieges noch weiter schrumpfte. Dazu zählten vor allem Sozialdemokraten, denn die Kader der kommunistischen Partei erhielten kein Visum für die USA, so daß für sie → MEXIKO nach 1940 zum wichtigsten Zufluchtsland auf dem amerikanischen Kontinent wurde. Nur wenigen, zumeist intellektuellen Anhängern der KP gelang durch Verschweigen ihrer politischen Vergangenheit die Einreise in die USA. Mit der Gründung der German Labor Delegation 1939 in New York sahen sich einige Sozialdemokraten als Treuhänder der alten SPD, nachdem der Prager SOPADE-Vorstand durch Tod des ehemaligen Parteivorsitzenden Otto Wels und nach der Flucht aus Prag 1938 zunächst nach Paris und dann über Lissabon nach London praktisch zu existieren aufgehört hatte. Dieser Anspruch sollte alsbald zu tiefgreifenden Konflikten mit anderen früheren Parteimitgliedern führen. Den selbsternannten Parteitreuhändern um Rudolf Katz, Gerhart Seger und Friedrich Stampfer aus der Redaktion der *Neuen Volks-Zeitung* in New York standen mit Paul Hertz und insbesondere Paul Hagen (d.i. Karl Frank) aus der Gruppe Neu Beginnen Kontrahenten gegenüber, die durch ihren Förderkreis prominenter einheimischer Intellektueller aus dem Kreis der American Friends of German Freedom einen ungleich größeren Rückhalt in der amerikanischen Gesellschaft hatten. Kern des Konflikts war, ob in einem Nachkriegsdeutschland an die alten Parteitraditionen aus der Zeit vor 1933 anzuknüpfen sei oder ob personell und programmatisch eine neue Strategie entwickelt werden müsse (→ SOZIALDEMOKRATEN).

Es waren die American Friends of German Freedom, die jene sterilen innerparteilichen Auseinandersetzungen der deutschen Freunde mit der Gründung des Council for a Democratic Germany unter dem Vorsitz des protestantischen Theologen Paul Tillich zu überwinden suchten. Der Council sollte die unterschiedlichen politischen Gruppen deutscher Exilanten zusammenführen und ein tragfähiges Programm für ein künftiges demokratisches Deutschland entwickeln. Doch dieser zweite Versuch eines Zusammenschlusses der Exilfraktionen scheiterte genauso wie die Volksfrontinitiative (→ VOLKSFRONT FÜR DEUTSCHLAND) Mitte der dreißiger Jahre in Paris. Das lag nicht nur an den nach wie vor bestehenden weltanschaulichen Differenzen; im Unterschied zu den Flüchtlingen aus anderen europäischen Ländern haben die deutschen daher auch nie so etwas wie eine Exilregierung bilden können. Mindestens ebenso wichtig war, daß ihre Hoffnungen, Einfluß auf die amerikanische Nachkriegsplanung nehmen zu können, nach der von Roosevelt und Churchill 1943 in Casablanca verabredeten bedingungslosen Kapitulation Deutschlands ohne jede reale Basis war. Auffallend ist, daß viele der Council-Mitarbeiter sich auch bereits von ihren früheren politischen Bindungen zu lösen begannen. Von ihnen kehrten nach 1945 nur wenige in die alte Heimat zurück (Krohn 1995, S. 17 ff.).

Inzwischen verliefen ganz andere Frontlinien in den Kreisen der Neuankömmlinge. Zahlreich überliefert sind die ironischen Zuschreibungen, mit denen sie sich jeweils gegenseitig bezichtigten, entweder rückwärtsgewandte, auf Deutschland fixierte „Beiunskis" bzw. „Chez nous" zu sein, sofern jemand das Exil in Frankreich begonnen hatte, oder als „Allrightniks" ihre Integration als Neu-Amerikaner mit superpatriotischer Anpassung zu forcieren. Mag ein solcher Umgang auf die emotionale Ausnahmesituation in der neuen sozialen Welt verweisen, so drücken diese karikierenden Überspitzungen doch zugleich ein Stück gegenseitiger Selbstkontrolle bei den ersten Schritten auf dem „American Way of Life" aus. Materiell, intellektuell und psychologisch wird man die Akkulturation der Flüchtlinge in den USA als Erfolgsgeschichte beschreiben können. Die vielen Intellektuellen unter ihnen betonten im Rückblick immer wieder, welchen Erfahrungsgewinn und positiven Lernprozeß das neue Leben in Amerika für sie gebracht hatte. Mit jeweils einem Bein in der deutschen und der amerikanischen Kultur stehend entwickelten sie eine eigene Art synthetisierenden Bewußtseins, daß sie seit Ende der vierziger Jahre befähigte, als Brückenbauer zwischen Amerika und der neuen deutschen Demokratie zu vermitteln.

Literatur

Bloom, Allan (1987): The Closing of the American Mind. How Higher Education Has Failed Democracy and Impoverished the Souls of Todays Students, New York.

Coser, Lewis A. (1984): Refugee Scholars in America. Their Impact and Their Experiences, New Haven–London.

Davie, Maurice R., and Samuel Koenig (1945): The Refugees are now Americans, New York.

Davie, Maurice R. (1947): Refugees in America. Report of the Committee for the Study of Recent Immigration from Europa, New York.

Duggan, Stephen, and Betty Drury (1948): The Rescue of Science and Learning. The Story of the Emergency Committee In Aid of Displaced Foreign Scholars, New York.

Feingold, Henry L. (1970): The Politics of Rescue. The Roosevelt Administration and the Holocaust 1938–1945, New Brunswick.

Fermi, Laura (1968): Illustrious Immigrants. The Intellectual Migration from Europe 1930–41, Chicago–London.

Fields, Harold (1938): The Refugee in the United States, New York.

Fleming, Donald, and Bernard Bailyn, Eds. (1969): The Intellectual Migration. Europe and America, 1930–1960, Cambridge/Mass.

Friedman, Saul (1973): No Haven for the Oppressed. United States Policy towards Jewish Refugees 1938–1945, Detroit.

Fry, Varian (1945): Surrender on Demand, New York; deutsch: Auslieferung auf Verlangen. Die Rettung deutscher Emigranten in Marseille 1940/41, hrsg. u. mit einem Anhang versehen von Wolfgang D. Elfe u. Jan Hans, München 1986.

Gordon, Milton M. (1964): Assimilation in American

Life. The Role of Race, Religion and National Origins, New York.

Gumpert, Martin (1941): First Papers. With a Preface by Thomas Mann. Translated by Heinz and Ruth Norden, New York.

Heilbut, Anthony (1983): Exiled in Paradise. German Refugee Artists and Intellectuals in America from the 1930s to the Present, Boston.

Hughes, H. Stuart (1975): The Sea Change. The Migration of Social Thought, 1930–1965, New York.

Jacobs, Jack (1993): Ein Freund in Not. Das jüdische Arbeiterkomitee in New York und die Flüchtlinge aus den deutschsprachigen Ländern, 1933–1945, Bonn.

Kallen, Horace M. (1970): Democracy vs. Melting Pot, in: ders.: Culture and Democracy in the United States. Studies in Group Psychology of the American People, New York, S. 67 ff.; Originalausgabe 1914.

Kent, Donald Peterson (1953): The Refugee Intellectual. The Americanization of the Immigrants of 1933–1941, New York.

Krohn, Claus-Dieter (1985): „Nobody has a right to come into the United States". Die amerikanischen Behörden und das Flüchtlingsproblem nach 1933, in: Exilforschung 3, S. 127 ff.

Krohn, Claus-Dieter (1987): Wissenschaft im Exil. Deutsche Sozial- und Wirtschaftswissenschaftler in den USA und die New School for Social Research, Frankfurt a.M.; amerikan. Ausgabe: Intellectuals in Exile. Refugee Scholars and the New School for Social Research, Amherst 1993.

Krohn, Claus-Dieter (1995): Der Council for a Democratic Germany, in: Langkau-Alex, Ursula, u. Thomas M. Ruprecht, Hrsg.: Was soll aus Deutschland werden? Der Council for a Democratic Germany in New York 1944–1945. Aufsätze und Dokumente, Frankfurt a.M.–New York, S. 17 ff.

Lowenstein, Steven M. (1989): Frankfurt on the Hudson. The German-Jewish Community of Washington Heights, 1933–1983. Its Structure and Culture, Detroit.

McClay, Wilfried M. (1986): Weimar in America, in: American Scholar 55, S. 119 ff.

Morse, Arthur D. (1968): While Six Million Died. A Chronicle of American Apathy, New York.

Neilson, William Allan, Ed. (1941): We Escaped. Twelve Personal Narratives of the Flight to America, New York.

Pfanner, Helmut F. (1983): Exile in New York. German and Austrian Writers after 1933, Detroit.

Quack, Sibylle (1995): Zuflucht Amerika. Zur Sozialgeschichte der Emigration deutsch-jüdischer Frauen in die USA 1933–1945, Bonn.

Refugee Facts (1939). A Study of the German Refugee in America, ed. by American Friends Service Committee, Philadelphia.

Saenger, Gerhart (1941): Today's Refugees, Tomorrow's Citizens. A Story of Americanization, New York-London.

Söllner, Alfons, Hrsg. (1982): Zur Archäologie der Demokratie in Deutschland. Analysen politischer Emigranten im amerikanischen Geheimdienst, Bd. 1: 1943–1945, Frankfurt a.M.

Spalek, John M., u. Joseph Strelka, Hrsg. (1976, 1989): Deutschsprachige Exilliteratur seit 1933, Bd. 1: Kalifornien, Bd. 2: New York, Bern.

Stephan, Alexander (1995): Im Visier des FBI. Deutsche Exilschriftsteller in den Akten amerikanischer Geheimdienste, Stuttgart–Weimar.

Tartakower, Arieh, and Kurt R. Grossmann (1944): The Jewish Refugee, New York.

Thompson, Dorothy (1938): Refugees. Anarchy or Organization?, New York.

Wechsberg, Joseph (1939): Visum für Amerika. Ein Buch für Auswanderer nach den Vereinigten Staaten von Amerika, Mährisch-Ostrau.

Wyman, David S. (1968): Paper Walls. America and the Refugee Crisis 1938–1941, New York.

Wyman, David S. (1986): Das unerwünschte Volk. Amerika und die Vernichtung der europäischen Juden, München.

Politisches Exil und Widerstand aus dem Exil

Einleitung

Die Übernahme der Macht durch die Nationalsozialisten 1933 in Deutschland, 1935 im abgetrennten Saargebiet sowie 1938 in Österreich und im Sudetenland löste eine im deutschsprachigen Raum in ihrem Umfang bis dahin unbekannte politische Emigrationsbewegung aus, die vor allem die Repräsentanten, Funktionsträger, aber auch viele einfache Anhänger der dem Nationalsozialismus gegenüber konträren Parteien und Organisationen umfaßte. Bis Kriegsbeginn dürften annähernd 30 000 Menschen aus politischen Gründen ihre Heimat verlassen und die Ungewißheit des Exil gegen ein Leben unter den Bedingungen der Diktatur eingetauscht haben (→ DIE POLITISCHE EMIGRATION).

Exil indes reduzierte sich keineswegs nur auf Vertreibung und Verfolgung. Vor allem von den linksgerichteten politischen Organisationen, deren Anhänger vielfach bereits in den ersten Monaten nach Hitlers Machteinsetzung Deutschland den Rücken gekehrt hatten (→ ZUFLUCHTSLÄNDER), wurde es aktiv als Ort zur Fortführung des Kampfes gegen die nationalsozialistische Diktatur sowie der Reflexion über die Fehler der Vergangenheit und der Konzeptualisierung neuer politischer Ideen für ein Deutschland, ab 1938 dann auch für ein neues Österreich nach Hitler genutzt. Das politische Exil zeichnete sich durch die Gründung einer Vielzahl von Komitees, Organisationen, Clubs und Zeitschriften aus, die zahlreichen Emigranten nicht nur Arbeit und Brot gaben, sondern ihnen auch die Sicherung ihrer beruflichen und politischen Qualifikationen ermöglichte. In diesem Netz von Verbindungen setzte sich der alte Glaube an die Kraft politischer Organisation und an die Wirkungsmächtigkeit des gesprochenen bzw. geschriebenen Wortes fort.

Bis 1938/39 hing das vornehmlich aus Kommunisten und Sozialdemokraten bestehende linkspolitische deutsche Exil der Illusion nach, den Nationalsozialismus aus den wichtigsten benachbarten Zufluchtsländern wie vor allem der aus → TSCHECHOSLOWAKEI, aus → FRANKREICH, aus den → NIEDERLANDEN und aus → DÄNEMARK sowie bis 1935 aus dem noch unter Völkerbundmandat stehenden → SAARGEBIET heraus erfolgreich bekämpfen zu können. Zu diesem Zweck stand der Kontakt zum Widerstand in Deutschland im Mittelpunkt des Handelns. Während die Exilsozialdemokratie (SOPADE) Prag als neues Zentrum gewählt hatte, agierten die Kommunisten vornehmlich von Paris aus, dem Sitz ihrer Auslandsleitung. Beide Hauptstädte entwickelten sich bis 1938 bzw. 1940 zu den organisatorischen und logistischen Zentren des Exilwiderstandes gegen das Dritte Reich. Während die → KOMMUNISTEN zunächst weiterhin auf ihre illegalen Organisationen in Deutschland setzten und die Emigration lediglich als „Kampfposten" betrachteten, die durch ihr System von Grenzstellen und Abschnittsleitungen entlang der Reichsgrenzen den Widerstandskampf in Deutschland zu unterstützen hatte, schwor die SPD jeglichem Aktivismus ab (→ SOZIALDEMOKRATEN). Ihren aufklärerischen Traditionen verpflichtet, vertraute sie statt dessen ganz auf die „Offensive der Wahrheit": auf die Unterrichtung der ausländischen Presse und der eigenen Anhänger im Lande über die wirklichen Verhältnisse im Dritten Reich durch Zeitungen, Zeitschriften, Pressekorrespondenzen und illegale Schriften. Über ein System von Grenzsekretariaten gelangten diese auch nach Deutschland. Sinn der publizistischen Widerstandsoffensive war es, die Gesellschaften und Regierungen der europäischen Hauptzufluchtsländer in den Kampf gegen Hitler einzubinden und die in Deutschland verbliebenen Anhänger „bei der Stange" zu halten.

Die französische Volksfrontregierung und die Anfangserfolge der Republikaner im Spanischen Bürgerkrieg scheinen nach 1936 auch in weiten Kreisen des kommunistischen und des sozialdemokratischen Exils Bestrebungen nach einer antifaschistischen Einheitsfront befördert zu haben. In Paris kam es zum ersten Versuch der Bildung einer → VOLKSFRONT FÜR DEUTSCHLAND, an dem sich vorwiegend Kommunisten, zur SOPADE in Opposition stehende Sozialdemokraten sowie Angehörige → LINKER KLEINGRUPPEN beteiligten. Vor allem im Westexil strahlte das Volksfrontbündnis des deutschen Exils zeitweise auf emigrierte → GEWERKSCHAFTER aus. Der Verteidigungskampf der spanischen Republik, an dem sich einige tausend deutschsprachige Emigranten beteiligten, beförderte schließlich sogar die Hoffnung, Hitler auf fremdem Terrain schlagen zu können (→ DEUTSCHSPRACHIGE EMIGRANTEN IM SPANISCHEN BÜRGERKRIEG).

Mit dem Jahr 1938 als der zentralen Wendemarke des politischen Exils im allgemeinen wie des Exilwiderstandes im besonderen zerplatzten eine Reihe hochgesteckter Hoffnungen. Der Gestapo war es gelungen, die Kommunikationsbeziehungen zwischen Exil und innerdeutschem Widerstand weitgehend zu zerstören und den Druckschriftenschmuggel über die Reichsgrenzen fast vollständig zum Erliegen zu bringen (→ NATIONALSOZIALISMUS UND EMIGRATION). Das Pariser Volksfrontbündnis scheiterte an der Intrigenpolitik der Kommunisten, die zudem durch die stalinistischen Säuberungen in der Sowjetunion alle Glaubwürdigkeit verloren hatten. Die Hoffnung, Hitler in Spanien zu schlagen, schwand mit der absehbaren Niederlage der Republikaner. Schließlich signalisierte die im Münchener Abkommen gipfelnde Appeasementpolitik, daß sich die beiden wichtigsten Zufluchtsländer Frankreich und Großbritannien aus machtpolitischem Kalkül mit Hitler arrangiert hatten und das politische Exil mit keiner größeren Unterstützung seitens dieser Regierungen rechnen konnte. Hinzu kamen schließlich 1938/39 der „Anschluß" Österreichs, der Einmarsch der deutschen Wehrmacht in das Sudetenland und in die Tschechoslowakei sowie der Hitler-Stalin-Pakt und der Überfall auf Polen. Die gewalttätige Expansion des Dritten Reiches löste nicht nur neue Fluchtbewegungen aus und zerstörte die Infrastruktur und Logistik des Exilwiderstandes, sie führte dort auch zu einer tiefen Krise im Selbstverständnis, die keineswegs nur auf das kommunistische Exil begrenzt war. Desillusionierung, Enttäuschung, Apathie und Verzweiflung, aber auch die Sorge, die europäischen Zufluchtsländer vor der weiteren Expansion Hitlers noch rechtzeitig verlassen zu können, ließen das politische Exil zwischen 1938 und 1941 vorübergehend handlungsunfähig werden. Nicht wenige politische Emigranten kehrten in diesen Jahren desillusioniert oder die tatsächlichen Verhältnisse sträflich verkennend im kommunistischen Parteiauftrag nach Deutschland bzw. Österreich und damit oftmals direkt in Zuchthäuser und Konzentrationslager zurück.

Die durch den Krieg veränderte außenpolitische Situation sowie der Abschied von der langgehegten Illusion, die deutsche Arbeiterschaft werde sich aus eigener Kraft von der NS-Diktatur befreien können, führten zu gravierenden politischen Neuorientierungen.

Der Krieg erschien als letzte Möglichkeit, dem Rückfall in die Barbarei ein Ende zu bereiten. Deutschsprachige Emigranten aller politischen Schattierungen beteiligten sich fortan entsprechend ihrer beruflichen Qualifikationen und persönlichen Möglichkeiten in unterschiedlichen Positionen am Kampf der alliierten Armeen, Geheimdienste und Rundfunksender gegen das Dritte Reich sowie am Untergrundkampf der europäischen Befreiungsbewegungen gegen die deutschen Besatzer (→ DEUTSCHSPRACHIGE EMIGRANTEN IN DER EUROPÄISCHEN RÉSISTANCE UND AN DER SEITE DER ALLIIERTEN). Nach der Überwindung der Sinnkrise des Widerstandes kam es seit 1941 zu etlichen neuen Organisationsgründungen wie etwa der Union deutscher sozialistischer Organisationen in Großbritannien, der German Labor Delegation in den USA, dem formal überparteilichen, real indes kommunistisch dominierten → NATIONALKOMITEE „FREIES DEUTSCHLAND" in der Sowjetunion sowie ähnlicher Bewegungen in Lateinamerika und schließlich dem Council for a Democratic Germany 1944 in New York. Alle diese Organisationen versuchten weitestgehend vergeblich, sich konzeptionell auf ein Ende des Krieges vorzubereiten, sowie die politischen Pläne der Alliierten bezüglich der Nachkriegszeit zu beeinflussen, was indes weitestgehend mißlang (→ DEUTSCHLAND NACH HITLER; → ÖSTERREICH NACH HITLER). Ab 1943 datieren schließlich Versuche, durch (Fallschirm-)Agenten und Instrukteure die Verbindungen zum Widerstand in Deutschland und Österreich zu reaktivieren.

Nur vereinzelt beteiligten sich → LIBERALE sowie → CHRISTEN UND KONSERVATIVE aus Deutschland an den diversen Organisationsgründungen des politischen Exils wie etwa der Deutschen Front in Prag, der Deutschen Freiheitspartei in Paris oder dem Council for a Democratic Germany in den USA. Emigrierten liberalen, katholischen und konservativen Persönlichkeiten aus Deutschland fehlte sowohl die parteimäßige Unterstützung als auch der Rückhalt von Schwesterorganisationen bzw. von internationalen Organisationen in den Zufluchtsländern. Ihr Engagement reduzierte sich daher im wesentlichen auf individuelle Stellungnahmen in Exilzeitschriften; wesentliche Grundsatzpapiere oder programmatische Äußerungen kamen aus ihren Reihen nur selten zustande. Abweichend hiervon gestalteten sich die Verhältnisse innerhalb der österreichischen Emigration nach 1938, in der sich eigene konservative, katholische und monarchistische Exilorganisationen bildeten (→ ÖSTERREICHISCHE POLITISCHE EXILORGANISATIONEN).

Aufgrund ihres beträchtlichen Engagements und

Einleitung

ihrer qualitativen politischen Bedeutung finden in diesem Kapitel zwei Gruppierungen des politischen Exils besondere Erwähnung: die → PAZIFISTEN aus dem Umkreis der Weimarer Friedensbewegung, für die Frankreich und Großbritannien zu bevorzugten Zufluchtsländern wurden und die sich vor allem innerhalb der Publizistik der deutschsprachigen Emigration engagierten, sowie die → PÄDAGOGISCH-POLITISCHE EMIGRATION, die sich aus Pädagogen zusammensetzte, die wegen ihres Beitrages für eine freiheitliche Pädagogik von den Nationalsozialisten entlassen worden waren. Auch diese Gruppe erwies sich in der Emigration als äußerst aktiv, indem sie publizistisch über die schulischen und bildungspolitischen Entwicklungen des Nationalsozialismus informierte, diverse programmatische Erklärungen produzierte, eigene Verbandsorgane und → SCHULEN gründete und sich an politischen Organisationen wie dem Internationalen Sozialistischen Kampfbund (ISK) und der Union deutscher sozialistischer Organisationen in Großbritannien beteiligte.

Von langfristiger politischer Bedeutung und Wirkung war die Zeit des politischen Exils insofern, als sie die zerspaltene Sozialdemokratie wieder zusammenführte, ihre Entwicklung von der Milieupartei hin zur modernen Volkspartei begünstigte, traditionelle nationalstaatliche Vorstellungen in europäischer Perspektive relativierte und die Abkehr von linksdogmatischen Vorstellungen bzw. die Hinwendung zum verfassungspatriotischen Wertesystem der westlichen Demokratien beförderte. Zugleich schlug das politische Exil die Brücke zu den Gesellschaften und Regierungen der späteren Alliierten und signalisierte ihnen, daß sich Deutschland nicht auf Hitler und seine Anhängerschaft reduzieren ließ.

Eine resümierend-historisierende Betrachtung sollte das politische Exil allerdings weniger emphatisch als Repräsentation des „anderen Deutschland" deuten, vielmehr war dieses auch durch verzerrte Wahrnehmungsweisen, markante Versäumnisse sowie die Reproduktion tradierter politischer Verhaltensmuster bestimmt. Der in seinen Publikationen zum Ausdruck kommende Blick auf Deutschland war vielfach eher durch exiltypische Illusionen, Erwartungen und Ängste als durch Realismus geprägt. Darüber hinaus reproduzierten sich in den Zusammenhängen des politischen Exils die Fragmentierungen der politischen Kultur der Weimarer Republik, die nicht unwesentlich zu deren Zerstörung beigetragen hatten. Unter geschlechtsspezifischen Aspekten tradierten sich die bisherigen Rollenmuster bzw. wurden mühsam erreichte Fortschritte auf dem Gebiet der Gleichstellung der Geschlechter wieder rückgängig gemacht. Frauen spielten in den politischen Organisationen des deutschen wie des österreichischen Exils allenfalls eine untergeordnete Rolle. Bis auf wenige Ausnahmen fehlten sie in den Führungsgremien der politischen Exilorganisationen fast völlig (→ GESCHLECHTSSPEZIFISCHE ASPEKTE). Insbesondere gelang es weder der deutschen noch der österreichischen Emigration, eine alle Fraktionen des politischen Exils verpflichtende Vision für die Zeit nach der NS-Diktatur zu entwerfen.

Während die Organisations- und Ideengeschichte der verschiedenen Gruppen des politischen Exils sowie des Exilwiderstandes als weitgehend erforscht gelten kann, bildet die Sozialgeschichte der deutschsprachigen Emigration ein zentrales Desiderat der Forschung. Über das „Exil der kleinen Leute", der weniger namhaften Parteifunktionäre, Gewerkschaftssekretäre und der einfachen Anhänger der zerschlagenen politischen Parteien wissen wir wenig. Soziologische Untersuchungen zur Zusammensetzung des politischen Exils fehlen fast vollständig. Die sich in der Rückwanderung zahlloser Emigranten nach Deutschland und Österreich niederschlagende Enttäuschung über die begrenzten Möglichkeiten des Exilwiderstandes, über die Appeasementpolitik der europäischen Staaten sowie die Reaktionen auf den Hitler-Stalin-Pakt sind nahezu unerforscht geblieben. Auch auf dem traditionellen organisationsgeschichtlichen Sektor der Exilforschung tun sich zahlreiche Lücken auf. Die differenzierten Kommunikationsbeziehungen zwischen politischem Exil und innerdeutschem bzw. -österreichischem Widerstand können als allenfalls ansatzweise erforscht gelten. Einzelne politische Betätigungsfelder deutschsprachiger Emigranten wie das Engagement innerhalb der Résistance oder der Kampf an der Seite der alliierten Armeen und Geheimdienste sind ebenso wenig untersucht worden. Schließlich dürfte auch über das politische Exil in der Sowjetunion noch nicht der letzte Satz geschrieben sein. Vor allem die Auswertung der Archive der ehemaligen DDR und der Sowjetunion mag noch für manche Überraschung sorgen. Die Vorbereitung der verschiedenen politischen Gruppen auf die Remigration nach Deutschland und Österreich liegt ebenfalls noch im dunkeln. Im Sinne einer Historisierung des Exils erscheint es schließlich an der Zeit, gängige politische Formeln des Exils wie die vom „Antifaschismus" sowie exiltypische Mythen wie die vom „anderen Deutschland" einer genaueren Überprüfung zu unterziehen.

Sozialdemokraten

Hartmut Mehringer

Der Verfolgungsdruck durch das sich etablierende totalitäre System des Nationalsozialismus veranlaßte schon unmittelbar nach dem 30. Januar 1933, vor allem aber nach dem Reichstagsbrand und der folgenden „Notverordnung zum Schutz von Volk und Staat" sowie nach den Reichstagswahlen vom 5. März 1933 und dem „Gesetz zur Wiederherstellung des Berufsbeamtentums" (7. April 1933), auch zahlreiche sozialdemokratische Politiker, Funktionäre und Verwaltungsbeamte zur Flucht über die deutschen Grenzen in die benachbarten Anrainerstaaten – auch solche, die nur auf örtlicher Ebene als militante Antifaschisten bekannt waren und deshalb persönliche Racheakte lokaler Nationalsozialisten zu befürchten hatten. Viele der Angehörigen dieser ersten massiven Fluchtwelle waren wegen ihrer jüdischen Herkunft auch potentiell Verfolgte des NS-Rassenantisemitismus, wenngleich der wesentliche Anlaß für ihre damalige Flucht vor allem in ihrer aktiven politischen Regimegegnerschaft bestand (→ Die politische Emigration).

Zuverlässige statistische Angaben zur sozialdemokratischen Emigration in die verschiedenen Nachbarstaaten des Deutschen Reichs existieren aus leicht einsichtigen Gründen nicht; wo Zahlen vorliegen – etwa in einer Statistik des sozialdemokratischen Exilparteivorstands (SOPADE) vom 30. November 1933 – erweisen sie sich als unzuverlässig und zumeist deutlich zu niedrig, was mit den unzulänglichen Erfassungsmöglichkeiten und -kriterien und mit der Tatsache zusammenhängt, daß die Zahl der politischen Flüchtlinge in den ersten Monaten und Jahren der NS-Herrschaft stetig anstieg, obwohl zahlreiche weniger bedrohte Sozialdemokraten schon nach kurzem Aufenthalt in den jeweiligen Asylländern wieder nach Deutschland zurückkehrten; dazu kommt, daß nach 1933 die Zugehörigkeit zur Sozialdemokratie bzw. zu den linken Kleingruppen in vielen Fällen nicht eindeutig unterschieden werden kann. Nach eigenen Erhebungen und Schätzungen der SOPADE betrug die Zahl sozialdemokratischer Emigranten im Sommer 1933 2000–3000, wovon knapp 900 im Saargebiet, zwischen 700 und 800 in Frankreich, ca. 500 in den Niederlanden und 350 in der Tschechoslowakei und etwa 100 in Schweden lebten. Nach Angaben des Flüchtlingskommissars des Völkerbundes hatten Ende 1935 rund 5000–6000 Sozialdemokraten Deutschland verlassen. Schwerpunkte der sozialdemokratischen Emigration waren zunächst die → Tschechoslowakei, in zweiter Linie das → Saargebiet und → Frankreich.

Insgesamt vier größere Emigrationsschübe in den Jahren 1934–38 erweiterten das Gesamtspektrum auch der sozialdemokratischen Emigration: Nach dem 12. Februar 1934 (Schutzbundaufstand gegen das Dollfuß-Regime) flohen aus Österreich – vor allem in die Tschechoslowakei – mehrere tausend Aktivisten der Arbeiterparteien und der Freien Gewerkschaften, um sich der Verfolgung durch die austrofaschistische Diktatur zu entziehen; dies waren in überwiegender Zahl österreichische Sozialisten, die freilich in ihrer politischen Organisation von der deutschen sozialdemokratischen Emigration getrennt blieben, wenn es auch zu deutschen sozialistischen Organisationen unterschiedlich enge Beziehungen gab (→ Österreichische politische Exilorganisationen). Anfang 1935 (Saarabstimmung) stießen rund 6000 Saarflüchtlinge zur deutschen politischen Emigration. Sie bestanden zu einem nicht unerheblichen Teil aus Vertretern der Arbeiterbewegung, welche schon 1933 aus Deutschland geflohen waren und in der damals noch unter Völkerbundsverwaltung stehenden Saar eine vorübergehende Heimat gefunden hatten. Für sie bedeutete der Anschluß der Saar an das Deutsche Reich den erneuten Anlaß zur „Flucht vor Hitler"; Fluchtziel war vor allem Frankreich (Schneider 1977; Paul/Mallmann 1995). 1938 schließlich kam es nach dem „Anschluß" Österreichs (März) und der Besetzung des Sudetengebiets (Oktober) zu zwei weiteren großen Emigrationsschüben: Während die Zahl der 1938 aus Österreich geflohenen Sozialdemokraten relativ klein war, umfaßte die sudetendeutsche politische Emigration 4000–5000 Sozialdemokraten, die sich ebenfalls getrennt von den „reichsdeutschen" sozialdemokratischen Exilgruppen organisierten. Ihr Schwerpunkt lag vor allem in → Grossbritannien, in zweiter Linie in → Schweden.

Als der neugewählte Reichstag am 23. März 1933 zum ersten Mal zusammentrat, um das „Ermächtigungsgesetz" zu verabschieden, war von 81 gewählten kommunistischen Abgeordneten keiner anwesend; von 120 gewählten SPD-Abgeordneten konnten nur noch 94 erscheinen, 18 befanden sich in Haft, sechs wegen drohender Verhaftung im Ausland. So stimmte die SPD, wenn auch reduziert, als einzige Partei geschlossen gegen das Ermächtigungsgesetz. Nachdem die Hoffnung, am 5. März 1933 den nationalsozialistischen Spuk vermittels des

Stimmzettels vom Tisch wischen zu können, sich nicht erfüllt hatte, faßte der am 26. April 1933 auf einer Reichskonferenz der SPD in Berlin neugewählte Parteivorstand (PV), geschockt auch von der am 2. Mai 1933 reichsweit erfolgten Zerschlagung der Gewerkschaften, auf einer Sitzung am 4. Mai 1933 den Beschluß, drei seiner 20 Mitglieder, den Parteivorsitzenden (neben Hans Vogel) Otto Wels, den *Vorwärts*-Chefredakteur Friedrich Stampfer und den Parteikassier Siegmund Crummenerl, zur Bildung einer Zentrale jenseits der deutschen Grenzen ins Ausland zu schicken; eine Sekretärs-Konferenz tags darauf erweiterte diesen Kreis um den zweiten Parteivorsitzenden Hans Vogel und den SAJ-Vorsitzenden Erich Ollenhauer; das PV-Mitglied Paul Hertz, aufgrund seiner jüdischen Herkunft besonders bedroht, ging zunächst ohne ausdrücklichen Parteivorstands-Auftrag ins Ausland. Am 21. Mai 1933 beschloß der PV auf einer Sitzung im damals noch sicheren Saarbrücken, an der insgesamt zehn Vorstandsmitglieder teilnahmen, seinen Sitz nach Prag zu verlegen und die sechs genannten PV-Mitglieder mit dem Neuaufbau zu betreuen (Buchholz/Rother 1995, S. XXI). Die Einbeziehung der übrigen emigrierten SPD-Vorstandsmitglieder in die Arbeit des Exilparteivorstands vollzog sich höchst unterschiedlich: Mit Karl Böchel und Siegfried Aufhäuser, den ebenfalls in die Tschechoslowakei emigrierten Vertretern des linken Parteiflügels, die eine Einheitsfront mit den Kommunisten favorisierten, kam es Anfang 1935 zum endgültigen Bruch, da die SOPADE ihnen und ihrer Sonderorganisation der Revolutionären Sozialisten Deutschlands (RSD) Spaltungsabsichten vorwarf (Freyberg 1973); Erich Rinner stieß nach seiner endgültigen Emigration in die Tschechoslowakei im Herbst 1933 zum Exilparteivorstand, Emil Stahl, SOPADE-Grenzsekretär in Reichenberg, nahm immer wieder an einzelnen Vorstandssitzungen teil, bis er im Sommer 1938 durch seine Emigration nach Schweden de facto aus dem Vorstand ausschied; Georg Dietrich, Marie Juchacz und Wilhelm Sollmann, die in die Schweiz bzw. ins Saargebiet und später in die USA emigrierten, wurden wohl vor allem aufgrund der geographischen Trennung nicht mehr zu SOPADE-Vorstandssitzungen eingeladen, selbst als dies 1938 – nach der Übersiedlung der SOPADE nach Paris – möglich gewesen wäre. An den Vorstandssitzungen nahmen – allerdings ohne Stimmrecht – zumeist auch Curt Geyer als Chefredakteur des *Neuen Vorwärts*, Fritz Heine, der Mann des „Apparats", und Arthur Arnold (Pseud. Arthur Müller), zeitweise Verlagsdirektor des *Neuen Vorwärts*, teil. 1938, anläßlich der Übersiedlung der SOPADE nach Paris, schied Hertz wegen seiner Zugehörigkeit zu Neu Beginnen de facto aus dem Vorstand aus, Rudolf Hilferding wurde 1938–39 als nichtstimmberechtigtes Mitglied zu den Vorstandssitzungen hinzugezogen. Im September 1939 starb Otto Wels, im Mai 1940 Siegmund Crummenerl. Nach der Niederlage Frankreichs emigrierten Rinner und Stampfer in die USA und fielen damit für die weitere Vorstandsarbeit aus; Hilferding kam 1941 in den Händen der Gestapo um, während Vogel und Ollenhauer zusammen mit Heine und Geyer ab Anfang 1941 in London die SOPADE-Arbeit fortführten. Geyer sagte sich allerdings Anfang 1942 aufgrund schwerwiegender politischer Differenzen von der SOPADE los.

Schon kurz nach dem Reichstagsbrand waren ein bis zwei Millionen Reichsmark im Ausland deponiert worden; sie bildeten die finanzielle Grundlage für den Aufbau dieser Auslandsvertretung, deren Aufgabe darin bestand, daß man „zur Unterstützung des Kampfes im Inneren des Landes Schriften publizieren und notfalls für die Partei sprechen könne, wenn die Führung in Deutschland dazu nicht mehr in der Lage sein sollte" (Edinger 1960, S. 24f.). Dies war eine Konzeption, die sich deutlich am Modell des sozialdemokratischen Auslandszentrums während des Sozialistengesetzes von 1878–90 orientierte, das bei der Redaktion des damaligen Auslands-Zentralorgans *Sozialdemokrat* in Hottingen bei Zürich gelegen hatte – allerdings ohne zu berücksichtigen, daß sich die Verfolgungs- und Repressionsmöglichkeiten knapp 50 Jahre später grundlegend zugunsten der neuen Staatsmacht gewandelt hatten: Es ging inzwischen nicht mehr nur um bloße Einschränkung der Bewegungsfreiheit und ein Verbot organisatorischer Tätigkeit, sondern um den Bestand der Partei schlechthin.

Schon am 17. Mai 1933 war es allerdings anläßlich der Zustimmung der SPD-Reichstagsfraktion zu der außenpolitischen Erklärung Hitlers zu einem scharfen Konflikt zwischen den Vorstandsmitgliedern im Ausland und der in Berlin verbliebenen Parteiführung gekommen: Der entstehende Exil-Parteivorstand interpretierte diese Zustimmung als Verrat, während sich die Reichstagsfraktion von einer Zustimmung zu der scheinbar maßvollen, auf bloße Wiederherstellung der nationalen Souveränität pochenden Erklärung Hitlers die Freilassung der sozialdemokratischen Abgeordneten und Politiker und allgemein eine Atempause für einen organisatorischen Neuaufbau versprach.

III Sozialdemokraten

Wenn es jedoch eine Atempause gab, so nutzte sie die NS-Führung: Ab Mitte Juni begannen die Vorbereitungen zur endgültigen Ausschaltung der Sozialdemokratie, und als am 18. Juni 1933 in der ersten Nummer des neugegründeten *Neuen Vorwärts* in Prag das Manifest *Zerbrecht die Ketten* der Auslandsvertretung der Sozialdemokratischen Partei Deutschlands erschien, das zum revolutionären Kampf für ein sozialdemokratisches Deutschland aufrief, benutzte dies die NS-Exekutive, um trotz sofortiger Distanzierung der Berliner Parteiführung am 22. Juni das Parteiverbot zu erlassen. Bezeichneten sich die Mitglieder der Auslandsvertretung am 3. Juli als die „noch in Freiheit befindlichen Mitglieder des Parteivorstands", so unterzeichneten sie am 30. Juli 1933 einen Aufruf bereits als „Vorstand der Sozialdemokratischen Partei Deutschlands (SOPADE)" (Mehringer 1983, S. 352).

Die Wahl Prags als Sitz der Auslandsvertretung hatte ihren Grund zunächst vor allem in der geographischen Lage der Tschechoslowakei, deren westlicher Teil in das Gebiet des Deutschen Reichs hineinragte und von Bayern, Sachsen und Schlesien umschlossen war, so daß sich auf kurzen Wegen Verbindungen zu alten Zentren der sozialdemokratischen Arbeiterbewegung herstellen ließen. Dazu kam das günstige Umfeld des sudetendeutschen Sprachgebiets in Böhmen sowie die umfangreiche Unterstützung, die die deutsche Schwesterpartei in der Tschechoslowakei (DSAP) auf allen Gebieten zu gewähren bereit war. So konnte die SOPADE bei der Druckerei der Parteizeitung der DSAP in Karlsbad ihr Verlagshaus Graphia einrichten und ab Mitte Juni 1933 in großem Maßstab die Herstellung von Zeitungen, Broschüren und Flugzetteln aufnehmen, die vor allem im Lauf des Jahres 1934 in hoher Zahl ins Reichsgebiet geschmuggelt wurden: neben dem *Neuen Vorwärts* (Fortsetzung des SPD-Zentralorgans) und zahlreichen (Tarn-)Broschüren vor allem die regelmäßig erscheinende *Sozialistische Aktion*, die für den Schmuggel z. T. auf Seidenpapier und in Miniaturdruck hergestellt wurde. Ein Rechenschaftsbericht der SOPADE nennt bis Juni 1936 80 Nummern dieser Zeitung in einer Auflage von über 1,2 Millionen Exemplaren, die nach Deutschland geschmuggelt worden seien, wozu noch zahlreiche Broschüren – insbesondere die revolutionäre Plattform der SOPADE von Januar 1934, das sog. *Prager Manifest* – sowie Flugblätter, Hand- und Klebezettel in Millionenauflage kamen.

Gesteuert wurde dieses Transportsystem illegaler Literatur durch die sog. Grenzsekretariate, die die SOPADE ab Sommer/Herbst 1933 rings um das Deutsche Reich in grenznahen Orten im benachbarten Ausland errichtete. Das System dieser Grenzsekretariate blieb bis zum Anschluß des Sudetengebiets 1938 grundsätzlich intakt; ihre praktischen Arbeitsmöglichkeiten wurden freilich im Lauf der Jahre zunehmend eingeschränkt: so im Februar 1934, als das Grenzsekretariat Südbayern nach der Errichtung des Ständestaats in Österreich in die Tschechoslowakei verlegt werden mußte, Anfang 1935, als das Grenzsekretariat in Saarbrücken nach dem Anschluß des Saargebiets in französische Grenzregionen bzw. nach Luxemburg auswich, und ab Juni 1937 in der Tschechoslowakei, nachdem die Regierung auf Druck aus Berlin angeordnet hatte, daß Emigranten die grenznahen Provinzen zu verlassen und sich ins Landesinnere zu begeben hätten.

Bei den Grenzsekretären handelte es sich zumeist um ehemalige Funktionäre, die aus den Gebieten stammten, für die sie regional zuständig waren, und infolgedessen über entsprechende Kenntnisse des Gebiets und seiner Verhältnisse sowie über persönliche Verbindungen verfügten, die sie in die Arbeit einbringen konnten (Braun 1984; Redmer 1987; Mehringer 1989; Eiber 1997 b). Neben dem Literaturschmuggel nach Deutschland, der Unterstützung sich formierender lokaler Widerstandsgruppen und der Herstellung von Kontakten bestand ihre Aufgabe in der Sammlung möglichst detaillierter Informationen über die wirtschaftliche, soziale und politische Situation in ihren Zuständigkeitsgebieten, über die allgemeine Stimmung, die Lage der Arbeiterschaft in den Betrieben, über Streiks und Arbeitsverweigerungen, über Terror, Mißwirtschaft und Korruption, die für die SOPADE von Interesse waren. Sie werteten lokale Zeitungen aus, interviewten Touristen und stellten Berichte zusammen, die sie von ihren Vertrauensleuten im Inland erhalten hatten.

Die regelmäßige Berichterstattung dieser Grenzsekretäre an die SOPADE bildete die Grundlage für die berühmt gewordenen, von Erich Rinner herausgegebenen *Deutschland-Berichte* der SOPADE, aufgrund des grünen Papiers, auf dem sie vervielfältigt wurden, auch *Grüne Berichte* genannt; sie erschienen in einer Auflagenhöhe von rund 500 Exemplaren und wurden nicht zuletzt der SAI, den sozialistischen Bruderparteien sowie einer interessierten politischen Öffentlichkeit im Ausland zugänglich gemacht und gingen ab Sommer 1934 in – freilich erheblich gekürzten Kleinausgaben – auch an die sozialistischen Illegalen im Reich (Behnken 1980; Maas 1990, S. 337 ff.). Vor allem waren sie neben den von der

SOPADE veröffentlichen Broschüren, Nachrichtendiensten, Zeitungen und Zeitschriften wesentliche Träger jener „Offensive der Wahrheit", mit der die Exil-Sozialdemokratie das staatliche Informationsmonopol durchbrechen zu können hoffte, das sie zu Recht als eine der entscheidenden Waffen des NS-Regimes zu seiner Selbstbehauptung betrachtete. Das sozialdemokratische Exil, das zumindest in der Vorkriegsphase ganz überwiegend „mit dem Gesicht nach Deutschland" lebte und arbeitete, sah seine Hauptaufgabe in möglichst lückenloser Information und Aufklärung des Auslands über den repressiven, fortschrittsfeindlichen und verbrecherischen Charakter der Hitlerherrschaft: eben in jener „Offensive der Wahrheit", die in realistischer Perspektive die Interessen des NS-Regimes weit mehr tangierte als die zumeist recht hilflosen Versuche zur Unterstützung des innerdeutschen Widerstands; dies zeigen nicht zuletzt die intensiven Abwehrmaßnahmen (Tutas 1975), die das Dritte Reich gegen diese Form des publizistischen Kampfes ergriff (→ NATIONALSOZIALISMUS UND EMIGRATION).

Im tschechoslowakischen Exil kam es zu z. T. langandauernden Auseinandersetzungen zwischen der SOPADE und den linken Kleingruppen um Macht und Einfluß bei SAI und Bruderparteien und finanzielle Unterstützung von dieser Seite. Die SOPADE, die ihren Alleinvertretungsanspruch für das sozialdemokratische Exil von dem Mandat der letzten Parteikonferenz im April 1933 ableitete, aufgrund dessen sie sich als „Treuhänder" begriff, bis ein neuer Parteitag eine legitimierte Führung wählen könne, konnte sich hier weitgehend durchsetzen. Auf die Auseinandersetzung mit den Revolutionären Sozialisten Deutschlands, die mit dem faktischen Ausschluß von Böchel und Aufhäuser endete, wurde bereits hingewiesen. Schwieriger erwies sich die Auseinandersetzung mit Neu Beginnen, vor allem auch deshalb, weil drei sozialdemokratische Grenzsekretäre (Waldemar von Knoeringen, Erwin Schoettle und Franz Bögler) sowie das SOPADE-Mitglied Paul Hertz insgeheim Neu Beginnen angehörten; diese Auseinandersetzung endete erst 1938 nach der Übersiedlung der SOPADE nach Paris, als die vier Genannten aus der SOPADE-Organisation ausschieden (Mehringer 1989; → LINKE KLEINGRUPPEN). Zu den Versuchen der KPD, zu einem Bündnis oder anderen Formen der Zusammenarbeit zu gelangen, verhielt sich die SOPADE zurückhaltend und ablehnend.

Anders verlief die Entwicklung in der westeuropäischen Emigration. Zwischen 1933 und 1935 übernahmen zahlreiche reichsdeutsche sozialdemokratische Emigranten, unter denen sich die Parteivorstands-Mitglieder Wilhelm Sollmann und Marie Juchacz und weitere prominente Sozialdemokraten wie Rudolf Breitscheid und Emil Kirschmann befanden, mittlere und hohe Führungspositionen innerhalb der seit 1933 formal von der SPD getrennten Sozialdemokratischen Partei des Saarlandes (SPS); sie spielten eine zentrale Rolle im politischen Kampf um die Beibehaltung des „Status quo" des Saarlands und um die Verhinderung eines Anschlusses an Hitler-Deutschland, den die SPS nach Bekanntgabe des Abstimmungstermins 13. Januar 1935 durch den Völkerbund im Lauf des Jahres 1934 mit ihrem bekanntesten Exponenten Max Braun (Paul 1987) an der Spitze führte. Hierbei kam es Mitte 1934 zu einem Zusammengehen mit der Kommunistischen Partei des Saarlands (KPD/S), so daß die ein Jahr später auf dem VII. Weltkongreß der Komintern verkündete neue Generallinie der Volks- und Einheitsfront 1934 an der Saar gewissermaßen im Laborversuch erprobt wurde. Die deutliche Niederlage der „Status quo"-Front bei der schließlichen Volksabstimmung und der Anschluß des Saargebiets an Deutschland waren der Anlaß für die Flucht zahlreicher saarländischer Sozialdemokraten sowie reichsdeutscher sozialdemokratischer Emigranten im Saarland überwiegend nach Frankreich (Paul/Mallmann 1995; Mehringer 1997a).

Nicht zuletzt aufgrund der Erfahrung der Aktionseinheit zwischen Sozialdemokraten und Kommunisten im Abstimmungskampf an der Saar und der sich abzeichnenden französischen Volksfrontregierung kam es ab Sommer 1935 in Frankreich zu intensiven Bemühungen um die Bildung einer „Volksfront der deutschen Emigration", an denen sich – gegen den Widerstand der SOPADE – auch die im französischen Exil organisierten Sozialdemokraten beteiligten. Zwei Konferenzen im Herbst 1935 führten am 2. Februar 1936 im Pariser Hotel Lutetia zur Gründung des Ausschusses zur Vorbereitung einer deutschen Volksfront unter dem Vorsitz von Heinrich Mann, zu dessen neun Angehörigen auch drei Sozialdemokraten (u. a. Max Braun, später auch Rudolf Breitscheid) gehörten (→ VOLKSFRONT FÜR DEUTSCHLAND). Der Volksfrontausschuß – der Versuch einer Zusammenfassung der politischen Emigration als Gesamtrepräsentation des „anderen Deutschland" über alle parteipolitischen und weltanschaulichen Trennungslinien hinweg – scheiterte aber schon ein gutes Jahr später vornehmlich an der Intransigenz der kommunistischen sowie am scharfsichtigen Mißtrauen der sozialdemokratischen Seite;

diese erkannte klar, daß „Volksfront" für die KPD-Führung niemals mehr bedeutete als ein rein taktisches Manöver zur Unterordnung der nichtkommunistischen politischen Emigration unter den hinter rhetorischen Nebelschwaden und demokratischen Absichtserklärungen nur notdürftig verhüllten kommunistischen Führungsanspruch. Die deutsche sozialdemokratische Emigration in Frankreich, trotz des Scheiterns des Volksfront-Experiments kritisch gegenüber der SOPADE eingestellt, schloß sich im Januar 1938 im Landesverband deutscher Sozialdemokraten in Frankreich zusammen, der rund 300 Mitglieder umfaßte (Paul/Mallmann 1995, S. 287 ff.).

Ab Frühjahr 1938, als die SOPADE ihren Sitz aus der Tschechoslowakei nach Paris verlegte, war → FRANKREICH vorübergehend das alleinige Zentrum der deutschen Exil-Sozialdemokratie. Auch die österreichische sozialistische Emigration hatte sich in Paris in einer eigenen Auslandsvertretung der österreichischen Sozialisten etabliert. Es waren insbesondere die Österreicher, die nunmehr, nach dem „Anschluß" Österreichs an das Deutsche Reich – den man trotz aller Hitler-Gegnerschaft nicht rückgängig machen, sondern in einem revolutionär-sozialistischen Sinn progressiv überwinden wollte – und dem endgültigen Scheitern des Volksfront-Projekts, die Debatte um die „Konzentration" vorantrieben, d. h. um eine Vereinigung der deutschen und österreichischen sozialdemokratischen und sozialistischen Exilgruppen in einer einheitlichen Organisation. Auch die SOPADE war zunächst durchaus „konzentrationswillig". Als sich jedoch zeigte, daß die linken Kleingruppen und die Österreicher eine Verschmelzung der beteiligten Organisationen anstrebten und nicht bereit waren, sich der SOPADE zu unterstellen bzw. sich in die deutsche Exil-Sozialdemokratie einzugliedern, verweigerte sich die SOPADE weiteren Verhandlungen: Eine „Konzentration" im vorgeschlagenen Stil hätte für sie auf der einen Seite eine unannehmbare Stärkung der sozialrevolutionären Linken, auf der anderen die Preisgabe des „Mandats" der letzten Parteikonferenz von April 1933 bedeutet. Die Österreicher und die linken Kleingruppen in Paris schlossen sich daraufhin ohne die SOPADE zu der kurzlebigen Arbeitsgemeinschaft für sozialistische Inlandsarbeit zusammen (Mehringer 1989; Paul 1994).

Bei den programmatisch-theoretischen Überlegungen und internen Diskussionen des sozialdemokratischen Exils stand naturgemäß zunächst die Frage nach den Ursachen und Hintergründen der eigenen Niederlage durch den Nationalsozialismus im Vordergrund. Dies führte zunächst zu einer harschen Selbstkritik an den politischen Strategien seit 1914 und zu einer unterschiedlich lange anhaltenden Radikalismus-Renaissance: Man wollte eine zukünftige Wirtschafts-, Innen-, Sozial- und Kulturpolitik grundlegend revolutionär verändern und war vor allem bestrebt, die allseits beklagte Spaltung der Arbeiterklasse, in der man illusionärerweise den alleinigen Grund der Niederlage sah, mit der Durchsetzung des Führungsanspruchs der jeweils eigenen Gruppierung überwinden. Dies war auch der Tenor des *Prager Manifests* der SOPADE vom Januar 1934, das die Beseitigung Hitlers durch eine revolutionäre Eroberung der Staatsmacht und ihre Behauptung als Schritt zur Verwirklichung der sozialistischen Gesellschaft forderte. Innerhalb des sozialdemokratischen Exils setzte sich im allgemeinen allerdings noch vor Kriegsausbruch die Erkenntnis durch, daß die Ursache des Scheiterns der Arbeiterbewegung in der Weimarer Republik vor allem in ihrer politisch-gesellschaftlichen Isolierung gelegen habe, so daß in Zukunft wesentlich ein Bündnis mit politischen Kräften des Bürgertums angestrebt werden müsse; diese Ansicht vertrat der in die Schweiz emigrierte sozialdemokratische Politiker Wilhelm Hoegner bereits Anfang 1935 ganz offen (Mehringer 1989, S. 135 f.). Man setzte in der Folgezeit mehr oder minder eindeutig auf ein Bündnis mit Vertretern der „alten Eliten", insbesondere mit der Generalität, zum Sturze Hitlers (Mit dem Gesicht nach Deutschland 1968, S. 83 ff.).

In die Pariser Zeit fällt die endgültige und offene Absage der SOPADE an den „revolutionären Sozialismus", zu dem sie sich im *Prager Manifest* 1934 noch bekannt hatte: Erst im Sommer 1939, also unmittelbar vor Kriegsausbruch, schrieb sie in der SOPADE-offiziösen Schrift *Die Partei der Freiheit* von Curt Geyer (Geyer 1939) – Antwort auf Otto Bauers politisches Testament *Die illegale Partei* (Bauer 1939) und zugleich scharfe Distanzierung von den seitens der linken Kleingruppen weiterhin vertretenen revolutionären Perspektiven zur Beseitigung der Hitler-Diktatur – diese Absage fest: Ihre Kernpunkte bestehen in der Ablehnung jeder Diktatur und jeglichen „totalen" Anspruchs, auch wenn er der Durchsetzung „vernünftiger", d. h. dem gesellschaftlichen „Fortschritt" entsprechender Ziele diene, im Bekenntnis zu einem pluralistischen Politik- und Gesellschaftsverständnis sowie zur Freiheit als einem absoluten Grundwert, mit dem revolutionär-klassenkämpferische Konfliktaustragung und revolutionäre (totalitäre) Diktatur unvereinbar seien. Die Totalitätsidee, die in der Klassenkampflehre des Marxismus ebenso wie in Rassismus und Nationalismus zum Ausdruck komme, sei der wahre Feind der Freiheit.

Der Kriegsausbruch und die deutschen Blitzkriegserfolge 1939/40 wirbelten auch die sozialdemokratische Emigration erneut durcheinander; in Europa konzentrierte sie sich schließlich auf → Grossbritannien und → Schweden. Ein großer Teil entzog sich dem deutschen Zugriff durch die Flucht nach Übersee, vor allem in die → Vereinigten Staaten von Amerika. Mit dem Abschluß des Hitler-Stalin-Paktes unmittelbar vor Kriegsausbruch war der politische Graben zwischen der kommunistischen und der sozialdemokratisch-sozialistischen Emigration praktisch unüberbrückbar geworden. Die Ablehnung jedes Bündnisses mit einer unter sowjetischem Einfluß stehenden KPD wurde in der Folgezeit einigender Grundsatz des sozialdemokratischen und linkssozialistischen Exils, auch als nach dem deutschen Überfall auf die Sowjetunion 1941 die große Anti-Hitler-Koalition, von der man ursprünglich ausgegangen war, doch noch zustande kam (Mehringer 1990). Die KPD ihrerseits richtete in den westlichen Emigrationsländern ihre Bündnispolitik auf die Zusammenarbeit mit bürgerlichen Kräften unter Ausschluß bzw. Gleichschaltung der Sozialisten aus, eine Vorwegnahme der späteren Blockpolitik, so daß sich im Verlauf des Kriegs die ursprüngliche Organisations-, Weltanschauungs- und Meinungsvielfalt der politischen Exilszene deutlich auf zwei mehr oder minder festgefügte Lager reduzierte, die einander unversöhnlich gegenüberstanden.

1941 bildete sich im britischen Exil mit der Gründung der Union deutscher sozialistischer Organisationen in Großbritannien ein Kartell aus SOPADE, den sozialistischen Linksgruppen (Neu Beginnen, ISK und SAPD) sowie der Landesgruppe deutscher Gewerkschafter als Repräsentanz aller in Großbritannien lebenden deutschen sozialdemokratisch-sozialistischen Emigranten (Röder 1973; Eiber 1997a, 1997b). Die tatsächliche Bedeutung dieser Kartellgründung dürfte damals kaum einem der Beteiligten wirklich bewußt gewesen sein: Sie stellte – mit Ausstrahlungskraft auf andere Exilländer – nichts weniger dar als die historische Wiedervereinigung des 1917 gespaltenen deutschen Sozialismus, freilich unter endgültiger Ausklammerung der Kommunisten, die sich inzwischen in sozialdemokratisch-sozialistischem Bewußtsein als Agenten einer fremden und spätestens mit Abschluß des Hitler-Stalin-Paktes als feindlich empfundenen Macht entlarvt hatten und damit aus jedwedem künftigen nationalen Konsens herausfielen (Röder 1973).

Das sozialdemokratische Exil sah in der zweiten Kriegshälfte nach außen hin seine Hauptaufgabe darin, unter der Losung „Für Deutschland, gegen Hitler" das in den alliierten Asylländern dominant gewordene „vansittartistische" Syndrom von der grundlegend autoritären, militaristisch-imperialistischen und humanitätsfeindlichen Natur des deutschen Volkes zu widerlegen. Man warb um Vertrauen für die selbstregulativen demokratischen Kräfte des „anderen Deutschland" nach einer militärischen Niederlage und trat im Sinne eines „demokratischen Patriotismus" gegen die bekannt gewordenen Pläne zur Aufteilung des Reichs und zur Abtretung seiner Ostgebiete auf: Dies schloß gleichwohl unter der Perspektive eines „vereinten Europa" das Konzept eines langfristigen Bündnisses mit den westlichen Demokratien ein, in dem ein neues Deutschland, wie man hoffte, den ihm gebührenden Platz werde finden können.

Unterschiedlich hiervon gestaltete sich die Entwicklung in den → Vereinigten Staaten von Amerika: Dort hatte Friedrich Stampfer 1939 zusammen mit Gerhart Seger und Rudolf Katz, Redakteuren der *Neuen Volks-Zeitung* (NVZ), als deutschen Sonderausschuß der American Federation of Labor die German Labor Delegation (GLD) gegründet, die allerdings nach außen hin politisch kaum in Erscheinung trat; wesentliches politisches Forum der sozialdemokratischen Emigranten wurde die NVZ. Auch GLD und NVZ vertraten – vor allem im Gefolge des Hitler-Stalin-Paktes – einen scharfen und grundsätzlichen Antikommunismus, anders als in Großbritannien blieben aber die Gegensätze zwischen sozialdemokratischen Emigranten und den linken Kleingruppen auch weiterhin unüberbrückbar. Diese schlossen sich daraufhin im März 1944 mit Vertretern anderer politischer Richtungen, darunter auch prominenten Sozialdemokraten, zum Council for a Democratic Germany (CDG) zusammen, der unter dem Vorsitz von Paul Tillich und maßgeblicher Rolle von Reinhold Niebuhr als Ansatz zu einer deutschen Gesamtvertretung im Exil geplant war; am CDG waren gleichberechtigt Kommunisten, Linkssozialisten, Sozialdemokraten und Liberale beteiligt. Dem Organizing Committee unter Vorsitz von Paul Tillich gehörten u. a. Siegfried Aufhäuser (RSD), Horst W. Baerensprung (SPD), Bertolt Brecht, Hermann Budzislawski (SPD, später KPD), Pfarrer Friedrich

Forell, Kurt Glaser (RSD), Albert Grzesinski (SPD), Paul Hagen (d.i. Karl Frank) und Paul Hertz (Neu Beginnen), Albert Schreiner (KPD) und Jacob Walcher (SAP) an; zu den Unterzeichnern der Gründungserklärung des CDG zählten so prominente Emigranten wie Heinrich Mann, Karl Otto Paetel, Fritz Sternberg, die ehemaligen SPD-PV-Mitglieder Georg Dietrich und Marie Juchacz sowie der SPD-Politiker Herbert Weichmann. Der CDG entwarf eine Reihe von Programmen für ein demokratisches Nachkriegsdeutschland, wandte sich scharf gegen eine politische und wirtschaftliche Zerstückelung Deutschlands und forderte eine Erziehung des deutschen Volkes zur Demokratie durch „Deutsche selbst"; er scheiterte einmal an seinem Zwang zur einstimmigen Beschlußfassung, wobei vor allem die zustimmende Haltung der Kommunisten zu den Beschlüssen von Jalta und Potsdam eine zentrale Rolle spielte, sowie an den Gegensätzen zur GLD, zu der scharf antikommunistischen Gruppe um die ehemalige KPD-Führerin Ruth Fischer und ihre Zeitung *Network* und zu jüdischen Verbänden in den USA (Radkau 1971; Langkau-Alex/Ruprecht 1995; → DEUTSCHLAND NACH HITLER).

In Lateinamerika gab es keine sozialdemokratische Emigration im engen Sinne, doch sind Zeitung und Organisation Das Andere Deutschland um den früheren SPD- bzw. SAP-Politiker August Siemsen (Buenos Aires bzw. Montevideo mit Verteilung und Ablegern in den meisten lateinamerikanischen Ländern) hier zumindest zu nennen, ebenso die allerdings erst in der zweiten Kriegshälfte gegründete Union Deutscher und Österreichischer Sozialisten in Mexiko (von zur Mühlen 1988). Auch sie entwickelten sich nach dem Hitler-Stalin-Pakt in scharfer Frontstellung zu KPD und den kommunistisch dominierten Freien deutschen Bewegungen (→ DEUTSCHE EMIGRANTEN IM NATIONALKOMITEE „FREIES DEUTSCHLAND"), und auch bei ihnen verlief der Lernprozeß vom Antifaschismus zum Antitotalitarismus über die Auseinandersetzung mit dem Nationalsozialismus zu scharfer Frontstellung gegen den Sowjetkommunismus.

→ SCHWEDEN war während des Kriegs der zweite Schwerpunkt sozialdemokratischer Emigration in Europa. Die Vorkriegsauseinandersetzungen um die Haltung zur KPD, zu den linken Kleingruppen und der Volksfront setzten sich nach Kriegsbeginn bis über das Kriegsende hinaus mit unverminderter Schärfe fort, so daß es in Schweden erst nach 1945 zur Bildung einer sozialdemokratischen Einheitsorganisation kam. Allerdings hatten sich bereits im Herbst 1944 eine Reihe von Vertretern der SAP in Schweden (u. a. Willy Brandt, August und Irmgard Enderle, Stefan Szende) in der Überzeugung, nach dem Krieg müsse es eine einheitliche sozialdemokratische Partei geben, der SOPADE-Organisation in Schweden angeschlossen (Müssener 1974, S. 134 ff., 170 ff.).

In der internen sozialdemokratischen Programmdiskussion (→ DEUTSCHLAND NACH HITLER), die vor allem in Großbritannien geführt wurde, implizierten die veränderten Voraussetzungen die endgültige Aufgabe der sozialrevolutionären Option für ein Deutschland nach Hitler sowie die Verständigung auf einen demokratisch-pluralistischen Legitimationsrahmen und auf eine einheitliche „sozialdemokratische Volkspartei", die nicht nur die Interessen einer Mehrheit jenseits der traditionellen Industriearbeiterschaft zu vertreten in der Lage, sondern auch in ihrem weltanschaulichen Selbstverständnis pluralistisch geprägt sein sollte. Die Einigung auf die Grundlinien einer solchen sozialdemokratischen Einheits- und Volkspartei und die Koordinaten ihrer künftigen politischen Richtung wurde im britischen Exil in einem mehrjährigen Diskussionsprozeß in der zweiten Kriegshälfte erarbeitet. Dabei wurden Rolle und Stellenwert der alten Weimarer SPD neu überdacht, die Notwendigkeit der Entwicklung von der Arbeiter-(Klassen-)Partei zur Volkspartei artikuliert, das Verhältnis zu Religion und Kirchen neu bestimmt und schließlich auch auf wirtschaftspolitischem Gebiet grundlegend neue Gesichtspunkte eingeführt, nämlich die Abkehr von plan- und zentralverwaltungswirtschaftlichen Vorstellungen zugunsten weltwährungsbezogener keynesianischer Steuerungstechniken der Wirtschaft mit dem Ziel der Ausschaltung der zyklischen Kapitalismus-Krisen und der Durchsetzung der Vollbeschäftigung; Privateigentum an den Produktionsmitteln wurde prinzipiell anerkannt (Röder 1973, S. 272 ff.; Held 1982, S. 169 ff.).

Die Ergebnisse dieses mehrjährigen intensiven Diskussionsprozesses waren vor allem der bewußte Verzicht auf sozialen, weltanschaulichen und religiösen Ausschließlichkeitscharakter der politischen Parteien im künftigen Deutschland, die Notwendigkeit eines politischen Fundamentalkonsenses von Parteien und Bevölkerung über eine demokratisch-pluralistische Ordnung mit parlamentarischem Machtausgleich, das Ziel einer parteimäßig unabhängigen Einheitsgewerkschaft zur Vertretung der ökonomischen Interessen der Lohnabhängigen auf wirtschaftspolitischer Ebene und mit wirtschaftspolitischen Mitteln und schließlich die politische, wirtschaftliche und kulturelle Orientierung nach Westeuropa (Röder 1988, S. 106).

Schon dieses auf wenige essentielle Punkte konzentrierte „Ergebnisprotokoll" sozialdemokratischer Programmdiskussion im Exil zeigt, daß innerhalb des in der Emigration verlaufenden Strangs der Geschichte der Sozialdemokratie zentrale Eckwerte sozialdemokratischer Nachkriegspolitik in den Westzonen bzw. der Bundesrepublik Deutschland, die endgültig freilich erst mit dem Godesberger Programm von 1959 verbindlich werden sollten, bereits sehr konkret vorausgedacht worden sind. Kurt Schumacher in Hannover, im Laufe der zweiten Jahreshälfte 1945 rasch unumstrittener Führer der wiedererstehenden Sozialdemokratie in den westlichen Besatzungszonen, war in den Jahren seiner Haft während des Dritten Reichs zu ganz ähnlichen programmatischen Schlußfolgerungen gelangt, was sich schon in seiner zentralen Losung „Neubau – nicht Wiederaufbau" der Sozialdemokratie ausdrückt. Unter diesen Umständen waren programmatische Gedanken und politische Erfahrung der Exil-Sozialdemokratie in der neuen (west)deutschen SPD von Anfang an präsent: Fritz Heine, zusammen mit Erich Ollenhauer und Erwin Schoettle offizieller Vertreter des Exilparteivorstands bzw. der Londoner Union auf der Konferenz in Wennigsen im Oktober 1945 – der ersten direkten Kontaktaufnahme zwischen London und Hannover – hat im nachhinein immer wieder betont, wie überrascht die Vertreter des Exils über die „nahtlose Übereinstimmung" gewesen seien, die sich in allen Fragen zwischen ihnen und Kurt Schumacher ergeben habe (Mehringer 1989, S. 265). Am 2. Dezember 1945 schließlich lösten sich in Großbritannien die Exilgruppen von Neu Beginnen, des ISK, der SAP und der SOPADE als selbständige Organisationen auf und schlossen sich in der Vereinigung deutscher Sozialdemokraten in Großbritannien zusammen, die sich als Auslandsgruppe der wiedererstehenden SPD in Deutschland begriff und von Kurt Schumacher in Hannover alsbald auch als solche anerkannt wurde.

Von den rund 6000 Sozialdemokraten, die in den ersten Jahren des Dritten Reichs emigriert waren, kehrten nach Kriegsende knapp 3000 in die westlichen Besatzungszonen zurück. Schon rein statistische Beobachtungen belegen ihren Einfluß: In den vierziger und fünfziger Jahren hatten Rückkehrer aus dem Exil immer mehr als die Hälfte der Sitze im Parteivorstand der SPD in den westlichen Besatzungszonen bzw. in der Bundesrepublik Deutschland inne (Mehringer u. a. 1981). Die rein quantitative Präsenz von Angehörigen einer Gruppe, die nur aufgrund des Emigrationsschicksals retrospektiv als solche definiert wird, muß nicht notwendig auch eine gruppenspezifische Wirksamkeit begründen; die Gemeinsamkeit von Lernprozessen und Erfahrungen im britischen bzw. skandinavischen Exil ergab jedoch zumindest ähnliche Antworten auf neue politische und gesellschaftliche Fragen (Mehringer 1997b; → RÜCKKEHR AUS DEM EXIL UND SEINE REZEPTIONSGESCHICHTE).

Literatur

Bauer, Otto (1939): Die illegale Partei. Aus dem unveröffentlichten Nachlaß, Paris.

Behnken, Klaus, Hrsg. (1980): Deutschland-Berichte der Sozialdemokratischen Partei Deutschlands (Sopade) 1934–1940, 7 Bde., Salzhausen–Frankfurt a. M.

Biographisches Handbuch der deutschsprachigen Emigration nach 1933/International Biographical Dictionary of Central European Emigrés 1933–1945 (1980–1983), hrsg. vom Institut für Zeitgeschichte, München, u. von der Research Foundation for Jewish Immigration, New York, unter der Gesamtleitung von Werner Röder u. Herbert A. Strauss, 3 Bde., München u. a.

Braun, Günter (1984): Georg Reinbold. Grenzsekretär der Sozialdemokraten für Baden und die Pfalz, in: Bosch, Michael, u. Wolfgang Niess, Hrsg.: Der Widerstand im deutschen Südwesten 1933–1945, Stuttgart, S. 163 ff.

Buchholz, Marlis, u. Bernd Rother, Bearb. (1995): Der Parteivorstand der SPD im Exil. Protokolle der Sopade 1933–1940, Bonn.

Deppe, Ralf (1991): Sozialdemokratisches Exil in Dänemark und der innerdeutsche Widerstand: Das Grenzsekretariat Kopenhagen der SOPADE – Unterstützung der Widerstandsarbeit in Deutschland, in: Petersen, Hans Uwe, Hrsg.: Hitlerflüchtlinge im Norden. Asyl und politisches Exil 1933–1945, Kiel, S. 207 ff.

Edinger, Lewis J. (1960): Sozialdemokratie und Nationalsozialismus. Der Parteivorstand der SPD im Exil von 1933 bis 1945, Hannover–Frankfurt a. M.

Eiber, Ludwig (1997a): Die Sozialdemokratie in der Emigration. Die Union deutscher sozialistischer Organisationen in Großbritannien 1941–1946 und ihre Mitglieder. Protokolle, Erklärungen, Materialien, Bonn.

Eiber, Ludwig (1997b): Verschwiegene Bündnispartner. Die Union deutscher sozialistischer Organisationen in Großbritannien und die britischen Nachrichtendienste, in: Exilforschung 15, S. 66 ff.

Eiber, Ludwig (1998): Richard Hansen, das Grenzsekretariat der Sopade in Kopenhagen und die Verbindungen nach Hamburg 1933–1939, in: Lorenz, Einhart, u. a.: Ein sehr trübes Kapitel? Hitlerflüchtlinge im nordeuropäischen Exil 1933–1950, Hamburg, S. 181 ff.

Foitzik, Jan (1988): Revolution und Demokratie. Zu den Sofort- und Übergangsplanungen des sozialdemokratischen Exils für Deutschland 1943–1945, in: IWK 24, S. 308 ff.

von Freyberg, Jutta (1973): Sozialdemokraten und Kommunisten. Die Revolutionären Sozialisten Deutschlands vor dem Problem der Aktionseinheit 1934–1937, Köln.

Geyer, Curt (1939): Die Partei der Freiheit, Paris.

Held, Michael (1982): Sozialdemokratie und Keynesianismus. Von der Weltwirtschaftskrise zum Godesberger Programm, Frankfurt a. M.–New York.

Hoegner, Wilhelm (1977): Flucht vor Hitler. Erinnerungen an die Kapitulation der ersten deutschen Republik 1933, München.

Langkau-Alex, Ursula, u. Thomas M. Ruprecht, Hrsg. (1995): Was soll aus Deutschland werden? Der Council for a Democratic Germany in New York 1944–1945. Aufsätze und Dokumente, Frankfurt a. M.–New York.

Maas, Lieselotte (1990): Handbuch der deutschen Exilpresse 1933–1945, hrsg. von Eberhard Lämmert, Bd. 4: Die Zeitungen des deutschen Exils in Europa von 1933 bis 1939 in Einzeldarstellungen, München–Wien.

Mehringer, Hartmut (1983): Die bayerische Sozialdemokratie bis zum Ende des NS-Regimes. Vorgeschichte, Verfolgung und Widerstand, in: Broszat, Martin, u. ders.: Bayern in der NS-Zeit, Bd. 5: Die Parteien KPD, SPD, BVP in Verfolgung und Widerstand, München–Wien, S. 287 ff.

Mehringer, Hartmut (1989): Waldemar von Knoeringen. Eine politische Biographie. Der Weg vom revolutionären Sozialismus zur sozialen Demokratie, München u. a.

Mehringer, Hartmut (1990): Der Pakt als grundlegende Weichenstellung für den deutschen Sozialismus, in: Bisovsky, Gerhard, Hans Schafranek u. Robert Streibel, Hrsg.: Der Hitler-Stalin-Pakt. Voraussetzungen, Hintergründe, Auswirkungen, Wien, S. 119 ff.

Mehringer, Hartmut (1997a): Widerstand und Emigration. Das NS-Regime und seine Gegner, München.

Mehringer, Hartmut (1997b): Impulse sozialdemokratischer Remigranten auf die Modernisierung der SPD, in: Krohn, Klaus-Dieter, u. Patrik von zur Mühlen (Hrsg.): Rückkehr und Aufbau nach 1945. Deutsche Remigranten im öffentlichen Leben Nachkriegsdeutschlands, Marburg, S. 91 ff.

Mehringer, Hartmut, Werner Röder u. Dieter Marc Schneider (1981): Zum Anteil ehemaliger Emigranten am politischen Leben der Bundesrepublik Deutschland, der Deutschen Demokratischen Republik und der Republik Österreich, in: Frühwald, Wolfgang, u. Wolfgang Schieder, Hrsg.: Leben im Exil. Probleme der Integration deutscher Flüchtlinge im Ausland 1933–1945, Hamburg, S. 207 ff.

Mit dem Gesicht nach Deutschland (1968): Eine Dokumentation über die sozialdemokratische Emigration, hrsg. von Erich Matthias, bearb. von Werner Link, Düsseldorf.

von zur Mühlen, Patrik (1988): Fluchtziel Lateinamerika. Die deutsche Emigration 1933–1945: politische Aktivitäten und soziokulturelle Emigration, Bonn.

Müssener, Helmut (1974): Exil in Schweden. Politische und kulturelle Emigration nach 1933, München.

Paul, Gerhard (1987): Max Braun. Eine politische Biographie, St. Ingbert.

Paul, Gerhard (1994): Konzentration oder Kartell? Das gescheiterte Projekt der sozialistischen Einigung im Pariser Exil 1938, in: Grebing, Helga, u. Christl Wickert, Hrsg.: Das „andere Deutschland" im Widerstand gegen den Nationalsozialismus. Beiträge zur politischen Überwindung der nationalsozialistischen Diktatur im Exil und im Dritten Reich, Essen, S. 12 ff.

Paul, Gerhard, u. Klaus-Michael Mallmann (1995): Milieus und Widerstand. Eine Verhaltensgeschichte der Gesellschaft im Dritten Reich, Bonn.

Radkau, Joachim (1971): Die deutsche Emigration in den USA. Ihr Einfluß auf die amerikanische Europapolitik 1933–1945, Düsseldorf.

Redmer, Axel (1987): Wer draußen steht, sieht manches besser. Biographie des Reichstagsabgeordneten Emil Kirschmann, Birkenfeld.

Röder, Werner (1973): Die deutschen sozialistischen Exilgruppen in Großbritannien 1940–1945, 2. Aufl., Bonn-Bad Godesberg.

Röder, Werner (1980): Deutscher Widerstand im Ausland. Zur Geschichte des politischen Exils 1933–1945, in: Aus Politik und Zeitgeschichte B 31, S. 3 ff.

Röder, Werner (1988): Exil- und Emigrationsforschung. Notizen aus deutschen Erfahrungen, in: Stadler, Friedrich, Hrsg.: Vertriebene Vernunft II.

Emigration und Exil österreichischer Wissenschaft, München–Wien, S. 102 ff.

Schneider, Dieter Marc (1977): Saarpolitik und Exil 1933–1955, in: Vierteljahrshefte für Zeitgeschichte 25, S. 467 ff.

Tutas, Herbert (1975): Nationalsozialismus und Exil. Die Politik des Dritten Reiches gegenüber der deutschen politischen Emigration 1933–1939, München.

Kommunisten

Klaus-Michael Mallmann

Die KPD im Exil unterschied sich in vielfacher Weise von den übrigen in Deutschland verbotenen Parteien, Organisationen und Verbänden, deren Repräsentanten nach 1933 Schutz im Ausland suchten. Zum einen gestand sie sich nie voll und ganz ein, eine Exilpartei zu sein und in der Emigration überwintern zu müssen, begriff sie sich bis 1945 nach wie vor als Feldherrenhügel des Widerstandes im Lande, als Generalstab des deutschen Proletariats. Zum zweiten investierte sie in diese Fiktion so viele Anstrengungen, Mitglieder und letztlich Menschenleben wie keine der sonstigen NS-oppositionellen Gruppen und bezog daraus im Exil den Nimbus der Unbeugsamkeit sowie eine erhebliche Deutungskompetenz der innerdeutschen Entwicklung – projektive Zuschreibungen, die sich nach Kriegsende leicht in die politisch-moralisch profitable Position eines konsequenten Antifaschismus ummünzen ließen. Zum dritten aber war sie – wie keiner der deutschen Parteireste im Exil – eingebunden in ein alternatives politisches Universum, war sie nationale Sektion der sich als Weltpartei verstehenden Kommunistischen Internationale und damit deren Beschlüssen ebenso unterworfen wie den machtpolitischen Opportunitäten ihrer Führungsmacht Sowjetunion ausgeliefert. Und zum vierten bedingte diese Konstellation, daß kommunistischer Antifaschismus und sowjetische Praktiken, Anti-Hitler-Bekenntnisse und Moskauer Schauprozesse, NS-Gegnerschaft und Freundschaftsverträge mit dem Dritten Reich für unendliche Verwirrung sorgten – im eigenen Lager, aber auch in der gesamten Emigration; nirgendwo sonst wurden so schnell differierende Bekenntnisse abgefordert, so plötzlich Positionswechsel dekretiert wie hier, fiel es angesichts der parallelen Repression und der partiellen Verbrüderung so schwer, sich als Teil eines „besseren Deutschlands" zu legitimieren.

Die KPD im Exil war damit ein von vielfältigen Widersprüchen und Intentionen gekennzeichnetes Gebilde, keine bloß im Ausland abgetauchte Gruppe verfolgter Funktionäre (Mallmann 1994). Quantitativ wird man die Zahl emigrierter Kommunisten aus Deutschland, dem 1935 zurückgegliederten Saargebiet und dem 1938 einverleibten Sudetenland auf 8000–10000 Personen beziffern dürfen.

Die Vorstellung, geschlossen als Massenpartei in die Illegalität abtauchen zu können, um von dort aus den alsbald prophezeiten Sturz Hitlers zu betreiben (Wachtler 1983, S. 113 ff.), erwies sich schon nach kurzer Zeit als illusorisch. Bereits im Mai 1933 bildeten Wilhelm Pieck, Franz Dahlem und Wilhelm Florin in Paris eine Auslandsleitung, während die vier übrigen Politbüro-Mitglieder unter Leitung von John Schehr als Inlandsleitung in Deutschland aktiv blieben. Nach Schehrs Verhaftung und Ermordung im November 1933 wurde auch diese Konzeption einer geteilten Parteiführung verworfen: In Berlin blieb lediglich eine Landesleitung zurück, die als operatives, durchführendes Organ des Politbüros angesehen wurde und sich aus Funktionären des ZK-Apparates und bewährten Bezirkssekretären zusammensetzte; mit der Festnahme der letzten Landesleitung unter Adolf Rembte im März 1935 endete das Experiment eines Steuerungsversuchs von innen endgültig. Da sich auch Walter Ulbricht, Hermann Schubert und Fritz Schulte ins Ausland retten konnten, bildete Paris als Sitz des Politbüros seit Herbst 1933 jedoch die eigentliche Zentrale des KPD. Als deren Hilfsorgane fungierten seitdem zunehmend Grenzstützpunkte in Reichenbach bzw. Prag, in Basel bzw. Zürich, in Saarbrücken bzw. Saarlouis, in Amsterdam und Kopenhagen. Ihre Aufgaben waren zunächst rein technischer Natur: Sie organisierten Transporte illegalen Druckmaterials nach Deutschland, halfen Kurieren beim Grenzübertritt, schleusten gefährdete Parteimitglieder ins Ausland; Leitungsfunktionen gegenüber den illegalen Organisationen kamen ihnen nicht zu (Vietzke 1966, S. 96 ff.; Herlemann 1982, S. 22 ff.). Während sich die Parteiführung somit sukzessive ins Exil begab, stemmte sie sich gleichzeitig mit allen Mitteln gegen eine Emigration ihrer Mitglieder, um den innerdeutschen Widerstand nicht personell zu schwächen (Herlemann 1988).

Erst die sich 1934 offenbarende heillose Zerstrittenheit des Politbüros über die Einschätzung der Situation in Deutschland und die sich daraus ergebenden Schlußfolgerungen, die Pieck sogar zu einem persönlichen Hilferuf an Stalin veranlaßten, sowie der Ausgang des Saar-Referendums am 13. Januar 1935, das allgemein als Lackmustest der eigenen Linie angesehen worden war (Paul/Mallmann 1995, S. 363 ff.), führten zu tiefgreifenden organisatorischen Konsequenzen, die die Verhältnisse fortan prägen sollten. Alle Politbüro-Mitglieder wurden seitdem faktisch in Moskau kaserniert und blieben dies bis Kriegsende. Lediglich Ulbricht und Dahlem wurden nach Prag abkommandiert und bildeten dort die Operative Gruppe des Politbüros, die die Lenkung der illegalen Organisationen in Deutschland und der kommunistischen Emigranten im außersowjetischen Ausland übernehmen sollte (Pikarski 1972, S. 169 ff.). Beide leiteten seitdem wechselweise – zeitweilig assistiert von Anton Ackermann und Herbert Wehner – das bis September 1936 in Prag, dann in Paris residierende Auslandssekretariat der KPD (Dahlem 1977).

Als dessen Exekutive wurden die bisherigen Grenzstellen zu Abschnittsleitungen ausgebaut und personell verstärkt. Sie blieben zwar eingesetzte Leitungen, erhielten jedoch weit umfassendere Weisungsbefugnisse gegenüber den nunmehr dezentralisierten Organisationen im Land (Pikarski 1972, S. 229 ff.). Die wichtigste dieser neuen Führungsinstanzen war zweifellos die für Berlin, Mittel- und Ostdeutschland zuständige Abschnittsleitung Mitte, die zunächst in Prag arbeitete und im Herbst 1938 dann nach Stockholm übersiedelte (Peters 1984, S. 119 ff.). Von Kopenhagen aus betreute die Abschnittsleitung Nord Hamburg und die Ostseeküste. Von Zürich aus hielt die Abschnittsleitung Süd die Verbindung nach Süddeutschland (Wichers 1994, S. 182 ff.). Die Abschnittsleitung West in Amsterdam streckte ihre Fühler ins Ruhrgebiet, das Bergische Land und das Aachener Revier aus, die Abschnittsleitung Südwest in den einstigen Bezirk Mittelrhein (Peukert 1980, S. 252 ff.; Herlemann 1982, S. 139 ff., 155 ff.). 1936 wurde überdies die Grenzstelle im lothringischen Forbach zur Abschnittsleitung Saarpfalz verselbständigt (Paul/Mallmann 1995, S. 386 ff.).

Parallel dazu entstanden in den einzelnen Gastländern Emigrationsleitungen der KPD, die die jeweiligen kommunistischen Flüchtlinge parteimäßig erfaßten, betreuten und auf Linie zu halten suchten. Gleichzeitig wurde dieses rings um die deutschen Grenzen entstehende konspirative Netzwerk besser als zuvor gegen V-Leute der Gestapo abgedichtet. Denn der Nachrichtendienst der KPD – Kippenbergers MP-Apparat –, der sich bisher noch in hohem Maße mit Zersetzung und Betriebsspionage befaßt hatte, konzentrierte sich seitdem unter seinem neuen Leiter Hermann Nuding ausschließlich auf die Aufgabe der Spitzelabwehr und Parteisicherung (Nachrichtendienst der KPD, S. 396 ff.). Davon völlig abgekoppelt waren stets jene Aktivitäten einzelner kommunistischer Emigranten, die unmittelbar für den sowjetischen Geheimdienst tätig waren – wie etwa Ernst Wollwebers Schiffssabotage-Organisation in Nordeuropa, die die Handelsflotte der faschistischen Länder treffen sollte (von Flocken/Scholz 1994, S. 64 ff.).

Dieser organisatorische Umbau wurde flankiert durch politisch-ideologische Korrekturen auf höchster Ebene: Nachdem sich 1933/34 – wenigstens in der Führungsetage der Partei – die Hoffnung auf eine nahende revolutionäre Krise, die Meinung, der Faschismus sei die letzte Trumpfkarte des Kapitalismus, als Irrtum erwiesen hatte, machte sich nunmehr die Erkenntnis einer epochalen Niederlage breit, wich der Zwangsoptimismus einer neuen Nachdenklichkeit, trat die Aufarbeitung der Fehler der Vergangenheit erstmals in den Vordergrund. Die Orientierung auf die proletarische Revolution wurde zurückgenommen, die Sozialfaschismus-Doktrin aufgegeben und die Roten Gewerkschaften offiziell aufgelöst. Statt dessen stand nunmehr die Einheitsfront mit der Sozialdemokratie im Mittelpunkt aller Anstrengungen, suchte man nach Ansatzpunkten für einen Zusammenschluß aller Hitlergegner in einer Volksfront und propagierte eine „Demokratie neuen Typs" als Zielvision (Sywottek 1971, S. 23 ff.; → DEUTSCHLAND NACH HITLER).

Während der „Antifaschismus" somit zum Leitbegriff avancierte, wurde umgekehrt der Nationalsozialismus erstmals ernst genommen (Luks 1984, S. 174 ff.), indem man dessen Attraktivität auch in der Arbeiterschaft diskutierte, sich auf eine längere Existenz dieser Herrschaftsform einstellte und Anweisungen zur subversiven Arbeit in den NS-Massenorganisationen – die Taktik des „Trojanischen Pferdes" – erließ. All dies waren gewiß Korrekturen, die mehr waren als pure Kosmetik. Gleichwohl blieben zentrale Axiome kommunistischen Denkens außerhalb jeder Diskussion und behinderten weiterhin eine adäquate Sichtweise der deutschen Realität. Nach wie vor deutete man Unmutsäußerungen als Klassenkampf, sah man in den angenommenen Klasseninteressen des deutschen Proletariats die politisch entscheidende Größe, interpretierte man den NS-Staat als großkapitalistische Verschwörung und Fremdherrschaft über das eigene Volk, erklärte man den Rassismus – und perspektivisch damit auch den Holocaust – zum Nebenkriegsschauplatz der nationalsozialistischen Ideologie (Bankier 1987; Paul/Mallmann 1995, S. 453 ff.).

Seinen Gipfel-, aber auch Endpunkt erreichte dieser Prozeß des Umdenkens auf dem VII. Kongreß der Komintern im Juli/August 1935 und der ihn konkretisierenden „Brüsseler Konferenz" der KPD, die im Oktober 1935 in der Nähe von Moskau stattfand und eine neue Parteiführung unter Pieck wählte (Mammach 1975, S. 43 ff.). Denn die Phase der Aufarbeitung kreierte zwar eine neue Terminologie, bedeutete aber keinen Zugewinn demokratischer Substanz. Es war symptomatisch, daß die erklärten Sündenböcke der bisherigen Entwicklung – allen voran die ehemaligen Politbüro-Mitglieder Schubert und Schulte – nicht nur ausgeschlossen, sondern kurze Zeit später auch liquidiert wurden. Zudem schuf das innere Feindbild des „trotzkistisch-faschistischen Agenten", das seit 1936 grassierte, eine ubiquitäre Atmosphäre des Mißtrauens und der Verdächtigung, die sich in der Sowjetunion zunehmend in Verhaftungen, Deportationen und Hinrichtungen entlud. Selbst Pieck war von der Berechtigung solcher Maßnahmen überzeugt; in einem Brief an die Operative Gruppe des Politbüros vom 27. Juli 1936 informierte er sie über die erste Festnahmewelle des NKWD, von der auch deutsche Emigranten betroffen waren, und erklärte, daß es sich um Ursachen handele, „die vom Auslande eingeschleppt wurden und bei denen es natürlich notwendig ist, eine gründliche Ausrottung vorzunehmen" (SAPMO, I 2/3/285).

Seitdem entwickelte sich eine quasi doppelte, partiell durchaus schizophrene Praxis der KPD im Exil: Im westlichen Ausland engagierte sie sich in Volksfront-Initiativen (→ VOLKSFRONT FÜR DEUTSCHLAND) und im Spanischen Bürgerkrieg (→ DEUTSCHSPRACHIGE EMIGRANTEN IM SPANISCHEN BÜRGERKRIEG), in Hilfskampagnen und Rettungsaktionen, die in toto ihr Image im Exil aufbesserten und sie sogar zum zeitweise hofierten Gesprächspartner machten. In der Sowjetunion aber geriet sie durchaus mit Willen ihrer Parteiführung so in den Strudel der „Tschistka", der großen „Säuberung" (Müller 1990, 1991a, 1991b, 1993; Soell 1991, S. 396 ff.). Etwa zwei Drittel aller deutschen und österreichischen Emigranten in der UdSSR waren von den Massenverhaftungen der Jahre 1936 bis 1938 betroffen; weit über tausend wurden zum Tode verurteilt oder starben in den Zwangsarbeitslagern (In den Fängen der NKWD 1991, S. 368). Bereits im August 1939 sprach das Berliner Gestapa von 4300 staatspolizeilich erfaßten Rückkehrern aus der Sowjetunion, von denen die Mehrzahl ausgewiesen worden war (BAB, R 58/269). Der noch im selben Monat abgeschlossene Nichtangriffspakt und die Aufteilung Polens, die nunmehr eine gemeinsame deutsch-sowjetische Grenze schuf, intensivierten diese Zusammenarbeit. Bis zum Überfall auf die UdSSR im Juni 1941 wurden mehr als 1200 deutsche Staatsbürger – darunter viele Emigranten – aus sowjetischer Haft unmittelbar den NS-Behörden überstellt (Schafranek 1990, S. 54 ff.; In den Fängen des NKWD 1991, S. 371); das wohl prominenteste Auslieferungsopfer war Margarete Buber-Neumann, die Witwe des 1932 kaltgestellten Politbüro-Mitglieds Heinz Neumann, der 1937 liquidiert worden war (autobiographisch Buber-Neumann 1962; → NATIONALSOZIALISMUS UND EMIGRATION).

Das am 23. August 1939 von den Außenministern Ribbentrop und Molotow unterzeichnete Abkommen, das einen Monat später durch einen „Grenz- und Freundschaftsvertrag" erweitert wurde, leitete im Exil wie im Lande selbst eine tiefgreifende Sinnkrise des kommunistischen Widerstandes ein. Unverständnis, Enttäuschung und Zorn waren die Reaktion allerorten (Foitzik 1989; Sator 1990). Vieles spricht für die Vermutung, daß sich Dahlems Pariser Auslandssekretariat entgegen der Parteiweisung freiwillig in die Internierung begab, weil man diese Politik nicht vertreten konnte und wollte (Walter 1988; Lewin 1993). Wirkte der „Pakt" – wie er allgemein genannt wurde – bereits wie ein Schock, so kam ein Beschluß der Moskauer Parteiführung, die nunmehr wieder allein die Direktiven erteilte, objektiv einem kollektiven Selbstmord des kommunistischen Exils gleich: Anfang 1940 erhielten die Abschnittsleitungen die Anweisung, daß alle Parteimitglieder der Exilorganisation unverzüglich nach Deutschland zurückkehren sollten, sofern sie nicht mit der Todesstrafe zu rechnen hätten; wer diesem „Parteibefehl" – wie vielfach in Frankreich – folgte, ging sehenden Auges ins Konzentrationslager oder ins Zuchthaus (Petersen 1991, S. 242 ff.; Paul/Mallmann 1995, S. 482 f.).

Diese Remigrationsparole ist nicht nur als Konsequenz des Paktes zu werten, sondern auch im Rahmen der forcierten Anstrengungen zu sehen, den innerdeutschen Widerstand mit Exilkräften zu beleben und ihn so in seiner Entwicklung zu beschleunigen. Bereits die „Berner Konferenz", die im Januar 1939 bei Paris tagte, hatte Kurs auf eine erneute Zentralisierung der Partei unter einer im Lande selbst agierenden Leitung genommen (Mammach 1974,

S. 145). Im Dezember 1939 beschloß das Politbüro nunmehr die perspektivische Auflösung der Abschnittsleitungen und die Bildung einer neuen operativen Zentrale mit Wehner sowie Karl Mewis und Heinrich Wiatrek – bislang die Verantwortlichen der Abschnittsleitungen Mitte bzw. Nord –, die zunächst von Stockholm aus die Führung des innerdeutschen Widerstandes übernehmen und dann nach Berlin übersiedeln sollte (Nitzsche 1968, S. 89 ff.). Doch von fünf Instrukteuren, die Mewis 1940 als Quartiermacher ins Land schickte, kehrte nur einer zurück; die übrigen vier endeten – ebenso wie ihre Kontaktleute – auf dem Schafott oder im Zuchthaus. „Diese Genossen wurden buchstäblich losgeschickt, ohne ihnen die Möglichkeit der Rückkehr und des Ausweichens vor Gefahren zu geben", urteilte Wehner nach seiner Ankunft in Schweden 1941 gegenüber dem Politbüro; „ich halte ein derartiges Verhalten mit Genossen ... für gleichbedeutend mit Mord" (SAPMO, I 2/3/294). Mit der Festnahme der Stockholmer Auslandsleitung durch die schwedische Polizei 1942 scheiterte dieser Plan endgültig (Scholz 1995, S. 29 ff.).

Lediglich dem ZK-Mitglied Wilhelm Knöchel, der als langjähriger Funktionär der Abschnittsleitung West zusammen mit seinem Instrukteursstab im holländischen Untergrund abtauchen konnte, gelang 1942/43 kurzzeitig das Kunststück, von Berlin aus beträchtliche Teile der illegalen Organisationsreste im Lande wieder miteinander zu vernetzen (Herlemann 1986, S. 44 ff.). Da jedoch auch dieser Versuch letztlich auf der Guillotine endete, verlegte sich das Politbüro seitdem notgedrungenerweise darauf, deutsche Emigranten aus der Sowjetunion als Fallschirmspringer hinter den Frontlinien absetzen zu lassen, um sie in Deutschland als Instrukteure, aber auch als Kundschafter der Roten Armee zu verwenden. Doch auch dieses Experiment scheiterte weitestgehend, da die Gestapo bereits die ersten Abgesprungenen festnehmen und „umdrehen" konnte und seitdem durch fingierte Funksprüche die Ankunft der übrigen kontrollierte (Nollau/Zindel 1979). „Es haben sich bis jetzt nur zwei Genossen ... gemeldet, die als Fallschirmspringer gelandet sind. Von allen anderen wissen wir nichts", mußte Pieck gegenüber Dimitroff im Oktober 1945 eingestehen. „Es haben sich damit auch die Hoffnung(en), die wir auf die Entsendung und die Arbeit dieser Genossen gesetzt hatten, nicht erfüllt" (SAPMO, I 2/3/272; → DEUTSCHSPRACHIGE EMIGRANTEN IN DER EUROPÄISCHEN RÉSISTANCE UND AN DER SEITE DER ALLIIERTEN).

Trotz aller Anstrengungen – nicht zuletzt angesichts eines immensen Ausstosses an Gedrucktem (Gittig 1972; Stroech 1979; Pikarski/Uebel 1980) – ist der Einfluß des kommunistischen Exils auf den innerdeutschen Widerstand nicht allzu hoch zu bewerten. Mehr noch: Die Vorstellungen und Praktiken der Illegalen im Lande und die der emigrierten Führung waren keineswegs kongruent, drifteten gerade in dieser Zeit weiter auseinander denn je. Die Taktik des „Trojanischen Pferdes" etwa wurde meistens boykottiert, da man um die eigene Reputation im angestammten Umfeld fürchtete, und auch die Devise, Schluß zu machen mit den Vertraulichkeiten des Milieus, stieß allerorten auf Ignoranz, weil gerade das Zusammenrücken in den gewachsenen Gesinnungsgemeinschaften Rückhalt versprach (Paul/Mallmann 1995, S. 434 ff., 494 ff.; Mallmann 1997). Derlei „Abweichung" war meist kein Resultat von Informationsdefiziten, sondern Ergebnis autonomer Entscheidungsfindung. In Dresden beispielsweise wurden die Anweisungen aus dem Exil „überprüft und fast in jedem Falle als undurchführbar abgelehnt" (BA/ZA, ZC 13934/3), und Franz Jacob – neben Anton Saefkow der Kopf der letzten großen Widerstandsgruppe in Berlin-Brandenburg – gab 1944 zu Protokoll: Pieck, Florin und Ulbricht „sind schon seit so vielen Jahren aus Deutschland heraus, daß von ihnen brauchbare Ratschläge für unsere Arbeit nicht zu erwarten seien" (BAB, NJ 1500/15). Denn gerade weil es um den eigenen Kopf ging, gebrauchte man ihn auch und war weniger denn je ein gehorsamer Parteisoldat. Umgekehrt aber bleibt festzuhalten, daß die Stimme des kommunistischen Exils in fast all den Jahren relativ gefahrlos – wenn auch oft gestört und zunehmend sanktioniert – in Deutschland zu hören war: Der parteieigene Deutsche Freiheitssender 29,8 sendete 1937–39 aus Spanien, der Deutsche Volkssender meldete sich seit September 1941 aus der Sowjetunion (Kraushaar 1964; Ostrogorski 1970; Kohlhaas 1990; → RUNDFUNK).

Auch der wohl wichtigste Erfolg der Exil-KPD in der Endphase des Krieges – die unter Mitwirkung von Pieck und Ulbricht zustande gekommene Gründung des → NATIONALKOMITEES „FREIES DEUTSCHLAND" am 12. Juli 1943 in Krasnogorsk (Duhnke 1972, S. 368 ff.; Ueberschär 1995) – hatte kaum Auswirkungen auf den innerdeutschen Widerstand, da dort Bündnispartner einer derartigen schwarzweißroten Ausrichtung weitestgehend fehlten. Unter den deutschen Kriegsgefangenen in der Sowjetunion aber besaß dieser deutsch-national drapierte Integrationsversuch, der auf jegliches marxistisch-leninistisches Vokabular verzichtete, durchaus gewisse Anziehungskraft, schuf ein für die KPD/SED nach 1945 recht beträchtliches Rekrutierungsreservoir und präformierte jene kommunistische Nachkriegspolitik, die sich durch das Aufsaugen aller patriotischen Muster im gesellschaftlichen main stream zu reetablieren hoffte (Klein 1984). Zudem fand diese Linie auch in den Resten der Exil-KPD Anhänger: Um Otto Niebergall, der bereits Anfang 1941 eine „Westleitung" der Partei für Frankreich und Belgien ins Leben gerufen hatte, entstand im Oktober 1943 ein 40köpfiges Komitee Freies Deutschland für den Westen (Pech 1974, S. 61 ff.; Mallmann/Paul 1989, S. 197 ff.). Aber auch in der Schweiz, in Schweden und einigen südamerikanischen Exilländern – insbesondere Mexiko – bildeten sich Ableger (Bergmann 1974; Müssener 1974, S. 187 ff.; Pohle 1986, S. 216 ff.; von zur Mühlen 1988, S. 124 ff.).

Zugleich aber verscheuchte der Kontakt mit den deutschen Kriegsgefangenen in der Sowjetunion alle Illusionen über den Bewußtseinsstand in der Heimat. „Eine Anzahl der besser bezahlten Arbeiter erklärte, in Deutschland sei der Sozialismus begonnen und werde nach dem Kriege vollendet", hieß es beispielsweise in einem Bericht von 1941 (Jahnke 1977, S. 364). Und Pieck schrieb 1942 an seinen Sohn: „So sehen unsere Landsleute jetzt innerlich aus. Schauderhaft. Wir werden noch viel tun müssen, um sie wieder zu vernünftig denkenden Menschen zu machen" (Voßke 1980, S. 375). Daß dieser Schock über das, was wirklich in den Köpfen der Deutschen vorging, jedoch in einer antifaschistischen Umerziehungsdiktatur wie der DDR mündete, entsprang in beträchtlichem Maße dem Faktum, daß die künftig ausschlaggebenden Kräfte der KPD/SED – Pieck, Ulbricht, Hermann Matern und Ackermann – allesamt aus dem sowjetischen Exil kamen. Die zehnjährige „babylonische Gefangenschaft" des Politbüros in Moskau „russifizierte" die KPD-Führung mehr denn je, involvierte sie in die dortigen Herrschaftspraktiken, kreierte Byzantinismus. „Notwendig ist alle Anstrengungen zu unternehmen, damit die kurze Lebensbeschreibung des Genossen Stalin an unsere Kader ins Land gegeben wird", dekretierte etwa das Politbüro im September 1940, als die Verbindungen nach Deutschland bereits extrem fragil und gefährlich geworden waren (SAPMO, I 2/3/293). Diese Mischung aus Realitätsverlust und Sendungsbewußtsein, die Erfahrung staatlicher Allmacht und der Glaube historischer Heilsgewißheit, die die „zweite Sozialisation" im sowjetischen Exil

geprägt hatten, gehörten darum wie selbstverständlich zum politisch-ideologischen Gepäck, als die kommunistischen Emigranten zurückkehrten (Benser 1985; Stößel 1985; Keiderling 1993; Erler u.a. 1994; Erler 1994; → Rückkehr aus dem Exil: Sowjetische Besatzungszone und DDR).

Der Forschungsstand ist nach wie vor von der deutschen Teilung überschattet und geprägt: In der alten Bundesrepublik waren KPD-interne Quellen kaum verfügbar, sondern hauptsächlich nur gedruckte, zur Selbstdarstellung veröffentlichte Materialien sowie Dokumente der staatlichen Überwachungsorgane. In der DDR hingegen waren die einschlägigen Quellen im ehemaligen Zentralen Parteiarchiv der SED – insbesondere die Bestände des KPD-Politbüros und seiner Abteilungen – in aller Regel als „vertraulich", oft sogar als „gesperrt" klassifiziert und nur einer handverlesenen Nomenklatura von Parteihistorikern zugänglich. Hier steht eine umfassende historiographische Erschließung an, um im Lichte dieser nunmehr verfügbaren Interna unser bisheriges Wissen zu überprüfen, möglicherweise zu korrigieren, in jedem Fall aber zu differenzieren. Ähnliches gilt für die Moskauer Komintern-Bestände, die gleichfalls – trotz beträchtlicher Anstrengungen – noch keineswegs als aufgearbeitet gelten können.

Literatur

Bankier, David (1987): The German Communist Party and Nazi Antisemitism, 1933–1938, in: Leo Baeck Institute Yearbook 32, S. 325 ff.

Benser, Günter (1985): Die KPD im Jahre der Befreiung. Vorbereitung und Aufbau der legalen kommunistischen Massenpartei (Jahreswende 1944/45 bis Herbst 1945), Berlin/DDR.

Bergmann, Karl Heinz (1974): Die Bewegung „Freies Deutschland" in der Schweiz 1943–1945, München.

Buber-Neumann, Margarete (1962): Als Gefangene bei Stalin und Hitler, München.

Dahlem, Franz (1977): Am Vorabend des zweiten Weltkrieges. 1938 bis August 1939. Erinnerungen, 2 Bde., Berlin/DDR.

Duhnke, Horst (1972): Die KPD von 1933 bis 1945, Köln.

Erler, Peter (1994): Heeresschau und Einsatzplanung. Ein Dokument zur Kaderpolitik der KPD aus dem Jahre 1944, in: Schroeder, Klaus, Hrsg.: Geschichte und Transformation des SED-Staates. Beiträge und Analysen, Berlin, S. 52 ff.

Erler, Peter, Horst Laude u. Manfred Wilke, Hrsg.

(1994): "Nach Hitler kommen wir". Dokumente zur Programmatik der Moskauer KPD-Führung 1944/1945 für Nachkriegsdeutschland, Berlin.
Erler, Peter, u. Manfred Wilke (1997): "Nach Hitler kommen wir". Das Konzept der Moskauer KPD-Führung 1944/45 für Nachkriegsdeutschland, in: Exilforschung 15, S. 102 ff.
von Flocken, Jan, u. Michael F. Scholz (1994): Ernst Wollweber. Saboteur – Minister – Unperson, Berlin.
Foitzik, Jan (1989): Die Kommunistische Partei Deutschlands und der Hitler-Stalin Pakt. Die Erklärung des Zentralkomitees vom 25. August 1939 im Wortlaut, in: Vierteljahrshefte für Zeitgeschichte 37, S. 499 ff.
Gittig, Heinz (1972): Illegale antifaschistische Tarnschriften 1933 bis 1945, Leipzig.
Herlemann, Beatrix (1982): Die Emigration als Kampfposten. Die Anleitung des kommunistischen Widerstandes in Deutschland aus Frankreich, Belgien und den Niederlanden, Königstein i.Ts.
Herlemann, Beatrix (1986): Auf verlorenem Posten. Kommunistischer Widerstand im Zweiten Weltkrieg. Die Knöchel-Organisation, Bonn.
Herlemann, Beatrix (1988): Die Kaderpolitik der KPD in Exil und Widerstand, in: Briegel, Manfred, u. Wolfgang Frühwald, Hrsg.: Die Erfahrung der Fremde. Kolloquium des Schwerpunktprogramms „Exilforschung" der Deutschen Forschungsgemeinschaft, Weinheim u.a., S. 79 ff.
In den Fängen des NKWD (1991). Deutsche Opfer des stalinistischen Terrors in der UdSSR, hrsg. vom Institut für Geschichte der Arbeiterbewegung, Berlin.
Jahnke, Karl Heinz (1977): Jungkommunisten im Widerstandskampf gegen den Hitlerfaschismus, Dortmund.
Keiderling, Gerhard, Hrsg. (1993): „Gruppe Ulbricht" in Berlin. April bis Juni 1945. Von den Vorbereitungen im Sommer 1944 bis zur Wiedergründung der KPD im Juni 1945. Eine Dokumentation, Berlin.
Klein, Michael (1984): Antifaschistische Demokratie und nationaler Befreiungskampf. Die nationale Politik der KPD 1945–1953, Berlin.
Kohlhaas, Elisabeth (1990): „Die Flamme des Weltbrandes an ihrem Ursprung austreten …". Der kommunistische Deutsche Freiheitssender 29,8, in: Exilforschung 8, S. 46 ff.
Kraushaar, Luise (1964): Zur Tätigkeit und Wirkung des „Deutschen Volkssenders" (1941–1945), in: Beiträge zur Geschichte der Arbeiterbewegung 6, S. 116 ff.
Lewin, Erwin (1993): Der Konflikt zwischen der Moskauer Parteiführung und dem Sekretariat des ZK der KPD in Paris 1939/1940, in: Weber, Hermann, u. Dietrich Staritz, Hrsg.: Kommunisten verfolgen Kommunisten. Stalinistischer Terror und „Säuberungen" in den kommunistischen Parteien Europas seit den dreißiger Jahren, Berlin, S. 275 ff.
Luks, Leonid (1985): Entstehung der kommunistischen Faschismustheorie. Die Auseinandersetzung der Komintern mit Faschismus und Nationalsozialismus 1921–1935, Stuttgart.
Mallmann, Klaus-Michael (1994): Kommunistischer Widerstand 1933–1945. Anmerkungen zu Forschungsstand und Forschungsdefiziten, in: Steinbach, Peter, u. Johannes Tuchel, Hrsg.: Widerstand gegen den Nationalsozialismus, Berlin, S. 113 ff.
Mallmann, Klaus-Michael (1997): Konsistenz oder Zusammenbruch? Profile des kommunistischen Widerstandes 1933–1945, in: Schmiechen-Ackermann, Detlef, Hrsg.: Anpassung, Verweigerung und Widerstand. Soziale Milieus, Politische Kultur und der Widerstand gegen den Nationalsozialismus in Deutschland im regionalen Vergleich, Berlin, S. 221 ff.
Mallmann, Klaus-Michael, u. Gerhard Paul (1989): Das zersplitterte Nein. Saarländer gegen Hitler, Bonn.
Mammach, Klaus, Hrsg. (1974): Die Berner Konferenz der KPD (30. Januar–1. Februar 1939), Berlin/DDR.
Mammach, Klaus, Hrsg. (1975): Die Brüsseler Konferenz der KPD (3.–15. Oktober 1935), Berlin/DDR.
von zur Mühlen, Patrik (1988): Fluchtziel Lateinamerika. Die deutsche Emigration 1933–1945: politische Aktivitäten und soziokulturelle Integration, Bonn.
Müller, Reinhard (1990): Flucht ohne Ausweg. Lebensläufe aus den geheimen „Kaderakten" der Kommunistischen Internationale, in: Exil 10, H. 2, S. 76 ff.
Müller, Reinhard (1991a): Linie und Häresie. Lebensläufe aus den Kaderakten der Komintern (II), in: Exil 11, H. 1, S. 46 ff.
Müller, Reinhard, Hrsg. (1991b): Die Säuberung. Moskau 1936: Stenogramm einer geschlossenen Parteiversammlung, Reinbek.
Müller, Reinhard (1993): Die Akte Wehner. Moskau 1937 bis 1941, Berlin.
Müssener, Helmut (1974): Exil in Schweden. Politische und kulturelle Emigration nach 1933, München.
Der Nachrichtendienst der KPD 1919–1937 (1993), hrsg. von Bernd Kaufmann, Eckhard Reisener, Dieter Schwips u. Henri Walther, Berlin.
Nitzsche, Gerhard (1968): Zur politisch-organisatorischen Führungs- und Verbindungstätigkeit des Zentralkomitees der KPD im antifaschistischen Widerstandskampf in der Anfangsperiode des zweiten Weltkrieges (1939–1941), Diss., Berlin/DDR.

Nollau, Günther, u. Ludwig Zindel (1979): Gestapo ruft Moskau. Sowjetische Fallschirmagenten im 2. Weltkrieg, München.

Ostrogorski, Wladimir (1970): Der deutschsprachige Dienst des Moskauer Rundfunks im Kampf gegen den Faschismus in Deutschland (1929–1945), Diss., Leipzig.

Paul, Gerhard, u. Klaus-Michael Mallmann (1995): Milieus und Widerstand. Eine Verhaltensgeschichte der Gesellschaft im Nationalsozialismus, Bonn.

Pech, Karlheinz (1974): An der Seite der Résistance. Zum Kampf der Bewegung „Freies Deutschland" für den Westen in Frankreich (1943–1945), Berlin/DDR.

Peters, Jan (1984): Exilland Schweden. Deutsche und schwedische Antifaschisten 1933–1945, Berlin/DDR.

Petersen, Hans Uwe (1991): Die Kommunistische Partei Deutschlands (KPD) im dänischen Exil 1939–1941/43, in: ders., Hrsg.: Hitlerflüchtlinge im Norden. Asyl und Politisches Exil 1933–1945, Kiel, S. 237 ff.

Peukert, Detlev J.K. (1980): Die KPD im Widerstand. Verfolgung und Untergrundarbeit an Rhein und Ruhr 1933 bis 1945, Wuppertal.

Pikarski, Margot (1972): Zur Entwicklung des Parteiaufbaus und der Organisationsstruktur der KPD unter den Bedingungen des antifaschistischen Kampfes der KPD in den Jahren 1933 bis 1935, Diss., Berlin/DDR.

Pikarski, Margot, u. Günter Uebel (1980): Die KPD lebt!. Flugblätter aus dem antifaschistischen Widerstandskampf der KPD 1933–1945, Berlin/DDR.

Pohle, Fritz (1986): Das mexikanische Exil. Ein Beitrag zur Geschichte der politisch-kulturellen Emigration aus Deutschland (1937–1946), Stuttgart.

Sator, Klaus (1990): Das kommunistische Exil und der deutsch-sowjetische Nichtangriffspakt, in: Exilforschung 8, S. 29 ff.

Schafranek, Hans (1990): Zwischen NKWD und Gestapo. Die Auslieferung deutscher und österreichischer Antifaschisten aus der Sowjetunion an Nazideutschland 1937–1941, Frankfurt a. M.

Scholz, Michael F. (1995): Herbert Wehner in Schweden 1941–1946, München.

Soell, Hartmut (1991): Der junge Wehner. Zwischen revolutionärem Mythos und pragmatischer Vernunft, Stuttgart.

Stößel, Frank Thomas (1985): Positionen und Strömungen in der KPD/SED 1945–1954, 2 Bde., Köln.

Stroech, Jürgen (1979): Die illegale Presse. Eine Waffe im Kampf gegen den deutschen Faschismus. Ein Beitrag zur Geschichte und Bibliographie der illegalen antifaschistischen Presse 1933 bis 1939, Frankfurt a. M.

Sywottek, Arnold (1971): Deutsche Volksdemokratie. Studien zur politischen Konzeption der KPD 1935–1946, Düsseldorf.

Ueberschär, Gerd R., Hrsg. (1995): Das Nationalkomitee „Freies Deutschland" und der Bund Deutscher Offiziere, Frankfurt a. M.

Vietzke, Siegfried (1966): Die KPD auf dem Wege zur Brüsseler Konferenz, Berlin/DDR.

Voßke, Heinz (1980): Briefe Wilhelm Piecks an Arthur Pieck, Paul Wandel und Walter Ulbricht von 1942 bis 1945, in: Beiträge zur Geschichte der Arbeiterbewegung 22, S. 372 ff.

Wachtler, Johann (1983): Zwischen Revolutionserwartung und Untergang. Die Vorbereitung der KPD auf die Illegalität in den Jahren 1929–1933, Frankfurt a. M. u. a.

Walter, Hans-Albert (1988): Das Pariser KPD-Sekretariat, der deutsch-sowjetische Nichtangriffspakt und die Internierung deutscher Emigranten in Frankreich zu Beginn des Zweiten Weltkriegs, in: Vierteljahrshefte für Zeitgeschichte 36, S. 483 ff.

Wichers, Hermann (1994): Im Kampf gegen Hitler. Deutsche Sozialisten im Schweizer Exil 1933–1940, Zürich.

Linke Kleingruppen

Jan Foitzik

Linke Kleingruppen, auch Splitter-, Zwischengruppen oder politische Sekten genannt, entstanden im Ergebnis eines Auseinanderdriftens der Arbeiterbewegung in der Weimarer Republik. Die Sammelbezeichnung umfaßt Organisationen mit vergleichsweise selbständiger programmatisch-organisatorischer Tradition wie die Freie Arbeiter-Union Deutschlands (FAUD; Bock 1969) oder den Internationalen Sozialistischen Kampfbund (ISK; Link 1964), ursprünglich abhängige Personalverbände „linker" (Bahne 1958; Alles 1978; Zimmermann 1978) und „rechter" (Tjaden 1964; Griepenburg o.J.) innerparteilicher Opposition in der KPD, organische SPD-Absplitterungen wie die Sozialistische Arbeiterpartei Deutschlands (SAPD; Drechsler 1965; Bremer 1978) oder die Revolutionären Sozialisten Deutschlands (RSD; von Freyberg 1973) sowie dissidente Gruppen, die sich zwischen den Flügeln der Arbeiterbewegung positionierten wie die ursprünglich namenlose Organisation (Org, auch Leninistische Organisation, später Gruppe Neu Beginnen genannt; Kliem 1957; Loewenheim 1995) oder die Roten Kämpfer (Ihlau 1969). Mit einem hohen Anteil von Akademikern unter ihren Mitgliedern zeichneten diese Kleingruppen besondere Resistenz, Mobilität und Multiplikatoreneigenschaften aus (Foitzik 1986).

Etwa 600 Angehörige linker Kleingruppen suchten im Exil zunächst weniger Schutz vor politischer Verfolgung, denn mit Ausnahme der Anarcho-Syndikalisten und der früheren Kommunisten waren sie nur in Ausnahmefällen polizeibekannt. Vielmehr wurden die politischen und organisatorischen Aktivitäten unmittelbar fortgesetzt und die schon vor 1933 enge Vernetzung mit politisch nahestehenden Gruppen im Ausland intensiviert. Prag als Zentrum des sozialdemokratischen und Paris als Zentrale des kommunistischen Exils waren bis 1938/39 auch die Hauptwirkungsstätten der Kleingruppen. In Prag entstanden 1933 Auslandsleitungen der SAPD und der Trotzkisten; beide wurden noch im August 1933 nach Paris verlegt. 1938/39 übersiedelte dorthin aus Prag auch das Auslandsbüro von Neu Beginnen. Ein Auslandskomitee der KPO wurde im März 1933 in Straßburg errichtet, später nach Paris und 1939 nach Stockholm verlegt. Die Auslandsleitung des ISK unter Willi Eichler befand sich ursprünglich ebenfalls in Paris, über Luxemburg ging sie 1939 nach London weiter. Die FAUD bildete in Amsterdam Ende 1933 mit der Gruppe Deutsche Anarcho-Syndikalisten eine technische Auslandsleitung.

Entlang der deutschen Grenzen arbeiteten bis zum Kriegsausbruch zahlreiche Grenzstellen für illegale Kontakte nach Deutschland. Eine Mitte der dreißiger Jahre einsetzende Westbewegung führte schon vor dem Exodus aus der CSR 1938 zu einer Konzentration der Exilierten in Frankreich. Dies war nicht nur auf die dortigen politischen Aktivitäten zurückzuführen, sondern vielfach den andernorts schwierigeren Lebensbedingungen geschuldet. Nach Spanien gingen 1936 die meisten deutschen anarcho-syndikalistischen Emigranten, etwa 50 nahmen am Bürgerkrieg teil. Nach den schweren Konflikten in Katalonien im Mai 1937 suchten die Überlebenden vor Repressalien der Negrin-Regierung vor allem in Schweden Asyl. Unter dem Schutz der schwedischen Neutralität entstand dort im Krieg eines der Hauptzentren des deutschen Exils, von dem aus beispielsweise auch die SAPD bis zum Kriegsende Kontakte nach Deutschland unterhielt. Weitere Konzentrationspunkte der Kleingruppen entstanden in Großbritannien und in den USA. Die über 200 Mitglieder zählende SAPD-Auslandsgruppe als eine größere Gruppe war 1939 auf zwölf Länder verteilt, die 150 Mitglieder und Sympathisanten von Neu Beginnen lebten 1938 in 14 Ländern, zehn Landesgruppen bildeten 1940 die ca. 70 Anhänger des deutschen Trotzkismus. Alltägliche Not und Enttäuschung über das Desinteresse des Auslands am deutschen politischen Exil führten in der zweiten Hälfte der dreißiger Jahre zu einem schleichenden „Funktionsverlust der politischen Zusammenschlüsse" (Einhart Lorenz). Tradierte organisationspolitische Konfliktlinien erodierten, während aus Alltagszusammenhängen und Solidaritätszwängen neue Loyalitätsbindungen entstanden, pragmatisch-rationale Einstellung an die Stelle früherer eschatologischer Ausschließlichkeit trat.

Ausgehend von einem Bankrott der KPD und SPD setzten SAPD, KPO und die Trotzkisten ihre Sammlungspolitik fort, bestrebt, sich in Frontstellung zu SAI und Komintern jeweils als die „neue" kommunistische Partei, als „Kristallisationspunkt" und „Zentrum" einer nationalen wie internationalen Neuformierung der politischen Arbeiterbewegung zu profilieren. Trotz gradueller Differenzen, die vielfach den unterschiedlichen Verfolgungsdruck spiegelten – so beurteilten Inlandskader der Trotzkisten und der KPO den Zerfall der KPD auch wegen ihrer Bindung an die Sowjetunion zurückhaltender als die SAPD –, wurde noch 1933 eine Zusammenarbeit zwischen Trotzkisten und der SAPD mit Richtung auf eine neue Internationale erzielt. Im Frühjahr 1934 folgte ein Bruch: In Prag schwenkte ein Teil der SAPD-Landesgruppe unter dem Einfluß von Neu Beginnen auf die 2. Internationale um, im Sommer 1934 kündigte sich auch in der SAPD-Auslandsleitung in Paris der Beginn einer solchen Umorientierung an, die – durch die artifiziellen Umstände der Exilpolitik verzerrt – erst im Oktober 1939 mit dem Austritt der SAPD aus dem Londoner Büro linkssozialistischer Parteien vollzogen werden sollte. Unter dem Eindruck der 1934 eingeleiteten einheitsfrontpolitischen Wende in der Komintern gaben schließlich auch die Trotzkisten dem äußeren politischen Druck nach und stellten das Projekt einer neuen Internationale zurück. Kooperationsgespräche zwischen der SAPD und der trotzkistischen Linken wurden zwar noch bis Mai 1935 fortgesetzt; sie wurden aber stark tangiert von der durch beide Gruppen forcierten internationalen Arbeit, in der die SAPD unter starkem Einfluß des britischen und skandinavischen Linkssozialismus stand. Aus Konkurrenz vor allem zur SAPD verweigerte die KPO ihre Teilnahme an dieser Sammlungspolitik im nationalen und internationalen Maßstab. Die Plattform der „Vereinigten Kommunistischen Partei Deutschlands" vom Frühjahr 1934 brachte die KPO wieder in die Nähe der KPD und vertiefte den schon 1933 begonnenen Zerfall des internationalen Verbundnetzes der (rechts-)kommunistischen Opposition (IVKO). Infolge der einheitsfrontpolitischen Linie der KPD nach dem VII. Weltkongreß der Komintern 1935 weitgehend ohne konzeptionelle Alternative und durch ihre prinzipielle Frontstellung gegen die KPD-Volksfrontpolitik isoliert (→ Kommunisten), geriet die KPO zunehmend ins exilpolitische Abseits. Ähnlich erging es den Trotzkisten, deren kleine Zirkel der Druck der Moskauer Prozesse in Verbindung mit der ohnehin gruppenspezifisch beschleunigten innerorganisatorischen Dynamik zusätzlich destabilisierte. Die kleine Restgruppe der deutschen Trotzkisten nahm 1938 in Paris an der Gründung der IV. Internationale teil.

Im sozialdemokratischen Gravitationsbereich (→ Sozialdemokraten) betrieben die linken Splittergruppen in den Jahren 1933/34 eine Sammlung der linksoppositionellen Kräfte auf der Grundlage ihrer politischen Konkurrenz zum SPD-Exilvorstand. Diese Arbeitslinie führte insofern zum Erfolg, als vielfach schon im Frühjahr 1933 kurzlebige spontane Zusammenschlüsse linker Exilgruppen entstanden, wie in Paris eine Deutschsprachige Sozialistische Gruppe aus SPD, KPD, SAPD und Trotzkisten; vor allem aber wurde die als Sammelbecken der Linksopposition agierende Org./Neu Beginnen im Herbst 1934 durch die SAI als integraler Bestandteil der deutschen Sozialdemokratie anerkannt, nachdem eine Linksöffnung der SAI und unter ihrem Druck auch der Exil-SPD den innerparteilichen Radikalisierungsprozeß vorübergehend stabilisiert hatte. Organisatorisch endete diese Politik jedoch kurz darauf mit einem Fiasko, als die in Prag durch Karl Frank vom Auslandsbüro Neu Beginnen mit den linken Mitgliedern im SPD-Exilvorstand, Siegfried Aufhäuser und Karl Böchel (als Vertreter eines Arbeitskreises revolutionärer Sozialisten), sowie mit der SAPD-Landesgruppe eingegangene politische Zusammenarbeit am organisatorischen Widerstand der reformistischen Mehrheit des Prager SPD-Vorstands scheiterte. Nach dem Ausschluß von Aufhäuser und Böchel aus dem SPD-Exilvorstand entstand mit den Revolutionären Sozialisten Deutschlands (RSD) 1935 eine weitere Splittergruppe.

Nach 1935 lassen sich im sozialdemokratischen Spektrum drei Arbeitsrichtungen beobachten. Die Organisierung des Widerstands in Deutschland nahm weiterhin einen wichtigen Platz ein. Diese Arbeit konzentrierte sich nunmehr auf den Bereich des gewerkschaftlichen und innerbetrieblichen Widerstands: SAPD, ISK, Neu Beginnen, RSD und teilweise KPO (ab 1936 auch unorganisierte ehemalige KPD-Mitglieder) kooperierten dabei mit der Internationalen Transportarbeiter-Föderation (ITF) und Edo Fimmen zusammen. Die Gewerkschaftsarbeit war gegen die reformistische Gewerkschaftsführung gerichtet, verzichtete aber wegen der breitgefächerten und teilweise konkurrierenden Ziele der Kleingruppen bewußt auf eine programmatische Festlegung (→ Gewerkschafter). Gleichzeitig wirkten im westeuropäischen Exil Neu Beginnen und RSD an kommunistischer freigewerkschaftlicher Arbeit mit. Nach der Saarabstimmung und definitiv nach Ausbruch des Spanischen Bürgerkriegs zeichnete sich in Exil und Untergrund immer stärker Depression ab, erschien doch die Verhinderung eines Krieges durch einen Sturz der nationalsozialistischen Diktatur immer mehr als illusorisch. Beharrungsvermögen prägte die Gruppen bereits stärker als politische Aktivität.

Um der Gefahr politischer Isolation und Marginalisierung zu entgehen, die den kommunistischen Splittergruppen damals schon weitgehend die Organisationsgrundlagen entzogen hatten, nahmen vor allem Neu Beginnen, SAPD, RSD, ISK und unabhängige linke Sozialdemokraten – trotz vielfacher Vorbehalte gegen diesen „Rummel" – ab 1935 an der Volksfrontpolitik der KPD teil; ihre Repräsentanten waren in KPD-Volksfrontausschüssen in Paris, Prag, Stockholm vertreten. 1936 entstand in Oslo eine Antifaschistische Emigrantengemeinschaft (KPD, KPO, RSD, SAPD), in Paris im gleichen Jahr ein überparteilicher Deutscher Hilfsausschuß (KPD, SAPD, ISK u. a.) und eine Aktionsgemeinschaft proletarischer Jugendorganisationen (KPD, SAPD, SAJ, KPO-Jugend). 1938 nahm die SAPD mit der KPD an der Bildung der Freien Deutschen Jugend in Brüssel teil, in Prag war außer dem KJVD die bündische und jüdische Jugend sowie die aus SAPD und Neu Beginnen bestehende Sozialistische Gruppe beteiligt, in Paris war sogar die ISK-Jugend in der Freien Deutschen Jugend vertreten. Gegen eine Instrumentalisierung durch die KPD, die mittels Kooperation der Linksgruppen mit dem SPD-Exilvorstand denselben und gleichzeitig den Pariser Volksfrontausschuß unter Druck zu setzen versuchte, wehrten sich die Gruppen recht erfolgreich, indem sie wie früher ihre

Untergrundverbindungen in Deutschland gleichermaßen gegen die KPD- wie gegen die SPD-Exilzentrale nutzten. Die Berliner Gruppe Deutsche Volksfront/Zehn-Punkte-Gruppe stellte 1936–38 als Kern einer im Untergrund neu entstehenden Einheitspartei gleichzeitig den letzten Versuch von Neu Beginnen dar (auch durch bedingte Zusammenarbeit mit Mitgliedern der KPD), das Führungsmandat des SPD-Exilvorstands wie der KPD-Exilführung ins Wanken zu bringen.

Parallel zu diesen Aktivitäten begann in Paris unter dem Druck der Moskauer Prozesse ab Ende 1936 unter dem Schirm der SPD-Landesgruppe die personelle Einbindung von Neu-Beginnen- und RSD-Mitgliedern; nach der „Kattowitzer Konferenz" der SAPD 1937 verstärkte sich die Kooperation zwischen Neu Beginnen und SAPD, Anfang 1938 begannen auch Verhandlungen des ISK mit der SAPD und der SPD-Landesgruppe Frankreich. Nach der Wiedereingliederung der RSD in die SPD wurde Anfang 1938 auch der SPD-Exilvorstand in der Konzentration der Gruppen Neu Beginnen, SAPD und SPD-Landesgruppe Frankreich initiativ. Zunächst in Prag, dann in Paris, wo auch die österreichischen Sozialisten am Konzentrationsprozeß mitbeteiligt wurden. Nach dem Scheitern der Initiative schlug im Sommer 1938 die österreichische sozialistische Emigration ein Kartell deutscher sozialistischer Organisationen vor, das sich gegen den Widerstand des SPD-Exilvorstands im Herbst 1938 unter Vorsitz von Julius Deutsch als Arbeitsausschuß deutscher Sozialisten und der Revolutionären Sozialisten Österreichs konstituierte (→ ÖSTERREICHISCHE POLITISCHE EXILORGANISATIONEN). Aufgenommen wurde im Dezember 1938 auch der ISK, gegen den wegen seiner militanten antimarxistischen Haltung Vorbehalte bestanden hatten, und die um Willi Münzenberg nach seinem KPD-Ausschluß entstandene Gruppe Freunde der sozialistischen Einheit Deutschlands. Innerhalb dieses Kartells wirkte eine interne Arbeitsgemeinschaft für sozialistische Inlandsarbeit (Neu Beginnen, SAPD, Revolutionäre Sozialisten Österreichs, Kirschmann-Gruppe des SPD-Landesverbands Frankreich). Obwohl nach der sog. Berner Konferenz der KPD 1939 vor allem die SAPD in Zugzwang geriet, wobei auch der ISK Gegenstand scharfer „antitrotzkistischer" Angriffe der Kommunisten war, zeigte sich das Linkskartell gegenüber der KPD bis zum Hitler-Stalin-Pakt im Herbst 1939 grundsätzlich verhandlungsbereit. Die Annäherung zwischen Hitler und Stalin sowie der Kriegsausbruch setzten dem programmatischen Ziel einer sozialistischen Einheitspartei unter Einschluß der Kommunisten sowie der Vorstellung von einer internationalen Mittlerrolle der deutschen Arbeiterbewegung zwischen Ost und West faktisch ein Ende. Die antifaschistische und antistalinistische Grundhaltung fanden in einem allgemeinen antitotalitären Konsens zusammen.

London als ein Zentrum des deutschen politischen Exils beherbergte im Krieg die Auslandszentrale des ISK (ca. 20 Mitglieder) und das Auslandsbüro von Neu Beginnen (ebenfalls ca. 20 Mitglieder). Auch die in England lebenden ca. 25 SAPD-Mitglieder setzten die Annäherung an den SPD-Vorstand fort. Durch die Bildung der Union deutscher sozialistischer Organisationen in Großbritannien im März 1941 wurde der interne politische Klärungsprozeß beschleunigt und faktisch die Einheit der freiheitlich-demokratischen Sozialisten verwirklicht. Neu Beginnen erkannte das Mandat des SPD-Vorstands ohne Gegenleistung an, ISK und SAPD agierten als selbständige Organisationen auf Kartellbasis und gaben ihren Sonderstatus erst nach Kriegsende auf (Röder 1973). In Schweden waren der Einschmelzung der etwa 15köpfigen SAPD-Gruppe im Oktober 1944 größere Auseinandersetzungen vorausgegangen als in London. Wie dort erfolgte die Annäherung der Gruppen an die SPD zuerst im gewerkschaftlichen Bereich, nachhaltig befördert wurde sie in Schweden durch übernationale Kooperationszusammenhänge im Rahmen der 1942 entstandenen Internationalen Gruppe demokratischer Sozialisten, Arbeitskreis für Friedensfragen (sog. Kleine Internationale), an deren Planungsarbeit für eine europäische Nachkriegsordnung auch Willy Brandt (SAPD), Fritz Tarnow (SPD) und Bruno Kreisky (RSÖ) teilnahmen (Müssener 1974; Misgeld 1976). In den USA hingegen, wo die 1939 durch Friedrich Stampfer (SPD) gegründete German Labor Delegation und der im August 1941 unter deren Ägide entstandene German-American Council for the Liberation of Germany from Nazism wie auch seine Nachfolgeorganisation – die Association of Free Germans – aus antikommunistischer Einstellung heraus jede einheits- und volksfrontpolitische Kooperation ablehnten, hemmte der tradierte Gegensatz zwischen Neu Beginnen und der SPD-Vorstandsmehrheit nachhaltig die Annäherung. Neu Beginnen, im amerikanischen Exil ab 1935 mit der Sponsorengruppe American Friends of German Freedom (Nachfolgeorganisation Association for a Democratic Germany) präsent und ab 1939 durch Paul Hagen (d. i. Karl Frank) repräsentiert, nahm ab

Frühjahr 1944 mit Vertretern anderer Kleingruppen, der KPD, der SPD-Linken und Parteilosen federführend an der Arbeit des Council for a Democratic Germany (CDG) teil, der auf überparteilicher Basis als Reaktion auf das Moskauer Nationalkomitee „Freies Deutschland" entstand. Nach der Jalta-Konferenz wurde der CDG allerdings paralysiert, noch 1945 traten seine nichtkommunistischen Mitglieder aus Protest gegen die Deutschland-Politik der KPD aus (Radkau 1973; Langkau-Alex/Ruprecht 1995).

Der Einigungsprozeß im Exil repräsentierte nicht nur tradierte politische Intentionen, sondern spiegelte gleichzeitig das Desinteresse der Westalliierten an Verbindungen mit der deutschen Opposition wider, die unmißverständlich in der Casablanca-Forderung Churchills und Roosevelts nach bedingungsloser Kapitulation der Achsenmächte im Januar 1943 zum Ausdruck kam. Die innenpolitischen Verhältnisse in den Gastländern wirkten sich beispielsweise auf die Kooperationsbereitschaft mit Kommunisten aus: In England blieben die Gruppen der freideutschen Bewegung gänzlich fern, während in Schweden oder in den USA die Kooperation mit Kommunisten weniger tabuisiert war. Auf exilspezifische Konstellationen sind auch die unterschiedlich gesetzten „revolutionären" Akzente in den zwischen 1943 und 1945 veröffentlichten bzw. erarbeiteten Nachkriegsplänen der einzelnen Landesgruppen zurückzuführen, die meistens nur noch in Grundzügen und nicht immer widerspruchsfrei früher von den linken Kleingruppen vertretene Positionen transportierten. Insgesamt ging jedoch der Konzentrationsprozeß nicht mit einer politisch-programmatischen Nivellierung einher, sondern blieb auf der Basis des individuellen „westlichen" Freiheitsbegriffs durch integralen Pluralismus gekennzeichnet.

Das Konzept des „Dritten Weges", also das Programm einer europäischen sozialistischen Revolution und in deren Folge einer antistalinistischen Demokratisierung der Sowjetunion – mittelbar also die Frage der „Ost-Orientierung" und die Idee einer deutschen Mittlerrolle zwischen Ost und West –, fokussierte die politischen Ziele der linken Kleingruppen. Um diesen Fixpunkt war eine breite Palette systemischer Ordnungsvorstellungen gefächert, deren bunte Farbskala alle Schattierungen demokratischer und liberaler Ordnungsbilder enthielt. Wie in den Nachkriegsplänen dokumentiert wurde, waren viele Programmpunkte – etwa die 1933 durch die „Linken" Aufhäuser und Böchel erhobene Forderung nach einer „Erziehungsdiktatur" – beim Kriegsende auch Gemeingut „rechter" Sozialdemokraten wie Fritz Tarnow geworden, im Umfeld des ISK entstandene oder durch einige Vertreter von Neu Beginnen entwickelte wirtschaftsliberale Ordnungsvorstellungen sind mit dem Neoliberalismus Wilhelm Röpkes oder Alexander Rüstows vergleichbar. Spezifisch „links" waren nicht einmal einige Elemente des „Dritten Weges" geblieben. Dieses Konzept, in voller Bandbreite durch SAPD, Neu Beginnen und RSD vertreten, geriet schon im Sommer 1939 ins Wanken. Doch nach dem Überfall auf die Sowjetunion 1941 waren wieder Schwankungen in der früheren Position des Antistalinismus zu verzeichnen, und „das Wiederaufleben einer 'Ostorientierung' machte sich auch noch im folgenden Jahr bemerkbar" (Röder 1973, S. 110). In England korrigierte dann Richard Löwenthal 1943 die vornehmlich von Neu Beginnen vertretene Konzeption einer deutschen Revolution zwischen den Weltmächten, in den USA geriet allerdings Paul Hagen mit der in Analogie zu der nach dem Ersten Weltkrieg entstandenen Situation in *Germany after Hitler* (New York 1944) vertretenen Vorstellung von einer durch die Besatzungsmächte tolerierten deutschen Revolution ins politische Abseits (→ DEUTSCHLAND NACH HITLER).

Wirkungsvoll war die Stabilisierung und Aktivierung isolierter und politisch vielfach desorientierter Traditionsgruppen durch die nach Deutschland gerichtete publizistische Offensive des Exils insbesondere vor Kriegsende und unmittelbar danach mittels illegaler Flugschriften, im Krieg auch über die BBC und zeitweilig 1940–42 durch den britischen „grauen" Rundfunk-Sender der Europäischen Revolution betrieben (Pütter 1981, 1986). Gleiches gilt auch für den publizistischen Beitrag ehemaliger Mitglieder linker Kleingruppen zur Vermittlung eines realistischen und differenzierten Deutschlandbildes in den Gastländern. Dessen politische Bandbreite schloß sogar vereinzelte Anhänger des sog. Vansittartismus und des Morgenthau-Plans ein. In der Tradition deutscher Bedrohungsängste bewegte sich auch Ruth Fischers „journalistischer Kampf gegen den Stalinismus, dem sie in Deutschland weitgehend selbst den Boden bereitet hatte" (Krohn 1995, S. 39). Generell wird der Einfluß deutscher Emigranten auf alliierte Nachkriegsplanung und Besatzungspolitik von der Forschung sehr kontrovers beurteilt; als Desiderat ist in diesem Zusammenhang auch die Interaktionsgeschichte der Gruppen im Krieg anzusprechen.

Die überdurchschnittliche Rückkehrbereitschaft von Mitgliedern ehemaliger linker Kleinorganisationen trug zu einem durch tagespolitische Einflüsse verzerrten Bild bei, wonach ihr politisches Engagement in der SPD auf weiten Strecken den Prozeß der Modernisierung der Sozialdemokratie zu einer weitgehend entideologisierten pluralistischen Integrationspartei mit allgemein demokratischem Anspruch getragen hätte. Zwar gilt die Geschichte der Splittergruppen in Exil und Widerstand als Bestandteil der sozialdemokratischen Traditionslinie, insbesondere im Hinblick auf ihren antitotalitären Konsens und ihre Integrationskraft auf freiheitlich-pluralistischer Basis, gleichwohl ist diese Darstellung insofern unvollständig, als sie die komplizierte föderalistische Struktur der inneren Parteientwicklung weitgehend ausblendet. In diesem Kontext verdiente auch die provozierende Gegenüberstellung des „revisionistischen Exils" und der „revolutionären Spontaneität" der deutschen Arbeiterschaft (Arbeiterinitiative 1976; Borsdorf/Niethammer 1976) wie der von Harold Hurwitz (1983f.) mit der Theorie der „kognitiven Dissonanz" geleistete imposante Brückenschlag erneutes Forschungsinteresse. Denn die schon von Erich Matthias (1952) aufgeworfene und seitdem nur kontrovers beantwortete Frage nach Stellenwert und Tragweite der programmatischen Radikalisierung im sozialdemokratischen Exil berührt unmittelbar die Diskussion über die „Verwestlichung" der Sozialdemokratie wie die „Sowjetisierung" des Kommunismus und damit das Anathema der deutschen Zeitgeschichte schlechthin. Ob es vermutlich nur der anekdotischen Ironie der Geschichte anzurechnen war, daß die 1946 entstandene Sozialistische Einheitspartei Deutschlands (SED) in Moskau ursprünglich insgeheim unter der Bezeichnung Sozialistische Arbeiterpartei Deutschlands (SAPD) geplant worden war, ist nur eine Fußnote wert. Hilfreich wäre es allemal, den organisations- und politikgeschichtlichen Forschungsstand anhand der Überlieferungen der früher unzugänglichen SED-Archive zu überprüfen und zu erweitern, zumal sich abzeichnet, daß es dem Abwehrapparat der KPD/SED mit seinen fast unbeschränkten und der DDR-Geschichtsschreibung mit ihren sehr bescheidenen Mitteln nicht annähernd gelungen war, die Reichweite der personalen Infiltration der KPD durch die in der SED-Geschichtsschreibung tabuisierten linken Kleingruppen zu durchschauen.

Literatur

Arbeiterinitiative 1945 (1976). Antifaschistische Ausschüsse und Reorganisation der Arbeiterbewegung in Deutschland, hrsg. von Lutz Niethammer, Ulrich Borsdorf u. Peter Brandt, Wuppertal.

Alles, Wolfgang (1978): Zur Politik und Geschichte der deutschen Trotzkisten ab 1930, Dipl.-Arb., Mannheim.

Bahne, Siegfried (1958): Der Trotzkismus in Deutschland 1931–1933. Ein Beitrag zur Geschichte der KPD und der Komintern, Diss., Heidelberg.

Biographisches Handbuch der deutschsprachigen Emigration nach 1933/International Biographical Dictionary of Central European Emigrés 1933–1945 (1980–1983), hrsg. vom Institut für Zeitgeschichte, München, u. von der Research Foundation for Jewish Immigration, New York, unter der Gesamtleitung von Werner Röder u. Herbert A. Strauss, 3 Bde., München u.a.

Bock, Hans Manfred (1969): Syndikalismus und Linkskommunismus von 1918 bis 1923, Meisenheim a. Gl.

Borsdorf, Ulrich, u. Lutz Niethammer, Hrsg. (1976): Zwischen Befreiung und Besatzung. Analysen des US-Geheimdienstes über Positionen und Strukturen deutscher Politik 1945, Wuppertal.

Bremer, Jörg (1978): Die Sozialistische Arbeiterpartei Deutschlands (SAP). Untergrund und Exil 1933–45, Frankfurt a.M.–New York.

Briegel, Manfred, u. Wolfgang Frühwald, Hrsg. (1988): Die Erfahrung der Fremde. Kolloquium des Schwerpunktprogramms „Exilforschung" der Deutschen Forschungsgemeinschaft, Weinheim u.a.

Buschak, Willy (1985): Das Londoner Büro. Europäische Linkssozialisten in der Zwischenkriegszeit, Amsterdam.

Drechsler, Hanno (1965): Die Sozialistische Arbeiterpartei Deutschlands (SAPD). Ein Beitrag zur Geschichte der deutschen Arbeiterbewegung am Ende der Weimarer Republik, Meisenheim a. Gl.

Foitzik, Jan (1986): Zwischen den Fronten. Zur Politik, Organisation und Funktion linker politischer Kleinorganisationen im Widerstand 1933 bis 1939/40, Bonn.

Foitzik, Jan (1988): Revolution und Demokratie. Zu den Sofort- und Übergangsplanungen des sozialdemokratischen Exils für Deutschland 1943–1945, in: IWK 3, S. 308 ff.

von Freyberg, Jutta (1973): Sozialdemokraten und Kommunisten. Die Revolutionären Sozialisten Deutschlands vor dem Problem der Aktionseinheit 1934–1937, Köln.

Glees, Anthony (1982): Exile Politics during the Second World War. The German Social Democrats in Britain, Oxford.

Griepenburg, Gerlinde (o.J.): Der Widerstandskampf der Kommunistischen Partei Deutschlands (Opposition) (KPDO) gegen das Dritte Reich 1933 bis 1936, MA Marburg.

Hirschfeld, Gerhard, Hrsg. (1983): Exil in Großbritannien. Zur Emigration aus dem nationalsozialistischen Deutschland, Stuttgart.

Hurwitz, Harold (1983 f.): Demokratie und Antikommunismus in Berlin, 3 Bde., Köln.

Ihlau, Olaf (1969): Die Roten Kämpfer. Ein Beitrag zur Geschichte der Arbeiterbewegung in der Weimarer Republik und im Dritten Reich, Meisenheim a. Gl.

Kliem, Kurt (1957): Der sozialistische Widerstand gegen das Dritte Reich, dargestellt an der Gruppe „Neu Beginnen", Diss., Marburg.

Klotz, Johannes (1983): Das „kommende Deutschland". Vorstellungen und Konzeptionen des sozialdemokratischen Parteivorstandes im Exil 1933–1945 zu Staat und Wirtschaft, Köln.

Krohn, Claus-Dieter (1987): Wissenschaft im Exil. Deutsche Sozial- und Wirtschaftswissenschaftler in den USA und die New School for Social Research, Frankfurt a. M.

Krohn, Claus-Dieter (1995): Der Council for a Democratic Germany, in: Langkau-Alex/Ruprecht, S. 17 ff.

Langkau-Alex, Ursula (1977): Volksfront für Deutschland?, Bd. 1: Vorgeschichte und Gründung des Ausschusses zur Vorbereitung einer deutschen Volksfront, 1933–1936, Frankfurt a. M.

Langkau-Alex, Ursula, u. Thomas M. Ruprecht, Hrsg. (1995): Was soll aus Deutschland werden? Der Council for a Democratic Germany in New York 1944–1945. Aufsätze und Dokumente, Frankfurt a. M.–New York.

Lemke-Müller, Sabine (1996): Ethik des Widerstandes. Der Kampf des Internationalen Sozialistischen Kampfbundes (ISK) gegen den Nationalsozialismus, Bonn.

Link, Werner (1964): Die Geschichte des Internationalen Jugend-Bundes (IJB) und des Internationalen Sozialistischen Kampfbundes (ISK), Meisenheim a. Gl.

Lorenz, Einhart (1992): Exil in Norwegen. Lebensbedingungen und Arbeit deutschsprachiger Flüchtlinge 1933–1943, Baden-Baden.

Loewenheim, Walter (1995): Geschichte der Org (Neu Beginnen) 1929–1935. Eine zeitgenössische Analyse, hrsg. von Jan Foitzik, Berlin.

Matthias, Erich (1952): Sozialdemokratie und Nation. Ein Beitrag zur Ideengeschichte der sozialdemokratischen Emigration in der Prager Zeit des Parteivorstandes 1933–1938, Stuttgart.

Mehringer, Hartmut (1989): Waldemar von Knoeringen. Eine politische Biographie. Der Weg vom revolutionären Sozialismus zur sozialen Demokratie, München.

Misgeld, Klaus (1976): Die „Internationale Gruppe demokratischer Sozialisten" in Stockholm 1942–1945. Zur sozialistischen Friedensdiskussion während des Zweiten Weltkriegs, Bonn-Bad Godesberg.

von zur Mühlen, Patrik (1983): Spanien war ihre Hoffnung. Die deutsche Linke im Spanischen Bürgerkrieg 1936 bis 1939, Bonn.

von zur Mühlen, Patrik (1988): Fluchtziel Lateinamerika. Die deutsche Emigration 1933–1945: politische Aktivitäten und soziokulturelle Integration, Bonn.

Müssener, Helmut (1974): Exil in Schweden. Politische und kulturelle Emigration nach 1933, München.

Petersen, Hans-Uwe, Hrsg. (1991): Hitlerflüchtlinge im Norden. Asyl und politisches Exil, Kiel.

Pohle, Fritz (1986): Das mexikanische Exil. Ein Beitrag zur Geschichte der politisch-kulturellen Emigration aus Deutschland, Stuttgart.

Pütter, Conrad (1981): Der „Sender der Europäischen Revolution" im System der britischen psychologischen Kriegsführung gegen das Dritte Reich, in: Frühwald, Wolfgang, u. Wolfgang Schieder, Hrsg.: Leben im Exil. Probleme der Integration deutscher Flüchtlinge im Ausland 1933–1945, Hamburg, S. 168 ff.

Pütter, Conrad (1986): Rundfunk gegen das „Dritte Reich". Ein Handbuch, München u. a.

Radkau, Joachim (1971): Die deutsche Emigration in den USA. Ihr Einfluß auf die amerikanische Europapolitik 1933–1945, Düsseldorf.

Redmer, Axel (1987): Wer draußen steht, sieht manches besser. Biographie des Reichstagsabgeordneten Emil Kirschmann, Birkenfeld.

Röder, Werner (1973): Die deutschen sozialistischen Exilgruppen in Großbritannien 1940–1945, Bonn.

Seebacher-Brandt, Brigitte (1984): Ollenhauer. Biedermann und Patriot, Berlin.

Stöver, Bernd (1996): Berichte über die Lage in Deutschland. Die Meldungen der Gruppe Neu Beginnen aus dem Dritten Reich 1933–1936, Bonn.

Tjaden, Karl Hermann (1964): Struktur und Funktion der „KPD-Opposition" (KPO). Eine organisationssoziologische Untersuchung zur „Rechts"-Opposition im deutschen Kommunismus zur Zeit der Weimarer Republik, Meisenheim a. Gl.

Walter, Hans-Albert (1978 ff.): Deutsche Exilliteratur 1933–1950, 6 Bde., Stuttgart.

Zimmermann, Rüdiger (1978): Der Leninbund. Linke Kommunisten in der Weimarer Republik, Düsseldorf.

Österreichische politische Exilorganisationen

Peter Schwarz

Unter Exilorganisationen werden im folgenden von Exilanten gegründete politischen Interessenvertretungen verstanden, in denen sich diese weltanschaulich verankert wußten, dementsprechende politische Propaganda betrieben, aber auch Nachkriegskonzepte entwarfen. Nicht wenigen Exilanten vermittelten sie auch ein Gefühl der Heimat in der Fremde. Einerseits bildeten die Exilorganisationen den politisch-institutionellen Rahmen, innerhalb dessen sich die politische Meinungs- und Interessenaustragung des österreichischen Exils vollzog, andererseits fungierten sie auch als Repräsentationsorgane des österreichischen Exils nach außen, deren Hauptaufgabe es war, wichtige politische Kontakte zu offiziellen und inoffiziellen Stellen der Exilländer herzustellen.

Die sukzessive Beseitigung der Demokratie in den Jahren 1933 und 1934, die Errichtung einer autoritären Regierungsdiktatur und die systematische Zerschlagung der Arbeiterbewegung bildeten die politischen Voraussetzungen für die Emigration von 1934. Unmittelbar ausgelöst wurde die Fluchtwelle durch den Ausgang der Februarkämpfe von 1934, der das Verbot der demokratischen Arbeiterorganisationen und die Verhaftung von Tausenden Funktionären und Anhängern der Arbeiterbewegung nach sich zog. Die Notwendigkeit, Österreich umgehend zu verlassen, stellte sich vor allem für führende Funktionäre der aufgelösten Sozialdemokratischen Partei (SDAP), der Kommunistischen Partei (KPÖ), die bereits im März 1933 in die Illegalität gedrängt worden war, und für zahlreiche Funktionäre der verbotenen Gewerkschafts- und Jugendorganisationen sowie für jene Arbeiter bzw. Mitglieder des Republikanischen Schutzbundes, die aktiv an den Februarkämpfen teilgenommen hatten (Stadler 1974, S. 45 ff.). Als Exilländer bevorzugten sie hauptsächlich die Tschechoslowakei und die Sowjetunion. Sozialdemokraten und Kommunisten organisierten in der ČSR ihre Auslandsleitungen. Otto Bauer, maßgeblicher Theoretiker des Austromarxismus, übernahm die Leitung des Auslandsbüros der österreichischen Sozialdemokraten (ALÖS), das in Brünn eingerichtet wurde und in regem Kontakt mit den Revolutionären Sozialisten (RS) stand, der größten illegalen Nachfolgeorganisation der verbotenen SDAP. Es war Otto Bauer, der für eine Anerkennung der Revolutionären Sozialisten als legitime Nachfolger der „alten" Partei eintrat. Für sein Brünner Büro lehnte er jeden Anspruch auf die Führung der „neuen" Partei kategorisch ab, diese müsse von den Funktionären im Land selbst wahrgenommen werden (Stadler 1974, S. 149 ff.; Maimann 1975, S. 32 f.). Durch diese Haltung hatte er sich und seinem Büro weiterhin einen nachhaltigen Einfluß auf die sozialistische Exilpolitik gesichert, was keinesfalls a priori selbstverständlich war, wurde er doch zusammen mit Julius Deutsch von vielen Funktionären der RS für das Versagen der „alten" Sozialdemokratie verantwortlich gemacht. Seine politische Autorität blieb hingegen gerade im intellektuell-charismatischen Bereich nach wie vor unangefochten. Vordringliche Aufgabe des Auslandsbüros war einerseits die Herstellung und Aufrechterhaltung einer permanenten Verbindung zur illegalen Partei in Österreich, andererseits die Information der internationalen Öffentlichkeit über die politischen Verhältnisse in Österreich nach dem Februar 1934. Die enge Zusammenarbeit mit der Sozialistischen Arbeiter-Internationale (SAI), deren Sekretär der Österreicher Friedrich Adler war, erwies sich dabei als vorteilhaft. Das ALÖS setzte die Tradition der *Arbeiter-Zeitung* fort und gab darüber hinaus die Zeitschrift *Der Kampf* heraus, die eindeutig die Handschrift Otto Bauers trug. Beide Blätter wurden regelmäßig nach Österreich eingeschmuggelt und dort illegal verteilt. Unter Beteiligung des Brünner Büros fanden ferner zahlreiche Konferenzen illegaler österreichischer Arbeiterorganisationen statt, die die Regierungen Dollfuß und Schuschnigg erfolglos zu verhindern suchten. Nach dem ALÖS wurde in Brünn auch die Auslandsvertretung der Freien Gewerkschaften installiert (Stadler 1974, S. 159 ff.; Kreissler 1986, S. 12 f.; Steiner o. J., S. 11 f.).

Das Zentralkomitee der KPÖ verlegte seinen Sitz nach Prag. Zu seinen Mitgliedern zählten u. a. der Generalsekretär der KPÖ Johann Koplenig und Ernst Fischer, der 1935 auch zum KPÖ-Vertreter bei der Komintern avancierte. Das ZK veröffentlichte von seinem Prager Exil aus die Parteizeitung *Die Rote Fahne* und das theoretische Organ *Weg und Ziel*. Auf dem VII. Kominternkongreß 1935 legten sich die kommunistischen Parteien auf die Volksfrontstrategie im Kampf gegen den in Europa aufkeimenden Faschismus fest. Wie die gesamte Linke vertrat auch die KPÖ zunächst den Standpunkt, Österreichs Zukunft sei mit der Integration in ein revolutionäres, sozialistisches Deutschland verbunden. Erst mit den theoretischen Arbeiten von Alfred Klahr fand eine allmähliche Umorientierung statt, die in die Erkenntnis von der nationalen Eigenstaatlichkeit mündete (Maimann 1975, S. 24 ff.; Kreissler 1986, S. 12).

Ein Teil der Schutzbündler und Kommunisten emigrierte über die ČSR in die Sowjetunion. Auf die anfängliche Begeisterung folgte jedoch alsbald eine regelrechte Ernüchterung, was viele dazu veranlaßte, in ihre Heimat zurückzukehren. Für den Zeitraum Juli 1934 bis Juni 1941 lassen sich aus den Schutzbundreihen über 230 Rückkehrer konstatieren. Viele von denen, die blieben, gerieten während der stalinistischen Säuberungen (Kaderüberprüfungen) in die Fänge des NKWD. Die Opferzahlen gingen in die Hunderte (McLoughlin/Schafranek 1993).

Nach Ausbruch des Spanischen Bürgerkriegs 1936 und der Gründung internationaler antifaschistischer Freiwilligenverbände meldeten sich Hunderte österreichische Exilsozialisten, -kommunisten und -schutzbündler vor allem aus der Tschechoslowakei und der Sowjetunion für den bewaffneten Kampf auf seiten der Internationalen Brigaden. Mit Hilfe der Exilorganisationen in Prag und Brünn konnten aus Österreich an die 1 500 Volontäre nach Spanien gelangen (Stadler 1974, S. 261 ff.; Landauer 1986, S. 369 f.; → DEUTSCHSPRACHIGE EMIGRANTEN IM SPANISCHEN BÜRGERKRIEG).

Eine viel größere politische Fluchtwelle wurde mit der Besetzung Österreichs durch die deutsche Wehrmacht ausgelöst. Neben Sozialisten und Kommunisten sahen sich nun auch Legitimisten, Konservative und Exponenten des Ständestaates zur Flucht gezwungen. Die österreichischen Exilanten fanden in den meisten Flucht- bzw. Aufnahmeländern politische, gesellschaftliche und rechtliche Voraussetzungen vor, die die Möglichkeit einer effizienten Exilpolitik begrenzten und die Gründung bzw. Entfaltung von Exilorganisationen eher behinderten als förderten. Relativ günstige Voraussetzungen boten sich den österreichischen Exilorganisationen vor allem in Frankreich (bis 1940), in Großbritannien und – wenn man vom Antikommunismus absieht – in den USA, weshalb sich das österreichische politische Exil schwergewichtig in diesen drei Ländern konzentrierte. Dennoch waren die österreichischen Exilorganisationen auch in diesen Ländern mit einer Fülle an Schwierigkeiten konfrontiert. Einige seien stellvertretend herausgegriffen: An erster Stelle der Problemliste stand der stets spürbare Geldmangel, der u. a. aus einer notwendigen, aber teuren Öffentlichkeitsarbeit, aus Mietzahlungen für Räumlichkeiten, Telefon- und Postgebühren sowie Personalkosten und Mitarbeiterhonoraren resultierte. So drückte die Geldnot die Exilsozialisten in New York dermaßen, daß sie sich beispielsweise kein Klubhaus mit täglichem Betrieb leisten konnten. Ihre notwendigsten Ausgaben finanzierten sie mit Privatdarlehen, die Muriel Gardiner-Buttinger, die Frau des Obmanns der RS Joseph Buttinger, Friedrich Adler gewährte. Nach Kriegsende war Adler bei Buttinger mit 10 000 US-Dollar verschuldet. Die Exilorganisationen litten sowohl unter der mangelnden Unterstützung der teilweise mit deutschnationalen Ideen sympathisierenden „Altimmigranten" als auch unter der politischen Enthaltsamkeit jüdischer Emigranten, die durch ein riskantes, politisches Engagement ihre Einbürgerung bzw. ihre Aufenthaltsgenehmigung gefährdet sahen. Indifferenz und Mißtrauen seitens der einheimischen Bevölkerung verstärkten bei Exilorganisationen und -politikern das Gefühl der Isolation (Österreicher im Exil 1995, S. 537 f., 231 ff.).

Nach dem deutschen Einmarsch in Österreich wurde das Brünner Auslandsbüro der österreichischen Sozialdemokraten (ALÖS) aufgelöst. Otto Bauer verlegte seine Tätigkeit nach Paris, wo er mit führenden Funktionären der illegalen Bewegung aus Österreich zusammentraf. An die Stelle des ALÖS trat nun die Auslandsvertretung der österreichischen Sozialisten (AVÖS), der mit Ausnahme Bauers nur ZK-Mitglieder der Revolutionären Sozialisten angehörten. Diese Regelung stellte einen Kompromiß zwischen den Vertretern der „alten" Sozialdemokratie (Bauer, Deutsch) und den Führern der RS dar, ihr war eine längere, sehr heftig geführte Auseinandersetzung um die Gestaltung der sozialistischen Exilpolitik vorangegangen; die Frage, welche Rolle die Repräsentanten der „alten" Partei künftig spielen sollten, war dabei im Mittelpunkt gestanden. Die RS entschieden den Streit schließlich für sich: Joseph Buttinger fungierte demnach als Obmann der AVÖS, Josef Podlipnig wurde für die Inlandsarbeit eingesetzt und Manfred Ackermann mit der Emigrantenorganisierung betraut. Die *Arbeiter-Zeitung* wurde eingestellt, statt dessen erhielten die RS ihr eigenes Publikationsorgan, die *RS-Korrespondenz*. Otto Bauer übernahm die Herausgabe der Zeitschrift *Der Kampf*, die in *Der sozialistische Kampf* umbenannt wurde. Zu all dem wurde der AVÖS eine beratende Körperschaft zur Seite gestellt, die im Laufe der Zeit eine immer wichtigere Rolle spielen sollte. Der plötzliche Tod Bauers im Juli 1938 ließ die alten internen Machtkämpfe wieder aufflammen, als Julius Deutsch den Anspruch erhob, die Nachfolge Bauers in der AVÖS antreten zu wollen. Das Ansinnen von Deutsch wurde von den RS erfolgreich abgewehrt, Friedrich Adler übernahm selbst die Funktion Bauers. Die Herausgabe des *Sozialistischen Kampfs* fiel an Oscar Pollak, Otto Leichter und Joseph Buttinger (Goldner 1972; Schwager 1984, S. 17 ff.; Österreicher im Exil 1984, S. 10 ff.).

Im französischen Exil wurden von der AVÖS zwei Grundsatzentscheidungen getroffen, die die sozialistische Exilpolitik auf Jahre hinaus prägten: Einerseits einigte sich die Auslandsvertretung – der Argumentation Otto Bauers folgend – auf eine klare Negierung der Wiederherstellung Österreichs; eine gesamtdeutsche Revolution sollte die Befreiung vom Nationalsozialismus bringen. Andererseits wurde eine Zusammenarbeit sowohl mit konservativ-legitimistischen Gruppen als auch mit den Kommunisten abgelehnt. Von den Kommunisten trennten sie vor allem die unterschiedlichen Standpunkte in der Frage der österreichischen Nation. Das Spannungsverhältnis zwischen Exilsozialisten und -kommunisten wurde durch den Nichtangriffspakt zwischen Hitler und Stalin noch verschärft, die Einheits- und Volksfrontstrategie der KP ging damit ebensowenig in Erfüllung wie die These Otto Bauers vom „integralen Sozialismus" (Schwager 1984, S. 21 ff.). Mit dem Einmarsch deutscher Truppen in Frankreich wurde die AVÖS vorübergehend nach Montauban im Département Tarn et Garonne verlegt. Das sozialistische Exil verlagerte sich nun zwangsläufig nach Großbritannien und in die USA. Anfang 1940 kam es in London zur Gründung des Austrian Labour Clubs, der in Struktur und Aufbau der Tradition der Arbeiterheime entsprach. Gemäß der von der AVÖS beschlossenen Leitlinien beschränkte er sich auf eine reine Klubtätigkeit, gegenüber der Masse der Emigranten blieb er politisch passiv, da die Flüchtlinge in ihrer politischen Struktur nicht als repräsentativ für die Verhältnisse in Österreich angesehen wurden. Ende Februar 1940 erschien die erste Nummer der *London Information*, die den Sozialisten bis 1946 als Informations- und Schulungsorgan diente. Einige Klubmitglieder bildeten im April 1941 ein beratendes Organ, das London Bureau of the Austrian Socialists in Great Britain, das sich formell den mehrheitlich nach New York emigrierten Mitgliedern der AVÖS unterstellte (Weber 1977; Österreicher im Exil 1992, S. 157 ff.). Die Leitung des Londoner Büros oblag Oscar Pollak, Karl Czernetz und dem 1942 aus Schweden kommenden Gewerkschaftsführer Franz Novy. Das Büro erfüllte einen vielfältigen Aufgabenbereich: Es stellte Kontakte zu britischen Regierungsstellen, Politikern, Gewerkschaftern und Journalisten her, informierte die Labour Party und die exilierten Schwesterparteien über österreichische Fragen und arbeitete schließlich zum Zweck einer wirksamen Öffentlichkeitsarbeit mit der BBC zusammen. Über die *London Information* wandte sich das Büro publizistisch an interessierte Kreise, Mitglieder wurden hingegen durch gelegentliche Rundbriefe informiert. Das London Bureau blieb bis 1943 sowohl hinsichtlich der „nationalen Frage" als auch in bezug auf die Frage der Bildung einer österreichischen Exilvertretung strikt auf der Linie der Beschlüsse der AVÖS (Maimann 1975, S. 86 ff.; Österreicher im Exil 1992, S. 158 f.; Muchitsch 1995, S. 23 ff.).

Einige Sozialdemokraten wichen gerade in diesen Kernfragen von der offiziellen Richtlinie ab, wahrten Distanz zu den Organisationen der Exilsozialisten oder gliederten sich aus der offiziellen Vertretung aus. Der Publizist Julius Braunthal etwa vertrat die Idee der Wiederherstellung einer einheitlichen Internationale, stand aus diesem Grund dem London Bureau ziemlich fern und ging seinen eigenen Weg: Zusammen mit Sir Stafford Cripps und Michael Foot arbeitete er in der Redaktion des sozialistischen Organs *Tribune*. 1941 war er Mitbegründer des *International Socialist Forum*, der Beilage der *Left News*. Der ehemalige Nationalratsabgeordnete Heinrich Allina wiederum, der wegen seiner Mitwirkung an der Gründung des von Legitimisten initiierten Austria Office aus der Partei ausgeschlossen worden war, rief im Februar 1940 die Association of Austrian Social Democrats in Great Britain ins Leben. Die Allina-Gruppe, die ca. 50 Mitglieder zählte, arbeitete im Austria Office mit Bürgerlichen und Monarchisten zusammen. Ebenso den Weg der Sezession beschritt die League of Austrian Socialists in Great Britain, die von der steirischen Nationalratsabgeordneten Marie Köstler geleitet wurde. Zusammen mit der Allina-Gruppe schloß sich ihre Fraktion dem Free Austrian Movement (FAM) an, einer Dachorganisation, die bürgerlich-legitimistische und kommunistische Gruppen vereinigte, in der aber die Kommunisten von Anfang an federführend waren. Die offiziellen sozialistischen Exilorganisationen lehnten den Beitritt zum FAM entschieden ab, da es von ihnen als kommunistische Tarnorganisation eingestuft wurde (Maimann 1975, S. 82 f.; Weber 1977; Österreicher im Exil 1992, S. 154 ff.).

Der Großteil der Mitglieder der AVÖS gelangte 1940 nach New York. Die kollektive Identität der österreichischen Sozialisten war im amerikanischen Exil besonders erschüttert: In Europa waren zu diesem Zeitpunkt beinahe alle sozialdemokratischen Parteien zerschlagen, die Sowjetunion als Bezugspunkt sozialdemokratischer Politik aufgrund des Hitler-Stalin-Paktes hoffnungslos diskreditiert. Die Funktion der Auslandsvertretung wurde zunehmend in Frage gestellt, ihre Verbindung zu sozialistischen Gruppen in Österreich war durch die Übersiedlung in die USA abgebrochen, ihr Anspruch auf die Vertretung der in Österreich noch vorhandenen RS und Sozialdemokraten immer weniger aufrechtzuerhalten. Im März 1941 beschloß die Auslandsvertretung nur noch eine sehr eingeschränkte Weiterführung ihrer Tätigkeit. Mit dem Kriegseintritt der USA distanzierte sich Joseph Buttinger von der Auslandsvertretung. Der Tag von Pearl Harbor hatte in ihm die Überzeugung bestärkt, daß der Sieg der Alliierten die Option der gesamtdeutschen Revolution verhindern werde. Nach Buttingers Austritt wurde die Auslandsvertretung auf Initiative von Friedrich Adler aufgelöst (Österreicher im Exil 1995, Bd. 2, S. 527 ff.).

1942 wurden von sozialistischer Seite gleich mehrere Exilorganisationen gegründet, so zum Beispiel die Assembly for a Democratic Austrian Republic, die der ehemalige Sekretär der Wiener Arbeiterkammer Fritz Rager leitete, und die Austrian Union in California unter dem Vorsitz von Otto Maenchen. Die bedeutendste Organisation stellte jedoch das Austrian Labor Committee dar, dem es als einziger österreichischer Exilorganisation in den USA gelang, als Nachfolgeorganisation einer österreichischen Partei rechtlich anerkannt zu werden. Die ehemaligen AVÖS-Mitglieder Manfred Ackermann, Julius Deutsch, Ernst Papanek, Karl Hans Sailer und Otto Leichter bildeten unter dem Vorsitz Friedrich Adlers einen „engeren Ausschuß". Daneben wurde ein „weiterer Ausschuß" aus hauptsächlich korrespondierenden Mitgliedern, darunter der frühere Wiener Finanzstadtrat Hugo Breitner, geschaffen. Sailer und Leichter leiteten die Redaktion der auf englisch erscheinenden *Austrian Labor News* und der auf deutsch publizierten *Austrian Labor Information*. Die politische Hauptaufgabe sah das Austrian Labor Committee vor allem darin, monarchistische Exiltätigkeiten in den USA zu desavouieren, wichtige Entscheidungen den legitimen Mandatsträgern in Österreich vorzubehalten und für das Selbstbestimmungsrecht einzutreten. Der Kurs des Austrian Labor Committee fand nicht bei allen sozialistischen Gruppierungen Unterstützung: Gerade in der „nationalen Frage" vertrat die Assembly for a Democratic Austrian Republic, die sich im Juli 1943 mit dem Austrian Social Club zur Austro-American Association verband, einen entgegengesetzten Standpunkt, nämlich die Forderung nach der Herstellung eines freien, unabhängigen und demokratischen Österreich (Österreicher im Exil 1995, Bd. 2, S. 527 ff.).

Nach dem 12. März 1938 kamen mit der ersten großen Flüchtlingswelle auch verhältnismäßig viele Kommunisten nach Frankreich. Im Mai 1938 traf der KPÖ-Vorsitzende Koplenig in Paris ein, wohin auch das ZK der KPÖ übersiedelte. Nach dem Sieg der Franco-Truppen Anfang 1939 wurden die in Frankreich eintreffenden österreichischen Interbrigadisten, von denen die überwältigende Mehrheit KP-Mitglieder waren, in Lagern interniert. Weitere österreichische Kommunisten kamen, als Hitler Belgien überfiel. Die KPÖ hatte sich aufgrund der Analyse von Alfred Klahr in der „nationalen Frage" für die Unabhängigkeit und Selbständigkeit Österreichs entschieden (Österreicher im Exil 1984, S. 13 ff.). Sie propagierte nach wie vor die Volksfrontstrategie, mußte allerdings erkennen, daß im französischen Exil kaum Chancen auf eine Realisierung bestanden: Von den RS trennten sie grundlegende Auffassungsunterschiede in der „nationalen Frage". Die Ablehnung des Legitimismus erschwerte wiederum eine Zusammenarbeit mit nichtsozialistischen Exilorganisationen. Dennoch wurde versucht, auf publizistischer Ebene eine Brücke zu Intellektuellen anderer politischer Gesinnung zu schlagen. Mit der Schaffung der zweisprachigen Monatsschrift *Nouvelles d'Autriche-Österreichische Nachrichten*, die von Erwin Zucker-Schilling unter dem Pseudonym Hugo Wiener und von Franz Marek herausgegeben wurde, war die Absicht verbunden, ein Gegengewicht zur monarchistischen *Österreichischen Post* zu bilden. Nach Kriegsausbruch sammelten sich die führenden Funktionäre des ZK – Johann Koplenig, Franz Honner und Erwin Zucker-Schilling – in Moskau. In Frankreich existierten neben der KPÖ noch zwei weitere „oppositionelle" kommunistische Gruppierungen: Die Gruppe Ziel und Weg forderte eine Erneuerung der KPÖ nach dem Modell der Berliner Opposition (BO). Die österreichischen Anhänger der Trotzkisten sammelten sich unter der Bezeichnung Revolutionäre Kommunisten, zu ihren Vertretern zählten Georg Scheuer, Karl Fischer und Josef Hindels (Schwager 1977, S. 43 ff.).

Aufgrund des liberalen politischen Klimas fand die kommunistische Exilpolitik in → GROSSBRITANNIEN einen fruchtbaren Boden vor, auf dem auch die Volksfronttaktik bestens gedieh. Leopold Hornik leitete ab 1938 im Auftrag des ZK der KPÖ die Parteigruppe der österreichischen Kommunisten in Großbritannien, die selbst im Untergrund blieb, da jedes öffentliche Bekenntnis zur KPÖ als „enemy alien" die sofortige Internierung nach sich gezogen hätte (Österreicher im Exil 1992, S. 164f.). Nur eine geringe Zahl der Funktionäre deklarierte sich auch später als Group of Austrian Communists of Great Britain, um so wenigstens die Partei in den vielen von ihr initiierten Volksfrontorganisationen vertreten zu können. Zunächst gründeten KP-Funktionäre Hilfsorganisationen, die sich der Masse der Emigranten annahmen, die von den anderen politischen Exilgruppen vernachlässigt wurden. Die von Hilde Mareiner geleitete Austrian Self Aid erwarb sich in der Betreuung österreichischer Flüchtlinge große Meriten. Bis Kriegsbeginn hatte sie sich auch um die in französischen Lagern internierten österreichischen Interbrigadisten und um in deutsche Konzentrationslager verschleppte österreichische Juden gekümmert (Maimann 1975, S. 69).

Die Wahrnehmung politischer Aufgaben setzte sich hingegen der überparteilich strukturierte Council of Austrians in Great Britain zum Ziel, in dem unter dem Vorsitz von Friedrich Hertz Liberale, Christlichsoziale, Monarchisten und Kommunisten zusammenarbeiteten. Auf Vorschlag des Councils wurde 1939 das Austrian Centre eingerichtet, das den Schwerpunkt seiner Tätigkeit auf die Fürsorgearbeit legte, womit eine effiziente Arbeitsteilung erreicht war. So engagierte sich der Council im Jahre 1940 für eine Rücknahme der britischen Internierungspolitik, während sich das Centre um die Internierten selbst kümmerte, indem es sie mit Lebensmittelpaketen, Büchern, Kleidung und kulturellen Angeboten versorgte. Sigmund Freud bekleidete bis zu seinem Tode das Amt eines Ehrenpräsidenten, was zeigt, wie sehr das Austrian Centre seinen überparteilichen Charakter betonte. Es brachte u. a. zwei beachtliche Pressezeugnisse hervor, die Monatszeitschrift *Österreichische Nachrichten* und die im September 1941 reformierte Wochenzeitschrift *Zeitspiegel*. Ein vom Centre betriebenes Restaurant und die Mitgliederbeiträge bildeten die finanzielle Grundlage für den Ausbau einer gesellschaftlichen Infrastruktur. 1941 trug das Centre bereits die Züge eines Großbetriebes: Ihm gehörten allein in London drei Klubhäuser, dazu zahlreiche Provinzniederlassungen. Die Zahl der Mitglieder stieg bis 1943 sprunghaft auf 3 500, die der Angestellten auf 70. Im gleichen Zeitraum intensivierten sich auch die kulturellen Aktivitäten, wobei die Kleinkunstbühne Laterndl hervorstach (Maimann 1975, S. 69 ff.; Österreicher im Exil 1992, S. 165 ff.).

Einen vorrangigen Stellenwert räumten die Kommunisten der Jugendarbeit ein. Aus diesem Grund verfügte das Austrian Centre bereits 1939 über eine eigene Jugendgruppe, die sich auf einer Londoner Konferenz selbst den Namen Young Austria in Great Britain gab. Zum Obmann wurde Fritz Walter, zum Sekretär Herbert Steiner bestellt. Jeden Monat erschien die Zeitschrift der Gruppe, *Jung-Österreich*. Analog dazu erfolgte nach dem Zellenprinzip der Aufbau des illegalen Kommunistischen Jugendverbandes (KJV), dessen Führung mit der des Young Austria eng verflochten war (Maimann 1975, S. 74ff.). Während sich die Zellen des KJV der politischen Arbeit widmeten, vertrat das sich als überparteilich verstehende Young Austria gerade auf kulturellem Gebiet eine massive Österreichpropaganda, die von der Spielgruppe unter Otto Tausig, von der Volkstanzgruppe sowie vom Chor unter der Leitung von Erwin Weiß in der britischen Öffentlichkeit erfolgreich verbreitet wurde. Nach Kriegsausbruch nahm die Bereitschaft, die britische Kriegsführung zu unterstützen, unter den Mitgliedern des Young Austria stark zu. 1943 arbeiteten 95% der Mitglieder in der Kriegsindustrie, mehr als 300 meldeten sich freiwillig für den Dienst in der britischen Armee (Muchitsch 1992, S. 98 f.; Österreicher im Exil 1992, S. 167 ff.).

Ende 1941 wurde der Council of Austrians zum Free Austrian Movement in Great Britain (FAM) ausgebaut. Das FAM war als Dachorganisation konzipiert, in der alle österreichischen politischen Exilgruppierungen in Großbritannien vertreten sein sollten. Diese vom FAM geforderte gemeinsame politische Vertretung kam allerdings nicht zustande: Während die Kommunisten mit den Bürgerlichen und Monarchisten eine Übereinkunft erzielten, scheiterten die Einigungsbemühungen mit den Sozialisten, die mit Ausnahme kleiner Splittergruppen dem FAM fernblieben. Bis Ende 1943 traten dem FAM dennoch 27 verschiedene Organisationen bei, insgesamt waren damit ca. 7000 Österreicher repräsentiert. Von den Mitgliedsorganisationen wurde ein leitender Ausschuß gewählt, dem 1944 u. a. Peter Albert, Marie Köstler, Georg Lelewer, Paul Löw-Beer und Fritz Walter angehörten. Mit der Wahl von Ausschußmitgliedern unterschiedlicher politischer Couleur sollte der Charakter der Überparteilichkeit unterstrichen werden, damit konnte allerdings der maßgebliche Einfluß der Kommunisten auf die tatsächliche Politik des FAM auf Dauer nicht verschleiert werden. Als Publikationsorgane dienten dem FAM neben dem *Zeitspiegel* des Austrian Centre die unregelmäßig erscheinenden *Austrian News* und ein monatlicher Rundbrief an die Mitglieder (Maimann 1975, S. 113 ff.). Das FAM setzte zunächst alle Anstrengungen daran, die Alliierten im Krieg zu unterstützen. Subkomitees wurden für kriegswichtige Bereiche eingesetzt, so zum Beispiel für „war effort" und Kriegsproduktion, für die Zivilverteidigung und für die österreichische Kampfformation. Über die Propaganda des FAM gelang es, unzählige Österreicher erfolgreich in die britische Rüstungsproduktion einzugliedern, für die freiwillige Erntehilfe, für die Sonntagsarbeit in den Fabriken, für Blutspende- und Zivilschutzaktionen und für den Eintritt in die britische Armee zu gewinnen. Ende 1942 befaßten sich die Aktivitäten des FAM zunehmend mit Österreich selbst und insbesondere mit der Fiktion einer in Österreich gebildeten Widerstandsorganisation namens Österreichische Freiheitsfront (ÖFF). Wie bei allen Volksfrontorganisationen legten die politisch Verantwortlichen besonderes Augenmerk auf die Kulturarbeit, der im Hinblick auf die ideologisch heterogenen Gruppen die Funktion eines einigenden Bandes zugedacht war. Die Eigenständigkeit der österreichischen Nation vermittelte man auch im Kultursektor als zentralen Wert. Musikalische Veranstaltungen, die Egon Wellesz organisierte, und die von Hermann Ullrich edierten *Österreichischen Kulturblätter* waren wichtige Träger dieser Botschaft. Das kulturelle Engagement des FAM wurde durch die enge Zusammenarbeit mit dem österreichischen PEN-Club gefördert und aufgewertet. Von Intellektuellen und Künstlern erhielt das FAM auch zahlreiche Unterstützungserklärungen, so von Elias Canetti, Oskar Kokoschka und Robert Neumann (Goldner 1972, S. 233 f.; Maimann 1975; Österreicher im Exil 1992, S. 170 ff.). Nachdem die Einigung des österreichischen Exils mißlungen war, gelang es dem FAM mit relativem Erfolg, eine Vielzahl österreichischer Exilorganisationen weltweit zur Kooperation zu bewegen. Im März 1944 erfolgte die Gründung des Free Austrian World Movement (FAWM), dem nach und nach österreichische Exilgruppen in Lateinamerika, den britischen Dominions, den USA, in Australien, Palästina, Ägypten, Südafrika und in den befreiten Ländern Westeuropas beitraten. Mit rund 25 000 Mitgliedern stieg das FAWM zur größten österreichischen Exilorganisation auf (Eppel 1988; Österreicher im Exil 1992, S. 173 f.).

In den USA war es für die österreichischen Kommunisten unmöglich, sich offen als solche zu deklarieren. Die antikommunistische Einwanderungsgesetzgebung und die Tätigkeit des House Un-American Activities Committee (HUAC) zwangen kommunistische Funktionäre dazu, sich und ihre Politik zu drapieren. Der Spitzenfunktionär der österreichischen KP in New York, Leo Katz, wurde aus den USA abgeschoben und ließ sich 1940 in Mexiko nieder. Unter diesen spezifischen Bedingungen gab es keine Volksfrontorganisationen, schon gar nicht Exilorganisationen, die als überwiegend kommunistisch eingestuft werden könnten, dafür aber eine Anzahl von Exilgruppierungen, in denen Kommunisten eine bedeutende Rolle spielten. Ganz besonders stark wurde von diesen Funktionären die Jugendarbeit favorisiert, nicht zuletzt deshalb, weil sie bei den anderen Exilgruppen zu kurz kam. In diesem Zusammenhang sei die Freie Österreichische Jugend in New York unter dem Vorsitz von Vera Ponger erwähnt. Diese Jugendgruppe firmierte unter verschiedenen Namen: Free Austrian Youth Committee, Free Austrian Youth, Free Austrian Youth Group, Austro-American Youth und Austro-American Youth Council. Im Gegensatz zu Großbritannien fand in den USA keine Kooperation zwischen Kommunisten und Legitimisten statt, lediglich mit der Austrian Action Ferdinand Czernins wurde zusammengearbeitet. 1943 schlossen sich das Free Austrian Youth Committee, die Austrian Action, die Assembly for a Democratic Austrian Republic und die Austrian Youth Assembly, eine Untergruppe der Freien Österreichischen Jugend, zur American Federation of Austrian Democrats zusammen. Gemeinsam gaben sie die Zeitschrift *Freiheit für Österreich* heraus, die später von der *Austro-American Tribune* abgelöst wurde. Für den politischen Teil der *Austro-American Tribune* zeichnete Wilhelm Gründorfer (später William Green) verantwortlich, der unter dem Pseudonym Hans Wolfgang schrieb. Die literarisch anspruchsvolle Beilage wurde von Elisabeth Freundlich redigiert. Mit der Literaturbeilage hatte die *Austro-American Tribune* ähnlich wie der *Zeitspiegel* den österreichischen und deutschen Schriftstellern ein adäquates Kommunikationsforum zur Verfügung gestellt, von dem diese auch regen Gebrauch machten. Zahlreiche Organisationen, die der *Austro-American Tribune* oder der Freien Österreichischen Jugend nahestanden, gerieten bald in Verdacht, kommunistische Tarnorganisationen zu sein. In den Augen des OSS waren insbesondere das Austro-American Committee, der Austrian Social Club und die Austro-American Association zwielichtige Institutionen. Ebenso verdächtigt wurden das aus der Gewerkschaftsbewegung hervorgegangene Austro-American Trade Union Committee for Victory und das Austro-American Committee for the Reelection of President Roosevelt, das für die Wiederwahl des amtierenden US-Präsidenten eintrat (Österreicher im Exil 1995, Bd. 2, S. 640ff.).

Katholisch-konservative als auch bürgerlich-liberale Emigranten besaßen im Exil keine eigene repräsentative Vertretung. Die Anhänger dieser politischen Lager, aber auch Exilanten, die sich keiner linken Exilorganisation anschließen wollten, sammelten sich in den Organisationen der Monarchisten. Aufgrund dieser spezifischen Ausgangslage kam der legitimistischen Bewegung im Exil eine überproportionale Bedeutung zu. Nach dem März 1938 entwickelte sich zunächst Paris zur Drehscheibe monarchistischer Exiltätigkeiten. Hier befand sich auch Otto von Habsburg, der bereits im Februar 1938 Bundeskanzler Schuschnigg, unter dessen Regierung die österreichischen Legitimisten einen Aufschwung erlebt hatten, in einem Brief aufgefordert hatte, ihm die Amtsgeschäfte des Regierungschefs zu übertragen, falls die österreichische Regierung dem Druck von deutscher oder betont nationaler Seite nicht standhalten könne. In mehreren öffentlichen Erklärungen protestierte von Habsburg gegen den im März 1938 vollzogenen „Anschluß" Österreichs an das Deutsche Reich, worauf deutsche Regierungsstellen bereits im April einen Haftbefehl gegen ihn erließen. Die außerordentlich guten Kontakte, die von Habsburg zu höchsten Regierungskreisen in Frankreich und später in den USA herzustellen vermochte, verschafften ihm eine so einflußreiche Stellung, daß er wohl zu Recht als die herausragendste, wenn auch umstrittenste Persönlichkeit innerhalb der nichtsozialistischen Emigration bezeichnet werden darf (Österreicher im Exil 1984, S. 16f.). Neben Otto von Habsburg spielte Martin Fuchs eine bedeutende Rolle; als früherer Presseattaché an der österreichischen Gesandtschaft in Paris verfügte er über enge Beziehungen zum Quai d'Orsay. In ihrem Umfeld wurden auch die beiden ehemaligen Schuschnigg-Minister Hans Rott und Guido Zernatto politisch tätig. Schließlich stieß der Gründer der Paneuropa-Union, Richard Coudenhove-Kalergi, zur legitimistischen Bewegung in Frankreich. Die Legitimisten organisierten sich in der Ligue Autrichienne um die Zeitschrift *Die österreichische Post*, die vom ehemaligen Wiener Kunsthändler Otto Kallir finanziert wurde. *Die österreichische Post* war offiziell pluralistisch konzipiert, eine prononciert monarchistische Ausrichtung wurde bewußt hintangehalten.

Dieser Pluralismus wurde besonders auf kulturellem Gebiet betont, was u. a. dazu beitrug, daß die Anziehungskraft dieser Exilzeitung über den Kreis der legitimistischen Schriftsteller hinausging: Joseph Roth, Franz Werfel, Roda Roda, Franz Theodor Csokor, Alfred Polgar und Friedrich Torberg gehörten zu ihren Gastautoren (Schwager 1984, S. 37f.). In ihrem Programm vertraten die österreichischen Monarchisten in Frankreich die Konzeption einer „sozialen Volksmonarchie", in der alle Bevölkerungsgruppen, vor allem auch die 1934 entrechtete Arbeiterschaft, gleichberechtigt vertreten sein sollten. Die Staatsform der Monarchie betrachteten sie als die einzig dauerhafte Existenzsicherung Österreichs (Österreicher im Exil 1984, S. 17f.).

In Großbritannien gründeten die österreichischen Monarchisten die Austrian League als ihre offizielle Vertretung. Georg Lelewer amtierte als Präsident der League, Robert von Habsburg nahm die Agenden seines Bruders Otto wahr, der den Schwerpunkt seiner Exilaktivitäten in die USA verlegt hatte. Im Januar 1940 wurde auf Initiative der Legitimisten das Austria Office eingerichtet, mit dem versucht werden sollte, alle Exilorganisationen zu vereinen, die die österreichische Unabhängigkeit als erklärtes politisches Ziel vertraten. Das Patronat über das Austria Office übernahm Sir George Franckenstein, der fast zwei Jahrzehnte bis zum „Anschluß" als österreichischer Gesandter in London tätig gewesen war. Im Austria Office zählten Repräsentanten der Legitimisten (Hans Huyn, Franz Klein), Vertreter des Bürgertums, wie der frühere Gesandte Richard Schüller, sowie der Sozialdemokrat Heinrich Allina zu den wichtigsten Mitgliedern. Die Leitung des Office oblag Heinrich Allina und Georg Lelewer, letzterem standen auch Leopold Andrian-Werburg, Julius Meinl und Emil Müller-Sturmheim nahe. Als offizielles Sprachrohr diente die monatlich erscheinende Zeitschrift *Free Austria*, seit 1940 von Walter Breitenfeld herausgegeben, die zwei Jahre später allerdings infolge Papiermangels eingestellt werden mußte. Im Rahmen des Austria Office wurde 1940 die Austrian Youth Association (AYA) unter dem Vorsitz von Peter Albert aus der Taufe gehoben. Die sich durchaus als „bürgerlich" verstehende Jugendorganisation betätigte sich jedoch nicht ausgesprochen politisch, der Schwerpunkt des Aktionsradius wurde auf eine akzentuierte Kulturarbeit gelegt: Vorträge, Film- und Tanzabende, Theateraufführungen und Konzerte belegen das vielseitige Bildungs- und Kulturangebot, zu dem auch die Organisation von Lehrveranstaltungen zählte, die von dem eigens zu diesem Zweck eingerichteten Austrian Institute bewerkstelligt wurde (Maimann 1975, S. 102 ff.; Österreicher im Exil 1992, S. 160 ff.). 1941 setzten sich einige Mitglieder des Austria Office mit der Gründung einer eigenständigen Exilorganisation inhaltlich und ideologisch deutlich von der monarchistischen Austrian League und der sozialdemokratischen Allina-Gruppe ab.

Julius Meinl, Emil Müller-Sturmheim und Friedrich Hertz standen an der Spitze der Austrian Democratic Union, die vor allem Industrielle, Kaufleute, Bankiers und bürgerliche Intellektuelle ansprach und vertrat. Eingebettet im politischen Rahmen des bürgerlichen Liberalismus und Fortschrittsglaubens wurde die Wiedererrichtung eines unabhängigen Österreichs gefordert, das in das System eines demokratisch kontrollierten, antimonopolistischen Kapitalismus eingebunden sein sollte. Aufgrund ihres ausgeprägten Interesses an der Mitgestaltung der Nachkriegskonzepte trat die Demokratische Union zunächst dem FAM bei, nach dem Austritt 1943 schloß sie sich dann dem Austrian Representative Committee an, dem neben Repräsentanten der christlichsozialen, katholischen Emigration auch die Sozialisten (London Bureau) angehörten.

Völlig bedeutungslos blieb hingegen die im Herbst 1941 gebildete Association of Austrian Christian Socialists in Great Britain, eine Vereinigung von ca. 15 christlichsozialen Emigranten, die sich auf das Programm der Christlichsozialen Partei von 1926 berief. Diese Gruppe fiel allein schon aufgrund der äußerst geringen Mitgliederzahl kaum ins Gewicht. Eine erstzunehmende politische Rolle kam ihr erst nach Kriegsende als Auslandsvertretung der neugegründeten Österreichischen Volkspartei (ÖVP) zu (Maimann 1975, S. 99 ff., 179 ff., 101 f.).

Bis zur Ankunft Otto von Habsburgs 1940 nahm Ernst Karl Winter, Vizebürgermeister Wiens zur Zeit des Ständestaats, entscheidenden Einfluß auf die nichtsozialistische Exilpolitik in den USA. Winter hatte sich vom legitimistischen Lager sukzessive entfernt, seine katholisch-konservative Einstellung hatte ihn nach dem Februar 1934 auch nicht daran gehindert, den Weg der Verständigung mit der illegalen Arbeiterbewegung zu suchen. In den USA gründete er im Januar 1939 die erste österreichische Exilorganisation, das Austro-American Center, und gab das *Austrian Bulletin in the United States* heraus. 1940 folgte seine zweite New Yorker Exilgründung, die österreichische Sektion des American Committee on European Reconstruction, die eine breite Einheitsfront gegen den Nationalsozialismus anstrebte. Mit dem Ausscheiden der polnischen und tschechischen Sektion war die Idee einer Einheitsfront gescheitert. Winter zog sich konsequenterweise aus der aktiven Exilpolitik zurück, wenngleich er auch weiter vor allem mittels einer regen publizistischen Tätigkeit Einfluß nahm. Winters Kritik an den Legitimisten veranlaßte eine Gruppe von Monarchisten um Robert Heine-Geldern bereits 1939 aus dem Austro-American Center auszutreten. Sie formierten sich zunächst unter ihm zur Austrian-American League, die später von Otto Kallir und Fürst Franz Windischgraetz angeführt wurde. Ein Jahr lang wurden die *Mitteilungen der Austrian-American League* herausgegeben (Österreicher im Exil 1995, Bd. 2, S. 284 ff.).

Im April 1941 entstand die wohl bestorganisierte österreichische Exilorganisation in den USA, die Austrian Action, die der Sohn des letzten Außenministers der Monarchie, Ferdinand Czernin, initiierte. Die Austrian Action brachte er überwiegend auf antilegitimistischen Kurs, was durchaus in Einklang mit seiner bürgerlich-liberalen Gesinnung stand. Nach außen hin entwickelte sie sich zu einem Sammelbecken für die politisch nicht festgelegte Mehrheit der österreichischen Emigranten. Ein Teil ihres Erfolgs beruhte auf der aktiven Kultursektion, in der so prominente Emigranten wie Franz Werfel auf dem Feld der Literatur und Paul Wittgenstein im Bereich der Musik mitarbeiteten. Zweigstellen wurden in sechs amerikanischen Bundesstaaten sowie in Brasilien, Argentinien, Mexiko und Südafrika aufgebaut. Im Zeitraum von 1941 bis 1944 unterhielt die Austrian Action ihre eigene Exilzeitung, deren Name mehrfach geändert wurde (Österreicher im Exil 1995, Bd. 2, S. 290 ff.).

Mit dem Eintreffen Otto von Habsburgs in den USA verlagerte sich das Gewicht konservativer Exilpolitik eindeutig zugunsten seiner Person, er wurde geradezu zum Kristallisationspunkt konservativer Exiltätigkeit. Der enge Kontakt zu höchsten US-Regierungsstellen und insbesondere die Sympathie und Unterstützung, die ihm Präsident Roosevelt entgegenbrachte, verschafften Otto von Habsburg eine einzigartige Einflußsphäre, die ihn einige Erfolge verbuchen ließ: So erreichte er die Befreiung der Österreicher vom „enemy alien"-Status, setzte durch, daß der 25. Juli 1942 als „Österreich-Tag" begangen und Österreich in eine Briefmarkenserie der „zu befreienden" Länder aufgenommen wurde. Zwei andere Projekte, die Otto von Habsburg als Initiator und Promotor sehr energisch vorantrieb, scheiterten hingegen: Sowohl seinen Bemühungen zur Etablierung einer österreichischen Kampfeinheit in der US-Armee als auch seiner vielfachen Unterstützung bei den diversen von legitimistischer Seite unternommenen Versuchen der Bildung einer österreichischen Exilregierung blieb der Erfolg versagt. Zwar gelang es dem unter der Ägide Otto von Habsburgs stehenden Military Committee for the Liberation of Austria, für die kurze Zeitspanne zwischen Dezember 1942 und Mai 1943 ein Austrian Battalion als reguläre Kampfeinheit der amerikanischen Armee aufzustellen. Das zeitige Ende dieses „Österreich-Bataillons" hing nicht nur mit der geringen Anzahl der freiwilligen Meldungen zusammen, sondern vor allem mit Protestaktionen von seiten der republikanisch gesinnten Exilorganisationen und von seiten der Vertreter der anderen Nachfolgestaaten der österreichisch-ungarischen Monarchie. Gegen das Austrian Battalion nahm allen voran eine Reihe führender sozialistischer Exilpolitiker mit der Begründung Stellung, daß die Monarchisten keine repräsentative österreichische Exilvertretung darstellten. Die Vertreter der Nachfolgestaaten der Monarchie fürchteten die hinter von Habsburgs Engagement vermuteten Restaurationsabsichten. Ineffizienz und Spannungen innerhalb der Truppe gaben schließlich den Anlaß zu deren Auflösung (Goldner 1972, S. 126 ff.; Erhart 1985, S. 250 ff.; Österreicher im Exil 1995, Bd. 2, S. 7 ff.). Otto von Habsburg zog auch bei zahlreichen Versuchen zur Bildung einer österreichischen Exilvertretung im Hintergrund seine Fäden: So spielte er bei der Frei-Österreicher-Bewegung (Free Austrian Movement, nicht zu verwechseln mit dem FAM in London) von Hans Rott, beim Austrian National Committee und bei dem Plan zur Gründung eines Provisional Austrian National Council eine nicht unwesentliche Rolle. Er galt obendrein als einer der wichtigsten Geldgeber. Alle Versuche von legitimistischer Seite, eine repräsentative Exilvertretung, bestehend aus allen politischen Lagern Österreichs, zustande zu bringen, verliefen infolge des heftigen Widerstandes der Sozialisten ebenfalls im Sand. Otto von Habsburg hatte nach diesen Weichenstellungen einen Bedeutungsverlust im amerikanischen Exil hinzunehmen.

Auch für die österreichische Emigration nach Lateinamerika trifft zu, daß das Gros der Flüchtlinge unpolitisch war. Von den politisch aktiven Österreichern schlossen sich wiederum viele bereits bestehenden deutschen Exilorganisationen an, wie zum Beispiel dem Anderen Deutschland in Argentinien oder dem Freien Deutschland in Mexiko. In einigen Ländern kam es allerdings schon unmittelbar nach dem „Anschluß" zur Gründung politischer Zirkel, die meist im Umfeld früherer diplomatischer Vertreter Österreichs angesiedelt waren. Da der Großteil dieser Diplomaten einerseits aus der Donaumonarchie, andererseits aus der Zeit des Ständestaates herrührte, dominierten überwiegend Legitimisten und Katholisch-Konservative diese ersten österreichischen Exilgruppierungen. Die Vertreter der Linken begannen sich erst später zu organisieren. 1940 erfolgte in Chile die Gründung der Bewegung Austria Libre, die sich primär kulturellen und sozialen Aufgabengebieten widmete. Mit dem Jahr 1941 erwachte ein gesteigertes Interesse an exilpolitischen Aktivitäten, was einerseits mit der internationalen Lage und andererseits mit der Vorbildwirkung der österreichischen Exilpolitik in Großbritannien und Nordamerika zusammenhing. Im Juli 1941 konstituierte sich in Bolivien die Federación de Austríacos Libres, die Zweigstellen in Cochabamba und Sucre einrichtete. Zunächst stand die Gruppe unter dominierendem legitimistischen Einfluß, bis sie 1942 eine Wende vollzog und sich nunmehr als nationalösterreichisch-überparteilich definierte. 1941 folgte ferner die Konstituierung des Comité Austríaco in Argentinien, dem allerdings starke Konkurrenz von seiten des Anderen Deutschland erwuchs, und der Acción Republicana Austríaca de México (ARAM). Im darauffolgenden Jahr kamen noch weitere Organisationen hinzu: Austria Libre in Uruguay, ein gleichnamiges Komitee in Kuba, die Alianza Austríaca pro Aliados in Paraguay und das Comité de Proteção dos Interesses Austríacos no Brasil. Alle diese Vereine waren politisch keineswegs homogen, in den einen hatten die Kommunisten ein starkes Übergewicht, in den anderen wiederum überwog der legitimistische Einfluß. Der Großteil der österreichischen Exilgruppen trat dem FAM in London bei, die Frei-Österreicher-Bewegung von Hans Rott konnte hingegen keinen dauerhaften Einfluß gewinnen. Auch dem Versuch, das österreichische Exil in Lateinamerika mittels der 1943 gegründeten Dachorganisation Comité Central Austríaco de América Latina zu einen, war letztlich aufgrund ihrer dezentralen Strukturen kein Erfolg beschieden (Goldner 1972; von zur Mühlen 1988, S. 131 f.; Douer/Seeber 1995, S. 15 f.).

Die österreichische Emigration nach Palästina war in zweifacher Hinsicht vom Zionismus geprägt: Einerseits ermöglichten fast ausschließlich zionistisch orientierte Hilfs- und Jugendorganisationen die Einreise nach Palästina, andererseits verstanden sich die meisten nach Palästina flüchtenden Österreicher infolge ihrer zionistischen Grundeinstellung als Einwanderer und nicht als Exilanten. Jene „bewußten", politisch aktiven Österreicher, die Palästina nur als vorübergehendes Exil betrachteten und eine Rückkehr in ein freies Österreich ins Auge faßten, stießen besonders bei den Zionisten auf Widerstand und Ablehnung. Trotz aller Friktionen gelang es einer kleinen Gruppe um den Maler und Publizisten Willy Verkauf sowie den Musikwissenschaftler Kurt Blaukopf, eine Außenstelle des FAM in Palästina zu etablieren. Um Anfeindungen von zionistischer Seite zu vermeiden, tarnten sich die drei Ortsgruppen in Jerusalem, Tel Aviv und Haifa als Kulturvereine der Friends of Austria und Austrian Society in Palestine. Politisch setzte sich das Free Austrian Movement in Palestine aus Sozialisten, Kommunisten, Konservativen und Parteilosen zusammen. Den Hauptteil seiner Aktivitäten konzentrierte es auf eine gezielte Öffentlichkeitsarbeit für ein freies Österreich, in die örtliche Politik mengte es sich klugerweise nur sehr zurückhaltend ein (Schmoll 1989, S. 117 ff.).

Die Versuche, eine gesamtösterreichische Exilvertretung zu initiieren, nahmen in Paris mit Ausbruch des Weltkrieges ihren Anfang. Zunächst wurde ein Conseil National Autrichien unter dem Vorsitz des ehemaligen Ministers der Schuschnigg-Regierung Hans Rott einberufen. Dieser österreichische Nationalrat sollte aus Vertretern des bürgerlichen und sozialistischen Exils gebildet werden (Österreicher im Exil 1984, S. 19; Schwager 1984, S. 78 ff.; Erhart 1985). Gleichzeitig bemühten sich die früheren Heimwehrfunktionäre Minister Richard Stockinger und Ernst Rüdiger von Starhemberg in einem konkurrierenden Wettlauf mit den Monarchisten um eine eigene Exilvertretung mit den Sozialisten. Die RS hatten jedoch eine Teilnahme an jeglicher Exilvertretung prinzipiell ausgeschlossen. Obwohl weder Julius Deutsch noch Karl Hans Sailer ein offizielles Verhandlungsmandat seitens der RS innehatten, führten sie dennoch eigenmächtig Gespräche mit den Legitimisten als auch mit Stockinger und von Starhemberg. Diese Verhandlungen waren von vornherein zum Scheitern verurteilt, da Deutsch und Sailer gegen den Willen der Parteileitung agierten. Nachdem der Plan einer österreichischen Exilregierung aufgrund des Widerstandes der Sozialisten und auch der Kommunisten aufgegeben worden war, versuchten die Legitimisten mit der „Aktion Wasicky" eine offiziell anerkannte Auslandsvertretung Österreichs aufzubauen: Geplant war die Errichtung eines Office Autrichien unter dem Vorsitz des Pharmakologen Richard Wasicky, der infolge seiner offi-

ziellen Parteiunabhängigkeit für diese Funktion besonders geeignet schien. Tatsächlich gelangte man auch bei den Anstrengungen zum Aufbau des Office Autrichien niemals über das Planungsstadium hinaus. Erfolgreich realisiert wurde hingegen ein Zeitungsprojekt: Auf Initiative von Conrad Lester und Klaus Dohrn wurde die zweisprachige Zeitschrift *Freies Österreich – La libre Autriche* ins Leben gerufen, in der Richard Wasicky, Julius Deutsch, Alfred Polgar und Franz Werfel Beiträge publizierten. Der Zeitschrift selbst war nur eine kurze Lebensspanne vergönnt, der rasche Einmarsch der deutschen Armee bereitete ihr ein vorzeitiges Ende.

Im Dezember 1940 gründete Hans Rott in Toronto die Frei-Österreicher-Bewegung, die er ab 1941 in Chicago und ab 1942 von New York aus leitete. Dieses Free Austrian Movement verstand sich als Sammelbewegung zur Befreiung Österreichs. Als der eigentlich mächtige Mann hinter den Kulissen erwies sich Otto von Habsburg, der vor allem über die Aufbringung der finanziellen Mittel seinen Einfluß absicherte. 1941 hob Rott den Free Austrian National Council aus der Taufe, der sich für den Rechtsnachfolger der letzten österreichischen Regierung hielt. Rott, der dem letzten Kabinett Schuschnigg als Minister ohne Portefeuille angehört hatte, setzte sich selbst als Bundespräsident ein, den katholischen Legitimisten und Dozenten für Kirchenrecht Willibald Plöchl beauftragte er mit dem Amt des Bundeskanzlers. Bei seinem Vorgehen berief sich Rott auf entsprechende Regelungen, die die Maiverfassung von 1934 für den Fall der Verhinderung von Bundespräsident und Bundeskanzler vorsah (Erhart 1985, S. 113 ff.; Eppel 1988, S. 559 f.). Anfang 1942 löste Rott allerdings den Free Austrian National Council, dessen Anerkennung als österreichische Exilvertretung nicht erreicht worden war, wieder auf und beteiligte sich im Auftrag Otto von Habsburgs an der Gründung des Austrian National Committee, das den letzten Versuch darstellte, eine repräsentative österreichische Vertretungskörperschaft zu bilden. Die Sozialisten waren nicht bereit, mit den Monarchisten zusammenzuarbeiten und stellten dem Austrian National Committee das Austrian Labor Committee gegenüber. Mit dem Austritt der letzten Nichtlegitimisten im Dezember 1942 erlitt das Austrian National Committee eine drastische Minderung seiner Bedeutung (Österreicher im Exil 1995, Bd. 2, S. 297 ff.). Darüber hinaus gab es noch von legitimistischer Seite eine ganze Reihe weiterer erfolgloser Versuche, eine österreichische Exilregierung zu installieren: In London setzte Robert von Habsburg unter Umgehung des politischen Exils alles daran, ein Treuhänderkomitee unter der Führung des früheren österreichischen Botschafters Sir George Franckenstein zu etablieren, das die Interessen Österreichs in Großbritannien vertreten sollte. Und in den USA ließ Otto von Habsburg keinen Versuch ungenützt, eine Exilregierung unter dem Vorsitz von Richard Coudenhove-Kalergi zustande zu bringen. Ausgehend von ihrer Volksfronttaktik bemühten sich auch die Kommunisten vergeblich um eine geeinte repräsentative österreichische Exilvertretung. Mit der Gründung des bereits erwähnten FAWM gelang ihnen allerdings ein respektabler Teilerfolg, da sich dem FAWM weltweit österreichische Exilorganisationen – mit Ausnahme der sozialistischen – anschlossen, so daß es am ehesten als eine weltumspannende Dachorganisation charakterisiert werden kann (Eppel 1988, S. 559 ff.; Österreicher im Exil 1992, S. 173 f.). Nach Ansicht der Exilsozialisten sprachen mehrere stichhaltige Gründe gegen die Bildung einer österreichischen Exilregierung, u. a. ihre Haltung in der „nationalen Frage", die offenen auch im Exil weiter klaffenden Wunden des Februar 1934, die mangelnde Repräsentativität der bürgerlichen Emigration, die Ablehnung des Legitimismus durch die überwältigende Mehrheit des politischen Exils und die Isolation der politischen Exilorganisationen von der Heimat.

Die Tatsache, daß es zu keiner repräsentativen, vom ganzen österreichischen Exil getragenen Vertretung kam, wird meist mit den persönlichen Intrigen und politischen Differenzen zwischen und innerhalb der einzelnen Exilorganisationen in Zusammenhang gebracht. Dieser in der Literatur immer wieder angeführte Erklärungsansatz wird noch um die These erweitert, daß geeignete Persönlichkeiten fehlten, die als Vertreter des gesamtösterreichischen Exils von allen hätten anerkannt werden können (Eppel 1988; Kreissler 1986; Österreicher im Exil 1995, Bd. 2, S. 231 f.). Das Nichtzustandekommen einer österreichischen Regierung monokausal auf den „Emigrantenstreit" zurückzuführen ist jedoch nicht nur unzulänglich, sondern auch höchst fragwürdig. Ist dieses Argument denn nicht Produkt einer Geisteshaltung, die Meinungsvielfalt, Pluralismus sowie „Streitkultur" weniger als Wesensmerkmale einer funktionierenden Demokratie, sondern eher als Krisensymptome begreift? Viel stärker fällt hingegen ins Gewicht, daß sich die Westmächte im Rahmen ihrer Nachkriegspläne darauf einigten, keine nationale Exilvertretung Österreichs anzuerkennen und nur Exilregierungen ihrer Bundesgenossen zu dulden bereit waren (Eppel 1988, S. 560; Steiner o.J., S. 14). Selbst wenn unter den politischen Exilorganisationen mehr Einigkeit geherrscht hätte, wäre von westlicher Seite aller Wahrscheinlichkeit nach keine Anerkennung zu erwarten gewesen. An diesem prinzipiellen Beschluß vermochte nicht einmal die „Moskauer Deklaration" zu rütteln. Die westlichen Alliierten waren entschlossen, sich nicht frühzeitig auf eine Nachkriegsordnung zu fixieren, und behielten sich gleichzeitig andere Optionen vor, die Österreich etwa als Teil einer „Süddeutschen Föderation" oder einer „Donauföderation" sahen. Die Sowjetunion war ebenso wenig gewillt, eine österreichische Exilregierung zu akzeptieren: Die Neugestaltung Österreichs sollte ihrer Meinung nach von den politischen Kräften im Lande selber ausgehen und von keiner Exilregierung im voraus mitbestimmt oder festgelegt werden (→ ÖSTERREICH NACH HITLER).

Trotz der zahlreichen Konflikte, Intrigen und Machtkämpfe haben sich die österreichischen Exilorganisationen, gleich welcher politischen Richtung und Nachkriegskonzeption, große Verdienste erworben. Die österreichische Exilforschung tradiert in diesem Kontext eine Reihe von Argumenten, detaillierte Studien dazu stehen freilich aus, die die von ihr behaupteten Ergebnisse in ihrer Pauschalität absichern könnten (Kreissler 1986; Eppel 1988; Steiner o.J.). Die Kernaussagen dieses positiven Resümees lauten folgendermaßen: Die Exilorganisationen trugen in den verschiedensten Exilländern auf vielfältige Weise dazu bei, das Interesse an österreichischen Fragen zu wecken und wachzuhalten. Mittels einer intensiven Öffentlichkeitsarbeit gelang es ihnen, das Ansehen Österreichs zu heben. Mit den politischen Eliten der jeweiligen Exilländer knüpften sie wertvolle Kontakte, aus denen Österreich nach 1945 reichlich Nutzen zog. Auch am Zustandekommen der „Moskauer Deklaration" hatten sie keinen geringen Anteil: Ihre Intervention und Propaganda spielten mit eine Rolle, daß die Westmächte, die 1938 die Annexion Österreichs rechtlich anerkannt hatten, sich 1943 bereit erklärten, Österreichs Unabhängigkeit wiederherzustellen. Besonders signifikant und unumstritten sind jene Leistungen, die die Exilorganisationen für die Emigranten selber vollbrachten. Sie unterstützten im Rahmen der bescheidenen Möglichkeiten des Exils die Flüchtlinge in wirtschaftlicher Hinsicht, gleichzeitig förderten sie deren soziale Integration. In den Programmen der österreichischen Exilorganisationen stand der Kampf gegen den Faschismus und für ein freies Österreich an zentraler Stelle, verbunden mit dem Appell an ihre Mitglieder und an alle österreichischen Flüchtlinge, einen aktiven Beitrag im Kriegseinsatz auf seiten der Alliierten zu leisten. Ein wichtiges Anliegen war für die Exilorganisationen, bei den Regierungen der Gastländer die Anerkennung der österreichischen Flüchtlinge als „Österreicher" durchzusetzen – zu einem Zeitpunkt, als Österreich völkerrechtlich nicht existierte und die aus Österreich kommenden Emigranten als „Deutsche" registriert wurden. Mit zahlreichen kulturellen Aktivitäten traten die Exilorganisationen gegenüber den jeweiligen Gastländern in die Rolle von Kulturbotschaftern Österreichs, wobei auch hier die Intention im Vordergrund stand, die Öffentlichkeit auf die Existenz eines „anderen Österreich" aufmerksam zu machen. Gerade dieses reichliche Kulturangebot vermittelte andererseits vielen Emigranten fern der Heimat das Gefühl der österreichischen Identität. Für die meisten emigrierten österreichischen Schriftsteller waren überdies die von den Exilorganisationen herausgegebenen Exilzeitschriften die einzige Möglichkeit, ihre literarischen Beiträge zu publizieren.

Literatur

Ardelt, Rudolf G. (1978): Das „Problem" Friedrich Adler, in: Konrad, Helmut, Hrsg.: Sozialdemokratie und „Anschluß", Wien u. a., S. 71 ff.
Biographisches Handbuch der deutschsprachigen Emigration nach 1933/International Biographical Dictionary of Central European Emigrés 1933–1945 (1980), hrsg. vom Institut für Zeitgeschichte München u. von der Research Foundation for Jewish Immigration New York, unter der Gesamtleitung von Werner Röder u. Herbert A. Strauss, Bd. 1: Politik, Wirtschaft, Öffentliches Leben, München u. a.
Buttinger, Joseph (1953): Am Beispiel Österreichs. Ein geschichtlicher Beitrag zur Krise der sozialistischen Bewegung, Köln.
Douer, Alisa, u. Ursula Seeber, Hrsg. (1995): Wie weit ist Wien? Lateinamerika als Exil für österreichische Schriftsteller und Künstler, Wien.
Eppel, Peter (1988): Österreicher im Exil 1938–1945, in: Talos, Emmerich, u. a., Hrsg.: NS-Herrschaft in Österreich 1938–1945, Wien, S. 553 ff.
Erhart, Helga (1985): Die politische Arbeit der konservativen österreichischen Emigration in Frankreich und in den USA 1938–1943, Diss., Wien.
Goldner, Franz (1972): Die österreichische Emigration 1938 bis 1945, Wien–München.

Hoerschelmann, Claudia (1995): Exilland Schweiz: Österreichische Emigranten und Flüchtlinge in der Schweiz 1938 bis 1945, Diss., Wien.
Kaiser, Konstantin (1988): Zur Diskussion um Kultur und Nation im österreichischen Exil, in: Stadler, Friedrich, Hrsg.: Vertriebene Vernunft II. Emigration und Exil österreichischer Wissenschaft, Wien–München, S. 1052 ff.
Kreissler, Felix (1986): Die Bedeutung der österreichischen Emigration bis 1945, in: Pelinka, Anton, u. Rolf Steininger, Hrsg.: Österreich und die Sieger, Wien, S. 74 ff.
Landauer, Hans (1986): Liste der österreichischen Spanienkämpfer, in: Für Spaniens Freiheit. Österreicher an der Seite der Spanischen Republik 1936–1939. Eine Dokumentation, hrsg. vom Dokumentationsarchiv des österreichischen Widerstands (DÖW), Wien, S. 369 ff.
Maimann, Helene (1975): Politik im Wartesaal. Österreichische Exilpolitik in Großbritannien 1938–1945, Wien u. a.
McLoughlin, Barry, u. Hans Schafranek (1993): Die Kaderpolitik der KPÖ-Führung in Moskau 1934 bis 1940, in: Weber, Hermann, u. Dietrich Staritz, Hrsg.: Kommunisten verfolgen Kommunisten. Stalinistischer Terror und „Säuberungen" in den kommunistischen Parteien Europas seit den dreißiger Jahren, Berlin, S. 125 ff.
Muchitsch, Wolfgang (1992): Mit Spaten, Waffen und Worten. Die Einbindung österreichischer Flüchtlinge in die britischen Kriegsanstrengungen 1939–1945, Wien–Zürich.
Muchitsch, Wolfgang (1995): The Cultural Policy of Austrian Refugee Organisations in Great Britain, in: Timm, Edward, and Ritchie Robertson, Eds.: Austrian Exodus. The Creative Achievements of Refugees from National Socialism, Edinburgh, S. 22 ff.
von zur Mühlen, Patrik (1988): Fluchtziel Lateinamerika. Die deutsche Emigration 1933–1945: politische Aktivitäten und soziokulturelle Integration, Bonn.
Österreicher im Exil (1984): Frankreich 1938–1945. Eine Dokumentation, hrsg. vom DÖW, Wien.
Österreicher im Exil (1987): Belgien 1938–1945. Eine Dokumentation, hrsg. vom DÖW, Wien.
Österreicher im Exil (1992): Großbritannien 1938–1945. Eine Dokumentation, hrsg. vom DÖW, Wien.
Österreicher im Exil (1995): USA 1938–1945. Eine Dokumentation, hrsg. vom DÖW, 2 Bde., Wien.
Österreicher im Exil 1934–1945 (o. J.), hrsg. von der Kammer für Arbeiter und Angestellte für Oberösterreich, Linz.
Schmoll, Helma (1989): EXILpublizistik oder Exil-

PUBLIZISTIK. Österreichische Journalisten in Palästina 1933 bis 1948, in: DÖW-Jahrbuch, S. 117 ff.

Schwager, Ernst (1984): Die österreichische Emigration in Frankreich 1938–1945, Wien u. a.

Stadler, Friedrich, u. Peter Weibel (1995): Vertreibung der Vernunft. The cultural Exodus from Austria, Wien–New York.

Stadler, Karl R. (1974): Opfer verlorener Zeiten. Geschichte der Schutzbund-Emigration 1934, Wien.

Stadler, Karl R. (o. J.): Leben in der Fremde, in: Österreicher im Exil 1934–1945, S. 17 ff.

Steiner, Herbert (o. J.): Das österreichische politische Exil von 1934 bis 1945, in: Österreicher im Exil 1934–1945, S. 11 ff.

Weber, Friedrich (1977): Die linken Sozialisten 1945–1948. Parteiopposition im beginnenden Kalten Krieg, Diss., Salzburg.

Gewerkschafter

Michael Schneider

Berücksichtigt man die Beschimpfungen der Gewerkschaften in den Jahren der Weimarer Republik und zudem die Strategien zur Machteroberung und -sicherung der Nationalsozialisten im Frühjahr 1933, so ist es nicht erstaunlich, daß mit den Arbeiterparteien die Gewerkschaften aller Richtungen, besonders aber die sozialdemokratisch orientierten Freien Gewerkschaften, sofort nach dem 30. Januar 1933 zu einem zentralen Angriffsziel der neuen Machthaber wurden.

Nun kann und soll hier weder auf die gewerkschaftliche Politik im Frühjahr 1933 noch auf die Probleme, einen spezifisch gewerkschaftlichen Widerstand unter den Bedingungen der totalitären Diktatur des Dritten Reiches zu organisieren, eingegangen werden. Doch zum einen muß erwähnt werden, daß gerade die Anpassungsbereitschaft der Gewerkschaften und die daraus gespeisten Hoffnungen, auch im Dritten Reich das Überleben der Organisation sichern zu können, dazu beigetragen haben, daß die Zahl der Gewerkschafter, die ins Exil gingen, im Vergleich zu der der Politiker der Arbeiterparteien relativ gering war. Das mag zudem darauf zurückzuführen sein, „daß Funktionäre der Gewerkschaften im allgemeinen weniger gefährdet waren als die der Partei. Auch konnten sie, verglichen mit diesen, leichter als Arbeiter oder Angestellte in Betrieben unterkommen und sich so eine Existenzmöglichkeit schaffen" (Miller 1976, S. 167). Wie groß die Zahl der Gewerkschafter im Exil war, läßt sich nur schwer abschätzen, zumal die Zuordnung einzelner Personen zu den Gruppen des politischen Exils wegen mannigfacher Überschneidungen der Gruppenzugehörigkeiten kompliziert ist. Konzentriert man sich auf die exilierten ehemaligen Gewerkschaftsfunktionäre und auf diejenigen, die in den gewerkschaftlichen Auslandsgruppen mitarbeiteten, so kommt man bei einer Auswertung des *Biographischen Handbuchs der deutschsprachigen Emigration nach 1933 (BHb)* auf eine Zahl von etwa 150 „prominenten" Gewerkschaftern im Exil. Wie groß die Zahl der nicht bekannten Gewerkschafter ist, die ins Ausland flohen, muß indessen offenbleiben. Auffallend ist, daß, fragt man nach Gewerkschaftern im Exil, fast ausschließlich Männer in den Blick geraten, worin sich freilich die Tatsache spiegelt, daß Gewerkschaftsarbeit eine Männerdomäne war.

Zum anderen ist festzuhalten, daß sich wohl die meisten exilierten Gewerkschafter als Teil des Widerstandes gegen Hitler verstanden. Sie versuchten, vom Ausland aus Widerstandsgruppen von Gewerkschaftern im Reichsgebiet zu organisieren sowie Informationen über die Situation in Deutschland zu sammeln und zu verbreiten. Und außerdem hofften sie, den persönlichen Zusammenhalt von Zirkeln ehemaliger Gewerkschafter sichern zu können, von denen die Neugründung von Gewerkschaften ausgehen könnte. Das war freilich keine traditionelle Gewerkschaftsarbeit, die von ihrer Struktur her auf Massenorganisation und Öffentlichkeit angelegt ist. Dennoch wird man – entgegen mancher anderer Ansicht (Harrer 1989, S. 371 f., 387) – von „gewerkschaftlichem Widerstand" sprechen können, handelte es sich hierbei doch um ein gewerkschaftspolitisch motiviertes Handeln von (ehemaligen) Gewerkschaftern im In- und Ausland, das auf die Begrenzung oder Beendigung der nationalsozialistischen Diktatur zielte.

Zu den ersten, die aus Deutschland fliehen mußten, gehörten Gewerkschafter und Gewerkschafterinnen jüdischer Herkunft: Ludwig Rosenberg ging nach England, Siegfried Aufhäuser (über Frankreich und England) und Toni Sender flohen in die USA, und Fritz Naphtali zog nach Palästina. Mitverantwortlich für die Entscheidung zur Flucht war gewiß die Bereitwilligkeit, mit der einzelne Gewerkschaftsvorstände die Rücktrittsgesuche ihrer jüdischen Kollegen und Kolleginnen annahmen – wenn sie diese nicht selbst dazu gedrängt hatten. Zu denken ist insbesondere an den Rücktritt Aufhäusers vom Vorsitz des Allgemeinen Freien Angestelltenbundes am 28. März 1933 und an die Entlassung von Hans Gottfurcht vom Zentralverband der Angestellten mit Schreiben vom 28. April 1933. Gottfurcht arbeitete zunächst als Versicherungsagent und baute dabei ein Kontaktnetz von Gewerkschaftern auf; nachdem er 1937 kurz in Haft gewesen war, floh er 1938 über Amsterdam nach London.

Angesichts von Verfolgung und Bedrohung der Gewerkschafter wurden frühzeitig Versuche unternommen, Anlaufstellen im benachbarten Ausland zu schaffen. Bis zum Anschluß an das Deutsche Reich (1935) bot zunächst das Saargebiet einen Fluchtpunkt für exilierte Gewerkschafter. Hierhin floh Ende Mai 1933 Heinrich Imbusch, der Vorsitzende des Christlichen Bergarbeiterverbandes (Schäfer 1991; → CHRISTEN UND KONSERVATIVE). Wie Imbusch gingen Bruno Süß, der Düsseldorfer Leiter des Zentralverbandes der Angestellten, sowie Max Bock und Heinrich Häfner vom Deutschen Metallarbeiterverband (DMV) in Frankfurt a. M. und Otto Pick vom Christlichen Metallarbeiterverband zunächst an die Saar, wo sie sich im Abstimmungskampf an der Seite von saarländischen Gewerkschaftern für den „Status quo" engagierten (Paul/Mallmann 1995).

Nach der Rückgliederung der Saar übernahmen die Tschechoslowakei (bis 1938) sowie die Grenzregionen der Niederlande, Belgiens, Frankreichs und Dänemarks die Funktion als wichtigste Anlaufstellen für geflohene Gewerkschafter. Zentrale Aufgabe der dort geschaffenen Stützpunkte war es, die illegale Arbeit zu koordinieren sowie den Informations- und Schriftaustausch zwischen Reichsgebiet und Ausland zu organisieren.

So versuchte Fritz Saar, der frühere Vorsitzende des Zentralverbandes der Hotel-, Restaurant- und Caféangestellten, in Amsterdam eine Provisorische Hauptverwaltung seines Verbandes aufzubauen. Außerdem wurde hier die *Gastwirtsgehilfenzeitung* mit einer Auflage von 200 Exemplaren publiziert, die nach Deutschland, insbesondere an Lesergemeinden in Düsseldorf, Münster, Köln und Hamburg, verschickt wurden. 1936 wurden diese Gruppen von der Gestapo zerschlagen.

Besondere Bedeutung erlangten die Bemühungen von Heinrich Schliestedt, ehemals Vorstandsmitglied des DMV, der nach seiner Flucht im Oktober 1934 von Komotau (Tschechoslowakei) aus, dem Sitz des Internationalen Berufssekretariats der Metallarbeiter, Widerstandszirkel ehemaliger Gewerkschafter im Reichsgebiet organisierte. Außerdem wollte er eine Auslandszentrale des gewerkschaftlichen Widerstandes schaffen. So wurde im Juli 1935 in der Tschechoslowakei, auf der Konferenz in Reichenberg, die Gewerkschaftliche Auslandsvertretung Deutschlands gegründet, die bald in Auslandsvertretung der deutschen Gewerkschaften (ADG) umbenannt wurde. Ziel dieser Organisation, deren Geschäftsführung Schliestedt übernahm, war es, die Arbeit der illegal in Deutschland agierenden Gewerkschafter zu unterstützen, Informationen zu sammeln und den Neuaufbau von Gewerkschaften vorzubereiten. Die ADG gab die *Gewerkschafts-Zeitung* und die *Nachrichten der Auslandsvertretung der deutschen Gewerkschaften* (ab 1937: *Nachrichtendienst der Auslandsvertretung der deutschen Gewerkschaften*) heraus. Die Auslandsvertretung wurde vom Internationalen Gewerkschaftsbund (IGB) finanziell unterstützt – was angesichts der Verstimmung, die der Anpassungskurs des ADGB im Frühjahr 1933 und speziell der Austritt aus dem IGB am 22. April 1933 ausgelöst hatten, keineswegs selbstverständlich war. Nach Schliestedts Tod (1938) verlagerte die Auslandsvertretung ihren Sitz zu Fritz Tarnow, dem früheren Vorsitzenden des Holzarbeiterverbandes, nach Kopenhagen, der indessen nicht von allen Gewerkschaftsgruppen im Exil als Leiter anerkannt wurde; außerdem stellte der IGB seine finanzielle Unterstützung ein.

Es ist umstritten, ob der Widerstand innerhalb und außerhalb Deutschlands derart durchorganisiert war, daß man mit Recht von einer „Illegalen Reichsleitung der Gewerkschaften" sprechen kann (Beier 1981). Die gewerkschaftlichen Widerstandszirkel kooperierten weniger zentralisiert miteinander, als dies der Begriff der „Reichsleitung" vermuten läßt; und außerdem verfügten sie nicht über einen Mitgliederstamm im eigentlichen Sinne, wohl aber über ein Informations- und Kontaktnetz von mehreren 1000 ehemaligen Gewerkschaftern (Buschak 1993, S. 16f., 207 ff.).

Nur ein Teil der Gewerkschaften beteiligte sich an der Arbeit der Auslandsvertretung. Insbesondere die Exil-Organisationen der Transportarbeiter und der Bergarbeiter hielten sich fern bzw. unterhielten ihre eigenen Gruppen, die vom Ausland aus geleitet wurden. Die Verzahnung von Widerstand innerhalb und außerhalb des Reiches gelang am ehesten den Gewerkschaftern derjenigen Berufsgruppen, die mit Transport und Kommunikation zu tun hatten – und die im Ausland entschiedene Unterstützung fanden. Das gilt z. B. für Hans Jahn und Karl Molt, die mit Hilfe der Internationalen Transportarbeiter-Föderation (ITF) unter Edo Fimmen aus dem Exil die Widerstandsarbeit im west- und süddeutschen Raum

Gewerkschafter

organisierten. Am 20. April 1935 fand eine Konferenz im dänischen Roskilde statt, an der 31 Illegale aus Deutschland und das Exekutivkomitee der ITF teilnahmen. Diese Konferenz sollte eine Zwischenbilanz und weitere Perspektiven der Widerstandsarbeit formulieren. Wenig später wurde das illegale Netz der ITF in Deutschland, das nach Jahns Angaben im März 1936 137 Stützpunkte mit 284 Stützpunktführern und 1320 Funktionären umfaßte, von der Gestapo zerschlagen. Jahn floh ins Ausland und setzte von Antwerpen, ab 1938 von Luxemburg und ab 1941 von England aus seine Arbeit fort (Esters/Pelger 1983). Antwerpen war zugleich das wichtigste Zentrum der Arbeit der Seeleutegruppen, die 1935 Kontakt zur ITF und überdies Stützpunkte in Rotterdam, Straßburg und Kopenhagen unterhielten. Die Gruppen hatten ca. 200 Vertrauensleute auf Hochsee- und auf Rheinschiffen; außerdem wurden Seeleute deutscher Schiffe beim Landgang mit Informationsmaterialien versorgt. Ebenfalls vom Ausland aus organisierte Karl Molt, der frühere Bezirksleiter des Einheitsverbandes der Eisenbahner in Stuttgart, den Widerstand vor allem in Süddeutschland. Er war 1933 in die Schweiz geflohen und hatte Kontakt zu Telegraphenarbeitern im Raum Stuttgart, Ulm und Tübingen. 1938 wurden etwa 20 seiner Kontaktpersonen von der Gestapo verhaftet (Wichers 1994).

Entgegen den Vorstellungen der ADG-Führung kam es im Ausland vereinzelt zur Zusammenarbeit sozialdemokratischer und kommunistischer Gewerkschafter. Zu nennen ist der Arbeitsausschuß freigewerkschaftlicher Bergarbeiter Deutschlands, der im Mai 1936 auf einer Tagung des Exekutivkomitees der Bergarbeiterinternationale in Paris gegründet wurde. Hier arbeiteten u.a. Franz Vogt, Richard Kirn und Hans Mugrauer vom (sozialdemokratischen) Alten Verband zusammen mit den Kommunisten Wilhelm Frisch und Wilhelm Knöchel. Der Arbeitsausschuß wurde von der Bergarbeiterinternationale finanziell unterstützt. Von dem Geld wurden Grenzstellen in der Tschechoslowakei, in Polen und in Lothringen eingerichtet (Peukert/Bajohr 1987; Paul/Mallmann 1995). Die Zentrale des Arbeitsausschusses in Amsterdam gab die hektographierten *Bergarbeiter-Mitteilungen* und die *Bergarbeiter-Zeitung* heraus (Maas 1990). Beide erschienen bis Ende 1938. Außerdem wurde in Frankreich – als Konkurrenz zur Landesgruppe Frankreich des ADG – im März 1937 der Koordinationsausschuß deutscher Gewerkschafter gebildet. Hier arbeiteten u.a. die Kommunisten Adolf Deter, Paul Krautter, Paul Merker und Klara Muth mit den Sozialdemokraten Richard Kirn und Gustav Schulenburg und dem christlichen Metallgewerkschafter Otto Pick zusammen. In Übereinstimmung mit der kommunistischen „Taktik des Trojanischen Pferdes" sprach sich der Koordinationsausschuß für illegale Arbeit in der Deutschen Arbeitsfront (DAF) aus (Bednareck 1966, 1969). Daraus folgten innere Gegensätze, die zusammen mit dem Scheitern der Pariser Volksfront-Regierung und vor allem mit den „Moskauer Säuberungen" 1937/38 auch das Ende des Koordinationsausschusses und des Arbeitsausschusses besiegelten.

Eine neue Situation trat mit dem Beginn des Krieges ein: Die ins Ausland vertriebenen Gewerkschafter mußten vor den deutschen Truppen weiterfliehen. Schweden, England und die Schweiz wurden zu den wichtigsten Aufnahmeländern. Alltagssorgen, Hoffnungslosigkeit sowie die Abtrennung von der Situation in Deutschland forderten ihren Tribut: Vielfach machte sich Resignation breit, zumal es immer schwerer wurde, Kontakt zu den Illegalen im Reich zu halten; und auch die Landesgruppen deutscher Gewerkschafter in den einzelnen Exilländern hatten kaum noch Verbindung zueinander. Das gilt auch für die Landesgruppen deutscher Gewerkschafter in Schweden (Günther 1982) und in Großbritannien (Oppenheimer 1987), die auch in der Kriegszeit den Flüchtlingen zunächst einmal Hilfestellung bei der Sicherung des nötigsten Lebensbedarfs leisteten; sie unterstützten die Reste des Widerstandes in Deutschland, sammelten und verbreiteten Informationen; und sie versuchten die Deutschland-Politik der Alliierten zu beeinflussen, insbesondere durch die Zusammenarbeit mit den Gewerkschaften des jeweiligen Gastlandes, durch eigene Öffentlichkeitsarbeit und durch die Mitarbeit in den Informationsdiensten der Alliierten. Gerade letztere folgte vielfach der Einsicht, daß die nationalsozialistische Diktatur nur von außen zerschlagen werden könne. Und schließlich arbeiteten die Landesvertretungen Pläne und Programme für den Neuaufbau der Gewerkschaften, aber auch für die Gestaltung des Arbeitsmarktes und der politischen Ordnung der „Nach-Hitler-Zeit" aus (Borsdorf u.a. 1977, S. 248 ff.; → DEUTSCHLAND NACH HITLER).

Da ist z.B. an das von Tarnow im Dezember 1941 dem Stockholmer Arbeitskreis deutscher Sozialdemokraten vorgelegte Programm zu denken, das für die Wiedergründung von Gewerkschaften nach dem Kriege davon ausging, man könne doch Organisationsstruktur und -prinzipien der DAF übernehmen (Lange 1976). Dieses Konzept fand weder in Stockholm noch in London nachhaltige Zustimmung:

1944/45 legte darum die Landesgruppe deutscher Gewerkschafter in Schweden „Vorschläge zu Problemen des Wiederaufbaus in Deutschland" vor, die von der Auflösung der DAF und vom Aufbau einer demokratischen und unabhängigen Gewerkschaftsorganisation ausgingen (Müssener 1974; Günther 1982).

Und auch die Landesgruppe deutscher Gewerkschafter in Großbritannien, die eng mit dem Exilvorstand der SPD in London zusammenarbeitete (Röder 1973), entwickelte 1945 – Mitautoren waren u.a. Willi Eichler, Gottfurcht, Werner Hansen, Jahn und Rosenberg – einen Plan für den Aufbau einer „neuen deutschen Gewerkschaftsbewegung", der die Bildung von Industrieverbänden vorsah, die auf den Prinzipien freiwilliger Mitgliedschaft, politischer Unabhängigkeit und weltanschaulicher Toleranz basieren sollten (Die neue deutsche Gewerkschaftsbewegung 1945, S. 5 ff.). Schließlich ist an die im amerikanischen Exil entstandene *Denkschrift über den Wiederaufbau einer Gewerkschaftsbewegung in Deutschland* des Council for a Democratic Germany vom 14. Juli 1944 zu erinnern (Foitzik 1995; Langkau-Alex/Ruprecht 1995, S. 171 ff.).

Zwar diskutierten Emigranten auch in der Schweiz und in Frankreich Konzepte für den Wiederaufbau der Gewerkschaften, doch den stärksten Einfluß übten in den Westzonen nach 1945 ohne Zweifel die im Londoner Exil entworfenen Pläne aus. Und wenn man nach der Rolle von Remigranten beim Aufbau der westdeutschen Gewerkschaften fragt, dann ist ebenfalls vor allem an Rückkehrer aus dem Londoner Exil zu denken: So gehörte Hansen zusammen mit Hans Böckler zu den Gewerkschaftsgründern in der Britischen Besatzungszone. Und von den 27 Mitgliedern des 1949 auf dem Gründungskongreß des Deutschen Gewerkschaftsbundes (DGB) gewählten Bundesvorstandes kamen zwei – Jahn und Rosenberg – aus dem (englischen) Exil. Auch wenn Rosenberg schließlich 1962 zum DGB-Vorsitzenden gewählt wurde, wird man kaum von einer ausgeprägten personellen Kontinuität vom Exil zu Führungspositionen der Gewerkschaften in den Westzonen bzw. der Bundesrepublik Deutschland sprechen können. Anders sah dies im Saarland nach 1945 aus, wo sich die Spitzen der Einheitsgewerkschaft und der einzelnen Industrieverbände zunächst fast ausnahmslos aus sozialdemokratischen, kommunistischen und christlichen Remigranten rekrutierten und der Exil-Gewerkschafter Richard Kirn zum stellvertretenden Ministerpräsidenten und ersten Arbeits- und Sozialminister avancierte (Paul 1997; → RÜCKKEHR AUS DEM EXIL: SAARLAND).

Literatur

Bednareck, Horst (1966): Der Koordinationsausschuß deutscher Gewerkschafter in Frankreich 1937. Der antifaschistische Kampf der Gewerkschafter und ihr Beitrag für die Aktionseinheit der Arbeiterklasse, in: Zeitschrift für Geschichtswissenschaft 14, S. 745 ff.

Bednareck, Horst (1969): Die Gewerkschaftspolitik der Kommunistischen Partei Deutschlands – fester Bestandteil ihres Kampfes um die antifaschistische Einheits- und Volksfront zum Sturze der Hitlerdiktatur und zur Verhinderung des Krieges (1935 bis August 1939), Berlin/DDR.

Beier, Gerhard (1981): Die illegale Reichsleitung der Gewerkschaften 1933–1945, Köln.

Borsdorf, Ulrich, Hans O. Hemmer u. Martin Martiny, Hrsg. (1977): Grundlagen der Einheitsgewerkschaft. Historische Dokumente und Materialien, Köln–Frankfurt a.M.

Buschak, Willy (1993): „Arbeit im kleinsten Zirkel". Gewerkschaften im Widerstand gegen den Nationalsozialismus, Hamburg.

Esters, Helmut, u. Hans Pelger (1983): Gewerkschafter im Widerstand. Mit einem forschungsgeschichtlichen Überblick von Alexandra Schlingensiepen, Bonn.

Foitzik, Jan (1995): Wiederaufbau der Gewerkschaften: Zur Denkschrift des „Council for a Democratic Germany", in: Langkau-Alex/Ruprecht, S. 75 ff.

Günther, Dieter (1982): Gewerkschafter im Exil. Die Landesgruppe deutscher Gewerkschafter in Schweden von 1938–1945, Marburg.

Harrer, Jürgen (1989): Gewerkschaftlicher Widerstand gegen das „Dritte Reich", in: Deppe, Frank, Georg Fülberth u. Jürgen Harrer, Hrsg.: Geschichte der deutschen Gewerkschaftsbewegung, 4., aktual. u. wesentl. erw. Aufl., Köln, S. 343 ff.

Lange, Dieter (1976): Fritz Tarnows Pläne zur Umwandlung der faschistischen Deutschen Arbeitsfront in Gewerkschaften, in: Zeitschrift für Geschichtswissenschaft 24, S. 150 ff.

Langkau-Alex, Ursula, u. Thomas M. Ruprecht, Hrsg. (1995): Was soll aus Deutschland werden? Der Council for a Democratic Germany in New York 1944–1945. Aufsätze und Dokumente, Frankfurt a.M.–New York.

Maas, Lieselotte (1990): Handbuch der deutschen Exilpresse 1933–1945, hrsg. von Eberhard Lämmert, Bd. 4: Die Zeitungen des deutschen Exils in Europa

von 1933 bis 1939 in Einzeldarstellungen, München–Wien.
Miller, Susanne (1976): Deutsche Arbeiterführer in der Emigration, in: Hofmann, Hanns Hubert, Hrsg.: Führende Kräfte und Gruppen in der deutschen Arbeiterbewegung. Büdinger Vorträge 1973–1975, Limburg, S. 165 ff.
Müssener, Helmut (1974): Exil in Schweden. Politische und kulturelle Emigration nach 1933, München.
Die neue deutsche Gewerkschaftsbewegung (o.J., 1945). Programmvorschläge für einen einheitlichen deutschen Gewerkschaftsbund, o.O. (London).
Oppenheimer, Max (1987): Aufgaben und Tätigkeit der Landesgruppe deutscher Gewerkschafter in Großbritannien. Ein Beitrag zur Vorbereitung der Einheitsgewerkschaft, in: Exilforschung 5, S. 241 ff.
Paul, Gerhard (1997): „Emigrantenstaat" auf tönernen Füßen. Das Saarland, in: Krohn, Claus-Dieter, u. Patrik von zur Mühlen, Hrsg.: Rückkehr und Aufbau nach 1945. Deutsche Remigranten im öffentlichen Leben Nachkriegsdeutschlands, Marburg, S. 211 ff.
Paul, Gerhard, u. Klaus-Michael Mallmann (1995): Milieus und Widerstand. Eine Verhaltensgeschichte der Gesellschaft im Nationalsozialismus, Bonn.
Peukert, Detlev J. K., u. Frank Bajohr (1987): Spuren des Widerstands. Die Bergarbeiterbewegung im Dritten Reich und im Exil, München.
Röder, Werner (1973): Die deutschen sozialistischen Exilgruppen in Großbritannien 1940–1945, 2. Aufl., Bonn-Bad Godesberg.
Schäfer, Michael (1991): Heinrich Imbusch. Christlicher Gewerkschaftsführer und Widerstandskämpfer, München.
Wichers, Hermann (1994): Im Kampf gegen Hitler. Deutsche Sozialisten im Schweizer Exil 1933–1940, Zürich.

Christen und Konservative*

HEINZ HÜRTEN

Das politische Exil verdankt Rang und Einfluß zu einem nicht geringen Teil Persönlichkeiten, die außerhalb früherer oder gar im Exil noch weiter bestehender Bindungen an Parteien und Organisationen im Ausland die Existenz eines nicht von Hitler kontrollierten Deutschland dokumentierten. Neben Schriftstellern, Wissenschaftlern und Künstlern (die mehr durch ihre kulturellen Leistungen als durch ihre Repräsentanz politischer Richtungen Beachtung fanden) gehörten dazu auch Angehörige der christlichen Kirchen und Vertreter der politischen Rechten, einschließlich enttäuschter Nationalsozialisten. Sie bildeten jedoch weder in ihren Anschauungen noch in ihren Aktionen eine zusammenhängende Größe, so daß ihre Kennzeichnung als „Christen" oder „Konservative" lediglich eine ihrer individuellen moralischen oder intellektuellen Positionen ist, nicht aber ihre Zugehörigkeit zu organisierten Gemeinschaften betrifft (Frühwald/Hürten 1987).

Zu den herausragenden Protestanten im Exil gehörten Universitätslehrer der Theologie, die im Gegensatz zur großen Mehrheit der evangelischen Kirche der Sozialdemokratie nahestanden: Fritz Lieb (Karnetzki/Rese 1992), Otto Piper, Karl Ludwig Schmidt und Paul Tillich. Karl Barth, der prominenteste unter den linksstehenden Theologieprofessoren, die Deutschland verließen, kann als Schweizer Bürger nicht zu den Emigranten gerechnet werden, wohl aber seine deutsche Mitarbeiterin Charlotte von Kirschbaum, die einen wichtigen Anteil an seinem Lebenswerk hat. Ihnen allen gelang, wenn auch z. T. erst nach Unterbrechungen, die Fortführung ihrer Berufstätigkeit im Ausland. Schmidt und Lieb wurden 1935 bzw. 1937 Professoren an der Universität Basel, an der auch Barth seit 1935 lehrte. Piper und Tillich kamen in den USA zu entsprechenden Positionen. Lieb, der zunächst nach Frankreich gegangen war, beteiligte sich am Ausschuß zur Vorbereitung einer Deutschen Volksfront (→ VOLKSFRONT FÜR DEUTSCHLAND) und an anderen Aktionen des politischen Exils; er arbeitete auch an den *Deutschen Informationen* mit (Langkau-Alex 1992). Schmidt besaß Kontakte zur katholischen Exilzeitschrift *Deutsche Briefe*.

Größte Wirkung als Theologe wie als Exilpolitiker wurde jedoch Paul Tillich zuteil (Bahr 1985). Im Zusammenhang der philosophischen und theologischen Konzeptionen, die seinen Weltruf begründeten, gelang ihm auch eine Sinndeutung des Exils, die seinem politischen Handeln Orientierung gab. Seine Einsicht, daß die Überschreitung der gewohnten Grenzen ins Fremde, Unbekannte Voraussetzung jeder tieferen Erkenntnis und damit auch jeglichen Fortschritts sei, schrieb den aus dem Gewohnten und Vertrauten vertriebenen Emigranten Fähigkeit und Aufgabe zu, aus ihrer klareren Erkenntnis des Gesamten über den Tag hinausreichende Zukunftsentwürfe zu entwickeln. Nachdem er bereits als Gründer von Exilorganisationen (Selfhelp, Immigrants' Committee) und durch Rundfunkansprachen in der Voice of America hervorgetreten war, versuchte Tillich von 1944 an mit dem Council for a Democratic Germany (Langkau-Alex/Ruprecht 1995) eine umfassende und ausgewogene Repräsentanz des deutschen Exils in den USA, die in Zusammenhang mit dem gleichzeitig von der Sowjetunion ausgehenden Nationalkomitee „Freies Deutschland" zu sehen ist. Dieser Council vermochte jedoch nicht, seine internen Spannungen auszugleichen, und zerbrach endgültig, ohne größeren Einfluß erlangt zu haben, als seine kommunistischen Mitglieder die Beschlüsse von Jalta und Potsdam bejahten.

Die katholische Universitätstheologie, für die es keine Entsprechung zum „Religiösen Sozialismus" der Protestanten gab, hat aus anderen Gründen erhebliche Verluste durch die Emigration erlitten. Neben dem Historiker Hubert Jedin, der nach dem Ende des Krieges aus dem Vatikan zurückkehrte, hat der Patrologe Johannes Quasten sich nach seinem erzwungenen Ausscheiden aus der Universität Münster zunächst in Rom, dann in Washington ein neues Wirkungsfeld suchen müssen. Auch der später zu weltweiter Wirkung gelangte Erforscher der kirchlichen Rechtsgeschichte Stephan Kuttner mußte 1933 Deutschland verlassen; nachdem er bis 1940 an päpstlichen Instituten in Rom gearbeitet hatte, öffnete sich für ihn in Amerika die Möglichkeit zu großen Forschungen. Nach der Annexion Österreichs gelang der von Jesuiten betreuten Theologischen Fakultät der Universität Innsbruck, die von den Nationalsozialisten geschlossen und aus ihren Räumen vertrieben wurde, dank ihrer Umwandlung in eine Hochschule päpstlichen Rechts und der Entlassung ihrer Professoren aus dem Jesuitenorden mit einer Anzahl ausländischer Studierender und allen Professoren die Emigration nach Sitten im Wallis, wo sie als freie Hochschule ihren Lehr- und Forschungsbetrieb weiterführen konnte, jedoch wegen sozialdemokratischer und protestantischer Proteste dauernd gefährdet war, obwohl dem schweizerischen Niederlassungsverbot für Jesuiten Genüge getan war (Schneider 1988). In ähnlicher Weise konnte das außeruniversitäre Anthropos-Institut der Ordensgemeinschaft SVD unter der Leitung des bedeutenden Ethnologen Wilhelm Schmidt von Mödling bei Wien nach Froideville bei Fribourg verlegt werden, nachdem sein Leiter wegen Kontakten zur Familie von Habsburg verfolgt worden war. Schmidt blieb bis zu seinem Tode Professor an der Universität Fribourg; während des Krieges stand er mit dem österreichischen Widerstand in Kontakt.

An dem durch die Emigration verursachten Transfer deutscher Wissenschaft ins Ausland haben eine Reihe von Katholiken außerhalb der theologischen Fakultäten erheblichen Anteil. Der Biophysiker Friedrich Dessauer, der Philosoph Heinrich Rommen, die Sozialwissenschaftler Götz Briefs und Franz Hermann Müller, die Philosophen Dietrich von Hildebrand und Balduin Schwarz, die Juristen Friedrich Baerwald und Ferdinand A. Hermens, die zu den prominenten Katholiken im Exil gehörten, haben meist den bedeutendsten Teil ihrer wissenschaftlichen Leistungen erst außerhalb Deutschlands erbracht. Dessauer, der auch als Reichstagsabgeordneter der Zentrumspartei und Herausgeber der *Rhein-Mainischen Volkszeitung* hervorgetreten und politischer Verfolgung ausgesetzt war, wurde von der türkischen Regierung 1934 nach Istanbul berufen; 1937 ging er in die Schweiz, wo er neben seinen Forschungen auch in der Verbindung mit Joseph Wirth politisch aktiv wurde. Für die anderen wurden die USA zur Endstation ihrer Emigration. Baerwald wirkte dort in Tillichs Council mit, und Hermens hielt Kontakt mit der von dem italienischen Priester Don Luigi Sturzo, dem emigrierten Gründer des in Italien verbotenen Partito Popolare, geschaffenen Bewegung People and Freedom. Briefs arbeitete während des Krieges für das Office of Strategic Services. Schwarz, der nach vier Jahren in der Schweiz nach Frankreich gegangen war, diente 1940 als Soldat der französischen Armee. Hildebrand, dessen erste längere Station in der Emigration Wien war, hat dort als Herausgeber der Zeitschrift *Der Christliche Ständestaat* eine wichtige politische Rolle gespielt. Über Fribourg und Toulouse gelangte er 1940 in die USA und hielt dort Verbindung mit dem Austrian Committee des Exils. Eine Sonderstellung im wissenschaftlichen Exil fiel der Philosophin Edith Stein zu, die in ein Kloster eingetreten war und nach der Besetzung der Niederlande dem Holocaust zum Opfer fiel.

Ein bedeutender Anteil des katholischen Exils bestand aus Angehörigen der im Reich verbotenen Zentrumspartei. Die ehemaligen Reichskanzler Brüning und Wirth, der Parteivorsitzende Ludwig Kaas, die Abgeordneten Dessauer und Schauff, Prinz Hubertus zu Löwenstein sowie Ministerialdirektor Carl Spiecker sind die bekanntesten aus dieser Gruppe (Hürten 1975, 1985; Morsey 1983, 1987; Schlie 1997; Schneider 1997). Sie standen während des Exils untereinander kaum in Verbindung und vertraten oft unterschiedliche Ansichten. Anders als der Linken fehlte ihnen der Rückhalt an Schwesterparteien der Aufnahmeländer oder einer übergreifenden internationalen Organisation. Brüning, der der Verfolgung nur knapp entkommen war und ein ruheloses Wanderleben führte, bis er Professor in Harvard wurde, nutzte sein persönliches Ansehen in der internationalen Politik, um an wichtigen Stellen Rat zu geben, ohne von der Wirkung seiner Bemühungen überzeugt zu sein. Zu allen Emigrantenorganisationen, deren Treiben er für schädlich hielt, blieb er in Distanz. Joseph Wirth hingegen, der wie Brüning Wert darauf legte, als deutscher Patriot zu gelten, engagierte sich in vielfältigen Aktionen, hielt in der Schweiz Kontakt zu deutschen Widerstandskreisen, bis 1940 auch zur französischen Regierung und später mit dem amerikanischen Sonderbeauftragten Allan W. Dulles; 1934 arbeitete er mit den emigrierten Sozialdemokraten Otto Braun und Wilhelm Hoegner bei der Gründung der Arbeitsgemeinschaft demokratisches Deutschland zusammen (Schlie 1997). Ludwig Kaas, der vor Ostern 1933 mit Rückfahrkarte nach Rom gefahren war, kehrte nicht wieder zurück, um drohender Verfolgung zu entgehen; er nahm eine wichtige, wenn auch inoffizielle Funktion bei den Verhandlungen um das Reichskonkordat ein und wurde später in amtlicher Stellung am Vatikan verantwortlich für die aufsehenerregenden Ausgrabungen unter St. Peter. Durch sein Vertrauensverhältnis zum Kardinalstaatssekretär Pacelli und späteren Papst Pius XII. dürfte er ein wichtiger Ratgeber für die vatikanische Deutschlandpolitik gewesen sein. Prinz Hubertus zu Löwenstein, der im Reichsbanner Schwarz-Rot-Gold aktiv gewesen war, wurde weit mehr als die Genannten zu einem Exponenten deutscher Emigrantenpolitik und -publizistik. Er engagierte sich für den „Status quo" bei der Abstimmung des Saargebiets über dessen künftige territoriale Zugehörigkeit, unterhielt zahlreiche Verbindungen zu verschiedensten Gruppen des Exils, war Zeitungskorrespondent im republikanischen Spanien, Generalsekretär der American Guild for German Cultural Freedom, Ehrenpräsident des Lateinamerikanischen Komitees der Freien Deutschen, arbeitete kurze Zeit auch an Tillichs Council for a Democratic Germany mit. Im Unterschied zu Brüning, Kaas und Wirth gelang ihm die Rückkehr in die deutsche Politik. Er war von 1953 bis 1957 Bundestagsabgeordneter der FDP und schloß sich später der CDU an. Ähnlich gelagerte Aktivitäten kennzeichneten die Leistung des ehemaligen Ministerialdirektors Carl Spiecker. Auch er besaß weitreichende Verbindungen und war an den Versuchen zur Schaffung einer deutschen Volksfront beteiligt. Bedeutsamer waren jedoch seine Gemeinsamkeiten mit Exilpolitikern der Rechten. Er gründete die Deutsche Freiheitspartei, zu der auch der in Paris lebende ehemalige preußische Finanzminister Otto Klepper Kontakt hielt; mit Hans Albert Kluthe, der wie Klepper zur DDP gehört hatte, gab er die Monatsschrift *Das wahre Deutschland. Auslandsblätter der Deutschen Freiheitspartei* heraus, an der auch der ehemalige Reichstagsabgeordnete der DDP August Weber, der sich später um Verbindung zur Exil-SPD bemühte, Anteil nahm. Daneben unterhielt Spiecker Verbindungen zu Willi Münzenberg und anderen Repräsentanten der Linken. Zeitweise von französischen Institutionen unterstützt, baute er später in Großbritannien im Rahmen der britischen Auslandspropaganda den Freiheitssender der Deutschen Freiheitspartei auf. Nach 1945 fiel ihm in Deutschland als Abgeordneter der neugegründeten Zentrumspartei und Lizenzträger einer großen Zeitung, später als Minister der CDU in Nordrhein-Westfalen eine politische Rolle zu. Die Leistung, die der Experte für agrarische Siedlung und frühere Reichstagsabgeordnete des Zentrums Johannes Schauff für das Exil erbrachte, lag hingegen nicht auf eigentlich politischem Gebiet. Ihm gelang es, in Brasilien ein großes Siedlungsprojekt zu realisieren, das zahlreichen Emigranten Aufnahme bot, weil Schauff ein Finanzierungsmodell durchgesetzt hatte, das den Auswanderern einen Gegenwert für ihr in Deutschland zurückgebliebenes Vermögen und damit den Grundstock für den Aufbau ihrer neuen Existenz sicherte (Gordan 1983; Schneider 1997).

Eine eigene Gruppe aus dem Bereich des politischen Katholizismus bzw. der katholischen Gewerkschaftsbewegung bildeten die etwa 60 Saaremigranten um Johannes Hoffmann, den späteren Ministerpräsidenten des Saarlandes (1947–1955). Sie rekrutierten sich ausnahmslos aus Angehörigen der sich der bischöflichen Rückgliederungspolitik in der Saarfrage verweigernden Zeitung *Die Neue Saar-Post* und des Deutschen Volksbundes für christlich-soziale Gemeinschaft, zu dem neben Repräsentanten der katholischen Opposition auch etliche katholische Gewerkschaftsführer wie Fritz Kuhnen, Nikolaus Fliegler und Heinrich Imbusch zählten (Mallmann/Paul 1989; Steinle 1990; Schäfer 1991; Paul/Mallmann 1995). Bis 1940 wurde das Großherzogtum → LUXEMBURG für die meisten dieser Gruppe zur neuen Heimat, wo sie unter der Obhut des dortigen Bischofs standen. Wie schon vor der Saarabstimmung von 1935 beteiligten sich einzelne Saarkatholiken an den Volksfrontexperimenten von Paris und Metz oder nahmen am Verteidigungskampf der Spanischen Republik teil. Etliche Angehörige der katholischen Saaremigration zählten nach 1945 zur Führungsspitze des autonomen Saarlandes und der dortigen christlichen Gewerkschaftsbewegung (→ RÜCKKEHR AUS DEM EXIL: SAARLAND).

Der Rang des katholischen Exils ist nicht zuletzt in seiner Publizistik begründet, die sich in ihrer Prägung durch katholische Denkformen von anderen Organen des Exils abhebt. Es handelt sich nur um wenige Blätter, die z. T. als hektographierte Korrespondenzen erschienen: *Der Christliche Ständestaat* unter der Leitung von Dietrich von Hildebrand in Wien, die *Deutschen Briefe* von Waldemar Gurian, der nach der Mordaktion vom 30. Juni 1934 in seiner pseudonymen Schrift *St. Ambrosius und die deutschen Bischöfe* ein konturiertes Programm für die Gegnerschaft der katholischen Kirche zum Nationalsozialismus formuliert hatte, und dem bis dahin kaum bekannten Otto M. Knab in Luzern, *Der Deutsche Weg* des Jesuiten Friedrich Muckermann in Oldenzaal, *Der Deutsche in Polen*, redigiert von Johannes Maier-Hultschin, und der *Kulturkampf* in Paris, der zeitweise in vier Sprachen erschien und später in London weitergeführt wurde, dessen Urheber aber bis heute nicht ermittelt werden konnten (Hürten 1988). Reine Exilzeitschriften waren nur die *Deutschen Briefe* und der *Kulturkampf. Der Deutsche Weg* und *Der Deutsche in Polen* besaßen einen gewissen Rückhalt am Auslandsdeutschtum, dem sie sich ausdrücklich zuwandten (zu diesen Zeitschriften ausführlich Hürten 1990; Maas 1990). *Der Christliche Ständestaat* war mit Unterstützung des österreichischen Kanzlers Dollfuß gegründet worden, um das Selbstbewußtsein des Landes als Repräsentanz eines noch nicht von Hitler unterjochten Deutschtums zu stabilisieren. Trotz solcher Unterschiede können diese Blätter als eine gewisse Einheit begriffen werden, weil sie untereinander im Austausch standen und vor allem in ihrer Aufgabenstellung wie in ihren Darlegungen eine grundsätzliche Gemeinsamkeit zeigten. Ihre Frontstellung zum Nationalsozialismus war nicht allein durch den Konflikt des Regimes mit der Kirche fundiert, sondern durch den unaufhebbaren Gegensatz zur nationalsozialistischen Ideologie, der ihren Widerstand prinzipiell und umfassend machte. Darum sahen diese Blätter ihre Aufgabe weniger in der Auseinandersetzung mit den täglichen Ereignissen als in der grundsätzlichen Klärung der Lage, in der sich die deutsche wie die europäische Gesellschaft im Zeitalter der totalitären Systeme befand, was allerdings ihren aktuellen Informationswert für bestimmte Bereiche keineswegs ausschloß. Von ihren Herausgebern gelangten Gurian und Hildebrand in den USA auf wichtige Lehrstühle, Muckermann konnte sich in die Schweiz retten, Maier-Hultschin fiel eine Aufgabe in der britischen Auslandspropaganda zu. Zu den Mitarbeitern an Muckermanns *Deutschem Weg* gehörte auch der Publizist Axel Emmerich, der als Edgar Alexander mit seinem Buch *Der Mythos Hitler* (Zürich 1937) einen wichtigen Beitrag zur Erkenntnis der Lage lieferte.

Übersehen werden bei Überblicken über das Exil leicht jene Geistlichen und Ordensleute, die Deutschland als Verfolgte verließen, ohne als Politiker oder Wissenschaftler besonders hervorgetreten zu sein. Ihr Weg ins Exil konnte angesichts der übernationalen Organisation der Kirche manchmal als Übernahme einer neuen Aufgabe erscheinen, was sie nicht sofort als Emigranten erkennen ließ. Der Gründer des verbotenen Friedensbundes Deutscher Katholiken, der Dominikaner Franziskus Stratmann, und der Erzabt von Beuron, Raphael Walzer, der Feldgeistlicher in der französischen Armee wurde, sind neben Muckermann besonders bekannte Vertreter jener Gruppe von emigrierten Priestern und Ordensleuten, von denen nach einer Mitteilung des Vatikans an die italienische Regierung etwa 100 allein in Italien Zuflucht gesucht hatten. Ihre Tätigkeit läßt sich keinem grundlegenden Muster zuordnen, auch hat es unter ihnen keinen organisierten Zusammenhang gegeben. Der Miles Ecclesiae, der 1936 in Paris das kenntnisreiche Buch *Hitler gegen Christus. Eine katholische Klarstellung und Abwehr* erscheinen ließ, könnte zu ihnen gehört haben, ebenso jener, der unter dem Pseudonym Lucien Valdor *Le Chrétien devant le racisme* (Alsatia-Verlag, Colmar 1938) schrieb. Der Kapuziner Ingbert Naab und der Weltpriester Georg Moenius, die vor 1933 Hitler publizistisch bekämpft hatten, veröffentlichten im Exil nicht mehr. Tragisch endete das Schicksal von Pater Hugolinus Dörr, Mitglied der Societas Verbi Divini, der als Gegner der Saarrückgliederung nach Frankreich emigriert war und dort am 6. Juni 1940 während seiner Internierung ermordet wurde (Mallmann/Paul 1987, S. 54).

Von den Vertretern der Rechten, die in der Emigration mit Katholiken kooperierten, ist vor allem der frühere Reichsminister Gottfried Treviranus zu nennen, der sich von der Deutschnationalen Volkspartei getrennt und als Repräsentant der Konservativen Volkspartei den Kabinetten Brünings angehört hatte. Im Exil, wo er sich zeitweilig als Industriemanager zu behaupten wußte und in der Hilfe für die Flüchtlinge engagierte, blieb er einer der engsten Gesprächspartner Brünings, stand aber auch mit dem

Kreis um die Deutsche Freiheitspartei in Kontakt (Treviranus 1973; Möller 1983).

Die größte Wirkung unter den Vertretern der politischen Rechten im Exil fiel zwei früheren Nationalsozialisten zu. Hermann Rauschning, seit Sommer 1933 Senatspräsident der unter Völkerbundskontrolle stehenden Freien Stadt Danzig, war wegen politischer Gegensätze mit Gauleiter Forster zum Rücktritt gezwungen und aus der NSDAP ausgeschlossen worden. 1936 verließ er Danzig und trat in der Schweiz und in Paris in Verbindung mit Presse und Organisationen des deutschen Exils. 1938 erschien im Zürcher Europa-Verlag seine Deutung der nationalsozialistischen Herrschaft *Die Revolution des Nihilismus. Kulisse und Wirklichkeit im Dritten Reich*, die mit ihren Übersetzungen in fünf Sprachen zu den wirkungsvollsten Publikationen des politischen Exils zählt. Sein Erfolg wurde jedoch noch übertroffen durch das 1940 vom gleichen Verlag herausgebrachte (allerdings quellenkritisch nicht unbedenkliche) Buch *Gespräche mit Hitler,* das in acht Sprachen seine Leser fand.

Noch enger zum Führungskreis der Nationalsozialisten hatte Otto Strasser gehört, ein Bruder des am 30. Juni 1934 ermordeten früheren Reichsorganisationsleiters der NSDAP Gregor Strasser. Er hatte dem linken Flügel der Partei angehört und schon 1930 die Parole ausgegeben: „Die Sozialisten verlassen die NSDAP", aber damit keinen großen Erfolg erzielt. 1933 geflohen, versuchte er seine nationalrevolutionären Ideen einer „Schwarzen Front" im Kampf gegen Hitler umzusetzen. Von Prag aus schmuggelte er seine Zeitung *Die Deutsche Front* nach Deutschland und betrieb den Deutschen Freiheitssender, bis dieser durch einen nationalsozialistischen Anschlag zerstört wurde. Darüber hinaus trat er mit zahlreichen anderen Exponenten des politischen Exils in Kontakt. Der von ihm 1941 auf den Bermudas gegründeten Frei-Deutschland-Bewegung als Gesamtorganisation des Exils kam lediglich für Lateinamerika einige Bedeutung zu.

* Die entsprechende Passage für das Saargebiet hat G. Paul verfaßt.

Literatur

Bahr, Eberhard (1985): Paul Tillich und das Problem einer deutschen Exilregierung in den Vereinigten Staaten, in: Exilforschung 3, S. 31 ff.

Briegel, Manfred, u. Wolfgang Frühwald, Hrsg. (1988): Die Erfahrung der Fremde. Kolloquium des Schwerpunktprogramms „Exilforschung" der Deutschen Forschungsgemeinschaft, Weinheim u. a.

Feilchenfeldt, Konrad (1987): Christliches Volksfrontverhalten. Mit einem Exkurs über Paul Ludwig Landsberg, in: Frühwald/Hürten, S. 55 ff.

Frühwald, Wolfgang, u. Heinz Hürten, Hrsg. (1987): Christliches Exil und christlicher Widerstand. Ein Symposium an der Katholischen Universität Eichstätt 1985, Regensburg.

Gordan, Paulus, Hrsg. (1983): Um der Freiheit willen. Eine Festgabe für und von Johannes und Karin Schauff zum 80. Geburtstag, Pfullingen.

Hürten, Heinz (1975): Ein Reichskanzler im Exil. Heinrich Brüning als Emigrationspolitiker, in: Zeitgeschichte 2, S. 195 ff.

Hürten, Heinz (1985): Die politische Tätigkeit von Angehörigen der Zentrumspartei und anderer katholischer Gruppen während des Exils, in: Daviau, Donald G., u. Ludwig M. Fischer, Hrsg.: Exil. Wirkung und Wertung. Ausgewählte Beiträge zum fünften Symposium über deutsche und österreichische Exilliteratur, Columbia/South Carolina, S. 45 ff.

Hürten, Heinz, Bearb. (1988): Kulturkampf. Berichte aus dem Dritten Reich, Paris. Eine Auswahl aus den deutschsprachigen Jahrgängen 1936–1939, Regensburg.

Hürten, Heinz (1990): Politische Positionen katholischer Exilpublizistik, in: Grunewald, Michel, u. Frithjof Trapp, Hrsg.: Autour du „Front Populaire Allemand". Einheitsfront – Volksfront, Bern u. a., S. 99 ff.

Karnetzki, Manfred, u. Karl-Johann Rese, Hrsg. (1992): Fritz Lieb. Ein europäischer Christ und Sozialist. Eine Dokumentation der Evangelischen Akademie Berlin, Berlin.

Langkau-Alex, Ursula (1992): Fritz Lieb und die Volksfront-Politik. Der Weg zum „Bund freiheitlicher Sozialisten", in: Karnetzki/Rese, S. 105 ff.

Langkau-Alex, Ursula, u. Thomas M. Ruprecht, Hrsg. (1995): Was soll aus Deutschland werden? Der Council for a Democratic Germany in New York 1944–1945. Aufsätze und Dokumente, Frankfurt a. M.–New York.

Maas, Lieselotte (1990): Handbuch der deutschen Exilpresse 1933–1945, hrsg. von Eberhard Lämmert, Bd. 4: Die Zeitungen des deutschen Exils in Europa von 1933 bis 1939 in Einzeldarstellungen, München–Wien.

Mallmann, Klaus-Michael, u. Gerhard Paul (1989): Das zersplitterte Nein. Saarländer gegen Hitler, Bonn.

Möller, Horst (1983): Gottfried Reinhold Treviranus. Ein Konservativer zwischen den Zeiten, in: Gordan, S. 118 ff.

Morsey, Rudolf (1983): Leben und Überleben im Exil. Am Beispiel von Joseph Wirth, Ludwig Kaas und Heinrich Brüning, in: Gordan, S. 86 ff.

Morsey, Rudolf (1987): Brünings Einschätzung der politischen Entwicklung in Deutschland 1934–1948, in: Frühwald/Hürten, S. 369 ff.

Paul, Gerhard, u. Klaus-Michael Mallmann (1995): Milieus und Widerstand. Eine Verhaltensgeschichte der Gesellschaft im Nationalsozialismus, Bonn.

Schäfer, Michael (1991): Heinrich Imbusch. Christlicher Gewerkschaftsführer und Widerständler, München.

Schlie, Ulrich (1997): Altreichskanzler Joseph Wirth im Luzerner Exil (1939–1948), in: Exilforschung 15, S. 180 ff.

Schneider, Dieter Marc (1988): Verfolgung, Widerstand und Emigration der Innsbrucker Jesuiten in den Jahren 1938 und 1939. Ein Fallbeispiel zur Geschichte der christlichen Emigration unter dem Nationalsozialismus, in: Briegel/Frühwald, S. 141 ff.

Schneider, Dieter Marc (1997): Christliche und konservative Remigranten. Das Beispiel Johannes Schauff, in: Krohn, Claus-Dieter, u. Patrik von zur Mühlen, Hrsg.: Rückkehr und Aufbau nach 1945. Deutsche Remigranten im öffentlichen Leben Nachkriegsdeutschlands, Marburg, S. 157 ff.

Steinle, Brigitte (1990): Johannes Hoffmann – ein Leben, Privatdruck.

Treviranus, Gottfried Reinhold (1973): Für Deutschland im Exil, Düsseldorf–Wien.

Voigt, Klaus (1988): Die jüdische Emigration in Italien. Ein Überblick, in: Briegel/Frühwald, S. 13 ff.

Liberale

GERLINDE RUNGE

Die Verfolgung und Vertreibung von Mitgliedern der Deutschen Demokratischen Partei/Deutschen Staatspartei (DDP/DStP) ist von der Exilforschung lange kaum beachtet worden. Nur einzelne von ihnen wurden in unterschiedlichen Zusammenhängen, oft ohne Berücksichtigung ihrer politischen Herkunft behandelt. Im Vergleich zum Exil der Linksparteien waren linksliberale Emigranten eine schwache Minderheit ohne politischen Kontinuitäts- oder Legitimitätsanspruch, den auch August Weber als einziges exilpolitisch aktives Mitglied des letzten DStP-Vorstands nicht erhob. Liberales Engagement drückte sich als zeitlich begrenzter, individueller Beitrag ohne parteimäßige Stütze aus. Dementsprechend finden sich Äußerungen von Flüchtlingen in etwa zwei Dutzend Exilzeitschriften unterschiedlichster Orientierung, während die Zahl von Grundsatz- und Strategiepapieren gering blieb.

Die Exilanten kamen aus einer dezimierten Partei der bürgerlichen Mitte, in der sich Zweifel an der Zukunft von Bürgertum und Liberalismus, Spuren des nationalistischen Zeitgeists und eine Neigung zu autoritären Lösungen der Krise von Staat und Gesellschaft verstärkten. Exponenten des schwachen linken Parteiflügels, darunter → PAZIFISTEN wie Ludwig Quidde (Holl 1990), stellten eine Minderheit dar. Die wenigen Emigranten aus der Deutschen Volkspartei (DVP) sind hier nicht erfaßt.

Nach ihrer sozialen Herkunft unterschieden sich die 124 hier berücksichtigten, nach den Kriterien des *Biographischen Handbuchs der deutschsprachigen Emigration nach 1933* (*BHb*) ausgewählten Flüchtlinge erheblich von den Exilanten der Linksparteien. Meist Angehörige des städtischen Bildungsbürgertums, kam ein gutes Drittel aus freien Berufen (bes. Journalisten, Publizisten und Rechtsanwälte), knapp ein weiteres Drittel aus dem höheren Staatsdienst, darunter zahlreiche Hochschullehrer. Ein Viertel ist dem Bereich Wirtschaft einschließlich Verbandsfunktionären zuzuordnen. Mittlere Angestellte und Beamte stellten etwa 8%. Der Altersstruktur nach steht die linksliberale Emigration im krassen Gegensatz zur linken Parteiemigration. Nur etwa 12% der liberalen Emigranten waren jünger als 30 Jahre, während die Altersgruppe zwischen 50 und 70 etwa 30% ausmachte.

Ein wesentliches Merkmal des liberalen Exils ist der hohe Anteil jüdischer Parteimitglieder, der sich aus der traditionellen Verbindung von politischem Liberalismus und Judentum erklärt. Von den 95 Flüchtlingen jüdischer Herkunft waren 69 jüdischen Glaubens, indes nicht immer Mitglied einer Kultusgemeinde, sieben ohne Konfession und 19 Protestanten. Politisches Exil und „unpolitische" jüdische Emigration wären in diesem Fall besonders schwer zu trennen. Manche der aus politischen Gründen geflohenen oder aus ihrem Beruf verdrängten Nicht-Juden wie der Nationalökonom Wilhelm Röpke waren später nicht exilpolitisch tätig. Dagegen war knapp die Hälfte der im organisierten Exil Aktiven jüdischer Herkunft, wie der Berliner Handelskammersyndikus Fritz Demuth. Wenn Bernhard Weiss, ehemaliger Vizepräsident der Berliner Polizei, und Georg Bernhard, bis 1930 Chefredakteur der *Vossischen Zeitung*, auf der ersten Ausbürgerungsliste standen, so wollte man sie zugleich als Juden und als engagierte Verteidiger der Weimarer Republik treffen. Die Wanderungswege und -etappen liberaler Emigranten entsprachen denen der politischen Emigration. Mit der ersten Flucht- und Verfolgungswelle im Frühjahr 1933 verließ bereits fast die Hälfte der Gruppe Deutschland.

An der Bekämpfung des Nationalsozialismus in unterschiedlichen Formen hat sich etwa ein Drittel der liberalen Flüchtlinge zumindest zeitweilig beteiligt. Wirtschaftliche Not oder Alter setzten oft andere Prioritäten. Die Mehrzahl der nicht Aktiven entschied sich, häufig „die Legende von der deutsch-jüdischen Symbiose" (Benz/Neiss 1994, S. 8) zurückweisend, sofort oder später für die Einwanderung und damit für Integration und Akkulturation. Obwohl einige aus dieser Gruppe in jüdischen Vereinigungen tätig waren, lag der Grad der Integration in das Netz jüdischer Organisationen in den Aufnahmeländern nach bisherigem Kenntnisstand eher unter dem Durchschnitt.

Die Bündnisfrage, ein Dauerproblem liberaler Parteien, blieb auch für die Exilanten unlösbar. In der neuen politischen Konstellation, ohne Rückhalt in Deutschland oder politische Anerkennung im Gastland, waren die Alternativen begrenzt. Die Volksfront-Bündnisse vor und nach Kriegsausbruch (Langkau-Alex 1977, 1986; → VOLKSFRONT FÜR DEUTSCHLAND) haben besonders diejenigen Linksliberalen angezogen, die schon vor 1933 nicht auf Bürgerblock-Politik festgelegt waren. Sie sahen die unterschiedlich strukturierten Gruppierungen als Chance zum Aufbrechen verkrusteter Weimarer Parteistrukturen und als zeitlich begrenzte Zweckbündnisse. Neben dem Sturz des Hitlerregimes war eine Reihe taktischer Überlegungen maßgebend für die Mitarbeit von Georg Bernhard, Wilhelm Abegg, dem früheren Staatssekretär im Preußischen Innenministerium, August Weber und anderen: Stärkung der eigenen schwachen politischen und sozialen Basis durch Zusammenarbeit mit der demokratischen Arbeiterbewegung und Teilen des kirchlich gebundenen Bürgertums; Majorisierung der KPD im Fall einer revolutionären Situation nach dem Zusammenbruch des Nationalsozialismus; Sicherung der Mitwirkung bürgerlicher Kräfte beim deutschen Wiederaufbau (Peterson 1987, S. 136 ff.; IfZ, ED 211/3).

Als bürgerliche Alternativen zum Pariser Volksfront-Experiment entstanden Anfang 1937 unterschiedlich orientierte Sammlungsbewegungen, an denen einzelne liberale Exilanten maßgeblich beteiligt waren: Die Deutsche Front gegen das Hitlerregime in Prag als Zusammenschluß nationalrevolutionärer, bündischer und konfessioneller Kreise und die kleine, sich Deutsche Freiheitspartei (DFP) nennende, bürgerlich-demokratische Gruppe des früheren linken Zentrumspolitikers Carl Spiecker in Paris, bald auch in London. Hier nahm der Nachwuchspolitiker Hans A. Kluthe seit 1939 eine führende Stellung ein. Weber arbeitete zeitweilig intensiv mit. Von den ursprünglichen Hauptanliegen – Flugblatt-, Zeitschriften- und Rundfunkpropaganda zur ideologischen Vorbereitung eines erhofften Umsturzes durch Schlüsselfiguren in Armee, Verwaltung und Wirtschaft sowie Werbung um vom Nationalsozialismus desillusionierte bürgerliche Kreise einschließlich von NSDAP-Mitgliedern – deckte sich letzteres mit Konzepten von Staatsparteilern aus der Zeit vor 1933, als Spekulationen auf die Rückgewinnung der „verführten" Massen nicht unüblich waren. Andere Exilpolitiker wie Bernhard hatten diese Hoffnung mit kritischem Blick auf die „unpolitischen" Züge weiter Kreise des deutschen Bürgertums spätestens seit dem Saarplebiszit von 1935 aufgegeben. Trotz mancher Unterschiede lassen sich Parallelen in Lagebeurteilungen und allgemein gehaltenen programmatischen Aussagen – Demokratie, Rechtsstaat, Würde des Menschen, soziale Gerechtigkeit und Einigung Europas auf christlich-abendländischer Grundlage – zu der liberal-demokratischen Widerstandsgruppe ziehen, die der später emigrierte Kaufmann Hans Robinsohn seit 1934 mit einem Netz von Verbindungen in Deutschland und einigen Auslandskontakten aufgebaut hatte (Sassin 1993).

Die engen Spielräume wie auch die eigenen Begrenzungen bürgerlicher Exilpolitik lassen sich am Londoner Beispiel schlaglichtartig erhellen. Das Interesse an einer Umstrukturierung der Vertretung rechtlicher und sozialer Belange der Flüchtlinge hatte vor Kriegsbeginn das gesamte politische Spektrum – von österreichischen Legitimisten über den Landesvertreter des exilierten SPD-Parteivorstands (SOPADE) bis zum späteren KPD-Landesgruppenleiter – zu Ansätzen einer politischen Zusammenarbeit im Demuth-Ausschuß geführt, in dem auch Weber und einige andere liberale Demokraten mitarbeiteten (BAK, Nl. Kluthe 22; → GROSSBRITANNIEN). Demuth, als Leiter der Notgemeinschaft Deutscher Wissenschaftler im Ausland (NDW) und deren Vertreter im Beirat des Hochkommissars des Völkerbunds für die Flüchtlinge aus Deutschland im Zentrum der Londoner Emigration stehend, hatte indes das Ziel, damit ein Gesamtvertretungsorgan gegenüber der britischen Regierung zu schaffen, zu hochgesteckt. Neben der fehlenden klaren Linie des Leiters, der mangelnden Bereitschaft von SOPADE und KPD (AsD, E. Sop. 111) zu konstruktiver Mitarbeit und einem Unbehagen an der Unterrepräsentation linker Kräfte (Röder 1973, S. 179 ff.) war es schließlich die britische Politik, die das Projekt seit Ende 1939 durch die Ablehnung einer unabhängigen Stellung der Emigranten hinfällig machte. Nach dem Rückzug der politischen Exilgruppen aus dem in Central European Joint Committee (CEJC) umbenannten Ausschuß wurde das CEJC unter Demuths Leitung endgültig in den Apparat der britischen Kriegführung eingegliedert. In der Political Warfare Executive (PWE) und ihren Vorläufern ging es bald hauptsächlich um Expertisen – u.a. zu Problemen der wirtschaftlichen Kriegführung – für verschiedene Ministerien, Dienststellen und die BBC (PRO, FO 898/34).

Ähnlich scheiterte etwa gleichzeitig der Versuch einer Zusammenarbeit zwischen Rauschning und Kluthe/DFP an einer Verkennung der britischen Gegebenheiten (Kettenacker 1983, S. 83 ff.) sowie der Konstanten in Rauschnings politischen Grundüberzeugungen. Ungeachtet der Übereinstimmungen in der Beurteilung von Ursachen und Charakter des Nationalsozialismus waren am rechten Flügel des nationalkonservativen Spektrums keine Partner für bürgerlich-demokratische Zukunftsplanungen zu finden. Lange gehegte Illusionen wichen zunehmend realistischen Einschätzungen.

Für linksliberale Exilanten blieb London, seit 1941 Sitz der SOPADE, bis Kriegsende das bedeutendste Zentrum. Sie sahen den sozialdemokratischen Parteivorstand und die 1941 gebildete Union deutscher sozialistischer Organisationen in Großbritannien als die entscheidenden Partner des demokratischen Bürgertums für den Wiederaufbau in Deutschland an. Die Union, auf Ablehnung einer institutionalisierten Zusammenarbeit mit bürgerlichen Gruppen oder einzelnen festgelegt, war dagegen nur zu befristeten Zweckbündnissen mit liberalen Demokraten bereit (AsD, E. Sop. 4; → Sozialdemokraten). Die von Kluthe seit 1939 angestrebte Zusammenarbeit mit Fritz Tarnow, dem Vorsitzenden der Auslandsvertretung der deutschen Gewerkschaften, zu der Tarnow wiederholt drängte, scheiterte an der Union. Mit seiner skeptischen Einschätzung der politischen und sozialen Voraussetzungen für eine Führungsrolle der Arbeiterbewegung nach Kriegsende konnte sich der rechte Gewerkschafter nicht durchsetzen gegen das schwer zu widerlegende Argument des Parteivorstands, daß den bürgerlichen Demokraten jeder Rückhalt fehle.

Die → Vereinigten Staaten von Amerika, lange im Schatten des organisierten Exils, rückten für linksliberale Emigranten mit der Gründung des überparteilichen Council for a Democratic Germany (Alex-Langkau/Ruprecht 1995) kaum stärker in den Vordergrund. Der Historiker Veit Valentin lieh moralische mehr als praktische Unterstützung. Aktive Mitarbeit leistete hingegen der von der DVP kommende Rechtsanwalt Fritz Haussmann.

Als einzige rein liberale Gruppe entstand die Liberal-Demokratische Vereinigung der Deutschen in der Schweiz (LDV) erst im Frühjahr 1945. Die Neugründung einer liberalen Partei in Deutschland ist von anderen Exilanten nicht erwogen worden. Im Interesse der Überwindung von Klassen- und Konfessionsschranken dachten liberale Demokraten in London an eine bürgerlich-demokratische, den neuen Mittelschichten offene, milieu- und konfessionsübergreifende Volkspartei neben SPD und Gewerkschaften.

Die Möglichkeiten einer Beteiligung an den alliierten Kriegsanstrengungen einschließlich Militärdienst, von der Forschung in den letzten Jahren stärker berücksichtigt, wurde besonders von Demokraten jüdischer Herkunft genutzt (→ Deutschsprachige Emigranten in der europäischen Résistance und an der Seite der Alliierten). Nicht immer war der Einsatz der eigenen Fachkompetenz in dem Ausmaß möglich wie für Frieda Wunderlich und Arthur Feiler, die zusammen mit anderen Professoren der New School for Social Research für die amerikanische National Defense Commission tätig waren (Krohn 1993, S. 156 ff.). Gleiches gilt für Ernst Wolff, später der erste Präsident des Obersten Gerichtshofs der Britischen Zone in Köln, der Anfang der 1940er Jahre für das Foreign Office zwei Kommissionen leitete, die kontrovers diskutierte Studien zu rechtlichen Fragen einer Friedensordnung und zur Revision des deutschen Rechts vorlegte.

Einzelinitiativen liberaler Exilanten mit dem Ziel, über private Kontakte, Denkschriften oder Buchpublikationen auf Vansittart und britische Geheimdienststellen (Sassin 1993, S. 190 ff.), auf den amerikanischen Außenminister Hull (BAK, Nl. Koch-Weser 58, 60) oder auf eine breitere britische Öffentlichkeit (Weber 1945) einzuwirken, konnten die Front alliierter außenpolitischer Interessen vor und nach Kriegsbeginn ebensowenig durchbrechen wie die Vorstöße innerer Regimegegner. Die Anfang 1947 für die amerikanische Deutschlandpolitik wichtige Beratertätigkeit des Wirtschaftsjournalisten Gustav Stolper für den ehemaligen Präsidenten Hoover blieb eine Ausnahme.

Gegen Kriegsende trat die große Mehrheit der Engagierten mit weiten Teilen des Exils gegen alliierte Aufteilungspläne, wirtschaftliche Zwangsmaßnahmen, pauschale Schuldzuweisungen und für die Eingliederung Deutschlands in eine europäische Föderation ein. Unumstritten war auch die Wiedergutmachungspflicht, die Bestrafung der Hauptschuldigen und Aktivisten des NS-Regimes, Säuberungen in Verwaltung, Wirtschaft und Gesellschaft sowie die Reeducation unter deutscher Leitung. Das trennte liberale Exilanten wesentlich von Mitgliedern der nach Kriegsende neu entstandenen liberalen Parteien.

Die Vorstellungen über den deutschen Wiederaufbau, selten zusammenhängend schriftlich fixiert, je nach Einschätzung der gesellschaftlichen und wirtschaftlichen Strukturveränderungen im NS-Staat variierend und oft auf eine gesamteuropäische Neuordnung gerichtet, zielten teils auf gemeinwirtschaftlich orientierte Mischformen, teils standen sie unter ordoliberalem Vorzeichen oder auf liberal-kapitalistischer Grundlage (Stolper 1942; Haselbach 1988; Runge 1989). Emigranten in London und in der Schweiz hielten es für wünschenswert, die Tendenzen zur Arbeitnehmergesellschaft zugunsten einer Mittelschichtengesellschaft mit traditionell geprägten, überschaubaren Sozialmilieus zu beeinflussen. Aus der Perspektive des amerikanischen Exils erschien dieser rückwärtsgewandte Traditionalismus als unzeitgemäß. Die Rekonstruktion der deutschen Demokratie auf der Basis persönlicher Freiheit und Gleichheit hatte für viele eine Stabilisierung der sozialen Ordnung zur Voraussetzung. Jenseits dieser bereits in Bernhards Verfassungsentwurf von 1936 entwickelten Vorstellungen (Erkens/Sassin 1989, S. 406 ff.) enthielten einige der offenen verfassungspolitischen Konzepte Grundelemente einer pluralistischen, parlamentarischen Parteiendemokratie. Dagegen waren die Verfechter einer „gezähmten Demokratie" wesentlich stärker von der Parteien- und Parlamentarismuskritik der Weimarer Jahre bestimmt (Runge 1989, S. 76 ff.).

Die Überlegungen liberaler Flüchtlinge zur „Judenfrage" sind bisher von der Forschung kaum berücksichtigt worden. Sie fallen individuell sehr unterschiedlich aus und umfassen praxisferne, eher feuilletonistische Bemühungen (Wolff/Sösemann 1984) wie auch knappe Anweisungen für den Fall eines Regimewechsels. Vorgesehen waren Schaffung von Rückkehrmöglichkeiten, Wiederherstellung der vollen staatsbürgerlichen Gleichberechtigung und Entschädigung für Vermögensverluste (AsD, E. Sop. 191; Denkschrift Robinsohn 1941, Sassin 1993, S. 369), auch wenn die politischen Kräfteverhältnisse ein schrittweises Vorgehen erfordern sollten. Mit diesen Maßnahmen hoben sich liberale Exilanten von Vorstellungen innerhalb der nationalkonservativen Opposition ab, die einen Sonderstatus für Juden nicht ausschlossen.

Ein erneuertes Selbstverständnis als Ergebnis des „Lernprozesses" Exil verband diejenigen bürgerlichen Demokraten, die am deutschen Wiederaufbau als Mitarbeiter oder Beobachter beteiligt waren. In der Berührung mit den westlichen Demokratien wurden liberale und demokratische Defizite im deutschen nationalen Denken stärker wahrgenommen. Die Lösung vom Leitbild des nationalen Machtstaats wurde durch die Bismarck-Biographie Erich Eycks (1941 ff.) gefördert und publizistisch vertreten. Es kam zur Rückbindung des Nationenbegriffs an persönliche Freiheit, staatsbürgerliche Gleichheit, Pluralismus und Demokratie (Runge 1988). Die Überwindung deutscher politisch-kultureller Prägungen durch die Rückkehr zu gesamteuropäischen Werten und zivilen Tugenden erschien liberalen Exilanten wesentlicher für den Erfolg einer neuen deutschen Demokratie als einzelne Modalitäten der Verfassung.

Nach Kriegsende betrachteten sich fast 80 % der Gruppe als Immigranten, überwiegend in Großbritannien und den USA. Nur wenige der Rückkehrer (20 %), davon zwei Drittel Juden oder jüdischer Herkunft, konnten einen begrenzten Einfluß im öffentlichen Leben als Journalisten oder Hochschullehrer ausüben, so Marx als publizistischer Sprecher der Juden in der Bundesrepublik oder Leibholz als Bundesrichter und Hochschullehrer. Von den sechs Remigranten, die sich liberalen Nachkriegsparteien anschlossen, erlangten zwei höhere Positionen in der Liberaldemokratischen Partei Deutschlands (LDPD) und im Staatsapparat der DDR, während die beiden Rückkehrer in den frühen westdeutschen Nachkriegsliberalismus dort Fremde blieben und die FDP bald wieder verließen (→ RÜCKKEHR AUS DEM EXIL). Für den organisierten Liberalismus steht das liberale Exil nicht auf der Habenseite.

Die hier vorgestellte Gruppe läßt wegen mangelnder Kohärenz zunächst nur individualbiographische Bearbeitung zu. Es fehlen Arbeiten zur beruflichen und sozialen Integration und zum Bewußtseinswandel der nicht zurückgekehrten deutsch-jüdischen Emigranten. Eine weitere Untersuchung exilpolitischer Aktivitäten und Positionen wie auch der Wandlungen des Liberalismus-Verständnisses unter dem Einfluß des jeweiligen Gastlandes könnte die Basis für die Bewertung liberaler Ordnungs- und Politikvorstellungen im Exil verbreitern.

Literatur

AsD, E. Sop. (Emigration Sopade), 4, 111, 191 (hier: „Übergangsmaßnahmen", Okt. 1939, Weber/CEJC).

BAK, Nl. Kluthe 22, 28, 29; Nl. Koch-Weser 58 (hier: Denkschrift 1943), 60.

Benz, Wolfgang, u. Marion Neiss, Hrsg. (1994): Deutsch-jüdisches Exil – Ende der Assimilation?, Berlin.

Erkens, Rainer, u. Horst Sassin, Hrsg. (1989): Dokumente zur Geschichte des Liberalismus in Deutschland 1930–1933, St. Augustin.

Haselbach, Dieter (1988): Staat und Markt. Zur intellektuellen Biographie Wilhelm Röpkes, in: Exilforschung 6, S. 123 ff.

Holl, Karl (1990): Deutsche Pazifisten im europäischen Exil (1933–1940). Ein Werkstattbericht, in: Steinweg, Rainer: Lehren aus der Geschichte? Historische Friedensforschung, Frankfurt a. M., S. 276 ff.

IfZ, ED 211/3 (Slg. Bergmann).

Kettenacker, Lothar (1983): Der Einfluß der deutschen Emigranten auf die britische Kriegszielpolitik, in: Hirschfeld, Gerhard, Hrsg.: Exil in Großbritannien. Zur Emigration aus dem nationalsozialistischen Deutschland, Stuttgart, S. 80 ff.

Krohn, Claus-Dieter (1987): Wissenschaft im Exil. Deutsche Sozial- und Wirtschaftswissenschaftler in den USA und die New School for Social Research, Frankfurt a. M.–New York.

Langkau-Alex, Ursula (1977): Volksfront für Deutschland?, Bd. 1: Vorgeschichte und Gründung des „Ausschusses zur Vorbereitung einer deutschen Volksfront" 1933–1936, Frankfurt a. M.

Langkau-Alex, Ursula (1986): Versuch und Scheitern der deutschen Volksfront, in: Exil 6, S. 19 ff.

Langkau-Alex, Ursula, u. Thomas M. Ruprecht, Hrsg. (1995): Was soll aus Deutschland werden? Der Council for a Democratic Germany in New York 1944–1945. Aufsätze und Dokumente, Frankfurt a. M.–New York.

Peterson, Walter F. (1987): The Berlin Liberal Press in Exile. A History of the Pariser Tageblatt – Pariser Tageszeitung 1933–1940, Tübingen.

PRO, FO (Foreign Office) 898/34.

Röder, Werner (1973): Die deutschen sozialistischen Exilgruppen in Großbritannien 1940–1945. Ein Beitrag zur Geschichte des Widerstandes gegen den Nationalsozialismus, 2. Aufl., Bonn.

Runge, Gerlinde (1988): Politische Identität und nationale Geschichte. Wirkungsabsichten liberaler Exilpublizistik in Großbritannien 1938–1945, in: Briegel, Manfred, u. Wolfgang Frühwald, Hrsg.: Die Erfahrung der Fremde. Kolloquium des Schwerpunktprogramms „Exilforschung" der Deutschen Forschungsgemeinschaft, Weinheim u. a., S. 87 ff.

Runge, Gerlinde (1989): Linksliberale Emigranten in Großbritannien: Überlegungen zu Gesellschaft und Demokratie im Nachkriegsdeutschland, in: Vierteljahrshefte für Zeitgeschichte 37, S. 57 ff.

Sassin, Horst (1993): Liberale im Widerstand. Die Robinsohn-Straßmann-Gruppe 1934–1942, Hamburg.

Stolper, Gustav (1942): This Age of Fable. The Political and Economic World We Live In, New York.

Weber, August (1945): A New Germany in a New Europe, London.

Wolff, Theodor (1984): „Die Juden". Ein Dokument aus dem Exil 1942/43, hrsg. von Bernd Sösemann, Königstein i. Ts.

Pazifisten

Karl Holl

Ein Exil deutscher Pazifisten gab es nicht erst seit dem Beginn der NS-Herrschaft, sondern bereits während des Ersten Weltkrieges und während der Weimarer Republik, und es fand bei Franz Carl Endres, Friedrich Wilhelm Foerster, Berthold Jacob, Heinz Kraschutzki, Wilhelm Muehlon, Georg Friedrich Nicolai, Fritz Röttcher, Anni Röttcher-Mertens u. a. seine unmittelbare Fortsetzung mit dem Beginn des NS-Regimes. Seit dem 30. Januar 1933 waren alle jemals als Mitglieder einer der Organisationen der Friedensbewegung – Deutsche Friedensgesellschaft (DFG), Bund Neues Vaterland (BNV), Deutsche Liga für Menschenrechte (DLM), Internationale Frauenliga für Frieden und Freiheit (IFFF), Gruppe Revolutionärer Pazifisten (GRP), Friedensbund Deutscher Katholiken (FDK) u. a. – oder ohne eine derartige organisatorische Bindung, innerhalb und außerhalb des Reiches oder auch nur auf lokaler Ebene öffentlich hervorgetretene Deutsche, Männer und Frauen gleichermaßen, an Leib und Leben bedroht, da sie dem neuen Regime als staatsfeindlich galten. Verfolgung stand besonders jenen bevor, die nicht nur wegen pazifistischer Tätigkeit, sondern überdies wegen ihrer jüdischen Herkunft und/oder ihrer Mitgliedschaft – oft in herausgehobener Position – in einer der republikanischen Parteien den Haß des Nationalsozialismus auf sich zogen. Die bekannteren unter ihnen wurden, sofern ihnen nicht sofort die Flucht geglückt war oder sofern sie aus unterschiedlichen Gründen in Deutschland blieben wie Carl von Ossietzky, Friedrich (Fritz) Küster, Paul Freiherr von Schoenaich in Schutzhaft genommen bzw. in Konzentrationslager eingeliefert oder sahen sich auf andere Weise Einschüchterung und Drangsalierung ausgesetzt.

Nicht zuletzt pazifistische Betätigung begründete für Wissenschaftler wie Walter A. Berendsohn, Moritz Julius Bonn, Friedrich Dessauer, Albert Einstein, Hermann Kantorowicz, Theodor Lessing, Anna Siemsen, Hugo Sinzheimer, Veit Valentin ebenso den Zwang zum Exil wie das pazifistisch orientierte Œuvre von Schriftstellern wie Walter Hasenclever, Annette Kolb, Ernst Toller, Fritz von Unruh, Armin T. Wegner. Wie im Fall Emil Julius Gumbels, der 1932 einer Einladung an die Pariser Sorbonne gefolgt war, hatten berufliche Umstände auch andere pazifistische Wissenschaftler bereits vor dem Beginn der NS-Herrschaft auf Dauer ins Ausland geführt, wo sie sich seit Hitlers Machtantritt gewissermaßen im Exil befanden, so der Völkerrechtswissenschaftler Hans Wehberg, der 1928 einem Ruf an das Institut des Hautes Etudes Internationales in Genf gefolgt war (Keiner 1976, S. 11 f.), so der ehemalige DDP-Politiker und Kieler Völkerrechtslehrer Walther Schücking, der 1930 als Richter an den Internationalen Gerichtshof in Den Haag berufen worden war und nach dem Verzicht auf seine Professur seit 1932 in den Niederlanden lebte (Acker 1970, S. 203 ff.).

Für das Exil der ersten Stunde galt auch bei Pazifisten, daß die Flucht in der Regel hastig, ungeplant und glücklich nur dank ihrer Kaltblütigkeit und der Gunst der Umstände verlief, so Ludwig Quiddes Übersiedlung in die Schweiz, Hellmut von Gerlachs Flucht über Österreich und die Schweiz nach Frankreich (Gilbert 1984; Schulte 1988, S. 225 f.).

Andere wurden auf Auslandsreisen vom Herrschaftsübergang an den Nationalsozialismus überrascht und verzichteten darauf, ihren Wohnsitz in Deutschland beizubehalten. Das war der Fall bei Helene Stöcker (von Bockel 1991; Wickert 1991), bei Lida Gustava Heymann und Anita Augspurg (Heymann/Augspurg 1972, S. 288 ff.). Wie alle namhaften Mitglieder der IFFF hatten die genannten Frauen Verfolgung zu gewärtigen. Deshalb mußte ebenfalls die Münchnerin Constanze Hallgarten, Mitbegründerin des Deutschen Zweigs der Weltliga der Mütter und Erzieherinnen, in die Schweiz flüchten, von wo aus sie mit ihrer Mutter und ihrem Sohn, dem Historiker George W. Hallgarten, nach Frankreich gelangte, um eine Wohnung in Versailles zu beziehen (Hallgarten 1969, S. 187 ff.). In günstigerer Lage befand sich Gertrude Baer, da sie als stellvertretende Vorsitzende der IFFF am Sitz der Organisation, in Genf, ein Domizil besaß. Lilli Jannasch, Mitbegründerin und Geschäftsführerin des BNV, führendes Mitglied der IFFF, als Deutsch-Französin aus Überzeugung Aktivistin deutsch-französischer Verständigung, entschloß sich nach politischem Verhör und Hausdurchsuchung im Frühjahr 1933 zur Flucht nach Frankreich und lebte seither in Straßburg.

Aufs schwerste gefährdet waren jene Pazifisten, die sich mit dem Nationalsozialismus bis zuletzt offensiv auseinandergesetzt hatten. Dies galt für die als kämpferische Nazi-Gegner hervorgetretenen führenden Mitglieder des zwischen 1924 und 1929 unter der Leitung Küsters stehenden Westdeutschen Landesverbandes der DFG, von denen der Gymnasiallehrer und Journalist Heinrich (Hein) Herbers nach einem mehr als einjährigen Leben im Untergrund im Herbst 1934 in die Niederlande fliehen konnte, wo er Anstellung in der von Quäkern geleiteten Schule in Bilthoven fand (Lütgemeier-Davin 1988, S. 234 ff.). Ebenso galt es für die bekannten Aktivisten der DLM und der mit dieser eng verbundenen Republikanischen Beschwerdestelle, deren Leiter Arnold Freymuth, Senatspräsident am Berliner Kammergericht (Jung 1989, S. 325 ff.), und Alfred Falk mit ihren Ehefrauen nach Frankreich entkamen, während Kurt R. Grossmann, Sekretär der DLM, mit Ehefrau und Sohn nach Prag floh. Nach der Verwüstung seines Berliner Anti-Kriegsmuseums durch die SA im März 1933 wurde Ernst Friedrich, als libertärer Sozialist unbedingter Pazifist, in Schutzhaft genommen. Gegen Jahresende entlassen, fand er nach Aufenthalten in der ČSR und in der Schweiz Asyl in Belgien, dann in Frankreich.

Seit der Zustimmung der Zentrumspartei zum Ermächtigungsgesetz und dem Abschluß des Reichskonkordats setzte die Verfolgung katholischer Pazifisten ein, deren Schonung dem Nazi-Regime vorerst angezeigt erschienen war. Franziskus-Maria Stratmann, Priester und seit 1932 Vorsitzender des FDK, floh nach Rom. Der zunächst inhaftierte junge Generalsekretär des FDK Paulus Lenz konnte sich nach Frankreich retten. Dessauer, Mitglied des Reichstages und führend im FDK tätig, wurde mit dubiosen Anschuldigungen in einen Prozeß um die von ihm herausgegebene *Rhein-Mainische Volkszeitung* verwickelt, der ihn als landesverräterischen „Zentrumsjuden" diskreditieren sollte, aber unerwartet mit einem Freispruch endete (Lowitsch 1980, S. 12 ff.). Nach seiner Entlassung aus der Schutzhaft nahm er eine sich bietende neue universitäre Chance zur Übersiedlung in die Türkei wahr.

Harry Graf Kessler verließ Deutschland alsbald nach der Reichstagswahl vom 5. März 1933 und lebte fortan auf Mallorca und in Frankreich (Stenzel 1995, S. 191; Grupp 1996, S. 252). Heinrich Ströbel ging 1933 in die Schweiz, wo er in der Nähe von Zürich lebte. Die pazifistische Pädagogin Minna Specht wählte 1933 Dänemark als Exilland (Hansen-Schaberg 1992, S. 68 ff.). Der zur Spitzengruppe der SAP-Gründer gehörende Journalist Richard Kleineibst flüchtete, nachdem er bereits 1932 für einige Zeit in die Schweiz übergesiedelt, aber im Herbst des Jahres nach Berlin zurückgekehrt war, 1933 mit seiner Ehefrau in die Tschechoslowakei. Nach dem Verbot seiner Zeitschrift *Die Zeit* entging Hans Schwann, Weggefährte und enger Vertrauter Foersters, weiterer Verfolgung durch seine Flucht nach Frankreich (Neuilly), wohin ihm seine Frau, wenig später sein Sohn folgte. Der junge linksliberale, dann radikaldemokratische Journalist Max Reinheimer, u. a. Mitarbeiter des *General-Anzeigers für Dortmund*, ging nach seiner Entlassung aus der Schutzhaft, in die er im Juli 1933 geraten war, im September des Jahres nach Luxemburg ins Exil.

Stellvertretend für manche Fälle von außerhalb ihres lokalen Umfeldes weniger bekannten Pazifisten stehen die Fälle der Druckereibesitzer und Verleger Gustav Mönch (Friedberg in Hessen) und Paul Riechert (Heide in Holstein), in deren Betrieb pazifistisches Schrifttum gedruckt und verlegt worden war. Mönch siedelte mit seiner Familie in das Saargebiet über, Riechert nach Dänemark (zuletzt Kolding), wohin ihm seine Familie folgte und wo ihm die erste Zeit des Exils durch in Dänemark bereits ansässig gewordene Gesinnungsgenossen – den im Bund der Kriegsdienstgegner/War Resisters International führenden Arnold Kalisch und dessen Ehefrau Eva – erleichtert wurde (von Borries 1990, S. 211 ff.). In gewisser Weise war das Schicksal Mönchs und Riecherts mit dem zweier jüngerer Pazifisten verbunden, die Hals über Kopf fliehen mußten. Wie Mönch floh auch der Schriftsetzer Heinz Fett (Limburg a. d. Lahn) mit seiner Frau in das Saargebiet, von wo er – noch vor der Saarabstimmung von 1935 – nach Frankreich gelangte und in engere Beziehung zu Mönch trat. Der Darmstädter Gymnasiast Karl Heinz Spalt, der noch Anfang 1933 im Verlag Riecherts eine pazifistische Anthologie veröffentlicht hatte, rettete sich nach Österreich (Spalding 1992, S. 179 ff.).

Drohender Verhaftung entgingen auch Max Barth, Schriftsteller und Mitarbeiter der *Süddeutschen Sonntagszeitung*, durch die Flucht aus seiner südbadischen Heimat in die nahe Schweiz (Barth 1985, S. 7 f.) und Konrad Reisner, der den Nazis in Breslau als junger Aktivist der DFG, der DLM und der SAP verhaßt geworden war, durch die Flucht nach Frankreich. Der junge Konstanzer Gymnasiallehrer Hermann Venedey, DFG-Mitglied aus linksliberalem Milieu, entschloß sich, seinem Bruder Hans folgend, im Juni 1933 zur Übersiedlung in die Schweiz (Basel), nachdem er sich im März 1933 geweigert hatte, unter der Hakenkreuzflagge zu unterrichten und deshalb aus dem Schuldienst entlassen worden war. Das aus Ulm stammende, in Berlin im Buchhandel tätige junge GRP- und SAP-Mitglied Eugen Max Brehm erlitt im Frühjahr 1933 Schutzhaft, setzte aber nach seiner Entlassung die Arbeit für seine Partei in der Illegalität fort und ging 1934 nach London. Das französische Exil wählte nach einer 1930 begonnenen Weltreise Anfang 1933 der pazifistische Arzt und Sexualwissenschaftler Magnus Hirschfeld. Walter Hammer, führender pazifistischer Aktivist der Jugend- und Lebensreformbewegung, floh nach Schutzhaft Ende 1933 über die Niederlande nach Dänemark.

Einigen Pazifisten mit hohem Bekanntheitsgrad gelang die Flucht ins rettende Ausland erst nachdem sie Opfer unmittelbarer Verfolgung geworden waren. Otto Lehmann-Russbueldt entkam im März 1933 über die Niederlande nach England, wo er sich in London niederließ. Kurt Hiller, Gründer und führender Kopf der GRP, entging, im April 1934 entlassen, abermaliger Verhaftung durch die Flucht nach Prag. Gerhart Seger, langjähriger Sekretär der DFG, für die SPD Dessauer Reichstagsabgeordneter, befand sich von Mitte März bis Mitte Juni 1933 in Schutzhaft und erlitt dann Qualen im KZ Oranienburg, aus dem ihm Anfang Dezember des Jahres die Flucht in die Tschechoslowakei gelang (Seger 1934, 1936).

Die große Mehrzahl der geflüchteten Pazifisten bevorzugte demnach die an das Reich angrenzenden Länder mit Ausnahme Polens. Deren Wahl in den ersten Jahren des Exils war vor allem Ausdruck der anfänglichen Hoffnung auf das rasche Ende des NS-Regimes und auf baldige Rückkehr in die Heimat. In der Bevorzugung Frankreichs und Großbritanniens drückte sich zugleich die Wertschätzung für die dort aller Erfahrung nach gefestigten demokratisch-parlamentarischen Verhältnisse aus, in der Wahl der Tschechoslowakei auch die Hochachtung für deren im Geiste Tomáš G. Masaryks lebende junge Demokratie. Prag, Paris, London boten überdies vergleichsweise günstige Voraussetzungen zu politischer Kommunikation und Wirksamkeit. Von den exilierten Pazifisten mit einigem Bekanntheitsgrad wählte nur das Mitglied der GRP Franz Leschnitzer die Sowjetunion als Exilland. Die asylrechtliche Praxis zahlreicher Exilländer zwang nicht wenige pazifistische Flüchtlinge zu häufigem und oft dramatisch verlaufendem Wechsel das Exillandes, wie z. B. die Exilbiographien von Barth, Fett und Spalt zeigen.

Haß und Verachtung des NS-Systems gegenüber dem Pazifismus manifestierten sich in der hohen Zahl ausgebürgerter Pazifisten. Bereits auf der ersten Ausbürgerungsliste erschienen die Namen von Alfred Apfel, Alfred Falk, Friedrich Wilhelm Foerster, Hellmut von Gerlach, Kurt R. Grossmann, Emil Julius Gumbel, Otto Lehmann-Russbueldt, Berthold Jacob, Leopold Schwarzschild, Ernst Toller, Kurt Tucholsky. Nicht selten wurden emigrierte Pazifisten auch im scheinbar sicheren Exil Opfer der NS-Verfolgung, wie die Ermordung Theodor Lessings in Marienbad (ČSR) am 31. August 1933 (Marwedel 1987, S. 341 ff.) und die zweimalige Entführung Jacobs (1935 und 1940; Greuner 1965, S. 313 ff.; Willi 1972; von zur Mühlen 1992, S. 39, 78 ff., 148 f.) belegen.

Von der alltäglichen Not des Exils waren die pazifistischen Flüchtlinge nicht ausgenommen. Auch bei ihnen waren die existentielle Situation, Arbeitsmöglichkeiten und das Maß politischer Betätigung abhängig von den asylrechtlichen Bedingungen des Gastlandes, die zu mißachten Abschiebung und Zwang zur Weiterwanderung nach sich ziehen konnten. Zum Alltag auch dieser Exilanten gehörte ebenso die Gefährdung durch Gefühle der Vereinsamung, der Ausweglosigkeit, des persönlichen Scheiterns wie die Sorge um das tägliche materielle Überleben und die quälende Ungewißheit über die Lebensumstände der in der Heimat gebliebenen Angehörigen (so bei Quidde im Falle seiner in München zurückgelassenen halbjüdischen Ehefrau und deren Schwester). Die Kumulation gefährdender Faktoren konnte in den Freitod münden. Der Selbsttötung Tucholskys, Hirschfelds (1935) und Tollers (1939) ging jene voraus, mit welcher das Ehepaar Freymuth seinem Leben am 14. Juli 1933 in Paris ein Ende setzte (Jung 1989, S. 330; 1997, S. 47 ff., 73 f.).

Da die exilierten Pazifisten zumeist Intellektuelle waren, die vorher ihren Lebensunterhalt durch wissenschaftliche oder schriftstellerische und journalistische Tätigkeiten bestritten hatten, litten sie unter der nun drastischen Schrumpfung derartiger Erwerbstätigkeiten. Die von vielen genutzten, doch begrenzten Chancen der Mitarbeit an der deutschsprachigen Presse des Exils boten dafür nur geringen Ausgleich, so daß der Zwang zur Suche nach alternativer bezahlter Tätigkeit nie aufhörte. So konnte z. B. Quidde als Träger des Friedens-Nobelpreises seine Beziehungen zum Nobelkomitee in Oslo nutzen, um als Gegenleistung für seine Arbeit an einer Darstellung der Geschichte des deutschen Pazifismus während des Ersten Weltkrieges eine bescheidene jährliche Subvention zu erhalten, die aber mit der Besetzung Norwegens durch deutsche Truppen abbrach (Quidde 1979). Krankheit und körperliche Hinfälligkeit besonders älterer Flüchtlinge verschärfte deren Lage in vielen Fällen und ließ sie an den Rand persönlicher Katastrophen geraten. Als eine glückliche Fügung mochte es Gerlach betrachten, daß er, physisch geschwächt, von Emil Ludwig zu einem Erholungsaufenthalt in dessen Haus am Luganer See eingeladen wurde (Gerlach 1937, 1983, S. 274). Völlig mittellos und entkräftet starb Kessler Ende 1937 in Lyon (Grupp 1996, S. 255 f.).

Nicht selten hing der Erfolg im Kampf um das tägliche Überleben von Einfallsreichtum und Flexibilität ab, so bei Fett, der den Unterhalt für sich und seine Familie mit dem Aufbau einer Kaninchenzucht zu sichern suchte. Vielfach bewährte sich gerade im Exil der das Überleben männlicher Flüchtlinge sichernde Einsatz ihrer Ehefrauen oder Lebensgefährtinnen, deren Umsicht, Anpassungsfähigkeit, Belastbarkeit und Bereitschaft zu ungewohnter harter Arbeit den Ausschlag gaben. Das war z. B. der Fall ebenso bei Quiddes Lebensgefährtin Charlotte Kleinschmidt wie bei Röttchers Ehefrau Anni Röttcher-Mertens, die mit der Erteilung von Deutschunterricht in ihrem späteren Zufluchtsland Frankreich zum Unterhalt der Familie beitrug, oder bei Auguste Mönch, die mit ihren Töchtern Hilde und Lene die Familie durch Hausierhandel über Wasser hielt.

Hilfsorganisationen speziell für exilierte Pazifisten bestanden zunächst nicht. Immerhin konnte Gerlach, unterstützt von Reisner, bereits im Frühjahr 1933 in enger Zusammenarbeit mit der Französischen Liga für Menschenrechte an deren Sitz in Paris einen juristischen Beratungsdienst für Flüchtlinge aus Deutschland aufbauen, wobei zugleich die Tradition der inzwischen verbotenen Deutschen Liga für

Menschenrechte mit Neugründungen in Paris, Straßburg, Lyon sowie in London fortgesetzt wurde. In Prag erleichterte Grossmann das Los der dorthin gelangten pazifistischen Flüchtlinge im Rahmen der von ihm organisierten Demokratischen Flüchtlingsfürsorge (Becher 1992). In Genf kam im März 1935 mit intensivem organisatorischem Engagement Quiddes eine für exilierte Pazifisten bestimmte und bis zuletzt von ihm geleitete Hilfsorganisation zustande, die für rund 50 bedürftige Flüchtlinge tätig war (Holl 1994). In den hierfür benötigten Fonds, der angesichts seiner chronischen Finanznot nur geringfügige Zuwendungen an die Bedürftigen zuließ, flossen großenteils von Quidde gesammelte und von einem in Genf ansässigen Komitee verwaltete Spenden. Vergeblich schlug Quidde 1937 seine Hilfsorganisation für die Zuerkennung des Friedens-Nobelpreises vor.

Die von den britischen Quäkern zugunsten der Flüchtlinge aus Deutschland geleistete Hilfe kam auch exilierten Pazifisten zugute. Alsbald nach der Machtübernahme Hitlers setzte die britische Religious Society of Friends ein Hilfskomitee – das German Emergency Committee – ein, das sich ständig mit der Lage verfolgter Pazifisten in Deutschland und mit Hilfsmaßnahmen für sie beschäftigte. Das German Emergency Committee, als dessen Seele und Motor Bertha Bracey wirkte, wurde zu einer Koordinierungsstelle, in der Anfragen und Unterstützungsersuchen exilierter Pazifisten sowie Informationen über in Deutschland in Not und Bedrängnis lebende Pazifisten zusammenflossen und in Hilfsaktionen mündeten (Holl 1996).

Auch im Exil der Pazifisten fand ein neuer Standortbestimmung dienender Gedankenaustausch statt über die Gründe des Scheiterns der Weimarer Republik, über das Versagen des Völkerbundes und über die den aggressiven Diktaturen der Gegenwart, besonders NS-Deutschland gegenüber einzunehmende Haltung, wobei sich frühere Positionen eines unbedingten Pazifismus z.T. erheblich wandelten (von Bockel 1987), schließlich, im Verlauf des Zweiten Weltkrieges, über die Rolle Deutschlands in einem nach der erhofften Niederringung des NS-Regimes neu zu ordnenden Europa (Holl 1992a). Die die Kommunikation mit Gleichgesinnten erschwerenden Lebensumstände im Exil schränkten jedoch neben den jeweiligen asylrechtlichen Bedingungen der Gastländer eine intensive, koordinierte politische Tätigkeit, erst recht aktives Handeln ein. Doch wirkte die Diskussion über den Aufbau einer deutschen Volksfront im Exil auch in pazifistische Exilkreise hinein (Langkau-Alex 1977, S. 80ff., 157ff., passim; Schulte 1988, S. 250ff.). Pazifistische Mitglieder der Exil-SAP beteiligten sich an illegalen Aktivitäten im Reich, so Brehm und Walter Fabian (Bremer 1978, S. 160ff.; Foitzik 1986, S. 258, 269), und einzelne Pazifisten (Herbers, Schwann, Endres) agierten mit isolierten Aktionen aus ihrem Exil heraus gegen die NS-Herrschaft. Seger betrieb in den USA, in seinem endgültigen Zielland, auf einer ausgedehnten Rednertournee Aufklärung über das NS-Regime (Seger 1936, S. 79ff.). Mit publizistischem Aufwand beteiligten sich exilierte Pazifisten von Rang (so Foerster und Lehmann-Russbueldt) an Warnungen vor der Fortsetzung der britischen und französischen Appeasement-Politik (Holl 1992 a, b). Kessler dagegen nahm eine entgegengesetzte Haltung ein: völliger Verzicht auf politische Betätigung und betonte Distanz zu Exilkreisen (Grupp 1995, S. 252f.). Dem im Exil reduziert fortlebenden *Weltbühne*-Kreis, soweit er sich in der neugegründeten Deutschen Liga für Menschenrechte zusammenfand, gelang mit der „Rettet-Ossietzky"-Kampagne eine eindrucksvolle organisatorische Leistung (Walter 1969; Trapp u.a. 1988).

Das Ergebnis der Saarabstimmung 1935 zwang die in das Saargebiet geflüchteten Pazifisten zur Weiterwanderung, zumeist nach Frankreich. Der Vorgang ging einer erneuten Fluchtbewegung voraus, die mit der Annexion Österreichs ausgelöst wurde, sich mit dem durch das Münchener Abkommen eingeleiteten Untergang der ČSR fortsetzte und ihr größtes Ausmaß erreichte, seitdem im Fortgang des Zweiten Weltkrieges die Expansion NS-Deutschlands voranschritt. Einen ersten dramatischen Höhepunkt der Entwicklung seit Herbst 1938 stellte die Rettung in Prag lebender Exilanten dar (Holl 1994, 1996). Hiller, Elsbeth Bruck und das aus Deutschland entkommene Ehepaar Brehm gelangten auf dem Luftweg, Sternfeld auf dem Land- und Seeweg über Polen nach England, Barth nach Norwegen, von dort über Schweden in die USA. Mit einer in Prager Exilkreisen heftig kritisierten Aktion brachte Grossmann zuerst Ehefrau und Kind, dann sich selbst vorzeitig nach Paris in Sicherheit, um von dort aus in die USA weiterzureisen. Mit dem Vormarsch der deutschen Truppen 1940 und infolge des deutsch-französischen Waffenstillstandes vom 22. Juni 1940 gerieten zahlreiche in Frankreich lebende deutsche Pazifisten in Gefahr. Foerster, von der Schweiz zur Weiterreise nach Frankreich gedrängt, fand Zuflucht in den USA. Dem zuletzt in Lyon lebenden und lehrenden Gumbel sowie Reisner mit seiner Ehefrau Else und ihrem Baby gelang die Flucht über Spanien und Portugal mit Hilfe von Varian Frys Emergency Rescue Committee (Neilson 1941, S. 28 ff., 106 ff.). Constanze Hallgarten folgte ihrem Sohn auf der Flucht in die USA. Einige Flüchtlinge konnten untertauchen und sogar Verbindung mit der Résistance aufnehmen wie Friedrich (Brès 1987, S. 41, 48 f., 59, 150, 324). Falk, inzwischen von Straßburg nach Fréjus übergesiedelt, suchte mit seiner Frau Zuflucht in der von Italien okkupierten Zone. Die Schrecken französischer Internierung durchlebte z. B. Jacob im Lager Le Vernet, aus dem er nach Lissabon entkam. Dort erneut Opfer eines deutschen Kidnappings geworden, wurde er gewaltsam nach Berlin gebracht, wo er 1944 ums Leben kam. In Luxemburg verhaftet, nach Deutschland in ein KZ verschleppt und dort ermordet wurde Reinheimer. Dagegen überlebte Herbers mit Hilfe seiner niederländischen Freunde. Zu den von Dänemark nach Schweden entkommenen Pazifisten gehörten Berendsohn und Kalisch, während Hammer im August 1938 auf deutsches Verlangen von der dänischen Polizei verhaftet und nach Deutschland ausgeliefert worden war, jedoch die KZ-Haft überlebte.

Einige der nach England gelangten Pazifisten erlebten bei Kriegsbeginn ähnliche, oft auf behördlicher Ignoranz beruhende pauschale Diskriminierung wie ihre Exilgenossen in Frankreich, auch Lagerinternierung wie z. B. Specht, der es geglückt war, mit den Zöglingen der von ihr für Kinder von Exilanten in Dänemark aufgebauten Schule nach England zu übersiedeln und dort einen Neuanfang zu starten (Hansen-Schaberg 1992, S. 88 ff.). Manche Exilanten, so Brehm und Spalt, der von Wien über Polen nach England gelangt war, stellten ihrem Gastland erfolgreich ihre Dienste zur Verfügung. Der Krieg verstärkte auch im britischen Exil die Tendenz zu erneuter politischer Selbstvergewisserung. Hiller und Brehm nahmen aktiv an – faktisch unbedeutenden – parteiähnlichen Gründungen teil (Hiller 1991; Holl 1996), beide mit entschiedener Abwehr kommunistischer Volksfrontpolitik, während Bruck sich dem Freien Deutschen Kulturbund anschloß und Lehmann-Russbueldt zu der durch Lord Vansittart ausgelösten exilinternen Debatte intensiv beitrug.

Am Neuanfang des organisierten Pazifismus nach dem Ende des Zweiten Weltkrieges blieb das pazifistische Exil weitgehend unbeteiligt. Nur wenige der prominenten Pazifisten im Exil kehrten, inzwischen in hohem Alter, nach Deutschland zurück, so Hiller und Lehmann-Russbueldt, andere, so Quidde, Gerlach, Stöcker, Schücking, Graf Kessler waren im Exil gestorben, jüngere wie Reisner, Brehm, Lenz, Spalt verzichteten auf eine Rückkehr, sei es weil sie sich inzwischen in ihren Gastländern eine neue berufliche Existenz aufgebaut hatten, sei es weil sie der politischen Entwicklung in Nachkriegsdeutschland mißtrauten.

Die Erforschung des Exils deutscher Pazifisten bedarf nach manchen Teil- und Zwischenergebnissen noch einer Gesamtdarstellung. Dabei erfordern eine Analyse sowohl die Interaktionen dieses Personenkreises mit den politischen Milieus der jeweiligen Exilländer als auch die mentalen Wandlungsprozesse bei jenen emigrierten Pazifisten, die vor ihrem Exil einem integralen, absoluten Konzept von Pazifismus folgten. Für den schmalen Bereich der Remigration exilierter Pazifisten sind Untersuchungen zu deren Beteiligung bzw. Nichtteilnahme an neuerlichen pazifistischen Organisationsanstrengungen sowie am politischen Leben in Nachkriegsdeutschland erwünscht, für jene, die auf eine Remigration verzichteten, weitere biographische Recherchen im Hinblick auf ihre neuen Lebensumstände und Tätigkeitsfelder.

Literatur

Acker, Detlev (1970): Walther Schücking (1875–1935), Münster i. W.

Barth, Max (1985): Flucht in die Welt. Exilerinnerungen 1933–1950, hrsg. von Manfred Bosch, Waldkirch.

Becher, Peter (1992): Kurt R. Grossmann und die demokratische Flüchtlingsfürsorge, in: ders. u. Peter Heumos, Hrsg.: Drehscheibe Prag. Zur deutschen Emigration in der Tschechoslowakei 1933–1939, München, S. 53 ff.

von Bockel, Rolf (1987): Wer kann Pazifist bleiben, wenn Hitler an die Macht kommt? Zum Wandel politischer Überzeugungen deutscher Pazifisten nach 1933, in: Das Argument 29, S. 688 ff.

von Bockel, Rolf (1991): Philosophin einer „neuer Ethik". Helene Stöcker (1869–1943), Hamburg.

von Bockel, Rolf, u. Harald Lützenkirchen, Hrsg. (1992): Kurt Hiller. Erinnerungen und Materialien, Hamburg.

von Borries, Maria, u. Achim von Borries, Hrsg. (1990): Karl Heinz Spalt, Kultur oder Vernichtung? Ein Handbuch des Pazifismus, 3. Aufl., Darmstadt; Erstausgabe Heide/Holstein 1933.

Bremer, Jörg (1978): Die Sozialistische Arbeiterpartei (SAP). Untergrund und Exil 1933–45, Frankfurt a. M.

Brenner, Arthur (1990): „Hirngespinste" oder moralische Pflicht? Emil Gumbel im französischen Exil 1932 bis 1940, in: Exilforschung 8, S. 128 ff.

Brès, Eveline, u. Ivan Brès (1987): Un Maquis d'Antifascistes Allemands en France (1942–1944), Montpellier.

Brinson, Charmian (1992): The Strange Case of Dora Fabian and Mathilde Wurm, in: German Life and Letters 45, S. 323 ff.

Brinson, Charmian (1996): The Strange Case of Dora Fabian and Mathilde Wurm. A Study of German Exiles in London during the 1930's, Bern u. a.

Brinson, Charmian, and Marian Malet (1996): The House at 3 Regent Square, in: „England? Aber wo liegt es?", S. 99 ff.

Dessauer, Friedrich (1962): Kontrapunkt eines Forscherlebens. Erinnerungen, Frankfurt a. M.

Donat, Helmut, u. Karl Holl, Hrsg. (1983): Hermes Handlexikon. Die Friedensbewegung. Organisierter Pazifismus in Deutschland, Österreich und in der Schweiz, Düsseldorf.

„England? Aber wo liegt es?" (1996). Deutsche und österreichische Emigranten in Großbritannien 1933–1945, hrsg. von Charmian Brinson, Richard Dove, Marian Malet u. Jennifer Taylor, München.

Foerster, Friedrich Wilhelm (1961): Erlebte Weltgeschichte 1869–1953. Memoiren, Nürnberg.

Foitzik, Jan (1986): Zwischen den Fronten. Zur Politik, Organisation und Funktion linker politischer Kleinorganisationen im Widerstand 1933 bis 1939/40, Bonn.

Furness, N. A. (1996): Otto Lehmann-Rüßbueldt: forgotten prophet of a federal Europe, in: „England? Aber wo liegt es?", S. 87 ff.

von Gerlach, Hellmut (1983): Von Rechts nach Links, hrsg. von Emil Ludwig, Frankfurt a. M.; Erstausgabe Zürich 1937.

Gilbert, Susanne (1984): Hellmut von Gerlach (1866–1935). Stationen eines deutschen Liberalen vom Kaiserreich zum „Dritten Reich", Frankfurt a. M.–Bern.

Greuner, Ruth (1965): Wandlungen eines Aufrechten. Lebensbild Hellmut von Gerlachs, Berlin/DDR.

Greuner, Ruth (1969): Gegenspieler. Profile linksbürgerlicher Publizisten aus Kaiserreich und Weimarer Republik, Berlin/DDR.

Grupp, Peter (1996): Harry Graf Kessler 1868–1937. Eine Biographie, München.

Hallgarten, George W. F. (1969): Als die Schatten fielen. Erinnerungen vom Jahrhundertbeginn bis zur Jahrtausendwende, Frankfurt a. M.

Hansen-Schaberg, Inge (1992): Minna Specht – Eine Sozialistin in der Landerziehungsheimbewegung (1918–1951). Untersuchung zur pädagogischen Biographie einer Reformpädagogin, Frankfurt a. M. u. a.

Heymann, Lida Gustava, u. Anita Augspurg (1972): Erlebtes – Erschautes. Deutsche Frauen kämpfen für Freiheit, Recht und Frieden 1850–1940, hrsg. von Margrit Twellmann, Meisenheim a. Gl.

Hiller, Kurt (1969, 1973): Leben gegen die Zeit. Erinnerungen, Bd. 1: Logos; Bd. 2: Eros, Hamburg.

Hiller, Kurt (1980): Rote Ritter. Erlebnisse mit deutschen Kommunisten, mit einem Nachwort von E. M. Brehm, Berlin; Erstausgabe Gelsenkirchen 1950.

Hiller, Kurt (1991): Die Rundbriefe des Freiheitsbundes deutscher Sozialisten. London 1939–1947, hrsg. von Harald Lützenkirchen, Fürth.

Holl, Karl (1988a): Pazifismus in Deutschland, Frankfurt a. M.

Holl, Karl (1988b): Aus dem „friedliebenden" Dritten Reich geflohen – deutsche Pazifisten im Schweizer Exil 1933–1945, in: Allmende 23, S. 90 ff.

Holl, Karl (1992a): Das Europa des pazifistischen deutschen Exils. Wirklichkeit und Zukunftserwartungen, in: Galerie. Revue culturelle et pédagogique 10, H. 2, S. 273 ff.

Holl, Karl (1992b): Deutsche Pazifisten im Exil als Autoren des Pariser Tageblattes und der Pariser Tageszeitung, in: Roussel, Hélène, u. Lutz Winckler, Hrsg.: Deutsche Exilpresse und Frankreich 1933–1940, Berlin u. a., S. 63 ff.

Holl, Karl (1994): Ludwig Quiddes Prager „Schützlinge" 1935–1938, in: Exil 14, S. 70 ff.

Holl, Karl (1996): Deutsche Pazifisten im britischen Exil, in: „England? Aber wo liegt es?", S. 71 ff.

Jansen, Christian (1991): Emil Julius Gumbel. Portrait eines Zivilisten, Heidelberg.

Josephson, Harold, Hrsg. (1985): Biographical Dictionary of Modern Peace Leaders, Westport/Connecticut–London/England.

Jung, Otmar (1989): Senatspräsident Freymuth. Richter, Sozialdemokrat und Pazifist in der Weimarer Republik. Eine politische Biographie, Frankfurt a. M. u. a.

Jung, Otmar (1997): Arnold Freymuth: Einige Ergänzungen zu seiner politischen Biographie, in: Franz Josef Düwell im Auftrag der Arnold Freymuth-Gesellschaft, Hrsg.: Anwalt des Rechtsstaates. Festschrift für Diether Posser, Köln u. a., S. 47 ff.

Keiner, Peter (1976): Bürgerlicher Pazifismus und „neues Völkerrecht". Hans Wehberg (1885–1962), Diss., Freiburg i. Br.

Kuehl, Warren F., Ed. (1983): Biographical Dictionary of Internationalists, Westport/Connecticut–London/England.

Langkau-Alex, Ursula (1977): Volksfront für Deutschland?, Bd. 1: Vorgeschichte und Gründung des „Ausschusses zur Vorbereitung einer deutschen Volksfront", 1933–1936, Frankfurt a. M.

Lowitsch, Bruno (1980): Der Kreis um die Rhein-Mainische Volkszeitung, Wiesbaden–Frankfurt a. M.

Lütgemeier-Davin, Reinhold (1988): Hakenkreuz und Friedenstaube. „Der Fall Hein Herbers" (1895–1968), Frankfurt a. M.

Lützenkirchen, Harald, Hrsg. (1991): Die Rundbriefe des Freiheitsbundes deutscher Sozialisten, London 1939–1947, Fürth.

Marwedel, Rainer (1987): Theodor Lessing 1872–1933, Darmstadt–Neuwied.

von zur Mühlen, Patrik (1992): Fluchtweg Spanien–Portugal. Die deutsche Emigration und der Exodus aus Europa 1933–1945, Bonn.

Neilson, William A., Ed. (1941): We escaped. Twelve Personal Narratives of the Flight to America, New York.

Quidde, Ludwig (1979): Der deutsche Pazifismus während des Weltkrieges 1914–1918. Aus dem Nachlaß L. Quidde, hrsg. von Karl Holl unter Mitwirkung von Helmut Donat, Boppard.

Riesenberger, Dieter (1985): Geschichte der Friedensbewegung in Deutschland. Von den Anfängen bis 1933, Göttingen.

Schulte, Franz Gerrit (1988): Der Publizist Hellmut von Gerlach (1866–1935), München u. a.

Seger, Gerhart (1934): Oranienburg. Erster authentischer Bericht eines aus dem Konzentrationslager Geflüchteten, Karlsbad.

Seger, Gerhart (1936): Reisetagebuch eines deutschen Emigranten, Zürich.

Spalding, Keith (1992): 33 – alles umsteigen, Lübeck; Nachdruck unter dem Titel: Der lange Marsch: Erinnerungen 1913–1946, mit einem Vorwort von Herbert Heckmann, Tübingen 1996.

Stenzel, Burkhard (1995): Harry Graf Kessler. Ein Leben zwischen Kultur und Politik, Weimar u. a.

Stratmann, Franziskus-Maria (1962): In der Verbannung: Tagebuchblätter 1940–1947, Frankfurt a. M.

Trapp, Frithjof, Knut Bergmann u. Bettina Herre (1988): Carl von Ossietzky und das politische Exil. Die Arbeit des „Freundeskreises Carl von Ossietzky" in den Jahren 1933–1936, Hamburg.

Walter, Hilde (1969): Aus der Chronik des Nobelpreises für Carl von Ossietzky, in: Aus Politik und Zeitgeschichte B 40, S. 3 ff.

Wickert, Christl (1991): Helene Stöcker 1869–1943, Bonn.

Willi, Jost N. (1972): Der Fall Jacob-Wesemann (1935/36). Ein Beitrag zur Geschichte der Schweiz in der Zwischenkriegszeit, Bern–Frankfurt a. M.

Zuelzer, Wolf (1981): Der Fall Nicolai, Frankfurt a. M.

Die pädagogisch-politische Emigration

HILDEGARD FEIDEL-MERTZ,
HERMANN SCHNORBACH

Die „pädagogisch-politische Emigration" umfaßt zunächst allgemein jene Frauen und Männer, die wegen ihres zweifachen Engagements sowohl für eine humane und freiheitliche Pädagogik als auch in politischen Organisationen vor allem des linken Spektrums durch den Nationalsozialismus aus ihren Ämtern entlassen, verfolgt und ins Exil getrieben worden waren. Viele von ihnen wurden zugleich wegen ihrer jüdischen Herkunft diskriminiert und zur Emigration gezwungen. Diese Angehörigen pädagogischer und verwandter sozialer Berufe schlossen sich teilweise als einzelne der politischen Emigration an, in deren Rahmen sie Fragen von Erziehung und Bildung in einem vom Nationalsozialismus befreiten Deutschland bearbeiteten. Eine aktive Minderheit organisierte sich darüber hinaus in zwei eigenständigen Gruppierungen: dem Verband deutscher Lehreremigranten/Union des instituteurs allemands émigrés und dem German Educational Reconstruction (GER). Gemeinsam war dieser organisierten pädagogisch-politischen Emigration vor allem das Bestreben, über die Verhältnisse im nationalsozialistischen Deutschland aufzuklären, Kontakte zum Widerstand in Deutschland und zu Verbündeten in den Gastländern zu unterhalten, solidarische Selbsthilfe für Flüchtlinge und ihre Kinder zu leisten und Planungen für die Erneuerung des deutschen Erziehungs- und Bildungswesens nach Hitler zu betreiben.

Ende 1933 ist in Frankreich der Verband deutscher Lehreremigranten/Union des instituteurs allemands émigrés von emigrierten deutschen Mitgliedern der 1933 aufgelösten Allgemeinen Freien Lehrergewerkschaft Deutschlands (AFLD) gegründet worden. Er wurde unterstützt von der französischen Lehrergewerkschaft Syndicat National des Instituteurs (SNI) und dem Internationalen Berufssekretariat der Lehrer (IBSL) im Internationalen Gewerkschaftsbund (Feidel-Mertz/Schnorbach 1981a; Schnorbach 1989). Sitz war zunächst Straßburg, wo sich das SOPADE-Grenzsekretariat Südwest befand.

Ernst Riggert (1902–1977) aus Hamburg, der letzte Chefredakteur der AFLD-Zeitung *Der Volkslehrer*, der über das Saargebiet nach Straßburg geflüchtet war, fungierte bis zu seiner weiteren Emigration nach Dänemark im September 1935 als Vorsitzender. Ihm zur Seite stand Heinrich Grönewald (1909–1958) aus Braunschweig, der schon 1932 nach einem Attentat auf ihn nach Frankreich emigriert war und dort vielfältige Kontakte zu Kollegen und Organisationen geknüpft hatte, bis er 1935 eine Lehrerstelle an der neugegründeten antifaschistischen deutschsprachigen Pestalozzi-Schule in Buenos Aires antrat (→ SCHULEN). 1935 übernahm dann Heinrich Rodenstein (1908–1980) aus Braunschweig, der über Holland und das Saargebiet nach Paris geflüchtet war, Vorsitz und Reorganisation des Verbandes (Rodenstein 1975; Frister 1988). In dem Willen, „grundsätzlich parteipolitisch neutral" zu sein und die „Konzentration aller kulturpolitisch tätigen antifaschistischen Kräfte" zu fördern, umfaßte der Verband freigewerkschaftliche und sozialistische Lehrerinnen und Lehrer aus anderen früheren Lehrerorganisationen, aber auch Sozialarbeiter, Kindergärtnerinnen und Kinderärzte; nach eigener Einschätzung war er die „bestorganisierte Berufsgruppe der deutschen Emigration". Seine ca. 150 Mitglieder lebten in Frankreich, Holland, Schweden, Argentinien und in der Tschechoslowakei als Landesgruppen mit bis zu 35 Mitgliedern sowie vereinzelt noch in weiteren Ländern wie Belgien, Schweiz, Dänemark, England und in Südamerika in Uruguay, Paraguay und Peru.

Als eine seiner wichtigsten Aufgaben sah es der Verband an, Lehrerschaft und Öffentlichkeit über schulische und bildungspolitische Entwicklungen im nationalsozialistischen Deutschland aufzuklären und damit einen Beitrag zu seiner Bekämpfung zu leisten. Neben Artikeln für die internationale Fachpresse, die vor allem über den *Pressedienst* des IBSL in Brüssel verbreitet wurden, den der aus Offenbach nach Belgien emigrierte Artur Egon Bratu (1910–1993) seit 1934 verantwortete, verdienen hier vor allem drei Publikationen des Verbandes Beachtung: Anläßlich der Internationalen Sommerschule des IBSL 1934 in Aussig/ČSR erstellte die Gruppe in der Tschechoslowakei die Denkschrift *Nationalsozialistische Schul- und Erziehungspolitik. Schule, Lehrer, Erziehung in Deutschland 1933/1934*, die anhand konkreter Beispiele aus dem Schulleben den nationalsozialistischen Terror gegen Lehrer dokumentierte und in scharfer Form die Militarisierung der Erziehung und die Kriegsvorbereitung anprangerte. In Holland und in der Tschechoslowakei wurde die Denkschrift leicht gekürzt als mehrteilige Artikelserie in der Lehrerpresse nachgedruckt. 1937 erschien in Paris in französischer Sprache im Umfang von 91 Seiten die Broschüre *La Nouvelle Allemagne dans son nouveau manuel scolaire*, die – gestützt auf authentisches Material, das z. T. unter erheblichen Risiken aus Deutschland zusammengetragen worden war, und systematisch aufbereitet wie in keiner vergleichbaren Schrift – mit Auszügen aus deutschen Schulbüchern eindrucksvoll belegte, wie weit in den einzelnen Fächern die Faschisierung bereits fortgeschritten war. Sie zeigte exemplarisch alle wesentlichen Züge der faschistischen Erziehungsideologie auf. Die Broschüre fand insbesondere bei den Berufs- und Gewerkschaftskollegen im Ausland großen Widerhall und weite Verbreitung. Eine Übersetzung ins Niederländische erfolgte in Form einer neunteiligen Serie in der Lehrerzeitung *De Bode*. In Argentinien berief sich die regierungsoffizielle Kommission gegen antiargentinische Aktivitäten in ihrer Anklage gegen die dortigen gleichgeschalteten deutschen Schulen ausdrücklich auf diese Broschüre (Schnorbach 1995, S. 219 f.). Wie wichtig das Schulbuch als Indikator für die faschistischen Zielvorstellungen in Erziehung und Bildung genommen, wie sehr Schulbuchkritik als Waffe im politischen Kampf be- und ergriffen wurde, zeigen mehrere Veröffentlichungen der pädagogisch-politischen Emigration in diesen Jahren (Feidel-Mertz/Schnorbach 1981a, S. 153 ff.), zusätzlich dadurch motiviert und legitimiert, daß im Rahmen der Pariser Weltausstellung 1937 auch eine Kollektion nationalsozialistischer Schulbücher vorgestellt wurde. Von Januar 1936 bis April 1939 erschienen in Paris insgesamt 29 Nummern der *Informationsblätter* der Union (Maas 1976). Redakteur war Heinrich Rodenstein unter dem Pseudonym R. Bomart, dem Namen seiner Wirtin in Paris. Die Empfänger blieben anonym und wurden als Nummern geführt. Das einzige Dokument, das diese Nummernliste entschlüsselte, hat Rodenstein vor dem Einmarsch der deutschen Wehrmacht vernichtet. Die *Informationsblätter* enthielten vorwiegend Meldungen und Artikel über die pädagogische und schulpolitische Entwicklung im faschistischen Deutschland, vereinzelt auch aus anderen Ländern. Als zentrale Themenstellungen zeichneten sich ab: bildungspolitische und schulorganisatorische Rahmenbedingungen, Lehrer-, Eltern- und Schülerverhalten, Schule und Jugendorganisation, NS-Schulpolitik im Ausland und Schulbuchkritik. Das Informationsmaterial stammte z. T. von vertrauenswürdigen, dem innerdeutschen Widerstand angehörenden Personen, mitunter aus dem Schuldienst entlassenen Kollegen, zu denen noch Kontakt bestand, z. T. von ausländischen Deutschlandtouristen, die nach ihrer Rückkehr befragt wurden, z. T. aus deutschen Tages- oder Fachzeitungen. Des öfteren zitierten ausländische Lehrerzeitungen die *Informationsblätter*. Mit dem *S.E.I.-Dienst* der Sozialistischen Erziehungs-Internationale, redigiert von Kurt Löwenstein (1885–1939) in Paris, auch Mitglied des Verbandes deutscher Lehreremigranten, bestand zeitweilig eine besonders enge Kooperation. Mit der Verbreitung dieser Informationen wurde versucht, der Zurückhaltung und propagandistischen Verfälschung von Nachrichten durch die der Zensur und „Sprachregelung" unterworfene faschistische Presse ein Korrektiv entgegenzusetzen. Im Verbund mit ähnlichen Bestrebungen der Emigration haben sie eine speziell auf Schule und Erziehung bezogene „Gegenöffentlichkeit" konstituiert. Die durch den Verband deutscher Lehreremigranten vermittelten Informationen stellen wichtiges Quellenmaterial vor allem zur Schul- und Erziehungswirklichkeit im deutschen Faschismus bereit (Feidel-Mertz/Schnorbach 1981b).

Den Zusammenhalt innerhalb des Verbandes deutscher Lehreremigranten förderte auch die Arbeit an einer Zukunftsperspektive, die ihren Niederschlag fand in dem Entwurf eines *Sozialistischen Schul- und Erziehungsprogramms* vom Sommer 1936. Er umfaßt 18 Seiten und ist in die vier Kapitel: Psychologische Grundlegung, Pädagogische Prinzipien, Organisatorische Folgerungen und Übergangsforderungen gegliedert. In ihm sind zahlreiche progressive Ansätze der deutschen Reformpädagogik und der sozialistischen Erziehungsbewegung aufgehoben und zu einer konsequent sozialistischen Schul- und Erziehungsutopie vereint. Mit diesem Programm hat der Verband einen kühnen und herausfordernden Vorgriff auf die Zukunft unternommen. Es ist insofern auch ein typisches Produkt der Emigration, als die in ihm bewiesene pädagogische und sozial-politische Phantasie in ihrer Kompromißlosigkeit sich nur abgehoben von jeder Rücksichtnahme auf konkrete Bedingungen einer Verwirklichung derart produktiv entfalten konnte.

Der Verband deutscher Lehreremigranten engagierte sich auch politisch. Er gehörte seit März 1936 dem Aktionsausschuß für Freiheit in Deutschland an und beteiligte sich an den Aktivitäten zur Vorbereitung einer deutschen Volksfront. Er arbeitete im Überparteilichen Deutschen Hilfsausschuß mit, den er Ende 1936 mit anderen linken Hilfsorganisationen wie Deutsche Liga für Menschenrechte, Arbeiterwohlfahrt Deutschlands, Rote Hilfe Deutschlands, Ernst-Eckstein-Fonds, Internationale Hilfsvereinigung Deutschlands und ISK-Hilfe ins Leben gerufen hatte. Aus besonderer Solidarität angesichts der offenen Unterstützung Francos durch den deutschen und italienischen Faschismus engagierte sich der Verband auch in dem von deutschen und italienischen Hilfsorganisationen getragenen Gemeinsamen Überparteilichen Hilfsausschuß zugunsten des im Bürgerkrieg kämpfenden spanischen Volkes. Schließlich war der Verband der Fédération des Emigrés d'Allemagne en France angeschlossen, einer im November 1935 zustande gekommenen organisatorisch losen Form der Einheitsvertretung deutscher Emigranten in Frankreich, die beim Völkerbund als Vertretung der deutschen Emigranten anerkannt war. Durch sein politisches, gewerkschaftliches und pädagogisches öffentliches Auftreten zog der Verband die Aufmerksamkeit der Gestapo auf sich. Nachdem Frankreich 1940 von der deutschen Wehrmacht besetzt worden war, drangen Gestapo-Leute in das Haus von Mme. Bomart in Paris ein; die Hausdurchsuchung verlief jedoch ergebnislos, weil Rodenstein vor seiner Flucht nach Südfrankreich aus Vorsicht alle Unterlagen und Spuren beseitigt hatte.

Die Arbeit des Verbandes deutscher Lehreremigranten in Frankreich fand in dieser organisatorischen Form 1940 mit dem Einmarsch der deutschen Truppen ihr Ende. Viele seiner Mitglieder setzten sie in anderen Zusammenhängen fort. Heinrich Rodenstein wurde nach seiner Remigration im Oktober 1945 Professor für Politische Bildung an der Pädagogischen Hochschule in Braunschweig; er war Mitbegründer der GEW und von 1960 bis 1968 deren Vorsitzender; die Wahl zum Präsidenten der Internationalen Vereinigung der Lehrerverbände (FIAI) 1955–1957 und des IBSL 1966–1972 geschah in Anerkennung seiner Verdienste um die Völkerverständigung und die internationale Arbeit in der deutschen Lehrergewerkschaft (Schnorbach 1992). Geschichte und Aktivitäten des Verbandes deutscher Lehreremigranten wurden umfassend erforscht und dokumentiert (Feidel-Mertz/Schnorbach 1981a, 1981b); die Materialien sind im Rahmen der sich ständig erweiternden Sammlung Pädagogisch-Politische Emigration (PPE) von Hildegard Feidel-Mertz, Frankfurt a. M., mit Hilfe eines Findbuchs zugänglich.

Die deutsch-englische Gruppierung German Educational Reconstruction (GER) hat als zweite größere Organisation der pädagogisch-politischen Emigration Intentionen des Verbandes deutscher Lehreremigranten fortgesetzt, ohne ausdrücklich an sie anzuknüpfen. Erste Ansätze zu ihrer Gründung gingen – nach ähnlichen Überlegungen 1939 von englischer Seite (Pakschies 1979, S. 81) – 1941 von dem Erwachsenenbildner Fritz Borinski (1903–1988), dem Literaturwissenschaftler Werner Milch (1903–1950) und der sozialistischen Reformpädagogin Minna Specht (1897–1961) aus. Sie wurden von einem hohen Beamten des britischen Board of Education, S. H. Wood, aufgegriffen und unterstützt. Hinzu kamen weitere ISK-Mitglieder wie Fritz Eberhard, Hilde Monte sowie Walter Auerbach, Magda Kelber, Otto Kahn-Freund, Werner Burmeister und auch einige österreichische Emigranten. Hilfestellung leisteten organisatorisch und finanziell die Worker's Educational Association und die Quäker. Gegründet wurde GER offiziell im Februar 1943. Der „Board" des Komitees tagte erstmals im April 1943; ihm gehörten – außer Mr. Wood als Chairman und Mrs. Wood als Schatzmeister – Bertha Bracey, die Leiterin des Sozialkomitees der Quäker, der Philosoph John MacMurray und die an englischen Universitäten lehrenden deutschen Emigranten Karl Mannheim (London/Cambridge) und Frank A. (früher Fritz) Burchardt (Oxford) an, während Borinski und Milch als Sekretäre und Minna Specht als Research Assistant angestellt wurden. Der Board vertrat GER nach außen und sorgte für die Finanzierung. Die pädagogische Planung übernahm ein „Standing Committee", dem außer den Sekretären die Leiter der Arbeitsgruppen und Vertreter der deutschen Kirchen und Gewerkschaften angehörten.

Die „konkreten Aufgaben" von GER hat Borinski als „Klärung, Vorbereitung, Sammlung, Kontakte" umrissen (Borinski 1960, S. 81). Zu klären bzw. zu untersuchen und als Voraussetzung jeder künftigen Planung darzustellen waren zunächst die Grundlagen des deutschen Bildungs- und Erziehungswesens vor und nach 1933. Dabei war auch vom pädagogischen Fortschritt in den modernen Demokratien Kenntnis zu nehmen, so z.B. von der gerade 1944 in England stattfindenden tiefgreifenden Schulreform. Vorbereitet werden sollte die Neugestaltung der pädagogischen Verhältnisse in einem vom Nationalsozialismus befreiten Deutschland. In der Namengebung des Komitees, das sich nicht der als „Umerziehung" verstandenen „Reeducation", sondern der „Reconstruction", dem „Wiederaufbau", annehmen sollte, kam bereits ein wesentlicher inhaltlicher Unterschied zu den Intentionen der Besatzungsmächte zum Ausdruck. An einer „realistischen Planung" beteiligten sich eine Reihe von Arbeitsgruppen mit Vorschlägen für alle Gebiete der Erziehung und Bildung vom Kindergarten bis zur Hochschule und Erwachsenenbildung sowie der Sozialarbeit. Diese Arbeit fand ihren Niederschlag zum einen in einer Reihe von in englischer Sprache publizierten Broschüren: Nr. 1: Minna Specht/Alfons Rosenberg: *Experimental Schools in Germany*; Nr. 2: Hellmut von Rauschenplat: *Vocational Training in Germany*; Nr. 3/4: Fritz Borinski/Werner Milch: *"Jugendbewegung". The Story of German Youth 1896–1933*. Weitere Titel befanden sich in Vorbereitung, sind aber lediglich als Manuskript bzw. in hektografierter Form erhalten. Die zum anderen erarbeiteten pädagogischen und schulpolitischen Reformvorschläge für die Um- bzw. Neugestaltung des deutschen Erziehungs- und Bildungswesens gelangten nicht über die Verabschiedung eines Katalogs von zentralen „Übergangsmaßnahmen" hinaus, die insbesondere auf die Entlassung der belasteten Lehrkräfte, die Ausmusterung und den Ersatz von Unterrichtsmaterialien vor allem in Deutsch und Geschichte und Auffangmöglichkeiten für entwurzelte Kinder z.B. in der Kinderlandverschickung abzielten. Weitergehende inhaltliche Vorstellungen, wie sie Minna Specht in der für den Internationalen Sozialistischen Kampfbund 1943 konzipierten und publizierten Programmschrift *Gesinnungswandel. Die Erziehung der deutschen Jugend nach dem Weltkrieg* entwickelt hatte und in die Diskussion von GER einbrachte – wie z.B. ein dem *Sozialistischen Schul- und Erziehungsprogramm* des Verbandes deutscher Lehreremigranten entsprechendes Einheitsschulkonzept –, fanden in der pädagogisch und politisch heterogen zusammengesetzten Mitgliedschaft von GER keinen abschließenden Konsens (Feidel-Mertz/Schnorbach 1981a, S. 165; Hansen-Schaberg 1992, S. 224 ff.). Die Vielfalt der vertretenen Positionen spiegelt sich in den Referaten und Konferenzprotokollen der von GER veranstalteten Arbeitsgruppen, Workshops und Sommerschulen wider. Die angestrebte „Sammlung" sollte alle Angehörigen der pädagogisch-politischen Emigration umfassen, die an einer Rückkehr nach Deutschland und den sich dort stellenden Aufgaben interessiert waren. Insgesamt haben etwa 60 Männer und Frauen in London und ca. 80 im übrigen England die Arbeit ständig getragen; rund 150 wurden darüber hinaus gelegentlich herangezogen. Es gab außerdem Verbindungen zu Emigrantengruppen in Schweden und der Schweiz, mit denen die Vorbereitung von Helfern und Helferinnen für Schule und Sozialarbeit im Deutschland nach Hitler geplant und organisiert wurde.

Borinski nennt GER die „wichtigste freie Begegnungsstätte der deutschen Emigration in England" in deutlicher Abgrenzung zu den „von Moskau gelenkten 'freien' deutschen Organisationen und Institutionen" (Borinski 1960, S. 84). Gemeint sind der Freie Deutsche Kulturbund, die Freie Deutsche Hochschule und die Freie Deutsche Jugend, die über die kommunistische Emigration hinaus großen Zulauf hatten. Kontakte suchte und unterhielt GER als deutsch-englische Organisation nicht nur zu einheimischen Kolleginnen und Kollegen, sondern insbesondere durch Minna Specht zu internationalen Organisationen wie u. a. der New Education Fellowship, der World Association for Adult Education und dem International Student Service. Diese Beziehungen mögen auch dazu beigetragen haben, daß die von GER erarbeiteten programmatischen Texte schon Ende 1944 in Kreisen des Widerstands um Heinrich Landahl in Hamburg (bis 1933 Leiter der Lichtwarkschule) bekannt waren. Im Juni 1946 gelang es GER, die ersten Deutschen als „private citizens" – unter ihnen auch Landahl, nunmehr Schulsenator – zu einer Tagung nach London einzuladen. Seit Sommer 1945 durften Mitglieder von GER Bildungsarbeit mit deutschen Kriegsgefangenen in britischen Lagern betreiben. Nach Kriegsende stellten sich GER neue Aufgaben. Als Borinski, Milch und Minna Specht 1946 nach Deutschland zurückgekehrt waren, übernahm der Sozialarbeiter Erich Hirsch das Sekretariat, das er von September 1946 bis zur Auflösung von GER 1958 leitete. In diesen zwölf Jahren widmete sich GER verstärkt dem Austausch nicht nur von Informationen, sondern auch von deutschen und englischen Pädagoginnen und Pädagogen bzw. Jugendgruppen und leistete sowohl materielle wie geistige Hilfe beim Aufbau des deutschen Bildungs- und Erziehungswesens. In Verbindung mit der befreundeten Organisation Save Europe Now bemühte sich GER, Bücher, Zeitschriften und eine Serie selbstverfaßter „Lesetexte", als Ersatz für die unbrauchbar gewordene NS-Literatur, deutschen Schulen und Büchereien zukommen zu lassen. Nachdem erstmalig im Dezember 1945 von GER in hektografierter Form *Mitteilungen über deutsche Erziehungsfragen* herausgegeben worden waren, erschienen diese 1946/47 etwa zweimonatlich abwechselnd in deutscher und englischer Sprache. Ab August 1947 wurde daraus das *GER Bulletin* im Format einer Zeitschrift, die bis Ende 1949 wiederum etwa zweimonatlich herauskam. 1950 und 1951 wurden insgesamt vier Hefte, zwischen 1953 und 1957 nur alljährliche Berichte unter dem Titel *GER Anglo German Educational Relations* (Pakschies 1979, S. 294) veröffentlicht. Eine eigenständige Erforschung und Darstellung der Organisationsgeschichte von GER steht noch aus; es existieren lediglich Zeitzeugenberichte, wie z. B. von Borinski, und Überblicke innerhalb umfassenderer Themenstellungen (Röder 1968; Anderson 1978; Pakschies 1979; Hansen-Schaberg 1992; Doerry 1995; Feidel-Mertz 1990; Friedenthal-Haase 1988, 1990). Das katalogisierte Archiv von GER befindet sich im Institute of Comparative Education, London. Ein detailliertes Bestandsverzeichnis sowie eine Verfilmung der Dokumente sind im Institut für Allgemeine Erziehungswissenschaft der Universität Münster einzusehen.

In Schweden war es das 1943 gebildete Samarbetskommittén för demokratiskt uppbyggnadsarbete (SDU, Komitee für demokratische Aufbauarbeit), in dem neben Persönlichkeiten des schwedischen Kulturlebens deutsche Emigranten zur Mitarbeit aufgefordert wurden. Seine fünf Sektionen befaßten sich u. a. mit pädagogischen und sozialpsychologischen Studien und Plänen für die Nachkriegszeit, mit einem Projekt über Bücherspenden für Deutschland, mit Öffentlichkeitsarbeit innerhalb Schwedens, mit Flüchtlingsarbeit und mit Vorbereitungen auf die Arbeit nach Kriegsende, u. a. einem Schulhelferkursus, der über 40 Teilnehmer in einem qualifizierten Abendschul-Kursus ausbildete. Er fand auf Initiative von Ernst Behm (1902–1990) statt, der 1933 über Dänemark nach Schweden emigriert, Mitglied der sehr regen schwedischen Gruppe des Verbandes deutscher Lehreremigranten und Sekretär des SDU bis zu dessen Auflösung 1951 war. Er verfaßte u. a. das Kapitel „Zur Umgestaltung des Erziehungswesens" in der Programmschrift *Zur Nachkriegspolitik der deutschen Sozialisten*, die von Mitgliedern der Sozialistischen Arbeiterpartei (SAP), unter ihnen Willy Brandt, 1944 in Stockholm veröffentlicht worden war (Müssener 1974, S. 172 ff., 262 ff.; Schnorbach 1983, S. 174 ff.; Feidel-Mertz 1990, S. 188 ff.).

In Großbritannien fand eine breite Mitarbeit pädagogisch-politischer Emigranten in Gruppierungen der politischen Emigration statt. Sie bildeten in der Landesgruppe deutscher → GEWERKSCHAFTER die AG Kultur und Erziehung mit ca. 30 Mitgliedern und verfaßten für deren Gewerkschaftsprogramm von 1944 den Abschnitt über Erziehung. Sie wirkten im ISK mit und erarbeiteten in der Union deutscher sozialistischer Organisationen deren *Richtlinien auf dem Gebiet der Erziehungspolitik* (Link 1968, S. 269 ff.; Röder 1968, S. 54 ff., 93 ff.). Initiativ waren sie 1943 bei der Gründung der International Group of Teachers Trade Unionists, einer internationalen Lehrerkommission innerhalb des Internationalen Gewerkschaftsbundes, aus der nach dem Weltkrieg die neue freigewerkschaftliche Lehrerinternationale hervorging (Schnorbach 1989, S. 201 ff.).

In den USA beteiligten sich emigrierte deutsche Pädagogen an der Landeskonferenz deutschsprachiger Sozialdemokraten und Gewerkschafter, die im Juli 1943 eine dreiseitige *Resolution zur Erziehungsfrage* vorlegte, z. B. der Berliner Schulreformer Fritz Karsen (1885–1951), der nach Frankreich, Kolumbien und schließlich in die USA emigriert war, und in dem von Paul Tillich (1886–1965) geleiteten Council for a Democratic Germany in dessen Komitee für Erziehung und Wissenschaft unter dem Vorsitz von Julius Lips (1895–1950) mitwirkte, das 1944/45 umfangreiche *Richtlinien für einen Neuaufbau des Schul- und Erziehungswesens in Deutschland* beraten hat (Link 1968, S. 270; Langkau-Alex/Ruprecht 1995, S. 129 ff., 248 ff.).

In Südamerika waren insbesondere die deutschen Lehrer der Pestalozzi-Schule in Buenos Aires in der Bewegung Das Andere Deutschland (DAD) aktiv (Schnorbach 1995, S. 189 ff.). In ihrem gleichnamigen Publikationsorgan schrieb vor allem August Siemsen (1884–1958), der zugleich dessen Chefredakteur war, neben den Leitartikeln und zahlreichen politischen Artikeln auch solche, die sich mit dem Bildungswesen im Nachkriegsdeutschland befaßten.

Die Angehörigen der pädagogisch-politischen Emigration waren darauf bedacht, sobald wie möglich in Deutschland selbst an der von ihnen konzipierten Erneuerung des deutschen Erziehungs- und Bildungswesens und der gesellschaftlichen Verhältnisse mitzuwirken. Das gelang jedoch vielfach weniger rasch und effektiv als angestrebt. Während die westlichen Besatzungsmächte insbesondere gegenüber Vertretern progressiver politischer und pädagogischer Positionen Vorbehalte entwickelten und deutsche Stellen die Wiedereinbürgerung und Anstellung emigrierter Pädagoginnen und Pädagogen im allgemeinen eher verhinderten, bestanden in der sowjetisch besetzten Zone zunächst größere Chancen für Rückkehrerinnen und Rückkehrer aus der Emigration, die sich in der Folgezeit allerdings verringerten. Laufbahnrechtliche Probleme erschwerten insbesondere den Wiedereintritt in den Schuldienst. Privatschulen und Erwachsenenbildung boten hingegen remigrierten Pädagoginnen und Pädagogen mehr Möglichkeiten der Betätigung. Vor allem ehemalige Mitglieder des ISK nahmen leitende Stellungen in der Erwachsenen- und Lehrerbildung ein. Im Bereich der Sozialpädagogik und Sozialarbeit wiederum kam es in den Nachkriegsjahren häufiger zu einer „Rückkehr auf Zeit" von Emigrantinnen und Emigranten, die im Auftrag der Besatzungsmächte oder in Zusammenarbeit mit Hilfs- und Wohlfahrtsorganisationen bei der Aus- und Fortbildung des Nachwuchses großen Einfluß ausübten und darüber hinaus die Einrichtung von Nachbarschaftsheimen, Erziehungsberatungsstellen usw. beförderten. Diese Wirkungsgeschichte ist im einzelnen noch weitgehend unerforscht. Eine komplexe Fallstudie hat die Entwicklung der interdisziplinär orientierten wissenschaftlichen Pädagogik in Frankfurt a. M. untersucht, die sich aktiv und kritisch mit dem Nationalsozialismus auseinandersetzte. Dieser seinerzeit singuläre erziehungswissenschaftliche Ansatz wurde insbesondere durch die 1933 wegen ihrer Zugehörigkeit zur SPD entlassenen und ins Exil getriebenen religiösen Sozialisten Paul Tillich (1886–1965) und Carl Mennicke (1887–1959) wie durch den gleichfalls zur Emigration gezwungenen jüdischen Privatdozenten Hans Weil (1898–1972) vertreten und konnte sich nach 1945 nicht wieder erneuern (Feidel-Mertz/Lingelbach 1994).

Neue Perspektiven in der Erforschung der pädagogisch-politischen Emigration ergeben sich seit der Wende 1989, nachdem Archivalien bekannt oder zugänglich geworden sind, die es ermöglichen, bisherige einseitige Wahrnehmungen und Wertungen in Ost und West auszugleichen. Obwohl in der DDR eher als in der BRD den Widerstandskämpfern und Emigranten in der Lehrerschaft auch im internationalen Zusammenhang überhaupt ein freilich selektives wissenschaftliches Interesse entgegengebracht wurde (Hohendorf 1966), gibt es hinsichtlich der in die Sowjetunion und in die Tschechoslowakei emigrierten Pädagoginnen und Pädagogen, die überwiegend dem linken Spektrum der Arbeiterbewegung angehörten, noch beträchtliche Defizite aufzuarbeiten, die bislang erst ansatzweise angegangen worden sind (Hansen-Schaberg/Lost 1995; Uhlig 1996). Ähnlich verhält es sich mit der noch kaum systematisch untersuchten, von einzelnen emigrierten Pädagoginnen und Pädagogen in entwicklungsbedürftigen Ländern Afrikas und Lateinamerikas, aber auch in der Türkei (Widmann 1973) oder in Island geleisteten Bildungshilfe und -beratung (z. B. in der Lehrerbildung, der psychotherapeutischen Betreuung von Kindern und Erwachsenen, der Musik- und Kunsterziehung), die meist einherging mit einem politisch motivierten Eintreten für unterprivilegierte Bevölkerungsgruppen (Feidel-Mertz 1990, S. 200 ff.).

Literatur

Anderson, J. (1978): „GER". A Voluntary Anglo-German Contribution after 1945, in: Hearnden, A., Ed.: The British in Germany. Educational Reconstruction after 1945, London, S. 253 ff.

Borinski, Fritz (1960): German Educational Reconstruction. Rückblick und Erinnerung, in: Erziehung und Politik. Minna Specht zu ihrem 80. Geburtstag, Frankfurt a. M., S. 77 ff.

Borinski, Fritz (1969): Die Geschichte von GER, in: ders.: Gesellschaft, Politik, Erwachsenenbildung. Dokumente aus vier Jahrzehnten, Villingen, S. 52 ff.

Doerry, Gerd (1995): Politische Erwachsenenbildung unter den Bedingungen der Nachkriegszeit – Fritz Borinskis Wirken 1942–1956, in: Ambivalenzen der Pädagogik, hrsg. von Peter Drewek, Klaus-Peter Horn, Christa Kersting u. Heinz-Elmar Tenorth, Weinheim, S. 237 ff.

Feidel-Mertz, Hildegard (1988): Sisyphos im Exil – Die verdrängte Pädagogik 1933–1945, in: Keim, Wolfgang, Hrsg.: Pädagogen und Pädagogik im Nationalsozialismus – Ein unerledigtes Problem der Erziehungswissenschaft, Frankfurt a. M. u. a., S. 161 ff.

Feidel-Mertz, Hildegard (1990): Pädagogik im Exil nach 1933. Erziehung zum Überleben. Bilder und Texte einer Ausstellung, Frankfurt a. M.

Feidel-Mertz, Hildegard, u. Hermann Schnorbach (1981a): Lehrer in der Emigration. Der Verband deutscher Lehreremigranten (1933–39) im Traditionszusammenhang der demokratischen Lehrerbewegung, Weinheim–Basel.

Feidel-Mertz, Hildegard, u. Hermann Schnorbach, Hrsg. (1981b): Verband deutscher Lehreremigranten: Informationsblätter und Programme 1934–1939, Weinheim–Basel.

Feidel-Mertz, Hildegard, u. Karl-Christoph Lingelbach (1994): Gewaltsame Verdrängung und prekäre Kontinuität. Zur Entwicklung der wissenschaftlichen Pädagogik in Frankfurt am Main vor und nach 1933, in: Zeitschrift für Pädagogik 40, S. 707 ff.

Friedenthal-Haase, Martha (1988): Britische Re-education. Struktur und Aktualität interkultureller Erwachsenenbildung, in: Neue Sammlung 28, S. 221 ff.

Friedenthal-Haase, Martha (1990): Adult Education in Political Limit Situations (War, Exile, Radical Change), in: Pöggeler, Franz, Ed.: The State and Adult Education. Historical and Systematic Aspects, Frankfurt a. M. u. a., S. 56 ff.

Friedenthal-Haase, Martha, u. Petra Zellhuber-Vogel (1993): Deutsch-britische Beziehungen in der Erwachsenenbildung. Bibliographie der in Deutschland erschienenen Publikationen in der Zeit von 1880 bis 1980, Köln u. a.

Frister, Erich (1988): Heinrich Rodenstein. Lehrer und Gewerkschafter 1902–1980, Frankfurt a. M.

Hansen-Schaberg, Inge (1992): Minna Specht – Eine Sozialistin in der Landerziehungsheimbewegung (1918–1951). Untersuchung zur pädagogischen Biographie einer Reformpädagogin, Frankfurt a. M. u. a.

Hansen-Schaberg, Inge, u. Christine Lost (1995): Zwischenstation. Pädagogisch-politische Ideen und berufsständische Organisationen im deutschen Exil und Widerstand in der Tschechoslowakei 1933 bis 1938, in: Neue Sammlung 35, S. 143 ff.

Henderson, James (1958): The GER Vale Lecture. A Contribution to Anglo-German Understanding 1942–1958, London.

Hohendorf, Gerd, Hrsg. (1966): Die Lehrer im antifaschistischen Widerstandskampf der europäischen Völker 1933–1945. Protokoll der Konferenz der Forschungsgemeinschaft „Schulpolitische und pädagogische Traditionen der deutschen Arbeiterbewegung" an der PH Potsdam vom 22.–25. 11. 1965, Potsdam; in überarbeiteter und erweiterter Form ders. u. Barbara Musick, Gerhard Schreiter, Hrsg.: Lehrer im antifaschistischen Widerstandskampf der Völker. Studien und Materialien, Berlin 1974.

Langkau-Alex, Ursula, u. Thomas M. Ruprecht, Hrsg. (1995): Was soll aus Deutschland werden? Der Council for a Democratic Germany in New York 1944–1945. Aufsätze und Dokumente, Frankfurt a. M.–New York.

Link, Werner (1968): Erziehungspolitische Vorstellungen der deutschen sozialistischen Emigration während des Dritten Reiches, in: Geschichte in Wissenschaft und Unterricht 19, H. 5, S. 265 ff.

Maas, Lieselotte (1976–1990): Handbuch der deutschen Exilpresse 1933–1945, hrsg. von Eberhard Lämmert, 4 Bde., München–Wien.

Müssener, Helmut (1974): Exil in Schweden. Politische und kulturelle Emigration nach 1933, München.

Pakschies, Günther (1979): Umerziehung in der Britischen Zone 1945–1949, Weinheim.

Rodenstein, Heinrich (1975): Emigration 1933–1945. Erinnerungen – Gedanken, Ms., Braunschweig.

Röder, Werner (1968): Die deutschen sozialistischen

Exilgruppen in Großbritannien 1940–1945, Hannover.
Schnorbach, Hermann, Hrsg. (1983): Lehrer und Schule unterm Hakenkreuz. Dokumente des Widerstands von 1930 bis 1945, Königstein i.Ts.; 2. Aufl., Bodenheim 1995.
Schnorbach, Hermann (1989): Lehrer im Internationalen Gewerkschaftsbund. Entstehung und Entwicklung des Internationalen Berufssekretariats der Lehrer von 1918 bis 1945, Weinheim–München.
Schnorbach, Hermann (1992): Von der Schwierigkeit der Völkerverständigung nach 1945. Die GEW und ihre „Glücksfälle", in: Lehmann, Monika, u. ders., Hrsg.: Aufklärung als Lernprozeß. Festschrift für Hildegard Feidel-Mertz, Frankfurt a.M., S. 217 ff.
Schnorbach, Hermann (1995): Für ein „anderes Deutschland". Die Pestalozzischule in Buenos Aires (1934–1958), Frankfurt a.M.
Uhlig, Christa (1996): Eine ungewöhnliche Schule mit einem tragischen Schicksal. Die Karl-Liebknecht-Schule in Moskau, in: Pädagogik und Schulalltag 51, S. 263 ff.
Widmann, Horst (1973): Exil und Bildungshilfe. Die deutschsprachige akademische Emigration in die Türkei nach 1933, Frankfurt a.M.

Volksfront für Deutschland

Ursula Langkau-Alex

Unter der Losung „Volksfront für den Reichspräsidenten von Hindenburg" hatten sich im Frühjahr 1932 die Gegner Hitlers – von den Monarchisten über Republikaner konservativer, liberaler und betont katholischer politischer Richtung bis hin zur SPD – zusammengefunden. Die Wiederwahl des Generalfeldmarschalls sollte die verfassungsmäßige Ordnung, die die Protagonisten auch durch die KPD bedroht sahen, garantieren. Die KPD griff als erste der Parteien, die in der Folge von Hindenburgs Machtübergabe an Hitler verfolgt, in die Illegalität oder ins Exil getrieben wurden, den Terminus auf. Anläßlich der Volksabstimmung über die Zusammenfügung der Ämter von Reichspräsident und Reichskanzler in der Person Hitlers als „Führer und Reichskanzler" nach dem Tode Hindenburgs im August 1934 propagierte sie eine „Volksfront gegen Hitler, gegen die faschistische Kapitalsdiktatur". War dieser Vorstoß noch der im Mai 1932 eingeleiteten „Antifaschistischen Aktion" verhaftet, mit der die „Volksfront" der Reichspräsidentenwahl durch Einbindung vor allem der katholischen Arbeiter und (kleinen) Angestellten sowie der christlichen Gewerkschaften in die „Rote Einheitsfront" gegen Reichs- und Preußenregierung und gegen die als sozialfaschistisch gebrandmarkte SPD aufgebrochen werden sollte, so war der Appell von Anfang November 1934 „An die christlichen Werktätigen Deutschlands", „eine geeinte Volksfront aller gegen die Hitlerdiktatur gerichteten Kräfte" schaffen zu helfen, ambivalent. Für die Angesprochenen im Reich hatte sich weder vom Inhalt der propagierten Volksfront her noch von deren Funktion im Hinblick auf die Sozialdemokratie etwas gegenüber der „Antifaschistischen Aktion" von 1932 geändert. Für das Saargebiet jedoch, wo für Mitte Januar 1935 die Volksabstimmung über das Schicksal des Landes anstand, galt es, die „christlichen Werktätigen" für das unter der Losung „Für Deutschland – gegen Hitler" stehende Bündnis der „Freiheits"- oder „Status quo"-Front zu gewinnen. Dieses Bündnis einiger Zentrumspolitiker, Kleriker, christlicher Gewerkschafter und anders organisierter Demokraten mit den Arbeiterparteien basierte auf einem Einheitsfront- einschließlich Nichtangriffsabkommen, das die KP Anfang Juli 1934 mit der SP Saar geschlossen hatte. In programmatischer Hinsicht führten die Sozialdemokraten mit Max Braun an der Spitze (von zur Mühlen 1979; Paul 1987; Paul/Mallmann 1995). Auch der ehemalige Zentrumspolitiker Heinrich Brüning, unter dessen Kanzlerschaft die „Volksfront"-Bewegung für Hindenburg gestartet worden war, griff den Terminus wieder auf, als er der saarländischen „Volksfront" – so auch die bis zur Abstimmung um sich greifende Bezeichnung – ein Unterstützungstelegramm sandte (Langkau-Alex 1984, S. 89 ff., 1992a, S. 108 f.).

Die verschiedenen Initiativen, die Exilanten aus Deutschland und aus dem Saargebiet in → Frankreich, angespornt auch von den Organisationen des Front populaire, zwischen Frühsommer und Ende Dezember 1935 teils parallel und konkurrierend im Vorläufigen Ausschuß zur Vorbereitung einer deutschen Volksfront, im Lutetia-Kreis und als Lutetia-Comité unternahmen, um vor der Sammlung der heterogenen Opposition erst einmal selbst zueinanderzufinden, wurden gefördert von drei Elementen, auf denen, solange sie nicht zu rein parteipolitischen Zwecken ausgenutzt wurden, auch in den nächsten Jahren gemeinsame, z.T. internationale Aktionen und Organisationen aufbauten: 1. Verhinderung eines von NS-Deutschland ausgehenden Krieges; erster Anlaß dazu war die Umwandlung der Reichswehr in die Wehrmacht und die Wiedereinführung der Wehrpflicht im März 1935; 2. Wahrung des „nationalen Kulturerbes", dessen Repräsentanz nach außen und Unterstützung des literarischen Schaffens im Kampf gegen den (deutschen) Faschismus. Der Erste Internationale Schriftstellerkongreß zur Verteidigung der Kultur im Juni 1935 in Paris (Klein 1982) gab nicht nur den Aktivitäten des Schutzverbandes deutscher Schriftsteller (SDS) und der Deutschen Freiheits-Bibliothek Auftrieb, mit der Amalgamierung von „Humanismus" und „Marxismus" vermittelte er auch als mythisches Ziel einer Volksfront ein „Deutschland von Goethe und Marx"; 3. Auf dem Gebiet der Solidarität waren die Saar-Emigration und die Frage des internationalen Schutzes der Emigranten aus Deutschland Anlaß, sich in unabhängigen überparteilichen Organisationen (→ FLUCHTHILFE) zu finden, nachdem ideelle und materielle Hilfe für die Opfer des NS-Regimes innerhalb und außerhalb des Reichs, mit Ausnahme einiger Aktionen kommunistischer Provenienz, nicht über Parteigrenzen hinausgegangen waren. Die Hinrichtung des aufgrund seiner Überzeugung verurteilten Funktionärs der Roten Hilfe Rudolf Claus im Dezember 1935 veranlaßte Sozialdemokraten (Rudolf Breitscheid, Emil Kirschmann, Max Braun, Max Brauer) und Kommunisten (Willi Münzenberg, Philipp Dengel, Wilhelm Koenen, Hans Beimler), erstmals gemeinsam, unter Nennung ihrer Parteizugehörigkeit, einen Protest zu veröffentlichen.

Die über 100 Emigranten aus den verschiedensten Lagern, die sich bis Ende Januar 1936 anschlossen, werden in der Literatur durchweg auch für die „Kundgebung an das deutsche Volk" genannt, die auf der Tagung der „deutschen Opposition" im Pariser Hotel Lutetia am 2. Februar 1936 verabschiedet wurde. Dieses Dokument, das humanitäres, liberales, sozialpatriotisches und kultursozialistisches Gedankengut zu einer Anklage gegen das NS-Regime und zum gemeinsamen Kampf für Menschen- und Bürgerrechte und für die Verhinderung eines Krieges verband, wurde jedoch, in Abwartung des Beitritts des SPD-Exilvorstandes in Prag (SOPADE; → SOZIALDEMOKRATEN) und einer offiziellen katholischen bzw. christlichen Organisation, von niemandem unterschrieben, ebensowenig wie das an die Weltöffentlichkeit gerichtete „Manifest" zur Amnestierung der politischen Gefangenen in NS-Deutschland (Langkau-Alex 1977, S. 142 ff., 161, 1992a, S. 116). Dem auf der Tagung konstituierten Engeren Ausschuß, der im April von 12 auf 15 Personen erweitert und bereits vor der offiziellen Namengebung im Juni 1936 intern – mit Blick auch auf die Bündnisse in Frankreich und Spanien – Ausschuß zur Vorbereitung einer deutschen Volksfront oder kurz Volksfrontausschuß genannt wurde, gehörte nur die SAP (→ LINKE KLEINGRUPPEN) mit zwei Vertretern der Auslandszentrale (Paul Frölich, Walter Fabian, an dessen Stelle später Jacob Walcher) offiziell an; die drei Kommunisten, von denen Willi Münzenberg, nach dem VII. Weltkongreß vom neuen Generalsekretär der Komintern mit der Organisierung einer Volksfront für Deutschland beauftragt, bis Oktober 1936 der konstanteste Vertreter war (daneben wirkten Franz Dahlem, Wilhelm Koenen, Philipp Dengel, Herbert Wehner, später Walter Ulbricht und Paul Merker), hatten die Linie der Gesamtführung der Partei zu vertreten, diese jedoch, die als Kollektiv erst auf ihrer sog. Brüsseler Konferenz im Oktober 1935 die Richtlinie der Komintern offiziell übernommen hatte, band sich nicht an den Volksfrontausschuß; die drei Sozialdemokraten (Max Braun, Georg Denicke und zunächst Victor Schiff, im April 1936 abgelöst von Rudolf Breitscheid) handelten auf eigene Verantwortung, da die SOPADE jegliche Zusammenarbeit mit der KPD ablehnte; der Revolutionäre Sozialist Kurt Glaser vertrat trotz seines Gruppenanspruchs sozialdemokratische Grundsätze; nach einem nur knapp sechs Wochen dauernden Engagement des aus der Zentrumspartei kommenden Carl Spiecker gehörte bereits ab April 1936 kein Katholik mehr dem Volksfrontausschuß an, auch die meisten Katholiken im größeren Lutetia-Kreis wandten sich ständestaatlichen Ideen und der Volkssozialistischen Bewegung zu, oder sie fühlten sich ab 1937 der praktisch mitgliedslosen Deutschen Freiheitspartei verbunden, deren Einbindung in den Volksfrontausschuß trotz einiger enger Beziehungen mißlang (Bouvier 1972; Langkau-Alex 1995, S. 185 ff.); die „Christen" vertrat der aus dem Saarland stammende protestantische Metallarbeiter-Gewerkschafter Otto Pick; Rudolf Leonhard, mehr oder weniger heimliches Mitglied der KPD, wurde als Vorsitzender des SDS bei der Erweiterung des Ausschusses als „Demokrat" hinzugezogen; die bürgerlichen Intellektuellen Georg Bernhard, Leopold Schwarzschild (bis Ende 1936) und Emil Julius Gumbel fühlten sich als Vertreter der keiner Partei (mehr) angehörenden Demokraten und blieben in Ermangelung einer politischen Dachorganisation im Exil Einzelpersonen; Präsident des Volksfrontausschusses war der parteilose Schriftsteller Heinrich Mann; er hatte seit Weimarer Zeiten für eine Einheitsfront der Arbeiterparteien gegen den Nationalsozialismus plädiert und war 1932 als demokratischer Gegenkandidat zu Hindenburg im Gespräch gewesen (Langkau-Alex 1977, S. 32 ff.). Erst nachdem der Volksfrontausschuß im Herbst 1937 praktisch lahmgelegt war, schlossen sich Intellektuelle auf Initiative von Heinrich Mann und mit Unterstützung von Willi Münzenberg im Bund freiheitlicher Sozialisten, Sozialdemokraten im Landesverband deutscher Sozialdemokraten in Frankreich zusammen. Beider Zielsetzung, von organisatorisch und politisch-ideologisch gefestigter Position aus bei Wiederbelebung des Bündnisses die humanistischen, freiheitlich-demokratischen Grundsätze kompromißloser Gegnerschaft zum Nationalsozialismus den Kommunisten gegenüber durchsetzen zu können, scheiterte an Intransigenz und Intrige letzterer und an den zersetzenden Rückwirkungen auf die Organisationen selbst (Langkau-Alex 1992a, S. 126 ff.; Paul/Mallmann 1995, S. 287 ff.). Von sog. Nachfolgeorganisationen des Volksfrontausschusses können allenfalls der Heinrich Mann- und der Thomas-Mann-Ausschuß (Dahlem 1977, S. 190 ff., 249 ff., 257 ff.; Matthias 1968) 1938/39 diesen Titel beanspruchen; in letzterem wirkte mit Friedrich Stampfer selbst ein Mitglied der SOPADE, sei es als „Privatperson", mit Julius Deutsch ein prominenter österreichischer Sozialist und mit Spiecker der ersehnte Katholik mit. Die Arbeit in den wenigen Monaten ihres Bestehens ging trotz einiger öffentlicher Appelle nicht über Solidaritätsaktionen hinaus. Das gleiche gilt für die Anfang 1937 konstituierte, dem Volksfrontausschuß verbundene, ebenfalls kurzlebige Saar-Volksfront, die, von ein paar christlichen Gewerkschaftern abgesehen, ein auf sozialdemokratische und kommunistische Organisationen beschränktes Einheitsfrontgebilde blieb (Paul/Mallmann 1995, S. 275 ff.). In einem noch losen Kreis von Volksfrontlern im Prager Exil, der Verbindung mit dem Pariser Volksfrontausschuß hatte, wurden im Sommer 1937 „Richtlinien für ein Schulprogramm der Deutschen Volksfront" ausgearbeitet (Langkau-Alex 1988, S. 16 ff., 36 ff.). Von der Struktur und der Funktion her lassen sich zwischen Oktober 1938 und August 1939 die von Münzenberg bis April 1940 in Kooperation mit Max Brauns *Deutsche Freiheit* herausgegebene Wochenschrift *Die Zukunft* und deren Mitarbeiterkreis mit dem Vorläufigen Ausschuß zur Vorbereitung einer deutschen Volksfront von 1935 und den *Mitteilungen der Deutschen Freiheitsbibliothek* vergleichen: die Publikation und Diskussion programmatischer Vorstellungen über Parteien, Deutschland, Europa sollten zur Klärung der einzelnen Positionen und so zur Sammlung der Opposition, auch über den nationalen Rahmen hinaus, beitragen. Zeitschrift und Kreis markieren gleichzeitig den endgültigen Bruch innerhalb der Volksfrontler im Exil (Langkau-Alex 1992b; Paul 1992). Dieser hatte sich bereits Anfang 1938 mit der Spaltung der Herausgeberschaft der in deutscher und französischer Ausgabe dreimal wöchentlich erscheinenden offiziösen Pressekorrespondenz des Volksfrontausschusses, *Deutsche Informationen,* angekündigt. Während die Kommunisten den alten Titel beibehielten, einigten sich die Nicht-Kommunisten, bei Verzicht des neutral bleiben wollenden Heinrich Mann, schließlich auf *Deutsche Informationen vereinigt mit Deutsche Mitteilungen* (Langkau-Alex 1989, S. 203 ff.; 1992a, S. 127).

Bereits im Frühjahr 1937 endete die Zusammenarbeit der „Vertreter der Arbeiterparteien im Volksfrontausschuß" in Paris. Die ungeschriebene Einheitsfront aus Sozialdemokraten einschließlich der Vertreter der Gruppen Neu Beginnen und Revolutionäre Sozialisten, SAP-Mitgliedern und Kommunisten hatte die meiste praktische Arbeit geleistet. Diese gestaltete sich in den verschiedenen Kommissionen und Unterausschüssen, die zur Unterrichtung der Öffentlichkeit Memoranden zu Fragen der Wirtschaft und der Außen- und Kriegspolitik NS-Deutschlands, zu Spanien und zur deutschen Kultur erarbeiteten, relativ problemlos. In der Programmkommission konnte man sich jedoch nicht auf eine gemeinsame Plattform zur Sammlung der Opposition für den Sturz des NS-Regimes und die unmittelbare Zeit danach einigen. Die Nichtkommunisten lehnten die Richtlinien (Vietzke 1969, S. 160 ff.), die die KPD im Juni 1936 vorlegte, ab: Sie glichen eher einem umfangreichen Wahlprogramm, orientierten zudem auf eine an Weimar erinnernde „demokratische Republik", die ja nun gerade gescheitert war. Sie setzten sich schließlich mit dem Ende Dezember 1936 vom Volksfrontausschuß verabschiedeten, von Sozialdemokraten, Kommunisten, den Mitgliedern der Auslandsleitung der SAP und Intellektuellen mit und ohne Parteibindung unterzeichneten Appell „Bildet die Deutsche Volksfront! Für Frieden, Freiheit und Brot!" durch. Darin waren lediglich Grundsätze einer nachhitlerischen, im besten Sinne sozialdemokratischen Staats-, Rechts- und Wirtschaftsordnung formuliert (Langkau-Alex 1985). Ein letzter „Sieg" über die Kommunisten war die Proklamation, das Ziel des Kampfes der Volksfront sei ein „sozialistisches Deutschland" – wobei, wie bei anderen Losungen auch, erhebliche Definitionsunterschiede bestanden –, niedergelegt in der „Botschaft an das deutsche Volk" auf der Osterkonferenz 1937. Auf dieser Konferenz erreichte der Volksfrontausschuß den Zenit seiner Ausstrahlung, bis auf die andere Seite des Atlantik (Langkau-Alex 1998, Bd. 2, Teil A und B).

Das Scheitern der Vorbereitung einer Volksfront für Deutschland in den dreißiger Jahren ist nur sehr bedingt dem Phänomen Exil zuzuschreiben. Wesentlicher war, daß allenfalls die Parteien und Gruppierungen der Arbeiterbewegung jeweils kleine Zirkel von Ansprechpartnern im Reich hatten; diese mußten sie erst einmal bei der eigenen Stange halten. Ein Zusammenschluß über den Zirkel hinaus war nicht zuletzt aus Sicherheitsgründen schwierig. Eine sozialdemokratische Gruppe in Berlin hatte sich Anfang 1936, von Heinrich Manns Werbung für eine deutsche Volksfront und dem Programm des Front populaire inspiriert, den Namen Gruppe Deutsche Volksfront gegeben und im Dezember des Jahres den Plattform-Richtlinien der KPD, da ihrer Meinung nach realitätsfern und an überholte Parteistrukturen gebunden, ein eigenes, den programmatischen Vorstellungen der Nichtkommunisten im Volksfrontausschuß näherstehendes Zehn-Punkte-Programm entgegengesetzt. Damit nahm sie Kontakte zur SOPADE und zum Pariser Volksfrontausschuß auf; 1937 geriet sie in den Strudel der dortigen Auseinandersetzungen und wurde 1938 von der Gestapo aufgerollt (Griepenburg 1971; Overesch 1992, S. 254 ff.).

Das Auseinanderdriften im Volksfrontausschuß, im Lutetia-Kreis, in den im Zuge der Volksfrontbewegung konstituierten Gewerkschafts-Koordinationsausschüssen (→ GEWERKSCHAFTER), selbst innerhalb von Parteien und Gruppierungen, verlief parallel zu den in Frankreich und in Spanien sich vollziehenden inhaltlichen und strukturellen Wandlungen der Volksfrontbündnisse. Auch wenn dort die ungelösten sozialen, wirtschaftlichen, innenpolitischen Probleme schwer wogen, so ist als Hauptursache doch der Krieg in Spanien zu nennen. Ausbruch und Verlauf des Krieges, in dem Hitler und Mussolini auf seiten der Nationalisten gegen die Regierung der Volksfront militärisch eingriffen, während Volksfront-Frankreich mit England an Nichtintervention festhielt, stärkten auf kommunistischer Seite die Skeptiker gegenüber dem Volksfrontkonzept des VII. Weltkongresses. KPF und KPI propagierten nationale Versöhnung zur Rettung des Vaterlandes gegenüber Hitler-Deutschland, die Kommunistische Partei Spaniens betrieb den Sturz des linkssozialistischen Ministerpräsidenten, in der KPD war Walter Ulbricht ein Meister der Verbalisierung eines amorphen Antifaschismus. Sein zunächst selbst in den eigenen Reihen zurückgewiesener, im Namen des ZK der KPD Mitte Oktober 1936 veröffentlichter Aufruf, nebst Kommentar „zur Versöhnung der antifaschistischen und der nationalsozialistischen Massen", um die „alten sozialen Forderungen der NSDAP" gegen die „3000 Millionäre" durchzusetzen, wurde vom Frühjahr 1937 an gegen „Trotzkismus", gegen SAP und Sozialdemokraten verschiedener Gruppierungen, die die kommunistische Politik ablehnten, eingesetzt. Die KPD orientierte sich auf den Kampf in Spanien, der gleichzeitig die revolutionären Errungenschaften des Frente popular zurückdrängte, einerseits, für Deutschland, andererseits, auf Agitation und Propaganda in den Betrieben und verstärkte Anwendung der Taktik des „Trojanischen Pferdes" in den NS-Massenorganisationen. Die unterschiedlichen Reaktionen – Verteidigung, Empörung intern und öffentlich, Protest, Schweigen, Verständnis – auf die gleichzeitig mit dem Krieg in Spanien verlaufenden Prozesse und Säuberungen in der Sowjetunion verschärften die Gegensätze, auch zwischen den persönlichen Gegnern innerhalb der KPD, Walter Ulbricht und Willi Münzenberg (Langkau-Alex 1992, S. 121 ff., 1998, Teil A). Gegen den Willen der Nichtkommunisten durch Ulbricht im Volksfrontausschuß ersetzt, versuchte Münzenberg zunehmend, mit SAP-Mitgliedern, Sozialdemokraten, bürgerlichen Demokraten und dissidenten Parteifreunden ein Volksfront-Bündnis alternativ zu dem als verhängnisvoll eingeschätzten Kurs der Partei zu schmieden. Die KPD-Vertreter nahmen seine Person zum Anlaß, jede, auch nur Solidaritätsaktionen dienende, überparteiliche Organisation zu sprengen oder aus ihr auszutreten (Langkau-Alex 1995; Schlie 1995).

Die Quellenlage – wobei von eventuellen neuen Funden in Moskauer Archiven, soweit man nicht völlig auf die Komintern abheben will, wohl nur noch marginale Ergänzungen zu dem zu erwarten sein dürften, was aufgrund u. a. der Akten des früheren Zentralen Parteiarchivs in der Stiftung Archiv der Parteien und Massenorganisationen der DDR im Bundesarchiv Berlin zu erschließen ist bzw. bereits erforscht wurde (Schlie 1995; Langkau-Alex 1998) – begünstigt die Geschichtsschreibung des „Oberbaus" der Volksfrontbemühungen: der Organisationsstrukturen und -kulturen, der Protagonisten und der Ideen. Ein Desiderat bleibt die Erforschung der Wirkungen auf die nicht direkt beteiligten „Massen" im

Exil. Auf sie z. B. zielten ursprünglich die Freundeskreise der deutschen Volksfront in Paris, bis sie zu einer Basis der KPD umgestaltet wurden. Kaum erhellt ist auch die Wirkung zumindest der Idee einer Volksfront als Gegenpol zur „Volksgemeinschaft" auf die innerdeutsche Opposition – sieht man von der Berliner Gruppe ab. Deren theoretischer Kopf, Hermann Brill, organisierte 1944 im Konzentrationslager Buchenwald ein dem kommunistisch dominierten Internationalen Lagerkomitee entgegengesetztes „Volksfront-Komitee" (Overesch 1992, S. 287 ff.).

Die Idee der Volksfront im Sinne einer politischen Zusammenarbeit, jenseits von Partei- und ideologischen Schranken, von Gegnern des NS-Regimes überlebte den Nichtangriffspakt der Sowjetunion mit NS-Deutschland vom August 1939 und seine Folgen. Der Terminus selbst wurde allerdings weitgehend gemieden. Die Einbindung der 1941 überfallenen Sowjetunion in eine Kriegsallianz mit England, der sich die USA nach Pearl Harbor anschloß, eröffnete neue Perspektiven für den Traum mancher Volksfront-Protagonisten der dreißiger Jahre von einem tatkräftigen „Dreibund" England, Sowjetunion und, politisch führend, Volksfront-Frankreich – dessen Stelle nun die USA einnahmen –, der die deutsche Opposition im Exil anerkennen und sich auf ihren Rat stützen würde. Im US-amerikanischen Exil bildete sich ab Sommer 1943 die bedeutendste der multiparteilichen politischen Organisationen heraus; Anfang Mai 1944 trat sie als Council for a Democratic Germany mit einer Deklaration an die Öffentlichkeit, die außer von den Mitgliedern des Initiativ-Komitees von über 60 Exilierten aus Wissenschaft, Kunst und Politik unterzeichnet und von einer Empfehlungserklärung prominenter liberaler Amerikaner begleitet war. Mit der aktiven Beteiligung von Weimarer Politikern der bürgerlichen Mitte und der Zentrumspartei neben Sozialisten aller Schattierungen und ein paar Kommunisten wies der Council ein breiteres politisches Spektrum als der Pariser Volksfrontausschuß, aber wiederum keinen Vertreter des rechten Flügels des SPD-Exilvorstandes auf; Vorsitzender war der sozialdemokratisch eingestellte Religionsphilosoph Paul Tillich. Der Council war dem Moskauer Nationalkomitee „Freies Deutschland" und der Bewegung „Freies Deutschland" entgegengesetzt, westlichem Demokratieverständnis und sozialer Gerechtigkeit verpflichtet. In Auseinandersetzung mit den Kriegszielen der Alliierten versuchte er bis in den Sommer 1945 hinein – letztlich vergeblich –, durch teils innovative Ideen aufgreifende, teils Weimarer Vorstellungen verhaftete Planung auf den Gebieten der Wirtschafts- und Sozialordnung, des Staats-, Verwaltungs- und Rechtswesens, des Gesundheitswesens, der Erziehung, der Kunst und der Medien beratend Einfluß auf die US-Administration zu nehmen. Von Anfang an den öffentlichen Anfeindungen von „Antikommunisten" und „Vansittartisten" in Exil und amerikanischer Gesellschaft ausgesetzt, zerbrach der Council endgültig im Herbst 1945 an den Auseinandersetzungen um die Kollektivschuld-These und deren Konsequenzen, um die Teilung Deutschlands und um die Politik der Zonen-Besatzer (Langkau-Alex/Ruprecht 1995).

Literatur

Bouvier, Beatrix (1972): Die deutsche Freiheitspartei (DFP). Ein Beitrag zur Geschichte der Opposition gegen den Nationalsozialismus, o.O.

Dahlem, Franz (1977): Am Vorabend des zweiten Weltkrieges, 1938–August 1939. Erinnerungen, 2 Bde., Berlin.

Exil in Frankreich (1981), hrsg. von Dieter Schiller, Karlheinz Pech, Regine Herrmann u. Manfred Hahn, Leipzig.

Griepenburg, Rüdiger (1971): Volksfront und deutsche Sozialdemokratie. Zur Auswirkung der Volksfronttaktik im sozialistischen Widerstand gegen den Nationalsozialismus, Marburg.

Jasper, Willi (1982): Heinrich Mann und die Volksfrontdiskussion, Bern–Frankfurt a. M.

Jasper, Willi (1994): Hotel Lutetia. Ein deutsches Exil in Paris, München–Wien.

Klein, Wolfgang, Bearb. (1982): Paris 1935. Erster Internationaler Schriftstellerkongreß zur Verteidigung der Kultur. Reden und Dokumente. Mit Materialien der Londoner Schriftstellerkonferenz 1936, hrsg. von der Akademie der Wissenschaften der DDR, Zentralinstitut für Literatur, Berlin.

Langkau-Alex, Ursula (1977): Volksfront für Deutschland?, Bd. 1: Vorgeschichte und Gründung des „Ausschusses zur Vorbereitung einer deutschen Volksfront", 1933–1936, Frankfurt a. M.

Langkau-Alex, Ursula (1984): Zur Genesis des Begriffs „Volksfront" 1932–1934/35, in: Haupt, Heinz-Gerhard, u.a., Hrsg.: Soziale Bewegungen. Geschichte und Theorie, Jahrbuch 1: Arbeiterbewegung und Faschismus, Frankfurt a. M.–New York, S. 82 ff.

Langkau-Alex, Ursula (1985): „Bildet die Deutsche Volksfront! Für Frieden, Freiheit und Brot!". Zur Genesis des programmatischen Aufrufs des „Ausschusses zur Vorbereitung einer deutschen Volks-

front" in Paris vom 21. Dezember 1936, in: IWK 21, S. 183 ff.
Langkau-Alex, Ursula (1988): Erziehung nach Hitler. Richtlinien für ein neues Schul- und Erziehungsprogramm in Deutschland: Vergleich von Ideen der deutschen Volksfront (1937) und des Council for a Democratic Germany, in: IWK 24, S. 16 ff.
Langkau-Alex, Ursula (1989): Deutsche Emigrationspresse (Auch eine Geschichte des „Ausschusses zur Vorbereitung einer deutschen Volksfront" in Paris), in: Koepke, Wulf, u. Michael Winkler, Hrsg.: Exilliteratur 1933–1945, Darmstadt, S. 169 ff.
Langkau-Alex, Ursula (1992 a): Fritz Lieb und die Volksfront-Politik. Der Weg zum „Bund freiheitlicher Sozialisten", in: Karnetzki, Manfred, u. Karl-Johann Rese, Hrsg.: Fritz Lieb. Ein europäischer Christ und Sozialist. Eine Dokumentation der Evangelischen Akademie Berlin, Berlin, S. 105 ff.
Langkau-Alex, Ursula (1992 b): „Die Zukunft" der Vergangenheit oder „Die Zukunft" der Zukunft? Zur Bündniskonzeption der Zeitschrift zwischen Oktober 1938 und August 1939, in: Roussel/Winckler, S. 123 ff.
Langkau-Alex, Ursula (1995): Willi Münzenberg im Exil und die Bedeutung der Freundschaft in der Krise der dreißiger Jahre, in: Schlie/Roche, S. 173 ff.
Langkau-Alex, Ursula (1998): Volksfront für Deutschland?, Bd. 2: Geschichte des Ausschusses zur Vorbereitung einer deutschen Volksfront, Berlin.
Langkau-Alex, Ursula, u. Thomas M. Ruprecht, Hrsg. (1995): Was soll aus Deutschland werden? Der Council for a Democratic Germany in New York 1944–1945. Aufsätze und Dokumente, Frankfurt a. M.–New York.
Lefranc, Georges (1974): Histoire du front populaire (1934–1938), 2., durchges. u. erw. Aufl., Paris.
Lewerenz, Elfriede, Red. (1975): VII. Kongreß der Kommunistischen Internationale, hrsg. vom Institut für Marxismus-Leninismus beim ZK der SED, Berlin.
Matthias, Erich, Hrsg. (1968): Mit dem Gesicht nach Deutschland. Eine Dokumentation über die sozialdemokratische Emigration. Aus dem Nachlaß von Friedrich Stampfer, ergänzt durch andere Überlieferungen, bearb. von Werner Link, Düsseldorf.
von zur Mühlen, Patrik (1979): „Schlagt Hitler an der Saar!". Abstimmungskampf, Emigration und Widerstand im Saargebiet 1933–1935, Bonn.
Overesch, Manfred (1992): Hermann Brill in Thüringen 1895–1946. Ein Kämpfer gegen Hitler und Ulbricht, Bonn.
Paul, Gerhard (1987): Max Braun. Eine politische Biographie, St. Ingbert.
Paul, Gerhard (1992): Die Deutsche Freiheit (1937–1939). Sprachrohr der „sozialistischen Konzentration" und des „militanten Humanismus", in: Roussel/Winckler, S. 199 ff.
Paul, Gerhard, u. Klaus-Michael Mallmann (1995): Milieus und Widerstand. Eine Verhaltensgeschichte der Gesellschaft im Nationalsozialismus, Bonn.
Pech, Karlheinz (1986): Die Kommunistische Partei Deutschlands im Ringen um einen antifaschistischen deutschen Volksfrontausschuß im Exil in Frankreich (1934 bis Sommer 1936), Diss., Institut für Marxismus-Leninismus beim ZK der SED, Berlin/DDR.
Roussel, Hélène, u. Lutz Winckler, Hrsg. (1992): Deutsche Exilpresse und Frankreich 1933–1940, Bern u. a.
Schlie, Tania (1995): Der „Fall Münzenberg" in den Akten von KPD und Komintern, in: dies./Roche, S. 195 ff.
Schlie, Tania, u. Simone Roche, Hrsg. (1995): Willi Münzenberg (1889–1940). Ein deutscher Kommunist im Spannungsfeld zwischen Stalinismus und Antifaschismus, Frankfurt a. M. u. a.
Vietzke, Siegfried (1969): Zur Entwicklung der Konzeption der KPD für die deutsche demokratische Republik (1936), in: Jahrbuch für Geschichte 4, S. 149 ff.
Ziebura, Gilbert (1972): Volksfront, in: Kernig, C. D., Hrsg.: Sowjetsystem und demokratische Gesellschaft. Eine vergleichende Enzyklopädie, Bd. 6, Freiburg i. Br. u. a., S. 767 ff.

Deutschsprachige Emigranten im Spanischen Bürgerkrieg

KLAUS-MICHAEL MALLMANN

Als die Radiostation Ceuta in Spanisch-Marokko am 17. Juli 1936 das Codewort „In Spanien ist der Himmel hell" sendete, war dies das Signal für einen Militärputsch, mit dem die Generalsjunta um Emilio Mola, José Sanjurjo und Francisco Franco die erst seit 1931 bestehende Republik beseitigen und eine klerikal-faschistische Diktatur errichten wollte. Während die Aufständischen im Westen und Südwesten des Landes erfolgreich waren, mißlang der Putsch hingegen in fast allen größeren Städten; in Madrid, Barcelona, Bilbao, Valencia und Malaga erhob sich das Volk, um die Republik zu verteidigen. Damit begann ein fast dreijähriger Bürgerkrieg, der durch die ausländische Unterstützung für beide Seiten bald schon internationale Dimensionen annahm (Thomas 1961; Jackson 1965; Broué/Témime 1968; Wohlfeil 1968; Bernecker 1991).

Gerade für die deutschsprachigen Emigranten, die sich auf der republikanischen Seite engagierten, war es von Anfang an ein Stellvertreterkrieg gegen Hitler. Der Spanische Bürgerkrieg setzte Einheitsimpulse, Aktionismus und Militanz frei, avancierte zum Ersatzkampf, erst recht als Nachrichten von der Existenz der deutschen Legion Condor und des italienischen Corpo Truppe Volontarie durchsickerten. Und er rückte so bald schon in die sakrale Dimension eines Kreuzzuges auf, gewann die Aura des „heiligen Krieges", den Nimbus des Entscheidungskampfes zwischen Freiheit und Barbarei. Gerade diese Perspektive, die literarisch von Hemingway bis Malraux, von Orwell bis Neruda ausgestaltet wurde und sich vielfältig auch in der Literatur des deutschen Exils abbildete (Benson 1969; Mack 1972; Pichler 1991), in den Hymnen von Ernst Busch und Hanns Eisler besungen und in Memoiren und Berichten heroisch erinnert wurde (Pasaremos 1956; Szinda 1956; Renn 1956; Longo 1957; Brigada Internacional 1974; Schäfer 1976; Bredel 1977), sollte die Wahrnehmung des Bürgerkrieges prägen und dessen Rezeption überformen. Die idealistische Überfrachtung des Geschehens wirkte damit durchaus ambivalent: Sie trug zwar eminent zur Mobilisierung und zum Enthusiasmus bei, trübte jedoch auch stetig den Blick auf die Realität und erzeugte Mythen, die bis in die Gegenwart hinein wirkungsmächtig bleiben sollten (Kleinspehn/Mergner 1989).

Bereits am 18. Juli 1936, als sich die Arbeiter von Barcelona gegen den Militärputsch erhoben (→ SPANIEN), waren deutschsprachige Emigranten beteiligt: Ein Zirkel deutscher Anarcho-Syndikalisten, der dort seit 1933 im Exil gelebt hatte und als Gruppe Erich Mühsam in den Kampf zog (von zur Muhlen 1983a, S. 78 ff.; Nelles 1993), die jüdisch-kommunistische Thälmann-Gruppe, die sich gleichfalls dominant aus deutschen Emigranten zusammensetzte (Lustiger 1989, S. 68 ff.), aber auch Teilnehmer der Arbeiter-Spartakiade, die als Gegenstück zur Berliner Olympiade damals in Barcelona stattfinden sollte. Anfang August trafen auch deutsche Kommunisten aus dem französischen Exil ein und formierten sich zur Centuria Thälmann, Mitglieder der Sozialistischen Arbeiterpartei Deutschland (SAP) und der Kommunistischen Partei Opposition (KPO) schlossen sich der Columna Lenin an (von zur Mühlen 1983a, S. 62 ff., 126 ff., 208 ff.). All diese Emigranten gliederten sich je nach politischer Orientierung in die ihnen nahestehenden Milizen ein, jene „Parteiarmeen" der Sozialisten, Republikaner, Kommunisten, Anarchisten und des linkskommunistischen POUM, kämpften in den folgenden Monaten an der Aragón-Front, fielen vielfach bereits im Spätsommer 1936 vor Tardienta oder Huesca.

Dieser spontanen ersten Welle der Rekrutierung deutschsprachiger Freiwilliger folgte eine zweite, weitaus größere im Herbst 1936. Ende August/Anfang September machte die Sowjetunion, die zunächst die Nichteinmischungspolitik der Westmächte unterstützt hatte, eine Kehrtwendung und beschloß eine versteckte Intervention; sowjetische Militärberater, Panzer und Flugzeuge, vor allem aber ausländische Freiwillige sollten nun die spanische Republik verteidigen helfen. Diese Entscheidung war die Geburtsstunde der Internationalen Brigaden, die im Oktober in Albacete ihr Stammquartier bezogen und am 8. November 1936 in Madrid erstmals bewaffnete Verbände an die Front schickten (Brome 1965; Johnston 1967; Delperrié de Bayac 1968; Kühne 1969; Martinez Bande 1972; Castells 1974; Ruhl 1975; Richardson 1982; Hommel 1990). Die Werbung von Freiwilligen für sie wurde seitdem eine zentrale Aufgabe der einzelnen Sektionen der Komintern und zeitigte auch unter den deutschsprachigen Emigranten nicht unbeträchtliche Erfolge. Vor allem die XI. Brigade mit ihren Bataillonen Thälmann, Etkar André, Hans Beimler und 12. Februar war dominant aus Deutschen, Österreichern und Schweizern, aber auch Niederländern und Skandinaviern zusammengesetzt (Krammer 1969; von zur Mühlen 1983a, S. 212 ff.). Zudem hatten das Tschapaiew-Bataillon der XIII. Brigade, die internationalen Artillerieeinheiten, die Brigadas Mixtas 129 und 150 sowie die hinter der gegnerischen Front operierenden Partisanentrupps nicht wenige deutschsprachige Emigranten in ihren Reihen (Hommel 1990, S. 40 ff.). Auch im Sanitätsdienst, dem Servicio Sanitario Internacional, der immerhin 50 Hospitäler betrieb, engagierten sich etliche Ärzte und Krankenschwestern aus dem deutschen Sprachraum (Gless u. a. 1976; Lataster-Czisch 1990).

Die dritte Rekrutierungswelle hingegen ähnelte immer mehr einem Rinnsal. Auch 1937, selbst noch 1938 kamen Freiwillige nach Spanien, spärlicher allerdings und kaum mehr in Gruppen (Castells 1974, S. 377 f.). Sofern sie überlebten, lernten sie in diesen Einheiten die wechselnden Fronten des Bürgerkrieges kennen, kämpften 1937/38 am Jarama, in Guadalajara und Brunete auf der kastilischen Hochebene, im aragonesischen Quinto, Belchite und Teruel, nahmen im Sommer 1938 an der Verzweiflungsoffensive am Ebro teil. Ende September 1938 wurden die Internationalen Brigaden aus den Frontverbänden herausgezogen, demobilisiert und in Sammellagern untergebracht (von zur Mühlen 1983a, S. 199 ff.; Hommel 1990, S. 59 ff.). Während die meisten Freiwilligen in den folgenden Monaten in ihre Heimatländer zurückkehrten, galt dies nicht für die Deutschen, Österreicher, Italiener, Polen, Ungarn, Jugoslawen, Bulgaren und Tschechoslowaken unter ihnen, da diese nicht repatriiert werden konnten. Sie kamen im Januar 1939 zu einem zweiten bewaffneten Einsatz, um die Flucht der katalanischen Zivilbevölkerung zu decken, wurden dabei in verlustreiche Rückzugsgefechte verwickelt und Anfang Februar nach Frankreich abgedrängt, wo man sie sofort entwaffnete und unter entwürdigenden Umständen internierte (Rafaneau-Boj 1993; Tosstorff 1996).

Wendet man sich konkret den beteiligten Menschen zu, so wird das Wissen ungleich fragmentarischer. Denn bereits über die Zahl der Freiwilligen gehen die Meinungen beträchtlich auseinander. Während die franquistische Historiographie mit gigantischen Summen über 100 000 operierte und die Forschung des Ostblocks umgekehrt dazu tendierte, deren Größe zu minimieren und auf 35 000 zu beziffern, pendelte sich die westliche Geschichtsschreibung auf einen Umfang von 40 000–45 000 Personen während des gesamten Krieges und 12 000–15 000 zu einem jeweiligen Zeitpunkt ein. Doch auch dies ist ein recht vager Annäherungswert, da weder das Volumen der Rekrutierungen noch die Verluste genau bekannt sind. Und selbst die konkreten Ist-Stärken der internationalen Einheiten sind nur sehr bedingt Anhaltspunkte, da die wachsenden Verluste immer stärker durch Spanier ausgeglichen wurden. Ende Januar 1938 beispielsweise besaßen die fünf „klassischen" Brigaden XI bis XV zwar noch die Gesamtstärke von 17 794 Mann, 10 410 von ihnen – 58,5 % – waren jedoch bereits Einheimische (von zur Mühlen 1983a, S. 188 ff.; Lustiger 1989, S. 29 f.; Hommel 1990, S. 30 ff.).

Zudem erschwert das Fehlen eindeutiger Definitionskriterien die genaue Bestimmung der einzelnen nationalen Kontingente. Angesichts der nationalsozialistischen Ausbürgerungspraxis kann etwa die Staatsbürgerschaft kein trennscharfes Bestimmungselement sein. Umgekehrt ist das Kriterium der Deutschsprachigkeit gerade für den ostmitteleuropäischen Raum – insbesondere für das Völkergemenge der ehemaligen k.u.k.-Monarchie – problematisch. Manfred Stern beispielsweise, 1896 in der Bukowina geboren, der als General Emilio Kléber die XI. Brigade bei der Verteidigung Madrids kommandierte, sprach Deutsch als Muttersprache. Ist er darum unter die Österreicher zu zählen, den Juden zuzurechnen oder aber – gemäß seinem Paß – als Sowjetbürger anzusehen? Oder André Friedmann, 1913 in Budapest geboren, der in Berlin den Umgang mit der Kamera erlernte, im spanischen Schützengraben Bilder schoß, die um die Welt gingen und als Robert Capa zum berühmtesten Kriegsphotographen dieses Jahrhunderts avancieren sollte: Sollte man ihn als Ungarn betrachten, obwohl er deutschsprachig aufwuchs und Budapest 1931 für immer verließ (Lustiger 1989, S. 223 ff., 385 ff.)? Aber auch das Kriterium der Emigration hat seine immanenten Tücken. Denn es grenzt die in aller Regel deutschsprachigen Schweizer und Luxemburger aus, die in ihre Heimat zurückkehren wollten und konnten. All diese Quellen- und Zuordnungsprobleme bedingten und bedingen darum Unschärferelationen gerade auf diesem Sektor.

Die Maximalzahlen hierzu stammen aus spanischen Quellen: Der franquistische Geheimdienst ging Anfang 1937 von 8000 deutschen und österreichischen Freiwilligen aus (Hommel 1990, S. 32 f.), die jüngere spanische Historiographie hingegen berechnete 5831 (Castells 1974, S. 377 f.). Die gesamte DDR-Literatur sprach stereotyp von mehr als 5000 deutschen Interbrigadisten, ohne dies näher zu spezifizieren (Interbrigadisten 1966, S. 13), die westdeutsche Geschichtsschreibung schätzte 5000 Deutsche und 2000 Österreicher (von zur Mühlen 1983a, S. 192). Zeitgenössische Statistiken der republikanischen Seite legen allerdings eine erhebliche Korrektur nach unten nahe: Eine – jedoch undatierte – Aufstellung der Kommission der ausländischen Kader beim ZK der KP Spaniens attestierte 2318 deutsche Freiwillige (Mallmann 1994, S. 35), André Marty – nominell der politische Leiter der Internationalen Brigaden – addierte im Oktober 1938 eine Summe von 3080 Deutschen und Österreichern, 9,5 % von 32 109 Internationalen insgesamt (Lustiger 1989, S. 32). Das Dokumentationsarchiv des österreichischen Widerstandes in Wien wiederum besitzt Unterlagen über 829 österreichische Spanienkämpfer (Für Spaniens Freiheit 1986, S. 369 ff.). Zudem ist zu berücksichtigen, daß sich ein kaum exakt zu beziffernder Teil der deutschsprachigen Freiwilligen nicht den Internationalen Brigaden anschloß, sondern in den Einheiten der Anarchisten oder des POUM blieb, die zwar formal dem Ejército Popular, dem entstehenden Volksheer, eingegliedert wurden, jedoch in vielfältiger Weise ihre Eigenarten bewahrten (Degen/Ahrens 1979).

Ähnlich unvollständig und unpräzise sind wir über das soziale und politische Profil der deutschsprachigen Freiwilligen informiert. Eindeutig steht nur fest, daß sowohl die Kommunisten als auch die Arbeiter unter ihnen klar dominierten. Die erwähnte Statistik der KP Spaniens führte etwa 1 440 Kommunisten auf – 62,1 % –, zudem 116 Sozialdemokraten, 606 Parteilose, 156 Angehörige anderer Organisationen wie Trotzkisten, Anarchisten, KPO- und SAP-Mitglieder. Ein regionales, die 183 biographisch fixierbaren Spanienkämpfer aus dem Saargebiet umfassendes Sample ergibt Verschiebungen: Demnach waren 143–78,1 % – Kommunisten und 26–14,1 % – Sozialdemokraten; drei Katholiken, zwei Autonomisten und neun Parteilose komplettierten das Aufgebot. Mehrheitlich waren sie maximal 30 Jahre alt, besaßen also kaum eine militärische Ausbildung aus dem Ersten Weltkrieg. Sozial gehörten sie fast alle zum lohnabhängigen Proletariat, waren teilweise langjährig erwerbslos gewesen, ohne deshalb von der Ausbildung her dequalifiziert zu sein (Mallmann 1994, S. 37 ff.; Mallmann/Paul 1989, S. 43 ff., 55 ff., 103 ff., 146 ff., 182 ff., 208 ff., 228 ff., 262 ff.; Paul/Mallmann 1995, S. 85 f., 295 ff., 442 ff.).

Der sozialdemokratische Anteil war insgesamt gering, gleichwohl aber je nach Herkunftsland unterschiedlich ausgeprägt. Während die SOPADE intern vor einer Verpflichtung warnte (von zur Mühlen 1983a, S. 102 ff.), wurde diese von Teilen der österreichischen Sozialdemokratie (Stern 1966; Stadler 1974, S. 261 ff.; Für Spaniens Freiheit 1986, S. 28 ff.), aber auch von der verselbständigten Sozialdemokratischen Landespartei des Saargebietes begrüßt (Mallmann 1988). Es war symptomatisch für diese Divergenz, daß mit Julius Deutsch, dem Mitbegründer und langjährigen Leiter des Republikanischen Schutzbundes, ein österreichischer Sozialdemokrat sogar General einer spanischen Division wurde (Deutsch 1960). Deutsch kann aber auch als Beispiel für den zweifellos überproportionalen Anteil der Juden unter den deutschsprachigen Emigranten dienen. Ihre auf 500 geschätzte Gesamtzahl in Spanien verteilte sich zum einen auf das gesamte Spektrum der Linksparteien, zum anderen lassen sich gerade unter ihnen aber auch viele Männer und Frauen finden, die ohne bisheriges parteipolitisches Engagement für die Republik eintraten (Lustiger 1989, S. 59 ff., 230 ff.; 1990).

Betrachtet man das Geschehen in erfahrungsgeschichtlicher Perspektive, dann stößt man auf ein tragisches Paradox: Einerseits waren die Internationalen Brigaden als reine Angriffstruppen, als „Batallones de choque" konzipiert und wurden dementsprechend an alle Brennpunkte des Krieges geworfen, überall dort eingesetzt, wo ein Durchbruch versucht werden sollte. Andererseits aber waren sie für diese Aufgaben als Stoßbrigaden geradezu chronisch unterversorgt und unterbewaffnet, desolat organisiert und koordiniert, viel zu wenig ausgebildet und erfahren. Im Kampf um Madrid kamen Freiwillige zum Einsatz, die bestenfalls einmal zuvor geschossen hatten, die teilweise nicht einmal wußten, wie man ein Gewehr lädt (Renn 1956, S. 83 f., 97; Kolzow 1960, S. 260). Stadtpläne aus einem Reiseführer dienten dort als Kartenmaterial; später benutzte man dazu per Blaupause vervielfältigte Zeichnungen, die je nach Durchschlag kaum noch zu entziffern waren (Regler 1975, S. 373). Daß durch derartige Orientierungsschwierigkeiten das Feuer auch in die eigenen Stellungen gelenkt wurde, konnte nicht ausbleiben. Verständigungsprobleme angesichts der vorhandenen Sprachenvielfalt sowie das weitgehende Defizit an Nachrichtenmitteln, das oft den zeitaufwendigen Einsatz von Meldern notwendig machte, führten kontinuierlich zu Kommunikationspannen und ungenügender Abstimmung der verschiedenen Einheiten, zum zusammenhanglosen Nach-, Neben- und partiellen Gegeneinander („Tschapaiew" 1938, S. 310 ff.; Longo 1957, S. 76).

Bekleidung und Ausrüstung waren mangelhaft. Gewichtiger noch war die geringe Versorgung mit Waffen, die dazu führte, daß man auf das Sammeln von Beutegewehren angewiesen war (Renn 1956, S. 148 f.; Bredel 1977, Bd. 2, S. 68). Die Kehrseite dieser Praxis führte dazu, daß sich der so diversifizierte Nachschub an Munition mit seiner Vielfalt der Kaliber kaum bewerkstelligen ließ (Hommel 1990, S. 75). Selbst bei der Ebro-Offensive 1938 besaß mehr als die Hälfte des dominant österreichischen Bataillons 12. Februar nicht einmal ein Gewehr (Langbein 1982a, S. 92). Eine Denkschrift über die Situation der XI. Brigade vom August 1937 illustrierte die lebensbedrohende Lage: Das Fehlen von Maschinenwaffen zur Luftabwehr mache „jede Bewegung der Truppen unmöglich". Hingegen sei es fast ein Glücksfall, daß die eigene Batterie „fast nie Munition" habe, denn die Geschütze seien „so ausgeleiert", daß „Blindgänger in den eigenen Reihen" landen würden. Lastwagen seien absolute Mangelware und würden trotz Reparaturbedarfs nicht aus der Hand gegeben (Kühne 1969, S. 322). Den kombinierten

Angriffen von Jagdflugzeugen und Panzern hatten die Interbrigadisten damit auf die Dauer nichts entgegenzusetzen. Verluste von 20–40% des Mannschaftsbestandes in den einzelnen Schlachten waren darum fast die Regel (Longo 1957, S. 86; Kolzow 1960, S. 337; Brome 1965, S. 82).

Der Mut und die Einsatzbereitschaft, das wichtigste Kapital der Freiwilligen, verbrauchten sich schnell unter diesen Umständen. Und gerade weil auf beiden Seiten insbesondere in den ersten Kriegsmonaten Massaker begangen wurden, die sich wechselseitig legitimierten und stimulierten (Kirsch 1971, S. 72ff., 128ff., 140f., 149ff.), weil man auf beiden Seiten kaum Kriegsgefangene machte (Janka 1992, S. 109), weil höchstens eine Gefangennahme durch die Italiener Überleben versprach, da diese an einem Austausch interessiert waren (Kirsch 1971, S. 371; Weinand 1987, S. 72), weil also gerade dieser Krieg der Ideen weit grausamer war als ein „normaler" Krieg, wurde die verzweifelte Situation, in der man sich befand, den Internationalen auch immer bewußter. Und je mehr man sich „verheizt" fühlte, desto mehr nahm die Demoralisierung zu, häuften sich Verstöße gegen die rigide gehandhabte Disziplin, wuchs die Zahl der Fahnenfluchten, kam es zu einzelnen Meutereien (Thomas 1961, S. 391 f., 465; Kantorowicz 1982, S. 453 f.; Langbein 1982 a, S. 32, 54 f., 64 f., 68, 71, 148; von zur Mühlen 1983 a, S. 201 f.; Hommel 1990, S. 74 f., 90 f.; Mallmann 1994, S. 40 ff.). Martialische Parolen wie „Preferimos morir en pie que vivir en rodillas" oder „No pasarán" verloren ihren letzten Glanz, als auch die militärische Unterstützung durch die Sowjetunion sichtbar nachließ und am Ausgang des Bürgerkrieges kein Zweifel mehr bestehen konnte.

Die Armeeführung reagierte mit Durchhaltebefehlen. Die Offiziere gingen dazu über, flüchtende Soldaten mit gezückter Pistole zu bedrohen (Weinand 1987, S. 57). Es gab standrechtliche Erschießungen wegen „Panikmache" und Befehlsverweigerung (Mallmann 1994, S. 44). Der Servicio de Investigación Militar – eine Geheimpolizei nach dem Vorbild des NKWD, in der sich Erich Mielke seine Sporen verdiente – führte Überprüfungen und Verhöre durch (von zur Mühlen 1983a, S. 234 ff., 1983b). Die erwähnte Statistik der KP Spaniens stellte fest, daß 300 der deutschen kommunistischen Freiwilligen – über die Nicht-Kommunisten fehlen entsprechende Angaben – verhaftet wurden, also 20,8% von ihnen und viele sogar mehrfach. Die Kaderakten über die einzelnen Interbrigadisten sind voller disziplinarischer Vergehen, Vorwürfe wie Schlägerei, Feigheit vor dem Feind, Panikmacherei, Diebstahl, Desertion und Demoralisierung (Mallmann 1994, S. 43 f.).

Der hierin zum Ausdruck kommende Dissens scheint primär der geschilderten Art von Kriegsführung entsprungen zu sein. Erst in zweiter Linie wurde er durch republikanische Horrorvisionen und sowjetische Denkschablonen politisch überformt. Das sprichwörtlich gewordene Diktum von der „Fünften Kolonne" – Francos heimlichen Anhängern im republikanischen Lager, die die Tore Madrids von innen öffnen würden – verband sich nahtlos mit dem Feindbild des „trotzkistisch-faschistischen Agenten", das seit den ersten Moskauer Prozessen kommunistische Funktionäre beunruhigte. Paranoia dieser Denkungsart gehörte damals auch zum Unterrichtsstoff der Internationalen Brigaden (Langbein 1982 a, S. 142; Für Spaniens Freiheit 1986, S. 281 ff.).

Man politisierte damit den schwelenden Strukturkonflikt und goß ihn in Formen, die jeglichen Eingriff von „oben" legitimierten. Dissens über die Art der Kriegsführung ließ sich so fundamental diskreditieren, Kritiker konnten auf diese Weise weltanschaulich stigmatisiert, ihrer Identität beraubt und im feindlichen Lager angesiedelt werden. Damit produzierte man ein Klima der Hexenjagd, deren Projektionen sich gleichfalls in den Kaderakten niederschlagen (Mallmann 1994, S. 45 ff.). Der in den Internierungslagern voll ausbrechende Streit unter den deutschsprachigen Spanienkämpfern, der in Fraktionierung und Diffamierung mündete und vielfach zur freiwilligen Rückkehr nach Deutschland führte (von zur Mühlen 1983 a, S. 250 ff.; Für Spaniens Freiheit 1986, S. 312 ff.; Weinand 1987, S. 82, 119 f.; Nelles 1994), nahm hier seinen Ausgangspunkt. Auch hierin zeigte der Spanische Bürgerkrieg seine zwei Gesichter: Er war der Höhepunkt antifaschistischer Volksfrontpolitik, zugleich aber auch deren tragisches Finale.

Mit dem deutschen Sieg über Frankreich gerieten die Spanienkämpfer in den Zugriff von Gestapo und NS-Justiz. Bereits 1937 hatte das Berliner Gestapa mit ihrer Registrierung begonnen und für den Fall der Rückkehr deren sofortige Festnahme angeordnet. 1940 verfügte Heydrichs Stellvertreter Müller, daß sie „mindestens für die Dauer des Krieges in Schutzhaft zu nehmen" seien und auch nach einer Strafhaft die „Rücksistierung" erfolgen müsse (von zur Mühlen 1983 a, S. 259 ff.; Mallmann 1994, S. 48 f.). Faktisch assistiert wurde diese projektierte Repression durch die Instanzen der Komintern, der

KPD und der KPÖ. Denn deren im Zeichen des Nichtangriffpakts erfolgte Weisung zur Rückkehr in die Heimatländer – falls keine Todesstrafe drohe – kam 1940 auch in den Internierungslagern der Interbrigadisten an. Die meisten österreichischen, aber auch viele deutsche Spanienkämpfer kamen diesem „Parteibefehl" in der Hoffnung auf bessere Zeiten nach, wurden im Frühjahr 1941 ins Reich überführt und in aller Regel nach Dachau deportiert, falls sie nicht durch den Volksgerichtshof oder die Oberlandesgerichte wegen Vorbereitung zum Hochverrat verurteilt wurden (Langbein 1982b, S.276ff.; Für Spaniens Freiheit 1986, S.295f., 360ff.). Einige wurden aufgrund der Waffenstillstandsbestimmungen durch die französischen Behörden ausgeliefert (Vormeier 1993, S.223). Erheblich mehr gelang Flucht oder Freilassung; sie schlossen sich in der Folgezeit in hohem Maße der Résistance an (Interbrigadisten 1966, S.472ff.).

Die Literatur zum Spanischen Bürgerkrieg und zu den Internationalen Brigaden zeichnet sich bis in die Gegenwart hinein durch eine hohe politische Standortgebundenheit aus, die vielfach den Blick verstellte und das Urteil vor die Analyse setzte. Diese Neigung zur Beweisführung cum ira et studio korrespondiert mit einer häufig feststellbaren Quellenferne, einem gerade auf diesem affektiv aufgeladenen Feld erstaunlichen Urvertrauen in die Memoiren der einstigen Akteure, das zum Fortschreiben manch zählebiger Legenden beitrug. Speziell zu den Internationalen Brigaden sind noch viele Fragen offen, die Primärquellen noch längst nicht ausgeschöpft. Dies gilt sowohl für die spanischen Bestände – insbesondere die Sección Guerra Civil des Nationalarchivs in Salamanca – als auch für die hierzu noch kaum ausgewerteten Akten in Moskau und im ehemaligen Zentralen Parteiarchiv der SED. Zur konkreten Tätigkeit des erwähnten Servicio de Investigación Militar beispielsweise besitzen wir nur bruchstückhafte Kenntnisse aus zeitgenössischen Erinnerungen. Ob er real als „Checa" wirkte, wie es der damals gebräuchliche Terminus nahelegt, oder ob sich seine Praxis doch eher an der eines „normalen" militärischen Abschirmdienstes orientierte, ist damit noch keineswegs hinreichend geklärt. Doch dies ist nur ein Beispiel von vielen.

Literatur

Benson, Frederick R. (1969): Schriftsteller in Waffen. Die Literatur und der Spanische Bürgerkrieg, Zürich.

Bernecker Walter L. (1991): Krieg in Spanien 1936–1939, Darmstadt.

Bredel, Willi (1977): Spanienkrieg, hrsg. von Manfred Hahn, 2 Bde., Berlin–Weimar.

Brigada Internacional ist unser Ehrenname … (1974). Erlebnisse ehemaliger deutscher Spanienkämpfer. Ausgewählt und eingeleitet von Hanns Maaßen, 2 Bde., Berlin/DDR.

Brome, Vincent (1965): The International Brigades. Spain 1936–1939, London.

Broué, Pierre, u. Emile Témime (1968): Revolution und Krieg in Spanien. Geschichte des Spanischen Bürgerkrieges, Frankfurt a.M.

Castells, Andreu (1974): Las Brigadas Internacionales en la Guerra de Espana, Barcelona.

Degen, Hans-Jürgen, u. Helmut Ahrens, Hrsg. (1979): „Wir sind es leid, die Ketten zu tragen …". Antifaschisten im Spanischen Bürgerkrieg, Berlin.

Delperrié de Bayac, Jacques (1968): Les brigades internationales, Paris.

Deutsch, Julius (1960): Ein weiter Weg. Lebenserinnerungen, Zürich u.a.

Für Spaniens Freiheit (1986). Österreicher an der Seite der Spanischen Republik 1936–1939. Eine Dokumentation, hrsg. vom Dokumentationsarchiv des österreichischen Widerstandes, Wien.

Gless, Rainer, Peter Kolmsee u. Bernd Kopetz (1976): Zur Geschichte des Internationalen Sanitätsdienstes (SSI) in Spanien 1936–1939, in: Zeitschrift für Militärgeschichte 15, S.312ff.

Grebing, Helga, u. Christl Wickert, Hrsg. (1994): Das „andere Deutschland" im Widerstand gegen den Nationalsozialismus. Beiträge zur politischen Überwindung der nationalsozialistischen Diktatur im Exil und im Dritten Reich, Essen.

Hommel, Klaus (1990): Die Internationalen Brigaden im Spanischen Bürgerkrieg 1936–1939, Regensburg.

Interbrigadisten (1966). Der Kampf deutscher Kommunisten und anderer Antifaschisten im nationalrevolutionären Krieg des spanischen Volkes 1936–1939, Berlin/DDR.

Janka, Walter (1992): Spuren eines Lebens, Reinbek.

Jackson, Gabriel (1965): The Spanish Republic and the Civil War 1931–1939, Princeton.

Johnston, Verle B. (1967): Legions of Babel. The International Brigades in the Spanish Civil War, London.

Kantorowicz, Alfred (1982): Spanisches Kriegstagebuch, Frankfurt a.M.

Kirsch, Hans-Christian, Hrsg. (1971): Der Spanische Bürgerkrieg in Augenzeugenberichten, München.

Kleinspehn, Thomas, u. Gottfried Mergner, Hrsg.

(1989): Mythen des Spanischen Bürgerkriegs, Grafenau.
Kolzow, Michail (1960): Spanisches Tagebuch, Berlin/DDR.
Krammer, Arnold (1969): Germans against Hitler. The Thaelmann Brigade, in: Journal of Contemporary History 4, S. 65 ff.
Kühne, Horst (1969): Revolutionäre Militärpolitik 1936–1939. Militärpolitische Aspekte des national-revolutionären Krieges in Spanien, Berlin/DDR.
Langbein, Hermann (1982a): Pasaremos (Wir werden durchkommen). Briefe aus dem spanischen Bürgerkrieg, Köln.
Langbein, Hermann (1982b): Die Stärkeren. Ein Bericht aus Auschwitz und anderen Konzentrationslagern, Köln.
Lataster-Czisch, Petra, Hrsg. (1990): Eigentlich rede ich nicht gern darüber. Lebenserinnerungen von Frauen aus dem spanischen Bürgerkrieg, Leipzig.
Longo, Luigi (1957): Die Internationalen Brigaden in Spanien, Berlin/DDR.
Lustiger, Arno (1989): Schalom Libertad. Juden im Spanischen Bürgerkrieg, Frankfurt a. M.
Lustiger, Arno (1990): German and Austrian Jews in the International Brigade, in: Leo Baeck Institute Yearbook 35, S. 297 ff.
Mack, Gerhard Georg (1972): Der Spanische Bürgerkrieg und die deutsche Exilliteratur, Diss., University of Southern California.
Mallmann, Klaus-Michael (1988): „Lieber republikanisch sterben als faschistisch verderben". Zum Widerstand saarländischer Sozialdemokraten, in: Zehn statt tausend Jahre. Die Zeit des Nationalsozialismus an der Saar (1935–1945), Saarbrücken, S. 171 ff.
Mallmann, Klaus-Michael (1994): „Kreuzritter des antifaschistischen Mysteriums". Zur Erfahrungsperspektive des Spanischen Bürgerkrieges, in: Grebing/Wickert, S. 32 ff.
Mallmann, Klaus-Michael, u. Gerhard Paul (1989): Das zersplitterte Nein. Saarländer gegen Hitler, Bonn.
Martinez Bande, José Manuel (1972): Brigadas internacionales, Barcelona.
von zur Mühlen, Patrik (1983a): Spanien war ihre Hoffnung. Die deutsche Linke im Spanischen Bürgerkrieg 1936 bis 1939, Bonn.
von zur Mühlen, Patrik (1983b): Säuberungen unter deutschen Spanienkämpfern, in: Exilforschung 1, S. 165 ff.
Nelles, Dieter (1993): Willi Winkelmann: „Der Rote Konsul von Barcelona", in: Tappe, Rudolf, u. Manfred Tietz, Hrsg.: Tatort Duisburg 1933–1945. Widerstand und Verfolgung im Nationalsozialismus, Bd. 2, Essen, S. 513 ff.
Nelles, Dieter (1994): Die unabhängige antifaschistische Gruppe 9. Kompanie im Lager Gurs. Zur gruppenspezifischen Interaktion nach dem Spanischen Bürgerkrieg, in: Grebing/Wickert, S. 56 ff.
Pasaremos (1956). Deutsche Antifaschisten im national-revolutionären Krieg des spanischen Volkes, Berlin/DDR.
Paul, Gerhard, u. Klaus-Michael Mallmann (1995): Milieus und Widerstand. Eine Verhaltensgeschichte der Gesellschaft im Nationalsozialismus, Bonn.
Pichler, Georg (1991): Der Spanische Bürgerkrieg (1936–1939) im deutschsprachigen Roman. Eine Darstellung, Frankfurt a. M. u. a.
Rafaneau-Boj, Marie-Claude (1993): Odysée pour la liberté. Les camps des prisonniers espagnols 1939–1945, Paris.
Regler, Gustav (1975): Das Ohr des Malchus. Eine Lebensgeschichte, Frankfurt a. M.
Renn, Ludwig (1956): Im spanischen Krieg, Berlin/DDR.
Richardson, Dan R. (1982): Comintern Army. The International Brigades, Lexington.
Ruhl, Klaus-Jörg (1975): Die Internationalen Brigaden im Spanischen Bürgerkrieg 1936–1939, in: Militärgeschichtliche Mitteilungen 17, S. 212 ff.
Schäfer, Max, Hrsg. (1976): Spanien 1936 bis 1939. Erinnerungen von Interbrigadisten aus der BRD, Frankfurt a. M.
Stadler, Karl R. (1974): Opfer verlorener Zeiten. Geschichte der Schutzbund-Emigration 1934, Wien.
Stern, Max (1966): Spaniens Himmel ... Die Österreicher in den Internationalen Brigaden, Wien.
Szinda, Gustav (1956): Die XI. Brigade, Berlin/DDR.
Thomas, Hugh (1961): The Spanish Civil War, London.
Tosstorff, Reiner (1996): Spanische Flüchtlinge nach dem Ende des Bürgerkrieges, in: Archiv für die Geschichte des Widerstandes und der Arbeit 14, S. 181 ff.
„Tschapaiew" (1938). Das Bataillon der 21 Nationen. Dargestellt in Aufzeichnungen seiner Mitkämpfer, redigiert von Alfred Kantorowicz, Madrid; Nachdruck, Berlin/DDR 1956.
Vormeier, Barbara (1993): Die Lage der deutschen Flüchtlinge in Frankreich. September 1939–Juli 1942, in: Grandjonc, Jacques, u. Theresia Grundtner, Hrsg.: Zone der Ungewißheit. Exil und Internierung in Südfrankreich 1933–1944, Reinbek, S. 210 ff.
Weinand, Robert (1987): Stationen eines Lebens. Für Spaniens Freiheit, Dachau und danach, Köln.

Wohlfeil, Rainer (1968): Der Spanische Bürgerkrieg 1936–1939. Zur Deutung und Nachwirkung, in: Vierteljahrshefte für Zeitgeschichte 16, S. 101 ff.

Deutschsprachige Emigranten in der europäischen Résistance und an der Seite der Alliierten

Dieter Marc Schneider

In fast allen von deutschen Truppen während des Zweiten Weltkrieges besetzten Ländern kam es – unterschiedlich nach Art, Struktur und Umfang – zum Widerstand autochthoner Bevölkerungsteile, denen sich eine beachtliche Anzahl deutscher und österreichischer Emigranten anschloß. Es waren dies zumeist Hitler-Gegner aus dem linken Parteienspektrum, die vom deutschen „Blitzkrieg" zwischen 1939 und 1941 in Ost- und Westeuropa überrollt worden waren. Sie waren 1933 und in den folgenden Jahren in großer Zahl vor der polizeilichen Verfolgung ins europäische Ausland geflohen, hatten vielfach im Spanischen Bürgerkrieg in den Internationalen Brigaden Kampferfahrung gesammelt (→ Deutschsprachige Emigranten im Spanischen Bürgerkrieg) und befanden sich nun plötzlich hinter der Front in von Hitlerdeutschland besetztem Gebiet oder – etwa in der unbesetzten Zone Vichy-Frankreichs – doch mittelbar in deutschem Einflußgebiet. Illegalität und der Versuch des Anschlusses an sich formierende autochthone Widerstandsbewegungen vor allem der eigenen politischen Couleur waren durch die objektiven Verhältnisse erzwungen und häufig Ausdruck eines politischen Engagements gegen den Nationalsozialismus, das sich bereits in der Weimarer Republik, in Widerstand, Verfolgung und Emigration manifestiert hatte.

Aufgrund der vergeblichen Anstrengungen des deutschen politischen Exils, nach Kriegsausbruch eine von den Alliierten anerkannte Exilregierung zu bilden, kam es trotz etlicher Versuche an keiner Front und auf keinem Kriegsschauplatz zur Formierung selbständiger deutscher Einheiten unter alliiertem Patronat. Für die im besetzten Europa mehr oder weniger verstreut lebenden deutschen Emigranten bestand die einzige Möglichkeit, unterzutauchen oder sich den dortigen Widerstandsbewegungen anzuschließen. Dies geschah in einzelnen Fällen in Polen, den Balkanländern und Griechenland; quantitativ wesentlich bedeutender war die Beteiligung Deutscher am bewaffneten Widerstand in der → Sowjetunion. Deutsche Emigranten in der UdSSR dienten als Freiwillige in der regulären Roten Armee – diese Gruppe dürfte weit unter 100 Männer und Frauen stark gewesen sein, wahrscheinlich sogar 50 nicht überschritten haben (Jahnke 1986; Doernberg 1995, S. 234) –, oder sie waren als Frontpropagandisten und in der Kriegsgefangenenbetreuung im Rahmen des 1943 gegründeten Nationalkomitee „Freies Deutschland" tätig (→ Deutsche Emigranten im Nationalkomitee „Freies Deutschland"). Eine Reihe kämpfte bei den russischen Partisanen in den von Deutschland besetzten Gebieten (Jahnke 1986). Eine besondere Gruppe bildeten die sog. Fallschirmagenten, die 1942/43 im Auftrage Moskaus Spionageaufträge hinter den deutschen Linien ausführten bzw. illegale Gruppen zu organisieren versuchten. Etliche Emigranten und Emigrantinnen wie Erna Eifler, Wilhelm Fellendorf, Elvira Eisenschneider oder Käthe Niederkirchner kamen infolge dieser, im reinsten Wortsinne Himmelfahrtskommandos ums Leben (Nollau/Zundel 1979; Paul 1995, S. 128 f.).

Vor allem in der Sowjetunion, aber auch in anderen von Hitlerdeutschland angegriffenen bzw. okkupierten Ländern, kamen Deserteure der Wehrmacht hinzu, die aus mehr oder weniger ausgeprägter Gegnerschaft zum NS-Regime und häufig aufgrund drohender Verfolgung durch die Feldgerichtsbarkeit in den Untergrund gingen und sich dem Widerstand anschlossen. In der Sowjetunion wurden sie in sog. Antifa-Schulen ideologisch auf ihren Einsatz in der Roten Armee oder bei den Partisanen vorbereitet. Einen relativ großen Anteil an diesen Überläufern stellten dabei volksdeutsche Minderheiten in Polen, der Tschechoslowakei und in Jugoslawien, die in der Wehrmacht dienten (Haase/Paul 1995).

Außerhalb der Sowjetunion waren Formen des Widerstands, an denen Emigranten beteiligt waren, allgemein charakterisiert durch Sabotagehandlungen und Attentate einzelner ebenso wie Aktionen kleinerer Gruppen in den Städten oder in schwer zugänglichem Gelände bis hin zu großräumig und z. T. in geschlossenen Verbänden operierenden Partisanentruppen, die im Raum Jugoslawien in der dortigen Volksbefreiungsarmee wohl am weitesten entwickelt war. Der Widerstand dieser autochthonen Bewegungen, die in den demokratischen europäischen Ländern von der nationalen Rechten bis zur kommunistischen Linken reichte, war in erster Linie national motiviert und richtete sich zugleich gegen die Kollaboration im eigenen Land, die die „Normalisierung" des Besatzungsregimes erst ermöglichte. Dies betraf in erster Linie Frankreich, wo sich nach dem Waffenstillstand 1940 in Vichy im unbesetzten Teil des Landes das deutschlandfreundliche Regime des Marschalls Pétain etabliert hatte. Dort kam es zu einer autochthonen Widerstandsbewegung, die die weitaus stärkste Beteiligung deutscher Emigranten aufwies (Mallmann 1997). Hier gab es eine besonders hohe Anzahl von Betroffenen, die während des deutschen Vormarsches 1940 nicht hatten weiter fliehen können und nun aufs neue durch die Gestapo bedroht waren. Der Großteil dieser Menschen war zudem in Lagern interniert worden, auf die die deutschen Besatzer laut Waffenstillstandsvertrag jederzeit einen Zugriff hatten (Badia 1979). Der französische Widerstand nach dem Waffenstillstandsvertrag vom 22. Juni 1940 formierte sich in nuce noch im gleichen Sommer um einige illegale Zeitungen, *Combat*, *Libération*, *Franc-Tireur* im Süden sowie *Libération-Nord* und *Résistance* im Norden (Noguères 1967 ff.), nachdem General de Gaulle von London aus bereits am 18. Juni zur Fortsetzung des Kampfes aufgerufen hatte. Er trat an die Spitze des Freien Frankreich und der Freien Französischen Streitkräfte (Forces Françaises Libres, FFL); am 24. September 1941 erfolgte die Gründung des Comité National Français als politisches Organ des Freien Frankreich mit dem Charakter einer Exilregierung. Es gelang de Gaulle bzw. dessen Beauftragten Jean Moulin, die ersten Résistancegruppen im Süden Frankreichs in den Mouvements unis de la Résistance (MUR) zusammenzuführen. In seiner zweiten Mission begründete er im Herbst des gleichen Jahres mit paramilitärischen Kadern vor allem der MUR die Armée Secrète mit zentraler militärischer Kommandostruktur, deren Operationen in Abstimmung mit dem alliierten Oberkommando erfolgten. Nach der Landung der Alliierten in Nordafrika und der darauffolgenden Besetzung auch Vichy-Frankreichs kam es zu einem weiteren Zusammenschluß des inneren Widerstands im Conseil national de la Résistance (Mai 1943) mit dem politischen Überbau des Comité Français de la Libération Nationale in Algier, das ab November 1943 unter der alleinigen Führung von de Gaulle stand. Nachdem die Alliierten in Frankreich standen, erreichte der Kampf der Résistance ihren Höhepunkt. Im Frühjahr 1944 erfolgte der Zusammenschluß von Armée Secrète, den seit 1941 aktiven kommunistischen Franc-Tireurs et Partisans Français (FTPF) sowie aller übrigen Résistancegruppen in den Forces Françaises de l'Intérieur (FFI).

Nach Angaben der Militärkommission der Kommunistischen Partei Frankreichs (KPF) kämpften etwa 1000 deutschsprachige Emigranten in der Résistance (Pech 1974, S. 166), eine nach neueren Recherchen sicherlich zu hoch gegriffene Zahl, die sich zudem im wesentlichen auf die sog. Travail (Anti-) Allemand (TA) bezog. Die vermutlich landsmannschaftlich größte deutsche Emigrantengruppe mit mindestens 160 Personen bildeten dabei die Emigranten aus dem Saarland (Paul/Mallmann 1995, S. 307 ff., 508 ff.). Die TA agierte als Teil der seit Mitte der 1920er Jahre in Frankreich bestehenden sog. Main d'Œuvre Immigrée (MOI), die von der KPF initiiert und auch dominiert wurde und ausländische Arbeiter organisatorisch erfaßte, darunter – am Vorabend des Weltkrieges – zahlreiche Polen, Italiener und Spanier, unter letzteren vor allem Franco-Gegner aus dem Bürgerkrieg. Nach der deutschen Besetzung Frankreichs kamen aus der MOI zahlreiche Frauen und Männer des Widerstands, die vor allem in der Stadt-Guerilla aktiv wurden. Die TA figurierte ab Sommer 1941 als eigene Gruppierung innerhalb der MOI bzw. der von der französischen kommunistischen Partei proklamierten Front National de la Libération (FNL). Sie gehörte nicht zur bewaffneten Résistance; ihre Aufgabe bestand vor allem in der propagandistischen Arbeit unter den Besatzungstruppen, aber auch in der Nachrichten- und z. T. auch der Waffenbeschaffung (Schaul 1973). Im Dezember 1941 wurde in Paris eine selbständige und für die gesamte Arbeit der TA verantwortliche Leitung gebildet. Sie bestand aus dem Saarländer Otto Niebergall (Mallmann/Paul 1989, S. 197 ff.), dem Österreicher Franz Marek und dem Tschechoslowaken Arthur London (Mehringer/Schneider 1984, S. 271 ff.).

Obwohl nicht direkt mit der Waffe aktiv, bestanden eine Reihe von Querverbindungen zwischen der Résistance armée und der TA. Es waren jedoch vor allem ehemalige deutsche Interbrigadisten, die sich dem bewaffneten Widerstand bzw. Maquis anschlossen (Mallmann 1997). Im Vergleich zur Anzahl der Emigranten in der TA darf deren Anzahl allerdings nicht sehr hoch veranschlagt werden. Ihr Einsatz war weitgehend individuell motiviert, vergleichbar einer anderen Gruppe von Emigranten, die eher dem sog. bürgerlichen Lager zuzurechnen waren und die in der Armée Secrète oder kleineren und weniger bekannten Widerstandsgruppen wie z. B. Témoignage Chrétien aktiv wurden. Die vermutlich größte Gruppen deutscher und österreichischer, vor allem kommunistischer Emigranten schloß sich dem gaullistischen Maquis „Bir Hakeim" an, das in den südfranzösischen Cevennen operierte (Pech 1974, S. 183 ff.; Drews/Stoll 1977; Brès 1987).

Im Verlauf des Zweiten Weltkriegs gab es eine Reihe von Versuchen, deutsche bzw. deutschsprachige Einheiten innerhalb der alliierten Armeen zu bilden – angefangen von dem 1939 nach Kriegsausbruch unternommenen Versuch, eine Légion allemande aufzustellen (Paul/Mallmann 1995, S. 308 f.), bis hin zu den Bemühungen der konservativ-legitimistischen österreichischen Emigration zur Schaffung eines österreichischen Bataillons innerhalb der US-Armee. Alle diese Bemühungen schlugen fehl vor allem aufgrund der Tatsache, daß weder die deutsche noch die österreichische Emigration eine Exilregierung zu bilden vermochten, die von den Alliierten anerkannt worden wäre. Zwar dienten zahlreiche deutsche und österreichische Emigranten – nach Beantragung bzw. Erhalt der französischen bzw. amerikanischen Staatsbürgerschaft – in der französischen Armee (bis 1940) bzw. in der US-Armee, im Pionierkorps der britischen Armee (wofür die britische Staatsbürgerschaft nicht erforderlich war) oder in der Roten Armee, was im Prinzip wiederum die sowjetische Staatsangehörigkeit voraussetzte; doch kam es nirgends zur Bildung einer separaten deutschen Militäreinheit auf alliierter Seite. Eine Sonderrolle – vergleichbar den Emigranten in Verbindung mit Gründung und Aktivitäten des NKFD – spielten allerdings deutsche Emigranten wie etwa Franz L. Neumann, Otto Kirchheimer oder Herbert Marcuse ab 1943 in dem amerikanischen Office of Strategic Services (OSS), dem Geheimdienst der Streitkräfte. Dessen Research and Analysis Branch war eine Domäne linker bzw. marxistischer Emigranten in den USA. Sie spielten eine wichtige Rolle bei der Ausarbeitung des Civil Affairs-Programms des War Department; ihre marxistischen Strukturanalysen des Nationalsozialismus und die daraus für die Nachkriegszeit gezogenen Folgerungen, die in ideologischer Nachbarschaft zu den Thesen Henry Morgenthaus standen, wurden jedoch mitnichten zur Grundlage amerikanischer Besatzungspolitik (Söllner 1986, 1987; Marquardt-Bigman 1995). Darüber hinaus waren seit 1943 vor allem Emigranten aus dem Umkreis der Londoner Union deutscher sozialistischer Organisationen in Großbritannien z. B. als sog. „guides" für den OSS tätig. Nach OSS-Angaben wurden von Herbst 1944 bis Mai 1945 rund 100 Agenten hinter den deutschen Linien abgesetzt, wobei die meisten Einsätze allerdings Fehlschläge waren (Eiber 1997).

In Hinblick auf eigenständige Militärstrukturen deutschsprachiger Emigranten in alliierten Armeen konnten allenfalls österreichische Emigranten und desertierte österreichische Wehrmachtsangehörige auf Initiative der österreichischen kommunistischen Partei (KPÖ) mit jugoslawischer Hilfe in Slowenien und Belgrad fünf österreichische Bataillone für eine geplante Befreiungsarmee aufstellen, von denen aber nur eines zum militärischen Einsatz kam. Offiziere dieser Bataillone wurden unmittelbar nach Kriegsende in der sowjetischen Besatzungszone Österreichs zum Aufbau der Polizei herangezogen (→ ÖSTERREICHISCHE POLITISCHE EXILORGANISATIONEN).

Ein besonderes Tätigkeitsfeld deutschsprachiger Emigranten an der Seite der Alliierten bildete die Mitarbeit an alliierten Rundfunksendern: am Ätherkrieg gegen Deutschland. Zahlreiche bekannte Schriftsteller wie etwa Thomas und Klaus Mann, Erich Weinert und Franz Werfel, Wissenschaftler wie Albert Einstein und Marie Jahoda sowie Politiker der unterschiedlichen Fraktionen der deutschsprachigen Emigration arbeiteten als Redakteure, Autoren, Berater, Researcher und Sprecher im Rahmen alliierter Vorgaben bei Sendern wie etwa dem deutschen Dienst der BBC oder diversen Tarnsendern wie Gustav Siegfried Eins und dem Soldatensender Calais in Großbritannien, den deutschsprachigen Diensten von Voice of America, CBS, NBC oder diversen Geheimsendern der Moral Operations Branch des OSS in den USA oder schließlich dem deutschsprachigen Dienst von Radio Moskau und dem Deutschen Volkssender in der Sowjetunion (Ostrogorski 1971; Pütter 1981, 1986; Wittik 1962; Loewy 1984; Eiber 1997; → RUNDFUNK).

Daß Emigranten, die während des Zweiten Weltkriegs in europäischen Widerstandsbewegungen und alliierten Armeen gegen die NS-Diktatur gekämpft hatten, nach Kriegsende eine oft große Rolle beim Aufbau von Polizei und Armee gespielt haben, gilt vor allem für die SBZ/DDR, aber auch für das Saargebiet bis zum Jahre 1955 (Mehringer u. a. 1981; Paul/Mallmann 1995; Paul 1997; → RÜCKKEHR AUS DEM EXIL: SOWJETISCHE BESATZUNGSZONE UND DDR; SAARLAND). Die Karrieren solcher Remigranten können verstanden werden als Anerkennung ihres Engagements im Kampf gegen Hitler-Deutschland, zum andern lag ihnen der politisch prinzipielle Verzicht zugrunde, auf Offiziere der alten Wehrmacht zurückzugreifen. Dies gilt – bis auf Ausnahmen von Mitgliedern des NKFD – vor allem für die DDR. Hier rückten jedoch in erster Linie Remigranten aus der Sowjetunion, die in der Roten Armee und als Partisanen gekämpft hatten, in Spitzenpositionen der Volkspolizei und später der Nationalen Volksarmee (NVA) auf. Die sog. Westemigranten, die in die Sowjetische Besatzungszone zurückkehrten, wurden von der militärischen Macht ferngehalten bzw. im Zuge einer gezielten Kampagne Anfang der 1950er Jahre aus erreichten Positionen wieder verdrängt. Dies gilt für nahezu alle bekannteren Mitglieder westlicher Résistance-Bewegungen.

Literatur

Badia, Gilbert, u. a. (1979): Les barbelés de l'exil. Etudes sur l'émigration allemande et autrichienne (1938–1940), Grenoble.
Bonte, Florimond (1969): Les antifascistes allemands dans la résistance française, Paris.
Brès, Eveline, u. Yvan Brès (1987): Un Maquis d'Antifascistes Allemands en France (1942–1944), Montpellier.
Doernberg, Stefan, Hrsg. (1995): Im Bunde mit dem Feind. Deutsche auf alliierter Seite, Berlin.
Drews, Manfred, u. Max Stoll (1977): Gefechte in den Cevennen. Ereignisse – Tatsachen – Zusammenhänge, Berlin/DDR.
Eiber, Ludwig (1997): Verschwiegene Bündnispartner. Die Union deutscher sozialistischer Organisationen in Großbritannien und die britischen Nachrichtendienste, in: Exilforschung 15, S. 66 ff.
Frühwald, Wolfgang, u. Wolfgang Schieder, Hrsg. (1981): Leben im Exil. Probleme der Integration deutscher Flüchtlinge im Ausland 1933–1945, Hamburg.
Haase, Norbert, u. Gerhard Paul, Hrsg. (1995): Die anderen Soldaten. Wehrkraftzersetzung, Gehorsamsverweigerung und Fahnenflucht im Zweiten Weltkrieg, Frankfurt a. M.
Jahnke, Karl Heinz (1989): In einer Front. Junge Deutsche an der Seite der Sowjetunion im Großen Vaterländischen Krieg, 2. Aufl., Berlin/DDR.
Kühnrich, Heinz (1968): Der Partisanenkrieg in Europa 1939–1945, Berlin/DDR.
Loewy, Ernst (1984): Freier Äther – freies Wort? Die Rundfunkarbeit deutscher Autoren im Exil 1933–1945, in: Exilforschung 2, S. 238 ff.
Mallmann, Klaus-Michael (1997): Frankreichs fremde Patrioten. Deutsche in der Résistance, in: Exilforschung 15, S. 33 ff.
Mallmann, Klaus-Michael, u. Gerhard Paul (1989): Das zersplitterte Nein. Saarländer gegen Hitler, Bonn.
Marquardt-Bigman, Petra (1995): Amerikanische Geheimdienstanalysen über Deutschland 1942–1949, München.
Mehringer, Hartmut, Werner Röder u. Dieter Marc Schneider (1981): Zum Anteil ehemaliger Emigranten am politischen Leben der Bundesrepublik Deutschland, der Deutschen Demokratischen Republik und der Republik Österreich, in: Frühwald/Schieder, S. 207 ff.
Mehringer, Hartmut, u. Dieter Marc Schneider (1984): Deutsche in der europäischen Résistance, in: Löwenthal, Richard, u. Patrik von zur Mühlen, Hrsg.: Widerstand und Verweigerung in Deutschland 1933 bis 1945, Berlin–Bonn, S. 263 ff.
Noguères, Henri (1967 ff.): Histoire de la Résistance en France de 1940 à 1945, 5 Bde., Paris.
Nollau, Günther, u. Ludwig Zindel (1979): Gestapo ruft Moskau. Sowjetische Fallschirmagenten im 2. Weltkrieg, München.
Ostrogorski, Wladimir (1971): Der deutschsprachige Dienst des Moskauer Rundfunks im Kampf gegen den Faschismus in Deutschland (1929–1945), Diss., Leipzig.
Paul, Gerhard (1995): Als Stenotypistin und Fallschirmagentin gegen Hitler. Zum Widerstand deutscher Frauen im Exil, in: Wickert, Christl, Hrsg.: Frauen gegen die Diktatur – Widerstand und Verfolgung im nationalsozialistischen Deutschland, Berlin, S. 118 ff.
Paul, Gerhard (1997): „Emigrantenstaat" auf tönernen Füßen. Das Saarland, in: Krohn, Claus-Dieter, u. Patrik von zur Mühlen, Hrsg.: Rückkehr und Aufbau nach 1945. Deutsche Remigranten im öffentlichen Leben Nachkriegsdeutschlands, Marburg, S. 211 ff.
Paul, Gerhard, u. Klaus-Michael Mallmann (1995): Milieus und Widerstand. Eine Verhaltensgeschichte der Gesellschaft im Nationalsozialismus, Bonn.
Pech, Karlheinz (1974): An der Seite der Résistance. Zum Kampf der Bewegung „Freies Deutschland" für den Westen in Frankreich (1943–1945), Frankfurt a. M.
Pütter, Conrad (1981): Der „Sender der Europäischen Revolution" im System der britischen psychologischen Kriegsführung gegen das Dritte Reich, in: Frühwald/Schieder, S. 168 ff.
Pütter, Conrad (1986): Rundfunk gegen das „Dritte Reich". Deutschsprachige Rundfunkaktivitäten im Exil 1933–1945. Ein Handbuch, München u. a.
Schaul, Dora, Hrsg. (1973): Résistance. Erinnerungen deutscher Antifaschisten, Frankfurt a. M.
Söllner, Alfons, Hrsg. (1986): Zur Archäologie der Demokratie in Deutschland, 2 Bde., Frankfurt a. M.
Söllner, Alfons (1987): Wissenschaftliche Kompetenz und politische Ohnmacht. Deutsche Emigranten im amerikanischen Geheimdienst 1942–1949, in: Koebner, Thomas, Gert Sautermeister u. Sigrid Schneider,

Hrsg.: Deutschland nach Hitler. Zukunftspläne im Exil und aus der Besatzungszeit 1939–1949, Opladen, S. 136 ff.

Wittek, Bernhard (1962): Der britische Ätherkrieg gegen das Dritte Reich. Die deutschsprachigen Kriegssendungen der British Broadcasting Corporation, Münster.

Deutsche Emigranten im Nationalkomitee „Freies Deutschland"

HARTMUT MEHRINGER

Das Nationalkomitee „Freies Deutschland" (NKFD) gehört zu den am meisten umstrittenen Phänomenen in der Geschichte von Exil und Widerstand gegen den Nationalsozialismus (Steinbach 1990, 1995). Mit dem Odium des Landesverrats behaftet, blieb es in der Historiographie der Bundesrepublik Deutschland lange Zeit verfemt, während es in der SBZ/DDR als Teil der „weltumspannenden Anti-Hitlerkoalition" stilisiert wurde und als Manifestation „antifaschistischer Bündnispolitik" in den Jahren und Jahrzehnten nach 1945 vor allem ideologisch besonderen Stellenwert gewann (Mammach 1987).

Die sowjetische Führung – und mit ihr die deutschen exilierten Kommunisten in der Sowjetunion – waren nach dem deutschen Überfall (22. Juni 1941) zunächst überzeugt, mit einfachen Klassenkampfparolen die deutschen Soldaten und Rüstungsarbeiter zu Sabotage, Desertion und Widerstand bewegen zu können. Spätestens nach der Winterkrise 1941/42 (Stocken des deutschen Vormarschs vor Moskau) und den großen deutschen Offensiverfolgen im Süden und Südosten der Sowjetunion (Frühjahr/Sommer 1942) war allerdings auch auf sowjetisch-kommunistischer Seite deutlich geworden, daß eine rein auf den traditionellen Bezugsrahmen des „internationalen Klassenkampfs" ausgerichtete Agitation keine Erfolge zeitigen werde: Sowjetischerseits argwöhnte man bereits, es sei Hitler möglicherweise gelungen, das „Klassenbewußtsein der (deutschen) Arbeiter völlig auszulöschen" (Fischer 1985, S. 956). Bereits im Lauf des Jahres 1942 gab es daher in Moskau erste Versuche, gewissermaßen im Vorgriff auf die Karte Nationalkomitee „Freies Deutschland" nationale und patriotische Motive im deutschen Widerstand gegen Hitler aufzugreifen und propagandistisch zu befördern. Hierzu zählen sowohl der Aufruf von 158 kriegsgefangenen deutschen Soldaten von Anfang Oktober 1941, der auf unmittelbare Initiative des Komintern-Generalsekretärs Georgi Dimitroff zustande gekommen war, wie Ernst Hadermanns „Manneswort eines deutschen Hauptmanns" von Ende Mai 1942, beide vom Moskauer Rundfunk ausgestrahlt und als Flugschriften zur Frontpropaganda verwendet. Die deutschen Kommunisten in der Sowjetunion, an ihrer Spitze Walter Ulbricht, die am Zusammenkommen beider Appelle maßgeblich beteiligt gewesen waren, hatten damals freilich die weiterführenden nationalpolitischen Optionen der sowjetischen Führung noch keineswegs voll akzeptiert, sondern begriffen sie nur im Rahmen traditionalistischen Volksfront-Denkens. Anfang April 1942, als das Politbüro der KPD in Moskau beschloß, eine „antihitlerische Konferenz von Kriegsgefangenen und Emigranten aus allen Klassen und Schichten des deutschen Volkes einzuberufen" und einen „Vorbereitenden Ausschuß für die Gründung eines deutschen Nationalkomitees oder gleich ein solches Nationalkomitee zu wählen", hatte es offenbar massiven Drucks von seiten „führender Genossen der KPdSU und der Komintern" wie Dimitroff, Dimitrij Manuilskij, Klement Gottwald, Johann Koplenig und José Ramos Diaz bedurft, um die KPD auf eine politische Programmatik einzuschwören, die die Schaffung eines solchen „nationalen Zentrums" aller „Anti-Hitler-Kräfte" in der UdSSR ermöglichte, für die KPD auf der anderen Seite aber aufgrund der befohlenen Partnerschaft mit Schwarz-Weiß-Rot einen „Gipfelpunkt der Selbstverleugnung" bedeutete (Fischer 1975, S. 22 ff., 46 ff., 49; Scheurig 1984, S. 42).

Möglichkeiten zur Umsetzung dieses politischen Entschlusses ergaben sich erst im Laufe des Jahres 1943, als sich die Situation in zweierlei Hinsicht grundsätzlich geändert hatte: Zum einen befanden sich nach der Katastrophe von Stalingrad Ende Januar/Anfang Februar 1943 zum ersten Mal Hunderttausende von deutschen Kriegsgefangenen in sowjetischer Hand, zum anderen spielte die sowjetische Seite trotz aller Kriegsziel-Absprachen mit den Westalliierten angesichts des Ausbleibens der ständig geforderten „zweiten Front" im Westen zu diesem Zeitpunkt offensichtlich immer stärker mit der Möglichkeit eines Sonderfriedens mit Deutschland (Stichwort Tauroggen 1812). Insbesondere im Sommer 1943, als der Termin für die Errichtung der „zweiten Front" von den Westalliierten erneut verschoben wurde, setzten Stalin und die sowjetische Führung massiv auf die deutsche Karte und hißten „die deutschnationale Fahne und die Flagge deutschrussischer Freundschaft" (Fischer 1975, S. 53): Allerdings fehlte nach wie vor ein nationalsozialistischer General Yorck von Wartenburg; auch Generalfeldmarschall Paulus, Kommandeur der bei Stalingrad vernichteten bzw. gefangengenommenen 6. Armee, war hierfür nicht – oder noch nicht – zu gewinnen. Die KPD-Führung im Moskauer Exil, seit langem in der Betreuung und propagandistischen Bearbeitung von Kriegsgefangenen aktiv, nutzte die gebotene Chance. Am 12. und 13. Juli 1943 – die Initiative ging unmittelbar auf Stalin selbst zurück – kam es zur Gründung des Nationalkomitees „Freies Deutschland" aus 25 kriegsgefangenen Offizieren und Soldaten sowie 13 kommunistischen deutschen Emigranten, zu denen u. a. Wilhelm Pieck, Walter Ulbricht und Wilhelm Florin gehörten (Ueberschär 1995, S. 32). Das auf der Gründungsversammlung verabschiedete „Manifest an die Wehrmacht und an das deutsche Volk" rief mit deutschnational und patriotisch ausgerichteten Leitsätzen alle Deutschen zum Kampf gegen Hitler auf, um das weitere sinnlose Sterben von Hunderttausenden deutscher Soldaten zu beenden, und bekannte sich zu einer demokratischen Staatsmacht, zu Freiheit und Menschenwürde. Der Entwurf stammte von den deutschen Kommunisten Rudolf Herrnstadt und Alfred Kurella, und gemäß einer ausdrücklichen Anordnung Stalins waren in ihm keinerlei genuin sozialistische Forderungen enthalten und die Existenz der KPD als politischer Machtfaktor nicht einmal andeutungsweise erwähnt; zu den charakteristischsten Merkmalen gehörte die „starke Betonung des nationalen Selbsterhaltungswillens gegenüber der Katastrophenpolitik und Strategie Hitlers, die Berufung auf Stein, Clausewitz und Yorck, die betonte Aufforderung, die Armee zu erhalten, die Distanzierung von Weimar und das Fallenlassen aller klassenkämpferischen Losungen, soweit sie sich nicht in der Forderung nach Bestrafung und Enteignung der Kriegsschuldigen verbargen" (Fischer 1975, S. 57).

Zum Präsidenten des NKFD wurde der kommunistische Schriftsteller Erich Weinert gewählt; Vizepräsidenten wurden Major Karl Hetz, Leutnant Heinrich Graf von Einsiedel und Soldat Max Emendörfer. Zwei Monate später, am 11./12. September 1943, erfolgte die Gründung des Bundes Deutscher Offiziere (BDO), der rund 100 kriegsgefangene deutsche Offiziere umfaßte und unter der Führung mehrerer Generale stand – prominentester und zugkräftigster zweifelsohne der ehemalige Kommandierende General des II. Armeekorps unter Generalfeldmarschall Paulus, Walther von Seydlitz-Kurzbach.

Seydlitz vertraute bei seiner Entscheidung insbesondere dem sowjetischen NKWD-Offizier N. D. Melnikow, der ihm zusicherte, der Kampf gegen Hitler werde ohne Zersetzungspraktiken an der deutschen Front erfolgen und Deutschland in den Grenzen von 1937 als Machtfaktor in Europa respektieren. Bald nach der Gründung des BDO wurden dieser und das NKFD organisatorisch und personell weitgehend verschmolzen.

Obwohl die kommunistischen Emigranten im NKFD in der Minderzahl waren, übten sie doch auf die Formulierung der politischen Positionen und die Präsentation des NKFD nach außen den entscheidenden Einfluß aus: Sie allein besaßen politischen Zugang zu der Partei- und Staatsführung in Moskau und zu den Führern der – im Mai 1943 formell freilich aufgelösten – Komintern. Zudem verfügten sie über die Wirkungsmöglichkeiten des NKFD nach außen, gegenüber der deutschen Front und der deutschen Öffentlichkeit: Der Sender Freies Deutschland stand unter der Leitung der kommunistischen Emigranten Anton Ackermann und Hans Mahle (→ RUNDFUNK), Chefredakteur bzw. stellvertretender Chefredakteur der alsbald wöchentlich erscheinenden Zeitung Freies Deutschland – sie war mit den Farben Schwarz-Weiß-Rot gezeichnet, was auf seiten der Wehrmachtführung besondere Erbitterung auslöste (Ueberschär 1995, S. 38) – waren Rudolf Herrnstadt und Alfred Kurella; die praktische Arbeit wurde von dem sog. Komintern-"Institut 99" unter Walter Ulbricht gesteuert. Vor allem aber waren die Kommunisten innerhalb des NKFD den militärischen Mitgliedern an praktischer Erfahrung in politischer Verhandlungs- und Versammlungsführung deutlich überlegen. Mit ihrer Initiative zur Gründung des NKFD fuhr die sowjetische Führung, wie so häufig, zweigleisig: Zum einen konnten NKFD und BDO als Druckmittel gegenüber den westlichen Alliierten eingesetzt werden, die sich nach sowjetischer Auffassung bei der Eröffnung der „zweiten Front" allzu zögerlich verhielten; im Falle eines geglückten Staatsstreichs gegen Hitler hätte die UdSSR sich zum anderen – ungeachtet der gemeinsamen alliierten Forderung nach „Unconditional Surrender" – einer aus dem militärischen Widerstand hervorgegangenen neuen deutschen Regierung über NKFD/BDO als Gesprächs- und Verhandlungspartner anbieten können und wäre damit den Westmächten um einen Schritt voraus gewesen; die Rolle der Kommunisten im NKFD mochte dazu auch einer besonderen Stellung der KPD in einem künftigen Deutschland zugute kommen. Inwieweit das NKFD auf sowjetischer Seite als „Kern einer künftigen deutschen Regierung" bzw. als mögliche Exilregierung betrachtet wurde, geht aus den bisherigen Quellen nicht eindeutig hervor. Sicher ist, daß eine solche Absicht, wenn sie denn je bestand, angesichts des Kriegsverlaufs alsbald wieder aufgegeben wurde. NS- und Wehrmachtführung reagierten auf Gründung und Arbeit von NKFD/BDO außerordentlich beunruhigt und mit heftigen propagandistischen Gegenangriffen. General von Seydlitz wurde wegen Kriegsverrats (Feindbegünstigung im Krieg) in Abwesenheit zum Tode verurteilt, die Familienangehörigen einer Reihe von führenden Vertretern des NKFD kamen – nach dem 20. Juli 1944 – in Sippenhaft.

Die realen Wirkungsmöglichkeiten des NKFD blieben begrenzt – es bot sich nur ein Weg: von außen, mit Hilfe der von sowjetischer Seite zur Verfügung gestellten Propagandamittel wie Rundfunk und Flugblätter, die an der Front verbreitet wurden, die Wehrmacht zum Sturz Hitlers und zum Rückzug auf die deutschen Reichsgrenzen aufzurufen, um weiteres sinnloses Blutvergießen zu verhindern (Diesener 1987). Anfang Januar 1944 gaben die führenden Militärs innerhalb von NKFD und BDO dem sowjetischen Drängen auf direkte Frontpropaganda für Überläufer nach. „Frontbevollmächtigte" des NKFD wurden daraufhin unter dem Kommando der Roten Armee in großer Zahl an der Front eingesetzt, insbesondere bei eingeschlossenen deutschen Truppenteilen, um Offiziere zur Kapitulation und Wehrmachtangehörige zur Desertion aufzurufen (Diesener 1987; Hamacher 1995). Zu einer größeren Aktion dieser Art kam es im Februar 1944 im Kessel von Tscherkassy (Korsun), wo sich Seydlitz und andere hochrangige Offiziere persönlich – allerdings vergeblich – darum bemühten, die Kommandeure der eingeschlossenen deutschen Truppen zur Aufgabe zu bewegen.

In der ersten Hälfte des Jahres 1944 verlor die sowjetische Seite angesichts der deutlich gewordenen Aussicht, den Krieg in absehbarer Zeit mit militärischen Mitteln siegreich beenden zu können, zunehmend das ursprüngliche Interesse an NKFD und BDO. Reorganisationsvorschläge von Seydlitz' sowie Vorschläge zur Bildung eines deutschen Freiwilligenverbandes auf seiten der Roten Armee wurden von sowjetischer Seite abgelehnt und lediglich die Bildung von Kommissionen und Arbeitskreisen zugelassen, die sich mit Planungen für das zukünftige Deutschland befassen sollten (Ihme-Tuchel 1995; → DEUTSCHLAND NACH HITLER). Vollends deutlich wurde die veränderte sowjetische Haltung nach dem Staatsstreichversuch vom 20. Juli 1944, dessen Scheitern die lange gehegte Hoffnung auf eine militärisch-politische Wende in Deutschland obsolet machte. Hieran änderte auch die Tatsache nichts mehr, daß sich nicht nur immer mehr gefangengenommene Generäle, z. T. mit spektakulären Aufrufen, dem NKFD/BDO anschlossen, sondern auch der lange vergeblich umworbene Generalfeldmarschall Paulus offiziell dem NKFD beitrat. Die übergroße Mehrheit der deutschen Kriegsgefangenen blieb dem NKFD allerdings fern.

Der unterschiedliche – und im Lauf der Jahre 1944/45 deutlich sinkende – Stellenwert des NKFD für die sowjetische Seite läßt sich inhaltlich klar an seinen drei wesentlichsten Erklärungen ablesen: dem bereits angeführten Gründungsmanifest (Ueberschär 1995, S. 265 ff.), den „25 Artikeln zur Beendigung des Krieges" vom 5. März 1944 (Scheurig 1993, S. 193 ff.) und dem Aufruf von 50 Generalen mit Generalfeldmarschall Paulus im Namen das NKFD „an Volk und Wehrmacht" vom 8. Dezember 1944 (Ueberschär 1995, S. 283 ff.): Das Gründungsmanifest ging aus von einem souveränen Deutschland nach Hitler in Form einer starken Demokratie; die „25 Artikel" erschienen anonym, riefen den einzelnen zum Handeln auf und warfen bange Fragen nach dem künftigen Schicksal Deutschlands auf; der von 50 (von insgesamt 80) in der UdSSR kriegsgefangenen Generalen unterzeichnete Aufruf setzte eine Besetzung Deutschlands bereits als selbstverständlich voraus, ein Sturz Hitlers werde die letzte souveräne Tat des deutschen Volkes sein. Im Lauf des Jahres 1945 – bis zur Selbstauflösung am 2. November 1945 – hatten NKFD/BDO für die sowjetische Seite nur noch „politisch-propagandistische Alibifunktion"; die Mitglieder „mußten am Schluß erfahren, daß ihr Widerstandsbemühen aus den Gefangenenlagern heraus ... zu keinem politischen Erfolg geführt hatte und von der Sowjetführung ausgenutzt und auch politisch mißbraucht worden war" (Ueberschär 1995, S. 43).

Auch die KPD-Führung im Moskauer Exil zog sich zusehends zurück. An den Anfang 1944 einsetzenden konkreten Nachkriegsplanungen der KPD für Deutschland war das NKFD nicht mehr beteiligt (Fischer 1975, S. 83 ff.; Erler u. a. 1994). Dies hatte zur Folge, daß NKFD-Mitglieder nach der deutschen Niederlage im Mai 1945 in der sowjetischen Besatzungszone im allgemeinen ohne politischen Einfluß blieben – lediglich Jahre später, beim Aufbau der Kasernierten Volkspolizei, dem Vorläufer der Nationalen Volksarmee in der DDR, griff die SED-Führung noch einmal in begrenztem Umfang auf militärische Kader zurück, die aus den Reihen des NKFD stammten.

Die „Koalition auf Zeit" zwischen kriegsgefangenen Wehrmachtsoffizieren und kommunistischen Emigranten erwies sich also schon vor Kriegsende als das, was sie war, nämlich als nur eines von mehreren Instrumenten sowjetischer Kriegsführung und Deutschlandpolitik. Symptomatisch für die politische Bedeutungslosigkeit des NKFD und sein Ende erscheint die Tatsache, daß Stalin den Präsidenten des BDO und Vizepräsidenten des NKFD General von Seydlitz 1950 in einem Schauprozeß wegen angeblicher Kriegsverbrechen zur Höchststrafe von 25 Jahren Haft verurteilen ließ (Reschin 1995).

Die historische und biographische Bewertung des Widerstands aus den Kriegsgefangenenlagern in der UdSSR ist bis heute strittig. Hier überschneiden und brechen sich zeitgenössische wie aus der späteren Ost-West-Konfrontation entstandene Konfliktlinien. Zunächst geht es freilich darum, die „ehrenhaften Motive vor allem der militärischen Mitglieder der Bewegung 'Freies Deutschland'" zu berücksichtigen, „ohne den verbreiteten Opportunismus und die verständliche Lebensangst zu übersehen sowie jene Tatbestände zu verschweigen, die den Vorwurf des Hoch- und Landesverrats ohne jeden Zweifel rechtfertigen" (Fischer 1985, S. 963). Es kann kein Zweifel daran bestehen, daß die militärisch sinnlose Opferung der 6. Armee bei Stalingrad für viele der betroffenen Offiziere und militärischen Fachleute den letzten Schritt zu der Erkenntnis bedeutete, daß ein militärischer Dilettant als Oberbefehlshaber Deutschland in die militärische und nationale Katastrophe geführt habe und daß alles getan werden müsse, um ihm – und sei es von außen und in letzter Minute – hierbei in den Arm zu fallen, auch unter Bruch des geleisteten Eides. Es war das gleiche Problem, das sich für die militärische Verschwörung des 20. Juli immer wieder aufs neue stellte, freilich unter ganz anderen Bedingungen hinsichtlich Handlungsmöglichkeiten und Handlungsfreiheit. Es hieße mit zweierlei Maß messen, so ein ehemaliger aktiver Offizier im Blick auf die Rolle von General Seydlitz, „wenn man den innerdeutschen Widerstandskämpfern Achtung und Ehre erweist, aber einen Mann verfemt, ihm die Ehre abspricht, der ein Jahr früher aus den gleichen Motiven, mit dem gleichen Idealismus, mit der gleichen Entschlossenheit in den ihm durch die Gefangenschaft gezogenen Grenzen handelte" (Martens o.J., S. 92). Ebensowenig kann bezweifelt werden, daß zumindest die militärischen Mitglieder von NKFD/BDO eigenständige nationale und patriotische Zielsetzungen besaßen und entwickelten, auch wenn die Initiative zur Gründung beider Organisationen unmittelbar von Stalin ausging und sie für die sowjetische Seite nicht mehr waren als ein – nur zeitweilig Erfolg versprechendes – Instrument sowjetischer Interessenpolitik.

Dem Vorbild des NKFD in der Sowjetunion folgten 1943 Emigranten in etlichen anderen Zufluchtsländern, wo auf Initiative von kommunistischen Emigranten Komitees der Bewegung „Freies Deutschland" gebildet wurden (Duhnke 1972, S. 400ff.; Mammach 1987, S. 298ff.). So entstand im Oktober 1943 in Paris ein von dem kommunistischen Emigranten Otto Niebergall präsidiertes Komitee Freies Deutschland für den Westen, dem neben Soldaten der deutschen Besatzungsarmee in Frankreich wie dem Oberstleutnant Caesar von Hofacker auch einige in der Illegalität lebende deutsche Sozialdemokraten, vor allem aus dem Saarland, sowie bürgerliche Emigranten nahestanden bzw. sich ihm anschlossen (Zorn 1965; Mammach 1987, S. 313; Paul/Mallmann 1995, S. 311f., 514). Mit ihrer eigenen Zeitung *Volk und Vaterland* sowie mit Flugblättern betrieb das Komitee, dem sich Regionalkomitees in Nancy für Ostfrankreich, in Marseille für die Mittelmeerküste, in Brüssel für Belgien sowie in Luxemburg anschlossen, nach dem Vorbild des NKFD in der Sowjetunion eine rege Propaganda unter den Angehörigen der deutschen Besatzungsmacht. Im Frühjahr 1944 führte das Komitee Verhandlungen mit dem von Charles de Gaulle geleiteten Comité Français de la Libération Nationale, die seine Anerkennung als eines Teiles der Résistance nach sich zogen (Pech 1987). Nach der Befreiung von Paris wurde das Komitee, dem zu diesem Zeitpunkt nach DDR-Quellen neben 27000 deutschen Kriegsgefangenen 2500 politische Emigranten angehört haben sollen (Mammach 1987, S. 314), legalisiert; es nannte sich fortan Comité Allemagne libre pour l'Ouest (CALPO). Seine Beauftragten agierten jetzt vor allem in den französischen Kriegsgefangenenlagern bzw. bereiteten sich in Kursen und Versammlungen auf die Rückkehr nach Deutschland vor.

Weitere Komitees der Bewegung „Freies Deutschland" entstanden nach 1943 unter deutschen Emigranten in Großbritannien, wo sich etwa der einstige Führer der legendären dj. 1.11 Eberhard Koebel (genannt tusk) der etwa 1000 Mitglieder zählenden Freien Deutschen Bewegung in Großbritannien anschloß, in Schweden, den USA, der Schweiz (Bergmann 1974), in Dänemark, in Lateinamerika (Merker 1969; Kießling 1974; von zur Mühlen 1988) sowie unter dem Ehrenvorsitz von Arnold Zweig in Palästina. Diese Gruppen entfalteten vor allem in der Kriegsendphase mit Hilfe eigener Zeitungen eine rege politisch-kulturelle Tätigkeit, die wesentlich der Generallinie des Moskauer NKFD folgte (Duhnke 1972, S. 400 ff.). Eine auf neueren Quellen basierende Gesamtdarstellung und Bewertung dieser Bewegungen steht bislang aus.

Literatur

Bergmann, Karl Hans (1974): Die Bewegung „Freies Deutschland" in der Schweiz 1943–1945, München.

Diesener, Gerald (1987): Die Propagandaarbeit der Bewegung „Freies Deutschland" in der Sowjetunion 1943–1945, Diss., Leipzig.

Duhnke, Horst (1972): Die KPD von 1933 bis 1945, Köln.

Erler, Peter, Horst Laude u. Manfred Wilke (1994): „Nach Hitler kommen wir". Dokumente zur Programmatik der Moskauer KPD-Führung 1944/45 für Nachkriegsdeutschland, Berlin.

Fischer, Alexander (1975): Sowjetische Deutschlandpolitik im Zweiten Weltkrieg 1941–1945, Stuttgart.

Fischer, Alexander (1985): Die Bewegung „Freies Deutschland" in der Sowjetunion: Widerstand hinter Stacheldraht?, in: Schmädeke, Jürgen, u. Peter Steinbach, Hrsg.: Der Widerstand gegen den Nationalsozialismus. Die deutsche Gesellschaft und der Widerstand gegen Hitler, 2. Aufl., München, S. 954 ff.

Hamacher, Gottfried (1995): Frontorganisation des Nationalkomitees „Freies Deutschland", in: Im Bunde mit dem Feind. Deutsche auf alliierter Seite, hrsg. von Stefan Doernberg, Berlin, S. 288 ff.

Ihme-Tuchel, Beate (1995): Der Arbeitskreis für kirchliche Fragen beim NKFD, in: Ueberschär, S. 64 ff.

Kießling, Wolfgang (1974): Alemania Libre in Mexiko, 2 Bde., Berlin/DDR.

Leonhard, Wolfgang (1971): Die Revolution entläßt ihre Kinder, Frankfurt a. M.

Mammach, Klaus (1987): Widerstand 1939–1945. Geschichte der deutschen antifaschistischen Widerstandsbewegung im Inland und in der Emigration, Berlin/DDR.

Martens, Hans (o. J.): General von Seydlitz 1942–1945. Analyse eines Konflikts, Berlin.

Mehringer, Hartmut (1997): Widerstand und Emigration. Das NS-Regime und seine Gegner, München.

Mehringer, Hartmut (1998): Anmerkungen zum Verhältnis von Exil und innerdeutschem Widerstand, in: Exil – Résistance – „Autre Allemagne". L'opposition allemande au 3e Reich, Nanterre, S. 93 ff.

Merker, Paul (1969): Über die Bewegung „Freies Deutschland" in Lateinamerika, in: Im Kampf bewährt. Erinnerungen deutscher Genossen an den antifaschistischen Widerstand von 1933 bis 1945, hrsg. von Heinz Voßke, Berlin/DDR, S. 465 ff.

von zur Mühlen, Patrik (1988): Fluchtziel Lateinamerika, Die deutsche Emigration 1933–1945: politische Aktivitäten und soziokulturelle Emigration, Bonn.

Müller-Enbergs, Helmut (1995): Das Manifest des NKFD vom 13. Juli 1943, in: Ueberschär, S. 93 ff.

Paul, Gerhard, u. Klaus-Michael Mallmann (1995): Milieus und Widerstand. Eine Verhaltensgeschichte der Gesellschaft im Nationalsozialismus, Bonn.

Pech, Karlheinz (1987): An der Seite der Résistance. Zum Kampf der Bewegung „Freies Deutschland" für den Westen (1943–1945), 2. Aufl., Berlin/DDR.

Reschin, Leonid (1995): Der Moskauer Prozeß gegen General von Seydlitz im Spiegel russischer Dokumente, in: Ueberschär, S. 251 ff.

Scheurig, Bodo (1984): Freies Deutschland. Das Nationalkomitee und der Bund Deutscher Offiziere in der Sowjetunion 1933–1945, 3. Aufl., Köln.

Scheurig, Bodo (1993): Verräter oder Patrioten. Das Nationalkomitee „Freies Deutschland" und der Bund Deutscher Offiziere in der Sowjetunion 1943–1945, Berlin–Frankfurt a. M.

von Seydlitz, Walter (1977): Stalingrad. Konflikt und Konsequenz. Erinnerungen, Oldenburg.

Steinbach, Peter (1990): Nationalkomitee Freies Deutschland und der Widerstand gegen den Nationalsozialismus, in: Exilforschung 8, S. 61 ff.

Ueberschär, Gerd R., Hrsg. (1995): Das Nationalkomitee „Freies Deutschland" und der Bund Deutscher Offiziere, Frankfurt a. M.

Zorn, Edith (1965): Über die Stellung deutscher Sozialdemokraten in Frankreich zur Bewegung „Freies Deutschland" (1944–1945), in: Beiträge zur Geschichte der deutschen Arbeiterbewegung 7, S. 808 ff.

Deutschland nach Hitler: Neuordnungspläne im deutschen Exil

GERHARD PAUL

In geistesgeschichtlicher Perspektive war das Exil eine politische und kulturelle Ideenbörse, in der die unterschiedlichsten Pläne zur Neugestaltung eines

Deutschland nach Hitler

Deutschland nach Hitler gehandelt und in der zumindest partiell die Möglichkeiten genutzt wurden, die ausgetretenen Pfade der ideologiegeprägten Programmdiskussionen der 1920er Jahre zu verlassen. In diesem Sinne lieferte das Exil 1933 bis 1945 Impulse zur programmatischen Modernisierung des deutschen Parteienwesens und zur Öffnung der deutschen Politik für neue Ideen. Die Untersuchung der Programmgeschichte des Exils ist daher zugleich auch ein Beitrag zur politischen Archäologie der beiden deutschen Nachkriegsstaaten.

Die Programmdiskussion des Exils reichte innenpolitisch von der Hoffnung auf eine demokratisch-sozialistische Revolution in Deutschland über Entwürfe zur Wiederinkraftsetzung einer verbesserten Weimarer Reichsverfassung und der Orientierung an vordemokratisch-ständischen Ideen bis hin zu Vorschlägen zur Etablierung einer autoritären Erziehungsdiktatur. Außenpolitisch reiften Pläne einer umfassenden europäischen Nachkriegs- und Friedensordnung. Der Krieg sowie schließlich die Sorge um eine mögliche Zerstückelung Deutschlands nivellierten zunehmend die Unterschiede im Bereich der nichtkommunistischen Exilgruppen, deren Vorstellungen mit denen der Kommunisten immer unvereinbarer wurden.

Lange Zeit dominierten taktische Überlegungen und die Bündnisfrage sowie die Aufarbeitung der Fehler der Vergangenheit den programmpolitischen Diskurs des Exils, was nur wenig Spielraum für die Entwicklung politischer Zukunftsvisionen zuließ, so daß Max Sievers resümierte: „(Die deutsche Emigration) tritt immer nur als die Verkörperung der Vergangenheit auf. Sie weiß nur, woher sie kommt, nicht aber wohin sie will." Erst in dem Maße, in dem sich das Dritte Reich etablierte, sowie schließlich mit dem Krieg traten Überlegungen in den Vordergrund, was mit Deutschland nach Hitler geschehen solle.

Für die nichtkommunistischen Exilgruppen läßt sich der programmatische Diskurs über Deutschland nach Hitler in eine antifaschistische Periode einteilen, in der die Idee dominant war, Hitler von innen und mit eigenen Kräften zu schlagen, und in eine Phase des demokratischen Patriotismus, „der zwar weiterhin den Nationalsozialismus als Hauptfeind begriff, in erster Linie aber die politische Selbstbestimmung, die territoriale Unversehrtheit und die materiellen Existenzmöglichkeiten des deutschen Nationalstaats in den Mittelpunkt seiner Überlegungen stellte" (Röder 1986, S. 243).

Vor dem Hintergrund ihrer Einschätzung, das Dritte Reich werde bald abgewirtschaftet haben, betrachtete die Exil-Sozialdemokratie (SOPADE; → Sozialdemokraten) in ihrer Frühphase den politischen Diskurs nicht als abstrakte Debatte, sondern als programmatische Anleitung zum Handeln. Dabei blieb sie grundsätzlich an den Vorstellungen einer demokratischen Republik orientiert, deren Wiederherstellung allerdings den Rückgriff auf eine systemsprengende Arbeiterbewegung notwendig machte. Die frühen sozialdemokratischen Vorstellungen beinhalteten gleichermaßen die Vision eines demokratischen Staates und einer sozialistischen Gesellschaft, wobei ganz im marxistischen Sinne Verfassungsfragen als zweitrangig gegenüber den gesellschaftlichen Strukturen betrachtet wurden. Wichtigster Ausdruck der keineswegs nur taktisch gemeinten revolutionären Neuorientierung der Sozialdemokratie war das „Prager Manifest" vom Januar 1934, das in reformismuskritischer Perspektive den Versuch der Weimarer Sozialdemokratie als gescheitert betrachtete, das kapitalistische System durch sozialpolitische Eingriffe sukzessive in ein sozialistisches überzuleiten. Statt dessen wurden nun revolutionäre Eingriffe in die Wirtschaftsverfassung und in das Eigentum an den Produktionsmitteln für notwendig erachtet. Das Manifest verstand die NS-Diktatur als Sieg der Gegenrevolution, die nur durch den revolutionären Kampf überwunden werden könne, um die Ausgangsposition von 1918 wiederherzustellen (Runge 1963). Zugleich bildete es einen „Aktionseinheits- und Volksfrontvorschlag für die zersplitterten eigenen Reihen" (Jasper 1984, S. 285). Insgesamt sind in der frühen sozialdemokratischen Programmdiskussion des Exils drei neue Akzente erkennbar: das Votum für eine „sozialisierte Planwirtschaft" und die Verstärkung des antikapitalistischen Bewußtseins der Sozialdemokratie angesichts der Verstrickung von großindustriellen Kreisen in die Machtübertragung an Hitler, die partielle Wiederbelebung rätedemokratischer Vorstellungen sowie die stärkere Gewichtung von Freiheitsrechten verbunden mit einer kritischen Einschätzung der Funktionsmechanismen der parlamentarischen Demokratie (Lehnert 1985, S. 507f.). Im Unterschied zur nationalpolitischen Egozentrik der Prager SOPADE-Führung (Matthias 1952) propagierten innerparteiliche Opponenten wie etwa der saarländische SPD-Vorsitzende und zeitweilige Leiter des Landesverbands deutscher Sozialdemokraten in Frankreich, Max Braun (Paul 1987), sowie vor allem linkssozialistische Gruppen wie die SAP, der ISK sowie die Gruppe Neu Beginnen (→ Linke Kleingruppen) deutlich stärker „die sozialistische und europäische

Lösung der deutschen Frage" sowie rätedemokratische Vorstellungen (Foitzik 1986). In dem Maße, in dem die Exil-KPD den stalinistischen Terror in der Sowjetunion rechtfertigte, vor allem aber nach Bekanntwerden des Hitler-Stalin-Paktes 1939 rückte das Votum der Sozialdemokratie für den Sozialismus in einem Deutschland nach Hitler an die zweite Stelle. Da der Bolschewismus den Gegensatz zwischen Sozialismus und Demokratie zu einem Prinzip gemacht habe, gelte es nun – so Rudolf Hilferding 1939 – allen Versuchen der proletarischen Diktatur die schärfste Absage zu erteilen (Jasper 1984, S. 290).

Im Unterschied zu den programmatischen Ideen der Exil-Sozialdemokratie waren die Erklärungen der Exil-KPD zur Neugestaltung Deutschlands stark von taktischen Erwägungen bestimmt und zudem weitgehend abhängig von der sowjetischen Deutschlandpolitik (→ KOMMUNISTEN). Bis in den Sommer 1934 hinein hielt die KPD am Glauben an den Zusammenbruch des NS-Regimes und daher an der Propagierung eines „proletarischen Staates" in Form einer „deutschen Sowjetrepublik" fest. Erst nachdem sich der VII. Weltkongreß der Komintern positiv zur Verteidigung der demokratischen Freiheiten ausgesprochen und die KPD auf ein Zusammengehen mit der Sozialdemokratie festgelegt hatte, erfolgte eine taktische Wende der KPD im Kontext der „Brüsseler Konferenz", die auch neue programmatische Vorstellungen zu einem Deutschland nach Hitler beinhaltete. Ohne das bisherige Fernziel eines Sowjetdeutschland aufzugeben, erklärte die KPD-Führung nun, nach dem Sturz der Hitlerdiktatur im Rahmen einer frei gewählten Einheits- oder Volksfrontregierung „für die Interessen der werktätigen Massen (zu) kämpfen" (zit. nach Mammach 1975, S. 611). Im einzelnen forderte man die Einberufung einer „freien deutschen Nationalversammlung" nach dem Sturz Hitlers auf der Grundlage einer freien, allgemeinen, gleichen und direkten Wahl, die „Wiederherstellung demokratischer Freiheiten und Rechte", die Freiheit der gewerkschaftlichen Interessenvertretung sowie die „restlose Beseitigung des Versailler Diktats". Die Fehler der Nationalversammlung und der Koalitionspolitik von 1919 indes sollten vermieden werden (Langkau-Alex 1977, S. 203 ff.). Eine Konkretion der „Staatsgrundsätze des Neuen Deutschen Reiches" erfolgte 1936 in den vom ZK der KPD verabschiedeten „Richtlinien für die Ausarbeitung einer politischen Plattform der deutschen Volksfront", in denen die KPD für die Errichtung einer neuen, die Schwächen des Weimarer Staates nicht wiederholenden Republik eintrat.

Die unterschiedlichen Neuordnungsvorstellungen für ein Deutschland nach Hitler prallten erstmals 1935/36 bei den Beratungen des 1935 in Paris gebildeten Ausschusses zur Vorbereitung einer deutschen Volksfront aufeinander, der sich allerdings auf keine konkreten Neuordnungspläne einigen konnte und dessen Diskussion sich vorrangig um Fragen der Bündnispolitik zentrierte (→ VOLKSFRONT FÜR DEUTSCHLAND). Obwohl der Begriff der Volksfront als allgemeine Zauberformel zur Lösung der anstehenden Probleme galt, entstanden im Kontext der Volksfront diverse Entwürfe, die sich mit einem Deutschland nach dem Sturz der Hitlerdiktatur beschäftigten. Diese reichten von dem konservativ geprägten Verfassungsentwurf Leopold Schwarzschilds über die Entwürfe der Gruppe der „sozialen Liberalen" wie Georg Bernhards Entwurf einer Verfassung für das „Vierte Reich", der stark von klassischbürgerlichen Idealen und den Negativerfahrungen der Weimarer Republik geprägt war, Emil Julius Gumbels für die Übergangszeit nach dem Sturz Hitlers gedachtes „Minimalprogramm der Deutschen Volksfront", Vorschläge Heinrich Manns, in denen bereits deutlich Momente einer Erziehungsdiktatur durchschimmerten, bis hin zu den revolutionären Visionen der Gruppe Neu Beginnen, die das „Zurück-zu-Weimar"-Programm der KPD scharf kritisierte und statt dessen für eine umfassende Organisationsfreiheit, die Demokratisierung des Heeres, die sofortige Übernahme der ökonomischen Führungsaufgaben, die Enteignung von Großgrundbesitz und Rüstungsindustrie sowie außenpolitisch für die Schaffung einer europäischen Föderation plädierte. Gegenüber diesem breitgefächerten Spektrum von Neuordnungsideen bildeten die „Kundgebung an das deutsche Volk" vom 2. Februar 1936 sowie der „Aufruf an das deutsche Volk" vom 21. Dezember 1936 die einzigen programmatischen Verlautbarungen der „Volksfront", die eher nebulös „die Wiederherstellung der elementarsten Menschenrechte", „die Achtung der Heiligkeit des menschlichen Lebens", die „Verantwortlichkeit und Absetzbarkeit der oberen Staatsorgane", die „Kontrolle über die öffentlichen Einnahmen und Ausgaben" sowie die „Ausrottung der Korruption und der parasitären Parteiherrschaft" forderten (Langkau-Alex 1977, S. 192 ff., 183 ff., 179 f., 180 ff., 168 ff., 210 ff.; 1985).

Auch unter den emigrierten deutschen → GEWERKSCHAFTERN reiften Pläne, wie das Gewerkschaftswesen nach der Beseitigung der NS-Diktatur reorganisiert werden sollte. Weitgehende Übereinstimmung bei allen Planungen zum Wiederaufbau der Gewerkschaften bis hinein in das kommunistische Exil herrschte darin, daß es sich bei den künftigen Gewerkschaften um eine Einheitsorganisation der Arbeiter, Angestellten und Beamten handeln sollte. Darüber hinaus forderten die „Richtlinien für die gewerkschaftliche Neuorganisation" der Auslandsvertretung der deutschen Gewerkschaften (ADG) von 1935/36 die Koalitionsfreiheit, die parteipolitische und weltanschauliche Neutralität sowie die Gründung eines einheitlichen Bundes, der nach dem föderativen Prinzip die einzelnen Fachverbände umfassen sollte (Die Bildung der Gewerkschaften im kommenden Deutschland 1935/36). In ihrem Beschluß „Zur Wiederherstellung der freigewerkschaftlichen Bewegung" von 1936 entwickelte auch das ZK der KPD Grundsätze der gewerkschaftlichen Reorganisation, die ebenfalls vom Gedanken der Einheitsgewerkschaft ausgingen und für die Phase des gewerkschaftlichen Neuaufbaus die „Schaffung freigewerkschaftlicher Vertrauensleute und Freundeskreise von freien Gewerkschaftern in den Betrieben und Orten sowie die Bildung von Gewerkschaftsleitungen" empfahlen (Bednareck 1969, S. 146 f.). Die weitestreichenden gewerkschaftlichen Planungen für ein Nachkriegsdeutschland stellte die im Februar 1941 in London gegründete und vom ADG unabhängige Landesgruppe deutscher Gewerkschafter in Großbritannien (Oppenheimer 1987) an, die die Liquidierung der Deutschen Arbeitsfront (DAF), den Neuaufbau einer Einheitsgewerkschaft auf der Grundlage des freiwilligen Beitritts sowie die Überwindung der politischen und weltanschaulichen Gegensätze im Bereich der Gewerkschaften in das Zentrum ihrer Diskussion stellten. Die vom Vorsitzenden der Landesgruppe, Hans Gottfurcht, 1943 vorgelegte Denkschrift „Gewerkschaftsbewegung in Deutschland. Vergangenheit, Gegenwart, Zukunft" faßte den Londoner Diskussionsstand zusammen und formulierte als Grundsätze: Auflösung der DAF, umfassende Entnazifizierung der gewerkschaftlichen Organisationen, Aufbau der Gewerkschaften von unten, Unabhängigkeit vom Staat sowie Bildung von Industrieverbänden (Gottfurcht 1944). Diesen Prinzipien entsprachen auch die im September 1944 von der Landesgruppe deutscher Gewerkschafter in Großbritannien formulierten „Vorschläge für den Wiederaufbau der deutschen Gewerkschaftsbewegung" (Borsdorf u. a. 1977, S. 250 ff.) sowie die „Denkschrift über den Wiederaufbau einer Gewerkschaftsbewegung in Deutschland" des Council for a Democratic Germany vom Juli 1944, die die Bildung von Gewerkschaften als die erste Stufe der innenpolitischen Neugestaltung Deutschlands betrachtete und sich bei ihren Überlegungen zum Aufbau der neuen Gewerkschaften ausdrücklich an US-amerikanischen und britischen Vorbildern orientierte (Langkau-Alex/Ruprecht 1995, S. 171 ff.; Foitzik 1995).

Während sich deutsche Sozialisten und Sozialdemokraten in den Vorkriegsjahren auf keine einheitlichen demokratischen Neuordnungspläne für die Zeit nach Hitler einigen konnten, förderte der Krieg und insbesondere die drohende Aufteilung Deutschlands die Angleichung der auseinanderstrebenden Positionen. Eine Fülle von konvergenzfähigen Konzepten entstand fast zeitgleich im Londoner bzw. Stockholmer Exil. Mit der Gründung der Union deutscher sozialistischer Organisationen in Großbritannien 1941 in London als Zusammenschluß von SOPADE, SAP, ISK sowie der Gruppe Neu Beginnen (→ SOZIALDEMOKRATEN) bildeten sich die Konturen einer sozialdemokratischen Einheitspartei heraus, die sich angesichts des vorausgegangenen stalinistischen Terrors von den bisherigen Bündnisdiskussionen insofern unterschied, als sie die KPD als Partner bei der Gestaltung Nachkriegsdeutschlands kategorisch ausgrenzte und nur im Zusammenwirken der freiheitlichen Arbeiterbewegung mit dem demokratisch gesinnten Teil des deutschen Bürgertums die Chance zur Verwirklichung einer zeitgemäßen politischen und sozialen Ordnung erblickte (Röder 1968; Eiber 1997). Gegenüber der intensiven programmatischen Arbeit der kleineren sozialistischen Exilorganisationen, die nach wie vor deutlich stärker als die SPD für eine nach dem Räteprinzip aufgebaute „dezentralisierte Demokratie" plädierten, nahmen sich die Planungsüberlegungen der Exil-SPD zur Nachkriegszeit im Rahmen der Londoner Union eher bescheiden aus. Die von Arno Uhlmann im Juni 1943 vorgelegten und von der Londoner Vertretung der SPD herausgegebenen „Vorstellungen über die soziale Demokratie in Deutschland nach dem Sturz der Hitler-Diktatur" (1943) bildeten die „einzige größere Veröffentlichung zur Nachkriegsplanung aus den Reihen der SPD" (Röder 1969, S. 77). Die Beratungen der Union mündeten Ende 1943 in der Veröffentlichung des gemeinsamen Programmentwurfs „Die neue deutsche Republik" ein, in dessen Zentrum die Bildung lokaler Selbstverwaltungskörperschaften aus Vertretern der wirtschaftlichen Organisationen stand. Ihre vorrangige Aufgabe sollte die Zerschlagung des NS-Machtapparates, die vorläufige Übernahme der lokalen Verwaltungen, der Rechtsprechung, der Polizeigewalt, der Lebensmittelversorgung sowie die Ordnung und Kontrolle des

Informationswesens, der Kulturpolitik und des Erziehungswesens im antifaschistischen Sinne sein. Wirtschaftspolitisch wurde die Überführung der Schlüsselindustrien in Staatseigentum, die Aufteilung des Großgrundbesitzes sowie die Orientierung der Volkswirtschaft nach einem in demokratischer Entscheidung erstellten Investitionsplan gefordert (Zur Politik deutscher Sozialisten 1945). Zur Grundidee sozialistischer Exilvorstellungen entwickelte sich dabei immer mehr die Verteidigung einer unabhängigen sozialen und pluralistischen Demokratie. Angestrebt wurde zudem ein politischer Grundkonsens, an dem es der fragmentierten Weimarer Demokratie gefehlt hatte. Um das Wiedererstehen klassentrennender Schranken zu verhindern, sollte sich die Sozialdemokratie sowohl in der Struktur ihrer Mitglieder als auch in ihrem weltanschaulichen Verständnis dem pluralistischen Prinzip öffnen. Wirtschaftspolitisch wurde der als weithin diskreditiert betrachtete Privat- und Staatskapitalismus durch das Modell einer sozialistischen, an den Konsumbedürfnissen der Bevölkerungsmehrheit orientierten Planwirtschaft mit weitreichenden Mitbestimmungsrechten der Werktätigen und der Verbraucher ersetzt. 1945 legte die Union die Endfassung ihrer „Programmatischen Richtlinien" zur Wirtschaftspolitik, zur Staatsverfassung, zum Aufbau von Verwaltung und Justiz sowie zur Kulturpolitik und zum Erziehungswesen vor, die der revolutionären Sofortmaßnahmen des Jahres 1943 weitestgehend entkleidet waren und jetzt deutlich die Handschrift des SPD-Vorstandes trugen. In Einzelfällen wurden die Nachkriegsplanungen der deutschen Emigration auch in Deutschland bekannt. So organisierte etwa der 1944 als Fallschirmspringer nach Deutschland zurückgekehrte Emigrant Josef Kappius, Mitglied des ISK und Agent des Office of Strategic Services, auf der Grundlage der bereits zuvor über die Schweiz eingeschmuggelten „Richtlinien" der Londoner Union von Berlin aus bis Kriegsende die sozialistische Bewegung im Ruhrgebiet zur Vorbereitung einer demokratischen Republik nach Hitler (Link 1964, S. 313 ff.).

Bis zum Beginn des Weltkrieges 1939 wurden Fragen der internationalen Beziehungen nur von wenigen Emigranten diskutiert, zumal der Blick wesentlich auf die innerdeutschen Verhältnisse gerichtet war (Voigt 1988, S. 11). Noch im Juli 1939 hatte im Parteivorstand der SOPADE eine ausführliche Diskussion zur Neuordnung Europas stattgefunden, bei der Einigkeit herrschte, Deutschland im Falle eines künftigen Krieges in den Grenzen des Versailler Vertrages zu erhalten. Österreich und die Tschechoslowakei sollten ihre Unabhängigkeit wiedererlangen, womit sich die SOPADE in klarem Gegensatz zu den Revolutionären Sozialisten Österreichs befand, die auch über ein Kriegsende hinaus die Beibehaltung des „Anschlusses" Österreichs an Deutschland befürworteten. Keine Fürsprecher fand der Vorschlag des sudetendeutschen Parteivorsitzenden Wenzel Jaksch, der unter Hinweis auf das Selbstbestimmungsrecht der Völker für die Schaffung eines mitteleuropäischen Staates als Heimstatt aller Deutschsprachigen eintrat (Buchholz/Rother 1995). Erst der Krieg und hier vor allem das Bekanntwerden der alliierten Pläne für die Nachkriegszeit provozierten seit Herbst 1943 geradezu die Konturierung außenpolitischer Ordnungsvorstellungen des Exils. Während die KPD und die von ihr dominierten Exilorganisationen wie etwa die nationalen Komitees „Freies Deutschland" konföderative und föderative Zusammenschlüsse kapitalistischer Staaten konsequent ablehnten, herrschte in den nichtkommunistischen Fraktionen des Exils weitgehende Einigkeit darüber, daß eine nationalstaatliche Rekonstruktion Europas nach dem Kriege nicht in Frage komme, sondern das neue Europa föderativ zu organisieren sei (Voigt 1987, 1988, S. 22 ff.). Eine solche Föderation wurde von fast allen Autoren mit der Verhütung innereuropäischer Konflikte und der Lösung von Grenz-, Minderheiten- und Nationalitätenfragen begründet. Einen breiten Raum in den Erörterungen des Exils nahmen Überlegungen zu den wirtschaftlichen Aufgaben einer Föderation ein. Sowohl sozialistische wie liberale Emigranten waren von den Vorteilen eines einheitlichen europäischen Wirtschaftsgebietes ohne Zölle und andere Handelsbeschränkungen überzeugt, von dem sie zugleich eine Steigerung der Produktion und des allgemeinen Lebensstandards erhofften. Vor allem in den linkssozialistischen, marxistisch orientierten Gruppen wie dem ISK, der SAP und der Gruppe Neu Beginnen fanden europaföderative Ideen eine breite Resonanz (Brandt 1940; Szende 1943; Voigt 1988, S. 46 ff.). Für sie war die Idee der europäischen Föderation zugleich mit dem Ziel einer sozialistischen Wirtschafts- und Sozialordnung verbunden. Auch innerhalb der SPD-Führung wurde die bisherige nationalstaatliche Orientierung überwunden und die Lösung des Deutschland-Problems als untrennbar mit der Europa-Idee verbunden betrachtet. Unzweideutig sprachen sich die „Richtlinien zur internationalen Politik" der Londoner Union 1943 daher für eine „Föderation aller europäischen Völker" aus, da die volle nationalstaatliche Souveränität, wie es in den in London erscheinenden *Sozialistischen Mitteilungen* (Nr. 55/56, 1943) hieß, nicht länger mit den wirtschaftlichen und politischen Existenzbedingungen in Europa vereinbar sei. Vor allem dieses europäische Bekenntnis wirkte als ein Integrationsfaktor für alle sozialdemokratischen Richtungen. Gerade im rechten Flügel der Exilsozialdemokratie ersetzte die Europa-Idee den durch die weltpolitische Entwicklung zur Leerformel degradierten Internationalismus. Über den Kreis des sozialistischen Exils hinaus strahlte die Idee der europäischen Einigung auch in das liberale, katholische und konservative Exil hinein aus (Voigt 1988, S. 125 ff., 180 ff., 188 ff.).

Das Bekanntwerden der auf der Konferenz von Teheran Ende 1943 beschlossenen Pläne zur Aufteilung Deutschlands und von Gebietsabtretungen an Polen leitete im Bereich der nichtkommunistischen Exilgruppen zur Phase des demokratischen Patriotismus in der Programmdebatte über. Seit dieser Zeit galt die Haupttätigkeit der Exilorganisationen der Ausarbeitung von politischen, sozialen und wirtschaftlichen Plänen und Programmen für eine autonome deutsche Nachkriegsrepublik. Fragen der Außenpolitik und der Friedenssicherung sowie vor allem die Sorge um die Nichtbeachtung des Selbstbestimmungsrechtes für ein künftiges demokratisches Deutschland standen denn auch im Zentrum der Neuordnungspläne der Emigranten aus der SAP (Bremer 1978). Innerhalb der Nachkriegsplanungen der nichtkommunistischen Exilgruppen nahmen jene programmatischen Positionsbestimmungen einen zentralen Platz ein, die ein Kreis führender SAP-Funktionäre in Schweden im Juli 1944 unter dem Titel „Zur Nachkriegspolitik deutscher Sozialisten" vorgelegt hatte (Grebing 1984, S. 14 f.). Die maßgeblich von Willy Brandt, Stefan Szende, August und Irmgard Enderle verfaßte Schrift votierte für eine konsequent zu Ende geführte demokratische Revolution (Enteignung des Großgrundbesitzes, Überführung der Monopole und Banken in öffentliche Verwaltung) im Schatten der alliierten Besetzung, als deren Träger ein Bündnis von Arbeiterschaft und Intelligenz angestrebt wurde. Als Voraussetzung einer solchen Revolution betrachteten die Stockholmer Autoren die Bildung einer demokratisch-sozialistischen Einheitspartei unter Einschluß mittelständischer Schichten sowie die Schaffung von Einheitsgewerkschaften. Kurzfristig habe sich diese Revolution der Niederschlagung des Nationalsozialismus, der Wiederherstellung demokratischer Grundrechte, der Verhinderung einer wirtschaftlichen Nachkriegskrise sowie der Demokratisierung der Verwaltung und des Unterrichtswesens zu widmen. Als langfristige Ziele wurden gefordert: der Aufbau demokratischer Staatsorgane und Institutionen der politischen Willensbildung, die Umgestaltung des Erziehungswesens „im Geiste demokratischer Pädagogik und des realen Humanismus" und die Umwandlung der kapitalistischen deutschen Volkswirtschaft durch Elemente demokratischer Planung, wie sie auch Paul Sering (d. i. Richard Löwenthal) in seinem im Londoner Exil entstandenen Buch *Jenseits des Kapitalismus* konzipiert hatte. Unerläßlich erschien dabei nach den Erfahrungen der Weltwirtschaftskrise und der nationalsozialistischen Kriegswirtschaft eine allgemeine staatliche Planung sowie eine Kontrolle der Investitionen, der Produktion, der Ein- und Ausfuhr, der Kredite und Preise. Aufgabe einer künftigen demokratischen Außenpolitik sei es, den deutschen Imperialismus zu liquidieren, die NS-Verbrechen wiedergutzumachen und international Vertrauen zu erwerben. In freier Selbstbestimmung solle das neue Deutschland Teil einer europäischen Föderation werden, die als wesentlicher Teil eines weltumfassenden Systems kollektiver Sicherheit betrachtet wurde. Angestrebt wurde die Verständigung zwischen Frankreich und Deutschland sowie ein freundschaftliches Verhältnis zur Sowjetunion. Nach Grebing (1985, S. 54) wurzelte dieses Programm „in den besten undogmatischen demokratisch-sozialistischen Traditionen der deutschen Arbeiterbewegung", indem es sowohl Konsequenzen aus den Fehlern der deutschen Arbeiterbewegung nach 1918 und denen der sozialistischen Transformation in Rußland nach 1917 zog als auch Elemente der skandinavischen sozialen Demokratie übernahm.

Fokus der innerstaatlichen Neuordnungspläne blieb auch in dieser Phase für die meisten nichtkommunistischen Exilgruppen die Weimarer Reichsverfassung, die von vielen Emigranten nach wie vor als die demokratischste Verfassung der Welt betrachtet wurde und lediglich aufgrund der Negativerfahrungen der Endphase der Republik zu reformieren war. So forderte etwa der frühere preußische Innenminister Albert Grzesinski auf einer Konferenz deutscher Sozialdemokraten und Gewerkschafter im Juli 1943 in New York eine Wiederinkraftsetzung der Weimarer Reichsverfassung von 1919, die er lediglich durch einige Modifikationen wie etwa die Verbesserung des Wahlsystems, den Abbau plebiszitärer Elemente sowie die Stärkung der Reichskompetenzen in einigen Bereichen zu reformieren gedachte (Grzesinski 1979).

Westlichem Demokratie-Verständnis und dem Prinzip sozialer Gerechtigkeit verpflichtet, entwarf auch der im Mai 1944 als transatlantische Gegengründung zum Moskauer Nationalkomitee „Freies Deutschland" entstandene und wesentlich von dem Religionsphilosophen Paul Tillich (→ CHRISTEN UND KONSERVATIVE) geprägte Council for a Democratic Germany umfassend Pläne für die Gestaltung eines neuen Deutschland in einem neuen Europa, mit denen er vor allem beratend auf die US-Administration Einfluß zu gewinnen hoffte (Langkau-Alex/Ruprecht 1995; Krohn 1995a; → VOLKSFRONT FÜR DEUTSCHLAND). Im Mittelpunkt der „Deklaration" dieses zweiten Versuches einer parteiübergreifenden Verständigung des Exils vom 3. Mai 1944 stand die Gesamtverantwortung des deutschen Volkes für die NS-Verbrechen einschließlich der Wiedergutmachung. Damit sich solche Verbrechen nicht wiederholen, sollten zugleich mit dem Nationalsozialismus und seinen (Rassen-)Gesetzen auch der preußische Militarismus, die Großindustrie und das Junkertum beseitigt werden. Unter der „Vorbedingung", daß sich die Deutschen noch selbst gegen den Nationalsozialismus würden erheben können, hielt der Council am Selbstbestimmungsrecht der Deutschen nach der Atlantik-Charta fest. Ebenso sprach man sich gegen eine drohende Aufteilung Deutschlands sowie eine Demontage deutscher Produktivkräfte aus, da man hierin den Nährboden eines künftigen Pangermanismus zu sehen glaubte (Langkau-Alex/Ruprecht 1995, S. 155ff.). In verschiedenen Denkschriften und Richtlinien befaßte sich der Council 1944/45 u.a. mit dem Wiederaufbau der Gewerkschaftsbewegung (Foitzik 1995) und der deutschen Wirtschaft (Krohn 1995b), mit dem Neuaufbau des Schul- und Erziehungswesens (Langkau-Alex 1995) sowie mit Fragen von Recht und Verwaltung im neuen Deutschland (Benz 1995). Wirtschaftspolitisch reaktivierte der Council überholte Konzepte des „organisierten Kapitalismus" und der „Wirtschaftsdemokratie" der 1920er Jahre. Ähnlich bescheiden und wenig präzise nahmen sich auch seine Überlegungen zum Wiederaufbau des Schul- und Erziehungswesens aus. In seinen Staatsordnungskonzepten knüpfte der Council unmittelbar an den Erfahrungen der Weimarer Republik an, ohne die Entwicklungen in der NS-Zeit bzw. die staatsrechtlichen und gesellschaftlichen Vorbilder der Exilländer in Betracht zu ziehen. Die analysierten Konstruktionsfehler der Weimarer Republik sollten insbesondere durch den Rückgriff auf autoritäre Modelle überwunden werden. Befürwortet wurde ein dezidiert zentralistischer Staatsaufbau, während föderalistischen Vorstellungen eine Absage erteilt wurde. Die Prämissen, unter denen der Council seine Nachkriegsplanungen betrieb, waren vielfach unrealistisch. Dies galt insbesondere für die von ihm erhoffte deutsche Einheit sowie für die souveränen Entscheidungsspielräume einer künftigen deutschen Regierung. Sie zeugten zugleich davon, daß seine Mitglieder aus der Ferne und ohne Kenntnis der tatsächlichen Verhältnisse in Deutschland argumentierten.

Einen erneuten taktischen Wandel vollzog die KPD-Führung nach Abschluß des Hitler-Stalin-Paktes und dem Beginn des Zweiten Weltkrieges 1939. Hatte sie noch auf der „Berner Konferenz" vom Jahresbeginn 1939 die Errichtung einer „demokratischen Republik" propagiert, in der „die sozialistischen und kommunistischen Arbeiter und ihre Organisationen die volle Freiheit haben, die Mehrheit des Volkes für das sozialistische Ziel zu gewinnen" (Mammach 1974, S. 136), so forderte sie in ihrem Manifest vom 9. September 1939 jetzt ein „staatliches Übergangsregime neuer Art" in Form einer „demokratischen Volksrepublik", womit das sozialistische Fernziel wieder in den Vordergrund rückte. Bedingt durch die Kriegsereignisse kam 1941 und 1942 ein kontinuierlicher Diskussionsprozeß innerhalb der sowjetischen KPD-Emigration über programmatische Konzepte zur Gestaltung Nachkriegsdeutschlands nur bedingt zustande. So enthielt etwa der sog. „Aufruf der 60" vom Januar 1942 keine Hinweise auf die mögliche politische Verfassung Deutschlands nach der Beseitigung der Hitlerdiktatur. Konkretisiert wurde die Idee einer „demokratischen Volksrepublik" erst in einem Entwurf der KPD-Führung für die Beratungen im Exekutivkomitee der Kommunistischen Internationale vom 3. April 1942, wonach den „wahren Vertretern des schaffenden Volkes" die Entscheidungsgewalt in Staat und Wirtschaft zukommen sollte. Ein dauerhafter Friede sollte durch die „Enteignung und Entmachtung der faschistischen, imperialistischen Kriegsinteressenten in Staat, Wirtschaft und Armee" sowie durch die „Nationalisierung der großen Konzerne und Banken" gesichert werden. Im Interesse der Einigung aller Hitlergegner versicherte die KPD-Führung, unabhängig von ihren weltanschaulichen und politischen Zielen keine weiterreichenden programmatischen Forderungen stellen zu wollen. Allerdings fanden diese Vorschläge nicht die Zustimmung Stalins, da sie vermutlich seinen eigenen Plänen der Bildung einer breiten Front aller Antifaschisten und Kriegsgegner bis ins bürgerliche Lager zuwiderliefen und er – desillusioniert vom geringen Einfluß der KPD bei der Organisierung des innerdeutschen Widerstandes – in den deutschen Kommunisten keine zentrale Führungskraft mehr sah (Erler u. a. 1994, S. 37 f.).

Eine Zäsur in den Nachkriegsplanungen der Exil-KPD bildeten die Überlegungen des von der sowjetischen Führung initiierten → NATIONALKOMITEES „FREIES DEUTSCHLAND" (NKFD). Ihm schlossen sich diverse Komitees in den westlichen Exilländern an, deren kommunistische Mitglieder in der Frage der Neugestaltung Deutschlands z. T. eigene Vorstellungen verfolgten (Duhnke 1972, S. 431 ff.). Als Kampfziel nannte das von kriegsgefangenen Wehrmachtsangehörigen, Führungsmitgliedern der KPD und weiteren Politemigranten unterzeichnete „Manifest" des NKFD vom Juli 1943, das noch von der Hoffnung ausging, das deutsche Volk werde in der Lage sein, das NS-Regime aus eigener Kraft zu stürzen, „eine starke demokratische Staatsmacht, die nichts gemein hat mit der Ohnmacht des Weimarer Regimes, eine Demokratie, die jeden Versuch des Wiederauflebens von Verschwörungen gegen die Freiheitsrechte des Volkes oder gegen den Frieden Europas rücksichtslos schon im Keime erstickt". Neben den bürgerlichen Freiheitsrechten sollten die „Freiheit der Wirtschaft, des Handels und des Gewerbes" sowie das Recht auf Arbeit und rechtmäßig erworbenes Eigentum gewährleistet werden. Schließlich forderte das „Manifest", die „Kriegsschuldigen und Kriegsgewinnler" zu bestrafen und deren Vermögen zu beschlagnahmen (abgedruckt bei Scheurig 1965, S. 77 ff.).

Die eigentliche programmatische Arbeit der Moskauer KPD-Führung, aus der wesentliche Leitvorstellungen für die Gestaltung der künftigen „inneren Ordnung" Nachkriegsdeutschlands resultierten, begann erst im Februar 1944 und damit nach den Konferenzen von Moskau und Teheran. Eckdaten der neuen Planungen waren die unausweichliche militärische Besetzung Deutschlands, die Schwäche des kommunistischen Widerstandes in Deutschland, die „Mitschuld" des deutschen Volkes an den NS-Verbrechen sowie die illusionslose Einsicht in dessen politischen Bewußtseinsstand. All dies erlaube lediglich die Orientierung auf eine bürgerlich-demokratische Umgestaltung, die die Revolution von 1848 zu vollenden habe. Als Aufgabe der antifaschistischen Kräfte in Deutschland wurde bestimmt, die Armeen der Anti-Hitler-Koalition, die Deutschland vermutlich für eine längere Zeit besetzt halten würden, zu unterstützen. Als Leitidee diente der von Wilhelm Pieck geleiteten Arbeitskommission zur Klärung politischer Probleme des Kampfes für den Sturz Hitlers und (der) Gestaltung des neuen Deutschland der Begriff der „kämpferischen Demokratie". Konzipiert wurde ein nach dem Konsensprinzip organisiertes und maßgeblich von der KPD bestimmtes Kartell der demokratischen und antifaschistischen Parteien. Das im Oktober 1944 vorgestellte „Aktionsprogramm des Blocks der kämpferischen Demokratie" spiegelte zentral die Enttäuschung der KPD-Führung über das Scheitern der deutschen Arbeiterschaft wider. Aus der „Mitschuld" des deutschen Volkes leiteten sich zentrale Umgestaltungsvorschläge wie eine grundlegende Umgestaltung des Schulsystems, die Forderung nach einer radikalen Bodenreform, die Aburteilung der Kriegsverbrecher sowie Maßnahmen gegen das Monopolkapital und eine Unterstützung der Ansprüche der von Hitler unterdrückten Völker ab. Ein 14-Punkte-Programm garantierte darüber hinaus Glaubens- und Gewissensfreiheit, Freiheit der Organisation, der Presse und der Versammlung sowie die Wiederherstellung des freien, gleichen, geheimen und direkten Wahlrechts auf der Grundlage des Verhältniswahlsystems. Keinen Zweifel ließ die KPD daran, daß es ein „Zurück zur kapitalistischen Demokratie" in Gestalt der Weimarer Republik nicht geben könne, sondern eine „Demokratie neuen Typus" geplant sei. Außenpolitisch wurde die Zusammenarbeit des neuen Deutschland mit der Sowjetunion angestrebt (Laschitzka 1969; Duhnke 1972, S. 392 ff.; Erler u. a. 1994, S. 89 ff., 240 ff.). Keine Resonanz fanden demgegenüber die etwa von Paul Merker im mexikanischen Exil entwickelten Vorschläge, denen zufolge Deutschland zu einem eigenen, nicht verordneten Neubeginn finden müsse, der geschichtlich die Qualität einer Revolution in sich trage. Nur aus der Anerkennung einer Mitverantwortung aller am Aufstieg des Nationalsozialismus und an den Verbrechen der Nazis Beteiligten könne zudem das Recht zu selbständiger Verantwortung erwachsen (Duhnke 1972, S. 435 ff.; Maas 1987). Insgesamt erwiesen sich die Nachkriegsplanungen der Exil-KPD im Vergleich zu denen des sozialistischen Lagers als deutlich unpräziser. Vielfach erschöpften sie sich aus taktischen Gründen in inhaltslosen Worthülsen ohne verfassungsrechtliche und -politische Konkretisierung, da man die konkrete Ausgestaltung dieser Leerformeln als von den jeweils spezifischen Machtkonstellationen nach dem Ende der NS-Diktatur abhängig betrachtete und sich hier vor allem gegen Kriegsende an der Seite der sowjetischen Besatzungsmacht günstige Startbedingungen erhoffte, um dem keineswegs aufgegebenen sozialistischen Endziel zum Durchbruch zu verhelfen.

Die Untersuchung der programmatischen Nachkriegsplanungen der Moskauer Exil-KPD ist in der westdeutschen Zeitgeschichts- und Exilforschung – sieht man einmal von den Studien von Arnold Sywottek (1971) und Alexander Fischer (1975) ab – insgesamt weitgehend vernachlässigt worden, obwohl diese aufgrund der Aktivitäten und der Durchsetzungskraft der Gruppe Ulbricht (Keiderling 1993) 1945 in der SBZ/DDR zumindest partiell politische Gestalt annahmen. Während in der ehemaligen DDR vor allem Laschitzka (1969) eine erste zusammenfassende Darstellung der programmatischen Tätigkeit der KPD in den Jahren 1944/45 unternommen hat, legten in der neuen Bundesrepublik erst 1994 Peter Erler, Horst Laude und Manfred Wilke eine umfassende Dokumentation zur Programmatik der Moskauer KPD-Führung 1944/45 für ein Nachkriegsdeutschland vor.

Ähnlich unbekannt blieben auch die nachkriegspolitischen Programme der saarländischen Emigration, denen analog zu den Vorstellungen der Moskauer KPD-Führung nach 1945 unmittelbar politische Relevanz zukam (→ RÜCKKEHR AUS DEM EXIL: SAARLAND). Bereits im französischen Exil vor 1939 war auf sozialdemokratischer Seite die Idee vom Saarland nach Hitler als Keimzelle der Versöhnung mit Frankreich und der „Vereinigten Staaten von Europa" propagiert und eine nationalstaatliche Rekonstruktion Europas abgelehnt worden. Gegen Kriegsende belebten zahlreiche nichtkommunistische und überparteiliche Emigrantenorganisationen in Frankreich die programmatische Debatte mit Vorstellungen, die nach der Befreiung des Saarlandes in die politische Diskussion eingingen (Paul 1987; Paul/Mallmann 1995, S. 317 ff.; Paul 1997).

Bedeutungslos blieben demgegenüber liberale (→ LIBERALE) und z. T. in vordemokratischen Vorstellungen wurzelnde Neuordnungsentwürfe des Exils, die partiell mit den konservativen Staatsvorstellungen deutscher Widerstandskreise (Mommsen 1991) übereinstimmten, so etwa Otto Strassers an den mittelalterlichen Ständestaat erinnerndes Staatsmodell von 1936 (Strasser 1936) oder Erich Koch-Wesers 1942 im brasilianischen Exil entstandener, stark antiföderalistisch und zentralistisch orientierter „Entwurf einer Deutschen Reichsverfassung nach Hitlers Sturz", der deutlich vom Mißtrauen gegen die politischen Parteien geprägt war und daher eine eindeutige Dominanz der Exekutive sowie eine starke Stellung des Reichspräsidenten nach dem Vorbild der amerikanischen Verfassung vorsah. Koch-Weser, einer der linksliberalen Verfassungsväter von Weimar und ehemaliger Reichsminister, plädierte für die Einschränkung der Parteiendemokratie und den Einbau ständestaatlicher Elemente in den deutschen Parlamentarismus. Das Parlament begriff er als Schule der Elitenbildung; die Länder wurden bei ihm zu bloßen Verwaltungseinheiten degradiert. Mit den meisten anderen Neuordnungsplänen des Exils war er sich allerdings in seiner Forderung nach der harten Bestrafung der Nationalsozialisten sowie einer lückenlosen Aufklärung der NS-Verbrechen einig (Koch-Weser 1945; Portner 1966; von zur Mühlen 1987).

Abweichend von den skizzierten Neuordungsplänen fielen die „Grundsätze und Richtlinien für den deutschen Wiederaufbau im demokratischen, republikanischen, föderalistischen und genossenschaftlichen Sinne" der Arbeitsgemeinschaft Das Demokratische Deutschland aus, der u. a. der Sozialdemokrat und spätere bayerische Ministerpräsident Wilhelm Hoegner, der frühere preußische Ministerpräsident Otto Braun sowie der ehemalige Reichskanzler Joseph Wirth vom Zentrum angehörten. Ihre im Mai 1945 publizierten und politische Ideen ihres Exillandes Schweiz adaptierenden Vorstellungen propagierten einen deutschen Bundesstaat im Zentrum einer europäischen Föderation. Statt eines Reichspräsidenten sollte diesem eine kollegiale Bundesregierung mit jährlich wechselndem Vorsitz vorstehen. Wirtschaftspolitisch wurden zwar rigorose Enteignungen des Großgrundbesitzes, aber auch der Erhalt des vererbbaren Privateigentums sowie genossenschaftliche Produktionsformen propagiert. Wie andere Exilgruppen betonte auch Das Demokratische Deutschland die territoriale Integrität Deutschlands sowie die Zurückweisung einer Kollektivschuld der Deutschen (Das Demokratische Deutschland 1945).

Auffällig ist, daß die politische Stellung der Juden als der quantitativ größten Gruppe unter den Hitlerflüchtlingen in den Diskussionen sowohl des sozialistischen als auch des kommunistischen Exils über Nachkriegsdeutschland allenfalls eine untergeordnete Rolle spielte und sich in der Regel auf Gemeinplätze über die Aufhebung der Rassengesetze und die Wiedergutmachung für alle Opfer des NS-Regimes beschränkte. Eine Ausnahme machte Paul Merker, der etwa in der Zeitschrift *Freies Deutschland* (Nr. 5, April 1944) „den Drang der deutschen Juden nach Teilnahme am Aufbau eines eigenen nationalen jüdischen Staatswesens als berechtigt" anerkannte, die SOPADE kritisierte, die den nach Deutschland zurückkehrenden Juden nur die formelle juristische Gleichheit zugestehe und statt dessen für einen „umfassenden staatlichen Schutz" der Juden vor ihren Mördern sowie für ihre Anerkennung als „nationale Minderheit" plädierte (Duhnke 1972, S. 449 ff.).

Wenn auch bislang weder die Zeitgeschichtsforschung noch die Exilforschung besondere Anstrengungen unternommen haben, die Programmgeschichte der verschiedenen Fraktionen des Exils umfassend zu rekonstruieren, geschweige denn einer systematischen Analyse zu unterziehen, so kann dennoch als weitgehend gesichert gelten, daß etwa das nichtkommunistische politische Exil in seiner kurzen „post-antifaschistischen Periode" Grundelemente formuliert hat, die zumindest partiell für die westdeutsche Nachkriegsentwicklung konstitutiv waren. Hierzu zählten insbesondere die Idee der politisch unabhängigen Einheitsgewerkschaft sowie die der sozialdemokratischen Volkspartei. Die Phase des Exils wird für die Sozialdemokratie als eine jener Bruchstellen gedeutet, über die sich deren Wandel von revolutionär-marxistischen hin zu evolutionär-demokratischen Konzeptionen vollzog; das Exil habe der Sozialdemokratie einen Lernprozeß abverlangt, „der nach 1945 früher und umfassender als in den Nachbarländern zur Abkehr von zahlreichen Traditionsbeständen der Arbeiterbewegung führte" (Lehnert 1985, S. 516). Als große politische Leistung des Exils ist zudem die Überwindung der Fragmentierung der politischen Kultur der Weimarer Republik durch einen positiven politischen Grundkonsens von Parteien und Bevölkerung als Grundlage einer lebensfähigen Republik nach Hitler (Jasper 1984) sowie die Absage an ein Bündnis bzw. eine Aktionseinheit mit einer kommunistischen Partei bezeichnet worden (Röder 1986, S. 242). Verschiedene Autoren haben schließlich darauf verwiesen, daß in vielen Fällen erst der politische und kulturelle Freiraum des Exils die Relativierung und Überwindung bestimmter historischer Traditionen Deutschlands und die Öffnung hin zu modernen Ideen und internationalen Einflüssen sowie die politische, wirtschaftliche und kulturelle Orientierung Deutschlands nach Westen ermöglicht habe (Röder 1986). Während die politischen Neuordnungspläne des nichtkommunistischen Exils nur begrenzt Eingang in die Verfassungskonstruktion der alten Bundesrepublik fanden, basierten die mehr oder weniger autoritären Erziehungsgebilde SBZ/DDR sowie das autonome Saarland (1947–1955) zu einem nicht unwesentlichen Teil auf der Ideenwelt des antinationalsozialistischen Exils. In jedem Falle scheint Karl Otto Paetels 1947 resignierende Bilanz zu kurz zu greifen, wonach es das Exil weder vermocht habe, „die Schwerkraft der alten Organisationen zu brechen", noch „die Starrheit der alten Dogmen zu lösen".

Literatur

Bednareck, Horst (1969): Die Gewerkschaftspolitik der Kommunistischen Partei Deutschlands – fester Bestandteil ihres Kampfes um die antifaschistische Einheits- und Volksfront zum Sturze der Hitlerdiktatur und zur Verhinderung des Krieges (1935 bis August 1939), Berlin/DDR.

Benz, Wolfgang (1987): Konzeptionen für die Nachkriegsdemokratie. Pläne und Überlegungen im Widerstand, im Exil und in der Besatzungszeit, in: Koebner u. a., S. 201 ff.

Benz, Wolfgang (1995): Recht und Verwaltung im neuen Deutschland, in: Langkau-Alex/Ruprecht, S. 141 ff.

Die Bildung der Gewerkschaften im kommenden Deutschland (o. J., 1935/36), Hans-Böckler-Archiv (Düsseldorf), DGB-Archiv, Nl. Martin Plettl, Ms.

Borsdorf, Ulrich, Hans O. Hemmer u. Martin Martiny, Hrsg. (1977): Grundlagen der Einheitsgewerkschaft. Historische Dokumente und Materialien, Köln–Frankfurt a. M.

Brandt, Willy (1940): Stormaktenes krigsmal og det nye Europa, Oslo.

Bremer, Jörg (1977): Die Sozialistische Arbeiterpartei Deutschlands (SAP). Untergrund und Exil 1933–1945, Frankfurt a. M.

Buchholz, Marlis, u. Bernd Rother (1995): Der Parteivorstand der SPD im Exil. Protokolle der Sopade 1933–1940, Bonn.

Das Demokratische Deutschland (1945). Grundsätze und Richtlinien für den Wiederaufbau im demokratischen, republikanischen, föderalistischen und genossenschaftlichen Sinne, hrsg. vom Hauptvorstand der Arbeitsgemeinschaft „Das Demokratische Deutschland", Bern.

Duhnke, Horst (1972): Die KPD von 1933 bis 1945, Köln.

Edinger, Lewis J. (1960): Sozialdemokratie und Nationalsozialismus. Der Parteivorstand der SPD im Exil von 1933–1945, Hannover.

Eiber, Ludwig (1997 a): Die Sozialdemokratie in der Emigration. Die Union deutscher sozialistischer Organisationen in Großbritannien 1941–1946 und ihre Mitglieder. Protokolle, Erklärungen, Materialien, Bonn.

Eiber, Ludwig (1997b): Verschwiegene Bündnispartner. Die Union deutscher sozialistischer Organisationen in Großbritannien und die britischen Nachrichtendienste, in: Exilforschung 15, S. 66 ff.

Erler, Peter, Horst Laude u. Manfred Wilke, Hrsg. (1994): „Nach Hitler kommen wir". Dokumente zur Programmatik der Moskauer KPD-Führung 1944/1945 für Nachkriegsdeutschland, Berlin.

Erler, Peter, u. Manfred Wilke (1997): „Nach Hitler kommen wir". Das Konzept der Moskauer KPD-Führung 1944/45 für Nachkriegsdeutschland, in: Exilforschung 15, S. 102 ff.

Fischer, Alexander (1975): Sowjetische Deutschlandpolitik im Zweiten Weltkrieg 1941–1945, Stuttgart.

Foitzik, Jan (1980): Revolution und Demokratie. Zu den Sofort- und Übergangsmaßnahmen des sozialdemokratischen Exils für Deutschland 1943–1945, in: IWK 24, S. 308 ff.

Foitzik, Jan (1986): Zwischen den Fronten. Zur Politik, Organisation und Funktion linker politischer Kleinorganisationen im Widerstand 1933–1939/40, Bonn.

Foitzik, Jan (1995): Wiederaufbau der Gewerkschaften: Zur Denkschrift des Council for a Democratic Germany, in: Langkau-Alex/Ruprecht, S. 75 ff.

Gottfurcht, Hans (1944): Gewerkschaftsbewegung in Deutschland. Vergangenheit, Gegenwart, Zukunft, London, Ms.

Grebing, Helga, Hrsg. (1984): Entscheidung für die SPD. Briefe und Aufzeichnungen deutscher Sozialisten 1945–1948, München.

Grzesinski, Albert (1979): Die staatliche Neuordnung Deutschlands (1943), in: Benz, Wolfgang, Hrsg.: Bewegt von der Hoffnung aller Deutschen. Zur Geschichte des Grundgesetzes. Entwürfe und Diskussion 1941–1949, München, S. 84 ff.

Jasper, Willi (1984): Entwürfe einer neuen Demokratie für Deutschland. Ideenpolitische Aspekte der Exildiskussion 1933–1945. Ein Überblick, in: Exilforschung 2, S. 271 ff.

Keiderling, Gerhard, Hrsg. (1993): „Gruppe Ulbricht" in Berlin. April bis Juni 1945. Von den Vorbereitungen im Sommer 1944 bis zur Wiedergründung der KPD im Juni 1945. Eine Dokumentation, Berlin.

Koch-Weser, Erich (1945): Hitler and Beyond. A German Testament, New York.

Koebner, Thomas, Gert Sautermeister u. Sigrid Schneider, Hrsg. (1987): Deutschland nach Hitler. Zukunftspläne im Exil und aus der Besatzungszeit 1939–1949, Opladen.

Krohn, Claus-Dieter (1987): „Let us be prepared to win the peace". Nachkriegsplanungen emigrierter deutscher Sozialwissenschaftler an der New York School for Social Research in New York, in: Koebner u. a., S. 123 ff.

Krohn, Claus-Dieter (1995a): Der Council for a Democratic Germany, in: Langkau-Alex/Ruprecht, S. 17 ff.

Krohn, Claus-Dieter (1995b): Ordnungsmuster von gestern: Der Wirtschafts-Ausschuß des Council for a Democratic Germany, in: Langkau-Alex/Ruprecht, S. 91 ff.

Langkau-Alex, Ursula (1977): Volksfront für Deutschland?, Bd. 1: Vorgeschichte und Gründung des „Ausschusses zur Vorbereitung einer deutschen Volksfront", 1933–1936, Frankfurt a. M.

Langkau-Alex, Ursula (1985): „Bildet die deutsche Volksfront! Für Frieden, Freiheit und Brot!" Zu Genesis des programmatischen Aufrufs des „Ausschusses zur Vorbereitung einer deutschen Volksfront" in Paris vom 21. Dezember 1936, in: IWK 21, S. 183 ff.

Langkau-Alex, Ursula (1995): Rückbesinnung auf die abendländische Kultur: Das Komitee für Erziehung und Wissenschaft, in: dies./Ruprecht, S. 129 ff.

Langkau-Alex, Ursula, u. Thomas M. Ruprecht, Hrsg. (1995): Was soll aus Deutschland werden? Der Council for a Democratic Germany in New York 1944–1945. Aufsätze und Dokumente, Frankfurt a. M.–New York.

Laschitzka, Horst (1969): Kämpferische Demokratie gegen Faschismus. Die programmatische Vorbereitung auf die antifaschistisch-demokratische Umwälzung in Deutschland durch die Parteiführung der KPD, Berlin/DDR.

Lehnert, Detlef (1985): Vom Widerstand zur Neuordnung? Zukunftsperspektiven des demokratischen Sozialismus im Exil als Kontrastprogramm zur NS-Diktatur, in: Schmädeke, Jürgen, u. Peter Steinbach, Hrsg.: Der Widerstand gegen den Nationalsozialismus. Die deutsche Gesellschaft und der Widerstand gegen Hitler, München, S. 497 ff.

Link, Werner (1964): Die Geschichte des Internationalen Jugend-Bundes (IJB) und des Internationalen Sozialistischen Kampfbundes (ISK), Meisenheim a. Gl.

Maas, Lieselotte (1987): „Unerschüttert bleibt mein Vertrauen in den guten Kern unseres Volkes". Der Kommunist Paul Merker und die Exil-Diskussion um Deutschlands Schuld, Verantwortung und Zukunft, in: Koebner u. a., S. 181 ff.

Mammach, Klaus, Hrsg. (1974): Die Berner Konferenz der KPD (30. Januar–1. Februar 1939), Berlin/DDR.

Mammach, Klaus, Hrsg. (1975): Die Brüsseler Konferenz der KPD (3.–15. Okt. 1935), Berlin/DDR.

Matthias, Erich (1952): Sozialdemokratie und Nation. Ein Beitrag zur Ideengeschichte der sozialdemokratischen Emigration in der Prager Zeit des Parteivorstandes 1933–1938, Stuttgart.

Mommsen, Hans (1966): Gesellschaftsbild und Verfassungspläne des deutschen Widerstands, in: Schmitthenner, Walter, u. Hans Buchheim, Hrsg.: Der deutsche Widerstand gegen Hitler. Vier historisch-kritische Studien, Köln–Berlin, S. 73 ff.

von zur Mühlen, Patrik (1987): Programme für ein Nachkriegsdeutschland im lateinamerikanischen Exil, in: Koebner u. a., S. 169 ff.

von zur Mühlen, Patrik (1990): Programmatik und Bündnispolitik deutscher Exilgruppen 1933–1939, in: Grunewald, Michel, u. Frithjof Trapp, Hrsg.: Autour du „Front Populaire Allemand". Einheitsfront – Volksfront, Bern u. a., S. 13 ff.

Oppenheimer, Max (1987): Aufgaben und Tätigkeit der Landesgruppe deutscher Gewerkschafter in Großbritannien. Ein Beitrag zur Vorbereitung der Einheitsgewerkschaft, in: Exilforschung 5, S. 214 ff.

Paul, Gerhard (1987): Max Braun. Eine politische Biographie, St. Ingbert.

Paul, Gerhard (1997): „Emigrantenstaat" auf tönernen Füßen. Das Saarland, in: Krohn, Claus-Dieter, u. Patrik von zur Mühlen, Hrsg.: Rückkehr und Aufbau nach 1945. Deutsche Remigranten im öffentlichen Leben Nachkriegsdeutschlands, Marburg, S. 211 ff.

Paul, Gerhard, u. Klaus-Michael Mallmann (1995): Milieus und Widerstand. Eine Verhaltensgeschichte der Gesellschaft im Nationalsozialismus, Bonn.

Portner, Erich (1966): Koch-Wesers Verfassungsentwurf. Ein Beitrag zur Ideengeschichte der deutschen Emigration, in: Vierteljahrshefte für Zeitgeschichte 14, S. 280 ff.

Röder, Werner (1968): Die deutschen sozialistischen Exilgruppen in Großbritannien. Ein Beitrag zur Geschichte des Widerstandes gegen den Nationalsozialismus, Hannover.

Röder, Werner (1969): Deutschlandpläne der sozialdemokratischen Emigration in Großbritannien 1942–1945, in: Vierteljahrshefte für Zeitgeschichte 17, S. 72 ff.

Röder, Werner (1986): Emigration nach 1933, in: Broszat, Martin, u. Horst Möller, Hrsg.: Das Dritte Reich. Herrschaftsstruktur und Geschichte, 2., durchges. Aufl., München, S. 231 ff.

Runge, Wolfgang (1963): Das Prager Manifest von 1934. Ein Beitrag zur Geschichte der SPD, Hamburg.

Scheurig, Bodo, Hrsg. (1965): Verrat hinter Stacheldraht? Das Nationalkomitee „Freies Deutschland" und der Bund Deutscher Offiziere in der Sowjetunion 1943–1945, München.

Strasser, Otto (1936): Aufbau des Deutschen Sozialismus/Das Deutschland von morgen, in: Die Schwarze Front Nr. 6, 18.1.1936.

Sywottek, Arnold (1971): Deutsche Volksdemokratie. Studien zur politischen Konzeption der KPD 1935–1946, Düsseldorf.

Szende, Stefan (1943): Europeisk Revolution, Stockholm.

Voigt, Klaus (1987): Europäische Föderation und neuer Völkerbund. Die Diskussion im deutschen Exil zur Gestaltung der internationalen Beziehungen nach dem Krieg, in: Koebner u. a., S. 88 ff.

Voigt, Klaus, Hrsg. (1988): Friedenssicherung und europäische Einigung. Ideen des deutschen Exils 1939–1945, Frankfurt a. M.

Vorstellungen über die soziale Demokratie in Deutschland nach dem Sturz der Hitler-Diktatur (1943). Eine soziale Studie, hrsg. von der Londoner Vertretung der SPD, London.

Wilke, Manfred (1993): Konzeption der KPD-Führung 1944/45 für das Parteiensystem in der SBZ und der Beginn der Umsetzung, in: Deutschland-Archiv, S. 248 f.

Zur Nachkriegspolitik deutscher Sozialisten (1944), Stockholm.

Zur Politik deutscher Sozialisten (1945). Politische Kundgebungen und programmatische Richtlinien der Union deutscher sozialistischer Organisationen in Großbritannien 1941–1945, London.

Österreich nach Hitler: Neuordnungspläne im österreichischen Exil

Peter Schwarz

Die Diskussionen, Konflikte und theoretisch-ideologischen Reflexionen innerhalb der → Österreichischen politischen Exilorganisationen fallen hinsichtlich ihrer Nachkriegsszenarien in zwei zeitliche Abschnitte, die eine gänzlich unterschiedliche Ausgangsfragestellung zur Grundlage haben.

Die erste Phase ist von dem Diskurs um die Selbständigkeit Österreichs geprägt, an ihn ist der Fragenkomplex geknüpft: Soll dieses Österreich wieder als unabhängiger Staat im Nachkriegseuropa errichtet werden? Ist das Konzept eines Kleinstaates hinsichtlich der tristen wirtschaftlichen und politischen Erfahrungen in der Ersten Republik ein Zukunftsmodell mit Überlebenschancen? Gibt es überhaupt eine österreichische Nation? – Exilpolitiker und -organisationen gaben auf diese Fragen sehr kontroverse Antworten. Die Debatte darüber wurde von Berufspolitikern, aber auch von Intellektuellen und Literaten hauptsächlich in den Exilzeitschriften geführt. Die unterschiedlichen Nachkriegsentwürfe waren bis zur Moskauer Deklaration im wesentlichen von den in der Ersten Republik eingenommenen Haltungen zur österreichischen Nation bestimmt. Die Moskauer Deklaration vom Herbst 1943 kam in ihrer Bedeutung einer entscheidenden Weichenstellung zugunsten der Wiedererrichtung Österreichs gleich, womit die exilpolitische Diskussion um die nationale Frage im großen und ganzen beendet war. Erst in dieser zweiten Phase rückten für das österreichische Exil Form und Inhalte des künftigen Nationalstaates in den Vordergrund seiner Überlegungen und Auseinandersetzungen. Obwohl verschiedene Exilorganisationen konkrete Nachkriegskonzepte entwickelt hatten, gelang ihnen keineswegs der Entwurf eines gemeinsamen grand design, zu dem sich alle politischen Lager des Exils hätten vorbehaltlos bekennen können. Einer möglichen Einigung auf ein vom ganzen österreichischen Exil getragenes einheitliches Programm zur Wiedererrichtung und zum Wiederaufbau Österreichs stand vor allem die heillose ideologische, institutionelle, personelle, aber auch räumlich-geographische Zersplitterung des politischen Exils im Wege. Ein solches Gesamtkonzept wäre auch höchstwahrscheinlich nur von einer allgemein anerkannten und repräsentativen österreichischen Exilregierung leistbar gewesen, die ja bekanntlich nie zustande kam (Goldner 1972; Maimann 1975; Heer 1981; Bruckmüller 1984).

Die Frage nach der Eigenstaatlichkeit Österreichs und nach der Existenz einer österreichischen Nation entzweite das gesamte politische Exil. Während Konservative, Legitimisten und Kommunisten dieses Problem zwar von verschiedenen Perspektiven beleuchteten, aber im grundsätzlichen zu ähnlichen Ergebnissen gelangten, waren die Sozialisten grundlegend anderer Ansicht (Dusek 1977; Erhart 1985; Eppel 1988).

Bürgerlich-konservative und legitimistische Exilorganisationen hatten zwar hinsichtlich der „nationalen Frage" unterschiedliche Zukunftsvisionen, ihnen gemeinsam war allerdings die Ablehnung des „Anschlusses". Die Anhänger des Ständestaates bekannten sich zur österreichischen Nation im Sinne jenes Österreich-Bewußtseins, dessen Grundpfeiler im Österreich-Mythos des Dollfuß-Schuschnigg-Regimes verwurzelt waren, der dem austrofaschistischen Konkurrenzmodell zum Nationalsozialismus als entscheidendes ideologisches Identitätsmerkmal diente. Mit dieser kleinstaatlichen Österreich-Ideologie suchten die Regierungen Dollfuß und Schuschnigg die These von Österreich als zweitem, besserem deutschen Staat zu erhärten, indem sie die Rückbesinnung auf Geschichte und Tradition der Habsburgermonarchie mit dem antipreußischen und antiprotestantischen Reflex verbanden (Staudinger 1977). Die von den Legitimisten dominierte konservative Emigration fühlte sich freilich einer Österreich-Vorstellung älteren Ursprungs verbunden, die den Kulturraum der 1918 zerfallenen Donaumonarchie miteinschloß und sich vom Deutschnationalismus abgrenzte (Weinzierl 1982; Erhart 1985). Demnach ist eine ihrer Wiegen auch im literarischen Umfeld der ausgehenden Monarchie zu suchen: Leopold Andrian-Werburg, Hermann Bahr, Franz Theodor Csokor, Alfred Polgar, Alexander Roda Roda, Joseph Roth, Franz Werfel, Anton Wildgans u.a. erwiesen sich als glühende Anhänger dieses Österreich-Gedankens. Der leidenschaftlichste unter ihnen, der gelegentlich auch als der „geistige Vater der Österreich-Idee" bezeichnet wird, war Hugo von Hofmannsthal, der zwischen 1915 und 1917 eine Reihe von Aufsätzen und Reden vorlegte, die dem künftigen Österreich-Bewußtsein reichlich Nährstoff lieferte (Weinzierl 1982, S. 318 ff.; Kreissler 1984). Auf Hofmannsthals Schema, das er 1917 in *Preuße und Österreicher* entworfen hatte, wurde sehr gern zurückgegriffen, so etwa 1938 in der im Pariser Exil erscheinenden *Neuen Weltbühne*, wenn es darum ging, typische österreichische Charaktereigenschaften zu behaupten, die in ihrer Summe die Existenz eines österreichischen Wesens, einer österreichischen Nation rechtfertigen sollten (Weinzierl 1982, S. 35).

Aus diesem Literatenkreis erwuchsen der bürgerlich-legitimistischen Emigration auch die federführenden Apologeten des Österreich-Gedankens (Weinzierl 1982; Schwager 1984, S. 37 f.). In der *Österreichischen Post* veröffentlichte Joseph Roth beispielsweise sein „Schwarz-gelbes Tagebuch", in dem er die Idee Österreichs und des Legitimismus gegen links und rechts wortgewaltig verteidigte. Franz Werfel wiederum entwarf in den *Nouvelles d'Autriche* ein versponnen-romantisches österreichisches Staatsgebilde: Nach der Niederlage des Nationalsozialismus möge ein föderativ organisiertes „Ostreich" gebildet werden, das „aus dem freiwilligen Zusammenschluß der Nationalstaaten von Mitteleuropa" zustande kommen werde. Fundament seiner „Ostreich-Pläne" bildete ein eher mittelalterlich-verklärtes Österreich-Bild, das von beinahe rührender Realitätsverweigerung zeugt: „Die Oberhäupter der Nationalstaaten betrachten sich ... als Kurfürsten des Ostreiches ... Das Haupt des Ostreiches ist der Kaiser ... Der Kaiser präsidiert dem hohen Rat der versammelten Staatsoberhäupter ... Der Kaiser verlegt seine Pfalz, sein Hoflager nach einem zu bestimmenden Turnus von Staat zu Staat." Der Debattenbeitrag von Ernst Bloch in der *Neuen Weltbühne* vom Sommer 1938 unterschied sich in seinem Plädoyer für die österreichische Nation wesentlich von den nostalgischen Sehnsüchten anderer Schriftsteller. Bloch distanzierte sich auch von einer überzogenen Theoretisierung des Nationsbegriffs und interpretierte die österreichische Nation als konkrete, praktische Notwendigkeit, als Mittel zum Zweck im Kampf gegen NS-Deutschland: „... wir wollen diesen Nationalismus, auch wenn er ein vorübergehendes Gebilde darstellt, als hitlerfeindliches Instrument begreifen. ... Österreich ist eine Art Harpune oder kann sie werden, und das Dritte Reich hat sie sich selber einverleibt" (Weinzierl 1982, S. 333 f.).

Die Legitimisten traten in ihren politischen Programmen und Konzepten für die Selbständigkeit des österreichischen Staates ein, allerdings forderten sie dessen Einbettung in eine Donauföderation, die offensichtlich unter Einschluß der Nachbarländer in der Restauration der Habsburgermonarchie ihre Vollendung erfahren sollte. Unter dem Begriff „österreichische Nation" subsumierten die legitimistischen Exilpolitiker um Otto von Habsburg alle Nachfolgestaaten der Monarchie – eine Betrachtungsweise, die die politischen Vertreter dieser Länder nicht nur irritierte, sondern geradezu zur Kontroverse reizte (Maimann 1975, S. 92 ff.; Österreicher im Exil 1984, S. 18; Schwager 1984; Kaiser 1988, S. 1053 ff.).

Die legitimistischen Nachkriegspläne waren mit dem Versuch gekoppelt, die Anerkennung einer österreichischen Exilregierung von den Westmächten zu erreichen. Alle noch so ehrgeizigen Bemühungen in diese Richtung scheiterten nicht zuletzt an der Haltung des US State Departments wie des Foreign Office in London, jegliche politische Festlegung zu vermeiden, die geeignet wäre, den Handlungsspielraum ihrer Nachkriegspolitik in Europa von vornherein einzuschränken. Mehr Aussichten auf Erfolg versprach hingegen das Engagement der Legitimisten für die Bildung einer Donauföderation, die von den Beamten des Foreign Office bis 1943 ebenso favorisiert wurde wie von Premierminister Winston Churchill, der das Mitteleuropa-Konzept der Donauföderation mit dem Zentrum Wien konsequent auf sämtlichen alliierten Konferenzen vorschlug und sich selbst sogar noch auf der Konferenz von Jalta (1945) zu diesem Plan bekannte. Otto von Habsburg mußte allerdings zur Kenntnis nehmen, daß die britischen und amerikanischen Föderationspläne – US-Außenminister Hull unterbreitete 1943 den Vorschlag einer süddeutschen Föderation – nicht unbedingt die Restauration seiner Dynastie zum Ziel hatten. Föderationspläne dieser Art mußten allerdings mit der Zeit zunehmend aufgegeben werden, weil vor allem die UdSSR selbst ein vitales Interesse an Mitteleuropa artikulierte und entschieden gegen britische bzw. amerikanische Einflußnahme auf diesen Raum protestierte (Maimann 1975, S. 187 ff., 1986, S. 631 f.).

Die monarchistische Exilbewegung verfügte über einige einflußreiche und aktive Organisationen, die ihre Nachkriegspläne gegenüber Regierung und Öffentlichkeit der jeweiligen Exilländer vertraten. In Paris erfüllte das Office Autrichien bis 1940 diese Aufgabe, in London stand das offiziell unabhängige, aber von den Legitimisten dominierte Austria Office zur Verfügung. In den USA konnte Otto von Habsburg mit der Unterstützung des Free Austrian Movement (nicht zu verwechseln mit dem FAM in London) von Hans Rott, der der letzten Regierung Schuschnigg angehört hatte, rechnen. Im *Free Austria*, der Monatszeitschrift des Austria Office, stellten Autoren unterschiedlicher politischer Couleur ihre Zukunftsvisionen zur Diskussion (Maimann 1986, S. 632). Das Bekenntnis zu einer Donauföderation, in der die Länder der alten Monarchie gleichberechtigt in Form eines Bundesstaates zusammengeschlossen werden sollten, war ihnen allen gemeinsam. Die Geister schieden sich lediglich hinsichtlich der Akzentuierung des föderativen und restaurativen Aspekts. Zu den Verfechtern einer Donauföderation zählte auch der ehemalige sozialdemokratische Nationalratsabgeordnete Heinrich Allina, der mit den Legitimisten im Austria Office zusammenarbeitete und deshalb 1940 aus seiner Partei ausgeschlossen worden war. Nach Allina bestand für das kommende

Österreich nur eine Überlebenschance durch die Einbindung in eine gleichberechtigte föderative Staatengemeinschaft und einen historisch gewachsenen Wirtschaftsraum. Politisch und ökonomisch sollte dieses neue Staatengebilde nach dem Vorbild der großen westlichen Demokratien aufgebaut sein. Die meisten Konzepte, die im *Free Austria* präsentiert wurden, orientierten sich am englischen Modell, wobei nicht an die Errichtung einer Parteiendemokratie gedacht war. An die Stelle von Parteienkonkurrenz und Klassenkampf sollte das Prinzip der Zusammenarbeit treten, das nur vage als eine Art Mischform aus wirtschaftlicher Sozialpartnerschaft und politischem Proporz beschrieben werden kann. Hinter den oft nebulösen Vorstellungen mancher Autoren lassen sich unschwer die Konturen ihres eigentlichen Ideals erkennen, das Österreich-Ungarn hieß. Weit über das Lager der Legitimisten hinaus teilte man nicht nur die Auffassung, daß die alte Monarchie bei einer rechtzeitigen Umwandlung in einen Bundesstaat hätte gerettet werden können, sondern auch die Einschätzung, daß bei ihrem Fortbestand die Katastrophe des Nationalsozialismus zu verhindern gewesen wäre (Maimann 1986).

Otto von Habsburg selbst war der stärkste Motor der Restaurationsbestrebungen. In der amerikanischen Zeitschrift *Foreign Affairs* warnte er 1942 die westlichen Alliierten ausdrücklich vor jenem anarchistischen Zustand, den sie 1918 schon einmal im Donauraum durch die Unterstützung der Unabhängigkeitsambitionen der slawischen Völker geschaffen hätten. Die Wiedererrichtung der österreich-ungarischen Monarchie pries er in diesem Zusammenhang als Bastion gegen die bolschewistische Sowjetunion (O. von Habsburg 1942; Maimann 1986). Ähnlich äußerte sich auch Ottos Bruder, Robert von Habsburg. In der von ihm verfaßten Publikation mit dem Titel *The New Austria*, die 1942 in London erschien, veranschaulichte er die Funktion einer Donauföderation als Bollwerk gegen den Osten mit dem Hinweis, Österreich habe seit jeher eine historische Mission der Verbreitung westlicher Zivilisation in Osteuropa zu erfüllen gehabt (R. von Habsburg 1942). Es liegt auf der Hand, daß solche und ähnliche Positionen nicht nur den Widerstand der Exilvertretungen aller Nachfolgestaaten Österreich-Ungarns hervorriefen, sondern auch bei den republikanisch gesinnten österreichischen Exilgruppen auf Ablehnung stießen. Die Brüder von Habsburg brüskierten auf diese Art aber auch viele Anhänger in den eigenen Reihen. Im Gegenzug wiederum unternahmen Legitimisten zahlreiche Anstrengungen, Sozialisten und Kommunisten für die Ziele der Restauration zu gewinnen. Bereits im Pariser Exil wurde der Arbeiterschaft 1938 in einer Flugschrift – in deutlicher Abgrenzung zum Ständestaat von 1934 – absolute Gleichberechtigung und politische Mitsprache in einem Österreich der Zukunft garantiert, die Staatsform selbst blieb aber außer Streit gestellt: „Diese Staatsform ist heute auch für den Nichtlegitimisten die Monarchie; nicht die Monarchie, die nichts vergessen und nichts hinzugelernt hat, sondern die soziale Volksmonarchie, die der größte denkbare Gegensatz zur totalitären Diktatur ist" (DÖW 4406; Schwager 1984, S. 30 f.). Die Nachkriegspläne der Legitimisten in bezug auf Europa gingen über die Föderation der Donauländer hinaus: Aus ökonomischen und pazifistischen Motiven schlugen sie die Schaffung einer gesamteuropäischen Föderation vor. Diese Intention deckte sich durchaus mit den Zielen der Paneuropa-Bewegung, in der sich nicht wenige Legitimisten engagierten.

Parallel zur Herausbildung des Österreich-Gedankens im konservativ-legitimistischen Lager entwickelten die Kommunisten einen eigenständigen österreichischen Nationsbegriff. Ursprünglich war die KPÖ – wie die gesamte Linke – dem Anschlußgedanken verbunden gewesen. Im kommunistischen Lager vollzog sich mit der Zeit eine Abkehr von der linken großdeutschen Vision. Schon auf dem 7. Kominternkongreß hatte Dimitroff die Bedeutung der nationalen Formen des Klassenkampfes angesichts der faschistischen Bedrohung erkannt. In der KPÖ selbst hatte das ZK-Mitglied Alfred Klahr die These von einer österreichischen Nation aufgestellt, die über eine eigene Geschichte und Kultur verfüge und insbesondere eine stolze Tradition der Arbeiterklasse vorweisen könne. Unter dem Pseudonym Rudolf – was ihm den Beinamen Rudolf der Stifter eintrug – hatte er 1937 in der Artikelserie „Zur nationalen Frage in Österreich" im Parteiorgan *Weg und Ziel* die Existenz einer österreichischen Nation behauptet. Klahr leitete seine These von jenem Nationsbegriff ab, den Stalin 1913 in der Arbeit *Marxismus und nationale Frage* in Wien entwickelt hatte. Gerade die Bezugnahme auf die Definitionskriterien Stalins sollte sozialistischen Theoretikern aber ein weites Feld an Einwänden und Gegenargumenten eröffnen (Maimann 1975; Weinzierl 1982; Kreissler 1984; Eppel 1988). Die sich an den Thesen Klahrs entzündenden internen Diskussionen setzten schließlich in der KPÖ das Bekenntnis zur Unabhängigkeit Österreichs durch. Bereits am 12. März 1938 reagierte das ZK der KPÖ auf den „Anschluß" mit der Kampfparole von der Wiederherstellung eines freien und unabhängigen Österreich. In den Programmen der kommunistischen Exilorganisationen spielte gerade diese Forderung eine zentrale Rolle, lediglich in bezug auf die Staats- und Regierungsform vermied man aus Rücksicht auf die Koalitionspartner in den Volksfrontorganisationen dezidierte Festlegungen (Maimann 1975, S. 28 ff.).

Die Taktik der Volksfront verwirklichten die Kommunisten im Free Austrian Movement (FAM) in London, in dem sie die maßgebliche Rolle spielten. Ab Ende 1942 wandte das FAM sein Hauptaugenmerk der Frage Österreich zu. Aus einem Zeitspiegel-Artikel Anfang 1943 geht hervor, daß es das FAM als vordringliche Aufgabe ansah, die Wiedererrichtung eines unabhängigen Österreich als alliiertes Kriegsziel zu erreichen. Unter Berufung auf die Atlantic Charter wurde für das österreichische Volk das Selbstbestimmungsrecht eingefordert. Das FAM vermied zunächst jede endgültige Festlegung auf ein Nachkriegskonzept, da die Sowjetunion bis zum Sommer 1942 keine klare Position in der Österreich-Frage bezogen hatte. Auch das Konzept einer Donauföderation wurde deshalb a priori nicht ausgeschlossen, jedoch mit der Einschränkung versehen, daß jede föderative Lösung allerdings die Existenz eines freien und selbständigen Staates Österreich voraussetze. Erst mit Rückendeckung der UdSSR änderte das FAM 1943 unter der Parole „Gesicht dem Lande zu" seine Strategie und vertrat nun die Konstituierung einer sozialen österreichischen Republik. Die Frage der Unabhängigkeit stellten die Kommunisten als conditio sine qua non für eine Einigung mit den Sozialisten (Maimann 1975, S. 128 ff.; Österreicher im Exil 1992).

Was die Kooperation und Paktfähigkeit betraf, erwies sich die „nationale Frage" als neuralgischer Punkt: So sehr sie die Positionen der Katholisch-Konservativen, Legitimisten und Kommunisten im Grunde verband, so sehr spaltete sie diese von der Überzeugung der Sozialisten. Diese lehnten die Forderung nach einer Wiederherstellung Österreichs als unabhängigem Staat kategorisch ab. Schon im April 1938 hatte sich die sozialistische Führung, u. a. Otto Bauer, Joseph Buttinger, Podlipnig und Friedrich Adler, auf die „Brüsseler Resolution" geeinigt, die die Existenz einer österreichischen Nation negierte (Weber 1977; Österreicher im Exil 1987, S. 34 f.). Der im März 1938 vollzogene „Anschluß" wurde als fait accompli gewertet, die Wiedererrichtung Österreichs als Ziel sozialistischer Politik verworfen. Die tatsächliche Befreiung vom Nationalsozialismus sei von einer gesamtdeutschen Revolution zu erwarten, die in einer gesamteuropäischen aufgehen müßte. In dem Artikel „Nach der Annexion" begründete Otto Bauer nur wenige Wochen vor seinem Tod im *Sozialistischen Kampf* die Position seiner Partei, indem er dafür plädierte, sich „der vollzogenen Tatsache der Annexion gegenüber kritisch (zu) verhalten, aber nicht reaktionär". Bauer wußte sich im Einklang mit der Parteispitze, wenn er der „reaktionären Parole der Wiederherstellung der Unabhängigkeit Österreichs" die Alternative der „revolutionären Parole der gesamtdeutschen Revolution" gegenüberstellte, „die allein mit den anderen deutschen Stämmen auch den österreichischen Stamm der Nation von der Gewaltherrschaft der faschistischen Zwingherren befreien kann" (*Der Sozialistische Kampf* Nr. 1 vom 2. 6. 1938). Karl Czernetz polemisierte wiederum gegen den österreichischen Nationsbegriff der Kommunisten, deren geschichtliches Verständnis er als falsch qualifizierte, mit dem Argument, daß alle österreichische Tradition reaktionär gewesen sei. Kritik an der offiziellen Parteilinie übten damals nur wenige Einzelpersonen. So warf Otto Leichter in seinem Memorandum von 1939 die Gretchenfrage auf, ob es denn überhaupt zur gesamtdeutschen Revolution kommen werde, womit er eine essentielle Schwachstelle der Bauerschen Argumentation aufdeckte (Maimann 1975, S. 46 ff.; Eppel 1988). Bis zur Moskauer Deklaration 1943 lehnten die sozialistischen Exilvertreter – mit Ausnahme des Klubs österreichischer Sozialisten in Schweden – die Wiedererrichtung Österreichs ab. Diese Haltung war im wesentlichen so bestimmend, daß sie selbst einer partiellen Zusammenarbeit mit kommunistischen und nichtsozialistischen Exilorganisationen hinderlich im Wege stand. Sie war auch eines der Hauptmotive, warum die Sozialisten die zahlreichen Versuche der Bildung einer alle Parteien umfassenden, repräsentativen Exilvertretung boykottierten (Maimann 1975, S. 42 ff.; Eppel 1988, S. 559).

Die sozialistischen Nachkriegserwartungen manifestierten sich in dem Buch *Underground Europe Calling* des Leiters des London Bureau und vormaligen Chefredakteurs der *Arbeiter-Zeitung*, Oscar Pollak, das dieser unter dem Pseudonym Oscar Paul im Frühjahr 1942 in London publizierte. Darin knüpfte er an die im letzten Buch Otto Bauers *Zwischen zwei Weltkriegen?* entwickelten Kriegsthesen an und versuchte, die Erkenntnisse Bauers entsprechend dem fortgeschrittenen Stadium des Krieges zu aktualisieren und auf die geänderte politische Situation umzulegen (Bauer 1936; Paul 1942). Nach

Pollaks Einschätzung bestand für die internationale Arbeiterklasse die verbindliche Aufgabe, die Chancen für gesellschaftsumwälzende Veränderungen zu nützen, die die Ausweitung des antifaschistischen Krieges mit sich bringe. Im vom Nationalsozialismus befreiten Europa werde es zu verschiedenartigen Revolutionen kommen, entscheidend für den Verlauf der gesamteuropäischen Revolution sei allerdings die Entwicklung der sozialen Revolution in Deutschland (und Österreich), die sich von den Zusammenbruchsrevolutionen und nationalen Revolutionen der anderen Länder grundsätzlich unterscheide. Für die Zukunft Europas forderte Pollak die Überwindung der kapitalistischen Gesellschaftsordnung und der stalinistischen Deformation des Sozialismus. Die neue Gesellschaft solle in einer gesamteuropäischen Föderation bestehen, die die Kleinstaaterei ersetzen und an ihrer Stelle ein freiheitlich-sozialistisches System aufbauen werde. Pollak rechnete dabei mit einer sehr ungleichmäßigen Entwicklung und war sich der politischen, ökonomischen und sozialen Hindernisse dieses Prozesses bewußt. Seine Auffassungen gingen im wesentlichen mit dem „integralen Sozialismus" Otto Bauers und den Vorstellungen deutscher und britischer Sozialisten konform (Paul 1942; Maimann 1975, S. 145 ff).

Das Buch Oscar Pollaks lieferte einen weiteren theoretischen Beitrag, die sozialistische Exilpolitik von der kommunistischen klar abzugrenzen. Hinsichtlich der österreichischen Frage klammerten die Sozialisten jede Möglichkeit eines nationalen Befreiungskampfes aus, ebensowenig sprachen sie von einem nationalen Selbstbestimmungsrecht des österreichischen Volkes. Dafür aber ersannen sie die Formel von der „Selbstbestimmung plus internationale Organisation", um bereits ein vorsichtiges Abrücken von der ursprünglich apodiktischen Forderung der Einheit Deutschlands und Österreichs zu signalisieren. Karl Czernetz, ebenso Leiter des London Bureau, sprach sich in einem Referat (das als Broschüre unter dem Titel Towards an Understanding erschien) anläßlich der Landeskonferenz der österreichischen Sozialisten im Mai 1942, ähnlich wie Pollak, für eine unabhängige demokratisch-sozialistische Nachkriegsentwicklung in Mitteleuropa aus, allerdings plädierte er auch für eine Annäherung zwischen Sozialisten und Kommunisten sowie für ein positives Verhältnis zur Sowjetunion. Diese Vorschläge von Czernetz entsprangen jedoch nicht seiner Sympathie für den Kommunismus, sondern entsprachen vielmehr seiner realpolitischen Einschätzung der künftigen Bedeutung der Sowjetunion für Ost- und Mitteleuropa und insbesondere für Österreich nach dem Krieg (Maimann 1975, S. 149 ff.).

Die Intention der Moskauer Deklaration als auch die realpolitischen Kriegsziele der Alliierten erzwangen bei den Sozialisten einen Paradigmenwechsel: Nun verkehrten sich die Mehrheitsverhältnisse im sozialistischen Lager, so daß nur noch eine verschwindende Minderheit von Funktionären das Konzept der österreichischen Eigenstaatlichkeit verweigerte. Die geänderte Bewußtseinslage läßt sich konkret am politischen Handeln des London Bureau ermessen, das unmittelbar nach dem Beschluß der Alliierten – im November 1943 – mit anderen österreichischen Exilorganisationen in Großbritannien das Austrian Representative Committee gründete (Österreicher im Exil 1995, Bd. 2, S. 536 f.). Friedrich Adler reagierte auf den sich abzeichnenden Kurswechsel innerhalb der sozialistischen Exilpolitik Ende März 1944 mit seinem Rücktritt als Vorsitzender des Austrian Labor Committee, dem das London Bureau formell unterstellt war. Ihm folgten Wilhelm Ellenbogen und Karl Hans Sailer in dieser Funktion nach. Sein Beharren auf der großdeutschen Perspektive brachte ihn um jede reale Chance, jemals auf die Nachkriegspolitik Österreichs gestalterisch Einfluß nehmen zu können (Ardelt 1978, S. 78 ff.; Österreicher im Exil 1995, Bd. 2, S. 536 f.). Im Vergleich zu ihm hatte Joseph Buttinger mehr Realitätssinn bewiesen, als er sich anläßlich des Kriegseintritts der USA von jeglicher Form der Exilpolitik zurückzog. Buttinger hatte schon damals realisiert, daß die Alliierten nach einem Sieg über den Nationalsozialismus weder eine gesamteuropäische Revolution noch einen autonomen sozialistischen Weg Deutschlands, geschweige denn Europas, ermöglichen, sondern ihre Einflußzonen absichern würden (Buttinger 1953, S. 595).

Das London Bureau legte 1944 eine Broschüre mit dem Titel Die Zweite Republik vor, die Auskunft darüber gab, wie sich die Sozialisten den Wiederaufbau Österreichs vorstellten. Dieses Grundsatzkonzept folgte hauptsächlich den bereits 1942 von der britischen Labour Party erarbeiteten Leitlinien, die in einem Interim Report on the Problems of War and Peace Reconstruction unter dem Titel The Old War and the New Society veröffentlicht wurden. Die Publikation Die Zweite Republik enthielt verschiedene Beiträge, und zwar von Karl Czernetz über die künftige Sozialistische Partei Österreichs, von Oscar Pollak über „Die Außenpolitik des neuen Österreich" und von Wilhelm Rosenzweig über den „Aufbau der Zweiten Republik" (Die Zweite Republik 1944).

Czernetz vertrat in seinem Aufsatz die These, daß es im neuen Österreich nur eine sozialistische Partei geben dürfe, die den Namen „sozialistisch" erhalten sollte, um damit nach außen und nach innen die Wiedervereinigung der seit dem Bürgerkrieg 1934 gespaltenen Sozialdemokratie zum Ausdruck zu bringen. Den bei der Zusammenführung der „alten" Sozialdemokraten und der Revolutionären Sozialisten zu einer einheitlichen Partei entstehenden ideologischen Widerspruch löste Czernetz mit dialektischer Sentenz: „Die sozialistische Partei ist demokratisch geblieben und revolutionär geworden" (Maimann 1975, S. 215). Eine Verständigung mit den Kommunisten – womöglich auf organisatorischer Ebene – war für Czernetz hingegen kaum vorstellbar. Zu offensichtlich seien die Interessen der KP, Volksfrontorganisationen wie das FAM zu bilden und diese anschließend zu unterwandern.

Oscar Pollak schlug in seinem außenpolitischen Konzept ein zwischen den Großmächten vermittelndes, politisch unabhängiges Österreich vor. Mit dieser außenpolitischen Orientierung legte er den Grundstein für den in der Nachkriegszeit vor allem innerhalb der SPÖ diskutierten Neutralitätsgedanken: Da sich nach dem Krieg das nationale Staatensystem Europas überholt habe, solle die Integration Österreichs in eine internationale Staatenorganisation angestrebt werden. Eine vorrangige Rolle komme dem „neutralen" Österreich – als dritte Kraft zwischen den beiden Machtblöcken West und Ost – auch beim Aufbau einer internationalen Friedensorganisation zu. Einer der Urheber dieses Gedankens war Julius Deutsch, der Wien als Sitz einer zukünftigen „Welt(friedens)organisation" bereits zu einem Zeitpunkt vorgeschlagen hatte, als die Gründung der Vereinten Nationen noch nicht einmal beschlossen war (Deutsch 1944).

Rosenzweig beschäftigte sich in seinem Entwurf vornehmlich mit verfassungsrechtlichen Fragen, um die künftige Staats- und Regierungsform Österreichs einwandfrei zu klären: Österreich müsse auf der Grundlage der Verfassung von 1920 in der Fassung von 1929 wiedererrichtet werden. Innenpolitische Hauptaufgabe sei eine konsequente und radikale „Entfaschisierung" des Staatsapparates, der Wirtschaft und des gesamten öffentlichen Lebens. Entfaschisierung anstelle von Entnazifizierung sollte neben der Entfernung der Nationalsozialisten auch die Ausschaltung aller CVer (Mitglieder des katholischen Kartellverbandes), Klerikofaschisten und Deutschnationalen aus Verwaltung, Justiz und öffentlichem Leben umfassen. Wie diese Entfaschisierung allerdings vor sich gehen sollte, beschrieb Rosenzweig nicht. Das Wirtschaftskonzept des London Bureaus, für das der Wirtschaftsexperte der österreichischen Sozialdemokratie Karl Ausch verantwortlich zeichnete, war ebenfalls an die Vorstellungen der Labour Party angelehnt. Für Ausch stand fest, daß eine uneingeschränkte kapitalistische Marktwirtschaft, die eine Mitverantwortung für den Aufstieg des Faschismus trage, nach dem Weltkrieg obsolet sein werde. Sein Wirtschaftskonzept orientierte sich deshalb stark an planwirtschaftlichen Modellen. Die gesamte österreichische Wirtschaft sollte von einem Wirtschaftsministerium zentral geführt werden. Während Ausch einerseits für die Verstaatlichung der Schlüsselindustrien (Banken, Versicherungen, Wasserkraft, Bergbau-, Öl-, Stahlindustrie, chemische und elektrotechnische Industrie) eintrat, empfahl er andererseits die Beibehaltung privatwirtschaftlicher Strukturen in den Bereichen Landwirtschaft, Handwerk und Gewerbe. Als vordringlichste Aufgabe bewertete er die rasche Wiederindustrialisierung der österreichischen Wirtschaft. Für die staatliche Finanzpolitik zog er die Theorien von Keynes und Beveridge heran, indem er die Ankurbelung der Wirtschaft über die „Nachfrageseite" durch Investitionen der öffentlichen Hand nahelegte und zur Reduktion der Arbeitslosigkeit sinngemäß „deficit spending" propagierte. Fernziel aller wirtschaftspolitischen Maßnahmen sei der Übergang zu einem sozialistischen Gesellschaftssystem, das er ähnlich wie Otto Bauer langfristig über die Verstaatlichung der Schlüsselindustrie zu erreichen meinte (Die Zweite Republik 1944; Maimann 1975, S. 218 ff.). Der frühere Finanzstadtrat der Stadt Wien, Hugo Breitner, verfaßte im New Yorker Exil eine Wirtschaftsstudie, die sich deutlich von den Positionen der Londoner Sozialisten absetzte. Breitner nahm in seiner Studie *Österreich und die Schweiz* ganz im Gegensatz zu Ausch keinerlei Bezug auf planwirtschaftliche Elemente. In seiner Vergleichsstudie zog Breitner die Schlußfolgerung, daß die Ressourcen Österreichs in der Zwischenkriegszeit unterschätzt wurden. Die wirtschaftlichen Ausgangsbedingungen für eine Zweite Republik stufte er wesentlich günstiger ein als jene von 1918. Den Traum des London Bureaus von einem „sozialistischen Österreich in einem sozialistischen Europa" sah er gleichfalls in weite Ferne gerückt. Mit seiner Einschätzung der zukünftigen Rolle Österreichs als Kleinstaat bewies Breitner ebenfalls mehr Realitätssinn als die Londoner Sozialisten: „Kleinstaaterei ist gewiß kein Vorzug ... An ein geeintes Europa als vierte Weltmacht ist nun einmal für praktisch absehbare Zeiträume nicht zu denken. So wird sich Österreich in seine bescheidene Rolle einzufügen haben. Es kann, wie der Vergleich mit der Schweiz dartut, durch Klugheit, beharrlichste Arbeit, Pflege von Kunst und Wissenschaft, freiheitlicher Gesinnung zu allgemeiner Achtung emporsteigen und sich allmählich ein behagliches Heim zimmern" (Breitner 1944; Maimann 1975, S. 223 f.).

Die Exilsozialisten arbeiteten auch auf dem Gebiet des Schul- und Erziehungswesens ein Bündel an Reformen aus. In New York war für diese Aufgabe ein eigener Ausschuß eingesetzt worden, dem u. a. Hugo Breitner, Marie Deutsch, Ernst Papanek und Josef Luitpold Stern angehörten. Die Vorschläge dieser Gruppe bauten in erster Linie auf der sozialdemokratischen Schulreform in der Ersten Republik auf. Beabsichtigt waren die Fortsetzung und Weiterentwicklung dieser vorbildlichen Reformansätze. Die damals aufgegriffenen Themen haben bis heute nichts an ihrer Aktualität verloren; zu erwähnen wären: die Forderung nach Einführung der Einheitsschule mit Leistungs- und Interessensdifferenzierung, die Einführung demokratischer Mitverantwortungskörperschaften für Schüler über 14 Jahren, die völlige Unentgeltlichkeit der Schulbildung „aller Grade", der Aufbau einer Jugendfürsorge und -wohlfahrt für die materiellen und psychischen Probleme der Jugend, die Fortbildungspflicht für alle erwerbstätigen Jugendlichen sowie die Ablehnung jeglicher Zwangs(um)erziehung zugunsten einer auf Verständnis und demokratischer Akzeptanz beruhenden Unterrichtsmethode (Maimann 1975, S. 224 f.).

Im Unterschied zu den Sozialisten entwickelten die Exilkommunisten keine eigenen Nachkriegskonzepte, sondern brachten ihre Standpunkte in die einzelnen Fachkommissionen des FAM ein, wobei sie sich letztlich auf Kompromißlösungen mit den anderen im FAM vertretenen Gruppen und Organisationen einigen mußten. Autonome Positionen bezogen die Kommunisten hinsichtlich des Wiederaufbaus Österreichs. Die Bildung einer nationalen Freiheitsfront, die das Gesamtinteresse des Volkes repräsentieren sollte, stand dabei im Vordergrund. Gleich nach der Befreiung solle eine provisorische Regierung die ersten Reformmaßnahmen ergreifen und Wahlen für eine konstituierende Nationalversammlung vorbereiten. Im Sinne der Volksfronttaktik beabsichtigten die Kommunisten, alle demokratischen Parteien und Massenorganisationen zu einem Volksblock zusammenzufassen. Darüber hinaus gelte es, die Einheit der Arbeiterklasse anzustreben.

Österreich nach Hitler

Bis zur Fusion mit der Sozialdemokratie werde die Kommunistische Partei versuchen, sich als eine österreichische Volkspartei zu etablieren, so daß ihre Teilnahme an den politischen Entscheidungsprozessen der Nachkriegszeit unverzichtbar sei. Beachtenswert ist auch der kommunistische Vorstoß auf militärischem Terrain: Die neuen militärischen Formationen sollten im Kern aus österreichischen Partisanen bestehen – ein Ziel, das nach 1945 kurzfristig in der Wiener Staats- und Sicherheitspolizei erreicht wurde. Keinen Zweifel ließen die Kommunisten daran, Österreich nach kapitalistischen Grundsätzen wiederaufbauen zu wollen, wenngleich sie von der Notwendigkeit der Verstaatlichung der Großbetriebe und aller monopolkapitalistischen Unternehmen überzeugt waren. Diese Verstaatlichungsmaßnahmen wurden als notwendig erachtet, um einerseits die österreichische Wirtschaft radikal von der deutschen zu entflechten und andererseits die Privatwirtschaft vom produktionshemmenden Korsett des Monopolkapitals zu befreien (Maimann 1975, S. 212 ff.).

Die Nachkriegsprogramme des FAM stellen Kompromisse dar, die von allen Mitgliederorganisationen, insbesondere den Kommunisten, getragen wurden. Die FAM-Konzepte erweisen sich inhaltlich als detailgenau und kompakt, was sich aus der Tatsache erklärt, daß an deren Ausarbeitung ein umfangreicher Mitarbeiterstab beteiligt war, der sich in einzelne Arbeitskommissionen gliederte und über Kontakte zu interalliierten Kommissionen Zugang zu wichtigen Unterlagen besaß. Gerade bei den ökonomischen Plänen des FAM ist die Mitwirkung bürgerlicher Experten erkennbar. Hauptziel war die Reorganisation der österreichischen Wirtschaft auf privatwirtschaftlicher Basis, Eingriffe in private Eigentumsverhältnisse sollten nur nach dem Subsidiaritätsprinzip gestattet sein, beispielsweise wenn es die Wiederherstellung der österreichischen Wirtschaft zwingend verlange. Die unumgängliche Sozialisierung der Industrie wurde in zwei Sektoren aufgeteilt. In den „staatlich verwalteten Sektor Klasse A" fallen alle jene Betriebe, die von den Alliierten als „Deutsches Eigentum" klassifiziert werden, sie seien demnach dauerhaft zu verstaatlichen. Der „Sektor Klasse B" habe das „arisierte Eigentum" so lange zu verwalten, bis ein Rechtsnachfolger die Übernahme der in Frage kommenden Unternehmen antreten könne (Maimann 1975, S. 202 ff.).

Es ist bemerkenswert, daß sich neben den Plänen für eine gründliche Entnazifizierung der Wirtschaft auch eine ganze Reihe an Überlegungen zur Mitbestimmung der Belegschaft vor allem im Bereich der verstaatlichten Industrie finden. Diverse Programme widmeten sich der Kulturpolitik und der Jugenderziehung. So gab es konkrete Pläne zur Errichtung einer einheitlichen Jugendbewegung, die nach Kriegsende sogar z. T. umgesetzt wurden: Mit der im Mai 1945 gegründeten Freien Österreichischen Jugend (FÖJ) ließen sich anfänglich durchaus Erfolge erzielen, die hochgesteckten Erwartungen des Jungen Österreich und des Kommunistischen Jugendverbandes gingen jedoch nicht in Erfüllung. Das FAM richtete sein vermehrtes Augenmerk ebenso auf die Frage der Remigration, die erleichtert und beschleunigt werden sollte. In diesem Zusammenhang wurde es als eine der Hauptaufgaben angesehen, die vertriebenen Österreicher zur Rückreise zu motivieren und dabei zu unterstützen (Maimann 1975, S. 209 ff.). Gerade aufgrund des Umfangs und der Genauigkeit der Programme ist es besonders frappant, daß das FAM in seinen politischen Konzeptionen die Frage der Staatsform aussparte und sich lediglich auf die Minimalforderung nach einem unabhängigen Österreich beschränkte. Sozialisten und Legitimisten gaben in diesem Punkt jedenfalls unmißverständliche, wenn auch konträre Antworten.

Eine kleinere Gruppe von Industriellen, Kaufleuten, Bankiers und bürgerlichen Intellektuellen besaß ebenfalls ein massives Interesse an der Ausarbeitung von Nachkriegskonzepten. Die Austrian Democratic Union hatte deshalb bis 1943 im FAM mitgewirkt. Danach trat die Union der Österreichischen Vertretungskörperschaft bei, dem u. a. auch das London Bureau angehörte. Ihr zentrales Anliegen war die Wiedererrichtung eines unabhängigen Österreich, das in ein System eines demokratisch kontrollierten, antimonopolistischen Kapitalismus einzubinden sei. Die Union lehnte übrigens jegliche Zahlung von Reparationsgeldern mit der Erklärung einer gewaltsamen Okkupation Österreichs ab. Dafür aber trat sie für eine rasche Entschädigung der durch Arisierung und Enteignung betroffenen Flüchtlinge ein (Maimann 1975, S. 225 ff.).

Die Nachkriegskonzeptionen spiegeln in ihrer konkreten Programmatik die ideologischen Differenzen der politisch und weltanschaulich unterschiedlich orientierten österreichischen Exilorganisationen wider. Auf die Nachkriegsentwicklung in Österreich wie auch auf die Politik der Alliierten konnten die Neuordnungspläne des politischen Exils allerdings nur äußerst bescheiden Einfluß nehmen. Denn die Anfänge des politischen Wiederaufbaus gingen in Österreich von den alten politischen Kräften aus, die sich noch in der Endphase des Krieges neu konstituiert hatten. Außerdem wurden Exilpolitiker wenn überhaupt, so nur sehr zögernd nach Österreich zurückgeholt und eher spärlich in den politischen Entscheidungsapparat reintegriert (→ RÜCKKEHR AUS DEM EXIL: ÖSTERREICH). Die Alliierten wiederum weigerten sich, eine repräsentative österreichische Exilvertretung anzuerkennen, und dachten nicht daran, ihren politischen Freiraum von „fremden" Konzepten österreichischer Exilpolitiker einengen zu lassen. Dennoch waren die Diskussionen um Standpunkte und Nachkriegskonzepte im Exil nicht vergeblich, sondern leisteten einen unverzichtbaren Beitrag zur Schärfung der politischen Identität, zur Entwicklung eines neuen Österreichbewußtseins (Fellner 1972; Maimann 1986; Brix 1988; Eppel 1988).

Literatur

Ardelt, Rudolf G. (1978): Das „Problem" Friedrich Adler, in: Konrad, Helmut, Hrsg.: Sozialdemokratie und „Anschluß", Wien u. a., S. 71 ff.

Bauer, Otto (1936): Zwischen zwei Weltkriegen? Die Krise der Weltwirtschaft, der Demokratie und des Sozialismus, Bratislava.

Biographisches Handbuch der deutschsprachigen Emigration nach 1933/International Biographical Dictionary of Central European Emigrés 1933–1945 (1980), hrsg. vom Institut für Zeitgeschichte, München, u. von der Research Foundation for Jewish Immigration, New York, unter der Gesamtleitung von Werner Röder u. Herbert A. Strauss, Bd. 1: Politik, Wirtschaft, Öffentliches Leben, München u. a.

Breitner, Hugo (1944): Österreich und die Schweiz. Vergleich und Ausblick, London.

Brix, Emil (1988): Zur Frage der österreichischen Identität am Beginn der Zweiten Republik, in: Bischof, Günter, u. Josef Leidenfrost, Hrsg.: Die bevormundete Nation. Österreich und die Alliierten 1945–1949, Innsbruck, S. 93 ff.

Bruckmüller, Ernst (1984): Nation Österreich. Sozialhistorische Aspekte ihrer Entwicklung, Wien u. a.

Buttinger, Joseph (1953): Am Beispiel Österreichs. Ein geschichtlicher Beitrag zur Krise der sozialistischen Bewegung, Köln.

Deutsch, Julius (1944): Austria in the framework of a world organisation. Genève or Vienna, New York.

Dusek, Peter (1977): Nachkriegskonzeptionen für Österreich. Der Exilwiderstand und die nationale Frage, in: Österreicher im Exil 1934 bis 1945. Protokoll des internationalen Symposiums zur Erforschung des österreichischen Exils von 1934 bis 1945, hrsg. vom DÖW, Wien, S. 230 ff.

Eppel, Peter (1988): Österreicher im Exil 1938–1945, in: Talos, Emmerich, u. a., Hrsg.: NS-Herrschaft in Österreich 1938–1945, Wien, S. 553 ff.

Erhart, Helga (1985): Die politische Arbeit der konservativen österreichischen Emigration in Frankreich und in den USA 1938–1943, Diss., Wien.

Fellner, Fritz (1972): Die außenpolitische und völkerrechtliche Situation Österreichs 1938. Österreichs Wiederherstellung als Kriegsziel der Alliierten, in: Weinzierl, Erika, u. Kurt Skalnik, Hrsg.: Österreich. Die Zweite Republik, Bd. 1, Wien u. a., S. 53 ff.

Goldner, Franz: Die österreichische Emigration 1938 bis 1945, Wien–München.

von Habsburg, Otto (1942): Danubian Reconstruction, in: Foreign Affairs. American Quarterly Review.

von Habsburg, Robert (1942): The new Austria, London.

Heer, Friedrich (1981): Der Kampf um die österreichische Identität, Wien u. a.

Kaiser, Konstantin (1988): Zur Diskussion um Kultur und Nation im österreichischen Exil, in: Stadler, Friedrich, Hrsg.: Vertriebene Vernunft II. Emigration und Exil österreichischer Wissenschaft, Wien–München, S. 1052 ff.

Kreissler, Felix (1984): Der Österreicher und seine Nation. Ein Lernprozeß mit Hindernissen, Wien u. a.

Maimann, Helene (1975): Politik im Wartesaal. Österreichische Exilpolitik in Großbritannien 1938–1945, Wien u. a.

Maimann, Helene (1986): Views of Austrian Exiles on the Future of Europe, in: Lipgens, Walter, Ed.: Documents on the History of European Integration, Bd. 2: Plans for European Union in Great Britain and in Exile 1939–1945, Berlin–New York, S. 629 ff.

Österreicher im Exil (1984): Frankreich 1938–1945. Eine Dokumentation, hrsg. vom DÖW, Wien.

Österreicher im Exil (1987): Belgien 1938–1945. Eine Dokumentation, hrsg. vom DÖW, Wien.

Österreicher im Exil (1992): Großbritannien 1938–1945. Eine Dokumentation, hrsg. vom DÖW, Wien.

Österreicher im Exil (1995): USA 1938–1945. Eine Dokumentation, hrsg. vom DÖW, 2 Bde., Wien.

Paul, Oscar (Oscar Pollak, 1942): Underground Europe Calling, London.

Schwager, Ernst (1984): Die österreichische Emigration in Frankreich 1938–1945, Wien u. a.

Staudinger, Anton (1977): Zur „Österreich"-Ideologie des Ständestaates, in: Jedlicka, Ludwig, u. Rudolf Neck, Hrsg.: Das Juliabkommen von 1936 – Vorgeschichte, Hintergründe und Folgen, Wien, S. 198 ff.

Weber, Friedrich (1977): Die linken Sozialisten 1945–1948. Parteiopposition im beginnenden Kalten Krieg, Diss., Salzburg.

Weinzierl, Ulrich (1982): Zur nationalen Frage – Literatur und Politik im österreichischen Exil, in: Lutz, Heinrich, u. Helmut Rumpler, Hrsg.: Österreich und die deutsche Frage im 19. und 20. Jahrhundert, Wien, S. 318 ff.

Die Zweite Republik (1944). Schriftenreihe des Londoner Büros der österreichischen Sozialisten, London.

IV

Wissenschaftsemigration

Einleitung

Nach 1933 haben die Wissenschaften im deutschsprachigen Raum rund ein Drittel ihres Personals verloren, das sind nahezu 3000 Gelehrte. Im Prozeß der nationalsozialistischen Gleichschaltung wurde mit dem „Gesetz zur Wiederherstellung des Berufsbeamtentums" vom 7. April 1933 – dessen Bestimmungen durch Verordnungen auch für die nichtbeamteten Angehörigen der Universitäten, Hochschulen und Forschungseinrichtungen galten – aus dem öffentlichen Dienst entlassen, wer „nicht arischer Abstammung" war (§ 3) und wer nicht die Gewähr dafür bot, „jederzeit rückhaltlos für den nationalen Staat ein(zu)treten" (§ 4). In den Wissenschaften traf das vor allem die modernen Disziplinen. Sie hatten in den zwanziger Jahren ihre Blüte oder gar erst ihre Professionalisierung erlebt und wurden nicht von ungefähr in außerordentlichem Maße von jüngeren Gelehrten jüdischer Herkunft sowie von politisch der Weimarer Republik verpflichteten Wissenschaftlern repräsentiert. Auf diese intellektuellen Eliten zielte eine weitere Bestimmung des Gesetzes (§ 8), nach der die übliche beamtenrechtliche Ruhegehalts-Versorgung bei denen ausgeschlossen war, die keine mindestens zehnjährige Dienstzeit nachweisen konnten. In scheinlegaler Verkleidung wurden diejenigen bewußt ins existentielle Nichts gestoßen, die in den Jahren der Weimarer Republik ihre akademischen oder administrativen Positionen erworben hatten. Das geschah ohne erkennbare Reaktion oder gar den Widerstand der akademischen Gemeinschaft. Im Gegenteil, noch im April 1933 hatten sich der Vorstand des deutschen Hochschulverbandes und kurz darauf auch die Universitäten in einer servilen Unterwerfungsgeste beeilt, ihr „Bekenntnis" zu Adolf Hitler und dem nationalsozialistischen Staat abzugeben.

Unschwer sind diese Tendenzen an den Entlassungsquoten der einzelnen Wissenschaften abzulesen. Mit Abstand lagen etwa die Sozialwissenschaftler (→ POLITIKWISSENSCHAFTEN, → SOZIOLOGIE, → WIRTSCHAFTSWISSENSCHAFTEN) über dem allgemeinen Durchschnitt. Ähnliches ist für die modernen Teildisziplinen in anderen Fächern festzustellen, exemplarisch seien etwa die Atomphysik oder die Biochemie genannt (→ PHYSIK, → BIOLOGIE UND CHEMIE). Von ihnen wurden z. T. mehr als 50% entlassen, was der Ausgrenzung ganzer theoretischer Schulen und Forschungsparadigmen gleichkam. In noch stärkerem Maße gilt das für die Wissenschaftstheorie des Logischen Empirismus (→ DER „WIENER KREIS") sowie die Judaistik, die in Deutschland während des 19. Jahrhunderts entwickelte Wissenschaft des Judentums (→ GESCHICHTSWISSENSCHAFTEN); beide wurden unter dem Nationalsozialismus vollständig ihrer Existenzgrundlagen beraubt. In den konservativen, national gefärbten Disziplinen hatten demgegenüber jüdische Gelehrte und moderne gesellschaftsanalytische Forschungsansätze kaum Eingang gefunden, so daß dort, etwa in den → GESCHICHTSWISSENSCHAFTEN und der → GERMANISTIK, die Entlassungen vergleichsweise gering waren.

Die Zahlen der aus ihren akademischen Positionen Vertriebenen sind nicht identisch mit denen der Exilanten. Im Durchschnitt verließen etwa zwei Drittel der Entlassenen den NS-Staat, wobei die jüngeren Jahrgänge nahezu vollständig flohen, während mit zunehmendem Alter die Bereitschaft zu einem solchen Schritt abnahm. Bei den älter als Fünfzigjährigen lag die Emigrationsrate nur noch bei knapp 50%. Neben der Existenzvernichtung dürften eine höhere Flexibilität, geringere familiäre Bindungen, in Einzelfällen aber auch direkte Erwartungen auf eine bessere Karriere die Entscheidungen der Jüngeren bestimmt haben. Zwar prägten unterschiedliche nationale Stile gerade in den Gesellschafts- und Geisteswissenschaften die intellektuellen Kulturen der einzelnen Länder, dennoch ist erkennbar, in welchem Ausmaß die Internationalisierung dieser Kulturen durch Tagungen, Wissenschaftler-Austausch und andere grenzüberschreitende Kooperationen – nicht zuletzt vor dem Hintergrund der ungelösten Probleme der modernen Industriegesellschaften und ihrer krisenhaften Entwicklung – nach dem Ersten Weltkrieg zugenommen hatte.

IV

So prekär die plötzlichen Karriereabbrüche, die biographischen Zäsuren und die Dramatik von Flucht, Exil und anfänglicher Ungewißheit für die Betroffenen gewesen sein mochten, dank internationaler Hilfe gelang den meisten Wissenschaftlern – sieht man von der → MEDIZIN ab – im Vergleich zu anderen sozialen Gruppen ein relativ geräuschloser Übergang in die neue Lebenswelt der Zufluchtsländer. Sie gehörten zu den Privilegierten unter den Flüchtlingen, die ihre Karriere nach kurzer Unterbrechung in der Regel fortsetzen konnten. Daher sollte sich die übergroße Mehrzahl alsbald nicht mehr als Exilanten oder Asylanten verstehen, die auf eine Rückkehr warteten, sondern als Emigranten, die bereit waren und auch die Möglichkeit fanden, sich in ihren Aufnahmeländern zu integrieren. Insgesamt kehrten von ihnen nach 1945 nur knapp 10% zurück. Dieses optimistische Bild gilt allerdings nur in der allgemeinen Tendenz und aus der rückschauenden Distanz. Die unmittelbaren Probleme der Betroffenen, sich in einer unbekannten Umgebung zurechtfinden zu müssen, die geringe Bezahlung der in den ersten Jahren nur befristeten Tätigkeiten oder die von vielen z. T. als Schock empfundenen Statuseinbußen sollen damit nicht übergangen werden. Einige schafften den Schritt nicht, sie entwurzelten oder verzweifelten; in fast jeder Disziplin stößt man auf Menschen, deren Weg noch ins Exil zu verfolgen ist, die dann aber plötzlich verschwanden, zuweilen gar im Selbstmord endeten. Doch waren das die Ausnahmen.

Schon aus der zweiten Hälfte der dreißiger Jahre gibt es zahlreiche Zeugnisse von Betroffenen, vor allem aus den Vereinigten Staaten von Amerika, die von einer erfolgreichen Akkulturation berichten. Die erzwungene Flucht und der Neuanfang habe zu neuen Lernprozessen geführt, man sei gezwungen gewesen, die mitgebrachten sozialen und kulturellen Leitbilder und die „teutonischen" Denk- und Verhaltensmuster zu überprüfen. Kurz, man empfand sich als neue Weltbürger, die überall zu Hause sind. Solche verklärenden Urteile wurden sicher auch von dem Erstaunen, ja der Faszination über die neu erlebten zivilen Umgangsformen in den westlichen Zufluchtsländern mitgeprägt, so daß man die realen Widersprüche im dortigen öffentlichen Leben, den offenen oder latenten Antisemitismus, die verbreitete Fremdenfeindlichkeit etc., übersah oder verdrängte.

Von den entlassenen Wissenschaftlern flohen etwa 2000, das ist der größte intellektuelle Exodus in der neueren Geschichte. In der amerikanischen Literatur, bezeichnenderweise nur dort, wird er immer wieder mit der Flucht der Gelehrten aus dem Oströmischen Reich nach der osmanischen Eroberung von Byzanz 1453 verglichen, die dann wesentlich zur Blütezeit der Renaissance in Italien beigetragen hatten. Klar ist, daß ein solche Massenflucht ohne fremde Hilfe und das Entgegenkommen der internationalen Wissenschaftsgemeinschaft kaum möglich gewesen wäre. Schon im Mai 1933 war in Großbritannien auf Initiative des Präsidenten der London School of Economics William Beveridge, des Physikers Ernest Rutherford und anderer prominenter Wissenschaftler der Academic Assistance Council (AAC, ab 1936 in Society for the Protection of Science and Learning umbenannt) gegründet worden, der im Wege der Selbstbesteuerung die Mittel aufbrachte, um den in Deutschland entlassenen Kollegen für den Anfang eine Fortsetzung ihrer Tätigkeit an britischen Universitäten oder Forschungseinrichtungen zu ermöglichen. Wenig später konstituierte sich nach diesem Vorbild in New York das Emergency Committee in Aid of Displaced German/Foreign Scholars (EC), das mit ungleich besserer finanzieller Ausstattung von verschiedenen philanthropischen Stiftungen eine gezielte Rettungspolitik gleich in großem Stil begann. Es übernahm für einige Jahre die Gehälter, sofern sich eine Universität bereit erklärte, den von ihr gewünschten „emigré scholar" mit Aussicht auf eine spätere Dauerstellung zu beschäftigen. Bis 1945 konnten auf diese Weise mehr als 350 Wissenschaftler für die → VEREINIGTEN STAATEN VON AMERIKA gewonnen werden. Auffallend ist hierbei die unterschiedliche Verteilung auf die einzelnen Disziplinen. Durch den international hohen Standard der → MATHEMATIK in Deutschland vor 1933 beispielsweise fanden deren wichtigste Repräsentanten auch ohne die Vermittlung der Komitees eine zügige Aufnahme an den Wissenschaftseinrichtungen der Zufluchtsländer.

Überragend sind weiterhin die Engagements der Rockefeller Foundation, die man überhaupt als Refinanzierungsinstanz der weltweiten Hilfe und Plazierung von Wissenschaftlern ansehen kann. Zwar gab es auch andere amerikanische Stiftungen im Bereich der Wissenschaftsförderung, keine war jedoch annähernd so finanzkräftig und verfügte über einen international so vernetzten administrativen Apparat wie sie. Die Rockefeller Foundation hatte seit Anfang des Jahrhunderts zunächst weltweit die medizinische und dann auch die weitere naturwissenschaftliche Forschung gefördert; in den 1920er Jahren waren noch die Sozialwissenschaften einbezogen worden.

Nach 1933 stellte sie ihre Forschungsförderung in Deutschland ein und übertrug diese Mittel auf verschiedene Hilfsprogramme für die vertriebenen Wissenschaftler, wodurch weiteren 300 Gelehrten aus Deutschland die Fortsetzung ihrer Karriere ermöglicht wurde, davon zwei Drittel in den USA, der verbleibende Teil vor allem in Großbritannien, aber auch in anderen Ländern.

Zu nennen wäre hier insbesondere die → TÜRKEI, die unter der Modernisierungsdiktatur Atatürks den Anschluß an den Westen suchte und mehr als 300 Wissenschaftlern und Spezialisten aus Deutschland und ab 1938 aus Österreich – z. T. mit Rockefeller-Geldern ausgestattet – die Chance bot, das dortige Universitätssystem wie auch die öffentliche Verwaltung nach westlichen Standards aufzubauen. Das klassische Asylland → FRANKREICH, das für das politische und literarische Exil zur wichtigen Zuflucht wurde, war im Bereich der Wissenschaftsemigration hingegen nur von marginaler Bedeutung, so nur für die → KUNSTWISSENSCHAFTEN, jedoch nicht für die → ROMANISTIK. Gleiches gilt für die → SOWJETUNION. Der dort geplante Aufbau der sozialistischen Gesellschaft hatte zwar schon vor 1933 zahlreiche sozial engagierte Repräsentanten der Architektur-Moderne angezogen, die das Land jedoch nach Beginn der Stalinisierung alsbald desillusioniert wieder verließen (→ ARCHITEKTUR).

Jene Zahlenrelation der von der Rockefeller Foundation innerhalb und außerhalb der USA aus ihrem Hilfsprogramm finanzierten Gelehrten entsprach in etwa auch der Gesamtverteilung der geflohenen Wissenschaftler. Für sie wurden die Vereinigten Staaten zum wichtigsten Aufnahmeland; zwei Drittel von ihnen, d.h. rund 1300 Personen, zu denen noch die Familienangehörigen zu zählen sind, fanden dort direkt oder nach Zwischenstationen in anderen Ländern eine neue Zukunft. Dieser Anteil lag damit fast dreimal so hoch wie die amerikanische Aufnahmequote bei anderen Flüchtlingsgruppen, die mit 25% ohnehin die der anderen Länder weit übertraf (→ VEREINIGTE STAATEN VON AMERIKA).

Wie die Flucht der Wissenschaftler keine Einzelbewegung gewesen ist, sondern an bestimmte disziplinäre, theoretische oder kollegiale Netzwerke gebunden war, so erfolgte auch deren Verteilung und Plazierung durch die Hilfskomitees alsbald in weltweiter Kooperation und Koordination. Der AAC war für Großbritannien und die Commonwealth-Länder zuständig, das Emergency Committee in New York für die USA, z. T. auch für Lateinamerika, und die Notgemeinschaft Deutscher Wissenschaftler im Ausland, eine Selbstorganisation deutscher Emigranten in Anlehnung an die in den Inflationsjahren nach dem Ersten Weltkrieg gegründete Notgemeinschaft der Deutschen Wissenschaft, für die Türkei und den Nahen Osten. Auch bei dieser vereinten Vermittlungstätigkeit spielte der finanzielle Rückhalt durch die Rockefeller Foundation eine entscheidende Rolle. Das symbolisiert etwa die vom AAC und der Notgemeinschaft 1936 in London erstellte *List of Displaced German Scholars* mit fast 1 650 Namen – ein Nachtrag mit weiteren 136 Einträgen folgte 1937 –, die von ihr finanziert und an interessierte Institutionen weltweit verbreitet wurde.

Von den Rettungsmaßnahmen der Hilfskomitees ausgeschlossen waren lediglich die jüngeren Wissenschaftler, um dem einheimischen Nachwuchs nicht die Berufsperspektiven zu verbauen. Aber auch ihnen sowie denjenigen, die ihr Studium noch nicht abgeschlossen hatten – sie werden in der Forschung als „zweite Generation" bezeichnet –, gelang es mehrheitlich ohne jene Hilfe, ihre universitären Karrieren fortzusetzen oder überhaupt erst zu beginnen. Viele von ihnen sollten vor allem in den USA und Großbritannien zu bedeutenden Vertretern ihrer Fachgebiete avancieren. Beispielhaft für diese Altersgruppe stehen insbesondere zahlreiche junge Privatgelehrte aus Österreich, die nur durch die Emigration den Zugang zu universitären Positionen fanden, da sich ihnen an den wenigen Universitäten ihres Heimatlandes solche Chancen nie geboten hatten. Ähnliches läßt sich auch für Wissenschaftlerinnen feststellen, die nicht nur an zahlreichen amerikanischen Mädchen-Colleges Professorinnen wurden, während sie in den hierarchisch verfaßten und ordinarial dominierten Hochschulmilieus des deutschsprachigen Raums zumeist nur die untersten Stufen der akademischen Karriereleiter hatten einnehmen können.

Die in den Hilfsmaßnahmen engagierten Intellektuellen und Stiftungsadministrationen sahen nach 1933 die einzigartige Chance, die die Vertriebenen aus Deutschland nicht nur für die Wissenschaftsgemeinschaft des eigenen Landes bedeuteten. Sie wurden als Bereicherung der eigenen und internationalen Kultur angesehen, die zudem noch den Vorteil boten, daß ihre intellektuellen Anregungen für Kollegen und Studierende jetzt direkt vor Ort zu haben waren. Im pragmatischen Amerika hatten einige sogleich auch ausgerechnet, welchen materiellen Gewinn dieser kostenlose Zugewinn der z. T. hochqualifizierten Gelehrten bedeutete. Vor dem Hintergrund der Weltwirtschaftskrise in den dreißiger

Jahren mit hoher Arbeitslosigkeit auch im Bereich der Wissenschaften ist die erfolgreiche Plazierung jener 2000 Wissenschaftler – auf die nach Ausbruch des Zweiten Weltkrieges noch einige hundert Gelehrte aus den von der deutschen Wehrmacht besetzten Staaten folgten – eine heute kaum mehr abzuschätzende Leistung. Durch den solidarischen Einsatz der spontan gegründeten Hilfskomitees, zu denen weitere für spezielle akademische Berufsgruppen wie Mediziner oder Juristen kamen, konnten die von den Geflohenen mitgebrachten intellektuellen Botschaften für die internationale Wissenschaftskultur fruchtbar gemacht werden. Die meisten der disziplingeschichtlichen Übersichten können Beispiele anführen, welche innovativen Impulse dieser Wissenstransfer mit mehr oder weniger weitreichenden Wirkungen geben konnte. Im Bereich der Gesellschaftswissenschaften führte das vor allem in den USA zu jener immer wieder zitierten transatlantischen Synthese von pragmatisch-behavioristischem Wissenschaftsverständnis nach dortiger Tradition und den von den Emigranten mitgebrachten theoriegeleiteten Erkenntnisinteressen, von der fortan und bis heute die intellektuell anregendsten Impulse der sozialwissenschaftlichen Diskussion ausgehen sollten.

In der Exilforschung ist die genauere Untersuchung der Wissenschaftsemigration relativ neuen Datums. Zwar hat es über herausragende Gelehrte oder spezifische Wissenschaftsmilieus bereits zuvor sporadische Analysen gegeben, man denke nur an die Theoretiker der → „Kritischen Theorie" aus dem Frankfurter Institut für Sozialforschung, die ihr spezifisches Profil erst in der amerikanischen Emigration entwickelt hatten, oder an deren intellektuelles Komplement, die University in Exile in New York (→ Psychologie, → Der „Wiener Kreis", → Wirtschaftswissenschaften). Doch umfassendere Arbeiten, die mehr an den kollektiv-biographischen und sozialen Prozessen der Vertreibung sowie den Ideen- und Theorietransfers als an Einzelschicksalen interessiert sind, begannen erst Ende der achtziger Jahre, als die Deutsche Forschungsgemeinschaft ein spezielles Schwerpunktprogramm zur Erforschung der Wissenschaftsemigration eingerichtet hatte. Damit sind auch die quantitativen Erhebungen in den nachfolgenden disziplingeschichtlichen Abrissen zu erklären, die zum großen Teil aus diesem Projekt hervorgegangen sind. Sie sind als empirische Grundlage für die weitere qualitative Forschung gedacht.

Die Beiträge geben eine erste Gesamtübersicht über die Wissenschaftsemigration. Um Mißverständnisse auszuschließen, sei darauf hingewiesen, daß hinter solchem systematischen Zugriff die individuellen Leistungen einzelner Wissenschaftler und die Würdigung prominenter Gelehrter zurückstehen müssen. Die Übersichten erhellen, welche professionellen Abgrenzungsprobleme sich teilweise stellen, wie unscharf das Profil einiger Wissenschaftszweige während der zwanziger Jahre noch war; in einigen Beiträgen ist der berufliche Rahmen oder die disziplinäre Zuordnung deshalb auch weiter gefaßt (→ Erziehungswissenschaften, → Medizin, → Psychiatrie, → Psychologie). Die Artikel deuten zugleich an, welche Fächer oder Teildisziplinen bisher keine systematischere Untersuchung gefunden haben, exemplarisch genannt seien nur die Religionswissenschaften (vorläufige Angaben dazu in → Christen und Konservative), die Geographie, Orientalistik, Sinologie oder die insbesondere mit den Namen Wilhelm Reich und Magnus Hirschfeld verbundene moderne Sexualforschung. Die vorliegenden disziplinären Befunde zeigen in vergleichender Betrachtung auffallende Unterschiede, die auf weitere Forschungsdesiderata hinweisen. Einige basieren auf dem Personenkorpus des Anfang der achtziger Jahre erschienenen *Biographischen Handbuchs der deutschsprachigen Emigration nach 1933* (*BHb*), andere dagegen haben den Referenzrahmen weiter abgesteckt und alle aus ihren Stellungen Vertriebenen, damit also auch die Nicht-Emigranten, berücksichtigt.

Beide Ansätze sind plausibel. Das *BHb* verzeichnet in seinem zweiten Band nahezu alle bedeutenden Wissenschaftler sowohl der ersten als auch der zweiten Generation, die für die Bewertung des intellektuellen „brain drain" wie auch für die Integration und Wirkung der Vertriebenen in den Zufluchtsländern von zentraler Bedeutung sind. Das andere Verfahren geht demgegenüber nicht nur von solchem „Gewinn"-Ansatz aus der Perspektive der Aufnahmeländer aus, sondern will auch auf die „Verluste" für die Wissenschaften in Deutschland und Österreich aufmerksam machen, zu denen ebenso die entlassenen Nicht-Emigranten zählen. Soweit sich übersehen läßt (vgl. → Rechtswissenschaften, → Romanistik und → Wirtschaftswissenschaften), führt dieser umfassendere Zugriff, für den Vorlesungsverzeichnisse der Universitäten und Personalübersichten der Forschungseinrichtungen oder der akademischen Standesorganisationen das empirische Ausgangsmaterial bilden, auch zu weiteren Namen, die bei den Erhebungen des *BHb* – das mit insgesamt rund 9 000 Einträgen überhaupt nur einen Teil seines Urmaterials von etwa 25 000 Biographien wiedergeben konnte – noch nicht gesammelt worden waren. Der von solchen Ausgangsdaten gewonnene Personenkreis rückt auch diejenigen in den Blick, die als Außenseiter ihrer Disziplinen marginalisiert waren. Der Abgleich dieser Daten mit denen der Hilfskomitees oder denen der Wissenschaftsgemeinschaften in den Zufluchtsländern ermöglicht darüber hinaus trennschärfere Aussagen über Mißerfolge, Scheitern oder auch Karrierewechsel durch die Emigration. Er lenkt den Blick zugleich auf diejenigen, die der physischen Vernichtung durch die Nationalsozialisten zum Opfer gefallen sind. In nahezu jeder Disziplin sind bedeutende Repräsentanten im Holocaust umgekommen.

Zu den schwierigsten und umstrittensten, gleichwohl wichtigsten Aspekten der Wissenschaftsemigration zählen Aussagen über die Wirkung der Emigranten in ihren Zufluchtsländern. Üblicherweise wird diese vom Prestige der erworbenen akademischen Positionen, von der erfolgreichen Integration in den neuen akademischen Netzwerken, von den dort erreichten Kommunikationsanteilen und anderen sozialen Variablen abgeleitet. In den letzten Jahren hat darüber hinaus die aus der Wissenschaftssoziologie übernommene sog. Zitationsanalyse einen neuen Weg der Wirkungsmessung gewiesen, nach der anhand der zitierten Häufigkeit wissenschaftlicher Beiträge auf die Bedeutung eines Autors in seinem Fachgebiet geschlossen wird. Uneingeschränkt ist dieses Verfahren aber nur für die Naturwissenschaften möglich (→ PHYSIK), für die seit den vierziger Jahren, also den Kernjahren publizistischer Aktivitäten der Emigranten, der jährlich erscheinende *Science Citation Index* erscheint; ein entsprechender Index für die Sozialwissenschaften existiert dagegen erst seit 1968. Die Reichweite zitationsanalytischer Möglichkeiten ist also begrenzt. Außerdem ist kontrovers, ob eine solche quantitative Messung hinreichend sein kann, da sie allein auf Veröffentlichungen beruht und nur mit fachkollegialer Anerkennung korreliert ist, von der man seit Thomas S. Kuhn weiß, das sie eher konforme als nichtkonforme Positionen prämiert.

In der Wirklichkeit der emigrierten Wissenschaftler ist weiterhin denkbar, daß jemand durchaus ohne prominente Stellung an einer berühmten Forschungseinrichtung und ohne aufsehenerregende Publikationen durch qualifizierte Lehre, mit originellen Fragestellungen oder den aus Deutschland bzw. Österreich mitgebrachten Weltbildern, theoretischen Ansätzen und Methoden bemerkbare Spuren gezogen hat. Für das Hauptzufluchtsland, die USA, ist daher nicht ausgemacht, ob der vertriebene Wissenschaftler an einem College etwa des mittleren Westens weniger einflußreich gewesen ist als jemand, der Anstellung an einer der großen Elite-Universitäten gefunden hatte. Das gilt noch mehr für die Engagements der Emigranten beim universitären und curricularen Aufbau in einem so wichtigen Aufnahmeland wie der Türkei, ferner in Palästina/Israel oder vereinzelt in den Ländern der später so genannten Dritten Welt.

Über all dies ist das letzte Wort noch nicht gesprochen. Immerhin haben die Debatten über den Einfluß der Emigranten in den letzten Jahren den Blick für das Problem geschärft. Der künftigen Forschung ist aufgegeben, ein universalisierbares Kategoriensystems zu entwickeln, das die Untersuchung der unterschiedlichen Wirkungskomponenten weiter befördert und methodisch angemessen integriert.

Architektur

Bernd Nicolai

Eine Architekturgeschichte des Exils ist noch nicht geschrieben. Erst in jüngster Zeit wurden Informationen zur Tätigkeit und zum Werdegang von Architekten und Architektinnen in verschiedenen Exilländern zusammengetragen, ohne daß Vollständigkeit erreicht ist. Der Architekturtransfer unter Exilbedingungen erweist sich als besonders unübersichtlich, weil die Architektur der Moderne mit ihrem gleichermaßen ästhetischen wie emanzipatorischen Anspruch zwar den kulturellen und kulturpolitischen Diskurs in Deutschland und Österreich entscheidend mitprägte, der sich aber nicht ohne weiteres auf die Gastländer übertragen ließ. Insofern fand bei den meisten Emigranten auch ein umfassender Wandel ihrer architektonischen Auffassung durch die Konfrontation mit dem Exilland statt. Damit unterscheidet sich das Exil der Architekten zwischen 1933 und 1945 grundsätzlich vom Architektenaustausch früherer Jahrhunderte, der in erster Linie unter hofkünstlerischen oder religiösen Aspekten zu sehen ist und dem Anschluß an die jeweiligen architektonischen Leitbilder und deren Umsetzung diente.

Für die Moderne sind zwei Emigrationswellen, vor und nach 1933, zu unterscheiden. Zu der ersten Welle gehört die durch wirtschaftliche Ursachen ausgelöste Immigration in die USA, beispielsweise der Österreicher Rudolph Schindler und Richard Neutra. Diese akkulturierten sich weitgehend und prägten die spezifische US-amerikanische Moderne unter dem Einfluß Frank Lloyd Wrights, verbunden mit den eigenen europäischen Erfahrungen. Beispielhaft dafür sind Schindlers Kings Road House (1921/22) und Neutras Lovell Health House (1927–1929), beide in Los Angeles. Ähnlich verhielt es sich mit Josef Urban, der als Schüler Otto Wagners einen wichtigen Beitrag zum Art Deco lieferte und schließlich 1929 bis 1931 mit dem Bau der New Yorker New School for Social Reserach zur Moderne kam (Boeckl 1995, S. 73 ff., 117 ff.). Zu einer umfassenden Beeinflussung der amerikanischen Architekturszene führten diese Einzelerscheinungen jedoch nicht.

Um 1930 wurde ein anderes Land aus politischen Gründen interessant: die → SOWJETUNION. Martin Wagner sah dort die Zukunft eines neuen Städtebaus (Junghanns 1979, S. 678). Angesichts politischer Radikalisierung, Wirtschaftskrise und Stopp des sozialen Wohnungsbaus in der Weimarer Republik begann der Exodus deutscher Architekten dorthin. Die 17köpfige Gruppe des Frankfurter Stadtbaurats Ernst May brach 1930 geschlossen nach Moskau auf. Mit der Neuplanung von Magnitogorsk in Sibirien wollte May seine als vorbildlich bewertete Tätigkeit aus Frankfurt a. M. in das Gastland übertragen. Trabantenstädte, Zeilenbau und industrielle Fertigung der Wohnbauten waren das Ziel, das aber mit den Produktionsbedingungen der sich gerade industrialisierenden Sowjetunion nicht zu vereinbaren war. Ferner verschlechterten die beginnende Stalinisierung, die Proklamierung einer neuen historistischen Architektur und des geschlossenen Städtebaus das Klima für die Ausländer (Jung 1989). Ernst May und Hannes Meyer mußten das in der scharfen Kritik an ihren Trabantenstadt-Projekten zum Städtebauwettbewerb Groß-Moskau von 1932 erfahren. May verließ 1933 enttäuscht das Land, um in Kenia ein neues, ganz anderes Exil zu finden (Buekschmidt 1963). Andere Vertreter der deutschen Avantgarde wie Bruno Taut sahen resigniert, daß ihre Vorstellung von sozialer und sozialistischer Moderne sich nicht mit dem Stalinismus zusammenbringen ließ. Taut ging 1933 über Berlin zunächst nach Japan und dann 1936 in die Türkei.

Der Kommunist Hannes Meyer, der mit einer „Roten Brigade" aus Bauhausschülern nach Moskau gekommen war, schloß sich der proletarischen WOPRA-Bewegung an, die mit ihrer Modernekritik den neuen Sozialistischen Realismus mitbegründete. Meyer hatte als einziger der Emigranten 1930–34 eine Professur für Städte- und Wohnungsbau in Moskau inne. In dieser Funktion kritisierte er die Planungen Mays als „bürgerlich erträumte sozialistische Städte" (Jung 1989, S. 281). Seit 1934 war er an der Architekturakademie Leiter des Kabinetts für Wohnungswesen, wo er theoretisch an modellhaften Wohnformen u. a. mit Margarete Schütte-Lihotzky und Hans Schmidt arbeitete. Trotz anfangs großer städtebaulicher Projektaufträge im Permgebiet und Ostsibirien wurde Meyer ab 1934 jedoch mehr und mehr aus dem aktiven Baugeschehen verdrängt und ging desillusioniert 1936 über die Schweiz nach Mexiko.

Die Sowjetunion war also kein Land zur dauerhaften Immigration. Selbst überzeugte Kommunisten, die noch nach 1935 in Spezialdisziplinen wie Kindergartenbau, Schulprojekten oder theoretisch arbeiten durften, so etwa Schütte-Lihotzky, die 1932 mit dem Bau des Kinderinternats von Briansk in der Ukraine hervorgetreten war (Baumgartner-Haindl 1993, S. 153 f.), oder Wilhelm Schütte, Konrad Püschel und Hans Schmidt, mußten 1937 ausreisen und wanderten weiter: häufig in die Türkei, in die Schweiz, aber auch zurück nach Deutschland.

Zu der Gruppe um May gehörten zudem Max Cetto, Werner Hebebrand, Werner Schwagenscheid und Gustav Hassenpflug, die zwischen 1933 und 1938 nach NS-Deutschland zurückkehrten und im Baubüro von Herbert Rimpl unterkamen, wo modernistische Positionen im Industriebau weitergeführt werden konnten (Nerdinger 1993; Krieg – Zerstörung – Aufbau 1995). Max Cetto ertrug diese in das NS-System eingebundene Industriebautätigkeit 1938 nicht länger und emigrierte nach → MEXIKO. Fred Forbat ging aus der Sowjetunion 1933 direkt nach → SCHWEDEN, Mart Stam 1934 nach Amsterdam. Nur einige wenige Kommunisten wie Benny Heumann, Gerhard Kosel und Kurt Liebknecht wurden sowjetische Staatsbürger und blieben bis nach 1945 im Land. Sie sollten später beim Aufbau der DDR eine wichtige Rolle spielen und dort nach 1950 den Import stalinistischer Architektur fördern; Kosel und Heumann wandten sich nach Stalins Tod 1953 dem industrialisierten Bauen zu, ebenso wie der 1955 berufene Hans Schmidt.

Zur ersten Phase der Architekturemigration gehört weiterhin die zionistische Wanderung nach → PALÄSTINA, die ein modernes, vor allem an deutschen Erfahrungen orientiertes Gemeinwesen aufbauen wollte. Nahm Alexander Baerwalds Technion in Haifa (1914/1925) noch historisierend auf die arabisch geprägte Umgebung Bezug, so setzte sich alsbald eine an deutschen Leitbildern orientierte Moderne durch, welche die Identität von „Erez Israel" verkörpern sollte. Nicht nur Stadtanlagen wie Tel Aviv wurden modern erbaut, sondern auch ländliche Siedlungen, so die Moschav Ovdim-Typen als Idealstädte nach dem Vorbild der deutschen Gartenstädte und Stadtvisionen Bruno Tauts. Bahnbrechend für diese Entwicklung der zionistischen Moderne wurde Richard Kauffmann, der mit Erich Mendelsohn und Ernst May Schüler Theodor Fischers in München gewesen ist. Seit 1920 in Palästina, errichtete er neben den Moschav Ovidims die ersten modernen Wohnhäuser (Haus Kruskal 1928 in Tel Aviv und Haus Pomeranz 1932 in Jerusalem), wohl auch unter Einfluß von Mendelsohns Haifa-Projekten 1922. Zu weiteren Vertretern der zionistischen Moderne, die sich aber erst in den 1930er Jahren durchsetzten, zählten Leopold Krakauer, Jacob Pinkerfeld und Josef Neufeld; letzterer hatte von 1927 bis 1930 bei Mendelsohn und ab 1932 mit Taut in Moskau gearbeitet und war schließlich 1933 endgültig nach Palästina gegangen (Warhaftig 1996, S. 34 ff., 88 ff.). Während die Immigration vor 1933 zur geschlossenen baulichen Identität eines jüdisch-zionistischen Staatswesen beitrug, wandelte sie sich nach 1933 zu einer allgemeinen Bewegung der verschiedenen architektonischen Strömungen Deutschlands.

Eine ähnliche Entwicklung nahm die junge türkische Republik (→ TÜRKEI). Ab 1926 wurden nach Durchführung der Sprach- und Gesundheitsreformen deutsche und österreichische Architekten ins Land geholt. Als Immigrant ist in dieser Phase nur der Österreicher Ernst Egli zu sehen, der Chef der Bauabteilung im Unterrichtsministerium und ab 1930 Leiter der Architekturfakultät an der Akademie der Schönen Künste in Istanbul wurde. Der frühere Assistent von Clemens Holzmeister gehörte ursprünglich zwar nicht der Avantgardebewegung an, nach zwei Deutschlandreisen kreierte er mit der Frauengewerbeschule (Ismet Paşa Enstitüsü 1930/31 in Ankara) dann aber das Neue Bauen in der Türkei. Gerade der Schulbau sollte zum emanzipatorischen Symbol der türkischen Modernisierung werden. (Batur 1984; Nicolai 1995, 1998), wobei die Modernität der Bauten von Atatürk selbst eingefordert wurde. Leitbilder waren die Architekturen Mendelsohns und Hans Poelzigs, der 1936 mit großen Aufträgen (Opernhaus Istanbul) selbst in die Türkei emigrieren wollte, aber noch in Berlin verstarb. Diese adaptierte Moderne vermittelte Egli auch an der Architekturfakultät in Istanbul, so daß sein Einfluß auf die folgende Generation türkischer Architekturstudenten sehr hoch einzuschätzen ist. 1940 ging er allerdings aus privaten Gründen in die Schweiz.

Vergleichbar mit Egli in der Türkei erlangte der Österreicher Karl Heinrich Brunner-Lehenstein ab 1929 in Chile eine Monopolstellung, wo er das Fach Städtebau an der Universität von Santiago de Chile begründete. Nach 1933 Chefstädteplaner in Kolumbien, lehrte er an der Universität von Bogotá diese neue Disziplin und erstellte den Generalplan für die Hauptstadt. Seine Tätigkeit als österreichischer Honorarkonsul sollte nach 1938 eine Hilfe für viele seiner Landsleute sein, denen er die Immigration dort ermöglichte. Nach der Rückkehr leitete Brunner-Lehenstein von 1948 bis 1951 das Wiener Stadtplanungsamt (Douer/Seeber 1995, S. 183).

Die Emigration nach 1933 aus Deutschland und nach 1938 aus Österreich umfaßte demgegenüber ein viel weiteres Tätigkeitsspektrum von Architekten, die als Hochschullehrer, Verwaltungsbeamte (Stadtbauräte) oder als freie Architekten von den Nationalsozialisten vertrieben wurden. Nach dem

"Gesetz zur Wiederherstellung des Berufsbeamtentums" vom April 1933 wurden etwa Martin Wagner, Ernst Reuter, Gustav Oelsner, Martin Elsaesser, Robert Vorhoelzer und Fritz Schumacher aus ihren Ämtern entlassen. Einige Weiterblickende wie Mendelsohn, Taut, May, Adolf Rading, Oskar Kaufmann und Julius Posener entschieden sich zur sofortigen Flucht, andere wie Ernst Reuter und Alexander Schwab wurden verhaftet; Schwab bezahlte das mit seinem Leben. Begleitet wurden diese Entlassungen von der schrittweisen Gleichschaltung des Bundes Deutscher Architekten (BDA) und der Liquidierung des Bauhauses als Symbol der Moderne sowie des Deutschen Werkbundes (Scheiffele 1985).

Einige Vertreter des Neuen Bauens verhielten sich offen gegenüber dem NS-System: Mies van der Rohe, die Brüder Wassili und Hans Luckhardt oder Martin Elsaesser. Gropius' und Mendelsohns Büroleiter wechselten die Fronten: Hans Dustmann wurde „Reichsarchitekt der Hitlerjugend", Ernst Sagebiel Architekt des Reichsluftfahrtministeriums. Die Gropius-Mitarbeiter Ernst Neufert und Rudolf Hillebrecht (Neugestaltung Hamburgs) sollten ab 1943/44 eine entscheidende Rolle in Speers Wiederaufbaustab spielen, wo sie die Grundlage für den bundesdeutschen Wiederaufbau legten (Durth 1987). Diese Haltung vieler Vertreter des Neuen Bauens war bis 1934/35 noch von der Hoffnung bestimmt, daß die Moderne ähnlich wie in Italien zum Staatsstil avancieren könne (Nerdinger 1993). Auch Gropius hielt sich im englischen Exil dafür bereit, während Ludwig Hilberseimer und Mies van der Rohe bis 1938 abwartend in Deutschland blieben und von Aufträgen der Privatindustrie, aber auch offiziellen Projekten lebten. Und das, obwohl die Avantgarde des Neuen Bauens in Deutschland bereits 1934 zerschlagen war. Wenige, so Hans Scharoun, Otto Haeseler, Max Taut und Richard Döcker gingen den Weg der „inneren Emigration". Aufgrund dieser Situation wurde z. B. die berühmte „Charta von Athen" 1934 ohne die Mitwirkung der deutschen Vertreter verabschiedet.

1934/35 und 1938 folgten zwei weitere Emigrationswellen. Die europäischen Länder blieben allerdings für die Architekten, mit Ausnahme → GROSSBRITANNIENS und Schwedens, nur Durchgangsstationen auf dem Weg nach Übersee. Getrieben von dem Wunsch, bauen und ihre Qualifikationen angemessen einsetzen zu können, hing es ganz davon ab, in welche Positionen Architekten und Stadtplaner im Gastland gelangten. Ernst Reuter bezeichnete sein türkisches Exil als „goldenen Käfig", Martin Wagner als „Wartesaal 1. Klasse". Andere hingegen, wie Franz Hillinger oder Martin Punitzer waren froh, Verfolgung und Tod entronnen zu sein. Ein weiterer Aspekt war das Alter der Emigranten, da die verschiedenen Generationen unterschiedliche Architekturauffassungen in die Gastländer brachten.

Großbritannien sollte die erste große Drehscheibe werden. Bis 1938 war die Immigrationspraxis relativ liberal. Das Royal Institute of British Architecture (RIBA) vergab nach einem Kriterienkatalog die Arbeitserlaubnis. Berühmtheiten wie Erich Mendelsohn und Walter Gropius wurden hofiert, von denen man sich Anstöße für die eigene Architekturentwicklung erhoffte. Ein Lehramt allerdings wurde keinem der Immigranten angeboten. Mendelsohn arbeitete bis 1937 mit Serge Chermayeff zusammen, woraus etwa der weit beachtete De La Warr-Pavillon in Bexhill-on-Sea (1934) und das Cohen House in London (1934/35) hervorgingen. Daneben pendelte der britische Staatsbürger Mendelsohn 1934 bis 1939 zwischen England und Palästina. Gropius bildete eine Bürogemeinschaft mit Maxwell Fry. Waren die von ihr gebauten Windsor-Hochhäuser noch die Fortsetzung von Gropius' Wohnbauideen in Deutschland (Haselhorst 1930), so fand er mit dem bis 1939 ausgeführten Imptington Village College eine neue Form der ländlichen modernen Bauweise.

Aufgrund der schlechten Auftragssituation nahm Gropius 1937 einen Ruf nach Harvard an. Ihm folgten die ehemaligen Bauhaus-Kollegen Marcel Breuer und László Moholy-Nagy. Die Österreicher Walter Loos und Felix Augenfeld blieben ebenfalls nur kurz in England und gingen 1939/40 nach Argentinien bzw. in die USA. Andererseits blieb eine ganze Gruppe vorwiegend jüdischer Architekten im Lande: Die Vertreter des sozialen Wohnungsbaus aus Berlin Bruno Ahrends und Erwin Gutkind, die Nachwuchs-Architekten Alfred Gellhorn, Arthur Korn, Harry Rosenthal, Walter Segal, Peter Moro und Friedrich Herrmann, ferner der May-Mitarbeiter Eugen Karl Kauffmann, der Wiener Ernst Freud, welcher mit seinem Vater Sigmund Freud emigriert war, sowie die tschechischen Vertreter der Moderne Arnost Wiesner und Heinrich Kulka, der 1940 nach Neuseeland ging. Sie alle trugen zur Durchsetzung der Moderne in Großbritannien bei. Diese hatte 1933 mit der MARS-Gruppe nur eine kleine Basis, 1947 auf der ersten Nachkriegsveranstaltung der Congrès Internationaux d'Architecture Moderne (CIAM) in Bridgewater gehörte England dann aber mit den USA zur Spitze der Bewegung.

Während England die ästhetische Seite des Neuen

Bauens übernahm, war die Situation in dem Mandatsgebiet Palästina komplizierter: Dort gab es bereits eingesessene Architekten der Moderne. Nun kamen mit dem Theaterarchitekten Oskar Kaufmann (Habimah-Theater 1935 in Tel Aviv) und dem durch seine Wohnungsuntersuchungen bekannt gewordenen Alexander Klein Fachleute der älteren Generation hinzu, die sich nicht in die zionistische Moderne eingliedern ließen. Gleichwohl konnten Wilhelm Haller, Harry Rosenthal und Josef Klarwein die Architektur des Staates Israel in den 1950er und 1960er Jahren mitprägen. Andere wechselten von der Architektur zum Städtebau wie der nichtjüdische Adolf Rading, Kollege von Hans Scharoun in Breslau, der seit 1943 als Stadtbaudirektor von Haifa wirkte, ehe er 1950 nach London ging. Das gleiche gilt für Erich Mendelsohn, der zwischen 1934 und 1940 eine dominierende Stellung als eine Art „Chefarchitekt für Palästina" zu erlangen suchte und 1941 in die USA emigrierte, als ihm das nicht gelang. Seine prominente Stellung konnte er durch bedeutende Aufträge, z.T. von alten Auftraggebern wie Salman Schocken, untermauern. Für diesen baute er Bibliothek und Villa in Jerusalem, ferner das Haus Weizmann in Rehovot, beide 1934/35; offizielle Projekte wie die Anglo-Palestine Bank (1939) und das medizinische Zentrum des Hadasah-Hospital zur gleichen Zeit zeigen darüber hinaus einen durchaus anpassungsfähigen Mendelsohn.

In einer 1937 verfaßten Denkschrift *New Architecture in Palestine* (Heinze-Mühleib 1986, S. 326) ist Mendelsohns Kritik der importierten Moderne ausgedrückt: Es „ergiessen sich über das neue Palästina die unverstandenen Kopien dieser historisch notwendigen Gehversuche der neuen Architektur. Man baut in Beton und Glas, weil man keine Zeit und kein Verständnis hat, die Bedingungen des orientalischen Klimas zu studieren." Er selber bevorzugte geschlossene Fassaden und eine stärkere Tektonik gegenüber den dynamischen Bauten in Deutschland und England. Dabei verstand sich Mendelsohn als oberste Autorität in Architekturfragen: Krakauers Hotel Teltsch charakterisierte er als „halb ich und halb Corbusier", und für die runden Ecklösungen forderte er, daß man einmal „zehn Jahre dergleichen nicht entwerfen" solle (Nicolai 1998, S. 79). Dennoch konnte sich Mendelsohn mit seiner programmatisch geforderten Anpassung der Moderne an die orientalischen Gegebenheiten (Landwirtschafts-Universität Rehovoth 1939–41) nicht durchsetzen.

Radikaler als Mendelsohn versuchte Bruno Taut in Istanbul 1936–38 eine Revision der Moderne einzuleiten. In der Lehre setzte er an der Akademie eine neue Konzeption durch, die er selbst als „New Dessau am Bosporos" bezeichnete. 1937 erschien sein Traktat *Architekturlehre* (deutsch 1977), in dem Tradition und Moderne als Gegensatzpaar aufgelöst wurden. Anders als sein Vorgänger Egli scharrte er eine Gruppe Exilanten um sich, darunter Hermann Grimm, Franz Hillinger, Schütte, Schütte-Lihotzky, die eigenständig ein Landschulprogramm entwickelten. Ihre Schulbauten in Ankara, Trabzon und Izmir zeigen funktionale Grundrisse verbunden mit regionalen Elementen. Für die Repräsentationsbauten der Literaturfakultät (1937–40), die Technische Universität und das Parlament 1937 in Ankara verwendete er zitathaft Risalite und Hausteinfassungen in gebrochenen Symmetrien, die zur neuen Symbolsprache des „Zweiten Nationalen Stil" der 1940er Jahre wurden.

Der Tod Atatürks und Tauts 1938 markierte eine Zäsur, die die Rezeption einer veränderten Moderne abbrach. Symptomatisch ist, daß im gleichen Jahr Holzmeister, der schon von 1928 bis 1935 das Regierungszentrum Ankaras projektiert hatte und nach dem „Anschluß" Österreichs in die Türkei emigriert war, den Parlamentswettbewerb (ausgeführt 1942/1943) gewann, obwohl ihn die ungewisse Lage nach dem Tode Atatürks zunächst bewog, kurzfristig nach Brasilien auszuweichen, wo er die Kathedrale in Belo Horizonte entwarf. Nach seiner Rückkehr 1940 wandelte sich seine autoritäre Staatsarchitektur zu einem Neoklassizismus, teilweise mit türkischen Motiven (Projekt Technische Universität Ankara 1942–44). Daneben wurde er zum politischen Mittelpunkt der österreichischen Emigranten (Fritz Reichl, Stephan Simony). Eine Widerstandsgruppe kommunistischer Architekten formierte sich unter seinem Dach und ging 1941 zurück in den Untergrund nach Österreich. Herbert Eichholzer und Inzes Maier fanden dabei den Tod, nur Schütte-Lihotzky überlebte in der Haft. Zwischen 1944 und 1954 übernahm er eine Professur an der Technischen Universität Istanbul, ehe er 1954 zum Bau des Neuen Festspielhauses in Salzburg zurückkehrte, nachdem er noch in Istanbul mit Carl Ebert ein „Idealtheater" entwickelt hatte.

Großen Einfluß hatte auch Ernst Reuter, der zum Begründer der Urbanistik in der Türkei wurde. Als Professor in Ankara von 1938 bis 1946 schrieb er zahlreiche Lehrbücher und prägte damit die nachfolgende Generation von Städtebauern in der Türkei. Neben Reuter, der 1946 als SPD-Politiker nach Deutschland zurückkehrte, gab es nur noch den ehemaligen Altonaer Stadtbaurat Gustav Oelsner, der von 1944 bis 1952 in Istanbul Städtebau lehrte und dann nach Hamburg ging. Wagner, Hillinger, Fritz Reichl dagegen wanderten in die USA weiter.

Ebenso wie die „Stars" Taut und Mendelsohn in der Türkei und in Palästina international nicht mehr wirksam wurden, hatten auch die lateinamerikanischen Exilanten nur regionale Bedeutung. Für Argentinien (Walter Loos, Martin Eisler), Brasilien (Holzmeister, Bernhard Rudofsky), Chile (Punitzer) und Kolumbien (Brunner-Lehenstein) sind bislang nur monographische Studien erschienen, systematische Untersuchungen stehen noch aus. Dagegen ist Mexiko besser erforscht (Dussel Peters 1995a, b). Ähnlich wie in der Türkei und Palästina stießen die Immigranten dort auf eine entwickelte Moderne unter Einfluß Le Corbusiers. Der linksgerichtete Präsident Lázaro Cárdenas machte Hannes Meyer 1939 zum Leiter des ersten Städtebauinstituts in Mexiko (IPU), das nach dem konservativen Machtwechsel 1940 jedoch wieder schließen mußte. Sein kommunistisches Engagement und seine Unfähigkeit, auf die beginnende regionalistische Architekturdiskussion einzugehen, verhinderten wie zuvor in der Sowjetunion, daß Meyer Projekte realisieren konnte (Sport- und Kulturzentrum 1940 in Mexiko; Colonia Obrera 1942/43); 1949 remigrierte er völlig verarmt in die Schweiz. Anders verhielt es sich mit Max Cetto, der 1939 aus den USA eingewandert war. Er interessierte sich für die Synthese von Moderne und Regionalismus und stieß damit auf Resonanz der einheimischen Diskussion um das „wesentlich Mexikanische" (Dussel Peters 1995b, S. 248). Wichtigen Anstoß für Cettos Synthese dürften Frank Lloyd Wright u. a. mit Taliesin-West (Arizona) gegeben haben. Der Hotelbau in San José Purúa (1939/40 mit Jorge Rubio) leitete für Mexiko die Abkehr von der funktionalistischen Architektur ein. Cettos Bedeutung liegt in seiner Wirkung auf den privaten Wohnungsbau, zu dem er seit 1947 als mexikanischer Staatsbürger wichtige Beiträge lieferte. Im Nachkriegs-Mexiko trat er immer wieder als Mahner vor einer leichtfertigen Übernahme der US-Moderne auf. Erst 1965 erhielt er eine Entwurfsprofessur an der Nationalen Universität.

Die → VEREINIGTEN STAATEN VON AMERIKA sollten die Nachkriegsdebatte über die Moderne prägen, vor allem mit den Positionen von Mies van der Rohe und Walter Gropius. Beide hatten einflußreiche Lehrämter am renommierten Illinois Institute of Technology (IIT) in Chicago und an der Harvard School of Architecture inne. Zusammen mit den künstlerischen Aktivitäten von Josef Albers (Black Mountain College) und László Moholy-Nagy (New Bauhaus) gelang es ihnen, die Rezeption des Neuen Bauens auf die Bauhaus-Tradition einzuengen. Dazu hatte schon Gropius' einseitige Darstellung auf der Bauhaus-Ausstellung in New York 1938 beigetragen. Obwohl er selbst mit Breuer (Bürogemeinschaft bis 1941) ländliche Bauweisen in Privathäusern erprobte, scheiterten alle Versuche, das sog. Packaged House-System mit Konrad Wachsmann seriell durchzusetzen. Aufgrund interner Differenzen kam es in Harvard zu keiner geschlossenen Gemeinschaft von Breuer, Wagner, Wachsmann und Gropius. Für seine Architektengruppe TAC erhielt Gropius jedoch wichtige Projekte (Graduate Center Harvard 1948–1950, Universität Bagdad ab 1957, Pan Am Building 1958–63 in New York).

Prägender war hingegen Mies van der Rohe, der mit den IIT-Gebäuden (Crown Hall) und dem Fransworth House in Plano (1949) jenen in Deutschland begonnenen Weg der „absoluten Architektur" fortsetzte, die in den USA stilbildend wurde. Sein Seagram Building in New York (1954–58) avancierte zum Prototyp des Nachkriegswolkenkratzers. Auch in der Lehre trug er seine Botschaft weiter und beeinflußte u. a. Philip Johnson und Ieoh Ming Pei. Bis 1963 stand ihm Ludwig Hilberseimer als Städteplaner am IIT zur Seite, an dem auch Wachsmann seit 1949 lehrte.

Erich Mendelsohn, der 1941 in die USA gekommen war, bekleidete kein Lehramt, sondern lebte von Privataufträgen meist jüdischer Klientel. Heute wird nur sein europäisches Werk der zwanziger Jahre in Amerika beachtet. Neben seinen wichtigen Synagogenbauten (Cleveland, Grand Rapids, 1948–52) ist besonders das Maimonides-Hospital in San Francisco (1946–50) zu nennen. Der Architekturkritiker Walter Kurt Behrend lehrte in Buffalo Architektur und Städtebau. Aus Hamburg gingen Karl Schneider nach Chicago, Ernst Hochfeld und Fritz Block, der 1939 eine Karriere als Fotograf begann, nach Los Angeles (Jaeger 1996). Das Exil in den USA war so vielfältig wie das Land selbst. Schindler und Neutra bildeten ein Zentrum für die österreichischen Westküsten-Emigranten. Bernhard Rudofsky kam über die Auseinandersetzung mit rationalistischer Architektur des Faschismus (1932–38 in Italien, 1938 Redakteur von *Domus*) über das brasilianische Exil in New York zur Innenarchitektur und zum Design. Anton Tedesco gelangte durch die Firma Roberts & Schaefer an die NASA und entwarf die Apollo-Abschußrampen von Cape Canaveral. Josef Frank kam 1941 aus Schweden nach New York als Lehrer der University in Exile an der New School for Social Research. Seine Entwürfe für das UN-Hauptquartier blieben einer kompromißlosen Moderne treu.

Diese Entwicklungen sind mittlerweile gut erforscht. Bleibt als Aufgabe das Architektur-Exil in den Randgebieten: Puerto Rico, Ibiza und Shanghai (→ OSTASIEN) als einem der größten Exil-Ballungszentren, wo von 1934 bis 1946 Richard Paulick als Architekt arbeitete. Afrika, Australien, Neuseeland, Japan liegen noch ganz außerhalb des Blickfeldes. Weiterhin sind die Rolle Frankreichs, der Tschechoslowakei und Italiens (Rudofsky und Wachsmann) als Durchgangsländer der Architekten zu untersuchen. Neben den USA, der Türkei und Palästina wird man die Emigration in die orientalischen Länder zur Kenntnis nehmen müssen, ebenso die wichtige Transformation des Exils in Lateinamerika. Damit wird deutlich werden, daß die Moderne durch das Exil in vielfältiger Weise aufgefächert wurde. Diese schon in Europa ab 1929 begonnene Entwicklung führt zur Kritik der „heroischen Moderne" der schönen Form, zum Kampf gegen „die weiße Kiste" (Taut). Der moderne Regionalismus der 1930er Jahre ist ein Produkt dieser Entwicklung. Nicht zuletzt hat die Architekten-Emigration in vielen der Gastländer eine Debatte um die Rolle von Moderne und Modernisierung ausgelöst. Fast überall wurde die Architektenausbildung nach modernem Vorbild reorganisiert. Es entstanden neue Disziplinen wie Urbanistik und Städtebau. Eine Remigration fand nur in den seltensten Fällen statt, nach Österreich und in die DDR häufiger als in die Bundesrepublik, zumal hier zumeist die Architekten des Speerschen Aufbaustabes als Stadtbauräte für den Wiederaufbau übernommen wurden und eine neue Generation von Nachkriegs-Modernen herangewachsen war.

Literatur

Achenbach, Sigrid (1987): Erich Mendelsohn 1887–1953. Ideen, Bauten, Projekte. Ausstellung zum 100. Geburtstag aus den Beständen der Kunstbibliothek SMPK, Berlin.

Batur, Afife (1984): To be Modern Search for a Republican Architecture, in: Holod, Renata, and Ahmet Evin, Ed.: Modern Turkish architecture, Philadelphia, S. 68 ff.

Baumgartner-Haindl, Susanne (1993): Die Zeit in der Sowjetunion, Projekte Frankreich, Türkei, in: Noever, Peter, Hrsg.: Margarete Schütte-Lihotzky. Soziale Architektur. Zeitzeugin eines Jahrhunderts, Ausst.-Kat., Wien, S. 153 ff.

Benton, Charlotte (1995): A different World. Emigré architects in Britain, 1928–1958, London.

Boeckl, Matthias, Hrsg. (1995): Visionäre Vertriebene. Österreichische Spuren in der modernen amerikanischen Architektur, Berlin.

Borngässer, Christian (1977): Ausländische Architekten in der UdSSR, in: „Wem gehört die Welt?". Kunst und Gesellschaft in der Weimarer Republik, hrsg. von der Neuen Gesellschaft für Bildende Kunst, Berlin, S. 109 ff.

Buekschmidt, Justus (1963): Ernst May. Bauten und Planungen, Bd. 1, Stuttgart.

Cremer, Jan, u. Horst Przytulla (1991): Exil Türkei. Deutschsprachige Emigranten in der Türkei, München.

Douer, Alisa, u. Ursula Seeber, Hrsg. (1995): Wie weit ist Wien? Lateinamerika als Exil für österreichische Schriftsteller und Künstler, Wien.

Durth, Werner (1987): Deutsche Architekten. Biographische Verflechtungen 1900–1970, Braunschweig.

Dussel Peters, Susanne (1995a): Max Cetto, 1903–1980. Arquitecto Méxicano–Alémán, Mexiko.

Dussel Peters, Susanne (1995b): Die Architektur Hannes Meyers und Max Cettos. Von der deutschen Moderne im Exil, in: von Hanffstengel, Renata, Cecilia Tereco Vasconcelos u. Silke Wehner Franco, Hrsg.: Mexiko. Das wohltemperierte Exil, Mexiko, S. 233 ff.

Grüning, Michael, u. Rowena Lanfermann (1995): Entwerfen und Bauen in Rom. Konrad Wachsmanns italienische Jahre, in: Zuflucht auf Widerruf. Deutsche Künstler und Wissenschaftler in Italien 1933–1945, hrsg. von Klaus Voigt u. Wolfgang Henze, Mailand, S. 241 ff.

Hannes Meyer 1889–1954 (1989). Architekt, Urbanist, Lehrer, Ausst.-Kat., Berlin.

Hans Schmidt (1993). Architekt in Basel, Moskau, Berlin-Ost, Ausst.-Kat., Zürich.

Heinze-Mühleib, Editha (1986): Erich Mendelsohn. Bauten und Projekte in Palästina (1934–1941), München.

Hochmann, Elaine S. (1989): Architects of Fortune. Mies van der Rohe and the Third Reich, New York.

Jaeger, Roland: Block & Hochfeld. Die Architekten des Deutschlandhauses. Bauten und Projekte in Hamburg 1931–38. Exil in Los Angeles, Berlin.

Jung, Karin Carmen (1989): Planung der sozialistischen Stadt. Hannes Meyer in der Sowjetunion (1927–1936), in: Hannes Meyer 1889–1954, S. 264 ff.

Junghanns, Kurt (1979): Die Mitarbeit deutscher Architekten am sozialistischen Aufbau, in: Exil in der UdSSR, hrsg. von Klaus Jarmatz u. a., Leipzig, S. 673 ff.

Kleinerüschkamp, Werner (1988): Exilarchitektur. Hannes Meyer in Mexiko, in: Hannes Meyer 1889–1954, S. 316 ff.

Krieg – Zerstörung – Aufbau (1995). Architektur und Stadtplanung, Berlin.

Lampeitel, Jürgen, Albert Uhde u. Wolf Borwin Wendlandt (1987): Architekt Punitzer. Eine Collage, Berlin.

Liernur, Jorge Francisco (1992): A New World of a New Spirit: 20th Century Architecture's Discovery of Latin America, in: Zodiac N.S. 8, S. 84 ff.

Meyer, Edina (1979): Oskar Kaufmanns „Habimah"-Theater in Tel Aviv, in: Werkbund-Jahrbuch, Bd. 4: Architektur Stadt und Politik. Festschrift für Julius Posener zum 75. Geburtstag, Gießen, S. 135 ff.

Miller Lane, Barbara (1986): Architektur und Politik in Deutschland 1918–1945, Braunschweig–Wiesbaden.

Nerdinger, Winfried (1985): Walter Gropius, Berlin.

Nerdinger, Winfried (1993): Bauhaus-Architekten im „Dritten Reich", in: ders., Hrsg.: Bauhaus-Moderne im Nationalsozialismus. Zwischen Anbiederung und Verfolgung, München, S. 153 ff.

Nicolai, Bernd (1995): Bruno Tauts Revision der Moderne. Stratigraphien aus dem türkischen Exil 1936–1938, in: Haarmann, Hermann, Hrsg.: Innen-Leben. Ansichten aus dem Exil, Berlin, S. 41 ff.

Nicolai, Bernd (1998): Moderne und Exil. Deutschsprachige Architekten in der Türkei 1925–1955, Habil.-Schrift TU Berlin, Berlin.

Scheiffele, Hans (1984): Das neue Bauen unter dem Faschismus. Aus dem Briefwechsel Walter Gropius 1933–1936, in: Kunst, Hochschule, Faschismus, Berlin, S. 226 ff.

Schirren, Matthias (1985): Was ist „deutsche" Architektur? Zur Auseinandersetzung um das Neue Bauen 1933/34, in: Bauhaus Berlin 1932/33. Eine Dokumentation, Berlin, S. 253 ff.

Schulze, Franz (1986): Mies van der Rohe. Leben und Werk, Berlin.

Warhaftig, Myra (1996): Sie legten den Grundstein. Leben und Wirken deutschsprachiger jüdischer Architekten in Palästina 1918–1948, Tübingen–Berlin.

Warner, Torsten (1994): Deutsche Architektur in China. Architekturtransfer, Berlin.

Wolsdorff, Christian (1985): Deutsche Architekten im Exil. Erwartungen, Hoffnungen, Reaktionen, in: Kunst im Exil in Großbritannien 1933–1945, Ausst.-Kat., Berlin, S. 105 ff.

Biologie und Chemie

Ute Deichmann

Dem Beitrag liegen Leben und Werk von Biologen und Chemikern zugrunde, die an Universitätsinstituten und Instituten der Kaiser-Wilhelm-Gesellschaft (KWG) tätig waren. In der Biologie waren es Institute der Zoologie, Botanik und Genetik, in der Chemie solche der organischen, anorganischen, physikalischen Chemie sowie der medizinischen Biochemie (damals physiologische Chemie). Bei den hier berücksichtigten Personen handelt es sich zum einen um mindestens habilitierte Biologen und Chemiker, die Anfang 1933 an allen 22 Universitäten und fünf Technischen Hochschulen in Deutschland sowie Anfang 1938 an den drei Universitäten in Österreich und der Deutschen Universität in Prag arbeiteten. Zum anderen geht es um mindestens promovierte Wissenschaftler an einem der folgenden Kaiser-Wilhelm-Institute (KWI): In der Biologie waren es das KWI für Biologie, die Hydrobiologische Station in Plön, die Genetische Abteilung des KWI für Hirnforschung, das KWI für Züchtungsforschung in Müncheberg und das KWI für Biophysik. In der Chemie handelt es sich um die KWIs für Biochemie, Chemie, Faserstofforschung, Kohlenforschung, Lederforschung, Medizinische Forschung, Physikalische Chemie und Elektrochemie und Zellphysiologie. Eine ausführliche Darstellung der Auswirkung der erzwungenen Emigration in der Biologie findet sich in Deichmann 1995. Für die Chemie liegt bisher keine Gesamtdarstellung vor, aber die hohen Verluste auf dem Gebiet der Biochemie werden in mehreren Untersuchungen herausgestellt (Nachmansohn 1979; Jaenicke 1989; Engel 1994). Die hier vorgestellten Erhebungen schließen die Gebiete der klassischen Chemie ein; da sie noch nicht abgeschlossen sind, müssen sie als vorläufige betrachtet werden.

Um eine quantitative Grundlage für die Einschätzung des damaligen wissenschaftlichen Einflusses der Wissenschaftler zu bekommen, habe ich die Anzahl der Zitate ihrer Publikationen (abzüglich der Eigenzitate) im *Science Citation Index 1945 bis 1954* ermittelt. Dieser Index verzeichnet alle früheren naturwissenschaftlichen Publikationen, die in dem angegebenen Zeitraum zitiert wurden. Trotz einiger Vorbehalte hinsichtlich der Methode (Weingart/Winterhager 1984) scheint eine Zitationsanalyse zumindest dann gerechtfertigt, wenn es sich wie hier um einen Vergleich von Personen handelt, die auf ähnlichen Forschungsgebieten arbeiten (Deichmann

1995, S. 376f.). Die Zitationsanalyse ist, soweit dies möglich war, durch Einschätzungen der wissenschaftlichen Leistung durch Fachkollegen ergänzt.

Mit dem „Gesetz zur Wiederherstellung des Berufsbeamtentums" vom 7. April 1933 begannen die Vertreibungen von Angehörigen des öffentlichen Dienstes und damit auch der Universitäten aus „rassischen" und/oder politischen Gründen. In Österreich traten die deutschen Gesetze kurz nach dem „Anschluß" am 13. März 1938 in Kraft. Auch fast alle jüdischen Wissenschaftler an den Kaiser-Wilhelm-Instituten wurden 1933 entlassen. Am 27. April 1933 ließ der Generaldirektor der Kaiser-Wilhelm-Gesellschaft, Friedrich Glum, die von ihm unterzeichnete Anordnung, „nichtarische" Angestellte der Institute zu entlassen, an alle Direktoren der Kaiser-Wilhelm-Institute verschicken, die die Entlassungen ihrer Mitarbeiter selber aussprechen sollten (Arch.-MPG, Abt. 1, Rep. IA, 531/1). Aufgrund von Ausnahmebestimmungen behielten einige wenige Institutsdirektoren ihre Position noch einige Zeit; als letzter jüdischer Wissenschaftler der KWG wurde Otto Meyerhof 1938 entlassen.

Die große Mehrheit der Wissenschaftler befolgte die Vorschriften zur Entlassung jüdischer Mitarbeiter genau. Otto Meyerhof, Leiter des Instituts für Physiologie am KWI für Medizinische Forschung in Heidelberg, war meines Wissens nach der einzige Leiter eines KWI oder Universitätsinstituts, der die Fragebögen zu den jüdischen Mitarbeitern nicht oder nicht vollständig ausfüllte. Diese Tatsache wurde allerdings von Richard Kuhn, dem Direktor des KWI für Medizinische Forschung, bemerkt. Er schrieb am 27. April 1936 an Generaldirektor Glum, um ihn zu bitten, „die Fragebogen der an unserem Institut für Physiologie Arbeitenden genau überprüfen zu lassen", da „wieder drei Personen nicht-arischer Abstammung im Institut beschäftigt" seien (Arch.MPG, Abt. 1, Rep. IA, 540/2). Der von Kuhn in diesem Zusammenhang aufgeführte Hermann Lehmann war als Forschungsassistent bei Otto Meyerhof ohne Bezahlung tätig. Er emigrierte 1936 nach England.

Zu keiner Zeit protestierten nicht betroffene Wissenschaftler öffentlich gegen die Entlassungen. In der Biologie und Chemie wurden, wie in anderen Disziplinen, die meisten der frei gewordenen Stellen in kurzer Zeit wieder neu besetzt. Diese Tatsache förderte in Verbindung mit der Tatsache, daß Parteimitglieder häufig bevorzugt eingestellt wurden, eine vor allem unter den jüngeren Wissenschaftlern bereits verbreitete Zustimmung zum nationalsozialistischen Staat und politisch angepaßtes Verhalten. Wohl suchte Otto Hahn, der Direktor des KWI für Chemie, Max Planck als Präsidenten der KWG und Carl Duisberg als Aufsichtsratsvorsitzenden der I.G. Farben zu einer öffentlichen Stellungnahme gegen die Entlassungen zu bewegen. Planck riet aber von einer solchen Aktion mit der Begründung ab: „Wenn heute 30 Professoren aufstehen und sich gegen das Vorgehen der Regierung einsetzen, dann kommen morgen 150 Professoren, die sich mit Hitler solidarisch erklären, weil sie die Stellen haben wollen" (Hahn 1968, S. 145). Diese Einschätzung traf die Situation sicher genau. Aber die nicht nur widerstandslose, sondern auch kommentarlose Unterordnung unter die neuen Gesetze und Verordnungen zum Ausschluß von Juden, die Planck, einer der höchsten Repräsentanten der deutschen Wissenschaft, als einzig sinnvolle Möglichkeit ansah, hatte demoralisierende Folgen.

Die Entlassungen einerseits sowie das Schweigen und die Anpassung der überwiegenden Mehrheit der nicht betroffenen deutschen Professoren andererseits wurden von den Betroffenen selbst sowie von zahlreichen Beobachtern im Ausland stark kritisiert. Der Zoologe und Cytogenetiker Curt Stern kündigte seine Assistentenstelle am KWI für Biologie im Mai 1933, bevor er kurz danach entlassen worden wäre. Er hatte zu diesem Zeitpunkt noch keine neue Stelle gefunden. In einem Brief an seinen Institutsleiter Max Hartmann, dessen Abschrift er an mehrere Zoologen und Genetiker in Deutschland schickte, begründete er diesen Schritt, wobei er deutlich machte, daß die Vorgänge in Deutschland in völligem Gegensatz zum Prinzip des wissenschaftlichen Universalismus standen, weil die neuen Gesetze „von der Mitarbeit nicht bestimmte Personen aus(schließen), die sich einer Mitarbeit nicht würdig gezeigt haben, sondern ohne Ansehen der Leistungen und Bemühungen alle 'Nichtarier'" (APS, MsColl. 5, C. Stern, M. Hartmann file). Otto Meyerhof, selbst noch nicht entlassen, schrieb am 25. Mai 1933 an den mit ihm befreundeten Physiologen Archibald Vivian Hill in London: „Die Professoren schämen sich, ebenso wie die konservativen Gesellschaftskreise, über die Austreibung der 'Nichtarier', aber zeichnen sich durch ein ungewöhnliches Maß an Feigheit aus, und daher hat das In- und Ausland vergeblich auf einen Protest des Geistes gegen das 'Institut' gewartet …" (SPSL, file Otto Meyerhof).

Aus dem berücksichtigten Personenkreis sind zwei Wissenschaftler hervorzuheben, die die Entlassung ihrer jüdischen Kollegen aus unterschiedlichen Gründen nicht unwidersprochen hinnahmen. Es handelt sich um Fritz Haber und Otto Krayer. Haber, Nobelpreisträger der Chemie und Hauptorganisator des deutschen Gaskrieges im Ersten Weltkrieg, war als Jude zum Protestantismus konvertiert. Als Frontkämpfer selber von der Entlassung vorerst noch ausgenommen, mußte er als Direktor des KWI für Physikalische Chemie und Elektrochemie wie alle Direktoren von KWIs 1933 seine jüdischen Mitarbeiter selbst entlassen. In einem Schreiben an den Wissenschaftsminister stellte er daraufhin in aller Deutlichkeit dar, daß er es mit seinen wissenschaftlichen Traditionen nicht vereinbaren könne, bei der Auswahl seiner Mitarbeiter andere als fachliche und charakterliche Eigenschaften zu berücksichtigen (Arch.-MPG, Abt. 1, Rep. IA, 541/3). Er trat als einziger Chemiker in Deutschland aus Protest zurück. Im Herbst 1933 emigrierte er nach England und starb kurze Zeit später während einer Reise in Basel.

Der Pharmakologe Otto Krayer nahm als einziger der nichtjüdischen Wissenschaftler eine Stelle, die durch die Vertreibung eines jüdischen Kollegen frei geworden war, nicht an. Seit 1929 Privatdozent und 1932 apl. Professor am Institut für Pharmakologie in Berlin, erhielt er 1933 einen Ruf auf den Lehrstuhl für Pharmakologie in Düsseldorf als Nachfolger des jüdischen Pharmakologen Philipp Ellinger. Krayer lehnte den Ruf nicht nur ab, sondern machte darüber hinaus die Gründe für seine Entscheidung in einem Brief an das Preußische Ministerium für Wissenschaft, Kunst- und Volksbildung vom 15. Juni 1933 publik. Aus diesem bemerkenswerten Brief geht hervor, daß Krayer keine offene politische Demonstration im Sinne hatte, sondern individuell protestierte, um seinen ethischen Überzeugungen treu zu bleiben (Goldstein 1987, S. 153). Krayers Entscheidung führte zu seiner sofortigen Entlassung und dem Verlust aller akademischen Privilegien. Es wurde ihm verwehrt, Universitäten zu betreten und staatliche Bibliotheken zu benutzen. Ende 1933 verließ er Deutschland, und nach Tätigkeiten am Department of Pharmacology am University College London sowie dem Pharmakologischen Institut der American University in Beirut nahm er 1937 einen Ruf als Professor und Direktor des Pharmakologischen Instituts der Harvard Medical School in Boston an.

Im Jahre 1933 waren 278 Biologen an den einleitend genannten Institutionen in Deutschland und 1938 59 Biologen an den österreichischen Universitäten sowie an der Deutschen Universität in Prag tätig. 44 (13%) dieser 337 Biologen wurden zwischen 1933 und 1939 entlassen oder zum Rücktritt gedrängt. 32 (73%) von ihnen emigrierten mit Sicherheit, zwei weitere vermutlich. Mindestens 33 (75% der 44 aus ihren Positionen vertriebenen Biologen) mußten ihre Stelle aus „rassischen" Gründen aufgeben, d. h., sie waren entweder „Nichtarier" oder mit einer Jüdin verheiratet. Bei diesen Zahlen sei noch einmal auf die institutionelle Auswahl der Personen hingewiesen. Biologen, die an anderen als den genannten Instituten arbeiteten, z. B. der Physiologe und spätere Nobelpreisträger Bernhard Katz, der 1935 emigrierte, die nicht habilitierten jüdischen Assistenten an Universitäten, z. B. Ernst Caspari und Hans Grüneberg, sowie Biologen ohne Stelle, z. B. Salome Gluecksohn-Waelsch, werden bei dieser Statistik nicht berücksichtigt. Zu den zahlenmäßig ebenfalls nicht berücksichtigten jüdischen Studenten oder in anderen Berufen tätigen Personen gehört Charlotte Auerbach. Sie war als Lehrerin in Berlin tätig und hatte ihre Promotion noch nicht abgeschlossen, als sie 1933 nach Schottland emigrierte, wo sie später die mutagene Wirkung von Chemikalien entdeckte.

Sechs Biologen (13% der 44 Biologen, die 1933 bzw. 1938 ihre Stelle verloren) wurden aus ausschließlich politischen Gründen entlassen und fünf (11%) verloren ihre Stelle aus anderen oder bisher unbekannten Gründen oder gaben diese selbst auf. In dieser Übersicht sind diejenigen, die nach ihrer Entlassung von Universitäten und Kaiser-Wilhelm-Instituten weiterhin biologische Forschung in Deutschland betreiben konnten, nicht enthalten. Ein Beispiel stellt Elisabeth Schiemann dar, eine apl. Professorin in Berlin, die nach dem Entzug der Lehrerlaubnis an der Berliner Universität aus politischen Gründen weiter DFG-finanzierte Forschung betreiben konnte und 1943 Abteilungsleiterin am neu gegründeten KWI für Kulturpflanzenforschung wurde.

Die Auswirkungen der erzwungenen Emigration auf die Biologie lassen sich durch einen Vergleich mit den Verlusten in anderen Fächern und mit Hilfe des *Science Citation Index* bewerten. Der Prozentsatz der Emigrationen (10% bezogen auf die Gesamtzahl der 1933 bzw. 1938 Beschäftigten) zeigt, daß die Verluste deutlich geringer waren als etwa in der → PHYSIK und der → MATHEMATIK (Beyerchen 1980, S. 72; Fischer 1988) und in der Chemie (s. u.). Wenn man von der Biochemie absieht, führten die Entlassungen in der Biologie nicht zu einer mit den genannten Fächern vergleichbar gravierenden wissenschaftlichen Veränderung in Deutschland. Die Analyse des Verlusts mit Hilfe des *Science Citation Index* zeigt allerdings, daß die qualitativen Auswirkungen durch Entlassung und Emigration größer waren, als zahlenmäßig zu erwarten ist: Emigranten wurden mit durchschnittlich 130 Zitaten pro Person dreimal so häufig genannt wie die nicht emigrierten Biologen (42 Zitate pro Person).

Die → VEREINIGTEN STAATEN VON AMERIKA nahmen die meisten Emigranten auf, gefolgt von → GROSSBRITANNIEN, → BRASILIEN und der → TÜRKEI. Knapp zwei Drittel der Emigranten konnten ihre Karriere fortsetzen, wobei sie in einigen Fällen ein oder mehrmals das Land wechseln mußten. Acht Biologen bekamen eine Stelle in den USA, zwei von ihnen in der Industrie, und jeweils vier in Großbritannien, Brasilien und der Türkei. Bevor über deren Wirksamkeit gesprochen wird, seien einige derjenigen genannt, denen keine erfolgreiche Karriere im Ausland gelang und die nicht emigrierten und aufgrund des zunehmenden gewaltsamen Antisemitismus ihrem Leben ein Ende setzten oder deportiert wurden.

Der jüdische Professor Hans Przibram an der Universität Wien hatte 1903 zusammen mit L. Porges von Portheim und Wilhelm Figdor die Biologische Versuchsanstalt, das sog. Vivarium, im Wiener Prater gegründet und 1914 der Akademie der Wissenschaften in Wien geschenkt. Przibram und seine Frau kamen aus mehreren Gründen erst im Dezember 1939 in Amsterdam an. Sie warteten bis 1941 vergeblich auf ein Non-Quota-Visum für die USA, dann wurden sie ins KZ Theresienstadt verschleppt. Dort starb Hans Przibram am 20. Mai 1944 an Entkräftung, seine Frau beging einen Tag später Selbstmord (Deichmann 1995, S. 36 ff.). Der bereits 1934 emeritierte jüdische Wiener Hochschullehrer Heinrich Joseph nahm sich zusammen mit seiner Frau 1941 in Wien das Leben. Arnold Japha, apl. Professor für Zoologie in Halle und nach dem Ersten Weltkrieg dort außerdem Stadtarzt am Gesundheitsamt, stammte aus einer konvertierten protestantischen Familie jüdischer Herkunft. Die Untätigkeit, zu der er verurteilt wurde, sowie eine Reihe von Kränkungen, Verleumdungen und Schikanen durch die Gestapo führten dazu, daß er 1943 Selbstmord beging (Heindorf/Schwabe 1968, S. 125 ff.).

Etwa einem Drittel der Biologen, die emigriert waren, gelang es nicht, im Ausland eine Stelle an einer Universität, einem Forschungsinstitut oder in der Industrie zu erhalten. Victor Jollos, apl. Professor an der Universität Berlin, emigrierte 1933 nach der Entlassung mit seiner Familie über Edinburgh nach Madison, Wisconsin. Er war durch seine genetischen Forschungen an Protozoen und Drosophila sowie die Entdeckung von über Generationen erhalten bleibenden umweltbedingten Veränderungen (Dauermodifikationen) bei Protozoen bekannt geworden. Trotzdem gelang ihm kein neuer beruflicher Einstieg. Er lebte mit seiner Familie einige Jahre lang unter sehr schwierigen materiellen Bedingungen vor allem von privaten Spenden; 1941 starb er nach einem Herzanfall.

Auch Gerta von Ubisch, wegen ihrer jüdischen Mutter als apl. Professorin für Botanik und Genetik an der Universität Heidelberg entlassen, erhielt nach ihrer Emigration nach Brasilien nie wieder eine feste Stelle. Die Abteilung für Vererbungslehre am Schlangenseruminstitut Butantan in São Paulo, wo sie 1934 Leiterin eines Forschungsprojektes wurde, wurde 1938 aufgelöst. Ohne die Unterstützung einer eigenen Familie führte sie danach verschiedene befristete Tätigkeiten aus, z. B. erteilte sie Biologieunterricht. 1952 traf sie, nach einem fehlgeschlagenen Versuch, nach Kriegsende in Norwegen Fuß zu fassen, wo ihr Bruder Leopold lebte, fast 70 Jahre alt und völlig mittellos in Heidelberg ein. Ihr Antrag auf eine Unterstützung auf dem Wege der Wiedergutmachung wurde zunächst abgelehnt, nach ihrer Klage wurden ihr 150 DM pro Monat bewilligt, und erst nach einer weiteren Revision des Verfahrens wurde ihr 1956 der Bezug von Ruhegehalt zugestanden.

Ernst Ludwig Bresslau, 1933 als „Nichtarier" von seiner Position als o. Professor für Zoologie in Köln entlassen, starb 1935 nach einem Angina pectoris-Anfall in Brasilien. Er hatte unter großen Mühen an der Einrichtung der Institute der 1933 gegründeten Universität in São Paulo mitgewirkt und einige Tage vor seinem Tod gerade seine Antrittsvorlesung als Ordinarius der Zoologie gehalten. Auch Hugo Merton, bis 1935 ao. Professor für Zoologie in Heidelberg, starb einige Jahre nach seiner Emigration in England an einer Krankheit, an der er seit seiner Inhaftierung in Dachau litt.

Julius Schaxel wurde wegen kommunistischer Sympathien 1933 entlassen und von der Polizei und der SA verfolgt. Er floh in die Schweiz und emigrierte danach auf Einladung der Leningrader Akademie der Wissenschaften in die UdSSR. Dort griff er nicht nur die Rassenlehre der Nationalsozialisten heftig an, sondern kritisierte auch die Lehre Lyssenkos in der UdSSR. Er wurde zusammen mit seiner Frau 1937 während der Stalin-Säuberungen verhaftet und starb unter ungeklärten Umständen 1943 in Moskau.

Zu den nach der Anzahl der Zitationen wie auch

nach Aussage von Fachkollegen erfolgreichsten Emigranten der Biologie gehören die Entwicklungsphysiologen Viktor Hamburger, Johannes Holtfreter und, in geringerem Maße, Dietrich Bodenstein, der Insektenphysiologe Gottfried S. Fraenkel, die Genetiker Richard Goldschmidt, Emil Heitz und Curt Stern und der Pflanzenphysiologe Leo Brauner. Bis auf Holtfreter, der als liberal galt und aus ungeklärten Gründen 1938 entlassen wurde, handelt es sich in allen Fällen um jüdische Wissenschaftler oder solche mit jüdischen Vorfahren.

Die Ausrichtung ihrer Forschungen wie auch der der übrigen Emigranten unterschied sich nicht von der ihrer Kollegen in Deutschland in entsprechenden Positionen. So setzten alle drei Entwicklungsphysiologen Forschungen in der Tradition der mittlerweile klassischen Entwicklungsphysiologie (experimentellen Embryologie) der Spemannschule fort; dazu gehörten Fragen der embryologischen Regulation, Induktion, morphogenetischen Felder und ihrer Selbstorganisation. Hamburger, der zu den Begründern der Neuroembryologie gehört, eines Gebietes, das er in den USA an der Washington University in St. Louis zu einer bedeutenden Schule ausbaute, begann mit dieser Forschungsrichtung bereits als Privatdozent in Freiburg. Holtfreter, ebenfalls Spemannschüler und seit 1933 Dozent in München, galt bereits in Deutschland als einer der fähigsten jüngeren Entwicklungsphysiologen. 1933 belegte er mit Hilfe eines von ihm entwickelten Kulturmediums die chemische Natur der von Spemann entdeckten Induktionswirkung, durch die die Bildung neuer embryonaler Teile ausgelöst wird. Holtfreter emigrierte Anfang 1939 nach England; 1940 wurde er dort als „feindlicher Ausländer" interniert und nach Kanada gebracht. Auf Intervention amerikanischer Kollegen ließ man ihn 1941 frei, so daß er seine Forschungen an der McGill University in Montreal fortsetzen konnte. 1946 immigrierte er in die USA (University of Rochester). In Deutschland und nach seiner Emigration analysierte er die komplexen Vorgänge in der embryonalen Entwicklung schrittweise zunächst auf der Ebene der Gewebe, dann der Zellen. Ihm wird heute der entscheidende Fortschritt im Verständnis der Morphogenese (embryonale Gestaltbildung) seit den zwanziger Jahren zugeschrieben.

Keiner der emigrierten Genetiker arbeitete später auf den neuen Gebieten der Virus-, Bakterien- oder Phagengenetik. Stern, dem 1931 an Drosophila gleichzeitig mit Barbara McClintock (an Mais) der cytologische Nachweis für das Crossing over gelang, arbeitete ebenfalls in Rochester weiter erfolgreich auf dem Gebiet der Cytogenetik und wurde später Humangenetiker. Goldschmidt war vor allem durch seinen Versuch, auf der Basis von genetischen und entwicklungsphysiologischen Analysen eine physiologische Theorie der Vererbung abzuleiten, die auch neues Licht auf Evolutionsprobleme werfen sollte, seit den zwanziger Jahren ein international anerkannter Genetiker. Er änderte seine kritische Einstellung zur formalen Vererbungstheorie der Morgan-Schule auch nach seiner Emigration an der University of California in Berkeley nicht, wobei sich seine Hypothesen zur Enzymnatur der Chromosomen und der Existenz von Großmutationen (hopeful monsters) in der Evolution als nicht haltbar herausstellten.

Fraenkel, Privatdozent für Zoologie in Frankfurt a. M., emigrierte nach seiner Entlassung 1933 zunächst nach England (University College und Imperial College, London) und 1948 weiter in die USA (University of Illinois, Urbana). Seine Arbeiten über die Ernährungs- und Hormonphysiologie von Insekten gelten als international führend. Der Forschungsschwerpunkt von Brauner, der nach seiner Entlassung als apl. Professor für Botanik an der Universität Jena 1933 in die Türkei emigrierte, lag auf dem Gebiet der Reiz- und Bewegungsphysiologie der Pflanzen. In der Türkei baute er Forschung und Lehre der Pflanzenphysiologie nahezu aus dem Nichts auf, so daß die meisten nach dem Krieg in der Türkei tätigen Pflanzenphysiologen seiner Schule entstammen.

Zusammenfassend läßt sich feststellen, daß die bedeutendsten Erfolge der Emigranten in der Biologie auf den als klassisch zu bezeichnenden Gebieten der Entwicklungsphysiologie, Genetik, Tier- und Pflanzenphysiologie lagen. Auch hier zeigt sich ein Unterschied zur Physik, wo die überwiegende Zahl der wissenschaftlich einflußreichen Emigranten theoretische Physiker oder Kernphysiker waren, d. h. moderne Richtungen des Faches vertraten. Von den Biologen gehörten zumindest Hamburger und Holtfreter zu den führenden Wissenschaftlern auf ihrem Gebiet. Mit ihnen hatte die Entwicklungsphysiologie in Deutschland ihre nach Spemann bedeutendsten Vertreter verloren.

Im Jahre 1933 waren 460 Chemiker an den einleitend genannten Institutionen in Deutschland und im Jahre 1938 84 Chemiker an österreichischen Universitäten und an der Deutschen Universität in Prag tätig. Von diesen insgesamt 544 Chemikern wurden nach bisherigem Kenntnisstand 127 Personen (23%)

zwischen 1933 und 1938 entlassen. Mindestens 108 emigrierten, zwölf von ihnen waren nicht entlassen worden, sie waren entweder zum „freiwilligen" Rücktritt gedrängt worden oder emigrierten aus anderen Gründen. Die Gesamtzahl der von Universitäten und Kaiser-Wilhelm-Instituten vertriebenen (entlassenen und/oder emigrierten) Chemiker beträgt daher 139 (25,5%). Mindestens 118 davon (85%) mußten ihre Position aus „rassischen" Gründen aufgeben, darunter gleichwohl Personen, die auch aus politischen Gründen als untragbar galten, so etwa Professor David Holde, der der SPD und der Liga für Menschenrechte angehörte, sowie Professor Isidor Traube, der öffentlich für den liberalen Heidelberger Professor und Pazifisten Emil Julius Gumbel eingetreten war (→ PAZIFISTEN); Holde und Traube lehrten an der TH Berlin. Weitere 4% wurden ausschließlich aus politischen Gründen entlassen.

Ein Vergleich der Häufigkeit der Zitationen von Emigranten und Nichtemigranten im *Science Citation Index 1945 bis 1954* zeigt ein ähnliches Ergebnis wie bei den Biologen. Auch in der Chemie waren die Verluste größer, als die Zahl der Emigranten andeutet: Nichtemigranten wurden durchschnittlich 150mal, Emigranten 360mal zitiert, d.h. 2,4mal mehr.

Die Chemie hatte mit rund 25% Entlassungen bzw. „freiwilligen" Rücktritten und 20% Emigrationen mindestens ebenso hohe Verluste aufzuweisen wie die Physik und deutlich höhere als die Biologie. Die Tatsache, daß der Anteil jüdischer Wissenschaftler in der Chemie doppelt so groß war wie in der Biologie und vermutlich ebenso groß wie in der Physik, hat vor allem soziale Ursachen. Der akademische Antisemitismus verhinderte in zahlreichen Fällen auch vor 1933/38 den Aufstieg jüdischer Wissenschaftler. Da für Chemiker im Gegensatz zu Biologen berufliche Perspektiven in der chemischen Industrie vorhanden waren, d.h. außerhalb der Universitäten, wählten viele jüdische Studenten Chemie als Studienfach. Vor allem ist die Tatsache bemerkenswert, daß seit dem 19. Jahrhundert eine große Anzahl von Juden in der Farbstoffindustrie tätig war. Vielen von ihnen gelang es in der Weimarer Republik, eine in der Regel nicht beamtete Stelle als Wissenschaftler an Universitäten oder einem KWI zu erhalten. Die Situation in der Chemie ist in gewisser Hinsicht der in der Medizin oder der in der Rechtswissenschaft vergleichbar, den klassischen Studienfeldern von Juden vor 1918 mit ihren freiberuflichen Chancen auf dem Arbeitsmarkt. Nach 1918 öffnen sich in diesen Bereichen – trotz aller Widerstände des dort tätigen Personals – die öffentlichen bzw. staatlichen Institutionen, und entsprechend groß waren dort die Verluste durch Entlassung und Emigration.

Die Aufstiegsmöglichkeit derjenigen, die sich für eine wissenschaftliche Laufbahn entschieden, wurde zu einem beträchtlichen Teil gesellschaftlich, insbesondere durch den akademischen Antisemitismus begrenzt, der sich in verschiedenen Fachgebieten und Positionen unterschiedlich stark bemerkbar machte. Die Verluste durch Entlassungen und Emigrationen in einzelnen Fachgebieten sind auch in bezug auf diese Frage aufschlußreich. Die Zuordnung der Fachgebiete habe ich in den meisten Fällen nach der jeweiligen Institution vorgenommen, in der die Betreffenden tätig waren. So wurden Biochemiker, die als Mediziner in medizinischen Institutionen tätig waren, darunter Gustav Embden und Otto Meyerhof, zu den medizinischen Biochemikern gezählt. Biochemiker, die keine Mediziner waren und Instituten der organischen Chemie oder den KWIs für Biochemie oder Zellphysiologie angehörten, wurden unter „organische Chemie" berücksichtigt, da sich eine klare Abgrenzung zwischen Biochemie und organischer Chemie für diese Zeit nicht vornehmen läßt. Die Ergebnisse zeigen, daß die Verluste durch Entlassung und/oder Emigration in den neueren, interdisziplinären Gebieten der physikalischen Chemie und medizinischen Biochemie mit 37% bzw. 35% mehr als ein Drittel der Vertreter dieser Fächer ausmachen und damit erheblich größer waren als in der organischen und anorganischen Chemie mit 22% bzw. 20%. Entsprechend gibt es große Unterschiede in den Verlusten durch Emigration. Sie betragen in der Physikalischen Chemie 32%, medizinischen Biochemie 29%, organischen Chemie 17% und anorganischen Chemie 10%. Dieser Prozentsatz entspricht dem des Verlustes durch Emigration in der Biologie.

Die Physikalische Chemie war ein relativ neues Fach, das an Universitäten ein geringeres Ansehen und eine geringere Ausstattung besaß als die organische Chemie. Juden konnten in der Physikalischen Chemie deshalb offensichtlich leichter Zugang zu Positionen erhalten. In diesem Zusammenhang ist interessant, daß 40% der aus „rassischen" Gründen entlassenen Ordinarien der Chemie Leiter eines Instituts für Physikalische Chemie waren und keiner eines der großen chemischen Universitätsinstitute, die damals meistens von einem ordentlichen Professor der organischen Chemie geleitet wurden. Bis 1933 war Richard Willstätter der einzige Jude, der auf ein Ordinariat eines großen chemischen Instituts an einer der 22 deutschen und drei österreichischen Universitäten berufen wurde. Willstätter war allerdings bereits im Jahre 1924 aus Protest gegen mehrere Fälle von Antisemitismus bei Berufungen in München von der Leitung seines dortigen Instituts zurückgetreten.

Die medizinische Biochemie (physiologische Chemie) besaß in Deutschland während der zwanziger Jahre ebenfalls noch kein großes Ansehen. Biochemiker waren aufgrund der Tatsache, daß das Fach erst 1932 Prüfungsfach wurde und es bis in die 1930er Jahre nur wenige eigenständige Institute gab, akademische Außenseiter. In Österreich sah es etwas anders aus, hier existierten an allen drei Universitäten Institute für medizinische Chemie. Auch in der medizinischen Biochemie, ebenfalls ein interdisziplinäres Fach, gab es einen großen Prozentsatz jüdischer Wissenschaftler.

Nicht in allen Fällen ist das weitere Schicksal von Emigranten zu ermitteln gewesen. Die vorliegenden Informationen machen jedoch deutlich, daß der größte Teil (über 60%) zunächst in Westeuropa blieb, wobei Großbritannien mit etwa 30% das Land war, das zunächst die meisten Emigranten aufnahm. Die USA waren das zweithäufigste Aufnahmeland, gefolgt von Frankreich, der Türkei und der Schweiz. Ein großer Teil der Emigranten konnte aber nicht in dem Land bleiben, in dem sie zunächst Aufnahme fanden. Das gilt vor allem für Großbritannien, aber auch für die Niederlande, Frankreich, Belgien und Dänemark. Da dort nach der deutschen Besetzung die Verfolgung der Juden fortgesetzt wurde, gab es Ende der dreißiger Jahre eine zweite Emigrationswelle, die vor allem zur Auswanderung in die USA, in einzelnen Fällen auch nach Palästina, Australien, Südamerika und in andere Länder führte. Erst jetzt wurden die USA für Chemiker zum stärksten Aufnahmeland, gefolgt von Großbritannien und, mit einigem Abstand, der Schweiz, Türkei und Palästina. In der Schweiz war es die pharmazeutische Industrie Basels, die einige der Emigranten aufnahm. Insgesamt erhielten etwa zwei Drittel der Emigranten wieder eine Stelle, etwa ein Drittel von ihnen in der Industrie.

Die Gruppe der erfolgreichen Emigranten, vor allem Biochemiker, die in den USA oder England Karriere machten und den Nobelpreis erhielten, war für die Entwicklung der Chemie und Biochemie international zweifellos von großer Bedeutung. Sie stellte aber nur einen kleinen Teil der entlassenen und emigrierten Chemiker dar. Am anderen Ende des Spektrums stehen diejenigen, die ohne berufliche Möglichkeiten in Deutschland bzw. Österreich blieben, die entweder dort oder nach ihrer Flucht im Ausland von den Nationalsozialisten ermordet wurden oder Selbstmord begingen.

Dazu gehören die folgenden Personen: Hans Liebermann, ao. Professor für organische Chemie an der TH Berlin, blieb nach seiner Entlassung in Berlin. Er beging im September 1938 Selbstmord. Auch Wilhelm Traube, o. Professor und Abteilungsleiter am Chemischen Institut der Universität in Berlin, blieb nach seiner Entlassung 1934 in Berlin, wo er 1942 von den Nationalsozialisten verhaftet und wenige Monate später von der Gestapo ermordet wurde. Der Biochemiker Carl Oppenheimer war von 1908 bis zu seiner Entlassung 1935 Professor an der Landwirtschaftlichen Hochschule in Berlin. 1922 gründete er das *Zentralblatt für Biochemie und Biophysik*. Nach seiner Entlassung emigrierte er 1936 nach Holland, wo er 1938 die Leitung der landwirtschaftlichen Abteilung einer Firma in Den Haag übernahm. Am 24. Dezember 1941 starb er; aller Wahrscheinlichkeit nach wurde er von Nationalsozialisten ermordet. Peter Rona wurde 1933 von seiner Position als ao. Professor für physiologische Chemie der Universität in Berlin und Leiter der chemischen Abteilung des Pathologischen Instituts entlassen. Da er aus Budapest stammte, emigrierte er 1934 nach Ungarn. Nach der deutschen Besetzung mußte er zusammen mit anderen in ein sog. Judenhaus ziehen. 1944 wurde Rona durch die schwedische Botschaft in Budapest vor der Deportation geschützt. Kurze Zeit darauf – das genaue Datum ist nicht bekannt – starben sowohl er als auch seine Frau. Es konnte nicht geklärt werden, ob sie ermordet wurden oder Selbstmord begingen. Der Direktor des KWI für Faserstofforschung, Reginald Herzog, emigrierte nach seiner Entlassung 1933 in die Türkei. Er beging 1935 auf einer Reise in Zürich Selbstmord.

Wählt man als Maßstab den Nobelpreis sowie die Anzahl der Zitate im *Science Citation Index von 1945 bis 1954*, gehörten folgende Chemiker zu den 15 erfolgreichsten Emigranten: in der physikalischen Chemie Fritz Haber (Nobelpreis 1918), Georg von Hevesy (Nobelpreis 1943), Otto Stern (Nobelpreis 1943), Werner Kuhn, Hermann F. Mark und Joseph J. Weiss; in der (medizinischen) Biochemie und biochemischen Physiologie Fritz Lipmann (Nobelpreis 1953), Otto Loewi (Nobelpreis 1936), Otto Meyerhof (Nobelpreis 1923), Severo Ochoa (Nobelpreis 1959), Carl Neuberg, Rudolf Schoenheimer; in der organischen Chemie Max Bergmann und Ernst D.

Bergmann, in der anorganischen Chemie Fritz Feigl. Richard Willstätter (Nobelpreis 1915), Ordinarius für organische Chemie an der Universität in München, war, wie erwähnt, bereits 1924 von seiner Position zurückgetreten. 1939 entging er der Deportation nach Dachau durch Emigration in die Schweiz. Bis auf Kuhn und Ochoa handelt es sich um jüdische Wissenschaftler oder Wissenschaftler mit jüdischen Vorfahren. Werner Kuhn war Schweizer Staatsbürger und lebte seit 1927 in Deutschland. Obwohl er 1936 als Ordinarius für physikalische Chemie an die Universität in Kiel berufen wurde, nahm er 1939 einen Ruf nach Basel an. Bei dieser Entscheidung spielte die wachsende Wahrscheinlichkeit eines europäischen Krieges eine Rolle. Der aus Spanien stammende Severo Ochoa arbeitete von 1929 bis 1931 und von 1936 bis 1937 als Forschungsassistent bei Meyerhof. Er wurde nicht entlassen, aber es ist anzunehmen, daß die politische Entwicklung sowie die Tatsache, daß Meyerhofs Entlassung bevorstand, dazu beigetragen haben, daß er 1937 Heidelberg verließ und nach England und 1940 in die USA zog, wo er zunächst an der Washington University in St. Louis und dann an der New York University tätig war.

Auch unter den hier nicht weiter betrachteten Emigranten der Chemie, d.h. denjenigen, die zum Zeitpunkt der Emigration an Universitäten tätig, aber nicht habilitiert bzw. nicht promoviert waren, befanden sich später international bedeutende Biochemiker, darunter Erwin Chargaff und die künftigen Nobelpreisträger Ernst Boris Chain, Hans Krebs und Konrad Bloch.

In der physikalischen Chemie und Biochemie waren nicht nur die stärksten zahlenmäßigen Verluste zu verzeichnen, sondern ganze Gebiete fielen in Deutschland auf ein geringes Niveau zurück. Dazu gehören z.B. die physikalische Chemie der Polymere und die Biochemie des Stoffwechels. Hermann F. Mark und Werner Kuhn waren seit den dreißiger Jahren international bedeutende Vertreter der physikalischen Chemie der Polymere. Mark, seit 1932 Ordinarius für physikalische Chemie an der Universität Wien, floh nach dem „Anschluß" Österreichs 1938 zunächst in die Schweiz. Er wurde danach Forschungsleiter der kanadischen International Paper Company in Ontario und 1940 Professor für organische Chemie am Brooklyn Polytechnic Institute. Das von Mark 1946 dort ebenfalls gegründete Polymer Research Institute, das erste dieser Art in den USA, wurde während der fünfziger Jahre zum führenden Polymerinstitut der Welt.

In der Biochemie war es die sog. dynamische Biochemie, d.h. Biochemie des Stoffwechsels, die die einschneidensten Verluste durch die Emigration aufzuweisen hatte. Durch den Tod Gustav Embdens nach seiner Entlassung im Jahre 1933 sowie die Emigration u.a. von Hans Krebs, Fritz Lipmann, Otto Meyerhof, Carl Neuberg, Carl Oppenheimer, Peter Rona und Rudolf Schoenheimer verlor Deutschland die führenden Vertreter dieser Forschungsrichtung mit Ausnahme von Otto Warburg. Embden, Krebs, Meyerhof und Neuberg hatten maßgeblichen Anteil an der Aufklärung der ersten intermediären Stoffwechselketten und -zyklen, die nach 1910 mit den Untersuchungen der Reaktionen der Glykolyse und Gärung begann. Auch nach 1933 stammten wesentliche Beiträge zur Aufklärung biochemischer Reaktionen und Mechanismen des intermediären Stoffwechsels von jüdischen Emigranten aus Deutschland, so von Otto Meyerhof an der Medical School der University of Pennsylvania und seinen Schülern, darunter vor allem Fritz Lipmann, von Hans Krebs in Cambridge, England, sowie von Rudolf Schoenheimer und seinen Schülern an der Columbia University in New York.

Die Peptidchemie, von Emil Fischer begründet, verlor mit Max Bergmann, dem jüdischen Direktor des KWI für Lederforschung in Dresden, ihren damals bedeutendsten Vertreter in Deutschland. Bergmann schaffte es, am Rockefeller Institute for Medical Research in New York eine Schule der Peptidforschung zu gründen, und seinen Schülern und Mitarbeitern, darunter mehreren Nobelpreisträgern, gelang später der Durchbruch in der Methodik der Trennung und Analyse von Aminosäuren durch Chromatographie.

Drei der emigrierten Biologen kehrten nach 1945 wieder auf eine Stelle an einer deutschen Universität zurück. Alle waren in die Türkei emigriert. Ihre Entscheidung zurückzukehren, hing vor allem mit der türkischen Politik zusammen, ausländische Hochschullehrer möglichst schnell durch türkische Nachfolger zu ersetzen und Ausländern daher nur unsichere Verträge und geringe Pensionen zuzugestehen. Der aus politischen Gründen 1933 entlassene Gustav Gassner war schon 1939 aus der Türkei nach Deutschland zurückgekehrt, wo er Leiter eines privaten Pflanzenzüchtungsinstituts wurde, bis er 1945 wieder in seine alte Position als Ordinarius an der TH Braunschweig übernommen wurde. Ernst Pringsheim kehrte nach Beendigung seiner Forschungstätigkeit in Cambridge, England, zurück und erhielt in Deutschland Ruhegehalt. Das Schicksal Gerta von Ubischs, der es nach der Emigration nicht gelungen war, eine feste Stelle zu bekommen, wurde oben erwähnt. Sie mußte mit 68 Jahren vier Jahre lang gerichtlich um die Gewährung von Ruhegehalt auf dem Wege der Wiedergutmachung kämpfen.

Von den Chemikern kehrten folgende Gelehrte zurück: Stefan Goldschmidt, bis zu seiner Entlassung 1933 ordentlicher Professor an der TH Karlsruhe und 1938 nach Holland emigriert, wo er als Industriechemiker arbeitete, erhielt 1946 einen Ruf als Nachfolger von Hans Fischer auf das Ordinariat für organische Chemie an der TH München. Hans Kröpelin, 1936 in die Türkei emigriert, wurde 1946 Ordinarius an der TH Braunschweig. Georg Maria Schwab, der nach Griechenland emigrierte und sich während des Krieges dort mit Hilfe seiner Frau, einer Griechin, dem Zugriff der deutschen Besatzer entzog, wurde 1950 Ordinarius für physikalische Chemie an der Universität in München. Ihnen folgten mit Erreichen der Altersgrenze: Fritz Paneth, als Ordinarius für anorganische Chemie in Königsberg entlassen und 1933 nach England (Durham) gegangen, wurde 1953 als Leiter des MPI für Chemie in Mainz berufen. Fritz Arndt, nach seiner Entlassung 1935 in die Türkei emigriert, schied 1955 aus dem Lehrkörper der Universität in Istanbul aus, nach dem türkischen Beamtengesetz ohne Pension. Nach langen Wiedergutmachungsverhandlungen setzte er durch, daß er in Deutschland den Status eines emeritierten ordentlichen Professors erhielt. Alexander Schönberg, der 1934 von seiner Position als apl. Professor für organische Chemie an der TH Berlin entlassen wurde, emigrierte zunächst nach Großbritannien, dann nach Ägypten. Er wurde Professor für organische Chemie und später auch Direktor des chemischen Instituts an der Universität in Kairo. 1957 wurde er wegen Erreichung der Altersgrenze entlassen und ging zurück nach Berlin. Auch er wurde erst durch ein gerichtliches Wiedergutmachungsverfahren ordentlicher Professor emeritus an seiner alten Hochschule (Singer 1987).

Als aktive Hochschullehrer kamen also drei Biologen und drei Chemiker – teilweise erst zehn Jahre nach Kriegsende und in fortgeschrittenem Alter – nach Deutschland zurück, das sind etwa 9% der Emigranten der Biologie und 3% der Chemie. Eine allgemeine Rückberufung als Zeichen, den Unrechtscharakter der Entlassungen anzuerkennen, fand nicht statt. Während fast alle politisch belasteten Hochschullehrer nach 1945 in ihrer Position blieben bzw. nach ihrer Entnazifizierung mit vollen Bezügen und Pensionsberechtigung wieder eingestellt wurden, mußten Emigranten ein solches Recht in der Regel gerichtlich erkämpfen. Dies hinterließ bei den Betroffenen weitere Skepsis und Bitterkeit.

Literatur

APS: American Philosophical Society, Philadelphia.

Arch.MPG: Archiv der Max-Planck-Gesellschaft, Berlin.

Beyerchen, Alan (1980): Wissenschaftler unter Hitler. Physiker im 3. Reich, Köln.

Deichmann, Ute (1995): Biologen unter Hitler. Portrait einer Wissenschaft im NS-Staat, Frankfurt a.M.

Engel, Michael (1994): Paradigmenwechsel und Exodus, Zellbiologie, Zellchemie und Biochemie in Berlin, in: Fischer, Wolfram, u.a., Hrsg.: Exodus von Wissenschaftlern aus Berlin, Berlin–New York, S. 296 ff.

Fischer, Klaus (1988): Der quantitative Beitrag der nach 1933 emigrierten Naturwissenschaftler zur deutschsprachigen physikalischen Forschung, in: Berichte zur Wissenschaftsgeschichte 11, S. 83 ff.

Goldstein, Avram (1987): Otto Krayer. October 22, 1899–March 18, 1982, Biographical Memoirs, in: National Academy of Sciences 57, S. 151 ff.

Hahn, Otto (1968): Mein Leben, München.

Heindorf, Horst, u. Heinz Schwabe (1968): Arnold Japha (1877–1943), in: Wissenschaftliche Zeitschrift der Universität Halle XVII, S. 125 ff.

Jaenicke, Lothar (1989): Wieviel Zufälliges doch in der Entwicklung steckt. Als die Physiologische Chemie zur Molekularbiologie wurde. Kritisches zur Geschichte der biochemischen Forschung, in: Gerwin, Robert, Hrsg.: Wie die Zukunft Wurzeln schlug, Berlin u.a., S. 31 ff.

Morris, Peter J.T. (1986): Polymer Pioneers. A Popular History of the Science and Technology of large Molecules, Philadelphia.

Nachmansohn, David (1979): German-Jewish Pioneers in Science 1900–1933. Highlights in Atomic Physics, Chemistry, and Biochemistry, New York.

Singer, E. (1987): Alexander Schönberg 1892–1985, in: Chem. Ber. 120, S. 1 ff.

SPSL: Collection der Society for the Protection of Science and Learning, Bodleian Library, Oxford.

Erziehungswissenschaft

KLAUS-PETER HORN

Die Erziehungswissenschaft hat sich im deutschen Sprachraum erst mit Beginn des 20. Jahrhunderts als Disziplin an den Universitäten etabliert (Schwenk 1977/78; Tenorth 1985, 1989; Helm u. a. 1990). Zwar existierten auch vorher schon Professuren für Pädagogik; diese waren jedoch größtenteils nicht ihr allein gewidmet, sondern mit Lehr- und Forschungsaufgaben in Theologie und Philosophie verbunden. Die wissenschaftliche Pädagogik hat sich erst spät aus diesen „Mutterdisziplinen" gelöst, dann aber rasche Verbreitung an den Hochschulen gefunden. Irreversibel war diese universitäre Institutionalisierung allerdings erst, als personenunabhängige erziehungswissenschaftliche Lehrstühle geschaffen wurden und Erziehungswissenschaft als Promotions- und Habilitationsfach anerkannt wurde, wodurch zugleich eine fachliche Rekrutierungsbasis gegeben war.

Daneben setzte seit Beginn des 20. Jahrhunderts auch eine Verfachlichung des pädagogischen Diskurses ein, gestützt auf eigene Zeitschriften, organisiert um spezifisch pädagogische Wissensbestände und Fragestellungen und orientiert an wissenschaftlichen Standards, dabei aber noch offen für vielfältige Referenzen zur außerakademischen pädagogischen Praxis sowie zu anderen disziplinären Kontexten. Die soziale Zusammensetzung der Disziplin Erziehungswissenschaft war demnach bis weit in die dreißiger Jahre hinein nicht nur durch eine hohe Beteiligung nichtuniversitärer Diskursteilnehmer, sondern auch durch eine starke Präsenz ursprünglich fachfremder Autoren gekennzeichnet.

Diese Ausgangslage bringt für die Analyse der erziehungswissenschaftlichen Emigration einige Folgeprobleme mit sich. Beschränkt man sich, wie Wierichs/Menck (1992), auf die universitären Repräsentanten des Faches, würden zwar die wichtigen Disziplinvertreter im engeren Sinne berücksichtigt. Eine solche Eingrenzung würde dem skizzierten Entwicklungsstand der Disziplin vor 1933 jedoch nicht gerecht. Eine Ausweitung auf pädagogische Praktiker mag zwar naheliegen, ist aber ebenfalls nicht geeignet, die Spezifik der Erziehungswissenschaft als Reflexions- und Kommunikationsgemeinschaft zu kennzeichnen. Die meisten Lehrer, Sozialpädagogen und Erwachsenenbildner, die in den Registern „Pädagogik, Bildungswesen" und „Social Work" des *Biographischen Handbuchs der deutschsprachigen Emigration nach 1933* (*BHb*) genannt sind oder die Feidel-Mertz in ihren Studien zur Pädagogik im Exil (1983, 1990) vorstellt (→ SCHULEN; → DIE PÄDAGOGISCH-POLITISCHE EMIGRATION), waren nicht am erziehungswissenschaftlichen Diskurs beteiligt. Ein solches Vorgehen würde von der Disziplin Erziehungswissenschaft wegführen.

Um dem Entwicklungsstand der Erziehungswissenschaft im ersten Drittel des 20. Jahrhunderts gerecht zu werden und gleichermaßen die Eingrenzung auf die universitären Fachvertreter wie auch die unkontrollierbare Ausweitung auf alle Praktiker zu vermeiden, wird die Disziplin Erziehungswissenschaft im folgenden definiert als „Forschungsgemeinschaft und Kommunikationszusammenhang von Wissenschaftlern und Gelehrten, der durch gemeinsame Problemstellungen und Forschungsmethoden und nicht zuletzt durch die Entstehung effektiver Mechanismen disziplinärer Kommunikation zusammengehalten wird" (Stichweh 1993, S. 241). Ein zentrales Moment der thematisch zentrierten disziplinären Kommunikation sind die Fachzeitschriften (Stichweh 1988, S. 64f.), so daß diese Definition eine methodisch kontrollierte Erhebung eröffnet: Die Autoren in pädagogischen Zeitschriften bilden gemeinsam mit den universitären Fachvertretern das Personenkorpus, das die Disziplin insgesamt repräsentiert, unabhängig von ihrer Herkunftsdisziplin und beruflichen Tätigkeit sowie unter – vorläufiger – Absehung vom wissenschaftstheoretischen Status ihrer Thesen und Argumente.

Durch einen Abgleich der Autorenangaben von 75 zentralen pädagogischen Zeitschriften der Jahre 1926 bis 1955 (Horn/Helm 1991; Tenorth/Horn 1996) mit den Biographien im *BHb* konnten 322 Autoren als Emigranten identifiziert werden, wovon die meisten in den fachlich einschlägigen Registern des Handbuchs nicht aufgeführt sind. Gemeinsam mit den emigrierten universitären Fachvertretern ergibt sich eine Gesamtsumme von 352 Emigranten, die der Erziehungswissenschaft zuzurechnen sind.

Diese vergleichsweise hohe Zahl von 352 Emigranten ist weder als Beleg dafür zu deuten, daß die Erziehungswissenschaft sich weniger intensiv mit dem Nationalsozialismus eingelassen hätte, noch dafür, daß sie stärker von Emigration betroffen gewesen wäre als bislang angenommen. Vielmehr wird damit illustriert, wie weit das disziplinäre Rekrutierungsfeld zumindest in den 1920er und frühen 1930er Jahren dieses Jahrhunderts war. Unter den 352 Emigranten befanden sich

- universitäre Fachvertreter wie Ernst von Aster, Elisabeth Blochmann, Curt Bondy, Jonas Cohn, Friedrich Wilhelm Foerster, Wolfgang Frommel, Richard Hönigswald, Ernest Jablonsky (der sich später Ernest Jouhy nannte), Fritz Karsen, Richard Kroner, Walter Landé, Arthur Liebert, Carl Mennicke, Wilhelm Peters, August Riekel, Hans Siebert, Friedrich Siegmund-Schultze, Anna Siemsen, Robert Ulich, Emil Utitz, Elisabeth Zaisser;
- Schul- und Sozialpädagogen wie Felix Behrend, Max Bondy, Walter Feilchenfeld, später Fales, Martha Friedländer, Walter Friedländer, Paul Geheeb, Magda Kelber, Hertha Kraus, Arnold Littmann, Georg Lubinski, Hans Neufeld, Werner Peiser, Heinrich Rodenstein, Otto Rühle, Alice Salomon, Minna Specht, Karl Wilker, Siddy Wronsky;
- Psychologen und Psychoanalytiker wie Alfred Adler, Rudolf Allers, Annelies Argelander, Siegfried Bernfeld, Charlotte Bühler, Wladimir Eliasberg, Erik Erikson (der früher Erik Homburger hieß), Paul Federn, Anna und Sigmund Freud, Alice Friedmann, David Katz, Kurt Lewin, Heinrich Meng, Wilhelm Reich, Otto Selz, Editha und Richard Sterba, Erich Stern, William Stern;
- Ärzte wie Josef Friedjung, Martin Gumpert, Max Hodann, Georg Löwenstein, Erich Nassau;
- Sozialwissenschaftler und Ökonomen, die in Arbeiter- und Erwachsenenbildungszeitschriften publizierten wie Fritz Borinski, Dora und Walter Fabian, Theodor Geiger, Arkadi Gurland, Valtin Hartig, Paul Hermberg, Eduard Heimann, Adolph Lowe, Siegfried Marck, Otto Neurath, Eugen Rosenstock-Huessy, Hugo Sinzheimer, Paul Tillich, Hedwig Wachenheim;
- Politiker und politische Journalisten und Schriftsteller des linken wie des konservativen Lagers wie Johannes R. Becher, Georg Decker, Kurt Löwenstein, Oda Olberg-Lerda, Erich Ollenhauer, Karl Otto Paetel, Ludwig Quidde, Helene Stöcker, Walter Ulbricht;
- katholische Publizisten wie Benedikt Gölz O. F. M., Waldemar Gurian, Friedrich Muckermann SJ;
- Architekten, Künstler, Musiker und Schriftsteller wie Josef Albers, Valeska Gert, Richard Huelsenbeck, Johannes Itten, Leo Kestenberg, Walter Mehring, Bruno Taut, Eduard Zuckmayer.

Diese Aufzählung beinhaltet lediglich etwas mehr als ein Viertel des Personenkorpus, zeigt aber die ganze Breite der disziplinären und politischen Herkunft der Personen, die aufgrund der genannten Kriterien der Kommunikationsgemeinschaft über Erziehung und Bildung zugerechnet werden können. So stehen die sozialistische Pädagogin und Kulturpolitikerin Minna Specht (Inge Hansen-Schaberg 1992) und der jugendbewegte national(sozial)istische Lehrer Arnold Littmann, dessen Buch über Herbert Norkus und die Hitlerjungen vom Beusselkietz ein Vorwort Baldur von Schirachs zierte und der Kontakte zur Schwarzen Front Otto Strassers hatte, hier ebenso nebeneinander wie Politiker und politische Journalisten des konservativen rechten Lagers wie Karl Otto Paetel oder Waldemar Gurian und solche des linken Spektrums wie Erich Ollenhauer oder Walter Ulbricht. Offensichtlich war der erziehungswissenschaftliche Diskurs bis in die dreißiger Jahre nicht von den universitären Fachvertretern bestimmt, wie man im Blick auf heutige pädagogische Fachzeitschriften annehmen könnte. Die Verengung des Spektrums begann erst in der Zeit des Nationalsozialismus und wurde in der Nachkriegszeit auch infolge der Expansion der Hochschulen fortgeschrieben.

Die Aufzählung der Namen macht zugleich deutlich, daß differenzierte Analysen nötig sind, will man Ursachen und Effekte der erziehungswissenschaftlichen Emigration und Remigration beschreiben und analysieren. Die Abgrenzung zwischen politisch, „rassisch", religiös und kulturell bedingter Emigration muß zwar letztlich ebenso unscharf bleiben wie die Unterscheidung der Wissenschaftsemigranten im engeren Sinne von den übrigen Emigranten des Personenkorpus. Für die folgende Darstellung werden neben dem Gesamtkorpus dennoch einzelne Teilgruppen gesondert betrachtet.

Die quantitative Beschreibung des Korpus soll anhand einiger zentraler Indikatoren (Konfession, Geschlecht, fachliche und berufliche Zuordnungen, Emigrations- und Remigrationsdaten) einen ersten Überblick geben, der im letzten Abschnitt durch qualitative Studien ergänzt wird.

Die Konfessionszugehörigkeit ist lediglich von 194 Personen bekannt; von ihnen waren 77 (39,7%) jüdischer Konfession und Herkunft, d.h. im Sinne der nationalsozialistischen Gesetzgebung von den „rassisch" begründeten Entlassungs- und Verfolgungsmaßnahmen betroffen, auch wenn sie konvertiert waren.

Das Korpus der Emigranten zeichnet sich durch einen relativ hohen Frauenanteil aus. 52 der 352 Personen waren weiblichen Geschlechts (14,8%), besonders stark vertreten in den Teilbereichen Sozialpädagogik und Psychologie. Unter den 54 emigrierten Hochschullehrern befanden sich allerdings nur drei Frauen.

Weitaus die meisten Personen (ca. 80% des Gesamtkorpus, 98,1% der Hochschullehrer) wurden im Zeitraum zwischen 1880 und 1905 geboren, gehörten also zur Weltkriegsgeneration bzw. zu denjenigen, die einen großen Teil ihrer Kindheit und frühen Jugend in der Zeit des Ersten Weltkrieges verbrachten. Lediglich 15 Personen (4,4%) gehörten mit einem Geburtsjahr ab 1908 zur „zweiten Generation" der Emigranten (zu dieser Einteilung vgl. Möller 1984, S. 110 ff.), hatten also Schul- und Berufsbildung bzw. Studium nur unter großen Erschwernissen oder gar nicht in ihrem Herkunftsland beenden und Berufserfahrungen erst in der Emigration sammeln können.

An deutschen Universitäten waren im Zeitraum von 1926 bis 1955 insgesamt 54 Personen (15,3%) mit pädagogischen Lehrveranstaltungen vertreten, wissenschaftlich tätig waren insgesamt 188 (53,4%) der Emigranten, z. T. an Universitäten, z. T. in außeruniversitären Forschungseinrichtungen im Herkunfts- oder im Zufluchtsland. Hauptberuflich praktisch tätige Pädagogen finden sich nur begrenzt in diesem Personenkorpus: Lediglich 39 Personen (11,1%) waren als Lehrer, Sozialpädagogen oder in der Erwachsenenbildung tätig. Rechnet man auch die nur zeitweilig pädagogisch Tätigen hinzu, kommt man auf 79 (22,4%). 67 Personen (19,0%) waren hauptberuflich Journalisten und Schriftsteller, 36 (10,2%) Funktionäre in politischen Organisationen, weitere 36 als Ärzte, Geistliche, frei praktizierende Psychologen und Psychoanalytiker sowie (einige wenige) als Juristen tätig.

Von den insgesamt 342 Emigranten, über deren Emigrationszeitpunkt Informationen vorliegen, sind acht schon vor 1933 emigriert (Tabelle 1). Annähernd 50% der Emigranten verließen Deutschland im Jahr 1933, die restlichen 50% verteilen sich auf die Folgejahre mit dem zweiten Emigrationshöhepunkt 1938/39 nach dem „Anschluß" Österreichs sowie der Pogromnacht vom 9. November 1938.

Der Weg in die Emigration führte für annähernd die Hälfte der Emigranten nach Nordamerika, also in die → VEREINIGTEN STAATEN VON AMERIKA bzw. nach → KANADA (168 Personen, d. h. 47,7%). Mit weitem Abstand folgen als Aufnahmeländer → GROSSBRITANNIEN (52 Personen, 14,8%) die → SCHWEIZ (25 Personen, 7,1%), die skandinavischen Länder (22 Personen, 6,3%), → PALÄSTINA und → FRANKREICH (jeweils 16 Personen, 4,5%) sowie Länder in Mittel- und Südamerika (insgesamt

Tabelle 1: Jahr der Emigration

Jahr	Gesamtkorpus Anzahl	%	Hochschullehrer Anzahl	%
1932	8	2,3	–	–
1933	166	48,5	25	47,2
1934	40	11,7	7	13,2
1935	18	5,3	–	–
1936	25	7,3	7	13,2
1937	11	3,2	4	7,6
1938	42	12,3	5	9,4
1939	29	8,5	5	9,4
1940	1	0,3	–	–
1943	1	0,3	–	–
1944	1	0,3	–	–
gesamt	342	100,0	53	100,0

13 Personen, 3,7%). Neun Personen (2,6%) emigrierten in die → SOWJETUNION, je acht (2,3%) in die → NIEDERLANDE und in die → TÜRKEI. Die übrigen Zufluchtsländer waren → ITALIEN, → PORTUGAL, → SPANIEN, die → TSCHECHOSLOWAKEI und → POLEN, → BELGIEN, China (→ OSTASIEN) und → SÜDAFRIKA. Für 171 (48,6%) dieser 352 Emigranten war die erste Station ihres Emigrationsweges zugleich das endgültige Aufnahmeland. 113 (32,1%) fanden im zweiten Land, 68 (19,3%) erst im dritten Land ihres Fluchtweges oder gar noch später endgültig Aufnahme.

Rekonstruiert man die Fluchtwege im einzelnen, kann man feststellen, daß die Sicherheit der Zufluchtsländer erheblich variierte. Die mitteleuropäischen Länder waren allesamt, die südeuropäischen zum größten Teil nur Durchgangsstationen, in denen maximal ein Drittel, in der Regel aber deutlich weniger der ursprünglich dorthin emigrierten Personen blieben. Anders sah es in Skandinavien und Großbritannien aus, wo mehr als die Hälfte der ursprünglich dorthin Emigrierten auch endgültig bleiben konnte; Weiterwanderung von hier aus führte in der Regel in die USA. Von neun Emigranten in die UdSSR wandten sich drei später anderen Ländern zu, von sechs Türkei-Emigranten wanderte lediglich einer weiter in die USA. Am sichersten war die erste Emigration in die USA (66 von 68) oder nach Palästina (12 von 13), wo annähernd alle Emigranten, die dorthin gingen, vor weiterer Verfolgung geschützt, wenn auch in Palästina mit anderen Gefahren konfrontiert, bis zu ihrem Tod oder der Rückkehr blieben.

Von den 54 Hochschullehrern sind 24 (44,4%) in

Erziehungswissenschaft

die USA emigriert. Auch hier folgt mit weitem Abstand Großbritannien, wohin zehn (18,5%) der universitären Fachvertreter emigrierten. Vier (7,4%) emigrierten in die Schweiz, je drei (5,6%) in die Niederlande, skandinavische Länder, die Tschechoslowakei sowie in die Türkei. Jeweils ein Hochschullehrer ging nach Palästina, Frankreich sowie ein Land in Mittelamerika. Von der insgesamt kleinen Lehrerpopulation (27) in unserem Korpus gingen annähernd gleich viele Personen nach Großbritannien (6) und in die USA (7); die Sozialpädagogen im Korpus finden sich mit gleichen Anteilen in den USA und in Großbritannien wieder (je sechs von 18); lediglich von den emigrierten Erwachsenenbildnern ist fast die Hälfte in die USA gegangen (16 von 35). Von den nicht im Wissenschaftsbereich tätigen Emigranten sind etwas mehr als die Hälfte der Ärzte, Psychologen, Psychoanalytiker, Juristen und sonstigen Berufstätigen (23 von 45), ein Drittel der künstlerisch, journalistisch und schriftstellerisch Tätigen (32 von 99) sowie ein Viertel der politisch und als Funktionäre Tätigen (17 von 68) in die USA emigriert.

Das Ende des Jahres 1945, und damit den Zeitpunkt, zu dem an eine Rückkehr nach Deutschland bzw. Österreich realistisch wieder zu denken war, erlebten 40 der emigrierten Erziehungswissenschaftler nicht mehr. Sie starben in den Jahren der Emigration, darunter sechs Personen, die vor und im Krieg von Deutschen ermordet wurden. Es waren dies der Arbeiterbildungsjournalist Arthur Goldstein; der Politiker Rudolf Hilferding, der u. a. in einer Arbeiterbildungszeitschrift mit einer Abhandlung vertreten war; der Philosoph und Sozialwissenschaftler Theodor Lessing, der sich intensiv an den Debatten um die freie Volks- und Erwachsenenbildung beteiligt hatte; der Lehrer Otto Meyer; der frühere Mannheimer Psychologie- und Pädagogikprofessor Otto Selz; der Jurist Julius Woyda, der sich mehrfach in berufspädagogischen Fragen zu Wort gemeldet hatte.

Für 312 Personen stellte sich also die Frage, ob sie nach Deutschland resp. Österreich zurückkehren oder in ihrem jeweiligen Zufluchtsland bleiben sollten. Für 294 dieser 312 Emigranten lassen sich Aussagen über ihre Entscheidung treffen, über Rückkehr oder Verbleib der restlichen 18 Personen ist (bislang) nichts Näheres bekannt. Etwas mehr als die Hälfte von ihnen entschied sich für einen Verbleib im Aufnahmeland (149, d.h. 50,7%). Die anderen 145 kehrten zurück, jedoch nicht alle dauerhaft: lediglich 93 remigrierten, 52 kamen zu mehr oder weniger langen beruflichen Aufenthalten in ihr Herkunftsland, kehrten jedoch danach wieder in ihr Aufnahmeland zurück. Die letzteren werden als Teilrückkehrer bezeichnet, da sie sich nur zeitweise, aber verbunden mit einer beruflichen Tätigkeit, in ihren Herkunftsländern aufhielten; ein bloßer Besuchsaufenthalt wird also nicht berücksichtigt (Horn/Tenorth 1991; Tenorth/Horn 1994, 1996).

Entsprechend der Altersverteilung der Emigranten im Jahr 1945 ergibt sich die Tendenz, daß in der Altersgruppe der 30- bis 55jährigen am meisten Remigranten zu finden sind. Emigranten, die zu diesem Zeitpunkt jünger als 30 Jahre waren, zog es seltener nach Deutschland/Österreich zurück, ebenso die Angehörigen der älteren Generationen. Wichtiger als die Altersfrage ist in bezug auf die Remigration die fachliche und Berufsgruppen-Zugehörigkeit (Tab. 2). Hohe Anteile von Remigranten und Teil-Rückkehrern gibt es unter den universitären Fachvertretern (zus. 62,3%), aber auch bei Lehrern (62,9%), Politikern (51,5%) und journalistisch-schriftstellerisch Tätigen (49,5%). Bei diesen Gruppen machte sich die „Abhängigkeit" vom deutschen Kontext besonders bemerkbar, während die anderen, und hier vor allem Sozialpädagogen, Psychologen und Psychoanalytiker, in ihren Aufnahmeländern mit dort im Ausbau befindlichen Institutionen größere Integrations- und Karrierechancen hatten.

Tabelle 2: Verbleib im Aufnahmeland, Rückkehr und Teilrückkehr in das Herkunftsland für die einzelnen Berufs- bzw. Fachgruppen

Berufsgruppe	Verbleib	Teilrückkehr	Remigration
Wissenschaftler	99 (55,0%)	37 (20,6%)	44 (24,4%)
universitäre Erziehungswissenschaftler	17 (37,8%)	7 (15,6%)	21 (46,7%)
Lehrer	10 (37,0%)	7 (25,9%)	10 (37,0%)
Sozialpädagogen	10 (58,8%)	3 (17,6%)	4 (23,5%)
Erwachsenenbildner	19 (55,9%)	7 (20,6%)	8 (23,5%)
Künstler, Journalisten, Schriftsteller	47 (50,5%)	8 (8,6%)	38 (40,9%)
Politiker, Funktionäre	33 (48,5%)	5 (7,4%)	30 (44,1%)
Ärzte, Psychologen, Psychoanalytiker, Juristen und sonstige	27 (67,5%)	6 (15,0%)	7 (17,5%)

Die These vom Zusammenhang des überwiegenden Verbleibs mit Integrations- und Karrierechancen im Aufnahmeland wird gestützt und spezifisch ergänzt, wenn man die Remigrationsdaten in Abhängigkeit vom Aufnahmeland betrachtet. Während aus Großbritannien, den skandinavischen Ländern, der Schweiz und der Türkei jeweils mehr als die Hälfte der Emigranten, im Fall der Türkei fünf von sechs, zurückkehrten, waren es von den USA-Emigranten „nur" 41% (55 von 144). Für die Sozialpädagogen, aber auch für die psychoanalytische Bewegung waren die USA in den 1940er und 1950er Jahren tatsächlich so etwas wie das „Land der unbegrenzten Möglichkeiten". Übertroffen wird die geringe Rückkehrerzahl nur noch von den Palästina-Emigranten, die zu 75% im Aufnahmeland verblieben. Ein Befund, der allerdings weniger mit fachlichen Ambitionen als mit religiös-kulturellen und politischen Bindungen zu erklären ist.

Anhand der Zahlen und Daten sind Fragen nach der individuellen Entwicklung und Erfahrung sowie nach der Bedeutung und Wirkung von Emigration und Remigration für bzw. auf die Entwicklung der Erziehungswissenschaft in den Herkunfts- oder in den Aufnahmeländern nur ansatzweise zu klären. Wie der Verbleib im Aufnahmeland konnte auch Remigration ohne Wirkung bleiben, wenn Integration oder Reintegration im beruflichen Kontext scheiterten. Andererseits konnte ein Emigrant trotz Nicht-Rückkehr oder bei nur zeitweiliger Rückkehr nach Deutschland doch Einfluß auf die deutsche Entwicklung nehmen. Die oben präsentierten Zahlen und Daten bieten zwar erste Hinweise auf solche Zusammenhänge von Wirkung, Bedeutung, Einfluß; für eine detaillierte Darstellung und Analyse wird man jedoch auf personenbezogene Fallstudien zurückgreifen müssen, ohne zugleich den Kontext der quantitativ beschreibbaren Entwicklung aus dem Blick zu verlieren (Horn/Tenorth 1991).

Für die Sozialpädagogik als Teil der Erziehungswissenschaft sowie für die Gruppe der Psychoanalytiker ist festzustellen, daß der Anteil der Remigranten und Teilrückkehrer deutlich geringer war als bei den anderen Teilgruppen (Tab. 2). Diesen Befund haben wir damit erklärt, daß vor allem in den USA, die ja die meisten Emigranten aufgenommen hatten, ein Markt für diese Berufsgruppen bestand. Neben Erwägungen, ob man in das Land der Täter zurückkehren solle, haben auch berufliche Überlegungen eine große Rolle für die Entscheidung über Rückkehr oder Verbleib gespielt. Sowohl für die Sozialpädagogik als auch für die Psychoanalyse herrschten in den USA gute Arbeitsbedingungen, da die Expansion dieser Felder zu einem Bedarf an gut ausgebildeten Lehrern führte (Peters 1988; Müller 1988).

Als Beispiel für eine „Karriere" im sozialpädagogischen Bereich soll hier der in Deutschland heute weithin unbekannte John Otto Reinemann (1902–1976) stehen. Reinemann studierte von 1921 bis 1924 Rechtswissenschaft in München und Frankfurt a. M. und wurde 1926 promoviert. 1928 bestand er sein Assessorenexamen und wurde 1929 Magistratsrat und Leiter der Rechtsabteilung des Wohlfahrts- und Jugendamts Prenzlauer Berg in Berlin. Daneben war er in sozialdemokratischen und pazifistischen Jugendgruppen aktiv und publizierte u.a. in der Zeitschrift des Bundes Entschiedener Schulreformer. Im Juni 1933 erfolgte seine Entlassung, verbunden mit Hausdurchsuchung und Paßentzug. Nach Wiedererlangung des Passes emigrierte er im Januar 1934 mit Unterstützung der Quäker in die USA, wo er von 1934 bis zu seiner Pensionierung im Jahr 1969 verschiedene leitende Stellungen bis zum Direktorposten in der Sozialabteilung des Familiengerichts in Philadelphia innehatte. Im Rahmen dieser Tätigkeit war er verantwortlich für die Einrichtung von Betreuungsinstitutionen für jugendliche Straffällige. Daneben führte er von 1940 bis 1944 Forschungsarbeiten an der Universität von Philadelphia durch, an der er von 1940 bis 1955 Dozent am Public Service Institute, von 1961 bis 1970 am Law Enforcement Studies Center war. Zahlreiche Beratungsaufgaben für Regierungsstellen und die Vereinten Nationen sowie Mitgliedschaften in verschiedenen Verbänden und Institutionen der Sozialarbeit runden das Bild einer „erfolgreichen" Biographie eines Nicht-Rückkehrers ab.

Neben den im Aufnahmeland „erfolgreichen" Emigranten gab es auch solche, deren Biographien durch die Emigration einen Bruch erfahren haben, der nicht mehr zu heilen war. Vollständige Fach- und/oder Berufswechsel, wie bei Hans Weil (1898–1972), der sich noch 1932 an der Frankfurter Universität in Erziehungswissenschaft habilitiert hatte, nach seiner Emigration in Italien eine Schule leitete und später seinen Lebensunterhalt in den USA als Fotograf verdienen mußte, waren dennoch die Ausnahme. Seine Dissertation über „Die Entstehung des deutschen Bildungsprinzips" von 1927, in der pädagogische Ideen in wissenssoziologischer und sozialgeschichtlicher Perspektive dargestellt und analysiert wurden, wurde in den sechziger Jahren wiederentdeckt und neu aufgelegt und beeinflußte die Neuorientierung der historischen Bildungsforschung, während die persönliche Wiedergutmachung auch in diesem Falle recht kläglich ausfiel.

Wirkung im Aufnahmeland war nur möglich, wenn der Kontext die richtigen Bedingungen für die Entfaltung der individuellen Eigenschaften und Kenntnisse bot. J. O. Reinemann hatte gute Chancen, weil er als profilierter Sozialpädagoge in den USA ein expandierendes Feld vorfand. Schwieriger ist zu erklären, warum ein fachlich hervorragend ausgewiesener Wissenschaftler wie Hans Weil nicht reüssieren konnte, obwohl er nicht die spezifisch deutsche geisteswissenschaftliche Tradition der Pädagogik, sondern eine sozialgeschichtlich und soziologisch inspirierte Erziehungswissenschaft vertrat. Robert Ulich (1890–1977) hingegen, früher Honorarprofessor für praktische Pädagogik an der Technischen Hochschule Dresden, wurde 1934 Professor für Philosophy and History of Education in Harvard und profilierte sich als Vertreter einer zwar weiterentwickelten, aber letztlich doch „un-amerikanischen" geisteswissenschaftlichen Pädagogik und als Kritiker des Pragmatismus Deweys. Zwar war Ulich mit seiner konservativen, elitären und ständisch orientierten Kritik am amerikanischen Bildungswesen nicht so erfolgreich, daß das Schulsystem geändert worden wäre; immerhin aber wurde ihm 1958 eine Festschrift und 1971 in einem Sammelwerk über *Leaders in American Education* ein Artikel gewidmet. Dennoch kann man nicht von einer langdauernden Wirkung des Ulichschen Werkes sprechen, sowohl in den USA als auch in Deutschland ist er nur noch wenigen bekannt (Waterkamp 1996).

Wirkung auf die disziplinäre Entwicklung im Herkunftsland war nicht auf unmittelbare Präsenz angewiesen, wie die Beispiele Hans Weil, Siegfried Bernfeld und Kurt Löwenstein oder – um die pädagogisch bedeutsame Psychoanalyse noch einmal heranzuziehen – Anna Freud oder Erik Erikson zeigen. Dennoch waren die Chancen, Einfluß auszuüben, für die Emigranten größer, die nach 1945 zumindest zeitweise in Deutschland bzw. Österreich arbeiteten, Kurse durchführten, in öffentlichem Auftrag als Berater fungierten oder an Universitäten als Gastprofessoren Vorlesungen und Seminare hielten (→ RÜCKKEHR AUS DEM EXIL UND SEINE REZEPTIONSGESCHICHTE).

Emma N. Plank (geb. 1905), die vor ihrer Emigration in Wien als Lehrerin und in der (Montessori-) Lehrerbildung gearbeitet hatte, emigrierte 1938 über Großbritannien in die USA, wo sie zuerst in einem Kinderheim, von 1939 bis 1946 in einer Schule als Lehrerin tätig war. 1947 erlangte sie den Master of Arts am Mills College in Oakland, Kalifornien, wo sie seit 1945 studiert hatte. Nach einem Jahr als Lehrerin an diesem College ging sie 1948/49 auf Einladung des Jugendamtes nach Wien, wo sie an verschiedenen Projekten, u. a. an der Gründung eines Kindergartens, beteiligt war und Kurse am Pädagogischen Institut gab. Von 1950 bis 1973 war sie zuerst als Lehrerin, später als Assistenz- bzw. außerordentliche Professorin für Entwicklungspsychologie Mitglied des Lehrkörpers der Case Western Reserve University in Cleveland, Ohio. Daneben war sie vielfältig aktiv in psychologischen und pädagogischen Institutionen. Emma Plank konnte nach 1945 sowohl in ihrem Aufnahmeland USA als auch in ihrem Herkunftsland Österreich durch persönliche Anwesenheit wirken.

Persönliche Anwesenheit allein war jedoch keineswegs Garant für Wirkungsmöglichkeit. Nicht nur Robert Ulich ist in der deutschen Erziehungswissenschaft ein Unbekannter, auch die früheren Pädagogik-Professoren Wilhelm Peters (1880–1963) und August Riekel (geb. 1897) konnten nach 1945 trotz Remigration keinerlei Wirkung mehr entfalten und sind heute weitgehend vergessen. Andere, wie z. B. Walter Fabian (1902–1992), konnten hingegen nach ihrer Rückkehr Einfluß auf die politische und fachliche Entwicklung in der Bundesrepublik Deutschland nehmen. Fabian hat nicht nur als politischer Publizist, sondern auch als Theoretiker der Arbeiter- und Erwachsenenbildung eine bedeutende Rolle im Nachkriegsdeutschland gespielt. Seit 1966 war er Honorarprofessor für Pädagogik und Erwachsenenbildung an der Universität Frankfurt a. M. und prägte mehr als eine Studentengeneration nachhaltig.

Weitere Beispiele für einflußreiche Remigration bieten die Nachkriegsbiographien von Magda Kelber (geb. 1908), die als Leiterin des gruppenpädagogischen Ausbildungszentrums Haus Schwalbach zwischen 1949 und 1963 viele deutsche Sozialpädagogen mit methodischen Ideen aus den USA bekannt machte, oder Friedrich Siegmund-Schultze (1885–1969), der schon vor 1933 eine Honorarprofessur für Sozialpädagogik und Sozialethik an der Berliner Universität innehatte und von 1948 bis 1958 in ebensolcher Funktion an der Universität Münster lehrte. Curt Bondy (1894–1972), ein weiterer Exponent der Sozialpädagogik, war sowohl in der Emigration wie als Rückkehrer „erfolgreich". Nach seiner Emigration 1940 lehrte er bis 1950 am College of William and Mary in Richmond, Virginia, Psychologie; 1950 wurde er als Professor für Psychologie und

Sozialpädagogik an die Universität Hamburg zurückberufen, wo er bis 1933 schon Privatdozent gewesen war (Kersting 1994, S. 753f.).

Mehr oder minder lange erfolgreich waren auch die Remigranten, die in die Sowjetische Besatzungszone (SBZ) bzw. die Deutsche Demokratische Republik (DDR) gingen (Uhlig 1996), wie Paul Wandel (1905–1995), der im Juli 1945 aus der UdSSR zurückkam und bis 1949 als Präsident der Deutschen Zentralverwaltung für Volksbildung sowie von 1949 bis 1952 als Minister für Volksbildung eine der zentralen Persönlichkeiten bei der Umgestaltung des Bildungswesens und der Pädagogik in den Anfangsjahren der DDR, anschließend aber nicht mehr im Volksbildungsbereich tätig war. Auch Elisabeth Zaisser (1898–1987) kam 1947 aus der UdSSR in die SBZ; sie lehrte kurze Zeit Sowjetpädagogik an den Universitäten in Halle und Dresden, bevor sie 1950 Direktorin des Deutschen Pädagogischen Zentralinstituts, dann Staatssekretärin unter Paul Wandel und schließlich 1952 bis 1953 dessen Nachfolgerin als Ministerin für Volksbildung wurde. Nach dieser kurzen Phase exponierter Tätigkeit wurde sie freiberufliche Übersetzerin im Verlag Volk und Wissen in Berlin (Ost).

Abschließend sei Hans Siebert (1910–1979) als Beispiel für Wirkungsmöglichkeiten und Einflußverlust vorgestellt. Schon in jungen Jahren KPD-Funktionär, emigrierte Siebert 1936 nach England, wo er sogleich in der Exilorganisation der KPD Funktionen vor allem im Hinblick auf Bildungs- und Erziehungsfragen übernahm. Folgerichtig führte sein Weg nach 1945 in die SBZ, wo er seit Ende 1948 die Schulabteilung in der Deutschen Zentralverwaltung für Volksbildung, ab 1. Januar 1950 die Hauptabteilung für Unterricht und Erziehung im Ministerium für Volksbildung der DDR leitete und zugleich Gründungsdirektor des Deutschen Pädagogischen Zentralinstituts war. Als West-Emigrant wurde er Ende 1950 trotz seiner stalinistischen Wende aller Funktionen enthoben. Nach einer Übergangszeit, die er als pädagogischer Schriftsteller verbrachte, wurde er am 1. Mai 1952 Professor und Direktor des Pädagogischen Instituts in Dresden und lehrte bis 1975 an der TH Dresden Erziehungswissenschaft. Nennenswerten Einfluß auf die Bildungspolitik und die Erziehungswissenschaft der DDR konnte er jedoch nicht mehr gewinnen (Geißler 1995).

Die Erforschung der erziehungswissenschaftlichen Emigration und Remigration steht immer noch am Anfang. Die vorgestellten quantitativen und qualitativen Befunde verdeutlichen die noch zu klärenden Fragen und weisen auf noch zu leistende Forschungsarbeit hin. Die Biographien der erziehungswissenschaftlichen Emigranten sind bislang nur in sehr heterogener Weise untersucht und aufbereitet worden. Für künftige Analysen müssen allerdings nicht nur die biographischen Daten, sondern im Hinblick auf die Disziplingeschichte auch die Werkangaben erhoben und komplettiert werden, damit Themen und Programme der emigrierten und der in Deutschland verbliebenen Erziehungswissenschaft vergleichend analysiert werden können. Die Wirkungs- und Bedeutungsanalyse ist sowohl von ihren leitenden Annahmen und der methodischen Bearbeitung als auch von den Quellen her auf eine umfassende Analyse der Disziplinentwicklung im Herkunfts- und in den Aufnahmeländern angewiesen. Erst auf dieser Grundlage sind dann Aussagen über den Zusammenhang des Einzelschicksals mit der Disziplinentwicklung möglich (Horn/Helm 1991). Darin besteht neben den notwendigen biographischen und institutionellen Fallstudien (z. B. Feidel-Mertz/Lingelbach 1995; Kersting 1995) die Hauptaufgabe der zukünftigen Erforschung der Wissenschaftsemigration, die methodisch und begrifflich an Erkenntnisse der Wissenschaftsforschung und -geschichtsschreibung anschließt und ihre Befunde über Verlust, Bedeutung oder Wirkung immer auf die Gesamtentwicklung einer Disziplin, nicht nur auf Teilaspekte bezieht.

Literatur

Feidel-Mertz, Hildegard (1983): Schulen im Exil. Die verdrängte Pädagogik nach 1933, Reinbek.

Feidel-Mertz, Hildegard (1990): Pädagogik im Exil nach 1933. Erziehung zum Überleben. Bilder und Texte einer Ausstellung, Frankfurt a. M.

Feidel-Mertz, Hildegard, u. Karl-Christoph Lingelbach (1995): Gewaltsame Verdrängung und prekäre Kontinuität. Zur Entwicklung der wissenschaftlichen Pädagogik in Frankfurt am Main vor und nach 1933, in: Zeitschrift für Pädagogik 40, S. 707 ff.

Geißler, Gert (1995): Hans Siebert – Zur erziehungsgeschichtlichen Spur eines emigrierten politischen Pädagogen, in: Zeitschrift für Pädagogik 40, S. 781 ff.

Hansen-Schaberg, Inge (1992): Minna Specht – Eine Sozialistin in der Landerziehungsheimbewegung (1881–1951), Frankfurt a. M. u. a.

Helm, Ludger, Heinz-Elmar Tenorth, Klaus-Peter Horn u. Edwin Keiner (1990): Autonomie und Heteronomie. Erziehungswissenschaft im historischen Prozeß, in: Zeitschrift für Pädagogik 36, S. 29 ff.

Horn, Klaus-Peter, u. Heinz-Elmar Tenorth (1991): Remigration in der Erziehungswissenschaft, in: Exilforschung 9, S. 171 ff.

Horn, Klaus-Peter, u. Ludger Helm (1991): Zwischen IST und KÖNNTE. Probleme der wissenschaftshistorischen Bilanzierung am Exempel der Emigration, in: Hoffmann, Dietrich, u. Helmut Heid, Hrsg.: Bilanzierungen erziehungswissenschaftlicher Theorieentwicklung. Erfolgskontrolle durch Wissenschaftsforschung, Weinheim, S. 209 ff.

Kersting, Christa (1994): Erziehungswissenschaft in Hamburg nach 1945. Zum Umgang der Disziplin mit Emigranten, in: Zeitschrift für Pädagogik 40, S. 745 ff.

Möller, Horst (1984): Exodus der Kultur. Schriftsteller, Wissenschaftler und Künstler in der Emigration nach 1933, München.

Müller, C. Wolfgang (1988): Wie Helfen zum Beruf wurde, 2 Bde., 2. Aufl., Weinheim–Basel.

Peters, Uwe Henrik (1988): Emigration psychiatrischer Gruppen am Beispiel der Psychoanalyse, in: Briegel, Manfred, u. Wolfgang Frühwald, Hrsg.: Die Erfahrung der Fremde. Kolloquium des Schwerpunktprogramms „Exilforschung" der Deutschen Forschungsgemeinschaft, Weinheim u. a., S. 177 ff.

Schwenk, Bernhard (1977/78): Pädagogik in den philosophischen Fakultäten. Zur Entstehung der „geisteswissenschaftlichen Pädagogik" in Deutschland, in: Jahrbuch für Erziehungswissenschaft 2, S. 103 ff.

Stichweh, Rudolf (1988): Differenzierung des Wissenschaftssystems, in: Mayntz, Renate, u. a.: Differenzierung und Verständigung. Zur Entwicklung gesellschaftlicher Teilsysteme, Frankfurt a. M.–New York, S. 45 ff.

Stichweh, Rudolf (1993): Wissenschaftliche Disziplinen: Bedingungen ihrer Stabilität im 19. und 20. Jahrhundert, in: Schriewer, Jürgen, Edwin Keiner u. Christophe Charle, Hrsg.: Sozialer Raum und akademische Kulturen. Studien zur europäischen Hochschul- und Wissenschaftsgeschichte im 19. und 20. Jahrhundert, Frankfurt a. M. u. a., S. 235 ff.

Tenorth, Heinz-Elmar (1985): Wissenschaftliche Pädagogik in Deutschland, in: Braun, Hans-Joachim, u. R. H. Kluwe, Hrsg.: Entwicklung und Selbstverständnis von Wissenschaften. Ein interdisziplinäres Colloquium, Frankfurt a. M. u. a., S. 79 ff.

Tenorth, Heinz-Elmar (1989): Deutsche Erziehungswissenschaft im frühen 20. Jahrhundert. Aspekte ihrer historisch-sozialen Konstitution, in: Zedler, Peter, u. Eckard König, Hrsg.: Rekonstruktionen pädagogischer Wissenschaftsgeschichte. Fallstudien, Ansätze, Perspektiven, Weinheim, S. 117 ff.

Tenorth, Heinz-Elmar, u. Klaus-Peter Horn (1994): Emigration und Remigration in der Erziehungswissenschaft, in: Zeitschrift für Pädagogik 40, S. 703 ff.

Tenorth, Heinz-Elmar, and Klaus-Peter Horn (1996): The Impact of Emigration on German Pedagogy, in: Ash, Mitchell G., and Alfons Söllner, Eds.: Forced Migration and Scientific Change. Emigré German-Speaking Scientists and Scholars after 1933, Cambridge–New York, S. 156 ff.

Uhlig, Christa (1996): Sozialisation in der UdSSR. Emigration und Remigration im Zusammenhang von Bildungspolitik und Pädagogik in der SBZ und frühen DDR, Berlin, Ms.

Waterkamp, Dietmar (1996): Robert Ulich: Ideal Universalism. A German Emigrant's Contribution to Education Studies in the USA, Dresden, Ms.

Wierichs, Georg, u. Peter Menck (1992): Die akademische Pädagogik von 1928 bis 1955. Eine inhaltsanalytische Untersuchung des Wissens von Erziehung, in: Erziehungswissenschaft 3, H. 6, S. 58 ff.

Germanistik

Jost Hermand

Im Gegensatz zu den anderen wissenschaftlichen Disziplinen war die Zahl der deutschen oder deutsch-jüdischen Germanisten und Germanistinnen, die sich dem Zugriff der Nationalsozialisten durch die Flucht ins Ausland zu entziehen versuchten, relativ klein (Hoecherl-Alden 1996, S. 42 ff.). Schließlich hatten viele Vertreter und Vertreterinnen dieses Faches schon in den zwanziger Jahren eine national-konservative, ja chauvinistisch-reaktionäre Gesinnung an den Tag gelegt, die sich als „präfaschistisch" bezeichnen läßt und somit bruchlos zur Ideologie des Dritten Reiches überleitete (Hermand 1994, S. 83 ff.). Zu den Berufsgermanisten oder -germanistinnen, die in Deutschland oder Österreich bereits eine Professur oder Dozentur, selten allerdings einen Lehrstuhl, innegehabt hatten, gehörten deshalb unter den Exilierten zu Anfang lediglich Richard Alewyn (a.o. Prof. Heidelberg), Walter A. Berendsohn (a.o. Prof. Hamburg), Melitta Gerhard (Priv.Doz. Kiel), Wolfgang Liepe (o. Prof. Kiel), Werner Richter (o. Prof. Berlin), Hans Sperber (a.o. Prof. Köln) und Marianne Thalmann (Priv.Doz. Wien). Im Laufe der Jahre gesellte sich zu ihnen noch eine Reihe jüngerer Literaturwissenschaftler und -wissenschaftlerinnen, die wie Wolfgang Paulsen, Ludwig

Kahn und Oskar Seidlin in der Schweiz promovierten, wie Charlotte Jolles, Siegbert S. Prawer, Hans Siegbert Reiss und Joseph Peter Stern nach → GROSSBRITANNIEN flüchteten, wie Richard Samuel nach → AUSTRALIEN verschlagen wurden oder wie Käte Hamburger eine Zuflucht in → SCHWEDEN fanden (Schmitz 1994).

Die überwältigende Mehrheit dieser Berufsgruppe, ohne die sich ein solcher Überblick kaum lohnte, ging dagegen in die → VEREINIGTEN STAATEN VON AMERIKA. Zu ihr gehörten nicht nur die bereits Genannten Alewyn, Gerhard, Kahn, Liepe, Paulsen, Richter, Seidlin, Sperber und Thalmann, sondern auch Bernhard Blume, Dieter Cunz, Liselotte Dieckmann, Curt Faber du Faur, Wolfgang Fleischhauer, Norbert Fuerst, Claude Hill, Otto Jolles, Hedda Korsch, Gerhard Loose, Ludwig Marcuse, Franz Mautner, Walter Naumann, Herbert Penzl, Walter Perl, Ernst Philippson, Konstantin Reichardt, Arno Schirokauer, Stefan Schultz, Hans Sperber und Felix Wassermann, die bereits mit einem Dr. phil. in die Vereinigten Staaten kamen, sowie Franz Bäuml, Helmut Boeninger, Marianne Bonwit, Dorrit Cohn, Peter Demetz, Wolfgang Fleischmann, Lilian Furst, Lieselotte Gumpel, Ulrich Goldsmith, Peter Heller, Frank Hirschbach, Lida Kirchberger, Ruth Klüger, Herbert Lederer, Michael Mann, Michael Metzger, Heinz Politzer, Henry H. H. Remak, Peter Salm, Eva Schiffer, Egon Schwarz, Christoph Schweitzer, Walter H. Sokel, Guy Stern, Werner Vordtriede, Gerhard Weiss und Harry Zohn, die ihr Studium erst in diesem Lande begannen oder fortsetzten, bevor sie an amerikanischen Universitäten oder Colleges zu unterrichten begannen. Vor allem nach Beginn des Zweiten Weltkrieges wurde demzufolge die Zahl der Exilanten unter den dortigen Germanisten und Germanistinnen ständig größer, zumal sich auch einige Schriftsteller, Journalisten, Anwälte oder Ehefrauen vertriebener Akademiker wegen ihrer deutschen Sprach- und Literaturkenntnisse entschlossen, an den zahlreichen „Deutschabteilungen", wie sie unter den Exilanten hießen, nach möglichen Stellen umzusehen.

Was sie in diesen Departments vorfanden, war eine Form der Germanistik, die mehrheitlich noch immer ein „wilhelminisches" Gepräge trug. Das hing weitgehend damit zusammen, daß in der politischen Imagebildung Amerikas das Deutschland vor 1914 nach wie vor als das „gute, alte Deutschland" galt, an dessen Stelle dann im Ersten Weltkrieg ein Deutschland der Militanz getreten sei, was 1917, beim Kriegseintritt der USA, zu gewaltigen Haßentladungen gegen alles Deutsche, darunter die Schließung vieler German Departments, geführt hatte (Schmidt 1985; Nollendorfs 1988). Dieser Schock saß vielen amerikanischen Germanisten, die 1917 ihre Jobs verloren und erst im Laufe der zwanziger Jahre an den wiedereröffneten German Departments erneut Anstellungen gefunden hatten, noch tief in den Knochen. Sie gaben sich darum nach 1933 die größte Mühe, der Gefahr neuer Haßausbrüche gegen Deutschland mit einer sorgfältig abwiegelnden Haltung entgegenzutreten. So rückten sie etwa im Literaturunterricht vor allem die als unpolitisch geltenden klassisch-romantischen Dichtungen sowie jene Werke innerhalb der neueren Literatur in den Vordergrund, in denen sich ein spezifisch „deutsches" Traditionsbewußtsein im Sinne von Paul Ernst, Hans Grimm, Erwin Guido Kolbenheyer, Agnes Miegel und Ina Seidel manifestierte (Salloch 1988).

Erst nach dem Eintritt der USA in den Zweiten Weltkrieg änderte sich diese Situation allmählich. Die von den deutsch-jüdischen Exilanten schon vor 1941 nicht besonders geschätzten national-konservativen Autoren und Autorinnen traten in der Folgezeit zusehends in den Hintergrund. Auch in den Sprachabteilungen vollzogen sich nach diesem Zeitpunkt Wandlungen, welche für diese Gruppe günstig waren. Schließlich entschieden sich die USA – im Gegensatz zum Ersten Weltkrieg – diesmal, nach dem Ende der Kampfhandlungen als Besatzungsmacht in Deutschland zu bleiben. Während nach Ende des Ersten Weltkrieges vor dem Hintergrund des amerikanischen Isolationismus 22 Bundesstaaten den Unterricht der deutschen Sprache gesetzlich verboten hatten, richteten nun – im Zuge globaler Herrschaftsstrategien – sowohl die amerikanischen Universitäten als auch die US-Army eine Reihe groß aufgezogener Programme zum Erlernen der deutschen Sprache und Kultur ein, die auch vielen aus Zentraleuropa Vertriebenen die Chance gaben, sich als Sprachlehrer oder -lehrerinnen zu betätigen und damit zu Mitgliedern der bestehenden German Departments zu werden (Hoecherl-Alden 1996, S. 295 ff.).

Überhaupt verbesserten sich nach 1941 die Berufsaussichten der in die Vereinigten Staaten geflüchteten Exilanten und Exilantinnen von Jahr zu Jahr, zumal nach diesem Zeitpunkt der latente Antisemitismus, der in den dreißiger Jahren durch die wirtschaftliche Notsituation der weiterwirkenden Weltwirtschaftskrise auch in den USA einen neuen Auftrieb erhalten hatte, im Zuge der ökonomischen Konjunktur durch eine größere ideologische Toleranz abgelöst wurde, die auch Juden, selbst wenn sie im damaligen Sinne „links" eingestellt waren, den Zugang zu den Universitäten erleichterte. Allerdings währte diese ideologische Offenheit nur wenige Jahre, da es im Verlauf des 1946/47 einsetzenden Kalten Krieges abermals zu einer ideologischen Erstarrung kam. Diesmal waren es jedoch nicht die Juden, sondern die „Kommies", „Pinkos" und ihre „Fellow Travellers", gegen die sich der Hauptzorn der durch die Massenmedien angeheizten Haßkampagnen richtete (Hermand 1985). Das hatte zwar für die amerikanische Germanistik keine unmittelbar gefährlichen Auswirkungen, führte aber auch hier – vor allem nachdem sich Joseph McCarthy in diese Verfolgungen und Säuberungen einmischte – zu einer merklichen Verengung der literarischen Interessen und politischen Parteinahmen; mit anderen Worten: einer erneuten Dominanz jener klassisch-romantischen Traditionen, die als „konservativ" und demzufolge „unpolitisch" galten.

Sogar die deutsch-jüdischen oder österreichisch-jüdischen Exilanten und Exilantinnen, die in diesen Jahren in der amerikanischen Germanistik Unterschlupf fanden, lehnten sich nur in den seltensten Fällen gegen diese Entwicklung auf. Auch jene, die einmal in ihren Anfängen „linken" Ideen nahegestanden hatten, paßten sich in den frühen fünfziger Jahren immer stärker den gewandelten politischen Verhältnissen an. Diese Gruppe, die zwar der nationalsozialistischen Politik zornerfüllt gegenüberstand und sich in den USA zu liberalen Anschauungen und Institutionen bekannte, weil diese ihnen die berufliche Assimilation, wenn nicht gar Integration erlaubten, hielt aber auf literarischem Sektor vornehmlich jene Meisterautoren der deutschen Literatur in Ehren, die sich in ihren Dramen, Gedichten und Romanen nicht in die „Niederungen" der Politik begeben, sondern mit höchsten poetischen und philosophischen Ansprüchen ins Existentielle, Universale oder Allgemein-Menschliche gestrebt hatten. Und damit näherten sie sich schrittweise jener literaturtheoretischen Sehweise an, die von den Amerikanern damals als „New Criticism" bezeichnet wurde und zu einer deutlichen Ontologisierung der wissenschaftlichen Deutungsmuster von Literatur geführt hatte. Auf diese Weise kam es zwischen diesen beiden Gruppen in methodologischer Hinsicht bald zu einer deutlichen Konvergenz, zumal sich die deutschsprachige Exilantengruppe innerhalb der Germanistik im Laufe der Jahre auch sprachlich immer stärker assimilierte und in englischsprachigen Zeitschriften und Sammelbänden zu publizieren begann.

Nur in einem Punkt empfand diese Schicht anders als die Mehrheit der in Amerika geborenen Germanisten und Germanistinnen wie auch der Vertreter und Vertreterinnen anderer literaturwissenschaftlicher Disziplinen. Sie huldigte zwar ebenfalls dem in den USA anerkannten Kanon der sog. Meisterwerke der mittelhochdeutschen Klassik, der Goethe-Zeit, der Romantik, des bürgerlichen Realismus und einiger ausgewählter Autoren der Zeit um 1900, welchen sie – unter Auslassung aller „linken" Autoren – lediglich um als „konservativ" oder „unpolitisch" geltende Autoren wie Hermann Broch, Stefan George, Hugo von Hofmannsthal, Franz Kafka, Thomas Mann, Robert Musil, Joseph Roth, Arthur Schnitzler und Franz Werfel erweiterte. Mit ihrem deutsch-österreichischen Bildungshintergrund blieben die Neuankömmlinge jedoch auf Distanz zu der von ihnen so wahrgenommenen amerikanischen „Kulturlosigkeit". Die Angehörigen dieser Schicht empfanden zwar, wenn sie unter sich waren, daß man in den USA vielen „netten Menschen" begegne, die aber „halt keine Kultur hätten", da in diesem Lande alles noch so unausgereift oder bereits überkommerzialisiert sei. Und dabei setzte sich in ihren Köpfen eine starre Dichotomie fest: Deutschland, das war katastrophale Politik, aber höchste Kultur, die USA dagegen standen für demokratische Politik, aber weitgehende Kulturlosigkeit. Dementsprechend entschieden sich zwar die meisten von ihnen nach 1945, zumal sie außer Alewyn und Liepe kaum Remigrationsangebote erhielten, Bürger und Bürgerinnen der „Neuen Welt" zu werden, lebten aber in ihrem Denken weiterhin im „Haus der deutschen Sprache und Kultur".

Doch diese Haltung machte sie an einigen Universitäten der USA, vor allem innerhalb der Ivy League der Oststaaten, in denen ein ebenso bildungsbetont elitärer Geist herrschte, keineswegs zu Außenseitern. Als sich nämlich dort in den späten vierziger und frühen fünfziger Jahren – aus Affekt gegen die sozialengagierten Tendenzen der New Deal-Ära innerhalb der von der Weltwirtschaftskrise geprägten „Red Decade" zwischen 1929 und 1939 – der erwähnte New Criticism zur führenden literaturwissenschaftlichen Methodologie entwickelte, die zwischen Politik, Geschichte und Gesellschaft auf der einen und angeblich autonomer, großer, ja größter Dichtung auf der anderen Seite einen scharfen Trennungsstrich zu ziehen suchte, kam es zwischen den deutschen und österreichischen Bildungsbürgern sowie jenen Amerikanern, die immer noch auf Henry L. Mencken schworen – der einmal in den zwanziger Jahren voller Haß auf das mangelnde Niveau der amerikanischen Kultur gesagt haben soll: „No one ever went bankrupt in the United States, underestimating the taste of the general public" – zu einer unübersehbaren Symbiose. Die von dem deutschsprachigen Prager René Wellek und dem amerikanischen Literaturwissenschaftler Austin Warren in den vierziger Jahren geschriebene, aber erst in den fünfziger Jahren in vielen Auflagen erschienene *Theory of Literature* wirkt daher wie ein Werk aus einem Guß. Beide, der Refugee und der Amerikaner, sprachen sich in diesem Werk bei der Betrachtung von Literatur gegen die Berücksichtigung sog. „extrinsic values" aus und wandten sich fast ausschließlich jenen sog. „intrinsic values" zu, aus denen sich die eigentliche Form- oder Gestaltqualität aller wahrhaft großen literarischen Werke konstituiere.

Zugegeben, bei manchen der aus Zentraleuropa – ob nun aus Deutschland, Österreich oder der Tschechoslowakei – aus „rassischen" oder politischen Gründen vertriebenen Literaturwissenschaftlern wie Bernhard Blume, Dieter Cunz, Peter Demetz, Peter Heller, Wolfgang Paulsen, Heinz Politzer, Walter H. Sokel, Werner Vordtriede, Harry Zohn u. a. wirkten in ihren Vorlesungen und Schriften auch einige geistesgeschichtliche, philosophische, ja sogar politische Aspekte nach, die jene strikte Grenzziehung zu überwinden vermochten (Weber 1995, 1996). Allerdings waren diese meist „konservativer" Art, jedenfalls was man damals darunter verstand, und machten zudem in den fünfziger Jahren selbst bei ihnen zusehends einer formanalytischen Betrachtungsweise Platz, die in den gleichen Jahren in der westdeutschen Germanistik in Anlehnung an Paul Böckmann, Wolfgang Kayser, Günther Müller und Emil Staiger, die sich nach 1945 wegen ihrer mehr oder minder belastenden Abstecher ins Faschistische in den als harmlos geltenden Bereich des „Kunstgemäßen" zurückgezogen hatten, als „werkimmanente" Interpretation bezeichnet wurde (Berghahn 1979). Ob sie nun geistesgeschichtlich, philosophisch oder formanalytisch ausgerichtet waren, was alle diese aus Europa vertriebenen Germanisten und Germanistinnen einte, war ihre gleichbleibende Hochschätzung der großen, in sich stimmigen Kunstwerke, die ihnen in einer Welt der politischen, sprich: deutschen, und der kulturindustriellen, sprich: amerikanischen, „Barbarei" als Garanten der Humanität erschienen. Mit diesen Zeugnissen wahrer „Kultur", d. h. des Unvergänglichen, Wertestiftenden, Klassischen, kurz: des Höchsten im Leben, suchten sie in Momenten des Mißmuts, der Trauer oder der Verzweiflung sinnstiftende Orientierung und Trost.

Ihre Wirkung auf die amerikanische Germanistik bzw. Literaturwissenschaft im weiteren Sinne blieb daher – von einigen komparatistischen Impulsen, die von Peter Demetz und Henry H. Remak wie auch dem Romanisten Erich Auerbach ausgingen (→ ROMANISTIK), einmal abgesehen – recht minimal. Schließlich waren die Sehweisen, welche sie vertraten, auch die Sehweisen der meisten amerikanischen Literaturwissenschaftler und -wissenschaftlerinnen, die – nach Abstechern ins „Linke" während der dreißiger Jahre – in diesem Zeitraum ebenfalls einem Kult der literarischen Vollkommenheit huldigten und sich in bewußter Abkehr von allen biographischen, historischen oder gar politischen Voraussetzungen auf das beschränkten, was Thomas Stearns Eliot, der Säulenheilige dieser Richtung, einmal als die „Ortlosigkeit" aller wahrhaft hohen Kunst bezeichnet hat. Um nur ja keiner „fallacy of communication" zu verfallen, die den Kunstcharakter der jeweils ins Auge gefaßten Dichtung zerstören würde, blieb man in diesem Bereich absichtlich bei neutralen, d. h. ins Poetische erhöhten, ja überhöhten Begriffsbildungen. Statt sich auch mit der jeweiligen „meaning" eines bestimmten literarischen Werkes auseinanderzusetzen, interessierten sich die Repräsentanten dieser Richtung nur noch für die Gestalt gewordene Form als solche, die sie als wesentlich aussagekräftiger hinstellten als eine philosophische Idee oder gar einen politischen Leitartikel.

Solche Theorien mußten auch auf jene, die erst in den USA diesen Beruf ergriffen, eine große Anziehungskraft ausüben. Während sich die Amerikaner und Amerikanerinnen mit Ansichten dieser Art von den „linken" Theorien der Red Decade zu distanzieren versuchten, benutzten die in Zentraleuropa Geborenen die gleichen Ansichten, um sich – unter Zuhilfenahme der gängigen Totalitarismustheoreme der frühen fünfziger Jahre – mit ihnen sowohl von den roten als auch den braunen Literaturtheorien der unmittelbaren Vergangenheit abzusetzen und in den angeblich unpolitischen Freiraum einer von allen Schlacken der schlechten Realität gereinigten Ästhetik auszuweichen, wo sie keine ideologischen Verstrickungen zu befürchten hatten. Damit gaben sie auf der Berufsebene ihre Exilexistenz zusehends auf und wurden zu mehr oder minder wohlintegrierten amerikanischen Literaturwissenschaftlern und -wissenschaftlerinnen, welche zwar weiterhin die Meisterwerke der deutschen Literatur verehrten und sich so einen Rest zentraleuropäischer Identität bewahrten, aber die in den Vereinigten Staaten herrschende Literaturwissenschaft kaum zu beeinflussen vermochten.

Damit war jedoch die Geschichte der Wirkung bzw. mangelnden Wirkung der deutschsprachigen Exilanten und Exilantinnen auf die amerikanische Germanistik noch keineswegs zu Ende. In den späten fünfziger und frühen sechziger Jahren setzte nämlich auf diesem Gebiet eine neue Entwicklung ein, durch die nun auch die progressive politische Literatur einschließlich der linksliberalen und linken Exilautoren die ihnen gebührende Würdigung erfuhren. Dieser Trend ging jedoch weniger von den älteren Exilgermanisten und -germanistinnen als von jenen liberalen bis linksliberalen Vertretern und Vertreterinnen des Faches aus, die in diesem Zeitraum in die USA einwanderten und sich dort – im Zuge einer vertieften Auseinandersetzung mit der faschistischen Vergangenheit Deutschlands – auch jenen Schriften der zwanziger Jahre und des Exils zuwandten, welche die konservative Germanistik, ob nun deutscher, zentraleuropäisch-jüdischer oder amerikanischer Herkunft, bisher weitgehend gemieden hatten, weil sie ihnen im McCarthy-Klima der fünfziger Jahre als zu „links" erschienen waren oder weil sie sich – im Zuge allgemeiner Assimilationsbemühungen – nicht zu ihrer jüdischen oder politischen Herkunft bekennen wollten.

Was die jüngeren Westdeutschen interessierte, die im Gefolge des Sputnik-Schocks von 1957 und der folgenden universitären Expansion in die USA einwanderten und zu denen vor allem Klaus L. Berghahn, Horst Denkler, Reinhold Grimm, Walter Hinderer, Peter Uwe Hohendahl, Andreas Huyssen, Anton Kaes, Klaus Schröter, Ernst Schürer, Jochen Schulte-Sasse, Alexander Stephan, Frank Trommler, ich und manche anderen gehörten, war weniger die ästhetisch, kulturell und menschlich erhebende als die gesellschaftlich, ideologisch und damit politisch eingreifende Funktion von Literatur. Im Hinblick auf eine genauere Erkenntnis der sozialliterarischen Entwicklung war für sie alles Geschriebene erst einmal Literatur, und zwar gleichviel, wie „hoch" oder wie „niedrig" die von ihnen ins Auge gefaßten Werke von den älteren Germanisten und Germanistinnen bisher eingeschätzt worden waren. Daß diese westdeutschen Neuankömmlinge ihre ideologiekritische Sonde aber auch an die bisher als sakrosant geltende Goethe-Zeit ansetzten, wie das etwa auf dem in Madison (Wisconsin) abgehaltenen Workshop zur „Klassik-Legende" 1970 geschah (Grimm/Hermand 1971), mußte viele der bis dahin maßgeblichen Vertreter der germanistischen Hochkultur in den Vereinigten Staaten, so etwa Oskar Seidlin, zutiefst verstimmen (Trommler 1989, S. 15).

Und doch hatte auch diese Gruppe durchaus ein hochkulturelles Literaturkonzept. Sie wollte den älteren Kanon nicht einfach demolieren, wie ihr häufig vorgeworfen wurde, sondern lediglich in einem linkskritischen Sinn gegen den Strich bürsten. Demzufolge galt ihre Sympathie weniger literarischen Größen wie Goethe, Novalis, Eichendorff, Mörike, Grillparzer, Stefan George, Rilke, Hofmannsthal oder Thomas Mann, den Favoriten der in der amerikanischen Germanistik tätigen Exilgeneration, sondern Lessing, Wieland, den deutschen Jakobinern, Heine, den Vormärzlern, Gerhart Hauptmann, Heinrich Mann, Ernst Toller, Lion Feuchtwanger, Bertolt Brecht, Anna Seghers oder Arnold Zweig; kurz, jenen Autoren und Autorinnen, die sich innerhalb Deutschlands oder im Exil – gegen alle Tendenzen des Beharrens, Reaktionären oder gar Faschistoiden – für eine Wendung ins Aufgeklärte, Linksliberale oder Sozialistische eingesetzt hatten. Doch nicht nur das; diese Gruppe setzte sich zugleich erstmals für die Schriften linksorientierter zentraleuropäisch-jüdischer Exilpolitiker, Exilsoziologen, Exilhistoriker, Exilphilosophen und Exilpsychoanalytiker wie Theodor W. Adorno, Walter Benjamin, Ernst Bloch, Magnus Hirschfeld, Max Horkheimer, Karl Korsch, Siegfried Kracauer, Leo Löwenthal, Georg Lukács, Herbert Marcuse, Hans Mayer, Wilhelm Reich usw. ein, denen die auf den goethezeitlichen Humanismus eingeschworenen Germanisten und Germanistinnen der älteren Exilgeneration – entweder aus Unkenntnis, ideologischer Abneigung oder unter dem Druck der McCarthy-Ära – mehrheitlich aus dem Wege gegangen waren. Auf diese Weise bildete sich innerhalb der amerikanischen Germanistik zwischen 1960 und 1975 eine Gruppe gesellschaftskritisch engagierter Jungakademiker heraus, welche mit jenen amerikanischen Germanisten und Germanistinnen, die sich als Vertreter und Vertreterinnen der „New Left" verstanden, einen ideologischen Solidarpakt schlossen (Hermand 1995).

Wohl ihren prägnantesten Ausdruck fand diese linksliberale Symbiose auf den beiden ersten Kongressen, die sich 1971 in Madison und St. Louis mit Problemen der deutschen Exilliteratur auseinandersetzten und an denen u.a. David Bathrick, David Bronsen, Reinhold Grimm, Hans Mayer, George L. Mosse, Klaus Schröter, Egon Schwarz, Guy Stern, John M. Spalek, Frank Trommler, Hans-Albert Walter und Jost Hermand teilnahmen (Grimm/Hermand 1972; Hohendahl/Schwarz 1973). Die gleiche intellektuelle Haltung stand hinter dem im gleichen Jahr gegründeten *Jahrbuch der Internationalen Brecht-Gesellschaft*, das von Eric Bentley, John Fuegi, Reinhold Grimm und mir herausgegeben wurde, sowie der 1973 in Madison von David Bathrick, Andreas Huyssen, Anson Rabinbach und Jack Zipes ins Leben gerufenen Zeitschrift *New German Critique*, die sich weniger mit den goethezeitlich-romantischen und idealistischen als den materialistisch-linkskritischen Traditionen Deutschlands beschäftigte und diese in die Diskussion der amerikanischen Germanistik einzubringen versuchte. Und damit begann in vielen German Departments der USA erstmals eine breitgefächerte Auseinandersetzung mit dem bisher fast völlig übersehenen oder bewußt verdrängten linken Flügel der deutschen Exilliteratur sowie den ihn flankierenden politischen, philosophischen, soziologischen und psychoanalytischen Schriften, welche die ältere Exilgermanistik, falls sie von solchen Werken überhaupt Notiz nahm, häufig von vornherein als totalitär und damit indiskutabel abgelehnt hatte.

Im Hinblick auf die Wirkung der Exilanten sowie der auf sie folgenden Westdeutschen im Bereich der Germanistik läßt sich heute in typologischer Vereinfachung sagen, daß die werkimmanenten Interpretationen bedeutender deutscher Literaturwerke in der amerikanischen Literaturwissenschaft wesentlich weniger Spuren hinterlassen haben als die kritischen Kulturvorstellungen jener Linksliberalen, die sich unter dem Einfluß der Exilschriften Walter Benjamins, Ernst Blochs, Bertolt Brechts und der Frankfurter Schule in der New Left-Bewegung zusammenfanden. Das belegen vor allem die Arbeiten von David Bathrick, Peter Uwe Hohendahl, Robert C. Holub, Andreas Huyssen, Fredric Jameson, Sara Lennox, Martin Jay, Anton Kaes, Alexander Stephan, Jack Zipes u.a., welche bis heute virulent geblieben sind. Es waren daher eher sie und weniger die Exilanten und Exilantinnen, die noch unter dem Schock des Erlebten standen und eine kulturelle Rückversicherung bei den literarischen Meisterwerken der Vergangenheit suchten, welche der amerikanischen Öffentlichkeit einen Eindruck davon vermittelt haben, was es heißt, ein Linker und/oder Jude zu sein – und darum ins Exil getrieben zu werden.

Literatur

Benseler, David, Ed. (1988): Teaching German in America. Prolegomena to a History, Madison.
Berghahn, Klaus L. (1979): Wortkunst ohne Geschichte. Zur werkimmanenten Methode der Germanistik seit 1945, in: Monatshefte 71, S. 137 ff.
Grimm, Reinhold, u. Jost Hermand, Hrsg. (1971): Die Klassik-Legende. Second Wisconsin Workshop, Frankfurt a. M.
Grimm, Reinhold, u. Jost Hermand, Hrsg. (1972): Exil und Innere Emigration. Third Wisconsin Workshop, Frankfurt a. M.
Hermand, Jost (1983): From Nazism to NATOism: The West German Miracle According to Henry Luce, in: Trommler/McVeigh, S. 74 ff.
Hermand, Jost (1994): Geschichte der Germanistik, Reinbek.
Hermand, Jost (1995): Madison, Wisconsin 1959–1973. Der Einfluß der deutschen Emigranten auf die Entstehung der Neuen Linken, in: Exilforschung 13, S. 52 ff.
Hoecherl-Alden, Gisela (1996): Germanisten im „Niemandsland". Die exilierten Akademiker und ihre Wirkung auf die amerikanische Germanistik 1933–1953, Diss., Wisconsin.
Nollendorfs, Cora Lee (1988): The First World War and the Survival of German, in: Benseler, S. 176 ff.
Salloch, Erika (1988): Traces of Fascist Ideology in American Professional Journals, 1933–1945, in: Benseler, S. 253 ff.
Schmidt, Henry J. (1985): The Rhetoric of Survival. The Germanist in America from 1900 to 1925, in: Trommler/McVeigh, S. 204 ff.
Schmitz, Walter, Hrsg. (1994): Modernisierung oder Überfremdung? Zur Wirkung deutscher Exilanten in der Germanistik der Aufnahmeländer, Stuttgart.
Trommler, Frank, and Joseph McVeigh, Eds. (1983): America and the Germans, Bd. 2, Philadelphia.
Trommler, Frank, Hrsg. (1989): Germanistik in den USA. Neue Entwicklungen und Methoden, Opladen.
Weber, Regina (1995): Der emigrierte Germanist als „Führer" zur deutschen Dichtung? Werner Vordtriede im Exil, in: Exilforschung 13, S. 137 ff.
Weber, Regina (1996): Verantwortung für deutsche Kultur. Das Beispiel des emigrierten Germanisten Bernhard Blume, in: Exilforschung 14, S. 164 ff.

IV Geschichtswissenschaften

Geschichtswissenschaften

Claus-Dieter Krohn

Nahezu alle Sozialwissenschaftler von Rang und Namen mußten nach 1933 aus Deutschland emigrieren, nahezu alle Historiker von Rang und Namen blieben im Lande und paßten sich bereitwillig an, da sie mit der nationalsozialistischen Ideologie ohnehin keinen Streit hatten (Wehler 1972, S. 61). Von den rund 250 Historikern, die Anfang der 1930er Jahre an deutschen Universitäten, an Akademien und Archiven forschten und lehrten, sind nach den Unterlagen der internationalen Hilfskomitees knapp 40 aus ihren Positionen vertrieben worden, also gerade 16% (Tabelle 1). Nach 1938 kamen dazu noch einige Historiker aus Österreich (u. a. Friedrich Engel-Janosi, Gerhart Ladner, Alfred Pribram) und von der Deutschen Universität Prag (Victor Ehrenberg), die die Tendenz bestätigen (Fellner 1988, S. 474 ff.). Die Angaben beziehen sich auf die allgemeine Geschichtswissenschaft; Religions-, Medizin- oder Rechtshistoriker sind darin nicht enthalten. Signifikant unterschied sie sich damit von den anderen gesellschaftswissenschaftlichen Disziplinen wie der Soziologie, der Politikwissenschaft oder den Wirtschaftswissenschaften, in denen die Entlassungsquote bei 30% und höher lag.

Tabelle 1: Von ihren Positionen im Deutschen Reich entlassene Historiker

Universitäten	o. Prof.	a. o. Prof.	Priv.-Doz.	Ass.	
Althistoriker/ Mediävisten	6	4	6	3	= 19
Neuzeit- historiker	1	1	6	6	= 14
Archivare					= 8
gesamt					41

Noch klarer wird das Bild, wenn man sich den geringen Anteil der entlassenen Neuzeit-Historiker in den höheren Statusrängen ansieht. In dieser geschlossenen Gesellschaft fanden Gelehrte jüdischer Herkunft erst nach 1918 zögernden Eingang; sie haben sich vielmehr den modernen, international ausgerichteten sozialwissenschaftlichen Gegenwartsanalysen zugewandt. Denn durch die brüchige Assimilation im 19. Jahrhundert bei gleichzeitig zunehmendem Antisemitismus in seiner neuen rassischen Variante hatten sie den gesellschaftskritischen Blick quasi von Haus aus mitbekommen. Und nicht von ungefähr trugen sie wesentlich zur Professionalisierung der modernen Gesellschaftswissenschaften bei, nachdem ihnen die Weimarer Republik den Zugang zu universitären Karrieren eröffnet hatte. Ihre Forschungen können zugleich als demokratiegeleitetes Komplement zur intellektuellen Flankierung der ersten deutschen Republik begriffen werden.

Die Neuzeit-Historiker verharrten demgegenüber defensiv auf ihren traditionell am nationalen Machtstaat des 19. Jahrhunderts orientierten Positionen. Ihre Beiträge erschöpften sich nach 1918 in der hektisch geführten Kriegsschuld-Diskussion, die auf die faktische Ablehnung der Republik hinauslief. Verklärt wurde statt dessen der Glanz der preußischen Geschichte und der Bismarckschen Reichsgründungszeit. Bestenfalls sah man sich resignativ als „Vernunftsrepublikaner" aus Einsicht in das Unvermeidliche wie etwa der Berliner Historiker Friedrich Meinecke, der bedeutendste und einflußreichste Historiker der zwanziger Jahre. Seine Hinwendung zur sog. Ideengeschichte nach dem Zusammenbruch des Kaiserreichs war sowohl Rückzug ins Unpolitische als auch heroischer Gestus, die verlorene Macht durch den Geist zu ersetzen. Die von ihm anstelle der Autonomie machtstaatlicher Politik nunmehr betonte Autonomie der Ideen großer Persönlichkeiten markierte den letzten Versuch, die Überlegenheit der deutschen Kultur vor den nivellierenden demokratischen Einflüssen der westlichen Zivilisation zu behaupten.

Solche intellektuellen Sozialisationsvorgaben spiegeln sich auch noch bei den entlassenen und emigrierten Historikern wider. Nicht überraschend ist, daß von den universitären Spitzenpositionen, den ordentlichen Professoren, nur ein Neuzeit-Historiker, Hans Rothfels aus Königsberg, vertrieben wurde, gegenüber vier Mediävisten (Ernst Kantorowicz, Frankfurt a. M.; Siegmund Hellmann, Leipzig; Wilhelm Levinson, Bonn; Richard Salomon, Hamburg) und zwei Althistorikern (Richard Laqueur, Halle; Eugen Täubler, Heidelberg). Ihre universitären Positionen hatten sie wegen ihrer jüdischen Herkunft verloren, obwohl sie – mit Ausnahme Täublers – bereits in jungen Jahren zum Christentum konvertiert waren, um überhaupt die Chance einer wissenschaftlichen Karriere zu haben. Auffallend ist weiterhin, daß sie nach ihrer Entlassung 1933/34 nicht sogleich Deutschland verließen, sondern sich dazu erst Ende der dreißiger Jahre entschließen konnten; Rothfels war einer der letzten, der aus dieser Gruppe den NS-Staat verließ. Mit Ausnahme der Jüngeren gingen auch andere Historiker relativ spät. Einige von ihnen, so etwa Kantorowicz, Hellmann und der Archivar und a.o. Professor Ludwig Bergsträsser, haben zwar versucht, nach 1933 in England unterzukommen, doch kehrten sie einige Jahre später enttäuscht nach Deutschland zurück; Kantorowicz gelang dann 1938 immerhin noch der Absprung in die USA. Die Einzelheiten solcher gescheiterten Emigrationsversuche liegen bisher weitgehend im dunkeln.

Rothfels und Kantorowicz können als profilierte Vertreter der konservativen deutschen Geschichtsschreibung in der Weimarer Republik angesehen werden, die trotz aller ideologischen Nähe zu den Nationalsozialisten nicht von Verfolgungen verschont wurden. Der Meinecke-Schüler Rothfels hatte seit Mitte der zwanziger Jahre zahlreiche Studien zur Innen- und Außenpolitik Bismarcks vorgelegt, sein letztes Werk in Deutschland *Ostraum, Preußentum und Reichsgedanke* mit unverhohlener Aufforderung zur Revision der deutschen Ostgrenzen erschien sogar noch 1935, während der ehemalige Freikorps-Kämpfer Kantorowicz in seiner Staufer-Biographie *Kaiser Friedrich der Zweite* von 1927 den Genius deutscher Größe als Gegenbild zur Weimarer Demokratie beschwor, wie nicht nur seine Freunde aus dem Stefan George-Kreis verstanden. Nicht berücksichtigt wird hier der Neuzeit-Historiker Hans Herzfeld, a.o. Professor in Halle, der trotz seiner jüdischen Herkunft offen mit den Zielen des Nationalsozialismus sympathisierte; seine Frau war bereits 1932 Mitglied der NSDAP geworden. Fürsprecher aus der Partei bewahrten ihn bis 1938 vor der Entlassung, anschließend kam er bei der Wehrmacht unter, wo er mit Forschungsaufträgen die NS-Zeit überstand (Schleier 1975, S. 108 f.).

Weitaus typischer für die Historiker-Emigration sind die drei schon älteren nichtbeamteten a.o. Professoren Gustav Mayer und Arthur Rosenberg von der Universität Berlin sowie der Archivar im Reichsarchiv Veit Valentin, der nebenamtlich an der dortigen Handelshochschule lehrte. Mit ihren politisch konnotierten Werken hatten sie sich ins wissenschaftliche Abseits gestellt. Mayer gilt als erster Historiker der Arbeiterbewegung in Deutschland, und der Althistoriker und Marxist Rosenberg hatte mit der Einmischung seiner 1928 publizierten und bis heute aktuellen Studie *Die Entstehung der deutschen Republik*, der zweite Band über ihre Geschichte nach 1918 erschien erst 1935 im Exil, ebenso gegen den disziplinären Komment verstoßen wie Veit Valentin, in dessen *Geschichte der deutschen Revolution von 1848/49* die demokratische Bewegung jener Zeit als Alternative des nationalen Machtstaats und damit als Vorläufer der Weimarer Republik herausgestellt wurde. Als Valentin zu Beginn der dreißiger Jahre eine Quellenedition zur Frühphase der Republik herausbringen sollte, intervenierte die Historische Kommission für das Reichsarchiv auf Druck ihres Mitglieds Hans Rothfels. Er bezweifelte nicht nur die Qualifikation des Kollegen – die 1910 erworbene Venia legendi war Valentin im Ersten Weltkrieg wegen seiner Ablehnung der deutschen Annexionspolitik entzogen worden –, sondern lehnte es auch ab, Reichsmittel für ein Unternehmen zu bewilligen, „dessen Ergebnis im besten Falle neuer bitterer Parteienstreit ist" (Walther 1984, S. 42 f.).

Die anderen entlassenen Historiker waren neben Archivaren jüngere Leute, die ihre Habilitationen gerade abgeschlossen hatten oder kurz davor standen und damit bestenfalls als Privatdozenten tätig waren. Hier ist auch eine stärkere Repräsentanz von Neuzeit-Historikern jüdischer Herkunft erkennbar. Erstaunlich ist, daß die meisten von ihnen Schüler Friedrich Meineckes waren, so etwa Hans Baron, Dietrich Gerhard, Felix Gilbert, Hajo Holborn, Eckart Kehr oder Gerhard Masur. Nach den Erinnerungen Gilberts hatten jüdische Studenten keine Schwierigkeiten, bei Meinecke zu promovieren, ihre Habilitation unterstützte er jedoch nur, wenn sie getauft waren (Gilbert 1989, S. 85). Zwar dokumentieren die ersten Arbeiten von ihnen noch die borussischen und ideengeschichtlichen Ansätze des Lehrers, gleichwohl sind erste erkenntnistheoretische Neuorientierungen hin zur sozialwissenschaftlichen Analyse historischer Prozesse nicht zu übersehen, wobei ihre Erfahrungen in der Republik zur Reformulierung ihres theoretischen Verständnisses beigetragen haben (Iggers 1974, S. 101).

Beispielhaft seien etwa Hajo Holborn und Eckart Kehr genannt, die nicht zufällig an der Berliner Hochschule für Politik im Kreise jüngerer Kollegen der Politikwissenschaft wie Franz L. Neumann und Sigmund Neumann ihre Forschungen als Beitrag zur Ausgestaltung einer interdisziplinär konturierten „Demokratiewissenschaft" verstanden. Holborn hatte dort 1931 mit gerade 29 Jahren den von der gleichnamigen amerikanischen Stiftung finanzierten Carnegie-Lehrstuhl für Geschichte und internationale Beziehungen übernommen und sich in Wort und Schrift für die aktive Fortentwicklung der Weimarer Verfassungsordnung eingesetzt. Eckart Kehrs für die spätere bundesdeutsche Sozialgeschichtsschreibung paradigmatische Dissertation von 1930 *Schlachtflottenbau und Parteipolitik 1894 bis 1901* wirkte auf die Zunft so provozierend, daß der Freiburger Historiker Gerhard Ritter seinen Habilitationswunsch mit den Worten kommentierte, dieser „Edelbolschewist" solle damit „gleich nach Rußland" gehen (Wehler 1971, S. 100). Ähnliche Neuorientierungen gelten ebenso für George W. Hallgarten und Alfred Vagts vom Hamburger Institut für auswärtige Politik, Fritz Epstein von der dortigen Universität oder Hans Rosenberg von der Universität Köln.

Die drei Historikerinnen des Samples dokumentieren die üblichen Restriktionen des Wissenschaftsbetriebs; sie wirkten lediglich im untergeordneten Randbereich der Forschung ohne Aussicht auf eine universitäre Karriere, so Emmy Heller als Mitarbeiterin der Monumenta Germaniae Historica (MGH) und die Renaissance-Spezialistin Helene Wieruszowski als Bibliothekarin an der Universität Köln. Hedwig Hintze, Tochter des Bankiers und Vorstandsvorsitzenden der Münchener Löwenbrauerei Moritz Guggenheim und Expertin für die Französische Revolution, hatte sich 1928 in Berlin nur deshalb gegen erhebliche Bedenken zahlreicher Fakultätsmitglieder habilitieren können, weil sie die Ehefrau des prominenten Kollegen Otto Hintze war.

Erkennbar ist, daß sich in der Geschichtswissenschaft 1933 ähnlich massive Entlassungen an bestimmten universitären Zentren zeigen wie in den Sozialwissenschaften (→ WIRTSCHAFTSWISSENSCHAFTEN). Wie dort eine besonders hohe Vertreibung an den Universitäten Frankfurt a. M., Heidelberg oder Hamburg stattgefunden hat, so traf diese im Bereich der Geschichtswissenschaft insbesondere Gelehrte aus Berlin und ebenfalls aus Hamburg (Tabelle 2). In diesem quantitativen Befund ist jedoch ein qualitativer Unterschied unübersehbar: Die entlassenen und emigrierten Sozialwissenschaftler hatten in viel höherem Ausmaß reguläre universitäre Positionen und Lehrstühle eingenommen, die Mehrheit der davon betroffenen Berliner Historiker hingegen setzte sich aus nebenamtlichen Lehrern, Privatdozenten und Assistenten zusammen.

Während das intellektuelle Profil der Geschichtswissenschaft in den zwanziger Jahren relativ gut untersucht ist (Schleier 1975; Faulenbach 1980), weiß man über die Wege der Entlassenen in die Emigration sowie ihre Akkulturation und Wirkung in den Zufluchtsländern, von einzelnen Gelehrten abgesehen, nur wenig. Lediglich für die hier nicht näher zu betrachtende „zweite Generation" mit später so prominenten Repräsentanten wie Hans W. Gatzke, Andreas Dorpalen, Georg G. Iggers, George L. Mosse,

Tabelle 2:
Entlassungen an den verschiedenen Universitäten und wissenschaftlichen Institutionen

Berlin	Universität	10	
	Reichsarchiv Potsdam	6	
	Hochschule für Politik	3	
	MGH	2	= 21
Hamburg			5
Breslau			2
Frankfurt a. M.			2
Halle			2
Köln			2
Bonn			1
Freiburg			1
Gießen			1
Heidelberg			1
Königsberg			1
Leipzig			1
München			1
gesamt			41

Fritz Stern, Klaus Epstein, Peter Gay u. a. liegen systematischere werkgeschichtliche Analysen vor, aber auch das nur für die USA und unter Aussparung der wirkungsgeschichtlichen Aspekte (Wolf 1988). Die jüngeren Emigranten, die später in Großbritannien nicht weniger erfolgreiche Historiker wurden, u. a. Francis L. Carsten, Walter Laqueur, Werner Mosse, Arnold Paucker, Sidney Pollard, Peter Pulzer oder Karl Stadler, haben dagegen bisher keine zusammenhängende Würdigung gefunden.

Überhaupt fehlen derzeit verläßliche Aussagen über den Gesamtkorpus der emigrierten Historiker, wobei geeignete Auswahl- und Abgrenzungskriterien erst noch zu entwickeln sind. Zu jeweils anderen Ergebnissen führt, ob wie hier vom Vertreibungsland ausgegangen oder aus der Sicht der Zufluchtsländer der weitere professionelle „brain drain" einbezogen wird. So haben Epstein (1993) 88 Emigrations-Historiker der ersten Generation für die → VEREINIGTEN STAATEN VON AMERIKA, Jütte (1991) 34 für → PALÄSTINA und Hoffmann (1991) 27 für → GROSSBRITANNIEN ermittelt. Löst man die Doppelzählungen auf, weil diverse Palästina- und England-Emigranten weiter in die USA gewandert sind, so bleibt dennoch eine auffallende Differenz zwischen den absoluten Größen für die USA und den hier angeführten Daten (Tabelle 1). Sie ist damit zu erklären, daß Epsteins Katalog nicht nur die Historiker anderer Disziplinen (Medizin-, Rechtshistoriker etc.) einschließt, sondern auch diejenigen, die erst in der Emigration als professionelle Geschichtsschreiber hervorgetreten sind. Solche Karrierewechsel oder gar Karriereschübe in der Emigration sind in anderen Bereichen ebenfalls häufiger zu beobachten. Zieht man diese Personenkreise von der Gesamtgruppe ab, so sind die Daten der USA-Emigration mit denen unseres Samples identisch.

Der Berliner Rechtsanwalt Erich Eyck etwa machte sich in Großbritannien einen Namen als Historiker, der die kritische Geschichtsschreibung in der Bundesrepublik seit den 1960er Jahren beeinflußte. Das gilt auch für Fritz Redlich, der in Deutschland in der Privatwirtschaft tätig gewesen war und in den USA als Wirtschaftshistoriker u. a. an der Harvard University reüssierte. Ebenso wirkten zahlreiche Lehrer und Journalisten erst in der Emigration als professionelle Historiker, für die stellvertretend der Meinecke-Schüler Ernest Bramstedt genannt sei, der in London während des Krieges zunächst bei der BBC und in den britischen Militärbehörden gearbeitet hatte und später eine Professur an der Universität Sidney übernahm. Einen Sonderfall stellt Ludwig Quidde dar, der seine Karriere als Historiker bereits im Kaiserreich nach Veröffentlichung der aufsehenerregenden *Caligula*-Studie mit ihrer deutlichen Anspielung auf den Cäsarenwahn Wilhelms II. hatte beenden müssen. In den folgenden Jahrzehnten wirkte er eher politisch als wissenschaftlich in der internationalen Friedensbewegung, eine Tätigkeit, die der Träger des Friedensnobelpreises von 1927 auch nach seiner Emigration 1933 in die → Schweiz bis zu seinem Tode 1941 in Genf fortsetzte (→ Pazifisten). Das waren keine Einzelerscheinungen; mehr als die Hälfte der von Epstein für die USA ermittelten „refugee historians" hatte zuvor in Europa nach dem Studium in anderen Berufen gearbeitet. Noch höher lag der Anteil bei den Österreich-Emigranten nach 1938, da die wenigen Universitäten des Landes kaum Berufschancen für Wissenschaftler boten.

Dazu gehört schließlich eine quantitativ auffallende Gruppe von Rabbinern und ehemaligen Mitarbeitern jüdischer Organisationen, die nach 1933 vor allem in den USA, aber auch in Großbritannien als Historiker tätig wurden und universitäre Positionen übernahmen; in den USA bildeten sie die größte Untergruppe. In → Palästina stellten sie gar die Gesamtgruppe – wenn man von dem ehemaligen Breslauer Mediävisten Richard Koebner an der Hebrew University und dem Archivar Alexander Bein absieht –, obwohl sie dort mangels beruflicher Möglichkeiten zumeist nur als Privatgelehrte leben konnten. Bei ihnen treten weitere noch zu klärende Definitionsprobleme auf. Viele von ihnen waren nämlich zuvor haupt- oder nebenberuflich Judaisten gewesen, Repräsentanten der Wissenschaft des Judentums. Diese in der Emanzipationsphase des 19. Jahrhunderts von deutschen Juden entwickelte Spezialität wollte anstelle der rabbinischen Gelehrsamkeit in aufklärerischer Tradition alle Aspekte des jüdischen Lebens, seiner Kultur, Religion, Geschichte und sozialen Erscheinungen auf wissenschaftlicher Grundlage erforschen. Die Isolierung von Fachhistorikern ist in solchem Kontext nicht ohne weiteres möglich. Erst die akademischen Positionen, die Emigranten aus diesem Kreise in den westlichen Zufluchtsländern angeboten wurden, erlauben genauere Zuschreibungen. Lediglich Ismar Elbogen von der Hochschule für die Wissenschaft des Judentums in Berlin und Bernhard D. Weinryb vom Jüdisch-Theologischen Seminar in Breslau, die nach 1938 am Jewish Theological Seminary bzw. an der Yeshiva University in New York lehrten, können bereits in Deutschland eindeutig als akademische Historiker identifiziert werden.

In vergleichsweise privilegierter Situation waren zum Zeitpunkt der nationalsozialistischen Machtergreifung Eckart Kehr, der in den USA gerade ein Fellowship der Rockefeller Foundation angetreten hatte, allerdings starb er knapp 30jährig wenige Monate später im Mai 1933 an Herzversagen in Washington, sowie Alfred Vagts, dessen Ehe mit der Tochter des berühmten amerikanischen Historikers Charles Beard von der Columbia University ihm einen geräuschlosen Übergang in die Emigration erlaubte. Als einer der wenigen Austauschstudenten hatte er die USA bereits in den zwanziger Jahren kennengelernt und konnte dort dank dem Vermögen und der Beziehungen des Schwiegervaters fortan ein komfortables Leben als Privatgelehrter führen, einige Jahre auch in der Denkfabrik des Institute of Advanced Study in Princeton. Vagts wiederum ebnete Hajo Holborn den Weg in die USA. Mit der Reputation des Carnegie-Lehrstuhls in Berlin gelang es diesem, eine von der Rockefeller Foundation in den ersten fünf Jahren finanzierte Anstellung an der Yale University zu finden, an der er später auf renommierten Lehrstühlen bis zu seinem Tode 1969 blieb.

Andere Historiker hatten solche Chancen nicht. Ohne Kontakte flohen die jüngeren zunächst nach Großbritannien, wo der im Mai 1933 gegründete Academic Assistance Council eine erste Hilfe versprach. Kein einziger Neuzeit-Historiker fand dort jedoch eine Dauerbeschäftigung; Gustav Mayer etwa ernährte sich von Forschungsaufträgen des Internationalen Instituts für Sozialgeschichte in Amsterdam. Dieses Glück, allerdings schlecht bezahlt und zunächst auf jährlicher Verlängerungsbasis, hatten nur die Mediävisten Wilhelm Levinson aus Bonn, Hans Liebeschütz aus Hamburg sowie der Althistoriker Fritz Heichelheim aus Gießen, der später an die Universität Toronto ging. Hans Goldschmidt, ehedem Mitarbeiter im Reichsarchiv, kam 1941 bei einem deutschen Luftangriff in London ums Leben, nachdem er erst 1939 emigriert war. Einige Emigranten fanden mit Stipendien der internationalen Hilfsorganisationen vorübergehende Zuflucht im faschistischen → ITALIEN, ehe dort ebenfalls antisemitische Gesetze eingeführt wurden, so Veit Valentin, ferner der ehemalige Abteilungsleiter für Judaistik an der Frankfurter Universitätsbibliothek, Aron Freimann, oder seine Kollegin aus Köln, Helene Wieruszowski. Sie hatte zuvor von 1934 bis 1938 während der spanischen Republik an den Universitäten Barcelona und Madrid gelehrt, dann bis 1938 in Florenz gearbeitet, ehe ihr die Flucht in die USA gelang.

Doch waren diese und einige andere Länder in der Regel nur Transitstationen, denn bis zum Ausbruch des Zweiten Weltkrieges trafen die meisten der in Deutschland entlassenen Historiker in den USA ein, wie sich an den Listen der großen Hilfskomitees ablesen läßt (Duggan/Drury 1948, S. 204 ff.). Auf Dauer bot von den kleineren Ländern nur die → TÜRKEI für den Hallenser Althistoriker Clemens Bosch an der Universität Istanbul die Fortsetzung seiner Karriere. Gerhard Masur ging nach zehnjährigem Aufenthalt in Kolumbien 1946 ebenfalls noch in die USA. Belgien und die Niederlande wurden für den Byzantinisten Ernst Stein und Hedwig Hintze nur zur kurzfristigen Zuflucht; nach dem Einmarsch der deutschen Truppen floh Stein über Frankreich in die Schweiz, während eine solche lebensrettende Chance für Hintze nicht mehr bestand. Lediglich fünf nach dem „Gesetz zur Wiederherstellung des Berufsbeamtentums" vom April 1933 entlassene Historiker sind nicht emigriert: Neben den gescheiterten Emigranten Ludwig Bergsträsser und Siegmund Hellmann, welcher 1942 im KZ Theresienstadt ums Leben gekommen ist, der Berliner a.o. Professor und Archivar Martin Hobohm, der Münchener Ortsnamenforscher Ludwig Steinberger und der Breslauer Assistent für osteuropäische Geschichte Harald Cosack (Tabelle 3).

In den → VEREINIGTEN STAATEN VON AMERIKA gaben finanzkräftige philanthropische Organisationen und Hilfskomitees die Mittel zur Einstellung der Vertriebenen an den zahlreichen Colleges und Uni-

Tabelle 3: Zufluchtsländer der Historiker

Vereinigte Staaten von Amerika	23		
Großbritannien	6		
Palästina	3		
Türkei	1		
Niederlande	1		
Belgien	1		
Kolumbien	1	=	36
nicht emigriert			5
gesamt			41

versitäten. Daß für Gelehrte die quotierten Einreisebeschränkungen nicht galten, sei nur am Rande erwähnt. Im übrigen wurden deutsche Gesellschaftswissenschaftler nach Kriegseintritt der USA zu gesuchten Experten in den Kriegsbehörden, sofern sie nach der fünfjährigen Wartezeit bereits ihre Einbürgerung erhalten hatten. So fanden diverse Historiker im Office of Strategic Services (OSS) langjährige Beschäftigung, genannt seien nur Hajo Holborn, Fritz Epstein, Felix Gilbert, Alfred Vagts oder Martin Weinbaum (→ DEUTSCHSPRACHIGE EMIGRANTEN IN DER EUROPÄISCHEN RÉSISTANCE UND AN DER SEITE DER ALLIIERTEN). Bei Kriegsende verbesserte sich die berufliche Situation für die Immigranten noch durch die sog. „G.I. Bill", die zurückkehrenden Kriegsteilnehmern ein kostenloses Hochschulstudium ermöglichte und damit zur Expansion der Bildungseinrichtungen führte. Nach dem Sieg über den Nationalsozialismus wuchs außerdem das Interesse der Öffentlichkeit an der deutschen und europäischen Geschichte, so daß die Nachfrage nach entsprechenden Fachleuten groß war.

Im Vergleich zu den anderen Gesellschaftswissenschaften blieb der Einfluß der Historiker in den Zufluchtsländern begrenzt. Die deutschen Historiker stellten keine kohärente Schule dar, die mit neuen Fragen, Methoden und intellektuellen Botschaften im Gepäck kamen, wie das für die → POLITIK- oder die → WIRTSCHAFTSWISSENSCHAFTEN zur Zeit des New Deal in den USA gilt. Emigrierte Historiker legten auch keine der bahnbrechenden Analysen des Nationalsozialismus vor. Die großen zeitgenössischen Untersuchungen dazu stammen von den Kollegen aus den Nachbardisziplinen, man denke nur an Emil Lederers *State of the Masses* (1940), Ernst Fraenkels *Dual State* (1941), Franz L. Neumanns *Behemoth* (1942) oder Sigmund Neumanns *Permanent Revolution. The Total State in a World at War* (1942), deren Bedeutung und Reichweite um so größer waren, als sie damit die moderne Totalitarismusforschung vorbereiteten, die in den folgenden Jahrzehnten paradigmatisch für die Analyse der Geschichte des 20. Jahrhunderts werden sollte. Vor dem Hintergrund der eigenen lebensgeschichtlichen Zäsuren ist diese Zurückhaltung erstaunlich, zumal zahlreiche Historiker in der Research and Analysis Branch des OSS interdisziplinär mit jenen Kollegen eng zusammenarbeiteten; im übrigen kannten sich einige seit gemeinsamen Tagen an der Deutschen Hochschule für Politik in Berlin. In Teamarbeit konzipierten sie etwa die großen historischen Übersichten für das als Leitfaden der amerikanischen Armee gedachte *Civil Affairs Handbook* (1944), die erkennbar auch die NS-Studien der Sozialwissenschaftler beeinflußt haben, wohingegen die daraus ebenfalls hervorgegangene Studie Hajo Holborns *American Military Government* (1947) vergleichsweise hermetisch blieb.

Es hat vielmehr den Anschein, daß die Integration der Historiker in den USA gegenläufig zu der der Sozialwissenschaftler geschah. Die Älteren waren gezwungen, ihre konservativen Anschauungen zu revidieren: Ernst Kantorowicz distanzierte sich vom Elitismus seiner *Friedrich*-Biographie, Gerhard Masur vermerkte, wie tiefgreifend für ihn die Anerkennung der demokratischen Gesellschaft wurde, und Hans Rothfels löste sich von seinen alten machtstaatlichen Fixierungen zugunsten des rechtsstaatlichen Primats, ohne allerdings seine Präferenzen für die preußisch-konservativen Eliten aufzugeben (Walther 1984, S. 47). Die Jüngeren, schon von der Weimarer Republik geprägten Historiker fanden demgegenüber erst in den USA Anregungen und Verständnis für Fragen, die sie in Deutschland als Außenseiter stigmatisiert hatten. Künftig gingen sie Themen nach, die auf die verschütteten zivilen Traditionen in Deutschland aufmerksam machten, oder sie untersuchten den deutschen „Sonderweg", der in der Barbarei des Nationalsozialismus mündete, so etwa Arthur Rosenberg mit seiner Schrift *Demokratie und Sozialismus*, Vagts in seinen Untersuchungen über den deutschen Militarismus, Hans Rosenberg über die preußischen Rittergutsbesitzer, Hallgarten über den Imperialismus oder Erich Eyck in England mit seinen Bismarck-Studien.

Womöglich auf den größeren Assimilationsdruck in Großbritannien im Vergleich zu den USA verweisen die Arbeiten Eycks, der dort zuerst eine Biographie über Gladstone (1938) und anschließend seine kritischen Werke über Bismarck (1941 ff.) vorlegte, wie nach dem Krieg seine zweibändige *Geschichte der Weimarer Republik* (1954/56) erst auf eine *Politische Geschichte Englands* (1951) folgte. Unübersehbar war ihm England zum klassisch-liberalen Vorbild und Maßstab seiner Studien über Deutschland geworden (Hildebrand 1971, S. 103). Ähnliches ist in Arthur Rosenbergs zitierter Schrift festzustellen. Für die Analyse der demokratischen Ansätze in den sozialistischen Bewegungen des 19. Jahrhunderts berief sich diese bereits in Liverpool begonnene, in New York aber erst vollendete Studie auf die Klassiker der amerikanischen und Französischen Revolution. Dagegen wandten sich nur wenige der USA-Immigranten wie Dietrich Gerhard oder, zumindest peripher, Felix Gilbert der amerikanischen Geschichte zu, auch war keiner mit diesem Forschungsschwerpunkt gekommen – ein weiterer Grund für ihre begrenzte Wirkung. Die meisten verfolgten weiterhin die alten Themen, jedoch änderten sich die Sichtweisen und methodischen Zugriffe. Insbesondere bei Hans Rosenberg wird die Lösung von der preußisch-deutschen Nationalstaats- und Geistesgeschichte Meineckescher Prägung deutlich. Mit seiner Einbeziehung soziologischer und vor allem ökonomischer Instrumentarien sollte er zur Profilierung einer historischen Sozialwissenschaft beitragen, die weniger in den USA, sondern vor allem für jüngere Historiker im Nachkriegsdeutschland bedeutsam wurde.

In ihren Zufluchtsländern wirkten die Immigranten vor allem als Vermittler der europäischen Geschichte, und das teilweise mit nachhaltigen innovativen Impulsen. Die Mediävisten Hans Baron, Felix Gilbert und Paul Oskar Kristeller wurden zu führenden Renaissanceforschern in den USA; offensichtlich verschwanden unterschiedliche „nationale" Stile der historischen Forschung, je weiter sie sich von den neuzeitlichen Jahrhunderten entfernte. Hajo Holborn gilt als Wegbereiter der „intellectual history", einer Sozialgeschichte der Ideen, die sich fundamental von der Meinecke-Tradition unterschied. In Holborns Seminar in Yale sammelte sich überdies ein großer Teil jüngerer Immigranten der zweiten Generation, die später zu den prominenten Deutschland- und Europa-Historikern in den USA zählen sollten.

Herausragend sind allerdings die Wirkungen von Archivaren gewesen. Ernst Posner, der von 1939 bis 1961 an der American University in Washington lehrte, schuf die Grundlagen für eine professionelle Archivausbildung in den USA. Ähnliche Bedeutung hatten Georg Herlitz und Alexander Bein in Palästina. Herlitz war bereits seit 1911 Direktor des Gesamtarchivs der deutschen Juden in Berlin gewesen, das 1933 nach der Überführung nach Jerusalem den Grundstock der künftigen Central Zionist Archives bildete. Herlitz' Stellvertreter und späterer Nachfolger Bein, 1933 aus dem Reichsarchiv entlassen, baute nach der Gründung Israels als „Erster Staatsarchivar" das staatliche Archivwesen auf und gehörte zu den Initiatoren der Forschungsstätte Yad Vashem.

Der relative Erfolg der emigrierten Historiker in ihren Zufluchtsländern mag daran abzulesen sein, daß kaum jemand von ihnen nach 1945 nach Deutschland zurückkehrte. Einer davon war 1951 Hans Rothfels, der als unbelasteter Remigrant zum Nestor der westdeutschen Zeitgeschichtsforschung wurde. Nicht aus den USA mitgebrachte zivile Botschaften qualifizierten ihn dafür, sondern sein unveränderter Konservativismus, den er erneut in seiner noch in Chicago verfaßten Abhandlung *The German Opposition to Hitler* (1948) zum Ausdruck gebracht hatte. Diese Apologie der alten preußischen Eliten als Bollwerk gegen den Nationalsozialismus, d.h. der modernen Massengesellschaft, paßte bruchlos in den Analyserahmen der zeitgenössischen westdeutschen Historiker wie in das öffentliche Meinungsklima der frühen Bundesrepublik. Zurückgekehrt ist auch der 70jährige Althistoriker Richard Laqueur, der in den USA gescheitert und vereinsamt war. Seine Familie hatte ihn ohnehin nicht in die Emigration begleitet, den Lebensunterhalt hatte er dort als Packer in einem Buchladen bestritten und sich mit privaten Shakespeare-Studien intellektuell über Wasser gehalten. Andere ehemalige Emigranten kamen allerdings als Gastprofessoren; in Hans Rosenbergs Berliner Seminaren beispielsweise sammelte sich die künftige Generation der bundesdeutschen Sozialhistoriker. Nicht in diesen Rahmen fallen die kommunistischen Rückkehrer in die sowjetische Besatzungszone, die wie Jürgen Kuczynski, Alfred Meusel, Hans Mottek oder Emil Obermann erst in diesen Jahren eine Karriere als professionelle Historiker begannen.

Hajo Holborn in Yale, Ernst Kantorowicz in Berkeley und Hans Rothfels an der Brown University, später in Chicago, zählten zu den wenigen, die nach ihrer Ankunft sogleich Zugang in die berühmten Lehranstalten fanden. Auch später blieb das unter den immigrierten Kollegen eher die Ausnahme; lediglich der Althistoriker Elias Bickermann und der Mediävist Theodor Ernst Mommsen erhielten in den fünfziger Jahren Rufe an die Columbia University bzw. nach Cornell. Für die anderen dagegen wurden kleinere Colleges oder Universitäten des Südens und mittleren Westens zum typischen Arbeitsfeld. Hervorzuheben ist vor allem das Brooklyn College in der attraktiven Metropole New York, an dem nicht nur Hans Rosenberg mehr als 20 Jahre lehrte, ehe er 1959 einen Ruf nach Berkeley erhielt, und Arthur Rosenberg bis zu seinem Tode 1943 wirkte, sondern auch George W. Hallgarten, Emmy Heller, Helene Wieruszowski oder Charlotte Sempell eine Startchance erhielten und dort z.T. ebenfalls jahrzehntelang tätig waren.

Die letzten Beispiele illustrieren, daß die Emigration gerade für Frauen mit einem Karrieresprung verbunden sein konnte. Bis auf Hedwig Hintze haben alle Historikerinnen der hier vorgestellten Referenzgruppe in den USA eine Hochschullaufbahn begonnen; Charlotte Sempell steht dabei für diejenigen, die in den USA überhaupt erst wissenschaftlich tätig werden konnten (Epstein 1993). Tragisch endete demgegenüber das Schicksal Hedwig Hintzes. Mit Rücksicht auf ihren wesentlich älteren Mann, der Anfang der dreißiger Jahre emeritiert worden war, Berlin aber nicht verlassen wollte, lebte sie nach 1933 immer nur phasenweise im Ausland; das letzte Mal war sie eine Woche vor Beginn des Zweiten Weltkrieges nach Holland gereist. Nachdem Otto Hintze im April 1940 gestorben war, wollte sie eine Einladung an die Emigranten-Universität der New School for Social Research in New York annehmen. Doch die Kleinlichkeiten des US-Konsulats in Rotterdam – zu der Zeit hatte das State Department gerade die Einreisebestimmungen verschärft – verhinderten die Überfahrt. 1943 beging sie Selbstmord, um der Deportation nach Auschwitz zu entgehen (Schleier 1975, S. 300ff.).

Literatur

Civil Affairs Handbook Germany/Army Service Forces Manual (1944). Sect. 1A: Background of the Nazi Regime, Sect. 2: Government and Administration. Mimeogr., Washington D.C.

Duggan, Stephen, and Betty Drury (1948): The Rescue of Science and Learning. The Story of the Emergency Committee In Aid of Displaced Foreign Scholars, New York.

Epstein, Catharine (1988): A Past Renewed. A Catalog of German-speaking Refugee Historians in the United States after 1933, Washington.

Faulenbach, Bernd (1980): Ideologie des deutschen Weges. Die deutsche Geschichte in der Historiographie zwischen Kaiserreich und Nationalsozialismus, München.

Fellner, Günter (1988): Die Emigration österreichischer Historiker. Ein ungeschriebenes Kapitel in der Zeitgeschichte ihres Faches, in: Stadler, Friedrich, Hrsg.: Vertriebene Vernunft II. Emigration und Exil österreichischer Wissenschaft, Wien–München, S. 474 ff.

Gilbert, Felix (1989): Lehrjahre im alten Europa. Erinnerungen 1905–1945, Berlin.

Hildebrand, Klaus (1971): Erich Eyck, in: Wehler, Hans-Ulrich, Hrsg.: Deutsche Historiker, Bd. 2, Göttingen, S. 98 ff.

Hoffmann, Christhard (1991): The Contribution of German-speaking Jewish Immigrants to British Historiography, in: Carlebach, Julius, Gerhard Hirschfeld u. a., Eds.: Second Chance. Two Centuries of German-speaking Jews in the United Kingdom, Tübingen, S. 153 ff.

Iggers, Georg G. (1974): Die deutschen Historiker in der Emigration, in: Faulenbach, Bernd, Hrsg.: Geschichtswissenschaft in Deutschland. Traditionelle Positionen und gegenwärtige Aufgaben, München, S. 97 ff.

Jütte, Robert (1991): Die Emigration der deutschsprachigen „Wissenschaft des Judentums". Die Auswanderung jüdischer Historiker nach Palästina 1933–1945, Stuttgart.

Schleier, Hans (1975): Die bürgerliche deutsche Geschichtsschreibung der Weimarer Republik, Berlin/DDR.

Walther, Peter Th. (1984): Emigrierte Historiker in den USA, in: Berichte zur Wissenschaftsgeschichte 7, S. 41 ff.

Wehler, Hans-Ulrich (1971): Eckart Kehr, in: ders., Hrsg.: Deutsche Historiker, Bd. 1, Göttingen, S. 100 ff.

Wehler, Hans-Ulrich (1972): Soziologie und Geschichte aus der Sicht des Sozialhistorikers, in: Ludz, Peter Christian, Hrsg.: Soziologie und Sozialgeschichte. Aspekte und Probleme, Opladen, S. 59 ff.

Wolf, Heinz (1988): Deutsch-jüdische Emigrationshistoriker in den USA und der Nationalsozialismus, Bern u. a.

Kunstgeschichte

Karen Michels, Ulrike Wendland

Mindestens 252 deutschsprachigen Kunsthistorikern, davon 70 Frauen, wurde durch die nationalsozialistische Diktatur die Ausübung ihres Berufes verwehrt. Das entspricht wahrscheinlich einem Viertel der aktiv tätigen Wissenschaftler und Wissenschaftlerinnen dieses Faches. Sie wurden aus ihren Beamten- und Angestelltenverhältnissen entlassen, in den vorzeitigen Ruhestand versetzt, Nachwuchskräfte von Habilitationen, Promotionen oder der Fortsetzung des Studiums ausgeschlossen. Freie Mitarbeiter von Zeitungen und Zeitschriften verloren ihre Publikationsmöglichkeiten. Die Kunstkritik wurde generell untersagt. „Nichtariern" wurde der Handel mit Kunst verboten. Damit waren den meisten Betroffenen sowohl die wirtschaftlichen Lebensgrundlagen entzogen als auch die wissenschaftlichen Arbeitsmöglichkeiten genommen, ihre gesellschaftliche und private Existenz zerschlagen.

Soweit bisher feststellbar ist, mußten von jenen 252 Fachvertretern 215 emigrieren. Diese Zahl umfaßt nur die deutschen und österreichischen Kunstwissenschaftler und -wissenschaftlerinnen mit im Ursprungsland abgeschlossenem Hochschulstudium. Nicht berücksichtigt wurden Archäologen, Kunsthändler und -kritiker und solche Emigranten, die später das Fach durch wichtige Beiträge bereichert haben, aber im strengen Sinne keine akademische Berufsausbildung aufzuweisen hatten. Die letztgenannte Gruppe enthält noch einmal etwa 40 Personen. Auch die nach 1915 geborenen Emigranten wurden, da sie ihre Ausbildung nicht in Deutschland oder Österreich erhalten haben, nicht in die Untersuchung einbezogen. Das noch immer andauernde Auftauchen neuer Namen läßt außerdem vermuten, daß die Zahl der emigrierten Kunstwissenschaftler noch größer ist.

Mehr als die Hälfte der Emigranten, 53%, waren zum Zeitpunkt ihrer Vertreibung Berufsanfänger. Nur wenige waren im oberen Bereich der beruflichen Hierarchien angesiedelt gewesen: die beiden Ordinarien Erwin Panofsky und Paul Frankl, die Extraordinarien Walter Friedlaender, Fritz Saxl, Wolfgang Stechow, Hans Tietze und Werner Weisbach, die Museumsdirektoren Max J. Friedländer und Georg Swarzenski sowie die Kustoden Jakob Rosenberg, Johannes Wilde, Otto Benesch, außerdem Otto Demus als Denkmalpfleger. Bedingt durch die schon immer schwierige Berufssituation in der Kunstwissenschaft, verstärkt durch die Wirtschaftskrise, z. T. auch durch antisemitische Diskriminierung, hatten viele junge Kollegen vor der Vertreibung keine adäquaten beruflichen Positionen gefunden (Wendland 1995, S. 86 ff.).

Mindestens 80% der vertriebenen Kunstwissenschaftler gehörten dem jüdischen Bildungsbürgertum an. Während des Emanzipations- und Assimilationsprozesses der deutschsprachigen Juden im

19. Jahrhundert war der gezielte, intensive Bildungserwerb an die Stelle der jüdischen Religionspraxis getreten. Juden wurden im Kaiserreich, wie George Mosse überzeugend dargestellt hat, mehr und mehr zu den Bewahrern des Humanismus, der vom nichtjüdischen Bildungsbürgertum zwar nach wie vor hochgehalten, aber nicht mehr wirklich ausgefüllt und gelebt wurde (Mosse 1992). Zur humanistischen Bildung kam in den Familien die Pflege von Kunst, Literatur und Musik – und zwar besonders der deutschen. Geisteswissenschaften gehörten daher im ersten Jahrhundertdrittel zu den von Juden bevorzugten Studiengängen. Da gerade der Kunst im humanistischen Bildungskanon nicht nur eine ästhetische, sondern auch eine moralische Bedeutung zukam, lag eine Affinität von Juden, gläubig oder nicht, zur Kunstwissenschaft nahe. Wie stark diese im ersten Jahrhundertdrittel durch spezifisch jüdische Einflüsse geprägt wurde, ist noch nicht eingehend untersucht. Ein Aspekt, den Jürgen Habermas zur Physiognomie des jüdischen Denkens nennt, gilt jedoch gewiß auch für den kunstwissenschaftlichen Zugriff jüdischer Gelehrter: daß sich dem Denken etwas von der Distanziertheit des ursprünglich fremden Blicks erhalten habe. Dem Assimilierten sei eine besondere Scharfsichtigkeit eigen: Ihm fehle die Intimität mit jenen kulturellen Selbstverständlichkeiten, die, zum Material seiner Aneignung erkaltet, ihre Strukturen um so unverhohlener preisgeben. Außerdem, so Habermas, habe gerade die rabbinische und erst recht die kabbalistische Hermeneutik der Heiligen Schrift jüdisches Denken jahrhundertelang in den exegetischen Tugenden des Kommentierens und Analysierens geschult (Habermas 1987, S. 46). Für einen kritisch-distanzierten Umgang mit Kunstwerken – sei es als kennerschaftlich oder als ikonographisch/ikonologisch vorgehender Kunsthistoriker – hatten Juden also günstige, aus ihrer Religion, Kultur und jahrhundertealten Diskriminierungssituation entstammende Voraussetzungen. Ihre Karrierechancen waren aufgrund des Antisemitismus an den Universitäten und Museen jedoch geringer als die nichtjüdischer Kollegen.

Für die universitäre Kunstwissenschaft bedeuteten die Amtsenthebungen und Entlassungen von 45 Hochschullehrern verschiedener Grade eine empfindliche Ausdünnung – einen Verlust von 38% des Lehrkörpers; für die kunstgeschichtlichen Seminare in Berlin und Hamburg wirkte sich das als personeller Kahlschlag aus. Im anderen großen Arbeitsfeld des Faches, in den Museen, entstanden durch die Amtsenthebungen von mindestens 78 Wissenschaftlern ebenfalls empfindliche Verluste. Darunter waren Direktoren und Kustoden der wichtigsten Museen – der Staatlichen Museen Berlin, des Städelschen Kunstinstituts in Frankfurt a. M., der Kestner-Gesellschaft in Hannover, des Bayerischen Nationalmuseums in München und des Wiener Kunsthistorischen Museums. Die Entlassungen brachten für die betroffenen Institutionen einen großen Verlust an fachlicher Kompetenz und Kontinuität, besonders auch im Bereich der von den Nationalsozialisten verfolgten modernen Kunst. Nahezu ausgelöscht wurde außerdem die von Juden geprägte, bedeutende Kunstkritik. Der jüdische Kunsthandel verlagerte sich, oft unter großen Schwierigkeiten, ins Ausland.

Die Amtsenthebungen und Entlassungen führten dazu, daß nicht nur einzelne Experten und Forscher, sondern ganze „Schulen", so der an der Hamburger Kulturwissenschaftlichen Bibliothek Warburg angesiedelte Wissenschaftlerkreis, und Teildisziplinen wie die ostasiatische Kunstwissenschaft ins Ausland gingen (Tabelle 1).

Tabelle 1: Gründe der Emigration

Verfolgung aus „rassischen" Gründen	175 Personen	81,4%
Verfolgung des Ehepartners aus „rassischen" Gründen	10 Personen	4,7%
unbekannte Gründe („rassische" Gründe zu vermuten)	6 Personen	2,8%
politische Gründe	6 Personen	2,8%
Gewissensgründe	8 Personen	8,4%
gesamt	215 Personen	100%

Tabelle 2: Aufnahmeländer (endgültige Zufluchtsländer)

USA	106 Personen	49,3%
Großbritannien	59 Personen	27,4%
Frankreich	13 Personen	6,0%
Palästina	11 Personen	5,1%
Schweiz	8 Personen	3,7%
andere	18 Personen	8,4%

Die Ausreise erfolgte im wesentlichen in zwei Schüben, 1933/34 (36% aller Emigranten) und 1938/39 (22%).

Zunächst konzentrierte sich die Emigration auf Europa – England, Frankreich, Italien, die Schweiz und die Niederlande waren die meistgewählten Fluchtziele, nicht jedoch die Tschechoslowakei. Die gewählten Asylländer waren von Studienaufenthalten her vertraut oder dorthin bestanden fachliche Kontakte zu Kollegen oder Institutionen. Italien und Frankreich erwiesen sich wegen fehlender Arbeitsmöglichkeiten für Kunstwissenschaftler und der sich zunehmend verschärfenden politischen Lage als nur vorübergehende Exilstationen. Ein Drittel der Verfolgten siedelte sich zunächst in England an, wo mit der aus Hamburg vertriebenen Kulturwissenschaftlichen Bibliothek Warburg bereits eine wichtige kulturhistorische Institution untergekommen war. Eine restriktive staatliche Aufnahmepolitik und die Internierungen von 1940 machten jedoch auch hier vielen Fachvertretern ein Verbleiben im Land unmöglich. Von den dennoch in England heimisch gewordenen Gelehrten haben besonders Fritz Saxl, Ernst Gombrich und Nikolaus Pevsner große Popularität erlangt.

Aus den obengenannten Gründen wurden ab 1937 die USA zum Haupteinwanderungsland für deutschsprachige Kunstwissenschaftler (Tabelle 2). Die etwa 125 in die USA emigrierten Fachvertreter trafen dort auf eine professionelle Situation, die sich erheblich von der gewohnten akademischen Landschaft in Europa unterschied (Michels 1996). Während sich die Kunstgeschichte hier, und vor allem in den deutschsprachigen Ländern, in den zurückliegenden 100 Jahren den Status einer autonomen wissenschaftlichen Disziplin erworben hatte, war sie in den USA über einen anspruchsvollen Dilettantismus nicht hinaus gelangt. Als Lehrfach bestand sie noch zu Beginn der dreißiger Jahre vielerorts nur in unmittelbarer Verbindung mit der Kunst- und der Museumspraxis sowie der Archäologie; zahlreiche der vor allem in den westlichen Landesteilen gelegenen Hochschulen boten sie gar nicht an. Als eigenständiges Forschungsfeld trat sie erst seit den zwanziger Jahren im Zuge eines vorwiegend in Princeton und New York spürbaren Professionalisierungsschubes in Erscheinung. Kennerschaft und exakte Sachforschung waren die hauptsächlichen methodischen Ansätze der amerikanischen Kunstgeschichtsforschung; thematisch überwogen die dem Mittelalter gewidmeten Untersuchungen. International spielte die amerikanische Kunstgeschichte kaum eine Rolle. Generell fungierte sie sehr viel mehr als integraler Bestandteil eines gesamtgesellschaftlichen, pragmatischen Bildungskonzepts, während sich das Fach in Europa, vor allem dem deutschsprachigen Teil, zu einer historischen, systematischen Wissenschaft ausgebildet hatte.

Auch die amerikanische Museumslandschaft bot ein wesentlich von Europa abweichendes, strukturelle Differenzen offenlegendes Bild. Wo in der Alten Welt das Sammeln und Bewahren von Kulturgütern mit dem Anspruch des Erforschens verbunden war, legte man in den Vereinigten Staaten den Akzent auf Museumsdidaktik und die Akkumulation von Objekten, die in der Regel mit privater Hilfe erworben wurden. Dem europäischen Berufsbild des wissenschaftlich tätigen Kustoden stand dort die Vorstellung von einem gesellschaftlich gewandten Fundraiser und Kulturmanager entgegen, der die neu ins Land gekommenen Kollegen in keiner Weise entsprachen. Etwa 25% der Emigranten konnten als ehemalige Museumsbeamte nicht an ihre frühere Tätigkeit anknüpfen. Immerhin wurden sie, ebenso wie die mit 30% große Gruppe der Berufsanfänger und die meisten emigrierten Hochschullehrer, aber auch einige der in den starren akademischen Strukturen Deutschlands und Österreichs chancenlos gebliebenen Außenseiter, in das von zahlreichen Universitäten und Colleges gebildete amerikanische Hochschulwesen integriert.

Obwohl selbst von der Depression betroffen, haben die meisten dieser Institutionen nicht nur für die Zeit der von den großen Hilfsorganisationen gewährten Finanzierungshilfe, sondern danach auch dauerhaft einen oder mehrere emigrierte Kunsthistoriker in ihren Lehrkörper aufgenommen. Dieser in seinem Ausmaß erstaunliche Aufnahmeprozeß deutet auf ein vermehrtes Informationsbedürfnis der amerikanischen Gesellschaft in Fragen der Kunst hin, das nicht zuletzt durch den seit Beginn des Jahrhunderts gesteigerten Ausbau der großen Kunstsammlungen hervorgerufen worden war. Er wurde befördert durch die Aktivitäten eines inoffiziellen Netzwerks aus amerikanischen und schon früher eingewanderten deutschen Kollegen, dessen Effizienz derjenigen der großen Hilfsorganisationen in nichts nachstand. Aus der Perspektive eines zuvor beamtenrechtlich gesicherten Wissenschaftlers vollzog sich der Integrationsvorgang oft nur mühsam, unter Aufgabe von gesellschaftlichen und finanziellen Privilegien, in oft jahrelangem Verharren in unsicheren Zeitverträgen und unter mehrmaligem Wechsel von Arbeitsstelle und Wohnort.

Trotz nahezu flächendeckender Verteilung und rascher Einflußnahme auf die Entwicklung des Fachs blieben den neu ins Land gekommenen Kunstwissenschaftlern die Spitzenpositionen der akademischen Hierarchie allerdings verschlossen. Die einzige, bedeutende Ausnahme bildete die Berufung Erwin Panofskys an das neugegründete, durch seine mathematische Abteilung bald weltberühmte Institute for Advanced Study in Princeton; von hier aus entfaltete er eine weltweite Wirkung. Panofsky hatte schon vor 1933 am Institute of Fine Arts der New York University gelehrt und war somit nicht als Flüchtling, sondern als geladener Experte in die USA gekommen. Daneben hat er wichtige Erfolgsbedingungen der amerikanischen Gesellschaft schnell erkannt und strategisch umgesetzt: Sein Englisch galt als brillant, seine Vorträge und Vorlesungen waren so gelehrt wie witzig, und seine wissenschaftlichen Ergebnisse erhielten eine auch Laien zugängliche Dimension durch ihre Konfrontation mit Fragen von aktueller Relevanz. Der insgesamt judenfreundlichen Aufnahmepolitik des Institute for Advanced Study stand die reservierte, xenophobe Haltung der traditionsreichen „Ivy League"-Hochschulen entgegen, an denen sich kein emigrierter Kunstwissenschaftler dauerhaft etablieren konnte. Ganz gegensätzlich verhielt sich das junge, prestigebedachte Institute of Fine Arts in New York, das seinen Lehrkörper durch so renommierte Fachvertreter wie Walter Friedlaender und Richard Krautheimer bereicherte; zeitweise betrug der Anteil der Emigranten dort mehr als 50 %. Dagegen erhielten u. a. Wolfgang Stechow, Walter Horn und Alfred Neumeyer Gelegenheit zum Aufbau eines Department im Mittelwesten und Westen der USA; in Chicago lehrten Ulrich Middeldorf und Otto von Simson, am Vassar College Adolf Katzenellenbogen, am Smith College Edgar Wind.

Die in den Vereinigten Staaten entfaltete Wirkung der dorthin Vertriebenen gilt zu Recht als außerordentlich. Als akademische Lehrer haben die Emigranten nahezu eine geschlossene Kunsthistoriker-Generation ausgebildet. Als Wissenschaftler brachten sie Themen und Methoden mit, die in den USA bis dahin kaum Beachtung gefunden hatten: Ganze Epochen wie Barock und Manierismus, Kunstlandschaften wie die Niederlande und einzelne Künstler wie Michelangelo und Rubens sind dort durch sie seit den dreißiger Jahren wissenschaftlich in den Blick gerückt worden.

Verschiebungen und Differenzierungen ergaben sich auch auf dem amerikanischen Buchmarkt, der von den Emigranten durch neue Publikationsformen, etwa Künstlermonographien oder Quelleneditionen, bereichert wurde. Daneben wurde die empirische Ausrichtung der amerikanischen Kunstgeschichte durch einen Ansatz ergänzt, der den Stoff auf Probleme hin untersuchte. Dieser Ansatz, der auf das Humboldtsche Modell der Einheit von Lehre und Forschung gegründet war, stand in diametralem Gegensatz zum im Aufnahmeland vertretenen Ziel der Hochschulausbildung, das vorrangig der Vermittlung umfassender Sachkenntnisse galt: Wo Überblickveranstaltungen wie „Northern Renaissance" oder „Italian Painting" üblich waren, führten die eingewanderten Kollegen Seminartitel wie „Problems of Early Flemish and Dutch Painting" oder „Interpretation of Literary Sources of Baroque Art" ein (Michels 1996, S. 145). Weitere, mit dem Ziel einer Einbindung der Studenten in den Wissenschaftsprozeß unternommene Reformbestrebungen der Emigranten scheiterten allerdings an der Konstanz des amerikanischen Bildungswesens.

Umgekehrt haben auch die Emigranten vielfältige Anregungen des neuen wissenschaftlichen Milieus aufgenommen und nicht nur in stellenpolitischer Hinsicht von der größeren Flexibilität des amerikanischen Hochschulwesens profitiert: Aus der Perspektive der neuen Welt verloren nationale Stilphänomene an Bedeutung. Außereuropäische Kulturen rückten zumindest in das Blickfeld, und der Zwang zum Gebrauch der präziseren englischen Sprache wurde oft als heilsamer Auslöser für einen intellektuellen Klärungsprozeß empfunden.

Der wohl folgenreichste Beitrag der emigrierten Kunstwissenschaftler zur Entwicklung des Fachs aber bestand im Transfer einer wissenschaftlichen Methode: der Ikonologie. Mit ihr hatte man ein Deutungsmuster importiert, das über die formalen Charakteristika hinaus auf den weltanschaulichen Gehalt von Kunstwerken abzielte und sich als eine fächerübergreifende, kulturwissenschaftliche Methode verstand. Als „internationaler Stil der Kunstgeschichte" hat die Ikonologie nicht nur auf die deutschsprachige Nachkriegswissenschaft zurückgewirkt, sondern von den USA aus weltweiten Einfluß genommen. Wie auch für andere, vor allem naturwissenschaftliche Fächer festgestellt worden ist (Fischer 1995, S. 25), waren solche, im Aufnahmeland außerordentlich erfolgreiche Ansätze oft von jüdischen Wissenschaftlern entwickelt worden, die in Deutschland von den Spitzenplätzen der akademischen Hierarchie weitgehend ausgeschlossen gewesen waren. So hat die Ikonologie ihren Ursprung in einem Forscherkreis, der – im Umkreis der Hamburger Kulturwissenschaftlichen Bibliothek Warburg tätig – an der Peripherie der offiziellen, vorwiegend mit Stilfragen befaßten Kunstwissenschaft einen innovativen, auf supranationale Zusammenhänge abzielenden Fragekatalog entwickelt hatte. Wie diese Methode, so haben auch viele Kunstwissenschaftler ihre spätere Berühmtheit erst im Aufnahmeland erlangt. Das akademische System der USA hat hier Strukturen bereitgestellt, die eine freiere Entfaltung der in Deutschland und Österreich entwickelten innovativen Ansätze ermöglichte. Die wissenschaftlichen Leistungen der Emigranten sind in Deutschland erst in Folge der seit 1968 eingetretenen politischen Klimaveränderungen und erst dann wieder wahrgenommen worden, als sie angesichts der von den vertriebenen Gelehrten erworbenen internationalen Reputation unübersehbar geworden waren.

Literatur

Fischer, Klaus (1995): Jüdische Wissenschaftler in Weimar: Marginalität, Identität und Innovation, o.O., Ms.

Habermas, Jürgen (1987): Der deutsche Idealismus der jüdischen Philosophen, in: ders.: Philosophisch-politische Profile, Frankfurt a.M., S. 39 ff.

Michels, Karen (1996): Transplantierte Kunstwissenschaft. Der Wandel einer Disziplin als Folge der Emigration deutschsprachiger Kunsthistoriker in die USA, Habil.-Schrift Hamburg, Hamburg.

Mosse, George L. (1992): Jüdische Intellektuelle in Deutschland. Zwischen Religion und Nationalismus, Frankfurt a.M.–New York.

Die Verfolgung und Vertreibung deutschsprachiger Kunsthistoriker im Nationalsozialismus (1995). Ein biographisches Handbuch, bearb. von Ulrike Wendland, Hamburg, Ms.

Mathematik

REINHARD SIEGMUND-SCHULTZE

Die Mathematik gilt einigen Historikern als „ein Musterbeispiel für die Bereicherung der amerikanischen Wissenschaft durch die Einwanderung" (Fosdick 1955, S. 247). Im Jahre 1965 stammten von 51 Mitgliedern der mathematischen Klasse der National Academy of Sciences 14 aus Europa (Geiger 1986, S. 244). Da die Vereinigten Staaten nahezu zwei Drittel der emigrierten deutschsprachigen Mathematiker aufnahmen, kommt der Emigrationsgeschichte nach dort in der folgenden Darstellung besondere Bedeutung zu. Die Akkulturationsbedingungen waren für die deutschsprachige mathematische Emigration angesichts der damals noch bedeutenden Rolle des Deutschen und des starken Anteils symbolischer Sprache in der Mathematik relativ günstiger als für einige andere Fächer und Emigranten aus anderen Kulturkreisen. Die mathematische Emigration war Teil eines größeren, mit seinen Wurzeln in das 19. Jahrhundert zurückreichenden historischen Prozesses der Internationalisierung der Mathematik, in dem neue Kommunikationsbedingungen entstanden und neue Kommunikationsformen (wie die „oral communication") erheblich an Bedeutung gewannen.

Den Erfolg der mathematischen Emigration spiegelt auch das *Biographische Handbuch der deutschsprachigen Emigration nach 1933* (*BHb*) wider: 130 von 980 erfaßten Naturwissenschaftlern und Technikern, also etwa 14%, geben „Mathematik", „angewandte Mathematik", „mathematische Statistik" oder „mathematische Logik" als ihr Gebiet an. Auch in der vorliegenden Übersicht sollen Vertreter dieser Gebiete als „Mathematiker" gelten. Nicht der Mathematik zugerechnet werden dagegen die im *BHb* genannten Repräsentanten der „mathematischen Physik", der „Aerodynamik" und von „Information and Control". Letztgenannte sind zudem wegen des erst rudimentären Entwicklungsstandes der Rechentechnik in den 1930er Jahren vorwiegend jüngere Emigranten, d.h. Vertreter der sog. zweiten Generation. Im folgenden werden dagegen nur solche Emigranten (im allgemeinen Geburtsjahrgang 1914 und älter) berücksichtigt, die ihre mathematische Ausbildung (Studienabschluß) noch vor der Emigration erhalten haben. Diese Population ist aussagekräftiger hinsichtlich des Umfangs, der inhaltlichen Schwerpunkte und Wirkungen der Wissenschaftsemigration.

Ergänzt man die im *BHb* aufgeführten „Mathematiker" der ersten Generation um die bei Pinl und Furtmüller (1973) und in einzelnen zusätzlichen Quellen angegebenen Gelehrten, so kommt man auf eine Gesamtzahl von etwas über 100 (nach hier zu grunde liegender Zählung 112) Mathematiker-Emigranten der ersten Generation, darunter sieben Frauen (Hilda Geiringer-Mises, Emmy Noether, Rose Peltesohn, Helene Reschovsky, Käte Sperling, Olga Taussky, Hanna von Caemmerer). Die Ungenauigkeit wird durch nach wie vor unvollständige Quellen ebenso bedingt wie durch die angedeuteten Definitionsprobleme. Dazu zählt auch die Frage, ob Mathematiker, die bereits vor 1933 Deutschland verlassen hatten, jedoch einen Teil ihrer Tätigkeit an ihren alten Hochschulen fortsetzten und diese Tätigkeit dann aus politischen bzw. „rassischen" Gründen 1933 abbrechen mußten, ebenfalls unter die Emigranten zu zählen sind. Das *BHb* verneint – anders als der vorliegende Beitrag – anscheinend diese Frage und verzichtet deshalb beispielsweise auf die Biographien von Theodor von Kármán und John von Neumann. Übereinstimmung besteht dagegen mit dem *BHb* in der Einbeziehung des mathematischen Statistikers und → PAZIFISTEN Emil Julius Gumbel, der schon vor 1933 aus politischen Gründen von der Universität Heidelberg vertrieben wurde. Emigranten aus wirtschaftlichen bzw. wissenschaftlichen Karrieregründen (in der Mathematik beispielsweise Heinz Hopf, Eberhard Hopf, Hans Freudenthal und Theodor Estermann) werden jedoch nicht in die folgende Untersuchung einbezogen.

Den 112 Mathematiker-Emigranten der ersten Generation standen 38 weitere aus den deutschsprachigen Hochschulen (und in geringerem Umfang aus sonstigem öffentlichen Dienst und der Industrie) entlassene Mathematiker gegenüber, die nicht emigrieren konnten oder wollten. Beide Zahlen sind insofern schwer vergleichbar, als bei den 112 Emigranten auch diejenigen mit gerade abgeschlossenem Studium mitgerechnet sind, die erst später in der Emigration ihre Befähigung zur Forschung unter Beweis stellen konnten, während die Anzahl der in Deutschland verbliebenen und durch die dortigen Verhältnisse von einer Karriere abgeschreckten jungen Mathematiker im dunkeln bleibt. Betrachtet man aber nur diejenigen 81 der 112 Emigranten, die aus festen Stellen vertrieben wurden, darunter allein 67 aus den Hochschulen entlassene Mathematiker (einschließlich Privatdozenten und Assistenten), so kann man von einer im Vergleich zu anderen Disziplinen leicht überproportionalen Emigration in der Mathematik von etwa 68% der Entlassenen ausgehen. Das mag auf einen starken „pull-Effekt" der Immigrationsländer wegen der bedeutenden mathematischen Tradition in Deutschland hinweisen. Ergänzt wird diese Beobachtung durch die eines noch stärkeren „push-Effekts" der die mathematische Emigration verursachenden Entlassungswellen. Dieser push-Effekt beruhte angesichts der nicht sehr ausgeprägten politischen Aktivität der meisten Mathematiker zweifellos auf dem besonders hohen Anteil jüdischer Wissenschaftler unter den deutschsprachigen Mathematikern. Den insgesamt von den Nationalsozialisten entlassenen 45 Ordinarien unter den Mathematikern standen etwa 100 mathematische Lehrstühle an den deutschsprachigen Hochschulen (ohne Schweiz) zum Zeitpunkt der größten Ausdehnung Hitlerdeutschlands gegenüber (Scharlau 1990). Das bedeutet eine weit höhere Entlassungsrate in der Mathematik als in anderen Fächern bei einem ermittelten Durchschnittswert von etwa 25% für alle Wissenschaften. Die Vertreibungen waren allerdings sehr ungleich über das deutsche Hochschulsystem verteilt. Beispielsweise stammten die emigrierten 22 Ordinarien für Mathematik (unter Einschluß der Anwendungen) aus dem deutschen Hochschulsystem (ohne Österreich) aus lediglich 13 von 38 Hochschulen, wobei wiederum der Hauptanteil der Emigranten auf die preußischen Universitäten und Hochschulen in Göttingen, Berlin, Breslau und Königsberg entfiel. Da an diesen 13 Hochschulen zum Zeitpunkt der Entlassungen 39 ordentliche Professuren für Mathematik existierten, betrug die Emigrationsrate und erst recht die Entlassungsrate unter den Ordinarien dort über 50%.

62 der 112 Mathematiker-Emigranten gelangten noch vor Kriegsende in die Vereinigten Staaten (bzw. in drei Fällen nach Kanada), sieben von ihnen hatten zunächst in Großbritannien Zuflucht gefunden, das mit 16 weiteren ständigen Aufnahmen vor 1945 zweitgrößtes Immigrationsland für die Mathematik war. Palästina (9), Südamerika (4), Norwegen (4), die Sowjetunion (3), die Schweiz (2), Australien (2), die Türkei (1), Frankreich (1) und Indien (1) waren weitere Endstationen der Emigration bis zum Kriegsende. Einige der genannten Länder und weitere (Niederlande, Polen, Belgien, Dänemark, Schweden, Kroatien, ČSR, Italien) waren Zwischenstationen auf dem Weg in die Emigration oder Sackgassen vor dem Abtransport in die Vernichtungslager der Nazis (Otto Blumenthal, Kurt Grelling, Robert Remak). Die Emigration in die in mathematischer Hinsicht attraktive Sowjetunion war durch das dortige stalinistische Herrschaftssystem überschattet; der emigrierte Breslauer Mathematiker Fritz Noether wurde dort ermordet.

Die äußere Erfolgsgeschichte der mathematischen Emigration korreliert eng mit der Altersstruktur der Emigranten. Während einige der ältesten Entlassenen (Jahrgang 1871 und älter: Paul Epstein, Felix Hausdorff, Alfred Tauber) nicht mehr emigrieren konnten und teils in Vernichtungslagern, teils durch Selbstmord endeten, waren die Ältesten unter den Emigrierten (Felix Bernstein, Max Dehn, Ernst Hellinger, Arthur Rosenthal und Hans Hamburger) weniger erfolgreich und gelangten trotz ihrer prominenten Vergangenheit nicht mehr zu ordentlichen Professuren. Nahezu alle anderen der 81 aus festen Stellungen vertriebenen Emigranten wurden, soweit sie nicht vorzeitig verstarben, früher oder später auf Lehrstühle berufen. Im Hauptimmigrationsland

USA halfen zahlreiche von ihnen beim Aufbau neuer mathematischer Zentren. Zu diesen gehörten das bereits vor 1933 gegründete Institute for Advanced Study (IAS) in Princeton und die mathematischen Departments der Universitäten Stanford, Berkeley und New York. Auffallend ist dagegen, daß mit Ausnahme einiger angewandter Mathematiker (von Kármán, Richard von Mises, Willy Prager) und des Mathematikhistorikers Otto Neugebauer zumindest vor Kriegsende keine Emigranten in die bis dahin führenden mathematischen Abteilungen der Universitäten Harvard, Princeton, Chicago, Brown, Yale, des California Institute of Technology (Pasadena) und des MIT (Boston) berufen wurden. Die genannten Ausnahmen hingen offenbar ebenso wie die Rolle der Emigranten beim Aufbau neuer Zentren mit der besonderen Bedarfsstruktur der amerikanischen Mathematik zusammen, auf die weiter unten eingegangen werden soll.

Die Remigration in der Mathematik war angesichts der insgesamt guten Integration und des hohen Anteils jüdischer Emigranten verständlicherweise unterdurchschnittlich. Unter den Rückkehrern befanden sich allerdings prominente Gelehrte wie Emil Artin, Reinhold Baer, Hans Hamburger, Friedrich W. D. Levi, Carl L. Siegel und Hermann Weyl, von denen einige wesentlich zur Wiederbelebung der Mathematik in Deutschland nach 1945 beitragen konnten. Insgesamt kehrten aber von den 112 gezählten Mathematiker-Emigranten lediglich acht, also weniger als 10% der damals noch Lebenden zurück, fast ausschließlich Mathematiker, die bereits vor ihrer Emigration arriviert waren. Mathematikspezifische Gründe, nach 1945 nicht zurückzukehren, waren u.a. die bessere Ausstattung der amerikanischen Universitäten mit der neuen Rechentechnik sowie der immens gestiegene Bedarf amerikanischer Universitäten und Behörden an angewandter Mathematik, der sogar noch zu einer zweiten Emigration nach 1945 führte.

Verlauf und Wirkungen der von den Nazis erzwungenen mathematischen Emigration sind nur vor dem Hintergrund der Weltgeltung vor allem des Göttinger mathematisch-physikalischen Zentrums in den 1920er Jahren, des damaligen Reformbedarfs des deutschen Hochschulsystems, der bereits vor 1933 intensivierten Auswanderung europäischer Mathematiker vornehmlich in die Vereinigten Staaten und insbesondere der Rolle des amerikanischen Stiftungswesens (Rockefeller, Guggenheim) dort zu verstehen. Führende Vertreter der deutschen Mathematik mit Einschluß ihrer Anwendungen, wie John von Neumann, Theodor von Kármán (beide der Herkunft nach aus Ungarn) und Hermann Weyl, waren bereits vor 1933 für eine zumindest semesterweise Tätigkeit von amerikanischen Hochschulen gewonnen worden. Der International Education Board (IEB) der Rockefeller Foundation (RF) hatte nicht nur durch Auslandsstipendien für junge europäische und amerikanische Mathematiker die internationale Kommunikation wesentlich gefördert, sondern auch den Neubau des Göttinger mathematischen Instituts (1926–29) finanziert. Dieselben Mathematiker, die bei der Vermittlung der Rockefeller-Stipendien in den 1920er Jahren die maßgeblichen Gutachter gewesen waren (Godfrey H. Hardy in England, Harald Bohr in Dänemark, Richard Courant in Deutschland, Hermann Weyl damals in der Schweiz, Oswald Veblen in den USA u.a.), waren auch entscheidend an der Lenkung der Emigranten der 1930er Jahre beteiligt. Dem Engländer Hardy gelang es, an seiner Universität in Cambridge zeitweise 18 emigrierte Mathematiker unterzubringen (Rider 1984, S. 159). Die Tradition der Rockefeller-Förderung lieferte die Voraussetzung dafür, daß die Vereinigten Staaten zum wichtigsten Immigrationsland werden sollten. Die in Princeton herausgegebenen *Annals of Mathematics* wurden endgültig zur führenden mathematischen Zeitschrift der Welt. Sie erlebte einen Ansturm von Arbeiten der Emigranten, während die traditionsreichen *Mathematischen Annalen* in Deutschland bald unter Manuskriptmangel litten. Neben Weyl wurde ein Großteil der prominentesten Göttinger Mathematiker (Richard Courant, Edmund Landau, Emmy Noether, Felix Bernstein) vertrieben. Der Mathematikhistoriker Otto Neugebauer, der die Keilschrifttafeln der babylonischen Mathematik entziffert hatte, ging nach Kopenhagen. Von dort aus edierte er die erst 1931 gegründete mathematische Referatezeitschrift des Julius-Springer-Verlags *Zentralblatt für Mathematik und ihre Grenzgebiete*. Die Zusammenarbeit zwischen in Deutschland verbliebenen und emigrierten Mathematikern funktionierte im Referatewesen recht reibungslos, bis 1938 antisemitische Pressionen den Verlag veranlaßten, die jüdischen Mitarbeiter zu diskriminieren. Neugebauer übersiedelte daraufhin in die USA, wo er an der Brown University in Providence, Rhode Island, die Gründung einer amerikanischen Referatezeitschrift (*Mathematical Reviews* ab 1940) betrieb (Siegmund-Schultze 1993).

Der Nachfolger des großen Felix Klein an der Göttinger Universität, Richard Courant, ging nach Zwischenstation in England 1934 an die bis dahin noch relativ unbekannte New York University und baute an ihr ein Zentrum für angewandte Mathematik auf. Die Rockefeller Foundation, deren Präsident, Max Mason, 1903 bei dem Göttinger Mathematiker David Hilbert promoviert hatte, unterstützte nicht nur Courants Zentrum in New York, sondern durch Gehaltszuschüsse auch die Integration von vertriebenen Mathematikern an amerikanischen Hochschulen. Obwohl die Stiftung ungefähr 300 Immigranten auf diese Weise förderte, läßt sich bisher nur für die folgenden zwölf deutschsprachigen Mathematiker zweifelsfrei eine Unterstützung aus Rockefeller-Mitteln nachweisen: Felix Bernstein, Richard Courant, Kurt Friedrichs, Emil Julius Gumbel, Fritz John, Hans Lewy, Otto Neugebauer, Emmy Noether, Hans Rademacher, Carl L. Siegel, Otto Szasz und Gabriel Szegö. Während im Stipendienprogramm der RF in den 1920er Jahren noch Physik und Mathematik zu den Hauptförderungsgebieten gehört hatten, stand jetzt in den Naturwissenschaften die Biologie im Vordergrund. Priorität im Immigrationsnotprogramm der Rockefeller Stiftung hatten jedoch Immigranten aus den Sozial- und Wirtschaftswissenschaften, deren Unterbringung ungleich schwieriger war als die der Mathematiker und Naturwissenschaftler (vgl. über die New School for Social Research Krohn 1987). Ähnlich unterstützte das aus privaten Spenden errichtete Emergency Committee in Aid of Displaced German/Foreign Scholars (EC) schwerpunktmäßig die Geisteswissenschaften (Duggan/Drury 1948, S. 68); unter den 335 von ihm geförderten Wissenschaftlern befanden sich lediglich 81 Naturwissenschaftler, darunter die folgenden 19 deutschsprachigen Mathematiker: Gustav Bergmann, Felix Bernstein, Alfred Brauer, Max Dehn, Abraham Fraenkel, Kurt Friedrichs, Hilda Geiringer-Mises, Kurt Gödel, Ernst Hellinger, Fritz John, Hans Lewy, Karl Löwner, Otto Neugebauer, Emmy Noether, Hans Rademacher, Arthur Rosenthal, Carl L. Siegel, Otto Szasz, Gabriel Szegö (Duggan/Drury 1948, S. 204 ff.). Die finanzielle Unterstützung des ehemaligen Kieler Mathematikers Fraenkel, der nach 1933 an der Hebrew University in Jerusalem lehrte und 1938–40 ihr Rektor war, zeigt, daß sie nicht allein als Förderung der amerikanischen Wissenschaft gedacht war. Den somit 21 von RF und EC geförderten Mathematikern standen insgesamt 62 Mathematiker-Immigranten in die USA gegenüber. Bereits Rider hat darauf hingewiesen, daß bei weitem die größere Anzahl von Physiker- und Mathematiker-Immigranten außerhalb dieser Stiftungsprogramme durch Einzelinitiativen von Hochschulen und Wissenschaftlern aufgenommen wurde (Rider 1984, S. 142).

Zu diesen Initiativen gehört der von Emmy Noether und Hermann Weyl 1934 gegründete German Mathematicians' Relief Fund, der die Abgabe von 1–4% der Gehälter der bereits plazierten deutschen Emigranten zur Finanzierung weiterer Stellen vorsah (Rider 1984, S. 150). Weyl arbeitete dabei besonders eng mit seinem Kollegen am IAS in Princeton, Oswald Veblen, aber auch mit dem Sekretär der American Mathematical Society (AMS), Roland G. D. Richardson, und dem Astronomen Harlow Shapley aus Harvard zusammen. Fachliche „Exzellenz" der zu versorgenden Emigranten in der mathematischen Forschung stand für diese Wissenschaftler deutlich im Vordergrund gegenüber Fähigkeiten in der Studentenausbildung. Politische oder soziale Gesichtspunkte wurden von ihnen tunlichst weder als diskreditierende noch als fördernde Faktoren berücksichtigt.

Dies zeigt exemplarisch das Verhältnis zwischen Weyl und dem mathematischen Statistiker Emil Julius Gumbel, der politisch in der Weimarer Republik stark auf dem linken politischen Spektrum in Erscheinung getreten war. Gumbel hatte Weyl 1936 die Konzeption seines Sammelbandes (Gumbel 1938) zugeschickt und um einen Beitrag von ihm gebeten. Weyl monierte in seiner Antwort die stark politische Tendenz des geplanten Buches. Er fand, daß Manifestationen der NS-Ideologie in der Mathematik wie Ludwig Bieberbachs *Deutsche Mathematik* sich selbst diskreditierten, daß die Mehrheit der in Deutschland verbliebenen Mathematiker wie die Emigranten denken würden und daß deshalb Gumbels Behauptung, die Lehrstühle der deutschen Universitäten seien verödet oder mit Pseudo-Wissenschaftlern besetzt, eine Übertreibung darstelle. Gumbel machte schließlich von Weyls Angebot, einen Nachruf auf die 1935 in der amerikanischen Emigration verstorbene Emmy Noether in dem Sammelband abzudrucken, keinen Gebrauch, da der Beitrag wegen seiner rein fachlichen Orientierung nicht in die politische Ausrichtung des Buches gepaßt hätte. Weyl seinerseits beantwortete 1944 ein Empfehlungsschreiben für Gumbel an das IAS, das auch dessen politische Verdienste hervorhob, mit der deutlichen Feststellung, daß dort für Gumbel nichts getan werden könne. Dabei berief sich Weyl auf die vorherrschende Meinung unter Statistikern, daß Gumbel zwar kompetent, aber nicht herausragend in seinem Fach sei und sich überdies in den letzten zehn Jahren zu oft wiederholt habe (Veblen Papers, box 31, fold. Gumbel, Library of Congress Washington, D.C.).

Die Wissenschaftler, die wie Weyl das internationale mathematische Forschungsverständnis in den Vordergrund stellten, stießen immer wieder auf starke fremdenfeindliche, im Unterton nicht selten antisemitische Stimmungen unter den amerikanischen Kollegen. Das intellektuelle Oberhaupt der amerikanischen Mathematiker, der Harvard-Professor George David Birkhoff, hatte in einer Rede zum 50jährigen Bestehen der AMS beispielsweise 1938 davor gewarnt, daß die einheimischen jungen Mathematiker durch die auf die Forschung orientierten Immigranten zu „Wasserträgern" degradiert werden könnten, und er vertrat die Ansicht, daß in der Immigration der Sättigungspunkt erreicht sei (Reingold 1981, S. 326). Dem wurde vom Gründer des IAS, Abraham Flexner, entgegengehalten, daß nach seiner Erfahrung die Plazierung von „50 Einsteins" an den amerikanischen Universitäten vermutlich die Nachfrage nach weiteren 100 Wissenschaftlern der gleichen Qualität an anderen Institutionen erzeugen würde (Flexner an Birkhoff 30. 9. 1938, Birkhoff Papers, Harvard University, 4213.2. box 12). Als dann mit Kriegsausbruch die letzte Immigrationswelle die Vereinigten Staaten erreichte, verschwand angesichts der Kriegsvorbereitungen zumindest das Argument der Übersättigung des amerikanischen Akademikerarbeitsmarktes aus den Diskussionen. Nachträglich wurde jetzt mancherorts sogar bedauert, die insbesondere als Ersatz für die zu Kriegsforschungen abgezogenen Mathematiker stark benötigten Immigranten nicht in größeren Zahlen ins Land geholt zu haben (Duggan/Drury 1948, S. 68). Auch einige frühe Mathematiker-Immigranten (Kármán, Courant, von Neumann) leisteten einen erheblichen Beitrag zur Kriegsforschung. Dem erst kurz vor Kriegsausbruch immigrierten Schöpfer des wichtigen mathematischen Werkzeugs der statistischen Sequentialanalyse, Abraham Wald, wurde sogar zum Zwecke des Kriegseinsatzes vorzeitig die amerikanische Staatsbürgerschaft verliehen (Wallis 1980, S. 330).

Zu den in den USA wichtigsten Wirkungen der mathematischen Emigration gehörten die Verstärkung der Forschungsorientierung, die Tendenz zur angewandten Mathematik und die Ausbreitung der algebraisch-strukturellen Denkweise. Europäische Spitzenmathematiker wie Carl L. Siegel und Emmy Noether galten vielfach als „zu exzentrisch" für die Ausbildung von Studienanfängern, die traditionell an amerikanischen Hochschulen eine große Rolle spielte. So war es auch im Interesse der Dämpfung fremdenfeindlicher Stimmungen ein Glücksumstand für die Immigration, daß mehrere deutschsprachige Mathematiker am neuen IAS in Princeton Zuflucht fanden (u.a. von Neumann, Weyl, Siegel, Gödel, zeitweise Noether, Alfred und Richard Brauer), das vorrangig auf die Forschung orientiert war.

Der ehemalige Göttinger Richard Courant erkannte frühzeitig die Defizite der Amerikaner in der angewandten Mathematik (numerische Lösung von Differentialgleichungen, Aero- und Hydrodynamik), die auch durch die frühe Immigration von Theodor von Kármán (1930) noch nicht überwunden worden waren (Reid 1976; Hanle 1982). Courant betonte in seinem neuen New Yorker Institut im gewissen Gegensatz zum IAS in Princeton die Einheit von reiner und angewandter Mathematik und von Forschung und Lehre. Er propagierte dabei taktisch geschickt eine zeitgemäße Verbindung der klassischen deutschen Universitätsidee mit den stärker kooperativen und „demokratischen" amerikanischen Forschungs- und Lehrmethoden. Rechtzeitig genug erhielt er 1940 die amerikanische Staatsbürgerschaft, um während des Zweiten Weltkriegs eine wichtige Rolle in der amerikanischen Kriegsforschung spielen zu können. Zugleich veranlaßte er andere Emigranten wie Kurt Friedrichs und Fritz John, ihre Karrieren stärker auf die angewandte Mathematik zu orientieren (Reid 1983). Überhaupt wurde die Aufnahme vieler deutschsprachiger Mathematiker in den USA wie Gustav Bergmann, Willy Feller, Hans Lewy, Michael Golomb, Hilda Geiringer-Mises, Richard von Mises, Willy Prager und Alexander Weinstein mit dem Hinweis auf die Defizite der Amerikaner in den Anwendungen begründet und erleichtert. Ein ähnlicher Bedarf bestand in einigen anderen Immigrationsländern, was die ursprüngliche Emigration von Prager, Geiringer-Mises und Mises in die Türkei (Widmann 1973, S. 94) und den Erfolg von Werner Romberg in Norwegen (Lorenz 1992, S. 309) stark beeinflußte. Schwieriger gestaltete sich die Integration angewandter Mathematiker in Großbritannien (Rider 1984, S. 167), da dort angewandte Mathematik zumindest im Sinne mathematischer Physik traditionell institutionalisiert war. Allerdings stieg der Bedarf nach angewandten Mathematikern in Großbritannien im Kriege, was beispielsweise die österreichische Emigrantin Olga Taussky veranlaßte, von der Zahlentheorie allmählich in die anwendungsnähere Matrizentheorie überzugehen (Taussky 1988).

Die Emigration offenbarte infolge der Neuordnung des internationalen Kommunikationsnetzes auch die Defizite der Mathematik in den Auswanderungsländern. Selbst in der angewandten Mathematik waren in Deutschland um 1930 längst nicht mehr alle international florierenden Gebiete gepflegt worden. Besonders trifft dies auf Gebiete im Umkreis der Himmelsmechanik und topologischen Dynamik sowie auf die mathematische Statistik zu, wo Felix Bernstein in Göttingen einer Ausnahmeinstitution vorgestanden hatte. Auf letztgenanntem Gebiet war der Einfluß der deutschsprachigen Emigration aus Österreich stärker als aus Deutschland. Die späte Immigration von Eduard Helly, Abraham Wald, Eugen Lukacs und der ursprünglich ebenfalls aus Österreich stammenden Hilda Geiringer-Mises und Richard von Mises in die USA verstärkte den dort bereits vor allem unter britischem und skandinavischem Einfluß voranschreitenden Etablierungsprozeß der Statistik. Auch in der mathematischen Logik (Kurt Gödel) und Topologie (Karl Menger) kamen die einflußreicheren Emigranten aus Österreich; in der Topologie trafen sie aber auf eine bereits seit den 1920er Jahren starke amerikanische Tradition (Oswald Veblen, Solomon Lefschetz, James W. Alexander, Robert L. Moore).

Die neben der angewandten Mathematik zweite große Einflußlinie der deutschsprachigen Emigration war die sog. „abstrakte Algebra" der Schule um Emmy Noether aus Göttingen. Allerdings wäre es falsch, diesen Einfluß auf den kurzen Wirkungszeitraum von Noether in Amerika zu reduzieren, der ihr bis zu ihrem vorzeitigen Tod 1935 vergönnt war. Jedoch brachten Emigranten wie Emil Artin, Reinhold Baer, Kurt Mahler und Richard Brauer viel vom Noetherschen Geist in die britische und amerikanische Mathematik, und auch die weltweite Rezeption des einflußreichen Buches *Moderne Algebra* (1930/1931) des Noether-Schülers Bartel Leendert van der Waerden setzte zu dieser Zeit erst richtig ein. Führende britische Mathematiker wie Philip Hall erkannten um 1933 die dortigen Rückstände in abstrakter Algebra und insbesondere Gruppentheorie, so daß elf deutschsprachige Algebraiker Positionen in Großbritannien erhielten (Rider 1984, S. 167). Amerikaner wie Garrett Birkhoff (Verbandstheorie) und Saunders MacLane (Kategorientheorie) fußten mit ihren Arbeiten auf der abstrakten Algebra. Der Einfluß des Noetherschen Geistes ist von einigen Amerikanern rückblickend aber auch kritisch gesehen worden. Beispielsweise wurde Emmy Noether, die in Deutschland als Repräsentantin „jüdischen Denkens" verfemt worden war, zuweilen eine Überbetonung der „deutschen" Traditionen (R. Dedekind) und eine Ignorierung britischer und amerikanischer Vorleistungen vorgeworfen (Birkhoff 1976, S. 47 f.). Andere amerikanische Mathematiker beklagen bis in die unmittelbare Gegenwart hinein die infolge der deutschen abstrakten Algebra entstandene Überbetonung der Galois-Theorie in zahlreichen modernen Algebra-Texten (Rota 1989, S. 231 f.). Teile der amerikanischen Vorbehalte mochten auf der traditionell engen Bindung der deutschen algebraischen Forschung an die algebraische Geometrie und die Zahlentheorie zurückzuführen sein. Letztere bezeichnete Weyl noch 1940 als eine in den USA „schlafende" Disziplin (Weyl an P. Bernays, 25. März 1940, Eidgenössische Technische Hochschule Zürich, HS 91:23).

Im Hinblick auf die Entwicklung der Zahlentheorie in den USA erwies sich insbesondere die Immigration von Hans Rademacher und Carl L. Siegel als folgenreich. In der kombinatorischen Gruppentheorie, deren Literatur bis 1933 fast ausschließlich in deutscher Sprache erschienen war, gab die Emigration von Kurt A. Hirsch und Bernhard H. Neumann nach England sowie von Reinhold Baer nach den USA neben der von weiteren 15 Mathematikern die Impulse dafür, daß die Forschung in dieser Subdisziplin heute nahezu gleichmäßig über die mathematische Welt verteilt ist (Chandler/Magnus 1982, S. 193 ff.). Auch in der Algebra und Zahlentheorie war es keineswegs die „Abstraktheit" der Methoden an sich, die den Einfluß der deutschsprachigen mathematischen Emigration in Amerika begründete, denn die amerikanische Tradition war nicht weniger „abstrakt". Vielmehr war es hier neben der spezifischen Noetherschen Denkweise ebenso wie in der Analysis und in der angewandten Mathematik die Themenvielfalt und ganz besonders die Brückenbildung zu einigen in Amerika wenig bearbeiteten Themen der klassischen Mathematik des 19. Jahrhunderts, die die Wirkung der Emigranten ausmachte. Besonders Hermann Weyl und Antoni Zygmund, dieser kein Vertreter der deutschsprachigen Emigration, sind als solche „Brückenbauer" erfolgreich gewesen. Bis in die Gegenwart gibt es in den Vereinigten Staaten Stimmen, die die europäische Ausbildung in klassischer Analysis und Mechanik für besser halten und deshalb die Anwerbung von Ausländern befürworten (W. Duren 1989, S. 436).

Versucht man – ohne die individuellen Schicksale und die Durchkreuzung der Lebenspläne vieler Emigranten zu vergessen – den inhaltlichen Einfluß der deutschsprachigen mathematischen Emigration kurz unter dem rein wissenschaftlichen Ertragsaspekt zu resümieren, so war es eine Erfolgsgeschichte für die Disziplin und für die Immigrationsländer, vor allem die USA. Dieser Erfolg ist zurückzuführen auf den zunächst nur den Eingeweihten erkennbaren und z.T. durch die Emigration erst erzeugten Bedarf, auf die 1933 bereits relativ fortgeschrittene Internationalität der Disziplin, auf die Solidarität der Mathematiker in den Zufluchtsländern und auf besondere historische Glücksumstände wie die Existenz des IAS in Princeton.

Literatur

Birkhoff, Garrett (1976): The Rise of Modern Algebra to 1936, in: Tarwater u.a., S. 41 ff.
Chandler, Bruce, and Wilhelm Magnus (1982): The History of Combinatorial Group Theory: A Case Study in the History of Ideas, New York.
Duggan, Stephen, and Betty Drury (1948): The Rescue of Science and Learning. The Story of the Emergency Committee in Aid of Displaced Foreign Scholars, New York.
Duren, Peter, Ed. (1988/89): A Century of Mathematics, 3 Bde., Providence.
Duren, William L. (1989): Mathematics in American Society 1888–1988. A Historical Commentary, in: P. Duren, Bd. 2, S. 399 ff.
Fosdick, Raymond B. (1955): Die Geschichte der Rockefeller-Stiftung, Wien–Würzburg.
Geiger, Roger L. (1986): To Advance Knowledge. The Growth of American Research Universities 1900–1940, New York–Oxford.
Gumbel, Emil J., Hrsg. (1938): Freie Wissenschaft. Ein Sammelbuch aus der deutschen Emigration, Strasbourg.
Hanle, Paul (1982): Bringing Aerodynamics to America, Cambridge/Mass.
Jessen, Borge (1993): Mathematiker unter der deutschsprachigen Emigration, in: Dähnhardt, Willy, u. Birgit S. Nielsen, Hrsg.: Exil in Dänemark, Heide, S. 127 ff.
Krohn, Claus-Dieter (1987): Wissenschaft im Exil. Deutsche Sozial- und Wirtschaftswissenschaftler in den USA und die New School for Social Research, Frankfurt a.M.–New York.
Lorenz, Einhart (1992): Exil in Norwegen. Lebensbedingungen und Arbeit deutschsprachiger Flüchtlinge 1933–1943, Baden-Baden.
Pinl, Max, and Lux Furtmüller (1973): Mathematicians under Hitler, in: Leo Baeck Institute Yearbook 18, S. 129 ff.

Reid, Constance (1976): Courant in Göttingen and New York. The Story of an Improbable Mathematician, New York.
Reid, Constance (1983): K.O. Friedrichs 1901–1982, in: The Mathematical Intelligencer 5, H. 3, S. 23 ff.
Reingold, Nathan (1981): Refugee Mathematicians in the United States of America 1933–1941, in: Annals of Science 38, S. 313 ff.
Rider, Robin (1984): Alarm and Opportunity: Emigration of Mathematicians and Physicists to Britain and the United States, 1933–1945, in: Historical Studies in the Physical Sciences 15, S. 107 ff.
Rota, Gian-Carlo (1989): Fine Hall in its Golden Age: Remembrances of Princeton in the Early Fifties, in: P. Duren, Bd. 2, S. 223 ff.
Scharlau, Winfried, Hrsg. (1990): Mathematische Institute in Deutschland 1800–1945, Braunschweig.
Siegmund-Schultze, Reinhard (1993): Mathematische Berichterstattung in Hitlerdeutschland, Göttingen.
Tarwater, J. Dalton, John T. White and John D. Miller, Eds. (1976): Men and Institutions in American Mathematics, Austin.
Taussky, Olga (1988): Zeitzeugin, in: Stadler, Friedrich, Hrsg.: Vertriebene Vernunft II: Emigration und Exil österreichischer Wissenschaft, Wien–München, S. 132 ff.
Thiel, Christian (1984): Folgen der Emigration deutscher und österreichischer Wissenschaftstheoretiker und Logiker zwischen 1933 und 1945, in: Berichte zur Wissenschaftsgeschichte 7, S. 227 ff.
Wallis, W. Allen (1980): The Statistical Research Group, 1942–1945, in: Journal of the American Statistical Association 75, S. 320 ff.
Widmann, Horst (1973): Exil und Bildungshilfe. Die deutschsprachige akademische Emigration in die Türkei nach 1933, Frankfurt a.M.

Medizin

HANS-PETER KRÖNER

Im März 1933 erging ein „Aufruf an die deutsche Ärzteschaft", unterzeichnet im Namen des Nationalsozialistischen deutschen Ärztebundes von seinem Vorsitzenden Gerhard Wagner. Kein Beruf sei für die „Größe und Zukunft der Nation" so bedeutungsvoll wie der Ärzteberuf, hieß es in diesem Aufruf, keiner sei aber auch „so verjudet" und „so hoffnungslos in volksfremdes Denken hineingezogen worden". Und er fuhr fort: „Jüdische Dozenten beherrschen die

Lehrstühle der Medizin, entseelen die Heilkunst und haben Generation um Generation der jungen Ärzte mit mechanistischem Geist durchtränkt. Jüdische 'Kollegen' setzten sich an die Spitze der Standesvereine und der Ärztekammern; sie verfälschten den ärztlichen Ehrbegriff und untergruben arteigene Ethik und Moral. Jüdische 'Kollegen' wurden in der Standespolitik maßgebend; ihnen verdanken wir, daß händlerischer Geist und unwürdige geschäftliche Einstellung sich immer mehr in unseren Reihen breit machen" („Aufruf" 1933, S. 37). Wagner hatte hier die klassischen Vorurteile zusammengefaßt, die Antisemiten aller Couleur gegen die jüdischen Vertreter eines Standes hegten, dem bei der Legitimierung der biologistischen Ideologeme der Nationalsozialisten und bei der Durchführung ihrer rassenhygienisch oder anthropologisch begründeten Verfolgungsmaßnahmen eine zentrale Rolle zukommen sollte.

Bei der Volkszählung im Juni 1933 zählte man im Deutschen Reich 51 527 Ärztinnen und Ärzte. Von diesen rechneten sich 5557 (10,9%) der jüdischen Glaubensgemeinschaft zu. Die Gesamtzahl der nach NS-Kriterien „nichtarischen" Ärzte wurde auf etwa 9000 geschätzt, was einem Anteil von 17% an der Gesamtärzteschaft entsprach (Kröner 1989, S. 2). Dieses demographische Ungleichgewicht reflektierte die antisemitische Tradition einer inoffiziellen Diskriminierung, die den Juden auch nach der Emanzipation und formalen Gleichberechtigung den Zugang zu bestimmten Laufbahnen erschwerte, so daß ein Studium zunächst als Brotstudium gesehen wurde. Bevorzugt wurden daher Fächer, die nach dem Studienabschluß die unabhängige und selbständige Tätigkeit in einem freien Berufe ermöglichten, also z.B. Medizin oder Jura. Die jüdische Bevölkerung konzentrierte sich in den Städten und hier vor allem in Berlin, Frankfurt a.M. und Breslau. In Berlin waren z.B. im Juli 1933 3423 von 6558 Ärzten, also 52%, nach den rassistischen Kriterien der Nationalsozialisten als „nichtarisch" zu betrachten (Leibfried 1980, S. 74).

Der zitierte „Aufruf an die deutsche Ärzteschaft" war der Auftakt zur Vertreibung jüdischer und politisch dissidenter Ärzte, die im April 1933 einen ersten Höhepunkt erreichte. Nach dem „Gesetz zur Wiederherstellung des Berufsbeamtentums" vom 7. April 1933 wurden alle „nichtarischen" Medizinalbeamten und beamteten Hochschullehrer in den Ruhestand versetzt, soweit sie nicht unter bestimmte Ausnahmebedingungen fielen. Das Gesetz wurde mit den Durchführungsverordnungen vom 4. und 6. Mai 1933 auch auf die nichtbeamteten Angestellten ausgeweitet, wodurch vor allem Hochschulassistenten, Privatdozenten, außerordentliche Professoren, aber auch Assistenzärzte an staatlichen und kommunalen Krankenhäusern betroffen wurden. Am 22. April 1933 wurde durch eine Verordnung des Reichsarbeitsministeriums allen Kassenärzten „nichtarischer" Abstammung die Zulassung zu den gesetzlichen Krankenkassen entzogen. Die Maßnahme mußte zunächst z.T. revidiert werden, weil sonst in bestimmten Städten, wie etwa Berlin, die ärztliche Versorgung zusammengebrochen wäre. Nachdem in der Folge der „Nürnberger Gesetze" vom September 1935 auch die noch verbliebenen beamteten Ärzte entlassen worden waren, wurde schließlich mit der vierten Verordnung zum Reichsbürgergesetz vom 25. Juli 1938 allen jüdischen Ärzten die Bestallung entzogen. Von den in Deutschland verbliebenen 3152 jüdischen Ärzten durften noch 709 widerruflich als „Krankenbehandler" jüdischer Patienten praktizieren (Kümmel 1985, S. 75).

Das gesamte Ausmaß der deutschsprachigen ärztlichen Emigration läßt sich nur schätzen, da ab 1938 keine genaueren Zahlen mehr vorliegen. Nach eigenen Berechnungen liegt die Zahl etwa zwischen 9000 und höchsten 10000. Davon waren ca. 6000–6500 Emigranten deutscher, 2400–2600 österreichischer und 300–350 tschechoslowakischer Nationalität (Kröner 1989, S. 15). Zwei Emigrationswellen lassen sich feststellen: 1933/34 und 1938/39. Die erste ist eine deutliche Reaktion auf die Maßnahmen aus dem Jahre 1933 gegen jüdische Ärzte, Studenten und Hochschullehrer, die nicht unter die Ausnahmeregelungen fielen. Daher stellten die Altersgruppen zwischen 20 und 40 Jahren einen Anteil von fast 70% dieser Emigrationswelle. Die zweite Welle reflektiert die politischen Ereignisse in den betreffenden Jahren: der Überfall auf Österreich, der endgültige Entzug der Bestallung jüdischer Ärzte, der Novemberpogrom und schließlich die Besetzung der Tschechoslowakei. Die Alterszusammensetzung ist ausgeglichener und stärker zu den älteren Jahrgängen hin verlagert. Die über 50jährigen stellen nun mehr als ein Viertel der ärztlichen Emigranten.

Auch die Wahl des Einwanderungslandes unterlag deutlichen Veränderungen. 1933 wanderten 58,4% der Ärzteemigranten nach → PALÄSTINA aus, wo gerade junge Ärzte zunächst günstige Niederlassungsbedingungen fanden. Die Androhung eines Numerus clausus für Ärzte durch die Mandatsregierung 1935 ließ die Zahl in diesem Jahr noch einmal anschnellen. Nach Einführung des Numerus clausus fiel der Anteil der Palästinaimmigranten an der jeweiligen ärztlichen Jahresemigration beständig ab, blieb aber zahlenmäßig bedeutsam (Kröner 1991). Ab 1936 sind die → VEREINIGTEN STAATEN VON AMERIKA mit etwa 50% der jeweiligen ärztlichen Jahresemigration das wichtigste Einwanderungsland. Die Einwanderung nach → GROSSBRITANNIEN, die 1933 immerhin 14,5% betrug, sank zunächst ab, stieg aber 1938 infolge der Lockerung der Einwanderungsbestimmungen nach dem Novemberpogrom wieder an und erreichte 1939 einen Höhepunkt mit 20,8% der Jahresemigration. Insgesamt nahmen die USA, Palästina und Großbritannien ca. 84% der Ärzteemigranten auf, davon die USA etwa 50%, Palästina 22% und Großbritannien 12%. Von den verbliebenen 16% blieben etwa 7% in anderen europäischen Ländern, 3,5% wanderten nach Lateinamerika, 2% nach Australien und Neuseeland, 1,5% nach Kanada, 1% nach Asien (im wesentlichen Shanghai) und ebenfalls 1% nach Afrika (Südafrika und Ägypten).

Das Emigrationsverhalten der jüdischen Ärzte scheint sich nicht wesentlich von dem anderer jüdischer Gruppen unterschieden zu haben und bestätigt nicht die Vermutung Kudliens, gerade im Arzt-Patienten-Verhältnis habe es eine „deutsch-jüdische" Symbiose gegeben, die Grund für den späten Emigrationsentschluß vieler Ärzte gewesen sei (Kudlien 1993, S. 225). Tatsächlich emigrierten 1933 vor allem junge Ärzte, d. h. angestellte Ärzte oder Ärzte, die sich eben erst niedergelassen hatten und nun ihre Kassenzulassung verloren. Ärzte, die schon länger in einer eigenen Praxis etabliert waren, kämpften in der Regel um ihre Kassenzulassung, häufig zunächst nicht ohne Erfolg. Die Emigrationsentscheidung scheint also, wie bei anderen Gruppen, sehr stark vom Alter und von der wirtschaftlichen Situation abhängig gewesen zu sein. Wer jung war und nichts zu verlieren hatte, verließ schon früh das Land, wer sich aber schon eine eigene Existenz aufgebaut hatte, wartete erst einmal ab. Im übrigen entsprechen die Zahlen in etwa denen, die Strauss anhand einer Stichprobe für die „akademische" Emigration berechnete hat (Strauss 1983, S. 79). Danach emigrierten 1933/34 37% der in der Stichprobe erfaßten Akademiker und 1938/39 40%. Bei den Ärzten emigrierten 1933/34 etwa 35% und 1938/39 ebenfalls ca. 40% (Kröner 1989, S. 38).

Bei der Beurteilung der Akkulturationsbedingungen und der wirkungsgeschichtlichen Dimension der ärztlichen Emigration muß sich der Historiker zunächst vergegenwärtigen, daß diese Emigrantengruppe den höchsten Anteil an der „akademischen" Emigration stellte, sowohl was ihre freiberufliche oder professionelle Seite (die „ärztliche" Emigration im engeren Sinne) als auch ihre wissenschaftliche Seite betraf. Entsprechend unterschiedlich waren die Akkulturationsbedingungen. Die Praktiker stießen häufig auf den Widerstand der organisierten nationalen Ärzteschaft in den Immigrationsländern, die in den Neuankömmlingen eine Konkurrenz fürchtete, der auch noch der Ruf einer besonderen Qualifikation vorauseilte, ein Ruf, der in der ehemals führenden Position der deutschen Medizin um die Jahrhundertwende begründet lag, der aber nicht mehr unbedingt der aktuellen wissenschaftlichen Situation in der Medizin entsprach. Voraussetzung für die Approbation oder Lizenzierung war in den meisten Staaten der Nachweis eines nationalen Examens, was für die Emigrantenärzte bedeutete, daß sie erneut die Schulbank drücken mußten (Pearle 1984; Berghahn 1984, S. 84 f.). Paradoxerweise hat dieses Hindernis die Akkulturation der Emigranten eher gefördert. Neben der Forcierung des Spracherwerbs band das mühsam erworbene Examen den Emigranten an die jeweilige nationale medizinische Kultur und förderte die Identifikation mit den Standeskollegen.

Auch an der Emigration von Wissenschaftlern stellen die Mediziner den größten Anteil. Die Liste der Notgemeinschaft Deutscher Wissenschaftler im Ausland führte 1937 ca. 500 entlassene Hochschulmediziner – vom Ordinarius bis zum Assistenten – auf. Mit großem Abstand folgten die Chemiker, die etwa 180 Zwangsentlassungen aufzuweisen hatten. Nach eigenen Untersuchungen sind 407 habilitierte Hochschullehrer aus den drei Herkunftsländern emigriert. Darunter waren 48 ordentliche Professoren, 231 Extraordinarien und 128 Privatdozenten (Kröner 1989, S. 21). Die akademischen Karrieren dieser Gruppe im Immigrationsland zeigten charakteristische Unterschiede in Abhängigkeit von der ehemaligen akademischen Position. Von den ordentlichen Professoren erlangte die Hälfte im Immigrationsland eine vergleichbare Position. Etwas mehr als ein Drittel war nicht mehr akademisch tätig. Es dürfte sich dabei um die älteren oder schon emeritierten Emigranten gehandelt haben, während es sich bei den ersteren um die großen Namen gehandelt hat, die bevorzugt berufen worden sind. Nur knapp einem Viertel der Extraordinarien gelang der Aufstieg zum Professor (z. B. full professor in den USA), während für fast 70% die Emigration das Ende ihrer akademischen Tätigkeit bedeutete. Ähnliches gilt für die Privatdozenten, von denen ein Drittel im Immigrationsland als Professoren tätig waren, während für mehr als die Hälfte die Vertreibung ihrer Lehrtätigkeit ein Ende setzte. Die eigentlichen Aufsteiger bildeten eine Gruppe von 367 Medizinern, die vor der Emigration als Ärzte oder wissenschaftliche Assistenten gearbeitet und noch kein akademisches Lehramt innegehabt hatten. Sie stellten 65% der Professoren unter den Immigranten und über 80% der Associate Professors. Der Hauptgrund lag gewiß im Alter: Das Durchschnittsalter dieser Gruppe lag 1933 bei 30 Jahren, während z. B. das Durchschnittsalter der außerordentlichen Professoren zum gleichen Zeitpunkt 50 Jahre betrug.

Die Gruppe der jungen Mediziner, die den größten Anteil der erfolgreichen Akademiker in der Immigration stellten, verdeutlicht das wirkungsgeschichtliche Problem der Emigrationsforschung. Es ist nicht auszuschließen, daß diese Gruppe nicht auch ohne rassistische oder politische Verfolgung emigriert wäre, einfach dem Qualitätsgradienten folgend, der inzwischen z. B. zwischen der deutschen und der amerikanischen medizinischen Forschung bestand. Ein zweites Problem speziell für die Erforschung der Emigration von Medizinern bildet die große Heterogenität der Disziplin, die neben der Unterscheidung von klinisch-praktischen und theoretischen Fächern auch noch eine Fülle unterschiedlicher methodologischer Ansätze in sich vereint, von streng naturwissenschaftlichen über sozialwissenschaftliche bis zu hermeneutisch-geisteswissenschaftlichen Vorgehensweisen. Eine wissenschaftshistorische Wirkungsforschung, die über die Gewinn-Verlust-Bilanzrechnungen der klassischen Emigrationsforschung hinausgehen möchte, muß darüber hinaus die Wechselwirkungen untersuchen, die aus der Begegnung unterschiedlicher wissenschaftlicher Kulturen resultieren und die nicht nur die Struktur, Organisation und Hierarchie der unterschiedlichen wissenschaftlichen Apparate und Institutionen betreffen, sondern die durchaus, wie Harwood am Beispiel der deutschen und amerikanischen genetischen Forschung gezeigt hat, „nationale Stile" in der Methodologie und in den Forschungsschwerpunkten beinhalten können (Harwood 1993).

Aufgrund dieser Schwierigkeiten liegen bisher nur wenige Arbeiten zur Emigration von Medizinern vor, die sich meist biographisch mit herausragenden Persönlichkeiten der Emigration befassen, wie etwa Holmes' Arbeit über Hans Krebs (Holmes 1991, 1993), oder die deskriptiv-statistisch einen allgemeinen Überblick über die Emigration von Medizinern anbieten und damit notwendigerweise das Problem des kulturellen Austauschs ausschließen müssen (Kröner 1989). Ähnliches gilt für die wenigen disziplingeschichtlichen Arbeiten, die in der Regel einen Wissenschaftstransfer in den Begriffen „Gewinn" oder „Verlust" zu beschreiben versuchen, wie etwa Nachmansohns Arbeit über die Emigration von Biochemikern (Nachmannsohn 1988; → BIOLOGIE UND CHEMIE). Unerklärt muß dann z. B. das Phänomen bleiben, daß die Biochemie vor allem auch von Angehörigen der zweiten Generation, die als Kinder oder Jugendliche emigrierten, vertreten wurde, hier möglicherweise also ein generationenübergreifender Transfer stattgefunden hat. Weit stärker berücksichtigt Peters in seiner Arbeit über die Emigration der dynamischen → PSYCHIATRIE die interkulturellen Wechselwirkungen, was allerdings in der Logik dieses Fachs selbst liegt, das sich ja vor allem auch mit der sozialen und kulturellen Dimension des psychischen Krankheitsgeschehens befaßt (Peters 1992). Auch ohne die Psychoanalytiker waren die Psychiater neben den Internisten die größte fachärztliche Gruppe unter den Mediziner-Emigranten. Ein Desiderat wäre daher, die Erfahrungen dieser in der Regel in der klassischen Tradition deutscher somatisch orientierter Psychiatrie erzogenen Ärzte in einem Milieu zu untersuchen, das sich zunehmend psychogenetischen und soziogenetischen Erklärungen in der psychiatrischen Krankheitslehre zuwandte. Eine beispielhafte Fallstudie könnte etwa die Untersuchung der Rolle Franz Joseph Kallmanns sein, der der führende Vertreter einer hereditär ausgerichteten Psychiatrie in den USA wurde zu einer Zeit, als die Psychoanalyse und die dynamische Psychiatrie die psychiatrische Theorie und Praxis beherrschten.

Ein weiteres Manko der wirkungsgeschichtlichen Erforschung der Ärzteemigration ist die Tatsache, daß die meisten Arbeiten bisher aus dem Aspekt der Herkunftsländer geschrieben worden sind und daher häufig die Besonderheiten der wissenschaftlichen Kultur der Gastländer nur unzureichend berücksichtigen. Das gilt sowohl für die Arbeiten des Autors (Kröner 1988, 1989) als auch etwa für die Baaders (1984) oder Hubenstorfs (1987). Eine Ausnahme bildet Weindlings Untersuchung des Beitrags jüdischer Emigranten zur medizinischen Wissenschaft und Praxis in Großbritannien, die aber eher wieder eine Übersichtsarbeit darstellt und damit bezogen auf den interkulturellen Austausch zu sehr an der Oberfläche bleiben muß (Weindling 1991). Der israelische Historiker Niederland hat die Wirkung der deutschsprachigen Ärzteemigranten auf das Gesundheitssystem in Palästina bzw. Israel mit den Begriffen „Spezialisierung", „Modernisierung" und „Liberalisierung" beschrieben. Während die ersten beiden Begriffe den Wissens- und Technologietransfer auf ein zuvor basismedizinisch ausgerichtetes Gesundheitssystem bezeichnen sollen, wird unter „Liberalisierung" die Verwandlung eines primär sozialistisch-genossenschaftlich organisierten in ein eher privatärztlich orientiertes Gesundheitswesen verstanden (Niederland 1985). Palästina bildete aber eine Ausnahme, da es sich um ein kleines Entwicklungsland handelte, in dem sich zwischen 1933 und 1938 die Zahl der Ärzte vervierfachte (Kröner 1991). In der Regel setzen die Diversifikation des Fachs oder die Größe des Landes umfassenden Länderstudien eine Grenze. Das gilt nicht für Länder, in denen eine definierte Gruppe von Medizinern gezielt berufen und an exponierter Stelle plaziert wurde.

Angesichts der beschriebenen Schwierigkeiten bei der Erforschung der Mediziner-Emigration wären zunächst Mikrostudien oder Fallstudien wünschenswert, wie sie Weindling etwa für eine Gruppe medizinischer Wissenschaftler, vorzüglich Biochemiker und Pharmakologen, in Oxford beispielhaft geliefert hat (Weindling 1996). Weindling beschreibt, wie sich innovative Züge der britischen und deutschen Wissenschaftskultur zu einer höchst wirksamen Synthese verbanden, blendet aber auch die negativen Seiten der Geschichte nicht aus, den Widerstand des britischen Ärztestandes, die Isolation der Immigranten und ihre Schwierigkeiten, sich den kulturellen, sozialen und geistigen Strukturen des Gastlandes anzupassen. Ein weiteres Desiderat bildet schließlich die Untersuchung der Beziehungen der Mediziner-Emigranten zu ihren Herkunftsländern nach Ende des Krieges und damit die Frage eines potentiellen Rücktransfers. Nach eigenen Untersuchungen sind nur etwa 5% der Ärzteemigranten nach dem Krieg in eines der Herkunftsländer zurückgekehrt (Kröner 1989). Mehr als ein Drittel dieser Remigranten waren Wissenschaftler, von denen 51 als ordentliche Professoren berufen wurden (darunter aber sieben Emeriti). Diese verteilten sich auf die Bundesrepublik, die DDR, Österreich, die Tschechoslowakei und die Schweiz, die von einigen Remigranten als deutschsprachiges Land bevorzugt wurde. Der direkte persönliche Einfluß der Remigranten auf die Nachkriegsmedizin ist also gering gewesen. Es gibt aber Anzeichen dafür, daß Emigranten in bestimmten medizinischen Disziplinen über andere Formen des wissenschaftlichen Austausches den Anschluß der Herkunftsländer an die internationale wissenschaftliche Gemeinschaft wiederherstellten. Das gilt etwa für die Humangenetik in der BRD, die besonders durch die nationalsozialistische Rassenhygiene kompromittiert worden war und die durch die Rückberufung führender NS-Rassenhygieniker nach dem Krieg in eine wissenschaftliche Isolation geraten war. Emigrierte Genetiker wie Hans Grüneberg in England oder Curt Stern in den USA haben den jungen Nachwuchswissenschaftlern den Weg zurück in die „scientific community" geebnet oder durch Lehrbücher (Stern) das neue humangenetische Wissen verbreitet. Systematische Untersuchungen stehen aber noch aus.

Literatur

„Aufruf an die deutsche Ärzteschaft" (1933), in: Ziel und Weg 3, S. 37.

Baader, Gerhard (1984): Politisch motivierte Emigration deutscher Ärzte, in: Berichte zur Wissenschaftsgeschichte 7, S. 67 ff.

Benz, Wolfgang, Hrsg. (1987): Das Tagebuch der Hertha Nathorff, Berlin, New York. Aufzeichnungen 1933–1945, München.

Berghahn, Marion (1984): German-Jewish Refugees in England, London.

Frankenthal, Käte (1981): Der dreifache Fluch. Jüdin, Intellektuelle, Sozialistin. Lebenserinnerungen einer Ärztin in Deutschland und im Exil, hrsg. von Kathleen M. Pearle u. Stephan Leibfried, Frankfurt a. M.–New York.

Harwood, Jonathan (1993): Styles of Scientific Thought. The German Genetics Community 1900–1933, Chicago–London.

Holmes, Frederic L. (1991/93): Hans Krebs, Bd. 1, New York, Bd. 2, Oxford.

Hubenstorf, Michael (1987): Österreichische Ärzteemigration, in: Stadler, Friedrich, Hrsg.: Vertriebene Vernunft I. Emigration und Exil österreichischer Wissenschaftler 1930–1940, Wien, S. 339 ff.

Kröner, Hans-Peter (1988): Die Emigration deutschsprachiger Mediziner 1933–1945. Versuch einer Befunderhebung, in: Exilforschung 6, S. 83 ff.

Kröner, Hans-Peter (1989): Die Emigration deutschsprachiger Mediziner im Nationalsozialismus, in: Berichte zur Wissenschaftsgeschichte 12, Sonderheft.

Kröner, Hans-Peter (1991): Zwischen Arbeitslosigkeit und Berufsverbot. Die deutschsprachige Ärzte-Emigration nach Palästina 1933–1945, in: Berichte zur Wissenschaftsgeschichte 14, S. 1 ff., 169 ff.

Kudlien, Fridolf (1993): Bilanz und Ausblick, in: Bleker, Johanna, u. Norbert Jachertz, Hrsg.: Medizin im „Dritten Reich", 2. Aufl., Köln, S. 223 ff.

Kümmel, Werner F. (1985): Die Ausschaltung rassisch und politisch mißliebiger Ärzte, in: Kudlien, Fridolf, Hrsg.: Ärzte im Nationalsozialismus, Köln, S. 56 ff.

Leibfried, Stephan, u. Florian Tennstedt (1980): Berufsverbote und Sozialpolitik 1933, Bremen.

Nachmannsohn, David (1980): Die große Ära der Wissenschaft in Deutschland 1900 bis 1933. Jüdische und nichtjüdische Pioniere in der Atomphysik, Chemie und Biochemie, Stuttgart.

Niederland, Doron (1985): Deutsche Ärzte-Emigration und gesundheitspolitische Entwicklung in „Eretz Israel" (1933–1948), in: Medizinhistorisches Journal 20, S. 149 ff.

Pearle, Kathleen M. (1984): Ärzteemigration nach 1933 in die USA. Der Fall New York, in: Medizinhistorisches Journal 19, S. 113 ff.

Peters, Uwe H. (1992): Psychiatrie im Exil. Die Emigration der dynamischen Psychiatrie aus Deutschland, 1933–1939, Düsseldorf.

Weindling, Paul (1991): The Contribution of Central European Jews to Medical Science and Practice in Britain. The 1930s to 1950s, in: Mosse, Werner E., Ed.: Second Chance. Two Centuries of German-Speaking Jews in the United Kingdom, Tübingen, S. 243 ff.

Weindling, Paul (1996): The Impact of German Medical Scientists on British Medicine: A Case Study of Oxford, 1933–45, in: Ash, Mitchell G., and Alfons Söllner, Eds.: Forced Migration and Scientific Change. Emigré German-Speaking Scientists and Scholars after 1933, Washington–Cambridge, S. 86 ff.

Philosophie

Nikolaus Erichsen

Es ist bei der Disziplin Philosophie nicht leicht, die Gruppe der Entlassenen und Emigrierten stichhaltig einzugrenzen, zumal die Fächer Philosophie, → Psychologie und → Erziehungswissenschaften an deutschen Hochschulen institutionell nicht getrennt waren. Die Gruppe soll hier deshalb recht weit gefaßt werden, wobei unterschiedliche Altersgruppen, Ausbildungsstände sowie Tätigkeiten vor und nach der Emigration berücksichtigt werden.

Die von der Notgemeinschaft Deutscher Wissenschaftler im Ausland erstellte List of Displaced German Scholars von 1936, ihre Ergänzung ein Jahr später und der Annual Report 1941 des Emergency Committee in Aid of Displaced German/Foreign Scholars (Strauss u. a. 1987) nennen für die Philosophie 61 Entlassungen. Laugstien (1990, S. 205 ff.) erfaßt ausschließlich Hochschullehrer der Philosophie an den 23 Universitäten in den Grenzen von 1937 und kommt auf 60 Personen, die von den insgesamt 173 im Jahre 1933/34 Beschäftigten bis 1941 entlassen, vorzeitig entpflichtet oder in den Ruhestand versetzt wurden (davon 58% wegen jüdischer Herkunft oder einer „Mischehe" und 27% aus politischen Gründen; der Rest ist nicht bestimmt). Die sich danach ergebende Entlassungsquote von 34% lag somit über dem Durchschnittswert von etwa 25% für alle Wissenschaften.

Berücksichtigt man auch diejenigen, die keine universitären Positionen innehatten, in der Emigration gleichwohl als Philosophen hervorgetreten sind, so liegt die Zahl erheblich höher. Geht man von der Ausbildung aus, so sind 112 Philosophen emigriert, davon waren 58 habilitiert und die anderen 54 promoviert. Von den 58 Habilitierten hatten 15 vor der Emigration ordentliche Professuren eingenommen: Ernst von Aster, Ernst Cassirer, Josef Donat, Erich Frank, Philipp Frank, Moritz Geiger, Heinrich Gomperz, Richard Hönigswald, Max Horkheimer, Oskar Kraus, Richard Kroner, Siegfried Marck, Georg Misch, Paul Tillich, Emil Utitz (Gruppe A). Die übrigen 43 waren außerordentliche Professoren oder Privatdozenten, darunter Theodor W. Adorno, Fritz Bamberger, Ernst Bloch, Martin Buber, Rudolf Carnap, Jonas Cohn, Nahum Glatzer, Fritz Heinemann, Dietrich von Hildebrand, Felix Kaufmann, Fritz Kaufmann, Julius Kraft, Karl Löwith, Georg Lukács, Ludwig Marcuse, Otto Neurath, Helmuth Plessner, Hans Reichenbach, Kurt Riezler, Gerhard Stammler, Robert Ulich (Gruppe B).

Zu den 54 promovierten Emigranten zählen u. a. Hannah Arendt, Walter Benjamin, Salomo Friedlaender, Aron Gurwitsch, Hans Jonas, Paul Oskar Kristeller, Ludwig Landgrebe, Theodor Lessing, Herbert Marcuse, Werner Marx, Arnold Metzger, Michael Polanyi, Karl R. Popper, Alfred Sohn-Rethel, Edith Stein, Günther Stern, Leo Strauss, Erich Weil, Felix Weltsch, Edgar Zilsel (Gruppe C). Nimmt man die Nichtpromovierten hinzu, die bis 1915 geboren und nach der Emigration philosophisch tätig wurden, so erweitert sich die Gruppe um elf auf insgesamt 122 Personen, darunter Jehoshua Amir, Oskar Goldberg, Leo Kofler, Paul Seligmann, Ulrich Sonnemann. Ferner werden im BHb noch 17 nach 1915 geborene, also zur „zweiten Generation" zählende Vertreter genannt, die in den Niederlassungsländern philosophische Karriere machten, darunter Kurt E. Baier, Paul Edwards, Emil L. Fackenheim, Ernest Gellner, Victor Gourevitch, Hans L. Lippmann, Harald A. Reiche. Die elf Nichtpromovierten werden hier mit den 17 nach 1915 Geborenen zur Gruppe D zusammengefaßt. Insgesamt ergibt dies 140 Personen, die im Bereich der Philosophie emigriert sind.

Das Beschäftigungsprofil vor der Emigration ist bei den Emigranten, die keine Professur innehatten, naturgemäß weitgespannt. Es finden sich Angehörige verschiedener akademischer und religiöser Einrichtungen (Herbert Marcuse/Institut für Sozialforschung, Edith Stein/Karmeliterorden), Volkshochschuldozenten (Edgar Zilsel) und Gymnasiallehrer (Kurt Grelling), Bibliothekare (Hans Margolius), Journalisten, Schriftsteller und Publizisten (Anselm Ruest, Salomo Friedlaender, Alfred Stern), Angestellte von Privatbanken (Eduard G. Jacoby), Beschäftigte in der Wirtschaft (Alfred Sohn-Rethel, Paul Oppenheim) und Angehörige im staatlichen Verwaltungsapparat (Robert Ulich). Diese Vielfalt erklärt sich aus dem Mangel an Hochschulpositionen, aber auch aus der traditionellen und vor 1933 erneut verschärften Diskriminierung von Menschen mit bestimmten religiösen und weltanschaulich-politischen Überzeugungen. Bei etlichen der genannten Personen (etwa Oppenheim und Ulich) folgte der Emigration ein Wechsel in Hochschulstellungen, andere (etwa Ruest und Zilsel) erlebten das Kriegsende nicht mehr.

Eine nach den Gruppen differenzierte Betrachtung der Entlassungs- bzw. Emigrationsgründe ergibt das in Tabelle 1 abzulesende Resultat.

Tabelle 1: Entlassungs- bzw. Emigrationsgründe

	„rassische"	politische	sonstige
Gruppe A	10 = ca. 67%	5 = ca. 33%	keine
Gruppe B	36 = ca. 84%	7 = ca. 16%	keine
Gruppe C	45 = ca. 83%	7 = ca. 13%	2 = ca. 3%
Gruppe D	28 = 100%	keine	keine

Unter den aus „rassischen" Gründen Entlassenen sind mehrere Fälle subsumiert, in denen einer der Gelehrten einen jüdischen Ehepartner hatte; unberücksichtigt ist, daß die Vertreibung in vielen Fällen mehrfach determiniert war, weil die unter die Rassengesetze fallenden Personen zusätzlich aus politischen Gründen verfolgt wurden. Der vergleichsweise hohe Anteil der politisch motivierten und der entsprechend geringere Anteil der antijüdisch motivierten Entlassungen in Gruppe A überrascht nicht, da diese Gruppe von den Gralshütern nationalsozialistischer Ideologie naturgemäß besonders stark ins Visier genommen wurde.

Welche philosophischen Milieus traf die nationalsozialistische Vertreibungspolitik? Die Philosophielandschaft des deutschsprachigen Raumes bot eine Vielfalt von Schulen, Bewegungen und Interessen: Geschichte der Philosophie und Neubegründung der Philosophie in Anlehnung an Systeme der Vergangenheit (Neukantianismus), Logik und Semantik, erkenntnistheoretische philosophische und semantische Grundlagen der Mathematik und Physik, Natur- und Geschichtsphilosophien, Grundlagen der Werte und Normen und das Verstehen von Kulturen. Neben Phänomenologen und Existentialisten standen Ontologen und Lebensphilosophen, Philosophische Anthropologen, pragmatistisch orientierte Philosophien des „Als ob", Logische Positivisten (→ DER „WIENER KREIS"), Marxisten und jüdische Religionsphilosophen. Zu letzteren etwa zählen Fritz Bamberger, der Leiter der jüdischen Lehrerausbildungsanstalt Berlin, Leo Strauss, Jacob Gordin, Julius Guttmann von der Hochschule für die Wissenschaft des Judentums in Berlin, Abraham Joshua Heschel von der Mittelstelle für jüdische Erwachsenenbildung und vom Freien jüdischen Lehrhaus in Frankfurt a.M., schließlich Martin Buber, der in Frankfurt a.M. den einzigen Universitätslehrstuhl für jüdische Studien in Mitteleuropa innehatte. Marxisten hatten keine Chance auf einen Lehrstuhl und konnten wie Georg Mende, Leo Kofler und Ernst Bloch erst nach 1945 in der SBZ bzw. DDR Universitätsposten besetzen. Sie mündeten freilich in den beiden letztgenannten Fällen wegen „ideologischer Abweichung" in erneuter Emigration.

Das Attribut des „jüdischen Denkens" erlaubte Zuschreibungen auch dort, wo solche (Pseudo-)Definitionen nicht erfüllt waren („Gesinnungsjude"). Es begründete eine Methode der Stigmatisierung und Ausgrenzung, die nicht im juristischen Raum angesiedelt war, sondern in einer Arena geistig-weltanschaulicher Bekämpfung, die unter Mithilfe von Fachvertretern in der Disziplin selbst eröffnet wurde. Sie traf vorzugsweise Gelehrte, deren Denken von den Entwicklungen geprägt war, die sich in der zeitgenössischen theoretischen Physik und bei der logischen, syntaktischen und semantischen Analyse der Sprache des Alltags und der Wissenschaften vollzogen hatten. Ein Beispiel aus dem Umfeld der Universität Wien ist die in der Zeitschrift *Schönere Zu-*

kunft veröffentlichte Reaktion auf die Ermordung Moritz Schlicks im Juni 1936. Hier wird Schlick, der im Sinne der Rassengesetze nicht jüdisch war, als „jüdischer Philosoph" bezeichnet, weil sein Denken die Merkmale „jüdischer Philosophie" vereinige, d.h. Metaphysikfeindlichkeit, Logizismus, Mathematizismus und Formalismus (Wegeler 1993, S.183).

Neben den Marxisten und Repräsentanten jüdischer Religionsphilosophie waren vor allem Logische Empiristen bzw. Positivisten des Berliner und Wiener Kreises Opfer dieser Art von Verfolgung. Sieht man von deren fast vollständiger Vertreibung ab, kam es nicht zu der vollmundig angekündigten Neuformierung der deutschen Philosophielandschaft durch den Nationalsozialismus. Eine Anzahl von Philosophen begnügte sich damit, in ihre Aussagen semantische Zugeständnisse an die NS-Ideologie einzubauen, während erklärte philosophische Parteigänger des Nationalsozialismus in der Regel über den Rang von Schlagwortlieferanten der Verfolgungspraxis der NS-Bürokratie nicht hinauskamen. Die für den Bereich Philosophie zuständigen, z.T. durchaus fachkundigen Akteure in der NS-Bürokratie fanden sich in dem Dilemma, daß viele, die sich dem System andienten, speziell auf internationalen Foren – wo reichsdeutsche Wissenschaftler ja auch mit international hochangesehenen Emigranten und Kritikern aus anderen Ländern konfrontiert waren – kaum als Repräsentanten der neugewonnenen Qualität deutschen Philosophierens im Geiste des Nationalsozialismus taugten, während Träger großer Namen sich gern entzogen und bei ihnen nicht sicher war, daß sie die erwünschten Gesinnungen vortragen würden. So schrieb etwa der mit der Vorbereitung des Auftritts der deutschen Delegation auf dem Pariser Philosophenkongreß 1937 betraute Vertreter des Reichserziehungsministeriums: „Die Teilnahme von Prof. Nikolai Hartmann ist von besonderer Bedeutung. Wie bei anderen Kongressen, so ist auch hier die Beobachtung zu machen, daß die Professorenschaft im weitesten Maße Bedenken trägt, an den Internationalen Kongressen teilzunehmen, weil sie das Bestreben hat, sich nicht zu exponieren. So hat auch Prof. Nikolai Hartmann bereits auf zwei Referentenschreiben ... ablehnend geantwortet. Ich halte seine Teilnahme aber für unerläßlich und es für erforderlich, daß seitens des Ministeriums ein sehr starker Druck auf ihn ausgeübt wird" (BAB, REM 2940, Bl. 226). Ein Beispiel internationaler Kritik ist andererseits die unter der Überschrift „Regimenting The German Mind" in der Londoner *Times* 1937 (17.9.) öffentlich erklärte Zurückweisung einer Einladung der Deutschen Philosophischen Vereinigung nach Berlin u.a. durch John Dewey, A. N. Whitehead, W. P. Montague. Es heißt dort: „The reasons given ... are a detailed indictment of the German Government as a dictatorship regimenting not only the life and labour of the German people, but their mind and spirit."

Die Tabelle 2 stellt für die Gruppen A, B, C und D Grunddaten zu Emigrationszeitraum, Wanderungsprofil in die Emigrationszielländer, Karriereverlauf in der Emigration und gegebenenfalls die Rückkehr zusammen.

Von den 140 Personen waren 14 in Konzentrations- oder Internierungslagern im nationalsozialistischen Herrschaftsbereich. Vier verloren dort ihr Leben (Paul Landsberg, Edith Stein, Anselm Ruest, Kurt Grelling), zwei wurden von Nazis ermordet (Theodor Lessing in der Tschechoslowakei, Lazar Gulkowitsch in Estland).

An einigen individuellen Schicksalen seien exemplarisch die subjektiven Voraussetzungen und objektiven Faktoren genannt, die hinter jenen Zahlen und Daten stehen und die Emigrationsverläufe z.T. erklären. Die Gegenüberstellung des Weges von Hans Reichenbach über die Zwischenstation Türkei nach den USA und des zehnjährigen Verbleibs Ernst von Asters in Istanbul kann etwas über den Zusammenhang zwischen Philosophiestil und Arbeitszufriedenheit unter den Bedingungen eines Exillandes andeuten.

Nachdem Pläne für eine Anstellung in England trotz nachdrücklicher Empfehlung Albert Einsteins nicht realisiert wurden (Einstein an C. S. Gibson, 24.6.1933, Akten des Academic Assistance Council, Bodleian-Library Oxford, 319/5, 287), zählte Reichenbach zu den ersten 24 Professoren, die durch Vermittlung von Philipp Schwartz von der Notgemeinschaft Deutscher Wissenschaftler im Ausland in Zürich und William Beveridge vom Academic Assistance Council 1933 ihre Lehrtätigkeit in Istanbul aufnahmen. Er lehrte vor allem systematische Philosophie und Philosophie der exakten Wissenschaften. In die Freude, in Istanbul Arbeit und Zuflucht für sich und seine Familie gefunden zu haben, mischen sich freilich bald kritische Töne. So schreibt er in einem Brief an seinen Kollegen Alfred Landé von der Ohio State University im Dezember 1934: „Das Arbeiten hier (ist) nicht so schön, wie ich es mir damals bei meinem Hergang vorstellte. Ich persönlich habe es insofern noch besonders schlecht getroffen, als die Philosophie hier zur Faculté des lettres gehört, und die Studenten dieser Fakultät gar keine

Tabelle 2:
Emigrationszeitraum, Wanderungsprofil in die Emigrationszielländer, Karriereverlauf in der Emigration, ggf. Rückkehr

	Gruppe A	Gruppe B	Gruppe C	Gruppe D
emigriert				
1933–34	7 (46%)	23 (53%)	38 (70%)	7 (25%)
1935–37	1 (7%)	7 (16%)	2 (4%)	6 (21%)
1938–43	7 (46%)	13 (30%)	14 (26%)	15 (53%)
Wanderungsprofil in das Emigrationsland				
ohne Zwischenaufenthalt	11 (73%)	25 (58%)	26 (48%)	18 (64%)
Zwischenaufenthalt als Überbrückungsphase	2 (13%)	3 (7%)	17 (31%)	8 (28%)
Zwischenaufenthalt als Arbeits- bzw. Karrierephase	2 (13%)	15 (34%)	11 (20%)	2 (7%)
Emigrationszielländer				
USA	3 (20%)	10 (23%)	14 (26%)	7 (25%)
GB	9 (60%)	22 (51%)	20 (37%)	16 (57%)
Palästina	0	4 (9%)	3 (5%)	1 (4%)
sonstige	1 TR, 1 CH, 1 ČSR	1 ČSR, 1 NL, 2 F, 1 EST, 1 S, 1 SU	3 ČSR, 8 F, 2 NL, 3 CH, 1 TR	2 CH, 1 F, 1 BRAS
Karriereverlauf im Zielland				
Abbruch oder berufl. Umorientierung	2 (13%)	6 (13%)	9 (16%)	0
Fortsetzung gleiches Niveau	13 (86%)	13 (30%)	17 (31%)	1 (4%)
Aufstieg	0	24 (57%)	28 (52%)	27 (96%)
nach 1945 remigriert				
in Fortsetzung der Berufstätigkeit	2 (13%)	12 (28%)	7 (13%)	3 (11%)
nach Ende der Berufstätigkeit	1 (7%)	3 (7%)	0	0

Erläuterung: Werte gerundet; Länderkürzel BRAS = Brasilien, CH = Schweiz, CSR = Tschechoslowakei, EST = Estland, F = Frankreich, GB = Großbritannien, NL = Holland, S = Schweden, SU = Sowjetunion, TR = Türkei

naturwissenschaftliche Vorbildung besitzen. So kann ich über die Dinge, die mich interessieren, hier überhaupt nicht vortragen; und ich führe deshalb in wissenschaftlicher Beziehung ein sehr einsames Leben ... Sie schreiben, daß Sie bald amerikanischer Bürger sein werden; darin spricht sich der Vorzug eines Landes wie U.S.A. aus, daß man dort sein ganzes Dasein auf das neue Land umstellen kann. Hier ist eine solche Einbürgerung gar nicht wünschenswert. So hofft man immer noch, daß es hier nur ein Aufenthalt auf Zeit ist; und besonders denkt man an Amerika, wo ja, wie es heißt, die wirtschaftliche Lage besser werden soll. Vielleicht findet sich da doch gelegentlich mal etwas!" (Staatsbibliothek Preußischer Kulturbesitz, NL Landé, Bl. 64.5, 64.6). An Martin Strauss schreibt Reichenbach im März 1936 über seine Arbeit an *Experience and Prediction*: „Ich selbst arbeite jetzt an einem Buch, in dem ich die allgemeinen Konsequenzen meiner Wahrscheinlichkeitstheorie für das Erkenntnisproblem zeigen will ... Dieses Buch schreibe ich übrigens gleich auf Englisch, da ich es in U.S.A. veröffentlichen möchte" (Akademie der Wissenschaften Berlin, Nl. Martin Strauss 293).

Die Amerika-Hoffnung, die in diesen und anderen Briefen anklingt, sollte sich 1938 mit der Übernahme einer Philosophieprofessur an der University of California in Los Angeles verwirklichen. Reichenbachs Reserviertheit gegenüber den Arbeits- und Lebensbedingungen in der Türkei und das zwiespältige türkische Urteil über seine Tätigkeit sprechen dafür, daß er der Rolle als Wegbereiter abendländischer

Denktradition in einem noch islamisch-vormodernen, am Beginn der Verwissenschaftlichung stehenden Entwicklungsland wenig Reiz abgewinnen konnte. In den USA hingegen scheint Reichenbach ideale Entfaltungsmöglichkeiten vorgefunden zu haben. Feigl (1981, S. 72) schreibt: „He soon established himself as one of the leading philosophers of science in America. He was a most productive scholar; he worked in many areas, and published several important books. Reichenbach was also a brilliant speaker and lecturer, beloved by his students."

Der Emigrationsweg von Asters führte über eine Zwischenstation als Privatgelehrter in der schwedischen Heimat seiner Frau 1936 ebenfalls in die Türkei, wo er neben Reichenbach (der u. a. für die Berufung von Asters plädiert hatte, weil dieser für die speziellen Erfordernisse der Istanbuler Situation besonders geeignet sei) den neueingerichteten Lehrstuhl für Geschichte der Philosophie übernahm und nach Reichenbachs Weggang auch dessen Aufgaben miterfüllte. Von Asters Vertrag (der mit den Schriftsätzen Reichenbachs im Archiv der Istanbul-Universität aufbewahrt ist) sah auch außeruniversitäre Verpflichtungen vor; etwa Philosophievorträge für die Öffentlichkeit und die Mitwirkung bei der Gestaltung kultureller Angebote. Alle Berichte über von Asters Stil stimmen darin überein, daß er bei aller Strenge seiner Forderungen an Klarheit und Redlichkeit des Denkens bis zum äußersten bemüht war, den immanenten Sinn und Geist anderer Standpunkte zu verstehen. Der türkische Philosoph Hüseyin Batuhan, lange Jahre Professur für Philosophie an der Istanbul-Universität und einer der letzten lebenden Aster-Schüler aus der Istanbuler Zeit, berichtet, von Aster habe sich in seinen Veranstaltungen und im persönlichen Gespräch mit den Studenten so weit zurückgenommen, daß ihm dessen große Nähe zum Logischen Positivismus (→ DER „WIENER KREIS") erst später aus den Büchern klar geworden sei. Es scheint, als habe von Aster Voraussetzungen mitgebracht, die ihn unter den spezifischen Bedingungen und Anforderungen der Lehre in einem Emigrationsland zwischen islamisch-orientalischer Tradition und westlicher Moderne zu einem ebenso erfolgreichen wie beliebten Lehrer machten. Trotz seiner Liebe zur Türkei wäre er 1947 wohl einem Ruf auf einen Philosophie-Lehrstuhl in Berlin gefolgt, hätte sein Gesundheitszustand ein Leben in Nachkriegsdeutschland erlaubt. Von Aster starb 1948 vor dem Rückflug nach Istanbul am Schluß eines Sommerurlaubs in Schweden.

Auch Walter Kranz konnte zusammen mit seiner „nichtarischen" Frau noch 1943 in Istanbul Zuflucht finden, wo er die Veranstaltungen zur Klassischen und Antiken Philosophie übernahm. Der Philosoph Maçit Gökberk berichtet: „Wir waren gezwungen, uns der westlichen Kultur anzuschließen, sind aber nie zu deren Grundlagen vorgestoßen. Kranz begriff dies und bemühte sich darum, die Lücken auszufüllen. Er hielt seinen Unterricht wie eine Theaterveranstaltung und nach dem Modell der Platonischen Dialoge ab. Er wollte dadurch den Unterricht beleben und den Schülern die philosophischen Gedanken durch Versubjektivierung näherbringen" (in türkischer Sprache in Kaynardag o. J., S. 32 f.).

Die → TÜRKEI ist freilich ein Sonderfall der Wissenschaftsemigration. Sie gehörte als einziges Land mit einem bedeutenden Zustrom deutscher Emigranten nach 1933 nicht dem abendländisch-christlichen Kulturkreis an. Nur hier waren die meisten Lehrpositionen und die Ausbildung der Nachfolger in fast allen Disziplinen an der über Jahre einzigen Universität des Landes in der entscheidenden Aufbauphase in den Händen deutschsprachiger Emigranten. Und nur hier lassen sich die von Emigranten vermittelten westlichen Philosophietraditionen, die gleichsam als „Kulturimplantat" der noch islamisch-osmanischen geprägten Türkei eingefügt wurden, relativ gut rekonstruieren. Dieses Exilland bietet von daher relativ gute Bedingungen, um die Frage der Wirkung und bleibenden Nachwirkung der Emigranten zu stellen (und mit guten Gründen zu bejahen). Schwerer ist die Frage für die Wissenschaftssysteme → GROSSBRITANNIENS und vor allem der → VEREINIGTEN STAATEN VON AMERIKA zu beantworten: Sie waren mit den Wissenschaften des deutschen Sprachraums durch diverse Austauschmechanismen (wissenschaftliche Texte, Tagungen, Gastprofessuren, Studentenaustausch etc.) bereits so fest vernetzt, daß es schwer ist, die Wirkung der NS-Vertreibungspolitik als Faktor des Transfers wissenschaftlichen know-hows von der Wirkung anderer Faktoren zu unterscheiden. Generell war der krasse Mangel akademischer Arbeitsplätze im deutschsprachigen Raum ein „Push"-Faktor, der manche auswandern ließ, ehe sie Vertriebene wurden. Den Sprung in die USA schafften viele nicht. Im April 1938 schrieb Rudolf Carnap an Otto Neurath nach Holland, daß es immer schwieriger werde, Akademiker in den USA unterzubringen. Später dann machten der kriegsbedingte Rückgang der Studentenzahlen an amerikanischen Universitäten und die Kürzungen der Universitätsbudgets die Stellensuche in den USA fast aussichtslos (Hegselmann 1985, S. 278).

Zumindest was die abgrenzbare Teilgruppe der dem Logischen Positivismus bzw. Empirismus zurechenbaren Wissenschaftstheoretiker betrifft, deren Vertreibungsrate weit über dem Durchschnitt lag und die zumeist noch in der Phase ihrer größten Produktivität emigrierten, besteht weitgehender Konsens über ihren bedeutenden Einfluß auf die Wissenschafts- und Philosophieentwicklung in Großbritannien und insbesondere in den USA (Thiel 1984). Während sie im philosophischen Milieu der Ausgangsländer eher am Rande gestanden hatten, konnten sie hier Allianzen mit den philosophischen Strömungen des Empirismus eingehen, die im Mainstream der angelsächsischen Philosophie lagen (Feigl 1981, S. 83), so daß ihre Naturwissenschaftsnähe und metaphysikkritische Haltung nicht zum Nachteil ausschlug. In dieser Gruppe lag die spätere Remigrationsrate denn auch bei Null.

Andererseits war es für Denker, deren Schwerpunkte weniger im Bereich der Naturwissenschaften, sondern in den Geistes-, Kultur- und Gesellschaftswissenschaften gelegen haben und die stärker in der europäisch-kontinentalen Philosophie beheimatet waren, in der Regel schwerer, in ihrem Zufluchtsland USA nachhaltige Wirkung zu erzielen, so z.B. Ernst Bloch, Ernst Cassirer, Moritz Geiger, Hans Ehrenberg, Fritz Kaufmann, Richard Kroner, Karl Löwith, Heinrich Gomperz, Julius Kraft. Etliche aus dieser Gruppe remigrierten daher. Daß Einfluß aber möglich war, zeigen die Beispiele Hannah Arendt, Herbert Marcuse oder Leo Strauss. Zumindest auf lange Sicht wurden sie zu bedeutenden politischen Philosophen, nicht nur in den USA. So unterschiedlich ihre intellektuelle Herkunft war, die Traumatisierung der Vertreibung und die Barbarei in Deutschland führte bei ihnen zu einem philosophischen Programm, das den Verlust des Politischen in der Moderne durch den Rückgriff auf antike Traditionen oder durch die Utopie einer befreiten Gesellschaft wiederzugewinnen suchte. In späteren Jahren zählte auch noch Hans Jonas mit seinem *Prinzip Verantwortung* (1979), einer Ethik für die entfesselte technologische Zivilisation, zu diesem Kreis. Sie alle sollten seit den sechziger Jahren zu den meistzitierten Gesellschaftsphilosophen zählen, deren analytischer Ansatz als eine Art philosophischer Konterrevolution gegen den amerikanischen Empirismus zu begreifen ist (→ POLITIKWISSENSCHAFTEN). Marcuse gab weltweit der jüngeren kritischen Generation die Stichworte zur Befreiung aus den ideologischen Verkrustungen des Kalten Krieges, die Schüler von Leo Strauss flankierten die geistige Wende während der Reagan-Ära, Jonas lieferte das Programm für die ökologische Bewegung und Hannah Arendt zählt zu den Theoretikerinnen zunächst des zivilen Ungehorsams und dann der kommunitaristischen Debatte in den USA.

Gleichwohl gibt es eine Reihe von Faktoren, die ein verläßliches Urteil über die Wirkung der Philosophen im Exil erschweren. Die bisherigen Analysen erschöpfen sich in biographischen Studien über einzelne prominente Vertreter, hinzu kommen das Fehlen klar zu trennender schulmäßiger Zuordnungen, die die Konturierung signifikanter gruppenbiographischer Profile erlauben. Der heutige Forschungsstand läßt es deshalb nicht zu, genauere systematische Aussagen zu wagen. Der Hinweis auf einen weiteren Einzelfall mag andeuten, welche Klärungen außerdem vorzunehmen sind. Am Briefwechsel zwischen Felix Kaufmann, John Dewey und Arthur F. Bentley hat Helling gezeigt, welche Probleme bei der Verständigung zwischen den Denktraditionen entstehen konnten: „Indem Dewey und Bentley inhaltliche Gegensätze über die Erkenntnistheorie und Methodologie auf der Grundlage der Deweyschen Thesen über den Zusammenhang von German Philosophy and Politics interpretieren, wird der Emigrant als Repräsentant einer philosophischen Tradition typisiert, die als wichtiger kausaler Faktor für die Entwicklung des Nationalsozialismus und beider Weltkriege gesehen wird. Überspitzt ausgedrückt, wird so das Verhalten eines Opfers des Nationalsozialismus mit Hilfe der gleichen Merkmale verstehbar gemacht, die zur Erklärung der Entwicklung des Täters verwandt werden" (Helling 1988, S. 181).

Wie wirkte die Kultur der Zufluchtsländer auf die Philosophie der Emigranten? Auch hier spielen individuelle Philosophiekonzeptionen eine Rolle. Philosophen mit einem gesellschaftsbezogenen Philosophiestil, so etwa der Theologe und Philosoph Paul Tillich, reagierten auf die Emigrationserfahrung, indem sie diese in ihre Philosophie integrierten, andere machten weiter wie bisher oder reagierten nur in der Wahl ihrer Themen auf das neue Umfeld. Dafür steht die → „KRITISCHE THEORIE" des ehemaligen Frankfurter Instituts für Sozialforschung, das aufgrund seines in den USA angelegten Stiftungsvermögens als private Institution in New York weiterarbeiten konnte und seine früheren marxistischen Ansätze zu einer allgemeinen, nicht mehr nur ökonomisch hergeleiteten Gesellschaftstheorie erweiterte.

In den letzten Jahren hat sich eine Diskussion entwickelt, ob nicht die Verpflanzung praktisch der gesamten Schule des Logischen Positivismus mit einem Profilwechsel verbunden gewesen sei, insofern die Bewegung ihre ursprünglich recht starken gesellschaftsreformerisch-sozialistischen Tendenzen und Impulse abgeschieden und sich akademisiert und „professionalisiert" habe. Es ist schwer zu klären, was sich womöglich auch in Europa ergeben hätte und was der Exilsituation geschuldet ist. Die Frage aber führt auf einen weiteren Aspekt des Lebens und Arbeitens in der Emigration, nämlich den Anpassungsdruck, dem die Emigranten tendenziell unterlagen. Selbst wer Stellung, Auskommen und ein Zuhause gefunden hatte, blieb in der Regel für lange den spezifischen Zwängen und Unsicherheiten des Emigrantenstatus ausgesetzt.

Die unmittelbaren Folgen der Vertreibung und Emigration für die in Deutschland (und Österreich) betriebene Philosophie waren die Austilgung bestimmter moderner Denkrichtungen und die generelle Ausdünnung und Schwächung überkommener Traditionen (zu den Folgen in den philosophischen Gesellschaften und Fachzeitschriften Laugstien 1990, S. 208 ff.; Thiel 1984, S. 244 f.). Letztere aber hatten auf die Kontinuität der Philosophielandschaft in Deutschland nur geringe Auswirkung. So meint Sluga: „Surprisingly, the Nazi revolution was not to make all that much difference to that diversity" (1989, S.797), und Schorcht hält für einen Teilbereich fest, daß die „an den bayerischen Universitäten betriebene Philosophie zum großen Teil tatsächlich nicht nationalsozialistische Philosophie" war (1990, S. 26). Generell gilt, daß es in der Philosophie in Deutschland nicht das gegeben hat, was Thomas S. Kuhn mit Blick auf die Naturwissenschaften als „Normalwissenschaft" beschrieben hat, in der die Forschergemeinschaft sich mit ihren Fragen, Methoden und Antworten auf ein weitgehend anerkanntes „Paradigma" verständigt hat. Die Philosophie sprach und spricht mit vielen Stimmen, die einander grundsätzlicher in Frage stellen, als es im Rahmen des Kuhnschen Modells der Fall ist.

Literatur

Baumgartner, Hans Michael (1990): Unbeirrbarkeit und Würde der Philosophie. Zum Gedächtnis des 100. Geburtstages von Ernst von Aster, in: Zeitschrift für philosophische Forschung 35, S. 259 ff.

Feigl, Herbert (1981): The Wiener Kreis in America, in: ders.: Inquiries and provocations, Dordrecht.

Haug, Wolfgang Fritz, Hrsg. (1989): Deutsche Philosophen 1933, Hamburg.

Hegselmann, Rainer (1985): Die Korrespondenz zwischen Otto Neurath und Rudolf Carnap aus den Jahren 1934 bis 1945. Ein vorläufiger Bericht, in: Dahms, Joachim, Hrsg.: Philosophie, Wissenschaft, Aufklärung. Beiträge zur Geschichte und Wirkung des Wiener Kreises, Berlin–New York, S. 276 ff.

Helling, Ingeborg K. (1988): Wirken in der Emigration: Felix Kaufmann, in: Srubar, Ilja, Hrsg.: Exil, Wissenschaft, Identität. Die Emigration deutscher Sozialwissenschaftler 1933–1945, Frankfurt a. M., S. 181 ff.

Kamlah, Andreas (1992): Die philosophiegeschichtliche Bedeutung des Exils nicht-marxistischer Philosophen zur Zeit des Dritten Reichs, in: Böhne, Edith, u. Wolfgang Motzkau-Valeton, Hrsg.: Die Künste und die Wissenschaften im Exil 1933–1945, Gerlingen, S. 299 ff.

Kaynardag, Aslan (o.J.): Felsefecilerle Söylesiler (Gespräche mit Philosophen), Elif Yayinlari 24, Istanbul.

Laugstien, Thomas (1990): Philosophieverhältnisse im deutschen Faschismus, Hamburg.

Leaman, George (1993): Heidegger im Kontext. Gesamtüberblick zum NS-Engagement der Universitätsphilosophen, Hamburg.

Leske, Monika (1990): Philosophen im „Dritten Reich". Studien zu Hochschul- und Philosophiebetrieb im faschistischen Deutschland, Berlin.

Lotter, Konrad (1990): Exil und Rückkehr. Deutsche Philosophie vor und nach 1945, in: Widerspruch. Münchner Zeitschrift für Philosophie 10, S. 10 ff.

Peters, Wilhelm (1949): Erinnerungen an Ernst von Aster, in: Felsefe Arkivi. Sondernummer zum Gedenken an Ernst von Aster, Istanbul.

Schorcht, Claudia (1990): Philosophie an den bayerischen Universitäten 1933–1945, Erlangen.

Sluga, Hans (1989): Metadiscourse: German Philosophy and National Socialism, in: Social Research 56, S. 795 ff.

Stephan, Alexander (1995): Im Visier des FBI. Deutsche Exilschriftsteller in den Akten amerikanischer Geheimdienste, Stuttgart–Weimar.

Strauss, Herbert A., Tilmann Buddensieg u. Kurt Düwell, Hrsg. (1987): Emigration. Deutsche Wissenschaftler nach 1933. Entlassung und Vertreibung, Berlin.

Thiel, Christian (1984): Folgen der Emigration deutscher und österreichischer Wissenschaftstheoretiker und Logiker zwischen 1933 und 1945, in: Berichte zur Wissenschaftsgeschichte 7, S. 227 ff.

Die „Kritische Theorie"

Gunzelin Schmid Noerr

Am 13. März 1933, eine Woche nach den Reichstagswahlen, die die Herrschaft der Nationalsozialisten endgültig bestätigten, erreichte die erste Welle der politischen „Säuberungen" auch das Frankfurter Institut für Sozialforschung. Ein Aufgebot der Kriminalpolizei drang in das Gebäude ein, beschlagnahmte es und versiegelte die Räume. Den neuen Machthabern wie den von ihnen Verfolgten war von Anfang an klar, daß eine nicht zuletzt an Marx und Freud orientierte Einrichtung wie das Institut, an dem in führenden Positionen Juden arbeiteten, in Hitlers Deutschland keinen Bestand haben konnte. Max Horkheimer, seit 1930 Direktor des Instituts, hielt sich seit Februar 1933 in Genf auf, wo er schon 1931 in Befürchtung des Kommenden eine Zweigstelle des Instituts gegründet hatte.

Für die rechtzeitige Vorbereitung der Emigration waren hauptsächlich Erkenntnisse bestimmend, die sich aus den ersten empirischen Untersuchungen des Instituts zur politischen Einstellung von Arbeitern und Angestellten seit Ende der 1920er Jahre ergeben hatten (Fromm 1989). Danach war nennenswerter Widerstand gegenüber dem Nationalsozialismus nicht zu erwarten. Vielmehr schien in weiten Teilen der deutschen Bevölkerung eine hohe Bereitschaft vorhanden zu sein, sich totalitären Strukturen zu unterwerfen. Da das Institut, obwohl an die Universität angegliedert, als private Stiftung von staatlichen Stellen letztlich unabhängig war, konnte daraufhin etwas in der deutschen Wissenschaftsgeschichte Einmaliges geschehen: die Emigration einer ganzen Forschungseinrichtung. Nach der Etablierung von Zweigstellen in Genf, dann auch in Paris und London fand es schließlich seinen neuen Hauptsitz in New York. Möglich war dies, weil das Institut schon zuvor etwas aufzuweisen hatte, was in den USA weit üblicher war (und ist) als in Deutschland: die von staatlichen Stellen unabhängige Trägerschaft einer privaten Stiftung. Diese Konstruktion verschaffte ihm ein hohes Maß von Unabhängigkeit, seit Felix Weil es 1923 in Frankfurt a. M. mit Mitteln seines mütterlichen Erbes sowie Spenden seines Vaters, des Getreidegroßhändlers Hermann Weil, gegründet hatte.

Im US-amerikanischen Exil erhielten die Forschungen des Instituts ihr unverwechselbares Profil als „Kritische Theorie" der „Frankfurter Schule". Diese Bezeichnungen bürgerten sich zwar erst seit den sechziger Jahren ein, aber auch zu dieser Zeit dachte man dabei nicht nur an Horkheimer und Theodor W. Adorno, die damals in Frankfurt a. M. lehrten, und ihre dortigen Mitarbeiter, sondern auch an Herbert Marcuse und Leo Löwenthal in Kalifornien, an Erich Fromm und Karl August Wittfogel in New York, die Ende der dreißiger und Anfang der vierziger Jahre aus unterschiedlichen Gründen das Institut verlassen hatten, oder an Walter Benjamin, der sich 1940 auf der Flucht vor den Nazis an der spanisch-französischen Grenze das Leben genommen hatte.

Der Ausdruck „Kritische Theorie (der Gesellschaft)" geht auf eine Formulierung Horkheimers (1937) zurück, der damit ursprünglich einen bestimmten Typus von Theorie bezeichnete. Von „traditioneller" Theorie unterscheide sich die „kritische" dadurch, daß sie die in ihre Begriffe eingegangenen, dort aber nicht mehr sichtbaren gesellschaftlichen Voraussetzungen und Folgen, Vorentscheidungen und Intentionen, vergangenen und möglichen zukünftigen Funktionen und Verwendungsweisen reflektiert unter der Perspektive der Veränderbarkeit der herrschenden Gesellschaftsformation zum Besseren. Dieser Theorietypus war für Horkheimer paradigmatisch in der Marxschen Kritik der politischen Ökonomie verkörpert, wenn auch keineswegs auf diese beschränkt. Mit dem Begriff der „Kritik" stützte er sich in entscheidendem Maße auch auf die philosophische Tradition des dialektischen Denkens.

Die Formulierung Horkheimers sollte freilich weniger einer historisch verwendbaren Typologie dienen als vielmehr einer programmatischen Selbstverortung der im Institut betriebenen oder zu betreibenden Gesellschaftstheorie. „Kritische Theorie" statt „Historischer Materialismus": Politische Mimikry war allenfalls nur ein Motiv für die Wahl der Bezeichnung, ein anderes, systematisch wie wirkungsgeschichtlich wichtigeres, war die Transformation des Marxschen Ansatzes der Gesellschaftskritik durch den Einbezug von Kultur- und Subjekttheorie zu einer materialistischen Sozialphilosophie und philosophisch orientierten Sozialforschung.

Inzwischen ist, im zeitlichen Abstand, diese Selbstverortung als „Kritische Theorie" wiederum historisiert worden. „Kritische Theorie" wird demnach auch als Name der (bei allen Differenzen im einzelnen doch als Einheit verstehbaren) Denkrichtung der Frankfurter Schule verwendet, die während der vier Jahrzehnte nach 1933 ausformuliert wurde. Diese Doppeldeutigkeit ist legitim, sollte aber nicht zu begrifflichen Verwirrungen führen. Wie wir unter

"Aufklärung" verschiedenes verstehen können, die Mobilisierung von Vernunftgründen gegenüber ideellen und politischen Traditionalismen, aber auch die Bezeichnung einer Epoche, die sich in besonderem Maße mit diesem Streben identifizierte, so können wir auch von Kritischer Theorie in einem strukturellen und – wie hier – in einem historischen Sinn sprechen.

Auch im amerikanischen Exil konnte das Institut seine Unabhängigkeit weitgehend bewahren, insbesondere hinsichtlich seiner philosophisch-geisteswissenschaftlichen Tradition. Ein Institut für Sozialforschung, das letztlich vor allem die Theorie und ausgreifende, epochale Fragestellungen schätzte und sich von den drängenden Tagesproblemen der Wirtschafts- und Sozialpolitik fernhielt, war allerdings etwas in den USA Ungewohntes. So arbeitete es längere Zeit in einer Art "splendid isolation" gegenüber seiner Umgebung. Die USA boten den emigrierten Neuankömmlingen alles, was diese für ihre wissenschaftliche Arbeit benötigten. Geradezu überschwenglich beschrieb Horkheimer in seinen ersten Briefen aus New York die Grandiosität der Stadt, die Lebenskraft seiner Bewohner, die Generösität der gastgebenden Columbia University, den praktischen, auf Erziehung und Aufklärung setzenden Geist der amerikanischen Wissenschaft, der sich mit den Intentionen der Kritischen Theorie auf eingreifendes Denken berührte (Horkheimer 1995, S. 124 ff.).

Philosophie und Wissenschaften sind per se universalistisch, nicht partikularistisch, international, nicht national. Und doch gibt es in der Geschichte der Kritischen Theorie spezifisch amerikanische Elemente, insofern man daranging, die europäischen gesellschaftskritischen Ideen mit amerikanischen empirischen Forschungsmethoden zu kombinieren. Das gelang deshalb, weil die philosophische Kritik von Anfang an, in Abgrenzung gegen die damaligen neometaphysischen Strömungen, durch empirische Forschungen inhaltlich konkretisiert werden sollte – und die modernsten Methoden der Sozialforschung waren in den USA gebräuchlich. Die Kritische Theorie kritisierte zwar den in Amerika vorherrschenden "Positivismus" in den Sozialwissenschaften, versuchte aber gleichwohl, deren Methoden und Ergebnisse innerhalb einer dialektischen Gesellschaftstheorie "aufzuheben". Schließlich zwang auch die ökonomische Krise der dreißiger und vierziger Jahre das Institut immer mehr zur Kooperation mit anderen amerikanischen Stiftungen und Forschungsstellen. Und nicht zuletzt prägte zunehmend die amerikanische gesellschaftliche Wirklichkeit die Forschungen des Instituts. Diese Wirklichkeit wurde grundlegend ambivalent erlebt: als nach wie vor vitaler (Zufluchts-)Ort der Freiheit, aber auch als fortgeschrittenste kapitalistische Industriegesellschaft und damit als würdiger Gegenstand der Kritik.

Die Gesellschaftstheorie des Instituts war vor allem darum bemüht, den Rückfall der deutschen Zivilisation in die Barbarei des Nationalsozialismus zu erklären (u.a. *Studien über Autorität und Familie* 1936). Dabei ging es ihr weniger um ein historisch und national begrenztes Phänomen als um Grundtendenzen der abendländischen Sozialgeschichte. So wurde der Antisemitismus als Sonderfall der autoritären Persönlichkeitsstruktur verstanden, und für diese gab es auch in den USA hinreichend Anschauungsmaterial. Die großen empirischen Forschungsprojekte des Instituts aus den vierziger Jahren über die Mechanismen des autoritären Vorurteils (Horkheimer/Flowerman 1949 f.) waren sozialpsychologische Untersuchungen, die im Auftrag des American Jewish Committee durchgeführt wurden.

"Die ganze Gesellschaft", schrieb Horkheimer 1944 in einem Brief an Adorno, "ist einem großen Geschäftsbureau zu vergleichen, in dem die Angestellten Cliquen gebildet haben, die sich gegenseitig zu verdrängen suchen. Die Situation aber hat Kafkaschen Charakter angenommen, weil es schon fraglich geworden ist, ob es überhaupt noch einen Unternehmer gibt. Es scheint, daß der bösartige, brutale, ausbeuterische Charakter schon ganz in die sich bekämpfenden Gruppen der Anwärter eingezogen ist" (1996, S. 603). Die militärisch siegreichen Gegner des Faschismus, der westliche Kapitalismus der Monopole und der östliche bürokratische Sozialismus, schienen nur verschiedene Wege hin zu einem einzigen, unwiderruflichen Ziel, der unerbittlichen Verwaltung der einzelnen durchs Kollektiv und der Abschaffung des Subjekts, zu sein.

Ökonomisch, politisch und kulturell verkörperten die USA Tendenzen, die für den Kapitalismus der entwickelten Industrieländer langfristig bestimmend schienen. Untersucht wurden einerseits der zunehmende Einfluß staatlicher Lenkung auf den Bereich der Wirtschaft, andererseits die Durchsetzung der Warenförmigkeit auch in allen außerökonomischen Bereichen bis hinein in die Kultur und in die Intimität persönlicher Verhaltensweisen. Ein wichtiger Bereich war der, für den Horkheimer und Adorno den Begriff "Kulturindustrie" prägten. Bereits im Berlin der zwanziger Jahre war das Thema der "Zerstreuungskultur" (Siegfried Kracauer) aktuell gewesen. In den USA wurde es für die Autoren der *Dia-*

lektik der Aufklärung (Horkheimer/Adorno 1947), die seit Beginn der vierziger Jahre nahe Hollywood, dem Zentrum der fortgeschrittensten Kulturindustrie lebten, zu einem wesentlichen Element der Erklärung für die Schwächung oder Verhinderung autonomer Individualität und kritischen Denkens.

Während der Kriegszeit traten zahlreiche emigrierte Wissenschaftler als Berater in den Dienst der amerikanischen Regierung – so seitens des Instituts auch Marcuse, Löwenthal, Franz L. Neumann und Otto Kirchheimer. Dort arbeiteten sie an der Auswertung deutscher Radioprogramme und Pressematerialien, später an Studien über die Wirkung der „Voice of America" in Europa und Asien. Erforscht wurden auch die ökonomischen und politischen Voraussetzungen des Nationalsozialismus und die Funktionsweise des nationalsozialistischen Regimes. Besonders wichtig war Neumanns Buch *Behemoth* (1942), ein bahnbrechendes Standardwerk bis heute. Auch nach dem Krieg spielten solche Untersuchungen eine gewisse Rolle bei den Ansätzen zur industriellen Entflechtung, zur Entnazifizierung und zum kulturellen und politischen Wiederaufbau. In späteren Untersuchungen wurde wiederum die Durchführung dieser Politik kritisch begleitet.

Die Stellung der Frankfurter Schule zum Nachkriegsdeutschland war vorgeprägt durch eine Kontroverse vor und nach Kriegsende innerhalb der deutschen Emigranten und der öffentlichen Meinung ihrer Gastländer. Strittig war, inwieweit der Nationalsozialismus aus der Geschichte und Kultur Deutschlands erklärt werden könne und beide gleichzusetzen seien (diese These vertrat zum Beispiel Emil Ludwig), also die später so genannte Kollektivschuldfrage. Diese war keineswegs nur von theoretischem Interesse, sondern praktisch folgenreich, ging es doch um die Alternativen Repression oder Wiederaufbau, Ausgrenzung oder Erziehung. Konträr zur These von der Kollektivschuld stand die (z.B. von Lion Feuchtwanger vertretene) Auffassung, der Nationalsozialismus sei letztlich das Werk einer verbrecherischen und totalitär herrschenden Clique. Die Politik des Instituts beruhte auf der Kritik an den Verkürzungen beider Positionen, die jeweils unterschiedlich einen falschen Begriff des Verhältnisses von Individuum und Kollektiv voraussetzten. „Es ist historisch offenbar", schrieb Horkheimer 1947 in einem Brief an Paul Massing, „daß die Periode brutalster individualistischer Willkür den Gemeinnutz und das völkische Ganze als die ewige Wahrheit verklärt haben … Anderseits ist der Prozeß der Kollektivierung in den Formen des privaten und staatlichen Monopols bislang von einer Glorifizierung des Individuums begleitet gewesen. Eine gründliche Analyse dieser Begriffe würde dazu führen, im Kollektiv die Gewalttat des Individuums und im Individuum die des Kollektivs zu erkennen – die schlechte Identität, die erst aufgehoben wird, wenn der Gegensatz nicht mehr festgehalten, sondern überwunden wird" (1996, S. 814 f.).

Daraus folgte, daß Schuld und Schuldlosigkeit nicht einfache Gegensätze waren, sondern auf den Januscharakter der Kultur zurückverwiesen. Offensichtlich hatte die Kultur den Genozid nicht nur nicht verhindert, sondern auch zur Einübung all jener Fertigkeiten und Sekundärtugenden beigetragen, die zu seiner Durchführung erforderlich gewesen waren. Anderseits war sie nach wie vor die Quelle von moralischen Gefühlen und Urteilen. Dieser Widerspruch war, und zwar schon unter dem Nationalsozialismus selbst, aber auch danach, nur durch massive Verdrängungsleistungen auszugleichen gewesen. Die einzig sinnvolle, theoretische und praktische Antwort darauf war Aufklärung. Gegenüber der Sperre dieser fortwirkenden Verdrängung konnten einfache Schuldzuweisungen oder Entlastungen auf der Basis jener Dichotomie von Individuum und Kollektiv nichts ausrichten, sondern nur zu weiterer Wut und Rationalisierung beitragen. Sie galt es deshalb insbesondere zu vermeiden. So entschieden die Frankfurter Schule für die Programme der „re-education" eintrat und auch an ihnen mitwirkte, so sehr versuchte sie auch, die Perspektive der grundlegenden Gesellschaftskritik zur Geltung zu bringen. Aufklärung schien ihr nur als unbeschränkte, also auch selbstreflexive, davor bewahrt werden zu können, von partikularen Interessen in Dienst genommen und damit desavouiert zu werden.

Nachdem Horkheimer, Adorno und Pollock nach Frankfurt a.M. zurückgekehrt waren und dort 1950 das Institut wiedererrichtet hatten, ging es ihnen nicht zuletzt um eine Reform der universitären Lehrinhalte und des weiteren Bildungswesens in der Bundesrepublik Deutschland. Da Schulen und Hochschulen in der Vergangenheit einen verhängnisvollen Einfluß auf die Herausbildung autoritärer Charaktere gehabt hatten, sollten sie nun im Geist der Erziehung zu Mündigkeit und Demokratie umgestaltet werden. So wurde z.B. ein Austauschprogramm zwischen den Universitäten von Frankfurt a.M. und Chicago organisiert, um die verschiedenen sozialwissenschaftlichen Forschungstraditionen Europas und Amerikas zusammenzuführen. Weiterhin wurden Bildungsprogramme und -reisen für Lehrer und Dozenten entwickelt, die sich in den USA mit demokratischen Erziehungspraktiken und -zielen auseinandersetzten. US-amerikanische Errungenschaften waren auch Vorbild bei den Versuchen, Psychologie und Gruppendynamik in die pädagogische Ausbildung und Praxis in Deutschland einzuführen. Der Antisemitismus und andere Formen des Rechtsradikalismus waren in Deutschland mit dem Ende des Nationalsozialismus nicht endgültig verschwunden. Deren Wiederauftauchen in Deutschland während der fünfziger und sechziger Jahre kommentierte Horkheimer wiederholt in Briefen und Memoranden gegenüber dem American Jewish Committee.

Bei ihrer Arbeit für eine demokratische Kultur standen die Remigranten des Instituts freilich im Bündnis mit politischen Mächten, die zwar den antinazistischen Impuls ihrer Arbeit aufnahmen, aber die damit verbundenen Ideen zu einer grundlegenden Änderung der ökonomischen, politischen und kulturellen Verhältnisse verwarfen. Der Kalte Krieg lieferte mit seinen Feindbildern, die in Deutschland die nazistischen oft bruchlos fortsetzten, die wohlfeile Rechtfertigung für die Verdrängung des vergangenen Unrechts, förderte im Inneren die entpolitisierte Atmosphäre der neuen Wohlstandsgesellschaft und drohte nach außen ständig, in eine neue, nukleare Weltkatastrophe umzukippen. Unter diesen Bedingungen erwogen Horkheimer und Pollock verschiedentlich eine erneute Übersiedlung in die USA.

Einer der Höhepunkte jener Konfrontation der Blöcke, der Vietnamkrieg, brachte noch einmal die merkwürdige deutsch-amerikanische Allianz innerhalb der Kritischen Theorie einschließlich der Ambivalenz ihres Amerikabildes zum Vorschein. Der Krieg in Vietnam wurde zu einem der Kristallisationspunkte der Studentenproteste der sechziger und siebziger Jahre. Während dabei Horkheimer in Deutschland das Wiederaufleben eines überkommenen Antiamerikanismus diagnostizierte und kritisierte, kam mit den Ideen Marcuses, der in den USA geblieben war, noch einmal eine radikale Gesellschaftskritik zurück nach Deutschland, in der sich marxistische Imperialismustheorien und psychoanalytische Emanzipationshoffnungen mit den Erfahrungen der amerikanischen Bürgerrechtsbewegung liiert hatten. Freilich, die Autoren der Kritischen Theorie, selbst Marcuse, waren nie die „Väter" dieser vielfältig-widersprüchlichen, theoriehungrigen und theoriefeindlichen, sinnlich verspielten und politisch verbissenen, schrill provokativen und pragmatisch Alternativen suchenden, weltumfassenden und provinziellen, utopisch-hoffnungsvollen und enttäuscht-gewaltsamen Protestbewegungen. „Väter" waren sie allenfalls in dem Sinn, daß sie mit ihren Neuformulierungen jener klassischen Theorien als Anreger fungierten, die alsbald auch heftig attackiert wurden. Der eigentlich politische Protest ging seine eigenen Wege. Doch waren es eben jene Auseinandersetzungen, die entscheidend dazu beitrugen, die Frankfurter Schule bis heute international – nicht zuletzt in den USA – als eigenständige Tradition gesellschaftskritischer Philosophie und Sozialforschung berühmt zu machen.

Literatur

Daviau, Donald G., u. Ludwig M. Fischer, Hrsg. (1982): Das Exilerlebnis. Verhandlungen des Vierten Symposiums über deutsche und österreichische Exilliteratur, Columbia/S.C.

Dubiel, Helmut (1978): Wissenschaftsorganisation und politische Erfahrung. Studien zur frühen Kritischen Theorie, Frankfurt a.M.

Fromm, Erich (1989): Arbeiter und Angestellte am Vorabend des Dritten Reiches. Eine sozialpsychologische Untersuchung, in: ders.: Gesamtausgabe, Bd. III, München.

Heidsieck, Arnold (1982): Der Einfluß des Exils auf die Frankfurter Kritische Theorie, in: Daviau/Fischer, S. 396 ff.

Horkheimer, Max (1937): Traditionelle und kritische Theorie, in: ders.: Gesammelte Schriften, Bd. 4, Frankfurt a.M. 1988, S. 162 ff.

Horkheimer, Max (1995): Briefwechsel, in: ders.: Gesammelte Schriften, Bd. 15, Frankfurt a.M.

Horkheimer, Max (1996): Briefwechsel, in: ders.: Gesammelte Schriften, Bd. 17, Frankfurt a.M.

Horkheimer, Max, and Samuel Flowerman, Eds. (1949 f.): Studies in Prejudice, 5 Bde., New York.

Horkheimer, Max, u. Theodor W. Adorno (1947): Dialektik der Aufklärung, in: Horkheimer, Max: Gesammelte Schriften, Bd. 5, Frankfurt a.M. 1987.

Jay, Martin (1976): Dialektische Phantasie. Die Geschichte der Frankfurter Schule und des Instituts für Sozialforschung 1923–1950, Frankfurt a.M.

Neumann, Franz (1942): Behemoth: The Structure and Practice of National Socialism, New York; erweiterte Ausgabe, New York 1944; deutsch: Frankfurt a.M. 1977.

Roussel, Hélène (1982): Zur Geschichte der Pariser Niederlassung des Instituts für Sozialforschung und seiner Beziehungen zur École Normale Supérieure, in: Daviau/Fischer, S. 12 ff.

Schmid Noerr, Gunzelin (1988): Flaschenpost. Die Emigration Max Horkheimers und seines Kreises im Spiegel seines Briefwechsels, in: Srubar, Ilja, Hrsg.: Exil, Wissenschaft, Identität. Die Emigration deutscher Sozialwissenschaftler 1933–1945, Frankfurt a. M., S. 252 ff.

Schmid Noerr, Gunzelin (1997): Die Emigration der Frankfurter Schule und die Krise der kritischen Theorie, in: ders.: Gesten aus Begriffen. Konstellationen der kritischen Theorie, Frankfurt a. M., S. 116 ff.

Studien über Autorität und Familie (1936). Forschungsberichte aus dem Institut für Sozialforschung, hrsg. von Max Horkheimer, Paris. Neuausgabe, Lüneburg 1987.

Wiggershaus, Rolf (1986): Die Frankfurter Schule. Geschichte, Theoretische Entwicklung, Politische Bedeutung, München–Wien.

Der „Wiener Kreis"

Friedrich Stadler

Die einflußreiche Geschichte des Wiener Kreises (des Logischen Empirismus, Logischen Positivismus, Neopositivismus) ist erst im letzten Jahrzehnt auch im Kontext der Emigrationsforschung wahrgenommen worden. Er steht für jene Interdisziplin, deren Entwicklung mit den wissenschaftlichen Revolutionen um die Jahrhundertwende, insbesondere der Relativitätstheorie, begann und naturwissenschaftliche mit philosophischen Fragestellungen zu einer neuen, professionell eigenständigen Wissenschaftstheorie zu verbinden suchte. Als antimetaphysische Einheitswissenschaft ist ihre wissenschafts- und gesellschaftspolitische Zielrichtung unübersehbar. Wien war im deutschsprachigen Raum zu ihrem Mittelpunkt geworden, da etwa mit Rudolf Carnap und Moritz Schlick, welcher als einer der ersten die eminente philosophische Bedeutung der Einsteinschen Relativitätstheorie erkannt hatte, auch einige ihrer bedeutendsten Vertreter aus Deutschland dort seit 1922 bzw. 1925 lehrten. Die in Wien versammelten Wissenschaftler und Wissenschaftlerinnen aus den Bereichen der Philosophie, Logik, Mathematik, Natur- und Sozialwissenschaften repräsentieren aus heutiger Rückschau eine der international wohl bedeutendsten philosophischen Strömungen im 20. Jahrhundert.

Die Gründe für den lange mißachteten Wissens- und Wissenschaftstransfer durch die Vertreibung des Wiener Kreises liegen einerseits in der defizitären Historiographie der Nachkriegszeit, andererseits im ideologisierten „Positivismusstreit" der 1960er Jahre (Dahms 1994). Dadurch und durch eine ahistorische Kodifizierung des Wiener Kreises in der Philosophiegeschichtsschreibung nach 1945 ist ein eher eindimensionales Klischee erzeugt worden, das einerseits die Entwicklung des Logischen Empirismus als typische Emigrationswissenschaft im Phänomen der „Vertriebenen Vernunft" (Stadler 1987f.) oder andererseits als diffuse wie überwundene geistige Strömung erscheinen ließ. Aber auch die in der letzten Dekade einsetzende Forschung zu seiner historisch-kritischen Wiederentdeckung im gesellschaftlichen Zusammenhang Österreichs (Uebel 1991; Stadler 1997a) sowie neuerdings im Zielland der erzwungenen Emigration (Giere/Richardson 1996) ist weiterhin durch eine gewisse Zweigleisigkeit gekennzeichnet, deren Ursachen einerseits im Bereich der Exil- und Emigrationsforschung, andererseits im Bereich der allgemeinen Wissenschaftsphilosophie und -geschichte zu suchen sind.

Die Vertreibung und Exilierung der überwiegend jüdischen Mitglieder des Wiener Kreises vermitteln auf den ersten Blick das Bild eines totalen Exodus. Durch die im Austrofaschismus und Nationalsozialismus dominanten Feindbilder „Liberalismus", „Austromarxismus" und „Szientismus" in den Ideologemen des Rassismus und Antisemitismus kam es bereits seit Beginn der 1930er Jahre zum langsamen, aber kontinuierlichen Wissens- und Wissenschaftstransfer und einer allmählichen kulturellen Abwanderung (Stadler/Weibel 1995). Zu den äußeren Bedingungen dieses Kulturkampfes gesellten sich weiterhin kognitive Gründe: Die empiristisch ausgerichtete *Wissenschaftliche Weltauffassung* – so der Titel der ersten Programmschrift des Kreises von 1929 – und die Verwendung der modernen symbolischen Logik zur sprachanalytischen „Überwindung der Metaphysik durch logische Analyse" (Carnap 1932) richteten sich nicht allein gegen die deutsche idealistische Philosophie. Noch mehr wirkten sie als Provokation für die fundamentalistischen Ganzheitslehren und traditionellen Systemphilosophien im Gewand katholischer bis deutschnationaler Weltanschauungen. Außerdem waren das persönliche Engagement des sog. „linken Flügels" des Wiener Kreises (Hans Hahn, Philipp Frank, Carnap, Otto Neurath, Edgar Zilsel), aber auch der individualistischen Liberalen dieses international vernetzten Wissenschaftszirkels (Schlick, Friedrich Waismann, Karl Menger, Felix Kaufmann) für die akademischen und politischen Eliten Anlaß genug, den Logischen Empirismus mit seinem inhärenten Anspruch auf die Demokratisierung der Wissenschaften – und damit der Gesellschaft – insgesamt als Feindbild ihrer antidemokratischen Affekte zu identifizieren.

Der konkrete Verlauf der dadurch bedingten Emigration ist im Detail bereits an anderer Stelle beschrieben worden (Dahms 1987; Hegselmann 1988). Das herkömmliche Bild einer auf 1938 begrenzten Exilierung mit erfolgreicher Sozialisation im angloamerikanischen Bereich verkennt allerdings die unterschiedlichen zeitlichen, persönlichen und soziokulturellen Bedingungen dieses Diffusionsprozesses mit ausschließlichem Blick auf die geglückten Lebensläufe (Carnap, Feigl, Frank, Bergmann). Zudem sind die emigrationsunabhängigen Merkmale der seit Beginn der 1920er Jahre zunehmenden austroamerikanischen Kommunikation der Forschergemeinschaft zwischen „Wissenschaftslogik" und „Philosophy of Science" bislang ausgeblendet worden, was im Hinblick auf die komplexe Wirkungsgeschichte zu unterschiedlichen Einschätzungen zwischen Erfolg und Scheitern führen mußte. Ein ähnliches Schicksal widerfuhr übrigens auch dem Pendant des Wiener Kreises in Deutschland, der Berliner Gesellschaft für empirische/wissenschaftliche Philosophie um Hans Reichenbach, deren Erforschung noch jüngeren Datums ist (Danneberg u. a. 1994).

So überrascht nicht, daß der „brain drain" relativ früh einsetzte und nach dem „Anschluß" 1938 einen Höhepunkt erreichte. Die frühe Internationalisierung bzw. Abkoppelung von der deutschen philosophischen Kultur hat bis auf wenige Ausnahmen die Art und den Verlauf der Emigration sowie die nicht erfolgte Rückkehr des Wiener Kreises bestimmt, im Unterschied etwa zur Frankfurter Schule (→ DIE „KRITISCHE THEORIE"), deren Bindung an die deutsche Sprachkultur im Exil und nach 1945 charakteristisch blieb. Allein schon das quantitative Ausmaß seiner Emigration vermittelt das Bild einer Verlustbilanz. Vom Kern des Wiener Kreises mit 20 Mitgliedern emigrierten ab 1931 bis zum Ausbruch des Zweiten Weltkriegs 13 Repräsentanten aus politischen, wirtschaftlichen und kulturellen Gründen, vor allem aufgrund des ansteigenden Rassismus. Daneben wären die weiteren Zentren des Logischen Empirismus Berlin, etwa in der Linie Ludwig Boltzmann, Albert Einstein und Max Planck, sowie Prag zu nennen, wo Rudolf Carnap ab 1930 dieser bereits früher von dem Experimentalphysiker Ernst Mach vorbereiteten Forschungsrichtung weitere Konturen gab. Die Liste der aus diesen drei Zentren (Haller/Stadler 1993) Exilierten (in alphabetischer Reihenfolge, mit Emigrationsjahr und Immigrationsland) liest sich wie ein Who's Who der modernen Wissenschaftstheorie: Gustav Bergmann (1939 USA), Rudolf Carnap (1936 USA), Herbert Feigl (1931 USA), Philipp Frank (1938 USA), Kurt Gödel (1939 USA), Olga Hahn-Neurath (1934 NL), Felix Kaufmann (1938 USA), Karl Menger (1937 USA), Richard von Mises (1933 T, 1939 USA), Otto Neurath (1934 NL, 1940 GB), Rose Rand (1939 GB), Josef Schächter (1938 PAL), Olga Taussky (1937 GB, 1947 USA), Friedrich Waismann (1937 GB), Edgar Zilsel (1938 GB, 1939 USA).

Von der Peripherie des sog. Schlick-Zirkels mit rund 50 Wissenschaftlern und Wissenschaftlerinnen seien ergänzend genannt: Egon Brunswik (1936 USA), Karl Bühler (1939 N, 1940 USA), Josef Frank (1934 S, 1941 USA, 1947 S), Else Frenkel-Brunswik (1938 USA), Heinrich Gomperz (1935 USA), Carl G. Hempel (1934 B, 1937 USA), Hans Kelsen (1933 CH, 1936 CS, 1940 USA), Marcel Natkin (1930 F), Karl R. Popper (1937 NZ, 1946 GB), Hans Reichenbach (1933 T, 1938 USA), Ludwig Wittgenstein (1929 GB). In der inneren Emigration mit ihren repressiven Folgen verblieben Viktor Kraft und Heinrich Neider; Bela Juhos verbrachte in wirtschaftlicher Unabhängigkeit die NS-Zeit.

Ein symbolisches Fanal für das kulturelle Klima und den nachfolgenden „Untergang der wissenschaftlichen Vernunft" stellte die Ermordung von Moritz Schlick auf der Philosophenstiege der Universität Wien dar, die in den Medien mehrheitlich als Folge von Schlicks „verderblicher Philosophie" des Positivismus gerechtfertigt worden ist. Diese Gewalttat und der frühe Tod von Hans Hahn im Jahre 1934 verstärkten den inneren Auflösungsprozeß, wohingegen bereits eine beachtliche Internationalisierung des Logischen Empirismus ab 1930 zu verzeichnen war. Die dabei erkennbare Konvergenz sowohl mit dem amerikanischen Neopragmatismus wie mit der englischen – durch Ludwig Wittgenstein wesentlich mitgeprägten – analytischen Sprachphilosophie manifestierte sich u. a. in den sechs internationalen Kongressen für die Einheit der Wissenschaft in Frankreich, Dänemark, England und den USA zwischen 1935 und 1941, die wiederum den geistigen und institutionellen Rahmen für den Kulturtransfer in die Neue Welt schufen; ähnliche Tagungen in Prag (1929, 1934) und Königsberg (1930) waren ihnen vorausgegangen. Die Tatsache, daß diese wissenschaftliche Kommunikation bereits ansatzweise seit der Jahrhundertwende praktiziert wurde (z.B. durch Ernst Mach und William James), bestätigt nur die durch die externen Umstände beschleunigte und verstärkte intellektuelle Transfer- und Transformationsbewegung nach 1930 (Holton 1993).

Ein Blick auf das wichtigste Aufnahmeland, die → VEREINIGTEN STAATEN VON AMERIKA, verdeutlicht sogleich eine bislang wenig beachtete kognitive und institutionelle Präsenz des „Wiener Kreis in America" (Feigl 1969): Im Rahmen der internationalen Kooperation jenes Congress for the Unity of Science wurde ab 1938 das ambitiöse Publikationsprojekt der *International Encyclopedia of Unified Science* unter Federführung von Otto Neurath, Rudolf Carnap und Charles Morris gestartet, das schließlich – bedingt durch Krieg und theoretische Meinungsunterschiede – als unvollendetes Unternehmen mit insgesamt 19 Monographien unter dem Titel *Foundations of the Unity of Science* 1962 abgeschlossen wurde (Reisch 1995); einen der letzten Beiträge lieferte Thomas S. Kuhn mit seiner Untersuchung über *The Structure of Scientific Revolutions* (1962), die zu einem Schlüsseltext für die Wissenschaftstheorie der Natur- und Sozialwissenschaften werden sollte. Parallel dazu haben die immigrierten Wissenschaftsphilosophen in Harvard ab 1940 die interdisziplinäre Diskussion gesucht, die in dem von Philipp Frank gegründeten und geleiteten Institute for the Unity of Science (1947–58) zusammen mit US-amerikanischen Organisationen auf Tagungen und in Form von Publikationen zum Themenbereich „Wissenschaft und Kultur – Wissenschaft als Kultur" (*Proceedings of the American Academy of Arts and Science* bzw. *Daedalus*) weiter betrieben worden ist. Nach Franks Ausscheiden haben die dort versammelten jüngeren Wissenschaftsphilosophen wie Gerald Holton, Robert S. Cohen und Herbert Feigl eigene, bis heute anhaltende Aktivitäten zur Fortentwicklung der inzwischen die österreichischen und amerikanischen Traditionen verbindenden History and Philosophy of Science entfaltet. Robert S. Cohen beispielsweise beerbte das Unity of Science Institute und errichtete ab 1960 das Boston Colloquium for the Philosophy of Science, aus dem die bis heute 180 Bände umfassende Buchreihe *Boston Studies in the Philosophy of Science* hervorging (Cohen 1961 ff.).

Schon einige Jahre zuvor, im Jahre 1953, hatte der inzwischen naturalisierte Amerikaner Herbert Feigl nach einer Zwischenstation in Iowa das Minnesota Center for the Philosophy of Science in Minneapolis begründet und für mehrere Generationen zur wichtigsten Institution einer erweiterten History, Psychology, Sociology and Philosophy of Science gemacht. Die dort gepflegte Wissenschaft im Geiste des ursprünglichen Wiener Kreises spiegelt sich ebenfalls in den bis heute 16 Bände umfassenden *Minnesota Studies for the Philosophy of Science* sowie in der von Feigl mitbegründeten Zeitschrift *Philosophical Studies* wider. Lag der Forschungsschwerpunkt des Harvard-Zirkels vor allem in den Naturwissenschaften und ist für das Boston Center eine ausgewogene Mischung von Science, Social Science and Humanities kennzeichnend, so wird in Minnesota vor allem der psychologische und sozialwissenschaftliche Bereich samt Grundlagen und Anwendungen gepflegt. Auch am Pittsburgh Center for the Philosophy of Science um Adolf Grünbaum und Kurt E. Baier hat sich die deutsch-österreichische Wissenschaftstradition etabliert, die wesentlich durch Hans Reichenbach und Carl G. Hempel geprägt worden ist.

Das eigentliche sozialwissenschaftliche Paradigma hat sich – wie der Name andeutet – vor allem an der Emigranten-Universität, der Graduate Faculty der New School for Social Research in New York durchgesetzt (Rutkoff/Scott 1986; Krohn 1987). Dort wirkte der „Phänomenologe" des Wiener Kreises Felix Kaufmann – zusammen mit seinem Freund aus Wiener Zeiten Alfred Schütz – bis zu seinem Tode 1949 im Sinne einer Konvergenz von Phänomenologie, Logischem Empirismus und Neopragmatismus (John Dewey) im Sog der Unity of Science-Bewegung. Als Mitherausgeber der Zeitschrift *Philosophy and Phenomenological Research* hat er außerdem eine entsprechende Plattform für die inter- und transdisziplinäre Kommunikation angeboten. Kaufmanns geistige Vermittlung zwischen „Verstehen" und „Erklären" in seiner *Methodenlehre der Sozialwissenschaften* (1936) und der exilbedingt modifizierten *Methodology of the Social Sciences* (1944) ist erst in jüngster Zeit in der Wissenschaftstheorie wieder aufgegriffen worden (Zilian 1990, 1997). Eine weitere eigenständige Entwicklung im Bereich der phänomenologischen Forschung mit schulebildendem Effekt nahm der Wiener Kreis-Dissident Gustav Bergmann am Department of Psychology an der University of Iowa, wo sich eine spezifische Iowa-Tradition herausbildete (Kendler 1989).

Die unterschiedlichen Zufluchtszentren des Wiener Kreises dokumentieren eine komplexe und differenzierte Theorienentwicklung, die allein mit dem Inventar der Exilforschung oder den Input-Output-Modellen der Wissenschaftsgeschichte nicht hinreichend beschrieben werden kann. Dementsprechend pluralistisch und widersprüchlich sind bisherige Interpretationen, was die Wirkung und Rückwirkung der Emigration und Exilierung des Wiener Kreises – zwischen Erfolg und Scheitern, Akkulturation und Desintegration, Diffusion und Isolation – anlangt. Dabei ist man zur qualitativen Wirkungsforschung noch nicht einmal vorgestoßen, die neben der klassischen Theoriendynamik das soziokulturelle Umfeld der Ausgangslage wie der Einwanderungssituation in das kognitive Gesamtbild einzufügen hätte. Das bisher nicht gelöste Problem ist das Nebeneinander von Emigrationsforschung und disziplinorientierter Wissenschaftsgeschichtsschreibung, von allgemeiner Migrationsforschung und spezifischer Wissenschaftssoziologie.

Exemplarisch sei dafür der Wissenstransfer zweier Gelehrter angeführt. Die von Kurt Gödel und Oskar Morgenstern am Institute for Advanced Study in Princeton vorgelegten revolutionären Pionierarbeiten zur formalen Logik bzw. zur Spiel- und Entscheidungstheorie zeigen jenes schwer auszumachende Beziehungsgeflecht, da ihre Beiträge bereits in den dreißiger bzw. vierziger Jahren im internationalen Kontext und Diskurs entstanden sind und nicht mehr als typische Emigrantenwissenschaft gelten können (Regis 1989; Dawson 1997). Trotzdem sind auch sie als österreichischer Beitrag zur kosmopolitischen Wissenschaftskultur ohne nationale oder ethnozentrische Stilspezifik zu beschreiben (Stadler 1997c). Noch schwieriger wird die Bewertung, wenn Einzelgänger und durch äußere Umstände gescheiterte Lebensläufe im Exil betrachtet werden. Während beispielsweise der Mathematiker Richard von Mises sein Lebenswerk im Bereich der (angewandten) Mathematik und Wissenschaftstheorie erfolgreich transferieren und eigenständig fortsetzen konnte (Stadler 1990), ist der Philosoph und Wissenschaftssoziologe Edgar Zilsel an der Exilsituation gescheitert. Die von ihm eingeleitete Historisierung und Soziologisierung der neuzeitlichen Wissenschaft ist trotz der gleichzeitig mit seiner Emigration entstandenen und ähnlich forschenden Merton-Schule erst im letzten Jahrzehnt im Zuge der Popper-Kuhn-Feyerabend-Kontroverse sowie durch Reprints seiner Arbeiten transparent geworden (Fleck 1993). Nicht anders steht es mit dem österreichischen Beitrag zur Psychologie und Psychoanalyse in Kalifornien. Die dort von Egon Brunswik und seiner Frau Else Frenkel-Brunswik vermittelten Traditionen der Bühler-Schule und des Wiener Kreises blieben aus heutiger Sicht marginal, obwohl die von ihnen angestoßene sog. „ökologische Psychologie" (→ Psychologie) nunmehr auch im deutschsprachigen Bereich Beachtung findet (Fischer/Stadler 1997).

Soweit sich überblicken läßt, wird man die indirekte gruppenbiographische Wirkung des Wiener Kreises in der amerikanischen Sozialwissenschaft und Sozialtheorie vor allem am signifikanten Einfluß von Oskar Morgenstern, Marie Jahoda und Paul Lazarsfeld, aber auch von Felix Kaufmann und Alfred Schütz ablesen können, wenngleich das sicher nicht als homogene Erfolgsstory zu bezeichnen ist (Platt/Hoch 1996). Grundlegend dürfte auch ihr Einfluß auf die Formulierung der amerikanischen Wissenschaftsphilosophie gewesen sein, die sich in den 1930er Jahren zu professionalisieren begann. Aus amerikanischer Perspektive wird das beispielsweise in Ronald Gieres (1996) differenzierter Innensicht der Entwicklung *From Wissenschaftliche Philosophie to Philosophy of Science* vorgestellt. Sie ist mit einer Inhaltsanalyse derjenigen Werke verbunden, die von den Wiener Kreis-Mitgliedern schon selbst vor dem Hintergrund ihrer Marginalisierung in Mitteleuropa ab 1930 für „amerikatauglich" gehalten worden sind. Dies korrespondiert mit den bisher umfangreichsten Untersuchungen von Dahms (1987), der den tiefgreifenden Veränderungen der wissenschaftstheoretischen Ansätze des Wiener Kreises in der Emigration nachgegangen ist. Dabei diagnostiziert er eine weitgehende Entpolitisierung, Liberalisierung und Akademisierung, nicht zuletzt deswegen, weil der kulturelle Kontext für eine kämpferische und popularisierende „wissenschaftliche Weltauffassung" in der Emigration abhanden gekommen ist.

Für die zukünftige Forschung wäre es wünschenswert, wenn die historiographische Bipolarität von Exilforschung und History and Philosophy of Science zugunsten einer einheitlichen Betrachtungsweise von Text und Kontext überwunden werden könnte. Auch im Hinblick auf die Rückwirkung in Europa nach dem Zweiten Weltkrieg wäre damit eine genauere Bestandsaufnahme möglich. Trotz der geringen Remigrationsrate von rund 20% der ehemaligen österreichischen Wissenschaftsemigration allgemein und der Tatsache, daß kein einziges Mitglied des Wiener Kreises zurückgekehrt ist oder zurückberufen wurde, kann man dennoch von einem bemerkenswerten ideellen Rücktransfer sprechen.

So hat sich außerhalb der akademischen Mauern im Rahmen des ab 1945 veranstalteten Europäischen Forums Alpbach eine Plattform gebildet, die den ehemaligen Emigranten einen Diskussionszirkel bot (Molden 1981; Auer 1994). Dort ist die Entprovinzialisierung des Geisteslebens der Zweiten Republik durch Vorträge von Rudolf Carnap, Herbert Feigl, Philipp Frank und nicht zuletzt von Karl R. Popper beschleunigt worden. Auch mit der konfliktreichen Gründung des Instituts für Höhere Studien in Wien (IHS) 1963 durch die Emigranten Paul Lazarsfeld und Oskar Morgenstern – nach dem Vorbild von Princeton – ist neben der Einführung der modernen Sozialwissenschaften auch die Wissenschaftstheorie zurückgekehrt. Mit der zeitweiligen Präsenz von Herbert Feigl, Rudolf Carnap und Karl R. Popper hat sie sich alternativ zur Universitätsphilosophie als Grundlagenforschung temporär institutionalisiert, die prägend für eine jüngere Generation werden sollte (Leinfellner 1993). Seit Ende der 1960er Jahre hat sich dann auch an den Universitäten Graz (Rudolf Haller), Salzburg (Paul Weingartner), Innsbruck (Gerhard Frey), Linz (Rudolf Wohlgenannt) und schließlich in Wien (Erhard Oeser) die Wissenschaftstheorie im Rahmen dieser Entwicklung etabliert. In diesen Kontext ist schließlich die Gründung des Instituts Wiener Kreis zu plazieren, das sich seit 1991 der historischen Rekonstruktion und kritischen Weiterentwicklung der von Wien ausgegangenen „wissenschaftlichen Weltauffassung" widmet (*Veröffentlichungen* 1991 ff.; *Vienna Circle Institute Yearbook* 1993 ff.). Die Tatsache, daß sich gleichzeitig auch in den USA eine jüngere Generation als History of Philosophy of Science Working Group (HOPOS) organisiert hat, bestätigt die ungebrochene internationale Aktualität der von Wien ausgegangenen Wissenschaftstheorie.

Literatur

Achinstein, Peter, and Stephen F. Barker, Eds. (1969): The Legacy of Logical Positivism. Studies in the Philosophy of Science, Baltimore.

Ash, Mitchell G., and Alfons Söllner, Eds. (1996): Forced Migration and Scientific Change. Emigré German-Speaking Scientists and Scholars after 1933, Cambridge.

Auer, Alexander, Hrsg. (1994): Das Forum Alpbach 1945–1994, Wien.

Carnap, Rudolf (1932): Überwindung der Metaphysik durch logische Analyse der Sprache, in: Erkenntnis II, S. 91 ff.

Carnap, Rudolf (1963): Intellectual Autobiography, in: Schilpp, P.A., Ed.: The Philosophy of Rudolf Carnap, La Salle, S. 3 ff.

Cohen, Robert S., Ed. (1961 ff.): Boston Studies in the Philosophy of Science, Dordrecht u. a.

Dahms, Hans-Joachim (1987): Die Emigration des Wiener Kreises, in: Stadler, Bd. 1, S. 66 ff.

Dahms, Hans-Joachim (1994): Positivismusstreit. Die Auseinandersetzungen der Frankfurter Schule mit dem logischen Positivismus, dem amerikanischen Pragmatismus und dem kritischen Rationalismus, Frankfurt a. M.

Danneberg, Lutz, Andreas Kamlah u. Lothar Schäfer, Hrsg. (1994): Hans Reichenbach und die Berliner Gruppe, Braunschweig.

Dawson, John W. (1997): Logical Dilemmas. The Life and Work of Kurt Gödel, Wellesley/Mass.

Feigl, Herbert (1969): The Wiener Kreis in America, in: Fleming/Bailyn, S. 630 ff.

Fischer, Kurt, u. Friedrich Stadler, Hrsg. (1997): Wahrnehmung und Gegenstandswelt. Zum Lebenswerk von Egon Brunswik (1903–1955), Wien–New York.

Fleck, Christian (1993): Marxistische Kausalanalyse und funktionale Wissenschaftssoziologie. Ein Fall unterbliebenen Wissenstransfers, in: Haller/Stadler, S. 501 ff.

Fleming, Donald, and Bernard Bailyn, Eds. (1969): The Intellectual Migration. Europe and America, 1930–1960, Cambridge/Mass.

Frank, Philipp (1949): Modern Science and Its Philosophy, Cambridge/Mass.

Giere, Ronald N., and Alan W. Richardson, Eds (1996): Origins of Logical Empiricism, Minneapolis–London.

Giere, Ronald N. (1996): From Wissenschaftliche Philosophie to Philosophy of Science, in: ders./Richardson, S. 335 ff.

Haller, Rudolf, u. Friedrich Stadler, Hrsg. (1993): Wien–Berlin–Prag. Der Aufstieg der wissenschaftlichen Philosophie, Wien.

Hegselmann, Rainer (1988): Alles nur Mißverständnisse? Zur Vertreibung des Logischen Empirismus aus Österreich und Deutschland, in: Stadler, Bd. 2, S. 188 ff.

Holton, Gerald (1993): From the Vienna Circle to Harvard Square: The Americanization of a European World Conception, in: Stadler, S. 47 ff.

Kendler, Howard (1989): The Iowa Tradition, in: American Psychologist 44, S. 1124 ff.

Krohn, Claus-Dieter (1987): Wissenschaft im Exil. Deutsche Sozial- und Wirtschaftswissenschaftler in den USA und die New School for Social Research, Frankfurt a. M.

Lehrer, Keith, and Johann Christian Marek, Eds. (1997): Austrian Philosophy. Past and Present. Essays in Honor of Rudolf Haller, Dordrecht u. a.

Leinfellner, Werner (1993): Der Wiener Kreis und sein

Einfluß auf die Sozialwissenschaften, in: Haller/Stadler, S. 593 ff.

Molden, Otto (1981): Der andere Zauberberg. Das Phänomen Alpbach, Wien u. a.

Platt, Jennifer, and Paul K. Hoch (1996): The Vienna Circle in the United States and Empirical Research Methods in Sociology, in: Ash/Söllner, S. 224 ff.

Regis, Ed (1989): Einstein, Gödel & Co. Genialität und Exzentrik. Die Princeton-Geschichte, Basel u. a.

Reichenbach, Hans (1951): The Rise of Scientific Philosophy, Berkeley–Los Angeles.

Reisch, George (1995): A History of the International Encyclopedia of Unified Science, Diss., Chicago.

Rutkoff, Peter M., and William B. Scott (1986): New School. A History of The New School for Social Research, New York–London.

Stadler, Friedrich, Hrsg. (1987f.): Vertriebene Vernunft. Emigration und Exil österreichischer Wissenschaft, 2 Bde., Wien–München.

Stadler, Friedrich, Hrsg. (1990): Richard von Mises. Kleines Lehrbuch des Positivismus. Einführung in die empiristische Wissenschaftsauffassung, Frankfurt a. M.

Stadler, Friedrich, Ed. (1993): Scientific Philosophy: Origins and Developments, Dordrecht u. a.

Stadler, Friedrich, and Peter Weibel, Eds. (1995): The Cultural Exodus from Austria, Wien–New York.

Stadler, Friedrich (1997a): Studien zum Wiener Kreis. Ursprung, Entwicklung und Wirkung des Logischen Empirismus im Kontext, Frankfurt a. M.

Stadler, Friedrich, Hrsg. (1997b): Phänomenologie und Logischer Empirismus. Zentenarium Felix Kaufmann, Wien–New York.

Stadler, Friedrich, Hrsg. (1997c): Wissenschaft als Kultur. Österreichs Beitrag zur Moderne, Wien–New York.

Stadler, Friedrich (1997d): Die andere Kulturgeschichte. Am Beispiel von Emigration und Exil der österreichischen Intellektuellen 1930–1940, in: Steininger, Rolf, u. Michael Gehler, Hrsg.: Österreich im 20. Jahrhundert. Von der Monarchie bis zum Zweiten Weltkrieg. Ein Studienbuch in zwei Bänden, Bd. 1, Wien, S. 499 ff.

Thiel, Christian (1984): Folgen der Emigration deutscher und österreichischer Wissenschaftstheoretiker und Logiker zwischen 1933 und 1945, in: Berichte zur Wissenschaftsgeschichte 7, S. 227 ff.

Uebel, Thomas E., Ed. (1991): Rediscovering the Forgotten Vienna Circle. Austrian Studies on Otto Neurath and the Vienna Circle, Dordrecht u. a.

Veröffentlichungen des Instituts Wiener Kreis (1991 ff.), hrsg. von Friedrich Stadler, Wien–New York.

Vienna Circle Institute Yearbooks (1993 ff.), ed. by Friedrich Stadler, Dordrecht u. a.

Zilian, Hans Georg (1990): Klarheit und Methode. Felix Kaufmanns Wissenschaftstheorie, Amsterdam–Atlanta.

Zilian, Hans Georg (1997): Felix Kaufmann – Leben und Werk, in: Stadler, S. 9 ff.

Physik

Klaus Fischer

Von allen Naturwissenschaften wurde die Emigrationsgeschichte der Physik bisher am intensivsten untersucht. Der Grund dieses Interesses ist, daß die Physik im zweiten Viertel des 20. Jahrhunderts intellektuelle Leitdisziplin war und durch die Entwicklung der Kernwaffen entscheidenden Einfluß auf die Weltpolitik genommen hat. Neben Namenlisten, allgemeinen fachübergreifenden Enzyklopädien, Gesamtdarstellungen wie dem *Biographischen Handbuch der deutschsprachigen Emigration nach 1933* (*BHb*) und frühen Überblicken, in denen herausragende Persönlichkeiten im Mittelpunkt des Interesses stehen, verfügen wir heute über materialreiche und differenzierte Studien der zentralen Aufnahmeländer sowie der Schwierigkeiten der Stellenfindung (Hoch 1983; Rider 1984). Darüber hinaus liegen speziellere Studien über die Wirkungen des Emigrationsprozesses auf die internationale Struktur der Physik (Weiner 1968) und auf die Entwicklung physikalischer Spezialgebiete innerhalb bestimmter Universitäten, über bestimmte Teilgruppen sowie über bestimmte Aufnahmeländer vor (Berbüsse 1989; Erichsen 1991). In den letzten Jahren hat man sich verstärkt dem Prozeß der Vertreibung aus Deutschland und seinen personellen, institutionellen und fachlichen Auswirkungen zugewandt (Fischer 1988, 1993, 1996; Wolf 1993) und eine Bewertung von Emigrationsverlusten bzw. -gewinnen versucht (Fischer 1991b). In diesem Zusammenhang hat auch die Erforschung der Entwicklung der Physik in Deutschland nach 1933 in ihrem prekären Zusammenspiel mit der nationalsozialistischen Weltanschauung beträchtliche Fortschritte gemacht (Beyerchen 1977; Hentschel 1996).

Der Umfang der Emigration deutscher Physiker hängt von der Definition der untersuchten Gruppe ab. Bezieht man sich nur auf die lehrbefugten Physiker an den Universitäten und Hochschulen, so läßt er sich auf ca. 15% der Gesamtheit beziffern. Von 373

Personen, die zwischen 1930 bis 1933 physikalische Veranstaltungen angeboten haben (darunter auch einige fächerübergreifende von Vertretern angrenzender Disziplinen), sind 55 emigriert (ohne Österreich und Deutsche Universität Prag). Weitet man die Gruppe auf alle deutschen oder österreichischen Wissenschaftler aus, die zwischen 1926 und 1933 mindestens einen Artikel in *Zeitschrift für Physik, Annalen der Physik, Physikalische Zeitschrift, Zeitschrift für technische Physik* publiziert haben, so reduziert sich der Anteil der Emigrierten auf 9,5% (179 von 1882 absolut). Eine weitere Quote erhält man durch Auszählung der Mitglieder der Deutschen Physikalischen Gesellschaft: Von 960 in Deutschland ansässigen Mitgliedern sind 108 (11,25%) emigriert.

Die qualitative Dimension der Physikemigration läßt sich mit solchen summarischen Ziffern allerdings nur unzureichend bestimmen. Bereits eine Differenzierung nach Physikern theoretischer und experimenteller Ausrichtung deutet auf Konzentrationen und Ungleichgewichte der Verteilung hin. Wolff (1993, S. 270 f.) verweist darauf, daß der Emigrantenanteil auf 20% (40 von etwa 200 absolut) wächst, wenn man die anwendungsbezogenen Teilbereiche der Physik außer acht läßt, und daß von den Vertretern der theoretischen Physik fast die Hälfte ihre Stelle verloren haben (26 von 60, von denen jedoch nicht alle emigrierten). Auch eine Unterscheidung nach Institutionen zeigt Ungleichgewichte der Verteilung. In absoluten Zahlen waren die Universitäten in Berlin, Göttingen, Hamburg, Leipzig, Frankfurt a. M. und Breslau am stärksten betroffen. Dreiviertel der emigrierten lehrbefugten Physiker kamen von den sieben Anstalten dieser Städte, an der Spitze Berlin und Göttingen. Über die Hälfte der physikalischen Institute Deutschlands, darunter vor allem die kleinen, hatte demgegenüber keine Verluste an physikalischem Lehrpersonal. Technische Hochschulen hatten im statistischen Durchschnitt weniger Emigranten als die Universitäten.

Ein differenziertes Bild erhält man, wenn man die Dimension der Emigration nicht nach personen-, sondern nach leistungsbezogenen Kriterien bemißt. So schrieben Emigranten etwa 11% der in Deutschland zwischen 1926 und 1933 publizierten physikalischen Literatur. Bei Abzug des von Ausländern in deutscher Sprache veröffentlichen Anteils (25–30% der Gesamtheit) steigt der Emigrantenanteil auf 14–15%. Die Verteilung nach physikalischen Spezialgebieten ist uneinheitlich. Der Emigrantenanteil ist am höchsten in den modernen, am niedrigsten in den älteren Teilgebieten der Physik. Wenn man den Ausländeranteil beiseite läßt, schrieben die späteren Emigranten nahezu 30% der zwischen 1926 und 1933 in Deutschland erschienenen Literatur über Quantentheorie, Kernphysik und Atomtheorie. Dies bestätigt das in der personenbezogenen Auswertung erhaltene Ergebnis, daß die Emigration vor allem die moderne theoretische Physik in Deutschland beeinträchtigte, wobei aufgrund der Koppelung von Theorie und Experiment auf mittlere Sicht auch die experimentelle Forschung in ihrer Entwicklung negativ beeinflußt wurde.

Mißt man Leistung nicht an der Zahl der Veröffentlichungen, sondern an der Zahl der erhaltenen Zitationen, wird klar, daß die Physikemigration auch als Elitenphänomen interpretiert werden kann. Je exklusiver man den Kreis der Meistzitierten definiert, desto höher wird der Emigrantenanteil. Von den 26 zwischen 1926 und 1933 meistzitierten deutschen Atomphysikern ist die Hälfte ausgewandert. Am Beispiel der Physik gewinnt der Begriff der „Selbstenthauptung der deutschen Wissenschaft" einen präzisen Sinn.

Die Entlassung der unerwünschten Physiker erfolgte in Entsprechung zur Verschärfung der NS-Rassenpolitik in mehreren Schüben zwischen 1933 und 1938. Die Zahl der Emigranten war 1933 am höchsten, nahm dann stetig ab, bis 1938 eine zweite, kleinere Emigrationswelle folgte. Obwohl diese bis Ende 1939 auslief, emigrierten einzelne noch in den ersten Kriegsjahren.

In vielen Fällen gingen der Emigration Bemühungen um einen Arbeitsplatz im Ausland voran. Dabei erwies es sich als Vorteil, daß große Teile der Physik (vor allem die modernen theoretischen Teilbereiche) international orientiert und durch eine erhebliche grenzüberschreitende Mobilität der Forscher gekennzeichnet waren (Sopka 1980, 3.15ff., 3.33ff., A0.11ff.). Vor 1933 geknüpfte professionelle Kontakte, Bekanntschaften mit ehemaligen ausländischen Studenten in Deutschland, die nach ihrem Examen in ihrer Heimat Karriere gemacht hatten, durch Rockefeller-Stipendien geförderte Auslandsstudien oder Gastdozenturen späterer Emigranten erwiesen sich bei der Suche nach einer ersten Stelle oft als entscheidender Vorteil. Die internationalen Zentren des Fachs, Institute berühmter Fachvertreter wie Niels Bohr (Kopenhagen), Ernest Rutherford (Cambridge), Arnold Sommerfeld (München), Wolfgang Pauli (Zürich) wurden zu Drehscheiben des Wanderungsprozesses. Obwohl die bekannten privaten Hilfsorganisationen, die amerikanische Rockefeller Foundation und der englische Chemiekonzern ICI, in einer Reihe von Fällen finanziellen Beistand leisteten, bewirkte die internationale Struktur des Faches, daß in den USA nach Weiner und Rider ca. 80% der Emigranten ohne Hilfe des Emergency Committee eine Stelle fanden. Wichtig für das private Überleben in der ersten Zeit nach der Emigration war die vielfach ungenannt gebliebene persönliche Hilfe von Kollegen, die für Wohnung, Essen und kulturelle Akklimatisierung sorgten und oft auch beim beruflichen Weiterkommen behilflich sein konnten.

Selten war allerdings der erste Arbeitsplatz im Ausland von Dauer. Insbesondere die europäischen Zufluchtsländer hielten in vielen Fällen nicht, was man sich erhofft hatte. Andere erwiesen sich nach Kriegsbeginn als Falle (Tschechoslowakei, Niederlande, Frankreich). Waren die west- und nordeuropäischen Staaten von vornherein nur sehr begrenzt aufnahmefähig, so erwiesen sich auch die → SOWJETUNION, in der zunächst ca. 20 Physiker untergekommen waren, und → GROSSBRITANNIEN, das für über 50 Physiker zur ersten Haltestätte nach dem Verlassen Deutschlands geworden war, oft nur als Zwischenstation. Während nahezu alle Emigranten die UdSSR wieder verließen oder Opfer des GULag wurden, gingen in England zumindest einige Dauerstellen an Emigranten. Max Born in Edinburgh, Heinrich Kuhn, Franz Eugen Simon, Nicholas Kurti und Kurt Alfred Mendelssohn in Oxford, Otto Robert Frisch in Cambridge, Rudolf Ernst Peierls in Birmingham, Herbert Fröhlich in Bristol sind nur Beispiele. Insgesamt waren es bis 1950 etwa 20. Wenn man die Zeitstellen hinzunimmt, dann waren Cambridge (17), Bristol (9), Oxford (10), Edinburgh (5), London (14) und Manchester (5) die wichtigsten Arbeitsorte emigrierter Physiker in England – wobei vor allem Edinburgh, Bristol und Oxford den statistischen Durchschnitt im Verhältnis zur Größe der physikalischen Institute deutlich übertrafen. Auch die britische Industrie hat zeitweilig einige Emigranten beschäftigt. Die verbreitete Meinung, England habe eine unwiederholbare Chance vergeben, indem es viele der besten Naturwissenschaftler weiterziehen ließ, ist nur z. T. richtig. In Proportion zu seiner Größe hat das Land nicht weniger Physiker aufgenommen als die USA. Charakteristisch für die Aufnahmezahlen in den neuen Teilgebieten der Physik dürften die für den Unterbereich der Kernphysik ermittelten Verhältnisse sein: Von den 29 nach Zitationszahlen wichtigsten deutschen Emigranten im Bereich Kernphysik gingen 14 zunächst nach England und sieben in die USA. Ende der vierziger Jahre befanden sich noch fünf in England und 18 in den USA.

Wichtigste Zufluchtsstätte für emigrierte deutsche Physiker waren ab Mitte der dreißiger Jahre die → VEREINIGTEN STAATEN VON AMERIKA. Viele wählten ab 1936 den direkten Weg und ließen England als Zwischenstation aus. Nach Rider (1984) erreichten die Einwanderungsziffern von Physikern und Mathematikern in die USA ihren Höhepunkt im Jahr 1939. Die Nachfrage kam in erster Linie von den Universitäten. Von den Emigranten, die zwischen 1930 und 1950 in der zentralen amerikanischen Fachzeitschrift *Physical Review* publizierten, arbeiteten 122 im akademischen Bereich und 19 in der Industrie. Darunter befinden sich auch Wissenschaftler aus den Grenzbereichen zwischen Physik und Mathematik, physikalische Chemie, Astrophysik etc. (Die Gesamtsumme ergibt sich nicht aus der Addition der beiden Teilzahlen, da einige Pendler zwischen Industrie und Universität zu berücksichtigen sind.) Für die überwiegende Mehrheit dieser Wissenschaftler wurden die USA, begünstigt durch die Tradition des Landes als Einwanderungsregion, dauerhaft zur neuen Heimat. Die großen akademischen Zentren wie Chicago (16), Columbia (11), Princeton (12), California Institute of Technology (9/8), Massachusetts Institute of Technology (MIT 9), Harvard (7) nahmen absolut gesehen zwar die meisten Emigranten auf (die genannten Zahlen umfassen außer Dauerstellen auch befristete Einstellungen), doch in Proportion zu ihrer Größe zeigten die mittelgroßen Institute wie Cornell (7), Illinois (6), Rochester (5), Purdue (5), Pennsylvania (5), Johns Hopkins (5), Stanford (3), Duke (5) oder Wisconsin (3) eine etwas höhere Aufnahmebereitschaft. Zwischen einigen der aufstrebenden Institutionen (Stanford, Berkeley u.a.) herrschte scharfe Konkurrenz um immigrierte Spitzenwissenschaftler. Daneben gab es jedoch auch (wie in England) Universitäten, die keine Emigranten einstellten. Ein differenzierteres Bild vom Wandel der Aufnahmebereitschaft erhält man, wenn man jene Ziffern nach Regionen aufschlüsselt. Dabei zeigt sich, daß der Westen der USA deutlich zurückhaltender als der Osten war. Die nördlichen Staaten des mittleren Ostens und Westens lagen knapp über bzw. unter dem Durchschnitt, die südlichen darunter (Rider 1984, S. 158ff.).

Die wichtigsten Zufluchtsländer für emigrierte Physiker neben den USA und England waren die → TÜRKEI (9) und → PALÄSTINA (etwa 10). Beide Länder waren Sonderfälle. In ihnen ging es weniger darum, Spitzenforschung zu betreiben, als Pionierarbeit zu leisten und eine akademische Infrastruktur erst aufzubauen (Berbüsse 1989; Erichsen 1991). Obwohl die Emigration in die Türkei aufgrund verschiedener Faktoren (kulturelle Verschiedenheit, Sprache, Zeitverträge) zumeist keine dauerhafte Lösung war, wirkten Emigranten in vielen Fällen als Initiatoren eines eigenständigen türkischen Universitätswesens.

Bei der Bewertung der Physikemigration ist zu berücksichtigen, daß Deutschland vor 1933 eine hohe akademische Arbeitslosigkeit verzeichnete und bereits in den zwanziger Jahren (in der Chemie bereits vor dem Ersten Weltkrieg) zum Netto-Exporteur von Wissenschaftlern geworden war (Sopka 1980, A.29). Die begrenzte Aufnahmefähigkeit des deutschen Marktes hätte mit hoher Wahrscheinlichkeit eine Reihe von Spitzenwissenschaftlern auch ohne die nationalsozialistischen Rassengesetze zur Migration (vor allem in die USA) veranlaßt. Die politisch und „rassisch" motivierte Wissenschaftsemigration überlagerte so nach 1933 eine latente Migrationsbereitschaft, die sich aus wirtschaftlichen und existentiellen Gründen speiste.

Die Plazierung der Emigranten stieß in vielen Fällen auf Widerstände, die sich nur teilweise aus Fremdenfeindlichkeit und antisemitischem Ressentiment erklären lassen (Synnott 1986). Infolge der noch nicht überwundenen Weltwirtschaftskrise gab es Anfang der dreißiger Jahre vor allem in England und in den USA eine hohe akademische Arbeitslosigkeit, die durch die ankommenden Flüchtlinge noch verschärft wurde und in etlichen Fällen zu einer Verstärkung antisemitischer Reaktionen führte (Hoch 1983, S. 239 ff.). Die Reaktion der Hilfsorganisationen auf amerikanische Kritik an der einströmenden ausländischen Konkurrenz bestand zunächst darin, die Emigranten möglichst breit zu verteilen, um sichtbare Konzentrationen zu vermeiden. Ungeachtet dieser psychologischen und wirtschaftlichen Hemmnisse erwies sich der amerikanische Arbeitsmarkt für Universitätslehrer als aufnahmefähiger als zunächst erwartet. Für diese hohe Aufnahmeelastizität lassen sich vor allem zwei Gründe nennen: 1. Die physikalische Forschung in den USA befand sich seit den zwanziger Jahren in einer Aufschwungphase, die durch beträchtliche Mittel wichtiger amerikanischer Wissenschaftsorganisationen in Gang gehalten wurde. Viele Universitäten erkannten (nach anfänglichem Zögern) in der Einwanderung stellungsuchender Spitzenwissenschaftler die Chance, durch Einwerbung eines oder – bei großen Instituten – mehrerer hochkarätiger Emigranten einen Qualitätssprung ihrer Forschung einzuleiten; 2. Die Folgen der Wirtschaftskrise für die Universitäten wurden in der zweiten Hälfte der dreißiger Jahre schneller als geglaubt überwunden.

Obwohl die Eingliederung der Immigranten in das amerikanische Wissenschaftssystem zumeist (aber nicht immer) erfolgreich war, war sie für die Betreffenden auch mit Kosten verbunden. Der internationale Charakter der Physik bot noch keine Garantie dafür, daß der Immigrant an seinem neuen Arbeitsplatz unvermittelt dort weitermachen konnte, wo er kurz zuvor in Deutschland aufgehört hatte. Wenngleich die Ausbildung in den neuen Gebieten der theoretischen und experimentellen Physik infolge der Zirkulation der qualifiziertesten Studenten durch die bekannten europäischen und amerikanischen Zentren einen starken Grundkonsens hinsichtlich der wichtigsten Probleme des Fachs und der erfolgversprechendsten Wege zu ihrer Lösung erzeugt hatte, gab es neben institutionellen und topographischen Besonderheiten lokale Forschungsschwerpunkte, wissenschaftliche Milieus und Arbeitsstile. Ihnen konnten sich selbst höchstqualifizierte Neuankömmlinge nicht ohne Risiko entziehen, solange sie keinen „tenure" erlangt hatten. Für den Umgang mit diesen Faktoren waren nicht nur fachliche, sondern auch soziale und kulturelle Fähigkeiten von Bedeutung.

Interessenverschiebungen und wissenschaftliche Leistungen bei Immigranten sind dennoch nur selten eindeutig als Folge der Wanderung zu interpretieren (Fischer 1995, 1996). Da der einzelne Forscher dem lokalen Milieu nicht nur ausgeliefert ist, sondern es selbst mitgestalten oder im Grenzfall wechseln kann, ist die Vermutung, daß die wissenschaftliche Entwicklung dieses oder jenes Physikers Folge der Emigration war, in der Regel nicht unabhängig testbar. Interviews mit Emigranten, die im Rahmen des Archive for History of Quantum Physics gemacht wurden, verdeutlichen, daß es unter ihnen Wissenschaftler gab, die sich selbst als sehr empfänglich für äußere Anregungen bezeichneten (z. B. Peter Debye, Rudolf Ernst Peierls, Victor F. Weisskopf), während es anderen eher darauf ankam, ein langfristig angelegtes eigenes Forschungsprogramm weiterzuführen (z. B. Erwin Schrödinger, Walter Heinrich Heitler, Wolfgang Pauli, Otto Stern, Lothar Wolfgang Nordheim). Unabhängig davon konnte kein physikalisches Institut ein Interesse daran haben, einen immigrierten Physiker anzustellen, dessen Spezialisierung nicht in die Aufgabenstruktur des Instituts oder in die Planungen seines weiteren Ausbaus paßte.

IV Physik

Es ist naheliegend, den Aufstieg der USA zur größten Wissenschaftsnation mit der Immigration vieler Spitzenforscher aus Deutschland und den vom Dritten Reich ab 1938 okkupierten Ländern in Verbindung zu bringen. Dieser Schluß ist nicht abwegig, doch er würde die Verhältnisse über Gebühr vereinfachen. Richtiger wäre die Aussage, daß die immigrierten Physiker den wissenschaftlichen Siegeszug der USA beschleunigt haben. Ausgelöst haben sie ihn nicht. In einigen Gebieten der Physik (Spektroskopie, Astrophysik) hatten die Amerikaner bereits in den zwanziger Jahren mit den Europäern gleichgezogen. Auf breiterer Front setzte sich diese Tendenz Anfang der dreißiger Jahre fort. Indiz dafür ist die Entwicklung der Kernphysik. Von den vier großen Entdeckungen des „annus mirabilis" der Kernphysik 1932 kamen drei aus den USA: die Entdeckung des Positrons durch Herbert Anderson, die des Deuterons (schwerer Wasserstoff) durch Harold C. Urey, Ferdinand G. Brickwedde und George M. Murphy sowie die Installation des ersten funktionsfähigen Zyklotrons durch Ernest O. Lawrence in Berkeley. Der Einfluß der Emigranten in den USA begann auf diesem Gebiet nicht vor 1936.

Komplementär dazu ist es problematisch, den Abstieg Deutschlands von der Spitzengruppe ins obere Mittelfeld der Wissenschaftsnationen allein auf die Emigration eines Teils der Forscherelite zurückführen zu wollen. Eine Analyse des Rückgangs der Publikationsziffern in deutschen Fachzeitschriften ergibt, daß nur rund ein Fünftel durch den direkten Ausfall der Emigranten als Autoren verursacht war. Hier läßt sich ein allgemeinerer negativer Einfluß der nationalsozialistischen Wissenschaftspolitik ausmachen, der auch die Arbeit der im Land verbliebenen Physiker beeinträchtigte. Auch Ausländer veröffentlichten jetzt sehr viel weniger in deutschen Zeitschriften als zuvor. Die Zahl der deutschen (!) Physiker, die in einer der zentralen deutschen Fachzeitschriften publizierten, sank von 1933 bis 1939 um 53% (von 573 auf 268). Der durch die Emigration ausgefallene Teil beträgt aber nur etwa 10% (58). Parallel dazu sank die Zahl der in den betreffenden Zeitschriften erschienenen Publikationen (Ausländer eingeschlossen) von 1933 bis 1939 um 60% (von 885 auf 350). Der Anteil des Rückgangs an Publikationen, den man endogenen Faktoren zuschreiben muß, übertrifft folglich den Anteil der ausfallenden Emigranten (etwa 11%) um das Fünf- bis Sechsfache. Es liegt nahe, diese „anderen Faktoren" vor allem in der nationalsozialistischen Wissenschaftspolitik zu suchen, die vor allem auf „anwendungsbezogene" Forschung zum „Wohle von Volk und Gesellschaft", d.h. für die Rüstungskonjunktur setzte. Dagegen stand die theoretische Physik – Relativitätstheorie, Quantentheorie, theoretische Kernphysik – in der Zeit der NS-Diktatur als abstrakte, „volksfremde" und nutzlose Spekulation in sehr geringem Ansehen oder wurde gar als „jüdisch" diffamiert (Quellen hierzu in Hentschel 1996).

Hinzu kam die chronische Geldknappheit der hiesigen Institute, die auch die experimentelle Physik behinderte, weil teure Geräte oder Materialien nicht gekauft werden konnten. Das erste Zyklotron beispielsweise konnte erst Ende 1943 bei Walter Bothe in Heidelberg den Betrieb aufnehmen. Damit war den deutschen Physikern das damals wichtigste experimentelle Hilfsmittel des Fachs praktisch verschlossen. Dies hatte Konsequenzen. Der Anteil deutschsprachiger Artikel an der Gesamtliteratur des Teilgebiets Kernphysik sank zwischen 1931 und 1939 kontinuierlich von 45% auf 14% (1933: 36%; 1935: 28,4%; 1937: 22,3%). Parallel dazu stieg der Anteil von Artikeln allein der amerikanischen *Physical Review* in deutschen Literaturberichten zum gleichen Fach bis 1939 auf über 50%.

Die Entwicklung der Kernphysik und insbesondere der Atomwaffe in den USA wird oft als Beispiel für die Wirkung der Wissenschaftsemigration angeführt. Und in der Tat lassen sich nach inhaltlichen und zitationsanalytischen Kriterien in beiden Fällen viele deutsch-jüdische Emigranten an prominenter Stelle finden. Daß diese faktisch einen erheblichen Anteil insbesondere an der Entwicklung der Kernphysik in den USA (und anderswo) hatten, kann daher nicht bezweifelt werden. Die Liste der Namen, die sich in der Cozitationsanalyse als bedeutsam herauskristallisieren, ist eindrucksvoll: Hans Bethe, Walter Heitler, Maurice Goldhaber, Max Born, Lise Meitner, Kasimir Fajans, Felix Bloch, Eugene Wigner, Otto Robert Frisch, Rudolf Ernst Peierls, Henry Barschall, Edward Teller, Viktor F. Weisskopf, Fritz London, Wolfgang Pauli, Lothar Wolfgang Nordheim, Leo Szilard u.a.m. (Fischer 1993). Andererseits gilt aber auch, daß gerade jene Institution, die vermutlich die Entwicklung der experimentellen Kernphysik und ihre Transformation in eine „big science" in den USA am stärksten beeinflußt hat, vor 1946 keine deutschsprachigen Emigranten unter ihren Mitarbeitern hatte: das Radiation Laboratory von Ernest O. Lawrence in Berkeley – jener Ort, an dem mit dem Zyklotron das für die Jahre 1933 bis 1950 wichtigste experimentelle Hilfsmittel der Kernphysik entwickelt wurde. Gleichfalls läßt sich zeigen, daß die Kernphysik zwischen ca. 1930 und 1941 ein enorm dynamisches Gebiet war. Sie gedieh nicht nur in Kopenhagen oder Zürich – wo sich in der Tat viele Emigranten versammelt hatten, wenngleich meist nur im Transit in die neue Welt –, sondern ebenso in Cambridge, Paris, Rom oder Osaka – ohne oder mit nur geringer Beteiligung von Emigranten. Selbst in Deutschland kam die Entwicklung nicht zum Stillstand, wenngleich das Tempo hinter dem in den USA zurückblieb. Ursache war nicht nur die Emigration vieler junger Kernphysiker – es blieben noch genügend im Land –, sondern auch und vor allem die Tatsache, daß hier mit dem Zyklotron das wichtigste experimentelle Hilfsmittel fehlte.

Was sich also nachweisen läßt, ist nicht ein Wandel der Kernphysik durch Emigration, sondern eine starke Beteiligung von Emigranten an ihrem Ausbau. Daß die Entwicklung des Gebiets insgesamt von der Emigrationswelle beschleunigt wurde, darf man aufgrund der Arbeitsmarktbedingungen in Deutschland und den USA annehmen. Ob sich der Charakter des Gebiets, seine „disziplinäre Matrix" (Thomas S. Kuhn), durch die Emigration verändert hat, oder ob eine etwaige Veränderung nicht einfach ein Reflex der inhaltlichen Entwicklung des Gebiets darstellte, die auch ohne Emigration – vielleicht mit dieser oder jener kleinen Abweichung – stattgefunden hätte, ist eine Frage, über die man nur spekulieren kann.

Das Ereignis, dessen Konsequenzen die soziale Organisation der Kernphysik ab den späten dreißiger Jahren am stärksten transformierten, war die Entdeckung der Kernspaltung und der durch sie eröffneten technischen Möglichkeiten. Man kann mutmaßen, daß ohne die Kompetenz der Emigranten aus Deutschland und Italien während des Krieges keine Nuklearwaffen entwickelt worden wären. Und vermutlich spielten Emigranten bei der Einfädelung des Projekts sowohl in England als auch in den USA eine erhebliche Rolle (Albert Einstein und Leo Szilard in den USA, Franz Eugen Simon, Rudolf Ernst Peierls und Otto Robert Frisch in Großbritannien). Sicher ist beides nicht. Doch die Bedeutung des Manhattan Projects für die Wissenschaft lag ohnehin weniger im wissenschaftlichen als im praktisch-technologischen Bereich: grundlegende neue theoretische Erkenntnisse hat es nicht erbracht (Rhodes 1988; Hoddeson u.a. 1993). Nicht dies war sein Ziel, sondern den Deutschen im Wettlauf um die Atombombe zuvorzukommen. Der Erfolg zeigte die Möglichkeit einer enormen Beschleunigung der technologischen Entwicklung durch eine neue Organisation der Wissensproduktion und den konzentrierten Einsatz staatlicher Ressourcen. Zugleich zeigte er die politische Brisanz von Wissenschaft und Technologie und ihr Potential zur Veränderung der politisch-militärischen Geographie des Globus. Hierin liegen die wirklichen Innovationen von Los Alamos. Diese organisatorische Seite des Projekts konnte von allen Mitarbeitern des Manhattan Projects Emigranten vermutlich am wenigsten beeinflussen. Ungeachtet der maßgeblichen Mitwirkung einer Reihe von hochqualifizierten Emigranten am Manhattan Project – u.a. Hans Bethe, Viktor F. Weisskopf, Otto Robert Frisch, Rudolf Ernst Peierls, Kasimir Fajans, Leo Szilard, Eugene Wigner, Edward Teller, Felix Bloch, Lothar Wolfgang Nordheim, Henry Barschall – ist „big science" weder eine Erfindung von Emigranten noch eine unbeabsichtigte Folgewirkung des Emigrationsprozesses. Auch das Radiation Laboratory am MIT, an dem bis 1945 RADAR zur kriegsentscheidenden Waffe entwickelt wurde, war nach ähnlichen Prinzipien organisiert – ohne Beteiligung von Emigranten. Dieselbe Form der Organisation benutzten die Deutschen in Peenemünde, mit einem vergleichbaren Einsatz an Mitteln. Wenn in der Frage der neuen Organisationsform überhaupt eine Zurechnung sinnvoll ist, dann wäre an erster Stelle das Labor von Ernest O. Lawrence in Berkeley zu nennen. Doch dies mag ein Zufall sein, der sich vor allem aus dem Umstand ableitet, daß die riesigen Beschleuniger von Lawrence nicht mehr von einer kleinen Arbeitsgruppe zu bauen und zu bedienen waren. Das Wachstum der Labors in neue Dimensionen war in diesem Fall gewissermaßen die unbeabsichtigte Folge der wachsenden Dimension der Instrumente.

Es verdient Beachtung, daß keineswegs alle qualifizierten Emigranten am Manhattan Project teilnahmen. Eine Reihe jener, die nach den Kriterien der Cozitationsanalyse als bedeutsam für die Entwicklung der Kernphysik angesehen werden müssen, lehnte die Mitwirkung am Atomwaffenbau aus ethischen, politischen oder persönlichen Gründen ab – unter ihnen Max Born, Albert Einstein, Lise Meitner, Erwin Schrödinger, Fritz London, Gerhard Herzberg, Hertha Sponer, Otto Stern, Peter Debye, Maurice Goldhaber, Gertrude Scharff-Goldhaber, Walter Heitler, Wolfgang Pauli.

Wenngleich man sich also davor hüten muß, die Verschiebung der internationalen Wissenschaftslandschaft ab 1933 der Wissenschaftsemigration zuzuschreiben, kann nicht bezweifelt werden, daß die deutsch-jüdischen Emigranten einen bedeutenden

Einfluß auf die Entwicklung wichtiger Zentren und Spezialgebiete der Physik in den Aufnahmeländern hatten. Wie stark dieser Einfluß im einzelnen war, können nur Lokalstudien und Untersuchungen ausgewählter Untergebiete des Fachs zeigen. Wünschenswert für eine vertiefende Erforschung der Wirkung der Wissenschaftsemigration wären auch biographische Studien zu einzelnen Persönlichkeiten. Hierbei sollte man auch jene Physiker nicht vergessen, die nicht in die bevorzugten Aufnahmeländer gingen, sondern an die „Peripherie" verschlagen wurden und dennoch ein erfülltes Arbeitsleben hatten. Schließlich bliebe noch eine weitere Geschichte zu schreiben, nämlich die Geschichte derer, denen ein ungünstigeres Schicksal die Möglichkeit weiterer Arbeit und Wirkung im Fach nach 1933 versagt hat.

Literatur

Berbüsse, Volker (1989): Deutschsprachige Physiker in Palästina/Israel. Bedingungen und Folgen einer Emigration. Ein erster Forschungsbericht, Berlin, Ms.

Beyerchen, Alan D. (1977): Scientists under Hitler. Politics and the Physics Community in the Third Reich, New Haven–London.

Die Emigration der Wissenschaften nach 1933 (1991). Disziplingeschichtliche Studien, hrsg. von Herbert A. Strauss, Klaus Fischer, Christhard Hoffmann u. Alfons Söllner, München u. a.

Erichsen, Regine (1991): Die Emigration deutschsprachiger Naturwissenschaftler von 1933 bis 1945 in die Türkei in ihrem sozial- und wissenschaftshistorischen Wirkungszusammenhang, in: Die Emigration der Wissenschaften nach 1933, S. 73 ff.

Fischer, Klaus (1988): Der quantitative Beitrag der nach 1933 emigrierten Naturwissenschaftler zur deutschsprachigen physikalischen Forschung, in: Berichte zur Wissenschaftsgeschichte 11, S. 83 ff.

Fischer, Klaus (1991a): Die Emigration deutschsprachiger Physiker nach 1933: Strukturen und Wirkungen, in: Die Emigration der Wissenschaften nach 1933, S. 25 ff.

Fischer, Klaus (1991b): Die Emigration der Wissenschaften nach 1933. Möglichkeiten und Grenzen einer Bilanzierung, in: Vierteljahrshefte für Zeitgeschichte 43, S. 535 ff.

Fischer, Klaus (1993): Changing Landscapes of Nuclear Physics. A Scientometric Study on the Social and Cognitive Position of German-Speaking Emigrants within the Nuclear Physics Community 1921–1947, Berlin u. a.

Fischer, Klaus (1995): Emigration und Wissenschaftswandel zwischen 1933 und 1945, in: Frieß, Peter, u. Peter M. Steiner, Hrsg.: Forschung und Technik in Deutschland nach 1945. Deutsches Museum Bonn, München, S. 36 ff.

Fischer, Klaus (1996): Identification of Emigration-Induced Scientific Change, in: Ash, Mitchell G., and Alfons Söllner, Eds.: Forced Migration and Scientific Change. Emigré German-Speaking Scientists and Scolars after 1933, Cambridge, S. 23 ff.

Hentschel, Klaus (1996): Physics and National Socialism. An Anthology of Primary Sources, Basel u. a.

Hoch, Paul K. (1983): The Reception of Central European Refugee Physicists of the 1930s: U.S.S.R., U.K., U.S.A., in: Annals of Science 40, S. 217 ff.

Hoddeson, Lillian, u. a., Eds. (1993): Critical Assembly. A Technical History of Los Alamos during the Oppenheimer Years, 1943–1945, Cambridge u. a.

Rhodes, Richard (1988): Die Atombombe, Nördlingen.

Rider, Robin E. (1984): Alarm and Opportunity: Emigration of Mathematicians and Physicists to Britain and the United States, 1933–1945, in: Historical Studies in the Physical Sciences 15, S. 107 ff.

Sopka, Katherine R. (1980): Quantum Physics in America 1920–1935, New York.

Synnott, Marcia G. (1986): Anti-Semitism and American Universities: Did quotas follow the Jews?, in: Gerber, David A., Ed.: Anti-Semitism in American History, Urbana/Chicago, S. 233 ff.

Weiner, Charles (1968): A New Site for the Seminar: The Refugees and American Physics in the Thirties, in: Fleming, Donald, and Bernard Bailyn, Eds.: The Intellectual Migration: Europe and America, 1930–1960, Cambridge/Mass., S. 190 ff.

Wolff, Stefan L. (1993): Vertreibung und Emigration in der Physik, in: Physik in unserer Zeit 24, S. 267 ff.

Politikwissenschaften

Alfons Söllner

Mehr als bei anderen Sparten der Wissenschaftsemigration sieht sich die Darstellung der Politikwissenschaftler vor das Problem gestellt, das Untersuchungsfeld klar zu begrenzen: Auf der einen Seite kannten die deutschen Universitäten in der Weimarer Republik die Politikwissenschaft nicht als eigenständige Disziplin; auf der andern Seite ist davon auszugehen, daß die Emigration zu einer ebenso raschen wie starken Politisierung der Kultur führte, die auch an den Wissenschaften nicht vorbeiging. Diese Konstellation bedeutete, daß die Emigranten erst im Verlauf der Emigration zu dem wurden, als was sie hier interessieren, nämlich professionelle Politikwissenschaftler. Akzeptiert man dieses Paradox als typische Eigenschaft der Untersuchungsgruppe, so spricht vieles dafür, daß den Politikwissenschaftlern eine hohe Signifikanz im Ensemble der Wissenschaftsemigration insgesamt zukommt: An ihnen wird die Emigration nicht nur als sozialer Prozeß, als Wanderungs- und Akkulturationsgeschehen greifbar, sondern als eine intellektuelle Entwicklung, die in hohem Maße politisch konditioniert war.

Die folgende Darstellung folgt einer kollektivbiographischen Methode und konzentriert sich auf Wissenschaftler, die 1. bereits vor ihrer Vertreibung ein akademisches Examen, in der Regel die Promotion an einer deutschsprachigen Universität absolviert hatten und 2. in den Gastländern eine professionelle Position erreichten, die auf politikwissenschaftliche Forschung und Lehre spezialisiert war. Orientiert man sich am *Biographischen Handbuch der deutschsprachigen Emigration nach 1933 (BHb)*, so ergibt sich nach diesen Kriterien eine Gruppe von 64 Personen. Zwar hat die enge Definition den Nachteil, daß nur die „erste Generation" in den Blick gerät, also die vermutlich ebenso umfangreiche „zweite Generation" vernachlässigt wird, die ihre wissenschaftliche Ausbildung erst in den Gastländern erhalten hat. Der Vorteil liegt jedoch auf der Hand: In den Vordergrund treten diejenigen Wissenschaftler, die in ihrer vita den ganzen Spannungsbogen der Emigration durchlebten, die ihre politische und intellektuelle Prägung noch in Deutschland erfahren hatten, aber ihre professionelle Karriere unter den ganz anderen Bedingungen der Gastländer antreten mußten. Die berufliche Entwicklung, die diese mehrheitlich zwischen 1890 und 1915 geborene Gruppe in der Emigration erfuhr, lief auf eine zweite wissenschaftliche wie politische Sozialisation hinaus, und dies wiederum konstituierte nicht nur eine eigenständige und einmalige Generationserfahrung, sondern brachte so etwas wie einen neuen Typus des „political scholar" hervor.

Die Geschichte der politikwissenschaftlichen Emigranten erhält erste Konturen vor der Weimarer Ausgangslage: Nach ihrer kognitiv-wissenschaftlichen Herkunft hatte mehr als die Hälfte der Gruppe ihr Examen in der juristischen bzw. der sog. staatswissenschaftlichen Fakultät abgelegt, während der kleinere Teil ein philosophisches oder humanistisches Studium absolviert hatte. Auch in den Schriften aus dieser Zeit, die oft Doktor- und Habilitations-, also konventionelle Qualifikationarbeiten waren, dominierte häufig die normativ-juristische Methode, wie sie für die deutsche Auffassung von Staat und Politik seit dem zweiten Kaiserreich prägend geworden war. Bedeutete dies ein Moment der Diskontinuität gegenüber der späteren Entwicklung, die sich an einer andersartigen, der angelsächsischen Auffassung von Staat und Gesellschaft orientierte, so sind jedoch auch die Kontinuitätselemente nicht zu unterschlagen: Sie zeigten sich vor allem bei den jüngeren, noch nicht etablierten Wissenschaftlern, die bereits vor 1933 Methoden und Theorieansätze praktizierten, wie sie für die angelsächsische Tradition der „political science" als typisch zu gelten haben.

Charakterisiert man die Ausgangslage der Gruppe nach sozialen und politischen Gesichtspunkten, so fällt auf, daß nur zehn der späteren Politikwissenschaftler vor ihrer Emigration eine regelrechte Universitätsprofessur innehatten, während das Gros entweder unterhalb dieser akademischen Position blieb oder in Institutionen außerhalb der Universität (wie der Deutschen Hochschule für Politik in Berlin) angesiedelt oder aber als Verwaltungsbeamte, Verbandsangestellte und als freiberufliche Anwälte, Journalisten usf. tätig gewesen war. Nach den politischen Orientierungen und Verbindungen bildete sich in der Gruppe einerseits das Spektrum der Weimarer Parteienlandschaft ab: zwischen den Extremen ein relativ schwaches liberales Zentrum und eine deutlich stärkere sozialdemokratische Fraktion. Bemerkenswert ist andererseits, daß sich die meisten späteren Politikwissenschaftler schon in der Weimarer Zeit positiv abheben vom Typus des traditionellen „German Mandarin", den Fritz Ringer, Kurt Sontheimer u. a. nach seiner antidemokratischen und republikfeindlichen Mentalität charakterisiert und wegen seiner scheinbar unpolitischen Staatsfixierung kritisiert haben. Signifikant ist der Vergleich zwischen der jungen Deutschen Hochschule für Politik in Berlin und der traditionsbeschwerten Vereinigung der deutschen Staatsrechtslehrer: Während die erste Institution 1933 ziemlich genau die Hälfte ihres Lehrpersonals in die Emigration abwandern sah, mußten von den 96 Mitgliedern des zweiten, hochetablierten Verbandes lediglich sechs Hitler-Deutschland verlassen.

So unilinear sich die Ursachen für die Emigration – das Umschlagen des Antisemitismus in staatliche Politik und die Verfolgung tatsächlicher oder vermeintlicher Regimegegner – auch darstellen, so individuell gestalteten sich die Entscheidungen zum Verlassen des Landes im einzelnen. Dennoch entspricht das Emigrationsverhalten der Politikwissenschaftler in etwa dem in anderen Professionen: Beinahe die Hälfte von ihnen kehrte Hitler-Deutschland schon 1933 den Rücken, die andere Hälfte verteilt sich über die Jahre bis zum Ausbruch des Krieges, mit einem deutlichen Höhepunkt 1938/39. Etwa ein Drittel der Gruppe nahm den direkten Weg in die → VEREINIGTEN STAATEN VON AMERIKA, die anderen gingen zunächst in europäische Länder, die sich jedoch rasch als Transitländer erweisen sollten, und zwar in folgender Reihung: nach → GROSSBRITANNIEN emigrierten zwölf, nach → FRANKREICH elf, in die → SCHWEIZ neun, in verschiedene andere europäische Länder je einer. Am Ende landeten von den 64 Personen der Gruppe nicht weniger als 54 in den Vereinigten Staaten, nur fünf blieben in England und je einer ließ sich längerfristig in der Schweiz, in Frankreich, Spanien, den Niederlanden und in Palästina/Israel nieder.

Das geographische Ergebnis der Wanderung ist von großer Eindeutigkeit und bestätigt auch für die Politikwissenschaftler, wie sehr die USA das Mekka, aber auch der Nutznießer des großen „brain drain" aus Deutschland wurden. Über die bekannten „pull-factors" hinaus schlug bei den Politikwissenschaftlern noch ein anderer Attraktionsgrund zu Buche: Die USA verfügten nicht nur über ein breites und in sich differenziertes System der „higher education", in dem Emigranten Aufnahme finden konnten, sondern es war gerade die „political science", die in den 1930er bis 1950er Jahren quantitativ wie qualitativ ihre entscheidende Expansionsphase durchlief. In einer solchen dynamischen Disziplin fanden die Emigranten ein reichliches Betätigungsfeld für ihren mitgebrachten Integrationswillen, auch wenn man sich davor hüten muß, die herben Schwierigkeiten der Wanderungsjahre in einem allzu idyllischen Bild zum Verschwinden zu bringen. So konzentrierten sich einige wenige rasche Berufskarrieren auf der einen Seite in den prestigereichen Universitäten vor allem des Ostens: an der New Yorker Columbia University, in Harvard, Princeton, Chicago oder Washington D.C.; auf der andern Seite kam der Großteil der Emigranten zunächst nur an eigens geschaffenen Institutionen wie der New School for Social Research oder an weniger bekannten Universitäten und den vielen kleinen Colleges im mittleren Westen unter.

Eine realistische Einschätzung der Berufswege in der Emigration wird eine erste Phase, die durch kurzfristige und auf Wechsel angelegte Anstellungen charakterisiert war, unterscheiden von der späteren, eigentlichen Integrationsphase, in der sich stabile Arbeitsverhältnisse und dauerhafte (tenure-)Positionen herausbildeten. Den Übergang zwischen beiden Phasen zu erleichtern gehörte von Anfang an zur Politik der wichtigsten Hilfsorganisation, dem von den großen Wissenschaftsstiftungen (Rockefeller bzw. Carnegie Foundation) finanzierten Emergency Committee in Aid of Displaced German/Foreign Scholars (EC), das der aufnehmenden Institution mehrjährige Anschubfinanzierungen zur Verfügung stellte und mit der Bedingung verband, den Emigranten anschließend auf Dauer zu beschäftigen. Auf diese und andere Weise mündeten die immer wechselvollen Wanderjahre der emigrierten Politikwissenschaftler in einen gesellschaftlichen Integrationsprozeß, was in den gar nicht so seltenen Glücksfällen rasch, in den meisten Fällen allmählich und mit Widerständen zur beruflichen Etablierung führte, in einigen wenigen Fällen aber auch spät oder gar nicht.

Im Überblick und vom Ergebnis her stellen sich die Berufskarrieren der Politikwissenschaftler folgendermaßen dar: Eine Festanstellung als full professor hatten erreicht 1935: 5, 1940: 12, 1945: 22, 1950: 34, 1965 schließlich immerhin 49 Personen aus der Gesamtgruppe von 64. Professionelle Spitzenpositionen wurden, wie nicht anders zu erwarten, erst spät erlangt: von Arnold Brecht, der zum Vize-Präsidenten der American Political Science Association, und von Karl W. Deutsch, der zum Präsidenten sowohl der American wie der International Political Science Association gewählt wurde.

Diese berufssoziologische Rekonstruktion der Emigration käme einer unvertretbaren Glättung, ja einer Verfälschung gleich, würde sie nicht korrigiert werden durch gegenläufige Tatsachen, die widrige Erfahrungen mit sich brachten und die Berufskarrieren der Emigranten als vielfältig gebrochen erscheinen lassen. Und doch zeigt sich auch hier, daß einen konstruktiven und ermutigenden Effekt haben konnte, was als soziale Diskriminierung und politische Verfolgung begonnen hatte. Voraussetzung für diese Umwertung einer zeitweiligen Leidensgeschichte war allerdings, daß die Emigranten aus ihrer negativen Erfahrung positive Schlußfolgerungen zogen, die ihrerseits ohne ein schmerzliches Abrücken von früheren Identifikationen national- wie wissenschaftskultureller Art nicht zu erlangen waren. Deutlicher als an anderen Wissenschaftsemigranten ist bei den Politikwissenschaftlern zu studieren, daß es tatsächlich in erster Linie die Politik war, die als positiver oder negativer, in jedem Fall aber als ausschlaggebender Faktor in ihr

Emigrationsschicksal wie auch in ihre wissenschaftliche Arbeit intervenierte.

Die Zerstörung der Weimarer Republik, die Machtergreifung der Nationalsozialisten, die unerwartete Stabilisierung eines terroristischen Regimes, Hitlers Aggressionskrieg und sein schmähliches Ende, die Enthüllung des Völkermords an den europäischen Juden, das Interregnum des Besatzungsregimes und schließlich das zweifelhafte Äquilibrium des Kalten Krieges – diese und andere turbulente Ereignisse der Zeitgeschichte, als deren destruktivstes Zentrum sich immer erneut die deutsche Politik erwies, konstituierten für die Politikwissenschaftler nicht so sehr neutrale Gegenstände der wissenschaftlichen Betrachtung, sondern sie verdichteten sich zu einer existentiellen Herausforderung, die es persönlich abzuarbeiten galt. Daß die Übersetzung der Existenzbedrohung in wissenschaftliche Objektivierung gelang, so schwierig sie auch war, daß daraus eine nicht abreißende Serie von politischen Pamphleten und Programmen, von Zeitdiagnosen und Regimeanalysen, von wissenschaftlichen Aufsätzen und mehr oder weniger gelehrten Büchern hervorging – in nichts anderem bestand das Erfolgsgeheimnis der deutschen Politikforscher, die damit den widrigen Umständen der Emigration in Amerika und anderswo zu trotzen verstanden. Wenn irgendwo, dann wird hier jene durchaus einmalige Vermittlung von Theorie und Praxis greifbar, die die Politikwissenschaftler von den anderen Sparten der Wissenschaftsemigration, aber auch vom literarischen und vom politischen Exil unterscheidet.

Die wissenschaftliche Produktion der emigrierten Politikwissenschaftler ergoß sich in einer solchen Flut von Publikationen, daß hier nur die wichtigsten Genres und ihre bevorzugten Gegenstände aufgezählt werden können: In den 1930er und frühen 1940er Jahren standen Analysen zum Ende der Weimarer Demokratie und zur Etablierung und Regimebildung des Nationalsozialismus im Vordergrund – herausragende Beispiele sind Franz L. Neumanns *Behemoth* (1942), Ernst Fraenkels *Dual State* (1941), William Ebensteins *The Nazi State* (1943) oder Arnold Brechts *Prelude to Silence* (1944). Eine ähnliche Prominenz erlangten die Emigranten in der sog. Totalitarismusforschung, die mit leichter Zeitverschiebung in den 1940er und 1950er Jahren kulminierte – Franz Borkenaus *The Totalitarian Enemy* (1939), Sigmund Neumanns *Permanent Revolution* (1942), Hannah Arendts *Origins of Totalitarianism* (1951) oder Waldemar Gurians *Bolshevism* (1952) sind hier zu nennen. Ausschlaggebend für die weite Verbreitung und die erstaunliche Wirkung dieser und anderer Werke aus Emigrantenfeder ist die Tatsache, daß es sich um Bücher handelt, die doppelt ambitioniert waren: Sie beruhen zu gleichen Stücken auf einem politischen – antifaschistischen oder antitotalitären – Engagement wie auf solider Analyse und subtiler Theoriebildung, ja, sie brachten beide Elemente nicht selten in ein effektives und organisches Verhältnis zueinander, so verschieden sich die Vermittlung im einzelnen auch gestaltete.

Ein konkreteres, aber auch mehr desillusionierendes Kapitel der Emigrationsgeschichte wird aufgeschlagen, wenn man sich die vielfältigen Versuche von Emigranten vergegenwärtigt, praktisch in das politische Zeitgeschehen einzugreifen. Signifikant ist etwa die Forschungs- und Beratungstätigkeit, die eine Gruppe von Politikwissenschaftlern um Franz L. Neumann und Herbert Marcuse in den 1940er Jahren zunächst für den amerikanischen Geheimdienst (Office of Strategic Services) und später für das State Department ausführte. So vielfältig und detailgenau, so entschieden und sachlich informiert die Expertisen auch waren, die von dieser Gruppe über die Struktur und Dynamik des Nationalsozialismus oder über die Hindernisse und Perspektiven der deutschen Nachkriegsdemokratie vorgelegt wurden – nach 1945 gerieten sie in die Mühlen der Besatzungspolitik und blieben in der rapide veränderten weltpolitischen Konstellation des Kalten Krieges großenteils ungenutzt liegen.

Eher von Erfolg gekrönt, weil mehr wissenschafts- als politikpraktisch ambitioniert, waren die wenig später einsetzenden Initiativen für die Gründung der westdeutschen Politikwissenschaft, die sich langfristig als der vielleicht anspruchsvollste Impuls der amerikanischen „re-education" erweisen sollte. Es steht außer Zweifel, daß dieses für die deutsche Universitätstradition fremde Fach über eine vordergründige Demokratiepädagogik nur deswegen hinauswachsen und zu einer soliden Wissenschaftsdisziplin gedeihen konnte, weil remigrierte Politikwissenschaftler wie Ernst Fraenkel und Richard Löwenthal, wie Arnold Bergstraesser und Eric Voegelin ihr unter die Arme griffen und dabei ihre persönliche Autorität durch die kompetente Berufung auf die amerikanische „political science" abstützen konnten.

Gleichgültig, ob man die politischen Interventionen der politikwissenschaftlichen Emigranten als Erfolg oder Mißerfolg ansieht – unübersehbar ist der Einfluß, den sie auf die Wissenschaftsentwicklung nahmen. Um ihn zu beurteilen und vor allem seine internationalen Auswirkungen zu erfassen, muß man freilich über die Zeitgrenze des Jahres 1945 hinausgehen und das Augenmerk darauf richten, daß die US-amerikanische „political science" seit den 1950er Jahren zum Promotor einer internationalen Wissenschaftskultur wurde. Auch inneramerikanisch befand sich diese Disziplin im Aufbruch; sie expandierte quantitativ und stabilisierte sich qualitativ in Richtung auf eine „science of politics". In diesem dynamischen Szenario, das durch die Ungleichzeitigkeit eines „conservative liberalism" (Gunnar Myrdal) und eines strikt szientischen Methodenideals geprägt war, konnten die Emigranten nicht zuletzt deswegen Spuren hinterlassen, weil sie einer ganz andersartigen, der alteuropäischen Wissenschaftskultur entstammten und sich gleichwohl mit der Forderung nach Einpassung, wenn man so will: nach der „Amerikanisierung" ihrer mitgebrachten Kompetenzen konfrontiert sahen. Teilt man die Politikwissenschaft, wie es grosso modo dem Selbstverständnis der Disziplin bis auf den heutigen Tag entspricht, in drei große Felder ein: 1. internationale Politik, 2. politische Institutionen (policy) und politisches Handeln (politics) und 3. politische Philosophie, so kann man den Einfluß der Emigranten schematisch folgendermaßen umreißen: Die größte Wirkung zeigten die emigrierten Politikwissenschaftler auf dem Gebiet der internationalen Politik. Dies gilt sowohl quantitativ wie qualitativ. Etwa 30, also beinahe die Hälfte der Gesamtgruppe zeigte eine mehr oder weniger deutliche Spezialisierung auf Fragen der Außen- bzw. der Internationalen Politik. Aus der Fülle dieser Autoren ragen einige vor allem deswegen hervor, weil ihre Publikationen in die politische Praxis auszustrahlen vermochten. Während z. B. der ältere Hans Kelsen für das Feld des internationalen Rechts und die neuen internationalen Organisationen bedeutsam wurde, gingen von jüngeren Emigranten geradezu schulbildende Impulse aus: So entwickelte Hans J. Morgenthau in den 1950er Jahren das einflußreiche Konzept des „politischen Realismus", und Karl W. Deutsch gab der internationalen Politikforschung in den 1960er Jahren mit seiner Kommunikationstheorie eine neue Wendung. Die Kumulation von Emigrantenbeiträgen auf diesen Gebieten legt den Gedanken nahe, daß hier nicht so sehr der Zufall am Werke war, sondern daß die Emigration, als eine dezidiert transnationale Erfahrung, auf eine Internationalisierung des politischen Bewußtseins geradezu drängte.

Weit geringer war der Einfluß der Emigranten auf die Gebiete der „policy" und der „politics", die man auch unter der Kategorie der Innenpolitik zusammenfassen kann. Dies hatte natürlich zunächst damit zu tun, daß hier spezifisch autochthone Forschungsfelder wie die amerikanische Verfassungstradition, Presidency und Supreme Court im Vordergrund standen, für deren Bearbeitung die Emigranten weniger Kompetenzen, aber auch weniger Interessen mitbrachten. Deutlich anders stellt das Bild sich dar, wenn man das angrenzende Feld der vergleichenden Politikforschung ins Auge faßt. Auf diesem ebenfalls expandierenden Gebiet, etwa im „comparative government" und in der vergleichenden Parteienforschung, leisteten Emigranten maßgebliche Beiträge, auch wenn sie unterhalb des Niveaus der Schulenbildung verblieben. Beispielhaft sind hier John H. (früher Hans) Herz, Otto Kirchheimer, Karl Loewenstein oder Sigmund Neumann zu nennen. Es waren Emigranten, die die Beschränkung auf die amerikanische Innenpolitik durch den Vergleich mit den europäischen politischen Systemen durchbrachen und auf diese Weise dazu beitrugen, daß die moderne Demokratietheorie durch vergleichende Kulturanalysen untermauert werden konnte.

Das lange anhaltende Echo schließlich, das die aus Deutschland eingewanderten politischen Philosophen auslösten, ist um so erstaunlicher, als es auf eine quantitativ kleine Gruppe zurückging: Personen wie Hannah Arendt und Herbert Marcuse, wie Leo Strauss und Eric Voegelin wurden, so verschieden ihre politischen Orientierungen auch waren, zu einer Herausforderung für die wissenschaftstheoretischen Grundlagen der Disziplin. Der Grund ist darin zu vermuten, daß sie mit einem philosophischen Programm angetreten waren (und vor allem hartnäckig daran festhielten), das dem szientischen mainstream entgegengesetzt war. Konzepte wie das antike Naturrecht (Strauss)', die Annahme einer anthropologisch fundierten Ordnung (Voegelin), die Utopie einer befreiten Gesellschaft (Marcuse) oder auch die Idee eines gesellschaftsenthobenen politischen Handelns (Arendt) – sie alle wirkten als eine Art philosophische Konterrevolution gegenüber der „behavioral revolution" der 1950er Jahre und haben mit dazu beigetragen, die empiristische und einseitig quantitative Ausrichtung der amerikanischen Politikforschung in die Schranken zu weisen. Darüber hinaus wurden sie zum ideengeschichtlich fundierten Widerpart des eindimensionalen Fortschritts- und Wissenschaftsglaubens in der westlichen Welt, der rasch internationale Beachtung fand.

Die Emigrationswege der Politikwissenschaftler

bezeichnen sicherlich nur einen schmalen Pfad in der komplexen Wissenschaftsgeschichte des 20. Jahrhunderts; aus ihrer Wirkungsgeschichte sind daher nur vorsichtige Schlußfolgerungen zu ziehen, wenn ein so weites Feld wie „Politik" und „Wissenschaft" im Zeitalter der fortschreitenden Internationalisierung zur Vermessung ansteht. Riskiert man jedoch eine informierte Spekulation, so könnten gerade die emigrierten Politikwissenschaftler als „Agenten" einer Internationalisierung erscheinen, die das anspruchsvolle Niveau eines weltbürgerlichen Bewußtseins zu erreichen versuchten. Dazu gehörten – in der ersten Hälfte des Jahrhunderts – ihre kompromißlosen Attacken auf die totalitären Regimes in Europa ebenso wie die politischen Schlußfolgerungen, die sie – in der zweiten Hälfte – zu entschiedenen, aber keineswegs distanzlosen Parteigängern der westlichen Demokratieidee machten. Für Deutschland und Mitteleuropa verstärkte dies den ohnehin in Gang befindlichen Trend zur „Verwestlichung" der politischen Kultur und damit die Akzeptanz der sie tragenden Institutionen. Für die westliche Welt aber hatte es den umgekehrten, nicht minder kritischen Effekt, die Idee der Demokratie neu zu formulieren und eine veränderte Wirklichkeit an ihr zu messen. Wenn der „political scholar" am Ende des 20. Jahrhunderts als Idealtypus erscheint, der Wissenschaft und Politik zur kritischen Praxis vereinigt, so hat die Emigration aus Hitler-Deutschland ihn als Realtypus glaubwürdig gemacht.

Literatur

Ash, Mitchell G., and Alfons Söllner, Eds. (1996): Forced Migration and Scientific Change. Emigré German-Speaking Scientists and Scholars after 1933, Washington D.C.

Die Emigration der Wissenschaften nach 1933 (1991). Disziplingeschichtliche Studien, hrsg. von Herbert A. Strauss, Klaus Fischer, Christhard Hoffmann u. Alfons Söllner, München u. a.

Göhler, Gerhard, u. Bodo Zeuner, Hrsg. (1991): Kontinuitäten und Brüche in der deutschen Politikwissenschaft, Baden-Baden.

Söllner, Alfons (1996): Deutsche Politikwissenschaftler in der Emigration. Studien zu ihrer Akkulturation und Wirkungsgeschichte, mit einer Bibliographie, Wiesbaden.

Tanenhaus, Joseph, and Albert Somit (1967): The Development of American Political Science: From Burgess to Behavioralism, Boston.

Psychiatrie

UWE HENRIK PETERS

Die psychiatrische Emigration aus Deutschland 1933–1945 ist die größte Wanderungsbewegung in der Geschichte der Psychiatrie überhaupt. Von den damals im Deutschen Reich und in Österreich lebenden etwa 3000 Psychiatern sind ca. 600 in die Emigration gezwungen worden. Dieser selbst unter den damaligen Verhältnissen ungewöhnliche Umfang hatte seinen Grund darin, daß jüdische Psychiater in hohem Maße zur Profilierung dieser Disziplin beigetragen hatten. Die Psychoanalyse wurde überhaupt als eine jüdische Wissenschaft angesehen, keineswegs nur von den Nazis, sondern schon lange vorher von den Psychoanalytikern selbst. In der größten psychoanalytischen Gruppe (Wien) war unter den 102 Mitgliedern und Kandidaten nur ein einziger Nichtjude, wie dieser (Sterba 1982) selbst berichtet hat.

Man versteht den unglaublichen und bis heute nicht ausgeglichenen Verlust für Deutschland besser, wenn man einen kurzen Blick auf den Stand der deutschen Psychiatrie zu Beginn der Emigration wirft. Die deutsche Psychiatrie war in praktisch allen Gebieten führend. Noch heute gehen nahezu alle wichtigen Konzepte der Psychiatrie der Welt in irgendeiner Form auf die deutsche Psychiatrie vor der Nazizeit zurück. Paradoxerweise hat die psychiatrische Emigration einen wesentlichen Anteil an diesem Globalisierungsvorgang, der freilich den meisten gegenwärtigen Psychiatern in Deutschland nicht bewußt ist. In starker Vereinfachung waren die wichtigsten Zweige: 1. Psychoanalyse, 2. rationalistische klinische Psychiatrie, 3. phänomenologische Psychiatrie, 4. anthropologische Psychiatrie, 5. allgemeine, nicht-psychoanalytische Psychotherapie, 6. Somatotherapie (Behandlung mit körperlichen Methoden).

1. Die Psychoanalyse ist der in der Öffentlichkeit bekannteste Teil der Psychiatrie. Sie ist der erfolgreichste Zweig in der Geschichte der Psychiatrie überhaupt, weil unser heutiges Denken zweifellos durch psychoanalytische Theorien mitgeprägt worden ist. Die Emigration erfolgte subtotal, d.h., es blieben in Berlin und Wien nur einzelne Psychoanalytiker zurück. Auf die psychoanalytische Emigration wird mehrfach zurückzukommen sein.

2. Emil Kraepelin, das Haupt der rationalistischen klinischen Psychiatrie, baute seine Systematik psychischer Krankheiten auf dem Dogma auf, daß sie

durch biologische Prozesse verursacht seien. Er arbeitete das Krankheitsbild der Schizophrenie aus (von ihm Dementia praecox genannt) und erfand eine Systematik psychischer Krankheiten. Seine Konzepte wurden praktisch von allen Ländern übernommen. Während Kraepelins Systematik gegenwärtig nur noch in den Grundzügen gültig ist, bekennen sich die meisten Psychiater der Welt weiterhin zu seinem Dogma. Es sind die (an sich schlechten) englischen Übersetzungen von Kraepelins Lehrbuch der Psychiatrie (z.B. Kraepelin 1987), interpretiert von seinen Schülern, etwa Eugen Kahn in den USA, durch welche die Transmission vollbracht wurde. Das von Kraepelin in München gegründete erste Forschungsinstitut für Psychiatrie (Kraepelin 1916) wurde Vorbild für die Gründung gleichartiger und gleichnamiger Institute in London, New York, Moskau und anderswo.

3. Die Heidelberger Schule der phänomenologischen Psychiatrie unter Führung von Karl Jaspers und Karl Wilmanns anerkannte zwar auch das Dogma der biologischen Verursachung psychischer Krankheiten, arbeitete aber eine feinziselierte Lehre von den Zeichen (= Phänomenen) aus, woran man psychische Störungen erkennen könne. Mit vielen Vereinfachungen ist diese Lehre weiterhin gültig und international in Gebrauch. Das von dem Heidelberger Phänomenologen Willy Mayer-Gross (zusammen mit Slater und Roth) in der englischen Emigration geschriebene Lehrbuch (1954) ist für mehr als ein Jahrzehnt das führende psychiatrische Lehrbuch der Welt gewesen.

4. Die anthropologische Psychiatrie hatte in Deutschland schon eine 200jährige Tradition. Aber erst in der Emigration entfaltete sie eine internationale Wirkung, z.B. durch Erwin Straus und mit drei bahnbrechenden, in Lexington abgehaltenen Konferenzen (Straus 1964). Vielleicht ist es etwas verwirrend, daß auch diese Richtung sich teilweise Phänomenologie nannte. Über den heute noch in Lexington lebenden Straus-Schüler Ernst Jokl (geb. 1907), der 1928 Mitglied der deutschen Olympiamannschaft gewesen war, gewann diese Richtung auf Grund ihrer Bewegungslehre großen Einfluß auf den internationalen Hochleistungssport (Jokl 1978).

5. Die allgemeine, nicht-psychoanalytische Psychotherapie erlebte unmittelbar vor der Emigration ebenfalls Höhepunkte. Zwischen 1926 und 1931 hielt sie unter Führung von Wladimir Eliasberg sechs stark besuchte Kongresse ab, konnte aber in der Emigration organisatorisch nicht mehr zusammengehalten werden (Eliasberg 1927, 1936).

6. Die „heroischen" somatotherapeutischen Heilmethoden – Schocktherapie mit Hilfe von epileptischen Anfällen, Insulinschocktherapie, Malariatherapie der Syphilis – waren ebenfalls alle in den deutschsprachigen Ländern entwickelt worden. Sie haben ihre Bedeutung und ihr Ansehen heute weitgehend verloren. Für sehr viele psychiatrische Emigranten waren sie aber von großer Wichtigkeit, weil sie Erfahrung und Wissen über diese sich kurz vor der Nazizeit entwickelnden Methoden besaßen und sie mit ihrer Hilfe überall in der Welt eingeführt werden konnten (Peters 1992), wodurch die Emigranten in ihrer wissenschaftlichen Breite sozusagen wertvoller wurden.

Natürlich waren unter den in Deutschland zurückgebliebenen Psychiatern auch einige hervorragende Vertreter ihres Faches, die hingebungsvoll weiter ihre Patienten betreuten. Absolut führend wurde aber eine rassistische und menschenverachtende Nazipsychiatrie unter Führung des Schweizer Psychiaters Ernst Rüdin. Dies führte dazu, daß unter Mithilfe zahlreicher deutscher Psychiater wohl über 300 000 psychisch Kranke und Menschen, die für solche erklärt wurden, von den Nazis ermordet wurden. Noch viel mehr Menschen wurden aufgrund von Nazigesetzen sterilisiert. Auch das ist einmalig in der Geschichte der Psychiatrie. Von einer befriedigenden Aufarbeitung dieser historischen Vorgänge kann bis heute keineswegs gesprochen werden.

Die deutschen Psychiater verbreiteten sich fast über die ganze Welt. Da verständlicherweise ihre Emigration nirgendwo registriert wurde und da es unter ihnen kein zusammenhaltendes Band gab, ist es sehr schwer, die vielen Einzelfäden zu verfolgen. Obwohl ich mich jetzt mehr als drei Jahrzehnte mit diesem Thema befasse, tauchen immer wieder völlig neue Namen und ganze Wirkungskreise auf. Es gibt aber immerhin einige Zentren, die größere Bedeutung bekommen haben als andere.

Wie so viele andere Emigranten, fanden auch die meisten Psychiater eine Aufnahme in den → VEREINIGTEN STAATEN VON AMERIKA. Unter ihnen sind die Psychoanalytiker als psychiatrische Emigranten am bekanntesten geworden. Sie wurden so einflußreich, daß während eines ganzen Jahrzehnts in den USA kaum ein Psychiater, der nicht psychoanalytisch orientiert war, eine Chance hatte sich durchzusetzen. In Film und Fernsehen wurde es zum Stereotyp, daß ein sympathischer Psychiater Englisch mit einem deutlich deutschen Akzent sprach. Dieser Sprachwechsel ist symptomatisch. Während es vor 1933 für einen gebildeten Psychiater notwendig war, wenigstens die deutsche Sprache lesen zu können, um die Originalliteratur zu studieren, wechselte zwischen 1933 und 1938 die Sprache der Psychiatrie von Deutsch zu Englisch. Das hat sich bis heute nicht verändert. Obwohl es auch die psychiatrischen Emigranten schwer hatten, in einem neuen Land, dessen Sprache sie meist erst erlernen mußten, Fuß zu fassen, hatten sie es im Vergleich zu anderen Berufsgruppen dennoch leichter. Die amerikanische Psychiatrie befand sich bei Beginn der Emigration in einem miserablen Zustand. In riesigen Krankenhäusern mit bis zu 10 000 Betten vegetierten die Kranken ohne wesentliche Behandlung dahin; nur langsam änderte sich dieser Zustand in den folgenden Jahrzehnten. Noch 1948 wurden beispielsweise von Albert Deutsch in seinem Buch *The Shame of the States* entsetzliche inhumane Zustände angeprangert, ehe eine wirklich entscheidende Wendung eintrat. Gleichwohl boten die psychiatrischen Institutionen vielen emigrierten Psychiatern wenigstens für die ersten Jahre Unterschlupf, weil ein nie zu deckender Personalbedarf bestand und daher mangelhafte Sprachkenntnisse nicht als Hinderungsgrund angesehen wurden. Oft hatten sie gleichzeitig mehrere hundert Patienten zu betreuen, wie z.B. Heinz Lehmann (1980) in seinen Erinnerungen schreibt. Eine eigene Systematik hatte die amerikanische Anstaltspsychiatrie nicht; 90% ihrer Diagnosen lauteten auf „Schizophrenie". Die deutschen Psychiater, welche sich um eine sorgfältige diagnostische Etikettierung eines jeden Patienten bemühten, wurden deshalb eher verlacht. Dies wurde erst ab etwa 1980 anders, als – basierend auf der Philosophie des logischen Empirizismus Carl Gustav Hempels, des aus Deutschland nach Amerika emigrierten Philosophen – die erste amerikanische und gegenwärtig führende Systematik entworfen wurde (Schwartz/Wiggins 1986).

Ganz anders sahen allerdings die Verhältnisse in den zahlreichen psychiatrischen Privatkliniken und in der psychiatrischen Praxis aus, wo im Gegensatz zu den staatlichen Anstalten auch mit einer guten Bezahlung der Arbeit gerechnet werden konnte. In Chestnut Lodge, einer sehr renommierten Privatklinik am Rande Washingtons (erst 1996 wurde sie an einen Konzern verkauft) wurde die Psychotherapie der Schizophrenie eingeführt. Eine der frühen Patientinnen der aus Heidelberg dorthin emigrierten Psychoanalytikerin Frieda Fromm-Reichmann, Hannah Green, hat über ihre Behandlung den Bestseller *Ich habe dir keinen Rosengarten versprochen* geschrieben, der auch als Film ein Welterfolg wurde. Dr. Fried, wie die mit Heidelberger Akzent sprechende Psychiaterin darin heißt, ist nach den Bekundungen derer, die sie kannten, in realistischer Weise portraitiert worden. Das Buch ist damit überhaupt eine der treffendsten Darstellungen der emigrierten Psychiatrie geworden.

Die Einwanderung so vieler Psychoanalytiker traf die USA nicht unvorbereitet. In den 1920er Jahren war der deutschsprachige Schweizer Psychiater Adolf Meyer (1866–1950), der 1892 aus persönlichen Gründen nach Amerika ausgewandert war, die beherrschende Persönlichkeit in der amerikanischen Psychiatrie geworden. Meyer förderte alle humanistischen Richtungen stark und bot an seinen Kliniken, dem Johns Hopkins Hospital in Baltimore und der Henry Phipps Psychiatric Clinic so manchem psychiatrischen Emigranten Unterschlupf und Hilfe, z.B. Ruth Wilmanns Lidz, der noch lebenden Tochter des erwähnten Karl Wilmanns aus Heidelberg, die ihren Emigrationsweg über die Türkei nahm und erst in den USA zur Psychoanalytikerin wurde. Adolf Meyer war der erste gewesen, der überhaupt so etwas wie eine systematische Ausbildung in Psychiatrie eingeführt hatte.

Da auch Lehranalysen durchgeführt werden mußten, hatte man großen Bedarf an gut ausgebildeten Psychoanalytikern. Die psychoanalytischen Institute wurden so zu einer kleinen neuen Heimat für viele emigrierte Psychiater. Durch ihre Lehre gewannen die Emigranten auch auf die nächste Generation einen großen Einfluß. So wurde Amerika entgegen der Vorhersage Freuds das Land, in welchem die Psychoanalyse die größte Verbreitung fand. Es wurde schließlich zu einer geläufigen Redensart, daß jeder Amerikaner seinen eigenen Psychoanalytiker habe. Obwohl der tatsächliche Einfluß so weit selbstverständlich nie ging, trat er in den 1970er Jahren stark zurück und ist heute kaum noch vorhanden. Immerhin ist auch der gegenwärtige Präsident der psychoanalytischen Weltvereinigung, Otto Kernberg, noch ein aus Deutschland stammender Emigrant. Er war im Alter von elf Jahren mit seinen Eltern in die Emigration gegangen und hatte seine weitere Jugend und das Studium in Santiago de Chile verbracht, ehe er viel später nach New York ging. Obwohl Kernberg somit eigentlich nicht zu den psychiatrischen Emigranten zählt, ist er in seinem kreativen Denken wie auch in seiner Sprache der deutschen Kultur so eng verbunden geblieben, daß er ihr weiterhin zugerechnet werden kann. Seine Werke allerdings publiziert er in spanischer und englischer Sprache; sie wurden aber ins Deutsche übersetzt.

Einige Psychoanalytiker konnten direkt die amerikanische Kultur beeinflussen. Der in der Nähe von Frankfurt a. M. geborene Erik Erikson konnte etwa 1950–60 am Austin Riggs Center in Stockbridge nahezu ungestört an seinen großen Werken arbeiten. Ein klassisches Werk und zugleich Modell ist Eriksons Buch *Der junge Mann Luther*. Dieses Werk hat in besonderer Weise mit der Emigration der dynamischen Psychiatrie zu tun. Es stellt dar, wie Luther eine eigene Identifikationskrise nur dadurch lösen kann, daß er eine neue Lehre formuliert, die ihrerseits seiner Zeit eine andere Identifikation gibt und damit eine neue historische Epoche einleitet. So wie nach Eriksons Lehre in der menschlichen Entwicklung eine Epoche der Identifikation eine andere ablöst, so schreite auch die Geschichte in einander ablösenden Identifikationen voran. In einer verzweifelten Anstrengung habe Luther seinen eigenen pathologischen Zustand („patienthood", wörtlich: Patientsein) auf die Höhe eines allgemeinen pathologischen Zustandes gehoben und auf dieser für alle zu lösen versucht, was er für sich nicht habe lösen können. Über die ungeheure Bedeutung Luthers für die deutsche Sprache und Geschichte braucht hier nichts gesagt zu werden. Das Problem der Identifikation aber war nicht nur ein persönliches von Erikson bzw. aller Emigranten, sondern auch eins der Amerikaner seiner Generation, so daß er einer der einflußreichsten Denker Amerikas werden konnte.

Auch der Psychoanalytiker Erich Fromm, zur Zeit der Emigration Ehemann der erwähnten Frieda Fromm-Reichmann, ist hier zu erwähnen. Sein Buch *Die Kunst des Liebens* ist in zahllosen Ausgaben immer noch ein vielgelesener Bestandteil der gegenwärtigen Literatur. Es wurden mehr als eine Million Exemplare in mehr als 25 Sprachen verkauft. Von Fromm gibt es immerhin eine zehnbändige deutsche Gesamtausgabe und mehrere Biographien (z. B. Funk 1978). An ihm wird deutlich, daß die Grenzen der Psychiatrie manchmal schwer zu ziehen sind, da er fast stärker in die Kultur als in die Psychiatrie wirkte. Dafür steht schon seine Monographie *Escape from Freedom* von 1941, sein erstes Buch in englischer Sprache. Nicht nur bei immigrierten (z. B. Otto Fenichel) und uramerikanischen Psychiatern (z. B. Karl Menninger) fand das Buch lebhaftes Echo, sondern es provozierte auch den Widerspruch der calvinistischen Theologen. Mit der darin enthaltenen Analyse des Nazismus konnte Fromm die amerikanische Öffentlichkeit stark beeinflussen. Immerhin hat er in der Emigration auch zahlreiche jüngere Psychoanalytiker ausgebildet und analysiert, z. B.

Marianne von Eckardt, die Tochter von Karen Horney, die mit ihrer Mutter in die Emigration gegangen war und noch heute in New York als Psychoanalytikerin tätig ist, während ihre Schwester Brigitte Horney in der Filmproduktion Nazi-Deutschlands eine bedeutende Rolle spielte.

Während die deutschsprachigen Psychoanalytiker und ihr Einfluß in Amerika fast ein historischer Topos geworden sind, ist die psychiatrische Emigration nach → GROSSBRITANNIEN bis vor kurzem nahezu unbekannt geblieben, obwohl sie für die englische Psychiatrie annähernd dieselbe Bedeutung hatte. Es sind inzwischen mehr als 100 Psychiater bekannt, die nach England emigriert waren. Dazu zählten nicht nur Berühmtheiten wie Sigmund Freud, der England als Emigrationsland gewählt hatte, weil er dessen Sprache (neben dem Französischen, Italienischen und Spanischen, abgesehen von Latein und Griechisch) beherrschte, und der dort seine letzten Werke schrieb. Seine Tochter Anna Freud leitete von London aus die psychoanalytische Weltorganisation und hielt den Einfluß Freudscher Ideen auf die Psychoanalyse gegen mancherlei andere Tendenzen aufrecht. Der erste Biograph Freuds, Ernest Jones, war Engländer. Er war mit Katharina Jokl, einer Cousine des vorerwähnten Ernst Jokl, verheiratet, die er in Wien kennengelernt hatte.

In London spielten sich auch die Auseinandersetzungen zwischen kontinentaler und englischer Schule ab, wobei die Kontrahenten Anna Freud (für kontinental) und Melanie Klein (für englisch) kurioserweise beide aus Wien stammten und dort nur wenige Straßen voneinander entfernt aufgewachsen waren. Schließlich war es auch ein Engländer, James Strachey, der sein Leben der Übersetzung von Freuds Werken ins Englische widmete. Trotzdem und obwohl die Zahl der deutschsprachigen Psychoanalytiker in England groß war, blieb ihr Einfluß im Gegensatz zu den USA auf bestimmte, fest umrissene Kreise begrenzt. Insbesondere ist die akademische Psychiatrie niemals durch die Psychoanalyse beeinflußt worden, obwohl der Wiener Analytiker Erwin Stengel, sogar Präsident der englischen Psychiatrischen Gesellschaft wurde. Quasi zu seiner Verteidigung hob Sir Aubrey Lewis, das Haupt der englischen Psychiatrie, hervor: „Stengel has only been singed by psychoanalysis", er sei von ihr nur angesengt worden. Schließlich waren in London von dem Psychologen Hans Jürgen Eysenck auch die heftigsten Attacken gegen die Psychoanalyse geritten worden; er war ebenfalls Emigrant und stammte aus Berlin.

Dagegen ist der Einfluß auf die traditionelle, vor allem an psychiatrische Institutionen gebundene englische Psychiatrie groß. Im Gegensatz zu Deutschland gab es in England bis kurz vor dem Zweiten Weltkrieg keine psychiatrische Lehre an den Universitäten; psychiatrische Forschung gab es nur, soweit die Anstaltspsychiater dafür etwas von ihrer knappen Zeit erübrigen konnten. Erst 1936 wurde Edward Mapother der erste englische Lehrstuhlinhaber für Psychiatrie. Mapother sah die Probleme und holte seinerseits eine Reihe von Psychiatern aus Deutschland an das Maudsley Hospital in London, als diese ihr Land verlassen mußten. Unter ihnen waren außer dem bereits erwähnten Mayer-Gross noch Erich Guttmann, Rudolf Karl Freudenberg, Alfred Meyer und einige andere.

Da es in England also keine Lehrstühle für Psychiatrie gab, gehörte nicht nur die Ausbildung von Studenten und jungen Psychiatrie-Praktikern zu den Aufgaben dieser Emigrantengeneration, sondern auch die der zukünftigen akademischen Psychiater. Es ist daher nicht übertrieben, wenn Lord Taylor später schrieb: „It is not too much to say that modern British clinical psychiatry is largely the product of the Maudsley Hospital" (Taylor 1962), womit hauptsächlich die psychiatrischen Immigranten gemeint waren.

Neben den beiden Gruppen, den Psychoanalytikern der verschiedensten Orientierungen einerseits und der Maudsley-Gruppe andererseits, gab es zahlreiche andere Psychiater, die keiner Gruppe zugerechnet werden können. Zu ihnen gehört z. B. der fast vergessene Max Isserlin, über den Freud und Eugen Bleuler auseinandergerieten und der in München an der Kraepelinschen Klinik die Psychotherapie geleitet hatte und darüber ein – antipsychoanalytisches – Buch schrieb. Er starb verarmt in Sheffield, nachdem er in England keine Zulassung zur Ausübung einer ärztlichen Praxis erhalten hatte. Sein Sohn Benedict ist weiter in England als Professor für Orientalistik tätig.

Andere hielten sich nur eine Weile in England auf, um dann in andere Länder weiter zu wandern. Dies betraf nicht nur Psychoanalytiker wie z. B. Marianne und Ernst Kris, die mit Freud nach England gekommen waren und es nach seinem Tod verließen, sondern auch manche andere. Als Beispiel sei Eduard Krapf erwähnt, der, aus Köln kommend, in England – wie es von allen ärztlichen Immigranten verlangt wurde – die notwendigen medizinischen Examina absolvierte und 1940 nach Argentinien ging, um dort eine Tätigkeit als Consultant Psychiatrist am englischen Hospital in Buenos Aires anzutreten. Er wurde auch Professor für klinische Psychiatrie an der Universität von Buenos Aires, wo er Lehrer bedeutender argentinischer Psychiater wurde, z. B. des heutigen Lehrstuhlinhabers Rodolfo Fahrer. Schließlich wurde Krapf Leiter der wichtigen Abteilung für Psychische Gesundheit bei der Weltgesundheitsorganisation in Genf, von wo aus sich sein Einfluß auf die ganze Welt erstreckte. Sein Weg ist auch für die Zerstreuung durch die Emigration typisch. Krapf publizierte in Deutsch, Englisch, Französisch und Spanisch. Eine seiner beiden Töchter blieb in England ansässig, die andere ging ebenfalls nach Argentinien.

Krapf steht beispielhaft für andere nach Lateinamerika emigrierte Psychiater, deren Zahl noch nicht bekannt ist, weil überhaupt kein Zusammenhang unter ihnen bestand; einzelne Hinweise gibt es allerdings. Otto Kernberg wurde bereits erwähnt. Eine reiche Übersicht gibt es in dem Buch *Freud in Mexiko* von Páramo-Ortega. Hinzuweisen ist auch auf das Erinnerungsbuch *Von Wien bis Managua. Wege einer Psychoanalytikerin* von Marie Langer, die einen bedeutenden Einfluß ausübte. Insgesamt bleibt deren Geschichte aber noch zu schreiben.

Abschließend sei auf die zweite Generation hingewiesen. Auch ihre Mitglieder bleiben oftmals der Beschäftigung mit dem deutschen Schicksal im guten und im bösen verhaftet. Einzelne sind wie die Väter Psychiater geworden, z. B. Thomas Kirsch in Palo Alto, der wie sein Vater James Kirsch in Los Angeles ein Jungianer wurde. Ein anderer ist Peter Loewenberg; sein Vater Richard Loewenberg war Psychiater an der Hamburger Universität gewesen. Er wurde im August 1933 noch in Hamburg geboren und mußte bereits im Herbst desselben Jahres als Säugling die lange Emigrationsreise nach Shanghai antreten, wo sein Vater dann an der Tung Nan-Universität Psychiatrie lehrte. Später konnte die Familie nach den USA gelangen, wo Peter Loewenberg Historiker an der UCLA in Los Angeles wurde. Sein Forschungsgebiet wurde die Zeitgeschichte, vorwiegend die deutsche, die er mit historischen und zugleich psychoanalytischen Mitteln zu durchdringen und zu interpretieren versucht. Schon seine Dissertation über Walther Rathenau befaßte sich mit einem solchen Thema (Loewenberg 1966). In den folgenden Jahren entwickelte sich Peter Loewenberg zu einer führenden Autorität einerseits auf dem Gebiet der Geschichte Nazi-Deutschlands (Loewenberg 1971a, 1971b) und andererseits auf dem Gebiet der jüdischen Geschichte (Loewenberg 1971c, 1971d). Es ist nicht schwer zu erkennen, daß diese Themenwahl wesentlich durch das Emigrationsschicksal als Kind mitgeprägt wurde.

Literatur

Deutsch, Albert (1948): The Shame of the States, New York; Nachdruck 1973.

Eissler, Kurt (1963): Goethe. A Psychoanalytic Study 1775–1786, Detroit; deutsch: Goethe. Eine psychoanalytische Studie, 2 Bde., Frankfurt a. M. 1983.

Eliasberg, Wladimir, Hrsg. (1927): Bericht über den I. Allgemeinen ärztlichen Kongress für Psychotherapie in Baden-Baden, 17.-19. April 1926, Halle a. d. S.

Eliasberg, Wladimir (1936): Allgemeine ärztliche Gesellschaft für Psychotherapie 1926–1931. History of the six congresses, in: The American Journal of Psychiatry 112, S. 738 ff.

Erikson, Erik Homburger (1958): Young Man Luther. A Study in Psychoanalysis and History, New York; deutsch: Der junge Mann Luther. Eine psychoanalytische und historische Studie, München o. J.

Fromm, Erich (1980/81): Gesamtausgabe, 10 Bde., Stuttgart.

Funk, Rainer (1978): Mut zum Menschen. Erich Fromms Denken und Werk, seine humanistische Religion und Ethik. Mit einem Nachwort von Erich Fromm, Stuttgart.

Green, Hannah (1964): I Never Promised You a Rose Garden. A Novel, New York u. a.; deutsch: Ich habe dir nie einen Rosengarten versprochen. Bericht einer Heilung, Stuttgart 1973.

Isserlin, Max (1926): Psychotherapie. Ein Lehrbuch für Studierende und Ärzte, Berlin.

Jokl, Ernst (1978): Homage to Erwin Straus (1891–1975), in: International Journal of Sport Psychology 9, S. 150 ff.

Kraepelin, Emil (1916): Ein Forschungsinstitut für Psychiatrie, in: Allgemeine Zeitschrift für Neurologie und Psychiatrie 32, S. 1 ff.

Kraepelin, Emil (1919): Dementia praecox and Paraphrenia, transl. by R. Mary Barclay, M.A., M.B. from the Eighth German Edition of the „Text-Book of Psychiatry", Vols. 3 and 4 ed. by George M. Robertson, M.D., F.R.C.P., Edinburgh; Reprint with Historical Introduction: Robert E. Krieger, New York 1971; Reprint New Hampshire 1987.

Kraepelin, Emil (1921): Manic-depressive Insanity and Paranoia, transl. by R. Mary Barclay, Translation of the Section on Depression in the Eighth Edition of Kraepelin's Lehrbuch der Psychiatrie, Edinburgh; Reprint Salem/New Hampshire 1987.

Langer, Marie (1986): Von Wien bis Managua. Wege einer Psychoanalytikerin. Vorwort von Enrique Guinsberg, Einleitung von Armando Bauleo, Freiburg i. Br.

Lehmann, Heinz (1980): Reflections on a Career in Psychiatry, in: The Canadian Psychiatric Association Bulletin 12, S. 14 ff.

Loewenberg, Peter Jacob (1966): Walther Rathenau and German Society, Diss., UCLA.

Loewenberg, Peter Jacob (1971 a): The Unsuccesful Adolescence of Heinrich Himmler, in: American Historical Review 76, S. 612 ff.

Loewenberg, Peter Jacob (1971 b): The Psychohistorical Origins of the Nazi Youth Cohort, in: American Historical Review 76, S. 1457 ff.

Loewenberg, Peter Jacob (1971 c): Sigmund Freud as a Jew. A Study in Ambivalence and Courage, in: Journal of the History of Behavioral Sciences 7, S. 363 ff.

Loewenberg, Peter Jacob (1971 d): Theodor Herzl. A Psychoanalytic Study in Charismatic Political Leadership, in: Walman, Benjamin B., Ed.: The Psychoanalytic Interpretation of History, New York, S. 150 ff.

Loewenberg, Peter Jacob (1975): Psychohistorical Perspectives on Modern German History, in: Journal of Modern History 47, S. 229 ff.

Mayer-Gross, William, Eliot Slater and Martin Roth (1954): Clinical Psychiatry, London.

Páramo-Ortega, Raúl (1992): Freud in Mexiko. Ein Essay zur Geschichte der Psychoanalyse in Mexiko. Aus dem mexikanischen Spanisch von Ramón León u. H. Jürgen Kagelmann, München.

Peters, Uwe Henrik (1992a): Die Einführung der Schockbehandlungen und die psychiatrische Emigration, in: Fortschritte Neurologie Psychiatrie 60, S. 317 ff.

Peters, Uwe Henrik (1992b): Psychiatrie im Exil. Die Emigration der dynamischen Psychiatrie aus Deutschland 1933–1939, Düsseldorf.

Schwartz, M.A., and O. Wiggins (1986): Logical Empiricism and Psychiatric Classification, in: Comprehensive Psychiatry 27, S. 101 ff.

Sterba, Richard Francis (1982): Reminiscences of a Viennese Psychoanalyst, Detroit; deutsch: Erinnerungen eines Wiener Psychoanalytikers, Frankfurt a. M. 1985.

Straus, Erwin, Ed. (1964): Phenomenology: Pure and Applied. The First Lexinton Conference, Pittsburg.

Taylor, Lord (1962): The Public, Parliament and Mental Health, in: The Psychoanalytic Interpretation of History, ed. by Derek Richter, J. M. Tanner, Lord Taylor and O. L. Zangwill, London, S. 13 ff.

Psychologie

MITCHELL G. ASH

Eine umfassende Analyse der Psychologie und ihres Wissenschaftswandels in der Emigration steht vor zwei Schwierigkeiten. Erstens handelt es sich bei der Psychologie um eine Wissenschaft, deren Mitgliedschaft schwer definierbar ist, weil sie sich als Forschungsgebiet im deutschsprachigen Raum vor 1933 zwar schon verselbständigt hatte, aber institutionell noch als Teilgebiet der Philosophie galt. Zweitens benennt das Wort „Psychologie" nicht nur eine Wissenschaft, sondern auch einen Beruf, dessen Praxisfelder und Verhältnis zum akademischen Bereich wie auch zu den anderen psychologisch orientierten Wissenschaften und Berufen (→ PSYCHIATRIE) in jenen Jahren keineswegs klar umrissen waren. Auch in den Aufnahmeländern waren zur Zeit der Emigration die wissenschaftlichen und beruflichen Verhältnisse von Psychologen noch im Entwicklungsstadium. Aus dieser Situation ergaben sich für viele der aus Deutschland und Österreich vertriebenen Psychologen Orientierungsprobleme; für andere hingegen bedeutete das Karrierechancen, die sich vorher so nicht ergeben hatten.

Die Anzahl der infolge des „Gesetzes zur Wiederherstellung des Berufsbeamtentums" vom April 1933 und anderen Maßnahmen zwangsentlassenen und anschließend emigrierten Universitätspsychologen war nicht groß. Von den 308 in den deutschsprachigen Ländern tätigen Mitgliedern der Deutschen Gesellschaft für Psychologie im Jahre 1932 emigrierten insgesamt 45 oder 15% (Ash 1984). Der Anteil international anerkannter Wissenschaftler unter diesen Emigranten war jedoch sehr hoch. Insofern ist der Verlust in der Psychologie infolge der NS-Beamtenpolitik vom quantitativen und vom qualitativen Standpunkt aus mit dem der → PHYSIK (Fischer 1991) vergleichbar. Schon im ersten Jahr des NS-Regimes verloren fünf der 15 Ordinarien, die das neue Fach an Universitäten im Deutschen Reich vertraten, ihre Stellen: Max Wertheimer (Frankfurt a. M.), Adhemar Gelb (Halle), David Katz (Rostock), Wilhelm Peters (Jena) und William Stern (Hamburg). Alle emigrierten binnen eines Jahres; Gelb erkrankte bald darauf und verstarb 1936 in Deutschland. Otto Selz, Professor an der Handelshochschule in Mannheim, wurde ebenfalls 1933 entlassen. Nach langem Zögern emigrierte er im Jahre 1936 nach Amsterdam; von dort aus wurde er 1943 nach Auschwitz deportiert und ermordet (Metraux/Herrmann 1991).

Der Berliner Ordinarius Wolfgang Köhler, vom NS-Beamtengesetz nicht betroffen, war einer der wenigen Professoren in Deutschland, der öffentlich gegen die Entlassungen protestierte (Henle 1978). Nach einem zähen Kampf gegen Angriffe der NS-Studentenschaft und Karrieristen in der eigenen Fakultät gab er sein Amt im Jahre 1935 auf und ging in die USA (Ash 1985a). Unter den entlassenen außerordentlichen Professoren im Deutschen Reich waren ebenfalls international anerkannte Forscher wie Heinz Werner aus Hamburg und Kurt Lewin aus Berlin. Nach dem Einmarsch in Österreich 1938 verloren auch dort die beiden leitenden Persönlichkeiten des Wiener Psychologischen Instituts, der Ordinarius Karl Bühler und die ao. Professorin Charlotte Bühler, ihre Stellen.

Zieht man alle Emigranten heran, die ihr Studium mit einer nichtmedizinischen psychologischen Arbeit abgeschlossen hatten und in Kliniken, Arbeitsämtern oder freiberuflich tätig waren, so ergibt sich nach dem jetzigen Forschungsstand eine Zahl von ca. 120 emigrierten Psychologen (Geuter 1986, S. 207 ff.; Ash 1991a). Die Charakteristika dieser Gruppe lassen sich wie folgt zusammenfassen:

1. Von den genannten 120 Emigranten gingen zwei Drittel (80) früher oder später in die → VEREINIGTEN STAATEN VON AMERIKA. Großbritannien erwies sich zumeist als Durchgangsland, da lediglich zwölf Emigranten dort länger als fünf Jahre blieben (Ash 1991b). Nachdem ein Versuch, den Berliner Psychologen und überzeugten Zionisten Kurt Lewin für die Hebrew University in Jerusalem zu gewinnen, gescheitert war (Lück 1992), sahen sich die elf nach → PALÄSTINA emigrierten Psychologen mit einer praktisch nicht vorhandenen akademisch-institutionellen Infrastruktur für ihre Arbeit konfrontiert. Die Lebens- und Forschungswege dieser Emigranten sind erst in letzter Zeit ins Blickfeld der Forschung geraten.

2. Einzelne Emigranten bekamen bedeutende Positionen an Universitäten in kleineren Ländern und entfalteten von dort aus eine beträchtliche, aber regional begrenzte Wirkung. Beispiele sind David Katz, der nach einem zweijährigen Aufenthalt in Manchester einen Lehrstuhl für Psychologie und Pädagogik in Stockholm erhielt (Katz 1952; Nystedt 1989); Wilhelm Peters, der im Jahre 1936 zum Professor für Psychologie an der Universität Istanbul berufen wurde; und Walter Blumenfeld, der an der Universität Lima in Peru ab 1935 wirkte (Geuter/Leon 1990).

3. Der Anteil der Österreicher unter den emigrier-

ten Psychologen ist mit insgesamt 44% sehr hoch; mit einer Ausnahme kamen alle Österreicher aus Wien (Ash 1988).

4. Der Anteil von Frauen lag bei 32% der emigrierten deutschsprachigen Psychologen insgesamt und bei 44% unter den Österreichern. Die große Zahl der Doktorandinnen von Charlotte Bühler in Wien ist vermutlich der Grund für den höheren Prozentsatz von Frauen unter den Österreichern.

5. Knapp zwei Drittel dieser Emigranten waren im Jahre ihrer Emigration 40 Jahre alt oder jünger; bei den Österreichern lag die Quote bei 75% (Ash 1991a). Schon diese Altersstruktur mag über den späteren beruflichen Erfolg vieler Emigranten und Emigrantinnen Aufschluß geben. Sie hatten buchstäblich mehr Zeit, sich im neuen Milieu nach Berufschancen umzusehen oder aber neue Entwicklungen abzuwarten.

In den 1930er Jahren war die Psychologie an den Hochschulen der USA schon fest etabliert. Die Professionalisierung des Faches war bereits seit den 1920er Jahren durch die Verwendung psychologischer Tests an den Schulen und in der Industrie im Gange; die Professionalisierung der Klinischen Psychologie und der Persönlichkeitsdiagnostik stand allerdings noch bevor. Doch die Weltwirtschaftskrise verringerte wie in anderen Disziplinen auch die Arbeitschancen der emigrierten Psychologen. Die überwiegende Mehrheit mußte sich mit zeitlich befristeten Stipendien oder Hilfsarbeiten durchschlagen. Erst im oder nach dem Zweiten Weltkrieg fanden viele von ihnen – häufig nach einem Umweg über klinische Forschungsstellen – längerfristige Stellen an Hochschulen.

In den ersten Jahren nach 1933 fand eine gewisse Privilegierung der schon prominenten Fachwissenschaftler durch die Hilfsprogramme des Emergency Committee in Aid of Displaced German/Foreign Scholars und der Rockefeller Foundation statt. Aus diesen Quellen konnte Wolfgang Köhler für kurze Zeit und konnten William Stern, Kurt Lewin und Heinz Werner z. T. für mehrere Jahre unterstützt werden. Eine ähnliche Hilfe wurde David Katz durch den Academic Assistance Council in Großbritannien zuteil. Erst im Jahre 1939, nach dem „Anschluß" Österreichs, trat das fachinterne Emergency Committee in Aid of Displaced Foreign Psychologists der American Psychological Association in Aktion (Ash 1985b). Dieser von der Entwicklungspsychologin Barbara Burks geleitete Ausschuß mußte zwar auf die Lage der arbeitslosen amerikanischen Psychologen Rücksicht nehmen und hatte deshalb nur ein begrenztes Mandat. Die politisch liberal gesinnten Mitglieder der Gruppe hofften aber dennoch darauf, durch ihre Arbeit das Bewußtsein der Öffentlichkeit für den gesellschaftlichen Bedarf für Psychologen wecken, neue Praxisfelder erschließen und dadurch die Nachfrage stärken zu können. Diese fachpolitische Zielsetzung war jedoch kaum zu erfüllen; nach dem Selbstmord von Burks im Jahre 1942 schlief die Arbeit ein. Gleichwohl konnten unter den schwierigen Bedingungen auf dem Arbeitsmarkt insgesamt 54 Psychologen vermittelt werden. Allerdings handelte es sich häufig um zeitlich befristete Arbeiten oder Stipendien bzw. um Stellen, deren Niveau weit unterhalb dem der Bewerber lag. So fand man für Karl und Charlotte Bühler zu diesem späten Zeitpunkt nur Professuren an zwei kleinen katholischen Colleges in Minneapolis bzw. in St. Paul im Bundesstaat Minnesota.

Durch die Tatsache, daß gerade die international bekanntesten Psychologen von der NS-Verfolgungspolitik am stärksten betroffen waren, lassen sich viele der Wissenschaftswandlungen dieser Disziplin an ihrer weiteren Entwicklung in der Emigration verfolgen. Den bedeutendsten Ruf hatte die sog. „Berliner Schule" der Gestaltpsychologie, deren gesamte Leitung in die USA ging. Der gestalttheoretische Ansatz war durch Gastprofessuren und englischsprachige Veröffentlichungen von zwei der drei Gründungsmitglieder – Kurt Koffka und Wolfgang Köhler – bereits vor 1933 in den USA bekannt gemacht worden (Sokal 1984; Ash 1984). Koffka hatte schon 1927 einen Ruf auf eine Forschungsprofessur am renommierten Smith College in Massachusetts angenommen. Ihm folgten Max Wertheimer, der im Sommer 1933 ein Angebot von Alvin Johnson für die University in Exile an der New School for Social Research in New York annahm (Luchins/Luchins 1987, 1988), und Wolfgang Köhler, der eine Professur am Swarthmore College in Pennsylvania im Jahre 1935 erhielt. In einer weiteren Welle kamen, größtenteils vermittelt von Wertheimer und Köhler, viele Schüler der Gestaltpsychologen, darunter Karl Duncker, Erwin Lewy und Rudolf Arnheim. George Katona, der bereits im Jahre 1933 nach New York emigriert und zunächst in der Wirtschaft tätig war, stieß Ende der dreißiger Jahre zum Kreis um Wertheimer.

Schon in ihren amerikanischen Vorträgen und Veröffentlichungen vor 1933 hatten Köhler und Koffka die Naturwissenschaftlichkeit ihres Ansatzes betont. Dies begünstigte die Aufnahme in den USA, aber der Unterschied zwischen der holistischen

Grundüberzeugung der Gestalttheoretiker und dem pragmatisch orientierten Denken der Amerikaner blieb nicht verborgen. Nach seiner Emigration veröffentlichte Wertheimer Aufsätze über die Folgen der Gestalttheorie für den Wahrheits- und den Freiheitsbegriff. Darüber hinaus legte er deutliche Bekenntnisse zur Demokratie vor, die unschwer als Reaktionen auf seine biographischen Erfahrungen zu erkennen sind (Wertheimer 1937; Henle 1961). Sein bedeutendstes Werk im Exil, das postum erschienene Buch *Productive Thinking* (Wertheimer 1945), welches Materialien für eine Gestalttheorie des Denkens zusammentrug, knüpfte an Überlegungen an, die er bereits 1920 erstmals artikuliert hatte. In der Forschung setzten sich allerdings zwei Mitarbeiter Wertheimers, George Katona (1940) und Abraham S. Luchins (1942), mit dem von ihm bis dahin kaum beachteten amerikanischen Behaviorismus, vor allem in Monographien zur Psychologie des Lernens und Erinnerns, systematisch auseinander. Der Forschungsstil, der in diesen Arbeiten zur Geltung kam, erwies sich ebenfalls weitgehend als Fortsetzung früherer Ansätze. Statt der Bemessung des Einflusses einzelner „Faktoren" auf Lernerfolge bemühte man sich um eine Phänomenologie des Lernvorgangs.

Auch Wolfgang Köhler reagierte auf die Herausforderungen der Zeit mit einer grundlegenden philosophischen Arbeit zum Thema *The Place of Value in a World of Facts* (Köhler 1938). Darin führte er einen Frontalangriff auf einen vermeintlich zersetzenden „Positivismus", an dessen Stelle er eine sinnstiftende objektive Theorie der Werthandlungen setzen wollte. In der Forschung versuchte er mit Hilfe des damals gerade entwickelten Elektroenzephalographen das von ihm schon 1920 entworfene Modell einer Isomorphie zwischen der Struktur der erlebten Wahrnehmungen und ihnen entsprechenden Hirnvorgängen empirisch nachzuweisen (Köhler 1940). Alle diese Forschungen wurden in der amerikanischen Psychologie jener Zeit beachtet. Im Jahre 1959 wurde Köhler sogar zum Präsidenten der American Psychological Association gewählt. Doch insgesamt blieb die Aufnahme der Gestalttheorie in den USA ambivalent. Weil ihre führenden Vertreter keine Doktoranden hatten – und Koffka und Wertheimer ohnehin vor 1945 starben –, war ihr Einfluß in der wissenschaftlichen Szene im Vergleich zur Übermacht der Neobehavioristen begrenzt.

Kurt Lewin war ohne Zweifel der erfolgreichste Emigrant in der Psychologie. Schon vor seiner Flucht war die Rockefeller Foundation auf seine kinderpsychologischen Arbeiten aufmerksam geworden. Ein leitender Mitarbeiter der Stiftung verschaffte ihm Stellen an der kinderpsychologischen Forschungsstelle der Cornell University und danach an der entsprechenden Einrichtung der University of Iowa (Ash 1992). Lewin hatte in Berlin auch wissenschaftstheoretisch gearbeitet und mit Erwachsenen experimentell geforscht; seine neue Situation wirkte stark auf die Themenauswahl seiner ersten Arbeiten in der Emigration. Schon Anfang der 1930er Jahre hatte Lewin die Bedeutung familiärer und sozialer Milieus für kindliches Verhalten zu thematisieren begonnen; in den USA setzte er sich früh mit den unterschiedlichen Erziehungsstilen Amerikas und Deutschlands auseinander. Daraufhin folgten die mit amerikanischen Mitarbeitern gemeinsam durchgeführten experimentellen Studien zum Verhalten „demokratisch" bzw. „autoritär" organisierter Gruppen, die ihn in Fachkreisen schlagartig berühmt machten (Lewin u. a. 1939). In den späten dreißiger und frühen vierziger Jahren folgten Forschungen über Konfliktlösungsstrategien in Fabriken, Kleingruppenverhalten mit Militärs und „community studies" über Vorurteile, die Lewin den Ruf als Begründer der Aktionsforschung und Mitbegründer der Gruppendynamik einbrachten (Lewin 1948). Der Erfolg Lewins war nicht zuletzt durch seine rastlose organisatorische Tätigkeit mitbedingt. Neben der Leitung der von ihm selbst gegründeten informellen Topology Group wurde er z. B. im Jahre 1937 zum Präsidenten der Society for the Psychological Study of Social Issues (SPSSI) gewählt. Im Jahre 1943 wechselte er von Iowa zum eigens für ihn gegründeten Research Center for Group Dynamics am Massachusetts Institute of Technology in Cambridge.

Seit seinem frühen Tode im Jahre 1947 ist Lewin als Mitbegründer der experimentellen Sozialpsychologie und als Aktivist des sozialen Wandels durch Wissenschaft geehrt und beachtet worden. Doch die Rezeption seiner Forschungen blieb – wie die der Gestaltpsychologen – ebenfalls ambivalent. Der holistische Forschungsstil Lewins, der beispielsweise das Verhalten von Gruppen als Gruppen beobachtete, war mit der in Amerika verbreiteten Forschungspraxis, die vom Einfluß der Gruppen auf den einzelnen ausging und dabei die Parzellierung von „unabhängigen" und „abhängigen" Variabeln betonte, nicht vereinbar (Danziger 1992). Er lebte allenfalls im sog. „ökologischen" Ansatz Roger Barkers (1968) weiter. Auch die politische Bedeutung des Lewinschen Ansatzes ist nicht unumstritten geblieben. So wird bis heute darüber diskutiert, ob die „Aktionsforschung" als eine Art engagierter Verkörperung von Demokratie in der Wissenschaft, welche die Betroffenen an der Lösung von Konflikten beteiligt, gefeiert oder als manipulative Sozialtechnologie verworfen werden sollte.

Eine einheitliche Charakterisierung des Emigrantenschicksals der sog. „Wiener Schule" der Psychologie ist schon wegen der großen Zahl der Emigranten dieser Herkunft und der sehr verschiedenen Entwicklungswege ihrer führenden Mitglieder kaum möglich. Besonders auffallend dabei sind zwei Kontraste – der starke Unterschied zwischen den Karrieren von Karl und Charlotte Bühler einerseits und der zwischen den Wegen der Bühlers und denen ihrer ehemaligen Mitarbeiter Egon Brunswik, Else Frenkel-Brunswik, Marie Jahoda (1979) und Paul Lazarsfeld (1969) andererseits. In diesen Kontrasten spiegeln sich sowohl die Bedeutung des Alters zur Zeit der Emigration als auch die Wirkung unterschiedlicher Akkulturationsstrategien wider. Im Falle der Bühlers war die Rolle des Alters kaum zu leugnen. Zur Zeit seiner Vertreibung aus Wien war Karl Bühler schon 60 Jahre alt und der englischen Sprache nur mit Mühe mächtig. Die um 13 Jahre jüngere Charlotte Bühler entfaltete hingegen in Amerika eine Dynamik, die ihr nach der Übersiedlung des Paares nach Los Angeles im Jahre 1945 zu einer erfolgreichen Praxistätigkeit als Therapeutin und Mitbegründerin der Humanistischen Psychologie verhalf.

Auch die Laufbahnen der anderen Mitglieder der Wiener Schule brachten nur selten eine geradlinige Fortsetzung früherer Forschungsprogramme mit sich. Paul Lazarsfeld beispielsweise versuchte zunächst als Rockefeller-Stipendiat in den Jahren 1932–34 die Methoden der von ihm in Wien mitbegründeten Wirtschaftspsychologischen Forschungsstelle in der amerikanischen Marktforschung bekannt zu machen. Nachdem er sich als engagierter Sozialdemokrat nach der Machtübernahme des Dollfuß-Regimes im Jahre 1934 zur endgültigen Emigration entschieden hatte, behielten psychologische Aspekte in dem von ihm geleiteten, ebenfalls mit Rockefeller-Geldern finanzierten „Radio Research Project" eine prominente Rolle. Doch gelang ihm der Durchbruch erst über einen Disziplinwechsel zur Soziologie und die Gründung des Institute for Applied Social Research an der Columbia University.

Egon Brunswik, ein Wahrnehmungspsychologe und enger Mitarbeiter Karl Bühlers, konnte mit Hilfe Edward Tolmans an der University of California in Berkeley zunächst als Rockefeller-Stipendiat und dann als Professor Fuß fassen. Der von ihm so genannte „ökologische" Ansatz in der Wahrnehmungsforschung und seine „probabilistische" Theorie der Wahrnehmung und der Kognition, die er dort entwickelte, wurden jedoch in der amerikanischen Psychologie nur zögernd rezipiert (Leary 1987; Ash 1996a). Seine Überlegungen über die wissenschaftstheoretischen Grundlagen der Psychologie (Brunswik 1953), die mit seiner zunehmend engen Vernetzung mit den ebenfalls emigrierten Anhängern des → „Wiener Kreises" zusammenhingen, waren für seine Weiterarbeit in den USA mitentscheidend.

Emigranten aus Deutschland spielten teilweise auch eine hervorragende Rolle bei der Professionalisierung der Klinischen Psychologie in den USA. Beispiele hierfür sind Bruno Klopfer (1942), der die Rorschach-Diagnostik in Amerika verbreiten half; David Rapaport (1967), der die klinisch-psychologische Diagnostik und Forschung an zwei psychoanalytisch orientierten Zentren, der Menninger-Klinik in Topeka, Kansas, und später am Austin Riggs Center in Stockbridge, Massachusetts, vorantrieb; und Ruth Cohn, die mit Theodor Reik u. a. Mitbegründerin der National Psychological Association for Psychoanalysis war (Ash 1995).

Charlotte Bühler (1972) und viele ihrer ehemaligen Mitarbeiterinnen leiteten einen Wechsel von der Grundlagenforschung zur klinischen Praxis durch die Umgestaltung ihrer in Europa entwickelten Forschungsmethoden in Instrumente der beruflichen Praxis ein (Ash 1996b). Die Schwierigkeiten einer solchen Strategie zeigen die Arbeit von Hedda Bolgar und Liselotte Fischer (1947). Ihren Versuch, mit dem von ihnen und Charlotte Bühler entwickelten „Welt-Test" die Persönlichkeitsmerkmale ihrer Probanden als Ganzes zur freien Entfaltung kommen zu lassen, stellten sie bewußt den auf die Diagnostik „normaler" oder „anormaler" Persönlichkeitsmerkmale fixierten Papier- und Bleistifttests der Amerikaner entgegen. Doch trotz dieser Opposition zur damals in den USA vorherrschenden Praxis konnte Hedda Bolgar später einen beachtlichen beruflichen Erfolg als Direktorin des Wright Institute, einer der bedeutenden psychotherapeutischen Forschungs- und Ausbildungsinstitutionen in Kalifornien, erzielen.

Auffallend ist die Hinwendung vieler Emigranten in der Psychologie – wie auch in den Sozialwissenschaften – zur Erforschung der Grundlagen von Faschismus und Autoritarismus. Der biographische Hintergrund dieser Arbeiten ist kaum zu übersehen; so versuchten viele Emigranten, ihren eigenen Erfahrungen wissenschaftliche Einsichten zu gewinnen. Die schon erwähnten Forschungen Kurt Lewins über autoritär oder demokratisch organisierte Kleingruppen gehören in diesen Zusammenhang. Ein noch spektakuläreres Beispiel stellen die Arbeiten Bruno Bettelheims über das Verhalten der Gefangenen in den Konzentrationslagern Dachau und Buchenwald dar, deren Authentizität und Haltbarkeit in letzter Zeit allerdings umstritten ist (Fleck/Müller 1997). In der von Max Horkheimer u. a. herausgegebenen Reihe *Studies in Prejudice* erschienen mehrere Beispiele solcher Forschungen, darunter eine Arbeit von Bettelheim und dem amerikanischen Psychologen Morris Janowitz (1950) über antisemitische und rassistische Vorurteile unter amerikanischen Veteranen des Zweiten Weltkriegs sowie eine von Marie Jahoda und dem amerikanischen Psychoanalytiker Nathan Ackerman (1950) bearbeitete sozial- und tiefenpsychologische Analyse des Antisemitismus.

Hervorzuheben in diesem Zusammenhang sind auch die Beiträge Else Frenkel-Brunswiks zu den in den 1940er Jahren entstandenen, vom American Jewish Committee unterstützten Studien zur „Authoritarian Personality" (Adorno u. a. 1950; Frenkel-Brunswik 1996). Diese Studien werden häufig als Fortsetzung eines schon in den dreißiger Jahren vom emigrierten Frankfurter Institut für Sozialforschung (→ Die „Kritische Theorie") entworfenen Forschungsprogramms geschildert. Es handelte sich jedoch um eine Gemeinschaftsarbeit, der drei verschiedene Ansätze – die Kritische Theorie, die intensiven klinischen Interviews Frenkel-Brunswiks und die quantitativen Methoden der amerikanischen Team-Mitglieder R. Nevitt Sanford und Daniel Levinson – zugrunde lagen und die interdisziplinär miteinander verwoben wurden. Somit stellen diese Studien das Musterbeispiel einer gegenseitigen Annäherung von ursprünglich sehr unterschiedlichen Forschungsstilen in der Emigration dar.

Nur einer der emigrierten Psychologen – Curt Bondy, der 1950 einem Ruf an die Universität Hamburg folgte – kehrte während des aktiven Berufslebens nach Deutschland oder Österreich zurück. Viele Emigranten versuchten jedoch, durch Gastaufenthalte sowie durch Übersetzungen bzw. Neuauflagen ihrer Arbeiten in ihren ehemaligen Heimatländern weiterzuwirken. Die Beurteilung, ob und wie ein Rückimport der inzwischen gewandelten Forschungs- und Theorieansätze der Emigranten in der Nachkriegszeit gelungen ist, wird Aufgabe der weiteren Forschung sein müssen.

Die Arbeiten der emigrierten Psychologen weisen eine erstaunliche Vielfalt von Karrierewegen und Wissenschaftswandlungen auf. Insofern kann ihrer Geschichte eine exemplarische Bedeutung für die Wissenschaftsemigration insgesamt zugeschrieben werden. Bemerkenswert ist dabei, daß die Entwicklung dieser Emigranten keine einseitige Assimilation an die Denk- und Arbeitsweisen der Aufnahmeländer war. Vielmehr handelt es sich um einen Prozeß gegenseitiger Annäherung, in dem viele Emigranten gerade durch ihre offene Kritik an den damals vorherrschenden Forschungs- und Denkstilen Beachtung fanden.

Literatur

Ash, Mitchell G. (1984): Disziplinentwicklung und Wissenschaftstransfer. Deutschsprachige Psychologen in der Emigration, in: Berichte zur Wissenschaftsgeschichte 7, S. 207 ff.

Ash, Mitchell G. (1985 a): Das psychologische Institut der Universität Berlin und die Zeitschrift „Psychologische Forschung" vor und nach 1933, in: Graumann, Carl-Friedrich, Hrsg.: Psychologie im Nationalsozialismus, Berlin–Heidelberg, S. 113 ff.

Ash, Mitchell G. (1985 b): Aid to Emigré Psychologists in the United States, 1933–1943. A Research Note, in: Carpintero, Helio, and Jose Maria Peiró, Eds.: Psychology in its Historical Context: Essays in Honor of Josef Brozek, Valencia, S. 51 ff.

Ash, Mitchell G. (1988): Österreichische Psychologen in der Emigration: Fragestellungen und Überblick, in: Stadler, Friedrich, Hrsg.: Vertriebene Vernunft II: Emigration und Exil österreichischer Wissenschaft, Wien–München, S. 252 ff.

Ash, Mitchell G. (1991 a): Thesen zur Emigration in der deutschsprachigen Psychologie nach 1933, in: Lück, Helmut E., u. Rudolf Miller, Hrsg.: Theorien und Methoden psychologiegeschichtlicher Forschung, Göttingen, S. 77 ff.

Ash, Mitchell G. (1991 b): Central European Emigré Psychologists and Psychoanalysts in Britain, in: Mosse, Werner E., and Julius Carlebach u. a., Eds.: Second Chance. Two Centuries of German-Speaking Jews in the United Kingdom, Tübingen, S. 101 ff.

Ash, Mitchell G. (1992): Kurt Lewin in Iowa, in: Schönpflug, S. 193 ff.

Ash, Mitchell G. (1995): Women Emigré Psychologists and Psychoanalysts in the United States, in: Quack, Sibylle, Ed.: Between Sorrow and Strength. Women Refugees of the Nazi Period, Cambridge–New York, S. 239 ff.

Ash, Mitchell G. (1996a): Egon Brunswik vor und nach der Emigration. Wissenschaftshistorische Aspekte, in: Fischer, Kurt, u. Friedrich Stadler, Hrsg.: Wahrnehmung und Gegenstandswelt. Zum Lebenswerk von Egon Brunswik, Wien–New York, S. 49 ff.

Ash, Mitchell G. (1996b): Emigré Psychologists after 1933. Migration, Science and Practice, in: ders. and Alfons Söllner, Eds.: Forced Migration and Scientific Change. Emigré German-Speaking Scientists and Scolars after 1933, Cambridge–New York, S. 117 ff.

The Authoritarian Personality (1950), ed. by Theodor W. Adorno, Else Frenkel-Brunswik, Daniel Levinson and R. Nevitt Sanford, New York.

Barker, Roger G. (1968): Ecological Psychology. Concepts and Methods for studying the Environment of Human Behavior, Stanford.

Bettelheim, Bruno, and Morris Janowitz (1951): Dynamics of Prejudice. A Psychological and Sociological Study of Veterans (= Studies in Prejudice), New York.

Bolgar, Hedda, and Liselotte Fischer (1947): Personality projection in the World Test, in: American Journal of Orthopsychiatry 17, S. 117 ff.

Brunswik, Egon (1953): The Conceptual Framework of Psychology, Chicago.

Bühler, Charlotte (1941): The World Test, New York.

Bühler, Charlotte (1972): Charlotte Bühler, in: Pongratz, Ludwig J., u.a., Hrsg.: Psychologie in Selbstdarstellungen, Bd. 1, Bern, S. 9 ff.

Danziger, Kurt (1992): The Project of an Experimental Social Psychology. Historical Perspectives, in: Science in Context 5, S. 309 ff.

Fischer, Klaus (1991): Die Emigration deutschsprachiger Physiker nach 1933. Strukturen und Wirkungen, in: Die Emigration der Wissenschaften nach 1933. Disziplingeschichtliche Studien, hrsg. von Herbert A. Strauss u. a., München, S. 25 ff.

Fleck, Christian, and Albert Müller (1997): Bruno Bettelheim and the Concentration Camps, in: Journal of the History of the Behavioral Sciences 33, S. 1 ff.

Frenkel-Brunswik, Else (1996): Studien zur autoritären Persönlichkeit, hrsg. u. eingeleitet von Dietmar Paier, Graz–Wien.

Geuter, Ulfried, Hrsg. (1986): Daten zur Geschichte der deutschen Psychologie, Bd. 1, Göttingen.

Geuter, Ulfried, u. Ramon Leon (1990): Flucht nach Südamerika. Europäische Emigranten in der lateinamerikanischen Psychologie, in: Psychologie und Geschichte 1, S. 24 ff.

Graebner, William (1987): Confronting the democratic paradox: The ambivalent vision of Kurt Levin, in: Journal of Social Issues 43, S. 141 ff.

Henle, Mary, Ed. (1961): Documents of Gestalt Psychology, Berkeley.

Henle, Mary (1978): One Man Against the Nazis. Wolfgang Köhler, in: American Psychologist 33, S. 939 ff.

Jahoda, Marie (1979): „Ich habe die Welt nicht verändert". Gespräch mit Marie Jahoda, in: Greffrath, Matthias, Hrsg.: Die Zerstörung einer Zukunft. Gespräche mit emigrierten Sozialwissenschaftlern, Reinbek, S. 103 ff.

Jahoda, Marie, and Nathan Ackerman (1950): Anti-Semitism and Emotional Disorder. A Psychoanalytic Interpretation, New York.

Katona, George (1940): Organizing and Memorizing. Studies in the Psychology of Learning and Thinking, New York.

Katz, David (1952): David Katz, in: Boring, Edwin G., Ed.: A History of Psychology in Autobiography, Bd. 4, Worcester/Mass., S. 189 ff.

Klopfer, Bruno, and D. M. Kelly (1942): The Rohrschach Technique. A Manual for a Projective Method of Personality Diagnosis, Yonkers.

Köhler, Wolfgang (1938): The Place of Value in a World of Facts, New York.

Köhler, Wolfgang (1940): Dynamics in Psychology, New York.

Lazarsfeld, Paul (1969): An Episode in the History of Empirical Social Research. A Memoir, in: Fleming, Donald, and Bernard Bailyn, Eds.: The Intellectual Migration. Europe and America, 1930–1960, Cambridge/Mass., S. 270 ff.

Leary, David E. (1987): From Act Psychology to Probabilistic Functionalism. The Place of Egon Brunswik in the History of Psychology, in: Ash, Mitchell G., and William R. Woodward, Eds.: Psychology in Twentieth-Century Thought and Society, Cambridge–New York, S. 115 ff.

Lewin, Kurt (1948): Resolving Social Conflicts. Selected Papers on Group Dynamics, New York.

Lewin, Kurt, Ronald Lippit and Robert White (1939): Patterns of Aggressive Behavior in Experimentally Created „Social Climates", in: Journal of Social Psychology 10, S. 271 ff.

Luchins, Abraham S. (1942): Mechanization in Problem-Solving. The Effect of „Einstellung", in: Psychological Monographs 54.

Luchins, Abraham S., and Edith H. (1987): Max Wertheimer in America, 1933–1943. Part I, in: Gestalt theory 9, S. 70 ff.

Luchins, Abraham S., and Edith H. (1988): Max Wertheimer in America, 1933–1943. Part II, in: Gestalt theory 10, S. 134 ff.

Lück, Helmut E. (1992): „Aber das Schicksal des Juden

ist wohl immer nicht nur ein persönliches Schicksal gewesen …". Kurt Lewin – ein deutsch-jüdischer Psychologe, in: Schönpflug, S. 173 ff.

Métraux, Alexandre, u. Theo Herrmann (1991): Zur Biographie und Werkgeschichte von Otto Selz, in: dies., Hrsg.: Otto Selz. Wahrnehmungsaufbau und Denkprozeß. Ausgewählte Schriften, Bern–Stuttgart, S. 1 ff.

Nystedt, Lars, Hrsg. (1989): Till Andlig och Kroppslig Hälsa. Den enerothska Professuren i Pedagogik och Psykologi 50 Är, Stockholm.

Rapaport, David (1967): Collected Papers, New York.

Schönpflug, Wolfgang, Hrsg. (1992): Kurt Lewin. Person, Werk, Umfeld, Frankfurt a. M.

Sokal, Michael M. (1984): The Gestalt Psychologists in Behaviorist America, in: American Historical Review 89, S. 1240 ff.

Wertheimer, Max (1937): On the Concept of Democracy, in: Ascoli, Max, and Fritz Lehmann, Eds.: Political and Economic Democracy, New York, S. 271 ff.

Wertheimer, Max (1945): Productive Thinking, New York.

Rechtswissenschaften

Leonie Breunung

Die nachfolgende Darstellung der von Amtsvertreibung und Emigration betroffenen Rechtswissenschaft ist auf die wissenschaftlichen Hochschulen begrenzt. Emigrierte Juristen, die zum Zeitpunkt ihrer Vertreibung kein akademisches Lehramt bekleideten, werden nicht berücksichtigt, auch wenn sie sich nach der Emigration im Gastland als Wissenschaftler etabliert haben, wie z. B. die Rechtsanwälte Ernst Fraenkel, Otto Kirchheimer, Franz L. Neumann und der Arbeitsrechtler Hans J. Morgenthau, die jeweils in den USA als Politikwissenschaftler hervorgetreten sind, oder der Arbeitsrichter Otto Kahn-Freund, der in Großbritannien an der Entwicklung der englischen Arbeitsrechtswissenschaft maßgeblichen Anteil hatte. Nicht durchgängig einbezogen sind ferner diejenigen Rechtswissenschaftler, die nach dem Einmarsch deutscher Truppen in Österreich und in die Tschechoslowakei den an den dortigen Universitäten durchgeführten nationalsozialistischen Säuberungen zum Opfer gefallen sind. Diese in erster Linie bei der quantitativen Erhebung getroffene Beschränkung wurde notwendig, weil verläßliche Zahlen über den gesamten Bestand des juristischen Lehrkörpers in jenen Ländern vor der Okkupation nicht vorliegen. Gleichwohl gehören die vor ihrer Amtsvertreibung an nicht-reichsdeutschen Universitäten lehrenden Emigranten, soweit sie auch nach der Emigration weiterhin wissenschaftlich tätig waren, zur deutschsprachigen rechtswissenschaftlichen Emigration. Der damalige juristische Fachdiskurs im deutschsprachigen Raum war zu großen Teilen grenzüberschreitend, wovon nicht nur die Zusammensetzung der Autoren der Beiträge in den zentralen Fachzeitschriften der Disziplin, sondern auch die rege Fluktuation des Lehrpersonals zwischen reichsdeutschen und nicht-reichsdeutschen Universitäten zeugt.

Im Wintersemester 1932/33 lehrten an den reichsdeutschen wissenschaftlichen Hochschulen insgesamt 496 Rechtswissenschaftler, zwei Drittel (328) von ihnen als Professoren (vom Ordinarius bis hin zum nebenamtlichen Honorarprofessor) und jeweils rund ein Sechstel als Privatdozenten (79) bzw. als Lehrbeauftragte (89). Unberücksichtigt bleiben dabei die (nicht habilitierten) Assistenten als noch nicht dem ständigen Lehrkörper angehörendes Hochschulpersonal (s. u.). Der mit der Machtübernahme der Nationalsozialisten einsetzenden und in den Folgejahren planvoll-bürokratisch durchgesetzten Vertreibung fielen sämtliche 88 rechtswissenschaftliche Hochschullehrer jüdischer Herkunft zum Opfer, nicht eingerechnet die drei zu Beginn des WS 1932/33 bereits emeritierten jüdischen Hochschullehrer, die in den Jahren 1934 und 1935 starben. Diese Zahl entspricht einem Anteil von 17,7 % des Gesamtlehrkörpers im WS 1932/33. Hinzu kommen weitere 44 Hochschullehrer (8,9 % des Gesamtlehrkörpers), die ausschließlich aus im weiteren Sinne politischen Gründen ihres Amtes enthoben wurden oder sich dem politischen Druck auf ihre wissenschaftliche Tätigkeit durch Amtsaufgabe entzogen. Die „politischen" Vertreibungsgründe umfassen dabei ein breites Spektrum, das von der Weigerung, sich vom Ehepartner jüdischer Herkunft zu trennen, über ausbleibende ideologische Gefolgschaft bis hin zu regimekritischen Äußerungen reicht.

Das Verhältnis der beiden Vertriebenengruppen von 2:1 belegt, daß die nationalsozialistische Wissenschaftsverfolgung in erster Linie der politisch-rassistisch motivierten Entfernung der Hochschullehrer jüdischer Herkunft galt, die die sog. arische Wissenschaft angeblich zersetzten. Mit einem quantitativen Anteil von weniger als einem Fünftel am Gesamtlehrkörper stellten jüdische Rechtswissenschaftler tatsächlich jedoch nur eine Minderheit – wenngleich sie im Verhältnis zum Anteil jüdischer Bürger in der Gesamtbevölkerung überproportional unter den Wissenschaftlern vertreten waren. Auch im übrigen fehlt es an Belegen für die behauptete Dominanz jüdischer Gelehrter. Die Verteilung der jüdischen Hochschullehrer auf die verschiedenen Statusgruppen, vom Ordinarius bis hin zum Lehrbeauftragten, bzw. auf die drei dogmatischen Hauptdisziplinen, Öffentliches, Privat- und Strafrecht sowie auf die drei großen nicht-dogmatischen „Nebenfächer" germanistische und romanistische Rechtsgeschichte und Rechtsphilosophie weist keine statistisch signifikanten Unterschiede gegenüber der Verteilung der nicht-jüdischen Kollegen auf. Insoweit waren die jüdischen Wissenschaftler am Ende der Weimarer Republik durchaus „normal" in die Hochschule integriert, obwohl es vor 1933 immer wieder erfolgreiche Versuche gegeben hat, jüdische Kollegen von der Hochschule bzw. höheren akademischen Positionen fernzuhalten. Es mag auf solche Ausgrenzungsbestrebungen zurückzuführen sein, daß sich in den seinerzeit zu den juristischen Randgebieten zählenden international ausgerichteten Rechtsmaterien (Internationales Privatrecht, Auslandsrecht und Rechtsvergleichung) jüdische Hochschullehrer im Vergleich zur übrigen Hochschullehrerschaft überproportional häufig engagierten.

Auf einer anderen Ebene liegt, daß jüdische Kollegen in einzelnen Fachgemeinschaften der zentralen Teildisziplinen mitunter eine herausragende Reputation genossen. Für die romanistische Rechtsgeschichte der Weimarer Zeit ist dies durch eine Zitationsanalyse der in der führenden Fachzeitschrift dieser Disziplin publizierten Beiträge nachgewiesen. Danach setzt sich die Gruppe der 13 mit Abstand am häufigsten zitierten romanistischen, an reichsdeutschen Universitäten im WS 1932/33 tätigen Hochschullehrer aus sieben jüdischen – von denen fünf emigrierten und im Gastland weiter wissenschaftlich tätig waren – und sechs nicht-jüdischen Fachkollegen zusammen. Gemessen an ihrer Gesamtzahl von 16 Fachvertretern sind damit die jüdischen Romanisten im Vergleich zu den 55 nicht-jüdischen überproportional in der Spitzengruppe vertreten.

Wie bei den jüdischen Vertriebenen sind auch bei den allein aus politischen Gründen Vertriebenen im Vergleich zum restlichen Lehrkörper keine statistisch signifikanten Unterschiede in der Verteilung auf die verschiedenen Statusgruppen festzustellen. In der fachlichen Ausrichtung verfügten sie jedoch überproportional häufig über eine zusätzliche Lehrkompetenz in der Rechtsphilosophie, einem Fach, das sich traditionell mit der außerjuristischen, empirischen und normativen Grundlegung von Recht und Staat befaßt.

Mit insgesamt 132 vertriebenen Hochschullehrern haben die Nationalsozialisten nicht nur mehr als ein Viertel (26,6%) des Weimarer rechtswissenschaftlichen Lehrkörpers beseitigt, sondern sich in diesem Umfang Raum für Neubesetzungen durch regimetreue, zumeist jüngere Wissenschaftler verschafft. Die Gruppe der nach 1933 in die Hochschulen Berufenen bildet zusammen mit den unter dem Nationalsozialismus im Amt gebliebenen Hochschullehrern im wesentlichen den Personalbestand, mit dem die (west-)deutsche Rechtswissenschaft nach dem Krieg mit dem Anspruch auf Neubeginn antrat.

Gut die Hälfte der Amtsvertriebenen – 69 Personen (13,9% des Gesamtlehrköpers) ging den Weg ins Exil. Unter ihnen bilden die jüdischen Vertriebenen mit 60 Personen die weit überwiegende Mehrheit. Diesen 60 jüdischen Emigranten stehen 28 jüdische Vertriebene gegenüber, die diesen Schritt nicht vollzogen haben und im Deutschen Reich blieben; nicht berücksichtigt sind dabei zwei Schweizer Staatsbürger, die in ihren Heimatstaat zurückkehrten. Von den 26 nicht emigrierten jüdischen Rechtswissenschaftlern starben 17 vor Kriegsende, neun davon bereits vor Kriegsausbruch. Die Todesumstände waren in fünf Fällen gewaltsam – Selbstmord (Max Fleischmann, Karl Neumeyer und Kurt Perels, alle drei Ordinarien des öffentlichen Rechts), KZ-Haft (Sigmund Strauß, Steuerrechtler), Kriegseinwirkung (Paul Merkel, Ordinarius für Strafrecht) – in allen übrigen Fällen handelt es sich um einen nicht-gewaltsamen, möglicherweise aber auf Grund der Lebensumstände vorzeitigen Tod. Von den neun die nationalsozialistische Herrschaft Überlebenden erlag einer 1946 einem Schlaganfall, die übrigen acht kehrten – sieben von ihnen im fortgeschrittenen Alter von 60 Jahren und darüber – an deutsche Universitäten zurück, unter ihnen mit Julius von Gierke, Ordinarius für Zivilrecht und germanistische Rechtsgeschichte, und Walter Jellinek, Ordinarius für öffentliches Recht, die Söhne zweier berühmter Rechtsgelehrter, Otto von Gierke bzw. Georg Jellinek, ferner die beiden Zivilrechtslehrer Franz Leonhard und Leo Rosenberg, deren in der Weimarer Zeit verfaßte Lehrbücher zum Schuldrecht bzw. Zivilprozeßrecht auf diesen Gebieten Maßstäbe setzten.

Bei den 44 allein aus politischen Gründen Vertriebenen ergibt sich im Hinblick auf die Entscheidung zwischen Exil und Bleiben in Deutschland ein anderes Bild. Nur neun von ihnen gingen nachweislich den Weg in die Emigration. Für 28 Personen dagegen läßt sich der Verbleib im Reich belegen, zwei kehrten als ausländische Staatsbürger in ihren Heimatstaat zurück, in fünf Fällen ist das weitere Schicksal unbekannt. Diese Tatsache könnte sich daraus erklären, daß viele politische Vertriebene sich auf Grund der erfahrenen Repressalien mit offenem Widerstand zurückhielten und allenfalls durch gezielte Themenwahl ihrer wissenschaftlichen Publikationen ihren Dissens zum Ausdruck brachten. Jedenfalls ist keiner von ihnen nach seiner Amtsenthebung als aktiver Kämpfer gegen den Nationalsozialismus in Erscheinung getreten. Von den 28 im Reich Verbliebenen überlebten 18 das Kriegsende, acht starben vorher – unter ihnen der Zivilrechtslehrer und Rechtsphilosoph Alfred Manigk, der nach seiner Amtsvertreibung noch drei größere Monographien, zuletzt 1939, herausbrachte –, bei den restlichen beiden ist das Todesdatum unbekannt. Zwölf der 18 Überlebenden fanden in den ersten Nachkriegsjahren Wiederaufnahme in den Wissenschaftsbetrieb, die Mehrzahl in ihren früher innegehabten Positionen. Zu ihnen gehörten u.a. Gustav Radbruch, Strafrechtler und Rechtsphilosoph, Sozialdemokrat und zeitweiliger Reichsjustizminister in der Frühphase der Weimarer Republik, der 1945 auf sein Heidelberger Ordinariat zurückkehrte und der angesichts der Erfahrungen mit dem nationalsozialistischen Rechtssytem zur Abwehr gesetzlichen Unrechts die Anerkennung eines dem gesetzten Recht übergeordneten universalen (Natur-)Rechts empfahl und mit dieser Auffassung auf die obergerichtliche Rechtsprechung der Nachkriegszeit einwirkte; ferner Gerhard Anschütz, Staatsrechtslehrer, der mit seinen Weimarer Verfassungskommentaren richtungweisend für diese Literaturgattung war und nach 1945 Ehrensenator seiner früheren Heidelberger Universität wurde.

Die Relation zwischen 60 jüdischen Emigranten und neun politisch motivierten Emigranten zeigt, daß die Emigration nach 1933 in noch größerem Maße als schon die Vertreibung aus dem Amt ein Schicksal jüdischer Rechtswissenschaftler war. Bei der Entscheidung zwischen Exil und Verbleib in Deutschland scheint in beiden Vertriebenengruppen am ehesten das Lebensalter – und nicht der akademische Status oder der fachliche Schwerpunkt in den Kernfächern der Disziplin – von Einfluß gewesen zu sein.

Nicht allen Emigranten gelang im Zufluchtsland die Wiederaufnahme einer wissenschaftlichen Tätigkeit. Zwar sind die nicht wieder wissenschaftlich tätig gewordenen Emigranten als Angehörige der Trägerschicht deutscher Rechtswissenschaft emigriert, aber sie sind als solche nicht im jeweiligen Gastland angekommen. Sie blieben von der Zugehörigkeit zur dortigen rechtswissenschaftlichen Trägerschicht dauerhaft ausgeschlossen mit der Folge, daß ihr im deutschen Wissenschaftsbetrieb erworbenes wissenschaftliches Wissen nicht in die wissenschaftliche Kommunikation ihres Gastlandes hat einfließen können.

Von den 69 Emigranten konnten 48 – unter ihnen 42 jüdische und sechs aus politischen Gründen Vertriebene – ihre wissenschaftliche Tätigkeit im Gastland fortsetzen. Von den verbleibenden 21 Emigranten, auf die das nicht zutrifft, haben sieben, alle jüdischer Herkunft, das erste Jahr der Emigration nicht überlebt. Ein Wissenschaftler nahm sich das Leben (Max Alsberg, strafrechtlicher Honorarprofessor und einer der bekanntesten Strafverteidiger in der Weimarer Republik, der 1933 in die Schweiz floh und dort noch im selben Jahr aus dem Leben schied), die anderen starben infolge von Krankheit (u.a. Hermann Heller, Staatsrechtslehrer und politisch aktiver Sozialdemokrat, im spanischen Exil) oder Internierung in Großbritannien (Hans Walter Goldschmidt, Extraordinarius für Zivil- und Wirtschaftsrecht und germanistische Rechtsgeschichte, jüngerer Bruder des namhaften Zivil- und Strafprozessualisten und ebenfalls emigrierten James Goldschmidt). Die Zahl der Emigrierten, die im Zufluchtsland „nicht erfolgreich" waren, beläuft sich damit auf 14 Personen, davon elf jüdische und drei aus politischen Gründen Vertriebene. Von ihnen haben neun das Kriegsende überlebt, keiner ist remigriert. Dieser Gruppe sind auch die beiden politisch vertriebenen Emigranten, der Lehrbeauftragte Kurt Häntzschel und der Honorarprofessor Herbert Schachian, zugeordnet, über deren Schicksal im Exil bis heute nichts Näheres bekannt ist.

Der Vergleich der 48 „erfolgreichen" Wissenschaftsemigranten mit den 14 „nicht erfolgreichen" ergibt statistisch signifikante Unterschiede bei zwei Merkmalen, die für die Zugehörigkeit zur einen oder anderen Gruppe mitentscheidend gewesen sein dürften. Es sind dies zum einen der vor der Emigration innegehabte akademische Status und zum anderen der fachliche Schwerpunkt. Die Gruppe der „Nicht-Erfolgreichen" weist lediglich einen Ordinarius (Friedrich Kitzinger, Strafrechtler) auf; sie besteht zudem zur Hälfte aus Lehrbeauftragten, die nicht nur die unterste Ebene der akademischen Hierarchie bildeten, sondern auch als nur nebenamtlich in der Hochschule Tätige vorrangig in die juristische Berufspraxis eingebunden waren. Demgegenüber gehörten bei den „Erfolgreichen" mehr als die Hälfte (27) der höchsten Rangstufe des ordentlichen Professors an, lediglich drei waren Lehrbeauftragte, die zudem keinem „klassischen" juristischen Hauptberuf nachgingen. Mit dieser unterschiedlichen Statusverteilung in den beiden Emigrantengruppen dürften auch die ebenfalls signifikanten Unterschiede in der fachlichen Ausrichtung in Zusammenhang stehen. Dabei geht es weniger um die Verteilung auf die drei rechtsdogmatischen Schwerpunkte – hier sind die Abweichungen statistisch unauffällig – als vielmehr um Kompetenzen in den nicht-dogmatischen Disziplinen der Rechtsgeschichte und der Rechtsphilosophie. Keiner der „Nicht-Erfolgreichen" war in diesen die nationalstaatlich geprägte Jurisprudenz im engeren Sinne überschreitenden universalen Materien durch eine entsprechende Lehrbefugnis ausgewiesen. Demgegenüber ist das aber bei nahezu der Hälfte (22) der „Erfolgreichen" der Fall. Speziell mit ihren zusätzlichen Kompetenzen in der romanistischen Rechtsgeschichte und in noch größerem Maße in der Rechtsphilosophie hebt sich die Gruppe der „erfolgreichen" Emigranten mit auffallend höheren Anteilen auch vom Gesamtlehrkörper des WS 1932/33 bzw. dem von der nationalsozialistischen Vertreibung nicht betroffenen Lehrkörper ab. Ähnliches gilt für die bereits angesprochenen, überproportional von jüdischen Hochschullehrern gepflegten Randgebiete des internationalen Privatrechts, des Auslandsrechts und der Rechtsvergleichung, über die 19 der „erfolgreichen", aber nur zwei der „nicht erfolgreichen" Emigranten verfügten. Speziell für die Lehrbeauftragten ist in diesem Zusammenhang allerdings zu unterstreichen, daß das Kriterium des „Erfolgs" hier ausschließlich wissenschaftsbezogen zu verstehen ist. Ein im Einzelfall bewußter Wechsel in einen rechtspraktischen Beruf des Zufluchtslandes, der möglicherweise unter dem Gesichtspunkt der Existenzsicherung einer Betätigung in der Hochschule vorgezogen wurde, ist damit nicht abgewertet.

Daß es in erster Linie spezifisch wissenschaftssystembezogene Merkmale des akademischen Status und der innerdisziplinären Orientierung waren, die eine gelungene Wissenschaftsemigration auszeichnen, wird auch dadurch unterstrichen, daß zwei weitere potentielle Einflußfaktoren, das Lebensalter der Emigranten und das Aufnahmeland, statistisch weniger auffallend sind. Bezogen auf das Jahr 1933 liegt das Durchschnittsalter der „Nicht-Erfolgreichen" mit etwa 50 Jahren nur wenig über den 47 Jahren der „Erfolgreichen". Auch das Aufnahmeland (ohne Transitländer) scheint beim Wiedereintritt in die Wissenschaft nur bedingt eine Rolle gespielt zu haben. In beiden Emigrantengruppen sind es die → VEREINIGTEN STAATEN VON AMERIKA, auf die mit sechs (43%) der 14 „nicht erfolgreichen" und 18 (37,5%) der 48 „erfolgreichen" Emigrierten das jeweils größte Kontingent entfällt. Unter diesem quantitativen Gesichtspunkt kommt den verschiedenen übrigen Aufnahmeländern innerhalb und außerhalb Europas ein vergleichsweise geringes Gewicht zu. Keines von ihnen hat mehr als vier Emigranten der einen oder anderen Gruppe längerfristig aufgenommen, ausgenommen → GROSSBRITANNIEN, das in diesem Ländervergleich eine Sonderstellung einnimmt. Dort sammelte sich einerseits mit 14 „erfolgreichen" Emigranten das zweitgrößte Kontingent dieser Gruppe, andererseits hat sich dort aber nur ein „nicht erfolgreicher" (jüdischer) Emigrant überhaupt für einen längeren Zeitraum aufgehalten, der zudem einen Sonderfall darstellt, weil er 1942 das Land verließ und nach Australien ging. In diesem Ergebnis dürften sich vor allem die im Vergleich zu anderen Staaten restriktive Immigrationspolitik Großbritanniens sowie die nach Kriegseintritt dort verfügten Internierungen widerspiegeln. So blieb für viele Emigranten Großbritannien nur Transitland.

Über die hier statistisch analysierten Faktoren hinaus haben im Einzelfall eine Reihe weiterer Umstände eine wissenschaftliche Etablierung in den Aufnahmeländern begünstigt oder behindert. Zu den förderlichen Voraussetzungen, die der eine oder andere „Erfolgreiche" mitbrachte, dürften beispielsweise bereits bestehende kollegiale und auch verwandtschaftliche Verbindungen zum späteren Gastland, fachliche Vertrautheit mit dem dortigen Rechtssystem durch eigene Forschungen und ggf. auch dortige Forschungsaufenthalte, Gewährung von Stipendien, schließlich auch Unterstützung durch andere Emigranten etc. gehören.

Die von den 48 „erfolgreichen" Emigranten reichsdeutscher Universitäten gebildete Trägerschicht der deutschsprachigen rechtswissenschaftlichen Emigration erweitert sich auf 60 Personen, wenn man die zwölf „erfolgreichen" Emigranten hinzuzählt, die ab 1938 von österreichischen Hochschulen und der Deutschen Universität Prag vertrieben worden sind. Sie steigt auf insgesamt 73 Rechtswissenschaftler, wenn man außerdem die 13 ebenfalls „erfolgreichen", von reichsdeutschen Hochschulen vertriebenen Emigranten mit einbezieht, die zum Zeitpunkt ihrer Amtsvertreibung die Position eines promovierten Assistenten innehatten. Ihnen kommt im Rahmen der Wissenschaftsemigration insofern eine Sonderstellung zu, als sie zwar einerseits durch ihre Promotion wissenschaftlich ausgewiesen waren, andererseits aber ihr Status als Assistent noch keine dauerhafte Zugehörigkeit zum wissenschaftlichen Hochschulpersonal begründete. Ob also die nach ihrer Emigration im Zufluchtsland „erfolgreich" gewesenen Assistenten unter den Bedingungen eines nicht-nationalsozialistischen Deutschland sich im Wissenschaftsbetrieb etabliert hätten, bleibt eine hypothetische Frage, über die nur spekuliert werden kann (Breunung 1996, S. 396 f.). Die Emigranten der Gruppe der vertriebenen österreichischen Hochschullehrer und der Gruppe der vertriebenen Assistenten haben ebenfalls mehrheitlich in den USA längerfristige Aufnahme gefunden. Für die Gesamtheit der 73 „erfolgreichen" Emigranten ergibt sich folgende Länderverteilung: Auf die USA entfallen 38 Personen, mithin gut die Hälfte, an zweiter Stelle folgt Großbritannien mit 17 Personen, die übrigen verteilen sich mit kleinen Häufigkeiten auf sonstige Länder.

Als Indikator für eine erfolgreiche Fortsetzung der Karriere läßt sich der erreichte (höchste) akademische Status heranziehen. So ergibt sich für die 48 reichsdeutschen Wissenschaftler eine Relation von 19 Professuren zu 29 sonstigen Positionen. Dabei entfallen zehn der 19 Professuren auf die USA, auf das zweitgrößte Aufnahmeland Großbritannien hingegen keine, die anderen neun verteilen sich auf übrige Gastländer, vornehmlich die → SCHWEIZ, die → NIEDERLANDE und die → TÜRKEI. Bei den zwölf österreichischen Wissenschaftlern ergibt sich eine Gleichverteilung von jeweils sechs Professuren (alle in den USA) und sonstigen Positionen. Der Anteil an Professuren ist vor dem Hintergrund zu sehen, daß diese in den meisten Fällen erst nach Durchlaufen befristeter Dozenturen, von Lehraufträgen und ähnlichen Tätigkeiten an mehreren Universitäten und in einigen Fällen auch erst gegen Ende der akademischen Laufbahn erworben wurden. Von daher hatten die jüngeren Emigranten grundsätzlich größere Chancen, in der akademischen Hierarchie aufzusteigen. Dies spiegelt sich auch in den Karrieren der 13 jüngeren reichsdeutschen Assistenten, von denen es zehn (sieben in den USA, zwei in Südamerika, einer in Großbritannien) zu einer Professur gebracht haben. Auch bei den im Vergleich zu den 48 reichsdeutschen Wissenschaftlern beim Professurenanteil etwas günstiger abschneidenden Österreichern dürfte ebenfalls deren deutlich jüngeres Durchschnittsalter eine Rolle gespielt haben.

Das Kriegsende überlebten alle Assistenten, bei den übrigen „erfolgreichen" Emigranten starben zehn vorher, davon acht aus der Gruppe der reichsdeutschen Wissenschaftler; unter ihnen der bereits erwähnte James Goldschmidt, der zunächst nach Spanien und von dort 1936 nach Uruguay emigrierte, wo er 1940 starb, ferner der ebenfalls 1940 im britischen Exil (Cambridge) gestorbene und heute wegen seiner die Rechtsgeschichte, Rechtstheorie, Rechtssoziologie und die Strafrechtsdogmatik umfassenden wissenschaftlichen Qualifikation in die Reihe der „wenigen universellen Juristen" gestellte Hermann Kantorowicz, schließlich zwei aus der Gruppe der österreichischen Wissenschaftler, der Romanist Robert Neuner und der Germanist Emil Goldmann. Von den insgesamt 63 Überlebenden remigrierten in den deutschsprachigen Raum 14 (22,2%), davon zehn aus der Gruppe der reichsdeutschen Wissenschaftler, je zwei aus der Gruppe der österreichischen Wissenschaftler bzw. Assistenten.

Remigriert sind u.a. der Strafrechtler Hans von Hentig, die romanistischen Rechtshistoriker Fritz Pringsheim und Hans Julius Wolff, der Romanist und Rechtsphilosoph Gerhart Husserl, Sohn des bekannten Philosophen und Phänomenologen Edmund Husserl, der Staatsrechtslehrer und spätere Politikwissenschaftler Gerhard Leibholz, der als Mitglied des Bundesverfassungsgerichts maßgeblichen Einfluß auf die Rechtsprechung nahm, sowie der Rechtsphilosoph und Strafrechtler Arthur Baumgarten, der als einziger in den sowjetisch besetzten Teil Deutschlands ging.

Die Rückkehrer hatten teils von sich aus ihre Wiederaufnahme in den akademischen Lehrbetrieb in Gang gebracht wie z.B. von Hentig, teils waren sie entsprechenden Angeboten ihrer früheren Universität gefolgt wie etwa Pringsheim (Freiburg i. Br.) und Leibholz (Göttingen). Entsprechend den Anteilen an aufgenommenen Emigranten stammen die Remigranten überwiegend aus den USA (7) und Großbritannien (4). Für die Remigration tritt weder das gewählte Aufnahmeland, der dort erreichte akademische Status bzw. der Grad der formellen Integration in das neue Wissenschaftssystem noch das Lebensalter als möglicher ausschlaggebender Faktor statistisch hervor. Auf der anderen Seite hat eine Reihe anderer ehemaliger Emigranten das Angebot, an deutsche Universitäten bzw. auf ihre frühere Professuren zurückzukehren, nicht angenommen, so

u. a. aus der Gruppe der in die USA Emigrierten der ehemalige Heidelberger Romanist Ernst Levy, der aus Wien vertriebene, als Professor für internationales Privatrecht und Versicherungsrecht an der University of California in Berkeley lehrende Albert Armin Ehrenzweig, der ebenfalls dort eine Professur bekleidende ehemalige Breslauer Assistent Stephan Riesenfeld, der eine Berufung an die Universität Bonn ausschlug, sowie der nach Großbritannien emigrierte Bonner Strafrechtler Max Grünhut, der als Dozent für Kriminologie am All Souls College der Oxford University tätig war.

Deutlich größer als der Anteil der (dauerhaft) Remigrierten ist der Anteil derjenigen Emigranten, die zeitweise und zumeist mehrfach als Gastprofessoren oder zu Gastvorträgen ab Ende der 1940er bis in die frühen 1960er Jahre hinein an deutsche Universitäten zurückkehrten (insgesamt 23, darunter sechs aus der Gruppe der Assistenten), um vor allem die junge studentische Generation mit dem Recht ihrer Zufluchtsländer vertraut zu machen. Einige Emigranten kamen auch im Dienst der US-amerikanischen Militärregierung nach Deutschland, um als Experten Aufgaben bei der Reorganisation des Rechts- und Hochschulwesens wahrzunehmen wie z. B. der Staatsrechtler und spätere Politikwissenschaftler am Amherst College, Massachusetts, Karl Loewenstein, der Zivilrechtler und später auf das Familienrecht spezialisierte Max Rheinstein sowie der bereits erwähnte Riesenfeld.

Verbindet man mit Wissenschaftsemigration die Möglichkeit eines Wissenschaftranfers in dem Sinne, daß in die anders geprägte Wissenschaft des Gastlands Elemente der Wissenschaft des Ursprungslands hineingetragen werden, die dieser genuin zurechenbar sind, so sind die Bedingungen für solche Effekte in den USA eher ungünstig gewesen. Dies liegt vor allem in zweierlei begründet. Zum einen sind es die Gegenstände der Rechtswissenschaft selbst, die im Unterschied zu anderen Disziplinen in weiten Bereichen nationalstaatlich ausgeformt sind und von daher nicht ohne weiteres auf ein anderes staatliches Recht übertragen werden können. Im Falle der USA, und ähnliches gilt für Großbritannien, kommt hinzu, daß mit dem weitgehend auf Kodifikationen beruhenden deutschen Gesetzesrecht einerseits und dem zu großen Teilen durch Fall- bzw. Richterrecht begründeten angloamerikanischen Recht andererseits zwei grundlegend unterschiedlich strukturierte Rechtssysteme aufeinandertreffen, in denen sich für die wissenschaftliche Bearbeitung der jeweiligen Rechtsmaterien auch verschiedene Methoden ausgebildet haben. Darüber hinaus war das deutsche Rechtssystem nicht nur anders, sondern es war in den Augen vieler amerikanischer Juristen auch eines, das sich schon deshalb nicht zur Rezeption empfahl, weil sich unter ihm ein nationalsozialistisches Deutschland hatte etablieren können. Zum anderen stoßen nicht nur zwei unterschiedliche Rechtskulturen, sondern auch zwei unterschiedliche Wissenschaftskulturen aufeinander: die primär an fundamentaler Theorie- und Systembildung ausgerichtete kontinentaleuropäische Wissenschaftstradition einerseits und die stärker pragmatisch, auf Verwertbarkeit ausgerichtete angloamerikanische Wissenschaftstradition andererseits. Hinzu kommt, daß in den 1930er und 1940er Jahren in der amerikanischen Rechtslehre der Rechtsrealismus, der sich aus den genannten Wurzeln des „case law" und des Pragmatismus speiste, auf dem Höhepunkt seiner Entfaltung war und die Aufnahmebereitschaft der amerikanischen Rechtswissenschaft für begrifflichtheoretisch orientierte europäische Rechtslehren zusätzlich beeinträchtigte.

Dies läßt sich am Beispiel des Staatsrechtslehrers und Rechtsphilosophen Hans Kelsen demonstrieren, der sich im amerikanischen Wissenschaftsbetrieb, nicht zuletzt dank seiner Bekanntheit auch dort als namhafter europäischer Jurist, formal durchaus erfolgreich hatte etablieren können. Nach kurzer Lehrtätigkeit an der New School for Social Research in New York, einer eigens für die Aufnahme von Emigranten errichteten Lehr- und Forschungsstätte, erhielt er eine befristete Anstellung an der berühmten Harvard Law School, die ihm der dort lehrende und mit der europäischen Rechtsliteratur vertraute Roscoe Pound vermittelt hatte. Pound war es auch, der Kelsen anschließend (1942) der ebenfalls renommierten University of California in Berkeley als Gastprofessor empfahl, die drei Jahre später dem nunmehr bereits 64jährigen eine ordentliche Professur für Internationales Recht und Rechtswissenschaften im Fachbereich für Politische Wissenschaft übertrug. Zwar erfuhren sowohl die amerikanische Ausgabe seines noch vor der Emigration verfaßten theoretischen Hauptwerks, die *Reine Rechtslehre* (1934), als auch seine vorwiegend dem Völkerrecht gewidmeten amerikanischen Publikationen durchaus zahlreiche Rezensionen, im Ergebnis aber überwog nach einigen Jahren eine gleichgültige bis ablehnende Haltung der einheimischen Fachkollegen gegenüber den von ihm vertretenen theorielastigen Positionen.

Nachhaltige Einflußnahme auf die amerikanische Rechtswissenschaft blieb auch einem anderen, ebenfalls international bekannten Emigranten, dem Rechtsvergleicher Ernst Rabel, versagt, der sich zudem mit der minderen Stellung eines wissenschaftlichen Mitarbeiters an der University of Michigan, Ann Arbor, begnügen mußte, da er bei seiner Ankunft in den USA als bereits 65jähriger die Berufungsgrenze überschritten hatte. Sein amerikanisches Hauptwerk, eine vierbändige rechtsvergleichende Studie zum Kollisionsrecht, erhielt zwar mit dem Ames-Preis der Harvard Law School die höchste Auszeichnung der USA für rechtswissenschaftliche Leistungen. Die amerikanische Kollisionswissenschaft vermißte aber in Rabels Darstellung eine stärkere Berücksichtigung „ihres" case law, was ihr Interesse an dem Werk alsbald versiegen ließ.

Das angesprochene Aufeinandertreffen grundlegend verschiedener Rechts- und Wissenschaftstraditionen macht plausibel, daß die Chance der Emigranten, mit ihrer Wissenschaft von der amerikanischen Fachgemeinschaft wahrgenommen zu werden, in dem Maße stieg, wie eine Anpassung an den Denkstil der einheimischen Wissenschaftskultur gelang, was vor allem die Rechtsmaterien betraf, die die aktuelle Fachdiskussion beherrschten. Entsprechend waren die Wirkungsmöglichkeiten der Wissenschaft der Emigranten um so größer, je mehr diese „amerikanisiert" war und sich damit von der einheimischen Wissenschaft nicht grundsätzlich unterschied. Es waren vor allem Wissenschaftler aus dem Kreis der jüngeren Emigranten, Assistenten zumeist, die sich an die amerikanische Wissenschaft assimilierten und sich damit eine erhöhte Aufmerksamkeit verschaffen konnten. Die aus den damaligen wissenschaftlichen Kontroversen hervorgegangenen Innovationen, die langfristig in den Kanon der amerikanischen Rechtswissenschaft eingegangen sind, werden dort allerdings weniger den Beiträgen der beteiligten Emigranten als vielmehr denen der beteiligten einheimischen Wissenschaftler zugerechnet. Dabei zu berücksichtigen ist, daß wissenschaftliche „Erfindungen" sich eben nur im Wege ihrer Rezeption durch die wissenschaftliche Fachgemeinschaft durchsetzen können und im Zuge des Rezeptionsprozesses Änderungen ihrer ursprünglichen Gestalt erfahren. Im Ergebnis haben sie dann tatsächlich mehrere Väter.

Am ehesten ist es dem der Gruppe der emigrierten Assistenten angehörenden und an der Yale University, New Haven, als Professor für Vertragsrecht lehrenden Friedrich Kessler gelungen, sich mit seinen Arbeiten auf diesem Gebiet in die amerikanische Jurisprudenz einzuschreiben, was sich in erster Linie der Rezeption seiner Lehre zum standardisierten Massenvertrag durch die Rechtsprechung und erst in zweiter Linie seiner 1988 in dritter Auflage erschienenen und in Co-Autorenschaft mit zwei einheimischen Fachkollegen verfaßten Gesamtdarstellung zum Vertragsrecht verdankt. Zustimmende Aufnahme durch die Rechtsprechung fand auch der österreichische Arbeitsrechtler Arthur Lenhoff, der eine Professur für Zivilrecht und internationales Privatrecht an der Universität von Buffalo, New York, innehatte und dessen Beiträge zum Kollektivvertrag vom Obersten Bundesgericht der USA zitiert wurden. Auf andere Weise rechtspraktisch einflußreich war auch der bereits erwähnte Rheinstein, Professor an der University of Chicago, der maßgeblichen Anteil an der das Verschuldensprinzip außer Kraft setzenden Reform des Scheidungsrechts hatte. Im übrigen leistete Rheinstein einen Beitrag zum Wissenschaftstransfer im buchstäblichen Sinne, indem er Max Webers Rechtssoziologie ins Amerikanische übersetzte und mit einer die theoretischen Grundlagen erläuternden Einführung versah.

Die beiden einzigen Teildisziplinen, in denen die wenigen Emigranten, die sich dort etablieren konnten, nicht dem Erfordernis der Assimilation an die einheimische Wissenschaft ausgesetzt waren, sind die romanistische und kanonistische Rechtsgeschichte. Beide sind aufgrund ihres wissenschaftlichen Gegenstands genuin europäische Wissenschaften, die jeden, der sich in ihnen betätigen will, in diese Tradition stellen. Hier konnte tatsächlich reiner Wissenschaftstransfer stattfinden, was in besonderem Maße dem als jungen Assistenten emigrierten Stephan Kuttner, Professor für kanonisches Recht zunächst an der Catholic University of America, Washington D.C., dann an der Yale University und anschließend in Berkeley auf dem Gebiet des mittelalterlichen kanonischen Rechts gelang. Auch der in der Weimarer Zeit zu den meistzitierten Romanisten gehörende Levy erhielt eine das römische Recht mit einschließende Professur an der – freilich weniger renommierten – University of Washington, Seattle. Aber beide rechtshistorischen Disziplinen führen eben wegen ihrer europäischen Prägung in den USA nicht mehr als eine Randexistenz und sind von der übrigen Rechtswissenschaft weitgehend separiert.

Eine der Rechtsgeschichte vergleichbare Randstellung kam in der sich weitgehend auf den eigenen nationalen Raum konzentrierenden amerikanischen Rechtswissenschaft bis in die jüngste Zeit auch der

Rechtsvergleichung zu. Gerade auf diesem, in Europa stärker gepflegten Gebiet hatten sich viele Emigranten schon vor ihrer Emigration betätigt, was sie in den USA mit reger literarischer Produktion fortsetzten. Erfolgreich waren einige von ihnen dabei allerdings nur insoweit, als sie die Gründung mehrerer rechtsvergleichender Fachzeitschriften anregten bzw. daran beteiligt waren und meist auch als Mitherausgeber fungierten. Sie konnten auf diese Weise immerhin den Aufbau einer publizistischen Infrastruktur als Voraussetzung für die Entfaltung dieser Teildisziplin fördern.

Insgesamt ist nach dem gegenwärtigen Kenntnisstand eine langfristige Wirkung der Wissenschaft der Emigranten auf die Entwicklung der US-amerikanischen Wissenschaft eher gering zu veranschlagen. Auf anderen Ebenen finden sich aber durchaus Spuren erfolgreichen Wirkens einzelner Emigranten: in der Rezeption durch die Rechtsprechung, in Einflußnahmen auf die Gesetzgebung, als Verfasser von Lehrbüchern mit hohen Auflagen und nicht zuletzt als akademische Lehrer. Aber auch dies betrifft eher diejenigen Emigranten, die sich an die amerikanische Wissenschafts- und Rechtskultur in weitem Maße assimilierten.

Die Frage, welche Auswirkungen die Wissenschaft der Emigranten auf die Entwicklung der Rechtswissenschaft im Nachkriegsdeutschland gehabt hat, bezeichnet ein ebenfalls noch nicht systematisch in Angriff genommenes Forschungsfeld. Weitgehend offen ist daher, ob und wie das wissenschaftliche Werk der Emigration aus der Zeit vor und nach 1933 von der deutschen Rechtswissenschaft nach dem Zweiten Weltkrieg rezipiert wurde und welche Rolle dabei die Remigration von ehedem Vertriebenen und die gastweise Lehrtätigkeit der Emigranten gespielt hat.

Literatur

Breunung, Leonie (1996): Analysen der Wissenschaftsemigration nach 1933. Soziologische und methodologische Überlegungen zum Fall der deutschen Rechtswissenschaft, in: Zeitschrift für Soziologie 25, S. 395 ff.

Göppinger, Horst (1990): Juristen jüdischer Abstammung im „Dritten Reich": Entrechtung und Verfolgung, völlig neubearb. Aufl., München.

Höpel, Stefan (1993): Die „Säuberung" der deutschen Rechtswissenschaft. Ausmaß und Dimensionen der Vertreibung nach 1933, in: Kritische Justiz 26, S. 438 ff.

Klapisch, Jutta (1991): Der Einfluß der deutschen und österreichischen Emigranten auf contracts of adhesion and bargaining in good faith im US-amerikanischen Recht. Zugleich eine Darstellung der vorvertraglichen Haftung in den USA, Baden-Baden.

Lutter, Marcus, Ernst C. Stiefel u. Michael H. Hoeflich, Hrsg. (1993): Der Einfluß deutscher Emigranten auf die Rechtsentwicklung in den USA und in Deutschland. Vorträge und Referate des Bonner Symposions im September 1991, Tübingen.

Paulson, Stanley L. (1988): Die Rezeption Kelsens in Amerika, in: Reine Rechtslehre im Spiegel ihrer Fortsetzer und Kritiker, Gesamtred. von Ota Weinberger u. Werner Krawietz, Wien–New York, S. 179 ff.

Romanistik

Frank-Rutger Hausmann

Aufgrund des „Gesetzes zur Wiederherstellung des Berufsbeamtentums" vom 7. April 1933, seinen verschiedenen Durchführungsverordnungen und ergänzenden Folgegesetzen wurden noch im gleichen Jahr bzw. im Jahr 1935, als die Schonfrist für die Frontkämpfer des Ersten Weltkriegs aufgehoben wurde, von den 1933 bis 1935 zu ermittelnden ordentlichen und außerordentlichen Professoren der Romanistik im Deutschen Reich insgesamt neun nach § 3 (nicht-arisch) und zwei weitere nach § 6 (Vereinfachung der Verwaltung) bzw. § 4 (unzuverlässige politische Haltung) entlassen. Es sind dies die Lehrstuhlinhaber Erich Auerbach (Marburg), Victor Klemperer (Dresden), Leonardo Olschki (Heidelberg) und Leo Spitzer (Köln), die außerordentlichen Professoren Wilhelm Friedmann (Leipzig), Curt Sigmar Gutkind (Mannheim), Helmuth Hatzfeld (Frankfurt a.M.) sowie die Dozenten Leo Jordan (München) und Ulrich Leo (Frankfurt a.M.) bzw. die Ordinarien Walther Küchler (Hamburg) und Eugen Lerch (Münster). Insgesamt wurden demnach 19% der romanistischen Professoren aus „rassischen", 4% aus politischen Gründen aus ihren Ämtern entfernt.

Die Gruppe der Assistenten und Lehrbeauftragten ist wesentlich schwerer zu erfassen, doch können mindestens elf Namen benannt werden (Susanne Bach, geb. Eisenberg, Alice Bergel, Herbert Dieckmann, Leonie Feiler-Sachs, Kurt Jäckel, Heinrich (Henry) Kahane, Renée Toole-Kahane, Kurt Lewent, Yakov Malkiel, Georg E. Sachs und Manfred Sandmann).

Neben den Etablierten und dem „Nachwuchs" gibt es als dritte betroffene und zahlenmäßig kaum einzugrenzende Gruppe zahlreiche jüngere Romanisten, die in Deutschland und später Österreich soeben ihr Studium begonnen hatten oder dabei waren, ihr Studium aufzunehmen, sowie andere, die erst in der Emigration durch den Aufenthalt in romanischsprachigen Ländern zu Romanisten wurden. Nicht zu ermitteln ist die Zahl derer, die von den Nazis daran gehindert wurden, überhaupt zu studieren und Romanisten zu werden, wenn sie dies geplant hatten.

Von den durch die Rassengesetze direkt oder indirekt betroffenen Romanisten – die indirekt Betroffenen sind diejenigen mit einem jüdischen Lebensgefährten – sind bis auf Victor Klemperer und Leo Jordan alle noch rechtzeitig ausgewandert und haben, nach Umwegen über die Schweiz, Italien, Spanien, Großbritannien, Frankreich, Türkei oder Lateinamerika fast ausnahmslos in den → Vereinigten Staaten von Amerika Aufnahme gefunden, einige jedoch erst nach Kriegsende. Nach Ausbruch des Zweiten Weltkriegs fiel Gutkind bei der Deportation als „enemy alien" von England nach Kanada einem deutschen Torpedoangriff zum Opfer; Friedmann nahm sich in der Gestapohaft in Bedous (Südfrankreich) das Leben. Von den Jüngeren kam Percy Gothein, Mitglied des George-Kreises und Sohn des bekannten Heidelberger Kulturhistorikers Eberhard Gothein, der nach mehreren vergeblichen Habilitationsversuchen zunächst nach Italien, dann in die Niederlande ausgewandert war, nach seiner Verhaftung in Südholland im KZ Neuengamme auf ungeklärte Weise ums Leben.

Besondere Bedeutung als Auswanderungsländer haben zunächst → Italien und die → Türkei. Italien war das einzige romanische Land, in das eine nennenswerte, wenn auch kleine Zahl von Romanisten floh. Auffällig ist, daß Frankreich gemieden wurde, wohl deshalb, weil die französischen Romanisten bereits nach dem Deutsch-Französischen Krieg 1870/71 eine nationalphilologische Umorientierung vollzogen hatten und den deutschen Kollegen und ihrer Wissenschaft äußerst reserviert gegenüberstanden. Diese Reserve verstärkte sich nach dem Ersten Weltkrieg auf beiden Seiten noch, so daß es in der Zwischenkriegszeit keinen wirklichen romanistischen Wissenschaftsaustausch mehr gab und deutsche Romanisten kaum an französischen Universitäten untergekommen wären. Anders sah es für Studenten aus, und mehrere jüngere Flüchtlinge, die später in den USA lehrten, erwarben einen französischen Studienabschluß (Konrad F. Bieber, Ilse Lipschutz-Hempel, Gerald M.J. Moser, Henry (Heinrich) H.H. Remak, Kurt Weinberg u.a.). Lektorate bekleideten Elsbeth Günzburger (Nancy; École Normale de Sèvres) und Walter Naumann (Toulouse; Paris); Wilhelm Friedmann durfte kurzfristig an der École pratique des hautes études Vorlesungen über italienische Philologie halten.

Italien zeigte sich, obwohl ein faschistisches Land, relativ unvoreingenommen und gewährte einigen Emigranten Zuflucht, bis Mussolini auf Druck Hitlers im Herbst 1938 ebenfalls Rassengesetze einführte und die jüdischen Flüchtlinge zu einem zweiten Exil zwang. Insbesondere die von deutschen Emigranten gegründeten Landschulheime boten ein vorübergehendes Wirkungsfeld. Das Landschulheim Florenz war mit bis zu 100 Schülern das bedeutendste; hier kamen Heinrich (Henry) Kahane und der Humanismusforscher Paul Oskar Kristeller unter, der über Marsilio Ficino forschte und in Italien nach Handschriften suchte. Er sollte später die auch mit der Romanistik zahlreiche Berührungspunkte aufweisende Humanismusforschung, die in Deutschland entwickelt worden war, in die USA transplantieren. Kristeller blieb nicht lange am Landschulheim, denn er erhielt durch Intervention Giovanni Gentiles ein Lektorat an der Universität Pisa und gleichzeitig eins an der dortigen Scuola Normale Superiore. Reichenberger bekleidete 1934–38 ein Deutschlektorat in Mailand; Gutkind, der 1927 ein deutlich profaschistisches Buch verfaßt hatte (*Mussolini e il suo Fascismo*), das auch auf deutsch erschien, erhielt zwar wegen seiner Verdienste um den Faschismus die italienische Staatsangehörigkeit, scheiterte aber mit dem Projekt, nach Mannheimer Muster in Rom oder einer anderen italienischen Stadt ein Dolmetschinstitut aufzubauen, und mußte sich als Lektor in England durchschlagen (Voigt 1989, S. 37). Olschki, durch seine Herkunft noch italienischer Staatsbürger, konnte zwar nach der Vertreibung aus Heidelberg bis 1938 an der Universität Rom lehren, mußte dann aber seine zweite Heimat ebenfalls verlassen.

Günstiger sah es langfristig in der Türkei aus. Im Gefolge der von Mustafa Kemal Pascha (Atatürk) eingeleiteten Universitätsreform, die 139 vertriebenen deutschen und österreichischen Wissenschaftlern in Istanbul und Ankara ein Wirkungsfeld eröffnete, kam im September 1933 Leo Spitzer als Professor für „europäische Philologie" und Leiter der Fremdsprachenschule nach Istanbul. Ihm folgten aus Sympathie für ihren verehrten Kölner Lehrer freiwillig, nicht aufgrund der Beamtengesetze, vier Nachwuchswissenschaftler ins Exil (Heinz Anstock, Eva Buck, Rosemarie Burkart, Traugott Fuchs); drei weitere (Herbert und Liselotte Dieckmann, Hans Marchand) wurden als Lektoren angeworben, weil sie aufgrund der Rassengesetze in Deutschland keine Berufschancen sahen. Als Leo Spitzer bereits nach drei Jahren einen Ruf nach Baltimore an die Johns Hopkins University erhielt, konnte er seinen Schüler und Marburger Nachfolger Erich Auerbach nach Istanbul vermitteln, der dort insgesamt elf Jahre wirkte und weitere fünf Mitarbeiter plazierte (Robert Anhegger, Ernst Engelberg, Kurt Laqueur, Andreas Tietze, Karl Weiner). Die Möglichkeiten, traditionelle, philologisch abgesicherte Romanistik – Auerbach sprach von „Anmerkungswissenschaft" – in einem moslemisch geprägten Land zu lehren, waren gering. Spitzer und Auerbach beschränkten sich daher in erster Linie auf praktischen Sprachunterricht und Überblicksveranstaltungen zu Sprach- und Literaturgeschichte. Immerhin nutzte Auerbach die Zeit erzwungener Isolation zur Abfassung von *Mimesis*, das zu einem immer wieder aufgelegten romanistischen Standardwerk werden sollte. Auch entstanden wichtige Arbeiten zur allegorisch-typologischen Deutung mittelalterlicher Werke. *Mimesis* ist der „bislang einzige überzeugende Versuch einer nicht mehr nationalsprachlich orientierten Literaturgeschichte geblieben, einer Literaturgeschichte auch, die an die Stelle der üblichen Daten-, Namen-, Schulen- und Titelreihung die Einheit der Fragestellung setzte" (Neuschäfer 1989, S. 91). Auerbach verzichtete auf Fachjargon und verfolgte neben der wissenschaftlichen auch eine politische Intention: Gegen die Bedrohung der europäischen Kultur durch das Hitlerregime auf der einen und den von Amerika ausgehenden Behaviorismus auf der anderen Seite sollte der Zusammenhang der abendländischen Literatur über die Grenzen der Nationalsprachen hinweg aufscheinen.

Die eigentliche innovative Leistung Spitzers und Auerbachs, die in der Herausbildung einer Stilistik besteht, wurde erst in den USA schulebildend, wo Spitzer mehrere bedeutende Schüler hatte (Anna G. Hatcher, Edith Kern, Karl-Ludwig Selig u. a.). Die Stilistik untersucht den sprachlichen Ausdruck, der ein literarisches Werk konstituiert; sie ist zuständig für den Übergang von der langue (sprachliches System) zur parole littéraire (individueller Ausdruck) und bereitet dem Strukturalismus in seinen mannigfaltigen Ausformungen den Weg. Da sich auch Hatzfeld und Leo als Stilanalytiker verstanden, kann man zwar nicht von einer kohärenten stilanalytischen Schule sprechen, die von den Nazis vertrieben wurde und in den USA eine Heimstatt fand, jedoch von einer nicht unerheblichen Prägung der nordamerikanischen romanistischen Literaturkritik in den späten 1930er bis 1950er Jahren.

Eine weitere Gruppe von sechs Emigranten (Alice Bergel, Leonie Feiler-Sachs, Heinrich (Henry) Kahane, Renée Toole-Kahane, Yakov Malkiel, Georg E. Sachs) mit einer einheitlichen Forschungsausrichtung hatte in Berlin bei Ernst Gamillscheg promoviert, der das Werk seiner Lehrer Wilhelm Meyer-Lübke in Wien und Jules Gilliéron in Paris fortsetzte. Sprache ist für Gamillscheg dynamische Kraft, ihr Wandel wird von Gesetzen bestimmt. Die Sprachgeographie und Dialektologie enthüllen das Leben der Wörter. Sprachgeschichte und Sprachgeographie im Verein lehren somit die Geschichte der Völker durch das Medium der Sprache, wobei Gamillscheg bereits ansatzweise soziolinguistische Fragestellungen verfolgt. Während Sachs kurz nach der Ankunft in New York verstarb und seine Frau wie auch Alice Bergel nur als Collegelehrer unterkamen, obwohl Gamillscheg beide für die Habilitation vorgesehen hatte, konnten die Kahanes an der University of Illinois in Urbana und Malkiel in Berkeley Fuß fassen. In Auseinandersetzung mit dem in den USA vorherrschenden synchronischen Positivismus mußten die historisch-mentalistisch geprägten Berliner zunächst wissenschaftliche Konzessionen machen und die Beschreibungskategorien des Logischen Positivismus mit der Distribution von Phonemen und Morphemen lernen, aber sie gaben ihren humanistischen Ansatz nicht auf und konnten selber wieder schulebildend wirken. Das stets als Team arbeitende Ehepaar Kahane wurde zu den weltweit führenden Balkanromanisten und legte den Schwerpunkt auf den kulturellen Austausch zwischen Byzanz und dem Abendland. Sie wirkten an der Etablierung sprachwissenschaftlicher Curricula mit, in die sie ihre soziolinguistische Auffassung einfließen ließen, daß die Sprache immer das kulturelle Klima der Zeit spiegele und das griechisch-lateinische Modell den Prototyp dieses Prozesses darstelle.

Malkiel, der als Inhaber eines Nansenpasses noch 1938 in Berlin promovieren durfte, konnte 1940 gerade noch rechtzeitig über Skandinavien in die USA auswandern. Er gründete 1947 in Berkeley die noch heute bestehende Vierteljahrsschrift *Romance Philology*. Ihr Name ist programmatisch und sollte ursprünglich in den USA das in Deutschland und Österreich entwickelte Konzept einer alle romanischen Sprachen gleichermaßen einbeziehenden und vergleichend betrachtenden Romanistik auf philologischer Grundlage heimisch machen. Dieses Konzept konnte sich jedoch nicht durchsetzen. „Romance linguistics was too closely tied to German humanism and elitist European scholarship; it was too esoteric, a medieval tradition resting on dead languages. For the mid-century scholar coherent integration, wide applicability, and language structure became the new rallying points" (Kahane 1988, S. XVIff.). Aus dem eher synchronisch orientierten Gamillscheg-Schüler Malkiel wurde ein „Glottodynamiker", der sich der Erforschung der Mechanismen des Sprachwandels verschrieb, wobei er sich jeweils die neuesten methodischen Erkenntnisse der allgemeinen Sprachwissenschaft zunutze machte.

Von der Berliner Romanistik kommt auch Kurt Lewent her, der allerdings noch bei Gamillschegs Vorgänger Adolf Tobler promoviert hatte. Nach mühseligen Anfängen in einem Anwaltsbüro konnte er zunächst nur einen Lehrauftrag für Altprovenzalisch an der New Yorker Columbia University bekommen, wo er später Associate Professor wurde. Lewent war ausschließlich Altprovenzalist. Die Altprovenzalistik, die Erforschung von Werk und Leben der Troubadours, verbindet sich mit Namen wie Friedrich Diez, Carl Appel, Karl Bartsch u. a. und war ebenfalls lange Zeit eine deutsche Domäne gewesen. Lewent hat wesentlich dazu beigetragen, daß sich auch in den USA eine vorzügliche Altprovenzalistik entwickelte. Ein ähnliches Schicksal wie Lewent hatte der Wiener Romanist Alfred Adler, ein für das Altfranzösische ausgewiesener Spezialist, der nach der Emigration in die USA nur an Colleges unterrichten konnte. Erst im Ruhestand kam er als Gastprofessor nach Konstanz, und aus dieser Lehrtätigkeit erwuchsen mehrere interessante Studien zum altfranzösischen Heldenepos und zum modernen Trivialroman.

Andere namhafte Linguisten sind der Syntaxtheoretiker Manfred Sandmann, der über Großbritannien und Westindien nach Berkeley kam, oder Arnold Reichenberger, von Hause aus klassischer Philologe, der im italienischen Exil ein italienisches Lehrbuch für Ausländerkurse entwickelte und so zur Romanistik stieß. Später lehrte er in New York, in Columbus, Ohio, und in Philadelphia. Sandmann und Reichenberger wandten sich, und damit stehen sie nicht vereinzelt da, dem Spanischen zu. Spanisch galt in den USA lange als eine „Dienstbotensprache", für die sich niemand wissenschaftlich so recht für zuständig hielt. Es ist das Verdienst deutschsprachiger Emigranten, die eher schwach ausgebildete nordamerikanische Hispanistik gestärkt und vor allem die unterentwickelte Lateinamerikanistik vorangetrieben zu haben. Es kommt vor allem jüngeren Emigranten zu, die mehrheitlich über Lateinamerika (Venezuela, Argentinien, Kolumbien) in die USA kamen, z.B. Ulrich Leo (Toronto), Edward Glaser (Ann Arbor), Sonja Karsen (Skidmore College, Saratoga Springs), Kurt Leopold Levy (Toronto), George Oswald Schanzer (Buffalo) u. a.

Wichtige romanistische Einzelforscher sind Leonardo Olschki und Herbert Dieckmann. Olschki war als bedeutender Dante-Forscher hervorgetreten und hatte 1922–27 eine dreibändige *Geschichte der neusprachlichen wissenschaftlichen Literatur* vorgelegt. Sein Ziel war es, die romanische Philologie durch die Einbeziehung des über das Lateinische zugänglichen Kulturraums auf eine neue Grundlage zu stellen, wobei den Naturwissenschaften ein besonderer Rang zuerkannt wurde. Der Plan, die Veränderungen der lateinischen Fach- und Wissenschaftssprache und die Ausformung und Ausbildung einer italienischen Sach- und Fachprosa im Bereich von Naturwissenschaft und Technik zu verfolgen, war bahnbrechend. Darum verwundert es, wenn Olschki in den USA nicht wirklich reüssierte und nur dank seiner vorzüglichen Chinesischkenntnisse, die er sich bei der Beschäftigung mit Marco Polos Asienreisen angeeignet hatte, einen Platz am Department of Oriental Languages in Berkeley fand. Da er sich in der McCarthy-Ära zudem weigerte, den antikommunistischen Loyalty Oath zu leisten, wurde er 1950 entlassen, eine tragisch-ironische Duplizität der Fälle, wenn man seine Amtsenthebung 1933 bedenkt. Zwar wurde er zwei Jahre später, als der California Supreme Court den Eid für verfassungswidrig erklärte, wieder eingestellt, aber sein Resümee über das Exil in den USA ist bitter: „Ich habe es in diesem Lande zu nichts gebracht, wohl hauptsächlich weil man hier mit einem alten Humanisten nichts anzufangen weiß ... Und da eine zweckfreie Forschung in dieser pragmatistischen Welt ein Unsinn 'per definitionem' ist, bin ich hier nichts anderes als eine komische Figur. In Italien wäre ich ein 'Signore', und folglich auch nicht viel Besseres" (Christmann 1989, S. 255).

Herbert Dieckmann verließ Deutschland vor allem wegen seiner jüdischen Frau, der Germanistin Liselotte, geb. Neißer. Er schlug sich zunächst in Italien durch und wurde dann als Lektor von Spitzer in Istanbul angeworben. Seine Frau berichtet von analogen Assimilationsschwierigkeiten wie Auerbach.

Die Dieckmanns reisten 1938 in die USA ein, wo Herbert Dieckmann in Harvard und Cornell Karriere machte. Schon als Bonner Assistent hatte er sich 1931 mit Denis Diderot beschäftigt und wollte in einer geplanten Habilitationsschrift „uns Diderot in der ganzen Weite seines Werkes anverwandeln und die einheitliche Struktur seines Denkens und Fühlens in allen Gebieten seiner Aktivität zuweisen" (Schlobach 1989, S. 132). Die Emigration verhinderte diese Absicht zunächst, doch nach dem Krieg ging Dieckmann systematisch auf die Suche nach Diderot-Manuskripten und entdeckte im Château des Ifs (Seine-Inférieure) des Baron Le Vavasseur den „Fonds Vandeul", den Nachlaß Diderots, den dieser noch persönlich zusammengetragen und seiner Tochter Marie Angélique Vandeul hinterlassen hatte. Durch diesen spektakulären Fund wurde Dieckmann zum Hauptinitiator und zur treibenden Kraft der neuen kritischen Diderot-Ausgabe, die bis heute noch nicht abgeschlossen ist, aber ein glänzendes internationales Editionsunternehmen darstellt.

Da die deutschsprachige Romanistik sich stets auf mehrere romanische Literaturen bezieht, ist sie vom Ansatz her „komparatistisch". So nimmt es nicht wunder, daß mehrere Emigranten in den USA in Departments for Comparative Literature unterkamen. Die USA wurden nach dem Zweiten Weltkrieg zu einer Art „gelobtem Land" der Komparatistik. Dies lag einmal an der befruchtenden Wirkung der französischen Komparatistikschule, die die alte Einflußforschung durch Interdependenztheorien ersetzt hatte, auf ein durch seine multinationale Tradition besonders offenes Milieu, dann aber auch an den europäischen Emigranten. Sie waren durch die Schule der deutschen Stilforschung bzw. des russischen Formalismus gegangen, und ihre Arbeitsweise wurde in den USA als eine willkommene Ergänzung der bereits vom New Criticism berührten Literaturwissenschaft und Literaturkritik betrachtet (Dyserinck 1981, S. 49f.). Zu nennen sind Henry H. H. Remak (Bloomington), der zunächst die Rezeption französischer Autoren in der deutschen Literatur behandelte und dann zahlreiche Überlegungen zur komparatistischen Methodik formulierte, Kurt Weinberg (Rochester) und Wolfgang Holdheim (St. Louis, Missouri), die ähnlich arbeiteten, wobei Holdheim eine vergleichende Gattungsgeschichte anvisierte.

Dem unübersehbaren menschlichen und wissenschaftlichen Substanzverlust, den die Vertreibung der romanistischen Hochschullehrer durch die Nazis bedeutete, steht bei einigen Ländern (Türkei, Italien, Frankreich, Lateinamerika) ein temporärer, bei den USA ein dauernder Substanzgewinn gegenüber. Allerdings verlieren sich auch hier die Spuren schon bald: Die deutschsprachige Romanistik eignet sich mit ihrer breiten humanistisch-philologischen Basis nicht für die eher am englischen und französischen Modell orientierte spezialisierte bodenständige Forschungs- und Lehrtradition, die eine Sprache oder Literatur und darin wieder eine Teildisziplin oder eine Epoche bevorzugt. So sind selbst bedeutende Gelehrte wie Spitzer und Auerbach in den USA langfristig isoliert geblieben; sogar die Emigranten unter ihren Schülern zogen es mehrheitlich vor, bei dem Franzosen Henri Peyre zu promovieren (Konrad F. Bieber, Kurt Weinberg, Eleonore Zimmermann u. a.), dessen Konzepte besser zu den in den USA herrschenden Universitätsbedingungen paßten. Immerhin gab es nach dem Krieg eine Generation lang noch des Deutschen kundige Romanisten, die die wegen ihres komparatistischen Anspruchs überwiegend auf deutsch geschriebenen Arbeiten der deutschsprachigen Romanistik wenigstens lesen und rezensieren konnten. Dieser Wissenschaftsaustausch geht langsam einem Ende zu; auch gibt es aufgrund der Altersstruktur keine Emigranten mehr, wie dies in den 1960er bis 1980er Jahren noch der Fall war, die wenigstens als Gastprofessoren für einen befristeten Aufenthalt an deutschen Universitäten zu gewinnen waren. Die Versuche, einige der Exilierten nach dem Krieg zurückzuberufen (Auerbach, Olschki, Weinberg, Selig), scheiterten. Die Gründe sind vielgestalig. Leo Spitzer, und seine Worte können für andere stehen, formuliert in einem bewegenden Brief (Jung 1989, S. 83 f.), daß der Kampf gegen den wissenschaftlichen Positivismus noch nicht abgeschlossen sei; eine Rückkehr könnte als Undank ausgelegt werden, so als ob die Emigranten nur „faute de mieux" ihre Professur angetreten und „amerikanische Bürger auf Kündigung" geworden seien; die Emigranten könnten den Verschütteten (gemeint sind die dem Nationalsozialismus anheimgefallenen und vom Krieg gezeichneten Deutschen) keine überzeugende Kunde bringen, weil sie nicht „mit verschüttet" gewesen seien; seine Lehre würde kalt-intellektuell und nicht warm-mitleidend klingen. Es bleibe als Kompromiß nur eine Gastprofessur.

Literatur

Beckmann, Friedhelm (1994): Von Opfern und Wendehälsen, Mitläufern und Widerständlern. Nochmals zur Romanistik der Jahre 1930 bis 1950, in: Ro-

manistische Zeitschrift für Literaturgeschichte 18, S. 219 ff.
Christmann, Hans Helmut, Frank-Rutger Hausmann u. Manfred Briegel, Hrsg. (1989): Deutsche und österreichische Romanisten als Verfolgte des Nationalsozialismus, Tübingen.
Dyserinck, Hugo (1981): Komparatistik. Eine Einführung, Bonn.
Hausmann, Frank-Rutger (1993): „Aus dem Reich der seelischen Hungersnot". Briefe und Dokumente zur Fachgeschichte der Romanistik im Dritten Reich, Würzburg.
Jung, Willi (1989): Elena Eberwein-Dabcovich, in: Christmann u. a., S. 107 ff.
Kahane, Henry (1988): Introductory Essay, in: A Tentative Autobibliography Yakov Malkiel. Romance Philology. Special Issue, 1988–1989. Special Eds. Joseph J. Duggan, Charles B. Faulhaber, Berkeley–Los Angeles, S. XVII ff.
Maas, Utz (1996): Verfolgung und Auswanderung deutschsprachiger Sprachforscher 1933–1945, Bd. 1, Osnabrück.
Neuschäfer, Hans-Jörg (1989): Sermo humilis. Oder: was wir mit Erich Auerbach vertrieben haben, in: Christmann u. a., S. 85 ff.
Schlobach, Jochen (1989): Aufklärer in finsterer Zeit: Werner Krauss und Herbert Dieckmann, in: Christmann u. a., S. 115 ff.
Voigt, Klaus (1989/93): Zuflucht auf Widerruf. Exil in Italien 1933–1945, 2 Bde., Stuttgart.

Soziologie

Christian Fleck

Die Machtübergabe an und -übernahme durch die NSDAP im Frühjahr 1933 in Deutschland, die Aushöhlung der ersten österreichischen Republik, die 1934 durch die Ausrufung des Ständestaats im Verfassungsbruch kulminierte, die Annexion Österreichs an das Deutsche Reich im März und die des Sudetenlandes im Herbst 1938 sowie die Besetzung der sog. Rest-Tschechei im März 1939 hatten je unterschiedliche Folgen auf das Wissenschaftssystem und die Wissenschaftler. Auch die Auswirkungen auf die Soziologie und die Soziologen waren nicht immer von gleicher Intensität und vergleichbarem Umfang. Zu berücksichtigende Variablen sind daher neben dem (Staats-)Territorium der Zeitpunkt, die Unterschiede zwischen akademischen und außeruniversitären Forschern und Forschungseinrichtungen und die soziodemographische Zusammensetzung derjenigen, die ins Exil gingen oder dazu gezwungen waren. In diesem Artikel wird eine relativ enge Definition von Soziologie verwendet. Als Soziologen gelten danach Personen, die dieses Fach vor oder nach ihrer Emigration an Universitäten studierten und/oder haupt- oder nebenberuflich lehrten, sowie jene Gelehrten, die sich als Soziologen ausgewiesen hatten, auch wenn sie disziplinär anders eingebunden waren. Wissenschaftler, die in anderen Artikeln ausführlicher vorgestellt werden – wie Sozialökonomen, Juristen und Vertreter der → „Kritischen Theorie" aus dem Institut für Sozialforschung sowie der → „Wiener Kreis" der logischen Positivisten –, werden nur am Rande erwähnt.

Etwa zwei Drittel jener knapp über 50 Hochschullehrer, die vor 1933 in Deutschland regelmäßig an Hochschulen Soziologie lehrten – häufig neben anderen Fächern wie Philosophie, Volkswirtschaftslehre oder Staatswissenschaften –, wurden nach 1933 aus dem akademischen Leben vertrieben. Die überwiegende Mehrzahl dieser Professoren und Privatdozenten verließ Deutschland (Lepsius 1979, 1981a, 1981b). Von der Säuberung blieben nur jene unbehelligt, die in den Jahren der Nazi-Herrschaft eine „völkische Soziologie" propagierten oder sich dem gewandelten Verständnis des Faches unterordneten. Wer dazu nicht bereit war und nicht emigrierte, wechselte seine disziplinäre Identität, zog sich ins Privatleben eines erzwungenen vorzeitigen Ruhestands zurück oder wurde Opfer der Gestapo und endete im „l'univers concentrationnaire".

Trotz des Fehlens vergleichender Studien über die Folgen der NS-Machtergreifung in den verschiedenen wissenschaftlichen Disziplinen (Anfänge dazu in Fleming/Bailyn 1969; Fermi 1971; Coser 1984) wird man behaupten können, daß die akademische Soziologie zu den vom Nationalsozialismus mit am stärksten betroffenen Disziplinen gehörte (Riemer 1959; König 1987; Srubar 1988). Die Entlassenen waren in der überwiegenden Mehrheit, wenn auch nicht ausschließlich, Juden und als solche den zunehmend engmaschiger werdenden Verfolgungsmaßnahmen ausgesetzt. Politisch reicht das Spektrum von Konservativen bis zu Sozialdemokraten. Im Anschluß an Lepsius (1979) lassen sich für die Zeit vor 1933 sechs örtliche Zentren der akademischen Soziologie identifizieren: Berlin, Frankfurt a. M., Heidelberg, Köln, Leipzig und Wien. Die beiden letzteren wurden zu Brennpunkten der völkischen Soziologie (Hans Freyer, Gunther Ipsen, Arnold Gehlen), während die vier erstgenannten soziologischen Hochburgen vom NS-Regime zerstört wurden.

IV Soziologie

Obwohl seit den frühen Veröffentlichungen von König (1959), Maus (1959) und Dahrendorf (1965) das Schicksal der deutschen Soziologie und der Soziologen in Deutschland nach 1933 in den Grundzügen bekannt war, wurde die Frage, welche Bedeutung das Jahr 1933 für die Soziologie hatte, mehrfach zum Anlaß heftiger Kontroversen. Erste Meinungsverschiedenheiten löste Königs erstmals 1958 benutzte Formulierung aus, die deutsche Soziologie sei „um 1933 brutal zum völligen Stillstand gebracht" worden (1958, S. 8). Schelsky qualifizierte diese Formulierung als „soziologisch undurchdacht" und als eine „Selbsttäuschung" (1959, S. 36f.). 20 Jahre später führte der in den 1950er Jahren nicht ausgetragene Streit zwischen den beiden führenden Soziologen dieser Zeit – dem ehemaligen Emigranten René König und dem 1939 in Königsberg für Philosophie und Soziologie habilitierten Helmut Schelsky – zu einer ausführlicheren Diskussion. Als Lepsius 1979 die König-These überzeugend und ausführlich dokumentiert an prominenter Stelle ausbreitete, reagierte Schelsky mit einer als „Brief" bezeichneten Replik (1980). Darin versuchte er Beweise dafür zu bringen, daß die Thematik der Soziologie schon vor 1933 am Ende, die Melodien durchgespielt gewesen seien und diese Wissenschaft kaum noch Entwicklungskräfte in sich selbst gehabt habe. Auch König mischte sich – diesmal ohne irgendeine Art von persönlicher Rücksichtnahme – in die Diskussion mit prononcierten Stellungnahmen ein (Schelsky 1981; König 1987).

Aus einer ganz anderen Perspektive opponieren Rammstedt (1985), Stölting (1984), Klingemann (1996) u.a. gegen Königs Diktum vom brutalen Stillstand. Diese Autoren zeigen, daß es nach 1933 durchaus weiterhin sozialwissenschaftliche Forschung gegeben hat und meinen, deswegen berechtigt zu sein, von einer Kontinuität der Soziologie über die Zäsur 1933 hinweg sprechen zu können. Die NS-Zeit sei geradezu eine Blütezeit angewandter Sozialforschung gewesen, ganz so wie die Psychologie erst unter der NS-Herrschaft einen Professionalisierungsschub erfahren habe (Geuter 1984). König replizierte darauf, daß es sich bei der NS-Soziologie um das „fellachenhafte Nachleben" (1987, S. 346) einer des totalen Sinnverlusts anheimgefallenen Disziplin gehandelt habe. Eine dritte Kontroverse drehte sich schließlich um die Frage der Rekonstruktion der Soziologie nach 1945. Weyer (1984) und Plé (1990) vertreten die These, daß die Nachkriegssoziologie in Deutschland nicht aus eigener Kraft entstanden oder sich ihrer „besseren" geistesgeschichtlichen Wurzeln vergewissert habe, sondern im Schlepptau der US-Besatzungsmacht importiert und oktroyiert wurde.

Diese knappen Hinweise auf Kontroversen rund um Fragen der spezifischen Auswirkungen der NS-Herrschaft auf die Soziologie mögen hier genügen, um deutlich zu machen, daß das Schicksal der Soziologie und der Soziologen nach 1933 auch noch bis in die Gegenwart hinein Bedeutung besitzt und zu konträren Interpretationen Anlaß bietet.

Im Vergleich zu den starken Auswirkungen der NS-Machtergreifung auf die akademische Soziologie in Deutschland waren die Folgen erst der österreichischen ständestaatlichen Diktatur und danach des „Anschlusses" für die an Österreichs Universitäten gelehrte Soziologie nicht so markant (Fleck 1987, 1988, 1994). Von Entlassungen waren nach 1934 in Österreich nur Soziologen betroffen, die mit der NSDAP sympathisierten (die ins Nazi-Exil nach Deutschland gingen – eine Variante von Exil, die bislang nicht in das Blickfeld der Exilforschung geriet), während Sozialdemokraten, weil in den Hochschulen nicht vertreten, auch nicht entlassen werden mußten. 1938 wurden Exponenten des Ständestaates und Rivalen um die Position des NS-Chefideologen entlassen (Othmar Spann, Walter Heinrich u.a.), während der einzige linke Universitätslehrer, Max Adler, schon 1936 verstorben war und liberale „Auch-Soziologen" (Fleck 1990) wie der Rechtswissenschaftler Hans Kelsen und der Wirtschaftswissenschaftler Joseph A. Schumpeter das Land schon vorher verlassen hatten. Naheliegenderweise emigrierten nur wenige akademisch situierte Soziologen und Auch-Soziologen: Josef Dobretsberger (Türkei und Ägypten), Konstantin Radakovic (Zagreb), Johannes Messner (Großbritannien), Johann Mokre und Eric Voegelin (USA). Um so größer war die Zahl der Jüngeren und derjenigen, die am Rande oder außerhalb der Universität tätig waren, die zur Emigration gezwungen wurden, darunter nicht-beamtete Privatdozenten wie Felix Kaufmann und Ludwig von Mises. (In der deutschsprachigen Soziologie spielte die Deutsche Universität Prag zu keinem Zeitpunkt eine bedeutsame Rolle. Analoges gilt für Prag als Exilstation von Soziologen.)

Chronologisch lassen sich drei Emigrationswellen deutlich unterscheiden: Zuerst die Flucht jener, die im Frühjahr 1933 bedroht und entlassen wurden; im darauffolgenden Jahr beginnt in Österreich eine langsam einsetzende Auswanderung, die erst nach dem „Anschluß" 1938 zur Massenflucht anschwillt (Stadler 1988; Weibel/Stadler 1993). So waren auch die Aufnahmebedingungen, die die verschiedenen

Exilantenkohorten in den wichtigsten Zufluchtsländern vorfanden, sehr unterschiedlich. Die erste Welle umfaßte vor allem Professoren dreier Alterskohorten: die 1933 über 50 Jahre alten Emil Lederer, Martin Buber, Friedrich O. Hertz oder Franz Oppenheimer; die rund 40jährigen Götz Briefs, Theodor Geiger, Eduard Heimann, Paul Honigsheim, Fritz Karl Mann, Karl Mannheim, Helmuth Plessner, Albert Salomon, Paul Tillich und Frieda Wunderlich sowie die unter 40 Jahre alten Arnold Bergstraesser, Max Horkheimer, Julius Lips, Alfred Meusel, Gottfried Salomon-Delatour und Joachim Wach. Die mittlere Statusgruppe der Privatdozenten bestand naheliegenderweise mehrheitlich aus unter 40jährigen: Theodor W. Adorno, Käthe Bauer-Mengelberg, Rudolf Heberle, Julius Kraft, Alexander von Schelting, Herbert Sultan und Heinz-Otto Ziegler. Zu den älteren emigrierenden Privatdozenten zählten Henryk Grossmann, Siegfried Landshut und Walter Sulzbach.

Die Altersgruppe mit den bemerkenswertesten Karrieren im Exil bildeten jene, die zum Zeitpunkt der Emigration unter 30 Jahre alt waren und daher aus ihrem Herkunftsland nicht mehr an akademischer Qualifikation und Reputation mitnehmen konnten als bestenfalls den Abschluß eines Studiums – oft jedoch nicht einmal das. Blickt man demgegenüber auf die älteste Kohorte, jene, die zum Zeitpunkt der Emigration schon ihre Lebensmitte erreicht hatten (oder in Kategorien der professionellen Karriere gesprochen: in Deutschland und Österreich gesicherte Positionen verlassen mußten), so erkennt man, daß sie sich im Exil vergleichsweise schwertaten. Franz Oppenheimer und Friedrich O. Hertz gelang es nicht, dauerhaft an englischen bzw. amerikanischen Universitäten Fuß zu fassen. Jene Älteren, denen das noch gelang, mußten sich mit Positionen in weniger angesehenen Universitäten zufriedengeben (Götz Briefs und Fritz Karl Mann) oder konnten im Exil nur in der eigens für Emigranten errichteten – und deswegen dann zu einigem Ansehen gelangenden – University in Exile, der späteren Graduate Faculty der New School for Social Reserarch in New York, reüssieren (Emil Lederer, Albert Salomon, Eduard Heimann, Frieda Wunderlich). Nur zwei aus dieser Kohorte, die in ihrer Hauptprofession als Theologen wirkten, gelangten zu bedeutenden Positionen: Martin Buber als angesehener, wenn auch politisch umstrittener Gründervater der Sozialwissenschaften an der Hebräischen Universität in Jerusalem und erster Präsident der Israelischen Akademie der Wissenschaften und Paul Tillich, dem eine fast bruchlose Fortsetzung seines akademischen Weges in den USA möglich wurde, wo er an der Columbia University, in Harvard und zuletzt in Chicago Religionswissenschaften lehrte. Es scheint nicht ohne Bedeutung zu sein, daß die beiden erfolgreichsten aus der Gruppe der ältesten Emigranten schon in der Zeit davor nicht bloß als Wissenschaftler großes Ansehen genossen, sondern in vielfacher Weise auch im politischen, sozialen und intellektuellen Leben Deutschlands eine wichtige Rolle spielten.

Von den habilitierten Soziologen konnten nur wenige im Exil ihre Karriere erfolgreich fortsetzen. Dazu zählen die jüngeren Professoren Theodor Geiger, Paul Honigsheim und Karl Mannheim sowie die Privatdozenten Rudolf Heberle und Alexander von Schelting. Geiger fand in Dänemark Zuflucht, wo er zur Professionalisierung der Soziologie wesentlich beitrug, und Mannheim etablierte sich in London, wo seine institutionelle Position schwächer als in Frankfurt a.M. war, sein intellektueller Einfluß jedoch – auch dank einiger englischer und amerikanischer Schüler, die Übersetzungen seiner Werke initiierten – dauerhaft wurde. Schelting kehrte nach einem kurzen Aufenthalt in den USA nach Europa zurück und lehrte an der Universität Zürich. Honigsheim lehrte nach Aufenthalten in Paris, Panama und Peru ab 1938 in Michigan und trug zur amerikanischen Rezeption des Werks Max Webers bei.

Schwierigkeiten bei der Akkulturation kann man an der Gruppe der habilitierten Soziologen verfolgen, wenn man die große Zahl von Remigranten betrachtet: Theodor W. Adorno, Arnold Bergstraesser, Max Horkheimer, Siegfried Landshut, Julius Lips, Alfred Meusel, Helmuth Plessner und Herbert Sultan kehrten zum frühestmöglichen Zeitpunkt wieder nach Deutschland zurück. Später, aber noch vor der Emeritierung folgten Gottfried Salomon-Delatour und Walter Sulzbach. Auch die von Österreichs Universitäten vertriebenen Professoren kehrten nach Kriegsende mit Ausnahme von Eric Voegelin bald zurück.

Während die Wege der universitär Beschäftigten in das Exil (und aus dem Exil zurück) relativ leicht verfolgt werden können, wirft die zahlenmäßig viel größere Gruppe derjenigen, die vor ihrer Emigration keine feste berufliche Verankerung an einer der Hochschulen des deutschen Sprachraums hatten, analytisch größere Probleme auf: Weder fällt es leicht, die Mitglieder von Disziplinen, Schulen, Gruppen oder Kohorten nach einfachen Kriterien festzustellen, noch ist ein Vergleich zwischen den – leichter identifizierbaren – Erfolgreichen mit den

Gescheiterten zufriedenstellend durchführbar, weil nur erstere in den verschiedenen Quellen sichtbar werden. Wählt man ein einfaches institutionelles Kriterium, nämlich die Anerkennung immigrierter Soziologen durch die Fachkollegenschaft des Niederlassungslandes, dann kann man eine Elite der exilierten Soziologen relativ einfach identifizieren. So wurden von den Mitgliedern der American Sociological Association beispielsweise die beiden „älteren" Emigranten Paul Lazarsfeld 1962 und Lewis A. Coser 1974 zu ihren Präsidenten gewählt. Später übernahmen diese Funktion Reinhard Bendix, Peter M. Blau, Kai T. Erikson und Amitai Etzioni aus dem Kreis der hier ausgeklammerten Jüngeren der sog. zweiten Generation, die als Kinder oder Jugendliche meist mit ihren Eltern emigriert waren. Zu diesen nach 1914 Geborenen gehören weiterhin so wichtige Soziologen wie Kurt W. Back, Rose Laub Coser, Hugh O. Engelmann, André Gunder Frank, Herbert Gans, Ernest Gellner, Joachim Israel, Suzanne Kellner, Edith Kurzweil, Kurt Lang, Hans O. Mauksch, Herbert Menzel u. a. m.

Schulebildend im Sinne einer über den Mikrokosmos der eigenen Universität hinausreichenden Rezeption des Werks wirkten insbesondere Lazarsfeld, dem institutionellen Innovator und Mentor mehrerer Studentengenerationen an der Columbia University, der „empirical social research" zu einer soziologischen Spezialdisziplin machte und zu so unterschiedlichen Feldern wie Wahl-, Markt- und Kommunikationsforschung, Methodologie und Geschichte der Soziologie eigenständige Beiträge lieferte, ferner Alfred Schütz als Wegbereiter einer phänomenologischen Soziologie und postum als Inspirator der Ethnomethodologie und Norbert Elias, der in England, vor allem aber in den Niederlanden und erst danach in Deutschland einer erneuerten historischen Soziologie zur Anerkennung verhalf. In geringerem Umfang, weil in spezialisierteren Feldern tätig, hinterließen Bert F. Hoselitz als Gründer der Zeitschrift *Economic Development and Cultural Change*, George Katona als Wirtschaftspsychologe, Adolf Sturmthal als Wegbereiter der „industrial relations", Karl August Wittfogel als Sinologe, Karl Polanyi als ökonomischer Anthropologe, Karl W. Deutsch und Hans Kohn als Erforscher des Nationalismus, Eric Voegelin als Ideenhistoriker und Hans Zeisel in der empirischen Rechtssoziologie Spuren in den von ihnen begründeten oder beeinflußten Spezialgebieten. Emil Lederer und Hans Speier fanden mit ihren Beiträgen zur Soziologie der Angestellten in C. Wright Mills einen viel beachteten Nachfolger.

Einen mehr unter migrationssoziologischen Gesichtspunkten interessanten Fall stellen die beruflich außerhalb der Universitäten erfolgreichen Sozialwissenschaftler dar. Zu denken ist hier beispielsweise an Peter F. Drucker oder Ernest Dichter, deren intellektuelle Beiträge zu den Sozialwissenschaften vermutlich weniger beeindruckend sind als der Umstand, daß sie spezifisch mitteleuropäische Fähigkeiten – das, was man höflich „Viennese charm" nennt – für ihren Erfolg instrumentalisieren konnten.

Unter der Leitung von Karl W. Deutsch wurde in den 1960er Jahren der ambitiöse Versuch unternommen, eine Bilanz der sozialwissenschaftlichen Innovationen in den ersten beiden Dritteln des 20. Jahrhundert zu unternehmen (Deutsch u. a. 1986). Von den 62 dort angeführten Forschungen kamen 14 unter entscheidender Mitwirkung von Exilanten zustande (wobei neun dieser Innovationen erst nach der Emigration das Licht der wissenschaftlichen Öffentlichkeit erblickten).

Eine wichtige und nicht gering zu erachtende Rolle spielten Exilanten beim Transfer von soziologischen Theorien: Hans Gerths gemeinsam mit seinem Schüler C.W. Mills edierte Max Weber-Auswahl ist noch heute, 50 Jahre nach der Erstauflage, ein häufig verwendeter Text in der amerikanischen undergraduate-Ausbildung; Kurt H. Wolff hat eine ähnliche Bedeutung als Übersetzer und Interpret von Georg Simmel, Karl Mannheim und anderen Wissenssoziologen, auch Werner Starks Interpretation der Wissenssoziologie Max Schelers kann hier genannt werden. Einen diffizilen Fall transdisziplinären Einflusses stellen die Philosophen des → „WIENER KREISES" und ihres Berliner Pendants dar: Carl Gustav Hempel, Herbert Feigl und Gustav Bergmann inspirierten in Kooperation mit einigen amerikanischen Anhängern der empiristischen Philosophie die methodologische Debatte in den Sozialwissenschaften während der 1950er Jahre, zu der später auch Karl R. Popper Anregungen lieferte (Platt/Hoch 1996).

Nicht als kohärente, schulebildende Gruppe, aber als Sozialwissenschaftler, die frühzeitig ein neues Phänomen problematisierten, kann man die Beiträge von Emigranten zur Erforschung des Totalitarismus würdigen. Lepsius (1981b) listet eine lange Reihe von einschlägigen Publikationen auf, und Papcke (1988, S. 26) ergänzt diese durch weitere Autorennamen. Die Totalitarismusforschung ist eine markante, eigenständige Leistung der Exilsozialwissenschaften.

Neben einer Betrachtung, die die Resonanz der

Exilanten in das Zentrum stellt, kann man auch eine andere Perspektive wählen: Auf welche institutionellen Strukturen stießen die Immigranten in den Niederlassungsländern? Nach 1945 gab es an den deutschen und österreichischen Hochschulen insgesamt nicht mehr als zwei Dutzend Professuren für Soziologie. Im Vergleich dazu findet man in dieser Zeit allein in den USA, dem Hauptniederlassungsland der soziologischen Exilanten, eine diese Größe deutlich übersteigende Zahl von Professoren dieser Disziplin, die von den angesehenen Universitäten der Ostküste bis zu kleinen Colleges verteilt waren. Diese große Zahl erfolgreich etablierter Soziologen deutscher Herkunft kam selbstverständlich nicht zustande, um den Exilanten Arbeit und Brot zu geben, sondern weil diese sich zu einem Zeitpunkt als Anbieter auf dem akademischen Markt befanden, als in den USA die Ausweitung der tertiären Bildungseinrichtungen – durchaus als bewußte Reaktion auf absehbare Probleme der Wiedereingliederung der demobilisierten Soldaten – in Angriff genommen wurde.

Dieser bemerkenswerte Erfolg wird durch die absoluten Zahlen unterstrichen: Anfang der 1950er Jahre hatte die American Sociological Society rund 1600 Mitglieder, von denen etwa 120 an graduate schools und rund 1200 an colleges als Hochschullehrer tätig waren. Die Gesamtzahl der aus dem NS-Herrschaftsbereich in die USA geflohenen Soziologen deutscher Sprache, die sich mehr oder weniger erfolgreich beruflich etablieren konnten, kann man auf mehr als 200 schätzen; zum Zeitpunkt ihres Berufseinstiegs konkurrierten sie mit nicht mehr als jährlich 50 graduierten Absolventen in der Soziologie (Riley 1960; Turner/Turner 1990). Das US-amerikanische Wissenschaftssystem war damals wegen der unvergleichlich größeren Aufnahmefähigkeit ein rettender Hafen für geflüchtete Soziologen und eine Institution, in der Jüngere erfolgreich eine wissenschaftliche Karriere beginnen konnten. Das Bild wäre jedoch unzulässig rosig gemalt, würde man unerwähnt lassen, daß zu jenen, denen die Flucht vor dem NS-System gelang, auch einige zählten, die im Exil zerbrachen: Edgar Zilsel, der sich 1944 in Kalifornien aus Verzweiflung das Leben nahm, sei stellvertretend für namenlose andere genannt. Trotz der beachtlichen intellektuellen Erfolge der exilierten Soziologen wird man Coser (1984, S. 85) jedoch zustimmen müssen, daß in der Soziologie – anders als in der Nationalökonomie, Psychologie, Kunstgeschichte oder Psychoanalyse – die Exilanten keine unverwechselbaren Spuren als originelle Denker hinterlassen haben.

Literatur

Coser, Lewis A. (1984): Refugee Scholars in America. Their Impact and their Experiences, New Haven.

Dahrendorf, Ralf (1965): Soziologie und Nationalsozialismus, in: Flitner, Andreas, Hrsg.: Deutsches Geistesleben und Nationalsozialismus, Tübingen, S. 108 ff.

Deutsch, Karl W., u. a., Eds. (1986): Advances in the Social Sciences, 1900–1980. What, Who, Where, How?, Lanham.

Fermi, Laura (1971): Illustrious Immigrants. The Intellectual Migration from Europe, 1930/41, Chicago.

Fleck, Christian (1987): Rückkehr unerwünscht. Der Weg der österreichischen Sozialforschung ins Exil, in: Stadler, Friedrich, Hrsg.: Vertriebene Vernunft I. Emigration und Exil österreichischer Wissenschaft 1930–1940, Wien, S. 182 ff.

Fleck, Christian (1988): Vertrieben und vergessen. Ein Überblick über die aus Österreich emigrierten Soziologen, in: Langer, Josef, Hrsg.: Geschichte der österreichischen Soziologie. Konstituierung, Entwicklung und europäische Bezüge, Wien, S. 257 ff.

Fleck, Christian (1990): Rund um „Marienthal". Von den Anfängen der Soziologie in Österreich bis zu ihrer Vertreibung, Wien.

Fleck, Christian (1994): Aus Österreich emigrierte Sozialwissenschaftler. Überblick und Stand der Forschung, in: Berichte zur Wissenschaftsgeschichte 17, S. 1 ff.

Fleming, Donald, and Bernard Bailyn, Eds. (1969): The Intellectual Migration. Europe and America, 1930–1960, Cambridge/Mass.

Geuter, Ulfried (1984): Die Professionalisierung der deutschen Psychologie im Nationalsozialismus, Frankfurt a. M.

Klingemann, Carsten (1996): Soziologie im Dritten Reich, Baden-Baden.

König, René, Hrsg. (1958): Soziologie, Frankfurt a. M.

König, René (1959): Die Situation der emigrierten deutschen Soziologen in Europa, in: Kölner Zeitschrift für Soziologie und Sozialpsychologie 11, S. 113 ff.

König, René (1987): Soziologie in Deutschland. Begründer, Verfechter, Verächter, München.

Lepsius, M. Rainer (1979): Die Entwicklung der Soziologie nach dem Zweiten Weltkrieg, 1945 bis 1967, in: Lüschen, Günther, Hrsg.: Deutsche Soziologie nach 1945, Opladen, S. 25 ff.

Lepsius, M. Rainer (1981a): Die Soziologie der Zwischenkriegszeit: Entwicklungstendenzen und Beurteilungskriterien, in: ders., Hrsg.: Soziologie in

Deutschland und Österreich 1918–1945, Opladen, S. 7 ff.

Lepsius, M. Rainer (1981 b): Die sozialwissenschaftliche Emigration und ihre Folgen, in: ebd., S. 461 ff.

Maus, Heinz (1959): Bericht über die Soziologie in Deutschland 1933 bis 1945, in: Kölner Zeitschrift für Soziologie und Sozialpsychologie 11, S. 72 ff.

Papcke, Sven (1988): Fragen an die Exilforschung heute, in: Exilforschung 6, S. 13 ff.

Platt, Jennifer, and Paul H. Hoch (1995): The Vienna Circle in the United States and Empirical Research Methods in Sociology, in: Ash, Mitchell G., and Alfons Söllner, Eds.: Forced Migration and Scientific Change. Emigré German-Speaking Scientists and Scholars after 1933, Washington–Cambridge, S. 224 ff.

Plé, Bernhard (1990): Wissenschaft und säkulare Mission. „Amerikanische Sozialwissenschaft" im politischen Sendungsbewußtsein der USA und im geistigen Aufbau der Bundesrepublik Deutschland, Stuttgart.

Rammstedt, Otthein (1985): Deutsche Soziologie 1933–1945. Die Normalität einer Anpassung, Frankfurt a. M.

Riemer, Svend (1959): Die Emigration der deutschen Soziologen nach den Vereinigten Staaten, in: Kölner Zeitschrift für Soziologie und Sozialpsychologie 11, S. 100 ff.

Riley, Matilda W. (1960): Membership of the A.S.A., in: American Sociological Review 25, S. 914 ff.

Schelsky, Helmut (1959): Ortsbestimmung der deutschen Soziologie, Düsseldorf.

Schelsky, Helmut (1980): Zur Entstehungsgeschichte der deutschen Soziologie. Ein Brief an Rainer Lepsius, in: Kölner Zeitschrift für Soziologie und Sozialpsychologie 32, S. 417 ff.

Schelsky, Helmut (1981): Rückblicke eines „Anti-Soziologen", Opladen.

Srubar, Ilja, Hrsg. (1988): Exil, Wissenschaft, Identität. Die Emigration deutscher Sozialwissenschaftler 1933–1945, Frankfurt a. M.

Stadler, Friedrich, Hrsg. (1988): Vertriebene Vernunft II. Emigration und Exil österreichischer Wissenschaft 1930–1940, Wien.

Stölting, Erhard (1984): Kontinuität und Brüche in der deutschen Soziologie 1933/4, in: Soziale Welt 35, S. 48 ff.

Turner, Stephen Park, and Jonathan H. Turner (1990): The Impossible Science. An Institutional Analysis of American Sociology, Newbury Park.

Weibel, Peter, u. Friedrich Stadler, Hrsg. (1993): Vertreibung der Vernunft. The Cultural Exodus from Austria, Wien.

Weyer, Johannes (1984): Westdeutsche Soziologie 1945–1960. Deutsche Kontinuitäten und nordamerikanischer Einfluß, Berlin.

Wirtschaftswissenschaften

Claus-Dieter Krohn

In den modernen Sozialwissenschaften zählten Ökonomen mit zu den Fachvertretern, die in besonderem Maße von der Vertreibung aus dem NS-Staat betroffen wurden. Dabei fällt sogleich auf, daß der Zwang zur Emigration eng mit der Zugehörigkeit zu bestimmten ökonomischen Denkrichtungen bzw. theoretischen Schulen korreliert ist.

Noch in den zwanziger Jahren verstand sich die Ökonomie an den meisten deutschen Universitäten als sog. „Staatswissenschaft". Sie war kaum mehr als ein Appendix der juristischen Fakultäten und wurde dominiert von den Vertretern der sog. Historischen Schule der Nationalökonomie, die im frühen 19. Jahrhundert in Opposition zur liberalen angelsächsischen klassischen Ökonomie (Adam Smith) entstanden war und nachzuweisen suchte, daß keine universalen ökonomischen Gesetze existierten, sondern nationale Besonderheiten den Wirtschaftsablauf bestimmten. Von ihren Repräsentanten in der Weimarer Republik emigrierte kaum jemand (z. B. Franz Gutmann, Kurt Singer); im Gegenteil, unter dem Nationalsozialismus mit seiner völkischen Autarkiewirtschaft erlebte diese Richtung noch einmal eine kurze Renaissance.

Durch den überragenden Einfluß der Historischen Schule hatte sich eine zweite Richtung, die neoklassische Markttheorie, seit Ende des 19. Jahrhunderts im deutschsprachigen Raum nur an der Peripherie, vor allem in Österreich, entfalten können. Im Unterschied ebenfalls zur angelsächsischen Klassik, die mit ihren produktions- bzw. angebotsorientierten Analyseansätzen noch einen frühen Entwicklungsstand der industriellen Marktgesellschaft mit beschränktem Warenangebot und stabiler Nachfragestruktur widerspiegelte, hatte die neoklassische Revolution eine neue Sicht auf die wirtschaftlichen Zusammenhänge eröffnet. Sie argumentierte von der Nachfrageseite her und definierte die Preisbildung nicht mehr nach den objektiven Arbeitsquanten der Güterproduktion, sondern nach den individuellen Präferenzen der Käufer. Diese methodologische Innovation zur Analyse der modernen

Industriegesellschaft mit ihren immer unübersichtlicheren Märkten war alsbald in Westeuropa und den USA zum beherrschenden wirtschaftstheoretischen Paradigma geworden, wohingegen ihre österreichischen Vertreter im deutschsprachigen Raum Außenseiter blieben. Diese Marginalisierung in der eigenen Wissenschaftsgemeinschaft erklärt nicht nur ihre im internationalen Vergleich aggressive Dogmatik und Orthodoxie, sondern auch die Tatsache, daß mit Ludwig von Mises, Herbert Fürth, Gottfried Haberler, Friedrich A. Hayek, Fritz Machlup, Ilse Mintz, Oskar Morgenstern nahezu alle ihre Repräsentanten emigrierten, einige nach Großbritannien, die Mehrheit in die USA.

Schließlich hatte sich in Deutschland während der zwanziger Jahre noch eine dritte Richtung entwickelt. Ihre Vertreter waren meist jüngere Hochschulabsolventen, denen die Reichsverwaltung nach dem Ersten Weltkrieg die ersten Berufschancen geboten hatte. Dort erlebten sie hautnah die makroökonomischen Probleme beim Aufbau der Friedenswirtschaft, die fortan die wissenschaftliche Arbeit derjenigen prägen sollten, die in den zwanziger Jahren universitäre Positionen übernahmen. Die bahnbrechenden Leistungen dieser Gruppe sollten sowohl in der Erforschung des industriellen Wachstums und seiner Instabilitäten wie auch in der Formulierung wirtschaftspolitischer Konzepte zur Steuerung dieser Instabilitäten bestehen. Ihre gesamtwirtschaftlichen Planungsanalysen suchten die lenkenden staatswirtschaftlichen Traditionen in Deutschland, die dezentralen markttheoretischen Ansätze der Neoklassiker und die normativen Grundlagen der klassischen Politischen Ökonomie zu verbinden, die in aufklärerischer Absicht auch eine allgemeine Gesellschaftstheorie entworfen hatte. Sie lieferten damit nicht allein die originellsten Beiträge zu dem in den zwanziger Jahren weltweit diskutierten neuen Forschungsfeld der Konjunkturtheorie. Ihre Analysen zum damals sog. „technischen Fortschritt" hoben die strukturellen Probleme der industriellen Entwicklung erneut in das Bewußtsein, die in der neoklassischen Euphorie über die Selbstregulierungskraft der Märkte aus dem Blickfeld geraten waren. Daher werden diese Gelehrten heute auch als Neu-Klassiker bezeichnet.

Die Referenzgruppe der nach 1933 entlassenen und vertriebenen Wirtschaftswissenschaftler umfaßt 232 Personen. Dazu wären noch 95 Vertreter der sog. zweiten Generation zu zählen, die als Schüler mit ihren Eltern oder als junge Studenten geflohen sind und später in ihren Zufluchtsländern bemerkenswerte Karrieren machten. Sie sind hier nicht näher zu berücksichtigen, für den intellektuellen „brain drain" der Emigration aus dem nationalsozialistischen Herrschaftsgebiet aber wenigstens zu erwähnen. Unter den Mitgliedern der ersten Generation, die vor ihrer Flucht promoviert und ihre Karriere bereits begonnen hatten, bildeten jene Repräsentanten der österreichischen Neoklassik und deutschen Neu-Klassik die intellektuell bedeutendsten Segmente. Hinzu kamen Vertreter spezieller Forschungsrichtungen. Zu nennen sind beispielsweise marxistische Wirtschaftstheoretiker, signifikant ist hier die Gruppe der Austro-Marxisten, sodann Sozialpolitiker, Arbeitsmarktforscher, Agrarökonomen, ökonomisch arbeitende Mathematiker und Statistiker etc., also Repräsentanten neuer empirisch ausgerichteter Teildisziplinen, die in den zwanziger Jahren vor allem nach amerikanischem Vorbild entstanden waren. Sie kamen hauptsächlich aus den in der Republik entstandenen intermediären Forschungseinrichtungen der privaten Wirtschaftsverbände und der Arbeiterbewegung wie etwa Fritz Baade, Alfred Braunthal, Fritz Naphtali u.a. In diesen Zusammenhang gehört auch der privatwirtschaftlich angestellte Mitarbeiterkreis am Institut für Sozialforschung in Frankfurt a.M. mit Henryk Grossmann, Kurt Mandelbaum oder Friedrich Pollock. Zu berücksichtigen sind ferner wissenschaftlich arbeitende Gutachter, Journalisten etc. wie Melchior Palyi, Carl Landauer oder Gustav Stolper sowie Privatgelehrte mit anderen beruflichen Einbindungen, eine typische Erscheinung etwa für die Situation in Österreich. Schließlich fällt eine nennenswerte Gruppe aus der höheren Bürokratie auf, die erst nach 1918 berufen worden war und die junge Funktionselite in der Weimarer Republik geprägt hatte. Sie war mit eigenen wissenschaftlichen Arbeiten in den zwanziger Jahren hervorgetreten, die ihnen in ihren Zufluchtsländern den Einstieg in akademische Karrieren erlaubte. Die wirtschaftswissenschaftliche Emigration setzte sich also nicht nur aus Gelehrten von den Universitäten zusammen, wie Tabelle 1 zeigt.

Vergleicht man die Vertreibungen der Ökonomen von den Hochschulen, so springen sogleich einige Unterschiede ins Auge. Am höchsten war die Entlassungsquote an den Universitäten Frankfurt a.M., Heidelberg und Kiel, den Zentren der jungen neuklassischen Forschung in den zwanziger Jahren (Krohn 1996, S. 175 ff.). Während bis zum Wintersemester 1934/35 im Durchschnitt etwa 14% des Lehrkörpers an den deutschen Hochschulen aus politischen oder „rassischen" Gründen entlassen worden

IV Wirtschaftswissenschaften

Tabelle 1:
Emigrationsprofil der nach 1933
im deutschsprachigen Raum
entlassenen Wirtschaftswissenschaftler

Zahl der Entlassenen	– von Universitäten/ Hochschulen	148
	– aus der Bürokratie	27
	– andere (private Forschungsstätten etc.)	57 = 232
davon emigriert	– aus dem Deutschen Reich	151
	– aus Österreich	42
	– sonstige (z. B. Deutsche Universität Prag)	7 = 200 = 86%
Nichtemigranten	(Deutsches Reich 27, Österreich 5)	32

waren, betrug die Quote bei den Ökonomen 24%, an jenen Universitäten aber fast 50% oder mehr.

Im Bereich der Wirtschaftswissenschaften hatte die Universität Frankfurt a. M. mit Abstand den größten Lehrkörper. Als ursprüngliche Gründung jüdischer Kaufleute kurz vor Ausbruch des Ersten Weltkrieges sollte sie nicht zuletzt vor dem Hintergrund des Antisemitismus vor allem der Erforschung der modernen Gesellschaftswissenschaften dienen, jedoch begann sie mit der Arbeit erst 1919, als die strukturellen Folgeprobleme des Ersten Weltkrieges den modernen Sozialwissenschaften ein grenzenloses Betätigungsfeld eröffneten. In Kiel wiederum hatte der Leiter des Instituts für Weltwirtschaft, Bernhard Harms, in den zwanziger Jahren etwa mit Adolf Löwe, Gerhard Colm, Hans Neisser, später noch Fritz Burchardt oder Alfred Kähler gerade diejenigen jüngeren Wissenschaftler gewonnen, die ihre praktischen Erfahrungen in der Reichsverwaltung nach 1918 gesammelt hatten (Krohn 1987, S. 62 ff.). Und in Heidelberg schließlich herrschte der liberale Geist der Brüder Max und Alfred Weber sowie der Emil Lederers, der in Wien die neoklassische Lehre studiert hatte und als demokratischer Sozialist wie kaum ein anderer in Deutschland die Ökonomie in klassischer Tradition als umfassende Gesellschaftslehre vermittelte. Bei ihm sammelte sich die größte Schar des akademischen Nachwuchses, der die Aura der Traditionsuniversität mit progressiven Erwartungen zu verbinden suchte.

Demgegenüber zeigt das Bild der anderen Universitäten mit ihren weitaus geringeren Entlassungen, wie sehr das aus dem Kaiserreich überkommene Milieu der akademischen Mandarine in den Jahren der Weimarer Republik intakt geblieben war. Die Universitäten München und Tübingen beispielsweise hatten Berufungen von Juden auch nach 1918 zu verhindern gewußt, und politisch mißliebige Gelehrte – der zweite Entlassungsgrund nach dem „Gesetz zur Wiederherstellung des Berufsbeamtentums" vom April 1933 – waren dort ohnehin undenkbar.

Die Bedeutung der Universitäten Frankfurt a. M., Heidelberg und Kiel als emigrationssignifikante Hochschulzentren in den Gesellschaftswissenschaften wird unterstrichen von der weiteren Zahl emigrierter Wirtschaftswissenschaftler, also nicht allein der aus dem Hochschulbereich Vertriebenen. Mit Abstand haben in den zwanziger Jahren in Frankfurt und in Heidelberg mehr Ökonomen, die später Deutschland verlassen mußten, promoviert als an anderen Universitäten. Diese Promotionsfrequenzen bestätigen einmal mehr das reservierte Verhältnis zahlreicher Universitäten zum studierenden jüdischen und republikanischen Nachwuchs nach 1918. Darüber hinaus war Frankfurt vor 1933 durch die von dem Bankier Eugen Altschul gegründete private Gesellschaft für Konjunkturforschung sowie den Redaktionsstab der von der *Frankfurter Zeitung* herausgegebenen *Wirtschaftskurve* ein zentraler Standort der modernen empirischen Wirtschaftsforschung gewesen, der zahlreichen jüngeren Ökonomen Beschäftigung geboten hatte.

Im Kontrast dazu zeigen sich die Verhältnisse in Österreich. Augenscheinlich monopolisierte dort die Universität Wien die akademische Ausbildung. Den insgesamt 47 Emigranten, die in Wien promoviert hatten, stand lediglich einer gegenüber, der an einer anderen österreichischen Universität (Innsbruck) das Doktor-Examen abgelegt hatte. Bemerkenswert ist weiterhin, daß von diesen 47 Personen allein 34 nach dem Ersten Weltkrieg promoviert hatten, denen sich überhaupt erst mit der Emigration die Chance auf die erhoffte universitäre Karriere bot.

Im Durchschnitt sind etwa 60% der entlassenen deutschen Universitätslehrer emigriert, da vor allem ältere Gelehrte vor einer Flucht in das vielfach ungewisse Nichts zurückschreckten. Die hohe Emigrationsrate der Ökonomen von insgesamt 86% (Tab. 1) ist mit auf deren Herkunft aus den Forschungseinrichtungen im Umfeld der Gewerkschaften und der Sozialdemokratie zurückzuführen. In ihnen hatte sich der jüngere gesellschaftskritische republikanische Nachwuchs gesammelt. Zu den emigrierten professionellen Ökonomen gehörte mit zwölf Personen ein bemerkenswert großer Kreis von Russen, die als junge Menschewiken nach der Oktober-Revolution nach Deutschland geflohen waren und dort neben der Agrarforschung insbesondere in der gewerkschaftsnahen Wirtschaftsforschung gearbeitet hatten. Sie einte nicht nur das politische Profil, durchweg waren das hochqualifizierte jüngere Leute, die der deutschen und nach 1933 auch der internationalen Forschung vor allem im Bereich der mathematischen Analyse und der Statistik wichtige Impulse gaben.

Augenscheinlich waren solche Arbeiten für die politisch engagierten Ökonomen im zaristischen Rußland die einzige Form unverdächtiger wissenschaftlicher Betätigung gewesen. Zu nennen wären hier etwa neben Paul A. Baran, Georg Garvy, Nathan Leites oder Mark Mitnitzky insbesondere der Lederer-Assistent Jakob Marschak, der schon in Deutschland, mehr noch aber später in den USA als spiritus rector der modernen Ökonometrie wirkte. Oder Wassily Leontief, der für seine in Kiel vorbereitete, später in den USA dann vollendete Input-Output-Analyse 1973 den Nobelpreis erhalten sollte; er war bereits Ende der zwanziger Jahre über China nach Harvard gegangen, zählt also nicht zu den Emigranten aus Nazi-Deutschland im engeren Sinne. Und Wladimir Woytinski hatte in Berlin während der zwanziger Jahre mit seinem zehnbändigen Werk *Die Welt in Zahlen*, das z.T. auch in andere Sprachen übersetzt wurde, internationale Bekanntheit gewonnen. In den USA sollte er nach 1933 viele Jahre im Statistischen Büro in Washington und als Forschungsdirektor an der Johns Hopkins University in Baltimore wirken.

Die Entscheidung zur Emigration hing, wie angedeutet, wesentlich vom Alter ab. Nicht erstaunlich ist, daß die größte Gruppe der Emigranten zwischen 24 und 33 Jahre alt war, sich also in einem Alter befand, in welchem die größte intellektuelle Mobilität und Flexibilität vermutet werden kann. Aus dieser Altersgruppe emigrierten fast alle, während sich bei den mehr als 50jährigen nur knapp 50% zu diesem Schritt entschlossen haben. Bei solcher Altersstruktur der während der Weltwirtschaftskrise auf den Arbeitsmarkt der Zufluchtsländer drängenden Emigranten-Ökonomen wird verständlich, daß die Hilfskomitees für Wissenschaftler, der Academic Assistance Council (ab 1936 Society for the Protection of Science and Learning) in Großbritannien und das Emergency Committee in Aid of Displaced German/Foreign Scholars in den USA ein Engagement für die jüngere Generation ablehnten, um dem eigenen Nachwuchs nicht die Berufschancen zu nehmen. Gefördert wurden in der Regel nur hervorragende Wissenschaftler aus der mittleren Altersgruppe zwischen 30 und 50 Jahren (Duggan/Drury 1948, S.186ff.).

Die Bedeutung der Altersvariable wird besonders von der kleinen Gruppe der Wirtschaftswissenschaftlerinnen illustriert. Von den 232 Entlassenen waren 15 weiblich, zu denen noch sieben Vertreterinnen von den 95 Personen der zweiten Generation zu zählen sind. Bereits hier ist zu erkennen, daß ihr Anteil im unteren Segment der Alterspyramide leicht anstieg. Noch deutlicher wird das innerhalb der Referenzgruppe der ersten Generation. Während von den 232 Entlassenen 81 (37%) zur Altersgruppe der mehr als 40jährigen zählten, gehörten dazu nur zwei der 15 Frauen (13%). Mit einer Ausnahme hatten alle nach 1918 promoviert, was auf die Öffnung akademischer Karrieren für Frauen erst nach dem Zusammenbruch der Monarchien in Deutschland und Österreich hinweist. Von den 15 weiblichen Entlassenen, darunter sechs Hochschulangehörige (u.a. die Professorinnen Käthe Bauer-Mengelberg, Cora Berliner, Charlotte Leubuscher, Frieda Wunderlich), fünf aus der Bürokratie oder den öffentlichen Verbänden (u.a. Hertha Kraus, Käthe Leichter, Gertrud Lovasy, Ilse Mintz) und vier aus privaten Organisationen (u.a. Martha S. Browne, Marie Dessauer, Claire Tisch), sind zwölf emigriert. Die drei nichtemigrierten Cora Berliner, Käthe Leichter und Claire Tisch sind später von den Nationalsozialisten ermordet worden. Die emigrierten Professorinnen haben ihre universitäre Karriere fortsetzen und weitere fünf überhaupt erst mit der Hochschullaufbahn beginnen können, vor allem in den USA, wo sich an den zahlreichen Mädchen-Colleges vergleichsweise günstige Berufschancen für weibliches Lehrpersonal eröffneten. Nur für zwei Frauen bedeutete die Emigration den Abbruch der Karriere.

In den meisten Wissenschaftsdisziplinen boten die → VEREINIGTEN STAATEN VON AMERIKA die größten Chancen. Auch die Mehrheit der Ökonomen ist entweder direkt oder nach Zwischenaufenthalten in anderen Ländern, insbesondere in → GROSSBRITANNIEN und in lateinamerikanischen Ländern, dorthin emigriert (Tabelle 2).

Angesichts der weltweiten Arbeitsmarktprobleme ist nicht ganz unbedeutend für die akademischen Chancen der emigrierten Wirtschaftswissenschaftler in den Zufluchtsländern gewesen, wie die ursprüngliche Ausbildung in Deutschland ausgesehen hatte. Da den jüngeren Wissenschaftlern von den Komitees

Tabelle 2: Zufluchtsländer der Wirtschaftswissenschaftler

Vereinigte Staaten von Amerika	122
Großbritannien	28
Schweiz, Frankreich, Niederlande	10
Palästina	7
Türkei	6
Lateinamerika und Kanada	7
Australien und Neuseeland	3
andere	17
gesamt	200

nicht geholfen wurde, war die Breite der Kompetenz ausschlaggebend für den späteren Erfolg in der Emigration. Auffallend ist, daß sich eine nicht kleine Schar der jüngeren Emigranten in den USA, von denen die Mehrzahl wiederum aus Heidelberg kam, recht bald in benachbarten Disziplinen profilierten und etwa in der Soziologie oder der Politikwissenschaft zu bedeutenden Fachvertretern wurden.

Die disziplinüberschreitende fachliche Qualifikation einiger deutscher Ökonomen wird auch von der Gruppe aus der höheren Bürokratie des Reiches und Preußens unterstrichen, die ihre akademische Karriere nach der Flucht begann. Dazu zählte z. B. der Staatssekretär aus dem Reichswirtschaftsministerium Julius Hirsch, der 1933 eine Professur an der Universität Kopenhagen erhielt und nach 1941 an die New School for Social Research in New York ging. Dort war auch Hans Staudinger, der ehemalige Staatssekretär im preußischen Handelsministerium, untergekommen, während Otto Nathan aus dem Reichsfinanzministerium in Princeton lehrte und Hertha Kraus aus der Wohlfahrtsverwaltung der Stadt Köln eine Professur am Bryn Mawr College in Philadelphia übernahm. Als ehemalige Verwaltungsbeamte allein hätten sie kaum universitäre Rufe und damit die etwa für die USA so begehrten Non-Quota-Visen erhalten. Durchweg alle hatten jedoch nebenbei als Dozenten an Handelshochschulen, sozialpädogogischen Fachschulen oder an der Deutschen Hochschule für Politik in Berlin, der für die Kultur der Weimarer Republik so wichtigen Einrichtung zur politischen Erziehung für die Demokratie, gearbeitet. Diese Kombination von Theorie und beruflicher Praxis war es dann auch, welche die kleine Funktionselite aus der Weimarer Republik gerade im New Deal-Amerika, einige aber auch in der → Türkei, attraktiv machte.

Trotz des Schicksalsschlags, den die Vertreibung mit all ihren Ungewißheiten im Einzelfall bedeutete, kann man rückblickend feststellen, daß die große Mehrheit der geflohenen Wirtschaftswissenschaftler ihre Karriere in den Zufluchtsländern nicht nur relativ geräuschlos fortsetzen konnte, für viele brachte die Vertreibung sogar einen bemerkenswerten Karrieresprung. Die Rahmenbedingungen dafür waren außerordentlich günstig. Erstens hatten die weltweit ungelösten ökonomischen und sozialen Folgen des Ersten Weltkrieges, die nach 1929 in der Weltwirtschaftskrise kumulierten, international zu einem grundlegenden Paradigmenwechsel der theoretischen Diskussion geführt. Zu dieser sog. „keynesianischen Revolution", die dem Staat eine aktiv in den Marktprozeß intervenierende Rolle zuschrieb – mit Hilfe öffentlicher kreditfinanzierter Ankurbelung der effektiven Nachfrage sollten Wachstum und Vollbeschäftigung multiplikativ stimuliert werden –, konnten die deutschsprachigen Ökonomen einige wichtige analytische Beiträge wie auch wirtschaftspraktische Empfehlungen beisteuern. Zweitens förderte in den USA der New Deal, das Wirtschaftsprogramm des im Januar 1933 neu ins Amt gekommenen Präsidenten Franklin D. Roosevelt die Nachfrage nach Fachleuten, welche diesem, für Amerika ungewöhnlichen Experiment staatlicher Wirtschaftspolitik Konturen geben konnten. Drittens kam dort noch hinzu, daß vor dem Hintergrund des Isolationismus nach dem Ersten Weltkrieg ein großer Bedarf an Experten für die international ausgerichtete Forschung bestand, der mit Beginn des Zweiten Weltkrieges weiter zunahm. Gerade die deutschen Demobilmachungsexperten wurden in jenen Jahren zu vielfach konsultierten Ansprechpartnern für die Washingtoner Administration; viele von ihnen sollten als neue amerikanische Bürger auch in den US-Besatzungsbehörden in Deutschland nach 1945 tätig werden. Genannt seien nur der ehemalige Kieler Finanzwissenschaftler Gerhard Colm und der Berliner Bankfachmann Raymond Goldschmidt, die mit dem amerikanischen Bankier Joseph Dodge im April 1946 den berühmten Colm-Dodge-Goldsmith-Plan für die deutsche Währungsreform vorlegten.

Neben solchen Sogeffekten, vor allem in den USA, bedurfte der erfolgreiche Neuaufbau der Lebenswelt und der Karriere allerdings auch der Schubfaktoren auf seiten der Emigranten. Entscheidend für ihren Erfolg waren nicht nur die individuelle Qualifikation, die mitgebrachten intellektuellen Botschaften, die Bekanntheit durch Publikationen und die Mobilitätsbereitschaft, sondern auch ihre Einbindung in den nötigen Netzwerken, die für Kontakte und Verbindungen sorgten. An den beiden Netzwerken der Neu-Klassiker aus Frankfurt, Heidelberg und Kiel und den neoklassischen Markttheoretikern aus Österreich soll die erfolgreiche Flucht dargestellt werden. Beide stehen nicht nur für unterschiedliche theoretische Strömungen, sondern auch für jeweils andere institutionelle Milieus. Unter den 42 österreichischen Emigranten stellten die Neoklassiker die größte und stärkste geschlossene Gruppe neben den ebenfalls deutlich konturierten Austromarxisten (10 Personen). Das jeweils klare Profil unterschied diese Netzwerke etwa von der vergleichsweise heterogenen sechsköpfigen Gruppe, die zusammen mit weiteren Kollegen aus anderen Disziplinen auf eine Ausschreibung der türkischen Regierung an die Universitäten Istanbul und später auch Ankara ging, um dort den Modernisierungsprozeß des Landes wissenschaftlich zu unterstützen, oder von denjenigen, die mit ähnlichen Absichten nach → PALÄSTINA auswanderten. Dort standen im übrigen mehr praktisch-administrative Tätigkeiten in Aussicht, denn an der in den zwanziger Jahren gegründeten Hebräischen Universität Jerusalem wurde erst nach der Gründung des Staates Israel eine wirtschaftswissenschaftliche Fakultät eingerichtet.

Die jeweils anderen soziologischen Einbindungen führten bei jenen beiden Netzwerken nach 1933 auch zu jeweils anderen Emigrationsverläufen. Die deutschen Neu-Klassiker gehörten als Juden und/oder Sozialisten zu den ersten, die von den Universitäten vertrieben wurden. Viele der österreichischen Neuklassiker dagegen bereiteten in den Krisenjahren zwischen 1933 und 1938 vor dem „Anschluß" bereits ihre Emigration vor, nachdem sie zuvor solide Kontakte zumeist in die USA aufgebaut hatten. Vielfach hatte das berufliche Gründe: In Wien hatten sie als Privatgelehrte gelebt, denen sich bei den spärlichen Planstellen an den österreichischen Universitäten kaum jemals Aussicht auf eine akademische Karriere bot. Den Lebensunterhalt verdienten sie sich als junge Unternehmer, als Rechtsanwälte oder als Referenten im österreichischen Institut für Konjunkturforschung, einer privaten Gründung der Wiener Handelskammer. Wissenschaftlich arbeitete der Kreis eng in dem berühmten Privatseminar von Ludwig von Mises zusammen, dem intellektuellen Kopf der Neoklassiker in den zwanziger Jahren, der ebenfalls nur nichtangestellter Honorarprofessor an der Universität Wien war.

Ihrem wissenschaftlichen Ehrgeiz hatte sich ab Mitte der zwanziger Jahre die Gelegenheit geboten, für zwei Jahre mit einem Stipendium der Rockefeller Foundation in die USA zu gehen. Die Stiftung hatte angesichts der weltweiten wirtschaftlichen Probleme nach dem Ersten Weltkrieg und des amerikanischen Isolationismus ein großes international ausgelegtes Forschungsprogramm im Bereich der Sozialwissenschaften entworfen und dafür auch die kreativen jungen Ökonomen Europas bzw. des deutschsprachigen Raums heranzuziehen gesucht. Dafür wurden entweder großzügige Stipendien oder finanzielle Mittel direkt an Institutionen vor Ort gegeben. Die Stipendien wurden überwiegend von den Österreichern nachgefragt, die Institutionenfinanzierung erhielten mehrheitlich die deutschen Neu-Klassiker. Das Weltwirtschaftsinstitut in Kiel etwa galt bei der Rockefeller Foundation als „Mekka" der Konjunkturforschung und wurde deshalb nicht nur mit mehreren 10000 Dollar unterstützt, sondern jüngere Amerikaner wurden dorthin auch zu Studienaufenthalten geschickt. Zu den bedeutenden Zentren ihrer Förderung in Deutschland hatten vor 1933 ferner das Institut für Sozialwissenschaften in Heidelberg sowie die Deutsche Hochschule für Politik in Berlin gehört (Krohn 1987, S. 37 ff.).

Mit den Stipendien konnten die Österreicher, genannt seien nur Gottfried Haberler, Fritz Machlup, Oskar Morgenstern oder Gerhard Tintner, in den USA ein enges Netz von Kontakten knüpfen, das ihnen in den dreißiger Jahren noch vor dem Einmarsch der Nationalsozialisten in Österreich die Möglichkeit bot, ordentliche Rufe an eine amerikanische Universität zu bekommen. Ähnlich günstig waren 1933 aber auch die Startbedingungen für die Deutschen in eine neue Zukunft gewesen. Wenige Wochen nach der NS-Machtübertragung ergriff der Direktor der New School for Social Research in New York und engagierte New Dealer, Alvin Johnson, die Chance, die aus Deutschland verjagten intellektuellen Potentiale nach Amerika zu holen und mit ihnen gleich eine ganze Universität zu gründen, da er sich von ihnen wichtige Anregungen in der Aufbruchstimmung des neuen Wirtschaftsprogramms erwartete. In kurzer Zeit entwickelte sich die schon im Herbst 1933 gebildete University in Exile, die spätere Graduate Faculty der New School, nicht nur zum wichtigen Außenposten des New Deal-„brain trust", sondern auch zum einzigartigen Zentrum der aus Deutschland und seit 1940 auch aus anderen europäischen Ländern vertriebenen kritischen Sozialwissenschaften. Bis 1945 sollten dort mehr als 170 Emigranten vorübergehend oder auf Dauer lehren. Finanziert wurde das Unternehmen vor allem von der Rockefeller Foundation, quasi als Anschlußfinanzierung ihrer im nationalsozialistischen Deutschland eingestellten Forschungsförderung.

Kamen die Neu-Klassiker als engagierte New Dealer, so die österreichischen Neoklassiker als ebenso vehemente Anti-New Dealer, die vor allem an die konservativen Universitäten der Ostküste berufen wurden. Die Österreicher qualifizierte nicht nur ihre markttheoretische Orthodoxie, sondern auch ihre mehrheitlich nichtjüdische Herkunft. Denn Juden hatten in den dreißiger Jahren an den Universitäten der Ivy League noch keine Chancen gehabt. Während etwa Gottfried Haberler 1936 in Harvard oder Oskar Morgenstern 1938 in Princeton unterkamen, mußte Fritz Machlup, der Jude war, zunächst noch mit der Provinz in Buffalo vorliebnehmen; erst 1947 sollte er an die Johns Hopkins University, 1960 dann nach Princeton gehen. Sahen die Deutschen im New Deal ein Stück von dem verwirklicht, wofür sie zuvor in Deutschland vergeblich gekämpft hatten, so reagierten die liberalen Markttheoretiker genau entgegengesetzt. Ja, sie stellten den amerikanischen Präsidenten und seinen Beraterstab zuweilen gar mit den Nationalsozialisten auf eine Stufe. Der Österreicher Joseph A. Schumpeter, der schon 1932 von der Universität Bonn aus einen Ruf nach Harvard angenommen hatte und künftig als engagierter Vermittler seiner Landsleute auftrat, machte nach dem Wahlsieg Roosevelts keinen Hehl daraus, daß er dann auch in Deutschland hätte bleiben können (Krohn 1988, S. 402 ff.).

Sowohl der New Deal als auch das keynesianische Modell in Großbritannien, das teilweise auch in Schweden umgesetzt wurde, stellten eine Herausforderung für die neoklassische Mainstream-Ökonomie dar. Mit ihrer normativen Marktfixierung, ihrer deduktiven Wirklichkeitskonstruktion und ihrer disziplinären Spezialisierung war sie gegenüber diesen neuen gesellschaftspolitisch synthetisierenden, interventionistischen und wirtschaftspraktisch orientierten Ansätzen argumentativ in die Defensive geraten. Das erklärt auch, warum gerade die orthodoxen Vertreter der Österreicher dort mit ihren polemischen Kampfschriften auf offene Ohren stießen. Genannt seien etwa Ludwig von Mises' *Omnipotent Government. The Rise of the Total State and Total War* von 1944 oder Friedrich A. Hayeks vielzitiertes Werk *The Road to Serfdom* aus dem gleichen Jahr. In späteren Jahren sollte Hayek, der damals an der London School of Economics lehrte, zu den geistigen Stichwortgebern des Thatcherismus werden.

Demgegenüber setzten jene neuen wirtschaftspolitischen Aufbrüche für die deutschen Neu-Klassiker das in die Tat um, worüber sie seit den zwanziger Jahren nachgedacht hatten. Zu ihren bedeutenden Botschaften in der Emigration gehörten vor allem die Analyse der modernen Wachstums- und Konjunkturbewegungen, die öffentliche Finanzwirtschaft, die Planungstheorie und die Sozialpolitik; die letzten dieser Forschungsfelder waren in den USA und anderen Zufluchtsländern bis dahin kaum entwickelt. Damit trugen sie nicht nur zur theoretischen Fundierung des Roosevelt-Programms, sondern ebenso zur Modifikation und Ausdifferenzierung des keynesianischen Modells bei. Vor allem konnten die deutschen Ökonomen, genannt seien insbesondere Emil Lederer, Adolf Löwe (ab 1939 Adolph Lowe), Hans Neisser und Alfred Kähler an der New School for Social Research, mit ihrer Analyse des modernen Technologieproblems den nur konjunkturell argumentierenden keynesianischen Ansatz um strukturtheoretische Variablen erweitern. Im Bereich der modernen Finanztheorie sollten deutsche Ökonomen darüber hinaus wichtige Akzente setzen. Dafür stehen beispielsweise Gelehrte wie Gerhard Colm von der New School und der junge Richard A. Musgrave, der nach dem Diplom in Heidelberg erst in Harvard promoviert hatte. Mit ihrer multiplen Theorie des öffentlichen Haushalts, der im modernen Wirtschaftsprozeß allokative, verteilungspolitische und kreislaufstabilisierende Aufgaben zu erfüllen habe, konnten sie die Finanzwissenschaft, die in der angelsächsischen Welt nur als Randbereich der Ökonomie wahrgenommen wurde, zu einer eigenen Teildisziplin ausbauen. Musgrave zählt heute zu den international bedeutendsten Vertretern der Finanzwissenschaft. Ihre Forschungen umfaßten zugleich das in den dreißiger Jahren neu erschlossene Arbeitsfeld der volkswirtschaftlichen Gesamtrechnung, das die gesamtwirtschaftliche Struktur und ihre strategischen Daten zu bestimmen sucht, um daraus die geeigneten Zielpfade für gleichmäßiges Wachstum, Vollbeschäftigung und Währungsstabilität zu ermitteln. Exemplarisch sei schließlich noch eine neue wirtschaftswissenschaftliche Disziplin, die Entwicklungsökonomie, genannt, die nach 1945 wesentlich von Emigranten erarbeitet worden ist; sie verbindet sich vor allem mit den Namen Paul A. Baran, Bert F. Hoselitz, Hans W. Singer und Albert Otto Hirschman; letzterer hatte 1940/41 als Flüchtling in Marseille unter dem Pseudonym Beamish Varian Fry und dem Emergency Rescue Committee bei der Rettung von Hunderten der politisch gefährdeten Schicksalsgenossen assistiert.

Einige der jüngeren Österreicher sollten allerdings auch schnell Anschluß an die neuen Diskussionen finden. Die von Oskar Morgenstern und dem Mathematiker John von Neumann in den USA entwickelte Spieltheorie, eine neue, die Fachgrenzen überschreitende Interdiszipin, analysiert das strategische Verhalten von Individuen und Gruppen unter Unsicherheitsannahmen auf den anonymen Märkten oder überhaupt in sozialen und politischen Entscheidungssituationen und sucht nach optimalen Lösungen von Interessenkonflikten. Diese spiel- und entscheidungstheoretischen Analysen machten Morgenstern in den fünfziger Jahren auch zu einem prominenten Politikberater der amerikanischen Regierung. Das gleiche gilt für Fritz Machlup, der mit seinen Arbeiten über den internationalen Geldverkehr sowie über die Auswirkungen qualifizierten Wissens auf die technologische Entwicklung nicht nur einen großen Schülerkreis um sich sammelte, sondern in den 1960er Jahren ebenfalls ein gesuchter Experte wurde, als das globale Währungssystem der Nachkriegszeit (Bretton Woods) in die Krise geraten war. Österreichische Emigranten leisteten darüber hinaus bedeutende Beiträge zu der seit den 1930er Jahren expandierenden mathematisch-formalisierten Analyse der Ökonomie, dagegen wirkte von denen aus Deutschland nur Jakob Marschak bahnbrechend auf diesem Gebiet. Eine Sonderstellung unter den Österreichern nahm Gottfried Haberler ein, der mit seinen vor der Emigration verfaßten, in viele Sprachen übersetzten Arbeiten über den internationalen Handel und – im Auftrag der Finanzsektion des Völkerbundes – über Konjunkturen und Krisen einen solchen Ruf erworben hatte, daß sich seine Tätigkeit in Harvard weniger durch neue Forschungen, sondern durch umfassende Politikberatung sowie Präsidentschaften in diversen amerikanischen und internationalen wirtschaftswissenschaftlichen Gesellschaften auszeichnete.

Insgesamt wird man die zügige Integration der meisten vertriebenen Wirtschaftswissenschaftler in den USA, aber auch in anderen Zufluchtsländern als Erfolgsgeschichte bezeichnen können. Nicht nur konnte der größte Teil der ehemaligen deutschen Universitätslehrer die Karriere fortsetzen, für eine auffallend große Zahl der vor 1933 in anderen beruflichen Zusammenhängen Beschäftigten eröffnete die Emigration den Wechsel in die Hochschullaufbahn. Diverse Vertreter aus den gewerkschaftsnahen Forschungseinrichtungen sollten beispielsweise „labor economics" an den amerikanischen Hochschulen unterrichten. Andererseits wurden zahlreiche vertriebene Wissenschaftler im Zuge des Ausbaus staatlicher Wirtschaftsaktivitäten seit den dreißiger Jahren in die Administrationen ihrer Zufluchtsländer berufen. Vor allem gilt das für die USA, aber auch für Palästina oder die Türkei. An der Universität Istanbul konnte Fritz Neumark mit seinen Schülern das moderne Finanz- und Steuersystem des Landes konzipieren; nach seiner Rückkehr Ende der vierziger Jahre wurde er in Frankfurt zum Nestor der bundesdeutschen Finanzwissenschaft (Neumark 1980, S. 249 ff.).

In Washington rückten Emigranten zuweilen bis in die höchsten Etagen der Administration, so etwa in den während der New Deal-Jahre eingerichteten Stab der Präsidentenberater. Von symbolischer Bedeutung mag sein, daß der deutsche Neu-Klassiker Gerhard Colm aus der New School ein solches Amt unter Roosevelt übernahm, während der aus Wien gebürtige Neoklassiker Roger Freeman und Henry C. Wallich aus Berlin von dem Republikaner Eisenhower 1953 dorthin berufen wurden. Im Zweiten Weltkrieg wurden die deutschsprachigen Ökonomen in Amerika und Großbritannien häufig zu gesuchten Experten für den „war effort" und die europäischen Nachkriegsplanungen; einige von ihnen wechselten nach 1945 in die neuen internationalen Organisationen der UNO. Ganze Emigrantengruppen wurden auch von den Forschungsinstitutionen für spezielle Untersuchungen angeworben, so etwa vom National Bureau of Economic Research für die volkswirtschaftliche Gesamtrechnung oder von der Brookings Institution für konjunkturtheoretische Probleme und Fragen einer modernen Sozialversicherung.

Die sog. Cowles Commission for Research in Economics an der Universität Chicago, später in Yale, wurde unter der Leitung Jakob Marschaks zum Zentrum der ökonometrischen Forschung, d. h. aggregierter mathematischer Analysen zur Wachstums- und Konjunkturtheorie. Neben den Österreichern Abraham Wald und Gerhard Tintner sammelten sich dort mit Tjalling Koopmans, Trygve Haavelmo und weiteren hochqualifizierten jüngeren Gelehrten auch Emigranten aus anderen, von der deutschen Wehrmacht besetzten Ländern. Ebenfalls hatte Marschak vor seiner Weiterwanderung 1938 in die USA an der Universität Oxford die Gründung des Institute of Statistics initiiert und dafür verschiedene jüngere Flüchtlinge aus Deutschland mit herangezogen. Nach Einberufung der britischen Mitarbeiter zum Militärdienst wurden dort die Deutschen mit Fritz Burchardt, Fritz Schumacher, Kurt Mandelbaum oder Josef Steindl zu den eigentlichen Institutsrepräsentanten, die seit 1942 umfassende Untersuchungen zum wirtschaftlichen Wiederaufbau nach dem Kriege vorlegten (Young/Lee 1993, S. 119 ff.).

Wirtschaftswissenschaften

Tabelle 3: Karriereverläufe
der emigrierten Wirtschaftswissenschaftler
(Stichjahr 1945)

Hochschullehrer vor 1933		
– Karriere fortgesetzt	74	
– Wechsel in andere Berufsfelder, insbesondere in die Administrationen der Zufluchtsländer	26	
– vor 1945 verstorben	16	
– Karriere abgebrochen	3	= 119
vor 1933 in der Privatwirtschaft, in der Verwaltung, als Wirtschaftsjournalisten etc. Tätige		
– Karriere fortgesetzt	20	
– Wechsel in die universitäre Laufbahn	46	
– vor 1945 verstorben	6	
– Karriere abgebrochen	1	= 73
unklare Fälle		8
gesamt		200

Eine Übersicht über die Berufsentwicklung der vertriebenen Wirtschaftswissenschaftler zeigt, daß die Emigration nur in Ausnahmefällen (4 Personen) zum negativen Karrierebruch führte (die 22 Personen, die bis 1945 verstorben waren, hatten nach 1933 ihre jeweiligen Tätigkeiten fortsetzen können, siehe Tabelle 3).

Die erfolgreiche Akkulturation in den Zufluchtsländern mag auch daran abzulesen sein, daß von den bei Kriegsende noch lebenden 178 ehemaligen Emigranten nur eine kleine Anzahl remigriert ist. Sieht man von neun Personen ab, die erst in den 1960er Jahren zurückkehrten, um nach Ende des Berufslebens ihren Lebensabend in der früheren Heimat zu verbringen, so kamen weniger als 30 Personen zwischen 1945 und 1955 etwa zu gleichen Teilen aus der Türkei und dem Nahen Osten (9), aus den USA (9), Großbritannien (8) sowie jeweils einzeln aus weiteren Ländern (3). Relativ kehrten aus dem Hauptzufluchtsland USA also die wenigsten, aus der Türkei hingegen alle zurück. Davon übernahmen acht in Österreich, 15 in der Bundesrepublik und vier in der DDR universitäre Tätigkeiten, und zwei hatten Rufe in die Schweiz erhalten.

Strittig ist, ob der international führende Wissenschaftsstandard der USA nach dem Zweiten Weltkrieg – nicht nur in den Wirtschaftswissenschaften – mit auf den Einfluß der Emigranten aus den dreißiger Jahren oder, wie amerikanische Nativisten behaupten, vor allem auf die ökonomischen Ressourcen des Landes zurückzuführen ist. Einen klärenden Hinweis kann die Tatsache geben, daß von den ersten 20 amerikanischen Preisträgern des seit 1968 vergebenen wirtschaftswissenschaftlichen Nobelpreises 14 nicht in den USA geboren waren. In den ersten Jahrzehnten nach 1945 wurden mit Joseph A. Schumpeter, Gottfried Haberler, Fritz Machlup, William Fellner und Jakob Marschak ehemalige Emigranten zu Präsidenten der American Economic Association (AEA) gewählt, eine Ehre, die nur den renommierten Vertretern des Faches zuteil wird (Craver/Leijonhufvud 1987, S. 173 ff.). Auffallend ist, daß mit Ausnahme Marschaks alle aus der österreichischen Tradition kamen. Das mag andeuten, daß nach Ende des Zweiten Weltkrieges und der Ära Roosevelt des Pendel der wirtschaftstheoretischen Reformdebatte während der fünfziger Jahre wieder zurückschlug und Keynesianer und ehemalige deutsche Neu-Klassiker in den Hintergrund traten. Die struktur- und wachstumstheoretischen Analysen der ehemaligen deutschen Emigranten sollten erst seit den 1970er Jahren angesichts der mit der mikroelektronischen Revolution erneut hervortretenden Krisenprobleme und der wachsenden Massenarbeitslosigkeit in den Industrieländern auf neue Aufmerksamkeit stoßen.

Literatur

Blomert, Reinhard, Hans Ulrich Eßlinger u. Norbert Giovanni, Hrsg. (1997): Heidelberger Sozial- und Staatswissenschaften. Das Institut für Sozial- und Staatswissenschaften zwischen 1918 und 1958, Marburg.

Craver, Earlene, and Axel Leijonhufvud (1987): Economics in America: The Continental Influence, in: History of Political Economy 19, S. 173 ff.

Duggan, Stephen, and Betty Drury (1948): The Rescue of Science and Learning. The Story of the Emergency Committee In Aid of Displaced Foreign Scholars, New York.

Hagemann, Harald, u. Claus-Dieter Krohn (1992): Die Emigration deutschsprachiger Wirtschaftswissenschaftler nach 1933. Biographische Gesamtübersicht, 2. Aufl., Hohenheim.

Hagemann, Harald, Hrsg. (1997): Zur wirtschaftswissenschaftlichen Emigration nach 1933, Marburg.

Hall, Peter A., Ed. (1989): The Political Power of Economic Ideas: Keynesianism across Nations, Princeton/New Jersey.

Hayek, Friedrich A. (1944): The Road to Serfdom, London–Chicago.

Krohn, Claus-Dieter (1987): Wissenschaft im Exil. Deutsche Sozial- und Wirtschaftswissenschaftler in den USA und die New School for Social Research, Frankfurt a. M.–New York.

Krohn, Claus-Dieter (1988): Die Emigration der Österreichischen Schule der Nationalökonomie in die USA, in: Stadler, Friedrich, Hrsg.: Vertriebene Vernunft II. Emigration und Exil österreichischer Wissenschaft, Wien–München, S. 402 ff.

Krohn, Claus-Dieter (1996): Dismissal and Emigration of German-Speaking Economists after 1933, in: Ash, Mitchell G., and Alfons Söllner, Eds.: Forced Migration and Scientific Change. Emigré German-Speaking Scientists and Scholars after 1933, Washington–Cambridge, S. 175 ff.

Mises, Ludwig von (1944): Omnipotent Government. The Rise of the Total State and Total War, New Haven.

Neumark, Fritz (1980): Zuflucht am Bosporus. Deutsche Gelehrte, Politiker und Künstler in der Emigration 1933–1953, Frankfurt a. M.

Seligman, Ben B. (1962): Main Currents in Modern Economics. Economic Thought since 1870, Glencoe.

Young, Warren, and Frederic S. Lee (1993): Oxford Economics and Oxford Economists, London.

V

Literarisches und künstlerisches Exil

Einleitung

Das literarische und künstlerische Exil umfaßt Literatur und Publizistik, Bildende Künste, Musik, Tanz und Theater, Fotografie, Film und Rundfunk. Es konstituierte sich im wesentlichen 1933 als unmittelbare Folge der Abschaffung der Meinungs- und Pressefreiheit in Deutschland und der Verfolgung politischer und sog. „rassischer" Gegner durch den Nationalsozialismus. Die Einverleibung Österreichs und der Sudeten durch das Dritte Reich im Jahr 1938 und die Eroberung großer Teile Europas nach 1939 führten zu weiteren innereuropäischen und transatlantischen Fluchtbewegungen. Nach neueren Forschungen dürfte die Gesamtzahl der literarischen und künstlerischen Emigration bei über 10 000 Personen liegen, also weit über den im *Biographischen Handbuch der deutschsprachigen Emigration nach 1933* (*BHb*) genannten Zahlen. Zu ihnen gehörte die publizistische und künstlerische Elite der Weimarer Kultur, aber auch eine schwer zu bestimmende Zahl weniger bekannter Personen, darunter viele Frauen, die etwa als Journalistinnen unter halbprofessionellen Bedingungen arbeiteten oder wie eine Reihe von Tänzerinnen ihren künstlerischen Beruf zeitweise zugunsten einträglicherer Beschäftigungen aufgeben gezwungen waren. Andere wieder, wie die Fotografen, entwickelten oder entdeckten oft erst im Exil ihre künstlerische Begabung.

Zu den wichtigsten Aufnahmeländern zählten aufgrund gemeinsamer kultureller oder sprachlicher Traditionen → FRANKREICH und die → TSCHECHOSLOWAKEI, die überdies der Emigration ein breites Feld kultureller Produktion und Kommunikation boten. Nach 1938 übernahmen → GROSSBRITANNIEN, die → VEREINIGTEN STAATEN VON AMERIKA, → MEXIKO die Rolle herausragender Zentren des kulturellen Exils. → PALÄSTINA spielte eine wichtige Rolle für die Bauhaus-Architektur, den Tanz und, in der zweiten Generation, für die Fotografie; in der → SCHWEIZ befand sich mit dem Zürcher Schauspielhaus das Zentrum des deutschen Exiltheaters, während die → NIEDERLANDE bis 1939/40 mit Querido und Allert de Lange die wichtigsten Verlage deutscher Exilliteratur aufwiesen.

Die Hauptfunktion der Kultur im Exil bestand einmal darin, in ihren Werken und Manifestationen die Kontinuität deutscher Sprache, Kunst und Publizistik in der Tradition der europäischen Moderne zu bewahren. Ihre Vertreter beanspruchten zugleich als „Stimme ihres stumm gewordenen Volks" (Heinrich Mann) Stellvertreter- und Repräsentationsfunktionen des „anderen" demokratischen Deutschland, dessen antifaschistische Zukunftsgestalt innere und äußere Opposition, politisches und kulturelles Exil emphatisch auf gemeinsames Handeln verbinden und verpflichten wollte. Schließlich erfüllte das kulturelle Exil eine noch weitgehend unerforschte Brückenfunktion zu den verschiedenen Gastländern, wirkten Exilanten mit an kulturellen Transfers zwischen einzelnen europäischen, zwischen diesen und außereuropäischen Lebens- und Kulturzentren.

Als wichtigster Zug der Kunst und Kultur des Exils ist eine Tendenz zur Politisierung festzuhalten. Das betrifft einmal das persönliche Verhalten der emigrierten Künstler und Journalisten: Zu großen Teilen engagierten sie sich in der politischen Auseinandersetzung mit und im Kampf gegen den Faschismus. Das gilt nicht nur für Künstler, die bereits mit einem politischen Konzept ins Exil gegangen sind, wie die sozialistischen Künstler und Journalisten, sondern auch für bürgerliche Künstler wie etwa Lion Feuchtwanger, Thomas Mann, Klaus Mann, Marlene Dietrich. Das Engagement nahm unterschiedliche Formen an: Es reichte von der Unterstützung der Friedens- und Volksfrontbewegung der 1930er Jahre (→ VOLKSFRONT FÜR DEUTSCHLAND) über das publizistische Engagement im Kampf gegen Hitler bis hin zur unmittelbaren Beteiligung an Kampfhandlungen im Spanischen Bürgerkrieg und als Mitglied alliierter Armeen im zweiten Weltkrieg (Ludwig Renn, Willi Bredel, Gustav Regler, Arthur Koestler, Stefan Heym, Klaus Mann; → DEUTSCHSPRACHIGE EMIGRANTEN IM SPANISCHEN BÜRGERKRIEG; → DEUTSCHSPRACHIGE EMIGRANTEN IN DER EUROPÄISCHEN RÉSISTANCE UND AN DER SEITE DER ALLIIERTEN). Entscheidend ist der Reflex des politischen Engagements im künstlerischen Werk.

Johannes R. Becher, Bertolt Brecht, Heinrich Mann, Anna Seghers und Arnold Zweig, Hanns Eisler und Max Beckmann konnten dabei an die eigene Praxis der 1920er Jahre anknüpfen; in seiner Stärke neu war das ästhetische Engagement bei Künstlern wie Thomas Mann, Klaus und Erika Mann, Irmgard Keun, Max Ernst und Hans Bellmer, Arnold Schönberg, der Fotografin Gerta Taro und den Filmregisseuren und Schauspielern, die Hollywoods Antinazi-Filme schufen. Kunst wurde, oft in Abwandlung und Pädagogisierung, teilweise aber auch in einer Radikalisierung der Avantgarde-Konzepte der späten 1920er und frühen 1930er Jahre zum ästhetischen Ausdruck des Zeitgeschehens.

Die von Klaus Mann im *Wendepunkt* beschworene „Gemeinschaft" des literarischen und künstlerischen Exils blieb zwar politische Utopie; es existierte aber, zumindest in den 1930er Jahren, eine Konjunktur antifaschistischer Orientierungen, die ihren künstlerischen Niederschlag in einer Ästhetik der Widerstands (Peter Weiss) fand. Das thematische und formale Spektrum der Literatur und Kunst im Exil war jedoch wesentlich breiter. Es umfaßte Werke der engagierten Kunst und reichte bis zur literarischen, musikalischen und filmischen Unterhaltungskultur. Neben Geschichtsdrama und Gesellschaftsroman standen Zeitroman und Zeitstück, neben das traditionelle Tafelbild und die Porträtzeichnung traten die dokumentarische und surrealistische Montage; neben ernster, auch serieller Musik wurden Musicals und Filmmusik komponiert; es konkurrierte experimentelle Großstadtfotografie mit der Porträtfotografie und der politischen Fotoreportage; neben dem Ausdruckstanz und der choreographischen Satire hielt sich das klassische Tanzrepertoire (→ DRAMA; → FILM; → FOTOGRAFIE; → LYRIK; → MUSIK; → ROMAN; → TANZ).

Kunst und Literatur im Exil setzen das Vorhandensein einer Kommunikationsstruktur voraus. → PRESSE UND PUBLIZISTIK, → VERLAGE, → KULTURELLE ORGANISATIONEN, → LITERATURKRITIK bildeten den Ausgangspunkt des kulturellen Lebens im Exil. Zeitungen wie das *Pariser Tageblatt/Pariser Tageszeitung* (Paris), Zeitschriften wie *Das Neue Tage-Buch* (Paris), *Die Zukunft* (Paris), *Die neue Weltbühne* (Prag/Paris), *Aufbau* (New York), literarische Zeitschriften wie *Die Sammlung* (Amsterdam), die *Neuen deutschen Blätter* (Prag), *Das Wort* (Moskau), *Mass und Wert* (Zürich), die deutschsprachigen Abteilungen der Verlage Allert de Lange und Querido in Amsterdam, der Oprecht-Verlag in Zürich, die Éditions du Carrefour in Paris, der Aurora-Verlag in New York waren die geistigen Foren und Vermittler der Exilpublizistik und -literatur, der politischen und literarischen Essayistik, der Literatur- und Kunstkritik. Neben Journalisten wie Leopold Schwarzschild, Georg Bernhard, Hermann Wendel oder Manfred George spielten Walter Benjamin und Georg Lukács, Klaus Mann, Ludwig Marcuse und Paul Westheim als Literatur- und Kunstkritiker eine wichtige Rolle. Joseph Roth, Heinrich und Thomas Mann übten sich, mit Erfolg, in der Rolle des politischen Essayisten. Schriftsteller- und Künstlervereinigungen wie der Exil-PEN in London, der SDS in Paris, die deutsche Sektion der Internationalen Vereinigung Revolutionärer Schriftsteller in Moskau, der American Guild for German Cultural Freedom in den USA sicherten Überleben, institutionellen Zusammenhalt und Außenwirkung auf die kulturelle Öffentlichkeit der Gastländer. Wichtig waren hier vor allem auch Institutionen wie die Deutsche Freiheits-Bibliothek und der Freie deutsche Künstlerbund in Paris, der Heinrich-Heine-Klub in Mexiko, die mit Veranstaltungen und Ausstellungen auf die Exilkunst aufmerksam machten und als „Stimme des anderen Deutschand" auf die Öffentlichkeit der Gastländer einzuwirken versuchten.

Die Erfolgsbilanz des Exils in wichtigen kulturellen Bereichen wie der Literatur, der Musik, der Fotografie oder dem Film und der Presse darf allerdings nicht über die außerordentliche Fragilität und Instabilität der Exilöffentlichkeit und ihrer kulturellen Agenten hinwegtäuschen. Von den über 400 von Lieselotte Maas nachgewiesenen Exilzeitungen und -zeitschriften hatten wenig mehr als ein Dutzend eine Erscheinungsdauer, die ein Jahr überschritt. Die unsicheren Lebens- und Einkommensbedingungen der Künstler, Journalisten und des Exilpublikums behinderten die künstlerische und kulturelle Tätigkeit. Die schnell wechselnden politischen Konjunkturen in den Aufnahmeländern, die stalinistische Repression in der Sowjetunion, die 1939 einsetzenden und bald auf ganz Europa übergreifenden Kriegshandlungen mit anschließender Internierung, Verfolgung und zweiter Flucht, das Exil im Exil, führten zu individuellen Zwangssituationen, in denen der Selbstmord oft der einzige Ausweg schien: Kurt Tucholsky, Ernst Toller, Walter Hasenclever, Ernst Weiss, Walter Benjamin, Stefan Zweig, Alfred Wolfenstein sind nur einige unter vielen anderen. Carola Neher, Hans Günther, Ernst Ottwalt, Herwarth Walden u.a.m. fielen dem stalinistischen Terror zum Opfer. Louise Straus-Ernst und Georg Hermann, die Maler Otto Freundlich, Rudolf Levy und Felix Nussbaum, die Tänzerinnen Tatjana Barbakoff, Chassa Goldstein, Dora Gerson, der Fotograf Erich Salomon und seine Frau wurden Opfer des Holocaust.

Von den Überlebenden kehrten in erster Linie die sozialistischen Künstler und Publizisten zurück – in die DDR, wo ihr Werk und ihre Tätigkeit auf die erste Nachkriegsgeneration junger Künstler wie Christa Wolf, Heiner Müller, Günter Kunert fortwirkte, freilich nicht ohne Spannungen zur Staatsmacht zu erzeugen. Auf die literarische Entwicklung in der Bundesrepublik hatte das Exil keinen Einfluß; anders als in der Bildenden Kunst, der Musik und dem Film, auf die das Exil als Teil der modernen internationalen Avantgarden einwirkte. Erst im Zusammenhang mit der durch die „68er"-Bewegung initiierte Auseinandersetzung mit der nationalsozialistischen Vergangenheit fanden Literatur, Kunst und Kultur des Exils Eingang in das öffentliche Bewußtsein der Bundesrepublik. Sehr schnell wurde das Exil zu einem Mythos für eine nachgeholte antifaschistische Identität und in ihrem Umkreis sich ausbildende ästhetische und kulturelle Orientierungen und Normen (→ WIRKUNGSGESCHICHTE).

Eine wichtige Rolle spielte dabei die germanistische Forschung, die nach jahrzehntelangem Schweigen die Exil- und Faschismusforschung zum Ausgangspunkt einer wissenschaftsgeschichtlichen Selbstkritik und einer öffentlichkeitsbewußten Neuorientierung machte. Neben einer Vielzahl von Autoren- und Werkstudien erschienen zur Wende der 1970er und 1980er Jahre die bis heute maßstabsetzenden literaturgeschichtlichen Überblicke und Gesamtdarstellungen. Als gut erforscht kann auch die Publizistik gelten. Die Erforschung so zentraler Bereiche wie der Bildenden Künste, der Fotografie, der Musik, des Tanzes und der Architektur haben hingegen erst spät, im Zusammenhang etwa mit der länderorientierten Gesamtdarstellung des Exils oder mit kunstgeschichtlichen Ausstellungsprojekten begonnen.

Exilforschung hatte stets auch legitimatorische Funktion: Als „humanistische Front" (Walter A. Behrendson) galt das Exil als Mahnung und Vorbild für die noch ungefestigte westdeutsche Demokratie, während der Antifaschismus zum staatstragenden Moment der neugegründeten DDR wurde. Die Auseinandersetzung mit dem Exil nahm zwangsläufig die Form von identitätsstiftenden und konfliktsetzenden Mythen an, denen sich die Forscher und die Forschung nicht entziehen konnten. Es entwickelte sich so eine an den politischen Alltagsrealitäten und Normen orientierte wissenschaftliche Deutungskonkurrenz, die die ästhetischen und politischen Spannungslinien des Exils auf die eigene Gegenwart und die Zukunftsperspektiven übertrug: Einer liberalen Forschungsrichtung stand ein marxistisch orientierter Forschungsansatz gegenüber, und jede der beiden Richtungen führte zu unterschiedlichen Forschungsschwerpunkten, Wertungen und Deutungen des Exils. Mit der deutschen Vereinigung und dem Zerfall des sozialistischen Blocks hat das mythische Konstrukt seine geschichtsphilosophische und politische Basis verloren. An die Stelle des Mythos tritt die entschiedene Historisierung des Exils. Damit wird der Blick frei auf das Exil als einer kulturellen und politischen Epoche der deutschen, europäischen und der Weltgeschichte, der wir nicht mit Gefühlen von Schuld und Wiedergutmachung, sondern mit dem kritischen Bewußtsein geschichtlicher Verantwortlichkeit (Jürgen Habermas) gegenübertreten. Als gegenwärtige übergreifende Perspektiven deuten sich an 1. eine Forschung, die sich in Richtung einer von den Erfahrungen des jüdischen Exils und des Holocausts grundierten Zivilisationskritik entwickelt (Ernst Loewy), oder 2. eine Entwicklung, die in die Richtung einer universellen Emigrations- und Akkulturationsforschung führt, wie sie Wolfgang Frühwald im Rückblick auf das 20. Jahrhundert der Zwangsvertreibungen und -wanderungen vorgeschlagen hat. Beide Richtungen müßten sich, soll in Zukunft eine Exilforschung möglich sein, in kritischer Reflexion, ästhetischer Deutung und dokumentarischer Archivierung auf die historische Epoche des Exils und ihren Fundus von künstlerischen und kulturellen Texten beziehen.

Bildende Kunst

JUTTA HELD

Die Dimensionen der Emigration bildender Künstler sind erst in den letzten Jahren abschätzbar geworden, seit die Forschung nicht nur die wenigen großen Ausnahmen, die erfolgreichen Künstler, die im Exil berühmt wurden oder blieben, zur Kenntnis nimmt (zuletzt Haftmann 1986), sondern den vielen wenig bekannten und vergessenen nachgeht. Zahlreiche Künstlermonografien und Ausstellungskataloge zu den unterschiedlichen Gruppen und geografischen Zentren des Exils oder auch zu Orten, Regionen und öffentlichen Sammlungen in Deutschland, die durch die Emigration „ihre" Künstler und Künstlerinnen verloren (Im Kampf um eine moderne Kunst 1985; Das Schicksal einer Sammlung 1988), haben zur Exilforschung beigetragen. Aus dieser inzwischen beachtlichen Zahl einzelner Publikationen, den intensiven Recherchen, die ihnen zugrunde liegen, läßt sich mosaiksteinartig ein Bild des Exils zusammenfügen. Es fehlen in der Kunstgeschichte hingegen bis heute große zusammenfassende Darstellungen, wie sie inzwischen für die Literaturgeschichte vorgelegt worden sind.

Exilgründe und Zeitpunkt der Emigration: Der politische Gegensatz zum Nationalsozialismus oder „rassische" Gründe führten an erster Stelle und am häufigsten zur Wahl des Exils. Die politisch verfolgten Künstler, die der KPD oder linken Gruppierungen und Organisationen der Arbeiterbewegung nahestanden oder angehörten, entschlossen sich in der Regel früh zur Emigration (wie George Grosz, John Heartfield, Gerd Arntz, Ernest Neuschul, Gert Wollheim, Günther Wagner), wenn sie nicht bewußt den politischen Widerstand im eigenen Land wählten (wie Hans Grundig, Kurt Schumacher, Alfred Frank, Fritz Duda, Hermann Bruse, Fritz Schulze). Einige konnten nach ersten Verhaftungen entkommen (Carl Meffert, ab 1935 Clément Moreau, Karl Schwesig, Theo Balden, Hanns Kralik, Heinz Kiwitz, Günter Strupp), andere, wie Herbert Sandberg, wurden erst 1945 aus dem KZ befreit.

Die jüdischen Künstler zögerten oft oder lehnten es ab, Deutschland zu verlassen (wie Julo Levin), anderen gelang zwar die erste Emigration aus Deutschland, doch wurden sie von der deutschen Besatzung im fremden Land eingeholt, deportiert und in Auschwitz ermordet (wie Felix Nussbaum, Otto Freundlich, Rudolf Levy).

Neben der Verfolgung aus politischen oder „rassischen" Gründen konnte die bildenden Künstler auch Verfemung und Diskriminierung aufgrund ihrer künstlerischen Praxis treffen. Zwar drohte ihnen keine Lebensgefahr wie den politisch und „rassisch" Verfolgten, doch mußten sie mit Behinderungen und Repressalien rechnen, wenn sie avantgardistischen Kunstrichtungen anhingen, selbst wenn die Inhalte ihrer Werke für unbedenklich galten. Expressionisten, Kubisten und abstrakt arbeitende Künstler erhielten Arbeits- oder Ausstellungsverbot, wurden aus ihren Lehrämtern an den Kunsthochschulen entlassen und verloren auf diese Weise ihre Existenzgrundlage. Einige versuchten zunächst nachzuweisen, daß die Ablehnung ihrer Kunst auf Mißverständnissen beruhe und ihre Gesinnung und Kunst den Vorstellungen der Nazis nicht entgegenstehe (Ernst Ludwig Kirchner, Emil Nolde, Oskar Schlemmer, Otto Pankok; Schmidt 1964; Held 1985). Nach der Ausstellung *Entartete Kunst* 1937 im Haus der deutschen Kunst in München war jedoch an den kunstpolitischen Zielen und der Entschlossenheit der Nazis, mißliebige Künstler auszuschalten, nicht mehr zu zweifeln. Auch die Expressionisten, die gehofft hatten, ihre Werke als genuin „deutsche Kunst" anbieten zu können, wurden damit endgültig zurückgewiesen.

Die Konsequenzen, welche die als „entartet" diffamierten Künstler zogen, waren unterschiedlich. Einige, die ihr Lehramt verloren, verließen Deutschland früh (wie Paul Klee und Wassily Kandinsky, Max Beckmann emigrierte 1937 nach Holland, Oskar Kokoschka floh 1938 von Prag nach London). Einige der in der Weimarer Republik exponierten Künstler paßten sich den neuen ideologischen und ästhetischen Vorgaben mehr oder weniger an, indem sie die avantgardistische Formensprache und die sozialkritischen Inhalte ihrer Kunst entschärften und sich dem Traditionalismus der Kunst der 1930er Jahre annäherten (Otto Dix, Conrad Felixmüller, Erich Heckel, Karl Schmidt-Rottluff), um abseits einer größeren Öffentlichkeit, deren Aufmerksamkeit sie in den 1920er Jahren gefunden hatten, wenigstens auf regionaler Ebene, meist in dörflicher Zurückgezogenheit, ihre Existenz zu sichern (Ehrke-Rotermund 1994). Wieder andere wie Oskar Schlemmer oder Willi Baumeister hielten an der inkriminierten Formensprache der Avantgarde fest und entwickelten sie konsequent weiter (Zwischen Widerstand und Anpassung 1978) oder wagten sogar – wie Karl Hofer, Otto Pankok, Carl Lauterbach und Karl Rössing –, bildlich Kritik und Anklage zu artikulieren (Widerstand statt Anpassung 1980). Auf diese

Künstler, die im verborgenen ihre verbotene Kunst fortsetzten, trifft am ehesten der Begriff „innere Emigration" zu.

Ob diese „entarteten" Künstler und Künstlerinnen die innere Emigration oder das Exil wählten, war eine Frage der Abwägung und hing in der Regel von den Bedingungen ihrer Karriere ab. Diejenigen, die ihre Klientel, ihre freundschaftlichen und künstlerischen Bindungen vorwiegend in Deutschland hatten wie die Expressionisten oder Veristen, blieben in der Regel im Lande. Diejenigen, deren Kunst ohnehin international war oder zu werden versprach, die im Ausland auf Stützpunkte rechnen konnten, wie eine Reihe der Bauhauskünstler (Paul Klee, Wassily Kandinsky, László Moholy-Nagy, Josef Albers, Lyonel Feininger), wählten das Exil, das sie oft als bewußt vollzogene Übersiedlung begriffen (Schwarz/Schwarz 1996).

Exilorte: Die Künstler emigrierten in alle ihnen offenstehenden Länder, vorwiegend in die mehr oder weniger demokratisch verfaßten. Sie bevorzugten diejenigen Länder und Orte, die sie bereits von Auslandsreisen kannten, wo sie Freunde oder Verwandte fanden oder eine günstige Infrastruktur für ihre Arbeit erwarteten. So wandten sich einige nach → ITALIEN, wo die Villa Romana in Florenz ein liberaler Stützpunkt für die Deutschen blieb (Zuflucht auf Widerruf 1995). Dies Exil in Italien kam der inneren Emigration nahe, das Künstler wählten, die ihre Kunst nicht politisch verstanden, aber dennoch in Gegensatz zum Nationalsozialismus geraten waren (Hans Purrmann, von 1935–43 Direktor der Villa Romana, Eduard Bargheer, Emy Roeder). In die → SOWJETUNION gingen Heinrich Vogeler und Will Lammert, die als Kommunisten dem Land verbunden waren. Vogeler hatte bereits in den 1920er Jahren hier gearbeitet, Lammert blieb nach seiner Ausweisung aus Frankreich (1934), seinem ersten Exilland, keine andere Wahl. Prag (→ TSCHECHOSLOWAKEI) war für viele politische Emigranten ein erster Zufluchtsort (Theo Balden, John Heartfield, Eugen Hoffmann, Johannes Wüsten, Ernest Neuschul, Oskar Kokoschka), von wo aus die meisten 1938 nach England entkamen. → GROSSBRITANNIEN war zugleich ein Exilland für viele rassisch verfolgte Künstler und Künstlerinnen (Georg Ehrlich, Hilde Goldschmidt, Ludwig Meidner, Fred Kormis, Eva Frankfurther), viele von ihnen aus Wien (Kunst im Exil in Großbritannien 1933–1945 1986), während nur wenige ausgesprochene Avantgardisten sich hierher wandten (Kurt Schwitters). In → FRANKREICH bildete sich an der Côte d'Azur, bereits vor 1933 ein beliebter Aufenthaltsort deutscher Künstler, ein Zentrum der (eher unpolitischen) Emigration: in Sanary-sur-Mer, Cagnes und Nizza, wo zeitweilig Julo Levin, Hubert Anton Räderscheidt, Jankel Adler, Hermann-Henry Gowa Zuflucht fanden, sowie in Grasse, wo sich zur Zeit der deutschen Besatzung Ferdinand Springer, Hans Arp und Sophie Taeuber-Arp aufhielten (Grandjonc 1993). Die Mehrzahl der Flüchtlinge, die nach Frankreich ausreiste, versuchte jedoch, in Paris Fuß zu fassen (Badia 1979, 1984; Roussel 1984). Neben den dezidiert politischen Künstlern, die hier aufgrund der Anwesenheit politischer Exilorganisationen einen Halt finden konnten (Hanns Kralik, Heinz Lohmar, Horst Strempel), kamen auch künstlerisch exponierte Flüchtlinge, die bereits Kontakte zur französischen Kunstszene hatten oder sie suchten (Raoul Hausmann, Hans Hartung, Otto Freundlich, Gert Wollheim). In den → VEREINIGTEN STAATEN VON AMERIKA fanden viele der Bauhauskünstler Zuflucht, Anerkennung und günstige Arbeitsbedingungen, oft als Lehrende an einem College oder einer Kunstschule (neben den Architekten Walter Gropius, Ludwig Mies van der Rohe, Marcel Breuer und Erich Mendelsohn die Künstler László Moholy-Nagy, Anni und Josef Albers, Lyonel Feininger, Johannes Molzahn, Alexander Archipenko; → ARCHITEKTUR). Grosz, seit langem von Amerika begeistert und bereits 1932 an die New Yorker Art Students League eingeladen, emigrierte 1933, fand aber keine ihn befriedigenden Existenzbedingungen.

Organisationen und Arbeitsmöglichkeiten: In den Zentren, wo sich zahlreiche Flüchtlinge aufhielten, wurden von den Künstlern und Intellektuellen Organisationen aufgebaut und Strukturen geschaffen, die Arbeitschancen boten oder zu finden halfen, die den Zusammenhalt und die Artikulationsfähigkeit im fremden Land stärken sollten. Vor allem die politisch engagierten unter den bildenden Künstlern beteiligten sich an dieser organisierenden Arbeit gemeinsam mit den Schriftstellern. Sie waren vor allem im Kokoschka-Bund vertreten (Theo Balden, Bert, John Heartfield, Eugen und Rosel Hoffmann, Kurt Lade, Heinz Worner, Johannes Wüsten), der 1937 gegründet wurde und 1938 in London in den Freien Deutschen Kulturbund einging. In Paris wurde 1936 das Kollektiv deutscher Künstler gegründet, das 1938 vom Freien Künstlerbund ersetzt wurde. Ihm gehörten u.a. die Künstler Max Lingner, Max Ernst, Hanns Kralik, Horst Strempel, Eugen Spiro, Otto Freundlich an (Roussel 1984).

Während die bildenden Künstler an den Organen

der Exilpresse, den Diskussionen und Vorträgen, die von den Exilgruppen organisiert wurden, nur am Rande partizipierten (z. B. als Pressezeichner oder Bühnenbildner wie Heinz Lohmar in Paris), schufen sie sich in ihren eigenen Zusammenschlüssen die wichtigste Voraussetzung für die Verbreitung und den Erfolg ihrer Arbeit, nämlich Ausstellungsmöglichkeiten. In London veranstaltete der Kokoschka-Bund neben politischen auch primär künstlerische Ausstellungen: *Allies inside Nazi Germany* (1942), *We accuse* (1943), *Freie deutsche Kunst* (1944). In Paris wurde vom Freien Künstlerbund eine Ausstellung jüdischer Künstler ausgerichtet, eine Heartfield-Ausstellung und eine Ausstellung *Fünf Jahre Hitler* (1938). In New York konnte der Fotograf Herbert Bayer im Museum of Modern Art 1938/39 *Das Bauhaus 1919–28* zeigen. Größere Ausstellungen mit internationaler Beteiligung und Resonanz waren die Ausstellungen *Freie deutsche Kunst* (Paris 1938) und *20th Century German Art* (London 1938).

Selbst die bekannteren Exilkünstler hatten Schwierigkeiten, Zugang zu dem System des Kunstmarktes und des Ausstellungswesens in ihren Gastländern zu finden. Kandinsky, in Deutschland berühmt, mußte in Paris seine Karriere von vorn beginnen. Beckmann versuchte auch von Amsterdam aus mit seinen bewährten deutschen Händlern und Mäzenen Kontakt zu halten. Ludwig Meidner fand in London nur eine einzige Ausstellung seiner Werke. Selbst Kokoschka verkaufte in England kein Bild an eine öffentliche Sammlung. Grosz konnte in den USA nur einen bescheidenen Ruhm erlangen (wie er selbst sagte). Viele lebten von Gelegenheitsarbeiten und Aufträgen aus dem Bekanntenkreis. In den USA gelang dagegen den Bauhauskünstlern und -architekten die Integration in das Distributionssystem des Gastlandes. Auch die Grafiker, die nach England kamen und oft schon vor ihrer Emigration im internationalen Rahmen gearbeitet hatten, fanden Aufträge bei Verlagen und Werbeagenturen, als Designer von Plakaten und als Karikaturisten bei der Presse (Hans Unger, Max Hoff, Karl Nolde, Victor Weisz, Walter Trier, Richard Ziegler). Hans Feibusch, der der anglikanischen Kirche beitrat, gelang es, sich als englischer Kirchenmaler eine neue künstlerische Existenz aufzubauen (Kunst im Exil in Großbritannien 1933–1945 1986).

Deutsche Kunsthändler, die ebenfalls emigrieren mußten, versuchten (mit bescheidenem Erfolg), ihre deutschen Künstler auch im Ausland durch Ausstellungen und Verkäufe zu vertreten. Curt Valentin bemühte sich in den USA um Beckmann. Alfred Flechtheim stellte in London 1934 Grosz und Klee aus (Alfred Flechtheim 1987).

Die Verkäufe der „entarteten Kunst", die aus deutschen Museen entfernt und offiziell über den Kunsthandel im Ausland abgesetzt wurde, brachten den betroffenen Künstlern keine Profite ein. Sie trugen allerdings langfristig dazu bei, die moderne deutsche Kunst international zu verbreiten und ideell durchzusetzen. Das nutzte auch dem Renomée der Exilkünstler (Kreis 1990; Frowein 1992).

Strukturmerkmale der Exilkunst: Die Forschung hat danach gefragt, ob und wieweit die Exilkunst gemeinsame Strukturmerkmale aufweist, unabhängig von ihren extrem disparaten individuellen, sozialen und geografischen Entstehungsbedingungen. Für die politisch engagierte Kunst im weitesten Sinne, die sich – auf wie auch immer verschlüsselte Weise – um die Interpretation gegenwärtiger Realitäten und Probleme bemühte, kann dies in Grenzen bejaht werden. Hier stellten der internationale Austausch, die theoretische Diskussion, die im Exil nicht abriß (vgl. die Expressionismus-Debatte; → LITERATURKRITIK), eine Verbindung untereinander her, es gab verpflichtende Perspektiven und die gemeinsame Verankerung in den künstlerischen und politischen Verhältnissen der 1920er Jahre in Deutschland, die man teilte.

Die veränderten Arbeitsbedingungen brachten es mit sich, daß die Konventionen und Grenzen der traditionellen Kunst nicht mit der fortschrittsgewissen Zuversicht überschritten wurden wie in den 1920er Jahren, als die Kunst am Bau, die Agitprop-Grafik, die Montage und Collage das Ölgemälde aus dem Zentrum der Kunst verdrängten. Die Arbeit in der Isolation, die privaten Aufträge an Stelle von öffentlichen Aufgaben begünstigten traditionelle Medien (das kleinformatige Staffeleibild) und konventionelle Motive (Porträt, Stilleben, Landschaft). Von den antifaschistischen Künstlern wurde aber auch eine politische Ikonografie fortentwickelt, durch die ihre Kunst über Ländergrenzen hinweg ein gemeinsames Motivrepertoire verband. Frommhold hat als erster Motivgruppen zusammengestellt, die von den Künstlern, die im Exil oder in der inneren Emigration arbeiteten, aufgegriffen und bearbeitet wurden, wenn auch in unterschiedlich geprägten Bildsprachen: Die „Führer", Emigration, Spanien, München, Krieg, Bomben, Klage, Getto, Gefangene, Konzentrationslager, Widerstand, Das Ende (Frommhold 1968; vgl. auch die Motivgruppen in Widerstand statt Anpassung 1980, S. 191 ff.). Gewisse Gemeinsamkeiten bei der Bearbeitung politischer Themen lassen sich durchaus beobachten, vor allem im Vergleich der Exilkunst mit der politischen Kunst der 1920er Jahre und in Abgrenzung von ihr. Die analytisch scharfe Sozialkritik, die utopischen, konstruktivistischen Zukunftsentwürfe, die auf neue, rationale (oft architektonisch definierte) Strukturen ihre Hoffnungen setzten, gehörten der Vergangenheit an. Diese formal und inhaltlich kühnen Entwürfe der 1920er Jahre waren, direkt oder indirekt, durch den Aufschwung der Arbeiterbewegung seit 1917 getragen worden und hatten im Exil diese Basis verloren.

In der Emigration wurden eher politische Allegorien als bildliche Reportagen entwickelt. Tiermetaphern, Figuren und Konfigurationen des Mythos interpretierten auf verschlüsselte Weise die eigene Situation im Exil, den Faschismus und später den Krieg. Ein „Monsterstil" wurde (im Anschluß an surrealistische Bildmuster) entwickelt, archaische Wesen, Barbaren, Horden oder tierische Ungeheuer besetzten das Bild. An die Stelle der Appelle, der Aufrufe zum Kampf traten Bilder der Klage, der Ohnmacht und der angstvollen Verstrickungen. Statt an die Rationalität zu appellieren wie mit dem „Maschinenstil" der 1920er Jahre, erforschten die Künstler die psychischen und vitalen Schichten der Individuen und riefen deren Potentiale auf; an die Stelle der konstruktiven Entwürfe traten Visionen von Katastrophen und Untergängen (vgl. so unterschiedliche Künstler wie Paul Klee, George Grosz, Max Ernst, Heinz Lohmar, Max Beckmann, Oskar Kokoschka, Hans Grundig, Hanna Nagel, Magnus Zeller; Held 1985, 1994). Selbst das traditionelle Arbeiterbild, dem Lingner als Pressezeichner verpflichtet bleibt, wird von diesen Umwertungen tangiert, wenngleich der strukturelle Pessimismus der frei arbeitenden Künstler hier ausgeschlossen bleibt (Held 1996).

Die größeren Exilzentren, in denen der Zusammenhalt und die Kooperation oder zumindest die gegenseitige Kenntnisnahme möglich waren, bildeten durchaus eigene künstlerische Physiognomien heraus. In Prag ergab sich eine günstige Konstellation für die Weiterentwicklung der politischen Satire (durch die Anwesenheit von Thomas Theodor Heine und politischer, auch tschechischer Karikaturisten und die Fortführung der satirischen Zeitschrift *Simpl*). In Paris war das Problem der politischen Allegorie eine Herausforderung, der sich die Exilkünstler stellten, stimuliert durch das Vorbild der in Frankreich arbeitenden Surrealisten und vor allem durch das große Modell, das Picasso mit seinem Bild *Guernica* (1937) vorgab. New York wurde zum Zentrum der gegenstandsfreien Kunst; hier hatten vor allem die abstrakt arbeitenden Exilkünstler eine ungewöhnliche Chance. In Italien dagegen erarbeiteten sich die (eher unpolitischen, einzelgängerischen) Exilkünstler in Auseinandersetzung mit der omnipräsenten klassischen italienischen Kunsttradition eine moderat moderne Kunstsprache, die am Gegenstand, vor allem an traditionellen antikischen Elementen festhielt.

Konzepte der Exilforschung: Die Exilforschung versucht zunehmend – angeregt durch die Migrationsforschung und das gegenwärtige Multikulturenproblem –, das kulturelle Verhältnis zwischen den Exilkünstlern und ihrem Gastland zu bestimmen. Zunächst hatte man mit dem Begriff des Kulturtransfers operiert, dem latent die Idee einer Mission inhärent ist. In der Kunstgeschichte wurde diese durch die Exilanten angeblich bewirkte internationale Verbreitung und Durchsetzung der europäischen Moderne vor allem am Beispiel der USA demonstriert. Den abstrakt arbeitenden europäischen Exilkünstlern gelang es hier, einen ästhetischen Paradigmenwechsel zu bewirken, die einheimische „American Scene"-Malerei zu verdrängen und in die Provinzialität zu verbannen. Die Voraussetzungen und historischen Konstellationen, die diese Erfolgsgeschichte der Exilkünstler in den USA ermöglichten, sind inzwischen eingehend untersucht worden (Guilbaut 1983). Obwohl die moderne europäische Kunst in den USA in den 1930er und 1940er Jahren zweifellos günstige Rezeptionsbedingungen fand, sehen wir heute, daß auch hier die wechselseitigen künstlerischen Prozesse in Wahrheit komplexer waren. Es wird daher kaum noch von Kulturtransfer, eher von künstlerischem Austausch, von Überlagerungen, Akkulturation und Phänomenen der kulturellen oder künstlerischen Isolierung gesprochen. Gerade im Hinblick auf andere Exilzentren, etwa Paris, wo eindeutig die in Frankreich ansässigen Künstler die kulturelle Führung hatten, sind diese auf Gegenseitigkeit und Wechselwirkungen orientierenden Begriffe angemessener.

Eine sozialgeschichtlich orientierte Exilforschung ist heute zunehmend daran interessiert, die konkreten Exilsituationen zu erfassen und ihre Bedingungen und Auswirkungen zu bestimmen (Kunst im Exil in Großbritannien 1933–1945 1986; Rautmann 1992). Sie zeigt sich weniger an generellen Bestimmungen der Exilkunst interessiert, als daß sie nach den situativen Besonderheiten fragt, nach den konkreten künstlerischen, politischen, den sozialen und topografischen Gegebenheiten und den individuellen künstlerischen Formen der Auseinandersetzung mit dem Fremden, nach der Vielfalt individueller künstlerischer Handschriften, Modi und Motive, die einzelne Künstler entwickelten. Je weniger sich die Künstler gemeinsamen (politischen oder ästhetischen) Zielen und Vorstellungen verpflichtet fühlten, um so divergenter und eigenwilliger arbeiteten sie. Die Exilkunst wird also in jüngeren Arbeiten mehr nach ihren Potentialen für die subjektiven Sinn- und Identitätsbestimmungen befragt als nach kollektiven Zielvorgaben und deren Verwirklichung.

Literatur

Alfred Flechtheim, Sammler – Kunsthändler – Verleger (1987), Ausst.-Kat., Düsseldorf.
Anklage und Aufruf (1964). Deutsche Kunst zwischen den Kriegen, Ausst.-Kat., Berlin/DDR.
Arte e Resistenza in Europa (1965), Ausst.-Kat., Bologna.
Badia, Gilbert, u. a. (1979): Les barbelés de l'exil. Etudes sur l'émigration allemande et autrichienne (1938–1940), Grenoble.
Badia, Gilbert, u. a. (1984): Les bannis de Hitler. Accueil et lutte des exilés allemands en France 1933–1939, Paris.
Ehrke-Rotermund, Heidrun (1994): Camoufliertes Malen im „Dritten Reich". Otto Dix zwischen Widerstand und Innerer Emigration, in: Exilforschung 12, S. 126 ff.
Entartete Kunst (1937), Ausst.-Kat., München.
Expressionismus und Exil (1990), Ausst.-Kat., Frankfurt a. M.
Frommhold, Erhard (1968): Kunst im Widerstand. Malerei, Graphik, Plastik 1922 bis 1945, Vorwort von Ernst Niekisch, Dresden.
Frowein, Cordula (1984): The Exhibition of 20th Century German Art in London 1938 – eine Antwort auf die Ausstellung „Entartete Kunst" in München 1937, in: Exilforschung 2, S. 212 ff.
Frowein, Cordula (1992): Die verfemte Kunst im Exil – Kunsthandel und Nationalsozialismus. Das Schicksal der modernen Kunst am Beispiel der Sammlung Ludwig und Rosy Fischer, in: Exilforschung 10, S. 74 ff.
Grandjonc, Jacques, u. Theresia Grundtner, Hrsg. (1993): Zone der Ungewißheit. Exil und Internierung in Südfrankreich 1933–44, Reinbek.
Guilbaut, Serge (1983): How New York Stole the Idea of Modern Art, Chicago.
Haftmann, Werner (1986): Verfemte Kunst. Bildende Künstler der inneren und äußeren Emigration in der Zeit des Nationalsozialismus, Köln.
Held, Jutta (1985): Widerstand der bildenden Künstler gegen den Faschismus, in: Exil 2, S. 46 ff.
Held, Jutta (1994): Das Exil der deutschen Künstler in den dreißiger und vierziger Jahren. Zur Exilforschung, in: Exilforschung 12, S. 191 ff.
Held, Jutta (1996): Politische Aktion und paranoisch-kritische Analyse. Das Bild der Mutter bei Max Lingner und Salvador Dali, in: Möhrmann, Renate, Hrsg.: Verklärt, verkitscht, vergessen. Die Mutter als ästhetische Figur, Stuttgart, S. 193 ff.
Holz, Keith (1992): Responses from Bohemia to „Entartete Kunst", 1937–1938, in: Exilforschung 10, S. 33 ff.
Im Kampf um die moderne Kunst (1985). Das Schicksal einer Sammlung in der ersten Hälfte des 20. Jahrhunderts, Ausst.-Kat., Halle.
Kreis, Georg (1990): „Entartete" Kunst für Basel. Die Herausforderung von 1939, Basel.
Kunst im Exil in Großbritannien 1933–1945 (1986), Ausst.-Kat., Berlin.
Mittenzwei, Werner, Hrsg. (1978 ff.): Kunst und Literatur im antifaschistischen Exil 1933–1945, 7 Bde., Leipzig.
Olbrich, Harald (1966): Zur künstlerischen und kulturpolitischen Leistung deutscher bildender Künstler im Exil 1933 bis 1945 mit besonderer Berücksichtigung der Emigration in der Tschechoslowakei, Leipzig.
Rautmann, Peter (1992): Max Beckmann in Paris 1937 bis 1939. Kunst und Gewalt am Vorabend des Zweiten Weltkriegs, in: Exilforschung 10, S. 12 ff.
Roussel, Hélène (1984): Die emigrierten deutschen Künstler in Frankreich und der Freie Künstlerbund, in: Exilforschung 2, S. 173 ff.
Roussel, Hélène (1984): Les peintres allemands émigrés en France et l'Union des artistes libres, in: Badia, S. 287 ff.
Schätzke, Andreas (1995): Die Rückkehr von bildenden Künstlern und Architekten in die SBZ/DDR, Bonn.
Das Schicksal einer Sammlung (1988). Aufbau und Zerstörung der neuen Abteilung der Nationalgalerie im ehemaligen Kronprinzen-Palais Unter den Linden 1918–1945, Ausst.-Kat., Berlin.
Schmidt, Diether, Hrsg. (1964): In letzter Stunde, 1933–1945. Schriften deutscher Künstler des 20. Jahrhunderts, Dresden.
Schwarz, Birgit, u. Michael Schwarz (1996): Dix und Beckmann. Stil als Option und Schicksal, Mainz.
Stationen der Moderne (1988), Ausst.-Kat., Berlin.
Tönnies, Moya (1992): Netz oder Hängematte. Alltagserfahrung und Werk der Künstlerin Hella Guth im Londoner Exil, in: Exilforschung 10, S. 65 ff.

„... und nicht die leiseste Spur einer Vorschrift" (1987). Positionen unabhängiger Kunst in Europa um 1937, Ausst.-Kat., Düsseldorf.

Weggefährten, Zeitgenossen (1979). Bildende Kunst aus drei Jahrzehnten, Ausst.-Kat., Berlin/DDR.

Widerstand statt Anpassung (1980). Deutsche Kunst im Widerstand gegen den Faschismus 1933–1945, Ausst.-Kat., Karlsruhe.

Zuflucht auf Widerruf (1995). Deutsche Künstler und Wissenschaftler in Italien, Ausst.-Kat., Berlin.

Zwischen Widerstand und Anpassung (1978). Kunst in Deutschland 1933–1945, Ausst.-Kat., Berlin.

Drama

Jürgen Schröder

Im Mai 1938 wurden acht der 27 Szenen von Brechts *Furcht und Elend des Dritten Reiches* erstmals in Paris aufgeführt. Am 30. Juni erschien in der *Neuen Weltbühne* eine Besprechung dieser Inszenierung durch Walter Benjamin. Sie beginnt mit den programmatischen Sätzen: „Das Theater der Emigration kann nur ein politisches Drama zu seiner Sache machen. Von den Stücken, die vor zehn oder 15 Jahren in Deutschland ein politisches Publikum versammelt hatten, sind die meisten durch die Ereignisse überholt worden. Das Theater der Emigration muß von vorn beginnen; nicht nur seine Bühne, sondern auch sein Drama ist neu aufzubauen" (Wyss 1977, S. 190 ff.). Im folgenden wird Brecht als Vorbild des neuen Theaters präsentiert: weil er ein „Spezialist des Von-Vorn-Anfangens" sei und weil sein Werk das politische mit dem artistischen Moment restlos zur Deckung bringe.

Diese Feststellungen Benjamins haben zwar lange Zeit gegolten, aber sie haben sich im wesentlichen nicht als haltbar erwiesen. Lediglich daß Brecht der bedeutendste deutschsprachige Exildramatiker ist, wird wohl zu keiner Zeit bezweifelt werden können. Zwischen 1933 und 1945 hat er nicht nur die meisten, sondern auch die berühmtesten seiner Stücke geschrieben. Aber schon diese enorme Produktivität und Souveränität haben nicht dazu beigetragen, die Aufmerksamkeit für die gravierenden Schwierigkeiten des Exils und der Exildramatik zu schärfen. Inzwischen verdeckt seine mächtige Gestalt nicht mehr alles, was, neben ihm, von anderen deutschsprachigen Exildramatikern geleistet wurde. Noch um 1970, während der stürmischen Renaissance des Volksstückschreibers Ödön von Horváth, war es möglich, seine nach 1933 entstandenen Dramen zu ignorieren oder ihnen mit absolutem Unverständnis zu begegnen. Denn sie entsprachen so gar nicht der Vorstellung oder dem Vorurteil einer strikt politischen, antifaschistischen Literatur, wie man sie damals vor allem von einem verfolgten und exilierten Dramatiker erwartete. Aber seitdem sind die „Mythen der Exilforschung" (Winckler 1995, S. 68 ff.) auch auf diesem Felde durchschaut und außer Kraft gesetzt worden. An dem Vorgang, wie dem dramatischen Spätwerk Horváths allmählich Gerechtigkeit widerfuhr, läßt sich geradezu die Entwicklung der Exildrama-Forschung in den letzten beiden Jahrzehnten ablesen. Und als Folge der deutschen Wiedervereinigung, mit der die seit 1933 anhaltende Spaltung der deutschen Literatur aufgehoben ist, wird sich künftig vielleicht eine Literaturgeschichtsschreibung durchsetzen, die die deutschsprachige Exilliteratur nicht mehr als das „Andere" und „draußen" Entstandene, sondern als den eigentlichen „Mainstream" erkennen und einschätzen wird.

Trotzdem ist die Exildramatik bis heute das Stiefkind der Exilforschung geblieben und hat deshalb noch am meisten aufzuholen. Von den schätzungsweise 500 (Jan Hans) bis 700 Stücken (Mennemeier/Trapp 1980; Rotermund 1984), die während der Exilzeit entstanden, sind die wenigsten gedruckt worden (viele erst nach dem Zweiten Weltkrieg) oder noch im Buchhandel erhältlich. Das gilt selbst für Autoren wie Ferdinand Bruckner und Fritz Hochwälder, von Hans José Rehfisch ganz zu schweigen. Eine „Bibliothek der deutschen Exildramatik" (ein typisches Versäumnis der ersten Nachkriegsjahre!) täte dringend not, um diesem Mißstand und Hemmnis abzuhelfen. Die Zahl und die Qualität der Forschungsbeiträge zur Exildramatik sind zwar gestiegen, aber Überblicks- und Gesamtdarstellungen sind noch immer rar. So bleiben die Einführungen von Franz Norbert Mennemeier und Frithjof Trapp mit ihren sorgsamen und präzisen Drameninterpretationen und der zugehörigen Auswahl-Anthologie (Mennemeier/Trapp 1980) und die gedrungene Darstellung von Erwin Rotermund (Rotermund 1984, S. 305 ff.) noch immer unentbehrlich und richtungweisend. Gerade erschienen ist eine erste maßstabsetzende Monographie über die Exilkomödie von Bernhard Spies (Spies 1997). Für den gegenwärtigen Stand der Exilforschung ist sie in zweierlei Hinsicht außerordentlich typisch: Sie rehabilitiert und würdigt ein Genre, das man wohl am wenigsten von der Exildramatik erwartet, und sie fügt es zudem in die Kontinuitäten der modernen Dramen- und Komödiengeschichte ein. Denn auch dies sind bereits bei Benjamin formulierte Vorurteile gewesen: daß man von der dramatischen Gattung eine besonders kämpferische, d.h. politisch-antifaschistische Stoßrichtung fordern könne und daß sie die Brücken zur Weimarer Republik abzubrechen habe. Bernhard Spies weist überdies auch Verbindungslinien zum grotesken und absurden Drama (namentlich zu Dürrenmatt) nach. Daß die Brücken zur deutschen Nachkriegsliteratur trotzdem nicht gebaut wurden, weil vor allem die junge westdeutsche Literatur den Anschluß an die Exilliteratur nicht gesucht hat, ist wiederum der Exildramatik am nachteiligsten geworden. Ihre Rezeption auf den Theatern, von den allerersten Nachkriegsjahren abgesehen und erneut mit der Ausnahme Brechts, ist mehr als dürftig gewesen und geblieben. Auch dazu liegen noch keine genauen Statistiken und Studien vor, während es zum Exil- → THEATER zwischen 1933 und 1945 immerhin einige grundlegende Untersuchungen gibt (Naumann 1983). Unmittelbar nach 1945 wurden herausragende Exildramen wie Friedrich Wolfs *Professor Mamlock,* Bruckners *Die Rassen,* Tollers *Pastor Hall,* Werfels *Jacobowsky und der Oberst,* Julius Hays *Haben,* Brechts *Die Gewehre der Frau Carrar* und Zuckmayers *Des Teufels General* noch häufig und erfolgreich gespielt – andere Aufführungen wie die von Bruckners *Die Befreiten* und Hochwälders *Der Flüchtling* wurden 1947 in Österreich freilich auch verboten. Nach dieser Phase blieben nur noch Brecht und Wolf (dieser in der DDR) in der Spitzengruppe der Inszenierungen, während so namhafte Dramatiker wie Kaiser, Hasenclever, Toller, Bruckner und Hochwälder allenfalls sporadisch auftauchten. Horváth trat erst seit den endenden sechziger Jahren als Bühnenautor hervor, aber selbst seine bevorzugtesten Exildramen wie *Der jüngste Tag* und *Figaro läßt sich scheiden* erreichten nur die Hälfte der Inszenierungszahlen seiner Volksstücke.

So hat sich auf die besonderen und bekannten Schwierigkeiten, denen die Exildramatiker ausgesetzt waren (Horváth wurde nicht zufällig erst mit seinen beiden Exilromanen wieder erfolgreich), noch eine fatale Rezeptionsgeschichte getürmt und ihr Exil wahrhaft verdoppelt. In dieser Situation kommt es erst einmal darauf an, das reichhaltige dramatische Exilwerk der bedeutendsten Autoren wiederzuentdecken und in das historische und kulturelle Gedächtnis zurückzuführen. Denn erst wenn man auf alle Einheitsnenner verzichtet (sie versagen noch gründlicher als beim Exiltheater), wird das ganze Spektrum der deutschsprachigen Exildramatik sichtbar, mit allen seinen Themen, Formen und Genres. Dann erhält auch das Unterhaltungsstück vom Boulevardtheater bis zur grotesken Komödie seinen berechtigten Platz (denn man wollte auch das „fremde" Publikum der ca. 40 Gastländer erreichen und schließlich, was in den allerwenigsten Fällen gelang, möglichst vom Schreiben leben); dann werden die zahlreichen Schriftsteller- und Künstlerdramen bedeutsam, weil sie von den Krisenerfahrungen und Identitätsproblemen ihrer Autoren reden; dann ist die allgemeine „ästhetische Regression" (Mennemeier/Trapp 1980) kein persönlicher Makel mehr und dann kann man es nicht mehr auffällig finden, daß selbst kommunistische, also strikt antifaschistische Dramatiker wie Gustav von Wangenheim und Friedrich Wolf Stücke verfaßt haben wie die burleske Komödie *Stürmisches Wiegenlied* (1939 entstanden, auf den Spuren der Commedia dell'arte) und *Die letzte Probe* (1945/46 in Moskau und Berlin geschrieben), die von quälenden Schweizer Exilverhältnissen einschließlich des vielgerühmten Zürcher Schauspielhauses berichtet (→ SCHWEIZ). Dann wird man also auch den Begriff des „politischen Dramas" ungleich weiter fassen müssen als bisher und die historisch-politischen und persönlichen Entstehungsbedingungen eines Werkes (in welcher Phase des Exils und wo und wie entstanden) noch ernsthafter berücksichtigen. Und dann wird man auch Stücke, die den Antisemitismus noch durch Verlachen geißeln wollten, wie Hasenclevers *Konflikt in Assyrien* oder Tollers *Nie wieder Friede,* nicht nur mit unseren mehrwissenden Augen lesen. Die „Kämpfer" des Exildramas haben lange Zeit im Vordergrund gestanden. Jetzt ist auch hier die Stunde der „Opfer" gekommen, denn es gibt Gründe genug, die meisten der Exildramatiker als Opfer zu sehen.

Das dramatische Werk, das Georg Kaiser nach 1933 geschaffen hat, kann als Modell für diese neue Einstellung dienen. Es ist, obwohl kaum weniger umfangreich als das Brechts und obwohl Kaiser als einer der bedeutendsten expressionistischen Dramatiker bekannt geblieben ist und in der Weimarer Republik der meist und weltweit gespielte Bühnenautor war, so gut wie vergessen. Schon daß Kaiser erst 1938 und nicht schon 1933 flüchtete, als man seine Bücher verbrannte und ihn mit Schreib-, Publikations- und Aufführungsverbot belegte, paßt nicht ins geläufige Schema. Unter schwierigsten Lebensbedingungen im Schweizer Exil seit 1938 schreibt er insgesamt zehn höchst unterschiedliche

Dramen, darunter sechs direkt antimilitaristische und antifaschistische – am bekanntesten vielleicht ist *Der Soldat Tanaka* (1939/40) geblieben, das im November 1940 im Schauspielhaus Zürich aufgeführt wurde, auf Einspruch der japanischen Gesandtschaft (!) aber wieder abgesetzt werden mußte.

Die Suche nach ästhetischen Einheitsnennern und einer konsequenten inneren Entwicklung wird diesem vielfältigen Werk nicht gerecht. Auch Georg Kaiser hat immer wieder neu angefangen, er hat Formen und Themen gewechselt, politisch engagierte Stücke und private besessene Liebesdramen hintereinander geschrieben. Aber selbst die Gruppe seiner „politischen" Dramen ist sehr unterschiedlich angelegt. So benutzt er in seiner Tragikomödie *Napoleon in New Orleans* (1937–41), einem der originellsten Napoleondramen dieser Zeit, eine alte Legende – Napoleon sei von St. Helena nach Amerika entführt worden –, um darin die Machtusurpation des Verführers Hitler zu spiegeln. Ein Gaunerquintett nistet sich, kostümiert als Napoleon und Gefolge, bei einem Baron und dessen Tochter ein, die beide fanatische Kaiserverehrer sind. Als die wüste Rotte sie restlos korrumpiert hat, verbrennen sie sich, um den Irrtum zu sühnen, im eigenen „Herrschaftshaus" – eine Vorwegnahme von Frischs *Herr Biedermann und die Brandstifter*. Die dramatische Ballade vom japanischen *Soldaten Tanaka* zeigt den schweren Erkenntnisweg eines kaiserhörigen Untertanen zu einem selbstbewußten Widerständler, der von seinem Kaiser eine Entschuldigung dafür verlangt, daß sich seine Schwester prostituieren mußte, um ihre hungernde Bauernfamilie zu ernähren. Wiederum ganz anders das parabelhafte *Floß der Medusa* (1940–43), das eine Zeitungsnotiz über die Torpedierung eines englischen Kindertransporters aufgreift. 13 Kinder treiben sieben Tage lang in einem Boot auf dem Atlantik, bevor elf von ihnen gerettet werden. Der schwächste von ihnen ist als Sündenbock von den abergläubischen Kindern über Bord gestoßen worden, der stärkste, Allen, sucht deshalb, um die Schuld zu sühnen, einen freiwilligen Opfertod. Wie nahe dieser Kinderheld seinem Autor stand, verrät ein Brief vom 14. März 1945: „Ich bin Allen – in ihm schildere ich mich – in ihm vernichte ich mich – ihn beneide ich um seinen jungen Tod." Auch dieser Aspekt, daß selbst die kämpferischen, antifaschistischen Stücke – sogar die eines Friedrich Wolf oder Gustav von Wangenheim – gleichzeitig zur Ich-Dramatik gehören können, ist bisher zu wenig berücksichtigt worden. Es genügt wohl auch nicht, im Falle Kaisers von „ahistorischer Situationsbewältigung" zu sprechen oder seinen zweifellos exzentrischen Charakter zu bemühen – geht es doch um die historische Tatsache, wie schnell die Rollen von Opfern und Tätern vertauschbar sind.

Besonders frappant ist das Nebeneinander eines „Diptychons" mit den Titel *NSDAP*, worunter die beiden Komödien *Klawitter* (1939/40) und *Der englische Sender* (1942), die im Nazi-Deutschland spielen, zusammengefaßt sind, und einer „Hellenistischen Trilogie" mit den Dramen *Zweimal Amphitryon* (1943), *Pygmalion* (1943/44) und *Bellerophon* (1944), die plötzlich und zum ersten Mal in Blankversen abgefaßt sind. In drei von ihnen projiziert sich Kaiser in Künstlerfiguren, eine scheiternd (Klawitter), die beiden anderen (Pygmalion, Bellerophon) durch höhere göttliche Einwirkung unanfechtbar. Alle fünf Dramen sind nur zu verstehen, wenn man berücksichtigt, daß hier ein Verzweifelter, um zu überleben, seine Ohnmacht durch dichterische Allmachtsphantasien zu kompensieren versuchte.

Ähnlich komplex sind die Sachverhalte, mit denen uns das dramatische Werk Ödön von Horváths nach 1933 konfrontiert. Er gerät, als Person und als Künstler, zunächst ganz aus der Balance, akzeptiert seine Exilsituation erst ab 1936 und schreibt in den letzten beiden Lebensjahren fünf Dramen, die mit dem Etikett eines „politischen Exildramas" überhaupt nicht mehr zu erfassen sind. Sie greifen nicht an, sie verteidigen nicht, sie wissen und geben keine Antworten, sondern sie suchen und stellen Fragen – wie das alles geschehen konnte, wie die Schuld und die Schuldigen zu suchen seien, wo es noch einen Halt, für die Gesellschaft wie für das bedrohte Selbstgefühl, in der allgemeinen Bodenlosigkeit gäbe? – und sie richten diese Fragen ins Innere und an den einzelnen, denn nur von ihm versprechen sie sich noch moralische Erschütterung und religiöse Umkehr. Sie zeigen offen ihre Unsicherheiten und Verstörungen und bieten keine Lösungen an. Bei dieser, der zeitlosen „Komödie des Menschen" zugewandten Sicht kommt es zu irritierenden Nivellierungen. Die Komödie *Figaro läßt sich scheiden* entpolitisiert das Exil und identifiziert die französische, die russische und die nationalsozialistische Revolution im Zeichen der Gewalt, um einer universalen Menschlichkeit und Versöhnung das Wort zu reden: „Jetzt erst hat die Revolution gesiegt, indem sie es nicht mehr nötig hat, Menschen in den Keller zu sperren, die nichts dafür können, ihre Feinde zu sein", so lautet ihr Schlußwort. Drei Jahre später wird Friedrich Wolf in seinem *Beaumarchais oder*

Die Geburt des „Figaro"' (1940) erneut die revolutionären Potenzen des Stoffs entbinden, samt gleichzeitiger Kritik am bürgerlichen Intellektuellen, der das Bündnis mit dem „Volk" verspielt.

Das Schauspiel *Der jüngste Tag* gerät bei der Ursachenforschung eines Eisenbahnunglücks in die Textur eines universalen Schuldzusammenhangs, der sich zwischen den christlichen Mythen des Sündenfalls und des Jüngsten Gerichts erstreckt. Opfer und Täter sind auf keiner Ebene mehr zu unterscheiden.

Kann man, nach allem, was wir inzwischen über die Zeit von 1933 bis 1945 wissen und danach erfahren haben, sagen, daß solche Dramen weniger erkenntnisträchtig sind als diejenigen, die über eine eigene Faschismustheorie verfügen und sich direkt mit dem Nationalsozialismus und der Hitler-Diktatur auseinandersetzen? Kann man der Exildramatik insgesamt ernsthaft vorwerfen – wie es immer wieder geschehen ist –, daß sie die Genese und die sozioökonomischen Ursachen des Faschismus nicht gründlich genug analysiert und nicht schlagkräftig genug gestaltet habe? Brecht, der sich um eine solche dramatische Analyse am intensivsten bemüht hat, wurde deshalb nicht wirkungsmächtiger als andere Exildramatiker. Sein holzschnittartiges Parabelstück und „Greuelmärchen" *Die Rundköpfe und die Spitzköpfe oder reich und reich gesellt sich gern* (1932–34) wirkt heutzutage eher unfreiwillig komisch, und der *Aufhaltsame Aufstieg des Arturo Ui* (1941), der diese Analyse am weitesten und effektvollsten betreibt, ist zu seinen Lebzeiten niemals aufgeführt worden.

Kaiser und Horváth sind zugleich Beispiele dafür, daß sich die Exildramatik weder historisch noch systematisch auffächern und einteilen läßt. Die von Mennemeier/Trapp angebotenen sieben Kategorien – antifaschistische Aktionsdramatik, episch-reflektierendes Theater politischer Aufklärung, Rückzug aufs „Allgemein-Menschliche", Komödie, sozialistisch-realistisches Drama, Geschichtsdramatik, Reduktion aufs Überleben – sind gerade wegen ihrer Dehnbarkeit heuristisch brauchbar, bedürfen aber sowohl bei der Einzelanalyse wie bei jedem Autor noch der weiteren Differenzierung.

Ebenso sinnvoll und relativ wäre eine Gruppierung der Stücke nach Motiven und Themen – z.B. Widerstand, Widerstand und Rolle der Kirche, Antisemitismus, Rolle der Jugend, Geist-Macht-Konstellation, Intellektuellen- und Künstlerkrise, Napoleon- und Revolutionsdramen, Alltagserfahrungen des Exils usw. Unter dem Stichwort des Antisemitismus träten dann so unterschiedliche Stücke wie *Die Rassen* (1933) von Bruckner, Wolfs *Professor Mamlock* (1933), Brechts *Die Rundköpfe und die Spitzköpfe* (1934), Tollers *Nie wieder Friede* (1936), Hochwälders *Esther* (1940), Hasenclevers *Konflikt in Assyrien* (1937/38), Werfels *Jacobowsky und der Oberst* (1941/42) und Wangenheims *Stürmisches Wiegenlied* (1939) zusammen. Das Stichwort Widerstand würde Stücke wie *Die Rundköpfe und die Spitzköpfe*, *Furcht und Elend des Dritten Reiches* und *Die Gesichte der Simone Marchard* (1943) von Brecht, *Floridsdorf* (1935), *Patrioten* (1942) und andere Stücke von Wolf, Tollers *Pastor Hall* (1938), Bruckners *Denn seine Zeit ist kurz* (1942/43), Franz Theodor Csokors *Der verlorene Sohn* (1942/43), Kaiser/Hochwälders *Der Flüchtling* (1945) und Zuckmayers *Des Teufels General* (1942–44) zu einem Ensemble versammeln. Die noch nicht geschriebene Geschichte des deutschsprachigen Exildramas könnte in einer Kombination dieses Verfahrens mit einer gleichgewichtigen Orientierung auf den einzelnen Autor wohl noch am sinnvollsten verfaßt werden.

Mit Bruckner und Hochwälder sind die Namen zweier bedeutender Dramatiker gefallen, die ebenfalls zu Unrecht in den Schatten Brechts und der Nachkriegsdramatik geraten sind. Bruckners *Die Rassen* ist zusammen mit Wolfs *Professor Mamlock* eines der ersten, noch 1933 entstandenen und eines der erfolgreichsten, zuerst am Schauspielhaus Zürich, dann weltweit aufgeführten Exilstücke. Aber im Gegensatz zu Wolfs Werk (das als Film noch erfolgreicher war) ist es mehr als ein „antifaschistisches Zeitstück", und gerade darum wirkt es auch heute noch überzeugender als jede Art einer gut gemeinten parteilichen und kämpferischen Dramatik. Denn es liefert keine Faschismustheorie von außen, sondern eine psychologische Faschismus- und Antisemitismusanalyse von innen. Es zeigt mit einer fast dokumentarischen Objektivität (die angebliche „Unparteilichkeit" hat man dem Autor dann auch bei der Pariser Aufführung im März 1934 vorgeworfen!), wie unwiderstehlich der Nationalsozialismus auf eine desorientierte vaterlose studentische Jugend wirkte, nämlich mit der Gewalt einer Droge. So steht im Mittelpunkt weder ein Kämpfer gegen den noch ein Opfer des Nationalsozialismus, sondern der sympathische, unpolitische Medizinstudent Karlanner, der den Nazis schon seiner klugen jüdischen Freundin wegen eher mißtrauisch gegenübersteht. Trotzdem verfällt er zeitweilig der Nazi-Suggestion, nicht durch Argumente, sondern durch den Gemeinschaftsrausch einer Wahlversammlung im „Brauhaus". Karlanner wird zum Mitmacher, auch bei brutalen Gewaltaktionen. Aber Bruckner zeigt auch seinen Aschermittwoch, den schmerzhaften Prozeß der Ernüchterung und die Rückkehr zu einer neuen Identität und einem „anderen" Deutschland: „Wir waren eine schwache und hilflose Demokratie. Wir hätten eine starke aus ihr machen sollen. Das war die große Aufgabe der studentischen Jugend. Wir haben sie versäumt." Die Schuld und die Folgen dieses Versäumnisses büßt Karlanner durch seinen gewaltsamen Tod. Wie brisant dieses Stück wirkte, läßt sich an der nicht untypischen Tatsache ablesen, daß niemand in Österreich eine Aufführung wagte. Der Regisseur Otto Preminger schrieb im Juli 1934 an Bruckner: „'Die Rassen', mein Schmerzenskind, kann man in Wien augenblicklich noch nicht spielen. Denn das Theater würde in die Luft fliegen."

Bruckners engagierte dramatische Produktion setzte erst mit Kriegsbeginn wieder ein, und bis 1945 entstanden sechs Stücke, in denen es durchweg um den zeitgenössischen oder historischen Kampf, um die Freiheit und die Menschenrechte geht. Nur drei von ihnen seien genannt. Die *Heroische Komödie* (1942–45), ein glänzendes Konversationsstück, zeigt den nicht zu entmutigenden Kampf der Mme. de Staël gegen die Diktatur Napoleons, begleitet und umspielt von der ironischen Resignation ihres Freundes Benjamin Constant. Zugrunde liegt ein Konfrontationsschema, dem kein dramatisches Exilwerk entgehen konnte, auch wenn es dieses Schema auf der Inhaltsebene aufzuheben trachtete: die Konfrontation des Geistes mit der Macht. Bruckner – und das macht ihn glaubwürdig – weiß um die Ohnmacht des Geistes und bekennt sich trotzdem zu ihm.

Den Konflikt zwischen passivem und gewaltsamem Widerstand, in dem sich die Vertreter des Geistes und des Pazifismus permanent befanden und befinden, demonstrieren exemplarisch jene Dramen und Szenen, in deren Mittelpunkt ein Pfarrer oder Priester steht. Zu nennen wären neben Tollers *Pastor Hall* Hochwälders *Das heilige Experiment*, Kaisers *Der englische Sender*, Csokors *Der verlorene Sohn*, Brechts *Die Gewehre der Frau Carrar* und die Szene *Die Bergpredigt* aus *Furcht und Elend des Dritten Reiches* und die Schlußszene des dritten Aktes von Wolfs *Das Schiff auf der Donau* (1938, bei Wolf schlagen auch die Pfarrer à la Münzer auf die Nazis ein). Bruckner reiht sich hier mit seinem wiederum sehr differenzierten Stück *Denn seine Zeit ist kurz* (1942/43) ein, das den historisch bezeugten Widerstand der norwegischen Geistlichen und Lehrer zeigt. In fünf verschiedene Figuren sind die Haltungen dieser Geistlichkeit aufgefächert, und auf der Gegenseite, nicht ohne psychologisches Verständnis gezeichnet, taucht wiederum jene fanatische „Deutsche Jugend" auf, die Bruckner seit seinem Erfolgsstück *Krankheit der Jugend* (1925/26) beunruhigt und beschäftigt hat. Die Zentralfigur, der aufrechte konservative Pfarrer Vossewangen, der die deutsche Besatzungsmacht, obwohl er ihren Terror verabscheut, nicht gegen „Recht und Gesetz" (im Untergrund also) bekämpfen will – denn die Märtyrer, nicht die Kämpfer hätten die ewige Kirche gesichert –, wird allmählich zu der Einsicht gebracht, daß die Duldung des Nazi-Terrors ihn mitschuldig macht und daß die Kirche zum einfachen Volk zurückzukehren habe, „das nicht um des Sieges willen kämpft, sondern um seine Menschenrechte". In der letzten Szene wird die anrückende SS vor seiner Dorfkirche von den Fischern überwältigt, und Vossewangen ruft, im Geiste Huttens (nicht Münzers wie bei Wolf) seine Gemeinde zum bewaffneten Widerstand auf. Das Stück, das vermutlich auch die Kriegsbereitschaft der USA aufrütteln wollte, wurde nur vom Heinrich-Heine-Klub in → MEXIKO aufgeführt (September 1944).

Noch weiter von der Position des reinen Geistes entfernte sich Bruckner mit seinem Doppelschauspiel *Simon Bolivar* (1943/44), in dem sich auch die harte Endphase des Zweiten Weltkriegs spiegelt. Er stellt sich darin dem heiklen Widerspruch, daß man im Kampf um die Freiheit gezwungen ist, sich selbst diktatorischer Mittel zu bedienen: „... wenn dein Gegner aus der Hölle kommt, kannst du kein Engel sein." So wird Bolivar, der Südamerika von der spanischen Kolonialherrschaft befreite, aus einem „Idealisten" zu einem kompromißlosen machtbewußten Kämpfer für die Freiheit und gegen die Macht. Aber diesen nicht immer deutlichen Unterschied zu bemerken, waren Kritik und Publikum der Nachkriegszeit noch nicht in der Lage, und so fiel auch dieses Werk der Vergessenheit anheim.

Wie Bruckner sollte auch der Österreicher Fritz Hochwälder an die Seite Horváths gerückt werden. Während viele Schriftstellerexistenzen durch das Exil zerstört wurden, hat ihn das Exil in der → SCHWEIZ seit 1938 erst zum Dramatiker gemacht – denn die Arbeit als gelernter Tapeziermeister war ihm verboten! Obwohl es eine vierbändige Auswahl seiner Stücke gibt, sind noch viele seiner Werke unpubliziert. In der Kriegszeit entstanden fünf Stücke (*Esther* 1940, *Das heilige Experiment* 1941/42, *Casa Speranza* 1943, *Hotel du Commerce* 1944 und *Der Flüchtling* 1945), die alle als Varianten des Widerstands- und Flüchtlingsthemas gelesen werden können. *Das heilige Experiment*, das die gewaltsame Auflösung des friedlichen Jesuitenstaates in Südamerika (1609–1768) durch die spanische Kolonialmacht dramatisiert – glänzend konzentriert auf einen einzigen historischen Tag, den 16. Juli 1767, und an einem einzigen Ort –, wurde zum Welterfolg. Es zeigt nicht nur die Konfrontation von Macht und Recht, von Raubstaat und Gottesreich, sondern auch, wie der sterbende Provinzial des Ordens, obwohl er in jesuitischem Gehorsam die Auflösung seines Staates verfügt hat, zuletzt zum Widerstand gegen die Gewalt aufruft – in der ersten Fassung von 1941/42 noch betonter als in der revidierten von 1964. Im Sieger Miura aber, hier spricht der „verdammte Moralist" Hochwälder, meldet sich die Stimme des Gewissens: „Ich bekenne ... ich bekenne ..."

Hotel du Commerce spielt das gleiche Thema, nach einer Novelle Maupassants, die einen Ausschnitt des Deutsch-Französischen Kriegs von 1870/71 schildert, im Medium einer effektvollen Boulevardkomödie durch. Eine Reisegesellschaft französischer Bourgeoises, auf der Flucht vor den Deutschen, strandet im gleichen Hotel, unter ihnen Elisabeth, eine stadtbekannte Prostituierte. Als es darauf ankommt, Zivilcourage und Patriotismus zu beweisen, ist sie die einzige, die ihre Haltung und Würde bewahrt. Denn der preußische Kommandant gestattet die Weiterreise der Gesellschaft nur unter der Bedingung, daß Elisabeth sich ihm hingibt. Nach anfänglicher Solidarität wird sie von der schnöden Gesellschaft dermaßen unter moralischen Druck gesetzt, daß sie sich, angeblich um unschuldige Kranke zu retten, heroisch opfert. Während das feige und heuchlerische Bürgerpack – in Brechts Schauspiel *Die Gesichte der Simone Marchard* ist die Konstellation ähnlich – in der Nacht noch um sein Leben bangt, denn die mit einem Messer bewaffnete Elisabeth könnte als eine zweite „Judith" den preußischen Offizier ja auch ermorden, grenzt es seine Retterin am nächsten Morgen schon wieder unbarmherzig aus. Aber noch vor der Abfahrt wird diese Gesellschaft von den einzigen beiden „Menschen", dem Kutscher und der Prostituierten, effektvoll demaskiert. Die humane und politische Botschaft dieses brillanten Unterhaltungstheaters, dessen aktueller Bezug die französische Kollaboration ist, könnte bei einer adäquaten Inszenierung noch heute unwiderstehlich wirken.

Das gleiche kann man von der marxistisch und kommunistisch orientierten Exildramatik nicht mehr sagen, obwohl sie ungleich geschlossener wirkt, obwohl sie den unvergleichlichen Bertolt Brecht auf ihrer Seite hatte, obwohl der kämpferische Friedrich Wolf als einziger Exildramatiker fast ideale Aufführungsbedingungen in der → SOWJETUNION vorfand (vor allem in Moskau und in Engels, der Hauptstadt der Wolgarepublik) und obwohl die SBZ und die DDR die Exildramatik – neben Wolf und Brecht wären Wangenheim, Becher, Hay und Johannes Wüsten zu nennen – weitaus stärker förderte als Österreich und die Bundesrepublik. Dieses Urteil hat sich auch nicht erst seit dem Ende der realsozialistischen Staaten durchgesetzt. Selbst dort wurden die engen Vorschriften eines seit 1934 geltenden „sozialistischen Realismus" schon lange nicht mehr ernst genommen. In der Sowjetunion bis 1945 aber waren sie bindend für alle Dramatiker, die dort anerkannt und aufgeführt werden wollten.

Zu welchen Verzerrungen dies führte, läßt sich mit einem extremen Beispiel belegen. Der mediokre deutsch-ungarische Autor Julius Hay wurde von der Moskauer Emigrantengruppe um die Zeitschrift *Das Wort* planmäßig zu einem Musterdramatiker des sozialistischen Realismus aufgebaut. So wurde sein Stück *Haben* (1934–36), das ganz in der Tradition des dumpfen vorindustriellen Bauern- und Volksstücks steht, durch enthusiastische Besprechungen von Feuchtwanger und Kurella zum „ersten marxistischen Drama" eines Deutschen überhaupt hochstilisiert. Auf diese Weise, mit späterer Unterstützung der DDR, ist es ganz zu Unrecht in den Kanon der klassischen Exildramen geraten und treibt sich dort auch heute noch um (z.B. in der Auswahl von Mennemeier/Trapp). Kann man sich schon bei einem Schauspiel wie Horváths *Ein Dorf ohne Männer* (1936) fragen, wo seine unsichtbaren Fäden zur Exilsituation verlaufen, so sind sie im Falle von Hays *Haben* gar nicht mehr auszumachen. Höchst aufschlußreich ist die von seiner Frau überlieferte Anekdote, daß seine Komödie *Tanjka macht die Augen auf* (1937), ebenfalls als Inbegriff des sozialistischen Realismus gefeiert, aufgrund einer Wette und als bewußte Parodie entstanden sei. Kein Wunder, daß große Teile der DDR-Dramatik, die sich an diesem Vorbild orientierten, zu unfreiwilligen Parodien wurden.

Friedrich Wolf kam nach 1933, mit der Konsequenz kurzfristiger Erfolge und langfristiger Wirkungslosigkeit, den Vorgaben des sozialistischen Realismus weit entgegen. Von seinen neun während der Exilzeit entstandenen Stücken hat sich nur der *Professor Mamlock* und allenfalls noch das Schauspiel *Beaumarchais oder die Geburt des „Figaro"* (1939/40) im Bewußtsein der literarischen Öffentlichkeit gehalten. Er wollte packende politische Dramen schreiben, aber er hat sie im traditionellen und epigonalen Stil geschrieben, d. h. marxistische Inhalte in stereotypen idealistischen Formen präsentiert. Das läßt sich im Vergleich mit den *Rassen* schon am *Professor Mamlock* belegen, der neben dem subtilen Psychogramm Bruckners wie ein Schwarz-Weiß-Film wirkt. Auch Wolf ging es im Sommer 1933 um die Beantwortung der Frage, wie es möglich war, „daß im Lande Goethes, Schillers, Beethovens, Mozarts, Kants und Hegels, im Lande der Dichter und Denker, plötzlich an Stelle des Geistes der Gummiknüppel und entsicherte Revolver als offizielles Staatssymbol treten konnte?". Auch er antwortet, indem er das Verhalten einer typischen Figur zwischen dem März 1932 (Hindenburg-Wahl) und dem April 1933 vorführt. „Denn dieser Mamlock ist nicht irgendeiner, er ist einer von Millionen, er ist der Typus von Millionen deutscher ‚Demokraten' … Er ist der Typus des deutschen Intelligenzlers, für den ‚der Staat', ‚die Familie', ‚die Wissenschaft', ‚die Gerechtigkeit' unwandelbare Werte sind, im Sinne der Kategorien Kants" (Wolf 1936). Er ist also nicht in erster Linie ein Jude, sondern ein typischer deutscher (Klein-)Bürger, der erst einer gehörigen Lektion durch den Nazi-Terror bedarf, bevor ihm am Ende die Augen darüber aufgehen, daß er den falschen Weg gegangen, sein Sohn aber mit den kommunistischen Arbeitern auf dem rechten Wege ist. Die Rassenfrage wird einfach auf die „Klassenfrage" reduziert. Hier kommt jener simple Lehrstückcharakter zum Vorschein, der allen Stücken Wolfs eignet. Seine Helden müssen spätestens im letzten Akt die richtige Entscheidung treffen, damit ein unbedarftes Publikum erkennt, was es zu tun und zu lassen hat.

Brecht, gegen dessen „Formalismus" und „Modernismus" sowohl Hay wie Wolf von den Kulturfunktionären ausgespielt wurde, hat beide nicht ernst genommen und seinen Spott über ihre bescheidene und rückständige Dramaturgie ausgegossen. Zu Hays Stück *Haben* und seiner Idolisierung durch die „moskauer clique" notiert er am 27. Juli 1938 in seinem Arbeitsjournal: „das stück ist ein trauriger schund, sudermann ist dagegen ein fortschritt." Über Wolf gibt es ähnliche Notate und Äußerungen. Hier spricht zwar auch ein von den mißtrauischen Genossen immer wieder Ausgegrenzter, aber doch auch einer, der durch seine eminenten Leistungen zu harten Urteilen legitimiert war. Der Autor Brecht verführt geradezu zu der paradoxen Überlegung, ob seine Leistungen nicht *trotz* (wie bei den anderen Dramatikern), sondern *wegen* der schwierigen Exilbedingungen entstanden seien, ob sie ihn nicht besonders stimuliert hätten. Denn nicht nur 16 größere und kleinere Stücke – darunter die Komödie *Herr Puntila und sein Knecht Matti*, das Geschichtsdrama *Leben des Galilei* und die berühmten Parabelstücke – fallen in die Exilzeit, sondern auch der Kernbestand seiner Theatertheorie. Niemand hat so flexibel auf die verschiedenen politischen Ereignisse, Phasen und auf die jeweiligen (auch lokalen) Verhältnisse zwischen 1933 und 1945 mit einer vergleichbaren Vielfalt an Formen und Themen reagiert, und niemand hat zugleich, trotz aller zeitbedingten Kompromisse und Umstellungen, sein Werk so bewußt und konsequent vorangetrieben. Sicher hat das eigene Theater ab 1949 dabei geholfen, daß sein Leiter noch zu Lebzeiten ein weltbekannter Autor wurde, die conditio sine qua non war es nicht. In Deutschland ist Brecht jedenfalls, trotz aller Reservationen, inzwischen dermaßen kanonisiert, daß er an dieser Stelle keiner ausführlichen Vorstellung mehr bedarf. Es wäre eine gute Sache, wenn man das in Zukunft auch von anderen deutschsprachigen Exildramatikern sagen könnte.

Literatur

Bahr, Ehrhardt (1985): Brechts episches Theater als Exiltheater, in: Stephan/Wagener, S. 109 ff.

Balme, Christopher B. (1988): Zwischen Imitation und Innovation. Zur Funktion der literarischen Vorbilder in den späten Komödien Ödön von Horváths, in: Horváths Stücke, S. 103 ff.

Bossinade, Johanna (1988): Vom Kleinbürger zum Menschen. Die späten Dramen Ödön von Horváths, Bonn.

Dietzel, Peter (1978): Exiltheater in der Sowjetunion 1932–1937, Berlin/DDR.

Doppler, Alfred (1988): Die Exilsituation in Horváths späten Dramen, in: Sprachkunst XIX, S. 33 ff.

Durzak, Manfred, Hrsg. (1973): Die deutsche Exilliteratur 1933–1945, Stuttgart.

Durzak, Manfred (1976): Der Zwang zur Politik: Georg Kaiser und Stephan Hermlin im Exil, in: Monatshefte 68, H. 4, S. 373 ff.

Elfe, Wolfgang D. (1976): Curt Goetz, in: Spalek, John M., u. Joseph Strelka, Hrsg.: Deutsche Exilliteratur seit 1933, Bd. 1.1, Bern–München, S. 383 ff.

Fuhrmann, Alexander (1988): „Zwischen Budapest und dem Dritten Reich". Horváths Umwege in die Emigration, in: Horváths Stücke, S. 37 ff.

Holsti, Keijo (1984): Der Teufelspakt. Einige Bemerkungen zu Carl Zuckmayers Drama „Des Teufels General", in: Festschrift für Lauri Seppänen zum 60. Geburtstag, Tampere, S. 265 ff.

Horváths Stücke (1988), hrsg. von Traugott Krischke, Frankfurt a. M.

Huder, Walther (1961): Die politischen und sozialen Themen der Exil-Dramatik Georg Kaisers, in: Sinn und Form 13, H. 4, S. 596 ff.

Jauslin, Christian, u. Louis Naef, Hrsg. (1989): Ausgangspunkt Schweiz. Nachwirkungen des Exiltheaters, Willisau.

Kenworthy, Brian J. (1980): Die Dramen 1929–1945. Apotheose der Subjektivität, in: Interpretationen zu Georg Kaiser, hrsg. von Armin Arnold, Stuttgart, S. 126 ff.

Ketelsen, Uwe-K. (1985): Literaturkonzeption und Exilerfahrung bei Ernst Toller, in: Stephan/Wagener, S. 145 ff.

Koch, Edita, u. Frithjof Trapp, Hrsg. (1991): Exiltheater und Exildramatik 1933–1945. Tagung der Hamburger Arbeitsstelle für deutsche Exilliteratur, Maintal.

Koepke, Wulf (1977): Die Wirkung des Exils auf Ferdinand Bruckners aktuelle Dramen, in: Deutsches Exildrama und Exiltheater. Akten des Exilliteratur-Symposiums der University of South California, hrsg. von Wolfgang Elfe, James Hardin u. Günther Holst, Bern u. a., S. 103 ff.

Koepke, Wulf (1980): Georg Kaisers Dramen nach 1938: Gegenentwurf zum Leben, in: Georg Kaiser. Eine Aufsatzsammlung nach einem Symposium in Edmonton/Kanada, hrsg. von Holger A. Pausch u. Ernest Reinhold, Berlin–Darmstadt, S. 211 ff.

Koepke, Wulf (1981): Die Exilliteratur und ihre Rezeption im Nachkriegsdeutschland, in: Deutsche Studien 21, S. 146 ff.

Koopmann, Helmut (1983): Franz Werfel: Jacobowsky und der Oberst. Komödie des Exils, in: Drama und Theater im 20. Jahrhundert. Festschrift für Walter Hinck, hrsg. von Hans Dietrich Irmscher u. Werner Keller, Göttingen, S. 259 ff.

Labroisse, Gerd (1992): Rezeption von Exilliteratur im Horizontwandel. Ferdinand Bruckners Die Rassen und Friedrich Wolfs Professor Mamlock in Zürich und Berlin, in: Die Resonanz des Exils. Gelungene und mißlungene Rezeption deutschsprachiger Exilautoren, hrsg. von Dieter Sevin, Amsterdam, S. 154 ff.

Lehfeldt, Christiane (1975): Der Dramatiker Ferdinand Bruckner, Göppingen.

Mann, Otto (1967): Exkurs über Ferdinand Bruckner, in: Deutsche Literatur im 20. Jahrhundert. Strukturen und Gestalten, begr. von Hermann Friedmann u. Otto Mann, 5., veränd. u. erweit. Aufl., hrsg. von Otto Mann u. Wolfgang Rothe, Bd. 1: Strukturen, S. 170 ff.

Mennemeier, Franz Norbert, u. Frithjof Trapp (1980): Deutsche Exildramatik 1933–1950, München.

Naumann, Uwe (1983): Zwischen Tränen und Gelächter. Satirische Faschismuskritik 1933 bis 1945, Köln.

Neureuter, Hans Peter, Hrsg. (1987): Brechts „Herr Puntila und sein Knecht Matti", Frankfurt a. M.

Obad, Vlado (1992): Zwei „heilige Experimente" der deutschsprachigen Dramatik. Fritz Hochwälders „Das heilige Experiment" und Friedrich Dürrenmatts „Es steht geschrieben", in: Sprachkunst XXIII, S. 233 ff.

Pankau, Johannes G. (1986): Jugend zweier Kriege. Zur Weiterentwicklung der Zeitstückkonzeption in Ferdinand Bruckners Exildramatik, in: Exil 6, S. 18 ff.

Park, William M. (1976): Ernst Toller: The European Exile Years 1933–1936, Diss., Boulder.

Röttger, Evelyn (1996): Schriftstellerisches und politisches Selbstverständnis in Ernst Tollers Exildramatik, in: Zeitschrift für deutsche Philologie 115, S. 239 ff.

Rotermund, Erwin (1984): Dramatik des Exils, in: Žmegač, Victor, Hrsg.: Geschichte der deutschen Literatur vom 18. Jahrhundert bis zur Gegenwart, Bd. 3.1, Königstein i. Ts., S. 305 ff.

Schneider, Hansjörg, Hrsg. (1984): Stücke aus dem Exil, Berlin/DDR.

Schröder, Jürgen (1976): Das Spätwerk Ödön von Horváths, in: Sprachkunst VII, S. 49 ff.

Schürer, Ernst (1973): Verinnerlichung, Protest und Resignation. Georg Kaiser im Exil, in: Die deutsche Exilliteratur 1933–1945, S. 263 ff.

Schürer, Ernst (1982): German Drama in Exile. A Survey, in: Spalek, John M., and Robert F. Bell, Eds.: Exile: The Writer's Experience, Chapel Hill, S. 47 ff.

Spies, Bernhard (1997): Die Komödie in der deutschsprachigen Literatur des Exils. Ein Beitrag zu Geschichte und Theorie des komischen Dramas im 20. Jahrhundert, Würzburg.

Stephan, Alexander (1979): Die deutsche Exilliteratur 1933–1945. Eine Einführung, München.

Stephan, Alexander, u. Hans Wagener, Hrsg. (1985): Schreiben im Exil, Bonn.

Trapp, Frithjof (1983a): Deutsche Literatur zwischen den Weltkriegen, Bd. 2: Deutsche Literatur im Exil, Bern u. a.

Trapp, Frithjof (1983b): „Ich empfehle die 'Prawda' über (die) West-Ukraine nachzulesen". Zwischen

Formalismus-Debatte und deutsch-sowjetischem Grenz- und Freundschaftsvertrag (28. September 1939): Gustav von Wangenheims Schauspiel „Die Stärkeren", in: Exilforschung 1, S. 130 ff.

Wächter, Hans Christoph (1973): Theater im Exil. Sozialgeschichte des deutschen Exiltheaters 1933–1945, München.

Wagener, Hans (1985): Zwischen Elegie und Zeitstück. Zum Exilwerk Carl Zuckmayers, in: Schreiben im Exil, S. 161 ff.

Wehdeking, Volker (1973): Mythologisches Gewitter. Carl Zuckmayers problematisches Exildrama „Des Teufels General", in: Die deutsche Exilliteratur 1933–1945, S. 509 ff.

Winckler, Lutz (1995): Mythen der Exilforschung?, in: Exilforschung 13, S. 68 ff.

Wyss, Monika, Hrsg. (1977): Brecht in der Kritik, München, S. 190 ff.

Film

Helmut G. Asper

Frühzeitig nach der Machtübergabe an Hitler erkannten viele deutsche Filmschaffende jüdischer Abstammung, daß im nationalsozialistischen Staat für sie keine Lebens- und Arbeitsmöglichkeiten mehr bestehen würden. Die ersten Filmkünstler emigrierten bereits im Februar und März 1933 oder kehrten wie Fritz Kortner, Elisabeth Bergner und Erwin Piscator von Auslandsaufenthalten nicht mehr zurück. Die antisemitische Politik des Propagandaministeriums, die von Filmverboten über die Genehmigungspflicht für Filme mit jüdischen Filmschaffenden bis zur Einrichtung der Reichsfilmkammer im Juli 1933 reichte, trieb die Mehrheit der deutsch-jüdischen Filmschaffenden im Lauf der Jahre 1933 und 1934 in die Emigration.

Insgesamt wird die Filmemigration auf ca. 2000 Personen geschätzt, zu denen die Familienangehörigen hinzuzurechnen sind, sämtliche Filmberufe waren betroffen: Regisseure, Drehbuchautoren und -autorinnen, Produzenten, Komponisten, Schauspieler und Schauspielerinnen, Kameraleute, Cutter, Tontechniker, Filmarchitekten, Regie- und Produktionsassistenten, Agenten, Filmkaufleute, Verleiher, Kinobesitzer. Zu den Exilanten gehörten in großem Umfang die kreativsten Künstler des deutschen Films: Ins Exil gezwungen wurden

– die Regisseure Ludwig Berger, Kurt Bernhardt, Hans Brahm, Erik Charell, Paul Czinner, Ewald André Dupont, Friedrich Feher, Kurt Gerron, Karl Grune, Henry Koster (d.i. Hermann Kosterlitz), Fritz Lang, Anatole Litvak, Joe May, Max Nosseck, Max Ophüls, Richard Oswald, Georg Wilhelm Pabst (1933–39), Otto Preminger, Reinhold Schünzel, Douglas Sirk (d. i. Detlef Sierck), Robert Siodmak, Wilhelm Thiele, Edgar G. Ulmer, Robert Wiene, Billy Wilder u. a. Auch die vor 1933 emigrierten William Dieterle, Ernst Lubitsch, Fred Zinnemann werden zur Filmemigration gerechnet;

– die Drehbuchautoren Curt Alexander, Lajos Biro, Lilo Dammert, Egon Eis, Otto Eis, George Fröschel, Anna Gmeyner, Heinz Goldberg, Fritz Gottfurcht, Felix Jackson (früher Felix Joachimson), Albrecht Joseph, Gina Kaus, Frederick Kohner, Max Kolpe (d.i. Max Colpet), Jan Lustig, Carl Mayer, Emmerich Pressburger, Walter Reisch, Paul Schiller, Walter Schlee, Curt Siodmak, Robert Thoeren, Irmgard von Cube, Hans Wilhelm, Wolfgang Wilhelm u. a.;

– die Produzenten Max Glaß, Rudolph Joseph, Alexander Korda, Rudolf Meyer, Hermann Millakowsky, Seymour Nebenzal, Erich Pommer, Arnold Pressburger, Gregor Rabinowitsch, Gottfried Reinhardt, Wolfgang Reinhardt, Max Schach, Josef Somlo, Sam Spiegel, Günther Stapenhorst, Alfred Zeisler u. a.;

– die Schauspieler und Schauspielerinnen Siegfried Arno, Leon Askin, Albert Bassermann, Elisabeth Bergner, Curt Bois, Felix Bressart, Lily Darvas, Ernst Deutsch, Willy Eichberger (später Carl Esmond), Alexander Granach, Ilka Grüning, Lilian Harvey, Paul Henreid, Oskar Karlweis, Fritz Kortner, Leopoldine Konstantin, Francis Lederer, Peter Lorre, Carola Neher, Lilli Palmer, Szöke Szakall, Conrad Veidt, Ernö Verebes, Hans Heinrich von Twardowski, Adolf Wohlbrück (ab 1937 Anton Walbrook) u. a.;

– die Filmkomponisten Artur Guttmann, Werner Richard Heymann, Friedrich Hollaender, Walter Jurmann, Erwin Kalser, Bronislau Kaper, Erich Wolfgang Korngold, Miklos Rózsa, Hans Julius Salter, Franz Waxman u. a.;

– die Filmkritiker und -theoretiker Rudolf Arnheim, Béla Bálasz, Richard Bermann-Höllriegel, Lotte H. Eisler, Hans Feld, Willy Haas, Alfred Kerr, Siegfried Kracauer, Alfred Polgar, PEM (d. i. Paul E. Marcus) u. a.;

– die Kameramänner Curt Courant, Karl Freund, Mutz Greenbaum, Otto Heller, Otto Kanturek, Günther Krampf, Rudolf Maté, Franz Planer, Ste-

phan Schnabel, Eugen Schüfftan, Theodor Sparkuhl u. a.;
- die Cutter Wolfgang Bagier, Paul Falkenberg, Rudi Fehr, Jean Oser, Victor Palfi, Lothar Wolff u. a.;
- die Filmarchitekten Andrej Andrejew, Rudi Feld, Hein Heckroth, Harry Horner, Alfred Junge, Vincent Korda, Ernö Metzner, Herbert O. Phillipps, Ernst Stern u. a.

Von diesem Exodus der Filmkünstlerelite hat sich der deutsche Film nie wieder erholt. Die Filmemigration ist Teil der jüdischen Emigration, nur sehr wenige nichtjüdische Filmkünstler sind freiwillig exiliert, und sie ist international, zu ihr gehören zahlreiche deutschsprachige Filmschaffende anderer Nationen, vor allem aus Österreich, der Tschechoslowakei, Ungarn und auch Flüchtlinge aus der Sowjetunion, die seit Jahren in der deutschen Filmindustrie arbeiteten. Das Filmexil ist weiter dadurch gekennzeichnet, daß die international als hochqualifiziert geltenden Filmschaffenden versuchten, ihre in Deutschland begonnenen Filmkarrieren im Exil fortzusetzen. Dieser Wunsch bestimmte die Fluchtpunkte ihres Exils, sie emigrierten in die Metropolen, in denen eine Filmindustrie existierte, und orientierten sich dabei auch daran, mit welchen Ländern es bereits vor 1933 auf dem Filmsektor engere Kooperationen gegeben hatte. Viele Emigranten wandten sich zunächst nach Wien, andere exilierten nach Paris, Budapest, London, Amsterdam, einige nach Moskau und Rom, doch in zunehmendem Maße wurde Hollywood der zentrale Fluchtpunkt der Filmemigration, vor allem nach Beginn des Zweiten Weltkrieges 1939 und der Niederlage Frankreichs 1941.

Es gab zu Beginn einige Versuche, eine deutsche Filmproduktion im Ausland aufzubauen, getragen auch von der Hoffnung, daß die Nazis sich nicht lange würden halten können. In der Wiener Filmproduktion arbeiteten zunächst noch offen, dann verdeckt jüdische Mitarbeiter, doch machte das Dritte Reich unmißverständlich klar, daß man solche Filme boykottieren werde. Einzelne Erfolge geglückter Tarnung täuschen nicht darüber hinweg, daß sich die österreichische Filmindustrie dem Nazidruck sehr bald beugte, und es bereits seit 1936 keine Arbeitsmöglichkeit für jüdische Filmkünstler in Österreich mehr gab, weshalb auch zahlreiche österreichische Filmkünstler ihre Heimat bereits vor 1938 verließen, nach dem Einmarsch der Nazis in Österreich kam es zu einer weiteren Emigrationswelle.

Der Versuch, mit amerikanischem Filmkapital in → UNGARN eine unabhängige deutschsprachige Filmproduktion aufzubauen, wurde schon 1936 beendet, da das Universal Studio seine europäische Produktion aufgab. Die Pläne des Filmpublizisten Richard Bermann-Höllriegel, im Rahmen der Deutschen Akademie der Künste und Wissenschaften im Exil eine Produktionsstätte des nichtkommerziellen Exilfilms zu schaffen, wurden nicht verwirklicht.

Das schwierigste Problem der Filmemigranten, wenn sie einmal die Hürden von Einreise- und Arbeitserlaubnis gemeistert hatten, war die Sprache, die nicht nur ihr Verständigungsmittel war, sondern ihr Werkzeug, vor allem bei Schauspielern, Autoren und Regisseuren; hinzu kam die Konfrontation mit völlig unterschiedlichen Produktionssystemen, in die sie sich eingliedern mußten, und die Einstellung auf die Mentalität eines fremden Publikums. Diese spezifischen Bedingungen des industriellen Massenmediums Film müssen berücksichtigt werden bei der Einschätzung ihrer Arbeit und der Definition des „Exilfilms":

Exilfilme sind Filme, die im Zeitraum von 1933–1950 im Exil entstanden und bei denen Exilanten mindestens zwei der wesentlichen Schlüsselpositionen (Produktion, Regie, Drehbuch) besetzten und die entweder thematischen Bezug nehmen auf die Gegenwart und/oder eine Fortsetzung der Filmarbeit in der Weimarer Republik darstellen (Horak 1993, S. 102 f.). Unter Berücksichtigung dieser Definition sind insgesamt 225 Exilfilme entstanden, davon in Frankreich 47, den Niederlanden 23, Österreich 32, Ungarn 11, Sowjetunion 3, Tschechoslowakei 1, Schweiz 5, England 38, Italien 3, USA 60. Selbstverständlich haben die Exilanten an erheblich mehr Filmproduktionen mitgewirkt, die jedoch den jeweiligen nationalen Kinematographien zuzurechnen sind.

In ihren Exilländern gerieten die Filmemigranten sofort in einen Verdrängungswettbewerb mit den einheimischen Filmschaffenden, der um so schärfer geführt wurde, je schlechter die Lage der jeweiligen Filmwirtschaft war, und sie stießen dabei auch auf antisemitische Vorurteile. Sie waren immer wieder gezwungen, sich gegen Angriffe zu verteidigen und vor allem im Zweiten Weltkrieg ihre Loyalität gegenüber dem Asylland zu beweisen.

In → FRANKREICH, dessen Filmindustrie 1933 erheblich unter der Wirtschaftskrise litt, wurden die Exilanten scharf angegriffen, es gab öffentliche Proteste, Demonstrationen und Pressekampagnen gegen sie sowie einengende staatliche Reglementierungen über die Anzahl von Ausländern, die bei einer Filmproduktion beschäftigt werden durften. Daß es dennoch den Regisseuren Robert Siodmak und Max Ophüls gelang, sich in Frankreich über einen längeren Zeitraum zu etablieren und dort insgesamt 18 Filme bis 1940 zu drehen, lag wesentlich daran, daß die emigrierten Produzenten Pommer (bis 1934), Nebenzal, Glaß, Millakowsky, Pressburger, Rabinowitsch, Bernhardt und Tuscherer sich dort niedergelassen hatten und in 46 Exilfilmproduktionen zahlreiche Emigranten beschäftigten. Da ihre Filme Exportartikel waren, Devisen ins Land brachten und neue Arbeitsplätze schufen, waren sie durchaus erwünscht und hatten kaum Probleme mit Behörden. Sie waren das wirtschaftliche Rückgrat der Exilfilmproduktion in Frankreich. Auch sie mußten freilich vorrangig das französische Filmpublikum bedienen – Kassenerfolge waren z. B. *Mayerling* (Nebenzal/Litvak), *Le Yeux Noirs* (Millakowsky/Thoeren) – und sie konnten sich weder künstlerische Experimente noch explizit politische Filme leisten, was sowohl Künstler als auch Kritiker bedauerten, die immer wieder den „Emigrantenfilm" forderten. Regisseure und Autoren spielten häufig in ihren Filmen auf Deutschland, den Faschismus und die Exilsituation an: Pabst ließ die Bücher seines *Don Quichotte* (1933) am Schluß verbrennen; die Revuetruppe in Siodmaks *La Crise est Finie* (1934) ist heimatlos; Ophüls bekräftigte in seiner *Werther*-Adaptation 1938 den Anspruch der Emigration, legitimer Erbe der klassisch-humanistischen deutschen Kultur zu sein; der Drehbuchautor Curt Alexander verfaßte die Emigrantentragödie *Menaces* (1939) und mit *Ultimatum* (1938) produzierte Millakowsky (Regie Wiene/Siodmak) einen der ersten Anti-Nazi-Filme.

In → GROSSBRITANNIEN bildeten ebenfalls die exilierten Produzenten Alexander Korda und Max Schach das Rückgrat des Filmexils. Auch hier arbeiteten Drehbuchautoren – Emmerich Pressburger nahm durch die langjährige Zusammenarbeit mit dem englischen Regisseur Michael Powell eine wesentliche Schlüsselrolle im englischen Film ein – und Regisseure; das Bild bestimmen jedoch mehr Filmtechniker, Schauspieler und Schauspielerinnen. Im Gegensatz zu Frankreich, wo sich deutsche Schauspieler wegen ihres Sprachhandicaps im Film nicht durchsetzten, konnten sich hier sogar drei Stars etablieren: Elisabeth Bergner, die von 1934 bis 1937 in vier Filmen die Hauptrollen spielte und die außerdem in zahlreichen Theaterproduktionen auftrat; Conrad Veidt, der – selbst nichtjüdisch – wegen seiner jüdischen Frau exilierte und der sich in zahlreichen Produktionen eindeutig gegen das Dritte Reich engagierte, so bereits 1934 in *The Wandering Jew* und *Jew Suss* nach Feuchtwanger und später in Anti-Nazi-Filmen in England und Hollywood; und schließlich Anton Walbrook (Adolf Wohlbrück), der in einem der bedeutendsten Filme während des Krieges *The Life and Time of Colonel Blimp* (1943, Regie/Buch Pressburger/Powell) einen deutschen Emigranten verkörperte. Die Haltung der englischen Filmindustrie gegenüber dem Dritten Reich war kritischer als in Frankreich, Kortners Darstellung des Sultans Abdul Hamid in Karl Grunes *Abdul the Damned* (1935) war eine Kritik der Diktatoren Hitler und Mussolini.

Gelang es in beiden Ländern den Filmkünstlern, Arbeit beim Film zu finden, konnten sie trotz Einbußen gegenüber den Gagen in Deutschland doch Einkünfte erzielen, die über dem Durchschnittsverdienst lagen und ihnen ein gutes Auskommen sicherten. In Frankreich erhielt ein Regisseur in den 1930er Jahren im Durchschnitt 200 000 Francs Gage, für das Drehbuch wurden insgesamt 150 000 Francs aufgebracht, die jedoch zumeist an mehrere Autoren gingen, ein Filmkomponist erhielt 20 000 Francs, der Star des Films 500 000 Francs, der Co-Star 250 000, mittlere Rollen zwischen 75 000 und 100 000 Francs.

Exilierte Filmtechniker und Filmarchitekten arbeiteten in großem Umfang im europäischen Kino der 1930er Jahre. Sie waren wegen der profunden Ausbildung und des hohen technischen Standards der deutschen Filmindustrie international als führende Experten geschätzt und gesucht und während der 1930er Jahre kaum arbeitslos. Der Kameramann Schüfftan hat beispielsweise von 1933–40 22 Filme in Österreich, England, Frankreich und Holland fotografiert, die z. T. zu den herausragenden Produktionen der Zeit gehören. Die Bedeutung Schüfftans und seiner Kollegen Courant, Heller und Planer für den visuellen Stil des europäischen Films der 1930er Jahre ist kaum zu unterschätzen. Durch ihren Einfluß auf die jüngere Generation, die bei ihnen als Assistenten lernte, kann man von einer deutschen Kameraschule in England und Frankreich sprechen.

Den stärksten Einfluß gewannen die deutschen Filmemigranten wohl in den → NIEDERLANDEN: An 36 der insgesamt 37 von 1934–40 produzierten Filme haben sie mitgewirkt. Die holländische Tonfilmindustrie war noch im Aufbau begriffen, und die Filmproduzenten waren froh, mit den Emigranten Fachkräfte billig einkaufen zu können. Da der holländische Film kein Exportartikel und der Markt sehr klein war, mußten die Herstellungskosten gering gehalten werden, die Durchschnittskosten schwankten zwischen 60000 und 90000 Gulden. Aufgrund dieser finanziellen Situation und der beschränkten Anzahl der Filme blieb Holland meist Durchgangsstation für die Emigranten: Die Regisseure Koster, Oswald, Ophüls, Sierck drehten jeweils nur einen Film; Berger, Meinert, Nosseck und Zelnik je zwei und Kurt Gerron, der auch im Kabarett auftrat, sogar drei Filme; mehrfach vertreten sind auch die Autoren Schlee und Goldberg und vor allem der Produzent Rudolf Meyer, der an zahlreichen Filmen beteiligt war, exilierte Filmkünstler nach Holland holte und ganz wesentlich die Zusammenarbeit zwischen Emigranten und der holländischen Tonfilmindustrie gefördert hat. Die von den Exilanten geschaffenen Filme gehören zu den Klassikern des niederländischen Films, Bergers *Pygmalion* (1937) war der erfolgreichste Film des holländischen Kinos in den 1930er Jahren, und mit *Ergens in Nederland* (1940) schuf er kurz vor dem deutschen Überfall einen Anti-Nazi-Film; Ophüls' *Komedie om Geld* (1936) galt der zeitgenössischen holländischen Kritik als der erste nationale Film mit internationalem Format und wurde mit Brechts *Dreigroschenoper* verglichen. Die Blüte des holländischen Tonfilms in den 1930er Jahren wäre ohne die Exilanten nicht möglich gewesen, der Exilfilmproduktion wurde 1940 – wie auch in Frankreich – durch die deutsche Okkupation ein gewaltsames Ende bereitet.

Auch in der italienischen Filmindustrie arbeiteten überraschenderweise mehrere Exilanten, die von der ursprünglich nicht antisemitisch eingestellten Mussolini-Diktatur geduldet wurden, die erst 1938 auf Druck von Hitler die Judenverfolgung einleitete und damit auch die Filmexilanten vertrieb. Regisseure wie Gerron, Neufeld, Ophüls, Ozep, Autoren wie Alexander, Joseph, Wilhelm, aber auch Kameraleute und Produzenten waren bis dahin mehrfach in → ITALIEN tätig, wobei es sich z.T. um französische und holländische Ko-Produktionen handelte. Von den drei in Italien gedrehten Exilfilmen ist Ophüls' *La Signora di tutti* (1934) der bedeutendste, der auf der Biennale in Venedig 1934 den Preis als technisch bester italienischer Film erhielt.

Dagegen konnten die kleinen, damals erst im Aufbau begriffenen Filmindustrien in den übrigen süd- und osteuropäischen Staaten den Emigranten nur vereinzelt Arbeit beschaffen und spielten für das Filmexil nur eine randständige Rolle.

Auch die UdSSR bot nur wenigen Filmemigranten Schutz und Arbeit (→ SOWJETUNION). Sie nahm ohnehin prinzipiell nur kommunistische Künstler auf, und es waren eher die vom Theater kommenden Exilanten, die sich dann auch gezwungenermaßen dem Film zuwandten, nachdem die Pläne für ein deutsches Emigrantentheater in der Wolgarepublik gescheitert waren. Der antifaschistische Dimitroff-Film *Kämpfer* (1936) von Gustav von Wangenheim ist eine Produktion dieser Emigrantengruppe. Piscator verließ die UdSSR nach deprimierenden Erfahrungen bei den Dreharbeiten zu seinem Film *Aufstand der Fischer* (1934) nach der Erzählung von Anna Seghers. Nur wenige Filmkünstler arbeiteten kontinuierlich im sowjetischen Film, errangen aber keine künstlerisch entscheidende Position, mit Ausnahme des Regisseurs Herbert Rappaport, der mit *Professor Mamlock* (1938) nach Friedrich Wolfs Drama einen wichtigen Beitrag zum antifaschistischen Exilfilm schuf.

Sogar in den asiatischen Ländern gab es vereinzelt Arbeitsmöglichkeit für Filmemigranten; einigen von ihnen gelang es dort beim Film zu arbeiten: Willy Haas als Autor in → INDIEN, Jakob und Luise Fleck als Regisseure in Shanghai (→ OSTASIEN) und Arthur Gottlein als Regisseur in Manila.

Zum wichtigsten Land der Filmemigration wurden jedoch die → VEREINIGTEN STAATEN VON AMERIKA mit ihrer großen Filmindustrie in Hollywood, wo insgesamt ca. 800 Filmemigranten Zuflucht fanden, die zahlreiche andere Emigranten nach sich zogen, die in anderen Branchen dort ihren Lebensunterhalt verdienten, teilweise auch abhängig von der Filmindustrie. Trotz der Schwierigkeiten auch der amerikanischen Filmindustrie in der Wirtschaftskrise, bot sich den Filmemigranten verschiedenster Filmberufe bei einer Jahresproduktion von mehr als 400 Filmen hier ein Betätigungsfeld. Allerdings mußten sich die Emigranten dem Hollywood-Studiobetrieb anpassen – gelang dies, konnten sie auch wieder individuelle Präferenzen pflegen, wobei die Anpassungsbedingungen sehr verschieden waren für die jeweiligen Filmberufe. Auch hier sahen sich die Exilanten immer wieder fremdenfeindlichen und antisemitischen Angriffen ausgesetzt, die vor Kriegseintritt vom nationalsozialistischen deutschamerikanischen Bund gesteuert wurden.

Die Filmkomponisten (→ MUSIK), von denen ca. 40 zumindest zeitweilig in Hollywood beschäftigt waren, hatten so gut wie keine Probleme, da die Beherrschung der Sprache bei ihnen nur eine sekundäre Rolle spielte und die Tonfilmmusik des amerikanischen Films entscheidend von der europäischen Programmusik des 19. Jahrhunderts geprägt war. Da die exilierten Filmkomponisten zumeist sowohl über eine profunde musikalische Ausbildung als auch über Erfahrung in Filmkomposition und ihre besonderen Erfordernisse verfügten, konnten sie sich in Hollywood etablieren und wurden sogar bestimmend für ganze Epochen wie Erich Wolfgang Korngold und Franz Waxman in den 1930er und Miklos Rósza in den 1940er Jahren, oder sie prägten wesentlich das musikalische Gesicht eines Studios wie Bronislau Kaper bei MGM und Hans J. Salter bei Universal.

Die Situation der Filmtechniker war entscheidend davon abhängig, zu welchem Zeitpunkt sie in die USA emigriert waren. Diejenigen, die bereits in den 1930er Jahren gekommen waren, hatten zwar anfangs Probleme, eine Anstellung zu finden, wurden aber in die Unions aufgenommen, was den erst nach Kriegsausbruch oder der französischen Kapitulation nach Hollywood Geflüchteten meist verweigert wurde, wodurch sie vom offiziellen Arbeitsmarkt ausgeschlossen blieben. Die Unions betrieben diese Politik zum Schutz ihrer Mitglieder, und so konnten Kameramänner wie Courant oder Schüfftan lange Jahre nicht offiziell arbeiten, und wer sie beschäftigte, mußte immer zusätzlich einen der Union angehörenden Kameramann engagieren. So gibt es höchst unterschiedliche Karrieren: Planer, Freund, Maté und Sparkuhl waren als Spitzenkräfte anerkannt, hervorragend integriert und dauernd beschäftigt.

Ganz ähnlich lagen die Dinge bei den Cuttern, von denen Falkenberg und Wolff fast ausschließlich im dokumentarischen Bereich arbeiteten. Der Aufstieg von Rudi Fehr, der in Deutschland schon Schnittmeister gewesen war, 1936 in die USA exilierte, als Assistent bei Warner Brothers eingestellt wurde und der sich zum Direktor der Post-Production-Abteilung hocharbeitete, ist einmalig, belegt jedoch, welche Chancen sich gerade jüngeren Emigranten boten, die weniger Schwierigkeiten bei der Einstellung auf die Neue Welt hatten.

Schauspieler und Schauspielerinnen, die den weit überwiegenden Anteil der Filmemigration stellten, blieben freilich auch hier auf Akzentrollen festgelegt, das betraf sogar Stars wie Marlene Dietrich oder Luise Rainer, für die immer eine europäische oder exotische Herkunft erfunden werden mußte. Unbekannte Schauspieler, Charakterdarsteller, Chargenspieler konnten nur in kleinen Rollen beschäftigt werden, wenn die Filme in Europa oder in einem exotischen Milieu spielten, sie blieben auf die Darstellung von Fremden festgelegt. Konjunktur hatten sie ab 1940 in den Anti-Nazi-Filmen, in denen sie Nazis, Emigranten und Verfolgte spielten, später wurden sie in den Kalten-Kriegs-Filmen als Russen eingesetzt, und auch im US-Fernsehen fanden sie Arbeit in diesen Genres. Ein weiteres Problem lag in der gänzlich anderen Schauspieltradition begründet. Die exilierten Schauspieler mit ihrem vom deutschen Theater und Stummfilm geprägten ausdrucksvollen Spiel, wurden in USA gegenüber dem understatement der amerikanischen Schauspieler als übertrieben und maniriert empfunden. Auch das type-casting in Hollywood machte ihnen zu schaffen, sie wurden nicht nach ihren schauspielerischen Fähigkeiten besetzt, sondern lediglich nach der Wirkung ihres Typs. Nur wer dies akzeptierte, seinen Stil änderte und seinen Typ pflegte, konnte sich als „character actor" ein Auskommen sichern, dies gelang z.B. Peter Lorre, der in den 1930er Jahren mit großem Erfolg den chinesischen Serien-Detektiv Mr. Moto verkörperte, aber auch Siegfried Arno, Curt Bois und Albert Bassermann, der von 1940–47 in 25 Filmen auftrat und sich trotz seines hohen Alters auf die neuen Arbeitsbedingungen hervorragend einstellen konnte. Da die Gagen selbst für Kleindarsteller erheblich über dem amerikanischen Durchschnittsverdienst lagen, konnte man auch damit sein Auskommen sichern, wenngleich es vielen Schauspielern nicht erspart blieb, noch andere berufliche Tätigkeiten (Taxifahren, Gärtner, Haushalt, Mechaniker etc.) auszuüben.

Bei der Vormachtstellung der Studios hatten die selbständigen Produzenten Probleme, in Hollywood Fuß zu fassen. Sie mußten in Studio-Dienste treten oder unabhängige Produktionsgesellschaften gründen, die freilich auch auf die Kooperation mit den Studios angewiesen waren, da diese den Verleih beherrschten. Die Produzenten mußten sich in die Studiohierarchie integrieren, und wem das wie Erich Pommer nicht gelang, für den gab es auf Dauer keine Arbeitsmöglichkeit in Hollywood. Dagegen zeigen die Karrieren von Pasternak (Universal, MGM), Blanke (Warner Brothers), Jackson (Universal), Gottfried Reinhardt (MGM), daß Einordnung durchaus nicht den Verzicht auf individuelle Gestaltungsmöglichkeiten bedeuten mußte; bei den unabhängigen Produzenten waren Sam Spiegel und Arnold Pressburger erfolgreich.

Die Regisseure und Drehbuchautoren wurden in Hollywood großteils als Spezialisten für europäische Stoffe betrachtet und entsprechend eingesetzt, mit der Zeit konnten aber einige integrationswillige Exilanten zeigen, daß sie sich an die amerikanische Mentalität und den Geschmack des amerikanischen

Publikums adaptiert hatten und durchaus in der Lage waren, Themen der amerikanischen Gesellschaft zu verfilmen. Dies gilt besonders für die Regisseure Fritz Lang, Robert Siodmak, Otto Preminger, Henry Koster, Billy Wilder und Fred Zinnemann. Dagegen hatten es die älteren und in Europa berühmten Regisseure wie Joe May, Richard Oswald und Ewald André Dupont sehr schwer, noch einmal ganz von vorn zu beginnen.

In besonders großem Maß gelang es den Drehbuchautoren, sich in Hollywood zu integrieren. Dabei waren sie begünstigt durch das hier gepflegte team-work und die Arbeitsteilung bei der Filmherstellung, sie arbeiteten stets mit amerikanischen Kollegen zusammen, die ihnen über die Sprachbarriere hinweghalfen. Reisch und Fröschel hatten langjährige Studioverträge, Curt Siodmak war geschätzt als Lieferant origineller Ideen und Stoffe, Wilder und Jackson begannen ihre Regie- bzw. Produzentenkarrieren als erfolgreiche Autoren. Auch die exilierten Schriftsteller, die z. T. nur durch Unterstützung der Filmfirmen aus Europa in die USA gerettet werden konnten, arbeiteten zeitweise als angestellte Drehbuchautoren, konnten aber auch durch Verkauf ihrer Bücher und neuer Filmstoffe ihren Lebensunterhalt bestreiten.

Einige Genres des amerikanischen Kinos sind in erheblichem Maße von den Exilanten geprägt worden:
- der Anti-Nazi-Film, in dem sie in überdurchschnittlichem Maß mitgewirkt haben, z.B. bei dem ersten Film dieses Genres *Confessions of a Nazi Spy* (1939, Regie Litvak), der sich mit den Aktivitäten des faschistischen German-American Bund befaßte und in dem acht exilierte Schauspieler mitwirken; in *Hangmen also Die* (1943, Regie Lang, Buch Brecht), einem Film über das Heydrich-Attentat, werden konsequent alle Nazi-Rollen mit exilierten Schauspielern besetzt;
- Musical und Komödie, in denen sie Traditionen des deutschen Filmlustspiels und der -operette vor 1933 fortsetzten. So ist *Spring Parade* (1940) von Koster ein Remake des österreichischen Franziska-Gaal-Films *Frühjahrsparade* (1934), Wilder adaptierte mehrfach Komödien von Molnar;
- der Horror-Film der 1930er und 1940er Jahre, in dem sie auf den literarischen Fundus der europäischen „gothic novel" zurückgriffen, die vor allem Curt Siodmak weiterentwickelte in den Filmen *The Wolf Man* (1941), *Son of Dracula*, *I walked with a Zombie* (1943), und der auch entscheidend geprägt wurde durch die Musik des exilierten Filmkomponisten Hans J. Salter;
- der amerikanische „film noir" der 1940er und 1950er Jahre, der vor allem von den exilierten Regisseuren, aber auch von den Autoren, Kameramännern, Komponisten und Filmarchitekten stark geprägt ist und der deutlich in Bildgestaltung und Motiven (Doppelgänger) den Einfluß des deutschen Stummfilms zeigt.

Auch den historischen Kostümfilm (*That Hamilton Woman*, 1941), den gesellschaftskritischen Film (*Fury*, 1936), den politischen Film (*Juarez*, 1939), die höchst erfolgreichen „biopics" der 1930er Jahre (*The Life of Emile Zola*, 1936), den religiösen Film (*Come to the Stable*, 1949; *The Robe*, 1953) und sogar den amerikanischen Western (*Destry Rides Again*,1939; *The Return of Frank James*,1940) haben die Emigranten beeinflußt. Ihre Bedeutung für die amerikanische Filmindustrie ist noch immer unterschätzt und nur partiell anerkannt. Zahlreiche Filme wären ohne die Exilanten überhaupt nicht gedreht worden (z.B. *A Midsummer Night's Dream*, Regie Max Reinhardt/Dieterle 1935), und viele Filme, an denen sie mitgearbeitet haben, verdanken ihnen entscheidende inhaltliche und formale Qualitäten: „They added talent", formulierte Felix Jackson treffend und doch zurückhaltend. Die Emigranten haben sogar die Produktionslinien der Studios beeinflußt: Universal ist ab 1936 entscheidend geprägt von den Deanna-Durbin-Filmen der Gruppe Pasternak-Koster-Jackson und in den vierziger Jahren von den Brüdern Siodmak im Horror- und Science fiction-Genre und film noir. Bei Paramount ist der Einfluß von Lubitsch und Wilder ebenso deutlich identifizierbar wie der Dieterles, Blankes und Wolfgang Reinhardts bei den Warner Brothers. Auch bei den kleinen Gesellschaften wie Monogram und Republic und den (halb)unabhängigen Produzenten ist der Einfluß der Exilanten auf die Produktionen eindeutig nachweisbar. Nicht zuletzt mit ihrem vom Primat der künstlerischen Arbeit geprägten Selbstverständnis, das sie häufig in Konflikte mit den Studio-Executives brachte, haben die Emigranten eine Barrikade gegen die totale Kommerzialisierung Hollywoods errichtet und die künstlerischen Kräfte des amerikanischen Films nachhaltig unterstützt.

Die Mehrzahl der emigrierten Filmschaffenden hat ihren Lebensunterhalt durch Einkünfte bei der Filmarbeit bestreiten können, eine ganze Reihe mußten zeitweilig allerdings auch unterstützt werden durch den 1938 gegründeten European Film Fund und auch andere Nebenberufe ausüben. Das

Leben in Hollywood in den 1930er und Anfang der 1940er Jahre war sehr billig, so daß selbst kleine Gagen ausreichend waren, sofern man regelmäßig beschäftigt war. Emigrierte Filmkünstler wurden oft deutlich in den Gagen gedrückt gegenüber den amerikanischen Kollegen, dennoch waren dies für Regisseure, Drehbuchautoren oder Filmkomponisten immer noch Summen, von denen man jahrelang sorgenfrei leben konnte. Reinhardt erhielt für *A Midsummer Night's Dream* 100000 US-Dollar (das war allerdings eine Ausnahme), sein Ko-Regisseur Dieterle 19000 US-Dollar und der festangestellte Produzent Henry Blanke 4000 US-Dollar. Wirtschaftlich waren die Emigranten durch ihre Arbeit in Hollywood gesichert; hinzu kamen in den 1950er Jahren die Entschädigungszahlungen aus der BRD. Es wurde Ersatz geleistet für beschlagnahmtes Vermögen, für annullierte oder entgangene Verträge und nicht geleistete Zahlungen für Filmrechte oder -verleih. Wenn es den Filmemigranten gelungen war, in ihrem Beruf im Exil weiterzuarbeiten, zählten sie zu den privilegierten Exilanten, denen es sogar möglich war, zu Wohlstand und in Einzelfällen zu Reichtum zu kommen. Sie haben in ihrer Mehrzahl dieses Privileg stets als Verpflichtung gesehen, den weniger Begünstigten zu helfen. Konzentrierten sich ihre Hilfsaktionen zunächst auf Emigranten, so beteiligten sie sich während des Krieges an der Unterstützung sowohl der Truppen als der Kriegsopfer und nach dem Krieg in großem Umfang an der Care-Aktion für Deutschland.

Nach Kriegsende stellte sich die Frage der Rückkehr, die sehr individuell beantwortet wurde. Einmal waren das Schicksal und die Erfahrung der Exilanten sehr unterschiedlich, manche hatten ihre gesamte Familie durch die Nazis verloren und waren mit Recht verbittert. Die in Hollywood erfolgreich integrierten Exilanten sahen keinen Anlaß zur Rückkehr, lag doch die deutsche Filmwirtschaft in Trümmern und bot ihnen kaum Zukunftsperspektiven. Diejenigen, die sich aus Sprachgründen nicht behaupten konnten und/oder ohnehin stärker dem Theater und der Literatur verpflichtet waren und für die die Filmarbeit in Hollywood stets nur eine Überbrückung gewesen war, entschlossen sich eher zur Rückkehr nach Deutschland. Dabei spielten auch die Verfolgungen in der McCarthy-Ära eine Rolle, die sich auch gegen Emigranten richteten, die als links verdächtigt seit Jahren vom FBI bespitzelt wurden. Einigen Rückkehrern wie Kortner, Bergner, Bois, Piscator, Maria Matray, Peter van Eyck gelang es, wenn auch unter Schwierigkeiten, sich in der BRD eine neue Karriere aufzubauen; Fritz Lang und Robert Siodmak drehten wichtige deutsche Filme in den 1950er Jahren, konnten jedoch wegen der desolaten Situation des deutschen Films nicht mehr an frühere Erfolge anknüpfen. Eine kontinuierliche künstlerische Arbeit war nicht möglich, wie auch andere Emigranten feststellten, die als Gäste nur einen Film in der BRD drehten. Das Nachkriegsdeutschland mit seiner Verdrängungspolitik und seinem Wohlstandsdenken blieb ihnen fremd, es war nicht mehr das Deutschland, das sie hatten verlassen müssen.

Literatur

Cargnelli, Christian, u. Michael Omasta, Hrsg. (1993): Aufbruch ins Ungewisse, Bd. 1: Österreichische Filmschaffende in der Emigration vor 1945, Bd. 2: Lexikon Tributes Selbstzeugnisse, Wien.

Dittrich van Weringh, Kathinka (1987): Der niederländische Spielfilm der dreißiger Jahre und die deutsche Filmemigration, Amsterdam.

Filmemigration aus Nazi-Deutschland (1975), 5teilige Fernsehserie von Günter Peter Straschek, WDR.

FilmExil (1992ff.). Eine Publikation der Stiftung Deutsche Kinemathek, Berlin.

Hilchenbach, Maria (1982): Kino im Exil. Die Emigration deutscher Filmkünstler 1933–1945, München u.a.

Horak, Jan-Christopher (1984): Anti-Nazi-Filme der deutschsprachigen Emigration von Hollywood 1939–1945, Münster.

Horak, Jan-Christopher (1986): Fluchtpunkt Hollywood. Eine Dokumentation zur Filmemigration nach 1933, 2., erw. u. korr. Aufl., Münster.

Horak, Jan-Christopher (1993): Exilfilm, 1933–1945, in: Jacobsen, Wolfgang, Anton Kaes u. Hans H. Prinzler, Hrsg.: Geschichte des deutschen Films, Stuttgart, S. 101 ff., 563 f.

Fotografie

Irme Schaber

In der Fotografie, im Fotojournalismus und in der Kameratechnik zählte das Deutschland der Weimarer Republik zu den impulsgebenden Ländern; Berlin war das Mekka des Mediums. Hier wurde der Fotoessay erneuert, hier belieferten Fotojournalisten illustrierte Magazine mit Millionenauflage. Auf der

Suche nach zeitgemäßen Ausdrucksmitteln experimentierte die fotografische Avantgarde, darunter zahlreiche Fotografinnen, mit optischen Verfremdungen (ungewöhnliche Perspektiven, Detailaufnahmen, extreme Nah- und Fernsichten etc.), um Dinge und Ereignisse des Alltags, industrielle Technik oder die Dynamik des Großstadtlebens zu erfassen. Es entstand eine Ästhetik des Neuen Sehens. Die Fotografie fand Einzug in die Kunst und die prosperierende Werbeindustrie (Eskildsen/Horak 1979; Molderings 1988). Nach Hitlers Machtübernahme mußten die wichtigsten Fotografen, innovative Bildjournalisten und Bildredakteure das Land verlassen. Die Gleichschaltung der Bildpresse brachte Entlassungen und Verhaftungen in Verlagen, Agenturen und Lehranstalten. Deutschnationale Blätter riefen zum Boykott einzelner jüdischer Fotografen und „jüdisch-ausländischer" Bildagenturen auf. Zahlreiche Fotostudios wurden zur „Arisierung" gezwungen, darunter so namhafte wie das Atelier Jacobi am Berliner Kurfürstendamm. Die berufsfotografische Vereinigung Gesellschaft Deutscher Lichtbildner (GDL) schloß 1935 ihre jüdischen Mitglieder aus (Kerbs 1983, S.62ff.; Kräussl 1992, S.63, 77f.; Schneider 1992, S.97f.). Wie in der bildenden Kunst fand eine weitreichende Vertreibung statt, Modernität und Internationalität wurden verbannt.

Die Exilforschung erfaßte die geflohenen Fotografinnen und Fotografen bisher kaum. Wenn überhaupt erwähnt, wurden sie den Journalisten/Publizisten oder den bildenden Künstlern untergeordnet. Ebenso vernachlässigten Kunstwissenschaft und Fotohistorie die Beschäftigung mit der Fotografie des Exils (Milton 1986, S. 279, 286f.). Die wenigen existierenden Studien beschränken sich vorwiegend auf deskriptive, biographische Darstellungen führender Kunst- und Pressefotografen. Diese Arbeiten entstanden selten in institutioneller Absicherung, sondern waren häufig das Ergebnis der persönlichen Initiative engagierter Galeristen und Kunsthistoriker oder einzelner Museen, die als forschende Kulturinstitute für Ausstellungen und Kataloge umfangreiche Recherchen anstellten. Gleichwohl offenbaren Forschungsprojekte und Ausstellungen jüngeren Datums sowohl dringende Erfordernisse wie auch bemerkenswerte Chancen für künftige fotogeschichtliche Forschung. So z.B. die Fotoausstellung und der Katalogband *Und sie haben Deutschland verlassen ... müssen. Fotografen und ihre Bilder 1928–1997,* für die das Rheinische Landesmuseum Bonn die Lebens- und Exilgeschichte von 171 emigrierten Fotografinnen und Fotografen ermittelte. Dabei konnten zahlreiche unbekannte oder vergessene Emigranten, insbesondere in → ISRAEL, ausfindig gemacht und teilweise noch befragt werden (Honnef/Weyers 1997). Zahlreiche NS-Emigranten werden auch in *Übersee. Flucht und Emigration österreichischer Fotografen 1920–1940* vorgestellt. Die 1998 in der Wiener Kunsthalle erstmals gezeigte Ausstellung und die begleitende deutsch-englische Publikation mit Interviews und biographischen Angaben wurden von der Fotohistorikerin Anna Auer im Rahmen ihres Forschungsprojekts „Österreichische Emigrationsfotografie" erarbeitet. Mit Unterstützung der Fotoabteilung des Paul Getty Museums in Los Angeles wurde vor allem eine beachtliche Zahl von nach Amerika ausgewanderten Fotografinnen und Fotografen zusammengetragen (Übersee 1998). Systematische Grundlagenforschung und umfassende weiterführende Studien sind schließlich Ziel des Forschungsprojekts „Fotoexil – Fotografinnen und Fotografen im Exil der NS-Zeit". Das 1996 von der Gesellschaft für Exilforschung mitinitiierte Vorhaben ist bislang ohne institutionelle Anbindung. Die Erfassung von Einzeluntersuchungen, dazu gehört auch das Recherchieren bereits bestehender Sammlungsfragmente im In- und Ausland, der Aufbau einer bio-bibliographischen Datenbank u.a.m. sind geplant.

Bedingt durch den defizitären Forschungsstand liegen über die Zahl der emigrierten Fotografen und Fotojournalisten bestenfalls Schätzungen vor. In der Regel wird das *Biographische Handbuch der deutschsprachigen Emigration nach 1933* (*BHb*) von 1983 zitiert und „hochgerechnet", wo unter den bildenden Künstlern sowie unter den Journalisten/Publizisten insgesamt ca. 50 Fotografen, Fotokünstler, Fotojournalisten und Fotopublizisten subsumiert sind. Allerdings hatte Brigitte Bruns Ende der 1970er Jahre weitaus mehr Fotografen recherchiert, diese aber nicht aufgenommen, weil entweder zu wenig biographische Informationen vorlagen oder die strengen Erfassungsrichtlinien des *BHb* nicht eindeutig zu erfüllen gewesen waren. Mit weitgefaßten Aufnahmekriterien operiert dagegen in den 1990er Jahren die obenerwähnte Ausstellung *Und sie haben Deutschland verlassen ... müssen. Fotografen und ihre Bilder 1928–1997*. Insgesamt sind mehr als 200 Namen genannt, wobei die „zweite Generation" der fotografischen Emigration, die bis 1940 in Deutschland Geborenen, ebenso erfaßt werden wie jene Fotokünstler, die die Weimarer Republik bereits vor 1933 verlassen und ihren Wohnsitz im Ausland genommen hatten (Honnef/Weyers 1997). So unterschiedlich auch die Auswahl gehandhabt wurde, so wird doch deutlich, daß die Gesamtzahl 200 Emigranten übersteigen dürfte, auch weil mittlerweile 100 Fotografen allein für die USA bis 1940 veranschlagt worden sind (Milton 1986, S. 280 f.). Um die fotografische Emigration hinreichend in Zahlen abbilden zu können, sind präzise Untersuchungen unerläßlich.

Die fotografische Emigration ist Teil der jüdischen, der politischen und der kulturellen Emigration. Zu den deutschen kamen die oft seit langem in Deutschland wirkenden ausländischen Fotokünstler hinzu, z. B. László Moholy-Nagy, aber auch Flüchtlinge wie Sasha Stone in Belgien oder Moshe Raviv in Frankreich, die durch die nationalsozialistische Expansionspolitik und den Kriegsverlauf zur Flucht gezwungen waren. Einige Fotografen waren zweifellos internationale Künstler, zugleich ab 1940 aber auch Emigranten. Andere begannen erst im Exil mit der Kamera zu arbeiten, wobei viele Fotografen als Fotoreporter debütierten. Denn erstens waren Kameras ein erschwingliches Produktionsmittel, zweitens ergaben sich für fotografische Reportagen wegen der Allgemeinverständlichkeit der Bildsprache weltweite Vermarktungsmöglichkeiten, und da drittens der Bildermarkt einiger westlicher Aufnahmeländer expandierte, war die Konkurrenz zu einheimischen Kollegen gering (Milton 1986, S. 280).

Lebensbedingungen und Arbeitslage waren zu verschiedenen Zeiten in den jeweiligen Wanderungs- und Niederlassungsländern höchst unterschiedlich. → FRANKREICH, vor allem Paris, wurde ein Zentrum der fotografischen Emigration der Vorkriegszeit. Die künstlerische Ausstrahlung der Stadt hatte Fotografen wie Ilse Bing, André Kertész, Willy Maywald, Germaine Krull und Madame D'Ora (d.i. Dora Philippine Kallmus) schon vor 1933 angezogen. Ab 1933 kamen u. a. Robert Capa (d.i. André Friedmann), Gertrude Fehr (d.i. Trude Fuld), Gisèle Freund, Fritz Goro und auch Bildagenten wie Maria Eisner oder Henri Daniel dazu. Eine der ersten Fotoausstellungen von Emigranten fand im November 1933 in der Librairie Lipschutz an der Place de l'Odéon statt. Dort wurden im Rahmen des Salon d'Automne, unterstützt vom Comité Français pour la Protection des Intellectuels Juifs Persécutés, Arbeiten von fünf emigrierten Fotografen gezeigt, u. a. von Josef Breitenbach, der dann im Januar 1934 sein Fotostudio anmeldete und über Annoncen in der deutschsprachigen Emigrantenpresse Fotoschüler suchte (Roussel 1984, S. 177; Breitenbach 1996, S. 76).

1935 sind u. a. Einzelausstellungen von John Heartfield (Maisons de la Culture), Willy Maywald (Galerie Billiet), Josef Breitenbach (Galerie Fernand Nathan) bekannt. An zwei Gruppenausstellungen, der von der Association des Ecrivains et Artistes Révolutionaires (AEAR) organisierten *Documents de la vie sociale* und *La Publicité par la photographie* (beide Galerie de la Pléiade), beteiligten sich u. a. Ilse Bing, Josef Breitenbach, Gertrude Fehr, John Heartfield. Gisèle Freund fotografierte beim 1. Internationalen Schriftstellerkongreß zur Verteidigung der Kultur, Horst P. Horst arbeitete für *Vogue*, Hans Namuth und Robert Capa publizierten über Alliance Photo, eine Vorläuferagentur von Magnum (Baque 1993, S. 544). Mit dem Wahlsieg des Front Populaire wurden in Paris verstärkt antifaschistische Ausstellungen zur Aufklärung der französischen Öffentlichkeit organisiert: etwa die *Exposition Internationale sur le Fascisme* des Instituts zum Studium des Faschismus, Galerie Billiet, 1935, oder 1938 *Fünf Jahre Hitler-Diktatur*. Bildende Künstler waren mit Fotos, Fotomontagen, Texten oder Zeichnungen daran beteiligt (Roussel 1984, S. 178 ff.). Die Ära des Front Populaire war zudem eine Blütezeit der linksorientierten Bildpresse mit auflagenstarken Magazinen wie *Regards* und *Vu*, in denen mehrfach Emigranten veröffentlichten.

Für Fotografen wie Erwin Blumenfeld oder Madame D'Ora war die Pariser Mode- und Gesellschaftsfotografie wesentliche Entfaltungs- und Verdienstmöglichkeit. Im Werbeatelier der ehemaligen Bauhausstudentin Florence Henri entstanden außer Reklame- und Illustrationsaufnahmen auch fotografische Experimente, und es wurden Schüler (z. B. Gisèle Freund) unterrichtet. Bei der Pariser Weltausstellung 1937 waren einige emigrierte Fotografen zu sehen: Philippe Halsman im Foto- und Filmpavillon, Wols im Pavillon de l'Elégance, Capa im spanischen Pavillon, und die von Gertrude Fehr seit 1933 betriebene Fotoschule Publi-Phot (40 Schüler) erhielt Auszeichnungen für die an einem eigenen Stand präsentierten Arbeiten. Die Ausstellung *Freie Deutsche Kunst* (Maisons de la Culture) von 1938 zeigte wohl nur Fotografien von Josef Breitenbach. Noch 1939 stellte Ilse Bing in der Galerie Au chasseur d'images ihre *Impressions de New York* aus und Gisèle Freund zeigte erstmals ihre auf Farbfilm fotografierten Künstlerportraits (La Maison des Amis des Livres). Nach Kriegsbeginn wurden u. a. Hans Namuth, Fred Stein, Erwin Blumenfeld, Ilse Bing und Wols in Südfrankreich interniert; im Lager Les Milles beging der junge Fotograf Georg Reisner Selbstmord, als Weihnachten 1940 die Gefahr wuchs, an die Deutschen ausgeliefert zu werden. Bei Madame

D'Ora manifestierte sich die Erfahrung von deutscher Besatzung und Krieg in veränderten Themen und gewandelter Bildsprache. Die 60jährige Fotografin hatte in einem Kloster an der Ardèche Unterschlupf gefunden, während ihre gesamte Familie ermordet wurde.

In die → TSCHECHOSLOWAKEI emigrierte 1933 eine ganze Illustrierte: Die *Arbeiter-Illustrierte-Zeitung (AIZ)*, später *Volks-Illustrierte* (→ PRESSE UND PUBLIZISTIK), erschien bereits ab 25. März in Prag, mit John Heartfield als Redaktionsmitglied. Allein bis Ende 1934 hatte er 75 Fotomontagen für die *AIZ* geschaffen. Sie zählten zu den populärsten künstlerischen Attacken auf den Nationalsozialismus. Die 28 Fotomontagen, die er 1934 im Prager Künstlerverein Mánes im Rahmen der *Internationalen Karikaturenausstellung* zeigte, führten zu diplomatischen Protesten, insbesondere der Deutschen Gesandtschaft, und zur polizeilichen Konfiszierung von fünf Arbeiten. Aufgrund von Presseberichten und internationaler Solidaritätsadressen kamen daraufhin zehntausende Besucher in die Ausstellung. Bei der gleichfalls von Mánes durchgeführten *Internationalen Foto-Ausstellung* von 1936 und einer weiteren Schau des Vereins 1937 kam es erneut zu Beschlagnahmungen von Heartfields Fotomontagen (Tomes 1992). Ebenfalls dort vertreten war László Moholy-Nagy, von dem 1935 auch eine Einzelausstellung in Bratislava und Brünn gezeigt wurde. Mit Hilfe des englischen Artists Refugee Committee konnten 1938 John Heartfield und weitere Künstler vor dem bevorstehenden Einmarsch deutscher Truppen nach England flüchten (Frowein 1989, S. 188).

Der britische Fotojournalismus der 1930er Jahre wurde von den deutschen Emigranten stark beeinflußt: z. B. initiierten Felix H. Man und Kurt Hutton als freie Mitarbeiter ohne Arbeitserlaubnis bei *Weekly Illustrated* einen enormen Modernisierungsschub (→ GROSSBRITANNIEN). Signalwirkung hatten auch die fotografischen Erzählungen eines Wolf Suschitzky, der wie Tim Gidal ab 1938 in der legendären, von Stefan Lorant gegründeten *Picture Post* veröffentlichte. Der frühere Bildredakteur der *Münchner Illustrierte Presse* publizierte nicht nur die Fotografen des Londoner Exils, sondern arbeitete weltweit mit Emigranten aus dem Dritten Reich (Osman 1986, S. 85 f.).

Nach England emigrierten Lucia Moholy, Zoltan Glass und Grete Stern, die in London als freiberufliche Fotografin arbeitete. Der spätere Industriefotograf Walter Nurnberg hielt Vorträge an Kunst- und Fotoschulen. Erich Auerbach wurde 1939 offizieller Fotograf der tschechoslowakischen Exilregierung. Die für ihre Kinderportraits bekannte österreichische Fotografin Edith Tudor Hart zeigte ihre Arbeiten auf Ausstellungen der Artists International Association (AIA), z. B. 1935 bei *Künstler gegen Faschismus und Krieg*. Die London Gallery, eine Gründung von Roland Penrose, dem surrealistischen Maler und Förderer von Emigranten, stellte 1936/37 Herbert Bayer und László Moholy-Nagy aus. Letzterer lebte von 1935 bis 1937 in London, gestaltete Fotobücher und eine Einzelausstellung bei der Royal Photographic Society. Dort wurde 1935 auch eine Fotoausstellung für den in die Niederlande geflüchteten Erich Salomon ausgerichtet. Sein 22jähriger Sohn Otto Salomon (später Peter Hunter) hatte damals ein Praktikum bei Associated Press in London begonnen und arbeitete nach einigen Monaten als freier Fotograf.

Mit den Flüchtlingen aus der Tschechoslowakei kam Ende 1938 John Heartfield nach London. Er engagierte sich in der AIA und im Freien Deutschen Kulturbund (FDKB), beteiligte sich an deren Ausstellungen (*Living Art in England* 1939, *Allies inside Germany Exhibition* 1942, *We accuse – 10 Years of Hitler Fascism* 1943) und hatte Einzelausstellungen: 1939 in der Londoner Arcade Gallery und zu seinem 50. Geburtstag 1941 im Clubhaus des FDKB (Olbrich 1965, Bd. 3, S. 51 ff.).

Die Internierung als feindliche Ausländer 1940 bis 1941/42 hatte die Fotografen und Fotojournalisten wie alle Exilierten getroffen. U. a. durchlief John Heartfield drei Lager, Kurt Hutton und Rolf Mahrenholz waren auf der Isle of Man interniert. Peter Hunter kam von dort aus in ein australisches Kriegsgefangenenlager. Tim Gidal wurde nach der Internierung Fotokorrespondent in der britischen Armee, während Hans Casparius, der in London das erste Studio für Farbfotos eröffnet hatte, als Kriegsfreiwilliger aus gesundheitlichen Gründen abgelehnt worden war.

In den → NIEDERLANDEN lebte ab 1933 einer der prominentesten Fotojournalisten der Weimarer Republik: Erich Salomon publizierte einige Fotobücher und veröffentlichte in europäischen und amerikanischen Illustrierten. Unter der deutschen Besatzung wurden er, seine Frau und Sohn Dirk nach Auschwitz deportiert und ermordet. Auch der erst 1938 in die Niederlande geflüchtete Fotograf Rudolf Werner Breslauer wurde in Auschwitz umgebracht. Die Fotografinnen Marianne Breslauer und Marion Palfi waren 1936 nach Amsterdam emigriert. Ebenso entschieden sich Hans Spies, Gerda Leo und Werner

Mantz für das niederländische Exil. Erwin Blumenfeld begann in Holland, wo er mit seiner Familie seit 1919 lebte, seine Karriere als professioneller Fotograf, 1936 übersiedelte er nach Paris. Eva Besnyö schloß sich den Arbeiterfotografen an und wurde Mitorganisatorin der foto '37, bei der im Amsterdamer Stedelijk Museum 1500 Fotografien präsentiert wurden. Die Entwicklung der Reportagefotografie vertraten hier u. a. Robert Capa, Gerta Taro, Erich Salomon und Chim. Lotte Beese zeigte Architekturfotomontagen, Eva Besnyö, Raoul Hausmann, Horst P. Horst und weitere Emigranten waren ausgestellt, Hans Richter gehörte zur Ausstellungskommission (Fotografie in Nederland 1979, S. 127ff.).

Nach dem Überfall der deutschen Wehrmacht 1940 mußten die Flüchtlinge um ihr Leben fürchten: Der Theaterfotograf Kurt Kahle unterstützte den Widerstand, H. E. W. Wolff, der mit seinen Publikationen die Farb- und Kleinbildfotografie in den Niederlanden forciert hatte, beging Selbstmord. Einige Emigranten bildeten zusammen mit niederländischen Kollegen illegale Fotogruppen, um trotz des offiziellen Fotografierverbotes Besatzung, Widerstand und das Leben im Untergrund zu dokumentieren. Daß dabei zugleich die eigene, unmittelbar bedrohte Flüchtlingsexistenz thematisiert wurde, ist eine Seltenheit und scheint nicht beabsichtigt gewesen zu sein. Die Wienerin Maria Austria gehörte der Particam (Partisanen-Kamera) an, Ingeborg und Fritz Kahlenberg gründeten De ondergedoken camera (Die untergetauchte Kamera) zusammen mit niederländischen Berufsfotografen (Hekking/Bool 1995).

Die Fotografen Walter Reuter, Margaret Michaelis und Werner Graeff hatten sich in → SPANIEN niedergelassen. Hans Namuth und Georg Reisner lebten zeitweise auf Mallorca, und Raoul Hausmann pendelte zwischen Ibiza und Paris. Den Spanischen Bürgerkrieg (1936–39) fotografierten Robert Capa, Chim und Gerta Taro, die 1937 bei Madrid als erste Fotoreporterin während einer Kriegsreportage ums Leben kam. Walter Reuter wurde offizieller Fotograf der republikanischen Regierung, Hans Gutmann dokumentierte im Auftrag der Madrider Universität die Kämpfe um den Campo.

Der Spanische Bürgerkrieg gilt als der erste moderne Medienkrieg der Geschichte. Ein erklärtes Ziel der mit der Republik sympathisierenden, antifaschistischen Fotografen war die Infragestellung der westlichen Appeasementpolitik. So entstanden propagandistische Fotos, aber auch gültige Dokumente von revolutionärem Aufbruch oder dem Leid der Zivilbevölkerung. Das soziale und politische Engagement dieser Emigranten bewirkte eine Nähe zu den Protagonisten, die neue Maßstäbe für die fotografische Kriegsberichterstattung setzten (Serrano 1987).

Mit dem Ende des Spanienkrieges und dem Ausbruch des Zweiten Weltkrieges 1939 begann verstärkt die Flucht vom europäischen Kontinent. Die → VEREINIGTEN STAATEN VON AMERIKA, vor allem New York, sollten eine Hochburg der fotografischen Emigration werden. Waren in der Weimarer Republik bereits amerikanische Strömungen wie die „straight photography" eines Paul Strand und Edward Weston rezipiert worden, so wurde umgekehrt die deutsche Fotoszene in den USA längst beachtet, diskutiert, gedruckt, etwa in der Julien Levy Gallery in New York. Von 1936 an bildeten die mit Fotoessay und „candid style" vertrauten Emigranten als „european-trained camera reporters" das Ferment der Erfolgsstory des Fotomagazins *Life*, der größten illustrierten Wochenschrift der Welt, die über drei Jahrzehnte die amerikanische und internationale Reportagefotografie prägen sollte. Martin Munkacsi, Philippe Halsman, Fritz Goro und Alfred Eisenstaedt gehörten zum festen Mitarbeiterstab. Fritz Henle, Robert Capa, Chim (in den USA: David Seymour), Ralph Crane, Herbert Gehr, Walter Sanders, Werner Wolff und u.v.a.m. arbeiteten als free-lance-Fotografen. Im Beraterkreis für *Life* befanden sich noch weitere Emigranten wie der ehemalige Chefredakteur der *Berliner Illustrirten Zeitung*, Kurt Korff, und auch Kurt Szafranski, der zusammen mit Ernest Mayer die Agentur „Black Star" leitete. Die Bildagentur vertrat damals vorwiegend deutsche Emigranten und einige französische Fotografen, mit denen Mayer bereits in Berlin gearbeitet hatte (Smith 1986). Ebenfalls aus Berlin emigriert war Otto Bettmann, der Gründer des weltgrößten Fotoarchivs. Er kam 1935 mit seiner fotografischen Sammlung nach New York.

Von den zahlreichen Bauhauslehrern und -studenten, die sich mit Fotografie befaßten, emigrierten in die USA u. a. Andreas Feininger und Lux Feininger. Josef Albers und Xanti Schawinsky lehrten am Black Mountain College in North Carolina, László Moholy-Nagy installierte 1937 als Direktor des New Bauhaus in Chicago erstmals Fotografie als akademisches Lehrfach. Herbert Bayer und Walter Peterhans hatten bis 1938 versucht, unter dem NS-Regime ihre künstlerische Arbeit aufrechtzuerhalten. Peterhans wurde dann Lehrer am Illinois Institute of Technology in Chicago, Bayer begann seine zweite Karriere als Art Director einer großen New Yorker Werbeagentur.

Die Berliner Fotografin Lotte Jacobi widmete sich in ihrem Studio am Central Park West weiterhin dem Künstlerportrait, wie auch Elli Marcus und Hans Namuth, der speziell die amerikanischen Avantgarde-Maler fotografierte. Ellen Auerbach war für eine private Kunstsammlung als Fotografin tätig, und Marion Palfi wurde für ihre sozial engagierte Fotografie bekannt. Aus Wien emigrierten nach dem „Anschluß" 1938 Trude Fleischmann, Laszlo Willinger und auch Trude Geiringer, die sich in New York keine neue Karriere mehr aufbauen konnte und die Fotografie ganz aufgab. Einige Emigranten schienen besonders prädestiniert, um die flüchtige Welt der Mode zu erfassen: Erwin Blumenfeld, Martin Munkacsi und Horst P. Horst wurden für ihre Werbe- und Modefotografie international anerkannt. Josef Breitenbach, John Gutman und Lisette Model nahmen Lehrtätigkeiten an und prägten mit ihren Ansichten und Arbeiten Künstlerinnen wie Diane Arbus. Lisette Model war 1941 durch ihre Fotoausstellung im Museum of Modern Art schlagartig für ihre Momentaufnahmen, ihr „instinktives Auge" bekannt geworden. Sie und John Gutman waren Flaneure mit Kamera, Straßenfotografen mit höchster Sensibilität und Entschlossenheit für den Augenblick, Qualitäten, die von Hannah Arendt als überlebensnotwendige Reflexe von Flüchtlingen bezeichnet worden sind (Westerbeck/Meyerowitz 1994, S. 325 ff.).

→ MEXIKO war ab 1939/40 für viele antifaschistische Fotografen und Künstler zum Zufluchtsland geworden: Walter Reuter und Gertrude Duby-Blom wurden hier zu fotografierenden Ethnologen. Hans Gutmann war gleich 1941 als Juan Guzman mexikanischer Bürger geworden. Evelyn Hofer begann hier ihre Karriere als freie Fotografin, und Franz Pfemfert, der ehemalige Herausgeber der expressionistischen Wochenschrift *Die Aktion*, verdiente sich, wie schon zuvor im Karlsbader und Pariser Exil, auch in Mexiko-Stadt seinen Lebensunterhalt als Portraitfotograf.

Nach → PALÄSTINA flüchteten u.a. Erich Comeriner, Rolf Michael Kneller, Walter Zadek, Alfred Bernheim und Erich Lessing. Helmar Lerski lebte bereits seit 1931 im Nahen Osten. 1939 wurde der Exilfotografenverband Palestine Professional Photographers Association gegründet. Ein weiterer außereuropäischer Fluchtpunkt bildete → AUSTRALIEN, wohin Ludwig Hirschfeld-Mack, Margaret Michaelis, Änne Mosbacher, Wolfgang Sievers, Henry Talbot und der GDL-Mitbegründer Kurt Schallenberg emigrierten. Helmut Newton assistierte noch 1938 im Berliner Studio der renommierten Modefotografin Yva, bevor auch er nach Australien flüchtete (die Fotografin mit dem bürgerlichem Namen Else Neuländer-Simon wurde vermutlich im KZ Majdanek/Lublin ermordet).

Viele der aus Nazideutschland vertriebenen Fotografen und Fotojournalisten wurden, wie Gisèle Freund in Frankreich, in dem Gastland heimisch, wo sie ihr Lebenswerk aufbauten oder vollenden konnten. Bekanntermaßen brachte das Exil den einzelnen, je nach Alter und Fähigkeit zur Neuorientierung, unterschiedlichste Erfahrungen und Möglichkeiten: Martin Munkacsi wurde „bestbezahlter Fotograf Amerikas", während andere deutliche Deklassierung erfuhren, Karrieren abrupt beendet wurden oder wie bei Lotte Errell eine Odyssee durch Länder und Internierungslager begann. Eine überall verbreitete Vorgehensweise der fotografischen Emigration war, daß sie sich Aufgaben und „Arbeitsplätze" selber schuf. En passant beförderten diese Aktivitäten um Verdienst und schöpferische Möglichkeiten, die manchesmal mit Namensänderungen einhergingen, auch das Einleben in der fremden Umgebung. Soweit es die ökonomischen Mittel gestatteten, wurden Ateliers gegründet, in freier Arbeit Sujets gestaltet, Dokumentationen und Bildberichte erstellt, in der Hoffnung auf Ankauf durch Bildagenten oder illustrierte Zeitungen. Neben der Praxis als Fotojournalist, Reisefotograf oder Portraitist ergaben sich auch Lehrtätigkeiten. Bei alledem waren Gelegenheitsarbeiten als zusätzlicher Broterwerb nicht unüblich. Neue kulturelle Milieus und andersartige Berufsfelder schufen einerseits Zugangsprobleme zum Kunst- oder Medienmarkt des jeweiligen Zufluchtslandes, andererseits boten sie, insbesondere in den Vereinigten Staaten, neuartige Karrierechancen.

Über Remigranten ist bislang wenig bekannt. Werner Graeff kehrte 1950 zurück, John Heartfield ließ sich im gleichen Jahr in der früheren DDR nieder. Irene Bayer war von 1945–47 Mitarbeiterin der amerikanischen Militärverwaltung in München, sie kehrte wieder in die USA zurück. Walter Peterhans kam seit 1953 über Jahre hinweg zu Gastdozenturen in die Bundesrepublik. Auch bezüglich der Rückkehrer sind grundlegende Nachforschungen erforderlich.

Die Notwendigkeit der Grundlagenforschung zur Fotografie des Exils wurde bereits mehrfach angemahnt. In gleichem Maße wichtig wäre die Beschäftigung mit weiterführenden Aspekten wie Studien über deutsche bzw. europäische Einflüsse auf die Bildkultur, auf den optischen Alltag diverser Aufnahmeländer. Die über Einzelbeispiele hinausgehende Untersuchung interkultureller Prozesse der Lebens- und Arbeitswirklichkeit der exilierten Fotografen würde auch Aufschluß über eventuell gewandelte Arbeitstechniken und angepaßte Kommunikationsstrukturen geben. Wünschenswert scheint daher die Erforschung der Wirkungsgeschichte der Fotografie des Exils, so z.B. der bemerkenswerte Kulturtransfer von Amerika in das Deutschland der Nachkriegszeit. Umfangreiche, interdisziplinäre Untersuchungsfelder böten zudem Fragestellungen nach exilspezifischen Motiven, Leistungen und Impulsen. Siegfried Kracauers Theorien zu Fotografie und Geschichte als Mittel der Entfremdung weisen in diese Richtung.

Literatur

Auer, Michèle, and Michel Auer, Eds. (1985): Encyclopédie Internationale des Photographes de 1839 à nos jours/Photographers Encyclopedia International 1839 to the present, Hermance.
Baqué, Dominique (1993): Les documents de la modernité. Anthologie de textes sur la photographie de 1919 à 1939, Paris.
Beckers, Marion, u. Elisabeth Moortgat (1997): Atelier Lotte Jacobi Berlin New York, Ausst.-Kat., Berlin.
Bertonati, Emilio (1978): Das experimentelle Photo in Deutschland 1918–1940, München.
Bing, Ilse (1987): Paris 1931–1952, Ausst.-Kat., Paris.
Biographisches Handbuch der deutschsprachigen Emigration nach 1933/International Biographical Dictionary of Central European Emigrés 1933–1945 (1980–1983), hrsg. vom Institut für Zeitgeschichte, München, u. von der Research Foundation for Jewish Immigration, New York, unter der Gesamtleitung von Herbert A. Strauss u. Werner Röder, 3 Bde., München u.a.
Blumenfeld, Erwin (1988): Durch tausendjährige Zeit, Berlin.
Bool, Flip, Veronica Hekking, Oscar van der Wijk, Eds. (1996): Erich Salomon, emigrant in Holland, Peter Hunter, emigrant in London, Ausst.-Kat., Amsterdam.
Breitenbach, Josef (1996): Photographien, hrsg. von T.O. Immisch, Ausst.-Kat., München, S. 76 ff.
Browne, Turner, and Elaine Partnow, Eds. (1982): Macmillan Biographical Encyclopedia of Photographic Artists & Innovators, New York–London.
Bruns, Brigitte (1987): Die Fesseln des Blicks. Fotografinnen zwischen Weimarer Republik und Drittem Reich, in: Kairos 5/6, S. 71 ff.
Ennis, Helen (1997): Blue Hydrangeas: Four émigré photographers, in: Butler, Roger, Ed.: The Europeans: Emigré artists in Australia 1930–1960, Ausst.-Kat., Canberra, S. 102 ff.
Eskildsen, Ute, u. Jan-Christopher Horak, Hrsg. (1979): Film und Foto der zwanziger Jahre. Eine Betrachtung der Internationalen Werkbundausstellung „Film und Foto" 1929, Stuttgart.
Eskildsen, Ute, Hrsg. (1994): Fotografieren hieß teilnehmen. Fotografinnen der Weimarer Republik, Ausst.-Kat., Essen.
Ewing, William A. (1996): Blumenfeld. A fetish for beauty. Sein Gesamtwerk 1897–1969, Kilchberg/Zürich.
Fiedler, Jeannine, Hrsg. (1990): Fotografie am Bauhaus, Ausst.-Kat., Berlin.
Fotografie in Nederland 1920–1940 (1979), Ausst.-Kat., Den Haag.
Gisèle Freund, Fotografien 1932–1977 (1977), Ausst.-Kat., Bonn.
Frowein, Cordula, Hrsg. (1988): Emigriert. Grete Stern und Ellen Auerbach. Fotografien vor und nach 1933, Ausst.-Kat., Wuppertal.
Frowein, Cordula (1989): Mit Pinsel und Zeichenstift ins Exil, in: Widerstand und Exil 1933–1945, hrsg. von der Bundeszentrale für politische Bildung, Bonn, S. 185 ff.
Gilbert, George (1996): The Illustrated Worldwide Who's Who of Jews in Photography, New York.
Hambourg, Maria Morris, and Christopher Phillips, Eds. (1989): The New Vision. Photography Between the World Wars, Ausst.-Kat., New York.
Hekking, Veronika, u. Flip Bool (1995): De illegale camera 1940–1945. Nederlandse fotografie tijdens de Duitse bezetting, Naarden.
Hönig, Silke (1994): Heartfield, Schawinsky, Wols – Aspekte der Fotografie im Exil, MA, Karlsruhe.
Honnef, Klaus, u. Frank Weyers, Hrsg. (1997): Und sie haben Deutschland verlassen ... müssen. Fotografen und ihre Bilder 1928–1997, Ausst.-Kat., Köln.
Kerbs, Diethart, Walter Uka u. Brigitte Walz-Richter, Hrsg. (1983): Die Gleichschaltung der Bilder. Zur Geschichte der Pressefotografie 1930–1936, Berlin.
Kräussl, Lothar (1992): Fotografie zwischen Handwerk, Kunsthandwerk und Kunst. Die Geschichte und Entwicklung der Gesellschaft Deutscher Lichtbildner seit 1919, Stuttgart.
Maywald, Willy (1985): Die Splitter des Spiegels. Eine illustrierte Autobiographie, München.
Milton, Sybil (1986): The Refugee Photographers, 1933–1945, in: Pfanner, Helmut F., Hrsg.: Kulturelle

Wechselbeziehungen im Exil – Exile across Cultures, Bonn, S. 279 ff.

Mittenzwei, Werner, u. a., Hrsg. (1978 ff.): Kunst und Literatur im antifaschistischen Exil 1933–1945, 7 Bde., Leipzig.

Molderings, Herbert (1988): Fotografie in der Weimarer Republik, Berlin.

Olbrich, Harald (1965): Zur künstlerischen und kulturpolitischen Leistung deutscher bildender Künstler im Exil 1933 bis 1945, mit besonderer Berücksichtigung der Emigration in der Tschechoslowakei, 3 Bde., Diss., Leipzig.

Osman, Colin (1986): Der Einfluß deutscher Fotografen im Exil auf die britische Pressefotografie, in: Kunst im Exil in Großbritannien, Ausst.-Kat., Berlin, S. 83 ff.

Roussel, Hélène (1984): Die emigrierten deutschen Künstler in Frankreich und der Freie Künstlerbund, in: Exilforschung 2, S. 173 ff.

Schaber, Irme (1994): Gerta Taro. Fotoreporterin im spanischen Bürgerkrieg, Marburg.

Schneider, Sigrid (1990): Vermittler der künstlerischen Avantgarde: der Fotograf Hans Namuth im Exil, in: Stephan, Alexander, Hrsg.: Exil. Literatur und die Künste nach 1933, Bonn, S. 215 ff.

Schneider, Sigrid (1992): Mit dem Wort als Waffe. Deutschsprachige Publizistik im Exil, in: Böhne, Edith, u. Wolfgang Motzkau-Valeton, Hrsg.: Die Künste und die Wissenschaften im Exil 1933–1945, Gerlingen, S. 97 ff.

Serrano, Carlos (1987): Las Paradojas del Fotógrafo, in: Robert Capa. Cuadernos de Guerra en Espana, 1936–1939, Ausst.-Kat., Valencia, S. 11 ff.

Smith, C. Zoe (1986): Black Star Picture Agency: Life's European Connection, in: Journalism History 1, S. 19 ff.

Tomes, Jan M. (1992): John Heartfield und der Künstlerverein Mánes, in: Becher, Peter, u. Peter Heumos, Hrsg.: Drehscheibe Prag. Zur deutschen Emigration in der Tschechoslowakei 1933–1939, München, S. 65 ff.

Übersee. Flucht und Emigration österreichischer Fotografen 1920–1940 (1998), hrsg. von Anna Auer u. der Kunsthalle Wien, Ausst.-Kat., Wien.

Westerbeck, Colin, and Joel Meyerowitz (1994): Bystander. A History of Street Photography, London.

Widerstand statt Anpassung (1980). Deutsche Kunst im Widerstand gegen den Faschismus, 1933–1945, Ausst.-Kat., Berlin.

Kinder- und Jugendliteratur

Dirk Krüger

Unter den nach 1933 in das Exil getriebenen Schriftstellern befand sich auch eine Gruppe von Kinder- und Jugendbuchautorinnen und -autoren. Ihre Schicksale und ihre im Exil entstandenen Kinder- und Jugendbücher fanden erst spät Eingang in den Kanon der Exilforschung, obwohl Franz Carl Weiskopf bereits unmittelbar nach 1945 in ihren Werken einen eigenständigen „Themenkreis der Exilliteratur" gesehen hatte. Die Situation dieser Autorengruppe im Exil gestaltete sich nach 1933 besonders schwierig. Weiskopf bemerkt: „Von den Erwachsenen, die in die Verbannung gehen mußten, blieben die meisten der Muttersprache wenigstens insoweit treu, daß sie fortfuhren, deutsche Bücher zu lesen. Bei den Kindern lagen die Dinge anders. Sie besuchten die Schule im Asylland, sie spielten mit fremdsprachigen Freunden, sie vergaßen sehr oft die Sprache ihrer Heimat. Aus diesen Gründen hatten es die Autoren von Kinder- und Jugendliteratur im Exil ganz besonders schwer" (Weiskopf 1948, S. 100).

Die Autoren und Autorinnen von Kinder- und Jugendliteratur waren zudem auf die verschiedenen Exilzentren verstreut, damit zusätzlich isoliert und folglich mit ihren spezifischen Schaffensproblemen im Exil weitgehend auf sich selbst gestellt. Diskussionen um das Kinder- und Jugendbuch blieben während der ganzen Zeit des Exils Marginalien. Eine geplante eigenständige Arbeitsgruppe zu dieser Literatur auf dem 1. Internationalen Schriftstellerkongreß zur Verteidigung der Kultur 1935 wurde beispielsweise nicht realisiert. Diese Autorengruppe stand deshalb vor der Wahl, so weiterzumachen wie vor dem Exil oder sich zu orientieren an den Diskussionen, die zur Exilliteratur allgemein geführt wurden. In dieser schwierigen Situation haben sie es dennoch vermocht, erste Überlegungen zu einer eigenständigen Ästhetik der Kinder- und Jugendliteratur des Exils zu formulieren. Von zentraler Bedeutung wurde dabei ein Beitrag zur Kinder- und Jugendliteratur des Exils von Alex Wedding im Heft 4/5 im April-Mai 1937 in der Zeitschrift *Das Wort*. Auch auf das Exilwerk der Kinder- und Jugendbuchautorinnen und -autoren trifft die Feststellung Weiskopfs zu: „Die Arbeits- und Lebensbedingungen des Exils waren dem literarischen Experiment, der formalen Neuerung nicht günstig. Trotzdem finden wir beides im Schaffen exilierter Schriftsteller" (Weiskopf 1948, S. 109).

Folglich entwickelte sich ihre Literatur zwischen Kontinuität und Innovation. Kontinuität insofern, als es galt, das Kind in der gesellschaftlichen Determiniertheit zu zeigen, zeitgeschichtliche Themen im Kinder- und Jugendbuch zu gestalten, Erziehung und Bildung und ihren emanzipatorischen Gehalt und ihre Bedeutung für Kinder und Jugendliche zu erhalten. Innovation insofern, als es galt, in den neuen realen Lebensgegebenheiten des Exils Orientierungshilfen zu geben, neue Fragestellungen und Herausforderungen zu thematisieren, solidarisches und antifaschistisches Handeln zu befördern, historische Stoffe aufzugreifen, um daraus positive Analogien zu entwickeln, besonders mit Blick auf eine Zukunft nach dem Faschismus.

Unter den im Exil schreibenden Autorinnen und Autoren finden sich solche, die ausschließlich Literatur für Kinder und Jugendliche produzierten (Lisa Tetzner, Ruth Rewald, Alex Wedding, Auguste Lazar). Andere schrieben vorwiegend für Erwachsene, aber auch für Kinder und Jugendliche (Bertolt Brecht, Erich Weinert, Johannes R. Becher, Friedrich Wolf, Anna Seghers, Willi Bredel, Maria Osten). Dazu zählen auch Autoren, die der „inneren Emigration" zuzurechnen sind (Hans Fallada, Ehm Welk, Erich Kästner). Der allgemein verwendete Begriff Kinder- und Jugendliteratur verdeckt die Tatsache, daß sich unter den im Exil entstandenen Büchern solche finden, die vorwiegend für Kinder gedacht waren (Mascha Kalékos *Papagei und Mamagei* und *Wie's auf dem Mond zugeht*, Anna Maria Jokls *Die wirklichen Wunder des Basilius Knox*, Erika Manns *Zehn jagen Mr. X*), solche, die sich vorwiegend an Jugendliche wandten (Kurt Klaebers *Die Rote Zora und ihre Bande*, Walter Schönstedts *Auf der Flucht erschossen*, Hermynia Zur Mühlens *Unsere Töchter, die Nazinen*, Adrienne Thomas' *Andrea* und *Victoria*, Kurt Löwensteins *Karl Marx. Erzählt für unsere Jugend*) sowie solche, die sich gleichermaßen an Jugendliche und Erwachsene wandten (Maria Leitners *Elisabeth, ein Hitlermädchen*, Anna Gmeyners *Manja*).

In der Kinder- und Jugendliteratur des Exils sind, wie in der Literatur des Exils für Erwachsene auch, die drei „Naturformen der Poesie" (Goethe) Lyrik (Bertolt Brecht, Mascha Kaléko u. a.), Epik (Max Zimmering, Irmgard Keun, Oskar Seidlin, Richard Plant, Irmgard Faber du Faur, Elsa Margot Hinzelmann u. a.) und Dramatik (Margarete Steffin u. a.) vertreten, die wiederum in zahlreiche Gattungsformen aufgespalten vorgelegt wurden. Ebenso gilt ein breites Themenspektrum. Auffällig ist, daß im Gegensatz zur Erwachsenenliteratur fast keine Themen „mitgenommen" wurden, die bereits in der Zeit vor 1933 Gegenstand literarischer Produktionen waren, wie etwa das Milieu der Arbeiter und ihrer Kinder. Gemeinsam mit der Erwachsenenliteratur ist der Kinder- und Jugendliteratur dieser Zeit allerdings eine vorherrschende realistisch-auktoriale Erzählsituation.

Bereits im Jahre 1934 machte Ruth Rewald in ihrem Buch *Janko. Der Junge aus Mexiko* erstmalig das Exil zum Thema eines Buches für Kinder und Jugendliche. In der abenteuerlichen Geschichte des mexikanisch-indianischen Jungen Janko, der in eine deutsche Kleinstadt verschlagen wird, dort seine neue Situation vor allem im Schulalltag erlebt, später nach Mexiko zurückkehrt und dort Lehrer wird, gestaltet sie eine ganz eigenständige, indirekte und deswegen besonders kindgerechte poetische Verarbeitung der Erfahrung Exil. Ihr gestalterischer Ansatz begreift das Exil als eine Möglichkeit der Begegnung mit einem anderen Kulturkreis, als gegenseitige fruchtbare, produktive und schöpferische Auseinandersetzung. Bei aller Bedrohlichkeit, die das Exil auszeichnet, geht es ihr darum, Optimismus zu erzeugen und dazu zu motivieren, selbst tätig zu werden, die neue Situation zu meistern. Im Gegensatz dazu gestalten Irmgard Keun (*Kind aller Länder* und *D-Zug dritter Klasse*) und Lisa Tetzner (*Die Kinder aus Nummer 67*, Bd. 3, *Erwin kommt nach Schweden*) den Gang ihrer Helden in das Exil und den Exilalltag direkt, „realistisch", verbunden also mit einem hohen Grad an Authentizität. Das Exil hat bei Lisa Tetzner die Funktion eines notwendigen, ereignisreichen Hintergrundes, vor dem sie eine Fülle wichtiger Themen behandeln kann. Es ist eine Art permanenter Bewährungssituation für menschliches Verhalten und Handeln. Ruth Rewald wählt dagegen eine mehr zeitlose, legendenhafte Handlung, deren Zeitbezogenheit sich allenfalls assoziativ erschließt und die das Exil als bedeutsame Daseinsform für die eigene Bewährung und Entwicklung anlegt.

Wir verdanken Alex Wedding die Hinwendung zum historischen Roman in der Kinder- und Jugendliteratur. Das Thema Exil ist folglich nicht Gegenstand ihrer Bücher *Die Fahne des Pfeiferhänsleins* und *Söldner ohne Sold* (seit 1951 unter dem Titel *Das große Abenteuer des Kaspar Schmeck*). Ihr geht es neben der Absicht, positive Beispiele aus der Geschichte für die antifaschistische Erziehung nutzbar zu machen, auch darum, aus der Auseinandersetzung mit historischen Tatsachen und Ereignissen eine historisch-materialistische Geschichtsauffassung zu befördern und positive Analogien daraus für die Gegenwart und Zukunft zu entwickeln. Einzuordnen sind in diesen Kontext auch die sechs historischen Erzählungen aus der Französischen Revolution von Willi Bredel, die, unvollständig, 1940 in Moskau unter dem Titel *Der Kommissar am Rhein* erschienen, sowie auf seine romanhafte Erzählung *Die Vitalienbrüder*, die 1940 in seinem Pariser Exil entstanden ist und in der der Kampf von Klaus Störtebeker thematisiert wird. Literarisch interessant ist daran die gelungene Kombination von informativer geschichtlicher Darstellung mit starken emotionalen Abschnitten.

In zahlreichen Kinder- und Jugendbüchern des Exils wird der Versuch unternommen, die inneren Machtmechanismen des Faschismus offenzulegen, seine Fähigkeit, große Teile der Jugend für sich zu gewinnen, darzustellen und zu erklären sowie Menschen zu porträtieren, die ohne Erfolg oder erfolgreich dagegen kämpften. Walter Schönstedt legte mit seinem Buch *Auf der Flucht erschossen*, 1934 in Paris und in Moskau erschienen, das erste Kinder- und Jugendbuch vor, das sich mit dieser Thematik beschäftigt. Darin schildert er den Weg des Arbeiterjungen Albert Scheffler, der der Demagogie Hitlers erliegt und als Mitglied in der SA an Terroraktionen beteiligt ist, sich später aber unter dem Eindruck der Realitäten wieder abwendet und zu einem aktiven Antifaschisten wird. Er verhilft einem Lagerinsassen zur Flucht aus dem KZ Oranienburg. Eine solche Thematik war zu dem Zeitpunkt in der Kinder- und Jugendliteratur neu, wurde danach aber Gegenstand zahlreicher Kinder- und Jugendbücher. Hermynia Zur Mühlen wählte drei Mädchen unterschiedlicher sozialer Herkunft zum Ausgangspunkt ihres Buches *Unsere Töchter, die Nazinen*. Sie schildert darin außerordentlich subtil die „Machtergreifung" über die drei Mädchen durch den Nationalsozialismus und die schließliche Befreiung zweier dieser Mädchen durch den entschiedenen Einsatz ihrer Mütter. Lisa Tetzners *Die Kinder aus Nummer 67*, Maria Leitners *Roman der deutschen Jugend, Elisabeth, ein Hitlermädchen*, Anna Gmeyners *Manja* sowie Auguste Lazars *Jan auf der Zille* sind weitere Beispiele für das Bemühen der Kinder- und Jugendbuchautorinnen und -autoren, die Ereignisse im nationalsozialistischen Deutschland der Jugend im Exil zu erklären und sie als Mitstreiter im Kampf gegen den Faschismus zu gewinnen.

Ein weiteres, sehr ausführlich dokumentiertes Thema ist das der Einheitsfront, des Arbeiterkampfes gegen den Faschismus, der Arbeitersolidarität, der Solidarität ganz allgemein, die Antizipation einer neuen Gesellschaftsordnung. Erika Mann läßt in ihrem 1942 in englischer Sprache geschriebenen Buch *A Gang of Ten* (deutsch 1990 *Zehn jagen Mr. X*) sechs Kinder aus den im Krieg befindlichen oder besetzten Ländern auftreten: Björn, den Norweger, George, den Briten, Iwan, den Russen, Madeleine, die Französin, Rombout, den Niederländer und Tschutschu, die Chinesin. Zu ihnen gesellen sich vier einheimische Kinder. Sie jagen in einer kalifornischen Kleinstadt erfolgreich einen faschistischen Spion. Dabei hat jedes Kind seine eigene Geschichte zu erzählen – meist eine traurige. Max Zimmering beschreibt in seinem Buch *Die Jagd nach dem Stiefel* einen politischen Mord. Vereint in der Kindergruppe mit dem Namen „Rotschlips" sind die Arbeiterjungen Paul Karst und Jack Büttner, deren Väter Kommunisten und Arbeiter sind, sowie Erich Gemse, den man „Falkenauge" nennt, weil er zu den Roten Falken, einer sozialdemokratischen Kindergruppe, gehört, die jüdischen Zwillinge Fanny und Rosel Goldberg, deren Vater Schneidermeister ist, und die „dickliche" Gerda Rost. Ihrem vereinten Handeln gelingt es, den Täter zu überführen. Thematisch weniger vordergründig ist das im Schweizer Exil entstandene und 1941 veröffentlichte Buch *Die Rote Zora und ihre Bande*. Der Autor Kurt Klaeber (Pseud. Kurt Held) entwickelt darin aus der Gegenüberstellung einer Gruppe elternloser, sich selbst überlassener Kinder und einer Gruppe von Gymnasiasten den grundsätzlichen Konflikt von arm und reich. Inhumanität der Herrschenden und solidarisches Handeln sozial Unterprivilegierter treten als Gegensatz deutlich hervor, ohne allerdings die tieferen gesellschaftlichen Ursachen dafür herauszuarbeiten. In diese breite Themenpalette eingebunden ist auch das klassisch sozialistische Kinderbuch *Sally Bleistift in Amerika* von Auguste Lazar. In der Person der alten jüdischen Kleiderhändlerin Sally Bleistift, die vor den Judenpogromen in ihrer russischen Heimat nach Amerika flieht, sich dort um ihre Enkelin kümmert und zusätzlich noch den Indianerjungen Redjacket und den Negerjungen John Brown bei sich aufnimmt, formuliert sie ihren Appell zur Überwindung von Klassen- und Rassenvorurteilen. Maria Osten vergleicht in ihrem Buch *Hubert im Wunderland* die Lebensverhältnisse des von ihr adoptierten saarländischen Bergarbeiterjungen mit denen in der Sowjetunion und gestaltet damit die oft dichotomisch geratene Konfrontation zweier gesellschaftlicher Systeme. Auffallend an diesem Buch ist, daß es mit zahlreichen Fotografien, Zeichnungen und Montagen, Tabellen und Statistiken illustriert ist.

Das war zu jener Zeit ungewöhnlich, fast avantgardistisch für ein Kinder- und Jugendbuch. Dadurch ist es praktisch zu einer Mischung aus Dokumentation und Fiktion, aus Sachbuch und Poesie geraten.

Eine Sonderstellung im Rahmen dieses Themenspektrums nimmt Lisa Tetzners Kinderodyssee *Die Kinder aus Nummer 67* ein. Sie selbst hat es als ihr „liebstes und wichtigstes" Werk bezeichnet (Humm u. a. 1966, S. 16). Es wird auch als „Zentralwerk" im Rahmen ihrer Kinder- und Jugendbücher bezeichnet (Doderer 1979, S. 521). Hansgeorg Meyer charakterisiert es als das „umfangreichste und lange Zeit am meisten beachtete Werk der bürgerlichen deutschen Kinderliteratur im Exil" (Meyer 1975, S. 84). Dieses Urteil ist auch heute noch stimmig und verweist auf die Bedeutung dieser Romanfolge nicht nur für die Kinder- und Jugendliteratur, sondern auch und besonders für die Exilliteratur allgemein. In dem Werk setzt sich Lisa Tetzer in einer neun Bücher umfassenden Romanfolge mit der Nazidiktatur und -barbarei auseinander. Die Leser erfahren darin eindrucksvoll von Arbeiterkinder- und Jugendschicksalen, Judenverfolgung, Exil, von Krieg, Zerstörung, Flucht und Tod. Aber auch von Heldentum, Solidarität, Widerstand und Standhaftigkeit. Haupthelden sind neben vielen anderen Personen die paradigmatisch angelegten Arbeiterjungen Erwin Brackmann und Paul Richter. Später kommt das jüdische Mädchen Mirjam Sabrowsky hinzu. Vor allem im Leben, in den Schicksalen dieser drei Kinder gestaltet sie die zeitgeschichtlichen und historischen Ereignisse und formuliert dabei ihre humanistische Botschaft: „Der Kriegsjugend zum Gedächtnis, der Nachkriegsjugend zur Mahnung" (Dyhrenfurth 1967, S. 294). Insgesamt gesehen muß noch heute die Odyssee als die gelungenste und komplexeste poetische Aufarbeitung des Endes von Weimar und der Zeit der faschistischen Schreckensherrschaft in all ihren wesentlichen Aspekten in einem Kinder- und Jugendbuch bezeichnet werden.

Ruth Rewald machte mit ihrem Buch *Vier spanische Jungen* (1938) den Spanischen Bürgerkrieg zum Gegenstand eines Kinder- und Jugendbuches. Es ist das einzige deutschsprachige zu diesem Thema geblieben. Sie stützt sich dabei auf eine wahre Begebenheit und auf dreimonatige Recherchen in Spanien selbst. Der Krieg hatte die deutsche und internationale demokratisch-antifaschistische Schriftstellergemeinschaft mobilisiert wie kein anderes Ereignis in dieser Zeit. Den gleichen Hintergrund wählt auch Friedrich Wolf in seiner bewegenden Hunde-Geschichte *Kiki*. Julius Ernst Lips gehörte dem Rat für ein Demokratisches Deutschland an und schrieb für eine geplante Schulbuchreihe für die Nachkriegszeit das Buch *Geschichte der Völker ohne geschriebene Geschichte*. Ein letzter Themenkreis rankt sich um die Stichworte Tier – Abenteuer – Freundschaft – Spaß – märchenhafte Erzählungen. Hier sind vor allem zu nennen Adrienne Thomas mit ihren beiden Büchern *Andrea* und *Victoria*. Beides sind Bücher der Kameradschaft, des tiefen wahren Erlebens, voll warmer menschlicher Empfindungen, in denen auch der Humor eine wichtige Rolle spielt. Zu beachten ist auch Felix Salten, der 1923 mit seiner Bambi-Tiergeschichte einen großen Erfolg hatte, die später in seinem Exil in den USA von Walt Disney verfilmt wurde. Im Exil schuf er einen zweiten Bambi-Band und weitere Tiergeschichten. Aus der Zeit des Exils sind von Mascha Kaléko vor allem zwei Bücher für Kinder zu nennen: *Papagei und Mamagei*, ein Buch, das sie den verspielten Kindern sämtlicher Jahrgänge gewidmet hat, denen es Freude macht, im Tierreich außer dem Kaka-du auch der Kaka-sie zu begegnen. Diese Verse offenbaren eine unnachahmliche Mischung von Verspieltheit und Humor – und zuweilen auch etwas Wehmut. Der Kinderlyrikband *Wie's auf dem Mond zugeht*, der erst 1971 veröffentlicht werden konnte, knüpft den Faden zu ihren Gedichten aus der Weimarer Zeit. Soziale und persönliche Fragestellungen werden nicht angesprochen. Sie sind im Reich der Phantasie angesiedelt, Wortspiele, eben „auf dem Mond". Ihre Berufung auf Albert Einstein soll dazu dienen, Schreiben im apolitischen Raum abzusichern und seine Meinung zu unterstützen, nach der Phantasie wichtiger ist als Wissen. Überwiegend einzuordnen in diesen Themenkreis sind auch die literarischen Arbeiten für Kinder und Jugendliche von Anna Seghers: das Hörspiel *Ein ganz langweiliges Zimmer* (1938), *Die schönsten Sagen vom Räuber Woynok* (1938) und (1941).

Die literarische Bilanz der exilierten Kinder- und Jugendbuchautorinnen und -autoren kann je nach Blickwinkel als bedeutend oder schmal bezeichnet werden. Der Überblick belegt die außerordentliche Vielfalt von literarischen Formen und Themen in der Kinder- und Jugendliteratur des Exils. Bei aller Vielfalt der literarischen Themen und Formen werden als überragende Grundmotive menschliche Freundschaft, Solidarität und Liebe zwischen Kindern, zwischen Erwachsenen und Kindern, zwischen Kindern und Erwachsenen aller Nationen erkennbar. Das wurde für die Kinder- und Jugendliteratur des Exils insgesamt, aber auch für einzelne Autorinnen und Autoren zu einem unverwechselbaren Charakteristikum. Ludwig Marcuse hattet das bereits 1936 in die prägnate Formulierung gebracht: „Es gibt sehr verschiedene Gegner des Faschismus: ihr Generalnenner ist ein Negativum. Doch es gibt, falls ich richtig sehe, nur eine einzige Zentralidee, in der alles wurzelt, was mehr als nur Gegen ist: die Idee der humanitas; die Idee der menschlichen Solidarität vor den Nöten auf dieser Erde; die Idee des Anrechts aller Menschen auf die Früchte dieses Sterns, die nicht *einem* Mann und nicht *einer* Gruppe und nicht *einer* Nation und nicht der weißen Rasse oder der gelben mehr gehören als einem anderen Mann und einer anderen Gruppe und einer anderen Nation und einer anderen Rasse" (Marcuse 1936, S.65f.). In diesem Sinne wurden die Kinder- und Jugendbücher des Exils humanistischer Protest und Alternative gegen die auf Rassenhaß, Unmenschlichkeit, Völkerfeindschaft und Kriegsbereitschaft zielende Kinder- und Jugendliteratur im nationalsozialistischen Deutschland. Darin liegt auch ihre aktuelle Bedeutung bis heute.

Seit 1990 hat sich zur Kinder- und Jugendliteratur des Exils eine zunehmende Forschung etabliert, die in einer Diskussions-, Ausstellungs- und Editionstätigkeit ihre Entsprechung hat (Krüger 1990). Sie konnte sich auf wichtige Ergebnisse und Einzelstudien der Exil-, Kinder- und Jugendbuchforschung der DDR stützen, die zahlreiche im Exil entstandene Kinder- und Jugendbücher neu oder erstmalig verlegt und damit einem breiten kindlichen und jugendlichen Lesepublikum erschlossen hat. In der Bundesrepublik lagen die Dinge anders. Auf die aufschlußreiche Wirkungsgeschichte der Romanfolge *Die Kinder aus Nr. 67* von Lisa Tetzner muß verwiesen werden (Krüger 1990, S.146ff.). Aber auch hier haben sich inzwischen positive Veränderungen vollzogen. Das Interesse in der aktuellen Diskussion konzentriert sich zunehmend auf die Frage, wie dieser Teil der Exilliteratur für das heutige Lesepublikum erschlossen werden kann. Unumstritten ist, daß nicht alle Bücher aus jener Zeit heute wiederveröffentlicht werden sollten, können und müssen. Dennoch verbleibt ein nicht unbeträchtlicher Teil, der es verdient hätte, nicht nur aus literarisch-historischem Interesse neu oder erstmalig verlegt zu werden. Bücher zu Themen, die auch heute und in der Zukunft Kinder und Jugendliche beschäftigen, sind damit angesprochen: der Umgang mit Minderheiten, Ausländern und Asylsuchenden, Kinderarbeit und Kinderausbeutung in der „Dritten Welt", Krieg und Frieden, Abenteuer und Spannung, Freundschaft, Liebe und Vertrauen, Geschichte und Geschichten. Damit verbunden ist allerdings das Problem des Duktus von Sprache und Handlung, der den heutigen Lesegewohnheiten von Kinder und Jugendlichen entgegenzustehen scheint. Die Rolle, die diese Bücher in der DDR gespielt haben, verweist darauf, daß die gesellschaftlichen Rahmenbedingungen bei der Überwindung dieses Problems eine entscheidende Rolle spielen. Insgesamt verfügt die Forschung zur Exilliteratur wie zur Kinder- und Jugendliteratur bis heute über kein gesichertes empirisches Forschungsmaterial zum angesprochenen Problemkreis. Hierzu eröffnet sich ein weites Feld der Diskussion und Forschung.

Für die zukünftige Forschung ergeben sich die folgenden Desiderate: Die Kinder- und Jugendliteratur, die im Exil entstanden ist, muß zu einem selbstverständlichen Gegenstand im Rahmen der Forschungen zum Exil und seiner Literatur werden. Es gilt, sie eindeutig abzugrenzen gegenüber der Literatur für Kinder und Jugendliche, die im faschistischen Deutschland entstanden ist. Es müssen weiter unverwechselbare übergreifende Strukturmerkmale der Kinder- und Jugendliteratur des Exils herausgearbeitet werden. Der besondere Beitrag von Frauen zu dieser Literatur ist auch in Einzelstudien darzustellen. Die Exilliteraturforschung und die Kinder- und Jugendliteraturforschung bedürfen gesicherter empirischer Grundlagen. Daraus ergibt sich die Notwendigkeit intensiver wissenschaftlicher Diskussion und Zusammenarbeit zwischen der aktuellen Kinder- und Jugendliteraturforschung und der Exilliteraturforschung. Es sollten sich mehr Verlage ermutigt fühlen, Kinder- und Jugendbücher des Exils neu zu verlegen und durch gezielte Maßnahmen einem breiten Lesepublikum nahezubringen. Dabei geht es vor allem um die Frage, wie dieser Teil der Kinder- und Jugendliteratur als Lesestoff für die heutige Zeit erschlossen und wirksam gemacht werden kann.

Literatur

Baumgärtner, Alfred Clemens, Hrsg. (1980): Ansätze historischer Kinder- und Jugendbuchforschung, Baltmannsweiler.

Becker, Jörg, Hrsg. (1986): Die Diskussion um das Jugendbuch. Ein forschungsgeschichtlicher Überblick von 1890 bis heute, Darmstadt.

Budke, Petra, u. Jutta Schulze (1995): Schriftstellerinnen in Berlin 1871 bis 1945, Berlin.

Dahrendorf, Malte (1986): Jugendliteratur und Politik.

Gesellschaftliche Aspekte der Kinder- und Jugendliteratur, Frankfurt a. M.

Deutschsprachige Kinder- und Jugendliteratur der Arbeiterklasse von den Anfängen bis 1945 (o.J.). Eine Bibliographie, zusammengestellt von Heinz Wegehaupt, Berlin.

Dick, Jutta, u. Marina Sassenberg, Hrsg. (1993): Jüdische Frauen im 19. und 20. Jahrhundert, Reinbek.

Doderer, Klaus, Hrsg. (1975 ff.): Lexikon der Kinder- und Jugendliteratur. Personen-, Länder- und Sachartikel zu Geschichte und Gegenwart der Kinder- und Jugendliteratur, 3 Bde. u. ein Ergänzungs- u. Registerband, Weinheim–Basel.

Dyhrenfurth, Irene (1967): Geschichte des deutschen Jugendbuches, Zürich–Freiburg i. Br.

Exilforschung (1993). Ein internationales Jahrbuch, Bd. 11: Frauen und Exil. Zwischen Anpassung und Selbstbehauptung, München.

Grebe, Wolfgang (1973): Erziehung zur Solidarität. Grundlagen und Möglichkeiten politischer Emanzipation, Wiesbaden.

Haas, Gerhard, Hrsg. (1974): Kinder- und Jugendliteratur. Zur Typologie und Funktion einer literarischen Gattung, Stuttgart.

Haas, Gerhard, Hrsg. (1984): Kinder- und Jugendliteratur. Ein Handbuch, Stuttgart.

Humm, Werner, u. a., Hrsg. (1966): Das Märchen und Lisa Tetzner. Ein Lebensbild, Aarau–Frankfurt a. M.

Kinder- und Jugendliteratur im Exil 1933–1950 (1995). Mit einem Anhang Jüdische Kinder- und Jugendliteratur in Deutschland 1933–1938, Ausst.-Kat., Leipzig.

Kaminski, Winfred (1987): Einführung in die Kinder- und Jugendliteratur. Literarische Phantasie und gesellschaftliche Wirklichkeit, Weinheim–München.

Krüger, Dirk (1990): Die deutsch-jüdische Kinder- und Jugendbuchautorin Ruth Rewald und die Kinder- und Jugendliteratur im Exil, Frankfurt a. M.

Kunze, Horst, u. Heinz Wegehaupt (1985): Spiegel proletarischer Kinder- und Jugendliteratur 1870–1936, Berlin.

Loewy, Ernst, Hrsg. (1981/82): Exil. Literarische und politische Texte aus dem deutschen Exil 1933–1945, 2 Bde., Frankfurt a. M.

Marcuse, Ludwig (1936): Der Fall Humanismus, in: Das Wort 1, S. 65 f.

Meyer, Hansgeorg (1975): Die deutsche Kinder- und Jugendliteratur 1933 bis 1945. Ein Versuch über die Entwicklungslinien, Berlin.

Richter, Dieter, Hrsg. (1973): Das politische Kinderbuch. Eine aktuelle historische Dokumentation, Darmstadt–Neuwied.

Wall, Renate (1995): Lexikon deutschsprachiger Schriftstellerinnen im Exil 1933–1945, 2 Bde., Freiburg i. Br.

Weiskopf, Franz Carl (1948): Unter fremden Himmeln. Ein Abriß der deutschen Literatur im Exil 1933–1947, Berlin.

Kulturelle Organisationen

DIETER SCHILLER

Im Mai 1933 klagte Ernst Toller auf dem Internationalen PEN-Kongreß in Ragusa die Gleichschaltung der kulturellen Institutionen der Weimarer Republik, die Verbote, Verfolgungen, Mißhandlungen in Deutschland an und forderte von den reichsdeutschen Delegierten Rechenschaft, was der deutsche PEN-Club dagegen getan habe. Diese verließen den Kongreß, im November trennte sich die reichsdeutsche Gruppe von der internationalen Organisation. Das veranlaßte namhafte Autoren im Exil, eine autonome PEN-Gruppe zu gründen, die auf dem PEN-Kongreß 1934 als Deutsche Gruppe anerkannt wurde. Treibende Kraft war der linksliberale Publizist und Anwalt Rudolf Olden, der bis 1940 als Sekretär des Exil-Pen fungierte. Zwar hielt er nicht viel von Vereinen, sah aber in der lockeren Vereinigung eine Chance zur Sammlung der Versprengten. Aufgenommen wurden nur ehemalige PEN-Mitglieder, das mußte als Legitimation genügen; Generalversammlungen konnten unter den Exilbedingungen nicht stattfinden. Für ihre Mitglieder konnte die Gruppe wenig leisten außer der „alljährlichen Vertretung bei dem Kongreß" (Der deutsche PEN-Club im Exil 1980, S. 218), eine der seltenen Gelegenheiten, der Stimme der Exilierten in der internationalen Presse Aufmerksamkeit zu verschaffen.

Olden bewältigte die Organisationsarbeit ohne jeden Apparat. Als Vorsitzenden der Gruppe hatte er Heinrich Mann gewonnen, dessen Autorität wichtig, dessen Rat wertvoll, dessen praktische Mitarbeit aber minimal war. Nicht einmal dem Drängen Oldens, auf einem der Kongresse als deutscher Delegierter zu sprechen, ist er nachgekommen – teils wegen Überlastung, teils aber auch, weil der Internationale PEN-Club als unpolitische Vereinigung sich nur mühsam zu der Erkenntnis durchrang, daß seine Prinzipien nur politisch verteidigt werden konnten. Dank Oldens Bemühungen war die deutsche Anti-Nazi-Literatur auf allen PEN-Kongressen präsent. Auf dem New Yorker Weltkongreß der

Schriftsteller im Mai 1939 gehörten erstmals Probleme des Exils zum offiziellen Tagungsprogramm.

Viele der vertriebenen und über viele Länder versprengten Autoren fühlten sich verpflichtet, der Gleichschaltung im Dritten Reich moralisch wie materiell entgegenzutreten. Schon im Juni 1933 regte Stefan Zweig eine Aussprache prominenter Schriftsteller an, um „unsere gemeinsame moralische Haltung festzulegen" und sie in einem Manifest oder einer „kameradschaftlichen Vereinigung" zu bekräftigen. Die „abgetrennten Autoren" sollten so der Zersplitterung von Zeitschriften und Verlagen im Exil entgegenwirken und als „eine Weltmacht" auftreten (Klaus Mann 1987, S. 101 f.).

Solchen Überlegungen kam das Bemühen von Hubertus Prinz zu Löwenstein am nächsten, mit Unterstützung amerikanischer Förderer wie Oswald Garrison Villard die American Guild for German Cultural Freedom zu schaffen, um „die Freiheit und den Fortbestand einer parteienmäßig nicht gebundenen deutschen künstlerischen und wissenschaftlichen Kultur" außerhalb des Hitlerreiches zu sichern (Deutsche Intellektuelle im Exil 1993, S. 79). Dazu sollten eine Deutsche Akademie der Künste und Wissenschaften im Exil gegründet und die Veröffentlichung und Verbreitung der besten Werke der exilierten Schriftsteller, Künstler und Wissenschaftler gefördert werden. Das Gründungsdinner mit „fund raising" fand im April 1936 in Hollywood, die konstituierende Sitzung im Juni in New York statt. Ein Board of Directors und ein Board of Sponsors wurde gebildet, als Generalsekretär der Guild fungierte Hubertus Prinz zu Löwenstein, unterstützt u. a. durch seinen Freund Volkmar von Zühlsdorf. Eine Fragebogenaktion zeigte, daß Stipendien und Arbeitsbeihilfen die Existenzgrundlagen der Träger der verbannten deutschen Kultur am effektivsten sichern konnten. Anfang 1938 wurden erste Arbeitsstipendien vergeben, in der Regel 30–50 Dollar monatlich, soweit die Spenden der Sponsoren reichten. Für viele Empfänger war diese Hilfe einziger Lebensunterhalt. Die Mitglieder des Senats der Deutschen Akademie – Präsidenten waren Thomas Mann und Sigmund Freud – wirkten als Gutachter. Seit Herbst 1938 und vor allem nach Kriegsbeginn bemühte sich die Guild um die Rettung gefährdeter und die Freilassung internierter Intellektueller aus Europa. Doch die Hauptlast dieser Anstrengungen lag bei den Hilfsorganisationen (→ FLUCHTHILFE). Die Guild geriet – auch wegen politischer Differenzen – in eine Krise und wurde im Dezember 1940 aufgelöst.

Die materielle und moralische Unterstützung der Emigranten aus Hitlerdeutschland erforderte Zusammenschlüsse. Die Erwartung, ins Reich hineinwirken, und der Anspruch, im Ausland das bessere Deutschland repräsentieren zu können, verstärkten das Bedürfnis nach Organisation selbst unter politisch weniger engagierten Intellektuellen. Im Unterschied zu politischen Parteien und Gruppierungen kam dabei einer überparteilichen Interessenvertretung große Bedeutung zu. Seit Mai 1933 organisierten emigrierte Schriftsteller in Paris – als Antwort auf die Gleichschaltung des reichsdeutschen Schutzverbandes – den Schutzverband deutscher Schriftsteller im Exil (SDS). Er war gedacht als „repräsentative gewerkschaftliche Vertretung" für „alle Angehörigen des deutschen Schrifttums, die auf Grund freiheitlicher und fortschrittlicher Anschauungen nicht mit dem Hitlerfaschismus paktiert haben" (Schiller 1988, S. 174). Doch wurde der Verband nach seiner offiziellen Gründung im Oktober 1933 bald zur wichtigsten Kulturorganisation für Emigranten im französischen Asyl. Das unterschied ihn vom SDS in der → TSCHECHOSLOWAKEI, der deutschsprachige Autoren der ČSR erfaßte und politisch neutral blieb. Der Prager Bert-Brecht-Klub dagegen kam unter Leitung von Franz Carl Weiskopf und Wieland Herzfelde den Zielen und der Arbeitsweise – freilich nicht der Wirkung – des Pariser Verbands nahe. Bildende Künstler im tschechoslowakischen Exil vereinigte der Oskar-Kokoschka-Bund (→ BILDENDE KUNST).

Die Sektion Frankreich des SDS im Exil, wie sich die Pariser Gründung in Hoffnung auf weitere Sektionsgründungen nannte, verstand sich als ein antifaschistischer „Kampfbund", der „alle ... Strömungen sammeln und vereinigen" sollte. Doch besaßen die Pariser Mitglieder des Bundes proletarisch-revolutionärer Schriftsteller (BPRS) bedeutenden Einfluß im SDS im Exil. Sie veranlaßten die Wahl Heinrich Manns zum Ehrenpräsidenten, setzten eine Reorganisation durch und besetzten Schlüsselpositionen des Verbandes. Die starke Politisierung im Zeichen der Bemühungen um eine deutsche Volksfront sahen manche nichtkommunistische Mitglieder mit Mißbehagen und vermerkten kritisch, der Verband treibe „unter Ausschluß der französischen Öffentlichkeit so etwas wie marxistische Inzucht". Dennoch war er keine kommunistische Tarnorganisation, er wurde von der Mehrzahl seiner ca. 150 Mitglieder als eine „Einheitsorganisation" begriffen (Schiller 1988, S. 176 ff.). Ein breites Spektrum politischer und literarischer Positionen kam im Schutzverband zur Wirkung, freilich blieb eine kritische

Haltung zur Sowjetunion verpönt und eine Tendenz zum „Kurzschluß in die Politik" (Alfred Döblin) ist in der Veranstaltungspraxis unverkennbar.

Als Vorsitzender des SDS fungierte der parteilose Rudolf Leonhard, Generalsekretär war Alfred Kantorowicz, zugleich Leiter der Deutschen Freiheits-Bibliothek in Paris. Die laufende Sekretariatsarbeit lag zuerst in den Händen von David Luschnat, später von Ernst Leonard, Max Schroeder, Bruno Frei und Wolf Franck. Mit regelmäßigen Autorenabenden und Vortragsveranstaltungen, aber auch Kundgebungen und Gedächtnisfeiern wurde der SDS „eins der Kraftzentren der deutschen Emigration" (Leonhard 1938, S. 1454). Er widmete sich der Förderung literarischen Nachwuchses und vergab sogar einen Heine-Preis. Für die illegale Arbeit nach Deutschland hinein wurden drei Hefte einer Zeitschrift *Der Schriftsteller* hergestellt, die über Literatur im Exil, über Schriftsteller im Spanienkrieg und über die Bilanz des Schutzverbands nach fünf Jahren Emigration berichteten. Eine umfangreiche Anthologie der Exilliteratur unter dem Tarntitel *Deutsch für Deutsche* wurde 1935 vom Carrefour Verlag gedruckt (→ Presse und Publizistik), sie ist jedoch nur unter Emigranten vertrieben worden und niemals nach Deutschland gelangt. Beachtliche Wirkung erreichten Ausstellungen, die gemeinsam mit der Deutschen Freiheits-Bibliothek gestaltet wurden, eine aus Anlaß des Internationalen Schriftstellerkongresses zur Verteidigung der Kultur in Paris über Bücherverbrennung, Widerstands- und Exilliteratur (1935) und eine andere während der Pariser Weltausstellung über das deutsche Buch in Paris 1837–1937 (1937).

Die Verbandsarbeit war rege (Betz 1986, S. 281 ff.), neben den regelmäßigen Montagabenden im Café Méphisto fanden Mitglieder- und Generalversammlungen statt. Die heftigen politischen Kontroversen in der Emigration während der Krise des Volksfrontausschusses in Paris (→ Volksfront für Deutschland) und im Gefolge der Affaire um das *Pariser Tageblatt* (Langkau-Alex 1988, S. 38 ff.), vor allem aber die Stellung zu den Moskauer Schauprozessen führten zum Austritt einer Reihe namhafter Mitglieder. Sie engagierten sich meist in Leopold Schwarzschilds Bund Freie Presse und Literatur, der im Juli 1937 in Paris unter der Sammelparole der Geistesfreiheit gegründet worden war. Politische Sonderziele vertrat dieser Bund nicht, was seine ca. 80 Mitglieder zusammenführte, war ihre Abneigung gegen parteipolitische Bevormundung, d. h. vor allem gegen den Einfluß kommunistischer Funktionäre und Institutionen innerhalb der Emigration. Der Hitler-Biograph Konrad Heiden und Alfred Döblin gehörten zu den führenden Köpfen, die organisatorische Arbeit und zeitweise sogar deren Finanzierung lag in den Händen der Schriftführerin Hilde Walter. Öffentlich wirksam geworden ist der Bund durch Autorenlesungen und Vorträge.

Trotz dieser Gegengründung blieb der SDS ein stabiler Faktor im kulturellen Leben der Pariser Emigration. Unter seinem Patronat kam es zur Aufführung zweier Brecht-Stücke und im Herbst 1938 gelang es, eine Deutsche Kulturwoche zu organisieren. In deren Verlauf wurde erstmals eine repräsentative Kollektivausstellung der ausgetriebenen bildenden Künstler gezeigt (Roussel 1984, S. 173 ff.), veranstaltet vom Freien Künstlerbund (FKB), der im April 1938 in Paris gegründet worden war (→ Bildende Kunst). Er trat für Freiheit und Unabhängigkeit des Kunstschaffens ein, konzentrierte sich aber auf künstlerische und wirtschaftliche Fragen. Ein Teil der Mitglieder wollte politische Themen ausgeklammert sehen, die führenden Köpfe des Künstlerbundes – die Maler Eugen Spiro, Gert Wollheim, Heinz Lohmar und der Kunstkritiker Paul Westheim, der auch das Mitteilungsblatt *Freie Kunst und Literatur* herausgab – hielten sich nicht unbedingt daran. Um ein einheitliches Vorgehen in kulturellen Angelegenheiten zu sichern, bildeten die in → Frankreich bestehenden volksfrontorientierten Kulturorganisationen – SDS, FKB, Verband deutscher Journalisten in der Emigration, Vereinigung Deutscher Bühnenangehöriger, Deutscher Volkschor und Freie Deutsche Hochschule – im Oktober 1938 einen Zweckverband, das Deutsche Kulturkartell (Schiller u. a. 1981, S. 272).

Zur überregionalen Schriftstellervereinigung wurde der SDS im Exil freilich nicht. Als Alfred Kantorowicz 1935 versuchte, für die Gewinnung von Mitgliedern in England zu werben, meinte Rudolf Olden ironisch, er scheine an einer „Organisitis chronica" erkrankt zu sein (Fischer 1988, S. 163). Solche Distanz erklärt sich aus der Skepsis gegenüber dem exiltypischen Gründungseifer, aber auch aus den unterschiedlichen Asylbedingungen in verschiedenen Ländern und nicht zuletzt aus der Befürchtung, für parteipolitische Ziele vereinnahmt zu werden. Man wußte, wie eng leitende Mitglieder des Pariser SDS an kommunistische Unternehmen des Münzenberg-Kreises (Gross 1991, S. 369 ff.) und an die Internationale Vereinigung Revolutionärer Schriftsteller (IVRS; Barck 1994, S. 223 ff.) gebunden waren, die sich an den Richtlinien der Kommunistischen Internationale orientierten.

Die Leitung der IVRS hatte ihren Sitz in Moskau, ihre Deutsche Länderkommission oder Deutsche Sektion – zugleich Moskauer Ortsgruppe des BPRS und nach Auflösung der IVRS Ende 1935 zum Sowjetischen Schriftstellerverband gehörig – war Zentrum der Schriftsteileremigration in der → Sowjetunion (Pike 1981, S. 179 ff.; Barck u. a. 1989, S. 303 ff.). Geleitet wurde sie von Johannes R. Becher und Willi Bredel, ihr bedeutendster Theoretiker und konzeptioneller Kopf war Georg Lukács. Arbeitsgemeinschaften, Diskussionsabende und literarische Veranstaltungen – häufig über Themen, die von der sowjetischen Kulturpolitik vorgegeben waren – bildeten die Grundlage ihrer literaturpolitischen Tätigkeit, die zeitweise Züge der Selbstisolierung trug und während der stalinistischen Säuberungen durch Rivalitäten und Denunziationen deformiert wurde (Müller 1991). Eine Reihe von Schriftstellern, unter ihnen Karl Schmückle, Hans Günther, Ernst Ottwalt und Walter Haenisch, fiel dem Terror zum Opfer. Übergreifendes Ziel der Moskauer Gruppe blieb, durch die internationalen Strukturen der Organisation und die redaktionellen Orientierungen ihrer Zeitschriften – *Internationale Literatur* und *Neue Deutsche Blätter*, später *Das Wort* (→ Presse und Publizistik) – eine antifaschistische Einheit der Intellektuellen in den Emigrationszentren des Westens herbeizuführen, freilich unter dem Vorbehalt, daß auf Kritik an der Sowjetunion zu verzichten sei. Der Allunionskongreß der Sowjetschriftsteller in Moskau (1934) und die Internationalen Schriftstellerkongresse zur Verteidigung der Kultur in Paris (1935) und Madrid (1937) bildeten Höhepunkte der Einwirkung auf antifaschistische Schriftsteller in den westlichen Ländern. Sympathie und Engagement vieler Autoren für eine deutsche Volksfront wurde durch die Moskauer Schauprozesse und die zunehmend restriktive sowjetische Kunstdogmatik stark beschädigt oder untergraben (→ Volksfront für Deutschland). Am 22. Juni 1941 endete die organisierte Arbeit der Deutschen Sektion.

Seit Herbst 1938 orientierten sich immer mehr Emigranten auf die → Vereinigten Staaten von Amerika als Asylland, das zum wichtigsten Zentrum der jüdischen und nichtjüdischen Flüchtlinge aus Nazideutschland wurde. Hilfe bei der Eingliederung ins Gastland leisteten deutsch-jüdische Clubs in New York (dort u. a. der New World Club) und Los Angeles (German-Jewish Club of 1933, ab 1940 Jewish Club), die mit Vorträgen, Arbeitsgemeinschaften, Theater- und Unterhaltungsabenden ins amerikanische Leben einführen und deutsche Kulturtraditonen pflegen wollten. Das Nachrichtenblatt des New World Clubs *Aufbau-Reconstruction* – seit 1936 eine reguläre Zeitung – wurde unter der Chefredaktion von Manfred George (April 1939) zu einem identitätsstiftenden Forum der „Vertriebenen Europas" (Schaber 1972, S. 14) mit den Leitmotiven: Loyalität der amerikanischen Neubürger, Festhalten am jüdischen Glauben und Verbindung mit dem kulturellen deutschen Erbe (→ Presse und Publizistik). Die kulturelle Selbstbehauptung gegenüber dem Einfluß der Nationalsozialisten war Ziel des 1935 gegründeten Deutsch-Amerikanischen Kulturverbandes mit Sitz in New York. Linksorientiert, aber an keine politische Partei gebunden, suchte er als Dachverband verschiedener deutschsprachiger Vereine eine Kulturpolitik „im Sinne der freiheitlich-fortschrittlichen Traditionen eines Carl Schurz" (Middell u. a. 1983, S. 116) zu betreiben. Trug der Kulturverband den Charakter einer deutsch-amerikanischen Massenorganisation, so war die German-American Writers Association/Schutzverband Deutsch-Amerikanischer Schriftsteller (GAWA) ein Fachverband von ca. 140–180 Mitgliedern. Mit der Wahl von Oskar Maria Graf und Ferdinand Bruckner zu Vorsitzenden und Manfred George zum Sekretär im Oktober 1938 revitalisiert, verstand sich der Verband als Repräsentant deutscher Sprache und Kultur und stellte sich nachdrücklich auf den „Boden der amerikanischen Demokratie" (Graf 1989, S. 135). Öffentlich wirksam wurde die GAWA durch Vorträge, Lesungen, Konzerte, Theaterabende, einen Pressedienst und – vermittelt von Walter Schoenstedt – durch regelmäßige Sendungen einer New Yorker Radiostation (→ Rundfunk). Von besonderer Bedeutung war die Hilfe für bedrohte Kollegen aus der ČSR und Frankreich, z. B. bei der Beschaffung von Affidavits und Visen. Nach dem Hitler-Stalin-Pakt brachen heftige politische Konflikte auf, die nach Kriegsbeginn zum Austritt einflußreicher Mitglieder führte. Im Juli 1940 löste der Verband sich auf.

Nach dem Münchner Abkommen und dem Novemberpogrom verstärkte sich auch der Zustrom von Flüchtlingen nach → Grossbritannien. Dort wurde im Dezember 1938 der Freie Deutsche Kulturbund in Großbritannien (FDKBGB) gegründet, seine öffentliche Gründungsversammlung fand im März 1939 statt. Er stellte sich als überparteiliche antifaschistische Flüchtlingsorganisation das Ziel, „die freie deutsche Kultur zu erhalten", das „Verständnis zwischen den Flüchtlingen und dem englischen

Volke" zu fördern und für „Solidarität der Flüchtlinge" zu wirken (Hoffmann u. a. 1987, S. 212). Sitz des Kulturbundes war London, wo im Januar 1940 – mit Hilfe der anglikanischen Kirche – ein Klubhaus eröffnet werden konnte. Im Mai 1940, als die Internierungen von Emigranten als „enemy aliens" begannen, zählte der Kulturbund 1 226 Mitglieder, die sich über verschiedene Ortsgruppen im Lande verteilten. Eine Sozialabteilung fungierte als „Selbsthilfe-Organisation" (Adam 1983, S. 107) der Flüchtlinge mit Rechtshilfe, medizinischer Betreuung und Spendenaktionen für die Internierten. Die Leitungsgremien wurden in jährlichen Generalversammlungen gewählt, die seit 1943 mit öffentlichen Kulturtagungen verbunden wurden. Präsident war der Maler Oskar Kokoschka, als 1. Vorsitzende wirkten Hans Flesch-Brunningen, dann Ernst Hermann Meyer und schließlich Johann Fladung. Sekretäre waren Hans Schellenberger, Susanne Sommerfeld und Siegfried Zimmering. Unterstützt wurden sie durch britische Protektoren wie Alan Bush, John B. Priestley und Wickham Steed. Als Verbandsorgan erschien seit April 1940 die Monatszeitschrift *Freie Deutsche Kultur* unter der Redaktion von Max Zimmering. Eine Reihe von literarischen, politischen und wissenschaftlichen Broschüren wurden im Verlag des FDKBGB gedruckt, u. a. die Anthologien *Verbannte und Verbrannte* (1942) und *10 Jahre Kulturbarbarei im Dritten Reich – 10 Jahre freie deutsche Kultur im Exil* (1943). Mit der Freien Deutschen Hochschule in London, gegründet im Juli 1942 und geleitet von Arthur Liebert und Alfred Meusel, verfügte sie über eine qualifizierte Bildungseinrichtung.

Der FDKBGB erfaßte mit seinen Sektionen alle Bereiche des kulturellen Lebens der Flüchtlinge. Die Sektion bildender Künstler umfaßte ca. 100 Mitglieder und trat mit Ausstellungen 1940 und 1944 öffentlich in Erscheinung (→ BILDENDE KUNST). Die Sektion der Musiker war aus dem seit Frühjahr 1938 bestehenden Bund freier deutscher Musiker entstanden, der sich 1939 dem FDKBGB angeschlossen hatte. Sie vereinigte ca. 200 Komponisten, Dirigenten, Interpreten und Musikologen, verfügte über ein Streichorchester und ein Gesangs- und Tanzensemble und veranstaltete Konzerte, Liederabende, literarisch-musikalische Matineen und musikwissenschaftliche Vorträge (→ MUSIK). Die Sektion der Schauspieler bestand aus ca. 40 Theaterleuten, die seit Juli 1939 mit kabarettistischen politisch-satirischen Revuen einen eigentümlichen, höchst publikumswirksamen Stil entwickelten (Naumann 1983, S. 169 ff.). Das Ensemble der Kleinen Bühne im Kulturbundhaus – gegründet im März 1940, geleitet von Fritz Gottfurcht, seit 1943 von Erich Freund – sorgte aber auch mit Aufführungen von Brechts *Gewehre der Frau Carrar*, Goethes *Iphigenie* und Kleists *Amphitryon* für Höhepunkte im Kulturleben der Emigration (→ THEATER).

Daß Kommunisten maßgeblich an der Arbeit des FDKBGB beteiligt waren, war kein Geheimnis. Zum Problem wurde es, als – nach dem Überfall auf die → SOWJETUNION – politische Kundgebungen und Agitationsausstellungen, Kampagnen zur Unterstützung der „war efforts" und Bemühungen um Rußlandhilfe den FDKBGB im Sinne der antifaschistischen Bündnispolitik der KPD aktivieren sollten (→ KOMMUNISTEN). Kritische Gegenpositionen zum Kulturbund hatte es schon vor dem Krieg gegeben, beispielsweise die kleine Gruppe Unabhängiger Deutscher Autoren, die von Kurt Hiller im März 1939 gegründet und geleitet worden war. Sie war wenig erfolgreich geblieben. Um die Jahreswende 1942/43 kam es jedoch zu einer ernsten Krise im Kulturbund selbst. Die Schriftstellersektion war zunächst mit literarischen Matineen, Autorenlesungen und Kundgebungen wie „Deutsche Schriftsteller gegen Hitler" (September 1941) hervorgetreten. Doch weil sie sich politisch bevormundet fühlte, verließ die Mehrheit der nichtkommunistischen Mitglieder die Sektion und gründete – unter der Leitung von Hans José Rehfisch – einen Club 1943. Freiheitliche Gesinnung verband die ca. 200 Mitglieder dieser Vereinigung von Schriftstellern, Kritikern und Journalisten, die sich als unpolitisch verstand, aber den Berührungspunkten der Politik mit Kulturphilosophie, Psychologie und Soziologie in ihren Veranstaltungen Raum gab (Röder 1968, S. 88). Charakteristisch ist ein Sammelband über den Freiheitskampf des deutschen Volkes mit dem Titel *In tyrannos* (1944). Trotz dieser Abspaltung blieb die Schriftstellersektion des Kulturbunds unter Leitung von Jan Petersen mit Veranstaltungen und Publikationen aktiv und machte sich verdient um die Förderung noch unbekannter Autoren.

Der FDKBGB hatte wesentlich zur Gründung der Freien Deutschen Bewegung in Großbritannien im September 1943 beigetragen, die sich am → NATIONALKOMITEE „FREIES DEUTSCHLAND" in Moskau orientierte und sich ihm als korporatives Mitglied anschloß. In der Folgezeit konzentrierte er sich nun wieder auf seine kulturellen Verpflichtungen. Mit Debatten über die Idee der Nation bei Herder und die Idee der Freiheit bei Schiller suchte er, zur Verständigung über Grundlagen einer demokratischen

Kultur beizutragen, und bemühte sich um Vorbereitung auf die Nachkriegszeit und auf die Rückkehr seiner Mitglieder nach Deutschland. Im Dezember 1945 löste er sich auf.

Das Beispiel dieser umfassendsten Kulturorganisation der Emigration während der Kriegsjahre machte in → SCHWEDEN Schule. Hier hatte seit 1938 eine Emigrantenselbsthilfe für jüdische Flüchtlinge, soziale Hilfe, Klubabende, Vorträge, Arbeitsgemeinschaften und Chorgesang organisiert. Politisch profilierte Vereinigungen waren der Heinrich-Mann-Kreis und der Schutzverband deutscher Schriftsteller in Schweden, entstanden im Frühjahr und Sommer 1939 unter maßgeblicher Beteiligung von Wolfgang Steinitz und Bertolt Brecht. Politisch-literarische Veranstaltungen kamen zustande, u.a. eine Feier zum 70. Geburtstag von Martin Andersen Nexø. Nach der Besetzung Dänemarks und Norwegens endeten diese Versuche. Erst Ende 1943 konstituierte sich der Freie Deutsche Kulturbund in Schweden (FDKBS), der zum „Sammelbecken aller deutschen Flüchtlinge" wurde (Müssener 1974, S. 197). Parallel enstand ein schwedischer Freundeskreis. Mit einer Kulturveranstaltung unter Beteiligung von Walter A. Berendsohn trat der FDKBS im Januar 1944 an die Öffentlichkeit. Im Gründungsaufruf setzte er sich die „Pflege der künstlerischen und wissenschaftlichen Traditionen des deutschen Humanismus" zum Ziel. Viele Mitglieder wünschten über diesen kulturpflegerischen Aspekt hinauszugehen, suchten den Kulturbund im Sinne des Vorbilds in Großbritannien zu politisieren. Darüber kam es zum Konflikt zwischen dem Vorstand und dem Vorsitzenden Max Hodann, der darauf bestand, der FDKBS sei „kein politisches Komitee, sondern eine unpolitische Vereinigung" (Hoffmann u.a. 1987, S. 378ff.). Zur Entscheidung gedrängt, trat er zurück. Nächster Vorsitzender wurde Hans Finsterbusch (SPD), ihm folgte Curt Trepte (KPD). Tatsächlich erfolgte seit Herbst 1944 eine politische Profilierung des FDKBS; organisierter Bestandteil der Freien Deutschen Bewegung ist er jedoch niemals geworden. Mit seinen 360–500 Mitgliedern in verschiedenen Ortsgruppen war er zahlenmäßig die stärkste Vereinigung von Emigranten in Schweden. Zwei bis drei kulturelle Veranstaltungen fanden im Monat statt, Klubabende, Vorträge, aber auch künstlerische Abende, einer zum Thema „Opfer der Gewalt" mit Werken von Brecht, Koestler, Langhoff und Seghers. Große Anziehungskraft besaß die – seit 1939 bestehende – Freie Bühne mit Stücken von Kleist, Schnitzler, Toller und Greid. Im Vorstand des Kulturbunds war sie durch Hermann Greid und Curt Trepte vertreten. Bemühungen, den Kulturbund nach Kriegsende in eine deutsch-schwedische Kulturgesellschaft umzuwandeln, erwiesen sich rasch als Illusion (Peters 1984, S. 196).

In → MEXIKO wurde Anfang 1938 die erste deutschsprachige Anti-Nazi-Organisation, die Liga Pro Cultura Alemana (LCA), von linksstehenden Ansässigen und Emigranten mit Unterstützung von angesehenen Politikern und Intellektuellen des Gastlandes gegründet, um dem ideologischen und kulturellen Einfluß der Nationalsozialisten unter Mexikodeutschen zu begegnen. In der ersten Veranstaltung sprach Vicente Lombardo Toledano – Generalsekretär des Gewerkschaftsverbandes CTM – über Goethes Menschheitsideal und eröffnete damit einen Vortragszyklus prominenter Mexikaner in spanischer Sprache über die wahre deutsche Kultur, der im Rundfunk übertragen wurde. Zwei weitere Zyklen über den Nazismus und den Faschismus folgten. Im ersten Kriegsjahr beteiligte sich die Liga an den Bemühungen um die Rettung bedrohter Antifaschisten aus → FRANKREICH und entwickelte sich zum überparteilichen „Klub der politischen Exilierten" (Pohle 1986, S. 106). Integrationsfiguren waren Paul Elle, Alfons Goldschmidt und Ludwig Renn. Doch kam es nach dem deutsch-sowjetischen Nichtangriffspakt zu heftigen Auseinandersetzungen über die Strategie der Kommunisten. Die durch die Aufnahme von Kombattanten der spanischen Republik und Einreiseerlaubnis für namhafte Mitglieder nach Mexiko gestärkte KPD-Gruppe baute sich einen eigenen Einflußbereich auf, vor allem mit der – im November 1941 erfolgten – Gründung der Zeitschrift *Freies Deutschland* (→ PRESSE UND PUBLIZISTIK), die kommunistisch redigiert wurde, sich aber als Publikationsorgan des gesamten deutschen Exils verstand, und des Heinrich-Heine-Klubs, einer deutschsprachigen Kulturvereinigung mit dem Ziel, die deutsche und österreichische freiheitliche Kunst, Literatur und Wissenschaft zu fördern und „die Verbundenheit mit der mexikanischen Kultur" zu stärken (Kießling 1984, S. 301). Als Anti-Nazi-Organisation der Intellektuellen entstanden, wandte sich der Klub mit seinen Veranstaltungen an ein breiteres Publikum, besonders unter deutsch-jüdischen Emigranten und wurde zum „geistig-kulturellen Mittelpunkt der deutschsprachigen Emigration" (Kießling 1989, S. 320). Unter den ca. 150 Mitgliedern gaben Schriftsteller und Publizisten den Ton an, fast alle überzeugt von der Einheit von Kultur und Politik und engagiert für die Ziele der Freien Deutschen Bewegung in Lateinamerika, an deren Zustandekommen im Januar 1942 sie nachdrücklich beteiligt waren. Zur Präsidentin des Klubs war Anna Seghers gewählt worden, die mit einem Autorenabend die öffentlichen Veranstaltungen am 21. November 1941 eröffnete. Als Vizepräsidenten wirkten Leo Deutsch und Egon Erwin Kisch, dessen Geburtstagsfeier im April 1945 ein Höhepunkt der literarischen Veranstaltungen wurde. Sekretäre waren Rudolf Feistmann und später Kurt Stern. 68 Veranstaltungen – darunter drei Mitgliederversammlungen – sind die Bilanz des Heinrich-Heine-Klubs von Ende 1941 bis zu seiner Auflösung Anfang 1946 (Kießling 1974, Bd. 2, S. 185 ff.). Viele von ihnen fanden im Haus der Freien Deutschen statt, das im Oktober 1943 eingeweiht werden konnte. Diese Veranstaltungen umfassen Autorenabende, Vorträge über Literatur, bildende Kunst sowie zu wissenschaftlichen und aktuell politischen Themen, aber auch Musikabende und Filmvorführungen – die Sowjetbotschaft hatte Kopien von Spiel- und Dokumentarfilmen zur Verfügung gestellt. In speziellen Mexiko-Abenden – u. a. von Kisch und Paul Westheim – wurden Lebens- und Kulturverhältnisse des Gastlandes behandelt; thematische Veranstaltungen über den Spanienkrieg oder die Schriftsteller in der Sowjetunion sind charakteristisch für die Programmpolitik des Klubs. Die Schauspielergruppe – Steffie Spira, Günter Ruschin, Charles Rooner u. a. – brachte neben Aufführungen von Kischs *Galgentoni* (1943), Brechts *Dreigroschenoper* (1943) und Büchners *Wozzek* (1944) auch Uraufführungen von Bechers *Hundert Kilometer vor Moskau* (1943) und Bruckners *Denn seine Zeit ist kurz* (1944) auf die Bühne (→ Theater). Eine Rückschau auf die Arbeit des Heinrich-Heine-Klubs veröffentlichten die Beteiligten in der Broschüre *Heines Geist in Mexiko* (1946).

Literatur

Abusch, Alexander (1981): Der Deckname. Memoiren, Berlin.

Adam, Ursula (1983): Zur Geschichte des Freien Deutschen Kulturbundes in Großbritannien Ende 1938–Mai 1945, Diss., Berlin/DDR.

Adam, Ursula (1985): Das Echo auf die Gründung des Kulturbundes zur demokratischen Erneuerung Deutschlands in Großbritannien und dessen geschichtliche Voraussetzungen, in: Weimarer Beiträge 5, S. 743 ff.

Albrecht, Friedrich, u. Klaus Kändler (1978): Bund Proletarisch-Revolutionärer Schriftsteller Deutschlands, 1928–1935, Leipzig.

Albrechtová, Gertrud (1960): Die Tschechoslowakei als Asyl der deutschen antifaschistischen Literatur, Diss., Prag.

Barck, Simone, u. a. (1989): Exil in der UdSSR, 2., völlig neu bearb. u. erw. Aufl., Leipzig.

Barck, Simone, u. a. (1994): Lexikon sozialistischer Literatur: ihre Geschichte in Deutschland bis 1945, Stuttgart.

Bauer, Gerhard (1987): Oskar Maria Graf. Ein rücksichtslos gelebtes Leben, München.

Beck, Miroslav, u. Jiri Vesely u. a. (1981): Exil und Asyl. Antifaschistische deutsche Literatur in der Tschechoslowakei 1933–1938, Berlin.

Berthold, Werner (1977): Der deutsche PEN-Club im Exil, in: Bibliothek, Buch, Geschichte. Kurt Köster zum 65. Geburtstag, hrsg. von Günther Pflug, Brita Eckert u. Heinz Friesenhahn, Frankfurt a. M., S. 531 ff.

Betz, Albrecht (1986): Exil und Engagement. Deutsche Schriftsteller im Frankreich der dreißiger Jahre, München.

Büttner, Ursula (1983): Alfred Kantorowicz. Sein Beitrag zum geistigen Widerstand, in: Walberer, Ulrich, Hrsg.: 10. Mai 1933. Bücherverbrennung in Deutschland und die Folgen, Frankfurt a. M., S. 199 ff.

Büttner, Ursula (1989): Alfred Kantorowicz im französischen Exil, in: Exil 1, S. 36 ff.

Clarke, Alan (1972): Die Rolle des Theaters des Freien Deutschen Kulturbundes in Großbritannien im Kampf gegen den deutschen Faschismus (1938–1947), Diss., Berlin/DDR.

Deutsche Intellektuelle im Exil (1993). Ihre Akademie und die American Guild for German Cultural Freedom. Eine Ausstellung des Deutschen Exilarchivs 1933–1945 der Deutschen Bibliothek Frankfurt am Main, bearb. von Werner Berthold, Brita Eckert u. Frank Wende, München u. a.

Der deutsche PEN-Club im Exil (1980). Eine Ausstellung der Deutschen Bibliothek, Frankfurt am Main, bearb. von Werner Berthold u. Brita Eckert, Frankfurt a. M.

Döblin, Alfred (1989): Schriften zu Ästhetik, Poetik und Literatur, hrsg. von Erich Kleinschmidt, Olten–Freiburg i. Br.

Drehscheibe Prag (1989). Deutsche Emigranten 1933–1939. Eine Ausstellung des Adalbert Stifter Vereins, München.

Fischer, Ernst (1988): „Organisitis chronica"? Aspekte einer Funktions- und Wirkungsgeschichte schriftstellerischer Zusammenschlüsse im deutschsprachigen Exil 1933–1945, in: Briegel, Manfred, u. Wolfgang Frühwald, Hrsg.: Die Erfahrung der Fremde. Kolloquium des Schwerpunktprogramms „Exilforschung" der Deutschen Forschungsgemeinschaft, Weinheim u. a., S. 163 ff.

Frei, Bruno (1938): Fünf Jahre Schutzverband Deutscher Schriftsteller im Exil, in: Internationale Literatur 10, S. 142 ff.

Frei, Bruno (1972): Der Papiersäbel. Autobiographie, Frankfurt a. M.

Graf, Oskar Maria (1989): Reden und Aufsätze aus dem Exil, hrsg. von Helmut F. Pfanner, München.

Gross, Babette (1991): Willi Münzenberg. Eine politische Biographie, Leipzig.

Hahn, Ulla (1977): Der Freie Deutsche Kulturbund in Großbritannien. Eine Skizze seiner Geschichte, in: Winckler, Lutz, Hrsg.: Antifaschistische Literatur. Programme, Autoren, Werke, Bd. 2, Kronberg i. Ts., S. 131 ff.

Heilbut, Anthony (1987): Kultur ohne Heimat. Deutsche Emigranten in den USA nach 1930, Weinheim–Berlin.

Heines Geist in Mexiko (1946), hrsg. vom Heinrich-Heine-Klub, Mexiko D.F.

Hirschfeld, Gerhard, Hrsg. (1983): Exil in Großbritannien. Zur Emigration aus dem nationalsozialistischen Deutschland, Stuttgart.

Hoffmann, Ludwig, u. a. (1987): Exil in der Tschechoslowakei, in Großbritannien, Skandinavien und Palästina, 2., erw. Aufl., Leipzig.

Hyrslová, Kveta (1983): Die CSR als eines der Hauptzentren der deutschen antifaschistischen Kultur in den Jahren 1933–1939, in: Historica XXII, S. 183 ff.

Jasper, Willi (1994): Hotel Lutetia. Ein deutsches Exil in Paris, München–Wien.

Kantorowicz, Alfred (1938): Fünf Jahre Schutzverband Deutscher Schriftsteller im Exil, in: Das Wort 12, S. 60 ff.

Kantorowicz, Alfred (1971): Exil in Frankreich, Bremen.

Kantorowicz, Alfred (1983): Politik und Literatur im Exil. Deutschsprachige Schriftsteller im Kampf gegen den Nationalsozialismus, München.

Kantorowicz, Alfred (1995): Nachtbücher. Aufzeichnungen im französischen Exil 1935 bis 1939, hrsg. von Ursula Büttner u. Angelika Voß, Hamburg.

Kaynis, Sabine Thiel (1973): Der SDS (Schutzverband Deutscher Schriftsteller) in Berlin und Paris. Die Geschichte eines freiheitlichen Verbandes und seines Schriftführers David Luschnat, Diss. University of Cincinnati.

Kießling, Wolfgang (1989): Brücken nach Mexiko. Traditionen einer Freundschaft, Berlin.

Kießling, Wolfgang (1974): Alemania Libre in Mexiko, 2 Bde., Berlin.

Kießling, Wolfgang (1984): Exil in Lateinamerika, 2., erw. Aufl., Leipzig.

Klein, Wolfgang (1990): Über die Schriftstellerbewegung zur Verteidigung der Kultur (1935–1939), in: Grunewald, Michel, u. Frithjof Trapp, Hrsg.: Autour du „Front populaire allemand"/Einheitsfront – Volkfront, Bern u. a., S. 235 ff.

Koestler, Arthur (1993): Autobiographische Schriften, Erster und Zweiter Band, Berlin–München.

Kunst im Exil in Großbritannien 1933–1945 (1986), Ausst.-Kat., Berlin.

Langkau-Alex, Ursula (o. J., 1988): Von den Moskauer Prozessen zu den Pariser „Prozessen". Kurze Chronik der Folgen des Coups um das Pariser Tageblatt, in: Pariser Tageblatt/Pariser Tageszeitung. Konzepte und Praxis der deutschen Emigranten in Frankreich, hrsg. von Hélène Roussel u. Lutz Winckler, o. O. (Paris), S. 38 ff.

Leonhard, Rudolf (1938): Der emigrierte SDS, in: Die neue Weltbühne Nr. 46, 17. 11. 1938, S. 1453 ff.

Löwenstein, Hubertus Prinz zu (1983): Abenteuer der Freiheit. Ein Lebensbericht, Frankfurt a. M. u. a.

Lukács, Georg, Johannes R. Becher u. Friedrich Wolf u. a. (1991): Die Säuberung. Moskau 1936: Stenogramm einer geschlossenen Parteiversammlung, hrsg. von Reinhard Müller, Reinbek.

Mann, Klaus (1987): Briefe und Antworten 1922–1949, hrsg. von Martin Gregor-Dellin, München.

Meyer, Ernst Hermann (1979): Kontraste – Konflikte. Erinnerungen, Gespräche, Kommentare, hrsg. von Dietrich Brennecke u. Mathias Hansen, Berlin.

Möller, Horst (1984): Exodus der Kultur. Schriftsteller, Wissenschaftler und Künstler in der Emigration nach 1933, München.

Middell, Eike, u. a. (1983): Exil in den USA, 2., verbess. u. erw. Aufl., Leipzig.

von zur Mühlen, Patrik (1988): Fluchtziel Lateinamerika. Die deutsche Emigration 1933–1945: politische Aktivitäten und soziokulturelle Integration, Bonn.

Müssener, Helmut (1974): Exil in Schweden. Politische und kulturelle Emigration nach 1933, München.

Naumann, Uwe (1983): Zwischen Tränen und Gelächter. Satirische Faschismuskritik 1933 bis 1945, Köln.

Oskar Maria Graf in seinen Briefen (1984), hrsg. von Gerhard Bauer u. Helmut F. Pfanner, München.

Pawek, Karl (1972): Heinrich Manns Kampf gegen den Faschismus im französichen Exil 1933–1949, Hamburg.

Peters, Jan (1985): Exilland Schweden. Deutsche und schwedische Antifaschisten 1933–1945, Berlin.

Pike, David (1981): Deutsche Schriftsteller im sowjetischen Exil 1933–1945, Frankfurt a. M.

Pohle, Fritz (1986): Das mexikanische Exil. Ein Beitrag zur Geschichte der politisch-kulturellen Emigration aus Deutschland (1937–1946), Stuttgart.

Regler, Gustav (1958): Das Ohr des Malchus. Eine Lebensgeschichte, Köln–Berlin.

Reinerová, Lenka (1985): Es begann in der Melantrichgasse, Berlin–Weimar.

Retzlaff-Kresse, Bruno (1980): Illegalität, Kerker, Exil. Erinnerungen aus dem antifaschistischen Kampf, Berlin.

Röder, Werner (1968): Die deutschen sozialistischen Exilgruppen in Großbritannien. Ein Beitrag zur Geschichte des Widerstandes gegen den Nationalsozialismus, Hannover.

Roussel, Hélène (1984): Die emigrierten deutschen Künstler in Frankreich und der Freie Künstlerbund, in: Exilforschung 2, S. 173 ff.

Sahl, Hans (1991): Das Exil im Exil. Memoiren eines Moralisten II, Frankfurt a. M.

Schaber, Will, Hrsg. (1972): Aufbau/Reconstruction. Dokumente einer Kultur im Exil, New York–Köln.

Scheer, Maximilian (1972): So war es in Paris, Berlin.

Schiller, Dieter, u. a. (1981): Exil in Frankreich, Leipzig.

Schiller, Dieter (1987): Der „Freie Künstlerbund 1938", in: Bildende Kunst 11, S. 485 ff.

Schiller, Dieter (1988): Der Pariser Schutzverband deutscher Schriftsteller (Société allemande des gens de lettre, siège Paris). Eine antifaschistiische Kulturorganisation im Exil, in: Exilforschung 6, S. 174 ff.

Schiller, Dieter (1990): Die Deutsche Freiheitsbibliothek in Paris, in: Exilforschung 8, S. 203 ff.

Schiller, Dieter (1991): Diskussionen um den Freiheitsbegriff im englischen Exil 1944/45, in: Exil 1, S. 93 ff.

Schoeller, Wilfried F. (1994): Oskar Maria Graf. Odyssee eines Einzelgängers. Texte, Bilder, Dokumente, Frankfurt a. M.–Wien.

Schroeder, Max (1957): Am 10. Mai vor zwanzig Jahren, in: ders.: Von hier und heute aus. Kritische Publizistik, Berlin, S. 264 ff.

Seghers, Anna (1970): Abschied vom Heinrich-Heine-Klub, in: dies.: Über Kunstwerk und Wirklichkeit I, Berlin, S. 205 ff.

Sperber, Manès (1983): All das Vergangene, Wien–Zürich.

Stationen der Moderne (1988). Die bedeutendsten Kunstausstellungen des 20. Jahrhunderts in Deutschland, Ausst.-Kat., Berlin.

Tergit, Gabriele, Hrsg. (1970): Internationales P.E.N.-Zentrum deutschsprachiger Autoren im Ausland, London.

Thuneke, Jörg (1990): „Das Hübscheste sind die Lieder". Allan Grays musikalischer Beitrag zur FDKB-Revue „Mr. Gulliver Goes To School", in: Stephan, Alexander, Hrsg.: Exil. Literatur und die Künste nach 1933, Bonn, S. 118 ff.

Uhse, Bodo (1981): Reise- und Tagebücher, hrsg. von Günther Caspar, Berlin–Weimar.

Uhse, Bodo, u. F. C. Weiskopf (1990): Briefwechsel 1942–1948, hrsg. von Günther Caspar, Berlin–Weimar.

Vassen, Florian (1978): „Das illegale Wort". Literatur und Literaturverhältnisse des Bundes proletarisch-revolutionärer Schriftsteller nach 1933, in: Schnell, Ralf, Hrsg.: Kunst und Kultur im deutschen Faschismus, Stuttgart, S. 285 ff.

Widerstand statt Anpassung (1980). Deutsche Kunst im Widerstand gegen den Faschismus 1933–1945, Ausst.-Kat., Berlin.

Wessig, Wolfgang (1993): Johannes Wüsten und die American Guild, in: Exil 2, S. 12 ff.

Wittig, Roland (1976): Die Versuchung der Macht. Essayistik und Publizistik Heinrich Manns im französischen Exil, Bern.

von Zühlsdorff, Volkmar (1993): Die Deutsche Akademie der Künste und Wissenschaften im Exil und die American Guild for German Cultural Freedom, in: Exil 2, S. 5 ff.

Literaturkritik

Michaela Enderle-Ristori

Aufgabe der Literaturkritik war vor wie während des Exils die öffentliche Kommunikation über Literatur. Die intellektuellen und institutionellen Grundlagen literarischer Kommunikation erfuhren allerdings nach 1933 tiefgreifende Veränderungen und bewirkten, wie ein kurzer historischer Vergleich zeigt, einen Wandel ihrer gesellschaftlichen Funktion. Mit Beginn der zwanziger Jahre standen Produktion, Distribution und Rezeption von Literatur nahezu vollständig im Zeichen der industrialisierten Massenkultur. Dementsprechend trug die Literaturkritik während der Weimarer Republik weitgehend die Züge journalistischer Tageskritik: Ihr Gegenstand war vornehmlich an der aktuellen Verlagsproduktion orientiert; ihre bevorzugte Erscheinungsform in Literaturzeitschriften oder Literaturbeilagen der politischen Meinungsblätter (Feuilleton) war die Rezension (andere literaturkritische Textsorten wie Essay, Glosse, Werkporträt u.ä. verloren an Gewicht). Auf diese Weise zeigte die Literaturkritik ihren grundsätzlichen Doppelcharakter: Als materielles Produkt (Rezension) steht sie im Dienst eines ökonomischen Verwertungsinteresses seitens der Instanzen des literarischen Marktes. Als immaterielles Produkt (Diskurs) prägt sie im Rückgriff auf jeweilige historisch begründete ästhetische Normen oder Konventionen die Rezeptionshaltung des Publikums und trägt durch die spezifische gesellschaftliche Funktionszuschreibung von Literatur zur Ideologiebildung bei. Der literaturkritische Diskurs war während der Weimarer Republik allerdings nicht einheitlich (ihn zu uniformieren, war Ziel nationalsozialistischer Literaturlenkung nach 1933). Vielmehr transportierte er divergierende, an unterschiedliche soziale Funktionen von Literatur gebundene ästhetische Konzepte, die prinzipiell konkurrierende literaturpolitische Grundpositionen der Weimarer Republik kennzeichneten. So grenzte sich eine bürgerlich-konservative Literaturkritik, die weitgehend an kunstautonomen Positionen und dem bildungsbürgerlichen Literaturkanon orientiert war, gegen eine linksbürgerliche Kritik ab, welche die „auratische" Kunst verabschiedete und einer massenhaften, als Ware gehandelten Literatur emanzipatorische, demokratische Wirkungsmöglichkeiten abzugewinnen suchte. In zunehmender Frontstellung zu diesen beiden Tendenzen hatte die sozialistisch-kommunistische Literaturkritik Positionen einer unmittelbar politisch-funktionalen Literatur entwickelt, die 1928 auf den Begriff der Parteiliteratur eingeengt wurden. Unter entgegengesetzten politischen Vorzeichen hatten antimodernistische Strömungen zu einer „völkischen" Literaturkritik mit deutlich antisemitischem Akzent geführt. Die Literaturkritik vor 1933 (Hohendahl 1985, S. 204 ff.) reflektierte somit innerhalb des ästhetischen Bereiches jene fortschreitende politisch-ideologische Polarisierung des intellektuellen Kräftefeldes der Weimarer Republik, welche den Zerfall der demokratisch orientierten politischen Öffentlichkeit begleitete.

Der Machtantritt der Nationalsozialisten 1933 zeitigte für die Gesamtinstitution Literatur einschneidende Veränderungen. Mit der offiziellen Verordnung „völkisch"-nationalsozialistischer Kunst und der Repression alles „Artfremden" spaltete sich die Literatur de facto in zwei ideologisch (und bald auch geographisch) getrennte Systeme. Die aus politischen oder konfessionellen Gründen in die Emigration getriebene literarische Intelligenz sammelte sich außerhalb des nationalsozialistischen Machtbereichs, wobei sich ihre politisch-weltanschauliche Gruppierung und Organisation in den Strukturen des im Exil errichteten Produktions- und Distributionsapparats (Druckereien, Buchhandlungen etc.; → VERLAGE, → PRESSE UND PUBLIZISTIK) sowie in den Repräsentationsorganen des literarischen Lebens (→ KULTURELLE ORGANISATIONEN) niederschlugen. Institutionelle Bindungen gewannen gerade in dem geographisch zersplitterten und ökonomisch geschwächten Kommunikationsraum des Exils erhöhte Bedeutung für die Durchsetzung literaturkritischer Positionen (vgl. z.B. die Rezensionstätigkeit von Verlagslektoren wie Hermann Kesten bzw. von Zeitschriftenredakteuren oder -herausgebern wie Willi Bredel, Fritz Erpenbeck, Bruno Frei, Hans Günther, Klaus Mann, Ludwig Marcuse, Franz Carl Weiskopf). Zudem bewirkte die exilspezifische Tendenz zur Auflösung berufsmäßigen Spezialistentums einen Wandel des Kritikertypus, in dessen Folge der rezensierende Schriftsteller den literarischen Journalisten verdrängte. Von den Autoren als „Freundschaftskritik" (Hermann Kesten) gerechtfertigt, favorisierte dieses gegenseitige Rezensieren unter Literaturproduzenten die Indienstnahme der Literaturkritik für gruppenspezifische ökonomische oder politische Interessen.

Problematischer als der Aufbau eines neuen Kommunikationsraumes und seiner Institutionen gestaltete sich die Klärung von Inhalten und Zielsetzungen literarischer Kritik. Zu den Aporien literarischer Produktion im Exil zählte der Umstand, daß Bücher zwar „mit dem Blick nach Deutschland" (Klaus Mann) geschrieben wurden, den reichsdeutschen Leser in der Regel aber nicht erreichen konnten. (Ausnahmen wie Thomas Mann lösten unter den Exilierten heftige Kontroversen aus; Wegner 1967, S. 111 ff.). Als Publikum kamen nunmehr Mit-Emigranten sowie Leser des deutschsprachigen Auslands in Betracht – ein Umstand, der den Literaturkritiker um so dringlicher mit der Frage nach der Intentionalität von Literatur konfrontierte. Zwar versuchten manche Autoren den Einfluß zeitgeschichtlicher Faktoren auf ihr Werk zu negieren und ihre bisherige Schreibpraxis im Exil fortzusetzen, weshalb die Literaturkritik bereits 1934 öffentlich die Frage stellte, ob im Exil nur der gewohnte „Betrieb" perpetuiert werde (Dahlke 1976, S. 14 ff.). Die Artikulierung und Mediatisierung des einsetzenden Selbstverständigungsprozesses unter emigrierten Literaturproduzenten und -kritikern zählt daher zu den Hauptaufgaben literarischer Kritik jener Jahre, die sich um vier Grundprobleme bewegte: erstens die begriffliche Erfassung der neuen, im Exil entstehenden Literatur, zweitens deren Abgrenzung zum nationalsozialistischen Literaturbetrieb, drittens die funktionale Neubestimmung literarischer Produktion im Exil und – davon weitgehend abhängig – viertens die Herausbildung ästhetischer Wertmaßstäbe.

Die Heterogenität des emigrierten Personenkreises, die Diversität individueller Schreibhaltungen und vor allem die unterschiedliche Einschätzung des Nationalsozialismus und seiner historischen Ursachen machten eine öffentliche Konstituierung der emigrierten Literaturproduzenten und -kritiker als Kollektiv äußerst schwierig. Am deutlichsten wurden diese Schwierigkeiten an den Versuchen zur begrifflichen Bestimmung jener neuen Literatur, die unstrittig aus der Exilerfahrung hervorgegangen war, ohne daß diese sich zwingend im Stofflichen niederschlug. So negierten insbesondere bürgerlich-konservative Autoren die Existenz einer überindividuell geprägten „Emigrantenliteratur", während linksbürgerliche Autoren den nun entstehenden Werken eine gemeinsame „geistige Haltung" abverlangten (vgl. die Debatte im *Neuen Tage-Buch*, erschienen in Paris 1933–40; Wegner 1967, S. 131 ff.). Auch geographische oder soziologische Bestimmungen erfaßten das Phänomen nur unzureichend, und es zeigte sich im Laufe der Jahre, daß die neue Literatur nur von ihrer Funktion her definiert werden konnte. Weitgehenden Konsens unter bürgerlichen und sozialistisch-kommunistischen Autoren fand ab 1935/36 der Begriff der „freien deutschen Literatur", womit die geistig und produktionsmäßig vom Dritten Reich getrennte Literatur aller Autoren deutscher Sprache (nicht Nationalität) gemeint war. Gegenüber diesem breiten, insbesondere während der Volksfront-Jahre benutzten Begriff (→ VOLKSFRONT FÜR DEUTSCHLAND) stellte der Terminus der „Exilliteratur" wiederum eine Eingrenzung auf die Gruppe deutschsprachiger emigrierter Autoren dar. Der Begriff der „freien" Literatur leitete schließlich eine breitere Rezeption des innerhalb der sozialistisch-kommunistischen Literaturtheorie entstandenen Terminus der „antifaschistischen Literatur" ein. Im Verständnis damaliger Autoren und Kritiker umfaßte die „freie" bzw. „antifaschistische" Literatur jedoch nicht nur „schöngeistige" Werke, sondern auch pragmatische Textformen (Essayistik, politische Dokumentation etc.). Ein Nebenaspekt dieser definitorischen Bemühungen während des Exils war deshalb die Erweiterung des Literaturbegriffs im allgemeinen Sinne von „schriftstellerischer Produktion".

Ein zweiter Schwerpunkt war die Auseinandersetzung mit den literarischen Werken und Institutionen des Dritten Reiches. Die Bücherverbrennung vom 10. Mai 1933, die unzähligen Publikationsverbote oder die gezielte Verordnungspraxis, mit der die Nationalsozialisten bereits vor dem generellen Verbot der Kunstkritik im Jahre 1937 die Produktion, Distribution und Rezeption autorisierter Literatur steuerten, boten für die Literaturkritik des Exils ebenso viele Anlässe, sich in polemischen Glossen oder essayistischen Analysen gegen diese staatlich-parteilich gelenkte Kunst abzugrenzen. (Gerade hier war der Übergang zur politischen Publizistik fließend.) In bewußter Umkehrung der von den Nationalsozialisten vorgenommenen Unterscheidung „deutscher" und „undeutscher" Literatur suchte die Literaturkritik des Exils nachzuweisen, daß die authentische deutsche Literatur nach 1933 außerhalb des Dritten Reiches fortgesetzt wurde. Eine Konsequenz dieses Willens zur Bewahrung und Fortführung der im Reich unterdrückten Literatur war freilich auch der unübersehbare Hang zum ästhetischen Traditionalismus während des Exils. Die öffentlichen Angriffe auf nichtemigrierte Autoren (Gerhart Hauptmann, Gottfried Benn u. a.) wie auch die kollektiven Ausgrenzungsdiskurse dienten daher stets dem selben Ziel: der Affirmation und Legitimation der literarischen Produktion der Exilanten. Biographisch-personalisierende Autorenporträts oder Textanalysen einzelner Werke gerieten so zu Fallstudien, in denen die Literaturkritik des Exils Formen faschistoiden Bewußtseins nachspürte und im Gegenzug ein kollektives Wertsystem antifaschistischen Denkens verfestigte. Die intendierte Demonstration einer künstlerischen und moralischen Überlegenheit der Exilliteratur führte auf diese Weise zur Entwicklung einer strengen Dichotomik „freier" und „gesteuerter" Literatur, wobei unter letztere auch die Werke der sog. „Inneren Emigration" subsumiert wurden (Schnell 1976).

Mit den beiden erstgenannten Aspekten undissoziierbar verbunden war die funktionale Neubestimmung von Literatur im Exil. Insgesamt betrachtet akzentuierte die Literaturkritik Positionen einer unmittelbar gesellschaftlich wirkenden Literatur, was insbesondere eine Neuorientierung innerhalb der bürgerlichen Literaturkritik zur Folge hatte: Feuilletonistischer Subjektivismus und „apolitisch" verstandenes Autonomiedenken der Kunst wurden zugunsten eines breiten Konsenses über den sittlichsozialen, wo nicht militanten Auftrag der Kunst zurückgestellt. Deutlich wurde diese Tendenz in der Literaturkritik linksbürgerlicher Exilorgane wie der *Sammlung* (erschienen in Amsterdam 1933–35) oder dem *Pariser Tageblatt/Pariser Tageszeitung* (erschienen in Paris 1933–40; Schlenstedt 1983; Enderle-Ristori 1997; → Presse und Publizistik). Die nicht nur unter sozialistischen, sondern auch unter bürgerlichen Kritikern nunmehr weitgehend geteilte Auffassung eines öffentlich-politischen Auftrags des Intellektuellen wurde zum Vektor einer Literatur, die sich den „Forderungen des Tages" (Klaus Mann) stellen und der Aufklärung über den Faschismus bzw. dem aktiven Kampf gegen ihn dienen wollte: „Wer schreibt, handelt", lautete die Devise der kommunistischen *Neuen Deutschen Blätter* (erschienen in Prag 1933–35), die – zumindest nach der Intention Wieland Herzfeldes – den Versuch eines literaturpolitischen Bündnisses unternahmen, noch bevor *Das Wort* (erschienen in Moskau 1936–39) die offizielle Volksfront-Politik kulturpolitisch umsetzte (Pike 1974, S. 272 ff.). Indessen wurde der Begriff der „antifaschistischen Literatur", der hier zunächst einen Funktionskomplex politisch-intentionaler Literatur meint, während des Exils häufig mit einer spezifischen Ästhetik im Sinne der sozialistisch-kommunistischen Literaturtheorie identifiziert. „Antifaschistische Literatur" bedeutete in diesem Kontext vor allem den Versuch, die aus der politischen Bedrohung durch den Faschismus entstandenen Werke mit der zwischen 1932 und 1934 in der → Sowjetunion entwickelten Theorie antiimperialistischer Literatur („Sozialistischer Realismus") zu vereinbaren (Schmitt/Schramm 1974). Aus diesem Entstehungskontext erklären sich die ästhetischen Wertmaßstäbe des literarischen Antifaschismus (d. h. alle vom Realismus-Postulat abgeleiteten Forderungen) wie auch deren Weiterentwicklung unter der Einwirkung der Volksfront-Politik. Die Sammlungsbewegung eingeleitet hatte der 1. Allunionskongreß der Sowjetschriftsteller in Moskau 1934, der 1935 in Paris in den 1. Internationalen Schriftstellerkongreß zur Verteidigung der Kultur mündete (Klein 1982). Der dort entwickelte Begriff des literarischen „Erbes" kennzeichnete kommunistischerseits den Versuch, über ein Konzept humanistisch-militanter Literatur bürgerliche Autoren in ein politisches Bündnis zu integrieren (Schiller 1974). Ästhetische Anknüpfungspunkte für die bürgerlichen Autoren bot am ehesten die Literaturtheorie Georg Lukács', dessen Konzept des „großen" Realismus die Früh- und Hauptepoche bürgerlicher Literatur zum Maßstab hatte. Widerspruch erweckte allerdings die starke Normativität seiner Theorie, die z. B. in der Ablehnung der Avantgarde-Literatur auch innersowjetische Literaturpositionen (Kampf gegen den „Formalismus") mitreflektierte. Daher entspannten sich gerade um die Begriffe des „Realismus" und des „Erbes" die wichtigsten ästhetischen Debatten des Exils. Die Frage, ob die Literatur der Spätepoche des Bürgertums („Dekadenzliteratur", nach Lukács) aus dem Erbe ausgespart werden könne, führte zur Konfrontation bürgerlicher und sozialistisch-kommunistischer Autoren in der sog. „Expressionismus-Debatte", die 1937/38 u. a. im *Wort* und der *Neuen Weltbühne* (erschienen in Prag/Paris 1933–38; → Presse und Publizistik) ausgetragen wurde (Schmitt 1973).

Bereits zuvor hatten sich in der Auseinandersetzung um Ernst Blochs Werk *Erbschaft dieser Zeit* (1935), die weitgehend auf den innermarxistischen Diskussionsrahmen beschränkt geblieben war, bedeutende Gegenpositionen zu Lukács (Bloch, Eisler, Brecht) fixiert. Eine wichtige Vermittlerposition in der Kontroverse um Lukács' Realismus-Konzept nahm schließlich Anna Seghers ein, die „Realismus" nicht als künstlerische Methode, sondern als Bewußtmachung von Wirklichkeit verstand (Schmitt 1978). In der damaligen Diskussion Lukácsscher Positionen wurde bereits deutlich, daß die Orientierung des Realismus-Begriffs an der politischen Tendenz nicht nur einer poetischen Darstellung potentieller Wirklichkeitszustände („Latenz", nach Bloch) entgegenstand. Er wertete auch all jene nichtrealistischen Schreibverfahren ab, die als spezifischer Ausdruck einer modernen Krise literarischer Formen gelten konnten. Entschiedene Kritik an Lukács äußerte im Zusammenhang mit der Realismus-Debatte z. B. auch Alfred Döblin (Enderle-Ristori 1997, S. 244 ff.), der die Berechtigung nichtmimetischer Darstellungsweisen und offener Formen betonte. Gerade in poetologischer Hinsicht griff denn auch die zeitgenössische Auseinandersetzung um den Historischen Roman zu kurz, da er von damaligen Autoren und Kritikern überwiegend als aktualisierendes Verfahren betrachtet wurde (Dahlke 1976). Enthistorisierende Darstellungsweisen gar, wie sie z. B. der Mythos oder die Parabel anboten, wurden von der Literaturkritik weitgehend abgelehnt (Stephan/Wagner 1985, S. 71 ff.), und auch die kritische Funktion wirklichkeitsverfremdender Verfahren wie Parodie und Satire wurde – sieht man von der Sonderstellung des Brechtschen Werkes ab – nicht in breitem Umfang ausgelotet.

So produktionshemmend die Dominanz des Realismus-Postulats aus heutiger Sicht erscheint, stellte doch gerade Lukács' Werk den Versuch einer geschlossenen Ästhetik dar, wie sie während des Exils sonst nur noch Brecht und Benjamin entwarfen. Doch Benjamins Konzept einer „operativen" Kunst und seine Forderung nach dem „Modellcharakter" der Produktion, wie er sie in Brechts epischem Theater weitgehend eingelöst sah, wurden nicht in breiterem Rahmen rezipiert. Nicht zuletzt aus Gründen politischer Rücksichtnahme bzw. bündnispolitischer Taktik hatte die Literaturkritik des Exils manche literaturtheoretische Kontroverse vermieden und über weite Strecken den Charakter eines Kommentars der laufenden Literaturproduktion angenommen. Im Mittelpunkt der Rezensionspraxis standen insbesondere diejenigen Prosaformen (→ ROMAN), die die Wirklichkeit des Nationalsozialismus und des Exils direkt thematisierten. Die Literaturkritik trug so zur Herausbildung neuer Formen des Zeitromans wie dem Deutschland- und Exilroman, dem Roman des Internationalismus (Saarkampf, Spanischer Bürgerkrieg, Annexion Österreichs) oder der Fortentwicklung des Historischen Romans bei. Gleichfalls an den Begriffen von Aktualität und Authentizität orientiert war die Rezeption literarischer Mischformen wie dem Dokumentarroman und der Reportage, wobei das vor 1933 vieldiskutierte Problem der Material-Montage nun weitgehend eskamotiert wurde. Als Form authentischer Wirklichkeitsschilderung rezipiert wurde schließlich auch die umfangreiche Produktion nichtfiktionaler, pragmatischer Texte (Dokumentationen und Augenzeugenberichte über den Nationalsozialismus), die damit in den Bereich des Literarischen hereingeholt wurde. So war die Literaturkritik des Exils gekennzeichnet durch eine weitgehende Orientierung an Konzepten engagierter, eingreifender Literatur, die auf die ideologische Konjunktur des Antifaschismus antwortete und die insbesondere während der Volksfront-Phase linksbürgerliche und sozialistisch-kommunistische Literaturkritiker und -produzenten einander annäherte. (Neuerliche Divergenzen brachen nach den Moskauer Prozessen und dem Hitler-Stalin-Pakt zwischen 1937 und 1939 auf.) Die germanistische Forschung hat in der Vergangenheit beachtenswerte Untersuchungen zu literaturpolitischen Konzepten und Strategien einzelner Personen, Organisationen oder Presseorgane wie auch zur Entwicklung einzelner Textgattungen im Exil hervorgebracht. Dennoch erscheint eine Gesamtstudie, die die Spannungsfelder des literaturkritischen Diskurses im Zusammenspiel von ästhetischen (Epochenspezifik versus Moderne) und institutionellen (Parteien, Organisationen, Presseorgane, Verlage) Grundlagen aufzeigen würde, als wünschenswert.

Literatur

Arnold, Heinz Ludwig, Hrsg. (1974): Deutsche Literatur im Exil 1933–1945, 2 Bde., Frankfurt a. M.

Dahlke, Hans (1976): Geschichtsroman und Literaturkritik im Exil, Berlin–Weimar.

Enderle-Ristori, Michaela (1997): Markt und intellektuelles Kräftefeld. Literaturkritik im Feuilleton von Pariser Tageblatt und Pariser Tageszeitung (1933–1940), Tübingen.

Grunewald, Michel, Hrsg. (1993): Die deutsche Literaturkritik im europäischen Exil (1933–1940), Bern u. a.

Hohendahl, Peter Uwe, Hrsg. (1985): Geschichte der deutschen Literaturkritik (1730–1980), Stuttgart.

Jarmatz, Klaus, u. Simone Barck, Hrsg. (1981): Kritik in der Zeit. Antifaschistische deutsche Literaturkritik 1933–1945, Halle–Leipzig.

Klein, Wolfgang, Hrsg. (1982): Paris 1935. Erster internationaler Schriftstellerkongreß zur Verteidigung der Kultur, Berlin.

Pike, David (1981): Schriftsteller im sowjetischen Exil 1933–1945, Frankfurt a. M.

Schiller, Dieter (1974): „... von Grund auf anders". Programmatik der Literatur im antifaschistischen Kampf während der 30er Jahre, Berlin.

Schlenstedt, Silvia, Hrsg. (1983): Wer schreibt, handelt. Strategien und Verfahren literarischer Arbeit vor und nach 1933, Berlin–Weimar.

Schmitt, Hans-Jürgen, Hrsg. (1973): Die Expressionismusdebatte. Materialien zu einer marxistischen Realismusdiskussion, Frankfurt a. M.

Schmitt, Hans-Jürgen, u. Godehard Schramm, Hrsg. (1974): Sozialistische Realismuskonzeptionen. Dokumente zum 1. Allunionskongreß der Sowjetschriftsteller, Frankfurt a. M.

Schmitt, Hans-Jürgen, Hrsg. (1978): Der Streit mit Georg Lukács, Frankfurt a. M.

Schnell, Ralf (1976): Literarische Innere Emigration 1933–1945, Stuttgart.

Stephan, Alexander, u. Hans Wagner, Hrsg. (1985): Schreiben im Exil. Zur Ästhetik der deutschen Exilliteratur 1933–1945, Bonn.

Wegner, Matthias (1967): Exil und Literatur. Deutsche Schriftsteller im Ausland 1933–1945, Frankfurt a. M.–Bonn.

V Lyrik

Lyrik

SILVIA SCHLENSTEDT

Eigenarten, Leistungsvermögen und Stellenwert von Lyrik im Exil 1933–1945 bestimmen zu wollen ist bis heute schwierig. Das beginnt mit dem Problem, auf welchen Materialkorpus man sich dabei stützt – auf das in dieser Zeit in Buchform Gedruckte, auf das damals Geschriebene (worüber z. T. nur Nachlässe Auskunft geben), auf die Vielzahl der in der Exilpresse publizierten Texte? Richtet man die Aufmerksamkeit auf das Wirken von Gedichten in ihrer Zeit, sind die Bedingungen, unter denen sie Öffentlichkeit erlangen konnten, stets mitzubedenken. Sie waren besonders ungünstig für Veröffentlichungen in Buchform. Viele Exilierte konnten keine solche Publikation erreichen. Das ist der umfassendsten Sammlung *Lyrik des Exils* (1985) abzulesen: Von den aufgenommenen 59 emigrierten Lyrikern bzw. Autoren, die zwischen 1933 und 1945 Gedichte veröffentlichten (die Auswahl geht weit über diesen Zeitraum hinaus), konnten nur 34 in den Exiljahren bis 1945 eigene Gedichtbände herausbringen – etwa die Hälfte nur einen einzigen Band, andere wie Erich Arendt, Albert Ehrenstein, Ernst Waldinger, Alfred Wolfenstein erreichten nicht einmal dies. Selbst wenn eine solche Edition zustande kam, war die Verbreitung gering; drei Beispiele dafür aus unterschiedlichen Zeiten und Ländern: Max Herrmann-Neißes *Um uns die Fremde* erschien 1936 bei Oprecht in Zürich in 550 Exemplaren, davon wurden in einem Jahr 174 verkauft; *Neue Welt. Verse der Emigration* von Paul Zech druckte 1939 ein mit ihm befreundeter deutscher Emigrant in Buenos Aires, nach fünf Monaten waren dort elf Exemplare abgesetzt; *Mein blaues Klavier* von Else Lasker-Schüler wurde 1943 in Jerusalem in 330 Exemplaren gedruckt, wovon nach 15 Monaten 30 verkauft waren.

Um ein breiteres Material als das der Bücher bis 1945 vorzustellen, griffen die Forscher und die Editoren neuerer Anthologien auf Bände oder, so vorhanden, Werkausgaben aus späteren Jahren zurück. Indes folgten diese zumeist Auswahlkriterien, die verschieden waren von denen der Zeit, der die Gedichte ihre Entstehung verdankten, und so wurde mancher Text aus Exilperiodika nicht berücksichtigt, der seinerzeit als Teil eines Diskurses im Exil wichtig war. Anders war die Lage bei der frühen Anthologie *Das Wort der Verfolgten* (Basel 1945); ihr Herausgeber Bruno Kaiser konnte manchen seither berühmten Lyrikband nicht einsehen und präsentierte zum großen Teil Gedichte aus Exilzeitungen und -zeitschriften (damit ist sie heute eine wichtige Quelle, um Erstdrucke zu erschließen).

Der Umfang, die zeitgenössischen Kontexte und das Gewicht der Lyrik in Exil und Exilliteratur wie auch die Reaktionsweisen, die für ihre Phasen charakteristisch waren, sind nur zu bestimmen, wenn außer den Büchern der Emigranten die Veröffentlichungen in damals zur Verfügung stehenden Publikationsmedien einbezogen werden. Dies ist Voraussetzung für ein komplexeres Bild von Exillyrik, welches auch die Problematik einschließt, die ihrer Existenz aus der Deformation literarischer Öffentlichkeit und einer „normalen" Arbeitsteilung der Medien, des Spektrums zwischen Tageszeitung und Gedichtbuch, erwuchsen. Jedoch wurden von der Forschung die Periodika in diesem Betracht bislang nicht systematisch aufgeschlossen, weshalb nur in Ausnahmefällen Aussagen über zeitgenössische Verbreitung und Wirkungsmöglichkeit der Exillyrik möglich sind wie auch zu ihren Leistungen im Vergleich zu anderen Gattungen. Zu zeigen wäre, wie in Gedichten vielfach wach und sensibel auf Ereignisse reagiert, bislang unbekannte und verstörende Erfahrung zur Sprache gebracht wurde. Bei diesem Aspekt bestätigt sich, was generell zur Erforschung der Exillyrik festgestellt werden muß: Sie ist, wie schon 1985 befunden wurde, „geradezu dürftig zu nennen", und „sträflich vernachlässigt" blieben auch seither übergreifende Phänomene und Gattungsgesichtspunkte (Emmerich 1985, S. 22, 24). Die wenigen Querschnittsstudien aus den 1970er und frühen 1980er Jahren wurden nicht ergänzt, Angebote zur systematischen und textnahen Ordnung des Gesamtfelds blieben vereinzelt (Feilchenfeldt 1986), neuere Fragestellungen der Forschung sind nicht mit Bezug auf Exillyrik als Ganze erprobt worden. (Bezeichnend für die Forschungslage ist, daß die erste internationale Konferenz zum Thema „Deutschsprachige Exillyrik 1933–1945" im Jahr 1996 veranstaltet wurde.) Anregungen sind eher zu holen aus monographischen Untersuchungen, die zu zahlreichen Dichtern vorliegen, und darunter vorzüglich, seinem besonderen Rang entsprechend, zu Bertolt Brecht. Eine Ausnahme indes gibt es: Im letzten Jahrzehnt ist die Lyrik österreichischer Emigranten kontinuierlich erschlossen, durch Editionen zugänglich gemacht und von heutigen Gesichtspunkten aus befragt worden.

Verschiedentlich herausgestellt wurde: Ein Kennzeichen der frühen Jahre des Exils ist die Dominanz des Satirischen in lyrischen Texten, mit denen auf den Machtgewinn des Nationalsozialismus reagiert wurde. Das zeigt die Exilpresse mit den vielen einschlägigen Gedichten deutlicher noch als die Buchpublikationen (Karl Schnog *Kinnhaken. Kampfgedichte 1933/34*; Alfred Kerr *Die Diktatur des Hausknechts*; Walter Mehring *... und Euch zum Trotz*, alle 1934). Eingesetzt wurden alle Spielarten komisch-satirischer Sprechweisen und Formen – Spottlieder, ironisierende Moritaten, parodierte Kirchenlieder, höhnische gereimte Glossen, sarkastische Kommentare von Naziparolen und Ideologemen. Der Umfang satirischen Reagierens auf das Zeitgeschehen bei Autoren durchaus unterschiedlicher politischer Perspektive und Schreibtradition ist Anzeichen für ein viele Autoren verbindendes Gefühl politisch-moralischer Überlegenheit der Nazigegner und zugleich für die politische Wirkungsabsicht, durch Überlegenheitsentwürfe, geistreiche Manifestationen eines „Gegen-Angriffs" dem brutal regierenden „Ungeist" beizukommen. Nicht selten beruhten ausgestellte Überlegenheit und hämische Invektive auf elitär Bildungsbürgerlichem in der Sicht auf die Nazis, wie von der Exilforschung bedacht worden ist, wenn sie die Ausprägung des Typus „Schmähgedicht" (Emmerich 1985, S. 33) erörterte und einer „Metaphorik der Verachtung" (Koebner 1984, S. 57) bzw. „Analogien der Verachtung", bei der „deklassierende Strategien" die Wahl der Bilder und Vergleiche bestimmen (Koebner 1992, S. 220).

Wie sehr solche Schreibstrategien an die in den Jahren 1933–35 weit verbreitete Hoffnung gebunden waren, das NS-Regime werde rasch unhaltbar und beseitigt werden, erweist die Anthologie *Verse der Emigration* (1935), die gänzlich dieser operativen Funktion unterstellt war (Schlenstedt 1983, S. 312 ff.). Zu diesem Zweck wurden Verse unterschiedlichen Niveaus überwiegend aus der Emigrantenpresse vereint – Satiren auf die Herrschenden wie Gedichte, die deren Opfer und den Widerstand würdigten – und so zusammengestellt, daß sie das Bewußtsein von der Besiegbarkeit des deutschen Faschismus dokumentieren und Zuversicht stärken sollten. Unoperatives wie *Die Verscheuchte* von Lasker-Schüler und Gedichte der Klage über die Opfer und einer neuartigen Sprache für das Ausmaß der Niederlage (Brechts *Deutschland*) wurden dagegen auf eine Weise eingeordnet, die das Elegische auffangen, die Klage eher nivellieren als ernst nehmen sollte. Nach 1935 verlagerten sich deutlich die Gewichte innerhalb der Genres der Exillyrik, das „Schmähgedicht" trat zurück. (Das gilt generell als Tendenz, doch nicht gänzlich für die Individuen: Kerr schrieb auch weiterhin in journalistischem Zugriff satirische Glossen für Exilzeitungen von *Pariser Tageszeitung* bis *Aufbau*.) Die operativ angelegte Anthologie ist auch ein Indiz für den Verlust der Öffentlichkeit, dem eine direkt ans Publikum adressierte politische Lyrik im Exil ausgesetzt war. Für sie gab es außerhalb der Presse nur seltene Gelegenheiten – die Kämpfe um die Abstimmung an der Saar im Januar 1935 und der Bürgerkrieg in → SPANIEN vor allem. Nicht zufällig in diesen beiden politischen Entscheidungslagen suchte Erich Weinert sein früheres Wirken als eingreifender Sprech- und Tribünendichter fortzusetzen. Ein Neuansatz seiner lyrischen Konzeption, ein Ausbrechen aus fixierten ideologischen Rastern wie zunehmendem Wirklichkeitsverlust konnte ihm im Exil nicht gelingen.

So wichtig die beschriebene Tendenz zum Satirischen und Operativen war, ist von ihr aus noch nicht zu bestimmen, wie faschistische Herrschaft und erzwungene Flucht sich auf Lyrik im Exil auswirkten, inwieweit und in welcher Gestalt das Schreiben von Gedichten sich wandelte. Die allgemeine Feststellung, daß im lyrischen Werk aller Dichterinnen und Dichter Veränderungen eintraten, ist sogleich zu differenzieren, da Grad und Richtung von Veränderungen abhängig waren vom Alter der Autoren bei der Flucht, von dem Maß, in dem sie da bereits in ihren Lebens- und Schreiberfahrungen geprägt waren, und von der individuellen Art, sich in Empfinden, Denken, sozialem und literarischem Agieren auf Gesellschaftsprozesse und Geschichte zu beziehen. Die Veränderungen divergierten beträchtlich etwa zwischen Else Lasker-Schüler oder Karl Wolfskehl, deren Lebenswerk im wesentlichen abgesteckt schien und dennoch in der Bildsprache oder in thematischen Wendungen des Exilwerks aussagekräftige Modifizierungen zeitigte, und Hilde Marx oder Mascha Kaléko, die als junge Autorinnen zugleich mit der Existenzsicherung in der Emigration ihre Möglichkeiten, die eingeschlagene Richtung fortzusetzen, ermitteln mußten, und wieder anders lag es bei Stephan Hermlin oder Erich Fried, die erst gegen Ende des Krieges als Lyriker in Erscheinung traten. Mit dem Andeuten von Unterschieden bei Autoren aus verschiedenen Generationen – die auch mitbedingen, in welchem Grade sie sich den Realitäten in den Emigrationsländern öffnen – soll hingewiesen werden auf die Schwierigkeit, Wandlungen und Transformationen in der Exillyrik zu generalisieren. Beschreibbar sind sie jedoch in Hinsicht auf grundsätzliche, von mehreren Poeten geteilte Wegrichtungen in der lyrischen Produktion.

Der Einfluß des in deutscher Dichtung tradierten

Verständnisses vom Gedicht als vorzüglichem Ort der Selbstaussprache des lyrischen Ich erweist sich auch während des Exils als mächtig. Durch die erzwungene Emigration aus bisherigen Lebensbindungen gewinnt sogar das Gedichtschreiben als Versuch der Selbstbehauptung in feindlicher Umwelt ein verstärktes Gewicht. Bei jenen Autoren, für die eine solche Grundanlage bestimmend war, vollzogen sich jedoch vielfältige Änderungen, wodurch die eigene Schreibtradition wo nicht aufgegeben, so doch aufgebrochen wurde. Wolfenstein kann hierfür exemplarisch stehen. Die Zentriertheit der lyrischen Arbeit auf individuelle Beziehungen und subjektives Befinden in der Welt wirkt beim Emigranten weiter fort, sie wird aber dann als fragwürdiger Rückzug ins Private thematisiert, das der Zuwendung zur „Zeit" zu weichen habe (*Die Liebe und die Zeiten*). In der Wendung zu den großen politischen Zeitproblemen gelangte Wolfenstein am Vorabend des Krieges zu neuartigen „Warnbildern" (Schlenstedt 1993, S. 155), die in intensiver Metaphorik gegen passives Hinnehmen des Gegebenen und Selbstaufgabe angehen; daran konnte er anschließen, als er 1940 in extremer Lebenslage eigenes Erleiden schreibend zu bewältigen und zu objektivieren suchte (vgl. den Zyklus *Ein Gefangener*). Mit der genannten Schreibtradition verbunden ist bei diesem wie manchem anderen Dichter eine dem Gedicht zugesprochene existentielle Funktion – es hat dem Exilierten Lebenshalt und Überlebenshilfe zu vermitteln (in Wolfensteins *Mancher Verbannte* heißt es: „Jetzt ist noch das Gedicht mein Haus,/Dann bin ich ganz verbannt"; *Pariser Tageszeitung*, 13.2.1939).

Darin liegen Berührungspunkte mit Herrmann-Neiße, dessen Exillyrik indes in stärkerem Maße von Konstanz gezeichnet ist. Dominant ist die Selbstaussprache eines Ich, das die Welt erleidet, Verluste und Zerstörungen beklagt und das „unverwüstlich Eigentliche" (Thomas Mann im Vorwort zu *Um uns die Fremde*) seiner Subjektivität der feindlichen, vom Bösen beherrschten Umwelt entgegenstellen will. Zu dieser Art Klage, die das Dichter-Ich zum leidenden Gegenpol macht und zum Bewahrer eines Humanen, dem die Heimat nicht die Treue hielt, gehört der Zug zur Idyllisierung und Verklärung der verlorenen Heimat. In Hinsicht darauf ist Herrmann-Neiße in die Nähe zu Johannes R. Bechers „Deutschland-Dichtung" gerückt worden (Trapp 1983, S. 111 ff.). In der Tat, in poetischen Evokationen deutscher Landschaft und früher Eindrücke, die das Ich im Erinnern beschwört und als bleibenden Besitz gegen die Machthaber in Hitlerdeutschland zu verteidigen trachtet, finden sich die größten Berührungsflächen zwischen den sonst im Ideologisch-Politischen divergierenden Dichtern (besonders durch Bechers Bekenntnis zur Sowjetunion, der er die Lösung aller Epochenwidersprüche zuspricht). Das Konstatieren einer punktuellen „tiefen Verwandtschaft" – die auch im Hinblick auf die bevorzugte tradierte Formensprache mit Sonett, Reim und Melodik verzeichnet wurden – relativiert sich, wenn der Verlauf der Entwicklung betrachtet wird, der „stilgeschichtliche Ort" von Bechers Exildichtungen (Schäfer 1973, S. 358 ff.), in denen seit 1935 – im Verwerfen früherer politisch-ästhetischer Konzepte – eine Rückbesinnung auf Selbstgestaltung des Dichters vorherrscht und ein hypertrophiertes Ich aufgebaut wurde als „Repräsentant des geschichtlichen Zustands und Ort der Austragung seiner Widersprüche" (Schlenstedt 1983, S. 366). In solchem Ich-zentrierten Dichten geht *Der Glücksucher und die sieben Lasten* (1938), das mehrere Mitemigranten in seiner Neuheit würdigten, nicht auf, was vor allem einige Sonette manifestieren, die Gestalten oder Landschaften in „dichten bewegten Bildern poetisch dingfest" machen (Richter 1976, S. 195).

„Die Fragwürdigkeit des lyrischen Ichs macht den Dichtern", schrieb resümierend Berthold Viertel 1938, „viel zu schaffen. Sie verbieten sich 'das Private' als ein isoliertes Erleben, das sie, bei so ungeheuerlichem Leiden und Suchen und Kämpfen des Massenmenschen, ein Frevel zu sein dünkt" (Viertel 1989, S. 66). Eine Folgerung aus derartig empfundener Fragwürdigkeit: Wege zur Objektivierung des Individuell-Privaten, zur Historisierung der Dichter-(Ich-)Biographie zu gehen. Versuche dieser Art bewegten viele Exildichter in ihrer Arbeit, deren Zentrum das lyrische Ich bildete, das in seinem Empfinden und Verhalten bewußter auf Zeitgeschichte, gegenständlich auf Erfahrungen bezogen oder durch die Komposition von Gedichten zu Zyklen in ein überindividuelles Lebensbild aufgehoben wurde. Diese Tendenz äußert sich bei vielen, mehr oder weniger durchgreifend. Prägende Eindrücke und Begegnungen aus dem Österreich seiner Kindheit und dem Ersten Weltkrieg vergegenwärtigte Waldinger in Erinnerungsbildern, die eigenes Gewordensein einsehbar machen – wichtig dann auch für das Ordnungsprinzip seines Bandes *Die kühlen Bauernstuben* (1946). Für Louis Fürnbergs lyrisches Exilschaffen wurde das zyklische Prinzip der Hauptweg, eine Verbindung von lyrischem Ich und Welt entstehen zu lassen – von *Hölle, Haß und Liebe* (1943), das Texte einem Ensemble zuordnet, das

Zeitgeschichte und Dichter-Ich als historische Gestalt vorführt, bis zum Zeitgeschichtspoem *Die spanische Hochzeit* (1945) und der poetischen Lebensbilanz *Der Bruder Namenlos. Ein Leben in Versen* (1947, geschrieben 1945). Die Chronik einer erlittenen, gemeinschaftlich bestandenen Lebenslage gab Rudolf Leonhards *Le Vernet*, eine Bündelung von Gedichten zu einem poetischen Dokument, das (erst viel später und nicht vollständig ediert) eines „der dichterischen Hauptwerke des Exils" wurde (Jentzsch 1984, S. 49).

Mehrfach ist in Zeugnissen von Mitemigranten verschiedener Prägung das Ineinanderflechten von Zeitgeschichte und lyrischer Ich-Aussage als Leistung des Exildichters nachdrücklich hervorgehoben worden. So wenn Heinrich Mann über Viertels Gedichtbuch *Fürchte dich nicht!* 1941 schrieb, es „vermittelt den gesamten Vorgang, in der Welt und in den Seelen" (Mann 1993, S. 204), oder wenn Hermann Broch darin „die Hauptqualitäten ethischen Künstlertums" prononcierte, für das „das dichtende Ich" „nur ein Teil der Objektwelt" wird (*Aufbau* 1972, S. 273). Das Bauprinzip des Buches, das für die Biographie des Individuums wesentliche Lebensmomente aus Vergangenheit und Exil vergegenwärtigt und so einen zeitgeschichtsgesättigten Lebensbogen schafft, wurde auch im Folgeband *Der Lebenslauf* (1946) produktiv gemacht. Aufschlußreich nicht allein für diesen Dichter ist die Begründung, die Günther Anders für Viertels besondere Stellung gab: „Während sich viele seiner Generation, als der Schrecken von 1933 anhob, in Thematik und Ton ihres Schreibens bereits endgültig festgelegt hatten; während für sie die Katastrophe eher zur Störung als zum Inhalt ihrer Produktion wurde, hat er sie im täglichen und nächtlichen Dichten pausenlos begleitet" (Viertel 1994, S. 468 f.)

In neuerer Forschungsliteratur zur Exillyrik wurden beim Versuch, eine Typologie oder eine Ordnung nach Themen, Formen oder Verfahrensweisen herzustellen, übereinstimmend Ausnahme- oder Sonderfälle namhaft gemacht und dabei, bezogen auf die Zeit 1933–1945, der außerordentliche Rang von Brechts lyrischer Arbeit und das Exzeptionelle von Arendt betont. Diese Stellung hängt damit zusammen, daß die Autoren 1933 nicht in Thematik und Ton „bereits endgültig festlegt" und die „Katastrophe" weniger „zur Störung als zum Inhalt ihrer Produktion wurde". Grundlegend dafür war eine Disposition der Produktion, die Lyrik nicht auf die (den Bahnen der nachklassisch-nachromantischen Tradition folgende) Selbstaussprache des lyrischen Subjekts fokussierte, mit der der Schreibende vielmehr als Chronist, als Zeit-Zeuge, als Sprecher von Erfahrungen (eigener und der anderer Zeitgenossen) sich verhielt. Eine solche Grundanlage des Gedichteschreibens konnte befördern, daß die Lyriker sich neuen Konstellationen und Eindrücken, der Natur und sozialen Realität in den Exilländern, den einschneidenden Zeitereignissen bewußt öffneten und daß sie dem Erfahrenen angemessene neue lyrische Sprech- und Darstellungsweisen erkundeten und fanden. Wieweit es möglich war, nach der Emigration die umrissene Grundanlage weiter produktiv zu machen, blieb immer auch an das individuelle Naturell gebunden. An der Exillyrik Theodor Kramers ist abzulesen, wie der Verlust der vertrauten Region, der er soziale Kontur und Stimme gegeben hatte, nicht ohne Rückschläge und Irritationen zu verarbeiten war; der sein Verbanntsein aus Österreich beklagte, hatte sich eine Distanz zu erkämpfen, die ihm gestattete, seine Zeitzeugenschaft im Gedicht fortzuführen (vgl. *Wien 1938. Die grünen Kader*, 1946).

Nicht klagend-anklagende Rückwendung zur verlorenen Heimat, dagegen Hinwendung zu den Realitäten seiner Exilländer, Offenheit für ihre Landschaft, die sozialen und politischen Nöte und Kämpfe ist charakteristisch für Arendt. Die entschiedene Annäherung an die Lebensprobleme des Landes – was bei Arendt, im Unterschied zu den meisten Exilautoren, mit der Aneignung der Landessprache und der Kultur der Exilländer einherging – war wichtige Bedingung für eine vom Gros der Exillyrik sich abhebende aussagestarke, in Bildsprache und Verfahren innovative moderne Poesie. Das beginnt mit der gegenständlich bildkräftigen Darstellung sozialer Gegensätze und umkämpfter Lösungen in Spanien vor und im Spanienkrieg, lyrischer Szenerien mit „visionäre(r) Überblendung von Gegenwärtigem und Künftigem" und „mythische(r) Überhöhung" der Faschismus-Auseinandersetzung (Spanienakte Arendt 1986, S. 155), wird fortgesetzt in Gedichten, die Personen der Geschichte vorstellen, auf der Suche nach „einer Kunst, die Widerstand leistet, indem sie sich selbst als sinnliche Manifestation des widerständig-leidenden Menschen begreift" (Emmerich 1984, S. 153), und gewinnt neue Dimensionen in der Lyrik des kolumbianischen Exils, welche weittragende Erweiterungen im poetischen Welt-Bild, im Evozieren sozialer Räume und bearbeiteter Natur, und Erneuerungen in Bildlichkeit und Versbehandlung erbrachte. Wenn ein früher typologischer Versuch die Exillyrik binden wollte an den Ausdruck „gebrochener poetischer Bewußtseinshaltung" und das Einzeichnen des „Exilsyndroms" (Weißenberger 1976, 1989, S. 255), so erweist sich: solche Bestimmungen sind nur begrenzt zutreffend, schließen eine Exildichtung wie die Arendts aus. Und ähnliches gilt in Hinsicht auf die Verwendung der Sonettform, die – Arendts Spanienkriegs-Sonette können es zeigen – nicht schlechthin als Anzeichen dafür gelten kann, daß Exildichter zu Traditionalisten wurden, die Halt in fester Form suchten (Ziolkowski 1972). Beide apostrophierten Betrachtungsweisen sind ebenso mit Bezug auf Brechts Gedichte im Exil zu relativieren.

Für eine Reihe von Tendenzen in der Entwicklung der Exillyrik lassen sich Entsprechungen bei Brecht finden: Das gilt für die frühe Hinwendung zum Satirisch-Komischen im politischen Zeitgedicht (*Hitlerchoräle*), aber auch für die zeitgleich entwickelten Verfahren und lyrischen Sprechweisen, mit denen er der 1933 entstandenen geschichtlichen Lage beizukommen versuchte. Während der Vorkriegs- und Kriegsjahre gewannen zunehmend Formen und Darstellungsweisen an Gewicht, die Sachverhalte vorweisen, (noch) unbewegte Widersprüche pointieren, erfahrene Lebenslagen im lakonischen Bild ausstellen. Aufs Ganze gesehen, war ein Kennzeichen von Brechts poetischer Praxis im Exil, die Lyrik als ein „Ensemble" der Darstellungs- und Redeweisen „im Gesamtplan der Produktion" (Schlenstedt 1978) zur Wirkung kommen zu lassen, und dafür war der Zusammenbau von Gedichten verschiedener Genres zu Zyklen und zyklisch gegliederten Gedichtbüchern ein wesentliches Prinzip (Bohnert 1982).

Der Formenreichtum in Brechts Exillyrik mit einer Vielfalt an Innovationen – bei Ballade und Chronik, Epitaph und Spruchdichtung, Ich-verhaltenem Kurzgedicht (Typ *Hollywoodelegien*) und epochenumgreifendem Entwerfen eines Ich „in finsteren Zeiten" (*An die Nachgeborenen*) – ist vielfach in seiner Bedeutung für die Erweiterung der Aussagemöglichkeiten von Lyrik untersucht worden (Knopf 1984). Wie er für die Exillyrik typische Topoi und Themen (Exil als Thema, Landschaft des Exils etc.) aufnahm und Formen (Sonett, antike Strukturen) gebrauchte und in lyrischen Gebilden neuartig nutzte, umformte, zur Reflexion herausfordernd verwendete, ist gleichfalls gezeigt worden. Transformationen der skizzierten Art liegen gerade auch bei Gedichten vor, die ein Ich des emigrierten Dichters zur Sprache bringen (*Frühling 1938*; *Schlechte Zeit für Lyrik*): Es wird vorgestellt als eine schauende, fühlende, nachdenkende Gestalt, eine Zeitgeschichte wie eigene emotionale Verfassung reflektierende Instanz, die dem Leser die eigene Lage und Haltung in der erfahrenen Zeit unterbreitet.

Vielfacher Wandel im Darstellungsvermögen von Lyrik im Exil, ihrer Weltsichten und Formensprache ist also festzustellen, wenn auch von unterschiedlichem Grad und Gewicht bei den divergierenden Schreibtraditionen. Und doch: durch die terroristische Herrschaft des deutschen Faschismus, deren jahrelang unaufhaltsame Eskalation in Krieg und Massenmord stieß die Dichtung als Ganze an eine Grenze, die Grenze ihrer Fassungskraft. Erst nach und nach wurde dies bewußt und bestimmte, freilich ungleich konsequent, den Horizont der Schreibenden. Sehr früh bekundete Karl Kraus, angesichts der Gewaltpolitik müßten die bisherigen Möglichkeiten der Kritik durch Sprache versagen; das Urteil in seinem Gedicht – „Kein Wort, das traf" – wurde 1933/34 weithin abgewiesen und als Zeichen der Kapitulation des Autors gedeutet. Brecht griff produktiv das von Kraus signalisierte Problem auf, mit einem Gedicht, das in sprachlichen Paradoxa der unsäglichen entstandenen Lage habhaft werden sollte: „Die Verbrechen gehen auf die Straße / Und spotten laut der Beschreibung. // Dem, der gewürgt wird / Bleibt das Wort im Halse stecken" (Brecht 1993, Bd. 14, S. 196; Schlenstedt 1983, S. 218 ff.). Eine der Naziherrschaft adäquate Sprache erörterte grundlegend Ernst Bloch 1938 (auch im Rückbezug auf Kraus) im Essay *Der Nazi und das Unsägliche*. Er erklärte das „Unvermögen" der antifaschistischen Literatur, dem Nazi-Verbrechen „sprachlich nahe- und nachzukommen", aus dem „noch nie dagewesenen" Phänomen des Nazismus, der „ebenso erbärmlich wie furchtbar" ist, von einem neuen „Format der reüssierenden Niedertracht", weshalb es „die überlieferte Sprache" verschlage. Unzureichend bleibe die grob angreifende Sprache der komisch-satirischen Abfertigung, welche „notwendigerweise das Grauen" ausläßt, wie auch „die große, glühende Sprache" mit biblischen, mythologisch Mitteln, sittlichem Pathos, die das Verächtliche, niederträchtig Schlechte am Nazismus verfehlt (Bloch 1972, S. 382 ff.). Bloch hat seine Erwägungen und Vorschläge im Vor-Krieg geschrieben. Als im Krieg mehr und mehr Nachrichten von Okkupationsgreueln, von Deportationen aus allen europäischen Ländern, vom Massenmord an den Juden im Osten zu den Exilanten drangen, wurde allenthalben das Vermögen der Lyriker herausgefordert, schreibend für die Opfer einzustehen. Formen des Eingedenkens drängten sich vor, die in „großer, glühender Sprache" einen Sinn der beklagten Tode beschworen – das Gedicht als Gedenktafel, als Totengebet wie z.B. Friedrich Torbergs *Kadisch 1943. (Dem Andenken der in Europa ermordeten Juden)* und Mascha Kalékos *Kaddisch*. Mit zunehmendem Wissen um die Vernichtungslager mußte „das Problem der 'Säglichkeit' des Faschismus ... eine neue Dimension" bekommen, das als „unlösbares Dilemma" bezeichnet worden ist, ein Verbrechen „in sprachlichen Zeichen auszudrücken, das sich menschlicher Vorstellungskraft und sprachlichem Nachvollzug" entzog (Emmerich 1985, S.56).

Diese alles frühere übersteigende Herausforderung kann das Beispiel einer Reihe lyrischer Texte zeigen, mit denen im Exilgedicht einer der tödlichen Orte, Lublin, zur Sprache kam. Wenige Wochen nach Beginn der Deportationen im besetzten Polen erschien *Lublin 1939* von Waldinger: „Bilder, schreckensschwarz," von den ins Getto verschleppten Juden steigen bedrängend auf, der Dichter sucht dem Vorgang in mitleidender Metaphorik beizukommen, ihn einzuordnen in uralte Leidensgeschichte – die „Hölle von Lublin" wird zum „neuen Babylon" –, und er deutet ihn, mit negativer Verheißung endend, als menschheitsgeschichtliche Zäsur: Der „Genius der Menschheit trauert" „Bis die Schmach getilgt wird von Lublin" (*Aufbau*, 8.12.1939 – nicht in Ausgaben aufgenommen). Später wird das Arbeiten mit überkommener Sprache explizit diskutiert im Gedicht *Maidanek*: „Ach, hier versagt das Wort:/Die Technik tötet sprachlos –" (Waldinger 1949, S.105). Das Unangemessene von Höllen-Vergleichen und Dante-Apostrophen wird erkannt, und doch werden Darstellungsformen jenseits der biblischen Muster nicht gefunden.

Gegenständliche Spuren des Massenmords – die mit Schuhen angefüllte Baracke, nach der Befreiung von Maidanek entdeckt – wurden in zwei Gedichten zum Beweggrund: In den dinglichen Zeichen war Vernichtung greifbar, Unvorstellbares vorstellbar zu zeigen. *Kinderschuhe aus Lublin* von Becher und *Das Schuh-Lager von Maidanek* des Mexiko-Emigranten Paul Mayer lassen die Schuhe zu Zeugen werden. Bei Becher treten sie in einem imaginierten Gerichtsverfahren auf, werden dann aber in längeren Rückblende-Szenen mit ihren Trägern quasi wiederbelebt – die bewegte Emotionalität mag die Entmenschlichung des Vorgangs nicht akzeptieren. Mayer versucht Distanz zu schaffen, setzt dazu Knittelverse und Sarkasmen ein, betont das Bürokratische in der Mordpraxis, er drängt mühsam die Evokation derer, die früher die Schuhe trugen, zurück, weist auf ein Gericht Gottes, der ebenso genau buchführen läßt wie die Mörder: „Trag alles ein./Die Namen der Henker. Ordnung muß sein" (*Freies Deutschland*, April 1945). Offenbar war es den antifaschistischen Exildichtern nahezu unerträglich, die Todeslager, die unwiederbringlichen Verluste zu denken ohne die Idee der Strafe für die Schuldigen. Auch Kramers *Der Ofen von Lublin*, worin die Vernichtungsmaschinerie sachlich härter gezeichnet wird, endet in der Geste geforderter Vergeltung – ohne sie wird fortfressen „an der Welt/die feurige Schmach von Lublin" (Kramer 1984, S.385).

Zu Beginn des Jahres 1945 jedoch macht sich bereits etwas anderes vernehmbar, ein Kehre im Blick auf die Toten: Die Grenzen der Vorstellbarkeit des millionenfachen Todes werden zum Gegenstand des Gedichts *Die Meldung* von Anders: „Drei Tode könnte jedes Herz ermessen./Doch wir Millionen sind schon heut vergessen,/Weil drei Millionen vielzuviele sind" (Anders 1985, S.385). Auf einer anderen, neuen Ebene wird faschistischer Massenmord hier bewegt: Klage und Entsetzen gelten den Getöteten und dem eigenen Scheitern, ihr Totsein aufzufassen. Wenig später fixiert der Autor in einem Notat, worin er die meisten seiner Gedichte im Exil „Schreckbilder", „Denkmäler des Entsetzens, Grabsteine der Schande" nennt: „was man nicht auffassen kann, das kann man auch nicht erinnernd aufbewahren" (Anders 1949, S.50).

Nach 1945 veränderte sich, gerade auch in dieser Beziehung, das Feld für die Lyrik, auch für die Lyrik, die weiterhin im Exil geschrieben wurde (Nelly Sachs, Paul Celan u.a.). Die bis in die neunziger Jahre währende Debatte um Lyrik nach Auschwitz zeigt es an (Lyrik nach Auschwitz? 1995).

Literatur

Anders, Günther (1949): Dichten heute. Aus Tagebüchern, in: Die Wandlung 1, S.40ff.

Anders, Günther (1985): Tagebücher und Gedichte, München.

Aufbau. Reconstruction (1972). Dokumente einer Kultur im Exil, hrsg. von Will Schaber, New York–Köln.

Bloch, Ernst (1972): Der Nazi und das Unsägliche (September 1938), in: ders.: Vom Hasard zur Katastrophe. Politische Aufsätze 1934–1939, hrsg. von Oskar Negt, Frankfurt a.M., S.382ff.

Bohnert, Christiane (1982): Brechts Lyrik im Kontext. Zyklen und Exil, Königstein i.Ts.

Brecht, Bertolt (1993): Gedichte und Gedichtfragmente 1928–1939, Berliner u. Frankfurter Ausgabe, Bd.14, Berlin u.a.

Broch, Hermann (1972): Berthold Viertel, in: Aufbau. Reconstruction, S. 272 ff.

Emmerich, Wolfgang (1984): Welt, gesehen mit dem rebellischen Auge des Dichters. Die Exillyrik Erich Arendts, in: Koepke/Winkler, S. 144 ff.

Emmerich, Wolfgang (1985): Einleitung, in: ders. u. Susanne Heil, Hrsg.: Lyrik des Exils, Stuttgart, S. 21 ff.

Feilchenfeld, Konrad (1986): Deutsche Exilliteratur 1933–1945. Kommentar zu einer Epoche, München.

Jentzsch, Bernd (1984): Rudolf Leonhard. „Gedichteträumer". Ein biographischer Essay, Dokumente und Bibliographie, München–Wien.

Knopf, Jan (1984): Brecht-Handbuch: Lyrik, Prosa, Schriften, Stuttgart.

Koebner, Thomas (1984): Das Dritte Reich – Reich der Dämonen? Vorläufige Überlegungen zur Funktion der Bilder und Vergleiche in den Charakteristiken des Dritten Reiches aus der Sicht der Exilliteratur, in: Koepke/Winkler, S. 56 ff.

Koebner, Thomas (1992): Unbehauste. Zur deutschen Literatur in der Weimarer Republik, im Exil und in der Nachkriegszeit, München.

Koepke, Wulf, u. Michael Winkler, Hrsg. (1984): Deutschsprachige Exilliteratur. Studien zu ihrer Bestimmung im Kontext der Epoche 1930 bis 1960, Bonn.

Kramer, Theodor (1984): Gesammelte Gedichte 1, hrsg. von Erwin Chvojka, Wien u. a.

Lyrik nach Auschwitz? (1995). Adorno und die Dichter, hrsg. von Petra Kiedaisch, Stuttgart.

Mann, Heinrich (1993): Briefwechsel mit Barthold Fles 1942–1949, hrsg. von Madeleine. Rietra, Berlin–Weimar.

Richter, Hans (1976): Um Traumbesitz ringend: Johannes R. Becher, in: ders., Hrsg.: Schriftsteller und literarisches Erbe. Zum Traditionsverhältnis sozialistischer Autoren, Berlin–Weimar, S. 128 ff.

Schäfer, Hans Dieter (1973): Stilgeschichtlicher Ort und historische Zeit in Johannes R. Bechers Exildichtungen, in: Durzak, Manfred, Hrsg.: Die deutsche Exilliteratur 1933–1945, Stuttgart, S. 358 ff.

Schlenstedt, Silvia (1978): Lyrik im Gesamtplan der Produktion. Ein Arbeitsprinzip Brechts und Probleme der Gedichte im Exil, in: Weimarer Beiträge 2, S. 5 ff.

Schlenstedt, Silvia (1983): Ermutigung auf vielerlei Art. Wirkungsstrategien im Aufbau von Gedichtbüchern 1933–1935. Und: Debatte um die „schweigenden Intellektuellen" und den „Fall" Karl Kraus, in: dies., Hrsg.: Wer schreibt, handelt. Strategien und Verfahren literarischer Arbeit vor und nach 1933, Berlin–Weimar, S. 311 ff., 218 ff.

Schlenstedt, Silvia (1993): Der Dichter Alfred Wolfenstein im Exil, in: Bauschinger, Sigrid, u. Susan L. Cocalis, Hrsg.: Wider den Faschismus. Exilliteratur als Geschichte, Tübingen–Basel, S. 147 ff.

Spalek, John M., u. Joseph Strelka, Hrsg. (1976–1989): Deutschsprachige Exilliteratur seit 1933, 4 Bde., New York–Bern.

Spanienakte Arendt (1986). Aufgefundene Texte Erich Arendts aus dem Spanienkrieg, hrsg. von Silvia Schlenstedt, Rostock.

Thunecke, Jörg, Hrsg. (1998): Deutschsprachige Exillyrik 1933–1945, Amsterdam.

Trapp, Frithjof (1983): Literatur im Exil. Deutsche Literatur zwischen den Weltkriegen II, Bern u. a.

Viertel, Berthold (1989/94): Studienausgabe in vier Bänden, Bd. 1: Die Überwindung des Übermenschen. Exilschriften, hrsg. von Konstantin Kaiser u. Peter Roessler in Zusammenarbeit mit Siglinde Bolbecher; Bd. 3: Das graue Tuch. Gedichte, hrsg. von K. Kaiser, Wien.

Waldinger, Ernst (1949): Die kühlen Bauernstuben, Berlin.

Weissenberger, Klaus (1976): Dissonanzen und neugestimmte Saiten. Eine Typologie der Exillyrik, in: Literaturwissenschaftliches Jahrbuch 17, S. 321 ff.

Weissenberger, Klaus (1989a): Iwan Goll, in: Spalek/Strelka, Bd. 2, S. 238 ff.

Weissenberger, Klaus (1989b): Lyriker im Exil, in: Spalek/Strelka, Bd. 2, S. 1101 ff.

Ziolkowski, Theodor (1972): Form als Protest. Das Sonett in der Literatur des Exils und der Inneren Emigration, in: Grimm, Reinhold, u. Jost Hermand, Hrsg.: Exil und Innere Emigration, Frankfurt a. M., S. 153 ff.

Musik

Hanns-Werner Heister

Das Musik-Exil umfaßt Personen, Aktivitäten, Institutionen und Produktionen sämtlicher Sparten professioneller Musiker und Musikerinnen, also neben den (mit gewissem Recht) im Zentrum der Forschung stehenden Komponisten auch Interpreten (Dirigenten, Instrumentalisten, Sänger), dazu Pädagogen, Kritiker, Wissenschaftler; schließlich überschneiden sich damit auch die Bereiche des (Musik-) → Theaters mit Regisseuren (z. B. Carl Ebert, Erich Engel, Josef Gielen), Choreographen (z. B. Kurt Jooss), Tänzern bzw. Tänzerinnen (z. B. Valeska Gert, Lotte Goslar), Bühnenbildnern (z. B.

Clemens Holzmeister), Musikpädagogen (z. B. Hermann Grab), Organisatoren (z. B. Rudolf Bing beim Edinburgh-Festival in Glyndebourne und dann an der New Yorker Metropolitan Opera), der Kleinkunst bzw. des Kabaretts mit Komponisten (z. B. der Wiener Jimmy Berg, geboren als Simson Weinberg, oder Diseusen wie Lotte Lenya) sowie schließlich des → FILMS, des → RUNDFUNKS (Alfred Braun), der → VERLAGE (Benno Balan in Palästina, Alfred Kalmus, früher August Ulrich, und Ernst Roth in London, Hans W. Heinsheimer in den USA) sowie der Schallplattenindustrie (z. B. Ernst Viebig, 1925 Direktor bei Electrola/Adler Phonograph, 1934 nach Buenos Aires). Bei letzteren bleiben, abgesehen von einigen bedeutenden Filmmusik-Komponisten wie Erich Wolfgang Korngold, Hans Julius Salter, Franz Waxmann (früher Wachsmann), die Vertreter des Musik-Exils auf Einzelfälle beschränkt.

So offenkundig die immense Bedeutung des Musik-Exils als Verlust für die deutsche und österreichische Musikkultur wie als Gewinn für die internationale ist, so schwierig ist es, wie bei anderen Gruppen des Exils, genaue Zahlen hierfür anzugeben. Offenkundig ist die überragende Rolle von Menschen jüdischer Herkunft in der deutschen, österreichischen und europäischen Musik- und Theaterkultur – in Großbritannien z. B. waren es etwa 90% aller Musik-Exilanten. Das *Biographische Handbuch der deutschsprachigen Emigration nach 1933* (*BHb*) umfaßt bereits knapp 500 Musiker und Musikerinnen. Vorsichtig von Stengel/Gerigks (1940) berüchtigtem *Lexikon der Juden in der Musik* ausgehend sowie unbekannt gebliebene Musiker des „Exils der kleinen Leute" (Wolfgang Benz) ein- und von einzelnen Ländern mit genaueren Daten hochgerechnet – so aus Österreich nachweislich mindestens 700, in den Niederlanden 50, in Großbritannien 400, in den USA über 1000 –, ergibt sich die beträchtliche Zahl von wohl 4000, die sich bei genaueren Forschungen, wie in anderen Bereichen des Exils, vermutlich noch erhöhen wird.

Während der Begriff „Musik-Exil" sich naturwüchsig zunächst auf die gelungene Flucht bezieht, ist er – um das tatsächliche Ausmaß der durch den Faschismus verursachten Verwüstung zu fassen – sinnvoll dadurch zu erweitern, daß „Verfolgung" als Leitkategorie fungiert (Petersen 1998). Damit gehören auch Widerstand und „Innere Emigration" (wie z. B. im *Jahrbuch für Exilforschung* bereits praktiziert), also Komponisten wie Günther Raphael, Karl Amadeus Hartmann, Hanning Schröder und wenige andere sowie die vor allem gegenüber Juden erbarmungslose und systematische Verfolgung zwischen Boykott, Gettoisierung etwa im Jüdischen Kulturbund und Massenvernichtung im KZ (die u. a. eine ganze Gruppe von Musikern im Übergangslager Theresienstadt betraf) zum Musik-Exil.

Verfolgt und ins Exil getrieben wurden zum einen Musiker und Musikerinnen, die aufgrund der NS-Rassengesetze als schädliche Fremde aus der „Volksgemeinschaft" ausgegrenzt wurden, also insbesondere die Musiker jüdischer Herkunft (→ DIE JÜDISCHE EMIGRATION); Sinti- und Roma-Musiker, die es auch im Exil gegeben haben muß, bleiben, soweit ersichtlich, schon wegen ihres Status als Volksmusikanten bisher im Schatten des Namenlosen und Unbekannten. Ein zweiter Grund für die Verfolgung resultierte aus der nazistischen Welt- und Kunstanschauung, die das, was vom sozialdarwinistisch und biologistisch-rassistisch definierten „Gesunden" abwich, als „entartet" brandmarkte. Das betraf nicht nur Komponisten, sondern ebenso Interpreten, also Instrumentalisten, Sänger, Musikkritiker und -wissenschaftler, die für Neue Musik eintraten. Ein dritter Grund waren mißliebige politische Haltungen, vor allem kommunistische oder sozialistische, aber auch dezidiert demokratisch-liberale oder religiöse. Dabei waren viele sogar zwei- oder dreifacher Verfolgung ausgesetzt – etwa Kurt Weill als Linker, als Jude und als „Kulturbolschewist". Neben vielen eindeutigen Fällen gibt es zahlreiche Grenz- und Zweifelsfälle wie z. B. Anton Webern, Paul Hindemith, Hugo Distler, Eduard Erdmann, Kurt Huber; aber auch rühmliche Beispiele wie den Dirigenten Arturo Toscanini, die Sängerin Lotte Lehmann, die Komponisten Béla Bartók, Matys György Seiber (1935 aus Ungarn nach England) oder Robert Stolz, die allein wegen ihrer Ablehnung des Faschismus ins Exil gingen.

Vielfältiger als die Gründe sind die Formen der Verfolgung. Zu berücksichtigen sind hier nur staatliche Verfolgungsmaßnahmen (einschließlich derer von staatsförmigen Organisationen) bzw. behördlich sanktionierte oder zumindest geduldete Kampagnen, nicht also die Gegnerschaft bzw. Konkurrenz zwischen Individuen oder Gruppen von Künstlern, die freilich durch die terroristischen Rahmenbedingungen zusätzliche Schärfe gewann. Zwischen den Polen der diffamierenden Erwähnung und des Massenmords liegen Diskriminierung und Demütigung, Auftritts- und Veröffentlichungsverbot, Vorenthaltung von Ansprüchen aus der Tätigkeit im öffentlichen Dienst, Gettoisierung in den Einrichtungen des Jüdischen Kulturbunds, Raub von geistigem und materiellem Eigentum, Haft, „Sippenhaft", Deportation sowie Vertreibung ins Exil.

Die NS-Verfolgungsmaßnahmen erstreckten sich Zug um Zug auf alle okkupierten Gebiete und – mit Einschränkung – auch auf die Hoheitsgebiete der mit Hitler-Deutschland alliierten Länder. Das Musik-Exil umfaßte somit Musiker der verschiedensten Nationalitäten – so etwa die Komponisten Roman Haubenstock-Ramati, Erwin Lendvai, Bohuslav Martinů, Darius Milhaud, den durch Filmmusik und „Farblichtklavier" bekannten Alexander László (früher Sandor Totis) aus Ungarn, die Cembalistin Wanda Landowska, Ignace Strasfogel, Jaromír Weinberger aus der Tschechoslowakei, die Starsängerin Maria Jeritza oder die holländisch-jüdische Sängerin Lin Jaldati, den Dirigenten Georg Solti u.a.m. Viele gerieten auf ihrer Flucht, etwa in Frankreich, noch in die Fänge des Nazismus, so etwa der Impresario, Texter und Komponist vieler Revuen, James Klein, der Operettenkomponist Richard Fall; nur einige davon, darunter z.B. Ernst Busch oder der Komponist Eberhard Schmidt, überlebten. Die NS-Verfolgung ging oft auch im Exil weiter – durch Einflußnahmen und Pressionen deutscher Stellen (zumal bei Verbündeten wie → ITALIEN und Japan, aber auch in der → TÜRKEI usw.), der Auslandsorganisationen der NSDAP, der im Durchschnitt reaktionären und oft NS-freundlichen Auslandsdeutschen (besonders in → ARGENTINIEN und den → USA) oder landesinternen „Fünften Kolonnen" (wie die „Fröntler" in der → SCHWEIZ, in der es ein beträchtliches Musik-Exil etwa mit Hermann Scherchen oder Felix Paul Weingartner gab, oder die sudetendeutsche Henlein-Partei in der → TSCHECHOSLOWAKEI). Zu den Methoden zählten Boykott, Krawalle u.ä. einerseits und Finanzierung genehmer Künstler und Institutionen andererseits oder Musikerexporte; das alles wurde zusätzlich effektiver durch den praktisch weltweit verbreiteten populären Antisemitismus wie durch Sympathien für den Faschismus bei den herrschenden Eliten. Ein wichtiger Hebel waren die international begehrten deutschen und österreichischen Wagner-Spezialisten, Wagner- und Richard-Strauss-Aufführungen sowie Dirigate von Strauss, Furtwängler und anderen mit dem Nazismus verbundenen Prominenten, wobei dann nicht selten Exilanten zusammen mit Künstlern aus NS-Deutschland auftreten mußten (wie besonders häufig in England und den USA vor dem jeweiligen Kriegseintritt).

Zu den Spezifika gehören Gegebenheiten wie der öffentliche Charakter von Musikrealisierung, der z.B. jüdische Musiker aus NS-Sicht sofort als nicht mehr „tragbar" erscheinen ließ. Die vorherrschend staatliche Trägerschaft von Orchestern und Opernhäusern machte den repressiven Zugriff auf die („seriösen") Musiker besonders leicht möglich. Dagegen konnte die emotionale Wirkungskraft der Musik die Machthaber vor besondere Probleme stellen, weil in Einzelfällen (wie etwa bei der Hamburger Opernsängerin Sabine Kalter) die Beliebtheit beim Publikum derart groß war, daß eine – sofortige – Ausschließung nicht durchsetzbar war.

Die Verfolgung und Vertreibung vollzog sich in mehreren Phasen: zum einen innerhalb des Deutschen bzw. „Großdeutschen" Reiches – 1933, 1935 („Nürnberger Gesetze"), 1938 („Reichskristallnacht" wie „Anschluß" Österreichs, in dem seinerseits bereits nach dem Februaraufstand 1934 das klerikalfaschistische Regime nur unsichere Zuflucht bot und einige wie den Musikforscher Georg Knepler zur Flucht motivierte) –, zum andern in den im Krieg eroberten Ländern seit 1939 sowie in den verbündeten Ländern. Ein bemerkenswerter Sonderfall ist die Auslieferung österreichischer und deutscher Antifaschisten an den NS-Staat, eine der besonderen Schandtaten des Stalinismus, vergleichbar mit entsprechenden Praktiken etwa Vichy-Frankreichs oder der Schweiz. Die → SOWJETUNION war besonders bis etwa zu den Moskauer Prozessen (1936) ein bedeutendes Zentrum, zumal durch die Mitwirkung zahlreicher Musiker bei der Aufbauarbeit in den 1920er Jahren attraktiv, da nach 1929 die Weltwirtschaftskrise ohne größere Folgen blieb (selbst Schönberg erwog 1934, dorthin zu gehen): In die Sowjetunion emigrierten Dirigenten wie Kurt Adler, Hans Walter David, Oskar Fried, Jascha Horenstein, Kurt Sanderling, Eugen Szenkar, Heinz Unger, Komponisten wie Philip Herschkowitz, wohl der einzige Vermittler der Tradition der 2. Wiener Schule an zahlreiche sowjetische Komponisten, der mit der Agitprop-Bewegung verbundene Komponist Hans Hauska, Kurt Zipper (*Dachau-Lied*, Text von Jura Soyfer), die Sängerin Charlotte Eisler, der Musikpädagoge Hermann Reichenbach, Musikwissenschaftler wie Hans Emsheimer.

Wirklich sicher vor dem Nazismus waren die Flüchtlinge – abgesehen einmal von Repressionen und Not aller Art – fast nirgendwo, außer in den → VEREINIGTEN STAATEN VON AMERIKA und mit Einschränkungen in → PALÄSTINA (soweit es ihnen gelang, hineinzukommen), in einigen nicht NS-freundlichen lateinamerikanischen Ländern und in buchstäblich weit vom Schuß gelegenen Gebieten wie → AUSTRALIEN. Eine erste ambivalente und für die Nicht-Entronnenen zu späte Wende im Verhalten gegenüber den Asylanten brachte in der Regel der jeweilige Kriegseintritt, eine weitere – zum Besseren – die Schlacht von Stalingrad.

Manche Musiker und Musikerinnen gerieten nach ihrer Flucht erneut in Internierungslager. Hier ist zu unterscheiden zwischen den Lagern in den okkupierten Gebieten seit 1939 (aber auch bereits 1938 in → ÖSTERREICH und der → TSCHECHOSLOWAKEI) und den Lagern in einigen Aufnahmeländern (z. B. → FRANKREICH oder → GROSSBRITANNIEN nach Kriegsbeginn, wo unterschiedslos Nazis und Antifaschisten als „feindliche Ausländer" zusammengesperrt wurden); im Schweizer Internierungslager starb der weltberühmte Tenor Joseph Schmidt. Es gibt Fälle des Überlebens von Musikern im „Unterschlupf" (besonders in den → NIEDERLANDEN, etwa der Musikwissenschaftler Eberhard Rebling) oder in anderen Verstecken. Unter solchen Bedingungen entstanden sogar Kompositionen wie etwa im Fall Paul Arma (früher Imre Weisshaus) im französischen Maquis. Ebenfalls in Frankreich überlebte der Komponist Max Deutsch die deutsche Besatzung.

Durchaus verschieden waren auch die Bedingungen für Einreise, Aufenthalt und Berufsausübung von Musikern in den einzelnen Aufnahmeländern. Ausgesprochene Durchgangsländer wurden infolge der Okkupation vor allem Österreich sowie die Tschechoslowakei (mit → MEXIKO im übrigen das Land, das Flüchtlinge am bereitwilligsten und humansten aufnahm); beide (neben der Schweiz) schon aus Sprachgründen vor allem für das (Musik-) Theater trotzdem wichtige Zentren, danach Frankreich und die Niederlande; selbst von England ging um 1940 die Flucht oft noch weiter in die USA. Individuelle Mehrfachfluchten sind häufig, so etwa bei dem Dirigenten Leo Blech (zunächst nach Riga, dann nach Stockholm); zwischen Berlin, Italien, Ungarn, wieder Italien und schließlich den USA umgetrieben wurde der Musikwissenschaftler Otto Gombosi. Teilweise zu den Durchgangsländern gehörte aus andern Gründen auch → PALÄSTINA, das andererseits für manche weniger als Land des Exils als das einer „Heimkehr" empfunden wurde; der Mehrfachkrieg gegen Araber bzw. Palästinenser und britische Besatzer, eine ökonomisch notwendigerweise karge Musikkultur, schließlich auch die Dominanz eines militanten, rigiden Zionismus schränkten freilich den Spielraum für jüdische Musiker ein. So emigrierte z. B. der linke Komponist Stefan Wolpe weiter in die USA; einer aus seinem Kreis, Herbert Brün, kehrte – ebenfalls über die USA – 1950 nach Israel, 1955 nach Europa zurück. Im Lande selbst entstand erst eigentlich mit dem Exil eine „nationale" jüdische Musik und Musikkultur durch Komponisten wie Paul Ben-Haim (früher Paul Frankenburger), Dirigenten wie Georg Singer, Organisatoren wie Leo Kestenberg oder Musikwissenschaftler wie Hanoch Avenary (früher Herbert Loewenstein), Edith Gerson-Kiwi, Peter Gradenwitz, Erwin Jacobi, Robert Lachmann.

→ ITALIEN wurde, besonders vor 1936 aufgrund des dort in rassischen und ästhetischen Fragen etwas laxeren Faschismus nicht zuletzt für das Musiktheater ein nicht unerhebliches Nebenzentrum. Wichtig ist auch die Rolle des seiner inneren Verfassung nach instabilen → ARGENTINIENS, in dem besonders das Teatro Colón in Buenos Aires einen international ausstrahlenden Attraktionspunkt bot. Ein weiteres Exilzentrum mit einem besonders reich entwickelten selbstorganisierten Kulturleben war → GROSSBRITANNIEN mit Komponisten wie André Asriel, Hans Gál, Berthold Goldschmidt, Ernst Herrmann Meyer (zugleich Musikwissenschaftler), Egon Wellesz (zugleich Experte für byzantinische Musik), Dirigenten wie Karl Rankl, Erwin Stein, Pianisten wie Franz-Theodor Reizenstein, Peter Stadlen, Erwin Weiss, Geigern wie Arnold Josef Rosé (früher Rosenblum) und Max Rostal, Sängern wie dem Tenor Alfred Piccaver, dem der österreichischen Sozialdemokratie zugehörigen, mit Schönberg befreundeten Publizisten David Josef Bach (Raab Hansen 1995). Vor allem die Musikwissenschaftler verteilten sich, neben Palästina und mit einigen Ausnahmen, auf Großbritannien und die USA. Am bedeutendsten fürs Musik-Exil schon wegen Größe des Landes und Entfernung von Europa waren die → VEREINIGTEN STAATEN VON AMERIKA. Hierhin emigrierten Komponisten wie Béla Bartók, Arnold Schönberg und Hanns Eisler, Paul Dessau, Ernst Křenek, Ernst Toch, Dirigenten wie Heinrich Jalowetz, Fritz Stiedry, George Szell, Instrumentalisten wie Emanuel Feuermann, Felix Galimir, Walter Levin, Pianisten wie Adolph (Usiu) Baller (seit 1939 Begleiter Yehudi Menuhins), Rudolf Serkin, Eduard Steuermann, Sänger wie Fritzi Massary (früher Friederike Massaryk), Martha Eggert und Jan Kiepura, Regisseure wie Lothar Wallerstein, Publizisten wie Paul Stefan (früher Paul Stefan Grünfeld). Hollywood/Los Angeles (wegen der Filmindustrie) und New York (wegen des Broadways und besonderer ethnischer Vielfalt wie Nähe zu Europäischem) waren dabei die Hauptzentren – abgesehen von den an verschiedenen Hochschulen im Land arbeitenden Musikwissenschaftlern.

Allgemein zeigen sich unterschiedliche Schwierigkeiten wie Grade der Anpassung an die Gastländer, besonders deutlich durch die breite Spannweite zwischen Assimilation und Distanz, Aufenthalt im Wartestand mit dem Ziel baldiger Rückkehr und unwiderruflicher Einpassung in die neue Heimat wie oft im Fall der USA und Palästinas. Ganz selten sind Fälle wie die Rückkehr Walter Felsenstein 1940 aus der Schweiz. Nach der Niederlage des Faschismus 1945 kehrten auch in diesem Segment des Exils vor allem explizit politische Musiker am raschesten zurück; so etwa der in der Résistance in die KPÖ eingetretene Komponist Marcel Rubin, der, 1942 aus der Internierung nach Mexiko entkommen, 1947 nach Österreich zurückkehrte (→ Rückkehr aus dem Exil).

Nicht selten verbreiteten die Exilierten bis ins Organisatorische hinein europäische Musik und Musikkultur, so etwa Dirigenten wie Klaus Pringsheim und Joseph Rosenstock in Japan (wo auch der Komponist Manfred Gurlitt Zuflucht fand), Fritz Busch, Erich Kleiber in Lateinamerika, der Pianist Henry (Heinz) Jolles und der Komponist Hans-Joachim Koellreuter in Brasilien, der vielseitige Paul Walter Jacob in Argentinien (u.a. Gründer des Teatro Alemán Independente). Ein Sonderfall ist die Türkei, die, zentriert um Paul Hindemiths vom Nazismus zunächst geduldete bis geförderte musikorganisatorische und -politische Aktivitäten 1935–37, wegen (wie trotz) hervorragender wirtschaftlicher Beziehungen zu NS-Deutschland, in erheblichem Maße deutsche und andere Exilanten beschäftigte.

Besonders nachhaltig waren der Transfer von Aufführungstraditionen und musikwissenschaftlichem Methodenwissen, da zu den Interpreten und Musikforschern zahlreiche vor allem jüdische Persönlichkeiten von internationalem Ansehen gehörten: so etwa der Dirigent Otto Klemperer, die Pianisten Vladimir Horowitz, Louis Kentner, Moriz Rosenthal, Artur Schnabel, Grete Sultan, Konrad Wolff, der Geiger Fritz Kreisler u.a.m. Auch die Gründung zahlreicher Orchester in den Gastländern gehört hierzu: geradezu automatisch und gewohnheitsmäßig bei Hermann Scherchen etwa in Wien, aber auch durch Fritz Busch in Lateinamerika, das Palestine-Orchestra durch den polnischen Geiger Bronislaw Huberman 1936 (unterstützt dann von Toscanini).

Während die systematische Musikwissenschaft und die Musikethnologie im Deutschen Reich niedergingen, blühte besonders in den USA zumindest quantitativ die Musikwissenschaft durch deutsche und österreichische Exilanten auf. Gerade bei der Musikwissenschaft war die internationale Ausstrahlung des Exils besonders stark und fühlbar: Das gilt für Vertreter „vergleichender" bzw. „systematischer" Musikwissenschaft wie Kurt Blaukopf, Hans H. R. Hickmann (ab 1932/33 in Ägypten), Ida Halpern (nach Kanada), Erich Moritz von Hornbostel, Walter Kaufmann (1934 nach Indien), Paul Nettl, Julian von Pulikowski (er ging 1934 nach Polen und kam beim Warschauer Aufstand 1944 um), Curt Sachs; aber auch für Repräsentanten „historischer" Musikforschung wie Willi Apel, Manfred Bukofzer, Otto Erich Deutsch, Alfred Einstein, Richard Engländer (nach Schweden), Karl Geiringer, Hugo Leichtentritt, Paul H. Lang, Edward Lowinsky, Kurt Pahlen (nach Argentinien), Hans Ferdinand Redlich, Leo Schrade.

Immer eingedenk des Unrechts, das den Betroffenen angetan wurde, konnten also immerhin viele exilierte Musiker der Musikkultur ihrer Asylländer erhebliche Impulse geben. Die Fortführung der deutschen musikalischen Avantgarde durch Komponisten, Interpreten, Wissenschaftler und Publizisten war überhaupt nur in den Aufnahmeländern möglich und wirkte anregend auf deren jüngere Musikergeneration (so etwa durch Schönberg oder Rudolf Kolisch als Lehrer).

Aus der Sicht West- und Mittel-Europas herrschte im wesentlichen mindestens zwölf Jahre Stagnation. Die Avantgarden der 1920er Jahre konnten weder direkt fortgeführt noch kritisch aufgehoben werden. Für die intersoziale und interkulturelle Aneignung „niederer" Musiksprachen wie Bauernmusik, Jazz, Populärmusik zwischen Bartók, Weill und Eisler, für experimentelle, politisch progressive Produktion in Musiktheater, Hörspiel, Film, für reformerische Ansätze in der Musikpädagogik oder die Ausbildung einer kritischen, gesellschaftsbezogenen Musikwissenschaft gab es fast keine Chancen mehr. Zumal für die deutschsprachige leichte Musik im Bereich des Schlagers und Chansons waren Nazismus und Vertreibung eine Katastrophe, von der sich dieser Musikbereich nie mehr erholt hat. Hier überlagern sich, bei einem deutlichen Übergewicht jüdischer Musiker und Texter, rassistische und ästhetisch-politische Gründe: aus Wien emigrierten Gerhard Bronner, Karl Farkas, Georg Kreisler, Hermann Leopoldi; aus Berlin Werner Richard Heymann, Victor und Friedrich Hollaender (ursprünglich Ferdinand Kohn), Rudolf Nelson, Fritz Rotter, Mischa Spoliansky. Entsprechendes gilt für die Operette, deren Tage freilich wohl generell durch den Umbruch von 1917/18 gezählt waren; auch ihre Vertreter waren fast ausnahmslos „rassisch" Verfolgte: Paul Abraham, Leo Ascher, Ralph Benatzky, Jean und Robert Gilbert, Hugo Hirsch, Emmerich Kálmán, Robert Stolz, Oscar Straus.

Bei den Auswirkungen des Exils auf die Person und Arbeit der Musiker ist das Schicksal der Unterdrückung bzw. Verfolgung und Exil durch den Nazismus nur ein verhältnismäßig kleiner und abstrakter gemeinsamer Nenner. Die jeweiligen Unterschiede in den gesellschaftlichen, politischen, ästhetischen Orientierungen, Haltungen und Tätigkeiten scheinen demgegenüber bedeutsamer – teils führen sie bereits vor dem Exil bestehende Differenzen fort, teils modifizieren sie diese unter den neuen Bedingungen: zumindest eine Abneigung gegen den Nazismus dürfte aber doch eine durchs Exil bedingte neue Gemeinsamkeit ergeben haben. Mindestens punktuell gab es Strukturen oder Aktionen im Sinne der „Volksfront" oder noch breiter angelegte Bündnisse (Raab Hansen 1995).

In dem weiten, auch methodisch noch zu differenzierenden Spektrum gab es typische Blockaden der Schaffenskraft, Veränderungen von Stil oder Ästhetik (selbst bei einem so intransigenten Komponisten wie Schönberg), die Weigerung oder umgekehrt die Bereitschaft, nach dem Kriege wieder vor deutschem und österreichischem Publikum zu musizieren. Vertreibung und Überleben sind die bestimmende Komponente in der Biographie, wie z.B. beim 2. Geiger des La Salle-Quartetts, Henry Meyer, der Auschwitz überlebte und 1948 in die USA emigrierte, oder bei dem Sänger Hanns Stein, der über die Tschechoslowakei und England 1939 nach Chile kam, nach einem Studienaufenthalt in Prag und der Rückkehr nach Chile 1973 wiederum ins Exil mußte, diesmal in die DDR. Neben der Lähmung durch verdrängte traumatische Erlebnisse oder durch das weitverbreitete Schuldgefühl unter den Überlebenden des Holocausts ergaben sich aber manchmal doch auch sogar produktive Effekte des Exils für die persönliche Entwicklung. So erlebten manche die erzwungene Auswanderung nachträglich als einen persönlichen Gewinn, der ihnen den Kontakt mit andersartigen Kulturen einbrachte, von denen sie sonst womöglich nie hätten Kenntnis nehmen können: so etwa unter den aus England als Internierte nach Australien Verbrachten der gebrauchsmusikalisch orientierte George Dreyfus, während der einem Expressionismus schönbergscher Provenienz verpflichtete Felix Werder (früher Bischofswerder) trotz publizistischer Erfolge hier stets in einer geradezu verhaßten Fremde blieb. Rodolfo Holzmann (geb. 1910), Oboist, Dirigent, Musikwissenschaftler, Komponist. Schüler u.a. des polnischen Exilanten Karol Rathaus, seit 1938 in Peru, wurde dann sogar zum dezidiert peruanischen Komponisten, der Eisler-Schüler Joseph Kosma zum französischen vor allem von Filmmusik (u.a. für Renoir) und Chanson (hauptsächlich auf Texte von Prévert).

Das Lebensalter zum Zeitpunkt der Flucht spielt eine wichtige Rolle. Viele, zumal unter den über 50jährigen, konnten oder wollten, wie etwa von Zemlinsky, nicht mehr neu anfangen; andere starben vorzeitig oder brachten sich auf der Flucht in ausweglosen Situation um wie z.B. der Dirigent der Uraufführung von Křeneks *Johny spielt auf* und Brecht/Weills *Aufstieg und Fall der Stadt Mahagonny*, Gustav Brecher (1897–1940). Besonders Jüngere konnten dagegen nicht selten im Gastland zu einer erfolgreichen Karriere ansetzen, die es ihnen erleichterte, die alte Heimat gegen eine neue einzutauschen, so etwa in Palästina Ödön Partos und Alexander Uriah Boscovich (geb. 1907), Jacob Gilboa (geb. 1920), Ben-Zion Orgad (geb. 1926), Zvi Avni (geb. 1927) u.a., aber auch der Dirigent Walter Goehr (geb. 1903) und sein Sohn Alexander (geb. 1932) in Großbritannien, Alfred Alexander Goodman (geb. 1920) dort sowie ab 1940 in den USA; ebenfalls in den USA André George Previn (geb. 1929). Ebenso trivial wie bedeutsam ist es etwa, daß einzelne Musiker, sofern sie prominent waren und internationale Kontakte hatten, sowohl die drohende Gefahr und Katastrophe früher erkennen als auch die Flucht leichter in die Wege leiten konnten. Besonders hellsichtig war hier z.B. Schönberg.

Fast unüberwindlich waren oft die Schwierigkeiten für Komponisten, nach der „Gleichschaltung" der deutschen Verlage Tantiemen zu erhalten oder Werke zu verlegen. Dazu kommen die Sprachschwierigkeiten für Musik-Publizisten sowie das Problem des Lebensunterhalts, bei welcher zumal die Frauen ihren unentbehrlichen praktischen Lebenssinn erwiesen. Die vorherrschende Not wurde allenfalls gelindert durch politisch oder jüdisch definierte Hilfsorganisationen, von den Asylländern oder von den Exilierten aus organisiert (→ FLUCHTHILFE), oder durch Solidarität auf individueller Ebene (die freilich die durch das „marktwirtschaftliche" Umfeld bedingte Konkurrenz nicht ausschalten konnte) und gelegentlich großzügige Unterstützung seitens prominenter Exilanten (z.B. durch den Tenor Richard Tauber, früher Ernst Seiffert).

Was den Inhalt der Tätigkeit bzw. Produktion selber anlangt, so benennt das Spannungsverhältnis zwischen Bruch und Kontinuität nur eine eher abstrakte Differenz, etwa bei der Konfrontation von „europäischem" und „amerikanischem" Weill. Konkret dürfte sich das gemeinsame politische Schicksal des Exils, selbst wenn es bloß als von außen kommendes Verhängnis aufgefaßt wurde, in gewissen Umakzentuierungen zumindest bei vielen niedergeschlagen haben – indem etwa Interpreten und Interpretinnen besonders nach Kriegseintritt der jeweiligen Exilländer sich an der antifaschistischen Agitation beteiligten (soweit man sie ließ), und vor allem natürlich in den noch nachhaltiger wirksamen Produkten der Komponisten. Während z. B. Dessau sich dem Kommunismus zuwandte und, wie fast alle Komponisten jüdischer Herkunft, sich zugleich auf diese als Teilmoment seiner Identität produktiv bezog, wurde Wladimir Vogel in der Schweiz unter dem Zwang der Umstände zur Verleugnung und Verdrängung seines früheren kommunistischen Engagements genötigt (Schäfer/Geiger 1998).

Entsprechend literaturwissenschaftlichen Überlegungen (Egon Schwarz, Ernst Loewy) kann das explizit antifaschistische als das entscheidende Segment des Musikexils gelten. Exilmusik im engeren Sinne reflektiert also bewußt oder wenigstens seismographisch die Exilsituation. So schrieb Schönberg im US-Exil sowohl eine Art „Gebrauchsmusik" (*Thema und Variationen für Blasorchester* op. 43 B, 1942) als auch dezidiert politische, antifaschistische Werke (*Ode an Napoleon Buonaparte* für Sprecher, Streichquartett und Klavier op. 41, 1942, oder *A Survivor from Warsaw* für Sprecher, Männerchor und Orchester op. 47, 1947). Umgekehrt komponierte z. B. Hanns Eisler – abgesehen von direkten Thematisierungen des Exils – Lieder, Musik für Filme, Frauenchor u. a. m., die zwar in einigen Nummern durchaus politisch, von seinem früheren Bezugspunkt der sozialistischen Arbeiterbewegung aber entfernt waren, und sich doch gerade durch diese Spannung um so mehr eben bewußt wie unbewußt mit der Exilsituation auseinandersetzen.

Der Beginn der expliziten bundesdeutschen musikwissenschaftlichen Exilforschung – Komponisten oder Dirigenten wie Arnold Schönberg, Hanns Eisler, Kurt Weill oder auch Bruno Walter, Georg Solti, Interpreten wie Rudolf Kolisch waren natürlich nicht vergessen, und die Exilphase mindestens als biographischer Sachverhalt mit eingeschlossen – datiert auf das Jahr 1976, etwa anderthalb Jahrzehnte nach dem Beginn der literaturwissenschaftlichen. Er verdankt sich einer Initiative von außen, nämlich einer Aufforderung der Deutschen Forschungsgemeinschaft, die damals ein sehr geringes Echo hatte. Die Forschung in der DDR war avancierter: Beiträge über Musik enthält das siebenbändige Projekt *Kunst und Literatur im antifaschistischen Exil 1933–1945* (1979 ff.). Erst seit etwa 1985 zeigt sich im Zusammenhang mit der Aufarbeitung der Musikgeschichte im deutschen Faschismus ein breiteres Interesse am Thema Exil. In der Exilmusik-Forschung waren es neben den vor allem auf das antifaschistische Exil und Hanns Eisler konzentrierten Forschungen in der DDR lange Zeit hauptsächlich die Arbeiten von Claudia Maurer Zenck (1980), die nicht nur die Biographie eines weitgehend Vernachlässigten, sondern auch die ästhetischen Folgen politischer Vorgänge untersuchte. Inzwischen sind einige weitere biographisch oder musikanalytisch orientierte Monographien bzw. Sammelbände und Überblicke erschienen, die das Gesamtbild bereits nicht unerheblich bereichern und differenzieren.

Möglicherweise in Zusammenhang mit der Zäsur von 1989/90 läßt sich eine quantitativ reichhaltigere Rezeption der Exilmusik beobachten. Zu erwähnen sind Aktivitäten wie die des Berliner Vereins Musica reanimata, des Dresdner Zentrums für zeitgenössische Musik oder der Arbeitsgruppe „Exilmusik" am musikwissenschaftlichen Institut der Universität Hamburg und die wachsende Zahl von einzelnen Interpreten und Interpretinnen wie Gruppen bis hin zu Editionen ambitionierter Labels oder der CD-Reihe „Entartete Musik" des Labels Decca, schließlich entsprechende Noteneditionen etwa bei Schott International oder Bote&Bock. Die Frage der musikhistorischen wie musikästhetischen Einordnung stellt sich so schon mit reicherem Erfahrungsmaterial und in größerem Maßstab.

Dennoch mangelt es auch heute noch an verläßlichen Grunddaten wie z. B. Biographien über die Tausende von exilierten und verfolgten professionellen Musikern und Musikerinnen. Ohne einen einigermaßen vollständigen Überblick über Art und Umfang von Verfolgung und Exil sind weiterführende Fragen allenfalls ansatzweise zu beantworten – zumal die nach der Wirkung des Exils auf Angehörige einzelner Musik-Sparten, nach der impulsgebenden Bedeutung für die Musikkultur der Aufnahmeländer, nach den Lücken, die die Vertreibung bzw. Verfolgung und Vernichtung von Musikern und Musikerinnen im europäischen Kulturbereich hinterlassen hat, nach der historischen und ästhetischen Bedeutung der Aktivitäten und Werke.

Die NS-Herrschaft und in ihrer Folge der Zweite Weltkrieg haben nicht nur in das unmittelbare

Leben der europäischen und außereuropäischen Völker eingegriffen, sondern auch deren soziale und speziell kulturelle Entwicklung nachhaltig gestört. Daher ist jede Musikgeschichte des 20. Jahrhunderts, die diese gesellschaftliche Katastrophe nicht angemessen einbezieht, verzerrt. Nicht nur für musikalische Sozial-, Wirkungs- und Rezeptions-, sondern auch für die Kompositionsgeschichte sind noch wichtige Entdeckungen zu machen, um ein umfassendes Bild der Neuen Musik entwerfen zu können. Mit im KZ umgebrachten Komponisten wie Gideon Klein, Pavel Haas, Viktor Ullmann, im Internierungslager oder auf andere Weise umgekommenen wie Ervin Schulhoff u.a.m. stehen Max Brand, Paul Dessau, Berthold Goldschmidt, Manfred Gurlitt, Erich Itor Kahn, Wladimir Vogel, Stefan Wolpe, Alexander von Zemlinsky stellvertretend für noch etliche andere.

Für eine aktuelle Ästhetik des Widerstands ist von der Musik des Exils Wesentliches zu erben. So steht gegen einen hermetischen Kunstbegriff der Zwang wie die Chance, in einer neuen Kommunikationssituation auf ein Publikum hin zu schreiben – wofern dieses überhaupt vorhanden oder interessiert und zahlungsfähig war. Die damit einhergehenden Veränderungen in Material, Stil und Idiomatik sind nicht umstandslos als opportunistisch oder rückschrittlich zu deklassieren. Das wachsende Interesse an Exilmusik konvergiert auch mit Tendenzen, die Pluralität der Musikidiome zu betonen, und geht gelegentlich wohl sogar bereits auf Kosten historischer (wie aktueller) radikalerer und alternativer Strömungen.

Generell mag die Vergegenwärtigung von Musik und Musikkultur des Exils heilsam gegen den Hang zu politischer Bewußtlosigkeit sein. Die eigentliche Niederlage der Deutschen erfolgte bereits 1933, nicht 1945. Die Musiker verkannten mit wenigen, allerdings erheblichen Ausnahmen von Theodor W. Adorno und Ernst Busch über Paul Dessau, Eisler und Georg Knepler bis Wladimir Vogel den Nazismus als Stilproblem und folgten damit gemeinbürgerlichen Vor- und Fehlurteilen. Diese Verblendung hatte auch in der Getto-Situation des Jüdischen Kulturbundes Bestand. „Wir wollten ja nur Musik machen", ist so nicht nur eine Ausrede von Mittätern und Mitläufern der Nazis, sondern eine nicht seltene Einrede auch von Exilierten. So wäre selbst die als „entartet" und „kulturbolschewistisch" verfemte und verfolgte Avantgarde und Neue Musik daraufhin zu analysieren, ob und inwieweit sie mit der neuen Musiksprache auch Zeichen der Abwehr eines zunächst noch virtuellen, nicht an der Macht befindlichen Faschismus entwickelt hatte.

Sowohl bei politisch bewußter als auch bei bewußt unpolitischer Exilmusik geraten Leben, Werk und Milieu, ästhetisches und historisches Urteil, Analyse des musikalischen Texts und des Kontexts in ein besonderes Spannungsverhältnis. Fokussieren wir das Interesse statt auf die Produktion auf die Produzenten, auf die Institutionen oder die Personen, auf das, was diese erlebt und erlitten, getan oder unterlassen haben, und weniger auf das, was sie an Dingen hinterlassen haben, dominieren (besonders im Hinblick auf Interpreten aller Art) musiksoziologische bzw. sozial- und kulturgeschichtliche und biographische Fragestellungen. Sie sind gerade beim Exil wesentlich. Für eine musikalische Exilforschung dürften allerdings diese Fragestellungen eben nur die eine Seite der Medaille sein: vor allem Voraussetzung und Ergänzung der musikästhetischen. Wiewohl die umfassende Auseinandersetzung mit den divergierenden Strömungen der Exilmusik noch aussteht, so scheint doch schon gewiß, daß die Vielfalt der Musik und Musikgeschichte des 20. Jahrhunderts generell und der Anteil sozial wie politisch engagierter Musikproduktion (ob in Werken oder von Musizierenden aus) speziell größer ist, also sie ohne die Musiker und Musik im Exil wären.

Literatur

Akademie der Künste Berlin, Hrsg. (1992): Geschlossene Vorstellung. Der Jüdische Kulturbund in Deutschland 1933–1941, Berlin.

Albert, Claudia (1991): „Das 'schwere Handwerk des Hoffens'. Hanns Eislers „Hollywooder Liederbuch", Stuttgart.

Allende-Blin, Juan, Hrsg. (1993): Musiktradition im Exil. Zurück aus dem Vergessen, Köln.

Bek, Josef (1994): Erwin Schulhoff: Leben und Werk, Hamburg.

Brod, Max (1976): Die Musik Israels, revid. Ausg. mit einem 2. Teil: Werden und Entwicklung der Musik in Israel von Yehuda Walter Cohen, Kassel u.a.

Busch, Regina (1987): Leopold Spinner, Bonn.

Cummins, Paul F. (1993): Musik trotz allem. Herbert Zipper – Von Dachau um die Welt, Wien; engl. Ausgabe New York 1992.

Eberle, Gottfried, Hrsg. (1994): Erwin Schulhoff. Die Referate des Kolloquiums in Köln am 7. Oktober 1992, veranstaltet von der Kölner Gesellschaft für Neue Musik u. musica reanimata, Hamburg.

Exilland Australien (1997). Kolloquium des Dresdner Zentrums für zeitgenössische Musik, 3.–5. 5. 1996, Dresden.

Freise, Judith, u. Joachim Martini (1990): Jüdische Musikerinnen und Musiker in Frankfurt, 1933–1942, Ausst.-Kat., Frankfurt a. M.

50 Jahre danach. 1938–1988 (1988), (Österreichische Musikzeitschrift 43, H. 4).

Geiger, Friedrich (1998): Die Dramma-Oratorien von Wladimir Vogel 1896–1984, Hamburg.

Götz, Helma (1996): Manfred Gurlitt – Leben und Werk, Frankfurt a. M. u. a.

Hartmann, Karl Amadeus (1965): Kleine Schriften, hrsg. von Ernst Thomas, Mainz.

Heister, Hanns-Werner, u. Walter-Wolfgang Sparrer, Hrsg. (1992): Komponisten der Gegenwart, Loseblatt-Lexikon, 13. Nachlieferung Nov. 1997, München.

Heister, Hanns-Werner, Claudia Maurer Zenck u. Peter Petersen, Hrsg. (1993): Musik im Exil. Folgen des Nazismus für die internationale Musikkultur, Frankfurt a. M.

Hoffmann, Ludwig, u. Karl Siebig (1987): Ernst Busch. Eine Biographie in Texten, Bildern und Dokumenten, Berlin.

Jacob, Paul Walter (1991): Musica prohibida – Verbotene Musik. Ein Vortrag im Exil, hrsg. u. komm. von Fritz Pohle, Hamburg.

Jaldati, Lin, u. Eberhard Rebling (1995): „Sag nie, du gehst den letzten Weg", Darmstadt.

Karas, Joža (1985): Music in Terezín 1941–1945, New York.

Klein, Hans-Günter (1995): Victor Ullmann. Materialien, 2., revid. u. erw. Aufl., Hamburg.

Klein, Hans-Günter (1995): Gideon Klein. Materialien, Hamburg.

Klein, Hans-Günter (1996): Victor Ullmann. Die Referate des Symposions anläßlich des 50. Todestags 14.–16. 10. 1994 in Dornach und ergänzende Studien, Hamburg.

Klein, Hans-Günther (1997): „... Es wird der Tod zum Dichter". Die Referate des Kolloquiums zur Oper „Der Kaiser von Atlantis" von Viktor Ullmann in Berlin am 4./5. November 1995, Hamburg.

Knapp, Gabriele (1996): Das Frauenorchester in Auschwitz. Musikalische Zwangsarbeit und ihre Bewältigung, Hamburg.

Kulisiewicz, Aleksander (1997): Adresse: Sachsenhausen. Literarische Momentaufnahmen aus dem KZ, hrsg. von Claudia Westermann, Gerlingen.

Kuna, Milan (1993): Musik an der Grenze des Lebens. Musikerinnen und Musiker aus böhmischen Ländern in nationalsozialistischen Konzentrationslagern und Gefängnissen, Frankfurt a. M.

Maurer Zenck, Claudia (1980): Ernst Krenek – ein Komponist im Exil, Wien.

McCredie, Andrew (1980): Karl Amadeus Hartmann. Sein Leben und Werk. Aus dem Englischen übersetzt und mit einem Briefanhang, einer Zeittafel, Werkverzeichnis, Diskographie, Bibliographie, Register und Bildteil ergänzt von Ken Bartlett, Wilhelmshaven.

McCredie, Andrew (1982): Karl Amadeus Hartmann. Thematic Catalogue of his Works, Wilhelmshaven–New York.

Mittenzwei, Werner, u. a. (1978 ff.): Kunst und Literatur im antifaschistischen Exil 1933–1945, 7 Bde., Leipzig.

Musik aus der Emigration (1985). Eine Konzertreihe des Kulturamtes der Stadt Köln und des WDR, 8. u. 9. 3. 1985, Programmheft Köln.

Pass, Walter, Gerhard Scheit u. Wilhelm Svoboda (1995): Orpheus im Exil. Die Vertreibung der österreichischen Musik von 1938 bis 1945, Wien.

Paul Dessau 1894–1979 (1995). Dokumente zu Leben und Werk, zusammengestellt u. kommentiert von Daniela Reinhold, Berlin.

Petersen, Peter, u. Arbeitsgruppe Exilmusik am musikwiss. Institut der Universität Hamburg, Hrsg. (1994): Berthold Goldschmidt. Komponist und Dirigent. Ein Musiker-Leben zwischen Hamburg, Berlin und London, Hamburg.

Petersen, Peter, u. Arbeitsgruppe Exilmusik am musikwiss. Institut der Universität Hamburg, Hrsg. (1995): Zündende Lieder – Verbrannte Musik. Folgen des Nazifaschismus für Hamburger Musiker und Musikerinnen, völlig neu bearb. Ausg., Hamburg.

Petersen, Peter (1997): Paul Dessau in den USA, in: Aus der Neuen Welt. Streifzüge durch die Musik des 20. Jahrhunderts, hrsg. von Annette Kreutziger u. Manfred Strack, Hamburg.

Petersen, Peter (1998): Musik im Exil. Ein Forschungsfeld gewinnt Konturen, in: Musik – Macht – Mißbrauch. Kolloquium des Dresdner Zentrums für zeitgenössische Musik (6.–8. 10. 1995), Dresden.

Potter, Pamela M. (1996): Musicology under Hitler: new Sources in Context, in: Journal of the American Musicological Society (JAMS) 49, H. 1, S. 70 ff.

Raab Hansen, Jutta (1995): NS-verfolgte Musiker in England. Spuren deutscher und österreichischer Flüchtlinge in der britischen Musikkultur, Hamburg.

Schäfer, Thomas, u. Friedrich Geiger, Hrsg. (1998):

Exilmusik. Komposition während der NS-Zeit, Hamburg.
Schebera, Jürgen (1978): Hanns Eisler im USA-Exil. Zu den politischen, ästhetischen und kompositorischen Positionen des Komponisten 1938–1948, Berlin.
Schinköth, Thomas (1996): Musik – das Ende aller Illusionen? Günter Raphael im NS-Staat, Hamburg
Schneider, Wolfgang (1976): Kunst hinter Stacheldraht. Ein Beitrag zur Geschichte des antifaschistischen Widerstands, Leipzig.
Schulhoff, Erwin (1995): Schriften, hrsg. u. komm. von Tobias Widmaier, Hamburg.
Stefan Wolpe – von Berlin nach New York (1988). Sechs Konzerte in der Musikhochschule Köln, 14.–16. 9. 1988, Programmheft Köln.
Stengel, Theo, u. Herbert Gerigk (1940): Lexikon der Juden in der Musik: Mit einem Titelverzeichnis jüdischer Werke, Berlin.
Stompor, Stephan (1994): Künstler im Exil in Oper, Konzert, Operette, Tanztheater, Schauspiel, Kabarett, Rundfunk, Film, Musik- und Theaterwissenschaft sowie Ausbildung in 62 Ländern, 2 Bde., Frankfurt a. M. u. a.
Tal, Josef (1985): Der Sohn des Rabbiners. Ein Weg von Berlin nach Jerusalem, Berlin.
Traber, Habakuk, u. Elmar Weingarten (1987): Verdrängte Musik. Berliner Komponisten im Exil, Berlin.
Ullmann, Victor (1993): 26 Kritiken über musikalische Veranstaltungen in Theresienstadt. Mit einem Geleitwort von Thomas Mandl, hrsg. u. komm. von Ingo Schultz, Hamburg.
Wächter, Hans-Christof (1973): Theater im Exil. Sozialgeschichte des deutschen Exiltheaters 1933–1945, München.
Wagner, Renata, unter Mitarb. von Margot Attenkofer, Helmut Hell (1980): Karl Amadeus Hartmann und die Musica Viva. Essays. Bisher unveröffentlichte Briefe an Hartmann, Ausst.-Kat., München, Mainz u. a.
Weber, Horst, Hrsg. (1994): Musik in der Emigration 1933–1945: Verfolgung – Vertreibung – Rückwirkung, Stuttgart u. a.
Widmaier, Tobias, Hrsg. (1996): „Zum Einschlafen gibt's genügend Musiken". Die Referate des Erwin Schulhoff-Kolloquiums in Düsseldorf im März 1994, Hamburg.
Wildauer, Monika, Hrsg. (1990): Österreichische Musiker im Exil, Kassel u. a.

Österreichische Literatur

Johann Holzner

Aus dem Blickwinkel des österreichischen Literaturbetriebs stellte das Jahr 1933 kaum eine Zäsur dar, wenngleich Hitlers Machtergreifung auch in diesem Raum Erschütterungen auslöste. Eine Reihe von Autoren, von Richard Beer-Hofmann und Albert Ehrenstein bis Franz Werfel und Stefan Zweig, fand sich auf den schwarzen Listen der Nationalsozialisten registriert; eine nicht weniger lange Reihe völkisch orientierter Schriftsteller sah dagegen Chancen, auf die frei gewordenen Plätze nachzurücken. Einig waren sich diese beiden Reihen nie gewesen, neu war jetzt allenfalls, daß, wie Ernst Fischer in der Wiener *Arbeiter-Zeitung* schrieb, „alles Halbe zu ganzem Bekenntnis oder zu ganzer Erbärmlichkeit gezwungen" wurde (Amann 1984, S. 25). Nur in diesem Sinn konnte man von einer Scheidung der Geister reden, als auf dem Kongreß des Internationalen PEN-Clubs in Ragusa (→ Kulturelle Organisationen) ein Teil der österreichischen Delegierten (darunter Franz Theodor Csokor, Oskar Maurus Fontana, Paul Frischauer und Hugo Sonnenschein) die von Hermon Ould angeregte Protest-Resolution gegen den Nationalsozialismus unterstützte, während Grete von Urbanitzky, die Geschäftsführerin des österreichischen Clubs, sich dem demonstrativen Exodus der Deutschen anschloß und wenig später, gemeinsam mit anderen, mehr oder weniger rechtsextremen Kolleginnen und Kollegen ihren formalen Austritt aus dem PEN erklärte (Spiel 1980; Renner 1981; Amann 1984). Die Fronten zeichneten sich jetzt deutlicher ab, eindeutig abgesteckt waren sie noch keineswegs.

Allein so ist es zu verstehen, daß die meisten österreichischen Autoren, die sich gezwungen sahen, vor Hitler zu flüchten, nach Österreich zurückkehrten. Robert Musil zum Beispiel, der schon in seinem Essay-Entwurf „Der deutsche Mensch als Symptom" die immer größere „Unübersichtlichkeit" der politischen und geistigen Demokratie als Signum der Zeit herausgestellt hatte (Musil 1967, S. 43); ferner u. a. Franz Blei, Ferdinand Bruckner, Paul Elbogen, Bruno Frei, Egon Erwin Kisch, Anton Kuh, Alfred Polgar, Berthold Viertel und Hermynia Zur Mühlen. Deutsche Autoren folgten ihnen, wie Walter Mehring, Carl Zuckmayer, der seine Berliner Wohnung aufgab und nach Henndorf, in die Nähe der Festspielstadt Salzburg übersiedelte, für eine kürzere Zeit auch Brecht, Däubler, Tucholsky; Jakob Haringer hatte sich schon 1931 in Ebenau niedergelassen, unweit von Zuckmayers Wiesmühl, die sich zu einem der beliebtesten Treffpunkte der deutschen Emigranten entwickeln sollte (Strasser 1996). Politischen Weitblick bewiesen die wenigsten. Vicki Baum, die Starautorin der *Berliner Illustrirten*, die nicht mehr nach Wien zurückging, sondern eine Einladung annahm, zur Verfilmung ihres Bestsellers *Menschen im Hotel* nach Amerika zu reisen, um bald darauf sich in Hollywood eine neue Existenz aufzubauen, blieb eine rühmliche Ausnahme.

Nicht das Jahr 1933, sondern das folgende brachte einen Einschnitt. Der Bürgerkrieg im Februar 1934 endete mit der Zerschlagung aller demokratischen Arbeiterorganisationen, der bestorganisierten Arbeiterbewegung Europas. Führende Funktionäre, zahllose Mitglieder der Sozialdemokratischen Partei, der Kommunistischen Partei, der Freien Gewerkschaften, vor allem Arbeiter mußten aus Österreich flüchten (Steiner 1977). Erste Station der Massenflucht war die → TSCHECHOSLOWAKEI, das erste Zentrum der Emigration Brünn; später fanden die Flüchtlinge auch Aufnahme in der → SOWJETUNION, in → JUGOSLAWIEN, in der → SCHWEIZ, in → BELGIEN, in → FRANKREICH, in den skandinavischen Ländern. Aber auch Intellektuelle, die (noch) im Lande warten hätten können, hielt es nicht mehr länger, war doch der Untergang der Demokratie, der Sieg des Austrofaschismus besiegelt. Stefan Zweig, der sich bisher nach Möglichkeit aus allen politischen Konflikten herausgehalten hatte, um es mit keiner Partei zu verderben, floh als erster: aus Salzburg nach London, aus London nach New York, aus New York nach Petropolis, schließlich in den Tod. Robert Neumann, Paul Frischauer, Hilde Spiel u. a. emigrierten nach → GROSSBRITANNIEN, Ferdinand Bruckner und Manès Sperber, dieser auf dem Umweg über → JUGOSLAWIEN, kamen nach Paris, Ernst Fischer fuhr schließlich nach Moskau. Viele, die in der Heimat blieben, konnten sie nicht mehr als ihr Zuhause betrachten. „In Wahrheit hat mein 'Exil' schon damals, im Februar 1934, begonnen", notierte später Ludwig Ullmann in seiner (noch immer unveröffentlichten) Autobiographie (Hausjell 1997, S. 368). Ähnliches empfanden Ödön von Horváth und Franz Theodor Csokor; „wir beide", schrieb letzterer 1935 an Ferdinand Bruckner, der bereits außer Landes war, „sind eigentlich schon Emigranten des Landes, darin wir wohnen" (Csokor 1993, S. 115). Während Gottfried Bermann Fischer Teile seines S. Fischer-Verlags (→ VERLAGE) noch nach Wien übersiedelte, um die inkriminierten „Asphaltliteraten" dort in Sicherheit zu bringen, warnte Karl Tschuppik schon eindringlich vor der Möglichkeit, auch in Österreich könnte man „wieder durch Ströme von Blut waten" und einmal „unter Ruinen von neuem beginnen müssen" (Tschuppik 1982, S. 267). Es gab wohl noch Nischen, in denen sich der Widerstand sammeln konnte, obwohl die Mai-Verfassung 1934 die Zensur wieder eingeführt hatte. Die bekanntesten, oft zu einem Mythos hochstilisiert: die Wiener Kleinkunstbühnen. Sie benötigten keine Konzession, solange sie vor nicht mehr als 49 Zuschauern spielten. Sie nahmen emigrierte deutsche Schauspieler auf. Sie ermöglichten weiterhin die Pflege der in Deutschland zerschlagenen jüdischen Theaterkultur. Aber was sie präsentierten, war in den seltensten Fällen tatsächlich oppositionelles Alternativtheater (Mayer 1997). Als Alternative, als Bollwerk gegen den Nationalsozialismus stellte sich der Ständestaat selbst dar.

Der nach eigener Definition „zweite deutsche Staat" unterstellte, die Österreicher seien die „besseren Deutschen" (Amann 1992, S. 13); das Dichtungsverständnis und die kulturpolitischen Maßnahmen orientierten sich indessen weitgehend an den nationalsozialistischen Vorbildern. Trotzdem, viele Autoren sahen auch nach den Ereignissen von 1934 keinen Anlaß, das Land zu verlassen oder auch nur sich kritisch zu äußern. Hermann Broch hielt sich ebenso bedeckt wie Robert Musil, der am *Mann ohne Eigenschaften* arbeitete, Elias Canetti schrieb seinen Roman *Die Blendung*, Egon Friedell seine *Kulturgeschichte des Altertums*. Nicht allein die katholischen, auch jüdische Autoren bekannten sich ausdrücklich zum Austrofaschismus (Achberger 1994), dessen Literaturpolitik namentlich von Guido Zernatto und Rudolf Henz geprägt wurde: Franz Werfel, Felix Braun, Ernst Lothar, bekanntlich auch Karl Kraus und Joseph Roth unterstützten den Dollfuß-Kurs, den Viktor Frankl in der Zeitschrift *Der Christliche Ständestaat* umständlich verteidigte, indem er die österreichische als eine christliche Politik vorsichtig vom italienischen Faschismus, scharf dagegen vom deutschen Nationalsozialismus abgrenzte (*Der Christliche Ständestaat* 2, 1935, Nr. 33, S. 789 ff.). Wie immer, sei es, daß sie nicht sehen konnten, sei es, daß sie nicht sehen wollten, was vorging, die meisten Autoren, auch die unmittelbar betroffenen, reagierten nicht oder bestenfalls sehr zurückhaltend auf die Warnung Ernst Křeneks, die sog. „moderne" Richtung in den verschiedenen Künsten könnte in Österreich nicht anders als in Deutschland mehr und mehr „ziemlich generell, ohne Ansehung von Person und Sache" übergangen und zuletzt ganz zurückgedrängt werden; vielleicht wirkte der Umstand beruhigend, daß auch Křeneks hellsichtige Analyse, *Zwischen „Blubo" und „Asphalt"*, immerhin noch erscheinen durfte (*Der Christliche Ständestaat* 2, 1935, Nr. 22, S. 520 f.).

So kam es, daß erst in der Nacht vom 11. auf den 12. März 1938 eine weitere, die größte Fluchtwelle einsetzte: die Massenemigration nach dem „Anschluß". Schon aus den besonderen Voraussetzungen dieser Massenemigration verbietet sich jeder Versuch, die österreichische Literatur im Exil als einen in sich konsistenten Verbund, das „andere Österreich" als eine Gemeinschaft zu betrachten; diese „Gemeinschaft" war weder auf ihre Oppositionsstellung gegen den Nationalsozialismus noch auf die Projektion der Wiederherstellung eines freien und unabhängigen demokratischen österreichischen Staates von vornherein eingeschworen. Denn auch führende Repräsentanten des Ständestaates, an ihrer Spitze Zernatto, der Präsident des Verbandes katholischer deutscher Schriftsteller, mußten in der Umsturznacht flüchten, gemeinsam mit jenen Autorinnen und Autoren, die sie selbst in der Schuschnigg-Ära noch mehr und mehr an den Rand gedrückt hatten, während umgekehrt die meisten der unter dem Austrofaschismus geförderten Schriftsteller im Dritten Reich sogleich neue Arbeitsgarantien erhielten. Demnach gingen nicht wenige, die vor dem „Anschluß" miteinander verbunden waren, jetzt getrennte Wege; und viele, die jetzt gemeinsam Wien verließen, waren durch nichts miteinander verbunden. In keiner der diversen Stationen des Exils wurde der lang schon vorher entzündete politische Streit beigelegt. Die Lagermentalität war nicht über Nacht zu überwinden; nach dem Ersten Weltkrieg mühsam zugeschüttete Gräben wie die zwischen dem österreichisch-katholischen und dem deutsch-nationalen Lager (Amann 1988) brachen im Gegenteil wieder auf. Was die beiden großen Lager einander nahegebracht hatte, ihr Antisozialismus und ihr Antisemitismus, auch die Angst vor allen Modernisierungserschütterungen, die in der für beide charakteristischen Neigung zu den Stilprinzipien der literarischen Antimoderne ihren Ausdruck fand (Müller 1990), das alles verhinderte weiterhin jedes Zusammengehen mit den ehemaligen Mitgliedern der Vereinigung sozialistischer Schriftsteller, auch wenn deren Kulturverständnis von dem des Katholizismus sich manchmal nur durch das politische Vorzeichen unterschieden hatte; und es schloß auch im Exil eine Solidarisierung mit den jüdischen Autorinnen und Autoren aus. Deren Erfahrungen sammelte authentisch, in einem unnachahmlichen bestimmtverstimmten Ton das lyrische Ich der Gedichte Theodor Kramers: „Von dem, was einmal war, trennt lang schon mich ein Riß;/daß alles ungewiß ist, ist allein gewiß./Die Maus selbst hat ihr Loch; wenn sie nicht nisten, ziehn /die Stare … nur der Mensch lebt so im Nichts dahin."

Während die Mehrzahl der sozialistischen Schriftsteller 1934 in die → Tschechoslowakei geflüchtet war, unter ihnen Josef Luitpold Stern, Fritz Brügel und Hugo Sonnenschein (Pseud. Sonka), nur Kramer flüchtete erst 1939 im letzten Augenblick nach England, fand Elisabeth Freundlich ihr erstes Asyl in Paris, wie viele andere österreichische Emigranten auch. Im März 1938 konnte man dort Revolutionäre Sozialisten und Kommunisten ebenso wiedersehen wie Repräsentanten und Sympathisanten des gestürzten Schuschnigg-Regimes, etwa Franz Werfel. Dieser unterstützte die Idee, eine Dachorganisation der vertriebenen österreichischen Intellektuellen zu schaffen, auch Joseph Roth konnte dafür gewonnen werden, der prominenteste unter ihnen in → Frankreich. Nur von Stefan Zweig aus London erhielt Freundlich, die sich bemühte, die „Flüchtlingsgespräche" zu befördern, eine unmißverständliche Absage: „Für mich ist Österreich 1918 gestorben und ich weiß, daß es nie mehr auferstehen wird." Was Zweig befürchtete, war für die Auslandsvertretung der österreichischen Sozialisten die zentrale Zielvorstellung schlechthin: ein neues Deutschland; nicht für die Wiederherstellung eines österreichischen Staates zu kämpfen, sondern für die gesamtdeutsche Revolution im Sinne Otto Bauers, das sollte das Hauptgeschäft der Sozialisten bleiben (Weinzierl 1989, S. 246). Freundlich sah das ihre dennoch in der Gründung der Ligue de l'Autriche Vivante. Aber schon ihre erste Großveranstaltung im März 1939 endete mit einem Eklat. Werfel, dem das Hauptreferat anvertraut war, nutzte es zu einem leidenschaftlichen Plädoyer für den christlichen Ständestaat. Die anwesenden österreichischen Spanienkämpfer, der überwiegende Teil Kommunisten, fühlten sich dupiert, und prompt brach die Ligue, kaum konstituiert, wieder auseinander. Nur einmal trat sie noch ziemlich geschlossen in Erscheinung, im Mai 1939 auf der Beerdigung von Joseph Roth.

Gewiß, weit mehr als die alten Zerwürfnisse unter den diversen Gruppierungen störten und zerstörten da und dort die neuen Entwicklungen der Weltpolitik, gravierend seit dem Beginn des Weltkriegs, viele Bestrebungen, das „andere Österreich" zu einem Bündnis zusammenzuführen. Wer nicht, wie Musil,

Österreichische Literatur

Fritz Hochwälder, Hans Weigel, in der → SCHWEIZ Zuflucht gefunden hatte, wer auch die → SOWJETUNION, wo Klara Blum, Hugo Huppert und Ernst Fischer wie auf einem Vulkan lebten, als Asylland nicht ins Kalkül ziehen wollte oder konnte, dem blieb bald nichts anderes übrig, als den europäischen Kontinent zu verlassen. Max Brod, Martin Buber, Paul Engelmann, Walter Grab, Hermann Hakel, Martha Hofmann, Simon Kronberg, Leo Perutz, Heinz Politzer, Alice Schwarz, Willy Verkauf, auch Theatermacher wie Gerhard Bronner und Stella Kadmon lebten in → PALÄSTINA. Bruno Frei, Leo Katz und Egon Erwin Kisch in → MEXIKO; Leopold Andrian-Werburg, Paul Frischauer, Paula Ludwig und Stefan Zweig in Südamerika. Viele Exilanten ließen sich in → GROSSBRITANNIEN nieder, weitaus die meisten in den → VEREINIGTEN STAATEN VON AMERIKA: Jeder Dialog, jeder Versuch, zu einer Verständigung zu kommen, mußte zuallererst schon die Barriere der Entfernungen überwinden.

Auch unter diesen Umständen konnten Kooperationen nur in Ansätzen gelingen, mußten also wohl alle Exilanten, die trotzdem derartige Anläufe unternahmen, ähnliche Rückschläge in Kauf nehmen wie Elisabeth Freundlich. Nicht alle ließen sich dadurch entmutigen. Willy Verkauf baute in Jerusalem einen kleinen Verlag auf, unterhielt Kontakte zu Csokor, zu Frei, zu Huppert, zu Theodor Kramer in England, zu Viertel und zu Waldinger in den USA; das Free Austrian Movement in Palästina stand mit der gleichnamigen Bewegung in London in enger Verbindung (Verkauf-Verlon 1991). Diese wiederum entfaltete nicht nur eine rege kulturelle Tätigkeit, eifrig bemüht, das Profil spezifisch österreichischer Traditionen zu betonen und zu bewahren, sie schloß auch Hilfsorganisationen für die aus Österreich Vertriebenen und vor allem Volksfront-Aktivitäten ein. Im Londoner Austrian Centre (→ ÖSTERREICHISCHE POLITISCHE EXILORGANISATIONEN), das sich zum bedeutendsten Versammlungsort des österreichischen Exils entwickeln sollte, wurde die praktische Arbeit in erster Linie von Kommunisten geleistet, und die Kommunisten hielten, auch wenn sie zwischen Exil-Arbeit und Partei-Arbeit strikt unterschieden, an ihrem Programm fest, eine möglichst breite Plattform aller Gegner Hitler-Deutschlands zu bilden. Das Free Austrian Movement, grundsätzlich überparteilich, bot dazu alle Voraussetzungen. Es stand auch für die katholisch-konservativen Gruppierungen offen, und wiederholt wurden die Sozialisten von den Kommunisten aufgefordert, sich der von Alfred Klahr vorgegebenen Linie anzuschließen und für die Eigenständigkeit der österreichischen Nation einzusetzen (Maimann 1977). Das London-Bureau der österreichischen Sozialisten verfolgte jedoch seine eigene Linie weiter und träumte zunächst von der „gesamtdeutschen", später von einer „gesamteuropäischen" Revolution, bis die Moskauer Deklaration über die Unabhängigkeit Österreichs auch die sozialdemokratische Emigration vor eine vollendete Tatsache stellte (Dusek 1977; Stadler 1977). Gemessen an den hochfliegenden Plänen, die eine organisatorische Zusammenfassung aller in Großbritannien ansässigen österreichischen Intellektuellen vorsahen, konnte also auch das Free Austrian Movement nur Teilerfolge erzielen. Immerhin, diese waren mehr als bemerkenswert, insbesondere angesichts der begrenzten politischen Betätigungsmöglichkeiten, die England den Asylanten einräumte. Herbert Steiner, der Sekretär der Jugendorganisation Young Austria in Great Britain, konnte beispielsweise Verbindungen zu Albert Fuchs, Arthur Koestler, Oskar Kokoschka, Theodor Kramer, Eva Priester, Egon Wellesz und anderen bereits renommierten Persönlichkeiten knüpfen, einen Exiljugendverlag gründen, Jugend Voran, und somit jungen Talenten, darunter Georg Eisler, Erich Fried, Eric Hobsbawm, Arthur West, zum Durchbruch verhelfen (Steiner 1991). Ab 1942 arbeitete schließlich auch der österreichische PEN-Club im Exil unter der Führung seines Präsidenten Robert Neumann eng mit dem Free Austrian Movement zusammen (Amann 1984, S. 71 ff.); und dem Free Austrian PEN gehörten rund 90 Mitglieder an, darunter Raoul Auernheimer, Hermann Broch, Felix Braun, Fritz Brügel, Elias Canetti, Franz Theodor Csokor, Hans Flesch-Brunningen, Alma Mahler-Werfel, Robert Musil, Hertha Pauli, Josef Luitpold Stern, Friedrich Torberg, Berthold Viertel, Franz Werfel, Hermynia Zur Mühlen, Stefan Zweig sowie nahezu der gesamte Fördererkreis der Young Austria-Vereinigung.

Die meisten österreichischen Exilanten landeten, spätestens seit sie auch aus Frankreich hatten flüchten müssen, in den USA; Günther Anders, Raoul Auernheimer, Ulrich Becher, Richard Beer-Hofmann, Richard Berczeller, Friedrich Bergammer, Franz Blei, Fritz Brainin, Hermann Broch, Ferdinand Bruckner, Albert Ehrenstein, Alfred Gong, Hermann Grab, Mimi Grossberg, Oskar Jellinek, Lili Körber, Anna Krommer, Anton Kuh, Ernst Lothar, Soma Morgenstern, Frederic Morton, Hertha Pauli, Alfred Polgar, Felix Pollak, Peter Preses, Alexander Roda Roda, Josef Luitpold Stern, Friedrich Torberg, Ludwig Ullmann, Johannes Urzidil, Berthold Viertel,

Ernst Waldinger, Franz Werfel, Guido Zernatto, Otto Zoff u.v.a., die hier zu nennen wären, darunter Autorinnen und Autoren, die sich in Hollywood vollkommen assimilieren konnten wie Vicki Baum und Gina Kaus, Frederick Kohner und Billy Wilder (Pfanner 1984; Eppel 1991). Diejenigen, die ihre Bindungen an die alte Heimat nicht aufgaben, konnten untereinander über verschiedene Exilzeitschriften in Kontakt bleiben. Als wichtigstes Forum etablierte sich die *Austro-American Tribune* – in manchem eine kleinere Parallelunternehmung zu dem von Manfred George herausgegebenen *Aufbau* –, deren erste Nummer 1942 herauskam (→ Presse und Publizistik). Zu ihrem engsten Mitarbeiterstab zählten Hermann Broch, Ferdinand Bruckner, Oskar Maria Graf, Heinz Politzer und Ludwig Ullmann, ihre Literaturbeilage aber wurde von Elisabeth Freundlich redigiert (Freundlich 1977; Pfanner 1991). Von Anfang an stimmte der politische Kurs der *Austro-American Tribune* mit der Moskauer Erklärung vom Oktober 1943 überein; in der Frage der Planung für die Zeit nach dem Krieg brachen indessen die Risse, die das „andere Österreich" schon immer charakterisiert hatten, ein letztes Mal auf, und zwar in der Kontroverse zwischen Ernst Lothar und Berthold Viertel.

Lothars Essay „Zum Thema Österreich", den die *Austro-American Tribune* 1944 veröffentlicht, entwirft eine großangelegte Imagination des künftigen kulturellen Lebens in Mitteleuropa, allerdings entwickelt aus Leitbildern, die ihre Bindungen an den Habsburg-Mythos wie an Richtlinien des Ständestaates nicht verleugnen können (Roessler/Kaiser 1989). Denn Lothars Ausgangspunkt ist die alte Frage nach den Unterschieden zwischen der deutschen und der österreichischen Kultur; sie sind für ihn eklatant. Schon in der Sprache, wobei auf der einen Seite Goethe, Fontane und Thomas Mann, auf der anderen Seite Stifter, Grillparzer und Hofmannsthal als Kronzeugen bemüht werden. Geradezu „grundverschieden" seien Österreich und Deutschland, so Lothar, in der „Gefühls- und Seelenhaltung", was er auf den Einfluß der Landschaft, aber auch des Katholizismus zurückführt, sowie in der „Geisteshaltung". Während die deutsche Kultur national orientiert sei, wirke die österreichische Kultur übernational, während der deutsche Kulturbegriff mit dem „Machtbegriff" zusammenhänge, stehe der österreichische Kulturbegriff dem „Andachtsbegriff" nahe. Aus solchen nicht weiter begründeten, nicht weiter begründbaren Setzungen zieht Lothar die Schlußfolgerung, daß Österreich, ein neutrales Österreich, in einer neuen europäischen Ordnung eine Schlüsselrolle zu übernehmen hätte. Wien sollte, nach Lothars Vorstellungen, statt Genf zur Völkerbundstadt werden und endlich auch Berlin als Kulturhauptstadt des deutschen Sprachraums ablösen.

Viertels Erwiderung, die unter dem Titel „Austria Rediviva" im Jänner 1945 erscheint, ebenfalls in der *Austro-American Tribune*, zerpflückt diese „Kulturphantasien" Lothars schonungslos. Viertel weist zunächst einmal alle Grenzziehungen innerhalb des Bereichs der deutschsprachigen Kultur zurück, geht im folgenden aber weit darüber hinaus und hält fest, daß alle Intellektuellen solidarisch sich am demokratischen Neuaufbau in Mitteleuropa beteiligten müßten und daß dabei in Österreich nicht anders als in Deutschland harte Arbeit zu leisten wäre. Was Viertel vorschwebt, ist eine radikale Revision der Überlieferung, im kulturellen Raum wie im politischen. „Es geht nicht um die Fortführung der Salzburger Festspiele und um den wieder eingerenkten Fremdenverkehr ... Auch nicht darin, daß Wien zum Sitz des Völkerbundes wird, sehe ich die entscheidende Glückschance Österreichs: sondern in seiner Erneuerung vom Fundament, vom Selbstgefühl des Volkes her; in seiner wirtschaftlichen Konsolidierung in einem konsolidierten Europa; und von allem Anfang an in der kritischen Wachsamkeit gegenüber den Einflüssen seiner allzu historischen Vergangenheit" (zit. nach Roessler/Kaiser 1989, S. 79). Anders als Lothar tritt Viertel ausdrücklich dafür ein, das gesamte geistige Erbe und gerade auch das bis in die Zeit des Exils hochgeschätzte und kanonisierte kritisch zu durchforsten, um endlich die nötigen Vorbedingungen zu schaffen für eine Humanisierung Mitteleuropas.

Die Humanisierung der Masse zu fördern, dieses aktuelle Erfordernis ist als zentrale Aufgabe auch formuliert in Hermann Brochs Roman *Der Tod des Vergil*, der die lange Reihe der im Exil entstandenen historischen Romane abschließt. Der todkranke Dichter Vergil erlebt die Masse als ein „dumpfbrütendes" Ungeheuer; Brochs Plädoyer, einen Zugang zu den noch unausgeloteten Sphären der menschlichen Seele zu finden, um das „Massentier" in eine bessere, menschliche Welt zu führen, verwirft ebenso entschieden wie Viertels Antwort auf Lothar alle Anstrengungen, durch Beschwichtigung oder Beschönigung die Notwendigkeit einer radikalen Nachprüfung der gesamten Tradition in Frage zu stellen und damit am Ende einen Neubeginn zu blockieren.

Um diesen Neubeginn geht es zuletzt auch in

einem Aufsatz, den Oskar Kokoschka in der Startphase zur Wiederherstellung der Selbständigkeit Österreichs im Mai 1945 skizziert, allerdings erst 30 Jahre später veröffentlicht. Unter dem Titel „Das Wesen der österreichischen Kultur" verknüpft Kokoschka einen polemischen Rückblick in die Vergangenheit mit einem phantasievollen Forderungskatalog für die Zukunft (Kokoschka 1975). Zwei Epochen, meint Kokoschka, gelte es wiederzuentdecken: zum einen die Phase der Vermischung der autochthonen Kultur der Donauländer mit dem Frühchristentum, zum anderen die Barockzeit. Das spezifische Charakteristikum der ersten Epoche sei darin zu sehen, daß die Mutteridee, ausgedrückt in vielen primitiven künstlerischen Darstellungen der weiblichen Figur, etwa in der Venus von Willendorf, dem abstrakten Monotheismus nicht untergeordnet, sondern gleichgestellt wird, so daß im Donauraum die sonst überall ausgeprägte Tendenz zu patriarchalischen Ordnungen sich nicht in der gleichen Weise durchsetzen kann. Das spezifische Charakteristikum der Barockzeit liege dagegen im Zusammenwirken der verschiedensten Völker mit dem Ziel, im Kultbau mehr als den Altar einer Gottheit, nämlich „den ersten Volkspalast, das Paradies auf Erden zu schaffen". Es versteht sich, daß Kokoschka diese Epochen zitiert, weil er in beiden wie sonst nirgends in der Kultur- und Sozialgeschichte seiner Heimat positive Entwicklungen feststellt, die nach seiner Auffassung wiederaufgenommen und weiterverfolgt werden sollten.

Die Kritik der Herrenmoral, ausgedrückt in der Parteinahme für die Frau, seit Grillparzer ein Thema, aber kein Topos der österreichischen Literatur, und die Kritik des Nationalismus, die sich in Kokoschkas Engagement für eine Revitalisierung der „Barock"kultur artikuliert, diese nach der Einschätzung des „Oberwildlings" zukunftsweisenden Traditionsschienen sollten in der unmittelbaren Nachkriegszeit in Österreich allerdings keine besondere Rolle spielen. Denn auf der Suche nach Überlieferungen, die Kontinuität verbürgen konnten, fanden die Daheimgebliebenen, die bald wieder den Ton angaben, eine Reihe von Möglichkeiten, die Kulturpolitik des Ständestaates mit leichten Modifikationen fortzuführen.

Literatur

Achberger, Friedrich (1994): Fluchtpunkt 1938. Essays zur österreichischen Literatur zwischen 1918 und 1938, Wien.

Amann, Klaus (1984): P.E.N.: Politik, Emigration, Nationalsozialismus. Ein österreichischer Schriftstellerclub, Wien u.a.

Amann, Klaus (1988): Der Anschluß österreichischer Schriftsteller an das Dritte Reich. Institutionelle und bewußtseinsgeschichtliche Aspekte, Frankfurt a.M.

Amann, Klaus (1992): Die Dichter und die Politik. Essays zur österreichischen Literatur nach 1918, Wien.

Borchmeyer, Dieter, Hrsg. (1996): Richard Beer-Hofmann. „Zwischen Ästhetizismus und Judentum", Paderborn.

Csokor, Franz Theodor (1993): Auch heute noch nicht an Land. Briefe und Gedichte aus dem Exil, hrsg. von Franz Richard Reiter, Wien.

Dusek, Peter (1977): Nachkriegskonzeptionen für Österreich. Der Exilwiderstand und die nationale Frage, in: Österreicher im Exil 1934 bis 1945, S. 230 ff.

Eppel, Peter (1991): Bemerkungen zur Frage der Rückkehr österreichischer Emigranten aus den USA, in: Holzner u. a., S. 111 ff.

Freundlich, Elisabeth: „Flüchtlingsgespräche" aus heutiger Sicht, in: Österreicher im Exil 1934 bis 1945, S. 515 ff.

Haider-Pregler, Hilde, u. Beate Reiterer, Hrsg. (1997): Verspielte Zeit. Österreichisches Theater der dreißiger Jahre, Wien.

Hall, Murray G. (1985): Österreichische Verlagsgeschichte 1918–1938, 2 Bde., Wien u. a.

Hausjell, Fritz (1997): Vertriebene Theaterkritik. Ludwig Ullmanns antinazistischer Kulturjournalismus Anfang der dreißiger Jahre in Wien, in: Haider-Pregler/Reiterer, S. 352 ff.

Holzner, Johann, Sigurd Paul Scheichl u. Wolfgang Wiesmüller, Hrsg. (1991): Eine schwierige Heimkehr. Österreichische Literatur im Exil 1938–1945, Innsbruck.

Holzner, Johann (1996): Traumbilder: Stefan Zweigs Bilder aus Brasilien und Österreich, in: Language and Literature Today, Proceedings of the XIXth Triennial Congress of the International Federation for Modern Languages and Literatures, Bd. 2, Brasília, S. 706 ff.

Kaukoreit, Volker (1991): Vom Exil bis zum Protest gegen den Krieg in Vietnam. Frühe Stationen des Lyrikers Erich Fried. Werk und Biographie 1938–1966, Darmstadt.

Kokoschka, Oskar (1975): Aufsätze, Vorträge, Essays zur Kunst, Hamburg, S. 122 ff.

Maimann, Helene (1977): Einige Probleme der österreichischen Emigrationspolitik in Großbritannien, in: Österreicher im Exil 1934 bis 1945, S. 73 ff.

Mayer, Ulrike (1997): Theater für 49 in Wien 1934 bis 1938, in: Haider-Pregler/Reiterer, S. 138 ff.

Müller, Karl (1990): Zäsuren ohne Folgen. Das lange Leben der literarischen Antimoderne Österreichs seit den 30er Jahren, Salzburg.

Musil, Robert (1967): Der deutsche Mensch als Symptom (1923), Reinbek.

Österreicher im Exil 1934 bis 1945 (1977), hrsg. von Helene Maimann u. Heinz Lunzer, Wien.

Pfanner, Helmut F. (1984): Was there an Austrian Literature in Exile?, in: Modern Austrian Literature 3/4, S. 81 ff.

Pfanner, Helmut F. (1991): „Austro-American Tribune": Die Stimme eines freien demokratischen Österreich im Exil, in: Holzner u. a., S. 205 ff.

Renner, Gerhard (1981): Österreichische Schriftsteller und der Nationalsozialismus. Der „Bund der deutschen Schriftsteller Österreichs" und der Aufbau der Reichsschrifttumskammer in der „Ostmark", Diss., Wien.

Roessler, Peter, u. Konstantin Kaiser, Hrsg. (1989): Dramaturgie der Demokratie. Theaterkonzeptionen des österreichischen Exils, Wien.

Spiel, Hilde, Hrsg. (1980): Kindlers Literaturgeschichte der Gegenwart. Die zeitgenössische Literatur Österreichs I, aktual. Ausg., Frankfurt a. M.

Stadler, Karl R. (1977): Das London-Büro der österreichischen Sozialisten, in: Österreicher im Exil 1934 bis 1945, S. 81 ff.

Steiner, Herbert (1977): Probleme des österreichischen politischen Exils 1934–1945, in: Österreicher im Exil 1934 bis 1945, S. 4 ff.

Steiner, Herbert (1991): Die kulturelle Tätigkeit des Free Austrian Movement in Großbritannien, in: Holzner u. a., S. 153 ff.

Strasser, Christian (1996): Carl Zuckmayer. Deutsche Künstler im Salzburger Exil 1933–1938, Wien u. a.

Tschuppik, Karl (1982): Von Franz Joseph zu Adolf Hitler. Polemiken, Essays und Feuilletons, hrsg. u. eingel. von Klaus Amann, Wien u. a.

Verkauf-Verlon, Willy (1991): Heimkehrprobleme in Palästina und Israel. Stationen der Emigration, Immigration und Rückkehr, in: Holzner u. a., S. 99 ff.

Weinzierl, Ulrich (1989): Zur nationalen Frage – Literatur und Politik im österreichischen Exil, in: Koepke, Wulf, u. Michael Winkler, Hrsg.: Exilliteratur 1933–1945, Darmstadt, S. 241 ff.

Zuckmayer, Carl (1986): Als wär's ein Stück von mir. Horen der Freundschaft (1966), Frankfurt a. M.

Zwischenwelt (1990 ff.). Jahrbuch der Theodor Kramer Gesellschaft, Bd. 1 ff., Wien.

Presse und Publizistik

Lothar Mertens

So unterschiedlich die Länder waren, die nach 1933 deutsche Exilanten aufnahmen, so vielfältig war auch die deutschsprachige Exilpresse. Viele Zeitungen und Zeitschriften existierten nur für eine kurze Zeit, da die ökonomischen Bedingungen für eine dauerhafte Existenz im jeweiligen Exilumfeld nicht bestanden. Die Mehrzahl der Publikationen erschien nicht länger als ein Jahr, viele kamen nicht über die erste und einzige Ausgabe hinaus. Abgesehen von den verschiedenen Parteiblättern erschienen nur wenige Publikationen über den gesamten Zeitraum des Exilbeginns im Jahre 1933 bis zum Ausbruch des Zweiten Weltkrieges 1939 (Maas 1990, S. 91). Auch die journalistischen Arbeitsbedingungen im Exil waren schwierig und ungewohnt, da aus Kostengründen zumeist die Informationsdienste der großen internationalen Nachrichtenagenturen nicht abonniert werden konnten, ein eigenes globales Korrespondentennetz natürlich fehlte und zu den wichtigen Berichten über Deutschland keine „Vorort"-Recherchen mehr möglich waren. Die meisten Erzeugnisse der Exilpresse ähnelten daher aus Kostengründen in Inhalt und Aufmachung oftmals mehr Mitteilungsblättern als normalen Zeitungen (Maas 1988, S. 271). Nur sehr selten wurde ein Publikationsorgan der Exilanten wie etwa *Die Zeitung*, die zwischen März 1941 und Juni 1945 in London erschien, von der Regierung des Exilstaates finanziell gefördert (Runge 1988, S. 88).

Insgesamt gilt, daß nahezu alle Exilpublikationen, auch die kulturell-literarischen, meist mehrere Ziele verfolgten. Neben der Wahrung der kulturellen Identität und der Artikulation von politischer Opposition gegen den Nationalsozialismus lag das Hauptaugenmerk auf der Herstellung einer Ersatzöffentlichkeit und der Informierung der interessierten Öffentlichkeit in den Gastländern, wobei letzteres häufig durch die Sprachbarriere begrenzt wurde. Wichtige Grundfunktionen waren, den Kontakt untereinander aufrechtzuerhalten, über aktuelle Entwicklungen der Emigrationssituation (juristische Entscheidungen, Hilfsangebote etc.) zu berichten sowie mehr und vor allem detailliertere Informationen aus Deutschland zu liefern, als es durch die lokale Presse der Gastländer geschah.

Insbesondere nach Ausbruch des Zweiten Weltkrieges wurden z. T. praktische Hilfen zur Integration und Akkulturation gegeben. Vor allem Personen

V Presse und Publizistik

jüdischer Herkunft waren nun, aufgrund ihrer eigenen negativen Erfahrungen in und den bestürzenden Nachrichten aus Deutschland bereit, sich nach jahrelangem Exil zu akkulturieren.

Einen fast vollständigen und informativen Überblick über die wichtigsten der mehr als 400 publizistischen Erzeugnisse der Exilpresse, ihre Herausgeber und Mitarbeiter, die Publikationsdauer, die verschiedenen Erscheinungsorte und die politische Ausrichtung der Zeitungen und Zeitschriften vermittelt das vierbändige *Handbuch der deutschen Exilpresse* (Maas 1976–1990) sowie der vierte Band zur *Exilpresse* der *Deutschen Exilliteratur 1933–1950* (Walter 1978). Die wichtigsten längerfristig erscheinenden Presseerzeugnisse werden nachfolgend kurz skizziert.

Unter den Parteiorganen suchte der *Neue Vorwärts* ab dem 18. Juni 1933 die Tradition der 1891 gegründeten Parteizeitung *Vorwärts* fortzusetzen, die am 27. Februar 1933 in Deutschland verboten worden war. Die Karlsbader Redaktion unter Friedrich Stampfer (1933–35) vertrat dabei anfänglich nur die Linie der SOPADE (→ SOZIALDEMOKRATEN), die sich von der Berliner Parteiführung und ihren Versuchen des Wohlverhaltens gegenüber dem Nationalsozialismus losgesagt hatte. Nach dem Parteiverbot der SPD Ende Juni 1933 wurde der *Neue Vorwärts* zum Sprachrohr des Exilvorstandes. Im wesentlichen entwickelte sich die Zeitung zu einem parteiinternen Informationsblatt, in dem vornehmlich die ideologischen Richtungskämpfe der sozialdemokratischen Parteiflügel ausgetragen wurden.

Erwähnenswerte Zeitungen der → KOMMUNISTEN waren von 1933–39 *Die Rote Fahne*, deren Redaktion zwischen 1935–39 Alexander Abusch leitete. Im Dünndruck und im Format verkleinert, ähnelte die Zeitung gleichwohl in ihrer äußeren Aufmachung dem alten Weimarer Parteiorgan und dokumentierte für die KPD-Mitglieder die jeweils gültige Parteilinie. Die mit Unterbrechungen seit 1922 erscheinende Monatsschrift *Unsere Zeit* wurde 1933–35 in Paris von Willi Münzenberg herausgegeben (Schlie/Roche 1995). Der Medienlenker der KPD, in der Weimarer Zeit auch als „roter Hugenberg" apostrophiert, gab dann nach seiner Abkehr von der KPD 1938–40 in Paris *Die Zukunft* heraus (Langkau-Alex 1992, S. 123 ff.), die in einer Zeit, als andere Exilzeitungen wegen ökonomischer Schwierigkeiten um ihre Existenz kämpften, als großformatige Wochenzeitung mit 12–16 Seiten Umfang erschien (Maas 1990, S. 245 ff.) und zu einem Sammelbecken von SPD und KPD enttäuschter Sozialisten wurde. Aber auch manche bürgerlichen Politiker gehörten zum Autorenkreis (Uka 1989, S. 47 f.) dieser parteipolitisch unabhängigen sozialistischen Zeitschrift, die aus bis heute ungeklärten Quellen finanziell unterstützt wurde.

Die *AIZ (Arbeiter-Illustrierte Zeitung)* hatte sich bereits vor 1933 als Teil der internationalen Arbeiterbewegung verstanden und auch in den deutschsprachigen Nachbarstaaten ihr Publikum gefunden, so daß der Redaktionswechsel von Berlin nach Prag im Vergleich zu den anderen Blättern einfach war, obgleich die Basis der Leser auf die Arbeiterschaft in Böhmen zusammenschrumpfte und die Auflage dramatisch von einstmals 300 000 auf 12 000 Exemplare sank. Die *AIZ* war unter den deutschsprachigen Exilzeitungen die einzige Illustrierte. Das auch in der Emigration weiterverwendete Tiefdruckverfahren ließ die dramaturgischen Mittel ihres publizistischen Kampfes, wie Fotoreportagen und insbesondere die Fotomontagen von John Heartfield, die bei fast jeder Ausgabe der Prager Jahre auf dem Umschlag erschienen, gut zur Geltung kommen. Unter dem Eindruck der politischen Volksfrontdiskussion kam es im Jahre 1936 zur Umbenennung in *VI (Volks-Illustrierte)*. Der programmatischen Titeländerung und der versuchten Öffnung der Leserschaft von der Arbeiterschaft zu weiteren Leserkreisen hin entsprach auch eine inhaltliche Neukonzeption zur Mobilisierung aller Antifaschisten. Doch weiterhin erschienen kontinuierlich unkritische und überschwengliche Berichte über die Sowjetunion, deren suggestive Wirkung zumeist durch eine illustrative Bildauswahl und geschickte Schwarzweißkontraste verstärkt wurden. Im Oktober 1938 mußte die Illustrierte aufgrund der politischen Lage ihr Erscheinen in Prag einstellen. Der Versuch einer Fortführung in Paris und Straßburg im Januar/Februar 1939 wurde nach nur sieben Ausgaben beendet, da sie weder redaktionell noch auflagenmäßig an das Prager Niveau heranreichte.

Die in Prag als *Die neue Weltbühne* forterscheinende wichtigste Wochenzeitung der Weimarer Jahre sprach zwar weiterhin ein kritisches linksintellektuelles Publikum an. Durch die radikale Veränderung ihrer ökonomischen Verhältnisse und der Leserschaft kam es anfänglich zu einer sinkenden Auflage. Erst als sich *Die neue Weltbühne* für die politischen Alltagsprobleme der Exilanten öffnete und sich auf deren veränderte Interessenlage einstellte, erreichte sie wieder ihre alte Bedeutung. Personalisiert wurden diese beiden Phasen der Emigrationsjahre durch die jeweiligen Redakteure. Während Willi Schlamm (April 1933–März 1934) versuchte, am früheren journalistischen Stil und an den radikalkritischen Positionen seiner Vorgänger Carl von Ossietzky und Kurt Tucholsky festzuhalten, und dabei unentwegt fundamentale Kritik am Versagen der Linksparteien übte, erfolgte unter Hermann Budzislawski (ab März 1934) eine Anpassung an die beschränkten Gegebenheiten des Exils und die Diskussion um eine linke Volksfrontpolitik, da der Faschismus der eigentliche Hauptfeind für die emigrierten Linksintellektuellen war (Maas 1983). So wurde *Die neue Weltbühne* unter Budzislawski immer mehr zu einem Diskussionsforum aller Linken (Walter 1978, S. 38 ff.), egal ob sie Mandatsträger der SPD oder der KPD waren. Auch viele engagierte Antifaschisten des deutschsprachigen Exils jenseits der linken Parteigrenzen fanden hier nun ein ihnen zugängliches Sprachrohr. Aus einem zwar sprachlich und stilistisch brillanten, jedoch inhaltlich abgehobenen und gedanklich abstrakten Organ für nur noch fiktive Lesermassen wie unter Schlamm wurde so *Die neue Weltbühne* unter Budzislawski wieder zum wichtigsten Diskussionsforum der Exilanten.

Das von Leopold Schwarzschild (Maas 1984) herausgegebene und maßgeblich geprägte *Tage-Buch*, dessen Leserschaft vornehmlich im liberal-konservativen Bürgertum zu finden war, erschien 1933–40 in Paris als *Das Neue Tage-Buch* fort und fand über den Kreis der Emigranten hinaus große Beachtung. Während andere im Exil fortgesetzte Zeitschriften ihre frühere Form beibehielten, um so auch optisch eine Kontinuität auszudrücken, veränderte Schwarzschild *Das Neue Tage-Buch* sowohl im Umschlaglayout als auch in der Gestaltung der Texte, um den neuen Anspruch zu dokumentieren. Hatte das *Tage-Buch* in der Weimarer Zeit immer im Schatten der prominenteren Konkurrenz gestanden, ermöglichte nun die Krise von *Die neue Weltbühne* unter Schlamm den Aufstieg zur renommierten Zeitschrift, die mit ihrem hohen journalistischen Anspruch nicht nur die begrenzte Exilleserschaft, sondern das gesamte europäische Bürgertum ansprach und auch von den ausländischen Regierungen aufmerksam gelesen wurde. Da Schwarzschild in seiner Herausgeberschaft von parteiideologischen und personellen Einflüssen unabhängig war und nur Beiträge aufnahm, die seiner eigenen generellen politischen Anschauung entsprachen, verfolgte *Das Neue Tage-Buch*, im Vergleich zu vielen anderen Exilpublikationen, eine sehr stringente Linie. Die kontinuierliche Kommentierung der nationalsozialistischen Wirtschafts- und Finanzpolitik zeigte dabei bereits Mitte der dreißiger Jahre die deutschen Kriegsvorbereitungen detailliert an zahlreichen Beispielen auf (Maas 1990, S. 129).

Eines der wenigen Beispiele der Herausgabe einer Tageszeitung stellte das *Pariser Tageblatt/Pariser Tageszeitung* dar (Raßler 1989). Grundlegende Basis für dieses erfolgreiche Unterfangen war die hohe Zahl von ca. 35 000 Emigranten, die 1935 in Frankreich und vor allem in dessen Hauptstadt lebten und in Deutschland vornehmlich dem unpolitischen mittleren Bürgertum angehört hatten. Bereits am 12. Dezember 1933 erschien die erste Ausgabe für diese schweigende Minderheit der Emigration, die vor allem aufgrund ihrer jüdischen Herkunft ihre Heimat verlassen mußte. Treibende journalistische Kraft war der ehemalige Chefredakteur der *Vossischen Zeitung*, Georg Bernhard, der bis 1937 die redaktionelle Leitung inne hatte. Der schmale Umfang von vier (sonntags sechs) Seiten setzte dem Bemühen, eine normale aktuelle Tageszeitung zu sein, enge Grenzen. Vor allem das bunte Boulevard-Gemisch der einzelnen Rubriken vermittelte keine Einheitlichkeit und war so labil wie die Finanzlage der Zeitung, die im Juni 1936 zum Zerwürfnis mit dem Verleger (Peterson 1987, S. 142 ff.; Jasper 1996, S. 117 ff.) und einem langandauernden Skandal führte. Die Redakteure setzten ihre Arbeit als *Pariser Tageszeitung* mit geänderten Rubrikentiteln fort, jedoch unter Beibehaltung des unverbindlichen Boulevardcharakters, der allerdings auch ein Zeichen publizistischer Akkulturation darstellte (Roussel/Winckler 1989, S. 119 ff.). Jedoch wurden nun auch die unbeachtet gebliebenen politischen Diskussionen und Aktivitäten des Exils aufgegriffen. Ebenso schlug sich jetzt die zuvor vernachlässigte Volksfrontdiskussion in der Berichterstattung verstärkt nieder (→ Volksfront für Deutschland). Die politische Herkunft der zahlreichen Mitarbeiter zeugte zwar von Pluralität (Peterson 1987, S. 79 ff.) und spiegelte die vielfältigen Meinungen des Exils wider, ohne jedoch eindeutig Partei zu ergreifen. Gemessen am eigenen früheren Anspruch führte der Weg des *Pariser Tageblatt/Pariser Tageszeitung* sukzessive zurück vom populären Boulevardblatt zur Pariser Emigrantenzeitung, einer „Lokalzeitung" (Winckler 1992, S. 311).

Genau umgekehrt verlief in den dreißiger Jahren der Weg des New Yorker *Aufbau* (Steinitz 1989). Anfang der 1930er Jahre als Vereinsblatt deutschsprachiger Auswanderer gegründet, entwickelte sich der *Aufbau* unter der Ägide des früheren Berliner Theaterkritikers Manfred George (urspr. Georg) als Chefredakteur zu einer Wochenzeitung von überregionalem Rang, die nicht nur bis heute existiert, sondern auch in der Nachkriegszeit der fünfziger und sechziger Jahre einen gewissen politischen Einfluß hatte. Die Auflage stieg von 10 000 (Ende 1939) auf 30 500 Exemplare (1944) an (Maas 1983, S. 261 f.) und blieb auf diesem hohen Niveau bis Anfang der sechziger Jahre. Mit der Auflage stieg auch der Umfang auf bis zu 48 Seiten an. In jeder Ausgabe erschienen Hunderte von Kleinanzeigen und Geschäftsempfehlungen, die auf den Zeitungsseiten mehr Raum einnahmen als die redaktionellen Berichte und Artikel. Der umfangreiche Anzeigenteil trug dazu bei, daß die Emigrantenzeitung in den vierziger und fünfziger Jahren auch ein kommerzieller Erfolg wurde (Steinitz 1989). Im Gegensatz zu anderen Exilpublikationen wollte die *Aufbau*-Redaktion, ebenso wie ein Großteil der Leserschaft, jedoch nichts mehr von einer Rückkehr nach Deutschland wissen. Die Integrationsbemühungen in der neuen Heimat und entsprechende praktische Hinweise für die Eingewöhnung nahmen einen breiten Raum in der Berichterstattung ein. Ungeachtet der Vielzahl unterschiedlicher Überzeugungen und politischer Meinungen, die im *Aufbau* zu Wort kamen, stellte das dezidierte Bekenntnis zur jüdisch-deutschen Herkunft, die im Bekenntnis zum Judentum und zur deutschen Sprache als kulturellem Gut (Reinfrank 1994, S. 147 ff.) ihre Berücksichtigung fand, das einigende Band dar. Berichte über die Entwicklung in Deutschland sowie Fragen der Immigration und Integration standen nebeneinander, umwoben von Kurzgeschichten und Essays bekannter Exil-Literaten. Kennzeichnend für das Bestreben, sich in die US-Gesellschaft zu integrieren und sich mit ihr zu identifizieren, war eine Geldsammlung unter den Lesern des *Aufbau* im Frühjahr 1942. Durch die Kriegsspenden von 16 000 Flüchtlingen, welche die Gesamtsumme von 48 500 Dollar erbrachten, konnte ein Kriegsflugzeug gekauft werden, das auf den Namen „Loyalty" getauft wurde. Charakteristisch für die Integrationskonzeption waren auch die scharfen Angriffe im *Aufbau* gegen den von bekannten Exilpersönlichkeiten gegründeten Council for a Democratic Germany im Mai 1944 (Langkau-Alex/Ruprecht 1995). Ungeachtet dessen griff die Zeitung energisch in die Diskussion des politischen Exils ein und löste durch einen gezielten Artikel des bekannten Publizisten und früheren Generalsekretärs der Deutschen Liga für Menschenrechte, Kurt R. Grossmann (Mertens 1994, S. 591 ff.), die sog. Bergstraesser-Affäre aus (Krohn 1986, S. 254 ff.), die deutlich aufzeigte, daß nicht nur im politisch linken Spektrum die „alten Frontlinien" der Weimarer Zeit und der Volksfrontphase fortbestanden, sondern auch im Lager der wissenschaftlichen Emigration alte Konflikte und Animositäten wieder neu aufbrachen.

Gleichfalls ein Produkt der dezidierten Akkulturation war der *Orient*, der in 45 Nummern zwischen April 1942 bis April 1943 in Haifa erschien, jedoch unter den deutsch-jüdischen Einwanderern in → Palästina wenig Resonanz fand (Walter 1978, S. 679 ff.).

Von September 1933 bis August 1935 erschien die Monatsschrift *Die Sammlung*, die von Klaus Mann in Amsterdam herausgegeben und redigiert wurde. Entgegen den ursprünglichen Plänen Manns, in der Schweiz eine rein literarische Zeitschrift zu veröffentlichen, nahm *Die Sammlung*, auch aufgrund ihrer Beiträger, einen zunehmend politischen Charakter an, ohne jedoch ihren literarisch-kulturellen Anspruch aufzugeben. Diese engagierte Position sowie der mißlungene Versuch, mit Beiträgen in französischer Sprache und mit speziellen Themenheften die Bevölkerung der Gastländer des Exils als Leser zu gewinnen, führten zu einem ökonomischen Mißerfolg. Trotz einer Auflage von 3000 Exemplaren, die anfänglich zu zwei Dritteln verkauft werden konnte, blieb die Zeitschrift ein Zuschußunternehmen, das trotz der finanziellen Unterstützung durch Annemarie Schwarzenbach nicht fortgesetzt werden konnte. Kennzeichnend für den literarischen Anspruch der Zeitschrift war der Vorabdruck von Novellen und Gedichten, u. a. von Brecht, Döblin, Feuchtwanger und Lasker-Schüler, in fast allen der 24 erschienenen Hefte (Walter 1978, S. 424 ff.).

Ab dem Herbst 1933 erschien in Prag mit *Neue Deutsche Blätter* (NDB) eine weitere literarische Monatszeitschrift, die von Oskar Maria Graf (Kraft 1992, S. 121 ff.), Anna Seghers und Wieland Herzfelde redigiert wurde. Herzfelde verfügte als Leiter und Mitgründer des Malik-Verlages über eine langjährige Erfahrung als Verleger. Aufgrund der anfänglich großen Beachtung – charakterisiert durch die hohe Auflage von 7500 Exemplaren – und der dadurch möglichen großzügigen Honorare wurden die *NDB* ein beliebtes Publikationsorgan vieler antifaschistischer Autoren, vor allem aus dem kommunistischen Lager. Ihrem Selbstverständnis entsprechend, wurden die *NDB* zum Wegbereiter der literarischen Volksfront. Bedeutende Werke der Exilliteratur wurden auszugsweise abgedruckt. Jedoch führte die schwindende Kaufkraft der Exilanten sowie der Wegfall des Absatzes in Österreich 1934 und im

Saargebiet 1935 dazu, daß die Zeitschrift in ihrem zweiten Jahr nur noch mit deutlich geringerer Auflage und mit sechs statt zwölf Heften erscheinen konnte, bevor auch sie im August 1935 das Erscheinen einstellte (Walter 1978, S. 446 ff.).

Nach dem ökonomischen Scheitern von *Die Sammlung* und der *NDB* fehlte eine spezifisch literarische Exilzeitschrift, eine Lücke, die weder vom *Neuen Tage-Buch* noch von der *Neuen Weltbühne* geschlossen werden konnte. Wohl um den Volksfrontgedanken weiter zu propagieren und den sowjetischen Einfluß auf die Emigration zu stärken, wurde ab Juli 1936 von einem Moskauer Verlag *Das Wort* publiziert, zu dessen Redakteuren Bertolt Brecht, Willi Bredel, Fritz Erpenbeck und Lion Feuchtwanger gehörten. Da nur Bredel bzw. sein Nachfolger Erpenbeck im sowjetischen Exil lebte, war bereits die Redaktionsarbeit mit großen Komplikationen verbunden. Politisch entwickelte sich zwei Monate nach dem Erscheinen mit Beginn des stalinistischen Massenterrors ein unüberwindbares Dilemma. Zum einen sollte *Das Wort* für ein breites Volksfrontbündnis werben, zum anderen mußte sie die politischen Exzesse in der → SOWJETUNION rechtfertigen und verteidigen, so daß viele frühere Beiträger ihre Mitarbeit beendeten und die Bedeutung der Zeitschrift rapide sank, zumal sie bis zu ihrer Einstellung im März 1939 immer deutlicher unter sowjetkommunistischen Einfluß geriet. Dies galt gleichfalls für die *Internationale Literatur/Deutsche Blätter*, die bereits seit 1931 in Moskau erschien (Walter 1978, S. 377 ff.). Wichtig wurde *Das Wort* vor allem durch die Austragung der sog. Expressionismusdebatte (→ LITERATURKRITIK) und die Erstveröffentlichung zahlreicher literarischer Texte des Exils.

Seit 1941 erschien in → MEXIKO die politisch-kulturelle Monatsschrift *Freies Deutschland*, an der zahlreiche Westemigranten der KPD wie Alexander Abusch, Walter Janka oder Anna Seghers mitwirkten, die nach 1945 zumeist in die SBZ/DDR remigrierten. Die häufig von der Moskauer Parteilinie abweichenden Beiträge wurden insbesondere Paul Merker zum Verhängnis, der mit Verweisen auf seine früheren Artikel Anfang der 1950er Jahre in der DDR seiner Ämter enthoben wurde (Herf 1994). Dies ist einer der wenigen Fälle, wo eine (hier Negativ-)Wirkung der Exilpresse über die Tagesaktualität hinausreichte.

Aber auch bereits lange vor der Emigration aus dem Dritten Reich bestehende Zeitungen, wie etwa das 1879 in Buenos Aires gegründete *Argentinische Tageblatt*, wurden, da sie nun ein Forum für Antifaschisten bildeten, sowohl in ihrer politischen Ausrichtung als auch in der inhaltlichen Konzeption in den dreißiger Jahren nachhaltig von den Exilanten beeinflußt und mitgeprägt (Spitta 1990, S. 189 ff.).

Die Presse des deutschsprachigen Exils spiegelte neben den lokalen Gegebenheiten, den unterschiedlichen politischen und kulturellen Richtungen des Exils oft auch die individuelle Handschrift ihrer Herausgeber, wie Leopold Schwarzschild, Hermann Budzislawski, Georg Bernhard oder Klaus Mann, wider. Sie war von ihrem politischen Engagement her im positiven Sinn zeitgebunden, ihre redaktionelle Struktur und ökonomische Basis blieben fragil. Auf die Nachkriegspresse übte die Exilpublizistik keinen nennenswerten Einfluß aus.

Nur wenige Publizisten kehrten in das Nachkriegsdeutschland zurück, unter ihnen Kurt Caro und Hermann Budzislawski; letzterer wirkte lange Jahre an der Sektion Journalistik der Leipziger Universität. Paul Bekker und Georg Bernhard, Hellmut von Gerlach und Berthold Jacob, Willi Münzenberg, Hermann Wendel und Theodor Wolff waren im Exil gestorben oder umgekommen. Manfred George blieb als Chefredakteur des *Aufbau* in New York; ebenfalls in den USA blieben Kurt R. Grossmann, Willi Schlamm und Leopold Schwarzschild; Paul Westheim widmete sich in Mexiko seiner kunstwissenschaftlichen Lehr- und Publikationstätigkeit.

Für die ausbleibende Rückkehr der Journalisten und Publizisten waren politische Ursachen wie die Restauration im Westen und der beginnende Stalinismus im Osten Deutschlands ebenso verantwortlich wie soziale Strukturveränderungen der Presse selbst, in welcher der liberale Meinungsjournalismus der 1920er Jahre keinen zentralen Platz mehr hatte.

Literatur

Briegel, Manfred, u. Wolfgang Frühwald, Hrsg. (1988): Die Erfahrung der Fremde. Kolloquium des Schwerpunktprogramms „Exilforschung" der Deutschen Forschungsgemeinschaft, Weinheim u. a.

Herf, Jeffrey (1994): Antisemitismus in der SED. Geheime Dokumente zum Fall Paul Merker aus SED- und MfS-Archiven, in: Vierteljahrshefte für Zeitgeschichte 42, S. 635 ff.

Jasper, Willy (1996): Die Poliakov-Affäre und das Dilemma der deutschen Exil-Publizistik, in: Menora. Jahrbuch für deutsch-jüdische Geschichte, S. 117 ff.

Kraft, Thomas (1992): „Wie geht es euch? Was macht

ihr?". Oskar Maria Graf in Prag und Brünn 1934–1938, in: Becher, Peter, u. Peter Heumos, Hrsg.: Drehscheibe Prag. Zur deutschen Emigration in der Tschechoslowakei 1933–1939, München, S. 121 ff.

Krohn, Claus-Dieter (1986): Der Fall Bergstraesser in Amerika, in: Exilforschung 4, S. 254 ff.

Langkau-Alex, Ursula (1992): Die Zukunft der Vergangenheit oder die Zukunft der Zukunft?, in: Roussel/Winckler, S. 123 ff.

Langkau-Alex, Ursula, u. Thomas M. Ruprecht, Hrsg. (1995): Was soll aus Deutschland werden? Der Council for a Democratic Germany in New York 1944–1945. Aufsätze und Dokumente, Frankfurt a. M.–New York.

Maas, Lieselotte (1976–1990): Handbuch der deutschen Exilpresse 1933–1945, hrsg. von Eberhard Lämmert, 4 Bde., München–Wien.

Maas, Lieselotte (1983): Die „Neue Weltbühne" und der „Aufbau". Zwei Beispiele für Grenzen und Möglichkeiten journalistischer Arbeit im Exil, in: Exilforschung 1, S. 245 ff.

Maas, Lieselotte (1984): Verstrickt in die Totentänze einer Welt. Die politische Biographie des Weimarer Journalisten Leopold Schwarzschild, dargestellt im Selbstzeugnis seiner Exilzeitschrift „Das Neue Tagebuch", in: Exilforschung 2, S. 56 ff.

Maas, Lieselotte (1985): Kurfürstendamm auf dem Champs-Elysées? Der Verlust von Realität und Moral beim Versuch einer Tageszeitung im Exil, in: Exilforschung 3, S. 106 ff.

Maas, Lieselotte (1988): Thesen zum Umgang mit der Publizistik des Exils, in: Briegel/Frühwald, S. 271 ff.

Mertens, Lothar (1994): Kurt R. Grossmann, in: Deutschsprachige Exilliteratur seit 1993, hrsg. von John M. Spalek, Joseph Strelka u.a., Bd. 4, Bern–München, S. 591 ff.

Mertens, Lothar (1997): Unermüdlicher Kämpfer für Frieden und Menschenrechte. Leben und Wirken von Kurt R. Grossmann, Berlin.

Peterson, Walter F. (1987): The Berlin Liberal Press in Exile. A History of the Pariser Tageblatt–Pariser Tageszeitung 1933–1940, Tübingen.

Raßler, Gerda (1989): Pariser Tageblatt/Pariser Tageszeitung 1933–1940. Eine Auswahlbibliographie, Berlin–Weimar.

Reinfrank, Arno (1994): Doch die Sprache blieb. Die literarische Emigrantenszene in England, in: Zeitzeuge AUFBAU, S. 147 ff.

Roussel, Hélène, u. Lutz Winckler (1989): Pariser Tageblatt/Pariser Tageszeitung: Gescheitertes Projekt oder Experiment publizistischer Akkulturation?, in: Exilforschung 3, S. 119 ff.

Roussel, Hélène, u. Lutz Winckler, Hrsg. (1992): Deutsche Exilpresse und Frankreich 1933–1940, Bern u. a.

Runge, Gerlinde (1988): Politische Identität und nationale Geschichte. Wirkungsabsichten liberaler Exilpublizistik in Großbritannien 1938 bis 1945, in: Briegel/Frühwald, S. 87 ff.

Schlie, Tania, u. Simone Roche, Hrsg. (1995): Willi Münzenberg (1889–1940). Ein deutscher Kommunist im Spannungsfeld zwischen Stalinismus und Antifaschismus, Frankfurt a. M. u. a.

Spitta, Arnold (1990): Beobachtungen aus der Distanz. Das Argentinische Tageblatt und der deutsche Faschismus, in: Exilforschung 8, S. 185 ff.

Steinitz, Hans (1989): Der „Aufbau". Eine Berliner Zeitung für Deutsche in den USA, Berlin.

Uka, Walter (1989): Willi Münzenberg – Probleme einer linken Publizistik im Exil, in: Exilforschung 7, S. 40 ff.

Walter, Hans-Albert (1978): Deutsche Exilliteratur 1933–1950, Bd. 4: Exilpresse, Stuttgart.

Winckler, Lutz (1992): „Hilfe, Mittler, Waffe". Pariser Tageblatt und Pariser Tageszeitung zwischen Emigration und Akkulturation, in: Roussel/Winckler, S. 307 ff.

Winckler, Lutz, Hrsg. (1995): Unter der Coupole. Die Paris-Feuilletons Hermann Wendels 1933–1936, Tübingen.

Wronkow, Ludwig (1989): Berlin–New York. Journalist und Karikaturist bei Mosse und beim „Aufbau". Eine illustrierte Lebensgeschichte, bearb. von Michael Groth u. Barbara Posthoff, hrsg. von Hans Bohrmann, München u. a.

Zeitzeuge AUFBAU (1994). Texte aus sechs Jahrzehnten, hrsg. von Will Schaber, Gerlingen.

Roman

Sigrid Thielking

Die literarische Großform des Romans bildet im Kontext der Exilliteratur nach 1933 durch alle Phasen hindurch die bevorzugte und bedeutendste Gattung. Der Exilroman weist – sieht man einmal von der Thematisierung der Exilsituation selbst ab – keine einheitlichen oder verbindlichen Sujetvorgaben auf, vielmehr deckt er ein breites Themenspektrum und mannigfache Ausformungen ab. Anfänglich repräsentiert und perpetuiert die Romanliteratur des Exils auch den schon an Entwicklungen der zwanziger Jahre ablesbaren Stand der Prosa und ihrer bevorzugten Formen von „Historisierung, Episierung und Verwissenschaftlichung" (Feilchenfeldt 1986, S. 113). Schon in der Weimarer Ära begonnene, mehrbändige Zyklen oder breitangelegte Entwurfspläne, wie zum Beispiel Thomas Manns Romantetralogie *Joseph und seine Brüder* (1933/34/36/43), Heinrich Manns *Henri Quatre*-Epos (geplant seit 1928, erschienen 1935/38), Lion Feuchtwangers *Josephus*-Zyklus (1932/35/45) und *Wartesaal*-Trilogie (1930/33/40) werden mit in die Emigration hinübergenommen und dort vervollständigt. Von Interesse ist hier, wie sich Exilerlebnisse ins jeweilige Werk einschreiben, wie sie nicht nur in Themenwahl, sondern vor allem auch in ästhetischen Strukturen gleichsam aufgehoben sind. Im Exil wächst der Anspruch der Schriftsteller, Vorbild moralischer Integrität und Widerständigkeit zu sein, das verbannte „bessere Deutschland" literarisch zu gestalten und mit dichterischen Mitteln den politischen Kampf gegen das Hitler-Regime zu unterstützen. Ein gemeinsamer Nenner für die früh im Exil entstandenen Romane liegt in der Rechtfertigung des Kampfes gegen Hitler aus dem Exil heraus. Aber auch Anna Seghers' später erschienener und berühmter Deutschlandroman *Das siebte Kreuz* (1942, 1939 teilveröffentlicht) ist ausdrücklich „den toten und lebenden Antifaschisten Deutschlands" gewidmet.

Bei der Mehrzahl der Exilromane stehen die realistische Erzählweise meist mit linearem, mitunter auch multiperspektivischem Handlungsverlauf sowie eine insgesamt eher konventionelle Erzähltechnik im Vordergrund, die wenige Experimentalräume eröffnet und etliches Potential als „Reflexionen im Vakuum" (Karl Corino) unausgeschöpft läßt. Die auffällige Konventionalität der Exilprosa ist zu einem gewissen Grad der Härte und Not einer schwierigen Exilsituation selbst geschuldet, in der aufwendige avantgardistische Neuerungsprojekte und narrative Spielfreude nicht leicht zum Zuge kommen. Überdies war es in vielen Fällen mit der Fortdauer des Exils immer nötiger, sich einem populären Publikumsgeschmack zu beugen, um sich im Dickicht unbekannter Buchmärkte zurechtzufinden und zu behaupten. Abgesehen von der Verfestigung eines geistigen Humanismus, der den exilierten Romanautor als seinen Repräsentanten fordert, ist die Anpassung zu einem nicht unwesentlichen Teil restriktiver kulturpolitischer Einflußnahme zuzuschreiben, die einem problematischen Erbedenken das Wort redet und den Romancier auf eine verbindliche Schreibdisziplin gegenüber dem als vorbildlich stilisierten Realismus festzulegen sucht.

Vor allem der antifaschistische Zeitroman wird als operatives Medium der Exilliteratur schon von den Emigranten selbst gewürdigt. Mit einer mehr oder weniger modellhaften, kritisch-aufklärerischen Darstellung der Verhältnisse im Dritten Reich und einem ausgeprägt moralischen Impetus erfreut er sich von Beginn des Exils an einiger Beliebtheit. Als prototypisch kann Lion Feuchtwangers *Die Geschwister Oppenheim* (1933), revidierter Titel: *Die Geschwister Oppermann*, gelten; er nutzt das gefällige Genre des Familienromans zur exemplarischen Darstellung der gescheiterten Assimilation und der politischen Verfolgungsgeschichte während der Jahre 1932/33 am Beispiel einer deutsch-jüdischen Familie. Mit dem weiteren Fortschreiten des Exils trifft ein gewisser Grad an Authentizitätseinbuße, an zwangsläufigem Informationsdefizit und wachsender Entfremdung gegenüber den innerdeutschen Verhältnissen für den ambitionierten Deutschlandroman zu. Stellvertretend für die Kategorie des Deutschlandromans seien Irmgard Keuns *Nach Mitternacht* (1937), Anna Seghers' *Das siebte Kreuz* (1939/42), Arnold Zweigs Henkersroman *Das Beil von Wandsbek* (entstanden 1938–43, erschienen 1947) oder auch Alfred Neumanns Geschwister-Scholl-Buch *Es waren ihrer sechs* (1944) genannt. Gegen Ende des Exils sind verstärkt Epochenbilanzen und Rechenschaftsromane anzutreffen, die mit dem Versuch, genauere Einblicke in die Entstehungsgenese des Faschismus und der politischen Geschichte überhaupt zu geben, weit zurückgreifen. Solche geschichtsdeutenden Rekonstruktionen sind vielfältig: Der wohl spektakulärste Roman dieser Kategorie, Thomas Manns im amerikanischen Exil entstandener Roman über Wesenskonstanten des Deutschen, *Doktor Faustus* (1947), steht für den weiterperspektivierten, analytischen Epochenroman. Weitere Beispiele liegen mit Alfred Döblins vierbändigem Erzählwerk *November 1918* (entstanden 1938–43, erschienen 1948–50) oder, in entgegengesetzter politischer Ausrichtung, mit Anna Seghers' diachron angelegtem Roman *Die Toten bleiben jung* vor, der, noch im mexikanischen Exil begonnen, 1949 in Ost- und Westdeutschland zugleich erschien.

In einem konkretisierenden Zusammenhang mit der unabgeschlossenen Realismus-Debatte steht die Auseinandersetzung um den von Exilautoren besonders goutierten historischen Roman als ein populäres Genre, das sich schon aus der Ära der Weimarer

Republik fortschreibt und von ihr nur graduell unterscheidet (Koopmann 1985, S. 34). Die im Exil zahlreich entstandenen Romane dieses Typus mitsamt ihrer Vorliebe für historische Porträtierung und ihrem Hang zur „Biographitis" (Kurt Hiller) können hier mitunter erstaunlich bruchlos anknüpfen, was den historischen Roman in den Verdikten einiger Kritiker der Taktlosigkeit, politischen Instinktlosigkeit oder schlichter, des Eskapismus verdächtig macht. Einige Exilautoren versuchen den Ruch des Gestrigen abzustreifen, indem sie den Sinn oder Unsinn des Genre beleuchten und sich vor dem Hintergrund der politischen Gesellschaftskatastrophe und der Geschichtsverfälschungen durch Nazi-Deutschland um eine Verteidigung des historischen Romans bemühen. Er avanciert zum operativen Genre im antifaschistischen Kampf; Gustav Reglers *Die Saat* (1936), Lion Feuchtwangers *Der falsche Nero* (1936) oder Heinrich Manns Exempelerzählungen von Macht und Güte *Die Jugend des Königs Henri Quatre/Die Vollendung des Königs Henri Quatre* (1935/38) gelten als sich um künstlerische Objektivierung bemühende Beispiele für den antifaschistisch funktionalisierbaren historischen Roman. In Bertolt Brechts Romanfragment *Die Geschäfte des Herrn Julius Caesar* (entstanden 1937–39, erschienen 1957) ist die „avancierteste Position des historischen Romans" (Werner 1977, S. 351) gesehen worden.

Die Option für den historischen Roman rechtfertigt sich zumeist über dessen Gleichnischarakter, über die vielperspektivierten Analogie- und Parallelisierungsmöglichkeiten, kurz den luziden Gegenwartswert einer Verfahrensweise, von der Alfred Döblin schon 1936 annahm, hinter dieser Romanpraxis verberge sich abgesehen von dem „Wunsch, ... sich historisch zu lokalisieren, zu rechtfertigen, die Notwendigkeit, sich zu besinnen, die Neigung sich zu trösten und wenigstens imaginär zu rächen". Letzteres spiegelt sich zweifellos in den exzessiven Bestrafungsphantasien im Ausklang von Feuchtwangers satirischem Romanspiel um den falschen Nero, dessen Credo und aufklärerische Botschaft „(z)uletzt, von oben gesehen, dient jeder Einzelwahn der Vernunft, welche die Zeit ordnet und weitertreibt", noch dem Sinnlosesten und Brutalsten eigener Erlebenssphäre paradoxerweise einen Sinn, das notwendige Quentchen Durchhaltekraft, wenn nicht gar eine gewisse subversive Widerständigkeit verleiht. „Der historische Roman ist ein Deutungsversuch der Gegenwart, da er aus der Geschichte heraus verständlich machen will, was von der eigenen Gegenwart her das absolute Unverständliche war" (Koopmann 1985, S. 24). Durch Sinnstiftung in einer Zeit eingebüßter oder verlorengegangener Identität wird der historische Roman zwangsläufig zum Vehikel eigener politischer Weltsicht und ihrer ideengeschichtlichen Vergewisserung; gibt er denn, wie Lukács 1938 analysiert, „zumeist weniger eine *konkrete Vorgeschichte der Gegenwart* selbst, wie es der klassische historische Roman getan hat, sondern eher eine *Vorgeschichte jener Ideen*, die sie (die Romanciers, S.T.) als die die Gegenwart beherrschenden Ideen ansehen".

Eine „semantische Literarisierung des Exils" (Feilchenfeldt 1986, S. 125 ff.), also eine unmittelbare oder auch vermittelte Verarbeitung von Exilerlebnissen im Roman erscheint naheliegend. Anders als beim historischen Roman ist hier schon früh angemerkt worden, daß „gerade der Roman, der das Exil zum Thema hat, bisher noch nie untersucht wurde, obwohl er für eine Behandlung des Exil-Problems besonders ergiebig ist" (Wegner 1967, S. 174). Dieser autothematische Exilroman, der das Exilphänomen selbst gestaltet, erlebt, einige frühe Beispiele ausgenommen, erst ab der zweiten Hälfte der 1930er Jahre eine gewisse Blüte. Dem steht nur scheinbar die frappante Beobachtung entgegen, daß es „in der Exilliteratur an bedeutenden Büchern zum Thema Exil" fehle (Stephan 1979, S. 164), da der autothematische Exilroman nicht immer der Gefahr des zu holzschnittartigen Schlüsselromans oder der Stoffüberwältigung entgehen konnte. Dennoch schien gerade die extrem herausfordernde Exilsituation, die genuine Exilbefindlichkeit, das Unbehaust- und Ausgesetztsein, und vor allem der andauernde Wartestand, der auf das Ende der Hitlerherrschaft wie auf ein neuzugestaltendes Morgen hofft, durch den Roman artikulierbar, denn schließlich war die „Analyse und Kritik der von Auflösung bedrohten Welt gerade am Thema Exil besonders anschaulich und konkret vorzuführen" (Stephan 1979, S. 177). Die Palette der autothematischen Exilromane ist entsprechend weit; sie reicht von Klaus Manns *Flucht in den Norden* (1934), über Oskar Maria Grafs *Der Abgrund* (1936), Fritz Erpenbecks *Emigranten* (1937), Bruno Franks *Der Reisepaß* (1937), Alice Rühle-Gerstels *Der Umbruch oder Hanna und die Freiheit* (entstanden 1937/38), über Lion Feuchtwangers *Exil* (1940), Klaus Manns *Der Vulkan. Roman unter Emigranten* (1939) bis hin zu Anna Seghers' *Transit* (1948), dem herausragenden Epos vom verzweifelten Hoffen und Bangen der Exilierten am Fluchtpunkt Marseille. Die autothematischen Exilromane widmen sich dem Erlebnis wiederholter Flucht, den

Querelen innerhalb der Emigrantengemeinschaft, den politischen Kontakten und Fraktionierungen, aber auch der Verelendung und der Einsamkeit im Exil sowie der Monotonie des Wartens, den kafkaesken Behördenerfahrungen, den aberwitzigen Paßscherereien, kurz allen Paradoxien einer aufgezwungenen Odyssee. Die neue Erfahrung der Entwurzelung fördert nicht nur die Sehnsucht nach Verortung; sie macht auch disponibel für ein waches Ausschauhalten nach vergleichbaren Leidensgeschichten, für eine Suche nach kongenialen literarischen Vorbildern und nach Optionen für eine politisch tragfähige, nichtnationalistische Zukunftswelt.

Im Exil steigt besonders die Zahl autobiographischer und erlebnishaft getönter Berichte sprunghaft an, schließlich konnte die eigene Lebensgeschichte leicht „den Charakter eines Abenteuer- und Kolportageromans" (Hans 1981, S. 455) aufgezwungen bekommen. Die alltäglichen „Tragödien" des Exils eigneten sich für seichte, populärpsychologische Gestaltungen. Das gleichsam Numinose und Schicksalshafte des Exilirrwegs, zumeist zugespitzt durch eine unglückliche Liebesgeschichte oder eine schonungslose Lebensbeichte, vertrug sich durchaus mit den Marktanforderungen der Trivialliteratur. Weite Verbreitung finden solche Werke im Unterhaltungsgenre, die flüchtig Konstellationen des Exils für ihre reißerischen Darstellungen funktionalisieren. Dazu zählen z. B. Erich Maria Remarques Romane *Arc de Triomphe* (1946) und die *Nacht von Lissabon* (1962) oder Vicki Baums *Hotel Shanghai* (1939) sowie Hans Habes *Drei über die Grenze* (1937). In der Tat „bestand im Exil ein Sog zur Konventionalisierung von Stil und Struktur, der statt des literarischen Werkes eine irgendwie erzählte Story übrig zu lassen drohte" (Koepke 1985, S. 235).

Im Gegensatz zu den Absatzerfolgen von eingängig trivialen Exil-Darstellungen stehen jene Werke, die deutlich avantgardistische oder auch gemäßigt avantgardistische Züge aufweisen. Diese oft langwierigen Projekte und großangelegten Werkkonvolute, außerhalb des main stream verfaßt, gelangen mitunter nicht recht zum Abschluß (vgl. Robert Musils Prosamassiv *Der Mann ohne Eigenschaften*, 1930/ 33/43), bringen zahlreiche Fassungen hervor und absorbieren die Kraft für weitere Unternehmungen (vgl. Hermann Brochs *Der Tod des Vergil*, 1945). Nicht selten bleiben anspruchsvolle Werke, deren meist subtile Spuren, die das Exilerlebnis in ihnen hinterlassen hat, nicht sofort auf der Hand liegen, unbeachtet oder noch lange verkannt. So hat selbst die forciert politisierte Forschung das Realismusgebot als forschungsleitenden Maßstab reproduziert und unhinterfragt kanonisiert: „Vertreter des l'art pour l'art hat es kaum gegeben (nur Musil und Werfel sehen darin etwas Erstrebenswertes). Die im Formalen experimentierende 'Avantgarde' darf also mit Fug und Recht als unbedeutende Nachhut apostrophiert werden" (Walter 1971, S. 316). Gerade experimentierfreudige und unkategorisierbare Romanautoren wie Elias Canetti, Robert Musil oder Hermann Broch, aber auch Alfred Wolfenstein oder Albrecht Schaeffer haben Schwierigkeiten, ihre ambitionierten und umfänglichen Romane unter den Bedingungen des Exils fertigzustellen und durchzusetzen.

Ein zentrales Problem bei der Beurteilung von Exilromanen stellt die implizit normative Ästhetik dar. Ein wesentlicher Teil der im Exil entstandenen oder von ihm beeinflußten Romanwerke kann nicht losgelöst gesehen werden von kontrovers geführten und fortwirkenden weltanschaulichen Debatten (Expressionismusdebatte, Volksfrontdiskussion, alternative Deutschlandpolitik). Von entscheidender Bedeutung für solche lenkenden Eingriffe in die dichterische Konzeption ist die sog. Expressionismusdebatte, deren Konsequenz einer Art von eingeforderter politischer Mimikry gleichkommt. Hierbei handelt es sich um diverse Versuche einer theoretischen Standortfixierung und entsprechend politisch einheitlichen Zielausrichtung. Die Interdependenz von antifaschistischer Literaturkonzeption sowie politischer Volksfront-, d. h. zwingender Bündnis- und Interessenspolitik kommt hierin zum Ausdruck (→ LITERATURKRITIK).

Im Zentrum der Auseinandersetzung stehen die Ursachenerforschung einer Verstrickung von Intellektuellen mit dem Nationalsozialismus, wie im Falle Gottfried Benns, und über den spektakulären Einzelfall hinaus die Beantwortung der Frage, wieso „Benn, Bronnen, Heynicke, Johst nicht trotz, sondern *dank* dem Expressionismus zu Mystizisten und Faschisten geworden sind, umgekehrt, Becher, Brecht, Wolf, Zech nicht dank, sondern *trotz* dem Expressionismus zu Realisten und Antifaschisten." Vor dem hier nur grob zu skizzierenden Hintergrund erhob sich die weiterführende Frage nach den generellen Prämissen und literarisch opportunen Verfahrensweisen einer dezidiert antifaschistischen Literatur. Alfred Kurella führte als entscheidendes Kriterium das Verhältnis zum klassischen Erbe und zu literaturtheoretischen Konzeptionen an, insbesondere zum umstrittenen Formalismus und zu Wertvorgaben wie Volksnähe und Volkstümlichkeit.

V. Roman

Die Expressionismusdebatte steht in engem Zusammenhang mit der übergreifenden Realismusdebatte, die in den 1930er Jahren in der UdSSR avantgardistische Schreibtechniken unter ein vernichtendes Verdikt des Formalismus geraten läßt, was bis in die Literaturdirektiven der SBZ/DDR-Funktionäre Ende der 1940er und zu Beginn der 1950er Jahre fortwirkt. Als allein seligmachendes Prinzip werden reglementierend die Gestaltungsvorgaben der realistischen Literatur des 19. Jahrhunderts als verbindliche Richtlinien fest- und unter sozialistischer Maßgabe fortgeschrieben, was gleichzeitig zu einer Kanonisierung und Verbiederung im Sinne antimoderner Strömungen führt, insbesondere der Wortführer Georg Lukács („*Größe und Verfall*" *des Expressionismus*) kritisiert an den Expressionisten deren abstrakte Opposition gegen Bürgerlichkeit, deren dekadenten Subjektivismus, Wirklichkeitsescapismus sowie Abstinenz gegenüber der klassischen Erbetradition. Den Exilierten empfiehlt er restriktiv eine Ausrichtung an der Literatur der deutschen Klassik und des Realismus mit der erklärten Intention, den „vielseitig vermittelten Zusammenhang zwischen Volksfront, Volkstümlichkeit der Literatur und wirklichem Realismus nachzuweisen" („Es geht um den Realismus"). Die Skeptiker gegenüber der restriktiven und auch unproduktiven Antimoderne-Kampagne, wie Ernst Bloch in *Erbschaft dieser Zeit* (1935), aber auch Walter Benjamin, Hanns Eisler, Bertolt Brecht und Anna Seghers sprachen sich in unterschiedlicher Weise für eine „Flexibilität gegenüber vorgefundenen literarischen Formen, die Aufnahme literarischer Formen nach den Erfordernissen der jeweiligen historischen Situation" (Hans 1979, S. 460) aus.

Angesichts der Bedeutsamkeit der Gattungsform Roman innerhalb der Exilliteratur ist es erstaunlich, daß es ein gesichertes Standardwerk über Exilromane, das, summarisch und typologisch gegliedert, die Exilromanliteratur im gattungsspezifischen Zugriff versammelt und untersucht, bis heute nicht gibt. Die Gründe für diese Reserviertheit sind vielfältig; sie liegen nicht allein in der Heterogenität des Romanfundus selbst beschlossen. Die generellen Schwierigkeiten einer an Gattungsmerkmalen und ordnenden Zuschreibungen sich orientierenden Bestandsaufnahme rühren auch von methodischen Aporien her und sind eng mit der jeweiligen epistemologischen Interessenlage und mit den mittlerweile schon selbst wiederum forschungsgeschichtlichen Sichtweisen verschränkt. Frühere Unternehmungen sind gerade auf dem Gebiet der Literatur oft über appellative Vorschläge nicht hinausgekommen bzw. eine Zusammenschau auf diesem Gebiet signifikanterweise schuldig geblieben. Auch das Großvorhaben einer Exilgeschichte 1933–1950 hat sich einem systematisierenden Zugriff entzogen, insofern als die Literatur des Exils signifikanterweise „nicht nach Gattungen, sondern thematisch untergliedert behandelt" (Arnold/Walter 1973, S. 488) werden sollte. Unterdessen scheint nunmehr selbst eine thematische Bündelung zugunsten von herkömmlichen Einzelanalysen zu ausgewählten Exilromanen suspendiert. Die Projekthorizonte der frühen siebziger Jahre dominiert der Primat der Politik, grundsätzlich sollte es einer horizontal-synchron angelegten Dokumentation darum gehen, „gemeinsame Bedingtheiten, Beziehungen und Wechselbedingungen von Exilpolitik und -literatur transparent und belegbar zu machen" (Hans/Röder 1973, S. 585). Nicht nur aufgrund eines thematisch vielfältigen Romanbestands ist die Forschung bisher durchwegs geneigt gewesen, in beachtlich hoher Zahl z. T. scharfsinnige Analysen von beispielhaften Einzelwerken, zumeist im engen Konnex mit biographischen Details der Autoren, in den Vordergrund zu rücken, während generalisierende, verbindliche Aussagen und profunde Untersuchungen zu konstanten oder divergierenden gattungsspezifischen Merkmalen fehlen, sieht man einmal vom Modellfall des populären historischen Romans ab, zu dem typologische Untersuchungen vorliegen. Lediglich einige literaturwissenschaftliche Spezialaufsätze zu bestimmten Segmenten, etwa zur Stilistik und Metaphorik, zu literarischen Topoi und Symbolen sind hier anzuführen (Lützeler 1976; Frühwald 1979; Koopmann 1995).

Bereits der Dissens bzw. die verbleibende Unsicherheit darüber, was „Exilromane" meint und was sie kategorial miteinander verbindet, ist hervorzuheben, denn gerade auch in diesem Feld widersetzt sich die „Vielspältigkeit des Exils" (Alfred Kantorowicz) dem Rubrizierungs- und Periodisierungszugriff (Stern 1985). Jeder typologische Bündelungsversuch nimmt eine idealtypische Verkürzung des überaus komplexen Phänomens in Kauf und bedeutet allenfalls eine bedingt greifende Rasterung in heuristischer Absicht, um so wenigstens hilfsweise das heterogene Material zu strukturieren. Jede bilanzierende Vorgehensweise muß sich deshalb zwangsläufig der Übergangsformen, Grenzfälle, Mischformen, Ausnahmen sowie der ideologischen Implikationen einer Auswahl bewußt bleiben. Inwieweit und ob tatsächlich eine „Bewertung" der verschiedenen literarischen Gattungen im Exil angezeigt und dienlich ist (Feilchenfeldt 1986, S. 112 ff.), erscheint vor diesem Hintergrund eher fraglich.

Wohl am dezidiertesten haben sich seit Ende der 1970er und in der ersten Hälfte der 1980er Jahre mit diversen Vorschlägen amerikanische Germanisten auf die Suche nach einer nicht zwanghaft einschnürenden Periodisierung, die Exilliteratur „als Teil der deutschen Literaturgeschichte" sieht (Winkler 1983), und nach einer vergleichenden Betrachtung der Exilliteratur vor der Folie konkurrierender und anschließender Literatursegmente (Elfe 1979, 1981) begeben. Insbesondere Überlegungen zu etwaigen Gemeinsamkeiten eines exilgeprägten Stils (Koepke 1985) und zu einer Ästhetik des Schreibens im Exil (Stephan/Wagener 1985) rücken in den Vordergrund, ohne schon explizit für den Exilroman selbst verallgemeinernde Ergebnisse in Anspruch zu nehmen. Zu den wenigen Vorstößen, die eine Systematisierung des Exilromans mittels einer formalen Beschreibung anstrebten, zählte Joseph P. Strelkas Versuch einer „immer noch grob simplifizierende(n) Vierertypologie" (Strelka 1977, S. 98) für den Exilroman. Strelkas Matrix unterscheidet vier Typen: 1. den Typus der direkt aktualitätsbezogenen Darstellung, der in ästhetischer Hinsicht Gefahr laufen kann, sich dem Reportage- und Tendenzhaften anzunähern; 2. den Typus der indirekt aktualitätsbezogenen Darstellung, die Einblicke in eine besondere Tiefendimension des Phänomens gestattet (z. B. Thomas Manns *Doktor Faustus*, Hermann Brochs *Der Versucher*); hinzu tritt 3. der Typus der aktualitätsentrückten Darstellung mit direkten Gegenwartsbezügen, der durch fragwürdige Parallelisierung zu möglicherweise verkürzender Verallgemeinerung neigt (z. B. Lion Feuchtwangers *Der falsche Nero*, Hermann Kestens *Ferdinand und Isabella*); 4. verbleibt noch der Typus der aktualitätsentrückten Darstellung mit indirekten Gegenwartsbezügen, der zwar mitunter auf den ersten Blick weniger vom Exil zu erzählen scheint, dennoch aber subtile und gravierendere Antworten auf die Zeitherausforderung bereitstellt (z. B. Hermann Brochs *Der Tod des Vergil*, Hans Henny Jahnns *Fluß ohne Ufer*). Strelkas Typologie suchte vor allem den Nachweis zu führen, daß insbesondere die indirekten Formen des Exilromans von Vorteil und höherer ästhetischer Überzeugungskraft seien (Strelka 1977, S. 98 ff.). In diesem Sinne verkörpern seiner Meinung nach die Typen eins und drei eher konventionelle Formen, während die Typen zwei und vier als Formen des nachexpressionistischen, nachjoyceschen Romans besonders gewürdigt werden. Strelkas idealtypisch verknappte Schematisierung bemühte sich, den ästhetischen Wert zu retten bzw. in den Vordergrund zu rücken. Diese prononciert andere Werthaltung korreliert mit einer früheren Auseinandersetzung, die den Konflikt von bloß dokumentarisierendem Aussagegehalt und „Relationswert" der Exilromane einerseits und ihrem diffizilen ästhetisch-literarischen Rang andererseits polemisch einer politisierten, oft materialistisch argumentierenden Forschergeneration entgegenhielt. So etwa wenn Peter Laemmle 1974 in pointierter Zuspitzung die Ungleichzeitigkeit und „den historische(n) Sprung im Bewußtsein, der zwischen der Literaturtheorie des Exils und der Exilliteratur besteht" konstatiert und der Exilliteratur, und damit nicht zuletzt auch dem Exilroman, „Regression im Formalen" attestiert (Laemmle 1973, S. 517 f.).

In den frühen 1980er Jahren schärfte sich das Bewußtsein der Forschung dafür, daß herkömmliche Epochengrenzen für die Exilliteratur nicht greifen; zudem wuchs die Erkenntnis um das Dilemma von typologischem Zugriff und der Suche nach kollektiven Markierungen, die auch für den Exilroman Gültigkeit hat. „Die Suche nach dem Gemeinsamen und nach dem Exilcharakteristischen geriet daher verständlicherweise in Gefahr, einerseits einer typologisch orientierenden Abstraktheit, die allgemein Verbindliches zu weitläufig erfassen möchte, andererseits einer selektiv insistierenden Schwerpunktbildung, die wichtige Teilaspekte, etwa das politische Credo oder die parteiliche Bindung, für das Ganze ausgibt", zu erliegen (Koepke/Winkler 1984, S. 3).

Eine explizit gattungsbezogene Erforschung des Exilromans und seiner in ästhetisch-stilistischer Hinsicht vielfältigen Gestaltungsprinzipien wie populären und wissenschaftlichen Rezeptionsgeschichte ist auch geprägt durch das lange Zeit gültige Paradigma einer normativen Verpflichtung auf den Realismus, die sich eng mit dem Mythos des Antifaschismus und einem nachholenden Aufklärungsbedarf an zeitgeschichtlicher Information verbunden zeigt. Doch das allein erklärt noch nicht das eher verhaltene Interesse gegenüber den ästhetischen und stilistischen Aspekten dieses wichtigsten Segments der Exilliteratur. Aufs Ganze gesehen erweist sich die einschlägige Forschung zum Exilroman als signifikante Meta-Geschichte der Exilforschung schlechthin. Die Abkehr von einer als obsolet empfundenen bloß formalen und werkimmanenten Romaninterpretation, ebenso wie die Skepsis gegenüber einem vertikalen, mithin ubiquitären Exil-Verständnis, das die Subversivität und Einmaligkeit der antifaschistischen Stoßrichtung in Frage gestellt haben könnte, legen ab den 1960er Jahren den überfälligen Wechsel zu stärker politisierten, materialistisch und sozialgeschichtlich ausgerichteten Verfahren nahe. Zugleich beginnt sich rasch auch dieses neue Paradigma, etwa in der Konzentration auf den antifaschistischen Roman bzw. auf den historischen Roman und dessen „(t)ransparente Kommentare" (Werner 1977) zu verhärten, indem „die Exilforschung in den sechziger Jahren für eine Generation von Lesern und Forschern Ausdruck von individuellen und gesellschaftlichen Entwürfen wurde, die die Struktur von Mythen annahm" (Winckler 1995, S. 70).

Im Verlauf der 1980er und frühen 1990er Jahre erweisen sich solche Verkürzungen als problematisch und führen dazu, daß die Betrachtung einen neuerlichen Paradigmenwechsel erfährt. Verstärkt wendet sich die Exilforschung vergessenen und vernachlässigten Bereichen zu, wie der deutsch-jüdischen Exilliteratur im Rahmen einer politischen Erinnerungskultur (Shedletzky/Horch 1993) und der intensiv nachholenden Grundforschung zum Thema weiblichen Exils und hier auch speziell zu Exilromanen von Frauen (Hilzinger 1994).

Insbesondere mit dem Einschnitt von 1989 zeichnet sich eine prinzipielle Öffnungsbereitschaft und die Notwendigkeit einer grundlegenden Neuorientierung ab, die zwangsläufig sowohl auf ehedem verworfene Ansätze (etwa Vordtriede 1968) produktiv rückgreift als auch unter dem Druck weltweiter Wanderungsbewegungen und einer defizitären Ayslpolitik zu wesentlichen Umakzentuierungen und zur Beachtung neuer Forschungsparameter führt. Auf diese Weise rücken die Belange der Aufnahme im Gastland, das Innenleben des Exils sowie Fragen der Akkulturation und des Exils aller Zeiten und Länder zunehmend in das Interpretationsinteresse an den Botschaften von Exilromanen ein. Aktualisierende Relektüren wichtiger Exilromane, wie zum Beispiel Anna Seghers' *Transit*, bieten sich an. Dem mittlerweile als historisch empfundenen Exil wächst sozusagen eine neue lebensweltliche, global aktuelle Komponente zu. Gerade für die hier betrachteten Möglichkeiten der Gattungsform und ihrer Variationsbreite liegt dies nahe. Der Exilroman als imaginativer Spiel- und Utopieraum gestaltet und reflektiert stets auch komplexe Prozesse wie Ich-Konstitution und -Dissoziation, Probleme der Alterität und des kulturgeschichtlich geprägten Verhältnisses von Fremd- und Eigenperspektive. Im Blickpunkt der Forschung steht deshalb auch das überhistorisch (nicht ahistorisch) zu beleuchtende Verhältnis von geschichtlichen Exil-Situationen und heutigen Dispositionen, von Geschichtsverlust und Erinnerungsgebot; denn schließlich gilt als gemeinsamer Nenner: „Wer ins Exil geht, verläßt, um es paradox zu formulieren, sein eigenes Ich; er ist quasi nicht nur aus seiner, sondern damit aus der Geschichte schlechthin herausgefallen" (Koopmann 1995, S. 77).

Insgesamt scheint also ein stärker anthropologisches und kulturwissenschaftliches Interesse am „Modell Exil" bzw. an „the idea of exile" mobilisiert. Es differenziert sich an vielfach gebrochenen, aktuellen wie metahistorisch erhellenden Dimensionen aus, wobei nicht zuletzt gerade ein sensibles Medium wie der Roman seismographisch und zeitüberdauernd in jene Befindlichkeiten, Alltags- und Lebenswelten des verstörten, beschädigten, doch eben imaginativ hoffenden Exilierten gerade erzählerisch ins Heute transponierbare Einblicke zu geben vermag. Ohne die Exklusivität des historischen Exils unterminieren zu wollen, zeichnen sich – neben den historisch-konkreten Lesarten des Exilromans, die für sich Bestand und Berechtigung haben werden – weitere Wirkungspotentiale und aktuelle Referenzen ab (vgl. gegennationale Entwürfe, Solidarisierungsnotwendigkeit, Interkulturelles Verstehen, Überlebensmuster, Identitätsstrategien u.v.m.) und berühren damit fortgesetzt vitale Interessen und ungelöste Aufgaben nachwachsender Generationen. Eine abschließende, all diese Entwicklungen berücksichtigende Gesamtdarstellung zur Gattung Exilroman mitsamt seiner uneinheitlichen Phänotypik, seiner Mythenbehaftetheit wie neuerlichen Relevanz, vor allem aber seiner weitaus vielfältigeren Ästhetik(en) steht noch aus.

Literatur

Arnold, Heinz Ludwig, u. Hans-Albert Walter (1973): Die Exil-Literatur und ihre Erforschung. Ein Gespräch, in: Akzente 20, S. 481 ff.

Berglund, Gisela (o.J., 1972): Deutsche Opposition gegen Hitler in Presse und Roman des Exils. Eine Darstellung und ein Vergleich mit der historischen Wirklichkeit, Stockholm.

Bock, Sigrid, u. Manfred Hahn, Hrsg. (1979): Erfahrung Exil. Antifaschistische Romane 1933–1945, Berlin.

Dahlke, Hans (1976): Geschichtsroman und Literaturkritik im Exil, Berlin.

Durzak, Manfred, Hrsg. (1973): Die deutsche Exilliteratur 1933–1945, Stuttgart.

Elfe, Wolfgang, Hrsg. (1979): Deutsche Exilliteratur –

Literatur im Dritten Reich. Akten des 2. Exilliteratur-Symposiums der University of South Carolina, Bern.

Elfe, Wolfgang, Hrsg. (1981): Deutsche Exilliteratur – Literatur der Nachkriegszeit. Akten des 3. Exilliteratur-Symposiums der University of South Carolina, Bern.

Feilchenfeldt, Konrad (1986): Deutsche Exilliteratur 1933–1945. Kommentar zu einer Epoche, München.

Fritsch, Christian, u. Lutz Winckler (1981): Einleitung. Kunstkrise, Gesellschaftskrise. Zum Stellenwert der Deutschlandthematik und Faschismuskritik im Exilroman, in: dies., Hrsg.: Faschismuskritik und Deutschlandbild im Exilroman, Berlin, S. 5 ff.

Frühwald, Wolfgang (1979): Odysseus wird leben. Zu einem leitenden Thema in der deutschen Literatur des Exils 1933–1945, in: Schriftsteller und Politik in Deutschland, hrsg. von Werner Link, Düsseldorf, S. 100 ff.

Hackert, Fritz (1983): Die Forschungsdebatte zum Geschichtsroman im Exil. Ein Literaturbericht, in: Exilforschung 1, S. 367 ff.

Hans, Jan, u. Werner Röder (1973): Emigrationsforschung, in: Akzente 20, S. 580 ff.

Hans, Jan (1976): Historische Skizze zum Exilroman, in: Der deutsche Roman im 20. Jahrhundert. Analysen und Materialien zur Theorie und Soziologie des Romans, Bd. 1, hrsg. von Manfred Brauneck, Bamberg, S. 240 ff.

Hans, Jan (1981): Literatur im Exil, in: Sozialgeschichte der deutschen Literatur von 1918 bis zur Gegenwart, hrsg. von Jan Berg u. a., Frankfurt a. M., S. 419 ff.

Heeg, Günther (1977): Die Wendung zur Geschichte. Konstitutionsprobleme antifaschistischer Literatur im Exil, Stuttgart.

Hilzinger, Sonja (1994): Frauenbilder, Faschismusanalyse und Exilerfahrung in antifaschistischen Zeitromanen von Schriftstellerinnen der dreißiger und vierziger Jahre, in: Von Poesie und Politik. Zur Geschichte einer dubiosen Beziehung, hrsg. von Jürgen Wertheimer, Tübingen, S. 138 ff.

Jaretzky, Reinhold, u. Helmut Taubald (1978): Das Faschismusverständnis im Deutschlandroman der Exilierten, in: Sammlung 1, S. 12 ff.

Koepke, Wulf, u. Michael Winkler, Hrsg. (1984): Deutschsprachige Exilliteratur. Studien zu ihrer Bestimmung im Kontext der Epoche 1930 bis 1960, Bonn.

Koepke, Wulf (1985): Die Wirkung des Exils auf Sprache und Stil. Ein Vorschlag zur Forschung, in: Exilforschung 3, S. 225 ff.

Koopmann, Helmut (1985): „Geschichte ist die Sinngebung des Sinnlosen". Zur Ästhetik des historischen Romans im Exil, in: Stephan/Wagener, S. 18 ff.

Koopmann, Helmut (1995): Geschichte, Mythos, Gleichnis: die Antwort des Exils, in: Holzner, Johann, u. Wolfgang Wiesmüller, Hrsg.: Ästhetik der Geschichte, Innsbruck, S. 77 ff.

Laemmle, Peter (1973): Vorschläge für eine Revision der Exilforschung, in: Akzente 20, S. 509 ff.

Lehnert, Herbert (1984): Realismus, Symbolismus, Demokratie und Faschismus. Zur Interpretation des frühen deutschen Exilromans, in: Koepke/Winkler, S. 92 ff.

Loewy, Ernst (1991): Zum Paradigmenwechsel in der Exilliteraturforschung, in: Exilforschung 9, S. 208 ff.

Lützeler, Paul Michael (1976): Hitler als Metapher. Zur Faschismuskritik im Exilroman (1933–1945), in: Akten des V. Internationalen Germanistenkongresses, Cambridge 1975, Bd. 4, hrsg. von Leonard Forster u. Hans-Gert Roloff, Bern, S. 251 ff.

Nyssen, Elke (1974): Geschichtsbewußtsein und Emigration. Der historische Roman der deutschen Antifaschisten 1933–1945, München.

Osterle, Heinz D. (1964): Die Deutschen im Spiegel des sozialkritischen Romans der Emigration 1933–1950, Providence.

Schmitt, Hans-Jürgen, Hrsg. (1973): Die Expressionismusdebatte. Materialien zu einer marxistischen Realismuskonzeption, Frankfurt a. M.

Shedletzky, Itta, u. Hans Otto Horch, Hrsg. (1993): Deutsch-jüdische Exil- und Emigrationsliteratur im 20. Jahrhundert, Tübingen.

Stephan, Alexander (1979): Die deutsche Exilliteratur 1933–1945. Eine Einführung, München.

Stephan, Alexander, u. Hans Wagener, Hrsg. (1985): Schreiben im Exil. Zur Ästhetik der deutschen Exilliteratur 1933–1945, Bonn.

Stephan, Inge (1979): Die deutsche Literatur des Exils, in: Deutsche Literaturgeschichte. Von den Anfängen bis zur Gegenwart, hrsg. von Wolfgang Beutin u. a., Stuttgart, S. 318 ff.

Stern, Guy (1972): Über das Fortleben des Exilromans in den sechziger Jahren, in: Revolte und Experiment. Die Literatur der sechziger Jahre in Ost und West, hrsg. von Wolfgang Paulsen, Heidelberg, S. 165 ff.

Stern, Guy (1985): Prolegomena zu einer Typologie der Exilliteratur, in: Stephan/Wagener, S. 1 ff.

Strelka, Joseph (1977): Zum Roman in der deutschen Exil-Literatur seit 1933, in: ders., Hrsg.: Auf der Suche nach dem verlorenen Selbst. Zu deutscher Erzählprosa des 20. Jahrhunderts, Bern, S. 95 ff.

Vordtriede, Werner (1968): Vorläufige Gedanken zu

einer Typologie der Exilliteratur, in: Akzente 15, S. 556 ff.
Walter, Hans-Albert (1966): Das Bild Deutschlands im Exilroman, in: Neue Rundschau 3, S. 437 ff.
Walter, Hans-Albert (1971): Emigrantenliteratur und deutsche Germanistik. An der deutschen Exilliteratur könnte die deutsche Germanistik den Ausweg aus der Krise proben, in: Colloquia Germanica I/2, S. 313 ff.
Wegner, Matthias (1967): Exil und Literatur, Frankfurt a. M.
Werner, Renate (1977): Transparente Kommentare. Überlegungen zu historischen Romanen deutscher Exilautoren, in: Poetica 3/4, S. 324 ff.
Winckler, Lutz (1995): Mythen der Exilforschung, in: Exilforschung 13, S. 68 ff.
Winkler, Michael (1983): Exilliteratur – als Teil der deutschen Literaturgeschichte betrachtet. Thesen zur Forschung, in: Exilforschung 1, S. 359 ff.

Rundfunk

Conrad Pütter

Rundfunk gegen Nazi-Deutschland war – wenn auch nicht immer – in der Hauptsache ein Werkzeug der psychologischen Kriegführung. Dort wo er auch nur einige Bedeutung erlangte, war er ein militärisch geführtes Unternehmen oder doch wenigstens eines, das unter der Überwachung alliierter militärischer Stellen arbeitete, auf jeden Fall eines, das strikter staatlicher Überwachung durch das jeweilige Gastland unterstand. Rundfunk gegen Deutschland war aber nicht zuletzt auch ein Werk deutscher (bzw. deutschsprachiger) Emigranten. Ohne ihre Mitarbeit, ohne ihre Initiative, ohne ihren Kampfgeist gegen den Nationalsozialismus hätte es kaum zu solch einer Fülle unterschiedlicher Sender und Programme kommen können: denn neben den 70 verschiedenen Sendern oder Rundfunkeinrichtungen, die sich direkt an die Bevölkerung im Reich wandten, kommen noch weitere rund 50 Sender oder Programme in deutscher Sprache hinzu, die nur für das jeweilige Ursprungsland sendeten und – vor allem in den USA – das heimische Publikum (deutscher Abstammung) als ihre Adressaten ansahen.

Weit über 600 Männer und Frauen aus Deutschland arbeiteten für diese Programme und Sender, sie prägten ihr Gesicht und ihre Inhalte entscheidend. Die übergroße Mehrzahl dieser Personen waren Menschen, die vor dem Terror des Nazi-Regimes aus ihrer Heimat hatten fliehen müssen und nun in ihren Gastländern nach einer Möglichkeit suchten, gegen den Nationalsozialismus zu kämpfen. Keine gerade leichte Aufgabe, waren doch die Hoffnungen und Erwartungen groß und die Schwierigkeiten, die sich den Emigranten entgegenstellten, äußerst vielfältiger und komplizierter Natur.

Es ist festzustellen, daß die hochgespannten Erwartungen und Hoffnungen, die die Emigranten an die Möglichkeiten des Mediums Rundfunk geknüpft hatten, von der Wirklichkeit nicht eingelöst werden konnten. Die dem Äther überantwortete Botschaft an die Landsleute erreichte diese keineswegs so ungehindert, wie die Macher sich dies erhofft hatten. Das fing schon bei den rein technischen Problemen an: Die Mehrzahl der Auslandssender strahlte ihr Programm über Kurzwelle aus. Der sog. Volksempfänger vom Typ VE 301, das damals am weitesten verbreitete Rundfunkgerät, besaß aber – und das auf ausdrückliche Anweisung der Machthaber – keinen Kurzwellenempfangsteil. Sich einen Empfänger mit Kurzwellenempfang zu bauen oder zu besorgen, bedeutete spätestens seit Kriegsbeginn fast schon einen Akt des Widerstandes. Starke deutsche Störsenderbatterien sollten darüber hinaus jeglichen Empfang von unerwünschten ausländischen Rundfunksendungen unmöglich machen. Und sie taten dies über lange Zeit auch recht erfolgreich. Auf Dauer (vor allem mit dem Fortschreiten des Krieges) bedeutete aber der Betrieb von Störsendern einen gewaltigen technischen und personellen Aufwand, der immer schwieriger durchzuhalten war. Schwierig und letztlich technisch unmöglich wurde das Stören der „Feindsender" auch dadurch, daß nicht nur der Deutsche Dienst der BBC, sondern auch die meisten anderen alliierten Sender im Laufe des Krieges dazu übergingen, ihr Programm nicht nur auf einer einzigen Welle, einer einzigen Frequenz auszustrahlen, sondern zeitgleich unterschiedliche Wellenlängen und Frequenzen benutzten. Gelungen ist die vollkommene technische Abschottung des deutschen Äthers nie, zunehmende Personal- und Materialknappheit ließen die Lücken im Laufe der Zeit immer größer werden.

Schwerer wogen wohl die drakonischen Strafen, die das Dritte Reich ab Kriegsbeginn gegen das „Abhören von Feindsendern" androhte und auch exekutierte. Mit Zuchthaus hatte zu rechnen, wer sich beim Abhören ertappen ließ (wobei das „Ertappen" wohl in den meisten Fällen auf Denunziation zurückzuführen war). Wer etwa dazu noch Meldungen von Auslandssendern weiterverbreitete, dem drohte in sog. „schweren Fällen" sogar die Todesstrafe. Keine leere Drohung.

Aber auch in den Gastländern gab es für die möglichen Mitarbeiter eine Menge Probleme: Der Zugang zum Medium, sowohl technisch wie organisatorisch, war in keinem der Gastländer so problemlos herstellbar, wie viele Emigranten dies wohl zunächst erwartet oder erhofft hatten. Es war politisch (abgesehen von den objektiven technischen Schwierigkeiten) völlig undenkbar, daß in irgendeinem Gastland eine deutsche Exilgruppe aus eigener Initiative und vor allem unkontrolliert vom jeweiligen Gaststaat eine Sendestation hätte betreiben dürfen. Wie Nazi-Deutschland selbst, so achteten auch die Gastländer eifersüchtig über die eigene Rundfunkhoheit. Zum Betrieb eines Rundfunksenders, auch wenn er sich nur ans Ausland wenden wollte, bedurfte es immer einer staatlichen Erlaubnis. Eine solche Erlaubnis zum „freien Senden" hat kein Gastland jemals einer deutschen Emigrantengruppe gegeben. Wenn, wie in → SPANIEN zwischen 1936 bis 1938 oder in der → TSCHECHOSLOWAKEI (1934/35), dennoch Sender deutscher Emigranten unkontrolliert arbeiteten, so lag das nicht zuletzt daran, daß die jeweiligen Staaten nicht über die Macht verfügten, ihre eigene Rundfunkhoheit durchzusetzen und zu überwachen.

Es versteht sich von selbst, daß jeder deutsche Emigrant, der sich während des Krieges um Mitarbeit bei einer alliierten Rundfunkeinrichtung bewarb oder der von diesen Stellen zur Mitarbeit aufgefordert wurde, einer gründlichen Sicherheitsüberprüfung unterworfen war. Absolute (politische) Zuverlässigkeit war nicht nur bei den Sendern und Programmen aus der → SOWJETUNION eine conditio sine qua non, schließlich ging es nicht darum, den politischen Vorstellungen von Emigrantengruppen publizistischen Raum zu geben, es ging um psychologische Kriegsführung. In diesem Kampf bauten die alliierten Stellen nicht so sehr auf die politische Imagination ihrer deutschen Exil-Mitarbeiter, sie brauchten und gebrauchten sie vor allem wegen ihrer Muttersprache und wegen ihres Wissens um Zustände, Lebensbedingungen und die „Gemütslage" in Deutschland. Die Hoffnung vieler Emigranten, eigene politische Vorstellungen über den Äther ins Deutsche Reich zu schicken, hatte nur dann und nur so lange eine Chance, wie diese Vorstellungen auch denen des Gastlandes entsprachen.

Die führende Rolle im Krieg um die Ätherwellen lag zunächst allerdings bei den Nazis. Nach dem „Anschluß" Österreichs 1938 begann ein gewaltiger Ausbau des deutschen Rundfunks als internationales Propagandainstrument. Kaum ein Jahr später, mit Kriegsbeginn, strahlten die deutschen Sender täglich 113 Sendungen in 15 Fremdsprachen aus. Im ersten Jahr des Krieges gingen fast 90 000 Sendungen in den Äther, die gesamte Sendeleistung betrug rund 30 500 Stunden pro Jahr. Die Zahl der Fremdsprachensendungen hatte sich im gleichen Zeitraum verdoppelt. Bis 1943 strahlten an die 100 Richtfunkanlagen Sendungen für das Ausland aus, während gleichzeitig die Reichssender nur noch ein Einheitsprogramm ausstrahlen durften.

Großbritannien: Wichtigste Zielgruppe der Sendungen aus Deutschland war die Bevölkerung in → GROSSBRITANNIEN, für die täglich an die 20 englischsprachige Sendungen produziert wurden. Mit der Wahrheit nahmen es die Sendungen nicht genau, das war auch gar nicht ihr Ziel. Ihre Aufgabe hieß: Verunsicherung der britischen Bevölkerung.

Diese massiven propagandistischen Angriffe Deutschlands galt es von britischer Seite zu erwidern. Doch von vornherein gingen die Briten einen anderen, einen zumindest in den ersten Jahres des Krieges keineswegs einfacheren Weg: Ihre Parole war, jedenfalls soweit es die BBC betraf: „Never tell a lie!" Dieser „Strategie der Wahrheit" fühlte sich der Deutsche Dienst der BBC von Anfang an verpflichtet. In ihrer ersten Sendung am 27.September 1938 verbreitete die BBC in deutscher Sprache die Rede des britischen Premierministers Chamberlain anläßlich der Münchner Konferenz. Die Zielrichtung war klar vorgegeben: Das deutsche Publikum sollte unzensiert die politischen Ansichten der Briten zur Kenntnis nehmen können. Zeit seines Bestehens wich der Deutsche Dienst der BBC von dieser Strategie nicht ab, so schwer dies gerade in den ersten Jahren des Krieges auch gewesen sein mochte. Galt es doch in dieser Zeit vor allem von eigenen Niederlagen und Rückschlägen zu berichten. Aber gerade diese Politik des „Never tell a lie" machte die BBC für deutsche Hörer erst glaubwürdig. Kein anderer Sender, kein anderes deutschsprachiges Programm des Auslandes erreichte beim deutschen Publikum auch nur annähernd die gleiche hohe Glaubwürdigkeit wie der Deutsche Dienst der BBC.

Zu einer wichtigen und zuverlässigen Informationsquelle für Hörer in Deutschland wurde die BBC allerdings erst nach Kriegsausbruch. Im Oktober 1940 bestellten Regierungsstellen Hugh Carleton Greene zum Leiter des Deutschen Dienstes. Was in einem Kellerraum mit zwei deutschen Emigranten (Robert Lucas und Carl Brinitzer als Sprecher und

Übersetzer) begonnen hatte, wuchs im Laufe der Zeit zu einer schlagkräftigen und effektiven Organisation mit über 100 mehr oder weniger festen deutschen Mitarbeitern heran.

Betrachtet man die Organisationsform des Deutschen Dienstes der BBC sowie sein Auftreten gegenüber den möglichen deutschen Hörern, wird das Prinzip der offiziellen Propaganda Großbritanniens deutlich: Die Leitung der Redaktion lag immer in Händen der Briten. Alle politischen Kommentare wurden von Briten verfaßt und (absichtlich) auch von Briten gesprochen. Aufgabe der BBC war es, als britischer Sender die offizielle Politik Großbritanniens zu vertreten. Für politische Hoffnungen und Wünsche deutscher Emigranten war, sofern sie von der offiziellen Linie des Vereinigten Königreiches abwichen, kein Platz. Eine schwierige Situation für die Emigranten, wollte doch ein Großteil von ihnen z.B. die Forderung der Alliierten nach der bedingungslosen Kapitulation Deutschlands nicht teilen. Die Verpflichtung zur Wahrheit hieß nun allerdings auf der anderen Seite auch wieder nicht, daß der Deutsche Dienst der BBC frei von scharfen Kommentaren, frei von Polemik oder gar frei von Spott gegenüber den Nazis gewesen wäre. Hier fanden Emigranten im Laufe der Zeit ein reiches Betätigungsfeld.

Bis Kriegsende wurden über 30 Spezialprogramme für alle Schichten, alle wichtigen Berufsgruppen, Landsmannschaften und Glaubensrichtungen entwickelt und ausgestrahlt. Bei Kriegsende arbeiteten über 120 Sender auf Kurz-, Mittel- und Langwelle für die deutschen Programme der BBC. Während die BBC bei den explizit politischen Kommentaren offiziell und bewußt die Mitarbeit von Exilanten ausschloß, war die Entwicklung dieser großen Zahl von Sonderprogrammen ohne deren inhaltliche Mitarbeit überhaupt nicht denkbar. In diesen Sparten konnten sie Eigeninitiative entwickeln und auch einen gewissen Einfluß gewinnen. Robert Lucas, Martin Esslin, Karl Otten, Julius Gellner, Bruno Adler und viele andere Emigranten entwickelten solch erfolgreiche Sendereihen wie *Hitler gegen Hitler*, *Die Briefe des Gefreiten Adolf Hirnschal* oder die Einwürfe der Berliner Schnodderschnauze *Frau Wernicke*. Zwischen Oktober 1940 und dem Kriegsende verfaßte Thomas Mann rund 60 Ansprachen an die „Deutschen Hörer". Ihn schützte seine große Autorität und Integrität vor der Zensur. Während Manns Texte anfangs von Carl Brinitzer verlesen wurden, ging die BBC später dazu über, Thomas Mann (von Los Angeles aus) selbst sprechen zu lassen. Zu wirklich ernsthaften und vor allem offenen Auseinandersetzungen zwischen Exilanten und Briten über Inhalte ist es beim Deutschen Dienst der BBC nicht gekommen. Wer sich mit den Vorgaben der Briten nicht abfinden konnte, dem wurde nahegelegt, seine Mitarbeit einzustellen. Ein Risiko, daß keiner eingehen wollte.

Nicht minder rigoros beengt waren die Möglichkeiten der unabhängigen Meinungsäußerungen bei den sog. „Geheimsendern" britischer Herkunft, auch wenn es anfangs so aussah, als hätten hier deutschsprachige Emigranten ein Betätigungsfeld für politische Zukunftspläne. Die ersten drei Geheimsender britischer Provenienz vertraten für kurze Zeit durchaus dezidiert eigene Meinungen zur Zukunft Deutschlands. Während der Sender Hier spricht Deutschland mit seinen deutschen Redakteuren Carl Spiecker und Hans Albert Kluthe eine eher deutschnationale, konservative Haltung vertrat und sich patriotisch gab, verfolgten der Sender Radio Rotes Wien und der Sender der Europäischen Revolution mit Waldemar von Knoeringen, Fritz Eberhard und Richard Löwenthal an der Spitze eher linke, sozialdemokratische Ziele, die sich auch gegen die damalige Politik der Sowjetunion wandten. Letzterer versprach seinen Hörern, Deutschland werde nach Kriegsende seine Zukunft selbst bestimmen dürfen. Diese Sender konnten sich in der kurzen Zeit ihres Bestehens (Frühjahr 1940 bis Mitte 1942) der Protektion britischer Politiker erfreuen. Die relative journalistische Freiheit der Exil-Mitarbeiter liegt zum einen in den politischen Auseinandersetzungen ihrer Schirmherren begründet, hat aber hauptsächlich ihren Grund darin, daß die Briten erst Mitte 1941 mit dem Aufbau eines eigenen zentralen Propagandaapparates begannen.

Ende 1941 hatten die Rundfunkorganisatoren in Großbritannien ihre internen Kompetenzstreitigkeiten beigelegt und gingen nun daran, ihre Auslandspropaganda möglichst effektiv zu gestalten. Damit war es mit dem Freiraum der deutschen Mitarbeiter bei den Geheimsendern vorbei. Ihre Ansichten paßten nicht mehr in das politische Konzept der Briten. Als sich darüber hinaus auch noch die sowjetische Botschaft in London über die Tendenz der Sender beschwerte, war das Ende absehbar. Die Sender stellten ihren Betrieb ein bzw. wurden geschlossen.

Gänzlich ausgeschlossen war jeglicher journalistischer oder gar politischer Freiraum bei den Schwarzsendern, die die Briten in der Folge herausbrachten. Unter der maßgeblichen Leitung von Sefton Delmer gaben zwischen Frühjahr 1941 und Kriegsende nicht weniger als neun verschiedene deutschsprachige

Programme vor, sie hätten ihren Ursprung innerhalb des Reichsgebietes. Nicht Überzeugung und Aufklärung stand im Mittelpunkt dieser Programme, vielmehr sollten Irreführung und Verunsicherung von Bevölkerung und Behörden in Deutschland erreicht werden. Hierzu war den Machern fast jedes Mittel recht. Der Sender Gustav Siegfried Eins (GS 1) arbeitete mit einer Palette, die von der objektiven Wahrheit über die geschickte Mischung von Wahrem und Erfundenem bis zur dreisten Lüge und zu pornographischen Anspielungen reichte. Der überraschende Erfolg beim deutschen Publikum gab diesem Konzept letztendlich recht. Die gesamte Organisation lag in den Händen der Geheimdienste bzw. geheimdienstlich organisierten Propagandainstitutionen, in erster Linie dem zwischenzeitlich gegründeten Political Warfare Executive (PWE). Die Programmrichtlinien bestimmten einzig die Briten selbst. Sämtliche zur Sendung vorgesehenen Texte mußten vor der Ausstrahlung einem britischen Kollegen zur Zensur vorgelegt werden.

Gerade bei dieser Art von Sendern war trotz massiver Unterstützung durch die britische Auslandsspionage eine effektive Propagandaarbeit ohne die Mitwirkung deutscher Emigranten und deren subtiler Kenntnisse der „deutschen Seele" nicht möglich. Doch versuchten die Briten anfangs, den Mitarbeiterstab, den sie aus Emigrantenkreisen rekrutierten, möglichst klein und überschaubar zu halten. Viel strenger noch als beim Deutschen Dienst der BBC wurden potentielle deutsche Mitarbeiter, die als Sprecher, Übersetzer und später auch als Redakteure Dienst tun sollten, überprüft und überwacht. Sie waren direkt am Einsatzort in Bletchley Park untergebracht, und ihnen war, im Gegensatz zu den BBC-Leuten, kein Kontakt mit der Zivilbevölkerung erlaubt.

Waren die Überwachungsmechanismen beim ersten und erfolgreichsten Schwarzsender Delmerscher Prägung, dem Sender Gustav Siegfried Eins, noch besonders rigide, so mußten sie jedoch in der Folge etwas gelockert werden. Denn wegen des großen Erfolges von GS 1 bei den Hörern in Deutschland richtete das Team um Delmer im Frühjahr 1943 einen den deutschen Soldatensendern nachempfundenen Schwarzsender, den Deutschen Kurzwellensender Atlantik/Atlantiksender, ein, dem kurz darauf der Soldatensender Calais folgte. Hier ging es vor allem darum, schnell und aktuell auf die sich veränderte Lage an den Fronten zu reagieren. Um den Sendebetrieb zu gewährleisten, mußten immer mehr Mitarbeiter aus Kreisen deutschsprachiger Exilanten angeworben werden. Arbeitete Gustav Siegfried Eins noch mit nur drei deutschen Mitarbeitern, so waren es beim Deutschen Kurzwellensender Atlantik und beim Soldatensender Calais schon über 20. Die wichtigste Neuerung bestand jedoch darin, daß beide Sender einen Großteil ihres umfangreichen Programmes wegen der Aktualität live ausstrahlten. Dies hatte nicht zuletzt auch eine gewisse Liberalisierung der Zensur zur Folge. Bei diesen Sendern kamen gelegentlich sogar deutsche Kriegsgefangene (allerdings erst nach penibler Überprüfung) zu Wort.

USA: Die Rundfunklandschaft der → VEREINIGTEN STAATEN VON AMERIKA unterschied sich grundsätzlich von der aller anderen Staaten, die zwischen 1933 und 1945 Sendungen in deutscher Sprache ausstrahlten. Bis 1942 war der Rundfunk in den USA ausschließlich privatrechtlich organisiert. Auslandsrundfunksendungen, gar staatlich initiiert und organisiert, gab es bis dahin nicht. Neben den großen Networks existierte eine Vielzahl von kleinen Binnensendern, die sich fast ausschließlich aus Werbeeinnahmen finanzierten. Bei Kriegsbeginn strahlten rund 40 dieser kleineren Stationen (hauptsächlich an der Ostküste) sog. Deutsche Stunden aus, die von bestimmten Interessengruppen, zunächst meist Einwanderer aus der Zeit vor der nationalsozialistischen Machtergreifung in Deutschland, gekauft werden konnten und die ausschließlich deren Binnenkommunikation dienten. Das führte u. a. dazu, daß bis zum Kriegseintritt der USA selbst deutschsprachige Sendungen nationalsozialistischen Inhalts ausgestrahlt wurden. Die Regierung der USA hatte bis Mitte 1942 offiziell keinerlei rechtliche Möglichkeiten, auf Programme und Inhalte Einfluß zu nehmen.

Für deutschsprachige Emigranten war es nirgendwo so leicht, Zugang zum Medium Rundfunk zu finden wie in den USA. Nirgendwo sonst war auch die Freiheit des gesprochenen Wortes so groß wie hier. Wenn sie daher noch bereit waren, amerikanische Staatsbürger zu werden, stand ihrer publizistischen Arbeit fast nichts mehr im Wege. Hans Habe, Stefan Heym, Hanus Burger, um nur einige wenige zu nennen, gingen diesen Weg. Eine Änderung trat erst mit dem Kriegseintritt der USA ein. Auf Anweisung von Präsident Roosevelt nahm das Office of War Information (OWI) seine Arbeit auf. Es koordinierte die Informationspolitik und den Informationsfluß aller Regierungsstellen, erließ Direktiven, zensierte und überprüfte u. a. alle Radioprogramme, die von der Regierung produziert und zur Veröffentlichung vorgeschlagen worden waren.

Ab 1942 unterlagen die Deutschen Stunden der staatlichen Kontrolle durch das OWI. Von nun an produzierte das OWI die meisten Beiträge für diese Sendungen zentral in New York, Washington oder an der Westküste und belieferte die Privatsender kostenlos. Für den Binnenmarkt entstanden Sendereihen wie *German-American Loyalty Hour* und *We fight back*, in denen die deutschen Emigranten ihre Übereinstimmung mit den amerikanischen Kriegszielen bekunden konnten. Das OWI konnte eine sehr große Zahl von deutschen Emigranten zur Mitarbeit gewinnen, unter ihnen Ernst Josef Aufricht, Bertolt Brecht, Thomas Mann, Leopold Schwarzschild, Hans Sahl und Paul Tillich. Konzeption und Realisierung lagen zwar in den Händen von US-Bürgern, dennoch konnten Emigranten hier ungewöhnlich frei ihre Meinung äußern. Zudem betrachtete das OWI seine Rolle auf dem amerikanischen Binnenmarkt eher als eine beratende denn als eine zensierende Stelle.

Als seine wichtigste Aufgabe sah das OWI jedoch die Schaffung einer schlagkräftigen staatlichen Auslandsrundfunkorganisation an. Dieses Ziel sollte mit der Voice of America und seiner deutschsprachigen Abteilung, der Stimme Amerikas, erreicht werden. Nicht kleckern, sondern klotzen, hieß hier das Konzept. Ab 1942 lief der gesamte Betrieb der Stimme Amerikas in 16 Studios des OWI sowie über 20 Studios bei verschiedenen staatlichen und privaten Rundfunksendern. Es bestand die Möglichkeit, bis zu 20 verschiedene Programme gleichzeitig auszustrahlen. Über 40 Kurzwellensender standen alleine der deutschen Sektion der Voice of America zur Verfügung. Eine ausgefeilte Technik machte es möglich, binnen kürzester Zeit jedes Studio mit jedem Sender zusammenzuschalten. Das Office of War Information verfügte 1944 über mehr als 10 000 Mitarbeiter, von denen allein 3000 für die Produktion und Überwachung von Rundfunksendungen eingesetzt waren. Keine andere kriegführende Macht unterhielt einen auch nur annähernd so großen Propagandaapparat. Das galt nicht nur für die technische Seite, sondern auch für den personellen Aufwand. Über 150 Mitarbeiter aus den Kreisen des deutschsprachigen Exils können namentlich nachgewiesen werden, darunter fast alle nach Amerika emigrierten deutschsprachigen Schriftsteller.

Die Zugangs- und Arbeitsbedingungen können auch für die Zeit nach dem Sommer 1942 als relativ liberal bezeichnet werden. Irgendwelche Auseinandersetzungen um Inhalte sind nicht bekannt. Die große Freiheit ist sicherlich auch darauf zurückzuführen, daß sich das OWI und damit auch die Stimme Amerikas als zivile Organisation verstanden, ihre Mitarbeiter waren und blieben zeit ihres Dienstes Zivilisten; der Einfluß des Militärs und der Geheimdienste gestaltete sich eher informell. Hinzu kommt die große Integrationswirkung der USA auf die Emigranten. Sie führte zu einer weitgehenden Interessenidentität, die inhaltlich-politische Konflikte gar nicht erst aufkommen ließ. Der staatliche Auslandsrundfunk der USA war jedoch zunächst kein Sender im klassischen Sinn, sondern eher ein Programm, verfügte doch die Voice of America zu Beginn nicht einmal über eigene Sendeanlagen. Ihre Programme wurden entweder über die Sender der BBC oder über die der großen US-Networks CBS und NBC ausgestrahlt. Erst Ende 1942 begann der Aufbau eines eigenen Kurzwellennetzes mit Richtantennen nach Europa. Trotz des gewaltigen technischen und personellen Aufwandes konnte die Stimme Amerikas die Popularität etwa des Deutschen Dienstes der BBC oder von Radio Moskau nicht erreichen. Auch der Versuch, Sprecher mit einem deutlichen amerikanischen Akzent einzusetzen, um den Eindruck eines Emigrantensenders zu vermeiden, brachte keine nennenswert größere Resonanz ein. Im Zusammenhang mit der Landung der Alliierten auf dem europäischen Kontinent 1944 verstärkten die Amerikaner noch einmal ihre Propagandaanstrengungen gegen das Dritte Reich. Ein gewisser Neid auf die Erfolge der Briten, sowohl mit dem Deutschen Dienst der BBC als auch mit ihren Geheimsendern, mag dabei eine Rolle gespielt haben.

Nur eine kurze Episode im Ätherkrieg spielte dabei der Geheimsender 1212, der von Anfang Dezember 1944 bis Ende April 1945 über die Sendeanlagen des inzwischen eroberten Radio Luxemburg sein Programm ausstrahlte. Unter der Überwachung des militärischen US-Geheimdienstes OSS wollte der auch Operation Annie genannte Sender in der letzten Phase des Krieges unter der Bevölkerung des Rheinlandes Unruhe stiften und, falls überhaupt noch notwendig, die allgemeine Angst vergrößern. Seine deutschen Mitarbeiter (darunter Benno Frank und Hanus Burger) waren entweder Soldaten oder Zivildienstverpflichtete der US-Army. Ihre Loyalität gegenüber den USA stand außer Zweifel, weshalb sie auch über einen ungewöhnlich großen redaktionellen Freiraum verfügten. Allerdings war 1212 keinesfalls so wichtig, daß ihm besondere Aufmerksamkeit seitens der Militärs gewidmet wurde. Operation Annie eignete sich viel eher als Spielwiese und sowie als Erprobungsfeld für künftige Rundfunkmitarbeiter im besiegten Deutschland.

Bedeutender war dagegen der amerikanische Rundfunksender in Europa, der Deutsche Dienst der American Broadcasting Station in Europe (ABSiE), der seine Redaktion in London hatte. Zunächst über die Sendeanlagen der BBC, dann über eigene Anlagen strahlte ABSiE unmittelbar vor der alliierten Landung in deutscher Sprache zeitweise sogar ein 24-Stunden-Programm aus. Neben einer Vielzahl von Übernahmen der Stimme Amerikas produzierte ABSiE aber auch eine Vielzahl von eigenen Sendungen. Die deutsche Redaktion, besetzt mit Amerikanern, naturalisierten deutschen Emigranten, aber auch solchen, die die US-Staatsbürgerschaft nicht angenommen hatten, konnte innerhalb des durch die amerikanischen Kriegsziele festgelegten Rahmens relativ frei arbeiten. Einzelzensur von zur Sendung vorgesehenen Texten fand nur sporadisch statt, hatten sich doch die meisten Mitarbeiter zuvor bei der Stimme Amerikas als zuverlässig bewährt. Zum ersten Mal unterstand hier eine deutschsprachige Redaktion einem vor dem NS-Regime geflohenen Emigranten, dem inzwischen zum US-Bürger gewordenen Robert Bauer. Sein Stellvertreter war Golo Mann, der sich nicht um die amerikanische Staatsbürgerschaft bemüht hatte.

Ähnlich gelagert war die Situation beim Sender Radio Luxemburg, den die Alliierten am 23. September 1944 übernahmen. Die Leitung der deutschen Abteilung lag in den Händen des emigrierten Schriftstellers Hans Habe, inzwischen ebenfalls amerikanischer Staatsbürger und im Range eines Captains der US-Army. Auch hier erfolgte die Propagandaarbeit im vorgegebenen Rahmen sehr frei; viele Wahlmöglichkeiten bestanden ohnehin nicht mehr.

Die späteren Siegermächte verfolgten mit diesen nur wenige Monate vor Kriegsende errichteten Radiostationen einen doppelten Zweck: Zum einen sollte das Medium genutzt werden, um die eigenen militärischen Ziele schneller zu erreichen, zum anderen wollte man in den Redaktionen deutsche Emigranten heranziehen, die nach dem Sieg als Programmacher, Chefredakteure oder Kontrolloffiziere beim Aufbau eines neuen deutschen Rundfunksystems einsetzbar waren, denn einen Staatsrundfunk wie im Dritten Reich sollte es nach dem Willen der Westalliierten in Deutschland nicht wieder geben.

UdSSR: Nirgendwo hatten deutsche Emigranten, so sie an die Freiheit des Äthers glaubten, einen schwereren Stand als in der → SOWJETUNION. Ideologische Abweichung war lebensgefährlich. Freiheit im Äther existierte nicht. Sowjetischer Rundfunk war Staats- bzw. Parteirundfunk, eingerichtet, finanziert und bis in die kleinsten Äußerungen überwacht und kontrolliert von der Staats- und Parteibürokratie. Zentral gesteuert von Moskau, war der sowjetische Rundfunk aber auch die erste Rundfunkinstitution der Welt, die nicht nur die eigene Bevölkerung mit Radioprogrammen versorgte, sondern auch regelmäßig Sendungen für Hörer im Ausland (seit 1929 deutschsprachige Sendungen unter dem Namen Radio Moskau) in deren Landessprache ausstrahlte. Seine vordringliche Aufgabe bestand darin, zur Verbreitung der Ideen des Marxismus-Leninismus beizutragen; in den Nachrichtensendungen war in erster Linie vom „Aufbau des Sozialismus" zu berichten.

Auf die Machtübernahme Hitlers und die anschließende Verfolgung deutscher Kommunisten reagierte Radio Moskau zunächst mit wütenden Attacken gegen den Nationalsozialismus. Hier erfüllte sich zeitweise der Wunsch und die Hoffnung deutscher Emigranten, die das Rückgrat des Senders bildeten, von Moskau aus zum Sturz des Regimes beitragen zu können. Doch diese Politik hielt Radio Moskau nicht konsequent durch. Phasen, in denen der Sender versuchte, eine allzu direkte Einmischung in deutsche Verhältnisse zu vermeiden, wechselten ab mit Frontalangriffen gegen die deutsche Regierung und ihre Repräsentanten. Als sich 1937 eine Annäherung zwischen den verfeindeten Systemen ankündigte, ging Staatsräson vor Klassensolidarität: Der in deutschen Augen diskreditierte Deutsche Dienst von Radio Moskau verschwand kurzerhand aus dem Äther. An seine Stelle trat für kurze Zeit (Frühjahr/Sommer 1937) der Sender der Wolgadeutschen Republik.

Zwischen 1939 und 1941 blieb jegliche Hoffnung deutscher Mitarbeiter von Radio Moskau, zum Sturz des NS-Regimes beizutragen, auf der Strecke. Als offizielles Sprachrohr der Regierung der UdSSR versuchte der Sender dem Hitler-Stalin-Pakt dadurch Rechnung zu tragen, daß alle Informationen über innerdeutsche Zustände aus dem Programm verschwanden, statt dessen verlas der Sender wörtlich die Lageberichte des Oberkommandos der Wehrmacht (OKW). Als mögliche Kritik kann höchstens gedeutet werden, daß diesen Lageberichten kommentarlos die Lageberichte der westlichen Alliierten gegenübergestellt wurden. Alle Beiträge, die auch nur im entferntesten als Einmischung in innerdeutsche Zustände hätten gedeutet werden können, vermied Radio Moskau in dieser Zeit. Deutsche Emigranten kamen in dieser Zeit nur noch sehr selten zu Wort, auf keinen Fall wurden sie namentlich genannt. Antifaschistische Bemerkungen waren gänzlich unmöglich.

Mit dem deutschen Überfall auf die Sowjetunion am 22. Juni 1941 war diese Zurückhaltung hinfällig geworden. Radio Moskau blies nun zum Frontalangriff gegen den Nationalsozialismus. Jetzt konnten die Exil-Mitarbeiter endlich ihre politischen Ziele zur Sprache bringen. Charakteristisch für die deutschsprachigen Sendungen von Radio Moskau wurde die deutliche Trennung zwischen dem deutschen Volk, das in seiner Gesamtheit „schuldlos von den Nazis verführt" sei, und der „verbrecherischen Hitler-Clique", die beseitigt werden müsse, weil sie Deutschland ins Verderben führe. Die deutschen Redakteure vermieden im Laufe des Krieges immer mehr die kommunistische Ideologie und die dazugehörige Sprache zugunsten von eher nationalen Tönen. Das Programm wurde aufgefächert in Sendungen für fast alle maßgeblichen Bevölkerungsgruppen. In beschwörenden Aufrufen versuchten die Mitarbeiter ihre Hörer immer wieder davon zu überzeugen, daß das deutsche Volk sich selbst von der Diktatur des NS-Regimes befreien müsse.

Neben dem Deutschen Dienst von Radio Moskau entstanden nun eine Reihe von „Freiheitssendern" als Organe der Exil-KPD (→ KOMMUNISTEN) bzw. der Exil-KPÖ. Mit dem Deutschen Volkssender und dem Sender Freies Österreich sowie einigen kleineren Sendern (Sender Sturmadler, Sudetendeutscher Freiheitssender, Sender Christo Botew, Sender der SA-Fronde sowie eine Reihe von militärisch-taktischen Sendern), die alle vorgaben, im Reichsgebiet zu stehen, wollte Moskau Widerstandsaktionen und Sabotageakte anregen und unterstützen. Die Erfolge dieser Aktionen blieben jedoch eher marginal.

Über 100 deutschsprachige Emigranten schrieben zwischen 1933 und 1945 Texte für den Deutschen Dienst von Radio Moskau. Der festangestellte, hauptberufliche Mitarbeiterstab der deutschen Redaktion war jedoch im Vergleich zu den „freien", gelegentlichen Mitarbeitern sehr klein. Kam man bis 1941 mit rund zehn Mitarbeitern aus, so erhöhte sich nach 1941 der deutsche Mitarbeiterstab in der Folge auf etwa 20 „feste" Redakteure und Sprecher. Es versteht sich von selbst, daß nur absolut linientreue Kommunisten die Möglichkeit bekamen, vor dem Mikrofon zu sprechen. Die Kontrolle und Überwachung der Mitarbeiter wie der Sendeinhalte lag ab 1941 in den Händen der Politischen Hauptverwaltung des Innenministeriums, d.h. beim sowjetischen Geheimdienst GPU, der neben den Kaderabteilungen der verschiedenen nationalen kommunistischen Exilparteien sowie den Kaderabteilungen des Exekutivkomitees der Kommunistischen Internationale (EKKI) das letzte Wort bei der Einstellung der Redakteure und Sprecher und bei der Bestimmung des journalistischen Freiraumes hatte. Daneben verfügte die Informationsabteilung des Außenministeriums über einen beträchtlichen Einfluß bei der ideologisch-politischen Zielsetzung des Senders. Damit nicht genug: Als weiteres Kontroll- und Zensurorgan hatte mit Kriegseintritt der UdSSR die VII. Abteilung der politischen Hauptverwaltung der Roten Armee, die für die psychologische Kriegsführung zuständig war, ein gewichtiges Wort bei der Feindpropaganda mitzusprechen. Darüber hinaus bestand speziell für die deutsche Redaktion von Radio Moskau noch eine politisch-ideologische Führungsgruppe, der neben Propagandaoffizieren der Roten Armee und KPdSU-Funktionären auch die Spitzen der Exil-KPD unter der Leitung von Walter Ulbricht angehörten.

Prägten auch deutsche Emigranten eindeutig das äußere Erscheinungsbild von Radio Moskau, so stand doch immer außer Frage, daß sie sich in ihren Äußerungen sowjetischen Stellen unterzuordnen hatten. Der Leiter des Deutschen Dienstes von Radio Moskau war immer ein Sowjetrusse, eine Regelung, die für die anderen Sprachdienste von Radio Moskau nicht in dieser Schärfe galt.

Nur formal besaßen die deutschen Emigranten bei den sowjetischen Sendern einen größeren journalistischen Freiraum als etwa bei der BBC in London. So durften sie Kommentare schreiben und auch live sprechen. Das war nur deshalb möglich, weil die kommunistischen Emigranten die Selbstzensur so weit verinnerlicht hatten, daß eine staatliche Zensur überflüssig erschien. Alle deutschen Mitarbeiter des Senders verstanden sich als „kämpferische Antifaschisten". Die objektiv strengen Zensurvorschriften trafen sie deshalb nicht sonderlich hart, prägte doch ihr eigenes politisches Bewußtsein ihre Arbeit. Es versteht sich von selbst, daß bei allen diesen Sendern und Programmen nur „ideologisch einwandfreie Personen", die zudem der dauernden Überwachung von GPU und NKWD sowie den Kaderabteilungen von KPD und KPÖ unterlagen, zu Wort kommen durften, unter ihnen Wilhelm Pieck, Walter Ulbricht, Herbert Wehner, Johannes R. Becher, Ernst Busch, Wolfgang Leonhard, Max Keilson, Theodor Plievier, Erich Weinert und Friedrich Wolf.

Eine Sonderrolle im System aller sog. Feindpropaganda gegen das Dritte Reich nimmt zweifellos der Sender des Nationalkomitees „Freies Deutschland" ein. Hier – so scheint es – kamen eigene politische Vorstellungen der Handelnden zum Tragen. Von Mitte Juli 1943 bis zum 9. September 1945 geschah schier Ungeheuerliches im Äther: Deutsche Soldaten, ranghohe Offiziere darunter, riefen zum Widerstand gegen Hitler auf, forderten ein sofortiges Ende des Krieges. Das Außergewöhnliche war zudem, daß dieser Sender anfangs seinen Hörern – abweichend von den Kriegszielen der Alliierten – ein freies, selbstbestimmtes Deutschland ohne große territoriale Verluste versprach. Die Redaktion der Station setzte sich je zur Hälfte aus deutschen Exil-Kommunisten und kriegsgefangenen Soldaten der Wehrmacht zusammen. Das eigentliche „Sagen" hatten aber immer die Mitglieder der Exil-KPD.

Die soldatischen Mitarbeiter des Nationalkomitees „Freies Deutschland" (NKFD) als Überläufer oder gar als Verräter zu bezeichnen ist falsch, handelten die Offiziere um Heinrich Graf Einsiedel und General von Seydlitz doch durchaus aus ehrenwerten Motiven heraus. Sie hatten die Sinnlosigkeit des Krieges erkannt und versuchten nun, im Rahmen ihrer Möglichkeiten, zu retten, was noch zu retten war. Geleitet von diesem Gedanken, verfaßten sie flammende Aufrufe zum Widerstand, die sie – nach der Zensur durch KPD-Mitarbeiter und durch Offiziere der Roten Armee – in den Äther schickten. Wegen der Ungeheuerlichkeit dieses Vorganges war der Sender des NKFD ein bevorzugtes Ziel deutscher Störsender. Doch mit den Versprechungen einer selbstbestimmten Zukunft Deutschlands war es rasch vorbei. Denn der erhoffte Erfolg, nämlich ein erfolgreicher Aufstand der Wehrmacht gegen Hitler, blieb bekanntlich aus. Nicht zuletzt die Interventionen der westlichen Alliierten, die auf der bedingungslosen Kapitulation Deutschlands bestanden, führten dazu, daß die Versprechungen des NKFD immer vager wurden. Nach dem Scheitern des Attentats vom 20. Juli 1944 hieß die Parole des Senders nur noch „zur Rettung des eigenen Lebens geordneter Übergang in sowjetische Kriegsgefangenschaft". Der Sender des Nationalkomitees „Freies Deutschland" verlor seine Bedeutung, er sank zu einem bloßen Instrument der Politik Stalins herab.

Resonanz und Wirkung: Für die Betreiber deutschsprachiger Rundfunksendungen des Auslandes hatte eines der Hauptprobleme darin bestanden, daß sie über die Aufnahme ihrer Sendungen in Deutschland nur sehr wenig in Erfahrung bringen konnten. Oft wußten sie nicht einmal, ob sie im Reich auch nur über einen einzigen Hörer verfügten. Einigen Aufschluß über das Hörerverhalten lieferten gelegentlich, und dies auch nur sehr ungenau, Befragungen von Kriegsgefangenen. Die Autoren und Sprecher deutschsprachiger Sendungen arbeiteten sprichwörtlich ins Blaue hinein. Es lassen sich jedoch eine Vielzahl von Indikatoren dafür finden, daß das durch den Rundfunk vermittelte Wort in Deutschland nicht gänzlich ungehört und gelegentlich sogar nicht ohne Folgen blieb. Es muß jedoch festgestellt werden, daß die Gesamtwirkung des Auslandsrundfunks, auch gemessen am personellen und technischen Aufwand, eher gering blieb. Wer nicht schon Gegner des Nationalsozialismus war, wurde es wohl kaum dadurch, daß er die deutschsprachigen Sendungen des Auslandes, etwa die der BBC, die wohl insgesamt den größten Hörerkreis erreichte, abhörte. Denen, die sich über die wahre militärische Lage informieren wollten, war die BBC eine wichtige, nicht wegzudenkende Informationsquelle, aber ihr eigentliches Ziel hat sie (wie alle anderen Sender des Auslandes auch) nicht erreicht, nämlich Deutschland und die Deutschen aus ihrem Wahntraum von der totalen Herrschaft in Europa, aus ihrer irrationalen Nibelungentreue zu Hitler und seinem Regime zu erwecken. Das Ziel, die Dauer des Krieges zu verkürzen und damit zahlreiche Menschenleben zu retten, wurde nicht erreicht. Durch die psychologische Kriegsführung mit Hilfe des Mediums Rundfunk ist der Zweite Weltkrieg vermutlich kaum einen Tag kürzer geworden. Die strategische Aufgabe, die deutsche Kampfmoral zu unterminieren, Deutschland reif zur Kapitulation zu machen, wurde nicht durch Rundfunksendungen, sondern durch Bombenangriffe auf deutsche Städte und Siege auf den Schlachtfeldern gelöst. Auf der anderen Seite wäre die Vorstellung von der Möglichkeit eines „anderen Deutschland", eines demokratischen und freien Staates ohne die Mitwirkung deutscher Emigranten an den Auslandssendern um ein vielfaches ärmer gewesen.

Literatur

Bundesarchiv/Berlin: R 58/953 (Tendenzberichte des RSHA).

Bundesarchiv/Militärarchiv Freiburg: RW 172–306 (Rundfunkpropaganda: Lageberichte des OKW – Chi-Nachrichten).

Cruickshank, Charles (1977): The Fourth Arm. Psychological Warfare 1938–1945, London.

Delmer, Sefton (1962): Die Deutschen und ich, Hamburg.

Deutsches Rundfunkarchiv Frankfurt a.M.: Tondokumente sog. Feindsender.

Diller, Ansgar (1980): Rundfunkpolitik im Dritten Reich, München.

Habe, Hans (1977): Im Jahre Null, München.

Howe, Ellic (1982): The Black Game. British subversive Operations against the Germans during the Second World War, London.

Lerner, Daniel (1949): Psychological Warfare against Nazi-Germany. The Skywar-Campaign, D-Day to Ve-Day, Cambridge/Mass.; Nachdruck, London 1971.

Library of Congress: D 731, F8 (Mitschriften des Seehausdienstes).

Linebarger, M. A. (1960): Schlachten ohne Tote, Frankfurt a.M.

Mann, Thomas (1974): Deutsche Hörer! 55 (+ 3) Radiosendungen nach Deutschland (1942ff.), in: Gesammelte Werke, Bd. 13, Frankfurt a.M.

National Archives London.

National Archives Washington.

Pütter, Conrad (1986): Rundfunk gegen das Dritte Reich. Deutschsprachige Rundfunkaktivitäten im Exil 1933–1945, München.

Sarkowicz, Hans, u. Michael Crone, Hrsg. (1990): Der Kampf um die Ätherwellen, Frankfurt a.M.

Schröder, Klaus-Dieter (1968): Die Propaganda der UdSSR, Großbritanniens und der USA während des Zweiten Weltkrieges in Deutschland und an den deutschen Fronten, Halle a. d. S.

Tanz

Laure Guilbert-Deguine

Die nationalsozialistische Machtübernahme hat beim Tanz zu keinem ähnlich starken Aderlaß geführt wie in der Malerei, der Musik oder der Literatur, und dies, obwohl sich die Tänzer und Tänzerinnen stark an der künstlerischen Avantgardebewegung der Weimarer Republik beteiligt hatten. Durch die ökonomische Krise geschwächt und untereinander zerstritten, sahen sie im Dritten Reich die letztlich trügerische Chance, jene soziale und künstlerische Anerkennung zu erlangen, die ihnen die Weimarer Republik nur ausnahmsweise zuerkannt hatte. Im Frühjahr 1933 haben die wichtigsten Vertreter der künstlerischen Avantgarde, Rudolf von Laban und Mary Wigman, unterstützt von den ideologischen Wegbereitern und Theoretikern der modernen Körper- und Tanzkultur wie Rudolf Bode, Fritz Böhme und Gustav Jo Fischer-Klamt, eine aktive Zusammenarbeit mit dem neuen Regime in die Wege zu leiten versucht, indem sie die Grundsätze des modernen Ausdruckstanzes an den nationalsozialistischen „Erneuerungs"-Diskurs anpaßten. Diese von der Mehrheit der Tänzer und Tänzerinnen unterstützte Anpassungsstrategie erklärt zu einem guten Teil, warum der Tanz, anders als die moderne Kunst, mit der er die ästhetischen Ursprünge und Intentionen teilte, vor Verfolgung weitgehend verschont blieb. Zu dem Zeitpunkt, als die Anhänger des Rosenbergschen Kampfbundes für deutsche Kultur die Bilder und Aktporträts der Expressionisten konfiszierten, tanzten die Modelle, die die Maler zu ihren Bildern inspiriert hatten, auf deutschen Bühnen.

Das bedeutete freilich nicht, daß die Tänzer und Tänzerinnen nicht mit dem Problem des Exils konfrontiert waren. Doch waren die Gründe, Deutschland zu verlassen, nicht künstlerischer, sondern politischer und „rassischer" Art. Beim gegenwärtigen Stand der Forschung ist es schwierig, die genaue Zahl der Emigrierten zu benennen. Im Frühjahr 1933 verzeichneten die offiziellen Statistiken des Deutschen Reiches 5 122 Tänzer, Choreographen und Pädagogen an den öffentlichen Bühnen, an Schulen und in Privatensembles. 132 von ihnen verloren aufgrund des „Gesetzes zur Wiederherstellung des deutschen Berufsbeamtentums" vom 7. April 1933 und seiner Ausführungsbestimmungen ihre Stelle. Eine Anzahl von ihnen fand zunächst noch Beschäftigung im privaten Bereich und später wie andere jüdische Tänzer und Tänzerinnen auch im Tanzensemble des Jüdischen Kulturbundes in Deutschland. Die ca. 120 in diesem Artikel namentlich erwähnten Personen stellen die zahlenmäßige Untergrenze der Tanzemigration dar. Weitere Forschungen sind notwendig, um die Obergrenze genauer zu bestimmen. Den Hauptanteil der Tanzemigration stellen jüdische Künstler (das *Statistische Handbuch des Deutschen Reiches* nennt für 1933 die Zahl von 703 jüdischen Tänzern und Schauspielern); daneben gab es eine relativ kleine Zahl politisch engagierter Tänzer, die in den Kulturorganisationen der KPD und SPD gearbeitet hatten. Eine Reihe von Tänzern und Tänzerinnen kam aus Rußland und Osteuropa und hatte auf der Flucht vor der Oktoberrevolution in den 1920er Jahren Deutschland als Exilland gewählt. Für sie wie für Tanzkünstler aus Westeuropa und den USA bildete Deutschland als Zentrum des modernen Ausdruckstanzes während der Weimarer Republik eine zweite Heimat, die sie nach 1933 verlassen mußten.

Die erste Emigrationswelle begann im Frühjahr 1933. Sie war teilweise verursacht durch die antisemitischen Verfolgungen der ersten Monate der Gleichschaltung. Tile Rössler und Fred Coolemanns, Assistenten von Gret Palucca und Mary Wigman in Dresden, wurden im April 1933 entlassen und zählten zu den ersten Emigranten. Ihnen folgten im September 1933 der Choreograph Kurt Jooss und sein Ensemble (Karl Bergeest, Lola Botka, Klaus Didelot, Edgar Frank, Heinz Heckroth, Frida Holst, Elsa Kahl, Wilma Kamrath, Maria Kindlova, Mascha Lidolt, Hans Müller-Kray, Rudolf Pescht, Claire Rosing, Aino Siimola, Werner Stammer, Ernst Uthoff, Elisabeth Wartmann), nachdem sie sich geweigert hatten, sich von ihren jüdischen Kollegen (Fritz Alexander Cohen, Ruth Harris und Heinz Rosen) zu trennen, die in Deutschland nicht mehr auftreten durften. Im Sommer 1934 folgte Sigurd Leeder mit einem Teil der Pädagogen und Studenten der Essener Folkwang-Schule Kurt Jooss nach England.

Eine weitere Gruppe von Künstlern verließ Deutschland 1933 aus politischen Gründen. Hans Weidt und seine Truppe „Der Rote Tänzer", Jenny Gerz, Ilse Loesch und ihr Laien-Bewegungschor hatten mit dem Agitprop-Theater der Weimarer Republik zusammengearbeitet. Nach ihrer Verhaftung und Freilassung im Frühjahr 1933 gingen sie ins Exil. Otto Zimmermann, der in Leipzig in sozialistischen Kultur- und Sportverbänden arbeitete, entging nur knapp der Verhaftung und verließ ebenfalls im Frühjahr 1933 Deutschland. Martin Gleisner, verantwortlich für die Tanzveranstaltungen bei den Massenveranstaltungen der SPD, gleichzeitig Vertreter der Tänzer und Tänzerinnen im Deutschen Chorsängerverband und Tänzerbund, verließ kurz nach der Auflösung der Gewerkschaften im Mai 1933 Deutschland. Jo Mihaly, Mitglied in kommunistischen Gewerkschaften und Vertreterin einer engagierten Pantomime, emigrierte ebenfalls, obwohl sie von den Nationalsozialisten zur künstlerischen Mitarbeit aufgefordert wurde. Zu dieser Minderheit politischer Künstler zählten auch einige jüdische Künstler, die für ihre satirische Choreographie in Berliner Kabaretts bekannt waren. Einige von ihnen – Ruth Abramowitsch, Julia Marcus, Lotte Goslar – benutzten die Einladung zum Internationalen Tanzwettbewerb im Juni 1933 in Warschau, um Deutschland endgültig zu verlassen.

Die zweite Emigrationswelle wurde durch die Folgen der „Nürnberger Gesetze" vom September 1935 ausgelöst. Die jüdischen Choreographen und Pädagogen, die noch im privaten Sektor arbeiteten, sahen sich gezwungen, ihre Arbeit im Ausland fortzusetzen. Dies war der Fall bei Eugenia Eduardova, einer ehemaligen Tänzerin im Maryinski Theater in St. Petersburg, die die Leitung ihrer Ballettschule in Deutschland aufgeben mußte, aber auch bei Irmgard Bartenieff, einer Schülerin Rudolf von Labans, bei Gertrud (Trude) Engelhardt, Leiterin der Berliner Wigman-Schule, und bei Paula Padani, einer jungen Absolventin der Wigman-Schule in Dresden. Zu dieser Zeit verstärkte sich auch der Druck auf die Homosexuellen. Diejenigen, die über keine Protektion durch hochgestellte Vertreter des Regimes verfügten, mußten, wie Aurel von Milloss und Viktor Gsovsky, ins Ausland gehen.

Die dritte und letzte Welle der Emigration war die Folge des Pogroms vom November 1938, der sog. Kristallnacht. Zu diesem Zeitpunkt verließ die Mehrheit der Tänzer und Tänzerinnen des Jüdischen Kulturbundes Deutschland. Diese Organisation hatte nach 1933 unter der Führung der Reichskulturkammer einem Teil der aus den deutschen Theatern vertriebenen jüdischen Künstler und Tänzer ein künstlerisches Betätigungsfeld geboten. Ruth Anselm, Katja Bakalinska, Else Dublon, Nelly Hirth, Hannah Kroner, Erika Milee, Mia Pick und Marianne Silbermann gehörten zu den 61 Tänzern und Tänzerinnen, die bis zum November 1938 noch im Jüdischen Kulturbund arbeiteten. Dank der Unterstützung durch jüdische Hilfsorganisationen und Einladungen durch ausländische Tanzensembles und Theater gelang es ihnen, vor Kriegsausbruch Deutschland zu verlassen: Else Dublon ging mit dem Schweizer Ensemble von Trudi Schoop auf Tournee in die USA und wurde danach vom Ohel-Theater in Tel Aviv nach Palästina eingeladen; Erika Milee erhielt eine Einladung des Tanz-Departementes der Kunsthochschule von Paraguay. Nach dem „Anschluß" 1938 mußten auch die jüdischen Tänzer und Tänzerinnen Österreich verlassen (Gertrud Kraus, die bereits 1935 nach Palästina ging, war eher eine Ausnahme). Gertrud Bodenwieser verlor ihre Stelle als Professorin an der Staatsakademie für Musik und darstellende Kunst und ging nach Frankreich. Von dort aus gelang es ihr, einen Teil ihrer Truppe für eine internationale Tournee aus Österreich herauszubekommen. Hilde Holger, die Auftritts- und Lehrverbot hatte und eine Zeitlang ohne offizielle Erlaubnis im Atelier eines befreundeten Malers zu unterrichten versuchte, konnte, ebenso wie Margarethe Wallmann, Ballettmeisterin an der Staatsoper Wien, die Hauptstadt Österreichs unmittelbar vor Kriegsbeginn verlassen.

Dem künstlerischen Exil schloß sich ein intellektuelles und publizistisches Exil an. Wissenschaftler wie Curt Sachs, Professor an der Staatlichen Akademie für Kirchen- und Schulmusik in Berlin, Josef Lewitan, Herausgeber der wichtigsten in der Weimarer Republik erscheinenden choreographischen Zeitschrift *Der Tanz*, und Artur Michel, Theaterkritiker der *Vossischen Zeitung*, verloren ihre Stellung und gingen ins Exil. Josef Lewitan hatte mit seinen Beiträgen zur sozialen Funktion der Kunst die Kontroverse über die Kollaboration der deutschen Tänzer mit dem Nationalsozialismus bestimmt.

Die exilierten Tänzer gingen in den 1930er Jahren in alle Teile Europas und der Welt. Sie wechselten oft mehrere Länder, bevor sie sich endgültig niederließen. Bekannte und in ihrer Karriere weit fortgeschrittene Tänzer wählten Länder, die günstige Strukturen für die Ausübung ihres Berufes boten. Nach → GROSSBRITANNIEN gingen das Jooss-Ballett, Pola Nirenska (über ihr Geburtsland Polen), Ruth Loeser (über Frankreich und Palästina), Gertrud Falke (nach kurzem Exil in Spanien und einem Rückkehrversuch nach Deutschland); nach → FRANKREICH gingen Tatjana Barbakoff, Leila Bederkhan, Gertrud Bodenwieser, Lisa Czobel (über England und Italien), Eugenia Eduardova und ihr Begleiter Josef Lewitan, Heinz Finkel, Viktor Gsovsky (über England), Ilse Larede, Elsa Lindenberg, Julia Marcus, Marianne Rosenbaum, Ludolf Schild, Werner Schuftan, Hella Tarnow und Hans Weidt (über die UdSSR); nach → SCHWEDEN Valentina Archipova (über Frankreich), Edgar Frank (über England); in die → SCHWEIZ gingen Jo Mihaly, Heinz Rosen (über England), Otto Zimmermann; nach → POLEN gingen Georg Groke und Ruth Abramowitsch; in die → SOWJETUNION gingen Annie Sauer und Nina Metzg; in die → VEREINIGTEN STAATEN VON AMERIKA gingen Ruth Anselm, Irmgard Bartenieff, Fred Coolemanns, Katia Delakova (über Österreich), Edwin Denby und seine Lebensgefährtin Cläre Eckstein (über die Schweiz), Lilian Espenak (über England), Valeska Gert (über England und Frankreich), Lotte Goslar (über die Tschechoslowakei), Elsa Kahl, Fritz A. Coheno (über England), Maria Ley-Piscator und Curt Sachs (über Frankreich), Artur Michel, Steffi Nossen, Eugenia Nikolaieva (über England), Hedi Tower und Hans Wiener. Viele Tänzer und Tänzerinnen gingen nach → PALÄSTINA, dem Ort einer neuen kulturellen und nationalen Identität, darunter Mia Arbatova, Katja Bakalinska (über Danzig), Bela Chason, Else Dublon (über die Schweiz und die USA), Lotti Huber, Gertrud Kraus, Elisheva Mona, Paula Padani (über Griechenland, Italien und Syrien), Mia Pick, Tile Rössler, Marianne Silbermann, Ada Trainin. Nach → ARGENTINIEN gingen Bruno Arno (über die Schweiz), Isolde Klietmann, Ida Meval und Otto Werberg; nach → MEXIKO gingen Ilonka Brody und Maian Pontan (über Frankreich); nach Kuba ging Claudia Wall und nach → INDIEN Hilde Holger (über Frankreich).

Der Krieg zwang eine Reihe von Tänzern zu erneuter Flucht. Trude Engelhardt ging nach Schweden; Elsa Lindenberg ging nach → NORWEGEN, Ilse Loesch nach Bulgarien. Eugenia Eduardova und Josef Lewitan flohen nach Marokko, Marianne Silbermann und Valentina Archipova nach → PALÄSTINA. Nach → AUSTRALIEN gingen Hilde Holger (über Kolumbien) sowie Gertrud Bodenwieser und ein Teil ihrer Truppe nach einer Tournee in Südamerika. Nach → KANADA ging Ruth Abramowitsch (über Südamerika); in die USA gingen Martin Gleisner, Hannah Kroner und Veronika Pataki. Margarethe Wallmann fand Zuflucht in Argentinien, Erika Milee in Paraguay, Ernst Uthoff in → CHILE.

Diejenigen, die in Europa blieben, hatten unter den Kriegsfolgen zu leiden oder, schlimmer noch, wurden Opfer des Holocaust. Kurt Jooss wurde in England, Hans Weidt zweimal, in Frankreich und in Algerien, wegen seiner Beteiligung an der Résistance, interniert. Die nach Frankreich geflüchtete Tatjana Barbakoff wurde, wie ihre in die → NIEDERLANDE emigrierten Kolleginnen Chassa Goldstein und Dora Gerson, deportiert und ermordet. Sasha Leontieff kam im KZ Mauthausen um. Hella Tarnow überlebte, nachdem sie vier Jahre in Gurs interniert war. Helen Rathé-Dainer konnte sich nach der Schließung des Jüdischen Kulturbundes von 1941 bis zum Kriegsende bei nichtjüdischen deutschen Freunden in Berlin verstecken.

Es gab schließlich eine Anzahl von Künstlern und Künstlerinnen, die das Schicksal der Exilierten teilten, deren Einstellung zum Hitlerregime aber widersprüchlich war. Zu ihnen gehörte Rudolf von Laban, einer der Hauptorganisatoren der nationalsozialistischen Massenchoreographien, der 1937 aufgrund eines internen Machtkampfes im Propagandaministerium „gezwungen" war, nach England zu gehen. Ein weiteres Beispiel ist Alexander von Swaine, der, zu Beginn des Zweiten Weltkrieges auf Tournee in

Asien, sich weigerte, nach Deutschland zurückzukehren, ohne je den geringsten Zweifel an seiner durch das Naziregime ermöglichten internationalen Karriere zuzulassen. Oder auch Aurel von Milloss, der sich nach dem Verlust seiner Stellung als Ballettmeister an der Düsseldorfer Tanzbühne nach einem Umweg über Ungarn in → ITALIEN niederließ, wo er unter Mussolini eine Phase intensiver künstlerischer Aktivitäten erlebte.

Das künstlerische Schicksal der Tänzer und Tänzerinnen war sehr unterschiedlich. Ein großer Teil konnte sich künstlerischen Gruppen, Unternehmungen und Institutionen der Emigration anschließen. In den USA waren dies neben der Zeitschrift *Aufbau*, für die Artur Michel schrieb, das Tanzstudio von Hanya Holm, eine Filiale Mary Wigmans in New York, an dem Else Dublon arbeitete, sowie der Dramatic Workshop der New School of Social Research unter der Leitung von Maria Ley-Piscator, an der Lotte Goslar inszenierte und auftrat, ferner der von Max Reinhardt ins Leben gerufene Workshop of Stage-Screen and Radio in Hollywood mit Veronika Pataki, das Kabarett „Beggar's Bar" von Valeska Gert und Kadidja Wedekind, schließlich das in Zürich 1933 gegründete Kabarett „Die Pfeffermühle" von Erika Mann, das 1938 (erfolglos) am Broadway auftrat und das Edwin Denby und Cläre Eckstein als Tänzer beschäftigte. Hannah Kroner tanzte für das Immigrant Jewish War Veterans in den → VEREINIGTEN STAATEN VON AMERIKA. Einige wenige Tänzer engagierten sich im antifaschistischen Kampf, wie Jo Mihaly mit ihrer Agitprop-Truppe Neuer Chor in der Schweiz, Hans Weidt in Frankreich im Rahmen der Kulturarbeit der KPF, Jenny Gerz und Ilse Loesch innerhalb der sozialistischen Theater- und Jugendorganisationen in der → TSCHECHOSLOWAKEI, oder Martin Gleisner, der sich in den → NIEDERLANDEN an der sozialistischen Gymnastikbewegung beteiligte. Andere Künstler integrierten sich in das künstlerische Leben des Gastlandes. In Paris bildeten die von ihrem Mäzen Rolf de Maré geleiteten Archives Internationales de la Danse und die Académie Raymond Duncan Treffpunkte, die offen für unterschiedliche Stilrichtungen waren. Tatjana Barbakoff, Heinz Finkel, Valeska Gert, Maria Ley-Piscator, Julia Marcus und Werner Schuftan beteiligten sich an den dort stattfindenden Veranstaltungen. Für diese und andere Künstler und Künstlerinnen war das Exil Ausgangspunkt fruchtbarer Begegnungen mit künstlerischen Strömungen des jeweiligen Gastlandes. Weitere Beispiele sind die Operninszenierungen Margarethe Wallmanns im Colon-Theater in Buenos Aires, die pädagogische Arbeit Viktor Gsovskys in seiner Pariser Schule oder die Welttourneen des Jooss-Balletts.

Die Darstellung des Exils kann nicht ohne einen Hinweis auf die Situation des Tanzes in Palästina abgeschlossen werden. Mehr noch als anderswo spielte die Tanzkunst hier eine wichtige Rolle für die Emigranten selbst und für das Gastland. Sie gab den Künstlern einen Lebenssinn und trug dazu bei, eine neue kulturelle Identität für „Eretz Israel" zu schaffen: In der Tanzkunst fand der Traum eines „neuen alten Landes" seinen Ausdruck. Die neu entstehenden Formen und Inhalte waren eine Synthese der europäischen Avantgardebewegung und der jüdischen Tradition. Der expressionistische Solotanz, der wegen fehlender Theater- und Tanzbühnen in alltäglichem Dekor getanzt wurde, erfuhr eine neue Blüte. Gertrud Kraus war eine der bekanntesten Vertreterinnen dieses Genres. Das romantische Ideal des Selbstausdrucks, das der moderne Tanz weiterentwickelt hatte, entsprach dem zionistischen Traum vom neuen Menschen jenseits religiöser Orthodoxie, befreit von der Drohung durch den Pogrom. Zur selben Zeit erfuhr der Volkstanz, der in den Kibbutzim praktiziert wurde, einen neuen Aufschwung. Beeinflußt von der durch Rudolf von Laban in den 1920er Jahren geschaffenen Amateurtanzbewegung, verkörperte er den Gemeinschaftssinn des erwachenden jüdischen Volkes. In den 1940er Jahren organisierten Lea Bergstein und Rivka Sturman die ersten Volkstanzfestivals. Die Entwicklung der choreographischen Formen war begleitet von einer Erneuerung der Inhalte. Die Tänzer und Tänzerinnen griffen auf die Quellen jüdischer Kultur zurück, wobei sie besonders an den jiddischen Traditionen Zentral- und Osteuropas und an der jemenitischen Folklore anknüpften (das jemenitische Ballett Rina Nikovas machte zwischen 1937 und 1939 zahlreiche Tourneen in Europa). Der Bezug zur Vergangenheit schuf einen neuen Tanzstil und war zugleich Mittel, um über den Verlust der Heimat, die Zerstörung der deutsch-jüdischen Synthese hinwegzuhelfen und die Grundlage für eine eigenständige Kultur zu legen, die sich von derjenigen der religiösen Diaspora unterschied.

Nach dem Krieg blieb die Mehrzahl der Tänzer und Tänzerinnen im Ausland. Viele hatten die Staatsbürgerschaft ihrer Gastländer angenommen, für einige dauerte das Exil in anderer Form an. Tänzer wie Yehudit Arnon, Dania Levin, Hassia Levy und Paula Padani kamen unmittelbar nach dem

Kriegsende mit dem Joint Distribution Comittee aus Palästina nach Europa und halfen den Überlebenden des Holocaust: Sie führten in den Lagern für „displaced persons" Schauspiele vor und gaben Tanztherapiekurse. Nur wenige Tanzkünstler kehrten in der Hoffnung, an die große Zeit des Tanzes der zwanziger Jahre anknüpfen zu können, nach Deutschland zurück: Bruno Arno, Lisa Czobel, Valeska Gert, Viktor Gsovsky, Lotti Huber, Kurt Jooss, Erika Milee und Heinz Rosen gingen in die BRD, Jenny Gerz, Ilse Loesch und Hans Weidt in die DDR. Den letzteren schloß sich Ende der 1950er Jahre Annie Sauer an, nachdem sie insgesamt 18 Jahre in sowjetischen Lagern verbracht hatte.

Obwohl die emigrierten Tänzer und Choreographen eine entscheidende Rolle bei der Verbreitung der modernen Tanzkunst spielten, wurde ihre Geschichte von der Öffentlichkeit und der Forschung kaum beachtet. Sie wurde verdeckt durch die Legende der „inneren Emigration", die die im Dritten Reich gebliebenen Künstler wirksam verbreitet hatten.

(Aus dem Französischen von Lutz Winckler.)

Literatur

Broder, Henrik, u. Eike Geisel (1992): Premiere und Pogrom. Der Jüdische Kulturbund, 1933–1941, Berlin.

Eshel, Ruth (1991): Dancing with the Dream. 1920–1964. The Development of Artistic Dance in Israel, Tel Aviv.

Gert, Valeska (1989): Ich bin eine Hexe. Kaleidoskop meines Lebens, München.

Guilbert, Laure (1998): Danses macabres. Parcours d'un art sous le nazisme, Brüssel.

Hirschbach, Denny, u. Rick Takvorian, Hrsg. (1990): Die Kraft des Tanzes. Hilde Holger, Bremen.

Hirschbach, Denny, u. Sonia Nowoselsky-Müller (1994): Zwischen Aufbruch und Verfolgung. Künstlerinnen der zwanziger und dreißiger Jahre, Bremen.

Hoffmann, Christine (1993): Deutschsprachige Ausdruckstänzerinnen und ihre Emigration, in: Tanzforschung 4, S. 43 ff.

Huber, Lotti (1990): Diese Zitrone hat noch viel Saft! Ein Leben, St. Gallen u. a.

Karina, Lilian, u. Marion Kant (1996): Tanz unterm Hakenkreuz, Berlin.

Müller, Hedwig, u. Patricia Stöckemann (1993): „... Jeder Mensch ist ein Tänzer". Ausdruckstanz in Deutschland zwischen 1900 und 1945, Gießen.

Tanzdrama-Magazin, hrsg. von der Mary-Wigman-Gesellschaft, Köln.

Wallmann, Margherita (1976): Les balcons du ciel, Mailand–Paris.

Weidt, Hans (1984): Jean Weidt. Auf der großen Straße. Erinnerungen, hrsg. von Marion Koch, Berlin.

Theater

Uwe Naumann

Rund 4000 deutschsprachige Theaterpraktiker wurden von der nationalsozialistischen Herrschaft ins Exil getrieben, schätzt die einschlägige Forschung (Hans 1986, S. 313). Das Theater in Deutschland, das in den Jahren der Weimarer Republik eine nie gekannte Blüte erlebt hatte, verlor durch den Exodus viele seiner namhaftesten und profiliertesten Künstler – Bühnenbildner wie Hein Heckroth und Teo Otto; Regisseure wie Gustav Hartung, Leopold Jessner, Leopold Lindtberg, Erwin Piscator, Max Reinhardt und Berthold Viertel; Schauspielerinnen und Schauspieler wie Albert Bassermann, Elisabeth Bergner, Curt Bois, Ernst Busch, Ernst Deutsch, Tilla Durieux, Therese Giehse, Alexander Granach, Fritz Kortner, Wolfgang Langhoff, Lotte Lenya, Carola Neher, Leonard Steckel und Helene Weigel.

Die exilierten Theaterkünstler fanden Zuflucht in über 40 Asylländern, und sie brachten dort mehr als 800 verschiedene Inszenierungen von Bühnenwerken zuwege (Hans 1986, S. 316 f.). Die letzte Zahlenangabe bedarf allerdings der Differenzierung, denn in die Statistik eingegangen sind auch manche Amateur- und Leseaufführungen: durchgeführt z. T. von Laien und Liebhabern, die jenseits ihres Brotberufes Kulturabende organisierten. Für das geistige Überleben im Exil waren solche Veranstaltungen von großer identitätsstiftender Bedeutung – jedoch eine relevante Arbeits- und Verdienstmöglichkeit für professionelle Theaterkünstler stellten sie in der Regel nicht dar. Die Zahl der Bühnenkünstler, die sich auch im Exil dauerhaft ihren Lebensunterhalt durch Theaterarbeit verdienen konnten, ist nach übereinstimmendem Urteil der Forschung eher klein gewesen; exakte quantifizierende Aussagen liegen bisher nicht vor.

„Ach, sie haben ihre Sprache verloren/Und der Zunge flinke Biegsamkeit,/Auszudrücken Glück und neues Leid/In der Melodie, in der sie nicht geboren", heißt es in Friedrich Hollaenders *Emigrantenballade*

(1939). Fritz Kortner hat in seinem Drama *Another Sun* die Nöte der exilierten Theaterkünstler eindrücklich ins Bild gesetzt: Die Hauptfigur ist ein ehemals prominenter deutscher Schauspieler, der im New Yorker Exil sein Geld mit dem Imitieren von Tierlauten beim Rundfunk verdient und sich mit Statusverlust, Isolation und Armut auseinandersetzen muß. Die Uraufführung von *Another Sun*, die unter Mitwirkung vieler exilierter Darsteller im Februar 1940 am Broadway in englischer Sprache stattfand, war wiederum selbst ein Mißerfolg, obwohl die berühmte amerikanische Journalistin Dorothy Thompson als Mitautorin firmierte. Das stark dialogorientierte Drama Kortners, dessen Nebenfiguren weitere typische Emigrantenschicksale vorführen, entsprach zu wenig den Erwartungen des US-Publikums, das an eine geschlossene, spannungsbetonte Bühnenhandlung gewöhnt war (Wächter 1973, S. 160 ff.). Neben dem Sprachproblem als größter Barriere waren die exilierten Theaterkünstler eben auch mit den oft fremden ästhetischen Normen und ungewohnten Strukturen des Kulturbetriebs ihrer Gastländer konfrontiert.

Nur einer kleinen Minderheit von Theaterleuten gelang im Exil die Integration ins kulturelle Leben eines fremdsprachigen Asyllandes; am ehesten war dies noch beim Film möglich (→ Film). Ein Großteil der Aktivitäten des Exiltheaters fand vielmehr – freiwillig oder gezwungenermaßen – im Rahmen einer deutschsprachigen Subkultur statt, die sich partiell oder überwiegend aus Mitemigranten rekrutierte. Daß folglich das Publikum zahlenmäßig recht beschränkt war, gehörte zu den Gegebenheiten des Exiltheaters; daß zudem die Zusammensetzung der Zuschauer oft heterogen war, hatte besondere Folgen – denn meist war ein Teil der Besucher mehr an Unterhaltung denn an politischer Aufklärung interessiert. Dies erklärt, warum Exiltheater nicht immer „Theater gegen Hitler", sondern streckenweise nur „Theater ohne Hitler" sein konnte (Philipp 1996, S. 13).

Was – unter diesen Voraussetzungen und trotz oft widrigster Umstände – von Theaterleuten im Exil geleistet wurde, verdient ohne Zweifel höchste Bewunderung. Die Forschung hat inzwischen viele wichtige Zentren des Exiltheaters in Einzelstudien untersucht; auch liegen etliche Werkbiographien von herausragenden Regisseuren und Schauspielern vor. Ein unmittelbar vor dem Abschluß stehendes Handbuch des Exiltheaters, das unter Federführung von Werner Mittenzwei, Henning Rischbieter, Hansjörg Schneider und Frithjof Trapp entsteht, soll die verstreuten Untersuchungsergebnisse erstmals bündeln und bilanzieren. Ein zweiter Band, bearbeitet von Bärbel Schrader und Dieter Wenk, wird lexikalisch rund 2 500 Biographien von verfolgten und exilierten deutschsprachigen Theaterkünstlern dokumentieren. Die künftige Arbeit dürfte damit auf neue Grundlagen gestellt werden.

In den ersten Jahren nach Hitlers Machtantritt hatte die Theatertätigkeit der Exilierten ihren Schwerpunkt in den europäischen Nachbarländern Deutschlands. Die Strategien des Überlebens waren vielfältig. Man gründete Spieltrupps, oft in der Tradition des Arbeitertheaters bzw. der Agitprop-Bewegung, so z. B. das „Studio 1934" oder das von Louis Fürnberg geleitete „Echo von links", die beide in der → Tschechoslowakei agierten. Es entstanden Kabarett-Ensembles – wie Erika Manns „Pfeffermühle", die zwischen 1933 und 1936 rund 1 000 Vorstellungen in der → Schweiz, in den → Niederlanden, der → Tschechoslowakei und in → Luxemburg absolvierte, und das „Ping Pong" um Curt Bry und Kurt Egon Wolff, das 1934/35 in zahlreichen Städten der Niederlande auftrat. Oder man bemühte sich um Engagements bei Tourneebühnen und Stadttheatern in deutschsprachigen Gebieten Europas.

Welche Odyssee das oft bedeutete, mögen exemplarisch ein paar Angaben aus der Vita des Schauspielers und Regisseurs P. Walter Jacob verdeutlichen: im März 1933 Entlassung bei den Städtischen Bühnen Essen; 1933/34 zunächst in Amsterdam, dann in Paris als Journalist und Privatlehrer tätig; 1934–36 Mitglied der Gastspielbühne „Die Komödie" in Luxemburg; im Sommer 1935 zusätzlich Regisseur bei den Echternacher Festspielen; 1936–38 Engagement am Stadttheater von Teplitz-Schönau; im Sommer 1937 zur Überbrückung der spielfreien Zeit Regietätigkeit beim Kurtheater in Piešťany; im Herbst 1938 schließlich Abschied von Europa und Überfahrt nach → Argentinien, wo Jacob 1940 die Freie Deutsche Bühne eröffnete (die er dann zehn Jahre leitete). Erst in seinem fünften Exilland also fand Jacob eine längerfristige berufliche Perspektive.

Die vertriebenen Theaterkünstler waren von großen Teilen ihres angestammten Publikums abgeschnitten; dies blieb ihr Hauptproblem. Selbst bei herausragenden Ereignissen wie den Uraufführungen von Bertolt Brechts Stücken *Die Gewehre der Frau Carrar* und *Furcht und Elend des Dritten Reiches*, die im Oktober 1937 bzw. im Mai 1938 unter dem Patronat des Schutzverbandes deutscher Schriftsteller im Exil (→ Kulturelle Organisationen) in Paris stattfanden, reichte die Zuschauernachfrage nur für zwei oder drei Vorstellungen. Die Versuche von Exilierten, in den dreißiger Jahren ein dauerhaftes Ensembletheater mit antifaschistischem Grundtenor zu etablieren, scheiterten in der Regel – zum Beispiel Slatan Dudows Pläne, in Paris eine Art Wanderbühne der Emigration mit Helene Weigel als zentraler Gestalt zu gründen (Wächter 1973, S. 52 ff.).

Zur bedeutendsten Ausnahme avancierte ein Privattheater in der → SCHWEIZ: das Zürcher Schauspielhaus. Diese Bühne, vor 1933 eher von provinziellem Niveau, wurde zum Sammelbecken exilierter Schauspieler und Regisseure und ermöglichte zwischen 1933 und 1945 ein zeit- und gesellschaftskritisches Theater von hoher Qualität. Viele wichtige Exildramen wurden hier uraufgeführt, darunter die Brecht-Stücke *Mutter Courage und ihre Kinder*, *Leben des Galilei* und *Der gute Mensch von Sezuan*, Ferdinand Brückners *Die Rassen*, Georg Kaisers *Der Soldat Tanaka* und *Zweimal Amphitryon*, Else Lasker-Schülers *Arthur Aronymus und seine Väter*, Carl Zuckmayers *Bellman*. Zum Ensemble gehörten Schauspieler wie Maria Becker, Mathilde Danegger, Therese Giehse, Ernst Ginsberg, Wolfgang Heinz, Kurt Horwitz, Erwin Kalser, Wolfgang Langhoff, Karl Paryla und Leonard Steckel (von denen einige auch inszenierten), dazu die Regisseure Gustav Hartung und Leopold Lindtberg und der Bühnenbildner Teo Otto. Die Arbeit des Zürcher Schauspielhauses, die kontinuierlich während der gesamten Zeit der Nazi-Herrschaft durchgeführt werden konnte, gilt als der gewichtigste Beitrag des deutschsprachigen Exils zur Theatergeschichte überhaupt (Mittenzwei 1979, S. 14).

Vereinzelt kam es auch an anderen schweizerischen Bühnen – zum Beispiel dem Stadttheater Basel – zu Engagements von exilierten Künstlern aus Deutschland, doch entstand daraus nirgends ein programmatisches Profil wie in Zürich. Noch krasser war die Situation im Nachbarland Österreich. Die theoretische Möglichkeit, daß dort – bis zum „Anschluß" 1938 – Bühnenkünstler aus Deutschland in größerer Zahl hätten Arbeit finden können, wurde im sog. Ständestaat Schuschniggs nicht realisiert. So gut wie kein namhafter Exilierter bekam an einem der größeren Theater Österreichs eine Anstellung (Hans 1986, S. 319). Anders reagierten lediglich die Kleinkunstbühnen Wiens wie das „ABC", die „Literatur am Naschmarkt", „Der Liebe Augustin" und „Die Stachelbeere", bei denen Hitler-Flüchtlinge willkommen waren und mitwirkten. Auch beim Kabarett „Cornichon" in der Schweiz war dies der Fall.

Besondere Bedingungen galten für das Exil in der → SOWJETUNION. Einerseits fanden dort nur politisch linksstehende Exilierte Aufnahme, fast ausnahmslos Mitglieder und Sympathisanten der Kommunistischen Partei. Andererseits gab es einen hohen deutschsprachigen Bevölkerungsanteil (Schätzungen sprechen von 1,5 Millionen Sowjetdeutschen, davon allein 600 000 in der Wolgadeutschen Republik; Wächter 1973, S. 108), und Kulturaktivitäten wurden staatlicherseits forciert gefördert als Beitrag zum revolutionären Aufbau des Landes. Im Herbst 1933 konstituierte sich in Moskau das Deutsche Theater „Kolonne links", dessen künstlerische Leitung Gustav von Wangenheim übernahm und das ausschließlich aus Exilierten bestand. Auch bei Bühnen wie dem Deutschen Gebietstheater Dnepropetrowsk und dem Deutschen Kollektivistentheater Odessa spielten antifaschistische Emigranten eine führende Rolle. Beim Deutschen Staatstheater in Engels, der Hauptstadt der Wolgadeutschen Republik, gab es sogar den ambitionierten Plan, unter Erwin Piscators Leitung eine Art sozialistisches deutsches Nationaltheater im Exil zu gründen („Engels"-Projekt; Haarmann u.a. 1975); doch das Vorhaben wurde nicht realisiert. Ab 1936 wurden die Theateraktivitäten deutscher Antifaschisten in der Sowjetunion zunehmend erschwert – der eskalierende stalinistische Terror hatte Ausweisungen, Inhaftierungen und Deportationen zur Folge. Viele Einzelheiten dieser Entwicklung sind noch immer unerforscht. Das prominenteste Opfer unter den deutschen Bühnenkünstlern war Carola Neher, die nach sechsjähriger Haft in verschiedenen sowjetischen Gefängnissen 1942 elend umkam.

Als Sonderfall muß auch → PALÄSTINA gelten: Dort war Deutsch als „Hitlersprache" verpönt, und die Theater spielten fast ausschließlich in hebräischer Sprache. Den eingewanderten Bühnenkünstlern aus Europa blieb folglich keine andere Wahl, als sich eine neue Sprache anzueignen. Einer begrenzten Zahl von Schauspielern und Regisseuren gelang diese Assimilation; sie fanden bei Bühnen wie der „Habimah", dem „Ohel" und den Tel Aviver Kammerspielen eine neue künstlerische Heimat. Darüber hinaus gab es einzelne spektakuläre Gastspiele: So inszenierte Leopold Lindtberg 1934 Friedrich Wolfs *Professor Mannheim* (*Professor Mamlock*), und Leopold Jessner führte 1936 Regie bei hebräischen Inszenierungen des *Wilhelm Tell* und des *Kaufmann von Venedig*. Zum überwiegenden Teil aber blieb Exiltheater in Palästina ein spezieller Fall von Akkulturation: „Die Kunstdiktatoren des 'Dritten Reiches' ... haben ungewollt mit der großen Künstlervertreibung aus Deutschland dem Theater in Palästina, im Pionierland der jüdischen Heimkehr, wertvollen Zuwachs gebracht" (Erich Gottgetreu in Huder 1973, S. 23).

Die faschistischen Annexionen des Jahres 1938 und der Beginn des Zweiten Weltkriegs veränderten grundlegend die Voraussetzungen für das Theater der Exilierten. Es gab neuen Zustrom durch Bühnenkünstler, die aus Österreich und anderen annektierten bzw. eroberten Gebieten flüchteten. Und es bildeten sich, bedingt durch die neuerliche Vertreibung, Exilzentren heraus in europäischen Staaten, die zuvor als Asylländer eine eher untergeordnete Rolle gespielt hatten. So entwickelten sich in → SCHWEDEN („Freie Bühne" in Stockholm) und vor allem in → GROSSBRITANNIEN („Kleine Bühne" und „Laterndl", beide London) Klubtheater-Aktivitäten, wie sie für diese neue Phase des Exils typisch wurden.

Der Schwerpunkt des Exiltheaters aber verlagerte sich in außereuropäische Fluchtländer. Dort, mit der gewachsenen Entfernung von der Heimat und angesichts einer als fremd empfundenen Umwelt, wuchs bei vielen Emigranten das Bedürfnis, sich der eigenen Herkunft zu versichern und durch den Besuch kultureller Veranstaltungen ein kleines Stück Kontinuität zu wahren. Deutschsprachiges Theater oder Kabarett gab es während des Zweiten Weltkriegs in Shanghai (→ OSTASIEN) und in Mexiko-Stadt zu sehen, in Buenos Aires und in Montevideo, in → AUSTRALIEN, Bolivien, Venezuela (→ LATEINAMERIKA), → CHILE – die Liste ließe sich verlängern. Teils gehörten die Theateraktivitäten zum Programm von kulturell-politischen Vereinigungen des Exils (wie dem Heinrich-Heine-Klub in → MEXIKO, wo neben einzelnen Theaterabenden auch Vorträge, Lesungen, musikalische Darbietungen und Filme geboten wurden), teils wurden sie veranstaltet von professionell arbeitenden Gruppen exilierter Künstler (wie der Freien Deutschen Bühne in → ARGENTINIEN, die einen festen Spielplanbetrieb zu errichten verstand mit zwei bis drei Vorstellungen pro Woche und auf diese Weise einem Ensemble von gut einem Dutzend Mitwirkenden ein berufliches Auskommen ermöglichte; Koch/Trapp 1991, S. 118 ff.). Über manche Exilzentren stehen eingehende Untersuchungen noch immer aus; wie überraschend vielfältig zum Beispiel das Kulturleben in der wenig beachteten Shanghai-Emigration war, die rund 20 000 Hitler-Flüchtlinge umfaßte, wurde erst in allerjüngster Zeit durch eine Studie deutlich gemacht (Philipp 1996).

Ein umfangreiches Kapitel für sich ist die Geschichte des Exiltheaters in den → VEREINIGTEN STAATEN VON AMERIKA. Nach Schätzungen fanden dort rund 1 000 deutschsprachige Bühnenkünstler aus Europa Zuflucht (Huder 1973, S. 31). Ihre Aktivitäten konzentrierten sich auf New York einerseits, Los Angeles andererseits. Es gab eine keinem anderen Asylland vergleichbare Vielzahl von Theaterprojekten, Spielgruppen und kulturellen Veranstaltungen; etliche Initiativen existierten allerdings nur kurzfristig und ohne größere Wirkung erzielen zu können. Das gänzlich anders als in Europa strukturierte Theatersystem erwies sich häufig als kaum überwindbares Hindernis für die Exilierten. Zudem war in den USA die Erwartung, daß Neuankömmlinge sich als Immigranten verhielten, also zu schneller Assimilation und Integration bereit sein sollten, besonders ausgeprägt; Theaterkünstler gerieten folglich unter den Druck, die Sprache des Gastlandes zu übernehmen.

Wie schwer ein Transfer ihrer ästhetischen Konzepte und Erfahrungen in die USA war, mußten viele namhafte exilierte Künstler erleben. Der im Berlin der zwanziger Jahre gefeierte Leopold Jessner inszenierte 1939 in Hollywood mit den „Continental Players", einem Ensemble ausschließlich aus Hitler-Flüchtlingen, eine englische Version des *Wilhelm Tell*; doch obwohl ein stattliches Budget zur Verfügung stand und hervorragende Schauspieler wie Ernst Deutsch und Alexander Granach mitwirkten, blieb der Erfolg aus – das antirealistische, für amerikanisches Publikum befremdliche Regiekonzept Jessners trug dazu ebenso bei wie das sehr unterschiedliche englische Sprachvermögen der Darsteller. Auch Erika Manns „Pfeffermühle", die Anfang 1937 in New York als „Peppermill" einen Neuanfang versuchte, scheiterte nach nur wenigen Vorstellungen. Andere Unternehmungen hielten dagegen bewußt am Anspruch eines deutschsprachigen Exiltheaters fest: z. B. Walter Wicclairs Freie Bühne in Los Angeles; die von Ernst Lothar in New York gegründete Österreichische Bühne; die Tribüne für freie deutsche Literatur und Kunst in Amerika, bei deren Leseaufführungen Berthold Viertel Regie führte; auch das Kabarett der Komiker, das unter Leitung von Kurt Robitschek ab 1938 am Broadway spielte.

Eine Ausnahmeerscheinung war Max Reinhardt. Er hatte schon vor 1933 mit Gastspielen in den USA Triumphe gefeiert und konnte an diese Popularität zunächst anknüpfen. 1934 inszenierte er in der Hollywood Bowl mit englischen und amerikanischen

Schauspielern Shakespeares *A Midsummer Night's Dream* als Eröffnung der Kalifornischen Festspiele. Anfang 1937 brachte er nach mehrjähriger Vorbereitung im eigens dafür umgebauten Manhattan Opera House die Uraufführung von Franz Werfels Drama *The Eternal Road* heraus, mit der Musik von Kurt Weill; die gigantische Theatershow mit biblischer Thematik wurde ein spektakulärer Erfolg, die dennoch wegen der enormen laufenden Kosten nach fünf Monaten vom Spielplan abgesetzt werden mußte. Auch Reinhardt kollidierte zunehmend mit den kommerziell ausgerichteten Strukturen des amerikanischen Theaters. Seinem Versuch, mit dem 1938 in Hollywood eröffneten Max Reinhardt Workshop of Stage, Screen and Radio eine Schule für einen europäisch geprägten Bühnenstil zu etablieren, war nur ein begrenzter Erfolg beschieden.

Nachhaltigere Wirkung als Theaterpädagoge hatte Erwin Piscator. Mit dem von ihm über zehn Jahre geleiteten, Anfang 1940 eröffneten Dramatic Workshop an der New School for Social Research in New York ist Piscator „der Erzieher einer ganzen Bühnengeneration" amerikanischer Künstler geworden, urteilt Hans Sahl (Huder 1973, S. 30). Zu den Schülern dieser Theaterakademie, an der auch andere Exilierte wie Carl Zuckmayer, Hans J. Rehfisch und Hanns Eisler unterrichteten, gehörten viele spätere Stars wie Marlon Brando, Walter Matthau, Harry Belafonte, Tony Curtis und die Begründer des Living Theatre Judith Malina und Julian Beck. Die Off-Broadway-Bühnen erhielten von Piscators Arbeit wichtige Impulse. Er selbst konnte an den zum Workshop gehörenden Theatern eine Reihe bedeutender Inszenierungen in englischer Sprache realisieren.

Das Theater im Exil der Jahre 1933 bis 1945 ist ein komplexes, vielschichtiges Phänomen, das sich gegen knappe kursorische Überblicksdarstellungen sperrt. Es umfaßt Bereiche, die aus gängigen Kategorien und Rubriken offenkundig herausfallen (dies gilt z. B. für die kulturellen Aktivitäten von Häftlingen in den Internierungslagern einiger Asylländer während der frühen Kriegszeit). Und es ist in vielen Einzelheiten nur schwer rekonstruierbar – einerseits wegen des transitorischen Charakters jeder Bühnenkunst, andererseits wegen der buchstäblich weltweiten geographischen Verstreutheit seiner Protagonisten, von denen zudem viele in den Ländern ihrer Herkunft unbekannt waren und geblieben sind. Jeder nachgeborene Chronist ist dadurch in der Gefahr, sich zu sehr von prominenten Namen leiten zu lassen, was bedeutet: untypische Schicksale in den Vordergrund zu rücken und fragwürdige Gewichtungen vorzunehmen.

Versucht man ungeachtet dieser Einschränkungen Leistung und Verdienst des Exiltheaters zu bilanzieren, so lassen sich – Jan Hans folgend – drei Aspekte festhalten (Hans 1986, S. 323). Exiltheater hat erstens vielen Bühnenkünstlern eine bescheidene Möglichkeit eröffnet, in den Jahren ihrer Vertreibung im erlernten Beruf zu arbeiten. Es hat zweitens einigen Anteil an der Selbstbehauptung der Exilierten, an der Zusammenführung ihrer Kräfte und am Ausbau des organisatorischen Zusammenhalts in den Exilzentren gehabt. Und es hat drittens dazu beigetragen, die Tradition des deutschsprachigen zeit- und gesellschaftskritischen Theaters zu konservieren – im Hinblick auf das Repertoire wie auch in bezug auf den Darstellungsstil. Ein vierter Aspekt wäre zu ergänzen: Exiltheater hat in den Gastländern daran mitgewirkt, über die Vorgänge im faschistisch beherrschten Deutschen Reich aufzuklären und von der Existenz eines „anderen Deutschland" Zeugnis abzulegen. Dagegen war den vertriebenen Theaterkünstlern eine Weiterentwicklung der Avantgarde, die im Ausgang der Weimarer Republik eine erstaunliche Formenvielfalt und ein historisch einmaliges Diskussionsniveau erreicht hatte, unter den Bedingungen des Exils kaum möglich.

Nach Kriegsende ist ein Großteil zumindest der namhafteren exilierten Bühnenkünstler in die deutschsprachigen Herkunftsländer zurückgekehrt. Den meisten gelang eine „Heimkehr fast ohne Hindernisse" (Mertz 1990, S. 251) – im Unterschied zu vielen Schriftstellern des Exils. Das deutschsprachige Theater der Nachkriegszeit ist ohne die Remigranten kaum zu denken: so wurden etwa Fritz Kortner, Erwin Piscator, Kurt Horwitz, Therese Giehse und Ernst Deutsch in der BRD, Wolfgang Langhoff, Wolfgang Heinz, Gustav von Wangenheim, Ernst Busch und Helene Weigel in der DDR, Berthold Viertel, Karl Paryla und Ernst Häussermann in Österreich zu herausragenden, prägenden Persönlichkeiten des Kulturlebens. Doch etliche Karrieren verliefen nur auf den ersten Blick reibungslos. Es gibt zahlreiche Beispiele für gegenläufige Tendenzen: Kortner wurde niemals die Leitung eines Theaters anvertraut, Piscator erst im Jahre 1962; Langhoff hat man in Ostberlin zunächst hochdekoriert, dann politisch gedemütigt und ins Abseits gestellt; Viertel sah sich in Wien als „Kommunistenfreund" verunglimpft, weil er mit Brecht zusammenarbeitete und Sean O'Casey inszenierte. Die Wahrheit steckt wie stets im Detail. Für die Forschung bleibt daher die präzise Rekonstruktion der individuellen Biographien exilierter Theaterleute, einschließlich ihrer Lebenswege nach 1945, weiterhin ein Desiderat. Dabei sollte die Beschränkung des Blickwinkels auf einen engen Kreis prominenter Namen vermieden werden; zu einer wirklich umfassenden Sozialgeschichte des deutschsprachigen Exiltheaters fehlen noch immer viele Bausteine.

Literatur

Bachmann, Dieter, u. Rolf Schneider, Hrsg. (1987): Das verschonte Haus. Das Zürcher Schauspielhaus im Zweiten Weltkrieg, Zürich.
Berghaus, Günter, Ed. (1989): Theatre and Film in Exile. German Artists in Britain 1933–1945, Oxford u.a.
Boeser, Knut, u. Renata Vatková, Hrsg. (1986): Erwin Piscator. Eine Arbeitsbiographie in 2 Bänden, Berlin.
Budzinski, Klaus, u. Reinhard Hippen (1996): Metzler Kabarett Lexikon, Stuttgart–Weimar.
Cofalka, Ute, u. Beat Schläpfer, Red. (1987): Fluchtpunkt Zürich. Zu einer Stadt und ihrem Theater. Schauplätze der Selbstbehauptung und des Überlebens 1933–1945, Zürich.
Diezel, Peter (1978): Exiltheater in der Sowjetunion 1932–1937, Berlin.
Fuhrich-Leisler, Edda, u. Gisela Prossnitz (1976): Max Reinhardt in Amerika, Salzburg.
Haarmann, Hermann, Lothar Schirmer u. Dagmar Walach (1975): Das „Engels"-Projekt. Ein antifaschistisches Theater deutscher Emigranten in der UdSSR (1936–1941), Worms.
Hans, Jan, Red. (1976): Deutsche Theaterleute im amerikanischen Exil, Hamburg.
Hans, Jan (1986): Exiltheater, in: Brauneck, Manfred, u. Gérard Schneilin, Hrsg.: Theaterlexikon. Begriffe und Epochen, Bühnen und Ensembles, Reinbek, S. 316 ff.
Hippen, Reinhard (1986): Satire gegen Hitler. Kabarett im Exil, Zürich.
Huder, Walter, Hrsg. (1973): Theater im Exil 1933–1945, Berlin.
Jauslin, Christian, u. Louis Naef, Hrsg. (1989): Ausgangspunkt Schweiz. Nachwirkungen des Exiltheaters, Willisau.
Keiser-Hayne, Helga (1995): Erika Mann und ihr politisches Kabarett „Die Pfeffermühle" 1933–1937. Texte, Bilder, Hintergründe, Reinbek.
Kirfel-Lenk, Thea (1984): Erwin Piscator im Exil in den USA 1939–1951. Eine Darstellung seiner antifaschistischen Theaterarbeit am Dramatic Workshop der New School for Social Research, Berlin.
Koch, Edita, u. Frithjof Trapp, Hrsg. (1991): Exiltheater und Exildramatik 1933–1945. Tagung der Hamburger Arbeitsstelle für deutsche Exilliteratur, Maintal.
Kühn, Volker, Hrsg. (1989): Deutschlands Erwachen. Kabarett unterm Hakenkreuz 1933–1945, Weinheim–Berlin.
Lause, Beate, u. Renate Wiens (1991): Theaterleben. Schauspieler erzählen von Exil und Rückkehr, Frankfurt a.M.
Mertz, Peter (1990): Das gerettete Theater. Die deutsche Bühne im Wiederaufbau, Weinheim–Berlin.
Mierendorff, Marta, u. Walter Wicclair (1989): Im Rampenlicht der „dunklen Jahre". Aufsätze zum Theater im „Dritten Reich", Exil und Nachkrieg, Berlin.
Mittenzwei, Werner (1979): Das Zürcher Schauspielhaus 1933–1945 oder Die letzte Chance, Berlin.
Mitteilungen des Instituts für Wissenschaft und Kunst 40 (1985), Heft 1–2: Kabarett und Satire im Widerstand 1933–1945, Red. Siglinde Bolbecher u.a., Wien.
Naumann, Uwe (1983): Zwischen Tränen und Gelächter. Satirische Faschismuskritik 1933 bis 1945, Köln.
Naumann, Uwe, Hrsg. (1985): Ein Theatermann im Exil: P. Walter Jacob, Hamburg.
Philipp, Michael (1996): Nicht einmal einen Thespiskarren. Exiltheater in Shanghai 1939–1947, Hamburg.
Pohle, Fritz (1989): Emigrationstheater in Südamerika abseits der „Freien Deutschen Bühne", Hamburg.
Roessler, Peter, u. Konstantin Kaiser, Hrsg. (o.J.): Dramaturgie der Demokratie. Theaterkonzeptionen des österreichischen Exils, Wien.
Schirmer, Lothar, Hrsg. (1979): Theater im Exil 1933–1945. Ein Symposium der Akademie der Künste, Berlin.
Schneider, Hansjörg (1979): Exiltheater in der Tschechoslowakei 1933–1938, Berlin.
Wächter, Hans-Christof (1973): Theater im Exil. Sozialgeschichte des deutschen Exiltheaters 1933–1945, München.

Verlage

Dieter Schiller

Mit dem Kampf Davids gegen Goliath hat Wieland Herzfelde (Herzfelde 1937) das Bemühen von Verlegern verglichen, sich gegen die gleichgeschalteten Verlags-, Druck- und Vertriebsapparate im Dritten Reich durchzusetzen und der in Nazideutschland verbotenen oder unerwünschten Literatur Existenzmöglichkeiten außerhalb der Reichsgrenzen zu verschaffen. Freilich wäre die Vorstellung reines Wunschdenken gewesen, den Riesen besiegen oder gar niederstrecken zu können, wie das biblische Bild nahelegte. Es bedeutete schon viel, wenn – vom reichsdeutschen Buchmarkt ausgeschlossen – deutschsprachigen Büchern exilierter Autoren ein Zugang zur Öffentlichkeit, zur schwer kalkulierbaren und schwindenden Leserschaft offengehalten werden konnte. Das geschäftliche Risiko der Verleger war hoch, denn die potentielle Leserschaft mußte in vielen Ländern gefunden werden und war meist wenig zahlungskräftig, zentrale Auslieferungsstellen fehlten und hohe Preise bei geringen Verdienstspannen der Buchhändler boten wenig finanziellen Anreiz, sich für diese Bücher einzusetzen (Kunoff 1973, S. 183). Es bedurfte eines ungewöhnlichen moralischen und politischen Engagements der „Helfer im Hintergrund" (Walter 1965, S. 121, 132), um solch widrigen Umständen zu trotzen. Gesellschaftliche Lage und die jeweiligen Asylbedingungen in den Gastländern sorgten für weitere Schwierigkeiten.

Der kommunistische Verleger Wieland Herzfelde, Inhaber des Malik-Verlags in Berlin, hatte bei seiner Flucht aus Nazideutschland Vermögen und Lagerbestände seines Unternehmens zurücklassen müssen. Doch gelang es ihm, seine verlegerische Arbeit in Prag weiterzuführen, die – von Parteifreunden zuweilen mit Mißtrauen verfolgt – auf eine parteiübergreifende antifaschistische Linke zielte. Seine erste Veröffentlichung im Exil war Rudolf Oldens *Hitler der Eroberer* (1933), im Druckvermerk wurde Berlin weiterhin als Verlagssitz genannt. Im September 1933 erschien die von Herzfelde redigierte literarisch-politische Monatsschrift *Neue Deutsche Blätter* (September 1933–August 1935) als Publikation eines fiktiven Faust-Verlags, weil der Berliner Verlag für erloschen erklärt worden war. Der Verleger Herzfelde hatte in der → TSCHECHOSLOWAKEI zwar Asylrecht, durfte aber keinen Verlag gründen. So mußte er den offiziellen Verlagssitz – er bestand nur aus einem Messingschild (Der Malik-Verlag 1916–1947 1971, S. 47) – nach London verlegen, wo zwar eine Verlagsgründung möglich war, aber kein Asylrecht gewährt wurde. Die Prager Verlagsleitung firmierte als Filiale des Londoner Unternehmens. Im Malik-Verlag erschienen 20 Bücher exilierter Autoren, unter ihnen Willi Bredels *Die Prüfung* (Prag 1935) und Oskar Maria Grafs *Der Abgrund* (London 1936). Größtes Projekt war eine Brecht-Ausgabe, die freilich nicht zu Ende geführt werden konnte. Denn zwei bereits gesetzte Bände fielen nach dem Münchner Abkommen im Spätherbst 1938 in die Hände der ins Sudetengebiet einrückenden Nationalsozialisten (Faure 1992, S. 362). Herzfelde mußte wieder fliehen, diesmal in die Vereinigten Staaten.

Exilverlage waren politisch wie finanziell gefährdete Unternehmen. Von den mehr als 800 bekannten Verlagen, die weltweit Werke der deutschsprachigen Exilliteratur veröffentlicht haben, konnten über 400 nur ein einziges, etwa 50 mehr als zehn und lediglich sechs mehr als 50 Bücher herausbringen (Hermsdorf 1981, S. 105). Verstehen wir unter Exilverlagen deutschsprachige Verlage, die von Emigranten gegründet oder geleitet wurden oder in deren Produktion Exilschriften einen größeren Raum einnahmen, so müssen auch eingesessene Verlagshäuser einbegriffen werden, die Werke deutscher Emigranten in ihr Verlagsprogramm aufgenommen haben. In der Tschechoslowakei waren das der Verlag Julius Kittls Nachf. in Mährisch-Ostrau, der mehr als 20 belletristische Titel der Exilliteratur verlegte, sowie der Michael Kácha-Verlag in Prag, der zu Neujahr 1935 sogar eine erste Bibliographie der Exilliteratur herausbrachte (Halfmann 1969, S. 204, 214, 226).

Doch nicht die Tschechoslowakei mit ihrer großen deutschsprachigen Minderheit, sondern die → NIEDERLANDE wurden zum eigentlichen Zentrum des Verlagswesens für deutsche Exilliteratur zwischen 1933 und 1940 (Hermsdorf 1981, S. 108). Das ist vor allem das Verdienst der Amsterdamer Verlagshäuser Querido und Allert de Lange. Die Verlagsinhaber, der Sozialdemokrat Emanuel Querido und der eher konservativ eingestellte Gerard de Lange, boten Mitarbeitern des Berliner Kiepenheuer-Verlags die Chance, gestützt auf die niederländischen Unternehmen, im Exil verlegerisch tätig zu werden. Hauptmotiv war dabei nicht der geschäftliche Profit, auch wenn auf ausgeglichene Bilanzen Wert gelegt wurde, sondern Veröffentlichungsmöglichkeiten für vertriebene Autoren zu schaffen (Kunoff 1973, S. 187). Querido gründete im Frühjahr 1933 einen deutschen Verlag, dessen Teilhaber und zugleich literarischer Leiter Fritz H. Landshoff war. Der Querido Verlag wurde zum bedeutendsten Exilverlag, Bücher wie Heinrich Manns *Der Haß*, Ernst Tollers *Eine Jugend in Deutschland*, Lion Feuchtwangers *Geschwister Oppenheim* und Anna Seghers' *Der Kopflohn* – alle 1933 erschienen – demonstrierten von Anfang an sein radikaldemokratisches und linksliberales Profil (Walter/Ochs 1985, S. 62). Hier erschienen 124 Bücher und eine literarische Zeitschrift *Die Sammlung* (September 1933–August 1935), die unter der Redaktion von Klaus Mann – der auch als Lektor und literarischer Berater tätig war – Sprachrohr für antinazistische Autoren aller politischen Richtungen sein sollte (Landshoff 1991, S. 44). Der Querido Verlag war belletristisch ausgerichtet, stofflich in der Gegenwart angesiedelte wie historische Romane von Heinrich Mann, Lion Feuchtwanger, Klaus Mann, Vicky Baum, Joseph Roth, Alfred Döblin, Irmgard Keun, Gustav Regler, Arnold Zweig und Anna Seghers bestimmten den Charakter seiner Buchproduktion. Doch auch politisch-analytische und historische Essayistik wurde gepflegt. Bei Querido erschienen von Arnold Zweig sowohl seine essayistische *Bilanz der deutschen Judenheit* 1933 als auch die Fortsetzungen seines epischen Weltkriegszyklus, von Alfred Döblin die Aufsätze über *Flucht und Sammlung des Judenvolks* wie seine Exilromane. Verschiedene Positionen sollten das Wort erhalten, neben politischen Essays von Leopold Schwarzschild und Konrad Heiden stand als Gegenpol Lion Feuchtwangers Reisebericht *Moskau 1937* (1937), an dem sich die Geister schieden. Zeitgeschichte wurde in Alfred Kerrs Erinnerungen an Walter Rathenau und den politisch-biographischen Essays von Emil Ludwig vermittelt. Seriöse Geschichtspublizistik boten Valeriu Marcu, Kurt Kersten und Ludwig Marcuse mit Büchern über die Vertreibung der Juden aus Spanien, Peter den Großen und Ignatius von Loyola.

Im Verlag Allert de Lange erhielten exilierte Autoren Gastrecht im Rahmen einer 1933 gegründeten deutschen Abteilung. Geleitet wurde diese – juristisch nicht selbständige – Unterabteilung des Stammhauses von Walter Landauer, dem von Paris aus Hermann Kesten als Lektor zur Seite stand. Dem konservativen Verlagsinhaber – und mehr noch seinen Nachfolgern – lag es fern, der politischen Emigration eine Tribüne schaffen zu wollen. Seine erklärte Absicht, keine kommunistischen Autoren zu drucken, wurde freilich von Kesten und Landauer, die relativ freie Hand bei der Auswahl ihrer Autoren hatten, zuweilen unterlaufen – etwa mit der Veröffentlichung von Brechts *Dreigroschenroman* (1934) oder Kischs *Landung in Australien* (1936). Doch legten auch sie Wert darauf, einen „rein literarischen Verlag" nach „rein künstlerischen Gesichtspunkten" zu führen. Sie verstanden ihn als ein Forum freier, d. h. nicht gleichgeschalteter Literatur, das die niederländische Tradition weiterführt, „ein Asyl des europäischen Geistes zu sein". Von den 91 zwischen 1933 und 1940 produzierten Titeln der deutschen Abteilung zählen zwei Drittel zur Exilliteratur (Schoor 1992, S. 33, 35 f., 85). Einen thematischen Schwerpunkt bildet das jüdische Schicksal, etwa in Egon Erwin Kischs *Geschichten aus sieben Ghettos* (1934) oder im Debutroman von Henry William Katz *Die Fischmanns* (1937). Mit seinen historischen Romanen und Biographien hat der Verlag bis 1937 die zeitbezogene, gleichnishafte Behandlung historischer Sujets gefördert, die sich seit den zwanziger Jahren als publikumswirksam erwiesen hatte und – wiewohl zuweilen als Flucht attackiert – im literarischen Exil eine charakteristische Ausprägung gefunden hat. Neben Romanen von Alfred Neumann um Napoleon III. und von Hermann Kesten um Ferdinand und Isabella sowie Philipp II. von Spanien stehen Biographien von Gina Kaus über Katharina die Große, von Valeriu Marcu über Machiavelli und von Siegfried Kracauer über Jacques Offenbach – sämtlich unterhaltend geschriebene, kulturhistorisches Interesse ansprechende und geschichtliche Analogien akzentuierende Bücher mit ausgesprochen bildungsbürgerlicher Leserorientierung. Das vertrug sich gut mit der programmatischen Ausrichtung des Verlags auf eine gehobene Unterhaltungsliteratur (Walter/Ochs 1985, S. 66), für die Bücher von Gina Kaus, Adrienne Thomas, Christa Winsloe charakteristisch sind. Eine direkte politische Auseinandersetzung mit dem nationalsozialistischen Deutschland sollte möglichst vermieden werden, aus berechtigter Furcht vor Verboten in den lebenswichtigen Absatzgebieten, aber auch, weil in den ersten Jahren – auf Umwegen – noch Bücher nach Deutschland verkauft werden konnten. Gegen Irmgard Keuns satirischen Roman über Hitlerdeutschland *Nach Mitternacht* (1937) erhob die Verlagsleitung Einspruch, er wurde – gegen den Widerstand der Mitarbeiter – nicht gedruckt und dann von Querido übernommen. Doch fast parallel dazu konnte der religiös geprägte, zeitkritische Roman Ödön von Horváths *Jugend ohne Gott* (1937) erscheinen. Nach dem Verlust der Absatzmärkte in Österreich und der Tschechoslowakei ging der Anteil der Bücher emigrierter deutscher Autoren zurück und die historischen Genres wurden zurückgedrängt (Schoor 1992, S. 198, 213).

Wieland Herzfelde hatte in seiner Studie über vier Jahre deutsche Exilverlage ihre Durchschnittsauflage je Buch mit 2 000 Exemplaren beziffert (Herzfelde 1937, S. 56 f.; Halfmann 1969, S. 220, geht davon aus, die Durchschnittsauflage habe bei etwa 5000 Stück gelegen, eine Aufstellung überlieferter Angaben zur Auflagenhöhe einzelner Bücher findet sich auf S. 220 ff.). Tatsächlich lag sie höher, bei Querido und Allert de Lange wurden Erstauflagen von 3000 Exemplaren gedruckt, von denen durchschnittlich 2000–2250 verkauft worden sein sollen. Landshoff

Verlage

sagte rückblickend, er habe sich „nie gewundert wie wenig, sondern immer, wie viel er habe verkaufen können" (Walter/Ochs 1985, S. 76). Freilich waren Zweitauflagen selten und Bestseller mit 15 000–20 000 Exemplaren dünn gesät. Mit den aus Deutschland gewohnten Honoraren konnten die im Exil gezahlten sich nicht messen. Doch suchten die größeren Verlage ihren Autoren für die Dauer ihres Vertrags durch monatliche Zahlungen, einen Vorschuß auf den erwarteten Verkauf, ein Existenzminimum zu sichern; das Risiko ging zu Lasten des Verlags. An der bitteren Not der Mehrzahl exilierter Schriftsteller änderte das wenig.

Kleine, finanziell wenig abgesicherte Verlage ohne Stütze in einem funktionierenden System der Herstellung und des Vertriebs hatten wenig Überlebenschancen. Selbst in Paris, wo bis Ende der dreißiger Jahre das eigentliche politische und kulturelle Zentrum der Vertriebenen aus dem Dritten Reich lag (Roussel 1979, S. 360), konnte sich kein literarischer Exilverlag etablieren (→ FRANKREICH). Kurzlebig war der Verlag des Europäischen Merkur (Éditions du Mercure de l'Europe) in Paris, wo 1933–35 Bücher von Lion Feuchtwanger, Walter Mehring, Alfred Neumann und Ernst Glaeser erschienen, Heinrich Mann und der Verlagsgründer Paul Roubiczek in einer Streitschriften-Reihe über den Sinn dieser Emigration diskutierten und Rudolf Olden die Frage zu beantworten versuchte, warum die Marxisten gegenüber dem Nationalsozialismus versagt hatten. Auch der Phönix-Verlag (Éditions du Phénix), gegründet 1935, mußte seine von Anselm Ruest betreute Reihe der Phönix-Bücher im zweiten Jahr einstellen, die vor allem Vertretern der Pariser literarisch-politischen Emigrantenszene – Mynona, Rudolf Leonhard, Paul Westheim, Alfred Kantorowicz und Robert Breuer – das Wort gab und sogar einen *Führer durch die deutsche Emigration* (1935) von Wolf Franck veröffentlicht hatte. Die Éditions Nouvelles Internationales, eine Gründung des Internationalen Sozialistischen Kampfbundes, brachte 15 deutsche Titel heraus, darunter Anna Siemsens *Spanisches Bilderbuch* (1937), Kurt Hillers *Profile* (1938), Alfred Kerrs *Melodien* (1938) und Paul Fröhlichs *Rosa Luxemburg* (1939). Eine Bibliographie aus der ersten Nummer der seit 1938 im gleichen Verlag erscheinenden Zeitschrift *Das Buch* erschien auch als Broschüre unter dem Titel *Fünf Jahre freies deutsches Buch. Gesamtverzeichnis der freien deutschen Literatur 1933–1938* (Roussel 1979, S. 27 ff.).

Von politischen Organisationen finanzierte und geleitete Exilverlage (Kunoff 1973, S. 184; Roussel 1979, S. 26) erwiesen sich als stabiler, waren freilich auch unmittelbarer in deren Strategien eingebunden. Die Sozialdemokratie hatte in Karlsbad den Graphia-Verlag geschaffen, der zeitgeschichtliche Darstellungen, politische Streitschriften und Dokumentationen aus sozialdemokratischer Sicht (Halfmann 1969, S. 226), aber auch die von Heinz Wielek zusammengestellte Anthologie *Verse der Emigration* (1935) herausbrachte (Schlenstedt 1983, S. 312 ff.). 1938 wurde er nach Paris verlegt. Dort hatte Willi Münzenberg – finanziert aus Mitteln der Kommunistischen Internationale – bereits 1933 die Éditions du Carrefour aufgebaut, einen antifaschistischen Verlag, der sich aufklärend an eine breite Leserschaft richtete und zugleich den Kern eines von Münzenberg und seinem Mitarbeiterteam organisierten Medienensembles bildete (Roussel 1992, S. 182). Spektakulärstes verlegerisches Unternehmen war das *Braunbuch über Reichstagbrand und Hitlerterror* (1933) mit seinen Nachfolgetiteln, in denen ein wirksamer Typus anklagend-analytischer Dokumentation entwickelt worden war, der dann – mit Büchern über den 30. Juni, über Judenverfolgungen, über den Terror gegen Hitlergegner, über Auslandsorganisationen der Nazis, den Bürgerkrieg in Spanien und die Kriegsrüstungen im Dritten Reich – das Profil der Verlagsproduktion weitgehend bestimmte. Doch wurden auch belletristische Titel produziert, neben Gedichten Bertolt Brechts vor allem politisch akzentuierte Zeitromane von Gustav Regler, Walter Schönstedt, Bodo Uhse und Anna Seghers. Der von Münzenberg und seiner Frau Babette Gross als Geschäftsführerin geleitete Verlag bot Beschäftigungsmöglichkeiten für einen Kreis von Publizisten und Schriftstellern und übte – als Zentrum einer Vielzahl von internationalen Organisationen und Komitees – besonders während der Bemühungen um eine deutsche Volksfront auf die linksintellektuelle Emigrantenszene in Paris starken Einfluß aus (→ VOLKSFRONT FÜR DEUTSCHLAND). Für die Parteiführung der KPD war das bedenklich, besonders seitdem Anzeichen einer Distanzierung Münzenbergs von der offiziellen kommunistischen Strategie sichtbar geworden waren. Er mußte aus dem Verlag ausscheiden, der dann 1937 seine Tätigkeit einstellte.

Seine verlegerische Tätigkeit führte Münzenberg in einem Privatverlag weiter, der ihm von politischen Freunden zur Verfügung gestellt worden war. Mit den Éditions Sebastian Brant, Straßburg, verfolgte er das Ziel, Alternativen zur Komintern-Politik zu propagieren. Hier erschienen die Zeitschrift *Die Zukunft*

(1938–40) und ein Dutzend Bücher, unter ihnen der von Emil Julius Gumbel herausgegebene Sammelband *Freie Wissenschaft* (1938) und eine Darstellung des Kampfes deutscher Freiwilliger in der Geschichte internationaler Freiheitsbewegungen von Kurt Kersten. Demgegenüber wurde die parteikommunistische Position von den Éditions Prométhée vertreten, einem direkt von der Komintern gelenkten Verlag, der 1938 nach Paris verlegt worden war. Hier dominierte der Typus einer offiziösen, an einen engeren Kreis von Politprofis gerichteten kommunistischen Organisationsliteratur. Der Versuch, im Frühjahr 1939 in Paris einen neuen literarischen Verlag – Éditions du 10 Mai – zu gründen, der von der Internationalen Schriftstellervereinigung zur Verteidigung der Kultur getragen, aber von Moskau finanziert wurde, blieb in den Anfängen stecken. Nur zwei Bücher erschienen in dem von Willi Bredel – nach anderen Angaben von Hermann Budzislawski – geleiteten Verlag: Heinrich Manns Essaysammlung *Mut* (1939) und Willi Bredels Roman *Begegnung am Ebro* (1939). Dieses Buch hatte im Malik-Verlag publiziert werden sollen, wurde bei der Besetzung der Sudetengebiete im Bleisatz beschlagnahmt, aber in einem Bürstenabzug gerettet und nach Paris gebracht, wo es endlich gedruckt wurde – um bei Kriegsbeginn von der französischen Polizei beschlagnahmt und so wiederum den Nazis ausgeliefert zu werden (Roussel 1979, S. 79, 393; Weiskopf 1981, S. 79).

Eine eigenartige Stellung im literarischen Kommunikationskreis des Exils nahmen die Verlage Emil Oprechts in Zürich ein (→ SCHWEIZ). In ihnen erhielten Emigranten aller politischen Lager das Wort, von denen die bedeutendsten Werke der Verlagsproduktion stammten, ohne den Hauptanteil der verlegten Titel auszumachen. Die Oprechtschen Verlage sollten als Schweizer Unternehmen den demokratischen Gedanken wachhalten und die Tradition geistiger Freiheit und Unabhängigkeit der Schweiz stärken (Stahlberger 1970, S. 107 f.). Als „Beweis politischer wie menschlicher Solidarität" (Walter 1965, S. 122) bot der sozialdemokratische Verleger Büchern, die innerhalb Deutschlands nicht mehr erscheinen konnten, eine Tribüne. Der Verlag Oprecht & Helbling, Zürich, existierte seit 1925, sein belletristisches Programm – Werke der Exilliteratur eingeschlossen – folgte nicht literarisch-künstlerischen Kriterien, sondern präsentierte Romane, Dramen und Lyrik als Spiegel der Zeit. Das Interesse des Verlegers war vorwiegend auf das politische Buch und auf Schriften zum Zeitgeschehen gerichtet, speziell solchen, die über die politischen Ziele Deutschlands und Italiens aufzuklären vermochten (Kunoff 1973, S. 188). Ein breites Spektrum von Darstellungen und Analysen zu politischen und geistigen Strömungen der Gegenwart war für den 1933 gegründeten Europa Verlag, Zürich, charakteristisch, der 1937 um die Verlage Der Aufbruch und Die Gestaltung mit den Schwerpunkten Socialistica und Judaica erweitert wurde. Bis 1946 erschienen bei Oprecht mindestens 145 Titel aus dem Bereich der Exilliteratur (Walter/Ochs 1985, S. 64), darunter Friedrich Wolfs *Doktor Mamlocks Ausweg* (1935), Else Lasker-Schülers *Das Hebräerland* (1937), Bernard von Brentanos *Theodor Chindler* (1936) und Thomas Manns *Ein Briefwechsel* (1937). Bei Oprecht hatte das volksfrontorientierte deutsche Lesebuch von Heinrich Mann *Es kommt der Tag* (1936) seinen Platz, aber auch der Bericht Arthur Koestlers aus der Todeszelle in Franco-Spanien und Willi Schlamms Abrechnung mit dem Stalinismus *Die Diktatur der Lüge* (1937). Wichtigster Schwerpunkt des Verlagsprogramms war die Faschismusanalyse (Mittenzwei 1981, S. 149), ihr galten Ignazio Silones *Der Fascismus* (1934) und Ernst Blochs *Erbschaft dieser Zeit* (1935). Einige Bücher aus diesem thematischen Bereich wurden sogar zu großen geschäftlichen Erfolgen, vor allem Konrad Heidens Hitler-Biographie (1936, 1937) und Hermann Rauschnings konservative Abrechnung mit dem Nationalsozialismus in *Die Revolution des Nihilismus* (1938) und *Gespräche mit Hitler* (1940) – letztere konnten freilich nur behördlich zensuriert erscheinen (Stahlberger 1970, S. 279; Rauschning 1988, S. 8). Insgesamt aber war mit Exilliteratur kaum ein Geschäft zu machen, mehr als die Deckung der Selbstkosten wurde vom Verleger meist nicht erwartet (Kunoff 1973, S. 189). Selbst Verluste nahm Oprecht in Kauf – etwa bei der Herausgabe von Thomas Manns Zeitschrift *Mass und Wert* (September 1937–Oktober 1940). Während des Krieges veränderten sich mit dem politischen Umfeld auch die Verlagsstrategie, sie orientierte sich nun an den Gedanken einer Europa-Union; die Exilliteratur trat in den Hintergrund (Mittenzwei 1981, S. 163).

Dem Oprecht-Unternehmen vergleichbare Exilverlage hat es in der Schweiz nicht gegeben, nicht zuletzt wegen des Widerstands einheimischer Verleger und Buchhändler. Einige Exil-Bücher konnten im Humanitas-Verlag und im Jean Christophe-Verlag, beide in Zürich, erscheinen. In Luzern hatte R. A. Hermes (d. i. Rudolf Rössler) 1934 den Vita Nova Verlag gegründet, einen Verlag mit einem antifaschistischen christlich-philosophischem Programm. Zu seinen Autoren gehörten Friedrich Wilhelm Foerster und – unter Pseudonym – Walter Benjamin. Waldemar Gurian schrieb über den Bolschewismus als Weltgefahr und den Kampf der Kirche im Dritten Reich. Rössler war freilich nicht nur ein fähiger Verlagsleiter, sondern auch für den Schweizer und den sowjetischen Nachrichtendienst tätig (Halfmann 1969, S. 234f.; Mittenzwei 1981, S. 175f.). Für die Verbreitung von Exilliteratur haben Buchgemeinschaften in der Schweiz Bedeutung erlangt, die aus Filialen der in Deutschland gleichgeschalteten Büchergilde Gutenberg und der verbotenen Universum-Bücherei hervorgegangen sind. Die schweizerische Genossenschaft Büchergilde Gutenberg in Zürich – bis 1938 existierte auch noch eine tschechoslowakische Büchergilde – übernahm in der Folgezeit 21 Werke exilierter Autoren in ihr Programm, u.a. 1934 Hans Marchwitzas *Die Kumiaks* und 1938 Alfred Döblins *Pardon wird nicht gegeben* sowie Peter Merins *Spanien zwischen Tod und Geburt* (Messerschmidt 1985, S. 195). Ähnlich verfuhren die ausländischen Geschäftsstellen der von Münzenberg gegründeten Universum-Bücherei, als sie im Juli 1933 eine Genossenschaft Universum-Bücherei, nach ihrer Trennung vom tschechoslowakischen Zweig Universum-Buchgemeinschaft, Basel, gründeten. Gestützt auf die Produktion der Verlage Carrefour, Malik, Querido, Allert de Lange, Oprecht, Vegaar und Kácha wurden Neuausgaben veranstaltet, u.a. von Oskar Maria Graf, Ludwig Renn, Franz Carl Weiskopf, Gustav Regler, Theodor Plievier, Bertolt Brecht, Egon Erwin Kisch und Willi Münzenberg (Lorenz 1996, S. 78).

Die auflagenmäßig umfangreichste Produktion von Büchern deutscher Exilautoren erschien in Verlagen der → SOWJETUNION, freilich in politisch gesteuerter Auswahl: Vor allem kommunistische Autoren und prominente Freunde der Sowjetunion wurden berücksichtigt. Zwischen 1933–1945 sind 281 Werke exilierter Schriftsteller, Wissenschaftler und Künstler in einer Auflage von mehr als zwei Millionen Exemplaren erschienen (Barck 1989, S. 275). Doch diese Buchproduktion war für Leser in der Sowjetunion bestimmt, kaum für den Export; von Fall zu Fall kam es zu Koproduktionen mit Oprecht und Malik. Honorare konnten nicht ins Ausland transferiert werden, nur bei privilegierten Autoren wie Lion Feuchtwanger, Heinrich Mann, Oskar Maria Graf oder Arnold Zweig wurden Ausnahmen gemacht. Tochterverlage sowjetischer Unternehmen wie der Züricher Ring-Verlag (Halfmann 1969, S. 233; Pike 1981, S. 311) sind kaum als Verlage von Exilliteratur aufgetreten. Wirkung unter Lesern in westlichen Exilzentren machten bestenfalls die Zeitschriften *Internationale Literatur* und *Das Wort* (→ PRESSE UND PUBLIZISTIK). Nach den Moskauer Schauprozessen und vor allem nach dem Hitler-Stalin-Pakt vom August 1939 vertiefte sich die Kluft zwischen den in der Sowjetunion agierenden Schriftstellergruppen und der widerspruchsreichen, oft kontroversen Öffentlichkeit des westlichen Exils.

Wichtigster Buchverlag für deutsche antifaschistische Literatur war in der Sowjetunion während der ersten fünf Jahre des Exils die Verlagsgenossenschaft ausländischer Arbeiter (Vegaar), Moskau und Leningrad, ein Verlag für fremdsprachige Literaturen, der dem Exekutivkomitee der Komintern unterstellt war. Geleitet wurde der Gesamtverlag von Richard Krebs, Stellvertreter und Leiter des deutschen Sektors war Erich Wendt; ihm folgte Otto Bork. In der Vegaar sind ca. 100 Titel von Emigrantenschriften im engeren Sinn in Durchschnittsauflagen von 10 000 Exemplaren erschienen (Barck 1989, S. 275, 291). Sie unterlagen freilich einer politischen Zensur, die für in der Sowjetunion lebende Autoren oft groteske Ausmaße annahm (Sinkó 1962), von der aber auch im Ausland lebende Autoren wie Oskar Maria Graf betroffen waren (Pike 1981, S. 312). Bei der Vegaar erschienen politische Schriften von Parteifunktionären und aktuelle Bücher wie Theodor Balks Saar-Reportage oder Hans Günthers Studie über die nationalsozialistische Ideologie. Berichte und Romane über die deutschen Konzentrationslager und den illegalen Widerstand in Hitlerdeutschland von Karl Billinger, Willi Bredel und Walter Schönstedt wurden gedruckt, Zeitromane von Oskar Maria Graf und Anna Seghers, Gustav Regler, Adam Scharrer und Bodo Uhse, aber auch Dramen von Friedrich Wolf sowie Gedichte von Johannes R. Becher und Erich Weinert. Natürlich fehlen auch die Reportagenbände Egon Erwin Kischs über seine Abenteuer in fünf Kontinenten nicht. Eine bemerkenswerte verlegerische Unternehmung war die Vegaar-Bücherei, eine antifaschistische Erzählerreihe, in der u.a. Texte von Anna Seghers, Ernst Ottwalt und Wolfgang Langhoff erschienen sind. Herausgegeben wurde sie – bis zu seiner Verhaftung Ende 1936 – von Ernst Ottwalt (Barck 1989, S. 285). Nicht nur er wurde zum Opfer der stalinistischen Säuberungen; die Verhaftungen auch der leitenden Verlagsmitarbeiter Krebs, Wendt und Bork zeigen, daß die Vegaar zu einer Hauptzielscheibe für den NKWD geworden war (Pike 1981, S. 315). Die deutsche Produktion des Verlags wurde 1938 eingestellt (Walter/Ochs 1985, S. 66, 68).

Im Gefolge einer Intervention der deutschen Sektion des Sowjetischen Schriftstellerverbandes war 1938 bei Meshdunarodnaja kniga ein Verlag für antifaschistische Literatur in deutscher Sprache eingerichtet worden. Das Internationale Buch, Moskau, ein ausgesprochen belletristischer Verlag, veröffentlichte in den Jahren 1938–42 in deutscher Sprache 46 Bücher (Barck 1989, S. 291), darunter Erzählungen Rudolf Leonhards, Anna Seghers' *Sagen vom Räuber Woynok*, der autobiographische Roman Johannes R. Bechers und Friedrich Wolfs Beaumarchais-Drama. Auch Bertolt Brechts *Furcht und Elend des Dritten Reiches* (1941) ist hier erschienen. Schließlich publizierte der 1938 gegründete Verlag für fremdsprachige Literatur, Moskau, ca. 45 deutsche Bücher, die Mehrzahl von ihnen nach 1942 (Pike 1981, S. 312). Seit diesem Jahr war dieser Verlag in der Sowjetunion der einzige für deutschsprachige Literatur, sein Verlagsprogramm unterstützte mit Schriften, Erzählungen und Gedichten von Becher, Bredel, Scharrer, Weinert und Wolf die Tätigkeit des Nationalkomitees „Freies Deutschland" unter deutschen Kriegsgefangenen. Nur wenige deutschsprachige Publikationen sowjetischer Verlage gelangten während der Kriegsjahre in die Hände interessierter Leser der westlichen Hemisphäre.

Der Bermann Fischer Verlag wurde während des Zweiten Weltkrieges zum letzten größeren literarischen Verlag in der deutschen Emigration, nachdem der Überfall der Wehrmacht die deutsche Produktion von Querido und Allert de Lange abgebrochen hatte. Fritz Landshoff hatte das Glück, sich zu dieser Zeit in England zu befinden. Sein Freund Landauer war in Amsterdam geblieben und kam später in einem deutschen Konzentrationslager um, Emanuel Querido wurde deportiert und ermordet. Der Bermann Fischer Verlag in Stockholm konnte als einziger seine Arbeit fortsetzen (→ SCHWEDEN). Zweifellos war er ein emigrierter Verlag, ob er aber von Anfang an als Exilverlag anzusehen ist, kann bezweifelt werden (Hoffmann 1987, S. 476f.). Er war 1936 mit Genehmigung des Reichspropagandaministeriums und unter vergleichsweise günstigen Bedingungen von Berlin nach Wien übersiedelt: Verlagsrechte unerwünschter Autoren durften ins Ausland transferiert, das Auslandsvermögen des Verlages zu 80% übernommen und Lagerbestände verbotener Autoren ausgeführt werden. Sogar der Export nicht ausdrücklich verbotener Bücher nach Deutschland war zunächst noch möglich. In der Exilpresse wurde polemisiert, der neue Verlag verkleinere den Markt für Querido und Allert de Lange (Pfäfflin/Kussmaul 1986, S. 465), sogar Befürchtungen wurden laut, er sei ein Ableger der Reichsschrifttumskammer – was unbegründet war (Walter/Ochs 1985, S. 69). Nachdem Gottfried Bermann Fischer im Frühjahr 1938 dann doch unwiderruflich zum Emigranten geworden war, urteilte Thomas Mann rückblickend, in den anderthalb Wiener Jahren habe sich der Bermann Fischer Verlag „zu einem führenden literarischen Verlag im Exil" entwickelt (Bermann Fischer 1971, S. 132).

Gegründet worden war der Bermann Fischer Verlag am 1. Mai 1936 in Wien, nachdem seine Ansiedlung in der Schweiz gescheitert war. Sein Programm suchte die Traditionen des S. Fischer Verlags fortzusetzen, war Ausdruck einer Haltung nobler, humanistischer Bürgerlichkeit. Zu bestenfalls mittelgroßer Dimension geschrumpft, war er doch neben dem Verlag Herbert Reichner einer der größten in Österreich, die Exilbücher herausbrachten (zu nennen sind noch Gsur & Co., Löwit, Phaidon-Verlag, Saturn-Verlag, Tal & Co., Paul Zsolnay Verlag; Kunoff 1973, S. 190). Seit Herbst 1936 wurde, beginnend mit Thomas Manns *Freud und die Zukunft* (1936), die neue Verlagsproduktion ausgeliefert. Es folgten Thomas Manns *Joseph in Ägypten* (1936) und Annette Kolbs *Mozart* (1937) sowie Bücher von Martin Gumpert, Carl Zuckmayer, Hermann Borchardt und Robert Musil. Die Geschäfte gingen gut, Gottfried Bermann Fischer spricht in seinen Erinnerungen von erstaunlichen Verkaufsziffern in England, der Tschechoslowakei, Ungarn und Polen (Bermann Fischer 1971, S. 112). Nach Thomas Manns Absagebrief ans Dritte Reich wurden die letzten Verbindungen des Verlags mit Deutschland gelöst.

Die Annexion Österreichs zwang Gottfried Bermann Fischer und seine Familie zur Flucht, Vermögen und Lagerbestände des Bermann Fischer Verlages wurden beschlagnahmt. Thomas Mann riet seinem Verleger ab, den Verlag weiterzuführen, wollte sogar das Verlagsverhältnis aufkündigen (Bermann Fischer 1971, S. 129f.). Doch gelang es Bermann Fischer schon im Juli 1938 – mit Unterstützung des schwedischen Verlagshauses Bonnier – den deutschsprachigen Bermann Fischer Verlag in Stockholm neu zu gründen, der noch im gleichen Sommer mit der Produktion begann (→ SCHWEDEN). Einem Rat Thomas Manns folgend, vereinbarte er mit Querido und Allert de Lange die Zusammenlegung ihrer Auslieferungs- und Herstellungsabteilungen. Die Interessengemeinschaft der drei großen belletristischen Exilverlage bewährte sich in der gemeinsam produzierten, erfolgreichen Reihe der Forum-

Bücher. Später – nach der erzwungenen Unterbrechung der Produktion in Amsterdam – gewährte Bermann Fischer in Stockholm einigen Titeln von Querido verlegerisches Gastrecht. Das Verlagsprofil war und blieb weltoffen, bildungsbürgerlich-konservativ, literarisch anspruchsvoll und auf traditionelle Schreibweisen orientiert. Literatur in Nazideutschland unerwünschter Autoren und deutschsprachige Exilliteratur bildeten das Rückgrat des Publikationsprogramms. Bis 1945 erschienen – einschließlich der neun Querido-Titel – 60 Werke von Exilautoren (Walter/Ochs 1985, S. 69), deren Spannweite umrissen werden kann durch Karl Ottens *Torquemadas Schatten* (1938), Carl Zuckmayers *Herr über Leben und Tod* (1938), Thomas Manns *Lotte in Weimar* (1939), Alfred Döblins *Bürger und Soldaten 1918* (1939), Franz Werfels *Der veruntreute Himmel* (1939) und – im Gemeinschaftsverlag mit Allert de Lange – Stefan Zweigs *Ungeduld des Herzens* (1939). Die Sammlung politischer Essays *Achtung Europa* (1938) von Thomas Mann kam – aus Rücksicht auf mögliche Schwierigkeiten des neutralen Asyllands – ohne den Text „Bruder Hitler" heraus. Am Verbot sämtlicher Schriften des Bermann Fischer Verlages im Februar 1939 durch Goebbels persönlich (Pfäfflin/Kussmaul 1985, S. 508, 528) änderte das nichts.

Wegen Verbindung mit einem englischen Geheimdienstler wurde Gottfried Bermann Fischer vom April bis Juni 1940 in Haft gehalten und aus Schweden ausgewiesen. Von New York aus leitete er den Stockholmer Verlag weiter, eine „verlegerische Seiltänzerei" (Bermann Fischer 1971, S. 203), die nur gelang, weil Walter Singer – ein schwedischer Staatsbürger – als Geschäftsführer die faktische Leitung am Ort innehatte. Der Verlag entwickelte sich erfolgreich weiter: Es erschienen der Bestseller von Franz Werfel *Das Lied von Bernadette* (1941), Thomas Manns Radioansprachen *Deutsche Hörer* (1942) und der vierte Teil der Josephs-Tetralogie *Joseph der Ernährer* (1943), schließlich auch die Erinnerungen eines Europäers von Stefan Zweig *Die Welt von Gestern* (1944). Von der direkten Verbindung nach Amerika profitierte der Stockholmer Verlag, aber eine Verlegung in die Vereinigten Staaten erwog Bermann Fischer nicht. Für das deutschsprachige Buch erwies sich der europäische Verlagsstandort letztlich als sinnvoller. Das neue Unternehmen, das er zusammen mit Landshoff in den USA gründete, war zur Enttäuschung mancher exilierter Autoren ein englischsprachiger Verlag, die L. B. Fischer Publishing Corporation, New York.

Dem Bermann Fischer Verlag oder den Oprecht-Verlagen vergleichbare Unternehmen hat es während des Krieges nicht gegeben. In → GROSSBRITANNIEN wurde der Freie Deutsche Kulturbund zum Verleger literarischer Texte, nicht aus kommerziellen Gründen, sondern um Arbeitsmaterialien für die kulturelle Praxis der Organisation verfügbar zu machen. Meist sind das kämpferisch antifaschistische Gedichte, erzählende Prosa oder essayistische Texte, die in thematisch angelegten, broschierten Anthologien zusammengefaßt wurden: *Der falsche Magier* (o. J.) ist ein Titel mit Gedichten und Essays u. a. von Max Hermann-Neiße, Monty Jacobs, Egon Erwin Kisch, Heinrich Mann, Ludwig Renn und Friedrich Wolf, ein anderer heißt *Unser ist der Morgen* (1942) mit Beiträgen von Alexander Abusch, Max Zimmering, Leo Katz, Bodo Uhse u. a. Eine Bilanz über *10 Jahre Kulturbarbarei im Dritten Reich – 10 Jahre Freie Deutsche Kultur im Exil* (1943) wird gezogen und Ergebnisse der Debatten im Kulturbund über *Das Wesen der Freiheit* (1944) und *Schiller und die Idee der Freiheit* (1945) werden dokumentiert. Manche Broschüren stellen Texte eines einzigen Schreibers vor, beispielsweise Johannes R. Bechers programmatische Essays, Max Zimmerings Gedichte, Thomas Manns Rundfunkreden oder Erzählungen von Theodor Plievier. Die Autoren entstammen fast alle dem linken Spektrum, sind großenteils kommunistisch orientiert, ein Teil der Texte wird ausdrücklich gekennzeichnet als „aus Moskau gekabelt", um den Blick auf die entscheidende Rolle des Verbündeten im Osten zu lenken. Zu solch publizistischer Aktivität hat es der Freie Deutsche Kulturbund in Schweden nicht gebracht, aber auch hier wurde gegen Ende des Krieges der Versuch gemacht, einen entschieden linksorientierten Verlag ins Leben zu rufen. Um „den Dichtern der Emigration eine Heimstätte zu schaffen" (Hoffmann 1987, S. 486), gründete Max Tau 1944 den Neuen Verlag, Stockholm, eine Unterabteilung des schwedischen Ljus Verlages. Hier sind Texte von Johannes R. Becher und Alexander Granach erschienen, besonders verdienstvoll ist die Herausgabe von Heinrich Manns *Ein Zeitalter wird besichtigt* (1946) und Arnold Zweigs *Das Beil von Wandsbek* (1947).

Daß sich der Schwerpunkt der europäischen Emigration seit dem Novemberpogrom und besonders nach Beginn des Zweiten Weltkrieges nach Amerika verschob, bedeutete nicht, daß Exilverleger nun wesentlich bessere Bedingungen vorgefunden hätten. Als Wieland Herzfelde in die → VEREINIGTEN STAATEN VON AMERIKA kam, hoffte er, seine verlegerische

Tätigkeit nahtlos fortsetzen zu können. Das erwies sich als Illusion, trotz der beträchtlichen Zahl jüdischer Emigranten aus Deutschland und einem zahlenmäßig starken deutschamerikanischen Bevölkerungsanteil, der allerdings Emigranten-Schriftstellern eher mit Antipathie gegenüberstand. Das hatte auch Oprecht erfahren, dessen amerikanische Filiale des Europa-Verlags sich als finanzieller Mißerfolg erwies. Kein einziger Exilautor konnte in den USA von den Einnahmen deutscher Bücher leben, kein einziger Verleger hat versucht, von solchen Texten zu existieren (Koepke 1989, S. 1424). Ein größerer Exilverlag konnte sich nicht etablieren. Auch in Lateinamerika war die Situation nicht besser. Nur in → MEXIKO und → ARGENTINIEN existierten kleine Buchverlage des deutschen Exils. In Buenos Aires brachte der Transmare-Verlag einen Gedichtband von Paul Zech heraus, der Verlag Quadriga zwei weitere Titel Zechs. Größter deutscher Buchverlag war Editorial Cosmopolita, Buenos Aires, gegründet 1940 von dem Buchhändler James Friedmann. Er veröffentlichte ca. 20 Titel, von Themen der politischen und deutsch-jüdischen Emigration bis zu Humor aus aller Welt und gab ein Nachrichtenblatt *Literatura* in deutscher Sprache heraus (Kießling 1984, S. 469).

Eine Spitzenstellung unter den Exilverlagen in der westlichen Hemisphäre nahm El Libro Libre (Das Freie Buch), Mexiko-Stadt, ein. Der Verlag war ein genossenschaftliches Unternehmen, am 10. Mai 1942 gegründet (Walter/Ochs 1985, S. 72). Die Leitung lag bei einem Schriftstellerkuratorium oder Literarischem Beirat, der auch über die Manuskriptannahme entschied. Ihm gehörten Ludwig Renn, André Simone (d.i. Otto Katz), Anna Seghers, Bodo Uhse, Egon Erwin Kisch und später Leo Katz an (Kießling 1984, S. 451, 448). Verlagsleiter war Walter Janka, Cheflektor Paul Mayer. Die Verlagsgemeinschaft diente nicht geschäftlichen Interessen, sie mußte ohne Geschäftskapital arbeiten, die Mitarbeiter blieben ohne Vergütung, die Autoren ohne Honorar, Druckkosten mußten durch Sammlungen herbeigeschafft werden. Brecht wurde nicht gedruckt, weil Geld zur Honorierung fehlte (Janka 1992, S. 196f.). Im Juli 1942 erschien als erstes Buch Kischs *Marktplatz der Sensationen*, es wurde auf Kredit gedruckt. Eine Subskription finanzierte das zweite, Lion Feuchtwangers *Unholdes Frankreich* (1942), bei der Interessenten das gewünschte Buch schon bei der Bestellung zu bezahlen hatten (Kießling 1974, S. 220ff.). Die finanzielle Situation des Verlags besserte sich nach einem Jahr, nun konnten Anerkennungshonorare gezahlt werden (Kießling 1984, S. 461), und im Lauf der Zeit wurde sogar ein Überschuß erwirtschaftet (Janka 1992, S. 194). In den vier Jahren seines Bestehens sind im Verlag El Libro Libre 26 Titel erschienen, davon 22 in deutscher, vier in spanischer Sprache, mit einer Gesamtauflage von 36000 deutschen und 18000 spanischen Exemplaren (Kießling 1989, S. 336). Größter Erfolg war die Dokumentation *El Libro Negro del Terror Nazi en Europa (Schwarzbuch über den Naziterror in Europa)* 1943. Der mexikanische Präsident Camacho hatte in einer Audienz den deutschen Schriftstellern zugesagt, als Patron die Druckkosten für die erste Auflage zu übernehmen. Das Buch wurde unter der Gesamtverantwortung André Simones von einem Redaktionskollektiv erarbeitet. 56 Autoren aus 16 Ländern waren als Autoren an der Dokumentation beteiligt, deren erste Auflage 10000 Exemplare betrug (Kießling 1989, S. 346ff.; 1974, S. 227). Im Verlagsprogramm sind historisch-politische Titel gegenüber der Belletristik in der Minderzahl (Walter/Ochs 1985, S. 73), die mit Anna Seghers' *Das siebte Kreuz* (1942), Heinrich Manns *Lidice*, Bruno Franks *Die Tochter* (1943), Bodo Uhses *Leutnant Bertram*, Ludwig Renns *Adel im Untergang* und Franz Carl Weiskopfs *Vor einem neuen Tag* (1944) ein bemerkenswert literarisches Niveau erreichte. Hauptabsatzgebiet der Bücher von El Libro Libre waren die Vereinigten Staaten, der Vertrieb wurde von der Zeitschrift *The German American NY* und von der Fa. Friedrich Krause besorgt (Kunoff 1973, S. 194).

Der einzige belletristische Exilverlag, der in den Vereinigten Staaten eine größere Produktion verwirklichen konnte, war der Aurora-Verlag. Er geht zurück auf Bemühungen einer Gruppe von Emigranten, sich durch Gründung einer Arbeitsgemeinschaft, Die Tribüne der freien deutschen Literatur und Kunst, in Amerika Gehör zu verschaffen (Pfäfflin 1990, S. 11). Berthold Viertel und Wieland Herzfelde waren an dieser Arbeitsgemeinschaft maßgeblich beteiligt, die Vortragsabende, Theateraufführungen und Kleinkunstprogramme in deutscher Sprache veranstaltete. Der Plan, im Spätsommer 1942 einen Verlag der Tribüne zu gründen, der durch Anteilscheine finanziert werden sollte, schlug fehl. Trotzdem wurde der Verlag im April 1943 beim Magistrat von New York registriert. Herzfelde schrieb im Mai an Anna Seghers, der Verlag solle allen Schriftstellern gehören, deren Werke veröffentlicht werden, er selber habe die Ehre, die Arbeit umsonst zu machen und für die Schulden verantwortlich zu sein (Seghers/Herzfelde 1985, S. 43). Bedenken von Brecht und Feuchtwanger führten zur Umbenennung in Aurora-Verlag, New York. Gründungsmitglieder des Gemeinschaftsunternehmens waren Ernst Bloch, Bertolt Brecht, Ferdinand Bruckner, Alfred Döblin, Lion Feuchtwanger, Oskar Maria Graf, Wieland Herzfelde, Heinrich Mann, Berthold Viertel, Ernst Waldinger und Franz Carl Weiskopf. Herzfelde, der die gesamte organisatorische Arbeit leistete, entwickelte einen Produktionsplan, der Mitte 1945 in Angriff genommen werden konnte, als sich mit Schoenhofs Foreign Books, Inc. in Cambridge/Mass. eine Firma fand, die Herstellungskosten und Autorenhonorare übernahm (Koepke 1989, S. 1433; Herzfelde 1971, S. 69). Zwölf Bücher sind bei Aurora erschienen, unter ihnen die Dramen Bertolt Brechts und Ferdinand Bruckners, Ernst Blochs Abriß der Sozial-Utopien, Gedichtbände von Berthold Viertel und Ernst Waldinger sowie Anna Seghers' *Ausflug der toten Mädchen* (1946). Das Projekt einer Geschichte und Bibliographie der Exilliteratur von Weiskopf und Kurt Pinthus kam nicht zustande (Pfäfflin 1990, S. 24ff.); daraus hervorgegangen ist Weiskopfs Abriß der deutschen Literatur im Exil *Unter fremden Himmeln* (Berlin 1948). Anfang 1947 erschien ein von Ernst Waldinger zusammengestelltes Lesebuch mit Freiheitsstimmen der Völker *Morgenröte* und im Herbst 1947 als letztes Aurora-Buch Oskar Maria Grafs Roman *Unruhe um einen Friedfertigen* (1947). Seinen Lebensunterhalt verdiente Herzfelde als Buchhändler, als Verleger mußte er für Schulden einstehen, die sich aus Zahlungsschwierigkeiten des Geldgebers zeitweilig ergaben. Deshalb konnte er erst 1948 die Rückkehr nach Deutschland vorbereiten. Doch nicht als Verleger wurde er berufen, sondern zum Professor in Leipzig. Ein Lizenzvertrag mit dem Aufbau-Verlag über die Aurora-Bücherei verhüllte kaum, daß die neuen Verlagsstrukturen in der Sowjetischen Besatzungszone längst etabliert waren. Während Bermann Fischer in der Nachkriegszeit das Verlagswesen der Bundesrepublik wesentlich mitgestalten konnte, endete Herzfeldes Laufbahn als Verleger an der Schwelle zur DDR.

Literatur

Almanach für das freie deutsche Buch (1935), Prag.
Barck, Simone, u.a. (1989): Exil in der UdSSR, 2., völlig neu bearb. u. erweit. Aufl., Leipzig.
Barck, Simone, u.a., Hrsg. (1994): Lexikon sozialistischer Literatur. Ihre Geschichte in Deutschland bis 1945, Stuttgart–Weimar.
Beck, Knut, Bearb. (1986): 100 Jahre S. Fischer Verlag 1886–1986. Eine Bibliographie, Frankfurt a.M.
Berendsohn, Walter A. (1946, 1976): Die humanistische Front. Einführung in die deutsche Emigranten-Literatur, Erster Teil Zürich, Zweiter Teil Worms.
Bermann-Fischer Verlag (1948). Zehnjahrbuch 1938–1948. Red. u. eingel. von Fr. Torberg, Wien–Stockholm.
Bermann Fischer, Brigitte B. (1983): Sie schrieben mir oder was aus meinem Poesiealbum wurde, München.
Bermann Fischer, Gottfried (1971): Bedroht – bewahrt. Der Weg eines Verlegers, Frankfurt a.M.
Bermann Fischer, Gottfried, u. Brigitte Bermann Fischer (1990): Briefwechsel mit Autoren, hrsg. von Reiner Stach, Einführung von B. Zeller, Frankfurt a.M.
Bock, Sigrid (1979): Kunst im Kriege. Zur Romanproduktion im Verlag El Libro Libre in Mexiko 1942–1945, in: Chytil, Jan, u. Lucy Topol'ská, Hrsg.: Die Beziehungen der deutschen antifaschistischen Literatur zur ČSR und Probleme der Bündnispolitik, Olomouc, S. 100ff.
Bücher voll guten Geistes (1954). 30 Jahre Büchergilde Gutenberg, Frankfurt a.M.
Cazden, Robert E. (1970): German Exile Literature in America 1933–1950. A History of the Free German Press and Book Trade, Chicago.
Der Malik-Verlag 1916–1947 (1971), Ausst.-Kat., Berlin.
Die Bilanz dreier Jahre der Verlagsgenossenschaft Ausländischer Arbeiter in Moskau (1937), in: Das Wort 4–5, S. 205ff.
Dressler, Helmut (1947): Werden und Wirken der Büchergilde Gutenberg, Zürich.
Erler, Gotthard (1983): Verleger im Exil, in: Sonntag vom 15. 5. 1983.
Erler, Gotthard, u. Fritz H. Landshoff (1985): Für die Erhaltung des deutschen Buches, in: Weimarer Beiträge 6, S. 975ff.
Exil-Literatur 1933–1945 (1967). Eine Ausstellung aus Beständen der Deutschen Bibliothek, Frankfurt am Main (Sammlung Exil-Literatur), bearb. von Werner Berthold, 3., erw. u. verb. Aufl., Frankfurt a.M.
Faure, Ulrich (1992): Im Knotenpunkt des Weltverkehrs. Herzfelde, Heartfield, Grosz und der Malik-Verlag 1916–1947, Berlin–Weimar.
Fünf Jahre freies deutsches Buch (1938). Gesamtverzeichnis der freien deutschen Literatur 1933–1938, Paris.
Geoffroy, René (1995): Veröffentlichungen deutschsprachiger Emigranten in ungarischen Verlagen (1933–1944), in: Exilforschung 13, S. 237ff.

Gittig, Heinz (1972): Illegale antifaschistische Tarnschriften 1933 bis 1945, Leipzig.
Gross, Babette (1991): Willi Münzenberg. Eine politische Biographie, Leipzig.
Gruber, Helmut (1965): Willi Münzenberg. Propagandist for and against the Comintern, in: International Review of Social History IX, S. 2 ff.
Halfmann, Horst (1969): Bibliographien und Verlage der deutschsprachigen Exilliteratur 1933–1945, in: Kalhöfer, Karl-Heinz, u. Helmut Rötzsch, Hrsg.: Beiträge zur Geschichte des Buchwesens, Bd. 4, Leipzig, S. 189 ff.
Herden, Werner (1978): Anthologien und Dokumentationen im Kontext des antifaschistischen Kampfes, in: ders.: Wege zur Volksfront. Schriftsteller im antifaschistischen Bündnis, Berlin, S. 133 ff.
Hermann, Fr. (1989): Der Malik-Verlag 1916–1947. Eine Bibliographie, Kiel.
Hermsdorf, Klaus (1981): Verlag und Verleger im Exil, in: Zeitschrift für Germanistik 2, S. 3 ff.
Hermsdorf, Klaus, u. a. (1981): Exil in den Niederlanden und Spanien, Leipzig.
Herzfelde, Wieland (1937): David gegen Goliath. Vier Jahre deutsche Emigrationsverlage, in: Das Wort 4–5, S. 55 ff.
Herzfelde, Wieland (1976): Die deutsche Literatur im Exil. Antrittsvorlesung an der Universität Leipzig, Herbstsemester 1949, in: ders.: Zur Sache, geschrieben und gesprochen zwischen 18 und 80, Berlin, S. 189 ff.
Herzfelde, Wieland (1986): Immergrün. Merkwürdige Erlebnisse und Erfahrungen eines fröhlichen Waisenknaben, Berlin–Weimar.
Hofmann, Ludwig, u. a. (1987): Exil in der Tschechoslowakei, in Großbritannien, Skandinavien und Palästina, 2., erweit. Aufl., Leipzig.
Janka, Walter (1992): Spuren eines Lebens, Reinbek.
Johann, Ernst (1956): S. Fischer Verlag. Vollständiges Verzeichnis aller Werke, Buchserien und Gesamtausgaben mit Anmerkungen zur Verlagsgeschichte 1886–1956, Frankfurt a. M.
Kesten, Hermann (1935): Gerard de Lange. Nachruf, in: Das neue Tagebuch vom 7. 6. 1935.
Kesten, Hermann, Hrsg. (1964): Deutsche Literatur im Exil. Briefe europäischer Autoren 1933–1949, München u. a.
Kießling, Wolfgang (1974): Alemania Libre in Mexiko, 2 Bde., Berlin.
Kießling, Wolfgang (1984): Exil in Lateinamerika, 2., erweit. Aufl., Leipzig.
Kießling, Wolfgang (1989): Brücken nach Mexiko. Traditionen einer Freundschaft, Berlin.
Koepke, Wulf (1976): Die Exilschriftsteller und der amerikanische Buchmarkt, in: Spalek/Strelka, S. 89 ff.
Koepke, Wulf (1989): Exilautoren und ihre deutschen und amerikanischen Verleger in New York, in: Spalek, John M., u. Joseph Strelka, Hrsg.: Deutschsprachige Exilliteratur seit 1933, Bd. 2: New York, Bern, S. 1409 ff.
Kretz, Anita (o.J., 1973): Die Buchproduktion deutschsprachiger Emigranten in Schweden 1933–1945, o. O.
Kunoff, Hugo (1973): Literaturbetrieb in der Vertreibung: Die Exilverlage, in: Durzak, Manfred, Hrsg.: Die deutsche Exilliteratur 1933–1945, Stuttgart, S. 183 ff.
Landshoff, Fritz H. (1981): Ein Emigrationsverlag, in: Engelmann, Bernt, Hrsg.: Literatur des Exils. Eine Dokumentation über die PEN-Jahrestagung in Bremen 1980, München, S. 103 ff.
Landshoff, Fritz H. (1984): Querido-Verlag 1933–40, in: Marginalien 4, S. 96 ff.
Landshoff, Fritz H. (1991): Amsterdam, Kreizersgracht 333, Querido Verlag. Erinnerungen eines Verlegers, Berlin–Weimar.
Leje, Christiana (1969): Der Lektor und Verleger Max Tau 1942–1946 in der schwedischen Emigration, Stockholm.
Lorenz, Heinz (1996): Die Universum-Bücherei 1928–1939. Geschichte und Bibliographie einer proletarischen Buchgemeinschaft, Berlin.
Mann, Erika, u. Klaus Mann (1991): Escape to Life/Deutsche Kultur im Exil, München.
Mann, Heinrich (1993): Briefwechsel mit Barthold Fles, hrsg. von Madeleine Rietra, Berlin–Weimar.
Mann, Klaus (1974): Der Wendepunkt. Ein Lebensbericht, Berlin–Weimar.
Mann, Thomas (1975): Briefwechsel mit seinem Verleger Bermann Fischer 1932–1955, hrsg. von Peter de Mendelssohn, Frankfurt a. M.
Marell, Anders (1974): Dokumentation zur Geschichte des Bermann-Fischer-Verlages in Stockholm, Stockholm.
Melzwig, Brigitte (1975): Deutsche sozialistische Literatur 1918–1945. Bibliographie der Buchveröffentlichungen, Berlin–Weimar.
Messerschmidt, Beate (1985): „Von Deutschland herübergekommen". Die Vertreibung des freiheitlichen Gildengeistes. Zur Buchgemeinschaft „Büchergilde Gutenberg", in: Exilforschung 3, S. 183 ff.
Mittenzwei, Werner (1981): Exil in der Schweiz, 2., verbess. u. erweit. Aufl., Leipzig.
Müssener, Helmut (1974): Exil in Schweden. Politische und kulturelle Emigration nach 1933, München.

Paetel, Karl O. (1950): Das deutsche Buch in der Verbannung, in: Deutsche Rundschau 9, S. 755 ff.

Pfäfflin, Friedrich, u. Ingrid Kussmaul (1985): S. Fischer Verlag. Von der Gründung bis zur Rückkehr aus dem Exil, Ausst.-Kat., Marbach a. N.

Pfäfflin, Friedrich (1990): Vorwort zu Tribüne und Aurora, in: Wieland Herzfelde und Berthold Viertel, Briefwechsel 1940–1949, hrsg. von dems., Mainz, S. 7 ff.

Pike, David (1981): Deutsche Schriftsteller im sowjetischen Exil 1933–1945, Frankfurt a. M.

Prag–Moskau (1991). Briefe von und an Wieland Herzfelde 1933–1938, hrsg. von Giuseppe de Siati u. Thies Ziemke, Kiel.

Rauschning, Hermann (1988): Gespräche mit Hitler, Wien.

Roussel, Hélène (1979): Editeurs et publications des émigrés allemands (1933–1939), in: Badia, Gilbert, u. a.: Les barbelés de l'exil. Etudes sur l'émigration allemande et autrichienne (1938–1940), Grenoble, S. 357 ff.

Roussel, Hélène (1990): Deutschsprachige Bücher und Broschüren im französischen Exil 1933–1940, bearb. von Maria Kühn-Ludewig, in: Archiv für Geschichte des Buchwesens 34, S. 267 ff.

Roussel, Hélène (1992): Zu Willi Münzenbergs verlegerischer Tätigkeit im Kontext seines Umgangs mit den Medien in der Weimarer Republik und im französischen Exil, in: dies. u. Lutz Winckler, Hrsg.: Deutsche Exilpresse und Frankreich 1933–1940, Bern u. a., S. 157 ff.

Saltzmann, Karl H. (1949): Amsterdam als Verlagsort der deutschen Emigration, in: Börsenblatt für den deutschen Buchhandel vom 6.4.1949, S. 23 ff.

Saltzmann, Karl H. (1956): Der Malik-Verlag. Verlagsgeschichte als Zeitgeschichte, in: Neue Deutsche Literatur 4, S. 88 ff.

Sándor, András (1976): Ein amerikanischer Verleger und die Exilautoren, in: Spalek/Strelka, S. 117 ff.

Schick, Günter (1992): Bibliographie deutschsprachiger Veröffentlichungen der „Verlagsgenossenschaft ausländischer Arbeiter in der UdSSR" Moskau, Leningrad, Berlin.

Schlenstedt, Silvia, Hrsg. (1983): Wer schreibt, handelt. Strategien und Verfahren literarischer Arbeit vor und nach 1933, Berlin–Weimar.

Schöffling, Klaus (1983): Dort wo man Bücher verbrennt. Stimmen der Betroffenen, Frankfurt a. M.

Schoor, Kerstin (1992): Verlagarbeit im Exil. Untersuchungen zur Geschichte der deutschen Abteilung des Amsterdamer Allert de Lange Verlages 1933–1940, Amsterdam.

Schütte, Wolfgang U. (1987): Von Berlin nach Brissago. Auf den Spuren von Leon Hirsch in der Schweiz, Berlin.

Seghers, Anna – Wieland Herzfelde (1985). Ein Briefwechsel 1939–1946, hrsg. von Ursula Emmerich u. Erika Pick, Berlin–Weimar.

Sinkó, Ervin (1962): Roman eines Romans. Moskauer Tagebuch, Köln.

Spalek, John M., u. Joseph Strelka, Hrsg. (1976): Deutsche Exilliteratur seit 1933, Bd. 1: Kalifornien, Bern–München.

Stahlberger, Peter (1970): Der Zürcher Verleger Emil Oprecht und die deutsche politische Emigration 1933–1945, Zürich.

Tau, Max (1964): Ein Flüchtling findet sein Land, Hamburg.

Trapp, Frithjof (1983): Die Bedeutung der Verlage Allert de Lange und Querido für die Entwicklung der deutschen Exilliteratur zwischen 1933 und 1940, in: Exil 1, S. 12 ff.

Tutas, Herbert E. (1973): NS-Propaganda und deutsches Exil 1933–1939, Worms.

Walter, Hans-Albert (1965): Die Helfer im Hintergrund. Zur Situation der deutschen Exilverlage 1933–1945, in: Frankfurter Hefte 2, S. 121 ff.

Walter, Hans-Albert (1972): Asylpraxis und Lebensbedingungen in Europa. Deutsche Exilliteratur 1933–1950, Bd. 2, Darmstadt–Neuwied.

Walter, Hans-Albert, u. Günter Ochs (1985): Ich hatte einst ein schönes Vaterland. Deutsche Literatur im Exil 1933–1945. Eine Auswahlbibliographie, Gütersloh.

Weiskopf, Franz Carl (1981): Unter fremden Himmeln. Ein Abriß der deutschen Literatur im Exil 1933–1947, Berlin–Weimar.

Winkler, Andreas (1977): Hermann Kesten im Exil (1933–1940). Sein politisches und künstlerisches Selbstverständnis und seine Tätigkeit als Lektor in der deutschen Abteilung des Allert de Lange Verlages, Hamburg.

Wirkungsgeschichte

Lutz Winckler

Der erste Versuch, das Exil als Orientierungs- und Identitätsmythos der deutschen Literatur und Gesellschaft zu etablieren, blieb erfolglos: Thomas Manns gegenüber Walter von Molo unmittelbar nach dem Krieg erhobener Anspruch auf moralische und literarische Alleinvertretung des Exils im

Nachkriegsdeutschland scheiterte – am guten Gewissen der sich zur „inneren Emigration" hochstilisierenden Autoren des Dritten Reichs, an den kollektiven Verdrängungsprozessen der deutschen Nachkriegsgesellschaften, die – unter unterschiedlichen politischen Vorzeichen – an der Wende der vierziger und fünfziger Jahre zur politischen Normalität übergingen.

Der Mythos Exil entfaltete sich in der BRD erst beim zweiten Versuch: als sich Mitte der sechziger Jahre mit der sozialen und ökonomischen Krise auch eine politische und moralische Krise abzeichnete, die von den Universitäten ausgehend zu einer weitreichenden Erschütterung der traditionellen Autoritäten führte.

Die gesellschaftliche Krise hatte Mitte der sechziger Jahre auch die Germanistik erreicht. An zahlreichen Universitäten – in Berlin, Freiburg, Tübingen – fanden 1965 Ringvorlesungen über die Universitäten im Dritten Reich statt, an denen sich auch Vertreter der Germanistik beteiligten. Der Germanistentag hatte 1966 die Geschichte der Germanistik im Dritten Reich zu seinem Thema gemacht: Eberhard Lämmert und Otto Conrady referierten über die personellen, ideologischen und methodologischen Implikationen der Germanistik im Dritten Reich. Ihre Vorträge erschienen 1967 in der edition suhrkamp unter dem Titel *Germanistik eine deutsche Wissenschaft* und lösten neue Debatten aus. In dieser Debatte meldete sich die literarische Exilforschung mit vernehmbarem Anspruch auf moralische und methodologische Führerschaft zu Wort. Auffallend ist die Häufung von Grundsatzartikeln und Definitionsvorschlägen seit der zweiten Hälfte der sechziger Jahre: angefangen von Werner Vordtriede (1968) über Jost Hermand (1972) bis hin zu Peter Laemmle und Manfred Durzak (1973). Werner Vordtriedes Begriffsbestimmung des Exils als zeitloser Grundkomponente der Literaturgeschichte, die Ovid, Dante und Heine mit dem deutschen Exil der dreißiger Jahre verband, zielte auf den klassischen Widerspruch von Geist und Macht und seine „Verewigung" in der Geschichte. Ausgehend vom Mythos Kunst wurde die Politik als Bereich des Profanen ausgegrenzt und abgelegt. Dieser mit der Autorität des Mythos ausgestattete Rückgriff auf die reine Kunst verstellte den Blick auf strukturelle Momente der Argumentation und verurteilte die Vorschläge Vordtriedes, als politik- und handlungsfeindlich, zunächst zur Wirkungslosigkeit.

Ein anderer Definitionsvorschlag hatte größeren Erfolg, weil er dem politischen Orientierungs- und Handlungsbedürfnis der Reformbewegung entsprach. Jost Hermand unterschied zwischen konservativ-geistigen, bürgerlich-humanistischen und sozialistischen Strömungen des Exils und benannte damit die wesentlichen Ausgangspositionen für die einsetzende Mythenbildung. Während die erste Richtung sich auf die von Vordtriede vertretene Forschungsrichtung bezog, orientierten sich die beiden anderen deutlich an politischen Handlungs- und Orientierungsmodellen, die von der Vorstellung des Engagements ausgingen, sich in der Praxis aber zu widersprüchlichen Formen entwickelten. Der bürgerlich-humanistische und der sozialistische Mythos entwickelte jeweils eigene Genealogien, literaturwissenschaftliche Methoden und politische Handlungsfelder. Der erste berief sich auf Autoren wie Thomas Mann, Hermann Broch, Stefan Zweig, Franz Werfel, Josef Roth – der zweite auf Bertolt Brecht, Anna Seghers, Johannes R. Becher und Friedrich Wolf. Autoren wie Heinrich Mann, Lion Feuchtwanger oder Klaus Mann wurden – konkurrierend – für die Genealogie beider Mythen beansprucht. Unterschiedlich waren auch die Methoden: Stärker sozialgeschichtlich, marxistisch orientiert die eine, eher geistesgeschichtlich orientiert die andere. Deutlich unterschieden sich auch die politischen Handlungsfelder: Einer reformierten bürgerlichen Demokratie stand die Vorstellung einer radikalen sozialistischen Alternative gegenüber.

Die literaturwissenschaftliche Debatte hatte Ende der sechziger Jahre einen so hohen Grad von Öffentlichkeit erlangt, daß Überlegungen zur Exilliteratur, wie Hans-Albert Walters damals grundlegender Beitrag mit dem emphatischen Titel *Noch immer draußen vor der Tür. An der Exilliteratur könnte die Germanistik den Ausweg aus der Krise proben,* in der *Frankfurter Rundschau* erscheinen (Walter 1970). Dieser Beitrag verfolgte zum einen das Ziel, die Exilliteratur in der Bundesrepublik einzubürgern: neben bekannten Autoren wie Thomas und Heinrich Mann, neben Robert Musil und Hermann Broch die damals im Westen weitgehend vergessenen Autoren Anna Seghers, Lion Feuchtwanger, Arnold Zweig sowie Autoren der jüngeren Generation – Hans Sahl, Irmgard Keun, Klaus Mann. Dieser Teil des Programms – als solches verstand sich der Beitrag – hat sich in den siebziger Jahren in erstaunlichem Umfang erfüllt. Die Verlage reagierten auf das steigende Interesse der vielfach jüngeren Leser und Leserinnen mit Werkeditionen und Taschenbuchausgaben.

Das Plädoyer Walters für die Rehabilitierung der Exilliteratur verband sich mit einem programmatischen Literaturbegriff, der in der Exilliteratur ein Modell für die Gegenwartsliteratur, in der Exilforschung einen methodischen Königsweg für die krisengeschüttelte Germanistik gefunden zu haben glaubte. Walter sprach von der „Dominanz des Realismus" und entwickelte den entsprechenden Forschungsansatz in scharfem Gegensatz zur „formalistischen, werkimmanenten" Interpretation: Der Exilforschung gehe es darum, die „Verflechtung von Literatur und Gesellschaft, Kunst und Politik" herauszuarbeiten. Die Frontstellung zur traditionellen Germanistik war deutlich und wurde allgemein verstanden. Wenn Walter die Exilliteratur als „Instrument gesellschaftlicher Kritik", „als Waffe im politischen Kampf" beschrieb, legte er damit die Grundlage für den Mythos „engagierter Literatur": Die Exilliteratur stellte Maßstäbe und Modelle für die kritische Auseinandersetzung mit der Gegenwartsliteratur, aber auch für die politische Revision des geschichtlichen Literaturkanons bereit.

Dieser Mythos hat über ein Jahrzehnt eine Generation von Forschern, Studenten und Lesern bestimmt. Die Verfilmungen von Klaus Manns Roman *Mephisto*, der *Geschwister Oppermann* von Lion Feuchtwanger machten ein nach Millionen zählendes Publikum mit dem Exil und seinen Autoren bekannt. Ernst Loewy legte 1979 seine umfangreiche Auswahl literarischer und politischer Texte des Exils vor, die in der dreibändigen Taschenbuchausgabe ein breites Publikum von Schülern und Studenten erreichte (Loewy 1979). 1978 erschien die erste Nummer der Zeitschrift *Exil*, im selben Jahr das *Jahrbuch für antifaschistische Literatur*, das es unter dem Klaus Mann entlehnten Titel *Sammlung* auf insgesamt fünf Bände brachte. 1983 erschien der erste Band des *Jahrbuchs für Exilforschung*, 1984 der erste *Nachrichtenbrief* der Gesellschaft für Exilforschung. Zusammen mit dem Deutschen Exilarchiv 1933–1945 an der Deutschen Bibliothek in Frankfurt a. M. und der Sammlung Exilliteratur 1933–1945 an der Deutschen Bücherei Leipzig standen und stehen der Exilforschung damit eigene Publikationsorgane und Forschungsstätten zur Verfügung. Dennoch sind in den achtziger Jahren der Einfluß der Exilliteratur auf dem Buchmarkt und die Bedeutung der Exilforschung an den Hochschulen zurückgegangen. Die Mythen – Realismus und Antifaschismus – haben, so scheint es, ihre orientierende Kraft verloren. Mit der Einsicht in ihren zeitbedingten Charakter rückt ein negativer Aspekt der Mythen in den Vordergrund: Mythen sind, nach Roland Barthes, geschlossene Systeme. Sie sind selbstreferentiell und haben die Neigung, sich gegen neue Erfahrungen abzuschließen.

Dies gilt für den Realismus. Die Gattungsbestimmung der Exilliteratur, wie sie Anfang der achtziger Jahre von Jan Hans im Rahmen der *Sozialgeschichte der deutschen Literatur* entwickelt wurde (Hans 1981), hatte eine deutlich kritische Funktion: Sie verpflichtete die Literaturwissenschaft auf die lange vernachlässigten gesellschaftskritischen Aspekte und zeitgeschichtlichen Aussagen der Literatur. Die Orientierung am gesellschaftskritischen Realismus, wie er durch Georg Lukács im *Historischen Roman* ästhetisch begründet und politisch sanktioniert worden war, kam der Schreibweise und dem Engagement von Autoren wie Anna Seghers, Lion Feuchtwanger, Heinrich und Thomas Mann, Arnold Zweig (der sich um die Rettung der traditionellen Fabel bemühte) entgegen. Sie gestattete vor allem, die faschismuskritischen Momente der Exilliteratur zu betonen, die im Zeichen immanenten Interpretierens übersehen oder vernachlässigt worden waren.

Zugleich aber hatte die Verpflichtung auf den Realismus normative Züge. Literaturästhetisch bedeutete sie einen Rückgriff hinter Proust auf Zola, hinter die literarischen Avantgarden des 20. Jahrhunderts auf den sozialkritischen Realismus des 19. Jahrhunderts. Das führte einmal dazu, daß gewisse, dem „Realismus" zuwiderlaufende Aspekte der Exilliteratur, ihre Verbindungen zur literarischen Avantgarde, weniger stark betont, kritische Positionen wie diejenige Walter Benjamins von der Exilforschung vernachlässigt wurden. Die Festlegung auf den Realismus verführte aber auch dazu, die Maßstäbe „realistischen Schreibens" unmittelbar auf die Gegenwart und das zeitgenössische Leseverhalten zu übertragen: Ein an Feuchtwanger oder Arnold Zweig geschulter Leser wird sich nur zögernd auf Erzählweisen einlassen, die dem Unbewußten, Fragmentarischen, dem Ungeordneten und Assoziativen den Vorrang vor der traditionellen Fabel geben. Er wird sich scheuen, von der überschaubaren Welt geschichtlicher Konflikte und Fortschrittsverheißungen einzutreten in die „neue Unübersichtlichkeit" (Habermas) der zeitgenössischen Gegenwart, die keine jener Utopien mehr bereithält, die die Exilliteratur ihren Lesern versprach und deren „Einlösung" in den späten sechziger und in den siebziger Jahren zum Programm erhoben wurde. Das Veralten der Exilliteratur, das man im Leseverhalten und in der Forschung gegenwärtig beobachten kann, hat seine Ursache in der geschichtlichen Begrenztheit des Mythos Realismus: dem Zurückbleiben der Ästhetik realistischen Erzählens hinter der Komplexität gegenwärtiger Wahrnehmungsstrukturen.

Auch der Mythos des Antifaschismus stellt, als historischer Mythos, ein geschlossenes System dar. Mythisches Denken ist als zyklisches Denken fixiert auf einen Ursprung. Der Antifaschismus als aktualisiertes Orientierungssystem blieb, wie der Realismus, zwanghaft gebunden an seinen historischen Ursprung – den Antifaschismus der dreißiger Jahre. So bewahrte der Antifaschismus zwar die Erinnerung an die Opfer des Faschismus: die Leiden der Verfolgung, des Identitätsverlusts, der Anonymität, des Todes. Die Erinnerung an die Opfer war untrennbar von der Erinnerung an den Widerstand. Der Mythos nahm hier seinen Ausgangspunkt: Indem er die Geschichte des Widerstands umerzählte in eine zeitlose Geschichte der Sieger, trug er dazu bei, historische Vergangenheit und politische Gegenwart zu einer unauflösbaren Einheit zu verschmelzen. Die Erinnerung an den Antifaschismus nahm so die Form einer rituellen Wiederholung an: Wiederholt wurden die Freund-Feind-Konstellationen und Ausgrenzungsmechanismen der dreißiger Jahre. In diesem Sinn fungierte der Antifaschismus in der Nachkriegszeit zugleich als Gründungsmythos und als Ausgrenzungsmechanismus: Der bürgerliche Antifaschismus reproduzierte mit dem Antikommunismus ähnliche Ängste, Feindbilder und Ausgrenzungsmechanismen wie der sozialistische Antifaschismus mit dem globalen Faschismusverdacht.

Der von den zwanziger Jahren bis in die späten achtziger Jahre des 20. Jahrhunderts reichende Horizont, in dem der Antifaschismus als Mythos fungierte, war einmal bestimmt durch die Systemkonkurrenz zwischen kapitalistischen und sozialistischen Gesellschaften, zwischen einem kapitalistisch und einem sozialistisch verfaßten Deutschland. Er war zweitens bestimmt durch die zwanghafte Alternative eines politischen und literarischen Denkens, das um die Pole „Wiederkehr von 1933" und die Utopie des demokratischen Sozialismus kreiste. Systemkonkurrenz und Antifaschismus führten in der Exilforschung zu einer, am Bild des besseren Deutschland orientierten, Deutungskonkurrenz. In wichtigen Untersuchungsfeldern kam es – zwischen Forschern der BRD und der DDR, aber auch innerhalb der westlichen Forschung – zu Parallel-Aktionen. So in der Spanien- und Südamerikaforschung, in der UdSSR-Forschung; vor allem aber bei den Arbeiten zu einzelnen Autoren wie Anna Seghers, Heinrich Mann, Bertolt Brecht, Lion Feuchtwanger, Arnold Zweig, bei denen der Einsatz um Fragen wie Realismus und Avantgarde, Marxismus und Humanismus, Demokratie und Sozialismus ging – um Begriffe und Komplexe also, die im Sinn der Systemkonkurrenz um die „richtigen" Ursprungs- und Orientierungsmythen strittig waren.

Mit der deutschen Vereinigung und dem Zerfall der sozialistischen Gesellschaften in Mittel- und Osteuropa hat das mythische Konstrukt seine politische und aktualisierend-geschichtsphilosophische Basis verloren. An die Stelle des Mythos tritt die entschiedene Historisierung des Exils. Damit wird der Blick frei auf das Exil als einer kulturellen und politischen Epoche der deutschen, europäischen und der Weltgeschichte, der wir nicht mit kollektiven Schuldgefühlen oder politischen Aktualisierungsgeboten, sondern mit dem kritischen Bewußtsein geschichtlicher Verantwortlichkeit (Habermas 1997) gegenübertreten.

Die Historisierung begünstigt eine strukturalistische Forschung, die interessiert ist an Vergleichen, an Ambivalenzen und offenbleibenden Widersprüchen. Der strukturelle Ansatz, der die Kritik am Faschismus und Stalinismus als totalitären Herrschaftsformen umfaßt, kann Impulse für Minderheitenforschungen vermitteln, für die Analyse historischer und zeitgenössischer Ausgrenzungs- und Vernichtungsdiskurse. Der strukturelle Ansatz kann schließlich zur Erneuerung einer *Dialektik der Aufklärung* führen, wie sie von Max Horkheimer und Theodor W. Adorno, aber auch von Norbert Elias und Walter Benjamin im Exil entwickelt wurde. Anders als die Mehrzahl tagespolitischer und in diesem Sinn engagierter Texte des Exils orientierten die sozialphilosophischen und sozialpsychologischen Texte von Anbeginn an auf die lange Dauer zivilisatorischer Prozesse, in denen zentrale Begriffe wie Humanismus und Individualität, Fortschritt und Kultur eine über den zeitgeschichtlichen Horizont der dreißiger Jahre hinausreichende strukturelle Widersprüchlichkeit entfalten. Die Widersprüchlichkeit des Projekts der Moderne, aus dem Faschismus und Exil nicht ausgeklammert werden dürfen, kann ein struktureller Ansatz um so eher herausarbeiten, als das Tabu mythischer Regelverletzungen mit dem Zerfall des Mythos selbst verschwindet.

Neue Forschungsschwerpunkte deuten sich an. Eine Ästhetik des Exils müßte sich vom Modell des traditionellen Realismus lösen, Methoden und Formen des literarischen Engagements gerade dort aufsuchen, wo ein in der Tradition der künstlerischen Avantgarde schreibender und argumentierender Autor wie Walter Benjamin sie eingefordert hat: am

Schnittpunkt von politischer und literarischer Tendenz, von literarischen und außerliterarischen Techniken der modernen Medien Presse, Fotografie und Film. Die Entscheidung, literarische Inhalte nicht von den Schreibweisen zu trennen, würde dazu führen, die historische Isolierung auf den Zeitraum von 1933 und 1945 zu überdenken und das literarische Exil von einer Perspektive aus zu untersuchen, die der literarischen Entwicklung vor 1933 und nach 1945 Rechnung trägt. Neuere gattungsgeschichtliche Untersuchungen von Stephan Braese zur Exilsatire (1996) und von Bernhard Spies zur Exilkomödie (1997) unterstreichen diese Tendenz.

Schon seit einigen Jahren zeichnet sich ab, daß die literaturwissenschaftliche und pressegeschichtliche Exilforschung ihre dominierende Stellung zugunsten einer kulturwissenschaftlich orientierten Exilforschung verliert: neben dem Film (Horak 1986) und der Bildenden Kunst (Haftmann 1986; Barron 1997) rücken die Musik (Heister u. a. 1993), der Rundfunk (Pütter 1986), die Fotografie (Honnef/Weyers 1997) und neuerdings auch der Tanz in den Vordergrund des wissenschaftlichen und öffentlichen Interesses.

Die neuen Disziplinen, ihr internationaler künstlerischer Produktions- und Traditionszusammenhang haben wesentlich mit dazu beigetragen, das nationalgeschichtliche Paradigma der Exilforschung zugunsten eines an der Kulturtheorie und Kommunikationstheorie orientierten Akkulturationsansatzes abzulösen. Es wird zunehmend deutlich, daß es auch ein Exil gab, das nicht mit dem „Blick nach Deutschland" gelebt und geschrieben hat, sondern sich dem jeweiligen Asylland: Frankreich, Palästina, den USA zugewandt und so eine interkulturelle Identität erworben hat. Von wichtigen Ansätzen in den USA und in Frankreich abgesehen, ist der Prozeß der Akkulturation noch weitgehend unerforscht. Von einer solchen Fragestellung sind nicht nur Ergebnisse zu erwarten, die das bisherige Bild des Exils grundlegend verändern; zu erhoffen sind auch kritische Impulse für die Herausbildung einer auf den Abbau ethnokultureller Vorurteile ausgerichteten weltbürgerlichen Haltung.

Ein wichtiger, erst in den Anfängen erforschter Bereich ist das Exil der Frauen. Die traditionelle Exilforschung hat das weibliche Exil als eigenständiges Problem ignoriert und allenfalls als Teil der allgemeinen Exilgeschichte behandelt. Über eine erste bibliographische Erschließung der autobiographischen Literatur von und der wissenschaftlichen Literatur über Frauen hinaus (Rohlf/Rockenbach 1993) wird seit einiger Zeit verstärkt über Schriftstellerinnen, Künstlerinnen und Wissenschaftlerinnen geforscht (Exilforschung 1993; Hirschbach/Nowoselsky 1993). Neben biografischen Erkundungen beginnt sich unter dem Einfluß der Gender-Forschung eine spezifisch feministische Fragestellung nach geschlechtsspezifischen Erfahrungs- und Deutungsmustern des Exils zu entwickeln.

Ein selbstkritischer Antifaschismus, der die Lagermentalität und -realität nicht nur der fremden, sondern auch der eigenen Seite thematisiert, wird auch künftig ein zentraler Bestandteil der Exilforschung sein – zumal infolge der Defizite öffentlicher Aufarbeitung der Geschichte oder eines ritualisierten Umgangs mit der Vergangenheit weite Teile des gesellschaftlichen Bewußtseins noch immer „unmittelbar zur Epoche des NS-Faschismus" stehen (Briegleb 1989). Die kritische Aufarbeitung der Vergangenheit löst sich zunehmend von der traditionellen Fixierung auf die hochkulturellen Bereiche von Politik, Wissenschaft und Kunst und wendet sich dem Alltag des Exils, dem „Exil der kleinen Leute" (Benz 1991) und vor allem der erzwungenen jüdischen Massenemigration (Loewy 1991) zu. Die Erwartung ist nicht unbegründet, daß auf diese Weise Erfahrungen und Erkenntnisse, die im Zusammenhang mit der Erforschung des Exils zwischen 1933 und 1945 gemacht worden sind, auf die Untersuchung anderer Exile sich übertragen lassen. Eine sich derart in die Richtung einer universellen Emigrations- und Akkulturationsforschung entwickelnde Exilforschung (Frühwald 1995) könnte einen Beitrag dazu leisten, die Öffentlichkeit für die Schicksale und Probleme von ethnischen Minderheiten und von Ausgegrenzten in der eigenen Population zu sensibilisieren. Sämtliche angedeuteten Richtungen müßten sich freilich, soll auch in Zukunft von Exilforschung im eigentlichen Sinn gesprochen werden, in kritischer Reflexion, ästhetischer Deutung und dokumentarischer Archivierung auf die historische Epoche des Exils 1933 bis 1945 und ihren Fundus von künstlerischen und kulturellen Texten als ihren Problemhorizont beziehen.

Literatur

Barron, Stephanie, with Sabine Eckmann (1997): exiles + emigrés. The Flight of European Artists from Hitler, Ausst.-Kat., Los Angeles.

Benz, Wolfgang, Hrsg. (1991): Das Exil der kleinen Leute. Alltagserfahrungen deutscher Juden in der Emigration, München.

Böhne Edith, u. Wolfgang Motzkau-Valeton, Hrsg. (1992): Die Künste und Wissenschaften im Exil 1933–1945, Gerlingen.

Braese, Stephan (1996): Das teure Experiment. Satire und NS-Faschismus, Opladen.

Briegleb, Klaus (1989): Unmittelbar zur Epoche des NS-Faschismus. Arbeiten zur politischen Philologie 1978–1988, Frankfurt a. M.

Durzak, Manfred, Hrsg. (1973): Die deutsche Exilliteratur 1933–1945, Stuttgart.

Exilforschung (1993). Ein internationales Jahrbuch, Bd. 11: Frauen und Exil. Zwischen Anpassung und Selbstbehauptung, München.

Feilchenfeld, Konrad (1986): Deutsche Exilliteratur 1933–1945. Kommentar zu einer Epoche, München.

Fritsch, Christian, u. Lutz Winckler, Hrsg. (1981): Faschismuskritik und Deutschlandbild im Exilroman, Berlin.

Frühwald, Wolfgang, u. Wolfgang Schieder, Hrsg. (1981): Leben im Exil. Probleme der Integration deutscher Flüchtlinge im Ausland 1933–1945, Hamburg.

Frühwald, Wolfgang (1995): Die „gekannt sein wollen". Prolegomena zu einer Theorie des Exils, in: Haarmann, Hermann, Hrsg.: Innen-Leben. Ansichten aus dem Exil. Ein Berliner Symposium, Berlin, S. 56 ff.

Habermas, Jürgen (1997): Geschichte ist ein Teil von uns. Warum ein „Demokratiepreis" für Daniel J. Goldhagen? Eine Laudatio, in: Die Zeit vom 14. 3. 1997.

Haftmann, Werner (1986): Verfemte Kunst. Bildende Künstler der inneren und äußeren Emigration in der Zeit des Nationalsozialismus, Köln.

Hans, Jan (1981): Literatur im Exil, in: Berg, Jan, u. a., Hrsg.: Sozialgeschichte der deutschen Literatur von 1918 bis zur Gegenwart, Frankfurt a. M., S. 419 ff.

Heeg, Günther (1977): Die Wendung zur Geschichte. Konstitutionsprobleme antifaschistischer Literatur im Exil, Stuttgart.

Heister, Hanns-Werner, Claudia Maurer-Zenck u. Peter Petersen, Hrsg. (1993): Musik im Exil. Folgen des Nazismus für die internationale Musikkultur, Frankfurt a. M.

Hermand, Jost (1972): Schreiben in der Fremde. Gedanken zur deutschen Exilliteratur seit 1789, in: Grimm, Reinold, u. ders., Hrsg.: Exil und innere Emigration. Third Wisconsin Workshop, Frankfurt a. M., S. 7 ff.

Hilzinger, Sonja (1994): Frauenbilder, Faschismusanalyse und Exilerfahrung in antifaschistischen Zeitromanen von Schriftstellerinnen der dreißiger und vierziger Jahre, in: Wertheimer, Jürgen, Hrsg.: Von Poesie und Politik. Zur Geschichte einer dubiosen Beziehung, Tübingen, S. 138 ff.

Hirschbach, Denny, u. Sonia Nowoselsky, Hrsg. (1993): Zwischen Aufbruch und Verfolgung. Künstlerinnen der 20er und 30er Jahre, Bremen.

Honnef, Klaus, u. Frank Weyers, Hrsg. (1997): Und sie haben Deutschland verlassen ... müssen. Fotografen und ihre Bilder 1928–1997, Ausst.-Kat., Bonn.

Horak, Jan-Christopher (1986): Fluchtpunkt Hollywood. Eine Dokumentation zur Filmemigration nach 1933, 2. verb. Aufl., Münster.

Loewy, Ernst, Hrsg. (1979): Exil. Literarische und politische Texte aus dem deutschen Exil 1933–1945, Stuttgart.

Loewy, Ernst (1991): Zum Paradigmenwechsel in der Exilliteraturforschung, in: Exilforschung 9, S. 208 ff.

Milton, Sybil (1986): The Refugee Photographers, 1933–1945, in: Pfanner, Helmut F., Hrsg.: Kulturelle Wechselbeziehungen im Exil – Exile across Cultures, Bonn, S. 279 ff.

Mittenzwei, Werner, Hrsg. (1978 ff.): Kunst und Literatur im antifaschistischen Exil 1933–1945, 7 Bde., Leipzig.

Pütter, Conrad (1985): Rundfunk im Widerstand. Eine Dokumentation deutschsprachiger Rundfunkaktivitäten des Auslands und des Exils, München.

Rohlf, Sabine, u. Susanne Rockenbach (1993): Auswahlbibliographie „Frauen und Exil", in: Exilforschung 11, S. 239 ff.

Rotermund, Erwin (1984): Exilliteratur, in: Žmegač, Victor, Hrsg.: Geschichte der deutschen Literatur vom 18. Jahrhundert bis zur Gegenwart, Bd. 3.1, Königstein i. Ts., S. 305 ff.

Shedletzky, Itta, u. Hans Otto Horch, Hrsg. (1993): Deutsch-jüdische Exil- und Emigrationsliteratur im 20. Jahrhundert, Tübingen.

Spies, Bernhard (1997): Die Komödie in der deutschsprachigen Literatur des Exils. Ein Beitrag zu Geschichte und Theorie des komischen Dramas im 20. Jahrhundert, Würzburg.

Stephan, Alexander (1979): Die deutsche Exilliteratur 1933–1945. Eine Einführung, München.

Stern, Guy (1989): Literatur im Exil. Gesammelte Aufsätze 1959–1989, Ismaning.

Vordtriede, Werner (1968): Vorläufige Gedanken zu einer Typologie der Exilliteratur, in: Akzente 15, S. 556 ff.

Walter, Hans-Albert (1970): Noch immer: Draußen vor der Tür. An der deutschen Exilliteratur könnte die Germanistik den Ausweg aus der Krise proben, in: Frankfurter Rundschau, 17.10.1970

Winckler, Lutz (1995): Mythen der Exilforschung?, in: Exilforschung 13, S. 68 ff.

VI

Rückkehr aus dem Exil und seine Rezeptionsgeschichte

Einleitung

Die Rückkehr von ehemaligen Emigranten ist ein noch weitgehend unbearbeitetes Feld. Das gilt sowohl für die Exilforschung wie auch für die allgemeine Historiographie zur Nachkriegszeit. Diese Tatsache ist um so erstaunlicher, als Remigranten wesentlichen Anteil am Wiederaufbau hatten. Derzeit ist nicht einmal klar, wer als Remigrant bezeichnet werden sollte. Sind damit nur solche Personen gemeint, die wie die meisten politischen Flüchtlinge die erste Gelegenheit zur Rückkehr wahrnahmen, oder sollte der Rahmen weiter gesteckt werden und auch diejenigen einschließen, die nur auf Zeit zurückkehrten? Dazu würden beispielsweise ehemalige Emigranten im Dienste der Besatzungsarmeen, sodann Gastprofessoren, Schriftsteller und Künstler zählen, die zunächst direkt am demokratischen Neuaufbau und bei der Umerziehung mitwirkten und später als intellektuelle Multiplikatoren dafür sorgten, daß Deutschland und Österreich den Anschluß an die internationale Kultur fanden.

Die summarischen Übersichten zur Remigration in die Bundesrepublik, die DDR, nach Österreich und in das Saarland zeigen, daß die Rückkehr alles andere als unproblematisch war. Generell gilt, daß es eine von den ehemaligen Landsleuten gewünschte und kollektive Rückkehr nicht gab und niemand mit offenen Armen empfangen wurde – eine durchaus typische Erscheinung, wie die Vergleiche mit anderen Fluchtbewegungen in diesem Jahrhundert zeigen. Eine gewisse Ausnahme machte lediglich das Saarland, das sich mit seinem völkerrechtlichen Sonderstatus bis 1955, der partiellen Interessenidentität von französischer Besatzungsmacht und den zumeist aus Frankreich zurückkehrenden ehemaligen Flüchtlingen sowie regionalspezifischen Gemeinsamkeiten zu einem Zentrum der politischen Remigration entwickeln konnte. Zwar kehrte mit den „Moskauer Emigranten" auch in die Sowjetische Besatzungszone eine homogene Gruppe von Kommunisten im Troß der Roten Armee zurück, die zahlenmäßig größere kommunistische Westemigration, vor allem aus Großbritannien, Schweden und Mexiko, allerdings stieß schon bald auf Schwierigkeiten bei der Rückkehr. Ein Recht darauf gab es nicht; erst nach scharfer Auswahl durch die Partei wurde ab 1946 je nach Bedarfslage die Genehmigung dazu erteilt. Wenige Jahre später sollten diese Westremigranten bei der Stalinisierung der SED kaltgestellt werden, womit zugleich die verbreiteten Stimmungen in der Öffentlichkeit gegen die Rückkehrer aufgenommen wurden.

Ähnliche Tendenzen gab es in den westlichen Besatzungszonen, wohin von den politischen Exilanten vor allem die Sozialdemokraten und Gewerkschafter zurückkehrten. Die quantitativen Größen ehemaliger Flüchtlinge aus den bürgerlichen Parteien, insbesondere dem früheren katholischen Zentrum, waren so klein, daß deren Rückkehr vernachlässigt werden kann. Während von den politischen Flüchtlingen rund 60% remigrierten, bei Sozialdemokraten und Gewerkschaftern waren das etwa 6000 Personen, ist bei den anderen sozialen Gruppen, etwa den verschiedenen Berufszweigen, nach derzeitigem Kenntnisstand von maximal 10 bis 25% auszugehen. Von den jüdischen Emigranten sind etwa 4% zurückgekehrt, wobei diese Angabe nur unter Vorbehalt gilt, da die Einzelheiten noch weitgehend unbekannt sind.

Aus Befragungen von Kriegsgefangenen wußten die Alliierten, auf welche Ablehnung die Exilanten in der Bevölkerung stießen. Sogleich nach Kriegsende hatte der Schriftsteller Frank Thieß in der berüchtigten „Thomas Mann-Kontroverse" dann auch die Stichworte vorgegeben, nach denen die potentiellen Rückkehrer zu beurteilen seien. Sie hätten „bequem aus den Logen und Parterreplätzen des Auslands der deutschen Tragödie zu(ge)schaut", während die „Daheimgebliebenen" die „unsägliche Hölle von Leid und Grauen" erleben mußten. Diese stilisierten sich nun als die „innere Emigration" – in Österreich konnte man sich nach den alliierten Beschlüssen von Jalta und Potsdam sogar als erstes „Opfer" der nationalsozialistischen Expansion empfinden –, die allein berechtigt sei, im nationalen Namen zu sprechen und über die eigene politische Zukunft zu befinden. Bis weit in die fünfziger Jahren dominierten solche

Stereotypen, die in verbreiteter Aufrechnungsmentalität das eigene Schicksal beklagten, ohne einmal nach den Ursachen und der eigenen Verantwortung zu fragen.

Vor diesem Hintergrund erteilten die Alliierten Einreise-Genehmigungen in ihre Zonen nur nach begründeter Anforderung von den inzwischen eingesetzten deutschen Instanzen. Wie in der SBZ begann daher auch woanders die Rückkehr der politischen Emigranten in größerer Zahl erst ab etwa Sommer 1946. Selbst in den eigenen Reihen der politischen Freunde waren die Rückkehrer häufig nicht unumstritten. Darauf verweist etwa die Tatsache, daß die ersten, vereinzelten Remigranten die weiteren nachzogen, wobei die pragmatische Orientierung auf Sachfragen, d. h. der unmittelbare Wiederaufbau auf regionaler Ebene im Rahmen des demokratischen Aufbaus von unten eine wichtige Voraussetzung für die erfolgreiche Reintegration in der alten Heimat wurde.

Obwohl sozialdemokratische Remigranten alsbald zahlreiche Minister und Parlamentarier in den neuen demokratischen Institutionen stellten und auch in den Parteivorständen repräsentativ vertreten waren, taten sie gut daran, weitere politische oder gar programmatische Grundsatzdebatten, zumal über die jüngste Vergangenheit und ihre Aufarbeitung, nicht zu initiieren. Denn jederzeit konnten die latenten Ressentiments gegen die früheren Emigranten als verkappte Vaterlandsverräter mobilisiert werden, wie nicht nur die wiederholten Attacken auf den Remigranten und sozialdemokratischen Kanzlerkandidaten Willy Brandt sogar noch in den 1960er Jahren zeigen. Daher bestimmte das „kommunikative Beschweigen", so der Sozialphilosoph Hermann Lübbe, die politischen Auseinandersetzungen der ersten Nachkriegsjahrzehnte in der Bundesrepublik und in Österreich, wohingegen der zur Staatsdoktrin in der SBZ/DDR erhobene „Antifaschismus" des Exils und des Widerstands zur leeren Worthülse verkam, mit der sich der Allmachtsanspruch der Kommunisten tarnte.

Im nichtkommunistischen Exil war der Grundkonflikt des Kalten Krieges bereits zu einer Zeit geklärt worden, als die Westalliierten und die Sowjetunion noch Bündnispartner in der Anti-Hitler-Koalition gewesen waren. Die Moskauer Prozesse von 1936 und dann der Hitler-Stalin-Pakt 1939 hatten den Kommunismus sowjetischer Prägung bei jenen Exilanten so restlos denunziert, daß sich ihr bisheriger Antifaschismus zum allgemeinen Antitotalitarismus erweitert hatte, mit dem die demokratischen Sozialisten intellektuell Anschluß an die Werte der westlich-demokratischen Zivilgesellschaften fanden. Doch die damit verbundenen programmatischen Modernisierungsimpulse im Gepäck der Remigranten blieben für lange Zeit unbeachtet. In der Ost-West-Konfrontation des Kalten Krieges herrschte zunächst nur der antitotalitäre Konsens, worin sich die Remigranten sogar mit den „Daheimgebliebenen" trafen, die in der Nachkriegszeit mit vehementem Antikommunismus bereits ihre neue demokratische Gesinnung zu belegen glaubten. Nicht zuletzt sicherte dieser affirmative Konsens die materiellen Wiederaufbauleistungen in der Verdrängungsgesellschaft der Nachkriegszeit. Erst langfristig sollte jener Modernisierungstransfer wirksam werden. Dafür stehen etwa das Godesberger Programm der SPD von 1959 oder das 1963 revidierte DGB-Programm mit ihrer Rezeption des keynesianischen Modells.

Mit dem Generationswechsel der sechziger Jahre sollte dann erstmalig auch das ehedem „andere Deutschland" in das öffentliche Bewußtsein treten. Nach den langen Jahren des geistigen Konformitätsdrucks in der Phase des Kalten Krieges wurden die intellektuellen Botschaften der Exilanten und Emigranten in der studentischen Protestbewegung gar zur prägenden Orientierung einer ganzen Generation. Und nicht von ungefähr begann zu der Zeit auch die systematische Erforschung dieses bis dahin unbeachteten Kapitels der jüngsten Vergangenheit (→ GESCHICHTE DER EXILFORSCHUNG). Seither hat sich die Exilforschung einen festen Platz erworben, die große Zahl der inzwischen erschienenen Untersuchungen kann allerdings nicht darüber hinwegtäuschen, daß sie mit ihrem die Fachgrenzen überschreitenden Ansatz und ihrem politisch unterlegten Anspruch alles andere als eine fest etablierte Teildisziplin ist; an den deutschen Universitäten beispielsweise gibt es nur eine diesem Forschungsfeld gewidmete Professur. Für kaum ein anderes Gebiet sind andererseits die Quellen- und Fundortnachweise so gut aufgearbeitet (→ QUELLEN ZUR EXILFORSCHUNG), die zeigen, welche Bestände, zumal nach Öffnung der Archive im Osten seit 1989, immer noch auf eine Bearbeitung warten.

Westliche Besatzungszonen und Bundesrepublik Deutschland

MARITA KRAUSS

Die Forschungen zur Remigration in die Bundesrepublik stehen noch am Anfang. Außer quantitativen Überlegungen der Mitarbeiter des *Biographischen Handbuchs der deutschsprachigen Emigration nach 1933* (Mehringer u. a. 1981; Möller 1984), das auch für Rückkehrer bisher die zentrale Quellenbasis bietet, gibt es nur eine wachsende Zahl von Biographien (Kritzer 1979; Mehringer 1989; Scholz 1995; Kronawitter 1996; demnächst auch zu Ernst Reuter, Fritz Eberhard und Herbert Weichmann), Autobiographien (Brandt 1989; Heym 1990; Liepmann 1993) oder Familienbiographien (Chernow 1994; Krauss 1996). Zur Remigration von Sozialdemokraten (Röder 1968; Lehmann 1976; Foitzik 1985, 1988, 1991; Mehringer 1989) sind die Forschungen jedoch bereits so weit gediehen, daß ein erster Überblick möglich ist. Auch für die Gewerkschaften liegen erste Untersuchungsergebnisse vor (Angster 1997). Die kommunale Ebene bleibt jedoch noch meist unberücksichtigt, ebenso das Wirken von Remigranten in Vereinen, Verbänden oder in der Bürokratie. Die kommunistischen Rückkehrer in die Westzonen sowie die konservative Remigration wurden bisher gleichfalls nur punktuell betrachtet.

Die deutsche Literatur im Exil stand lange im Mittelpunkt des Interesses der Exilforschung. Dabei wurde vor allem unter biographischen Aspekten die Rückkehr mitberücksichtigt, ebenso die öffentliche Auseinandersetzung um Exil und „innere Emigration" (Grosser 1963; Mantzke 1983); ähnliches gilt für die Rückkehr in den Bereichen Theater, Musik oder Bildende Kunst. Einen substantiellen Überblick gibt es zur Haltung zurückgekehrter Schriftsteller in der Nachkriegszeit (Mertz 1985). Manchmal werden die Rückkehr oder Rückkehrüberlegungen von Wissenschaftlern im Rahmen fächerspezifischer Geschichtsaufarbeitungen mitberücksichtigt, so für die → KRITISCHE THEORIE der Frankfurter Schule (Jay 1976; Wiggershaus 1986), die → GESCHICHTSWISSENSCHAFTEN (Schulze 1993), die → SOZIOLOGIE, die → POLITIKWISSENSCHAFTEN oder die Psychoanalyse. Interesse finden inzwischen auch die Rückkehr aus bestimmten Exilländern (Lorenz 1997) und in bestimmte Regionen oder Städte (Krauss 1997b; 1997c), aber auch die Überlegungen zum Kultur- und Wissenstransfer aus dem Exil, sei es in der Politik (Mehringer 1992) oder in den Wissenschaften wie der Soziologie (Papcke 1996). Mit dem Jahrbuch *Exilforschung* 1991 zum Thema „Exil und Remigration" und einem Kolloquiumsband der Herbert und Elsbeth Weichmann Stiftung (Krohn/von zur Mühlen 1997) fanden erstmals Bemühungen um Zwischenbilanz und Bestandsaufnahme der Remigrationsforschung statt.

Einige zentrale Fragestellungen werden in den bisherigen Publikationen bereits sichtbar: Zum einen wird kontrovers diskutiert, ob die Emigration zu einem unersetzlichen Kulturverlust für Deutschland führte oder ob Rückkehrer aus diesen Kreisen zur Modernisierung, zur Internationalisierung und zum produktiven Wissenstransfer beigetragen haben. Damit ist zum anderen die Frage verbunden, ob Remigranten in Schlüsselpositionen die Bundesrepublik Deutschland in ihrer politischen und gesellschaftlichen Entwicklung prägen konnten oder ob die Traditionen der NS-Zeit und ihrer weiterhin öffentlich wirkenden Nutznießer stärker waren – in der Politik, an den Universitäten, in der Presse. Hinzu kommt die Bedeutung der Emigranten und Remigranten als Mittler zur Welt, als zeitweise tabuisierte Vertreter eines „anderen Deutschlands", als diejenigen, die nicht Schuld und Scham der NS-Vergangenheit mitzutragen und mitzuvergessen hatten. Hier erweist sich Remigrationsforschung als interdisziplinäres Untersuchungsgebiet, in dem neben der Geschichtswissenschaft und den zu untersuchenden Einzelwissenschaften Ergebnisse der Sozialpsychologie, der Vorurteilsforschung oder auch der Psychoanalyse Platz finden müssen, will man Verhaltensstrukturen und Deutungsmuster erkennen und entschlüsseln (Mitscherlich/Mitscherlich 1967; Grinberg/Grinberg 1990; Moser 1996).

Im Vergleich zur Emigration war die Remigration kein Massenphänomen. Ganz nach Deutschland zurückkehren wollten zunächst meist nur politisch engagierte Emigranten und solche, die berufliche oder wirtschaftliche Gründe hatten – sei es die Rückkehr zur deutschen Sprache bei Schriftstellern, Journalisten oder Theaterleuten, sei es die Wiedergewinnung entzogenen Besitzes bei Geschäftsleuten oder verlorener Pensionsansprüche bei ehemaligen Beamten. Vor allem innerhalb der jüdischen Emigration stießen Rückkehrüberlegungen jedoch zunächst meist auf strikte Ablehnung (Krauss 1993a), sieht man einmal von den insgesamt 732 Rückwanderern aus Shanghai ab, von denen sich 234 in der britischen und 69 in der amerikanischen Zone niederließen (Hoss 1997). Regional war die jüdische Remigration sehr unterschiedlich ausgeprägt. Während in den Jüdischen Gemeinden in Berlin und Hamburg etwa 11% aller Gemeindemitglieder Rückwanderer waren, kehrten in die süddeutschen Gemeinden nur vereinzelt Emigranten zurück (Brenner 1995, S. 90f.). Weit größer, wenn auch noch schwerer erfaßbar war daher der Anteil derer, die niemals ganz zurückkehrten, die jedoch mit Korrespondententätigkeit, mit Beteiligungen an Anwaltskanzleien, als Gastdozenten oder Vortragsreisende wieder in Deutschland aktiv wurden. Auch sie bildeten einen Teil der Wirkung des Exils, ohne Remigranten zu sein.

Mit Blick auf die mehr als verständliche Haltung der jüdischen Emigranten wurden die Ausbürgerungen der NS-Zeit nicht automatisch für ungültig erklärt, da sonst alle diese Verfolgten und Vertriebenen möglicherweise gegen ihren Willen wieder zu deutschen Staatsbürgern erklärt worden wären. Anfänglich übernahmen die Besatzungsmächte die Wiederverleihung der deutschen Staatsbürgerschaft auf Antrag, aber bereits vor der Gründung der Bundesrepublik war dies meist stillschweigend auf die Länder übergegangen. Im Grundgesetz regelte § 116, Abs. 2 diese Fragen (Foitzik 1985; Lehmann 1991). Doch für Staatenlose wie den Schriftsteller Oskar Maria Graf hätte bereits eine Reise nach Deutschland einen Weg ohne Rückkehr bedeutet, da nur Staatsbürger eines anderen Landes dank eines Besuchsvisums Deutschland auch wieder verlassen konnten. Damit war die Grenzüberschreitung für viele Emigranten ein Akt, dem meist ausführliche und höchst ambivalente Überlegungen vorausgingen.

Für Rückkehrwillige dauerte es nach Kriegsende meist noch Jahre, bis sie in Deutschland einreisen oder gar dort bleiben konnten. Eine Ausnahme bildeten die Emigranten in der Uniform der Sieger. Sehr groß war der Anteil der Deutschstämmigen in den alliierten Armeen nicht; sie wurden in der amerikanischen Armee wegen ihrer Sprachkenntnisse vor allem für die psychologische Kriegführung, für Verhöre mit deutschen Kriegsgefangenen und für andere Übersetzerdienste herangezogen; die Briten und Franzosen waren hier ungleich rigider (Foitzik 1985; Krauss 1993a, 1993b; → DEUTSCHSPRACHIGE EMIGRANTEN IN DER EUROPÄISCHEN RÉSISTANCE UND AN DER SEITE DER ALLIIERTEN). Nur ein verschwindend geringer Prozentsatz derer, die mit der amerikanischen Armee nach Deutschland gekommen waren, blieb später dort; von diesen behielten fast alle ihre amerikanische Staatsangehörigkeit und wurden damit nicht zu Remigranten im strengen Sinne des Wortes.

Dennoch lassen sich Einflußnahmen der Besatzungsmächte auf die Etablierung neuer deutscher Eliten zeigen, vor allem in den Bereichen Politik und Presse. Dies gilt einmal für die Rückholaktionen der unmittelbaren Nachkriegszeit: So wurde beispielsweise der bayerische SPD-Politiker und zeitweilige Ministerpräsident Wilhelm Hoegner zusammen mit dem Staatsrechtsprofessor Hans Nawiasky und dem konservativen bayerischen Politiker Josef Panholzer von den Amerikanern im Juni 1945 mit dem Jeep aus der Schweiz geholt. Auch amerikanische Presseoffiziere suchten politisch verläßliche Emigranten als Lizenzträger zu gewinnen und holten 1945 und 1946 mehrere Journalisten aus der Schweiz und aus England, darunter Richard Schlochauer, Peter Maslowski, Harry Schulze-Wilde, Bruno Schönlank, Max Moritz Hofmann oder Walter Fischer. 1947 beantragten die amerikanischen Presseoffiziere vermehrt Einreisegenehmigungen für zukünftige Lizenzträger und Inhaber von Schlüsselpositionen, vor allem aus der Schweiz und Schweden. Auch die Briten ließen Emigranten beim Wiederaufbau der Presse zu, darunter Alexander Maaß oder Walter D. Schultz am NWDR in Hamburg, doch sie zogen meist ehemalige Kriegsgefangene vor, die sie im englischen „Wilton Park" geschult hatten.

Die Westalliierten kannten keine der sowjetischen vergleichbare politische Einsatzstrategie. Die rigiden Einreisebeschränkungen und Rückkehrbedingungen weisen vielmehr darauf hin, daß vor allem die Amerikaner und die Engländer stärker darauf setzten, die lokalen Eliten umzuerziehen. So riet der ranghöchste politische Berater der amerikanischen Militärregierung in Deutschland, Robert Murphy, im Oktober 1945 anläßlich der Rückkehr des späteren Berliner Bürgermeisters Ernst Reuter aus der Türkei davon ab, Emigranten wieder in höheren Verwaltungspositionen einzusetzen, da die Einheimischen dem überaus skeptisch gegenüberstünden: Die von ihm befragten politischen Führer hätten erklärt, die Emigranten seien zu lange weggewesen und nicht mit den deutschen Bedingungen oder Leiden vertraut. Murphy meinte jedoch, es spräche nichts gegen die Rückkehr einzelner demokratischer Deutscher, wenn diese auf eigene Verantwortung kämen und ihre Reise selbst bezahlten.

Aus dieser Haltung erwuchsen die amerikanischen Einreisebedingungen, die so auch für die britische und französische Zone galten. Demnach durfte ein deutscher Emigrant, der vor 1939 auf dem Gebiet der US-Zone gelebt hatte, einreisen, wenn er (a) Qualifikationen besaß, die von besonderem Wert für die Aufgaben der US-Besatzungsmacht waren, (b) eine Einladung deutscher Verwaltungsbehörden für die US-Zone vorweisen konnte, in dem ihm eine Beschäftigung in der deutschen Verwaltung angetragen wurde, oder (c) ein eigenes Geschäft oder ein Beschäftigungsangebot angeben konnte, dessen Gelingen der deutschen Wirtschaft in der US-Zone zum Vorteil gereichen könne. Daran änderte sich in den folgenden Jahren wenig. Rückkehrwillige mußten ihren Antrag bei dem jeweiligen Military Permit Officer – später Allied High Commission Permit Officer – in den alliierten Botschaften einreichen, dieser gab ihn an den Combined Travel Board in Herford weiter, der sich wiederum an das jeweilige Landeszuzugsamt wandte. Daraufhin mußte der Zuzügler eine Wohnung am gewünschten Zielort nachweisen. Erst dann war eine offizielle Einreise möglich, ohne die es keine Lebensmittelkarten, keine polizeiliche Anmeldung und keinen Arbeitsvertrag gab. Die Wartezeit betrug noch im Juni 1949 etwa fünf bis sechs Monate, und manche Bemühungen scheiterten am Wohnungsmangel vor allem in den Großstädten.

Es gab aber auch länderspezifische Unterschiede. So blieben beispielsweise weit mehr Sozialdemokraten in den USA als in Großbritannien, aus dem fast ein Viertel der erfaßten SPD-Funktionäre zurückkehrte (Foitzik 1988). Die Ursachen dafür sind in den von den Emigranten selbst zu begleichenden Rückkehrkosten zu suchen, die aus Übersee natürlich um ein vielfaches höher lagen. Es wirft aber auch ein Licht auf die unterschiedlichen Integrationsbedingungen der jeweiligen Aufnahmeländer.

Viele wichtige Fälle wurden bis zur Gründung der Bundesrepublik von Berater Murphy persönlich entschieden, so die Rückkehr des sozialdemokratischen Parteiführers Waldemar von Knoeringen aus England im Jahre 1946, ebenso die Einreise des späteren Hamburger Bürgermeisters Herbert Weichmann aus den USA 1948. In beiden Fällen waren es inzwischen bereits etablierte Rückkehrer, hier die Politiker Wilhelm Hoegner, Max Brauer (Fladhammer/Wildt 1994) und Rudolf Katz (Paul 1998), die sich um ihre Schicksalsgenossen bemühten; solche Verbindungen erwiesen sich als zentral für die Remigranten in Politik und öffentlichem Leben. Deshalb war es von besonderer Bedeutung, daß die erste gesamtdeutsche Ministerpräsidentenkonferenz von 1947 einen Rückruf an die Emigranten verabschiedete (Krauss 1997b). Dieser kollektive Rückruf richtete sich nicht nur gegen die von den Besatzungsmächten geforderten formalen Voraussetzungen der Einreise, er sollte für die Emigrierten selbst auch das vertrauensbildende Klima für eine Zukunft in Deutschland schaffen.

Doch auf einen persönlichen Rückruf warteten die meisten vergebens. Einer der Gründe dafür war die Ablehnung vieler Deutscher, die den Emigrierten ihre Abwesenheit während der NS-Zeit nicht verzeihen konnten. Wer als aggressiv oder bedrohlich empfunden wurde – wie beispielsweise die Schriftsteller Hans Habe oder Thomas Mann –, mußte mit schroffer Ablehnung durch die Deutschen rechnen. Die Einheimischen befürchteten, ihres legitimen Rechts, ihrer Arbeit und ihres Besitzes beraubt zu werden; Rivalitäts-, Eifersuchts- und Neidphantasien kamen hinzu. Diese Reaktionen lassen sich auch für vergleichbare Remigrationsprozesse nachweisen (Grinberg/Grinberg 1990, S. 93 ff.), ebenso wie die positive Variante: Gegenüber den direkt Eingeladenen gab es keine offene Feindseligkeit, zuweilen verband man mit ihnen die idealisierte Vorstellung, sie könnten alle Probleme der Nachkriegszeit lösen. So wurden beispielsweise Persönlichkeiten wie Max Brauer schnell zum integralen Teil der Nachkriegsgesellschaft.

Neben individuellen Faktoren hing der Umgang mit der Remigration in Westdeutschland zunächst ab von den politischen Wechsellagen der Nachkriegszeit, also dem Kalten Krieg, der Wiederbewaffnung, dem Wirtschaftswunder und dem Aufbruch der späten 1960er Jahre. Er besaß aber auch eine eigene innere Dynamik: In einer ersten Phase bis etwa 1948 kamen die meisten derjenigen Emigranten zurück, die später aktiv das politische Leben der Bundesrepublik mitgestalten konnten, darunter Willy Brandt, Herbert Wehner, Erich Ollenhauer, Max Brauer, Heinz Kühn, Ernst Reuter, Herbert Weichmann u.v.m. Der sozialdemokratische Parteivorstand war in den vierziger und fünfziger Jahren zur Hälfte mit Remigranten besetzt, die in der Bundespolitik eine qualitativ wichtige Rolle spielten. In Presse und Rundfunk waren ebenfalls viele Rückkehrer tätig, die bereits in diesen ersten Jahren ihre Tätigkeit in Deutschland aufnahmen. Der jüdische Remigrant Rudolf Katz avancierte 1951 zum ersten stellvertretenden Präsidenten des Bundesverfassungsgerichts (Paul 1998).

Sehr viel zögerlicher und erst später, meist in den fünfziger und frühen sechziger Jahren, kamen Künstler, Schriftsteller und Wissenschaftler zurück. Dies läßt sich einmal auf die geschilderten äußeren Probleme zurückführen, es war aber auch Folge einer abwartenden Haltung der meist jüdischen

Künstler und Intellektuellen gegenüber den politischen Entwicklungen in Deutschland. Von ihren persönlichen Lebensumständen her waren viele Emigranten und ihre Kinder nach bald 20 Jahren der Abwesenheit häufig auch so in den Aufnahmeländern integriert, daß eine Rückkehr immer schwieriger wurde. In diese Phase fiel jedoch die Remigration einiger derer, die nach der Verabschiedung der Wiedergutmachungsgesetze in Deutschland eine finanzielle Lebensgrundlage durch Beamtenpensionen, Witwenrenten oder Entschädigungszahlungen bekommen hatten. Seit Ende der fünfziger Jahre begannen dann Einladungen der großen Städte an ihre ehemaligen Bürger zu Stadtjubiläen oder zu Besuchen, die punktuell bis heute zu Remigrationen führen: Im Alter, so ein Ergebnis der Migrationsforschung, tritt oft wieder der Wunsch nach Sprache und Umgebung der Jugend in den Vordergrund.

Neben den realen Rückkehrbewegungen gab es Phasen der Rezeption von Exil und Remigration, die ein guter Spiegel der Nachkriegsentwicklung sind (Krauss 1997a). Auf eine polemische Phase mit Auseinandersetzungen um Exil und „innere Emigration", um Kollektivschuld und Reeducation, die bis Anfang der fünfziger Jahre dauerte, folgte eine Tabuisierungsphase bis Ende der sechziger Jahre: Das Wirtschaftswunder und der erfolgreiche Wiederaufbau schufen ein neues (bundes)deutsches Selbstbewußtsein; das Exil wurde in die „zweite Schuld", die Verdrängung der NS-Vergangenheit, miteinbezogen (Papcke 1991, 1996). Dann kam die Aufarbeitungszeit der jungen linksliberalen Wissenschaftlergeneration nach 1968: In der Auseinandersetzung mit den Vätern griff sie auf Exilierte und Exilpositionen zurück (Krohn 1995), oft ohne sich mit den in Deutschland etablierten Remigranten in Politik und Wissenschaft verständigen zu können. In den achtziger Jahren erlahmte dieser Elan. Das postulierte „Ende der Nachkriegszeit", die zunehmende Historisierung der NS-Zeit und das Ende der DDR führten zu anderen thematischen Interessen, zugleich aber auch zu einer weniger tabubeladenen und weniger illusionsbesetzten Phase der Remigrationsforschung.

Literatur

Angster, Julia (1997): Wertewandel in den Gewerkschaften. Zur Rolle gewerkschaftlicher Remigranten in der Bundesrepublik der 1950er Jahre, in: Krohn/ von zur Mühlen, S. 93 ff.

Biographisches Handbuch der deutschsprachigen Emigration nach 1933/International Biographical Dictionary of Central European Emigrés 1933–1945 (1980–1983), hrsg. vom Institut für Zeitgeschichte, München, u. von der Research Foundation for Jewish Immigration, New York, unter der Gesamtleitung von Werner Röder u. Herbert A. Strauss, 3 Bde., München u. a.

Brenner, Michael (1995): Nach dem Holocaust. Juden in Deutschland 1945–1950, München.

Briegel, Manfred, u. Wolfgang Frühwald, Hrsg. (1988): Die Erfahrung der Fremde. Kolloquium des Schwerpunktprogramms „Exilforschung" der Deutschen Forschungsgemeinschaft, Weinheim u. a.

Chernow, Ron (1994): Die Warburgs. Odyssee einer Familie, Berlin.

Erler, Peter (1994): Heeresschau und Einsatzplanung. Ein Dokument zur Kaderpolitik der KPD aus dem Jahre 1944, in: Schroeder, Klaus, Hrsg.: Geschichte der Transformation des SED-Staates. Beiträge und Analysen, Berlin, S. 52 ff.

Exilforschung (1991), Bd. 9: Exil und Remigration, München.

Fladhammer, Christa, u. Michael Wildt, Hrsg. (1994): Max Brauer im Exil. Reden und Briefe aus den Jahren 1933–1946, Hamburg.

Foitzik, Jan (1985): Die Malaise des Widerstandes. Im Spannungsfeld zwischen Mißtrauen, Ablehnung und Verdächtigung, in: Tribüne 24, S. 62 ff.

Foitzik, Jan (1988): Die Rückkehr aus dem Exil und das politisch kulturelle Umfeld der Reintegration sozialdemokratischer Emigranten in Westdeutschland, in: Briegel/Frühwald, S. 255 ff.

Foitzik, Jan (1991): Politische Probleme der Remigration, in: Exilforschung 9, S. 104 ff.

Frühwald, Wolfgang, u. Wolfgang Schieder, Hrsg. (1981): Leben im Exil. Probleme der Integration deutscher Flüchtlinge im Ausland 1945–1954, Hamburg.

Grinberg, León, u. Rebeca Grinberg (1990): Psychoanalyse der Migration und des Exils, München–Wien.

Grosser, Johannes F. G., Hrsg. (1963): Die große Kontroverse. Ein Briefwechsel um Deutschland, Hamburg.

Heym, Stefan (1990): Nachruf, Berlin.

Hoss, Christiane (1997): Kein sorgenfreies Leben. Erfahrungen mit dem neuen Deutschland, in: Leben im Wartesaal. Exil in Shanghai 1938–1947, hrsg. vom Jüdischen Museum im Stadtmuseum Berlin, Berlin, S. 100 ff.

Jay, Martin (1976): Dialektische Phantasie. Die Geschichte der Frankfurter Schule und des Instituts für Sozialforschung 1923–1950, Frankfurt a.M.

Koebner, Thomas (1988): Das „andere Deutschland". Zur Nationalcharakteristik im Exil, in: Briegel/Frühwald, S.217ff.

Krauss, Marita (1993a): Das „Emigrantensyndrom". Emigranten aus Hitlerdeutschland und ihre mühsame Annäherung an die ehemalige Heimat, in: Jenal, Georg, Hrsg.: Gegenwart in Vergangenheit. Beiträge zur Kultur und Geschichte der Neueren und Neuesten Zeit, München, S.319ff.

Krauss, Marita (1993b): Eroberer oder Rückkehrer? Deutsche Emigranten in der amerikanischen Armee, in: Exil 13, S.70ff.

Krauss, Marita (1996a): Besatzungspolitik und Rückkehr aus dem Exil, in: Höppel, Thomas, u. Dieter Tiemann, Hrsg.: 1945–50 Jahre danach. Aspekte und Perspektiven im deutsch-französischen Beziehungsfeld, Leipzig, S.64ff.

Krauss, Marita (1996b): Jüdische Familienschicksale zwischen nationalsozialistischer Machtübernahme und Nachkriegszeit. Das Beispiel der Familien Bernheimer, Feuchtwanger und Rosenfeld, in: Exil 16, S.31ff.

Krauss, Marita (1997a): Die Rückkehr der „Hitlerfrischler". Die Rezeption von Exil und Remigration in Deutschland, in: Geschichte in Wissenschaft und Unterricht 48, S.151ff.

Krauss, Marita (1997b): Die Nachkriegsgesellschaft und die Remigranten. Überlegungen zu einer Wirkungsgeschichte, in: Lanzinner, Maximilian, Hrsg.: Bayern seit 1945. Perspektiven der historischen Forschung, München, S.13ff.

Krauss, Marita (1997c): Die Region als erste Wirkungsstätte von Remigranten, in: Krohn/von zur Mühlen, S.23ff.

Kritzer, Peter (1979): Wilhelm Hoegner. Politische Biographie eines bayerischen Sozialdemokraten, München.

Krohn, Claus-Dieter (1995): Die Entdeckung des „anderen Deutschland" in der intellektuellen Protestbewegung der 1960er Jahre in der Bundesrepublik und den Vereinigten Staaten, in: Exilforschung 13, S.16ff.

Krohn, Claus-Dieter, u. Patrik von zur Mühlen, Hrsg. (1997): Rückkehr und Aufbau nach 1945. Deutsche Remigranten im öffentlichen Leben Nachkriegsdeutschlands, Marburg.

Kronawitter, Hildegard, Hrsg. (1996): Ein politisches Leben. Gespräche mit Volkmar Gabert, München.

Lehmann, Hans Georg (1976): In Acht und Bann. Politische Emigration, Ausbürgerung und Wiedergutmachung am Beispiel Willy Brandts, München.

Lehmann, Hans Georg (1991): Wiedereinbürgerung, Rehabilitation und Wiedergutmachung nach 1945. Zur Staatsangehörigkeit ausgebürgerter Emigranten und Remigranten, in: Exilforschung 9, S.90ff.

Liepmann, Ruth (1993): Vielleicht ist Glück nicht nur Zufall. Erzählte Erinnerungen, Köln.

Lorenz, Einhart (1997): Politische und wissenschaftliche Wirkung des Exils in Skandinavien, in: Exil 17, S. 86ff.

Mantzke, Martin (1983): Emigration und Emigranten als Politikum in der Bundesrepublik der sechziger Jahre, in: Exil 3, S.24ff.

Mehringer, Hartmut, Werner Röder u. Dieter Marc Schneider (1981): Zum Anteil ehemaliger Emigranten am politischen Leben der Bundesrepublik Deutschland, der Deutschen Demokratischen Republik und der Republik Österreich, in: Frühwald/Schieder, S.207ff.

Mehringer, Hartmut (1989): Waldemar von Knoeringen. Eine politische Biographie. Der Weg vom revolutionären Sozialismus zur sozialen Demokratie, München u.a.

Mehringer, Hartmut (1992): Sozialdemokratisches Exil und Nachkriegs-Sozialdemokratie. Lernprozesse auf dem Weg zum Godesberger Programm, in: Burrichter, Clemens, u. Günter Schödl, Hrsg.: „Ohne Erinnerung keine Zukunft!". Zur Aufarbeitung von Vergangenheit in einigen europäischen Gesellschaften unserer Tage, Köln, S.109ff.

Mertz, Peter (1985): Und das wurde nicht ihr Staat. Erfahrungen emigrierter Schriftsteller mit Westdeutschland, München.

Mitscherlich, Alexander, u. Margarete Mitscherlich (1967): Die Unfähigkeit zu trauern. Grundlagen kollektiven Verhaltens, München.

Möller, Horst (1984): Exodus der Kultur. Schriftsteller, Wissenschaftler und Künstler in der Emigration nach 1933, München.

Moser, Tilmann (1996): Dämonische Figuren. Die Wiederkehr des Dritten Reiches in der Psychotherapie, Frankfurt a.M.

1945. Jetzt wohin? (1995). Exil und Rückkehr, hrsg. vom Verein Aktives Museum, Berlin.

Papcke, Sven (1991): Exil und Remigration als öffentliches Ärgernis. Zur Soziologie eines Tabus, in: Exilforschung 9, S.9ff.

Papcke, Sven (1996): Exil der Soziologie/Soziologie des Exils, in: Exilforschung 14, S.62ff.

Paul, Gerhard (1998): „Herr K. ist nur Politiker und als solcher aus Amerika zurückgekommen". Die gelungene Remigration des Dr. Rudolf Katz, in: ders., u. Miriam Gillis-Carlebach, Hrsg.: Menora und Hakenkreuz. Zur Geschichte der Juden in und aus Schleswig-Holstein, Lübeck und Altona, Neumünster.

Röder, Werner (1968): Die deutschen sozialistischen Exilgruppen in Großbritannien. Ein Beitrag zur Geschichte des Widerstandes gegen den Nationalsozialismus, Hannover.

Rückkehr aus der Emigration nach 1945 (1997), hrsg. vom Verein EL-DE-HAUS Köln, Köln.

Scholz, Michael F. (1995): Herbert Wehner in Schweden 1941–1946. Legende und Wirklichkeit, München.

Schulze, Winfried (1993): Deutsche Geschichtswissenschaft nach 1945, München.

Wiggershaus, Rolf (1986): Die Frankfurter Schule. Geschichte, theoretische Entwicklung, politische Bedeutung, München.

(Siehe auch die Literatur Saarland, Sowjetische Besatzungszone und DDR sowie Österreich.)

Saarland

Gerhard Paul

Die Geschichte und Politik keiner anderen Region Deutschlands wurde nach 1945 so sehr durch Remigranten geprägt wie die des Saarlandes (Schneider 1977; Paul/Mallmann 1995; Paul 1997). Das Industrierevier an der Saar fungierte nicht nur als ein Zentrum der politischen Remigration; im wesentlich von Remigranten geprägten sozialklerikalen Saarstaat nahm die Ideenwelt von Teilen der antinationalsozialistischen deutschen Emigration – teilweise allerdings bis zur Karikatur verzerrt – zeitweise politische Gestalt an.

Die Tatsache, daß das Saarland nach 1945 zu einem Zentrum der politischen Remigration wurde, ist nicht ohne die Besonderheiten des Saarabstimmungskampfes von 1934/35 (Bildung der sozialdemokratisch-kommunistischen Aktionsfront gegen die Rückgliederung des Saargebietes; Entstehung einer katholischen Oppositionsgruppe um Johannes Hoffmann (von zur Mühlen 1979; Paul 1984; Lempert 1984; Gestier 1991) sowie der saarländischen Emigration nach 1935 zu verstehen (Massenemigration von 6000 Saarländern; Herausbildung linksproletarischer Milieuzusammenhänge im dominanten Exilland → Frankreich; landsmannschaftlicher Widerstand an den verschiedenen Frontabschnitten des Exils; Propagierung der Idee vom Saarland nach Hitler als Keimzelle der Versöhnung mit Frankreich und der „Vereinigten Staaten von Europa"; Bildung diverser saarländischer Emigrantenorganisationen nach der Befreiung Frankreichs 1944/45, die sich mit der Saarfrage beschäftigten und ihre Mitglieder auf die Remigration vorbereiteten (Herrmann 1978; Paul 1987, 1988, 1992; Paul/Mallmann 1995; Mallmann 1997).

Geprägt war die frühe Remigration des Jahres 1945 durch die unterschiedlichen Interessen der Besatzungsmächte. Während die amerikanischen Besatzungsbehörden die Einreise von Anhängern des profranzösischen Mouvement pour la Libération de la Sarre (MLS) sowie der Sozialdemokratie zu unterbinden versuchten, da diese einer nationalstaatlichen Rekonstruktion ablehnend bis skeptisch gegenüberstanden und explizit die kommunistische Remigration förderten, deren nationalpolitische Vorstellungen mit denen der Großmächte weitgehend identisch waren, verbesserte die französische Besatzung seit Juli 1945 die Rückkehrmöglichkeiten vor allem für sozialdemokratische Emigranten sowie für Anhänger der MLS (Kunkel 1980), deren Optionen den sicherheits- und außenpolitischen Interessen Frankreichs (Freymond 1961; Hudemann 1992) eher entsprachen als die auf nationalstaatliche Restauration gerichteten schwarz-weiß-roten Vorstellungen der Saar-Kommunisten (Erler u. a. 1994).

In keiner anderen Region Deutschlands lag die Remigrationsquote bereits 1945 so hoch wie im Saarland (Foitzik 1988, 1991). Etwa ein Viertel aller ehemaligen politischen Emigranten kehrte noch vor dem Wechsel der Besatzungsmacht im Juli 1945 an die Saar zurück, unter ihnen vornehmlich jene, die nach der Besetzung Frankreichs zwangsweise nach Deutschland zurückgeführt und jetzt aus Zuchthäusern und Konzentrationslagern befreit worden waren sowie vor allem ehemalige Résistance-Kombattanten und Angehörige der französischen Besatzungsstreitmacht. Relativ stark war auch die jüdische Remigration ins Saarland, da zahlreiche Juden von der Saar in der Illegalität im nahen Frankreich überlebt hatten. 1952 machte ihr Anteil an der Jüdischen Gemeinde in Saarbrücken 88% aus (Maor 1960, S. 39).

Generell unterschieden sich die gesellschaftlichen Integrationsprobleme der saarländischen Remigranten kaum von denen in anderen deutschen Regionen. Angesichts der partiellen Kongruenz der nachkriegspolitischen Vorstellungen insbesondere der sozialdemokratischen und der katholischen Remigration und der zunächst auf Annexion, später dann auf wirtschaftlichen Anschluß und politische Autonomie des Saarlandes zielenden Sicherheitspolitik Frankreichs gestaltete sich die berufliche und politische Integration der Remigranten im Saarland gleichwohl weniger schwierig als in den anderen beiden westlichen Besatzungszonen, wobei dies allerdings nur eingeschränkt für die Kommunisten galt.

Bedingt durch die frühe Remigration der Kommunisten hatten sich in den ersten Monaten nach der Befreiung vor allem die Kommunen und die Betriebsvertretungen zu Domänen der KP entwickelt und waren Kommunisten in verschiedenen Fällen von der amerikanischen Besatzungsmacht als Bürgermeister eingesetzt worden. Dies kann jedoch nicht darüber hinwegtäuschen, daß die Reintegration der quantitativ größten Remigrantengruppe in die saarländische Nachkriegsgesellschaft insgesamt nur partiell gelang. Überraschend hoch – und damit deutlich zur Gruppe der sozialdemokratischen Remigranten kontrastierend – war die Zahl von Kommunisten, die erst gar nicht wieder ins Saarland zurückkehrten, die es nach wenigen Monaten im Saarland nicht länger aushielten, an der nationalen Politik ihrer Partei verzweifelten und wieder in die Orte ihres Exils zurückkehrten. Die berufliche Reintegration der sozialdemokratischen Remigranten indes gestaltete sich insgesamt weniger problematisch und konflikthaft. Für die meisten von ihnen verband sich mit der Rückkehr aus dem Exil ein Berufswechsel bzw. die Übernahme neuer Funktionen im Bereich der Verwaltung, der Parteien und Gewerkschaften, der französischen Militäradministration sowie der Polizei (Paul/Mallmann 1995, S. 324 ff., 519 ff.).

Vor allem auf der Ebene der politischen Parteien und Gewerkschaften war in den ersten Nachkriegsjahren der Einfluß von Remigranten unübersehbar. So lagen die Führungs- und Leitungsfunktionen in den saarländischen Nachkriegsparteien, der Sozialdemokratischen Partei des Saarlandes (SPS), der Kommunistischen Partei sowie der Christlichen Volkspartei (CVP), bis 1955 fast ausnahmslos in den Händen von Remigranten (Schmidt 1959 ff.). Neben den Parteien war der Einfluß von Remigranten aus allen drei politischen Lagern im Bereich des Gewerkschaftswesens darüber hinaus am ehesten spürbar, zumal auch die Idee der Einheitsgewerkschaft, d.h. die Abkehr von den Richtungsgewerkschaften und vom Berufsverbandsprinzip, der Grundsatz parteipolitischer Neutralität, das Industrieverbandsprinzip „Ein Betrieb, eine Gewerkschaft", eine explizit aus den Zusammenhängen des Exils geborene Idee war.

Vor allem die Vorstände der der Einheitsgewerkschaft angehörenden Verbände der unmittelbaren Nachkriegszeit entwickelten sich zur Domäne der politischen Remigration (Mallmann/Steffens 1989).

Mit Ausnahme der Parteipresse waren Remigranten in den Bereichen Medien und Kultur quantitativ indes nur schwach repräsentiert. Auch im Bereich der bildenden und darstellenden Kunst gelang es nur wenigen Emigranten, Führungsfunktionen zu besetzen (Schwan 1974; Kugler 1990). Dieser quantitativ eher geringen Präsenz von Remigranten im Bereich der Kultur stand der prägende Einfluß des Direktors des Unterrichtswesens in der saarländischen Verwaltungskommission und ersten Kultusministers Emil Straus im Bereich der Bildungs- und Kulturpolitik entgegen (Küppers 1984).

Qualitativ am stärksten machte sich der Einfluß von Remigranten innerhalb der Sozialdemokratie geltend, deren Führung bereits 1945 übereingekommen war, die 1933 begonnene organisatorische und ideologische Unabhängigkeit von der deutschen Mutterpartei fortzusetzen, was zweifellos die Formulierung eigenständiger Politikpositionen begünstigte. Bereits auf der ersten legalen Parteikonferenz sozialdemokratischer Vertrauensleute vom April 1946 sprachen sich die Anwesenden einstimmig für die Bildung der „Vereinigten Staaten von Europa" und damit gegen die von Kurt Schumacher geforderte nationalstaatliche Rekonstruktion sowie unter der Prämisse der Rettung der saarländischen Industrie vor einer drohenden Demontage für die „wirtschaftliche Vereinigung der Saar mit dem französischen Wirtschaftsgebiet" aus (Kunkel 1980). Vermutlich weniger die Überzeugung von einer europäischen Zukunft als vielmehr die nüchterne, pragmatisch begründete Einsicht in die Verhältnisse veranlaßte auch die CVP, sich fast zeitgleich mit der SPS zu der von Frankreich geforderten Politik des wirtschaftlichen Anschlusses zu bekennen. Der Parteitag von 1947 sprach darüber hinaus den Wunsch aus, auch auf kulturellem und geistigem Gebiet zu einem dauernden aufrichtigen Verhältnis mit Frankreich zu kommen (Hoffmann 1963; Gestier 1991). Als dritte einflußreiche politische Kraft bekannte sich schließlich auch die Einheitsgewerkschaft zur Politik des wirtschaftlichen Anschlusses an Frankreich sowie der politischen Autonomie.

Die saarländischen Kommunisten waren die einzigen, die sich dieser Politik verweigerten und sich als „deutsche" Oppositionspartei zu profilieren versuchten. Mit ihrer Politik der Renationalisierung der Saarfrage griff die KP-Saar ihr trügerisches Erfolgskonzept der 1920er Jahre wieder auf und knüpfte zugleich an die schwarzweißrote Linie des von dem saarländischen Kommunisten Otto Niebergall präsidierten Komitees Freies Deutschland für den Westen an. Im Unterschied zur Sozialdemokratie ging von der Gruppe der kommunistischen Remigranten angesichts der von Moskau bzw. Berlin gemachten Vorgaben in der nationalen Frage kein eigenständiger, aus den Erfahrungen von Emigration und Exil gebildeter Einfluß auf die Politik ihrer Partei aus, was unter den Mitgliedern Momente der Irritation bzw. Erosion begründete (Mallmann/Paul 1989).

Förderlich für den Einfluß der Remigranten auf die saarländische Nachkriegspolitik wirkte sich vor allem die partielle Kongruenz von französischen Sicherheitsinteressen und den politisch-kulturellen Vorstellungen der vom Prinzip des Nationalstaates abgerückten Remigranten aus. Bereits die 1946 von der französischen Militäradministration eingesetzte Verwaltungskommission – die erste politische Verwaltungsspitze des Saarlandes – rekrutierte sich daher exakt zur Hälfte aus Personen, die 1935 nach Frankreich emigriert waren. Eine zahlenmäßig ähnlich starke Repräsentation von Remigranten spiegelte 1947 auch die Zusammensetzung der 20köpfigen Verfassungskommission wider, der mit Johannes Hoffmann (Schleiden 1989; Steinle 1990) als Präsident und Richard Kirn (Mallmann/Paul 1989, S. 124 ff.) als Vizepräsident die Repräsentanten der katholischen bzw. sozialdemokratischen Remigration vorstanden. Der von der Kommission am 16. September 1946 vorgelegte und in wesentlichen Passagen von dem jüdischen Remigranten Alfred Levy formulierte Verfassungsentwurf sah in seiner Präambel die Lostrennung des Saarlandes von Deutschland sowie den wirtschaftlichen Anschluß an Frankreich vor (Sander 1990, 1992). Am 15. Dezember 1947 konstituierte sich die Verfassunggebende Versammlung als Landtag. Drei Tage später stellte Ministerpräsident Johannes Hoffmann sein erstes, bis 1951 regierendes Koalitionskabinett aus CVP und SPS vor, dem neben Hoffmann mit Richard Kirn als Arbeitsminister und stellvertretendem Ministerpräsidenten, Heinz Braun (SPS) als Justizminister sowie Emil Straus (CVP) als Kultusminister drei weitere Remigranten in zentralen Funktionen angehörten.

Anders als in den übrigen Westzonen bezog die neue politische Klasse ihre politische und moralische Legitimation zu einem wesentlichen Teil aus ihrer Sonderrolle im Abstimmungskampf und im Exil. Ein eigenständiges, durch die Erfahrungen der Emigration in Frankreich geprägtes Profil entwickelte sich vor allem in dem wesentlich von Emil Straus geprägten Bereich der Bildungs- und Kulturpolitik (Küppers 1984). Die von Richard Kirn zu verantwortende Sozialpolitik unterschied sich in ihrem hohen Leistungsniveau deutlich von der in der frühen Bundesrepublik und trug in den ersten Jahren des autonomen Saarstaates daher wesentlich zur Loyalität seiner Bürger bei (Herrmann 1996). Auch in einigen hoheitlichen Zentralbereichen waren Remigranten in führenden Funktionen vertreten. Bereits in der unmittelbaren Nachkriegszeit hatten diese Schlüsselstellungen wie die des Generalstaatsanwaltes oder des Senatspräsidenten am Oberlandesgericht besetzt. Darüber hinaus standen profranzösische Remigranten wie der jüdische Résistance-Kämpfer Guy Kurt Lachmann (Mallmann/Paul 1989, S. 156 ff.) der Landespolizeidirektion Saarbrücken sowie der saarländischen Grenzpolizei vor. Im Vergleich zum übrigen Deutschland kann angesichts dieser starken personellen Repräsentation von Remigranten im Bereich der Politik, der Verwaltung und der Exekutive das autonome Saarland von 1947 als ein „Emigrantenstaat" bezeichnet werden.

Vor allem in der durch Verweigerung von Meinungs-, Presse- und Vereinigungsfreiheit, durch Parteienverbote und Ausweisungen prodeutscher Kritiker charakterisierten Innenpolitik Edgar Hectors sowie in der Bildungspolitik Emil Straus' schimmerte das Modell einer Erziehungsdiktatur durch. Die in der antifaschistischen Emigration gereifte Überzeugung von der „Unbelehrbarkeit des deutschen Michel" sowie die tiefe Enttäuschung über den mangelnden Befreiungswillen der deutschen Arbeiterschaft setzte sich in einem repressiven Erziehungsmodell um, das die Menschen dauerhaft vom Gift des Nationalismus reinigen sollte und das letztlich kontraproduktiv nationalistische Ressentiments beförderte. Von Anbeginn an wohnte dem Emigrantenstaat von 1947 daher zugleich seine eigene Negation inne. Nicht nur die Kommunistische Partei und die zunehmend deutsch-national ausgerichtete Demokratische Partei des Saarlandes (DPS) standen ihm kämpferisch-ablehnend gegenüber; auch in den Reihen der Regierungsparteien formierten sich die Widerstände. Der antinationalsozialistische Konsens der Remigration war teilweise schon vor der Bildung des neuen Staates an der nationalen Frage sowie an kleinlichen milieuegoistischen Verbandsinteressen zerbrochen; nach 1947 verkam er vielfach zur reinen Makulatur und zum Lippenbekenntnis offizieller Feierstunden.

Mit dem 1955 anstehenden Referendum über die weitere Zukunft des Saarlandes, der Entscheidung über das Saarstatut, brachen die alten Frontstellungen voll wieder auf. Das totgeglaubte Stigma vom „Vaterlandsverräter" kehrte in die Öffentlichkeit zurück. Das Wort Emigrant wurde erneut zum Schimpfwort. Den sog. „Heimatbundparteien" gelang es, den Kampf gegen das Saarstatut zu einer Art Generalabrechnung mit der jüngsten Vergangenheit des Saarstaates und seinen Repräsentanten umzufunktionalisieren (Paul/Schock 1987; Hannig 1992). Es war dies die verspätete Revanche für die verlorene Meinungsführerschaft und die Delegitimation der Nationalisten nach 1945, für den autoritären Stil der Hoffmann-Regierung sowie für die neuen Identitätszumutungen jenseits der ausgetretenen Pfade des Nationalismus.

Dem mehrheitlichen „Nein" der Wähler zum Saarstatut (67,7%) im Referendum vom 23. Oktober 1955 und der Bildung einer Übergangsregierung auf dem Fuße folgte ein radikales Personalrevirement. Die Remigranten von einst wurden aus der politischen Verantwortung gedrängt oder zogen sich enttäuscht aus dieser zurück. Mit einer Verspätung von zehn Jahren glich sich die politische Elite des Saarlandes der der jungen Bundesrepublik an. Mit dem ehemaligen Leiter der Trierer Gestapo gar avancierte ein einstiger Repräsentant des Dritten Reiches als Chef der Übergangsregierung zum Nachfolger des Emigranten Hoffmann. Etliche Politiker des Hoffmann-Staates wie Richard Kirn gingen nun ein zweites Mal ins Exil. Daß die kommunistischen Remigranten, die sich als erste und bis zur Selbstverleugnung gegen den Emigrantenstaat von 1947 engagiert hatten, mit dem Anschluß des Saarlandes an die Bundesrepublik 1957 erneut in die Illegalität abgedrängt wurden, entbehrt nicht einer gewissen Tragikomik.

Komplettiert wurde der neuerliche Wechsel der politischen Elite mit der Eliminierung des saarländischen Emigrantenstaates aus der kollektiven Erinnerung. Die neuen Herren des Saarlandes machten nun tabula rasa mit allem, was an den Staat von 1947 erinnerte. Unter großer Zustimmung der Bevölkerung wurden Straßen, die zehn Jahre lang an durch das NS-Regime zu Tode gekommene Emigranten erinnert hatten, wieder mit ihren ursprünglichen Namen versehen. Im Lichte des Separatismus-Verdiktes von 1955 verblaßten zugleich die demokratischen Verdienste und die unbestreitbaren Leistungen des saarländischen Emigrantenstaates von 1947 bis 1955.

Erst während der Amtszeit Oskar Lafontaines schickte sich das offizielle Saarland an, die Verdienste der Remigranten von 1945 zu würdigen. Die Verleihung des saarländischen Verdienstordens 1987 an den noch immer im französischen Exil lebenden Richard Kirn, die Ehrung von sozialdemokratischen, katholischen und kommunistischen Emigranten in der Saarbrücker Staatskanzlei 1990 sowie schließlich die Neubenennung von Straßen nach Hitlergegnern und Emigranten und die Würdigung der Remigranten im 1989 eröffneten Regionalgeschichtlichen Museum im Saarbrücker Schloß waren verspätete ideelle und symbolische Akte einer längst fälligen Wiedergutmachung. Weder die (Re-)Emigrations- noch die zeitgeschichtliche Regionalforschung haben sich bis heute systematisch der saarländischen Remigration und der Politik der Remigranten zugewendet. Eine umfassende Untersuchung des „Emigrantenstaates" von 1947 steht aus.

Literatur

Erler, Peter, Horst Laude u. Manfred Wilke, Hrsg. (1994): „Nach Hitler kommen wir". Dokumente zur Programmatik der Moskauer KPD-Führung 1944/1945 für Nachkriegsdeutschland, Berlin.

Foitzik, Jan (1988): Die Rückkehr aus dem Exil und das politisch-kulturelle Umfeld der Reintegration sozialdemokratischer Emigranten in Westdeutschland, in: Briegel, Manfred, u. Wolfgang Frühwald, Hrsg.: Die Erfahrung der Fremde. Kolloquium des Schwerpunktprogramms „Exilforschung" der Deutschen Forschungsgemeinschaft, Weinheim u. a., S. 255 ff.

Foitzik, Jan (1991): Politische Probleme der Remigration, in: Exilforschung 9, S. 105 ff.

Freymond, Jacques (1961): Die Saar 1945–1955, München.

Gestier, Markus (1991): Die christlichen Parteien an der Saar und ihr Verhältnis zum deutschen Nationalstaat in den Abstimmungskämpfen 1935 und 1955, St. Ingbert.

Hannig, Jürgen (1992): Separatisten – Nationalisten? Zum Abstimmungskampf 1955, in: Hudemann/Poidevin, S. 381 ff.

Herrmann, Hans-Christian (1996): Sozialer Besitzstand und gescheiterte Sozialpartnerschaft. Sozialpolitik und Gewerkschaften im Saarland 1945 bis 1955, Saarbrücken.

Herrmann, Hans-Walter (1978): Beiträge zur Geschichte der saarländischen Emigration, in: Jahrbuch für westdeutsche Landesgeschichte 4, S. 357 ff.

Hoffmann, Johannes (1963): Das Ziel war Europa. Der Weg der Saar 1945–1955, München–Wien.

Hudemann, Rainer, u. Raymond Poidevin, Hrsg. (1992): Die Saar 1945–1955. Ein Problem der europäischen Geschichte. La Sarre 1945–1955. Un problème de l'histoire européenne, München.

Hudemann, Rainer (1992): Die Saar zwischen Deutschland und Frankreich 1945–1947, in: ders./ Poidevin, S. 12 ff.

Küppers, Heinrich (1984): Bildungspolitik im Saarland 1945–1955, Saarbrücken.

Kugler, Lieselotte (1990): Zwischen Kunstakademie und Kunstgewerbeschule. Das Centre de Métiers d'Art – die Staatliche Schule für Kunst und Handwerk in Saarbrücken, in: Von der „Stunde Null" zum „Tag X", S. 290 ff.

Kunkel, Ernst (1980): Dokumente und Erinnerungen zur Geschichte der SPS 1935–1956, Dudweiler, Ms.

Lempert, Peter (1985): „Das Saarland den Saarländern!". Die frankophilen Bestrebungen im Saargebiet 1918–1935, Köln.

Mallmann, Klaus-Michael (1997): Frankreichs fremde Patrioten. Deutsche in der Résistance, in: Exilforschung 15, S. 33 ff.

Mallmann, Klaus-Michael, u. Horst Steffens (1989): Lohn der Mühen. Geschichte der Bergarbeiter an der Saar, München.

Mallmann, Klaus-Michael, u. Gerhard Paul (1989): Das zersplitterte Nein. Saarländer gegen Hitler, Bonn.

Maor, Harry (1960): Über den Wiederaufbau der jüdischen Gemeinden in Deutschland seit 1945, Mainz.

von zur Mühlen, Patrik (1979): „Schlagt Hitler an der Saar!". Abstimmungskampf, Emigration und Widerstand im Saargebiet 1933–1935, Bonn.

Paul, Gerhard (1984): „Deutsche Mutter – heim zu Dir!" Warum es mißlang, Hitler an der Saar zu schlagen. Der Saarkampf 1933–1935, Köln.

Paul, Gerhard (1987): Max Braun. Eine politische Biographie, St. Ingbert.

Paul, Gerhard (1988): Max Braun – Vorkämpfer der deutsch-französischen Verständigung und früher Europäer, in: Revue d'Allemagne 10, S. 297 ff.

Paul, Gerhard (1992): Die Zauberformel vom vereinten Europa. Europaideen der deutschen Exil-Sozialdemokratie zwischen patriotischem Kalkül und sozialistischer Träumerei, in: Galerie. Revue culturelle et pédagogique 10, S. 262 ff.

Paul, Gerhard (1997): „Die Saarländer fühlten sich durch solche Leute an Frankreich verkauft". Die saarländischen Remigranten und ihr gescheiterter Staat, in: Hudemann, Rainer, Burkhard Jellonek u. Bernd Rauls, Hrsg.: Grenzfall. Das Saarland zwischen Deutschland und Frankreich 1945–1960, St. Ingbert, S. 135 ff.

Paul, Gerhard, u. Ralph Schock (1987): Saargeschichte im Plakat 1918–1957, Saarbrücken.

Paul, Gerhard, u. Klaus-Michael Mallmann (1995): Milieus und Widerstand. Eine Verhaltensgeschichte der Gesellschaft im Nationalsozialismus, Bonn.

Sander, Michael (1990): Politiker an der Saar zwischen Deutschland und Frankreich, in: Von der „Stunde Null" zum „Tag X", S. 110 ff.

Sander, Michael (1992): Die Verfassung des Saarlandes. Politische Planung und politischer Erfolg Frankreichs, in: Hudemann/Poidevin, S. 237 ff.

Schleiden, Karl-August (1989): Johannes Hoffmann, in: Saarländische Lebensbilder, Bd. 4, Saarbrücken, S. 251 ff.

Schmidt, Robert H. (1959 ff.): Saarpolitik 1945–1957, 3 Bde., Berlin.

Schneider, Dieter Marc (1977): Saarpolitik und Exil 1933–1955, in: Vierteljahreshefte für Zeitgeschichte 25, S. 470 ff.

Schwan, Heribert (1974): Der Rundfunk als Instrument der Politik im Saarland 1945–1955, Berlin.

Steinle, Brigitte (1990): Johannes Hoffmann – ein Leben, Privatdruck.

Von der „Stunde Null" zum „Tag X" (1990). Das Saarland 1945–1949, Ausst.-Kat., Saarbrücken.

Sowjetische Besatzungszone und DDR

Michael F. Scholz

Die Remigration in die SBZ/DDR ist von der traditionellen Exilforschung bisher kaum beachtet worden. Eine Ausnahme macht lediglich die aus der UdSSR, die aufgrund ihrer besonderen Bedeutung frühzeitig Interesse fand und für die eine umfangreiche Dokumentensammlung vorliegt (Erler u. a. 1994; Erler 1994). Inzwischen gibt es auch erste Ergebnisse einer systematischen Erforschung der Remigration aus Skandinavien (Scholz 1992, 1995) sowie mehrere Arbeiten über Einzelschicksale von Remigranten aus Mexiko und der Schweiz, die die Verfolgung von Westemigranten in der DDR Anfang der 1950er Jahre in den Mittelpunkt stellen (Jahnke 1993; Kießling 1991, 1994, 1995). Inwieweit die aus dem nichtsowjetischen Exil Heimkehrenden die Entwicklung in der SBZ/DDR beeinflußt haben, ist jedoch bislang nur ansatzweise und auch nur von der

Sowjetische Besatzungszone und DDR

biographischen Forschung thematisiert worden. Eine Ausnahme bildet das Schicksal von Künstlern, Schriftstellern und Architekten, über das erste Ergebnisse vorliegen (Schätzke 1995).

Eine Auswertung des *Biographischen Handbuchs der deutschsprachigen Emigration nach 1933 (BHb)* zeigt, daß in der SBZ/DDR der Anteil von Remigranten an der politischen Machtausübung hoch war und über den Kreis der Rückkehrer aus Moskau hinausging (Mehringer u. a. 1981). In der SBZ war das politische Exil in den ersten Nachkriegsjahren willkommen. Allerdings galt das nur für der Partei treu ergebene Kommunisten. Allen anderen wurde von Anfang an Mißtrauen entgegengebracht. Jüdischen oder sozialdemokratischen Emigranten war in der Regel die Rückkehr nur auf Anforderung gestattet. Dabei spielten antisemitische Ressentiments zunächst keine Rolle, ebensowenig interessierte in den ersten Jahren, ob sich Kommunisten jüdischer Herkunft selbst als jüdisch bezeichneten oder dies vermieden. Von wesentlicher Bedeutung für die Nachkriegskarriere der Rückkehrer war das ehemalige Exilland. Entscheidendes Moment war dabei die Bedeutung der Funktionäre, die in dem jeweiligen Land Zuflucht gefunden hatten. Praktisch spielte aber auch die geographische Nähe eine wichtige Rolle, denn nur eine schnelle Rückkehr garantierte den Einsatz an prominenter Stelle. Neben dem für die deutschen Kommunisten wichtigsten Exilland Sowjetunion (die zahlenmäßge Stärke wird zwischen 264 und weit über 1000 angegeben, hinzu kommen die sog. Antifaschüler, im Sinne Stalins umerzogene deutsche Kriegsgefangene; Erler 1994) spielten die KPD-Exilgruppen in Großbritannien mit Wilhelm Koenen als ZK-Beauftragten (400), Schweiz (200), Frankreich/Belgien/Luxemburg (160), Schweden (100) und Mexiko (80), wo unter Leitung von Paul Merker prononciert auch eigene Vorstellungen über eine deutsche Nachkriegspolitik entwickelt worden waren, eine wichtige Rolle (Benser 1985). Eine Besonderheit stellen die ca. 1000 ehemaligen Emigranten (800 aus Großbritannien, 200 aus der UdSSR) dar, die 1945/46 im Rahmen der in Potsdam beschlossenen Grenzverschiebungen mit den 45 000 sudetendeutschen Antifaschisten der „KPD-Führung zur Verfügung gestellt wurden". Sie standen größtenteils früher zur Verfügung als die KPD-Emigranten und gewannen entsprechenden politischen Einfluß (Foitzik 1983). Im August 1947 kehrten 429 Juden aus Shanghai in die SBZ zurück (Brenner 1995, S. 87).

In Moskau saßen die KPD-Führer Wilhelm Pieck und Walter Ulbricht, hier wurden gemeinsam mit Josef Stalin und Georgi Dimitroff die entscheidenden programmatischen Debatten über eine Nachkriegskonzeption geführt und gezielt eine Basis an Kadern unter den Emigranten und Kriegsgefangenen aufgebaut. Die „Moskauer Emigranten", und das gilt nicht nur für die deutschen Kommunisten, waren im Geist des Stalinismus erzogen und von den Verfolgungen und Schauprozessen in der Sowjetunion der 1930er Jahre geprägt. Andererseits waren sie auch von dem Glauben erfüllt, daß die Gesellschaftsordnung der UdSSR ein nachahmenswertes Beispiel darstellte. Für sie traf im verschärften Maß zu, daß Umfang und Zusammensetzung der Remigrantengruppen in erster Linie mit den „kaderpolitischen" Anforderungen der KPD (und der SMAD) korrespondierten. Im Gegensatz zu den anderen Emigrationsländern, von wo eine Rückkehr in die Heimat auf eigenen Entschluß möglich war, gab es in der UdSSR keine Alternative zur Genehmigung der KPD-Führung bzw. sowjetischer Stellen. Von Moskau ging im Frühjahr 1945 auch der eigentliche Beginn der Remigration der deutschen Kommunisten in die SBZ aus: die Entsendung der drei „Initiativgruppen" der KPD („Gruppe Ulbricht" in Berlin, „Gruppe Ackermann" in Sachsen, „Gruppe Sobotka" in Mecklenburg-Vorpommern). Die Moskauer Emigranten besetzten in der Folge die wichtigsten Schaltstellen in Politik und Wirtschaft. Schon kurz vor bzw. unmittelbar nach Kriegsende war aus den Anrainerstaaten Schweiz und Frankreich die halblegale bzw. illegale Rückkehr wenig problematisch. Diese Rückkehrer blieben jedoch größtenteils in den Westzonen Deutschlands, bald war auf alliierten Beschluß (Kontrollratsproklamation Nr. 2 vom 20. 9. 1945) eine Ein- bzw. Durchreise durch die Westzonen im Prinzip ganz ausgeschlossen.

Nach einer ersten mehr spontanen Rückwanderung übernahm die wieder in Berlin installierte KPD-Führung unter Walter Ulbricht die Leitung und Koordinierung der Remigration. Noch 1944 waren in Moskau erste Listen aufgestellt worden, wen man möglichst schnell in Deutschland brauchte. Auch die KPD-Leiter in den westlichen Emigrationsländern waren aufgefordert, Listen mit Rückkehrwilligen zusammenzustellen, für die bei den sowjetischen Vertretungen Visaanträge eingereicht werden mußten. Dafür wurden im Sommer 1945 umfangreiche Fragebögen verteilt und erste Überprüfungen vor Ort durchgeführt, was zu Irritationen unter den Befragten führte. Der Begeisterung unmittelbar nach Kriegsende machten bald ernsthafte, ökonomisch und sozial bedingte Einwände gegen eine schnelle Rückkehr Platz, die Zahl der Rückkehrwilligen ging zurück. Aus den verbliebenen Willigen und Genehmen wurden Gruppen zusammengestellt, die mit sowjetischer Hilfe die Heimreise antreten sollten, wobei einzig parteipolitische Prämissen und keine humanitären Kriterien zählten, nicht einmal die z. T. erfolgreiche Parteiarbeit im Exilland fand Beachtung.

Franz Dahlem, im KPD-Politbüro für Kaderfragen und internationale Verbindungen zuständig, drängte innerhalb der KPD auf die baldige Rückkehr der Parteikader aus dem westlichen Exil. Angesichts der gewaltigen Aufbauarbeiten in Deutschland waren politisch qualifizierte Kader sehr knapp. Mitte Oktober 1945 forderte Dahlem deshalb, „Mittel und Weg zu finden", die „zahlreichen sich noch in der englischen, amerikanischen, mexikanischen und skandinavischen Emigration befindlichen qualifizierten Kader nach Deutschland" zu holen (Scholz 1995, S. 118). Obwohl in Moskau schon Anfang Juni 1945 beschlossen worden war, die „Genossen aus Mexiko und Stockholm" herauszuholen, mußten auch die KPD-Funktionäre im nahen Skandinavien bis zur Jahreswende 1945/46 auf sowjetische Unterstützung warten, um in organisierten Gruppen zurückkehren zu können. In Mexiko bestand zwar seit Mitte 1945 eine Schiffsverbindung zwischen Veracruz und Göteborg, doch die deutschen Kommunisten waren von ihrer Nutzung ausgeschlossen, da die USA die Beförderung deutscher Passagiere strengstens untersagt hatten. Sie mußten sich bis zum Mai 1946 gedulden. Von ihnen kehrten 55 zurück, davon 47 in die SBZ. Auch aus Großbritannien kam das Gros der kommunistischen Emigranten erst im Sommer 1946.

In der alten Hauptstadt Berlin meldeten sich die Remigranten zunächst bei der Zentrale der KPD, wo wiederum Fragebögen und Lebensläufe auszufüllen waren. Schon im Vorfeld waren in der Kaderkommission (Franz Dahlem, Grete Keilson) konkrete Vorstellungen für den Einsatz der Rückkehrer diskutiert worden. Nach der Anmeldung bei der Partei mußten sie sich bei der Zentralen Betreuungsstelle für Rückkehrer und Umsiedler einem Gesundheitstest unterziehen, notwendige Impfungen nachholen und sich ihre Arbeitsfähigkeit bescheinigen lassen. Nach einer ersten Überprüfung wurden die in der Regel erfahrenen Funktionäre in wichtige Funktionen gebracht, oft mit dem Vorbehalt, eine abschließende Untersuchung abzuwarten. An erster Stelle stand der Einsatz im zentralen Parteiapparat, dann in lebenswichtigen Bereichen von Wirtschaft und Verwaltung und erst an dritter Stelle in den Parteiorganisationen der Länder. Für den Einsatz fand zunehmend fachliche Kompetenz Berücksichtigung. Ursprünglich in Moskau diskutierte Varianten, die KPD-Funktionäre in ganz Deutschland zum Einsatz zu bringen, scheiterten zunächst an dem Rückwanderungsstopp für die Westzonen. Jedoch schickte man „verläßliche", aber weniger bekannte Funktionäre, die ursprünglich aus den Westzonen kamen, dorthin zurück, wo sie beim Aufbau der KPD und später zu einem großen Teil für den Verbindungsapparat der Berliner Parteiführung als Instrukteure bzw. für den Aufbau von Grenzapparaten eingesetzt wurden.

Von großer Bedeutung war in der SBZ die Anerkennung als „Opfer des Faschismus", die verschiedene Vorteile mit sich brachte. Der Berliner Magistrat hatte am 3. Dezember 1945 beschlossen, daß sie steuerlich zu entlasten seien, analog den Personen mit einer Minderung ihrer Erwerbsfähigkeit um 50% nach den Einkommensteuerrichtlinien von 1941. Die OdF-Ausschüsse gaben darüber hinaus besondere Lebensmittelkarten aus. Die Anerkennung als „Opfer" schloß auch andere Vorrechte ein, nicht zuletzt was die Requirierung von Wohnraum betraf. Zunächst war die Zahl der als OdF anerkannten politisch Verfolgten relativ klein geblieben. „Rassisch" Verfolgte waren als Opfer zwar registriert, aber nicht von den Sondermaßnahmen des Magistrats erfaßt. Ab Herbst 1945 wurde großzügiger mit der Anerkennung als OdF umgegangen, innerhalb der Opfer aber zwei Kategorien geschaffen. Juden wurden nun auch als Opfer anerkannt, ihnen blieb aber der rote Sonderausweis mit dem Aufdruck „Kämpfer" versagt (Groehler 1993).

Die Wiedereinbürgerung der Remigranten scheint in der SBZ – zumindest für die Kommunisten – unproblematisch gewesen zu sein. Die Provinzialverwaltung der Mark Brandenburg betrachtete die Expatriation durch die Nationalsozialisten zwar als rechtlich wirksam, erwartete aber Anträge der davon Betroffenen auf Wiedereinbürgerung. Anders in Mecklenburg-Vorpommern, wo die Skandinavien-Remigranten konzentriert waren. Entsprechend einer Bekanntmachung vom 1. Juli 1946 betrachtete die Landesverwaltung die Expatriation als ungültig und bestätigte den Remigranten die deutsche Staatsangehörigkeit, allerdings auch auf Antrag. Die Behörde hatte somit keinerlei Handlungsspielraum. Der Ausgebürgerte entschied selbst, ob er wieder deutscher Staatsbürger werden wollte (Lehmann 1991). Die Frage der Remigration war für die SED offiziell noch vor Gründung der DDR abgeschlossen.

Einen Sonderfall stellten die überlebenden deutschen „Säuberungsopfer" in der UdSSR dar, darunter ehemalige KPD-Funktionäre und Facharbeiter, die vor oder nach 1933 in die UdSSR gekommen waren. Ihr Schicksal blieb weitgehend von sowjetischen Partei- und Sicherheitsinstanzen bestimmt. Soweit sie in den 1940er Jahren überhaupt aus dem GULag kamen, wurden sie in entlegene Gebiete verbannt. Trotz einer merklichen Liberalisierung nach Stalins Tod 1953 zog sich ihre Rückkehr bis 1962 hin. Die Heimkehrenden erhielten dann allerdings umfassende Unterstützung bei der Eingliederung ins soziale und politische Leben. Viele konnten aus gesundheitlichen Gründen nicht mehr in den Arbeitsprozeß eingegliedert werden und erhielten eine ausreichende Sozialrente bzw. oft auch die Anerkennung als VdN (Verfolgte des Naziregimes). Neben einer Wiedergutmachung ging es auch um eine ständige Kontrolle der „Stalinopfer", die eine Schweigeerklärung unterschreiben mußten. Sie konnten andererseits in wichtige Funktionen aufsteigen, wie Beispiele von Rückkehrern aus den 1940er Jahren zeigen, sogar stellvertretende Minister oder Hauptabteilungsleiter der Staatssicherheit werden (Erler 1993).

Die Warnungen nichtkommunistischer Emigranten vor einer Rückkehr in die SBZ waren nicht aus der Luft gegriffen, wie die bald einsetzende „Säuberung" von Westkadern in der DDR zeigen sollte. Nach den auf sowjetischen Druck erfolgten allgemeinen Kaderbeschränkungen für Westemigranten zur Jahreswende 1948/49 verlor ein großer Teil zunächst seine Parteifunktionen, konnte aber in staatlichen Funktionen oft auf gleicher Ebene weiterarbeiten. Wieder andere setzten ihre Karriere völlig unbeschadet fort. Zunehmend kam es auch zu Verhaftungen, deren Ursachen in der Mehrzahl aber in anderen Zusammenhängen gesucht werden müssen. Seit Herbst 1949 wurden alle führenden SED-Funktionäre, die in der Westemigration oder in westalliierter bzw. jugoslawischer Kriegsgefangenschaft waren, mehrmals Überprüfungen unterzogen. Mitte 1950 wurde das KPD-Exil in Frankreich und der Schweiz kriminalisiert. In einer zweiten Überprüfungswelle im ersten Halbjahr 1951 war die Emigration ausdrücklich Gegenstand intensiver Befragungen, die Mitte des Jahres auf sowjetischen Druck antisemitische Tendenzen annahmen. Den Höhepunkt bildeten Anklagen gegen Paul Merker. In diesem Zusammenhang wurde das KPD-Exil in Mexiko kriminalisiert. Eine dritte Welle der Säuberungen Anfang 1953, die das skandinavische und englische Exil erfassen sollte, wurde durch die politischen Veränderungen nach Stalins Tod Anfang März nicht mehr wirksam. Die Differenzierungen in den Säuberungen stützen die These, daß ihr Zweck die Stalinisierung der SED war, sie demnach einem „herrschaftstechnischen Aspekt der Transformation einer noch unzureichend formierten SED in eine gegen innerparteilichen Widerspruch immunisierte Kaderpartei diente(n)" (Klein 1996, S. 28). Die Bedeutung innersowjetischer Entwicklungen und die Rolle der sowjetischen Geheimdienste in den Säuberungen stellen ein Forschungsdesiderat dar. Im Rahmen der Säuberungen wurden nach Angaben der SED ca. 300 Remigranten erfaßt. Für einige bedeutete das neben einem Funktionsverlust auch eine mehrjährige Zuchthausstrafe. Erst im Januar 1956 leitete die SED-Führung eine erneute Überprüfung dieser Unrechtsurteile ein. Die sukzessiven Rehabilitierungen wurden jedoch nicht öffentlich gemacht.

Die Wirkungen des sowjetischen Exils in Verbindung mit der Besatzungsherrschaft waren in allen Bereichen des gesellschaftlichen und politischen Lebens evident. Anders sah es mit den westlichen Erfahrungen aus. Zwar wurden die im westlichen Exil erworbenen Sprach- und Landeskenntnisse ganz bewußt in Bereichen der DDR-Außenpolitik und Auslandspropaganda sowie der Spionage genutzt, doch im Lande selbst standen ideologische Bedenken der Rezeption „westlicher" Erfahrungen im Weg. Ihre Spuren finden sich deshalb auch eher zufällig und nur in Randbereichen.

Der oft behauptete „Königsweg" der deutschen kommunistischen Emigranten in die sowjetisch besetzte Zone gehört ins Reich der Legende. Die sowjetische Besatzungsmacht hatte sich im eigenen Herrschaftsbereich genügend verläßliche Kader herangezogen und konnte deshalb auf Remigranten aus dem Westen verzichten. Anders die KPD/SED-Führung, die darum bemüht sein mußte, verläßliche Kader zu bekommen, um die vielfältigen, von der SMA übertragenen Aufgaben zu erfüllen und auch die Kontrolle über die neue Einheitspartei gegen die Sozialdemokraten zu behaupten. Sicher fühlten führende Kommunisten auch eine persönliche Verpflichtung, ihren Genossen den Weg in die Heimat zu ermöglichen. Die Erlaubnis zur Rückkehr setzte aber immer eine Überprüfung noch im Exil voraus. Es bestand also kein Recht auf Rückkehr, auch nicht für KPD-Mitglieder. Einen bleibenden Kulturgewinn durch Migration verhinderten in der DDR politische und ideologische Restriktionen.

VI Österreich

Literatur

Benser, Günter (1985): Die KPD im Jahre der Befreiung, Berlin/DDR.

Brenner, Michael (1995): Nach dem Holocaust. Juden in Deutschland 1945–1950, München.

Erler, Peter (1993): Die Rückführung deutscher Opfer des Stalinismus aus der UdSSR und ihre Eingliederung in das gesellschaftliche Leben der SBZ/DDR. Eine Bestandsaufnahme, in: Weber/Staritz, S. 424 ff.

Erler, Peter (1994): Heeresschau und Einsatzplanung. Ein Dokument zur Kaderplanung der KPD aus dem Jahre 1944, in: Schroeder, Klaus, Hrsg.: Geschichte und Transformation des SED-Staates, Berlin, S. 52 ff.

Erler, Peter, Horst Laude u. Manfred Wilke (1994): „Nach Hitler kommen wir". Dokumente zur Programmatik der Moskauer KPD-Führung 1944/45 für Nachkriegsdeutschland, Berlin.

Foitzik, Jan (1983): Kadertransfer. Der organisierte Einsatz sudetendeutscher Kommunisten in der SBZ 1945/46, in: Vierteljahrshefte für Zeitgeschichte 31, S. 308 ff.

Groehler, Olaf (1993): Integration und Ausgrenzung von NS-Opfern. Zur Anerkennungs- und Entschädigungsdebatte in der Sowjetischen Besatzungszone Deutschlands 1945 bis 1949, in: Kocka, Jürgen, Hrsg.: Historische DDR-Forschung, Berlin, S. 105 ff.

Herbst, Andreas (1995): „… daß Sie schon während Ihrer Emigration Verbindungen zu Neofaschisten hatten …". Willi Kreikemeyer – Ein erstes Opfer der Überprüfung von Westemigranten in der DDR, in: 1945. Jetzt wohin? Exil und Rückkehr, S. 278 ff.

Jahnke, Karl-Heinz (1993): „… ich bin nie ein Parteifeind gewesen". Der tragische Weg der Kommunisten Fritz und Lydia Sperling, Bonn.

Kießling, Wolfgang (1991): Der Fall Baender. Ein Politkrimi aus den 50er Jahren der DDR, Berlin.

Kießling, Wolfgang (1994): Partner im „Narrenparadies". Der Freundeskreis um Noel Field und Paul Merker, Bonn.

Kießling, Wolfgang (1995): Paul Merker in den Fängen der Sicherheitsorgane Stalins und Ulbrichts, Berlin.

Klein, Thomas, Wilfriede Otto u. Peter Grieder (1996): Visionen. Repression und Opposition in der SED (1949–1989), Frankfurt a. d. O.

Lehmann, Hans Georg (1991): Wiedereinbürgerung, Rehabilitation und Wiedergutmachung nach 1945. Zur Staatsangehörigkeit ausgebürgerter Emigranten und Remigranten, in: Exilforschung 9, S. 90 ff.

Mehringer, Hartmut, Werner Röder u. Dieter Marc Schneider (1981): Zum Anteil ehemaliger Emigranten am politischen Leben der Bundesrepublik Deutschland, der Deutschen Demokratischen Republik und der Republik Österreich, in: Frühwald, Wolfgang, u. Wolfgang Schieder, Hrsg.: Leben im Exil. Probleme der Integration deutscher Flüchtlinge im Ausland 1933–1945, Hamburg, S. 207 ff.

1945. Jetzt wohin? (1995). Exil und Rückkehr, hrsg. vom Verein Aktives Museum, Berlin.

Schätzke, Andreas (1995): Die Rückkehr von bildenden Künstlern und Architekten aus dem Exil in die SBZ/DDR, Diss., Bonn.

Scholz, Michael F. (1992): Rudi Wetzel – Schicksal eines ehemaligen Schweden-Emigranten in der SBZ/DDR, in: Exil 2, S. 53 ff.

Scholz, Michael F. (1995): Herbert Wehner in Schweden 1941–1946, München.

Scholz, Michael F. (1998): Die Rückkehr des KPD-Exils aus Schweden 1945/47, in: Lorenz, Einhart, u. a.: Ein sehr trübes Kapitel? Hitlerflüchtlinge im nordeuropäischen Exil 1933–1950, Hamburg, S. 367 ff.

Stark, Meinhard (1995): Die Remigration aus der UdSSR 1945–1962, in: 1945. Jetzt wohin? Exil und Rückkehr, S. 250 ff.

Weber, Hermann (1993): Schauprozeß-Vorbereitungen in der DDR, in: ders./Staritz, S. 436 ff.

Weber, Hermann, u. Dietrich Staritz, Hrsg. (1993): Kommunisten verfolgen Kommunisten. Stalinscher Terror und „Säuberungen" in den kommunistischen Parteien Europas seit den dreißiger Jahren, Berlin.

(Siehe auch die Literatur Westliche Besatzungszonen und Bundesrepublik Deutschland.)

Österreich

SIEGWALD GANGLMAIR

Die Remigration österreichischer Hitlerflüchtlinge ist in Österreich ein relativ spät aufgegriffenes Thema, und sie bildet auch heute noch weitgehend ein Forschungsdesiderat. In den veröffentlichten Protokollen des 1975 gemeinsam vom Dokumentationsarchiv des österreichischen Widerstandes (DÖW) und der Dokumentationsstelle für neuere österreichische Literatur veranstalteten Internationalen Symposiums zur Erforschung des österreichischen Exils von 1934 bis 1945 (Österreicher im Exil 1934 bis 1945, 1977) findet dieser Begriff kaum Erwähnung, ebensowenig in den ersten DÖW-Publikationen *Österreicher im Exil* (1984, 1987). Noch das Symposium vom Jahre 1987 über die Emigration und das Exil österreichischer Wissenschaft bezeichnete die österreichische Remigration als „ein eigenes Forschungsproblem für die Zukunft" (Stadler 1988, S. 28). In der Tat gibt es bis heute keine systematische Remigrationsforschung in Österreich, befinden wir uns doch schon auf unsicherem Terrain, wenn es beispielsweise um die genauen Zahlen der Rückkehrer geht (Stadler 1988; Sternfeld 1990, S. 78 ff.; Österreicher im Exil 1995, Bd. 2, S. 688). Einigkeit herrscht allenfalls in der Beurteilung der Vertreibung hinsichtlich der allgemeinen Verlustrechnung für Österreich: Der Exodus bedeutete für dieses Land einen enormen und nicht mehr korrigierbaren geistigen Aderlaß, der auf einigen Gebieten – Psychoanalytische Bewegung, → „WIENER KREIS" bzw. Logischer Empirismus – einen totalen „Kahlschlag" und den weitgehenden Abbruch der Tradition zur Folge hatte.

Es eröffneten sich den österreichischen Flüchtlingen zu Kriegsende zwei Möglichkeiten einer neuen Lebensgestaltung: Rückkehr nach Österreich oder die dauernde Niederlassung im Exilland. Die überwiegende Mehrzahl der Flüchtlinge war aus „rassischen" Gründen vertrieben worden, und diese dachten, vor allem in Großbritannien und den USA, den Hauptaufnahmeländern, nicht mehr an Rückkehr, sondern an Einbürgerung. Neben sehr persönlichen Motiven hielten mannigfaltige Gründe diese Emigranten von einer Rückkehr ab: das Unrecht und die Demütigung, die sie in ihrer alten Heimat erlitten hatten; die allgemeine Lage im Nachkriegsösterreich mit seiner halbherzigen Entnazifizierung, dem nach wie vor geübten Antisemitismus, den ungelösten Vermögensfragen etc.; die inzwischen stattgefundene Integration im neuen Land und nicht zuletzt das allmählich bekannt gewordene Ausmaß des Holocaust (Muchitsch 1992, S. 21). Demgegenüber fühlten sich die politischen Flüchtlinge wie Sozialdemokraten, Kommunisten, Christlich-Konservative und Legitimisten nie als Immigranten. Sie waren vielmehr bestrebt, nach dem Ende der Hitlerdiktatur so früh wie möglich zurückzukehren und das politische Leben mitzugestalten. Sie, die zumeist in Exilorganisationen tätig waren, setzten sich in Wort und Schrift für die Rückkehr jüdischer Flüchtlinge ein, teils unter Vorspiegelung einer für sie „heilen" Welt ohne Antisemitismus, der vollständigen Rehabilitierung und weitgehender Wiedergutmachung. So lud das Free Austrian Movement (FAM) im September 1944 in London zu einer Konferenz zur Klärung von Standpunkten hinsichtlich der Zukunft österreichischer Flüchtlinge in Großbritannien und anderswo. Ein eigens angelegter FAM-Spezialisten- bzw. Berufskataster sollte bezwecken, Kandidaten mit dringlichst benötigten Qualifikationen zur Hand zu haben und sie ins befreite Österreich zu schicken (Österreicher im Exil 1992, S. 596 f.). Die Mitteilungs- und Informationsblätter der → ÖSTERREICHISCHEN POLITISCHEN EXILORGANISATIONEN wie *Zeitspiegel*, *Young Austria* in England, *Aufbau*, *Austro-American Tribune* oder die monarchistische *Austria* in den USA berichteten seit 1943 in sehr unterschiedlicher, oft diametral entgegengesetzter Einstellung über das Für und Wider einer Rückkehr; mit Kriegsende mischten sich dazu die ersten Berichte alliierter Soldaten vor Ort. Österreichische Emigranten wie Julius Deutsch oder Oscar Pollak unterbreiteten amerikanischen bzw. englischen Regierungsstellen oder dem European Advisory Committee Listen von Emigranten, denen aufgrund ihrer Bedeutung die ehestmögliche Rückkehr zu gewährleisten sei (Österreicher im Exil 1992, S. 608, 615 ff., 1995, Bd. 2, S. 703 ff., 710 f.).

Ungeachtet der Standpunkte österreichischer Exilanten und Exilorganisationen entwickelten Großbritannien und die USA ihre eigene, gegenseitig abgestimmte Repatriierungspolitik. Einer baldigen, womöglich gruppenweisen Rückkehr von Emigranten legten sie sich schon aufgrund der komplexen Lage in ihren Besatzungszonen quer und verhängten ein allgemeines Rückreiseverbot, von dem nur in Einzelfällen abgegangen wurde. Diese Politik, die auf heftige Kritik der Exilorganisationen stieß, stand sehr wohl im Gegensatz zu jener der Sowjetunion und der Roten Armee, in deren Schlepptau KPÖ-Rückkehrer viel früher nach Wien bzw. in die sowjetische Besatzungszone gelangten und somit einen Startvorteil für sich verbuchen konnten. Oscar Pollak, der ehemalige Chefredakteur der *Arbeiter-Zeitung*, war der erste Einzelfall, für den eine Ausnahmeregelung vom allgemeinen Rückreiseverbot galt: Auf Wunsch der SPÖ und nicht ganz uneigennützig seitens des Foreign Office – Pollak sollte dieses über die Regierung Renner informieren – wurde er Mitte September 1945 nach Wien geschickt, um erneut die Leitung des SPÖ-Flagschiffs zu übernehmen. Weitere Sozialdemokraten folgten alsbald nach; führende österreichische Kommunisten unterliefen zur Bestürzung des Foreign Office, dem die Moskaurückkehrer schon zahlenmäßig genug waren, das britische Einreiseverbot. Dieses wurde dann Ende Dezember 1945 aufgehoben, praktisch wirksam wurde die offizielle Erlaubnis zur Rückkehr erst ab Mitte 1946 (Österreicher im Exil 1992, S. 599; Muchitsch 1992, S. 20 f.). Mit dieser

Normalisierung der Repatriierungspolitik waren weder alle alliierten noch österreichischen Hindernisse ausgeräumt; es läßt sich vielmehr feststellen, daß die Schwierigkeiten auf österreichischer Seite erst mit der Rückkehr begannen.

Keine österreichische Nachkriegsregierung fand es der Mühe wert, die Vertriebenen offiziell zur Heimkehr aufzufordern oder einzuladen. Diese Haltung wurde von seiten der Historiographie inzwischen ausreichend ausgeleuchtet, diverse Argumente wie etwa die vom anhaltenden, den Zusammenbruch des Dritten Reiches überdauernden Antisemitismus wurden vorgetragen (Knight 1988; Sternfeld 1990; Bailer 1993). Die beiden Großparteien ÖVP und SPÖ standen der Rückkehr jüdischer Emigranten, die die überwiegende Mehrheit der Emigranten bildeten, skeptisch bis ablehnend gegenüber; SPÖ-Politiker äußerten sich diesbezüglich ganz unverblümt (Bailer 1993, S. 151), außerdem befanden sich unter den sozialistischen Emigranten vielfach Anhänger des Otto-Bauer-Kurses und der 1934 zerschlagenen Partei. Nicht wenige Emigranten betraten als alliierte Soldaten österreichischen Boden, traten als Spezialisten der Besatzungsverwaltung und somit für die Daheimgebliebenen in der Rolle des „Siegers" in Erscheinung. Bei der Bevölkerung fehlte es oft genug an der nötigen Sensibilität gegenüber den Opfern und Heimkehrern; fühlte man sich doch jetzt selbst als Opfer der Nazis und des Krieges. Die Schwierigkeiten der Exilanten wurden gegen jene der im Land Gebliebenen aufgerechnet; Verständnis für die „Überlebensschuld" von Juden, d.h. für die Schuldgefühle der Überlebenden gegenüber den Ermordeten, gab es kaum einmal. So manchem Remigranten gelang nicht mehr die Rückkehr in seine politische Partei oder ins Berufsleben. So verschiedene Persönlichkeiten wie Hans Rott, Mitglied des letzten Schuschnigg-Kabinetts und konservativ-legitimistischer Aktivist im Exil, der Sozialdemokrat Otto Leichter und der Ständestaatsminister Josef Dobretsberger fanden nicht den erhofften Platz in ihrer Partei (Rott, Leichter) oder überhaupt eine politische Heimat (Dobretsberger). Sie gingen ein zweitesmal und jetzt meist für immer ins Exil oder ihre eigenen Wege (Autengruber 1966, S. 172 ff.).

Zusätzlich zu den individuellen Schwierigkeiten und spezifischen psychischen Befindlichkeiten konnten die Rückkehrer bei ihrer Wiedereingliederung nur in sehr eingeschränktem Umfang Hilfe vom österreichischen Staat erwarten. Der gesamte Komplex der Wiedergutmachung (Rückstellung, Entschädigung) wurde von der Bundesregierung auf zwei Ebenen behandelt: Vermögensfragen, d.h. die Annullierung von unter Zwang erfolgten Rechtsgeschäften, die Rückerstattung „arisierten" Eigentums, sofern noch vorhanden, wurde in sieben Rückstellungsgesetzen geregelt; für das Wohl der Opfer war das sog. Opferfürsorgegesetz (Bundesgesetz über die Fürsorge für die Opfer des Kampfes um ein freies, demokratisches Österreich und die Opfer politischer Verfolgung, Fassung 1947) zuständig. Auf beiden Ebenen gab es Bedingungen und Einschränkungen, die den Unmut der Opfer, insbesondere der jüdischen, erregen mußten, weil diese zu spürbarer Erschwernis im täglichen Leben führen konnten. Von den Rückstellungsgesetzen waren so etwa Pacht- und Mietrechte ausgenommen worden, was bedeuten konnte, daß Rückkehrer in Hotels, in Obdachlosenheimen oder Massenquartieren Logis nehmen mußten, während die „Ariseure" ihre Wohnungen besetzt hielten. Im Opferfürsorgegesetz war ursprünglich von Opfern aus Gründen der Abstammung und Religion überhaupt nicht die Rede (erst ab 1949). Vor allem war die Anerkennung als Opfer an die aufrechterhaltene österreichische Staatsbürgerschaft geknüpft, was zur Folge hatte, daß Vertriebene, die sich im Zufluchtsland hatten naturalisieren lassen, von den Leistungen des Gesetzes ausgeschlossen blieben. Die Geschichte des Opferfürsorgegesetzes mit seinen unzähligen Novellen ist im Hinblick auf die Vertriebenen und Remigranten ein permanentes Ringen um deren Status und Rechte als Opfer der NS-Zeit. Österreichische Regierungsvertreter und Behörden scheinen nur dann zugunsten von Rückkehrern aktiv geworden zu sein, wenn auf sie seitens der Alliierten, des Committee for Jewish Claims on Austria und eventuell auch der Israelitischen Kultusgemeinde Druck ausgeübt wurde. „Was die Republik Österreich ohne Einwirkung der Alliierten in bezug auf Rückstellung aus eigenem Willen getan hätte", schreibt Sternfeld (1990, S. 102 f.), „muß Gegenstand von Spekulationen bleiben." Da die damalige Politik nur auf die Erreichung des Staatsvertrags fixiert war, wurde gerade einmal so viel getan, wie für dieses Ziel und die Optik nötig war. Nachdem seit 1947 der außenpolitische Druck vor allem durch die USA auf Österreich nachgelassen hatte, nahm der innenpolitische Widerstand gegen die Rückstellung „immer besser organisierte Formen" an (Knight 1988, S. 50). Das Problem lag freilich nicht allein im Gesetz, sondern auch in seiner politischen und gesellschaftlichen Umsetzung, bei der es angesichts massiver Ressentiments gegenüber den (Re-)Emigranten zu vielfältigen Hindernissen und Benachteiligungen kam (Bailer-Galanda 1995, S.185ff.).

Vor diesem Hintergrund unterbliebener und versäumter Möglichkeiten standen vereinzelte Initiativen, die mittlerweile als „Altösterreicher" bezeichneten Vertriebenen wie Franz Werfel, Alfred Polgar, Hanns Eisler, aber auch Wissenschaftler einzuladen und Rückkehraufforderungen auszusprechen (Österreicher im Exil 1995, Bd. 2, S.697). Vor allem der Wiener Nachkriegsstadtrat für Kultur und Volksbildung, Viktor Matejka, bemühte sich unermüdlich und allein auf weiter Flur, Künstler und Wissenschaftler von der Sinnhaftigkeit einer Rückkehr zu überzeugen.

Nur ein kleiner Prozentsatz der vertriebenen Österreicher kehrte zurück. Größere Rückkehrerkontingente bildeten Juden aus Shanghai, Karaganda/Sowjetunion und Palästina, die 1947 wieder nach Österreich kamen und auf die obiger Passus vom Obdachlosenheim und Massenquartier gemünzt ist (Bailer 1993, S.152f.). Die Mitglieder der österreichischen Freiheitsbataillone in Jugoslawien, unter denen sich auch etliche Emigranten befanden, kehrten zwischen Mai und Juni 1945 nach Österreich zurück; einige von ihnen schlugen die polizeiliche Laufbahn ein. Wilder-Okladek (1969) ging in den späten 1960er Jahren der Frage nach, wie viele und warum österreichische Juden nach dem Zweiten Weltkrieg zurückkehrten. Wie sie hält auch Sternfeld (1990, S.76ff.) eine Größenordnung von 8000 Remigranten bis 1959 für „akzeptabel". Am relativ stärksten waren die Kommunisten unter den Rückkehrern vertreten, was nach Hausjell (1987, S.334) vermutlich auf die kadermäßig organisierte Politik der KPÖ zurückzuführen ist. In ihren Führungsetagen besaß die KPÖ einen beachtlichen, von keiner anderen österreichischen Partei erreichten Remigrantenanteil: 1947 befanden sich unter 30 ZK-Mitgliedern 26 Remigranten, in den 1950er Jahren unter 60 ZK-Mitgliedern 40 Remigranten (Österreicher im Exil 1992, S.598). Nach Wilder-Okladek (1969, S.64f.) hatten von einem Sample Wiener Remigranten 28% „persönliche Gründe", 20% „Heimweh" und 25% „wirtschaftliche Gründe" für ihre Rückkehr als ausschlaggebend bezeichnet. Das von der jüngeren Literatur stark in den Vordergrund gerückte politische Argument fehlt demgegenüber als Remigrationsgrund gänzlich (Maimann 1975, S.230; Hausjell 1987, S.334; Muchitsch 1992, S.20). Rückkehr hatte schließlich auch etwas mit Nähe zur alten Heimat zu tun. So kehrten Emigranten eher aus europäischen als aus außereuropäischen Ländern zurück. Bei Journalisten und Publizisten bildete die Vertrautheit mit der deutschen Sprache einen weiteren Remigrationsgrund.

Von der politischen Bühne suchte man Remigranten entsprechend dem vorherrschenden Meinungsklima eher fernzuhalten; der politische Einfluß der KPÖ auf die österreichische Politik blieb gering. Emigranten, die wie Joseph Simon in der alliierten Militärverwaltung wertvolle Dienste für Österreich geleistet hatten, agierten eher aus der zweiten Reihe. Auf der Ebene des akademischen und intellektuellen Lebens bedeuteten die Rückkehrer eine große Bereicherung und eine Erweiterung des Meinungsaustauschs. Auch ohne permanente Niederlassung in Österreich trugen Emigranten zum Kultur- und Geistesleben in Österreich nach 1945 wesentlich bei. Der Soziologe Paul Neurath etwa sah sich nach „kurzen Gastspielen" und „langen Gastprofessuren" im Wien der 1980er Jahre nicht mehr als ein „Wanderer zwischen den Welten", sondern als „Bewohner zweier Welten" (Stadler 1987, S.536).

Der auf der Ebene der Politik und der Bürokratie verweigerte oder nur sehr zögerlich gewährte Rechtsanspruch fand seine Entsprechung in den Vorurteilen und Vorbehalten im öffentlichen Bewußtsein. Infolge dieser Atmosphäre und Einstellung wurden zum einen die Österreicher allenfalls fragmentarisch über den wahren Charakter des Exils aufgeklärt, so daß noch Mitte der 1980er Jahre in Printmedien wie etwa der *Neuen Kronen-Zeitung* jede Art von Angriff auf Emigranten möglich war. Zum anderen folgte daraus, daß Remigranten das Gefühl beschlich, sie seien in die Fremde, aber nicht in ihre Heimat zurückgekehrt – um so mehr als ihre Flucht bzw. Vertreibung aus Österreich erst 1969 als „anspruchsbegründender Verfolgungstatbestand" anerkannt wurde (20. Novelle zum Opferfürsorgegesetz vom 22. Mai 1969). Der Dichter Theodor Kramer brachte dieses Gefühl vieler Remigranten auf die einprägsame Formel: „Erst in der Heimat bin ich fremd."

Literatur

Autengruber, Peter (1996): Univ.-Prof. Dr. Josef Dobretsberger – Vom Bundesminister für soziale Verwaltung zum Obmann der Demokratischen Union, in: DÖW-Jahrbuch, S.172ff.

Bailer, Brigitte (1993): Wiedergutmachung kein Thema. Österreich und die Opfer des Nationalsozialismus, Wien.

Bailer-Galanda, Brigitte (1995): Die sogenannte „Wiedergutmachung", in: Wahrheit und „Auschwitzlüge".

Zur Bekämpfung „revisionistischer" Propaganda, hrsg. von Brigitte Bailer-Galanday, Wolfgang Benz u. Wolfgang Neugebauer, Wien, S. 183 ff.

Hausjell, Fritz (1987): Österreichische Journalisten und Publizisten im Exil (1933/34 bis 1945). Eine Fallstudie, in: Stadler (1987), S. 304 ff.

Knight, Robert, Hrsg. (1988): „Ich bin dafür, die Sache in die Länge zu ziehen". Wortprotokolle der österreichischen Bundesregierung von 1945–52 über die Entschädigung der Juden, Frankfurt a. M.

Maimann, Helene (1975): Politik im Wartesaal. Österreichische Exilpolitik in Großbritannien 1938–1945, Wien.

Muchitsch, Wolfgang (1992): Mit Spaten, Waffen und Worten. Die Einbindung österreichischer Flüchtlinge in die britischen Kriegsanstrengungen 1939–1945, Wien.

Österreicher im Exil (1984): Frankreich 1938–1945. Eine Dokumentation, hrsg. vom DÖW, Wien.

Österreicher im Exil (1987): Belgien 1938–1945. Eine Dokumentation, hrsg. vom DÖW, Wien.

Österreicher im Exil (1992): Großbritannien 1938–1945. Eine Dokumentation, hrsg. vom DÖW, Wien.

Österreicher im Exil (1995): USA 1938–1945. Eine Dokumentation, 2 Bde., hrsg. vom DÖW, Wien.

Österreicher im Exil 1934 bis 1945 (1977): Protokoll des internationalen Symposiums zur Erforschung des österreichischen Exils von 1934 bis 1945, hrsg. vom DÖW u. der Dokumentationsstelle für neuere österreichische Literatur, Wien.

Stadler, Friedrich, Hrsg. (1987): Vertriebene Vernunft I. Emigration und Exil österreichischer Wissenschaft 1930–1940, Wien.

Stadler, Friedrich, Hrsg. (1988): Vertriebene Vernunft II. Emigration und Exil österreichischer Wissenschaft. Internationales Symposion 19. bis 23. Oktober 1987 in Wien, Wien.

Sternfeld, Albert (1990): Betrifft: Österreich. Von Österreich betroffen, Wien.

Wilder-Okladek, F. (1969): The Return Movement of Jews to Austria after the Second World War. With special consideration of the return from Israel, The Hague.

Geschichte der Exilforschung

Ursula Langkau-Alex

Wann und womit fängt „Exilforschung" an? Warum und wozu wurde sie begonnen und entwickelt? War sie, speziell in Deutschland, subversiv oder staatstragend intendiert? Ist sie Teil der Erforschung des deutschen Widerstandes, wenn ja, von welchem; konkret: gehören die Kommunisten dazu? Wie ist das Verhältnis zwischen „Innerer Emigration" und Emigration ins Ausland? Wie stehen Exilforschung und Migrationsforschung zueinander? Was ist das Kriterium z. B. für Exilliteratur: alles was in der unfreiwilligen Fremde geschrieben wurde oder lediglich, was Exil, seine Ursachen und Implikationen, eventuell historisch oder symbolisch eingekleidet, zum Inhalt hat? Was soll (vordringlich) erforscht werden? Wo liegt bei den Geisteswissenschaften die Grenze zur „traditionellen" Parteien-, Ideen-, Kultur-, Literaturgeschichtsschreibung? Ein Beispiel aus der Historiographie: Erich Matthias blendet in seiner bereits 1952 erschienenen Arbeit über die Ideen der sozialdemokratischen Emigration zwischen 1933 und 1938 zur „Nation" das organisatorische, soziale, politische Leben und dessen Bedingungen im Ausland sowie die Beziehungen zu Organisationen des Gastlandes weitestgehend aus; hingegen haben Edinger (1952) und besonders Röder (1973), auf der Grundlage von dann bereits zugänglichen Quellen, auch diese Probleme zum Gegenstand ihrer Partei(en)forschung gemacht. Unterscheiden sich die Methoden oder nur die Fragestellungen als Ausdruck des Interesses an der Materie? Diese und eine Reihe weiterer Fragen, nicht zu vergessen: die nach den „richtigen" Termini – Flüchtling, Vertriebener, Exilant/Exulant, Emigrant (sollte es dann nicht auch „Emigrationsforschung" heißen?), Widerständler im Ausland, Auslandsdeutscher – werden seit ungefähr Mitte der sechziger Jahre immer wieder, und nicht nur im Wissenschaftsbereich, diskutiert, manche auch in einer Art von „Modewellen", unter jeweils neuen politischen und wissenschaftlichen Rahmenbedingungen und Aspekten. Die Art der Fragen läßt erkennen, daß spezifisch deutsche, BRD- wie (einst) DDR-geprägte politische, ideologische und moralische Probleme diese Debatten weitgehend bestimm(t)en. Im Hinblick auf das österreichische politische und literarische Exil kreis(t)en die Diskussionen auch um (Kriterien der) Abgrenzung vom oder der Gleichsetzung mit dem deutschen Exil (Weinzierl 1986).

Seit Beginn des Exils hatten Betroffene, aber auch Publizisten der Asylländer Anthologien und kategorisierende Übersichten zusammengestellt; Exilanten/Remigranten veröffentlichten nach 1945 in Deutschland – und hier zunächst vorwiegend in der Sowjetischen Besatzungszone – in pädagogischer Absicht eigene und anderer Werke von und über Literatur und Politik im Exil. Doch sind diese Bemühungen eher dem (Gruppen-)Selbstverständnis und dem Informationsbedürfnis als der Forschung zuzurechnen. Die Grundlagen der Exilforschung im strikten Sinne beginnen mit der Sammlung, Sicherung, Sichtung und Zugänglichmachung der Materialien in öffentlichen Archiven und Bibliotheken. Auch hierfür haben zunächst und z. T. noch vor 1945 Exilanten selbst gesorgt; exemplarisch sei hingewiesen auf das Internationaal Instituut voor Sociale Geschiedenis in Amsterdam (→ NIEDERLANDE) und auf die ins Jahr 1948 zurückgehenden Anfänge der Sammlung Exil-Literatur in der Deutschen Bibliothek in Frankfurt a.M. Letztere wurde, ab 1970 Abteilung Exil-Literatur genannt, zum 1. April 1985 in Deutsches Exilarchiv 1933–1945 umbenannt, somit den verschiedenartigen Sammlungen Rechnung tragend. Im Umkreis der Deutschen Bibliothek entstand auch die erste Bio-Bibliographie zur deutschen Exilliteratur auf westdeutschem Boden (Sternfeld/Tiedemann 1962).

Als Nestor der Exilforschung gilt der Literaturwissenschaftler Walter A. Berendsohn. Bis zum Ausbruch des Krieges stellte er im Exil in Dänemark eine *Einführung in die deutsche Emigranten-Literatur* fertig; sie konnte erst 1946 in der Schweiz erscheinen. *Die humanistische Front*, so der Titel, löste eine der ersten Kontroversen um die Bewertung der Literatur der Exilanten und derjenigen der in der „Heimat" Gebliebenen aus; eine folgende, wissenschaftliche Welle der Kritik befaßte sich mit Mängeln der Darstellung. Der zweite Teil, 1939 bis Ende 1946 behandelnd und 1949 in Schweden vollendet, fand erst 1976 einen Verleger, der damit gleichzeitig, wie mit seinem Gesamtprogramm, ein zur Verständigung mahnendes Zeichen im Ost-West-Streit setzen wollte (Heintz 1972ff.). Gut ein Jahrzehnt vorher war im Rahmen des *Handbuchs der deutschen Gegenwartsliteratur* der erste Überblick über „Deutsche Literatur im Exil" auf westdeutschem Boden entstanden (Brenner 1965).

Die zweite Stufe der Grundlagenforschung, die Verzeichnung relevanter Archiv- und Bibliotheksbestände und deren Vermittlung durch Kataloge und Inventare, Übersichtsdarstellungen, Erstellung von Handbüchern und Lexika, wurde aus unterschiedlichen, nicht zuletzt politischen und finanziellen Gründen uneinheitlich und ungleichzeitig angegangen; sie ist auch 1998 noch keineswegs abgeschlossen, wobei vor allem an Materialien in den Staaten des ehemaligen Ostblocks zu denken ist. In den USA z.B. ist die Publikation eines dritten Teils des umfassenden Verzeichnisses von Nachlässen, Sammlungen usw. in privaten und öffentlichen Archiven und Bibliotheken kürzlich erschienen (Spalek 1978–1997).

Im Deutschen Institut der Universität Stockholm richtete Berendsohn 1967 die Forschungs- und Sammelstelle für die deutschsprachige Literatur der Flüchtlinge aus dem Dritten Reich ein, aus der im September 1969 die Stockholmer Koordinationsstelle zur Erforschung der deutschsprachigen Exil-Literatur hervorging. Dort entstand die erste komplexe, direkt mit der Grundlagenforschung verbundene Exil-Länderstudie (Müssener 1970). Mit ihren *Berichten* über private und öffentliche Materialsammlungen und Hilfsmittel, über aktuelle Daten Exilierter, über Projekte, Tagungen, Ausstellungen, Aktivitäten in den und durch die verschiedenen Medien und über Neuerscheinungen förderte sie die internationale Kommunikation. Die mit ihrer Hilfe durchgeführten internationalen Symposien 1969 in Stockholm und 1972 in Kopenhagen gaben der Exilforschung in Europa und in den USA inhaltliche und organisatorische Impulse; doch sind vor- und nachher auch „einzelgängerische" Arbeiten zu verzeichnen, so etwa die eher wirkungsgeschichtlich orientierte über die Emigration in den USA von Radkau (1971). Der von Kopenhagen 1972 ausgehende Anstoß zur Bildung von zentralen Forschungsstellen in jedem Land wurde jedoch nur vereinzelt umgesetzt, so in den Niederlanden 1973 durch die Einrichtung eines Forschungszentrums an der Universität Leiden. In Frankreich, ein anderes Beispiel, wurde 1976 am Fachbereich Civilisation allemande der Université Paris VIII mit der Aufarbeitung des deutschsprachigen Exils und der Asylpolitik begonnen und 1979 das erste Resultat vorgelegt (Badia u. a. 1979); Asylpolitik und insbesondere die Internierungslager standen in Aix-en-Provence im Mittelpunkt der Forschung (Grandjonc/Grundtner 1990). Goethe-Institute und Deutsche Historische Institute in verschiedenen Ländern konnten als Mitträger von Symposien und Ausstellungen gewonnen werden. Das für Anfang Juni 1975 in Wien geplante dritte große internationale Symposium wurde aus finanziellen und konzeptionellen Gründen eine fast reine Angelegenheit Österreichs (Berthold 1975), damit aber wiederum zum Ausgangspunkt verstärkter Beschäftigung mit dem Exil-Teil der eigenen Geschichte.

Die Stockhomer Koordinationsstelle beendete, wie vorher angekündigt, nach Auslaufen der Finanzierung mit ihrem Bericht vom Juli 1975 ihre Arbeit. Diese war für eine begrenzte Zeit teils vom schwedischen Forschungsrat, teils vom Auswärtigen Amt in Bonn über die Deutsche Forschungsgemeinschaft (DFG) getragen worden. Den Anstoß für die Bereitstellung von Bundesmitteln zur Erforschung des Exils hatte der ehemalige Exilant Willy Brandt, Außenminister der BRD von 1966–69, dann Bundeskanzler bis 1974, gegeben. Die DFG richtete den Schwerpunkt Exilforschung ein, in deren erstem Fünf-Jahres-Turnus Grundlagenforschung finanziert wurde. Hervorgehoben seien das Gemeinschaftsprojekt verschiedener westdeutscher Archive und Bibliotheken zur Erarbeitung eines, auch Institutionen im Ausland erfassenden Zentralkatalogs der deutschen Emigration, der im Institut für Zeitgeschichte in München aufgeschlagen und Grundlage für das dreibändige *Biographische Handbuch der deutschsprachigen Emigration nach 1933* (*BHb*) und die Bibliographie der Exilpresse (Maas 1976–1990) wurde. In weiteren, zeitlich anschließenden Schwerpunktprogrammen subventionierte die DFG Forschungen zum politischen und künstlerischen bzw. zum Wissenschafts-Exil; im Rahmen des letzteren wurde z. B. auch das *Inventar zu den Nachlässen emigrierter deutschsprachiger Wissenschaftler in Archiven und Bibliotheken der Bundesrepublik Deutschland* erarbeitet. Innerhalb des Projekts Digitale Forschungsbibliothek ist auch die Erarbeitung der elektronischen Erfassung von Exilzeitschriften durch das Deutsche Exilarchiv geplant. Die Stiftung Volkswagenwerk in Hannover finanzierte in ihrem Schwerpunkt zur Erforschung des innerdeutschen Widerstands auch Untersuchungen, die primär das Exil betrafen. Seit ihrer Gründung 1989 tritt die nach dem sozialdemokratischen Exilanten-Ehepaar genannte Herbert und Elsbeth Weichmann Stiftung in Hamburg als Förderer, teils auch als Herausgeber von Quellen- und monographischen Publikationen zur demokratischen Opposition im Exil und ihrer Weiterwirkung für Deutschland nach dem Kriege auf. Die Subventionierung von wissenschaftlichen Tagungen war bzw. ist bei allen Institutionen eingeschlossen.

An die länderübergreifenden Berichte der Stockholmer Koordinationsstelle knüpfte erst 1984 die Society for Exile Studies/Gesellschaft für Exilforschung mit einem halb- bis einjährig erscheinenden *Nachrichtenbrief/Newsletter* wieder an. Seit Juli 1993 erscheint in neuer Aufmachung und verschlankter Form halbjährlich ein *Neuer Nachrichtenbrief der Gesellschaft für Exilforschung*, der sich auf Vorschau von und Berichte über Tagungen, Ausstellungen und auf Mitteilungen von Forschungsprojekten konzentriert, ohne kleinere Debatten auszuschließen, aber die Bekanntmachung von Neuerscheinungen vermissen läßt; für Nicht-Mitglieder ist er gegen Vergütung erhältlich. Die 1984 auf Initiative von Ernst Loewy in Marburg konstituierte Gesellschaft für Exilforschung ist eine inzwischen emanzipierte Tochter der Society for Exile Studies, die 1983 in den USA gegründet wurde, jedoch erst durch die Annahme ihrer Statuten auf dem Ninth Annual Symposium on German and Exile Literature an der University of New Hampshire in Durham/USA im März 1985 ihre endgültige Form erhielt. Im Sommer 1996 gehörten der Gesellschaft und der Society zusammen rund 600 individuelle und kollektive (Institute usw.) Mitglieder aus mehr als 20 Ländern in vier Erdteilen an, der Schwerpunkt liegt jedoch in Deutschland. In München erscheint auch seit 1983 das im Auftrag der Gesellschaft/Society herausgegebene Jahrbuch *Exilforschung*, das sich mit seinen jeweils thematischen Schwerpunkten von Anfang an als interdisziplinäres Forum, offen auch für komparatistische Sehweisen (Exilforschung 1983, S. 9) und neue Methoden und Aspekte, aber auch als selbstkritisches Organ versteht.

Die Gründung von Society und Gesellschaft markierte einerseits die gesellschaftliche und wissenschaftliche Isolierung, in die die Exilforschung namentlich in der Bundesrepublik infolge der politischen Wende nach der Aufbruchstimmung in der sozial-liberalen Ära zurückversetzt, auch zurückgesunken war. Auf dem Kongreß des Deutschen PEN im September 1980 in Bremen, der sich mit einem Programm über das Exil umgab, zeigte sich bereits ein – nach außen hin vertuschtes – Desinteresse namhafter Schriftsteller und Publizisten am Exil, soweit es nicht ihresgleichen und die (Schöne) Literatur betraf. „Politisch Lied, ein garstig Lied" klang auch in Reaktion auf einige Themen und Thesen auf, die während des Exil-Symposiums im Rahmen der „Woche des verbrannten Buches" präsentiert wurden, das einige Hochschullehrer an der Universität Osnabrück neben einer interdisziplinären Sommersemester-Ringvorlesung über Künste und Wissenschaften im Exil (Böhne/Motzkau-Valeton 1992), Ausstellungen und anderen Aktivitäten 1983 organisiert hatten.

Die mit der Gesellschaft für Exilforschung gegebene Interessenvertretung eines offenen und auf Öffentlichkeit wie Integrierung zielenden kritischen Forschungszweiges beförderte dennoch anderseits in zunehmendem Maße eine verschüttete oder zu verschütten drohende Internationalisierung und, auf

Deutschland gesehen, einen wenn auch zunächst zögernden Dialog zwischen Forschern aus West und Ost. Mit dem Zusammenbruch des „real existierenden Sozialismus" bot sich der Gesellschaft auch dank ihrer Jahrestagungen mit angeschlossenen Symposien und Workshops die Chance, Klärbecken nicht nur im Osten verkrusteter Strukturen und Denkmuster zu werden (Loewy 1991).

Nach der Konstituierung der BRD und der DDR 1949 zeitigten die „nationalen", politisch-ideologischen Abgrenzungs- und Legitimationszwänge eine nur noch äußerliche Gemeinsamkeit hinsichtlich der Erforschung der Gegnerschaft zum Nationalsozialismus: die Konzentration auf den Widerstand, auf den kommunistischen in der DDR, auf den kirchlicher, bürgerlich-konservativer und – nicht unumstrittener – militärischer Provenienz in der BRD. Die erwähnte Arbeit von Matthias (1952) und die von ihm Ende 1966 abgeschlossene Dokumentation zur sozialdemokratischen Emigration aus dem Nachlaß des ehemaligen SOPADE-Mitglieds Friedrich Stampfer (Mit dem Gesicht nach Deutschland 1968) erscheinen vor diesem Hintergrund als mehr oder weniger individuelles Kontrastprogramm zugunsten einer von der herrschenden Politik als national-verräterisch gebrandmarkten Partei. Während rund eines Jahrzehnts fand Forschung zum deutschsprachigen Exil vornehmlich außerhalb Deutschlands statt, in der Tschechoslowakei z. B., bis zur Auslöschung des „Prager Frühlings" 1968, und in den USA, dort betrieben von zumeist jüngeren Wissenschaftlern, die aus Deutschland hatten fliehen müssen, oder von solchen, die nach dem Krieg ausgewandert waren. Freilich setzte ein gewisser Boom und die Zusammenarbeit, nicht zuletzt durch jährliche Tagungen, erst mit Beginn der 1970er Jahre ein (Koepke 1996). Jedoch: Als der Amerikaner Robert E. Cazden 1965 seine Dissertation über die freie deutsche und österreichische Presse und den Buchhandel in den USA in der Periode 1933–1950 vorlegte, machte die Sammlung Exil-Literatur der Deutschen Bibliothek in Frankfurt a. M. gerade mit einer Ausstellung und einem Katalog – der als erstes Handbuch zu werten ist – erstmals eine breitere Öffentlichkeit in der BRD, danach auch im westlichen Ausland, mit dem Gesamtphänomen des Exils bekannt (Exil-Literatur 1933–1945 1965). Die Deutsche Bücherei in Leipzig, heute Teil der Deutschen Bibliothek, hatte bereits 1947 aus ihren Beständen als Nationalbibliothek des Deutschen Reiches bis zum Untergang des NS-Staates in einer großen, auch auf Tournee geschickten Ausstellung *Bücher der Emigration* vorstellen können, noch ohne Scheuklappen, was nicht mehr von der Beschreibung *Schrifttum der Emigration in der Deutschen Bücherei* von 1962 gesagt werden kann (Halfmann 1962).

In der DDR geriet mit der Erforschung des Widerstandes der Kommunisten, auch in nichtdeutschen, besetzten Ländern, und der Kriegsanstrengungen der Sowjetunion allmählich auch das politische Exil wieder ins Visier. Auf dem Gebiet der Literatur war das Exil nach 1933 zunächst inhärenter Teil der vorwiegend biographisch ansetzenden Forschungen zur „sozialistischen" deutschen „Nationalliteratur". Ab Mitte der sechziger Jahre wandte sich der Blick auch dem Beitrag „fortschrittlicher" Schriftsteller (und Politiker) zum „Antifaschismus", vor allem zum „antifaschistischen Kampf der Arbeiterklasse", und der KPD als deren „führender Partei" zu. Die Stellung zur „Volksfront" für Deutschland, zur Volksfront und dem Krieg in Spanien und natürlich zur Sowjetunion wurde zum wichtigsten Kriterium bei der Bewertung der literarischen, künstlerischen und der politischen Leistungen auch in der zweiten Phase der Forschung zum Exil, die 1975 gezielt mit der interdisziplinären Erarbeitung von Länderdarstellungen im Rahmen der siebenbändigen Reihe *Kunst und Literatur im antifaschistischen Exil* einsetzte. Ein Jahr zuvor war bereits außerhalb der Literaturforschung mit der Darstellung der Bewegung „Freies Deutschland" in Mexiko und ihres Umfeldes eine für die DDR konzeptionell neue Länderstudie erschienen (Kießling 1974), eine erweiterte, teils auch überarbeitete Fassung der maschinenschriftlichen Dissertation von 1967 am Institut für Gesellschaftswissenschaften beim Zentralkomitee der SED. Die innerhalb der Akademie der Wissenschaften der DDR/Zentralinstitut für Literaturgeschichte und der Akademie der Künste konzipierte, in Zusammenarbeit mit Wissenschaftlern anderer Institute, so dem Institut für Marxismus-Leninimus beim ZK der SED (IML), durchgeführte Reihe, die Grundforschung erforderte und mehr oder weniger im Rahmen des Möglichen förderte, war thematisch dem *fact* und *fiction* verbindenden Roman von Peter Weiss (1975–1981) entlehnt, inhaltlich und methodisch dem Werk von Hans-Albert Walter (1978–1988) entgegengesetzt intendiert (Schiller 1996). Doch die politischen Bewegungen und Ereignisse, die entsprechend den staatlich-parteilichen Leitlinien zur Forschung stets den Rahmen und die Periodisierungen abzugeben hatten, wurden selbst nicht eigens erforscht. Erst als sich in der ersten Hälfte der achtziger Jahre neue Öffnungen und Orientierungen namentlich im literaturwissenschaftlichen Bereich stärker abzuzeichnen begannen, wurde am IML z. B. eine „marxistisch-leninistische Arbeit" (Pech 1986, S. 8) über das Zustandekommen und die ersten Monate des Volksfrontausschusses in Paris erstellt. Die Schwerpunkte der Forschungen in der DDR, innerhalb deren individueller Spielraum begrenzt war, vielfach aber auch nicht gesucht wurde, waren in staatlichen Rahmenplanungen vorgegeben, zumindest bedurften sie der Genehmigung des Zentralkomitees der SED. Im Zuge der Evaluierung des Wissenschaftsbetriebs in der ehemaligen DDR wurde die Forschergruppe zur Exilliteratur nach 1989, damit auch der Ansatz inhaltlich und methodisch neuer Projekte abgewickelt.

In der BRD war und ist Exilforschung im Prinzip Privatsache. So ist auch die Einrichtung einer Arbeitsstelle für deutsche Exilliteratur im Jahre 1970 und der entsprechende Lehrstuhl an der Universität Hamburg der Initiative von Professor Hans Wolffheim zu danken; die zweimal jährlich erscheinende Zeitschrift *EXIL. Forschung, Erkenntnisse, Ergebnisse* wurde 1981 von Joachim H. Koch gegründet – um es bei diesen Beispielen neben dem der Herbert und Elsbeth Weichmann Stiftung zu belassen. Exilforschung in der BRD erwuchs zu Anfang der sechziger Jahre aus persönlichem, sei es pädagogischem oder politischem oder auch lernend-neugierigem Interesse an Fragen zum Dritten Reich und nach anderen möglichen Haltungen und Schicksalen als denen der Schweiger, Mitläufer und Täter unter dem Nationalsozialismus. Vor allem auf politischem Gebiet geriet auch hier das Exil nicht selten erst im Zuge der Beschäftigung mit dem Ende der Weimarer Republik und dem innerdeutschen Widerstand ins Visier oder bildete eine fortschreitende Einheit mit ihr – wie beispielsweise in den unter Wolfgang Abendroth an der Universität Marburg erarbeiteten, teilweise in der Serie *Marburger Abhandlungen zur politischen Wissenschaft* veröffentlichten Dissertationen oder wie auf den Tagungen, auf denen die der SPD verbundene Friedrich-Ebert-Stiftung ab 1964 in unregelmäßigen Abständen ein paar junge Forscher zusammenführte, manchmal mit Zeitzeugen dabei. In den 1980er und 1990er Jahren wurde Exil-/Emigrationsforschung systematischer und komparativ als Teil der Widerstandsforschung, auch in den vom NS-Staat besetzten Ländern, betrieben (Schmädecke/Steinbach 1985; Foitzik 1986; Grebing/Wickert 1994; Paul/Mallmann 1995), ohne daß jedoch selbst auf diesem Gebiet die Segmentierung und Isolierung der Themen im universitären Wissenschaftsbereich generell durchbrochen worden wäre.

Die von der „68er"-Generation getragene Revolte gegen das häusliche, gesellschaftliche und wissenschaftliche „Establishment" der Adenauer-Ära gab dem Entdeckerdrang nach einem „anderen Deutschland" und seinen Protagonisten enormen Auftrieb, wie andererseits die Exilforschung neue Sichtweisen in den Wissenschaftsbetrieb einbrachte. So erweiterte sie z. B. den Gegenstand der historisch-politischen Untersuchungen auf die Nachkriegsdemokratie westlicher Prägung, die auf die Entwürfe und Direktiven der Alliierten zur Besatzungspolitik im allgemeinen, zur Politik der Umerziehung im besonderen einging und dabei auch die Interaktionen von Exil und Asylländern thematisierte. Vor allem aber wurde um Methoden gestritten, um Wünschbarkeit oder Notwendigkeit interdisziplinärer Forschung und um Anwendung oder Nutzen von Strukturanalysen, um Inhalte und um neue Forschungsrichtungen. Sozialgeschichtliche und tagespolitisch aktuelle Fragen wurden auch und gerade an die Literatur und deren traditionelle wissenschaftliche Verwaltung gestellt, wobei Hans-Albert Walter einer der Pioniere war. Moralisch unterlegte Wertungen verstellten aber auch manche Sicht, wie sich im nachhinein am Beispiel von Werner Vordtriede erweist: Selbst ein Exilant, nahm er eine Typologisierung von Exilliteratur im Dienste ihrer Einordnung in die Tradition der von den Nationalsozialisten verbannten, verbrannten und besonders der mißbrauchten deutschen Literatur vor – und stieß auf heftigste Kritik von seiten der Verfechter einer Politisierung der Literatur (Weber 1995).

Die Weiterentwicklung der Emigrations- zur Akkulturations- und Integrationsforschung, die auch nach der „zweiten Generation" fragt, setzte bereits Anfang der 1980er Jahre vor allem in den USA ein, während die Remigrationsforschung, die im Zuge der Arbeit am *BHb* nur am Rande und vorübergehend in Angriff genommen wurde, erst jetzt, gegen Ende der 1990er Jahre, an Boden gewinnt. Aufgrund der Fragen nach dem Beitrag von Remigranten – ein Terminus, der selbst noch eindeutiger Abgrenzung bedarf – zum Aufbau eines post-nationalsozialistischen Deutschland herrscht hier häufig der biographische Ansatz noch vor. Doch wird der Blick sich auch kumulativen, kollektiven, sozialgeschichtlichen Aspekten und nicht zuletzt denen des oft doppelten Kulturtransfers zuwenden, so wie innerhalb der „eigentlichen" Exilforschung seit Anfang der neunziger Jahre eine Orientierung weg von den großen

Namen, hin zu den namenlosen „kleinen Leuten" zu verzeichnen ist (Benz 1991).

Aus dem ersten Versuch einer Tagung zum Thema Frauen in der Emigration in Münstereifel im Oktober 1991 und ermutigt durch eine gleiche Konferenz einen Monat später in Washington, hat sich innerhalb der Gesellschaft für Exilforschung die Arbeitsgemeinschaft Frauen im Exil herausgebildet (Quack 1995). Auf ihren alljährlichen Arbeitstagungen stand, motiviert auch durch die noch mögliche Begegnung mit Zeitzeuginnen, zunächst die Beschäftigung mit Einzelwerken und -schicksalen im Vordergrund. Eine Zusammenschau dieses – keineswegs einzigen (Eckert u. a. 1996) – Desiderats der Exilforschung mit den umfassenderen Fragen, Problemen und Methoden der spezifischen Frauen- und Genderforschung, die sich in den achtziger Jahren herausbildete und in das Gebiet der Exilforschung vorstieß bzw. diese thematisch inspirierte, ist schon konzipiert (Häntzschel 1996; von der Lühe 1996; Quack 1996).

Die Perspektiven für die Zukunft sind, abgesehen von der geforderten Einbeziehung der Frauen- und Genderforschung, bereits vor mehr als einem Vierteljahrhundert in einem Maximalkatalog der interdisziplinär, kollektiv und synchron zu bewältigenden Aufgaben und Probleme der Forschung vorgestellt worden (Müssener 1970). Damals wurde auch schon die Frage aufgeworfen, ob nicht Ergebnisse der Emigrationsforschung, besonders auf den Gebieten der Soziologie und Psychologie, hilfreich zum Verständnis von Asyl- und Exilproblemen von heutigen politischen Flüchtlingen sein könnten und ob umgekehrt deren Schicksal nicht auch erhellend auf die Erforschung des damaligen Exodus aus Deutschland und den deutschsprachigen Gebieten Mitteleuropas wirken könnte. Die einheimischen Flüchtlinge aus den vom NS-Reich überfallenen und besetzten Ländern sind bislang ebenfalls so gut wie nicht wahrgenommen worden. Das Exil als existenzieller Modellfall im 20. Jahrhundert hieße auch, seine Erforschung aus dem Ghetto zu befreien und damit das Bewußtsein zu schärfen, daß Geschichte mehr ist als die Vergangenheit in nationalen Grenzen. Die gewiß nicht geringen Ergebnisse und Erkenntnisse der Exilforschung – das dokumentiert etwa das 1200 Titel umfassende Kapitel „Emigration und Exil" einer neueren Bibliographie zum Nationalsozialismus (Ruck 1995) – sind bislang allenfalls marginal in das öffentliche Bewußtsein gelangt, wie z. B. die Gedenkstätte Deutscher Widerstand in Berlin, das Haus der Geschichte der Bundesrepublik in Bonn und andere zeitgeschichtliche Ausstellungen und Museumspräsentationen zeigen.

Literatur

Abendroth, Wolfgang, Hrsg. (1964 ff.): Marburger Abhandlungen zur politischen Wissenschaft, Meisenheim a. Gl.

Badia, Gilbert, u. a. (1979): Les barbelés de l'exil. Études sur l'émigration allemande et autrichienne (1938–1940), Grenoble.

Benz, Wolfgang, Hrsg. (1991): Das Exil der kleinen Leute. Alltagserfahrungen deutscher Juden in der Emigration, München.

Berendsohn, Walter A. (1946, 1976): Die humanistische Front. Einführung in die deutsche Emigranten-Literatur, T. 1: Von 1933 bis zum Kriegsausbruch 1939, Zürich; Nachdruck, Worms 1978; T. 2: Vom Kriegsausbruch 1939 bis Ende 1946, Worms.

Berichte der Stockholmer Koordinationsstelle zur Erforschung der deutschsprachigen Exil-Literatur, 1–10 (1970 ff.), verantwortl. für den Inhalt Helmut Müssener, hrsg. vom Deutschen Institut der Universität Stockholm, hekt.

Berthold, Werner (1975): Krise der Exilforschung?, in: Börsenblatt für den Deutschen Buchhandel 31, S. 662 ff.; Nachdruck in: ders. (1996), S. 51 ff.

Berthold, Werner (1996): Exilliteratur und Exilforschung. Ausgewählte Aufsätze, Vorträge, Rezensionen. Mit einer Einleitung von Wolfgang Frühwald, Wiesbaden.

Biographisches Handbuch der deutschsprachigen Emigration nach 1933/International Biographical Dictionary of Central European Emigrés 1933–1945 (1980–1983), hrsg. vom Institut für Zeitgeschichte, München, u. von der Research Foundation for Jewish Immigration, New York, unter der Gesamtleitung von Werner Röder u. Herbert A. Strauss, 3 Bde., München u. a.

Böhne, Edith, u. Wolfgang Motzkau-Valeton, Hrsg. (1992): Die Künste und die Wissenschaften im Exil 1933–1945, Gerlingen.

Brenner, Hildegard (1965): Deutsche Literatur im Exil 1933–1947, in: Kunisch, Hermann, Hrsg.: Handbuch der deutschen Gegenwartsliteratur, München, S. 677 ff.

Cazden, Robert Edgar (1970): German Exile Literature in America 1933–1950. A History of the Free German Press and Booktrade, Chicago.

Deutsches Exilarchiv 1933–1945 (1989). Katalog der Bücher und Broschüren, red. Bearb. Mechthild

Hahner, wiss. Leitung Werner Berthold u. Brita Eckert, Stuttgart.
Eckert, Brita, u. Harro Kieser (1996): Nach dem „Paradigmenwechsel". Perspektiven der Exilforschung und des Deutschen Exilarchivs, in: Berthold 1996, S. 189 ff.
Edinger, Lewis J. (1956): German Exile Politics. The Social Democratic Executive Committee in the Nazi Era, Berkeley–Los Angeles; deutsch: Sozialdemokratie und Nationalsozialismus. Der Parteivorstand der SPD im Exil von 1933–1945, Hannover–Frankfurt a. M. 1960.
Exilforschung. Ein internationales Jahrbuch (1983 ff.), hrsg. im Auftrag der Gesellschaft für Exilforschung/Society for Exile Studies von Claus-Dieter Krohn, Erwin Rotermund, Lutz Winckler u. Wulf Koepke, München.
Exil-Literatur 1933–1945 (1965). Eine Ausstellung aus Beständen der Deutschen Bibliothek, Frankfurt am Main (Sammlung Exil-Literatur), bearb. von Werner Berthold, Frankfurt a. M.
Foitzik, Jan (1986): Zwischen den Fronten. Zur Politik, Organisation und Funktion linker politischer Kleinorganisationen im Widerstand 1933 bis 1939/40, Bonn.
Grandjonc, Jacques, u. Theresia Grundtner, Hrsg. (1993): Zone der Ungewißheit. Exil und Internierung in Südfrankreich 1933–44, Reinbek.
Grebing, Helga, u. Christl Wickert, Hrsg. (1994): Das „andere Deutschland" im Widerstand gegen den Nationalsozialismus. Beiträge zur politischen Überwindung der nationalsozialistischen Diktatur im Exil und im Dritten Reich, Essen.
Halfmann, Horst (1962): Das Schrifttum der Emigration in der Deutschen Bücherei, in: Deutsche Bücherei 1912–1962. Festschrift zum fünfzigjährigen Bestehen der deutschen Nationalbibliothek, Red. Helmut Rötzsch, Leipzig, S. 197 ff.
Häntzschel, Hiltrud (1996): Kritische Bemerkungen zur Erforschung der Wissenschaftsemigration unter geschlechterdifferenzierendem Blickwinkel, in: Exilforschung 14, S. 150 ff.
Heintz, Georg, Hrsg. (1972 ff.): Deutsches Exil 1933–1945. Eine Schriftenreihe, Worms.
Inventar zu den Nachlässen emigrierter deutschsprachiger Wissenschaftler in Archiven und Bibliotheken der Bundesrepublik Deutschland (1993), bearb. im Deutschen Exilarchiv 1933–1945 der Deutschen Bibliothek, Frankfurt am Main, wiss. Leitung Brita Eckert, red. Bearbeitung Gabriele von Glasenapp u. Barbara Brunn, 2 Bde., München u. a.

Kießling, Wolfgang (1974): Alemania Libre in Mexico, 2 Bde., Berlin/DDR.
Koepke, Wulf (1996): Anmerkungen zur Kontinuität der Exilforschung in Nordamerika, in: Exilforschung 14, S. 75 ff.
Kunst und Literatur im antifaschistischen Exil 1933–1945 (1979–1981), 7 Bde., Leipzig; z. T. erw. u. rev. Ausg., 1983–1989.
Lorenz, Einhart (1996): Exilforschung in Skandinavien. Geschichte, Stand, Perspektiven, in: Exilforschung 14, S. 119 ff.
Loewy, Ernst (1991): Zum Paradigmenwechsel in der Exilliteraturforschung, in: Exilforschung 9, S. 208 ff.
von der Lühe, Irmela (1996): „Und der Mann war oft eine schwere, undankbare Last". Frauen im Exil – Frauen in der Exilforschung, in: Exilforschung 14, S. 44 ff.
Maas, Lieselotte (1976–1990): Handbuch der deutschen Exilpresse 1933–1945, hrsg. von Eberhard Lämmert, 4 Bde., München.
Matthias, Erich (1952): Sozialdemokratie und Nation. Ein Beitrag zur Ideengeschichte der sozialdemokratischen Emigration in der Prager Zeit des Parteivorstandes 1993–1938, Stuttgart.
Mit dem Gesicht nach Deutschland (1968). Eine Dokumentation über die sozialdemokratische Emigration. Aus dem Nachlaß von Friedrich Stampfer, ergänzt durch andere Überlieferungen, hrsg. im Auftrage der Kommission für Geschichte des Parlamentarismus und der politischen Parteien von Erich Matthias, bearb. von Werner Link, Düsseldorf.
Müssener, Helmut (1970): Die deutschsprachige Emigration nach 1933. Aufgaben und Probleme ihrer Erforschung, Stockholm.
Müssener, Helmut (1974): Exil in Schweden. Politische und kulturelle Emigration nach 1933, München.
Paul, Gerhard, u. Klaus-Michael Mallmann (1995): Milieus und Widerstand. Eine Verhaltensgeschichte der Gesellschaft im Nationalsozialismus, Bonn.
Pech, Karlheinz (1986): Die Kommunistische Partei Deutschlands im Ringen um einen antifaschistischen deutschen Volksfrontausschuß im Exil in Frankreich (1934 bis Sommer 1936). Diss. Institut für Marxismus-Leninismus beim ZK der SED, Berlin/DDR.
Pfanner, Helmut F., Hrsg. (1986): Kulturelle Wechselbeziehungen im Exil – Exile across Cultures, Bonn.
Quack, Sibylle, Ed. (1995): Between Sorrow and Strength. Women Refugees of the Nazi Period, Washington u. a.
Quack, Sibylle (1996): Die Aktualität der Frauen- und

Geschlechterforschung für die Exilforschung, in: Exilforschung 14, S. 31 ff.

Radkau, Joachim (1971): Die deutsche Emigration in den USA. Ihr Einfluß auf die amerikanische Europapolitik 1933–1945, Düsseldorf.

Röder, Werner (1969): Die deutschen sozialistischen Exilgruppen in Großbritannien 1940–1945. Ein Beitrag zur Geschichte des Widerstandes gegen den Nationalsozialismus, Hannover.

Ruck, Michael (1995): Bibliographie zum Nationalsozialismus, Köln.

Schmädeke, Jürgen, u. Peter Steinbach, Hrsg. (1985): Der Widerstand gegen den Nationalsozialismus. Die deutsche Gesellschaft und der Widerstand gegen Hitler, München–Zürich.

Schiller, Dieter (1996): Zur Exilforschung in der DDR. Ein Rückblick aus persönlicher Sicht, in: Exilforschung 14, S. 95 ff.

Spalek, John M., and Sandra H. Hawrylchak (1978–1997): Guide to the Archival Materials of the German-speaking Emigration to the United States after 1933/Verzeichnis der Quellen und Materialien der deutschsprachigen Emigration in den USA seit 1933, Bd. 1, Charlottesville/VA 1978; Bd. 2, Bern 1992; Bd. 3, München u. a. 1997.

Sternfeld, Wilhelm, u. Eva Tiedemann (1962): Deutsche Exilliteratur 1933 bis 1945. Eine Bio-Bibliographie, Heidelberg–Darmstadt.

Walter, Hans-Albert (1978–1988): Deutsche Exilliteratur 1933–1950, Bde. 2, 3, 4, Stuttgart.

Weber, Regina (1995): Der emigrierte Germanist als „Führer" zur deutschen Dichtung? Werner Vordtriede im Exil, in: Exilforschung 13, S. 137 ff.

Weinzierl, Ulrich (1986): Zur Problematik des österreichischen Exils und seiner Erforschung, in: Würzner, Hans, Hrsg.: Österreichische Exilliteratur in den Niederlanden 1934–1940, Amsterdam, S. 9 ff.

Weiss, Peter (1975–1981): Ästhetik des Widerstands, 3 Bde., Frankfurt a. M.

Quellen zur Exilforschung

Heinz Boberach

Für Forschungen über die Emigration aus Deutschland, Österreich und dem Sudetenland sind in Archiven, Bibliotheken und z. T. auch noch bei Behörden der Herkunftsländer wie der Aufnahmestaaten Quellen ganz verschiedener Art heranzuziehen. Zum einen handelt es sich um Zeugnisse der Emigranten selbst und ihrer Organisationen, zum anderen um Dokumente von Dienststellen und Einrichtungen, die mit ihrer Verfolgung, Überwachung oder auch Betreuung befaßt waren. Gleichberechtigt mit nur einmal vorhandener archivalischer – schriftlicher wie audiovisueller – Überlieferung sind publizistische Quellen: Bücher, Broschüren, Flugschriften, Zeitungen und Zeitschriften, aber auch Tonträger, Filme und Bilder. Im folgenden kann nur auf die wichtigsten Aufbewahrungsstellen und die darüber vorliegenden Veröffentlichungen hingewiesen und können einzelne Bestände beispielhaft genannt werden; das gilt insbesondere für die Überlieferung außerhalb Deutschlands.

Einen umfangreichen Nachweis von Quellen sowohl privater als auch amtlicher Provenienz in den westdeutschen Ländern, in den Niederlanden, der Schweiz, Schweden, Österreich und Großbritannien bis hin zu einzelnen Schriftstücken, die zwischen 1967 und 1973 mit Mitteln der Deutschen Forschungsgemeinschaft inhaltlich erfaßt und in Ausnahmefällen auch kopiert wurden, enthält die Generalkartei des Instituts für Zeitgeschichte (IfZ) in München in systematischer Ordnung (Röder 1975). Aus autobiographischen Schriften deutschsprachiger Emigranten hat die Hamburger Arbeitsstelle für deutsche Exilliteratur Angaben über Arbeits- und Lebensbedingungen, Tätigkeit, Aufnahmeländer und erwähnte Personen ebenfalls in einer Kartei nachgewiesen, von der ein Duplikat im Deutschen Exilarchiv 1933–1945 der Deutschen Bibliothek (DB) in Frankfurt a. M. liegt. Im übrigen sind die literarischen Veröffentlichungen von Emigranten und damit auch deren publizierte Erinnerungen und Berichte aus dem Exil bibliographisch nachgewiesen (Sternfeld/Tiedemann 1970), desgleichen 442 Zeitungen, Zeitschriften, Nachrichtendienste, Bulletins und Rundbriefe, die von und für Emigranten und von ihren Organisationen in 27 Exilländern herausgegeben wurden (Maas 1976–1990); einige davon sind im Mikrofilm zugänglich (Mikrofilmarchiv 1994). Zentrale Sammlungen von Büchern und Broschüren der Emigranten befinden sich in der Deutschen Bücherei/Sammlung Exilliteratur in Leipzig und im Deutschen Exilarchiv 1933–1945 der DB in Frankfurt a. M. Letztere hat von ihren ca. 15 000 Titeln 6907 in einem veröffentlichten Katalog aufgeführt (Deutsches Exilarchiv 1989).

Unter den archivalischen Selbstzeugnissen sind an erster Stelle Nachlässe und Teilnachlässe von Emigranten zu nennen, die Korrespondenzen mit anderen Flüchtlingen, mit Angehörigen in den Heimatländern und Behörden, auch Tagebücher und andere Manuskripte enthalten; Ersatz oder Ergänzungen bieten vielfach personenbezogene Sammlungen von Dokumenten. Sie befinden sich in Einrichtungen mit unterschiedlichen Zielsetzungen; Hinweise darauf bieten die einzelnen Artikel im *Biographischen Handbuch der deutschsprachigen Emigration nach 1933 (BHb)* und die Übersicht über die Bestände in den USA (Spalek 1978–1997).

Staatliche Archive (Anschriften, auch vieler nichtstaatlicher, in: Archive 1996 und International Directory 1992) bemühten sich vor allem um die Papiere von Politikern und Beamten, so das Bundesarchiv in Koblenz (BAK; Das Bundesarchiv und seine Bestände 1977) u. a. mit einem großen Teil des Nachlasses des Reichskanzlers Wirth; das ehemalige Zentrale Staatsarchiv der DDR in Potsdam, jetzt Bundesarchiv Berlin (BAB); das Geheime Staatsarchiv Preußischer Kulturbesitz in Berlin mit dem Nachlaß Otto Braun; das Landesarchiv Berlin mit dem Nachlaß Ernst Reuter (Wetzel 1988). Weitere Überlieferung von Politikern (u. a. Nachlaß Wilhelm Hoegner) liegt im IfZ (Röder 1975, 1985) und – vor allem von Emigranten aus der Arbeiterbewegung (u. a. von Willy Brandt) – im Archiv der sozialen Demokratie (AsD) der Friedrich-Ebert-Stiftung in Bonn (Bestandsübersicht 1993), sodann im ehemaligen Zentralen Parteiarchiv der SED bei der Stiftung Archiv der Parteien und Massenorganisationen der DDR (SAPMO) im BAB (Bestände der Stiftung 1996), u. a. von Walter Ulbricht, ferner im Hans-Böckler-Archiv in Düsseldorf (zu allen Inhaltsangaben Inventar Arbeiterbewegung 1993) und einzelnen Kommunalarchiven, z. B. im Historischen Archiv der Stadt Köln (Nyassi 1985). Nachlässe sozialistischer Politiker besitzt das Internationale Institut für Sozialgeschichte (IISG) in Amsterdam (Guide 1989, S. 3 ff.), darunter die besonders umfangreiche Korrespondenz von Paul Hertz (S. 72 f.).

Nachlässe von Schriftstellern und Publizisten, z. B. Emil Ludwig, auch von Gelehrten bilden einen Hauptteil der Bestände des Deutschen Exilarchivs 1933–1945 der DB (Archivalien 1995, S. 4 ff.) wie auch des Deutschen Literaturarchivs im Schiller-Nationalmuseum (u. a. Alfred Döblin) in Marbach am Neckar (Kussmaul 1986); sie sind neben Künstler-Nachlässen ebenso zahlreich in der – früher zwischen West- und Ostberlin geteilten – Akademie der Künste, Stiftung Archiv (Bestände 1985, 1988), u. a. mit Bert Brecht (Ramthun 1969 ff.) und Johannes R. Becher (Manderla 1962), vertreten. Zu weiteren Bibliotheken mit Emigranten-Nachlässen gehört die Stadtbibliothek München, die Papiere von Klaus und Erika Mann erwerben konnte, während der Nachlaß von Thomas Mann der Eidgenössischen Technischen Hochschule in Zürich anvertraut wurde. Um die Sammlung von Nachlässen emigrierter Journalisten hat sich mit Erfolg das Institut für Zeitungsforschung der Stadt Dortmund bemüht (Posthoff 1988).

Inventare mit Inhaltsangaben über alle Nachlässe in Deutschland, die von Emigranten mit – im weitesten Sinne – politischer Betätigung stammen, haben die Herbert und Elsbeth Weichmann Stiftung (Quellen 1994, S. 59 ff.), über wissenschaftlich tätige die Deutsche Bibliothek (Inventar Wissenschaftler 1993) veröffentlicht, wobei für die Wissenschaftler auch Gegenüberlieferung in den Nachlässen nicht emigrierter Korrespondenzpartner nachgewiesen wird, die im übrigen nicht selten in der Autographenkartei der Staatsbibliothek Preußischer Kulturbesitz in Berlin ermittelt werden kann (Römer 1987). Die Angaben in den für das Gebiet der alten Bundesrepublik vorliegenden Nachweisungen der Nachlaßbestände von Archiven und Bibliotheken (Nachlässe 1981, 1983, Handbuch der Handschriftenbestände 1992) reichen dazu in der Regel nicht aus. Bei zahlreichen Nachlässen in Archiven der ehemaligen DDR handelt es sich um Unterlagen, die insbesondere in Frankreich vom Sicherheitsdienst (SD) der SS beschlagnahmt worden und in Schlesien in die Hand der Roten Armee gefallen waren. Andere Nachlässe oder auch Teile der zurückgegebenen, z. B. von Reichskanzler Wirth, befinden sich noch in Moskau im Zentrum für die Aufbewahrung historisch dokumentarischer Sammlungen (Aly/Heim 1992).

Zeugnisse einzelner Emigranten über ihr Schicksal sind bei Befragungen entstanden. Die umfangreichste Sammlung, die Dokumentation zum *BHb*, umfaßt ca. 25 000 Dossiers auf 152 Filmrollen im IfZ, das auch Filme der von der Wiener Library in London gesammelten Zeugenberichte deutscher Juden nach 1933 besitzt; in der Harvard University liegen mehr als 250 Berichte, die 1940 für ein dort durchgeführtes Preisausschreiben eingereicht worden sind (Spalek 1997, S. 9); ein Teil der ca. 2000 „Erinnerungsberichte zum antifaschistischen Widerstand" bei SAPMO stammt ebenfalls von – meist kommunistischen – Emigranten (Quellen 1994, S. 54 ff., zu allen drei Sammlungen). Zum Teil handelt es sich dabei auch um Transskriptionen von Interviews auf Tonbändern, die in verschiedenen Ländern aufgezeichnet wurden. Öffentliche Äußerungen sind auf anderen Tonträgern überliefert: Mitschnitte von Rundfunksendungen, z. B. den Reden von Thomas Mann im Zweiten Weltkrieg, von BBC-Sendungen oder des Nationalkomitees „Freies Deutschland", besitzt das Deutsche Rundfunkarchiv Frankfurt a. M. und Berlin (Deutsches Rundfunkarchiv 1987, Nr. 62, 280, 551, 762, 763). Transskriptionen befinden sich auch in den Abhörberichten des Sonderdienstes Seehaus (umfangreichste Sammlung in der Library of Congress). Als wohl einziges Dokument dieser Art hat das BAK eine aus Amsterdam 1936 versandte Schallfolie mit Warnungen eines Emigranten vor Hitlers Kriegsvorbereitungen. Endlich ist noch auf zeitgenössische Filmaufnahmen, z. B. von der Ankunft Thomas Manns in New York, wie auch nach 1945 entstandene Film- und Fernsehaufzeichnungen z. B. von Herbert Weichmann und Robert M. W. Kempner hinzuweisen.

Die Tätigkeit der emigrierten Sozialdemokraten und Kommunisten ist durch Akten des Vorstands der SOPADE im AsD und des Historischen Archivs der KPD bei SAPMO gut dokumentiert (Quellen 1994, S. 13 ff. bzw. 6 ff.). Überliefert sind außerdem Unterlagen des Internationalen Sozialistischen Kampfbundes und der SAP als Mikrofilm vom Bestand in Norwegen im AsD, der Bewegung „Freies Deutschland" für den Westen bei SAPMO (Quellen 1994, S. 3 f., 24 f., 1 f.). Die Hauptüberlieferung überparteilicher Organisationen stammt von der American Guild for German Cultural Freedom und vom Deutschen Pen-Club im Exil in der DB, bei der sich außerdem Akten des New Yorker Emergency Rescue Committee und seines Vertreters in Marseille befinden (Quellen 1994, S. 28 ff., 34 f., 37 f.). Unterlagen anderer Organisationen von und für deutsche Emigranten, die wie ein Teil der Nachlässe von SD und Gestapo in den besetzten Westgebieten beschlagnahmt worden waren, liegen im BAB, sind jedoch nicht sehr umfangreich (Quellen 1994, S. 34, 39). Gleicher Herkunft sind dort die wesentlich zahlreicheren Akten der Redaktion der *Pariser Tageszeitung* mit Korrespondenzen und Manuskripten (Quellen 1994, S. 43 ff.), während Schriftgut der *Neuen Weltbühne* überwiegend – wie auch ein Sammelbestand „Emigrantenorganisationen" und Aktenreste u. a. des Pariser Bundes „Neues Deutschland" – in Moskau zurückbehalten wurde. Zu den für die Emigration relevanten Beständen im IISG gehören Akten der Auslandsleitung von Neu Beginnen und des Freundeskreises Ossietzky (Guide 1989, S. 220 f., 199).

Die Angaben über die Überlieferung von Behörden und Gerichten, die mit der Verfolgung und Vertreibung von Deutschen aus politischen oder „rassischen" Gründen befaßt waren oder dabei mitgewirkt haben, müssen sich auf Zentral- und Mittelbehörden des Reichs, der Länder und der NSDAP beschränken, für die ein Inventar vorliegt (Inventar NS-Staat 1991, 1995). Von zentraler Bedeutung sind dabei Akten des Reichssicherheitshauptamtes und seiner Vorinstanzen im BAB und in Moskau (Findbücher 1982, S. 474 ff.; Inventar 1991, S. 123 f., 1995, S. 90 f.), des Volksgerichtshofes sowohl aus durchgeführten Prozessen gegen Emigranten, die in besetzten Gebieten in die Hände der Gestapo gefallen waren, als auch aus Ermittlungsverfahren gegen solche in neutralen Ländern ebenfalls im BAB und in Moskau (Inventar NS-Staat 1991, S. 226 f., 1995, S. 176) und der Deutschland-Abteilung des Auswärtigen Amtes in dessen Politischem Archiv, über Emigranten in der Sowjetunion auch in Moskau, die auch zahlreiche Dossiers über einzelne Personen, z. B. Brüning, Prinz Löwenstein, enthalten und durch Akten u. a. der Gesandtschaften Bern, Kopenhagen und Prag ergänzt werden (Inventar NS-Staat 1991, S. 44 f., 1995, S. 43; Catalog 1972, S. 234 ff.). Relativ gering sind entsprechende Akten der Reichskanzlei (Findbücher 1984, S. 24, 82, 226, 265, 301, 759 f.) Die kaum überlieferten Unterlagen des Reichsinnenministeriums über die Aberkennung der deutschen Staatsangehörigkeit, die im Reichsanzeiger bekanntgemacht wurde (Ausbürgerung 1985), werden z. T. durch Akten von Innenministerien der Länder und von Bezirksregierungen ersetzt. Von Bedeutung für die Emigration aus einzelnen Gebieten sind Akten von Landesfinanzämtern und Devisenstellen, insbesondere Berlin-Brandenburg, Hamburg und Frankfurt a. M. (Inventar 1992, S. 340 ff.). Bei der regionalen Gestapo geführte Akten über einzelne Emigranten sind nur von der Staatspolizeileitstelle Düsseldorf und der Staatspolizeistelle Neustadt/Weinstraße im Hauptstaatsarchiv Düsseldorf bzw. im Staatsarchiv Speyer in nennenswertem Umfang erhalten (Inventar 1992, S. 143, 149). Die Aberkennung akademischer Grade wird in einigen Universitätsarchiven dokumentiert. Auf weitere Quellen, die in der Überlieferung von Landratsämtern, Finanzämtern, Amtsgerichten und Kommunalbehörden in Staats-, Kreis- und Stadtarchiven zu erwarten sind, kann nur hingewiesen werden.

Nicht zu vernachlässigen sind ferner die nach 1945 über Emigranten entstandenen Akten, auch wenn ihre Benutzung in der Regel erst 30 Jahre nach deren Tod möglich ist. Sie sind vor allem bei der Durchführung des Bundesentschädigungsgesetzes entstanden, für die in den einzelnen Bundesländern z.T. die Innenministerien, z.T. spezielle Landes- oder Bezirksentschädigungs- oder Wiedergutmachungsämter zuständig waren, z.B. die Bezirksämter für Wiedergutmachung in Koblenz für Antragsteller mit Wohnsitz in Israel, in Trier für solche in den USA und in Neustadt/Weinstraße für andere außereuropäische Länder. Für Ansprüche emigrierter Beamter nach dem Gesetz über die Wiedergutmachung im öffentlichen Dienst war das Bundesinnenministerium zuständig; 1338 Einzelfallakten sind bereits an das BA-Zwischenarchiv in St. Augustin abgeliefert. Das Bundesverwaltungsamt in Köln verwahrt noch die Unterlagen über die Entschädigung von Bediensteten jüdischer Kultusgemeinden und entschied außerdem über die Anträge auf Wiedereinbürgerung.

Die Aufnahme der Flüchtlinge und ihre Tätigkeit in einzelnen Ländern wird durch Materialsammlungen über die Emigration, vor allem von Kommunisten, nach England, Frankreich, in die Tschechoslowakei und Schweden bei SAPMO (Quellen 1994, S. 47 ff.), in die Schweiz im BAB (S. 46 f.), nach Lateinamerika im AsD (S. 53 f.) dokumentiert. Als Quelle für jeweils mehrere Länder sind Bestände im Archiv und den historischen Sammlungen des Völkerbunds in Genf und im IISG und ASD zu nennen. In Genf sind die Akten des Hochkommissars für die Hilfe für Flüchtlinge aus Deutschland von 1933 bis 1936, Protokolle und Dokumente der Flüchtlingskonferenz von Evian 1938 bis 1939 und zahlreiche andere Unterlagen im Mischbestand Nansen überliefert, in Amsterdam von internationalen Organisationen, u.a. der Sozialistischen Arbeiter Internationale und der International Federation of Trade Unions (Guide 1989, S. 204 f., 235 f.), in Bonn Teilüberlieferungen der Internationalen Transportarbeiter-Föderation und der Sozialistischen Jugend-Internationale (Quellen 1994, S. 5, 26 f.). Bestände der ebenfalls in Genf ansässigen Archive des Internationalen Komitees vom Roten Kreuz und des Weltkirchenrats dürften gleichfalls Quellen zur Emigration aus Deutschland enthalten. Für die Aufnahme von Emigranten im Saargebiet 1933 bis 1935 und deren Schutz nach der Rückgliederung in das Reichsgebiet kommt neben relativ wenigen Akten im Landesarchiv Saarbrücken die Überlieferung der vom Völkerbund bestellten Regierungskommission ebenfalls in Genf in Betracht.

Auf Quellen in den Aufnahmeländern selbst kann hier nur beispielhaft hingewiesen werden. Am besten sind sie für die USA dokumentiert. Über Nachlässe und personenbezogene Sammlungen von Emigranten in amerikanischen Archiven, Bibliotheken und in Privatbesitz liegt ein umfangreicher Nachweis mit Angaben über deren Korrespondenz in anderen Beständen vor (Spalek 1978–1997); er informiert auch über Schriftgut von Organisationen (1992, S. 1; 1997, S. 3 ff.), u.a. American Association for a Democratic Germany, American Council for Emigrés in the Professions, Emergency Committee in Aid of Displaced German Scholars, Emergency Rescue Committee. Auskunft über 168 Institutionen und Organisationen auf gesamtstaatlicher Ebene mit Quellen über jüdische Emigranten bietet eine von der Research Foundation for Jewish Immigration veranlaßte Publikation (Jewish Immigrants 1978). Sie unterrichtet außerdem über mehr als 150 Nachlässe (S. 173 ff.) und 253 Interviews (Jewish Immigrants 1982). Zu den dort berücksichtigten Archiven gehört das Leo Baeck Institute New York, das einen eigenen Katalog veröffentlicht hat (Leo Baeck Institute 1990); er beschreibt eine große Zahl von Nachlässen, u.a. von Emil Julius Gumbel, Hans Schäffer sowie von Julie Braun-Vogelstein und ihren Familienangehörigen, und führt 256 Berichte und Artikel von Emigranten auf (auch Leo Baeck Institute 1970). Aus den beim FBI über die Überwachung von Schriftstellern in Los Angeles, New York und in Mexiko geführten Akten wurden bisher ca. 50 Dossiers, u.a. über Thomas und Erika Mann, Bert Brecht und Anna Seghers, zur Auswertung zur Verfügung gestellt (Stephan 1995).

Die wichtigste Überlieferung über deutsche Emigranten in der Schweiz befindet sich im Bundesarchiv in Bern. Es handelt sich um Dossiers der Bundesanwaltschaft und/oder der Polizeiabteilung des Justiz- und Polizeidepartements über einzelne Emigranten, u.a. Hoegner, Muckermann, Gerlach, um Handakten ihres Leiters Heinrich Rothmund und um Unterlagen über Internierungslager (Systematische Beständeübersicht 1991, S. 104, 110 f.). Die Hilfsleistungen für Flüchtlinge aus Deutschland sind u.a. im Archiv des Verbandes des Personals der öffentlichen Dienste und im Archiv des Schweizerischen Arbeiterhilfswerks, beide in Zürich, und die landeskirchliche Flüchtlingshilfe im dortigen Staatsarchiv im Nachlaß des Pfarrers Waldburger dokumentiert, die Beteiligung des emigrierten evangelischen Theologen Friedrich Siegmund-Schultze an verschiedenen Organisationen, u.a. als Geschäftsführer des Internationalen kirchlichen Hilfskomitees, in seinen Akten (ehem. Ökumenisches Archiv Soest) im Evangelischen Zentralarchiv in Berlin (Stache 1992, S. 156, 211).

Um die Sicherung von Quellen über die Emigranten in Schweden hat sich das Arbetarrörelsens arkiv in Stockholm bemüht (Müssener 1971, S. 16, 652, 655); dazu gehören Nachlässe, u. a. von Kurt Heinig, und Schriftgut z. B. der SPD-Landesvertretung Schweden und der dortigen Auslandsvertretung der deutschen Gewerkschaften. Andere Unterlagen gelangten an die Stifts- och Landsbiblioteket Västeras, in die Königliche Bibliothek Stockholm, etwa der Nachlaß von Nelly Sachs. Im Reichsarchiv Stockholm liegen Akten der Staatlichen Ausländerkommission, ab 1944 mit Vorakten des Ausländerbüros der Sozialverwaltung, ab 1938 mit Dossiers über einzelne Personen, ebenso vom Ausschuß für staatliche Flüchtlingshilfe und vom Zentralbüro des Sicherheitsdienstes, aus Internierungs- und Flüchtlingslagern.

In Großbritannien befindet sich Korrespondenz des Exilvorstands der SPD und von anderen Organisationen deutscher Emigranten, ferner von sudetendeutschen und Danziger Sozialdemokraten im Archiv der Labour Party (Lenz 1975, S. 174 f.), dessen Middleton Collection Broschüren, Flugblätter und Vervielfältigungen von weiteren Exilorganisationen enthält. Ähnliches Material auch aus anderen Ländern sammelte der Trade Union Council (TUC), in dessen Archiv ebenfalls Akten über die Beziehungen zur Landesgruppe deutscher Gewerkschafter liegen. Unterlagen über die Tätigkeit des Council for German Educational Reconstruction ab 1941 gelangten in die Bibliothek des Institute of Education der London University, von einzelnen Emigranten in das Archiv der London School of Economics (Lenz 1975, S. 191). Der Index to Foreign Office Correspondence im Public Record Office in Kew (S. 56 ff.) verweist u. a. unter den Stichworten Refugees, Germans abroad, Austrians abroad, Opposition Movements auf einschlägige Akten auch über andere Länder, z. B. Venezuela. Weitere Unterlagen, z. B. über Internierungslager, dürften in der Überlieferung des Home Office zu finden sein. Für die Wissenschaftsemigration ist auf das umfangreiche Archiv des Academic Assistance Council, später in Society for the Protection of Science and Learning umbenannt, in der Bodleian Library in Oxford hinzuweisen.

In Österreich haben vor allem das Dokumentationsarchiv des Österreichischen Widerstandes in Wien (Dokumentationsarchiv 1982) und der Verein für die Geschichte der Arbeiterbewegung Material über und von Emigranten und deren Organisationen gesammelt, z. B. Restakten der Auslandsleitung der SPÖ in Brünn. Der Exilschriftsteller und -künstler nimmt sich die Österreichische Exilbibliothek im Literaturhaus in Wien an, deren Datenbank 1996 bio-bibliographische Angaben über 5500 Personen umfaßt und die 4000 Veröffentlichungen besitzt und regelmäßig über Neuerwerbungen berichtet (Zirkular 1996). Akten über deutsche Emigranten vor 1938 sind von der Generaldirektion für öffentliche Sicherheit im Österreichischen Staatsarchiv überliefert.

Ob sich amtliche Unterlagen über die Aufnahme von Flüchtlingen aus Deutschland in der Tschechoslowakei in tschechischen Archiven erhalten haben, ist noch zu ermitteln. Derartige Ermittlungen sind auch in Frankreich erforderlich, z. B. nach Akten über die Internierungslager in Südfrankreich zunächst für Angehörige der Internationalen Brigaden und dann für viele andere Emigranten; die Dossiers der politischen Polizei bis 1940 sind möglicherweise in den Akten dieser Provenienz enthalten, die von der Gestapo beschlagnahmt wurden und noch in Moskau liegen.

Ein Teil der Aktenbestände in der ehemaligen Sowjetunion ist inzwischen der Forschung zugänglich. Vor allem die Kader-Akten kommunistischer Emigranten in den Archiven der Komintern, die Bestände des KGB und das Archiv der Militärstaatsanwaltschaft in Moskau dürften eine Fundgrube für die künftige Forschung sein (Müller 1993, S. 16).

Für die Emigration nach Palästina ist schließlich auf eine große Zahl von Nachlässen, darunter besonders umfangreiche von Salomon Adler-Rudel, Kurt Blumenfeld und Max Bodenheimer, und auf die Akten der für die Einwanderung zuständigen Ämter der Zionistischen Weltorganisation im Zionistischen Zentralarchiv in Jerusalem (Guide 1997) zu verweisen.

Literatur

Aly, Götz, u. Susanne Heim (1992): Das Zentrale Staatsarchiv in Moskau („Sonderarchiv"). Rekonstruktion und Bestandsverzeichnis verschollen geglaubten Schriftguts aus der NS-Zeit, Düsseldorf.

Archiv der sozialen Demokratie (1994): Bestandsübersicht, Bonn-Bad Godesberg.

Archivalien (1995). Bestandsübersicht der Deutschen Bibliothek, Deutsches Exilarchiv 1933–1945, Stand 31.12.1995, Frankfurt a. M.; über Internet: http://www.ddb.de.

Archive in der Bundesrepublik Deutschland, Österreich und der Schweiz (1995), hrsg. vom Verein deutscher Archivare, 15. Ausg., Münster.

Die Bestände der Akademie-Archive, Dokumentationen und Sammlungen (1988), in: Akademie der Künste der Deutschen Demokratischen Republik. Handbuch 1982–1986, Berlin.

Die Bestände der Stiftung Archiv der Parteien und Massenorganisationen der DDR (1996). Kurzübersicht, Red. Elrun Dolatowski, Anette Meiburg, Sigrun Mühl-Benninghaus, Berlin.

Die Bestände des Archivs und der Bibliothek der Akademie der Künste (1985), hrsg. vom Senator für Kulturelle Angelegenheiten, bearb. von Dagmar Wünsche, Berlin.

Biographisches Handbuch der deutschsprachigen Emigration nach 1933/International Biographical Dictionary of Central European Emigrés 1933–1945 (1980–1983), hrsg. vom Institut für Zeitgeschichte, München, u. von der Research Foundation for Jewish Immigration, New York, unter der Gesamtleitung von Werner Röder u. Herbert A. Strauss, 3 Bde., München u. a.

Das Bundesarchiv und seine Bestände (1977), 3., ergänzte u. neubearb. Aufl. von Gerhard Granier, Josef Henke, Klaus Oldenhage, Boppard (Schriften des Bundesarchivs 10).

A Catalog of Files and Microfilms of the German Foreign Ministry Archives 1920–1945 (1972), compiled and ed. by George O. Kent, Bd. 3, Stanford/Cal.

Deutsches Exilarchiv 1933–1945 (1989). Katalog der Bücher und Broschüren, red. Bearbeitung Mechthild Hahner, wiss. Leitung Werner Berthold u. Brita Eckert, Stuttgart.

Deutsches Rundfunkarchiv, Hrsg. (1987): Tondokumente zur Zeitgeschichte 1939/1940. Bild- und Tonträgerverzeichnisse, bearb. von Walter Roller, Frankfurt a. M. (Bild- und Tonträgerverzeichnisse Nr. 18).

Dokumentationsarchiv des österreichischen Widerstands (1982). Bedeutung, Entwicklung, Tätigkeit, Wien.

Findbücher zu Beständen des Bundesarchivs (1982, 1984), Bd. 22: Bestand R 58, Reichssicherheitshauptamt [nur alter Koblenzer Bestand], Koblenz; Bd. 13: Bestand R 43, Reichskanzlei, 2. Aufl., Koblenz.

Guide to the International Archives and Collections at the IISG, Amsterdam (1989), Eds. Atie van der Horst, Elly Koen, Amsterdam.

Guide to the Record Groups and Collection held at the Central Zionist Archives (1997), Jerusalem; über Internet: http://www.wzo.org.il/cza/record.htm.

Handbuch der Handschriftenbestände in der Bundesrepublik Deutschland (1992), hrsg. vom Deutschen Bibliotheksinstitut, Teil 1: Baden-Württemberg, Bayern, Berlin (West), Bremen, Hamburg, Hessen, Niedersachsen, Nordrhein-Westfalen, Rheinland-Pfalz, Saarland, Schleswig-Holstein, bearb. von Tilo Brandis u. Ingo Nöter, Berlin–Wiesbaden.

Hepp, Michael, Hrsg. (1985–1988): Die Ausbürgerung deutscher Staatsangehöriger 1933–1945 nach den im Reichsanzeiger veröffentlichten Listen, 3 Bde., München u. a.

International Directory of Archives (1992), hrsg. vom International Council on Archives, München u. a. (Archivum. International Review on Archives XXXVIII).

Inventar archivalischer Quellen des NS-Staates. Die Überlieferung von Behörden und Einrichtungen des Reichs, der Länder und der NSDAP (1991, 1995), im Auftrag des Instituts für Zeitgeschichte bearb. von Heinz Boberach, Teil 1: Reichszentralbehörden, regionale Behörden und wissenschaftliche Hochschulen für die zehn westdeutschen Länder sowie Berlin, Teil 2: Regionale Behörden und wissenschaftliche Hochschulen für die fünf ostdeutschen Länder, die ehemaligen preußischen Ostprovinzen und eingegliederte Gebiete in Polen, Österreich und der Tschechischen Republik mit Nachträgen zu Teil 1, München u. a.

Inventar zu den Nachlässen der deutschen Arbeiterbewegung für die zehn westdeutschen Länder und West-Berlin (1993), bearb. von Hans-Holger Paul, München u. a.

Inventar zu den Nachlässen emigrierter deutschsprachiger Wissenschaftler in Archiven und Bibliotheken der Bundesrepublik Deutschland (1993), bearb. im Deutschen Exilarchiv 1933–1945 der Deutschen Bibliothek Frankfurt am Main, wiss. Leitung Brita Eckert, red. Bearbeitung Gabriele von Glasenapp u. Barbara Brunn, 2 Bde., München u. a.

Jewish Immigrants of the Nazi Period in the USA (1979, 1982), ed. by Herbert A. Strauss, Bd. 1: Archival Resources. Compiled by Steven W. Siegel; Bd. 3.1: Guide to the oral history collection of the Research Foundation for Jewish Immigration, New York. Compiled by Joan C. Lessing, München u. a.

Kussmaul, Ingrid (1986): Die Nachlässe und Sammlungen des Deutschen Literaturarchivs Marbach am Neckar. Ein Verzeichnis, 2. Aufl., Marbach a. N.

Lenz, Wilhelm, Bearb. (1975): Archivalische Quellen zur deutschen Geschichte seit 1500 in Großbritannien, Boppard (Veröffentlichungen des Deutschen Historischen Instituts London 1).

Leo Baeck Institute New York (1970): Bibliothek und Archiv, Katalog Bd. 1, hrsg. von Max Kreutzberger, Tübingen.

Leo Baeck Institute New York (1990): Catalog of the Archival Collections, Ed. Frank Grubel, Tübingen.

Maas, Lieselotte (1976–1990): Handbuch der deutschen Exilpresse 1933–1945, hrsg. von Eberhard Lämmert, 4 Bde., München.

Manderla, Ingeborg (1962): Vorläufiges Findbuch des literarischen Nachlasses von Johannes R. Becher, Berlin (Deutsche Akademie der Künste zu Berlin, Schriftenreihe der Literaturarchive 9).

Mikrofilmarchiv der deutschsprachigen Presse e.V. (1994): Bestandsverzeichnis, Dortmund.

Müller, Reinhard (1993): Die Akte Wehner. Moskau 1937 bis 1941, Berlin.

Müssener, Helmut (1971): Die deutschsprachige Emigration in Schweden nach 1933. Ihre Geschichte und kulturelle Leistung, Stockholm.

Die Nachlässe in den deutschen Archiven mit Ergänzungen aus anderen Beständen (1971, 1983), bearb. im Bundesarchiv in Koblenz von Wolfgang A. Mommsen, 2 Bde., Boppard (Schriften des Bundesarchivs 17).

Die Nachlässe in den Bibliotheken der Bundesrepublik Deutschland (1981), 2. Aufl., völlig neu bearb. von Tilo Brandis, Boppard.

Nyassi, Ulrike, Bearb. (1985): Der Nachlaß Wilhelm Sollmann, Köln–Wien (Mitteilungen aus dem Stadtarchiv von Köln 68).

Posthoff, Barbara (1988): Nachlässe zur Emigration aus dem nationalsozialistischen Deutschland im Institut für Zeitungsforschung, in: Nachrichtenbrief/Newsletter der Society for Exile Studies/Gesellschaft für Exilforschung 9/10, S. 37 ff.

Quellen zur deutschen politischen Emigration 1933–1945 (1994). Inventar von Nachlässen, nichtstaatlichen Akten und Sammlungen in Archiven und Bibliotheken der Bundesrepublik Deutschland, bearb. von Ingrid Schulze-Bidlingmaier unter Mitwirkung von Ursula Adam u. a., München u. a.

Ramthun, Herta (1969 ff.): Bertolt-Brecht-Archiv. Bestandsverzeichnis des literarischen Nachlasses, hrsg. von der Akademie der Künste der Deutschen Demokratischen Republik, 4 Bde., Berlin–Weimar.

Röder, Werner (1975): Quellen zur Geschichte der deutschsprachigen Emigration im Archiv des Instituts für Zeitgeschichte, in: Jahrbuch für internationale Germanistik 7, S. 142 ff.

Röder, Werner (1985): Die archivalischen Sammlungen im Institut für Zeitgeschichte München, in: Der Archivar 38, S. 415 ff.

Römer, Jutta (1987): Zwanzig Jahre Zentralkartei der Autographen, in: Zeitschrift für Bibliothekswesen und Bibliographie 34, S. 78 f.

Spalek, John M., and Sandra H. Hawrylchak (1978–1997): Guide to the Archival Materials of the German-speaking Emigration to the United States after 1933/Verzeichnis der Quellen und Materialien der deutschsprachigen Emigration in den USA seit 1933, Bd. 1, Charlottesville/VA 1978; Bd. 2, Bern 1992; Bd. 3, München u. a. 1997.

Stache, Christa (1992): Das Evangelische Zentralarchiv in Berlin und seine Bestände, Berlin.

Stephan, Alexander (1995): Im Visier des FBI. Deutsche Exilschriftsteller in den Akten amerikanischer Geheimdienste, Stuttgart–Weimar.

Sternfeld, Wilhelm, u. Eva Tiedemann (1970): Deutsche Exil-Literatur 1933–1945. Eine Bio-Bibliographie, 2., verb. u. stark erw. Aufl., Heidelberg.

Systematische Beständeübersicht des Schweizerischen Bundesarchivs (1991), bearb. von Niklaus Bütikofer, Hugo Caduff u. a., Bern.

Wetzel, Jürgen (1988): Nachlaß Ernst Reuter, Repositur 200 Acc. 2326, Berlin (Landesarchiv Berlin, Findbücher 4).

Zirkular der Dokumentationsstelle für neuere österreichische Literatur 25 (1996), Wien.

Auswahlbibliographie

Nachschlagewerke, Handbücher

Die Ausbürgerung deutscher Staatsangehöriger 1933–1945 nach den im Reichsanzeiger veröffentlichten Listen, hrsg. von Michael Hepp, 3 Bde., München u.a. 1985–1988.

Biographisches Handbuch der deutschsprachigen Emigration nach 1933/International Biographical Dictionary of Central European Emigrés 1933–1945, hrsg. vom Institut für Zeitgeschichte, München, u. von der Research Foundation for Jewish Immigration, New York, unter der Gesamtleitung von Werner Röder u. Herbert A. Strauss, 3 Bde., München u.a. 1980–1983.

Deutsches Exilarchiv 1933–1945. Katalog der Bücher und Broschüren, bearb. im Deutschen Exilarchiv 1933–1945 der Deutschen Bibliothek, Frankfurt am Main, red. Bearbeitung Mechthild Hahner, wiss. Leitung Werner Berthold u. Brita Eckert, Stuttgart 1989.

Encyclopaedia Judaica, 16 Bde., Jerusalem 1971–1972.

Enzyklopädie des Holocaust. Die Verfolgung und Ermordung der europäischen Juden, Hauptherausgeber Israel Gutmann. Deutsche Ausgabe, hrsg. von Eberhard Jäckel, Peter Longerich u. Julius H. Schoeps, 3 Bde., Berlin 1993.

Lexikon deutsch-jüdischer Autoren/Archiv Bibliographia Judaica, red. Leitung Renate Heuer, Bd. 1 ff., München u.a. 1992 ff.

Lexikon deutschsprachiger Schriftstellerinnen im Exil 1933 bis 1945, hrsg. von Renate Wall, 2 Bde., Freiburg i.Br. 1995.

M.d.R. Die Reichstagsabgeordneten der Weimarer Republik in der Zeit des Nationalsozialismus. Politische Verfolgung, Emigration und Ausbürgerung 1933–1945. Eine biographische Dokumentation, hrsg. von Martin Schumacher, Düsseldorf 1991.

Maas, Lieselotte: Handbuch der deutschen Exilpresse 1933–1945, hrsg. von Eberhard Lämmert, 4 Bde., München 1976–1990.

Pütter, Conrad: Rundfunk gegen das „Dritte Reich". Ein Handbuch. Unter Mitwirkung von Ernst Loewy u. mit einem Beitrag von Elke Hilscher, München 1986.

Walk, Joseph: Kurzbiographien zur Geschichte der Juden 1918–1945, München u.a. 1988.

Zeitschriften und Zeitungen des Exils 1933–1945. Bestandsverzeichnis der Deutschen Bücherei, bearb. von Horst Halfmann, 2., erg. u. erw. Aufl., Leipzig 1975.

Quellenverzeichnisse, Bibliographien

Analytische Bibliographien deutschsprachiger literarischer Zeitschriften, hrsg. von der Akademie der Künste der Deutschen Demokratischen Republik,
Bd. 1: Das Wort. Moskau 1936–1939, bearb. von Gerhard Seidel, Berlin-Weimar 1975;
Bd. 2: Die Sammlung. Amsterdam 1933–1935, bearb. von Reinhardt Gutsche, Berlin-Weimar 1974;
Bd. 3: Maß und Wert. Zürich 1937–1940, bearb. von Volker Riedel, Berlin-Weimar 1973;
Bd. 4: Freies Deutschland. México 1941–1946, bearb. von Volker Riedel, Berlin-Weimar 1975;
Bd. 5: Orient. Haifa 1942–1943, bearb. von Volker Riedel, Berlin-Weimar 1973;
Bd. 6: Neue Deutsche Blätter. Prag 1933–1935, bearb. von Helmut Praschek, Berlin-Weimar 1973;
Bd. 8: Internationale Literatur/Deutsche Blätter. Moskau 1931–1945, bearb. von Christa Streller u. Volker Riedel, 2 Bde., Berlin-Weimar 1985;
Bd. 12: Die Wiener Weltbühne. Wien 1932–1934/Die neue Weltbühne. Prag/Paris 1933–1939, bearb. von Jörg Armer, 2 Bde., München u.a. 1992.

Archivalien des Deutschen Exilarchivs 1933–1945. Bestandsübersicht, hrsg. von der Deutschen Bibliothek, Frankfurt a.M. 1998.

Deutsche Literatur im Exil 1933–1945. Katalog des Antiquariats Amelang, 2 Bde., Frankfurt a.M. 1962.

Deutsche Nationalbibliographie. Ergänzung I. Verzeichnis der Schriften, die 1933–1945 nicht angezeigt werden durften, bearb. u. hrsg. von der Deutschen Bücherei in Leipzig, Leipzig 1949.

Deutschsprachige Exilliteratur seit 1933, hrsg. von John M. Spalek, Joseph Strelka u.a., Bd. 4 (Teil 1–3): Bibliographien. Schriftsteller, Publizisten und Literaturwissenschaftler in den USA, Bern–München 1994.

Der Gegen-Angriff (Prag/Paris 1933–36). Autoren-, Personen- und Sachregister, bearb. von Wolfgang Krämer u. Gerhard Müller, mit Beiträgen von Bruno Frei, Worms 1982.

Gittig, Heinz: Bibliographie der Tarnschriften 1933–1945, München u.a. 1996.

Heintz, Georg: Index des „Freien/Neuen Deutschland" (Mexiko 1941–1946), Worms 1975.

Hopster, Norbert, u. Petra Josting: Literaturlenkung im „Dritten Reich". Eine Bibliographie, Bd. 1, Hildesheim u.a. 1993.

Index der „Neuen Weltbühne" von 1933–39, bearb. von Georg Heintz, Worms 1972.

Inventar zu den Nachlässen der deutschen Arbeiterbewegung für die zehn westdeutschen Länder und Westberlin. Im Auftrag des Archivs der sozialen Demokratie der Friedrich-Ebert-Stiftung bearb. von Hans-Holger Paul, München u.a. 1993.

Inventar zu den Nachlässen emigrierter deutschsprachiger Wissenschaftler in Archiven und Bibliotheken der Bundesrepublik Deutschland, bearb. im Deutschen Exilarchiv 1933–1945 der Deutschen Bibliothek, Frankfurt am Main, wiss. Leitung Brita Eckert, red. Bearbeitung Gabriele von Glasenapp u. Barbara Brunn, 2 Bde., München u.a. 1993.

Jewish immigrants of the Nazi period in the USA, ed. by Herbert A. Strauss. Sponsored by the Research Foundation for Jewish Immigration, New York, Bd. 1–6, München u.a. 1979–1987,
Bd. 1: Archival resources. Compiled by Steven W. Siegel 1979;
Bd. 2: Classified and annotated bibliography of books and articles on the immigration and acculturation of Jews from Central Europe to the USA since 1933. Compiled by Henry Friedlander u.a., 1981;
Bd. 3.1: Guide to the oral history collection of the Research Foundation for Jewish Immigration, New York. Compiled by Joan C. Lessing, 1982;
Bd. 3.2: Classified list of articles concerning emigration in Germany. Jewish periodicals Jan. 30, 1933 to Nov. 9, 1938. Compiled by Daniel R. Schwartz u.a., 1982.

Kussmaul, Ingrid: Die Nachlässe und Sammlungen des Deutschen Literaturarchivs Marbach am Neckar. Ein Verzeichnis, 2. Aufl., Marbach a. N. 1986.

Die Presse der Sozialistischen Arbeiterpartei Deutschlands im Exil 1933–1939. Eine analytische Bibliographie. Mit e. Vorwort von Walter Fabian, Red. Harro Kieser u. Brita Eckert, bearb. von Dagmar Schlünder, München 1981.

Quellen zur deutschen politischen Emigration 1933–1945. Inventar von Nachlässen, nichtstaatlichen Akten und Sammlungen in Archiven und Bibliotheken der Bundesrepublik Deutschland, hrsg. im Auftrag der Herbert und Elsbeth Weichmann Stiftung von Heinz Boberach, Patrik von zur Mühlen, Werner Röder u. Peter Steinbach, bearb. von Ingrid Schulze-Bidlingmaier unter Mitwirkung von Ursula Adam, Volkmar Elstner u. Mitarbeitern in den Archiven, München u.a. 1994.

Rassler, Gerda: Pariser Tageblatt/Pariser Tageszeitung. 1933–1940. Eine Auswahlbibliographie, Berlin–Weimar 1989.

Röder, Werner: Quellen zur Geschichte der deutschsprachigen Emigration im Archiv des Instituts für Zeitgeschichte München, in: Jahrbuch für Internationale Germanistik 7 (1975), S. 142ff.

Rohlf, Sabine, u. Susanne Rockenbach: Auswahlbibliographie „Frauen und Exil", in: Exilforschung 11 (1993), S. 239ff.

Ruck, Michael: Bibliographie zum Nationalsozialismus, Köln 1995. [Darin: Emigration und Exil, Nr. 11180–12365, S. 686–755.]

Schrader, Achim, u. Thomas Blank: Bibliographie zum Studium des deutschen Judentums in Lateinamerika, in: Europäische Juden in Lateinamerika, hrsg. von Achim Schrader u. Karl Heinrich Rengstorf, St. Ingbert 1989, S. 473ff.

Spalek, John M., and Sandra H. Hawrylchak: Guide to the Archival Materials of the German-speaking Emigration to the United States after 1933/Verzeichnis der Quellen und Materialien der deutschsprachigen Emigration in den USA seit 1933, Bd. 1, Charlottesville 1978; Bd. 2, Bern 1992; Bd. 3, München u.a. 1997.

Sternfeld, Wilhelm, u. Eva Tiedemann: Deutsche Exilliteratur 1933–1945. Eine Bio-Bibliographie, 2., verb. u. stark erw. Aufl., Heidelberg 1970.

Walter, Hans-Albert, u. Günter Ochs: Deutsche Literatur im Exil 1933–1945. Eine Auswahlbibliographie mit einer Einführung. Kultursekretariat und Stadt Gütersloh, Aachen 1985.

Wassermann, Henry: Bibliographie des Jüdischen Schrifttums in Deutschland 1933–1943, München u.a. 1989.

Ausstellungskataloge

„Das war ein Vorspiel nur ...". Bücherverbrennung Deutschland 1933. Voraussetzungen und Folgen. Ausstellung der Akademie der Künste vom 8. Mai bis 3. Juli 1983, bearb. von Hermann Haarmann u.a., Berlin–Wien 1983.

Deutsche Intellektuelle im Exil. Ihre Akademie und die „American Guild for German Cultural Freedom". Eine Ausstellung des Deutschen Exilarchivs 1933–1945 der Deutschen Bibliothek, Frankfurt am Main, bearb. von Werner Berthold, Brita Eckert u. Frank Wende, München u. a. 1993.

Der deutsche PEN-Club im Exil 1933–1948. Eine Ausstellung der Deutschen Bibliothek, Frankfurt am Main, bearb. von Werner Berthold u. Brita Eckert, Frankfurt a. M. 1980.

Emigrants and exiles. A lost generation of Austrian artists in America, 1920–1950 = Emigranten und Verbannte. Eine verlorene Generation österreichischer Künstler in Amerika, 1920–1950. Mary and Leigh Block Gallery, Northwestern University; Österreichische Galerie, Vienna, conceived by John Czaplicka, curated by John Czaplicka and David Mickenberg, Wien 1996.

Entartete Musik. Ausstellung „Entartete Musik", Tonhalle Düsseldorf [...] zur Düsseldorfer Ausstellung von 1938. Eine kommentierte Rekonstruktion, bearb. von Albrecht Dümling u. Peter Girth, 2., korr. Aufl., Düsseldorf 1988.

Exil. Flucht und Emigration europäischer Künstler 1933–1945, hrsg. von Stephanie Barron mit Sabine Eckmann, München–New York 1997.

Exiles and Emigrés. The Flight of European Artists from Hitler, ed. by Stephanie Barron with Sabine Eckmann, Los Angeles 1997.

Exiles in Paradise, ed. by Carol Marrill-Mirsky, Los Angeles 1991.

Exil-Literatur 1933–1945. Eine Ausstellung aus Beständen der Deutschen Bibliothek, Frankfurt am Main (Sammlung Exil-Literatur), bearb. von Werner Berthold, 3., erw. u. verb. Aufl., Frankfurt a. M. 1967.

Feidel-Mertz, Hildegard: Pädagogik im Exil nach 1933. Erziehung zum Überleben. Bilder und Texte einer Ausstellung, hrsg. vom Präsidenten der Gesamthochschule Kassel, Frankfurt a. M. 1990.

35 [Fünfunddreißig] Jahre Exilliteratur 1933–1945 in der Deutschen Bibliothek, Frankfurt am Main. Ein Beitrag zur Geschichte der Exilforschung in der Bundesrepublik Deutschland. Für Werner Berthold zum 31. März 1984. Eine Ausstellung der Deutschen Bibliothek, Frankfurt am Main, bearb. von Brita Eckert u. a., Frankfurt a. M. 1984.

Die jüdische Emigration aus Deutschland 1933–1941. Die Geschichte einer Austreibung. Eine Ausstellung der Deutschen Bibliothek, Frankfurt am Main, unter Mitwirkung des Leo Baeck Instituts, New York, bearb. von Brita Eckert unter Mitwirkung von Werner Berthold, Frankfurt a. M. 1985.

Kinder- und Jugendliteratur im Exil 1933–1945. Eine Ausstellung der Sammlung Exil-Literatur der Deutschen Bücherei Leipzig, 1. Juni 1995–9. September 1995, erarb. von Andrea Thomalla u. Jörg Räuber, Leipzig u. a. 1995.

Kunst im Exil in Großbritannien 1933–1945. Eine Ausstellung der Neuen Gesellschaft für Bildende Kunst [...] vom 10. 1.–23. 2. 1986, Berlin 1986.

Leben im Wartesaal. Exil in Shanghai 1938–1947, hrsg. vom Jüdischen Museum im Stadtmuseum Berlin, Berlin 1997.

1945 [Neunzehnhundertfünfundvierzig]. Jetzt wohin? Exil und Rückkehr, hrsg. vom Verein Aktives Museum, Berlin 1995.

Des peintres au camp des Milles. Septembre 1939-été 1941. Hans Bellmer, Max Ernst, Robert Liebknecht, Leo Marschütz, Ferdinand Springer, Wols, Galérie d'Art, Espace 13, Aix-en-Provence 1997.

Rifugio precario. Artisti e intellettuali tedeschi in Italia 1933–1945 = Zuflucht auf Widerruf. Deutsche Künstler und Wissenschaftler in Italien. Eine Ausstellung der Akademie der Künste, Berlin, in Zusammenarbeit mit der Stadt Mailand [...] u. den Goethe-Instituten in Mailand u. Rom, bearb. von Klaus Voigt u. Wolfgang Henze, Mailand 1995.

Theater im Exil 1933–1945. Ausstellung 21. 10.–18. 11. 1973, Akademie der Künste, bearb. von Walter Huder, Berlin 1973.

Und sie haben Deutschland verlassen ... müssen. Fotografen und ihre Bilder 1928–1997, hrsg. von Klaus Honnef u. Frank Weyers, Rheinisches Landesmuseum, Bonn 1997.

Widerstand statt Anpassung. Deutsche Kunst im Widerstand gegen den Faschismus, hrsg. vom Badischen Kunstverein, Karlsruhe 1980.

Wie weit ist Wien? Lateinamerika als Exil für österreichische Schriftsteller und Künstler, hrsg. von Alisa Douer u. Ursula Seeber unter Mitarbeit von Edith Blaschitz, Wien 1995.

Die Zeit gibt die Bilder. Schriftsteller, die Österreich zur Heimat hatten, fotografiert von Alisa Douer, hrsg. von Ursula Seeber in Zusammenarbeit mit Evelyne Polt-Heinzl, [hrsg. von der Dokumentationsstelle für Neuere Österreichische Literatur], Wien 1992.

Zwischen Widerstand und Anpassung. Kunst in Deutschland 1933–1945, hrsg. von der Akademie der Künste, Berlin 1978.

Dokumentationen, Übersichtsdarstellungen, Sammelbände

Das „Andere Deutschland" im Zweiten Weltkrieg. Emigration und Widerstand in internationaler Perspektive, hrsg. von Lothar Kettenacker, Stuttgart 1977.

Antifaschistische Literatur. Programme, Autoren, Werke, hrsg. von Lutz Winckler, Bd. 1 u. 2, Kronberg i. Ts. 1977; Bd. 3 in Zusammenarbeit mit Christian Frisch, Kronberg i. Ts. 1979.

Begegnung mit dem „Fremden". Grenzen – Traditionen – Vergleiche. Akten des 8. Internationalen Germanisten-Kongresses, Tokio 1990, hrsg. von Eijiro Iwasaki, Bd. 8, Sektion 19: Emigranten- und Immigrantenliteratur, hrsg. von Yoshinori Shichij, München 1991.

Bentwich, Norman: The rescue and achievement of refugee scholars and scientists 1933–1952, The Hague 1953.

Berendsohn, Walter A.: Die humanistische Front. Einführung in die deutsche Emigranten-Literatur, Teil 1: Von 1933 bis zum Kriegsausbruch 1939, Zürich 1946; Nachdruck, Worms 1978; Teil 2: 1939–1947, Worms 1976.

Berglund, Gisela: Deutsche Opposition gegen Hitler in Presse und Roman des Exils. Eine Darstellung und ein Vergleich mit der historischen Wirklichkeit, Stockholm 1972.

Berthold, Werner: Exilliteratur und Exilforschung. Ausgewählte Aufsätze, Vorträge und Rezensionen. Mit einer Einleitung von Wolfgang Frühwald, hrsg. von Brita Eckert u. Harro Kieser, Wiesbaden 1996.

Between sorrow and strength. Women refugees of the Nazi Period. Papers presented at a conference held in November 1991 at the German Historical Institute in Washington, D.C., ed. by Sibylle Quack, Cambridge u. a. 1995.

Blatter, Jane, and Sybil Milton: Art of the Holocaust, New York 1981.

Cazden, Robert E.: German Exile Literature in America 1933–1950. A History of the Free German Press and Book Trade, Chicago 1970.

Coser, Louis A.: Refugee scholars in America. Their impact and their experiences, New Haven–London 1984.

The Cultural Migration. The European Scholar in America. Franz L. Neumann et al., ed. by W. Rex Crawford, Philadelphia 1953.

Dahm, Volker: Das jüdische Buch im Dritten Reich, 2., überarb. Aufl., München 1993.

Deutsche Exildramatik 1933–1950, hrsg. von Franz Norbert Mennemeier u. Frithjof Trapp, München 1980.

Deutsche Exilliteratur, Literatur der Nachkriegszeit. Akten des 3. Exilliteratur-Symposiums der University of South Carolina, hrsg. von Wolfgang Elfe u. a., Bern u. a. 1981.

Deutsche Exilliteratur, Literatur im Dritten Reich. Akten des 2. Exilliteratur-Symposiums der University of South Carolina, hrsg. von Wolfgang Elfe u. a., Bern u. a. 1979.

Die deutsche Exilliteratur 1933–1945, hrsg. von Manfred Durzak, Stuttgart 1973.

Deutsche Exilliteratur seit 1933, hrsg. von John M. Spalek u. a., Bd. 1 (Teil 1 u. 2): Kalifornien, Bern–München 1976; Bd. 2: New York, Bern–München 1990.

Deutsches Exildrama und Exiltheater. Akten des Exilliteratur-Symposiums der University of South Carolina 1976, hrsg. von Wolfgang Elfe u. a., Bern u. a. 1977.

Deutsch-jüdische Exil- und Emigrationsliteratur im 20. Jahrhundert, hrsg. von Itta Shedletzky u. Hans Otto Horch, Tübingen 1993.

Deutsch-jüdisches Exil: das Ende der Assimilation? Identitätsprobleme deutscher Juden in der Emigration, hrsg. von Wolfgang Benz u. Marion Neiss, Berlin 1994.

Deutschland nach Hitler. Zukunftspläne im Exil und aus der Besatzungszeit 1939–1949, hrsg. von Thomas Koebner u. a., Opladen 1987.

Deutschsprachige Exilliteratur. Studien zu ihrer Bestimmung im Kontext der Epoche 1930 bis 1960, hrsg. von Wulf Koepke u. Michael Winkler, Bonn 1984.

Diehl, Katrin: Die jüdische Presse im Dritten Reich. Zwischen Selbstbehauptung und Fremdbestimmung, Tübingen 1997.

Die Emigration der Wissenschaften nach 1933. Disziplingeschichtliche Studien, hrsg. von Herbert A. Strauss u. a., München u. a. 1991.

Die Erfahrung der Fremde. Kolloquium des Schwerpunktprogramms „Exilforschung" der Deutschen Forschungsgemeinschaft, hrsg. von Manfred Briegel u. Wolfgang Frühwald, Weinheim u. a. 1988.

Die Erfahrung des Exils. Exemplarische Reflexionen, hrsg. von Wolfgang Benz u. Marion Neiss, Berlin 1997.

Exil. Literarische und politische Texte aus dem deutschen Exil 1933–1945, hrsg. von Ernst Loewy, Stuttgart 1979; Taschenbuchausgabe, 3 Bde., Frankfurt a. M. 1981–1982.

Exil. Literatur und die Künste nach 1933, hrsg. von Alexander Stephan, Bonn 1990.

Das Exil der kleinen Leute. Alltagserfahrungen deutscher Juden in der Emigration, hrsg. von Wolfgang Benz, München 1991.

Das Exilerlebnis. Verhandlungen des 4. Symposiums über deutsche und österreichische Exilliteratur, hrsg. von Donald G. Daviau u. Ludwig M. Fischer, Columbia, South Carolina 1982.

Exilliteratur 1933–1945, hrsg. von Wulf Koepke u. Michael Winkler, Darmstadt 1989.

Exiltheater und Exildramatik 1933–1945. Tagung der Hamburger Arbeitsstelle für deutsche Exilliteratur 1990, hrsg. von Edita Koch u. Frithjof Trapp, Maintal 1991.

Der Exodus aus Nazideutschland und die Folgen. Jüdische Wissenschaftler im Exil, hrsg. von Marianne Hassler u. Jürgen Wertheimer, Tübingen 1997.

Exodus von Wissenschaften aus Berlin. Fragestellungen – Ergebnisse – Desiderate. Entwicklungen vor und nach 1933. Akademie der Wissenschaften zu Berlin, Arbeitsgruppe Exodus der Wissenschaften aus Berlin, hrsg. von Wolfram Fischer u.a., Berlin–New York 1994.

Fascismo ed esilio. Aspetti della diaspora intelletuale di Germania, Spagna e Italia, a cura di Maria Sechi, Pisa 1988.

Feilchenfeldt, Konrad: Deutsche Exilliteratur 1933–1945. Kommentar zu einer Epoche, München 1986.

Forced migration and scientific change. Emigré German-speaking scientists and scholars after 1933. German Historical Institute, Washington, D.C., ed. by Mitchell G. Ash and Alfons Söllner, Cambridge u.a. 1996.

Frommhold, Erhard: Kunst im Widerstand: Malerei, Grafik, Plastik 1922–1945, Dresden 1968.

German writers and politics 1918–39, ed. by Richard Dove and Stephen Lamb, Basingstoke, Hampshire 1992.

The German-Jewish Legacy in America, 1938–1988. A Symposium, publ. by American Jewish Archives (American Jewish Archives, Bd. XL, No. 2), Cincinnati 1988.

Goldner, Franz: Die österreichische Emigration 1938–1945, Wien–München 1972.

Grossmann, Kurt R.: Emigration. Geschichte der Hitler-Flüchtlinge 1933–1945, Frankfurt a.M. 1969.

Haftmann, Werner: Verfemte Kunst. Bildende Künstler der inneren und äußeren Emigration in der Zeit des Nationalsozialismus, Köln 1986.

Halfmann, Horst: Bibliographien und Verlage der deutschsprachigen Exil-Literatur 1933 bis 1945, in: Beiträge zur Geschichte des Buchwesens, Bd. 4, Leipzig 1969, S. 189–294.

Hans, Jan: Literatur im Exil, in: Sozialgeschichte der deutschen Literatur von 1918 bis zur Gegenwart, hrsg. von Jan Berg u.a., Frankfurt a.M. 1981, S. 419 ff.

Heilbut, Anthony: Kultur ohne Heimat. Deutsche Emigranten in den USA nach 1930. Aus dem Amerikan. vom J. Schust, Weinheim–Berlin 1987.

Horak, Jan-Christopher: Fluchtpunkt Hollywood. Eine Dokumentation zur Filmemigration nach 1933, 2. Aufl., Münster 1986.

Huß-Michel, Angela: Literarische und politische Zeitschriften des Exils 1933–1945, Stuttgart 1987.

Innen-Leben. Ansichten aus dem Exil. Ein Berliner Symposium, hrsg. von Hermann Haarmann, Berlin 1995.

The Intellectual Migration. Europe and America, 1930–1960, ed. by Donald Fleming and Bernard Bailyn, Cambridge, Mass. 1969.

Interbellum und Exil, hrsg. von Sjaak Onderdelinden, Amsterdam 1991.

Die „Jeckes" in Israel. Der Beitrag der deutschsprachigen Einwanderer zum Aufbau Israels, hrsg. von der Deutsch-Israelischen Gesellschaft, Arbeitsgemeinschaft Bonn, Bonn 1995.

Kantorowicz, Alfred: Politik und Literatur im Exil. Deutschsprachige Schriftsteller im Kampf gegen den Nationalsozialismus, Hamburg 1978.

Kent, Donald Peterson: The Refugee Intellectual. The Americanization of the Immigrants of 1933–1941, New York 1953.

Kreis, Gabriele: Frauen im Exil. Dichtung und Wirklichkeit, Düsseldorf 1984.

Kulturelle Wechselbeziehungen im Exil = Exile across cultures. Akten des vom 7.–10. März 1985 an der Staatsuniversität von New Hampshire stattgefundenen Symposiums über deutsche und österreichische Exilliteratur, hrsg. von Helmut F. Pfanner, Bonn 1986.

Die Künste und Wissenschaften im Exil 1933–1945, hrsg. von Edith Böhne u. Wolfgang Motzkau-Valeton, Gerlingen 1992.

Kunst und Literatur im antifaschistischen Exil 1933–1945. [Erarbeitet von der Akademie der Wissenschaften der DDR/Zentralinstitut für Literaturgeschichte u. der Akademie der Künste der DDR], 7 Bde., Leipzig 1979–1981; Frankfurt a.M. 1979–1981;
Bd. 1: Jarmatz, Klaus, u.a.: Exil in der UdSSR, 1979; 2., völlig neu bearb. u. erw. Aufl., verf. von Simone Barck u.a., 2 Bde., 1989;
Bd. 2: Mittenzwei, Werner: Exil in der Schweiz, 1979;
Bd. 3: Middell, Eike, u.a.: Exil in den USA. Mit e. Bericht „Schanghai, eine Emigration am Rande", 1980;
Bd. 4: Kießling, Wolfgang: Exil in Lateinamerika, 1981;

Bd. 5: Hoffmann, Ludwig, u. a.: Exil in der Tschechoslowakei, in Großbritannien, Skandinavien und in Palästina, 1981;

Bd. 6: Hermsdorf, Klaus: Exil in den Niederlanden und in Spanien, 1981;

Bd. 7: Schiller, Dieter, u. a.: Exil in Frankreich, 1981.

Kwiet, Konrad, u. Helmut Eschwege: Selbstbehauptung und Widerstand. Deutsche Juden im Kampf um Existenz und Menschenwürde 1933–1945, 2. Aufl., Hamburg 1986.

Lacina, Evelyn: Emigration 1933–1945. Sozialhistorische Darstellung der deutschsprachigen Emigration und einiger ihrer Asylländer aufgrund ausgewählter zeitgenössischer Selbstzeugnisse, Stuttgart 1982.

Leben im Exil. Probleme der Integration deutscher Flüchtlinge im Ausland 1933–1945, hrsg. von Wolfgang Frühwald u. Wolfgang Schieder, Hamburg 1981.

The Legacy of the German Refugee Intellectuals, ed. by Robert Boyers (Salmagundi Magazine, No. 10/11, 1969/70), New York 1972.

Loewy, Ernst: Zwischen den Stühlen. Essays und Autobiographisches aus 50 Jahren. Mit einem Nachwort u. Anmerkungen von Felix Schneider, Hamburg 1995.

Lustiger, Arno: Zum Kampf auf Leben und Tod! Das Buch vom Widerstand der Juden 1933–1945, Köln 1994.

Maas, Lieselotte: Die Zeitungen des deutschen Exils in Europa von 1933 bis 1939 in Einzeldarstellungen (= Maas, Lieselotte: Handbuch der deutschen Exilpresse, Bd. 4), München–Wien 1990.

Marrus, Michael R.: The Unwanted. European Refugees in the Twentieth Century, New York 1985.

Mertz, Peter: Und das wurde nicht ihr Staat. Erfahrungen emigrierter Schriftsteller mit Westdeutschland, München 1985.

The Muses Flee Hitler. Cultural Transfer and Adaption 1930–1945, ed. by Jarrell C. Jackman and Carla M. Borden, Washington, D.C. 1983.

Musik im Exil. Folgen des Nazismus für die internationale Musikkultur, hrsg. von Hanns-Werner Heister, Claudia Maurer Zenck u. Peter Petersen, Frankfurt a. M. 1993.

Musik in der Emigration 1933–1945. Verfolgung, Vertreibung, Rückwirkung. Symposium Essen, 10. bis 13. Juni 1992, hrsg. von Horst Weber, Stuttgart–Weimar 1994.

Musiktradition im Exil. Zurück aus dem Vergessen, hrsg. von Juan Allende-Blin, Köln 1993.

Palmier, Jean-Michel: Weimar en exil. Le destin de l'émigration intellectuelle allemande antinazie en Europe et aux États-Unis, Teil 1 u. 2, Paris 1988.

Pass, Walter, u. a.: Orpheus im Exil. Die Vertreibung der österreichischen Musik 1938–1945, Wien 1995.

Presse im Exil. Beiträge zur Kommunikationsgeschichte des deutschen Exils 1933–1945, hrsg. von Hanno Hardt u. a., München u. a. 1979.

Protest, form, tradition. Essays on German exile literature, ed. by Joseph P. Strelka u. a., Alabama 1979.

Realismuskonzeptionen der Exilliteratur zwischen 1935 und 1940/41. Tagung der Hamburger Arbeitsstelle für Deutsche Exilliteratur 1986, hrsg. von Edita Koch u. Frithjof Trapp, Maintal 1987.

Die Resonanz des Exils. Gelungene und mißlungene Rezeption deutschsprachiger Exilautoren, hrsg. von Dieter Sevin, Amsterdam–Atlanta, Georgia 1992.

Rotermund, Erwin: Deutsche Literatur im Exil 1933–1945, in: Geschichte der deutschen Literatur vom 18. Jahrhundert bis zur Gegenwart, hrsg. von Viktor Žmegač, Bd. 3.1, Königstein i. Ts. 1984, S. 186 ff.

Rückkehr aus dem Exil. Emigranten aus dem Dritten Reich in Deutschland nach 1945. Essays zu Ehren von Ernst Loewy, hrsg. von Thomas Koebner u. Erwin Rotermund, Marburg–München 1990.

Rückkehr und Aufbau nach 1945. Deutsche Remigranten im öffentlichen Leben Nachkriegsdeutschlands, hrsg. von Claus-Dieter Krohn u. Patrick von zur Mühlen, Marburg 1997.

Schiller, Dieter: „... von Grund auf anders". Programmatik der Literatur im antifaschistischen Kampf während der dreißiger Jahre, Berlin 1974.

Schreiben im Exil. Zur Ästhetik der deutschen Exilliteratur 1933–1945, hrsg. von Alexander Stephan u. Hans Wagener, Bonn 1985.

Schulen im Exil. Die verdrängte Pädagogik nach 1933, hrsg. von Hildegard Feidel-Mertz, Reinbek 1983.

Eine schwierige Heimkehr. Österreichische Literatur im Exil 1938–1945, hrsg. von Johann Holzner, Sigurd Paul Scheichl u. Wolfgang Wiesmüller, Innsbruck 1991.

Ein sehr trübes Kapitel? Hitlerflüchtlinge im nordeuropäischen Exil 1933–1950, hrsg. von Einhart Lorenz, Klaus Misgeld, Helmut Müssener u. Hans Petersen, Hamburg 1998.

Stephan, Alexander: Die deutsche Exilliteratur 1933–1945. Eine Einführung, München 1979.

Stern, Guy: Literatur im Exil. Gesammelte Aufsätze 1959–1989, Ismaning 1989.

Stern, Guy: Literarische Kultur im Exil. Gesammelte Beiträge zur Exilforschung = Literature and culture in exile. Collected essays on the German-speaking emigration after 1933 (1989–1997), Dresden 1998.

Stompor, Stephan: Künstler im Exil. In Oper, Konzert, Operette, Tanztheater, Schauspiel, Kabarett, Rundfunk, Film, Musik- und Theaterwissenschaft sowie Ausbildung in 62 Ländern, Teil 1 u. 2, Frankfurt a. M. u. a. 1994.

Strauss, Herbert A.: Essays on the history, persecution, and emigration of German Jews, München u. a. 1987.

Strelka, Joseph P.: Exilliteratur. Grundprobleme der Theorie. Aspekte der Geschichte und Kritik, Bern u. a. 1983.

Taylor, John Russell: Fremde im Paradies. Emigranten in Hollywood 1933–1950. Aus dem Engl. von Wilfried Sczepan, Berlin 1984; Taschenbuchausg. München 1994.

Theater im Exil 1933–1945. Ein Symposium der Akademie der Künste, hrsg. von Lothar Schirmer, Berlin 1979.

Trapp, Frithjof: Literatur im Exil, Bern u. a. 1983.

Tutas, Herbert E.: Nationalsozialismus und Exil. Die Politik des Dritten Reiches gegenüber der deutschen politischen Emigration 1933–1939, München–Wien 1975.

Um uns die Fremde. Die Vertreibung des Geistes 1933–1945. Mit Beiträgen von Theodor W. Adorno, Fritz Bauer, Ernst Bloch u. a., hrsg. vom Sender Freies Berlin, Berlin 1968.

Verboten und verbrannt. Deutsche Literatur 12 Jahre unterdrückt, hrsg. von Richard Drews u. Alfred Kantorowicz, Berlin-München 1947; Neuaufl., München 1983.

Verfemte Musik. Komponisten in den Diktaturen unseres Jahrhunderts, hrsg. von Joachim Braun u. a., 2., korr. Aufl., Frankfurt a. M. u. a. 1997.

Vertreibung und Exil. Lebensformen, Lebenserfahrungen, hrsg. von Theo Stammen, München–Zürich 1987.

Vertriebene Vernunft. Emigration und Exil österreichischer Wissenschaft, hrsg. von Friedrich Stadler, 2 Bde., Wien–München 1987–1988.

Vor fünfzig Jahren. Emigration und Immigration von Wissenschaft. 21. Symposium der Gesellschaft für Wissenschaftsgeschichte 12.–14. Mai 1983 in Wolfenbüttel, Weinheim 1984.

Wächter, Hans-Christof: Theater im Exil. Sozialgeschichte des deutschen Exiltheaters 1933–1945, München 1973.

Walter, Hans-Albert: Deutsche Exilliteratur 1933–1950, Bd. 2: Europäisches Appeasement und überseeische Asylpraxis, Stuttgart 1984; Bd. 3: Internierung, Flucht und Lebensbedingungen im Zweiten Weltkrieg, Stuttgart 1988; Bd. 4: Exilpresse, Stuttgart 1978.

Wegner, Matthias: Exil und Literatur. Deutsche Schriftsteller im Ausland 1933–1945, 2., durchges. u. erg. Aufl., Frankfurt a. M.–Bonn 1968.

Weiskopf, Franz Carl: Unter fremden Himmeln. Ein Abriß der deutschen Literatur im Exil 1933–1947, Berlin 1947; Neuausg., Berlin–Weimar 1981.

Wer schreibt, handelt. Strategien und Verfahren literarischer Arbeit vor und nach 1933, hrsg. von Silvia Schlenstedt, 2. Aufl., Berlin–Weimar 1986.

Wider den Faschismus. Exilliteratur als Geschichte. 17. Amherster Kolloquium zur deutschen Literatur, hrsg. von Sigrid Bauschinger u. Susan L. Cocalis, Tübingen–Basel 1993.

„Wir tragen den Zettelkasten mit den Steckbriefen unserer Freunde". Acta-Band zum Symposium „Beiträge jüdischer Autoren zur deutschen Literatur seit 1945" (Universität Osnabrück, 2.–5. 6. 1991), hrsg. von Jens Stüben u. Winfried Woesler in Zusammenarbeit mit Ernst Loewy, Darmstadt 1994.

Der Zweite Weltkrieg und die Exilanten. Eine literarische Antwort = World War II and the exiles. A literary response, hrsg. von Helmut F. Pfanner, Bonn 1991.

Periodika

Exil. Forschung, Erkenntnisse, Ergebnisse, hrsg. von Edita Koch, Maintal 1981 ff.

Exilforschung. Ein internationales Jahrbuch, hrsg. im Auftrag der Gesellschaft für Exilforschung von Claus-Dieter Krohn, Erwin Rotermund, Lutz Winckler u. Wulf Koepke, München 1983 ff.

FilmExil. Eine Publikation der Stiftung Deutsche Kinemathek, Berlin 1992 ff.

Nachrichtenbrief/Newsletter, hrsg. von der Society for Exile Studies/Gesellschaft für Exilforschung, Red. Ernst Loewy, Nr. 1–14, Frankfurt a. M. 1984–1991; Reprint mit zusätzlicher Nr. 15, 3 Bde., München u. a. 1995.

Neuer Nachrichtenbrief der Gesellschaft für Exilforschung, hrsg. im Auftrag der Gesellschaft für Exilforschung von Patrik von zur Mühlen, Bonn 1993 ff.

Abkürzungen

AAC	Academic Assistance Council	BNV	Bund Neues Vaterland
ABSiE	American Broadcasting Station in Europe	BO	Berliner Opposition
		BPRS	Bund proletarisch-revolutionärer Schriftsteller
ACIBA	Asociación Cultural Israelita de Buenos Aires	BRD	Bundesrepublik Deutschland
ADG	Auslandsvertretung der deutschen Gewerkschaften	CALPO	Comité Allemagne Libre pour l'Ouest
ADGB	Allgemeiner Deutscher Gewerkschaftsbund	CalTech	California Institute of Technology
		CBS	Columbia Broadcasting System
AEA	American Economic Association	CCA	Comité Contra el Antisemitismo
AEAR	Association des Ecrivains et Artistes Révolutionaires	CCJR	Canadian Committee for Jewish Refugees
AFL	American Federation of Labor	CDF	Comité de défense des juifs
AFLD	Allgemeine Freie Lehrergewerkschaft Deutschlands	CDG	Council for a Democratic Germany
		CDU	Christlich-Demokratische Union
AFSC	American Friends Service Committee	CEJC	Central European Joint Committee
AIA	Artists International Association	CFA	Committee for the Assistance of European Jewish Refugees
AJC	American Jewish Congress		
AJR	Association of Jewish Refugees from Germany and Austria	CFLN	Comité Français de la Libération Nationale
AJWS	Australian Jewish Welfare Society	CHILEHICEM	Hilfsverein für jüdische Einwanderer, Chile
ALÖS	Auslandsbüro der österreichischen Sozialdemokraten		
		CHU	Christelijk-Historische Unie
AMS	American Mathematical Society	CIA	Central Intelligence Agency
AR	Anti-Revolutionaire	CIAM	Congrès Internationaux d'Architecture Moderne
ARAM	Acción Republicana Austríaca de México		
		CIP	Congregação Israelita Paulista
ARI	Associação Religiosa Israelita	CISROCO	Comité Israelita de Socorros
AsD	Archiv der sozialen Demokratie, Bonn	CNCR	Canadian National Committee on Refugees
AVÖS	Auslandsvertretung der österreichischen Sozialisten		
		CNT	Confederación Nacional del Trabajo
AYA	Austrian Youth Association	COCIAC	Cooperativa de Créditos para la Industria, la Agricultura y el Comercio
BA/ZA	Bundesarchiv-Zwischenarchiv Dahlwitz-Hoppegarten		
		Commassis	Commissão Portuguesa de Assistência aos Judeus Refugiados
BAB	Bundesarchiv Berlin		
BAK	Bundesarchiv Koblenz	CRTF	Czech Refugee Trust Fund
BBC	British Broadcasting Corporation	ČSR	Tschechoslowakei
BDA	Bund Deutscher Architekten	CVP	Christliche Volkspartei, Saarland
BDO	Bund Deutscher Offiziere	DAD	Das Andere Deutschland/La Otra Alemania
BFD	Bewegung Freies Deutschland		
BHb	Biographisches Handbuch der deutschsprachigen Emigration nach 1933	DAF	Deutsche Arbeitsfront
		DAK	Deutsches Antifaschistisches Komitee zur Unterstützung der Sowjetunion

DB	Deutsche Bibliothek, Frankfurt a. M.	FÖJ	Freie Österreichische Jugend
DDP	Deutsche Demokratische Partei	FTPF	Franc-Tireurs et Partisans Français
DDR	Deutsche Demokratische Republik	GER	German Educational Reconstruction
DELASEM	Delegazione de Assistenza pro Emigranti e Profughi Ebrei	GAWA	German American Writers Association
DFG	Deutsche Forschungsgemeinschaft	GDL	Gesellschaft Deutscher Lichtbildner
DFG	Deutsche Friedensgesellschaft	Gedelit	Gesellschaft für deutsche Literatur
DFP	Deutsche Freiheitspartei	Gestapa	Geheimes Staatspolizeiamt
DGB	Deutscher Gewerkschaftsbund	Gestapo	Geheime Staatspolizei
Diss.	Dissertation	GEW	Gewerkschaft Erziehung und Wissenschaft
DLM	Deutsche Liga für Menschenrechte	GLD	German Labor Delegation
DMV	Deutscher Metallarbeiterverband	GPU	Gossudarstwennoje polititscheskoje uprawlenije
DNA	Det norske Arbeiderparti	GRP	Gruppe Revolutionärer Pazifisten
DNVP	Deutschnationale Volkspartei	GRU	Rote Armee, Aufklärungsapparat
DÖW	Dokumentationsarchiv des österreichischen Widerstandes, Wien	GS 1	Gustav Siegfried Eins
DPS	Demokratische Partei des Saarlandes	GTE	Groupements de travailleurs étrangers
DSAP	Deutsche Sozialdemokratische Arbeiterpartei, Tschechoslowakei	HIAS	Hebrew Sheltering and Immigrant Aid Society
DStP	Deutsche Staatspartei	HICEM	Hebrew Immigration Aid Society of America, Jewish Colonisation Association, Emigrationsdirektion
DVP	Deutsche Volkspartei	HOG	Hitachdut Olej Germania
EC	Emergency Committee in Aid of Displaced German/Foreign Scholars	HOGOA	Hitachdut Olej Germania we-Austria
EJAS	European Jewish Artist Society	HUAC	House Un-American Activities Committee
EKKI	Exekutivkomitee der Kommunistischen Internationale	IAS	Institute for Advanced Study, Princeton
ERC	Emergency Rescue Committee	IBSL	Internationales Berufssekretariat der Lehrer
FAL	Federación de Austríacos Libres	ICA	Jewish Colonization Association
FAM	Free Austrian Movement	IEB	International Education Board
FAUD	Freie Arbeiter-Union Deutschlands	IFFF	Internationale Frauenliga für Frieden und Freiheit
FAWM	Free Austrian World Movement	IfZ	Institut für Zeitgeschichte, München
FBI	Federal Bureau of Investigation	IGB	Internationaler Gewerkschaftsbund
FD	Freies Deutschland	IGC	Intergovernmental Committee on Refugees
FDB	Frei-Deutschland-Bewegung	IISG	Internationaal Instituut voor Sociale Geschiedenis, Amsterdam
FDB	Freie Deutsche Bühne	IIT	Illinois Institute of Technology, Chicago
FDJ	Freie Deutsche Jugend	IML	Institut für Marxismus-Leninismus beim ZK der SED
FDK	Freier Deutscher Klub	IOME	Irgun Olej Merkas Europa
FDK	Friedensbund Deutscher Katholiken	IRH	Internationale Rote Hilfe
FDKB	Freier Deutscher Kulturbund	IRK	Internationales Rotes Kreuz
FDKBGB	Freier Deutscher Kulturbund in Großbritannien	ISH	International Seamen and Harbour Workers
FDKBS	Freier Deutscher Kulturbund in Schweden		
FDP	Freie Demokratische Partei		
FFI	Forces Françaises de l'Intérieur		
FFL	Forces Françaises Libres		
FIAI	Internationale Vereinigung der Lehrerverbände		
FKB	Freier deutscher Künstlerbund, ab 1938 Freier Künstlerbund		
FNL	Front National de la Libération		

ISK	Internationaler Sozialistischer Kampfbund	MASCH	Marxistische Arbeiterschule
ITF	Internationale Transportarbeiter-Föderation	MGH	Monumenta Germaniae Historica
		MIT	Massachusetts Institute of Technology, Cambridge, Massachusetts
IVRS	Internationale Vereinigung Revolutionärer Schriftsteller	MLS	Mouvement pour la Libération de la Sarre
IWK	Internationale Wissenschaftliche Korrespondenz zur Geschichte der deutschen Arbeiterbewegung	MOI	Main d'Œuvre Immigrée
		MP-Apparat	Nachrichtenapparat der KPD
		MPI	Max-Planck-Institut
JKG	Jüdische Kulturgemeinschaft	Ms.	Manuskript
JA	Jewish Agency for Palestine	MUR	Mouvements unis de la Résistance
JDC, Joint	American Jewish Joint Distribution Committee	N.C.I.	Nueva Congregación Israelita
		NBC	National Broadcasting Corporation
JLC	Jewish Labor Committee	NDW	Notgemeinschaft Deutscher Wissenschaftler im Ausland
Joint, JDC	American Jewish Joint Distribution Committee	NKFD	Nationalkomitee „Freies Deutschland"
KJV, KJVD	Kommunistischer Jugendverband (Deutschlands)	NKWD	Narodnij Kommissariat Wnutrennich Djel
Komintern	Kommunistische Internationale		
KP	Kommunistische Partei	Nl.	Nachlaß
KPČ	Kommunistische Partei der Tschechoslowakei	NNV	Niederländischer Gewerkschafts-Kongreß
KPD	Kommunistische Partei Deutschlands	NSB	Nationaal-Socialistische Beweging
		NSDAP	Nationalsozialistische Deutsche Arbeiterpartei
KPD/S	Kommunistische Partei des Saarlands	NSDAP-AO	NSDAP-Auslandsorganisation
KPdSU	Kommunistische Partei der Sowjetunion	NVA	Nationale Volksarmee
		NVZ	Neue Volkszeitung
KPF	Kommunistische Partei Frankreichs	NWDR	Nordwestdeutscher Rundfunk
KPI	Kommunistische Partei Italiens	NZ	New Zealand
KPO	Kommunistische Partei Deutschlands/Opposition	ÖFF	Österreichische Freiheitsfront
		ÖVP	Österreichische Volkspartei
KPÖ	Kommunistische Partei Österreichs	OFRO	Office of Foreign Relief and Rehabilitation Operations
KUNMZ	Kommunistische Universität der nationalen Minderheiten des Westens	Org.	Organisation, auch Leninistische Organisation, später Neu Beginnen
KWG	Kaiser-Wilhelm-Gesellschaft		
KWI	Kaiser-Wilhelm-Institut	OSE	Œuvre de Secours aux Enfants
KZ	Konzentrationslager	OSS	Office of Strategic Services
LAKFD	Lateinamerikanisches Komitee der Freien Deutschen	OWI	Office of War Information
		POUM	Partido Obrero de la Unificación Marxista
LB	London Bureau of the Austrian Socialists in Great Britain	PPE	Sammlung Pädagogisch-Politische Emigration, Frankfurt a.M.
LCA	Liga Pro-Cultura Alemana		
LDPD	Liberaldemokratische Partei Deutschlands	PRO	Public Record Office, London
		PV	Parteivorstand
LDV	Liberal-Demokratische Vereinigung der Deutschen in der Schweiz	PVDE	Policia de Vigilancia e da Defensa do Estado
LIFA	Librairie Franco-Allemande	PWE	Political Warfare Executive
MNS	Movimiento Nacionalsocialista de Chile	RF	Rockefeller Foundation
		RGO	Revolutionäre Gewerkschafts-Opposition
MA	Magisterarbeit		

RIBA	Royal Institute of British Architecture	SMAD	Sowjetische Militäradministration
RKSP	Rooms-Katholieke Staatspartij	SNI	Syndicat National des Instituteurs
RS	Revolutionäre Sozialisten	SOCOBO	Sociedad Colonizadora Boliviana
RSD	Revolutionäre Sozialisten Deutschlands	SOPADE	Sozialdemokratische Partei Deutschlands, Exilvorstand
RSHA	Reichssicherheitshauptamt	SPD	Sozialdemokratische Partei Deutschlands
RSÖ	Revolutionäre Sozialisten Österreichs	SPÖ	Sozialdemokratische Partei Österreichs
S.A.	South Africa(n)	SPS	Sozialdemokratische Partei des Saarlands
SA	Sturmabteilung der NSDAP		
SACRA	Shanghai Ashkenazi Collaborating Relief Association	SPSL	Society for the Protection of Science and Learning
SAI	Sozialistische Arbeiter-Internationale	SPSSI	Society for the Psychological Study of Social Issues
SAJ	Sozialistische Arbeiterjugend		
SAPD, SAP	Sozialistische Arbeiterpartei Deutschlands	SS	Schutzstaffel der NSDAP
		SUNY	State University of New York
SAPMO	Stiftung Archiv der Parteien und Massenorganisationen der DDR im Bundesarchiv, Berlin	TA	Travail (Anti-)Allemand
		TASS	Telegrafnoje Agenstwo Sowjetskowo Sojusa
SAUJUS	South African Union of Jewish Studies	TH	Technische Hochschule
		TU	Technische Universität
SBZ	Sowjetische Besatzungszone	TUC	Trade Union Council
SD	Sicherheitsdienst des Reichsführers-SS	UKV	Unabhängige Kulturvereinigung
		Union	Union deutscher sozialistischer Organisationen in Großbritannien
SDAP	Sozialdemokratische Arbeiterpartei Österreichs		
SDS	Schutzverband deutscher Schriftsteller	UNO	United Nations Organization
		USC	Unitarian Service Committee
SDU	Samarbetskommittén för Demokratiskt uppbyggnadsarbete (Komitee für demokratischen Aufbau)	VSIA	Verband Schweizerischer Israelitischer Armenpflegen
		VSJF	Verband Schweizerischer Jüdischer Fürsorgen
SED	Sozialistische Einheitspartei Deutschlands		
		WAKO	Waffenstillstandskommission
SHIP	Student Holocaust Interviewing Projekt	WIZO	Women's International Zionist Organization
SIAR	Service international d'aide aux réfugiés	WRB	War Refugee Board
		WS	Wintersemester
SIBRA	Sociedade Israelita Brasileira de Cultura e Beneficência	YMCA	Young Men's Christian Association
SIG	Schweizerischer Israelitischer Gemeindebund	ZETOS	Jewish Coordination Committee
		ZK	Zentralkomitee
SJVO	Savez Jevrejskih Veroispovednih Opština (Bund der jüdischen Glaubensgemeinschaften)	ZPa	Zentrales Parteiarchiv (SAPMO)
		ZVE	Zentralvereinigung der deutschen Emigration

Personenregister

(Nicht aufgenommen sind die Namen der Sekundärliteratur.)

Abegg, Wilhelm 382, 563
Abendroth, Wolfgang 1203
Abraham, Paul 1041
Abramowitsch, Ruth 1105, 1107f.
Abt, Harry 409
Abusch, Alexander 312f., 369, 1063, 1069, 1136
Ackerman, Nathan 865
Ackermann, Anton 495, 501, 632
Ackermann, Manfred 522, 525
Adler, Alfred (Psychoanalytiker) 723
Adler, Alfred (Romanist) 889
Adler, Bruno 412, 1091
Adler, Friedrich 520, 522f., 525, 667, 670
Adler, H. G. 263
Adler, Jankel 934
Adler, Kurt 1036
Adler, Max 896
Adler-Rudel, Salomon 1218
Adorno, Theodor W. 31, 36, 744, 792, 806, 808–810, 897f., 1045, 1150
Aguirre Cerda, Pedro 194
Ahrends, Bruno 696
Albers, Anni 934
Albers, Josef 699, 723, 933f., 978
Albert, Peter 528, 532
Albrecht, Karl 176
Aleksandar (serbischer König) 279
Aleman, Ernesto F. 94, 146, 153
Alewyn, Richard 123, 736, 740
Alexander, Curt 958, 961, 963
Alexander, Edgar, s. Emmerich, Axel
Alexander, James W. 779
Allende, Salvador 201f.
Allers, Rudolf 723
Allessandri, Arturo 193
Allina, Heinrich 524, 532, 664f.
Alsberg, Max 873
Altschul, Eugen 908
Améry, Jean (früher Hans Mayer) 168
Amir, Jehoshua 792
Anders, Günther 1025, 1030, 1056
Andersen-Nexö, Martin 1003
Anderson, Herbert 831
André, Etkar 610
Andrejew, Andrej 959
Andrian-Werburg, Leopold 187, 532, 662, 1055
Anhegger, Robert 887

Anschütz, Gerhard 873
Anselm, Ruth 1106f.
Anstock, Heinz 887
Apel, Willi 1040
Apfel, Alfred 575
Appel, Carl 889
Arbatova, Mia 1108
Arbus, Diane 979
Arcand, Adrien 286
Archipenko, Alexander 934
Archipova, Valentina 1107f.
Arendt, Erich 300, 396, 1019, 1025–1027
Arendt, Hannah 105, 459, 461, 792, 801f., 841, 844, 979
Argelander, Annelies 723
Arian, Enzo 181
Arma, Paul (früher Imre Weisshaus) 1037
Arnau, Frank 187f., 397
Arndt, Fritz 719
Arndt, Jacques 150
Arnheim, Rudolf 276, 860, 958
Arno, Bruno 1108, 1111
Arno, Siegfried 958, 966
Arnold, Arthur (Pseud. Arthur Müller) 477
Arnon, Yehudit 1110
Arntz, Gerd 931
Aronson, Alex 273
Arp, Hans 934
Arroyo del Río, Carlos 210
Artin, Emil 773, 779
Ascher, Leo 1041
Askin, Leon 958
Asriel, Andre 1038
Aster, Ernst von 431, 723, 792, 796, 799
Astfalck, Eleonore 95
Astor, Bobby (bis 1928 Heinz Alfred Stern) 211
Atatürk, Mustafa Kemal 426, 685, 694, 698, 886
Auerbach, Charlotte 708
Auerbach, Ellen 979
Auerbach, Erich (Romanist) 742, 884, 887, 890, 892, 975
Auerbach, Erich (Fotograf) 975
Auerbach, Franz 408f.
Auerbach, Walter 327, 589
Auernheimer, Raoul 1056
Aufhäuser, Siegfried 477, 481, 486, 509, 513, 544
Aufricht, Ernst Josef 1095
Augenfeld, Felix 696
Augspurg, Anita 376, 571

Personenregister

Augustin, Elisabeth 329
Ausch, Karl 672
Austria, Maria 977
Avenary, Hanoch (früher Herbert Loewenstein) 1038
Ávilamacho, Miguel 1138
Avni, Zvi 1042

Baade, Fritz 431, 906
Bach, Josef 1038
Bach, Susanne, geb. Eisenberg 884
Back, Kurt W. 899
Baecher, Stefan 432
Baender, Paul 181
Baer, Gertrude 572
Baer, Reinhold 773, 779f.
Baerensprung, Horst W. 338, 360, 486
Baerwald, Alexander 693
Baerwald, Friedrich 554
Bäuml, Franz 737
Bagier, Wolfgang 959
Baier, Kurt E. 793, 818
Bakalinska, Katja 1106, 1108
Balan, Benno 1033
Bálasz, Béla 958, 1038
Balden, Theo 931, 933f.
Baldomir, Alfredo 439–441
Baldwin, Stanley 83
Balk, Theodor 369, 1132
Baller, Adolph 1038
Ballin, Günther 152
Bamberger, Fritz 792, 794
Bamberger, Rudolf 309
Baran, Paul A. 909, 916
Barbakoff, Tatjana 1107–1109
Bargheer, Eduard 933
Barker, Roger 862
Baron, Hans 750, 758
Barros Basto, Artur de 363
Barschall, Henry 832, 834
Barta, Franz 318f.
Bartenieff, Irmgard 1106f.
Barth, Karl 382, 552
Barth, Max 574f., 578
Bartók, Béla 1034, 1038, 1040
Bartsch, Karl 889
Baschwitz, Kurt 328
Bassermann, Albert 419, 958, 966, 1112
Batlle y Ordóñez, José 437
Batuhan, Hüseyin 799
Bauer, Alfredo 158
Bauer, Otto 484, 519, 522f., 667f., 672, 1054, 1191
Bauer, Robert 1097
Bauer, Walter 294
Bauer-Mengelberg, Käthe 897, 910
Baum, Georg 180
Baum, Vicki 329, 1051, 1057, 1077, 1125
Baumeister, Willi 932

Baumgarten, Arthur 878
Bayer, Herbert 935, 976, 978
Bayer, Irene 980
Beard, Charles 754
Becher, Johannes R. 40, 43, 228f., 385–387, 419, 723, 927, 952, 985, 999, 1005, 1023f., 1029, 1078, 1100, 1132f., 1136, 1146, 1211
Becher, Ulrich 187f., 1056
Beck, Julian 1119
Becker, Maria 1115
Beckmann, Hannes 423
Beckmann, Max 327, 927, 932, 935, 937
Bederkhan, Leila 1107
Beer, Fritz 263
Beer-Hofmann, Richard 1050, 1056
Beese, Lotte 977
Behm, Ernst 592
Behrend, Felix 723
Behrend, Walter Kurt 700
Beimler, Hans 39, 599, 610
Bein, Alexander 753, 758f.
Bekker, Paul 1070
Belafonte, Harry 1119
Beling, Walter 240
Bellmer, Hans 230, 927
Ben-Haim, Paul (früher Paul Frankenburger) 1038
Benatzky, Ralph 1041
Bendix, Reinhard 899
Beneš, Edvard 260, 412, 414, 416
Benedikt, Friedl (Pseud. Anna Sebastian) 264
Benesch, Otto 762
Benjamin, Walter 106, 229, 231, 397–399, 744f., 792, 806, 928, 941, 943, 1017, 1079, 1131, 1150
Benn, Gottfried 1014, 1078
Bentley, Arthur F. 802
Benton, José Antonio, s. Elsas, Hans
Bentwich, Norman 271
Berczeller, Richard 1056
Berendsohn, Walter A. 374, 571, 579, 736, 1003, 1197f.
Berg, Jimmy (früher Simson Weinberg) 1033
Bergammer, Friedrich 1056
Bergel, Alice 884, 888
Berger, Ludwig 957, 963
Bergeest, Karl 1105
Bergmann, Ernst D. 716f.
Bergmann, Gustav 775, 778, 815f., 818, 900
Bergmann, Karl Hans 381
Bergmann, Max 716, 718
Bergner, Elisabeth 957f., 961, 969, 1112
Bergstein, Lea 1110
Bergstraesser, Arnold 842, 897f.
Bergsträsser, Ludwig 749, 755
Berliner, Cora 910
Bermann-Fischer, Gottfried 36, 1051, 1134f., 1139
Bermann-Höllriegel, Richard 958, 960
Bernfeld, Siegfried 723, 731
Bernhard, Georg 227, 562f., 567, 600, 642, 928, 1066, 1070

Bernhardt, Kurt 957, 961
Bernheim, Alfred 979
Bernheimer (Familie) 111
Bernstein, Felix 772, 774f., 779
Bert, E., s. Kaufmann, Albert
Bertz, Paul 381
Bertzky, Heinrich 153
Besnyö, Eva 977
Bethe, Hans 832, 834
Bettelheim, Bruno 88, 865
Bettmann, Otto 978
Beveridge, William 684, 796
Bickermann, Elias 759
Bieber, Konrad F. 886, 892
Bieberbach, Ludwig 776
Bihalji-Merin, Oto 280
Billinger, Karl 1132
Bing, Ilse 973f.
Bing, Rudolf 1033
Birkhoff, Garrett 779
Birkhoff, George David 777
Birnbaum, Uriel 329
Biro, Lajos 958
Bischofswerder, Felix, s. Werder, Felix
Bismarck, Otto von 748f., 757
Blair, Frederick Charles 287
Blanke, Henry 966, 969
Blau, Peter M. 899
Blaukopf, Kurt 537, 1040
Blech, Leo 1037
Blei, Franz 396, 1050, 1056
Blenkle, Konrad 381
Bleuler, Eugen 853
Bloch, Ernst 38, 314, 419, 663, 744f., 792, 794, 801, 1016, 1028, 1079, 1130, 1139
Bloch, Felix 832, 834
Bloch, Konrad 717
Bloch, Kurt 338
Blochmann, Elisabeth 723
Block, Fritz 700
Blond, Elaine 83
Blücher, Heinrich 422
Blum, Klara 1055
Blum, Léon 34, 214, 219, 222
Blume, Bernhard 737, 741
Blumenfeld, Erwin 974, 977, 979
Blumenfeld, Kurt 1218
Blumenfeld, Walter 858
Blumenthal, Ferdinand 422
Blumenthal, Otto 772
Blumenthal, Siegfried 352
Blumenthal, W. Michael 344, 462
Bock, Max 309, 545
Bode, Rudolf 1104
Bodenheimer, Max 1218
Bodenstein, Dietrich 711
Bodenwieser, Gertrud 1106–1108

Böchel, Karl 477, 481, 509, 513
Böckler, Hans 549
Böckmann, Paul 741
Bögler, Franz 481
Böhme, Fritz 1104
Boeninger, Helmut 737
Bogen, Erich 382
Bohle, Ernst Wilhelm 403
Bohn, Willi 381
Bohr, Harald 774
Bohr, Niels 206, 826
Bois, Curt 958, 966, 969, 1112
Bolgar, Hedda 864
Boltzmann, Ludwig 815
Bomart, R., s. Rodenstein, Heinrich
Bondy, Curt 723, 732, 865
Bondy, Max 96, 723
Bonn, Moritz Julius 571
Bonwit, Marianne 737
Borchardt, Hermann 1134
Borgese, G. Antonio 329
Borinski, Fritz 589f., 723
Bork, Otto 1132
Borkenau, Franz 841
Born, Max 31, 265, 273, 827, 832, 834
Bosch, Clemens 755
Boscovich, Alexander Uriah 1042
Botka, Lola 1105
Braak, Menno ter 39, 330
Bracey, Bertha 577, 589
Brahm, Hans 957
Brainin, Fritz 1056
Bramstedt, Ernest 753
Brand, Max 1045
Brando, Marlon 1119
Brandt, Willy 324, 334f., 373–375, 488, 512, 592, 647, 1159, 1166, 1199, 1211
Bratu, Artur Egon 585
Brauer, Alfred 775, 778
Brauer, Max 338, 599, 1165f.
Brauer, Richard 778f.
Braumann, Max 366
Braun, Alfred 1033
Braun, Felix 1052, 1056
Braun, Heinz 1175
Braun, Max 51, 222f., 225, 482, 598–601, 640
Braun, Otto 376, 378, 382, 555, 654, 1211
Braun-Vogelstein, Julie 1216
Brauner, Leo 711f.
Braunthal, Alfred 906
Braunthal, Julius 524
Brecher, Gustav 1042
Brecht, Arnold 840f.
Brecht, Bertolt 31, 35–41, 43, 207, 369, 386, 419f., 461, 486, 744f., 927, 941–944, 947–949, 951–954, 963, 967, 985, 1002f., 1005, 1016f., 1019, 1021, 1025, 1027f., 1042, 1050, 1068f., 1075, 1078f., 1095, 1114f., 1120,

1123, 1125, 1128, 1131, 1133, 1137, 1139, 1146, 1149, 1211, 1216
Bredel, Willi 35, 39, 43, 229, 385, 386, 419, 926, 985, 987, 999, 1012, 1069, 1123, 1129, 1132f.
Brehm, Eugen Max 260, 574, 578, 579f.
Brehm, Katja 260, 578
Breitenbach, Josef 973f., 979
Breitenfeld, Walter 532
Breitner, Hugo 525, 672f.
Breitscheid, Rudolf 56, 236, 380, 482, 599f.
Brentano, Bernard von 378, 1130
Breslauer, Marianne 976
Breslauer, Rudolf Werner 976
Bressart, Felix 958
Bresslau, Ernst Ludwig 187, 710
Bresslau-Hoff, Louise 188
Breuer, Leo 230
Breuer, Marcel 696, 700, 934
Breuer, Robert 138, 1127
Brickwedde, Ferdinand G. 831
Briefs, Götz 554, 897
Brieger, Peter 293
Brill, Hermann 605
Brill, Marthe 188
Brinitzer, Carl 1090f.
Broch, Hermann 31, 740, 1025, 1052, 1056–1058, 1077f., 1081, 1146
Brod, Max 420, 1055
Brody, Ilonka 1108
Bronnen, Arnold 1078
Bronner, Gerhard 1040, 1055
Brost, Erich 360
Brouckère, Louis de 169
Browne, Martha S. 910
Bruck, Elsbeth 260, 578f.
Bruckner, Ferdinand 150, 230, 314, 420, 942f., 947–950, 953, 1000, 1005, 1050f., 1056f., 1115, 1139
Brügel, Fritz 1054
Brün, Herbert 1037
Brüning, Heinrich 51, 554, 598, 1214
Brugger, Ilse 152
Brunner-Lehenstein, Karl Heinrich 694, 699
Brunswik, Egon 816, 819, 863f.
Bruse, Hermann 931
Bry, Curt 1114
Buber, Martin 35, 792, 794, 896, 1055
Buber-Neumann, Margarete 498
Buck, Eva 887
Budzislawski, Hermann 486, 1065, 1070, 1129
Bühler, Charlotte 723, 858–860, 863f.
Bühler, Karl 816, 858, 860, 863
Bürckel, Josef 9, 239
Bukofzer, Manfred 1040
Bulova, Ernst 95
Bulova, Ilse 95
Bunke, Erich 153
Burchardt, Frank A. (früher Fritz) 589, 907, 918

Burger, Hanus 1094, 1096
Burian, Emil František 420
Burkart, Rosemarie 887
Burks, Barbara 859f.
Burmeister, Werner 589
Burschell, Friedrich 263
Busch, Adolf 327
Busch, Ernst 173, 609, 1035, 1045, 1100, 1112, 1120
Busch, Fritz 149, 264, 327, 1039
Busch, Germán 175, 177f.
Bush, Alan 1001
Buttinger, Joseph 522f., 525, 667

Caemmerer, Hanna von 770
Campendonk, Heinrich 327
Canetti, Elias 35, 263, 529, 1052, 1056, 1078
Capa, Robert (d.i. André Friedmann) 612, 973f., 977
Čapek, Karel 420
Cárdenas, Lázaro 312, 699
Carnap, Rudolf 792, 800, 813–817, 821
Caro, Herbert Moritz 189
Caro, Kurt 1070
Carpeaux, Otto-Maria (früher Otto-Maria Karpfen) 189f.
Carsten, Francis L. 752
Caspari, Ernst 708
Casparius, Hans 976
Cassirer, Ernst 31, 374, 792, 801
Celan, Paul 1030
Cerný, Josef 416
Cetto, Max 693, 699
Chain, Ernst Boris 265, 717
Charell, Erik 957
Chargaff, Erwin 717
Chason, Bela 1108
Chautemps, Camille 215
Chermayeff, Serge 696
Chiang Kai-shek 336f.
Chim (später David Seymor) 977f.
Churchill, Winston 329, 463, 664
Clara, Max 429
Claus, Rudolf 599
Cohen, Fritz Alexander 1105
Cohen, Robert S. 817
Coheno, Fritz A. 1107
Cohn, Chaim 356
Cohn, Dorrit 737
Cohn, Jonas 723
Cohn, Ruth 864
Colijn, Hendrik 322
Colm, Gerhard 462, 907, 912, 916, 918
Colpet, Max (Pseud. Max Kolpe) 958
Comeriner, Erich 979
Coolemanns, Fred 1105, 1107
Coppola, Horacio 150
Cordan, Wolfgang 330
Cosack, Harald 755
Coser, Lewis A. 899, 901

Coudenhove-Kalergi, Richard 364, 398, 531, 539
Coughlin, Charles E. 453
Courant, Curt 958, 962, 965
Courant, Richard 774 f., 777 f.
Crane, Ralph 978
Crilla, Hedy (früher Hedwig Schlichter) 150
Cripps, Stafford 524
Croner, Fritz 374
Crummenerl, Siegmund 477 f.
Csokor, Franz Theodor 283, 532, 662, 948 f., 1050 f., 1055 f.
Cube, Irmgard von 958
Cunz, Dieter 737, 741
Curtis, Tony 1119
Czernetz, Karl 259, 523, 668–670
Czernin, Ferdinand 530, 534
Czinner, Paul 957
Czobel, Lisa 1107, 1111

D'Ora, Madame (d.i. Dora Philippine Kallmus) 973–975
Dahlem, Franz 237, 418, 494 f., 498, 600, 1183
Daladier, Édouard 217, 232 f.
Damerau, Curt 153
Dammert, Lilo 958
Damus, Walter 146
Danegger, Mathilde 1115
Danelius, Dittmar 137
Dang, Alfred 95, 146
Daniel, Henri 973
Dannecker, Theodor 238
Darlan, François 137
Darling, Malcolm 274
Darvas, Lily 958
Dauber, Doris 157
Däubler, Theodor 1050
David, Hans Walter 1035
David, Martin 328
Debye, Peter 830, 834
Decker, Georg, s. Denicke, Georg
Degrelle, Léon 169
Dehn, Max 772, 775
Delakova, Katja 1107
Delmer, Sefton 1092
Dembitzer, Salomon 329
Demetz, Peter 737, 741 f.
Demus, Otto 762
Demuth, Fritz 562, 564
Denby, Edwin 1107, 1109
Dengel, Philipp 386, 599 f.
Denicke, Georg (früher Georg Decker) 600, 723
Dessau, Paul 1038, 1043, 1045
Dessauer, Friedrich 431, 554, 571 f.
Dessauer, Marie 910
Deter, Adolf 547
Deutsch, Albert 849
Deutsch, Ernst 419, 958, 1112, 1118, 1120
Deutsch, Julius 511, 522, 525, 537 f., 613, 671, 1190
Deutsch, Karl W. 840, 843, 899 f.

Deutsch, Leo 1005
Deutsch, Marie 673
Deutsch, Max 1037
Deutsch, Otto Erich 1040
Dewey, John 731, 796, 802, 818
Diamant, Max 312, 364
Diaz, José Ramos 630
Dichter, Ernest 900
Didelot, Klaus 1105
Dieckmann, Herbert 884, 887, 890 f.
Dieckmann, Liselotte 737, 887, 890 f.
Dies, Martin 453
Dieterle, William 958, 968 f.
Dietrich, Georg 477, 487, 758
Dietrich, Marlene 926, 965
Díez de Medina, Eduardo 177
Diez, Friedrich 889
Dimitroff, Georgi 499, 630, 1182
Distler, Hugo 1034
Dix, Otto 932
Dobisch, Fritz 309
Dobretsberger, Josef 136, 356, 896, 1191
Dodge, Joseph 912
Döblin, Alfred 31, 36, 40, 43, 229, 329, 364, 398, 998, 1016, 1068, 1074 f., 1125, 1131, 1135, 1139, 1211
Döcker, Richard 695
Dörr, Hugolinus 558
Dohrn, Klaus 538
Dollfuß, Engelbert 322, 863, 1052
Domin, Hilde 300
Donat, Josef 792
Dorpalen, Andreas 751
Draper, Ruth 292
Dressler, Bruno 379
Dreyfus, George 1041
Drucker, Peter F. 900
Dubislav, Walter 422
Dublon, Else 1106, 1108 f.
Dubois, Maurice 239
Duby-Blom, Gertrude 979
Duda, Fritz 931
Dudow, Slatan 1115
Düby, Gertrude 316
Dürrenmatt, Friedrich 943
Duisberg, Carl 706
Dulles, Allen W. 555
Duncker, Karl 860
Dupont, Ewald André 957 f., 967
Durieux, Tilla 280, 1112
Dustmann, Hans 695

Ebenstein, William 841
Eberhard, Fritz (früher Hellmut von Rauschenplat) 589 f., 1092, 1161
Eberhard, Walter 310
Ebert, Carl 264, 430, 698, 1032
Eckardt, Marianne von 852

Eckstein, Albert 430
Eckstein, Cläre 1107, 1109
Eckstein, Otto 462
Eduardova, Eugenia 1106–1108
Edwards, Paul 793
Eggert, Martha 1038
Egli, Ernst 694, 698
Ehrenberg, Hans 801
Ehrenberg, Victor 747
Ehrenstein, Albert 1019, 1050, 1056
Ehrenzweig, Albert Armin 879
Ehrlich, Bettina 264
Ehrlich, Georg 264, 933
Eichberger, Willy, s. Esmond, Carl
Eichendorff, Joseph von 744
Eichholzer, Herbert 698
Eichler, Willi 224, 259, 309, 507, 549
Eichmann, Adolf 9
Eicker, Hugo 309
Eifler, Erna 622
Einsiedel, Heinrich von 631, 1101
Einstein, Albert 31, 459, 461, 571, 626, 796, 815, 833f.
Einstein, Alfred 263, 1040
Einstein, Carl 230f.
Eis, Egon 958
Eis, Otto 958
Eisenhower, Dwight D. 462, 918
Eisenschneider, Elvira 622
Eisenstaedt, Alfred 978
Eisler, Charlotte 1036
Eisler, Georg 1056
Eisler, Hanns 31, 36, 38, 173, 369, 609, 927, 1016, 1038, 1040, 1042–1044, 1079, 1119, 1193
Eisler, Lotte H. 958
Eisler, Martin 699
Eisner, Lotte 230
Eisner, Maria 973
Eisner, Pavel 422
Elbogen, Ismar 754
Elbogen, Paul 1050
Elias, Norbert 899, 1150
Elias, Paul 381
Eliasberg, Wladimir Gottlieb 422f., 723, 847
Eliot, Thomas Stearns 742
Elle, Paul 1004
Ellenbogen, Wilhelm 670
Ellinger, Philipp 707
Elsaesser, Martin 695
Elsas, Hans (Pseud. José Antonio Benton) 188
Embden, Gustav 714, 718
Emendörfer, Max 631
Emerson, Herbert 63, 275
Emmerich, Axel (Pseud. Edgar Alexander) 558
Emsheimer, Hans 1036
Enderle, August 488, 647
Enderle, Irmgard 488, 647
Endres, Franz Carl 570, 578

Engel, Erich 1032
Engel, Paul (Pseud. Diego Viga) 212
Engel-Janosi, Friedrich 747
Engelberg, Ernst 429, 887
Engelhardt, Gertrud (Trude) 1106, 1108
Engelmann, Hugh O. 899
Engelmann, Paul 1055
Engländer, Richard 1040
Epstein, Alfred 355
Epstein, Fritz 751f., 756
Epstein, Klaus 752
Epstein, Paul 772
Erb, Ferdinand 156
Erdmann, Eduard 1034
Erikson, Erik (früher Erik Homburger) 723, 731, 851
Erikson, Kai T. 899
Ernst, Max 230, 927, 934, 937
Ernst, Paul 738
Erpenbeck, Fritz 386, 419, 1012, 1069, 1076
Errell, Lotte 980
d'Esaguy, Augusto 363
Esmond, Carl (früher Willy Eichberger) 958
Espenak, Lilian 1107
Essinger, Anna 95
Esslin, Martin 1091
Estermann, Theodor 771
Etzioni, Amitai 899
Eyck, Erich 568, 753, 757
Eyck, Peter van 969
Eysenck, Hans Jürgen 852

Faber du Faur, Curt 737
Faber du Faur, Irmgard 985
Fabian, Dora 723
Fabian, Walter 578, 600, 723, 732
Fackenheim, Emil L. 793
Fahrer, Rodolfo 854
Fajans, Kasimir 832, 834
Faktor, Emil 419
Falk, Alfred 572, 575, 579
Falke, Gertrud 1107
Falkenberg, Paul 959, 965
Fall, Richard 1035
Fallada, Hans 985
Farkas, Karl 1040
Federn, Paul 723
Feher, Friedrich 958
Fehr, Gertrude, s. Fuld, Trude
Fehr, Rudi 959, 965
Feibusch, Hans 935
Feigl, Fritz 717
Feigl, Herbert 799, 815–818, 821, 900
Feilchenfeld, Walter 723
Feiler, Arthur 566
Feiler-Sachs, Leonie 884, 888
Feiner, Ruth 264
Feininger, Andreas 978

Feininger, Lux 978
Feininger, Lyonel 933 f.
Feistmann, Rudolf 1005
Feld, Hans 958
Feld, Rudi 959
Felixmüller, Conrad 932
Fellendorf, Wilhelm 622
Feller, Willy 778
Fellner, William 920
Felsenstein, Walter 1039
Fenichel, Otto 336
Ferl, Gustav 172
Fetsch, Rudolf 346
Fett, Heinz 573, 575
Feuchtwanger, Franz 316
Feuchtwanger, Lion 8, 31 f., 34, 36, 40–42, 44, 111, 228 f., 314, 329, 386, 398, 419, 422, 454, 461, 744, 809, 926, 952, 962, 1068 f., 1073–1076, 1081, 1124 f., 1127, 1131, 1137, 1139, 1146–1149
Feuermann, Emanuel 1038
Feyerabend, Paul 819
Figdor, Wilhelm 709
Fimmen, Edo 326, 510, 546
Finkel, Heinz 1107, 1109
Finsterbusch, Hans 1003
Firl, Wilhelm 382
Fisch-Anhalzer, Olga 211
Fischer, Emil 718
Fischer, Ernst 386, 520, 1050 f., 1055
Fischer, Grete 261
Fischer, Hans 719
Fischer, Karl 526
Fischer, Liselotte 864
Fischer, Otokar 422
Fischer, Ruth 487, 514
Fischer, Theodor 693
Fischer, Walter 1164
Fischer-Klamt, Gustav Jo 1104
Fittko, Lisa 71, 108
Fladung, Johann 95, 1001
Flammerdinghe-Behagel, Kurt von 435
Flatter, Joseph Otto 264
Flechtheim, Alfred 935 f.
Fleck, Jakob 964
Fleck, Luise 964
Fleischhauer, Wolfgang 737
Fleischmann, Max 872
Fleischmann, Trude 979
Fleischmann, Wolfgang 737
Flesch, Carl 327
Flesch-Brunningen, Hans 261, 263, 1001, 1056
Flexner, Abraham 777
Fliegler, Nikolaus 556
Flocon-Mentzel, Albert (früher Mentzel) 230
Florin, Wilhelm 494, 500, 631
Flowerman, Samuel 808
Foerster, Friedrich Wilhelm 364, 570, 575, 578, 723, 1131

Fontana, Oskar Maurus 1050
Foot, Michael 524
Forbat, Fred 374, 693
Forell, Friedrich 486 f.
Formis, Rudolf 414, 416
Forsthuber, Guido 156
Fraenkel, Abraham 775
Fraenkel, Ernst 756, 841 f., 869
Fraenkel, Gottfried S. 711 f.
Franck, Wolf 997, 1127
Franckenstein, George 262, 532, 539
Franco, Francisco 35, 130, 312, 397, 608
Frank, Alfred 931
Frank, André Gunder 899
Frank, Anne 330
Frank, Benno 1096
Frank, Bruno 419, 1076, 1138
Frank, Edgar 1105, 1107
Frank, Erich 430, 792
Frank, Josef 700, 816
Frank, Karl (Pseud. Paul Hagen) 259, 462, 487, 509, 512, 514
Frank, Leonhard 43, 329
Frank, Philipp 792, 814–817, 821
Frankenburger, Paul, s. Ben-Haim, Paul
Frankfurther, Eva 933
Frankl, Paul 762
Frankl, Viktor 1052
Freeman, Roger 918
Frei, Bruno 228, 313, 419, 997, 1012, 1050, 1055
Freier, Recha 85, 350
Freimann, Aron 755
Frenkel-Brunswik, Else 816, 819, 863, 865
Freud, Anna 266, 723, 731, 852
Freud, Ernst 696
Freud, Sigmund 31, 35, 262, 266, 527, 696, 723, 805, 850, 852 f., 995
Freudenberg, Rudolf Karl 853
Freudenthal, Hans 771
Freudenthal, Siegmund 197
Freund, Adolf Walter 156
Freund, Erich 419, 1001
Freund, Gisèle 230, 973 f., 980
Freund, Karl 958, 965
Freundlich, Elisabeth 530, 1054 f., 1057
Freundlich, Otto 931, 934
Freyer, Hans 894
Freymuth, Arnold 572, 575
Freymuth, Margarete 575
Fricke, Bruno 155 f.
Fried, Carl 188
Fried, Erich 1022, 1056
Fried, Oskar 1036
Friedell, Egon 1052
Friedjung, Josef 723
Friedländer, Günter 148, 157
Friedländer, Martha 723

Friedländer, Max J. 762
Friedlaender, Salomo (Pseud. Mynona) 792f., 1127
Friedlaender, Walter 762, 767
Friedländer, Walter 723
Friedmann, Alice 723
Friedmann, André, s. Capa, Robert
Friedmann, James 157, 1137
Friedmann, Wilhelm 884–886
Friedrich, Ernst 572, 579
Friedrichs, Kurt 775, 778
Frisch, Max 945
Frisch, Otto Robert 827, 832–834
Frisch, Wilhelm 547
Frischauer, Paul 188, 1050f., 1055
Fröhlich, Herbert 827
Fröhlich, Paul 1127
Frölich, Paul 600
Fröschel, George 958, 967
Fromm, Erich 31, 806, 851
Fromm-Reichmann, Frieda 849, 851
Frommel, Wolfgang 723
Frondizi, Arturo 151
Fry, Maxwell 696
Fry, Varian 237, 457, 579, 916
Fuchs, Albert 1056
Fuchs, Eugenie 230
Fuchs, Martin 531
Fuchs, Traugott 887
Fuchs, Walter 422
Fürnberg, Friedl 386
Fürnberg, Louis 423, 1024, 1114
Fuerst, Norbert 737
Fürth, Herbert 904
Fuld, Trude (Pseud. Gertrude Fehr) 973f.
Fulda, Georg 150
Furst, Lilian 737
Futran, Alfred 408

Gabriel, Gerhard 272
Gál, Hans 1038
Galimir, Felix 1038
Gamillscheg, Ernst 888f.
Gandhi, Mohandas Karamtschand (Mahatma) 270
Gans, Herbert 899
Gans, Oscar 273
Ganz, Richard 151
Gardiner-Buttinger, Muriel 522
Garvy, Georg 909
Gassner, Gustav 718
Gatzke, Hans W. 751
Gaulle, Charles de 136, 137, 623, 636
Gay, Peter 752
Geber, Hana 294
Gebhardt, Hermann P. 301, 443
Geheeb, Edith 96
Geheeb, Paul 96, 723

Gehlen, Arnold 894
Gehr, Herbert 978
Geiger, Moritz 792, 801
Geiger, Theodor 206, 723, 897f.
Geiringer, Karl 1040
Geiringer, Trude 979
Geiringer-Mises, Hilda 770, 775, 778f.
Gelb, Adhemar 857
Gellhorn, Alfred 696
Gellner, Ernest 793, 899
Gellner, Julius 1091
Gemäling, Jean 238
Gentile, Giovanni 886
George, Manfred (bis 1939 Manfred Georg, früher Manfred Georg Cohn) 36, 461, 928, 1000, 1057, 1066, 1070
George, Stefan 740, 744
Gerhard, Dietrich 750
Gerhard, Melitta 736
Gerlach, Hellmut von 571, 575f., 579f., 1070, 1216
Gerron, Kurt 958, 963
Gerson, Dora 1108
Gerson-Kiwi, Edith 1038
Gert, Valeska 723, 1032, 1107, 1109, 1111
Gerth, Hans 900
Gerz, Jenny 1105, 1109, 1111
Geschonnek, Erwin 419
Geyer, Kurt 259, 477, 484
Gibson, C. S. 796
Gidal, Tim 975f.
Giehse, Therese 378, 1112, 1115, 1120
Gielen, Josef 1032
Gielen, Michael 149
Gierke, Julius von 872
Gierke, Otto von 872
Gilbert, Felix 750, 756, 758
Gilbert, Jean 1041
Gilbert, Robert 1041
Gilboa, Jacob 1042
Gilliéron, Jules 888
Ginsberg, Ernst 1115
Giraud, Henri 137, 140
Glaeser, Ernst 378, 1127
Glaser, Edward 890
Glaser, Georg K. 369
Glaser, Kurt 487, 600
Glass, Zoltan 975
Glaß, Max 958, 961
Glatzer, Nahum 792
Gleisner, Martin 1105, 1108f.
Gleit, Maria 309
Gluecksohn-Waelsch, Salome 708
Glum, Friedrich 705
Gmeyner, Anna 264, 958, 985, 987
Goebbels, Joseph 228, 1135
Gödel, Kurt 775, 778f., 816, 819
Goehr, Alexander 1042
Goehr, Walter 1042

Gökberk, Maçit 800
Gölz, Benedikt 723
Goethe, Johann Wolfgang von 740, 743f., 953, 985, 1002, 1004, 1057
Goldberg, Heinz 958, 963
Goldberg, Oskar 792
Goldhaber, Maurice 832, 834
Goldmann, Emil 878
Goldschmidt, Alfons 1004
Goldschmidt, Berthold 1038, 1045
Goldschmidt, Hans 755
Goldschmidt, Hans Walter 983
Goldschmidt, Hilde 264, 933
Goldschmidt, James 873, 878
Goldschmidt, Raymond 912
Goldschmidt, Richard 711 f.
Goldschmidt, Stefan 719
Goldschmidt, Werner 152
Goldsmith, Ulrich 737
Goldstein, Arthur 727
Goldstein, Chassa 1108
Goldstein, Moritz 95
Golomb, Michael 778
Gombosi, Otto 1037
Gombrich, Ernst 266, 765
Gomperz, Heinrich 792, 801, 816
Gong, Alfred 1056
González von Marées, Jorge 194
Goodman, Alfred Alexander 1042
Gordin, Jacob 794
Goro, Fritz 973, 978
Goslar, Lotte 1032, 1105, 1107, 1109
Gothein, Eberhard 885
Gothein, Percy 885
Gottfurcht, Fritz 958, 1002
Gottfurcht, Hans 259, 545, 549, 643
Gottlein, Arthur 342, 964
Gottwald, Klement 630
Gourevitch, Victor 793
Gowa, Hermann-Henry 934
Grab, Hermann 1033, 1056
Grab, Walter 1055
Gradenwitz, Peter 1038
Graeff, Werner 977, 980
Gräfe, Willy 309
Graetzer, Guillermo 150
Graf, Oskar Maria 36, 39, 314, 386, 414, 419, 461, 1000, 1057, 1068, 1076, 1123, 1131 f., 1139, 1163
Granach, Alexander 958, 1112, 1118, 1136
Granichstädten, Bruno 309
Green, Hannah 849
Green, William (früher Wilhelm Gründorfer, Pseud. Hans Wolfgang) 530
Greenbaum, Mutz 958
Greene, Hugh Carleton 1090
Greid, Hermann 1003 f.
Grelling, Kurt 772, 793, 796

Greve, Felix Paul (Pseud. Frederick Philip Grove) 294
Grillparzer, Franz 744, 1057, 1059
Grimm, Hans 738
Grimm, Hermann 698
Groenewald, Heinrich 95, 146, 585
Groke, Georg 1107
Gropius, Walter 31, 36, 264, 459, 695f., 699f., 934
Gross, Arthur 181
Gross, Babette 1128
Grossberg, Mimi 1056
Grossmann, Henryk 897, 906
Grossmann, Kurt R. 414, 461, 572, 575f., 1067, 1070
Grossmann, Oskar 241, 386
Grosz, George 931, 934–937
Grove, Frederick Philip, s. Greve, Felix Paul
Grüber, Heinrich 69
Grünbaum, Adolf 818
Gründorfer, Wilhelm, s. Green, William
Grüneberg, Hans 708, 790
Grünfeld, Paul Stefan, s. Stefan, Paul
Grünhut, Max 879
Grüning, Ilka 958
Grüninger, Paul 74, 379
Grundig, Hans 931, 937
Grune, Karl 958, 962
Grunwald-Eisfelder, Hanna 87, 219
Grynszpan, Herschel 10
Grzesinski, Albert 220, 487, 648
Gsovsky, Viktor 1106f., 1110f.
Günther, Hans 385, 999, 1012, 1132
Günther-Hendel, Marie 96
Günzburger, Elsbeth 886
Guggenheim, Moritz 751
Gulkowitsch, Lazar 796
Gumbel, Emil Julius 8, 571, 575, 578, 600, 642, 713, 771, 775f., 1129, 1216
Gumpel, Lieselotte 737
Gumpert, Martin 723, 1134
Gunther, John 329
Gurian, Waldemar 557, 723f., 841, 1131
Gurland, Arkadi(us) 723
Gurlitt, Manfred 345, 1039, 1045
Gurwitsch, Aron 792
Gutkind, Curt Sigmar 696, 884–886
Gutkind, Erwin 696
Gutman, John 979
Gutmann, Franz 904
Gutmann, Hans (ab 1941 Juan Guzman) 977, 979
Gutmann, Heinrich 313
Guttmann, Artur 958
Guttmann, Erich 853
Guttmann, Julius 794
Gyssling, Walter 382

Haas, Pavel 1045
Haas, Willy 273, 412, 958, 964
Haavelmo, Trygve 918

Habe, Hans 32, 43, 364, 398, 1077, 1094, 1097, 1166
Haber, Fritz 707, 716
Haberler, Gottfried 904, 914f., 917, 920
Habsburg(-Lothringen), Otto von 224, 364, 531–535, 538f., 663–665
Habsburg(-Lothringen), Robert von 532, 538, 665
Hadermann, Ernst 630
Häfner, Heinrich 545
Haenisch, Walter 999
Häntzschel, Kurt 873
Haeseler, Otto 695
Häussermann, Ernst 1120
Haffner, Sebastian 263
Hagen, Paul, s. Frank, Karl
Hahn, Hans 814, 816
Hahn, Kurt 95 266
Hahn, Otto 706
Hahn-Neurath, Olga 816
Hahn-Warburg, Lola 83
Hakel, Hermann 1055
Hall, Philip 779
Haller, Wilhelm 697
Hallgarten, Constanze 571, 579
Hallgarten, George W. 572, 579, 751, 757, 760
Halpern, Ida 1040
Halsman, Philippe 974, 978
Hamburger, Hans 772f.
Hamburger, Käte 112, 737
Hamburger, Michael 263
Hamburger, Viktor 711f.
Hammer, Walter 574, 579
Hansen, Richard 205, 206
Hansen, Werner 549
Hardekopf, Ferdinand 229
Hardenberg, Henriette 264
Hardy, Godfrey H. 774
Harich-Schneider, Eta 345
Haringer, Jakob 1050
Harms, Bernhard 907
Harris, Ruth 1105
Hartig, Valtin 723
Hartmann, Karl Amadeus 1033
Hartmann, Max 706
Hartmann, Nikolai 795
Hartmannshenn, Herta 294
Hartung, Gustav 378, 1112, 1115
Hartung, Hans 934
Hartwig, Mela 264
Harvey, Lilian 958
Hasenclever, Walter 229, 231, 276, 571, 943f., 948
Hassel, Lotte 180
Hassenpflug, Gustav 693
Hatcher, Anna G. 887
Hatzfeld, Helmuth 884, 887
Haubenstock-Ramati, Roman 1035
Hauptmann, Gerhart 744, 1014
Haurwitz, Bernhard 293

Hausdorff, Felix 772
Hauska, Hans 1036
Hausmann, Raoul 934, 977
Haussmann, Fritz 566
Hay, Julius 943, 952f.
Hayek, Friedrich A. 904, 915
Heartfield, John 230, 264, 419f., 931, 933–935, 973–976, 980, 1064
Hebebrand, Werner 693
Heberle, Rudolf 897f.
Heckel, Erich 932
Heckert, Fritz 386
Heckroth, Hein 959, 1112
Heckroth, Heinz 1105
Hector, Edgar 1176
Heichelheim, Fritz 755
Heiden, Konrad 329, 378, 998, 1125, 1130
Heilbronn, Kurt 431
Heimann, Eduard 723, 897
Heine, Fritz 238, 259, 364, 477, 489
Heine, Heinrich 744, 1145
Heine, Thomas Theodor 419, 421, 937
Heine-Geldern, Robert 534
Heinemann, Fritz 792
Heinig, Kurt 1217
Heinrich, Walter 896
Heinsheimer, Hans W. 1033
Heinz, Wolfgang 378, 382, 1115, 1120
Heitler, Walter Heinrich 830, 832, 834
Heitz, Emil 711
Held, Kurt, s. Klaeber, Kurt
Heller, Emmy 751, 760
Heller, Hermann 873
Heller, Otto 958, 962
Heller, Peter 737, 741
Hellinger, Ernst 772, 775
Hellmann, Siegmund 748f., 755
Helly, Eduard 779
Hemingway, Ernest 609
Hempel, Carl Gustav 816, 818, 849, 900
Henle, Fritz 978
Henlein, Konrad 22, 412
Henreid, Paul 958
Henri, Florence 974
Hentig, Hans von 878
Henz, Rudolf 1052
Herbers, Heinrich 572, 578f.
Herlitz, Georg 758f.
Hermann, Georg 329
Hermann-Neiße, Max 263, 1019, 1023, 1136
Hermberg, Paul 723
Hermens, Ferdinand A. 554
Hermes, R. A., s. Rössler, Rudolf
Hermlin, Stephan 1022
Herrmann, Friedrich 696
Herrnstadt, Rudolf 631f.
Herschkowitz, Philip 1036

Hertz, Friedrich 527, 533
Hertz, Friedrich O. 897
Hertz, Paul 422f., 462, 477, 481, 487, 1211
Hertzog, James Barry Munnik 402f.
Herz, John H. (früher Hans) 461, 844
Herzberg, Gerhard 293, 834
Herzfeld, Hans 749
Herzfelde, Wieland 34, 36, 39, 419, 996, 1015, 1068, 1122–1124, 1126, 1136, 1138f.
Herzog, Reginald 716
Herzog, Wilhelm 229, 378
Heschel, Abraham Joshua 794
Hessel, Franz 229
Hetz, Karl 631
Heumann, Benny 693
Hevesy, Georg von 716
Heydrich, Reinhard 51, 55
Heym, Stefan 32, 38, 419, 926, 1094
Heymann, Fritz 329
Heymann, Lida Gustava 571
Heymann, Werner Richard 958, 1040
Heynicke, Kurt 1078
Hickmann, Hans R.H. 136, 1040
Hilberseimer, Ludwig 695, 700
Hilbert, David 775
Hildebrand, Dietrich von 554, 557f., 792
Hilferding, Rudolf 236, 380, 478, 641, 727
Hill, Archibald Vivian 706
Hill, Claude 737
Hillebrecht, Rudolf 695
Hiller, Kurt 260, 419, 574, 578f., 1002, 1075, 1127
Hillinger, Franz 432, 696, 698f.
Hindels, Josef 526
Hindemith, Paul 1034, 1039
Hindenburg, Paul von 597
Hintze, Hedwig 751, 755, 760
Hintze, Otto 751, 760
Hinzelmann, Elsa Margot 985
Hirsch, Erich 591
Hirsch, Ernst E. 430
Hirsch, Hugo 1041
Hirsch, Julius 206, 911
Hirsch, Kurt A. 780
Hirsch-Weber, Wolfgang 181
Hirschbach, Frank 737
Hirschberg, Ernst 360
Hirschfeld, Kurt 378
Hirschfeld, Magnus 574f., 744
Hirschfeld-Mack, Ludwig 979
Hirschman, Albert Otto 238, 916
Hirth, Nelly 1106
Hitler, Adolf 16, 199, 205, 215, 241, 276, 307, 352, 412, 442, 450, 459, 706, 945, 1050, 1112
Hobohm, Martin 755
Hobsbawm, Eric 1056
Hochfeld, Ernst 700
Hochschild, Mauricio 178

Hochwälder, Fritz 942f., 950f., 1055
Hodann, Max 723, 1003
Hodža, Milan 412
Hoegner, Wilhelm 376, 379, 382, 555, 654, 1164f., 1211, 1216
Höller, Wolfgang 176
Hofacker, Caesar von 636
Hofer, Evelyn 979
Hofer, Karl 932
Hoff, Max 935
Hoffmann, Eugen 933f.
Hoffmann, Johannes 309, 556, 1171, 1175, 1177
Hoffmann, Rosel 934
Hoffmann-Harnisch, Wolfgang 188
Hofmann, Martha 1055
Hofmann, Max Moritz 1164
Hofmannsthal, Hugo von 740, 744, 1057
Holborn, Hajo 750, 754, 756f., 758f.
Holde, David 713
Holdheim, Wolfgang 891
Holger, Hilde 1106, 1108
Hollaender, Friedrich (früher Ferdinand Kohn) 958, 1040, 1112
Hollaender, Victor 1040
Holm, Hanya 1109
Holst, Frida 1105
Holtfreter, Johannes 711f.
Holton, Gerald 817
Holzmann, Rodolfo 1041
Holzmeister, Clemens 432, 694, 698f., 1033
Homburger, Erik, s. Erikson, Erik
Homburger, Walter 294
Honigsheim, Paul 897, 898
Hönigswald, Richard 723, 792
Honner, Franz 526
Hoover, Herbert Clark 567
Hopf, Eberhard 771
Hopf, Heinz 771
Horenstein, Jascha 1036
Horkheimer, Max 31, 744, 792, 805–811, 865, 897f., 1150
Horn, Walter 767
Hornbostel, Erich Moritz von 1040
Horner, Harry 959
Horney, Brigitte 852
Horney, Karen 852
Hornik, Leopold 526
Horowitz, Vladimir 1039
Horst, Horst P. 974, 977, 979
Horthy, Nikolaus von 434
Horváth, Ödön von 942f., 946f., 950, 952, 1051, 1126
Horwitz, Kurt 1115, 1120
Hoselitz, Bert F. 899, 916
Huber, Franz 343
Huber, Kurt 1034
Huber, Lotti 1108, 1111
Huberman, Bronislaw 1039
Huelsenbeck, Richard 723

Hull, Cordell 450, 566, 664
Hunter, Peter (früher Otto Salomon) 976
Huntzinger, Charles 138
Huppert, Hugo 387, 1055
Husserl, Edmund 878
Husserl, Gerhart 878
Hutton, Kurt 975f.
Huyn, Hans 532
Huysmans, Camille 171

Iggers, Georg G. 751
Imbusch, Heinrich 309, 545, 556
Ippen, Felix 381
Ipsen, Gunther 894
Israel, Joachim 899
Isserlin, Benedict 853
Isserlin, Max 853
Itten, Johannes 723

Jablonsky, Ernest, s. Jouhy, Ernest
Jackson, Felix (früher Felix Joachimson) 958, 966–968
Jacob, Berthold 3, 51, 365, 400, 570, 575, 579, 1070
Jacob, Franz 500
Jacob, Paul Walter 150, 309, 1039, 1114
Jacobi, Erwin 1038
Jacobi, Lotte 979
Jacobs, Monty 261, 1136
Jacoby, Eduard G. 793
Jäckel, Kurt 884
Jaeger, Hans 361
Jahn, Hans 172, 546, 549
Jahnn, Hans Henny 207, 1081
Jahoda, Marie 626, 820, 863, 865
Jaksch, Wenzel 260, 361, 646
Jaldati, Lin 1035
Jalowetz, Heinrich 1038
James, William 817
Jameson, Storm 263
Janka, Walter 312, 1069, 1137
Jannasch, Lilli 572
Janowitz, Morris 865
Japha, Arnold 709
Jaspers, Karl 847
Jedin, Hubert 553
Jellinek, Georg 872
Jellinek, Oskar 1056
Jellinek, Walter 872
Jeritza, Maria 1035
Jessner, Leopold 327, 1112, 1116, 1118
Joachim, Otto 294
Joachimson, Felix, s. Jackson, Felix
John, Fritz 775, 778
John, Otto 364, 400
Johnson, Alvin 860, 914
Johnson, Lyndon B. 462
Johnson, Philip 700
Johst, Hanns 1078

Jokl, Anna Maria 985
Jokl, Ernst 847, 852
Jokl, Katharina 852
Jolles, Charlotte 737
Jolles, Henry (Heinz) 1039
Jolles, Otto 737
Jollos, Victor 709
Jonas, Hans 792, 801f.
Jones, Ernest 852
Jooss, Kurt 264, 1032, 1105, 1107f., 1110f.
Jordan, Leo 884f.
Jordan, Rudolf 408
Joseph, Albrecht 958, 963
Joseph, Heinrich 709
Joseph, Rudolph 958
Jouhy, Ernest (früher Ernest Jablonsky) 723
Juchacz, Marie 477, 482, 487
Juhos, Bela 816
Jung, Franz 434
Junge, Alfred 959
Jungk, Robert 378
Junker, August 346
Jurmann, Walter 958
Justo, Agustín P. 144

Kaas, Ludwig 554f.
Kadmon, Stella 1055
Kadoorie, Horace 341
Kägi-Fuchsmann, Regina 377
Kähler, Alfred 907, 916
Kästner, Erich 985
Kafka, Franz 740
Kahane, Henry (Heinrich) 884, 886, 888f.
Kahl, Elsa 1105, 1107
Kahle, Kurt 977
Kahlenberg, Fritz 977
Kahlenberg, Ingeborg 977
Kahler, Erich von 412
Kahn, Erich Itor 1045
Kahn, Eugen 847
Kahn, Ludwig 736f.
Kahn-Freund, Otto 589, 869
Kaiser, Bruno 1019
Kaiser, Georg 378, 943, 944–949, 1115
Kaléko, Mascha 985, 990, 1022, 1029
Kalisch, Arnold 573, 579
Kalisch, Eva 573
Kallir, Otto 531, 534
Kallmann, Franz Joseph 788
Kallmann, Helmut Max 294
Kallmus, Dora Philippine, s. D'Ora, Madame
Kálmán, Emmerich 1041
Kalmus, Alfred, s. Ulrich, August
Kalser, Erwin 958, 1115
Kalter, Sabine 1036
Kamrath, Wilma 1105
Kandinsky, Wassily 932f., 935

Kantorowicz, Alfred 30, 228, 997f., 1080, 1127
Kantorowicz, Ernst 748f., 757, 759
Kantorowicz, Hermann 571, 878
Kanturek, Otto 958
Kaper, Bronislau 958, 965
Kappius, Josef 645
Kardegg, Felix 343
Karlweis, Oskar 958
Kármán, Theodor von 771, 773f., 777f.
Karpfen, Otto-Maria, s. Carpeaux, Otto-Maria
Karsen, Fritz 593, 723
Karsen, Sonja 890
Katona, George 860f., 899
Katscher, Hedwig 264
Katz, Bernhard 708
Katz, David 723, 857–859
Katz, Henry William 1126
Katz, Leo 530, 1055, 1136f.
Katz, Otto (Pseud. André Simone) 312, 316, 1137f.
Katz, Richard 187f.,
Katz, Rodolfo 157
Katz, Rudolf 338, 462, 486, 1165
Katzenellenbogen, Adolf 767
Kauffmann, Richard 693
Kauffmann, Eugen Karl 696
Kaufmann, Albert (Pseud. E. Bert) 419, 934
Kaufmann, Arthur 41
Kaufmann, Felix 792, 802, 815f., 818, 820, 896
Kaufmann, Fritz 792, 801
Kaufmann, Oskar 695, 697
Kaufmann, Walter 273, 1040
Kaus, Gina 958, 1057, 1126
Kayser, Wolfgang 741
Kehr, Eckart 750, 754
Kehr, Erich 407
Keilson, Grete 1183
Keilson, Hans 88, 329, 1100
Keilson, Max 1100
Keitel, Wilhelm 235
Kelber, Magda 589, 723, 732
Keller, Willy 187, 189
Kellner, Suzanne 899
Kelsen, Hans 423, 816, 843, 880, 896
Kempner, Robert M. W. 95, 461f., 1213
Kemski von Rakoszyn, Hans Werner 151
Kentner, Louis 1039
Kern, Edith 887
Kern, Elga 360
Kernberg, Otto 850, 854
Kerr, Alfred 8, 35, 229, 261, 263, 310, 369, 958, 1020f., 1125, 1127
Kersten, Kurt 138, 229, 1125, 1129
Kertész, André 973
Kessler, Friedrich 881
Kessler, Gerhard 428, 432
Kessler, Harry 396, 573, 576, 578, 580
Kesten, Hermann 329f., 1012, 1081, 1125, 1126

Kesten, Kurt 419
Kestenberg, Leo 414, 422, 723, 1038
Keun, Irmgard 110, 329, 927, 985f., 1074, 1125f., 1146
Keynes, John Maynard 912, 915, 920, 1160
Kiepura, Jan 1038
Kindlova, Maria 1105
King, William Mackenzie 286, 292
Kirchberger, Lida 737
Kirchheimer, Otto 461, 625, 809, 844, 869
Kirchner, Ernst Ludwig 932
Kirchner, Hanna 236
Kirn, Richard 547–549, 1175–1178
Kirsch, James 854
Kirsch, Thomas 854
Kirschbaum, Charlotte von 382, 552
Kirschmann, Emil 223, 225, 369, 482, 599
Kisch, Egon Erwin 37, 228f., 302, 312f., 386, 412, 1005, 1050, 1055, 1125f., 1131f., 1136f.
Kissinger, Henry A. 462
Kitzinger, Friedrich 873
Kiwitz, Heinz 931
Klaeber, Kurt (Pseud. Kurt Held) 378, 985, 988
Klahr, Alfred (Pseud. Rudolf) 388, 526, 666, 1055
Klarwein, Josef 697
Klee, Paul 932f., 936f.
Kleiber, Erich 149, 156, 327, 1039
Klein, Alexander 697
Klein, Felix 774
Klein, Francis 272
Klein, Franz 532
Klein, Frederick 272
Klein, Gideon 1045
Klein, James 1035
Klein, Manfred 196
Klein, Melanie 852
Kleineibst, Richard 573
Kleinschmidt, Charlotte 576
Klemperer, Otto 1039
Klemperer, Victor 884f.
Klepper, Otto 338, 556
Klietmann, Isolde 1108
Klopfer, Bruno 864
Klotz, Helmuth 56
Klüger, Ruth 737
Kluthe, Hans Albert 556, 564f., 1092
Knab, Otto M. 557
Kneller, Rolf Michael 979
Knepler, Georg 1036, 1045
Knigge, Wilhelm 241
Knoche, Walter 151
Knöchel, Wilhelm 499, 547
Knoeringen, Waldemar von 259, 481, 1092, 1165
Koch, Eric 295
Koch, Joachim H.
Koch, Lucy Adelheid 187
Koch-Weser, Erich 191, 653
Koebel, Eberhard (genannt tusk) 636

Koebner, Richard 753
Köhler, Wolfgang 858–861
Koellreuter, Hans-Joachim 1039
Koenen, Wilhelm 418, 599f., 1181
König, Karl 95
König, Max 176
König, René 895
Körber, Lili 1056
Koestler, Arthur 35, 229, 233, 263, 369, 926, 1003, 1056, 1130
Köstler, Marie 524, 528
Koffka, Kurt 860f.
Kofler, Leo 792, 794
Kohn, Ferdinand, s. Hollaender, Friedrich
Kohn, Hans 899
Kohn, Heinz 329
Kohner, Frederick 958, 1057
Kohner, Paul 36
Kokoschka, Oskar 31, 35, 261, 264, 419, 529, 932f., 937, 1001, 1056, 1059
Kolb, Annette 229, 310, 571, 1134
Kolbenheyer, Erwin Guido 738
Kolisch, Rudolf 1040, 1043
Kolmar, Gertrud 103
Kolpe, Max, s. Colpet, Max
Konstantin, Leopoldine 958
Koopmans, Tjalling 918
Koplenig, Johann 386, 520, 526, 630
Koplowitz, Jan 419
Korda, Alexander 958, 961
Korda, Vincent 959
Korff, Kurt 978
Kormis, Fred 933
Korn, Arthur 264, 696
Kornfeld, Paul 419
Korngold, Erich Wolfgang 958, 965, 1033
Korsch, Hedda 737
Korsch, Karl 744
Kortner, Fritz 461, 957f., 962, 969, 1112f., 1120
Kosel, Gerhard 693
Kosma, Joseph 1042
Kosswig, Curt 430
Koster, Henry (früher Hermann Kosterlitz) 958, 963, 967f.
Kracauer, Siegfried 744, 808, 958, 981, 1126
Kraepelin, Emil 846f.
Kraft, Julius 792, 801, 897
Kraft, Viktor 816
Krakauer, Leopold 693, 697
Kralik, Hanns 931, 934
Kramer, Theodor 263, 1026, 1030, 1054–1056, 1194
Krampf, Günther 958
Kranz, Walter 799
Krapf, Eduard 853f.
Kraschutzki, Heinz 396, 570
Kraus, Gertrud 1106, 1108, 1110
Kraus, Hertha 723, 910f.
Kraus, Karl 1028, 1052

Kraus, Oskar 792
Krause, Friedrich 1138
Krauskopf, Bruno 336
Krautheimer, Richard 767
Krautter, Paul 547
Krayer, Otto 707
Krebs, Hans 265, 717f., 787
Krebs, Richard (Pseud. Jan Valtin) 52, 1132
Kreisel, Henry 294
Kreisky, Bruno 374f., 512
Kreisler, Fritz 1039
Kreisler, Georg 1040
Křenek, Ernst 1038, 1042, 1052f.
Kreutzer, Leonid 345
Kries, von 176
Krille, Otto 379
Kris, Ernst 853
Kris, Marianne 853
Kristeller, Paul Oskar 276, 758, 792, 886
Kristinus, Christel 431
Kristinus, Heinrich 431
Kröpelin, Hans 719
Krommer, Anna 1056
Kronberg, Simon 1055
Kroner, Hannah 1106, 1108f.
Kroner, Richard 723, 792, 801
Krüger, Pitt 95, 97
Krull, Germaine 973
Kuczynski, Jürgen 759
Küchler, Walther 884
Kühler, Willibald 422
Kühn, Heinz 1166
Küster, Friedrich 571
Küter, Charlotte 419
Kuh, Anton 1050, 1056
Kuhn, Heinrich 827
Kuhn, Richard 705
Kuhn, Thomas S. 803, 817, 819, 833
Kuhn, Werner 716f.
Kuhnen, Fritz 309, 556
Kulka, Heinrich 696
Kurella, Alfred 228, 385f., 631f., 952, 1078
Kurgass, Paula 219
Kurti, Nicholas 827
Kurz, Gertrud 377
Kurzweil, Edith 899
Kuttner, Erich 329
Kuttner, Stephan 553, 882
Kvapil, Jaroslav 419

Laban, Rudolf von 264, 1103, 1106, 1108, 1110
Lachmann, Guy Kurt 1176
Lachmann, Robert 1038
Lade, Kurt 934
Ladner, Gerhart 747
Lakenbach, Ernst 156
Lambert, Raymond-Raoul 219

Lammert, Willi 393, 933
Lampel, Martin 280
Lampersberger, Josef 414
Landahl, Heinrich 591
Landau, Edmund 774
Landauer, Carl 906
Landauer, Walter 329f., 1125, 1133
Landé, Alfred 796f.
Landé, Walter 723
Landgrebe, Ludwig 422, 792
Landowska, Wanda 1035
Landsberg, Paul 796
Landshoff, Fritz H. 328, 330, 1124, 1126f., 1133, 1135
Landshut, Siegfried 135, 897f.
Lang, Fritz 36, 461, 958, 967, 970
Lang, Kurt 899
Lang, Paul H. 1040
Lange, Gerard de 329, 1124
Langer, Marie 151, 854
Langhoff, Wolfgang 39, 378f., 381, 386, 422, 1003, 1112, 1115, 1120, 1132
Laqueur, Kurt 887
Laqueur, Richard 748, 759
Laqueur, Walter 752
Larede, Ilse 1107
Lasker-Schüler, Else 31, 34, 378, 1019, 1021f., 1068, 1115, 1130
László, Alexander (früher Sándor Totis) 1035
Laub Coser, Rose 899
Lauterbach, Carl 932
Lawrence, Ernest O. 831f., 834
Lazar, Auguste 985, 987f.
Lazarsfeld, Paul 820f., 863, 899
Le Corbusier 697, 699
Ledebour, Georg 376
Lederer, Emil 345, 756, 897, 899, 907, 909, 916
Lederer, Francis 958
Lederer, Herbert 737
Leeder, Sigurd 1105
Lefschetz, Solomon 779
Lehmann, Hans 153
Lehmann, Heinz 849
Lehmann, Hermann 705
Lehmann, Lotte 1034
Lehmann-Russbueldt, Otto 260, 574f., 578f.
Leibholz, Gerhard 568, 878
Leichtentritt, Hugo 1040
Leichter, Käthe 910
Leichter, Otto 523, 525, 668, 1191
Leites, Nathan 909
Leitner, Maria 985, 987
Lelewer, Georg 528, 532
Lendvai, Erwin 1035
Lenhoff, Arthur 882
Lenya, Lotte 1033, 1112
Lenz, Paulus 572, 580
Leo, Gerda 976

Leo, Ulrich 884, 887, 890
Leonard, Ernst 997
Leonhard, Franz 872
Leonhard, Rudolf 228f., 600, 997, 1025, 1127, 1133
Leonhard, Wolfgang 393, 1100
Leontief, Wassily 909
Leontieff, Sasha 1108
Leopold III. (belgischer König) 169
Leopoldi, Hermann 1040
Lepmann, Jella 263
Leppien, Jean 230
Lerch, Eugen 884
Lerski, Helmar 979
Leschnitzer, Franz 575
Leser, Abraham 272
Leskoschek, Axel von 189
Leslie, Henrietta 263
Lessing, Erich 979
Lessing, Gotthold Ephraim 744
Lessing, Theodor 3, 52, 414, 419, 421, 571, 575, 727, 792, 796
Lester, Conrad 538
Leubuscher, Charlotte 910
Leven, Louise 95
Levi, Friedrich W. D. 273, 773
Levin, Dania 1110
Levin, Julo 931, 934
Levin, Walter 1038
Levinson, Daniel 865
Levinson, Wilhelm 748, 755
Levy, Alfred 1175
Levy, Ernst 879, 882
Levy, Hassia 1110
Levy, Kurt Leopold 890
Levy, Rudolf 276, 931
Lewent, Kurt 884, 889
Lewin, Kurt 723, 858f., 861f., 865
Lewin, Ossi 343
Lewis, Aubrey 852
Lewitan, Josef 1107f.
Lewitt, Paul 419
Lewy, Erwin 860
Lewy, Hans 775, 778
Ley-Piscator, Maria 1107, 1109
Lidolt, Mascha 1105
Lieb, Fritz 552
Liebermann, Hans 716
Liebert, Arthur 280, 723, 1001
Liebeschütz, Hans 755
Liebknecht, Kurt 693
Lieblich, Karl 188
Lieme, Nehemia de 328
Liepe, Wolfgang 736, 740
Liepmann, Heinz 39, 330
Lindenberg, Elsa 1107f.
Lindtberg, Leopold 378, 1112, 1115f.

Lingner, Max 230, 934, 937
Linke, Lilo (Lise-Lotte Linke Mickley) 211
Lion, Hilde 95
Lipmann, Fritz 716, 718
Lippmann, Hans L. 793
Lips, Eva 112
Lips, Julius 593, 897f., 989
Lipschutz-Hempel, Ilse 886
Littmann, Arnold 723f.
Litvak, Anatole 958, 961, 967
Loeffler, Ernst 272
Löhnberg, Erhart 181
Loesch, Ilse 1105, 1108f., 1111
Loeser, Ruth 1107
Löw-Beer, Paul 528
Löwe, Adolf (ab 1939 Adolph Lowe) 723, 907, 916
Loewenberg, Karl (Carl) 211
Loewenberg, Peter 854
Loewenberg, Richard 854
Löwenstein, Egon 200
Löwenstein, Georg 723
Loewenstein, Herbert, s. Avenary, Hanoch
Löwenstein, Hubertus Prinz zu 42, 457, 554f., 995, 1214
Loewenstein, Karl 844, 879
Löwenstein, Kurt 87, 587, 723, 731, 985
Löwenthal, Leo 744, 806, 809
Löwenthal, Richard (Pseud. Paul Sering) 514, 648, 842, 1092
Loewi, Otto 716
Löwith, Karl 276, 345, 792
Löwner, Karl 775
Loewy, Ernst 1147
Lohmar, Heinz 934f., 937, 998
Lombardo Toledano, Vicente 1004
London, Arthur 241, 624
London, Fritz 832, 834
Long, Breckinridge 454f.
Loos, Walter 150, 696, 699
Loose, Gerhard 737
Lorant, Stefan 975
Lorre, Peter 958, 966
Losa, Ilse 105, 366
Lothar, Ernst 1052, 1056–1058, 1118
Lovasy, Gertrud 910
Lowinsky, Edward 1040
Lubinski, Georg 723
Lubitsch, Ernst 958, 968
Lubrainschik, George 407
Lucas, Robert 1090f.
Luchins, Abraham S. 861
Luckhardt, Hans 695
Luckhardt, Wassili 695
Ludwig, Emil 40, 329, 576, 809, 1125, 1211
Ludwig, Paula 187f., 1055
Lukacs, Eugen 779
Lukács, Georg 38, 744, 792, 928, 999, 1015–1017, 1075, 1078, 1148

Luschnat, David 997
Lustig, Jan 958
Lustig-Prean, Karl von 189

Maaß, Alexander 1164
Mach, Ernst 815, 817
Machlup, Fritz 904, 914f., 917, 920
MacLane, Saunders 779
MacMurray, John 589
Maeder, Hans 96, 97
Maenchen, Otto 525
Mahle, Hans 632
Mahler, Kurt 779
Mahler-Werfel, Alma 398, 1056
Mahrenholz, Rolf 976
Maier, Inzes 698
Maier-Hultschin, Johannes 360, 557f.
Malan, Daniel François 403
Malina, Judith 1119
Malingre, Paul 215
Malířová, Helena 422
Malkiel, Yakov 884, 888f.
Malraux, André 609
Malypetr, Jan 412
Man, Felix H. 975
Man, Henri (Hendrik) de 169
Mandelbaum, Kurt 906, 918
Manigk, Alfred 873
Mann, Erika 31, 34, 43, 105, 108, 110, 310, 327, 329, 378, 927, 985, 988, 1109, 1114, 1118, 1212, 1216
Mann, Fritz Karl 897
Mann, Golo 364, 369, 398, 1097
Mann, Heinrich 31, 34, 36, 38f., 42, 44, 228–230, 261, 303, 314, 329f., 364, 369, 398, 419, 422, 454, 482, 487, 600–603, 642, 744, 927f., 994, 996, 1025, 1073, 1075, 1124f., 1127, 1129–1131, 1136, 1138f., 1146, 1148f.
Mann, Klaus 31f., 35f., 38f., 41, 43, 105, 229, 310, 329, 369, 626, 926–928, 1012, 1015, 1068, 1070, 1076, 1124f., 1146f., 1212
Mann, Michael 737
Mann, Thomas 30f., 34, 36f., 40, 43, 105, 108, 230, 261, 369, 378, 419, 422, 461, 626, 740, 744, 926, 928, 995, 1012, 1023, 1057, 1073f., 1081, 1091, 1095, 1130, 1134–1136, 1144, 1146, 1148, 1166, 1212f., 1216
Mannheim, Karl 266, 589, 897f., 900
Mantz, Werner 976f.
Manuilskij, Dimitrij 630
Mao Tse-dong 336f.
Mapother, Edward 853
Marchand, Hans 887
Marchionini, Alfred 430
Marchwitza, Hans 34, 35, 386, 1131
Marck, Siegfried 723, 792
Marcu, Valeriu 1125f.
Marcus, Elli 979
Marcus, Julia 1105, 1107, 1109
Marcus, Paul E. (Pseud. PEM) 263, 958

Marcuse, Herbert 459, 625, 744, 792f., 801, 806, 809, 811, 842, 844
Marcuse, Ludwig 228f., 737, 792, 928, 991, 1012, 1125
Maré, Rolf de 1109
Mareiner, Hilde 527
Marek, Franz 241, 526, 624
Margolius, Hans 793
Mark, Hermann F. 716f.
Maros, Peter 280
Marschak, Jakob 909, 917f., 920
Martinů, Bohuslav 1035
Marty, André 612
Marx, Hilde 1022
Marx, Karl 568
Marx, Lily 309
Marx, Werner 792
Masaryk, Tomáš G. 414
Maslowski, Peter 360, 1164
Mason, Max 775
Massary, Fritzi (früher Friederike Massaryk) 1038
Massing, Paul 809
Masur, Gerhard 750, 755, 757
Maté, Rudolf 958, 965
Matejka, Viktor 1193
Matern, Hermann 501
Matray, Maria 969
Matthau, Walter 1119
Matthias, Erich 1196
Mauksch, Hans O. 899
Mautner, Franz 737
May, Ernst 692f., 695
May, Joe 958, 967
Mayer, Carl 958
Mayer, Ernest 978
Mayer, Gustav 749, 754
Mayer, Hans, s. Améry, Jean
Mayer, Hans 378, 744
Mayer, Paul 1029, 1137
Mayer-Gross, Willy 847, 853
Mayrisch, Aline 310
Maywald, Willy 973
McCarthy, Joseph 36, 453, 739, 743f., 969
McClintock, Barbara 711
McDonald, James G. 63, 216, 438, 451
Meffert, Carl, s. Moreau, Clément
Mehring, Walter 229, 369, 461, 723, 1020, 1050, 1127
Meidner, Ludwig 264, 933, 935
Meidner, Rudolf 374
Meier-Graefe, Julius 229
Meinecke, Friedrich 747, 750, 753, 758
Meinert, Rudolf 963
Meinhard, Carl 423
Meinl, Julius 532f.
Meisinger, Josef 343
Meitner, Lise 31, 374, 832, 834
Mellon, Germaine 219
Mencken, Henry L. 740f.

Mende, Georg 794
Mendelsohn, Erich 264, 355, 693–697, 699f., 934
Mendelssohn, Kurt Alfred 827
Mendelssohn, Peter de 263
Meng, Heinrich 723
Menger, Karl 779, 813ff.
Menges, Karl Heinrich 422
Mennicke, Carl 328, 594, 723
Menninger, Karl 851
Mentzel, Albert, s. Flocon-Mentzel, Albert
Menzel, Herbert 899
Merin, Peter 1131
Merkel, Paul 872
Merker, Paul 303, 312, 314, 316, 547, 600, 652, 654, 1069, 1181, 1185
Merton, Hugo 710, 819
Merz, Konrad 329
Messner, Johannes 896
Metzg, Nina 1107
Metzger, Arnold 792
Metzger, Michael 737
Metzner, Ernö 959
Meusel, Alfred 759, 897f., 1001
Meuter, Paul 381
Meval, Ida 1108
Mewis, Karl 373, 499
Meyer, Adolf 850, 853
Meyer, Alfred 853
Meyer, Ernst Herrmann 1001, 1038
Meyer, Hannes 692, 699
Meyer, Henry 1041
Meyer, Hermann 360
Meyer, Otto 727
Meyer, Rudolf 958, 963
Meyer-Lübke, Wilhelm 888
Meyerhof, Otto 705f., 714, 716–718
Michaelis, Margaret 977, 979
Michaelis, Rudolf 397
Michel, Artur 1107, 1109
Middeldorf, Ulrich 767
Miegel, Agnes 738
Mielke, Erich 615
Mies van der Rohe, Ludwig 31, 459, 695, 699f., 934
Mihaly, Jo 1105, 1107, 1109
Milch, Werner 589f.
Milee, Erika 1106, 1108, 1111
Milhaud, Darius 1035
Millakowsky, Hermann 958, 961
Milloss, Aurel von 1106, 1109
Mills, C. Wright 899f.
Mintz, Ilse 904, 910
Misch, Georg 792
Mises, Ludwig von 896, 905, 913, 915
Mises, Richard von 773, 778f., 816, 819
Mitnitzky, Mark 909
Moch, Jules 215
Model, Lisette 979

Mönch, Auguste 576
Mönch, Gustav 573
Mönch, Hilde 576
Mönch, Lene 576
Moenius, Georg 558
Mörike, Eduard 744
Moholy, Lucia 975
Moholy-Nagy, László 696, 699, 933f., 973, 975f., 978
Mokre, Johann 896
Mola, Emilio 608
Molo, Walter von 1144
Molt, Karl 546
Molzahn, Johannes 934
Mommsen, Theodor Ernst 759
Mona, Elisheva 1108
Montague, W. P. 796
Monte, Hilde 589
Moore, Robert L. 779
Moreau, Clément (bis 1935 Carl Meffert) 146, 150f., 153, 378, 931
Morgenstern, Oskar 819–821, 904, 914–916
Morgenstern, Soma 1056
Morgenthau, Hans J. 456, 843, 869
Morgenthau, Henry 456
Moro, Peter 696
Morris, Charles 817
Morton, Frederic 1056
Mosbacher, Änne 979
Moser, Gerald M. J. 886
Mosse, George L. 744, 751
Mosse, Werner 752
Mostar, Gerhart 280
Mottek, Hans 759
Moulin, Jean 623
Moutet, Marius 215
Mozer, Alfred 331
Muckermann, Friedrich 326, 557f., 723, 1216
Muehlon, Wilhelm 570
Müller, Arthur, s. Arnold, Arthur
Müller, Franz Hermann 554
Müller, Günther 741
Müller, Léon 308
Müller-Kray, Hans 1105
Müller-Sturmheim, Emil 532f.
Münzenberg, Willi 34, 224, 226f., 511, 556, 599–601, 604, 998, 1063, 1070, 1128, 1131
Münzer, Käthe 230
Mugrauer, Hans 547
Munkacsi, Martin 978–980
Murphy, George M. 831
Murphy, Robert 1164f.
Musgrave, Richard A. 916
Musil, Robert 378, 740, 1050, 1052, 1054, 1056, 1077f., 1134, 1146
Mussolini, Benito 278, 1109
Muth, Klara 547
Mynona, s. Friedlaender, Salomo

Naab, Ingbert 558
Nacken, Hanna 95
Näf, Rösli 239
Nagel, Hanna 937
Namuth, Hans 397, 974, 977, 979
Naphtali, Fritz 544, 906
Nassau, Erich 723
Nathan, Otto 911
Natkin, Marcel 816
Natonek, Hans 412
Naumann, Walter 737, 886
Nawiasky, Hans 1164
Nebenzal, Seymour 958, 961
Neher, Carola 958, 1112, 1116
Nehru, Jawaharlal 270
Neider, Heinrich 816
Neisser, Hans 907, 916
Nelken, Dinah 283
Nelson, Rudolf 327, 1040
Neruda, Pablo 609
Nesch, Rolf 336
Netke-Löwe, Margarete 345f.
Nettl, Paul 1040
Nettlau, Max 397
Neuberg, Carl 716, 718
Neufeld, Hans 723
Neufeld, Josef 693
Neufeld, Max 963
Neufert, Ernst 695
Neugebauer, Otto 773–775
Neuländer-Simon, Else (Pseud. Yva) 980
Neumann, Alfred 276, 1074, 1126f.
Neumann, Bernhard H. 780
Neumann, Franz L. 461, 625, 750, 756, 809, 841f., 869
Neumann, Heinz 498
Neumann, John von 771, 773f., 777f., 917
Neumann, Livia 157
Neumann, Robert 263, 529, 1051, 1056
Neumann, Sigmund 750, 756, 841, 844
Neumark, Fritz 429, 432, 918
Neumeyer, Alfred 767
Neumeyer, Karl 872
Neuner, Robert 878
Neurath, Otto 328, 723, 792, 800, 814, 816f.
Neurath, Paul 1194
Neuschul, Ernest 931, 933
Neutra, Richard 691, 700
Newton, Helmut 979
Nicolai, Georg Friedrich 570
Niebergall, Otto 240–242, 501, 624, 636, 1175
Niebuhr, Reinhold 486
Niederkirchner, Käthe 622
Niederland, William 422
Nielsen, Frederic W. 419, 421
Nikolaieva, Eugenia 1107
Nikova, Rina 1110
Nirenska, Pola 1107

Nixon, Richard M. 462
Noether, Emmy 770, 774–780
Noether, Fritz 772
Noguès, Hippolyte 136
Norkus, Herbert 724
Nolde, Emil 419, 932
Nolde, Karl 935
Nordheim, Lothar Wolfgang 830, 832, 834
Nosseck, Max 958, 963
Nossen, Steffi 1107
Novalis (Friedrich von Hardenberg) 744
Novy, Franz 523
Nuding, Hermann 496
Nurnberg, Walter 975
Nussbaum, Felix 171, 931

O'Casey, Sean 1120
Obermann, Emil 759
Ochoa, Severo 716–718
Oelsner, Gustav 695, 698f.
Oesterreich, Ruth 87
Olberg-Lerda, Oda 723
Olbracht, Ivan 422
Olden, Balder 154, 158, 229, 364, 419, 994
Olden, Rudolf 263, 329, 998, 1123, 1127
Oliven, Fritz (Pseud. Rideamus) 187f.,
Ollenhauer, Erich 223, 259, 364, 398, 477, 489, 723f., 1166
Olschki, Leonardo 884, 886, 890, 892
Ophüls, Max 958, 961, 963
Oppenheim, Paul 793
Oppenheimer, Carl 716, 718
Oppenheimer, Franz 345, 897
Oprecht, Emil 377f., 1129, 1137
Oprecht, Emmie 377
Orgad, Ben-Zion 1042
Ortega, Abraham 194
Orwell, George 609
Oser, Jean 959
Ossietzky, Carl von 108, 334, 571, 1065, 1214
Osten, Maria 985, 988
Oswald, Richard 958, 963, 967
Otten, Karl 396, 1091, 1135
Otto, Teo 378, 1112, 1115
Ottwalt, Ernst 385, 999, 1132
Ould, Hermon 263, 1050
Ozep, Fedor 963

Pabst, Georg Wilhelm 958, 961
Padani, Paula 1106, 1108, 1110
Paetel, Karl Otto 487, 656, 723f.
Pahlen, Kurt 156, 1040
Palfi, Marion 976, 979
Palfi, Victor 959
Palmer, Lilli 958
Palucca, Gret 1105
Palyi, Melchior 906
Panet, Edouard 291

Paneth, Fritz 719
Panholzer, Josef 1164
Pankok, Otto 932
Panofsky, Erwin 762, 766
Papanek, Ernst 84, 85, 525, 673
Partos, Ödön 1042
Paryla, Karl 378, 382, 1115, 1120
Pasternak, Joe 966, 968
Pataki, Veronika 1108f.
Paterson, Alexander 292
Paucker, Arnold 752
Paul, Ernst 374
Paul, Oscar, s. Pollak, Oscar
Pauli, Hertha 105, 1056
Pauli, Wolfgang 826, 830, 832, 834
Paulick, Richard 701
Paulsen, Wolfgang 736, 741
Paulus, Friedrich 631, 634
Pei, Ieoh Ming 700
Peierls, Rudolf Ernst 827, 830, 832–834
Peiser, Werner 95, 723
Peltesohn, Rose 770
PEM, s. Marcus, Paul E.
Peñaranda Valdivieso, Enrique 175, 178
Penrose, Roland 976
Penzl, Herbert 737
Perels, Kurt 872
Péri, Gabriel 215
Perkins, Frances 450
Perl, Walter 737
Perón, Juan Domingo 149, 151, 157
Perutz, Leo 1055
Pescht, Rudolf 1105
Pétain, Henri Philippe 137, 239
Peterhans, Walter 978, 980
Peters, Wilhelm 431, 723, 732, 857f.
Petersen, Jan 39, 1002
Petzall, F. L. 408
Pevsner, Nikolaus 266, 765
Peyre, Henri 892
Pfemfert, Franz 979
Philippson, Ernst 737
Phillipps, Herbert O. 959
Picasso, Pablo 937
Piccaver, Alfred 1038
Pick, Mia 1106, 1108
Pick, Otto 545, 548, 600
Pieck, Arthur 387
Pieck, Wilhelm 389, 494, 497, 499–501, 631, 652, 1100, 1181
Pilsudski, Józef 358
Pinkerfeld, Jacob 693
Pinochet, Augusto 201
Pinthus, Kurt 1139
Piper, Otto 552
Piscator, Erwin 43, 387, 419, 957, 964, 969, 1112, 1116, 1119f.

Pius XII. 555
Planck, Max 706, 815
Planer, Franz 958, 962, 965
Plank, Emma N. 731f.
Plant, Richard 985
Plessner, Helmuth 328, 792, 897f.
Plievier, Theodor 386, 1100, 1131, 1136
Plöchl, Willibald 538
Podlipnig, Josef 522, 667
Poelzig, Hans 694
Polanyi, Karl 899
Polanyi, Michael 792
Polgar, Alfred 229, 532, 538, 662, 958, 1050, 1056, 1193
Politzer, Heinz 737, 741, 1055, 1057
Pollak, Felix 1056
Pollak, Oscar (Pseud. Oscar Paul) 523, 668, 670f., 1190
Pollak, Stephan Walter 280
Pollard, Sidney 752
Pollock, Friedrich 810f., 906
Pommer, Erich 958, 960, 966
Ponger, Vera 530
Pontan, Maian 1108
Popper, Karl R. 265f., 318, 320, 792, 816, 819, 821, 900
Porges von Portheim, L. 709
Porten, Max von 431
Posener, Julius 695
Posener, Ludwig 96
Posener, Yael 96
Posner, Ernst 758
Posthumus, Nicolaas W. 328
Pound, Roscoe 880
Powell, Michael 961f.
Praag, van (Ehepaar) 329
Praetorius, Ernst 432
Prager, Willy 773, 778
Prawer, Siegbert S. 737
Preminger, Otto 36, 949, 958, 967
Preses, Peter 1056
Pressburger, Arnold 958, 961, 966
Pressburger, Emmerich 958, 961f.
Previn, André George 1042
Pribram, Alfred 747
Priester, Eva 1056
Priestley, John B. 1001
Pringsheim, Ernst 718
Pringsheim, Fritz 878
Pringsheim, Klaus 345, 1039
Przibram, Hans 709
Pscherhof, Makso 281
Püschel, Konrad 692f.
Pulewka, Paul 430
Pulikowski, Julian von 1040
Pulzer, Peter 752
Punitzer, Martin 696, 699
Purrmann, Hans 933
Puttkamer, Franz von 396

Quasten, Johannes 553
Querido, Emanuel 328–330, 1124, 1133
Quidde, Ludwig 260, 562, 571, 576f., 579, 723, 753
Quintanilla, Carlos 178

Rabel, Ernst 881
Rabinowitsch, Gregor 958, 961
Radakovic, Konstantin 896
Radbruch, Gustav 872
Rademacher, Hans 775, 780
Rädel, Siegfried 56, 237
Räderscheidt, Hubert Anton 934
Rading, Adolf 695, 697
Rádl, Emanuel 419
Rager, Fritz 525
Rainer, Luise 965
Rand, Rose 816
Rankl, Karl 1038
Rapaport, David 864
Raphael, Günther 1033
Rappaport, Herbert 964
Rathaus, Karol 1042
Rathé-Dainer, Helen 1108
Rathenau, Walter 1125
Rau, Heinrich 237
Rauschenplat, Hellmut von, s. Eberhard, Fritz
Rauschning, Hermann 359f., 378, 559, 565, 1130
Raviv, Moshe 973
Rebling, Eberhard 329, 1037
Redlich, Fritz 753
Redlich, Hans Ferdinand 1040
Regler, Gustav 35, 229, 312, 369, 926, 1075, 1125, 1128, 1131f.
Rehfisch, Hans José 261, 942, 1002, 1119
Reich, Wilhelm 335, 723, 744
Reichardt, Konstantin 737
Reiche, Harald A. 793
Reichel, Hans 230
Reichenbach, Hans 431, 792, 796–799, 815f., 818
Reichenbach, Hermann 1036
Reichenberger, Arnold 886, 889
Reichl, Fritz 698f.
Reik, Theodor 864
Reimann, Friedrich 430
Reinbold, Georg 309, 369
Reinemann, John Otto 730f.
Reinhardt, Gottfried 958, 966
Reinhardt, Max 327, 419, 968f., 1109, 1112, 1118f.
Reinhardt, Wolfgang 968
Reinheimer, Max 309, 573, 579
Reis, Tony 309
Reisch, Walter 958, 967
Reisner, Else 579
Reisner, Georg 397, 974, 977
Reisner, Konrad 574, 576, 578, 580
Reiss, Hans Siegbert 737
Reissner, Hanns Günther 272

Reizenstein, Franz-Theodor 1038
Remak, Henry (Heinrich) H. H. 737, 742, 886
Remak, Robert 772
Remarque, Erich Maria 36, 41, 1077
Rembte, Adolf 494
Rendsburg, J. F. J. (Hans) von 405
Renn, Ludwig 35, 37, 302f., 312, 386, 926, 1004, 1131, 1136–1138
Reschovsky, Helene 770
Reuter, Ernst 432, 695, 698, 1161, 1164, 1166, 1211
Reuter, Walter 977, 979
Reventlow, Rolf 137
Rewald, Ruth 985f., 989
Rheinstein, Max 879, 882
Ribbentrop, Joachim von 232
Richardson, Roland G. D. 776
Richter, Hans 977
Richter, Werner 736
Rideamus, s. Oliven, Fritz
Riechert, Paul 573
Riekel, August 723, 732
Riesenfeld, Stephan 879
Riezler, Kurt 792
Riggert, Ernst 585
Rilke, Rainer Maria 744
Rimpl, Herbert 693
Rinner, Erich 477, 480
Ripka, Hubert 420
Ritter, Gerhard 751
Ritzel, Heinrich Georg 382
Robinsohn, Hans 564
Robitschek, Kurt 1118
Roda Roda, Alexander 310, 532, 662, 1056
Rodenstein, Heinrich (Pseud. R. Bomart) 585f., 588, 723
Roeder, Emy 933
Röhm, Ernst 176
Röpke, Wilhelm 514, 562
Rössing, Karl 932
Rössler, Rudolf (Pseud. R. A. Hermes) 1130f.
Rössler, Tile 1105, 1108
Röttcher, Fritz 570
Röttcher-Mertens, Anni 570, 576
Romberg, Werner 778
Rommen, Heinrich 554
Rona, Peter 716, 718
Rooner, Charles 1005
Roosevelt, Eleonor 448
Roosevelt, Franklin D. 11, 63, 74, 139, 448, 450, 452f., 456, 462f., 534, 912, 915f., 918, 920, 1094
Rosé, Arnold Josef (früher Rosenblum) 1038
Rosemann, Gustav 439
Rosen, Heinz 1105, 1107, 1111
Rosen, Pinchas 356
Rosen, Willi 327
Rosenbaum, Marianne 1007
Rosenberg, Alfons 590
Rosenberg, Arthur 749, 747, 758, 760

Rosenberg, Hans 751, 757–760
Rosenberg, Jakob 762
Rosenberg, Leo 872
Rosenberg, Ludwig 544, 549
Rosenfeld, Alfred 272
Rosenfeld, Anatol 189
Rosenstock, Joseph 345, 1039
Rosenstock-Huessy, Eugen 723
Rosenthal, Arthur 772, 775
Rosenthal, Felix M. 407
Rosenthal, Harry 696f.
Rosenthal, Moriz 1039
Rosenzweig, Wilhelm 670
Rosing, Claire 1105
Rost, Nico 328
Rostal, Max 1038
Rotenberg, Stella 264
Roth, Ernst 1033
Roth, Joseph 229, 329, 532, 662, 740, 928, 1052, 1054, 1125, 1146
Rothfels, Hans 748–750, 757, 759
Rott, Hans 294, 531, 535, 537f., 664, 1191
Rotter, Fritz 1040
Roubiczek, Paul 1127
Rózsa, Miklos 958, 965
Rubin, Marcel 1039
Rubio, Jorge 699
Rudofsky, Bernhard 699–701
Rudolf, s. Klahr, Alfred
Rüdiger, Helmut 397
Rüdin, Ernst 848
Rühle, Otto 313, 723
Rühle-Gerstel, Alice 1076
Ruest, Anselm 793, 796, 1127
Rüstow, Alexander 514
Rukser, Udo 35, 199
Ruschin, Günter 1005
Rutherford, Ernest 684, 826

Saar, Fritz 545
Sacher-Masoch, Alexander von 283
Sachs, Curt 1040, 1107
Sachs, Georg E. 884, 888
Sachs, Nelly 31, 35, 374, 1030, 1217
Sáenz-Briz, Ángel 400
Sagebiel, Ernst 695
Sahl, Hans 229f., 1095, 1119, 1146
Sailer, Karl Hans 525, 537, 670
Salazar, António de Oliveira 362
Salm, Peter 737
Salomon, Albert 897
Salomon, Alice 723
Salomon, Erich 976f.
Salomon, Otto, s. Hunter, Peter
Salomon, Richard 748
Salomon-Calvi, Ernst 431
Salomon-Delatour, Gottfried 897f.

Salten, Felix 990
Salter, Hans Julius 958, 965, 968, 1033
Salzinger, Kurt 345
Samuel, Richard 737
Sandberg, Herbert 931
Sanderling, Kurt 1036
Sanders, Walter 978
Sandmann, Manfred 884, 889
Sanford, R. Nevitt 865
Sanjurjo, José 608
Sassoon, Victor 272
Sauer, Annie 1107, 1111
Saxl, Fritz 762, 765
Schach, Max 958, 961
Schachian, Herbert 873
Schächter, Josef 816
Schaeffer, Albrecht 1078
Schäffer, Ernst, s. Shaffer, Ernest
Schäffer, Hans 1216
Schallenberg, Kurt 979
Schanzer, George Oswald 890
Scharff-Goldhaber, Gertrude 834
Scharoun, Hans 695, 697
Scharrer, Adam 386f., 419, 1132f.
Schauff, Johannes 191, 554, 556
Schawinsky, Xanti 978
Schaxel, Julius 710
Scheer, Maximilian 229
Schehr, John 494
Scheidemann, Philipp 51, 206
Scheler, Max 900
Schellenberger, Hans 1001
Schelsky, Helmut 894
Schelting, Alexander von 897f.
Scherchen, Hermann 1035, 1039
Scheuer, Georg 526
Schey, Hermann 327
Schickele, René 34
Schiemann, Elisabeth 708
Schiff, Otto M. 254
Schiff, Victor 600
Schiff, Walter 262
Schiffer, Eva 737
Schild, Ludolf 1107
Schiller, Paul 958
Schindler, Rudolph 691, 700
Schirach, Baldur von 724
Schirokauer, Arno 737
Schlamm, Willi 1065, 1070, 1130
Schlee, Walter 958, 963
Schlemmer, Oskar 932
Schlesinger, Eilhard 152
Schlichter, Hedwig, s. Crilla, Hedy
Schlick, Moritz 328, 795, 813ff.
Schliestedt, Heinrich 545f.
Schlochauer, Richard 1164
Schlüter, Herbert 280

Schmidt, Eberhard 1035
Schmidt, Elli 109
Schmidt, Hans 692f.
Schmidt, Joseph 1037
Schmidt, Karl Ludwig 552
Schmidt, Wilhelm 553
Schmidt-Rottluff, Karl 932
Schmückle, Karl 385, 999
Schnabel, Artur 276, 1039
Schnabel, Stephan 8959
Schneider, Hellmuth 96
Schneider, Karl 700
Schneider, Otto 151
Schnitzler, Arthur 740, 1003
Schnog, Karl 309, 1020
Schocken, Salman 318
Schoen, Wilhelm von 199
Schoenaich, Paul Freiherr von 571
Schönberg, Alexander 719
Schönberg, Arnold 31, 36, 927, 1036, 1038, 1040–1043
Schoenemann, Erich 442
Schoenheimer, Rudolf 716, 718
Schönlank, Bruno 379, 1164
Schönstedt, Walter 985, 987, 1000, 1128, 1132
Schoettle, Erwin 376, 381, 481, 489
Scholl, Paul 309
Schoop, Trudi 1106
Schrade, Leo 1040
Schreiber, Adele 261
Schreiner, Albert 487
Schreiner, Gerth 329
Schröder, Hanning 1033
Schroeder, Max 228, 997
Schrödinger, Erwin 265, 830, 834
Schubert, Hermann 494, 497
Schücking, Walther 571, 580
Schüfftan, Eugen 959, 962, 965
Schüller, Richard 532
Schünzel, Reinhold 958
Schütte, Wilhelm 692, 698
Schütte-Lihotzky, Margarete 428, 692, 698
Schütz, Alfred 818, 820, 899
Schuftan, Werner 1107, 1109
Schulenburg, Gustav 548
Schulhoff, Ervin 1045
Schulte, Fritz 494, 497
Schultz, Stefan 737
Schultz, Walter D. 1164
Schulze, Fritz 931
Schulze-Wilde, Harry 1164
Schumacher, Ernst 172, 181
Schumacher, Fritz 695, 918
Schumacher, Kurt (bildender Künstler) 931
Schumacher, Kurt (SPD-Politiker) 489
Schumpeter, Joseph A. 896, 915, 920
Schuschnigg, Kurt 294, 1053f., 1115, 1191
Schwab, Alexander 695

Schwab, Georg Maria 719
Schwagenscheid, Werner 693
Schwann, Hans 573, 578
Schwartz, Philipp 428, 796
Schwarz, Alice 1055
Schwarz, Balduin 554
Schwarz, Egon 737, 744
Schwarzenbach, Annemarie 1068
Schwarzschild, Leopold 226, 329, 575, 600, 642, 928, 997, 1065, 1070, 1095, 1125
Schweitzer, Christoph 737
Schwerdtfeger, Hans 422f.
Schwesig, Karl 931
Schwitters, Kurt 264, 336, 933
Sebastian, Anna, s. Benedikt, Friedl
Segal, Arthur 396
Segal, Walter 696
Seger, Gerhart 39, 51, 360, 462, 486, 574, 578
Seghers, Anna 31, 37–42, 81, 109, 228f., 302, 312f., 315, 386, 744, 927, 964, 985, 990, 1003, 1005, 1016, 1068f., 1073f., 1076, 1079, 1083, 1124f., 1128, 1132f., 1137–1139, 1146, 1148f., 1216
Seiber, Matys György 1034
Seidel, Ina 738
Seidlin, Oskar 737, 744, 985
Seiffert, Ernst, s. Tauber, Richard
Selig, Karl-Ludwig 887, 892
Seligmann, Paul 792
Selz, Otto 723, 727, 857
Semke, Hein 366
Sempell, Charlotte 760
Sender, Toni 544
Sering, Paul, s. Löwenthal, Richard
Serkin, Rudolf 1038
Seydlitz-Kurzbach, Walther von 631–633, 635, 1101
Seymour, David, s. Chim
Shaffer, Ernest (bis 1938 Ernst Schäffer) 273
Shapley, Harlow 776
Shuzoi, Kuki 345
Siebert, Hans 723, 733
Siegel, Carl L. 773, 775, 777f., 780
Siegmund-Schultze, Friedrich 723, 732, 1216
Sieloff, Erich 155
Siemsen, Anna 378, 571, 723, 1127
Siemsen, August 35, 42, 95, 146, 153f., 157, 189, 301, 487, 593
Sierck, Detlef, s. Sirk, Douglas
Sievers, Max 639
Sievers, Wolfgang 979
Siimola, Aino 1105
Silberberg, Martin 293
Silbermann, Marianne 1106, 1108
Silone, Ignazio 1130
Silverman, Samuel Sidney 275
Simmel, Georg 900
Simon, Edith 264
Simon, Franz Eugen 827, 833

Simon, Hans Oskar 407f.
Simon, Hugo 188
Simon, Joseph 1194
Simone, André, s. Katz, Otto
Simonson, Ernst 422f.
Simony, Stephan 698
Simson, Otto von 767
Singer, Georg 1038
Singer, Hans W. 916
Singer, Kurt 345, 904
Singer, Rudi 382
Singer, Walter 1135
Sinzheimer, Hugo 327, 571, 723
Siodmak, Curt 958, 967f.
Siodmak, Robert 958, 961, 967f., 970
Sirk, Douglas (bis 1939 Detlef Sierck) 958, 963
Sirota, Leo 345
Smith, Adam 904
Smuts, Jan Christiaan 402f., 405, 408
Sohn-Rethel, Alfred 792f.
Sokel, Walter H. 737, 741
Sollmann, Wilhelm 309, 369, 477, 482
Solti, Georg 1035, 1043
Solzbacher, Wilhelm 309
Somlo, Josef 958
Sommerfeld, Arnold 826
Sommerfeld, Susanne 1001
Sonka, s. Sonnenschein, Hugo
Sonnemann, Ulrich 792
Sonnenschein, Hugo (Pseud. Sonka) 1050, 1054
Sorge, Richard 346
Souchy, Augustin 312, 397
Sousa Mendes, Aristides de 73, 364
Soyfer, Jura 1036
Spaak, Paul-Henri 169
Spalt, Karl Heinz 573–575, 579f.
Spann, Othmar 896
Sparkuhl, Theodor 959, 965
Specht, Minna 95, 98, 260, 573, 579, 589f., 591, 723f.
Speer, Albert 695
Speier, Hans 899
Sperber, Hans 369, 736f.
Sperber, Manès 1051
Sperling, Käte 770
Spiecker, Carl 223, 554f., 564, 600, 1092
Spiegel, Sam 958, 966
Spiel, Hilde 263f., 1051
Spies, Hans 976
Spira, Steffie 1005
Spiro, Eugen 230, 934, 998
Spitzer, Leo 884, 886f., 892
Spoliansky, Mischa 1040
Sponer, Hertha 834
Springer, Ferdinand 934
Stadlen, Peter 1038
Stadler, Karl 752
Stahl, Emil 477

Stahlmann, Richard 373
Staiger, Emil 741
Stalin, Joseph 494, 631, 635, 692, 710, 1101, 1182, 1185f.
Stam, Mart 693
Stammer, Werner 1105
Stammler, Gerhard 792
Stampfer, Friedrich 462, 477, 486, 512, 601, 1063, 1201
Stapenhorst, Günther 958
Starhemberg, Ernst Rüdiger von 364, 537
Stark, Werner 900
Staudinger, Hans 911
Stautz, Ludwig 397
Stechow, Wolfgang 762, 767
Steckel, Leonard 378, 1112, 1115
Steed, Wickham 1001
Stefan, Paul (früher Paul Stefan Grünfeld) 1038
Steffin, Margarete 985
Stein, Edith 554, 792f., 796
Stein, Ernst 755
Stein, Erwin 1038
Stein, Fred 974
Stein, Hanns 1041
Steinberger, Ludwig 755
Steindl, Josef 918
Steiner, Herbert 528, 1056
Steiner-Prag, Hugo 419
Steinhage, Joseph 326
Steinitz, Wolfgang 1003
Steinmüller, Max 381
Stengel, Erwin 852
Sterba, Editha 723
Sterba, Richard 723
Stern, Alfred 310, 793
Stern, Curt 706, 711, 790
Stern, Erich 723
Stern, Ernst 959
Stern, Fritz 752
Stern, Grete 150, 975
Stern, Günther 792
Stern, Guy 737, 744
Stern, Heinz Alfred, s. Astor, Bobby
Stern, Josef Luitpold 673, 1054, 1056
Stern, Joseph Peter 737
Stern, Kurt 1005
Stern, Manfred (General Emilio Kléber) 612
Stern, Otto 716, 830, 834
Stern, William 723, 857, 859
Sternberg, Fritz 381, 487
Sternberg, Wolfgang 422
Sternfeld, Wilhelm 260, 578
Steuermann, Eduard 1038
Steuerwald-Landmann, Anna 199
Stiedry, Fritz 1038
Stifter, Adalbert 1057
Stiller, Bruno 405
Stöcker, Helene 571, 580, 723
Stockinger, Richard 537

Stolper, Gustav 567, 906
Stolz, Robert 1034, 1041
Stone, Sasha 973
Strachey, James 852
Strand, Paul 978
Strasfogel, Ignace 1035
Strasser, Otto 42, 52, 155f., 190, 294f., 303, 364, 400, 418, 442, 559, 653, 724
Stratmann, Franziskus-Maria 558, 572
Straus, Emil 1174–1176
Straus, Erwin 847
Straus, Oscar 1041
Straus-Ernst, Louise 928
Strauss, Leo 792, 794, 801, 844
Strauss, Martin 797f.
Strauß, Sigmund 872
Strempel, Horst 934
Strobel, Ottomar 240
Strobl, Max 335
Ströbel, Heinrich 573
Strupp, Günter 931
Stübs, Albin 419
Sturman, Rivka 1110
Sturmthal, Adolf 899
Sturzo, Luigi 554
Stuttaford, Richard 405
Süß, Bruno 545
Sugihara, Chiune Sempe 74
Sultan, Grete 1039
Sultan, Herbert 897f.
Sulzbach, Walter 897f.
Sung, Tzūwên 337
Suschitzky, Wolf 975
Swaine, Alexander von 1108
Swarsensky, Hardi 148, 157
Swarzenski, Georg 762
Szafranski, Kurt 978
Szakall, Szöke 958
Szasz, Otto 775
Szegö, Gabriel 775
Szell, George 1038
Szende, Stefan 488, 647
Szenkar, Eugen 1036
Szilard, Leo 832–834
Szold, Henrietta 85

Tabori, George 135
Taeuber-Arp, Sophie 934
Täubler, Eugen 748
Talbot, Henry 979
Tarnow, Fritz 512, 514, 546, 548, 565
Tarnow, Hella 1107f.
Taro, Gerta 927, 977
Tau, Max 336, 1136
Tauber, Alfred 772
Tauber, Richard (früher Ernst Seiffert) 1042
Taufer, Jiří 422

Tausig, Otto 528
Tausky, Olga 770, 778, 816
Taut, Bruno 345, 432, 692f., 695, 697–699, 701, 723
Taut, Max 695
Taylor, (Lord) 853
Tedesco, Anton 700
Teller, Edward 832, 834
Tergit, Gabriele 261
Terra, Gabriel 437, 440, 442
Terramare, Georg 180
Tetzner, Lisa 378, 985–987, 989, 991
Teubner, Hans 382
Thälmann, Ernst 225, 609f.
Thalmann, Marianne 736
Thatcher, Margaret 915
Theile, Albert 35, 199, 346
Thelen, Albert Vigoleis 365, 396
Thiele, Guillermo 152
Thiele, Wilhelm 958
Thieß, Frank 1158
Thoeren, Robert 958, 961
Thomas, Adrienne 985, 990, 1126
Thompson, Dorothy 1113
Tietze, Andreas 887
Tietze, Hans 762
Tillich, Paul 40, 463, 486, 552, 593f., 605, 649, 723, 792, 802, 897, 1095
Tintner, Gerhard 914, 918
Tisch, Claire 910
Tischler, Victor 230
Tito, Josip 284
Tobler, Adolf 889
Toch, Ernst 1038
Tokayer, Josef 150
Toller, Ernst 42, 106, 260, 329, 571, 575, 744, 943f., 948f., 994, 1003, 1124
Tolman, Edward 863
Tonn, Willy Y. 341
Toole-Kahane, Renée 884, 888
Torberg, Friedrich 42f., 419, 532, 1029, 1056
Toscanini, Arturo 1034, 1039
Totis, Sándor, s. László, Alexander
Tower, Hedi 1107
Trainin, Ada 1108
Tranmæl, Martin 335
Traube, Isidor 713
Traube, Wilhelm 716
Trepte, Curt 1003f.
Treviranus, Gottfried 558
Trier, Walter 263, 294, 935
Trujillo, Rafael 298
Tschuppik, Karl 1052
Tucholsky, Kurt 106, 369, 575, 1050, 1065
Tudor Hart, Edith 976
Tuscherer, Eugen 961
tusk, s. Koebel, Eberhard
Twardowski, Hans Heinrich von 958

Ubisch, Gerta von 187, 710, 718f.
Uhlmann, Arno 644
Uhlmann, Fred 230, 264
Uhse, Bodo 37, 302, 312, 386, 1128, 1132, 1136–1138
Ulbricht, Walter 316, 386, 418, 494f., 500f., 600, 604, 630–632, 723f., 1100, 1182, 1211
Ulich, Robert 723, 731f., 792f.
Ullmann, Ludwig 1051, 1056f.
Ullmann, Viktor 1045
Ullrich, Hermann 529
Ulmer, Edgar G. 958
Ulrich, August (Pseud. Alfred Kalmus) 1033
Unger, Alfred 261
Unger, Hans 935
Unger, Heinz 1036
Unruh, Fritz von 571
Urban, Josef 691
Urbanitzky, Grete von 1050
Urey, Harold C. 831
Urhan, Otto 345
Urzidil, Johannes 1056
Uthoff, Ernst 1105, 1108
Utitz, Emil 723, 792

Václavek, Bedřich 422
Vagts, Alfred 751, 754, 756f.
Valdor, Lucien 558
Valentin, Curt 935
Valentin, Veit 566, 571, 749f., 755
Valtin, Jan, s. Krebs, Richard
Vandervelde, Émile 169
Vansittart, Robert Gilbert 566, 579
Vargas, Getúlio 183, 185
Veblen, Oswald 774, 776, 779
Veidt, Conrad 958, 961
Velasco Ibarra, José María 210
Venedey, Hans 574
Venedey, Hermann 574
Verebes, Ernö 958
Verkauf, Willy 356, 537, 1055
Vesper, Walter 241
Victor, Walther 309
Viebig, Ernst 1033
Viertel, Berthold 261, 1024f., 1050, 1055–1058, 1112, 1118, 1120, 1138f.
Viertel, Salka 36
Viga, Diego, s. Engel, Paul
Villard, Oswald Garrison 995
Voegelin, Eric 842, 844, 896f., 899
Vogel, Hans 223, 259, 477
Vogel, Wladimir 1043, 1045
Vogeler, Heinrich 388, 933
Vogt, Franz 547
Vogt, Paul 377
Vordtriede, Werner 737, 741, 1145, 1204
Vorhoelzer, Robert 695

Wach, Joachim 897
Wachenheim, Hedwig 723
Wachsmann, Franz, s. Waxmann, Franz
Wachsmann, Konrad 276, 700f.
Waerden, Bartel Leendert van der 779
Wagner, Gerhard 782f.
Wagner, Günther 419, 931
Wagner, Martin 691, 695f., 699f.
Wagner, Otto 691
Wagner, Robert 239
Wagner, Robert W. 452
Waismann, Friedrich 815ff.
Walbrook, Anton (bis 1937 Adolf Wohlbrück) 958, 962
Walcher, Jacob 487, 600
Wald, Abraham 777, 779, 918
Walden, Herwarth 928
Waldinger, Ernst 1019, 1024, 1029, 1055, 1057, 1139
Wall, Claudia 1108
Wallerstein, Lothar 1038
Wallich, Henry C. 462, 918
Wallmann, Margarethe 1107f., 1110
Walter, Bruno 327, 1043
Walter, Fritz 528
Walter, Hilde 998
Walzer, Raphael 558
Wandel, Paul 733
Wang, Anna 337
Wangenheim, Gustav von 387, 944f., 948, 952, 964, 1116, 1120
Warburg, Otto 718
Warren, Austin 741
Wartmann, Elisabeth 1105
Wasicky, Richard 537f.
Wassermann, Charles 294
Wassermann, Felix 737
Wassermann, Jakob 294, 419
Waxmann, Franz (früher Wachsmann) 958, 965, 1033
Weber, Alfred 907
Weber, August 556, 561, 563f.
Weber, Charlotte 377
Weber, Max 882, 898, 900, 907
Webern, Anton 1034
Wedding, Alex 984–986
Wedekind, Frank 420
Wedekind, Kadidja 1109
Weglein, Leo 197
Wegner, Armin T. 276, 571
Wehberg, Hans 571
Wehner, Herbert 360, 369, 373–375, 495, 499, 600, 1100, 1166
Weichardt, Louis 403
Weichmann, Elsbeth 1161
Weichmann, Herbert 487, 1161, 1165f., 1213
Weidt, Hans 1105, 1107–1109, 1111
Weigel, Hans 1055
Weigel, Helene 1112, 1115, 1120

Weil, Erich 792
Weil, Felix 805
Weil, Hans 95, 594, 730f.
Weil, Hermann 805
Weill, Kurt 31, 36, 1034, 1040, 1042f., 1119
Weinbaum, Martin 756
Weinberg, Kurt 886, 891f.
Weinberg, Simson, s. Berg, Jimmy
Weinberger, Jaromír 1035
Weiner, Karl 887
Weinert, Erich 40, 369, 385, 386, 626, 631, 985, 1022, 1100, 1132
Weingarten, R. J. 273
Weingartner, Felix Paul 1035
Weinryb, Bernhard D. 754
Weinstein, Alexander 778
Weisbach, Werner 762
Weiselberger, Carl 294f.
Weiskopf, Franz Carl 37, 386, 412, 419, 423, 984, 996, 1012, 1131, 1138f.
Weiss, Bernhard 562
Weiss, Erwin 1038
Weiss, Gerhard 737
Weiss, Hans 408
Weiss, Joseph J. 716
Weiss, Peter 35, 38, 41, 374, 419, 1202
Weisshaus, Imre, s. Arma, Paul
Weisskopf, Victor F. 830, 832, 834
Weiß, Ernst 106, 229, 231, 412, 421
Weiß, Erwin 528
Weisz, Victor 935
Welk, Ehm 985
Wellek, René 741
Wellesz, Egon 529, 1038, 1056
Wels, Otto 223, 477f.
Weltsch, Felix 792
Wendel, Hermann 928, 1070
Wendler, Ernst 176
Wendt, Erich 1132
Werberg, Otto 1108
Werder, Felix (früher Bischofswerder) 1041
Werfel, Franz 31, 42, 157, 364, 398, 454, 532, 534, 538, 626, 662f., 740, 943, 948, 1050, 1052, 1054, 1056f., 1119, 1135, 1146, 1193
Werner, Heinz 858f.
Wertheimer, Max 422, 857, 860f.
Wescher, Hertha 230
West, Arthur 1056
Westheim, Paul 230, 316, 928, 998, 1005, 1070, 1127
Weston, Edward 978
Weyl, Hermann 773f., 776–778, 780
Whitehead, Alfred North 796
Wiatrek, Heinrich 386, 499
Wicclair, Walter 1118
Wied, Martina 264
Wiehl, Emil 405
Wieland, Christian Martin 744

Wielek, Henk (früher Heinz) 329, 331, 1128
Wiene, Robert 958, 961
Wiener, Alfred 266
Wiener, Hans 1108
Wiener, Hugo, s. Zucker-Schilling, Erwin
Wieruszowski, Helene 751, 755, 760
Wiesner, Arnost 696
Wigman, Mary 1103, 1105, 1109
Wigner, Eugene 832, 834
Wijsmüller-Meijer, Gertrude 83
Wilbrandt, Hans 431
Wilde, Johannes 762
Wilder, Billy 36, 461, 958, 967 f., 1057
Wilhelm II. (deutscher Kaiser) 753
Wilhelm, Hans 958, 963
Wilhelm, Wolfgang 958
Wilk, Gerhard 280
Wilkens, Alexander Friedrich Karl 152
Wilker, Karl 723
Willinger, Laszlo 979
Willmann, Heinz 369
Willstätter, Richard 714 f., 717
Wilmanns Lidz, Ruth 850
Wilmanns, Karl 847, 850
Wind, Edgar 767
Windischgraetz, Franz 534
Winsloe, Christa 1126
Winter, Ernst Karl 533
Winter, Fritz Salomon 179
Wirth, Joseph 376, 382, 554 f., 654, 1211 f.
Wise, Stephen S. 451
Wittfogel, Karl August 806, 899
Wittgenstein, Ludwig 266, 816
Wittgenstein, Paul 534
Wittich, Erica 344
Wittkowski, Viktor 188
Wohlbrück, Adolf, s. Walbrook, Anton
Wölcken, Kurt 151
Wolf, Friedrich 35, 40, 43, 229, 378, 385–387, 943–949, 951–953, 964, 985, 989, 1078, 1100, 1116, 1130, 1132 f., 1136, 1146
Wolfenstein, Alfred 229, 421, 1019, 1023, 1078
Wolff, Emmy 95
Wolff, Ernst 566
Wolff, Helmuth Egon Wilhelm 977
Wolff, Hans Julius 878
Wolff, Konrad 1039
Wolff, Kurt Egon 1114
Wolff, Kurt H. 900
Wolff, Lothar 959, 965
Wolff, Theodor 8, 1070
Wolff, Victoria 105
Wolff, Werner 978
Wolffheim, Hans 1203
Wolfskehl, Karl 276, 318, 320, 1022
Wolfstein-Frölich, Rosi 169

Wollheim, Gert 931, 934, 998
Wollweber, Ernst 205, 496
Wolpe, Stefan 1037, 1045
Wols (Alfred Otto Wolfgang Schulze) 397, 974
Wood, Samuel Hill 589
Worner, Heinz 934
Woyda, Julius 727
Woytinski, Wladimir 909
Wright, Frank Lloyd 691, 699
Wronkow, Ludwig 419
Wronsky, Siddy 723
Wucherpfennig, Hermann 346
Wunderlich, Frieda 566, 897, 910
Wüsten, Johannes 419, 933 f., 952

Yorck von Wartenburg, Ludwig 631
Yva, s. Neuländer-Simon, Else

Zadek, Walter 979
Zaisser, Elisabeth 723, 733
Zaloscer, Hilde 135
Zarek, Otto 435
Zech, Paul 150, 157, 1019, 1078, 1137
Zeeland, Paul van 169
Zeisel, Hans 899
Zeisler, Alfred 958
Zeller, Magnus 937
Zelnik, Friedrich 963
Zemlinsky, Alexander von 1042, 1045
Zerfass, Julius 379
Zernatto, Guido 531, 1052 f., 1057
Ziegler, Heinz-Otto 897
Ziegler, Richard 935
Zilsel, Edgar 792 f., 814, 816, 819, 901
Zimmering, Max 419, 985, 988, 1136
Zimmering, Siegfried 1001
Zimmermann, Eleonore 892
Zimmermann, Otto 1105, 1107
Zinnemann, Fred 958, 967
Zinner, Hedda 386 f., 419
Zipper, Kurt 1036
Zoff, Otto 1057
Zohn, Harry 737, 741
Zucker-Schilling, Erwin (Pseud. Hugo Wiener) 526
Zuckmayer, Carl 31, 43 f., 943, 948, 1050 f., 1115, 1119, 1134 f.
Zuckmayer, Eduard 430, 723
Zühlsdorf, Volkmar von 995
Zur Mühlen, Hermynia 264, 985, 987, 1050, 1056
Zweig, Arnold 35, 229, 329, 352, 357, 419, 637, 744, 927, 1074, 1125, 1131, 1136, 1146, 1148 f.
Zweig, Lotte 106
Zweig, Max 412
Zweig, Stefan 31, 35, 106, 187 f., 229, 252, 261, 263, 995, 1050, 1054–1056, 1135, 1146
Zygmund, Antoni 780

Institutionenregister

Academic Assistance Council (AAC), ab 1936 Society for the Protection of Science and Learning (SPSL), London 69f., 256, 458, 684–686, 754, 796, 859, 909, 1217
Acción Antinazi 443
Acción Republicana Austríaca de México (ARAM) 315, 536
Action Française 214
Active Citizen Force 408
Aide aux emigrés, Genf 377
Akademien
    Académie Raymond Duncan, Paris 1109
    Akademie der Künste, Berlin 1202, 1211
    Akademie der Politischen Wissenschaften, Prag 423
    Akademie der Schönen Künste, Istanbul 694
    Akademie der Wissenschaften der DDR 1202
    Akademie der Wissenschaften, Israel 897
    Akademie der Wissenschaften, Leningrad 710
    Akademie der Wissenschaften, Wien 709
    British Academy 265
    Deutsche Akademie der Künste und Wissenschaften im Exil, New York 960, 995
    Koninklijke Nederlandse Akademie van Wetenschapen 328
    Max Reinhardt Workshop of Stage-Screen and Radio, Hollywood 1109, 1119
    Staatliche Akademie für Kirchen- und Schulmusik, Berlin 1107
    Staatsakademie für Musik und darstellende Kunst, Wien 1106
Alemania Democrática/Comité sudamericano 154
Alianza Austríaca pro Aliados, s. Freie Österreichische Bewegungen
Allied High Commission 1165
American Committee on European Reconstruction, New York 533
American Economic Association (AEA) 920
American Federation of Austrian Democrats 530
American Foreign Policy Association 451
American Friends of German Freedom, s.a. Association for a Democratic Germany, ab 1944 463, 512
American Friends Service Committee (AFSC) 72, 74, 457
American Guild for German Cultural Freedom 42, 70, 108, 457, 555, 928, 995, 1213
American Mathematical Society (AMS) 776f.
American Political Science Association 840
American Psychological Association 859, 861
American Sociological Association 899
American Sociological Society 901
Anarcho-Syndikalisten 507
    Deutsche Anarcho-Syndikalisten, Amsterdam 507
    deutsche 609
    deutsche, Barcelona, s.a. Spanischer Bürgerkrieg, Gruppe Erich Mühsam
Anti-Revolutionaire (AR), Niederlande 322
Antifaschistische Emigrantengemeinschaft, Oslo 510
Arbeiterwohlfahrt Deutschlands 588
Arbeitsausschuß deutscher Sozialisten und der Revolutionären Sozialisten Österreichs 511
Arbeitsgemeinschaft demokratisches Deutschland 555
Arbeitsgemeinschaft für sozialistische Inlandsarbeit, Paris 483, 511
Arbeitskommission zur Klärung politischer Probleme des Kampfes für den Sturz Hitlers und (der) Gestaltung des neuen Deutschland 652
Arbeitskreis revolutionärer Sozialisten, Prag 509
Arbetarrörelsens flyktingshjälp, Schweden 372
Archive
    Central Zionist Archives, Jerusalem 759
    Dokumentationsarchiv des österreichischen Widerstandes (DÖW), Wien 1188, 1217
    Archives Internationales de la Danse, Paris 1109
Asociación Psicoanalítica Argentina 151
Assembly for a Democratic Austrian Republic 525, 530
Assistance Médicale aux Enfants Réfugiés 87, 219
Association for a Democratic Germany 512, 1216
Association of Austrian Christian Socialists in Great Britain 533
Association of Free Germans 512
Association of New Citizens, Australien 166
Association of Refugees, Australien 166
Austin Riggs Center, Stockbridge 851, 864
Austria Libre, s. Freie Österreichische Bewegungen
Austria Office, London 524, 532f., 664
Austrian Action, Vereinigte Staaten 530, 534
Austrian Centre, London 262, 527, 1055
Austrian Democratic Union 533, 675
Austrian League 532f.
Austrian National Committee 535, 538
Austrian Office, Großbritannien 262
Austrian Representative Committee 533, 670
Austrian Self Aid 527

Institutionenregister

Austrian Social Club 526, 530
Austrian Union in California 525
Austrian-American League 534
Austro-American Association 526, 530
Austro-American Center, New York 533 f.
Austro-American Committee 530
Austro-American Committee for the Reelection of President Roosevelt 531
Austro-American Trade Union Committee for Victory 531
Auxiliary Military Pioneer Corps 140, 257
Auxilio Social, Spanien 400

Bauhaus 36, 423, 695 f., 700, 925, 933–935, 978
   New Bauhaus, Chicago 699 f., 978
Berliner Gesellschaft für empirische/wissenschaftliche Philosophie 815
Berliner Opposition (BO) 526
Bert-Brecht-Klub, Prag 419, 421, 996
Bewegung „Freies Deutschland" (BFD) 32, 37, 42, 109, 181, 189, 198, 211, 260, 302 f., 305, 314, 382, 443, 535, 605, 636, 1002–1005, 1202, 1213
   Comité Allemagne libre pour l'Ouest (CALPO)/Komitee „Freies Deutschland" für den Westen (KFDW) 241 f., 501, 636, 1175
   Lateinamerikanisches Komitee der Freien Deutschen (LAKFD), Mexiko 154 f., 181, 302 f., 314, 443, 555
   Nationalkomitee „Freies Deutschland" (NKFD) 40, 198, 241 f., 381 f., 393, 472, 500, 513, 553, 605, 622, 625 f., 629–638, 649, 651, 1002, 1101, 1133
Bibliotheken
   Deutsche Bibliothek Frankfurt am Main 1197, 1201, 1211 f.
   Deutsche Bücherei, Leipzig 1201
   Deutsche Freiheits-Bibliothek, Paris 42, 228, 599, 928, 997
   Economisch-Historische Bibliotheek (EHB), Amsterdam 328
   Kulturwissenschaftliche Bibliothek Warburg 764 f., 768
   Wiener Library 42, 266, 1212
Bild- und Presseagenturen
   Alliance Photo 974
   Associated Press 976
   Black Star 978
   Magnum 974
   Telegrafnoje Agenstwo Sowjetskowo Sojusa (TASS) 342
Board of Education 589
Boston Colloquium for the Philosophy of Science 817 f.
British Broadcasting Corporation (BBC), s. Rundfunksender
British Committee for Refugees from Czechoslovakia 73, 255
British Medical Association 319
Brookings Institution 918
Buchhandlungen
   Agence de Librairie française et étrangère, Paris 227
   Au pont de l'Europe, Paris 227
   Biblion, Paris 227
   Ca. Mayer & Cie, Paris 227
   Librairie Franco-Allemande (LIFA), Paris 227
   Lipschutz, Paris 973
Bund der Kriegsdienstgegner/War Resisters International 573
Bund der dänischen Emigrantenhilfskomitees (De samvirkende danske Emigranthjælpekomitéer) 206
Bund Deutscher Architekten (BDA) 695
Bund Deutscher Offiziere (BDO) 631–633, 635 f.
Bund freiheitlicher Sozialisten 601
Bund Neues Vaterland (BNV) 570, 572
Büro Pfarrer Grüber 69

Canadian League of Nations Society 287
Canadian National Committee on Refugees (CNCR) 291
Canadian National Railways 285, 288
Canadian Pacific Railways 285
Cape Town Holocaust Memorial Council, Südafrika 409
Caritas 69
   Schweizerischer Caritas-Verband 377
Catholic Committee for German Refugees 255
CENTRA, s. Jüdische Organisationen, Asociación de comunidades y organizaciones Israelitas en Latino-América
Central Co-ordinating Committee on Refugees, später Joint Consultative Committee on Refugees 255
Central Committee for German Refugees 408
Central European Joint Committee (CEJC) 565
Central Office of Information about Nazi Germany 266
Centrale Arbeiders-, Verzekerings- en Depositobank, Den Haag 328
Centre Américain de Secours, Marseille 237
Christlicher Reichsbund für deutsche Freiheit 418
Church of England Committee for „Non-Aryan" Christians 255
CIMADE (Hilfsorganisation) 235
Coast Garrison Force 408
Comisión Coordinadora de los Alemanes Democráticos en la Argentina (Arbeitsausschuß der Deutschen Demokraten Argentiniens) 154
Comité Allemagne libre pour l'Ouest (CALPO), s. Bewegung „Freies Deutschland"
Comité Austríaco-Austria Libre, Argentinien, s. Freie Österreichische Bewegungen
Comité Central Austríaco de América Latina (CCAAL), s. Freie Österreichische Bewegungen
Comité Consultatif 220
Comité Contra el Antisemitismo (CCA), Chile 198
Comité d'assistance aux Réfugiés 219
Comité de Proteção dos Interesses Austríacos no Brasil 190, 536
Comité de secours aux pacifistes exilés, Genf 260
Comité National de Secours aux Réfugiés Allemands Victimes de l'Antisemitisme 42, 218
Comité National Français 623
Comité Representativo, Chile 197

Institutionenregister

Comité voor Politieke Duitsche Vluchtelingen 68
Congrès Internationaux d'Architecture Moderne (CIAM) 696
Conseil National Autrichien, Paris 537
Cooperativa de Créditos para la Industria, la Agricultura y el Comercio (COCIAC) 196
Council for a Democratic Germany (CDG) 40, 42, 463, 472, 486f., 513, 549, 553, 555, 566, 593, 605, 643, 649, 1067
Council for Refugee Settlement in Africa Outside the Union 141
Council of Austrians in Great Britain 262, 527
Cowles Commission for Research in Economics 918
Croix de feu, s. Ligue Croix de feu

Das Andere Deutschland/La Otra Alemania (DAD), s. Zeitungen/Zeitschriften
Das Demokratische Deutschland 654
De ondergedoken camera (Die untergetauchte Kamera, illegale Fotogruppe), Niederlande 977
Delegazione de Assistenza pro Emigranti e Profughi Ebrei (DELASEM), Italien 72
Demokratische Flüchtlingsfürsorge, Prag 68, 414, 577
Demuth-Ausschuß, London, s. Notgemeinschaft Deutscher Wissenschaftler im Ausland
Departamento de Imprensa e Propaganda (Abteilung für Presse und Propaganda), Brasilien 188
Deutsch-Amerikanischer Kulturverband (German-American League for Culture) 42, 1000
Deutsche Botschaften
    Den Haag 330
    Paris 239
    Tokyo 343
    Warschau 359
Deutsche Forschungsgemeinschaft (DFG) 708, 1043, 1199
Deutsche Friedensgesellschaft (DFG) 570, 572, 574
Deutsche Front, Prag 472, 564
Deutsche Front, Saargebiet 370
Deutsche Gesellschaft für Psychologie 857
Deutsche Handelskammer, Uruguay 441
Deutsche Liga für Menschenrechte (DLM), s. Liga für Menschenrechte
Deutsche Philosophische Vereinigung 796
Deutsche Volksfront/Zehn-Punkte-Gruppe, Berlin 511, 603
Deutsche Zentralverwaltung für Volksbildung 733
Deutscher Club, Sowjetunion 229, 391
Deutscher Hilfsausschuß, Paris 510
Deutscher Volksbund für christlich-soziale Gemeinschaft 556
Deutscher Volkschor 229, 998
Deutscher Werkbund 695
Deutsches Antifaschistisches Komitee zur Unterstützung der Sowjetunion (DAK), Uruguay 443
Deutsches Kulturkartell 229, 998

Deutschland-Hilfswerk 155
Deutschsprachige Sozialistische Gruppe, Paris 509

Emergency Bureau for the Rescue of German Anti-Nazi Refugees 256
Emergency Committee in Aid of Displaced Foreign Psychologists 859
Emergency Committee in Aid of Displaced German/Foreign Scholars (EC), New York 42, 69, 458, 684f., 775, 792, 827, 840, 859, 909, 1216
Emergency Rescue Committee (ERC) 42, 71, 72, 108, 237, 364, 457, 579, 916, 1213, 1216
Entr'aide européenne 219
Europäisches Forum Alpbach 820
European Advisory Committee 1190

Federación de Austríacos Libres en Bolivia (FAL), s. Freie Österreichische Bewegungen
Fédération des Emigrés d'Allemagne en France (FEAF) 64, 588
Film-Studios
    MGM 965f.
    Monogram 968
    Paramount 968
    Republic 968
    Universal Studio 960, 965f., 968
    Warner Brothers 965f., 968
Flüchtlingshilfe der Kreuzritter 377
Fonds, s. Stiftungen/Fonds
Frauenorganisationen
    Internationale Frauenliga für Frieden und Freiheit (IFFF) 108, 377, 570–572
    Weltliga der Mütter und Erzieherinnen 572
    Liga de Damas, Bolivien 180
    Liga de Damas CARIDAD, Chile 197
    Women's International Zionist Organization (WIZO) 197, 354
    Young-WIZO 197
Free Austrian Movement (FAM), s. Freie Österreichische Bewegungen
Free Austrian Movement in Palestine, s. Freie Österreichische Bewegungen
Free Austrian National Council 294, 538
Free Austrian World Movement (FAWM), s. Freie Österreichische Bewegungen
Frei-Deutschland-Bewegung (FDB), auch Free German Movement 42, 156, 190, 295, 442, 559
Freie Arbeiter-Union Deutschlands (FAUD) 506f.
Freie Deutsche Hochschule, Paris 229, 998
Freie Deutsche Hochschule, London 261, 591, 1001
Freie Österreichische Bewegungen 382
    Alianza Austríaca pro Aliados, Paraguay 536
    Austria Libre 199, 303, 536
    Comité Austríaco-Austria Libre, Argentinien 156f., 536
    Comité Central Austríaco de América Latina (CCAAL) 190, 303, 536

Freie Österreichische Bewegungen (Forts.)
  Federación de Austríacos Libres en Bolivia (FAL) 180, 536
  Free Austrian Movement (FAM), London 157, 180, 260, 262f., 294, 303, 356, 524, 528f., 533, 536, 667, 671, 1055f., 1189
  Free Austrian Movement in Palestine 537, 1055
  Free Austrian Movement (FAM), auch Frei-Österreicher-Bewegung, Toronto, USA 190, 294, 303, 535f., 538, 664
  Free Austrian World Movement (FAWM) 190, 529, 539
Freier Deutscher Klub (FDK), Uruguay 442f.
Freies Deutschland (FD), s. Bewegung „Freies Deutschland"
Freies jüdisches Lehrhaus, Frankfurt a. M 794
Fremdenlegion 140
Frente Nacional Democrático, Uruguay 443
Freunde der sozialistischen Einheit Deutschlands 511
Freundeskreis der Deutschen Blätter, Chile 199
Freundeskreis des Freien Deutschland, Uruguay 443
Friedensbund Deutscher Katholiken (FDK) 558, 570, 572
Friend's Committee for Refugees and Aliens (FCRA) 255
Friends of Austria and Austrian Society in Palestine 527
Front National de la Libération (FNL) 624

Galerien, s. Museen/Galerien
Gedenkstätte Deutscher Widerstand, Berlin 1205
Geheimdienste
  Central Intelligence Agency (CIA) 461
  Federal Bureau of Investigation (FBI) 36f., 42, 453, 969
Geheimpolizei
  Gossudarstwennoje polititscheskoje uprawlenije (GPU, 1922–1934) 1099f.
  Narodnij Kommissariat Wnutrennich Djel (NKWD) 384, 390–394, 497, 521, 1100, 1132
  Policia de Vigilancia e da Defensa do Estado (PVDE), Portugal 363, 365
  s. a. NS-Organisationen, Gestapo
Gemeinsamer Überparteilicher Hilfsausschuß 588
Gemeinschaft demokratischer Deutscher in Shanghai (Residents' Association of Democratic Germans in Shanghai) 344
German Educational Reconstruction (GER) 584, 588–591, 1217
German Emergency Committee 255, 577
German Labor Delegation (GLD), New York 462, 472, 486f., 512
German Mathematicians' Relief Fund 776
German-American Bund 967
German-American Council for the Liberation of Germany from Nazism 512
German-American League for Culture, s. Deutsch-Amerikanischer Kulturverband
German-American Writers Association 1000
Gesellschaft Deutscher Lichtbildner (GDL) 970, 979
Gesellschaft für Konjunkturforschung, Frankfurt a. M. 908

Gewerkschaften
  Allgemeine Freie Lehrergewerkschaft Deutschlands (AFLD) 584
  Allgemeiner Deutscher Gewerkschaftsbund (ADGB) 206, 546
  Allgemeiner freier Angestelltenbund 545
  American Federation of Labor (AFL) 67, 450, 486
  Christlicher Bergarbeiterverband 545
  Christlicher Metallarbeiterverband 545
  Confederación Nacional del Trabajo (CNT) 397
  Deutscher Gewerkschaftsbund (DGB) 549, 1160
  Deutscher Metallarbeiterverband (DMV) 545
  Federation of Labour, Neuseeland 319
  Gewerkschaft Erziehung und Wissenschaft (GEW) 588
  International Group of Teachers Trade Unionists 593
  International Seamen and Harbour Workers (ISH) 172
  Internationale Transportarbeiter-Föderation (ITF) 67, 172, 326, 510, 546f., 1215
  Internationale Vereinigung der Lehrerverbände FIAI) 588
  Internationaler Gewerkschaftsbund (IGB) 52, 67, 546, 593
  Internationales Berufssekretariat der Lehrer (IBSL) 584, 588
  Internationales Berufssekretariat der Metallarbeiter 545
  Jewish Labor Committee (JLC) 67, 71, 74, 457
  New Zealand Manufacturers Federation 319
  Niederländischer Gewerkschafts-Kongreß (NNV) 67
  Syndicat National des Instituteurs (SNI) 584
  Zentralverband der Angestellten 545f.
  Zentralverband der Hotel-, Restaurant- und Caféangestellten 545
Gewerkschaften, Exilorganisationen
  Arbeitsausschuß freigewerkschaftlicher Bergarbeiter Deutschlands 226, 547
  Auslandsvertretung der Deutschen Gewerkschaften (ADG) 546, 565, 643
  Auslandsvertretung der deutschen Gewerkschaften (ADG), Landesgruppe Frankreich 547
  Auslandsvertretung der Freien Gewerkschaften Österreichs 520
  Koordinationsausschuß deutscher Gewerkschafter in Frankreich 226, 547
  Landesgruppe deutscher Gewerkschafter in Schweden 548f., 1217
  Landesgruppe deutscher Gewerkschafter in Großbritannien 259, 485, 548f., 592, 643, 1217
Groupements de travailleurs étrangers (GTE) 138
Gruppe Revolutionärer Pazifisten (GRP) 570, 574

Heinrich Heine Club, Chile 198
Heinrich-Heine-Klub, Mexiko 37, 314f., 928, 950, 1004f., 1117
Heinrich-Mann-Kreis, Schweden 1003
Hochkommissariat für Flüchtlinge aus Deutschland, s. Völkerbund

House Un-American Activities Committee (HUAC) 36, 453, 530

Immigrants Selection Board, Südafrika 405
Immigrants' Committee 552
Immigrants' Help, Johannesburg 406f.
Immigration Branch, Kanada 288
Indian High Commission, Großbritannien 271
Institute
  Austrian Institute 532
  Centre for German-Jewish Studies, Brighton 266
  Deutsch-Brasilianisches Kulturinstitut, Rio de Janeiro 189
  Deutsches Pädagogisches Zentralinstitut 733
  „Frankfurter Schule", s. Institut für Sozialforschung
  Goethe-Institut 189, 305, 1198
  Indian Institute of Science, Bangalore 273
  Institut für Höhere Studien, Wien (IHS) 821
  Institut für Konjunkturforschung, Wien 913
  Institut für Marxismus-Leninimus beim ZK der SED (IML) 1202
  Institut für Sozialforschung 687, 745, 802, 805, 807f., 811, 865, 906
  Institut für Zeitgeschichte, München 1199, 1210, 1212
  Institut Wiener Kreis 821
  Institut zum Studium des Faschismus, Paris 974
  Institute for the Unity of Science 817f.
  Instituut Mundaneum, Den Haag 328
  Internationaal Instituut voor Sociale Geschiedenis (IISG), Amsterdam 328, 754f., 1197, 1211, 1213, 1215
  Kaiser Wilhelm-Institut (KWI) 704–708, 713f., 716, 718
  Laban Centre, London 266
  Leo-Baeck-Institute 266, 1216
  Research Centre for German and Austrian Exile Studies, London 266
  South African Institute for Race Relations 410
  Warburg Institute 42, 266
  Weltwirtschaftsinstitut, Kiel 914
  Wright Institute 864
  Zentrales Psychotechnologisches Institut, Prag 423
Intergovernmental Committee on Refugees (IGC) 11, 63
International Christian Committee for German Refugees 69, 255
International Committee for Granting Relief to European Refugees (IC), Shanghai 340
International Political Science Association 840
International Relief Association 71
International Rescue and Relief Committee 71
International Student Service 591
Internationale Gruppe Demokratischer Sozialisten (IGDS), Arbeitskreis für Friedensfragen, Schweden 373, 512
Internationale Hilfsvereinigung Deutschlands 588
Internationaler Sozialistischer Kampfbund (ISK) 109, 153, 206, 224, 259, 381, 473, 485, 489, 506f., 509, 511, 514, 588, 592, 594, 640, 644–646, 1127, 1213

Internationales Lagerkomitee, Buchenwald 605
Internationales Militärtribunal, Nürnberg 462

Jeunesses Patriotes 214
Joint Commission for political Prisoners and Refugees in North Africa 139f.
Joint Consultative Committee on Refugees, s. Central Co-ordinating Committee on Refugees
Jüdische Organisationen, s.a. Palästina
  Agrojoint 384
  Agudath Israel 71
  Alija Chadascha (Neue Einwanderung), Palästina 356
  American Jewish Committee 64, 808, 811
  American Jewish Congress (AJC) 64, 865
  American Jewish Joint Distribution Committee (JDC, Joint) 64f., 72, 75, 140, 170, 178, 186, 195, 235, 282, 298, 300, 340, 343, 364, 377, 400, 452, 456, 1111
  Asociación Cultural Israelita de Buenos Aires (ACIBA) 147
  Asociación de Beneficencia Israelita, Ecuador 210
  Asociación de comunidades y organizaciones Israelitas en Latino-América (CENTRA) 200, 304
  Asociación de Judíos Polacos, Bolivien 180
  Asociación Filantrópica Israelita, Argentinien 147ff.
  Asociación Israelita, Cochabamba 179f.
  Associação Religiosa Israelita (ARI), Brasilien 186
  Association of Jewish Artists and Lovers of Fine Art, Shanghai 341
  Association of Jewish Refugees from Germany and Austria (AJR) 265
  Association of the Children of Jewish Refugees 265
  Australian Jewish Welfare Society (AJWS) 163
  B'nai B'rith 71, 180, 407
  British Council for German Jewry 141
  Canadian Committee for Jewish Refugees (CCJR) 288
  Canadian Jewish Congress 287, 291
  Central British Fund for German Jewry 254
  Centro Israelita, Santa Cruz 179
  Círculo Israelita, La Paz 178, 180
  Club Deportivo Israelita Macabi, Bolivien 180
  Comité Central Israelita, Mexiko 315
  Comité de défense des juifs (CDF), Belgien 72
  Comité Français pour la Protection des Intellectuels Juifs Persécutés 973
  Comité Israelita de Socorros (CISROCO) 195
  Comité pro Defensa Israelita, Uruguay 441
  Commissão Portuguesa de Assistência aos Judeus Refugiados (Commassis), Lissabon 363f.
  Committee for Jewish Claims on Austria 1192
  Committee for the Assistance of European Jewish Refugees (CFA), Shanghai 72, 340
  Comunidad Israelita, La Paz 180
  Congregação Israelita Paulista (CIP), Brasilien 185, 186
  Consistoire Israélite 218
  Council for German Jewry, London 254f., 271, 405

Jüdische Organisationen (Forts.)
  Emigrationsdirektion, auch Emigdirekt, Emigdirect (Vereinigtes Komitee für jüdische Auswanderung), Berlin 65
  Etz Chayim, Johannesburg 407
  European Jewish Artist Society (EJAS), Shanghai 341
  Federación Sionista Unida, Bolivien 180
  Federación Sionista, Chile 197
  Federation of Synagogues 407
  German-Jewish Club of 1933, Los Angeles, ab 1940 Jewish Club 999
  German Jewish Club, New York, s. New World Club
  German-Jewish Childrens' Aid Committee 85
  Hatikwah, Mexiko 315
  Hatikwah-Menorah, Mexiko 315
  Hebrew Immigration Aid Society of America/Jewish Colonisation Association/Emigrationsdirektion (HICEM) 65 f. 73, 281 f., 298, 300, 343, 364, 397, 400, 456
  Hebrew Sheltering and Immigrant Aid Society (HIAS) 65, 73, 186, 298, 300, 343, 364, 397, 456
  Hechaluz 8, 218
  Hilfsfond für deutsche Juden, Shanghai 339
  Hilfskomitee der jüdischen Gemeinden, Schweden 372
  Hilfsverein der Juden in Deutschland, Berlin 282, 405 f.
  Hilfsverein deutschsprechender Juden, Argentinien 146
  Hilfsverein für jüdische Einwanderer (CHILEHICEM), Chile 195
  Histadrut, Palästina 354
  Hitachdut Olej Germania (HOG) 354
  Hitachdut Olej Germania we-Austria (HOGOA), Palästina 356
  Immigrant Jewish War Veterans 1109
  Menorah, Mexiko 315
  Irgun Olej Merkas Europa (IOME), Palästina 356
  Jew's Temporary Shelter 254
  Jewish Agency for Palestine (JA) 8, 65 f., 75, 354 f., 364
  Jewish Club, s. German-Jewish Club of 1933
  Jewish Colonization Association (JCA, ICA) 65, 147 f., 186, 456
  Jewish Coordination Committee (ZETOS) 72
  Jewish Immigrant Aid Society 287
  Jewish Immigrants' Help 408
  Jewish Joint Agricultural Corporation 178
  Jewish Labor Committee (JLC), s. Gewerkschaften
  Jewish Professional Committee 254
  Jewish Refugee Committee, später German Jewish Aid Committee 83, 254
  Jewish Relief Association, Bombay 272
  Jewish Self-Help (Jüdische Selbsthilfe), Südafrika 406
  Jewish War Appeal 408
  Jewish Workers' Club, Johannesburg 404
  Jews for Social Justice, Johannesburg 410
  Jüdische Jugendhilfe 85
  Jüdische Kulturgemeinschaft (JKG), später Asociación Cultural Israelita de Buenos Aires (ACIBA) 147
  Jüdischer Kulturbund Deutschland 1034, 1045, 1104, 1106, 1108
  Jugend-Alija, s. Youth Aliyah
  Kenya Jewish Refugee Committee 141
  Liga de Damas, Bolivien, s. Frauenorgansiationen
  Liga de Damas CARIDAD, Chile, s. Frauenorgansiationen
  Macabi Hatzair, Bolivien 180
  Macabi, Chile 197
  Mossad l'Aliyah Bet (Bricha, Institut für illegale Einwanderung) 65, 75
  New World Club, New York, bis 1940 German Jewish Club 461, 999
  New Zealand Jewish Welfare Society 318
  Nueva Comunidad Israelita, Argentinien 148
  Nueva Congregación Israelita (NCI), Uruguay 438 f., 441–443
  Obšestvo Rasprostranenija Truda (sredi evreev) (ORT, Gesellschaft zur Verbreitung der (Handwerks-) Arbeit (unter den Juden), Organization for Rehabilitation Through Training) 218, 341
  Palästina-Amt für Jugoslawien 281
  Palästina-Amt im Zentralausschuß für Hilfe und Aufbau 8, 66
  Reichsvertretung der deutschen Juden, später der Juden in Deutschland 6, 66, 83
  Rescue Committee of the Jewish Agency 71
  Savez Cijonista Jugoslavije (Bund der Zionisten Jugoslawiens) 282
  Savez Jevrejskih Veroispovednih Opština (SJVO, Bund der jüdischen Glaubensgemeinschaften) 281
  Schweizerischer Israelitischer Gemeindebund (SIG) 72
  She'erith Hapletah (Vereinigung der Überlebenden des Holocaust), Südafrika 409
  Sociedad Cultural Israelita B'ne Jisroel, Chile 197
  Sociedad de Protección a los Inmigrantes Israelitas (Sopromitis), Argentinien 147, 178, 180
  Sociedade Israelita Brasileira de Cultura e Beneficência (SIBRA), Brasilien 186
  South African Fund for German Jewry 406 f.
  Theodor Herzl Gesellschaft 148
  Union of Orthodox Rabbis 75
  Va'ad ha Hatzala 71
  Verband Schweizerischer Israelitischer Armenpflegen, ab 1943 Jüdischer Fürsorgen (VSIA/VSJF) 377
  Verband Schweizerischer Jüdischer Flüchtlingshilfen 72
  Women's International Zionist Organization (WIZO), s. Frauenorganisationen
  World Jewish Congress (WJC) 64 f., 75, 451
  Young-WIZO, s. Frauenorganisationen
  Youth Aliyah (Jugend-Alija) 65, 83, 85
  Zentralausschuß für Hilfe und Aufbau 6
  Zentralbüro für deutsche Juden, Palästina 354
  Zentralstelle für jüdische Wirtschaftshilfe, Berlin 282
  Zionistische Vereinigung für Deutschland (ZVfD) 65 f.
  Zionistische Vereinigung von Mauritius 141

Jugendorganisationen des Exils
  Aktionsgemeinschaft proletarischer Jugendorganisationen, Paris 510
  Arbeitsgemeinschaft freiheitlicher Jugendorganisationen/Freie Deutsche Jugend, Paris 226
  Austrian Youth Assembly, Vereinigte Staaten 530
  Austrian Youth Association (AYA) 532
  Austro-American Youth, Vereinigte Staaten, s. Freie Österreichische Jugend (FÖJ) 530
  Austro-American Youth Council, Vereinigte Staaten, s. Freie Österreichische Jugend (FÖJ) 530
  Freie Deutsche Jugend (FDJ) 261, 510, 591
  Freie Österreichische Jugend (FÖJ), New York, auch Free Austrian Youth Committee, Free Austrian Youth, Free Austrian Youth Group, Austro-American Youth, Austro-American Youth Council 530, 675
  Young Austria in Great Britain 262, 528, 1056
  Ring bündischer Jugend 418
  Ring deutscher Jungkatholiken 418
  Sozialistische Jugend, Großbritannien 259

Kaiser Wilhelm-Gesellschaft (KWG) 704–706
Kidma, Chile 197
Klub österreichischer Sozialisten, Schweden, s. Österreichische Sozialdemokratie
Komitee „Freies Deutschland" für den Westen, s. Bewegung „Freies Deutschland"
Kommunistische Partei Deutschlands (KPD) 17f., 49, 52, 67f., 109, 181, 205, 207, 222, 226, 228, 236, 240f., 314, 342, 372f., 381f., 386, 390f., 397, 415, 417f., 462, 470, 481, 486f., 493–497, 508f., 511, 597, 600, 604f., 630f., 634, 641–644, 646, 650–652, 733, 1004, 1099–1101, 1128, 1181–1186, 1202, 1213
  Kommunistische Partei Deutschlands (KPD), Kommunistischer Jugendverband (KJV, KJVD) 510
  Kommunistische Partei Deutschlands/Opposition (KPDO, KPO) 224, 506–508, 510, 609; s.a. Rote Hilfe
  Kommunistische Partei des Saarlands (KPD/S) 482, 1173–1175
  Gruppe Ackermann 1182
  Gruppe Sobotka 1182
  Gruppe Ulbricht 1182
Kommunistische Partei Österreichs
  Group of Austrian Communists of Great Britain 527
  Gruppe Ziel und Weg 526
  Kommunistische Partei Österreichs (KPÖ) 67f., 224, 385, 388–391, 394, 417, 519f., 526f., 529f., 626, 666, 1039, 1051, 1054, 1099f., 1190, 1193f.
  Kommunistische Partei Österreichs (KPÖ), Kommunistischer Jugendverband (KJV, KVJÖ) 391, 528, 675
  Revolutionäre Kommunisten 526
Kommunistische Bewegungen, internationale
  Exekutivkomitee der Kommunistischen Internationale (EKKI) 384, 386, 999, 1100, 1132
  Kommunistische Internationale (Komintern) 68, 240, 384, 497, 509, 1128f.
  Kommunistische Internationale (Komintern), „Institut 99" 632
  Kommunistische Partei Argentiniens 155
  Kommunistische Partei Belgiens 240
  Kommunistische Partei der Sowjetunion (KPdSU) 68, 390, 630
  Kommunistische Partei der Tschechoslowakei (KPČ) 412, 415, 418
  Kommunistische Partei Frankreichs (KPF) 231, 240f., 603, 624, 1109
  Kommunistische Partei Italiens (KPI) 603
Krankenhäuser/Kliniken
  Chestnut Lodge 849
  Henry Phipps Psychiatric Clinic 850
  Johns Hopkins-Hospital, Baltimore 850
  Maudsley Hospital, London 853
Kulturclub deutscher Arbeiter, Uruguay 442
Künstlerorganisationen
  Art Students League, New York 934
  Artists International Association (AIA) 976
  Artists Refugee Committee, Großbritannien 975
  Asociación Amigos de la Música 150
  Association des Ecrivains et Artistes Révolutionaires (AEAR), s. Schriftstellerorganisationen
  Bund freier deutscher Musiker 1001
  Deutscher Chorsängerverband und Tänzerbund 1105
  Freier Deutscher Kulturbund in Großbritannien (FDKB, FDKBGB), London 42, 261, 579, 591, 934, 976, 1000–1002, 1136
  Freier Deutscher Kulturbund in Schweden (FDKBS) 373, 1003, 1136
  Freier deutscher Künstlerbund, ab 1938 Freier Künstlerbund (FKB, Union des Artistes libres), Paris 228, 928, 935, 998
  Kokoschka-Bund (Oskar-Kokoschka-Bund) 934f., 996
  Kollektiv deutscher Künstler, ab 1938 Freier Künstlerbund, Paris 230, 934
  Liga de Escritores y Artistas Revolucionarios, Mexiko, s. Schriftstellerorganisationen 313
  Mánes, Prag 420, 975
  Palestine Professional Photographers Association 979
  Royal Photographic Society 976
  Shanghai Musicians Associations of Stateless Refugees 341
  Vereinigung Deutscher Bühnenangehöriger in Paris 229f., 998

La Maison des Amis des Livres, Paris 974
League of Austrian Socialists in Great Britain 524
Légion allemande 625
Liberal-Demokratische Vereinigung der Deutschen in der Schweiz (LDV) 566
Liga de Defensa, Chile 198
Liga de Intelectuales, Chile 198
Liga Democrática Pro Cultura Alemana, Chile 198
Liga für Menschenrechte 68

Liga für Menschenrechte (Forts.)
    Deutsche Liga für Menschenrechte (DLM) 260, 570, 572, 574, 576–578, 588, 713, 1067
    Frankreich 223, 576
    Tschechoslowakei 421
Liga Pro Cultura Alemana (LCA, Liga für deutsche Kultur), Mexiko 313, 315, 1004
Ligue Autrichienne 531
Ligue Croix de feu 214
Ligue de l'Autriche Vivante, Paris 1054
London Bureau of the Austrian Socialists in Great Britain (LB, Londoner Büro der österreichischen Sozialisten in Großbritannien), s. Österreichische Sozialdemokratie

Main d'Œuvre Immigrée (MOI) 241, 624
Maisons de la Culture, Paris 973 f.
Manhattan Project 833 f.
Matteotti-Komitee 170
Military Committee for the Liberation of Austria 535
Minnesota Center for the Philosophy of Science, Minneapolis 817
Mjesni odbor za pomo izbjeglicama (Örtlicher Ausschuß für die Hilfe von Flüchtlingen), Belgrad 281
Mouvement pour la Libération de la Sarre (MLS) 1172
Mouvement Social Français 214
Movement for the Care of Children from Germany, später Refugee Children's Movement 83, 257
Movimiento Alemán Pro Democracia Y Libertad, Ecuador 211 f.
Movimiento Nacionalsocialista de Chile (MNS) 194
Museen/Galerien
    Arcade Gallery, London 976
    Bayerisches Nationalmuseum, München 764
    Biennale, Venedig 963
    Galerie Au chasseur d'images, Paris 974
    Galerie Billiet, Paris 974
    Galerie de la Pléiade, Paris 974
    Galerie Fernand Nathan, Paris 974
    Jewish Museum, Johannesburg 409
    Julien Levy Gallery, New York 978
    Kestner-Gesellschaft, Hannover 764
    Kunsthalle, Wien 972
    Kunsthistorisches Museum, Wien 764
    London Gallery, London 976
    Museum of Modern Art, New York 935, 979
    Paul Getty Museum, Los Angeles 972
    Rheinisches Landesmuseum, Bonn 971
    Staatliche Museen, Berlin 764
    Städelsches Kunstinstitut, Frankfurt a. M. 764
    Stedelijk Museum, Amsterdam 977

Nationaal-Socialistische Beweging (NSB), Niederlande 326
National Bureau of Economic Research 918
National Defense Commission 566
National Psychological Association for Psychoanalysis 864

Nationale Volksarmee (NVA) 627, 634 f.
Nationalkomitee „Freies Deutschland" (NKFD), s. Bewegung „Freies Deutschland"
Nationalsozialistische Deutsche Arbeiterpartei (NSDAP) 21, 158
    Auslandsorganisation (NSDAP-AO) 199, 403, 405, 441 f., 1035
    Deutsche Arbeitsfront (DAF) 548, 643
    Schutzstaffel der NSDAP (SS) 17
    Sicherheitsdienst des Reichsführers SS (SD) 40, 53, 242, 343, 365, 392, 400, 1212 f.
    Sturmabteilung der NSDAP (SA) 17 f.
Nationalsozialistische Institutionen
    Geheime Staatspolizei (Gestapo) 20, 22, 24 f., 40, 48, 51, 53, 55–57, 236–238, 242, 278, 324, 343, 365, 368, 392, 394, 400, 423, 439, 588, 1213 f.
    Geheimes Staatspolizeiamt (Gestapa), Berlin 48, 52
    Reichsfilmkammer 957
    Reichskommissar für die Wiedervereinigung Österreichs mit dem Deutschen Reich 9
    Reichskulturkammer 33, 1106
    Reichsministerium für Propaganda und Volksaufklärung 957, 1133
    Reichsschrifttumskammer 957, 1134
    Reichssicherheitshauptamt (RSHA) 9, 49, 51 f., 55, 132, 238, 1214
    Reichszentrale für jüdische Auswanderung 9
Neu Beginnen (NB) 224, 259, 381, 462, 478, 481, 485, 487, 489, 506–512, 514, 602, 640, 642, 644, 646, 1213
New Deal 756, 911 f., 914 f., 918
New Education Fellowship 591
Notgemeinschaft der Deutschen Wissenschaft 686
Notgemeinschaft der deutschen Antifaschisten, Brasilien 189
Notgemeinschaft Deutscher Wissenschaftler im Ausland (NDW) 70, 428, 472, 564, 685 f., 791, 796

Œuvre de Secours aux Enfants (OSE) 72, 83–85, 235, 239
Office Autrichien, Paris 537 f., 664
Office of Foreign Relief and Rehabilitation Operations (OFRO)
Office of Strategic Services (OSS) 32, 36, 40, 461, 530, 554, 625 f., 645, 756 f., 842, 1096
Office of War Information (OWI), Vereinigte Staaten 1094–1096
Office Sarrois 222
Opernhäuser/Orchester
    Manhattan Opera House 1119
    Metropolitan Opera, New York 1033
    Palestine-Orchestra 1039
    Staatsoper, Wien 1107
Org, auch Leninistische Organisation, s. Neu Beginnen
Österreichische Freiheitsfront (ÖFF) 173, 529
Österreichische Vertretungskörperschaft 675
Österreichischer Klub, Südafrika 407

Pao Chia, jap. Hilfspolizei in Shanghai 343
Parliamentary Committee on Refugees 255
Parteien, deutsche vor 1933, s. a. Kommunistische Partei Deutschlands, Sozialdemokratische Partei Deutschlands
  Deutsche Demokratische Partei/Deutsche Staatspartei (DDP/DStP) 556, 561, 571
  Deutsche Volkspartei (DVP) 562, 566
  Deutschnationale Volkspartei (DNVP) 558
  Konservative Volkspartei 558
  Zentrum 554, 556
Parteien, deutsche nach 1945, s. a. Kommunistische Partei Deutschlands, Sozialdemokratische Partei Deutschlands
  Christlich-Demokratische Union (CDU) 555 f.
  Christliche Volkspartei (CVP), Saarland 1173 f.
  Demokratische Partei des Saarlandes (DPS) 1176
  Freie Demokratische Partei (FDP) 555, 568
  Liberaldemokratische Partei Deutschlands (LDPD) 568
  Sozialistische Einheitspartei Deutschlands (SED) 394, 501, 515, 635, 1158, 1184–1186
  Zentrum 556
Parteien, weitere deutsche und österreichische im Exil
  Deutsche Freiheitspartei (DFP), Paris 472, 555, 559, 564 f., 600
  Österreichische Volkspartei (ÖVP) 1191
  Österreichische Volkspartei (ÖVP), Auslandsvertretung 533
  Sozialistische Arbeiterpartei Deutschlands (SAPD, SAP) 67, 224, 226, 259, 334, 373, 381, 485, 487–489, 506 f., 509–511, 512, 514, 573 f., 578, 592, 600, 602, 604, 609, 640, 644, 646 f., 1213
Parteien, weitere ausländische
  Christelijk-Historische Unie (CHU), Niederlande 322
  Det norske Arbeiderparti (DNA), Norwegen 333 f.
  Deutsch-Demokratische Freiheitspartei 22
  Sudetendeutsche Partei (SdP), auch „Henlein-Partei" 1035
  Kuomintang-Partei, China 336
  National-Partei, Luxemburg 309
  Parti Ouvrier Belge/Belgische Werkliedenpartij 169
  Parti Social Français 214
  Partido Obrero de la Unificación Marxista (POUM) 610, 612
  Partij van de Arbeid, Niederlande 331
  National Party, Südafrika 403
  Purified Nationalist Party, Südafrika 403, 405
  Republikanische Volkspartei, Türkei 426
  Rooms-Katholieke Staatspartij (RKSP), Niederlande 322
  South African Party 402 f.
  Unión Cívica Radical (Radikale Partei), Argentinien 144, 151
  United South African National Party, Südafrika 403, 405
Particam (Partisanen-Kamera, illegale Fotogruppe), Niederlande 977
PEN-Club
  Deutscher PEN-Club im Exil, London 107, 928, 994, 1213

Internationaler PEN-Club 42, 994, 1050
  Österreichischer PEN-Club im Exil, London, auch Free Austrian PEN 529, 1056
  PEN-Zentrum deutschsprachiger Autoren im Ausland, London 266
Pestalozzi-Gesellschaft 146, 150
Pionierkorps der britischen Armee, s. Auxiliary Military Pioneer Corps
Pittsburgh Center for the Philosophy of Science 818
Political Intelligence Department 136
Political Warfare Executive (PWE), Großbritannien 565, 1093
Pro-Arte Rolândia, Brasilien 190
Provisional Austrian National Council (Provisorisches Österreichisches Nationalkomitee, POEN) 535

Quäker, s. a. Society of Friends 69, 72, 83, 140, 219, 235, 400

Rat für ein Demokratisches Deutschland 990
Refugee and Immigration Service 71
Refugee Children's Movement 83, 257
Refugee Childrens Evacuation Fund 95
Refugee Economic Corporation 178
Refugee Industries Committee 70, 256
Reichsbanner Schwarz-Rot-Gold 555
Reichsstelle für das Auswanderungswesen, Berlin 435
Reichswirtschaftsministerium 66, 350
Relief Committee for the Victims of German Fascism 404
Representation in Spain of American Relief Organizations 400
Republikanische Beschwerdestelle 572
Republikanischer Schutzbund 519, 613
Résistance
  Armée Secrète 623
  Comité Français de la Libération Nationale (CFLN) 137, 623, 636
  Conseil National de la Résistance 242, 623
  Forces Françaises de l'Intérieur (FFI) 242, 623
  Forces Françaises Libres (FFL) 623
  Franc-Tireurs et Partisans Français (FTPF) 623
  Maquis Bir Hakeim 625
  Mouvements unis de la Résistance (MUR) 623
  Travail (Anti-)Allemand (TA) 241, 624
Returned Servicemen Association, Neuseeland 319
Revolutionäre Landvolk-Bewegung 418
Revolutionäre Sozialisten (RS) 602
  Deutschlands (RSD) 477, 481, 486 f., 506, 509 f., 514
  Österreichs (RSÖ), s. Österreichische Sozialdemokratie
Rex-Bewegung 169
Rote Armee 393, 622, 625, 1190, 1212
  Aufklärungsapparat (GRU) 394
  VII. Abteilung der politischen Hauptverwaltung 1100
Rote Hilfe 68
  Deutschland 588
  Internationale Rote Hilfe (IRH) 68, 206, 384

Rote Hilfe (Forts.)
   Schweden 372
   Schweiz 377
   Tschechoslowakei (Rudá pomo) 415
Rote Kämpfer 507
Rotes Kreuz
   Internationales Rotes Kreuz (IRK) 74, 140, 1215
   Portugal 400
   Spanien 400
Royal Institute of British Architecture (RIBA) 696
Runder Tisch, Chile 199
Rundfunksender
   All India Radio 273
   American Broadcasting Station in Europe (ABSiE), Deutscher Dienst, London 1097
   British Broadcasting Corporation (BBC) 32, 514, 524, 565, 753, 1090f., 1096f., 1102
   British Broadcasting Corporation (BBC), Deutscher Dienst 626, 1088, 1090–1093, 1096, 1100, 1213
   Ceuta 608
   Columbia Broadcasting System (CBS) 626, 1096
   Deutscher Freiheitssender, auch Schwarzer Sender oder Sender der Schwarzen Front 414, 416, 559
   Deutscher Freiheitssender 29,8 500
   Deutscher Kurzwellensender Atlantik/Atlantiksender, Großbritannien 1093f.
   Deutscher Volkssender 500, 626, 1099
   Freies Deutschland 632
   Freiheitssender der Deutschen Freiheitspartei 556
   Geheimsender 1212 („Operation Annie") 1096
   Gustav Siegfried Eins (GS 1), Großbritannien 626, 1093f.
   National Broadcasting Co. (NBC) 626, 1096
   Nordwestdeutscher Rundfunk (NWDR), Hamburg 1164
   Radio Luxemburg 1096f.
   Radio Moskau 626, 630, 1096, 1098f.
   Radio Moskau, Deutscher Dienst 1098f.
   Radio Rotes Wien, Goßbritannien 1092
   Sender Christo Botew 1099
   Sender der Europäischen Revolution 514, 1092
   Sender der SA-Fronde 1099
   Sender der Wolgadeutschen Republik 1098
   Sender des Nationalkomitees „Freies Deutschland" 1101, 1213
   Sender Freies Österreich 1099
   Sender Hier spricht Deutschland, Großbritannien 1092
   Sender Sturmadler 1099
   Soldatensender Calais, Großbritannien 626, 1093f.
   Sudetendeutscher Freiheitssender 1099
   Voice of America 552, 626, 1095f.
   Voice of America, deutschspr. Abteilung Stimme Amerikas 1095–1097

Samarbetskommittén för demokratiskt uppbyggnadsarbete (SDU, Koordinationskomitee für demokratische Aufbauarbeit), Schweden 592

Save Europe Now 591
Schriftstellerorganisationen
   Association des Ecrivains et Artistes Révolutionaires (AEAR) 974
   Bund Freie Presse und Literatur, Paris 997
   Bund proletarisch-revolutionärer Schriftsteller (BPRS) 38, 996, 999
   Club 1943 42, 266, 1002
   Exiled Writers Committee 42
   German-American Writers Association (GAWA, Schutzverband Deutsch-Amerikanischer Schriftsteller) 1000
   Gesellschaft für deutsche Literatur (Gedelit) 310
   Gruppe Unabhängiger Deutscher Autoren 1002
   Internationale Schriftstellervereinigung zur Verteidigung der Kultur 1129
   Internationale Vereinigung Revolutionärer Schriftsteller (IVRS), Moskau 391, 998
   Internationale Vereinigung Revolutionärer Schriftsteller (IVRS), Deutsche Sektion (Deutsche Länderkommission), Moskau 928, 999
   Internationaler Schriftstellerkongreß zur Verteidigung der Kultur, Paris, Madrid 974, 997, 999, 1015
   League of American Writers 42
   Liga de Escritores y Artistas Revolucionarios, Mexiko 313
   Schutzverband deutscher Schriftsteller (SDS), Paris 42, 228, 599f., 928, 996f., 998, 1114
   Schutzverband deutscher Schriftsteller (SDS), Schweden 1002
   Schutzverband deutscher Schriftsteller (SDS), Tschechoslowakei 996
   Schutzverband deutscher Schriftsteller (SDS), USA 42
   Schweizerischer Schriftsteller-Verband 379
   Sowjetischer Schriftstellerverband 999, 1133
   Tribüne der freien deutschen Literatur und Kunst, Vereinigte Staaten 1118
   Verband katholischer deutscher Schriftsteller, Österreich 1053
   Vereinigung sozialistischer Schriftsteller 1053
   s. a. Pen-Club
Schulen
   Deutsche Volkshochschule 229
   École Normale de Sèvres, Nancy 886
   Florenz, Landschulheim 886
   Folkwang-Schule, Essen 1105
   Internationaal School voor Wijsbegeerte, Amersfort 328
   Internationale Lenin-Schule 388, 391
   Marienau, Landerziehungsheim 96
   Marxistische Arbeiterschule (MASCH) 229
   Pestalozzi-Schule 146, 150, 442, 585
   Publi-Phot 974
   Salem, Landerziehungsheim 95
   Scuola Normale Superiore, Pisa 276, 886
   Shanghai Law School 338
   Volkshochschule Shanghai 341
   Walkemühle, Landschulheim 95, 206
   Wigman-Schule, Berlin, Dresden, New York 1106, 1109

Schwarze Front (SF) 20, 155, 206, 295, 418
Schwedische Israelmission 373
Schweizerische Zentralstelle für Flüchtlingshilfe 377f.
Schweizerisches Arbeiterhilfswerk 377
Schweizerisches Hilfskomitee für evangelische Flüchtlinge 377
Schweizerisches Hilfswerk für Emigrantenkinder 82, 87, 98, 239, 377
Secours Suisse 235
Selfhelp of Emigrés from Central Europe, New York 70, 108, 457, 552
Service international d'aide aux réfugiés (SIAR) 72, 219
Servicio de Investigación Militar 615
Settlement Group for Canada of the German Refugee Bureau 288
Shanghai Ashkenazi Collaborating Relief Association (SACRA) 343
Social Science Research Council 117
Sociedad Colonizadora Boliviana (SOCOBO) 178
Society for Exile Studies, Inc./Gesellschaft für Exilforschung 1199
Society for the Protection of Science and Learning (SPSL), s. Academic Assistance Council
Society for the Psychological Study of Social Issues (SPSSI) 862
Society of Friends, s.a. Quäker 255
SOPADE, s. Sozialdemokratische Partei Deutschlands (SPD)
South African Central Committee for German Refugees 407
South African Jewish Board of Deputies 404, 406f.
South African Mayors' National Fund 407
South African Union of Jewish Studies (SAUJUS) 409
Sowjetische Militäradministration in Deutschland (SMAD) 1182
Sozialdemokratische Flüchtlingsfürsorge 67
Sozialdemokratische Flüchtlingshilfe, Prag 418
Sozialdemokratische Partei Deutschlands (SPD) 17f., 51, 67, 109, 206, 223, 226, 381f., 415, 462, 470, 486f., 489, 508f., 512, 515, 556, 574, 594, 597f., 646, 713, 1105, 1128, 1158, 1160, 1162, 1165, 1217
   Landesgruppe deutscher Sozialdemokraten in Frankreich 223, 511, 601, 640
   SOPADE 49, 52, 67, 72, 172, 205, 222, 225, 240, 259, 373, 417f., 421, 462, 470, 475, 477, 479–481, 483–485, 488f., 549, 564, 584, 599–601, 603, 613, 639, 644f., 655, 1201, 1213, 1217
   Stockholmer Arbeitskreis deutscher Sozialdemokraten 548, 1217
Sozialdemokratische Partei Österreichs (SPÖ) 259, 315, 671, 1051, 1190f., 1217
   Association of Austrian Social Democrats in Great Britain 524, 533
   Auslandsbüro der österreichischen Sozialdemokraten (ALÖS) 417, 519f., 522, 524
   Auslandsvertretung der österreichischen Sozialisten (AVÖS) 224, 226, 522f., 1054

Austrian Labor Committee 525, 538, 670
Austrian Labour Club, London 523
Klub österreichischer Sozialisten, Schweden 668
London Bureau of the Austrian Socialists in Great Britain (LB, Londoner Büro der österreichischen Sozialisten in Großbritannien) 262, 523f., 533, 671f., 674f., 1056
Revolutionäre Sozialisten Österreichs (RSÖ) 67, 172, 259, 511f., 519f., 522, 537, 646, 1054
Sozialdemokratische Arbeiterpartei Österreichs (SDAP, SDAPÖ) 172, 519
Sozialdemokratische Union, Großbritannien 259
s. a. Acción Republicana Austríaca de México (ARAM)
s. a. Association of Austrian Social Democrats in Great Britain
s. a. League of Austrian Socialists in Great Britain
Sozialdemokratische Parteien, weitere
   Deutsche Sozialdemokratische Arbeiterpartei in der ČSR (DSAP) 67, 259f., 415, 417, 479
   Labour Party, Großbritannien 67, 259, 524
   Sozialdemokratische Arbeiterpartei der Niederlande 68
   Sozialdemokratische Landespartei des Saargebietes 613
   Sozialdemokratische Partei des Saarlandes (SPS) 482, 1173f.
Sozialistische Arbeiter-Internationale (SAI) 67, 169, 172, 480f., 509, 520, 1215
Sozialistische Arbeiterjugend (SAJ) 477
Sozialistische Arbeitsgemeinschaft, Großbritannien 259
Sozialistische Erziehungs-Internationale 87, 587
Sozialistische Grupppe, Prag 510
Spanischer Bürgerkrieg 608–621, 977f., 989, 997, 1005, 1017, 1022, 1026–1128, 1130, 1202
   Bataillon 12. Februar 610, 614
   Bataillon Etkar André 610
   Bataillon Hans Beimler 610
   Bataillon Thälmann 610
   Brigadas Mixtas 610
   Centuria Thälmann 609
   Columna Lenin 609
   Gruppe Erich Mühsam 609
   Internationale Brigaden 521, 610, 612, 616, 621
   Servicio Sanitario Internacional 610
   Thälmann-Gruppe 609
   Tschapaiew-Bataillon (XIII. Brigade) 610
   XI. Brigade 610, 612, 614
Special War Problems Division 454
St. Raphaelsverein 69
State Department, s. United States State Department
Stiftungen/Funds
   Carnegie Endowment 70, 293, 457, 840
   Czech Refugee Trust Fund (CRTF) 67, 255f., 288
   Ernst-Eckstein-Fonds 588
   European Film Fund 968
   Friedrich-Ebert-Stiftung 1203, 1205, 1211
   Guggenheim Foundation 773
   Matteotti-Fonds 369

Stiftungen/Funds (Forts.)
　Oberlaender Trust 70, 457
　Polish-Austrian Relief Fund 141
　Rockefeller Foundation 70, 457f., 684–686, 718, 754, 773, 775, 826, 840, 859, 861, 863f., 913f.
　Rosenwald (Family Association) Fund 70, 457
　Save the Children Fund 83
　Solidarity Fund 67
Stockholmer Koordinationsstelle zur Erforschung der deutschsprachigen Exil-Literatur 1198f.
Student Holocaust Interviewing Projekt (SHIP), Kapstadt 409

Témoignage Chrétien 624
Thälmann-Befreiungskomitee, Spanien 397
Theater/Kleinkunstbühne/Kabarett
　ABC, Wien 1115
　Allcock Theatre, Shanghai 341f.
　Beggar's Bar, USA 1109
　Blue Danube Club, London 264
　Broadway Theatre, Shanghai 341
　Continental Players, Hollywood 1118
　Cornichon, Schweiz 1115
　Der Liebe Augustin, Wien 1115
　Deutsches Gebietstheater, Dnepropetrowsk 387, 1116
　Deutsches Kollektiventheater, Odessa 387, 1116
　Deutsches Staatstheater, Engels 387, 1116
　Deutsches Theater „Kolonne links", Moskau 387, 1116
　Eastern Theatre, Shanghai 341
　Echo von links, Tschechoslowakei 1114
　Freie Bühne, Los Angeles 1118
　Freie Bühne, Stockholm 373, 1003, 1117
　Freie Deutsche Bühne, Argentinien 150, 1114, 1117
　Habimah, Tel Aviv 1116
　Kabarett der Komiker, New York 1118
　Kammerspiele, Quito 211
　Kammerspiele, Tel Aviv 1116
　Kleine Bühne, London 1001, 1117
　Kleine Casino-Bühne, La Paz 180
　Kleines Wiener Theater, Australien 165
　Die Komödie, Luxemburg 310
　Laterndl, London 264, 527f., 1117
　Die Laterne, Paris 230
　Literatur am Naschmarkt, Wien 1115
　Living Theatre 1119
　Lyceum Theatre, Shanghai 341
　Marionettentheater, Shanghai 342
　Maryinski Theater, St. Petersburg 1106
　Neue Bühne, Cochabamba 180
　Neue Schauspiel AG, Zürich 378, 925, 944f., 948, 1115
　Neuer Chor, Schweiz 1109
　Neues Deutsches Theater, Prag 420
　Ohel-Theater, Tel Aviv 1106, 1116
　Österreichische Bühne, London 264
　Österreichische Bühne, New York 1118
　Die Pfeffermühle, Zürich, New York 327, 378, 1109, 1114, 1118
　Ping Pong, Niederlande 327, 1114
　Die Stachelbeere, Wien 1115
　Stadttheater, Basel 378, 1115
　Studio 1934, Tschechoslowakei 1114
　Tanzbühne, Düsseldorf 1109
　Teatro Alemán Independente, Argentinien 1039
　Teatro Colón, Buenos Aires 1038, 1110
　Teatro Ombú, Argentinien 150
　Theater der Prominenten, Niederlande 327
　Truppe 1931, Paris, Moskau 230
　Truppe 38, Argentinien 150
Trud Armija (Arbeitsarmee), Sowjetunion 393

Überparteilicher Deutscher Hilfsausschuß 587
Unabhängige Kulturvereinigung (UKV), Südafrika 407f.
Union Deutscher und Österreichischer Sozialisten, Mexiko 315, 487
Union deutscher sozialistischer Organisationen in Großbritannien (Union 259, 472, 473, 485, 512, 565, 592f., 625, 644f., 646
Unión Democrática Antinazifascista de Chile 198
Unitarian Service Committee (USC) 72, 364
Unitarier 72, 400
United States State Department 42, 450f., 455f., 461, 760, 842
Universitäten/Hochschulen/Colleges
　American University, Beirut 707
　American University, Washington 758
　Amherst College, Massachusetts 879
　Ankara 431f., 886, 913
　Ann Arbor, University of Michigan 881, 890, 898
　Barcelona 755
　Basel 552, 717
　Berkeley, University of California 712, 759f., 773, 798, 828, 831f., 834, 854, 863, 879f., 882, 888–890
　Berlin, Deutsche Hochschule für Politik 750, 752, 757, 838, 911, 914
　Berlin, Landwirtschaftliche Hochschule 716
　Berlin, Technische Hochschule 713, 716, 719
　Berlin, Universität 707–709, 716, 732, 736, 749, 751f., 763, 772, 799, 815, 825, 857f., 862, 888, 894
　Black Mountain College, North Carolina 699, 978
　Bloomington 891
　Bogotá 694
　Bonn 748, 752, 879, 915
　Braunschweig, Technische Hochschule 718f.
　Breslau 752, 772, 825, 879
　Brooklyn College, New York 760
　Brooklyn Polytechnic Institute 717
　Brown University, Providence, Rhode Island 759, 773f.
　Bryn Mawr College, Philadelphia 911
　Buenos Aires 151f., 854
　Buffalo, N.Y. 882, 890, 915
　California Institute of Technology, Pasadena (CalTech) 773, 828
　Cambridge, Großbritannien 719, 774, 826
　Canterbury 318

Case Western Reserve University, Cleveland, Ohio 732
Catholic University of America, Washington D.C 882
Chicago 759, 767, 773, 810, 839, 882, 898, 918
Columbia University, New York 718, 754, 759, 807, 828, 839, 863, 889, 898f.
Cornell University, Ithaca 759, 828, 862, 891
Dresden, Technische Hochschule 731, 733
Dresden, Universität 733, 884
Duke University, Durham, North Carolina 828
Durham, University of New Hampshire 1200
Düsseldorf 707
Erlangen 107
Frankfurt a. M. 712, 730, 732, 748, 751f., 794, 806, 810, 825, 857, 884, 894, 898, 906–908, 912
Freiburg i. Br. 752, 878
Fribourg 553
Gießen 752
Göttingen 772–774, 779, 825, 878
Graz 821
Haifa, Technion 355, 693
Halle 709, 733, 748f., 752, 857
Hamburg 733, 736, 748, 751f., 763, 825, 854, 857f., 865, 884, 1203
Harvard University, Cambridge, Massachusetts 555, 696, 699f., 707, 731, 753, 773, 776f., 817, 828, 839, 880f., 891, 898, 909, 915–917, 1212
Heidelberg 710, 736, 748, 751f., 771, 849f., 873, 879, 884, 886, 894, 906–908, 911f., 914, 916
Hochschule für die Wissenschaft des Judentums, Berlin 754, 794
Illinois Institute of Technology (IIT), Chicago 699, 828, 978
Innsbruck 553, 821, 908
Institute for Advanced Study (IAS), Princeton 754, 766, 773, 776–778, 781, 819, 821
Institute of Fine Arts, New York University 766
Iowa City, University of Iowa 818, 862
Istanbul, Technische Universität 698
Istanbul, Universität 428, 431f., 719, 755, 796, 799, 858, 886f., 890, 913, 918
Jena 712, 857
Jerusalem, Hebrew University 753, 775, 858, 897, 913
Jewish Theological Seminary, New York 754
Johns Hopkins University, Baltimore 828, 887, 909, 915
Jüdisch Theologisches Seminar, Breslau 754
Kairo 719
Kaiserliche Universität, Sendai, Japan 345
Kalkutta 273
Kapstadt 403, 409
Karlsruhe, Technische Hochschule 719
Kiel 717, 736, 775, 906–909, 912
Köln 710, 736, 751f., 884, 894
Kommunistische Universität der nationalen Minderheiten des Westens (KUNMZ), Moskau 388, 391
Königsberg 719, 748, 752, 772, 816
Kopenhagen 774, 826, 911
La Plata 151f.,

Leiden 1198
Leipzig 748, 752, 825, 884, 894, 1070, 1139
Lima 858
Linz 821
London School of Economics 320, 684, 915
London, Universität 707
Los Angeles, University of California (UCLA) 798, 854
Madison, University of Wisconsin 828
Madrid 755, 977
Manchester 858
Manitoba 294
Mannheim, Handelshochschule 857
Mannheim, Universität 884
Marburg 884, 1203
Massachusetts Institute of Technology (MIT), Boston 773, 828, 834, 862
McGill University, Montreal 711
Mills College, Oakland, Kalifornien 732
München, Technische Hochschule 719
München, Universität 711, 715, 717, 719, 752, 826, 884, 908
Münster 553, 884
New School for Social Research, New York 458, 462, 566, 687, 691, 700f., 760, 775, 818, 839, 860, 880, 897, 911, 914, 916, 918, 1109, 1119
New York 717, 765, 773, 775, 778
Ohio State University, Columbus 796
Osnabrück 1200
Oxford 789, 879, 918
Paris 888, 571, 1198
Paris, École pratique des hautes études 886
Philadelphia, University of Pennsylvania 718, 730, 828
Pisa 886
Prag, Deutsche Universität 423, 704, 707, 712, 747, 815f., 825, 876, 896, 907
Princeton, New Jersey 765, 773f., 828, 839, 911, 915
Purdue University, Lafayette, Indiana 828
Rochester 711f., 828, 891
Rom 886
Rosario 152
Rostock 857
Salzburg 821
Santiago de Chile 694
São Paulo 710
Seattle, University of Washington 882
Shantiniketan, Tagore, Indien 273
Sidney 753
Skidmore College, Saratoga Springs, N.Y. 890
Smith College, Northampton, Massachusetts 767, 860
Stanford, California 773, 828
Stockholm 858, 1198
Swarthmore College, Pennsylvania 860
Toronto 294, 755, 890
Tübingen 908
Tucumán 151f.,
Tung Nan University, Shanghai 854
University in Exile, s. New School for Social Research

Universitäten/Hochschulen/Colleges (Forts.)
   Urbana-Champaign, University of Illinois 712, 888
   Vassar College, Poughkeepsie, N.Y. 767
   Washington University, St. Louis 711, 717, 839, 891
   Wien 709, 717, 736, 794, 816, 821, 888, 894, 907f., 913
   William and Mary, College of, Richmond, Virginia 732
   Yale University, New Haven 754, 758f., 773, 881f., 918
   Yeshiva University, New York 754
   Zürich, Universität 826, 898
UNO, s. Vereinte Nationen

Vatikan 553, 555
Verband deutscher Journalisten in der Emigration 228, 998
Verband deutscher Lehreremigranten (Union des instituteurs allemands émigrés), Paris 223, 584, 587f.
Verein Freundschaft (Club Amistad), Bolivien 181
Verein Vorwärts, Argentinien 152, 155
Vereinigung Demokratisches Deutschland, Schweiz 382
Vereinte Nationen 730, 918
   Weltgesundheitsorganisation 854
Verlage/Buchgemeinschaften
   Allert de Lange, Amsterdam 925, 927, 1124–1126, 1131, 1133–1135
   Aurora, New York 927, 1138f.
   Bermann Fischer, Wien, Stockholm 1051, 1133f., 1136
   Bonnier, Albert, Stockholm 1134
   Büchergilde Gutenberg, Zürich, Wien, Prag 379, 1131
   Das Internationale Buch (Meshdunarodnaja kniga), Moskau 1133
   Der Aufbruch, Zürich 1130
   Die Gestaltung, Zürich 1130
   Éditions du 10 Mai, Paris 1129
   Éditions du Carrefour, Paris 226f., 927, 997, 1128, 1131
   Éditions du Mercure de l'Europe, Paris 226, 1127
   Éditions du Phénix, Paris 226, 1127
   Éditions Nouvelles Internationales, Paris 1127
   Éditions Prométhée, Strasbourg, Basel 227, 1129
   Éditions Sebastian Brant, Strasbourg, Paris 1128
   Editorial Cosmopolita, Buenos Aires 157, 187, 1137
   El Libro Libre, Mexiko 187, 315, 1137f.
   Estrellas, Buenos Aires 157
   Europa-Verlag, Zürich 378, 559, 1130, 1137
   Fischer, S., s. Bermann-Fischer
   Free Austrian Books, London 263
   Graphia, Karlsbad, Paris 421, 479, 1128
   Gsur & Co., Wien 1134
   Humanitas, Zürich 1130
   Jean Christophe, Zürich 1130
   Jugend voran, London 1056
   Kácha, Prag 421, 1124, 1131
   Kiepenheuer 328, 1124
   Kittls, Julius, Nachf., Mährisch-Ostrau 421, 1124
   Krause, Friedrich, New York 1138
   Laichter, Prag 422
   Ljus, Stockholm 1136
   Löwit, Wien 1134
   Malik, Prag, London 421, 1068, 1123, 1129, 1131
   Mánes, Prag 422
   Mercy, Heinrich, Sohn, Prag 421
   Müller, F. J., Prag 421
   Neuer Verlag, Stockholm 1136
   Neumann & Co, Prag 421
   Oprecht & Helbling, Zürich 927, 1019, 1129–1131, 1136
   Orbis, Prag 422
   Phaidon, Wien 1134
   Quadriga, Buenos Aires 1137
   Querido, Amsterdam 925, 927, 1124–1126, 1131, 1133–1135
   Reichner, Herbert, Wien, Leipzig, Zürich 1134
   Ring, Zürich 1131
   Saturn, Wien 1134
   Schoenhofs Foreign Books, Inc., Cambridge, Massachusetts 1139
   Schweizerische Büchergilde Gutenberg, s. Büchergilde Gutenberg
   Tal & Co., Wien 1134
   Transmare, Buenos Aires 1137
   Universum-Bücherei, später Universum-Buchgemeinschaft, Basel 1131
   Verlag des Freien Deutschen Kulturbundes in Großbritannien 1001, 1136
   Verlag für fremdsprachige Literatur, Moskau 1133
   Verlagsgenossenschaft ausländischer Arbeiter in der UdSSR (Vegaar), Moskau 386f., 1131f.
   Vita Nova, Luzern 1130f.
   Zsolnay, Paul, Wien 1134
Völkerbund 21, 62, 63, 219, 337, 451, 475, 1215
Volksbefreiungsarmee, Jugoslawien 622
Volksfront 37, 470, 4597–608, 642, 1128, 1202
   Ausschuß zur Vorbereitung einer deutschen Volksfront, auch Lutetia-Comité, Aktionsausschuß für Freiheit in Deutschland 225, 552, 587, 598, 600f., 603, 605
   Heinrich Mann-Ausschuß 601
   Thomas-Mann-Ausschuß 601
   Saar-Volksfront 226, 601
Volkssozialistische Bewegung (VS) 418, 600

Waffenstillstandskommission (WAKO) 235f.
War Refugee Board (WRB) 74, 75, 456
Welthilfskomitee für die Opfer des Hitlerfaschismus 68, 224
World Association for Adult Education 591
Worker's Educational Association 589

Yad Vashem, Jerusalem 759
Yad Vashem Memorial Hall, Südafrika 409f.
Young Men's Christian Association (YMCA) 415

Zeitungen/Zeitschriften
   Acht-Uhr-Abendblatt, Shanghai 341
   Annals of Mathematics, Princeton 774

Institutionenregister

Arbeiter Welt (Mundo Obrero), Montevideo 442
Arbeiter-Illustrierte-Zeitung (AIZ), später Volks-Illustrierte (VI), Prag 34, 975, 1063
Arbeiter-Zeitung, Brünn 520, 522, 668, 1190
Argentinisches Tageblatt, Buenos Aires 146, 150–153, 301, 1069
Aufbau-Reconstruction, New York 42, 461, 927, 1000, 1022, 1057, 1066 f., 1070, 1109, 1190
Austria, New York 1190
Austrian Bulletin in the United States, Tenafly, New Jersey 533
Austrian Labor Information, London 525
Austrian Labor News, London 525
Austrian News, London 529
Austro-American Tribune, New York 530, 1057 f., 1190
Bergarbeiter-Mitteilungen, Amsterdam 547
Bergarbeiter-Zeitung, Amsterdam 547
Boletín Informativo, Montevideo 438 f.
Briefe der Notgemeinschaft deutscher Antifaschisten, Rio de Janeiro 189
Castrum Peregrini, Amsterdam 330
Das Andere Deutschland, Buenos Aires 35, 42, 153 ff., 181, 189, 198, 211, 301–303, 442 f., 487, 535, 593, 654
Das Blaue Heft, Paris 227
Das Buch, Paris 1127
Das Freie Wort, Montevideo 442
Das Neue Tage-Buch, Paris, Amsterdam 42, 226, 927, 1013, 1067, 1069
Das wahre Deutschland. Auslandsblätter der Deutschen Freiheitspartei, Paris 556
Das Wort, Moskau 39, 387, 391, 927, 952, 984, 999, 1015 f., 1069, 1132
Der Antifaschist, Barcelona 397
Der Christliche Ständestaat, Wien 554, 557, 1052
Der Deutsche in Polen, Katowice 557
Der Deutsche Weg, Oldenzaal 326, 557 f.
Der freie Deutsche, Buenos Aires 155
Der Gegen-Angriff, Prag, Paris 227, 421
Der Kampf, Brünn 520, 522
Der Kreis, Shanghai 341
Der Ruf, Buenos Aires 155
Der Schriftsteller, Paris 997
Der sozialistische Kampf, Paris 522 f., 668
Det skjulte Tyskland, Norwegen 335
Deutsche Blätter, Santiago de Chile 35, 199, 301, 314
Deutsche Briefe, Luzern 552, 557
Deutsche Einheit gegen den Faschismus, Montevideo 442
Deutsche Freiheit, Saarbrücken 601
Deutsche Informationen, Paris 226, 552, 602
Deutsche Nachrichten, Kopenhagen 207
Deutsche Volks-Zeitung, Prag, Paris, Basel 227
Deutsche Wacht (Nachrichtenblatt der NSDAP-AO), Montevideo 441
Deutsche Zentral-Zeitung, Moskau 387, 391
Deutschland-Berichte der Sopade, Karlsbad 205, 417, 480

Die Aktion, Frankreich 227
Die Deutsche Front, Prag 559
Die Deutsche Revolution, Prag 418
Die Neue Saar-Post, Saarbrücken 556
Die neue Weltbühne, Prag, Paris 42, 226, 578, 662 f., 927, 941, 1016, 1064 f., 1069, 1213
Die Rote Fahne, Prag 520, 1063
Die Sammlung, Amsterdam 35, 39, 329, 927, 1015, 1068 f., 1124
Die Schwarze Front, Buenos Aires 156
Die Welt im Wort, Prag 421
Die Zeit, Montevideo 442
Die Zeitung, London 263, 1062
Die Zukunft, Strasbourg, Paris 226, 601, 927, 1063, 1128 f.
Economic Development and Cultural Change, Chicago 899
Economic Survey, Buenos Aires 157
Einheit, London 263
Etz Chaim News, Johannesburg 410
Faschismus, Amsterdam, Kempston, Bedford 172, 327
Foreign Affairs, New York 665
Free Austria, Großbritannien 532, 664 f.
Freie Deutsche Kultur, London 1001
Freie Kunst und Literatur, später Mitteilungsblatt des Freien Künstlerbundes, Paris 229, 998
Freie Presse, Amsterdam 326
Freies Deutschland, zuletzt Neues Deutschland, Mexiko 302, 313 f., 1004, 1069
Freies Deutschland, Moskau 632, 654
Freies Österreich – La libre Autriche, Frankreich 538
Freiheit für Österreich, New York 530
Gastwirtsgehilfenzeitung, Amsterdam 545
Gelbe Post, Shanghai 341
Gewerkschafts-Zeitung, Komotau 546
Informaciones de Alemania Libre, Santiago de Chile 199
Informationsblätter des Verbands deutscher Lehreremigranten, Paris 586 f.
International Socialist Forum, Beilage der Left News, London 524
Internationale Literatur/Deutsche Blätter, Moskau 39, 387, 391 f., 999, 1069, 1132
Jedioth Chadashoth, heute Israel Nachrichten, Pälastina/Israel 352
Jüdische Wochenschau, später Semanario Israelita, Buenos Aires 148, 157, 304
Jüdisches Nachrichtenblatt, Shanghai 341
Jung-Österreich, Großbritannien 528
Kameradschaft, Brüssel, Amsterdam, London 326
Kulturkampf, Paris, London 557
La Dépêche de Toulouse, Toulouse 227
Life, New York 978
Literatura, Buenos Aires 1137
London Information, London 523 f.
Mass und Wert, Zürich 35, 927, 1130
Mathematical Reviews, Providence, Rhode Island 774

Zeitungen/Zeitschriften (Forts.)
    Mitteilungen der Austrian-American League, New York 534
    Mitteilungen der Deutschen Freiheitsbibliothek, Paris 601
    Mitteilungsblatt, seit 1948 Boletín Informativo (der Gemeinde CHEWRA, seit 1940 Sociedad Cultural Israelita B'ne Jisroel), Santiago de Chile 197
    Mitteilungsblatt, später Filantropía (des Hilfsvereins deutschsprechender Juden, später Asociación Filantrópica Israelita), Buenos Aires 147
    Nachrichten der Auslandsvertretung der deutschen Gewerkschaften, ab 1937 Nachrichtendienst der Auslandsvertretung der deutschen Gewerkschaften, Komotau, Paris 546
    Nachrichten von der Saar, Forbach 370
    Network, New York 487
    Neue Deutsche Blätter (NDB), Prag 39, 927, 999, 1015, 1068f., 1123
    Neue Volks-Zeitung, New York 462, 486
    Neuer Vorwärts, Karlsbad, Paris 417, 421, 477–479, 1063
    News Chronicle, London 255
    Nouvelles d'Autriche-Österreichische Nachrichten, Paris 526, 662
    Orient, Haifa 1068
    Österreichische Kulturblätter, Großbritannien 529
    Österreichische Nachrichten, Großbritannien 527
    Österreichische Post, Paris 531, 526, 662
    Pariser Tageblatt/Pariser Tageszeitung, Paris 227, 927, 997, 1015, 1022, 1066, 1213
    Philosophy and Phenomenological Research, New York 818
    Physical Review, Lancaster, New York 828, 832
    porvenir (Gemeindeblatt der Nueva Comunidad Israelita), Buenos Aires 148, 157
    Prager Tagblatt, Prag 420
    Pressedienst des IBSL, Brüssel 585
    Proletarishe Shtime, Johannesburg 404
    RS-Korrespondenz, Paris 522
    Rundschau vom Illimani, Bolivien 181
    S.E.I.-Dienst, Paris 587
    Shanghai Herald, Shanghai 341
    Shanghai Jewish Chronicle, Shanghai 341 f.
    Shanghai-Woche, Shanghai 341
    Shanghaier Morgenpost, Shanghai 341
    Simpl, Prag 937
    Sozialistische Aktion, Karlsbad 417, 479
    Sozialistische Mitteilungen, London 647
    Sozialistische Tribüne, Mexiko 315
    Sozialistische Warte, Paris 172
    Strassburger Neueste Nachrichten, Strasbourg 227
    The German American, New York 1138
    The Jewish Voice of the Far East, Shanghai 341
    The Jewish Voice, Shanghai 341
    Tribune, London 524
    Tribüne, Shanghai 341
    U.K.V. Mitteilungen der Unabhängigen Kultur-Vereinigung in Johannesburg 408
    Union. Blätter der Emigration, Südafrika 408
    Unsere Zeit, Paris 227, 1063
    Volk und Vaterland, Paris 636
    Volks-Illustrierte, s. Arbeiter-Illustrierte-Zeitung (AIZ)
    Volksblatt, Argentinien 154–156
    Weg und Ziel, Prag 520, 666
    Young Austria, London 1190
    Zeitschrift für freie deutsche Forschung, Paris 227
    Zeitschrift für Sozialforschung, Paris 227
    Zeitschrift für Sozialismus, Karlsbad 417, 421
    Zeitspiegel, London 263, 527, 529f., 1190
    Zentralblatt für Mathematik und ihre Grenzgebiete, Kopenhagen 774
Zentrale Hilfsstelle für deutsche Flüchtlingskinder, Prag 87
Zentralstelle für jüdische Auswanderung, Wien 9, 10
Zentralvereinigung der deutschen Emigration (ZVE), Frankreich 64, 219
Zentralvereinigung deutscher Emigranten, Niederlande 325

Geographisches Register

Aachen 495
Aberdeen 95
Afghanistan 132
Afrika 135–143, 234, 410, 701
Ägypten 135, 136, 529, 719, 785, 896, 1040
Ahmednagar (Lager) 274
Aix-en-Provence 1198
Albacete 610
Albanien 130
Albi (Lager) 234
Alexandria 134
Algerien 136, 137, 1108
Ambato 212, 299
Amsterdam 171, 173, 326 f., 494 f., 507, 545, 693, 709, 857, 927, 935, 959, 976, 1015, 1068, 1114, 1124, 1133, 1135, 1197
Angola 63, 141 f.
Ankara 428, 694, 698, 886
Antofagasta 176
Antwerpen 52, 171, 547
Argelès (Lager) 235
Argentinien 35, 97, 131, 132, 143 ff., 177, 423, 534–536, 585 f., 696, 699, 853, 890, 1035, 1038–1040, 1108, 1114, 1117, 1137
    Entre Rios (Provinz) 148
    Rio Negro (Provinz) 149
Arica 176, 179
Arizona 699
Asch 418
Aspet (Lager) 235
Äthiopien 63, 135
Auckland 318, 320
Auschwitz (Konzentrationslager) 171, 238, 276, 278, 760, 857, 932, 976, 1030, 1041
Aussig 585
Australien 131 f., 162 ff., 258, 344, 410, 529, 701, 715, 737, 772, 785, 911, 979 f., 1036, 1041, 1108, 1117
Avigdor 148

Baltimore 850, 909
Bangalore 273
Bangkok 345
Baños 299
Banská Bystrica (Lager) 423
Barcelona 396 f., 400 f., 608 f.
Basel 51, 378, 381, 494, 552, 574, 707, 715, 1131
Bassecourt (Lager) 380

Beau Bassin (Lager)
Belchite 611
Belgien 16, 83, 87, 129, 134, 168 ff., 217, 219, 221, 234, 240, 501, 545, 572, 585, 715, 726, 755 f., 772, 973, 1051, 1181
Belgrad 280 f., 626
Belo Horizonte 698
Berlin 51, 85, 185, 195, 236, 329, 420–423, 494 f., 499, 573, 579, 645, 759, 796, 846, 918, 944, 970, 978–980, 1037, 1040, 1064, 1107 f., 1118, 1120, 1123 f., 1133, 1183 f.
Berlin-Brandenburg 500
Betschuanaland (Botswana) 140, 403
Beuron 558
Bexhill-on-Sea 696
Bikaner 273
Bilbao 608
Bilthoven 572
Birmingham 827
Bodenbach 417
Boghar (Lager) 138
Bolivien 131, 145, 174 ff., 536, 1117
Bombay 270, 272 f.
Bordeaux 73
Bornholm 207
Bossuet (Lager) 139
Bou-Arfa (Lager) 139
Bozen-Gries (Lager) 278
Brasilien 35, 131, 132, 146, 183 ff., 534, 556, 698 f., 709 f., 797 f., 1039
    Rolândia 190 f., 300
Bratislava 975
Bremen 205, 1200
Breslau 195
Bretton Woods 917
Briansk 692
Bristol 827
Brunete 610
Brünn 413, 415, 417, 519–522, 975, 1051
Brüssel 171 f., 235, 585, 636
Buchenwald (Konzentrationslager) 605, 865
Budapest 400, 716, 959
Buenos Aires 94, 98, 143, 146, 149, 151, 158 f., 179, 187, 189, 300, 304, 442, 487, 585, 593, 853 f., 1019, 1033, 1069, 1110, 1117, 1137
Buffalo 700
Bulgarien 130, 428, 1108
Bundesrepublik Deutschland, s. Deutschland
Butcombe Court 95

Geographisches Register

Cagnes 934
Caldas da Rainha 365
Cambridge, Großbritannien 827, 833, 878
Campobasso (Lager) 98
Cape Canaveral 700
Casablanca 139, 463
Castres 237
Chansaye (Lager) 235
Charkow 385
Château de Grossey (Lager) 235
Chicago 538, 700, 759, 828, 978
Chile 35, 131, 193–204, 346, 536, 694, 699, 1041, 1108, 1117
China 131, 134, 336 f., 909
Christchurch 318
Clarence, Nova Scotia 295
Cleveland 700
Cochabamba 176, 179, 180, 536
Coimbra 362
Colomb-Béchar (Lager) 139
Columbus, Ohio 889
Cuenca 212

Dachau (Konzentrationslager) 710, 717, 865
Dänemark 16, 35, 51, 53, 129, 204–208, 219, 260, 413, 469, 545, 573 f., 579, 585, 637, 715, 725–727, 729, 772, 816, 898, 1051, 1180, 1186, 1197
Danzig 359, 361, 559, 1108
Dehra Dun 274
Den Haag 571, 716
Dessau 150
Deutsches Reich, s. Deutschland
Deutschland 23, 132, 159, 172, 213, 219, 344, 346, 408
  Bayern 411, 418, 479
  Bergisches Land 495
  Brandenburg 1184
  Mecklenburg-Vorpommern 1184
  Mittelrhein 495
  Ruhrgebiet 495, 645
  Sachsen 411, 418, 479
  Schlesien 411 f., 479
  Thüringen 418
  Bundesrepublik Deutschland und westliche Besatzungszonen 43, 112 f., 121, 374, 429, 489 f., 502, 549, 568, 593 f., 629, 655, 701, 732, 753, 758 f., 789 f., 810, 919, 929 f., 952, 969 f., 980, 991, 1112, 1120, 1139, 1145 f., 1149, 1157 ff., 1161 ff., 1173, 1175 ff., 1182, 1184, 1196, 1199 ff., 1203, 1209 ff.
  Deutsche Demokratische Republik und sowjetische Besatzungszone 112, 394, 626, 655, 733, 919, 952, 1044, 1069, 1079, 1111, 1120, 1139, 1157, 1159, 1180–1188, 1190, 1202
Djelfa (Lager) 139
Djerada (Lager) 139
Dnepropetrowsk 387
Dominikanische Republik 131, 134, 300
Dorot 353

Draveil 223
Dresden 500, 1105
Dunedin 318
Düsseldorf 545

Ebenau 1051
Echternach 1114
Ecuador 131, 208–212
Edinburgh 827, 1033
Eerde 96, 98
Ein Gev 353
Eisenstein 414
Engels 387, 952, 1116
England, s. Großbritannien
Ericeira 365
Erlangen 107
Essen 1114
Estland 130, 797 f.
Evian 11, 63, 130, 169, 171, 195, 232, 253, 271, 287

Farnham (Lager) 291
Ferramonti di Tarsia (Lager) 98, 277
Figueira da Foz 365
Finnland 35, 130
Florenz 95, 276, 755, 933
Forbach 225, 370, 495
Fossoli (Lager) 278
Frankfurt a. M. 692, 805, 810, 918, 1197
Frankreich 16, 23 f., 34, 54, 56, 82 f., 85, 87 f., 95, 97, 102, 129, 136, 153, 170–172, 213–250, 251, 261, 412 f., 417, 423, 469, 475 f., 478, 482 f., 498, 501, 507, 521, 526, 531 f., 544 f., 547, 552, 571–574, 576, 578, 585, 588, 598, 601, 611, 623, 653, 685, 701, 715, 725, 727, 755, 764 f., 772, 797 f., 816, 827, 839, 885, 891, 911, 925, 933, 960, 973, 998, 1035, 1037, 1051, 1054, 1106–1108, 1157, 1171, 1174 f., 1181, 1185, 1198
  Algier (Überseedépartement) 136, 137
  Bas-Rhin (Département) 216
  Cevennen 625
  Constantine (Überseedépartement) 136, 137
  Haut-Rhin (Département) 216
  Lothringen 216, 547
  Martinique (Überseedépartement) 138, 139
  Moselle (Département)
  Nord (Département) 235
  Nordfrankreich 398
  Normandie 234
  Oran (Überseedépartement) 136, 137
  Ostfrankreich 398
  Pas-de-Calais (Département) 235
  Südfrankreich 237, 241, 398
Fréjus 579
Fribourg 553 f.
Froideville 553

Gdingen 361
Genf 108, 213, 219, 571 f., 577, 753, 805

Geographisches Register

Genua 73, 275, 339
Gerryville (Lager) 138
Givat Brenner 353
Gland, Vaud 96
Goldern, Hasliberg 96
Gordola (Lager) 380
Gordonstoun 95
Gorki 385
Göteborg 373, 1183
Grand Rapids, Michigan 700
Grasse 934
Graz 136
Griechenland 130, 251, 621, 719, 1108
Großbritannien 21, 23–25, 35, 65, 83, 86–88, 95–97, 102, 122, 129, 132, 135f., 140, 214, 219, 221, 251–270, 409f., 423, 472, 476, 485, 488f., 507, 511, 514, 521, 523, 527, 532, 536, 539, 544, 547, 568, 574, 578f., 585, 589f., 592, 626, 636, 684–686, 695–697, 709–712, 715, 717, 719, 725–727, 729, 737, 752–754, 756–758, 764f., 772, 774, 778–780, 785, 788, 790, 796–798, 800f., 816, 827–829, 833, 839, 852, 853, 858f., 869, 873, 876–879, 885f., 889, 896, 899, 904, 909, 911, 915, 918f., 925, 933, 935, 960f., 975, 1000, 1033, 1034f., 1037f., 1042, 1051, 1055f., 1090–1094, 1107f., 1117, 1133f., 1136, 1157, 1164f., 1181, 1183, 1186, 1189f.
    Bermuda-Inseln 74, 559
    Britische Dominions 529
    Isle of Man (Lager) 84, 98, 257, 976
Guadalajara 610
Guayana 63
Guayaquil 208f., 212
Gurs (Lager) 82, 98, 234f., 239, 337, 1108

Hadjerat M'Guil (Lager)
Haifa 355, 537, 693, 697, 1068
Hamburg 52, 185, 405, 495, 545, 591, 699, 854, 1036, 1164
Hamilton, Ontario 288
Hanneslund 206
Harwich 83
Haslemere, Surrey 95
Hasorea 353
Havana 301
Hay (Lager) 164
Holland, s. Niederlande
Hollywood 36, 38, 41, 959, 962, 964–968, 995, 1038, 1051, 1057, 1109, 1118f.
Hongkong 141, 336f.
Hønserød (Lager) 207
Huesca 610

Île aux Noix (Lager) 291
Imfout (Lager) 139
Immouzer (Lager) 139
Indien 131, 270–275, 772, 964, 1040, 1108
Iran 132
Irland 130, 132
Island 130, 132

Israel 122, 132, 136, 159, 344, 349–358, 410, 697, 759, 789, 839, 913, 972, 1037
Istanbul 75, 428f., 554, 697–699, 796, 799f., 886
Italien 35, 95, 97, 130, 135, 235, 275–279, 558, 701, 726, 730, 755, 764f., 772, 885f., 890f., 933, 938, 960, 963, 1035, 1037f., 1107–1109
    Gardasee 96
Izmir 698

Japan 131, 134, 336f., 344–346, 692, 701, 1035, 1039
Jerusalem 85, 136, 352, 537, 693, 697, 759, 1019, 1055
Johannesburg 141, 402–404, 406, 409
    Doornfontein 404, 406f.
Jugoslawien 129, 279–284, 622, 1051
    Korčula 284
    Kroatien 772
    Slowenien 626

Kairo 135, 136
Kalkutta 270, 272
Kanada 21, 23, 130, 134, 258, 284–297, 344, 423, 711, 725, 772, 785, 885, 911, 1040, 1108
Kanton 337
Kapstadt 402f., 406, 409
Karaganda 1193
Karlsbad 417, 421, 479, 979, 1063, 1128
Kattowitz 361
Kaunas (Kovno) 74, 346
Kenadza (Lager) 139
Kenia 140, 692
Kladovo 283
Kobe 346
Kolding 573
Köln 545, 566
Kolumbien 131, 134, 694, 699, 755f., 890, 1026, 1108
Komotau 417, 545
Kopenhagen 52, 205, 206, 207, 494f., 546f., 833, 1198
Korea 336f.
Krakau 361
Krasnogorsk 500
Kuba 12, 131, 134, 536, 1108
Kuschnarenkowo 393

La Coûme 95, 98
La Hille (Lager) 235
La Paz 176, 178–181, 195, 301
La Quiche (Lager) 235
Lana 96
Laren 323
Lastra a Signa 276
Lateinamerika 22f., 122, 131, 139, 145f., 297–307, 344, 472, 487, 529, 535, 559, 637, 685, 715, 725, 772, 785, 877, 885, 891, 911, 1036, 1039, 1055, 1108, 1117, 1137
Lausanne 63
Le Cheylard (Lager) 234
Le Havre 386
Le Vernet (Lager) 139, 233, 235f., 239, 579

Geographisches Register

Lemberg 361
Leningrad 385, 1132
Lennox, Massachusetts 96
Les Garrigues (Lager) 234
Les Milles (Lager) 234, 239, 974
Les Rayon 96
Lettland 130
Lexington 847
Liberia 135
Lissabon 51, 72, 141, 172, 362–365, 400, 462, 579
Litauen 130
Little River (Lager) 291
Liverpool 84, 290, 758
London 11, 22, 26, 67, 107, 141, 190, 252, 259f., 271, 274, 405, 458, 462, 472, 478, 507f., 512, 523, 527, 532, 538, 545, 548f., 557, 564–567, 574f., 590, 643f., 647, 664, 667f., 686, 696f., 753, 755, 805, 827, 847, 852f., 898, 932, 935, 959, 975f., 1001, 1033, 1051, 1054f., 1097, 1123, 1189
    Hampstead 261
Loosdrechtse Plassen (Lager) 331
Los Alamos 834
Los Angeles 36, 40, 460, 691, 700, 854, 863, 999, 1038, 1091, 1118
Lublin 1029f.
Luxemburg 129, 307–311, 480, 507, 556, 573, 579, 636, 1097, 1114, 1181
Luxemburg-Stadt 309
Luzern 557, 1130
Lyon 69, 195, 223, 241, 576

Madagaskar 63, 140
Madison, Wisconsin 709
Madras 270, 272
Madrid 72, 396f., 608, 610, 612, 614, 977
Magnitogorsk 692
Mährisch-Ostrau 360, 413, 418, 421, 1124
Mailand 886
Majdanek (Konzentrationslager) 980, 1029
Malaga 608
Malmö 373
Malvaglia (Lager) 380
Manchester, Großbritannien 827
Manchester, Vermont 96
Mandschurei (Mandschukuo) 336
Manila 964
Marienbad 51, 414, 575
Maringá 190
Marokko 136, 137, 138, 1108
Marseille 73, 237, 386, 398, 636, 916
Mauritius 141
Melbourne 164
Metz 556
Mexiko 35, 37, 42, 68, 131, 154, 311–317, 462, 487, 501, 530, 534–536, 692f., 699, 925, 950, 979, 1004, 1037, 1039, 1055, 1070, 1108, 1117, 1137, 1157, 1180f., 1183, 1185, 1202

Mexiko-Stadt 300, 979, 1117, 1137
Minneapolis 860
Miranda de Ebro (Lager) 399, 401
Missour (Lager) 139
Moçambique 140, 142
Mödling 553
Møllevangen 95, 206
Montauban 523
Monteith (Lager) 291
Montevideo 42, 154, 180, 190, 301f., 437f., 442, 487, 1117
Montintin (Lager) 235
Montmorency 84
Montréal 286, 295
Moskau 40, 43, 86, 96, 140, 223, 240, 314, 360, 381, 385–387, 391f., 495, 497, 501, 526, 630, 651, 692f., 710, 847, 927, 944, 952, 959, 987, 999, 1002, 1015, 1051, 1069, 1098f., 1129, 1132f., 1181–1184
Mülhausen 225
München 571, 932, 1123
Münster 545, 553

Nanclares de la Oca (Lager) 399
Nancy 636
Nanking 337
Neapel 275, 339
Nepal 132
Neu-Delhi 274f.
Neuengamme (Konzentrationslager) 885
Neuern 417
Neuilly 573
Neuseeland 131, 317–321, 696, 701, 785, 911
New York 26, 36, 40, 42, 70, 108, 151, 172, 458, 460, 472, 522, 524, 530, 538, 648, 673, 684, 687, 691, 700, 718, 758, 760, 805f., 847, 850, 852, 860, 888f., 911, 914, 927f., 934f., 937, 978f., 994f., 999f., 1038, 1051, 1066, 1070, 1095, 1109, 1118f., 1135, 1139
Nexon (Lager) 239
Niederlande 16, 35, 53, 83, 88, 96f., 129, 168, 170, 219, 234, 240, 321–333, 469, 475, 545, 554, 572, 585, 715f., 719, 726f., 755f., 760, 764, 772, 797f., 800, 827, 839, 877, 899, 911, 925, 932, 960, 962f., 976f., 1033, 1037, 1108f., 1114, 1124, 1198
Nizza 934
Noé (Lager) 239
Nordrhodesien (Zambia) 140
Norwegen 23, 129, 333–336, 413, 576, 578, 710, 725–727, 729, 772, 778, 1051, 1108, 1180, 1186
Nürnberg 462

Odessa 387
Oldenzaal 326, 557
Ontario 717
Oruro 179–181
Osaka 833
Oslo 334, 510, 576
Ostasien 131, 336–349, 726

Österreich 9f., 16, 21, 23, 35, 102, 132, 159, 172, 232, 253, 344, 423, 471, 476, 480, 483, 519, 521, 523, 525, 574, 578, 626, 646, 661, 685, 691, 741, 747, 753, 779, 784, 803, 858f., 904, 906–908, 910, 913, 918, 960, 1033, 1035, 1037, 1039, 1050–1053, 1057f., 1106f., 1115, 1120, 1134, 1157, 1159, 1188–1195
Ostpreußen 205
Østrupgaard 95, 206
Oued Zem (Lager) 139
Oxford 827

Pacific Palisades 36, 461
Palästina 8, 35, 53, 65, 83, 85, 102, 122, 131, 136, 140f., 146, 218, 344, 349–358, 418, 423, 428, 529, 536f., 544, 637, 693f., 696f., 699, 701, 715, 725–727, 729, 752f., 756, 758, 764, 772, 784f., 789, 797f., 828, 839, 858, 911, 913, 918, 925, 979, 1033, 1036, 1038f., 1042, 1055, 1106–1108, 1110f., 1116f., 1193
Palo Alto 854
Panama 898
Paraguay 63, 131, 134, 153, 156, 175, 222, 536, 585, 1106
Paris 22, 26, 34, 39, 42, 51f., 87, 95, 173, 223–227, 229–231, 236f., 239f., 242, 259, 386, 398, 416, 462f., 470, 472, 477, 481–483, 494f., 498, 507–511, 522, 526, 531, 537, 547, 556–559, 564, 575f., 578, 585–588, 599, 602, 605, 624, 636, 642, 664, 805, 833, 886, 898, 927, 934f., 937f., 948, 959, 973f., 977, 979, 987, 996, 1013, 1015f., 1051, 1054, 1063–1065, 1109, 1114f., 1125, 1127–1129, 1198
Pearl Harbor 274, 448
Peru 131, 134, 585, 898
Petropolis 1051
Philadelphia 730, 889, 911
Piešťany 1114
Pisa 276
Polen 10, 54, 129, 132, 251f., 346, 358–362, 413, 547, 621f., 726, 772, 1107, 1134
Poona 270
Popayán 299
Porto 362
Porto Alegre 185, 186
Portugal 24, 53, 129, 132, 237, 362–367, 726
  Madeira 362
Positano 276
Prag 26, 33, 67f., 73, 87, 173, 206, 224, 259f., 372, 412, 414, 416–423, 462, 470, 472, 477, 479, 494, 495, 507f., 510f., 520f., 559, 564, 572, 574f., 577f., 599, 927, 932f., 937, 975, 996, 1015f., 1064, 1068, 1123f.
  Žižkow 420
Puerto Montt 197
Puerto Rico 701
Pystan 1114

Quebec City (Lager) 291
Quinto 611
Quito 209–212, 301

Ragusa 994, 105
Recco 95, 276
Récébédou (Lager) 239
Red Rock (Lager) 291
Rehovoth 697
Reichenbach 494
Reichenberg 477, 546
Rhodesien 403
Rieucros (Lager) 232f., 235
Riga 1037
Rio de Janeiro 185, 186, 189, 300
Risiera di San Sabba (Lager) 278
Rivesaltes (Lager) 98, 239
Rom 276, 553, 572, 833, 886, 959
Roskilde 547
Rostow 385
Rotterdam 547, 760
Rumänien 130, 251, 428
Rußland, s. Sowjetunion

Saarbrücken 477, 480, 494
Saarland/Saargebiet 16, 23, 112, 129, 213, 222, 223, 367–371, 470, 475–477, 480, 482, 545, 549, 555f., 573, 578, 598, 613, 627, 636, 653, 655f., 1157, 1171–1179
Saarlouis 494
Sacaba 179
Saint-Cyprien (Lager) 98, 171, 234f.
Salzburg 698, 1050f.
San Cristóbal de las Casas 316
San Francisco 700
San José Purúa 699
San Miguel 147
Sanary-sur-Mer 34, 229, 934
Santa Cruz 176, 179
Santa Monica 38
Santiago de Chile 193, 195, 197, 199, 301, 314, 850
São Paulo 185, 186, 187–189, 301, 304, 710
Schweden 22f., 25, 35, 53, 96, 129, 171, 371–375, 413, 423, 475–477, 485, 487, 499, 501, 507, 511, 513, 548, 579, 585, 592, 636, 647, 693, 695, 700, 725–727, 729, 737, 772, 797–799, 915, 1003, 1040, 1051, 1107f., 1117, 1133f., 1157, 1164, 1180f., 1186, 1197
Schweiz 16, 23–25, 34, 83, 85, 87, 88, 96, 97, 129, 217, 219, 375–383, 413, 477, 501, 554f., 558f., 567, 571–574, 585, 636, 692–694, 699, 710, 715, 717, 725, 727, 729, 737, 753, 755, 764, 772, 774, 797f., 839, 873, 877, 885, 911, 919, 925, 950, 960, 1035, 1037, 1043, 1051, 1055, 1107f., 1114f., 1129, 1164, 1180f., 1185, 1197
  Aargau (Kanton) 379
  Basel-Stadt (Kanton) 379
  Luganer See 576
  Schaffhausen (Kanton) 379
  St. Gallen (Kanton) 379
  Thurgau (Kanton) 379
  Wallis (Kanton)

Shanghai 72f., 134, 272, 274f., 336, 338–344, 346, 392, 701, 785, 854, 962, 1117, 1193
  Hongkew 339f., 343
  Kiangwan 344
Sheffield 853
Sherbrooke (Lager) 291
Sidi el Ayachi (Lager) 139
Singapur 164
Sitten, Wallis 553
Sosua 300
Soweto 410
Sowjetunion 23, 25, 34, 55f., 97, 108, 129, 140, 339, 384–396, 412f., 472, 485, 497, 499f., 519, 521, 575, 610, 622, 626, 629f., 636, 685, 691–693, 699, 710, 726, 733, 772, 797f., 827, 909, 933, 952, 960, 963f., 999, 1015, 1036, 1055, 1089, 1097–1099, 1107, 1116, 1131f., 1159, 1180–1182, 1185, 1190
Sibiren 132, 692
Spanien 23f., 35, 129, 132, 171, 172, 226, 237, 396–401, 471, 507, 521, 555, 604, 608–617, 717, 726, 839, 878, 885, 977, 1089, 1107
  Aragón 610
  Ebro 611
  Ibiza 397, 701, 977
  Jarama 610
  Mallorca 396, 573, 977
St. Gallen 381
St. Paul, Minnesota 860
Stalingrad 635, 1037
Stockbridge, Massachusetts 96, 851, 864
Stockholm 26, 171, 495, 499, 507, 510, 548, 592, 644, 1037, 1117, 1133–1136, 1183, 1198
Straßburg 223, 225f., 507, 547, 572, 584, 1064, 1128
Stuttgart 547
Sucre 180, 536
Südafrika 131, 135, 141, 402–411, 529, 534, 726, 785
  Kap der Guten Hoffnung 339
Südrhodesien (Zimbabwe) 141
Svendborg 207
Swasiland 140, 403
Swatow 337
Sydney 164

Taiwan 337
Tardienta 610
Tarija 176, 181
Taschkent 392
Tatura (Lager) 164
Teheran 651
Tel Aviv 537, 693, 697, 1116
Temuco 197
Teplitz-Schönau 1114
Teruel 611
Thailand 132
Theresienstadt (Gettolager) 423, 709, 755, 1034
Tientsin 337

Toledo 397
Tomsk 392
Topeka, Kansas 864
Toronto 190, 538
Toulouse 554, 886
Trabzon 698
Trautenau 417
Tremezzo 276
Triest 73, 275, 339
Trois Rivières (Lager) 291
Tschechoslowakei 10, 16, 22f., 33, 51, 86, 129, 130, 255, 261, 411–426, 469, 471, 475–477, 479f., 483, 519, 521, 545, 547, 572–575, 578, 585, 622, 646, 701, 726f., 741, 764, 772, 784, 796–798, 827, 869, 925, 933, 960, 975, 1035, 1037, 1051, 1054, 1089, 1107, 1109, 1114, 1123f., 1134, 1201
  Böhmen 22, 423, 479
  Mähren 22, 423
  Slowakei 423
  Sudetengebiete 22, 253, 471, 476, 480
Tscherkassy (Korsun) 633
Tschistopol 392
Tübingen 547
Tunesien 136, 137, 138
Türkei 35, 132, 252, 338, 426–434, 572, 685f., 692–694, 698f., 701, 709, 712, 715f., 718f., 726f., 729, 755f., 772, 778, 796–800, 828, 850, 877, 885f., 891, 896, 911, 918f., 1035, 1039, 1164

Uberagua de Ubilla (Lager) 399
UdSSR, s. Sowjetunion
Ufa 392f.
Ulm 547
Ungarn 129, 434–437, 716, 774, 960, 1034f., 1037, 1109, 1134
Uruguay 131, 158, 177, 180, 437–446, 536, 585, 878
USA, s. Vereinigte Staaten von Amerika

Valdivia 197
Valencia 608
Valparaiso 197, 199
Västraby 96
Venedig 963
Venezuela 131, 134, 890, 1117
Veracruz 1183
Vereinigte Staaten von Amerika 21, 25, 35, 85, 96–98, 102, 104, 106, 109, 122, 123, 130, 132, 139, 143, 146, 159, 338, 344, 346, 410, 423, 446–466, 472, 477, 485–487, 507, 512–514, 523f., 529, 533f., 539, 544, 552–554, 558, 566, 568, 578f., 593, 626, 636, 664, 685f., 691, 696f., 699–701, 709, 711f., 715, 717, 725–727, 729–732, 737–740, 742f., 749, 752–760, 764–769, 772–775, 777–781, 785, 790, 796–802, 805, 807f., 811f., 816f., 821, 827–829, 831–833, 839, 847f., 850, 852, 854, 858–862, 864, 869, 877–883, 885, 887–892, 896, 898, 901, 904, 909–920, 925, 934–936, 960, 964, 978, 980, 999, 1033, 1035–1039,

1041f., 1051, 1055, 1070, 1094–1096, 1107–1109, 1118, 1124, 1135–1138, 1165, 1183, 1189f., 1192, 1197f., 1200f., 1204
  Kalifornien 806, 901
Versailles 572
Vichy 236, 238f., 312
Villarrica 299

Warschau 360f., 1040, 1106
Washington 141, 553, 754, 909, 918, 1095
Wasserbillig 310
Wellington 318
Wennigsen 489
Westerbork (Lager) 324, 330

Wien 9, 54, 83, 418, 423, 432, 435, 554, 557, 671, 709, 813, 846, 852, 858f., 863, 913, 918, 933, 949, 959, 979, 1036, 1039f., 1051, 1053, 1057f., 1107, 1115, 1120, 1133f., 1190, 1193, 1198
Wieringermeer (Lager) 331
Wiesmühl 1051
Wilton Park (Lager)
Wimbledon 95
Wladiwostok 392

Zagreb 281f., 896
Záhoří 418
Zürich 26, 51, 70, 378, 381, 494f., 716, 796, 833, 927, 1019, 1115, 1129–1131

Verzeichnis der Autorinnen und Autoren

Ash, Mitchell G., Historiker, University of Iowa (USA)
Asper, Helmut G., Theater- u. Filmhistoriker, Universität Bielefeld

Benz, Wolfgang, Historiker, Zentrum für Antisemitismusforschung an der Technischen Universität Berlin
Boberach, Heinz, Archivar, ehem. Bundesarchiv Koblenz
Breunung, Leonie, Sozialwissenschaftlerin, Universität Hannover
Boeckh, Katrin, Historikerin, Osteuropa-Institut, München

Deichmann, Ute, Biologin, Universität Köln

Enderle-Ristori, Michaela, Literaturwissenschaftlerin, Université de Tour (Frankreich)
Erichsen, Nikolaus, Pädagoge u. Psychologe, Bonn
Erichsen, Regine, Erziehungswissenschaftlerin, Universität Münster

Feidel-Mertz, Hildegard, Erziehungswissenschaftlerin, ehem. Universität/Gesamthochschule Kassel
Fischer, Klaus, Wissenschaftstheoretiker, Universität Trier
Fleck, Christian, Soziologe, Universität Graz (Österreich)
Foitzik, Jan, Politologe u. Historiker, Institut für Zeitgeschichte, München – Außenstelle Berlin
Furtado Kestler, Izabela Maria, Historikerin, Universität Rio de Janeiro (Brasilien)

Ganglmair, Siegwald, Historiker, Dokumentationsarchiv des österreichischen Widerstandes, Wien (Österreich)
Geoffroy, René, Historiker, Universität Mainz
Guilbert-Deguine, Laure, Historikerin, Cité de la Musique, Paris (Frankreich)

Häntzschel, Hiltrud, Literaturwissenschaftlerin, Publizistin, Universität München
Hansen-Schaberg, Inge, Erziehungswissenschaftlerin, Technische Universität Berlin
Hausmann, Frank-Rutger, Romanist, Universität Freiburg
Heid, Ludger, Historiker, Salomon-Steinheim-Institut, Duisburg
Heister, Hanns-Werner, Musikwissenschaftler, Universität Dresden

Held, Jutta, Kunstwissenschaftlerin, Universität Osnabrück
Hermand, Jost, Literaturwissenschaftler, University of Wisconsin (USA)
Heumos, Peter, Historiker, Collegium Carolinum, München
Hoffmann, Christhard, Universität Bergen (Norwegen)
Hoffmann, Serge, Historiker, Nationalarchiv Luxemburg (Luxemburg)
Holl, Karl, Historiker, ehem. Universität Bremen
Holzner, Johann, Literaturwissenschaftler, Universität Innsbruck (Österreich)
Horn, Klaus-Peter, Erziehungswissenschaftler, Humboldt-Universität Berlin
Hürten, Heinz, Historiker, ehem. Katholische Universität Eichstätt

Kohlhaas, Elisabeth, Politologin, Frankfurt a. M.
Krauss, Marita, Historikerin, Universität Bremen
Kreuter, Maria-Luise, Historikerin, Zentrum für Antisemitismusforschung an der Technischen Universität Berlin
Kröner, Hans-Peter, Medizinhistoriker, Universität Münster
Krohn, Claus-Dieter, Historiker, Universität Lüneburg
Krüger, Dirk, Literaturwissenschaftler u. Gymnasiallehrer, Wuppertal
Kwiet, Konrad, Historiker, Macquarie University Sydney (Australien)

Langkau-Alex, Ursula, Historikerin, Internationaal Instituut voor Sociale Geschiedenis, Amsterdam (Niederlande)
Lorenz, Einhart, Historiker, Universität Oslo (Norwegen)

Mallmann, Klaus-Michael, Historiker, Kulturwissenschaftliches Institut, Essen
Mehringer, Hartmut, Historiker, Institut für Zeitgeschichte, München
Mertens, Lothar, Historiker, Universität Bochum
Michels, Karen, Kunsthistorikerin, Universität Jena
von zur Mühlen, Patrik, Historiker, Friedrich-Ebert-Stiftung, Bonn.

NAUMANN, UWE, Publizist u. Verlagslektor, Hamburg
NICOLAI, BERND, Kunsthistoriker, Gastprofessor an der Technischen Hochschule Berlin
NORDBLOM, PIA, Historikerin, Universität Heidelberg

PAUL, GERHARD, Historiker u. Politikwissenschaftler, Universität Flensburg
PETERS, UWE HENRIK, Neurologe u. Psychiater, Universität Köln
POHLE, FRITZ, Literaturwissenschaftler, z.Zt. im Schuldienst, Hamburg
PÜTTER, CONRAD, Rundfunkwissenschaftler u. Journalist, Maintal

RÖDER, WERNER, Historiker, Institut für Zeitgeschichte, München
RUNGE, GERLINDE, Historikerin, Königswinter

SCHABER, IRME, Publizistin, Plüdershausen
SCHAFRANEK, HANS, Historiker, Dokumentationsarchiv des österreichischen Widerstandes, Wien (Österreich)
SCHILLER, DIETER, Literaturwissenschaftler, ehem. Akademie der Wissenschaften der DDR, Berlin
SCHLENSTEDT, SILVIA, Literaturwissenschaftlerin, ehem. Akademie der Wissenschaften der DDR, Berlin
SCHMID NOERR, GUNZELIN, Philosoph, Universität Frankfurt a. M.
SCHNEIDER, DIETER MARC, Historiker, Institut für Zeitgeschichte, München
SCHNEIDER, MICHAEL, Historiker, Friedrich-Ebert-Stiftung, Bonn
SCHNORBACH, HERMANN, Lehrer, Pestalozzischule Lampertheim
SCHOCK, RALPH, Germanist, Saarländischer Rundfunk, Saarbrücken
SCHOLZ, MICHAEL F., Historiker, Universität Greifswald

SCHRÖDER, JÜRGEN, Literaturwissenschaftler, Universität Tübingen
SCHWARZ, PETER, Historiker, Dokumentationsarchiv des österreichischen Widerstandes, Wien (Österreich)
SIEGMUND-SCHULTZE, REINHARD, Mathematikhistoriker, Humboldt-Universität Berlin
SÖLLNER, ALFONS, Politikwissenschaftler, Technische Universität Chemnitz
SPITTA, ARNOLD, Literaturwissenschaftler, Deutscher Akademischer Austauschdienst
STADLER, FRIEDRICH K., Wissenschaftshistoriker u. -theoretiker, Universität Wien (Österreich)
STEPHAN, ALEXANDER, Literaturwissenschaftler, University of Florida, Gainesville (USA)
STRICKHAUSEN, WALTRAUD, Literaturwissenschaftlerin, Universität Marburg a. d. Lahn

THIELKING, SIGRID, Literaturwissenschaftlerin, Universität/Gesamthochschule Essen

VOIGT, JOHANNES H., Historiker, Universität Stuttgart
VOIGT, KLAUS, Historiker u. Publizist, Berlin
VORMEIER, BARBARA, Historikerin, Université de Lyon III (Frankreich)

WENDLAND, ULRIKE, Kunsthistorikerin, Technische Universität Berlin
WICHERS, HERMANN, Historiker, Staatsarchiv Basel (Schweiz)
WINCKLER, LUTZ, Literaturwissenschaftler, Université de Poitiers (Frankreich) u. Universität Tübingen
WOJAK, IRMTRUD, Historikerin, Fritz-Bauer-Institut, Frankfurt a. M.
WÜRZNER, HANS, Literaturwissenschaftler, ehem. Universität Leiden (Niederlande)